MW01043429

DICTIONNAIRE

# ARABE-FRANÇAIS

## FRANÇAIS-ARABE

DICTIONNAIRE

# ARABE-FRANÇAIS

# FRANÇAIS-ARABE

par Daniel Reig

agrégé de langue et de littérature arabes,
docteur en études islamiques,
docteur ès lettres

21, rue du Montparnasse 75283 Cedex 06

Direction et Rédaction

**Daniel Reig**

Lecture et révision

**Ahmed Kakhi**

Index

**Anne Reig-Luck**

Correction-révision

**Hélène Houssemaine-Florent**
**Bernard Dauphin**

Avec une participation au secrétariat

**Hatem Benothman**
**Fayza Elkacem**
**Wahid Essaafi**
**Odile Lajeunesse**



**ISBN 978-2-03-584217-6**

Larousse
21, rue du Montparnasse
75006 Paris

# Table des matières

# Au lecteur

Ce dictionnaire est un dictionnaire d'arabe moderne comportant un dictionnaire arabe-français et un lexique français-arabe. Ces deux parties ont été conçues et organisées de manière à permettre le passage de l'une à l'autre langue en évitant les manipulations excessives. Priorité a été donnée à l'arabe, car le besoin est grand depuis longtemps d'un ouvrage qui soit véritablement un dictionnaire de langue arabe moderne, exhaustif et pratique.

• **Un dictionnaire de l'arabe moderne.**

Il s'adresse à tous ceux, de plus en plus nombreux, qui, à travers la langue arabe, désirent approcher le monde contemporain. C'est pourquoi il a été élaboré à partir de la langue elle-même : des milliers de documents de toutes sortes, qui vont de l'enseigne de magasin au *Journal officiel* en passant par les affiches ou les prospectus, ont été dépouillés et mis en fiches.

Cet immense corpus est cependant resté articulé autour de trois éléments fondamentaux qui sont : les manuels scolaires, la presse quotidienne et hebdomadaire, la littérature proprement dite.

• Les manuels scolaires :

Ils sont représentés ici sous la forme de collections destinées aussi bien aux élèves de l'enseignement primaire qu'à ceux de l'enseignement secondaire. Ils ont été choisis parce qu'ils assurent la continuité linguistique de la communauté : en effet, ils conditionnent le devenir de la langue tout en maintenant des liens avec son passé. Tout ouvrage de ce type, même utilisé dès la fin du cycle primaire, fait déjà une place à la tradition culturelle classique, et, à ce niveau, la prose et la poésie classiques (IXe-XIIe siècle) commencent à être introduites dans les programmes à côté des extraits, évidemment plus nombreux, de la littérature moderne, et en compagnie de quelques exemples tirés des grands poèmes antéislamiques dont la langue est pourtant archaïque.

• La presse quotidienne ou hebdomadaire :

On a systématiquement fiché un grand nombre de journaux et revues publiés de l'Atlantique au Golfe, avec un détour par Paris, d'où, depuis plusieurs années, quatre hebdomadaires sont diffusés dans presque tout le monde arabe. Certaines de ces publications ont en effet une audience internationale et l'on a fait une place de choix, dans notre dépouillement, à celles qui comportent aussi des rubriques de vulgarisation scientifique.

• La littérature moderne :

Elle a déjà été rencontrée dans les manuels, mais les extraits donnés concernaient surtout soit la période néoclassique (1850-1900), au style classicisant et un peu guindé, soit la période d'épanouissement (1900-1950), au cours de laquelle poètes et prosateurs ont trouvé un véritable souffle créateur et ont permis à la langue arabe d'être universellement reconnue.

Toutefois, une place considérable a été faite à la littérature immédiatement contemporaine (1950-1980). Ses représentants sont les contemporains des révolutions politiques qui, au lendemain de la guerre, ont permis aux peuples arabes de se libérer de leurs chaînes et d'acquérir une véritable identité au sein de la communauté internationale. Ce sont aussi les contemporains de l'extraordinaire révolution technologique de l'après-guerre, et la langue qu'ils utilisent est marquée par le formidable processus d'acculturation qui s'est engagé depuis trente ans dans le monde.

Concis et nerveux ou bien ample et souple, capable de tout dire, **l'arabe moderne** n'a désormais plus besoin de prouver son existence. Il était temps enfin de lui en donner acte.

## • Un dictionnaire exhaustif.

Le lexique recensé s'élève à plus de 45 000 unités lexicales réutilisées dans près de 40 000 expressions, auxquelles viennent s'ajouter un millier de proverbes ou d'expressions proverbiales.

Il s'adresse donc à tous ceux qui approchent la réalité arabe et sont confrontés à tous les mass media : radio, télévision, presse écrite. Ces mass media, non repliés sur eux-mêmes, diffusent des éléments de connaissance d'une réalité internationale qui n'est pas seulement économique ou politique mais aussi technique et scientifique ; néanmoins, s'adressant aux communautés arabes, ils reflètent évidemment leur existence socio-culturelle. Aussi ce dictionnaire présente-t-il un vocabulaire de réalités socioculturelles qui n'existent plus désormais dans les civilisations occidentales ou qui y sont tout simplement inconnues. C'est le vocabulaire de certaines techniques artisanales qui ne sont plus que des survivances dans les mœurs européennes, par exemple, mais qui sont encore vivantes dans la plupart des pays arabes, où elles font partie de la vie quotidienne. C'est le cas aussi pour le vocabulaire touchant à certains animaux, végétaux ou minéraux dont l'existence a laissé une empreinte indélébile sur la langue.

Cependant, en face de ce vocabulaire particulier à une culture traditionnelle ou spécifiquement arabe et musulmane, ce dictionnaire offre un lexique de notions contemporaines qui, sans aller dans les moindres détails de la haute technicité, permet toutefois à un lecteur cultivé d'aborder en arabe n'importe quel sujet.

## • Un dictionnaire pratique.

Il ne se contente pas de donner une liste d'équivalents français du mot arabe, mais il présente généralement ce mot dans les contextes immédiats où celui-ci a été rencontré. Il s'adresse donc à tous ceux qui attendaient un véritable dictionnaire dynamique de la langue arabe. Il permet en effet, grâce à ses 40 000 expressions, l'accès aux diverses utilisations contextuelles du lexique et facilite la saisie de toutes les nuances de sens. Ainsi rend-il au mot la vie dont les dictionnaires ont trop souvent tendance à le priver.

Tout en étant ainsi défini de manière dynamique par son contexte linguistique, le mot arabe conserve dans ce dictionnaire son identité formelle et conceptuelle grâce au maintien de son insertion historique dans la famille à laquelle il appartient. Le vocabulaire y est en effet classé selon l'ordre alphabétique traditionnel des racines, chaque mot y occupant un rang déterminé par son degré de dérivation par rapport à celles-ci et dans le cadre morphosémantique que chacune d'entre elles délimite.

*L'éditeur*

# Organisation générale du dictionnaire

## 1. Arabe-français

● Le vocabulaire est rangé selon l'ordre alphabétique des racines et regroupé à partir d'entrées-bases. Celles-ci, conformément à la longue tradition linguistique arabe, sont classées par référence à la racine, qui peut coïncider exactement ou non avec l'entrée-base:

**1867** **دَهَنَ** ـُ (الأصل : د. ه. ن)

**1872** **دوحة** ج دُوَح (الأصل : د. و. ح)

**Remarque:** Lorsqu'il y a une grande différence entre l'entrée-base et la racine, celle-ci est indiquée entre parenthèses:

**1869** (دهور) **تَدَهْوَرَ**

**3868** (فأت) **VIII** **اِفْتَأَتَ**

● Numérotation en chiffres arabes: chaque entrée-base est numérotée de **1** à **6092** et son numéro ainsi que sa racine sont rappelés dans les titres courants.

● Numérotation en chiffres romains: chaque entrée-base peut être, théoriquement, développée par dérivation selon deux directions:

• verticalement: elle produit alors les verbes dits dérivés, numérotés de II à X (rarement XII). Le rang I (qui n'est pas désigné) est occupé par la forme dite simple

• horizontalement: chaque forme verbale, simple ou dérivée, produit elle-même un grand nombre de dérivés nominaux et adjectivaux:

**3330** **طَعِمَ** ـَ طَعْمًا

طُعْم
طَعام
مَطْعَم
} الأسماء المشتقّة من الفعل المجرّد

II **طَعَّمَ** تطْعيمًا
IV **أَطْعَمَ** إطْعامًا
V **تَطَعَّمَ** تَطَعُّمًا
X **اِسْتَطْعَمَ** استطعامًا
} الأفعال المشتقّة من الفعل المجرّد والأسماء المشتقّة بدورها من هذه الأفعال

## 2. Français-arabe

● Le vocabulaire est organisé sous la forme d'un index dans lequel les mots sont classés selon l'ordre alphabétique

● Chaque mot, ou expression, est suivi d'une référence constituée par un nombre en chiffres arabes accompagné ou non d'un chiffre romain (II à XII). Ces références permettent de retrouver dans la partie **arabe-français** le mot français concerné et donc le mot arabe.

Ce procédé, qui permet de faire l'économie d'une seconde mise en pages bilingue, présente l'avantage considérable, par rapport au dictionnaire français-arabe traditionnel, de situer le mot arabe cherché dans son véritable contexte morpho-sémantique, par son insertion dans la constellation organisée à partir de l'entrée-base, et dans son véritable contexte linguistique, par la multitude des exemples donnés de sa construction.

# Présentation du lexique dans la partie arabe-français

## Le texte arabe

### 1. Les entrées arabes.

● Chaque entrée arabe se présente sur une seule ligne et est donnée sous la forme d'un mot (gras ou maigre) ou sous la forme d'un ~ (pour la fonction du ~ cf. 5).

● Deux entrées arabes peuvent figurer sur la même ligne; elles sont alors séparées par un point-virgule (؛). Deux explications:

• l'entrée dispose, dans la même racine, d'un ou plusieurs synonymes: c'est l'entrée principale qui est en première place (à droite) et qui est séparée de l'entrée suivante (synonyme) par un point-virgule (؛):

tarif — تَعْرِفَة ؛ تَعْرِيفَة

duperie — غَبْن ج غُبُون ؛ غَبْن

• la deuxième entrée est généralement un dérivé immédiat de la première. Les traductions en français se liront ainsi: la première (à gauche) pour le premier mot arabe (à droite), la seconde pour le second mot arabe:

raciste; racisme — عِرْقِيّ ؛ عِرْقِيَّة

### 2. L'entrée-base.

Elle peut être un nom, une préposition ou un verbe.

● **Le nom entrée-base:**

jardin; parc; *v. aussi 1202* — **1203** **حَدِيقَة** ج حَدَائِق

*pron. dém.* ceci; celui-ci — **1909** **ذا** (← هَذا ؛ ذَلِكَ)

● **La préposition entrée-base:**

*prép.* à; dans — **4107** **في**

● **Le verbe entrée-base** est donné sous la forme de l'accompli, 3ᵉ personne du masculin singulier:

**3596** **عَقَدَ**

• il est suivi de sa description morphologique constituée par une indication sur la (les) voyelle(s) de l'inaccompli:

**3596** **عَقَدَ** ـِ

• cette indication est suivie du (des) nom(s) d'action admis par le verbe. Le nom d'action est présenté traditionnellement comme un nom indéterminé au cas accusatif:

**3596** **عَقَدَ** ـِ عَقْدًا

• quand le verbe est transitif, viennent après le nom d'action les indications syntaxiques suivantes:

— signe ه (*fulānan*: quelqu'un = qqn): cela signifie que le verbe est transitif direct et que le complément d'objet direct ne peut être qu'un nom désignant un animé:

accorder un crédit à qqn; accréditer qqn — اِعْتَمَدَ ه

— signe ه (*šay'an*: quelque chose = qqch): cela signifie que le verbe transitif direct n'admet comme complément d'objet direct qu'un nom désignant un inanimé:

adopter qqch; choisir qqch — اِعْتَمَدَ ه

— signes ه ،ه (séparés par une virgule): cela signifie que le verbe transitif direct admet comme complément d'objet direct soit un animé, soit un inanimé:

affronter qqn, qqch عارَضَ ه، ه

— signes ه ه (non séparés par une virgule): cela signifie que le verbe est doublement transitif direct:

donner qqch à qqn (*m.à m.* donner qqn qqch) أَعْطَى ه ه

— signes ه على ه: cela signifie que le verbe est transitif direct pour la personne (ه) et indirect pour la chose (ه):

contraindre qqn à qqch غَصَبَ ه على ه

— signes ه، إلى ه ou ه، على ه (séparés par une virgule): cela signifie que le verbe transitif peut être direct ou indirect:

apprendre qqch/que عَلِمَ ه، بِـ ه، أنْ

• le verbe est intransitif quand il n'est pas suivi du signe renvoyant à un complément animé (ه) ou inanimé (ه), ou quand il est directement suivi d'une préposition:

partir ذَهَبَ

emporter ذَهَبَ بِـ ه

## 3. Voyelles brèves et signes diacritiques.

- Les voyelles brèves sont généralement indiquées.
- Les voyelles brèves ne sont pas indiquées:
  - quand elles sont en syllabe longue ouverte (voyelles de même timbre): بو، با، بي
  - quand elles sont en flexion grammaticale et que leur présence/absence est indifférente à la graphie.
- La voyelle finale a été notée dans certains cas pour faciliter la compréhension: طِبْقَ الأَصْل
- Certaines lettres sont accompagnées de deux, parfois de trois signes diacritiques. Cela signifie que deux (ou trois) lectures sont possibles: فَعُِل ؛ فِعْل ؛ فَعْل ؛ فَعُّل
- Le *tanuin*: il suit la description de la voyelle en fin de mot. Il est indiqué uniquement quand il est la marque de l'accusatif ( ًا ).
- Cas des noms issus de racines défectueuses: on donne les deux formes, indéterminée et déterminée (cette dernière entre parenthèses):

قاضٍ (القاضي)

- La *waṣla* n'est jamais donnée sur le alif.
- La *šadda* d'assimilation n'est jamais notée après l'article.

## 4. Opposition gras/maigre.

- Est en *gras* tout mot arabe représentant:
  - l'entrée-base de la famille (numérotée en chiffres arabes): **3506 عَرَفَ**
  - une entrée reprise par un ~ (cf. 5): **مَعْرِفَة**
    ~ عَنْ
  - une entrée incluse dans un contexte et ne figurant pas au début de la ligne arabe, qu'elle soit reprise ou non par un ~:

ضَمَّ بَيْنَ **أَعْطاف** ه

- Est en *maigre* tout mot n'obéissant pas aux définitions précédentes.

## 5. Le tilde (~).

● Il reprend une entrée en gras.

● Le ~ peut être suivi de:

• ~ت il s'agit d'un verbe au féminin;

• ~ًا il s'agit d'un nom ou adjectif indéterminé à l'accusatif;

• ~ة il s'agit d'un nom ou adjectif féminin;

• ~ه، ـه il s'agit d'un nom ou d'un verbe construit avec un pronom.

● Le ~ peut être précédé de l'article — ال~

de prépositions — بـ~ ou بـ، لـ، إلى ~

## 6. Signes de ponctuation.

● La virgule (،) sépare deux ou plusieurs mots et signifie que le mot à gauche peut se substituer au mot à droite par rapport à un invariant (entrée ou ~):

طَوَى ثِيابه، سِكِّينًا

se décompose en: طَوَى ثِيابه؛ طَوَى سِكِّينًا

● Le point-virgule (؛) sépare deux mots ou deux expressions qui ont le même sens:

كُلُّه ظَرْف؛ يَفيض ظَرْفًا

## 7. La description linguistique.

● **Description morphologique:** le mot-entrée est généralement présenté hors contexte qu'il soit en gras (entrée-base ou repris par un ~), ou en maigre;

• le verbe (cf. 2);

• le nom-adjectif peut être accompagné ou non de l'article défini. Quand il est au singulier, il sera généralement suivi de son (ses) pluriel(s) [cf. la liste des abréviations].

● **Description syntaxique:**

• elle est faite avec le groupe verbal (verbe, nom d'action, cf. 2);

• elle est reprise dans les syntagmes-exemples qui donnent ou reprennent les informations sur la (les) construction(s) de l'entrée: groupe verbal, syntagme prépositionnel, etc.

● **Description sémantique:** elle s'opère de deux manières:

• à travers les traductions françaises proposées pour les mots ou les syntagmes arabes:

maussade; morose; renfrogné; boudeur (air); rébarbatif; rechigné; sévère (visage) عابِس؛ عَبوس

Dans le cas où le sens de l'entrée arabe se définit en deux ou plusieurs acceptions différentes, c'est le français qui en rend compte par des séries de synonymes:

braquage; diffraction; sinuosité; virage; sympathie; tendresse — **اِنْعِطاف**

Viennent ensuite des expressions-exemples qui détaillent les différentes nuances:

virage à droite, à gauche — ~ إلى اليَمين، اليَسار

virage politique — ~ سِياسيّ

rayon de braquage — مَدَى ~ سَيّارة

• à travers les expressions-exemples qui entrent dans des groupes libres dont l'entrée considérée est le pivot : ces expressions sont communes, et les associations sémantiques usuelles et banales. C'est pourquoi ces groupes ne sont jamais accompagnés d'une référence (nom d'auteur, ouvrages, etc.). Ils se présentent comme des groupes figés (idiotismes ou proverbes) : la traduction française s'efforcera d'en donner les équivalents à travers des idiotismes ou des proverbes français :

*prov.* menteur comme un arracheur de dents — أَكْذَبُ مِنْ عُرْقُوب

Souvent le mot à mot (*m.à m.*) permettra d'éclairer le pourquoi d'une traduction ou de conserver toute sa vigueur spécifique à l'expression arabe :

*prov.* se noyer dans un verre d'eau (*m.à m.* s'asphyxier dans un rond de fumée) — أَيُّ فَتًى قَتَلَهُ الدُّخان

# Le texte français de la partie arabe-français

**1.** Un mot français (ou une expression) pour un mot arabe (ou une expression).

**2.** Un mot français suivi d'un ou de plusieurs mots placés entre parenthèses :

tomber (jour). trait (de caractère). disponible (temps, espace) : les mots entre parenthèses indiquent le contexte dans lequel il faut situer la traduction.

**3.** Deux ou plusieurs mots français pour un mot arabe :

● les mots sont séparés par un point-virgule ( ; ). On a affaire à des synonymes : chaque mot à droite peut se substituer à celui (ceux) à gauche ;

● les mots sont séparés par une barre oblique ( / ). Ils entrent dans des expressions synonymes :

frais/indemnité de déplacement = frais de déplacement ; indemnité de déplacement ;

se dresser/s'élever se lever contre = se dresser contre ; s'élever contre ; se lever contre ;

enfourcher/monter (un cheval) = enfourcher (un cheval) ; monter (un cheval) ;

infantile/puéril [*péjor.*] : les deux mots sont péjoratifs en français ;

mettre la main sur/pincer [*fam.*] un voleur = mettre la main sur un voleur ; pincer un voleur : cette dernière tournure est familière en français ;

abîmes/profondeurs marin(e)s = abîmes marins ; profondeurs marines. dons/qualités intellectuel(le)s = dons intellectuels ; qualités intellectuelles.

● les mots sont constitués en groupes libres séparés par une virgule ( , ). Ils sont les équivalents des groupes arabes eux-mêmes séparés par une virgule : le mot à droite de la virgule se substitue à celui qui est à gauche :

domination capitaliste, coloniale = domination capitaliste ; domination coloniale. rire, paroles provocant(es) = rire provocant ; paroles provocantes. terre, capital productif(ive) = terre productive ; capital productif.

**4.** Indications diverses sur les traductions :

● italique sans crochets avant la (les) traduction(s) : l'indication porte sur l'arabe :

*isl.* partie du Coran : *isl.* concerne le mot arabe et signifie que ce dernier peut éventuellement apparaître dans d'autres contextes avec d'autres significations ; dans le contexte islamologique uniquement, il a la signification donnée après la rubrique en italique ;

*coll.* fleur; rose: le mot arabe est un collectif et s'applique à un ensemble;

*christ.* rosaire; *bot.* rhododendron; *méd.* roséole: le mot arabe a l'une ou l'autre de ces significations selon qu'il est utilisé dans l'un ou l'autre de ces contextes;

*prov.* tuer la poule aux œufs d'or: l'expression arabe est un proverbe dont on donne la traduction;

- italique sans crochets après la traduction: l'indication est d'ordre morphologique ou syntaxique sur le français:

  fleurir *intr.*: le verbe est à prendre dans son sens intransitif. parallèle *adj.*, *n.f.*: le mot français peut être aussi bien l'adjectif que le nom féminin;

- italique entre crochets après la traduction:
  - l'indication porte sur le niveau de langue:

    détaler [*fam.*]. vérolé [*pop.*]. disputer [*litt.*];

  - l'indication porte sur le sens du mot:

    ulcérer [*fig.*]. épineux [*pr.*]. indigeste [*pr.* et *fig.*];

  - l'indication porte sur le contexte dans lequel in faut situer le mot:

    front [*mil.*]. charge [*jur.*]. fixatif [*bx-arts*, *biol.*];

- italique entre guillemets (« »): ce sont en général des mots étrangers:

  «*lapsus calami, linguae*» (mots latins);

- le français entièrement en italique; il n'a pas été possible de donner une traduction, c'est donc:
  - soit un commentaire grammatical:

    *pronom personnel*;

  - soit une paraphrase:

    *titre donné à une femme de haut rang*;

    *litt. sorte de roman picaresque en prose rimée*;

  - soit une transcription entre guillemets de la prononciation figurée:

    *prononcer la formule «bi-smi-llah»*: au nom de Dieu;

- les autres indications en italique sont en général des renvois

  *v. à l'adj.* après: être... ou: être/devenir... signifie que les traductions sont à chercher à l'adjectif;

  *même sens* en face d'une entrée arabe signifie qu'il faut en chercher le sens dans l'entrée précédente.

# Précis de grammaire arabe* مختصر في النحو العربيّ

## accompli (l'action est présentée comme étant déjà achevée) الماضي

1. **morphologie** (v. *verbe*)

2. **conjugaison** (v. *conjugaison*)

| الغائب | | المخاطب | | المتكلّم | |
|---|---|---|---|---|---|
| المؤنّث | المذكّر | المؤنّث | المذكّر | | |
| جَلَسَتْ | جَلَسَ | جَلَسْتِ | جَلَسْتَ | جَلَسْتُ | المفرد |
| جَلَسَتا | جَلَسا | جَلَسْتُما | | جَلَسْنا | المثنّى |
| جَلَسْنَ | جَلَسُوا | جَلَسْتُنَّ | جَلَسْتُمْ | جَلَسْنا | الجمع |

## accord

### 1. accord du verbe مطابقة الفعل لفاعله

- si le sujet est un nom désignant des êtres humains, deux cas:
  - le verbe précède son sujet (cas général): l'accord se fait seulement en genre, jamais en nombre, le verbe restant au singulier

    تَدْخُل المَرْأة. تَدْخُل النساء يَدْخُل الرَجُل. يَدْخُل الرجال
  - le verbe suit son sujet: il se conduit comme une épithète et s'accorde en genre et en nombre

    المَرْأة تَدْخُل. النساء يَدْخُلْنَ الرَجُل يَدْخُل. الرجال يَدْخُلونَ

- si le sujet est un nom désignant des animés non humains ou des inanimés, deux cas:
  - le sujet est un singulier: le verbe s'accorde en genre
  - le sujet est un pluriel: le verbe s'accorde au féminin singulier, qu'il précède ou non son sujet

    الكِلاب تَنْبَح. الحَضارات تَنْمو وتَزْدَهِر

### 2. accord de l'adjectif v. *adjectif* مطابقة الصفة

- si le nom auquel il se rapporte désigne des êtres humains, l'adjectif s'accorde en genre, en nombre et, pour l'épithète, en cas et détermination;
- si le nom désigne des animés non humains ou des inanimés, l'adjectif s'accorde:
  - avec un nom singulier: en genre et, pour l'épithète, en cas et détermination
  - avec un nom pluriel: au féminin singulier et, pour l'épithète, en cas et détermination

## action v. *nom, verbe, conjugaison* الفعل

## adjectif الصفة

### 1. adjectif qualificatif

- fonction (v. *attribut, épithète*)
- accord (v. *accord, genre*)

### 2. adjectif non qualificatif (v. *démonstratif, indéfini, interrogatif, relatif*)

## affixe (v. *pronom personnel affixe*)

---

* La matière de ce précis grammatical est tirée d'ouvrages déjà publiés ou en cours de publication (Maisonneuve et Larose, Paris)

D. REIG • Manuel d'arabe moderne (2e édition, 1981) ١- أتعلَّم العربيّة

• Manuel de conjugaison arabe (1983) ٢- ألف ألف فعل وفعل

## alphabet (v. lettres) — الأبجد

| finales | médiales | initiales | isolées | valeur |
|---|---|---|---|---|
| بَدا | رجال | (أ إ أُ) | ا | a |
| يَذْهَب | يَبْصُر | بَصَر | ب | b |
| سَاكِت | يَتْبَع | تَبِعَ | ت | t |
| ثالِث | يَثْبُت | ثَبَتَ | ث | ṯ |
| أعْرَج | يَجْعَل | جَعَلَ | ج | j |
| مَسَح | يَحْدُث | حَدَثَ | ح | ḥ |
| أخ | يَخْرُج | خَرَجَ | خ | ḫ |
| مِداد | يَدْرُس | دَرَسَ | د | d |
| لَذيذ | يَذْهَب | ذَهَبَ | ذ | ḏ |
| ضَرَر | يَرْسُم | رَسَمَ | ر | r |
| جَوْز | يَزْرَع | زَرَعَ | ز | z |
| سادِس | يَسْمَع | سَمِعَ | س | s |
| عَيْش | يَشْهَد | شَهِدَ | ش | š |
| قِصَص | يَصْبِر | صَبَرَ | ص | ṣ |
| مَرِيض | يَضْحَك | ضَحِكَ | ض | ḍ |
| مِمْشَط | يَطْبَع | طَبَعَ | ط | ṭ |
| لَفْظ | يَظْهَر | ظَهَرَ | ظ | ẓ |
| يَنْبوع | مُسْتَعْرِب | عَرَبِيَّة | ع | ʿ |
| بَلِيغ | يَغْرِس | غَرَسَ | غ | ġ |
| لَطيف | يَفْهَم | فَهِمَ | ف | f |
| زُقاق | يَقْرُب | قَرُبَ | ق | q |
| سِكَك | يَكْتُب | كَتَبَ | ك | k |
| مَلَل | يَلْمَس | لَمَسَ | ل | l |
| زَمْزَم | يَمْرَض | مَرِضَ | م | m |
| سُلْطان | يَنْهَض | نَهَضَ | ن | n |
| تَنْبيه | يَهْجُر | هَجَرَ | ه | h |
| اِمْرَأة | | | ة | |
| دَلْو | مَوْزون | وَزَنَ | و | w, ū |
| نَمْشي | يَزِين | يَبِسَ | ي | y, ī |

## annexion الإضافة

rapport d'annexion : c'est le rapport du complément du nom au nom complété qui existe entre deux et quelquefois trois termes

وَرَقَةُ شَجَرَةٍ – رِسالةُ الصديقِ – طَويلُ القامةِ – حَقيبَتُكَ – يَدُها – جَرَسُ مَدْخَلِ مَسْكَنِهِ

**1. détermination :** le premier terme est déterminé par le second qui peut être éventuellement déterminé par un troisième ou par l'article (cf. français : *une feuille d'arbre, de l'arabe*) ;

**2. syntaxe et déclinaison :** le groupe en rapport d'annexion peut avoir toutes les fonctions d'un nom, c'est-à-dire que le premier terme prendra les flexions casuelles impliquées par sa fonction alors que le second terme, étant subordonné au premier, ne prendra que la flexion de la subordination (prononcée /i/) = génitif ;

**3. nature des rapports d'annexion**

- entre des noms (*v. plus haut*)
- entre un adjectif et un nom (au lieu d'une relation épithétique) :
  (*grand de taille*) de grande taille — طَويلُ القامةِ
  (*élégant de vêtements*) élégamment vêtu — أنيقُ المَلابِسِ
- entre un nom et un pronom personnel affixe : كِتابُهُ ، كِتابُكَ

Le rapport d'annexion équivaut alors à la relation qui existe en français entre l'adjectif possessif et le nom auquel il se rapporte (*v. pronom personnel affixe*).

## antécédent (*v. phrase relative*)

## apocopé (*v. inaccompli*)

## article défini (*v. détermination*) لام التعريف

## aspect

exprime la manière dont est présenté le déroulement de l'action :

| aspect | exprimé par |
|---|---|
| 1. **accompli, inaccompli** | l'aspect accompli ou inaccompli du verbe |
| 2. **causatif** ou **factitif** exprime la médiation de l'action par un autre agent | les formes dérivées فَعَّلَ ، أَفْعَلَ |
| 3. **contingent, possible** ou **probable** | le groupe verbal أَمْكَنَ أَنْ |
| 4. **nécessaire** ou **obligatoire** | le groupe verbal وَجَبَ عَلى ، أَنْ |
| 5. **progressif :** l'action est en train de se faire | l'inaccompli ou le participe présent |
| 6. **simultané** ou **concomitant :** l'action se déroule en même temps qu'une autre | le complément d'état الحال ou l'inaccompli précédé de وَهُوَ (وَأنا ، وَأَنْتَ ...) |

## assertion الإثبات

elle se réalise dans la phrase nominale ou verbale

## assimilation *(v. dérivation, détermination)* — الإدغام

## assimilé — الفعل المثال

verbe assimilé, dont la première radicale est une lettre faible:

وَضَعَ، يَضَعُ – وَجَدَ، يَجِدُ – يَقِظَ يَيْقَظُ – يَئِسَ يَيْأَسُ

- **accompli**

| الغائب | | المخاطب | | المتكلّم | |
|---|---|---|---|---|---|
| المؤنّث | المذكّر | المؤنّث | المذكّر | | |
| وَصَلَتْ | وَصَلَ | وَصَلْتِ | وَصَلْتَ | وَصَلْتُ | المفرد |
| وَصَلَتَا | وَصَلَا | وَصَلْتُمَا | | وَصَلْنا | المثنّى |
| وَصَلْنَ | وَصَلُوا | وَصَلْتُنَّ | وَصَلْتُمْ | وَصَلْنا | الجمع |
| يَقِظَتْ | يَقِظَ | يَقِظْتِ | يَقِظْتَ | يَقِظْتُ | المفرد |
| يَقِظَتَا | يَقِظَا | يَقِظْتُمَا | | يَقِظْنا | المثنّى |
| يَقِظْنَ | يَقِظُوا | يَقِظْتُنَّ | يَقِظْتُمْ | يَقِظْنا | الجمع |

- **inaccompli**

| الغائب | | المخاطب | | المتكلّم | |
|---|---|---|---|---|---|
| المؤنّث | المذكّر | المؤنّث | المذكّر | | |
| تَصِلُ | يَصِلُ | تَصِلِينَ | تَصِلُ | أَصِلُ | المفرد |
| تَصِلانِ | يَصِلانِ | تَصِلانِ | | نَصِلُ | المثنّى |
| يَصِلْنَ | يَصِلُونَ | تَصِلْنَ | تَصِلُونَ | نَصِلُ | الجمع |
| تَيْقَظُ | يَيْقَظُ | تَيْقَظِينَ | تَيْقَظُ | أَيْقَظُ | المفرد |
| تَيْقَظَانِ | يَيْقَظَانِ | تَيْقَظَانِ | | نَيْقَظُ | المثنّى |
| يَيْقَظْنَ | يَيْقَظُونَ | تَيْقَظْنَ | تَيْقَظُونَ | نَيْقَظُ | الجمع |

- **impératif**

| | | | | |
|---|---|---|---|---|
| اِيقَظِي | اِيقَظْ | قِفِي | قِفْ | المفرد |
| اِيقَظَا | | قِفَا | | المثنّى |
| اِيقَظْنَ | اِيقَظُوا | قِفْنَ | قِفُوا | الجمع |

- **participe actif**

| | |
|---|---|
| فاعِل ← | وَاقِف. وَاصِل ... يَاقِظ. يائِس |

• **participe passif**

| مَوْجُود. مَوْضُوع .. مَيْقُوظ. مَيْؤُوس | مَفْعُول ← |
|---|---|

**attribut du sujet** *(v. phrase nominale)* **الخبر**

accord de l'attribut en genre et nombre *(v. accord)*

**auxiliaire** *(v. imparfait, plus-que-parfait)*

**collectif** **اسم الجنس**

nom qui désigne une espèce animale ou végétale. Morphologiquement, le collectif n'a pas de marque de genre ou de nombre; il se présente comme un masculin singulier et fait des accords au singulier *(v. aussi nom d'unité)*

**comparatif** **اسم التفضيل = أَفْعَلُ**

1. **morphologie:** la forme du comparatif est invariable quel que soit son genre ou son nombre

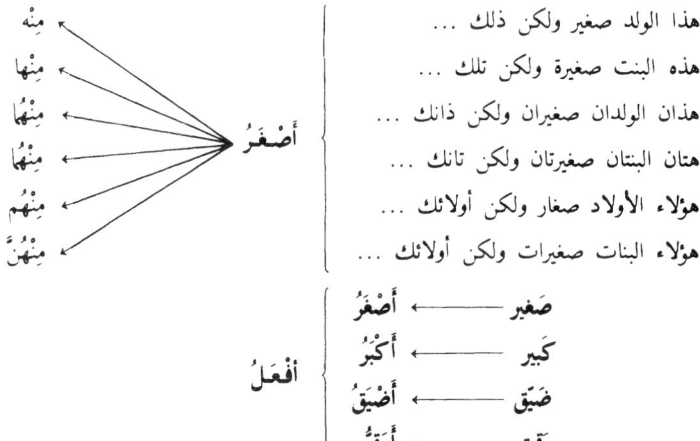


2. **syntaxe:** le comparatif est toujours indéterminé et il ne prend que deux flexions (il est dit diptote)

يشتري كتاباً غليظًا ولكنّي اشتريْتُ كتابًا أَغْلَظَ مِنْهُ

يكتب على ورقةٍ صغيرةٍ ولكنّي أَكْتُبُ على ورقةٍ أَصْغَرَ مِنْها

| | | | | |
|---|---|---|---|---|
| nominatif | → | أفعلُ | ← | مرفوع |
| acusatif | → | أفعلَ | ← | منصوب |
| génitif | → | أفعلَ | ← | مجرور |

**complément** **الظرف، المفعول**

1. **compléments circonstanciels:** ils sont généralement exprimés par un nom au cas dit direct *(flexion: a)* = accusatif

• complément circonstanciel de lieu **ظرف المكان**

 • ce peut être un nom indéterminé:

j'ai voyagé par mer, par terre et par air سافَرْتُ بَحْرًا وبرًّا وجوًّا

- ce peut être un nom indéterminé à valeur prépositionnelle:

à gauche et à droite شِمالًا ويَمينًا

à l'intérieur et à l'extérieur داخِلًا وخارِجًا

- ce peut être un nom sans *tanuin* à valeur prépositionnelle:

devant أَمامَ entre بَيْنَ après بَعْدَ sous تَحْتَ

**Remarques:** Lorsque ce nom est lui-même précédé d'une préposition, deux cas peuvent se présenter:

- le mot n'est pas déterminé, il est alors fixé au nominatif
  par-dessous مِنْ تَحْتُ par-dessus مِنْ فَوْقُ
- le mot est déterminé, il prend la flexion de cas indirect (génitif):
  parmi eux مِنْ بَيْنِهِمْ en avant إِلَى الأَمامِ

**ظرف الزمان**

- complément circonstanciel de temps
  - ce peut être un nom indéterminé:
    un jour يَوْمًا demain غَدًا de jour et de nuit نَهارًا ولَيْلًا
  - ce peut être un nom sans *tanuin* à valeur prépositionnelle:
    au moment où حِينَ durant رَيْثَ avant قَبْلَ
  - ce peut être un nom déterminé par l'article et prenant une valeur adverbiale:
    aujourd'hui اليَوْمَ maintenant الآنَ

**Remarques:** Ces noms peuvent être précédés de prépositions, comme dans le cas du circonstanciel de lieu

auparavant مِنْ قَبْلُ avant cela مِنْ قَبْلِ ذَلِكَ

ensuite مِنْ بَعْدُ à la suite de cela مِنْ بَعْدِ ذَلِكَ

**المفعول له، لأجله**

- complément circonstanciel de but ou de cause:

je fuis par peur de lui أَفِرُّ خَوْفًا مِنْهُ

je tournai la tête pour le chercher أَدَرْتُ رَأْسِي بَحْثًا عَنْهُ

**المفعول المطلق**

- complément absolu (circonstanciel de manière)

C'est un nom d'action indéterminé construit comme un complément d'objet direct / et dont la racine doit être la même que celle du verbe:

nous avons longtemps marché سِرْنا سَيْرًا طَوِيلًا

il sourit malicieusement اِبْتَسَمَ اِبْتِسامَةً ماكِرَةً

il avala l'eau d'un trait اِجْتَرَعَ الماءَ جُرْعَةً واحِدَةً

**2. complément du nom** (*v. annexion, pronom affixe*) **المضاف إليه**

**3. complément d'objet direct** (*v. phrase verbale*) **المفعول به**

**4. complément d'état** (*v. état*) **الحال**

## concave الفعل الأجوف

verbe concave dont la deuxième radicale est une lettre faible: قالَ. يَقولُ – نامَ. يَنامُ – باعَ. يَبيعُ

- **accompli**

| الغائب | | المخاطب | | المتكلّم | |
|---|---|---|---|---|---|
| المؤنّث | المذكّر | المؤنّث | المذكّر | | |
| قالَتْ | قالَ | قُلْتِ | قُلْتَ | قُلْتُ | المفرد |
| نامَتْ | نامَ | نِمْتِ | نِمْتَ | نِمْتُ | |
| باعَتْ | باعَ | بِعْتِ | بِعْتَ | بِعْتُ | |

**concave** (*suite*)

| | | | | | |
|---|---|---|---|---|---|
| قَالَتَا<br>نَامَتَا<br>بَاعَتَا | قَالَا<br>نَامَا<br>بَاعَا | قُلْتُمَا<br>نِمْتُمَا<br>بِعْتُمَا | | قُلْنَا<br>نِمْنَا<br>بِعْنَا | المثنّى |
| قُلْنَ<br>نِمْنَ<br>بِعْنَ | قَالُوا<br>نَامُوا<br>بَاعُوا | قُلْتُنَّ<br>نِمْتُنَّ<br>بِعْتُنَّ | قُلْتُمْ<br>نِمْتُمْ<br>بِعْتُمْ | قُلْنَا<br>نِمْنَا<br>بِعْنَا | الجمع |

● **inaccompli**

| الغائب | | المخاطب | | المتكلّم | |
|---|---|---|---|---|---|
| المؤنّث | المذكّر | المؤنّث | المذكّر | | |
| تَقُولُ<br>تَنَامُ<br>تَبِيعُ | يَقُولُ<br>يَنَامُ<br>يَبِيعُ | تَقُولِينَ<br>تَنَامِينَ<br>تَبِيعِينَ | تَقُولُ<br>تَنَامُ<br>تَبِيعُ | أَقُولُ<br>أَنَامُ<br>أَبِيعُ | المفرد |
| تَقُولَانِ<br>تَنَامَانِ<br>تَبِيعَانِ | يَقُولَانِ<br>يَنَامَانِ<br>يَبِيعَانِ | تَقُولَانِ<br>تَنَامَانِ<br>تَبِيعَانِ | | نَقُولُ<br>نَنَامُ<br>نَبِيعُ | المثنّى |
| يَقُلْنَ<br>يَنَمْنَ<br>يَبِعْنَ | يَقُولُونَ<br>يَنَامُونَ<br>يَبِيعُونَ | تَقُلْنَ<br>تَنَمْنَ<br>تَبِعْنَ | تَقُولُونَ<br>تَنَامُونَ<br>تَبِيعُونَ | نَقُولُ<br>نَنَامُ<br>نَبِيعُ | الجمع |

● **impératif**

| | | |
|---|---|---|
| قُولِي . نَامِي . بِيعِي | قُلْ . نَمْ . بِعْ | المفرد |
| قُولَا . نَامَا . بِيعَا | | المثنّى |
| قُلْنَ . نَمْنَ . بِعْنَ | قُولُوا . نَامُوا . بِيعُوا | الجمع |

● **participe actif**

| |
|---|
| فَاعِل ← قَائِل . نَائِم . بَائِع . |

● **participe passif**

| |
|---|
| مَفْعُول ← مَقُول . مَبِيع . |

**condition** (*v. subordonnée circonstancielle de condition*) **الشرط**

**conjonction** ou **particule** (*v. coordination, préposition*) **الحرف**

**conjugaison** (*v. accompli, impératif, inaccompli, futur, assimilé, concave, défectueux, sourd, hamzé*) **التصريف ، الصرف**

**coordination** **العطف**

1. **coordination simple** entre mots de même fonction ou propositions de même nature

- وَ : énumération (= et ou la virgule)
- فَ : succession de procès ou changement de sujet (= le point orthographique)
- ثُمَّ : succession dans le temps (= puis, ensuite)

2. **coordination complexe** introduisant une notion supplémentaire

- بَلْ : opposition radicale en phrase négative (= mais, au contraire), rectificatif avec insistance en phrase affirmative (= mieux, ou plutôt)
- لكِنْ ، لكِنَّ: opposition (= mais)
- لِأَنَّ : causalité (= parce que)
- غَيْرَ أَنَّ ، إِلَّا أَنَّ : transition avec restriction (= cependant, toutefois)

**couleur** *adjectif de couleur* **اسم اللون**

1. **morphologie**

| féminin | | masculin |
|---|---|---|
| فَعْلاء | ← | أَفْعَل |
| إشارة حَمْراء | ← | أَحْمَر |
| شَمْس صَفْراء | ← | أَصْفَر |
| شَجَرَة خَضْراء | ← | أَخْضَر |
| سَماء زَرْقاء | ← | أَزْرَق |
| لَوْحَة سَوْداء | ← | أَسْوَد |
| وَرَقة بَيْضاء | ← | أَبْيَض |

2. **syntaxe:** comme le comparatif, l'adjectif de couleur ne prend que deux flexions quand il est indéterminé, mais il retrouve les trois flexions quand il est déterminé; il est dit *diptote*

أرسم على ورقةٍ بَيْضاء بقلمٍ أَحْمَرَ أو أَصْفَرَ أو أَخْضَرَ ...
أرسم على الورقةِ البَيْضاء بالقلمِ الأَحْمَرِ او الأَصْفَرِ أو الأَخْضَرِ ...

**déclinaison** **الإعراب**

les flexions casuelles sont, en arabe moderne, sauf cas précis (compléments circonstanciels par exemple), dénuées de toute fonctionnalité, c'est pourquoi elles sont totalement tombées en désuétude dans la pratique courante et naturelle de l'arabe;

**1. les trois cas** يكتب رَجُلٌ رسالةً على ورقةٍ، يكتب الرجلُ الرسالةَ على الورقةِ

| cas indirect = génitif | cas direct = accusatif | cas du sujet = nominatif |
|---|---|---|
| ورقةٍ – الورقةِ :<br>ِ = كَسْرة<br>المَجْرور مَكْسور | رسالةً – الرسالةَ :<br>َ = نَصْبة<br>المَفْعول بِهِ مَنْصوب | رجلٌ – الرجلُ :<br>ُ = رَفْعة<br>الفاعِل مَرْفوع |

**2. déclinaison du duel** *(v. duel)*

**3. déclinaison du pluriel régulier masculin, féminin** *(v. pluriel)*

**4. diptote** *(v. adjectif de couleur, comparatif, pluriel quadrisyllabique)* **الممنوع من الصرف**

## défectueux — الفعل الناقص

verbe défectueux, dont la dernière radicale est une lettre faible:
مَشَى، يَمْشِي – دَعا، يَدْعو – بَقِيَ، يَبْقَى – ...

● **accompli**

| | المتكلّم | المخاطب | | الغائب | |
|---|---|---|---|---|---|
| | | المذكّر | المؤنّث | المذكّر | المؤنّث |
| المفرد | مَشَيْتُ | مَشَيْتَ | مَشَيْتِ | مَشَى | مَشَتْ |
| | دَعَوْتُ | دَعَوْتَ | دَعَوْتِ | دَعا | دَعَتْ |
| | بَقِيتُ | بَقِيتَ | بَقِيتِ | بَقِيَ | بَقِيَتْ |
| المثنّى | مَشَيْنَا | مَشَيْتُمَا | | مَشَيَا | مَشَتَا |
| | دَعَوْنَا | دَعَوْتُمَا | | دَعَوَا | دَعَتَا |
| | بَقِينَا | بَقِيتُمَا | | بَقِيَا | بَقِيَتَا |
| الجمع | مَشَيْنَا | مَشَيْتُمْ | مَشَيْتُنَّ | مَشَوْا | مَشَيْنَ |
| | دَعَوْنَا | دَعَوْتُمْ | دَعَوْتُنَّ | دَعَوْا | دَعَوْنَ |
| | بَقِينَا | بَقِيتُمْ | بَقِيتُنَّ | بَقُوا | بَقِينَ |

● **inaccompli**

| | المتكلّم | المخاطب | | الغائب | |
|---|---|---|---|---|---|
| | | المذكّر | المؤنّث | المذكّر | المؤنّث |
| المفرد | أَمْشِي | تَمْشِي | تَمْشِينَ | يَمْشِي | تَمْشِي |
| | أَدْعُو | تَدْعُو | تَدْعِينَ | يَدْعُو | تَدْعُو |
| | أَبْقَى | تَبْقَى | تَبْقَيْنَ | يَبْقَى | تَبْقَى |

**défectueux** (*suite*)

| | | | |
|---|---|---|---|
| يَمْشِيَانِ تَمْشِيَانِ<br>يَدْعُوَانِ تَدْعُوَانِ<br>يَبْقَيَانِ تَبْقَيَانِ | تَمْشِيَانِ<br>تَدْعُوَانِ<br>تَبْقَيَانِ | نَمْشِي<br>نَدْعُو<br>نَبْقَى | المثنى |
| يَمْشُونَ يَمْشِينَ<br>يَدْعُونَ يَدْعُونَ<br>يَبْقَوْنَ يَبْقَيْنَ | تَمْشُونَ تَمْشِينَ<br>تَدْعُونَ تَدْعُونَ<br>تَبْقَوْنَ تَبْقَيْنَ | نَمْشِي<br>نَدْعُو<br>نَبْقَى | الجمع |

- **impératif**

| | |
|---|---|
| اِمْشِ. اُدْعُ. اِبْقَ     اِمْشِي. اُدْعِي. اِبْقَيْ | المفرد |
| اِمْشِيَا. اُدْعُوَا. اِبْقَيَا | المثنى |
| اِمْشُوا. اُدْعُوا. اِبْقَوْا     اِمْشِينَ. اُدْعُونَ. اِبْقَيْنَ | الجمع |

- **participe actif**

| |
|---|
| فاعِلٌ ← ماشٍ. داعٍ. باقٍ |

- **participe passif**

| |
|---|
| مَفْعولٌ ← مَبْنِيٌّ. مَدْعُوٌّ |

## démonstratif — اسم الإشارة

**1. pronom**

| éloignement | | proximité | | |
|---|---|---|---|---|
| المؤنّث | المذكّر | المؤنّث | المذكّر | |
| تِلْكَ | ذاكَ. ذَلِكَ | هَذِهِ | هَذا | المفرد |
| تانِك. تَيْنِكَ | ذانِكَ. ذَيْنِكَ | هَتانِ. هَتَيْنِ | هَذانِ. هَذَيْنِ | المثنّى |
| أُولائِكَ | | هَؤُلاءِ | | الجمع |

**2. adjectif**

| | |
|---|---|
| هَذا. هَذا آلْـ...<br>ذَلِكَ. ذَلِكَ آلْـ... | المذكّر |
| هَذِهِ. هَذِهِ آلْـ...<br>تِلْكَ. تِلْكَ آلْـ... | المؤنّث |

## dérivation — الاشتقاق

**1. réalisation:** la dérivation se réalise à partir d'une racine ou radical, par préfixation, infixation ou suffixation d'augments (lettres ou groupes de lettres) selon des schèmes en nombre limité. Tout le vocabulaire arabe est ainsi constitué par le croisement des racines (généralement trilitères) et des schèmes, ceux-ci augmentant les sens de la racine d'un aspect causatif ou factitif, pronominal ou réfléchi par exemple.

### 2. tableau des formes dérivées — الأوزان المزيدة

| voix passive | | | voix active | | | | |
|---|---|---|---|---|---|---|---|
| المَفْعُول | المُضَارِع | المَاضِي | المَصْدَر | الفَاعِل | المُضَارِع | المَاضِي | |
| مُفَعَّلٌ | يُفَعَّلُ | فُعِّلَ | تَفْعِيلٌ / تَفْعِلَةٌ | مُفَعِّلٌ | يُفَعِّلُ | فَعَّلَ | II |
| مُفَاعَلٌ | يُفَاعَلُ | فُوعِلَ | مُفَاعَلَةٌ / فِعَالٌ | مُفَاعِلٌ | يُفَاعِلُ | فَاعَلَ | III |
| مُفْعَلٌ | يُفْعَلُ | أُفْعِلَ | إِفْعَالٌ | مُفْعِلٌ | يُفْعِلُ | أَفْعَلَ | IV |
| مُتَفَعَّلٌ | يُتَفَعَّلُ | تُفُعِّلَ | تَفَعُّلٌ | مُتَفَعِّلٌ | يَتَفَعَّلُ | تَفَعَّلَ | V |
| مُتَفَاعَلٌ | يُتَفَاعَلُ | تُفُوعِلَ | تَفَاعُلٌ | مُتَفَاعِلٌ | يَتَفَاعَلُ | تَفَاعَلَ | VI |
| مُنْفَعَلٌ | يُنْفَعَلُ | اُنْفُعِلَ | اِنْفِعَالٌ | مُنْفَعِلٌ | يَنْفَعِلُ | اِنْفَعَلَ | VII |
| مُفْتَعَلٌ | يُفْتَعَلُ | اُفْتُعِلَ | اِفْتِعَالٌ | مُفْتَعِلٌ | يَفْتَعِلُ | اِفْتَعَلَ | VIII |
| غير مستعمل | | | اِفْعِلَالٌ | مُفْعَلٌّ | يَفْعَلُّ | اِفْعَلَّ | IX |
| مُسْتَفْعَلٌ | يُسْتَفْعَلُ | اُسْتُفْعِلَ | اِسْتِفْعَالٌ | مُسْتَفْعِلٌ | يَسْتَفْعِلُ | اِسْتَفْعَلَ | X |
| غير مستعمل | | | اِفْعِيعَالٌ | مُفْعَوْعِلٌ | يَفْعَوْعِلُ | اِفْعَوْعَلَ | XII |

**Remarques:** assimilation de certains phonèmes

- le ا (*alif*) placé après une ُ (*damma*) se change en و (*waw*): فُوعِلَ III. تُفُوعِلَ VI (voix passive)
- à la forme VIII:
  - le ت (*tā'*) formatif placé après une emphatique se change en ط (*ṭā*): اِطَّرَدَ. اِضْطَرَبَ. اِصْطَنَعَ
  - le ت (*tā'*) formatif placé après د (*dal*), ذ (*ḏal*) ou ز (*zay*) se change en د (*dal*):
    (اِدْتَخَرَ) ← اِدَّخَرَ ؛ (اِدْدَرَعَ) ← اِدَّرَعَ ؛ (اِزْتَهَرَ) ← اِزْدَهَرَ

## détermination — التعْرِيف. المعْرِفة

Le nom est soit indéterminé soit déterminé, et il ne peut être déterminé deux fois en même temps (ex.: article + rapport d'annexion; article + pronom personnel affixe):

### 1. par l'article اَلْ (= *al*)

- l'article est invariable: il détermine aussi bien un masculin qu'un féminin, un singulier qu'un duel ou un pluriel:

اَلْكِتَابُ. اَلْوَرَقَةُ. اَلْمُعَلِّمَاتُ. اَلْأَوْلَادُ

- l'article subit des transformations phoniques selon son environnement immédiat

• par rapport à la syllabe qui précède: le ا (*alif*) sera élidé et le ل (*lam*) est prononcé comme la fermeture de la syllabe ouverte à la fin du mot précédent:

فِي ٱلْغُرْفَة ← (فِيلْغُرْفَة)

قَرَأْتَ ٱلْكِتاب ← (قَرَأْتَلْكِتاب)

L'élision de l'article est marquée dans la graphie par la suscription sur le ا (*alif*) d'une ٱ (*waṣla*)

• par rapport au phonème qui suit: le ل (*lam*) s'assimilera selon la nature de ce phonème (*v. lettres solaires et lunaires*):

اَلنَّافِذة ← (أَنْنَافِذة) ← النَّافِذة اَلدَّفْتَر ← (أَدْدَفْتَر) ← اَلدَّفْتَر

L'assimilation de l'article au phonème suivant est marquée dans la graphie par la suscription d'une ـّ (*šadda*) sur la première lettre du mot

• l'article peut subir ces deux types de transformation: تَحْتَ ٱلنَّافِذة ← (تَحْتَنْنَافِذة)

**2. par le rapport d'annexion** (*v. annexion*)

**3. de l'épithète** (*v. ce mot*)

**diptote** (*v. déclinaison*)

**discours indirect**: *les verbes introducteurs* **أفعال القلوب**

Le discours indirect est caractérisé par la présence de **verbes introducteurs** (*déclarer, dire, penser* ...) qui transforment en subordonnées complétives des phrases assertives. Ces subordonnées peuvent être:

**1. nominales:** quand elles sont introduites par إِنَّ . أَنَّ

**2. verbales:** quand elles sont introduites par أَنْ

**duel** **المثنى**

Il sert à désigner la dualité et se distingue ainsi du pluriel; il s'obtient par suffixation au nom singulier de la terminaison: انِ

شابّ + شابّ ← **شابّانِ** مقعد + مقعد ← **مَقْعَدانِ**

بنت + بنت ← **بِنْتانِ** فتاة + فتاة ← **فَتاتانِ**

**● déclinaison**

| génitif | accusatif | nominatif |
|---|---|---|
| شَابَّيْنِ . الشابَّيْنِ | | شَابَّانِ . الشَابَّانِ |
| فَتَاتَيْنِ . الفَتَاتَيْنِ | | فَتَاتَانِ . الفَتَاتَانِ |

**Remarques:**

● le ن (*nūn*) du duel tombe dans le rapport d'annexion:

يَدانِ صَغِيرَتانِ { يَدا الرَّجُلِ الصَّغِيرَتانِ / يَداهُ الصَّغِيرَتانِ }

فِي يَدَيْنِ صَغِيرَتَيْنِ { فِي يَدَيِ الرَّجُلِ الصَّغِيرَتَيْنِ / فِي يَدَيْهِ الصَّغِيرَتَيْنِ }

● lorsque le mot à transformer est terminé par ـاء, cette terminaison se change en و (*waw*):

عَيْن زَرْقاء ← عَيْنانِ زَرْقَوانِ صَحْراء ← صَحْرَوانِ

● lorsque le mot à transformer est terminé par ـَى, cette terminaison se change en يـ:

أُخْرَى ← أُخْرَيَانِ مَرْضَى ← مَرْضَيَانِ

**épithète:** adjectif qui s'accorde toujours: **النعت والمنعوت**

1. en **cas** et **détermination** avec le nom auquel il se rapporte;

2. en **genre** et **nombre** avec un nom désignant des être humains;

3. au **féminin singulier** si le nom est au pluriel et désigne des animés non humains ou des choses (*v. accord*)

**état** **الحال**

**1. complément d'état** (*v. aspect simultané ou concomitant, participe actif*)

**2. verbes d'état ou d'existence** (*v. attribut, phrase nominale*) **كان وأخواتها**

- ils peuvent avoir diverses nuances:
  - être — كَانَ
  - devenir — أَصْبَحَ . صَارَ
  - demeurer, durer, rester; continuer — بَقِيَ . بَاتَ . ما دَامَ . ما زَالَ
- ils peuvent introduire:
  - un attribut à l'accusatif:
    il est, est devenu, est encore malade — كَانَ . أَصْبَحَ . مَا زَالَ مَرِيضًا
  - un verbe auquel il confère une valeur temporelle supplémentaire (*v. imparfait, plus-que-parfait*)

**féminin** (*v. genre*) **المؤنّث**

1. sont du genre féminin les noms qui ont la **marque du féminin:**

- terminaison ة : جَزِيرَة . مُعامَلَة *exception faite* pour les noms propres d'hommes مُعاوِيَة (Mu'awiya) ou ne pouvant s'appliquer qu'à des hommes خَلِيفَة (calife)
- terminaison ـاء : صَحْرَاء ou ى : بُشْرَى

2. sont du genre féminin les noms désignant:

- des personnes de **sexe féminin** (nom propre ou nom commun): مَرْيَم (Marie) . أُمّ (mère) . بِنْت (fille);
- des **femelles d'animaux:** حِجْر (jument) . أَتان (ânesse);
- des **pays,** des **villes** ou des **tribus:** مِصْر (Égypte) . وَهْران (Oran) . قُرَيْش (Ḳoreichites);
- les **parties doubles du corps:** عَيْن . يَد . رِجْل *exception faite* pour صُدْغ (tempe) . خَدّ (joue) . مِرْفَق (coude) حاجِب (sourcil);
- le **feu** et les **vents:** نار (feu) . جَحِيم (enfer) . دَبور (vent d'ouest) . رِيح (vent);
- les **collectifs** qui n'ont pas de nom d'unité: غَنَم (moutons) . خَيْل (chevaux);

3. sont **féminins sans marque** spéciale:

| | | | | | |
|---|---|---|---|---|---|
| bâton | عَصًا | seau | دَلْو | terre | أَرْض |
| hache | فَأْس | maison | دار | derrière *n.m.* | إِسْت |
| verre | كَأْس | utérus | رَحِم | vipère | أَفْعَى |
| ventre | كَرِش ، كِرْش | dent | سِنّ | puits | بِئْر |
| semelle | نَعْل | soleil | شَمْس | guerre | حَرْب |
| âme | نَفْس | hyène | ضَبُع | vin | خَمْر |

**4.** sont utilisés **tantôt** comme des **masculins, tantôt** comme des **féminins:**

- les noms désignant les lettres de l'alphabet (plutôt féminins);
- les adjectifs de la forme **فَعول** ( عَجوز = vieux, vieille);
- les noms suivants:

| | | | | | |
|---|---|---|---|---|---|
| jument | فَرَس | voyage nocturne | سُرًى | aisselle | إِبْط |
| barque | فُلْك | paix | سِلْم ، صُلْح | lièvre | أَرْنَب |
| nuque | قَفًا | route | سَبيل | doigt | إِصْبَع |
| marmite | قِدْر | | سِراط | état | حال |
| pied | قَدَم | | طَريق | renard | ثَعْلَب |
| arc | قَوْس | ciel | سَماء | boutique | حانوت |
| foie | كَبِد | miel | عَسَل | | دُكّان |
| langue | لِسان | cou | عُنُق | cuirasse | دِرْع |
| navire | مَرْكَب | araignée | عَنْكَبوت | couteau | سِكّين |
| rasoir | مُوسًى | aigle | عُقاب | échelle | سُلَّم |
| voie droite | هُدًى | scorpion | عَقْرَب | marché | سُوق |

## flexion (*v. déclinaison, voyelles brèves*) الإعراب

## futur المستقبل

**1.** formellement, c'est un **inaccompli** qui peut être ou non (selon la concordance des temps) précédé d'une particule: سَوْفَ ، سَـ

**2. négation du futur** (*v. inaccompli*):
elle s'obtient en faisant précéder l'**inaccompli subjonctif** de la particule لَنْ

## genre الجنس

deux catégories de genre: le masculin et le féminin, qui intéressent les noms et par voie de conséquence les pronoms, les adjectifs et les verbes (*v. ces mots; v. aussi accord*):

**1. les noms à genre variable** peuvent être soit au masculin soit au féminin (avec une marque) selon qu'ils s'appliquent à un individu défini dans l'opposition mâle/femelle;

**2. les noms à genre fixe naturel** ne peuvent être qu'au masculin ou au féminin selon qu'ils se définissent dans l'opposition mâle/femelle;

**3. les noms à genre fixe arbitraire** sont grammaticalement soit du masculin soit du féminin et n'ont de l'un ou l'autre genre que des propriétés morphologiques ou syntaxiques;

**4. le masculin générique** s'emploie pour désigner n'importe quel individu de l'espèce (l'homme pour l'homme et la femme, l'enfant pour le garçon et la fille) ou pour désigner une espèce (*v. collectif*);

**5. le féminin** (*v. féminin*).

## imparfait

l'action est présentée comme ayant eu lieu dans le passé sous forme répétée ou simultanément à une autre action. L'imparfait est exprimé par l'inaccompli d'un verbe précédé de l'accompli du verbe **كان** (*kāna*) servant d'*exposant temporel (v. verbe d'état)*:

| | | | |
|---|---|---|---|
| ils arrivaient | كَانُوا يَصِلُونَ | je partais | كُنْتُ أَذْهَبُ |
| vous disiez | كُنْتُمْ تَقُولُونَ | nous venions | كُنَّا نَأْتِي |

## impératif الأَمْر

- il s'obtient à partir des deuxièmes personnes de **l'inaccompli apocopé**

| تَفْعَلْ ← اِفْعَلْ | تَفْعِلْ ← اِفْعِلْ | تَفْعُلْ ← اُفْعُلْ |
|---|---|---|
| اِمْسَحْ | اِجْلِسْ | اُدْخُلْ |
| ضَعْ | قِفْ | كُلْ |
| رَ | اِمْشِ | قُلْ |
| اِلْقَ | اِئْتِ | اُدْعُ |
| نَمْ | سِرْ | مُرْ |
| **تَفْعَلِي ← اِفْعَلِي** | **تَفْعِلِي ← اِفْعِلِي** | **تَفْعُلِي ← اُفْعُلِي** |
| اِمْسَحِي | اِجْلِسِي | اُدْخُلِي |
| ضَعِي | قِفِي | كُلِي |
| رَيْ | اِمْشِي | قُولِي |
| اِلْقَيْ | اِئْتِي | اُدْعِي |
| نَامِي | سِيرِي | مُرِي |
| **تَفْعَلا ← اِفْعَلا** | **تَفْعِلا ← اِفْعِلا** | **تَفْعُلا ← اُفْعُلا** |
| اِمْسَحَا | اِجْلِسَا | اُدْخُلا |
| ضَعَا | قِفَا | كُلا |
| رَيَا | اِمْشِيَا | قُولا |
| اِلْقَيَا | اِئْتِيَا | اُدْعُوَا |
| نَامَا | سِيرَا | مُرَا |
| **تَفْعَلُوا ← اِفْعَلُوا** | **تَفْعِلُوا ← اِفْعِلُوا** | **تَفْعُلُوا ← اُفْعُلُوا** |
| اِمْسَحُوا | اِجْلِسُوا | اُدْخُلُوا |
| ضَعُوا | قِفُوا | كُلُوا |
| رَوْا | اِمْشُوا | قُولُوا |
| اِلْقَوْا | اِئْتُوا | اُدْعُوا |
| نَامُوا | سِيرُوا | مُرُوا |

**impératif** (*suite*)

| تَفْعَلْنَ ← اِفْعَلْنَ | تَفْعِلْنَ ← اِفْعِلْنَ | تَفْعُلْنَ ← اُفْعُلْنَ |
|---|---|---|
| اِمْسَحْنَ | اِجْلِسْنَ | اُدْخُلْنَ |
| ضَعْنَ | قِفْنَ | كُلْنَ |
| رَيْنَ | اِمْشِينَ | قُلْنَ |
| اِلْقَيْنَ | اِئْتِينَ | اُدْعُونَ |
| نَمْنَ | سِرْنَ | اُمْرُرْنَ |

● Pour obtenir l'impératif à la première ou à la troisième personne, on préfixera à l'inaccompli apocopé les préfixes suivants : لِـ . فَلْـ . وَلْـ

لِأَقُمْ. فَلْأَقُمْ. وَلْأَقُمْ؛ لِيُحَاوِلُوا. فَلْيُحَاوِلُوا. وَلْيُحَاوِلُوا

## inaccompli — المضارع

l'action est présentée comme étant en cours de réalisation et non achevée;

### 1. inaccompli indicatif: dans la phrase verbale simple — المضارع المرفوع

| الغائب | | المخاطب | | المتكلّم | |
|---|---|---|---|---|---|
| المؤنّث | المذكّر | المؤنّث | المذكّر | | |
| تَجْلِسُ | يَجْلِسُ | تَجْلِسِينَ | تَجْلِسُ | أَجْلِسُ | المفرد |
| يَجْلِسَانِ | | تَجْلِسَانِ | | نَجْلِسُ | المثنّى |
| يَجْلِسْنَ | يَجْلِسُونَ | تَجْلِسْنَ | تَجْلِسُونَ | نَجْلِسُ | الجمع |

### 2. inaccompli subjonctif: — المضارع المنصوب

● dans la subordonnée complétive, il est introduit par l'une des particules suivantes:

حَتَّى. كَيْ. لِـ. أَنْ

| الغائب | | المخاطب | | المتكلّم | | |
|---|---|---|---|---|---|---|
| المؤنّث | المذكّر | المُؤنّث | المذكّر | | | |
| تَجْلِسَ | يَجْلِسَ | تَجْلِسِي | تَجْلِسَ | أَجْلِسَ | أَنْ | المفرد |
| يَجْلِسَا | | تَجْلِسَا | | نَجْلِسَ | | المثنّى |
| يَجْلِسْنَ | يَجْلِسُوا | تَجْلِسْنَ | تَجْلِسُوا | نَجْلِسَ | | الجمع |

● dans la négation du futur (*v. futur*);

## المضارع المجزوم

**3. inaccompli apocopé:**

- précédé de إِنْ en phrase conditionnelle
- précédé de لَمْ en phrase négative pour nier une action passée

| الغائب | | المخاطب | | المتكلّم | |
|---|---|---|---|---|---|
| المؤنّث | المذكّر | المؤنّث | المذكّر | | |
| تَجْلِسْ | يَجْلِسْ | تَجْلِسِي | تَجْلِسْ | لَمْ أَجْلِسْ | المفرد |
| يَجْلِسَا | | تَجْلِسَا | | لَمْ نَجْلِسْ | المثنّى |
| يَجْلِسْنَ | يَجْلِسُوا | تَجْلِسْنَ | تَجْلِسُوا | لَمْ نَجْلِسْ | الجمع |

## النكرة

**indétermination**

c'est l'absence de l'article; en arabe classique, c'est le tanuin qui est la marque de l'indétermination

**indicatif** (*v. inaccompli*)

**infinitif** (*v. nom d'action*)

## الاستفهام

**interrogation:** أ . هَلْ

**1. avec négation:** ألا . هَلّا
**2. pronom interrogatif:** ما . مَنْ
**3. adjectif interrogatif:** أيّ . أيّة
**4. adverbe interrogatif:** أيْنَ . كَمْ . كَيْفَ . مَتَى

**lettres**

## الحروف الهجائيّة

les lettres de l'alphabet (*v. ce mot*)

## الحروف القمريّة

**1. lettres lunaires:** consonnes placées en début de mot et auxquelles le *l* de l'article ne s'assimile pas

| | | | | | |
|---|---|---|---|---|---|
| اَلْغزالة | غزالة | غ | اَلْأنف | أَنف | ء |
| اَلْفأر | فأْر | ف | اَلْأذن | أُذُن | |
| اَلْقفص | قفَص | ق | اَلْإبط | إِبْط | |
| اَلْكأس | كأْس | ك | اَلْبرق | برْق | ب |
| اَلْمصباح | مِصْباح | م | اَلْجرس | جَرَس | ج |
| اَلْهلال | هِلال | ه | اَلْحية | حيّة | ح |
| اَلْوجه | وجْه | و | اَلْخبز | خُبْز | خ |
| اَلْيد | يَد | ي | اَلْعين | عيْن | ع |

**2. lettres solaires:** consonnes auxquelles le /l/ de l'article s'assimile **الحروف الشمسيّة**

| | | | | | | | |
|---|---|---|---|---|---|---|---|
| ت | تَمر | التمر | (أَتْ/تمر) | ش | شَمْس | الشمس | (أَشْ/شمس) |
| ث | ثَلج | الثلج | (أَثْ/ثلج) | ص | صَدْر | الصدر | (أَصْ/صدر) |
| د | دُرّة | الدرة | (أَدْ/درة) | ض | ضِلْع | الضلع | (أَضْ/ضلع) |
| ذ | ذِراع | الذراع | (أَذْ/ذراع) | ط | طَبْل | الطبل | (أَطْ/طبل) |
| ر | رَأْس | الرأس | (أَرْ/رأس) | ظ | ظِفر | الظفر | (أَظْ/ظفر) |
| ز | زُرّ | الزر | (أَزْ/زر) | ل | لِسان | اللسان | (أَلْ/لسان) |
| س | سُتور | الستور | (أَسْ/ستور) | ن | نَخْل | النخل | (أَنْ/نخل) |

**3. lettres faibles** ou **malades:** semi-consonnes ou glides (*v. voyelles*) **حروف العلّة**

**liaison** (*v. détermination*) **الوصلة**

elle est marquée graphiquement par ٱ sur le *alif* initial. Cette marque signifie que l'on doit lier la dernière syllabe du mot qui précède à la première syllabe du mot introduit par ٱ

**madda** **المَدّة**

c'est la marque de l'allongement phonique d'un *alif*: آ. Cet allongement est produit par la rencontre de deux *alif* dont le premier est en réalité une *hamza* (*v. ce mot*) et le second soit une *hamza*, soit une voyelle **ā**:

آكُلُ (أأْكُلُ)؛ آكِل (أاكِل)؛ قَرَآ (قَرَأا)؛ يَقْرَآنِ (يَقْرَأانِ)

**masculin** (*v. genre*) **المذكّر**

**négation** **النفي**

**1. en phrase nominale:**

- avec l'auxiliaire de négation لَيْسَ qui ne s'utilise qu'à l'accompli pour nier aussi bien un état présent qu'un état passé

| | المتكلّم | المخاطب المذكّر | المخاطب المؤنّث | الغائب المذكّر | الغائب المؤنّث |
|---|---|---|---|---|---|
| المفرد | لَسْتُ | لَسْتَ | لَسْتِ | لَيْسَ | لَيْسَتْ |
| المثنّى | لَسْنا | لَسْتُما | | لَيْسا | لَيْسَتا |
| الجمع | لَسْنا | لَسْتُمْ | لَسْتُنَّ | لَيْسُوا | لَسْنَ |

**2. en phrase verbale:**

- négation de l'inaccompli. C'est l'inaccompli précédé de la particule de négation لا ;
- négation du futur (*v. futur, inaccompli subjonctif*);
- négation de l'accompli (*v. inaccompli apocopé*)

**nom** (*v. genre*) اسم ج أسماء

**1. nom de nombre** (*v. nombre*)

**2. nom d'action :** le nom d'action exprime sans acception de personne, de nombre ou de temps l'idée marquée par le verbe. Il peut se substituer au verbe personnel d'une subordonnée complétive المصدر

**3. nom d'unité :** formé par suffixation d'une ة désigne un individu d'une espèce (*v. collectif*) اسم الوحدة

**4. nom de lieu :** désigne le lieu où est faite l'action signifiée par la racine اسم المكان

- il est toujours construit sur les schèmes suivants : مَفْعَل . مَفْعِلة
- son pluriel est toujours quadrisyllabique مَفاعِل

**5. nom d'instrument :** désigne l'instrument à l'aide duquel l'action signifiée par la racine est faite اسم الآلة

- il est toujours de type : مِفْعَل . مِفْعال
- le pluriel est toujours quadrisyllabique : مَفاعِل . مَفاعيل

**nombre** et **numération** (*v. collectif, conjugaison, duel, pluriel, pronom*) العدد

**1. noms de nombre** ou **numéraux cardinaux** أسماء العَدَد

| **avec un nom féminin** | | **avec un nom masculin** | |
|---|---|---|---|
| **de 10 à 20** | **de 1 à 10** | **de 10 à 20** | **de 1 à 10** |
| ١١ : إحْدَى عَشْرَةَ بنتًا | ١ : بِنْتٌ واحِدة | ١١ : أَحَدَ عَشَرَ كتابًا | ١ : رَجُلٌ واحِد |
| ١٢ : اِثْنَتا عَشْرَةَ بنتًا | ٢ : بِنْتانِ اِثْنَتانِ | ١٢ : اِثْنا عَشَرَ كتابًا | ٢ : رَجُلانِ اِثْنانِ |
| ١٣ : ثَلاثَ عَشْرَةَ بنتًا | ٣ : ثَلاثُ بَناتٍ | ١٣ : ثَلاثَةَ عَشَرَ كتابًا | ٣ : ثَلاثَةُ رِجالٍ |
| ١٤ : أَرْبَعَ عَشْرَةَ بنتًا | ٤ : أَرْبَعُ بَناتٍ | ١٤ : أَرْبَعَةَ عَشَرَ كتابًا | ٤ : أَرْبَعَةُ رِجالٍ |
| ١٥ : خَمْسَ عَشْرَةَ بنتًا | ٥ : خَمْسُ بَناتٍ | ١٥ : خَمْسَةَ عَشَرَ كتابًا | ٥ : خَمْسَةُ رِجالٍ |
| ١٦ : سِتَّ عَشْرَةَ بنتًا | ٦ : سِتُّ بَناتٍ | ١٦ : سِتَّةَ عَشَرَ ولدًا | ٦ : سِتَّةُ رِجالٍ |
| ١٧ : سَبْعَ عَشْرَةَ بنتًا | ٧ : سَبْعُ بَناتٍ | ١٧ : سَبْعَةَ عَشَرَ ولدًا | ٧ : سَبْعَةُ رِجالٍ |
| ١٨ : ثَمانيَ عَشْرَةَ بنتًا | ٨ : ثَمانِي بَناتٍ | ١٨ : ثَمانِيَةَ عَشَرَ ولدًا | ٨ : ثَمانِيَةُ رِجالٍ |
| ١٩ : تِسْعَ عَشْرَةَ بنتًا | ٩ : تِسْعُ بَناتٍ | ١٩ : تِسْعَةَ عَشَرَ ولدًا | ٩ : تِسْعَةُ رِجالٍ |
| ٢٠ : عِشْرونَ بنتًا | ١٠ : عَشْرُ بَناتٍ | ٢٠ : عِشْرونَ وَلدًا | ١٠ : عَشَرَةُ رِجالٍ |

| **à partir de 20 avec un nom indéterminé** | | | |
|---|---|---|---|
| ٣٢ : اِثْنانِ / اِثْنَتانِ وَثَلاثونَ وَلدًا / بنتًا | ٣٠ : ثَلاثونَ | ٢١ : أَحَدٌ / إحْدَى وَعِشْرونَ كتابًا / ورقةً | ٢٠ : عِشْرُونَ |
| ٥٤ : أَرْبَعةٌ / أَرْبَعٌ وَخَمْسونَ كتابًا / ورقةً | ٥٠ : خَمْسونَ | ٤٣ : ثَلاثَةٌ / ثَلاثٌ وَأَرْبَعونَ رَسْمًا / رسالةً | ٤٠ : أَرْبَعونَ |

<table>
<tr><th colspan="4">à partir de 20 avec un nom indéterminé (suite)</th></tr>
<tr><td>٧٨ : { ثَمانِيةٌ / ثَمانٍ } وَسَبْعونَ كتابًا / ورقةً</td><td>٧٠ : سَبْعُونَ</td><td>٦٦ : { سِتَّةٌ / سِتٌّ } وَسِتُّونَ شُرْطِيًّا / سَيَّارَةً</td><td>٦٠ : سِتُّونَ</td></tr>
<tr><td>٩٩ : { تِسْعةٌ / تِسْعٌ } وَتِسْعونَ كلبًا / شجرةً</td><td>٩٠ : تِسْعُونَ</td><td>٨٤ : { أَرْبَعَةٌ / أَرْبَعٌ } وَثَمانُونَ رقمًا / فتاةً</td><td>٨٠ : ثَمانُونَ</td></tr>
<tr><td>٢١٣ : مِئَتانِ وَ { ثَلاثَةَ عَشَرَ كتابًا / ثَلاثَ عَشْرَةَ ورقةً }</td><td>٢٠٠ : مِئَتانِ</td><td>١٠٥ : مِئَةٌ وَ { خَمْسَةُ كتبٍ / خَمْسُ ورقاتٍ }</td><td>١٠٠ : مِئَة (مِائَة)</td></tr>
<tr><td colspan="2">٣٩٩ : ثَلاثُ مِئَات وَ { تِسْعَةٌ / تِسْعٌ } وَتِسْعُونَ كِتابًا / وَرَقَةً</td><td colspan="2">٣٠٠ : ثَلاثُ مِئَاتٍ</td></tr>
<tr><td colspan="2">٣٠٠٠ : ثَلاثَةُ آلاف<br>٨٠٠٠ ورقةٍ : ثَمانِيةُ آلاف ورقةٍ<br>١٢٥٠٠ بنتٍ : اِثْنا عَشَرَ أَلْفًا وخَمْسُمِئاتِ بنْتٍ</td><td colspan="2">١٠٠٠ : أَلْف   ٢٠٠٠ أَلْفانِ<br>٦٠٠٠ كتابٍ : سِتَّةُ آلافِ كتابٍ<br>٩٣٠٠ ولدٍ : تِسْعةُ آلاف وثلاثُمِئاتِ ولدٍ</td></tr>
<tr><td colspan="4">١٤٧٩٨ ← رجل : أَرْبَعةَ عَشَرَ أَلْفًا وسَبْعُمِائَةٍ وَثَمانِيةٌ و تِسْعونَ رَجُلاً</td></tr>
</table>

**2. La détermination avec les noms de nombre:**

| | |
|---|---|
| les trois hommes | الرجالُ الثلاثَةُ. ثلاثةُ الرجالِ. الثلاثةُ الرجالِ |
| les trois filles | البَناتُ الثَلاثُ. ثلاثُ البَناتِ. الثَلاثُ البَناتِ |
| les treize hommes | الثَلاثَة عَشَرَ رَجُلًا |
| les treize filles | الثَلاثَ عَشْرَةَ بِنْتًا |
| les cinquante-cinq hommes | الخَمْسَةُ والخَمْسونَ (الخَمْسينَ) رَجُلًا |
| les cinquante-cinq filles | الخَمْسُ والخَمْسونَ (الخَمْسينَ) بِنْتًا |
| les dix mille hommes | العَشَرَةُ الآلاف الرَجُل |
| les centaines, les milliers de pages | المِئاتُ. الآلافُ الصَفَحاتِ |

## 3. numéraux ordinaux — أسماء العدد الترتيبيّة

**Remarques:**

- de onzième à dix-neuvième, seule l'unité prendra l'article en cas de détermination;
- à partir de vingtième:
  - le nom de l'unité s'accorde en genre et prend l'article éventuellement;
  - le nom de la dizaine est le même que pour les cardinaux; il prend l'article s'il est déterminé et ne s'accorde pas en genre:

حادٍ وعِشْرونَ ← الحادي والعِشْرُونَ     حادِيةٌ وعِشْرُونَ ← الحادِيةُ والعِشْرونَ

**numéraux ordinaux** *(suite)*

| de onzième à vingtième | | de premier à dixième | |
|---|---|---|---|
| masculin | féminin | masculin | féminin |
| حادِيَ عَشَرَ | حادِيَةَ عَشْرَةَ | أَوَّلُ الأَوَّلُ | أُولَى الأُولَى |
| ثانِيَ عَشَرَ | ثانِيَةَ عَشْرَةَ | ثانٍ الثاني | ثانية |
| ثالِثَ عَشَرَ | ثالِثَةَ عَشْرَةَ | ثالث | ثالثة |
| رابِعَ عَشَرَ | رابعَةَ عَشْرَةَ | رابع | رابعة |
| خامِسَ عَشَرَ | خامِسَةَ عَشْرَةَ | خامِس | خامِسة |
| سادِسَ عَشَرَ | سادِسَةَ عَشْرَةَ | سادِس | سادِسة |
| سابِعَ عَشَرَ | سابعَةَ عَشْرَةَ | سابع | سابعة |
| ثامِنَ عَشَرَ | ثامِنَةَ عَشْرَةَ | ثامِن | ثامنة |
| تاسِعَ عَشَرَ | تاسِعَةَ عَشْرَةَ | تاسِع | تاسِعة |
| عِشْرونَ | عِشْرُونَ | عاشِر | عاشِرة |

**objet** *(v. complément d'objet direct)*

**ordre des mots** *(v. phrase relative, adjectif, accord)*

**participe**

**1. participe actif** ou **présent** — **اسم الفاعل**

نزل ← **نازل**
خرج ← **خارج**
ذهب ← **ذاهِب**
تبع ← **تابع**
نـام ← **نائم**
جلس ← **جالِس**
وَقف ← **واقِف**

١ ا ٢ ٣ : ١ ف ، ٢ ع ، ٣ ل ← **فاعِل**

**2. participe complément de manière** ou **gérondif** *(v. aspect simultané)* — **الحال**

ينزل المسافر **حامِلًا** حقيبته. (**حامِلًا** = وهو يحمل)
تنزل المسافرة **حامِلةً** حقيبتها. (**حامِلةً** = وهي تحمل)
ينزل المسافران **حامِلَيْنِ** حقيبتهما. (**حامِلَيْنِ** = وهما يحملان)
تنزل المسفرتان **حامِلَتَيْنِ** حقيبتهما. (**حامِلَتَيْنِ** = وهُما تَحْمِلانِ)
ينزل المسافرون **حامِلِينَ** حقيبتهم. (**حامِلِينَ** = وهم يحملون)
تنزل المسافرات **حامِلاتٍ** حقيبتهُنَّ. (**حامِلاتٍ** = وهُنَّ يَحْمِلْنَ)

## 3. participe passé passif — اِسْم المَفْعول

| | | |
|---|---|---|
| رسم | ← | مرسوم |
| جرّ | ← | مجرور |
| فتح | ← | مفتوح |
| نقل | ← | منقول |
| وضع | ← | موضوع |
| وجد | ← | موجود |
| كتب | ← | مكتوب |

مَـ ١ ٢ و ٣ → { ١ ف ، ٢ ع ، ٣ ل } → مَـفْـعـول

## passif (*v. participe*) — المَجْهول

**1. phrase passive:** quand la langue dispose des trois protagonistes (action, agent, agi) qu'elle met en scène dans la phrase verbale (sujet, verbe, complément), l'arabe choisit toujours la structure de la phrase active (*v. phrase verbale*). Mais, quand pour une raison ou une autre l'agent-sujet doit être occulté, c'est l'agi qui vient se substituer à lui dans la relation sujet ↔ verbe:

| | |
|---|---|
| l'homme a frappé à la porte | طَرَقَ الرَّجُلُ البابَ |
| (la porte a été frappée) → **on** a frappé à la porte | طُرِقَ البابُ |
| l'enfant a écrit une lettre | كَتَبَ الوَلَدُ رسالةً |
| (une lettre a été écrite) → **on** a écrit une lettre | كُتِبَتْ رسالةٌ |

La transformation passive est marquée:

- par l'avènement au rang de sujet du complément désormais appelé substitut du sujet = **نائِب الفاعِل**
- par des modifications vocaliques affectant le verbe

**2. conjugaison passive:**

- **accompli**

| | المتكلّم | المخاطب – المذكّر | المخاطب – المؤنّث | الغائب – المذكّر | الغائب – المؤنّث |
|---|---|---|---|---|---|
| المفرد | فُعِلْتُ | فُعِلْتَ | فُعِلْتِ | فُعِلَ | فُعِلَتْ |
| المثنّى | فُعِلْنَا | فُعِلْتُمَا | | فُعِلَا | فُعِلَتَا |
| الجمع | فُعِلْنَا | فُعِلْتُمْ | فُعِلْتُنَّ | فُعِلُوا | فُعِلْنَ |

- **inaccompli**

| | المتكلّم | المخاطب – المذكّر | المخاطب – المؤنّث | الغائب – المذكّر | الغائب – المؤنّث |
|---|---|---|---|---|---|
| المفرد | أُفْعَلُ | تُفْعَلُ | تُفْعَلِينَ | يُفْعَلُ | تُفْعَلُ |
| المثنّى | نُفْعَلُ | تُفْعَلَانِ | | يُفْعَلَانِ | تُفْعَلَانِ |
| الجمع | نُفْعَلُ | تُفْعَلُونَ | تُفْعَلْنَ | يُفْعَلُونَ | يُفْعَلْنَ |

## phrase — الجملة

### 1. la phrase nominale: les constituants (*v. attribut, sujet*) — الجملة الاسميّة

appelée ainsi parce qu'elle ne renferme pas de verbe syntaxiquement utile à l'assertion du prédicat. elle est toujours constituée de deux termes syntaxiques:

SUJET + ATTRIBUT

- elle peut se réduire à deux mots (phrase minimale)
  - pronom + nom ou adjectif
  - nom + nom ou adjectif
  - nom + pronom
  - nom + verbe (considéré alors grammaticalement comme un simple adjectif)
- elle peut aussi se composer de plus de deux mots: groupe du sujet + groupe de l'attribut

- **ordre des mots**

هذا ولد — هذه بنت

(هذا ←) الولد صغير — (هذه ←) البنت صغيرة

(الولد ←) هو صغير — (البنت ←) هي صغيرة

| المبتدأ | الخبر | المبتدأ | الخبر |
|---|---|---|---|
| هذا ↔ | رجل | هذه ↔ | امرأة |
| الرجل ↔ | كبير | المرأة ↔ | كبيرة |
| هذا الرجل ↔ | جالس | هذه المرأة ↔ | جالسة |
| هذا الرجل الكبير ↔ | جالس | هذه المرأة الجالسة ↔ | كبيرة |
| هذا الرجل الجالس ↔ | كبير | هذه المرأة الكبيرة ↔ | جالسة |
| هو ↔ | هذا | هي ↔ | هذه |

- la négation en phrase nominale (*v. négation*) — النفي بـ «لَيْسَ»

| الإثبات | النفي |
|---|---|
| هذا كتاب ← | لَيْسَ هذا كتابًا |
| الكتاب مفتوح ← | لَيْسَ الكتابُ مفتوحًا |
| هو مفتوح ← | لَيْسَ مفتوحًا |

- les verbes d'état: *être, devenir* en phrase nominale (*v. état*)
- phrase minimale et discours indirect (*v. discours indirect*)

**إنَّ. أنَّ. لِأَنَّ. لكِنَّ. كَأَنَّ والجملة الاسمية**

المسافرُ مُسْتَعْجِلٌ = هو مُسْتَعْجِلٌ

إنَّ ← أقول إنَّ المسافرَ مستعجلٌ ← إنَّ المسافرَ مستعجلٌ

أقول إنَّهُ مستعجلٌ ← إنَّهُ مستعجلٌ

المسافرُ مستعجلٌ = هو مستعجلٌ

أَنَّ ← أرى. اعرف. ... أَنَّ المسافرَ مستعجلٌ

أرى. اعرف. ... أَنَّهُ مستعجلٌ

يَجْري المسافرُ . فَهُوَ مستعجلٌ

لِأَنَّ ← يَجْري المسافرُ لِأَنَّهُ مستعجلٌ

لَكِنَّ. كَأَنَّ ← لَيْسَ المسافرُ مستعجلاً ولَكِنَّهُ يَجْري كَأَنَّهُ مستعجلٌ

أجري كأَنِّي مستعجلٌ ولَكِنِّي لَسْتُ مستعجلاً

**2. la phrase verbale** (*v. sujet, verbe, complément d'objet*) **الجملة الفعليّة**

- **ordre des mots**

تجلس البنت الصغيرة.

هي تجلس. (البنت الصغيرة ←)

تجلس. (هي ←)

لا تجلس البنت االصغيرة.

لا تجلس.

يمشي الولد الصغير

هو يمشي (الولد الصغير ←)

يمشي (هو ←)

لا يمشي الولد الصغير

لا يمشي

- **constituants**

| الفعل | الفاعل | المفعول به |
|---|---|---|
| يكتب | الرجلُ | رسالةً |
| تغلق | المرأةُ | البابَ |
| يأخذ | الولدُ | قلمًا |
| تفتح | البنتُ | كتابًا |
| يرسم | الولدُ | الكلبَ |

- la négation en phrase verbale (*v. négation*)
- phrase verbale et discours indirect, avec la particule **أَنْ** introduisant un verbe au subjonctif

**3. la phrase relative:** c'est une phrase épithétique qui se rapporte à un nom (l'antécédent) de la proposition principale. Deux cas: **الجملة الموصولة. الصلة**

**الصلة نكرة**

- l'antécédent est indéterminé, il n'y a pas de pronom relatif:

أَنْظُرُ إلى رَجلٍ يَمْشي

أَتَحَدَّثُ مَعَ امرأةٍ دَخَلَتْ

أَقْرأُ جَرِيدةً اِشْتَرَيْتُها

أَرى مُسافِرينَ يَنْتَظِرُونَ

أَقِفُ جَنْبَ نِساءٍ يَقْرَأْنَ

**الصلة مَعرفة**

- l'antécédent est déterminé, il y a un pronom relatif:

أَنْظُر الى الرجل **ٱلَّذي** يَمْشي

أتحدّث مع المرأة **ٱلَّتي** دَخَلَتْ

أقرأ الجريدة **ٱلَّتي** اشتريتها

أرى المسافرين **الذين** ينتظرون

أقف حب النساء **اللاتي** يقرأن

## 4. le pronom relatif personnel: الاسم الموصول الخاصّ

à l'inverse du français, il prend les marques de genre et de nombre (en s'accordant avec l'antécédent) mais ne prend aucune marque de fonction spécifique sauf lorsqu'il est au duel;

● **morphologie**

| | المذكّر | المؤنّث |
|---|---|---|
| المفرد | اَلَّذي | اَلَّتي |
| المثنّى | اَللَّذان . اَللَّذَيْن | اَللَّتان . اَللَّتَيْن |
| الجمع | اَلَّذين | اَللاَّتي |

● **syntaxe:**

● l'antécédent est indéterminé: le pronom relatif n'est pas exprimé;

● l'antécédent est déterminé: le pronom relatif est alors exprimé et ne doit en aucun cas être séparé de son antécédent (comme cela se fait en français). L'ordre des mots de la phrase de base ne sera donc pas grandement modifié par la transformation en phrase relative, ex: *j'ai lu dans le livre.*
français → *le livre dans lequel j'ai lu*; arabe → *le livre lequel j'ai lu dans lui.*

### الاسم الموصول فاعلًا — pronom relatif sujet

الرجل **الّذي** وَصَلَ صديقي — المرأة **الّتي** وَصَلَتْ صديقتي

الرجلان **اللّذان** وَصَلا صديقاي — المرأتان **اللّتان** وَصَلَتا صديقتاي

الرجال **الّذين** وَصَلوا أصدقائي — النساء **اللاّتي** وَصَلْنَ صديقاتي

### الاسم الموصول مفعولًا به — pronom relatif complément d'objet direct

الرجل **الّذي** أَنْتَظِرُهُ صديقي — المرأة **الّتي** أَنْتَظِرها صديقتي

الرجلان **اللّذان** أَنْتَظِرُهُما صديقاي — المرأتان **اللّتان** أَنْتَظِرُهُما صديقتاي

الرجال **الّذين** أَنْتَظِرُهُمْ اصدقائي — النساء **اللاّتي** أَنْتَظِرُهُنَّ صديقاتي

### الاسم الموصول مجرورًا — pronom relatif complément d'une préposition

الرجل **الّذي** ذَهَبْتُ مَعَهُ صديقي — المرأة **الّتي** ذَهَبْتُ مَعَها صديقتي

الرجلان **اللذان** ذَهَبْتُ مَعَهُما صديقاي — المرأتان **اللّتان** ذَهَبْتُ مَعَهُما صديقاي

الرجال **الّذين** ذَهَبْتُ مَعَهُمْ اصدقائي — النساء **اللاّتي** ذَهَبْتُ مَعَهُنَّ صديقاتي

## 5. le pronom relatif sans antécédent ou impersonnel: الاسم الموصول المشترك

il est exprimé par مَنْ pour les personnes et **ما** pour les choses et est utilisé chaque fois que le sens reste vague: ceux qui, quiconque, etc.

**pluriel** (*v. accord, conjugaison, nombre, pronom*) **الجمع**

**1. pluriel régulier masculin:** **الجمع المذكّر السالم**
essentiellement pluriel des participes actif ou passif et des formes intensives

داخلُونَ. خارجُونَ. نازلُونَ. موجودُونَ. مسافُرونَ

(مرفوع) = **المفرد** + **ـُـونَ** (المسافرُونَ)

(منصوب) =
(مجرور) = } **المفرد** + **ـِـينَ** (المسافِرينَ)

**2. pluriel régulier féminin:** **الجمع المؤنّث السالم**

عَرَبات. فَتَيات. داخِلات. هوجودات. مُسافِرات

(مرفوع) = **المفرد** + **ـاتٌ** (المسافراتُ)

(منصوب) =
(مجرور) = } **المفرد** + **ـاتٍ** (المسافراتِ)

**3. pluriel brisé:** **جمع التكسير**
appelé ainsi parce que, à la différence de ce qui se passe avec les pluriels réguliers (masculin et féminin), la forme du singulier se trouve modifiée pour permettre l'infixation de voyelles nouvelles. Les formes du pluriel brisé sont nombreuses et généralement imprévisibles; elles sont systématiquement données dans le dictionnaire;

**4. pluriel quadrisyllabique:** cas particulier de pluriel brisé, puisqu'il est systématiquement «brisé» en quatre syllabes. L'avant-dernière syllabe est soit longue soit brève selon la syllabe correspondante du singulier. Ce type de pluriel est parfaitement prévisible:

مَدْرَسة ← **مَدارِسُ** دَفْتَر ← **دَفاتِرُ**
رِسالة ← **رَسائِلُ** تَذْكِرة ← **تَذاكِرُ**
حَقيبة ← **حَقائِبُ** مَقْعَد ← **مَقاعِدُ**
مِبْرَد ← **مَبارِدُ** مِفْتاح ← **مَفاتيحُ**
نافِذة ← **نَوافِذُ** مَنْزِلة ← **مَنازِلُ**
عُصْفور ← **عَصافيرُ** مَقْهًى ← **مَقاهٍ** (مقاهِيُ)

**Remarques:** ce type de pluriel est diptote (*v. ce mot*) = il ne prend jamais le *tanuin* et n'a, lorsqu'il est indéterminé, que deux flexions casuelles. Par contre, il retrouve les trois flexions de la déclinaison arabe quand il est déterminé.

**plus-que-parfait**

l'action est présentée comme ayant déjà eu lieu par rapport à une autre action du passé. Le plus-que-parfait sera exprimé par le verbe à l'accompli précédé d'un verbe servant **d'exposant temporel** à l'accompli (*v. imparfait*)

كُنْتُ قَدْ ذَهَبْتُ j'étais parti — كانُوا قَدْ وَصَلُوا ils étaient arrivés

كُنّا قَدْ أَتَيْنا nous étions venus — كُنْتُمْ قَدْ قُلْتُمْ vous aviez dit

**possession**

il n'y a pas de verbe **avoir** en arabe. L'idée de possession est exprimée par affixation des pronoms personnels à une préposition (*v. pronom personnel affixe, complément de nom*)

**préposition** ou **particule de subordination nominale** — حرف الجرّ

**pronom**

1. **pronom démonstratif** (*v. démonstratif*) — اسم الإشارة

2. **pronom interrogatif** (*v. interrogation*)

3. **pronom personnel** — الضَمير

● **pronom personnel isolé** ou **sujet** (ou **attribut du sujet**) — الضمير المنفصل

| | المتكلّم | | المخاطب | | الغائب | |
|---|---|---|---|---|---|---|
| | المذكّر | والمؤنّث | المذكّر | المؤنّث | المذكّر | المؤنّث |
| المفرد | أنا | | أَنْتَ | أَنْتِ | هُوَ | هِيَ |
| المثنى | نَحْنُ | | أَنْتُما | | هُما | |
| الجمع | نَحْنُ | | أَنْتُمْ | أَنْتُنَّ | هُمْ | هُنَّ |

● **pronom personnel affixe** ou **complément** — الضمير المتّصل

| | المتكلّم | | المخاطب | | الغائب | |
|---|---|---|---|---|---|---|
| | المذكّر | والمؤنّث | المذكّر | المؤنّث | المذكّر | المؤنّث |
| المفرد | ـي | | ـكَ | ـكِ | ـهُ | ـها |
| المثنى | ـنا | | ـكُما | | ـهُما | |
| الجمع | ـنا | | ـكُمْ | ـكُنَّ | ـهُمْ | ـهُنَّ |

- affixé à un verbe, ce pronom personnel a une valeur de complément d'objet direct;
- affixé à un nom, il permet de signifier la possession et correspond alors à l'adjectif possessif;

4. **pronom relatif** (*v. phrase relative*);

5. **pronom réfléchi:**

introduit par نَفْس; (*moi-même*: نَفْسي);

**pronominal** ou **réfléchi** (*v. dérivation, pronom*)

**proposition** (*v. phrase, subordonnée*) — الجملة

**quadrisyllabique** (*v. pluriel*)

**racine** — الأصل

elle est généralement trilitère (*v. dérivation, verbe*)

## relation — النسبة

adjectif de relation : formé par suffixation de يّ. Indique l'origine (français : *Paris* → *parisien*), la matière (*fer* → *ferreux*, *ferré*, *en fer*), etc.

| | | | |
|---|---|---|---|
| doré, en or | ذَهَبِيّ | en bois | خَشَبِيّ |
| syrien | سُورِيّ | marocain | مَغْرِبِيّ |

**relative** (*v. phrase relative*)

**singulier** (*v. nombre*)

## sourd — الفعل المضاعَف

verbe sourd ou doublé : il est appelé ainsi car les deux derniers phonèmes de la racine sont semblables

- **accompli**

| الغائب | | المخاطب | | المتكلّم | |
|---|---|---|---|---|---|
| المؤنّث | المذكّر | المؤنّث | المذكّر | | |
| مَرَّتْ | مَرَّ | مَرَرْتِ | مَرَرْتَ | مَرَرْتُ | المفرد |
| مَرَّتا | مَرَّا | مَرَرْتُما | | مَرَرْنا | المثنّى |
| مَرَرْنَ | مَرُّوا | مَرَرْتُنَّ | مَرَرْتُمْ | مَرَرْنا | الجمع |

- **inaccompli**

| الغائب | | المخاطب | | المتكلّم | |
|---|---|---|---|---|---|
| المؤنّث | المذكّر | المؤنّث | المذكّر | | |
| تَمُرُّ | يَمُرُّ | تَمُرِّينَ | تَمُرُّ | أَمُرُّ | المفرد |
| تَمُرّانِ | يَمُرّانِ | تَمُرّانِ | | نَمُرُّ | المثنّى |
| يَمْرُرْنَ | يَمُرُّونَ | تَمْرُرْنَ | تَمُرُّونَ | نَمُرُّ | الجمع |

- **impératif**

| | | | |
|---|---|---|---|
| مُرِّي | | أُمْرُرْ = مُرَّ | المفرد |
| | مُرَّا | | المثنّى |
| أُمْرُرْنَ | | مُرُّوا | الجمع |

- **participe actif**

فاعِل ← مارّ. مادّ. شاقّ...

● **participe passif**

> مَفْعُول ← مَمْدُود. مَسْرُور. مَمْلُول...

**subjonctif** (*v. inaccompli*)

**subordination nominale** (*v. préposition*)      الجرّ والمجرور

**subordonnées** :

**1. subordonnée complétive** (*v. inaccompli subjonctif*)

**2. subordonnée relative** (*v. phrase relative*)

**3. subordonnée circonstancielle** :

● de cause : phrase nominale introduite par لِأَنَّ (*v. phrase nominale*) ;

● de comparaison : phrase nominale introduite par كَأَنَّ (*v. phrase nominale*) ;

● de concession ou d'opposition : phrase nominale ou verbale introduite :

  ● par وَإِنْ pour un passé ou un présent réels

  ● par وَلَوْ pour un passé ou un présent irréels

● de condition :

  ● phrase verbale à l'accompli introduite par إِذَا qui marque une éventualité. Le verbe de la principale est à l'accompli ;

  ● phrase verbale à l'accompli (généralement) introduite par إِنْ qui marque la condition. Le verbe de la principale est à l'accompli ;

  ● phrase verbale à l'accompli introduite par لَوْ qui marque l'irréel. Le verbe de la principale est à l'accompli toujours précédé de la particule لَ

● d'exception :

  ● phrase nominale ou verbale introduite par إِنَّمَا ou par إِلَّا précédé d'une principale négative ;

● de temps :

  ● phrase verbale introduite par حِينَمَا. عِنْدَمَا etc., le verbe étant à l'inaccompli ou à l'accompli ;

  ● la phrase verbale introduite par لَمَّا exige l'accompli et introduit la nuance «après que» ;

  ● la phrase verbale introduite par إِذَا exige l'accompli et peut introduire une notion d'éventualité

**suffixe** (*v. dérivation, pronom personnel affixe*)

**sujet** (*v. phrase*)

**1. sujet de la phrase nominale**      المبتدأ

**2. sujet de la phrase verbale**      الفاعل

**tanuin**      التنوين

marque de l'indétermination en arabe classique

**unité** (*v. nom d'unité*)

**verbe** — فعل ج أفعال

indique un procès localisé dans le temps susceptible de porter les marques de personne, de nombre et de temps (*v. conjugaison, accord*)

**1. conjugaison** (*v. conjugaison*) — الصَرْف. التَصْريف

**2. morphologie**

● le verbe simple ou nu, il ne comporte que les lettres de la racine — الفِعْل المُجَرَّد

| الماضي | | | | المضارع | | | | | | | | | |
|---|---|---|---|---|---|---|---|---|---|---|---|---|---|
| نَزَلَ | ١َ | ٢َ | ٣َ | يَنْزِل | ١ْ | ٢ِ | ٣ | | | يفعِل | ← | فَعَلَ | |
| دَهَبَ | ١َ | ٢َ | ٣َ | يَذْهَب | ١ْ | ٢َ | ٣ | فَعَلَ | ← | يفعَل | ← | فَعَلَ | َ |
| خَرَجَ | ١َ | ٢َ | ٣َ | يَخْرُج | ١ْ | ٢ُ | ٣ | | | يفعُل | ← | فَعَلَ | ُ |
| شَرِبَ | ١َ | ٢ِ | ٣َ | يَشْرَب | ١ْ | ٢َ | ٣ | فَعِلَ | ← | يفعَل | ← | فَعِلَ | َ |
| كَبُرَ | ١َ | ٢ُ | ٣َ | يَكْبُر | ١ْ | ٢ُ | ٣ | فَعُلَ | ← | يفعُل | ← | فَعُلَ | ُ |

● le verbe dérivé (*v. dérivation*) — الفعل المزيد

● le verbe régulier ou sain : les lettres radicales sont des consonnes — الفعْل الصحيح

● le verbe irrégulier ou malade : les lettres radicales peuvent être des lettres faibles (*v. assimilé, concave, défectueux, sourd, hamzé*) — الفعل المعتلّ

**voyelle**

**1. les voyelles longues** sont au nombre de trois : **ā, ū, ī**, et sont susceptibles de se transformer ou de disparaître (*v. concave, défectueux*) — حروف المدّ

**2. les voyelles brèves** sont au nombre de trois : **a, u, i** — الحركات

# États membres de la Ligue arabe

# الدول الأعضاء في الجامعة العربيّة

Les chiffres renvoient aux listes correspondantes figurant dans la partie arabe-français.

ALGÉRIE (5)
**Alger,** Oran, Bône, Constantine
DA : dinar algérien, 100 centimes

ARABIE SAOUDITE (11)
**Riyāḍ,** Djedda, La Mekke, Médine
RLAS : riyal saoudien, 20 qirš (qurūš)

BAHREÏN (3)
**Manāma**
DB : dinar bahrani

DJIBOUTI (6)
**Djibouti**
FD : franc

ÉGYPTE (17)
**Le Caire,** Alexandrie, Port-Saïd, Assouan
£ EG : livre égyptienne (guinée), 100 piastres

ÉMIRATS ARABES UNIS (2)
**Abū Ẓabī, Dubbay**
**dirham**

IRAQ (10)
**Bagdad,** Baṣra, Mossoul, Kirkūk
DIK : dinar irakien, 5 riyals ou 20 dirhams ou 1 000 fils

JORDANIE (1)
**Amman,** 'Aqaba
DJ : dinar jordanien, 1 000 fils

KOWEIT (14)
**Koweit**
KD : dinar koweitien, 10 dirhams ou 1 000 fils

LIBAN (15)
**Beyrouth,** Tripoli, Saïda, Tyr
£ LIB : livre libanaise, 100 piastres

LIBYE (16)
**Tripoli,** Benghazi, Sebha
DLY : dinar libyen, 1 000 dirhams

MAROC (18)
**Rabat,** Casablanca, Fès, Marrakech
DH : dirham, 100 centimes

MAURITANIE (19)
**Nouakchott,** Nouadhibou
UM : ouguiya, 5 khoums

OMAN (12)
**Mascate,** Maṭraḥ
OR : riyal omanien

QATAR (13)
**Al-Dawḥa**
QR : riyal qaṭari, 100 dirhams

SOMALIE (9)
**Mogadishu,** Berbera
SMSH : shilling somalien, 100 centesimi

SOUDAN (7)
**Khartoum,** Port-Soudan, Omdurman
£ SOU : lire soudanaise (guinée), 100 piastres ou 1 000 millièmes

SYRIE (8)
**Damas,** Alep, Homs, Lattaquié
£ SYR : livre syrienne, 100 piastres

TUNISIE (4)
**Tunis,** Bizerte, Sfax, Sousse
DTU : dinar tunisien, 1 000 millimes

YÉMEN DU NORD (20)
**Ṣan'ā,** Hodeida, Ta'izz
YR : riyal du Yémen, 40 buqshahs

YÉMEN DU SUD (21)
**Aden,** Mukallā
DY : dinar du Yémen, 1 000 fils

# Liste des noms de pays لائحة بلدان العالم

Les chiffres renvoient aux listes correspondantes figurant dans la partie arabe-français.

# Organisations internationales المنظمات الدولية

Les chiffres renvoient aux listes correspondantes figurant dans la partie arabe-français.

**A.C.I.** Alliance coopérative internationale, **2**

**A.E.L.E.** Association européenne de libre-échange, **19**

**A.F.I.** Association fiscale internationale, **22**

**AFL** American Federation of Labor, **7**

**A.G.T.D.C.** Accord général sur les tarifs douaniers et le commerce, **10**

**A.I.D.** Association internationale de développement, **51**

**A.I.R.P.** Association internationale des relations publiques, **20**

**A.I.T.** Alliance internationale de tourisme, **4**

**ALECSO** Arab League Educational, Cultural and Scientific Organization, **47**

**A.T.A.I.** Association de transport aérien international, **21**

**B.E.I.** Banque européenne d'investissement, **13**

**B.I.D.** Banque islamique de développement, **12**

**B.I.R.D.** Banque internationale pour la reconstruction et le développement, **15**

**B.I.T.** Bureau international du travail, **35**

**B.P.A.** Bureau permanent d'arabisation, **34**

**B.R.I.** Banque des règlements internationaux, **14**

**C.C.I.** Chambre de commerce international, **27**

**C.E.A.** Commission économique (de l'O. N. U.) pour l'Afrique, **29**

**C.E.A.E.O.** Commission économique (de l'O.N.U.) pour l'Asie et l'Extrême-Orient, **28**

**C.E.C.A.** Communauté européenne du charbon et de l'acier, **18**

**C.E.E.** Communauté économique européenne, **17**

**C.E.E.A.** Communauté européenne de l'énergie atomique (Euratom), **54**

**C.E.E.-UN** Commission économique (de l'O.N.U.) pour l'Europe, **30**

**C.E.S.** Conseil économique et social (de l'O.N.U.), **32**

**C.G.T.** Confédération générale du travail, **6**

**CIA** Central Intelligence Agency, **52**

**C.N.U.C.E.D.** Conférence des Nations unies sur le commerce et le développement, **31**

**E.M.S.F.A.E.** = SHAPE

**EURATOM** = C.E.E.A.

**FAO** Food and Agriculture Organization (UN), **38**

**F.M.I.** Fonds monétaire international, **26**

**F.N.U.E.** = UNICEF

**L.E.A.** Ligue des États arabes, **16**

Marché commun arabe, **24**

Marché commun européen, **23**

**NASA** National Aeronautics and Space Administration, **11**

**NATO** = O.T.A.N.

**O.A.A.** = FAO

**O.C.D.E.** Organisation de coopération et de développement économique, **41**

**O.C.I.** Organisation du congrès islamique, **49**

**O.I.A.C.** Organisation internationale de l'aviation civile, **42**

**O.I.T.** Organisation internationale du travail, **48**

**O.L.P.** Organisation de libération de la Palestine, **40**

**O.M.M.** Organisation météorologique mondiale, **46**

**O.M.S.** Organisation mondiale de la santé, **45**

**O.N.U.** Organisation des Nations unies, **36**

**OPEC** Organization of Petroleum Exporting Countries, **39**

**O.P.E.P.** = OPEC

**O.T.A.N.** Organisation du traité de l'Atlantique Nord, **44**

**O.T.A.S.E.** = SEATO

**O.U.A.** Organisation de l'unité africaine, **50**

**SEATO** Southeast Asia Treaty Organization, **43**

**SHAPE** Supreme Headquarters Allied Powers Europe, **33**

**U.E.O.** Union de l'Europe occidentale, **1**

**U.E.P.** Union européenne des paiements, **8**

**U.F.I.** Union des foires internationales, **9**

**U.I.T.** Union internationale des télécommunications, **3**

**UNESCO** United Nations Educational, Scientific and Cultural Organization, **37**

**UNICEF** United Nations International Children's Emergency Fund, **25**

**U.P.U.** Union postale universelle, **5**

**UNRWA** United Nations Relief and Works Agency (for Palestine Refugees in the Near East), **53**

# Sigles français الرموز الاصطلاحيّة الفرنسيّة

| | |
|---|---|
| A. C. F. | Automobile-Club de France |
| A. F. | Air-France |
| A. F. D. A. | Association française des arabisants |
| A. F. P. | Agence France-Presse |
| A. G. | Assemblée générale |
| A. J. | Auberge de jeunesse |
| A. N. P. E. | Agence nationale pour l'emploi |
| A. S. | Association sportive |
| ASSEDIC | Association pour l'emploi dans l'industrie et le commerce |
| B. C. G. | Bacille bilié Calmette-Guérin |
| B. D. | Bande dessinée |
| B. F. | Banque de France |
| B. N. | Bibliothèque nationale |
| B. O. | Bulletin officiel |
| B. P. | Boîte postale |
| B. P. F. | Bon pour francs |
| B. S. G. D. G. | Breveté sans garantie du gouvernement |
| B. T. S. | Brevet de technicien supérieur |
| B. U. | Bibliothèque universitaire |
| B. U. S. | Bureau universitaire de statistiques |
| C. A. | Corps d'armée |
| C. A. P. | Certificat d'aptitude professionnelle |
| c/c | compte courant |
| C. C. | Corps consulaire |
| C. C. P. | Compte chèques postaux |
| C. C. U. | Comité consultatif des universités |
| C. D. | Corps diplomatique |
| C. E. A. | Commissariat à l'énergie atomique |
| CEDEX | Courrier d'entreprise à distribution exceptionnelle |
| cf. | confer, voir |
| C. F. D. T. | Confédération française démocratique du travail |
| C. F. T. C. | Confédération française des travailleurs chrétiens |
| C. G. A. | Confédération générale de l'agriculture |
| C. G. C. | Confédération générale des cadres |
| C. G. T. | Confédération générale du travail |
| C. G. T.-F. O. | Confédération générale du travail-Force ouvrière |
| C. H. U. | Centre hospitalier universitaire |
| C. I. C. R. | Comité international de la Croix-Rouge |
| Cie | Compagnie |
| C. M. D. | Chef de mission diplomatique |
| C. N. E. S. | Centre national d'études spatiales |
| CNEXO | Centre national d'exploitation des océans |
| C. N. I. T. | Centre national des industries et techniques |
| C. N. P. F. | Conseil national du patronat français |
| C. N. R. S. | Centre national de la recherche scientifique |
| c/o | care of (= aux bons soins de) |
| C. Q. F. D. | Ce qu'il fallait démontrer |
| CRÉDIF | Centre de recherche et d'étude pour la diffusion du français |
| C.-R. F. | Croix-Rouge française |
| CROUS | Centre régional des œuvres universitaires et scolaires |
| C. R. S. | Compagnies républicaines de sécurité |
| C. S. C. U. | Conseil supérieur des corps universitaires |
| C. U. | Charge utile |
| CV | Cheval-vapeur |
| D. A. T. | Défense antiaérienne du territoire |
| D. A. T. A. R. | Délégation à l'aménagement du territoire et à l'action régionale |
| D. B. | Division blindée |
| D. C. A. | Défense contre avions |
| D. E. A. | Diplôme d'études approfondies |
| d° | dito |
| D. O. M. | Département d'outre-mer |
| D. P. L. G. | Diplômé par le gouvernement |
| D. S. T. | Défense et sécurité du territoire |
| E. D. F. | Électricité de France |
| E.-M. | État-major |
| E. N. A. | École nationale d'administration |
| E. N. S. | École normale supérieure |
| E. N. S. I. | École nationale supérieure d'ingénieurs |
| E. R. F. | Église réformée de France |
| E. S. | Éducation surveillée |
| E. V. | en ville |
| F. C. | Football-Club |
| F. E. N. | Fédération de l'Éducation nationale |
| F. L. N. | Front de libération nationale |
| F. M. | Franchise militaire |
| F. N. A. C. | Fédération nationale des anciens combattants |
| F. N. S. E. A. | Fédération nationale des syndicats d'exploitations agricoles |
| G. D. F. | Gaz de France |
| G. Q. G. | Grand quartier général |
| H. E. C. | Hautes études commerciales |
| H. L. M. | Habitation à loyer modéré |
| I. D. H. E. C. | Institut des hautes études cinématographiques |
| I. F. O. P. | Institut français d'opinion publique |
| I. G. N. | Institut géographique national |
| I. L. M. | Immeuble à loyer moyen |
| I. L. N. | Immeuble à loyer normal |
| I. N. A. | Institut national de l'audiovisuel |
| I. N. S. E. E. | Institut national de la statistique et des études économiques |
| I. N. S. E. R. M. | Institut national de la santé et de la recherche médicale |
| J. E. C. | Jeunesse étudiante chrétienne |
| J. M. F. | Jeunesses musicales de France |
| J. O. | Journal officiel |
| J. O. C. | Jeunesse ouvrière chrétienne |
| Me | Maître |
| MF | Modulation de fréquence |
| Mgr | Monseigneur |
| ms. | manuscrit |
| mss | manuscrits |

| | |
|---|---|
| N. B. | Nota bene |
| N.-D. | Notre-Dame |
| N. D. L. R. | Note de la rédaction |
| N. M. P. P. | Nouvelles messageries de la presse parisienne |
| n/o | notre ordre |
| N.-S. J.-C. | Notre-Seigneur Jésus-Christ |
| O. C. D. E. | Organisation de coopération et de développement économique |
| O. I. T. | Organisation internationale du travail |
| O. M. S. | Organisation mondiale de la santé |
| O. N. F. | Office national des forêts |
| O. N. I. S. E. P. | Office national d'information sur les enseignements et les professions |
| O. N. M. | Office national météorologique |
| O. N. U. | Organisation des Nations unies |
| O. P. A. | Offre publique d'achat |
| O. R. T. F. | Office de radiodiffusion - télévision française |
| O. T. A. N. | Organisation du traité de l'Atlantique Nord |
| P. C. | Poste de commandement |
| p. c. c. | pour copie conforme |
| P. C. F. | Parti communiste français |
| P.-D. G. | Président-directeur général |
| P. E. G. C. | Professeur d'enseignement général des collèges |
| P. et T. | Postes et télécommunications |
| p. g. c. d. | plus grand commun diviseur |
| p. i. | par intérim |
| p. j. | pièce jointe |
| P. J. | Police judiciaire |
| Plan ORSEC | Plan d'organisation des secours |
| P. M. | Police militaire |
| P. M. E. | Petites et moyennes entreprises |
| P. M. U. | Pari mutuel urbain |
| P. N. B. | Produit national brut |
| p. o. | par ordre |
| P. O. S. | Plan d'occupation des sols |
| p. p. c. m. | plus petit commun multiple |
| P. R. S. | Parti radical-socialiste |
| P. S. | Parti socialiste |
| P.-S. | Post-scriptum |
| P. S. U. | Parti socialiste unifié |
| P. T. T. | Postes, télécommunications et télédiffusion |
| P. V. | Procès-verbal |
| Q. G. | Quartier général |
| Q. I. | Quotient intellectuel |
| R | Recommandé(e) |
| R. A. T. P. | Régie autonome des transports parisiens |
| R. C. | Registre du commerce |
| R. D. | Route départementale |
| R. E. R. | Réseau express régional |
| R. F. | République française |
| R. M. | Registre des métiers |
| R. N. | Route nationale |
| R. P. | Recette principale |
| R. P. R. | Rassemblement pour la République |
| R. S. V. P. | Répondez, s'il vous plaît |

| | |
|---|---|
| S. A. | Société anonyme<br>Son Altesse |
| S. A. C. | Service d'action civique |
| S. A. F. E. R. | Société d'aménagement foncier et d'établissement rural |
| S. A. M. U. | Service d'aide médicale d'urgence |
| S. A. R. L. | Société à responsabilité limitée |
| S. A. V. | Service après vente |
| s. d. | sans date |
| S. D. E. C. E. | Service de documentation extérieure et de contre-espionnage |
| S. D. N. | Société des Nations |
| S. E. I. T. A. | Service d'exploitation industrielle des tabacs et des allumettes |
| S. F. I. O. | Section française de l'Internationale ouvrière |
| S. G. D. G. | sans garantie du gouvernement |
| S. G. E. N. | Syndicat général de l'Éducation nationale |
| S. I. | syndicat d'initiative |
| S. M. I. C. | Salaire minimum interprofessionnel de croissance |
| S. N. C. F. | Société nationale des chemins de fer français |
| S. N. E. S. | Syndicat national de l'enseignement secondaire |
| S. N. E.-Sup | Syndicat national de l'enseignement supérieur |
| S. N. I. | Syndicat national des instituteurs |
| S. O. F. R. E. S. | Société française d'enquête par la statistique |
| S. P. A. | Société protectrice des animaux |
| S. R. | Service de renseignements |
| S. S. | Sécurité sociale |
| Sté | Société |
| s. v. p. | s'il vous plaît |
| t. | tome |
| T. C. F. | Touring Club de France |
| T. D. | Travaux dirigés |
| T. G. V. | Train à grande vitesse |
| T. L. | Taxe locale |
| T. N. P. | Théâtre national populaire |
| T. O. M. | Territoire d'outre-mer |
| T. P. | Travaux pratiques |
| T. S. F. | Télégraphie sans fil |
| T. S. V. P. | tournez, s'il vous plaît |
| T. V. | Télévision |
| T. V. A. | Taxe à la valeur ajoutée |
| U. E. R. | Unité d'enseignement et de recherche |
| U. N. A. F. | Union nationale des associations familiales |
| U. N. E. F. | Union nationale des étudiants de France |
| U. R. S. S. A. F. | Union pour le recouvrement des cotisations de sécurité sociale et allocations familiales |
| v. | voir, voyez |
| v/c | votre compte |
| v/o | votre ordre |
| v. o. | version originale |
| W.-C. | Water-closet |
| W. R. | Wagon-restaurant |
| X | = anonyme ; nom inconnu |

# Abréviations et rubriques

# الاختزالات الاصطلاحيّة والموادّ

*abrév.* abréviation
*absol.* absolu, absolument
*accus.* accusatif
*adj.* adjectif
*adj. dém.* adjectif démonstratif
*adj. indéf.* adjectif indéfini
*adj. num. cardin.* adjectif numéral cardinal
*adj. num. ordin.* adjectif numéral ordinal
*adj. poss.* adjectif possessif
*adj. rel.* adjectif relatif
*admin.* administration
*adv.* adverbe
*adv. rel.* adverbe relatif
*aéron.* aéronautique
*agr.* agriculture
*algér.* algérien, Algérie
*alphab.* alphabétique
*anat.* anatomie
*arbor.* arboriculture
*arc.* archaïque
*archéol.* archéologie
*archit.* architecture
*arg.* argot
*arm.* armement
*art.* article
*arts graph.* arts graphiques
*astrol.* astrologie
*astron.* astronomie
*atom.* atomique
*autom.* automobile
*aviat.* aviation
*balist.* balistique
*banq.* banque
*bijout.* bijouterie
*biol.* biologie
*boiss.* boisson
*bot.* botanique
*bx-arts.* beaux-arts
*cathol.* catholique, catholicisme
*cf.* comparez (lat. *confer*)
*chass.* chasse
*ch. de f.* chemins de fer
*chim.* chimie
*chir.* chirurgie
*chir. dent.* chirurgie dentaire
*christ.* christianisme
*cin.* cinéma
*circons.* circonstanciel
*class.* classique
*coll.* collectif
*comm.* commerce
*compar.* comparatif
*compl.* complément
*comptab.* comptabilité
*condit.* conditionnel
*conj.* conjonction
*constr.* construction
*cost.* costume
*cout.* couture
*cuis.* cuisine, art culinaire
*cycl.* cyclisme
*déf.* défini
*dém.* démonstratif
*dér.* dérivé
*dialect.* dialectal
*diplom.* diplomatique
*dir.* direct
*dr.* droit
*dr. anc.* droit ancien
*dr. comm.* droit commercial
*ébénist.* ébénisterie
*écon.* économie
*égypt.* égyptien, Égypte
*électr.* électricité
*enseign.* enseignement
*équit.* équitation
*ex.* exemple
*exclam.* exclamation, exclamatif
*f. ou fém.* féminin
*fam.* familier
*féod.* féodalité
*fig.* figuré
*fin.* finances
*fisc.* fiscal, fiscalité
*géod.* géodésie
*géogr.* géographie
*géol.* géologie
*géom.* géométrie
*gramm.* grammaire
*hébr.* hébreu, hébraïque
*hérald.* héraldique
*hist.* histoire
*hist. isl.* histoire islamique
*hist. nat.* histoire naturelle
*horlog.* horlogerie
*hortic.* horticulture
*imp.* imparfait
*impér.* impératif
*impr.* imprimerie
*ind.* indicatif, indirect
*indéf.* indéfini
*industr.* industrie
*inf.* infinitif
*ins.* insecte
*interj.* interjection
*interr.* interrogation, interrogatif
*intr.* intransitif
*inv.* invariable
*iron.* ironique, ironiquement
*isl.* islam
*jeux.* jeux
*jur.* juridique
*lat.* latin
*lib.* libanais, Liban
*ling.* linguistique
*litt.* littéraire, littérature, histoire littéraire
*loc.* locution
*loc. adj.* locution adjective
*loc. adv.* locution adverbiale
*loc. conj.* locution conjonctive
*loc. interj.* locution interjective
*loc. v.* locution verbale
*log.* logique
*l. sout.* langue soutenue
*m. ou masc.* masculin
*maghr.* maghrébin, Maghreb
*m. à m.* traduction littérale (mot à mot)

*mar.* marine
*maroc.* marocain, Maroc
*math.* mathématiques
*mécan.* mécanique
*méd.* médecine
*métall.* métallurgie
*météor.* météorologie
*métriq.* métrique
*métrol.* métrologie
*mil.* militaire
*min.* mines et minières
*minér.* minéralogie
*mobil.* mobilier
*monn.* monnaies
*mus.* musique
*myst.* mystique
*myth.* mythologie
*n.* nom
*négat.* négatif, négation
*n. f.* nom féminin
*n. f. pl.* nom féminin pluriel
*n. m.* nom masculin
*n. m. pl.* nom masculin pluriel
*n. pr.* nom propre
*n. un.* nom d'unité
*ois.* oiseau
*opt.* optique
*orth.* orthographe
*papet.* industrie du papier
*part.* participe
*part. pass.* participe passé
*part. prés.* participe présent
*pathol.* pathologie
*pâtiss.* pâtisserie
*p. cent.* pour cent
*peint.* peinture
*péjor.* péjoratif
*pers.* personne, personnel
*P. et T.* Postes et Télécommunications
*philos.* philosophie
*phon.* phonétique
*phot.* photographie
*phys.* physique
*physiol.* physiologie
*pl. ou plur.* pluriel
*pl.-q.-parf.* plus-que-parfait
*poét.* poétique
*poiss.* poisson
*polit.* politique
*pop.* populaire
*poss.* possessif
*pr.* propre
*précéd.* précédent
*préf.* préfixe
*prép.* préposition
*pron.* pronom
*pron. dém.* pronom démonstratif
*pron. interr.* pronom interrogatif
*pron. pers.* pronom personnel
*pron. rel.* pronom relatif
*prosod.* prosodie
*prov.* proverbe, dicton, sentence, locution
*psychanal.* psychanalyse
*psychiatr.* psychiatrie
*psychol.* psychologie
*qqch* quelque chose
*qqn* quelqu'un
*qqp* quelque part
*radio.* radiodiffusion
*relat.* relatif
*relig.* religion
*rhét.* rhétorique
*scol.* scolaire
*scout.* scoutisme
*sexol.* sexologie
*sing.* singulier
*spécialem.* spécialement
*sport.* sports
*subj.* subjonctif
*subord.* subordination
*suff.* suffixe
*suj.* sujet
*superl.* superlatif
*sylvic.* sylviculture
*syr.* syrien, syriaque, Syrie
*techn.* technique
*technol.* technologie
*télécomm.* télécommunications
*télév.* télévision
*text.* textiles
*théâtr.* théâtre
*théol.* théologie
*tiss.* tissage, tissu
*topogr.* topographie
*tr.* transitif
*trav. publ.* travaux publics
*tr. ind.* transitif indirect
*tunis.* tunisien, Tunisie
*turc.* turc, Turquie
*v.* verbe, voir
*v. impers.* verbe impersonnel
*v. pr.* verbe pronominal
*vétér.* art vétérinaire
*vulg.* vulgaire
*vx.* vieux
*zod.* zodiaque
*zool.* zoologie

# الـمـوافـقـة
# بـيـن الـتـقـويـم الـقـمـري والـتـقـويـم الـشـمـسـي

## Correspondance des calendriers lunaire et solaires

| اليوم | الأشهر القمرية | اليوم | الأشهر الشمسية السريانية | اليوم | الأشهر الشمسية الغريغورية | |
|---|---|---|---|---|---|---|
| السنة الهجرية 1400 | | السنة الميلادية 1979-1980 | | | | |
| 1 | مُحَرَّم | 20 | تِشْرين الثاني | 20 | نُوفَمْبِر | 20 novembre |
| 1 | صَفَر | 20 | كانون الأوَّل | 20 | دِيسَمْبِر | 20 décembre |
| 1 | رَبيع الأوَّل | 18 | كانون الثاني | 18 | يَنايِر | 18 janvier |
| 1 | رَبيع الآخِر | 17 | شُباط | 17 | فَبْرايِر | 17 février |
| 1 | جُمادَى الأُولَى | 18 | آذار | 18 | مارس | 18 mars |
| 1 | جُمادَى الآخِرة | 17 | نِيسان | 17 | أَبْريل | 17 avril |
| 1 | رَجَب | 16 | أَيّار | 16 | مايو | 16 mai |
| 1 | شَعْبان | 15 | حَزِيرَان | 15 | يُونيه. يُونيو | 15 juin |
| 1 | رَمَضان | 14 | تَمُّوز | 14 | يُوليه. يُوليو | 14 juillet |
| 1 | شَوّال | 13 | آب | 13 | أَغُسْطُس | 13 août |
| 1 | ذُو القَعْدة | 11 | أَيْلول | 11 | سِبْتَمْبِر | 11 septembre |
| 1 | ذُو الحِجّة | 11 | تِشْرين الأوَّل | 11 | أُكْتوبِر | 11 octobre |

# Index français-arabe

Les références en chiffres arabes renvoient aux numéros des entrées-bases (1 à 6092) du dictionnaire arabe-français, ces numéros étant rappelés dans les titres courants. Les références en chiffres romains qui suivent parfois les chiffres arabes renvoient à l'ordre traditionnel de la dérivation arabe (cf. précis de grammaire arabe).

## Ordre des mots et présentation

**1.** Les mots français sont classés dans l'ordre alphabétique et imprimés en caractères romains gras.

**2.** On a réuni dans le même paragraphe les termes qui appartiennent à la même famille morphologique et sémantique.

**3.** En tête de chaque paragraphe se trouve le terme considéré comme mot-souche. Ce mot-souche peut entrer intégralement dans la composition de ses dérivés, dans lesquels il apparaît alors sous la forme d'un tilde : ~

**action** *n. f.* (...) **~naire** *n.* (...) **~nement** *n. m.* (...) **~ner** *tr.*
On lira ainsi : **action, actionnaire, actionnement, actionner**

**oubli** *n. m.*, **~er** *tr.*, **~eux, euse** *adj.*
On lira ainsi : **oubli, oublier, oublieux, oublieuse.**

**4.** Certains mots-souches sont divisés en deux segments par un petit trait vertical. Le premier segment est considéré comme la base qui entrera dans la composition des dérivés et apparaîtra sous la forme d'un tilde : ~ ; le deuxième segment est considéré comme un suffixe :

**abu|s** *n. m.* ... **~ser** *tr.* ... **~ser** de *tr. ind.* ... **s'~ser** ... **~sif, ive** *adj.*

**académ|icien, enne** *n.* ... **~ie** *n. f.* ... **~ique** *adj.*

**5.** Les homographes entrent dans des paragraphes différents numérotés en chiffres arabes.

1. **abst|enir (s'), ~ention**
2. **abst|enir (s'), ~inence, ~inent, e**

**6.** Parfois ces homographes ont été conservés dans le même paragraphe, ils sont alors séparés par •

**où** *adv.* ... • *interr.* ... • *relat.* ...
**ouvrir** *tr.* ... • *intr.* ...

**7.** Lorsqu'un mot entre dans un paragraphe comme dérivé sans être appelé par l'ordre alphabétique, il sera repris ensuite à sa véritable place avec un renvoi :

**compos|ant, e** *adj. n.*, **~er** *tr.*, **~ition** *n. f.* ...
1. **composer** *tr.* → COMPOSANT.
2. **compos|er** *tr.*, **~iteur, trice** *n.*, **~ition** *n. f.* ...
3. **compos|er** *intr.*, **~ition,** *n. f.* ...

1. **composition** → COMPOSANT.
2. **composition**→ COMPOSER 2.
3. **composition** → COMPOSER 3.

# الفهرست الفرنسيّ - العربيّ

الأرقام العربية (من **1** الى **6092**) تُرجع القارئ الى الكلمات - الأم العربية الموجودة في المعجم العربي - الفرنسي. هذه الأرقام يُلفَت إليها النظر في العناوين الجارية المسجلة فوق العمود الأول والعمود الأخير لكل مجموعة من صفحتين. أمّا الأرقام الرومانية (من II الى XII) التي تتبع الأولى أحيانا فترجع القارئ الى النظام التقليدي الخاص بالاشتقاق العربي (انظر الى المختصر في النحو العربي : ص 24).

## ترتيب المفردات الفرنسية وطريقة تقديمها

١. المفردات مرتبة حسب الترتيب الأبجدي ومطبوعة بالحروف الرومانية السوداء.

٢. جمعت في نفس الفقرة المفردات التي تنتمي الى نفس العائلة المادّوية والمعنوية.

٣. يوجد في أول كل فقرة اللفظ الذي أُعتُبر كلمة - أمّ وقد يدخل بتمامه في تركيب مفردات مشتقة منه، عندئذ يبدو على صورة **تِلْدة** ~ :

**action** *n.f.* ... ~**naire** *n.* ... ~**nement** *n.m.* ... ~ **ner** *tr* ...

يُقرأ هكذا:

**action, actionnaire, actionnement, actionner**

**oubli** *n.m.*, ~**er** *tr.*, ~**eux, euse** *adj.*

يُقرأ هكذا:

**oubli, oublier, oublieux, oublieuse**

٤. بعض الكلمات - الأم منفصلة على قسمين بواسطة سطر عمودي صغير. يُعتبر القسم الأول أصلًا سيدخل على صورة **تِلْدة** ~ في تركيب المشتقات ويُعتبر القسم الثاني لاحقة:

**abu|s** *n.m.* ... ~**ser** *tr.* ... ~**ser** *tr. ind.* ... **s'**~**ser** ... ~**sif, ive** *adj.* ...

**académ|icien, enne** *n.* ... ~**ie** *n.f.* ... ~**ique** *adj.* ...

٥. الكلمات - الأم المتجانسة تدخل فقرات مختلفة وهي مرقّمة بالأرقام العربية:

**1. abst|enir (s'),** ~**ention**

**2. abst|enir (s'),** ~**inence,** ~**inente**

٦. أُبقيت أحيانا هذه المتجانسات في نفس الفقرة وعند ذلك تفصل بينها ● :

**où** *adv.* ... ● *interr.* ... ● *relat.* ...

**ouvrir** *tr.* ... ● *intr.* ...

٧. قد يدخل اللفظ فقرةً في غير مكانه التابع للترتيب الأبجدي وانما السبب في ذلك راجع الى أنه مشتق من مشتقات هذه الفقرة. سيرد من جديد في مكانه الطبيعي مصحوبا باشارة تُرجع القارئ الى الاول.

**compos|ant,e** *adj. n.*, ~**er** *tr.*, ~**ition** *n.f.* ...

**1. composer** *tr.* → COMPOSANT

**2. compos|er** *tr.*, ~**iteur, trice** *n.*, ~**ition** *n.f.* ...

**3. compos|er** *intr.*, ~**ition** *n.f.* ...

**1. composition** → COMPOSANT.

**2. composition** → COMPOSER 2.

**3. composition** → COMPOSER 3.

**8.** Lorsqu'un mot n'a pas d'équivalent dans le texte arabe du dictionnaire, c'est au synonyme le plus proche que l'on renvoie :

**cerfeuil** *n. m.* = PERSIL ...

## Organisation interne des paragraphes

**1.** Les références numériques données au début du paragraphe correspondent au sens général du mot considéré.

**2.** Sont données entre parenthèses :

— les nuances particulières d'un mot :

**orientation** *n. f.*, **~er** *tr.* ... ; **~ation** (direction) ...

— les utilisations contextuelles d'un adjectif ou d'un verbe :

**opportun, e** *adj.* ... ; (arrivée) ... ; (événement) ... ; (moment) ... ; (remarque) ...
**1. ordonner** (donner un ordre) ...
**2. ordonner** (mettre en ordre) ...

**3.** Les significations spécifiques (techniques, scientifiques, etc.) ou figurées sont indiquées par des abréviations (*Hist. Nat.*, *Fig.*, *Relig.*, etc.) dont on trouvera la liste dans les Annexes.

**4.** Le point (.) marque l'abréviation (*n. m.* = nom masculin, *Bot.* = botanique) ou la fin d'une partie de paragraphe ou d'un paragraphe.

**5.** La virgule (,) signifie la suite de l'explication ou de la référence :

**opul|ence** *n. f.*, **~ent, e** *adj.* 5985, 6069.

**6.** Le point-virgule (;) sépare les différents sens ou nuances ainsi que les expressions :

**ordre** *n. m.* (organisation) ... ; ~ du jour 930, *Mil.* 5413 ; à l'~ de l'armée ...

**7.** La barre oblique (/) indique une alternance de lecture par rapport au mot considéré :

**organis|ation** internationale.../judiciaire.../militaire.../d'un récit.../secrète...

٨. اذا لم توجد لكلمة فرنسية ترجمة خاصة في النص العربي للمعجم فيشار الى كلمة مُرادفة:

**cerfeuil** *n.m.* = PERSIL 5144

## النظام الداخلي للفقرات

١. المراجع العددية الموجودة في أول الفقرة تتعلق بالمعني العام للكلمة المعنيّة.

٢. توجد بين القوسين.

– التدقيقات للمعنى الأساسي:

**orient|ation** *n.f.*, ~**er** *tr.* ...; ~**ation** (direction) ...

– استعمالات الصفة او الفعل المترتبة على السياق:

**1. ordonner** (donner un ordre)
**2. ordonner** (mettre en ordre)
**opportun,e** *adj.* ...; (arrivée) ...; (événement( ...; (moment) ...; (remarque) ...

٣. يشار الى المصطلحات (التقنية. العلمية الخ ...) او المعاني المجازيّة بواسطة مختزلات سيجد القارئ لائحتها في الملحقات.

٤. النقطة (.) تدلّ على الاختزال (*n.m.* = nom masculin, *Bot.* = botanique) أو على نهاية فقرة أو قسم منها.

٥. الفاصلة (,) تدلّ على تتبع الشرح أو المرجع:

**opul|ence** *n.f.*, ~**ent,e** *adj.* 5985, 6069.

٦. النقطة والفاصلة (;) تفصل بين المعاني والعبارات:

**ordre** *n.m.* (organisation) ...; ~ du jour 930, *Mil.* 5413; à l'~ de l'armée ...

٧. السطر المائل (/) يشير الى تعاقب القراءة على أساس الكلمة - الأم:

**organis|ation** internationale ... / judiciaire ... / militaire ... / d'un récit ... / secrète ...

# A

**à** *prép.* 4107, 4740.

**abaiss|ement** *n. m.*, **~er** *tr.* 1584 II; **~er** les paupières 2454 IV/un rideau 2506/une perpendiculaire 5382 IV; *Fig.* 1296. **s'~er** 1584 VII, 5643; *Fig.* 1298 VII; **~** à 1857 V/devant qqn 4719 X. **~eur** *n. m.* (muscle) 1584.

**abandon** *n. m.*, **~ner** *tr.* 5769 IV; **~er** un endroit 3737 III/une course 2478 VII/un combat 2022 VI/les rênes 2046 IV/une position *Mil.* 1046. **~ner** *intr.* 1479. **s'~ner** 2046 VIII/à 2642 X.

**abasourdir** *tr.* 1946 IV.

**abâtardir** *tr.* 3984 IV. **s'~** 1298 VII. 3984.

**abat-|jour** *n. m. inv.*, **~ son** *n. m. inv.* 3611.

**abats** *n. m. pl.* 2617.

**abatt|age** *n. m.*, **~re** *tr.* des animaux 982, 4277/des arbres 4310; **~age** *Fam.* 1424. **~is** *n. m.* 982. **~oir** *n. m. Pr.* et *Fig.* 982. 1913.

**abattant** *n. m.* 3813.

**abattement** *n. m.* 1298 VII, 6036; **~** d'impôts 1584 II.

**1. abattre** *tr.* qqn 3084/un avion 2590 IV/son jeu 4594/un mur 5675/un régime 3385 IV. **s'~** 2590; **~** sur sa proie 4291 VII.

**2. abattre** → ABATTAGE.

**abat-voix** *n. m. inv.* 3611.

**abbasside** *adj.*, *n.* 3427.

**abb|aye** *n. f.* 1894. **~é** *n. m.* 1645.

**A B C** *n. m.* 179.

**abcès** *n. m.* 1490, 1842.

**abdi|cation** *n. f.*, **~quer** *tr.* et *intr.* 5382 VI; (monarque) 3528 VIII; **~quer** devant les difficultés 1479 VI.

**abdom|en** *n. m.*, **~inal, e, aux** *adj.* 497.

**abécédaire** *n. m.* 179.

**abeille** *n. f.* 5333.

**aberr|ant, e** *adj.*, **~ation** *n. f.* 2835; **~ation** *Opt.* 2404, *Astron.* 2404 VII, *Psychol.* 1591 VIII.

**abêt|ir** *tr.*, **~issement** *n. m.* 1455 II. **s'~ir** 1455 V.

**abhorrer** *tr.* 4566.

**abîm|e** *n. m.* 5805; *Fig.* 1293; **~** de science 325 V; au bord de l'~ 2865 IV. **s'~er** en mer 3756.

**abîmer** *tr.* 1531 II. **s'~** 1531; (nourriture) 750, 3984.

**ab intestat** *loc. adj.* 5952.

**abject, e** *adj.*, **~ion** *n.f.* 1851, 2063.

**abjur|ation** *n. f.*, **~er** *tr.* et *intr.* 905, 2047 VIII.

**ablation** *n. f.* 135 X.

**-able** *suff.* 3129, 4161.

**ablette** *n. f.* 2409.

**ablutions** *n. f. pl.* 5953; **~** sèches 6080 V; faire ses **~** 3379 V.

**abnégation** *n. f.* 3219 II.

**aboi|ement** *n. m.* 5268. **~s** *n. m. pl.*: aux **~** 3554 VII, 5904.

**abol|ir** *tr.*, **~ition** *n. f.* 4444 IV; **~ir** un usage 495 IV/une loi 4855 IV.

**abomin|able** *adj.*, **~ation** *n. f.* 2974, 4025.

**abond|ance** *n. f.*, **~ant, e** *adj.*, **~er** intr. 3764, 4503, 5985; **~ant** (paroles) 989, 2714 IV; corne d'**~ance** 1549; vivre dans l'**~ance** 321.

**abonn|ement** *n. m.*, **s'~er** 2867 VIII. **~er** *tr.* 2867 IV.

**abord** *n. m.* 1073; d'**~** 356; tout d'**~** 252; d'un **~** facile 4949 III; aux **~s** de 4198. **~able** *adj.* 5604 VI; (prix) 4161.

**abord|age** *n. m.*, **~er** *tr. Mar.* 3073 III; *Mil.* 4177 VIII; **~er** qqn 337 III/un endroit 4198 VIII/un sujet 3324 V, 5604 VI. **~er** *intr.* 2083.

**aborigène** *adj.*, *n.* 135, 549.

**abortif, ive** *adj.* 1101 IV, 2590 IV.

**aboucher (s')** avec qqn 2918 III.

**abouli|e** *n. f.*, **~que** *adj.* 2223 IV.

**about|ir** *intr.* 5304. **~ir** *tr. ind.* à 5577 VIII; *Fig.* 58 II, 251, 2574 IV. **~issants** *n. m. pl.* 1716. **~issement** *n. m.* 5291.

**aboyer** *intr.* et *tr. ind.* 3696, 5268.

**abracadabrant, e** *adj.* 3460, 3747.

**abras|er** *tr.* 4267. **~if, ive** *adj.* 1326.

**abrég|é** *n. m.*, **~er** *tr.* 1551 VIII, 4802 II, 5857 IV; écrire en **~é** 1525; **~er** une visite 4283 II.

**abreuv|er** *tr.* un animal 2239, 2599; **~** qqn d'injures 2795 IV, 5927 IV. **s'~er** 2239 VIII, 5897. **~oir** *n. m.* 2599, 5897.

**abréviation** *n. f.* 1525, 1551 VIII.

**abri** *n. m.* 204, 259, 4782. **Abribus** *n. m.* 3412.

**abricot** *n. m.*, **~ier** *n. m.* 5093.

**abriter** *tr.* 1377. **s'~** 1377 VIII, 4782.

**abrog|atif, ive** *adj.*, **~atoire** *adj.* 495 IV. **~ation** *n. f.*, **~er** *tr.* 495 IV, 4855 IV.

**abrupt, e** *adj.* 5805; *Fig.* 1023.

**abrut|i, e** *adj.*, *n. Fam.* 550, 571. **~ir** *tr.* 1455. **s'~ir** 550 V. **~issement** *n. m.* 550.

**abscisse** *n. f.* 1197 IV, 2767.

**absen|ce** *n. f.*, **~t, e** *adj.* 3851; *Fig.* 3798. **s'~ter** 3851 V.

**absinthe** *n. f. Bot.* 3014, 3016.

**absolu, e** *adj.* 3357 IV, 4626; valeur **~e** 135. **~ment** *adv.* 1170, 3357 IV, 4310.

**absolution** *n. f.* 3589 IV, 3796.

**absolutisme** *n. m.* 335 X, 3357 IV.

**absor|ber** *tr.* 2842 V, 5097; **~** par voie orale 561, 963/qqn (occupation) 2908, 3756 X. **s'~ber** dans 5768 VII. **~ption** *n. f.* 963, 5097 VIII; *Bot.* 2842 V; capacité d'**~** 5969 X.

**absou|dre** *tr.* 3589 IV, 3796. **~te** *n. f.* 1087.

**1. abst|enir (s')**, **~ention** *n. f.* 4611, 5078 IV, 5195 VIII; (vote) 5541 X. **~entionnisme** *n. m.* **~entionniste** *adj.*, *n.* 5541 X.

**2. abst|enir (s')**, **~inence** *n. f.*, **~inent, e** *adj.* 2377, 3185, 3580; *Myst.* 4271 V, 5905 V.

**abstr|action** *n. f.* 956; faire **~** de 3086, 3778. **~aire** *tr.* 956. **s'~aire** de 3528 VII/dans ses pensées 3756 X. **~ait, e** *adj.* 956 II, 3675.

**absurd|e** *n. m.* 1602, 3428. **~e** *adj.* 2498, 3603. **~ité** *n. f.* 2498.

**abu|s** *n. m.* 2539 IV, 3951 IV; (injustice) 3415; **~** de confiance 204 VIII/de pouvoir 3538 V; faire **~** de 3815 III. **~ser** *tr.* qqn 1474, 3744. **~ser** *tr. ind.* de qqch 2539 IV, 3951 IV/d'une femme 3776; se laisser **~** 3744 VIII. **s'~ser** 1567 IV, 3744 II. **~sif, ive** *adj.* 3538 V, 3951 III.

**abyssin, e** *adj.*, *n.* 1154.

**acabit** *n. m. Péjor.* 3403.

**acacia** *n. m.* 2699; **~** d'Arabie 3350.

**académ|icien, enne** *n.* 3566. **~ie** *n. f.* 1062, 4626; *Enseign.* 5452. **~ique** *adj.* 679 VIII; *Fig.* 4341 III.

**aggrav|ation** *n. f.*, **~er** *tr.* 2827 II. **s'~er** (situation) 103 V, 3906 X; (mal) 2872 X, 4038 VI.
**agha** *n. m.* 143.
**agil|e** *adj.*, **~ité** *n. f.* 1579, 2535.
**agio** *n. m.* 1977. **~tage** *n. m.*, **~ter** *intr.* 3225 III.
**ag|ir** *intr.* 3644, 4026; ~ sur qqn, qqch 31 II; ~ sans discernement 2168; il s'~it de 2779, 4280. **~issement** *n. m.* 3086 V.
**agita|teur** *n. m. Techn.* 4339. **~teur, trice** *n. Polit.* 2903 III, 5810 II.
**agit|ation** *n. f.*, **~er** *tr.* 5496, 5712; **~er** un flacon 1236 II/un mouchoir 4915 II/les ailes 3957/qqn 860 IV/l'esprit 543/le peuple 1246 II. **s'~er** 1137, 3225 VIII; (mer) 5218; ~ dans son lit 5178 II; *Polit.* 5810 V.
**agn|eau** *n. m.* 1371, 1510; *Fig.* 3202. **~elle** *n. f.* 2042.
**agnosie** *n. f.* 3646.
**agnost|icisme** *n. m.*, **~ique** *adj.* 1753, 3837.
**agnus-castus** *n. m. inv.* 4611.
**agon|ie** *n. f.*, **~isant, e** *adj.*, *n.*, **~iser** *intr.* 1294 VIII, 5377 III.
**agonir** *tr.* qqn d'injures 5927 IV.
**agoraphobie** *n. f.* 2202.
**agraf|e** *n. f.*, **~er** *tr.* 12, 1682. **~euse** *n. f.* 1682.
**agraire** *adj.* 81, 2294.
**agrand|ir** *tr.*, **~issement** *n. m.* 4481 II, 5927 II; *Phot.* 3178.
**agréable** *adj.* 1353, 3483; (nourriture) 2988; (sentiment) 4811; (odeur) 3395; (vie) 5777; il m'est ~ de 2515.
**agr|éé, e** *adj.* (distributeur) 3639 VIII. **~éer** *tr.* 2109, 4161; ~ une requête 1110 X.
**agrégat** *n. m.* 2175.
**1. agré|gation** *n. f.*, **~gé, e** *n. Enseign.* 372 II.
**2. agré|gation** *n. f.*, **~ger** *tr.* 3251, 4498 II.
**agrémen|t** *n. m.* 602, 2408; ~ de l'existence 2152 II; donner son ~ 2109, 5986 III. **~ter** *tr.* (décorer) 2283, 2408 II.
**agrès** *n. m. pl.* 3475.
**agress|er** *tr.*, **~ion** *n. f.* 2557, 3482 VIII. **~eur** *n. m.* 5082 III. **~if, ive** *adj.*, **~ivité** *n. f.* 3482; 3977 X.
**agricole** *adj.* 4050.
**agricult|eur, trice** *n.*, **~ure** *n. f.* 2294, 4050.
**agripper** *tr.* 4153, 5078 IV. **s'~** à 3624 V, 5078 V.
**agronom|e** *n. m.*, **~ie** *n. f.*, **~ique** *adj.* 2294.
**agrumes** *n. m. pl.* 1369.
**aguerr|ir** *tr.*, **~issement** *n. m.* 1729 II. **s'~ir** 1729 V.
**aguets (aux)** *loc. adv.* 2097.
**aguichant, e** *adj.* 860 IV.
**ah!** *interj.* 258; ~ si ... ! 2893, 4934.
**ahan** *n. m.*, **~er** *tr.* 5338.
**ahuri, e** *adj.*, **~ssement** *n. m.* 1946, 3773.
**1. aid|e** *n. f.*, **~er** *tr.* 2559 III, 3694 III; appeler à l'**~e** 5308 X; à l'**~e** de 4015; **~er** à 2719 III. **s'~er** mutuellement 4496 VI.
**2. aide** *n.* 2559 III, 3694; ~ de camp 2150 III. **~ - mémoire** *n. m. inv.* 1933 II.
**aïeu|l, e, s** *n.* 914. **~x** *n. m. pl.* 252, 2635.
**aigl|e** *n. m.* 3591; *Fig.* 3435. **~on, onne** *n.* 3591.
**aigr|e** *adj.*, **~eur** *n. f.* 1369; *Fig.* 4812. **~i** *adj. Fig.* 2949. **~ir** *intr.* 1369. **~ir** *tr.* 1369 II.
**aigrette** *n. f.* 4378; *Ois.* 554.
**aigu, ë** *adj.* 1194, 5108; (esprit, regard) 833.
**aiguière** *n. f.* 10.
**aiguill|age** *n. m.*, **~er** *tr. Ch. de f.* 1420 II, 5865 II. **~eur** *n. m.* 1420 II.
**aiguille** *n. f.* 8; *Ch. de f.* 1420 II; *Géogr.* 2129; *Poiss.* 2347; *Bot.* 5668; ~ de montre 3599.
**aiguiller, ~eur** → AIGUILLAGE.
**aiguillon** *n. m.* 8, 3003; *Fig.* 501. **~ner** *tr.* 5764; *Fig.* 1172 X.
**aiguis|er** *tr.* 2677, 2815; ~ l'appétit 860 IV. **~eur, euse** *n.*, **~oir** *n. m.* 2677, 2815.
**ail** *n. m.* 862.
**ail|e** *n. f.* 1080; *Autom.* 2145; *Mil.* ~ gauche 6069/droite 6081/protectrice 4680; battre des **~s** 2145. **~eron** *n. m. Aéron.* 1080; *Zool.* 2312. **~ier** *n. m.* 1080.
**ailleurs** *adv.* 50; par ~ 4015.
**aimable** *adj.* 1314, 5877.
**aiman|t** *n. m. Phys.* 5139. **~tation** *n. f.*, **~té, e** *adj.*, **~ter** *tr.* 5138.
**aimer** *tr.* 1145 IV, 3549; ~ passionnément 3002 VIII/à 3395/que 5877. **s'~** 1145 VI.
**aine** *n. f.* 66.
**aîn|é, e** *adj.*, *n.* 534. **~esse** *n. f.* 534.
**ainsi** *adv.* (comparaison) 1909, 5740; (conséquence) 1939; ~ de suite 1881, 5752; ~ soit-il 204. **~ que** *loc. conj.* 4448.
**1. air** *n. m.* 1108, 5805; en plein ~ 3520.
**2. air** *n. m.* (aspect) 3419, 5808; avoir l'~ de 344, 2801 III; avoir un ~ de fête 602 VII; se donner des **~s** 1956; prendre de grands **~s** 3789 II.
**3. air** *n. m. Mus.* 4798.
**airain** *n. m.* 4342.
**aire** *n. f.* de battage 651/d'atterrissage 2415/de l'aigle 6004; *Géom.* 5073.
**airelle** *n. f.* 3650.
**aisance** *n. f.* (bien-être) 2152, 6069; (élégance) 2091; (facilité) 3357; ~ du style 2627/de la parole 2718; lieux d'**~s** 2220 X.
**aise** *n. f.* 3357; à l'~ 445, 2847 VII; mettre à l'~ 2220 IV; se mettre à l'~ 2220; être mal à l'~ 3274. **~s** *n. f. pl.* 2152.
**aisé, e** *adj.* (facile) 2718; (riche) 6069.
**aisselle** *n. f.* 15.
**ajonc** *n. m.* 1127.
**ajourer** *tr.* 1513 II.
**ajourn|ement** *n. m.*, **~er** *tr.* 44 II, 50 II, 2016 IV; **~er** un paiement 5114 III.
**ajou|t** *n. m.*, **~ter** *tr.* 2399, 3273 IV; **~ter** foi à 3071 III; ne pas **~ter** foi à 4524 II. **s'~ter** 3273 IV.
**ajust|age** *n. m.*, **~ement** *n. m.*, **~er** *tr.* 2744 II, 3209; **~er** une chose à une autre 3296 II. **s'~er** 3296 V. **~eur** *n. m.* 3209 II.
**alacrité** *n. f.* 1424.
**alambic** *n. m.* 216.
**alangu|ir (s')**, **~issement** *n. m.* 1916.
**alarm|e** *n. f.* 2116; sirène d'~ 5367 IV. **~er** *tr.* 1929, 4350 IV. **s'~er** 2116, 4350.
**albâtre** *n. m.* 567.
**albatros** *n. m.* 4306.
**albinos** *adj.*, *n. inv.* 5209.
**albugo** *n. m.* 1318.
**album** *n. m.* 1791.
**albumin|e** *n. f.*, **~eux, euse** *adj.*, **~urie** *n. f.* 2334.
**alcal|i** *n. m.*, **~in, e** *adj.*, **~iniser** *tr.*, **~oïde** *n. m.* 4356.
**alcazar** *n. m.* 4282.
**alcoo|l** *n. m.*, **~mètre** *n. m.* 4512; ~ éthylique 5270. **~lique** *adj.* 4512. **~lique** *n.* 1846 IV. **~test** *n. m.* 5544 X.
**alcôve** *n. f.* 1474.
**aléa** *n. m.* 988 III, 1571 III. **~toire** *adj.* 1372 VIII.
**alêne** *n. f.* 1495.
**alentours** *n. m. pl.* 1115 III, 1408; aux ~ de 1420.
**1. alerte** *adj.* 1579, 2091.
**2. alert|e** *n. f.*, **~er** *tr.* 1208, 5367 IV; **~e** aérienne 1929; donner l'**~e** 1571; cote d'**~e** 103 V; *état d'***~e** 3305. **~er** l'opinion 5287 II.
**alezan** *n. m.* 2923.
**alfa** *n. m. Bot.* 1343.
**algarade** *n. f.* 3842; avoir une ~ 5662 V.
**alg|èbre** *n. f.*, **~ébrique** *adj.* 888.
**algérien, enne** *adj.*, *n.* 977.
**algue** *n. f.* 3301.
**alias** *adv.* 5335 VIII.
**alibi** *n. m.* 1794.
**aliboufier** *n. m.* 4769.
**alidade** *n. f.* 3563.
**alién|abilité** *n. f.*, **~able** *adj. Dr.* 3086 V. **~ation** *n. f.*, **~er** *tr. Dr.* 5177 II; *Philos.* 3747 VIII; **~er** son indépendance 1605 V.
**1. alién|ation** *n. f.*, **~é, e** *n. Psychol.* 1070, 3451.
**2. aliénation, ~er** →ALIÉNABILITÉ.
**align|ement** *n. m.*, **~er** *tr.* 1566 II, 2100, 3100. **s'~er** 2100 VI, 3100 VIII.
**alimen|t** *n. m.* 3330, 3743. **~taire** *adj.* 3743; pension ~ 5501. **~ter** *tr. Techn.* 5020 IV. **s'~ter** 3743 V.
**alinéa** *n. m.* 4033.
**alisier** *n. m.* 3720.
**alisma** *n. m.* 2347. **~cées** *n. f. pl.* 2719.
**alit|ement** *n. m.*, **s'~er** 4817.
**alizés** *n. m. pl.* 3051.
**alkékenge** *n. f.* 4463.
**Allah** 188.
**allait|ement** *n. m.*, **~er** *tr.* 2107 IV.

**ampère** *n. m.* 197. **~mètre** *n. m.* 4437.

**amphib|ie** *adj., n. m.,* **~iens** *n. m. pl.* 409.

**amphibologie** *n. f.* 4762 VIII.

**amphigouri** *n. m.* 3576 III.

**amphithéâtre** *n. m.* 1732 II; (de cours) 2059.

**amphitryon** *n. m.* 3273 IV.

**amphore** *n. f.* 1849.

**ampl|e** *adj.,* **~eur** *n. f.* 3982, 5927, 5985; **~e** (étude) 5987, (vêtement) 4014; **~eur** des dégâts 5029/des sacrifices 1000.

**ampl|ificateur, trice** *adj., n.,* **~ification** *n. f.,* **~ifier** *tr.* 3221 II. **s'~ifier** 2399 VIII. **~itude** *n. f.* 5927.

**ampliation** *n. f.* 5456.

**ampoule** *n. f.* 3042; (flacon) 5265; *Méd.* 5498.

**ampoulé, e** *adj.* (style) 4014.

**amput|ation** *n. f.,* **~é, e** *adj.,* **~er** *tr.* 308.

**amulette** *n. f.* 761.

**amus|ant, e** *adj.* 3215 IV. **~e-gueule** *n. m. inv.* 4161 II. **~ement** *n. m.,* **~er** *tr.* 2644 II, 4908 IV. **s'~er** 2644 V, 4908 V; **~** de qqn 5743 V.

**amygdale** *n. f.* 4918.

**an** *n. m.* 2711, 3423.

**anabolisme** *n. m.* 599 VII.

**anachorète** *n. m.* 5398.

**anachronisme** *n. m.* 3959 III.

**anaérobie** *adj., n. f.* 4741.

**anal, e, aux** *adj.* 109, 2846.

**analectes** *n. m. pl.* 1655 VIII.

**analgés|ie** *n. f.* 1471 IV. **~ique** *adj., n. m.* 1471 II.

**analo|gie** *n. f.,* **~gue** *adj.* 2801 VI; raisonnement par **~gie** 4437. **~gique** *adj.* 4437; (dictionnaire) 1089 VI.

**analphab|ète** *adj., n.,* **~étisme** *n. m.* 194.

**analy|se** *n. f.,* **~ser** *tr.* 1333 II; *Méd.* 3905; *Gramm.* 3493 IV. **~ste** *n.,* **~tique** *adj.* 1333 II.

**anarch|ie** *n. f.,* **~ique** *adj.,* **~isme** *n. m.,* **~iste** *adj., n.* 4096.

**anathème** *n. m.* 4847.

**anatom|ie** *n. f.,* **~ique** *adj.* 2847 II.

**anc|estral, e, aux** *adj.* 745. **~être** *n. m.* 914, 2635. **~êtres** *n. m. pl.* 252, 4186.

**anchois** *n. m.* 570.

**ancien** *n. m.* 2635; les **~**s et les modernes 1602. **~, enne** *adj.,* **~neté** *n. f.* 4186; **~** élève 1490/ministre 2450/temps 3508.

**anc|rage** *n. m.,* **~re** *n. f.* 2083. **~rer** *tr. Mar.* 2083 IV; *Fig.* 2074 II.

**andalou, se** *adj., n.* 220.

**androgy|ne** *adj., n.,* **~nie** *n. f.* 1623.

**ân|e** *n. m.,* **~esse** *n. f.* 1363; **~esse** 25. **~erie** *n. f. Fam.* 2128.

**anéant|ir** *tr.,* **~issement** *n. m.* 3480 IV, 4080 IV; **~ir** l'ennemi 2485.

**anecdote** *n. f.* 1329, 5531.

**aném|ie** *n. f.,* **~ique** *adj.* 1847, 6036. **~ier** *tr.* 1847.

**anémomètre** *n. m.* 4437.

**anémone** *n. f.* 2922.

**anesthés|ie** *n. f.,* **~ier** *tr.* 582 II, 1471 II. **~ique** *adj., n. m.,* **~iste** *n.* 1471 II.

**aneth** *n. m.* 2790.

**anfractuosité** *n. f.* 1123 II.

**ang|e** *n. m.* 5177; être aux **~**s 5422. **~élique** *adj.* 5177.

**angine** *n. f.* 4901 VIII; **~** de poitrine 1913.

**anglais, e** *adj., n.* 228.

**angle** *n. m.* 2393; sous cet **~** 5339.

**angliciser** *tr.* 228.

**angoiss|ant, e** *adj.,* **~er** *tr.* 4350 IV. **~e** *n. f.* 1286, 4350; **~**s 5799.

**angora** *adj.* (animal) 226.

**anguille** *n. f.* 227; il y a **~** sous roche 173.

**angul|aire** *adj.,* **~eux, euse** *adj.* 2393.

**anhydre** *adj.* 4741.

**ânier, ère** *n.* 1363.

**animal, aux,** *n. m.,* **~, e, aux** *adj.* 611, 1424; **~**carnassier 952/domestique 1703/féroce 2448/sauvage 5867. **~cule** *n. m.* 1672. **~ité** *n. f.* 611.

**anim|ateur, trice** *n.* 5416 II. **~ation** *n. f.,* **~er** *tr.* 1424 IV, 5416 II, 5465 IV; *Fig.* 1424. **~é, e** *adj.* (dessin) 1246 V; (discussion) 1376; (marché) 2217. **s'~er** 1246 V, 1672; (regard) 5991 V.

**animis|me** *n. m.,* **~te** *adj., n.* 1424.

**animosité** *n. f.* 516, 3482.

**anion** *n. m.* 1819.

**anis** *n. m.* 222; **~** étoilé 6050.

**ankylos|e** *n. f.,* **s'~er** 1055 V, 3125 V.

**annal|es** *n. f. pl.,* **~iste** *n.* 74 II, 1420.

**anneau** *n. m.* 1346, 1461.

**année** *n. f.* = AN.

**annelé, e** *adj.* 1346.

**annex|e** *adj., n. f.* 679, 1956, 3954. **~er** *tr.,* **~ion** *n. f.* 3251, 4795 IV.

**annihil|ation** *n. f.,* **~er** *tr.* 2941, 3480 IV.

**anniversaire** *adj., n. m.* 1933; **~** de la naissance 6012.

**annonc|e** *n. f.,* **~er** *tr.,* **~iateur, trice** *n.* 3627 IV, 3631 IV, 5266 IV; **~er** une bonne nouvelle 455 II/la mort de qqn 5473. **~iateur** *n. m.* 2078.

**Annonciation** *n. f.* 455.

**annot|ation** *n. f.,* **~er** *tr.* 1280 II, 3624 II.

**annuaire** *n. m.* 4426 II; **~** du téléphone 1809.

**annu|el, elle** *adj.* 2711; (plante) 1420. **~ité** *n. f.* 2710.

**annulaire** *n. m.* 591 ● *adj.* 1346.

**annul|ation** *n. f.,* **~er** *tr.* 495 IV, 3983, 4855 IV; **~er** un jugement 5520.

**anode** *n. f.* 3092.

**anodin, e** *adj.* 3335.

**anomal, e, aux** *adj.* 4437. **~ie** *n. f.* 2835.

**ânon** *n. m.* 907.

**anonym|at** *n. m.* 2461 V. **~e** *adj.* (auteur) 1102; (société) 3798 IV.

**anophèle** *n. m.* 5165.

**anorexie** *n. f.* 1602.

**anormal, e, aux** *adj.* 2835, 3682.

**A.N.P.E.** *n. f.* 5968 II.

**anse** *n. f.* 49, 62; *Géogr.* 1128, 2868.

**antagon|ique** *adj.* 3504 VI. **~isme** *n. m.,* **~iste** *adj., n.* 1555 III, 3482, 3611 III.

**antan (d')** *loc. adj.* 3720.

**antarctique** *adj.* 1073.

**antécédent, e** *adj.* 2450, 4186 V. **~** *n. m.* 2450.

**Antéchrist** *n. m.* 1701.

**antéislamique** *adj.* 1102.

**antenne** *n. f. Radio.* 5808; *Zool.* 2893 X.

**antépénultième** *adj., n. f.* 2450.

**antér|ieur, e** *adj.* 194, 2635. **~iorité** *n. f.* 2450, 4186.

**anthère** *n. f.* 8.

**anthologie** *n. f.* 1655 VIII, 5340 VIII.

**anthrax** *n. m.* 1056.

**anti-** *préf.* 3222, 4426 III.

**anti|aérien, enne** *adj.,* **~asthmatique** *adj.,* **~atomique** *adj.* 3222. **~alcoolique** *adj.* 4614 III.

**antibiotique** *adj., n. m.* 1424, 2060 IV.

**anti|brouillard** *adj., n. m.,* **~cancéreux, euse** *adj.* 3222 III.

**antichambre** *n. f.* 1716, 3755.

**antichar** *adj.* 1672.

**antichoc** *adj.* 3073.

**anticip|ation** *n. f.,* **~er** *tr.* et *intr.* 2450 II, 4186 II; par **~ation** 2635. **~é, e** *adj.* (retraite) 534 IV.

**anti|coagulant, e** *adj., n. m.* 1464 II. **~colonialisme** *n. m.,* **~communisme** *n. m.,* **~conformisme** *n. m.* 4426 III. **~conceptionnel, elle** *adj.* 1372. **~constitutionnel, elle** *adj.* 1759. **~convulsif, ive** *adj.* 2967 V. **~corps** *n. m.* 1000. **~cyclone** *n. m.* 3554 IV.

**antidater** *tr.* 2450 II.

**antidérapant, e** *adj., n. m.* 5195.

**antidote** *n. m.* 720.

**antienne** *n. f.* : la même **~** 5481.

**antiesclavagiste** *adj., n.* 2153.

**antilope** *n. f.* 3405.

**antimilitariste** *adj., n.* 3540.

**antimite** *n. m., adj.* 3453.

**antimoine** *n. m.* 1182.

**antinom|ie** *n. f.,* **~ique** *adj.* 5520 VI.

**antiparasite** *adj. Radio.* 2996 III.

**antipath|ie** *n. f.* 4566, 5490. **~ique** *adj.* 835, 4566.

**antipodes** *n. m. pl.* 4289; aux **~** 5520; *Fig.* 3322.

**antiqu|aire** *n.* 31. **~e** *adj.,* **~ité** *n. f.* 3447, 4186. **~ités** *n. f. pl.* 31.

**anti|rouille** *adj. inv., n. m.,* **~sepsie** *n. f.,* **~septique** *adj., n. m.* 5195.

**antisémit|e** *adj., n.,* **~isme** *n. m.* 2425.

**antispasmodique** *adj., n. m.* 2967 V.

**antitétanique** *adj.* 4575.

**antithermique** *adj.* 5195.

**anti|thèse** *n. f.*, **~thétique** *adj.* 5520 VI.
**anti|toxique** *adj.* 2651. **~trust** *adj. inv.* 1327 VIII. **~tuberculeux, euse** *adj.* 2616. **~vénéneux, euse** *adj.*, **~venimeux, euse** *adj.* 2651.
**antonym|e** *n. m.* 3222. **~ie** *n. f.* 3222 VI.
**antre** *n. m.* 3515.
**anus** *n. m.* 109, 2846.
**anxi|été** *n. f.*, **~eux, euse** *adj.* 4153 VII, 4350.
**aor|te** *n. f.*, **~tique** *adj.*, **~tite** *n. f.* 5846.
**août** *n. m.* 2, 145.
**apais|ement** *n. m.*, **~er** *tr.* 2611 II, 3362, 5667 II; donner des **~ements** 3369 II; **~er** la soif 3336 IV. **s'~er** 2611, 3362 IV, 5667; (douleur) 1579.
**apanage** *n. m.* 1548.
**aparté** *n. m.* 5323 III.
**apartheid** *n. m.* 3663.
**apath|ie** *n. f.*, **~ique** *adj.* 550, 1618; secouer son **~ie** 3720.
**apatride** *adj.*, *n.* 1089.
**apepsie** *n. f.* 5732.
**apercevoir** *tr.* 466 IV, 1969, 4890. **s'~** de 4023, 5287 VIII.
**aperçu** *n. m.* 1066 IV, 3467, 4886 IV.
**apéritif, ive** *adj.*, **~** *n. m.* 2988.
**apeuré, e** *adj.* 1649, 2116.
**aphas|ie** *n. f.*, **~ique** *adj.*, *n.* 1153.
**aphélie** *n. m.* 5521.
**aphorisme** *n. m.* 1328.
**aphrodisiaque** *adj.*, *n. m.* 5467.
**apht|e** *n. m.*, **~eux, euse** *adj.* 4347.
**apical, e, aux** *adj. Ling.* 1953.
**apicult|eur, trice** *n.*, **~ure** *n. f.* 1995 II.
**apito|iement** *n. m.*, **~yer** *tr.* 1378 II, 3572 X. **s'~yer** sur 2035, 2916 IV.
**aplan|ir** *tr.*, **~issement** *n. m.* 2744 II, 5958 II; **~ir** des difficultés 1936 II, 2718 II.
**aplat|i, e** *adj.* (nez) 4021. **~ir** *tr.* 2551 II; **~** du métal 3102. **s'~ir** sur le sol 481 VII; *Fam.* **~** devant qqn 1936 V.
**aplomb** *n. m.* 1986; *Fig.* 3639, 5424 VIII.
**apnée** *n. f.* 5491.
**apocalyp|se** *n. f.*, **~tique** *adj.* 1047; **~se** *Christ.* 1969.
**apocop|e** *n. f.*, **~é, e** *adj.* 991.
**apocryphe** *adj.* 2387 II, 2405 II.
**apodictique** *adj.* 418.
**apodose** *n. f.* 1110.
**apogée** *n. m. Astron.* 239; *Fig.* 1927, 4358.
**apolitique** *adj.* 2732.
**apolo|gétique** *adj.* 353. **~gie** *n. f.*, **~iste** *n.* 1794 III; faire l'**~gie** de 353 II, 4996 II.
**apologue** *n. m.* 4993.
**aponévrose** *n. f.* 3774.
**apophyse** *n. f.* 5290.
**apoplexie** *n. f.* 2602.
**apost|asie** *n. f.*, **~asier** *tr.*, **~at, e** *adj.*, *n. Péjor.* 2047 VIII.
**a posteriori** *loc. adv.*, 504, 948 II, 4197 X.
**apostol|at** *n. m.*, **~ique** *adj.* 2078.
**apostroph|e** *n. f.*, **~er** *tr.* 214 II, 3189; **~e** *Gramm.* 1209.
**apothéose** *n. f.* 1927.
**apothicaire** *n. m.* 3568.
**apôtre** *n. m.* 1407; *Fig.* 1781.
**apparaître** *intr.* 344, 667, 3419; (astre) 3355; **~** au grand jour 1047.
**apparat** *n. m.* 21; **~** critique 3624 II; salle d'**~** 3633.
**appareil** *n. m.* 57, 253, 1099; dans le plus simple **~** 3520; **~** d'un parti 4410; *Admin.* 4426 II. **~lage** *n. m.* 1099. **~ler** *intr. Mar.* 325 IV, 4348 IV.
**appar|ence** *n. f.* 3419; **~** extérieure 5808/de vérité 1372 VIII; se laisser prendre aux **~s** 1474 VII. **~ent, e** *adj.* 1047, 3419; (trompeur) 3178.
**apparent|ement** *n. m.*, **~er** *tr.* 5389. **s'~er** à 4985; *Fig.* 2801 III.
**apparier** *tr.* 4240; *Zool.* 2573 IV.
**appariteur** *n. m.* 1179.
**apparition** *n. f.* 3419; (commencement) 336 VIII; *Fig.* 2791.
**appartement** *n. m.* 2922; (dans un hôtel) 1080.
**apparten|ance** *n. f.* 679; **~** à une organisation 3566. **~ir** *tr. ind.* à qqn 1548/à un parti 5389 VIII/à une famille 5560 VIII; il lui appartient de 1317, 2779.
**appâ|t** *n. m.* 3330; (du gain) 3763 IV. **~ter** *tr.* 1732 X; *Fig.* 3763 IV.
**appauvr|ir** *tr.*, **~issement** *n. m.* 4034 IV.
**appeau** *n. m.* 2180.
**appel** *n. m.*, **~er** *tr.* 1781, 5365 III; **~** d'offres 1732 X/d'air 2478/téléphonique 5650; faire l'**~** 5365 III; faire **~** à 3694 X; faire **~** 2149, *Jur.* 223 X; sans **~** 5577; **~er** à la prière 63/à la grève 1236 II/qqn, qqch d'un nom 2676 II/le médecin 1294 IV/qqn au téléphone 1568 III/à l'aide 3481 X/sous les drapeaux *Mil.* 1082 V; en **~er** à 5410 III. **s'~er**, **~lation** *n. f.* 2676 II.
**appendic|e** *n. m.* 1956; *Anat.* 2399. **~ectomie** *n. f.*, **~ite** *n. f.* 2399.
**appert (il) que** *loc. v.* 5954 VIII.
**appesantir** *tr.*, **s'~** 835; s'**~** sur 5995 V.
**appét|issant, e** *adj.*, **~it** *n. m.* 2988; **~it** de savoir 785/des richesses 1122; avec **~it** 4161; bon **~it !** 5777. **~its** *n. m. pl.* naturels 2988.
**applaud|ir** *tr.*, **~issement** *n. m.* 3111 II; **~ir** à 1270 X.
**appli|cable** *adj.* 3296 V. **~cation** *n. f.*, **~quer** *tr.* 3296 II, 5489 II; en **~cation** 3644; entrer en **~cation** 2547. **~quer** une peine 2630 II. **s'~quer** (loi) 2547.
**1. appli|cation** *n. f.*, **~quer** *tr.* (poser) 5956; **~quer** un baiser 3295/un enduit 3359/l'un contre l'autre 3296 II. **s'~quer** contre 3296 VII.
**2. appli|cation** *n. f.*, **~qué, e** *adj.*, **s'~quer** (au travail) 916, 1097 VIII.
**3. application** → APPLICABLE.
**appoint|age** *n. m.*, **~er** *tr.* 2677.
**appoint|ements** *n. m. pl.*, **~er** *tr.* 1999 II.
**appont|age** *n. m.*, **~er** *intr.* 5643.
**appor|t** *n. m.* 1026; *Fig.* 2719 III. **~ter** *tr.* 1026, 1294 IV; **~** des modifications 1197 IV/sa contribution 1826 IV/son appui 2694 III/des améliorations 3129 IV/tous ses soins à 6019 IV.
**appos|er** *tr.*, **~ition** *n. f.* 5994 II; **~er** un visa 128 II/un cachet 1461/les scellés 5956; **~ition** *Gramm.* 339.
**appréci|able** *adj.* 4445, 4793. **~atif, ive** *adj.*, **~ation** *n. f.*, **~er** *tr.* 4184 II.
**1. appréhender** *tr.* qqn 3209, 4153, 5995 IV.
**2. appréhen|der** *tr.*, **~sion** *n. f.* 1545, 1649.
**apprendre** *tr.* qqch 3355 VIII, 3627 V/une leçon 1741/par cœur 3420 X; **~** qqch à qqn 1449 IV, 3355 IV/une science à qqn 3627 II, 4874 II.
**apprent|i, e** *n.* 3627 V. **~issage** *n. m.* 1729 V, 1732 V, 5060 V.
**apprê|t** *n. m.*, **~ter** *tr.* 1294 II, 3475 IV; *Techn.* 1099 II. **s'~ter** à 3475 X.
**apprivois|ement** *n. m.*, **~er** *tr.* 1703 II. **s'~er** 221 X.
**approba|teur, trice** *adj.*, *n.*, **~tion** *n. f.* 1270 X, 5986 III. **~tif, ive** *adj.* 265 II.
**approch|e** *n. f.*, **~er** *intr.* 1857 III; (nuit) 1080. **~er** *tr.* 1857 IV, 4198 II. **s'~er** 1857; **~** de 4198 VIII.
**approfond|ir** *tr.*, **~issement** *n. m.* 3643 II; *Fig.* 3643 V, 4289 X.
**1. appropri|ation** *n. f.*, **s'~er** 1408 VIII, 5177 V; **s'~er** le pouvoir 335 X.
**2. appropri|ation** *n. f.*, **~é, e** *adj.* 4751 III, 4943; **~é** à 3129, 5389 III. **~er** *tr.* 3296 III, 4730 II.
**approuv|é, e** *adj.* 3071 II. **~er** *tr.* qqn 265 II, 5986 III/qqch 1148 II, 1270 X.
**approvisionn|ement** *n. m.*, **~er** *tr.* 2385 II, 5020 IV, 5233 II; **~er** un appareil 3743 II. **~ements** *n. m. pl.* 4979. **s'~er** 5233 V.
**approximat|ion** *n. f.*, **~ivement** *adv.* 4198 II.
**appu|i** *n. m.* 2176; prendre **~** 6001 VIII; à l'**~** de 799 IV. **~i-tête** *n. m.* 2694. **~yé, e** *adj. Fig.* 4789 IV. **~yer** *tr.* qqch 2694/qqn 265 II, 1778/sur qqch 3243. **s'~yer** 2170 VIII, 2694 VIII, 3639 VIII.
**âpre** *adj.*, **~té** *n. f.* 1365; *Fig.* 3666; (discussion) 1194; (climat) 4262; **~** au gain 1234.
**après** *prép.*, *adv.* 504, 1602, 5913; **~** coup 4088; **~** tout 1419; l'un **~** l'autre 758; d'**~** 5986; d'**~** cela 599; d'**~** lui 1969. **~-demain** *adv.* 3734. **~-midi** *n. m./f. inv.* 3419.
**a priori** *loc. adj.*, *n. m.* 252. **apriorisme** *n. m.* 4161.
**à-propos** *n. m. inv.* 342, 1947.
**apsid|e** *n. f.*, **~al** *adj.* 4163.
**apt|e** *adj.*, **~itude** *n. f.* 233, 3129, 4184, 4612.
**aptère** *adj.*, *n. m.* 1080.
**apurer** *tr.* un compte 3114 II.
**aqua|relle** *n. f.* 2079. **~rium** *n. m.* 1995. **~tique** *adj.* 4952.
**aqueduc** *n. m.* 4391.

**arum** *n. m.* 720.
**as** *n. m. Fam.* 493.
**ascend|ance** *n. f.* (hérédité) 2635; de noble ~ 3508. **~ant, e** *adj.* 3092. **~ant** *n. m.* (ancêtre) 2635; (autorité) 5489.
**ascens|eur** *n. m.* 3092. **~ion** *n. f.* 3092; ~ dans la montagne 2637 V/sociale 2165 VIII. **~ionnel, elle** *adj.* 3092 VI.
**asc|èse** *n. f.*, **~ète** *n.*, **~étisme** *n. m.* 2377, 5398. **~étique** *adj.* 2377; (vie) 4271 V.
**asep|sie** *n. f.*, **~tique** *adj.*, **~tisation** *n. f.*, **~tiser** *tr.* 3379 II.
**asexué, e** *adj.* 1022.
**asiatique** *adj.*, *n.* 126.
**asile** *n. m.* 204, 4782; ~ d'aliénés 2920 X/de nuit 259; chercher ~ auprès de 4782 VIII.
**aspect** *n. m.* 1969, 3419, 5456, 5808; prendre l'~ de 3042 IV.
**asperge** *n. f.* 5758.
**asper|ger** *tr.*, **~sion** *n. f.* 2084, 5436.
**aspérité** *n. f.* 1232; *Fig.* 1544; (du sol) 5972.
**asphal|tage** *n. m.*, **~te** *n. m.*, **~ter** *tr.* 2320.
**asphodèle** *n. m.* 422.
**asphyx|iant, e** *adj.*, **~ie** *n. f.*, **~ier** *tr.* 1636. **s'~ier** 1636 VIII.
**aspic** *n. m. Zool.* 5413.
**aspirant** *n. m.* 2085 II, 2223 IV.
**aspir|ateur** *n. m.* 5097. **~ation** *n. f.*, **~er** *tr.* 2985, 5418; **~er** un liquide 5097 VIII/à 785, 3355 V, 5410. **~é, e** *adj.* (phonème) 1345.
**aspirine** *n. f.* 108.
**assagir** *tr.* 3603 II. **s'~** 3603 V.
**assaill|ant, e** *adj.*, *n.*, **~ir** *tr.* 3482, 5662 III.
**assain|ir** *tr.*, **~issement** *n. m.* 3379 II, 5529 II; **~ir** les mœurs 3129 IV.
**assaisonn|ement** *n. m.*, **~er** *tr.* 681.
**assass|in** *n. m.*, **~inat** *n. m.*, **~iner** *tr.* 3849 VIII, 4169.
**assaut** *n. m.* 4177 VIII, 4291 VII, 5662; *Sport.* 834 III; faire ~ de 5494 III.
**ass|èchement** *n. m.*, **~écher** *tr.* 1017 II.
**assembl|age** *n. m.*, **~er** *tr.* 1062, 2168 II. **~ée** *n. f.* 1038, 1062. **~euse** *n. f. Impr.* 1062 II.
**asséner** *tr.* des coups 808 IV, 2504 II.
**assentiment** *n. m.* 4161, 5986 III; donner son ~ 1110 X.
**asseoir** *tr.* qqch 2083 IV, 4426 IV/qqn 1038 IV. **s'~** 1038, 4320; ~ en tailleur 1987 V; être assis entre deux chaises *Fam.* 2168.
**assermenter** *tr.* 1342 II.
**assert|if, ive** *adj.*, **~ion** *n. f. Ling.* 799 IV; **~ion** (fausse) 1781 VIII, 2311.
**asserv|ir** *tr.*, **~issement** *n. m.* 2153 X, 3429 X.
**assesseur** *n. m.* 2559 III.
**assez** *adv.* : ~ parlé 1262; avoir ~ de 2795; *Fam.* en avoir ~ 4622 ● *interj.* 438, 1598.

**assidu** *adj.*, **~ité** *n. f.* 801 III, 1097 VIII.
**assiéger** *tr.* 1286 III.
**assiette** *n. f.* 3058, 3296; ~ de l'impôt 106.
**assign|ation** *n. f.*, **~er** *tr. Jur.* 1294 X; **~er** qqch 1548 II, 3708 II/une tâche 3950.
**assimil|ation** *n. f.*, **~er** *tr. Ling.* 1787 IV; *Bot.* 4993 V; *Physiol.* 5732; *Fig.* 5969 X; **~er** à 2801 II. **s'~er** à 1829 VII.
**assis, e** *adj.* 1038; *Fig.* bien ~ 2074 II. **~e** *n. f.* 1778, 4320; donner une ~ 106 II.
**assises** *n. f. pl. Jur., Polit.* 200 VIII.
**1. assist|ance** *n. f.* (foule) 1068. **~er** *tr. ind.* à 1294, 2981.
**2. assist|ance** *n. f.* judiciaire 3589 III/sociale 2565 IV/mutuelle 6019 III. **~ant, e** *n. Enseign.* 1741 II. **~ante** *n. f.* sociale 2087 IV. **~é, e** *adj.* : direction **~e** 1778 II. **~er** *tr.* qqn 2559 III, 2565 IV, 3694 III/un prévenu 1794 III.
**associ|ation** *n. f.* 1062, 1986; ~ internationale 5808. **~ié, e** *n.* 2867, 4261 III. **~ier** *tr.* qqch 1062/qqn 2867 IV. **s'~ier** (personnes) 2867 VIII; (choses) 1986 VI; (idées) 1781 VI.
**assoiff|é, e** *adj.** 3571; *Fig.* 3571 V. **~er** *tr.* 3571 II.
**assombr|ir** *tr.*, **~issement** *n. m.* 3415 IV, 4516; *Fig.* 3817. **s'~ir** 4516 V, 4621.
**assomm|ant, e** *adj.*, **~er** *tr. Fig.* 2424 IV, 5162 IV; **~er** *Pr.* 3084.
**assonnance** *n. f.* 2470.
**assort|i, e** *adj.* (de) 3054. **~iment** *n. m.* 1062, 3157 II. **~ir** *tr.* des couleurs 181 II/des choses 5986 III. **s'~ir** 2474 VII, 4751 III.
**assoup|ir (s')**, **~issement** *n. m.* 3799; *Fig.* 2611.
**assoupl|ir** *tr.*, **~issement** *n. m.* 4949 II; *Fig.* 4832 II. **s'~ir** 4949.
**assourd|ir** *tr.*, **~issant, e** *adj.*, **~issement** *n. m.* 3140 IV.
**assouv|ir** *tr.*, **~issement** *n. m.* 2795 IV; **~ir** sa haine 2239 IV/ses désirs 2920.
**assujett|i, e** *adj.*, **~issement** *n. m.* 1563. **~ir** *tr.* 1563 IV, 3429 X.
**assumer** *tr.* une responsabilité 4426/le pouvoir 6019 V/des frais 4618 V.
**assur|ance** *n. f.* (garantie) 204 II; (caution) 3257; (confiance en soi) 5851; (certitude) 6079. **~é, e** *adj.* (regard) 799. **~é, e** *n.* 204 II. **~ément** *adv.* 164. **~er** *tr.* 164 II, 4618. **s'~er** de qqch 1317 V, 6079 V/de qqn 4153. **~eur** *n. m.* 204 II.
**assyr|ien, enne** *adj.*, *n.*, **~iologie** *n. f.* 132.
**aster** *n. m. Bot.* 5321.
**astér|isque** *n. m.*, **~oïde** *n. m.* 5321.
**asthén|ie** *n. f.*, **~ique** *adj.*, *n.* 6036.
**asthm|e** *n. m.*, **~atique** *adj.* 1994.
**astigmat|e** *adj.*, *n.*, **~isme** *n. m.* 287.
**astiquer** *tr.* 4895 II.
**astragale** *n. m. Anat.* 4605; *Bot.* 4504.

**astr|e** *n. m.*, **~al, e, aux** *adj.* 4714, 5321; consulter les **~es** 3355 III.
**astr|eignant, e** *adj.* 1405. **~eindre** *tr.*, **~einte** *n. f.* 4817 IV. **s'~eindre** à 1563, 4817 VIII.
**astring|ence** *n. f.*, **~ent, e** *adj.*, *n. m.* 4153.
**astro|labe** *n. m.* 117. **~logie** *n. f.*, **~logue** *n.* 5321 II. **~naute** *n.*, **~nautique** *n. f.*, **~nef** *n. m.* 4016. **~nome** *n.*, **~nomie** *n. f.*, **~nomique** *adj.* 4060; **~nomique** (table) 2397, (prix) 3904, (chiffre) 5799.
**astuc|e** *n. f.*, **~ieux, euse** *adj.* 4023; *Fam.* 1434; (roublardise) 1870; (plaisanterie) 5531.
**asymétri|e** *n. f.*, **~ique** *adj.* 5456 VI.
**asymptote** *n. f.* 4198 III.
**atavi|que** *adj.*, **~isme** *n. m.* 5894.
**ataxie** *n. f. Méd.* 5397 VI.
**atelier** *n. m.* 3644; ~ de dépannage 1958/d'artiste 2079.
**aterm|oiement** *n. m.*, **~oyer** *intr.* 2243 V.
**athé|e** *adj.*, *n.*, **~isme** *n. m.* 2369.
**athl|ète** *n.*, **~étique** *adj.*, **~étisme** *n. m.* 2230, 4791 IV; **~étique** *Fig.* 3891.
**atlantique** *adj.* 140.
**atlas** *n. m.* 140.
**atmosph|ère** *n. f.* 1108, 5805; *Fig.* 1412 IV. **~érique** *adj.* 1108.
**atoll** *n. m.* 5039.
**atom|e** *n. m.*, **~ique** *adj.*, **~iser** *tr.*, **~isme** *n. m.*, **~iste** *n.* 1918.
**atomiseur** *n. m.* 2084.
**aton|e** *adj.* (regard) 600; (personne) 1618; (voix) 5762; (muscle) 6036. **~ie** *n. f.* 6036.
**atours** *n. m. pl.* : mettre ses plus beaux ~ 3388 V.
**atout** *n. m. Jeux.* 3627.
**âtre** *n. m.* 5991.
**atroc|e** *adj.*, **~ité** *n. f.* 2974, 4025.
**atroph|ie** *n. f.*, **s'~ier** 3256.
**attabler (s')** 1038.
**attach|ant, e** *adj.* (personne) 933; (spectacle) 3892; (livre) 4988 IV. **~e** *n. f.* sentimentale 3624/familiale 5949. **~é, e** *adj.* à 1234. **~ement** *n. m.* 1145; ~ aux institutions 5078 V. **s'~er** à qqn 3549/à qqch 3624 V, 5078 V/aux pas de 4795 III/à un travail 1097 VIII.
**attach|e** *n. f.* 1986, 4431; *Anat.* 4008. **~é, e** *n.* 4795 IV. **~er** *tr.* qqch 1986, 2827/son regard sur 1202 II/du prix à 3702 IV, 6019 IV. **~er** *intr.* 4826. **s'~er** 1986 VIII, 5078 V; (odeur) 1665 II.
**attaqu|ant, e** *n.*, *adj.* 5662 III. **~e** *n. f.*, **~er** *tr.* 2557, 5662; **~e** personnelle 3331, 4182; lancer une **~e** 3842; *Méd.* 5580; **~er** le métal 4214. **s'~er** à 3075 V.
**attard|é, e** *adj.*, *n.*, **s'~er** 50 V, 1602 V; **s'~er** sur un sujet 3393 IV.
**attein|dre** *tr.* 565, 1745 IV; ~ qqn (mal) 5072/une cible 3169 IV/ses objectifs 1317 II. **~te** *n. f.* 3331; ~ à la réputation 3009 II/à la sûreté de l'État 3482 VIII; porter ~ à 1591 IV, 5072.

**à-valoir** *n. m. inv.* 2635.
**1. avanc|e** *n. f.*, **~er** *tr. Fin.* 2635 II, 4213.
**2. avanc|e** *n. f.*, **~er** *tr.* 4186 II; d'**~e**, en **~e** 5971; **~er** la main 5020/une idée 1826 IV. **~é,e** *adj.* (âge, pays) 4186 V. **~ement** *n. m.*, **~er** *intr.* 4186 V; **~er** à pas de géant 1577/par degrés 1732/dans la hiérarchie 2165 V/à pas de loup 2615/à l'intérieur de 5983 V; **~er** (dépasser) 5290. **~es** *n. f. pl.* 1807 V.
**avanie** *n. f.* 5803 IV.
**avant** *prép., adv.* 4161; ~ l'heure 256, 5971/midi 2392/peu 3648/et après 2450/J.-C. 6012; mettre en ~ une idée 372 IV; un pas en ~ 2223 ● *adj. inv.* 194 ● *n. m.* 4186 II; *Sport.* 5662; aller de l'~ 4186.
**avantag|e** *n. m.* 4112, 5243 VIII, 5499; à l'~ de 1655; tourner à l'~ de 3129; avoir l'~ sur 4101 V; tirer ~ de 4112 X. **~er** *tr.* 1164 III. **~es** *n. m. pl.* 1270; retirer des ~ 1095; ~ et inconvénients 5499. **~eux, euse** *adj.* 1977, 4112 IV; faire l'~ 513 III.
**avant-|bras** *n. m.* 2559. **~centre** *n. m. Sport.* 5926. **~coureur** *n. m.* 2223 ● *adj. m.* 455. **~dernier, ère** *adj., n.* 50. **~garde** *n. f.* 3355; *Mil.* 4186 II. **~goût** *n. m.* 2450. **~hier** *adv.* 252. **~poste** *n. m.* 1581. **~projet** *n. m.* 2079. **~propos** *n. m.* 5202 II. **~scène** *n. f.* 4186 II. **~toit** *n. m.* 3377. **~veille** *n. f.* 6089.
**avar|e** *adj., n.*, **~ice** *n. f.*, **~icieux, euse** *adj., n. Pr.* 333; *Pr.* et *Fig.* 2812, 3258.
**avar|ie** *n. f. Techn.* 3567, 3573 V; subir une ~ 3224 V. **~ier** *tr.* 3984 IV; *Techn.* 3567 II, 3573 II. **s'~ier** 750, 3984.
**avatar** *n. m.* 3855 V.
**avec** *prép.* 3053, 4107; ~ qqch 278/qqn 5117.
**aveline** *n. f.* 1037.
**avenant** *n. m. Comm.* 4795 IV. **~, e** *adj.* 453, 4832.
**avènement** *n. m.* (arrivée) 4186; (sur le trône) 1038.
**avenir** *n. m.* 251, 4161 X; ~ de l'homme 3194.
**aventur|e** *n. f.*, **s'~er, ~eux, euse** *adj.*, **~ier, ère** *n.* 988 III, 1571 III, 3820 III; chercher l'**~e** 2168; aller à l'**~e** 2849 V; dire la bonne **~e** 3876; d'**~e** 3070.
**avenu, e** *adj.* : nul et non ~ 3691 II.
**avenue** *n. f.* 915, 2862.
**avér|é, e** *adj.* 164 II. **s'~er** 799; il s'avère que 344.
**averse** *n. f.* 5843.
**aversion** *n. f.* 4566, 5490; avoir de l'~ pour 2387 IX.
**avert|i, e** *adj.* (lecteur) 466; (personne) 1396; (spécialiste) 1449 VIII. **~ir** *tr.*, **~issement** *n. m.* 1208 II, 1570 IV, 5367 IV. **~isseur** *n. m. Autom.* 5287 II.
**aveu** *n. m.* 3506 VIII.
**aveugl|ant, e** *adj.* (lumière) 603; (vérité) 1047. **~e** *adj., n.* 3647; *Fig.* 3551. **~ement** *n. m.*, **~er** *tr.* 3647 II; (lumière) 603.
**aviat|eur, trice** *n.*, **~ion** *n. f.* 3397.
**avicult|eur, trice** *n.*, **~ure** *n. f.* 1703.
**avid|e** *adj.*, **~ité** *n. f.* 2870, 5576; **~e** d'argent 1004/de gloire 1234/de pouvoir 3367/de richesse 3571.
**avil|ir** *tr.*, **~issement** *n. m.* 1528 IV, 1936 IV. **s'~ir** 1936 V.
**avion** *n. m.* 3397; prendre l'~ 2168.
**~-cargo** *n. m.* 2821. **~-fusée** *n. m.* 3080.
**aviron** *n. m.* 925, 4191.
**avi|s** *n. m.* 1969; être d'~ que 1944; donner un ~ 5426; demander un ~ 2993 X. **~sé, e** *adj.* (prudent) 1208. **~ser** *tr.* (informer) 1570 IV, 2893 IV, 3627 IV. **s'~ser** de 5287 VIII.
**aviver** *tr.* le feu 37 II/une couleur 5439 II/une douleur 5810 II.
**avocat, e** *n.* 1377 III; *Fig.* 2914. **~-conseil** *n. m.* 2993 X.
**avocette** *n. f.* 5531.
**avoine** *n. f.* 1504, 4219; flocons d'~ 961.
**avoir** *tr.* (disposer de) 3658, 4740, 5177; ~ trente ans 3641; se faire ~ *Fam.* 3725 ● *n. m.* 1408, 5229; *Comptab.* 1904.
**avoisin|ant, e** *adj.*, **~er** *tr.* 1115 III.
**avort|ement** *n. m.*, **~er** *intr.* 1101 IV; *Fig.* 1156; faire **~er** une entreprise 2590 IV. **~on** *n. m.* 2590.
**avou|able** *adj.* 3506 VIII. **~er** *tr.* un sentiment 620/une faute 3506 VIII/une ignorance 4196 IV.
**avril** *n. m.* 11, 5617.
**ax|e** *n. m. Techn.* 1407, 1875; *Math.* 2767; *Fig.* 3639. **~er** *tr.* 2170 II. **~ial, e, aux** *adj.* 1407.
**axillaire** *adj. Anat.* 15.
**axiologie** *n. f.* 4445.
**axiom|atique** *n. f.* 342. **~e** *n. m.* 342, 2642 II.
**ayant droit** *n. m.* 1781 VIII, 3054.
**azerol|e** *n. f.*, **~ier** *n. m.* 2305.
**azimut** *n. m.*, **~al, e, aux** *adj. Astron.* 2653.
**azot|e** *n. m.*, **~é, e** *adj.* 105, 5294.
**azur** *n. m.*, **~é, e** *adj.* 4745.
**azyme** *adj., n. m.* 4020.

# B

**baba** *adj. Fam.* : en rester ~ 1946.
**babeurre** *n. m.* 5016.
**babil** *n. m.*, **~lage** *n. m.*, **~ler** *intr.* 813, 2327.
**babines** *n. f. pl.* du chameau 2911 ; se lécher les ~ *Fam.* 4894.
**babiole** *n. f.* 718.
**bâbord** *n. m. Mar.* 6069.
**babouche** *n. f.* 282, 564.
**babouin** *n. m.* 4205.
**babylonien, enne** *adj.*, *n.*, 281.
**bac** *n. m.* (pot) 1411 ; (bateau) 3430, 3482 II.
**baccalauréat** *n. m.* 531.
**bacchantes** *n. f. pl. Pop.* 2842.
**bâche** *n. f.* 3793.
**bachique** *adj.* (poème) 1613.
**bacill|aire** *adj.*, **~e** *n. m.*, **~ose** *n. f.* 3560 ; **~e** *Ins.* 5265.
**bâcl|age** *n. m.*, **~er** *tr. Fam.* 1485, 2188 II.
**bactéri|cide** *adj.*, **~e** *n. f.*, **~en, enne** *adj.*, **~ologie** *n. f.* 950.
**badaud, e** *n.* 2607 V, 3929 V.
**badge** *n. m.* 2993.
**badiane** *n. f.* 6050.
**badigeon** *n. m.*, **~nage** *n. m.*, **~ner** *tr.* 3359.
**badin, e** *adj.*, **~age** *n. m.*, **~er** *intr.* 1770 III.
**bafouer** *tr.* 3428.
**bafouill|age** *n. m.*, **~er** *tr.* et *intr. Péjor.* 4840.
**bagage** *n. m.* 4988 ; ~ à main 2973 ; plier ~ *Fam.* 2034. **~s** *n. m. pl.* 1401 ; faire ses ~ 1257.
**bagarr|e** *n. f.*, **~er** *intr.*, **se ~er** 2808 III.
**bagatelle** *n. f.* 718.
**bagn|ard** *n. m.* = FORÇAT 2908. **~e** *n. m.* = PÉNITENCIER 2475.
**bague** *n. f.* 1461.
**baguenauder** *intr. Fam.* 3929 V.
**baguette** *n. f.* 4292 ; (de tambour) 4222 ; coup de ~ magique 3225.
**bahrani** *adj.*, *n.* 325.
**baie** *n. f.* (fenêtre) 4693 ; *Géogr.* 1128, 2868 ; *Bot.* 3650.
**baign|ade** *n. f.* 1357 X. **~é, e** *adj.* de larmes 3756 XII. **~er** *tr.* 3790 II ; ~ un enfant 1357 II ; *Fig.* ~ de lumière 3820/de larmes 5366 II. **~er** *intr.* 3693 ; ~ dans son sang 2434. **se ~er, ~eur, euse** *n.* 1357 X. **~oire** *n. f.* 3790.
**bail** *n. m.*, **~ler** *tr.*, **~leur, eresse** *n.* 38 IV ; **~eur** de fonds 5229 II.
**bâill|ement** *n. m.*, **~er** *intr.* 796 VI.
**bâillon** *n. m.*, **~ner** *tr.* 4649 ; *Fig.* 1496 IV.
**bain** *n. m.* 1357 X ; ~ de soleil 2956 ; salle de **~s** 1357.
**baïonnette** *n. f.* 1221.
**baïram** *n. m.* ; petit ~ 3700 ; grand ~ 4020.
**baisemain** *n. m.* 4159 II.
**bais|er** *tr.*, **~er** *n. m.* 4159 ; (sur la bouche) 4779.
**baiss|e** *n. f.*, **~er** *intr.* 1869, 5382, 5518, 5643 ; **~e** de température 1584 VII/du niveau de vie 1869 ; **~er** (mer) 983, (son) 1580, (quantité) 4337 ; **~er** dans l'estime de 2590. **~er** *tr.* un prix 1554/la lumière 1579 II/la voix 1584/un rideau 2508/la tête 3285/les yeux 3324 IV. **se ~er** 1397 VII.
**bakchich** *n. m. Pop.* 525.
**bal** *n. m.* 2159.
**balad|e** *n. f.*, **se ~er** *Fam.* 5384 V. **~euse** *n. f.* 3042.
**baladin** *n. m.* 2881.
**balafr|e** *n. f.*, **~er** *tr.* 2806.
**balai** *n. m.* 4676.
**balan|ce** *n. f.* 5921 ; ~ romaine 4162 ; *Comm.* 5921 III. **~cé, e** *adj.* : bien ~ *Pop.* 2091. **~cement** *n. m.* 72 II, 5712 VIII ; ~ des branches 2194 V/d'une phrase 5397 V. **~cer** *tr.* qqch 2194 II/qqn 5040. **~cer** *intr.* (hésiter) 2047 V. **se ~cer** 2018 V, 5712 VIII. **~cier** *n. m.* 5921 III ; *Techn.* 2159. **~çoire** *n. f.* 72.
**balay|age** *n. m.*, **~er** *tr.*, **~eur, euse** *n.*, **~ures** *n. f. pl.* 4676 ; **~er** *Fig.* les nuages 4268/l'ennemi 2802 II.
**balbuti|ement** *n. m.*, **~er** *tr.* et *intr.* 762.
**balbuzard** *n. m.* 2543.
**balcon** *n. m.* 2865.
**baldaquin** *n. m.* 3412.
**bal|eine** *n. f. Zool.* 1399. **~énoptère** *n. m.* 5701.
**balis|age** *n. m.*, **~e** *n. f.*, **~er** *tr.* 4074, 5588 ; **~e** *Mar.* 3341.
**balist|e** *n. f.* 1092. **~ique** *adj.*, *n. f.* 4192 ; engin ~ 3080.
**baliverne** *n. f.* 5688.
**ballant** *n. m.* 2018 V. **~e** *adj.* 1826 II.
**ballast** *n. m.* 2095 ; *Mar.* 3046.
**balle** *n. f.* 4567 ; *Arm.* 2096 ; *Bot.* 4266 ; ~ de caoutchouc 3277/de coton 297 ; ~ perdue 3398/de match 1268.
**ballon** *n. m.* 4567 ; *Aéron.* 3386 VII ; ~ d'essai 5279. **~né, e** *adj.*, **~nement** *n. m.* 5487 VIII.
**ballot** *n. m.* 1257, 2070, 3312 ; *Fam.* 2513.
**ballott|age** *n. m.* 3479 VI. **~ement** *n. m.*, **~er** *tr.* 2015, 5712. **~er** *intr.* 2015 VIII, 5712 VIII.
**ball-trap** *n. m.* 2192.
**balné|aire** *adj.* 1357. **~othérapie** *n. f.* 1357 X.
**balourd** *n. m. Mécan.* 1591 VIII. **~, e** *adj.*, **~ise** *n. f.* 835, 1512.
**balsam|ier** *n. m.*, **~ine** *n. f.*, **~ique** *adj.* 552.
**balustrade** *n. f.* 1726.
**bambin** *n. m. Fam.* 3340.
**bambou** *n. m.* 1657 ; coup de ~ *Fam.* 1453.
**ban** *n. m.* : mettre au ~ 5503.
**banal, e, als** *adj.*, **~iser** *tr.*, **~ité** *n. f.* 350 VIII.
**banan|e** *n. f.*, **~eraie** *n. f.*, **~ier** *n. m.* 5221.
**banc** *n. m.* 4320 ; ~ de pierre 5100/de rocher 2889/de sable 3216/de corail 2100/de poissons 2519.
**bancaire** *adj.* 3086.
**bancal, e, als** *adj.* 3680 IX.
**band|age** *n. m.*, **~e** *n. f.*, **~er** *tr. Méd.* 1257, 3254 ; **~age** de roue 138 ; **~e** molletière 1966/dessinée 3178 II/magnétique 2860/d'animaux 2519/d'hommes 2346/de voleurs 3552 ; faire **~e** à part 5339 VIII. **~eau** *n. m.* 3552 ; *Fig.* avoir un ~ sur les yeux 3774.
**1. bander** *tr.* ses muscles 1309 V/un câble 3373 II/un arc 5845 II.
**2. bander** → BANDAGE.
**banderole** *n. f.* 1968.
**bandit** *n. m.* 4310.

**bandoulière** *n. f.* 5307; en ~ 5937 V.
**banian** *n. m. Bot.* 794.
**banlieu|e** *n. f.*, **~sard, e** *n. Fam.* 3199.
**bann|i, e** *adj.*, *n.*, **~ir** *tr.*, **~issement** *n. m.* 3312, 5503.
**bannière** *n. f.* 654, 1968; se ranger sous la ~ 4930.
**banqu|e** *n. f.* 596. **~ier** *n. m.* 3086. **~eroute** *n. f.* 4053 IV.
**banquet** *n. m.* 54, 6016.
**banquette** *n. f.* 4320.
**baobab** *n. m.* 682.
**bapt|ême** *n. m.*, **~iser** *tr.*, **~ismal, e, aux** *adj.*, **~istère** *n. m.* 3638; **~ême** du feu 534.
**baquet** *n. m.* 2176; *Autom.* siège ~ 4414 II.
**bar** *n. m.* (cabaret) 286, 1143.
**baragoui|n** *n. m.*, **~ner** *tr.* et *intr.* 2114.
**baraka** *n. f. Fam.* 400.
**baraque** *n. f.* 1536 II, 4702. **~ment** *n. m.* 837, 3653.
**baraquer** *intr.* (chameau) 399.
**baratt|e** *n. f.*, **~er** *tr.* 5016.
**barb|ant, e** *adj.*, **~er** *tr. Fam.* 3212 V, 5162 IV.
**barbar|e** *adj.*, **~ie** *n. f.* 5867; **~e** (mot) 1409. **~isme** *n. m.* 4798.
**barb|e** *n. f. Anat.* 4799; *Bot.* 3003; rire à la ~ de 1932; rire dans sa ~ 3425. **~u, e** *adj.* 4799.
**barbeau** *n. m. Poiss.* 627.
**barbelé, e** *adj.* (fil de fer) 3003.
**barber** → BARBANT.
**barbier** *n. m.* 1188, 1345.
**barboter** *intr.* (canard) 480; *Chim.* 520.
**barbouiller** *tr.* 1485, 4914 II.
**barbu** → BARBE.
**barda** *n. m. Fam.* 1401.
**barder** *intr.* : ça ~e *Pop.* 1376.
**bardot** *n. m. Zool.* 4705.
**barême** *n. m.* 930; ~ des prix 4426.
**barge** *n. f.* 3153.
**baril** *n. m.* 411. **~let** *n. m.* 1181.
**bariol|age** *n. m.*, **~er** *tr.* 395.
**bar|maid** *n. f.*, **~man** *n. m.* 2599.
**barom|ètre** *n. m.*, **~étrique** *adj.* 3243, 4437.
**barque** *n. f.* 2388, 4061, 4199; bien mener sa ~ 1080.
**barrage** *n. m.* 2503; ~ de police 1184.
**barre** *n. f.* 4292; ~ de fermeture 2000/à mine 3691/de plongée 2613; *Jur.* 1184; *Mar.* 1789; avoir ~ sur 3805 V; ~s parallèles 5922 VI.
**barreau** *n. m.* 4292; *Jur.* 1377 III.
**barrer** *tr.* 2503; ~ la route à qqn 3504 VIII/un mot 2880.
**barricad|e** *n. f.* 1184. **~er** *tr.* 2503; ~ une porte 5946 IV. **se ~er** dans 1153 VIII.
**barrière** *n. f.* 1184, 2503; *Fig.* 1420.
**barrique** *n. f.* 307.
**barr|ir** *intr.*, **~issement** *n. m.* 5575.
**1. bas** *n. m. Cost.* 1116; ~ de page 2583.
**2. bas, se** *adj.* 5958; (voix) 1580; (vue) 4625; (pays) 1584 VII; (mer) 1857; (prix) 330; à ~ ! 2590; jeter à ~ 4415 II; mettre ~ 5956; en ~ 687; en ~ âge 3340; au ~ mot 4337; faire main **~se** 6019 X.
**3. bas, se** *adj.*, **~sesse** *n. f.* (moral) 1321, 1936.
**basalt|e** *n. m.*, **~ique** *adj.* 5396.
**basane** *n. f.* 1034.
**basané, e** *adj.* 2580.
**bas-côté** *n. m. Archit.* 1073.
**bascul|e** *n. f.* 4162; chaise à ~ 4339. **~er** *tr.*, **~eur** *n. m.* 4339.
**bas|e** *n. f.* 106, 2170; *Chim.*, *Math.*, *Mil.* 4320; de ~ 252; ouvrages de ~ 194. **~er** *tr.* 106 II; ~ qqch sur 4426 IV.
**bas-fond** *n. m.* 3851; *Mar.* 3216; *Péjor.* = CLOAQUE *Fig.* 287.
**basilic** *n. m. Bot.* 1158.
**basket|-ball** *n. m.* 2615. **~teur, euse** *n.* 4838.
**basques** *n. f. pl.* : être pendu aux ~ de 1956.
**1. basse** *n. f. Mus.* 1098.
**2. basse** → BAS 2,3.
**basse-cour** *n. f.* 1409; animal de ~ 1703.
**bass|in** *n. m.* 1527, 3165; ~ de natation 2434/de radoub 2142; *Anat.*, *Géogr.* 1411. **~ine** *n. f.* 3329. **~iner** *tr.* 4658 II.
**bastion** *n. m.* 359.
**bastingage** *n. m.* = GARDE-FOU 1726.
**bas-ventre** *n. m.* 1465.
**bât** *n. m.* 369; c'est là que le ~ blesse 5964.
**bataill|e** *n. f.* 3513; livrer une ~ 2964. **~er** *intr. Fig.* 928 III. **~on** *n. m.* 4494.
**bâtard, e** *adj.* 1599 VIII ● *n.* (personne) 598; *Pop.* 1247.
**bateau** *n. m.* 2168, 2585; ~ à vapeur 329; prendre le ~ 2168; mener en ~ 4838 VI.
**bateleur, euse** *n.* 5424.
**batelier, ère** *n.* 2168, 4061.
**bât|i, e** *adj.* : bien ~ *Fam.* 599; mal ~ 1827. **~i** *n. m. Techn.* 1372. **~iment** *n. m.* 599, 3641; *Mar.* 2585; **~***s publics* 1332. **~ir** *tr.* 599; ~ sur le roc 2170 II/sur le sable 2182. **~isse** *n. f.*, **~isseur, euse** *n.* 599.
**bâton** *n. m.* 3560; ~ de rouge 3047/ferré 3610; à ~s rompus 2810; mettre des ~s dans les roues 3592. **~net** *n. m.* 3560.
**bâtonnier** *n. m.* 5505.
**batraciens** *n. m. pl.* 3246.
**battage** *n. m.* du grain 1739/des métaux 3324.
**battant** *n. m.* de porte 3084. **~, e** *adj.* : tambour ~ 3297; pluie ~e 5733.
**batt|e** *n. f.* 1878; *Sport.* 3225. **~ement** *n. m.* 1798, 3324; ~ d'ailes 1585/de cœur 5279/des paupières 1593 VIII. **~erie** *n. f. Électr.* 1273; *Mil.* 2519; *Cuis.* 4817. **~eur** *n. m. Cuis.* 1585; *Mus.* 5512. **~euse** *n. f. Agr.* 1739. **~oir** *n. m.* 1878.
**batt|re** *tr.* 3225; ~ qqn 3805/l'ennemi 5720/à plate couture *Fam.* 1293/monnaie 2600/le blé 1739/le tambour 4222/le lait 5016/un tapis 5496/un métal 3324/les cartes 1599/un record 2473 II/le briquet 4182/des mains 3111 II/des ailes 2145; *Fig.* ~ son plein 239/le pavé 1921/les chemins 3225/la campagne *Fam.* 2524/pavillon 5413/en brèche 1709/en retraite 4403 ● *intr.* (porte) 1798; (cœur) 1585. **se ~re** 3225 VI, 4169 VI; ~ les flancs (lion) 1570; *Fig.* 4514. **~u, e** *adj.* (chemin) 3429 II; (yeux) 1916. **~ue** *n. f.* 1409.
**baudet** *n. m.* 1363
**baudrier** *n. m.* 5307.
**baudroie** *n. f.* 3584.
**baudruche** *n. f.* 5052.
**baum|e** *n. m.* 1388; *Bot.* 552. **~ier** *n. m.* 552.
**bavard, e** *adj.*, *n.*, **~age** *n. m.*, **~er** *intr.* 813; **~er** avec 4642 V.
**bav|e** *n. f.*, **~er** *intr.*, **~ette** *n. f.*, **~oir** *n. m.* 2249, 4839; **~e, ~er** (cheval) 2234 II. **~ure** *n. f.* 4829; sans ~ 3720; commettre une ~ *Fam.* 1567.
**bayer** *intr.* aux corneilles *Fam.* 4028.
**bazar** *n. m.* 2738, 4438.
**béant, e** *adj.* (plaie) 5319.
**béat, e** *adj.*, **~itude** *n. f.* 3723. **~ifier** *tr.*, **~ification** *n. f.* 3384 II.
**beau, bel, belle** *adj.* 1065, 2231, 5169; (couleur) 2381; (temps) 3059, 3114; **beau** parleur 1212; le **beau** sexe 4832; le **beau** monde 2165; un **beau** jour/matin 6089; se faire **beau** 225 V; pour les **beaux** yeux de 2727; **belles** paroles *Fig.* 3541. **beau** *n. m.* : c'est du ~ ! 2642; faire le ~ 328. **beau** *adv.* : il fait ~ 1108; tout ~ ! 2223; avoir ~ = VAINEMENT 3428, = BIEN QUE 5117.
**beaucoup** *adv.* (avec un *n. sing.*) 2399, 4481; (avec un *n. pl.*) 3474, 4503; avoir ~ à faire 2175 VI; ~ de bruit pour rien 3302.
**beau-|fils** *n. m.*, **~frère** *n. m.* 3164. **~père** *n. m.* 1355.
**beauté** *n. f.* 1065, 2231, 5169; (belle femme) 1270; (éclat) 2237; ~ des couleurs 2381/des dents 2966/du nez 2948/du temps 3059.
**beaux-arts** *n. m. pl.* 4073.
**bébé** *n. m.* 3340.
**bec** *n. m.* 5512; ~ de plume 2677/de théière 542; tomber sur un ~ *Fam.* 3073 VIII; clouer le ~ *Fam.* 3907 IV.
**bécard** *n. m.* 2364.
**bécass|e** *n. f.* 1696. **~eau** *n. m.* 1103. **~ine** *n. f. Ois.* 2978.
**bec-de-lièvre** *n. m.* 3628.
**bêch|e** *n. f.*, **~er** *tr.* 3527.
**béco|t** *n. m.*, **~ter** *tr. Fam.* 629.
**becqu|ée** *n. f.*, **~eter** *tr.* 5512.
**bed|aine** *n. f.*, **~onnant, e** *adj. Fam.* 4549. **~onner** *intr. Fam.* 4549 IV.
**bédouin, e** *adj.*, *n.*, **~ité** *n. f.* 343.
**bé|e** *adj. f.* : bouche ~ 4028. **~er** *intr.* de surprise 1396.
**bég|aiement** *n. m.*, **~ayer** *tr.* et *intr.*, **bègue** *adj.*, *n.* 671.

**beignet** *n. m.* 2587.
**bel** *adj.* → BEAU.
**bêl|ement** *n. m.*, **~er** *intr.* 827.
**belette** *n. f.* 2536, 3501.
**bélier** *n. m. Zool.* 4486; *Astron.* 1371.
**belladone** *n. f.* 2458.
**bellâtre** *adj.*, *n. m.* 3833.
**1. belle** → BEAU.
**2. belle** *n. f.* 1270, 3839; l'échapper ~ 5322. **~-de-jour** *n. f.*, **~-de-nuit** *n. f. Bot.* 2788. **~-fille** *n. f.*, **~-sœur** *n. f.* 3164. **~-mère** *n. f.* 1355. **~s** *n. f. pl.* : en faire voir de ~ 1952 IV. **~s-lettres** *n. f. pl.* 55.
**belli|cisme** *n. m.*, **~ciste** *adj.*, *n.* 1236 II. **~gérance** *n. f.*, **~gérant, e** *adj.*, *n.*, **~queux, euse** *adj.* 1222.
**belvédère** *n. m.* 3633.
**bénédiction** *n. f.* 400.
**bénéfi|ce** *n. m.* 1977, 4112; au ~ de 1655; tirer ~ de 1095; tirer des ~s 1723 X. **~ciaire** *adj.* 4112 X; marge ~ 1977. **~ciaire** *n. m.* 1317 X. **~cier** *tr. ind.* de 1304, 4112 X, 5499 VIII. **~que** *adj.* 4112 IV, 5499; (jour) 3876.
**benêt** *adj.*, *n. m.* 571.
**bénévole** *adj.* 3390 V, 5002.
**bénin, igne** *adj.* 1361, 1571.
**bén|ir** *tr.* 400 III, 3138 II. **~it, e** *adj.* (eau, pain) 4185 II. **~itier** *n. m.* 971.
**benjamin, e** *n.* 4015 II.
**benjoin** *n. m.* 4769.
**benne** *n. f.* 4175.
**béquille** *n. f.* 3610.
**berbère** *adj.*, *n.* 356.
**bercail** *n. m.* : rentrer au ~ 1297.
**berc|eau** *n. m. Pr.* et *Fig.* 5202; ~ de l'islam 5643/d'un peuple 5964. **~ement** *n. m.*, **~er** *tr.* 5677. **se ~er** d'espoirs 3617 II/d'illusions 3744 VIII.
**berge** *n. f.* 3245.
**berg|er, ère** *n.* 2131. **~erie** *n. f.* 1302, 2286.
**bergeronnette** *n. f.* 1928, 4407.
**berlue** *n. f. Fam.* : avoir la ~ 5321.
**berne** *n. f.* : en ~ 5537 II.
**berner** *tr.* 1474.
**besace** *n. f.* 947, 1489.
**besicles** *n. f. pl.* 3708.
**besogne** *n. f.* 2908, 3844; aller vite en ~ 2953 II.
**besoin** *n. m.* 1401, 3685; au ~ 4296 VIII, 4817; avoir ~ de 1401 VIII, 4034 VIII. **~s** *n. m. pl.* naturels 1401/du service 4301 VIII.
**besti|al, e, aux** *adj.*, **~ité** *n. f.* 611. **~aux** *n. m. pl.* 611, 5096.
**bestiole** *n. f.* 1275, 1672.
**best-seller** *n. m.* 2217.
**bêta, asse** *adj.*, *n.* 3727.
**bétail** *n. m.* 5096.
**bêt|e** *n. f.* 611; ~ féroce 3236/sauvage 5867/de somme 1672/à bon Dieu 1775/noire *Fig.* 500; petite ~ 1672; faire la ~ 3727 VI. **~e** *adj.*, **~ise** *n. f.* 2498, 3727.
**bétel** *n. m.* 770.
**béton** *n. m.* 1497. **~nière** *n. f.* 892, 1599.
**bette** *n. f. Bot.* 2637. **~rave** *n. f.* 2963.
**beugl|ement** *n. m.*, **~er** *intr.* 1643. **~er** *tr. Fam.* 2309, 3189 II.
**beurre** *n. m.* 2263; ~ fondu 2672.
**beuverie** *n. f.* 4286.
**bévue** *n. f.* 5737.
**bey** *n. m.*, **~lical, e, aux** *adj.*, **~licat** *n. m.* 301, 664.
**bi-** *préf.* 854, 1948.
**biais** *n. m.*, **~er** *intr.* 1239 VII, 1427; *Fig.* 1875 III. **en ~** *loc. adv.* 5893. **par le ~ de** *loc. prép.* 3324, 5926.
**bibelot** *n. m.* 688, 3321.
**biberon** *n. m.* 2107.
**bible** *n. f.* 4494.
**biblio|graphie** *n. f.* 2022. **~thèque** *n. f.*, **~thécaire** *n.* 4494.
**bicamérisme** *n. m.* 854.
**bicarbonate** *n. m.* 854.
**bicéphale** *adj.* 1948.
**biceps** *n. m.* 1911, 1948.
**biche** *n. f.* 273.
**bicolore** *adj.* 4929.
**bicoque** *n. f. Fam.* 4702.
**bicorne** *n. m.* 1948.
**bicyclette** *n. f.* 1732.
**bidet** *n. m. Fam.* 370.
**bidon** *n. m.* 3102; *Mil.* 5112.
**bielle** *n. f. Techn.* 1921, 2559.
**1. bien** *n. m.* 1655, 3129; (propriété) 5177, 5229; faire du ~ 4112; faire du ~ à qqn 1270 IV. **~s** *n. m. pl.* matériels 1655/de consommation 4958/de ce monde 4988.
**2. bien** *adj. inv.* 1114, 1270, 3395; être ~ 2220 VIII; un homme ~ 1247 VIII; ~ en chair 5164 VIII/vu 3430 VIII/avec qqn 3624/à vous (épistolaire) 1598 IV ● *adv.* 1114; ~ faire qqch 1114 IV, 1270 IV/gagner sa vie 5927; tant ~ que mal 668; aussi ~ 4015; aussi ~ que 4991; se tenir ~ 4426 X; aller ~ à qqn 4751 III; tout va ~ 2235; ~ plus 538, 3633/sûr 164/des 3295, 3474, 3627; quand ~ même 4909 ● *exclam.* 615, 3395. **~ que** *loc. conj.* 2137, 5117, 5211; si ~ que 1171, 1426.
**bien-|aimé, e** *adj.*, *n.* 1145. **~ être** *n. m.* (matériel) 2046, 2152; (moral) 2220, 5777.
**bienfai|sance** *n. f.*, **~sant, e** *adj.*, **~teur, trice** *n.* 1270 IV; société de **~sance** 1655.
**bienfait** *n. m.* 1065, 1270, 3506; couvrir qqn de ~s 5471.
**bien-|fondé** *n. m.* d'une opinion 2504/d'une mesure 2863. **~fonds** *n. m.* 3598.
**bienheureux, euse** *adj.* 2559 ● *n.* 3395.
**biens** *n. m. pl.* → BIEN 1.
**biensé|ance** *n. f.*, **~ant, e** *adj.* 4943.
**bientôt** *adv.* 3467, 4198, 4337.
**bienveill|ance** *n. f.*, **~ant, e** *adj.* 1964, 3572, 4832; gagner la **~ance** de 1304; traiter avec **~ance** 2150; écouter avec **~ance** 2131 IV.
**bienvenu, e** *adj.*, *n.* : sois le ~ 233, 2031. **~e** *n. f.* : souhaiter la ~ 2031 II.
**1. bière** *n. f. Boiss.* 653, 1007.
**2. bière** *n. f.* (cercueil) 670, 5465.
**biffer** *tr.* 2880.
**bifur|cation** *n. f.*, **~quer** *intr.* 3959 VIII.
**bigaradier** *n. m.* 4479.
**bigarr|é, e** *adj.*, **~er** *tr.*, **~ure** *n. f.* 395.
**bigot, e** *adj.*, *n.*, **~erie** *n. f. Péjor.* 2343.
**bijou** *n. m.*, **~terie** *n. f.*, **~tier, ère** *n.* 1131; ~ *Fig.* 2231.
**bilame** *n. m.* 854.
**bilan** *n. m.* 1262, 5921.
**bilatéral, e, aux** *adj.* 1948; (accord) 854.
**bil|e** *n. f.*, **~iaire** *adj.*, **~ieux, euse** *adj.* 3106, 5035.
**bilharziose** *n. f.* 572.
**bilingu|e** *adj.*, *n.* **~isme** *n. m.* 2384 VIII.
**bilitère** *adj. Ling.* 854.
**bille** *n. f.* 4567; *Techn.* 166.
**billet** *n. m.* 492, 1933 II; ~ doux 2078; prendre un ~ 4310; *Comm.* 2161; ~ au porteur 2694; *Fin.* 5907.
**billevesées** *n. f. pl.* 3241.
**billion** *n. m.* 575.
**billot** *n. m.* 4233.
**bimensuel, elle** *adj.* 2982.
**bimétallisme** *n. m. Écon.* 3481.
**bimoteur** *adj.*, *n. m.* 1948.
**binaire** *adj.* (rythme) 2384 VIII.
**binette** *n. f.* 4186.
**bin|er** *tr.*, **~ette** *n. f. Agr.* 3527.
**binoculaire** *adj.* 854, 1948.
**binôme** *n. m.* 1911.
**biochim|ie** *n. f.*, **~ique** *adj.*, **~iste** *n.* 1424.
**biodégradable** *adj.* 335 II.
**biograph|e** *n.*, **~ie** *n. f.* 701, 2755.
**biolog|ie** *n. f.*, **~ique** *adj.*, **~iste** *n.* 1424.
**biopsie** *n. f.* 1521, 1573.
**biosphère** *n. f.* 1424.
**bioxyde** *n. m.* 854.
**bipartite** *adj.* (accord) 854.
**bipartition** *n. f.* 854.
**bipède** *adj.*, *n.* 1948.
**biplace** *adj.*, *n.* 854, 1948.
**bipolaire** *adj.* 854.
**bipolarité** *n. f.* 854.
**B.I.R.D.** 596.
**bis** *interj.* 4525 II.
**bisannuel, elle** *adj.* 1420 IV.
**bisexuel, elle** *adj.* 854.
**biscornu, e** *adj.* 3680; *Fam.* 3009 II.
**biscuit** *n. m.* 447, 4608.
**bise** *n. f. Fam.* 629.
**bismuth** *n. m.* 435.
**bison** *n. m.* 859.
**bissac** *n. m.* 1489.
**bissec|ter** *tr.*, **~tion** *n. f.*, **~trice** *n. f.* 5429 II.
**bisser** *tr.* 2914.
**bissextile** *adj.* 4484.
**bistouri** *n. m.* 472, 2857.
**bistrot** *n. m. Fam.* 1613; pilier de ~ 2223.
**bitum|e** *n. m.*, **~er** *tr.*, **~ineux, euse** *adj.* 2320, 4434.

**1. boucher** *tr.* 2503; ~ la vue 1179. **se** ~ 2503 VII; ~ les oreilles 3140.

**2. boucher, ère** *n.*, **~ie** *n. f.* 982, 4277; **~ie** *Fig., Péjor.* 1913: faire une **~ie** 982.

**bouchon** *n. m.* 2503; ~ de liège 4067/de circulation = EMBOUTEILLAGE 2281 VIII.

**bouchonner** *tr.* un cheval 1823.

**boucl|e** *n. f.* de ceinture 12, 1159/d'oreilles 1501/de cheveux 4279/d'un fleuve 3572 VII; *Aéron.* 1346 V. **~é, e** *adj.* (cheveux) 3599. **~er** *tr.* sa ceinture 535 II/un quartier 3392 II/le budget 5921 III/qqn *Fam.* 2475; ~e-la! *Pop.* 2604 II. **~er** *intr.* 3891 VII. **~ette** *n. f.* 2290.

**bouclier** *n. m.* 703, 1742; se faire un ~ de 5999 VIII.

**bouddhis|me** *n. m.*, **~te** *adj., n.* 623.

**boud|er** *intr.*, **~erie** *n. f.* 1227. **~eur, euse** *adj.* 3432.

**boudin** *n. m.* 4007; ressort à ~ 1340.

**boudoir** *n. m.* 1472.

**bou|e** *n. f.*, **~eux, euse** *adj.* 5869; **~es** alluviales 3761. **~eux** *n. m. Fam.* 2267.

**bouée** *n. f.* 3341, 3693.

**bouff|ant, e** *adj.* 5487 VIII. **~ée** *n. f.* d'air 5638/de fumée 1794/de parfum 4040/de chaleur 4859/d'orgueil 5487; aspirer une ~ 5491. **~er** *intr.* 5487 VIII. **~er** *tr. Pop.* 4907 VIII; ~ du lion *Fam.* 2448.

**bouff|i, e** *adj.*, **~issure** *n. f.* 2207 V, 5910 V; **~i** d'orgueil 5487 V.

**bouffon** *n. m.* du roi 610. **~, onne** *adj.*, **~nerie** *n. f.* 3215, 5692 II.

**bougainvillée** *n. f.* 1105.

**bougeoir** *n. m.* 2960.

**bougeotte** *n. f. Fam.*: avoir la ~ 4196.

**bouger** *tr.* 1246 II ● *intr.* 1246 V; (dent) 1594 II; (flammes) 2159 VI; ~ en dormant 5178 II; ne pas ~ de place 2250.

**bougie** *n. f.* 2959.

**bougon, ne** *adj., n.*, **~nement** *n. m.*, **~ner** *intr.* 5772.

**bouill|ant, e** *adj.*, **~ir** *intr.*, **~oire** *n. f.* 3816; **~ir** *Fig.* 1137. **~ie** *n. f.* 3553. **~ir** *tr.* 3816 II.

**bouillon** *n. m. Cuis.* 1271; ~ gras 5054/de culture 5267 X; *Fig.* 287. **~nement** *n. m.*, **~ner** *intr.* 4092; *Fig.* 5810; **~ner** de colère 3021 X.

**bouillotte** *n. f.* 1790.

**boulanger, ère** *n.*, **~ie** *n. f.* 1450.

**boule** *n. f.* 4567; en ~ 4498 II; mettre en ~ 4706 II; se mettre en ~ *Pr.* 4706 V, *Fig.* 4395 II; perdre la ~ *Fam.* 3169.

**bouleau** *n. m.* 311.

**boulet** *n. m.* 4567.

**boulette** *n. f.* 4567; ~ de viande 4613.

**boulevard** *n. m.* 915, 2862.

**boulevers|ant, e** *adj.*, **~ement** *n. m.*, **~er** *tr.* 4339, 5712; *Fig.* 1246 II. **~é, e** *adj.* 3225 VIII.

**boulim|ie** *n. f.*, **~ique** *adj.* 3266.

**boulon** *n. m.*, **~nage** *n. m.*, **~ner** *tr.* 1256.

**bouquet** *n. m.* de fleurs 640/d'arbres 1617; *Fig.* ~ du vin 2838; c'est le ~ *Iron.* 5077.

**bouquetin** *n. m.* 790.

**bourb|e** *n. f.*, **~eux, euse** *adj.*, **~ier** *n. m.* 5869; **~ier** *Fig.* 5904.

**bourde** *n. f. Fam.* 5737.

**bourdon** *n. m. Ins.* 3372; faux ~ 5014. **~nement** *n. m.*, **~ner** *intr.* 1853, 3372.

**bourg** *n. m.*, **~ade** *n. f.* 549, 4246.

**bourgeois, e** *adj., n.*, **~ie** *n. f.* 360.

**bourgeon** *n. m.*, **~nement** *n. m.*, **~ner** *intr.* 387.

**bourrade** *n. f.* 2146, 4877.

**bourrage** *n. m.* 1279; ~ de crâne 3249.

**bourrasque** *n. f.* 3557.

**bourre** *n. f.* 1279, 5839.

**bourreau** *n. m.* 1034, 2572.

**bourrelet** *n. m.* 4611.

**bourrelier** *n. m.* 369.

**bourrer** *tr.* 1279; ~ qqn de nourriture 3775 IV/de coups 5927 IV/le crâne 3617 II. **se** ~ de 4602 VIII.

**bourr|icot** *n. m.* 907. **~in** *n. m. Arg.* 370. **~ique** *n. f.* 25; *Fam.* 1363.

**bourru, e** *adj.* 1544.

**1. bours|e** *n. f.* 3076; ~ d'études 5192; *Anat.* 947. **~ier, ère** *n.* 5192.

**2. Bours|e** *n. f. Fin.* 625, 2161; jouer à la ~ 3225 III. **~ier, ère** *adj.* 625. **~icoter** *intr. Fam.* 3225 III.

**boursoufl|é, e** *adj.*, **~er** *tr.*, **~ure** *n. f.* 2207 V, 5487 VIII; *Fig.* 605.

**bouscul|ade** *n. f.*, **~er** *tr.* 1794, 2281. **se ~er** 1794 VI, 2281 VI.

**bouse** *n. f.* de vache 1467.

**boussole** *n. f.* 633.

**1. bout** *n. m.* 3322, 5577; ~ des doigts 579/de la langue 1953/ferré 2270; du ~ des lèvres 5104; au ~ 4289; au ~ du rouleau *Fam.* 3274; à ~ de forces 5573/de patience 3045/de ressources 1434; à ~ portant 4198; de ~ en ~ 3322; venir à ~ de 3805 V; à tout ~ de champ 5989.

**2. bout** *n. m.* (morceau) 4310; ~ de pain 4583; faire un ~ de chemin 2882.

**boutade** *n. f.* 5531.

**boute-en-train** *n. m. inv.* 4043.

**bouteille** *n. f.* 2271, 4131, 4374; mettre en ~ 3426 II, 4374 II; prendre de la ~ *Fam.* 4186 V.

**boutiqu|e** *n. f.*, **~ier, ère** *n.* 1144, 1806.

**bouton** *n. m.* 2284; ~ de porte 166/de radio 3884; *Bot.* 387; *Méd.* 313. **~nage** *n. m.*, **~ner** *tr.* 2284 II. **se ~ner** 2284 V. **~neux, euse** *adj.* 313. **~nière** *n. f.* 3519. **~-pression** *n. m.* 4486.

**boutur|e** *n. f.*, **~er** *intr.* 3992.

**bouvier, ère** *n.* 522.

**bouvreuil** *n. m.* 1788.

**bov|idés** *n. m. pl.*, **~in, e** *adj.*, *n. m.* 522.

**box** *n. m.* 4283; ~ des accusés 4330.

**box|e** *n. f.*, **~er** *tr.* et *intr.*, **~eur** *n. m.* 4882 III.

**boyau** *n. m. Anat.* 5099, 5130; *Mil.* 2287; ~ de raquette 5845.

**boycott** *n. m.*, **~age** *n. m.*, **~er** *tr.* 4310 III.

**bracelet** *n. m.* 2729; ~ de chevilles 1594/de poignet 1843. **~-montre** *n. m.* 2421.

**bractée** *n. f.* 4377.

**brahman|e** *n. m.*, **~ique** *adj.*, **~isme** *n. m.* 417.

**braill|ard, e** *adj., n.*, **~ement** *n. m.*, **~er** *tr.* et *intr.* 2309.

**brain-trust** *n. m.* 2176.

**brai|re** *intr.*, **~ment** *n. m.* 5572.

**braise** *n. f.* 1056.

**brame** *n. f. Techn.* 4498.

**brancar|d** *n. m.*, **~dier** *n. m.* 5524.

**branch|age** *n. m.*, **~e** *n. f. Bot.* 3777; **~e** de lunette 2422; **~e** *Fig.* 2889, 3954. **~ement** *n. m.*, **~er** *tr.* 5949 II. **~er** *intr. Ois.* 902. **~ette** *n. f.* 3777. **~u, e** *adj.* 1872.

**branchies** *n. f. pl.* 1660.

**brandir** *tr.* 4915 II; ~ l'étendard de la révolte 2149.

**brandon** *n. m.* 941.

**branl|ant, e** *adj.* 2306 II, 4352 II. **~e** *n. m.*: mettre en ~ 1246 II. **~er** *intr.* 1594 II.

**braqu|age** *n. m.* 1875; rayon de ~ 3572 VII. **~er** *tr.* une arme 2504 II, 3169 II/les roues 1875 II/le regard 1199. **~er** *intr. Autom.* 3572 VII.

**bras** *n. m. Anat.* 1921, 2559; ~ de mer 2868/d'un fleuve 3954/de fauteuil 2559/de levier 1921; *Fig.* ~ droit 2559; prendre sous le ~ 15 V, dans ses ~ 3668 III; recevoir à ~ ouverts 233 II, 2031 II; avoir sur les ~ 3448; à ~ raccourcis 637; avoir le ~ long 637; rester les ~ croisés 4456. **à ~-le-corps** *loc. adv.* 4797 VIII.

**bras|ero** *n. m.* 1056. **~ier** *n. m.* 26.

**brassage** *n. m.* 1599; ~ des peuples 3164 VII.

**brass|e** *n. f. Métrol.*, **~ée** *n. f.* 637; **~ée** de fleurs 1257.

**brass|er** *tr.* 1599; ~ des affaires 3675 VI. **~erie** *n. f.* 653.

**brav|ache** *n. m.*, *adj.* 3655. **~ade** *n. f.* 1206 V.

**brav|e** *adj.* 448, 945, 2809. **~e** *n. m.* 493; faire le ~ 3419 VI. **~er** *tr.* 1206 V; ~ les interdits 998 VI/les lois 1579 X/la mort 4177 VIII.

**bravo** *n. m.* 1270 IV, 5471.

**bravoure** *n. f.* 448, 945, 2809.

**brebis** *n. f.* 2781, 5462; ~ égarée 3249.

**brèche** *n. f.* 826; battre en ~ 1709; faire une ~ 3884.

**bréchet** *n. m.* 869.

**bredouille** *adj.* 3107; revenir ~ 1578.

**bredouill|ement** *n. m.*, **~er** *tr.* et *intr.* 762.

**bref** *adv.* 1289, 1551 VIII. **~, ève** *adj.* 4283, 4292 VIII; (ton) 1268; (regard) 1573; (exposé) 5857; soyez ~! 3393 IV.

**bretelles** *n. f. pl.* 1372.

**breuvage** *n. m.* 2842.

**breve|t** *n. m.* 2981; ~ d'invention 355. **~té, e** *adj., n.* 2981.
**bréviaire** *n. m.* 2820.
**bric-à-brac** *n. m. inv.* 2590.
**bric et de broc (de)** *loc. adv.* 5889.
**bricole** *n. f.* 733.
**brid|e** *n. f.* 4787; *Techn.* 1986; tenir en ~ 4477; laisser la ~ sur le cou 1160, 3649; à ~ abattue 2046. **~er** *tr.* 4787 IV; *Fig.* 4477.
**brièveté** *n. f.* de la vie 4283/d'un texte 5857 IV.
**brigad|e** *n. f.* 4930; ~ de sapeurs-pompiers 3959/des stupéfiants 2858. **~ier** *n. m.* 3506.
**brigan|d** *n. m.*, **~dage** *n. m.* 4310, 4824.
**briguer** *tr.* un poste 1755.
**1. brillant** *n. m.* = DIAMANT 186.
**2. brill|ant, e** *adj., n. m.*, **~er** *intr.* 182 V, 395, 4895; **~ant** (avenir) 603, (personne) 385, (fête) 615, (soleil) 2866 IV, (éclair) 6022. **~antine** *n. f.* 1867.
**brim|ade** *n. f.*, **~er** *tr.* 3274 III; subir des **~ades** 3625.
**brin** *n. m.* d'herbe 3751/de paille 4263; un ~ de *Fig.* 835, 1918/de folie 5072.
**brindille** *n. f.* 3542.
**bringue** *n. f. Pop.* : faire la ~ 3495.
**bringuebaler** *tr.* et *intr.* 4229.
**brio** *n. m.* 1376.
**brique** *n. f.* 39, 4234; ~ séchée 4768. **~tier** *n. m.* 3383.
**briquer** *tr.* 1823.
**briquet** *n. m.* 4182, 6014; pierre à ~ 2368.
**bris** *n. m.* 4583.
**brise** *n. f.* 5401.
**brise-glace** *n. m. inv.* 1300.
**brise-lames** *n. m. inv.* 4583.
**bris|er** *tr.* 1300, 2485, 4583; *Fig.* ~ une grève 1156 IV/le cœur 3882 II/l'unité 2961/des liens 305/qqn 4369. **~er** *intr.* avec qqn 2181. **se ~er** 1300 V, 2485 VII, 4583 VII; (vagues) 4833 VI. **~ure** *n. f.* 2922, 4583.
**britannique** *adj., n.* 426.
**broc** *n. m.* 10.
**brocant|e** *n. f.*, **~eur, euse** *n.* 2590.
**brocar|d** *n. m. Litt.* 4812. **~der** *tr.* qqn 5665.
**brocart** *n. m.* 1675.
**broch|age** *n. m.*, **~er** *tr.*, **~eur** *n. m.*, **~euse** *n. f. Impr.* 3811 II; *Tiss.* 1675 II, 3313. **~ure** *n. f.* 3207, 4547.
**broch|e** *n. f. Bijout.* 2798; *Cuis.* 2573 II. **~ettes** *n. f. pl.* 4613.
**brochet** *n. m.* 2364.
**broch|eur, ~euse, ~ure** → BROCHAGE.
**brod|er** *tr.*, **~erie** *n. f.* 2283, 5944; (étoffe), **~eur, euse** *n.* 3313.
**bronche** *n. f.* 2889, 4278.
**broncher** *intr.* 3454; ne pas ~ 1246 II.
**bronch|ite** *n. f.*, **~ique** *adj.*, **~itique** *adj.* 2889. **~o-pneumonie** *n. f.* 4901 VIII.
**bronz|age** *n. m.*, **~é, e** *adj.*, **~er** *tr.* 2580. **~er** *intr.* 2658 IX.
**bronze** *n. m.* 423.
**bross|e** *n. f.* 3945. **~er** *tr.* = FROTTER 1326. **se ~er** les dents 2740 II.
**brouette** *n. f.* 3494.
**brouhaha** *n. m.* 3211.
**brouillage** *n. m. Radio.* 2996 II.
**brouillard** *n. m.* 2509, 3205.
**brouill|e** *n. f.* 1602 III. **~er** *tr.* 3609 II; **~er** des personnes 3984 IV/l'esprit 3009 II/la vue 3774 II; **~er** *Radio.* 2996 II. **se ~er** 2798 V; (eau) 3609; (vue) 2389; ~ avec qqn 1602 VI. **~on** *n. m.*, **~onner** *tr.* 2727 II. **~on, ne** *adj., n.* 4096.
**broussaill|es** *n. f. pl.* 1658. **~eux, euse** *adj.* 1786.
**brousse** *n. f.* 1786.
**brouter** *tr.* 2131.
**broutille** *n. f.* 718.
**broy|age** *n. m.*, **~er** *tr.*, **~eur** *n. m.* 3302, 5694; **~er** des couleurs 2491/du noir *Fam.* 2720.
**bru** *n. f.* 4667.
**bruant** *n. m.* 2855.
**brugnon** *n. m.* 2341.
**bruin|e** *n. f.*, **~er** *v. impers.* 2062.
**brui|re** *intr.*, **~ssement** *n. m.* 1305; (vent) 2319.
**bruit** *n. m.* 1890, 3171; ~ de ferraille 3124/de pas 5958/de bottes 5994; **~s** de couloirs 4422; faire du ~ *Pr.* 3211, *Fig.* 3075; beaucoup de ~ pour rien 3302. **~age** *n. m.*, **~eur** *n. m.* 3156 VIII.
**brûl|ant, e** *adj.* 1242; (jour) 4901; (sol) 2187. **~é** *n. m.* 2219. **~é, e** *adj.* : tête **~e** *Fig.* 5792 V. **~e-parfum** *n. m. inv.* 1056. **~e-pourpoint (à)** *loc. adv.* 3896. **~er** *tr.* 1242, 4901; (air chaud) 4859; (fer rouge) 4812; (acide) 4721; ~ les étapes 1118 VI/un signal *Autom.* 1512/les planches *Fig.* 5416/les lèvres (question) 1847. **~er** *intr.* 1242 VIII, 4901; ~ de *Fig.* 4901 VIII/d'amour 5991 VIII. **se ~er** 3139 VIII. **~erie** *n. f.* de café 1368. **~eur** *n. m.* 1242; *Techn.* 5991. **~ot** *n. m.* 1242. **~ure** *n. f.* 1242, 4721.
**brum|e** *n. f.*, **~eux, euse** *adj.* 3205.
**brun, e** *adj., n. m.* 2658. **~i, e** *adj.* (par le soleil) 2580. **~ir** *intr.* 2658 IX.
**brusqu|e** *adj.* (ton) 1023; (personne) 1040, 1544; (geste) 3896. **~er** *tr.* 3467 V; (rudoyer) 1544 III. **~erie** *n. f.* 1040, 1544.
**brut, e** *adj.* 1544; (produit) 252; (revenu) 1066 IV; (pétrole) 1442; (diamant) 3118. **~al, e, aux** *adj.*, **~alité** *n. f.* 2851, 4024, 5867. **~aliser** *tr.* 3261 VIII. **~e** *n. f.* 611, 5867.
**bruyant, e** *adj.* 1890, 3060.
**bruyère** *n. f. Bot.* 1604.
**buanderie** *n. f.* 3771.
**bubo|n** *n. m.*, **~nique** *adj.* 1688.
**buccal, e, aux** *adj.* 4072, 4106.
**bûch|e** *n. f.*, **~eron, onne** *n.* 1299. **~er** *n. m.* (remise) 1299; (supplice) 1242.
**bucolique** *adj.* 2131.
**budg|et** *n. m.*, **~étaire** *adj.* 5921.
**buée** *n. f.* 329.
**buffet** *n. m.* 3187; ~ garni 4286.
**buffl|e** *n. m.*, **~esse** *n. f.* 876.
**buire** *n. f.* 674.
**buis** *n. m.* 524.
**buisson** *n. m.*, **~neux, euse** *adj.* 1786. **~-ardent** *n. m.* 3003.
**bulb|e** *n. m.*, **~eux, euse** *adj.* 468; **~e** rachidien 5346.
**bulldozer** *n. m.* 964.
**bulle** *n. f.* 4037, 5487; ~ papale 355; faire des **~s** 2078 IV.
**bulletin** *n. m.* 667; ~ d'informations 1449/d'abonnement 1933 II/météorologique 5413/de vote 5907.
**bunker** *n. m.* 3603.
**bure** *n. f.* 5073.
**bureau** *n. m.* 1887, 4494; ~ de poste 2170/de placement 5968 II; le deuxième ~ 2889; *Admin.* 4261. **~crate** *n.* 5968 II. **~cratie** *n. f.*, **~cratique** *adj.* 1887. **~cratisation** *n. f.*, **~cratiser** *tr.* 1907.
**buri|n** *n. m.* 5516. **~nage** *n. m.*, **~ner** *tr.* 1308, 5516.
**burlesque** *adj.* 5718.
**burnous** *n. m.* 412.
**bus** *n. m.* 292.
**busard** *n. m. Ois.* 3591, 5047.
**buse** *n. f. Ois.* 457, 2598; *Techn.* 5265; ~ de gicleur 2062.
**bust|e** *n. m.* 3066; (statue) 5429. **~ier** *n. m.* 1372.
**but** *n. m.* 2192, 5673; atteindre son ~ 3717; toucher au ~ 3753; marquer un ~ 3169 IV; sans ~ 5678; dans le ~ 518, 4280; de ~ en blanc 511, 3896.
**but|é, e** *adj.* 3659. **~er** *intr.* sur 3454. **se ~er** 2789 V.
**butin** *n. m.* 2617, 3836.
**butiner** *intr.* 1095; *Fig.* 4868.
**butor** *n. m. Ois.* 5833.
**butt|age** *n. m.*, **~er** *tr.*, **~eur** *n. m.*, **~oir** *n. m. Agr.* 4648.
**butte** *n. f.* 173, 744, 748; en ~ à 3504, 5673 X.
**buvard** *n. m.* 5417.
**buv|ette** *n. f.*, **~eur, euse** *n.* 2842.
**byzantin, e** *adj., n.* 657; *Hist.* 2236.

# C

**carence** *n. f.* 3463, 3685; *Méd.* = MALNUTRITION 3743 II.
**car|ène, ~éner** → CARÉNAGE.
**caress|ant, e** *adj.* 1378; (voix) 2154. **~e** *n. f.*, **~er** *tr.* 4892, 5072; *Fig.* 1770 III; **~er** un projet 4041 II.
**caret** *n. m. Zool.* 4783.
**carg|aison** *n. f.* 1372, 2821. **~o** *n. m.* 2585.
**carguer** *n.* 3394.
**cari** *n. m.* 4455.
**caricatur|al, e, aux** *adj.*, **~e** *n. f.*, **~iste** *n.* 4456, 5718; **~al** (ton) 2496. **~er** *tr.* des propos 3009 II.
**cari|e** *n. f.*, **~é, e** *adj.*, **se ~er** (dent) 2731 II, 5341.
**carillonner** *intr.* 2193.
**carlingue** *n. f.* 4330.
**carmin** *n. m.*, *adj. inv.* 4235.
**carnage** *n. m.* 982, 1913.
**carnassi|er** *n. m.*, **~er, ère** *adj.* 4797. **~ère** *n. f.* 4377.
**carnaval** *n. m.* 2149, 2496.
**carne** *n. f.* 4518.
**carné, e** *adj.* 4797.
**carnet** *n. m.* 1791.
**carnivore** *adj.* 4797.
**caroncule** *n. f. Anat.* 4797; *Zool.* 2119.
**carotide** *n. f.* 2431.
**carotte** *n. f.* 981.
**caroub|e** *n. f.*, **~ier** *n. m.* 1484.
**1. carpe** *n. f.* 2794.
**2. carpe** *n. m.* 3577.
**carpillon** *n. m.* 3934.
**carquois** *n. m.* 1008, 4667.
**carré, e** *adj.*, *n. m.* 1988 II; *Mar.* 3330.
**carreau** *n. m.* 556, 1988 II; (jeu de cartes) 1905; se tenir à ~ *Pop.* 1208.
**carrefour** *n. m.* 3959, 4876 VIII.
**carrel|age** *n. m.*, **~er** *tr.*, **~eur** *n. m.* 556 II.
**carrément** *adv.* 1257, 3079.
**carrer (se)** à sa place 3982 V.
**1. carrière** *n. f.* de pierres 1182.
**2. carrière** *n. f.* (métier) 1240, 5212; ~ diplomatique 2639; officier de ~ 1240 VIII.
**carriole** *n. f.* 3494, 4569.
**carross|able** *adj.* 3429 II. **~erie** *n. f. Autom.* 5821.
**carroy|age** *n. m.*, **~er** *tr.* 1988 II.
**carrure** *n. f.* 3221.
**carry** *n. m.* 4455.
**cartable** *n. m.* 1311, 4367.
**carte** *n. f.* 492, 1933 II; ~ de géographie 1502/à jouer 5907/de restaurant 3330; donner ~ blanche 4095 II; à la ~ 3349; tirer les ~s 3355 X.
**cartel** *n. m.*, **~lisation** *n. f.* 4498 V, 5866 VIII.
**carter** *n. m. Autom.* 1411.
**cartilag|e** *n. m.* **~ineux, euse** *adj.* 3782.
**cartograph|e** *n.*, **~ie** *n. f.* **~ique** *adj.* 1502.
**carton** *n. m.*, **~nerie** *n. f.* 4427 II. **~nage** *n. m.*, **~ner** *tr.* 3811 II. **~-pâte** *n. m.* 5907.
**cartouch|e** *n. f. Mil.* 1503, 4001. **~ière** *n. f.* 4267.
**carvi** *n. m.* 4572.
**cas** *n. m.* 1419; *Jur.* 4296; *Méd.* 3169 IV; ~ de force majeure 4427; faire ~ de 3430 VIII, 3474 VIII; ne faire aucun ~ de 1412, 3426; dans tous les ~ 1372 VIII; en ~ de 5072; au ~ où 4107.
**casanier, ère** *adj.*, *n.* 1341.
**casaque** *n. f.* : tourner ~ *Fam.* 4339.
**casbah** *n. f.* 4279, 4348.
**cascad|e** *n. f.* 2942; ~ de chiffres 2628. **~eur, euse** *n.* 2926 II.
**1. case** *n. f.* (jeu de dames) 1443.
**2. case** *n. f.* (cabane) 4702.
**caséine** *n. f.* 895.
**casemate** *n. f.* 3603.
**caser** *tr.* = DISPOSER 1999 II. **se ~** ≐ S'INSTALLER 4196 X.
**casern|e** *n. f.*, **~ement** *n. m.* 837.
**cash** *adv. Fam.* 5510.
**casier** *n. m.* 1732; ~ judiciaire 2450.
**casino** *n. m.* 4457.
**casque** *n. m.* 1642; ~ d'écoute 2665.
**cassant, e** *adj.* 4583 VIII, 5726; (caractère) 3895.
**cass|ation** *n. f.*, **~er** *tr. Jur.* 5520.
**cassé, e** *adj.* 4583 VII; (vieillard) 5702.
**cass|e** *n. f.*, **~er** *tr.* 1300 II, 4583; *Fig.* **~er** les oreilles 3140 IV/un fonctionnaire 3528/la tête 3067 II; à tout **~er** *Fam.* 2054. **se ~er** 1300 V, 4583 VII; **se ~** le cou 1798 VII/la tête *Fam.* 4182/la figure = TOMBER 2590.
**casse-|cou** *n. m.* 2341; (personne) 5792 V. **~croûte** *n. m. Fam.* 4889. **~noisettes** *n. m. inv.*, **~noix** *n. m. inv.* 2104. **~pieds** *n.*, *adj. Fam.* 2304 IV. **~tête** *n. m. inv.* 1683; *Fig.* 1191, 4851.
**1. casser** → CASSATION.
**2. casser** → CASSE.
**casserole** *n. f.* 3375.
**cassette** *n. f.* 3619; *Techn.* 2473 II, 4459.
**casseur** *n. m.* 2617.
**cassis** *n. m. Bot.* 4599.
**cassolette** *n. f.* 1056.
**cassure** *n. f.* 4583; *Géogr.* 3067.
**castagnettes** *n. f. pl.* 3150.
**caste** *n. f.* 3296.
**castor** *n. m.* 4385.
**castr|at** *n. m*, **~ation** *n. f.*, **~er** *tr.* 1556.
**casuistique** *n. f.* 2576.
**casus belli** *n. m. inv.* 1222.
**cataclysme** *n. m.* 4536.
**catalep|sie** *n. f.*, **~tique** *adj.*, *n.* 1536 V.
**catalo|gage** *n. m.*, **~guer** *tr.* 4083. **~gue** *n. m.* des prix 930/des œuvres 1809.
**cataly|se** *n. f.*, **~ser** *tr.*, **~seur** *n. m.*, **~tique** *adj.* 1309.
**cataplasme** *n. m.* 4826; *Méd.* 4658.
**catapult|age** *n. m.*, **~er** *tr.* = LANCEMENT, LANCER 4192. **~e** *n. f.* 5191.
**cataracte** *n. f.* 1085, 2942; *Méd.* 2454.
**catarrh|al, e, aux** *adj.*, **~e** *n. m.*, **~eux, euse** *adj.*, *n.* 5382.
**catastroph|e** *n. f.* 3899, 4536; c'est une ~ ! 1866, 3360. **~er** *tr.* = FOUDROYER 3094.
**catégor|ie** *n. f.* 1089, 3225, 5598; *Philos.* 4422. **~ique** *adj.* (ton) 991, 4310. **~iquement** *adv.* 305.
**cathédrale** *n. f.* 4450.
**cathéter** *n. m.* 1177.
**cathod|e** *n. f.*, **~ique** *adj.* 5643.
**catholi|cisme** *n. m.*, **~cité** *n. f.*, **~que** *adj.*, *n.* 4507.
**catimini (en)** *loc. adv.* 1587, 1597, 2514.
**cation** *n. m. Phys.* 1819.
**cauchemar** *n. m.*, **~desque** *adj.* 4484.
**caudal, e aux,** *adj.* 1942, 1956.
**causal, el, als** *adj.*, **~ité** *n. f.* 2427, 3617.
**cause** *n. f.* 1794, 2427, 3617; *Dr.* 1781, 4296; ~ nationale 4296; à ~ de 43, 1781; pour la ~ de 2454; en tout état de ~ 1419; faire ~ commune avec 1253 V; prende fait et ~ pour 1408 VII; en connaissance de ~ 466; avoir gain de ~ 1977; mise en ~ 3331.
**1. causer** *tr.* 501, 1197 IV, 2427 II; ~ un scandale 860 IV/des difficultés 1026/du tort à 909 IV.
**2. caus|er** *intr.* = PARLER AVEC 4642 V. **~erie** *n. f.* 1198, 1294 III.
**causti|cité** *n. f.*, **~que** *adj. Chim.* 4721; *Fig.* 1919, 4812.
**caut|èle** *n. f.*, **~eleux, euse** *adj.* 1867 III, 2232.
**caut|ère** *n. m.*, **~ériser** *tr.* 4721.
**caution** *n. f.*, **~nement** *n. m.*, **~ner** *tr.* 204 II, 3257, 4618; sujet à ~ 2801 VIII, 3691 II.
**caval|cade** *n. f.* 2168, 6002. **~erie** *n. f.*, **~ier, ère** *n.* 1662, 3940; **~ier** (danse) 2159 III. **~ier, ère** adj. *Fig.* 4024.
**1. cave** *n. f.* 4163.
**2. cave** *adj.* 1123; (yeux) 3842.
**caveau** *n. m.* 1797, 4147.
**caveçon** *n. m.* 4604.
**cavern|e** *n. f.* 3847, 4687. **~eux, euse** *adj.* (voix) 1001.
**cavi|tation** *n. f.* 4687 V. **~té** *n. f.* 1123, 1308; ~ abdominale 3901/de l'oreille 3069.
**ce** *adj. dém.* : ~...-ci 1909; ~...-là 1939.
**céans** *adv.* : maître de ~ 1970.
**ceci** *pron. dém.* 5679.
**cécité** *n. f.* 3647; (congénitale) 4666.
**céder** *tr.* 1605 V; ~ sa place 710/ses droits 5382 VI ● *intr.* (chose) = SE BRISER 4583 VII; (personne) 1563, 2642 X; ne le ~ en rien à 4337.
**cédra|t** *n. m.*, **~tier** *n. m.* 700.
**cèdre** *n. m.* 78.
**ceindre** *tr.* 5452 II. **se ~** de 5937 V.
**ceintur|e** *n. f.* 1257, 2370. **~er** *tr.* 3392 II, 5452 II. **~on** *n. m.* 5307.
**cela** *pron. dém.* 1939.
**célébr|ation** *n. f.*, **~er** *tr.* 1312 VIII; *Relig.* 1475; **~er** qqn 1314 VIII, 4561 II.
**cél|èbre** *adj.*, **~ébrité** *n. f.* 2983.
**céleri** *n. m.* 4551.
**célérité** *n. f. Litt.* 2535, 3467 X.

**chaperon** *n. m.* **~ner** *tr.* 2150 III.
**chapiteau** *n. m. Archit.* 782.
**chapitre** *n. m.* 618, 4008; *avoir voix au* ~ 344 IV.
**chaque** *adj. indéf. sing.* 4626.
**char** *n. m.* 3494; *Mil.* 1672.
**charabia** *n. m.* 2114.
**charade** *n. f.* 1191, 4851.
**charançon** *n. m.* 2731.
**charbon** *n. m.* 3907; *Bot.* 1513; *Méd.* 1056; *Électr.* 1661; être sur des ~s ardents 1056. **~neux, euse** *adj.*, **~nier** *n. m.* 3907.
**chardon** *n. m. Bot.* 3003.
**chardonneret** *n. m.* 1269.
**charge** *n. f.* 835, 1372; (fret) 2821; ~ de famille 3426/de dynamite 3429; témoin à ~ 799 IV; prendre en ~1372 V; à ~ de 2859; être à la ~ de qqn 3691; avoir la ~ de 2423; revenir à la ~ 4525; *Jur.* 775; *Admin.* 5424, 5968; *Mil.* 1279. **~s** *n. f. pl. Écon.* 4638; cahier des ~ 2859.
**charg|é, e** *n.* d'affaires 4426/de mission 4638 II. **~é, e** *adj.* de famille 2423/d'électricité 2795 IV; lettre **~ée** 4445. **~ement** *n. m.*, **~er** *tr.* 1372, 2821; **~er** une arme 4873 II/l'ennemi 5662/qqn *Jur.* 775 VIII, 2981/qqn de 4638 II, 4688, 6009. **se ~er** de qqch 3448, 4638 V, 6019 V/de qqn 3676 V, 4618 V. **~eur** *n. m.* de fusil 5089.
**chariot** *n. m.* 3465, 4175.
**charit|able** *adj.* **~é** *n. f.* 353, 1270 IV, 1655; demander la **~é** 2742 V; faire la **~é** 3072 V.
**charivari** *n. m.* 3848, 4852.
**charlatan** *n. m.*, **~isme** *n. m.* 1701, 2902.
**charm|ant, e** *adj.*, **~e** *n. m.*, **~er** *tr.*, **~eur, euse** *n.*, *adj.* 2482, 3892; **~e** magique 1229, 2164; faire du **~e** 1807 V; **~eur** de serpents 1422. **~s** *n. m. pl.* féminins 1270.
**1. charme** *n. m. Bot.* 2260.
**2. charm|e, ~er, ~eur** → CHARMANT.
**charnel, elle** *adj.* 997; (rapport) 1088; (désir) 2988.
**charnier** *n. m.* 2175.
**charnière** *n. f.* 4008.
**charnu, e** *adj.* 5164 VIII; (lèvre) 4675 VIII.
**charogne** *n. f.* 1138.
**charpent|e** *n. f.* 5821; (osseuse) 3639. **~é, ée** *adj.* : bien ~ 4991. **~erie** *n. f.*, **~ier** *n. m.* 5310.
**charpie** *n. f.* : mettre en ~ 5068 II.
**charrette** *n. f.* 3494, 4569.
**charri|age** *n. m.*, **~er** *tr. Géol.* 964 II.
**charrue** *n. f.* 1224; mettre la ~ avant les bœufs 223.
**charte** *n. f.* 1759, 2863; ~ des Nations unies 5851.
**chas** *n. m.* 1488.
**1. chass|e** *n. f.*, **~er** *tr.*, **~eur, euse, eresse** *n.* 3190, 4388; **~er** les nuages 335 II/les difficultés *Fig.* 1794/qqn 3312; **~eur** *Aéron.* 3312 III.
**2. chasse** *n. f.* d'eau 1795.
**chasse-|mouches** *n. m. inv.* 5406. **~neige** *n. m. inv.* 4580.
**chass|ie** *n. f.*, **~ieux, euse** *adj.* 2186.
**châssis** *n. m.* de porte 138/d'automobile 5821.
**chaste** *adj.*, **~té** *n. f.* 3580.
**chasuble** *n. f.* 3796.
**chat, chatte** *n.* 2681, 4297, 5686.
**chât|aigne** *n. f.*, **~aignier** *n. m.*, **~ain** *adj.* 4579.
**château** *n. m.* 1291, 4282; ~ de cartes 3078/d'eau 359; ~x en Espagne 3241.
**chat-huant** *n. m.* 1456.
**chât|ier** *tr.*, **~iment** *n. m.* 3592 III; **~ier** son style *Litt.* 2836 II.
**chatoiement** *n. m.* 182 V, 5218 V.
**chaton** *n. m. Zool.* 4297; *Bot.* 5686; *Bijout.* 4004.
**chatouill|er** *tr.* 1782. **~eux, euse** *adj. Fig.* 223.
**chatoy|ant** *adj.*, **~er** *intr.* 182 V, 5218 V.
**châtr|é, e** *adj.*, *n. m.*, **~er** *tr.* 1556.
**chatte** → CHAT.
**chaud, e** *adj.*, *n. m.* 1217, 1376, 2501; (vêtement) 1790; (discussion) 1194. **~ière** *n. f.* 2024. **~ron** *n. m.* 4183.
**chauffage** *n. m.* 1790 II, 2501 II; bois de ~ 1299.
**chauffard** *n. m.* 2128.
**chauff|e** *n. f.* : surface de ~ 1376 II. **~e-bain** *n. m.*, **~e-eau** *n. m.* 2501. **~er** *intr.* 1376, 2501; ça **~e** *Fam.* 2827 VIII. **~er** *tr.* 1376 II, 2501 II. **se ~er** 1790 V. **~erie** *n. f.* 2024. **~eur** *n. m.* 2739.
**chaul|age** *n. m.*, **~er** *tr.* 4636 II.
**chaum|e** *n. m.*, **~ière** *n. f.* 4263.
**chaussée** *n. f.* 3324.
**chausse-|pied** *n. m.* 4240. **~trape** *n. f.* 3850.
**chauss|er** *tr*, **~eur** *n. m.* 1213. **se ~er** 5470 VIII. **~ette** *n. f.* 1116. **~on** *n. m.* 1578. **~ure** *n. f.* 1213.
**chauve** *adj.*, *n.* 3135.
**chauve-souris** *n. f.* 1583.
**chauvin, e** *adj.*, **~isme** *n. m.* 3024 V, 3552 V.
**chaux** *n. f.* 1136, 4636; bâti à ~ et à sable 1536.
**chavirer** *intr.* 4339 VII.
**chéchia** *n. f.* 2772.
**check-up** *n. m.* 3905.
**chef** *n. m.* 1962, 4410; ~ d'orchestre 1875 IV/de famille 1970/de file 2311/de tribu 3017/de village 3639/de gare 5456; ~ d'accusation 3663; rédacteur en ~ 1962; au premier ~ 1999; de son propre ~ 4876. **~-d'œuvre** *n. m.* 4073. **~-lieu** *n. m.* 2170. **~taine** *n. f.* 1962.
**cheikh** *n. m.* 3017.
**chélidoine** *n. f.* 527.
**chélonée** *n. f.* 4787.
**chemi|n** *n. m.* 2454, 3324; ~ de montagne 2889/de fer 2600; le droit ~ *Fig.* 4426 X; prendre un ~ 2639. **~neau** *n. m.* 598. **~nement** *n. m.*, **~er** *intr.* 2755, 4186 V.
**cheminée** *n. f.* 5991; conduit de ~ 1719.
**chemis|e** *n. f.* 4365; *Techn.* 3811; *Admin.* 4856. **~ier** *n. m. Cost.* 4365.
**chenal, aux** *n. m.* 3504.
**chenapan** *n. m.* 5368, 5981.
**chêne** *n. m.* 559; ~ vélani 5163/vert 2697. **~-liège** *n. m.* 606.
**chéneau** *n. m.* 2287.
**1. chenille** *n. f. Zool.* 6070.
**2. chenill|e** *n. f.*, **~ette** *n. f. Tech.* 2365.
**chénopode** *n. m.* 2024.
**chenu, e** *adj.* 3013.
**chèque** *n. m.*, **chéquier** *n. m.* 2928.
**cher, ère** *adj.* 1145, 3521; (coûteux) 3815.
**chercher** *tr.* 324, 3888 II; ~ la petite bête *Fam.* 4070 II/midi à quatorze heures *Fam.* 567/le bonheur 2569/refuge 4782/son inspiration 5871 X/querelle à 5073 V; ~ à 1420 III/à nuire 3256 IV/à savoir 3355 X/à comprendre 4085 X/à plaire 5877 V; aller ~ 1294 IV. **se ~** 3888 II.
**chercheur, euse** *n.* 324; ~ d'or 5506 II.
**chère** *n. f.* : la bonne ~ 2002.
**chèrement** *adv.* : vendre ~ sa vie 448 X.
**chergui** *n. m.* 2866.
**chér|i, e** *adj.*, *n.* 1145, 3521. **~ir** *tr.* 3521 IV, 3624 V.
**chérif** *n. m.*, **~ien, enne** *adj.* 2865.
**cherté** *n. f.* de la vie 3815.
**chérubin** *n. m.* 4530.
**chétif, ive** *adj.* 3239, 5719.
**cheval, aux** *n. m.* 1290, 3940; ~ de race 1114/d'arçons 1290; à ~ 5115 VII; aller à ~ 2755; à ~ sur les principes 2798 V; mauvais ~ *Fig.* 370; **~aux** *Coll.* 1662; **~aux** de frise, 1267; monter sur ses grands **~aux** *Fam.* 4991.
**cheval|eresque** *adj.* 2865, 4561, 5268. **~erie** *n. f.*, **~ier** *n. m.* 3940. **~in, e** *adj.* 1662.
**chevalet** *n. m.* 1372.
**cheval-vapeur** *n. m. (Pl. chevaux-vapeur)* 1290.
**chevauch|ée** *n. f.* 6002. **~ement** *n. m.*, **~er** *intr.*, **se ~er** 2168 VI, 2798 VI. **~er** *tr.* un animal 2168, 5115 VIII.
**chevaux** → CHEVAL.
**chevêch|e** *n. f.* 3074. **~ette** *n. f.* 3268.
**chevel|u, e** *adj.*, *m.*, **~ure** *n. f.* 2894.
**chevet** *n. m.* 1962; au ~ de qqn 4817 III; lampe de ~ 2518.
**cheveu** *n. m.* 2894; couper les ~x en quatre *Fam.* 388.
**chevill|e** *n. f. Anat.* 4605; *Techn.* 5844; ~ ouvrière 1875, 2144. **~er** *tr.* 5844 II.
**chèvre** *n. f.*, **chevrier, ère** *n.* 5124. **chevreau** *n. m.* 931.
**chèvrefeuille** *n. m.* 3087.
**chevr|ette** *n. f. Zool.* 3668. **~euil** *n. m.* 6056.
**chevronné, e** *adj.* 948 II, 1396 II.

**cirrus** *n. m.* 3299.
**cirse** *n. m.* 4290.
**cisaill|e** *n. f.*, **~ement** *n. m.*, **~er** *tr.* 4214, 4274.
**cise|au** *n. m.* 4274; ~ à bois 2354/à pierre 5325. **~ler** *tr.*, **~leur** *n. m.*, **~lure** *n. f.* 5516.
**citadelle** *n. f.* 1291, 4348.
**citadin, e** *adj.*, *n.* 5027.
**cit|ation** *n. f.*, **~er** *tr.* 2981 X, 5897 IV; **~er** qqch 1933/un témoin 1026/à comparaître 1294/à l'ordre 5607 II. **~é, e** *adj.* en référence 6020 IV.
**1. cité** *n. f.* 5027; droit de ~ 5964 II.
**2. cité, e** *adj.* → CITATION.
**citerne** *n. f.* 3165.
**cithare** *n. f.* 4429.
**citoyen, enne** *n.*, **~neté** *n. f.* 5964 III.
**citron** *n. m.*, **~nade** *n. f.*, **~nier** *n. m.* 4948.
**citrouille** *n. f.* 6077.
**civette** *n. f.* 2263.
**civière** *n. f.* 5524.
**civil, e** *adj.*, *n. m.* 5027; (guerre) 233; (liste) 1548 II; (année) 4426 II.
**civilis|ateur, trice** *adj.*, *n.*, **~ation** *n. f.*, **~er** *tr.* 5027 II.
**civilité** *n. f.* 55. **~s** *n. f. pl.* 1065 III, 1424 II.
**civi|que** *adj.*, **~sme** *n. m.* 5964.
**claie** *n. f.* 1285.
**clair** *n. m.* : sabre au ~ 956 II; tirer au ~ 4595; ~ de lune 3264. **~ ,e** *adj.* 1047, 5954; (rire) 1031; (ciel) 3114; (situation) 3079; (couleur) 3844; (discours) 4006; (eau) 4203; (esprit) 5588; ~ comme le jour 2231.
**clairière** *n. f.* 3929.
**clairon** *n. m.*, **~ner** *intr.* 639; *Fig.* 3297 II.
**clairsemé, e** *adj.* 2802 V.
**clairvoyan|ce** *n. f.*, **~t, e** *adj.* 466.
**clam|er** *tr.* 5365 III; ~ bien haut 3079 II. **~eur** *n. f.* 3189, 3459.
**clan** *n. m.* 3548, 3552.
**clandestin, e** *adj.*, **~ité** *n. f.* 1587, 2514.
**clapet** *n. m.* 3140.
**clapot|ement** *n. m.*, **~er** *intr.*, **~is** *n. m.* 3294.
**claqu|age** *n. m.*, **se ~er** *Méd.* 2102; *Fam.* 5573 IV.
**claqu|e** *n. f.*, **~er** *tr.* 3110.
**claqu|ement** *n. m.*, **~er** *tr.* et *intr.* (drapeau) 1585; (coup de feu) 3960; **~er** une porte 3111/des mains 3111 II/des dents 3121 VIII/des doigts 4037/du bec (cigogne) 4872.
**1. claquer (se)** → CLAQUAGE.
**2. claquer** → CLAQUE.
**3. claquer** → CLAQUEMENT.
**clarif|ication** *n. m.*, **~ier** *tr.* 3114 II, 5954 II. **se ~ier** 5954 VIII.
**clarinette** *n. f.* 6066.
**clarté** *n. f.* 5588; ~ du ciel 3264/de la lune 3264; *Fig.* 1047, 5954.
**classe** *n. f.* (espèce) 3157; ~ sociale 3296/d'école 4008, 4261/d'âge 3880; *Admin.* 1732, 1999; *Hist. Nat.* 3391; *Mil.* 3100; *Fig.* de ~ 3313, 5458 II, 6027.
**class|ement** *n. m.*, **~er** *tr.* 1999 II, 3157 II, 618 II; **~er** une affaire 1311. **~eur** *n. m.* 4856.
**classif|ication** *n. f.*, **~ier** *tr.* 618 II, 3157 II.
**class|icisme** *n. m.*, **~ique** *adj.* 4630; arabe **~ique** 4006.
**claudi|cation** *n. f.*, **~quer** *intr.* 3497.
**clause** *n. f.* 2859 ~ pénale 584.
**claustra** *n. m. pl.* 1726.
**claustr|ation** *n. f.*, **~er** *tr.*, **~ophobie** *n. f.* 1184 VIII.
**clavette** *n. f.* 4880.
**clavicule** *n. f.* 709.
**clavier** *n. m.* 4842.
**clef** ou **clé** *n. f.* 3884; *Mus.* 4426; fausse ~ 1817 II; mot ~ 1131; mettre qqch sous ~ 4334 IV; mettre qqn sous ~ 2475; ~ d'une énigme 2514/de voûte 3813.
**clématite** *n. f.* 3421.
**clém|ence** *n. f.*, **~ent, e** *adj.* 204, 1352, 2035; **~ent** (temps) 3479 VIII.
**clémentine** *n. f.* 6087.
**cleptomanie** *n. f.* 1783.
**clerc** *n. m.* de notaire 4494; faire un pas de ~ 3398.
**clerg|é** *n. m.* 4645. **~yman** *n. m.* 4251.
**clérical, e, aux** *adj.*, **~isme** *n. m.* 4645.
**cliché** *n. m.* 2079, 3178; *Fig.* 3430.
**client, e** *n.*, **~èle** *n. f.* 2268, 3644; **~èle** d'un homme politique 679. *Hist.* 6019.
**clign|ement** *n. m.*, **~er** *tr.* 2141, 2185; (œil) 3320.
**clignot|ant, e** *adj.*, *n. m.*, **~ement** *n. m.*, **~er** *intr.* 2141, 2185.
**clima|t** *n. m.* 3344, 5586 IV; *Fig.* 1108. **~tique** *adj.* 5586 IV. **~tisation** *n. f.*, **~tiser** *tr.* 4730 II. **~tologie** *n. f.*, **~tologique** *adj.* 5586 IV.
**clin** *n. m.* d'œil 3320; faire un ~ d'œil 3821; en un ~ d'œil 3824.
**clini|cien** *adj. m.*, **~que** *adj.* 2518. **~que** *n. f.* 2920, 3682.
**clinquant, e** *adj.*, *n. m.* 605.
**clique** *n. f.* 3552; *Péjor.* 2346.
**clique|t** *n. m.* 2590; **~ter** *intr.*, **~tis** *n. m.* 3133; (armes) 1538.
**clitoris** *n. m.* 499.
**cliv|age** *n. m.*, **~er** *tr.* 4059. **se ~er** 2882 VI.
**cloaque** *n. m.* 2267; *Zool.* 1924; *Fig.* 287.
**clochard, e** *n. Fam.* 2849 V.
**cloch|e** *n. f.* 960, 5260; le même son de ~ 5481. **~er** *n. m.* 359; esprit de ~ 3552. **~ette** *n. f.* 1031, 5260.
**cloche-pied (à)** *loc. adv.* 1186.
**1. clocher** *intr.* 3413.
**2. cloch|er** *n. m.*, **~ette** → CLOCHE.
**cloison** *n. f.*, **~nement** *n. m.*, **~ner** *tr.* 1184, 4008.
**cloît|re** *n. m.* 1894. **~er** *tr. Fig.* 1153. **se ~er** *Fig.* 1153 VIII.
**clopi|n-clopant** *loc. adv.*, **~ner** *intr. Fam.* 3413.
**cloporte** *n. m. Ins.* 1363.
**cloque** *n. f.* 5000, 5498.
**clore** *tr.* 3813 IV, 4334; ~ une séance 1461/une discussion 5577 IV/un champ 2751 II.
**clos, e** *adj.* 3813 IV, 4334 IV; (champ) 2751 II; en vase ~ 3528 VII.
**clôtur|e** *n. f.* 2751; ~ d'une session 1461 VIII/des portes 4334 IV/d'une séance 5577 VIII; séance de ~ 1461. **~er** *tr.* 4334 IV; ~ un champ 2751 II/un débat 5577 IV.
**clou** *n. m.* 2659; *Méd.* 1688, 1842; ~ de girofle 4486; *Fam.* mettre au ~ 2209; maigre comme un ~ 2181; river son ~ à 4873 IV. **~er** *tr.* 2659; ~ qqn au lit (maladie) 4817 IV/le bec. *Fam.* 3907 IV. **~té, e** *adj.*, **~ter** *tr.*, **~terie** *n. f.*, **~tier** *n. m.* 2659.
**clown** *n. m.* 610. **~erie** *n. f.* 5692 II.
**club** *n. m.* 5365; ~ de golf 5267.
**cluse** *n. f.* 4106.
**clystère** *n. m.* 1323.
**coagul|ant, e** *adj.*, *n. m.*, **~ation** *n. f.*, **~er** *tr.* 1055 II, 1464 II. **~er** *intr.* 1464 V.
**coali|ser** *tr.* 176 III. **se ~er, ~tion** *n. f.* 1342 VI, 4498 V; gouvernement de **~tion** 181 VIII.
**coass|ement** *n. m.*, **~er** *intr.* 5504.
**cobalt** *n. m.* 4696.
**cobaye** *n. m.* 4695.
**cobra** *n. m.* 3123, 5413.
**coca** *n. f.* 4713.
**cocarde** *n. f.* 2993.
**coccinelle** *n. f.* 1775.
**coccyx** *n. m.* 3556.
**1. coch|e** *n. f.*, **~er** *tr.* 1252.
**2. coche** *n. m.* : manquer le ~ = MANQUER L'OCCASION 4088.
**cochenille** *n. f.* 4235.
**1. coch|er** *n. m.* 1404. **~ère** *adj. f.* (porte) 2000.
**2. cocher** *tr.* → COCHE 1.
**cochevis** *n. m.* 4148.
**cochon** *n. m.* 1628; ~ d'Inde 1628; *Fam.* 4189; manger comme un ~ *Fam.* 1610. **~nerie** *n. f. Fam.* 4189. **~net** *n. m. Zool.* 1637.
**cocktail** *n. m.* 4715; *Fig.* 1599.
**coco** *n. m.*, **~tier** *n. m.* 1117, 5256.
**cocon** *n. m.* 2869.
**cocorico** *n. m.* 3189.
**cocotte** *n. f. Cuis.* 1761.
**cocu** *n.*, *adj. Pop.*, **~fier** *tr. Pop.* 4240.
**cod|age** *n. m.*, **~er** *tr.* 2183 II. **~e** *n. m.* chiffré 2183/de la route 5458; se mettre en ~ 1579 II; *Jur.* 1328 III, 4375. **~ification** *n. f.*, **~ifier** *tr.*, **~ificateur, trice** *adj.*, *n.* 1887 II; *Jur.* 4375 II.
**coefficient** *n. m.* 3644.
**coerci|tif, ive** *adj.* **~tion** *n. f.* 2137 IV, 4566 IV.
**cœur** *n. m. Pr.* et *Fig.* 4338; (jeu de cartes) 4473; ~ d'un fruit 4757/d'une ville 5926/du sujet 3125; au ~ de 1297; de bon ~ 1570; du fond du ~ 3140; avoir le ~ gros 3817 VIII/serré 4449 VIII; avoir mal au ~ 3733; en avoir le ~

net 164 V; avoir à ~ de 3675 VIII; ouvrir son ~ à 4595 III; sans ~ 4262; briser le ~ 5597.
**coexist|ence** *n. f.*, **~er** *intr.* 3704 III.
**coffrage** *n. m.* 497.
**coffr|e** *n. m.* 3152; ~ à vêtements 2973; les ~s de l'État 1527. **~-fort** *n. m.* 3152. **~er** *tr. Fam.* 2270. **~et** *n. m.* 3619.
**cogit|ation** *n. f. Fam.*, **~er** *intr. Fam.* 4041 II.
**cognassier** *n. m.* 2575.
**cognée** *n. f.* 3872.
**cogn|ement** *n. m.*, **~er** *tr.* et *intr.* **se ~er** 3073 VIII; **~er** sur qqn = BOXER 4882.
**cohabit|ation** *n. f.*, **~er** *intr.* 2612 VI.
**cohé|rence** *n. f.*, **~rent, e** *adj.*, **~sion** *n. f.* 4797 VIII, 5078 VI, 5397 VI; **~sion** des idées 1986 VI.
**cohorte** *n. f.* 4494.
**cohue** *n. f.* 2281 VIII, 3848.
**coi, coite** *adj.* : rester ~ *Litt.* 2611; se tenir ~ *Litt.* 3324 IV.
**coiff|e** *n. f.* 4157. **se ~er** *tr.* 2524 II; ~ de 4762. **~eur, euse** *n.* 1345. **~euse** *n. f. Mobil* 1640. **~ure** *n. f.* : salon de ~ 1345.
**coin** *n. m.* 2176, 2393; du ~ de l'œil 50 IV; se mettre dans un ~ 2393 VII; aux quatre ~s du monde *Fam.* 5339; *Techn.* 2586.
**coincer** *tr.* 3274. **se** ~ 3573 V.
**coïncid|ence** *n. f.*, **~er** *intr.* 3070 III; ~ avec 3296 III, 5986 VIII.
**coing** *n. m.* 2575.
**coït** *n. m.* 1062 III; *Zool.* 2573.
**coke** *n. m.* 3907.
**col** *n. m.* 6049; *Géogr.* 2889; *Techn.*, *Anat.* 3668; *Fam.* ~ blanc 3308.
**coléoptères** *n. m. pl.* 3818.
**col|ère** *n. f.*, **~éreux, euse** *adj.*, **~érique** *adj.* 3780, 3859.
**coleus** *n. m.* 5305.
**colibacill|e** *n. m.*, **~ose** *n. f.* 3560.
**colibri** *n. m.* 3372.
**colimaçon** *n. m.* 1340; en ~ 4927.
**colique** *n. f.* 2718 IV; ~ néphrétique 5135.
**colis** *n. m.* 3312.
**colite** *n. f.* 4425.
**collabor|ateur, trice** *n.*, **~ation** *n. f.*, **~er** *tr.* 2559 III, 3694 III; **~er** à 2867 III.
**collage** *n. m.* 3763 II.
**collant** *n. m. Cost.* 4826. **~e** *adj.* 4815; (personne) *Fam.* 3274 III.
**collapsus** *n. m.* 6031.
**collatéral, e, aux** *adj.*, *n.* 4198, 5389.
**1. collation** *n. f.* (repas) 3330.
**2. collation** *n. f.* des diplômes 5192. **~nement** *n. m.*, **~ner** *tr.* 4161 III, 4240 III.
**coll|e** *n. f.* 3144, 3763. **~er** *intr.* 4816, 4826. **~er** *tr.*, **~eur, euse** *n.* 3763 II, 4826 IV; **~er** qqn à un examen 2590 IV.
**collect|e** *n. f.*, **~er** *tr*, **~eur** *n. m.* 1062; **~er** des impôts/des fonds 899, 1289 II; **~eur** (canal) 975. **~if, ive** *adj.* 2867 VIII. **~if** *n. m.* 1062; *Gramm.* 1089.
**collection** *n. f.* 1062; ~ de tableaux 2628; *Fig.* 1599. **~ner** *tr.*, **~neur, euse** *n.* 1062.
**collectiv|isation** *n. f.*, **~iser** *tr.* 3024 II. **~isme** *n. m.*, **~iste** *adj.*, *n.*, **~ité** *n. f.* 1062.
**collège** *n. m.* 1741; ~ électoral 5808.
**collègue** *n.* 2353.
**coller** → COLLE.
**collerette** *n. f.* 4144.
**collet** *n. m.* 1991; prendre qqn au ~ 1636.
**colleur** → COLLE.
**collier** *n. m.* 3392, 3596, 4341.
**colline** *n. f.* 744, 4523.
**collision** *n. f.* 3073 III.
**collo|dion** *n. m.*, **~ïdal, e, aux** *adj.*, **~ïde** *n. m.* 3763.
**colloque** *n. m.* 200 VIII, 5365.
**collusion** *n. f.* 5958 VI.
**collutoire** *n. m.* 3754.
**collyre** *n. m.* 4303.
**colmat|age** *n. m.*, **~er** *tr.* 2503.
**colocase** *n. f.* 4351.
**colomb|e** *n. f.* 1356. **~ier** *n. m.* 764. **~ophile** *adj.*, *n.*, **~ophilie** *n. f.* 2273.
**colon** *n. m.* 3641 II, 5964 X.
**côlon** *n. m.* 4425.
**colonel** *n. m.* 2311, 3596.
**colon|ial, e, aux** *adj.*, **~ialisme** *n. m.*, **~ie** *n. f.* 3641 X; **~ie** en exil 1046/de peuplement 5964 X/de vacances 3196. **~isation** *n. f.*, **~iser** *tr.* 3641 X.
**colonn|e** *n. f.* vertébrale 2628/de voitures 2004, 3278; *Archit.*, (journal) 3639. **~ette** *n. f.* 3639.
**colopathie** *n. f.* 4425.
**colophane** *n. f.* 496.
**coloquinte** *n. f.* 1391.
**color|ant** *n. m.*, **~ation** *n. f.*, **~er** *tr.* 3048, 4929 II. **~é, e** *adj.* (teint) 5439; (style) 2381. **se ~er** 3048 VIII, 4929 V. **~iage** *n. m.*, **~ier** *tr.* 4929 II. **~is** *n. m.*, **~iste** *n.* 4929.
**coloss|al, e, aux** *adj.*, **~e** *n. m.* 887, 3645; **~al** (fortune) 3393.
**colostrum** *n. m.* 4758.
**colport|age** *n. m.*, **~er** *tr.*, **~eur, euse** *n.* 1125 V; **~er** de fausses nouvelles 3024 IV.
**colza** *n. m.* 2621.
**coma** *n. m.*, **~teux, euse** *adj.* 2436 II, 3851.
**comba|t** *n. m.* 3513, 4169 III, 5440 III; ~ singulier 372 III/de boxe 4882 III/de coqs 5512 III/aérien 3513/naval 3084 III. **~tif, ive** *adj.* 5440 III. **~tivité** *n. f.* 4169 III. **~ttant, e** *adj.*, *n.*, **~ttre** *tr.* 3084 III, 4169 III, 5440 III; **~ttre** ses penchants 4426 III/un incendie 4614 III, **~ttant** de la foi 1097 III.
**combien** *adv. exclam.* 2827 ● *adv. interr.* 4647.
**combin|aison** *n. f. Chim.* 2168 II; ~ de travail 340/de vol 429/d'un coffre 2514/ministérielle 2937 II; entrer en ~ avec 4026 VI. **~atoire** *adj.* 5986 II.
**combinat** *n. m.* 5866 VIII.
**combin|e** *n. f. Fam.* 1434. **~é** *n. m.* de téléphone 2665. **~er** *tr.* 2168 II, 5866 II; ~ un plan 1680 II. **se ~er** 2168 V.
**combl|e** *n. m.* : le ~ de 3717; de fond en ~ 1962; pour ~ de 539. **~e** *adj.* 3337, 5164. **~er** *tr.* 2503; ~ un trou 2057/qqn 2109 IV/d'éloges 2449 IV/de cadeaux 3739 IV.
**comburant** *n. m.* 1242 IV.
**combust|ible** *adj.*, *n. m.* 1242, 5991. **~ion** *n. f.* 1242 IV, 2898 VIII; ~ interne 1242 VIII.
**coméd|ie** *n. f.* 5718. **~ien, enne** *adj.*, *n.* 4993 II; *Fig.* 1969 III.
**comestible** *adj.* 172. **~s** *n. m. pl.* 172, 3743.
**comète** *n. f.* 1942 II.
**comique** *adj.* 3215 IV; (auteur) 5718.
**comité** *n. m.* 4788; ~ exécutif 5808; en petit ~ 2942.
**commandant** *n. m.* 4410; *Mil.* 2223; ~ de bord 4155/d'un navire 1962.
**command|e** *n. f.* 2342; à la ~ 3349; passer ~ 5952 IV; *Mécan.* 1875 IV. **~ement** *n. m.* 4410; sous le ~ de 200; prendre le ~ 2311 V; les dix ~s 5952. **~er** *tr. Comm.* 5952 IV; *Mil.* 4410. **~er** *tr. ind.* à qqn de 200, 3349. **~eur** *n. m.* 4410.
**commandit|aire** *n. m.*, *adj.*, **~e** *n. f.* **~er** *tr.* 5229 II, 5952 II.
**commando** *n. m.* 3920, 3937.
**comme** *conj.* (comparaison) 4448, 4993; (cause) 59, 1426; (temps) 668, 3658; ~ il faut 518 VIII, 1247 VIII; beau ~ tout 3717; ~ si 4448; *Fam.* ~ ci, ~ ça 668 ● *adv. exclam.* 4647, 4951.
**commémor|atif, ive** *adj.*, **~ation** *n. f.*, **~er** *tr.* 1933.
**commen|çant, e** *adj.*, *n.* 336 VIII. **~cement** *n. m.* 252, 336, 3355. **~cer** *tr.* et *intr.* 336 VIII; ~ à 49, 2862.
**commensal, e, aux** *n.* 5363.
**comment** *adv.*, *n. m. inv.* 4730; ~ faire pour 2454 ● *exclam.* : et ~ ! 164; ~ donc ! 3295.
**comment|aire** *n. m.*, **~ateur, trice** *n.*, **~er** *tr.* 2847, 3985 II.
**commer|çant, e** *n.*, **~ce** *n. m.*, **~cer** *intr.*, **~cial, e, aux** *adj.* 685; être dans le **~ce** 2908 VIII. **~cialisation** *n. f.*, **~cialiser** *tr.* 685 II.
**1. commerce** → COMMERÇANT.
**2. commerce** *n. m. Litt.* : d'un ~ difficile 1544/agréable 3548.
**commettre** *tr.* des abus 3538 V/un crime 2168 VIII.
**comminatoire** *adj.* 5666 II.
**commis** *n. m.* 4095 II, 4494; ~ de magasin 662/de bureau 1475 X.
**commisération** *n. f.* 2916.
**commiss|aire** *n. m.* de police 200, 4095 II/aux comptes 204; Haut-~ 5356. **~ariat** *n. m.* 4095 II.
**commission** *n. f.* 4788; recevoir une ~ 3644; ~ rogatoire 5580 IV/d'arbitrage 5808; faire ses ~s 2738 V.

**~naire** *n.* 3644; *Comm.* 2661, 6009. **~ner** *tr.* 6009 II.
**commissure** *n. f.* des lèvres 2830.
**commod|e** *adj.* (pratique) 28 III; (facile) 2718. **~e** *n. f.* 3187. **~ité** *n. f.* 2718. **~ités** *n. f. pl.* 2150.
**commotion** *n. f.*, **~ner** *tr.* 3073; ~ cérébrale 2015 VIII.
**commu|er** *tr.*, **~tation** *n. f. Jur.* 339 II, 1579 II.
**1. commun** *n. m.* le ~ des mortels 2727, 3636.
**2. commun, e** *adj.* (courant) 181, 3682; (médiocre) 733; (partagé) 2867 VIII; (général) 3636; lieu ~ 350 VIII; sens ~ 2087; n'avoir rien de ~ avec 2802. **~ément** *adv.* 3636, 3682.
**commun|al, e, aux** *adj.*, **~e** *n. f.* 549; chambre des **~es** 3636.
**communaut|aire** *adj.*, **~é** *n. f.* 1062; **~é** de destin 5866/des biens 3024/religieuse 3391/de vues 5986 VIII.
**commune** → COMMUNAL.
**communi|cant, e** *adj.* (vases) 3324 X. **~catif, ive** *adj.* (rire) 3482. **~cation** *n. f.* 5949 VIII; ~ téléphonique 1198 III, 4642 III; ~ de dossier 3355 IV; voies de ~ 5949 III; mettre en ~ 5949.
**commun|ier** *intr.*, **~ion** *n. f. Christ.* 4198; *Fig.* 5866 VIII.
**communiqu|é** *n. m.* 565, 667. **~er** *intr.* 5949 VIII; ~ par la pensée 1570 VI/avec une pièce 4016 IV. **~er** *tr.* une information 565 IV, 1449 IV/un secret 4003 IV/son enthousiasme 3024 IV/un dossier 3355 IV/un mal 3482 IV. **se ~er** à 5020 VIII, 5413 VIII.
**communis|me** *n. m.* **~te** *adj., n.* 3024.
**commut|ateur** *n. m.* (de courant) 1420 II. **~atif, ive** *adj.* 339 VI. **~ation** *n. f.*, **~er** *tr.* 339 IV, 1420 II. **~ativité** *n. f.* 339 VI.
**1. commutation** → COMMUER.
**2. commut|ation, ~er** → COMMUTATEUR.
**compa|cité** *n. f.*, **~ct, e** *adj.* 2095 VI, 4506.
**compagne** *n. f.* → COMPAGNON.
**compagn|ie** *n. f.* 3054; *Mil.* 2547; *Comm.* 2867; *Théâtr.* 3959; ~ de perdreaux 2519; dame de ~ 5948; tenir ~ à 1038 III, 2150 III; en ~ de 2150, 5117. **~on** *n. m.*, **~e** *n. f.* 2150, 3054; (époux) 2867; **~on** de travail 2353/de table 5363/de jeu 4838 III; bon **~on** 221. **~onnage** *n. m.* 2353, 3054.
**compar|able** *adj.*, **~aison** *n. f.*, **~aratif, ive** *adj.*, **~er** *tr.* 2801 II, 4240 III. **~atif** *n. m. Gramm.* 4015 II. **~atiste** *n.*, **~é, e** *adj.* (littérature) 4240 III. **se ~er** à 2801 V.
**compartimen|t** *n. m.* 4261; *Ch. de f.* 4283. **~tation** *n. f.*, **~ter** *tr.* 4261 II.
**compas** *n. m.* 402; *Mar.* 1325.
**compassé, e** *adj.* 3156 V, 4638 V.
**compassion** *n. f.* 2916.
**compati|bilité** *n. f.*, **~ble** *adj.* 3296 III, 4751 III, 5986 III.
**compat|ir** *tr.*, **~issant, e** *adj.* 2882 III, 2916 IV.
**compatriote** *n.* 549, 5964 III.
**compendium** *n. m.* 1066 IV.
**compens|ateur, trice** *adj.*, **~ation** *n. f.*, **~er** *tr.* 3688 II, 5921 III. *Dr.* 4276 III; en **~ation** de 4876. **se ~er** 3479 VI.
**compère** *n. m.* 2867.
**compét|ence** *n. f.*, **~ent, e** *adj.* 233, 1449, 4612; *Jur.* 1548 VIII, 3129.
**compéti|tif, ive** *adj.*, **~tion** *n. f.* 2281 III, 5494 III; **~tion** sportive 425 III, 2450 III.
**compil|ateur, trice** *n.*, **~ation** *n. f.*, **~er** *tr.* 1062.
**complainte** *n. f.* 3840.
**complai|re** *tr. ind.* à 2109 IV. **se ~re** à 2233, 3395 X. **~sance** *n. f.*, **~sant, e** *adj.* 1065 III, 2718 VI; *Péjor.* 1164 III.
**complant** *n. m.*: bail à ~ 2294 III.
**complémen|t** *n. m.*, **~taire** *adj.*, **~tarité** *n. f.* 3273 IV, 4661 II; ~ *Gramm.* 2676, 4026.
**compl|et, ète** *adj.*,760, 4661; (étude) 2961; (hôtel) 5164. **~et** *n. m. Cost.* 340, 3347. **~éter** *tr.*, **~étif, ive** *adj.* 760 II, 4661 II. **se ~éter** mutuellement 4661 VI.
**complex|e** *adj.* 3596 II; (phrase) 2168 II. **~e** *n. m. Industr.* 1062, 5866 VIII; *Psychol.* 2168 II, 3596. **~é, e** *adj., n.* 3596. **~ité** *n. f.* 3596 V.
**complexion** *n. f. Litt.* 892, 3295.
**complication** *n. f.* 2937 IV, 3596 II, 3240 III; *Méd.* 4038 VI.
**complic|e** *adj.* (regard) 3763 IV. **~e** *n.*, **~ité** *n. f.* 2867 III, 5958 VI.
**complimen|t** *n. m.*, **~ter** *tr.* 5023, 5777 II.
**compliquer** *tr.* 3596 II. **se ~** 3537 V, 3596 V, 4038 V.
**complo|t** *n. m.*, **~ter** *tr.*, **~teur, euse** *n.* 200 III; **~ter** contre qqn 200 VI.
**componction** *n. f.* 5993.
**comport|ement** *n. m.* 2639, 2755, 3086 V. **~er** *tr.* 2961 VIII, 3257 V; ~ des avantages 3394 VII. **se ~er** 3086 V.
**compos|ant, e** *adj., n.*, **~er** *tr.*, **~ition** *n. f.* 2100 II, 4426 II, 4719 II; **~er** un ouvrage 181 II, 3157 II/un personnage 3419 VI/un poème 5458. **~é** *n. m.* 2168 II. **se ~er** de 181 V, 2168 V.
**1. composer** *tr.* → COMPOSANT.
**2. compos|er** *tr.*, **~iteur, trice** *n.*, **~ition** *n. f. Impr.* 3100; *Litt.* 5407 IV; *Mus.* 4798 II.
**3. compos|er** *intr.*, **~ition** *n. f. Enseign.* 2450 III.
**4. compos|er** *intr.* avec qqn, **~ition** *n. f.* 2040 V; de bonne **~ition** 3513.
**composeuse** *n. f. Impr.* 3100, 5438 II.
**composite** *adj.* 1089 VI, 1599.
**compositeur** → COMPOSER 2.
**1. composition** → COMPOSANT.
**2. composition** → COMPOSER 2.
**3. composition** → COMPOSER 3.
**4. composition** → COMPOSER 4.
**compost** *n. m.* 2657.
**composter** *tr.* une lettre 1461.
**compote** *n. f.*: en ~ *Fam.* 2102.
**compréhen|sible** *adj.* 1745 IV, 4085. **~sif, ive** *adj.* 2718 VI. **~sion** *n. f.* 1745 IV, 4085; *Log.* 3257 V.
**1. comprendre** *tr.* (percevoir) 1745 IV, 4085; ~ la plaisanterie 2735 X/de travers 2722 IV. **se ~** mutuellement 4085 VI.
**2. comprendre** *tr.* (comporter) 1423, 2961, 3527 V.
**compress|e** *n. f.* 3254, 4658. **~er** *tr.*, **~eur** *adj. m.*, **~ible** *adj.*, **~ion** *n. f.*, 3243, 4484; rouleau **~eur** 1711; **~ion** des dépenses 1584 II.
**comprim|é** *n. m. Méd.* 4210. **~er** *tr.* 2827, 3243, 4484.
**compris, e** *adj.* 4085; ~ entre ... 2218 VI; y ~ 1939; non ~ 3482.
**comprom|ettre** *tr.* qqn 3009 II, 3504 II; ~ des négociations 5675. se **~ettre** 3504 II. **~is** *n. m.* 2744 II, 3129 III. **~ission** *n. f.* 3504 II.
**compt|abiliser** *tr.* 1732 IV. **~abilité** *n. f.*, **~able** *adj., n. m.* 1262 III; **~able** de ses actes 5597 IV. **~age** *n. m.* 1292 IV, 3474. **~ant** *n. m.* 5510.
**compte** *n. m.* 1262, 1292 IV, 3474; pour le ~ de 3129; à bon ~ 2377; rendre ~ de 3504; se rendre ~ de 1317 V; tenir ~ de 2131 III, 3430 VIII; ne pas tenir ~ de 3426; sans tenir ~ de 3086, 3778.
**compte-gouttes** *n. m. inv.* 4303; au ~ 4168 II.
**compter** *tr.* 1262, 1292 IV, 3474; ~ qqn parmi 3430 III; sans ~ 852 X; sans ~ que 4015; à ~ de 336 VIII, 3357 VII ● *intr.* ~ pour qqn 3430 VIII/sur 3639 VIII.
**compte-rendu** *n. m.* de lecture 4802 II/de mission 4196 II/de séance 1294.
**compte-tours** *n. m. inv.* 3474.
**compteur** *n. m.* 3474, 4437.
**comptoir** *n. m. Fin.* 3086.
**compulser** *tr.* 3102 V.
**concass|age** *n. m.*, **~er** *tr.*, **~eur** *n. m.* 961.
**concaténation** *n. f.* 2628.
**concav|e** *adj.*, **~ité** *n. f.* 1123, 4321 V.
**concéder** *tr.* 5382 VI; **~à** qqn qqc 2642 II.
**concentr|ation** *n. f.*, **~er** *tr.*, **se ~er** 2170 II, 4506 II; camp de **~ation** 3603 VIII; **~er** des troupes 1273. **~ationnaire** *adj.* 3603 VIII. **~é, e** *adj.* 4506 II; lait **~**2170 II.
**concentrique** *adj.* 2170 VI.
**concept** *n. m.*, **~uel, elle** *adj.* 3675, 4085. **~ion** *n. f.* 1745 IV, 4085; (avis) 1969, 3178 V; (théorie) 5456; *Physiol.* 1161, 1372.
**concerner** *tr.* qqn 5760/qqn, qqch 1548, 3624 V.
**concer|t** *n. m. Mus.* 1312; ~ des grandes puissances 5986 VI. **de ~t avec** *loc. adv.* 5986 VIII. **~ter** *tr.* 1680 II. **~tation** *n. f.*, **se ~ter** 1881 VI, 2993 VI. **~tiste** *n. Mus.* 3525.

**concession** *n. f.* **~naire** *n. Comm.* 4817 VIII, 5243 VIII; *Fig. faire une* ~ 2642 II, 5382 VI.
**concevoir** *tr.* 3178 V, 3603; ~ un projet 3140 II/de l'amitié 2893/du dépit 4026 VII; *Physiol.* 1161, 1372.
**concierge** *n.* 618, 1230.
**concil|e** *n. m.*, **~iaire** *adj.* 1062.
**conciliabule** *n. m.* 2514 III.
**concili|ant, e** *adj.* 2718 VI; (attitude) 2109 X. **~ateur, trice** *adj., n.* 3129 III, 5986 II. **~ation** *n. f.*, **~er** *tr.* 3129 III, 5986 II; esprit de **~ation** 2655 VI. **se ~er** qqn 5249 X.
**concis, e** *adj.*, **~ion** *n. f.* 4292 VIII, 5857.
**concitoyen, enne** *n.* 2612 III, 5964 III.
**conclu|ant, e** *adj.* 1268, 1838. **~re** *tr.* et *intr.*, **~sion** *n. f.* 1461, 5577 IV; **~re** un traité 406 IV/une alliance 3676 III/un marché 3596; **~re** qqch de 1598 X, 5291 X; **~re** à 1328; en **~ion** 1598, 5291.
**concocter** *tr. Fam.* 1680 II.
**concombre** *n. m.* 1654.
**concomit|ance** *n. f.*, **~ant, e** *adj.* 4240 VIII; *Gramm.* 5117.
**concord|ance** *n. f.*, **~er** *intr.* 3296 V, 5389 VI, 5986 VI. **~at** *n. m.* 3676 III. **~e** *n. f.* 181, 5835 III, 5986 III.
**concour|ir** *intr.* 425 III. **~ir** *tr. ind.* à 2719 III, 2867 III. **~s** *n. m.* (compétition) 425 III, 2450 III; (participation) 2719 III, 2867 III; ~ agricole 3504; hors-~ 2281 III; ~ de circonstances = COÏNCIDENCE 3070 III.
**concret, ète** *adj.* 1260, 4892 ● *adj., n. m.* 5994.
**concrétis|ation** *n. f.*, **~er** *tr.* 1000 II, 1317 II. **se ~er** 997 V.
**concubin, e** *n.* 1590. **~e** *n. f.* 2517. **~age** *n. m.* 2517 V.
**concupisc|ence** *n. f.*, **~ent, e** *adj.* 2988.
**concurr|ence** *n. f.*, **~encer** *tr.*, **~ent, e** *adj., n.* 2281 III, 5494 III; **~ent** à un concours 425 VI, 2450 III. **~entiel, elle** *adj.* 2281 VI, 5494 VI.
**condamn|able** *adj.* 1940, 5535 X. **~ation** *n. f.*, **~er** *tr. Jur.* 1328, 1904 IV; (reprocher) 1940, 5535 X; **~er** à l'échec 4002 IV/à mort 3480 IV.
**condens|ateur** *n. m.* 4506 II. **~ation** *n. f.*, **~er** *tr.* 2170 II; **~er** la vapeur 2765 II/un gaz 4506 II/un texte 1551 VIII/sa pensée 5857 IV. **se ~er** (vapeur) 2765 V. **~é, e** *adj.* (lait) 2170 II. **~é** *n. m.* 4802 II.
**condescend|ance** *n. f.*, **~ant, e** *adj.*, **~re** *tr. ind.* 5382 VI; **~ance, ant** *Péjor.* = MORGUE 4481 V.
**condiment** *n. m.* 681.
**condisciple** *n.* 2150, 2353.
**condition** *n. f.* 2859; (état) 1419; ~ humaine 5956; **~s** de travail 3408; remplir les **~s** 5985 V. **~nel, elle** *adj.* (accord) 3624 II. **~nel** *n. m. Gramm.* 2859. **~ner** *tr.* (faire dépendre) 2859 VIII.
**conditonn|é, e** *adj.*, **~ement** *n. m.*, **~er** *tr.* 4730 II.
**1. conditionner** → CONDITION.
**2. conditionner** → CONDITIONNÉ.
**condoléances** *n. f. pl.* 3530 II.
**conduc|teur, trice** *n. Autom.* 2739 ● *adj.* de la chaleur 5949 II. **~tibilité** *n. f.*, **~tible** *adj. Phys.* 4161.
**cond|uire** *tr.* ses affaires 1875 IV/la chaleur 5949 II/qqn à un endroit 5949 IV/qqn au crime 942; *Autom.* 2739, 4410; ~ à (route) 58 II, 4016 IV. **se ~uire** 2639, 3086 V. **~uit** *n. m.*, **~uite** *n. f.* 4400, 4968, 5265; **~uite** (comportement) 2639, 2755, 3086 V; **~uite** des affaires 1875 IV/automobile 2739, 4410; sous la **~uite** de 2087 IV.
**condyl|e** *n. m.*, **~ien, enne** *adj.* 4873.
**cône** *n. m. Math.* 1502; *Bot.* 4707.
**confection** *n. f.*, **~ner** *tr.* 3156; costume de ~ 1099.
**confédér|al, e, aux** *adj.*, **~ation** *n. f.*, **se ~er** 5866 VIII. **~é, e** *n.* 1342. **~er** *tr.* 5866 II.
**confer** *mot lat.* 2022 III.
**conférenc|e** *n. f.* 200 VIII; ~ de travail 1062; faire une ~ 1294 III. **~ier, ère** *n.* 1294 III.
**1. conférer** *intr.* avec 1933 III.
**2. conférer** *tr.* une fonction 4341 II/un honneur 6019 IV.
**confess|er** *tr.* 4196 IV. **se ~er, ~ion** *n. f.*, **ionnal** *n. m. Christ.* 3506 VIII. **~eur** *n. m.* 3506 II.
**1. confession** → CONFESSER.
**2. confession** *n. f.*, **~nalisme** *n. m.*, **~nel, elle** *adj.* 1903, 3391, 5161.
**confetti** *n. m.* 5301.
**confi|ance** *n. f.* 5851; ~ en soi 3477 VIII; homme de ~ 204 VIII; question de ~ 5851. **~ant, e** *adj.* 5667, 5851; ~ en soi 3474 VII.
**confid|ence** *n. f.* 2514, 5323; mettre dans la ~ 5552. **~ent, e** *n.* 5323. **~entiel, elle** *adj.* 2514.
**confier** *tr.* un objet 5881 IV/un secret 620/une charge 6019 II/une responsabilité 4095 II/une affaire 6009/une mission 4638 II. **se ~** à 2642 II, 4595.
**configuration** *n. f.* 2937.
**confin|é, e** *adj.* 3984. **~er** *tr.* qqn 1153. **~er** *tr. ind.* à 1115 III. **se ~er** 2393 VII; ~ dans 4283 VIII.
**confins** *n. m. pl.* 692, 1194; aux ~ de la terre 4289.
**confire** *tr.* 2603 II.
**confirm|and, e** *n.*, **~ation** *n. f.*, **~er** *tr. Christ.* 799 II; **~er** une nouvelle 164 II/un jugement 265 II. **se ~er** 164 V, 265 V.
**confiscation** *n. f.* 1184, 3066 III.
**confis|erie** *n. f.*, **~eur, euse** *n.* 2603.
**confisquer** *tr.* 1184, 3066 III; ~ le pouvoir 6019 X.
**conflagration** *n. f.* 2898 VIII, 3898 VII.
**conflit** *n. m.* 5377 III; ~ d'intérêts 3504 VI; entrer en ~ avec 2798 VIII.
**conflu|ence** *n. f.*, **~ent** *n. m.*, **~er** *intr.* 4876 VIII.
**confondre** *tr.* 1599; ~ qqn 3907 IV, 4013; être confondu *Fig.* 2590. **se ~** 1599 VIII; ~ en excuses 3815 III.
**conformation** *n. f.* 1603, 2937.
**conform|e** *adj.* 2801 III, 3296 III; (copie) 3296. **~ément** *adv.* à 5986. **~er** *tr.* 3296 III. **se ~er** à 4993 VIII/aux instructions 1563. **~isme** *n. m.*, **~iste** *adj., n.* 4993 VIII. **~ité** *n. f.* 3296 VI, 5986 VI.
**confor|t** *n. m.*, **~table** *adj.* 2134, 2220 IV, 5850.
**conforter** *tr.* 3521 II.
**confrater|nel, elle** *adj.*, **~nité** *n. f.* 52, 2353.
**confr|ère** *n. m.* 2353. **~érie** *n. f.* 3324; *Isl.* 2393.
**confront|ation** *n. f.*, **~er** *tr.* 4240 III, 5865 III; **~ation** politique 898 III, 3504 III.
**confucianisme** *n. m.* 4681.
**confus, e** *adj*, **~ion** *n. f.* 1468, 1992 VIII; (obscur) 612 IV, 3824, 4762 VIII; je suis ~ 118; **~ion** mentale 1599 II/des pouvoirs 2798 VI; remplir qqn de **~ion** 1468 IV, jeter la **~ion** 1992 IV. **~ionnisme** *n. m.* 2996 II.
**congé** *n. m.* 1118 IV, 3572; prendre ~ 62 X; donner ~ 3086.
**congédi|ement** *n. m.*, **~er** *tr.* 2143, 3086, 3312.
**cong|élateur** *n. m.*, **~élation** *n. f.*, **~eler** *tr.* 841 II, 1055 II.
**congénère** *adj.* 1089 III ● *n.* 52.
**congénital, e, aux** *adj.* 4020, 5894.
**congestion** *n. f.* 1323 VIII; (cérébrale) 2602. **se ~ner** 1323 VIII, 2281 VIII.
**conglomér|at** *n. m.*, **~er** *tr.* 4498 II.
**congratul|ation** *n. f.*, **~er** *tr.* 5777 II.
**congrégation** *n. f.* 1062; ~ religieuse 2202.
**congr|ès** *n. m.*, **~essiste** *n.* 200 VIII; **~ès** américain 4720.
**1. congru, e** *adj.* (portion) 3201.
**2. congru, e** *adj.*, **~ence** *n. f.*, **~ent, e** *adj. Math.* 3296 VI.
**conifère** *n. m.* 3161.
**comique** *adj.* 1502.
**conjectur|al, e, aux** *adj.*, **~e** *n. f.*, **~er** *tr.* 1620, 4691 V.
**conjoint, e** *n.* 2384 ● *adj.* 4240 VIII. **~ement** *adv.* 2744.
**conjonc|tif, ive** *adj.* 3251. **~tion** *n. f.* 1986; *Gramm.* 1238.
**conjonctiv|e** *n. f.*, **~ite** *n. f.* 4797 VIII.
**conjoncture** *n. f.* 3070 III, 5389 III; dans la ~ actuelle 1419, 3408, 5956; basse ~ 4582; haute ~ 2217.
**conju|gaison** *n. f.*, **~guer** *tr.* 3086 II; **~uer** les efforts 5866 II.
**conjugal, e, aux** *adj.* 2384.
**conjur|ation** *n. f.* 200 III. **~é, e** *n.* 200 VI. **~er** *tr.* qqn 3232 V/le sort 3683 II/la crise 3392 II. **se ~er** 200 VI.
**connaissance** *n. f.* 3506, 3627; en ~ de cause 3648; prendre ~ de 3355 VIII; perdre ~ 3774; reprendre ~ 5980; faire la ~ de 3506 V; porter à la ~ de 1449 IV.

**contractant, e** *adj.* 3596 VI.

**1. contrac|ter** *tr.* une alliance 3596/un engagement 3676 V/un mariage 5533/une maladie 3169 IV/une habitude 3682 V/une obligation 4817 VIII. **~tuel, elle** *adj.* 3596 VI, 3676.

**2. contract|er** *tr.*, **~ion** *n. f.* 4153, 4346 II; **~er** un texte 1551 VIII/des phonèmes 1787 IV. **se ~er** 4153 VII, 4346 V. **~ile** *adj.*, **~ilité** *n. f.* 4153 II, 4346 II. **~ure** *n. f.*, **se ~urer** 4332 V.

**contradic|teur, trice** *n.*, **~tion** *n. f.* 1602 III, 3504 III. **~toire** *adj.* 5520 VI; (jugement) 1294.

**contr|aignant, e** *adj.*, **~aindre** *tr.*, **~ainte** *n. f.* 887 IV, 2137 IV, 4566 IV; **~ainte** par corps 3776. **~aint, e** *adj.* 2137 IV, 3224 VIII; (air) 4638 V; **~** et forcé 3805.

**contraire** *adj.*, *n. m.* 3222, 3611, 5520; dans le cas **~** 50; au **~** 1602 III; **~** à 5503 III.

**contrari|ant, e** *adj.*, **~er** *tr.* 3611 III; **~er** qqn 3859 IV, 4350 IV, 4516 II. **se ~er** (forces) 3611 VI. **~été** *n. f.* 3090, 3611 III.

**contrast|e** *n. m.*, **~er** *intr.* 3222 VI, 3504 VI, 5520 VI. **~if, ive** *adj.* 5520 VI.

**contrat** *n. m.* 3596; **~** de mariage 3072; passer un **~** avec 3676 III.

**contravention** *n. f.* 1602 III.

**contre** *prép.* 3222, 3634; (en échange de) 339; **~** son gré 2137, 4566.

**contre-** *préf.* 3222 III, 3611 III.

**contre-assurance** *n. f.* 3222 III.

**contre-attaqu|e** *n. f.*, **~er** *tr.* 5662.

**contrebalancer** *tr.* 2744 III, 3479 III.

**contreband|e** *n. f.*, **~ier, ère** *n.* 5689 II.

**contrebas (en)** *loc. adv.* 1584 VII, 2583.

**contrecarrer** *tr.* 3512, 4426 III.

**contrecœur (à)** *loc. adv.* 2137, 4566.

**contrecoup** *n. m.* 2047.

**contre-courant** *n. m.* 3611 III. **à ~** *loc. adv.* 3611.

**contredire** *tr.* 1602 III, 3504 III. **se ~** 5520 VI.

**contrée** *n. f.* 526, 4302, 5339.

**contre|-enquête** *n. f.* 3222 III, 3611 III. **~épreuve** *n. f.* 3611. **~espionnage** *n. m.* 4614 III. **~expertise** *n. f.* 3222 III, 3611 III.

**contre|façon** *n. f.*, **~faire** *tr.* 2405 II; **~faire** une signature 2387 II/qqn 4341 II/sa voix 3855 II.

**contre|fort** *n. m.* 2170.

**contre-indication** *n. f. Méd.* 5577.

**contre-jour (à)** *loc. adv.* 3264.

**contremaître, esse** *n.* 2224, 3627 II.

**contre-manifest|ant, e** *n.*, **~ation** *n. f.* 3419 III.

**contre-mesure** *n. f.* 3611 II.

**contre-offensive** *n. f.* 5662.

**contre-ordre** *n. m.* 3611 III; = CONTRORDRE 5520.

**contrepartie** *n. f.* 339, 3688; en **~** 4161 III, 4876.

**contre-pied** *n. m.* 5520.

**contre-plaqué** *n. m.* 1536.

**contrepoids** *n. m.* 5921 III; faire **~** à 3479 II.

**contrepoison** *n. m.* 720.

**contre-projet** *n. m.* 2862.

**contre-proposition** *n. f.* 4203 VIII.

**contrer** *tr.* 3504 III.

**contre-révolution** *n. f.* 3222 III.

**contresens** *n. m.* 3611 III. **à ~** *loc. adv.* 3611.

**contre|signer** *tr.* 5109 IV. **~temps** *n. m.* 3305, 3690; à **~** 5989. **~-torpilleur** *n. m.* 5396. **~-valeur** *n. f.* 339, 3688.

**contreven|ant, e** *n.*, **~ir** *tr. ind.* 1602 III.

**contribuable** *n.* 1794.

**contribu|er** *tr.*, **~tion** *n. f.* 2719 III, 2867 III; *Fig.* 385 V; *Fin.* 3225; mettre à **~tion** 3694 X.

**contrit, e** *adj.*, **~ion** *n. f.* 778, 5363.

**contrôl|e** *n. m.*, **~er** *tr.*, **~eur, euse** *n.* 2155 III; **~er** les prix 1262 VIII/la situation 3805 V. **se ~er** 4477, 5177.

**controrde** *n. m.* → CONTRE-ORDRE.

**controvers|e** *n. f.*, **~er** *tr.* 928 III, 5377 III.

**contumace** *n. f.* 1602 V, 3851.

**contusion** *n. f.*, **~ner** *tr.* 2102, 4520.

**convain|cant, e** *adj.*, **~cre** *tr.* 4394 IV; **~cre** qqn d'un crime 1904 IV, 6035 VIII. **se ~cre** de 4394 VIII.

**convalesc|ence** *n. f.*, **~ent, e** *adj.*, *n.* 5527.

**convenable** *adj.* (décision) 1278 VIII; (prix) 290; (chose) 3129; (moment) 5986 III; (air) 4943.

**conven|ance** *n. f.*, **~ir** *tr. ind.* 4751 III, 5389 III, 5986 III; **~ir** de 5986 VIII/de son erreur 4196 IV; il convient de 518 VII, 922. **~ances** *n. f. pl.* 55, 1065 III.

**convention** *n. f.* 5986 VIII; **~** sociale 55, 4341 II; passer une **~** 3596 VI. **~nel, elle** *adj.* 5986 VIII; (idée) 350 VIII; (signe) 3129 VIII.

**converg|ence** *n. f.*, **~ent, e** *adj.*, **~er** *intr.* 1062; (opinions) 4198 VI; (idées) 5897 VI; *Phys.* 2170 VI.

**convers|ation** *n. f.*, **~er** *intr.* 1198 III, 4642 III; *avoir une* **~ation** avec 3322.

**conver|sion** *n. f.*, **~tibilité** *n. f.*, **~tible** *adj.*, **~tir** *tr.*, **se ~tir** 339 II, 1420 II; **~sion, ~tir, se ~tir** *Relig.* 778, 3668 VIII; **se ~tir** à l'Islam 2642 IV/au christianisme 5427 V/au judaïsme 5789 V. **~tisseur** *n. m. Techn.* 1420 II, 5524.

**convex|e** *adj.*, **~ité** *n. f.*, 1196 V.

**conviction** *n. f.* 4394, 6079; **~** religieuse 3596; avoir la **~** que 3596 VIII.

**conv|ier** *tr.*, **~ive** *n.* 1781. **~ives** *n. pl.* 3273. **~ivialité** *n. f.* 221 III.

**convocation** *n. f.* 1781.

**convoi** *n. m.* 4334, 6002; **~** funèbre 1087. **~ement** *n. m.* 6002 III.

**convoit|er** *tr.*, **~ise** *n. f.* 2988 VIII, 3367; être l'objet de **~ises** 3364.

**convolvulus** *n. m.* 3552.

**convoquer** *tr.* 1781 X; **~** une réunion 3596.

**convoy|er** *tr.*, **~eur, euse** *n.* 2150 III, 6002 III.

**convuls|er (se)**, **~if, ive** *adj.*, **~ion** *n. f.* 1593 VIII, 2967 V, 4153 V; *Fig.* 3225 VIII.

**coopér|ant, e** *n.*, **~ateur, trice** *n.* 3694 III. **~atif, ive** *adj.*, **~ation** *n. f.*, **~er** *tr. ind.* 2867 III, 3694 III, VI. **~ative** *n. f.* 3563 VI.

**coord|ination** *n. f.*, **~onner** *tr.* 5397 II; *Gramm.* 3572. **~onnées** *n. f. pl. Math.* 1197 IV.

**copain, copine** *n. Fam.* 2150.

**copeau** *n. m.* 5310, 5412.

**cop|ie** *n. f.*, **~ier** *tr.* 5391, 5524; *Bx-arts.* 4341 II, **~ie** conforme 3178/d'examen 3950.

**copieux, euse** *adj.* 3820, 5985.

**copilote** *n. m.* 2559 III.

**copine** → COPAIN.

**copiste** *n.* 5391, 5524.

**coproduction** *n. f.* 5291 IV.

**copropriét|aire** *n.* 2867. **~é** *n. f.* 2867 VIII.

**copte** *adj.*, *n.* 4154.

**copul|ation** *n. f.*, **~er** *tr.* 1062 III, *Zool.* 2573 VI.

**copule** *n. f. Gramm.* 1986.

**copuler** → COPULATION.

**copyright** *n. m.* 1317.

**coq** *n. m.* 1898; **~** de bruyère 4300.

**coque** *n. f. Mar.* 341; *Autom.* 1000; *Bot.* 4266.

**coquelicot** *n. m.* 1537.

**coqueluche** *n. f.* 2566.

**coquet, ette** *adj.*, *n.*, **~terie** *n. f.* 225 V; *Péjor.* 1807; somme **~ette** *Fam.* 5985.

**coquill|age** *n. m.*, **~e** *n. f.* 3069, 4421; **~e** *Impr.* 1567, 3808.

**coquin, e** *adj.* 1448 ● *n.* 5368.

**cor** *n. m. Mus.* 639; *Méd.* 2659; *Fig.* à **~** et à cri 2347 II.

**cora|il** *n. m.*, **~llien, enne** *adj.* 5039.

**Coran** *n. m.*, **~ique** *adj.* 4197.

**corbeau** *n. m.* 3746.

**corbeille** *n. f.* 2615.

**cord|age** *n. m.*, **~e** *n. f.*, **~ier** *n. m.* 1160; **~e** *Géom.* 1875; *Mus.* 5845; sur la **~e** raide 1226; mériter la **~e** 2977; avoir plusieurs **~es** à son arc 2719. **~eau** *n. m.* 3891. **~é e** *n. f.* 1986. **~elette** *n. f.* 3603. **~elière** *n. f.* 2370.

**cordial** *n. m.* 4427 II. **~, e, aux** *adj.*, **~ité** *n. f.* 4338; **~** (accueil) 1217, (relations) 5877.

**cordon** *n. m.* 406, 1160; *Fig.* 5452. **~nerie** *n. f.*, **~nier, ère** *n.* 2609.

**cordouan, e** *adj.*, *n.* 4216.

**coreligionnaire** *n.* 52.

**coriace** *adj. Pr.* et *Fig.* 4262; *Fig.* 3659.

**coriandre** *n. f.* 4576.

**corindon** *n. m.* 6048.

**cormoran** *n. m.* 4136.

**cornac** *n. m.* 4121.

**cornaline** *n. f.* 3590.

**cornard** *n. m. Pop.* 4240.

**corne** *n. f. Zool.* 4240; *Mus.* 3177;

**coupl|age** *n. m.*, **~er** *tr. Techn.* 4240, 5949 II.

**couple** *n. m.* 2384; *Mécan.* 2384 VIII.

**coupler** → COUPLAGE.

**couplet** *n. m.* 4310.

**coupole** *n. f.* 4144.

**coupon** *n. m. Fin.* 4261, 4697.

**coupure** *n. f.* 2922, 4310; *Fin.* 2161; ~ de presse 4274/de courant 4310 VII.

**cour** *n. f.* 4080; *Jur.* 1328; ~ royale 556/des comptes 1887/martiale 1038/de récréation 4838; faire sa ~ 1807 V; faire la ~ à une femme 3766 III.

**courag|e** *n. m.*, **~eux, euse** *adj.* 448, 2809; prendre son **~e** à deux mains *Fam.* 2953 II.

**couramment** *adv.* 3682.

**courant, e** *adj.* 975; (langue) 1568 VI; (mot) 1732; (opinion) 2726; (idée) 3024; (vie) 3682. ~ *n. m.* 789; ~ d'air 5805; dans le ~ de 852; au ~ de 3355 VIII; mettre au ~ 3355 IV; se tenir au ~ 679 III.

**courbatures** *n. f. pl.* 6054 V.

**courb|e** *adj.*, *n. f.* 1397 VII. **~er** *tr.* 1397, 4414 II; ~ la tête 3285; *Fig.* 5537. **se ~er, ~ette** *n. f.*, **~ure** *n. f.* 1397 VII.

**coureur, euse** *n.* 2450 III, 3482; ~ de filles 3312 III.

**courg|e** *n. f.* 4221. **~ette** *n. f.* 4709.

**courir** *intr.* 975, 3482; (nouvelle) 3024; (cheval) 2172; ~ vers 2535 III/après 2569; ~ sa chance 948 II/un danger 988 III/les rues 1125/les mers 2168/les filles 3312 III/comme le vent 3357 IV; faire ~ des bruits 3024 IV; laisser ~ *Fig.* 4536 VIII.

**courlis** *n. m.* 4568.

**couronn|e** *n. f.* 782, 4628; tresser des **~s** *Fig.* 3247. **~é, e** *adj.*, **~ement** *n. m.*, **~er** *tr.* 782 II, 4628 II.

**courrier** *n. m.* 366, 2078; (messager) 2159.

**courroie** *n. f.* 2755; ~ de transmission 4267.

**courroux** *n. m. Litt.* 1395.

**cours** *n. m.* 975; *Enseign.* 1741; *Fin.* 2563; ~ du temps 2755/des événements 2739; avoir ~ (usage) 975, (marchandise) 2217; donner libre ~ à 3357 IV; au ~ de 852, 1591; en ~ de discussion 445.

**course** *n. f.* 975, 2172, 3482; *Sport* 2450 III; *Techn.* 2993; *Hist., Mar.* 4212; ~ de taxi 38/de taureaux 3084 III/de chameaux 5663/du temps 5109/aux armements 2450 III; faire ses **~s** 2738 V.

**coursier** *n. m.* 1114. **~, ère** *n.* 2569.

**court, e** *adj.* 4283; (exposé) 5857; avoir la mémoire **~e** 3239. ~ *adv.* prendre de ~ 511 III, 3896 III; être à ~ de 3685 IV; tourner ~ 4002.

**courtage** *n. m.* 2661.

**courtaud, e** *adj.*, *n.* 1705.

**court-circuit** *n. m.* 1875.

**courtier, ère** *n.* 1808, 2661.

**courtilière** *n. f.* 1224.

**courtis|an** *n. m.*, **~er** *tr.* 2340 V; **~er** une femme 3766 III.

**courtois, e** *adj.*, **~ie** *n. f.* 1065 III, 4832, 5680 II; *poésie* **~e** 3766.

**couru, e** *adj.* 1312, 2217.

**couscous** *n. m.*, **~sier** *n. m.* 4586.

**1. cousin, ine** *n.* 598.

**2. cousin** *n. m. Zool.* 507.

**cousinage** *n. m.* 4198.

**cousine** → COUSIN 1.

**coussi|n** *n. m.* 88, 1469, 5925. **~net** *n. m.* 5925.

**cousu, e** *adj.* d'or *Fig.* 1279/de fil blanc *Fam.* 458 VIII.

**coût** *n. m.* 848, 4638, 5501; ~ de la vie 4638 II.

**cout|eau** *n. m.* 2613, 5030. **~elas** *n. m.* 2911. **~elier, ère** *n.* 2613.

**coût|er** *intr.* 2744 III; *Fig.* ~ à qqn 2922. **~er** *tr.* 4638 II; ~ des efforts 2427 II. **~eux, euse** *adj.* 3815, 4638.

**coutum|e** *n. f.*, **~ier, ère** *adj.* 3682; **~e** Dr. 3506.

**coutur|e** *n. f.*, **~ier, ère** *n.* 1661; battre à plate **~e** 1293, 5720. **~é, e** *adj.* 1418.

**couv|aison** *n. f.*, **~ée** *n. f.* 1297.

**couvent** *n. m.* 1894; ~ de derviches 743.

**couver** *tr.* 1297; ~ qqn 1807/qqch 5015 V ● *intr.* (feu) 1611.

**couvercle** *n. m.* 3793.

**couvert** *n. m.* 204; mettre le ~ 3475 IV; se mettre à ~ 2461 VIII; sous le ~ de 1178, 4394. **~, e** *adj.* 2592, 3793 II; (ciel) 3860; (personne) 1377; ~ de dessins 1312/de honte 4794 VIII.

**couverture** *n. f.* 497, 3793; *Constr.* 2592; *Impr.* 3811; *Comm.* 4618; ~ des frontières 1377/d'un paiement 3793 II.

**couveuse** *n. f.* 1297, 4035.

**couvre-|chef** *n. m.* 3793. **~feu** *n. m.* 1125 V. **~lit** *n. m.* 3793. **~pieds** *n. m.* 497.

**couvreur** *n. m.* 2592.

**couvrir** *tr.* 2461, 3793 II; ~ un bâtiment 2592 II; *Fig.* ~ qqn 1377/qqn de fleurs 3739 IV/un emprunt 4618/une distance 4310; *Zool.* ~ une femelle 2573. **se ~** 2461 V, 3793 V; (ciel) 3862 V; ~ de honte 4013 VIII/de végétation 4589 VIII.

**cow-boy** *n. m.* 522.

**coxalg|ie** *n. f.*, **~ique** *adj.* 5908.

**c.q.f.d.** *abrév.* 3349.

**crabe** *n. m.* 2533.

**crach|at** *n. m.*, **~ement** *n. m.*, **~er** *tr.* et *intr.*, **~oir** *n. m.* 467; **~er** un noyau 4860.

**crachin** *n. m.* 2062.

**craie** *n. f.* 3293.

**crain|dre** *tr.*, **~te** *n. f.*, **~tif, ive** *adj.* 1545, 1649; **~te** morbide 2202/révérentielle 5809/de Dieu 5999 VIII; avoir des **~tes** 2729 III.

**cramoisi, e** *adj.* 4235.

**crampe** *n. f.* 2967 V; ~ d'estomac 5126.

**crampon** *n. m.* 4631. **se ~ner** à 5078 V; *Fig.* 2789 V.

**cran** *n. m. Fam.* 2809; ~ d'arrêt 3949.

**crân|e** *n. m.*, **~ien, enne** *adj.* 1051, 4175.

**crapaud** *n. m.* 3246.

**crapul|e** *n. f.* 5368, 5981. **~eux, euse** *adj.* 1601, 2583.

**craquel|er (se), ~ure** *n. f.* 2922 VII.

**craqu|ement** *n. m.*, **~er** *intr.* 137, 3077; *Fig., Fam.* 5792 VII; **~er** (articulations) 5519; **~er** sous les pieds (neige) 1542. **~er** *tr.* une allumette 1326.

**craqu|eter** *intr.*, **~ètement** *n. m.* (cigogne) 4872.

**crass|e** *n. f.*, **~eux, euse** *adj.* 4189, 5924.

**cratère** *n. m.* 4106.

**cravach|e** *n. f.*, **~er** *tr.* 2734.

**cravate** *n. f.* 1986.

**crayeux, euse** *adj.* 3293.

**crayon** *n. m.* 4353.

**créanc|e** *n. f.*, **~ier, ère** *n.* 1904; digne de **~e** 3071 II; lettres de **~e** 3639 VIII.

**1. créat|eur, trice** *adj.*, *n.*, **~if, ive** *adj.*, **~ivité** *n. f.* 338 IV, 4719 II, 5407 IV. **~ion** *n. f.*, **~ure** *n. f.* 1603, 4719; **~ion** littéraire 338 IV; **~ure** *Péjor.* 3156.

**2. créateur** *n. m.* : le ~ (Dieu) 1603.

**crécelle** *n. f. Mus.* 1480.

**crécerelle** *n. f.* 2784.

**crèche** *n. f.* 1297; *Relig.* 1951.

**crédi|bilité** *n. f.*, **~ble** *adj.* 3053, 3071 II.

**crédi|t** *n. m. Fin.* 2635 II; ~ disponible 2098; *Fig.* 2665, 5489; facilités de ~ 204 VIII, lettre de ~ 3639 VIII; à ~ 4256 II; accorder son ~ à 3071 II; **~s** additionnels 1548 II. **~ter** *tr.* qqn 4213 IV/un compte 4431 II. **~teur, trice** *n.* 1904.

**credo** *n. m.* 1781, 3596.

**crédul|e** *adj.*, **~ité** *n. f.* 3071 II.

**créer** *tr.* 1197 IV, 1603, 4719 II; ~ une société 106 II/le désordre 312/des mots 534 VIII/une usine 5407 IV/des conditions d'existence 5855 IV.

**crémaillère** *n. f.* 129, 2798.

**crémat|ion** *n. f.*, **~oire** *adj.* 2182 II.

**crème** *n. f.* du lait 4265/de beauté 1867/à raser 3471; *Fig.* 2263, 5340 ● *adj. inv.* 4265.

**crémeux, euse** *adj.* 4265.

**crémone** *n. f.* 2000.

**crén|eau** *n. m.* 2865. **~elé, e** *adj.* 1252 II.

**crêpe** *n. f. Cuis.* 4020.

**crêper** *tr.* les cheveux 1010/le chignon *Fam.* 2899 IV.

**crép|i** *n. m.* 1544. **~ir** *tr.*, **~issage** *n. m.* 1006 II.

**crépit|ement** *n. m.*, **~er** *intr.* 3319, 3960.

**crépu, e** *adj.* 1010.

**crépuscul|aire** *adj.*, **~e** *n. m.* 2915.

**cresson** *n. m.* 1237, 4195.

**crésus** *n. m. Fam.* 4133.

**crétacé, e** *adj.*, *n.* 3293.

**crête** *n. f. Géogr.* 4358; ~ de coq 3506.

# D

**déception** *n. f.* 1265, 1653.
**décerner** *tr.* 5192.
**décès** *n. m.* 5216, 5987.
**déce|vant, e** *adj.*, **~voir** *tr.* 1653 II.
**déchaîné, e** *adj. Fig.* 1053, 1137, 5810.
**déchaîn|ement** *n. m.*, **~er** *tr.* 3357 IV; **~er** les passions 860 IV/une campagne 2964. **se ~er** 3021 X; (colère) 860; (guerre) 2788; (vent) 3557; (incendie) 5408.
**déchanter** *intr.* 4348 IV.
**décharg|e** *n. f. Jur.* 355 IV, 1598 III; (coups de feu) 3357; ~ électrique 3956 II. **~ement** *n. m.*, **~er** *tr.* 3956 II; **~er** sa conscience 2220 IV/sa colère 3040/son arme 3956 IV. **se ~er** d'une responsabilité 4444 X.
**décharné, e** *adj.* 3464, 5719.
**déchausser (se)** 5377.
**déchéance** *n. f.* 1298 VII, 2590; ~ de ses droits 5055.
**déchet** *n. m.* 4015, 5503.
**déchiffr|ement** *n. m.*, **~er** *tr.* 4040.
**déchiqueter** *tr.* 5069 II.
**déchir|ement** *n. m.*, **~er** *tr.*, **~ure** *n. f.* 1512, 5069 II; **~er** une proie 3943 VIII. **se ~er** 1512 V, 5069 V.
**déch|oir** *intr.* 1298 VII. **~u, e** adj. (roi) 1601.
**décid|é, e** *adj.* (personne) 1257, 3529. **~er** *tr.* 1328; ~ de 3140 II, 4196 II/qqn à 4394 IV. **se ~er** à 2351 IV, 3529.
**déci|grade** *n. m.*, **~gramme** *n. m.*, **~litre** *n. m.*, **~mal, e, aux** *adj.*, *n. f.*, **~mètre** *n. m.* 3547.
**décimer** *tr.* 4296.
**décisif, ive** *adj.* (mesure) 991; (victoire) 1268; (argument) 4310.
**décision** *n. f.* 3529, 4196; ~ juridique 1328.
**déclam|ation** *n. f.*, **~er** *tr.* 5410 IV. **~atoire** *adj.* 3914 II.
**déclar|ation** *n. f.*, **~er** *tr.*, **se ~er** 3079 II, 3631 IV; **~ation** d'amour 620/politique 667/d'utilité publique 4196 II/de revenus 4196 IV; **~er** ses intentions 4595/la guerre 2983/qqn coupable 1904 IV. **se ~er** (incendie) 1818 VII, 5408.
**déclench|ement** *n. m.*, **~er** *tr.* 3357 IV, 4047 IV; **~er** une guerre 336/une offensive 2964. **se ~er** 3357 VII, 4047 VII; (guerre) 1818 VII, 5408. **~eur** *n. m. Techn.* 3357 IV.
**déclic** *n. m.* 4008.
**décli|n** *n. m.* 1298 VII, 2392. **~naison** *n. f. Gramm.* 3493 IV; *Astron.* 5249. **~ner** *intr.* 1298 VII, 2392; (jour) 5249. **~ner** *tr.* une offre 23/une invitation 2148/son identité 3506; *Gramm.* 3493 IV.
**déclivité** *n. f.* 1200, 5643.
**décocher** *tr. Pr.* et *Fig.* 2090, 4192.
**décoction** *n. f.* 3816.
**décoll|age** *n. m.*, **~er** *intr. Écon.* 3357 VII; *Aéron.* 4348 IV.
**décollation** *n. f.* 4310.
**décoll|ement** *n. m.*, **~er** *tr.* 4040. **se ~er** 4008 VII.
**1. décoller** → DÉCOLLAGE.
**2. décoller, se ~** → DÉCOLLEMENT.
**décollet|é, e** *adj.*, *n. m.*, **~er** *tr.* 3520 II, 4412 II.
**décolor|ation** *n. f.*, **~er** *tr.* 5430 II. **se ~er** 2392, 5430 V.
**décombres** *n. m. pl.* 2057, 5520.
**décommander** *tr.*, **se ~** 4855 IV.
**décompos|é, e** *adj.* (visage) 4040. **~er** *tr.*, **~ition** *n. f.* 1333 II. **se ~er** 1333 V, 3984; ~ en 4261 VII.
**décompress|er** *tr.*, **~eur** *n. m.*, **~ion** *n. f.* 3243.
**décomprimer** *tr.* 3243.
**décompt|e** *n. m.*, **~er** *tr.* 3474 II.
**déconcert|ant, e** *adj.*, **~er** *tr.* 1226 IV, 1428 II.
**déconfit, e** *adj.* 1653. **~ure** *n. f.* 5720.
**décongeler** *tr.* 2392 IV.
**décongestionner** *tr.* 2392 IV. **se ~** 1323 VIII; (rue) 2281 VIII.
**déconnecter** *tr.* 4040 II. **se ~** 4040 V.
**déconseiller** *tr.* 1208 II, 5577.
**décontenancer** *tr.* 1992 IV. **se ~** 1992 VIII.
**décontract|é, e** *adj. Fig.* 2220 VIII. **~er** *tr.*, **~ion** *n. f.* 2046 IV. **se ~er** 2046 VIII.
**déconvenue** *n. f.* 1653.
**décor** *n. m. Théâtr.* 1899. **~ateur, trice** *n.* **~atif, ive** *adj.*, **~ation** *n. f.*, **~er** *tr.* 2283, 2391 II.
**1. décor|ation** *n. f.* (médaille) 5618, 5931. **~er** *tr.* qqn 4341 II, 5931 II.
**2. décoration** → DÉCOR.
**1. décorer** → DÉCOR.
**2. décorer** → DÉCORATION 1.
**décorti|cage** *n. m.*, **~quer** *tr.* 4266 II.
**décorum** *n. m.* 2079.
**découdre** *tr.* 3889. **se ~** 3889 V.
**découler** *intr.* de 5291, 5321.
**découp|age** *n. m.*, **~er** *tr.* 3949, 4261 II. **~e** *n. f.* 4310. **se ~er** sur 2079 VIII.
**découplé, e** *adj.* : bien ~ 4180.
**découpure** *n. f.* 3949.
**décourag|eant, e** *adj.*, **~ement** *n. m.*, **~er** *tr.* 802 II. **se ~er** 1644.
**décousu, e** *adj.* 3889; (propos) 4040 V; (style) 4797 VI.
**décou|vert, e** *adj.*, *n. m.* 4595; à ~ *Comm.* 3257. **~verte** *n. f.*, **~vrir** *tr.* 1508 VIII, 4595 VIII; **~vrir** un secret 3355 VIII/par hasard 3454/ses intentions 4595. **se ~vrir** (ciel) 3114; (boxeur) 4595.
**décrass|age** *n. m.*, **~er** *tr.* 5457 II.
**décrépit, e** *adj.*, **~ude** *n. f.* 5702.
**decrescendo** *adv.* 5643.
**décr|et** *n. m.* 2079, 4196. **~éter** *tr.* 3066 IV, 4196 II; *Fig.* 3529.
**décret-loi** *n. m.* 2079.
**décrier** *tr.* 5546.
**décrire** *tr.* 3178 II, 5948; (tracer) 2079.
**décroch|age** *n. m.*, **~er** *tr.* 4040, 5382 IV. **se ~er** 4040 VII.
**dé|croissance** *n. f.*, **~croissant, e** *adj.*, **~croître** *intr.* 1584 VII, 3201 VI.
**décrott|er** *tr.*, **se ~er**, **~oir** *n. m.* 4267.
**décrue** *n. f.* des eaux 1584 VII.
**décrypt|ement** *n. m.*, **~er** *tr.* 4040.
**déçu, e** *adj.* 1265, 1653.
**décupl|e** *adj.*, *n.*, **~er** *tr.* et *intr.* 3240, III, VI.
**dédaign|er** *tr.*, **~eux, euse** *adj.*, *n.* 1321 VIII, 1579 X, 2302 VIII; **~er** de 23.
**dédain** *n. m.* 1321 VIII, 1579 X, 2302 VIII.
**dédale** *n. m.* 795, 3249.
**dedans** *adv.* 1716.
**dédicac|e** *n. f.*, **~er** *tr.* 5678 IV.
**dédier** *tr.* 5678 IV.
**déd|ire (se)**, **~it** *n. m.* 2022.
**dédommag|ement** *n. m.*, **~er** *tr.* 3688 II.
**dédouan|ement** *n. m.*, **~er** *tr.* 1598 II.
**dédoubl|ement** *n. m.*, **~er** *tr.* 5429 II; **~ement** de la personnalité 4009 VII. **se ~er** 2384 VIII.
**déductif, ive** *adj. Philos.* 5280 X, 5291 X.
**déd|uction** *n. f.*, **~uire** *tr. Comm.* 1268, 1554; *Philos.* 5280 X, 5291 X.
**déesse** *n. f.* 188.
**de facto** *loc. adv.* 4026, 5994.
**défaill|ance** *n. f.*, **~ir** *intr.* 1644, 3829 IV; **~ance** de mémoire 1651. **~ant, e** *adj.* (témoin) 3851 V.
**défai|re** *tr.* 4040; ~ qqn 5720. **se ~re** 4040 V; ~ de 1598 V. **~t, e** *adj.* : visage ~ 4583 VII. **~te** *n. f.*, **~tisme** *n. m.* 5720.
**défal|cation** *n. f.*, **~quer** *tr.* 1268, 1554.
**défaut** *n. m.* (manque) 4337; (vice) 3698; *Mécan.* 1591; ~ de la cuirasse 5142; à ~ de 339, 3688; faire ~ 3685 IV, 5518; *Jur.* par ~ 3851.
**défav|eur** *n. f.* : tomber en ~ 4032. **~orable** *adj.*, **~oriser** *tr.* 3611 III.
**défécation** *n. f.* 371 IV.
**défectif, ive** *adj.* 5518.
**défection** *n. f.* 2047 VIII, 3851 V.
**défectu|eux, euse** *adj.*, **~osité** *n. f.* 1591 VIII, 3698.
**défendeur, eresse** *n. Dr.* 1781 VIII, 2939 VIII.
**1. défendre** *tr.* (protéger) 1377 III, 1794 III. **se ~** 1377 VIII, 1794 III; ~ contre 5999 V.
**2. défendre** *tr.* (interdire) 1302, 5195. **se ~** de 5177 VI, 5195 VIII.
**1. défens|e** *n. f.* (protection), **~eur** *n. m.* 1377 III, 1794 III; **~e** passive 5999. **~if, ive** *adj.* 1794 III.
**2. défense** *n. f.* (interdiction) 1302, 5195.
**3. défense** *n. f. Zool.* 5610.
**déféquer** *intr.* 371 IV.
**défér|ence** *n. f.*, **~ent, e** *adj.* 1247 VIII.
**1. déférent, e** *adj. Anat.* : canal ~ 2716.
**2. déférent, e** → DÉFÉRENCE.
**déférer** *tr.* une affaire *Jur.* 1420 IV ● *intr.* aux ordres 1931 IV.
**déferl|ement** *n. m.*, **~er** *intr.* 1795 V, 4833 VI.

**~ement** mental 1591 VIII/intestinal 2718 IV; en **~ement** 1531.
**dérap|age** *n. m.*, **~er** *intr.* 2341 VII.
**derbouka** *n. m.* 1727.
**dérèglement** *n. m.* 1239 VII.
**dérégler** *tr.* 3573 II. **se ~** 1591 VIII.
**dérider** *tr.* 445.
**déris|ion** *n. f.* 2496, 5713; tourner en ~ 4838 VI. **~oire** *adj.* (propos) 2498; (quantité) 733.
**dérivatif** *n. m.* 2644.
**1. dériv|ation** *n. f.*, **~er** *tr. Gramm.* 2922 VIII; **~ation** *Techn.* 3954 II. **~é, e** *adj.*, *n. m. Gramm.* 2399. **~ée** *n. f. Math.* 3644 III.
**2. dériv|ation** *n. f.*, **~e** *n. f.*, **~er** *intr.* 1239 VII; *Mar.* 1427; **~e** des continents 4196; à la **~e** 5678.
**dériv|e, ~er** *intr.* → DÉRIVATION 2.
**dermatolo|gie** *n. f.*, **~gue** *n.* 1034.
**derm|e** *n. m.*, **~ique** *adj.* 56, 1034.
**dernier, ère** *adj.* 50; jusqu'au ~ 534; ~ cri *Fig.* 3313; l'an ~ 4083; le ~ mot 4008; au ~ point 4289; à la **~ère** mode 3313; de la **~ère** importance 4289; mettre la **~ère** main à 4892.
**dernièrement** *adv.* 1197, 3676.
**dérobade** *n. f.* 1053, 1249; *Fig.* 5174 V.
**dérobé, e** *adj.* : escalier ~ 1587; porte **~e** 2514. **à la ~e** *loc. adv.* 1587, 1597.
**dérober** *tr.* 1597 VIII, 2540; ~ aux regards 1179. **se ~** 1073 V, 1587 VIII; (monture) 1053, 1249; (personne) 5174 V; (jambes) 1644; ~ aux coups 3920 VI/aux regards 5913 VI.
**dérog|ation** *n. f.* **~atoire** *adj.*, **~er** *tr.* 1602 III; par **~ation** 1490.
**déroul|ement** *n. m.*, **~er** *tr.* 445, 5020. **se ~er** (fil) 5020 VIII, (voile) 5413 VIII, (réunion) 760, (expérience) 975, (événement) 1197, (conversation) 1875, (bataille) 5994.
**dérout|e** *n. f.* 1706 VII, 5720. **~er** *tr. Fig.* 1428 II.
**derrière** *adv.*, *prép.* 1602, 5913. ● *n. m.* 50 II, 3463.
**derviche** *n. m.* 1751; ~ tourneur 6019.
**dès** *prép.* 5193. ~ **lors** *loc. adv.* 599, 843. ~ **lors que** *loc. conj.* 5456. ~ **que** *loc. conj.* 956 II, 4951.
**désabusé, e** *adj.* 1653.
**désaccor|d** *n. m.* 1602, VIII. **se ~der** (instrument) 1877.
**désaffection** *n. f.* 1023 III.
**désagréable** *adj.* 2304 IV, 4566; (personne) 2219.
**désagrég|ation** *n. f.*, **~er** *tr.* 3882 II, 4040 II. **se ~er** 3882 V, 4040 V; *Fig.* 3951 VII.
**désagrément** *n. m.* 724, 3274 III.
**désaltérer** *tr.* 2239 IV. **se ~**2239, 3804.
**désamor|çage** *n. m.*, **~cer** *tr.* 3956 IV, 5377.
**désappoint|é, e** *adj.*, **~ement** *n. m.* **~er** *tr.* 1653.
**désappr|obateur, trice,** *adj.*, **~obation** *n. f.*, **~ouver** *tr.* 4928, 5535 X.
**désarçonner** *tr. Pr.* 4876 IV.
**désarm|ement** *n. m.*, **~er** *tr.* 956 II, 2624; **~er** *Fig.* 1611 IV. **~er** *intr.* 4876 IV.
**désarroi** *n. m.* 1992 VIII, 3225 VIII; en plein ~ 1428.
**désarticul|ation** *n. f.*, **~er** *tr.* 4040 II. **se ~er** 4040 VII.
**désastr|e** *n. m.* 4536, 5531; c'est un ~! *Fig.* 3360. **~eux, euse** *adj.* 5875.
**désavantag|e** *n. m.* 2722, 3224.**~er** *tr.*, **~eux, euse** *adj.* 2722 IV, 3224 IV.
**désav|eu** *n. m.*, **~ouer** *tr.* 905, 5535 X.
**désaxer** *tr.*, **se ~** 5921 VI.
**descend|ance** *n. f.* 1602, 2615. **~ant, e** *n.* 1602.
**1. descen|dre** *intr.*, **~te** *n. f.* 5382, 5643; **~dre** (chemin) 1200 VII, (soleil) 5249; **~dre** de qqn 1200 V; **~te** de police 1865 III/d'organe 2508 VII.
**2. descendre** *tr.* 5382; ~ un avion 2590 IV/qqn *Fam.* 4876 IV.
**descript|if, ive** *adj.*, **~ion** *n. f.* 5460, 5948.
**désempar|é, e** *adj.* 1428; (navire) 3271. **sans ~er** *loc. adv.* 4310 VII.
**désenchant|é, e** *adj.*, **~ement** *n. m.* 1653.
**désenfler** *intr.* 3996.
**désengag|ement** *n. m.*, **se ~er** 4008 VII; **~ement** militaire 4040.
**déséquilibr|e** *n. m.*, **~er** *tr.*, **se ~er** 5921 VI; **~e** des forces 3479 VI/mental 1591 VIII; en **~e** 4196 X.
**désert** *n. m.* 3055; prêcher dans le ~ 5889. **~, e** *adj.* 1605, 4328.
**désert|er** *tr.*, **~eur,** *n. m.*, **~ion** *n. f.* 3923, 5689; **~er** un endroit 5656.
**désert|ification** *n. f.* 3055 II. **~ique** *adj.* 3055.
**désesp|éré, e** *adj.*, **~érer** *intr.* **~oir** *n. m.* 124, 3817, 6043. **~érer** *tr.* 6043 IV.
**déshabill|age** *n. m.*, **~er** *tr.* 3520 II. **~é** *n. m.* 4015. **se ~er** 1601, 3520 V.
**déshabituer (se)** 4348 IV.
**déshér|ence** *n. f.* 2904. **~ité, e** *n.*, **~iter** *tr.* 1247.
**déshon|neur** *n. m.* 1528, 3684. **~orant, e** *adj.*, **~orer** *tr.* 1528 IV, 4013; **~orer** sa profession 3009 II. **se ~orer** 4013 VIII.
**déshydrat|ation** *n. f.*, **~er** *tr.* 1017 II.
**desiderata** *n. m. pl.* 2132, 3349.
**désign|ation** *n. f.*, **~er** *tr.* 2993 IV, 3708 II.
**désillusion** *n. f.* 1653.
**désinence** *n. f.* 1246.
**désinfect|ant, e** *adj.*, *n. m.*, **~er** *tr.*, **~ion** *n. f.* 3379 II.
**désintégr|ation** *n. f.*, **~er** *tr.* 4040 II. **se ~er** (atome) 4059 VII; *Fig.* 335 V.
**désintér|essé, e** *adj.*, **~essement** *n. m.* 5383. **~esser** *tr.* 3688 II. **se ~esser, ~êt** *n. m.* 574 III, 5760 VIII.
**désinvolt|e** *adj.*, **~ure** *n. f.* 1311 V.
**désir** *n. m.*, **~able** *adj.*, **~er** *tr.*, **~eux, euse** *ajd.* 2132, 2988 VIII.
**désist|ement** *n. m.*, **se ~er** 5382 VI.
**désobé|ir** *tr.*, **~issance** *n. f.*, **~issant, e** *adj.* 3561.
**désoblig|eance** *n. f.*, **~eant, e** adj., **~er** *tr.* 4516 II.
**désœuvr|é, e** *adj.*, **~ement** *n. m.* 494, 3573 V.
**désol|ant, e** *adj.*, **~er** *tr.* 118 IV, 124 IV. **~ation** *n. f.* 1832. **~é, e** *adj* (personne) 1265; (terre) 917 IV, 4176; je suis ~! 118. **se ~er** 4449 VIII.
**désolidariser (se)** de 4008 VII.
**désopilant, e** *adj.* 3215 IV.
**désord|onné, e** *adj.* 1999 II, 5458 VIII; (vie) 1601; (pensée) 4762 VIII. **~re** *n. m.* 3225 VIII, 4096; semer le ~ 3984 IV.
**désorganis|ation** *n. f.*, **~er** *tr.* 3984 IV. **~é, e** *adj.* 5438 VIII. **se ~er** 1591 VIII.
**désorienter** *tr.* 1428 II, 3249 II.
**désormais** *adv.* 256, 5193.
**despot|e** *n. m.*, **~ique** *adj.*, **~isme** *n. m.* 335 X.
**desquam|ation** *n. f.*, **~er** *tr.* 4266 II.
**dessaisir** *tr.* un juge 2478. **se ~** de 1605 V.
**dessal|aison** *n. f.*, **~ement** *n. m.* 4952 II.
**dess|èchement** *n. m.*, **~écher** *tr.* 1017 II, 5417 II, 6054 IV. **se ~écher** 1017, 5417 V, 6054.
**dessein** *n. m.* 3753, 4280.
**desserrer** *tr.* 2046 IV; ~ une étreinte 2827 II; ne pas ~ les dents 2918. **se ~** 2046 VIII
**desservir** *tr.* 2149; *Fig.* 662.
**dessiccat|eur** *n. m.*, **~ion** *n. f.* 1017 II, 5417 II.
**dessiller** *tr. Fig.* 3774.
**dessi|n** *n. m.*, **~nateur, trice,** *n.*, **~ner** *tr.* 2079; ~ animé 3178. **se ~ner** 2079 VIII.
**dessous** *adv.* 687 ● *n. m.* 2583, 4335; ~ de bras 15; avoir le ~ 3805 ● *n. m. pl.* 1716; *Fig.* 1587; connaître tous les ~ d'une affaire 2393.
**dessus** *adv.* 3634, 4101; sens ~ dessous 1962, 5032; par-~l'épaule 4335 ● *n. m.* 3420; avoir le ~ 3805, 4094.
**dessus-de-lit** *n. m. inv.* 3793.
**desti|n** *n. m.*, **~née** *n. f.* 1859, 4184, 4296; **~n** individuel 1301/collectif 3194. **~ner** *tr.* à 1548 II, 5808 II. **se ~ner** à 5808 V.
**destin|ation** *n. f.* 3717, 5865. **~ataire** *n.*, **~ateur** *n. m.* 2078 IV.
**destitu|er** *tr.*, **~tion** *n. f.* 1601, 3528.
**destourien, enne** *adj.*, *n.* 1759.
**destroyer** *n. m.* 1832 II.
**destruc|teur, trice** *adj.*, *n.*, **~tion** *n. f.* 1483 II, 1832 II, 5675.
**dés|uet, ète** *adj.*, **~uétude** *n. f.* 5656, 5769 IV.
**désun|ion** *n. f.* 2922 III. **~ir** *tr.* 2961. **se ~ir** 3951 VII.

**1. détachement** *n. m. Fig.* 574 III; *Mil.* 3937.
**2. détach|ement** *n. m.*, **~er** *tr.* 1333, 4040; **~er** une partie 4008/qqn de 504 IV. **se ~er** 1333 VII, 4040 VII; ~ de 4008 VII/du monde 311 II/sur 5290.
**détail** *n. m.* 1798, 4008 II; en ~ 2714 IV, c'est un ~! 854, 3335. **~lant, e** *adj.*, *n.*, **~ler** *tr. Comm.* 979 II, 3959 II; **~ler** 4008 II. **~lé, e** *adj.* 1798, 5987.
**détaler** *intr. Fam.* 1021 IV.
**détax|e** *n. f.*, **~er** *tr.* 3589 IV.
**détect|er** *tr.*, **~ion** *n. f.* 4595.
**détective** *n. m.* 1449 IV.
**déteindre** *intr.* 1420, 5430; ~ sur = INFLUENCER 31 II.
**détend|re** *tr.* 2046 IV; *Fig.* 2220 IV. **se ~re** 2046 VIII; (gaz) 5020 V; *Fig.* 2220 X. **~u, e** *adj. Pr.*et *Fig.* 2046; *Fig.* 5667.
**1. déten|ir** *tr.* qqn, **~tion** *n. f.*, **~u, e** *adj.*, *n.* 1153, 2475.
**2. déten|ir** *tr.* (posséder), **~teur, trice,** *adj.*, *n.* **~tion** *n. f.* 1229 IV, 1408; **~ir** un secret 1311/le pouvoir 6019 V.
**détente** *n. f. Arm.* 2368; *Fig.* 2220 X, 3929; ~ d'un gaz 5020 V.
**1. déten|tion, ~u, e** → DÉTENIR 1.
**2. déten|tion, ~teur, trice** → DÉTENIR 2.
**détergent, e** *adj.*, *n. m.* 5457 II.
**détérior|ation** *n. f.*, **~er** *tr.* 3573 II; **~er** une denrée 750 IV, 3984 IV. **se ~er** 1531; (denrée) 750; (situation) 2722; (matériel) 3567.
**détermin|ant, e** *adj.* (mesure) 991; (preuve) 4310. **~atif, ive** *adj.*, *n. m.*, **~ation** *n. f.*, **~er** *tr.* 1194 II, 3708 II; *Gramm.* 3506 II.
**1. détermin|ation** *n. f.* (volonté), **~é, e** *adj.* 1257, 3529. **se ~er** à 3140 II, 3529.
**2. détermination** → DÉTERMINANT.
**déterminer** → DÉTERMINANT.
**déterminer (se)** → DÉTERMINATION 1.
**détermin|isme** *n. m.*, **~iste** *adj.*, *n. Philos.* 887, 1170.
**déterrer** *tr.* 5278; ~ la hache de guerre 3357 IV.
**détest|able** *adj.*, **~er** *tr.* 516, 4566, 5143; **~able** *Fig.* 2974.
**déton|ant, e** *adj.*, **~ateur** *n. m.*, **~ation** *n. f.*, **~er** *intr.* 3094, 3898 II.
**détonner** *intr. Mus.* 1877.
**détour** *n. m.* 1397 VII, 3572; faire un ~ 3497 II; sans ~ 5893 III.
**détourn|é, e** *adj. Fig.* 4931 VIII. **~ement** *n. m.*, **~er** *tr.* 1420 II; **~er** les soupçons 504 IV/les coups 1280 VI/un avion 1573/le visage 3016 IV/l'attention 3086/la conversation 3855 II. **se ~er** 1239 VII.
**détraqu|é, e** *adj.*, **~er** *tr.* 1591 IV, 3573 II. **se ~er** 1591 VIII, 3573 V.
**détremper** *tr.* 539. **se ~** 539 VIII.
**détresse** *n. f.* 3274; signal de ~ 1571.
**détriment (au ~ de)** *loc. prép.* 1262.
**détritus** *n. m.* 5503.
**détroit** *n. m.* 1118, 3274.
**détrôner** *tr.* 1601.
**détrouss|er** *tr.*, **~eur, euse** *n.* 5419.
**détruire** *tr.* 1483 II, 1832 II, 5675; ~ des insectes 650 IV/une réputation 3029.
**dette** *n. f.* 1904.
**deuil** *n. m.* 1192; faire son ~ de 2642.
**deux** *adj. num. cardin.* 854; des ~ mains 4624; ~ fois plus 3240.
**deuxième** *adj. num. ordin.*, *n.*, **~ment** *adv.* 854.
**dévaler** *tr.* 5643.
**dévaliser** *tr.* 2944, 5419.
**dévaloris|ation** *n. f.*, **~er** *tr.* 1584 II.
**dévalu|ation** *n f.*, **~er** *tr.* 4445.
**devanc|er** *tr.*, **~ier, ère,** *n.* 2450, 4186 V.
**devant** *prép.* 194, 4186 ● *n. m.* 4186 II.
**devanture** *n. f.* 5865.
**dévast|ateur, trice** *adj.*, *n.*, **~ation** *n. f.*, **~er** *tr.* 1112 VIII, 1483.
**déveine** *n. f. Fam.* 5329, 5534.
**développ|ement** *n. m.*, **~er** *tr.* 5413, 5927 II; *Phot.* 1369 II; *Géom.* 445; **se ~er** 5413 VIII, 5927 V; (pays) 4186 V; (plante) 5560.
**devenir** *intr.* 3042 IV, 3194 ● *n. m.* 3194.
**dévergond|age** *n. m.*, **se ~er** 5651 V, 5649 X.
**devers (par-)** *loc. prép.* 4810.
**dévers|ement** *n. m.*, **~er** *tr.* 2765 IV, 3040; **~er** un flot d'injures 2454 IV. **se ~er** 1795 V, 3040 VII. **~oir** *n. m.* 3040.
**dévêtir (se)** 1601, 3520 II.
**dévi|ation** *n. f.*, **~er** *intr.* 1239 VII; *Phys.* 2404; *Mar.* 1427; *Méd.* 1397 VII. **~er** *tr.* 1420 II. **~ationnisme** *n. m.* **~ationniste** *adj.*, *n.* 1239 VII.
**dévid|er** *tr.*, **~oir** *n. m.* 4856.
**devin, eresse** *n.* 3506, 4691. **~er** *tr.* 2893 X; ~ une intention 4682 VIII/une énigme 4040/l'avenir 5266 V. **~ette** *n. f.* 1191, 4851.
**devis** *n. m.* 4437 III.
**dévisager** *tr.* 1202 II, 3942 V.
**devise** *n. f.* 2893. *Fin.* 3644.
**deviser** *intr.* 1198 V.
**dévoiler** *tr.* 4595; ~ les formes 2909/un scandale 2963 II. **se ~** 2574 IV.
**devoir** *tr.* 4817, 5854; ~ qqch à 1904 ● *n. m.* 3950, 5854; se mettre en ~ de 3475 X, 5808 V; présenter ses ~s 1247 VIII; les derniers ~s 3024 II.
**dévoyer** *tr.* 3249 II. **se ~** 1239 VII.
**dextérité** *n. f.* 1579.
**diab|ète** *n. m.*, **~étique** *adj.*, *n.* 2603.
**1. diable** *n. m. Techn.* 3494.
**2. diab|le** *n. m.* 18; au ~! 911, 1870; avoir le ~ au corps 2168. **~lerie** *n. f.*, **~lesse** *n. f.*, **~lotin** *n. m.* 3022, 3584. **~olique** *adj.* 911, 1105, 3022.
**diac|onal, e aux** *adj.*, **~onesse** *n. f.*, **~re** *n. m.* 2955.
**diadème** *n. m.* 782, 4628.
**diagnost|ic** *n. m.*, **~iquer** *tr.* 2825 II.
**diagonal, e, aux** *adj.*, *n. f.* 4302; en **~e** 5893.
**diagramme** *n. m.* 667.
**dialect|al, e, aux** *adj.*, **~e** *n. m.* 4903.
**dialect|icien, enne** *n.*, **~ique** *n. f.* 928.
**dialogu|e** *n. m.*, **~er** *intr.* 1407 III.
**diamant** *n. m.* 186.
**dia|métral, e, aux** *adj.*, **~mètre** *n. m.* 4302.
**diapason** *n. m.* 2193; se mettre au ~ 5096 III.
**diaphane** *adj.* 2909.
**diaphragme** *n. m. Anat.* 1184; *Phot.* 2471.
**diapré, e** *adj.* 4929 V.
**diarrhée** *n. f.* 2718 IV.
**diastase** *n. f.* 1613.
**diathèse** *n. f.* 5808 X.
**diatomées** *n. f. pl.* 2882.
**diatribe** *n. f.* 3331, 4182.
**dichotom|ie** *n. f.*, **~ique** *adj.* 3954 V.
**dicotylédone** *adj.*, *n. f.* 4059.
**dictaphone** *n. m.* 5179.
**dictat|eur** *n. m.*, **~orial, e, aux** adj., **~ure** *n. f.* 335 X, 1803.
**dict|ée** *n. f.*, **~er** *tr.* 4494 X, 5179 IV.
**diction** *n. f.* 5451.
**dictionnaire** *n. m.* 3469 IV, 4140.
**dicton** *n. f.* 4993.
**didactique** *adj.*, *n. f.* 3627 II.
**dièdre** *n. m.* 2393.
**diesel** *n. m.* 1895.
**di|ète** *n. f.*, **~ététicien, enne** *n.*, **~ététique** *adj.* 1377. **~ététique** *n. f.* 3743 II.
**Dieu** *n. m.* 188; *Isl.* 1603.
**diffam|ant, e** *adj.*, **~atoire** *adj.* 5651. **~amation** *n. f.*, **~er** *tr.* 2974 II, 5651.
**différence** *n. f.* 668 VI, 1602 VIII, 3959.
**différenci|ation** *n. f.*, **~er** *tr.* 3959 II, 5243 II. **se ~er** 668 VI, 1602 VIII, 5598 V; *Biol.* 2937 V.
**différend** *n. f.* 1602 III, 5377 III.
**différent, e** *adj.* 1602 VIII, 5598 V. **~iel, elle** *adj.* : calcul ~ 4015 VI. **~iel** *n. m.* 703.
**différer** *tr.* 44 II, 50 II; ~ un paiement 5114 III ● *intr.* 668 VI, 1602 VIII, 4088 VI.
**diffi|cile** *adj.*, **~culté** *n. f.* 3090, 3486 V, 3537; **~cile** (caractère) 2936, (cas) 3565, (question) 3687, (terrain) 5972; faire le **~cile** 1807 V; **~culté** (obstacle) 724, 2922, 3592.
**difform|e** *adj.*, **~ité** *n. f.* 3009 II.
**diffract|er** *tr.*, **~ion** *n. f.* 1427.
**diffus, e** *adj.* 312 VII; (style) 2714 IV.
**diffus|er** *tr.*, **~ion** *n. f.* 5413, 5917 II; *Phys.* 312; *Radio.* 1955 IV; *Comm.* 2217 II. **se ~er** 5413 VIII; ~ par osmose 5436 VI; (mal) 4003 V. **~eur** *n. m. Techn.* 2062; *Impr.* 5413; *Comm.* 5917 II.
**dig|érer** *tr.*, **~este** *adj.*, **~estible** *adj.*, **~estif, ive** *adj.*, **~estion** *n. f.* 5732.
**digital, e, aux** *adj.* 3047.
**digital|e** *n. f.*, **~ine** *n. f.* 4591.

**~sion** *n. f.* 3221 V, 5020 V; **se ~dre** (liens) 2046 VI.
**distill|ation** *n. f.*, **~er** *tr.*, **~erie** *n. f.* 4303 II; **~er** des fleurs 1336 X/la calomnie 1672.
**distin|ct, e** *adj.* (clair) 667, 3419, 5954; (différent) 1602 VIII, 5243 V. **~tif, ive** *adj.* 3959, 5243. **~ction** *n. f.*, **~guer** *tr.* 3959, 5243 II; **~guer** (apercevoir) 466 IV. **se ~guer** 5243 VIII, 5948 VIII; (être célèbre) 385, 2983 VIII.
**1. distin|ction** *n. f.*, **~gué, e** *adj.* 225; **~gué** (éminent) 5243 VIII, (noble) 2865, (célèbre) 2983, (charmant) 3408.
**2. distinction** → DISTINCT.
**distingué** → DISTINCTION 1.
**distinguer, se ~** → DISTINCT.
**distor|dre** *tr.*, **~sion** *n. f.* 3680 II.
**1. distr|action** *n. f.*, **~ait, e** *adj.* 2721, 2849, 3398.
**2. distr|action** *n. f.*, **~aire** *tr.*, **~ayant, e** *adj.* 2644 II, 4908 IV; se laisser **~aire** 2908 VI. **se ~aire** 2644 V, 4908 V.
**1. distraire** *tr.* une somme 1597 VIII, 4310 VIII.
**2. distraire, se ~** → DISTRACTION.
**distribu|er** *tr.*, **~teur, trice** *n.*, **~tif, ive** *adj.*, **~tion** *n. f.* 5917 II.
**district** *n. m.* 1875, 5339.
**dit** *n. m.* 4422. **~, e** *adj.* 1198; à l'heure **~e** 3225.
**dithyramb|e** *n. m.*, **~ique** *adj.* 4220 II.
**diur|èse** *n. f.* 641. **~étique** *adj.*, *n. m.* 1723 IV.
**diurne** *adj.* 5567.
**diva|gation** *n. f.*, **~guer** *intr.* 2849; *Fig.* 5685.
**divan** *n. m.* 1887.
**diverg|ence** *n. f.*, **~ent, e** *adj.*, **~er** *intr.* 504 VI, 668 VI; **~er** (opinions) 1602 III, *Phys.* 3929 VII.
**divers, e** *adj.*, **se ~ifier** 5598 V. **~ification** *n. f.*, **~ifier** *tr.* 5598 II.
**diversion** *n. f.* 3249 II; faire **~** 2908.
**diversité** *n. f.* 4088 VI, 5598 V.
**diverticule** *n. m. Anat.* 2050.
**divert|ir** *tr.*, **~issement** *n. m.* 2644 II. **se ~ir** 4908.
**dividende** *n. m. Math.* 4261; *Fin.* 1977.
**divin, e** *adj.*, **~ité** *n. f.* 188, 1970. **~iser** *tr.* 188 II.
**divination** *n. f.* 3506, 4691 V.
**divini|ser, ~té** → DIVIN.
**divis|er** *tr.*, **~ion** *n. f.* 3959 II, 4261; **~ion** (partie) 979; *Mil.* 3959; *Math.* 4261. **se ~er** 3959 V, 4261 VII. **~eur** *n. m.*, **~ibilité** *n. f.*, **~ible** *adj.* 4261.
**divorc|e** *n. m.* 3357; *Fig.* 3504 VI. **~er** *intr.* 3357 II.
**divul|gation** *n. f.*, **~guer** *tr.* 4003 IV.
**dix** *adj. num. cardin., n. m. inv.* 3547.
**dix-huit** *adj. num. cardin.* 849.
**dixième** *adj. num. ordin., n.* 3547.
**dix-|neuf** *adj. num. cardin.* 2447. **~sept** *adj. num. cardin.* 2447.
**dizaine** *n. f.* 3547.
**djellaba** *n. f.* 1026.
**djinn** *n. m.* 1070.
**docil|e** *adj.*, **~ité** *n. f.* 3390, 4949.
**dock** *n. m.* 1411.
**docte** *adj.* 3627.
**doct|eur** *n. m.* 1804, 3289. **~oral, e, aux** *adj. Fig.* 110, 3914. **~orat** *n. m.* 1804. **~oresse** *n. f.* 3289.
**doctrin|aire** *adj.*, **~al, e, aux** *adj.*, **~e** *n. f. Jur.* 1944; **~e** *Relig.* 3596, *Philos.* 5456.
**documen|t** *n. m.*, **~tation** *n. f.*, **~taire** *adj., n. m.*, **~taliste** *n.*, **~ter** *tr.* 5851. **se ~ter** 5851 V.
**dodeliner** *tr. ind.* de la tête 1585.
**dodu, e** *adj.* 2672.
**dogm|atique** *adj.*, **~atisme** *n. m.*, **~e** *n. m.* 3596; **~atique** *Fig.* 991.
**dogue** *n. m.* 1750.
**doig|t** *n. m.* 3047; petit **~** 1632; un **~** de 1918; être à deux **~s** de 2865 IV; comme les **~s** de la main 2181; taper sur les **~s** *Fig.* 6063. **~té** *n. m.* 4729.
**doit** *n. m. Comptab.* 3349; **~** et avoir 3634.
**doléances** *n. f. pl.* 2939.
**dollar** *n. m.* 1883.
**domaine** *n. m.* (propriété) 3272, 5177; *Fig.* 1125, 3256, 5240; le **~** du possible 1408.
**dôme** *n. m.* 4144.
**domesti|cation** *n. f.*, **~quer** *tr.* 1703 II, 3805 V. **~que** *adj.* 5382; (animal) 1703.
**domesti|cité** *n. f.*, **~que** *n.* 1475.
**1. domestiqu|e** *adj.* **~er** → DOMESTICATION.
**2. domestique** *n.* → DOMESTICITÉ.
**domicil|e** *n. m.* 2612, 5382; élire 5964. **~iaire** *adj.* 5382. **~ié, e** *adj.* 2612, 4426 IV.
**domin|ante** *n. f.* 5243. **~ateur, trice** *adj., n.*, **~ation** *n. f.*, **~er** *tr.* 2630 V, 2760; **~er** un sentiment 4477/sa colère 4604/un sujet 5158 V/un pays 5824; **~er** (surplomber) 2865 IV, 3348 IV, *Sport.* 3805, 4101 V. **se ~er** 5177 VI.
**dommage** *n. m.* 1531, 3224; c'est **~** 118; **~s** de guerre 3760.
**dommages-intérêts** *n. m. pl.* 3688 II.
**dompt|age** *n. m.*, **~er** *tr.*, **~eur, euse** *n.* 2230 II; **~er** la nature 3805 V/un sentiment 4477.
**do|n** *n. m.* 385 V, 3575, 5678; *Fig.* 6027, 5177; faire **~** de 5678 IV; faire **~** de sa personne 350. **~nataire** *n.*, **~nateur, trice** *n.*, **~nation** *n. f.* 385 V, 3575 IV.
**donc** *conj.* 60, 758, 843.
**donjon** *n. m.* 3280.
**donné, e** *adj.* : étant **~** 3634.
**donnée** *n. f. Philos.* 3575 IV; *Math.* 3950; **~** immédiate *Psychol.* 342.
**1. donner** *tr.* 3575 IV, 5192, 6027; **~** l'assaut 4177 VIII/de la bande *Mar.* 5249/sa bénédiction 3138 II/le bonjour 3042 II/le cafard *Fam.* 5867 IV/les cartes 5917 II/une conférence 4876 IV/libre cours à 3649/de l'éclat 3248 IV/sa fille 2384 II/des fruits 28 IV/à manger 4186 II/la mort 4169/l'occasion 788/prise à 3504 II/une réception 4426 IV/un rendez-vous 3225/une représentation 3504/soif 3571 II/le temps 5210 IV/du travail 5985 II/sa vie 350/sa vie pour 3920, 4546 II.
**2. donner** *intr.* sur 2865 IV, 3348 IV. **se ~** à 3956 IV/la mort 5326 VIII/de la peine 4638 II.
**donneur, euse** *n.* de sang 3575 IV.
**dont** *pron. rel.* 178.
**dop|er** *tr.*, **~ing** *n. m.* 5416 II.
**doré, e** *adj.* 1945.
**dorénavant** *adv.* 256, 504.
**dor|er** *tr.*, **~eur, euse** *n.* 1945 II; **~er** la pilule à qqn *Fam.* 4762 II.
**dorloter** *tr.* 1807 II.
**dorm|ant, e** *adj.* (eau) 2169. **~eur, euse** *n.*, **~ir** *intr.* 2156, 5464, 5605; conte à **~ir** debout 1522.
**dorsal, e, aux** *adj.* 3420, 4033.
**dortoir** *n. m.* 5605.
**dorure** *n. f.* 1945 II.
**doryphore** *n. f.* 1635.
**dos** *n. m.* 3420; (du cheval) 3167; en **~** d'âne 1196 II; être **~** à **~** 1680 VI; être le **~** au mur 3274; au **~** de 4335; faire le gros **~** (chat) 4414 II; mettre sur le **~** de qqn *Fig.* 4688; tourner le **~** 6019 II; tourner le **~** à qqch, qqn *Fig.* 3504 IV; tourner le **~** à qqn 3420; en avoir plein le **~** *Fam.* 4732.
**dos|age** *n. m.*, **~er** *tr.*, **~eur** *n. m.* 3702 III; **~er** *Fig.* 5921 III. **~e** *n. f.* 4184; *Méd.* 963.
**dossier** *n. m.* 2694; *Admin.* 4856.
**dot** *n. f.* 3072, 5204. **~er** *tr* une femme 5204.
**dot|ation** *n. f.*, **~er** *tr.* 1099 II, 1548 II, 2385 II. **se ~er** 1099 V, 2385 V.
**1. doter** → DOT.
**2. doter, se ~** → DOTATION.
**douan|e** *n. f.*, **~ier, ère** *adj.*, *n. m.* 1058.
**douar** *n. m.* 1875.
**doubl|age** *n. m.*, **~er** *tr. Cin.* 1691.
**doubl|e** *adj.* 854; *Fig.* 2384 VIII; jouer **~** jeu 1160 ● *n. m.* 3240; *Fig.* 3160. **~ement** *n. m.*, **~er** *tr.* 854 II, 3240 II; **~er** un vêtement 497 II/une voiture 1118 III/une classe 3682 IV/le pas 5927 IV. **~er** *intr.* 3240 VI.
**1. doubler** → DOUBLAGE.
**2. doubler** → DOUBLE.
**doublure** *n. f. Cin.* 339; *Cost.* 497.
**douce** → DOUX. **en ~** *loc. adv.* 1587.
**douce-amère** *n. f.* 3650.
**doucement** *adv.* 230 V, 5803; tout **~** 4337 ● *interj.* 2223.
**douceur** *n. f. Pr.* et *Fig.* 1353; (sucrerie) 2603; **~** du caractère 1828/de la voix 2044/de vivre 2134, 2152/du climat 3479 VIII/au toucher 5471; prendre par la **~** 1270; en **~** 5210.
**douch|e** *n. f.*, **~er** *tr.* 2084.
**doué, e** *adj.* 6027.
**douille** *n. f.* 3818; *Arm.* 3408 *Électr.* 4151.

**douillet, ette** *adj.* (enfant) 1260; (lit) 5471.
**douleur** *n. f.* 185; **~** morale 3484/articulaire 2014/interne 5859; **~**s de l'accouchement 5015.
**douloureux, euse** *adj.* 185 IV, 5859 IV.
**dout|e** *n. m.*, **~er** *tr. indir.*, **~eux, euse** *adj.* 2929; gagné par le **~e** 3324 V; avoir des **~es** 1613 III. **se ~er** 2241 VIII; sans s'en **~** 4280.
**doux, douce** *adj. Pr.* et *Fig.* 1353; (eau) 3483; (voix) 2044; (climat) 3479 VIII; (billet) 3759; (étoffe) 5471; (personne) 5881.
**douz|aine** *n. f.*, **~e** *adj. num. ordin.*, *n. m.* 854.
**doxologie** *n. f.* 1362, 2435 II.
**doyen, enne** *n. Enseign.* 3639.
**draconien, enne** *adj.* 4262.
**dragage** *n. m.* d'un fleuve 964/de mines 4580.
**dragée** *n. f.* 4763 II.
**drageon,** *n. m.* 2933.
**dragon** *n. m.* 768.
**dragu|e** *n. f.*, **~er** *tr.* 964; **~er** les mines 4580. **~eur** *n. m.* 4580.
**drai|n** *n. m.*, **~nage** *n. m.*, **~ner** *tr.* 3086; **~ner** des capitaux 1026 X/des personnes 933 VIII.
**dram|atique** *adj.*, **~aturge** *n.*, **~e** *n. m.* 124; situation **~atique** 1570; **~e** *Fig.* 3899, 4536. **~atiser** *tr. Fig.* 1000 II.
**drap** *n. m.* 1113; **~** de lit 4794; être dans de beaux **~**s *Fam.* 1226, 5904.
**drapeau** *n. m.* 3627.
**drap|er** *tr.* 3793 II, 4589. **se ~er** dans 3793 V; *Fig.* 1029 II. **~erie** *n. f.*, **~ier, ère** *n.* 1113, 4364
**dress|age** *n. m.*, **~er** *tr.*, **~eur, euse** *n.* 1729 II, 2230 II
**1. dresser** *tr.* 2149, 4426 IV, 5424; **~** une contravention 1219 II/une carte 2079/la table 3475 IV/qqn contre 860 IV, 1236 II. **se ~** (personne) 4426, 5424 VIII, 5995; (peuple) *Fig.* 860; **~** d'un bond 5496 VIII/sur son séant 2744 VIII/sur ses ergots *Fig.* 2951.
**2. dress|er, ~eur** → DRESSAGE.
**dressing-room** *n. m.* 4762.
**dribbl|e** *n. m.*, **~er** *intr.* 2232 III.
**drille** *n. m.* : joyeux **~** *Fam.* 484.
**drogu|e** *n. f.*, **se ~er, ~erie** *n. f.*, **~iste** *n.* 3597.
**1. droit** *n. m. Dr.* 1317, 2863, 4375; *Fin.* 2080, 5156; **~** coutumier 3506; de plein **~** 5854; faire **~** à 1110 X; à qui de **~** 5456. **~s** *n. m. pl.* d'auteur 1317/civiques 5964 III.
**2. droit, e** *adj.* 3639; (ligne) 4426 X; (route) 2744; (angle) 4426; (côté) 6081; *Fig.* (personne) 3031. (esprit) 3479, (jugement) 2504, (conscience) 3169; se tenir **~** 4426 X.
**3. droit** *adv.* (verticalement) 1962; tout **~** 454 III, 3393.
**droit|e** *n. f.*, **~ier, ère** *n.* 6081.
**droiture** *n. f.* 2642, 3169.
**drôle** *adj.* (amusant) 3215 IV; (étrange) 3747. **~rie** *n. f.* 5066, 5531.
**dromadaire** *n. m.* 1064.
**dru** *adv.* : tomber **~** (pluie) 3764. **~, e** *adj.* (cheveux) 4501; (herbe) 4506.
**drummer** *n. m.* 3297.
**druze** *adj.*, *n.* 1738.
**dû** *n. m.* 1317. **~, due** *adj.* 2022, 2427; en bonne et due forme 3296, 5986.
**duali|sme** *n. m.*, **~ste** *adj.*, *n.*, **~té** *n. f.* 854.
**dubitatif, ive** *adj.* 2241 VIII.
**duc** *n. m. Ois.* 643.
**ductil|e** *adj.*, **~ité** *n. f.* 5114.
**1. duel** *n. m.*, **~ liste** *n.* 372 III.
**2. duel** *n. m. Gramm.* 854 II.
**dugong** *n. m.* 142.
**dulcinée** *n. f. Iron.* 4945.
**dûment** *adv.* 1262, 2863.
**dumping** *n. m.* 3756 IV.
**dune** *n. f.* 4502.
**dunette** *n. f.* 4700.
**duo** *n. m.* 854.
**duodécimal, e, aux** *adj.* 854.
**dup|e** *n. f.*, *adj.*, **~er** *tr.*, **~erie** *n. f.* 1474, 3744, 3772; marché de **~es** 3725.
**duplex** *adj.* 2384 VIII.
**duplicat|a** *n. m. inv.*, **~eur** *n. m.* 5391.
**duplicité** *n. f.* 1969 III, 5500 III.
**dur, e** *adj.*, **~eté** *n. f.* 3125; *Pr* et *Fig.* 4262; *Fig.* 1023, 1544, 2851; **~** (bois) 1536 XII, (vie) 2886, (travail) 3090, (caractère) 3087, (voix) 3809, (eau) 3537; **~** d'oreille 835/à la peine 3045/à avaler *Fam.* 2735; avoir la vie **~e** 3274. **~e** *n. f.* : coucher sur la **~** 6054.
**durable** *adj.* 799, 1885, 5036 X.
**durant** *prép.* 1591, 3393.
**durc|ir** *intr.*, **~issement** *n. m.* 3125 V; **~ir** (bois) 1536 XII. **~ir** *tr.* 3125 II; **~** sa voix 3809 II. **se ~ir** (relations) 5845 V.
**dur|ée** *n. f.*, **~er** *intr.* 529, 1885, 5036 X; faire **~er** 529 IV, 1885 IV, 3393 IV.
**dure-mère** *n. f.* 1023.
**durer** → DURÉE.
**dureté** → DUR.
**durillon** *n. m.* 995, 2659.
**duve|t** *n. m.*, **~teux, euse** *adj.* 2313.
**dynam|ique** *adj.*, **~isme** *n. m.* 1424, 1906.
**dynamit|age** *n. m.*, **~e** *n. f.*, **~er** *tr.* 5396.
**dynamo** *n. f.* 6012 II.
**dynamomètre** *n. m.* 4437.
**dynast|ie** *n. f.*, **~ique** *adj.* 2615.
**dysenterie** *n. f.* 2275.
**dyspepsie** *n. f.* 691.
**dyspnée** *n. f.* 1994.
**dysur|ie** *n. f.*, **~ique** *adj.*, *n.* 141.

# E

**eau** *n. f.* 4952; *Bijout.* 3114; avoir l'~ à la bouche 2248; de la même ~ *Fig.* 3160; mettre à l'~ un navire 3693 II; faire ~ (navire) 2519 V; voie d'~ 2519.
**eau-|de-vie** *n. f.*, **~forte** *n. f.* 4952.
**ébah|i, e** *adj.*, **~issement** *n. m.* 1861, 1946.
**ébattre (s')** 5041.
**ébauch|e** *n. f.* 2079, 2862. **~er** *tr.* un sourire 2223 III. **s'~er** 2079 VIII.
**ébène** *n. f.* 20.
**ébéniste** *n. m.* 5310.
**éberlué, e** *adj.* 1861, 1946.
**éblou|ir** *tr.*, **~issant, e** *adj.*, **~issement** *n. m. Pr.* et *Fig.* 603; **~issant** *Fig.* 615.
**éboueur** *n. m.* 2267.
**ébouillanter** *tr.* 3790 II.
**éboul|ement** *n. m.*, **s'~er** 5675 V, 532 VII. **~is** *n. m.* 2057, 5520.
**ébouriff|é, e** *adj.*, **~er** *tr.* 2892 II.
**ébranch|age** *n. m.*, **~er** *tr.*, **~oir** *n. m.* 4292.
**ébranl|ement** *n. m.*, **~er** *tr.* 2015 VIII, 2306, 5712. **s'~er** (cortège) 1246 V; (train) 3357 VII.
**ébras|ement** *n. m.*, **~er** *tr.* 3929 II.
**ébr|èchement** *n. m.*, **~er** *tr.* 842.
**ébriété** *n. f.* 847, 2603, 5422.
**ébruiter** *tr.* 3024 IV; ~ un secret 620, 4003 IV. **s'~** 5413 VII.
**ébulli|omètre** *n. m.* 4437. **~tion** *n. f.* 3816; être en ~ *Fig.* 1137, 5810.
**écaill|e** *n. f.* 1233, 2579. **~er** *tr.* 4266 II. **s'~er** (vernis) 842 V.
**écarlate** *adj.* 4235.
**écarquiller** *tr.* les yeux 1374.
**écart** *n. m.* 644; ~ de conduite 2878/de langage 4047; faire un ~ 3497 VII; à l'~ 1073, 3935 VII; rester à l'~ 1427 III; mettre à l'~ 504 IV, 3528; se mettre à l'~ 5913 VI.
**écarteler** *tr. Fig.* 5069 II, 5377 VI.
**écartement** *n. m.* 504 VI, 4008.
**écarter** *tr.* 504 IV, 3528; ~ qqn /3312 un rideau 2398 IV/les soucis 2545 II. **s'~** 504 VIII; ~ du sujet 1490.
**ecchymose** *n. f.* 4201, 4520.
**ecclési|al, e, aux** *adj.*, **~astique** *adj.*, *n. m.* 4677.
**écervelé, e** *adj.* 2128, 3398.
**échafaud** *n. m.* 2977, 4287.
**échafaud|age** *n. m.* 3118. **~er** *tr.* une doctrine 599/un plan 1680 II/un projet 2079.
**échancr|er** *tr.*, **~ure** *n. f.* 4412 II.
**échang|e** *n. m.* 339 VI; en ~ de 3688. **~er** *tr.* 339; ~ qqch avec qqn 339 VI. **~eur** *n. m.* 339 II, 1420 II.
**échanson** *n. m.* 2599.
**échantillon** *n. m.* 3708, 5561.
**échappatoire** *n. f.* 1490.
**échappée** *n. f.* 1795; (vue) 3901.
**échappement** *n. m.* 4047 VII; ~ de gaz 3480.
**échapper** *tr. ind.* et *intr.* 1598 V, 4047 IV; ~ à 1073 V, 1280 VI/aux regards 1587/au danger 5322/à qqn (idée) 2721, (mot) 4047 ● *tr.* : l'~ belle 5322. **s'~** (personne) 3923, 5689; (air) 2519 V.
**écharde** *n. f.* 2887.
**écharpe** *n. f.* 4861; *Méd.* 3624; en ~ 5893.
**écharper** *tr.* 5069 II.
**échass|e** *n. f. Ois.*, **~ier** *n. m.* 2422.
**échaudage** *n. m. Agr.* 2196.
**échauff|ement** *n. m.*, **~er** *tr.* 1376 II, 1790 II, 2501 II. **s'~er** 1790 V; *Fig.* 1205, 5810 V; *Sport.* 1376 IV.
**échauffourée** *n. f.* 2808 III.
**échéanc|e** *n. f.* 44, 1317 X. **~ier** *n. m.* 1317 X.
**échéant (le cas)** *loc. adv.* 4296 VIII, 4817.
**échec** *n. m.* 1585 IV, 4002; faire ~ à 802 II, 1156 IV; subir un ~ 3454 V; ~ et mat 2780. **~s** *n. m. pl. Jeux.* 2883.
**échelle** *n. f.* 2165, 2640; *Géogr.* 4437; ~ des salaires 930; sur une grande ~ 5452; à l'~ nationale 2744 VIII, 3092.
**échelon** *n. m.* 1732; à l'~ national 2744 VIII, 3092. **~nement** *n. m.*, **~ner** *tr.* 1732 II; **~ner** des paiements 4256 II. **s'~ner** 1732 V.
**écheveau** *n. m.* 2942.
**échevelé, e** *adj.* 2892.
**échine** *n. f.* 4033.
**échiquier** *n. m.* 2883.
**écho** *n. m.* 3075; se faire ~ 1110 VI.
**échoir** *tr. ind.* en partage 251.
**échoppe** *n. f.* 1144, 1806.
**échou|age** *n. m.*, **s'~er** 1080. **~er** *tr.* 1080 II.
**échouer** *intr.* 1585 IV, 4002; faire ~ qqch 1156 IV.
**éclabouss|er** *tr.*, **~ure** *n. f.* 4829 II, 4914 II.
**éclair** *n. m.* 392, 6022 ● *adj. inv.* : guerre ~ 1573.
**éclairage** *n. m.* 3264 IV, 5588 IV.
**éclaircie** *n. f. Sylvic.* 3901; *Météor.* 4268 VII.
**éclairc|ir** *tr.*, **~issement** *n. m.* 1047 II, 5954 II. **s'~ir** 5954 VIII; (temps) 3114.
**éclair|é, e** *adj. Fig.* 5980. **~er** *tr.* 3264 IV, 5588 IV; ~ une affaire 1047 II, 5954 II. **s'~er** 5954 VIII; ~ à l'aide de 5588 X. **~eur, euse** *n. Mil.* 2223; (scout) 4595.
**écla|t** *n. m.* 392, 4747 II; *Fig.* 615; ~ de voix 1106/d'obus 2887/de rire 4404/de tonnerre 4285/d'une couleur 5439; faire un ~ 1098; coup d'~ 31. **~tant, e** *adj.* beauté 603; (victoire) 667 IV; (rire) 1031; (vérité) 1047; (lumière) 2553; (couleur) 5439.
**éclat|ement** *n. m.*, **~er** *intr.* 3898 VII; **~er** (bois) 4059 VII; (incendie) 1818 VII; (guerre) 2788; **~er** de colère 860/de rire 4404/en injures 1795 V; faire **~er** un scandale = PROVOQUER 860 IV.
**électi|que** *adj.*, *n.*, **~sme** *n. m.* 5529 VIII.
**éclips|e** *n. f.* de Lune 1532/de Soleil 4585; subir une ~ 4492. **~er** *tr.* 1179; *Fig.* 3793 II **s'~er** *Fig.* 5913 VI.
**écliptique** *n. m.* 1875.
**éclisse** *n. f.* 886.
**éclopé, e** *adj.*, *n.* 3497.
**éclo|re** *intr.*, **~sion** *n. f.* (fleur) 3884 V; (œuf) 4035 II; (poussin) 5523.
**éclus|age** *n. m.*, **~e** *n. f.*, **~ier, ère** *adj.*, *n.* 5794.
**écœur|ant, e** *adj.*, **~er** *tr.* 4223 IV; *Fig.* 802 II. **~ement** *n. m.* 1137, 2949, 3733.
**écol|e** *n. f.* 1741; ~ normale 1875/supérieure 4626; être à l'~ de 755; avoir été à rude ~ 3229 II; faire ~ 4188 VIII. **~ier, ère** *n.* 755.

**écolog|ie** *n. f.*, **~ique** *adj.*, **~iste** *n.* 617.
**éconduire** *tr.* 3086.
**économe** *n.* 6009 ● *adj.* 4280 VIII; *Fig.* 3258.
**économ|ie** *n. m.*, **~ique** *adj.*, **~iser** *tr.* 4280 VIII, 5985 II; faire des **~ies** 1713 VIII. **~iquement** *adv.* faibles 1716.
**écorce** *n. f.* 4266.
**écorch|é** *n. m.*, **~er** *tr.*, **~eur** *n. m.* 2626.
**1. écorch|er** *tr.*, **~ure** *n. f.* 1473; **~er** une langue 4798. **s'~er** 1473 VIII.
**2. écorcher** → ÉCORCHÉ.
**écosser** *tr.* 4004.
**écoul|ement** *n. m.*, **s'~er** 975, 2765; **s'~er** *Fig.* 4296 VII. **~er** *tr.* un produit 2217 II.
**écourter** *tr.* 4283 II.
**écout|e** *n. f.*, **~er** *tr.* 2665, 3099 IV, 5425 IV; **~er** les conseils 1931 IV/aux portes 2540 VIII, 4824 V. **~eur** *n. m.* 2665.
**écoutille** *n. f.* 4693.
**écrabouiller** *tr. Fam.* 2485.
**écran** *n. m.* 1179, 2461; *Phys.* 2085 II; *Cin.* 2771; porter à l'~ 1490 IV.
**écras|ant, e** *adj.* (majorité) 2485; (supériorité) 5006. **~é, e** *adj.* (nez) 1630, 4021. **~ement** *n. m.*, **~er** *tr.* 2485; **~er** (piler) 1798, (moudre) 3302, (broyer) 5694; **~er** qqn 1300/l'ennemi 5720/sous le poids de 835 II, 2206 IV/dans l'œuf 5202. **s'~er** 1300 V, 2113 VIII; *Fig.* ~ devant 2281 VIII.
**écrém|er** *tr.*, **~euse** *n. f.* 3937.
**écrevisse** *n. f.* 2533.
**écrier (s')** 3080, 5650.
**écr|ire** *tr.*, **~it, e** *adj.* 4494.
**écriteau** *n. m.* 4858.
**écritoire** *n. f.* 1151.
**écriture** *n. f.* 1566, 4494. **~s** *n. f. pl.* 1262.
**écrivain** *n. m.* 181 II, 4494.
**écrou** *n. m. Techn.* 1256, 3145; *Jur.* levée d'~ 2475.
**écrouelles** *n. f. pl.* 2631.
**écrouer** *tr.* 2475.
**écroul|ement** *n. m.*, **s'~er** 5675 V, 5795 VII; **s'~er** (mur) 2590 VI, (personne) 1481.
**écru, e** *adj.* 1442.
**écu** *n. m. Hérald.* 2893.
**écueil** *n. m.* 2100; *Fig.* 3454, 3592.
**écuelle** *n. f.* 1022, 4284.
**éculé, e** *adj.* (souliers) 2010; *Fam.* (plaisanterie) 350 VIII.
**écum|e** *n. f.* 2140, 2263; ~ du cheval 2234. **~er** *tr.* 2140 VIII; *Fig.* ~ les mers 4212. **~er** *intr.* de rage 2140 IV, 2263 IV. **~eur** *n. m.* des mers 4212. **~oire** *n. f.* 2140.
**écureuil** *n. m.* 2689.
**écurie** *n. f.* 116.
**écusson** *n. m.* 2893.
**écuyer, ère** *n.* 3940.
**eczéma** *n. m.*, **~teux, euse** *adj.* 4406, 5558.
**éd|en** *n. m.*, **~énique** *adj.* 3481.
**édenté, e** *adj.*, *n.* 1734.
**édicter** *tr.* 4196 II, 5423; ~ un ordre 3066 IV.
**édifi|cation** *n. f.*, **~er** *tr.* 599; **~er** un palais 3018 II/une ville 3641 II/un empire 5407 IV. **~ce** *n. m.* 599, 3641. **~é, e** *adj.* : être ~ 31 V.
**édit** *n. m.* 2079.
**édit|er** *tr.*, **~eur, trice** *n.*, *adj.*, **~ion** *n. f.* 5413; **~ion** critique 3053 II/spéciale 3295. **~orial, aux** *n. m.* 4422.
**éducat|eur, trice** *adj.*, *n.*, **~if, ive** *adj.*, **~ion** *n. f.* 1995 II, 5680 II.
**édulcorer** *tr. Pr.* 1353 II; *Fig.* 1579 II.
**éduqu|er** *tr.*, **s'~er** 1995 II, 5680 II.
**éfendi** *n. m.* 156.
**effac|é, e** *adj.* (vie) 3528 VII; (personne) 5956 VI. **~ement** *n. m.*, **~er** *tr.* 3366; **~er** des traces 1740/un mot 2880/le tableau 5011/des péchés 3589. **s'~er** 1740, 5011 VII *Fig.* (souvenir) 3366 VII; (dynastie) 4080; ~ devant qqn 3982 IV.
**effar|ement** *n. m.*, **~er** *tr.* 1929, 2833.
**effaroucher** *tr.* 1021 II, 1649 IV.
**effect|if** *n. m.* 3474. **~if, ive** *adj.*, **~ivement** *adv.* 1317, 3644, 4026.
**effectuer** *tr.* 4426; ~ une opération 975 IV/un paiement 2503 II. **s'~** 760, 975.
**efféminé, e** *adj.*, *n.* 218 II, 1623 II.
**effervesc|ence** *n. f.*, **~ent, e** *adj.* 4092; *Fig.* 3816, 5810.
**effet** *n. m.* 31; (conséquence) 679, 3592, 5291; ~ de commerce 2694/rétroactif 4026; prendre ~ (loi) 3296 II; avoir, faire de l'~ 31 II, 4026; pas d'~ sans cause 3617; à l'~ de 43, 3717; sous l'~ de 3644, 5958; en ~ 1317, 3627.
**effets** *n. m. pl.* 1401, 4762, 4988.
**effeuiller (s')** 3436 IV.
**efficac|e** *adj.*, **~ité** *n. f.* 4026; **~e** (remède) 5315.
**effici|ence** *n. f.*, **~ent, e** *adj.* 4026.
**effigie** *n. f.* 3178.
**effilé, e** *adj.* 1194. **~er** *tr.* 1672 II.
**effilocher** *tr.* 2615.
**efflanqué, e** *adj.* 3464, 5719.
**effleur|ement** *n. m.*, **~er** *tr.* 4892 III.
**efflorescence** *n. f.*, **~ent, e** *adj.* 2378 VIII.
**effluve** *n. m.* 3092 VI, 4090.
**effondr|ement** *n. m.*, **s'~er** 5675 V, 5792 VII; *Mil.* 1706 VII, *Écon.* 1869.
**efforcer (s')** 916, 1097 VIII.
**effort** *n. m.* 916, 1097; faire un ~ 4638 II; faire un ~ sur soi-même 1372 VI.
**effraction** *n. f.*, 1300 II, 4583.
**effray|ant, e** *adj.*, **~er** *tr.* 2116 IV, 2202 IV, 3979 IV.
**effréné, e** *adj.* 1053, 1070.
**effrit|ement** *n. m.*, **~er** *tr.* 3882 II. **s'~er** 3882 V; (monnaie) 1869.
**effroi** *n. m.* 1929, 2116.
**effront|é, e** *adj.*, **~erie** *n. f.* 5990.
**effroyable** *adj.* 2231 II, 3979 IV.
**effusion** *n. f.* de tendresse 4119/de sang 2233 IV.
**égailler (s')** dans la nature 3959 V.
**égal, e, aux** *adj.* 2744 III, 3479 III; (humeur) 799; (relief) 2718; *Math.* 2744 VI; ça m'est ~ ! *Fam.* 2744 ● *n.* 4993, 5456; traiter d'~ à ~ 3644 III.
**égal|er** *tr.* 2744 III, 3479 III. **s'~er** 2744 VI, 3479 VI. **~isation** *n. f.*, **~iser** *tr.* 2744 II, 5202 II; *Sport.* 3479 VI. **~itaire** *adj.* 3479 VI. **~ité** *n. f.* 2744 III; *Math.* 3479 III; ~ d'humeur 2018; sur un pied d'~ 4186; ~ des chances 4612 VI.
**égard** *n. m.* 2131 III; eu ~ à 1426, 5456; à cet ~ 3062; par ~ pour 3430 VIII.
**égards** *n. m. pl.* : avoir des ~ pour 3430 VIII, 4184 II 4561 IV; à tous ~ 5865.
**égar|é, e** *adj.* 795, 3249; (regard) 2849. **~ement** *n. m.* 3249, 3744; (folie) 1070. **~er** *tr.* qqch 4032/qqn 3249 IV; *Fig.* ~ qqn 3744. **s'~er** 795, 3249.
**égayer** *tr.* 602 IV. **s'~** 2644 V.
**égide** *n. f.* : sous l'~ d'un pays 1377/d'une personne 2131.
**églant|ier** *n. m.*, **~ine** *n. f.* 5392.
**église** *n. f.* 663, 4677.
**ego** *n. m. Philos.* 212, 1911.
**égocentr|ique** *adj.*, *n.*, **~isme** *n. m.* 212, 1911.
**égoïsme** *n. m.*, **~ste** *adj.*, *n.* 212, 1911.
**égorg|ement** *n. m.*, **~er** *tr.*, **~eur, euse** *n.* 982, 1913, 5326.
**égosiller (s')** 2309.
**égout** *n. m.* 560, 975.
**égoutter (s')** 4303 V.
**égratign|er** *tr.*, **~ure** *n. f.* 1473, 1615. **s'~er** 1473 VII, 1615 VII.
**égren|age** *n. m.*, **~er** *tr.* 1338; **~er** son chapelet 758.
**égyptien, enne** *adj.*, *n.* 5098.
**eh** ! *interj.* 262, 6041.
**éhonté, e** *adj.* 5990.
**éjacul|ation** *n. f.*, **~er** *tr.* 1795, 4192.
**éject|able** *adj.* (siège) 4192. **~er** *tr.*, **~ion** *n. f.* 4192.
**élabor|ation** *n. f.*, **~er** *tr.* 3475 IV; **~er** un plan 1680 II.
**éla|gage** *n. m.*, **~guer** *tr.* 2836; *Fig.* **~guer** un texte 4292 VIII.
**élan** *n. m.* 1309, 1794; prendre son ~ 1309 V; ~ de la jeunesse 1376.
**élanc|é, e** *adj.* 2091, 5091. **s'~er** 1794 VII, 3357 VII, 5849.
**élarg|ir** *tr.*, **~issement** *n. m.* 3504 II, 5927 II; **~ir** un prisonnier 3929 IV. **s'~ir** 5927 V, VIII.
**élasti|cité** *n. f.*, **~que** *adj.*, *n. m.* 4808, 5110.
**élatif** *n. m.* 2676.
**eldorado** *n. m.* 3481.
**élect|eur, trice** *n.*, **~ion** *n. f.*, **~oral, e, aux** *adj.* 5340.
**1. élection** *n. f.* de domicile *Dr.* 1655 VIII.
**2. élection** → ÉLECTEUR.
**électri|cien, enne** *n.*, **~cité** *n. f.* 4686.
**électri|fication** *n. f.*, **~fier** *tr.*, **~que** *adj.*, **~sation** *n. f.*, **~ser** *tr.* 4686.
**électro|aimant** *n. m.*, **~cardio-**

**gramme** *n. m.*, **~chimie** *n. f.*, **~chimique** *adj.*, **~choc** *n. m.* 4686.
**électrocut|er (s'), ~ion** *n. f.* 4686.
**électrode** *n. f. Électr.* 2547, 4790.
**électro|gène** *adj.*, **~lyse** *n. f.*, **~magnétique** *adj.*, **~magnétisme** *n. m.*, **~mécanique** *adj.*, *n. f.*, **~ménager** *adj. n.* 4686.
**électron** *n. m.*, **~ique** *adj.* 183.
**électrophone** *n. m.* 1329.
**électro|scope** *n. m.*, **~statique** *adj.*, **~thérapie** *n. f.* 4686.
**électrotherm|ie** *n. f.*, **~ique** *adj.* 1217.
**électuaire** *n. m.* 1681.
**élég|ance** *n. f.*, **~ant, e** *adj.* 225, 2091.
**élég|iaque** *adj.*, **~ie** *n. f.* 2013, 5355.
**élément** *n. m.* 3663; *Mil.* 5866; être dans son ~ 617. **~s** *n. m. pl.* d'un savoir 445/motorisés *Mil.* 1099.
**élémentaire** *adj.* (cours) 336 VIII; (notion) 252; *Chim.* 3663.
**éléphant** *n. m.* 4121; ~ de mer 4038.
**éléphantiasis** *n. m.* 939, 4121.
**élev|age** *n. m.*, **~er** *tr.*, **~eur, euse** *n.* 1995 II.
**élévateur, trice** *adj.*, *n. m.* 2149.
**éléva|tion** *n. f.* de terrain 744, 1955/du niveau de vie 2149 VIII/des idées 2675/des sentiments 3633/au grade supérieur 2165 II.
**élève** *n.* 755; ~ de lycée 3349.
**élevé, e** *adj.* (ambition) 504; (prix) 607; (sentiment) 2865; (arbre) 2951; (construction) 2985; mal ~ 2722; bien ~ 5680 II.
**1. élever** (éduquer) → ÉLEVAGE.
**2. élever** *tr.* une protestation 860 IV/la voix 2149/un monument 3018 II/une statue 5424/qqn au grade supérieur 2165/II qqn aux honneurs 2865 II. **s'~** (cris) 3092 VI; (prix) 2149 VIII; ~ au-dessus du sol 3633, 5424 VIII/par degrés 1732 V/au faîte de 2707 V/contre 1178 VIII, 3504 VIII.
**éleveur, euse** → ÉLEVAGE.
**élider** *tr.* 1209, 2044 II.
**éligi|bilité** *n. f.*, **~ble** *adj.* 5341 VIII.
**élimé, e** *adj.* 2010.
**élimin|ation** *n. f.* **~atoire** *adj.*, **~er** *tr.* 504 X, 3114 II; **~er** les différences 1949 II/qqn à un examen 2590 IV.
**1. élire** *tr.* 5341 VIII.
**2. élire** *tr.* domicile *Dr.* 1655 VIII.
**élision** *n. f.* 1209, 2044 II.
**élite** *n. f.* 1548, 3114, 5340.
**élixir** *n. m.* 170.
**elle** *pr. pers. 3e pers. fém. sing.* 5806. **~s** *pl.* 5775.
**ellébore** *n. m.* 1487; ~ noir 5896.
**1. ellip|se** *n. f.*, **~soïdal, e, aux** *adj.*, **~soïde** *n. m.*, **~tique** *adj. Math.* 234.
**2. ellip|se** *n. f.*, **~tique** *adj. Rhét.* 3256 IV.
**élocution** *n. f.* 5451; facilité d'~ 3357.
**élog|e** *n. m.*, **~ieux, euse** *adj.* 853, 5023; faire l'**~e** de 3018 IV.
**éloign|é, e** *adj.* 504; (période) 2485. **~ement** *n. m.* 504, 5608. **~er** *tr.* 504 IV, 3312; ~ qqn 5503. **s'~er** 504 VIII; ~ de son sujet 3312 X.
**élongation** *n. f. Méd.* 5114.
**éloqu|ence** *n. f.*, **~ent, e** *adj.* 565, 4006.
**élucider** *tr.* 667 II, 4595, 5954 II.
**élucubrations** *n. f. pl.* 2524, 5685.
**éluder** *tr.* 1280 VI, 5689 V.
**élytre** *n. m.* 1080.
**émacié, e** *adj.* 3464, 5719.
**émail** *n. m.*, **~lage** *n. m.*, **~ler** *tr.* 5252; *Fig.* **~ler** un discours de 2391 II, 5944 II.
**éman|ation** *n. f.*, **~er** *intr.* 314 VII, 501 VII; **~er** (nouvelle) 3066, (gaz) 3092 V, (odeur) 4090.
**émancip|ateur, trice** *adj.*, **~ation** *n. f.*, **~er** *tr.* 1218 II; **~er** un esclave 3448. **s'~er** 1218 V, 3448 VII.
**émarg|ement** *n. m.*, **~er** *tr.* 5766; ~er (signer) 5994 II/au budget 4431 II.
**émascul|ation** *n. f.*, **~er** *tr.* 1556.
**emball|age** *n. m.*, **~er** *tr.* 1257, 3426 II.
**emball|ement** *n. m.*, **s'~er** 3021 X; (cheval) 2557, (moteur) 2535 V.
**1. emballer** *tr.* → EMBALLAGE.
**2. emballer (s')** → EMBALLEMENT.
**embarcadère** *n. m.* 2100.
**embarcation** *n. f.* 2388, 4199.
**embardée** *n. f.* 2404.
**embargo** *n. m.* 1302, 3066 III.
**embarqu|ement** *n. m.*, **~er** *intr.*, **s'~er** 2168. **~er** *tr.* 2821.
**embarras** *n. m.* 1226 IV, 5904; ~ d'argent 3274/de la circulation 3512/gastrique 5121; être dans l'~ 1428 V, 1992 VIII; tirer qqn d'~ 1598 II. **~sé, e** *adj.* : être bien ~ 2590. **~ser** *tr.* 1226 IV, 3274 III. **s'~er** les pieds dans 3454 V.
**embauch|e** *n. f.*, **~er** *tr.* 38 X, 2908 II.
**embaum|é, e** *adj.* (air) 3568 II. **~ement** *n. m.*, **~er** *tr.*, **~eur, euse** *n.* 1388 II. **~er** *intr.* 71 V, 4090.
**embell|ir** *tr.*, **~issement** *n. m.* 1065 II, 2408 II; *Fig.* 2283. **~ir** *intr.* 1065.
**embêt|ant, e** *adj.*, **~er** *tr.* 2304 IV, 5162 IV. **s'~er** 2424, 3212, 5162.
**emblaver** *tr.* 349.
**emblée (d')** *loc. adv.* 777, 1419, 4092.
**embl|ématique** *adj*, **~ème** *n. m.* 2183, 2893.
**embobiner** *tr.* 4473; *Fam.* = ENTORTILLER 1867 III; se laisser ~ 5605 X.
**emboît|age** *n. m.*, **~er** *tr.* 3549 II.
**emboît|ement** *n. m.*, **~er** *tr.* 1829 IV, 2798 II; **~er** le pas 679 V, 3592 V. **s'~er** 1716 VI.
**1. emboîter** → EMBOÎTAGE.
**2. emboîter, s'~** → EMBOÎTEMENT.
**embolie** *n. f.* 2503 VII.
**embonpoint** *n. m.* 341.
**embosser** *tr.* 1986.
**embouchure** *n. f.* 3040; *Mus.* 4072.
**embourber (s')** 5869 V; *Fig.* 5904 V.
**embourgeois|ement** *n. m.*, **s'~er** 360.
**embout** *n. m.* 5949.
**embouteill|age** *n. m.*, **~er** *tr.* 3426 II; *Fig.* **~er** une rue 2281 VII, 3512.
**embout|ir** *tr.*, **~issage** *n. m.* 3324; *Fam.* **~ir** sa voiture 503.
**embranch|ement** *n. m.* 2889, 3954. **s'~er** 2889 V, 3954 V.
**embras|ement** *n. m.*, **~er** *tr.* 3235 IV. **s'~er** 3235 VIII.
**embrass|ade** *n. f.*, **~ement** *n. m.* 1297 VIII, 3668 III. **~er** *tr.* 3668 III, 4159 II; *Fig.* ~ des connaissances 1412 IV/du regard 2961 VIII/une profession 1655 VIII/une religion 3668 VIII. **s'~er** 1297 VIII, 3668 VI.
**embrasure** *n. f.* 3884, 4693.
**embray|age** *n. m.*, **~er** *tr.*, **~eur** *n. m.* 5949.
**embrigader** *tr.* 1082 II.
**embrocation** *n. f.* 1823.
**embrocher** *tr.* 2573 II.
**embrouill|amini** *n. m. Fam.* 1430. **~é, e** *adj.* (discours) 825. **~er** *tr.* 1599 II, 2798 II; ~ qqn 4762 II. **s'~er** (choses) 1599 VIII; (personne) 1992 VIII; (affaire) 2937 IV.
**embruns** *n. m. pl.* 2062.
**embry|ogenèse** *n. f.*, **~ologie** *n. f.*, **~on** *n. m.*, **~onnaire** *adj.* 1072; **~onnaire** *Fig.* 336.
**embûche** *n. f.* 4725.
**embué, e** *adj.* 1025 II.
**embus|cade** *n. f.*, **s'~quer** 1984 V, 2097, 4662. **~qué** *adj.*, *n. Fam.* 4320.
**éméché, e** *adj. Fam.* 847, 2603.
**émeraude** *n. f.*, *adj. inv.* 2348.
**émerg|ence** *n. f.*, **~ent, e** *adj.*, **~er** *intr.* 372; *Phys.* 314 VII.
**émeri** *n. m.* 3158.
**émerillon** *n. m. Ois.* 1043.
**émérite** *adj.* 5243 VIII.
**émerveill|ement** *n. m.*, **s'~er** 3460 IV.
**émétique** *adj.*, *n. m.* 4428 II.
**émett|eur, trice** *n.*, *adj.*, **~re** *tr.* et *intr.* 1955 IV, 2078 IV; **~re** un avis 344 IV/des sons 501/une hypothèse 1826 IV/un chèque 2478/des radiations 2888 IV/un jugement 3066 IV/un souhait 3493 IV/des gaz 5484/des réserves 5897 IV.
**émeut|e** *n. f.*, **~ier, ère** *n.* 3892.
**émiett|ement** *n. m.*, **~er** *tr.* 3882 II.
**émigr|ation** *n. f.*, **~é, e** *adj.*, *n.*, **~er** *intr.* 3747 VIII, 5656 III; colonie d'**~és** 1046.
**émincer** *tr.* 2847 II.
**éminemment** *adv.* 3717, 5577 VIII.
**éminence** *n. f.*, 1995, 2149 VIII, *Fig.* 2675; Son É~ 2726.
**éminent, e** *adj.* 372; (service) 1025; (personne) 2149.
**émir** *n. m.*, **~at** *n. m.* 200.
**émissaire** *n. m.* 2078.
**émission** *n. f.* 1955 IV, 2078 IV; ~ de chèques 2478; banque d'~ 3066 IV.
**emmagasiner** *tr.* 1527, 1917 II. **s'~** 1527 VIII.
**emmailloter** *tr.* 4366.
**emmêler** *tr.* 1599 II, 2798 II. **s'~** 1599 VIII, 2798 VIII.

**emménager** *tr.* et *intr.* 29.

**emmener** *tr.* 49, 1944.

**emmitoufler (s')** 4856 V.

**émoi** *n. m.* 31 V, 3225 VIII.

**émollient, e** *adj.* 4949 II. ~ *n. m.* 4760.

**émoluments** *n. m.* 975, 1999.

**émond|age** *n. m.*, **~er** *tr.* 2836.

**émot|if, ive** *adj.*, **~ion** *n. f.*, **~ivité** *n. f.* 31 V, 4026 VII : **~ion** musicale 3306 : éprouver une **~ion** 5712 VIII.

**émousser** *tr.* 4625 IV. **s'~** 4625.

**émouv|ant, e** *adj.*, **~oir** *tr.* 31 II, 1246 II, 5712 ; **~ant** (musique) 3306 IV. **s'~oir** 31 V, 4026 VII, 5712 VIII.

**empaill|age** *n. m.*, **~er** *tr.* 1279.

**empal|ement** *n. m.*, **~er** *tr.* 1646. **s'~er** 1646 II.

**empan** *n. m.* 2792.

**empaquet|age** *n. m.*, **~er** *tr.* 1257, 2070.

**emparer (s')** 1573 VIII, 2630 V ; ~ du pouvoir 6019 X/de l'esprit 5158 V/de qqn (idée) 1613 III, (sentiment) 3519 VIII, 5580 VIII.

**empât|ement** *n. m.*, **s'~er** 2207 V, 5487 VIII.

**empêch|ement** *n. m.*, **~er** *tr.* 3690, 5195.

**empereur** *n. m.* 195, 4438.

**empester** *tr.* et *intr.* 5299.

**empêtrer (s')** 3454 V, 5904 V.

**empha|se** *n. f.*, **~tique** *adj.*, **~tisation** *n. f.*, **~tiser** *tr.* 3914 II ; parler avec **~se** 2830 V.

**empierrer** *tr.* 1282 II.

**empiét|ement** *n. m.*, **~er** *intr.* 3482 V.

**empil|ement** *n. m.*, **~er** *tr.* 4517 II, 4718 II. **s'~er** 4517 V, 4718 V.

**empire** *n. m. Hist.* 195, 5177 ; *Fig.* 2760 : l'~ des mers 5824 : sous l'~ de 31 II.

**empirer** *intr.* 103 V, 4038 VI.

**empir|ique** *adj.*, **~isme** *n. m.* 948 II.

**emplacement** *n. m.* 1332, 4719, 5956.

**emplâtre** *n. m.* 2208, 4826.

**emplette** *n. f.* : faire des **~s** 2738 V.

**empl|ir** *tr.*, **~issage** *n. m.* 5164. **s'~ir** 5164 VIII.

**emploi** *n. m.* 1475 X, 5968 ; plein ~ 2908 II ; offre d'~ 3644 ; mode d'~ 3644 X.

**employ|é, e** *n.* 5968 II. **~er** *tr.* 1475 X, 2908 II, 3644 X. **s'~er** à 2569. **~eur, euse** *n.* 1475 X.

**empoign|ade** *n. f. Fam.* 2808 III. **~er** *tr.* 4153, 5078 IV. **s'~er** *Fig.* 2808 VI.

**empoisonn|ement** *n. m.*, **~er** *tr.*, **~eur, euse** *n.* 2651 II ; *Fig.* 3212 IV ; **~er** l'existence *Fam.* 87 IV/l'atmosphère 3984 IV. **s'~er** 2651 V ; *Fig.* 2424, 3212.

**emport|é, e** *adj.*, **~ement** *n. m.*, **s'~er** 1194 VIII, 1376, 3021 X.

**1. emporter** *tr.* 1372, 1944 ; l'~ sur qqn 3805, 4094.

**2. emporter (s')** → EMPORTÉ.

**empr|eindre** *tr.*, **~eint, e** *adj.* 3295, 4027 IV. **~einte** *n. f.* 31, 1461, 3295 ; ~ digitale 469.

**empress|é** *adj.* (accueil) 1217. **~ement** *n. m.*, **s'~er** 2535 IV, 3467 ; **s'~er** auprès de qqn 1305, 4161 IV.

**emprise** *n. f.* 6019 X.

**emprisonn|ement** *n. m.*, **~er** *tr.* 1153, 2475.

**emprun|t** *n. m.*, **~ter** *tr.*, **~teur, euse** *n. Fin.* 1904 X, 4213 VIII ; **~t** *Ling.* 1716/littéraire 4151 VIII ; nom d'**~t** 3702 X : **~ter** *tr.* un chemin 2639/un mot 3702 X/un moyen de transport 4336 X. **~té, e** *adj.* (allure) 4638 V.

**ému, e** *adj.* 31 V, 4026 VII, 5712 VIII.

**émulation** *n. f.* 2450 III, 5494 III.

**émule** *n.* 5352, 5456 III.

**émulsion** *n. f.* 1336 X.

**1. en** *prép.* 278, 4107 ; ~ direction de 190, 5339 ; ~ vie 4431 ; ~ tant que 4448 ; ~ laine, bois 5188 ● *adv.* 5188.

**2. en** *pr. pers. 3e pers.* 5188.

**encadr|ement** *n. m.*, **~er** *tr.*, **~eur** *n. m.* 138.

**encaiss|e** *n. f.* 2098. **~ement** *n. m.*, **~er** *tr.*, **~eur** *n. m.* 1298 II, 4153 ; **~er** des coups *Fig.* 4876.

**encaissé, e** *adj.* (route) 1584 VII ; (terrain) 3842, 5958.

**encaiss|er, eur** → ENCAISSE.

**encan** *n. m.* : à l'~ 2399.

**encastrer** *tr.* 1829 IV, 2168 II. **s'~** 1829 VII, 2168 V.

**encaustiqu|e** *n. f.*, **~er** *tr.* 2959.

**1. enceinte** *n. f.* 2729, 5452 ; ~ du tribunal 1247, 4135.

**2. enceinte** *adj. f.* 1161, 1372.

**encen|s** *n. m.*, **~ser** *tr.*, **~soir** *n. m.* 329 ; **~ser** qqn 2435 II.

**encéphal|e** *n. m.*, **~ique** *adj.*, **~ite** *n. f.* 1838.

**encercl|ement** *n. m.*, **~er** *tr.* 3993 II, 4856 VIII.

**enchaîn|ement** *n. m.*, **~er** *tr.* 2628, 4489 II ; **~er** un peuple 3429 X. **s'~er** (événements) 679 VI ; (idées) 1986 VI, 2628 II.

**enchant|é, e** *adj.* 3723 VIII ; ~ de faire votre connaissance 2865 V. **~ement** *n. m.*, **~er** *tr.*, **~eur, ~eresse** *n.* 2482, 3529 II ; **~er** les regards *Fig* 3892.

**enchâss|ement** *n. m.*, **~er** *tr.* 1732 : **~er** une pierre précieuse 2099 II. **s'~er** 1732 VII, 2099 V.

**ench|ères** *n. f. pl.*, **~érisseur, euse** *n.* 2399 III ; vente aux **~ères** 1808 ; au dernier **~érisseur** *Comm.* 2132.

**enchér|ir** *intr.*, **~issement** *n. m.* 3815.

**enchevêtr|ement** *n. m.*, **~er** *tr.* 2798 II. **s'~er** 2798 VI.

**enclav|e** *n. f.* 1286. **~ement** *n. m.*, **~er** *tr.* 4680 VIII.

**enclench|ement** *n. m.*, **~er** *tr.* 3549 II.

**enclin, e** *adj.* 892, 4020, 5249.

**encl|ore** *tr.* 2729 II, 2751 II. **~os** *n. m.* 1302, 2286.

**enclume** *n. f.* 2695.

**encoche** *n. f.* 1252, 3949.

**encod|age** *n. m.*, **~er** *tr.* 2183 II.

**encoignure** *n. f.* 2176, 2393.

**encoll|age** *n. m.*, **~er** *tr.* 3763 II.

**encolure** *n. f.* 2155, 3668.

**encombr|e (sans)** *loc. adv.* 3690. **~ement** *n. m.*, **~er** *tr.* 2281, 4766 II ; **~ement** d'un meuble 1187 ; **~er** *Fig.* 835 II, 1992 IV, 3274 III. **s' ~er** de 835 IV, 4766 V.

**encontre de (à l')** *loc. prép.* 1602 III, 3075 V.

**encore** *adv.* 269, 504, 2392 ; pas ~ 256 ; ~ une fois 5036. ~ **que** *loc. conj.* 4909.

**encourag|ement** *n. m.*, **~er** *tr.* 2809 II.

**encourir** *tr.* 1317 X.

**encrass|ement** *n. m.*, **~er** *tr.* 5924 II. **s'~er** 5924 VIII.

**encr|e** *n. f.*, **~er** *tr.*, **~ier** *n. m.* 1151.

**encroûter (s')** 1182 V.

**encyclique** *n. f.* 5413.

**encyclopéd|ie** *n. f.* 1875, 5927. **~ique** *adj.*, **~iste** *n.* 5927.

**endémique** *adj.* 5964 X. *Fig.* 5036 X.

**endett|ement** *n. m.*, **s'~er** 1904 X.

**endiablé, e** *adj.* 1053, 1070.

**endigu|ement** *n. m.*, **~er** *tr.* 2503 ; *Fig.* 4477, 5995 IV.

**endive** *n. f.* 5779.

**endocrin|e** *adj. f.*, **~ien, enne** *adj.* 3736.

**endoctrin|ement** *n. m.*, **~er** *tr.* 4874 II.

**endoderme** *n. m.* 5303.

**endolor|i, e** *adj. Fig.* 1847. **~ir** *tr.* 185 IV, 5859 IV.

**endomètre** *n. m.* 3774.

**endommag|ement** *n. m.*, **~er** *tr.* 1531 II, 3224 IV. **s'~er** 1531, 3224 V.

**endormir** *tr.* 2156 IV, 5605 II ; *Méd.* 1471 II ; *Fig.* 2424 IV ; se laisser ~ par *Fig.* 5605 X. **s'~** 2156, 5605.

**endoscop|ie** *n. f.*, **~ique** *adj.* 5456 V.

**endoss|ement** *n. m.*, **~er** *tr. Comm.* 3420 II.

**1. endosser** *tr.* 2061 VIII, 4762 ; ~ une responsabilité 1372 V.

**2. endosser** → ENDOSSEMENT.

**1. endroit** *n. m.* 1332, 4719, 5956.

**2. endroit** *n. m.* d'un tissu 5856.

**end|uire** *tr.*, **~uit** *n. m.* 1867, 3359.

**endur|ance** *n. f.*, **~ant, e** *adj.* 1034, 3045.

**endurcir** *tr.* 3125 II, 4262 II. **s'~** 1536 XII, 3125 V, 4262.

**endurer** *tr.* 1372 V, 3675 III, 4262 III.

**énerg|ie** *n. f.*, **~ique** *adj.* 1257, 3529 ; **~ie** *Phys.* 3392.

**énergumène** *n. m.* 1070.

**énerv|ement** *n. m.*, **~er** *tr.*, **s'~er** 3552.

**enfan|ce** *n. f.*, **~t** *n.* 3050, 3340, 6012 ; **~t** trouvé 4868/de la balle 1729 V. **~tement** *n. m.*, **~ter** *tr.* 5303 IV, 6012. **~tillage** *n. m.* 2498. **~tin, e** *adj.* 3050, 3340.

**enfer** *n. m.* 911, 1105.
**enfermer** *tr.* 1153, 4334 IV; (emprisonner) 2475. **s'~** 1153 VIII.
**enfil|ade** *n. f.* 2628, 4795 VI. **~er** *tr.* = INSÉRER 2639 IV.
**enfin** *adv.* 50, 5577.
**enflammer** *tr.* 2898 IV, 4901 IV, 5991 IV; *Méd.* 5810 II. **s'~** 2898 VIII, 4901 VIII, 5991 V; *Méd.* 5810 V; *Fig.* (personne) 1205 VIII, 3021 X.
**enfl|er** *tr.* 5487; *Fig.* 3221 II, 3914 II. **~er** *intr.*, **~ure** *n. f.* 5487 VIII, 5910 V.
**enfonc|é, e** *adj.* (œil) 3842. **~ement** *n. m.*, **~er** *tr.* 3750; **~er** une porte 1601/les lignes ennemies 1512 VIII, 3822. **s'~er** 3750 VII, 3822 VII; **~** dans une étude 3643 V/dans l'eau 3756/dans un pays 5983 V.
**enfou|ir** *tr.*, **~issement** *n. m.* 1797, 3365; *Fig.* 1447 II.
**enfourcher** *tr.* 2168, 5115 VIII.
**enfreindre** *tr.* 1602 III.
**enfuir (s')** 3923, 5689; *Fig.* 6019 II.
**enfumer** *tr.* 1719 II.
**engag|é, e** *adj.* (écrivain) 4817 VIII. **~é** *n. m.* volontaire 3390 V. **~eant, e** *adj.* 2809 II, 3763 IV
**engag|ement** *n. m.*, **~er** *tr.* 2209; **~ement** *Mil.* 2798 VIII, 3513; remplir un **~ement** 5987 IV; **~er** qqn 38 X/qqn à 4817 IV/des négociations 454 III/des dépenses 1548 II, 5501 IV/une clef dans la serrure 1716 IV/un procès 2149/sa parole 3676 V. **s'~er** *Mil.* 1082 V, 3390 V; **~** à 3676 V, 4817 VIII/dans un travail 2862/dans une voie 2639.
**engeance** *n. f.* : sale **~** 2583.
**engelure** *n. f.* 2845.
**engendr|ement** *n. m.*, **~er** *tr.* 5303 IV, 6012; *Fig.* 2427 II, 5894 IV.
**engin** *n. m.* 57, 253; *Balist.* 3080; **~** blindé 3102 II.
**engineering** *n. m.* 5780.
**englober** *tr.* 2961, 3257 V.
**englout|ir** *tr*, **~issement** *n. m.* 4907 VIII.
**engluer** *tr.* 1686 II. **s'~** 1686 V.
**engorg|ement** *n. m.*, **~er** *tr.* 2503. **s'~er** 2503 VII.
**engou|ement** *n. m.*, **s'~er** pour 2906, 6014.
**engouffrer** *tr.* 561 VIII. **s'~** 1794 VII, 1795 V.
**engourd|i, e** *adj.* (corps) 1471; (esprit) 550, 1618, 3886. **~ir** *tr.* 1471 II. **s'~ir** 3886, 6026 VI. **~issement** *n. m.* 1471, 1618, 3886.
**engrais** *n. m.*, **~ser** *tr. Agr.* 2657 II; **~ser** qqn 2672 II. **~ser** *intr.* 2672.
**engrang|ement** *n. m.*, **~er** *tr.* 1527.
**engren|age** *n. m. Techn.* 703, 2677 II, 2798 V. **s'~er** 2798 V.
**enhardir** *tr.* 945 II, 2809 II. **s'~** 945 V, 2809 V.
**énigm|atique** *adj.*, **~e** *n. f.* 1191, 4851; **~atique** (visage) 3813 IV
**enivr|ement** *n. m.*, **s'~er** 847, 2603. **~er** *tr.* 847 IV, 2603 IV.
**enjamb|ée** *n. f.* 1577. **~ement** *n. m.*, **~er** *tr.* 1577 V, 3997.
**enjeu** *n. m.* 2209 III; *Fig.* 5204.
**enjoindre** *tr.* 200, 4817 IV.
**enjôl|er** *tr.*, **~eur, euse** *adj.* 1867 III, 5176 V.
**enjoliv|er** *tr.*, **~ure** *n. f.* 1065 II, 2283. **~eur** *n. m.* de roue 2408.
**enjou|é, e** *adj.*, **~ement** *n. m.* 453, 5041.
**enlac|ement** *n. m.*, **~er** *tr.* 3668 III. **s'~er** 3668 VI.
**enlaid|ir** *tr.*, **~issement** *n. m.* 456 II, 3009 II, 4146 II.
**enl|èvement** *n. m.*, **~ever** *tr.* 2149, 5377; **~ever** un enfant 1573/un vêtement 1601/une position 6019 X.
**enlis|ement** *n. m.*, **s'~er** 2725, 3756, *Fig.* 5904 V. **~er** *tr. Fig.* 5904 II.
**enlumin|er** *tr.*, **~eur, euse** *n.*, **~ure** *n. f.* 2163, 5559.
**enneig|é, e** *adj.*, **~ement** *n. m.* 841.
**ennemi, e** *adj.* 3482 III ● *n.* 3482.
**ennobl|ir** *tr.*, **~issement** *n. m.* 2865 II.
**1. ennui** *n. m.* (difficulté) 2937 IV, 3274 III.
**2. ennu|i** *n. m.*, **s'~yer** 2424, 3212, 5162. **~yer** *tr.*, **~yeux, euse** *adj.* 2424 IV, 3212 IV, 5162 IV; **~yeux** (événement) 118 IV, 3274 III.
**énonc|é** *n. m.* 667, 5423; *Ling.* 4422, 5451. **~er** *tr.*, **~iation** *n. f.* 3430 II, 4422; **~er** les faits 667 II/une loi 5423.
**enorgueillir (s')** de 3911 VIII, 4481 V.
**énorm|e** *adj.* 3221, 3578; (somme) 607; (faute) 3904; (supériorité) 2485; (distance) 2876; (fortune) 3393; (travail) 5799. **~ité** *n. f.* 3221, 3578; dire une **~** 5737.
**enquérir (s')** de 1251 V, 3985 X.
**enquêt|e** *n. f.*, **~er** *tr.*, **~eur, euse** *adj.*, *n.* 1251 V, 1317 II; **~e** publique 3893 X.
**enquiquin|ant, e** *adj.*, **~er** *tr. Fam.* 2304 IV.
**enracin|ement** *n. m.*, **~er** *tr.* 135 II, 3508 II; **~er** une idée 2074 II. **s'~er** 135 V, 3508 V; (idée) 2074 V.
**enrag|é, e** *adj.* (chien) 4631; *Fig.* 1205, 2562. **~er** *intr.* 1395, 3780.
**enrayer** *tr.* 3062, 5995 IV. **s'~** (fusil) 3573 V.
**enregistr|ement** *n. m.*, **~er** *tr.*, **~eur, euse** *adj.* 2473 II.
**enrhum|é, e** *adj.*, **s'~er** 2331.
**enrich|ir** *tr.*, **~issement** *n. m.* 816 IV, 3838 IV; **~ir** une terre 1549 II. **s'~ir** 3838 VIII.
**enrob|age** *n. m.*, **~er** *tr.* 4763 II.
**enrôl|ement** *n. m.*, **~er** *tr.* 1082 II, 3390 II. **s'~er** 1082 V, 3390 V.
**enrou|ement** *n. m.*, **s'~er** 320, 1003.
**enrouler** *tr.* 3394, 4856. **s'~** 3394 VII, 4856 VIII.
**ensach|age** *n. m.*, **~er** *tr.* 3426 II, 4728 II.
**ensanglanter** *tr.* 1847 II, 4829 II.
**enseign|ant, e** *adj.*, *n.*, **~ement** *n. m.*, **~er** *tr.* 1741 II, 3627 II.
**ensemble** *adv.* 2744, 5117; aller bien **~** 2474 VII ● *n. m.* 1062, 1066; *Mus.* 3347.
**ensemenc|ement** *n. m.*, **~er** *tr.* 349, 2294.
**ensevel|ir** *tr.*, **~issement** *n. m.* 1797, 4147.
**ensil|age** *n. m.*, **~er** *tr.* 3365 II.
**ensoleill|ement** *n. m.*, **~er** *tr.* 2956 IV.
**ensorcel|er** *tr.*, **~lement** *n. m.*, **~eur, euse** *adj.*, *n.* 2482.
**ensuite** *adv.* 504, 843.
**ensuivre (s')** 1999 V, 5291, 5321.
**entaché, e** *adj.* de nullité *Dr.* 4855.
**entaill|e** *n. f.*, **~er** *tr.* 1252, 3949.
**entamer** *tr.* 4214; (commencer) 336, 454 III, 2862.
**entass|ement** *n. m.*, **~er** *tr.* 4517 II, 4718 II. **s'~er** 4517, 4718 V; (personnes) 2281 VIII.
**entend|ement** *n. m.*, **~re** *tr.* 1745 IV, 4085. **~re** 2665, (vouloir) 4280; **~re** raison 1931 IV; faire **~re** raison à 4394 IV; à l'**~re** 1262; comme il l'entend 1353. **~u, e** *adj.* 5986 VIII; bien **~** 3295; c'est une affaire **~e** 3956; prendre un air **~** 4085.
**1. entendre** → ENTENDEMENT.
**2. enten|dre (s'), ~te** n. f. 4085 VI, 5986 III.
**entériner** *tr.* 3071 II.
**entérite** *n. f.* 5130.
**enterr|ement** *n. m.*, **~er** *tr.* 1797, 4147; **~er** une affaire *Fig.* 5830.
**en-tête** *n. m.* 3674.
**entêt|é, e** *adj.* 1249, 3659, 4262. **~ement** *n. m.*, **s'~er** 2789 V, 3659 III.
**enthousias|me** *n. m.* 1366; soulever l'**~** 860 IV. **~mer** *tr.* 1366 II. **s'~mer** 1366 V; **~** pour 5712 VIII. **~te** *adj.* (discours) 1366; (personne) 1366 V.
**entich|é, e** *adj.*, **s'~er** 6014.
**ent|ier, ère** *adj.*, **~ièrement** *adv.* 760, 4626, 4661; tout **~ier** 2178; nombre **~ier** 3053; liberté **~ière** 5164.
**entité** *n. f.* 4719.
**entomolog|ie** *n. f.*, **~iste** *n.* 1275.
**entonner** *tr.* 2004 II.
**entonnoir** *n. m.* 4368.
**entorse** *n. f.* 4040; faire une **~** à *Fig.* 1239 II, 1512.
**entortiller** *tr.* 406; *Fam.* 1867 III. **s'~** dans 4856 VIII.
**entour|age** *n. m.* 1412 IV. **~er** *tr.* 1202 IV, 1412 IV; **~** qqn de son affection 1305/de ses bras 3392 II.
**entracte** *n. m.* 2220 X.
**entraid|e** *n. f*, **s'~er** 3563 VI, 3694 VI.
**entrailles** *n. f. pl.* 1279, 5130; **~** de la terre 497, 3643; sans **~** 2916.
**entrain** *n. m.* 1366, 5416.
**entraîn|ant, e** *adj.* (air) 933, 1366 II. **~ement** *n. m.*, **~er** *tr.* 933, 942; **~er** une catastrophe 58 II, 2427 II/des complications 1026.
**1. entraîn|ement** *n. m.*, **~er** *tr.* (exercer), **~eur** *n. m.* 1729 II, 2230 II.
**2. entraînement** → ENTRAÎNANT.

**équilatéral, e, aux** *adj.* 2744 VI.
**équilibr|age** *n. m.*, **~er** *tr.* 3479 II, 5921 III. **~e** *n. m.*, **~é, e** *adj.* 3479 VIII, 5921 VI. **s'~er** *Psychol.* 2018. **~eur** *n. m. Techn.* 5921 III. **~iste** *n.* 609.
**équinox|e** *n. m.*, **~ial, e, aux** *adj.* 3479 VIII.
**équipage** *n. m. Mar.* 3347.
**équip|e** *n. f.* 3959; ~ de travail 1875; esprit d'~ 2219; **~ée,** *n. f.* 3820 III. **~ement** *n. m.*, **~er** *tr.* 1099 II, 2385 II, 3475 IV.
**équipier, ère** *n.* 3566.
**équipollence** *n. f.* 2744 VI.
**équipotentiel, elle** *adj.* 2744 VI.
**équit|able** *adj.*, **~é** *n. f.* 3479, 5429 IV; **~able** (partage) 3479 VI.
**équitation** *n. f.* 2168, 3940.
**équival|ence** *n. f.*, **~ent, e** *adj.*, **~oir** *tr. ind.* 2744 III, 3479 III. **s'~oir** 2744 VI, 3479 VI.
**équivoque** *adj. n. f.* 612 IV, 2801 VIII, 4762 VIII.
**érable** *n. m.* 4443.
**éradication** *n. f.* 135 X, 900 VIII.
**érafl|er** *tr.*, **~ure** *n. f.* 1473, 1615.
**éraillé, e** *adj.* 320, 1001.
**ère** *n. f.* 3555, 3676.
**érect|ile** *adj.*, **~ilité** *n. f.*, **~ion** *n. f. Physiol.* 5424 VIII, 5467; **~ion** d'un monument 599, 3018 II.
**éreint|ant, e** *adj.*, **~er** *tr.* 3260 IV, 5573 IV.
**érémitique** *adj.* 2377, 5398.
**ergot** *n. m.* 1680, 3195; se dresser sur ses ~s 223.
**ergot|age** *n. m.*, **~er** *intr.* 4422 V, 5007 III.
**erica** *n. m.* 1604.
**érig|é, e** *adj.* 4426, 5995. **~er** *tr.* 599, 3018 II, 5424. **s'~er** 5424 VIII.
**ermit|age** *n. m.*, **~e** *n. m.* 1153, 5398.
**éro|der** *tr.*, **~sif, ive** *adj.*, **~sion** *n. f.* 4214; **~sion** des sols 964 VIII.
**érot|ique** *adj.*, **~isme** *n. m.* 1088, 2796. **~omanie** *n. f.* 2796.
**errant, e** *adj.* 795, 2849.
**erra|ta** *n. m. pl.*, **~tum** *n. m.* 3129 IV, 3169 II.
**errements** *n. m. pl.* 2878, 3249.
**errer** *intr.* 795, 2849 V.
**err|eur** *n. f.*, **~onné, e** *adj.* 1567, 3808; induire en **~eur** 3249 II; l'**~eur** est humaine 4492.
**ersatz** *n. f.* 339, 3688.
**éruct|ation** *n. f.*, **~er** *intr.* 1002 V.
**érudi|t, e** *adj.*, *n.*, **~tion** *n. f.* 325 V, 3627.
**érupt|if, ive** *adj.*, **~ion** *n. f.* 860; *Méd.* 3337.
**érysipèle** *n. m.* 1364.
**érythème** *n. m.* 1357.
**escabeau** *n. m.* 2165.
**escadre** *n. m.* 2554, 3641.
**escadrille** *n. f.* 2519, 2937 II.
**escadron** *n. m.* 4494; ~ de cavalerie 2126.
**escalad|e** *n. f.*, **~er** *tr.* 2637 V; **~e** de la violence 3092 II.
**escale** *n. f.* 5995 V; faire ~ 1298.
**escalier** *n. m.* 1732, 2640; ~ roulant 3092.
**escamoter** *tr.* 2902, 3851 II.
**escapade** *n. f.* 2881.
**escarbot** *n. m.* 1014.
**escarboucle** *n. f.* 3590, 6048.
**escargot** *n. m.* 1340.
**escarmouche** *n. f.* 5594 III.
**escarcelle** *n. f.* 5771.
**escarp|é, e** *adj.*, **~ement** *n. m.* 1200 VII, 5972.
**escarpolette** *n. f.* 72, 5040.
**escarre** *n. f.* 1027.
**eschatolog|ie** *n. f.*, **~ique** *adj.* 50.
**escient** *n. m.* : à bon ~ 2238.
**esclaffer (s')** 4404.
**esclandre** *n. m.* 4013.
**esclav|age** *n. m.*, **~e** *adj. n.*, 2153, 3429; en **~age** 3429 X. **~agisme** *n. m.*, **~agiste** *adj.*, *n.* 2153 X.
**escompt|e** *n. m.*, **~er** *tr. Comm.* 1268, 1554.
**1. escompter** *tr.* 2155 V, 5994 V.
**2. escompter** → ESCOMPTE.
**escort|e** *n. f.*, **~er** *tr.* 1581, 6002; **~e** de cavaliers 2168. **~eur** *n. m. Mar.* 1581, 6002 III; ~ rapide 3312.
**escouade** *n. f.* 2204.
**escrim|e** *n. f.*, **s'~er** 834 III.
**escro|c** *n. m.*, **~quer** *tr.*, **~querie** *n. f.* 5424.
**ésotér|ique** *adj.*, **~isme** *n. m.* 497.
**espac|e** *n. m.* 1408, 4719; ~ planétaire 4016/vital 5029; *Impr.* 660. **~ement** *n. m.* 504 VI, 3929. **~er** *tr.* 504 III, 4008; ~ ses visites 3718. **s'~er** 504 VI, 3929 VII. **~e-temps** *n. m.* 1408, 2352.
**espadon** *n. m. Poiss.* 2762.
**espagnol, e** *adj.*, *n.* 107.
**espagnolette** *n. f.* 3813.
**espèce** *n. f.* 1089, 3157, 5598; une ~ de 4683. **~s** *n. f. pl.* : en ~ 5510.
**espér|ance** *n. f.*, **~er** *tr.* 203, 2028; faire **~er** qqch à qqn 5199 II.
**espiègle** *adj.*, *n.*, **~rie** *n. f.* 3584.
**espion, ne** *n.*, **~nage** *n. m.* 994. **~ner** *tr.* 994 V, 4824 V.
**esplanade** *n. f.* 2031.
**espoir** *n. m.* 203, 2028.
**esprit** *n. m.* 1947, 3603, 4041; (âme) 2219; ~ d'à-propos 342/de clan 3552/de corps 3257 VI/d'entreprise 3529, 4186 IV/de l'escalier 1680/de famille 3691/d'invention 6027/de la langue 5243/de sacrifice 3219 II/de suite 801 III; vivacité d'~ 1935; plein d'~ 3408; trait d'~ 5531; l'~ et la lettre 3675; sans ~ de retour 3682; faire de l'~ 5531 II; venir à l'~ 298, 337 VI; traverser l'~ 1570; reprendre ses ~s 3059, 3682.
**esprit-de-vin** *n. m.* 5270.
**esquif** *n. m.* 2388.
**esquille** *n. f.* 2887.
**esquiss|e** *n. f.*, **~er** *tr.* 1566 II; **~er** un sourire 2223 III/un geste 5760. **s'~er** 1566 V, 2079 VIII.
**esquiv|e** *n. f.*, **~er** *tr.* 1073 VIII, 3920 VI; **~er** la discussion 1280 VI/les difficultés 1577 V. **s'~er** 2478 VIII, 2615 V.
**essai** *n. m.* 948 II, 1420 III; *Litt.* 2078; *Sport.* 3169 IV; mettre à l'~ 5010 VIII.
**essai|m** *n. m.* d'abeilles 861. **~mage** *n. m.*, **~mer** *intr.* 861 V; *Fig.* 3954 V, 5917 V.
**essay|age** *n. m.* : salon d'~ 4437. **~er** *tr.* 948 II, 5010 VIII; ~ de 1420 III. **s'~er** à 948 II.
**essence** *n. f.* 1131; ~ minérale 589/de fleur 1598/des choses 4682.
**essentiel** *n. m.* 5760 IV. **~, elle** *adj.* 106, 1131, 1962.
**esseulé, e** *adj.* 3528 VII, 3935 VII.
**essieu** *n. m.* 986, 1407.
**essor** *n. m.* 1794 VII, 3357 VII; ~ économique 5571.
**essor|age** *n. m.*, **~er** *tr.*, **~euse** *n. f.* 3554.
**essouffl|ement** *n. m.*, **~er** *tr.*, **s'~er** 603, 4902, 5491, 5563.
**essuie-glace** *n. m.*, **~-mains** *n. m. inv.*, **~-pieds** *n. m. inv.* 5073.
**essuyer** *tr.* 5011, 5073; ~ un échec 4002/des revers de fortune 1859/un affront 4013 VIII/des coups de feu 4262 III.
**est** *n. m.* 2866.
**estacade** *n. f.* 134.
**estafette** *n. f.* 2569.
**estamp|age** *n. m.*, **~er** *tr.* 3295.
**estampill|age** *n. m.*, **~e** *n. f.*, **~er** *tr.* 1461, 1837, 3295.
**est-ce que** *adv. interr.* 5744.
**esthète** *n.* 5804.
**esthét|icien, enne** *n.* 1065 II. **~ique** *adj.*, *n. f.* 1065; chirurgie ~ 1065 II.
**estim|able** *adj.*, **~e** *n. f.*, **~er** *tr.* 3430 VIII, 4184 II; haute **~e** 4101.
**estim|atif, ive** *adj*, **~ation** *n. f.*, **~er** *tr.* 1620 II, 4184 II; **~er** que 3417, 3596 VIII.
**1. estimer** → ESTIMABLE.
**2. estimer** → ESTIMATIF.
**estiv|age** *n. m.*, **~al, e, aux** adj., **~ant, e** *n.*, **~er** *tr.* 3196.
**estomac** *n. m.* 5121.
**estomp|é, e** *adj.* (inscription) 3366. **s'~er** 5011 VII.
**estrade** *n. f.* 5272, 5423.
**estragon** *n. m.* 3311.
**estropi|é, e** *adj.* 4320 IV, 4581. **~er** *tr.* = MUTILER 308; ~ un mot 1239 II.
**estuaire** *n. m.* 3040.
**estudiantin, e** *adj.* 3349.
**esturgeon** *n. m.* 1310.
**et** *conj.* 5827.
**étable** *n. f.* 3089.
**1. établi** *n. m.* (de menuisier) 907.
**2. établi, e** *adj.* (fait) 799; (gouvernement) 2726; (usage) 4196 II; (système) 4426.
**établ|ir** *tr.* **~issement** *n. m.* 106 II; **~ir** un manuscrit 1317 II/une réglementation 2678/une loi 2863 II/des faits 799 IV/l'assiette de l'impôt 4196 IV/une base militaire 4320/une usine 4426 IV/des relations 5407 IV/une liste 5956. **~issement** commer-

cial 1332/public 5407 IV/de recherche 3676/scolaire = ÉCOLE 1741. **s'~ir** 4196 X, 4426 IV.
**étage** *n. m.* 3296.
**étag|ement** *n. m.*, **~er** *tr.* 1732 II. **s'~er** 1732 V. **~ère** *n. f.* 2141.
**étai** *n. m.*, **~ement** *n. m.* 1778, 2694.
**étain** *n. m.* 4281.
**étal** *n. m.* 3297. **~age** *n. m.* 3504.
**étal|ement** *n. m.*, **~er** *tr.* 445, 5020, 5413; **~er** ses marchandises 3504/un tapis 3945/son jeu 4595. **s'~er** 5413 VIII; ~ par terre 4876 X.
**1. étalon** *n. m. Vétér.* 3906.
**2. étalon** *n. m. Métrol.* 3702. **~nage** *n. m.*, **~ner** *tr.* 3702 II.
**étam|age** *n. m.*, **~er** *tr.*, **~eur** *n. m.* 660 II.
**étambot** *n. m.* 2613.
**étamine** *n. f.* 2511.
**étanch|e** *adj.*, **~éité** *n. f.* 4499, 5195.
**étancher** *tr.* sa soif 367 II, 2239.
**étang** *n. m.* 3737.
**étant** *part. prés.* de ÊTRE 1 : cela ~ 599; les choses ~ ce qu'elles sont 1419; ~ donné que 1426, 1885.
**étape** *n. f.* 2034, 2998; par ~s 1732 II.
**1. état** *n. m.* (inventaire) 667, 930, 4595.
**2. état** *n. m.* (situation) 1419, 5956; ~ de siège 1328/d'ébriété 1613/d'esprit 1947, 3603/de veille 6078; mettre en ~ 3475 IV; être en ~ de 4184; faire ~ de 344 IV, 5897 IV.
**3. État** *n. m.* 1881; coup d'~ 4339 VII; raison d'~ 3129; ~ membre 3566; ~ fédéré 6019.
**état|isation** *n. f.*, **~iser** *tr.* 1881 II. **~ique** *adj.*, **~isme** *n. m.* 1328, 1881.
**état-major** *n. m.* 2176.
**étau** *n. m.* 4817.
**étay|age** *n. m.*, **~er** *tr.* 1778, 2694; **~er** un argument *Fig.* 265 II.
**et cætera** *adv.* 50, 5762. **etc.** 177.
**été** *n. m.* 3196.
**éteignoir** *n. m.* 3336.
**étein|dre** *tr.* 3336 IV; ~ l'ardeur 5762 II. **s'~dre** 3336 VII; *Fig.* (mourir) 5216, (famille) 4214 VII, (colère) 5762. **~t, e** *adj. Fig.* 600, 5762.
**étendard** *n. m.* 1968, 4930.
**étendre** *tr.* 445, 5413; ~ qqn 5020 II/à tous 3636 II/un tapis 3945/les jambes 5020/ses pouvoirs 5927 II. **s'~** (personne) 5020 V; (chose) 445 VII; (influence) 5413 VIII; (pouvoir) 5927 V; ~ sur un sujet 2078 X/sur le sol 4876 X/à, jusqu'à 5020 VIII/à tous 3636.
**étendu, e** *adj.* 445 VII; (spacieux) 3982; (long) 3393; (large) 3504; (vaste) 5927.
**étendue** *n. f.* 5029, 5073; ~ d'une ville 5927 VIII/des dégâts 1000.
**étern|el, elle** *adj.*, **~ellement** *adv.*, **~ité** *n. f.* 7, 102, 1596. **~iser** *tr.* 7 II, 1596 II. **s'~iser** 7 V, 1596 V.
**éternu|ement** *n. m.*, **~er** *intr.* 3570.
**éteule** *n. f.* 4868.
**éther** *n. m.*, **~é, e** *adj. Chim.* 31; **~é** (âme) 3633.
**éthiopien, enne** *adj.*, *n.* 36.
**éthique** *adj.*, *n. f.* 1603.
**éthmoïde** *adj.*, *n. m.* 3114.
**éthn|ie** *n. f.*, **~ique** *adj.* 3508, 3663.
**éthyl|e** *n. m.*, **~ène** *n. m.*, **~ique** *adj.* 34.
**étiage** *n. m.* 380, 5389.
**étincel|er** *intr.*, **~lement** *n. m.* 182 V, 2553; **~er** 4895, 6022. (soleil) 2866 IV. **~le** *n. f.* 2839, 6022; faire des ~s 2078 IV, 4182.
**étiol|ement** *n. m.*, **s'~er** 1954.
**étiologie** *n. f.* 3627.
**1. étiquette** *n. f.* 492, 4826.
**2. étiquette** *n. f.* (protocole) 55, 2079.
**étir|age** *n. m.*, **~er** *tr.*, **~euse** *n. f. Métall.* 2478, 5110. **s'~er** (personne) 445 VII, 5020 V.
**étoff|e** *n. f.* 4364, 5390. **~er** *tr.* 3521 II.
**étoile** *n. f.* 4714, 5321; ~ filante 5616/de mer 3126/du berger 2378; coucher à la belle ~ 3945 VIII; *Fig.* bonne, mauvaise ~ 3355.
**étole** *n. f.* 488.
**étonn|ement** *n. m.*, **s'~er** 1861, 3460 V, 3747 X. **~er** *tr.* 1861 IV, 3460 IV.
**étouff|é, e** *adj.* (son) 1580. **~ement** *n. m.*, **~er** *tr.* 1636; **~er** son orgueil 561/une nouvelle 1587 IV/le feu 1611 IV/un scandale 2461/le bruit 3793 II/sa colère 4604. **~er** *intr.*, **s'~er** 1636 VIII.
**étoupe** *n. f.* 5091.
**étourd|erie** *n. f.*, **~i, e** *adj.*, *n.* 3398.
**étourd|ir** *tr.* 1873 II. **~issement** *n. m.* 1873, 1875.
**étourneau** *n. m. Ois.* 2293.
**étrang|e** *adj.*, **~eté** *n. f.* 3460, 3747.
**étranger, ère** *adj.*, *n.* 1073, 1490, 3747; (mot) 1716.
**étrangl|ement** *n. m.*, **~er** *tr.* 1636. **s'~er** 1636 VIII.
**1. être** *intr.* 4719, 5855; ~ encore 363, 2392; n'~ pas 4938; → ÉTANT.
**2. être** *n. m.* 4719, 5855; *Philos.* 1911; ~ humain 221/vivant 1424.
**étrein|dre** *tr.*, **~te** *n. f.* 1297 VIII, 3668 III; **~dre** qqn (sentiment désagréable) 3519 VIII, 4484.
**étrenne** *n. f.* 3700 II, 5678.
**étrenner** *tr.* 1767 II.
**étrier** *n. m.* 2168.
**étrill|e** *n. f.*, **~er** *tr.* 3932.
**étriqué, e** *adj.* (vie) 3259; (lieu) 3274.
**étrivière** *n. f.* 2755.
**étroit, e** *adj.* 3274; (lien) 5851. **~esse** *n. f.* 3274; ~ d'esprit 4283.
**étud|e** *n. f.*, **~iant, e** *n.*, **~ier** *tr.* 1741, 3349; **~e** littéraire 324/d'une langue 3627 V; à l'**~e** 5456; **~e** d'avoué 4494; salle d'**~es** 3355 III; voyage d'**~es** 3355 X.
**étui** *n. m.* 3408; ~ à cigarettes 3619/de revolver 3811/de poignard 3818.
**étuve** *n. f.* 3379 II, 3605 II.
**étymolog|ie** *n. f.*, **~ique** *adj.* 2922 VIII.
**eucalyptus** *n. m.* 4465.
**eucharist|ie** *n. f.*, **~ique** *adj.* 4198.
**euclidien, enne** *adj.* 162.
**eulogie** *n. f.* 4220 II.
**eunuque** *n. m.* 1556.
**euphém|isme** *n. m.*, **~ique** *adj.* 4890 II.
**euphon|ie** *n. f.*, **~ique** *adj.* 5481 VI.
**euphorbe** *n. f.* 3928.
**euphor|ie** *n. f.*, **~ique** *adj.* 3723 VIII, 5422.
**Euphrate** *n. m.* 3925.
**eurêka !** *interj.* 3305.
**euristique** *adj.*, *n. f.* 4595 VIII.
**eurodollars** *n. m. pl.* 242.
**européanis|ation** *n. f.*, **~er** *tr.*, **s'~er** 242, 3968.
**européen, enne** *adj.*, *n.* 242, 3968.
**eux** *pron. pers. 3e pers. masc. pl.* 5759.
**évacu|ation** *n. f.*, **~er** *tr.* 3086 II; *Mil.* 1046 IV; *Anat.* 3956 IV.
**évader (s')** 3923, 5689.
**évalu|ation** *n. f.*, **~er** *tr.* 848 II, 4184 II, 4445 II.
**évanesc|ence** *n. f.*, **~ent, e** *adj.* 4823 VI.
**évangél|ique** *adj.*, **~isateur, trice** *adj.*, *n.*, **~isation** *n. f.*, **~iser** *tr.*, **~iste** *n. m.* 455 II.
**évangile** *n. m.* 455 II.
**évanou|ir (s')**, **~issement** *n. m.* 3774, 3829 IV; **s'~ir** *Fig.* 4080, 4823 VI.
**évapor|ateur** *n. m.*, **~ation** *n. f.*, **~er** *tr.* 329 II, 3092 II. **~é, e** *adj.*, *n. Fig.* 3398. **s'~er** 329 V, 3092 V.
**évasion** *n. f.* 3923, 5689; ~ fiscale 5689 V; besoin d'~ 4047 VII.
**Ève** *n. pr.* 1398.
**évêché** *n. m.* 2593, 5113.
**éveil** *n. m.*, **s'~ler** 3059, 4104 IV, 6078 X; ~ de la nature 3884 V; donner l'~ 1208 II, 5287 II; en ~ (esprit) 6078. **~ler** *tr.* 5287 II, 6078 IV; ~ le désir 860 IV/l'attention 4858.
**événemen|t** *n. m.*, **~tiel, elle** *adj.* 1197, 5994; cours des ~s 975.
**éventail** *n. m.* 2219.
**éventaire** *n. m.* 3296.
**éventer** *tr.* 2219 II; *Fig.* ~ un piège 4595 VIII/un secret 4003 IV/une nouvelle 5418 X.
**éventr|ation** *n. f. Méd.* 3889. **~er** *tr.* 503, 2922.
**éventu|alité** *n. f.*, **~el, elle** *adj.* 1372 VIII; dans l'**~alité** de, où 1419, 3544.
**évêque** *n. m.* 2593, 5113.
**évertuer (s')** 1097 VIII.
**éviction** *n. f.* 504 IV, 3312.
**évid|age** *n. m.*, **~er** *tr.* 1123 II, 4412 II.
**évid|emment** *adv.* 164, 3295. **~ence** *n. f.*, **~ent, e** *adj.* 342, 1047, 5954; mettre en **~ence** 372 IV, 3419 IV; se mettre en **~ence** 3504 II; se rendre à l'**~ence** 3506 VIII; de toute **~ence** 164 II, 3295.
**évider** → ÉVIDAGE.
**évier** *n. m.* 3771.
**évincer** *tr.* 504 IV, 3312.
**éviter** *tr.* 1073 V, 1280 VI, 3920 VI; ~ qqch à qqn 2220 IV, 5985 II.

# F

**fable** *n. f.* 1509; *Litt.* 4993.
**fabri|cant** *n. m.*, **~cation** *n. f.*, **~que** *n. f.*, **~quer** *tr.* 3156.
**fabul|ateur, trice** *adj., n.*, **~ation** *n. f.*, **~er** *intr.* 1509 II.
**fabuleux, euse** *adj.* 1509, 2552, 5799.
**façade** *n. f.* 898, 5865; *Fig.* 3419.
**face** *n. f.* 5865; *Géom.* 2551; faire ~ à 4161 III; *Fig.* 898 III, 5865 III; faire ~ à une dépense 4486/à un engagement 5987; en ~ de 104, 686, 4186. **~-à-~** *n. m. inv., loc. adv.* 5865 III.
**facét|ie** *n. f.*, **~ieux, euse** *adj.* 4043, 5066.
**facette** *n. f.* 2551.
**fâch|er** *tr.* qqn 1395 IV. **se ~er** 1395, 2310, 2497. **~eux, euse** *adj.* 2304 IV, 4516 II; (circonstance) 118 IV; (nouvelle) 1258 IV.
**facial, e, aux** *adj.* 5865.
**faciès** *n. m.* 2766.
**facil|e** *adj.*, **~ité** *n. f.* 2718, 6069; **~e** (parole) 2627, 3357, (femme) 5604; **~e** à vivre 1828; **~ités** de crédit 2718 II/de paiement 4256 II. **~iter** tr. 2718 II, 6069 II.
**façon** *n. f.*, **~ner** *tr.* 2937, 3156; ~ de voir 5865; de cette ~ 3324, 5339, 5556; sans ~ 4638; en aucune ~ 3357 IV; de toute ~ 1419; à la ~ de 3744; de ~ à/que 1171, 1426, 4723.
**faconde** *n. f. Lit.* 3357.
**fac-similé** *n. m.* 2183, 3178.
**1. facteur** *n. m.* 1309, 3644.
**2. facteur, trice** *n.* des P. et T. 2569, 5917 II.
**factice** *adj.* 2405, 3156 VIII, 4638 V.
**factieux, euse** *adj., n.* 2903 III.
**faction** *n. f.* 2346, 3552, 3959. **~naire** *n. m.* 1230, 1581.
**factitif, ive** *adj., n. m. Gramm.* 2427.
**factoriel, elle** *adj., n. f.* 3644.
**factoris|ation** *n. f.*, **~er** *tr.* 3644 II.
**factrice** → FACTEUR 2.
**factuel, elle** *adj.* 4026.
**facture** *n. f.* 3869, 4426; d'une belle ~ 3156.
**factultatif, ive** *adj.* 1655 VIII.
**faculté** *n. f.* (capacité) 4184, 5158 IV, 5177; (qualité) 4203, 6027; *Enseign.* 4626.
**fadaise** *n. f.* 733, 2498.
**fad|e** *adj.*, **~eur** *n. f.* 5074; *Fig.* 733.
**fading** *n. m.* 1580.
**fagot** *n. m.* 17, 1257.
**faiblard, e** *adj. Fam.* 3239.
**faibl|e** *n. m.* : avoir un ~ pour 5249, 6014. **~e** *adj.*, **~esse** *n. f.*, **~ir** *intr.* 3239, 6036; **~e** d'esprit 3451; **~e** (lumière) 1580, (tempérament) 2167, (quantité) 3335, (nombre) 4337, (vue) 4625, (point) 5142; le sexe **~e** 4832; avoir une **~esse** 3829 IV.
**faïenc|e** *n. m.*, **~ier, ère** *n.* 1523.
**faille** *n. f. Géol.* 3067; *Fig.* 826; sans ~ 5078 VI.
**faillir** *intr.* (suivi d'un inf.) 4703, 5941 ● *tr. ind.* à 1602 IV, 4283 II.
**faillite** *n. f.* 4053 IV; *Fig.* 4002.
**faim** *n. f.* 1122; n'avoir plus ~ 2795; tenaillé par la ~ 3266 V; à sa ~ 4622.
**faine** *n. f.* 2260.
**fainéant, e** *adj., n.*, **~ise** *n. f.* 4587.
**faire** *tr.* 3156, 3644, 4026; ~ l'affaire 3129/un cours 4876 IV/la loi 3086 V/de la monnaie 3086 II/part de 3631 IV/des pieds et des mains 1614, 2569/en sorte que 2569; on ne peut ~ autrement 3923; n'avoir que ~ de 3838; n'en ~ qu'à sa tête 1962; ne ~ que 4611; se laisser ~ 4410 VII. **se** ~ à 3682 V; se ~ une fête de 3723 VIII; se ~ du souci 3817 VIII; s'en ~ 4350 ● *n. m.* 4026.
**faire-part** *n. m. inv.* de décès 5473.
**fair-play** *n. m.* 2219.
**faisable** *adj.* 6069.
**faisan** *n. m.* 693.
**faisceau** *n. m.* 1257, 2798 II.
**1. fait** *n. m.* 1197, 4026, 5994; le ~ est que 1317; haut ~ 31; aller au ~ 3125; sur le ~ 4762 V; mettre au ~ 3355 IV; prendre ~ et cause pour 3024 V; voies de ~ 3666; ~s et gestes 1246; du ~ de 2427, 3156; en ~ de 3062, 3624 V.
**2. fait, e** *adj.* pour 892, 1603; ~ main 2908; homme ~ 4661; c'en est ~ 4296; tout ~ (idée) 350 VIII.
**faîte** *n. m.* 1927, 4358; au ~ de 239/de la gloire 3167.
**fait-tout** *n. m. inv.* 3281, 3402.
**faix** *n. m. Litt.* 3426.
**fakir** *n. m.* 4034.
**falaise** *n. f.* 964.
**fallacieux, euse** *adj.* 1474, 3249 II, 4524.
**falloir** *v. impers.* 335, 518 VII, 4817, 5854; s'en ~ de peu 5941 IV; s'il le faut 4296 VIII; tant s'en faut que 2802, 5825.
**falot** *n. m.* 3879.
**falsifi|cateur, trice** *n.*, **~cation** *n. f.*, **~er** *tr.* 2387 II, 3772, 5234 II; **~er** un texte 1239 II/la monnaie 2405 II.
**famé, e** *adj.* : mal ~ 2241 IV, 2801.
**famélique** *adj. Litt.* 3266 V.
**fameux, euse** *adj.* 2983, 3506, 5287.
**familial, e, aux** *adj.* 114, 3691.
**familiar|iser** *tr.* 181 II, 221 II. **se ~iser**, **~ité** *n. f.* 181, 221.
**familier** *n. m.* 3548, 4198 II. **~ère** *adj.* (personne, animal) 181, 221; (mot) = TRIVIAL 350 VIII.
**famille** *n. f.* 114, 3691; *Zool.* 4008.
**famine** *n. f.* 1122; salaire de ~ 4611.
**fan** *n. Fam.* 5427.
**fana** *adj., n. Fam.* 6014.
**fanal, aux** *n. m.* 3879.
**fanat|ique** *adj., n.*, **~isme** *n. m.* 3552 V. **~iser** *tr.* 1366 II.
**fan|é, e** *adj.*, **se ~er** (fleur) 1916; (beauté) 1954; (couleur) 4657; (tissu) 5430. **~er** *tr.* 1916 IV.
**fanfare** *n. f.* 5580.
**fanfaron, onne** *adj., n.*, **~nade** *n. f.*, **~ner** *intr.* 315 V, 3137.
**fang|e** *n. f.*, **~eux, euse** *adj.* 1358, 5869.
**fanion** *n. m.* 654, 1585.
**fanon** *n. m.* (de bœuf) 3719; (de cheval) 850.
**fantais|ie** *n. f.* (caprice) 5385; (originalité) 1663, 3321; vivre à sa ~ 5804. **~iste** adj. 5385.
**fantasme** *n. m.* 1663, 5793 II, 6035.
**fantasque** *adj.* 3387, 5385.
**fantassin** *n. m.* 2024, 5096.
**fantastique** *adj.* 1509, 1512, 1663, 6035.
**fantoche** *n. m., adj.* 1848.
**fant|omatique** *adj.*, **~ôme** *n. m.* 2791, 3401, 6035.
**faon** *n. m.* 2832.

**for** *n. m. Litt.* : dans son ~ intérieur 3140, 4196.
**forage** *n. m.* 833, 1308, 5506.
**forain, e** *adj., n.* (fête) 2738; (marchand) 1125 V, 5524 V.
**foraminifères** *n. m. pl.* 1483 VII.
**forban** *n. m.* 4212; *Fig.* 5424.
**forçat** *n. m.* 2908.
**force** *n. f.* 2827, 4427, 4991; ~ de l'âge 3666, 5439/d'âme 3529/de l'habitude 1328/publique 2630/d'inertie *Phys.* 4283; *Fig.* 4426 III; ~ est de 3224 VIII; faire ~ de rames 4191 II: de gré ou de ~ 3224 VIII, 4566; à ~ de 3951; de ~ à 3250 VIII, 4184, 5158 V; par ~ 887, 3673, 4254; prendre de ~ 3776. **~s** *n. f. pl. Mil.* 4427; au-dessus de ses ~ 1372 VIII, 1921; consacrer ses ~ à 1097; recouvrer ses ~ 3682 X; sans ~ 1644.
**forcé, e** *adj.* (atterrissage) 3224 VIII; (marche) 1172; (rire) 3156 VIII, 4638 V; (résidence) 4426 IV; (sourire) 4402; (travaux) 2922; (vente) 887; contraint et ~ 2137 IV.
**forcément** *adv.* 887, 1170.
**forcené, e** *adj.* 1070, 2562; (activité) 1053; (combat) 3236; (résistance) 3666.
**forcer** *tr.* qqn 887 IV, 2137 IV, 4817 IV/qqch = BRISER 4583/un blocus 1512/le destin 3805 V/la dose *Fig.* 3815 III/des fruits 3467 II/la main à 4566 IV/le pas 1172/la porte de qqn 3673. **se** ~ 4638 II.
**forcl|os, e** *adj,* **~usion** *n. f.* 2590.
**for|er** *tr.,* **~eur** *n. m., adj. m.,* **~euse** *n. f.* 833, 1308, 5506.
**for|estier, ère** *adj., n. m.,* **~êt** *n. f.* 1225, 3709.
**foret** *n. m.* 406, 833.
**forêt** → FORESTIER.
**1. forfai|t** *n. m.* (crime) 966, 2974. **~ture** *n. f.* = TRAHISON 3737.
**2. forfait** *n. m.* 2478 VII; déclarer ~ 5971.
**3. forfai|t** *n. m.,* **~taire** *adj.* 988, 4310.
**forfaiture** → FORFAIT 1.
**forg|e** *n. f.,* **~er** *tr. Métall.* 2451, 3164.
**1. forg|er** *tr.,* **~erie** *n. f. Péjor.* 1603 VIII; **~er** un mensonge 3975 VIII/un document 3156 VIII/un mot 3181.
**2. forger** *tr.* → FORGE.
**forgeron** *n. m.* 1193; c'est en forgeant qu'on devient ~ 5048 III.
**formalis|ation** *n. f.,* **~er** *tr. Log.* 5280 X. **se ~er** 2722 VIII.
**formal|isme** *n. m.,* **~iste** *adj., n. Philos.* 3178; *Fig.* 2551, 2937.
**formalité** *n. f.* 975 IV, 3644 III; sans ~s 4638 V.
**format** *n. m.* 1187, 4310, 4437.
**format|eur, trice** *adj. n.* 834 II; (activité) 5680 II. **~if, ive** *adj.* 1729 II.
**formation** *n. f.* (éducation) 834 II, 1995 II, 5680 II; ~ d'un gouvernement 181 II, 2937 II/professionnelle 1729 II/des mots 2922 VIII, 3181/aérienne 2937 II/sanitaire 5866/politique = PARTI 1253/sportive = ÉQUIPE 3956.
**forme** *n. f.* 2937, 3178, 5808; *Ling.* 3181; ~ et fond 599; donner ~ à 4719 II; prendre la ~ de 3042 IV; pour la ~ 2131 III; en bonne et due ~ 3296; vice de ~ 3698; dans les ~s 135.
**formé, e** *adj.* pour 3295; (sein) 5565.
**formel, elle** *adj.* 2937, 3178, 4310; *Fig.* 2551.
**former** *tr.* (créer) 181 II, 4719 II; (constituer) 2937 II; (éduquer) 834 II, 5680 II; (entraîner) 1729 II; ~ un mot 3181/un projet 3596/des spécialistes 3475 IV/des vœux pour, contre 1781. **se** ~ (se constituer) 2937 V, 4719 V; (se cultiver) 834 V, 5680 V; (s'entraîner) 1729 V; (poitrine) 5565.
**formidable** *adj.* 2202, 3578, 5799. **~!** *interj. Fam.* 2231.
**formique** *adj.* (acide) 5558.
**formol** *n. m.* 4093.
**formulaire** *n. m.* 200 X, 5561.
**formul|ation** *n. f.,* **~e** *n. f.,* **~er** *tr.* 3430 II, 3493 IV; **~e** chimique 3181/médicale 5948/de politesse 3430; **~er** une demande 4186 II/une hypothèse 1826 IV/une opinion 344 IV.
**forni|cateur, trice** *n.,* **~cation** *n. f.,* **~quer** *intr.* 2376.
**1. fort, e** *adj.* 2827, 4427, 4991; (devise) 3090, 5358; (personnalité) 3906; (piment) 1217; (place) 1291, 5195; **~e** tête 3659, 4262, 6054; ~ = SAVANT 3250 V; se faire ~ de 4638 X.
**2. fort** *n. m. Mil.* 359, 1291, 4348; *Fig.* ~ de la mêlée 2037; au ~ du combat 3820.
**3. fort** *adv.* 4503; ~ beau 3717; craindre ~ que 2827.
**forteresse** *n. f.* 1291, 3603, 4348.
**fortifi|ant, e** *adj., n. m.,* **~cation** *n. f.,* **~er** *tr.* 4427 II, 5416 II; **~er** qqn dans sa résolution 2827 II/le prestige de qqn 3521 II/une ville 1291 II. **se ~er** 4427 V.
**1. fortification** *n. f.* → FORTIFIANT.
**2. fortification** *n. f.* 1291, 3603.
**fortifier, se** ~ → FORTIFIANT.
**fortin** *n. m.* 1291, 4348.
**fortuit, e** *adj.* 3305, 3896. **~ement** *adv.* 3070, 3433 VIII.
**1. fortun|e** *n. f.* (richesse), **~é, e** *adj.* 816, 3838; faire **~e** 816 IV.
**2. fortune** *n. f.* (sort) 1301, 1859, 3355; avoir la bonne ~ de 4184 II; la bonne et la mauvaise ~ 3224; tenter ~ 3820 III.
**forum** *n. m.* 2415.
**fosse** *n. f.* 1308, 3228, 4147; ~ d'aisances 560, 2032/à grains 3365; *Anat.* ~ nasale 1123 II.
**fossé** *n. m.* 1626, 5805.
**fossette** *n. f.* à la joue 3821/au menton 5606.
**fossil|e** *adj., n. m.,* **~isation** *n. f.,* **se ~iser** 1182 V. **~iser** *tr.* 1182 II.
**fossoyeur** *n. m.* 1308.
**1. fou, fol, folle** *adj., n.* 1070, 1370, 3451; (dépense) 607; (herbes) 352; (monde) 3795, 5799; (succès) 3578; (vitesse) 1070; fou rire 3215; comme un fou 933, 2562; fou de 2906, 6014/de joie 3397.
**2. fou** *n. m. Ois.* 3398; (jeu d'échecs) 4121; ~ du roi 610.
**foudre** *n. f.* 3094; coup de ~ *Fig.* 3896.
**foudr|oiement** *n. m.,* **~oyant, e** *adj.,* **~oyer** *tr.* 3094; **~oyant** (offensive) 2485, (poison) 2307; **~oyer** du regard 2026, 4182.
**fouet** *n. m.,* **~ter** *tr.* 1034, 2734; coup de ~ *Fig.* 1309; **~ter** des blancs d'œuf 1585/le sang 5810 II/le visage (vent) 2580.
**fougère** *n. f.* 1631, 2527.
**fougu|e** *n. f.,* **~eux, euse** *adj.* 1366, 1376, 1794 VIII; **~eux** (cheval) 1053, (tempérament) 1053.
**fouill|e** *n. f.,* **~er** *tr.* 3888 II, 5506 II; *Archéol.* 1308; **~er** une question 4289 V/un sujet 3643 V.
**fouillis** *n. m.* 2175.
**fouine** *n. f. Zool.* 5551.
**fouiner** *intr. Fam.* 3340 V.
**fouir** *tr.* 1308.
**foul|age** *n. m.,* **~er** *tr.,* **~oir** *n. m.* 5694; **~er** des peaux 1777/du raisin 3554.
**foulard** *n. m.* 2775, 5362.
**foule** *n. f.* 1068, 2281; ~ considérable 3795; une ~ de 1062, 1273; en ~ 4089.
**foulée** *n. f. Sport.* 1577, 3997.
**1. fouler** → FOULAGE.
**2. fouler** *tr.* aux pieds 1878, 5958. **se** ~ une articulation 4931, 5848.
**fouloir** → FOULAGE.
**foulon** *n. m.* 4283; terre à ~ 3134.
**foulque** *n. f.* 3744.
**foulure** *n. f.* 5848.
**four** *n. m.* 3966; ~ à chaux 26/crématoire 1242/à pain 773.
**fourb|e** *adj., n.,* **~erie** *n. f.* 1434 VIII, 1753 III, 5500 III.
**fourbir** *tr.* ses armes 1047, 3118.
**fourbu, e** *adj.* 2206 IV, 3260 IV, 5573.
**fourch|e** *n. f.* 1926; ~ de bicyclette 3003/d'un chemin 2889. **~er** *intr.* (langue) *Fam.* 2333. **~ette** *n. f.* 3003. **~u, e** *adj.* 3954 V.
**fourgon** *n. m.* (wagon) 2821, 3494.
**fourmi** *n. f.,* **~lière** *n. f.* 5558.
**fourmilier** *n. m.* 172.
**fourmilière** → FOURMI.
**fourmilion** *n. m.* 194, 4935.
**1. fourmillement** *n. m.* (dans les membres) 5558.
**2. fourmill|ement** *n. m.,* **~er** *intr.* 3459, 4602 VIII.
**fournaise** *n. f.* 26; *Fig.* 4440.
**fourneau** *n. m.* 3290, 3966, 5991; ~ de cuisine 3164.
**fournée** *n. f. Fam.* 1794.
**fourni, e** *adj.* (poils) 4501; (végétation) 4506.
**fourn|ir** *tr.,* **~isseur** *n. m.,* **~iture** *n. f.* 3575 IV, 5233 II; **~ir** qqn en 2385 II/des documents 4186/du matériel 5020 IV/les moyens 5985 II/une occasion 5808 II/une preuve 1826 IV; **~isseur** du quartier 685/de l'armée 3676 V; **~itures** scolaires 57/de bureau 4217, 4817. **se ~ir** 2385 V, 5233 V.

**fourrag|e** *n. m.*, **~er, ère** *adj.* 3622, 4629.
**fourré** *n. m.* 271, 1786, 3860.
**fourreau** *n. m.* (enveloppe) 3811 : ~ de l'épée 3818.
**1. fourr|er** *tr.*, **~eur** *n. m.*, **~ure** *n. f.* 3974.
**2. fourrer** *tr.* son nez dans *Fam.* 1755. **se** ~ dans *Fam.* 1755 VII.
**fourv|oiement** *n. m.*, **se ~oyer** 795, 3249. **~oyer** *tr.* qqn 795 II, 3249 II.
**fovéa** *n. f.* 5512.
**foyer** *n. m.* 1790, 5991 : *Phys.* 287, 1242 ; ~ familial 114/de civilisation 2170/de culture 5574/d'intrigues 6004/de révolte 5282/du soldat 5365 : rentrer dans ses ~s 2612.
**fracas** *n. m.* 1031, 4285. **~sant, e** *adj.* (bruit) 3060, 3960 : (déclaration) 1031.
**fracass|ement** *n. m.*, **~er** *tr.* 1300 II, 4583 II. **se ~er** 1300 V, 4583 V.
**fraction** *n. f.*, **~naire** *adj.* 979 ; ~ *Math.* 4583. **~nement** *n. m.*, **~ner** *tr.* 979 II, 4261 II : **~ner** un paiement 4256 II. **se ~ner** 979 V, 4261 VII.
**fractur|e** *n. f.*, **~er** *tr.* 4583 ; **~e** de l'écorce terrestre 4285 V. **se ~er** 4583 VIII.
**fragil|e** *adj.*, **~ité** *n. f.* 3239, 4583 VII ; **~e** (appareil) 3567, (argument) 6037, (bois) 5725, (santé) 6036.
**fragmen|t** *n. m.*, **~taire** *adj.* 979, 4261 II, 4310 : **~t** d'os 4583/d'un texte 5271/de verre 2887 : **~ts** 2802.
**fragment|ation** *n. f.*, **~er** *tr.* 979 II, 4261 II, 4310 II. **se ~er** 979 V, 4261 V, 4310 V.
**fraîch|eur** *n. f.*, **~ir** *intr.* 367.
**1. frais, fraîche** *adj.* 367, 539, 2111 : (boisson) 2111 II : (eau) 3483 : (fruit) 3779 : (jeunesse) 2246 : (nouvelle) 1197 : (pain) 3328 : (teint) 471 : (végétation) 2239 : (viande) 3327 : (visage) 3327.
**2. frais** *n. m.* : prendre le ~ 5401 V.
**3. frais** *n. m. pl.* 3086, 4638, 5501 : ~ de déplacement 339 : à grand ~ 2922 : à peu de ~ 3675 : en être pour ses ~ 3428.
**frais|age** *n. m.*, **~e** *n. f.*, *Techn.* **~eur** *n. m.*, **~euse** *n. f.* 1502, 3938 ; *Chir. dent.* 833.
**1. frais|e** *n. f. Bot.*, **~ier** *n. m.* 779, 3927.
**2. fraise** → FRAISAGE.
**framboise|e** *n. f.*, **~ier** *n. m.* 3623.
**1. franc** *n. m. Monn.* 3971.
**2. fran|c, franche** *adj.*, **~chement** *adv.* 3071, 3079 : **~c** (couleur) 3114, (coups) *Sport* 1218, (hostilité) 3631 IV, (zone) 1218.
**français, e** *adj.*, *n.* 3970.
**franch|ir** *tr.*, **~issement** *n. m.* 1118 VI, 1577 V, 3430 : **~ir** une distance 4310/les obstacles *Fig.* 3805 V/le Rubicon 2894.
**franchise** *n. f.* 3071, 3079 : ~ d'assurance 1598/postale 3589 IV.
**francis|ation** *n. f.*, **~er** *tr.* 3970. **se ~er** 3970 II.
**francisque** *n. f.* 1195.
**franc-maçon** *n. m.*, **~nerie** *n. f.* 599, 4969.
**franco** *adv.* de port 1598.
**francolin** *n. m.* 1731.
**francophon|e** *adj.*, *n.*, **~ie** *n. f.* 5451.
**franc-parler** *n. m.* 3079.
**franc-tireur** *n. m.* 4388.
**frange** *n. f.* 1280, 5668 : ~ de cheveux 3304.
**frapp|e** *n. f.*, **~ement** *n. m.*, **~er** *tr.* 1798, 3225 : **~er** *Fig.* 31 II, (foudre) 3094 (malheur) 4886 IV : **~er** l'oreille (son) 3121/ juste 3169 IV/avec un couteau 3331/avec un fouet 2734/d'un impôt 3225/de la main 3111/des mains 3111 II/la monnaie 2600/de nullité 4855 IV/ du pied 2146/à la porte 3324/à la bonne porte 28/de stupeur 6019 X/de terreur 4876 IV.
**fratern|el, elle** *adj.*, **~ellement** *adv.*, **~ité** *n. f.* 52. **~isation** *n. f.*, **~iser** *intr.* 52 III.
**fratricide** *n. m.* 52.
**fraud|e** *n. f.*, **~er** *tr.* et *intr.*, **~eur, euse** *adj.*, *n.* 1817 II, 2387 II, 3772.
**frauduleux, euse** *adj.* 1817 II : (banqueroute) 1434 VI.
**frayer** *tr.* une route 3429 II, 3884/la voie à 5202 II ● *intr.* avec qqn 3548 III. **se** ~ un chemin 2922.
**frayeur** *n. f.* 1929, 2116, 3979.
**fredaine** *n. f.* 2404, 2878.
**fredonn|ement** *n. m.*, **~er** *tr.* et *intr.* 1853.
**frégate** *n. f. Mar.* 1242 : *Ois.* 3591.
**frei|n** *n. m.*, **~nage** *n. m.*, **~ner** *tr.* et *intr.* 3965, 4431, 4477 : mettre un **~n** à 2054 : ronger son **~n** 4604 : sans **~n** 3649.
**frelat|age** *n. m.*, **~er** *tr.* 3772.
**frêle** *adj.* 3239, 5332, 5725 : (vieillard) 1781 VI : (espoir) 3430.
**frelon** *n. m.* 1678, 2357.
**frém|ir** *intr.*, **~issement** *n. m.* 1593 VIII, 2122 VIII, 5712 VIII.
**frêne** *n. m.* 5060.
**frénéé|sie** *n. f.*, **~tique** *adj.*, *n.* 1070, 5810 : **~tique** (applaudissements) 1194, (musique) 3060.
**fréqu|emment** *adv.*, **~ence** *n. f.* 3805, 4503. **~ence** *Math.* 5389 *Phys.* 2047 V, *Ling.* 4525 II. **~ent, e** *adj.* (usage) 3024 : (visite) 4525 V.
**fréquent|ation** *n. f.*, **~er** *tr.* 1599 III, 3548 III : **~er** un endroit 2047 V, 2223 VIII. **se ~er** 3548 VI.
**frère** *n. m.* 52, 2922 : ~ de lait 2107/d'armes 2150/jumeau 673 ● *adj.* : pays ~ 2922.
**fresque** *n. f.* 2079.
**fret** *n. m.* (marchandise) 1372, 2821 : (prix du transport) 38, 5604.
**fréter** *tr.* 38 II.
**frétill|ement** *n. m.*, **~er** *intr.* 2123 VIII : **~er** de la queue (chien) 465.
**freud|ien, enne** *adj.*, *n.*, **~isme** *n. m.* 3976.
**freux** *n. m.* 3738.
**friable** *adj.* 3882, 5725.
**friand, e** *adj.* de 2988.
**fricatif, ive** *adj.*, *n. f. Ling.* 2046.
**friche** *n. f.* 624, 5216.
**friction** *n. f.*, **~ner** *tr.* 1326, 1823, 5073 : ~ *Mécan.* 1326 VIII, *Fig.* 3073 III, 5377 III.
**frigid|e** *adj.*, **~ité** *n. f.* 367.
**frigorif|ier** *tr.*, **~ique** *adj.* 367 II.
**frime** *n. f. Fam.* 1522.
**fringale** *n. f. Fam.* 2562.
**fringant, e** *adj.* 2091.
**friper (se)** 1010 V : (visage) 3784 V.
**frip|erie** *n. f.*, **~ier, ère** *n.* 2590.
**fripon, onne** *adj.*, *n. Fam.* 3584, 5152.
**fripouille** *n. f.* 2583, 5368.
**fri|re** *tr.*, **~ture** *n. f.* 4357.
**frise** *n. f. Archit.* 3938.
**friser** *tr.* 1010 II : ~ la mort 2865 IV, 4198 III/la trentaine 5568 III ● *intr.* (cheveux) 1010.
**frisquet, ette** *adj. Fam.* 4207.
**frisson** *n. m.* 2120, 2122, 4269. **~nement** *n. m.*, **~ner** *intr.* 2120 VIII, 2122 VIII, 4269 IV.
**frit, e** *adj.* 4357. **~e** *n. f.* 3047.
**fritillaire** *n. f.* 639.
**fritt|age** *n. m.*, **~er** *tr. Métall.* 4761 II.
**friture** → FRIRE.
**frivol|e** *adj.*, **~ité** *n. f.* 495, 3428 ; **~e** (caractère) 3398, (personne) 2551.
**froc** *n. m.* 883.
**froid, e** *adj.*, *n. m.*, **~eur,** *n. f.* 367 ; ~ *Fig.* 1023, 3886, *Techn.* 367 II ; être en ~ = AVOIR UN DIFFÉREND 1602 III, 5377 III : ne faire ni chaud ni ~ 3224 IV ; *faire* ~ dans le dos 3979 IV ; grand ~ 2356 : prendre ~ 2331, 3169 IV ; jeter un ~ = EMBARRASSER 1226 IV, 1992 IV, 2304 IV. **~ure** *n. f.* 367.
**froiss|ement** *n. m.*, **~er** *tr.* 1010 II ; **~er** une aile *Autom.* 3073 VIII/du papier 1538/qqn *Fig.* 1023, 2722 IV, 4516 II. **se ~er** (muscle) 2102 : (personne) 2722 VIII.
**frôl|ement** *n. m.*, **~er** *tr.* 4892, 5072 ; **~ement** du serpent 4590 ; **~er** la mort 2865 IV, 4198 III.
**fromag|e** *n. m.*, **~er, ère** *n.*, **~erie** *n. f.* 895.
**froment** *n. m.* 351, 1388, 4360.
**fronce** *n. f.* 3394.
**fronc|ement** *n. m.*, **~er** *tr.* 3704 II ; **~er** les sourcils 3432, 4301.
**1. fronde** *n. f.* 4348, 5523.
**2. frond|e** *n. f.* = INSUBORDINATION 5045 V. **~er** *tr.* = S'INSURGER 5045 V. **~eur, euse** *adj*, *n.* = INSOUMIS 5045 V.
**fron|t** *n. m.*, **~tal, e, aux** *adj.* 897, 898 : avoir le **~t** de 998 VI ; de **~t** 1073, 5117 ; faire **~t** 3075 V, 3143, 4426 III.
**front|alier, ère** *adj.*, *n.* 692 III. **~ière** *n. f.* 692, 1194.
**frontispice** *n. m.* 5865.
**frott|ement** *n. m.*, **~er** *tr.*, **~oir** *n. m.* 1326, 1823 ; **~er** une allumette 4182/avec un chiffon 5073. **~er** *intr. Techn.* 1326 VIII. **se ~er** les yeux 3961/à qqn 1326 V, 5073 V, 3139 VIII.

# G

**garniture** *n. f.* 1279, 2283; ~ de frein 497; ~s de bureau 4817.
**garrigue** *n. f.* 363.
**garrot** *n. m. Méd.* 4366; *Zool.* 3747, 4688. **~ter** *tr.* 3103 II.
**gars** *n. m. Fam.* 3814.
**gaspill|age** *n. m.*, **~er** *tr.* 349 II, 2539 IV; **~er** sa santé 3951 II/son temps 3271 IV.
**gastéropode** *n. m.* 5121.
**gastr|algie** *n. f.*, **~ique** *adj.*, **~ite** *n. f.* 5121.
**gastro-entérolo|gie** *n. f.*, **~gue** *n.* 5121.
**gastronom|e** *n.*, **~ie** *n. f.*, **~ique** *adj.* 1952.
**gâteau** *n. m.* 1353; ~ sec 4608.
**gâter** *tr.* un aliment 750 IV, 3984 IV/qqn *Fig.* 3739 IV/un enfant 1807 II. **se ~** (aliment) 750, 3984; (eau) 3588; (viande) 1609.
**gâterie** *n. f.* 1807.
**gât|eux, euse** *adj.*, *n.*, **~isme** *n. m.* 1509.
**gattilier** *n. m.* 1146.
**1. gauch|e** *adj.*, *n. f.* 2962, 6069. **~er, ère** *adj.*, *n.* 3537, 6069.
**2. gauch|e** *adj. Fig.*, **~erie** *n. f.* 1512.
**gauch|ir** *tr.*, **~issement** *n. m.* 3680 II; **~ir** un texte 3009 II.
**gauchiste** *adj.*, *n.* 6069.
**gaudriole** *n. f. Fam.* 5002.
**gaufre** *n. f.* 2154.
**gaul|age** *n. m.*, **~e** *n. f.*, **~er** *tr.* 1453; **~e** (canne à pêche) 3560.
**gaulois, e** *adj.*, *n.* 3715.
**gausser (se)** de *Litt.* 2496, 3215.
**gaver** *tr.* 2328 II; ~ qqn de 2795 IV. **se ~** de 4602 VIII.
**gavial** *n. m.* 765.
**gaz** *n. m. inv.* 3713; à plein ~ *Fam.* 2535.
**gaze** *n. f.* 2909.
**gazéif|ication** *n. f.*, **~ier** *tr.* 3844 II.
**gazelle** *n. f.* 3405, 3766; ~ blanche 2250.
**gaz|é, e** *adj.*, **~er** *tr.*, **~eux, euse** *adj.* 3713.
**gazo|duc** *n. m.*, **~gène** *n. m.*, **~mètre** *n. m.* 3713.
**gazon** *n. m.* 1561.
**gazouill|ant, e** *adj.*, **~ement** *n. m.*, **~er** *intr.*, **~is** *n. m.* 2327, 3749 II.
**geai** *n. m.* 2297, 4442.
**géant, e** *n.*, *adj.* 887, 3645, 5045.
**gecko** *n. m.* 378, 5918.
**géhenne** *n. f.* 1105.
**geign|ard, e** *adj.*, *n. Fam.*, **~ement** *n. m.* 5585.
**geindre** *intr.* 211.
**gel** *n. m.* 1035, 1055; *Chim.* 5753; ~ des crédits 1055 II, 3573 II.
**gélatin|e** *n. f.*, **~eux, euse** *adj.* 5753.
**gelée** *n. f.* 1035, 3117; *Chim.* 5753.
**geler** *intr.* 1035 V, 1055 V ● *tr.* 1035 II, 1055 II; ~ des crédits 3573 II.
**gélif|ication** *n. f.*, **~ier** *tr.* 1055 II, 5753 II.
**gélule** *n. f.* 377.
**gelinotte** *n. f.* 4300.
**gémeaux** *n. m. pl. Zod.* 1117.
**gémin|ation** *n. f.*, **~er** *tr.* 2827 II, 3240 II.
**gém|ir** *intr.*, **~issement** *n. m.* 211, 5585.
**gemm|e** *n. f. Bot.* 1182. **~er** *tr.* 952.
**gênant, e** *adj.* 1992 IV, 3512, 3690 IV; (objet) 3274 III; (personne) 2304 IV; (propos) 1226 IV.
**gencive** *n. f.* 4777.
**gendarm|e** *n. m.*, **~erie** *n. f.* 1745.
**gendre** *n. m.* 3164.
**gène** *n. m.* 5894 II.
**gên|e** *n. f.* (confusion) 1226; (embarras) 2304 VII; (manque d'argent) 2886, 3274; (timidité) 1468; ~ respiratoire 1636; sans ~ 4638. **~é, e** *adj.* 1992 VIII.
**gêner** *tr.* 3274 III, 3512, 3690 IV; (jeter dans la confusion) 1226 IV; (mettre dans l'embarras) 1992 IV, 2304 IV; (intimider) 1468 IV. **se ~** 2304 VII; ne pas ~ pour 1226, 2304 IV.
**généalog|ie** *n. f.*, **~ique** *adj.*, **~iste** *n.* 5389.
**1. général, e, aux** *adj.*, **~ement** *adv.* 1066 IV, 2961, 3636.
**2. général, aux** *n. m. Mil.* 3639, 3959; ~ de brigade 4930. **~issime** *n. m.* 4410.
**généralis|ation** *n. f.*, **~er** *tr.* 2961, 3636 II. **se ~er** 3636 V; (mal) 4003 V.
**généralité** *n. f.* 2961, 3636.
**générateur, trice** *adj.*, *n. m. Électr.* 5400 VI, 6012 II.
**1. génér|ation** *n. f.*, **~er** *tr.* 5400 IV; *Ling.* 6012 VI; **~ation** *Techn.* 6012 II/spontanée 6012 V.
**2. génération** *n. f.* (ensemble d'individus) 1139; de ~ en ~ 1602.
**générer** → GÉNÉRATION 1.
**généreux, euse** *adj.* 1114, 2502; (caractère) 4561; (entreprise) 1655; (poitrine) 3641; (sentiment) 5286.
**générique** *adj.* 1089 ● *n. m. Cin.* 4186 II.
**générosité** *n. f.* 1114, 2502.
**genèse** *n. f.* 4719 V; G~ *Relig.* 4719 II.
**génésique** *adj.* 1088, 5400 VI.
**genêt** *n. m.* 5919.
**génét|icien, enne** *n.*, **~ique** *adj.*, *n. f.* 5894.
**genette** *n. f.* 2297.
**gêneur, euse** *n.* 2304 IV, 3274 III.
**gen|évrier** *n. m.*, **~ièvre** *n. m.* 3505; **~évrier** à encens 4814.
**génial, e, aux** *adj.* (idée) 385; (personne) 3435, 5283.
**génie** *n. m.* 3435, 4203; *Mythol.* 1070, 5045; (civil, militaire) 5780; ~ des affaires 4020, 6027; mauvais ~ 200; homme de ~ 5283.
**génisse** *n. f.* 3466.
**génit|al, e, aux** *adj.* 5400 VI. **~eur, trice** *adj.*, *n.* 6012.
**genou** *n. m. Anat.* 2168; fléchir le ~ 2173; à ~x 904, 2173; s'asseoir sur les ~x de 1181; tomber aux ~x de 1481.
**genouillère** *n. f.* 5999.
**genre** *n. m.* 1089, 3225, 5598; ~ littéraire 4073/de vie 2618, 5556; bon, mauvais ~ 3086 V; de ce ~ 2937, 4160; *Gramm.* 1088.
**gens** *n. pl.* 221, 4426; ~ de bien, d'Église, d'expérience, de goût, de lettres, de loi, de métier, de robe 233/de maison 1475/de mer 5170; braves ~ 3395; jeunes ~ 2788.
**gentil, ille** *adj.*, **~lesse** *n. f.* 1828, 3408, 4832.
**gentilhomme** *n. m.* 2865, 5286.
**génuflexion** *n. f.* 904, 2173.
**géocentrique** *adj.* 2170.
**géodés|ie** *n. f.*, **~ique** *n. f.* 5073.
**géograph|e** *n.*, **~ie** *n. f.*, **~ique** *adj.* 1016.
**geôl|e** *n. f.*, **~ier, ère** *n.* 2475.
**géolog|ie** *n. f.*, **~ique** *adj.* 1140, 3627.
**géomanc|ie** *n. f.*, **~ien** *n.* 2189.
**géom|ètre** *n. m.*, **~étrie** *n. f.*, **~étrique** *adj.* 5780.
**géomorphologie** *n. f.* 2168 II.
**géorgien, enne** *adj.*, *n.* 4538.
**géotherm|ie** *n. f.*, **~ique** *adj.* 1123.
**gér|ance** *n. m.*, **~ant, e** *n.* 1875 IV, 6009.
**géranium** *n. m.* 8.
**gerbe** *n. f.* ~ de blé 1257/de fleurs 640, 3392/de balles = SALVE 2090.
**gerboise** *n. f.* 6064.
**ger|cer** *tr.*, **~çure** *n. f.* 2922, 4059.
**gérer** *tr.* 1875 IV; ~ les intérêts de 2131.
**gerfaut** *n. m.* 2706.
**1. germain, e** *adj.* (frère, cousin) 2922.
**2. germ|ain, e** *adj.*, *n.*, **~anique** *adj.*, **~anisme** *n. m.* 969.
**germe** *n. m. Biol.* 950; *Fig.* 349, 3066.
**germ|er** *intr.*, **~ination** *n. f. Biol.* 5267; **~er** *Fig.* 5407, 6012 V.
**géronto|cratie** *n. f.*, **~logie** *n. f.* 3017.
**gésier** *n. m.* 1410, 4388.
**gesse** *n. f.* 4548.
**gestation** *n. f.* 1161, 1372; en ~ 4719 V.
**1. geste** *n. m.* 1246, 2993 IV, 6020 IV; avoir le ~ large 637; faire un beau ~ 337; joindre le ~ à la parole 4240.
**2. geste** *n. f. Litt.* 4797.
**gesticul|ation** *n. f.*, **~er** *intr.* 2993 II, 6020 II.
**gestion** *n. f.*, **~naire** *adj.*, *n.* 1875 IV.
**gestu|alité** *n. f.*, **~el, elle** *adj.* 2933 IV, 6020 IV.
**geyser** *n. m.* 4092.
**ghanéen, enne** *adj.*, *n.* 3716.
**gibbon** *n. m.* 2921.
**gibecière** *n. f.* 947, 1319, 2385.
**gibet** *n. m.* 2977.
**gibier** *n. m.* 3190, 3312, 4388.
**giboulée** *n. f.* 2477, 5843.
**gicl|er** *intr.*, **~eur** *n. m.* 5436; **~eur** *Autom.* 326; **~er** avec force 317 VII.
**gifl|e** *n. f.*, **~er** *tr.* 3110, 4833.

**G. Q. G. (Grand Quartier Général)** *n. m.* 4410.
**grabataire** *adj., n.* 1985.
**grabuge** *n. m. Fam.* 2903.
**1. grâce** *n. f.* (élégance) 225, 2091, 3408.
**2. grâce** *n. f.* (faveur) 5189; (pardon) 3589; coups de ~ 1099 IV, 4296; crier ~ 2035 X; de bonne ~ 1570; de mauvaise ~ 4566; demander ~ 204; être en ~, trouver ~ auprès de 1304; faire la ~ de 4561 V; faire ~ à qqn de 3589 IV; rendre ~ à 2934; de ~ 2028; à la ~ de Dieu 2131; action de ~s 1361. **~ à** *loc. prép.* 3324, 4015, 5926; ~ à Dieu 1361.
**gracier** *tr.* 3589.
**gracieux, euse** *adj.* 225, 2091, 3408.
**gradation** *n. f.* 1732 V.
**grad|e** *n. m.* (degré) 1732; (rang) 1999; monter en ~ 2165 II. **~é, e** *adj., n.* 1999, 3209.
**gradin** *n. m.* 1732, 1802.
**gradu|ation** *n. f.*, **~el, elle** *adj.*, **~er** *tr.* 1732 II, 2162 II.
**graffiti** *n. m. pl.* 1485.
**1. grain** *n. m.* 349, 431, 1146; ~ de beauté 1441, 2776/de bon sens 835/de folie 5072/de poussière 1918/de la peau 390, 1146 V; **~s** de collier 1495.
**2. grain** *n. m. Mar.* 3557.
**graine** *n. f.* 349, 431, 1146; mauvaise ~ 349, 5267. **~tier, ère** *n.* 431.
**graiss|age** *n. m.*, **~er** *tr. Techn.* 2819 II; **~er** les chaussures 1867/la patte *Fam.* 383, 2094. **~e** *n. f.*, **~eur** *n. m.*, **~eux, euse** *adj.* 2819.
**gram|en** *n. m.*, **~inées** *n. f. pl.* 5320.
**gramm|aire** *n. f.*, **~airien, enne** *n.*, **~atical, e, aux** *adj.* 5339.
**gramme** *n. m.* 965, 3759.
**grand, e** *adj.*, **~eur** *n. f.* 3393, 4481; *Fig.* 2675, 5286; ~ (air) 3355, (artiste) = TALENTUEUX 5205, (besoin) 5072, (homme) 1025, (jour) 5954, (lignes) 3504, (mots) 3372, (pas) 5927, (personnes) 4481, (puissances) 4481; en ~ 5452; assez ~ pour = DE TAILLE À 4184; à **~s** frais 3086; les **~s** de ce monde 254, 1333; la **Grande** Guerre 3578; **~eur** naturelle 1187, *Math.* 4647; folie des **~eurs** 1070.
**grand-angulaire** *adj.* 2791.
**grandement** = ABONDAMMENT 4503, 5927, 5985.
**grandeur** → GRAND.
**grandiloqu|ence** *n. f.*, **~ent, e** *adj.* 3914 II; **~ent** (discours) 3372.
**grandiose** *adj.* 3578, 5809.
**grandir** *intr.* 4481; (enfant) 2788; (plante) 5560; *Fig.* 2399 VIII, 4038 VI ● *tr.* 4481 II. **se ~** *Fig.* 3578 VI.
**grandissant, e** *adj.* 2399 VI.
**grand|-mère** *n. f.*, **~-père** *n. m.*, **~s-parents** *n. m. pl.* 914.
**grange** *n. f.* 3007, 5272.
**granit** *n. m.*, **~eux, euse** *adj.*, **~ique** *adj.* 3187, 3436. **~é, e** *adj.* 1146 II.
**granivore** *adj., n.* 1146.
**granul|ation** *n. f.*, **~e** *n. m.*, **~é, e** *adj., n. m.*, **~eux, euse** *adj.* 1146.
**graphème** *n. m.* 1238.
**graph|ie** *n. f.*, **~ique** *adj.*, **~isme** *n. m.* 1566, 4494. **~ique** *n. m.* 1566 II, 2079.
**graphite** *n. m.* 2096, 2520.
**grapholo|gie** *n. f.*, **~gique** *adj.*, **~gue** *n., adj.* 1566.
**grappe** *n. f.* 3455, 3670; *Fig.* 910, 2942.
**grappin** *n. m.* 1573, 4631; mettre le ~ sur *Fam.* 31 X.
**gras, grasse** *adj., n. m.* 1764, 1867, 2819; (personne) 2672; Mardi ~ 2149.
**grassey|ement** *n. m.*, **~er** *intr.* 4778.
**grassouillet, ette** *adj.* 1993, 3436.
**gratifi|cation** *n. f.*, **~er** *tr.* 1164, 4612 III, 5192; (donation) 5678.
**gratin** *n. m. Fam.* 3296, 5340.
**gratis** *adv.* 5002.
**gratitude** *n. f.* 2934, 3506.
**gratt|age** *n. m.*, **~er** *tr.*, **~oir** *n. m.* 1326, 4594. **se ~er** 1326.
**gratte-ciel** *n. m. inv.* 5445.
**gratt|ement** *n. m.*, **~er** *tr.* (plume) 3077.
**1. gratter** → GRATTAGE.
**2. gratter** → GRATTEMENT.
**grattoir** → GRATTAGE.
**gratuit, e** *adj.*, **~é** *n. f.*, **~ement** *adv.* 5002; ~ *Fig.* 495, (acte) 3433 VIII.
**grav|e** *adj.*, **~ité** *n. f.* 1000, 1571; **~e** 5760 IV, (maladie) 3565, (personne) 2071, 2101, 5993, (voix) = BASSE *n. f.* 1098; devenir **~e** (situation) 2872 X, 3905 VI; sans **~ité** 298.
**graveleux, euse** *adj.* 347, 3904.
**gravelle** *n. f.* 1292.
**gravelot** *n. m.* 4378.
**grav|er** *tr.*, **~eur** *n. m.*, **~ure** *n. f.* 1308, 5516; **~er** un souvenir 799 II; **~ure** (tableau) 2079, 3178. **se ~er** dans 2079 VIII, 3295 VII.
**grav|ier** *n. m.*, **~illon** *n. m.* 1282, 1292.
**gravimétrie** *n. f.* 4437.
**gravir** *tr.* 2165 VIII, 2637 V, 3092.
**gravit|ation** *n. f.*, **~é** *n. f.*, **~er** *intr. Phys.* 835, 933 VII; **~er** *Fig.* = TOURNER AUTOUR 1875.
**1. gravité** → GRAVE.
**2. gravit|é, ~er** → GRAVITATION.
**gravure** *n. f.* → GRAVER.
**gré** *n. m.* : à son ~ 3011; au ~ de qqn 1262/de qqch 2642 X; bon ~ mal ~ 3390, 4566; de ~ à ~ 2109 VI; de ~ ou de force 1655 VIII, 3390; de bon ~ 1570, 2109; contre son ~ 2137, 5104; savoir ~ 2934.
**grèbe** *n. m.* 3790.
**grec, grecque** *adj., n.* 144.
**gréco-romain, e** *adj.* 6090.
**greff|age** *n. m.*, **~e** *n. f.*, **~er** *tr.* 4866 II, 3330 II; **~e** de la cornée 2161.
**greffier** *n. m.* 4494.
**greffon** *n. m.* 3330.
**grégaire** *adj.* (animal) 1062; (instinct) 4310.
**grège** *adj.* (soie) 1442.
**grégeois** *adj. m.* 6090.
**1. grêle** *n. f.* 367; ~ de coups 5843.
**2. grêle** *adj.* 5332, 5334; intestin ~ 1798.
**grêlon** *n. m.* 367, 1146.
**grelot** *n. m.* 1031.
**grelott|ement** *n. m.*, **~er** *intr.* 2023 VIII, 2120 VIII.
**grémil** *n. m.* 2969.
**grémille** *n. f.* 3934.
**grenad|e** *n. f.*, **~ier** *n. m. Bot.* 2191; *Mil.* 2191, 4381; **~e** sous-marine 4854.
**grenaille** *n. f.* 1146, 1493.
**grenat** *n. m. Minér.* 6048.
**grener** *intr.* 1146 II.
**grenier** *n. m.* 1527, 3007.
**grenouille** *n. f.* 3246; ~ verte 2864.
**grenu, e** *adj.* 1146 II.
**grès** *n. m.* 1173.
**grésill|ement** *n. m.*, **~er** *intr.* 5405.
**1. grève** *n. f.* (plage) 2487, 2879.
**2. grève** *n. f.* (arrêt de travail) 3225 IV.
**grever** *tr.* le budget 835 IV, 2206 IV.
**gréviste** *n., adj.* 3225 IV.
**gribouill|age** ou **~is** *n. m.*, **~er** *tr.* et *intr.* 1485.
**grief** *n. m.* 2939; faire ~ de qqch à qqn 49.
**grièvement** *adv.* 1571.
**griff|e** *n. f.* 358, 1592; *Fig.* ~ d'un vêtement 1461, 3295; (signature) 5109 IV, 5994; *Techn.* 4486; coups de ~ 1473, 1615; planter ses **~s** dans 3411; rogner les **~s** *Fig.* 1560. **~er** *tr.* 1473, 1615.
**griffon** *n. m. Myth.* 3668.
**griffonn|age** *n. m.*, **~er** *tr.* 1485.
**grignot|ement** *n. m.*, **~er** *tr.* 4214, 4295.
**gril** *n. m.*, **~lade** *n. f.*, **~ler** *tr.*, **~loir** *n. m.* 3010; être sur le ~ *Fam.* 1056; **~ler** une ampoule 1242 IV/du pain 1368 II/de la viande 1364 II/une cigarette *Fam.* 1719 II.
**grill|age** *n. m.*, **~e** *n. f.* 1193, 2798 II.
**grille-pain** *n. m. inv.* 1368.
**grill|er, ~oir** → GRIL.
**grillon** *n. m.* 919, 3077.
**grimac|e** *n. f.*, **~er** *intr.* 3093 II, 3784 II; faire la **~e** *Fig.* 3090 VI.
**grimper** *intr.* 2637 V, 3092; (plante) 3502 V.
**grimpereau** *n. m.* 5996 V.
**grinc|ement** *n. m.*, **~er** *intr.* 95, 3077; **~er** des dents 1242 II, 3085, 4222.
**grincheux, euse** *adj., n.* 2936.
**gringalet** *n. m. Fam.* 4250.
**gripp|al, e, aux** *adj.*, **~e** *n. f.*, **~é, e** *adj., n.* 2331, 5382.
**1. gris, e** *adj., n. m.* 1978, 2182, 2980; (cheveux) 3013; matière **~e** 2689; faire **~e** mine 3432.
**2. gris, e** *adj.*, **se ~er, ~erie** *n. f. Fam.* 847, 2603, 5422 VIII. **~er** *tr.* 847 IV, 2603 IV.
**grisaille** *n. f.* 2182.
**grisâtre** *adj.* 3583, 3720.
**gris|er, ~erie** → GRIS 2.

L'« h » aspiré est indiqué par un astérisque à l'initiale.

**h** *n. m.* : bombe H 5672; heure H 2421.
***ha** ! *interj.* 3460.
**habile** *adj.*, **~té** *n. f.* 385, 1211, 5205.
**habilit|ation** *n. f.*, **~er** *tr.* 233 II; **~er** qqn à 4095 II.
**habill|age** *n. m.*, **~ement** *n. m.*, **~er** *tr.* 4589, 4762. **s'~er** 4589 VIII.
**habit** *n. m.* 857, 4762.
**habitacle** *n. m.* 3152, 5821.
**habit|ant, e** *adj.*, *n.*, **~er** *tr.* 2612, 4318, 4426 IV; **~ant** *Géogr.* 5401.
**habit|at** *n. m.*, **~ation** *n. f.* 2612, 5382. **~é, e** *adj.* 2612; (région) 233.
**habiter** → HABITANT.
**habitude** *n. f.* 181, 3682; prendre une ~ 3682 V.
**habitu|é, e** *n.* 3682 V; ~ d'un café 2223/d'une maison 2047 V. **~el, elle** *adj.* 181, 3676, 3682. **~er** *tr.* 3682 II. **s'~er** 181 III, 3682 VIII.
***hâbleur, euse** *adj.*, *n.* *Litt.* 2830 V.
**habou** *n. m.* 1153, 5995.
***hache** *n. f.* 557, 3872.
***haché, e** *adj.* (viande) 3963; *Fig.* (discours) 4310 V.
***hache-légumes** *n. m. inv.* 4310.
**hachémite** *adj.*, *n.* 5726.
***hach|er** *tr.*, **~oir** *n. m.* 3963, 5702.
***hachis** *n. m.* = VIANDE HACHÉE 3963.
***hachisch** *n. m.* 1272, 4731.
***hachoir** → HACHER.
***hachur|e** *n. f.*, **~er** *tr.* 3412 II.
***hadīth** *n. m.* = TRADITION 1198.
***ḥādjdj** ou ***ḥādji** *n. m.* = PÈLERIN 1177.
***hagard, e** *adj.* 1929; (œil) 2849.
**hagiograph|e** *n.*, **~ie** *n. f.*, **~ique** *adj.* 4220 II.
***haï, e** *part. pass.* du v. HAÏR.
***haie** *n. f.* 1184, 2751; ~ de badauds 3100; faire la ~ 3100 VIII.
***haïk** *n. m.* 1418, 5164.
***haillon** *n. m.* 1512, 2010, 2671.
***hain|e** *n. f.*, **~eux, euse** *adj.* 516, 1320, 4566; **~e** raciale 516 VI; nourrir de la **~e** contre 3244; **~eux** (propos) 3482.
***haï|r** *tr.*, **~ssable** *adj.* 1320, 4566, 5143. **se ~r** 516 VI.
***haje** *n. m.* *Zool.* 5413.
***hal|age** *n. m.*, **~er** *tr.* 942, 2478.
***hâl|e** *n. m.*, **~é, e** *adj.*, **~er** *tr.* 2580, 2658, 4859. **se ~er** 2658 IX.
**haleine** *n. f.* 5491; (bonne) 5544; (mauvaise) 329; perdre ~ 4902; reprendre ~ 3682 X; hors d'~ 603, 4902; de longue ~ 3393.
***haler** → HALAGE.
***hâler** → HÂLE.
***hal|ètement** *n. m.*, **~eter** *intr.* 4902.
***hall** *n. m.* 614, 620, 4135.
***halle** *n. f.* 2738; ~ aux grains 2031/de stockage 3653.
***hallebarde** *n. f.* 3291.
**hallucin|ant, e** *adj.*, **~ation** *n. f.*, **~atoire** *adj.*, **~er** *tr.*, **~ogène** *adj.*, *n. m.*, **~ose** *n. f.* 5748, 5793 II; **~ation** (illusion) 1474 III, 6035.
***halo** *n. m.* 5633; ~ de la lune 1875/du soleil 3341.
***halte** *n. f.* 5995; ~ du bus 1298; faire ~ 5382.
**halt|ère** *n. m.*, **~érophile** *n.*, **~érophilie** *n. f.* 835.
***hameau** *n. m.* 549, 4246.
**hameçon** *n. m.* 2877, 3155.
***hammam** *n. m.* 1357.
***hampe** *n. f.* 2545, 4400.
***hanbalite** *adj.*, *n.* 1382.
***hanche** *n. f.* 5908.
***handball** *n. m.*, **~eur, euse** *n.* 4567.
***handicap** *n. m.*, **~er** *tr.* 802 II; *Fig.* 3512, 3690. **~é, e** *adj.*, *n.* *Méd.* 3690 IV.
***ḥanéfite** *adj.*, *n.* 1394.
***hangar** *n. m.* 2592, 3653; ~ d'aviation 6004/de marchandises 5881 X.
***hanneton** *n. m.* 1014.
***hanté, e** *adj.* 1294; (maison) 2612.
***hant|er** *tr.* qqn 1613 VIII, 2630 V. **~ise** *n. f.* 1405, 5659, 5933.
**hapax** *n. m.* 3935.
***happer** *tr.* 4870.
***harangu|e** *n. f.*, **~er** *tr.* 1568.
***haras** *n. m.* 1230.
***harass|ant, e** *adj.*, **~er** *tr.* 4625 IV, 5573 IV.
***harc|èlement** *n. m.*, **~eler** *tr.* 407 IV; **~eler** qqn de questions 2206 IV/l'ennemi 5594 III.
***harde** *n. f.* 2519.
***hardes** *n. f. pl.* 2671.
***hardi, e** *adj.*, **~esse** *n. f.* 945, 998, 2809.
***harem** *n. m.* 1247.
***hareng** *n. m.* 2199.
***hargn|e** *n. f.*, **~eux, euse** *adj.* 2936.
***haricot** *n. m.* 3875, 4912.
***haridelle** *n. f.* 370.
***harle** *n. m.* 568.
**harmonica** *n. m.* 2919.
**harmon|ie** *n. f.*, **~ieux, euse** *adj.* *Mus.* 181 VI, 5481 VI; **~ieux** (chant) 2474 VII, (couleurs) 4751 VI, (formes) 5397 VI, (voix) 2044.
**harmoniques** *n. m. pl. Mus.* 5986 VI.
**harmonis|ation** *n. f.*, **~er** 4751 III; *Fig.* 5397 II, 5986 II. **s'~er** 181 VIII, 2474 VII, 4751 VI.
**harmonium** *n. m.* 4186.
***harnach|ement** *n. m.* 3347. **~er** *tr.* un cheval 2522 II.
**harnais** *n. m.* 2522, 3347; ~ de parachute 3475.
***harpe** *n. f.* 4429.
***harpie** *n. f. Fig.* 2851, 3667.
***harpon** *n. m.* 1573, 3478. **~ner** *tr.* 3331.
***hasard** *n. m.* 1301, 3070; à tout ~ 2454; au ~ 5986 VIII; par ~ 3504; le ~ fait souvent bien les choses 5971.
***hasard|er** *tr.*, **~eux, euse** *adj.* 988 III, 1571 III, 3820 III. **se ~er** à 945 V, 998 VI.
***haschisch** = HACHISCH.
***hase** *n. f.* 92.
***hât|e** *n. f.* 2535, 3467. **~er** *tr.* 3467 II; ~ le pas 1172. **se ~er** 2535 IV, 3467 V. **~if, ive** *adj.*, **~ivement** *adv.* 3467; **~if** (légume) 534 IV.
***hauban** *n. m.* 134.
***hausse** *n. f.* 2149 VIII; ~ des salaires 2399/des prix 3815; *Arm.* 3169 II; en ~ 3092.
***hauss|ement** *n. m.*, **~er** *tr.* 2149, 3633 II; **~er** les épaules 5712. **se ~er** *Fig.* 2149 VIII, 2675 VI.
**1. *haut, e** *adj.* 2149, 3633; (arbre) 446, 2666; (commandement) 3633;

# I

**immuable** *adj.* 799.
**immunis|ation** *n. f.*, **~er** *tr.* 1291 II, 5195 II.
**immunité** *n. f.* 5195; ~ diplomatique 1291/fiscale 3589 IV/parlementaire 5243 VIII.
**immunologie** *n. f.* 5195.
**immutabilité** *n. f.* 4196.
**impact** *n. m.* 3073 VIII; *Fig.* 31 II, 5994; point d'~ 3169 IV.
**1. impair** *n. m.* 5737.
**2. impair, e** *adj.* 3935, 5845.
**impardonnable** *adj.* 3796.
**imparfait, e** *adj.* 4661, 5518.
**imparipenné, e** *adj.* 5845.
**imparité** *n. f.* 5845.
**impartial, e, aux** *adj.*, **~ité** *n. f.* 1408 V, 3479.
**impasse** *n. f.* 2503; *Fig.* 101, 5904.
**impassi|bilité** *n. f.* 4026 VII. **~ble** *adj.* 3552, 5667.
**impati|ence** *n. f.*, **~ent, e** *adj.*, **~enter (s')** 987, 3045. **~enter** *tr.* 3956 IV, 4032 IV.
**impayé, e** *adj.* 2503 II.
**impecca|bilité** *n. f.*, **~ble** *adj. Class.* 3559.
**impécuni|eux, euse** *adj.*, **~osité** *n. f.* 3274.
**impénétrable** *adj.* 5195; (visage) 3813 IV, 5195 VIII.
**impénitent, e** *adj.* 4640 II.
**impensable** *adj.* 3603.
**impératif, ive** *adj.*, *n. m.* 3224, 4817; ~ *Philos.*, *Gramm.* 200; ~ (négatif) 5577.
**impératrice** *n. f.* 195.
**imperceptible** *adj.* 3335; (bruit) 2665; (changement) 4793; (mouvement) 1260.
**imperfection** *n. f.* 2989, 3698, 5518.
**impérial, e, aux** *adj.* 195, 4438. **~isme** *n. m.*, **~iste** *adj.*, *n.* 196, 3641 X.
**impérieux, euse** *adj.* (besoin) 4789 IV; (caractère) 3462; (désir) 4781; (nécessité) 5072; (raison) 4402; (regard) 887.
**impérissable** *adj.* 2392.
**impéritie** *n. f.* 3463, 4283.
**imperméabilisation** *n. f.*, **~ser** *tr.* 2959 II.
**imperméabilité** *n. f.* 4499, 5195.
**imperméable** *adj.* 4499, 5195 ● *n. m.* 3572, 5112.
**impersonnel, elle** *adj.* (chose, personne) 3295; (personne) 5956.
**impertin|ence** *n. f.*, **~ent, e** *adj.*, *n.* 4337, 5990.
**imperturbable** *adj.* 31 V, 872.
**impétu|eux, euse** *adj.*, **~osité** *n. f.* 1376, 1794 VII, 2827; **~eux** (amour) 964, (attaque) 3666, (passion) 3514, (personne) 5792, (torrent) 909.
**imp|ie** *adj.*, *n.*, **~iété** *n. f.* 4616.
**impitoyable** *adj.* 4262.
**implacable** *adj.* (autorité) 3087; (ennemi) 4806; (mal) 2920.
**implant|ation** *n. f.*, **~er** *tr.* 3750; **~er** un commerce 1332 IV/une idée 3751/une industrie 4426 IV, 5407 IV/des troupes 2170 II. **s'~er** 3750 VII; (armée) 5056 II; (communauté) 5964 X.
**impli|cation** *n. f.*, **~quer** *tr.* 3257 V, 3950 VIII; **~quer** qqch 4296 VIII/qqn 2867 IV/qqn dans 6035 VIII; avec tout ce que cela implique 3394 VII, 4817 X.
**implicite** *adj.* 3256 IV, 3257, 4184 II.
**impliquer** → IMPLICATION.
**implor|ation** *n. f.*, **~er** *tr.* 608 VIII, 3232 V, 5930 V; **~er** la clémence 2035 X/la pitié 3572 X.
**impoli, e** *adj.*, *n.*, **~tesse** *n. f.* 4024, 5990.
**impondérable** *n. m.* = IMPRÉVU 3305.
**impopul|aire** *adj.*, **~arité** *n. f.* 2889.
**import|ance** *n. f.*, **~ant, e** *adj.* 3578, 5760; **~ant** (affaire) 1571, (événement) 3430 VIII, (sacrifice) 1000; faire l'**~ant** 3789 II.
**import|ateur, trice** *adj.*, *n.*, **~ation** *n. f.*, **~er** *tr. Comm.* 5897 X.
**1. importer** → IMPORTATEUR.
**2. importer** *tr. ind.* et *intr.* . il **importe** 5762 : qu'~/n'~ 5211; n'~ comment 4730/quand 4626/lequel, qui, quel jour 262; à n'~ quel prix *Fig.* 4638 II.
**importun, e** *adj.*, *n.*, **~er** *tr.* 407 IV; ~ (idée) 2304 IV, 3274 III, (personne) 835, 4015.
**imposable** *adj.* = ASSUJETTI (À L'IMPÔT) 3225.
**imposant, e** *adj.* 3221, 3578; (force) 5799; (foule) 1273; (personne) 1025, 5993; (résultat) 887.
**impos|er** *tr.*, **~ition** *n. f.* 3950; **~er** 4817 IV, 5854 IV; **~er** une charge 1372 II/des sacrifices à qqn 4638 II; en **~er** à 5871 IV; **~er** qqn 3225. **s'~er** de 4638 V, 4817 VIII.
**1. imposition** → IMPOSER.
**2. imposition** *n. f.* (impôt) 3225.
**impossi|bilité** *n. f.*, **~ble** *adj.*, *n. m.* 1420 X; **~ible** 3486 V, 5158 IV, (enfant) 3090; il n'est pas **~ible** que 504 X.
**imposte** *n. f.* 4362.
**impost|eur** *n. m.*, **~ure** *n. f.* 1474, 1701
**impôt** *n. m.* 3225.
**impot|ence** *n. f.*, **~ent, e** *adj.*, *n.* 2941, 3463, 4581.
**impratica|bilité** *n. f.*, **~ble** *adj.* 3486 V; **~ble** (chemin) 5195 VIII, (route) 3537, 5972.
**imprécat|ion** *n. f.*, **~oire** *adj.* 926 II, 4847; lancer des **~ions** 1781.
**imprécis, e** *adj.*, **~ion** *n. f.* 3824.
**imprégn|ation** *n. f.*, **~er** *tr.* 2795 IV, 2842 II; **~er** qqch (odeur) 1665 V. **s'~er** 2795 V, 2842 V, 3295 V.
**imprenable** *adj.* (forteresse) 1291; (ville) 5195.
**impréparation** *n. f.* 3475 X.
**imprésario** *n. m.* 1875, 3676 V, 5458 II.
**impression** *n. f. Fig.* 31, 3295 VII; *Impr.* 3295; avoir l'~ que 1260 IV, 3178 V; faire ~ 1197 IV, 5994.
**impressionna|bilité** *n. f.*, **~ble** *adj.* 31 V, 1260, 4026 VII.
**impressionn|ant, e** *adj.*, **~er** *tr.* 31 II; se laisser **~er** 4026 VII.
**impressionn|isme** *n. m.*, **~iste** *adj.*, *n.* 31 V, 3295 VII.
**imprévis|ible** *adj.*, **~ion** *n. f.* 5456 VIII, 5994 V.
**imprévoy|ance** *n. f.*, **~ant, e** *adj.*, *n.* 466 V.
**imprévu** *n. m.* 3305; sauf ~ 1262. **~, e** *adj.* 5456, 5994 V.
**imprimatur** *n. m. inv.* 62.
**imprim|é** *n. m.* 200 X, 3295. **~er** *tr.*, **~erie** *n. f.*, **~eur** *n. m.* 3295; **~er** un mouvement 1246 II. **s'~er** sur 3295 VII.
**improba|bilité** *n. f.*, **~ble** *adj.* 504 X, 1372 VIII.
**improduct|if, ive** *adj.*, *n.*, **~ivité** *n. f.* 917, 5009; **~if** (esprit) 3597, 3605.
**impromptu, e** *adj.*, *adv.* 2024 VIII.
**impropr|e** *adj.*, **~iété** *n. f.* 5389 III; *Ling.* 4798; **~e** à 233, 3129.
**improvis|ation** *n. f.*, **~er** *tr.* et *intr.* 342 VIII, 2024 VIII; *Mus.* 4261 II.
**improviste (à l')** *loc. adv.* 511, 3798, 3896; arriver à l'~ 342.
**imprud|ence** *n. f.*, **~ent, e** *adj.* 466 V, 988 III, 1425, 5792 V, 5990; homicide par **~ence** 4169; avoir l'**~ence** de 998 VI; **~ent** (acte) 1571, (personne) 1571 III.
**impud|icité** *n. f.*, **~ique** *adj.* 1601, 3897, 3904.
**impuiss|ance** *n. f.*, **~ant, e** *adj.*, *n.* 3463, 3480, 4283; *Méd.* 3649.
**impuls|if, ive** *adj.*, **~ivité** *n. f.* 1794 VII, 5380. **~ion** *n. f.* 501, 1309, 1794; donner une ~ 1172, 1246 II.
**impun|ément** *adv.*, **~i, e** *adj.*, **~ité** *n. f.* 3592 III.
**impur, e** *adj.*, **~eté** *n. f.* 2989; *Fig.* 1854, 4189, 5313.
**imput|ation** *n. f.*, **~er** *tr.* 1262 VIII, 5389; **~er** un crime 2694 IV, 6035 VIII/un échec à 3530/une somme 1292 IV, 1732 IV.
**imputresci|bilité** *n. f.*, **~ble** *adj.* 3588 V.
**inabordable** *adj.* 5195 VIII; *Fig.* (personne) 5604.
**inaccentué, e** *adj.* 5272.
**inacceptable** *adj.* 4161; (proposition) 2148.
**inacessi|bilité** *n. f.*, **~ble** *adj.* (lieu) 1291, 5195; **~ble** (personne) 3506, 5604, (science) 3486 V.
**1. inaccompli** *n. m. Gramm.* 3232 III.
**2. inaccompl|i, e** *adj.*, **~issement** *n. m.* 5312 IV.
**inaccoutumé, e** *adj.* 181, 3682.
**inach|evé, e** *adj.*, **~èvement** *n. m.* 3480, 5518.
**inact|if, ive** *adj.* 3480, 4582; (marché) 2169; (personne) 494, 3573; (remède) 5315; rester ~ 3573 V, 4320. **~ion** *n. f.* 1055, 1618, 3480. **~ivité** *n. f.* 3480; ~ du marché 2169, 4582; en ~ (fonctionnaire) 5881 X.

**inactuel, elle** *adj.* 256, 1419.
**inadap|tation** *n. f.*, **~té, e** *adj.* 3296 III, 5986 VI, 4730 II.
**inadéquat, e** *adj.* 3129, 4751 III, 5987. **~ion** *n. f.* 5389 III.
**inadmissible** *adj.* 2148, 4161; (erreur) 2655; (faute) 3796; (idée) 2642 II; il est ~ que 1118.
**inadvertance** *n. f.* 2721, 3798; par ~ 3744, 4280.
**inaliéna|bilité** *n. f.*, **~ble** *adj.*, **~tion** *n. f.* 3086 V.
**inaltér|able** *adj.*, **~é, e** *adj.* 3855 V, 3984.
**inamical, e, aux** *adj.* 3071, 3482.
**inamovible** *adj.* 3528, 5524.
**inanimé, e** *adj.* 1055, 5762.
**inanité** *n. f.* 495, 929; démontrer l'~ de 2588 II.
**inanition** *n. f.* 1122.
**inaperçu, e** *adj.* 1587, 1969; passer ~ 2893, 4023.
**inappétence** *n. f.* 1602, 2988.
**inappli|cable** *adj.*, **~cation** *n. f.*, **~qué, e** *adj.* 3296 II.
**inappréciable** *adj.* 4184 II.
**inapt|e** *adj.*, *n.*, **~itude** *n. f.* 3480, 4184.
**inarticulé, e** *adj.* (son) 1052, 5954.
**inassouv|i, e** *adj.*, **~issement** *n. m.* 2795 IV; **~i** (désir) 2239, 3416.
**inattaquable** *adj. Fig.* 5071.
**inattendu, e** *adj.* 5456 VIII; (arrivée) 511 III; (résultat) 203 II, 2028; (visite) 3896 III.
**inattent|if, ive** *adj.*, **~ion** *n. f.* 574, 2721, 3798.
**inaudible** *adj.* 2665.
**inaugur|al, e, aux** *adj.*, **~ation** *n. f.*, **~er** *tr.* 1767 II, 3884 VIII.
**inauthent|icité** *n. f.*, **~ique** *adj.* 3480; **~ique** (acte) 5851.
**inavou|able** *adj.*, **~é, e** *adj.* 3506 VIII; **~able** *Fig.* (forfait) 3029.
**incalculable** *adj.* 1286, 1292 IV, 3474.
**incandesc|ence** *n. f.*, **~ent, e** *adj.* 5588, 6028.
**incantat|ion** *n. f.*, **~oire** *adj.* 2164, 3529 II, 3683 II.
**incapa|ble** *adj.*, *n.*, **~cité** *n. f.* 3463, 4283; *Jur.* **~ble** majeur 3983; **~cité** juridique 233.
**incarcér|ation** *n. f.*, **~er** *tr.* 1153, 2475, 3603 VIII.
**incarn|ation** *n. f.*, **~er** *tr.* 221 II, 997 II; *Fig.* 4993 II. **s'~er** 221 V, 997 V; *Fig.* 4993 V; (ongle) 3750.
**incartade** *n. f.* 4047, 5385.
**incendiaire** *n.* 1242 ● *adj.* 1242 IV; (discours) 5810 II; (propos) 3977 X; (flèches) 2719.
**incend|ie** *n. m.* 1242. **~ier** *tr.* 1242 IV.
**incert|ain, e** *adj.*, **~itude** *n. f.* 1428, 2047 V; **~ain** (caractère) 4196 X, (nouvelle) 164 II, (limites) 3271, (pas) 5678 VI, (temps) 4339 V.
**incessamment** *adv.* (sous peu) 3467, 4092, 4793.
**incessant, e** *adj.* 1885, 4310 VII, 5949 VI.
**incessi|bilité** *n. f.*, **~ble** *adj.* = INCONVERTI|BILITÉ, ~BLE 1420 II.
**inceste** *n. m.* 3549.
**inchangé, e** *adj.* 3855 V.
**inchoatif, ive** *adj.*, *n. m.* 2862.
**incidemment** *adv.* 3504.
**incid|ence** *n. f.*, **~ent, e** *adj.* 1197; *Géom.* 2590; sans **~ence** 31; **~ent** (question) 3954, (phrase) 3504 VIII.
**1. incident** *n. m.* 3504.
**2. incident** → INCIDENCE.
**incinér|ateur** *n. m.*, **~ation** *n. f.*, **~er** *tr.* 1242 IV, 2182 II.
**incirconcis, e** *adj.*, **~ion** *n. f.* 3811, 4349.
**incise** *n. f.* (phrase) 3504 VIII.
**incis|er** *tr.*, **~ion** *n. f.* 1252, 2922. **~if, ive** *adj.* (propos) 4214; (remarque) 4812; (réponse) 4310; (style) 5857; (ton) 1194. **~ive** *n. f. Anat.* 855, 4310.
**incit|ateur, trice** *adj.*, *n.*, **~atif, ive** *adj.*, **~ation** *n. f.*, **~er** *tr.* 1236 II; **~ation** à faire le bien 1172/au plaisir 3763 IV/à la révolte 1781/au travail 1309.
**incivil, e** *adj.* 4337.
**inclin|aison** *n. f.*, **~er** *tr.* 1397, 5249. **s'~er** 1397 VII; ~ devant les faits 2105/devant la force 2642 X.
**inclination** *n. f.* 1397, 5429, ~ naturelle 4203; avoir une ~ pour 3572; suivre son ~ 580.
**incliner** → INCLINAISON.
**incl|ure** *tr.*, **~usion** *n. f.*, 1732 IV, 1829 IV, 2961 VIII. **~us, e** *adj.*, **~usif, ive** *adj.* 2961 VIII, 3257 V; ci-**~us** 2150 IV, 3394; jusqu'à (...) **~us** 4107. **~usivement** *adv.* 3257.
**incoercible** *adj.* (désir) 4462; (rire) 4426 III; (sentiment) 4477.
**incognito** *adv.* 1587 ● *n. m.* 1587 V, 5535 V.
**incohér|ence** *n. f.*, **~ent, e** *adj.* 4040 V, 5735 VI; **~ent** (discours) 1052, (mesures) 5928 VIII, (sons) 5490 VI, (style) 4797 VI.
**incolore** *adj.* 4929; (style) 2237.
**incomber** *tr. ind.* 5854; ~ à qqn (responsabilité) 3448, (travail) 3950.
**incombusti|bilité** *n. f.*, **~ble** *adj.* 1242 VIII, 2898 VIII, 5195.
**incomestible** = IMMANGEABLE *adj.* 172.
**incommensurable** *adj.* 4437; *Fig.* 5577.
**incommod|ant, e** *adj.*, **~e** *adj.*, **~er** *tr.*, **~ité** *n. f.* 2304 IV, 3274 III.
**incommunicable** *adj.* = INEXPRIMABLE 3430 II.
**incomparable** *adj.* 2801, 3263 III, 4993.
**incompati|bilité** *n. f.*, **~ble** *adj.* 3222 VI, 3504 VI, 5520 VI; **~bilité** d'humeur 3747, 5490 VI; **~ble** avec 5503 III, (couleurs) 2474 VII
**incompét|ence** *n. f.*, **~ent, e** *adj.* 3480.
**incomplet, ète** *adj.* 4661, 5518; (étude) 308.
**incompréhens|ibilité** *n. f.*, **~ible** *adj.* 612 IV; **~ible** (idée) 3824, (texte) 4085. **~ion** *n. f.* 2722, 3480.
**incompressi|bilité** *n. f.* 3243 VII. **~ible** *adj.* 3243.
**incompris, e** *adj.*, *n.* 4085.
**inconcevable** *adj.* 3603, 3178 V; (solution) 1420 IV.
**inconciliable** *adj.* 3504 VI, 5986 VIII; (opinions) 5490 VI.
**inconditionnel, elle** *adj.*, **~lement** *adv.* 2859, 3357 IV.
**inconduite** *n. f.* 2722, 3990.
**inconfor|t** *n. m.* 3480. **~table** *adj.* 2220 IV; *Fig.* 2304 IV.
**incongru, e** *adj.*, **~ité** *n. f.* 4047; ~ 4943, (personne) 2722, (parole) 5389 III, (remarque) 5986 III, (réponse) 4751 III.
**inconnu, e** *adj.*, *n.* 1102; (personne) 3506, 3747; (terre) 2223 VIII.
**inconsci|ence** *n. f.*, **~ent, e** *adj.*, *n. m.* 2893, 4032, 5980.
**inconséqu|ence** *n. f.*, **~ent, e** *adj.* 3398, 3480.
**inconsidéré, e** *adj.* 3480, 5792 V; (propos) 3398. **~ment** *adv.* 2238.
**inconsist|ance** *n. f.*, **~ant, e** *adj.* 5247; **~ant** (caractère) 799, (idées) 6036, (raisonnement) 6037, (sol) 2046, (texte) 5078 VI.
**inconsolable** *adj.* 6017 II.
**inconst|ance** *n. f.*, **~ant, e** *adj.* 3398; **~ant** (caractère) 799, (esprit) 4196 X, (personne) 3855 V, (temps) 4339 V.
**inconstitution|nalité** *n. f.*, **~nel, elle** *adj.* 1759, 2863.
**incontest|able** *adj.* 928 III, 5377 III; il est ~ que 2642 II, 5062 III. **~ablement** *adv.*, **~é, e** *adj.* 928 III, 2642 II.
**incontin|ence** *n. f.*, **~ent, e** *adj.* *Sexol.* 2796, 3814; **~ence** de langage 3322/d'urine *Méd.* 2627.
**incontrôl|able** *adj.* (sentiment) 4477. **~é, e** *adj.* 2155 III; (mouvement) 3209; (sentiment) 2760; (vie) 1601.
**inconven|ance** *n. f.*, **~ant, e** *adj.* 347, 2588, 5990.
**inconvénient** *n. m.* 2937 IV, 3592; sans ~ 3690; il n'y a pas d'~ à 5195; ne voir aucun ~ à 1226, 3270; avantages et **~s** 2722; entraîner des **~s** 724.
**inconvert|ibilité** *n. f.*, **~ible** *adj.* 339 II, 1420 II, 3086.
**incorpor|ation** *n. f.*, **~er** *tr.* 1732 IV, 1829 IV; *Mil.* 1082 II; **~er** un territoire 3251/un élément 1599, 5065. **s'~er** 1732 VII, 1829 VII.
**incorporel, elle** *adj.* 997, 4958; (bien) 3675.
**incorporer** *tr.* → INCORPORATION.
**incorrect, e** *adj.*, **~ion** *n. f.* 3808, 4024, 4798; ~ (mot) 1567, (raisonnement) 2504, (personne) 4024, (récit) 3053.
**incorruptible** *adj.* 2094, 3580.
**incrédul|e** *adj.*, *n.*, **~ité** *n. f.* 905; *Relig.* 4616; rester **~e** 4524 II.
**incréé, e** *adj.* 1603.
**increvable** *adj.* 833; *Fig.*, *Pop.* 724.
**incrimin|ation** *n. f.*, **~er** *tr.* 3331, 3698, 6035 VIII.

**incroyable** *adj.* 1512, 3071 II, 3460.
**incroy|ance** *n. f.*, **~ant, e** *adj.*, *n.* 2369, 4616.
**incrust|ation** *n. f.*, **~er** *tr.* 2099 II, 4762 II; **~er** d'ivoire 3330 II. **s'~er** *Pr.* et *Fig.* 4826 VIII.
**incub|ateur, trice** *adj.* 1297, 4035. **~ation** *n. f.*, **~er** *tr.* 1297; **~ation** artificielle 3934 II.
**inculp|ation** *n. f.*, **~é, e** *adj.*, *n.*, **~er** *tr.* 6035 VIII; faire l'objet d'une **~ation** 3624 V.
**inculquer** *tr.* 2074 II, 2842 II, 4874 II.
**incult|e** *adj.*, **~ure** *n. f.* 5761; **~e** (terre) 624, 5216, (personne) 834 II, 3627 V.
**incurable** *adj.*, *n.* (malade) 2920, 3620; (mal) 3561 X, 3565.
**incurie** *n. f.* 5803 VI.
**incursion** *n. f.* 3768, 5662; ~ armée 3842; faire une ~ 2964.
**incurv|é, e** *adj.* 1397 VII, 3602. **~er** *tr.* 4414 II, 4931. **s'~er** 3572 VII, 4931 VIII.
**indéc|ence** *n. f.*, **~ent, e** *adj.* 1773, 5990; **~ent** (conduite) 1425, (propos) 3904.
**indéchiffrable** *adj.* 4040; (énigme) 3687; (texte) 3824.
**indécis, e** *adj.*, *n.*, **~ion** *n. f.* 1428, 2047 V; ~ (contour) 3824, (forme) 5954.
**indéclinable** *adj.* 599, 3086, 3493 IV.
**indéfectible** *adj.* (amitié) 2392; (amour) 2542.
**indéfendable** *adj.* (opinion) 2694.
**indéfini, e** *adj.* 1194; (sentiment) 3824; (son) 5954; *Gramm.* 5535 II. **~ment** *adv.* 5577. **~ssable** *adj.* = INDÉFINI 3824.
**indélébile** *adj.* (couleur) 799; (souvenir) 2392; (trace) 3366 VII.
**indélicat, e** *adj.*, **~esse** *n. f.* 204, 4426 X.
**indemne** *adj.* 2642.
**indemnis|ation** *n. f.*, **~er** *tr.* 3688 II.
**indemnité** *n. f.* 339, 3688 II; ~ de chômage 3694 IV/de guerre 3760/parlementaire 4612 III.
**indéniable** *adj.* 1709, 5535.
**indépendamment de** *loc. prép.* 4015, 5456.
**indépend|ance** *n. f.*, **~ant, e** *adj.* 1337 X; **~ance** économique 4622 VIII/d'esprit 1218; **~ant** (travailleur) 1218, (personne) 4426.
**indescriptible** *adj.* 5948.
**indésirable** *adj.*, *n.* 2132, 2988 VIII.
**indestruct|ibilité** *n. f.*, **~ible** *adj.* 750.
**indétermin|ation** *n. f.* 3480; *Gramm.* 5535. **~é, e** *adj.* 5535 II; (limites) 3824; (quantité) 1194; (période) 2676 II; (sens) 612 IV. **~isme** *n. m.* 1170.
**index** *n. m.* *Anat.* 2426; ~ d'un ouvrage 2528, 4083; mettre à l'~ 1247 II, 5195. **~ation** *n. f.*, **~er** *tr.* 4437 II.
**indicat|eur, trice** *adj.*, *n.* 1809; ~ de vitesse 3474/de pression 4437/de police 3708, 5944. **~if, ive** *adj.* 4437; à titre ~ 667; mode ~ 2149. **~ion** *n. f.* 2993 IV, 3627, 5865 II; donner une ~ 2087 IV; porter une ~ 128 II; sauf ~ contraire 667.
**indic|e** *n. m.* 1809, 3627; *Écon.* 2162; ~ d'octane 5389. **~iaire** *adj.* 667, 4437.
**indicible** *adj.* 5948.
**indien, enne** *adj.*, *n.* 5778.
**indifféremment** *adv.* 2744.
**indifför|ence** *n. f.*, **~ent, e** *adj.* 574, 4536 VIII; cela m'est **~ent** 2744.
**indifférenc|iation** *n. f.*, **~ié, e** *adj.* 5243 V.
**indig|ence** *n. f.* 3685, 4034, 4101; ~ d'esprit 3239. **~ent, e** *adj.*, *n.* 3685 IV, 4034.
**indigène** *adj.*, *n.* 233 ● *adj.* 549, 1332.
**indigent** → INDIGENCE.
**indigest|e** *adj.*, **~ion** *n. f.* 691, 5732, 5875.
**indignation** *n. f.* 1395, 2497, 3859.
**indigne** *adj.* (action) 3029, 3698; (personne) 1936; ~ de 233, 922.
**indigner** *tr.* 860 IV, 3780 IV. **s'~** 860, 1395.
**indignité** *n. f.* 1936; ~ nationale 5055.
**indigo** *n. m.*, **~tier** *n. m.* 5622.
**indiquer** *tr.* 2087 IV, 2993 IV; ~ un endroit 1809/un moment 3708 II.
**indirect, e** *adj.* 454 III. **~ement** *adv.* 3324.
**indiscernable** *adj.* = INDISTINCT 612 IV, 3824.
**indisciplin|e** *n. f.*, **~é, e** *adj.* 3209 VII, 3561.
**indiscr|et, ète** *adj.*, *n.*, **~étion** *n. f.* 3340 V, 4015; commettre une **~étion** 4003 IV.
**indiscut|able** *adj.* 928 III, 2642 II, 5516 III. **~é,e** *adj.* 2929, 3506 VIII.
**indispensable** *adj.*, *n. m.* 3224, 4817, 5854; (condition) 335; (personne) 3838.
**indispon|ibilité** *n. f.*, **~ible** *adj.* 2908 VII; **~ible** (matériel) 5985 V.
**indispos|é, e** *adj.*, **~ition** *n. f.* *Méd.* 1239 VII, 3618; *Fam.* (femme) 1431. **~er** *tr.* qqn 2304 IV, 3274 III, 4516 II/qqn contre 860 X, 3977 X.
**indissociable** *adj.* 4008.
**indissoluble** *adj.* 1333 VII, 4009 VII.
**indistinct, e** *adj.* 612 IV, 3824, 5243 II.
**individu** *n. m.*, **~alité** *n. f.*, **~el, elle** *adj.*, **~ellement** *adv.* 2825, 3935. **~alisation** *n. f.*, **~aliser** *tr.* 3935 II. **~alisme** *n. m.*, **~aliste** *adj.*, *n.* 3935. **~ation** *n. f.* 2825, 3935 IV.
**indivis, e** *adj.* 2867 VIII, 3024. **~ibilité** *n. f.*, **~ible** *adj.* 979 V., 4261 VIII. **~ion** *n. f.* d'une propriété 3024.
**indochinois, e** *adj.*, *n.* 5778.
**indocil|e** *adj.*, **~ité** *n. f.* 1249, 3561; **~e** (animal) 1053, (caractère) 5048, (enfant) 3090.
**indo-européen, enne** *adj.*, *n.* 5778.
**indol|ence** *n. f.*, **~ent, e** *adj.* 1618, 4587, 6026 VI.
**indompt|able** *adj.* 4402, 4477. **~é, e** *adj.* 1563 IV, 2760; (animal) 2230 II; (orgueil) 1053.
**indonésien, enne** *adj.*, *n.* 5778.
**indu, e** *adj.* (heure) 5989; (remarque) 5389 III; (somme) 1317 X.
**indubitable** *adj.* 2241, 2929.
**indu|cteur** *n. m.*, **~ctif, ive** *adj.*, **~ction** *n. f.*, **~ire** *tr.*, **~it, e** *adj.*, *n. m.* *Électr.* 1172, 1236 II.
**1. inductif** → INDUCTEUR.
**2. indu|ctif, ive** *adj.*, **~ction** *n. f.*, **~ive** *tr.* *Log.* 1809 X.
**1. induction** → INDUCTEUR.
**2. induction** → INDUCTIF 2.
**1. induire** *tr.* *Électr.* → INDUCTEUR; *Log.* → INDUCTIF 2.
**2. induire** *tr.* en erreur 3249 II, 3850 IV/en tentation 2408 II.
**induit** → INDUCTEUR.
**indulg|ence** *n. f.*, **~ent, e** *adj.* 1352, 2655 VI, 2718 VI.
**indur|ation** *n. f.*, **s'~er** 3125 V, 6054 V.
**industrialis|ation** *n. f.*, **~er** *tr.* 3156 II. **s'~er** 3156 V.
**industr|ie** *n. f.*, **~iel, elle** *adj.* 3156. **~iel** *n. m.* 3054. **~ieux, euse** *adj.* *Litt.* 65, 5205, 5327.
**inébranlable** *adj.*, (amitié) 5851; (argument) 4991; (caractère) 1986; (courage) 2306 II; (foi) 2074, 5960; (fondement) 2277; (volonté) 799.
**inédit, e** *adj.* 1197 IV; (livre) 3295.
**ineffable** *adj.* 5948.
**ineffaçable** *adj.* 5011; (souvenir) 4080.
**inefficac|e** *adj.*, **~ité** *n. f.* 929, 3605, 4026; **~ce** (remède) 5499.
**inégal, e, aux** *adj.*, **~ité** *n. f.* 688 VI, 4088 VI; ~ (pouls) 5458 VIII, (quantités) 2744 VI, (sol) 5972. **~é, e** *adj.* 3479 III.
**inélégant, e** *adj.* 225; (procédé) 4765.
**inéluct|abilité** *n. f.*, **~able** *adj.* 1170, 3923; **~able** (décision) 5595.
**inemployé, e** *adj.* 494, 1475 X, 3573.
**inénarrable** *adj.* (aventure) 3460.
**inept|e** *adj.*, **~ie** *n. f.* 2498, 3727.
**inépuisable** *adj.* 5434, 5488.
**inert|e** *adj.*, **~ie** *n. f.* 1055, 5762; **~e** *Fig.* 1618, 3886, (membre) 2941; **~ie** *Mécan.* 3573; force d'**~ie** *Fig.* 2617.
**inespéré, e** *adj.* 203, 2028, 5456 VIII.
**inesthétique** *adj.* 1085, 4073.
**inestimable** *adj.* 848, 4184 II.
**inévitable** *adj.* 1170, 3923, 5595. **~ment** *adv.* 1170, 1420.
**inexact, e** *adj.* 3053; (compte) 3209; (traduction) 4283 II. **~itude** *n. f.* 1567, 3808
**inexcusable** *adj.* 353 II.
**inexist|ant, e** *adj.*, **~ence** *n. f.* 3480, 5855.
**inexorable** *adj.* 2035; (personne) 2827 V; c'est ~ 1434.
**inexpéri|ence** *n. f.*, **~menté, e** *adj.* 1449; **~menté** 3744, 3819.
**inexpli|cable** *adj.*, *n. m.* 3565 IV; (comportement) 353 II; (énigme) 4040; (événement) 251 II. **~qué, e** *adj.* 2847.

**inné, e** *adj.*, **~ité** *n. f.* 3750, 4020 : ~ (qualité) 1603.
**innerv|ation** *n. f.*, **~er** *tr.* 3552 IV.
**innoc|ence** *n. f.*, **~ent, e** *adj.*, *n.* 355, 2642 : **~ent** *Fig.* 2513, 3379. **~enter** *tr.* 355 II, 660 II.
**innocuité** *n. f.* 63, 3224.
**innombrable** *adj.* 1286, 1292 IV, 3474.
**innov|ateur, trice** *adj.*, *n.*, **~ation** *n. f.*, **~er** *intr. et tr.* 338 IV, 534 VIII, 913 II.
**inobservation** *n. f.* d'un accord 1247 VIII/des lois 2131 III.
**inoccup|ation** *n. f.* 2904. **~é, e** *adj.* (lieu) 2904, 3956 : (personne) 1605.
**inocul|ation** *n. f.*, **~er** *tr.* 3330 II, 4866 II.
**inodore** *adj.* 2219.
**inoffensif, ive** *adj.* 63 IV, 3224.
**inond|ation** *n. f.*, **~er** *tr.* 3820, 4119 : **~er** un marché 3756 IV.
**inopérant, e** *adj.* (mesure) 31 : (méthode) 4026 : (remède) 5315.
**inopiné, e** *adj.*, **~ment** *adv.* 511 III, 3305, 3896.
**inopportun, e** *adj.*, **~ité** *n. f.* 4751 III, 5389 III : ~ (mesure) 28 II, (occasion) 2691, (parole) 5956, (visite) 1332.
**inorganique** *adj.* 3566.
**inoubliable** *adj.* 1596.
**inouï, e** *adj.* 3747 ; (événement) 1512.
**inoxydable** *adj.* 169, 3064.
**in petto** *loc. adv.* 2514, 4196.
**input** *n. m.* 1716 IV.
**inqualifiable** *adj.* 2974, 3029.
**in-quarto** *adj.*, *n. m. inv.* 4310.
**inqui|et, ète** *adj.*, **~étude** *n. f.* 987, 3225 VIII, 4350. **~étant, e** *adj.*, **~éter** *tr.* 2116 IV, 4350 IV. **s'~éter** 2304 VII, 4350.
**inquisit|eur, trice** *adj.* (regard) 3905. **~ion** *n. f.* 3888 II. **~orial, e, aux** *adj.* (ton) 3433 VIII.
**insaisissable** *adj.* 1745 IV : (bandit) 4153 ; (secret) *Fig.* 3813 IV.
**insalubr|e** *adj.*, **~ité** *n. f.* 3053 : ~ (climat) 5875, (pays) 5837.
**insanité** *n. f.* : dire des ~s 1370, 2498.
**insatiable** *adj.* 2795, 5576 : (désir) 2239, 3571 V.
**insatis|faction** *n. f.*, **~fait, e** *adj.* 2109, 2239.
**inscr|iption** *n. f.*, **~ire** *tr.*, **~it, e** *adj.*, *n.* 2473 II, 4431 II, 4494 : **~iption** dans la pierre 5516 ; **~ire** à l'ordre du jour 1732 IV/une remarque 1887 II/un triangle 2079 ; se faire **~ire** 4494 VIII. **s'~ire** 2473 II, 4494 VIII ; *Fig.* 2079 VIII : ~ en faux 4524 II, 5535 IV ; *Dr.* 3331.
**insect|e** *n. m.*, **~icide** *adj.*, *n. m.*, **~ivore** *adj.* 1275.
**insécurité** *n. f.* 1571.
**insémin|ation** *n. f.*, **~er** *tr.* 4866 II.
**insensé, e** *adj.* 1370, 3603, 3169 : (projet) 1070.
**insensibilis|ation** *n. f.*, **~er** *tr.* 1471 II.
**insensi|bilité** *n. f.*, **~ble** *adj.* 1471, 4032 ; *Fig.* 31 V, 4262 ; **~ble** (progrès) 1260. **~blement** *adv.* 1732 II, 3012.
**inséparable** *adj.*, *n.* 979 V, 4008 ; (amis) 4817 III.
**ins|érer** *tr.*, **~ertion** *n. f.* 1716 IV, 1732 IV, 6011 IV ; prière d'**~érer** 5413 : **~ertion** des muscles 4826 VIII. **s'~érer** 1732 VII, 1829 VII.
**insidieux, euse** *adj.* 1460 III, 1474, 5152 ; (mal) 3561 X ; (maladie) 3737 ; (question) 3744 II.
**1. insigne** *n. m.* 2993, 5931 : les ~s du pouvoir 2893.
**2. insigne** *adj. Litt.* (faveur) 989 ; (honneurs) 4101 ; (service) 1025.
**insignifi|ance** *n. f.*, **~ant, e** *adj.* 2498 ; **~ant** (événement) 5760, (quantité) 5376, (nombre) 4337, (paroles) 733, (somme) 2377.
**insinu|ant, e** *adj.*, **~ation** *n. f.*, **~er** *tr.* 4890 II, 5933 : **~ant** (paroles) 1474 III. **s'~er** 1755 VII, 2615 V : ~ dans les bonnes grâces de 5949 V.
**insipid|e** *adj.*, **~ité** *n. f.* 733, 5074 ; **~e** (existence) 367, (paroles) 621, (plat) 3330.
**insist|ance** *n. f.*, **~ant, e** *adj.*, **~er** *intr.* 3076 IV, 4789 IV : demander avec **~ance** 2223 III : **~er** pour 23/sur 6003 II.
**insol|ation** *n. f.*, **~er** *tr.* 2956 II.
**insol|ence** *n. f.*, **~ent, e** *adj.*, *n.* 3789, 5990 : **~ent** (personne) 3462 II, (propos) 945, 3904.
**insolite** *adj.* 2835, 3747 ; trouver ~ 338 X.
**insoluble** *adj.* 1333, 1949 ; (problème) 3565 IV, 3687.
**insolva|bilité** *n. f.*, **~ble** *adj.*, *n.* 3537 IV, 4053 IV.
**insomn|iaque** *adj.*, **~ie** *n. f.* 87, 2715.
**insondable** *adj.* 2439 ; (mystère) 3813 IV ; (profondeur) 3842.
**insonor|e** *adj.* 3140. **~isation** *n. f.*, **~iser** *tr.* 3140 IV, 3141 IV.
**insouci|ance** *n. f.*, **~ant, e** *adj.* 3398, 3798 ; **~ant** de 21, 3426, 4536 VIII.
**insoumis, e** *adj.*, **~sion** *n. f.* 3561, 5045 V.
**insoupçonnable** *adj.* 2929.
**insoutenable** *adj.* (douleur) 3392 IV ; (lutte) 4426 III ; (opinion) 2694.
**inspect|er** *tr.*, **~eur, trice** *n.*, **~ion** *n. f.* 3888 II ; **~er** du regard 3708 III, 3905 V.
**inspir|ateur, trice** *adj.*, *n.*, **~ation** *n. f.*, **~er** *tr.* 4907 IV, 5871 IV ; **~er** un sentiment 2898 IV/une politique 5865 II. **s'~er** de 4907 X, 5871 X/de qqn 2087 X.
**1. inspiration** → INSPIRATEUR.
**2. inspir|ation** *n. f.*, **~er** *tr. Physiol.* 5418 X.
**1. inspirer** → INSPIRATEUR.
**2. inspirer** → INSPIRATION 2.
**insta|bilité** *n. f.*, **~ble** *adj.* 799, 3855 V ; **~ble** (caractère) 4339 V, (corps) 4196 X, (équilibre) 4352 II, (gouvernement) 2306 II, (temps) 339 V.
**install|ateur** *n. m.*, **~ation** *n. f.*, **~er** *tr.* 1099 II, 2168 II ; **~ations** industrielles 5407 IV/portuaires 2150/sanitaires 5499 ; **~er** qqn à une place 1038 IV/qqn dans un appartement 2612 IV/un fonctionnaire 6019 II/un magistrat 5424 II/un responsable 4341 II/des canalisations 5020/un meuble 5956/une règle 2678/une société 106 II/une usine 5407 IV ; être bien installé 4196 X. **s'~er** qqp 1999 II, 4196 X, 4426 IV/à sa place 1332/en ville 2612 ; (calme) 1665 II ; (silence) 2726.
**instamment** *adv.* : demander ~ 4789 IV.
**1. instance** = INSISTANCE 4789 IV.
**2. instance** *n. f. Dr.* 1781, 2149 III ; tribunal de première ~ 1328 : ~s internationales 2022, 2630.
**3. instance** *n. f.* : en ~ 975, 4431 ; en ~ de 5941/de départ 232/de discussion 445.
**instant** *n. m.* 1436, 4793, 5989 ; à l'~ 1419, 4092 ; dès l'~ que 3393 ; dans un ~ 4337 ; de tous les ~s 1885.
**instantané** *n. m. Phot.* 1573. **~, e** *adj.*, **~ité** *n. f.* 256 ; mort **~e** 3896. **~ment** *adv.* 1419, 4092.
**instar de (à l')** *loc. prép.* 124, 3744, 4993.
**instaur|ation** *n. f.*, **~er** *tr.* 106 II, 4426 IV, 5407 IV.
**instigat|eur, trice** *n.* 200, 1236 II. **~ion** *n. f.* : à l'~ de 1172, 1236 II, 3763 IV.
**instill|ation** *n. f.*, **~er** *tr.* 4303 II, 5521 II ; **~er** le doute 1755.
**instinc|t** *n. m.*, **~tif, ive** *adj.*, *n.* 3750, 4020 ; **~t** des affaires 3295/génésique 6012 VI ; **~tif** (geste) 3589.
**institu|er** *tr.*, **~tion** *n. f.* 106 II, 5407 IV ; **~er** des lois 5956/qqn son héritier 3708 II.
**institut** *n. m.* 3676 ; ~ de beauté 106 II.
**instituteur, trice** *n.* 1741 II, 3627 II.
**1. institution** → INSTITUER.
**2. institution** *n. f.* administrative 5458/universitaire 3676 ; la défense des ~s 106 II. **~nel, elle** *adj.* 106 II.
**1. instr|ucteur** *n. m.*, *adj. m.* 1729 II. **~uctif, ive** *adj.* 834 II, 4112 IV. **~uction** *n. f.*, **~uire** *tr.* 1741 II, 3627 II, 834 II ; **~uction** civique 1995 II ; **~uctions** d'usage 2993 IV ; donner des **~uctions** 2087 IV ; recevoir des **~uctions** 3627. **s'~uire** 834 V, 3627 V.
**2. instr|ucteur** *adj. m.*, *n. m.*, **~uction** *n. f.*, **~uire** *Jur.* 1317 II, 5451 X.
**1. instruction** → INSTRUCTEUR 1.
**2. instruction** → INSTRUCTEUR 2.
**instrument** *n. m.* 57, 253 ; ~ de musique 3306/à vent 5487 ; *Diplom.* ~s de ratification 2696 VIII, 5851 ; *Admin.* ~s de la planification 4426 II.
**instrumentaire** *adj. Dr.* (pièce) 2694 VIII, (témoin) 3479.
**instrumentiste** *n.* 253, 4838.
**insu (à l')** *loc. prép.* 3506, 3627, 3798.
**insubmersible** *adj.* 3756.
**insubord|ination** *n. f.*, **~onné, e** *adj.* 3561, 5045 V.
**insuccès** *n. m.* 1156, 1585 IV, 4002.

# JK

**J** *n. m.* : le jour ~ 1268.
**jabot** *n. m.* 1410.
**jacasser** *intr.* 3601.
**jachère** *n. f.* 624.
**jacinthe** *n. f. Bot.* 6048.
**jacquet** *n. m.* 3393.
**jactance** *n. f.* 315 V, 615 VI.
**jade** *n. m. Minér.* 6073.
**jadis** *adv.* 2635, 4186, 5109.
**jaill|ir** *intr.*, **~issement** *n. m.* 314 VII, 3898 V, 4092, 4092 : **~ir** (éclair) 4895, (étincelles) 3397 VI, (flammes) 3092 VI, (pétrole) 1795 V, (source) 5282, (vérité) 501 VII ; **~ir** de son trou (animal) 3357 VII ; faire **~ir** 317 II, 3898 II.
**jais** *n. m.* 2433.
**jalon** *n. m.*, **~nement** *n. m.*, **~ner** *intr.* 84 II, 2825 II.
**jalou|ser** *tr.*, **~sie** *n. f.*, **~x, ouse** *adj.*, *n.* 1263, 3854 ; **~x** de 1234, 3258.
**1. jalousie** → JALOUSER.
**2. jalousie** *n. f.* d'une fenêtre 3412.
**jamais** *adv.* 7, 3357 IV, 4310 ; (en aucun cas) 1419 ; (pas du tout) 4298 ; ~ de la vie ! 5825 ; plus que ~ 5989.
**jamb|e** *n. f.* 2024, 2422 ; prendre ses **~s** à son cou 3357 IV. **~ière** *n. f.* 4856.
**jambos|e** *n. f.*, **~ier** *n. m.* 5896.
**jante** *n. f.* 1167.
**janvier** *n. m.* 4470, 6083.
**japonais, e** *adj.*, *n.* 6042.
**japp|ement** *n. m.*, **~er** *intr.* 5268.
**jaquette** *n. f.* 2461 ; ~ d'un livre 3811.
**jardi|n** *n. m.* 442, 1071, 1203 ; ~ d'enfants 2229/potager 1561. **~nage** *n. m.* 442. **~net** *n. m.* 1071. **~nier, ère** adj., n. 442, 1071.
**1. jardinière** *n. f.* d'enfants 1203.
**2. jardinière** *n. f.* de fleurs 133, 2378.
**jargon** *n. m.* 2114 ; ~ professionnel 4855.
**jarre** *n. f.* 943 ; ~ à huile 1447.
**jarret** *n. m.* 14, 3511.
**jarretière** *n. f.* 1372, 2422.
**jas|er** *intr.*, **~eur, euse** *adj.*, *n.* 813. **~eur** *n. m. Ois.* 813.
**jasmin** *n. m.* 4045, 6044.
**jaspe** *n. m.* 6072.
**jatte** *n. f.* 1022, 4284.
**1. jauge** *n. f. Mar.* 1372, 5927.
**2. jaug|e** *n. f. Techn.*, **~er** *tr.* 2439, 4437 ; **~er** *Fig.* 4184 II.
**jaunâtre** *adj.* 3225.
**jaun|e** *adj.*, *n. m.*, **~ir** *tr.* et *intr.*, **~isse** *n. f.*, **~issement** *n. m.* 3106 ; **~e** d'œuf 4954 ; rire **~e** 4638 V.
**javanais, e** *adj.*, *n.* 880.
**Javel (eau de)** *n. f.* 4952.
**javelot** *n. m.* 2181.
**jazz** *n. m.* 871 ; **~**-band = ORCHESTRE 1124.
**J.-C.** → JÉSUS.
**je (j')** *pron. pers. 1^re^ pers. sing.* 212.
**jean(s)** *n. m.* (blue-jean) 592.
**Jeep** *n. f.* 1134.
**jéjunum** *n. m.* 3185.
**jérémiade** *n. f.* 2013, 5585.
**jerrican** *n. m.* 771.
**Jérusalem** *n. f.* 648.
**jésuite** *n. m.* 6071.
**Jésus** *n. m.* 3703 ; avant, après J.-C. 6012.
**je|t** *n. m.*, **~ter** *tr.* 2192, 4192, 4876 IV ; **~t** d'eau 1547, 4092 ; du premier **~t** 5036 ; d'un seul **~t** 1795 ; **~ter** l'ancre 2083/l'argent par les fenêtres 335 II/les armes 4876 IV/bas 2590 IV/à bas 4415 II, 5675/les bases 2083 IV/la confusion 312/un coup d'œil 3320/un cri 3357 IV/le discrédit 2302 IV/de l'huile sur le feu 3403/de la poudre aux yeux 1918/ mauvais œil 3009 II/des pierres 2090/des racines 5020/un regard 1597 VIII/un sort 5484/un voile sur 2461/dans les difficultés 5904 IV/dans l'embarras 4528 IV/au panier 2615/à la porte 3312/en prison 2270/à terre 3084.
**jeté** *n. m.* 2192.
**jetée** *n. f.* 2100.
**jeter** → JET.
**jeter (se)** 2192 VIII, 4876 IV ; ~ sur 1794 VII/sur l'ennemi 5662 III/aux genoux de 1481/dans la mêlée 1648/aux pieds de 4473 VIII ; (fleuve) 3040.
**jeteur, euse** *n.* de sorts 5484.
**jeton** *n. m.* 4118 ; ~ de présence 339, 724 ; faux ~ *Fam.* 1969 III, 5500 III.
**jeu** *n. m.* 4838 ; *Mécan.* 1594 II ; *Mus.* 3525 ; ~ de cartes 5907/de clefs 1062/de dames 1670/de hasard 4361 III/du mail 909/de mots 5066 ; avoir du ~ *Mécan.* 4352 II ; mettre en ~ 1475 X ; *Fig.* 1571 III ; tirer son épingle du ~ 1598 V ; terrain de ~ 4838 ; les **~x** sont faits 4296.
**jeudi** *n. m.* 1614 ; la semaine des quatre **~s** 3744.
**jeun (à)** *loc. adv.* 1532, 3185.
**jeun|e** *adj.*, *n.*, **~esse** *n. f.* 1197, 2788, 3894 ; **~e** homme 3814/personne 3050/premier 3549 ; **~esse** dorée 1807 II.
**jeûn|e** *n. m.*, **~er** *intr.* 3185 ; rupture du **~e** 4020.
**jeunesse** → JEUNE.
**joaill|erie** *n. f.*, **~ier, ère** *adj.*, *n.* 1131, 3181.
**job** *n. m. Fam.* 2069 VIII.
**jobard, e** *n.*, *adj.* 3798 II.
**jockey** *n. m.* 4414 III.
**joie** *n. f.* 602, 2515, 3933 ; ~ débordante 3898 V/maligne 2950 ; feu de ~ 602 VIII ; fou de ~ 5577 VIII.
**joindre** *tr.* 3273 IV, 5949 ; ~ qqn 4795/un document 2150 IV/le geste à la parole 4240/sa voix à 3251. **se** ~ à 2867 VIII, 3251 VII, 4795 VIII.
**join|t** *n. m.* 4008 ; *Mécan.* 3251, 5949 ; ~ d'étanchéité *Techn.* 1279. **~ture** *n. f.* 3596, 5949 ; *Anat.* 4008.
**joli** *n. m. Fam.* : c'est du ~ ! 2642. **~, e** *adj.* 1065, 1270, 3408. (personne) 3839.
**jonc** *n. m. Bot.* 121.
**jonch|ée** *n. f.* 1453. **~er** *tr.* 5301.
**jonction** *n. f.* 5949 ; point de ~ 4876 VI, 5949 VIII.
**jongl|er** *intr.*, **~erie** *n. f.*, **~eur, euse** *n.* 2891, 2902.
**jonque** *n. f.* 1092, 1657.
**jonquille** *n. f.* 5370.
**jordanien, enne** *adj.*, *n.* 76.
**joue** *n. f.* 1469, 5864 ; en ~ ! 2504 II ; coucher en ~ 2983 ; mettre en ~ 2504 II, 3169 II.
**jouer** *intr.* 4838 ; *Mécan.* 1594 II, 4352 II ; *Cin.* 58 II, 4993 II ● *tr. Mus.* 3225 ; ~ à la Bourse 3225 III/la comédie *Fig.* 1969/des coudes *Fam.* 2281 III/dou-

# L

**la** *art. déf. f. sing.* 174.
**là** *adv.* 843, 5776 : ~-bas 843 : ~-dessus 3634, 3658 : ~ où 1426 : ce/cet/cette ...- ~ 1939.
**label** *n. m.* 3627.
**labeur** *n. m.* 4514.
**labi|acées** ou **~ées** *n. f. pl.* 2919. **~al, e, aux** *adj. Phon.* 2918, 2919. **~é, e** *adj.*, **~odental, e, aux** *adj., n. f.* 2919.
**lablab** *n. m.* 4767.
**labor|antin, e** *n.* 1294 II. **~atoire** *n. m.* 1449, 3644.
**labori|eusement** *adv.* 4514. **~eux, euse** *adj.* (élève) 1097 VIII : (masses) 4515 : (personne) 801 III ; (travail) *Fig.* 724 IV.
**labour** *n. m.*, **~age** *n. m.*, **~er** *tr.*, **~eur** *n. m.* 1224, 4050.
**labyrinthe** *n. m.* 795.
**lac** *n. m.* 325.
**lacer** *tr.* 2342, 3076.
**lacérer** *tr.* 65, 1512 II, 5069.
**lacet** *n. m.* 1986, 2860 : (tournant) 3497 VII, 3572 VII ; (piège) 1991, 2867.
**lâche** *adj.* 2207 : (cordage) 2046 : (personne) 894, 2583 ; (tissu) 5755.
**lâcher** *intr.* 1333 VII, 4040 VII ● *tr.* 3357 IV, 4040 : ~ la bride 2046 IV, 3649/des bombes 2590 IV/des chiens 3357 IV/les freins 2046 IV/un mot malencontreux 4047/pied 1479 VI, 4403/prise 2022 VI, 2046 IV ; ne pas ~ qqn d'une semelle 3054, 3959 III.
**lâcheté** *n. f.* 894 : commettre une ~ 1857.
**lacis** *n. m.* 2798.
**lacon|ique** *adj.*, **~isme** *n. m.* 4292 VII, 5857 IV.
**lacrym|al, e, aux** *adj.*, **~ogène** *adj.* 1836.
**lacs** *n. m. Litt.* 2867.
**lact|aire** *n. m.*, **~ation** *n. f.*, **~é, e** *adj.*, **~escence** *n. f.*, **~escent, e** *adj.*, **~ifère** *adj.*, **~ique** *adj.* 4769 : Voie **~ée** 683, 942.
**lacun|aire** *adj.* 5518. **~e** *n. f.* 1591, 3901, 5518.
**ladanum** *n. m.* 4808 : ~ de crête *Bot.* 4252.
**ladre** *n. m.*, **~rie** *n. f. Litt.* 333, 2812.
**lady** *n. f.* 1438, 2726.
**lagopède** *n. m.* 3581.
**laïc, ïque** *adj., n.*, **~isation** *n. f.*, **~iser** *tr.*, **~ité** *n. f.* 3630 : école **~ïque** 5027.
**laid, e** *adj.*, **~eur** *n. f.* 456, 1827, 4146.
**laie** *n. f. Zool.* 1628.
**lain|age** *n. m.*, **~e** *n. f.*, **~eux, euse** *adj.*, **~ier, ère** *adj.* 3182.
**laisse** *n. f.* 2082, 4410.
**laisser** *tr.* 710, 1605 II : ~ la bride sur le cou 3649/le champ libre 3982 IV/de côté 5881/dire, faire 574/entendre 6035 IV/en l'état 529 IV/entrevoir 4595 VII/sa fortune 5952 IV/en héritage 1602 II, 5894 IV/le temps 5210 IV/passer l'occasion 3947/le soin de 4095 II/tomber un voile 2508 IV/tranquille 2779/voir 3419 IV. **se ~** faire 2642 X/aller 3180 VII, 4410 VII.
**laisser-aller** *n. m. inv.* 2046 VI, 5803 VI.
**laissez-passer** *n. m. inv.* 1118 IV.
**lai|t** *n. m.* 1336, 4769 : ~ en poudre 2485. **~terie** *n. f.*, **~teux, euse** *adj.*, **~tier, ère** *n.* 4769. **~tier, ère** *adj., n. f.* 1336 : bonne **~tière** (vache) 1723.
**laiton** *n. m.* 2801.
**laitue** *n. f.* 1529.
**lama** *n. m. Zool.* 4752.
**lamantin** *n. m.* 1510.
**lambeau** *n. m.* 1512, 5069 ; en ~x 65 ; tomber en ~x 5069 V.
**lambris** *n. m.*, **~sage** *n. m.*, **~ser** *tr.* 1536 II, 4762 II.
**lame** *n. f.* 2911, 3102 : ~ de fond 5218/de microscope 2154 : ressort à ~s 5907.
**lamell|aire** *adj.*, **~e** *n. f.* 2154.
**lamentable** *adj.* 118 IV, 2013 : (travail) 2049.
**lament|ation** *n. f.*, **se ~er** 258 V, 4449 VIII ; se **~er** 5585 : **~ation** funèbre 5324, 5355 : mur des **~ations** 537.
**lamie** *n. f. Poiss.* 4932.
**lamifié** *n. m.* 5438 II.
**lamin|age** *n. m.*, **~er** *tr.* 2154 II, 3102 II. **~oir** *n. m.* 3102 II.
**lampadaire** *n. m.* 3639.
**lampant, e** *adj.* (pétrole) 4525 II.
**lampe** *n. f.* 2523, 3042 : ~ de chevet 2518/à huile 4386/à souder 4797/de radio 3140 : ~-tempête 3879.
**lampée** *n. f.* 963.
**lamproie** *n. f.* 1042, 2946.
**lance** *n. f.* 1221, 2181.
**lancé** *n. m.* 2192.
**lance-|engins/fusées** *n. m. inv.* 2026. **~ flammes/grenades/roquettes/torpilles** *n. m. inv.* 4192.
**lanc|ement** *n. m.*, **~er** *tr.* 2090, 2192, 4192 : **~er** qqn dans 988 III, 4177 IV/par terre 4876 IV/une accusation 2504 II/un appel 1781, 5865 II/une attaque 3842/des bombes 4876 IV/des éclairs (yeux) 2839/un emprunt 3066 IV/une fusée 3357 IV/des injures 5650/une offensive 2964/le poids *Sport.* 4627/un moteur 1875 IV/un navire 3693 II/une opération 975 V/des pierres 2026/des piques *Fam.* 4211/un pont 5424/un produit 2217 II/des racines 5020/un raid 3842 IV/un regard 4876 IV/un signal 2078 IV/un ultimatum 2078 IV. **se ~er** 3357 VII : ~ dans une aventure 4876 IV/dans la bataille 1648/dans des difficultés 4177 VIII/des injures 2090.
**1. lancer** *tr.* → LANCEMENT.
**2. lanc|er** *n. m.* = LANCEMENT 4627.
**lance-|roquettes, ~torpilles** → LANCE-ENGINS.
**lancette** *n. f.* 432, 2867, 4007.
**lanceur** *n. m.* 2192, 4192.
**lancier** *n. m.* 2181.
**lancin|ant, e** *adj.*, **~er** *tr.* et *intr. Méd.* 5872 : **~ant** (douleur) 363 II, (idée) 5659.
**landau** *n. m.* 3494.
**lande** *n. f.* 363, 624.
**Land-Rover** *n. f.* 2755.
**langage** *n. m.* 4642, 4855.
**lang|e** *n. m.*, **~er** *tr.* 4366.
**langoureux, euse** *adj.* (danse) 1351.
**langouste** *n. f.* 67, 1049.
**langu|e** *n. f.* 4821, 4855 ; ~ courante 1568 VI/vernaculaire 1732 ; qui a la ~ déliée 3357 : qui a la ~ bien pendue *Fam.* 1938. **~ette** *n. f.* 4821.
**langu|eur** *n. f.* 1618, 1916, 4625. **~ide**

*adj. Litt.* 2596. **~ir** *intr.* 1378 ; (conversation) 3886 ; ~ de qqn 5867 V/d'ennui 3260. **~issant, e** *adj.* 1916, 6026.
**lanière** *n. f.* 2755.
**lanterne** *n. f.* 2898, 3042, 3879.
**lap|ement** *n. m.*, **~er** *tr.* et *intr.* 4843.
**lapereau** *n. m.* 1514.
**lapidaire** *adj.* 1182 ; (formule) 1551 VIII, 4292 VIII ; (style) 5857.
**lapid|ation** *n. f.*, **~er** *tr.* 2026.
**lapin, e** *n.* 92 ; ~ de garenne 352.
**lapis-lazuli** *n. m. inv.* 4745.
**laps** *n. m.* de temps 416, 3887, 5020.
**lapsus** *n. m.* : « ~ calami, linguae » 2333 ; faire un ~ 4047.
**laquais** *n. m.* 679.
**laqu|e** *n. f.*, **~er** *tr.*, **~ier** *n. m.* 4877.
**larbin** *n. m. Fam.* 679.
**larcin** *n. m.* 1597 VIII, 2540.
**lard** *n. m.* 2819 ; faire du ~ *Fam.* 2819 V.
**larder** *tr.* 2819 II ; ~ qqn d'épigrammes 4211.
**lar|gage** *n. m.*, **~guer** *tr.* 2590 IV ; **~guer** les amarres 2046 IV/des parachutistes 5643 IV.
**1. larg|e** *adj.*, **~eur** *n. f.* 3504, 5927 ; **~e** (étendue) 2031, (lieu) 3982, (nez) 3952, (vêtement) 4014 ; **~e** d'idées 2655 VI, 2718 VI ; dans une **~e** mesure 1194 ; **~eur** d'esprit 2031/de vues 504.
**2. larg|e** *adj.*, **~esse** *n. f. Fig.* 2502, 4561 ; faire des **~esses** 5927 IV.
**3. large** *n. m.* 3504 ; *Mar.* 3633 ; au ~ de 2487 ; prendre le ~ *Fig.* 2615 V, *Mar.* 5865 VIII.
**largesse** → LARGE 2.
**largeur** → LARGE 1.
**larguer** → LARGAGE.
**larm|e** *n. f.* 1836 ; une ~ de *Fig.* 1918 ; fondre en ~s 537, 1100 IV. **~oyant, e** *adj.*, **~oyer** *intr.* 537, 1836.
**larron** *n. m.* 4824.
**larve** *n. f.* 1779, 6067.
**larvé, e** *adj.* (chômage) 2461 VIII, 4394 II.
**lar|yngite** *n. f.*, **~ynx** *n. m.* 1385.
**las, lasse** *adj.*, **~situde** *n. f.* 724, 3697, 4625 ; ~ de 2424/de vivre 2949 ; de guerre **~se** 2424. **~ser** *tr.* (fatiguer) 724 IV, 3697 IV ; (ennuyer) 2424 IV, 5162 IV. **se ~ser** 724, 4625 ; ~ de 2424, 3212, 5162.
**lasci|f, ive** *adj.*, **~vité** *n. f.* 2796 ; **~f** (danse) 1601, (personne) 2988.
**lass|er, ~itude** → LAS.
**lasso** *n. m.* 1991, 6033.
**lat|ence** *n. f.*, **~ent, e** *adj.* 4662 ; **~ent** (caché) 1587, 2461 VIII.
**latéral, e, aux** *adj.*, **~ement** *adv.* 1073.
**latin, e** *adj.*, *n.* 4743.
**latitude** *n. f. Géogr.* 3504 ; avoir toute ~ de 1218, 1605.
**latrines** *n. f. pl.* 1605, 2032.
**latte** = PLANCHE 4915.
**laudatif, ive** *adj.* 4220 II, 5023.
**lauréat, e** *n.*, *adj.* 4094.
**laurier** *n. m.* 3712 ; cueillir des ~s 4628. **~-rose** *n. m.* 1162, 1796.
**lavabo** *n. m.* 3379, 3771.
**lav|age** *n. m.*, **~er** *tr.*, **~eur, euse** *n.* 3771 ; **~er** un affront = VENGER 797. **se ~er** 3379 V, 3771 VIII ; ~ les dents 2740 II/les mains *Fam.* 5496/d'une accusation 355 V.
**lavande** *n. f.* 1526, 4754.
**lave** *n. f.* 1357.
**lave-glace** *n. m.* 5073. **~-linge** *n. m. inv.*, **~-mains** *n. m. inv.* 3771.
**lavement** *n. m.* 1323.
**laver** → LAVAGE.
**lave|rie** *n. f.*, **~-tête** *n. m. inv.* 3771.
**laveur** → LAVAGE.
**lavoir** *n. m.* 3771.
**laxatif, ive** *adj.*, *n. m.* 2718 IV, 4949 II.
**lax|isme** *n. m.*, **~iste** *adj.*, *n.* 2655 VI, 2718 VI, 5803 VI.
**laxité** *n. f.* 2046 VIII.
**lazaret** *n. m.* 1180.
**le** *art. déf. m. sing.* 174.
**leader** *n. m.*, **~ship** *n. m.* 1963 V, 2311, 4410.
**léch|age** *n. m.*, **~er** *tr.* 4792, 4843.
**leçon** *n. f.* 1741 ; *Fig.* 3430, 5426 ; prendre des ~s 4876 V.
**lect|eur, trice** *n.* 4197 ; ~ de faculté 3682 IV. **~ure** *n. f.* 758, 4197 ; salle de ~ 3355 III.
**légal, e, aux** *adj.*, **~ement** *adv.*, **~ité** *n. f.* 2863, 4375 ; ~ (fête) 2079. **~isation** *n. f.*, **~iser** *tr.* 3071 II. **~isme** *n. m.*, **~iste** *n.*, *adj.* 2863.
**légat** *n. m.* du pape 4280.
**légataire** *n.* 5894 IV, 5952 IV.
**légation** *n. f.* 3639 VIII, 4095 II.
**légend|aire** *adj.*, **~e** *n. f.* 1509, 2552 ; **~aire** (fait) 2983.
**1. légende** → LÉGENDAIRE.
**2. légend|e** *n. f.*, **~er** *tr.* 3624 II.
**lég|er, ère** *adj.*, **~èrement** *adv.*, **~èreté** *n. f.* 1579 ; **~er** (aliment) 2718, (allure) 2091, (cœur) 2220 VIII, (conduite) 3398, (dégât) 3335, (tissu) 2167 ; agir à la **~ère** 2238 ; parler à la **~ère** 988, 3398 ; prendre à la **~ère** 1579 X.
**légiférer** *intr.* 2678, 2863 II, 4375 II.
**légion** *n. f.* 1124 ; ~ étrangère 3959/d'honneur 5931 ; par ~s 910, 4089.
**législat|eur** *n. m.* 2863 II, 4375 II. **~if, ive** *adj.*, **~ion** *n. f.*, **~ive** *n. f.* 2863 ; **~if** (élections) 5580, (pouvoir) 2863 II.
**légiste** *n. m.* = JURISTE 1317 ● *adj.* (médecin) 2863.
**légitim|e** *adj.*, **~ité** *n. f.* 2863, 4375 ; **~e** (enfant) 1333. **~er** *tr.* 2863 ; ~ une conduite 353 II.
**legs** *n. m.* 710, 5952 ; ~ pieux *Isl.* 1153, 5995.
**léguer** *tr.* 5894 IV, 5952 IV.
**légum|e** *n. m.* 527, 1561. **~ineuses** *n. f. pl.* 2704, 4240.
**leitmotiv** *n. m.* 4817.
**lendemain** *n. m.* 3734, 6089 ; être sans ~ 2478 ; du jour au ~ 3218.
**léni|fiant, e** *adj.* 2611 II. **~fier** *tr.* 2611 II, 5667 II. **~tif, ive** *adj.*, *n. m.* 5667 II.
**lent, e** *adj.*, **~eur** *n. f.* 230 V, 477 ; ~ (démarche) 5830, (esprit) 835 ; agir avec **~eur** 5210 V.
**lente** *n. f.* 3033.
**lenteur** → LENT.
**lent|iculaire** *adj.*, **~icule** *n. f.*, **~ille** *n. f.* 3477 ; **~ille** d'eau 3301.
**lentisque** *n. m.* 5101.
**léopard** *n. m.* 4082 ; ~ d'Afrique 4505 ; tenue ~ 2160.
**lépidoptères** *n. m. pl.* 1233.
**lépisme** *n. m.* 4792.
**lèpre** *n. f.* 378, 939.
**lépreux, euse** *adj.*, *n.* 378, 939 ; (murs) 526 II.
**lequel, laquelle, lesquels, lesquelles** *pron. rel.* = QUI 178 ● *pron. interr.* 262.
**les** *art. déf. pl.* 174.
**lesbi|anisme** *n. m.*, **~enne** *n. f.* 2485 III.
**léser** *tr.* qqn 3224 IV, 3725/des intérêts 63 IV/un organe 952.
**lésiner** *intr.* 2812, 3258 ; ~ sur 3335 II.
**lésion** *n. f.* 63 IV, 3224.
**lessiv|age** *n. m.*, **~e** *n. f.*, **~er** *tr.* 3771. **~euse** *n. f.* 408, 4183.
**lest** *n. m.* 835, 3046. **~age** *n. m.*, **~er** *tr.* 835 II, 3046 II.
**leste** *adj.* 2091, 4660.
**lester** → LEST.
**létharg|ie** *n. f.*, **~ique** *adj.* 1618, 3886 ; *Méd.* 2431.
**lettre** *n. f.* 1238, 2078 ; ~ d'amour 3759/de charge 2571/de change 4652/de crédit 1568/d'introduction 1568/ouverte 1568 ; à la ~ 4642, 5423 ; la ~ et l'esprit 4860 ; rester ~ morte 1151. **~s** *n. f. pl.* 55 ; ~ de créance 5907 ; homme de ~ 55.
**lettré, e** *adj.*, *n.* 55.
**leucém|ie** *n. f.*, **~ique** *adj.*, *n.* 660 IX.
**leuco|cyte** *n. m.* 4567. **~plasie** *n. f.* 4240 V.
**leur, leurs** *adj.*, *poss.*, *pron. poss.* 5759, 5775.
**leurr|e** *n. m.*, **~er** *tr.* 1474, 3744 ; *Class.* 2180. **se ~er** 1474 VII, 3744 VIII.
**levage** *n. m.* 2149.
**levain** *n. m.* 1613.
**levan|t** *n. m.*, **~tin, e** *adj.*, *n.* 2866.
**levée** *n. f.* 2149 ; ~ de boucliers 5045 V/du courrier 1062/d'écrou 2475/des impôts 899.
**1. lever** *tr.* 2149 ; ~ une armée 1082 II/le camp 3394/les couleurs 5424/l'étendard de la révolte 2149/les impôts 899, 1289 II/le masque 4394/les obstacles 2392 IV/le pied 1021 IV/un plan 2079, 5956/une saisie 4040/les scellés 5377/la tête 2149/son verre 5340/le voile 4595, 4779 ; ne pas ~ le petit doigt 2611 ● *intr.* (plante) 5267, 5571 ; (pâte) 1613 II. **se ~** 4426, 5571, 5995 ; (jour) 3355 ; (lune) 4361 IV ; (soleil) 432, 2866 IV ; (temps) 3114 ; (vent) 5638.
**2. lever** *n. m.* 5571 ; ~ du jour 3355/du soleil 432, 2866 IV.

**levier** *n. m.* 2149 : **~**s de commande *Fig.* 1789, 2342, 4341.
**levraut** *n. m.* 1514.
**lèvre** *n. f.* 2918 : ~ de la brebis 2176/du chameau 2911/du cheval 910 : ~s d'une plaie 1305 : qui a les ~s épaisses 384 : être sur toutes les ~s 975, 1875 : tremper ses ~s dans 2089 : il y a loin de la coupe aux ~s 2802.
**levrette** *n. f.* 2638.
**lévrier** *n. m.* 5645 : ~ arabe 2638.
**levure** *n. f.* 1613.
**lexème** *n. m.* 4860.
**lexico|graphe** *n.*, **~graphie** *n. f.* 3469 IV, 4855. **~logie** *n. f.* 3627.
**lex|ie** *n. f.* 4860. **~ique** *n. m.* 3469 IV, 3935 IV, 4140.
**lézard** *n. m.* 3203, 3579.
**lézard|e** *n. f.* 2922, 3067. **~er** *tr.* 2922 II, 3067 II.
**liaison** *n. f.* 1986, 3624, 5949 : ~ aérienne 1566/amoureuse 3759/chimique 5949/postale 1160/téléphonique 5949 VIII : être en ~ avec 5949 VIII.
**liane** *n. f.* 2637 V, 3502.
**liant** *n. m.* 4808, 4949.
**liasse** *n. f.* 3207, 3251 IV : ~ de journaux 1986/de billets 2070.
**libanais, e** *adj.*, *n.* 4770.
**libation** *n. f.* 2842, 5699 IV.
**libell|e** *n. m.*, **~iste** *n. Litt.* 5665.
**libell|é, e** *adj.*, *n. m.* 5423. **~er** *tr.* 1219 II, 4494.
**libelliste** → LIBELLE.
**libellule** *n. f.* 6074.
**liber** *n. m.* 4799.
**1. libéral, e, aux** *adj.*, *n.*, **~isme** *n. m.* 1218 : ~ *Fig.* 2655 VI, 2718 VI. **~isation** *n. f.*, **~iser** *tr.* 1218 II. **se ~iser** 1218 V.
**2. libéral, e, aux** *adj.*, *n.*, **~ité** *n. f.* (générosité) 1114, 2502, 4561 : donner avec **~ité** 989 IV. **~ités** *n. f. pl.* 385 V, 5678.
**libéralisme** → LIBÉRAL 1.
**libéralité** → LIBÉRAL 2.
**libér|ateur, trice** *adj.*, *n.* 1218 II, 5511 IV. **~ation** *n. f.*, **~er** *tr.* 1218 II, 3929 IV : vitesse de **~ation** *Phys.* 3448 VIII : **~er** sa conscience 2220 IV/ses instincts 3357 IV/qqn d'une dette 355 IV/un prévenu 2524/un soldat 2524 II. **~atoire** *adj. Dr.*, *Fin.* 1218 II. **se ~er** 1218 V : *Fig.* 3357 IV : ~ de l'attraction terrestre 3448 VIII/d'une dette 2503 II/d'un rendez-vous 3956 V.
**libertaire** *n.*, *adj.* 620 IV.
**liberté** *n. f.* 1218 : ~ de choix 1655/de langage 3079/de mœurs 1773/provisoire 3929 IV : mettre en ~ 1605 IV, 2524 ; mise en ~ 3357 IV : prendre la ~ de 62, 2655 : rendre la ~ 3357 IV : prendre des ~s avec qqn 998 VI/avec un texte 3086 V.
**libertin, e** *adj.*, **~age** *n. m.* 1601, 3897, 5651 V.
**libidineux, euse** *adj.*, *n.*, *Litt.* 2796, 2988, 3814.
**libido** *n. f.* 2796.
**librair|e** *n.*, **~ie** *n. f.* 4494.
**libre** *adj.* 1218, 4016 : (pays) 4337 X : (place) 1605, 2908 : (traduction) 3086 V : (ville) 2904 : ~ arbitre 1655, 4184/pensée 1859/penseur 4791 IV : à l'air ~ 3357 : avoir le champ ~ 1108, 1605 : donner ~ cours à 3649 : ~ à vous de 1655.
**libyen, enne** *adj.*, *n.* 4933.
**lice** *n. f.* 1335, 3256, 5240 : entrer en ~ 1648.
**licenc|e** *n. f.* 1118 IV : *Enseign.* 4940 : *Litt.* 620 IV : ~ d'exploitation 2040/poétique 1118 : accorder une ~ 3079 II. **~ié, e** *adj.*, *n.*, *Comm.* 3506 VIII : *Enseign.* 4953 : ~ ès lettres 1118 IV.
**licenci|ement** *n. m.*, **~er** *tr.* 2143, 2524 II, 3086.
**licencieux, euse** *adj.* 1773, 2796 : (conduite) 620 IV : (propos) 347 : (vie) 3990.
**lichen** *n. m.* 1252, 4590.
**lichette** *n. f.* de pain 814.
**licite** *adj.* 1118, 1333, 2863 : rendre ~ 620 IV.
**licou** ou **licol** *n. m.* 2082, 3087.
**licorne** *n. f.* 1231.
**lie** *n. f.* 847 : ~ de la société 2063. **~-de-vin** *adj.*, *n. inv.* (couleur) 1613.
**liège** *n. m.* 4067.
**lien** *n. m.* 1986, 3603, 4431. **~s** *n. m. pl.* 3103 : ~ d'amitié 3519/familiaux 4985/de parenté 134, (par les femmes) 3164/du passé 3803/du sang 2036, 4198.
**lier** *tr.* 1986, 2827, 5949 : ~ amitié 3071 III/en bottes 1257. **se ~** avec qqn 3071 III/par un serment 4817 VIII.
**lierre** *n. m.* 3549, 4767.
**liesse** *n. f.* 3933.
**lieu** *n. m.* 4426, 4719, 5956 : haut ~ *Fig.* 3633 : ~ d'aisances 648, 2032/commun 3324/dégagé 3984/de naissance 1962/d'origine 2590/de passage 5036/de résidence 4196/saint 2386/sûr 1229, 3559 VIII/de séjour 4196 X : avoir ~ 5994, (discussion) 975, (événement) 1197, (réunion) 4719 : avoir tout ~ de 1603 : donner ~ à 3947 IV, 3982 IV : tenir ~ de 1332, 5580 : il y a ~ de, il n'y a pas ~ de 1781 : ce n'est pas le ~ de 1125 : s'il y a ~ 1401, 4296 VIII : en dernier ~ 50 : au ~ de 339/de, que 3688/que 1436 : ~x saints 526/de plaisir 1332 : en tous ~x 3169 : sur les ~x *Jur.* 3700.
**lieue** *n. f.* 3944 : à cent ~s de 2034.
**lieuse** *n. f. Techn.* 1257, 1986.
**lieutenant** *n. m.* 4817 III : ~ de vaisseau 5505 : ~ général 3959. **~-colonel** *n. m.* 4186 II.
**lièvre** *n. m.* 92, 4418.
**ligament** *n. m.* 1986.
**ligatur|e** *n. f.*, **~er** *tr.* 1986, 3254.
**lignage** *n. m.* 1166, 5389.
**ligne** *n. f.* 1566, 2552 : ~ brisée 4583 VII/de conduite 5564/de départ 3357 VII/de flottaison 3693/de la main 2514/de mire 2504/d'opération 3644/de partage des eaux 4261/de pêche 1661 : entrer en ~ de compte 1262 : monter en ~ 4169 III : en droite ~ 454 III : hors ~ 4993 : sur toute la ~ 3393 : première ~ *Mil.* 4186 II.
**lignée** *n. f.* 2615, 5318, 5400.
**lign|eux, euse** *adj.*, **~ification** *n. f.*, **se ~ifier** 1536 XII, 4942.
**ligoter** *tr.* 5851 IV.
**ligu|e** *n. f.* 1986, 3552 : Ligue arabe 1062. **se ~er** 1342 VI, 4498 V, 5866 VIII.
**lilas** *n. m.* 4946.
**liliacées** *n. f.* 2359.
**lilliputien, enne** *adj.*, *n.* 4250, 5477.
**lima|ce** *n. f.* 433. **~çon** *n. m.* 1340.
**lim|age** *n. m.*, **~e** *n. f.*, **~er** *tr.* 364 : **~e** à ongles 1746 II.
**limaille** *n. f.* 364, 4214.
**limb|aire** *adj.*, **~e** *n. m.* 5431.
**lim|e, ~er** → LIMAGE.
**limier** *n. m.* 3236.
**liminaire** *adj.* 3884 VIII.
**limit|atif, ive** *adj.*, **~ation** *n. f.*, **~er** *tr.* 1194 II ; **~ation** des naissances 5400 : **~er** les abus 2272/les dépenses 1579 II/les libertés 4431 II/les pouvoirs 1286. **se ~er** à 1286 VII, 4283 VIII, 4622 VIII.
**limite** *n. f.* 1194, 5577 ; ~ d'un pays, 692 : dans la ~ de 5452.
**limité, e** *adj.* 1194 : pour une durée **~e** 2676 II.
**limiter** → LIMITATIF.
**limitrophe** *adj.* 692 III.
**limog|eage** *n. m.*, **~er** *tr.* 3528, 4444 IV.
**limo|n** *n. m.*, **~neux, euse** *adj.* 3370, 3761.
**limonade** *n. f.* 4948.
**limoneux** → LIMON.
**limpid|e** *adj.*, **~ité** *n. f.* 2909 : **~e** (air) 5529, (ciel) 3114, (eau) 4203, (explication) 1047, (idée) 2233, (raisonnement) 5954.
**lin** *n. m.* 4500.
**linceul** *n. m.* 4620.
**linéaire** *adj.* 1566.
**ling|e** *n. m.*, **~ère** *n. f.*, **~erie** *n. f.* 660.
**lingot** *n. m.* 2451 ; ~ d'argent 5512.
**lingu|al, e, aux** *adj.*, **~iste** *n.*, **~istique** *adj.*, *n. f.* 4821, 4855.
**liniment** *n. m.* 2208, 5043.
**linoléum** *n. m.* 2959 II.
**linotte** *n. f.* 729, 2326.
**linteau** *n. m.* 2609, 4785.
**lion** *n. m.* 113, 4935 ; ~ de mer 3466, 4038. **~ceau** *n. m.* 2799. **~ne** *n. f.* 4771.
**lippe** *n. f.* 2910.
**liquéf|action** *n. f.*, **~ier** *tr.* 1949 II, 2765 II. **se ~ier** 2765.
**liqueur** *n. f.* 2842 ; *Chim.* 2765.
**liquid|ateur, trice** *adj.*, *n.*, **~ation** *n. f.*, **~er** *tr.* 3114 II ; **~er** un compte 2744 II/une dette 2503 II/un travail 3956.
**liquid|e** *n. m.*, *adj.*, **~ité** *n. f.* 2765 ; **~e** séminal 5200/synovial 2334 ; **~ités** *Fin.* 2098.
**liquider** → LIQUIDATEUR.
**1. lire** *n. f.* 4937.
**2. lire** *tr.* 4197 ; ~ le Coran 758/dans les traits 5931 V. **se ~** sur le visage 2079 VIII.
**liseron** *n. m.* 4767.

# M

**M.** *abrév.* = MONSIEUR 2726.
**ma** *adj. poss. fém.* 6040.
**maboul, e** *adj., n. Pop.* 5644.
**macabre** *adj.* = LUGUBRE 1649 IV; danse ~ 5216.
**macadamiser** *tr.* 3429 II.
**macaque** *n. m.* 4973.
**macaronis** *n. m. pl.* 5155.
**macér|ation** *n. f.*, **~er** *tr.* 5522; *Myst.* 4271 V, 5216 IV.
**mâche** *n. f.* 1529, 5462.
**mâchefer** *n. m.* 1448.
**mâcher** *tr.* 3626, 5106; ~ la besogne *Fig.* 4873 II/le métal *Techn.* 4214.
**machin, e** *n. Fam.* (qqch) 3012; (qqn) 3632, 4066.
**machinal, e, aux** *adj.*, **~ement** *adv.* 253, 3589.
**machination** *n. f.* 200 III, 1755, 4725.
**machin|e** *n. f.*, **~iste** *n.* 253, 5157; **~e** à calculer 1262/à écrire 4494/de guerre 5191/à laver 3771. **~isme** *n. m.* 253.
**mâchoire** *n. f.* 4040.
**mâchonner** *tr.* 3242; ~ des injures 5137.
**macis** *n. m.* 440.
**maçon** *n. m.*, **~ner** *tr.*, **~nerie** *n. f.* 599.
**macramé** *n. m.* 1513 II.
**macre** *n. f.* 4650.
**macreuse** *n. f. Ois.* 475.
**macro-analyse** *n. f.* 4626.
**macrocosme** *n. m.* 3629, 4719.
**macroscélide** *n. m.* 3202.
**maculer** *tr.* 4829 II, 5924 II. **se** ~ 5924 V.
**madame** *(pl. mesdames) n. f.* 2726, 5635.
**mademoiselle** *(pl. mesdemoiselles) n. f.* 221.
**Madone** *n. f.* = la VIERGE 3485.
**madras** *n. m.* 4215.
**madré, e** *adj., n.* = ROUÉ 5152.
**madrépor|es** *n. m. pl.*, **~ien, enne** ou **~ique** *adj.* 5039.
**madrier** *n. m.* 1536, 2144.
**maestria** *n. f.* 110, 5205.
**maffia** *n. f. Fig.* 3552.
**magasi|n** *n. m.* 685, 1527. **~nage** *n. m.*, **~nier** *n. m.* 1527.
**magazine** *n. m.* 1024.
**mage** *n. m.* 2482, 4999.
**maghrébin, e** *adj., n.* 3747.
**magi|cien, enne** *n.*, **~e** *n. f.*, **~que** *adj.* 2164, 2482; figure **~que** 3353.
**magistère** *n. m.* 110.
**magistral, e, aux** *adj.* 5205; (cours) 110; (idée) = GÉNIAL 3435.
**magistra|t** *n. m.*, **~ture** *n. f.* 4296, 5580; **~t** instructeur 1317 II.
**magma** *n. m.* 5001; *Géol.* 3164.
**magnanim|e** *adj.*, **~ité** *n. f.* 1352, 2675, 2987.
**magnat** *n. m.* 4301, 4481.
**magnés|ie** *n. f.*, **~ium** *n. m.* 5140.
**magnét|ique** *adj.*, **~isation** *n. f.*, **~iser** *tr.*, **~iseur, euse** *n.*, **~isme** *n. m.*, **~o** *n. f.*, **~omètre** *n. m.* 5138, 5139; **~isme** *Fig.* 933.
**magnéto|phone** *n. m.*, **~scope** *n. m.* 2473 II.
**1. magnificence** *n. f.* (générosité) 1025.
**2. magnifi|cence** *n. f.*, **~que** *adj.* 2231, 3914; **~que** (fête) 3911, (projet) 603, (spectacle) 602, (succès) 3578, (tissu) 2381. **~er** *tr.* 3578 II, 4996 II.
**1. magot** *n. m. Zool.* 2831.
**2. magot** *n. m.* = TRÉSOR 4675.
**magyar, e** *adj., n.* 4998.
**maharadjah** *n. m. inv.* 5207.
**mahd|i** *n. m.*, **~iste** *adj., n.* 5678.
**mahométan, e** *adj., n.* 1361 II.
**mai** *n. m.* 264, 4984.
**1. maigr|e** *adj., n.* **~eur** *n. f.*, **~ir** *intr.* 3256, 5334, 5719; **~e** (jour) 3185, (salaire) 5956 VI, (vache) 3464; faire **~e** 2322.
**2. maigre** *n. m. Poiss.* 4913.
**mail|le** *n. f.* 1346, 2290; ~ d'un tricot 2528; avoir ~ à partir avec 1602 III, 5377 III; passer entre les ~s 3708. **~er** *tr.* 1159.
**maillet** *n. m.* 2067; *Sport.* 3225.
**maillon** *n. m.* 1346.
**maillot** *n. m.* 2546, 4762.
**main** *n. f.* 6063; à ~ armée 2624; ~ courante 2694; coup de ~ (aide) 3694, (attaque) 3842; de ~ de maître 2937; homme de ~ 38; la ~ dans le sac 4762 V; de ~ en ~ 1881 VI, 5724 VI; forcer la ~ 4254; avoir la haute ~ sur 2760; avoir la ~ heureuse 5986 II; demander la ~ 1569; faire ~ basse 5562; se faire la ~ 5048 V; mettre la ~ à la pâte 454 III, 5048 III; mettre la ~ sur qqch 3454, qqn 4153; mettre la dernière ~ à 4892; perdre la ~ 3682; prendre en ~ 1680 II, 3448; de première ~ 5926; de seconde ~ (voiture) 3644 X; en sous-~ 2514; sous la ~ 3086 V; tendre une ~ secourable 5020; en un tour de ~ 4890; remettre son sort entre les ~s de 4341; en venir aux ~s 2798 VIII; des deux ~s *Fig.* 4161; entre les ~s de 2630; les ~s libres 3086 V; les ~s vides 2022; battre des ~s 3111 II.
**main-d'œuvre** *n. f.* 6063.
**main-forte** *n. f.* : prêter ~ 2559 III.
**mainlevée** *n. f.* 1184, 2149, 4040.
**mainmise** *n. f. Dr.* 1184, 3066 III; *Fig.* 2760, 6019 X.
**mainmorte** *n. f.* : bien de ~ 1153.
**maint, e** *adj. indéf.* 3474, 4503; à **~es** reprises 3855.
**maintenance** *n. f.* 3187.
**maintenant** *adv.* 256; ~ et à jamais 251.
**maint|enir** *tr.*, **~ien** *n. m.* 799 II; **~enir** sa candidature 164 II/à distance 4611/en l'état 529 IV/l'ordre 1311. **se ~enir** 529, 799, 3412; ~ en bonne santé 3187.
**1. maintien** → MAINTENIR.
**2. maintien** *n. m.* 3419, 5808; ~ grave 5993.
**mair|e** *n. m.*, **~ie** *n. f.* 549, 1655 VIII; *Égypt.* 3639.
**mais** *conj.* 538, 3855, 4883, 5117.
**maïs** *n. m.* 1925.
**maison** *n. f.* 648, 1875, 5382; ~ d'arrêt 1153, 2475/civile 1280/close, de passe, de tolérance 4956/de commerce 106 II, 1332/de correction 3129 IV/de fous 2920 X/de jeu 4361, 5365/mère 1962, 2170/de rapport 3801 X/de repos 5316 VIII/royale 114, 3691/de santé 2920 X; gens de ~ 1475; M~-Blanche 648.
**maître, maîtresse** *n.* 1970, 2726,

3054; (en s'adressant à un intellectuel) 110; ~-assistant 110/auxiliaire 2559 III/des cérémonies 2865 II/chanteur 427 VIII/d'école 1741 II, 3627 II/d'hôtel 1963/de maison 1970/nageur 2434/de soi 5078 X; coups de ~ 3225; passer ~ dans 734 IV, 1114 IV; rendre ~ de 2630 II; se rendre ~ de 6019 X; rester ~ de 3209; charbonnier est ~ chez soi 2630.
**1. maîtresse** → MAÎTRE.
**2. maîtresse** *n. f.* (amante) 1590, 3549.
**maîtris|e** *n. f.*, **~er** *tr.* 2760, 3209; avec **~e** 734 IV, 1328 IV; **~e** des mers 2726/du pouvoir 2630/de soi 1986, 3045; **~er** un art 1114 IV/sa colère 4475/les difficultés 3805 V/les prix 1328 V/un problème 5158 V/une technique 1328 IV. **se ~er** 2760, 5177 VI.
**majest|é** *n. f.*, **~ueux, euse** *adj.* 1025; *Fig.* 3578, 5809; Sa **M~é** 2675, 3054; **~ueux** (arbre) 1872.
**1. majeur** *n. m. Anat.* 5926.
**2. majeur, e** *adj., n. Jur.* 565, 2087.
**3. majeur, e** *adj.* (événement) 4481, 5760; la **~e** partie 3578 IV.
**majeure** *n. f. Log.* 4186 II, 4481.
**major** *n. m. Mil.* 2223, 5505; ~ général 4930; médecin-~ 252; sergent-~ 2155.
**major|ation** *n. f.*, **~er** *tr.* 2399.
**majordome** *n. m.* 4402.
**majorer** → MAJORATION.
**majorit|aire** *adj., n.*, **~é** *n. f.* 3805, 4503; la **~é** 3578 IV.
**1. majorité** → MAJORITAIRE.
**2. majorité** *n. f. Dr.* 565, 2087.
**1. mal** *adv.* : ~ à l'aise 3274, 4350; ~ augurer de 5858 V; ~ intentionné 5608/élevé 5680 II/vu 4161; ~ dans sa peau 1239 VII; c'est ~ 1247; aller ~ (qqn) 2722, (qqch) 103 V; faire ~ qqch 2722 IV; être au plus ~ 2865 IV; prendre ~ 1372, 2722 VIII; se sentir ~ 1873, 3733; se trouver ~ 3774.
**2. mal, maux** *n. m.* 63, 2840, 5049; ~ de l'air 1666/d'amour 1132/blanc 1708/de cœur 3733/de mer 1875/du pays 1378/de Pott 2616/du siècle 1666/de tête 3067/au ventre 5859; avoir du ~ à 2922, 3090; combattre le ~ par le ~ 1794, 2039; faire ~ à 105 IV; faire du ~ 63 IV, 2722 IV; faire le ~ 35; rendre le ~ pour le ~ 2840; de ~ en pis 2722; il n'y a pas de ~ 290, 1226; ne voir aucun ~ à 3270; vouloir du ~ à qqn 3256 IV; de deux maux il faut choisir le moindre 3224; aux grands maux les grands remèdes 4721.
**malabar** *adj., n. m. Pop.* 3645.
**malachite** *n. f.* 1868.
**malacie** *n. f. Pathol.* 5870.
**malad|e** *adj., n.*, **~ie** *n. f.* 3618, 5049; rendre **~e** 5049 IV; **~ie** chronique 5945/de foie 4478/rebelle 1666; faire une **~ie** de *Fam.* 3274; simuler une **~ie** 5049 VI. **~if, ive** *adj.* 2596, 3260; (curiosité) 5049.
**maladr|esse** *n. f.*, **~oit, e** *adj., n.* 1512; *Fig.* 2128, 2654; **~oit** (expression) 835.
**malais, e** *adj., n.* 4976.
**malaise** *n. m. Méd.* 1239 VII, 2304 VII; *Fig.* 3212; avoir un ~ = DÉFAILLIR 3773, 3829 IV.
**malaisé, e** *adj.* 724 IV, 2922, 3537.
**malandrin** *n. m.* 4824.
**malappris, e** *adj., n.* 5990.
**malaria** *n. f.* 5165, 5522 X.
**malavisé, e** *adj., n.* 3398.
**malax|age** *n. m.*, **~er** *tr.* 1823, 3471; **~er** du ciment 892/de la pâte 1777. **~eur, euse** *adj., n. m.* 892, 3471.
**malchanc|e** *n. f.*, **~eux, euse** *adj., n.* 327, 2722, 5534; jouer de **~e** 1301; poursuivi par la **~e** 5329; par **~e** 3355.
**malcommode** *adj.* 28 III.
**mâle** *adj., m.* 1934; (caractère) 5037; (voix) 2025.
**malédiction** *n. f.* 4847; ~ ! 3169 IV.
**maléfi|ce** *n. m.* 63 IV. **~que** *adj.* 2840.
**malencontreux, euse** *adj.* 2777, 3611 III, 5329.
**malentendu** *n. m.* 4085 VI.
**malfaçon** *n. f.* 3698.
**malfais|ance** *n. f.*, **~ant, e** *adj.* 63 IV, 2722 IV, 2840; **~ant** (influence) 3224.
**malfaiteur** *n. m.* 966 IV.
**malfamé, e** *adj.* 2241 IV.
**malformation** *n. f.* 2722, 3009 V.
**malgré** *prép.* 2137, 4719; ~ que 650, 3634; ~ soi 3648, 4566.
**malheur** *n. m.*, **~eux, euse** *adj.* 726, 2927; ~ (catastrophe) 246, 3899, (épreuve) 573; ~ à lui 6039; arriver ~ à 3169 IV; par ~ 2722; porter ~ 1026, 2777; jouer de ~ 1301; quel ~ ! 118; **~eux** (air) 124, 1258 IV, (candidat) 4002, (événement) 118 IV, (jour) 5329, (mot) 1370; c'est **~eux** ! 1265. **~eux, euse** *adj., n.* 290, 2614.
**malhonnêt|e** *adj., n.*, **~eté** *n. f.* 4426 X.
**malic|e** *n. f.*, **~ieux, euse** *adj., n.* 2496, 5152; **~ieux** (enfant) 3584, (sourire) 1448.
**malignité** *n. f.* 5152.
**malin, igne** *adj., n.* 1870, 2882, 5152; ~ (enfant) 3584; à ~, ~ et demi 2112, 3180; ce n'est pas ~ *Fam.* 445; l'esprit ~ *Litt.* 2840; le M~ 2840, 3022; tumeur **~igne** 1448.
**malingre** *adj.* 3329, 5334, 5719.
**malikite** *adj., n.* 5177.
**malle** *n. f.* 1319, 3152; faire ses **~s** 1257, 2827.
**mallé|abilité** *n. f.*, **~able** *adj. Techn.* 3324, 5060; **~able** (caractère) 4949, (enfant) 3390, (tempérament) 2627.
**malmener** *tr.* 3644 III, 3666 II.
**malnutrition** *n. f.* 3743 II.
**malodorant, e** *adj.* 4566.
**malotru, e** *n., adj.* 1040, 3835, 4024.
**malpoli, e** *adj., n.* 5680 II.
**malpropr|e** *adj., n.*, **~eté** *n. f.* 4189, 5313.
**malsain, e** *adj.* 5875; (air) 3224 IV; (ambiance) 3984 IV.
**malsé|ance** *n. f.*, **~ant, e** *adj.* 4943.
**malsonnant, e** *adj.* 4943.
**maltais, e** *adj., n.* 4975.
**malthusi|anisme** *n. m.*, **~en, enne** *adj., n.* 4974.
**maltraiter** *tr.* 2722 IV, 3415, 3644 III.
**malvacées** *n. f. pl.* 1451.
**malveill|ance** *n. f.* 1448, 2722. **~ant, e** *adj., n.* (personne) 1320; (propos) 2722 IV.
**malversation** *n. f.* 427 VIII, 1597 VIII.
**maman** *n. f.* 5625; = MÈRE 194.
**mamelle** *n. f.* 810, 3231; enfant à la ~ 2107.
**mamelon** *n. m. Anat.* 1350; *Géogr.* 851, 1995.
**mamelouk** *n. m.* 5177.
**mamm|aire** *adj.*, **~ifère** *adj., n. m.* 810, 3231.
**mammouth** *n. m.* 4978.
**manager** *n. m.* 1875 IV, 5458 II.
**1. manche** *n. f.* de chemise 4649/à incendie 1505; une autre paire de **~s** *Fam.* 2802; retrousser ses **~s** 2559.
**2. manche** *n. f. Sport.* 1875, 2998.
**3. manche** *n. m.* 4153; ~ à balai 3560/de couteau 5078/d'outil 6063.
**manchette** *n. f.* 2058, 2368; *Sport.* 2559; = TITRE (journal) 3674.
**manchon** *n. m.* 3974.
**1. manchot, e** *adj., n. Méd.* 4310, 4495.
**2. manchot** *n. m. Ois.* 3315.
**mandant, e** *n.* 4095 II, 5952 II.
**mandarin** *n. m. Fig., Iron.* 1096, 4018.
**mandarin|e** *n. f.*, **~ier** *n. m.* 4948, 6087.
**manda|t** *n. m.*, **~taire** *n.*, **~ter** *tr.* 4095 II, 6009 II; **~t** *Hist.* 5356 VIII, *Polit.* 6019; **~t** de paiement 62, 1420/d'amener, d'arrêt 1933 II; **~ter** de l'argent 1420.
**mand|ement** *n. m.*, **~er** *tr.* 1294 X, 1781 X; on **~e** de 3627.
**mandibule** *n. f.* 4040; ~ des insectes 128/des oiseaux 153.
**mandragore** *n. f.* 4859, 6053.
**mandrill** *n. m.* 6081.
**manège** *n. m.* = HIPPODROME 3256; *Fig.* 4725, 5589.
**mânes** *n. m. pl.* 5216.
**manette** *n. f.* 4153, 6063.
**mangeable** *adj.* 172.
**mangeoire** *n. f.* 1951, 3622.
**mang|er** *tr.* et *intr.*, *n. m.* 172, 3330; donner à ~ 3330 IV; ~ à sa faim 2795/gloutonnement 4907 VIII; *Fig.* ~ du lion 2448/ses mots 5137/de la vache enragée 4262 III; ~ des yeux 4870 V. **~eur, euse** *n.* 172.
**mangonneau** *n. m. Hist., Mil.* 1092, 5191.
**mangouste** *n. f. Zool.* 5551; ~ d'Égypte 3871.
**mangu|e** *n. f.*, **~ier** *n. m.* 215, 5190.
**mani|abilité** *n. f.*, **~able** *adj.* 2627; **~able** (personne) 3390, 5048.
**maniaque** *adj., n.* 5793.

**méridien** *n. m. Astron., Géogr., Math.* 1566. **~, enne** *adj.* 5656. **~ne** *n. f.* 4444.
**méridional, e, aux** *adj., n.* 1073, 5656.
**mérinos** *n. m.* 3202, 5063.
**mérit|ant, e** *adj.* 1317 X, 2934, 4015. **~e** *n. m.* 1304, 4015, 4184. **~er** *tr.* 1317 X; ~ de 233 V, 922. **~oire** *adj.* 922; (effort) 1361; (œuvre) 2934.
**merle** *n. m.* 2817; ~blanc 224, 3559; ~ bleu 1697.
**merops** *n. m.* 5912.
**merveill|e** *n. f.,* **~eux, euse** *adj.* 2231, 3460, 3747; c'est une **~e!** 260; faire **~e** 338 IV.
**mes** *adj. poss. pl.* 6040.
**mésange** *n. f.* 4230.
**mésaventure** *n. f.* 1197, 5534.
**mesdames** *n. f. pl.* → MADAME; ~ et messieurs 2726.
**mesdemoiselles** → MADEMOISELLE.
**mésentente** *n. f.* 933 VI, 1602 III, 2722.
**mésestimer** *tr.* 330, 1579 X.
**mésintelligence** *n. f.* 4085 VI.
**mesquin, e** *adj.,* **~erie** *n. f.* 1530, 1851, 3098.
**mess** *n. m. Mil.* 3330.
**messag|e** *n. m.* 565, 2078; *Fig.* 3767. **~er, ère** *n.* 2078.
**messe** *n. f.* 4185.
**mess|ianique** *adj.,* **~ianisme** *n. m.,* **~ie** *n. m.* 5073.
**messieurs** *n. m. pl.* → MONSIEUR.
**mesur|e** *n. f.,* **~er** *tr.* 4437, 5921; **~e** administrative 1680 II/de grains 3180/de prévoyance 5930; juste **~e** 3479 VIII; dans une large **~e** 5029; dépasser la **~e** 3337 II; donner sa **~e** 799 IV, 4184; être en **~e** de 5158 IV; ne pas être en **~e** de 3274; mettre en **~e** de 5158 II; passer la **~e** 1194; à **~e** que 4626; dans la **~e** de 4184; au fur et à **~e** 3012, 4184; par **~e** de 2454; sans **~e** 1194; **~er** l'étendue des dégâts 4184 II/les grains 4732/la profondeur 2439/la nourriture 4375 II. **se ~er** à, avec 425 III, 998 VI; ~ les uns avec les autres 834 VI.
**mesuré, e** *adj.* (allure) 5458 VIII; (parole) 2071; (pas) 5921; (ton) 3479 VIII.
**mesurer, se ~** → MESURE.
**mésuser** *tr.* 2722 IV.
**métabolisme** *n. m.* 268.
**métacarp|e** *n. m.,* **~ien, enne** *adj., n. m.* 2702, 5089.
**mét|airie** *n. f.* **~ayage** *n. m.,* **~ayer, ère** *n.* 165 III, 2294 III.
**métal, aux** *n. m.,* **~lique** *adj.,* **~lisation** *n. f.,* **~liser** *tr.,* **~lurgie** *n. f.,* **~lurgique** *adj.* 3481.
**méta|langage** *n. m.,* **~langue** *n. f.* 4855. **~logique** *adj., n. f.* 4951.
**métamorphos|e** *n. f.,* **se ~er** 1420 V. **~er** *tr.* 1420 II.
**métaphor|e** *n. f.* 3702 X. **~ique** *adj.* 1118.
**métaphysique** *n. f.* 5235, 5913.
**métatars|e** *n. m.,* **~ien, enne** *adj., n. m. Anat.* 5089; *Zool.* 5967.
**métathèse** *n. f.* 4339.
**métay|age, ~er** → MÉTAIRIE.
**métazoaire** *n. m.* 1606.
**métempsycose** *n. f.* 4365 V, 5391 VI.
**météor|e** *n. m.,* **~ique** *adj.* 2979, 5616. **~ite** *n. f.* 1108, 5616.
**météorolo|gie** *n. f.* 1108. **~gique** *adj.,* **~giste** ou **~gue** *n.* 2097.
**méthane** *n. m.* 5236.
**méthod|e** *n. f.* 2618, 3324, 5564. **~ique** *adj.* 5458, 5564. **~ologie** *n. f.,* **~ologique** *adj.* 5564.
**méticul|eux, euse** *adj.* (personne) 1798; (travail) 1798 II. **~osité** *n. f.* 1798 II.
**métier** *n. m.* 1240, 3156, 5212; ~ à tapisserie 1675/à tisser 5604.
**métis, isse** *adj., n.* 1597, 5664.
**métiss|age** *n. m.,* **~er** *tr.* 1599 II, 5664 II.
**métonymie** *n. f.* 1118, 4683.
**métrage** *n. m.*: court, long ~ *Cin.* 4065; = LONGUEUR 3393.
**mètre** *n. m.* 4987; *Prosod.* 325.
**métrique** *adj.* 4987 ● *n. f.* 3504.
**métronome** *n. m.* 2535.
**métropole** *n. f.* (pays) 194; (capitale) 1295, 3559.
**métropoli|tain** *n. m. Relig.,* **~te** *n. m.* 5113. **~tain, e** *adj., n. m.* = TRAIN 4304.
**mets** *n. m.* 172, 3330.
**metteur** *n. m.* en scène 1490 IV.
**mettons** *impér.* de METTRE: ~ que *Fam.* 5637.
**mettre** *tr.,* **mise** *n. f.* 1015, 5956; **mettre** bas (femelle) 5291/ses espoirs dans 3624 II/les gaz 3140/son nez dans 1755/à bout 3956 IV/un enfant à l'école 1716 IV/à jour 760 IV/à mal 750 IV/à l'ordre du jour 1732 IV/à la retraite 1420 IV/à la terre *Électr.* 5949 II; **mettre** au point 3475 IV, *Radio.* 1877/aux enchères 3310; **mettre** en appétit 3884/en application 5489 II/en avant 1921 V/en colère 3780 IV, 3859 IV/en disponibilité 1420 IV/en eau un barrage 2908 II/en état d'arrestation 5995 IV/en éveil 6078 IV/en facteur *Math.* 3644 II/en fiches 1887 II/en gage 2209/en prison 4876 IV/en scène 1490 IV; **mettre** hors service 3573 II/sens dessus dessous 1160; en **mettre** sa main au feu *Fig.* 4260 IV; y **mettre** du sien 2719 III.
**se mettre** à 49, 1015, 2218/à genoux 2173/à table 1038/au régime 4817/au travail 454 III/en colère 3780, 3859 VIII; ~ une idée en tête 2074 IV/entre les mains de 6009 V/sur les rangs 3100.
**meubl|e** *n. m.,* **~er** *tr.* 29, 3945. **~é, e** *adj., n. m.* 3945.
**1. meule** *n. f.* d'un moulin 2037/à aiguiser 2677, 2815.
**2. meule** *n. f.* de blé 3514/de foin 4517.
**meulière** *n. f.* 1182.
**meun|erie** *n. f.,* **~ier, ère** *n.* 3302.
**meurtr|e** *n. m.,* **~ier, ère** *adj., n.* 3849 VIII, 4169; **~ier** (bataille) 3302, (combat) 1847, (épidémie) 3891. **~ière** *n. f.* 2192, 4693.
**meurtr|ir** *tr.,* **~issure** *n. f.* 2102, 4520; *Fig.* 1847 IV, 3484 II; **~ir** de coups 808 IV.
**meute** *n. f.* 2204, 2850.
**mévente** *n. f.* 4582, 6006.
**mi-** *préf.* 5429, 5926.
**miasme** *n. m.* 5875.
**miaul|ement** *n. m.,* **~er** *intr.* 5215
**mi-bas** *n. m. inv.* 5429.
**miche** *n. f.* 2135.
**mi-chemin (à)** *adv.* 5429 VIII, 5926
**mi-clos, e** *adj.* 5429.
**micmac** *n. m. Fam.* 1755, 4725.
**micocoulier** *n. m.* 5244, 5420.
**mi-corps (à)** *loc. adv.* 5429 VIII, 5926
**micro** *abrév.* de MICROPHONE.
**microb|e** *n. m.,* **~ien, enne** *adj.* **~iologie** *n. f.* 950.
**microcéphale** *adj., n.* 3095.
**microcosme** *n. m.* 3629.
**microfilm** *n. m.* 3098 II.
**micro-organisme** *n. m.* 950, 1424.
**microphone** *n. m.* 1955, 3171.
**microscop|e** *n. m.,* **~ique** *adj.* 1098.
**midi** *n. m.* 3419; *Géogr.* 1073; à ~ 2392; en plein ~ 5567; chercher ~ à quatorze heures 567, 4070 II.
**mie** *n. f.* 1450.
**miel** *n. m.,* **~leux, euse** *adj.* 3541.
**mien, enne** *pron. poss., adj. poss.*: un ~ ami 3071.
**miette** *n. f.* 3882, 4583; en **~s** 1300; mettre en **~s** 1300 II, 5726 II.
**mieux** *adv.* 1655, 4015; de ~ en ~ 1114, 1270; faire ~ de 6019; faire de son ~ 350, 3717; ce qu'il y a de ~ 1065; le ~ est de 5986; il serait ~ de 1251; il vaudrait ~ que 1148 II; je ne demande pas ~ 3395; être ~ à même de 1603.
**mieux-être** *n. m. inv.* 2152.
**mi-figue, mi-raisin** *loc. adj. Fam.* 1588.
**mignon, onne** *adj.* 3408, 4832. **~s** *n. m. pl. Hist.* 5044.
**migraine** *n. f.* 2922, 3067.
**migr|ant, e** *adj., n.,* **~ation** *n. f.,* **~atoire** *adj.* 2034 V, 5656; colonie de **~ants** 5375; **~ation** des oiseaux 4310. **~ateur, trice** *adj., n. m.* (oiseau) 2034, 4310. **~er** *intr.* 2034 V.
**mihrāb** *n. m. inv.* 1223.
**mijot|é, e** *adj.* (plat) 3281. **~er** *tr.* et *intr.* = CUIRE 3290.
**mil** *n. m.* 879.
**milan** *n. m. Ois.* 1195.
**mile** *n. m. Métrol.* 5250.
**milic|e** *n. f.,* **~ien, enne** *n.* 1230, 5182.
**milieu** *n. m.* 5429, 5926; *Fig.* 617, 1412 IV; au ~ de 3257; au beau ~ de 3504; au ~ du ciel 4478; au ~ de la journée 3419; au ~de la rue 4221. **~x** *n. m. pl.* 5926; ~ bien informés 1875/officiels 1312.
**militaire** *n. m.* 1082, 3540 ● *adj.* 1222, 3540.
**milit|ant, e** *adj., n.,* **~antisme** *n. m.,* **~er** *intr.* 1097 III, 5440 III.
**militaris|ation** *n. f.,* **~er** *tr.* 3540. **~me** *n. m.,* **~te** *adj., n.* 2219.

**mille** *adj. num. cardin. inv., n. m. inv.* 180; mettre dans le ~ 2192 ● *n. m. Métrol.* 5250.
**millénaire** *adj., n. m.* 180; (anniversaire) 1859.
**mille-pattes** *n. m. inv.* 194.
**millésime** *n. m.* 3447.
**millet** *n. m.* 879.
**milliar|d** *n. m.*, **~daire** *adj., n.* 5181.
**millier** *n. m.* 180.
**milligramme** *n. m.* 5183.
**millime** *n. m. Monn.* 5184.
**millimètre** *n. m.* 5185.
**million** *n. m.*, **~naire** *adj., n.* 5186.
**milouin** *n. m.* 3744.
**mim|e** *n. m.*, **~er** *tr.* 4341 II, 6020 IV.
**mimét|ique** *adj.*, **~isme** *n. m.* 4730 V.
**mimique** *n. f., adj.* 6020 IV.
**mimosa** *n. m.* 2699, 4164.
**minable** *adj., n.* 2010.
**min|age** *n. m.*, **~er** *tr.* 4854.
**minaret** *n. m.* 62, 3186, 5588.
**minaude|r** *intr.*, **~rie** *n. f.* 1807 II, 3832.
**minbar** *n. m.* 5272.
**minc|e** *adj.*, **~eur** *n. f.* 2091, 2154; **~e** (résultat) 2377, 3335.
**1. mine** *n. f.* 3419, 5808; bonne ~ 5439; mauvaise ~ 2813; faire ~ de 3419 VI; faire grise ~ 1104 V. 3432; ~ de rien *Pop.* 3419 VI; faire des ~s 3156 V.
**2. mine** *n. f. Mil.* 4854.
**3. min|e** *n. f.*, **~ier, ère** *adj. Industr.* 5321; richesse **~ière** 3481.
**4. mine** *n. f.* (de crayon) = GRAPHITE 2096.
**1. miner** *tr. Mil.* → MINAGE.
**2. miner** *tr.* = ÉPUISER 3260 IV; = SAPER 2306.
**minerai** *n. m.* 3481.
**minéral, e, aux** *adj., n. m.* 1055, 3481. **~ier** *n. m.*, **~ogie** *n. f.* 3481. **~isation** *n. f.*, **~iser** *tr.* 5122.
**1. mineur** *n. m.* 3481 II.
**2. mineur, e** *adj., n. Jur.* 1180, 4283.
**3. mineur, e** *adj.* (événement) 3098.
**mineure** *n. f. Philos.* 4186 II.
**1. miniatur|e** *n. f.*, **~isation** *n. f.*, **~iser** *tr.* 3098 II.
**2. miniatur|e** *n. f.*, **~iste** *n. Bx-arts.* 5559.
**minier** →MINE 3.
**minijupe** *n. f.* 2061.
**minima** → MINIMUM.
**minimal, e, aux** *adj.* 1857.
**minime** *n. Sport.* 3098 ● *adj.* (dépense) 2377; (somme) 3335.
**minimiser** *tr.* 5382 II, 5803 II.
**minimum** *(pl. minima) n. m.* 1857, 3098; avec le ~ de frais 4337.
**minist|ère** *n. m.*, **~ériel, elle** *adj.* 5916; **~ère** public 1781 VIII, 5580.
**ministre** *n. m.* 5916; ~ du culte 4251/plénipotentiaire 5356.
**minium** *n. m.* 780, 2366.
**minorité** *n. f.* légale 4283/politique 4337.
**minot|erie** *n. f.*, **~ier** *n. m.* 3302.

**minuit** *n. m.* 5429.
**minuscule** *adj., n. f.* 3098.
**minut|age** *n. m.*, **~er** *tr.* 5989 II.
**1. minute** *n. f.* 1798.
**2. minute** *n. f. Dr.* 2727 II, 5391; ~s d'un jugement 1294.
**minuter** → MINUTAGE.
**minuti|e** *n. f.*, **~eux, euse** *adj.* 1798, 4289 V, X.
**mioche** *n. Fam.* = ENFANT 3050, 6012.
**mirabilis** *n. m.* 2788.
**mirac|le** *n. m.* 260, 3460, 3463 IV. **~uleux, euse** *adj.* 3463 IV.
**mirador** *n. m.* 2155 III.
**mirage** *n. m.* 2519.
**mire** *n. f.* 2825; ligne, point de ~ 2504 II; *Fig.* 3504, 5673.
**mirer (se)** 1969 VI, 5037.
**mirifique** *adj. Fam.* (projet) 1861 IV.
**mirliton** *n. m. Mus.* 2347.
**miroir** *n. m.* 1969.
**miroit|ement** *n. m.*, **~er** *intr.* 4747 II, 4895.
**mis, e** *adj.* : ~ à part 5456; ~ en œuvre (moyens) 679 VIII; bien ~ = ÉLÉGANT 225.
**misanthrop|e** *adj., n.* 516 IV. **~ie** *n. f.* 516.
**1. mise** *n. f.* → METTRE; ~ à pied 5995 IV/à prix (enchères) 3884 VIII; faire une ~ au point 667, 5954 IV; ~de fonds 5968 II/en pages 3101/en plis 1010 II/en recouvrement 1289 II/en scène 1490 IV; ce n'est pas de ~ 4161.
**2. mise** *n. f.* (tenue) 5781.
**3. mis|e** *n. f.* (pari), **~er** *tr.* et *intr.* 2209 III.
**mis|érable** *adj., n.*, **~ère** *n. f.* 290, 726, 4034; **~érable** (argument) 1321, (condition) 2927, (famille) 2614, (vie) 3259; réduire à la **~ère** 3685 IV; les **~ères** de la guerre 6039. **~éreux, euse** *adj., n.* 4034.
**miséricord|e** *n. f.*, **~ieux, euse** *adj.* 2035, 2916; obtenir **~e** 3796.
**misogyn|e** *adj., n.*, **~ie** *n. f.* 516 IV.
**miss** *n. f.* = MADEMOISELLE 221.
**missel** *n. m.* 4185.
**missile** *n. m.* 3080, 4192.
**mission** *n. f.* 5760 IV; ~ culturelle 501/diplomatique 2078/religieuse 2078 IV; donner ~ 5356 VIII. **~naire** *n.* 455 II.
**missive** *n. f., adj. f.* 2078.
**mistigri** *n. m. Fam.* 5686.
**mit|e** *n. f.*, **~é, e** *adj.* 3453.
**mi-temps** *n. m.* 5429 ● *n. f. Sport.* 2998; (temps de repos) 2220 X.
**miteux, euse** *adj., n.* 2010.
**mitigé, e** *adj.* = ATTÉNUÉ 1579 II; *Fam.* = MÊLÉ 1599 VIII.
**mitoyen, enne** *adj.*, **~neté** *n. f.* 2867 VIII.
**mitraill|age** *n. m.*, **~er** *tr.*, **~ette** *n. f.*, **~eur** *n. m.*, **~euse** *n. f.* 2084.
**mitraille** *n. f.* = ÉCLATS 2887.
**mitral, e, aux** *adj.* : valvule ~e 4355.
**mitre** *n. f. Relig.* 382.

**mi-voix (à)** *loc. adv.* 5765.
**mix|age** *n. m.*, **~er** *tr.*, **~eur** *n. m.* 1599, 5065.
**mix|ité** *n. f.*, **~te** *adj.* 1599 VIII; commission **~te** 2867 VIII.
**mixture** *n. f.* 1599, 5065.
**MM.** *abrév.* = MESSIEURS 2726.
**1. mobile** *n. m.* (raison) 501, 1794, 3644.
**2. mobile** *adj., n. m.* 1246 V: *Fig.* 4339 V; (caractères) *Impr.* 4008 VII; (fête) 5524 VIII; (garde) 1230; (joueur) 2535; (main-d'œuvre) 5524 V.
**mobilier** *n. m.* 29, 4988. **~, ère** *adj.* 5524.
**mobilis|ation** *n. f.*, **~er** *tr.* 1082 II, 3426 II; **~er** qqn contre 5490 X.
**mobilité** *n. f.* 1246; ~ de la main-d'œuvre 5524 V.
**moche** *adj. Fam.* 3009 II, 4146.
**modal, e, aux** *adj.* 3324; *Gramm.* 3181. **~ité** *n. f.* 3324, 4730; *Mus.* 5556; **~s** d'un accord 2859 VIII/d'un contrat 1328.
**1. mode** *n. f.* 2395, 3313; à la ~ 2217, 3024; la dernière ~ 1197.
**2. mode** *n. m.* 2937, 5556; *Gramm. Mus.* 4426; ~ d'emploi 1809, 2087 IV, 3644 X/indicatif 2149/de vie 2618.
**model|age** *n. m.*, **~er** *tr.* 4730 II; **~er** un objet 892, 2937 II. **~eur** *n. m.* 3181.
**modèle** *n. m., adj.* 4993, 5561; dernier ~ 3313; ~ de vertu 260; sur le ~ de 124.
**model|er, ~eur** → MODELAGE.
**modéliste** *n., adj.* 3140 II.
**modér|ateur** *n. m.* 3479 II, 5667 II. **~, trice** *adj., n.* 1579 II. **~ation** *n. f.*, **~er** *tr.* 1579 II, 5667 II; **~ation** d'un comportement 2238 V/d'un esprit 2018/d'un jugement 3479 VIII; parler avec **~ation** 2071. **~é, e** *adj.* (paroles) 2238 V; (position) 3479 VIII. **se ~er** 1579 V, 5177.
**modern|e** *adj.* 913, 1197, 3555. **~isation** *n. f.*, **~iser** *tr.* 913 II, 1197 II. **se ~iser** 913 V. **~isme** *n. m.* 3555. **~ité** *n. f.* 913, 3555.
**1. modest|e** *adj.*, **~ie** *n. f.* 1278, 5956 VI.
**2. modeste** *adj.* (demande) 3479 VIII; (revenu) 2377; (ressources) 4337; (salaire) 3201.
**modi|cité** *n. f.*, **~que** *adj.* 3201, 4337; **~que** (prix) 2377, (quantité) 6069, (somme) 330.
**modifi|cateur, trice** *adj., n.*, **~cation** *n. f.*, **~er** *tr.* 3479 II, 3855 II; **~er** un mot 339 II/la situation 3387 II. **se ~er** 3387 V, 3855 V.
**modique** *adj.* → MODICITÉ.
**modul|ateur** *n. m.*, **~ation** *n. f.*, **~er** *tr. Radio., Mus.* 5481 II; **~er** une action 4730 II/les prix 3479 II.
**module** *n. m.* 4437; ~ lunaire 4361.
**moduler** → MODULATEUR.
**modus vivendi** *n. m. inv.* 2744 II.
**moelle** *n. f. Bot.* 4757; ~ épinière 1160; substantifique ~ *Litt.* 2263.
**moelleux, euse** *adj.* (coussin)

**mord|re** *tr.* et *intr.* 3562; (serpent) 4820, 5570; ~ à belles dents 5309/dans la vie 2882. **se ~re** les doigts de 4222. **~u, e** *n., adj. Fam.* = ENTICHÉ DE 6014.
**morelle** *n. f. Bot.* 5132.
**moresque** *adj.* : hispano-~ 107.
**morfondre (se)** 1949, 3212.
**1. morgue** *n. f.* (arrogance) 3462 II, 3789.
**2. morgue** *n. f.* = MÉDICO-LÉGAL (INSTITUT) 3289.
**moribond, e** *adj., n.* 1294 VIII, 5377 III.
**morigéner** *tr.* 5566 VIII.
**morne** *adj.* (paysage) 4449; (visage) 4634.
**moros|e** *adj.*, **~ité** *n. f.* 4449; **~e** (air) 4634, (chanson) 1258, (expression du visage) 4301 II, (mine) 1104, (paysage) 3212, (visage) 3432.
**morphine** *n. f.* 5053.
**morpholog|ie** *n. f.*, **~ique** *adj.* 3086.
**mors** *n. m.* 1396, 2938; prendre le ~ aux dents 1053.
**morse** *n. m. Zool.* 4024.
**morsure** *n. f.* 3562; ~ de serpent 4820, 5570/du froid 4211.
**1. mort** *n. f.* 5216, 5987; ~ prématurée 3433; frappé à ~ 3084; frapper qqn à ~ 2060 IV; mourir de sa belle ~ 1168; trouver la ~ 1168; avoir la ~ dans l'âme 1258; mettre à ~ 5216 IV.
**2. mort, e** *adj., n.* 5216; *Fig.* (au bridge) 3141, (langue) 4214 VII; nature ~e 3295; point ~ 3573; ne pas y aller de main ~e 4283 II; ~ au champ d'honneur 2981/pour la patrie 2454; faire le ~ 5216 VI; tomber raide ~ 900.
**mortaise** *n. f.* 3949.
**mort|alité** *n. f.* 5987. **~el, elle** *adj., n.* 4080, 5216; *Fam.* 3212 IV, 5162 IV; (blessure) 5216 IV; (coup) 4169; (dépouille) 900; (ennemi) 4806; (péché) 4481. **~ellement** *adv.* blessé 5216 IV.
**morte-saison** *n. f.* 4582.
**1. mortier** *n. m.* (ciment) 3018, 5175.
**2. mortier** *n. m.* à piler 5694.
**3. mortier** *n. m. Mil.* 1794, 5803.
**mortifi|cation** *n. f.*, **~er** *tr.* 1936 IV, 4013; **~cation** (ascétique) 4271 V, 5216 IV.
**mortuaire** *adj.* (service) 1087.
**morue** *n. f.* 3711, 4180.
**morv|e** *n. f.*, **~eux, euse** *adj.* 5017; *Vétér.* 2127.
**1. mosaïque** *adj.* (loi) 5223.
**2. mosaï|que** *n. f.*, **~ste** *n.* 3994.
**mosquée** *n. f.* 1062, 2468; ~ d'Omar 3061.
**mot** *n. m.* 4422, 4642, 4860; bon ~ 5531; gros ~ 2804; ~ grossier 1773/nouveau 6012 II/rare 2849; avoir le ~ pour rire 5066; ~ à ~ 1238; en un ~ 1551 VIII; ~ d'amour 3766 III; ~ clé 1131/d'esprit 5169/d'ordre 2893/de passe 2893; les ~s d'un texte 3935 IV; jeu de ~s 4838 VI.
**moteur, trice** *adj., n. m.* 1246 II.
**motif** *n. m.* 1309, 1781, 1794; *Bx-arts.* 3181; ~ d'étonnement 501; exposé des ~s *Jur.* 2427.
**motion** *n. f.* 4203 VIII; présenter une ~ 565.
**motiv|ation** *n. f.*, **~er** *tr.* 2427 II, 3617 II; **~ation** *Psychol.* 1794; **~er** une décision 353 II.
**moto** *n. f.*, **~cyclette** *n. f.*, **~cycliste** *n.* 1732.
**motorisé, e** *adj.* (force) 253.
**1. motrice** *n. f.* 4304.
**2. motrice** *adj.* → MOTEUR.
**motte** *n. f.* 5025.
**motus !** *interj.* 3162.
**mou, mol, molle** *adj.* 2046; (allure) 3886; (caractère) 6026; (chair) 2207; (personne) 5247; (tempérament) 6036.
**moucharabieh** *n. m. inv.* 2842.
**mouchard, e** *n.* **~age** *n. m.*, **~er** *tr.* et *intr.* 5546, 5944.
**mouche** *n. f. Ins.* 1912; ~ d'Espagne 1920/verte 4869/des chevaux 6061/tsé-tsé 2838; *Fig.* 5521; fine ~ 1870; faire ~ 3169 IV.
**moucher** *tr.* une chandelle 4215 II. **se ~** 5017 V.
**moucherons** *n. m. pl.* 3848.
**mouchet|é, e** *adj.* 2160. **~er** *tr.* 2158.
**mouchoir** *n. m.* 5362.
**moudre** *tr.* 961, 3302.
**moue** *n. f.* : faire la ~ 1469.
**mouette** *n. f.* 2344, 5592.
**mouflon** *n. m.* 93, 5978.
**mouill|age** *n. m.* 2083. **~er** *tr.* 539; ~ le lait 3772/des mines 4854 ● *intr.* (navire) 2083 IV, 4876 IV. **se ~er** 539 V. **~ette** *n. f.* 814. **~eur** *n. m.* de mines 4854.
**moul|age** *n. m.*, **~er** *tr.* 3181, 4423.
**1. moule** *n. m.* 4139.
**2. moule** *n. f.* 546.
**mouler** → MOULAGE.
**moulin** *n. m.* 3302; ~ à vent 2219.
**moulinet** *n. m.* 1875.
**mourant, e** *adj., n.* 1294 VIII, 2865 IV, 5216.
**mourir** *intr.* 5216, 5987 V; (civilisation) 5762; (empire) 3253; (langue) 4214 VII; ~ d'envie de 3002/de honte 1949/de soif 3571/pour 2218; plutôt ~ que faillir 5198. **se ~** 2865 IV.
**mouron** *n. m. Bot.* 4757.
**1. mousse** *n. f.* (écume) 2140, 2263; ~ du lait 4265.
**2. mousse** *n. f. Bot.* 131, 4590.
**mousseline** *n. f.* 5226.
**mouss|er** *intr.*, **~eux, euse** *adj.* 2140, 2263 IV; (vin) 4092.
**mousson** *n. f.* 5931.
**moustach|e** *n. f.* 2842. **~u, e** *adj.* 2994.
**moustiqu|aire** *n. f.* 5552. **~e** *n. m.* 507.
**moût** *n. m.* 3554.
**moutarde** *n. f., adj.* 1494; la ~ lui monte au nez 1847.
**mouton** *n. m.* 1510, 3202; ~s 3836; ~ de poussière 5641; compter les ~s *Fig.* 2131. **~ner** *intr.* (mer) 2263 IV.
**mouture** *n. f.* 3302.
**mouvance** *n. f.* 679.
**mouvant, e** *adj.* 1246 V, 2046; (caractère) 4339 V.
**mouvemen|t** *n. m.* 1246; ~ des étoiles 2755/de fonctionnaires 5524 V/d'humeur 337/populaire 5810/du sol 3229 II/de troupes 5375; faire ~ 5375; mettre en ~ 1875 IV; sans ~ 902. **~té, e** *adj.* 1246; (séance) 5810; (vie) 3225 VIII.
**mouvoir** *tr.* 1246 II, 5524 II. **se ~** 1246 V, 5524 V.
**1. moyen** *n. m.* 1434, 5930; ~s de défense 2427/d'information 1099/intellectuels 5177; au ~ de 278, 4015; avoir le ~ de 5158 IV, 4184; il n'y a pas ~ de 2454; par le ~ de 3324; donner les ~s de 5158 II; employer les grands ~s 1888; selon ses ~s 3392.
**2. moyen, enne** *adj.* 3479 VIII, 5926 V; (taille) 1987.
**Moyen Âge** *n. m.*, **moyenâgeux, euse** *adj.* 4239.
**moyennant** *prép.* 2859, 4161 III, 4876.
**1. moyenne** *n. f.* 3479 II, 5926.
**2. moyenne** *adj.* → MOYEN 2.
**Moyen-Orient** *n. m.*, **moyen-oriental, e, aux** *adj., n.* 5926.
**moyeu** *n. m.* 2516, 4144.
**mozarabe** *adj., n.* 3493 X.
**mû, mue** *part. pass.* de MOUVOIR.
**mucilag|e** *n. m.*, **~ineux, euse** *adj.* 3144.
**muc|osité** *n. f.*, **~us** *n. m.* 5017.
**mu|e** *n. f.*, **~er** *intr.* (oiseau) 1266 II; (insectes, serpent) 2626 VII. **se ~er** en 1420 V, 4339 VII.
**mu|et, ette** *adj., n.*, **~tisme** *n. m.* 3141; **~et** *Méd.* 536, 1496; rester **~et** 2602.
**muezzin** *n. m.* 62 III.
**1. mufle** *n. m. Zool.* 1575, 2911.
**2. mufle** *n. m.*, **~rie** *n. f.* 4024.
**muflier** *n. m.* 223.
**mufti** *n. m.* 3893 IV.
**muge** *n. m.* 627.
**mug|ir** *intr.*, **~issement** *n. m.* (bovin) 870, 1643; (machine) 5671; (vent) 3459.
**muguet** *n. m. Bot.* 2359.
**mulâtre, esse** *n., adj.* 1597, 6012 II.
**1. mule** *n. f.* (chaussure) 282, 5470.
**2. mul|e** *n. f.*, **~et** *n. m.*, **~etier, ère** *n.* 517.
**mulet** *n. m. Poiss.* 627.
**mulot** *n. m.* 1695, 3871.
**multi-** *préf.* 3474 V. **~cellulaire** *adj.*, **~colore** *adj.*, **~-factoriel, elle** *adj.* 3474 V. **~forme** *adj.* = POLYMORPHE 3474 V.
**multimillionnaire** *n., adj.* = MILLIONNAIRE 5186.
**multiple** *adj.* 1602 VIII, 3474 V ● *n. m. Math.* 3240 III.
**multiplex** *adj., n. m.* 3240 III.
**multipli|cande** *n. m.*, **~cateur** *n. m.*, **~cation** *n. f.*, **~er** *tr. Math.* 3225; **~er** *Fig.* 2399, 4503 IV/par deux 3240 III. **~cité** *n. f.* 3474 V, 4503, 5985. **se ~er** *Fig.* 2399 VI, 3474 V, 4503 VI; *Biol.* 5400 VI, 6012 VI.

# N

# O

**ô** *interj.* 262, 6041.

**OAPEC** *(Organisation of Arabic Petroleum Exporting Countries)* 238.

**oasis** *n. f.* 5829; ~ de paix 2229.

**obédience** *n. f.* 1262, 3390.

**obé|ir** *tr. ind.*, **~issance** *n. f.*, **~issant, e** *adj.* 3390 IV, 3180 VII; **~ir** au doigt et à l'œil 200 VIII/aveuglément 5577 VIII/à une discipline 3209 VII/à la loi 1563/à la raison 4410 VII/aux ordres 4993 VIII; se faire **~ir** par 3390 II.

**obélisque** *n. m.* 2615.

**obérer** *tr.* 835 IV, 2206 IV.

**ob|èse** *adj., n.*, **~ésité** *n. f.* 341, 1993, 2672.

**object|er** *tr.*, **~ion** *n. f.* 1178 VIII, 3504 III; ne voir aucune **~ion** à 3778. **~eur** *n. m.* 3504 III; ~ de conscience 5541 X.

**1. objectif** *n. m.* 3753, 5673; ~ d'une vie 5410; atteindre son ~ 4280; avoir pour ~ 2192; se fixer un ~ 5673 X.

**2. objectif** *n. m. Opt.* 2791, 3477.

**3. object|if, ive** *adj.*, **~ivité** *n. f.* 5956. **~ivation** *n. f.*, **~iver** *tr.* 997 II, 5227 II.

**objection** → OBJECTER.

**objectiv|ation, ~er, ~ité** → OBJECTIF 3.

**objet** *n. m.* 1401, 3012. ~ d'admiration 3460 IV/d'art 3321/de discussion 1875, 5956/des regards 3504/d'une visite 3753; sans ~ 1948.

**1. obligation** *n f Fin* 2694, 3122

**2. obligation** *n. f.* 3950, 5854; être dans l'~ de 3224 VIII; mettre dans l'~ de 2137 IV.

**obligatoire** *adj.* 887 IV, 4817 IV, 5854; (condition) 1170; (travail) 2495. **~ment** *adv.* 335, 1170.

**obligé, e** *adj.* : être l'~ de 1904, 4015.

**oblig|eance** *n. f.*, **~eant, e** *adj.* 3506, 4832; avoir l'**~eance** de 4015 V, 4561 V.

**1. obliger** *tr.* qqn. 2511 IV.

**2. obliger** *tr.* qqn à 887 IV, 4817 IV, 5854 IV; être obligé de 3224 VIII.

**obliqu|e** *adj.*, **~er** *intr.*, **~ité** *n. f.* 1239 VII, 5249; **~er** vers 3572 VII.

**oblitér|ation** *n. f.*, **~er** *tr.* 3366, 3573 II; *Méd.* 2503.

**oblong, gue** *adj.* 3393 X.

**obnubil|ation** *n. f.*, **~er** *tr.* = OBSESSION, OBSÉDER 2630 V.

**obole** *n. f.* 4053.

**obsc|ène** *adj.*, **~énité** *n. f.* 347; **~ène** (conduite) 1773, (propos) 3904.

**obscur, e** *adj.*, **~ité** *n. f.* 3415 IV, 3450; ~ (langue) 3824, (ciel) 4621, (écrivain) 1102, (idée) 2801 VIII, (nuit) 1348, 1702, (pensée) 3687, (propos) 4762 VIII, (sentiment) 612 IV; **~ité** de la nuit 1702; à la faveur de l'**~ité** 1080. **~cir** *tr.*, **~cissement** *n. m.* 3415 IV, 3450 II; *Fig.* 3824 II. **s'~cir** 3415 IV, 4621.

**obscurant|isme** *n. m.*, **~iste** *adj., n.* 3415; politique d'**~isme** 1102.

**obscur|cir, ~issement, ~ité** → OBSCUR.

**obséd|ant, e** *adj.*, **~er** *tr.* 3274 III; **~ant** (désir) 4781, (idée) 2630 V, (souvenir) 4817 III, (sentiment) 1405 X, (doute) 1613 III. **~é, e** *adj., n. Méd.* 1286 VII, 5793, 5933.

**obsèques** *n. f. pl.* 24, 1087, 3024 II.

**obséqui|eux, euse,** *adj.*, **~osité** *n. f.* 1634.

**observ|able** *adj.*, **~ateur, trice** *n.*, **~ation** n. f., **~er** *tr.* 2097, 2981 III, 4793 III; **~er** un événement 3708 III/les visages 3355 V.

**observ|ance** *n. f.*, **~er** *tr.* 679 VIII, 2131 III; **~er** une habitude 2755 III/une promesse 5078 IV/le jeûne 5966 III/le silence 4817/un usage 1993 VIII.

**observatoire** *n. m.* 2097, 2155.

**1. observer** (regarder) → OBSERVABLE.

**2. observer** (respecter) → OBSERVANCE.

**obsession** *n. f.*, **~nel, elle** *adj.* 1286, 1405; *Méd.* 5659, 5793; être en proie à des **~s** 5933.

**obsidienne** *n. f.* 2433.

**obsolescence** *n. f.* 4186.

**obstacle** *n. m.* 3592, 3690; *Fig.* 724, 3090; faire ~ à 1420, 5195; course d'~s 1184.

**obstétri|cal, e, aux** *adj.*, **~que** *n. f.* 4161, 5012 II. **~cien, enne** *n.* 3289.

**obstin|ation** *n. f.*, **~é, e** *adj., n.*, **s'~er** 1249, 2789 V, 3659; **~é** (travail) 801 III; **s'~er** à, dans 3076 IV.

**obstru|ction** *n. f.*, **~er** *tr.* 2503, 4334 IV; faire **~ction** 3690; faire de l'**~ction** 3512. **s'~er** 2503 VII.

**obtempérer** *tr. ind.* 1931 IV, 3180 VII.

**obten|ir** *tr.*, **~tion** *n. f.* 1289, 5604; **~ir** gain de cause 4578/des informations 2385 II/des résultats 1229 IV/des secours 4876 V/un succès.

**obtur|ateur** *n. m.*, **~ation** *n. f.*, **~er** *tr.* 2503.

**obtus, e** *adj.* (angle) 3929 VII; (esprit) 550.

**obu|s** *n. m.* 4192, 4381. **~sier** *n. m.* 4192.

**obvier** *tr. ind. Litt.* 1745 VI.

**occasion** *n. f.* 3070, 3947; ~ de dispute 5956/en or 3578; tomber sur l'~ 5855; voiture d'~ 3644 X; à l'~ 2691, 5072, 5389 III; à l'~ de 3504; donner l'~ de 788 IV. **~nel, elle** *adj.*, **~nellement** *adv.* 3070, 3504, 5986 VIII. **~ner** *tr.* 1197 IV, 2427 II.

**occiden|t** *n. m.*, **~tal, e, aux** *adj., n.* 3747. **~talisation** *n. f.*, **~taliser** *tr.* 3747 II.

**occip|ital, e, aux** *adj., n. m.* **~ut** *n. m.* 4193.

**occlus|if, ive** *adj.*, **~ion** *n. f.* 3813 IV, 4334 IV; **~ion** intestinale 2503 VII, 3813 VII.

**occult|ation** *n. f.*, **~er** *tr.* 1179; *Astron.* 1502, 4505.

**occult|e** *adj.* (pouvoir) 1587; (science) 497. **~isme** *n. m.* 1587 IV.

**occup|ant, e** *adj., n.* **~ation** *n. f.*, **~er** *tr.* 2908; *Mil.* 1332 VIII; **~ant** d'un véhicule 2168; **~er** qqn 2908 II/ses loisirs à 3956/la place d'honneur 3066 V/une place importante 1332/son temps à 4546 II. **s'~er** 2908 VIII/de 3675 VIII, 5760 VIII; **~ez-vous** de vos affaires ! 2738, 2908.

**occurrence** *n. f.* 1197; en l'~/en pareille ~ 1419.

**océa|n** *n. m.*, **~nique** *adj.* 1412 IV. **~nographie** *n. f.*, **~nographique** *adj.* 3627.

**ocre** *n. f., adj. inv.* 3055, 5133.

**octaèdre** *n. m., adj.* 849.

**octave** *n. f. Mus.* 849.
**octobre** *n. m.* 163, 723.
**octogénaire** *adj., n.* 849.
**octogon|al, e, aux** *adj.,* **~e** *n. m., adj.* 849.
**octosyllabe** *adj., n. m.* 849.
**octr|oi** *n. m.,* **~oyer** *tr.* 5192, 5471 IV, 6027.
**oculaire** *n. m.* 1202, 3708 ● *adj.* 3708; (témoin) 3708 III.
**oculiste** *n.* 3708.
**ode** *n. f.* 5410.
**odeur** *n. f.* 2219; ~ de musc 2838/de rôti 4168/« sui generis » 4566; être en ~ de sainteté 4090.
**odieux, euse** *adj.* (acte) 5143; (caractère) 4566; (crime) 2974; (enfant) 835; (personne) 516; (propos) 3809.
**odontologie** *n. f.* 3627.
**odor|ant, e** *adj.,* **~iférant, e** *adj.* 3434, 3568. **~at** *n. m.* 2948.
**œdème** *n. m.* 5892; ~ du poumon 1518.
**œdicnème** *n. m.* 4568.
**œil** *(pl. yeux) n. m.* 3708; coup d'~ (regard) 5456, (paysage) 2981, 5456; avoir l'~ 2716, 3675 VIII; avoir l'~ à tout 466, 2849; avoir l'~ sur 2097, 2155 III; à l'~ *Fam.* 5002; avoir qqn à l'~ 2097; faire de l'~ à 3821; ouvrir l'~ 5287 VIII; taper dans l'~ 5164; ne pas fermer l'~ *Fig.* 1022; à vue d'~ 5456; d'un bon, mauvais ~ 5456; avoir bon pied bon ~ 4186; en un clin d'~ 4890; fermer les yeux 3824 IV; sur 3786 VI; ouvrir de grands yeux 1374; sauter aux yeux 5954; aux yeux de 5456; pour les beaux yeux de 2727; faire les gros yeux *Fig.* 908.
**œil-de-bœuf** *n. m.* 4693.
**œil-de-perdrix** *n. m.* 830.
**œillade** *n. f.* 465, 3821.
**œillère** *n. f.* 3708. **~s** *n. f. pl.* 3817; avoir des ~ *Fig.* 1194.
**1. œillet** *n. m. Bot.* 4244.
**2. œillet** *n. m.* (de chaussures) 3519.
**œsophage** *n. m.* 5037.
**œstr|al, e, aux** *adj.* **~us** *n. m.* 5885.
**œstr|e** *n. m.,* **~idés** *n. m. pl.* 5273.
**œstrus** → ŒSTRAL.
**œuf** *n. m.* 659; blanc d'~ 3; jaune d'~ 4954; ~ de pou 3033; écraser dans l'~ 5202; mettre tous ses ~s dans le même panier 3924.
**œuvre** *n. f.* 3156, 3644; ~ littéraire 31, 181 II; bonne ~ 1270; mettre en ~ 1317 II, 5489 II.
**œuvrer** *intr.* 3644; ~ à 2569.
**offens|ant, e** *adj.* (parole) 2804; (propos) 952. **~e** *n. f.,* **~er** *tr.* 2722 IV, 5803 IV. **s'~er** 2722 VIII.
**offens|if, ive** *adj., n. f.* 5662; **~ive** diplomatique 1372.
**office** *n. m.* 4494; *Admin.* 1887, 5968; *Relig.* 4185; faire ~ de 3644, 5580; d'~ 4876; bons ~s 2569.
**officialis|ation** *n. f.,* **~er** *tr.* 2079 II.
**officiel** *n. m.* 2079. **~, elle** *adj.* 1328, 2079.
**officier** *n. m.* 3209; ~ d'active 3644/d'état-major 2176/de garde 5580/ d'ordonnance 2150 III/ministériel 4296/ de police 200.
**officieux, euse** *adj.* 2079.
**officin|al, e, aux** *adj.,* **~e** *n. f.* 3192; **~e** *Fig.* 6004.
**offr|ande** *n. f.* 385 V, 3575; *Relig.* 4198. **~ant** *adj. m., n. m.* : au plus ~ 2132. **~e** *n. f.,* **~ir** *tr.* 3504, 4186 II; **~e** de gascon 2168; **~ir** 5678 IV/une occasion 5808 II/un sacrifice 4198 II/ses services 2511 IV. **s'~ir** (occasion) 2691; ~ en holocauste 3219 II/aux regards 1047, 1969 VI.
**offset** *n. m. inv.* 247.
**offusquer** *tr.* 2304 IV. **s'~** de 2722 VIII.
**1. ogive** *n. f.* = ARC 3596, 4414; croisée d'~s 3125 VI.
**2. ogive** *n. f.* : ~ nucléaire = TÊTE 1962.
**ogre, ogresse** *n.* 2567, 3849.
**oh !** *interj.* 258, 6041. **ohé !** *interj.* 6041.
**ohm** *n. m.* 255.
**oïdium** *n. m.* 2182 IX.
**oie** *n. f.* 243.
**oignon** *n. m.* 468; ce n'est pas ses ~s *Fam.* 2779.
**oindre** *tr.* 1867, 5043, 5073.
**ois|eau** *n. m.* 3397, 3558; ~ de malheur *Fig.* 2777/de mauvais augure 3746, 5266 V/de proie 2448, 4583/rare *Fig.* 1721, 3559; à vol d'~ 4426 X. **~eleur** *n. m.* 1686 II, 3397.
**oiseux, euse** *adj.* 733; (paroles) 495; (discours) 4015.
**ois|if, ive** *adj.,* **~iveté** *n. f.* 494, 3573, 3956.
**oisillon** *n. m.* 3934.
**oison** *n. m.* 243.
**olé|agineux, euse** *adj., n. m.,* **~iculteur, trice** *n.,* **~iculture** *n. f.,* **~ifère** *adj.* 2396.
**oléoduc** *n. m.* 2396, 5265.
**olfactif, ive** *adj.* 2948.
**olig|archie** *n. f.,* **~opole** *n. m.* 4337.
**oliv|aie** ou **~eraie** *n. f.,* **~e** *adj., n. f.,* **~ier** *n. m.* 2396.
**olographe** *adj.* 6063.
**olymp|iades** *n. f. pl.* 2230. **~ien, enne** *adj. Fig.* = MAJESTUEUX 1025. **~ique** *adj.* : jeux O~s 4838.
**ombell|e** *n. f.,* **~ifères** *n. f. pl.,* **~iforme** *adj.* 1665.
**ombilic** *n. m. Anat.,* **~al, e, aux** *adj.* 2516.
**ombrag|e** *n. m.,* **~é, e** *adj.* 3412; porter **~e** = TROUBLER 4350 IV, 4516 II; prendre **~e** de 2722 VIII, 4350. **~er** *tr.* 3412 II. **~eux, euse** *adj.* (caractère) 1021; (esprit) 2929 V.
**1. ombre** *n. f.* 3412, 4108; *Fig.* 2791, 3401; dans l'~ de qqn 1080; se mettre dans l'~ 1377 VIII; il n'y a pas l'~ d'un doute 1857; ~s chinoises 1663; ~s de la nuit 3415.
**2. ombre** *n. m. Poiss.* 2912.
**ombrelle** *n. f.* 2956, 3412.
**ombr|er** *tr.* 3412 II. **~eux, euse** *adj.* 3412.
**omelette** *n. f.* 3459.
**om|ettre** *tr.,* **~ission** *n. f.* 3798 IV, 5404; **~ettre** de 3851/les détails 5769 IV; sauf erreur ou **~ission** 2721.
**omeyyade** *adj., n.* 205.
**omission** → OMETTRE.
**omnibus** *adj., n. m.* 4304.
**omnipot|ence** *n. f.,* **~ent, e** *adj.* 3357 IV; **~ent** 4184.
**omniprés|ence** *n. f.,* **~ent, e** *adj.* 4626.
**omnisci|ence** *n. f.,* **~ent, e** *adj.* 3627.
**omnivore** *adj.* 4201.
**omoplate** *n. f.* 4496.
**on** *pr. indéf.* 5037; ~ dit que/~ peut en dire autant de 4422; ~ sait que 3506; ~ ne sait jamais 1753.
**onagre** *n. m. Zool.* 1363, 3701.
**onanisme** *n. m.* 3640, 5200 X.
**once** *n. f. Métrol.* 248, 5000.
**oncle** *n. m.* maternel 1440/paternel 3635.
**onction** *n. f.* 1867, 5073; parler avec ~ 3483, 5471.
**onctu|eux, euse** *adj.,* **~osité** *n. f.* 1764, 1867; **~eux** (parole) 3483, 5471.
**ondatra** *n. m.* 3871.
**onde** *n. f. Phys.* 5218; *Poét.* 3425, 6080; par la voie des ~s 31.
**ondée** *n. f.* 5070, 5112.
**on-dit** *n. m. inv.* 4422.
**ond|oiement** *n. m.,* **~oyant, e** *adj.,* **~oyer** *intr.* 5218; *Fig.* 1914, 4339 V.
**ondul|ation** *n. f.,* **~atoire** *adj.,* **~er** *intr.* 5218 V. **~é, e** *adj.* (tôle) 3250 II.
**onéreux, euse** *adj.* 607; à titre ~ 3688, 4161 III.
**ongle** *n. m.* 3411; jusqu'au bout des ~s 3408.
**onglet** *n. m.* 1252.
**onguent** *n. m.* 1867, 2208, 5043.
**ongulés** *n. m. pl.* 1308.
**onir|ique** *adj.,* **~omancie** *n. f.* 1351.
**onomastique** *adj., n. f.* 3627.
**onto|genèse** *n. f.,* **~logie** *n. f.* 4719.
**onyx** *n. m.* 985.
**onz|e** *adj. num. cardin., n. m. inv.,* **~ième** *adj. num. ordin., n.* 48.
**opa|cité** *n. f.,* **~que** *adj.* 3450, 4506.
**OPEC** *(Organisation of Petroleum Exporting Countries)* 238.
**O. P. E. P** *(Organisation des Pays Exportateurs de Pétrole)* 238.
**opéra** *n. m.* 2525, 4993 II.
**opérant, e** *adj.* 3644, 4026.
**opérateur** *n. m. Cin.* 3178 II; *Math.* 3644.
**opér|ation** *n. f.,* **~er** *tr.* 3644; *Méd.* 952; *Comm.* 3111; **faire une ~ation** *Méd., Math.* 975 IV/de diversion 3249 II; **~er** des miracles 3156. **~ationnel, elle** *adj.,* **~atoire** *adj.* 3644; **~atoire** (choc) 952, (mesure), 975 IV, 4026. **~er** *intr.* (remède) 4026. **s'~er** = S'EFFECTUER 760, 975.

**ophidiens** *n. m. pl.* 820.
**ophtalm|ie** *n. f.* 2182. **~ique** *adj.*, **~ologie** *n. f.*, **~ologue** *n.* 3708.
**opiner** *intr.* 1969 VIII.
**opiniâtre** *adj.*, **~té** *n. f.* 2789 V, 3143.
**opinion** *n. f.* 1969, 3417, 4041.
**opi|omane** *adj.*, *n.*, **~um** *n. m.* 157.
**oponce** *n. m.* 794, 3043.
**opopanax** *n. m. Bot.* 4472.
**opportun, e** *adj.* 28 III, 5986 III; (arrivée) 256; (événement) 3070 III; (moment) 5389 III; (remarque) 4751 III. **~isme** *n. m.*, **~iste** *adj.*, *n.* 5568. **~ité** *n. f.* 2691, 3947.
**oppos|ant, e** *n.* 1602 III, 3504 III. **~é** *n. m.* 3611, 5520; à l'~ de 1602 III, 3611 III. **~é, e** *adj.* 3504 VI; (direction) 3611 VI, 4161 III; diamétralement ~ 3322. **~er** *tr.* 3504 III, 5865 III; ~ une ferme résistance 3143. **s'~er** à, **~ition** *n. f.* 3222 III, 3504 III, 3611 III, 4426 III; **~ition** de couleurs 5520 VI; **s'~er** avec qqn 1602 VIII/les uns aux autres 3222 VI, 4426 VI. **~ite de (à l')** *loc. prép.* 3222 III.
**oppress|ant, e** *adj.*, **~er** *tr.* 1636; **~ant** (sentiment) 4153. **~é, e** *adj.* 1286.
**oppr|esseur** *n. m.*, **~essif, ive** *adj.*, **~ession** *n. f.*, **~imer** *tr.* 1115, 3261, 3334.
**opprimer** → OPPRESSEUR.
**opprobre** *n. m. Litt.* 2971.
**optatif** *n. m. Gramm.* 5199 V. **~, ive** *adj.* 1655 VIII.
**opter** *intr.* 1655 VIII, 3639 VIII.
**opticien, enne** *n.* 5456.
**optima** → OPTIMUM.
**optimal, e, aux** *adj.* 4015.
**optim|isme** *n. m.*, **~iste** *adj.*, *n.* 3876 VI.
**optimum** (*pl.* ~s ou *optima*) *n. m.* 239 ● *adj.* 4015, 4993.
**option** *n. f.* 1655 VIII.
**optique** *n. f.*, *adj.* 466; (verres) 5456.
**opul|ence** *n. f.*, **~ent, e** *adj.* 5985, 6069; vivre dans **~ence** 321, 2134; **~ent** (poitrine) 3066, 5164.
**opuscule** *n. m.* 4494, 4547.
**1. or** *n. m.* 1945; tout ce qui brille n'est pas ~ 660; rouler sur l'~ 5470.
**2. or** *conj.* = VOICI QUE 59, 60; = TOUTEFOIS 175, 3855.
**oracle** *n. m.* 4691.
**orag|e** *n. m.*, **~eux, euse** *adj.* 2383, 3557; **~e** sec 1592; **~eux** (séance) 3060, (temps) 3459.
**oraison** *n. f.* 1781, 3138; ~ funèbre 2013.
**oral, e, aux** *adj.* 2918, 4072, 4821. **~, aux** *n. m.*, **~ement** *adv.* 2918.
**orang|e** *n. f.*, *adj.*, **~eade** *n. f.*, **~er** *n. m.*, **~eraie** *n. f.* 357; **~e** amère 5258; eau de fleur d'**~er** 2378.
**orang-outan** *n. m.* 2567.
**orant, e** *adj.*, *n.* 3138 II.
**orateur** *n. m.* 1568; ~ religieux 5975.
**1. oratoire** *n. m.* 3138 II, 3429.
**2. oratoire** *adj.* 1568.
**orbiculaire** *adj.* 1875.
**orbital, e, aux** *adj.* 1875.
**1. orbite** *n. f. Anat.* 1177, 1181, 5988.
**2. orbite** *n. f. Astron.* 1875, 2755.
**orcan|ète** ou **~ette** *n. f. Bot.* 2968.
**orchestr|al, e, aux** *adj.*, **~e** *n. m.* 1124. **~ation** *n. f.*, **~er** *tr.* 1124 II; **~er** une campagne publicitaire 3297 II.
**orch|idée** *n. f.*, **~is** *n. m.* 2489.
**ordinaire** *adj.* 181; (homme) 3682; (taille) 3479 VIII. **d'~** *loc. adv.*, **~ment** *adv.* 3682.
**ordinal, e, aux** *adj.*, *n. m.* 1999 II.
**ordinateur** *n. m.* 3295.
**ordination** *n. f.* 2743; ~ d'un prêtre 2079.
**ordonnanc|e** *n. f.* 5458; *Admin.* 200, 4375; *Archit.* 1999 II; *Méd.* 5948; ~ des mots 5397 II/royale 355; officier d'~ 2150 III. **~ement** *n. m.*, **~er** *tr. Fin.* 1794.
**ordonnateur, trice** *n.* 5397 II, 5458 II.
**ordonnée** *n. f. Math.* 1197 IV.
**1. ordonner** *tr.* (donner un ordre) 200.
**2. ordonner** *tr.* (mettre en ordre) 1999 II, 5397 II, 5458 II.
**3. ordonner** *tr.* un prêtre 2079, 2743.
**1. ordre** *n. m.* (association) des médecins, avocats 5505; *Hist. Nat.* 1999, 4008; *Relig.* 2202, 4691; ~ du mérite 5931; entrer dans les ~s 1894.
**2. ordre** *n. m.* (organisation) 1999 II, 5397 II, 5458; ~ du jour 930, *Mil.* 5413; à l'~ de l'armée 5607 II; avec ~ 5458 VIII; en ~ de marche 4426; maintenir l'~ 1311; mettre bon ~ à 1680 II; être en bon ~ 3129 VII; mettre de l'~, en ~ 1999 II, 5458 II; rentrer dans l'~ 676 X, 975; service d'~ 5458; d'~ politique 3295; de même ~ 3157; de premier ~ 1732, 3313.
**3. ordre** *n. m.* (commandement) 200, 3349; billet à ~ 2694; mot d'~ 2893; jusqu'à nouvel ~ 1602 III, 2893 IV; à vos ~s 2559; prendre les ~s 4876 V.
**ordure** *n. f.* 2267, 4189; *Fam.* (personne) 2590; ~s ménagères 4358.
**orée** *n. f. Litt.* 3322.
**oreille** *n. f.* 62, 2665; avoir l'~ basse 3285/dure 835/fine 2205 IV; prêter l'~ à 1605 IV, 3702 IV; prêter une ~ attentive à 2205 IV; faire la sourde ~ 3140; dormir sur ses deux ~s 5164; tirer les ~s *Fig.* 3961.
**oreiller** *n. m.* 1469, 5925.
**oreillette** *n. f. Anat.* 62.
**oreillons** *n. m. pl. Méd.* 5541.
**ores** *adv.* : d'~ et déjà 5193.
**orfèvre** *n.*, **~rie** *n. f.* 3181.
**orfraie** *n. f.* 3591.
**organ|e** *n. m.*, **~ique** *adj.* 3566; **~e** *Admin.* 5808/de l'opposition 4821. **~igramme** *n. m.* 5821.
**organis|ateur, trice** *adj.*, *n.*, **~ation** *n. f.*, **~er** *tr.* 5458 II; **~ation** internationale 5808/judiciaire 5458/militaire 2937 II/d'un récit 5397 II/secrète 1099. **~er** un complot 1680 II/une fête 4426 IV. **s'~er** 5458 VIII. **~me** *n. m.* 106 II, 5458 II; *Admin.* 5808; *Anat.* 1000.
**organiste** *n.* 83.
**orge** *n. f.* 2895.
**orgelet** *n. m.* 2815, 2895.
**org|iaque** *adj.*, **~ie** *n. f.* 3495, 4286; **~ie** *Fig.* = PROFUSION 4119.
**orgue** *n. m.* 83.
**orgueil** *n. m.* 1663, 3789, 4481; bouffi d'~ 2381; avoir l'~ de 3521 VIII; tirer ~ de 615 VI. **~leux, euse** *adj.*, *n.* 887 V, 2381, 3789; ~ de 3521 VIII.
**orien|t** *n. m.*, **~tal** *adj.*, *n.* 2866. **s'~taliser** 2866 V. **~talisme** *n. m.*, **~taliste** *n.*, *adj.* 2866 X.
**orient|ation** *n. f.*, **~er** *tr.* 2087 IV, 5865 II; **~ation** (direction) 5865 VIII; **~ation** de la prière 4161; **~er** des soupçons 2504 II. **s'~er** 1194 II; ~ vers 5865 V. **~eur, euse** *n.* = CONSEILLER 2087 IV, 5865 II.
**orifice** *n. m.* 3884, 4106, 5489.
**oriflamme** *n. f.* 654.
**origan** *n. m. Bot.* 5546.
**originaire** *adj.* de 5389 VIII, 5407.
**1. original, aux** *n. m.* (texte) 5423.
**2. original, e, aux** *adj.*, *n.*, **~ité** *n. f.* 135, 2835, 3747; (esprit) 534 VIII; (style) 338 IV.
**origin|e** *n. f.*, **~el, elle** *adj.* 135, 336; **~e** de la création 5282/des mots 2922 VIII/d'un produit 3066; de noble **~e** 5389; lieu d'**~e** 5964; pays d'**~e** 5407; point d'**~e** 501 VII; avoir son **~e** dans 5560 VIII; être à l'**~e** de 2427 II; tirer son **~e** de 1200 VII.
**orme** *n. m.* 519, 1735.
**ornemen|t** *n. m.*, **~tal, e, aux** *adj.*, **~tation** *n. f.*, **~ter** *tr.* 2283, 2408 II; **~ts** (parure) 1354; **~ts** de style 1675 II.
**orner** *tr.* 2283, 2408 II; ~ un discours 2391 II/son style 1675 II.
**ornière** *n. f.* 1469; sortir de l'~ *Fig.* 5904.
**ornithogale** *n. m.* 130.
**ornitholo|gie** *n. f.*, **~gue** *n.* 3397.
**ornithorynque** *n. m.* 1595.
**orobanche** *n. f.* 1012.
**orobe** *n. m.* 4548.
**oro|genèse** *n. f.*, **~graphie** *n. f.*, **~graphique** *adj.* 893.
**Oronte** *n. m.* (fleuve) 3561.
**orphelin, e** *n.*, **~at** *n. m.* 6055.
**orpin** *n. m. Bot.* 5887.
**orque** *n. f.* 89.
**orseille** *n. f.* 131.
**orteil** *n. m.* 3047; gros ~ 613.
**1. orthodoxe** *adj.*, *n.* = CONVENTIONNEL 4341 II.
**2. orthodox|e** *adj.*, **~ie** *n. f. Isl.* 2678; calife **~e** 2087.
**orthoépie** *n. f.* 1114 II.
**orthogonal, e, aux** *adj.*, **~ité** *n. f.* 3639 VI.
**orthograph|e** *n. f.*, **~ier** *tr.* 3209.
**orthopéd|ie** *n. f.*, **~ique** *adj.*, **~iste** *n.*, *adj.* 886 II.
**orthoptères** *n. m. pl.* 4426 X.
**ortie** *n. f. Bot.* 4211.
**ortolan** *n. m.* 3097.
**orvet** *n. m.* 1422, 5690.

**oryctérope** *n. m.* 1628.
**os** *n. m.* 3577; ~ à moelle 5528; en chair et en ~ 4797; il y a un ~ *Fam.* 3775; ne pas faire de vieux ~ *Fam.* 3641.
**oscill|ation** *n. f.*, **~atoire** *adj.*, **~er** *intr.*, **~ographe** *n. m.*, **~omètre** *n. m.*, **~oscope** *n. m.* 1914; **~er** *Fig.* 2218 III.
**oseille** *n. f. Bot.* 1369.
**oser** *tr.* 945 V, 998 VI; ~ dire 2655.
**osier** *n. m.* 1657, 2724.
**osmonde** *n. f.* 2527.
**osmo|se** *n. f.*, **~tique** *adj.* 2085 VIII, 5436 VI.
**ossature** *n. f.* 3577; *Techn.* 5821.
**osselet** *n. m.* 4605.
**oss|ements** *n. m. pl.*, **~eux, euse** *adj.* 3577. **~ification** *n. f.*, **~ifier** *tr.* 3577 II. **s'~ifier** 3577 V. **~uaire** *n. m.* 3577.
**ostéalgie** *n. f.*, **~ite** *n. f.* 3577.
**ostensible** *adj.* 3419, 5954.
**ostentation** *n. f.* 21, 615 VI, 3419 VI.
**ostéolog|ie** *n. f.*, **~ique** *adj.* 3577.
**ostéomalacie** *n. f.* 4949.
**ostéophyte** *n. m.* 3577.
**ostéoplastie** *n. f.* 3577.
**ostracion** *n. m.* 5321.
**ostracisme** *n. m.* 5271.
**ostréidés** *n. m. pl.* 1407.
**otage** *n. m.* 2209.
**otarie** *n. f.* 113.
**ôter** *tr.* 2149, 2392 IV, 5377; ~ un vêtement 1601.
**otite** *n. f.* 62.
**oto-rhino-laryngologiste** *n.* 62.
**ottoman, e** *adj., n.* 3457.
**ou** *conj.* 191; ~ bien 193, 236.
**où** *adv.* 178; ● *interr.* 276; ● *relat.* 1426. **~ que** *loc. conj.* 1426.
**ouailles** *n. f. pl.* 2131.
**ouat|e** *n. f.*, **~ine** *n. f.* 4317. **~er** *tr.* 3225 II.
**oubli** *n. m.*, **~er** *tr.*, **~eux, euse** *adj.* 5404; ~ de soi 5535 IV; par ~ 2721; tomber dans l'~ 2219, 3394.
**oubliette** *n. f.* 2371, 3851.
**oued** *n. m.* 5889.
**ouest** *n. m., adj. inv.* 3747.
**ouf!** *interj.* 146.
**oui** *adv.* 42, 5471.
**ouïe** *n. f.* 2665; être tout ~ *Fam.* 1605 IV.
**ouïes** *n. f. pl. Zool.* 1660.
**ouïr** *tr.* 2665.
**ouistiti** *n. m.* 5644.
**oukase** *n. m. Fig.* 4196.
**ouléma** *n. m.* → ULÉMA.
**ouragan** *n. m.* 2383, 3554 IV.
**1. ourd|ir** *tr.*, **~issage** *n. m.*, **~issoir** *n. m.* 2511 II.
**2. ourdir** *tr. Litt.* un complot 4462.
**ourdou** *n. m.* → URDU.
**ourler** *tr.* 4611 II.
**ourlet** *n. m.* 1280, 4611.
**ours, e** *n. Zool.* 1672; *Astron.* 581, 1672.
**oursin** *n. m.* 53, 4395.
**outard|e** *n. f.*, **~eau** *n. m.* 1075, 1152.
**outil** *n. m.*, **~lage** *n. m.* 57, 253. **~ler** *tr.* 1099 II, 2385 II. **s' ~ler** 1099 V, 2385 V.
**output** *n. m.* (analyse) 1490 IV.
**outrag|e** *n. m.*, **~eant, e** *adj.*, **~er** *tr.* 2804, 5651; **~e** à la vérité 1206 V/aux mœurs 5213 VIII/à la pudeur 5573 VIII/des ans 3482.
**outranc|e** *n. f.*, **~ier, ère** *adj.* 565 III, 1118 VI; **~e** de langage 3322 V; à **~e** 3322 V, 3951 IV.
**1. outre** *n. f.* 4199; ~ à huile 2322.
**2. outre** *prép.* 1073, 4015; en ~ 3273 IV, 3633; ~ mesure 4101; ~ que 2399; passer ~ 1577 V, 3482 V.
**outré, e** *adj.* (propos) 565 III; (personne) 2497, 3780.
**outrecuid|ance** *n. f.*, **~ant, e** *adj.* 3462.
**outre-mer** *loc. adv.* 5913.
**outrepasser** *tr.* 1118 VI, 1577 V.
**outrer** *tr.* qqn 2497 IV, 3780 IV, 3815 III.
**ouvert, e** *adj.* 3884; (lieu) 3982; (route) 2639; (ville) 2904; (visage) 453, 5725; à ciel ~ 3520; à livre ~ 2024 VIII. **~ement** *adv.* 1098, 3079, 3631.
**ouverture** *n. f.* 826, 3884, 5489; ~ d'un chemin 2922/d'esprit 2031/d'une exposition 1767 II/d'une séance 3884 VIII.
**ouvrable** *adj.* (jour) 6089.
**ouvrage** *n. m.* 2908, 3156, 3644; ~ littéraire 181 II, 4494; mettre la main à l'~ 3620 III.
**ouvrier, ère** *n.* 3644; ~ du livre 3295.
**ouvrir** *tr.* 3884; ~ la bouche 4028; ne pas ~ la bouche *Fig.* 4106, 5277; ~ les bras 445/une brèche 317 II/son cœur 620, 4595/le feu 336/la marche 2755/l'œil 5287 VIII, *Fig.* 6078 V/grand les oreilles 3099 IV/la porte *Fig.* 2454/une route 2922/une séance 3884 VIII/le ventre 503/la voie 4188, 6069 II/de grands yeux 1374/les yeux de qqn 466 II, 6078 IV ● *intr.* sur la rue (porte) 5489. **s'~** (porte) 3884 VII; (séance) = COMMENCER 336 VIII; ~ à qqn de 620, 3884 III, 4595 III.
**ouvroir** *n. m.* 2908.
**ovaire** *n. m.* 659.
**ovale** *adj., n. m.* 659.
**ovarien, enne** *adj.* 659.
**ovation** *n. f.*, **~ner** *tr.* 5650.
**ovibos** *n. m.* 5077.
**ovin** *n. m.* 3202, 3836.
**ovipare** *adj., n.* 659.
**ovoïde** *adj.* 659.
**ovul|aire** *adj.*, **~ation** *n. f.*, **~e** *n. m.* 659; **~e** *Bot.* 349.
**oxal|ide** *n. f.* ou **~is** *n. m.* 1369.
**oxyd|able** *adj.*, **~ant, e** *adj., n. m.* 169.
**oxyd|ation** *n. f.*, **~e** *n. m.*, **~er** *tr.* 169; **~e** de fer 2254; **~er** un métal 3064 IV. **s'~er** 169 II.
**oxygénation** *n. f.* 168.
**oxyg|ène** *n. m.*, **~éner** *tr.* 168. **s'~éner** 168 II.
**ozone** *n. m.* 244.

# P

**pacage** *n. m.* 2131.

**pacha** *n. m.* 291.

**pachyderme** *adj., n. m.* 995, 3111.

**pacif|ication** *n. f.*, **~ier** *tr.* 2642; *Fig.* 5667 II, 3369 II.

**pacif|ique** *adj.* (comportement) 2642 III; (objectif) 2642; (personne) 5667; océan ~ 5667. **~isme** *n. m.*, **~iste** *adj., n.* 2642.

**pacotille** *n. f.* 1111.

**pacte** *n. m.* 3676, 5851; ~ de non-agression 3482 VIII, 3676 III.

**pactiser** *intr.* 1342 VI, 5958 VI.

**pagaie** *n. f.* 925.

**pagaille** *n. f. Fam.* 543, 4096.

**paganisme** *n. m.* 5853.

**1. page** *n. m.* 3814, 5948.

**2. pag|e** *n. f.* 3102; être à la ~ 5989; mettre en ~s 3102. **~ination** *n. f.*, **~iner** *tr.* 2162 II.

**pagne** *n. m.* 99, 5915.

**paie** *n. f.* 38, 1999; jour de ~ 1794. **~ment** *n. m.* 58, 1794, 2503 II; ~ échelonné 4256.

**païen, enne** *adj., n.* 5853.

**paillard, e** *adj., n.*, **~ise** *n. f. Fam.* 1601, 3990.

**paillasse** *n. f.* 3945.

**paillasson** *n. m.* 5073.

**paille** *n. f.* 683, 4263; ~ dans le métal 3684; mettre sur la ~ 1800 IV.

**paill|eté, e** *adj.* 2099 II. **~ette** *n. f.* 2837.

**paillote** *n. f.* = HUTTE 1546.

**pain** *n. m.* 1450; ~ à cacheter 377/de savon 4498/de sucre 4139/bénit 4546 II/sec 4328; gagner son ~ 4409, 4578; être au ~ et à l'eau 4611.

**1. pair, e** *adj.* (nombre) 2914.

**2. pair** *n. m.* 5352; hors de ~ 4993; aller de ~ avec 4186, 5096 V.

**paire** *n. f.* 2384; ~ d'amis 3071/de ciseaux 4274.

**paisible** *adj.* 5667; (atmosphère) 3362 IV; (existence) 1584; (lieu) 204; (nuit) 2476; (personne) 5881; (village) 2611. **~ment** *adv.* 5210, 5667.

**paître** *tr.* et *intr.* 2131; ~ en liberté 2524.

**paix** *n. f.* 204, 2642; *Fig.* 2611, 3362; ~ de la conscience 2220/de l'esprit 5667; traité de ~ 3129; faire la ~ 2642 III, 3129 VI; vivre en ~ avec 5835.

**pakistanais, e** *adj., n.* 295.

**pal** *n. m.* 1524; supplice du ~ 1646.

**palabr|e** *n. f.* ou *m.*, **~er** *intr.* 813, 5007 III.

**palace** *n. m.* 3914.

**1. palais** *n. m.* 556, 4282.

**2. palais** *n. m. Anat.* 1396; ~ dur 5449/raffiné *Fig.* 1952.

**palan** *n. m.* 2149, 5008.

**palanquin** *n. m.* 1372, 5791.

**palat|al, e, aux** *adj., n. f.*, **~in, e** *adj. Anat.* 1396.

**pale** *n. f.* de gouvernail 4915/d'hélice 2245, 2911.

**pâle** *adj.* (couleur) 3884, 4657; (lumière) 1580; (sourire) 2720; (teint) 600, 3106; (ton) 4492; (visage) 2813, 5147 VIII.

**palefrenier** *n. m.* 2732.

**paléolithique** *n. m., adj.* 1182.

**paléontolo|gie** *n. f.*, **~gique** *adj.*, **~gue** *n.* 1400.

**palestinien, enne** *adj., n.* 4054.

**paletot** *n. m.* 3572.

**palette** *n. f.* de couleurs 4915.

**palétuvier** *n. m.* 2992.

**pâleur** *n. f.* 2813, 3106 IX, 5147 VIII.

**palier** *n. m.* 1732; *Techn.* 1372; ~ d'un escalier 3058; par ~s 1732 II.

**palindrome** *n. m., adj.* 4339.

**pâlir** *intr.* 2813, 3106 IX; (visage) 5147 VIII; *Fig.* (étoile) 154, 4492.

**palissade** *n. f.* 1159, 2751.

**paliss|age** *n. m.*, **~er** *tr.* 1778, 2694 II.

**palissonner** *tr.* 4267.

**paliure** *n. m.* 5284.

**palli|atif, ive** *adj., n. m.*, **~er** *tr.* 1745 VI; **~er** une lacune 3688 II/un manque 2503.

**palmarès** *n. m.* 4426.

**1. palme** *n. f. Bot.* 954, 2565, 2900; ~ de plongeur 4611.

**2. palme** *n. f.* (décoration) 5931; remporter la ~ *Litt.* 1229, 1408.

**palmé, e** *adj.* (pied) 2220, 4611.

**palm|eraie** *n. f.*, **~ier** *n. m.* 5349; **~ier** nain 1884.

**palmipèdes** *n. m. pl.* 4611.

**palombe** *n. f.* 1356.

**palp|able** *adj.* 4892; (preuve) 1260. **~ation** *n. f.*, **~er** *tr.* 994, 4892, 5073.

**palpit|ant, e** *adj.* (cœur) 1585; (histoire) 31 II; (roman) 3002. **~ation** *n. f.*, **~er** *intr.* 1585, 1593 VIII; (cœur) 5279.

**palu|déen, enne** *adj.*, **~disme** *n. m.*, **~stre** *adj.* 5522 X.

**pâm|er (se)**, **~oison** *n. f.* 3773, 3829 IV.

**pamphl|et** *n. m.*, **~étaire** *n.* 5665.

**pamplemousse** *n. m.* ou *f.* 5778.

**pampre** *n. m.* 1190.

**pan** *n. m.* de mur 979/de vêtement 1956, 5668.

**panacée** *n. f.* 720.

**panach|age** *n. m.*, **~er** *tr.* 5065.

**panache** *n. m.* 4378; ~ de fumée 2478.

**panacher** → PANACHAGE.

**panade** *n. f. Cuis.* 814.

**panarabisme** *n. m.* 3493.

**panaris** *n. m.* 1708.

**pancarte** *n. f.* 4858.

**pancré|as** *n. m.*, **~atique** *adj.*, **~atite** *n. f.* 3595.

**panégyrique** *n. m.* 853, 4220 II, 5023.

**pangermanisme** *n. m.* 1062.

**pangolin** *n. m.* 4223.

**panicule** *n. f.* 2954.

**panier** *n. m.* 2615, 4327; réussir un ~ *Sport* 3169 IV; ~ à salade *Fam.* 3494.

**panifi|cation** *n. f.*, **~er** *tr.* 1450.

**paniqu|e** *n. f.* 1929, 2110, 3979. **~er** *intr. Fam.* 1929.

**panislamisme** *n. m.* 1062.

**1. panne** *n. f.* 1591, 3573 V.

**2. panne** *n. f.* : en ~ (bateau) 902.

**panneau** *n. m.* 2161; ~ indicateur 1809/publicitaire 3631 IV/de signalisation 4858.

**panoram|a** *n. m.* 2981, 5456. **~ique** *adj.* (vision) 2961; (vue) 3982.

**pans|age** *n. m.*, **~er** *tr. Vétér.* 1261.

**panse** *n. f.* 4549.

**pans|ement** *n. m.*, **~er** *tr. Méd.* 3254.

**1. panser** → PANSAGE.

**2. panser** → PANSEMENT.

**parquet** *n. m.* 81; *Jur.* 5580.
**parquet|age** *n. m.*, **~er** *tr.* 1536 II.
**parrai|n** *n. m. Relig.* 2800, 3492; *Fig.* 4618. **~nage** *n. m.*, **~ner** *tr.* 4618; **~ner** un projet 2131.
**parricide** *n., adj.* 22.
**parsem|é, e** *adj.* de 1591 V. **~er** *tr.* 3945, 5301.
**parsi, e** *adj., n.* 3941.
**1. part** *n. f.* 979, 4261; *Écon.* 1281; la ~ du lion 5424; de la ~ de 3322, 4161, 5188; avoir sa ~ de bonheur 1301; faire ~ de 3355 IV, 3627 IV, 3631 IV; faire la ~ de 2131 III; faire la ~ des choses 1262; une grande ~ de 4184; la plus grande ~ possible 4256; pour ma ~ 5865; prendre ~ à 2719 III; prendre ~ à la douleur de qqn 2882 III; prendre une ~ active 2719; prendre en bonne, mauvaise ~ 3417.
**2. part** *n. f., loc. adv.* : d'autre ~ 5339; de ~ en ~ 1073, 1512 VIII; de toute(s) ~(s) 237, 5865; de ~ et d'autre 5865; d'une ~ ... d'autre ~ 5339; quelque ~ 4719.
**3. part (à)** *loc. adv., loc. adj.* 5866; mettre à ~ 1073; à ~ soi 5494 ● *loc. prép.* (excepté) à ~ 175, 1605, 3482.
**partag|e** *n. m.*, **~er** *tr.* 979 II, 4008, 4261; ligne de **~e** des eaux 4261 VII; être bien **~é** 1304; être **~és** (avis) 1969; **~er** l'avis de 2882 III/en deux 2882/une opinion 1969 VIII/un repas 2867 III/les responsabilités 4261 VI. **se ~er** 979 V, 2882 VII, 4261 VII; ~ un héritage 4261 VI.
**partance** *n. f.* : en ~ 4431, 5941.
**1. partant** *n. m.* 1944, 2218.
**2. partant** *conj.* 3634.
**partenaire** *n.* 2150, 2867, 4261.
**parterre** *n. m.* 3296.
**parti** *n. m.* politique 1253; esprit de ~ 3552; ~ pris 1408 V; prendre ~ pour 1253 V; prendre le ~ de 4196 II; ne savoir quel ~ prendre 3225; prendre son ~ de 1931, 2105; tirer ~ 3801 X, 5499 VIII.
**partial, e, aux** *adj.*, **~ité** *n. f.* 1253 V, 1408 V.
**particip|ant, e** *adj., n.*, **~ation** *n. f.*, **~er** *tr. ind.* 2559 III, 2719 III; **~ation** financière 5424/à une association 3566/aux bénéfices 1281; **~er** à une cérémonie 1294/aux bénéfices 4261 III/aux dépenses 2867 VI/à la joie de qqn 2882 III; faire **~er** 2867 II.
**participe** *n. m. Gramm.* 4026.
**participer** → PARTICIPANT.
**particular|isation** *n. f.*, **~iser** *tr.* 1548 II, 5243 II. **se ~iser** 1548 VIII, 5243 V. **~isme** *n. m.*, **~iste** *adj., n.* 161, 1911, 4337 X. **~ité** *n. f.* 1548, 5243.
**particule** *n. f.* 1918; *Gramm.* 57, 1238; *Phys.* 979, 1000.
**particul|ier** *n. m.* 3935. **~ier, ère** *adj.* 1548. **~ièrement** *adv.* 1548, 1911, 3717.
**partie** *n. f.* 979, 4261, 4310; *Jeux* 4838; ~ adverse 1555/civile 1317/remise 44 II; avoir ~ liée avec 1253 V, 2867; être ~ prenante dans 3250; il n'est pas de la ~ 1548 VIII; faire ~ d'une organisation 3566; jouer sa ~ *Mus.* 1875; se mettre de la ~ 3251 VII; prendre à ~ 1555 III, 5662 III; une ~ *de* 506; en ~ 979, 3012. **~s** *n. f. pl.* contractantes 3596 VI/en présence 3322/naturelles *Anat.* 3684.
**partiel, elle** *adj.*, **~lement** *adv.* 979.
**partir** *intr.* 1944, 2755, 3086 VII; (avion, bateau) 4348 IV; (coups de feu) 3357 IV; (tache) 5011 VII; ~ pour 5865 V/d'un bon pied 336/d'un bon sentiment 3066/d'un rire retentissant 2078 IV/en fumée 1732, 5647/en morceaux 4040 V/en voyage 2574 III/à la retraite 4320 VI; avoir maille à ~ avec 1602 III; faire ~ 2755 II; faire ~ un moteur 3357 IV; à ~ de 336 VIII, 3357 VII, 3430 VIII; à ~ d'aujourd'hui 504; à ~ de maintenant 3092.
**partisan** *n. m.* 3920, 5427; ~ d'une équipe 265 II/de qqn 679, 1253 V/d'une idée 1781. **~,e** *adj.* (esprit) 1408 V; (luttes) 1253; être ~ de 5365 III, 5427 III.
**partitif, ive** *adj.* 506 II.
**partition** *n. f.* 4261 II; ~ musicale 5582.
**partout** *adv.* 1073, 2028, 3169; de ~ 237.
**parturi|ente** *n. f.*, **~tion** *n. f.* 5015, 5492.
**parure** *n. f.* 1354, 2408; *Bijout.* 3347.
**parution** *n. f.* 3066, 3419.
**parven|ir** *intr.* qqn 565, 5949/à qqch 5158 V/à un accord 1289/au succès (entreprise) 251/aux oreilles de qqn 3324, 5577 VI. **~u, e** *n. Péjor.* 5471.
**parvis** *n. m.* 2031.
**1. pas** *n. m.* 1577; *Géogr.* 3274; ~ de course 3482/de gymnastique 5710/de la porte 3441; trace de ~ 4186; faux ~ 2333, 3454, *Fig.* 4492; mauvais ~ 101, 3537, 5904; à deux ~ 2192, 4128; de ce ~ 4092; emboîter le ~ 1213 VIII, 4335 VIII; faire un ~ 1577; marquer le ~ 2218 III; mettre au ~ 3169; prendre le ~ sur 4101 V.
**2. pas** *adv.* → NE; ~ du tout 305; ~ le moins du monde 3357 IV; ~ même 1171.
**pascal, e, als** ou **aux** *adj.* 4005.
**pas-de-porte** *n. m. inv.* 1605.
**passable** *adj.* 4161, 5926 V.
**1. passage** *n. m.* (traversée) 1118 VIII, 3430; droit de ~ 5036; de ~ (oiseau) 4310.
**2. passage** *n. m.* (lieu) 3324, 5036, 5096; ~ dans la montagne 2889/d'un texte 4310/souterrain 5500.
**passager, ère** *n.* 2168, 2574 III ● *adj.* (beauté) 2392; (sentiment) 3430; (succès) 5989 II.
**passant, e** *n.* 5036 ● *adj.* (rue) 3430. **en ~** *loc. adv.* 3070.
**passation** *n. f.* des pouvoirs 5524.
**passavant** *n. m. Dr.* = PERMIS 2040.
**passe** *n. f. Géogr.* 2889, 5036; *Sport.* 5036 II; avoir une ~ difficile 2927; *en* ~ de 2454, 5941; mauvaise ~ 3537; maison de ~ 4956; mot de ~ 2514.
**passé, e** *adj., n. m.* 5109; (couleur) 4657; (gloire) 3720; (mois) 4088; (époque) 1605; participe ~ 4026.
**passe-droit** *n. m.* 5243 II.
**passemen|t** *n. m.*, **~terie** *n. f.*, **~tier, ère** *n.* 4317.
**passe-partout** *n. m. inv.* 3884.
**passe-passe** *n. m. inv.* : tour de ~ 1512, 2891.
**passeport** *n. m.* 1118.
**1. passer** *intr.* 5036, 5109; (couleur) 600, 1420; (moment) 3087 VII; (période) 4296 VII; (occasion) 4088; (vie) 2392; cela peut ~ 1372 VIII; ~ au jeu 5195 VIII/à travers 1118 VIII/dans la langue 1716/de bouche en bouche, de main en main 5524 VI/en coup de vent 3412/en jugement 1328 III/en proverbe 3225/inaperçu 5287 VIII/maître en 4073 V/outre 1102 VI, 3482 V/par 3430, 5524 V/par des épreuves 3675 III/par l'esprit 1570; il faut en ~ par là 3923; ~ par la tête 3391/pour 2983 VIII/sur *Fig.* 3589, 3786 VI. **se ~** (fait) 975, 1197; (période) 4296 VII.
**2. passer** *tr.* un accord 3596/le ballon *Sport.* 5036 II/une chemise 4365 V/commande 5952 IV/un contrat 1219 II/l'éponge sur *Fig.* 1956, 3225/un examen 4186 II/ses fantaisies 975 III/un fleuve 1118 VIII/les leviers de commande à 2642 II/un liquide 3114 II/la main sur 5073/la main *Fig.* 2046 IV/les menottes à 3103 II, 3803 II/les mers 3430/du temps à 5501 IV/le temps 4296/un vêtement 2061 VIII, 4762/sa vie à 2274 IV/les vitesses 339 II/à tabac *Fam.* 2795 IV/au crible 3748/au fil de l'épée 350, 3644 IV/en contrebande 5689 II/en revue 3504/par les armes 3480 IV/sous silence 3102; faire ~ avant 4186 II. **se ~** une envie 2795 IV/de 3838 X.
**passerage** *n. f.* 2740.
**passereau** *n. m.* 902.
**passerelle** *n. f.* 999, 3430; ~ de commandement 2865 IV.
**passe-temps** *n. m. inv.* 2644 II, 5109 II.
**passeur** *n. m.* 2168; ~ d'homme 5689 II.
**passible** *adj.* de 1317 X.
**1. passif** *n. m. Comm.* 1554, 1904, 2098.
**2. passif, ive** *adj., n. m. Gramm.* 1102.
**3. pass|if, ive** *adj.*, **~ivité** *n. f.* 1618, 4026 VII; **~if** (attitude) 2617, (imitation) 3647.
**passiflore** *n. f.* 185.
**passim** *adv.* 5776.
**passion** *n. f.* 2988, 3549, 5804; ~ de l'étude 2906/du jeu 1376/du lucre *Péjor.* 1977/du savoir 3571 V.
**passion|nant, e** *adj.* (histoire) 49; (match) 1366 II; (personne) 3892; (travail) 3002 II. **~né, e** *adj.* 3549; (discours) 1366; (personne) 1366 V; (sentiment) 1217; ~ de 785. **~nel, elle** *adj.* (crime) 3572; (relation) 3759.
**passionner** *tr.* 31 X, 1366 II. **se ~** pour 1366 V, 2906, 3002 VIII.

**passivité** → PASSIF 3.
**passoire** *n. f.* 3114.
**pastel** *adj. inv.* (couleur) 3884; (ton) 1580 ● *n. m. Bot.* 5931; ~ des teinturiers 5896.
**pastèque** *n. f.* 1815.
**pasteur** *n. m.* 2131; *Relig.* 4251.
**pasteuris|ation** *n. f.*, **~er** *tr.* 3605 II.
**pastich|e** *n. m.*, **~er** *tr.*, **~eur, euse** *n.* 3504 III.
**pastille** *n. f.* 1146, 4210.
**pastoral, e, aux** *adj.* 2131.
**patate** *n. f. Bot.* 4351; ~ douce 478.
**pataud, e** *n., adj. Fam.* 3809; (cheval) 370.
**patauger** *intr.* dans la boue 1648; *Fig.* 1453 V, 3454 V.
**pâte** *n. f.* 3471; mettre la main à la ~ 1450, 3644; bonne ~ *Fig.* 892, 3395, 3403. **~s** *n. f. pl.* (alimentaires) 5155.
**pâté** *n. m.* de maison 4498.
**patelle** *n. f. Anat.* 1785.
**patent, e** *adj.* 3419; (injustice) 667; (fait) 1047; il est ~ que 344, 5954.
**patente** *n. f.* 355.
**patère** *n. f.* 2807.
**paterfamilias** *n. m.* 114.
**patern|alisme** *n. m.*, **~aliste** *adj., n.* **~el, elle** *adj.*, **~ité** *n. f.* 22.
**pâteux, euse** *adj.* 3471.
**pathétique** *adj., n. m.* 2810; (chant) 2811; (récit) 31 II.
**pathog|ène** *adj.*, **~énie** *n. f.*, **~énique** *adj.* 5049 IV.
**patholog|ie** *n. f.*, **~ique** *adj.* 5049.
**pathos** *n. m.* 3576 III, 3914 II.
**patibulaire** *adj.* (mine) 2977.
**1. patience** *n. f. Bot.* 1369.
**2. pati|ence** *n. f.*, **~ent, e** *adj.* 230, 298, 3045. **~ent** *n. m. Gramm.* 4026. **~enter** *intr.* 3045.
**pati|n** *n. m.*, **~nage** *n. m.*, **~ner** *intr.*, **~neur, euse** *n.*, **~noire** *n. f.* 2337.
**patio** *n. m.* 3058, 4080.
**pâtir** *intr.* de 3484 V, 3675 III.
**pâtiss|erie** *n. f.*, **~ier, ère** *n., adj.* 1353.
**patois** *n. m.* 4903.
**pâtre** *n. m.* 2131.
**patriar|cal, e, aux** *adj.*, **~cat** *n. m.*, **~che** *n. m.* 22; **~che** *Relig.* 490.
**patrie** *n. f.* 5964.
**patrim|oine** *n. m.*, **~onial, e, aux** 69, 5894.
**patriot|e** *adj., n.*, **~ique** *adj.*, **~isme** *n. m.* 5964.
**1. patron** *n. m. Techn.* 4139; (modèle) 4993, 5561.
**2. patro|n, onne** *n.*, **~nat** *n. m.* 3644; **~n** artisan 3627 II.
**3. patro|n, onne** *n. Relig.*, **~nage** *n. m.*, **~nal, e, aux** *adj.*, **~nner** *tr.* 2914, 6019; accorder son **~nage** à 1115 IV; sous le **~nage** de 2865 IV.
**patronym|e** *n. m.*, **~ique** *adj.* 3691.
**patrouill|e** *n. f.* 3888 II; ~ de nuit 3391. **~er** *intr.* 3391 II. **~eur** *n. m. Mar.* 2168, 3391.
**patte** *n. f.* 2024, 4186; *Techn.* = ATTACHE 2798, 5949; ~ palmée 4611/du chameau 1578; graisser la ~ *Fam.* 383, 2094; marcher à quatre ~s 1672.
**pattern** *n. m.* 5561
**pâtur|age** *n. m.*, **~er** *tr.* et *intr.* 2131. **~e** *n. f.* 3622, 4629; terrain de ~ 2131.
**pâturin** *n. m.* 727.
**paturon** *n. m.* 2076.
**paume** *n. f.* 2220, 4611.
**paumelle** *n. f. Techn.* 4008 II.
**paupéris|ation** *n. f.*, **~er** *tr.* 4034 IV.
**paupière** *n. f.* 1022.
**pause** *n. f.* 2220 X, 5995; *Ling.* 2611; ~ de la voix 4310.
**pauvre** *adj., n.*, **~té** *n. f.* 4034; ~ (personne) 2614, (sol) 917, (style) 2167, (terre) 5009; ~ de moi! 726.
**pavage** *n. m.* 556 II.
**pavaner (se)** 328, 3388 V.
**pav|é** *n. m.* 556; battre le ~ 1921; le haut du ~ 4426. **~er** *tr.*, **~eur** *n. m.* 556 II.
**pavillon** *n. m. Anat.* 62; *Archit.* 1080; *Mar.* 1968, 3627; baisser ~ *Fig.* 2105.
**pavois** *n. m.* 1968.
**pavot** *n. m.* 1537.
**pay|ant, e** *adj.* (place) 1794; (effort) = AVANTAGEUX 1977 IV. **~er** *tr.* 1794, 2503 II, 5501 IV; ~ ses dettes 58 II/une rançon 3920/de belles paroles 3617 II/de sa personne 350, 1114; se faire ~ qqch 4296 VI. **se ~er** la tête de 1932. **~eur, euse** *adj., n.* 1794; mauvais ~ 5114 III.
**pay|s** *n. m.* 549, 4302, 5964. **~s, e** *n. Fam.* 549. **~sage** *n. m.* 2981, 5456.
**paysan, anne** *n.*, **~nat** *n. m.* 2294 III, 4050. **~, anne** *adj.* (société) 2247; (vie) 4246. **~nerie** *n. f.* 4050.
**P.C.** *n. m. (abrév. de poste de commandement)* 3644.
**péage** *n. m.* 5156.
**peau** *n. f.* 454, 1034; (fourrure) 3974; *Bot.* 4266; ~ de serpent 2626/du lait 3774; entrer dans la ~ de 3295 V; sauver sa ~ 5322.
**Peau-Rouge** *n.* 5778.
**peausserie** *n. f.* 1034.
**peccadille** *n. f.* 2333, 5737.
**1. pêch|e** *n. f. Bot.*, **~er** *n. m.* 1641, 1728.
**2. pêch|e** *n. f.*, **~er** *tr.*, **~eur, euse** *n.* 3190; canne à **~e** 4278; **~eur** de perles 3845. **~erie** *n. f.* de perles 3845.
**péch|é** *n. m.*, **~er** *intr.*, **~eur, eresse** *n.* 35, 1567, 1943; **~er** contre la loi 1602 III.
**1. pêcher** → PÊCHE 1.
**2. pêch|er, ~erie, ~eur** → PÊCHE 2.
**pectoral, e, aux** *adj.* 3066 ● *adj., n. m. pl.* 3947.
**pécule** *n. m.* 5985; *Dr.* 4578; *Mil.* 3688 II.
**pécuniaire** *adj.* 5510; difficultés ~s 5229.
**pédago|gie** *n. f.*, **~gique** *adj.*, **~gue** *n.* 1995 II, 3627 II.
**pédal|e** *n. f.*, **~er** *intr.* 1878.
**pédant, e** *adj., n.*, **~isme** *n. m.* 1212 II.
**pédérast|e** *n. m.*, **~ie** *n. f.* 4919.
**pédestre** *adj.* 2024 V.
**pédiatr|e** *n.*, **~ie** *n. f.* 3340.
**pédicule** *n. m.* 2422.
**pédicur|e** *n.*, **~ie** *n. f.* 3289.
**pédoncule** *n. m.* 2422.
**peign|age** *n. m.*, **~e** *n. m.* 5089; passer au **~e** fin 5089 II. **~er** *tr.*, **se ~er** 2524 II, 5089. **~eur, euse** *adj., n. Techn.* 2122.
**peignoir** *n. m.* 412.
**pein|dre** *tr.*, **~tre** *n. m.*, **~ture** *n. f.* 2079, 3178 II; *Techn.* 1867; **~ture** des mœurs 5948.
**1. peine** *n. f.* (châtiment) 993; ~ légale *Isl.* 1194/capitale 3480 IV/éternelle 3484; sous ~ de 3393.
**2. pein|e** *n. f.* (tristesse) 1258, 3817; faire de la ~ 185 IV; laisser dans la ~ 290; partager les joies et les ~s 2882 III. **~é, e** *adj.* 118 V, 3817 VIII. **~er** *tr.* 1258 IV, 3817 IV.
**3. pein|e** *n. f.* (difficulté) 3537, 4514; homme de ~ 4515; avoir de la ~ à 2922, 3090; avoir de la ~ à retenir ses larmes 5177 VI; se donner la ~de 4561 V; se donner beaucoup de ~ 1097 IV; prendre de la ~ 724; ce n'est pas la ~ 1401, 1781; ne vous donnez pas la ~ de 724 IV; valoir la ~ 1317 X; à grand- ~ 1097, 4481; ~ perdue 5889; en être pour sa ~ 2511, 2569; à chaque jour suffit sa ~ 3675. **à ~** *loc. adv.* : il vient à ~ de 2421; à ~... que 1171, 4703. **~er** *intr.* 2927, 3675 III, 4514.
**1. peiner** *tr.* → PEINE 2.
**2. peiner** *intr.* → PEINE 3.
**peint|re, ~ure** → PEINDRE.
**péjoratif, ive** *adj., n. m.* 1321 II.
**pelade** *n. f.* 824, 3135.
**pelage** *n. m.* 2894, 3974.
**pelé, e** *adj., n.* 3135, 4221; (campagne) 3520; (montagne) 956; (sol) 946.
**pêle-mêle** *adv.* 630, 1160, 1599.
**peler** *tr.* 956 II, 4266 ● *intr.* 2626 VII, 4266 VII.
**pèleri|n** *n. m.*, **~nage** *n. m.* 1177, 2386.
**pèlerine** *n. f.* 3426.
**pélican** *n. m. Ois.* 318.
**pelisse** *n. f.* 3974.
**pelle** *n. f.*, **~tée** *n. f.*, **~ter** *tr.*, **~teuse** *n. f.* 964, 2147; ~ mécanique 1308.
**pelleterie** *n. f.* 3974.
**pelleteuse** → PELLE.
**pellicule** *n. f.* 2492, 4266; *Cin.* 2860; *Phot.* 4065; ~ du lait 3774; ~s du cuir chevelu 5641.
**pelote** *n. f. Text.* 2942, 4473.
**peloton** *n. m.* 2942, 4473; ~ de tête 2126, 2168/d'exécution 3959; *Mil.* 4008.

gique 3555/historique 1319, 3676/d'instruction 5020/des moissons 5931/de transition 3887.
**périoste** *n. m.* 2656.
**péripétie** *n. f.* 3305, 4339 VII.
**périphér|ie** *n. f.*, **~ique** *adj.* 1412 IV; **~ie** d'une ville 1985, 3322.
**périphrase** *n. f.* 3504 II, 4890 II, 5913 II.
**périple** *n. m.* 2034.
**périr** *intr.* 4080, 5216, 5751; *Fig.* 2392; ~ en mer 3756/corps et biens 650/jusqu'au dernier 4214.
**périscop|e** *n. m.*, **~ique** *adj.* 151.
**périssable** *adj.* 650, 5751; (denrées) 750; *Fig.* 4080.
**périssodactyles** *n. m. pl.* 3935 IV.
**périssoire** *n. f.* 1267
**péristyle** *n. m.* 2233.
**périt|oine** *n. m.*, **~onite** *n. f.* 3111.
**perle** *n. f.* 1067, 1721, 4747; *Fig.* 2231, 6055; ~s de verre 1495.
**perler** *intr.* (larme) 1836; (sueur) 4007 V.
**perman|ence** *n. f.*, **~ent, e** *adj.* 1885; **~ence** des traditions 799/d'un parti = LOCAL *n. m.* 4196; **~ent** (comité) 4196 X, (membre) 135, (spectacle) 5036 X. **~ente** *n. f.* 5218 V.
**perméabilité** *n. f.*, **~able** *adj.* 2842 V, 5489; **~able** à une idée 4161 V.
**permettre** *tr.* 620 IV, 2655; ~ de 788 IV, 5158 II, 6069 II. **se** ~ 62, 3390 II.
**1. permis** *n. m.* 2040; ~ de conduire 2739.
**2. permis, e** *adj.* 620 IV, 2655; il est ~ de 1118.
**permission** *n. f.* 620 IV, 2655; demander la ~ 62 X; donner la ~ 62. **~naire** *n.* 62.
**permut|atif** *n. m. Gramm.* 339. **~ation** *n. f.*, **~er** *tr.* 339 VI, 3611, 4339.
**pernicieux, euse** *adj.* 3984 IV; (mal) 1448; (paroles) 2722 IV; (raisonnement) 3224 IV.
**péroné** *n. m.* 2887.
**péroraison** *n. f.* 1461.
**perpendiculaire** *adj.*, *n. f.* 3639 ● *adj.* 1963, 4426.
**perpétr|ation** *n. f.*, **~er** *tr.* 2168 VIII, 4223 VIII.
**perpétu|ation** *n. f.*, **~er** *tr.* 7 II, 1311, 1596 II. **se ~er** 1885. **~el, elle** *adj.*, **~ité** *n. f.* 1596, 1885; mouvement **~el** 4795 VI; prison **~elle,** à **~ité** 7 II.
**perplex|e** *adj.*, **~ité** *n. f.* 1428, 1992 VIII, 2047 V.
**perquisition** *n. f.*, **~ner** *intr.* et *tr.* 3888 II.
**perron** *n. m.* 1732 II.
**perroquet** *n. m. Ois.* 303.
**perruche** *n. f. Ois.* 1720.
**perruque** *n. f.* 3702 X.
**pers|an, e** *adj.*, *n.* **~e** *adj.*, *n.* 3941.
**persécut|er** *tr.*, **~eur, trice** *adj.*, *n.*, **~ion** *n. f.* 3261, 3484 II.
**persévér|ance** *n. f.*, **~ant, e** *adj.*, *n.*, **~er** *intr.* 801 III, 1667, 5966 III.
**persifl|age** *n. m.*, **~er** *tr.*, **~eur, euse** *adj.*, *n.* 5713, 5743 V.
**persil** *n. m.* 5144.
**persist|ance** *n. f.*, **~ant, e** *adj.*, **~er** *intr.* 3076 IV, 5036 X; **~ant** (désir) 799, (feuilles) 7, 1885.
**persona| grata,** ~ **non grata** *loc. adj. Diplom.* 2132.
**personna|ge** *n. m.* 2825. **~lisation** *n. f.*, **~liser** *tr.* 2825 II. **~lisme** *n. m.*, **~lité** *n. f.* 2825; culte de la **~lité** 3429.
**1. personne** *pron. indéf. masc. sing.* 48, 4741; n'être là pour ~ 1179.
**2. personne** *n. f.* 1911, 2825; première ~ 4642 V; deuxième ~ 1568 III; troisième ~ 3851; ~ de connaissance 3506/morale 3675/privée 3935; sans acception de ~ *Dr.* 1164 III; en ~ 1911, 3708, 5494. **~s** *n. f. pl.* 233; les grandes ~ 4481.
**personnel** *n. m. Admin.* 5968 II; ~ de bureau 1475 X/de maison 1475/navigant 5170/d'une usine 3644. **~, elle** *adj.* 1548, 2825; pronom ~ *Gramm.* 3256.
**personnellement** *adv.* 2825.
**personnifi|cation** *n. f.*, **~er** *tr.* 997 II, 2825 II, 4993 II.
**perspective** *n. f.* 5456; *Fig.* 1372 VIII, 5158 IV; à la ~ de 4041.
**perspicac|e** *adj.*, **~ité** *n. f.* 466, 833, 4023.
**persua|dé, e** *adj.* de 64 V, 6079/que 3596 VIII. **~der** *tr.*, **~sif, ive** *adj.*, **~sion** *n. f.* 4394 IV; art de **~der** 565. **se ~der** de 4394 VIII.
**perte** *n. f.* 750, 1531, 4032; ~ d'énergie 5518/de mémoire 4032; vendre à ~ 6006; causer la ~ de 750 IV; courir à sa ~ 1168; en pure ~ 2511, 3428; à ~ de vue 5020, 5029.
**pertinemment** *adv.* 3506, 3627.
**pertin|ence** *n. f.*, **~ent, e** *adj.* 2504; **~ent** (jugement) 1288, (remarque) 4751 III.
**perturb|ateur, trice** *adj.*, *n.*, **~ation** *n. f.*, **~er** *tr.* 1591 IV; **~ation** *Radio.* 2996 II/atmosphérique 3554 IV/psychologique 1591 VIII; **~ations** sociales 3225 VIII; **~er** le calme 3609 II/qqn 4350 IV/une séance 543.
**pervenche** *n. f.* 3668 III.
**perver|s, e** *adj.*, **~sion** *n. f.*, **~sité** *n. f.*, **~ti, e** *adj.*, **se ~tir** 1239 VII, 3984; **~sion, ~ti** *Sexol.* 2835. **~tir** *tr.* 3984 IV.
**pesage** *n. m.* = PESÉE 5921.
**pesamment** *adv.* 477 VI, 835 VI.
**pesant, e** *adj.*, *n. m.* 835, 5921; (démarche) 477 VI; (esprit) 477; (geste) 4625; valoir son ~ d'or 1945.
**pesanteur** *n. f.* 835, 5921; *Phys.* 933; ~ des membres 4625/de la digestion 3537/de l'esprit 1618.
**pes|ée** *n. f.*, **~er** *tr.* et *intr.* 5921; **~er** les grains 4732/des marchandises 4162/ses mots 1311 V, 2071; **~er** sur 835, *Fig.* 3243/lourdement sur *Fig.* 4640.
**pèse-lettre** *n. m.* 5921.
**peser** → PESÉE.
**pessimi|sme** *n. m.*, **~ste** *adj.*, *n.* 2777 VI.
**pest|e** *n. f.*, **~iféré, e** *adj.*, *n.* 3331, 5837; *Fig.* 2840; **~e** soit du 4847; petite **~e** *Fam.* 3022. **~eux, euse** *adj.* 3331.
**pester** *intr.* 2263 IV; ~ contre 2804, 4847.
**pesteux** → PESTE.
**pestilen|ce** *n. f.*, **~tiel, elle** *adj.* 46, 5299.
**pet** *n. m. Pop.* 1255, 3230.
**pétale** *n. m.* 782, 4325.
**pét|arade** *n. f.*, **~arader** *intr.*, **~ard** *n. m.* 3960.
**péter** *intr. Fam.* 1255, 3230; *Pop.* 3960.
**pétill|ant, e** *adj.*, **~ement** *n. m.*, **~er** *intr.* 392, (feu) 3960; (liquide) 4092; **~er** d'ardeur 4901 VIII/d'esprit 5991 V/d'intelligence 4895/de joie 3337.
**pétiole** *n. m.* 2422, 3624.
**peti|t** *n. m.* 6012. **~t, e** *adj.*, *n.*, **~tesse** *n. f.* 3098, 4283; **~t** (déjeuner) 5854, (pluie) 1579, (revenu) 2377, (salaire) 5956 VI, (somme) 3201; **~t** à **~t** 3012, 4337; faire la **~te** bouche 3090 VI; être trop **~t** pour 3274; **~tesse** *Péjor.* 1530, 1851.
**petit|e-fille** *n. f.*, **~-fils** *n. m.* 1307.
**pétition** *n. f.* 3349, 3504; ~ de principe 3066 II.
**petit-lait** *n. m.* 5102.
**petits-enfants** *n. m. pl.* 1307.
**pétrel** *n. m.* 3397.
**pétri, e** *adj.* 3471; ~ d'orgueil 892.
**pétrifi|cation** *n. f.*, **~er** *tr. Géol.* 1182 II, 3061 II; **~er** *Fig.* 1055 II. **se ~er** 1182 V, 3061 V.
**pétr|in** *n. m.*, **~ir** *tr.*, **~issage** *n. m.*, **~isseur, euse** *adj.*, *n.* 3471; **~ir** le corps 1823/l'esprit 892.
**pétrochim|ie** *n. f.*, **~ique** *adj.* 309, 4736.
**pétrograph|ie** *n. f.*, **~ique** *adj.* 3052, 3061.
**pétrol|e** *n. m.*, **~ier, ère** *adj.*, *n. m.* 309, 5497; **~ier** *Mar.* 5524. **~ifère** *adj.* 5497.
**pétul|ance** *n. f.*, **~ant, e** *adj.* 5041, 5380.
**peu** *adv.*, *n. m.* 4337; ~ importe que 5211; faire ~ de cas de 1579 X; à ~ de frais 4638; à ~ près 1420, 4198; un ~ avant 4161; un ~ de 506, 3012; ~ à ~ 1732 II, 2223, 3012; ~ ou prou *Litt.* 1025, 2399; ni ~ ni prou *Litt.* 4503; si ~ que 4337; sous ~ 3467, 3648, 4198; trop ~ 4622.
**peuh** *interj.* 146.
**peupl|ade** *n. f.* 3548, 4160. **~e** *n. m.* 2889. **~é, e** *adj.* 233, 2612. **~ement** *n. m.*, **~er** *tr.*, **se ~er** 3641 II.
**peuplier** *n. m.* 1406.
**peur** *n. f.*, **~eux, euse** *adj.*, *n.* 1649, 5749; avoir ~ 1649, 2116 VIII; faire ~ 501, 1649 IV, 2116 IV; ~ bleue 2827. **de ~ que** *loc. conj.* 1545.
**peut-être** *adv.* 1972, 3544, 3616, 4845.
**p.g.c.d.** *n. m. (abrév. de plus grand commun diviseur)* 4261.
**phacochère** *n. m.* 5750.

**phagocyt|e** *n. m.*, **~ose** *n. f.* 562.

**phalang|e** *n. f. Anat.* 2641; *Mil.* 4123, 4494. **~ette** *n. f.* 5558. **~iste** *n., adj. Mil.* 4494.

**phalène** *n. f.* 85.

**phall|ique** *adj.*, **~oïde** *adj.*, **~us** *n. m.* 4292.

**phanérogames** *n. f. pl.* 344.

**pharao|n** *n. m.*, **~nique** *adj.* 3955.

**phare** *n. m.* 5588; *Autom.* 3042.

**pharis|aïsme** *n. m. Litt.* 1969. **~ien** *n.* 1969 III.

**pharma|cie** *n. f.*, **~cien, enne** *n.*, **~cologie** *n. f.*, **~cologique** *adj.*, **~copée** *n. f.* 3192; **~cie** portative 1888.

**phar|yngite** *n. f.*, **~ynx** *n. m.* 563.

**phase** *n. f.* 2034, 3887; *Astron.* 5865; *Électr.* 3387.

**phasme** *n. m.* 3560.

**phénicien, enne** *adj., n.* 4125.

**phénix** *n. m. Myth.* 3668.

**phéno|ménal, e, aux** *adj. Fam.* 1861 IV; *Philos.* 3419. **~mène** *n. m.* 1197, 3504; *Fig.* 3460; *Philos.* 3419. **~ménologie** *n. f.*, **~ménologique** *adj.*, **~ménologue** *n.* 3419.

**philanthrop|e** *n.*, **~ie** *n. f.*, **~ique** *adj.* 221, 1270 IV; **~ique** (organisation) 353, 1655.

**-phile** *suff.* 5427 III.

**philharmonie** *n. f.* 1062.

**philolo|gie** *n. f.*, **~gue** *n.* 4855.

**philosoph|e** *n.*, **~er** *intr.* **~ie** *n. f.* 4055.

**phimosis** *n. m.* 4349.

**phléb|ite** *n. f.* 5899. **~otomie** *n. f.* 4007.

**phlegmon** *n. m.* 1163, 4901 VIII.

**phobie** *n. f.* 2202.

**-phone** *suff.* (locuteur) 5451.

**phon|ème** *n. m.*, **~éticien, enne** *n.*, **~étique** *n. f.*, **~ique** *adj.* 3171. **~ologie** *n. f.*, **~ologue** *n.* 3172.

**phonographe** *n. m.* 1329.

**phoque** *n. m.* 3466, 4038.

**phosphat|age** *n. m.*, **~e** *n. m.*, **~é, e** *adj.*, **~er** *tr.* 3987.

**phosphor|e** *n. m.*, **~escence** *n. f.*, **~escent, e** adj., **~eux, euse** *adj.*, **~ique** *adj.* 3989.

**photo** *n. f.* 3178.

**photochim|ie** *n. f.*, **~ique** *adj.* 4736.

**photocomposeuse** *n. f.* 3100.

**photocopi|e** *n. f.*, **~er** *tr.*, **~eur** *n. m.* 5391.

**photoélectri|cité** *n. f.*, **~que** *adj.* 3264.

**photogénique** *adj.* 3178 II.

**photograph|e** *n.*, **~ie** *n. f.*, **~ier** *tr.* 3178.

**photograv|eur** *n. m., adj. m.*, **~ure** *n. f.* 3178 II, 3264.

**photomécanique** *adj.* 3264.

**photo|mètre** *n. m.*, **~métrie** *n. f.* 3264.

**photomontage** *n. m.* 3178.

**photon** *n. m.* 3264.

**photophobie** *n. f.* 3264.

**photo-robot** *n. f.* 3178.

**photosensible** *adj.* 3264.

**photosynthèse** *n. f.* 3264.

**photothèque** *n. f.* 3178.

**phototropisme** *n. m.* 5339 VIII.

**phototype** *n. m.* 3178.

**phras|e** *n. f.*, **~éologie** *n. f.* 1066, 3430 II; faire des **~es** *Péjor.* 2830 V. **~eur, euse** *n. Péjor.* 2830 V.

**phrénolog|ie** *n. f.*, **~ique** *adj.* 3942.

**phtis|ie** *n. f.*, **~iologie** *n. f.*, **~iologue** *n.*, **~ique** *adj., n.* 2616.

**phylactère** *n. m.* 761.

**phylloxéra** *n. m.* 4062.

**physicien, enne** *adj. n.* 4116.

**physiognomon|ie** *n. f.*, **~ique** *adj.*, **~iste** *n.* 3942.

**physiolog|ie** *n. f.*, **~ique** *adj.*, **~iste** *n. 5968.*

**physionom|ie** *n. f.*, **~ique** *adj.* 2766, 4890.

**physiothérapie** *n. f.* 3620 III.

**1. physique** *adj.* 341, 1000, 4958. **~ment** *adv.* 1000.

**2. physique** *adj., n. f.* 4116. **~atomique** 3627.

**3. physique** *n. m.* 4719 II.

**phytothérapie** *n. f.* 5267.

**piaf** *n. m. Pop.* 3558.

**piaff|ement** *n. m.*, **~er** *intr.* 4519.

**piaill|ement** *n. m.*, **~er** *intr.* 2327.

**pian|iste** *n.*, **~o** *n. m.* 3525.

**piastre** *n. f.* 4208.

**piaul|ement** *n. m.*, **~er** *intr.* 2327.

**1. pic** *n. m. Ois.* 5512.

**2. pic** *n. m. Géogr.* 2129.

**3. pic** *n. m. Techn.* 3691, 5512.

**4. pic (à)** *loc. adv.* 2773, 3639; qui tombe à ~ (remarque) 3169; *Fig.* 5389 III.

**picaresque** *adj.* (roman) 2849 V, 3820 III.

**pichet** *n. m.* 674, 5453.

**pickles** *n. m. pl.* 1588 II, 4468.

**pickpocket** *n. m.* 2540, 5419.

**pick-up** *n. m. inv.* 4868.

**picorer** *intr.* 5512.

**picot|age** *n. m.*, **~er** *tr.* 5512.

**picot|ement** *n. m.*, **~er** *tr.* 5872; **~ement** dans les jambes 5558/des yeux 5104.

**1. picoter** → PICOTAGE.

**2. picoter** → PICOTEMENT.

**picotin** *n. m.* 3622.

**pictural, e, aux** *adj.* 2079, 3178 II.

**1. pie** *adj. f.* : œuvre ~1270, 3129.

**2. pie** *n. f. Ois.* 3601.

**pièce** *n. f.* (morceau) 4310; (document) 3122; ~ à conviction 5851/d'artillerie 1794/de bétail 1962/de dossier 2694 VIII/d'une maison 1181, 3755/de monnaie 5510/de musée 688/de rechange 4310/de musique 3525/de théâtre 2238, 2525/d'un vêtement 2161/de vers 2893, 4280; donner la ~ 3072 V; payé à la ~ 4422 III; travail à la ~ 5986; en ~s 65; mettre en ~s 1300 II, 5276 II; tailler en ~s 2485; fabriquer de toutes ~s 1603 VIII.

**pied** *n. m.* 2024, 4186; *Zool.* 4426; *Prosod.* 4026 II, 5844; ~ à coulisse 4186/d'une colonne 4320/d'une montagne 2572/d'un mur 2583; à ~ 5096; au ~ de 687; au ~ de la lettre 1239; au ~ levé 2024 V III; de ~ en cap 1616; armé de ~ en cap 1699 II; de ~ ferme 799, 1986; ~ à ~ 1577; coups de ~ 2174; sur ~ (bétail) 5096; mettre sur ~ 1099 II, 4426 IV; sur un même ~ 5845; sur le ~ de guerre 232; lâcher ~ 4403; mettre au ~ du mur 3907 IV; sur un grand ~ 348; mettre ~ à terre 2024 V; mise à ~ 5995 IV; le ~ lui a manqué 2333; ne savoir sur quel ~ danser *Fam.* 2168; avoir un ~ dans la tombe 4147; faire des ~s et des mains 2040 VIII; mettre les ~s dans le plat 2238; de la tête aux ~s 1616; sur la pointe des ~s 1577.

**pied-bot** *n. m.* 1393.

**pied-de-biche** *n. m.* 4631.

**piédestal, aux** *n. m.* 4320.

**pied-de-veau** *n. m. Bot.* 720.

**pied-d'oiseau** *n. m. Bot.* 1979.

**pi|ège** *n. m.*, **~éger** *tr.* 2867; **~ège** à rats 3190; tomber dans le **~ège** 3909.

**pie-grièche** *n. f.* 3081, 5569.

**pierraille** *n. f.* 1292.

**pierr|e** *n. f.* 1182; *Méd.* 1292; ~ à feu 4182/à fusil 3187/angulaire 4486/de couleur 1495/de lune 4361/philosophale 1420 X/précieuse 1131/tombale 556, 5424/de touche 1326; de ~ (visage) 1055; poser la première ~ 2083 IV; apporter sa ~ à l'édifice 2719. **~eries** *n. f. pl.* 1131, 1182. **~eux, euse** *adj.* 1182, 1292.

**pierrot** *n. m. Ois.* 3558.

**piété** *n. f.* 735, 1903 V, 5905; ~ filiale 353; fausse ~ 1969 III.

**piétin|ement** *n. m.*; **~er** *intr.* 1453, 5958; **~er** sur place 2218 III.

**piéton** *n. m.* 2024, 5096.

**piètre** *adj.* 2614, 3201; avoir ~ opinion de 2722 IV.

**pieu** *n. m.* 5844.

**pieusement** *adv.* 3129.

**pieuvre** *n. f.* 51.

**pieux, euse** *adj.* 735, 1903 V, 5905; (mensonge) 4524; (personnage) 3129; (fondation) 1655.

**pif** *n. m. Pop.* 2911.

**pigeon** *n. m.* 1356; ~ voyageur 2273 *Fig., Fam.* 3744. **~neau** *n. m.* 1119. **~nier** *n. m.* 359, 764.

**pigmen|t** *n. m.*, **~taire** *adj.* 1558, 3048. **~tation** *n. f.*, **~ter** *tr.* 1558 II, 3048 II. **se ~ter** 3048 VIII.

**pignon** *n. m. Techn.* 2677 II; *Bot.* 3161.

**pil|age** *n. m.*, **~er** *tr.* 1798, 5694.

**pilastre** *n. m.* 3563.

**1. pile** *n. f.* atomique 1918/électrique 1273, 2175/d'objets 2175, 3514, 4517/d'un pont 2170.

**2. pile** *n. f.* : ~ ou face 3304, 4335.

**piler** → PILAGE.

**pileux, euse** *adj.* 2894.

**pilier** *n. m.* 1778, 2170, 3639; ~ de bistrot *Fam.* 2223/de la religion 2176.

5066; faire une ~**erie** 5531; ~**erie** futile 3428. ~**in** *n. m. Fam., Péjor.* 3428; petit ~ 484.
**plaisir** *n. m.* 4811, 4988; ~sensuel 2988/de la vie 602/des yeux 4135; bon ~ 2109; le bon ~ *Polit.* 3357 IV; lieu de ~ 4908; avoir ~ à 4811; avoir le ~ de 2515, 3395; donner du ~ 4988 IV; faire ~ 2109 VI; faire le ~ de 4561 V; prendre ~ à 5777 V; avec ~ 2515, 3395, 3708.
**plan** *n. m.* 1566 II, 2744 VIII; ~ d'action 1566/incliné 2551 II/de masse 2079/de travail 2862/d'une ville 1502; au premier ~ 1999, 3066; sur le ~ de 1426, 3092, 5240; mettre sur le même ~ 2744; sur tous les ~s 5339. ~, **e** *adj.* 2744 VIII.
**planche** *n. f.* 4919; faire la ~ 3420; ~ de salut 1536; monter sur les ~s *Fig.* 2525.
**1. plancher** *n. m.* 81, 2592.
**2. plancher** *n. m.* (Prix) = MINIMUM, 1857.
**planchette** *n. f.* 4915.
**plancton** *n. m.* 3624.
**planer** *intr.* 1346 II, 1421; (menace) 1665 II.
**plan|étaire** *adj.*, ~**ète** *n. f.* 4714.
**planeur** *n. m.* 3397.
**planifi|cateur, trice** *adj. n.*, ~**cation** *n. f.*, ~**er** *tr.* 1566 II, 3140 II.
**planisphère** *n. m.* 1502.
**planning** *n. m.* 5564 II; ~ familial 5400.
**planqu|e** *n. f. Pop.* 1447, 4782. ~**é, e** *adj., n. Fam.* 4320. **se** ~**er** *Pop.* 1447 VIII.
**plant** *n. m.* 1073, 2803, 5267.
**plantain** *n. m.* 62; ~ d'eau 2347.
**plantaire** *adj.* 1616.
**plant|ation** *n. f.*, ~**er** *tr.*, ~**eur** *n. m.* 2294, 3751; ~**ation** de café 2294/de coton 4317/de semis 2803; ~**er** ses griffes 5408 IV/un piquet 5424/une tente 3225.
**1. plante** *n. f. Bot.* 5267; ~ cultivée 442/grimpante 2637 V, 3502/potagère 527.
**2. plant|e** *n. f. Anat.*, ~**igrade** *adj.* 1616. ~**igrades** *n. m. pl.* 4186.
**planton** *n. m.* 1179, 2569, 2786.
**plantule** *n. f.* 5267.
**plantureux, euse** *adj.* 5985; (personne) *Fam.* 2672.
**plaque** *n. f.* 3102; ~ dentaire 3325/funéraire 556/d'identité 4915/de policier 2993/tournante 3959 VIII.
**plaquemin|e** *n. f.*, ~**ier** *n. m.* 4464.
**plaquer** *tr.* 3102 II, 4762 II; ~ d'or 5234 II.
**plaquette** *n. f.* 2154; ~ sanguine 4210/de poésie 4547.
**plasma** *n. m.* 5826; ~ sanguin 892.
**plasticité** *n. f.* 3390 III, 4808, 4949.
**plastifi|cation** *n. f.*, ~**er** *tr.*, ~**ant, e** *adj., n. m.* 4808 II.
**plastique** *adj., n. m.* 4808 ● *adj.* 3390 III, 4949; (arts) 2937 II; (matière) 3471 ● *n. f.* = CONSTITUTION 892.
**plastron** *n. m.* 3066. ~**ner** *intr.* 513 II, 3462 II.
**1. plat** *n. m.* (vaisselle) 3058, 3296; *Cuis.* 3281.
**2. plat** *n. m.* 3056; ~ d'une lame 3102/de la main 2220; faire du ~ *Fam.* 2340 V, 5176 V.
**3. plat, e** *adj.* 445 VII, 3504; (assiette) 2551 II; (calme) 760, 3296 IV; (cheveux) 2442; (nez) 3952; (pays) 2718; (pied) 4017; (style) 733; à ~ *Fam.* 1298 VII; à ~ ventre 481 VII.
**platane** *n. m.* 1810, 2413.
**plateau** *n. m.* 3197, 3296; *Géogr.* 5306, 5731; *Théâtr.* 5423; ~ de balance 4611/d'embrayage 4210/de pédalier 1882.
**plate-bande** *n. f.* 1280.
**plate-forme** *n. f.* 4320; ~ de chargement 2551/de lancement 3088/de tir 5202; ~ continentale 2100.
**1. platine** *n. m.* 1945.
**2. platine** *n. f.* de tourne-disque 4210.
**platitude** *n. f.* 733.
**platonique** *adj.* (amour) 3379, 3485.
**plâtr|age** *n. m.*, ~**er** *tr.* 890 II, 1006 II. ~**e** *n. m.*, ~**ier** *n. m., adj. m.* 890, 1006; ~**e** *Méd.* 886.
**plausible** *adj.* 1372 VIII, 3603, 4161.
**plébéien, enne** *adj.* 2738, 3636.
**plébiscit|aire** *adj.*, ~**e** *n. m.*, ~**er** *tr.* 3893 X.
**plectognathes** *n. m. pl.* 4797.
**plectre** *n. m.* 2245.
**Pléiades** *n. f. pl. Astron.* 816.
**1. plein** *prép.* : en avoir ~ le dos *Fam.* 2269, 3337.
**2. plein, e** *adj., n. m.* 1312, 2282, 5164; (bois) 3141 IV; (femelle) 974; (mer) 3633; (poche) 3641; (poitrine) 5565; (temps) 4661; de ~ droit 4375/fouet 454 III; en ~ air 5805/cœur 3140, 4169/jour 2231/midi 5567; en ~e jeunesse 3521/mer 3504/rue 4221; au ~ sens du terme 3675; la coupe est ~e 2269; les ~s pouvoirs 4095 II; à ~es mains 4624. ~**ement** *adv.* 760, 4626.
**plein-emploi** *n. m.* 3644, 4661.
**plénier, ère** *adj.* 3636, 4661.
**plénipotentiaire** *n. m., adj.* 4095 II.
**plénitude** *n. f.* 760, 4661.
**pléonasme** *n. m.* 1279.
**pléthor|e** *n. f.*, ~**ique** *adj.* 4119; *Méd.* 4602, VIII.
**pleur** *n. m.*, ~**er** *intr.* et *tr.* 537, 1836; ~**er** misère 1941/un mort 19 II, 2013/à chaudes larmes 1922; tel qui rit vendredi, dimanche pleurera 702.
**pleurésie** *n. f.* 374, 1073.
**pleurnich|ard, e** ou ~**eur, euse** *adj., n.* 1836. ~**er** *intr.* 537 VI.
**pleuvoir** *v. impers.* 5112 IV; ~ à verse 5733/fort 3739 IV.
**plèvre** *n. f.* 3774.
**plexus** *n. m.* 3247.
**1. pli** *n. m.*, ~**able** *adj.* 852, 3394; prendre le ~ *Fam.* 3295 V, 3682 V; faire des ~s 852 VII; ~s du visage 3229 II.
**2. pli** *n. m.* (lettre) 2078; mettre sous ~ 3811 II.
**pliant, e** *adj., n. m.* 3394.
**plie** *n. f.* 5796.
**plier** *tr.* 852, 3394, 4931; ~ qqn à sa volonté 3390 II ● *intr. Fig.* 1563. **se** ~ à 1563, 3180 VIII, 4931 VIII/à une discipline 3209 VII.
**plinthe** *n. f.* 5470.
**pliss|age** *n. m.*, ~**er** *tr.* 3724, 3784 II. ~**é** *n. m.* 852.
**pliss|ement** *n. m.*, ~**er** *tr.* le front 4301 II; ~**ement** de l'écorce terrestre 852 VII/de terrain 3497 II; ~**er** les paupières 3786 V.
**1. plisser** → PLISSAGE.
**2. plisser** → PLISSEMENT.
**ploiement** *n. m.* 852.
**plom|b** *n. m.* 2096; *Électr.* 3164; *Impr.* 3040; ~ de chevrotine 1493. ~**bage** *n. m.*, ~**ber** *tr.* 2096 II. ~**bé, e** *adj.* 2096; (teint) 3720 IX. ~**bier** *n. m.* 2096.
**plong|e** *n. f.*, ~**eur, euse** *n.* (dans un restaurant) 3771.
**plong|ée** *n. f.*, ~**eon** *n. m.*, *tr.* et *intr.*, ~**eur** *n. m.* 3790, 3845; ~**eon** *Ois.* 3790, 3822; ~**er** ses griffes dans 5408 IV/ses regards 3348 IV, 3942 V/sur (regard) 2865 IV/dans une discussion 1648/dans la terreur 5994 IV/sur sa proie (oiseau) 4291 VII. **se** ~**er** 3822 VII; ~ dans l'étude 3643 V, 5768 VII/dans le travail 4473 IV.
**ploutocratie** *n. f.* 816.
**ployer** *tr.* 852, 4931 ● *intr.* 852 VII, 4931 VIII; ~ sous la charge 5579/sous le poids de 2068.
**pluie** *n. f.* 2805, 5112; ~ battante 5763/fine 2062; petite ~ 1579; le temps est à la ~ 1108.
**plum|age** *n. m.*, ~**e** *n. f.* 2245; comme la ~**e** au vent 5638; ~**e** à écrire 4353; poids ~**e** *Sport.* 2245. ~**er** *tr.* 5298.
**plumier** *n. m.* 4353.
**plupart (la)** *n. f.* 4503; la ~ de 3578 IV, 3805/du temps 1436.
**plural, e, aux** *adj.* 1062, 3474 V. ~**isme** *n. m.*, ~**iste** *adj., n.* 3474 V.
**pluricellulaire** *adj.* 3474 V.
**pluriel, elle** *adj., n. m.* 1062.
**plurivo|cité** *n. f.*, ~**que** *adj.* 3675.
**plus** *adv.* 2827, 4503; ~ ou moins 1025, 2399; d'autant ~ 1251; bien ~ 538; de ~ 190, 2399, 3273 IV; en ~ 3633; et ~ 3092; ne... ~ 3681; pas ~ 4036; ~ ... ~ 4626; ~ d'une fois 3855; qui ~ est 538; le ~ souvent ~ 3805; le ~ tôt sera le mieux 3467; ni ~ ni moins 4938; qui peut le ~ peut le moins 3390 X.
**plusieurs** *adj.* et *pron. indéf. pl.* 3474.
**plus-value** *n. f.* 4119.
**plutôt** *adv.* 210, 339; ou ~ 1251, 4422.
**pluvial, e, aux** *adj.* 5112.
**pluvier** *n. m.* 2327.
**pluv|ieux, euse** *adj.*, ~**iomètre** *n. m.*, ~**iométrie** *n. f.*, ~**iosité** *n. f.* 5112.
**P. N. B.** *n. m. (abrév.* de *Produit National Brut)* 5291.
**pneu** *n. m.* 138.

**pneumatique** *n. m.* 5110 ● *adj.* 5805.
**pneumocoque** *n. m.* 1957, 4706 II.
**pneumonie** *n. f.* 1957.
**pneumothorax** *n. m.* 2219 X.
**poch|e** *n. f.* 1134; *Anat.* 947; ~ d'air 5487. **~ette** *n. f.* 3408.
**podium** *n. m.* 1802, 5423.
**podol|ogie** *n. f.*, **~ogue** *m.* 3289.
**1. poêle** *n. m.* 1790, 5991.
**2. poêle** *n. f.* à frire 4357.
**po|ème** *n. m.* 2893, 4280; ~ bachique 1613. **~ésie** *n. f.*, **~ète** *n. m.*, **~étique** *adj.* 2893; **~ésie** d'amour 3766; **~ète** né 3295, 4020.
**pognon** *n. m. Pop.* 4053.
**poids** *n. m.* 835, 5921; *Sport.* 3006; prendre du ~ 5921; avoir du ~ *Fig.* 5158; ~ total en charge 1372; ~ lourd *Autom.* 2821.
**poignant, e** *adj.* 31 II; (atmosphère) 3899 IV; (douleur) 1194; (situation) 185 IV.
**poignar|d** *n. m.* 1624, 5030. **~der** *tr.* 3331.
**poigne** *n. f.* 4153; à ~ (homme) 1257.
**1. poignée** *n. f.* 4153; ~ de main 3102 III/de porte 5078/de valise 6063; à pleines **~s** 5164.
**2. poignée** *n. f. Fig.* 1313; ~ d'individus 2942.
**poignet** *n. m. Anat.* 2076, 2368, 3559; ~ de chemise 2058, 2729.
**poil** *n. m.*, **~u, e** *adj.* 2313, 2894; ~ de chameau 5839; à ~ *Fam.* 3520; de mauvais ~ *Fam.* 5065; il s'en est fallu d'un ~ *Fam.* 963; reprendre du ~ de la bête *Fam.* 790 X.
**1. poinçon** *n. m.* (marque), **~nage** *n. m.*, **~ner** *tr.* 1837.
**2. poinçon** *n. m.*, **~ner** *tr.*, **~neur, euse** *n.*, **~neuse** *n. f.* 833; ~ de cordonnier 1495, 1552.
**poindre** *intr.* 3419; ~ à l'horizon 4915; (aurore) 544; (jour) 3355; (soleil) 432.
**poing** *n. m.* 4153; coup de ~ 4882; montrer le ~ à qqn 5666 II; à **~s** fermés 5164.
**1. point** *n. m.* 5521; ~ d'appui 2170, 3559 VIII, *Mil.* 4320/d'articulation 3171/aveugle 526/de chute 5643/de côté 2930/de couture 1495/crucial 3430/culminant 3633/de départ 3357 VII/d'eau 5897/de droit 2423/faible 5518, 5964/d'exclamation, d'interrogation 3627/du jour 2481, 3898/de mire 361, *Fig.* 1305/mort *Mécan.* 3572, *Fig.* 2169/de ralliement 4719/de repère 3627/de suture 3750/de vue (idée) 5865, (lieu) 2865; de ce ~ de vue 1426, 3430 VIII; du ~ de vue de 5339; faire le ~ *Mar.* 5994; mettre au ~ 3475 IV, *Opt.* 2170 II; mettre un moteur au ~ 3209; mettre un ~ final 5577 IV; à ~ 5989; venir à ~ 3070 III; à ~ nommé 1436; au dernier ~ 1194; au ~ que 1171, 1194, 1732; en tout ~ 760; sur le ~ de 4431, 4703, 5941; sur le ~ de tomber 5760; en arriver à un ~ 565; **~s** cardinaux 5865.
**2. point** *adv.* 4741; ~ du tout 3357 IV.
**point|age** *n. m. Mil.*, **~er** *tr.*, **~eur** *n. m.* 2504 II, 3169 II; **~er** un doigt vers 2993 IV/l'heure d'arrivée 2473 II/des noms 128 II, 3627 II.
**pointe** *n. f.* 2677, 3003, 5431; (clou) 2659; *Géogr.* 1962; ~ d'ail 5544/de la langue 1938/du pied 3322/du sein 1350/de vitesse 4289; à la ~ de l'épée 1194; sur la ~ des pieds 1577, 1962; de ~ (recherche) 2223; heures de ~ 2281 VIII; en ~ 2677 II; à la ~ de *Fig.* 3355, 4188 II.
**point|er, ~eur** → POINTAGE.
**pointillé** *n. m.* 5521 II.
**pointilleux, euse** *adj.* 1798 II.
**pointill|isme** *n. m.*, **~iste** *adj.*, *n.* 5521 II.
**pointu, e** *adj.* (extrémité) 1672 II; (lame) 1194 II; (outil) 2677 II.
**pointure** *n. f.* 4437.
**point-virgule** *n. m.* 4008.
**poir|e** *n. f.*, **~ier** *n. m. Bot.* 40, 4654; **~e** *Électr.* 2284, *Fam.* 2513.
**poireau** *n. m.* 2174, 4537.
**poirier** → POIRE.
**pois** *n. m.* : petit ~, ~ de senteur 449, 1030; ~ chiche 1368.
**poison** *n. m.* 2651; *Fig.* 2840.
**poisse** *n. f. Fam.* 5329, 5534.
**poiss|er** *tr* = ENGLUER 1686. **~eux, euse** *adj.* 1686, 4815.
**poisson** *n. m.*, **~nier, ère** *n.* 2668; ~ d'argent *Ins.* 4792/d'avril 4524/-globe 4038/-lune 3217/pilote 2257/-scie 4803, 5412/volant 955, 1573/séché 4180; ni chair ni ~ 1588. P**~s** *n. m. pl. Zod.* 1399.
**poitrail** *n. m.* 2387, 3066.
**poitrinaire** *adj.*, *n.* 2616, 3066.
**poitrine** *n. f.* 3066; ~ de femme 5565; ~ généreuse 3641; serrer contre sa ~ 1297; poids sur la ~ *Fig.* 4484.
**poivr|e** *n. m.*, **~er** *tr.*, **~ier** *n. m.*, **~on** *n. m.* 4058; **~e** et sel *Fam.* 2980, 3013.
**poivrot, e** *n. Pop.* 2603.
**poix** *n. f.* 2320; ~ liquide 4434.
**pol|aire** *adj.*, **~arité** *n. f.* 4301. **~arisation** *n. f.*, **~ariser** *tr.* 4301 X.
**pôle** *n. m.* 4301; ~ d'attraction *Fig.* 4161.
**polém|ique** *n. f.*, **~iquer** *intr.*, **~iste** *n.* 928 III.
**1. poli, e** *adj.* (personne) 55 II, 5680 II.
**2. poli** *n. m.* 4895. **~, e** *adj.* (pierre) 3118; (surface) 5173.
**1. police** *n. f. Comm.* 2821; ~ d'assurance 5851.
**2. polic|e** *n. f.*, **~ier, ère** *adj.*, *n. m.* 642, 2858; **~e** montée 1662/secrète 1251 V; faire la **~e** 204; inspecteur de **~e** 324; tribunal de simple **~e** 1602 III; salle de **~e** 5995 II. **~er** *tr. Class.* 5680 II; ~ un peuple 1295 II.
**polichinelle** *n. m. Fig.* 5692 II.
**policier** → POLICE 2.
**policlinique** *n. f.* 3682.
**poliment** *adv.* 55; demander ~ 1065 IV.
**poliomyélite** *n. f.* 2941.
**pol|ir** *tr.*, **~issage** *n. m.* 1047, 3118; **~ir** un caractère 5680 II/son style 2154 II. **~isseur, euse** *n.*, **~issoir** *n. m.* 3118.
**polisson, onne** *n.* (enfant) 3584 ● *adj. Péjor.* 3897.
**politesse** *n. f.* 55, 5680 II; visite de ~ 1065 III.
**polit|icien, enne** *n.*, *adj.*, **~ique** *adj.*, *n. m.*, *n. f.* 2732. **~isation** *n. f.*, **~iser** *tr.* 2758 II.
**poll|en** *n. m.* 3174, 3355. **~inisation** *n. f.*, **~iniser** *tr.* 4866 II.
**pollu|er** *tr.*, **~tion** *n. f.* 4914 II; **~tion** de l'air 3984/morale 1854 II, 5313.
**polo** *n. m. Sport.* 909, 4567.
**polochon** *n. m. Fam.* 5925.
**poltron, onne** *adj.*, *n.*, **~nerie** *n. f.* 894.
**poly-** *préf.* 3474 V.
**polyandr|e** *adj.*, **~ie** *n. f.* 2384.
**polychrom|e** *adj.*, **~ie** *n. f.* 3474 V.
**polyclinique** *n. f.* 3682.
**polycop|ie** *n. f.*, **~ié** *n. m.*, **~ier** *tr.* 5391.
**polyculture** *n. f.* 2294.
**polygala** *n. m.* 1272.
**polygam|e** *adj.*, *n.*, **~ie** *n. m.* 2384; *Bot.* 3223.
**polyglotte** *adj.*, *n.* 3474 V.
**polygone** *n. m.* 3250 II; ~ de tir 5240.
**polyméris|ation** *n. f.*, **~er** *tr.* 2973.
**polymorph|e** *adj.*, **~isme** *n. m.* 2937.
**polynévrite** *n. f.* 4901 VIII.
**polynucléaire** *adj.* 5609.
**polype** *n. m. Zool.* 5024; *Méd.* 2616, 5892.
**polyphon|ie** *n. f.*, **~ique** *adj.* 3171.
**polypier** *n. m. Zool.* 5024.
**polypode** *n. m.* 1631.
**poly|sème** *n. m.*, **~sémie** *n. f.*, **~sémique** *adj.* 2867 VIII.
**polythé|isme** *n. m.*, **~iste** *adj.*, *n.* 2867 IV.
**polytric** *n. m.* 4576.
**polyval|ence** *n. f.*, **~ent, e** *adj.* 4612 VI.
**pommad|e** *n. f.*, **~er** *tr.* 1867, 2208; passer de la **~e** à qqn *Fam.* 1867 III, 5176 V. **se ~er** 1867 V.
**pomme** *n. f.* 729; ~ d'acajou 540/d'Adam 1243/d'amour 578/d'arrosoir 4368/de discorde *Litt.* 5956/de pin 4707/de terre 478; **~s** frites 3047; tomber dans les **~s** *Fam.* 3774.
**pommeau** *n. m.* 2191, 3461; ~ de la selle 1397.
**pommelé, e** *adj.* (cheval) 5548.
**pommeraie** *n. f.* 729.
**pommette** *n. f.* 5864.
**pommier** *n. m.* 729.
**pompage** *n. m.* 3220.
**1. pomp|e** *n. f.*, **~er** *tr.* 3220; **~e** à air 5487/de carburateur 2062/à incendie 3336.
**2. pomp|e** *n. f.* 21. **~eux, euse**

*adj.* 1948 ; (style) 3914 ; (mots) 3372. **~ier, ère** *adj. Fam.* (discours) 3372, 3914 II.

**pomper** → POMPE 1.

**pompeux** → POMPE 2.

**1. pompier** *adj.* → POMPE 2.

**2. pompier** *n. m.* 3336.

**pompiste** *n.* 3220.

**pompon** *n. m.* 2843 ; **~s** de couleur 3455.

**pomponner** *tr.* 2391. **se ~** 225 V, 2391 V.

**pon|çage** *n. m.*, **~cer** *tr.* 3118.

**ponce** *n. f.*, *adj.* : pierre ~ 1586.

**ponction** *n. f.*, **~ner** *tr.* 434.

**ponctu|alité** *n. f.*, **~el, elle** *adj.* 1798 ; **~el** (analyse) 979/à ses obligations 4426.

**ponctu|ation** *n. f.*, **~er** *tr.* 2162 ; signes de **~ation** 3627.

**pondéral, e, aux** *adj.* 5921.

**pondér|ateur, trice** *adj.*, **~ation** *n. f.*, **~er** *tr.* 5921 III ; **~ation** *Fig.* 2071, 2101 ; agir avec **~ation** 2238 V, 3603 V. **~é, e** *adj.* (jugement) 3479 VIII ; (personne) 2238 V.

**pond|euse** *n. f.* (poule), **~re** *tr.* 659.

**pongiste** *n.* 4838.

**pont** *n. m.* 999, 4391 ; ~ d'un navire 2551, 4991 ; couper les **~s** 1160, 2894.

**1. ponte** *n. f.* 659.

**2. ponte** *n. m. Fam.* 4018.

**pont|é, e** *adj.* : bateau ~ 2551 V. **~er** *tr.* 999.

**pontet** *n. m.* de fusil 2368.

**pontif|e** *n. m.*, **~ical, e, aux** adj., **~icat** *n. m.* 1149 ; grand **~e** *Fam.* 1096, 4018. **~ier** *intr.* 315 V, 3578 VI.

**pont-levis** *n. m.* 999.

**ponton** *n. m.* 99, 1411.

**pool** *n. m.* 5505.

**pop-corn** *n. m. inv.* 3999.

**poplité, e** *adj.* 14.

**popote** *n. f. Fam.* 3290, 3330.

**populac|e** *n. f. Péjor.* 1866, 2115, 2738. **~ier, ère** *adj.* 2738.

**populage** *n. m.* 3233.

**popul|aire** *adj.* 2889, 2983 ; (chanson) 2217 ; (langage) 2738 ; (langue) 3636 ; (poésie) 2273 ; être très ~ 1304. **~arisation** *n. f.*, **~ariser** *tr.* 3636 II. **~arité** *n. f.* 2889, 2983 ; ~ d'un livre 2217/d'une personne 1304.

**popul|ation** *n. f.* 2612, 3474 ; ~ active 3644. **~ationniste** *adj.*, *n.* 2612. **~eux, euse** *adj.* 233, 2281 VIII.

**porc** *n. m.* 1344, 1628.

**porcelaine** *n. f.* 1523.

**porcelet** *n. m.* 1637.

**porc-épic** *n. m.* 3030.

**porche** *n. m.* 4667.

**por|e** *n. m.*, **~eux, euse** *adj.* 2650.

**pornographi|ie** *n. f.* 1638. **~ique** *adj.* 1601.

**porosité** *n. f.* 2650.

**porphyre** *n. m.* 2667.

**1. port** *n. m.* 2083, 2142, 6026 ; arriver à bon ~ 2879.

**2. por|t** *n. m.*, **~table** *adj.* 5524 ; **~t** *Comm.* 2821/d'armes 1372 ; *Fig.* **~t** d'une personne 5808/d'un arbre 5668.

**portail** *n. m.* 618, 2000.

**portant, e** *adj.* 1372 ; bien ~ 445, 3053 ; à bout ~ 4502.

**portatif, ive** *adj.* 5524.

**porte** *n. f.* 618 ; ~ cochère 2000/de sortie *Fig.* 1490 ; de ~ en ~ 648 ; prendre la ~ *Fam.* 2615 V ; mettre à la ~ 3312 ; forcer la ~ de qqn 1716 ; frapper à la bonne ~ 28 ; écouter aux **~s** 2665.

**porté, e** *adj.* : être ~ à 3295/sur 5249.

**porte-à-faux** *n. m. inv.* 2168, 4196 X.

**porte-|avions** *n. m. inv.* 3397. **~bagages** *n. m. inv.* 1372, 2141. **~bonheur** *n. m. inv.* 793, 1229, 3683. **~clefs** *n. m. inv.* 1346. **~documents** *n. m. inv.* 1311, 5851.

**1. portée** *n. f.* 2192, 5029 ; *Archit.* 3884, 3929 ; *Fig.* ~ des élections 3767/d'un événement 5994 ; à ~ de 4431 ; à ~ de vue 5020 ; à la ~ de 5604 VI.

**2. portée** *n. f. Zool.* 1372, 5291.

**portefaix** *n. m.* 1372, 3026, 3449.

**portefeuille** *n. m.* 1311 ; *Comm.* 5907 ; ~ ministériel 1756.

**porte-hélicoptères** *n. m. inv.* 3397.

**portemanteau** *n. m.* 2807.

**porte-monnaie** *n. m. inv.* 980, 4728.

**porte-musc** *n. m. inv.* 5077.

**porte-parole** *n. m. inv.* 4821.

**1. porter** *tr.* 1372 ; ~ de l'amitié à 4667/atteinte à 5072/atteinte à l'honneur 2302 IV/son attention sur 5287 VIII/la barbe 4799 VIII/un coup à 3169 IV/un coup funeste 3140/des coups 808 IV/un jugement 3066 IV/des lunettes 2061 VIII/la main sur 4892/malheur 5329/ombrage 3793 II, 5871 IV/plainte 2939/préjudice 3224/secours 3694 III, 3841 IV/témoignage 58 II/un toast 2842/un vêtement 2061 VIII, 4762/ à ébullition 3816 II/à l'écran 1490 IV/qqn à se révolter 1236 II/au pinacle 3578 II/aux nues 5607 II/dans ses bras 1297. **se ~** en avant 5524 VIII/bien 2642/candidat 2085 II/garant 3257.

**2. porter** *intr.* à une distance de (arme) 2192 ; ~ sur (conversation) 1875, (poids) 2170 VIII ; ~ sur les nerfs 3552.

**porte-serviettes** *n. m. inv.* 5417.

**porteur** *n. m.* 1372, 3026, 3449 ; ~ d'actions 2719/d'eau 2599, 4199/de microbes 5524/de parts 3054. **~, euse** *adj.* (mur) 1778.

**porte-voix** *n. m. inv.* 3221 II.

**portier, ère** *n.*, *adj.* 618, 1179.

**portière** *n. f.* de voiture 618, 2461/de velours 2471.

**portillon** *n. m.* 618.

**portion** *n. f.* 979, 4261, 4310.

**portique** *n. m.* 2233 ; *Sport.* 2018.

**portrait** *n. m.* 2079, 3178 ; faire un ~ 3178 II ; faire le ~ de 5948.

**portuaire** *adj.* 2142, 6026.

**1. pos|e** *n. f.*, **~er** *tr.* 1298, 5956 ; **~er** les armes 4876 IV/les assises 4546 II/les bases 106 II, 4320/des canalisations 5020/sa candidature 2085 II/des mines 4854/la première pierre 2083 IV/un problème 3565 IV/une question 4876 IV/sa tête sur 5925 V. **se ~er** (avion) 5643 ; (oiseau) 1298.

**2. pos|e** *n. f.*, **~er** *intr. Bx-arts.* 1038 ; *Phot.* 3504 II ; prendre des **~es** *Péjor.* 3833 II ; **~er** à 1781 VIII, 3156 V/au savant 1015. **se ~er** en 1781 VIII. **~eur, euse** *n.* 1781 VIII, 3156 V.

**posé, e** *adj.* (caractère) 5667 ; (démarche) 5830 ; (jugement) 2071, 2101 ; (personne) 230 V. **~ment** *adv.* 230 V, 5210 V, 5667.

**poser** *tr.* → POSE 1.

**pos|er** *intr.*, **~eur** → POSE 2.

**positif, ive** *adj.* 5854 IV ; *Philos.* 5956 ; (critique) 599 ; (esprit) 5994 ; (fait) 799 ; (manière) 164.

**position** *n. f.* 2170, 4426, 4719 ; *Mil.* 3603, 5956 ; ~ clé 5521/fortifiée 5994/de premier plan 5382/sociale 5424 ; prendre ~ sur 5995 ; prendre ~ (armée) 1984 V.

**positiv|isme** *n. m.*, **~iste** *adj.*, *n.* 5854 V, 5956.

**posologie** *n. f.* 3702 III, 4184.

**possédant, e** *adj.*, *n.* 1948, 5177.

**possédé, e** *n.*, *adj. Fig.* 933 ; ~ par le démon 1070.

**posséder** *tr.* 1408, 5177 ; bien ~ un sujet 734 IV. **se ~** 5177 VI.

**possesseur** *n. m.* 1408, 5177.

**possession** *n. f.* 1408, 5177 ; en la ~ de 2630 ; entrer en ~ de 1289 ; prendre ~ d'un objet 2642 V/du pouvoir 335 X, 6019 X/de qqn (idée) 1405.

**poss|ibilité** *n. f.*, **~ible** *adj.*, *n. m.* 1118, 3390 X, 5158 IV ; donner la **~ibilité** de 6069 II ; avoir la **~ibilité** de 6069 V ; faire tout son **~ible** 1097, 5927 ; pas **~ible !** 1420 X.

**postal, e, aux** *adj.* 366.

**1. poste** *n. f.* 366.

**2. poste** *n. m.* 2170 ; *Admin.* 5424 ; ~ budgétaire = CHAPITRE 618/de commandement 3644, 4196/émetteur, récepteur 1099/d'essence 1298/de guet 2097/de pilotage 1181/de police 1581, 5521/de radio 1955/de secours 4782.

**1. poster** *tr.* 366 IV.

**2. poster** *tr.* des sentinelles 2170 IV. **se ~** 5056 II.

**3. poster** *n. m.* 3624 II.

**postérieur** *n. m.* 1680 ; *Fam.* 2056, 3463. **~, e** *adj.* 1602, 4795.

**postérité** *n. f.* 1918, 2615, 5400 ; ~ mâle 5318.

**postiche** *n. m.* 1279, 3702 X ● *adj.* 3156 VIII.

**postier, ère** *n.* 366.

**postillon** *n. m.* 1404.

**post-scriptum** *n. m. inv.* 1956.

**postulat** *n. m.* 2642 II, 3066 III, 3950 VIII.

**postuler** *tr.* un emploi 3349 ; *Philos.* 2642 II, 3066 III.

**postur|al, e, aux** *adj.*, **~e** *n. f.* 5956 ; **~e** assise 1038 ; en bonne, mauvaise **~e** 5995 ; mettre en mauvaise **~e** 2108.

5849/dans un abîme 5805 IV/dans le vide 4876 IV.
**précis** *n. m.* 1551 VIII, 5857 IV. **~, e** *adj.* (heure) 760; (idée) 1047; (jour) 3708 II; (mesure) 3209; (moment) 1194 II; (observation) 1798; (renseignement) 5954; (sens) 1194; (travail) 734 IV, 1328 IV.
**précisément** *adv.* 1798 II, 3209.
**précis|er** *tr.*, **~ion** *n. f.* 3209, 3708 II, 5954 II; **~ion** du travail 734 IV, 1328 IV; instrument de **~ion** 1798; apporter une **~ion** 5954 IV. **se ~er** 5954 VIII.
**précité, e** *adj.* 1933.
**précoc|e** *adj.*, **~ité** *n. f.* 534.
**précompte** *n. m.* = PRÉLÈVEMENT 4310 VIII.
**préconçu, e** *adj.* (idée) 2450.
**préconiser** *tr.* 5365 III, 5426, 5952 IV.
**précurseur** *n. m., adj. m.* 2223, 2450; (signe) 337, 455 II.
**prédateur** *n. m. Zool.* 952, 2448, 3943 VIII.
**prédécesseur** *n. m.* 2635.
**prédestin|ation** *n. f.*, **~er** *tr.* 4184 II, 4296.
**prédéterminer** *tr.* 4184 II.
**prédica|t** *n. m. Ling.*, **~tion** *n. f. Ling.* 2694 IV; **~t** *Gramm.* 1449, *Log.* 1372.
**prédicat|eur, trice** *n.*, **~ion** *n. f.* 1568, 5975.
**1. prédication** *Ling.* → PRÉDICAT.
**2. prédication** *Relig.* → PRÉDICATEUR.
**pré|diction** *n. f.*, **~dire** *tr.* 4691 V, 5266 V, 5994 V.
**prédilection** *n. f.* 31 V; de ~ 1655 VIII, 4015 II.
**prédiquer** *tr. Ling.* 2694 IV.
**prédire** → PRÉDICTION.
**prédispos|er** *tr.*, **~ition** *n. f.* 5808 II; **~ition** (qualité) 3475 X, 4203/à la maladie 4161; avoir une **~ition** à 892.
**prédomin|ance** *n. f.*, **~ant, e** *adj.*, **~er** *intr.* 2018, 2726, 3805.
**prééminn|ence** *n. f.*, **~ent, e** *adj.* 2149, 4101 V.
**préemption** *n. f.* 2914.
**préexist|ant, e** *adj.*, **~ence** *n. f.* 2450; **~ence** *Théol.* 102, 4186.
**préfabri|cation** *n. f.*, **~qué, e** *adj., n. m.*, **~quer** *tr.* 2450 II.
**préfac|e** *n. f.* 1675, 4186 II. **~er** *tr.* un livre 3066 II, 4186 II.
**préfect|oral, e, aux** *adj.*, **~ure** *n. f.* 1311 III.
**préfér|able** *adj.*, **~ence** *n. f.*, **~entiel, elle** *adj.*, **~er** *tr.* 4015 II; il est **~able** de 1270 X; donner la **~ence** à 32 IV, 2018 II.
**préfet** *n. m.* 1311 III, 6019; ~ des études 1875 IV.
**préfigur|ation** *n. f.*, **~er** *tr.* 2450 II.
**préfinancement** *n. m.* 2450 II.
**préfixe** *n. m.* 336, 2450.
**préhension** *n. f.* 49, 4153; droit de ~ 3066 III.
**préhist|oire** *n. f.*, **~orique** *adj.* 74 II.
**préislamique** *adj.* 1102.
**préjudic|e** *n. m.* 1531, 3224; porter ~ 909 IV, 1591 IV; causer un ~ 3270; au ~ de 1262; sans ~ de 2131 III, 5072 III. **~iable** *adj.* 3224 IV, 3270.
**préjudiciel, elle** *adj.* (action) 252; (question) 2450 VIII.
**préjugé** *n. m.* 2450 II; jouir d'un ~ favorable 3417.
**prélasser (se)** = SE RELAXER 2046 VIII; ~ dans 4339 V.
**prélat** *n. m.* 1149.
**prélavage** *n. m.* 3771.
**prêle** *n. f.* 4671.
**pré|lèvement** *n. m.*, **~lever** *tr.* 49, 4310 VIII; faire un **~lèvement** 3708, *Méd.* 1521, *Fin.* 2478.
**préliminaire** *adj.* (étude) 3475 IV, 5202 II ● *n. m.* 5202 II, 5745 X, 5958 II.
**prélogique** *adj.* 4951.
**prélud|e** *n. m.* 3355, 4186 II, 4261 II. **~er** *tr. ind.* à 5202 II.
**prématuré, e** *adj., n.* (enfant) 1470 ● *adj.* 444 VIII, 534, 2450. **~ment** *adv.* 256.
**prémédit|ation** *n. f.*, **~er** *tr.* 3140 II, 3639 V; meurtre avec **~ation** 2450.
**prémices** *n. f. pl.* 337, 3355; *Litt.* 4186 II.
**premier, ère** *adj., n.* 252; jeune ~ 3549; au ~ abord 6034; ~ de l'an 1962/ministre 1962; **~ière** place 3066; ~ vol 534; de ~ plan 372; au ~ plan 3066, 4186 V; le ~ venu 2825. **~ièrement** *adv.* 252.
**premier-né, première-née** *adj., n.* 534.
**prémisse** *n. f.* 4186 II.
**prémolaire** *n. f.* 3215.
**prémonit|ion** *n. f.* 1198, 5858 V. **~oire** = ANNONCIATEUR 5367 IV.
**prémunir** *tr.* 5999. **se ~** contre 1229 VIII, 5999 V.
**prenant, e** *adj.* (livre) 2482; (spectacle) 49; être partie **~e** dans 3250.
**prénatal, e, als** ou **aux** *adj.* 6012.
**prendre** *tr.* 49, 5604 VI; ~ acte de 799 II/l'air 5418 X, (avion) 4348 IV/des airs *Fig.* 2951/l'avantage 3805 V/le bateau 2168/un baiser, 1597 VIII/du bon temps 2644 V/un cachet 561 VIII/conseil 2993 X/des coups 4876 V/Dieu à témoin 4260 IV/jour 3348 IV/mal 5049/la mer 2168/des mesures 975 IV/une photo 4868 VIII/pied 4186/le Pirée pour un homme 2744/qqn (envie) 2223 II, (sentiment) 3519 VIII/la route 2168/un taxi, le train 4336 X; ~ à bail 38 X, 5474 VIII/à cœur 1097 VIII, 6019 IV/à gages 38/à pleines mains 4153/qqch dans sa poche 1490 IV/qqn dans ses bras 1297/d'assaut 4177 VIII/en charge 3448, 4426/par la douceur 3644 III/qqn pour 1262, 3430 VIII, 3474; en ~ à son aise 3086 V; tel est pris qui croyait ~ 3850; c'est à ~ ou à laisser 4161; le ~ de haut 3462 II; cela ne prend pas ! *Fig.* 2217; qu'est-ce qui te prend ? 278. **se ~** pour 3430 VIII/d'amour pour 5994; s'en ~ à 1555 III, 3482 VIII, 5594 III.
**preneur, euse** *n.* = ACQUÉREUR 2873 VIII; ~ à bail 38 X; ne pas trouver ~ (marchandise) 624.
**prénom** *n. m.* 2676, 2825.
**prénommer (se)** 2676.
**prénuptial, e, aux** *adj.* 2450.
**préoccup|ant, e** *adj.*, **~ation** *n. f.*, **~er** *tr.* 2908, 5760 IV; **~ant** (situation) 4350 IV. **~é, e** *adj.* de 3426. **se ~er** de 4536 VIII, 5760 VIII.
**prépalatal, e, aux** *adj., n. f.* 2808.
**prépar|ateur, trice** *n.* 1294 II. **~atif** *n. m.* 232, 3475; faire des **~s** 3475 X. **~ation** *n. f.* des concours 3475 IV/militaire 1729 II/pharmaceutique 1294 X. **~atoire** *adj.* (classe) 3475 IV; (enseignement) 336 VIII; (opérations) 1099 II; (phase) 1294 II. **~é, e** *adj.* (plat) 3290; ~ pour 1294. **~er** *tr.* 1099 II, 3475 IV, 5808 II; ~ un piège 5424/un plat 3382/un projet 4426 IV/la voie à 5202 II/avec goût 5781. **se ~er** 3475 X; ~ à un examen 3475 IV/à partir 232; (orage) 5941.
**prépondér|ance** *n. f.*, **~ant, e** *adj.* 2018, 4101 V.
**prépos|é, e** *n.* 200; ~ aux P. et T. 366, 2569 ● *adj.* à 4638 II. **~er** *tr.* qqn à 4638 II, 6019 II.
**préposition** *n. f.* 942, 1238.
**prépuce** *n. m.* 4349.
**prérogative** *n. f.* 5243 VIII; **~s** 1548 VIII.
**près** *adv.* 4198; tout ~ 4128 ● *loc. adv.* : de ~ 4502; ni de ~ ni de loin 4337; à cela ~ 3482; à quelques exceptions ~ 852 VII; à de rares exceptions ~ 4337 ● *loc. prép.* : ~ de 1115 III; (suivi d'un inf.) 4703 IV, 5941; ~ de ses sous 1234.
**présag|e** *n. m.* (heureux) 3876, 6081 V; (mauvais) 2777, 3397 V. **~er** *tr.* 4691 V, 5266 V, 5994 V; laisser ~ 455 II.
**prescience** *n. f.* 4691 V.
**prescr|iption** *n. f.*, **~ire** *tr.* 200, 3950; *Méd.* 5948; **~iption** *Jur.* 4186 VI, *Relig.* 3950; suivre les **~iptions** 3627 II; **~ire** (loi) 2678, 4296. **~it, e** *adj.* (dose) 1194 II; (moment) 4196 II; (usage) 2079.
**préséance** *n. f.* 3066; avoir la ~ 3066 V; selon l'ordre de ~ 4186; donner la ~ 4186 II.
**présélection** *n. f.* 2450 II.
**présence** *n. f.* 1294, 5855; ~ d'esprit 342; en ~ de 104, 1294, 4993.
**1. présent, e** *adj., n. m.* 1294, 1419; à ~ 256.
**2. présent** *n. m.* (don) 3575, 5678, 6027.
**présent|able** *adj.* 4943. **~ateur, trice** *n.* 4186 II. **~ation** *n. f.*, **~er** *tr.* 3504, 3506 II, 4186 II; faire les **~ations** 4186 II; **~er** les armes 1424 II/des avantages, des inconvénients 3394 VII/ses condoléances 3531 II/sa défense 1826 IV/des difficultés 3090/des excuses 3486 IV/ses papiers 372 IV/une pétition 2149. **se ~er** (occasion) 2691; (idée) 337 VI; ~ devant 4993.
**présentement** *adv.* 1294, 1419.
**présenter** → PRÉSENTABLE.
**préserv|ateur, trice** *adj.*, **~atif,**

ive *adj., n. m.* 5999. **~ation** *n. f.*, **~er** *tr.* 1311, 3187, 5999; Dieu m'en préserve 3683. **se ~er** 5999 V.
**présid|ence** *n. f.*, **~ent** *n. m.*, **~entiel, elle** *adj.*, **~er** *tr.* 1962; **~er** un banquet 3066 V/aux destinées de 2865 IV.
**présomptif, ive** *adj.* 3417; (héritier) 6019.
**1. présompt|ion** *n. f.* (orgueil), **~ueux, euse** *adj., n.* 1663 VIII, 1781 VIII.
**2. présomption** *n. f.* 3417; *Dr.* 4240; ~ de faute 3950 VIII.
**presque** *adv.* 4198 II, 4703, 5339.
**presqu'île** *n. f.* 2801.
**pressant, e** *adj.* (besoin) 4789 IV, 5072.
**1. presse** *n. f. Techn.* 4484; ~ hydraulique 3243; sous ~ 3295; *Litt.* (foule) 1273, 2281.
**2. presse** *n. f.* (journalisme) 3056; sous ~ 3295; la ~ du cœur 1024; *Fig.* avoir bonne, mauvaise ~ 2665, 3171.
**pressé, e** *adj.* (personne) 3467 V; (travail) 3467.
**presse-fruits** *n. m. inv.* 3554.
**pressent|iment** *n. m.*, **~ir** *tr.* 2893 X, 5858 V; avoir un **~iment** 1198; **~iment** funeste 5659.
**1. pressentir** → PRESSENTIMENT.
**2. pressentir** *tr.* qqn 2439, 3884 III.
**presse-papiers** *n. m. inv.* 835.
**1. press|er** *tr.*, **~ion** *n. f.* 3243, 4484; **~er** un fruit 3554/la main 2827/qqch 3296 IV/le pas 1172, 2319; le temps presse 3467 X. **se ~er** 3467 V; ~ en foule 2281 III; pourquoi ~ 3467.
**2. press|er** *tr.* qqn 2535 II, 3467 II/de questions 3274 II. **~ion** *n. f.* : faire ~ sur 3243.
**presse-raquette** *n. m.* 3243.
**pressiomètre** *n. m.* 3243.
**pression** → PRESSER 1, 2.
**press|oir** *n. m.*, **~urage** n. m., **~urer** *tr.* 3554; **~urer** le peuple 3554 VIII.
**pressuris|ation** *n. f.*, **~er** *tr. Aviat.* 4730 II.
**prestance** *n. f.* 5809.
**prestation** *n. f.* de serment 58; **~s** sociales 3694 IV/en nature 1548 II.
**prest|e** *adj.*, **~esse** *n. f.* 1579, 2091. **~ement** *adv.* 1579.
**prestidigita|teur, trice** *n.*, **~tion** *n. f.* 1422, 2902.
**prestig|e** *n. m.*, **~ieux, euse** *adj.* 31 II, 2983; jouir d'un grand **~e** 1304; perdre de son **~e** 3412; politique de **~e** 5489; **~ieux** (avenir) 603, (beauté) 2231, (nom) 4895, (résultat) 1861 IV.
**présum|é, e** *adj.* 3950; ~ coupable 2801, 3417. **~er** *tr.* 3430 VIII, 3596 VIII; ~ de ses forces 3815 III.
**présuppos|er** *tr.*, **~ition** *n. f.* 3950 VIII.
**présure** *n. f.* 2211.
**1. prêt, e** *adj.* (personne) 232, 3475 X; (chose) 1099, 5808 II; ~ à bondir 1309 V; ~! *Sport.* 2170 V.
**2. prê|t** *n. m.*, **~ter** *tr.*, **~teur** *n. m.* 3702 IV; *Fin.* 1904 IV, 4213 IV; **~t** convertible, d'honneur, à terme 4213.
**prêt-à-porter** *n. m.* 1099.
**prêt-bail** *n. m.* 38 IV, 2735 II.
**prêté** *n. m.* : un ~ pour un rendu 3180.
**prétendant** *n. m.* au mariage 3349/au trône 3349 III.
**1. préten|dre** *tr.*, **~tion** *n. f.* 3364, 3367; **~dre** au trône 3349 III.
**2. préten|dre** *tr.*, **~tion** *n. f.* 1781 VIII, 2311; sans **~tion** 5956 VI. **~du, e** *adj.*, **~dument** *adv.* 2311.
**prête-nom** *n. m.* 2495 II.
**prétentieux, euse** *adj., n.* (personne) 1781 VIII; (style) 4638 V.
**prétention** → PRÉTENDRE 1, 2.
**1. prêter** *tr.* → PRÊT 2.
**2. prêter** *tr.* assistance 3694 III/attention 574 III/le flanc à 3504 V/main-forte 5020/l'oreille 3099 IV/une oreille attentive 2131 IV/une oreille indiscrète 2540 VIII/serment 58 II/à rire 3215. **se ~** à 2109.
**prétext|e** *n. m.* 1178, 1921; (mauvais) 3617 II; sous ~ de 1781, 2461. **~er** *tr.* 1178 VIII, 1921 V, 3617 V.
**prétoire** *n. m.* 1328.
**prêtr|e** *n. m.*, **~esse** *n. f.* 4691; **~e** *Christ.* 4251. **~ise** *n. f. Christ.* 4251.
**preuve** *n. f.* 418, 1178, 1809; *Math.* 1317 II; ~ testimoniale 2981; faire ~ de 344 IV, 3419 IV; faire ses **~s** 799 IV, 3419 IV.
**prévaloir** *intr.* 2018, 2726; faire ~ son avis 2018 II. **se ~** de 1781 VIII, 1921 V.
**prévaricateur, trice** *adj., n.* 750 IV.
**préven|ance** *n. f.* 3675; entourer qqn de **~s** 2131. **~ant, e** *adj.* 4772 II, 4832. **~ir** *tr.* les désirs 4722 II.
**1. prévenir** *tr.* 1208 II, 5287 II; ~ qqn de 1570 IV/une catastrophe 4864 VI.
**2. prévenir** → PRÉVENANCE.
**préventif, ive** *adj.* (détention) 1412 VIII; (mesure) 1229 VIII; (traitement) 5999.
**préven|tion** *n. f. Jur.*, **~tivement** *adv.* 1412 VIII; mesures de **~tion** 5999; avoir des **~tions** contre, pour 1408 V, 2722 IV.
**prévenu** *n. m. Jur.* 775 VIII. **~, e** *adj.* en faveur de, contre 1408 V.
**prévisible** *adj.* 4184 II, 5994 V.
**prévision** *n. f.* 5266 V, 5994 V; en ~ de 1262 V, 1412 VIII; **~s** budgétaires 4184 II/météorologiques 5266 V; contrairement aux **~s** 2155 V.
**prévisionnel, elle** *adj.* 4184 II, 5994 V.
**prévoir** *tr.* 5266 V, 5994 V; (envisager) 1262 V, 1412 VIII; (stipuler) 5423; laisser ~ 455 II.
**prévoy|ance** *n. f.*, **~ant, e** *adj.* 466 V, 1230 VIII, 1262 V; caisse de **~ance** 1412 VIII.
**prie-Dieu** *n. m. inv.* 904, 2173.
**prier** *tr.* 3138 II; ~ Dieu 3232 V/Dieu avec ferveur 5323 III/qqn de 3349/qqn à dîner 1781; je vous en prie 2028.
**prière** *n. f.* 3138; appeler à la ~ 62 IV; à la ~ de 1781; ~ d'entrer, de ne pas fumer 2028.
**prieur, e** *n.* 1962. **~é** *n. m.* 1894.
**primat** *n. m. Philos.* 252.
**primates** *n. m. pl.* 1962, 4186 II.
**primauté** *n. f.* 252, 2450; ~ de la raison 4101 V.
**1. prime** *adj.* : la ~ jeunesse = FRAÎCHEUR 2246. **de ~ abord** *loc. adv.* 339, 6034.
**2. prim|e** *n. f.* 1118; ~ d'assurance 4256/de déplacement 339/de rendement 3633. **~é, e** *adj.* : être ~ = AVOIR UN PRIX 5604. **~er** *tr.* 4101 V.
**primesautier, ère** *adj.* 5380.
**primeur** *n. f.* 534.
**primevère** *n. f.* 2378.
**primipare** *adj., n. f.* 1496.
**primit|if, ive** *adj., n.* 252, 336; (couleur) 106, 135. **~ivement** adv. 135.
**primo** *adv.* = PREMIÈREMENT 252.
**primogéniture** *n. f.* 534.
**primordial, e, aux** *adj.* 106, 252, 336.
**primulacées** *n. f. pl.* 1989.
**princ|e** *n. m.*, **~esse** *n. f.* 200; **~e** héritier 6019//du sang 114. **~ier, ère** *adj.* 200; *Fig.* (cadeau) 5177.
**principal, e, aux** *adj.* 106, 252, 1962; (résidence) 135.
**princip|at** *n. m.*, **~auté** *n. f.* 200.
**principe** *n. m.* 135, 336; ~ constitutif 4426 II/moral 4320/de toute chose 3066; pour le ~ 2131 III.
**prin|tanier, ère** *adj.*, **~temps** *n. m.* 1989.
**priorit|aire** *adj., n.* 4186 II, 6019. **~é** *n. f.* 252, 2450, 4015; avoir la ~ 6019; venir en ~ 4186 V.
**pris, e** *adj.* 49; ~ de boisson 847, 1613/d'un doute 2729 III/de remords, de tremblement 3519/de vomissements 4428 V/par les glaces (fleuve) 1055 V; bien lui en a ~ 1301.
**prise** *n. f.* 49, 4153, 5078; *Méd.* 963; *Électr.* 5408; ~ directe *Autom.* 2798 II, 3549 II/d'armes 3504/de bec 5512 III/de conscience 5980/de courant 4151/de guerre 3836/de poids 2399 VIII/de position 5995/du pouvoir 6019 X/de sang 49/de son 2473 II/de tabac 5418/de terre 5949 II/de vue *Phot.* 4868, *Cin.* 3178 II; avoir ~ sur 5158 V; aux **~s** avec 3084 III, 5440 III; donner ~ à 3504 V.
**1. priser** *tr.* qqch, qqn 4184 II.
**2. priser** *tr.* du tabac 5418; tabac à ~ 2564.
**prism|atique** *adj.*, **~e** *n. m. Math.* 5413, 5938.
**prison** *n. f.*, **~nier, ère** *adj., n.* 1153, 2475; **~nier** de guerre 49, 114; faire **~nier** 114, 3603 VIII; se constituer **~nier** 114 X.
**privatif, ive** *adj.* 2617.
**privation** *n. f.* 1247, 4032; vie de ~ 4271 V; ~ d'un droit 2590 IV; vivre dans la ~ 4337.
**privatis|ation** *n. f.*, **~er** *tr.* = AFFECT|ATION, ~ER (au privé) 1548 II.
**privauté** *n. f.* 1807.
**1. privé, e** *adj., n. m.* (secteur)

1218; (vie) 1548; en ~ 5866; acte sous seing ~ 3596; à titre ~ 2825; personne ~e 3935.
**2. priv|é, e** *adj.* de 1247, 3480, 4032. **~er** *tr.* de 1247, 4032 IV/d'un droit 2590 IV/de sommeil 3213. **se ~er** 1247, 4271 V.
**privil|ège** *n. m.* 1304, 5243 VIII; avoir le ~ de 1301. **~égié, e** *adj., n.* 1301, 1304, 4015 II. **~égier** *tr.* 5243 II.
**prix** *n. m.* 848, 2563; ~ choc 3073/de la gloire 5204/littéraire 1118/Nobel 4094/du sang 5888; à tout ~ 4638; au ~ de 924; de ~ 4445, 5493; attacher du ~ à 3702 IV; attacher un grand ~ à 5760; recevoir le ~ de 993.
**proba|bilisme** *n. m.*, **~biliste** *adj., n.*, **~bilité** *n. f.*, **~ble** *adj.*, **~blement** *adv.* 1372 VIII, 2018; il est fort **~ble** que 3417.
**probant, e** *adj.* 779 IV; (argument) 1268; (explication) 4394 IV.
**probatoire** *adj.* 799 IV, 1449 VIII.
**prob|e** *adj.*, **~ité** *n. f.* 204, 4426 X, 5383.
**problématique** *adj., n. f.* 2937 IV ● *adj.* 164 II, 2929.
**problème** *n. m.* 2423, 2937 IV, 3565.
**procédé** *n. m.* 2618, 3324; (bon, mauvais) 3086 V, 3644 III.
**procéder** *tr.* à 454 III, 4426/à une opération 975 IV; ~ de 28 V, 3066, 5291.
**procédure** *n. f.* 975 IV, 3324; *Dr.* 135, 2149.
**procès** *n. m.* 1328 III, 1555, 1781; faire le ~ de 5352 II.
**procession** *n. f.* 6002; *Christ.* 2398; *Relig.* 3391.
**processus** *n. m.* 1732, 2739; ~ économique 3387 V/d'une maladie 2755.
**procès-verbal** *n. m. Admin.* 3209; ~ de contravention 1602 III/de séance 1294.
**prochain, e** *adj.* 4198; (année) 4186; (mois) 4161 IV; (pluie) 5941; (semaine) 758. **~ement** *adv.* 4198; très ~ 3467.
**proche** *adj.* 1857, 4198; (orage) 5941. **~es** *n. m. pl.* (parents) 1145.
**Proche-Orient** *n. m.* 2866.
**proclam|ation** *n. f.*, **~er** *tr.* 3631 IV, 5365 III; **~ation** politique 565; **~er** à cor et à cri 363/l'état de guerre 2983 IV/son innocence 1098 III/la vérité 3079 II.
**proconsul** *n. m.* 6019.
**procré|ateur, trice** *adj., n.* 6012. **~ation** *n. f.*, **~er** *tr.* 5303 IV, 6012.
**procuration** *n. f.* 4095 II, 6009 II; avoir une ~ 5851; par ~ 5580.
**procurer** *tr.* 5020 IV, 5985 II; ~ un avantage 929 IV/des informations 2385 II/le sommeil 1026/une solution 5855 IV. **se ~** 1289, 4400 VIII, 5897 X.
**procureur** *n. m.* général 5580.
**prodigalité** *n. f.* 349 II, 2539 IV, 3951 IV.
**1. prodig|e** *n. m.*, **~ieux, euse** *adj.* 1512, 3460; **~e** d'un saint 4561; faire des **~es** 3463 IV; **~ieux** (effort) 5799, (événement) 1861 IV, (nouvelle) 1946 IV. **~ieusement** *adv.* 260.
**2. prodige** *adj.* : enfant ~ 5358.
**prodig|ieusement, ~ieux** → PRODIGE 1.
**prodigu|e** *adj., n.* 349 II, 2539 IV, 3951 IV; enfant ~ 3249. **~er** *tr.* son argent 349 II/des efforts 350/des éloges 3248 IV/des faveurs 3739 IV.
**prodrome** *n. m.* 200.
**produc|tif, ive** *adj.*, **~tion** *n. f.*, **~tivité** *n. f.* 5291 IV; **~tif** (arbre) 3801 IV, (capital) 846 IV, (effort) 5291 IV, (sol) 1549, (travail) 1723 IV; **~tion** annuelle 3801/d'énergie 6012 II/laitière 1723 IV/littéraire 1289/de miracles 3156/de témoins 1026.
**1. produire** *tr.* 5291 IV; ~ de la chaleur, de l'énergie 6012 II/un bénéfice 28, 846 IV/un document 5897 IV/un effet 1197 IV/des pièces à conviction 372 IV/des témoins 1026.
**2. produire** *intr.* (terre) 3801. **se ~** (fait) 1197, 1289, 5994.
**produit** *n. m.* 5291 IV; *Comm.* 2632; *Math.* 1289; ~ alimentaire 4958/de beauté, chimique 1294 X/manufacturé 3156/national brut (P.N.B.) 5291/d'un revenu immobilier 2246/des impôts 1289/du sol 1655.
**proémin|ence** *n. f.*, **~ent, e** *adj.* 372, 5290, 5414.
**profan|ateur, trice** *adj., n.*, **~ation** *n. f.*, **~er** *tr.* 1854 II; **~er** un lieu 5313 II/une sépulture 5278. **~e** *adj.* 1857 ● *n.* 1102.
**proférer** *tr.* 4106, 4860 V.
**profess|er** *tr.*, **~eur** *n. m.* 1741 II, 3627 II; **~er** une opinion 1098 III, 3631 IV/une religion 1903; **~eur** d'université 110/chargé de cours 1294 III.
**profession** *n. f.*, **~nel, elle** *adj.* 1240, 5212; ~ de foi 1781; avoir une ~ 2392 III, 5048 III; faire ~ de 1098 III, 3631 IV. **~nalisme** *n. m.*, **~nel** *n. m.* 1240 VIII.
**professor|al, e, aux** *adj.*, **~at** *n. m.* 110, 3627 II.
**profil** *n. m.* 4310, 5456. **~é** *n. m. Techn.* 4310. **~é, e** *adj.* 2750 VII, 5091. **se ~er** 2079 VIII, 3419.
**profi|t** *n. m.* 1977, 3393, 4112; au ~ de 3129; tirer ~ 4112 X, 5499 VIII; mettre à ~ 3801 X. **~table** *adj.* 4112 IV, 4578 IV, 5499; (affaire) 1977 IV. **~ter** *tr.* de 4112 X, 5499 VIII/des circonstances 4388 VIII/de l'inattention 1430 V/de l'occasion 3836 VIII, 5568 VIII/à qqn 1977; faire ~ qqn de 1977 IV. **~teur, euse** *n.* de guerre 816.
**profond, e** *adj.*, **~ément** *adv.*, **~eur** *n. f.* 3643; ~ (couleur) 3827, (différence) 2876, (eau) 4321, (esprit) 325 V, (ignorance) 3296 IV, (intérêt) 565, (nature) 3140, (nuit) 1825, (obscurité) 1833, (racine) 2074, (secret) 3813 IV, (tristesse) 964, (vision) 833; **~eur** d'esprit 325 V/de la mer 4321; **~eurs** de la terre 497.
**profusion** *n. f.* 2539 IV, 4119; donner à ~ 989 IV, 4503.
**progéniture** *n. f.* 1918, 5400; ~ mâle 5318.
**programm|ateur, trice** *n.*, **~ation** *n. f.*, **~e** *n. m.*, **~é, e** *adj.* (enseignement), **~er** *tr.*, **~eur, euse** *n.* 410; **~e** de travail 1566.
**progrès** *n. m.* 4186 V; ~ de l'humanité 2165 VIII; faire des ~ 4310.
**progresser** *intr.* 4186 V; (ennemi) 2278; (mal) 4038 VI; ~ par étapes 1732 V.
**progressif, ive** *adj.* 1732 II, 3092 VI.
**progression** *n. f.* 4186 V; *Math.* 6019 VI.
**progress|isme** *n. m.*, **~iste** *adj., n.* 4186 V.
**progressivement** *adv.* 1732 II.
**progressivité** *n. f.* 1732 II, 3092 VI.
**prohib|er** *tr.*, **~itif, ive** *adj.*, **~ition** *n. f.* 1247 II, 5195; **~itif** (loi) 5577, (mesure) 1302 II, (prix) 3904. **~itionnisme** *n. m.*, **~itionniste** *adj., n.* 1247 II.
**proie** *n. f.* 3836, 3943; ~ des flammes 3330; oiseau de ~ 952; être la ~ de 3504 V, 3519 VIII; en ~ à la colère 31 II/au malheur 4339 V; fondre, tomber sur sa ~ (oiseau) 4291 VII.
**projecteur** *n. m.* 3264, 5588.
**projectile** *n. m.* 4192.
**projection** *n. f.* 2192, 4876 IV; *Math.* 2590 IV; ~ d'un film 3504.
**proje|t** *n. m.*, **~ter** *tr.* 2862, 4280.
**1. projeter** *tr.* → PROJET.
**2. projeter** *tr.* 2192, 4192; *Math.* 2590 IV; ~ un film 3504/de la lumière 4876 IV. **se ~** sur 2079 VIII, 5290.
**prolactine** *n. f.* 5705.
**prolégomènes** *n. m. pl.* 4186 II.
**prolét|aire** *n.*, **~ariat** *n. m.*, **~arien, enne** *adj.* 3644, 4515.
**prolif|ération** *n. f.*, **~ère** *adj.*, **~érer** *intr.* 1602 IV, 4503 IV, VI; **~érer** (plantes) 2399 VI.
**prolifique** *adj.* 4503 VI, 5291 IV.
**prolix|e** *adj.*, **~ité** *n. f.* 2714 IV, 3373 IV.
**prologue** *n. m. Litt.* 1675.
**prolongation** *n. f.* 44, 3393 II, 5020 II. **~s** *n. f. pl. Sport.* 44 II.
**prolong|ement** *n. m.*, **~er** *tr.* 1885 IV, 3393 II, 5020 II. **~ements** *n. m. pl.* 1956; avoir des ~ 3592. **se ~er** 3393, 5020 VIII.
**promen|ade** *n. f.* 5384; lieu de ~ 5384 VIII. **~er** *tr.* 5384; ~ ses doigts 5036 IV/son regard 1125 IV, 2524 II; envoyer ~ qqn *Fam.* 2272. **se ~er, eur, euse** *n.* 3929 V, 5384 V. **~oir** *n. m.* 5096.
**promesse** *n. f.* 5971; tenir sa ~ 353, 5987; ~ de Gascon 392, 3511.
**prometteur, euse** *adj.* 5971; (début) 455 II; (sourire) 203 II.
**promettre** *tr.* 5971 ● *tr.* et *intr.* (laisser présager) 203 II, 455 II. **se ~** de 3529, 3617 II, 5199 II.
**promis, e** *n.* (fiancé) 1569 ● *adj.* : terre ~e *Litt.* 5971.
**promiscuité** *n. f.* 1599 VIII.
**promontoire** *n. m.* 1962, 2129.
**promoteur** *n. m.* 3676 V; ~ d'une doctrine 5407 IV/d'une idée 22/d'un projet 3054.

**promotion** *n. f.* commerciale 2217 II/au grade supérieur 2149 II, 2165 II/des ventes 5560 II; de la même ~ 1794. **~nel, elle** *adj.* 5560 IV.
**promouvoir** *tr.* une politique 2809 II/qqn au grade supérieur 2149 II, 2165 II/les ventes 5560 II.
**prompt, e** *adj.*, **~ement** *adv.*, **~itude** *n. f.* 2535, 3467; ~ (esprit) 1294; **~itude** de la répartie 342.
**promu, e** *adj.*, *n.* 2149 II.
**promul|gation** *n. f.*, **~guer** *tr.* 3066 IV, 5413.
**prône** *n. m.* 1568, 5975.
**prôner** *tr.* 3018 IV.
**pronom** *n. m.* 3256; ~ démonstratif 2676.
**pronominal, e, aux** *adj.* 3256.
**prononcé, e** *adj.* (trait) 3419, 5290.
**prononc|er** *tr.*, **~iation** *n. f.* 4860, 5451; **~er** une allocution 1568/un éloge funèbre 2013/un jugement 3066 IV; ne pas **~er** un mot 5277. **se ~er** sur 3631 IV.
**pronost|ic** *n. m.*, **~iquer** *tr.* 4691 V, 5266 V, 5994 V. **~iqueur, euse** *n.* 5266 V.
**propagand|e** *n. f.*, **~iste** *adj.*, *n.* 1781.
**propag|ateur, trice** *adj.*, *n.*, **~ation** *n. f.*, **~er** *tr.* 3024 IV, 3636 II; **~er** des idées 5413/une maladie 3482 IV/une nouvelle 1955 IV/de fausses nouvelles 2217 II. **se ~er** 3024; (espèce) 4503 VI; (feu) 1818 VII; (idée) 1955; (influence) 5927 VIII; (mal) 4003 V; (maladie) 2547; (onde) 312 V; (son) 5413 VIII.
**propension** *n. f.* 5249, 5377; avoir une ~ à 892.
**proph|ète** *n. m.*, **~étie** *n. f.*, **~étique** *adj. Isl.* 5266; *Relig.* 2078; **~ète** de malheur 3746, 5459. **~étiser** *tr. Fig.* 2026, 4691 V.
**prophyla|ctique** *adj.*, **~xie** *n. f.* 5999.
**propi|ce** *adj.* (circonstance) 28 III; (événement) 4751 III; (moment) 5389 III; (occasion) 2691; (terrain) 2002. **~tiatoire** *adj.* 2914 V, 4616 II.
**proportion** *n. f.* 5389; à ~ de 1262; dans la même ~ 4180; une grande ~ de 4184; **~s** du corps 4259 II; toutes **~s** gardées 3959. **~né, e** *adj.* 3479 VI, 4612 VI; bien ~ 5781. **~nel, elle** *adj.* 5389. **~ner** *tr.* 3479 III, 5389 III, 5921 III
**1. propos** *n. m.* 1198, 4422; ~ acerbe 4211/malveillant 5942/mordant 4807; à ~! 4041, 5389 III; à ~ de 1420, 2779, 3624 V; à ce ~ 3256; à tout ~ 4793; hors de ~ 1781; de ~ délibéré 3529, 4280; son ~ était de 3717.
**2. propos (à)** *loc. adv.* (à point) 1352, 5956; (convenable) 4943, 5986.
**propos|er** *tr.*, **~ition** *n. f.* 3504, 4203 VIII; **~er** un candidat 2085 II/ses bons offices 5926 V; l'homme propose et Dieu dispose 2294; **~ition** de loi 4915/de paix 3504. **se ~er** 2805 II; ~ un objectif 5410/de 3529, 4280, 5673 X.

**1. proposition** → PROPOSER.
**2. proposition** *n. f. Gramm.* 3430; *Log.* 4296; *Philos.* 4422.
**1. propre** *n. m.* 1548; le ~ de l'homme 5243 ● *adj.* (nom) 3627; (sens) 1317; au sens ~ 1286; de son ~ chef 4876; de sa ~ main, en mains **~s** 6063; ~ à 233, 922, 1603; ~ à rien 3129; plus ~ à 6019; de ses **~s** yeux 194. **~ment** *adv.* : à ~ parler 1286.
**2. propre** *n. m.* 5391; mettre au ~ 660 II; c'est du ~! 2642 ● *adj.* 5457, 5529.
**propreté** *n. f.* 5457, 5529.
**propriét|aire** *n.*, **~é** *n. f.* 5177; **~aire** de 3054; devenir **~aire** 1408; **~é** foncière 3272.
**1. propriété** → PROPRIÉTAIRE.
**2. propriété** *n. f.* (caractéristique) 1548; ~ d'un terme 3053.
**propuls|er** *tr.*, **~ion** *n. f.* 1794, 2755 II. **~eur** *n. m.* 2146.
**prorata** *n. m. inv.* 5389.
**prorog|ation** *n. f.*, **~er** *tr.* 50 II; **~er** un délai 5020 II/une échéance 44 II.
**prosaïque** *adj. Pr.* et *Fig.* 5301; (vie) 3682; *Péjor.* 350 VIII.
**pros|ateur** *n. m.*, **~e** *n. f.* 5301; **~e** rimée 2470.
**1. proscr|iption** *n. f.* (exil), **~ire** *tr.*, **~it, e** *adj.*, *n.* 504 IV, 5503.
**2. proscr|iption** *n. f.* (interdiction), **~ire** *tr.* 495 IV, 4855 IV; **~ion** de la peine de mort 1302 II; **~ire** un usage 1302 II, 5195.
**prose** → PROSATEUR.
**prosélyt|e** *n.* 3024 V. **~isme** *n. m.* 455 II.
**prosod|ie** *n. f.*, **~ique** *adj.* 3504.
**prospect|er** *tr.*, **~eur, trice** *adj.*, *n.*, **~ion** *n. f.* 324, 5506 II; **~er** une clientèle 4892 V/un marché 1741.
**prospective** *n. f.* 4161 X.
**prospectus** *n. m.* 5413.
**prosp|ère** *adj.*, **~érer** *intr.*, **~érité** *n. f.* 2378 VIII, 6069; **~ère** (air) 5439, (famille) 3641, (marché) 2217, (mariage) 5304, (vie) 2134.
**prostat|e** *n. f.*, **~ique** *adj.*, *n. m.*, **~ite** *n. f.* 5217.
**prostern|ation** *n. f.*, **~ement** *n. m.*, **se ~er** 2173, 2468; **se ~er** devant 1481.
**prostitu|é, e** *n.*, **se ~er, ~tion** *n. f.* 518, 3677, 6021 IV; **~er** sa plume 38 II.
**prostr|ation** *n. f.*, **~é, e** *adj.* 6036.
**protagoniste** *n.* d'un récit 493.
**protase** *n. f.* 2859.
**protect|eur, trice** *n.* 1377, 4618; ~ des arts 2131/d'une ville 6019 ● *adj.* (masque) 5999; société **~trice** des animaux (S.P.A.) 2150; sous l'aile **~trice** 4680. **~ion** *n. f.* 204, 1377, 5999; ~ de l'enfance 2131; demander ~ à 204 X; prendre sous sa ~ 4680; sous la ~ maritale 3559; être sans ~ (pays) 2904. **~ionnisme** *n. m.*, **~ionniste** *adj. n.*

**protectorat** *n. m.* 1377.
**protég|é, e** *n.* 1230, 3156. **~er** *tr.* 1377, 5999; ~ un convoi 1581/son honneur 3187. **se ~er** 5195 V, 5999 V.
**protège-tibia** *n. m.* 5999.
**protéines** *n. f. pl.* 5826.
**protèle** *n. m.* 3535.
**protestant, e** *adj.*, *n.*, **~isme** *n. m.* 420.
**protest|ataire** *adj.*, *n.*, **~ation** *n. f.* 1178, VIII, 3504 VIII.
**protester** *intr.* 1178, VIII, 3504 VIII; ~ de son amitié 164 II.
**protêt** *n. m.* 5535.
**prothèse** *n. f.* 339 II, 2178.
**protides** *n. m. pl.* 5826.
**protocol|aire** *adj.*, **~e** *n. m.* 2079, 2865 II; à cheval sur le **~e** 1234.
**1. protocole** → PROTOCOLAIRE.
**2. protocole** *n. m.* d'accord 4795 IV/de ratification 1294.
**proton** *n. m.* 252.
**protoplasm|e** *n. m.*, **~ique** *adj.* 892, 5826.
**prototype** *n. m.* 2183, 5561.
**protozoaires** *n. m. pl.* 252.
**protubér|ance** *n. f.*, **~ant, e** *adj.* 372, 5290.
**prou** → PEU.
**proue** *n. f.* 2585 III, 4433; figure de ~ *Fig.* 2825.
**prouesse** *n. f.* 31.
**prouver** *tr.* 418, 799 IV, 1809.
**provenance** *n. f.* 3066, 5897; en ~ de (train) 4186.
**provende** *n. f.* 3622.
**provenir** *intr.* 3066, 5897; (résulter) 28 V, 5291, 5321.
**proverb|e** *n. m.*, **~ial, e, aux** *adj.* 4993.
**providen|ce** *n. f.* = DESTINÉE 1859. **~tiel, elle** *adj.* 5389 III.
**provinc|e** *n. f.*, **~ial, e, aux** *adj.* 161; **~e** *Admin.* 1311 III, 1875 IV, 4310 III.
**proviseur** *n. m.* 1875 IV.
**1. provision** *n. f.* 4979; ~ alimentaire 5501/bancaire 2098/de bouche 2574/de route 2385/de voyage 4817; faire des **~s** 1713 VIII.
**2. provision** *n. f. Dr.*, **~nel, elle** *adj.* 159; **~nel** (paiement) 5989.
**provisoire** *adj.* 5989 II. **~ment** *adv.* 1436.
**provoc|ant, e** *adj.*, **~ateur, trice** *adj.*, *n.*, **~ation** *n. f.* 860 IV, 3977 X; **~ant** (regard) 3763 IV; **~ateur** (agent) 1236 II, 5810 II.
**provoquer** *tr.* 860 IV, 3977 X; ~ une catastrophe 2427 II/des ennuis 1026/des dissensions 2903/la diurèse 1723 X/en duel 1206 V/l'hilarité 3215/l'indignation 3859 IV/une réaction 5291 IV/des remous 1197 IV/le rire 501/la tristesse 5894 IV/des troubles 4352.
**proxén|ète** *n.*, **~étisme** *n. m.* 4411.
**proximité** *n. f.* 4198. **à ~ de** *loc. prép.* 1115 III.
**prud|emment** *adv.* 230 V, 1208. **~ence** *n. f.*, **~ent, e** *adj.*, *n.* 466 V, 1208; **~ent** (jugement) 1288.

# Q R

**quadr|agénaire** *adj., n.,* **~angulaire** *adj.* 1998.
**quadrant** *n. m. Math.* 1998.
**quadrature** *n. f.* 1988 II; c'est la ~ du cercle 1420 X, 5606 II.
**quadriceps** *n. m.* 1988 II.
**quadri|ennal, e, aux** *adj.,* **~folié, e** *adj.,* **~latéral, e, aux** *adj.,* **~latère** *adj., n. m.* 1988.
**quadrilitère** *adj.* 1988.
**quadrill|age** *n. m.,* **~er** *tr.* 1988 II. **~é, e** adj. 1988.
**quadri|moteur** *adj. m., n. m.,* **~partite** *adj.,* **~polaire** *adj.,* **~réacteur** *adj. m., n. m.,* **~syllabique** *adj.* 1988.
**quadru|mane** *adj., n. m.,* **~pède** *adj., n. m.* 1988.
**quadrupl|e** *adj., n. m.,* **~er** *tr.* et *intr.* 1988 II.
**quai** *n. m.* 2100.
**qualifi|catif, ive** *adj., n. m.,* **~cation** *n. f.,* **~é, e** *adj.,* **~er** *tr.* 5460, 5948; **~cation** professionnelle 233 II, 4612; **~é** (personne) 233 II, 4612; plus **~é** que 6019; **~er** qqn pour 233 II. **se ~er** 233 V.
**qualit|atif, ive** *adj.,* **~ativement** *adv.* 5598.
**qualité** *n. f.* (manière d'être) 1548, 5243, 5948; (par opposition à quantité) 5598; (valeur) 1114, 1270; ~ innée 6027/d'un travail 734 IV; de ~ (homme) 2865, (travail) 2149; de même ~ 3157; en ~ de 3430 VIII, 4448.
**1. quand** *conj. de subord.* 60, 1436, 4888; ~ même 1939; ~ bien même 4909, 5117.
**2. quand** *adv. inter.* 4992.
**quant à** *loc. prép.* 192, 1426, 2779.
**quanta** *n. m. pl.* 4647.
**quant-à-soi** *n. m. inv.* 1311 V.
**quantifi|cateur** *n. m.,* **~cation** *n. f.,* **~er** *tr.* 4647 II.
**quantique** *adj.* (physique) 4647.
**quanti|tatif, ive** *adj.,* **~té** *n. f.* 4184, 4647; **~té** de 3474; une certaine **~té** 1073; grande **~té** 4503; petite **~té** 5376.
**quantum** *n. m. (pl. quanta)* 4184; *Phys.* → QUANTA.

**quarantaine** *n. f.* 1988; *Méd.* 1180.
**quarant|e** *adj. num. cardin., n. m. inv.,* **~ième** *adj. num. ordin., n.* 1988.
**quart** *n. m.* 1988; ~ de finale 5577; être de ~ *Mar.* 5580.
**quart, e** *adj.* : ~ monde 5580.
**1. quartier** *n. m. Astron.* 1988; *Mil.* 837, 3540 II; (partie) 2882, 4310; ~ d'une ville 1407, 1424/général 2170, 4196; ~s d'hiver 2805; prendre ses ~s 2233.
**2. quartier** *n. m.* : demander ~ 204.
**quartier-maître** *n. m. Mar.* 3506.
**quarto** *adv.* 1988.
**quartz** *n. m. Minér.* 5061.
**quasi(ment)** *adv.* 2801, 4448, 4703.
**quater** *adv.* 1988.
**quaternaire** *adj.* 1988.
**quatorz|e** *adj. num. cardin., n. m. inv.,* **~ième** *adj. num. ordin., n.* 1988.
**quatrain** *n. m.* 1988.
**quatre** *adj. num. cardin., n. m. inv.* 1988; aux ~ coins de 2028; aux ~ vents *Fig.* 5638; se mettre en ~ pour *Fam.* 1988 X; tiré à ~ épingles 225 V. **~-vingt(s)** *adj. num. cardin., n. m. inv.* 849. **~-vingt-dix** *adj. num. cardin., n. m. inv.* 722.
**quatrième** *adj. num. ordin., n.* 1988.
**1. que, (qu')** *pron. rel.* 178.
**2. que, (qu')** *pron. interr.* ou *exclam.* 4647, 4951; qu'est-ce que? 1909; ~ de fois! 4647, 6041; ~ dire de, penser de 298.
**3. que, (qu')** *conj. de subord.* 207, 208, 209, 210; ~... ou 209, 2744; à peine... ~ 209, 1171; on dirait ~ 4448.
**4. que, (qu')** (pour un ordre ou un souhait) 4740.
**quel, quelle** *adj. inter.* ou *exclam.* 262, 4951, 604; ~le ne fut pas notre joie 2827; ~le chance! 4739; ~le idée! 1944.
**quelconque** *adj. indéf.* 262, 4951.
**quel que, quelle que** *adj. rel.* (de concession) 262, 3634.
**quelque** *adj. indéf.* 48, 506, 1972. **~ chose** *pron. indéf. m.* 3012. **~ part** *adv.* 4719. **~ peu** *adv.* 4337.

**quelque ... que** *adv. rel.* 4951; de ~ façon que 4730.
**quelquefois** *adv.* 1436, 5036.
**quelque | peu, ~ part** → QUELQUE.
**quelqu'un, e** *pron. indéf.* 48, 2825, 5187.
**quémander** = MENDIER 2742 V, 3575 X.
**qu'en-dira-t-on** *n. m. inv. Fam.* 4422.
**quenouille** *n. f.* 3765.
**querell|e** *n. f.* (bagarre) 2808 III; (dispute) 1555; ~ idéologique 928 III/d'ivrognes 3495; chercher ~ à 1326 V. **~er** *tr.* 1555 III. **se ~er** 1555 VI. **~eur, euse** *adj.* 2851, 3495, 5007 III.
**quérir** *tr. Litt.* 3349; envoyer ~ qqn 1781 X.
**question** *n. f.,* **~ner** *tr.,* **~neur, euse** *n., adj.* 2423; ~ (problème) 2937 IV; ~ de confiance 5851; en ~ 2993 IV; mettre en ~ 3310; de quoi est-il ~? 4296; il est ~ de 4280; poser des **~s** 1110 X; se poser des **~s** 2423 VI; **~ner** qqn sur 3985 X, 4085 X. **~naire** *n. m.* 1110 X, 1449 X; ~ pour un sondage 3893 X; remplir un ~ 200 X.
**quêt|e** *n. f.,* **~er** *tr.* 3072; **~e** *Class.* 3349; en **~e** de 2569.
**queue** *n. f.* 1956; *Zool.* 1942; *Fig.* 3100, 3278; ~ de casserole 4153/d'un cortège 50 II/d'une fleur 3668/d'un fruit 2422; en ~ 2583; faire la ~ 3100 VIII; à la ~ leu leu 758 VI, 5866; sans ~ ni tête 4085; revenir la ~ basse 1956; tirer le diable par la ~ *Fam.* 1942; faire une ~ de poisson *Autom.* 1956.
**queue-de-rat** *n. f. Techn.* 1942.
**qui** *pron. interr.* 5187 ● *pron. rel.* 178; ~ que ce soit 262.
**quiconque** *pron. rel.* 4626, 5187.
**quiddité** *n. f.* 4982.
**quiesc|ence** *n. f.,* **~ent, e** *adj. Ling.* 2611.
**quiétisme** *n. m.* 3362.
**quiétude** *n. f.* 2611, 5667.
**quignon** *n. m. Fam.* 223, 4310.
**quille** *n. f. Mar.* 3125; (jeux) 5844.
**quincaill|erie** *n. f.,* **~ier, ère** *n.* 1492.

**quinine** *n. f.* 4738.
**quinquagénaire** *adj., n.* 1614.
**quinquennal, e, aux** *adj.* 1614.
**quinquilitère** *adj. Gramm.* 1614.
**quintal, aux** *n. m.* 4392.
**quinte** *n. f. Mus.* 1614 ; ~ de toux 2566.
**quintessence** *n. f. Litt.* 1131, 2263.
**quint|o** *adv.*, **~uple** *adj., n. m.* 1614. **~upler** *tr.* et *intr.* 1614 II.
**quinz|aine** *n. f.*, **~e** *adj. num. cardin., n. m. inv.*, **~ième** *adj. num. ordin., n.* 1614.
**quiproquo** *n. m.* 4762 VIII.
**quittanc|e** *n. f.*, **~er** *tr.* 1598 III, 5949 IV.
**quitte** *adj.* 1598 : ~ à (suivi d'un inf.) = MÊME SI 208 ; tenir ~ 355 IV, 3589 IV.
**quitter** *tr.* qqn 710/son emploi 4444 X/un endroit 3737 III/un pays 5656/ses vêtements 1601/la vie 3959 III ; ne pas ~ qqn 4817 III.
**quitus** *n. m.* : donner ~ 355 IV.
**qui vive ?** *loc. interj.* 4185.
**qui-vive** *n. m. inv.* : être, se tenir sur le ~ 1309 V, 6078 V.
**1. quoi** *pron. rel.* 178 ; après ~ 504 ; sans ~ 175 ; avoir de ~ 4951 ; il n'y a pas de ~ (formule de politesse) 3589 ; il n'y a pas de ~ se vanter 3911 ; ~ que 5211 ; ~ qu'il en soit 1419, 4951.
**2. quoi** *pron. interr.* 262, 4950, 4951 ; ~ donc ? 1969 III.
**quoique** *conj.* 208, 209, 2137.
**quolibet** *n. m.* 2496, 5743 V.
**quorum** *n. m.* 5424.
**quota** *n. m.* 1281, 5389.
**quote-part** *n. f.* 1281, 3950.
**quotidien, enne** *adj., n. m.*, **~nement** *adv.* 6089 ; gagner son pain ~ 2069.

Pour traduire les mots formés avec les préfixes **re-** ou **ré-**, se reporter au radical auquel on associera les périphrases données en référence au préfixe.

**rabâch|age** *n. m. Fam.*, **~er** *tr.* et *intr. Fam.* 4773.
**rabais** *n. m.* 1554, 1584 II.
**rabaiss|ement** *n. m.*, **~er** *tr.* 1298, 1584 II ; **~er** l'orgueil 1936 IV/un prix 2040 II. **se ~er** 1298 VII.
**rabat** *n. m.* 852, 6040.
**rabatt|eur, euse** *n.*, **~re** *tr.* 1409.
**1. rabattre** → RABATTEUR.
**2. rabattre** *tr.* 1584 ; (replier) 852 ; (repousser) 2047 ; ~ un couvercle 3813 IV/l'orgueil 4583/une somme 1554 ; en ~ 1579 II, 3778. **se ~** 2047 VIII ; ~ sur 3688 X.
**rabbi|n** *n. m.*, **~nique** *adj.* 1141.
**rabique** *adj.* 4630.
**râble** *n. m. Techn.* 459.
**rabo|t** *n. m.*, **~tage** *n. m.*, **~ter** *tr.* 5310 ; **~ter** *Fig.* 5173 II. **~teux, euse** *adj.* (sentier) 5972.
**rabougr|i, e** *adj.*, **se ~ir**, **~issement** *n. m.* ; 3256, 4153 V ; **~i** *Fig.* 4346 V. **~ir** tr. 3256 IV.
**rabrou|ement** *n. m.*, **~er** *tr.* 2272, 3666 II.
**racaille** *n. f.* 1866, 2115, 5840.
**raccommod|age** *n. m.*, **~er** *tr.*, **~eur, euse** *n.* 2003.
**raccommod|ement** *n. m.*, **~er** *tr. Fam.* 3129 III. **se ~er** avec *Fam.* 3129 VI.
**1. raccommoder** *Cout.* → RACCOMMODAGE.
**2. raccommoder** *Fam.* → RACCOMMODEMENT.
**raccompagner** *tr.* 2150 III, 5949 IV.
**raccor|d** *n. m.*, **~dement** *n. m.*, **~der** *tr. Techn.* 5949 II. **se ~der** à 1986 VIII.
**raccourc|i, e** *adj., n. m.*, **~ir** *tr.*, **~issement** *n. m.* 1551 VIII, 5857 IV ; prendre un **~i** 4198 ; à bras **~is** 637 ; **~ir** les cheveux 4274/un vêtement 4283 II/un récit 4292 VIII. **~ir** intr. (jours) 4283.
**raccrocher** *tr.* = ACCROCHER 3624 II. **se ~** à 2789 V, 3624 V, 5078 V.
**rac|e** *n. f.* 2615, 3508 ; ~ humaine 1089 ; de ~ 135. **~é, e** adj. 135.
**rach|at** *n. m.*, **~eter** *tr.* 2047 X ; **~eter** qqn *Fig.* 3920/un défaut 3688 II/ses péchés 4616 II. **se ~eter** 3682 X, 3920.
**rach|ialgie** *n. f.* 3420. **~idien, enne** *adj.*, **~is** *n. m.* 4033.
**rachit|ique** *adj., n.*, **~isme** *n. m.* 1507, 4581.
**racial, e, aux** *adj.* 1089, 3508, 3663.
**racine** *n. f. Bot.* 3508 ; *Bot., Math.* 934 ; *Gramm.* 135 ; *Fig.* 3066 ; ~ d'une dent 2693.
**rac|isme** *n. m.*, **~iste** *adj., n.* 3508, 3663.
**racl|age** ou **~ement** *n. m.*, **~er** *tr.* 4594 ; **~er** le fond d'un fleuve 964/les fonds de tiroirs *Fam.* 1498/la peau 4266/les peaux 4267/ses souliers 1326/la terre 2147. **se ~er** la gorge 3754, 5346 V.
**raclée** *n. f. Égypt.* 3624 ; *Maghr.* 3310 ; *Syr.* 4169.
**racler** → RACLAGE.
**racl|oir** *n. m.* 4267. **~ure** *n. f.* 932, 1165, 4584.
**racol|age** *n. m.*, **~er** *tr.* **~eur, euse** *adj., n.* 3190 VIII.
**racontar** *n. m. Fam.* 4422.
**racont|er** *tr.*, **~eur, euse** *n.* 1329, 2238, 4275 ; **~er** l'histoire de 74 II.
**racorn|ir (se)**, **~issement** *n. m.* 4153 V, 4346 V.
**radar** *n. m.* 1960.
**rade** *n. f.* 585, 5253.
**radeau** *n. m.* 2179, 3693.
**radial, e, aux** *adj.* 2888 ; *Anat.* 4606 ; *Math.* 4302.
**radian** *n. m.* 2393, 4302.
**radi|ance** *n. f.*, **~ant, e** *adj.* 2888 IV.
**radiateur** *n. m.* 2888 ; *Autom.* 367 II.
**1. radiation** *n. f.* 2888 IV.
**2. radi|ation** *n. f.*, **~er** *tr.* 2880.
**1. radical, aux** *n. m. Gramm., Math.* 135, 934 ; *Chim.* 2922 ; *Polit.* 1961.
**2. radical, e, aux** *adj. Polit.* 1961 ; (décision) 5577 ; (mesure) 1268 ; (remède) 5315 ; (solution) 3114 II ; (tendances) 3322 V. **~ement** *adv.* 135, 934, 4626. **~isation** *n. f.*, **iser** *tr.* 3322 V. **~isme** *n. m.* 1961.
**radi|celle** *n. f.*, **~culaire** *adj. Bot.* 934.
**radiées** *n. f. pl.* 2888.
**1. radier** *tr.* → RADIATION 2.
**2. radier** *n. m.* 4763.
**radieux, euse** *adj.* (ciel) 3264 IV ; (soleil) 2553 ; (sourire) 2888 IV ; (visage) 2866 IV.
**radin, e** *adj., n. Pop.* 2812.
**1. radio-** *préf.* 1961.
**2. radio-** *préf.* 2888 IV.
**3. radio** *n. f.* 1961 ; ~ portative 1955.
**radioact|if, ive** *adj.*, **~ivité** *n. f.* 2888 IV.
**radiodiffus|er** *tr.*, **~ion** *n. f.* 1955 IV.
**radioélectr|icité** *n. f.*, **~ique** *adj.* 2639.
**radioélément** *n. m.* 2888 IV.
**radiogoniom|ètre** *n. m.*, **~étrie** *n. f.* 2888 IV.
**radiograph|ie** *n. f.*, **~ier** *tr.* 2888.
**radioguidage** *n. m.* 5865 II.
**radio-isotope** *n. m.* 2888 IV.
**radio-journal** *n. m.* 1955 IV.
**radiolaires** *n. m. pl.* 2888.
**radiologie** *n. f.* 2888 IV.
**radionavigation** *n. f.* 2888 IV.
**radiophon|ie** *n. f.* 2639. **~ique** *adj.* 1955 IV.
**radioreport|age** *n. m.*, **~er** *n. m.* 1955 IV.
**radio|scopie** *n. f.*, **~thérapie** *n. f.* 2888.
**radis** *n. m.* 3900 ; n'avoir pas un ~ *Fam.* 2871.
**radium** *n. m.* 1961.
**radius** *n. m.* 4606.
**radot|age** *n. m.*, **~er** *intr.*, **~eur, euse** *n.* 813, 5685.
**radoub** *n. m.*, **~er** *tr.* 2178 II.
**radouc|ir** *tr.*, **~issement** *n. m.* 5667 II. **se ~ir** 4949, 5667 ; (température) = SE RÉCHAUFFER 1790 V.
**rafale** *n. f.* 2383, 5638 ; ~ de mitraillette 2090.
**rafferm|ir** *tr.*, **~issement** *n. m.* 2827 II ; **~ir** une construction 1328 IV/des biens 5851 II/les muscles 4427 II/une position 3521 II. **se ~ir** 2827 V, 4427 V.
**raffin|age** *n. m.*, **~er** *tr.* 3114 II, 4525 II, 5529 II. **~é, e** *adj.* : non ~ (produit) 1142. **~erie** *n. f.* 3114.
**1. raffiné** → RAFFINAGE.
**2. raffin|é, e** *adj.*, **~ement** *n. m.*, **~er** *tr.* 2205 IV ; **~é** (goût) 2149, (homme) 1798, (luxe) 3911, (sentiment) 2205 IV, (société) 2165, (vie) 5471 ; **~ement** de l'esprit 834/du goût 1952/du langage 2154. **~er** *tr. ind.* 4073 V.
**raffinement** → RAFFINÉ 2.
**1. raffin|er, ~erie** → RAFFINAGE.
**2. raffiner** → RAFFINÉ 2.
**raffoler** *tr. ind.* 2906, 6014.
**raffut** *n. m. Fam.* 1028, 3267.

**rafistol|age** *n. m.*, **~er** *tr. Fam.* 2161.
**1. rafle** *n. f. Bot.* 3498.
**2. rafl|e** *n. f.* 1865 III, 4484. **~er** *tr. Fam.* 2617, 4580 VIII.
**rafraîch|ir** *tr.*, **~issement** *n. m.* 367 II, 2111 II; **~ir** des peintures 913 II/un souvenir 5465 IV. **se ~ir** (personne) 367 V; (temps) 367.
**ragaillardir** *tr.* 5465 IV.
**1. rage** *n. f. Vétér.* 4631.
**2. rag|e** *n. f.*, **~er** *intr.*, **~eur, euse** *adj.* 1395, 3780; faire **~e** (bataille) 5962, (guerre) 1376, (incendie) 5408, (tempête) 3810; **~eur** (ton) 1376. **~eant, e** *adj.* 1395 IV, 3780 IV.
**ragondin** *n. m.* 958.
**ragots** *n. m. pl. Fam.* 4422.
**ragoût** *n. m.* 3281.
**rahat-loukoum** *n. m.* 2220.
**rai** *n. m.* de lumière 2888.
**raid** *n. m.* 3768; ~ aérien 1372; lancer un ~ 2964.
**raid|e** *adj.*, **~eur** *n. f.*, **~ir** *tr.*, **~issement** *n. m.* 3125 V; **~e** (caractère) 3659, (membre) 5845 V, (muscle) 1536 V; avec **~eur** *Fig.* 1023; **~ir** 2827. **~e** *adv.* : tomber ~ mort 5762. **se ~ir** (membres) 4575 VIII; ~ dans le malheur 3143. **~isseur** *n. m.* d'aile 1778.
**1. raie** *n. f.* 1566, 2552; ~ dans les cheveux 3959.
**2. raie** *n. f. Poiss.* 2917, 4887.
**raifort** *n. m.* 3900.
**rail** *n. m.* 1566, 4292.
**raill|er** *tr.*, **~erie** *n. f.*, **~eur, euse** *adj.*, *n.* 2496, 5665, 5713 X.
**rainette** *n. f.* 2864, 3246.
**rainure** *n. f.* 1252, 3949.
**raiponce** *n. f.* 4857.
**raisin** *n. m.* 3650; ~ sec 2261/vert 1287.
**raisiné** *n. m.* 3650.
**1. raison** *n. f.* (argument) 1178; (cause) 1781, 1794, 2427; (prétexte) 3617; ~ d'État 3129/d'être 353 II/du plus fort 1317/secrète 2514/sociale 2676, 3674; en ~ de 599, 2131 III, 5456; la ~ en est que 2022, 2047; sans ~ 3433 VIII; à plus forte ~ 1251.
**2. raison** *n. f.* (bon sens) 2087, 3169, 3603; âge de ~ 5243 II; avoir ~1317, 3169 IV; avoir ~ de qqch, qqn 3805 V, 4296; avoir ~ de dire 3071/de faire 1317; avoir toute sa ~ 4988 V; donner ~ 1317; entendre ~ 1931; faire entendre ~ 4394 IV; mettre à la ~ 1317; plus que de ~ 4817. **~nable** *adj.* 2087, 3603.
**raisonn|ement** *n. m.*, **~er** *tr.* 1809 X, 4041 II; **~ement** par l'absurde 418/par analogie 4437/logique 5451. **se ~er** 3603 V.
**rajeun|ir** *tr.*, **~issement** *n. m.* 913 II.
**rajou|t** *n. m.*, **~ter** *tr.* 3273 IV.
**rajust|ement** *n. m.*, **~er** *tr.* 2744 II, 3479 II.
**1. râle** *n. m. Ois.* 732; ~ des genêts 3108.
**2. râl|e** *n. m.*, **~er** *intr.* 1276, 3787.
**ralent|i** *adj.*, *n. m.* 477. **~ir** *tr.*, **~issement** *n. m.* 50 II, 477 II, 1579 II; **~ir** son activité 3886 II/la circulation 5995 IV. **~ir** *intr.* 477 IV, 5210 V.
**1. râler** → RÂLE.
**2. râl|er** *intr. Fam.*, **~eur, euse** *adj.*, *n. Fam.* 146 V, 1941 V.
**ralli|ement** *n. m.*, **~er** *tr.* 1062, 1273; point de **~ement** 176 V; **~er** son poste = REJOINDRE 4795; **~er** les suffrages 1408/les troupes 176 II. **se ~er** à une doctrine 3251 VII/à un parti 4795 VIII.
**rallong|e** *n. f. Techn.* 5949; ~ financière 3251/de table 3273 IV. **~ement** *n. m.*, **~er** *tr.* 3393 II, 5020 II; **~er** un vêtement 1956 II.
**ramadan** *n. m.* 2187.
**ramage** *n. m.* d'oiseau 2327, 3749 II; tissu à ~s 2808 II, 3508 II.
**ramass|age** *n. m.*, **~er** *tr.*, **~eur, euse** *n.* 1062; **~er** de l'argent 1409 II/des fruits 4311. **~é, e** *adj.* (taille) 1987; (style) 1551. **se ~er** pour bondir 1309 V. **~is** *n. m.* 127.
**rambarde** *n. f.* 2694.
**1. rame** *n. f.* de papier 2070, 4971.
**2. ram|e** *n. f.*, **~er** *intr.*, **~eur, euse** *n.* 925.
**3. rame** *n. f.* de métro = TRAIN 4304.
**rameau** *n. m. Anat.* 2889; *Bot.* 2954; *Fig.* 3954; dimanche des Rameaux 2565, 2900.
**ramener** *tr.* 2022 IV, 3682 IV; ~ qqn à Dieu 778 X/à la raison 3169. **se ~** à 2047.
**ram|er, ~eur** → RAME 2.
**ramier** *n. m.*, *adj. m.* 5903, 6080.
**ramifi|cation** *n. f.* 2889, 3954. **~er** *tr.* 2889 II, 3954 II. **se ~er** 2889 V, 3954 V.
**ramoll|i, e** *adj.*, *n.*, **~issement** *n. m.* 2046; **~issement** des muscles 2207 V. **~ir** *tr.* 4949 II. **se ~ir** 2046 VI, 4949 II.
**rampe** *n. f.* 1200 VII; ~ d'accès 1732/d'escalier 1726/de lancement 2278/de théâtre 1413.
**ramper** *intr.* 1672, 2278.
**ranc|e** *adj.*, *n. m.*, **~ir** *intr.*, **~issement** *n. m.* 2367.
**rancœur** *n. f.* 1311, 3244.
**rançon** *n. f.* 3920; *Fig.* 848, 5204. **~nement** *n. m.*, **~ner** *tr.* 427 VIII.
**rancun|e** *n. f.*, **~ier, ère** *adj.*, *n.* 1320, 5525.
**randonn|ée** *n. f.*, **~eur, euse** *n.* 1125, 2723.
**rang** *n. m.* (rangée) 3100; (place) 1999; sortir du ~ 2004; tenir son ~ 2131 III; au ~ de 3474; au premier ~ 4186 II; former les ~s 2100 VI; rejoindre les ~s de 3251 VII.
**rangée** *n. f.* 3100; ~ de perles 2664/de voitures 3278.
**rang|ement** *n. m.*, **~er** *tr.* 1999 II, 3100, 5458 II; **~er** dans une catégorie 1716 IV/en cercle 2100/en piles 2095/sous sa bannière 584 II. **se ~er** 3100, VIII; ~ à l'avis de 1931 IV/du côté de 1408 VII/dans un parti 3251 VII.
**ranim|ation** *n. f.*, **~er** *tr.* 1424 IV; **~er** l'enthousiasme 5465 IV/l'espoir 501/l'intérêt 1935 IV. **se ~er** 5465 VIII; (feu) 37 V.
**1. rapace** *adj.*, *n. m. Ois.* 3397.
**2. rapac|e** *adj. Fig.*, **~ité** *n. f.* 1004.
**rapatri|ement** *n. m.*, **~er** *tr.* 3682 IV.
**râp|e** *n. f.*, **~er** *tr.* 454, 4267. **~é, e** *adj.* (vêtement) 573, 2010.
**rapetass|age** *n. m.*, **~er** *tr. Fam.* 2161.
**rapetiss|ement** *n. m.*, **~er** *tr.* 3098 II, 4283 II. **~er** *intr.* 3098, 4283.
**râpeux, euse** *adj.* 1232; (joue) 1544.
**raphia** *n. m.* 1647.
**rapid|e** *adj.*, **~ement** *adv.*, **~ité** *n. f.* 2535, 3467; **~e** (allure) 1172, (geste) 1579, (regard) 1573, (train) 2450.
**rapié|çage** *n. m.*, **~cer** *tr.* 2142.
**rapière** *n. f.* 3019.
**rapine** *n. f.* 2617, 5562.
**rappel** *n. m.*, **~er** *tr.* 1781 X, 1933; avis de ~ 3467 II; ~ de traitement 1745 X/à l'ordre 1781 X; **~er** un ambassadeur 2478/qqn. *Fig.* (ressembler à) 2801 III/à la vie 1424 IV/à l'ordre 2131 X, 4858. **se ~er** 1933 V.
**1. rappor|t** *n. m. Fin.*, **~ter** *tr.* 3682, 5291 IV; **~t** d'un capital 2047/d'une récolte 3801/d'une vente 2246/d'une terre 1289; d'un bon **~t** (affaire) 1977 IV; **~ter** de l'argent 28. **~ter** *intr.* (récolte) 3801.
**2. rappor|t** *n. m.* (récit), **~ter** *tr.* **~teur** *n. m.* 2238; *Admin.* 4196 II; **~t** d'expertise 1449 IV; **~ter** un événement historique 74 II/une tradition *Isl.* 2694 IV.
**3. rappor|t** *n. m.* (relation), **~ter** *tr.* une chose à une autre 5389; **~t** d'annexion *Gramm.* 3273 IV/sexuel 1062 III, 3213 III; en **~t** avec 1986, 3624; se mettre en **~t** avec 5949 VIII; sous ce **~t** 3430 VIII; sous le **~t** de 1426; bons **~ts** 181; **~ts** de bon voisinage 1115 III. **se ~ter** à 3624 V; s'en ~ à qqn 4095 II, 6009 IV.
**1. rapporter** de l'argent → RAPPORT 1.
**2. rapporter** un événement → RAPPORT 2.
**3. rapporter** une chose à → RAPPORT 3.
**4. rapporter** *tr.* qqch à qqn 2022 IV, 3682/une décision 495 IV, 4855 IV.
**5. rapport|er** *tr.* (des ragots), **~eur, euse** *adj.*, *n. Fam.* 5546, 5944.
**1. rapporteur** → RAPPORT 2.
**2. rapporteur** *Fam.* → RAPPORTER 5.
**3. rapporteur** *n. m. Math.* 5524.
**rapproch|ement** *n. m.*, **~er** *tr.* 4198 II; faire des **~ements** 4161 III, 4240 III; **~er** une chaise 1857 IV. **se ~er** 1857, 4198 VIII; (choses) 4198 VI.
**rapt** *n. m.* 1573, 2455.
**raquette** *n. f.* 3225.
**rar|e** *adj.*, **~ement** *adv.*, **~eté**

*n. f.* 4337, 5358; **∼e** *Fig.* (esprit) 3921, (mot) 1409. **∼éfaction** *n. f.*, **se ∼éfier** 4337. **∼issime** *adj.* 659, 5359.

**ras, e** *adj.* (cheveux) 1345; remplir à ∼ bord 3337; en avoir ∼ le bol *Fam.* 2269; ∼e campagne 3520, faire table ∼e de 3102, 5011.

**rasade** *n. f.* 5164.

**ras|age** *n. m.*, **∼er** *tr.* **se ∼er, ∼oir** n. m. 1345.

**1. ras|ant, e** *adj.* (tir) 1345. **∼er** tr. une construction 1802/les murs *Fig.* 909 III/le sol 2570.

**2. ras|ant, e** *adj. Fam.*, **∼er** *tr. Fam.*, **∼eur, euse** *n. Fam.*, **∼oir** *adj. Fam.* 3212 IV, 5162 IV. **se ∼er** *Fig.*, *Fam.* 3212.

**rascasse** *n. f.* 3599.

**rase-mottes** *n. m. inv. Aéron.* 2570.

**1. ras|er** *tr.*, **se ∼er, ∼oir** *n. m.* → RASAGE.

**2. raser** *tr.* → RASANT 1.

**3. ras|er, ∼eur, ∼oir** *adj. Fam.* RASANT 2.

**rassasier** *tr.* 2795 IV. **se ∼** 2795.

**rassembl|ement** *n. m.*, **∼er** *tr.* 1062, 3251; **∼er** tout son courage 3322/ses esprits 1048 X/ses souvenirs 1062 X. **se ∼er** 1062 V, 1273 VIII.

**rass|ir** *intr.*, **∼is, e** *adj.* (pain) 648; **∼is** (jugement) 2071.

**rassurer** *tr.* 2611 II, 5667 II. **se ∼** 3362 IV.

**rat** *n. m.* 958, 3871; ∼ palmiste 1045.

**ratage** *n. m.* = ÉCHEC 1585 IV.

**ratatiner (se)** 4660 VII; (peau) 4153 V; (visage) 3784 V.

**rate** *n. f. Anat.* 3300.

**raté** *n. m.* 4492. **∼, e** *adj.*, *n.* 4002 ● *adj.* (expérience) 5304.

**râteau** *n. m.* 4263.

**râtelier** *n. m.* 1951; *Méd.* 3156 VIII, 3347.

**rater** *tr.* une affaire 4002/la cible 1567 IV/le coche *Fam.* 3271 II/son coup 3398, (balle) 4492/un examen 2073/une occasion 3271 IV/un train 4088.

**ratiboisé, e** *adj. Pop.* 4761.

**ratifi|cation** *n. f.*, **∼er** *tr.* 265 II, 3071 II; **∼er** un traité 406 IV, 4196 IV.

**ratio** *n. m.* 5389.

**ration** *n. m.* 975, 1281.

**rationalis|ation** *n. f.*, **∼er** *tr. Écon.* 2087 II; *Psychol.* 353 II.

**ration|alisme** *n. m.*, **∼aliste** *adj.*, *n.*, **∼alité** *n. f.*, **∼nel, elle** *adj.* 3603; **∼alité** économique 2087; **∼nel** (comportement) 2087, (démarche) 5451, *Math.* 934, 5451 IV.

**rationn|ement** *n. m.*; **∼er** *tr.* 4375 II; **∼er** l'essence 3335 II/les vivres 975 IV.

**ratiss|age** *n. m.*, **∼er** *tr.* 964; *Fig.* 5089 II.

**rattach|ement** *n. m.*, **∼er** *tr.* 1986; *Admin.* 4795 IV; *Polit.* 3251. **se ∼er** 1986 VIII.

**rattrap|age** *n. m.*, **∼er** *tr.* 1745 X, 3688 II; **∼er** qqn 1745 IV, 4795. **se ∼er** 1745 X; ∼ à 5078 V.

**ratur|e** *n. f.*, **∼er** *tr.* 2880.

**rau|cité** *n. f.*, **∼que** *adj.* 1001, 3057.

**ravag|e** *n. m.* 1483, 1832. **∼er** *tr.*, **∼eur, euse** *n.* 1483 II, 1832 II.

**raval|ement** *n. m.*, **∼er** *tr.* 2178 II, 3129 IV.

**1. ravaler** → RAVALEMENT.

**2. ravaler** *tr.* qqn *Class.* 2302 IV. **se ∼** 1298 VII.

**3. ravaler** *tr.* sa colère 4475/ses larmes 561 VII /son orgueil 963.

**ravaud|age** *n. m.*, **∼er** *tr.*, **∼eur, euse** *n.* 2161.

**rave** *n. f. Bot.* 4857.

**ravi, e** *adj.* 933, 2482, 3306.

**ravigoter** *tr.* 5465 IV.

**ravi|n** *n. m.* 5805. **∼ne** *n. f.* 2889. **∼nement** *n. m.*, **∼ner** *tr.* 964, 1308.

**1. rav|ir** *tr.* (séduire) 602 IV, 1592, 3892. **∼issant, e** *adj.* 1592, 2482; (décor) 2231; (femme) 3892; (musique) 3306 IV. **∼issement** *n. m.* 602, 3723, 5422.

**2. rav|ir** *tr.* (enlever), **∼isseur, euse** *n.* 1573, 2617.

**raviser (se)** 2022, 3479.

**raviss|ant, ∼ement** → RAVIR 1.

**ravisseur** → RAVIR 2.

**ravitaill|ement** *n. m.*, **∼er** *tr.*, **∼eur** *n. m.*, *adj. m.* 2385 II, 5233 II. **se ∼er** 5233 V.

**raviver** *tr.* 501, 1424 IV; ∼ des couleurs 913 II/l'enthousiasme 1935 IV/la flamme du souvenir 37 II/un sentiment 5465 IV. **se ∼** 2562 VIII, 5465 VIII.

**rayer** *tr.* 1566 II, 2552 II; ∼ un nom 2880.

**rayon** *n. m.* 2888; *Comm.* 1875; *Math.* 4302; *Phys.* 2888; ∼ d'action 5029, *Fig.* 1125/de bibliothèque 2141/de bicyclette 4292/de braquage 3572 VII/d'espoir 464/de miel 4210; *Fam.* ce n'est pas son ∼ 2779.

**rayonnage** *n. m.* 2141.

**rayonn|ant, e** *adj.*, **∼ement** *n. m.*, **∼er** *intr.* 2866 IV, 2888 IV, 4895.

**rayonne** *n. f.* 1216.

**rayonn|ement, ∼er** → RAYONNANT.

**rayure** *n. f.* 1566.

**razzi|a** *n. f.* 3768. **∼er** *tr.* 2617, 3842 IV.

**R.C.** *(abrév. de Registre du Commerce)* 2456.

**re-, ré-** *préf.* 854, 913, 3682 IV.

**réacteur** *n. m.* 5484; ∼ nucléaire 4026 III.

**réactif** *n. m. Chim.* 4026, 4595.

**1. réaction** *n. f.* 1110 X, 2047; *Mécan.* 2171 VIII; *Phys.* 4026 VI; *Psychol.* 4026 VII; avion à ∼ 5484.

**2. réaction** *n. f. Polit.*, **∼naire** *adj.*, *n.* 2022.

**réactiver** *tr.* 2022 X.

**réadapter (se)** 4730 V.

**réagir** *intr. Chim.* 4026 VI; ∼ contre 4426 III/favorablement 1110 X.

**réalis|ateur, trice** *n.*, **∼ation** *n. f.*, **∼er** *tr.* 1317 II; *Cin.* 1490 IV. **∼er** *Fig.* (comprendre) 3603, 4085, 5980; **∼er** une expérience 975 IV/une opération 5312 IV/un plan 5489 II/des progrès 1229 IV. **se ∼er** (rêve) 1317 V; (travail) 760.

**réal|isme** *n. m.*, **∼iste** *adj.*, *n.*, **∼ité** *n. f.* 5994; en **∼ité** 1317.

**réanim|ation** *n. f.*, **∼er** *tr.* 1424 IV.

**réarmement** *n. m.* 2624 V.

**rebab** *n. m.* 1974.

**rébarbatif, ive** *adj.* 1104 V, 3432, 4621.

**rebatt|re** *tr.* les oreilles 5164. **∼u, e** *adj.* (sujet) 350 VIII, 3324.

**rebec** *n. m.* 1974.

**rebell|e** *adj.*, *n.*, **se ∼er, rébellion** n. f. 860, 3561, 5045.

**rebiffer (se)** *Fam.* 5045.

**rebois|ement** *n. m.*, **∼er** *tr.* 1225 II, 2808 II.

**rebond** *n. m.* 3338, 5288.

**rebondi, e** *adj.* (ventre) 1993; (visage) 5164 VIII.

**rebond|ir** *intr.*, **∼issement** *n. m.* 2047 VIII, 5288; **∼ir** sur le sol 5443.

**rebord** *n. m.* 1239; ∼ d'un chapeau 2145/d'un toit 3377.

**rebours (à)** ou **(au)** *loc. adv.* 3611, 5520; à ∼ 4339; compte à ∼ 5382 VI.

**rebouteux, euse** *n.* 886 II.

**rebrousse-poil (à)** *loc. adv.* 3611.

**rebrousser** *tr.* chemin 3592, 4403.

**rebuffade** *n. f.* 3062, 5566 VIII.

**rébus** *n. m.* 4851.

**rebut** *n. m.* de l'humanité 1175; **∼s** 3480, 5769 IV.

**rebut|ant, e** *adj.*, **∼er** *tr.* 802 II, 5490 II.

**récalcitrant, e** *adj.*, *n.* 3561, 5045 V; (animal) 1249; (caractère) 3659 III; (cheval) 1053.

**recal|é, e** *adj.*, *n. Fam.* 2073. **∼er** *tr.* qqn *Fam.* à un examen 2590 IV.

**récapitul|atif, ive** *adj.*, *n. m.*, **∼ation** *n. f.*, **∼er** *tr.* 1066 IV, 1551 VIII, 4802 II.

**recel** *n. m.*, **∼er** *tr.*, **∼eur, euse** *n.* 1587 IV; ∼ de malfaiteurs 259 IV; **∼er** des objets volés 1447 II/des dangers 3394 VII/des trésors 1423 VII.

**récemment** *adv.* 50 II, 1197.

**recens|ement** *n. m.*, **∼er** *tr.* 1292 IV; **∼er** les ressources 953/les moyens 3474.

**recension** *n. f.* d'un texte 1317 II.

**récent, e** *adj.* 913, 1197, 4198.

**récépissé** *n. m.* 1598 III, 5949.

**réceptacle** *n. m. Bot.* 5202.

**récepteur** *n. m.* 2642 V; *Radio.* 4161 X; ∼ de téléphone 2665.

**récept|if, ive** *adj.* = OUVERT (esprit) 3884 V. **∼ivité** *n. f. Méd.* 3482.

**1. réception** *n. f.* (fête) 1312, 4161 X.

**2. réception** *n. f.*, **∼naire** *adj.*, *n.*, **∼ner** *tr.* 2642 VIII; ∼ d'une lettre 2642 V/de nouvelles 1289/des signaux 4876 V; accuser ∼ 2642 X.

**réceptivité** → RÉCEPTIF.

**récess|if, ive** *adj.*, **∼ivité** *n. f. Biol.* 5339 V.

**récession** *n. f.* 1266 VII; ∼ économique 4403, 4582.

**recette** *n. f. Cuis.* 5948; *Écon.* 1716, 5897; faire ∼ 5304.

**recevable** *adj.* 4161.

**receveur, euse** *n.* d'autobus 1289 II/des contributions 899/de sang 49.

**recevoir** *tr.* 4161; ~ un affront 3504 VI/la communion 4198/les condoléances 3531/une émission 4868 VIII/des informations 2385 II/une lettre 2642 V/de la lumière 5020 X/des nouvelles 1289/qqch (un objet) 3575 IV/des ordres 4876 V/une personne (accueillir) 4161 X/un pouvoir 6009 V/un prix 5604/un prêt, une récompense 1289/un salaire 4296 VI/du sang 49/à bras ouverts 233 II, 2031 II.
**rechange** *n. m.* 339; pièce de ~ 3855 III.
**réchapper** *intr.* et *tr. ind.* à 2642, 5322.
**recharg|e** *n. f.* 3426 II. **~er** *tr.* 854; ~ un appareil 3426 II.
**réchaud** *n. m.* 4471, 5991.
**réchauff|é, e** *adj.* (plaisanterie) 350 VIII. **~ement** *n. m.*, **~er** *tr.* 1790 II, 2501 II. **se ~er** 1790 V.
**recherch|e** *n. f.*, **~er** *tr.* 324, 3349, 3888 II; **~e** *Fig.* 3156 V, 4638; **~e** de la perfection 5876 V; faire des **~es** 1251 V; **~er** l'amitié 4892 VIII/la faveur 4198 V/son intérêt 2569/les origines 4289 V/qqch sous terre 5506 II. **~é, e** *adj.* (but) 5140; (effet) 4280; (présence) 2132; (style) 4638 V.
**rechign|é, e** *adj.* (air) 3432, 4301 II. **~er** *intr.* et *tr. ind.* à 5490.
**rechut|e** *n. f.*, **~er** *intr.* 3682 III, 5537 VIII.
**récidiv|e** *n. f.*, **~er** *intr.*, **~iste** *n.*, *adj.* 4525 II, 5537 VIII; **~iste** (criminel) 966 IV.
**récif** *n. m.* 2100; ~ corallien 1679.
**récipiendaire** *n.* 1314 VIII.
**récipient** *n. m.* 230, 5980.
**récipro|cité** *n. f.* 339 III; traité de ~ 3644 III. **~que** *adj.*, *n. f.* 3611, 4161 III, 5456.
**récit** *n. m.* 1329, 2238, 4275; ~ d'aventures 3820 III; faire le ~ de 2528.
**récital** *n. m.* 1312; ~ de chant 2981.
**récitant, e** *n.*, *adj.* 1329, 2238.
**récit|ateur, trice** *n.*, **~ation** *n. f.* du Coran, **~er** *Isl.* 1114 II; **~er** par cœur 3504/sa leçon 2665 II, 3420 X/un poème 5410 IV/sa prière 758.
**réclam|ation** *n. f.*, **~er** *tr.* 2939, 3349; émettre une **~ation** 1178 VIII, 3504 VIII; **~er** l'indulgence 4892 VIII/réflexion 5854 X/un objet 2047 X/des soins 4817 X. **se ~er** de la loi 5078 V/de qqn 1921 V, 5560 VIII.
**réclame** *n. f.* 1781; faire de la ~ 3631 IV.
**réclamer** → RÉCLAMATION.
**reclasser** *tr.* 854.
**reclus, e** *adj.*, *n.* 1153, 311 V; vie de ~ 3528 VII.
**réclusion** *n. f.* 2475.
**recoin** *n. m.* 2393; les ~s de l'âme 3394.
**recoller** *tr.* 3682 IV.
**récolt|e** *n. f.*, **~er** *tr.* 1095, 1284.
**recommand|able** *adj.* 1145 X, 1247 VIII. **~ation** *n. f.*, **~er** *tr.* 3257; avoir une **~ation** 5926; faire des **~ations** 5952; **~er** qqch, qqn 2914, 5426, 5952 IV/un paquet 2473 II. **~é, e** *adj.* : ce n'est pas ~ 2132. **se ~er** de qqn 2914 V.
**recommenc|ement** *n. m.*, **~er** *tr.* 223 X, 4525 II; **~er** une expérience 3682 IV.
**récompens|e** *n. f.*, **~er** *tr.* 4612 III; liste des **~es** 1118.
**réconcili|ation** *n. f.*, **~er** *tr.* 3129 III, 5986 II; **~er** deux amis 2142/les points de vue 4198 II. **se ~er** 3129 VI.
**recond|uction** *n. f.*, **~uire** *tr. Dr.* 913 II; **~uire** une politique 5949 III/qqn 2150 III, 3682.
**réconfor|t** *n. m.*, **~tant, e** *adj.*, **~ter** *tr.* 124 III, 3531 II; **~tant** (boisson) 5416 II, 5465 IV; **~ter** un blessé 4427 II. **se ~ter** 4427 V.
**reconn|aissance** *n. f.*, **~aissant, e** *adj.*, **~aître** *tr.* 3506 VIII; partir en **~aissance** 3355 X, 4595 X; **~aître** les droits 616/un enfant 2863/les lieux 1317 V/un pays 3355 X, 4595 X/qqn comme chef 663 III; on reconnaît que 2642 II; il est reconnu que 2642 II. **se ~aître** coupable 4196 IV. **~u, e** *adj.* (enfant) 2863.
**reconqu|érir** *tr.*, **~ête** *n. f.* 2022 X, 2047 X; **~érir** sa liberté 3682 X.
**reconsidérer** *tr.* 3682 IV.
**reconstitu|ant, e** *adj.*, *n. m.* 4427 II. **~er** *tr.* un crime 4993 II/les forces 4427 II/un stock 913 II.
**reconstr|uction** *n. f.*, **~uire** *tr.*, **~ucteur** *n. m.*, **~uit, e** *adj.* 3641 II.
**reconver|sion** *n. f.*, **~tir** *tr. Écon.* 4730 II.
**recopier** *tr.* 660 II, 5391, 5524.
**record** *n. m.* 4437; battre un ~ 3225.
**recorder** *tr.* une raquette 5845 II.
**recoudre** *tr.* 1661, 2142.
**recoup|ement** *n. m.*, **~er** *tr.* 4240 III.
**recourb|é, e** *adj.* 1190, 3680. **~er** tr. 1397, 4931.
**recourir** *tr. ind.* à 3694 X, 4782 VIII.
**recours** *n. m.* : avoir ~ au dictionnaire 2022/à une mesure 3639; ~ en grâce 3349; sans ~ 203; dernier ~ 3331.
**recouvr|ement** *n. m.*, **~er** *tr. Fin.* 899, 2047 X; mise en **~ement** 1289 II; **~er** ses forces 3682 X/la raison 2022/la santé 2920.
**recouvrir** *tr.* 497 II, 3793 II; ~ les terres (fleuve) 3820/les sommets (neige) 1025 II. **se ~** 3793 V.
**récré|atif, ive** *adj.*, **~ation** *n. f.*, **~er** *tr.* 2152 II, 2644 II; cour, moment de **~ation** 2220 X. **se ~er** *Litt.* 1048 X.
**récrier (se)** 3080, 3189, 5650.
**récrimin|ation** *n. f.*, **~er** *intr.* 2939, 3415 V.
**recroqueviller (se)** 3394 VII, 4153 VII, 4346 V.
**recru, e** *adj.* de fatigue 5573.
**recrudescence** *n. f.* 2399 VIII, 2827 VIII; ~ d'un mal 4038 VI.
**recrue** *n. f.* 1082, 3390 V.
**recrut|ement** *n. m.*, **~er** *tr.* 3390 II; *Admin.* 5968 II; *Mil.* 1082 II. **~eur** *n. m.* 1781.
**rectal, e, aux** *adj.* 4426 X.
**rectan|gle** *n. m.*, **~gulaire** *adj.* 3393 X.
**recteur** *n. m.* 1962.
**rectifi|catif, ive** *adj.*, *n. m.* 3053 II; (mesure) 5458 II. **~cation** *n. f.*, **~er** *tr.* 3053 II, 3129 IV; procéder à des **~cations** 3479 II; **~er** le tir *Fig.* 1745 X.
**rectiligne** *adj.*, *n. m.* 4426 X.
**rection** *n. f.* 3644.
**rectitude** *n. f.* 3479, 4426 X; ~ d'un jugement 2504, 3169.
**recto** *n. m.* 5865.
**rectum** *n. m.* 4426 X.
**1. reçu, e** *part. pass.* du *v.* RECEVOIR ● *adj.*, *n.* 5304.
**2. reçu** *n. m.* 4261, 5949.
**recueil** *n. m.* 1062; ~ de poèmes 1887.
**recueill|ement** *n. m.*, **~ir** *tr.* 203 V, 1048 X: **~ir** des avantages 1095/les eaux 1062/un héritage 4876V/des informations 1062 X/des malheureux 259 IV/des renseignements 4868 VIII.
**recul** *n. m.*, **~ade** *n. f.*, **~er** *intr.* 4403; prendre du ~ 5179; **~er** (armée) 1680 IV, (influence) 3201 VI: ne **~er** devant rien 2054. **~er** *tr.* une chaise 2022 IV/une échéance 50 II/les limites 5927 II/un paiement 5114 III/une séance 44 II. **se ~er** 6019 V.
**reculé, e** *adj.* (endroit) 2393 VII; (époque) 4186; (quartier) 504; (village) 4289.
**reculer** → RECUL.
**reculons (à)** *loc. adv.* 4403.
**récupér|able** *adj.* (créance) 1289 II. **~ateur, trice** *adj.*, *n.*, **~ation** *n. f.*, **~er** *tr.* et *intr.* 2022 X, 2047 X; **~er** son argent 3682 X/ses droits 5987 X/ses forces 3589 VI/une somme 1598 X/une créance 1289 II.
**récur|age** *n. m.*, **~er** *tr.* 1047, 3118.
**récurr|ence** *n. f.*, **~ent, e** *adj.* 1875, 2022, 3682.
**récurs|if, ive** *adj.*, **~ivité** *n. f.* 4525 II.
**récus|able** *adj.* 952 II. **~ation** *n. f.*, **~er** *tr.* 2047; **~er** la compétence 3331/les droits 5535 IV/une mesure 3504 VIII/un témoignage 4182/un témoin 952 II. **se ~er** 23 V, 5339 V.
**recycl|age** *n. m.*, **~er** *tr.*, **se ~er** 913 II.
**rédact|eur, trice** *n.*, **~ion** *n. f* 1219 II, 5407 IV; **~eur** *Admin.* = COMMIS 4494.
**red|an** ou **~ent** *n. m. Archit.* = SAILLANT 5290.
**reddition** *n. f.* 2642 X.
**rédemption** *n. f.* 3920 VIII, 4616 II.
**redent** → REDAN.
**redev|able** *adj.*, *n.* à qqn de 1904. **~ance** *n. f.* 27, 2080, 3225.
**redevenir** *intr.* 3682.
**rédiger** *tr.* 1219 II, 4494.
**redire** *tr.* 3682 IV, 4525 II.

**redistribuer** *tr.* 3682 IV.
**redite** *n. f.* 4525 II.
**redond|ance** *n. f.*, **~ant, e** *adj.* 2714 IV; **~ant** (discours) 3373 IV.
**redonner** *tr.* confiance 3682 IV/vie 501, 2047, 5465 IV.
**redoubl|ement** *n. m.*, **~er** *tr.* 3240 II, 4525 II; **~er** une classe 3682 IV/un phonème 2827 II; faire **~er** un élève 2073 II. **~er** *tr. ind.* d'attention 2399 VIII/de violence 2827 VIII. **~er** *intr.* 3240 VI.
**redoutable** *adj.* (air) 5809; (aspect) 2116 IV; (bruit) 1646 IV; (comportement) 2231 II; (pouvoir) 5799.
**redoute** *n. f.* 3603.
**redouter** *tr.* 1545, 1649.
**redoux** *n. m.* 4010.
**redress|ement** *n. m.*, **~er** *tr.* 2744 II, 4426 II; **~ement** économique 5465 IV/d'impôt 3479 II/politique 5571; maison de **~ement** 3129 IV; **~er** une entreprise 5465 IV/une erreur 3053 II/la tête 2149. **se ~er** 3479 VIII, 4426 X, 5424 VIII; *Fig.* 5465 VIII. **~eur** *n. m. Électr.* 3140, 4426 II.
**réd|ucteur** *n. m. Chim.*, *Math.*, **~uctibilité** *n. f.*, **~uctible** *adj.*, **~uction** *n. f.*, **~uire** *tr.* 1525 VIII; **~ucteur** *Mécan.* 1584 II/de vitesse 1579 II; **~uire** ses activités 1286/les dépenses 1584 II/la durée du travail 5518/une fraction 1089 II/une fracture 886/une photographie 3098 II/une quantité 4337 II/une résistance 4296/les salaires 5518 II/une sauce 4506 II/sa vitesse 1579 II/à l'impuissance 2941/à la pauvreté 4034 IV/au silence 3907 IV/en esclavage 3429 X. **se ~uire** à peu de chose 4283 VIII; être réduit à l'impuissance 3805.
**1. réduit, e** *adj.* (prix) 2377.
**2. réduit** *n. m. Mil.* 1229.
**réécrire** *tr.* 3682 IV.
**réédition** *n. f.* 3295.
**réédu|cation** *n. f.*, **~quer** *tr.* 5060 II.
**réel, elle** *adj.*, *n. m.* 5994; (amélioration) 4026; (droit) 3708; (image) 1317.
**réélire** *tr.* 3682 IV.
**réescompt|e** *n. m.*, **~er** *tr.* 1554.
**réévaluation** *n. f.* 2149.
**réexam|en** *n. m.*, **~iner** *tr.* 5456.
**réexpédier** *tr.* = RENVOYER 2022 IV.
**réexporter** *tr.* 3682 IV.
**refaire** *tr.* 3682 IV, 4525 II; **~** ses forces 4427 II/une route 3129 IV. **se ~** 3682 X; on ne se refait pas 3855 V.
**réfection** *n. f.* 3129 IV.
**réfectoire** *n. m.* 4135.
**référé** *n. m. Jur.* 3467 X.
**référence** *n. f.* 2022, 3066; faire **~** à 5607 II; en **~** à 2993 IV; ouvrages de **~** 2694 VIII.
**référendum** *n. m.* 3893 X.
**référer** *tr. ind.* : en **~** à 3504. **se ~** à 2694 VIII.
**refermer** = FERMER 3813 IV, 4334. **se ~** 3813 VII, 4334 VII.
**réfléchi, e** *adj.* (comportement) 2087; (conduite) 2238 V; (forme) *Gramm.* 3390 III; (jugement) 2071; (lumière) 3611; (verbe) 3611 VII.
**1. réfl|échir** *tr.*, **~exion** *n. f. Opt.* 3611. **se ~échir** 2047 VIII, 3611 VII.
**2. réfl|échir** *intr.* **~exion** *n. f.* 203 V, 4041 II; sans **~échir** 2238; après mûre **~exion** 2238.
**réflecteur** *n. m.* 3611.
**refl|et** *n. m.* 3611 VII, 6028; être le **~** de qqn 3412. **~éter** *tr.* 3611; **~** la bonté 5871 IV/sa joie 3430 II. **se ~éter** 3611 VII.
**refleurir** *intr. Fig.* 501 VII.
**reflex** *adj.*, *n. m. Opt.* 3611 VII.
**réflex|e** *adj.*, *n. m.*, **~if, ive** *adj.* 3611 VII; **~e** conditionné 1110 X, 2047.
**1. réflexion** *Opt.* → RÉFLÉCHIR 1.
**2. réflexion** → RÉFLÉCHIR 2.
**refl|uer** *intr.*, **~ux** *n. m.* 983; **~uer** (ennemis) 3592, (fleuve) 1266 VII, (influence) 3201 VI, (manifestants) 2022 VI, (sang) 2047 VIII.
**refondre** *tr.* un livre 3682 IV.
**réform|ateur, trice** *adj.*, *n.*, **~e** *n. f.*, **~er** *tr.* 3129 IV; **~er** la constitution 3479 II/les mœurs 5680 II.
**1. réforme** → RÉFORMATEUR.
**2. réform|e** *n. f.*, **~é, e** *adj.*, *n.*, **~er** *tr. Mil.* 3589 IV.
**réform|isme** *n. m.*, **~iste** *adj.*, *n.* 3129 IV; *Isl.* 2635.
**refoul|ement** *n. m.*, **~er** *tr.* 1794, 2047; *Psychol.* 4475; **~er** sa colère 4604/l'ennemi 1706/un sentiment 4477.
**réfractaire** *adj.*, *n. m.* 3561, 5045 V; *Phys.* 1217, 3143.
**réfract|er** *tr.*, **~eur** *adj. m.*, **~ion** *n. f.* 4583. **se ~er** 4583 VII.
**refrain** *n. m.* 2047, 4817.
**refréner** *tr.* son ardeur 4583/sa colère 4477/son enthousiasme 5667 II/ses instincts 4475.
**réfrigér|ateur** *n. m.*, **~ation** *n. f.*, **~er** *tr.* 367 II, 841 II.
**refroid|ir** *intr.*, **se ~ir, ~issement** *n. m. Pr.* et *Fig.* 367; **se ~ir** (ardeur) 5762; **~issement** (rhume) 2331. **~ir** *tr.*, **~isseur** *n. m.*, *adj. m.* 367 II.
**refuge** *n. m.* 4782; **~** de montagne 259; chercher **~** auprès de 1377 VIII; trouver **~** auprès de 204.
**réfug|ié, e** *adj.*, *n.*, **se ~ier** 4782.
**refu|s** *n. m.*, **~ser** *tr.* 23, 2148; **~ser** de donner 333/d'obéir 5045 V/de prendre position 3480/de travailler 3225 IV/l'idée que 504 X/qqn à un examen 2590 IV. **se ~ser** à qqch 23, 5195 VIII.
**réfut|able** *adj.*, **~ation** *n. f.*, **~er** *tr.* 952 II, 1709.
**reg** *n. m.* 2154.
**regagner** *tr.* la confiance 3682 X/son domicile 3682/ses pénates 2612.
**regain** *n. m. Agr.* 1973; **~** d'activité 3682 III.
**régal** *n. m.* 4811, 4988.
**régaler** *tr.* qqn 4988 IV, 6016 IV. **se ~** 4811 V, 4988 V.
**regard** *n. m.* 466, 5456; *Techn.* 3884; droit de **~** 2155; jeter un **~** furtif 1597 VIII, 2540 VIII; porter ses **~s** vers 3355 V; au **~** de 4437; en **~** de 104, 4161; mettre en **~** 4240 III.
**regardant, e** *adj. Fam.* 1234, 2812.
**regarder** *tr.* 5456; **~** à la dépense 574 III/à la dérobée 2540; y **~** à deux fois 3474; **~** qqch, qqn comme 3430 VIII; **~** de haut 2188/de travers 1104/d'en haut 2865 IV/du coin de l'œil 3320/fixement 1374/par-dessus son épaule 3891 VII/par la fenêtre 3348 IV; cela te regarde 2779, 3675; cela ne te regarde pas 1548.
**regarnir** *tr.* son commerce 1099 II.
**rég|ence** *n. f.*, **~ent, e** *n.* 5952.
**régénér|ateur, trice** *adj.*, *n. m.*, **~ation** *n. f.*, **~er** *tr.* 913 II; *Indust.* 2022 X.
**régent, e** *n.* → RÉGENCE. **~er** *tr.* 200 V, 1328 V.
**régie** *n. f.* 6009; **~** des tabacs 1327 VIII.
**regimber** *intr.* 1053, 3561.
**1. régime** *n. m.* 1328, 5458; **~** cellulaire 2475/diététique 1377/fluvial 3086 V/d'un moteur 2535/des pluies 5112/de la communauté 3024; suivre un **~** 4817.
**2. régime** *n. m.* de bananes 4215/de dattes 3455.
**régiment** *n. m.* 4089, 4123.
**régio|n** *n. f.*, **~nal, e, aux** *adj.*, **~nalisation** *n. f.*, **~naliser** *tr.*, **~nalisme** *n. m.*, **~naliste** *adj.*, *n.* 161; **~n** désertique 5452/montagneuse 5339.
**régir** *tr.* 1328, 2726; *Gramm.* 3644.
**régisseur** *n. m.* 1875 IV, 6009.
**registre** *n. m.* 1791, 2473.
**réglage** *n. m.* 1328 IV, 3209.
**règle** *n. f. Gramm.* 4320; *Jur.* 4375; *Math.* 2552; **~** morale 3209/de vie 5458; en bonne **~** 5986; en **~** générale 3634; il est de **~** que 3681; dans les **~s** 1262, 5986.
**réglée** *adj. fém.*, **~règles** *n. f. pl. Physiol.* 1431, 3363.
**règlement** *n. m. Admin.* 4375, 5458; **~** politique 2744 II/d'un compte 3114 II.
**réglement|aire** *adj.*, **~ation** *n. f.*, **~er** *tr.* 1999 II, 5458 II.
**régl|er** *tr.* des affaires 1999 II/son compte à qqn 4016 II/sa conduite sur 3296 III/un conflit 4011/une montre, un moteur 3209/une note 2503 II/un problème 2744 II/une question 3114 II/son tir 1328 IV/sa vie 5458 II. **~eur, euse** *n.* 3209.
**règles** → RÉGLÉE.
**réglisse** *n. f.* 2731.
**régnant, e** *adj.* 1328; (souverain) 5177; (système, idées) 2726; (ambiance) *Fig.* 2630 V.
**règne** *n. m.* 1328; *Hist.* 3676; *Hist. Nat.* 5177; sous le **~** de 2630; **~** de la terreur 2760.
**régner** *intr.* 1328, 2726; (calme) 1665 II; (idée, mode) 2760; (souverain) 5177; **~** sur les esprits 2630 V.
**regorger** *intr.* de 4119.
**régress|er** *intr.*, **~ion** *n. f.* 5518 VI, 5643; *Psychol.* 5539; **~er** (douleur)

3201 VI, (maladie) 2022 VI, (niveau) 1584 VII, (quantité) 4403. **~if, ive** *adj.* 2047 VIII, 5539.
**regret** *n. m.*, **~ter** *tr.* 118, 1265; à ~ 5104; **~ter** ses fautes 5363. **~table** *adj.* 118 IV, 4516 II. **~té, e** *adj.*, *n.* 118.
**regroup|ement** *n. m.*, **~er** *tr.* 1062, 3251. **se ~er** 1062 V.
**régularis|ation** *n. f.*, **~er** *tr.* 2744 II, 3209, 5458 II; **~er** sa situation 5954 IV.
**régul|arité** *n. f.*, **~ier, ière** *adj.*, **~ièrement** *adv.* 3312 VIII, 5458 VIII; **~ier** (élève) 5966 III, (employé) 1798, (mesure) 2863, (occupations) 5458 II, (visites) 5949 VI, (soldat) 5458, (terrain) 2744, (train) 1875, (traits) 5397 VI, (travail) 5036 X, (verbe) 4437, (vie) 4426 X, (vote) 3053; être **~ier** *Fam.* 2504.
**régul|ateur, trice** *adj.*, *n. m.*, **~ation** *n. f.*, **~er** *tr.* 3209, 3479 II, 5458 II.
**régulier** → RÉGULARITÉ.
**réhabilit|ation** *n. f.*, **~er** *tr.* 3430 VIII. **se ~er** 3682 X.
**rehauss|ement** *n. m.*, **~er** *tr.* 3633 II; **~er** le prestige 2149. **se ~er** 5424 VIII.
**réifi|cation** *n. f.*, **~er** *tr.* 3012 II.
**réimpr|ession** *n. f.*, **~imer** *tr.* 3295.
**rein** *n. m.*, **rénal, e, aux** *adj.* 4643; **~s** 3125.
**réincarnation** *n. f. Relig.* 5391 VI.
**reine** *n. f.* 5177; (échecs) 3939; ~ des abeilles 3534.
**reine-|des-prés** *n. f.* 3518. **~ marguerite** *n. f.* 4747.
**réintégr|ation** *n. f.*, **~er** *tr.* 2047, 3682 IV.
**réinvestir** *tr.* des capitaux 3682 IV.
**réitér|atif, ive** *adj.*, **~ation** *n. f.*, **~er** tr. 3682 IV, 4525 II.
**rejaillir** *intr.* 2047 VIII; ~ sur *Fig.* 3682.
**1. rejet** *n. m. Bot.* 311.
**2. reje|t** *n. m.*, **~ter** *tr.* 3310, 4192; **~ter** un accord 5271/une accusation 2047/une allégation 5535/une autorité 1490/une croyance 905/l'obédience 1601/une proposition 2148/son repas 4428/la responsabilité 4876 IV. **se ~ter** en arrière 2047 VIII/sur 3688 X.
**1. rejeton** *n. m. Bot.* 311.
**2. rejeton** *n. m.* = DESCENDANT 598.
**rejoindre** *tr.* qqn 1745 IV, 4795/qqch 5949. **se ~** 4795 VIII, 4876 VI.
**réjou|i, e** *adj.* 602 VIII, 3933; (mine) 445; (visage) 5725. **~ir** *tr.* 602 IV, 2559 IV, 3933 IV. **se ~ir** 2644 V; ~ de 2515, 3933/du malheur des autres 2950. **~issance** *n. f.* 602 VII, 3933.
**1. relâch|e** *n. f.* 5676. **~er** *intr.* (navire) 2083 IV.
**2. relâche** *n. m.* : sans ~ 4310 VII, 5995 V.
**relâch|ement** *n. m.*, **~er** *tr.* 2046 IV; **~ement** de l'attention 3886/des muscles 2046; **~er** la discipline 2718 VI/un prisonnier 3357 IV, 3929 IV. **se ~er** 3886; (chairs) 2207 V; (intérêt) 367; (muscle) 2046.
**1. relâcher** *intr.* → RELÂCHE 1.
**2. relâcher** *tr.* → RELÂCHEMENT.
**relais** *n. m.* 5580 III, VI; *Télécomm.* 2034 II; course de ~ 339; prendre le ~ 5580.
**relanc|e** *n. f.*, **~er** *tr.* 5465 IV; **~e** économique 1424 IV; **~er** qqn 3312 III.
**relaps, e** *adj.*, *n.* 2047 VIII.
**relat|er** *tr.*, **~ion** *n. f.* 1329, 2238, 4275.
**1. relat|if, ive** *adj.*, **~ion** *n. f. Math.*, **~ivement** *adv.*, **~ivisme** *n. m.*, **~iviste** *adj.*, *n.* **~ivité** *n. f.* 5389.
**2. relat|if, ive** *adj.* à 1548 VIII, 3624 V, 3682. **~ion** *n. f.* 3624, 5949; entrer en ~ 5949 VIII. **~ionnel, elle** *adj.* 3624.
**3. relatif, ive** *adj.*, *n. m. Gramm.* 5949.
**1. relation** → RELATER.
**2. relation** → RELATIF 1.
**3. relation, ~nel** → RELATIF 2.
**relativ|ement, ~ité** → RELATIF 1.
**1. relax|ation** *n. f.*, **~er** *tr. Jur.* 1605 IV, 2524.
**2. relax|ation** *n. f.*, **se ~er** 1048 X, 2046 VIII. **~e** *adj.* 2220 VIII.
**relayer** *tr. Techn.* 5949 II. **se ~** 5580 VI.
**relé|gation** *n. f.*, **~guer** *tr.* 4289 IV, 5503.
**relent** *n. m.* = RESTE, TRACE 31.
**relève** *n. f. Mil.* 339 II; prendre la ~ 5580 VI.
**relevé** *n. m.* 667. **~, e** *adj.* (langue) 3321.
**rel|èvement** *n. m.*, **~ever** *tr.* 2149; **~èvement** économique 5571; faire un **~èvement** *Astron.*, *Topogr.* 4426 II; **~ever** la beauté 3521 II/le courage 1935 IV/une information 2473 II/une entreprise 5465 IV/la garde 339 II/les impôts 2399/les manches 2953 II/le moral 2149/un plat 431, 3395 II/qqn 5571 IV/qqn de ses fonctions 4444 IV/d'un vœu 3589 IV. **~ever** *tr. ind.* de maladie 2920. **se ~ever** 4426, 5571; (entreprise) 5465 VIII.
**1. relever** → RELÈVEMENT.
**2. relever** *tr. ind.* de (ressortir à) 3682; (appartenir à) 5560 VIII.
**relief** *n. m.* 5290; *Géogr.* 3229 II; en **~**372, 5290, (carte) 1000 II; mettre en ~ 372 IV; sans ~ (style) 2167; **~s** d'un repas 4015.
**1. relier** *tr.* 1986, 2827, 5949. **se ~** 5949 VIII.
**2. reli|er** *tr.*, **~eur, euse** *n.*, *adj.*, **~ure** *n. f.* 1034 II.
**religi|eusement** *adv. Fig.* 1541, 5905. **~eux, euse** *n.* 2202 ● *adj.* 1903. **~on** *n. f.* 1903; entrer en ~ 2202 V. **~osité** *n. f.* 1903 V.
**reliqu|aire** *n. m.*, **~e** *n. f.* 1917; **~e** *Fig.* 529.
**reliquat** *n. m.* 529, 2098.
**relique** → RELIQUAIRE.
**relire** *tr.* 913, 2022 III, 3682 IV.
**reliure** → RELIER 2.
**relui|re** *intr.*, **~sant, e** *adj.* 4895; faire **~re** 4895 II.
**reluquer** *tr. Fam.* 2201.
**remâcher** *tr.* 942 VIII.
**réman|ence** *n. f.*, **~ent, e** *adj.* 1602 V.
**remani|ement** *n. m.*, **~er** *tr.* 3479 II, 3855 II.
**remarquable** *adj.* (beauté) 603; (idée) 2231; (personne) 2993 IV; (point) 4793; (situation) 2188.
**remarqu|e** *n. f.*, **~er** *tr.* 4793 III; se faire **~er** 4858 X.
**rembarrer** *tr.* qqn *Fam.* 2272, 5567 VIII.
**rembl|ai** *n. m.*, **~ayage** *n. m.*, **~ayer** *tr.* 2057.
**rembourr|age** *n. m.*, **~er** *tr.* 1279.
**rembours|ement** *n. m.*, **~er** *tr.* 2503 II; **~er** sa dette 58 II.
**rembrunir (se)** (ciel) 3415 IV; (front) 4301 V; (visage) 4621.
**remède** *n. m.* 1888; il y a ~ à tout 1666; sans ~ 2920; porter ~ à 3620 III; prendre un ~ 963 V; prendre des **~s** 3575 VI.
**remédier** *tr. ind.* à 1745 X, 1888 II, 3620 III.
**remembr|ement** *n. m.*, **~er** *tr.* 3251.
**remémor|ation** *n. f.*, **~er** *tr. Psychol.* 1933 X. **se ~er** 1933 V, 3682 X.
**remerci|ement** *n. m.*, **~er** *tr.* 2934; adresser ses **~ements** 2511 IV.
**remettre** *tr.* 2022 IV, 3682 IV; ~ ça *Pop.* 4525/une décoration 4341 II/sa démission 4186 II/son sort entre les mains de 4341/un objet à qqn 2642 II/un objet à sa place 2047/un os en place 886/une peine *Jur.* 3589 IV/une personne à sa place 3003, 5995 IV/en état 3129 IV/en mémoire 1933 II/sur les rails *Fig.* 3169/à plus tard 44 II, 2016 IV. **se ~** *Pr.* et *Fig.* 3053; ~ de maladie 355, 2920/en route 223 X; s'en ~ à qqn 2642 II, 4095 II/à Dieu 6009 V.
**rémige** *n. f.* 4186; **~s** 3548.
**réminiscence** *n. f.* 1933.
**1. remise** *n. f.* (garage) 1958.
**2. remise** *n. f. Comm.* 1268, 1554; faire ~ de qqch 3310; faire une ~ 1554; ~ de dette 355 IV/de peine 3589 IV/des prix 5917 II/en état 3129 IV.
**remisse** *n. m. Text.* 5613.
**rémission** *n. f. Méd. 1611* ; ~ des péchés 3589, 3796; sans ~ 2916.
**remont|ant, e** *adj.*, *n. m.*, **~er** *tr.* 4427 II, 5416 II, 5465 IV. **se ~er** 4427 V, 5465 VIII.
**remont|ée** *n. f.*, **~er** *tr. Sport.* 2047 X.
**remonte-pente** *n. m.* 3092.
**1. remonter** → REMONTANT.
**2. remonter** → REMONTÉE.
**3. remonter** *tr.* 2168 II; ~ le courant 3092/un fleuve 2755/une montre 3426 II, 5164/le moral 2149/la pente 1869 ● *intr.* à 2022, 3682, 5560 VIII.
**remontrance** *n. f.* 214 II, 4928; faire des **~s** 3442 III.
**rémora** *n. m.* 4822.
**remords** *n. m.* 214 II, 5363; avoir des ~ 532 II.

**remorqu|age** *n. m.*, **~e** *n. f.*, **~er** *tr.*, **~eur** *n. m.* 942, 4304.
**rémouleur** *n. m.* 1033 II, 2677.
**remous** *n. m.* 1736, 1885; ~ politiques 3225 VIII/de la foule 5810.
**rempailler** *tr.* les chaises 4263.
**rempart** *n. m.* 2729; se faire un ~ de 1742, 5999.
**rempla|çant, e** *n.*, **~cement** *n. m.*, **~cer** *tr.* 339, 5580; en **~cement** 3688; venir en **~cement** 1332, 4426.
**rempli, e** *adj.* de soi-même 1663 VIII/d'événements (vie) 2282; les conditions ne sont pas ~es 1591 VIII.
**rempl|ir** *tr.*, **~issage** *n. m.* 5164; **~ir** à ras bord 3337/les conditions de sécurité 5985 V/toutes les conditions (personne) 4661 X, 5987 X/son devoir 4426/ses engagements 5987 IV/une fonction 5048 III/les fonctions de 5968/des formalités 760 IV/son rôle 58 II/d'aise 602 IV. **se ~ir** 5164 VIII.
**1. remplissage** → REMPLIR.
**2. remplissage** *n. m. Fig.* 1279.
**remporter** *tr. Fig.* la palme 1408/un prix 4094/un succès 1229 IV, 5604/la victoire 5427 VIII.
**remuant, e** *adj.* (enfant) 5178 II.
**remue-ménage** *n. m. inv.* 5038.
**remuer** *tr.* 1246 II, 5712; ~ qqn *Fig.* 31 II/les foules 5810 II/la queue (chien) 465/la terre 4339/ciel et terre 4320 IV; être remué *Fig.* 1246 V ● *intr.* 1246 V, 5712 VIII; (dent) 1594 II; ~ sur sa chaise 5178 II.
**rémunér|ateur, trice** *adj.* 993 IV; (activités) 1977 IV; (placement) 1723 IV; (travail) 4578 IV. **~ation** *n. f.*, **~er** *tr.* 38, 993, 3688 II. **~atoire** *adj.* 993.
**renaissance** *n. f.* 501 VII, 913 V; *Hist.* 5571; ~ des arts 1424 IV.
**renaître** *intr.* à la vie 3682/de ses cendres 501.
**renar|d** *n. m.*, **~de** *n. f.* 824.
**renchér|ir** *intr.*, **~issement** *n. m.* 3815.
**rencogner (se)** 2393 VII.
**rencontr|e** *n. f.*, **~er** *tr.* 4876; **~e** *Sport.* = MATCH 425 III; aller à la **~e** de 4876 III; **~er** des difficultés 3070 III/par hasard 3454. **se ~er** 1062 VIII, 4876 VIII.
**rendement** *n. m.* 2047, 5291 IV; *Techn.* 4622; ~ annuel 1723 IV; avoir du ~ (terre) 3801; taux de ~ 3682.
**rendez-vous** *n. m. inv.* 5971; prendre un ~ 4431 II.
**rendre** *tr.* et *intr.* (vomir) 4428 ● *tr.* 2047, 3682 IV; ~ son amitié, son amour à 339 III/les armes 4876 IV/le bien pour le mal 4161 III/le dernier soupir 4860/un jugement 3066 IV/justice à qqn 5429 VIII/sa parole 3589 IV/une réponse 2047/la santé 3682 IV/la vie 5465 IV/à la vie 1424 IV/visite = VISITER 2386; (suivi d'un adj.) 1015, 3194 II. **se** ~ 2642 X; ~ qqp 1944, 4280/à des arguments 1563/à l'évidence 5995/à la raison 4410 VII/maître de 5158 V; sans s'en ~ compte 2893.
**rendu, e** *adj.* : être ~ 5949.
**rêne** *n. f.* 2342; prendre les ~s 2642 V; tenir les ~s *Fig.* 4153.
**renégat, e** *n.* 905, 2047 VIII.
**renferm|é, e** *adj. Psychol.* 3394 VII. **~é** *n. m.* 3588. **~er** *tr.* (contenir) 1423 VIII, 2961 VIII, 3257 V. **se ~er** 3394 VII.
**renflement** *n. m.* 3221 V, 5487 VIII, 5910.
**renflou|ement** *n. m.*, **~er** *tr.* 3693 II.
**renfoncement** *n. m.* 1123 II.
**renforc|ement** *n. m.*, **~er** *tr.* 3521 II, 4427 II; **~er** un argument 799 II/une opinion 265 II/un mur 1778 II/une position 5960 II. **se ~er** 3521 II, 4427 V, 5960 V.
**renfort** *n. m.* 5020 IV, 5308; à grand ~ de 4647.
**renfrogn|é, e** *adj.* 4301 II, 4621. **se ~er** 1104 V, 3432.
**rengaine** *n. f.* 3346.
**rengainer** *tr.* 3818.
**rengorger (se)** 3789 II, 5487 VIII.
**reni|ement** *n. m.*, **~er** *tr.* 905; **~er** ses amis 355 V/son fils 1601/sa foi 4616.
**renifler** *intr.* 2219 X; (bruyamment) 1610.
**renom** *n. m.*, **~mée** *n. f.* 2665, 2983, 3171. **~mé, e** *adj.* 2983, 3506.
**renonc|ement** *n. m.*, **~er** *tr. ind.* au monde 311 II/aux plaisirs 2377/à une habitude 4348 IV/aux honneurs 2148/à la lutte 2642 X/à une personne 3504 IV/à des poursuites 4611/au pouvoir 1605 V, 5382 VI. **~iation** *n. f.* 1605 V, 5382 VI.
**renoncul|acées** *n. f. pl.* 2922. **~e** *n. f.* 1403.
**renouer** *tr.* une correspondance 223 X.
**renouv|eau** *n. m.*, **~eler** *tr.*, **~ellement** *n. m.* 913 II; **~eau** culturel 5571; **~eler** le personnel 339 II/une expérience 3682 IV. **se ~eler** 913 V, 4525 V.
**rénov|ateur, trice** *adj.*, *n.*, **~ation** *n. f.*, **~er** *tr.* 913 II, 3129 IV.
**renseign|ement** *n. m.* 3627; service de ~s 324, 1449 III. **~er** *tr.* 2087 IV, 3627 IV, 4112 IV. **se ~er** 3027 X, 3985 X, 4085 X.
**renta|bilité** *n. f.* 2047, 2246, 5897 IV. **~ble** *adj.* 1723 IV; (affaire) 1977 IV; (placement) 846 IV; (terre) 3801 IV.
**rent|e** *n. f.* 1716, 5897 IV; ~ immobilière 2246. **~ier, ère** *n.* 3054.
**rentr|é, e** *adj.* (colère) 4604. **~ée** *n. f.* d'argent 1716, 1977, 5897 IV/parlementaire 3884 VIII/scolaire 2022, 3682. **~er** *tr.* 1716 IV; ~ ses larmes 5078 IV ● *intr.* chez soi 2022, 2612/dans les bonnes grâces de 3682 X/dans le chou *Fam.* 5822 VII/dans sa coquille 4421 II/dans ses droits 2047 X/dans l'ordre 676 X/dans le rang 3100/en soi-même 1605.
**renvers|ant, e** *adj. Fig.* 1946 IV. **~e** *n. f.* : tomber à la ~ 3420, 4335.
**~ement** *n. m.*, **~er** *tr.* 3611, 4339; **~er** un gouvernement 2590 IV/un régime 3385 IV/qqn 1085; tout **~er** sur son passage 1112 VIII. **se ~er** 3611 VII, 4339 VII.
**1. renvoi** *n. m.* (éructation) 1002 II.
**2. renv|oi** *n. m.*, **~oyer** *tr.* 2022 IV; **~oyer** à huitaine 44 II/au lendemain 2016 IV/à plus tard 44 II/la balle 2047, *Fig.* 2192/l'écho 2022 II/un élève 3312/un employé 2143/la lumière 3611/un projet 1420 IV/un soldat dans ses foyers 2524 II/le son 2047 II. **se ~oyer** la balle *Fig.* 2090 VI.
**réorganiser** *tr.* 913, 3682 IV.
**repaire** *n. m.* 906, 6004.
**repaître (se)** = SE RASSASIER 2795; ~ de chimères 3617 V.
**répandre** *tr.* 3040, 5413; ~ des gaz 5484/des idées 1955 IV/un liquide 2601/une nouvelle 3024 IV/une fausse nouvelle 2217 II/une odeur 4090/son parfum (matière odorante) 5546/des pleurs 1922/de la poussière 312/le sang 2582/la terreur 349. **se** ~ 3040, 5413 VIII; (épidémie) 4003 V; (flot) 803 VII; (idée) 1955; (liquide) 2765; (maladie) *Fig.* 1672; (nouvelle) 3024; (odeur) 3434; (produit) 2217; (torrent) 1795 V; ~ en louanges 989 IV, 4119 IV.
**répandu, e** *adj.* (usage) 2755.
**1. répar|ateur, trice** *n.*, **~ation** *n. f.*, **~er** *tr.* 2178 II, 3129 IV; **~ation** morale 4616 II/de guerre 3688 II; **~er** un dommage 3688 II/une erreur 1745 X/ses fautes 4616 II/un habit 2161/une offense 3688 II.
**2. réparateur, trice** *adj.* = RÉCONFORTANT 5465 IV.
**repartie** *n. f.* 2047; avoir la ~ facile 1294, 1570; sens de la ~ 342.
**repartir** *intr.* 2022, 3682.
**répart|ir** *tr.*, **~iteur** *n. m.*, **~ition** *n. f.* 5917 II. **se ~ir** 5917 V.
**repas** *n. m.* 3330, 3743; ~ de mariage 6016; prendre un ~ 5604 VI.
**repass|age** *n. m.*, **~er** *tr.*, **~eur, euse** *n. Cost.* 4721; *Techn.* 2815; **~er** une leçon 1933 III.
**repêch|age** *n. m.*, **~er** *tr.* 5419 VIII.
**repent|ance** *n. f. Litt.* 2130. **~ant, e** *adj.*, **~i, e** *adj.*, *n.*, **~ir** *n. m.*, **se ~ir** 178, 5363.
**repér|age** *n. m.*, **~er** *tr.* 1809 X, 4595; **~er** qqn 3708 III.
**répercu|ssion** *n. f.*, **~ter** *tr.* 2047; **~ssion** politique 5994; **~ter** le son 2022 II. **se ~ter** 2047 VIII, 3611 VII; ~ sur 31 II.
**repérer** → REPÉRAGE.
**répert|oire** *n. m.*, **~orier** *tr.* 4083.
**répét|er** *tr.*, **~ition** *n. f.* 2047 II, 3682 IV, 4525 II; *Théâtr.* 1729 II. **se ~er** 4525 V. **~iteur, trice** *n.* 3682 IV.
**repiqu|age** *n. m.*, **~er** *tr.* 2803 II.
**répit** *n. m.* 2220, 5210; sans ~ 4310 VII, 5995 V.
**replac|ement** *n. m.*, **~er** *tr.* 2022 IV, 2047, 3682 IV.
**replanter** *tr.* 2803.
**replet, ète** *adj.* 2672, 5164 VIII.

**1. repli** *n. m.*, **~able** *adj.*, **~er** *tr.* 852, 3394; **~s** *Fig.* du cœur 1447. **~ement** *n. m.*, **se ~er** 3394 VII, 4660 VII.
**2. repli** *n. m. Mil.*, **se ~er,** 2022 VI, 2478 VIII. **~er** *tr.* ses troupes 2478.
**repli|able, ~ement, ~er** → REPLI 1.
**replier** *Mil.* → REPLI 2.
**1. réplique** *n. f.* (reproduction) 854; être la ~ de 3412.
**2. répliqu|e** *n. f.*, **~er** *tr.* 1110 IV, 2047; sans **~e** (ton) 4310.
**répond|ant, e** *n.* 3257, 4618. **~re** *tr. ind.* de, pour 3257, 4616.
**1. répondre** → RÉPONDANT.
**2. répon|dre** *tr.* et *intr.*, **~se** *n. f.* 1110, IV, 2047; **~dre** à la violence par la violence 4161 III/à un besoin 4772 II/aux conditions 5985 V/à une description 3296 III/à un désir 5987; ne savoir que **~dre** 2590; **~se** payée 1598; avoir **~se** à tout 3444.
**répons** *n. m. Christ.* 2047.
**réponse** → RÉPONDRE 2.
**repor|t** *n. m.*, **~ter** *tr.* au lendemain 2016 IV; ~ d'une somme 2034 II. **se ~ter** à 2022 III, 2694 VIII.
**report|age** *n. m.*, **~er** *n. m.* 1317 II; faire un **~age** 3355 X.
**1. reporter** *tr.* → REPORT.
**2. reporter** *n. m.* → REPORTAGE.
**repos** *n. m.* 2220, 5667; ~ hebdomadaire 3573; ~! 2220 VIII; cure de ~ 1048 X; maison de ~ 2220 X; être au ~ 2611; ne pas trouver le ~ 4196.
**repos|ant, e** *adj.*, **~er** *tr.* 2220 II. **~er** *intr.* (liquide) 2156; ~ sur 1778 VIII, 3639 VIII. **se ~er** 2220 X; ~ sur qqn 204 VIII, 2611.
**repoussant, e** *adj.* (aspect) 516; (laideur) 4223 IV: (odeur) 4566; (traits) 456; (visage) 1827.
**repousse** *n. f. Bot.* 1973.
**repousser** *tr.* 1794, 3312; ~ brutalement 5566 VIII/une armée 1706/un assaut 3062/une candidature 2047/l'ennemi 2022 IV/un examen 2016 IV/une idée 504 X/une personne *Fig.* 1023 III/une proposition 2148/une séance 44 II/la tentation 4426 III.
**répréhensible** *adj.* 1940, 3698.
**reprendre** *tr.* 2047 X, 3682 X; ~ connaissance 5680/son cours *Fig.* 3682/les erreurs de qqn 1745 X/ses esprits 2087/des forces 913 II/sa parole 5532/sa place 3682/une personne (blâmer) 5838 II/son travail 223 X; on ne m'y reprendra plus 1474 ● *intr.* (travail) 223 X. **se ~** 1745 X.
**représailles** *n. f. pl.* 4276 III, 5525 VIII.
**représent|ant, e** *n.*, **~ation** *n. f.*, **~er** *tr.* 4993 II; **~ant** *Polit., Comm.* 5580, 6009; **~ation** figurée 2079, 3178 II. **~atif, ive** *adj.*, **~ativité** *n. f.* 4993 II; **~atif** (échantillon) 5561, (type) 3178 II. **se ~er** 3178 V, 4993 V.
**répress|if, ive** *adj.*, **~ion** *n. f.* 2054, 2272, 4369; **~ion** des fraudes 4614 III.
**réprimand|e** *n. f.*, **~er** *tr.* 214 II, 5838 II.
**réprimer** *tr.* 2054, 2272, 4369; ~ un geste 4475/ses passions 4477.
**1. reprise** *n. f. Sport.* 1875; ~ économique 5465 VIII/du travail 223 X; à plusieurs **~s** 4525, 5036.
**2. repris|e** *n. f.*, **~er** *tr.*, **~euse** *n. f.* 2003.
**réprobat|eur, trice** *adj.* (regard), **~ion** *n. f.* 5535 IV, 5664 X.
**reproch|e** *n. m.*, **~er** *tr.* 3698, 4928; sans **~e** 49; faire des **~es** 3442 III.
**reprod|ucteur, trice** *adj.*, *n. Biol.* 5400 VI. **~uction** *n. f.*, **~uire** *tr.* 4525 II; **~uction** *Biol.* 5400 IV; **~uire** une image 3178 II/un texte 5391. **se ~uire** 4525 V; *Biol.* 5400 VI, 6012 VI.
**réprouv|é, e** *adj.*, *n.* 4847. **~er** *tr.* 5535 IV, 5664 X.
**reps** *n. m.* 4364.
**reptation** *n. f.* 1672, 2278.
**reptile** *n. m.* 1424. **~s** *n. m. pl.* 2278.
**repu, e** *adj.* 2795.
**républi|cain, e** *adj.*, *n.*, **~que** *n. f.* 1068; **~cain** (esprit) 1253 V.
**répudi|ation** *n. f.*, **~é, e** *adj.* 3357. **~er** *tr.* 3357 II; ~ ses croyances 905/une idée 5535.
**répugn|ance** *n. f.*, **~er** *tr. ind.* à 4566, 5490; éprouver de la **~ance** pour 2949; avec **~ance** 5104. **~ant, e** *adj.* (acte) 2974; (aspect) 4146; (goût) 4223 IV; (odeur) 1448; (pensée) 5535 IV: (propos) 347; (visage) 456.
**répuls|if, ive** *adj.*, **~ion** *n. f.* 4566; **~if** (force) 1794, éprouver de la **~ion** 4248 V.
**réput|ation** *n. f.*, **~é, e** *adj.* 2983, 3171; avoir bonne **~ation** 2665; **~é** (endroit) 3506.
**requ|érant, e** *adj.*, *n.*, **~érir** *tr.*, **~ête** *n. f.* 1781 X, 3349; **~érir** l'attention 4296 VIII/de l'effort 5854 X/l'intérêt 4817 X.
**requiem** *n. m.* 1087.
**requin** *n. m. Poiss.* 4208.
**requis** *n. m.* 2495 II. **~, e** *adj.* 3349, 4817, 5854.
**réquisition** *n. f.*, **~ner** *tr.* 2495 II, 3066 III.
**réquisitoire** *n. m.* 4196.
**rescapé, e** *adj. n.* 2642, 5322.
**rescousse** *n. f.* : à la ~ 5308.
**réseau** *n. m.* 2798.
**réséda** *n. m.* 548.
**réséquer** *tr.* 4310.
**réserv|ation** *n. f.*, **~er** *tr.* 1184, 1548 II; **~er** son opinion 1229 VIII, 1311 VIII. **~e** *n. f. Écon.* 1917; *Mil.* 1412 VIII; *Psychol.* 1278, 2071; ~ bancaire 2098/d'un droit 1311/d'Indiens 3935 IV; mettre en ~ 1713 VIII; détachement de ~ 339; soldat de ~ 2056; sans ~1311 V; sous ~ de 2859; faire des **~s** 1311 V; sous toutes **~s** 1229 VIII. **~é, e** *adj.* (esprit) 2071; (jeune fille) 1278 VIII; (place, droits) 1184, 1311. **~iste** *n. m.* 1412 VIII, 2056. **~oir** *n. m.* 1411, 1527; ~ d'essence 5881 X.
**résid|ence** *n. f.* 4196, 4426 IV; lien de ~ 2612, 5382; ~ secondaire 1605. **~entiel, elle** *adj.*, **~er** *intr.* 2612, 4426 IV; **~er** *Fig.* (preuve) 4662.
**résidu** *n. m.* 529, 4015.
**résiduaire** *adj.* 529 V.
**résiduel, elle** *adj.* 1602 V.
**résign|ation** *n. f.*, **se ~er** 1563, 2642 X.
**résili|ation** *n. f.*, **~er** *tr.* 3983, 4855 IV.
**résille** *n. f.* 2798.
**résin|e** *n. f.*, **~eux, euse** *adj.*, *n. m.* 2008.
**résipiscence** *n. f.* : venir à ~ 5580 IV.
**résist|ance** *n. f.*, **~ant, e** *adj.*, *n.* **~er** *tr. ind.* 3045, 4426 III; **~ance** *Électr.* 2639; **~ance** des matériaux 3125/à la torsion 4575/aux maladies 5195; **~er** aux remèdes (maladie) 3561 X.
**1. résolu, e** *adj.*, **~ment** *adv.*, **~tion** *n. f.* 799, 3529; **~tion** inébranlable 3140 II; prendre une **~tion** 2351 IV.
**2. résolu, e** *adj.*, **~tion** *n. f.* 1333; **~tion** du Conseil de sécurité 4196. **~toire** *adj.* (clause) 3983.
**réson|ance** *n. f.*, **~nant, e** *adj.*, **~ner** *intr.* 2193.
**résor|ber** *tr.*, **~ption** *n. f.* 5011, 5097 VIII. **se ~ber** 5011 VII; *Méd.* 2519 V.
**résoudre** *tr.* 1333; ~ un conflit 4011/de 3140, 3529. **se ~** à 3140 II, 3529.
**respect** *n. m.* 1247 VIII; profond ~ 3914 II; ~ humain 1425/des lois 2131 III/de soi 4561.
**respect|abilité** *n. f.*, **~able** *adj.*, **~er** *tr.* 1247 VIII; **~er** les bienséances 2131 III/la consigne 3627 II.
**respect|if, ive** *adj.* 1548. **~ivement** *adv.* 5866.
**respectu|eusement** *adv.*, **~eux, euse** *adj.* 1247 VIII.
**respir|ation** *n. f.*, **~er** *intr.* 5491 V; avoir une **~ation** difficile 603. **~er** *tr.* 5418 X; *Fig.* ~ la bonté 5871 IV/la jeunesse 5544/la joie 5546/la santé 3337.
**resplend|ir** *intr.*, **~issant, e** *adj.* 4895; **~issant** (beauté) 392 IV, (couleur) 182 V, (mine) 5439, (soleil) 2866 IV.
**respons|abilité** *n. f.*, **~able** *adj.*, *n.* 679, 2423, 2865 IV; avoir la **~abilité** de 3691; prendre la **~abilité** 3448; **~ables** d'un parti 2176.
**ressaisir (se)** 5177 VI.
**ressasser** *tr.* 4773.
**ressembl|ance** *n. f.*, **~ant, e** *adj.*, **~er** *tr. ind.* 1089 III, 2801, 4993 III. **se ~er** 1089 VI, 2801 VI, 4993 VI.
**ressentiment** *n. m.* 1320, 2722 VIII, 5127.
**ressentir** *tr.* 1260 IV, 2893. **se ~** de 31 V.
**resserr|ement** *n. m.*, **~er** *tr.* 3274 II; **~er** son étreinte 4153/des liens 2827, *Fig.* 5851 II. **se ~er** (liens) 5960 II; (passage) 3274.
**ressort** *n. m. Techn.* 2358, 5279; *Fig.*

**rognon** *n. m.* 4643.
**rognure** *n. f.* de cuivre 1502/de métal 4214/de papier 4274/d'ongles 4354.
**roi** *n. m.* 5177; (jeu de cartes) 2239; (jeu d'échecs) 2780; le **~** n'était pas son cousin *Fam.* 3933.
**roitelet** *n. m.* 3097.
**rôle** *n. m.* 1875; **~** des affaires 930/des contributions 2473/d'impôt 1791; à tour de **~** 1881 VI; premier **~** *Cin.* 493.
**rollier** *n. m.* 2924.
**romain, e** *adj., n.* 2236.
**roman** *n. m.* 2238.
**romance** *n. f.* 3759.
**romancier, ère** *n.* 2238.
**romanesque** *adj., n. m.* 2238; (aventure) 1663; (jeune fille) 3572; (idée) 6035; (personne) 1351.
**roman-feuilleton** *n. m.* 2628.
**romanichel, elle** *n.* 3734, 5590.
**romant|ique** *adj., n.,* **~isme** *n. m.* 338 IV.
**romarin** *n. m.* 4628.
**rombière** *n. f. Fam.* 3667 II.
**1. rompre** *tr.* 4583; **~** un contrat 3983/des digues 314/l'équilibre 4032 IV/le front de l'ennemi 1512 VIII/une liaison 4008 III/les oreilles 5069 II/les rangs 4011/le silence 4611/une trêve 5520/avec qqn 4310 III.
**2. romp|re** *intr. Fig.* avec des amis 3951 VIII; applaudir à tout **~** 3111 II. **se ~re** 4310 VII, 4583 VII; **~** aux affaires 5048 V. **~u, e** *adj.* aux affaires 1729 II; à bâtons **~s** 2810, 5889.
**ronc|e** *n. f.,* **~ier** *n. m.* 3623, 3686.
**ronchon** *adj., n.,* **~nement** *n. m. Fam.,* **~ner** *intr. Fam.,* **~neur, euse** *n., adj. Fam.* 146 V, 1831, 1941 V.
**rond** *n. m.* 1346, 1875, 4210. **~, e** *adj.* 1875; (poing) 4706 II; (poitrine) 5565; (sein) 4605; (terre) 4567; (visage) 5164 VIII; *Fam.* (soûl) 2603.
**ronde** *n. f.* de surveillance 1125, 1875; (danse) 1346; faire des **~s** 3391 II. **à la ~** *loc. adv.* 1875 IV.
**rondelle** *n. f.* 1346, 4210.
**rondement** *adv.* 2535; mener **~** ses affaires 2953 II.
**rondeur** *n. f.* 1875 X, 4567.
**rondin** *n. m.* 5709.
**rond-point** *n. m.* 1875.
**ronflant, e** *adj.* (mots) 3372.
**ronfl|ement** *n. m.,* **~er** *intr.* 2823, 3787; **~er** (moteur) 5671.
**rongé, e** *adj.* par le remords 3484 II/par les soucis 3260 IV.
**rong|er** *tr.,* **~eur, euse** *adj., n. m.* 4214, 4295; **~er** le bois (ver) 5341/le métal (acide) 172/son frein 4604. **se ~er** les sangs 4214 VII/de souci 1949.
**ronronn|ement** *n. m.,* **~er** *intr.* 1480.
**roquette** *n. f. Arm.* 2719, 3080.
**rorqual** *n. m.* 1399, 5701.
**rosac|e** *n. f.* 5321, 5896. **~ées** *n. f. pl.* 5896.
**rosaire** *n. m.* 2435, 5896.
**rosat** *adj. inv.* 5896.
**ros|e** *adj., n. f.,* **~é, e** *adj.,* **~eraie** *n. f.,* **~ier** *n. m.* 5896; **~e** de Jéricho 4611/de Noël 1487/trémière 1576/des vents 1875.
**roseau** *n. m.* 4278, 5263.
**rosée** *n. f.* 5366.
**roséole** *n. f.* 5896.
**ros|eraie, ~ier** → ROSE.
**rosse** *n. f.* 370 ● *adj. Fam.* = CAUSTIQUE *Fig.* 4812.
**rosser** *tr. Fam.* 1453.
**rossignol** *n. m. Ois.* 542, 3660; *Techn.* 3602.
**rostre** *n. m. Ins.* 4989.
**ro|t** *n. m.,* **~ter** *intr. Pop.* 1002, 4550 V.
**rotang** *n. m.* 121.
**rotat|eur, trice** *adj.,* **~oire** *adj.* 2037. **~if, ive** *adj., n. f.,* **~ion** *n. f.* 1875; **~ion** des cultures 5580 VI/d'avion 2034.
**roter** → ROT.
**rôt|i** *n. m.,* **~ir** *tr.,* **~isseur, euse** *n.,* **~issoire** *n. f.* 3010.
**rotin** *n. m.* 1657.
**rôtir** → RÔTI.
**rotondité** *n. f.* 1875 X, 4567.
**rotor** *n. m.* 1875, 2146.
**rotule** *n. f. Anat.* 1785, 2108; mettre qqn sur les **~s** *Pop.* 2108.
**roturier, ère** *adj., n.* 3636.
**rouage** *n. m.* 1882; **~s** de l'État 1099.
**roublard, e** *adj., n. Fam.,* **~ise** *n. f. Fam.* 2232 III.
**rouble** *n. m.* 2214.
**roucoul|ement** *n. m.,* **~er** *intr.* 2470, 5677.
**roue** *n. f.* 1882, 3465; **~** à aubes 2245/hydraulique 2712, 5463; faire la **~** *Fig., Péjor.* 3388 V; la **~** tourne 2882; mettre des bâtons dans les **~s** 3592.
**rou|é, e** *adj. Péjor.* (rusé) 1870, 5152. **~erie** *n. f.* 1434, 1870.
**rouer** *tr.* de coups 2795 IV, 5927 IV.
**rouerie** → ROUÉ.
**rouge** *adj., n. m.* 1364; **~** cornaline 3590/vif 4400; (visage) 1323 VIII; voir **~** *Fig.* 1364 IX. **~âtre** *adj.* 3225. **~aud, e** *adj.* 1364.
**rouge-gorge** *n. m.* 1380.
**rouge|oiement** *n. m.,* **~oyer** *intr.* 1364 IX.
**rougeole** *n. f.* 1283.
**rougeoyer** → ROUGEOIEMENT.
**rouge-queue** *n. m. Ois.* 4901.
**rouget** *n. m. Poiss.* 2630.
**roug|eur** *n. f.* 1364. **~ir** *tr.* 1364 II ● *intr.* 1364 IX; *Fig.* 1468; faire **~** 1278.
**rouill|e** *n. f.,* **~er** *intr.,* **se ~er** 3064. **~er** *tr.* 3064 IV.
**roulage** *n. m.* 2755.
**roulant, e** *adj.* (escalier) 1875, 3092; (fauteuil, tapis) 5524.
**roulé, e** *adj. Pop.* : bien **~** 3891, 4180.
**rouleau** *n. m.* 2556; *Agr.* 5173; **~** compresseur 1204/de papier 4856/à pâtisserie 1840/de pellicule 533; au bout du **~** *Fam.* 4310 V.
**roulé-boulé** *n. m.* 1707 II.
**1. roul|ement** *n. m.,* **~er** *tr.* 1707; **~ement** *Techn.* 1372; **~ement** à billes 1732/de capitaux 1881 VI/de canon, de tonnerre 4285/d'un véhicule 4229; par **~ement** 5580 III; **~er** un champ 5173 III/une cigarette 4856/une pâte 2154 II/une surface 1204/un tapis 3394/les yeux 4339 II/entre ses doigts 3961/en spirales 4706 II/qqn *Fam.* 3772; se faire **~er** *Fam.* 3725.
**2. roul|ement** *n. m.,* **~er** *intr.* 1707 II; **~er** 1732 (véhicule) 2755; **~er** sur un sujet (conversation) 975/sur l'or 5470. **se ~er** dans 5052 V/dans une couverture 4856 VIII.
**1. rouler** *tr.* → ROULEMENT 1.
**2. rouler** *intr.* → ROULEMENT 2.
**3. roul|er** *intr. Mar.,* **~is** *n. m.* 5249 VI.
**roulette** *n. f.* 533, 1707, 1882.
**roulis** → ROULER 3.
**roulotte** *n. f.* 3494.
**roulure** *n. f. Pop.* 6021.
**round** *n. m. Sport.* 1125, 2998.
**roupie** *n. f. Monn.* 2215.
**roupillon** *n. m. Fam.* 5580.
**rouquin, e** *adj., n. Fam.* 3163.
**rouspét|ance** *n. f. Fam.,* **~er** *intr. Fam.,* **~eur, euse** *adj., n. Fam.* 1941 V.
**rousserolle** *n. f.* 5714.
**roussette** *n. f. Poiss.* 3744, 4631.
**rouss|eur** *n. f.* 2923, 3163; taches de **~** 5554. **~i** *n. m.* 3021 II.
**route** *n. f.* 3324; *Mar.* 5865; grande **~** 1177; en **~** (moteur) 1875; se mettre en **~** 2034, 3357 VII; faire fausse **~** 3249, *Fig.* 2719.
**rout|ier** *n. m.* 2739; vieux **~** *Fam.* 1396 II. **~ier, ère** *adj.* (réseau) 3324. **~ière** *n. f. Autom.* 1125.
**routin|e** *n. f.,* **~ier, ère** *adj., n.* 1055, 1999.
**rouvrir** *tr.* une blessure *Fig.* 913 II.
**roux, rousse** *adj., n.* 2923, 3163.
**roy|al, e, aux** *adj.,* **~aliste** *adj., n.,* **~aume** *n. m.,* **~auté** *n. f.* 5177; **~aume** des cieux 5164.
**royalties** *n. f. pl.* 27, 1015.
**ru|ade** *n. f.,* **~er** *intr.* 2146, 4764.
**ruban** *n. m.* 2860, 5937.
**rubéole** *n. f.* 1364.
**rubiacées** *n. f. pl.* 4086.
**Rubicon** *n. m.* : franchir le **~** 4310.
**rubis** *n. m. Minér.* 4844, 6048.
**rubrique** *n. f.* 618; **~** de journal 2176, 2393.
**ruch|e** *n. f.* 1606, 3541. **~er** *n. m.* 3641.
**rud|e** *adj.,* **~esse** *n. f.* 1023, 1544; **~e** (caractère) 3809, (climat) 2827, (hiver) 4207, (homme) 1536, (son) 3666, (travail) 2922, (vie) 4262.
**rudimentaire** *adj.* 366; (installation) 5518; (vie) 252.
**rudiments** *n. m. pl.* 366; les **~** du métier 135.
**rud|oiement** *n. m.,* **~oyer** *tr.* 3666 II.
**1. rue** *n. f. Bot.* 1248, 2512.
**2. rue** *n. f.* 2862, 3324; fille des **~s** 6021.
**ru|ée** *n. f.,* **se ~er** 1794 VII, 5662;

**~ée** des voyageurs 1795 V: **se ~er** les uns sur les autres 5805 VI.
**ruelle** *n. f.* 2326, 2373.
**1. ruer** → RUADE.
**2. ruer (se)** → RUÉE.
**rug|ir** *intr.* (animal), **~issement** *n. m.* 2255; (moteur) 5671; **~ir** de colère 2345.
**rugosité** *n. f.*, **rugueux, euse** *adj.* 1232, 1544.
**ruin|e** *n. f.* 1483, 1832, 5520; *Fin.* 4053 IV; menacer ~ 1781 VI; sauver de la ~ 5751; tomber en ~ 5675 VII, 5792 VII; être l'artisan de sa propre ~ 1168. **~er** *tr.* 750 IV, 1483 II; *Fin.* 4053 II; ~ l'autorité 3984 IV/un raisonnement 1709/la santé 5675. **~eux, euse** *adj.* 58 II.
**ruiss|eau** *n. m.*, **~elant, e** *adj.*, **~eler** *intr.*, **~ellement** *n. m.* 2765; petit **~eau** 930; **~eler** de sueur 3040 V; eaux de **~ellement** 975.
**rumeur** *n. f.* 3211, 3267; *Fig.* 3024.
**rumin|ant, e** *adj.*, *n. m.*, **~ation** *n. f.*, **~er** *tr.* 942 VIII; **~er** la perte de qqn 648 II.
**rupestre** *adj.* 3061.
**rupteur** *n. m.* *Électr.* 4009, 4310.
**rupture** *n. f.* 4310 VII, 4583 VII; ~ d'un contrat 5520/d'équilibre 1591 VIII/du jeûne 4020/des relations 4310 III/d'un traité 3983.
**rural, e, aux** *adj.*, *n.* 2247, 4246; (population) 343.
**rus|e** *n. f.* 1434, 2232 III; ~ de guerre 1474/politique 1870/cousue de fil blanc *Fam.* 4013. **~é, e** *adj.*, *n.* 1434 VIII, 1870, 5152. **~er** *intr.* 1434 V.
**rush** *n. m.* 1794 VII, 2281, 5662.
**russe** *adj.*, *n.* 2227.
**rustaud, e** *adj.*, *n.* *Fam.* 1544, 3809, 4024.
**rust|icité** *n. f.* 1544. **~ique** *adj.* 2247, 4246; (plante) 1034; (vie) 1544.
**rustre** *adj.*, *n.* 1544, 3809, 4024.
**rut** *n. m.* 2573, 3814, 5385, 5885.
**rutil|ance** *n. f.*, **~ant, e** *adj.* 2553, 6028 V; **~ant** (couleur) 2381, (cuivre) 4400.
**ryal** *n. m.* *Monn.* 2240.
**rythm|e** *n. m.* 5994 IV; *Fig.* 5845 VI. **~é, e** *adj.* (phrase) 2474 VII. **~er** *tr.* 5994 II. **~ique** *adj.* 5921.

# S

**sabba|t** *n. m.*, **~tique** *adj.* 2431.
**sabine** *n. f. Bot.* 608.
**sabl|age** *n. m.*, **~e** *n. m., adj.*, **~é, e** *adj.*, **~er** *tr.*, **~ier** *n. m.*, **~ière** *n. f.*, **~onneux, euse** *adj.* 2189; se perdre dans les **~es** *Fig.* 5889.
**sabord|age** ou **~ement** *n. m.*, **~er** *tr.* 3756 IV; **~er** un journal 3573 II.
**sabot** *n. m.* 2445, 4158; ~ des bovins 3414/du cheval 1308.
**sabot|age** *n. m.*, **~er** *tr.*, **~eur, euse** *n.* 1483 II, 3573 II; **~er** un travail *Fam.* 2577.
**sabr|e** *n. m.*, **~er** *tr.* 2762; **~er** un travail *Fig.* 2577.
**1. sac** *n. m.* 947, 4728; ~ à main 1319/à provisions 2385/lacrymal 5980; en ~ 3426 II; la main dans le ~ *Fig.* 4762 V.
**2. sac** *n. m.* d'une ville 2617, 5562.
**saccad|e** *n. f.* 2015, 5712. **~é, e** *adj.* 2015 VIII, 5712 VIII; (paroles) 4310 V.
**saccag|e** *n. m.*, **~er** *tr.* 1483, 4580 VIII.
**sacchar|ine** *n. f.*, **~ose** *n. m.* 2603.
**sacerdo|ce** *n. m.*, **~tal, e, aux** *adj.* 4691.
**sachet** *n. m.* 4728.
**sacoche** *n. f.* 1483, 2935.
**sacralis|ation** *n. f.*, **~er** *tr.* 4185 II.
**sacramentel, elle** *adj.* 4198.
**sacr|e** *n. m.*, **~er** *tr. Relig.* 2743; **~e** d'un prêtre 2079/d'un roi 782 II. **~é, e** *adj.* 1247, 4185 II; feu ~ 1376. **~ement** *n. m. Christ.* 2514; saint ~ 4198.
**sacrifi|catoire** *adj.* 1913, 4198. **~ce** *n. m.*, **~er** *tr.* 1913, 3219 II; faire le **~ce** de sa vie 1114, 3920; **~er** sa fortune pour 4546 II/des vies humaines 5699 IV/aux usages 2755 III. **se ~er** 3219 II.
**sacrilège** *n. m., adj.* 1854 II, 5573 VIII.
**sacripant** *n. m. Fam.* 5368.
**sacrist|ain** *n. m.*, **~ie** *n. f.* 6032.
**sacro-saint, e** *adj. Iron.* 1247.
**sacrum** *n. m.* 3577.
**sad|ique** *adj., n.*, **~isme** *n. m.* 2418.
**1. safra|n** *n. m. Bot.*, **~né, e** *adj.* 2308.
**2. safran** *n. m. Mar.* 2613.
**saga** *n. f.* 2552.
**sagac|e** *adj.*, **~ité** *n. f.* 833, 4023.
**sagaie** *n. f.* 2296.
**sag|e** *n., adj.*, **~esse** *n. f.* 1328, 3603; **~e** (fille) 3580; (jugement) 2101.
**sage-femme** *n. f.* 4161, 6012 II.
**sagesse** →SAGE.
**sagittaire** *n. m. Zool.* 2192, 4414.
**Sahar|a** *n. m.*, **~ien, enne** *adj.* 3055.
**sahel** *n. m. Géogr.* 2487.
**Sahraoui, e** *adj., n.* 3055.
**saign|ant, e** *adj.* 1847; (viande) 5610. **~ée** *n. f.*, **~ement** *n. m.*, **~er** *tr.* et *intr.* 5379; *Méd.* 4007; **~er** 1847/du nez 2124; faire **~er** 1847 IV. **se ~er** aux quatre veines 5379 X.
**saill|ant, e** *adj.*, **~ie** *n. f.* 372, 5290; fait **~ant** 4793; **~ie** *Archit.* 3377; **~ie** rocheuse 2126.
**saillir** *tr. Vétér.* 2573.
**sain, e** *adj.* 2642, 3053; (jugement) 2504, 3169; être ~ et sauf 2642.
**sainfoin** *n. m.* 3603.
**saint, e** *n.*, **~eté** *n. f. Christ.* 4185; *Isl.* 6019; ne savoir à quel ~ se vouer *Fam.* 3225; **~eté** *Fig.* 1247; être en odeur de **~eté** 4090. **~, e** *adj.* 4185 II; ~ patron 1377/personnage 3129; semaine **~e** 185.
**Saint-|Père** *n. m.* 22. **~Siège** *n. m.* 2078.
**sais|i, e** *adj. Fig.* 1861, 2231. **~ie** *n. f. Dr.* 1184, 3066 III. **~ir** *tr.* 49, 4153, 5078 IV; *Dr.* 1184, 3066 III; *Fig.* (comprendre) 1745 IV, 4085; ~ à l'improviste 1573/la balle au bond 909/qqn d'un projet 4186 V/l'occasion 3947/le tribunal 2149/qqn (sentiment) 3519 VIII. **se ~ir** de 5078 V, 6019 X. **~issable** *adj.* 1745 IV. **~issant, e** *adj.* (beauté) 2231; (froid) 4207; (spectacle) 42. **~issement** *n. m.* : mourir de ~ 3073.
**saison** *n. f.*, **~nier, ère** *adj.* 4008, 5931; ~ des amours 2573; être de ~, hors de ~ 256; **~nier** (migration) 1875.
**salade** *n. f.* 2629; ~ frisée 5779.
**salaire** *n. m.* 38, 1999, II; toucher un ~ 4296 VI.
**salaison** *n. f.* 4180, 5159 II.
**« salamalec »** *n. m.* 2642.
**salamandre** *n. f. Zool.* 2674.
**salant, e** *adj.* (marais) 5169.
**salari|al, e, aux** *adj.*, **~at** *n. m.*, **~é, e** *n., adj.*, **~er** *tr.* 38.
**salaud** *n. m. Pop.* 5368.
**sale** *adj.*, **~té** *n. f.* 1747, 4189, 5924; *Fig.* 1857; ~ affaire *Fam.* 290/gueule *Pop.* 407/temps *Fam.* 2049.
**sal|é, e** *adj.*, **~in, e** *adj.* 5169; histoire **~ée** *Fam.* 1369 IV.
**salep** *n. m. Bot.* 2489.
**saler** *tr.* 5169 II.
**saleté** → SALE.
**salicaire** *n. f.* 3969.
**salicorne** *n. f.* 1235.
**salicylate** *n. m.* 3109.
**salière** *n. f.* 5169.
**saligaud, e** *n. Pop.* 1851.
**salinité** *n. f.* 5169.
**salir** *tr.* 4914 II, 5924 II; *Fig.* 1854 II, 2974 II; ~ la réputation de qqn 3009 II. **se ~** 4914 V, 5924 V.
**saliv|aire** *adj.*, **~ation** *n. f.*, **~e** *n. f.*, **~er** *intr.* 2103, 4839; avaler sa **~e** 2248.
**salle** *n. f.* 1181, 3755, 4135; ~ de cinéma 1875/des fêtes 3933/de réception 3037; fille de ~ 1475.
**saloir** *n. m.* 5169.
**Salomon** *n. pr.* 2647.
**salon** *n. m.* 3037, 3755, 4135; ~ commercial 3504/d'exposition 2059/littéraire 1038.
**saloperie** *n. f. Pop.* 5368.
**salpêtre** *n. m.* 288, 5447.
**salsepareille** *n. f.* 4000.
**salsifis** *n. m.* 4799.
**salsugineux, euse** *adj.* 5169.
**saltimbanque** *n. m.* 2891, 5692 II.
**salubr|e** *adj.*, **~ité** *n. f.* 3053; **~e** (habitation) 2612.
**sal|uer** *tr.*, **~ut** *n. m.*, **~utation** *n. f.* 1424 II, 2642 II.
**1. salut** → SALUER.
**2. salu|t** *n. m.* 204, 2642, 5322; planche de ~ 5511 IV. **~taire** *adj.* (décision)

**sceptre** *n. m.* 3184.
**schéma** *n. m.*, **~tique** *adj.* 667. **~tisation** *n. f.*, **~tiser** *tr.* 445 II, 1566 II.
**schème** *n. m.* 2079.
**schism|atique** *adj.*, *n.*, **~e** *n. m.* 2922 VII, 4008 VII.
**schist|e** *n. m.*, **~eux, euse** *adj.* 5438.
**schizo|ïde** *adj.*, **~phrène** *n.*, *adj.*, **~phrénie** *n. f.* 4009.
**sciatique** *adj.*, *n. f.* 5387.
**sci|age** *n. m.*, **~e** *n. f.*, **~er** *tr.*, **~erie** *n. f.*, **~eur** *n. m.* 5412; **~e** *Fig.*, *Fam.* 2815.
**sciemment** *adv.* 3506, 3627, 4280.
**scien|ce** *n. f.*, **~tificité** *n. f.*, **~tifique** *adj.*, **~tisme** *n. m.* 3627; homme de **~ce** 3506. **~ce-fiction** *n. f.* 3627. **~tifiquement** *adv.* 3178.
**sciène** *n. f.* 4913.
**sci|er, ~erie, ~eur** → SCIAGE.
**scille** *n. f.* 3664.
**scinder** *tr.* 2922, 4261. **se ~** 2922 VII, 4261 VII.
**scintill|ement** *n. m.*, **~er** *intr.* 392, 2553, 4895; **~er** (bijou) 6022, (étoile) 4747 II.
**scion** *n. m. Bot.* 3542.
**scirpe** *n. m.* 1330.
**scission** *n. f.* 2922 VII, 4261 VII; *Biol.* 2882 VII; *Bot.* 4059 VII; faire **~** 3528 VIII. **~niste** *adj.*, *n.* 2922 VII.
**scissipar|e** *adj.*, **~ité** *n. f.* 3566 II.
**scissure** *n. f.* 2922.
**scléros|e** *n. f.*, **se ~er** 1182 V, 1536 XII; *Fig.* 3125 V.
**sclérotique** *n. f.* 3125.
**scol|aire** *n. m.*, **~arité** *n. f.* 1741. **~arisation** *n. f.* : âge de **~** 3627 II.
**scolastique** *adj.*, *n. f.* 1741.
**scoliose** *n. f.* 1090, 2387.
**scolopendre** *n. f. Bot.* 4821.
**scolyte** *n. m.* 4168.
**score** *n. m.* = RÉSULTAT 5291.
**scorie** *n. f.* 1448; *Fig.* 1175.
**scorpène** *n. f.* 3599.
**scorpion** *n. m.* 3599; **~** jaune 942.
**scorsonère** *n. f.* 1677.
**scout, e** *n.*, *adj.*, **~isme** *n. m.* 4595.
**scribe** *n. m.* 4494, 5391.
**script** *n. m.* 1407 III.
**scrofulaire** *n. f.* 1020.
**scroful|e** *n. f.*, **~eux, euse** *adj.*, *n.* 1628.
**scrotum** *n. m.* 947.
**scrupul|e** *n. m.*, **~eux, euse** *adj.* 3256, 5905; **~eux** (étude) 1798. **~eusement** *adv.* 2792.
**scrut|ateur, trice** *n.* 3171. **~ateur, trice** *adj.*, **~er** *tr.* 3905 V, 5129 IV; **~er** la foule 994 V/un problème 4289 V/les visages 3102 V.
**scrutin** *n. m.* 3171 II, 4222 VIII.
**sculpt|er** *tr.*, **~eur** *n. m.*, **~ure** *n. f.* 1308, 5325.
**1. scutellaire** *adj. Ins.* 1744.
**2. scutellaire** *n. f. Bot.* 5691.
**séance** *n. f.* 1038; *Litt.* 4426; **~** de cours 1281.
**séant** *n. m.* 4335. **~, e** *adj. Litt.* 4943.
**seau** *n. m.* 1826, 2554.
**sébacé, e** *adj.* 1867.
**sébile** *n. f.* 4598.
**sebkha** *n. f.* 2437.
**sébum** *n. m.* 2380.
**sec, sèche** *adj.* 1017, 6054; *Fig.* 1023, 4262; (corps) 5332; être à **~** *Fam.* 2871; aussi **~** *Pop.* 4092.
**sécante** *n. f.* 1875, 4310.
**sécateur** *n. m.* 4214.
**sécession** *n. f.* 2922 VII, 4008 VII; faire **~** 1490.
**séch|age** *n. m.*, **~er** *tr.* 1017 II, 5417, 6054 IV. **~er** *intr.*, **~eresse** *n. f.* 1017, 6054; **~er** (plaie) 1842 VII; **~eresse** de cœur 1023, 4262. **~oir** *n. m.* 1017 II, 5413. **sèchement** *adv.* 1023, 4262.
**secon|d** *n. m.*, **~der** *tr.* 2559 III, 3694 III. **~d, e** *adj.*, *n. f.* 854; en **~**d 679, 1962; de **~**de main 3644 X. **~daire** *adj. Géol.* 854; (question) 3954; (rue) 1073.
**secouer** *tr.* 2015, 5712; **~** la main 1246 II/la poussière 5496/qqn (nouvelle) 3073/qqn (personne) *Fam.* 1172, 5838 II. **se ~** *Fig.*, *Fam.* 1062 X.
**secour|able** *adj.*, **~ir** *tr.* 2559 III, 2665 IV, 3694 III.
**secour|isme** *n. m.*, **~iste** *n.* 2565 IV.
**secours** *n. m.* 2559 III, 2665 IV, 3694 III; **~** financier 3694/mutuel 2559 VI; demander du **~** 3841 X; porter **~** 3841 IV; porte de **~** 3305; roue de **~** 1412 VIII; au **~** ! 5308.
**secousse** *n. f.* 2015, 5712; donner une **~** 1794; *Fig.* 3073.
**secret** *n. m.* 2514; **~** des âmes 1423/de Polichinelle 3024; mettre au **~** 3528. **~, ète** *adj.* (haine) 4667; (intention) 1587, 2514, 4662; (personne) 3813 IV; (police) 1251 V; (sentiment) 1716.
**secrét|aire** *n.*, **~ariat** *n. m.* 2514, 2605, 4494.
**sécrét|er** *tr.*, **~ion** *n. f.* 2085, 3937 IV.
**sect|aire** *adj.*, *n.*, **~arisme** *n. m.* 1253 V, 3552 V.
**sectateur, trice** *n.* 679, 3024 III.
**secte** *n. f.* 3391.
**secteur** *n. m.* 4310, 5452.
**section** *n. f. Admin.* 2889, 4261; *Géom.* 2590, 4310; *Mil.* 4008; **~** d'assaut 3842. **~nement** *n. m.*, **~ner** *tr.* 4261 II, 4310. **se ~ner** 4261 V.
**sectoriel, elle** *adj.* 4310, 5452.
**séculaire** *adj.* 1139, 4239.
**sécul|arisation** *n. f.*, **~ariser** *tr.* 1858. **~arité** *n. f.*, **~ier, ère** *adj.* 1857.
**secundo** *adv.* 854.
**sécurité** *n. f.* 204; **~** sociale 3257; dispositif de **~** 5999.
**sédatif, ive** *adj.*, *n. m.* 1471 II, 2611 II, 5667 II.
**sédent|aire** *adj.*, *n.* 1295; (oiseau) 7; (profession) 1038; (travailleur) 4320; (tribu) 4426 IV. **~arisation** *n. f.*, **~ariser** *tr.*, **~arité** *n. f.* 7 II, 1295 II.
**sédimen|t** *n. m.*, **~taire** *adj.*, **~tation** *n. f.* 2073 V.
**sédit|ieux, euse** *adj.*, *m.*, **~ion** *n. f.* 1236 II, 3561, 5045 V.
**séd|ucteur, trice** *n.*, *adj.* 2482, 3850 IV. **~uction** *n. f.* 933, 1592.
**sédui|re** *tr.*, **~sant, e** *adj.* 933, 1592; chercher à **~re** 1807 V; **~sant** (femme) 3892; (paroles) 2482.
**ségestrie** *n. f.* 818.
**segmen|t** *n. m.* 979, 4310; *Anat.* 4004. **~tation** *n. f.*, **~ter** *tr.* 979 II, 4261 II, 4310 II. **se ~ter** 4004 V, 4310 V.
**ségrégation** *n. f.*, **~nisme** *n. m.*, **~niste** *adj.*, *n.* 5243 II.
**seguia** *n. f.* 2599.
**seiche** = SÉPIA 1151.
**seigle** *n. m.* 878, 3027.
**seigneur** *n. m.* 1970, 2726; mon S**~** 6019; faire le grand **~** 2726 V. **~ie** *n. f.* 4310 IV, 6019.
**sein** *n. m.* 810, 5565; sur son **~** 3066; au **~** de 1181, 1297, 3257; faux **~**s 1279.
**seing** *n. m.* 5109 IV; sous **~** privé 1566.
**séism|e** *n. m.* 2338, 5712. **~ique** *adj.* → SISMIQUE.
**seiz|e** *adj. num. cardin.*, *n. m. inv.* 2459. **~ième** *adj. num. ordin.*, *n.* 2506.
**séjour** *n. m.*, **~ner** *intr.* 4426 IV, 5151; lieu de **~** 4196.
**sel** *n. m.* 5165; *Fig.* 3408, 4043; donner du **~** à la vie 3330; mettre son grain de **~** *Fam.* 1826 IV; **~**s minéraux 2254.
**sélect** *adj. inv.* 5243 VIII.
**sélect|if, ive** *adj.*, **~ivité** *n. f.* 5529 VIII.
**sélection** *n. f.*, **~ner** *tr.*, **~neur, euse** *n.* 5340 VIII; **~** de films 5340/naturelle 3114 VIII; épreuve de **~** 3114 II; **~ner** les références 3937 IV/des livres 1655 VIII.
**sélénite** *n. f. Minér.* 4361.
**self-control** *n. m.* 1352, 3209.
**self-induction** *n. f.* 1172.
**self-made man** *n. m.* 2147, 3559.
**self-service** *n. m.* 1475, 5494.
**1. sell|e** *n. f.*, **~er** *tr.*, **~erie** *n. f.*, **~ier** *n. m.* 2522; **~e** de bicyclette 4320; se mettre en **~e** 5115 VIII.
**2. selle** *n. f.* : aller à la **~** 371 V, 384/ V. **~s** *n. f. pl.* 371, 3847.
**sellette** *n. f.* : mettre sur la **~** 2206 IV.
**sellier** → SELLE 1.
**selon** *prép.* 679, 1262, 5986; **~** les circonstances 5995 V/lui 1969/les règles 3296.
**semailles** *n. f. pl.* 349.
**semain|e** *n. f.*, **~ier, ère** *n.* 2447.
**sémantique** *n. f.* 3675.
**sémaphore** *n. m.* 4915 II.
**semblable** *adj.*, *n.* 598, 2801, 4993 ● *adj.* 2801 VI; rendre **~** 1089 II.
**sembl|ant** *n. m.* 3419; faire **~** de ne pas voir 3798 VI. **~er** *tr.* 344, 3419; il semble que 4448; il me semble que 3417; à ce qu'il semble 4107.
**sème** *n. m.* 2766, 3675.

**séméiologi|e** *n. f.*, **~que** *adj. Méd.* 3504.
**semelle** *n. f.* 5470.
**sem|ence** *n. f.*, **~er** *tr.*, **~eur, euse** *n.* 349, 2294; **~ence** de l'homme 5200; **~er** à la volée 5301/la confusion 5810 II/le désordre 5795 II/la panique 5413/le trouble 501/la terreur 3024 IV/la zizanie 3984 IV/qqn *Fam.* = SE DÉBARRASSER 1598 V, DISTANCER 2450.
**semestr|e** *n. m.*, **~iel, elle** *adj.* 5429.
**semeur** → SEMER.
**semi-** *préf.* 2801, 5429.
**semi-automatique** *adj.* 2801.
**semi-circulaire** *adj.* 5429, 2801.
**séminaire** *n. m.* 1346; ~ de travail 5365.
**séminal, e, aux** *adj.* 5200.
**semi-nomade** *adj.*, *n.* 5429.
**sémi|ologie** *n. f.*, **~ologique** *adj.*, **~otique** *adj.*, *n. f.*, **~que** *adj.* 2766.
**semi-rigide** *adj.* 5429.
**semis** *n. m.* 2803, 3751.
**sémit|e** *n.*, **~ique** *adj.* 2425.
**semi-voyelle** *n. f.* 2801.
**semnopithèques** *n. m. pl.* 5641.
**semoir** *n. m.* 349.
**semonce** *n. f.* 3666 II.
**semoule** *n. f.* 2657; ~ grossière 390.
**sempiternel, elle** *adj.* 2542, 5949 VI.
**séna|t** *n. m.*, **~teur** *n. m.*, **~torial, e, aux** *adj.* 3017.
**séné** *n. m.* 2682.
**sénesc|ence** *n. f.*, **~ent, e** *adj.* 3017, 5702.
**sénil|e** *adj.*, **~ité** *n. f.* 1509, 5702.
**senior** *n. m.* 4481; *Sport.* 2788.
**1. sens** *n. m.* (signification) 1809, 3675; ~ d'un texte 4085.
**2. sens** *n. m.* (direction) 5865, VIII; ~ dessus dessous 1160, 3592; mettre ~ devant derrière 3463; dans tous les ~ 2837.
**3. sens** *n. m.* (connaissance immédiate) 1260; ~ artistique 5177/commun 2087, 3603/moral 1940/profond 1328/de l'honneur 3521/de la repartie 342; bon ~ 2087, 3169; reprendre ses ~ 3059.
**sensation** *n. f.* 1260 IV; faire ~ 1197 IV, 4426 IV. **~nel, elle** *adj.* (événement) 1512; (film) 31 II; (idée) 385; (projet) 2231; (travail) 5243 VIII.
**sensé, e** *adj.* 2087, 3603; (jugement) 1288; (personne) 4085.
**sens|ibilisateur, trice** *n.*, *adj. Phot.*, **~ibilisation** *n. f.*, **~ibiliser** *tr.* 1260 II. **~ibilité** *n. f.*, **~ible** *adj.* 31 V, 1260, 2154; **~ible** à 21; **~ible** (appareil) 1798, (différence) 4892, (oreille) 2205, (personne) 1378. **~iblement** *adv.* 1260.
**sensitive** *n. f. Bot.* 1260, 1425.
**sensoriel, elle** *adj.* 1260.
**sensu|alité** *n. f.*, **~el, elle** *adj.* 2988.
**sente** *n. f.* 2889.
**sentenc|e** *n. f.* 1328, 4196, 4296. **~ieux, euse** *adj.* (littérature) 1328; (ton) 1212, 3914 II.
**sentier** *n. m.* 1729, 2454, 2639; ~ de montagne 2889.
**senteur** *n. f.* 71, 2219.
**sentimen|t** *n. m.* 2893, 3572; avoir le ~ que 1260 IV; dire son ~ 1969. **~tal, e, aux** *adj.*, **~talisme** *n. m.*, **~talité** *n. f.* 3572.
**sentinelle** *n. f.* 1230, 1581; être en ~ 2097 V.
**1. sentir** *tr.* 1260 IV, 2893; *Fig.* 5980; ~ par l'odorat 2948/par le toucher 4892. **se** ~ mal 3733; ne pas se ~ de joie 3933; ne plus se ~ de joie 5927.
**2. sentir** *intr.* 4090; ~ bon 71/mauvais 1609, 5299.
**seoir** *intr.* (aller bien) *Litt.* 4751; cela lui sied 4751 III.
**sépale** *n. m.* 4008, 4458.
**sépar|ateur, trice** *adj.*, **~ation** *n. f.*, **~er** *tr.* 3959 II, 4008; mur de **~ation** 3528; **~er** deux personnes 1420/des semis 504 III. **~atisme** *n. m.*, **~atiste** *adj.*, *n.* 3391, 4008 VII. **~ément** *adv.* 5866. **se ~er** 3528 VIII, 4008 VII; (assemblée) 1333 VII.
**sépia** *n. f. Zool.* 1151.
**sept** *adj. num. cardin.*, *n. m. inv.*, **~ain** *n. m.*, **~ante** *adj. num. cardin.* 2447.
**septembre** *n. m.* 274, 2432.
**sept|énaire** *adj.*, **~ennal, e, aux** *adj.*, **~ennat** *n. m.* 2447.
**septentrio|n** *n. m. Litt.*, **~nal, e, aux** *adj.* 2962.
**septicém|ie** *n. f.*, **~ique** *adj.* 1609, 3588 V.
**septième** *adj. num. ordin.*, *n.* 2447; être au ~ ciel 3933.
**septique** *adj.* 1609, 3588; fosse ~ 560.
**septuagénaire** *adj.*, *n.* 2447.
**sépulcr|al, e, aux** *adj.*, **~e** *n. m.* 2184, 4147; voix **~ale** 3057.
**sépulture** *n. f.* 1797, 2184, 4147.
**séquelle** *n. f.* 31, 3592, 5291.
**séquence** *n. f.* 4310.
**séquestr|ation** *n. f.*, **~er** *tr.* 1184, 3066 III.
**séquestre** *n. m. Dr.* 1230.
**séquestrer** → SÉQUESTRATION.
**sérail** *n. m.* 2548.
**séraph|in** *n. m.*, **~ique** *adj.* 5177.
**serein, e** *adj.* 3362 IV, 5667; (ciel) 3114; (esprit) 2220 VIII; (personne) 5471; (temps) 3059; (visage) 544.
**sérénité** *n. f.* 3362 IV, 5667.
**séreux, euse** *adj.* 5102.
**serf, serve** *n.* 2153, 3429.
**sergent** *n. m. Mil.* 2155.
**sérici|cole** *adj.*, **~culteur** *n. m.*, **~culture** *n. f.*, **~gène** *adj.* 4247.
**sér|ie** *n. f.*, **~iel, elle** *adj.* 2628, 6019 VI; **~ie** *Sport.* 3880/de chiffres 2528/d'objets 1062; de **~ie** (voiture) 4993 VI; en **~ie** 679 VI, 2628 V. **~ier** *tr.* 2628.
**sérieusement** *adv.* 916, 1571; très ~ 2422.
**sérieux, euse** *adj.*, *n. m.* 916, 2071, 2101; (blessure) 565; (événement) 298; (situation) 1226, 1571; prendre au ~ 1372, 2422.
**serin, e** *n. Ois.* 716, 5475.
**seringa** *n. m.* 4045.
**seringue** *n. f.* 1323.
**sérique** *adj.* 5102.
**serment** *n. m.* 1342, 4260, 6081; faux ~ 1384, 3822.
**sermon** *n. m.*, **~naire** *n. m.* 1568, 5975.
**sermonner** *tr. Fam.* 214 II.
**sérologie** *n. f.* 5102.
**sérosité** *n. f.* 5102.
**séro|thérapie** *n. f.*, **~vaccination** *n. f.* 5102.
**serpe** *n. f.* 4292.
**serpent** *n. m.* 1424; (non venimeux) 1387; ~ corail 5039/de mer 768/des sables 1755/à sonnette 1031; *Écon.* ~ monétaire 820.
**1. serpentaire** *n. m. Ois.* 4323.
**2. serpentaire** *n. f. Bot.* 5372.
**serpenteau** *n. m. Zool.* 973.
**serpenter** *intr.* 3497 V, 4931 V.
**serpentin** *n. m.* 1340; *Chim.* 5265.
**serpette** *n. f.* 1299.
**serpillière** *n. f.* 1091, 1659.
**serpolet** *n. m.* 2303, 5546.
**serr|age** *n. m.*, **~er** *tr. Techn.* 1256, 2827; **~er** les cordons d'une bourse 3076/les freins 1286/une vis 2400 II.
**serran** *n. m.* 3934.
**1. serre** *n. f. Agr.* 1790.
**2. serre** *n. f.* (griffe) 1592.
**serré** *adv.* : jouer ~ 3086 V. **~, e** *adj. Fig.* (cœur) 4153 VII, 4449; (style) 5857; (traduction) 1798.
**serr|ement** *n. m.*, **~er** *tr.* 2827, 3243; **~ement** de cœur 1286, 4153 VII; **~er** les dents 4575, *Fig.* 5309/les lèvres 3296 IV/la main 3102 III/le poing 4706 II/les rangs 2095 VI/un texte 4817 III/contre son sein 1297 VIII/contre soi 3251/de près 3274 II. **se ~er** autour 2281 VI/contre 4826 VIII/les uns contre les autres 2095 VI/comme des sardines *Fam.* 2531 II/la ceinture *Fig.* 3274.
**1. serrer** → SERRAGE.
**2. serrer** → SERREMENT.
**serrure** *n. f.* 3813, 4334.
**sert|ir** *tr.*, **~issage** *n. m.* 2099 II.
**sérum** *n. m.* 5102.
**servage** *n. m.* 3429.
**servant** *n. m. Arm.* 2510, 4873 II.
**serv|ante** *n. f.* 976, 1475. **~eur, euse** *n.* 2599; **~eur** de restaurant 5362.
**servi|abilité** *n. f.*, **~able** *adj.* 1475.
**1. service** *n. m. Admin.* 1875, 4261; ~ administratif 3129/des Eaux et Forêts 3709/public 5499; **~s** publics 2150.
**2. service** *n. f.* à café, de table 3347.
**3. service** *n. m.* 1475; ~ funèbre 3138/d'ordre 5458/de presse 4353/religieux 1312/rendu 1065, 3506; en ~ 3129; mise en ~ 3644 X; rendre ~ à 2511 IV, 3694 III; prendre à son ~ 1475 II, 4795 X; à votre ~ 1145, 1294, 4772 II.
**serviette** *n. f.* 4097; ~ hygiénique 1311/de toilette 5417.

**servil|e** *adj.*, **~ité** *n. f.* 1634, 3429; imitation **~e** 3647.
**serv|ir** *tr.* 1475; ~ une mitrailleuse 2510, 4873 II/un plat 4186 II/à qqch, qqn 4112 IV, 5499/à qqch, de 3129, 4426/d'exemple 4188. **se ~ir** de 1475 X, 3644 X/d'un plat 5604 VI. **~iteur** *n. m.* 1475; ~ de Dieu 3429. **~itude** *n. f.* 3429; *Dr.* 2150 VIII, 5499.
**servo|commande** *n. f.*, **~frein** *n. m.*, **~moteur** *n. m.* 3240 III.
**sésame** *n. m. Bot.* 1031, 2663; huile de ~ 3302.
**session** *n. f.* 1875.
**set** *n. m. Sport.* 1875, 2998.
**seuil** *n. m.* 3441; *Fig.* 3355.
**seul, e** *adj.* 3935, 5866; ~ et unique 252/de son espèce 6055; tout ~ 4876; se trouver ~ 3935 VII.
**seulement** *adv.* 210, 3855, 4036; non ~ ... mais encore 538, 1262.
**sève** *n. f. Bot.* 5395.
**sév|ère** *adj.*, **~érité** *n. f.* 2343 V, 3087, 4262; **~ère** (air) 3432, (critique) 3537, (mesure) 2827, (mine) 444, (pertes) 1000, (punition) 2922, (vie) 2886, (visage) 1104.
**sévices** = MAUVAIS TRAITEMENTS 2722 IV.
**sévir** *intr.* 3592 III; (épidémie) 1112 VIII.
**sevr|age** *n. m.*, **~é, e** *adj.*, **~er** *tr.* 4022.
**sexagénaire** *adj.*, *n.* 2459.
**sex-appeal** *n. m.* 1088.
**sex|e** *n. m.*, **~ologie** *n. f.* 1088; **~e** *Anat.* 2922/de la femme 3929/de l'homme 1934; le **~e** faible 4832/fort 1544; de **~e** féminin, masculin (enfants) 1934.
**sextant** *n. m. Mar.* 2506.
**sextupl|e** *adj.*, *n. m.* 2506. **~er** *tr.* et *intr.* 2506 II.
**sexu|alité** *n. f.*, **~é, e** *adj.* 1088, 2922. **~el, elle** *adj.* 1088; (acte) 5400 VI.
**sexy** *adj. inv. Fam.* 1088.
**seyant, e** *adj.* 4751, 4943.
**shah** *n. m.* 2780.
**shampooing** *n. m.* 1823, 2778.
**shoot** *n. m.*, **~er** *intr.* 2192, 3357 IV.
**shop(p)ing** *n. m.* 2738 V.
**show** *n. m.* 3504 X.
**shunt** *n. m.*, **~er** *tr.* 3954 II.
**si** *conj.* 208, 4909; ~ ce n'est 175; ~ bien que 1426; (suivi d'un adj.) ~ ... que 4184, 5188; sauf ~ 60; se demander ~ 5744.
**siamois, e** *adj.*, *n.* : frère ~ 673.
**sibyll|e** *n. f.* 3506. **~in, e** *adj.* (langage) 3824.
**sic** *adv.* 4448, 5740.
**siccatif, ive** *adj.*, *n. m.* 1017 II.
**siccité** *n. f.* 6054.
**sicilien, enne** *adj.*, *n.* 3120.
**sidéral, e, aux** *adj.* 4060, 4714, 5321.
**sidérer** *tr.* 3094.
**sidérurgie** *n. f.* 3156.
**sidi** *n. m.* 2726.
**siècle** *n. m.* (cent ans) 4239; (ère) 3555, 3676; la fin des **~s** 2355.
**sied** → SEOIR.
**1. siège** *n. m.* (chaise) 4320, 4546; (lieu) 4196 X; ~ escamotable 2478 VII/de la douleur 5964/social 2170.
**2. siège** *n. m. Mil.* 1286 III; état de ~ 3506; faire le ~ de qqn 3312 III.
**siéger** *intr.* 3596 VII; *Fig.* 4662.
**sien, enne** *pron. poss.* : faire ~ (un avis) 49, (une idée) 598 V. **~s** *n. m. pl.* 4197, 5389. **~nes** *n. f. pl.* : faire des ~ *Fam.* 2168.
**sieste** *n. f.* 4444.
**siffl|ant, e** *adj.* **~ement** *n. m.*, **~er** *intr.*, **~et** *n. m.* 3105; **~er** (balles) 95, (serpent) 3902. **~otement** *n. m.*, **~oter** *intr.* et *tr.* 3105.
**sifilet** *n. m.* 3936.
**sigle** *n. m.* 2183.
**signal** *n. m.* 2993 IV; ~ d'alarme 1571. **~é, e** *adj.* (service) 4793. **~ement** *n. m.* 5948. **~er** *tr.* 2993 IV, 5287 II; ~ l'importance 4858/un monument 1809; rien à ~ 1933. **se ~er** par 2983 VIII. **~étique** *adj.* 5948. **~isateur, trice** *adj.*, **~isation** *n. f.*, **~iser** *tr.* 2993 IV.
**sign|ataire** *n.*, **~ature** *n. f.*, **~er** *tr.* 5109 IV, 5994 II; **~er** la paix 3129.
**signe** *n. m.* 2766, 2993 IV, 3627; mauvais ~ 3397; bon ~ 455; ~ annonciateur 62 IV/avant-coureur 455, 3355/d'amitié 1809/de croix 2993/diacritique *Ling.* 1246/de Dieu 260/d'intelligence 3821/de maladie 3504/particulier 5944/de tête 6020/du zodiaque 3178; faire ~ à qqn 4915 II, 6020 IV; faire le ~ de croix 2079; parler par **~s** 2183.
**1. signer** → SIGNATAIRE.
**2. signer (se)** 2079.
**signet** *n. m.* 5204.
**signifi|ant, e** *adj.*, *n. m.*, **~catif, ive** *adj.*, **~cation** *n. f.*, **~é** *n. m.*, **~er** *tr.* 1809, 3675; **~catif** (expression) 3430 II; **~er** ses intentions 3493 IV/son refus 3430 II.
**silenc|e** *n. m.*, **~ieux, euse** *adj.* 2602, 3141, 4499; **~e !** 2602, 3162; **~e** ému 3337; passer sous **~e** 3225, 3798 IV; souffrir en **~e** 3045. **~ieux** *n. m. Technol.* 1580.
**silex** *n. m.* 3187, 3406.
**silhouette** *n. f.* 1663, 2791; *Fig.* = TAILLE 4180.
**sili|ce** = SILEX 3187. **~cose** *n. f.* 3187 V.
**sillage** *n. m.* 2922; ~ d'un navire 5014; marcher dans le ~ de 4335 VIII.
**sillon** *n. m.* 754, 1469. **~ner** *tr.* les mers 1921, 2922.
**silo** *n. m.* 3365.
**silure** *n. m.* 944.
**simagrée** *n. f.* 3156 V.
**simi|en, enne** *adj.*, **~esque** *adj.* 4204.
**simil|aire** *adj.*, **~arité** *n. f.*, **~itude** *n. f.* 2801 III, VI, 4993 III, VI.
**simoun** *n. m.* 2651.
**1. simple** *n. m.* 3568, 3597.
**2. simpl|e** *adj.* (après le nom), **~icité** *n. f.* 445, 2718; cœur **~e** 355, 3379; **~e** (avant le nom) 956 II; **~e** d'esprit 2513/particulier 3682; pour la **~e** raison que 3012; ce n'est pas si **~e** que ça 5803. **~ement** *adv.* 5005; purement et ~ 175. **~et, ette** *adj.* 2513.
**simplicité** → SIMPLE 2.
**simplifi|cateur, trice** *adj.*, *n.*, **~cation** *n. f.*, **~er** *tr.* 445 II.
**simpliste** *adj.*, *n.* 2513.
**simulacre** *n. m.* 3419 VI.
**simul|ateur, trice** *n.*, **~ation** *n. f.*, **~er** *tr.* 1969 III, 3419 VI; **~er** la folie 6035 IV/une maladie 5049 VI/un sentiment 5500 III/la surprise 3156 V.
**simulie** *n. f.* 5311.
**simultané, e** *adj.*, **~ité** *n. f.* 256, 2355 VI, 5989 VI. **~ment** *adv.* 5117.
**Sinaï** *n. m.* 3387.
**sinapisme** *n. m.* 4760.
**sinc|ère** *adj.*, **~èrement** *adv.*, **~érité** *n. f.* 3071, 3079; **~ère** (sentiment) 1317; très **~èrement** 3140, 4338.
**sine die** *loc. adv.* 2676 II.
**sine qua non** *loc. adj.* 4817, 5854.
**singl|e** *n. m.* 2561, 4204. **~erie** *n. f.* 2561.
**singul|arisation** *n. f.*, **~ariser** *tr.* 3935 II, 5243 II. **se ~ariser** 3935 VII, 5243 V. **~arité** *n. f.*, **~ier, ère** *adj.* 2835, 3747. **~ièrement** *adv.* 1548.
**1. singularité** (étrangeté) → SINGULARISATION.
**2. singul|arité** *n. f.* (unicité), **~ier** *adj. m.*, *n. m.* 3935; **~ier** *Gramm.* 3935 IV.
**1. sinistr|e** *n. m.*, **~é, e** *adj.*, *n.* 3224 V, 5530.
**2. sinistre** *adj.* (air) 3432; (chanson) 4449; (chant) 3899 IV; (cri) 2777; (mine) 2977; (musique) 1192.
**sinon** *conj.* 175.
**sinu|eux, euse** *adj.*, **~osité** *n. f.* 3497 V, 3572 VII.
**1. sinu|s** *n. m.*, **~site** *n. f.* 1134.
**2. sinu|s** *n. m.*, **~soïdal, e, aux** *adj.*, **~soïde** *n. f.* 1134.
**sion|isme** *n. m.*, **~iste** *adj.*, *n.* 3168.
**siphon** *n. m.* 805, 819. **~ner** *tr.* 819.
**sire** *n. m.* 2726.
**sirène** *n. f. Myth.* 1070, 3501; *Techn.* 3105; ~ d'alarme 2347.
**sirop** *n. m.* 2842.
**siroter** *tr.* 2089.
**sirocco** = CHERGUI 2866.
**sis, e** *adj.* 5994.
**sism|ique** ou **séismique** *adj.*, **~ographe** *n. m.*, **~ologie** *n. f.*, **~ologue** *n.* 2338.
**sister-ship** *n. m.* 2922.
**site** *n. m.* 5456, 5994.
**sitôt** *adv.* 4092. **~ que** *loc. conj.* 4951.
**1. situation** *n. f.* (état) 1419, 5956; ~ critique 3274/difficile 5995/stable 4196 X.
**2. situation** *n. f.* (emplacement) 4426, 4719, 5994.
**3. situation** *n. f.* (emploi) 5968.
**situ|é, e** *adj.*, **se ~er** 5993. **~er** *tr.* 5956.
**six** *adj. num. cardin.*, *n. m. inv.* 2459.

(plante) 5267 ● *tr.* 1490 IV; ~ un livre 5413. **s'en ~** *Fam.* 1598 V.
**S.O.S.** *n. m.* (appel) 3841 X; (signal) = SIGNAL DE DÉTRESSE 2993 IV.
**sosie** *n. m.* 4947.
**sot, sotte** *adj., n.*, **~tise** *n. f.* 2588, 3451, 3727.
**sou** *n. m.* 3752, 4053; n'avoir pas un ~ 5512; sans le ~ 4053 IV.
**Souahéli, e** *adj., n.* 2487.
**soubassement** *n. m.* 4320.
**soubresaut** *n. m.* 5496 VIII; être agité de ~s 3962.
**soubrette** *n. f. Fam.* 5948.
**souche** *n. f.* 90; ~ d'arbre 938; vieille ~ 939; de bonne ~ 3508, 5282; carnet à ~s 4261.
**souchet** *n. m. Bot.* 2559.
**1. souci** *n. m. Bot.* 4512.
**2. souci** *n. m.*, **~eux, euse** *adj.* 3817, 5760; se faire du ~ 3817 VIII; son unique ~ est 2908; sans ~ 1605; **~eux** 290 VIII; **~eux** de 1234, 3426. **se ~er** de 574, 4536 VIII, 5760 VIII; sans ~ de 21.
**soucoupe** *n. f.* 3058, 3296.
**soudain** *adv.* 60, 3896.
**soudain, e** *adj.* 511 III, 3896 III; (mort) 2258, 3896; (visite) 1573.
**soudaine|ment** *adv.* 511, 3896. **~té** *n. f.* 511 III, 3896 III.
**soudan|ais, e** *adj., n.* 2727. **~isation** *n. f.*, **~iser** *tr.* 2728.
**soudard** *n. m.* 1040.
**soude** *n. f. Bot.* 1235; *Chim.* 3176.
**soud|er** *tr.*, **~eur, euse** *n.*, **~ure** *n. f.* 4797. **se ~er** 4797 VI, 4826 VIII; (os) 4751 VIII.
**soudoyer** = CORROMPRE 383.
**soudure** → SOUDER.
**souffl|e** *n. m.*, **~é, e** *adj., n. m.*, **~er** *intr.* et *tr.*, **~erie** *n. f.*, **~et** *n. m.*, **~eur, euse** *n.* 5487; **~e** (respiration) 5491; **~e** d'air, léger 5401/du feu 4859/vital 2219; à bout de **~e** 4902; avoir le **~e** coupé 603 VII; **~é** (visage) 2207; **~er** (vent) 3557, 5638; **~er** une construction (explosion) 5675/un mot 4874 II/dans un instrument à vent 5512; ne pas **~er** mot 4106, 5277; **~eur** *Théâtr.* 4874 II.
**1. soufflet** → SOUFFLE.
**2. soufflet** *n. m.* (gifle) 4833.
**souffleur** → SOUFFLE.
**souffr|ance** *n. f.* 185, 3484, 5859; en ~ 3624 II, 5995. **~ant, e** *adj.* 185 V, 5859 V. **~eteux, euse** *adj.* 2596, 3260 IV. **~ir** *tr.* 3675 III, 4262 III, 4478 III; ~ un délai 4161. **~ir** *intr.* 185 V, 5859 V; ~ de 63 V; faire ~ 363 II, 3484 II.
**souf|i** *adj., n. m.*, **~isme** *n. m.* 3182 V.
**soufr|age** *n. m.*, **~e** *n. m.*, **~é, e** *adj.*, **~er** *tr.*, **~euse** *n. f.*, **~ière** *n. f.* 4483.
**souhai|t** *n. m.*, **~ter** *tr.* 2132, 5199 V; à **~t** 2235; à vos **~ts** 2035; **~ter** la bienvenue 233 II, 2031 II/la bonne année 5777 II/que 5877. **~table** *adj.* 2132.
**souill|er** *tr. Litt.* 5924 II; ~ l'honneur 1854 II/une réputation 1473. **~ure** *n. f. Litt.* 1854, 5924.
**souï-manga** *n. m.* 763.
**souk** *n. m.* 2738.
**soûl** *n. m.* : tout son ~ 5164.
**soûl, e** ou **saoul, e** *adj.*, **~ard, e** *n. Pop.*, **se ~er** 2603; **se ~er** de paroles 4602 VIII.
**soulag|ement** *n. m.*, **~er** *tr.* 1579 II, 2220 IV; trouver un **~ement** 2220 VIII, 2545 II; **~er** la douleur 2611 II. **se ~er** *Fam.* 2718 IV, 4296.
**soûl|ard, ~er** → SOÛL.
**soul|èvement** *n. m.*, **se ~ever** contre 860, 5045 V, 5571 III; **~èvement** populaire 5496 VIII/de cœur 3733.
**1. soulever (se)** → SOULÈVEMENT.
**2. soulever** *tr.* = RELEVER 2149; ~ l'admiration 1781/l'armée 1236 II/le cœur 3733/des objections 860 IV/une personne (colère) 3977 X/un poids 3026/la poussière 312/le tumulte 860 IV/une vague de protestations 5218/le voile 4595. **se ~** (personne assise) 4426; (poussière) 860; (vagues) 5218.
**soulier** *n. m.* 1213; être dans ses petits ~s 3947; regarder le bout de ses ~s 3324 IV.
**souligner** *tr.* 1566; ~ l'importance 4858, 5607 II/l'intérêt 5287.
**soum|ettre** *tr.* 1563 IV, 3390 II, 3429 II; ~ ses passions 3805 V/un projet 3504/un rapport 2149. **se ~ettre, ~ission** *n. f.* 1563, 2642 X; **se ~ettre** ou se démettre 4161/à la volonté divine 2642 IV. **~is, e** *adj.* 1563, 3390, 3429 II.
**soumissionn|aire** *adj., n.*, **~er** *tr.* 3676 V.
**soupape** *n. f.* 3140.
**soupçon** *n. m.*, **~ner** *tr.* 2241, 2801 VIII, 2929; faire l'objet de **~s** 1421. **~neux, euse** *adj.* 3417.
**soupe** *n. f.* 1215, 1271, 2842; ~ populaire 3330.
**soupente** *n. f.* 2696.
**souper** *n. m.* 3551 ● *intr.* 3551 V.
**soupeser** *tr.* 2071, 2224, 5921.
**soupière** *n. f.* 2630.
**soupir** *n. m.*, **~er** *intr.* 258 V, 2321, 5565 V; rendre le dernier ~ 2379; pousser des **~s** 3357 IV; ~ de déception 1265; **~er** après 785, 1378.
**soupirail** *n. m.* 4693.
**soupirant** *n. m.* 3349, 3549.
**soupirer** → SOUPIR.
**soupl|e** *adj.*, **~esse** *n. f.* 4808, 4949; **~e** (caractère) 3390, (chairs) 3327, (étoffe) 5471, (lit) 5850, (style) 2627.
**sourate** *n. f. Isl.* 2729.
**sourc|e** *n. f.* 3708, 5282; ~ de documentation 2022/d'énergie 501/historique 49/d'information 3066/de lumière 314 VII/de revenus 5897; de bonne ~ 5851. **~ier** *n. m.* 4397.
**sourcil** *n. m.* 1179. **~ler** *intr.* : sans ~ 2141. **~leux, euse** *adj.* 2951.
**sourd, e** *adj., n.* 3140, 5992; (angoisse) 4350; (bruit) 4499; (phonème) 3141; (verbe) *Gramm.* 3240 III; voix **~e** 4321 II; ~ comme un pot *Fam.* 3316.
**sourdine** *n. f. Mus.* 1584; mettre une ~ *Fam.* 1579 II.
**sourd(e)-muet(te)** *adj., n.* 3140.
**sourdre** *intr.* 317 VII; (source) 3898 V, 5282.
**souriant, e** *adj.* 450; (visage) 5725; (yeux) 2866 IV.
**souricière** *n. f.* 3909, 4662.
**sourire** *n. m.* 450 ● *intr.* 450 VIII.
**souris** *n. f.* 3871; ~ des champs 2268.
**sournois, e** *adj.*, **~erie** *n. f.* 1704 III, 4499 V.
**sous** *prép.* 687; ~ peu 3648, 4198, 4337.
**sous-aliment|ation** *n. f.*, **~er** *tr.* 3743 II.
**sous-chef** *n. m.* 5580.
**sous-commission** *n. f.* 3954.
**sous-continent** *n. m.* 2801.
**souscri|pteur** *n. m.*, **~ption** *n. f.*, **~re** *tr.* 4494 VIII. **~re** *intr.* à 5986 III.
**sous-cutané, e** *adj.* 1034.
**sous-développ|é, e** *adj.*, **~ement** *n. m.* 50 V, 1602 V.
**sous-directeur, trice** *n.* 1875 IV.
**sous-emploi** *n. m.* 3573 V, 3644.
**sous-enten|dre** *tr.*, **~du, e** *adj., n. m.* 3256 IV, 3257 II, 4184 II.
**sous-équip|é, e** *adj.*, **~ement** *n. m.* 5518.
**sous-estimer** ou **sous-évaluer** *tr.* 330.
**sous-expos|er** *tr.*, **~ition** *n. f. Phot.* 5518 IV.
**sous-industrialis|ation** *n. f.*, **~er** *tr.* 4337.
**sous-investissement** *n. m.* 4337.
**sous-jacent, e** *adj.* 687, 1587.
**sous-lieutenant** *n. m.* 4817 III.
**sous-|locataire** *n.*, **~ location** *n. f.*, **~ louer** *tr.* 497.
**sous-main (en)** *loc. adv.* 1587, 2514.
**sous-mari|n** *n. m.*, **~nier** *n. m.* 3845. **~n, e** *adj.* 687.
**sous-maxillaire** *adj., n. m.* 687.
**sous-multiple** *adj., n. m.* 4261.
**sous-officier** *n. m.* 3209.
**sous-ordre** *n. m.* 200, 1962.
**sous-peupl|é, e** *adj.*, **~ement** *n. m.* 4337.
**sous-préfecture** *n. f.* 3954.
**sous-prod|uction** *n. f.* 4337. **~uit** *n. m.* 3682; *Écon.* 5291.
**sous-secrét|aire** *n. m.*, **~ariat** *n. m.* d'État 6009.
**soussigné, e** *adj., n.* 5109, 5994 II.
**sous-sol** *n. m.* 497; ~ d'une maison 2529, 4163.
**sous-titr|age** *n. m.*, **~e** *n. m.*, **~er** *tr. Cin.* 701; **~e** 687, 3674.
**soustr|acteur** *n. m.*, **~action** *n. f.*, **~aire** *tr. Math.* 3310; **~aire** de l'argent 1597 VIII/un document 2540/un portefeuille 5419. **se ~aire** au danger 4047 IV/à un engagement 5174/aux regards 5913 VI/à la vigilance de 1598 V.
**sous-verre** *n. m. inv.* 2271.
**sous-vêtement** *n. m.* 687, 1716.
**soute** *n. f.* 5272; ~ à charbon 3653.

**succin** *n. m.* 4686.
**succinct, e** *adj.* 4292 VIII, 5857.
**succion** *n. f.* 5097.
**succomber** *intr.* (malade) 5987 V; ~ dans un accident 5216/au sommeil 3805 ● *tr. ind.* à la tentation 2642 X.
**succulent, e** *adj.* 484.
**succursale** *n. f.* 3954.
**suc|er** *tr.* 5097 VIII; ~ le lait 2107/le pollen (insecte) 2089. **~ette** *n. f.* 5097.
**suçoir** *n. m. Zool.* 2089.
**suçoter** *tr. Fam.* 5097.
**sucr|e** *n. m.*, **~erie** *n. f.*, **~ier, ère** *adj.* 2603; **~e** candi 3292; manger des **~eries** 1353. **~é, e** *adj.* (paroles) 3541. **~er** *tr.* 1353 II, 2603 II.
**sud** *n. m., adj. inv.* 1073.
**sudation** *n. f.* 2085, 3509 II.
**sud-est** *n. m., adj. inv.* 1073.
**sudori|fique** *adj., n. m.* 1723 IV, 3509 II. **~pare** *adj.* 3509.
**sud-ouest** *n. m., adj. inv.* 1073.
**su|ée** *n. f.* 3509; prendre une ~ *Fam.* 3040 V. **~er** *intr.*, **~eur** *n. f.* 2085, 3509; **~er** à grosses gouttes 3040 V; faire **~er** 3509 II, *Fig., Fam.* = ENNUYER 3212 IV; faire **~er** le burnous *Pop.* 3554 VIII; inondé de **~eur** 3040 V. **~er** *tr.* la misère 4303.
**Suez** 2746.
**suffi|re** *tr. ind.*, **~samment** *adv.*, **~sance** *n. f.*, **~sant, e** *adj.* 4622; **~sance** *Fig.* 3460; il suffit de 1262.
**suffixe** *n. m.* 4795.
**suffo|cant, e** *adj.*, **~quer** *tr.* 1636; *Fig.* 1946 IV. **~cation** *n. f.*, **~quer** *intr.* 1636 VIII, 3775.
**suffrage** *n. m.* 3171, 4222 VIII, 5340 VIII.
**sugg|érer** *tr.*, **~estion** *n. f.* 4203 VIII, 5871 IV; **~érer** de mauvaises pensées 5933/qqch à qqn 2231; faire des **~estions** 2511 IV.
**suicid|e** *n. m.*, **se ~er** 5326 VIII.
**suie** *n. f.* 2688.
**suint|ement** *n. m.*, **~er** *intr.* 2085, 5436.
**1. suisse, suissesse** *adj., n.* 2747.
**2. suisse** *n. m.* d'une église 4414.
**suite** *n. f.* 679, 758; ~ au prochain numéro 529/de chiffres 2628/dans un hôtel 1080/judiciaire 679 V/d'un livre 1956/d'un prince 1280; esprit de ~ 801 III; prendre la ~ de 1602; ainsi de ~ 5740, 5752; à la ~ de 31, 1602, 5913; par ~ 758, 843; par la ~ 4107; par ~ de 599, 942; tout de ~ 4092; ~ et fin 760 II; avoir des ~s 3592, 5291.
**suivant** *prép.* 1262, 3296, 5986; ~ les instructions 599. **~, e** *adj., n. m.* 679; (exercice) 28; (page) 758. **~e** *n. f.* = DAME DE COMPAGNIE 5948.
**suivi, e** *adj.* 679 VI, 5949 VI.
**suivre** *tr.* 679, 758; ~ un chemin 2639/une ligne de conduite 975/l'enseignement de 4197/des cours 4876 V/un fleuve 1213 III/les fluctuations 5096 V/son inspiration 4410 VII/un plan 5564 VIII/de près 4795/les traces 4335 VIII/un usage 2678/une voie 1944; à ~ (article) 760 II; faire ~ 679 IV. **se ~** 679 VI, 4795 VI, 6019 VI; ~ en file indienne 758 VI.
**1. sujet** *n. m. Gramm.* 336 VIII, 4026; *Log.* 1372; mauvais ~ 2590; ~ de discorde 860/de discussion 1875/d'examen 5956/d'un poème 3753; à ce ~ 618, 3062; au ~ de 2779, 4107.
**2. sujet, ette** *n. Polit.* 2131 ● *adj.* ~ à 3504 V, 4161; ~ à caution 2801 VIII, 2929.
**sujétion** *n. f.* 1563, 3429.
**sulfat|age** *n. m.*, **~e** *n. m.*, **~er** *tr.* 2636, 4483; **~e** de chaux 890/de cuivre, de fer, de zinc 2254.
**sulfite** *n. m.* 2636.
**sulfur|age** *n. m.*, **~e** *n. m.*, **~er** *tr.*, **~ique** *adj.* 4483.
**sulta|n** *n. m.*, **~nat** *n. m.*, **~nesque** *adj.*, **~nien, enne** *adj.* 2630.
**sumac** *n. m.* 2667.
**summum** *n. m.* 1927, 5577 VIII.
**sunn|a** *n. f.*, **~ite** *n., adj.* 2678.
**super** *n. m. (abrév. fam. de supercarburant)* 589, 5243 VIII.
**1. superbe** *n. f.* 2381, 4481; avec ~ 3789.
**2. superbe** *adj.* 615, 2231; (palais) 3914.
**supercarburant** *n. m.* 5243 VIII.
**supercherie** *n. f.* 1434 VI, 1474 III, 3772.
**superfétatoire** *adj.* 2399.
**superfic|ialité** *n. f.*, **~ie** *n. f.*, **~iel, elle** *adj.* 2551; **~iel** (connaissances) 4266, (couche) 3419.
**superflu** *n. m.* 4661. **~, e** *adj.* 2399.
**supéri|eur, e** *adj.* 3633; (âme) 2675; (officier) 4481; (personne) 4101; (qualité) 2165. **~orité** *n. f.* 2675, 4101 V.
**superlatif** *n. m.* 4015 II.
**supermarché** *n. m.* 685, 2170.
**superpos|er** *tr.*, **~ition** *n. f.* 2168 II, 3296 II, 5438 II. **se ~er** 2168 VI, 3296 V, 5438 V.
**supersonique** *adj.* 4101.
**superstit|ieux, euse** *adj., n.*, **~ion** *n. f.* 1509, 3397 V; **~ieux** (crainte) 6035, (esprit) 2777 VI.
**superstructure** *n. f.* 599.
**supervis|er** *tr.*, **~ion** *n. f.* 2865 IV; **~er** un travail 2155 III.
**supina|teur** *adj. m., n. m.*, **~tion** *n. f.* 481.
**supplanter** *tr.* = PRENDRE LA PLACE 1332.
**supplé|ance** *n. f.*, **~ant, e** *adj., n.*, **~er** *tr.* 5580. **~er** *tr. ind.* à 3688 II.
**supplémen|t** *n. m.*, **~taire** *adj.* 3273 IV; **~t** d'informations 2399/d'un journal 4795 IV; **~taire** (angle) 4661 VI.
**supplétif, ive** *adj.* 4661 II.
**suppli|ant, e** *adj.* (air) 3572 X; (paroles) 2035 X; (ton, voix) 5930 V. **~cation** *n. f.*, **~er** *tr.* 929 X, 3232 V, 5930 V; **~er** Dieu 608 VIII.
**supplic|e** *n. m.* 3484; ~ de la bastonnade 4059; être au ~ 3484 V. **~ier** *tr.* 3484 II.
**supplier** → SUPPLIANT.
**supplique** *n. f.* 929 X, 3504.
**suppor|t** *n. m.*, **~ter** *tr.* 1778, 3639; **~t** d'un édifice 2170 VIII.
**support|able** *adj.* 1372 VIII. **~er** *tr.* la faim 3045/le froid 4426 III/la misère 3675 III/le poids de 1372 V; faire ~ le poids 1372 II; ne plus ~ qqch, qqn 1921, 3392 IV.
**1. supporter** (sujet : une chose) → SUPPORT.
**2. supporter** (sujet : une personne) → SUPPORTABLE.
**3. supporter** *n. m.* 265 II, 5427.
**suppos|er** *tr.*, **~ition** *n. f.* 1372 VIII, 3950 VIII; supposons ! 3950, 5637.
**suppositoire** *n. m.* 1372 II, 3891.
**suppôt** *n. m. Litt.* 3644; ~ du colonialisme 265 II.
**suppr|ession** *n. f.*, **~imer** *tr.* 2392 IV; **~imer** un impôt 4855 IV/les injustices 5011/un journal 3573 II/un mot 2880/une phrase 1209/une personne 4168.
**suppur|ant, e** *adj.*, **~ation** *n. f.*, **~er** *intr.* 4430.
**supput|ation** *n. f.*, **~er** *tr.* 4184 II.
**supra** *adv.* 2635, 3633.
**supranational, e, aux** *adj.* 4426.
**suprématie** *n. f.* 2760, 4101 V, 5824.
**suprême** *adj.* (cour) 3633; (honneurs) 50; (pensées) 2675; (pouvoir) 3357 IV; au ~ degré 4289.
**sur** *prép.* 3634, 4101, 4107.
**sûr, e** *adj.* (document) 799; (goût) 1952; (nouvelle) 164; (personne) 204; ~ de qqn, qqch 164 V, 1317 V, 5851; être ~ que 6079; bien ~ ! 3295; il n'y a rien de ~ 164 II.
**surabond|ance** *n. f.*, **~ant, e** *adj.* 2399, 4119.
**suraliment|ation** *n. f.*, **~er** *tr.* 3951 IV.
**suranné, e** *adj.* 1694 VII, 4186.
**surbaissé, e** *adj. Autom.* 1584 VII.
**surcharg|e** *n. f.* de dépense 2399/de nourriture 4602/des programmes 3221 V/de travail 4602. **~er** *tr.* 607 IV, 835 IV.
**surchauff|age** *n. m.*, **~e** *n. f.*, **~er** *tr.* 2501 II; **~e** de l'économie 5845 V.
**surclasser** *tr.* 4101.
**surcompress|é, e** *adj.*, **~ion** *n. f.* 2399.
**surcroît** *n. m.* 2399. **de ~, par ~** *loc. adv.* 4015.
**surdité** *n. f.* 5992.
**sureau** *n. m.* 666, 1608.
**surél|évation** *n. f.*, **~evé, e** *adj.*, **~ever** *tr.* 3633 II; **~evé** (mur) 2149 VIII.
**sûrement** *adv.* 164, 204.
**surench|ère** *n. f.*, **~érir** *intr.* 2399 III.
**suréroga|tion** *n. f.*, **~toire** *adj.* 5502.
**surestim|ation** *n. f.*, **~er** *tr.* 3951 IV.
**sûreté** *n. f.* 204; ~ de goût 2642/de jugement 3169/de la main 799.
**surévalu|ation** *n. f.*, **~er** *tr.* 3951 IV.

# T

**tapinois (en)** *loc. adv.* 1587, 2514.
**tapir** *n. m. Zool.* 2683.
**tapir (se)** → TAPI.
**tapis** *n. m.* 445; ~ broché 3313/de haute laine 2288/de prière 2468, 4761/de sol 1285/ roulant *Techn.* 1257; *Industr.* 2755; aller au ~ (boxeur) 3774; être sur le ~ (question) 3310; mettre une question sur le ~ 445.
**tapiss|er** *tr.* 3945; ~ l'intérieur de qqch 497 II/un mur 3790 II. **~erie** *n. f.* 921, 3313; ~ murale 1412/de velours 2471. **~ier, ère** *n.* 3313, 3945, 5307.
**tapot|ement** *n. m.* 1976. **~er** *tr.* 1976 II, 5496.
**taquet** *n. m.* 2586.
**taquin, e** *adj., n.* 5534. **~er** *tr.*, **~erie** *n. f.* 5534 II; **~er** qqn 5075 II.
**tarabiscoté, e** = MANIÉRÉ 3156 V, 4638 V.
**taraud|age** *n. m.*, **~er** *tr.*, **~euse** *n. f.* 1340.
**tarbouch** *n. m.* 3308.
**tar|d** *adv.*, **~der** *intr.*, **~dif, ive** *adj.*, **~divement** *adv.* 50 V; plus **~d** 504; trop **~d** 256; avant qu'il ne soit trop **~d** 4088; **~dif** (récolte) 4088, (remords) 1680. **~der** *tr. ind.* à 477 VI; ne pas ~ 3450 II, 4759.
**1. tar|e** *n. f.* (défaut), **~é, e** *adj., n.* 3695, 3698; sans **~e** 2989; **~é** *Fam.* 4792.
**2. tar|e** *n. f. Métrol.*, **~er** *tr.* 3310; faire la **~e** 3479 III.
**taré** → TARE 1.
**tarentule** *n. f.* 2005.
**tarer** → TARE 2.
**targette** *n. f.* = VERROU 698.
**targuer (se)** = SE VANTER 3911 VI.
**tari, e** *adj.* 5375, 5379.
**tarière** *n. f. Zool.* 129; *Techn.* 406, 833.
**tarif** *n. m.*, **~aire** *adj.*, **~er** *tr.*, **~ication** *n. f.* 3506 II; ~ (tableau) 930.
**tarin** *n. m. Ois.* 4607.
**tar|ir** *tr.* et *intr.*, **~issement** *n. m.* 5379, 5434; **~ir** (conversation) 4310 VII, (puits) 5375, (source) 5488.
**tars|e** *n. m.*, **~ien, enne** *adj. Anat.* 2076.
**tarte** *n. f.* 4020.
**tartre** *n. m.* 1734; ~ sur les dents 3359, 4340.
**tartu(f)f|e** *n. m.* 765. **~erie** *n. f.* 5500 III.
**tas** *n. m.* 3514, 4517; mettre en ~ 4718 II; un ~ de *Fam.* 2175, 2346; être formé sur le ~ 3229 II.
**tasse** *n. f.* 3284, 4075.
**tasseau** *n. m.* 2694.
**tass|ement** *n. m.*, **~er** *tr.* 1802; **~er** des objets 4517 II/de la terre 2095. **se ~er** (choses) 4879 IV; (personnes) 4826 VI; *Fam.* 676 X.
**tâter** *tr.* 994, 4892; ~ le terrain 994 V/de *Fig.* 3048/qqn *Fig.* 2439.
**tatillon, onne** *adj., n. Fam.* 5448.
**tâton|nement** *n. m.*, **~ner** *intr.*, **à ~s** *loc. adv.* 1260 V, 4892 V.
**tatou** *n. m.* 1742 II.
**tatou|age** *n. m.*, **~er** *tr.* 5942.
**taudis** *n. m.* 1483, 4702.
**taul|e** *n. f. Pop.* 2475. **~ier, ère** *n. Fam.* 4077.
**taupe** *n. f. Zool.* 1036, 1595.
**taupin** *n. m. Zool.* 5443.
**taur|eau** *n. m.*, **~omachie** *n. f.* 859; prendre le **~eau** par les cornes 641 X.
**tautolog|ie** *n. f.*, **~ique** *adj.* 1279; *Log.* 1289 II.
**taux** *n. m.* 3479 II, 4445, 5389; ~ de change 2563/de compression 3243.
**tavelure** = TACHE 526.
**taverne** *n. f.* 1443, 1613.
**taxacées** *n. f. pl.* 3345.
**tax|ation** *n. f.*, **~er** *tr.* 2563 II, 3950. **~e** *n. f.* 2080, 3225; **~es** compensatrices 3688 II.
**taxi** *n. m.* 740, 2755. **~mètre** *n. m.* 3474.
**Taxiphone** *n. m.* 4596.
**taxus** *n. m.* 3345.
**te** *pron. pers.* 4447.
**techni|cien, enne** *n.*, **~cité** *n. f.*, **~que** *adj., n. f.* 734, 4073.
**technocrat|e** *n. Péjor.*, **~ie** *n. f.* 1449.
**technolog|ie** *n. f.*, **~ique** *adj.* 741.
**teck** *n. m.* 1810, 2413.
**tectrice** *adj., n. f.* 4589.
**Te Deum** *n. m. inv.* 2435 II.
**tégumen|t** *n. m.*, **~taire** *adj.* 3774; *Bot.* 3811.
**teign|e** *n. f.*, **~eux, euse** *adj., n.* 1349, 4221.
**teindre** *tr.* 3048, 4929 II; ~ les cheveux 1558 II. **se ~** 1558.
**tein|t** *n. m.*, **~te** *n. f.*, **~ture** *n. f.* 3048, 4929; grand **~t** (couleur) 1333 VII; **~ture** de cheveux 1558. **~ter** *tr.* 1558 II, 3048, 4929 II. **se ~ter** 3048 VIII.
**teintur|erie** *n. f.*, **~ier, ère** *n.* 3048.
**1. tel, telle** *pron. indéf.* : un ~ 4066 ● *adj. indéf.* (personne) 4066.
**2. tel, telle** *adj.* 2801, 4993; ~ que 4448; de **~le** sorte que 1171; dans un ~ cas 1419.
**télé** *n. f. Fam.* = TÉLÉVISION 751.
**télécommand|e** *n. f.*, **~er** *tr.* 1875 IV.
**télécommunications** *n. f. pl.* 5949 III.
**télégramme** *n. m.* 393.
**télégraph|e** *n. m.*, **~ier** *tr.* et *intr.* 393 IV. **~ie** *n. f.*, **~ique** *adj.*, **~iste** *n., adj.* 393; **~ie** sans fil 2639.
**téléguid|age** *n. m.*, **~er** *tr.* 5865 II.
**téléimprimeur** *n. m.* 393.
**télémètre** *n. m.* 4437.
**téléobjectif** *n. m.* 2791.
**téléolog|ie** *n. f.*, **~ique** *adj.* 3717.
**téléostéens** *n. m. pl.* 3577.
**télépath|e** *adj., n.*, **~ie** *n. f.*, **~ique** *adj.* 1570 VI.
**téléphon|e** *n. m.*, **~er** *tr.*, **~ie** *n. f.*, **~ique** *adj.*, **~iste** *n.* 752, 5650.
**télescop|age** *n. m.*, **~er** *tr.* 3073 VIII. **se ~er** 3073 VI.
**télescop|e** *n. m.*, **~ique** *adj.* 2097, 2155; **~ique** (antenne) 1716 VI.
**télescoper** → TÉLESCOPAGE.
**téléscripteur** *n. m.* 393 IV.
**téléspectateur, trice** *n.* 2981 III.
**télétype** *n. m.* 393 IV.
**télévis|er** *tr.*, **~eur** *n. m.*, **~ion** *n. f.* 751.
**tellement** *adv.* 2827, 3951, 4184; ~... que 1171, 1194, 1426.
**tellurique** *adj.* 81.
**témér|aire** *adj., n.*, **~ité** *n. f.* 998, 1571 III.
**témoign|age** *n. m.*, **~er** *intr.* 2981. **~er** *tr.* 344 IV; ~ sa joie 3419 IV/un sentiment 3430 II/sa sympathie 3493 IV.
**témoin** *n. m.* 2981; prendre à ~ 2981 X.
**tempe** *n. f.* 3068.
**1. tempérament** *n. m.* 1603, 3295, 5065.
**2. tempérament** *n. m.* : vente à ~ 4256.
**tempér|ance** *n. f.*, **~ant, e** *adj., n.* 3479 VIII, 4394.
**tempér|ature** *n. f.* 1217. **~é, e** *adj.* (climat) 3479 VIII. **~er** *tr.* 1579 II; ~ l'ardeur 4583.
**temp|ête** *n. f.*, **~étueux, euse** *adj.* 3557; **~ête** d'applaudissements 5650/dans un verre d'eau 2383. **~êter** *intr.* 392 IV, 2140 IV, 5810.
**temple** *n. m.* 3429.
**temporaire** *adj.* 5989 II.
**temporal, e, aux** *adj.* 3068.
**temporel, elle** *adj.* 2355; (pouvoir) 1857.
**temporis|ation** *n. f.*, **~er** *intr.* 2243 V, 5114 III, 5210 X.
**1. temps** *n. m. Météor.* 3344; ~ couvert, à la pluie 1108.
**2. temps** *n. m.* 2355, 5989; ~ libre 3956/de la moisson 5931/mort *Sport.* 3573; le ~ passe 1859; le ~ presse 3467 X; être de son ~ 5096 III; laisser le ~ de 5210 IV; prendre le ~ de 5210 V; prendre son ~ 230 V; prendre du ~ 3756 X; prendre du bon ~ 2644 V; à ~ 5971; au ~ de 3676; avec le ~ 4525; avoir du ~ 5927 VIII; avoir le ~ 3982; avoir fait son ~ 4296; à ~ complet 1885; l'ancien ~ 1680; le bon vieux ~ 3521, un certain ~ 2051; un laps de ~ 5020; de ~ à autre 4124; de ~ en ~ 1436; il est ~ de 256, 1436; **peu de** ~ après 504, avant 4161; tout le ~ 1885; ces derniers ~ 50 II.
**tenace** *adj.* 799, 2789 V, 3143; (mal) 3561 X; (souvenir) 4817 III; (volonté) 3076 IV.
**ténacité** *n. f.* 799, 2789 V, 3143.
**tenaill|e(s)** *n. f. (pl.)* 4631, 4868. **~er** *tr.* 185 IV, 3484 II; être tenaillé par le remords 5872/par la faim 3266 V.
**1. tenant, e** *adj.* : séance **~e** 4092.
**2. tenant** *n. m.* = PARTISAN 5427; d'un seul ~ 4310 VII, 5949 VIII; les **~s** et les aboutissants 1716.
**tendanc|e** *n. f.* 5249, 5377; ~ à la hausse 5865 VIII; procès de ~ 5608. **~ieux, euse** *adj.* 1408 V, VII.

**1. tourn|é, e** *adj.*, **~er** *intr.* (lait, vin) 3984, 5105.
**2. tourné, e** *adj.* : bien ~ (discours) 1675, (jambe) 927 ; mal ~ (esprit) 2936.
**tournebroche** *n. m.* 1875 II.
**tourne-disque** *n. m.* 1955 IV.
**1. tournée** *n. f.* 1125, 2034.
**2. tournée** *n. f. Pop.* : recevoir une ~ 3310.
**1. tourner** *Cin.* → TOURNAGE 1.
**2. tourner** *Techn.* → TOURNAGE 2.
**3. tourner** *tr.* 1875 II, IV ; ~ son attention 4858/bride 2022/une difficulté 3920 VI/la loi 1434 VI/une page nouvelle 3884/les pages 4339 II/son regard 1420 II, 5865 II/une sauce 1246 II/la tête à qqn (amour) 1824 II, (vin) 1873 II/en bien, en mal 251 II. **se** ~ vers 4858 VIII/vers Dieu 778.
**4. tourner** *intr.* (route) → TOURNANT 1.
**5. tourner** *intr.* (lait) → TOURNÉ 1.
**6. tourner** *intr.* 1875 ; (chance) 2611, 4339 VII ; (tête) 1873 ; (vent) 3855 V ; ~ à l'avantage 4339 VII/autour 3391/autour du pot *Fam.* 4856/au tragique 3387 V/bien, mal 1420 V ; voir tout ~ 2194 II.
**tournesol** *n. m.* 2956.
**tourneur** → TOURNAGE 2.
**tournevis** *n. m.* 4040.
**tourniquet** *n. m.* 1875.
**tournoi** *n. m.* (duel) *Mil., Hist.* 372 III ; *Sport.* 425 III.
**tourn|oiement** *n. m.*, **~oyer** *intr.* 1875 ; **~oyer** (oiseau) 1346 II, 1421.
**tournure** *n. f.* 2937, 5808 ; ~ d'esprit 3324/des événements 975/d'une phrase 2168 II ; prendre ~ 336.
**tourterelle** *n. f.* 706.
**tous, toutes** *adj.* et *pron. indéf. pl.* 1062, 4626 ; tous pour un 6019/les deux 4624.
**Toussaint** *n. f.* 4185.
**tousser** *intr.*, **toux** *n. f.* 2566, 4508.
**1. tout** *n. m.* 1062, 1066, 4626 ; ~ compris 2961 ; ~ est là, le ~ est de 5760 IV ; du ~ au ~ 1962, 3855 V ; ~ ou rien 1745 IV ; pas du ~ 3357 IV, 4298, 4310 ; plus du ~ 175.
**2. tout, e** *adj.* homme 5187/le long, le temps de 3393/le monde 175/seul 4876 ; pour ~, e = BIEN QUE 175 ; à ~ prendre 3636 ; de ~e beauté 3717 ; pour ~e réponse 5866 ; pour ~e la vie 5029 ; le Tout-... (Paris) 3296.
**3. tout** *adv.* 760, 4611, 4626 ; (suivi d'un adj.) que = BIEN QUE 5211 ; ~ en (suivi d'un gérondif) 5117 ; ~ à coup 3896/à fait 760, 4503/autre 1602 VIII/comme 2744/droit 1566/nouveau 4198/de suite 1419, 4092 ; à ~ de suite 4876.
**toutefois** *adv.* 209.
**toute-puissance** *n. f.* 887.
**Tout-Puissant** *n. m.* 887, 4184 VIII.
**toux** → TOUSSER.
**toxi|cité** *n. f.*, **~cologie** *n. f.*, **~cologique** *adj.*, **~cologue** *n.*, **~comane** *adj., n.*, **~comanie** *n. f.* 2651.
**toxi|ne** *n. f.*, **~que** *adj., n. m.* 2651. **~cose** *n. f.* 2651 V.
**trac** *n. m.* 6034.
**traçant, e** *adj.* (balle) 1566 ; (racine) 29.
**tracas** *n. m.*, **~ser** *tr.*, **~serie** *n. f.* 2304 IV, 3274 III, 4516 II ; avoir du ~ 5760. **se ~ser** 4350. **~sier, ère** *adj., n.* 3274 III.
**trace** *n. f.* 31, 2079, 3627 ; ~ de brûlure 5354 ; laisser une ~ 2079 VIII ; sans laisser de ~ 1680 ; aller sur les ~s 1213 ; marcher sur les ~s de 4335 VIII.
**trac|é** *n. m.*, **~er** *tr.* 1566, 2079 ; **~er** un plan 5956/des lignes 2552 II.
**trach|ée-artère** *n. f.*, **~éite** *n. f.* 2138.
**trachome** *n. m.* 2182.
**tract** *n. m.* 5413.
**tractations** *n. f. pl. Péjor.* 1881 III, 2743 III.
**tract|er** *tr.*, **~eur, trice** *adj., n. m.*, **~ion** *n. f.* 942.
**trade-union** *n. f.* 5505.
**1. traditio|n** *n. f.*, **~nalisme** *n. m.*, **~naliste** *adj., n.* 4341 II.
**2. traditio|n** *n. f. Isl.* 1198, 2678. **~naliste** *n. m.* 1198 II.
**traditionnel, elle** *adj.* 4341 II.
**tradu|cteur, trice** *n.*, **~ction** *n. f.*, **~ire** *tr.* 701 ; **~ire** ses sentiments 3430 II/un texte en arabe 3493 II.
**1. traduire** → TRADUCTEUR.
**2. traduire** *tr.* qqn en justice 4296 III.
**1. trafic** *n. m.* (circulation) 1246.
**2. trafi|c** *n. m. Péjor.*, **~quant, e** *n.*, **~quer** *intr.* 685 III, 5689 II ; **~c** d'influence 2743 II/de stupéfiants 2217 II.
**trag|édie** *n. f.*, **~édien, enne** *n.*, **~ique** *adj., n. m.* 124 ; **~ique** (accident) 3899, (nouvelle) 1258 IV.
**tragi-com|édie** *n. f.*, **~ique** *adj.* 5718.
**trah|ir** *tr.*, **~ison** *n. f.* 1651, 3737 ; **~ir** les espoirs 1653 II/la pensée 3009 II/un secret 4003 V/un serment 1384 ; *Fig.* **~ir** la fatigue 5546.
**train** *n. m.* 4304 ; ~ d'atterrissage 3465/d'enfer 2535/d'un coureur 3482/de pneus 1062/de décrets-lois 1794 ; aller bon ~ 975, 4186 ; aller son ~ 3682 VIII ; mener le ~ 1047 II ; ralentir son ~ 2535 ; mettre en ~ 2862 ; en ~ de 49, 3062 ; être en ~ de 2454 ; du ~ où vont les choses 3412.
**traîn|ant, e** *adj.*, **~ard, e** *n.*, **~asser** *intr. Fam.* 477 VI ; **~ant** (démarche) 951.
**traîne** *n. f.* 1956.
**traîneau** *n. m.* 2278.
**1. traînée** *n. f.* 942 ; ~ lumineuse 2478/de poudre 5301.
**2. traînée** *n. f. Pop.* 6021.
**1. traîner** *tr.* 942, 2478 ; ~ la jambe 3497/les pieds 951/qqn en justice 4296 III. **se** ~ (ramper) 1672, 2278 ; *Péjor.* 951.
**2. traîner** *intr.* (choses) 502 ; ~ dans les rues 2607 V/en longueur 477 IV, 1885 X.
**train-train** *n. m. Fam.* 1999.
**trai|re** *tr.*, **~te** *n. f.* 1336.
**1. trait** *n. m.* (flèche) 2719, 5286.
**2. trait** *n. m.* 1566, 2552, 5243 ; avoir ~ à 3624 V ; ~ de caractère 5931/d'esprit 5531/de génie 2866 IV/de lumière 6022/de plume 942, 2881/particulier 3627 ; boire d'un ~ 963 ; boire à longs ~s 5491. **~s** *n. m. pl.* du visage 4259, 4890.
**trait|ant, e** *adj.*, **~ement** *n. m.*, **~er** *tr. Méd.* 1888 III, 3620 III ; **~ement** de choc 3073 III.
**trait d'union** *n. m.* 5949 ; *Fig.* 5926.
**1. traite** *n. f.* → TRAIRE.
**2. traite** *n. f.* des Blanches 685.
**3. traite** *n. f. Fin.* 2571, 2694 ; ~ mensuelle 4256.
**4. traite** *n. f.* : d'une ~ 1794, 5995 V.
**1. traité** *n. m.* (accord) 3676 III, 5986 VIII.
**2. traité** *n. m.* (ouvrage) 2078.
**1. traitement** *n. m. Fin.* 1999 II.
**2. traitement** *Méd.* → TRAITANT.
**3. traitement** *n. m.*, **~er** *tr.* 3620 III, 3644 III ; **~er** une affaire 454 III/une question 5604 VI/un sujet 3324 V/qqn avec bonté 4832 III/avec déférence 319 II/avec dureté 1023/avec gentillesse 2150/avec respect 3914 II/avec rigueur 3274 II/de haut 3633 VI/de voleur 5948/par-dessous la jambe 5803 VI.
**1. traiter** *Méd.* → TRAITANT.
**2. traiter** → TRAITEMENT 3.
**traîtr|e, esse** *adj., n.*, **~ise** *n. f.* 1651, 3737.
**traits** *n. m. pl.* → TRAIT 2.
**trajectoire** *n. f.* 2755 ; *Astron.* 1875.
**trajet** *n. m.* 2736, 2755.
**tralala** *n. m. Fam.* : en grand ~ 3913.
**tram(way)** *n. m.* 695, 1312.
**tram|e** *n. f. Techn.* 4797 ; ~ d'une histoire 4991/d'un tissu 3330. **~er** *tr. Techn.* 4797 IV ; ~ un complot 1418, 1680 II.
**tramway** → TRAM.
**tranchant** *n. m.* 1239, 2911. **~, e** *adj.* 5108 ; (décision) 3087 ; (discours) 1268 ; (épée) 308 ; (lame) 1194 ; (manières) 991 ; (paroles) 952 ; (ton) 4310.
**tranche** *n. f.* 2847, 4310 ; ~ de fruit 2882/d'un livre 1413 ; couper en ~s 2847 II.
**tranch|ée** *n. f.* 1626. **~er** *tr.* 4310 ; ~ un différend 1268/un litige 4008/une question 305.
**tranchet** *n. m.* 2911.
**tranquill|e** *adj.* 2611, 3362 IV, 5667 ; (nuit) 2476 ; laisser ~ 5881. **~isant, e** *adj., n. m.*, **~iser** *tr.* 2611 II, 5667 II. **se ~iser** 3362 IV, 5667.
**tranquillité** *n. f.* 2611, 3362 IV, 5667.
**trans-** *préf.* 3430.
**1. transaction** *n. f. Comm.* 3111, 3644 III, 4422 III.
**2. transaction** *n. f.* 2109 VI, 3129 VI. **~nel, elle** *adj.* 3129.
**trans|africain, e** *adj.*, **~atlantique** *adj.* 3430.

**transbord|ement** *n. m.*, **~er** *tr.* 2585 III, 5524 III. **~eur** *n. m., adj. m.* 5524 III.
**transcend|ance** *n. f.*, **~ant, e** *adj.*, **~er** *tr. Philos.* 2675; **~ant** (esprit) 4101 V, (talent) 1512. **~antal, e, aux** *adj.* 3178.
**transcontinental, e, aux** *adj.* 3430.
**transcr|iption** *n. f.*, **~ire** *tr.* 1887 II; **~ire** un manuscrit 5391/un message 5524/des sons 2473 II.
**transe** *n. f.* 5799; *Psychol.* 3774.
**transept** *n. m.* 3058.
**trans|férer** *tr.*, **~fert** *n. m.* 1420 II, 2034 II, 5524.
**transfigur|ation** *n. f.*, **~er** *tr.* 3855 II.
**transform|able** *adj.* 4161. **~ateur, trice** *adj., n. m.*, **~ation** *n. f.*, **~er** *tr.* 1420 II, 3855 II; **~er** la société 3387 II. **se ~er** 1420 V, 3387 V, 3855 V. **~isme** *n. m.*, **~iste** *adj., n.* 1420 V, 3387 V.
**transfuge** *n.* 1490, 1651.
**transfus|er** *tr.*, **~ion** *n. f.* 3112; **~ion** sanguine 5524.
**transgress|er** *tr.*, **~eur** *n. m. Litt.* 1512, 3482 V; **~er** la loi 1602 III/les ordres 1118 VI.
**transgression** *n. f.* 1512, 3482 V.
**transhum|ance** *n. f.*, **~ant, e** *adj.*, **~er** *tr.* et *intr.* 2034 V, 5316 VIII.
**transi, e** *adj.* de froid 1055 V, 1471 V.
**transiger** *intr.* 2109 VI, 3129 VI; **~** avec sa conscience 1602 III/avec son devoir 1591 IV.
**transit** *n. m.*, **~er** *tr.* et *intr.* 3430, 5036. **~aire** *adj.* 6009.
**transit|if, ive** *adj., n. m.*, **~ivité** *n. f.* 3482 II.
**transi|tion** *n. f.*, **~toire** *adj.* 5524 VIII; **~toire** (phase) 3430, (solution) 5989 II, (succès) 2392.
**translation** *n. f.* 1420 II, 5524.
**translucid|e** *adj.*, **~ité** *n. f.* 2909.
**transmetteur** *n. m.* de poésie *Isl.* 2238/de traditions *Isl.* 1198 II.
**trans|mettre** *tr.*, **~mission** *n. f.* 2078 IV; *Radio.* 1955 IV; **~mettre** un bien 5894 IV/des ordres 565 II/ses salutations 2642 II; **~mission** automatique 5524/mécanique 5949 II/de pensée 1570 VI.
**transmigration** *n. f.* des âmes 5391 VI.
**transmission** → TRANSMETTRE.
**transpar|aître** *intr.*, **~ence** *n. f.*, **~ent, e** *adj.* 2909; **~ent** (allusion) 1047, 5954, (tissu) 5736.
**transperc|ement** *n. m.*, **~er** *tr.* 1512; **~er** le cœur *Fig.* 1252/le corps (arme) 3331/les vêtements (pluie) 5489.
**transphrastique** *adj.* 3430.
**transpir|ation** *n. f.*, **~er** *intr.* 2085, 3509; **~er** à grosses gouttes 3040 V; **~er** (gargoulette) 5436.
**1. transpirer** → TRANSPIRATION.
**2. transpirer** *intr.* (nouvelle) 2519 V; (secret) 4003.
**transplant|ation** *n. f.*, **~er** *tr.* 2034 II, 5524; **~er** un organe 3330 II.
**transpor|t** *n. m.*, **~table** *adj.*, **~ter** *tr.*, **~teur, euse** *adj., n. m.* 5524; **~t** de colère 4092/en commun 2168/de joie 5422; frais de **~t** 2821; **~ter** qqn d'enthousiasme 5712/de plaisir 3306 IV/de joie 860 IV. **se ~ter** 5524 VIII.
**transpos|able** *adj.*, **~er** *tr.*, **~ition** *n. f.* 5524.
**trans|saharien, enne** *adj.*, **~sibérien, enne** *adj.* 3430.
**transtextuel, elle** *adj.* 3430.
**transvas|ement** *n. m.*, **~er** *tr.* 3112.
**transversal, e, aux** *adj.* 3504.
**1. trap|èze** *n. m. Math.*, **~ézoïdal, e, aux** *adj.*, **~ézoïde** *adj., n. m.* 2801.
**2. trap|èze** *n. m. Sport.*, **~éziste** *n.* 3603.
**trapu, e** *adj.* 323.
**traqu|e** *n. f.*, **~er** *tr.* 1409; **~er** l'ennemi 3312/un criminel 4795 III.
**traquenard** *n. m.* 3190, 3909.
**traquer** → TRAQUE.
**traquet** *n. m. Ois.* 567.
**traumat|ique** *adj.*, **~iser** *tr.*, **~isme** *n. m.* 952; *Psychol.* 3073. **~ologie** *n. f.* 3169 IV.
**travail, aux** *n. m.*, **~ler** *intr.*, **~leur, euse** *n., adj.* 3644; **~** à forfait 4422 III/manuel 3156; avoir du **~** 2908; donner du **~** 2908 II; sans **~** 494; travaux forcés 2922; grands travaux 5902; **~ler** à qqch 3675 VIII/à la journée 2908 VIII/pour qqn 2569/ferme 4514; faire **~ler** qqch, qqn 3644 IV/de l'argent 5968 II.
**1. travailler** *intr.* → TRAVAIL.
**2. travailler** *tr.* 3156; **~** le bois 5310/la pierre 5516/la terre 4050; *Fig.* **~** qqn (envie) = ÊTRE TENTÉ 2223 III; être travaillé par la jalousie 1097 IV.
**travaill|isme** *n. m.*, **~iste** *adj., n.* 3644.
**travée** *n. f.* 3982.
**traveller's cheque** *n. m.* 1420.
**1. travers** *n. m.* (défaut) 3698; **~** d'esprit 3747.
**2. travers** *n. m. Géogr., Mar.* 3504.
**3. travers** *loc. prép., loc. adv.* : à **~** 1591, 3430; passer au **~** 2922; en **~** 1073; se mettre en **~** de 3504 VIII; regarder de **~** 2188.
**traverse** *n. f.* 986, 3504.
**travers|ée** *n. f.*, **~er** *tr.* 1118 VIII, 3430.
**1. traverser** → TRAVERSÉE.
**2. traverser** *tr.* 1512, VIII; **~** une cible (projectile) 5055/la foule 2922/l'esprit (idée) 1570/de part en part 5489.
**traversin** *n. m.* 1469, 5925.
**travest|i** *n. m.* 1623 V, 5535 V. **~ir** *tr.*, **~issement** *n. m.* 2387 II; **~ir** une idée 3009 II/la réalité 1239 II. **se ~ir** 5535 V.
**trayeuse** *n. f. Techn.* 1336.
**trébucher** *intr.* 2333, 3454, 4492.
**tréfilerie** *n. f.* 2639, 4341.
**trèfle** *n. m. Bot.* 375; (jeu de cartes) 2428.
**tréfonds** *n. m.* du cœur 3643/de l'être 3140/de l'homme 497; au **~** de 4196.
**treill|age** *n. m.* 2894, 3502. **~e** *n. f.* 3502.
**treillis** *n. m.* 3502; *Techn.* 2798.
**treiz|e** *adj. num. cardin., n. m. inv.*, **~ième** *adj. num. ordin., n.* 840.
**trembl|ant, e** *adj.*, **~ement** *n. m.*, **~er** *intr.* 2122 VIII; **~er** (chairs) 2207 V, (flamme) 1585, (genoux) 3121 VIII, (lèvres) 1593 VIII, (pas, voix) 5669 V, (terre) 2338, 5712, (vitre) 2015 VIII; **~er** de froid, de peur 2120 VIII/de tous ses membres 2023 VIII. **~otant, e** *adj.*, **~oter** *intr.* 2019; (lumière) 1914 II; (voix) 5669. **~ote** *n. f. Pop.* : avoir la **~** 2023.
**trémière** *adj. f.* : rose **~** 1575.
**trémousser (se)** *tr.* 4352 II, 5721 II.
**trémolo** *n. m. Iron.* 2023.
**tremp|age** *n. m.*, **~er** *tr.* 539 II, 5522; *Métall.* 2599; **~er** un caractère 3131 II/ses lèvres dans 2089//ses mains dans le sang 4829 II/les pieds dans l'eau 3822/sa plume dans l'encrier 3788/la soupe 814. **~é, e** *adj.* (acier, caractère) 3125; (vêtement) 539 II. **~er** *intr.* dans 2867 III. **se ~er** 3790, 3822 VII.
**trempe** *n. f. Métall.* 3131; **~** du caractère 4427; de la même **~** 3403, 4180; avoir la **~** d'un héros 3313.
**tremp|é, ~er** → TREMPAGE.
**trempette** *n. f.* : faire **~** *Fam.* 3790.
**tremplin** *n. m.* 4329; *Fig.* 5115.
**trench-coat** *n. m.* 5112.
**trent|aine** *n. f.*, **~e** *adj. num. cardin., n. m. inv.*, **~ième** *adj. num. ordin., n.* 840.
**trépan** *n. m.* 4412.
**trépan|ation** *n. f.*, **~er** *tr.* 4412 II.
**trépas** *n. m. Litt.* 5198.
**trépass|é, e** *n.* 5216. **~er** *intr. Litt.* 5987.
**trépid|ant, e** *adj.*, **~ation** *n. f.*, **~er** *intr.* 2015 VIII.
**trépied** *n. m.* 832.
**trépign|ement** *n. m.*, **~er** *intr.* 1453.
**tréponème** *n. m.* 4927.
**très** *adv.* 916, 3717; **~** nombreux 4503/respectueux 4101/réussi 5577 VIII; **~** vifs remerciements 2399.
**Très-Haut** *n. m.* 3633 VI.
**trésor** *n. m. Fin.*, **~erie** *n. f.*, **~ier, ère** *n.* 1527; **~** public *Isl.* 648/caché 1917, 4675; **~erie** générale 5229.
**trésorier-payeur** *n. m.* 204.
**tressaill|ement** *n. m.*, **~ir** *intr.* 5496 VIII, 5712 VIII; **~ir** (lèvres) 1593 VIII/de froid 2023 VIII/de peur 2122 VIII.
**tressaut|ement** *n. m.*, **~er** *intr.* 5496 VIII.
**tress|e** *n. f.*, **~er** *tr.* 927, 3891; **~er** une corde 406/les cheveux 3247.

**tréteau** *n. m.* 5424; *Techn.* 907; *Théâtr.* 2525.
**treuil** *n. m.* 4856.
**trève** *n. f.* 5676; ~ de 4622; sans ~ 5995 V.
**1. tri-** *préf.* 840.
**2. tri** *n. m.*, **~age** *n. m.*, **~er** *tr.* 3937, 5340, 5529 II.
**triade** *n. f.* 840.
**triang|le** *n. m.*, **~ulaire** *adj.* 840 II; match **~ulaire** 840.
**triatomique** *adj.* 1918.
**trib|al, e, aux** *adj.*, **~alisme** *n. m.*, **~u** *n. f.* 3548, 4160.
**tribord** *n. m.* 6081.
**tribu** → TRIBAL.
**tribulations** *n. f. pl.* 3169 IV, 5010; ~ de la vie 3820.
**tribun** *n. m.* 2311; ~ populaire 1568.
**tribunal, aux** *n. m.* 1328; ~ militaire 1038.
**tribune** *n. f.* 5272, 5423; ~ d'un stade 1732 II.
**tribu|t** *n. m.*, **~taire** *adj.* 993; **~t** foncier *Isl.* 1490; payer **~t** 27; **~taire** *Géogr.* 2144; **~taire** de 5995 V.
**tricentenaire** *n. m.*, *adj.* 1933.
**trich|e** *n. f. Fam.*, **~er** *intr.*, **~erie** *n. f.*, **~eur, euse** *adj.*, *n.* 1474; **~er** au jeu 3772.
**trichine** *n. f.* 1874.
**tricolore** *adj.* 840.
**trico|t** *n. m.*, **~ter** *tr.* 2290, 2528; **~t** de corps 3878.
**trictrac** *n. m.* 5371.
**tricycle** *n. m.* 1732.
**tridacne** *n. m.* 972.
**trident** *n. m.* 1926.
**tridimensionnel, elle** *adj.* 840.
**trièdre** *n. m.* 840 II.
**triennal, e, aux** *adj.* 840.
**trier** → TRI 2.
**trigonométr|ie** *n. f.*, **~ique** *adj.* 840 II.
**trilatéral, e, aux** *adj.* 840.
**tri|lingue** *adj.*, *n.*, **~litère** *adj.* 840.
**trilles** *n. m. pl.* 2315.
**trilobé, e** *adj.* 840.
**trilogie** *n. f.* 840.
**trimer** *intr. Fam.* 4515.
**trimestr|e** *n. m.*, **~iel, elle** *adj.* 1988, 2982.
**trimoteur** *adj.*, *n. m.* 840.
**tringle** *n. f.* 4292.
**trinité** *n. f.* 840; Sainte T~ 840, 4399.
**trinôme** *n. m.*, *adj.* 840.
**trinquer** *intr. Fam.* = BOIRE, (porter un) TOAST 2842.
**trio** *n. m.* 840.
**triomph|al, e, aux** *adj.*, **~ant, e** *adj.*, **~ateur, trice** *adj.*, *n.*, **~e** *n. m.*, **~er** *tr. ind.* et *intr.* 3410, 4094, 5427 VIII; **~ant** (argument) 3907 IV; remporter un **~e** 5304; **~er** des difficultés 3805 V; **~er** (désordre, vice) 2726.
**tripartite** *adj.* 840.
**tripes** *n. f. pl.* 5099, 5130.
**triphasé, e** *adj.* 840.
**triplace** *adj.*, *n. m.* 840.
**triplan** *adj.*, *n. m.* 840.
**tripl|e** *adj.*, *n. m.* 840. **~ement** *adv.*, **~er** *tr.* et *intr.* 840 II.
**tripot** *n. m. Péjor.* 4361, 4956.
**tripoter** *tr. Fam.* 3428.
**triptyque** *n. m. Bx-arts.* 840; *Autom.* 3430.
**trique** *n. f. Fam.* 1683, 5709.
**trisaïeul, e** *n.* 840.
**trisannuel, elle** *adj.* 2711.
**trist|e** *adj.*, **~esse** *n. f.* 124, 1258; **~e** (air) 4634, (chanson) 4449, (couleur) 1805, (existence) 726, (musique) 2811, (nouvelle) 3899, (pièce) 3450 IV; **~e** affaire 290/individu *Péjor.* 1530; faire **~e** figure 4301 II; quelle **~esse** ! 1265.
**trisyllabique** *adj.* 840.
**tritur|ation** *n. f.*, **~er** *tr.* des couleurs 2491; **~er** *Chim.* 1798 II/une pâte 3471.
**trival|ence** *n. f.*, **~ent, e** *adj.* 4612 VI.
**1. trivial, e, aux** *adj.*, **~ité** *n. f.* 347, 2326; ~ (comportement) 4024, (esprit) 733, (mot) 2738.
**2. trivial, e, aux** *adj. Math.* 350 VIII.
**tro|c** *n. m.*, **~quer** *tr.* 339 III, 4439 III; **~c** *Fig.* 49.
**troglodyte** *n. m.* 2612; *Ois.* 5947.
**troi|s** *adj. num. cardin.*, *n. m. inv.*, **~sième** *adj. num. ordin.*, *n.*, **~sièmement** *adv.* 840; règle de **~s** 4320.
**trombe** *n. f.* 3554 IV.
**tromblon** *n. m.* 3298.
**trombone** *n. m. Mus.* 2047 V; *Papet.* 2798.
**trompe** *n. f. Mus.* 639, 5512; *Ins.* 4989; *Zool.* 1505.
**tromp|er** *tr.*, **~erie** *n. f.*, **~eur, euse** *adj.*, *n.* 1474, 3249 II, 3725; **~er** l'attente 1653 II/son ennui 4908 V/l'espoir de 2950 II/sa faim 4169/sa femme, son mari 1651/son impatience 2908 VI/la vigilance 3798 III; c'est ce qui vous trompe 1567 IV; **~eur** (aspect) 1592, (espoir) 4524; **se ~er** 1567 IV, 3808; ~ sur 2722 IV/de route 3249; si je ne me trompe 3053.
**trompet|te** *n. f.*, *n. m.* 639, 5490; sans tambour ni ~ 3297. **~er** *intr.* 639 II. **~tiste** *n.* 639.
**trompeur** → TROMPER.
**tronc** *n. m.* 935; *Anat.* 341; ~ de cône 1502/de pyramide 5703.
**tronço|n** *n. m.*, **~nement** *n. m.*, **~ner** *tr.* 4261, 4310 II; ~ de bois 4233.
**trôn|e** *n. m.* 3502. **~er** *intr.* 689 V; *Fig.* 1987 V.
**tronqu|é, e** *adj.* (pyramide) 5703; (texte) 308. **~er** *tr.* 308.
**trop** *adv.* 518 VII, 3951 IV, 4503; aller ~ loin 565 III, 3815 III; ~ cher 3904/peu 4622/étroit pour 3274/loin pour = TANT S'EN FAUT 504/restreint pour 3201; être de, en ~ 2399, 4015; c'en est ~ ! 4622. **par ~** *loc. adv. Litt.* 4100.
**trope** *n. m.* 1118.
**trophée** *n. m.* 3836, 5424.
**trop|ical, e, aux** *adj.*, **~ique** *n. m.* 1875; **~ical** (climat) 2744 VIII.
**tropisme** *n. m.* 5339 VIII.
**trop-plein** *n. m.* 3337, 4119.
**troquer** → TROC.
**troquet** *n. m. Pop.* 1613.
**trot** *n. m.*, **~ter** *intr.*, **~teur** *n. m.* 1445; **~ter** (personne) 5170. **~tiner** *intr.* 5710.
**trottoir** *n. m.* 2100; faire le ~ *Pop.* 1921.
**trou** *n. m.*, **~er** *tr.* 833, 1308, 5506; ~ d'une aiguille 2650/d'air 3901/d'homme 3884/dans l'emploi du temps 826/de mémoire 1651/occipital 5512/de serrure 3929/de souris 906.
**troubl|e** *adj.*, *n. m.*, **~er** *tr.* 4516 II; **~e** *(n. m.) Fig.* 4350/politique 3225 VIII; jeter le **~e** 2996 II; semer le **~e** 543; fauteur de **~es** 1591 IV; **~e** *(adj.)* (eau) 3609, (relations) 3862, (situation) 3609 II, (sentiment) 612 IV; **~er** le calme 335 II/un entretien 4310 III/l'existence 5478 II/l'esprit 4350 IV/l'ordre public 1512/la paix 3609 II/une réunion 2996 II/le sommeil 4291 IV/la vue 3774 II. **se ~er** 3225 VIII; (eau) 3609.
**trouble-fête** *n. inv.* 3609 II.
**troubler** → TROUBLE.
**trouée** *n. f.* 3901, 3929; ~ dans un mur 1512/dans les rangs ennemis 826.
**trouer** → TROU.
**troufion** *n. m. Pop.* 3540.
**trouille** *n. f. Pop.* 3979.
**1. troupe** *n. f. Coll. Mil.* 1137; *Plur. Mil.* 1082; ~ de choc 3073 III, 3842.
**2. troupe** *n. f.* d'animaux 2519/de brigands 3552/de personnes 1062, 2346/de théâtre 3959.
**troupeau** *n. m.* 4310; ~ d'animaux sauvages 2519/de bovins 5096.
**troupier** *n. m.* 1082 ● *adj. m.* 3540.
**trousse** *n. f.* 1319; aux **~s** de 31.
**troussé, e** *adj.* : bien ~ (discours) 1675.
**trousseau** *n. m.* 1099; ~ de clefs 1346.
**trouvaille** *n. f.* (objet) 4868; (idée) 385; faire une ~ 4595 VIII; avoir des **~s** 338 IV.
**trouver** *tr.* 4595 VIII, 5855; ~ que 3596 VIII/bon 1270 X, 2735 X/son compte 3129/crédit (nouvelle) 3071 II, 4161/des difficultés 1876 III/une excuse 4892 VIII/grâce 1304/son homme 5352/mal 4146 X/mauvais 5535 X/la mort 1168/odieux 4566 X/du plaisir 1260 IV/preneur (objet) 4876 III/par hasard 3454/sur son chemin 3070 III/le temps long 3212; ne pas ~ preneur 624. **se ~** 5855; ~ bien de 5777 V/mal 3774, 3829 IV; il se trouve que 5986 VII.
**truand** *n. m.* MALFAITEUR 2840.
**trublion** *n. m.* = AGITATEUR 1236 II.
**1. truc** *n. m. Fam.* (chose) 3012; (personne) 4066.
**2. tru|c** *n. m.*, **~cage** ou **~quage** *n. m. Cin.* 1434, 1474; **~cage** des élections 2387 II/d'objets, de photos 2405 II.
**truchement** *n. m. Litt.* : par le ~ de 3324, 5926.

**truelle** *n. f.* 5173.
**truff|e** *n. f. Bot.* 4650; ~ = MUFLE *Zool.* 1575. **~er** *tr. Pr.* et *Fig.* 1279.
**truie** *n. f.* 1628.
**truisme** *n. m. Péjor.* 1289 II.
**truquage** → TRUC 2.
**truqu|er** *tr.* les élections 2387 II/une photo 2405 II/un texte 1239 II. **~eur, euse** *n.* 2387 II, 2405 II.
**trust** *n. m.* 5866 VIII.
**tsar** *n. m.*, **~isme** *n. m.*, **~iste** *adj.*, *n.* 4438.
**tsé-tsé** *n. f. inv.* : mouche ~ 2838.
**T.S.F.** *n. f. (abrév.* de *télégraphie* ou *téléphonie sans fil)* 2639.
**tu** *pron. pers. 2e pers. sing.* 217.
**tuant, e** *adj. Fig.*, *Fam.* 2304 IV, 5573 IV.
**tub|age** *n. m.*, **~er** *tr.* 5265 II.
**1. tube** *n. m. Fam.* (chanson) 2217, 3346.
**2. tub|e** *n. m.*, **~ulaire** *adj.*, **~uleux, euse** *adj.*, **~ulure** *n. f.* 5265; **~e** de canon 2444/digestif 5732/à rayons cathodiques 3042/de radio 3140.
**tuber** → TUBAGE.
**tubercule** *n. m. Bot.* 3539; *Anat.* 1747, 3461.
**tubercul|eux, euse** *adj.*, *n.*, **~ine** *n. f.*, **~ose** *n. f.* 2616.
**tubéreuse** *n. f. Bot.* 2410.
**tubéreux, euse** *adj.* 1747.
**tuer** *tr.* 3480 IV, 3849 VIII, 4169. **se ~** 5326 VIII; ~ à *Fig.* 5751 VI/à la tâche 3260 IV.
**tuerie** *n. f.* 982, 4169.
**tue-tête (à)** *loc. adv.* 3171.
**tueur, euse** *n.* 38.
**tuile** *n. f.* 39, 4234.
**tulip|e** *n. f.* 1526. **~ier** *n. m. Bot.* 2359.
**tuméf|action** *n. f.*, **se ~ier** 5487 VIII, 5910 V.
**tumesc|ence** *n. f.*, **~ent, e** *adj.* 5487 VIII, 5910 V.
**tum|eur** *n. f.* 1747, 5560, 5910. **~oral, e, aux** *adj.* 5910.
**tumult|e** *n. m.*, **~ueux, euse** *adj.* 3060, 3267.
**tumulus** *n. m.* 5285.
**tuner** *n. m.* 5481 II.
**tunique** *n. f.* 2461, 4365.
**tunis|ien, enne** *adj.*, *n.*, **~ois, e** *adj.*, *n.* 786.
**tunnel** *n. m.* 5500.
**turban** *n. m.* 3637.
**turbine** *n. f.* 3666.
**turbo|compresseur** *n. m.*, **~pompe** *n. f.*, **~propulseur** *n. m.*, **~réacteur** *n. m.* 3666.
**turbot** *n. m.* 703.
**turbul|ence** *n. f.*, **~ent, e** *adj.* 3060; **~ence** atmosphérique 3225 VIII; **~ent** (enfant) 3022 II, (personne) 2903.
**turc, turque** *adj.*, *n.* 711; tête de ~ 3215, 5713; s'asseoir à la **~**que = EN TAILLEUR 1987 V.
**turquif|ication** *n. f.*, **~ier** *tr.* 711 II.
**turkmène** *adj.*, *n. m.* 712.
**turlupin** *n. m. Class.* 5692 II.
**turpitude** *n. f.* 1851, 3904, 4189.
**turquoise** *adj. inv.*, *n. f.* 4113.
**tutélaire** *adj.* 5952; (puissance) 1377.
**tutelle** *n. f.* 1377, 5952; prendre sous sa ~ 3559, 4680.
**1. tuteur, trice** *n.* 5952, 6019.
**2. tuteur** *n. m. Agr.* 2818. **~age** *n. m.*, **~er** *tr.* 2017 II.
**tut|oiement** *n. m.*, **~oyer** *tr.* 1568 III.
**tutti quanti** *loc. adv. Fam.* 190.
**tuyau** *n. m.*, **~terie** *n. f.* 4968, 5265; ~ d'échappement 4258/d'évacuation 4130.
**tuyère** *n. f.* 4106, 5887.
**T.V.A.** *n. f. (abrév.* de *taxe à la valeur ajoutée)* 2080.
**tympan** *n. m. Anat.* 3297, 3774.
**tympanon** *n. m.* 2701.
**1. type** *n. m. Fam.* (personne) 2025, 2825.
**2. typ|e** *n. m.*, **~ique** *adj.* 4993, 5556, 5561.
**typh|ique** *adj.*, *n.*, **~oïde** *adj.*, *n. f.* 791.
**typhus** *n. m.* 791.
**typo** *n.*, **~graphe** *n.*, **~graphie** *n. f.*, **~graphique** *adj.* 3295.
**typolog|ie** *n. f.*, **~ique** *adj.* 5561.
**tyran** *n. m.*, **~nie** *n. f.*, **~nique** *adj.*, **~niser** *tr.* 1115, 3415; **~nie** de l'argent 335 X; **~nique** (chef) 335 X; **~niser** un enfant 3261 VIII.
**tzar** = TSAR.
**tzigane** = GITAN 3734, 5590.

# U

**ulc|ération** *n. f.*, **~ère** *n. m.*, **~érer** *tr.*, **~éreux, euse** *adj.* 4202; **~érer** *Fig.* 952. **s'~érer** 4202 V.
**uléma** ou **ouléma** *n. m.* 3627.
**ultérieur, e** *adj.* 4795. **~ement** *adv.* 504.
**ultimatum** *n. m.* 565, 5367 IV.
**ultime** *adj.* 50, 5577.
**ultra** *n., adj.* 3322 V.
**ultra|son** *n. m.*, **~violet, ette** *adj., n. m.* 4101.
**ulul|ement** *n. m.*, **~er** *intr.* 5459, 6018.
**un, une** *adj. num. cardin.* 48, 5866; ennemi numéro ~ 4806; ~ à ~ 679 III; ~ par ~ 252, 1999 II, 3935; l'~ et l'autre 4624; ni l'~ ni l'autre 5679.
**unanim|e** *adj.*, **~ement** *adv.*, **~ité** *n. f.* 1062 IV; **~e** (appréciation) 2961; faire l'**~ité** 1602 VIII.
**Unesco** *n. f.* 6091.
**1. uni, e** *adj.* (couleur) 5866; (sol) 2744 VIII; (surface) 5173.
**2. uni-** *préf.* 48, 5866.
**Unicef** *n. m.* 6091.
**unicellulaire** *adj.* 5866.
**unicité** *n. f.* 5860.
**unicolore** *adj.* 5866.
**unifi|cation** *n. f.*, **~er** *tr.* 5866 II. **s'~er** 5866 VIII.
**uni|flore** *adj.*, **~folié, e** *adj.* 5866.
**1. uniforme** *n. m.* 429, 2395.
**2. uniform|e** *adj.*, **~ité** *n. f.* 2001 VI, 4993 VI, **~e** (allure) 5458 VIII, (manière) 3312 VIII, (relief) 2744 VI.
**uniformis|ation** *n. f.*, **~er** *tr.* 5866 II. **s'~er** 5866 VIII.
**unijambiste** *n., adj.* 2422.
**unilatéral, e, aux** *adj.* 3935 VI. **~ement** *adv.* 5866.
**unilingue** *adj.* 5866.
**unilobé, e** *adj.* 5866.
**uninominal, e, aux** *adj.* 5866.
**unio|n** *n. f.* 5866 VIII; ~ des cœurs 181/maritale 4240 VIII/des écrivains 1986; faire l'~ 2802, 3251. **~nisme** *n. m.*, **~niste** *adj., n.* 5866.
**unique** *adj.* 5866; (objet) 6055; ~ en son genre 3935, 4310 VII; seul et ~ 252. **~ment** *adv.* 3855.
**unir** *tr.* 3251, 5866 II; ~ deux choses 5949/deux êtres 4240. **s'~** 3251 VII, 5866 VIII; s'~ à qqn par le mariage 4240 VIII.
**unisexué, e** *adj.* 5866.
**unisson** *n. m.* : à l'~ 5845; être à l'~ avec 5096 III; hurler à l'~ 3696 IV.
**unit|aire** *adj.*, **~arisme** *n. m.*, **~arien, enne** *adj., n.*, **~é** *n. f.* 5866; **~é** de vues 5986 VIII.
**1. unité** → UNITAIRE.
**2. unité** *n. f.* blindée 4310/navale 4348.
**univers** *n. m.* 3629, 4719; *Fig.* ~ des enfants, de la mode 1857.
**universal|isation** *n. f.*, **~iser** *tr.*, **~isme** *n. m.*, **~iste** *adj.* 2961, 3629, 3636 II.
**univers|alité** *n. f.*, **~el, elle** *adj.* 3629, 4719. **~el** (caractère) 3357 IV, (droit) 4426, (principe) 2961, (suffrage) 3636.
**universaux** *n. m. pl.* 4626.
**universit|aire** *adj., n.*, **~é** *n. f.* 1062.
**univo|cité** *n. f.*, **~que** *adj.* 3675.
**urb|ain, e** *adj.* 5027; (centre) 1295. **~anisation** *n. f.*, **~aniser** *tr.* 1295 II, 5027 II. **s'~aniser** 1295 V, 5027 V. **~anisme** *n. m.*, **~aniste** *n.* 5780.
**urbanité** *n. f.* 55, 4729, 4765.
**urbi et orbi** *loc. adv.* 4198.
**urdu** ou **ourdou** *n. m.* (langue) 77.
**uré|e** *n. f.*, **~mie** *n. f.* 641.
**uretère** *n. m.* 1336.
**urètre** *n. m.* 641.
**urg|ence** *n. f.*, **~ent, e** *adj.* 3467; cas d'**~ence** 3467 X; état d'**~ence** 3305; **~ent** (décision) 3224, (mesure) 3467 II, (besoin) 4789 IV. **~er** *intr. Fam.* 3467, 4789 IV.
**uri|naire** *adj.*, **~ne** *n. f.*, **~ner** *intr.*, **~noir** *n. m.*, **~que** *adj.* 641.
**urne** *n. f.* 971, 3152; ~ funéraire 2182.
**urticaire** *n. f.* 2872.
**us** *n. m. pl.* : ~ et coutumes 3506.
**usage** *n. m.* 3506, 3682; *Ling.* 2665; ~ traditionnel 4341 II/de la violence 3666; droit d'~ 5499 VIII; en ~ (idées) 2755, (principe) 3644 VI, (lois) 679 VIII; bon ~ 3086 V; hors d'~ 1694 VII; faire ~ de 1475 X, 3644 X.
**usagé, e** *adj.* 3644 X.
**usager** *n. m.* 3644 X; *Dr.* 2150 VIII, 5499 VIII.
**usé, e** *adj.*, **~er** *tr.*, **~ure** *n. f.* 172 V, 573 IV; **~é** (couleur) 1954, (eaux) 3480, 5503, (personne) 5573, (plaisanterie) 350 VIII, (souliers) 2010, (sujet) 3324; **~er** jusqu'à la corde 1165/sa santé 6036 IV/sa vie 4080 IV; **~ure** du matériel 1694 VII; guerre d'**~ure** 5379 X. **s'~er** 573; *Fig.* 5573 IV; (homme politique) 3201 VI; (matériel) 1694 VII (vêtements) 2010; (volonté)' 6036.
**1. user** → USÉ.
**2. user** *tr. ind.* de 1475 X, 3644 X; ~ de représailles 4276 VIII.
**usin|age** *n. m.*, **~e** *n. f.*, **~er** *tr.* 3156.
**usité, e** *adj.* (forme) 3644 X; (mot) 1881 VI; (proverbe) 3506 VI.
**usnée** *n. f.* 131.
**ustensile** *n. m.* 57; ~s de cuisine 4817.
**usuel, elle** *adj.* (expression) 181; (mot) 3506 VI; (nom) 3024; (règle) 3644 X.
**usufrui|t** *n. m.*, **~tier, ère** *n.* 5499 VIII.
**usur|aire** *adj.*, **~e** *n. f.* 1995. **~ier, ère** *n.* 1995 III.
**1. usure** → USÉ.
**2. usure** → USURAIRE.
**usurp|ateur, trice** *adj., n.*, **~ation** *n. f.*, **~atoire** *adj.*, **~er** *tr.* 3776 VIII; **~er** un titre 5335 VIII.
**utér|in, e** *adj., n.*, **~us** *n. m.* 2036; frère **~in** 52.
**util|e** *adj.*, **~itaire** *adj.*, **~ité** *n. f.* 5499; **~e** (travail) 929 IV, 4112 IV; en temps **~e** 5389 III; **~ité** pratique 4112; d'**~ité** publique 3129; sans **~ité** 929 IV.
**utilis|able** *adj.*, **~ateur, trice** *n., adj.*, **~ation** *n. f.*, **~er** *tr.* 1475 X, 3644 X, 5499 VIII; **~er** un argument 1921 V/qqn 2908 II/une occasion 3801 X/un renseignement 4112 X.
**utop|ie** *n. f.*, **~ique** *adj.*, **~iste** *adj., n.* 1663, 6035; c'est une **~ie !** 1351.
**uvul|aire** *adj.*, **~e** *n. f. Anat.* 4908.

# V

**va** *présent* du verbe ALLER 2755; qui ~ là? 4186 ● *impér.* ~-t'en 2755.
**vac|ance** *n. f.*, **~ant, e** *adj.* 1605, 2904; **~ant** (biens) 2750, (poste) 3956.
**vacances** *n. f. pl.* 1118 IV, 3573.
**vacarme** *n. m.* 3060, 3211, 3267.
**vacataire** *n.* 5989 II.
**vacci|n** *n. m. Méd.* 3330, 4866. **~nation** *n. f.*, **~er** *tr.* 3330 II, 4866 II. **~nothérapie** *n. f.* 4866 X.
**vach|e** *n. f. Zool.* 522; **~es** maigres *Fig.* 3464. **~er, ère** *n.* 2131.
**vacill|ant, e** *adj.*, **~ement** *n. m.*, **~er** *intr.* 2194 V; **~er** (démarche) 5249 VI, (flamme) 2023 VIII, (pas) 5678 VI.
**vacuité** *n. f.* 1605, 2904, 3956.
**va-et-vient** *n. m. inv.* 1944; *Électr.* 4008; *Techn.* 5150.
**vagabon|d, e** *n.* 151, 3096. **~d, e** *adj.*, **~dage** *n. m.*, **~der** *intr.* 2849 V; **~der** *Fig.* 795, 2524.
**vagi|n** *n. m.*, **~nal, e, aux** *adj.*, **~nite** *n. f.* 5644.
**vag|ir** *intr.*, **~issement** *n. m.* 5745 X.
**1. vague** *n. f.* 5218; ~ de chaleur 3557/d'assaut 3842.
**2. vague** *n. m.*, *adj.* 612 IV; (impression) 3862; (souvenir) 3824; (terrain) 4328; ~ à l'âme 4449.
**vaguelette** *n. f.* 5218.
**vaguemestre** *n. m.* 5917 II.
**vaill|amment** *adv.*, **~ance** *n. f.*, **~ant, e** *adj.* 448, 2809, 4186 IV; n'avoir pas un sou **~ant** 2871.
**vaille que vaille** *loc. adv.* 1588, 5211.
**1. vain, e** *adj.* (discussion) 3605; (efforts) 1544; (espoir) 495; (plaisir) 4080; (promesse) 3956; (travail) 4112. **en ~** *loc. adv.* 2511, 3428.
**2. vain, e** *adj. Litt.* 3460 IV, 3744.
**vainc|re** *tr.* 3805, V; *Mil.* 3410, 5427 VIII; ~ les difficultés 1936 II/l'ennemi 5720/sa passion 4477/une résistance 4296/un sentiment 4402. **~u, e** *n.* 3084, 4402; *Fig.* 103.
**vainement** *adv.* 495, 929, 3428.
**vainqueur** *n. m.*, *adj. m.* 3805, 4402; *Mil.* 3410, 5427 VIII; *Sport.* 1977, 4094; (cheval) 1047 II.
**1. vaisseau** *n. m.* 2585; ~ de combat 359.
**2. vaisseau** *n. m. Anat.* 3508, 5980.
**3. vaisseau** *n. m. Archit.* d'église 3058.
**vaisselle** *n. f.* 57; faire la ~ 3771.
**val, vaux** *n. m.* 5889; par monts et par vaux 3169.
**valable** *adj.* 4161; (billet) 3053; (jugement) 5489; (travail) 4445.
**valence** *n. f.* 4612 VI; *Chim.* 5949.
**valérian|e** *n. f.* 5257. **~elle** *n. f.* 1529.
**valet** *n. m. Jeux.* 2788, 6012; *Péjor.* 679; ~ de chambre 1475, 3945/du colonialisme *Fig.* 265 II, 3644.
**valétudinaire** *adj.*, *n. Litt.* 2355, 3463.
**1. valeur** *n. f.* (prix) 848, 2563; (qualité) 4445; (quantité) 4184; (sens) 1809; de ~ (argument) 5760; sans ~ (argument) 6037; mettre en ~ un bien 5560 IV/les formes *Fig.* 4595/une qualité 3419 IV/une région 3641 II/une terre 1270 II.
**2. valeur** *n. f. Fin.* 2694, 2719, 4445.
**3. valeur** *n. f.*, **~eux, euse** *adj.* 448, 2809.
**valid|ation** *n. f.*, **~er** *tr.* 799 II, 3053 II, 3071 II; **~er** une décision 4196 IV.
**1. valide** *adj.* (homme) 2642, 3053.
**2. valid|e** *adj.*, **~ité** *n. f.* 2547; **~e** (décision) 4375, (jugement) 5489; **~ité** d'un billet 3053, 3129.
**valider** → VALIDATION.
**valise** *n. f.* 1319.
**vallée** *n. f.* 5889.
**vallon** *n. m.*, **~né, e** *adj.*, **~nement** *n. m.* 6029.
**valoir** *intr.* 2744 II, 5922; ~ cher 4638 II/la peine 922, 1317 X; cela vaut mieux 3129; cela ne vaut rien 2744; cela ne me vaut rien 4751 III ● *tr.* : ~ la gloire = RAPPORTER 3682/des reproches = SUSCITER 1026; **faire ~** un droit 5078 V/ses droits 3349 III/un bien = METTRE EN VALEUR 3129 IV/un capital = EXPLOITER 846 X/des formes = ACCENTUER 372 II/des qualités = RÉVÉLER 3419 IV ● *v. impers.* : il vaut mieux 4015; il vaut mieux que (suivi d'un verbe) 1270 IV. **se ~** 2744 VI, 5922 VI.
**valoris|ation** *n. f.*, **~er** *tr.* 4426 II; **~er** qqch, qqn 2399, 3633 II.
**valv|e** *n. f.* 3140; *Bot.* 3084. **~ule** *n. f.* 3111.
**vampire** *n. m. Myth.* 3624; *Fig.*, *Zool.* 5097.
**van** *n. m.*, **~nage** *n. m.*, **~ner** *tr.*, **~neur, euse** *n.* 5396; **~er** du blé 1926.
**vanill|e** *n. f.*, **~ier** *n. m.* 6025.
**vanit|é** *n. f.*, **~eux, euse** *adj.*, *n.* 3460 IV, 3744; tirer **~é** 2381 VIII; avoir la **~é** de 3911 VI; **~eux** (discours) 5487; **~és** de ce monde 495.
**vannage** → VAN.
**vanne** *n. f. Techn.* 2604, 3140.
**vanneau** *n. m.* 2327.
**vann|er, ~eur** → VAN.
**vantail, aux** *n. m.* 3084.
**vant|ard, e** *adj.*, *n.*, **~ardise** *n. f.* 315 V, 615 VI, 3137. **~er** *tr.* qqn 5023/les charmes d'une femme 2788 II/les hauts faits 4561 II/les mérites 4996 II/les qualités 3018 IV. **se ~er** 3655 II, 3667 II; ~ de 615 VI, 2381 VIII, 3911 VIII.
**va-nu-pieds** *n. inv. Péjor.* 2849 V, 3096.
**1. vapeur** *n. m. Mar.* 283, 329.
**2. vap|eur** *n. f.*, **~oreux, euse** *adj.* 329, 3205; avoir des **~eurs** 3774; **~eurs** de l'alcool 3092 VI; **~oreux** (ciel) 2509, (tissu) 2154, (vêtement) 5734.
**vaporis|ateur** *n. m.*, **~ation** *n. f.*, **~er** *tr.* 329 II, 5436. **se ~er** 329 V.
**vaquer** *intr.* = S'ARRÊTER 3573 V ● *tr. ind.* à ses occupations 3956 V.
**varan** *n. m.* 5909.
**varech** *n. m.* 4103.
**vareuse** *n. f.* 2461.
**vari|abilité** *n. f.*, **~able** *adj.* 339 V, 3855 V, 4339 V.
**vari|ant, e** *adj.* (caractère) 3855 V, 4339 V. **~ante** *n. f.* 3855 III. **~ation** *n. f.*, **~er** *intr.* 339 V, 3855 V, 4339 V; **~er** (avis) 1602 VIII, (quantité) 2218 VI. **~er** *tr.* 5598 II.
**varice** *n. f.* 1826.

**varicelle** *n. f.* 1370.
**varier** → VARIANT.
**variété** *n. f.* 3157, 3225, 5598 ; ~s *Radio.* 5598 II.
**variol|e** *n. f.*, **~é, e** *adj., n.*, **~eux, euse** *adj., n.*, **~ique** *adj.* 923.
**varlope** = RABOT 2480.
**vasculaire** *adj.* 3508, 5980.
**1. vase** *n. m.* 230, 5980 ; ~ de fleurs 2378 ; en ~ clos 1108 ; ~s communicants 5949 VIII.
**2. vas|e** *n. f.*, **~eux, euse** *adj.* 1358, 5869.
**vasoconstrict|eur, trice** *adj., n. m.* 4153 II. **~ion** *n. f.* 4153 VII.
**vasodilatat|eur, trice** *adj., n. m.* 5927 II. **~ion** *n. f.* 5927 V.
**vasque** *n. f.* 971, 3991.
**vassal, e, aux** *adj., n.*, **~ité** *n. f.* 679, 4310 IV.
**vaste** *adj. Pr.* et *Fig.* 5927 ; (désert) 2192 VI ; (espace) 3504 ; (pièce) 3982 ; (région) 2876 ; (pays) 445 VIII.
**vaurien, enne** *n.* 624, 1247, 2590.
**vautour** *n. m.* 5392.
**vautrer (se)** 5052 V : ~ dans la boue 1358/dans un fauteuil 2046 VI/dans la turpitude 3822 VIII.
**veau** *n. m.* 3466.
**vect|eur** *n. m., adj. m.*, **~oriel, elle** *adj.* 5865 II.
**1. vedette** *n. f. Mar.* 2388.
**2. vedette** *n. f. Cin.* 4714, 5321 ; en ~ 3066.
**végét|al, e, aux** *adj., n. m.*, **~arien, enne** *adj., n.* 5267.
**végétation** *n. f.* 5267. **~s** *n. f. pl. Méd.* 5267, 5560.
**végéter** *intr.* 2169.
**véhém|ence** *n. f.*, **~ent, e** *adj.* 2827, 3666 ; avec **~ence** 1194 ; **~ent** (paroles) 4427, (ton) 1194.
**véhicul|aire** *adj.* (langue) 1881 VI. **~e** *n. m.* 2168, 3494. **~er** *tr.* 5524.
**1. veille** *n. f.* de fête 4945 ; la ~ 3551.
**2. veill|e** *n. f.*, **~ée** *n. f.* 2716 ; état de **~e** 6078 ; tour de **~e** 1230 ; **~ée** (réunion amicale) 2660.
**veiller** *intr., tr.* et *tr. ind.* 2716 ; ~ 3675/à l'application de mesures 5287 VIII/à la bonne marche de 3676 V/en compagnie 2660/sur 1230, 2155.
**veilleur** *n. m.* 2716 ; ~ de nuit 1230, 3532.
**veilleuse** *n. f.* 2716 ; *Autom.* 3879 ; *Techn.* 5593.
**vein|ard, e** *adj., n. Fam.*, **~e** *n. f.* 327, 1301.
**1. veine** *Fam.* → VEINARD.
**2. vein|e** *n. f. Anat.* 3508 ; ~ jugulaire 5899/de minerai 2170 ; de la même ~ 5845. **~é, e** *adj.*, **~er** *tr.* 3508 II. **~eux, euse** *adj.* 3508. **~ure** *n. f.* 3508 II.
**vêl|age** *n. m.*, **~er** *intr.* 5291.
**vélaire** *adj., n. f.* 4908.
**vélin** *n. m.* 4295.
**velléitaire** *adj., n.* 3529.
**vélo** *n. m.*, **~moteur** *n. m.* 1732.

**véloc|e** *adj. Litt.*, **~ité** *n. f.* 2535.
**velou|rs** *n. m.*, **~té, e** *adj.* 1617 ; **~rs** côtelé 4311 ; **~té** (peau) 5471, (vin) 5173.
**velu, e** *adj.* 2313, 2894.
**vénal, e, aux** *adj.*, **~ité** *n. f.* 2094 VIII ; valeur ~e 685.
**venant, e** *adj., n.* 4161 IV, 4186.
**vendang|e** *n. f.*, **~er** *tr.*, **~eur, euse** *n.* 3650.
**vendetta** *n. f.* 797, 5525 VIII.
**vendeur, euse** *n.* 662 ; ~ de billets 4310.
**vendre** *tr.* 662 ; ~ à la criée 1808/chèrement sa vie 448 X/la mèche 4003 IV/la peau de l'ours 2668 ; à ~ 2079. **se ~** *Fig.* 38 II ; ~ bien 2217.
**vendredi** *n. m.* 1062.
**vendu, e** *adj., n. m.* (personne) 383, 2094 VIII.
**vénéneux, euse** *adj.* 2651.
**vénérable** *adj.* 1025, 1247 VIII ; (vieillard) 5993.
**vénér|ation** *n. f.*, **~er** *tr.* 3578 II, 4185 II.
**vénérien, enne** *adj.* 2378 ; (maladie) 5400 VI.
**veng|eance** *n. f.*, **~er** *tr.*, **se ~er**, **~eur, eresse** *adj., n.* 797, 5525 VIII ; avoir soif de **~eance** 3804.
**véniel, elle** *adj.* (péché) 3098, 3335.
**ven|imeux, euse** *adj.*, **~in** *n. m.* 2651 ; **~in** *Fig.* 3244 ; **~imeux** (propos) 149, (remarque) 4812.
**venir** *intr.* 28, 1133, 4186 ; ~ **à bout** d'un adversaire 3805 V/de la résistance 4296/d'un travail 5158 V/des difficultés 1936 II ; ~ à propos 3070 III/de *Fig.* 28 V, 3066/d'une famille 5389 VIII ; à ~ 28, 4186, (temps) 4161 IV ; en ~ à 251, 5577 VIII ; où voulez-vous en ~ 4280 ; en ~ aux mains 4797 VIII ; faire ~ 1294 IV ; voir ~ qqn *Fig., Fam.* 1745 IV ; venez ! 3633 VI ; le moment est venu 256 ; je viens de dire 4179 ; il vient de partir 2421 ; vient de paraître 1197 ; l'année qui vient 4186.
**vénitien, enne** *adj., n.* 588.
**ven|t** *n. m.*, **~té, e** *adj.*, **~teux, euse** *adj.* 2219 ; avoir **~t** de 2219 X ; **~t** de folie 3557/d'est 3051/du nord 2962/d'ouest 1680/du sud (chaud) 2651 ; autant en emporte le **~t** 1732 ; en plein **~t** 5805 ; ce n'est que du **~t** *Fig.* 495, 3956 ; être dans le **~t** *Fig.* 5096 III ; prendre le **~t** 2957 ; aux quatre **~ts** 5638.
**vente** *n. f.* 662 ; en ~ 2079 ; mettre en ~ 3504.
**vent|é, ~eux** → VENT.
**ventilat|eur** *n. m.*, **~ation** *n. f.*, **~er** *tr.* 5805 II.
**1. ventilation** → VENTILATEUR.
**2. ventil|ation** *n. f.*, **~er** *tr. Fig.* = RÉPART|ITION, ~IR 5917.
**ventouse** *n. f. Méd.* 1188.
**ventr|al, e, aux** *adj.*, **~e** *n. m.* 497, 4549 ; à plat **~e** 481 VII ; avoir, prendre du **~e** 4549 V, X ; aller **~e** à terre 5562. **~ée** *n. f.* 5164.
**ventricule** *n. m.* 497.

**ventr|ipotent, e** *adj. Fam.*, **~u, e** *adj.* 497, 4549.
**venu, e** *adj.* (bien, mal) 3412 ; être bien ~ 5994, (initiative) 5986 II ; le premier ~ 2825.
**venue** *n. f.* 1133, 4186, 5949 ; de belle ~ (arbre) 446, 2666 ; d'une seule ~ 4310 VII ; allées et ~s 3741.
**Vénus** *n. f. Astron.* 2378.
**ver** *n. m.* 1874 ; ~ luisant 1147/à soie 4247/de terre 1506 ; nu comme un ~ 3765 ; tirer les ~s du nez à qqn *Fam.* 1047 X.
**véracité** *n. f.* 3053, 3071.
**véranda** *n. f.* 3412.
**vératre** *n. m.* 1487.
**verbal, e, aux** *adj.*, **~ement** *adv.* 2918 ; **~al** *Gramm.* 4026.
**verbaliser** *tr.* et *intr.* 1219 II.
**verb|e** *n. m. Gramm.* 4026 ; ~ divin 4642. **~eux, euse** *adj.*, **~osité** *n. f.* 2714 IV, 3373 IV. **~iage** *n. m.* 1279.
**verd|âtre** *adj.* 3225. **~eur** *n. f.* 1561 ; *Fig.* = VIGUEUR 1424, = GROSSIÈRETÉ 4024.
**verdict** *n. m.* 1328.
**verdier** *n. m. Ois.* 1561.
**verd|ir** *tr.* 1561 II ● *intr.* 1561 IX. **~oyant, e** *adj.*, **~ure** *n. f.* 1561 ; **~oyant** (région) 2239, (jardin) 3831.
**véreux, euse** *adj.* (fruit) 1874 II ; (personne) 2801.
**verge** *n. f.* 3560 ; *Anat.* 1934, 4292.
**verger** *n. m.* 4044.
**vergogne** *n. f.* : sans ~ 1278, 1425.
**vergue** *n. f.* 3504.
**véridique** *adj.* 1317, 3071.
**vérifi|cateur, trice** *n., adj.*, **~cation** *n. f.*, **~er** *tr.* 1317 II ; **~cation** des comptes 1798 II/des connaissances 3905/des monnaies 3702 III.
**vérin** *n. m.* 2149.
**vérit|able** *adj.*, **~é** *n. f.* 1317, 3053 ; **~able** (ami) 1598 IV, (fait) 5994 ; **~é** première 4296 ; toucher la **~é** du doigt 4478 ; en deçà de la **~é** 5994 ; dire la **~é** 3071. **~ablement** *adv.* 1317.
**verjus** *n. m.* 1287.
**vermeil, eille** *adj.* 4235.
**vermicelle** *n. m.* 2894.
**vermi|culaire** *adj.*, **~culé, e** *adj.*, **~forme** *adj.*, **~fuge** *adj., n. m.* 1874.
**vermillon** *n. m.* 2366.
**vermine** *n. f. Pr.* et *Péjor.* 1534, 5760.
**vermisseau** *n. m.* 1874.
**vermoul|er (se)**, **~u, e** *adj.* 2731 II, 5341. **~ure** *n. f.* 5342.
**vernaculaire** *adj.* 1732.
**vern|i, e** *adj.* (soulier) 4895. **~ir** *tr.*, **~issage** *n. m.*, **~issé, e** *adj.* 414, 4895 II. **~is** *n. m.* 414, 5911 ; un ~ de 5073.
**1. vernissage** → VERNI.
**2. vernissage** *n. m.* d'une exposition 1767 II.
**vérol|e** *n. f.*, **~é** *adj., n. Pop.* 923.
**verrat** *n. m.* 3582.
**verr|e** *n. m.*, **~erie** *n. f.*, **~ière**

*n. f.* 2271. **~e** à boire 4181, 4458/de lampe 1146/Sécurit 2624 II; **~es** correcteurs 3708. **~oterie** *n. f.* 1495.
**verr|ou** *n. m.*, **~ouillage** *n. m.*, **~ouiller** *tr.* 2000, 4334; **~ouiller** la culasse d'un fusil 2336 IV.
**verru|e** *n. f.*, **~queux, euse** *adj.* 798.
**1. vers** *n. m. Poét.* 648, 2893.
**2. vers** *prép.* 190, 5339, 5865 VIII; (approximativement) 1420.
**versant** *n. m.* 1073, 1200.
**versatil|e** *adj.*, **~ité** *n. f.* 4339 V.
**verse (à)** *loc. adv.* : tomber à ~ (pluie) 1723, 3739 IV, 3764.
**versé, e** *adj.* dans un domaine 5158 V/dans une science 637, 3250 V.
**verseau** *n. m. Zod.* 1826; *Astron.* 2601.
**1. vers|ement** *n. m.*, **~er** *tr.*, **~eur** *adj. m.* 2601, 3040; **~er** des larmes 1922/un liquide 4473/le sang 2233 IV. **~er** *intr.* (chargement) 4339 VII.
**2. vers|ement** *n. m.*, **~er** *tr. Fin.* 1794; **~ement** échelonné 4256/régulier 58 II; **~er** sa cotisation 2503 II.
**verset** *n. m.* du Coran 260.
**verseur** → VERSEMENT 1.
**versifi|cation** *n. f.*, **~er** *tr.* et *intr.* 5458 II.
**version** *n. f.* des faits 2238/originale 5391; = TRADUCTION 701.
**verso** *n. m.* 3420.
**versoir** *n. m.* 4339.
**vert, e** *adj.*, *n. m.* 1561; (bois) 2111; (fruit) 3779, 3895; (vieillard) 5416; donner le feu ~ 62; des ~es et des pas mûres *Fam.* 1952 IV.
**vert-de-gris** *n. m. inv.* 2363.
**vert|ébral, e, aux** *adj.*, **~èbre** *n. f.*, **~ébré, e** *adj.*, *n. m.* 4033.
**vertement** *adv.* : répondre ~ 1023.
**vertical, e, aux** *adj.*, *n. f.*, **~ement** *adv.*, **~ité** *n. f.* 2773, 3639; ~ (ligne) 1962.
**verticillé, e** *adj.* (feuille) 1346.
**vertige** *n. m.* 1873, 1875.
**vertu** *n. f.*, **~eux, euse** *adj.* 4015; en ~ de 5854 IV; **~eux** (âme) 3379, (fille) 4561, (femme) 1291 IV.
**verve** *n. f.* 4203.
**verveine** *n. f.* 2131.
**vesce** *n. f.* 4600.
**vésical, e, aux** *adj.* 4994.
**vésic|ant, e** *adj.*, **~ation** *n. f.*, **~atoire** *adj.*, *n. m.* 5498. **~ule** *n. f. Méd.* 5000; *Anat.* 1410; ~ biliaire 5035.
**vespasienne** *n. f.* 641.
**vespéral, e, aux** *adj. Litt.* 3747, 5082.
**vess|e** *n. f. Pop.*, **~er** *tr.* 3993.
**vesse-de-loup** *n. f. Bot.* 4037.
**vesser** → VESSE.
**vessie** *n. f. Anat.* 4994.
**veste** *n. f.* 2461; retourner sa ~ *Fam.* 4339.
**vestiaire** *n. m.* 4762.
**vestibule** *n. m.* 1864.
**vestige** *n. m.* 31, 529, 1602 II.
**veston** *n. m.* 2461.
**vêtement** *n. m.* 857, 4762; ~ de tous les jours 350/de travail 340; mettre, passer un ~ 2061 VIII.
**vétéran** *n. m.* 3017, 4186.
**vétérinaire** *n.*, *adj.* 661.
**vétille** *n. f.* 2577.
**vêtir (se)** *tr.* 2061 VIII, 4589 VIII, 4762; ~ avec élégance 5781.
**vétiver** *n. m.* 5320.
**veto** *n. m. inv.* 4110; *Fam.* 2148; mettre son ~ 3504 III.
**vétust|e** *adj.*, **~é** *n. f.* 573, 4186.
**veuf, veuve** *adj.*, *n.* 275, 2190.
**veul|e** *adj.*, **~erie** *n. f.* 1507.
**veuvage** *n. m.* 275 V, 2190 V.
**veuve** → VEUF.
**vex|ant, e** *adj.*, **~ation** *n. f.*, **~er** *tr.* 2302 IV, 3274 III; paroles **~antes** 952; subir des **~ations** 3625. **~atoire** *adj.* (mesure) 3274 III. **se ~er** 952 VII.
**via** *prép.* 3648.
**viabili|ser** *tr.*, **~té** *n. f.* 3429 II.
**viaduc** *n. m.* 4391.
**viager, ère** *adj.*, *n. m.* 3641.
**viande** *n. f.* 4797.
**viatique** *n. m.* 2385.
**vibr|age** *n. m.* du béton 5712. **~ant, e** *adj.* (discours) 2193, 3372.
**vibraphone** *n. m.* 2193.
**vibra|teur** *n. m.* 2015, 5712. **~tile** *adj.* (cil) 5712 VIII. **~tion** *n. f.* 2015, 5712, VIII. **~toire** *adj.* 5712 VIII.
**vibrer** *intr.* (air) 3372; (corde) 5712 VIII; (sol) 2015 VIII; (sonnette) 2193; (voix) 2122 VIII; faire ~ la corde sensible 3225/les foules 5712/qqn 1246 II/les sentiments 860 IV.
**vibromasseur** *n. m.* 1823.
**vica|ire** *n. m.* 4251; ~ apostolique 5580. **~riat** *n. m.* 5580.
**1. vice-** *préf.* 5580.
**2. vic|e** *n. m.*, **~ieux, euse** *adj.*, *n.* 3984, 3990; **~e** de construction 2722/de conformation 2835; cercle **~ieux** 3956 IV.
**vice-consul** *n. m.*, **~at** *n. m.* 5580.
**vice-présid|ence** *n. f.*, **~ent, e** *n.* 5580.
**vice-|roi** *n. m.*, **~ royauté** *n. f.* 5580.
**vice versa** *loc. adv.* 3611.
**vicier** *tr.* 3984 IV.
**vicieux** → VICE 2.
**vicinal, e, aux** *adj.* 4246.
**vicissitudes** *n. f. pl.* du sort 1859/du temps 4339 V.
**victime** *n. f.* 3219; ~ du sacrifice 1913/d'un sinistre 5530; être ~ de 3504 V.
**vict|oire** *n. f.*, **~orieux, euse** *adj.* 3410, 4094, 5427; **~orieux** (forces) 4402.
**victuailles** *n. f. pl.* 172, 3743.
**vidang|e** *n. f.*, **~er** *tr.* 3956 II.
**vide** *n. m.* 3956; ~ interplanétaire 4016/de la pensée 826; faire le ~ 1605 IV ● *adj.* 3956; (lieu) 2904, (main) 3107, (poche) 1605, (région) 4328; revenir les mains ~s 1578.
**vider** *tr.* 1605 IV, 3956 IV; ~ un poisson 1123 II/son sac *Fam.* 1008/un différend 2744 II/un récipient 3040/qqn *Fam.* 3312/qqn de son sang 5379 X/l'abcès *Fig.* 4296. **se ~** 1605; ~ de son sang 5379.
**viduité** *n. f.* 275 V, 3474.
**1. vie** *n. f.* (biographie) 701, 2755.
**2. vie** *n. f.* 1424, 3641, 3704; donner la ~ (femme) 6012, (homme) 5303 IV; prendre ~ 1672; gagner sa ~ 2069; lutte pour la ~ 3084 III; redonner ~, rendre la ~ à 5465 IV; ~ chère 3815/éternelle 529, 1596; train de ~ raffiné 707; pour toute la ~, jamais de la ~ 7; à ~ (prison) 7 II; certificat de bonnes ~ et mœurs 2755.
**vieil** → VIEUX.
**vieillard** *n. m.* 3017, 3463, 5702.
**vieille** → VIEUX.
**vieillerie** *n. f.* 4868; ~s 2590.
**vieill|esse** *n. f.*, **~ir** *intr.*, **~issement** *n. m.* 3017, 4186 V, 4481; **~ir** (vin) 3447, (matériel) 1694 VII. **~i, e** *adj.* (mot) 5656; (traits) 1916, 3017; (vin) 3447 II; (visage) 1954. **~issant, e** *adj.* (personne) 4688.
**vierge** *n. f.* 311, 534, 3485; ~ du Paradis *Isl.* 1407; *Christ.*, *Zod.* 3485 ● *adj.* 311, 534; (femme) 3485; (forêt) 3709; (huile) 1442.
**vieux** ou **vieil, vieille** *adj.*, *n.* 3017, 3463, 5702; mon vieux, ma vieille *Fam.* 3521; se faire vieux 3331; vieux garçon, vieille fille 4688.
**1. vif** *n. m.* du sujet 3140; sur le ~ 3617; donation entre ~s 1424.
**2. vif, vive** *adj.* (couleur) 4037; (discussion) 2501; (eau) 1424, 5282; (esprit) 1294; (froid) 4207; (nature) 1794 VII; (parole) 4211; (personne) 1424, 5416; (propos) 4812; (rouge) 2827; (teinte) 2381; (ton) 1194 VIII; de vive force 3673, 4254; de vive voix 2918, 2919.
**vif-argent** *n. m.* (mercure) 2253.
**vigie** *n. f.* 2097, 2155.
**vigil|ance** *n. f.*, **~ant, e** *adj.* 2716, 5287 VIII, 6078. **~e** *n. m.* 1230.
**vign|e** *n. f.*, **~oble** *n. m.* 4560; **~e** grimpante 3502.
**vignette** *n. f.* (dessin) *Pr.* et *Fisc.* 2079.
**vi|goureux, euse** *adj.*, **~gueur** *n. f.* 1424, 2827, 4427; **~goureux** (style) 3552; en pleine **~gueur** 3666.
**1. vigueur** → VIGOUREUX.
**2. vigueur** *n. f.* : en ~ 679 VIII, (loi) 3644, (règle) 4426, (système) 2726; être en ~ 2547; entrer en ~ (principe) 975, 2755 II; mettre en ~ 3296 II.
**vil, e** *adj.* 1321, 1851, 2063; (prix) 330.
**vilain, e** *adj.*, *n.* 456, 1448, 2722; (action) 2974.
**vilayet** *n. m.* 6019.
**vilebrequin** *n. m. Techn.* 833; *Mécan.* 1921, 3639.
**vilenie** *n. f. Litt.* 1448, 2063.
**vilipender** *tr. Litt.* = INSULTER 5803 IV.
**villa** *n. f.* 1875.
**villag|e** *n. m.*, **~eois, e** *n.* 549, 4246.
**ville** *n. f.* 5027. **~-champignon** *n. f.* 4619. **~-dortoir** *n. f.* 5605.

**villégiature** *n. f.* d'été 3196.
**vin** *n. m.* 1613, 5270.
**vinaigr|e** *n. m.*, **~ette** *n. f.* 1588.
**vind|icatif, ive** *adj.*, **~icte** *n. f.* 797; **~icatif** (caractère) 5525 VIII.
**ving|t** *adj. num. cardin.*, *n. m.*, **~tième** *adj. num. ordin.*, *n.* 3547.
**vinifi|cation** *n. f.*, **~er** *tr.* 5270.
**viol** *n. m.*, **~ateur, trice** *n.*, **~er** *tr.* 3776 VIII, 5573 VIII, 5651.
**violacé, e** *adj.* 3225.
**violateur** → VIOL.
**viol|ation** *n. f.*, **~er** *tr.* 1602 III; **~ation** de domicile 5573 VIII; **~er** la loi 1512/un pacte 5520/sa promesse 1602 IV/un secret 4003 IV/un serment 5532.
**viol|emment** *adv.*, **~ence** *n. f.*, **~ent, e** *adj.* 3666; faire **~ence** à 4566 IV; manifestation de **~ence** 3183; traiter avec **~ence** 3261 VIII; faire subir des **~ences** 5651; **~ent** (assaut) 2901, (combat) 3229, (courant) 909, (désir) 964, (discussion) 1376, (douleur) 363 II, (effort) 887, (mort) 1364, (orage) 3557, (parole) 2827, (protestation) 1194, (sentiment) 1053, (vent) 3452. **~enter** *tr.* 3776 VIII.
1. **violer** → VIOL.
2. **violer** → VIOLATION.
**violet, ette** *adj.*, **~te** *n. f. Bot.* 593.
**violon** *n. m.*, **~celle** *n. m.*, **~celliste** *n.* 4651; ~ d'Ingres 5804.
**violoniste** *n.* 4651.
**vip|ère** *n. f.*, **~éridés** *n. m. pl.*, **~érin, e** *adj.* 149; **~ère** à cornes 4240.
**vir|age** *n. m.*, **~er** *intr.* 3572 VII.
**viral, e, aux** *adj.* 1375.
**vir|ement** *n. m.*, **~er** *tr. Fin.* 1420 II.
1. **virer** *intr.* → VIRAGE.
2. **virer** *tr.* → VIREMENT.
3. **virer** *intr.* (couleur) 1420 V.
**virevolt|e** *n. f.* 4858; ~ de cavaliers 4525. **~er** *intr.* 1346 II.
**virgin|al, e, aux** *adj.*, **~ité** *n. f.* 311, 534, 3485.
**virgule** *n. f.* 4008.
**viril, e** *adj.*, **~ité** *n. f.* 2025, 5037; ~ (attitude) 3125. **~iser** *tr.* 2025 II.
**virole** *n. f. Technol.* 1037.
**virtu|alité** *n. f.*, **~el, elle** *adj.* 3950 VIII, 4184 II, 4662.
**virtuos|e** *n.*, *adj.*, **~ité** *n. f.* 385, 5205.
**virul|ence** *n. f.*, **~ent, e** *adj.* 1194; **~ent** (critique) 4190 IV, (maladie) 3890, (personne) 4812, (protestations) 1194.
**virus** *n. m.* 1375.
**vis** *n. f.* 391, 4927; à ~ (escalier) 1340.
**vis|a** *n. m.*, **~er** *tr. Admin.* 128 II; **~er** un document 5994 II.
**visage** *n. m.* 1424, 5865; à ~ découvert 4394.
**vis-à-vis** *loc. adv.* 104, 686, 4161 ● *n. m.* : en ~ 5865.
**visc|éral, e, aux** *adj.*, **~ère** *n. m.* 1279; peur **~érale** 497; **~ères** 5130.
**viscosité** *n. f.* 4506, 4815.
**vis|ée** *n. f.*, **~er** *tr.* et *intr. Arm.*, *Sport.* 3169 II, 5673; *Géod.* 2825 II; *Fig.* 3364; **~er** les buts 2504 II/haut *Fig.* 5760. **~er** *tr. ind.* à 2192, 2569, 4280.
1. **viser** → VISA.
2. **viser** → VISÉE.
**viseur** *n. m. Opt.* 3708.
**vis|ibilité** *n. f.*, **~ible** *adj.* 1969; **~ible** (différence) 667, (plaisir) 5954, (preuve) 3419, (progrès) 5456; **~ible** à l'œil nu 3708 III.
**visière** *n. f.* 2145, 5999.
1. **vision** *n. f. Fig.* 1663, 3401. **~naire** *adj.*, *n.* 5793 II.
2. **vision** *n. f. Opt.* 466, 1969; champ de ~ 5456; ~ globale 4886 IV/d'un spectacle 2981 III. **~neuse** *n. f.* 5456.
**visionnaire** → VISION 1.
**visionneuse** → VISION 2.
**visit|e** *n. f.*, **~er** *tr.*, **~eur, euse** *n.* 2386; **~er** les bagages (douanier) 3888 II/un malade (médecin) 3682/un navire 3708 III.
**visqueux, euse** *adj.* 1686, 3763, 4815; *Phys.* 4506.
**visser** *tr.* 2827.
**visuel, elle** *adj.* (champs) 5456; (mémoire) 466; (témoin) 3708 III.
**vital, e, aux** *adj.*, **~ité** *n. f.* 1424; ~ (élan) 2729, (espace) 2723, (minimum) 3704.
**vitamin|e** *n. f.*, **~é, e** *adj.* 1424.
**vit|e** *adj.* 2535. **~e** *adv.*, **~esse** *n. f.* 2535, 3467; lutter de **~esse** 2450 III; **~esse** acquise 1794 VII; à toute **~esse** 4101.
**viti|cole** *adj.*, **~culteur, trice** *n.*, **~culture** *n. f.* 4560.
**vitrail, aux** *n. m.* 2271.
**vitr|e** *n. f.*, **~é, e** *adj.*, **~ier** *n. m.* 2271.
**vitreux, euse** *adj.* 2271.
**vitrier** → VITRE.
**vitrif|ication** *n. f.*, **~ier** *tr.* 2271 II; **~ier** une surface 5252.
**vitrine** *n. f.* 2271.
**vitriol** *n. m.* 2254.
**vitupér|ation** *n. f.*, **~er** *tr.* et *tr. ind. Litt.* 3666 II.
1. **vivace** *adj. Bot.* 1420 IV, 3641 II.
2. **vivac|e** *adj.* (haine) 135, V. **~ité** *n. f.* 5416; ~ d'une couleur 2381/d'une discussion 1194 VIII/d'esprit 342.
**vivant, e** *adj.*, *n. m.* 1424; être ~ 1603; du ~ de 4431.
**vivarium** *n. m.* 1424.
**vivats** *n. m. pl.* 5650.
1. **vive** *interj.* : qui ~? 4186; ~ le Président! 3704.
2. **vive** → VIF 2.
**vivier** *n. m.* 2668.
**vivifi|ant, e** *adj.*, **~cation** *n. f.*, **~er** *tr.* 1424 IV, 5416 II, 5465 IV.
**vivipar|e** *adj.*, *n.*, **~ité** *n. f.* 6012.
**vivoter** *intr.* 3704 V, 4611.
**vivre** *intr.* 1424, 3641, 3704; ~ à la ville, à l'hôtel 2612, 4426 IV/avec qqn 3548 III/de légumes 4409 VIII/seul 4296/au jour le jour 4611; apprendre à ~ 1396 II; difficile à ~ (personne) 2851; facile à ~ (personne) 3513; manière de ~ 2755; qui vivra verra 3704.
**vivres** *n. m. pl.* 172, 3330, 3743; couper les ~ 2069.
**vizir** *n. m.*, **~at** *n. m.* 5916.
**vocabulaire** *n. m.* 3935 IV.
**vocal, e, aux** *adj.* 3171; musique ~e 3840. **~ique** *adj.*, **~isme** *n. m.* 3171 II. **~isation** *n. f.*, **~iser** *intr. Ling.* 1246 II; *Mus.* 5481 II.
**vocatif** *n. m.* 5365 III.
**vocation** *n. f.* 1781, 5377, 6027; avoir la ~ 5249.
**vocifér|ation** *n. f.*, **~er** *tr.* et *intr.* 2309; **~ations** 2110.
**vœu** *n. m.* 2132, 5199; émettre un ~ 4203 VIII; exaucer un ~ 1110 X; faire ~ de 3676 V; former des ~x pour, contre 1781; présenter ses ~x 5199 V; prononcer ses ~x *Cathol.* 5367.
**vogue** *n. f.* 2983; en ~ 2217.
**voguer** *intr.* 3693.
**voici** *prép.*, *adv.* 5679; ~ que 59; me ~ 1909.
**voie** *n. f.* 2454, 2639, 3324; *Anat.* 975, 4400; *Fig.* 5930; ~ droite *Isl.* 3083; la bonne ~ 3169; en bonne ~ 2755; **en** ~ de développement 5560/de guérison 5249; mettre sur la ~ 1809, 2087 IV; mettre sur la bonne ~ 5678; **par** ~ de 3324/de presse 4821; par la ~ des ondes 1080; ~s de fait 3261 VIII, 3482 VIII, 3666; se livrer à des ~s de fait 3482 V; ~s du salut 5489.
**voilà** *prép.*, *adv.* 1909, 1939, 5679; en ~ assez 3337, 4622; en ~ une idée! 4739; ~ que 59.
**voilage** *n. m.* 2471.
1. **voile** *n. f.* 2862, 4348; *Sport.* 2230; mettre à la ~ 325 IV, 4348 IV; mettre les ~s *Pop.* 2827.
2. **voile** *n. m.* 99, 1179; ~ de femme 396, 2461/de mariée 3310/de la nuit *Poét.* 1069/du palais *Anat.* 3807/de tête (pour hommes) 3351/de visage 1612, 4779; lever le ~ sur 5246 IV, 5506; prendre le ~ *Cathol.* 1894, 2202 V.
**voilé, e** *adj.* (ciel) 3862; (termes) 3824.
1. **voiler** *tr.* une roue 3680 II, 4931. **se** ~ (roue) 4931 VIII.
2. **voiler** *tr.* 1179, 2461, 4394 II; ~ la vérité 3366. **se** ~ (ciel) 1978 V; (femme) 2461 V; (vision) 3774; ~ la face 4394 V, 4779 II.
**voilette** *n. f.* 1612.
**voil|ier** *n. m.* 2862. **~ure** *n. f.* 2862, 4348; *Aéron.* 2551.
**voir** *tr.* 466 IV, 1969; ~ qqn *Fig.* 4876 VIII/clair 466 V/juste 3169 IV/le directeur 4161 III/du pays 1125/un spectacle 2981 III/trente-six chandelles 3419/à la page tant 2022 III/à travers qqch 2909 X/de ses propres yeux 3708 III; aller ~ une personne 2386; chercher à y ~ clair 5678 X; faire ~ 1969 IV, 3419 IV; faire semblant de ne pas ~ 3786 VI; laisser ~ par transparence 2909; laisser ~ les formes 4595; avoir qqch à ~ dans 3047, 3624; n'avoir rien à ~ dans 1716, 2779; pour ~ 948 II. **se** ~ (amis) 1599 VI, 3548 VI; ~ contraint de 3224 VIII/dans une glace 1969 VI.

**voire** *adv.* 538.
**voirie** *n. f.* 3324.
**voisin, e** *n.* 1115. **~, e** *adj.* 1115 III, 4198; (couleur) 4198 VI. **~age** *n. m.*, **~er** *intr.* 1115 III; au **~age** 4198; rapport de bon **~age** 6019.
**voiture** *n. f.* 2168, 2755, 3494; *Ch. de fer* 1312; ~ à bras 4569/de course 2450/des quatre-saisons 6063.
**voix** *n. f.* 3171; *Gramm.* 3181; ~ puissante 1098; baisser la ~ 1584; hausser la ~ 2149; parler à haute ~ 1106; parler à ~ basse 1580; avoir ~ au chapitre 344 IV; donner de la ~ (chien) 3696.
**1. vol** *n. m.*, **~ant, e** *adj.*, **~er** *intr. Aéron., Ois.* 3397; ~ (parcours) 2034; ~ à voile 2862; prendre son ~ (avion) 4348 IV, (oiseau) 3397; **~ant** (camp) 5524, (feuille) 4008 VII; **~er** (feuilles) 3397 VI/en cercles (oiseau) 1421/au ras du sol 2570/au secours de 5638/ au vent (drapeau) 2145/en éclats 3397 VI; faire **~er** 3397 II.
**2. vol** *n. m.* (groupe) d'oiseaux 2519/de sauterelles 2024.
**3. vol** *n. m.*, **~er** *tr.* 2540; ~ à la tire *Arg.* 5419; **~er** un baiser 1597 VIII. **~eur, euse** *adj.*, *n.* 2540, 4824; **~eur** de grand chemin 4310.
**volage** *adj.* 4339 V.
**volaill|e** *n. f.* 1703. **~er** ou **~eur** *n. m.* 1696.
**1. volant** *adj.* → VOL 1.
**2. volant** *n. m. Autom.* 3465; ~ magnétique *Techn.* 1209/de sécurité *Fin.* 1917.
**volatil, e** *adj.*, **~isation** *n. f.*, **se ~iser** 329 V, 3492 V; **se ~iser** (illusions) 4823 VI. **~iser** *tr.* un gaz 329 II, 3092 II.
**volatile** *n. m.* 3397.
**1. volatiliser** → VOLATIL.
**2. volatiliser** *tr. Fam.* une montre 5419.
**volca|n** *n. m.*, **~nique** *adj.*, **~nisme** *n. m.*, **~nologie** *n. f.*, **~nologue** *n.* 403.
**volée** *n. f. Sport.* 2090; ~ de bois vert 5843/de flèches 2090/d'oiseaux 2519; donner une ~ 2795 IV; semer à la ~ 5301.
**1. voler** *intr.* → VOL 1.
**2. voler** *tr.* → VOL 3.
**volet** *n. m.* 3084; trié sur le ~ *Fig.* 5340.
**voleter** *intr.* (oiseau) 1585 IV, 2145; ~ çà et là 3397 VI.
**voleur** → VOL 3.
**volière** *n. f.* 4330.
**volit|if, ive** *adj.*, **~ion** *n. f.* 2223 IV.
**volley|-ball** *n. m.*, **~eur, euse** *n.* 4567.
**volontaire** *adj.*, *n.* (engagé) 3390 V ● *adj.* (acte) 1655 VIII; (tempérament) 2223 IV. **~ment** *adv.* 2223 IV, 3639, 4280.
**volonté** *n. f.* 2223 IV, 3011; ~ divine 4184, 4296/de résistance 3143; dernière ~ 5952; bonne ~ 3529; mauvaise ~ = DÉROBADE 5689 V; mettre de la mauvaise ~ 835 VI; payable à ~ 3349; faire les quatre ~s de 5804; faire ses quatre ~s 5385.
**volontiers** *adv.* 2515, 3395; très ~ 1145, 1962.
**voltage** *n. m.* 1097.
**volte-face** *n. f. inv.* 4339 VII, 4858; faire ~ 2047 VIII.
**voltig|e** *n. f.* 609; *Équit.* 1125. **~er** *intr.* (oiseau) 2145; (papillon) 1421; (feuilles) = VOLER 3397 VI.
**volubil|e** *adj.*, **~ité** *n. f.* 1919, 1938.
**1. volume** *n. m.* (livre) 1034 II, 2574; (premier, deuxième...) 979.
**2. volum|e** *n. m.*, **~ineux, euse** *adj.* 1000, 1187; **~e** d'un corps 967/du son 4427/d'un récipient 5927. **~étrique** *adj.* 4732.
**volupt|é** *n. f.* 2988, 4811. **~ueux, euse** *adj.*, *n.* 2988.
**volute** *n. f.* 1340.
**vom|i** *n. m.*, **~ir** *tr.*, **~issure** *n. f.* 4428; **~ir** sa haine 5484. **~ique** *adj.* : noix ~ 4428. **~itif, ive** *adj.*, *n. m.* 4428 II.
**vorac|e** *adj.*, **~ité** *n. f.* 2870, 5576.
**vot|ant, e** *n.*, **~ation** *n. f.*, **~e** *n. m.*, **~er** *intr.* et *tr.* 3171 III; procéder au **~e** 4222 VIII; compter les **~es** 3171; **~er** pour qqn 5340 VIII.
**votif, ive** *adj.* 5367.
**vôtre** *pron. poss.* : à la ~! *Fam.* 3053.
**vouer** *tr.* 5367; ~ de l'amitié à 4667/une entreprise à l'échec 4002 IV/son existence à 4546 II. **se ~** à 4080 VI; ne savoir à quel saint ~ 4916.
**vouloir** *tr.*, *n. m.* 2223 IV, 3011; bon ~ 4161; ~ absolument 23/bien 2109/du bien, du mal 5608/dire 3675; en ~ à qqn 1227, 1320; sans le ~ 3639 V, 3776, 4280; je voudrais bien 5877; comme vous voulez 1570; voulez-vous bien vous taire ! 5744; si Dieu le veut 3011; qu'il le veuille ou non 2109, 3390; qu'on le veuille ou non 1655 VIII; veuillez agréer 4015 V; ne m'en veuillez pas 49 III.
**vous** *pron. pers.* 217.
**voussure** *n. f.* 4414 V.
**voût|e** *n. f.* 3596; ~ céleste 4144/palatine 1396/d'un pont 4391. **~é, e** *adj.* 1196, 4414 II; *Archit.* 3596. **~er** *tr.* 1196 II, 4414 II. **se ~er** 4414 V.
**voyag|e** *n. m.* 2034, 2574; ~ touristique 2723/dans la lune 3092; bon ~ 2642, 3397. **~er** *intr.* 2574 III. **~eur, euse** *n.* 2168, 2574 III, 2723.
**voy|ance** *n. f.*, **~ant, e** *n.* 3506.
**1. voyant** *n.* → VOYANCE.
**2. voyant, e** *adj.* 933.
**voyell|ation** *n. f.* 2937. **~e** *n. f.* 3171 II; ~ brève 1246/longue 5020. **~er** *tr.* un texte 2937 II/une lettre 1246 II.
**voyou** *n. m.* 2326, 2738, 5981.
**vrac (en)** *loc. adv.* 2750.
**vrai, e** *adj.*, *n. m.* 1317, 3053; à ~ dire 4422; s'il est ~ que 3053; pour de ~ 916. **~ment** *adv.* 1317.
**vraisembl|able** *adj.*, *n. m.*, **~ance** *n. f.* 1372 VIII, 4161; il est **~able** que 1118; selon toute **~ance** 2018. **~ablement** *adv.* 2018.
**vrill|e** *n. f. Techn.* 406; ~ de la vigne 3572; descendre en ~ *Aviat.* = TOURNOYER 1885 II; se mettre en ~ 4931 VIII. **~é, e** *adj.* (corde) 4931 VIII. **~er** *tr. Techn.* 833; ~ le bois (insectes) 5341/les oreilles 1512 VIII.
**vromb|ir** *intr.*, **~issement** *n. m.* 3372; (insecte) 1853; (moteur) 95, 5671.
**1. vu, e** *adj.*, *n. m.* 1969, 5456; bien, mal ~ 3430 VIII; ~? 4085; au ~ de 5456; au ~ de tous 2981.
**2. vu que** *conj.* 278, 599.
**vue** *n. f.* 466, 1969; *Phot.* 3178; courte ~ 5456; point de ~ *Pr.* et *Fig.* 2981, 5456; ~ d'ensemble 3504 X, 4886 IV/de l'esprit 6035; à ~ d'œil 5456; à première ~ 6034; avoir ~ sur 2865 IV, 3348 IV, 3364; en ~ (position) 2188; en ~ de 2454, 4280; être en ~ de 2865 IV; garder à ~ 2155 III; perdre de ~ que 3747; perdre de ~ qqn 4310 VII; à perte de ~ 2192, 5029.
**vulcanis|ation** *n. f.*, **~er** *tr.* 4064.
**vulgaire** *adj.*, *n. m.* 4024; (langue) 3636; (mot) 2738; (personne) 1544.
**vulgaris|ateur, trice** *adj.*, *n.*, **~ation** *n. f.*, **~er** *tr.* 445 II, 3636 II.
**vulgarité** *n. f.* 4024.
**vulnéra|bilité** *n. f.*, **~ble** *adj.* 952 VII; **~ble** (esprit) 3504 II, (position) 4595.
**vulnéraire** *n. f. Bot.* 1272.
**vulpin** *n. m.* 824.
**vulturidés** *n. m. pl.* 5392.
**vulvaire** *n. f. Bot.* 3993.
**vulve** *n. f.* 3929.

# W X Y Z

**wagon** *n. m.* 3494 ; ~ de marchandises 2821. **~net** *n. m.* 4175.
**water-closet** *n. m.* → W.-C.
**water-polo** *n. m.* 4567.
**watt** *n. m.* 5832.
**wattman** *n. m.* 2739.
**W.-C.** *n. m. pl.* (*abrév.* de WATER-CLOSET) 2032.
**week-end** *n. m.* 3573.
**whisky** *n. m.* 5929.

**x** *n. m. Math.* 2411 ; monsieur X 4066.
**xénophob|e** *adj., n.,* **~ie** *n. f.* 3482 III, 4566.
**xylophone** *n. m.* 1536.

**y** *adv.* : ~ compris 278, 1716, 3257 ; **il ~ a** 5776/des années 1605/bien de ; il n'~ a pas lieu de 1781 ; allons-~ 5807.

**yacht** *n. m.,* **~ing** *n. m.,* **~man** *n. m.* 6059.
**ya(c)k** *n. m.* 4308.
**yaourt** ou **yogourt** *n. m.* 2211.
**yearling** *n. m.* 1420.
**yéménite** *adj., n.* 6081.
**yen** *n. m.* 6082.
**yeuse** *n. f.* 2697.
**yeux** → ŒIL.
**yézidi, e** *adj., n.* 6068.
**yogourt** → YAOURT.
**youyous** *n. m. pl.* 2315.

**zaouia** *n. f.* 2393.
**zèbre** *n. m. Zool.* 1363, 3443.
**zébr|é, e** *adj.,* **~er** *tr.,* **~ure** *n. f.* 1566 II, 2290 II ; **~é** (étoffe) 1151.
**zébu** *n. m.* 1730.
**zèle** *n. m.* 1366, 5416 ; avec ~ 916 ; ~ du néophyte 1376 ; mettre tout son ~ à 2422.
**zélé, e** *adj.* 1366, 5416.
**zénith** *n. m.,* **~al, e, aux** *adj.* 2653 ; au ~ *Fig.* 4996.
**zéphyr** *n. m. Météor.* 5401.
**zeppelin** *n. m.* 3386 VII.
**zéro** *n. m.* 3107 ; avoir le moral à ~ 1293.
**zeste** *n. m.* 4266.
**zéz|aiement** *n. m.,* **~ayer** *intr.* 4778.
**zibeline** *n. f.* 2652.
**zigza|g** *n. m.,* **~guer** *intr.* 3497 V ; marcher en zigzaguant 2194 V.
**zinc** *n. m.* 1439, 2374.
**1. zizanie** *n. f.* 1602 III ; semer la ~ 2922 III.
**2. zizanie** *n. f. Bot.* 2259.
**zodia|cal, e, aux** *adj.,* **~que** *n. m.* 359.
**zona** *n. m.* 5452.
**zon|al, e, aux** *adj.,* **~e** *n. f.* 5452.
**zoolo|gie** *n. f.,* **~giste** ou **~gue** *n.* 1424.
**zostère** *n. f.* 3820.
**zouave** *n. m. Mil.* 2394.

معجم

# عربي
# فرنسي

---

# فرنسي
# عربي

الدكتور دانيال ريغ

أستاذ في السوربون ومعهد الدراسات العليا في العلوم الاجتماعية
ومعهد الدراسات السياسية - باريس

لاروس
21 شارع مونبارناس - باريس 75006

تأليف وإشراف

**دانيال ريغ**

أعاد النظر في المخطوطة وصحّحها

**أحمد الكاخي**

أسهمت في تحرير الجزء الفرنسيّ- العربيّ

**آن ريغ لوك**

مراجعة وتصحيح

**هيلين هوسمان فلوران**

**برنار دوفين**

أسهم في عمل السكريتاريّة

**أوديل لاجونيس**

**فائزة القاسم**

**حاتم بن عثمان**

**وحيد السعفي**



**ISBN 978-2-03-584217-6**

لاروس

21 شارع مونبارناس

باريس 75006

# القسم العربي - الفرنسي

## جدول المحتويات

**المواد** **الصفحة**

# إلى القارئ

**إن هذا المعجم للغة العربية الحديثة، يتضمن معجماً عربيّ-فرنسيّ ومسرداً فرنسيّ-عربيّ.** نُظِّم هذا المعجم بطريقة تتيح للقارئ الانتقال بسهولة من إحدى اللغتين إلى الأخرى. وقد أُعطِيَت الأولويّة للغة العربية وما ذلك إلاّ لمسيس الحاجة منذ زمن طويل إلى معجم سهل الاستعمال يتناول بشكل فعليّ حقيقة اللغة العربية الحديثة.

## • معجم للغة العربية الحديثة

خُصِّص هذا المعجم لمن يرغبون – وعددهم يتزايد يوماً بعد يوم – في اكتشاف العالم المعاصر عن طريق اللغة العربية. فقد انطلق بناء هذا المعجم من صميم اللغة العربيّة الحيّة بالذات، الحيّة في الأوساط السياسيّة والدواوين الوزاريّة، الحيّة في المكاتب الإداريّة والأعمال الاقتصاديّة، الحيّة في الصحف والكتب، في التعليم والتصنيع، الحيّة في كلّيّة الآداب والعلوم والفنون، الحيّة أيضاً في الأغاني والأفلام والإذاعة والتلفزة. لقد فُرِزَت آلاف الوثائق على اختلاف أنواعها، من عناوين المحلاّت التجاريّة إلى الجرائد الرسميّة، مُروراً بالإعلانات الإداريّة والنشرات الدعائيّة. ثم نقلت هذه المفردات والعبارات المفرزة إلى آلاف وآلاف من الجزازات.

غير أنّ مجموعة الوثائق هذه، المتعددة الأنواع، بقيت مرتكزة على ثلاثة عناصر أساسيّة هي: أوّلاً الكتب المدرسيّة، ثانياً الصحف اليوميّة والأسبوعية، وثالثاً مؤلّفات الأدباء المعاصرين.

## • الكتب المدرسيّة

إنها واردة ضمن إطار المسلسلات العربيّة الموجّهة إلى تلاميذ الابتدائيّ وطلاّب التعليم الثانوي. لقد اختيرت الكتب المدرسيّة لأنها تضمن استمرارية اللغة ووحدتها : فهي تكيّف مصير اللغة وفي الوقت ذاته توثّق عراها بماضيها. فكلّ كتاب من هذا النوع – ولو استُعْمل في أوائل المرحلة الثانويّة – يترك مجالاً لا بأس به للآثار الأدبيّة الكلاسيكيّة. ذلك أنّ البرامج التعليميّة تجمع بين النصوص المستمدّة من الأدب الحديث والمنتخبات النثرية والشعريّة الكلاسيكيّة التي تمثّل التقاليد الثقافيّة منذ الجاهليّة (المعلّقات) إلى القرون 3 ـ 6 هـ (9 ـ 12 م).

## • الصحافة اليوميّة والأسبوعيّة

لقد فُرز عدد كبير من الجرائد والمجلاّت الصادرة من المحيط إلى الخليج مروراً بأوروبا حيث تصدر، منذ سنوات، عدّة مجلاّت عربيّة. لقد نالت بعض المطبوعات العربيّة مكانة عالية على الصعيد العالميّ فلذلك اعتُبرت مراجع تشهد على حياة اللغة العربيّة المعاصرة. وكذلك أُفسح مكان واسع للمنشورات التي تتضمّن أبواباً خاصّة لتعميم المعارف في جميع الميادين العلميّة.

- **الأدب الحديث**

إنه ماثل، كما سبق القول، في الكتب المدرسيّة. لكنّ المنتخبات الواردة في هذا النوع من مؤلفات تنتمي بشكل خاصّ إلى المرحلة الكلاسيكيّة الجديدة (1850ـ1900) وإلى مرحلة الازدهار (1900ـ1950) التي حظي الأدباء العرب إبّانها بمواهب مبدعة حقيقيّة. فأتاحوا للغة العربيّة أن تنال حقّها على الصعيد العالميّ. غير أنّ الأدب المعاصر الذي نقرأه منذ ثلاثين سنة قد اعتُبر مرجعاً هامّاً من بين المراجع الوثائقيّة المستخدمة في تأسيس بناء هذا المعجم. ذلك أنّ ممثّلي هذا الأدب هم الذين عاصروا الانقلابات السياسيّة التي سمحت للشعوب العربيّة، غداة الحرب العالميّة الثانية، أن تتحرّر من قيودها وأن تكتسب وجوداً فعلياً وشخصيّة حقيقيّة داخل الجماعة الدوليّة وكذلك هم الذين عايشوا الثورة التكنولوجية العظيمة التي أعقبت الحرب : فقد اتّسمت لغتهم بطابع التطوّر العميق الذي سبّبته حركة التثقّف المنتشرة في العالم منذ ربع قرن.

إنّ لغتهم، وهي اللغة العربيّة الحديثة بما فيها من الإيجاز والمتانة والمرونة والقدرة على التعبير عن كلّ شيء، ليست – بعد الآن – بحاجة إلى أن تبرهن حيويّتها. لقد حان وقت الاعتراف بوجود لغة مثل هذه اللغة.

- **معجم شامل للغة العربيّة الحديثة**

إنّه يتضمّن أكثر من 45000 كلمة استُعملت بدورها في حوالي 40000 عبارة أضيف إليها ألف مثل. فهذا المعجم إذن هو الطريق الأقرب إلى اكتشاف الواقع العربيّ وإلى مواجهة الوسائل الإعلاميّة من إذاعة وتلفزة وصحافة. إنّ وسائل الإعلام هذه ليست منطوية على نفسها : فهي تقوم بنشر معلومات عامّة عن الواقع العالميّ الذي ليس اقتصاديّاً وسياسيّاً فقط بل تقنيّ وعلميّ وفنّي ورياضيّ أيضاً ... ولكنّها بكونها متّجهة إلى المجتمعات العربيّة، تعكس، بطبيعة الحال، حياتها الاجتماعيّة والحضاريّة الخاصّة بها.

فلذلك يقدّم هذا المعجم تلك المفردات الّتي تدلّ على بعض التقنيّات الحرفيّة اليدويّة وهي لم تعد سوى مخلّفات بالنسبة إلى العادات الأوروبيّة مثلاً إلاّ أنّها لا تزال حيّة في معظم البلدان العربيّة وتشكّل فيها جزءاً من الحياة اليوميّة. كذلك هو الحال بالنسبة إلى المفردات التي تتعلّق ببعض الحيوانات والنباتات والجمادات التي أثّرت في اللغة تأثيراً لا يمكن محوه.

إن هذا المعجم، إلى جانب مثل هذه المفردات التي هي خاصّة بثقافة تقليديّة من جهة وبالثقافة العربيّة-الإسلاميّة من جهة أخرى، يزخر بالمفردات الدّالة على المفاهيم المعاصرة دون أن يبالغ في عرض التفاصيل التقنيّة. فيتيح، على كلّ حال، للقارئ المثقّف تناوُل مسألة مطروحة بواسطة هذه اللغة.

- **معجم عمليّ التصميم**

لا يكتفي هذا المعجم بأن يترجم الكلمة العربيّة إلى مترادفات فرنسيّة بل يقدّم أيضاً الكلمة من خلال السياق الذي قد وُجدت فيه. إنّ هذا المعجم يتوجّه، بذلك، إلى جميع الذين كانوا ينتظرون ظهور معجم ديناميّ للغة العربيّة. إنّه، بفضل عباراته الأربعين ألفاً، ييسّر الوصول إلى مختلف استعمالات الكلمة بمقتضى سياقها وكذلك يمهّد وسائل إدراك المعاني في كلّ دقائقها.

علاوة على ذلك التحديد الديناميّ للمفردات، يحافظ هذا المعجم على هُويّة الكلمة العربيّة، هويّتها الماديّة والمعنويّة، عن طريق إدماجها في العائلة اللغويّة التي تنتمي إليها. ذلك أنّ كلّ كلمة تأخذ مكانها بموجب درجة اشتقاقها ضمن الإطار الماديّ-المعنويّ الذي يحدّده كلّ أصل من أصول هذه العائلات.

فهذا شرط آخر من بين الشروط التي تَيسَّر بفضلها فهم التركيب الماديّ-المعنويّ للعربيّة والتي أريدَ منها أن تمهّد لهذا المعجم سبيلاً إلى كنه اللغة العربيّة.

**الناشر**

# في السبيل : اتّجاه عامّ

## ١. القسم العربيّ - الفرنسيّ

• **المفردات** في هذا القسم منظّمة على أساس الاشتقاق المعروف عند اللغويّين العرب ومرتّبة حسب الترتيب الأبجديّ الخاص بالأصول التي اشتُقّت منها الكلمات - الأمّ والتي قد تطابقها هذه الكلمات - الأمّ مطابقة تامّة أو شبه تامّة :

**1867** **دَهَنَ** ـُ (الأصل : د. ه. ن)

**1872** **دوحة** ج دُوَح (الأصل : د. و. ح)

**ملاحظة** : عندما يبدو هناك فارق ملحوظ بين الكلمة - الأمّ والأصل. كُتب الأصل قبلها بين قوسين :

**1869** (دهور) **تَدَهْوَرَ**

**3868** (فأت) VIII **اِفْتَأَتَ**

• **الترقيم بالأرقام العربيّة**

إن الكلمات - الأمّ قد رُقِّمت من 1 ألى 6092 وقد ذُكر في أعلى الصفحات رقمُ الكلمة - الأمّ وأصلُها. الرقم والأصل اللّذان تبدأ بهما الصفحة وتنتهي.

• **الترقيم بالأرقام الرومانيّة**

• الفعل المجرّد والأسماء المشتقّة منه مرتّبة حسب الترتيب الأبجديّ الخاص بالأصل كما قلناه آنفًا. والترقيم هنا بالأرقام العربيّة

• أمّا الأفعال المشتقّة من المجرّد وأسماؤها فهي مُرَقّمة بالأرقام الرومانيّة من II إلى X ونادِرًا ما تصل إلى XII

**3330** **طَعِمَ** ـَ طَعْمًا

| | |
|---|---|
| ـ طُعْم<br>طَعام<br>مَطْعَم | } الأسماء المشتقّة من الفعل المجرّد |

| | | |
|---|---|---|
| II طَعَّمَ تطْعيمًا | | |
| IV أَطْعَمَ إطْعامًا | } | الأفعال المشتقّة من الفعل المجرّد والأسماء |
| V تَطَعَّمَ تَطَعُّمًا | | المشتقّة بدورها من هذه الأفعال |
| X اِسْتَطْعَمَ استطعامًا | | |

## ٢. القسم الفرنسيّ - العربيّ

● نُظّمت المفردات على شكل فهرست رُتّبت فيه الكلمات الفرنسية على الترتيب الأبجديّ.

● كلّ كلمة - أمّ موجودة في هذا الفهرست وكلّ عبارة يتبعها عدد مكتوب بالأرقام العربيّة (من 1 إلى 6092) قد يرافقه عدد آخر مكتوب بالارقام الرومانيّة (من II إلى X أو XII). فعن طريق هذا الترقيم العربيّ يستطيع الباحث أن يعود إلى المرجع العربيّ (الكلمة - الأمّ العربيّة) وعن طريق الترقيم الرومانيّ يعود إلى درجة الفرع المشتقّ من الأصل.

**المثال الأوّل** — **exemple 1: existence** 3704

إذا رجعنا الى القسم العربي - الفرنسي وجدنا :

**3704 عاش** ـِ عَيْشًا

يكفي إذن أن نبحث عن كلمة «existence» في الجهة الخاصّة بالترجمات الفرنسيّة. ونجد :

عَيْش — existence; vie; *égypt.* pain

**المثال الثاني** — **exemple 2: coexister** 3704 III, VI

على أساس نفس الطريقة نستطيع أن نجد :

**III** عايَشَ مُعايَشة ه — vivre avec qqn; coexister

أو

**VI** تَعايَشَ تَعايُشًا — vivre en symbiose; coexister

يمكن الباحث أن يختار الكلمة العربيّة التي تناسب المعنى الفرنسيّ أدَقّ مناسبة.

إنّ لِهذه الطريقة التي تُوفّر تكاليف طبع مجلّد آخر باللغتين. الفرنسية والعربيّة. منافع عديدة. منها إمكانيّة اختيار الكلمة المعنيّة وفقا لسياقها المعنويّ الحقيقيّ من جهة والوصول. مباشرة. إلى تركيبها في الجملة من جهة أخرى.

# معالم السير في القسم العربيّ – الفرنسيّ

## النصّ العربيّ

### ١ الكلمات العربيّة

● كلّ كلمة أوعبارة عربيّة تأخذ مكانها على سطر واحد. قد تكتَب الكلمة المدروسة بالحروف السوداء الكثيفة أو غير السوداء وقد تظهر أيضا على شكل تِلْدة (~)

● قد تأتي كلمتان على السطر الواحد وبينهما نقطة وفاصلة (؛) فلذلك سببان :

• انّ لهذه الكلمة مرادفا أو مرادفات من أصل الكلمة ذاته :

**تَعْرِفة؛ تَعْريفة** tarif

• إنّ الكلمة الثانية مشتقّة من الأولى مباشرة. ستُقرأ الترجمات الفرنسيّة كما يلي : الترجمة الأولى (على اليسار) للكلمة العربيّة الأولى (على اليمين) والترجمة الثانية للكلمة العربيّة الثانية :

**عِرْقيّ؛ عِرْقيّة** raciste; racisme

### ٢ الكلمة–الأمّ

قد تكون إمّا اسمًا إمّا حرفًا إمّا فعلًا

● الاسم ككلمة–أمّ

1203 **حَديقة** ج حَدائق — jardin; parc; *v. aussi 1202*

1909 **ذا** (← هذا؛ ذَلِكَ) — *pron. dém.* ceci; celui-ci

● الحرف ككلمة–أمّ

4107 **في** — *prép.* à; dans

• الفعل ككلمة–أمّ

• يبدو الفعل على شكل الماضي للغائب:
3596 **عَقَدَ**

• تتبع الفعل علامة خاصّة بحركة المضارع:
3596 **عَقَدَ** – ِ (معناها : **يَعْقِد**)

• يتبع هذه العلامة مصدر (أو مصادر) على شكل مفعول مطلق منصوب
3596 **عَقَدَ** – ِ عَقْدًا
3459 **عَجَّ** – عَجًّا. عَجِيجًا

• عندما يكون الفعل متعديا تأتي بعد المصدر العلامات التالية وهي تشير الى تركيب الفعل:

– **ه** (= فلانا : الفعل متعد والمفعول به اسم دال على عاقل):
**اِعْتَمَدَ ه** accorder un crédit à qqn; accréditer qqn

– **ه** (= شيئا : الفعل المتعدي لا يقبل كمفعول به الا اسما دالا على غير عاقل):
**اِعْتَمَدَ ه** adopter qqch; choisir qqch

– **ه. ه** (= فلانا او شيئا : الفعل يقبل مفعولا به دالا على عاقل أو غير عاقل):
**عارَضَ ه. ه** affronter (qqn. qqch)

– **ه ه** (= غير منفصلين بفاصلة : الفعل متعدّ لمفعولين):
**أَعْطَى ه ه** donner qqch à qqn

– **ه على ه** : (الفعل متعدّ بالنسبة إلى الشخص وغير متعدّ بالنسبة إلى الشيء):
**غَصَبَ ه على ه** contraindre qqn à qqch

– **ه. إلى ه** (منفصلين بفاصلة)، **ه. بـ ه** ... (الفعل قد يكون متعدّيًا أو غير متعدّ):
**عَلِمَ ه. بـ ه. أنْ** apprendre qqch/que

• الفعل لازم عندما لا يكون مصحوبًا بعلامة دالّة على تعديته. أو عند ما يكون متبوعًا مباشرة بحرف جرّ:
**ذَهَبَ** partir
**ذَهَبَ بـ ه** emporter

## ٣ الحركات وعلامات الضبط

• إنّ الحركات تصحب عادة الحروف ولكنّها لا تُكْتَب :

• عندما تأتي بعدها حرف المدّ: **بو. با. بي**

• عندما تدلّ على الإعراب ما دام لا يغيّر وجودُها الشكل الكتابيّ

• كتبت الحركة الأخيرة لإيضاح المعنى المقصود في بعض الحالات : **طِبْقَ الأصل**

• بعض الحروف ترافقها، أحيانًا، حركتان أو ثلاث حركات : هذا يعني إمكانيّة ورود قراءتين او ثلاث قراءات:
**فَعُلَ، فِعْل، فَعْل، فَعْل**

• التنوين : حاله حال حركة الإعراب في آخر الكلمة. كُتب التنوين عند نصب الكلمة لأن وجوده يغيّر الشكل الكتابيّ: **ـًا**

• الأسماء المشتقة من أفعال ناقصة تبدو على شكليها : غير معرّف أوّلًا، ثمّ، بين قوسين، معرّف بلام التعريف
**قاضٍ (القاضي)**

• الوصلة : لا ترِد إطلاقا فوق الألف

• الشدّة الدالّة على الإدغام بعد لام التعريف لا ترد إطلاقًا

**٤ التفاوت من حيث السواد : كثيف**/خفيف

• كتب بالأسود **الكثيف** كلّ كلمة تجسّد :

  • الكلمة-الأمّ وهي مرقّمة بالارقام العربيّة:
  **3506 عَرَفَ**

  • الكلمة التي سترد من جديد عن طريق التلدة ~ (راجع ٥):
  **مَعْرِفة**
  عَنْ ~

  • الكلمة الموجودة داخل النصّ والتي لم تظهر في بداية السطر كمفردة مستقلّة:
  (الأصل : عطف) ضَمَّ بين **أعْطاف** ه

• كُتب بالأسود الخفيف كلّ كلمة لا تخضع للتحديدات السابقة

**٥ التِلْدة : ~**

• انّها تحلّ محلّ كلمة تكون بالأسود الكثيف في السطر أعلاها وقد تكون التِلدة مصحوبة بما يلي :

  • ~**ت** (عندما يكون الفعل الذي تُرْجع إليه التلدة في صيغة المونّث)

  • ~ًا (عند نصب الاسم أو الصفة غير المعرّفين)

  • ~**ة** (عند تأنيث الاسم او الصفة)

  • ~**ه. ه** (عند تعدية الفعل، او إضافة الاسم)

• **الـ~** (عند تعريف الاسم)
**بـ~ أو بِـ، لِـ، إلى ~** (عند جرّ الاسم بإحدى حروف الجرّ)

### ٦ علامات الوقف

● الفاصلة (،) تفصل بين كلمتين أو كلمات : معناها أن الكلمة الموجودة على يسار الفاصلة قد تحلّ محلّ الكلمة الموجودة على يمينها في سياق التركيب الوارد:

**طَوَى** ثِيابه، سِكّينًا

ينقسم هذا المثال إلى : طَوَى ثِيابه، طَوى سِكّينًا

وَقَعَ، أُلْقِيَ على **عاتِقِه**

ينقسم هذا المثال الى : وقع على عاتقه، أُلْقِي على عاتِقِه

● النقطة والفاصلة (؛) تفصل بين كلمتين او عبارتين لهما نفس المعنى بالنسبة إلى الترجمة:

كُلّه ظَرْف؛ يَفيض ظَرْفًا — être plein d'esprit

### ٧ الوصف اللغويّ

هناك ثلاثة مستويات

● الوصف الصرفيّ: الكلمة العربيّة واردة خارج السياق الصرفيّ سواء أكانت بالأسود أم لا:

- الفعل (راجع ٢)
- الاسم – قد يكون مصحوبًا بلام التعريف
  - إذا كان مفردًا، تبعته صيغة الجمع أو صيغه

● وصف التركيب الجمليّ:

- يتمّ هذا الوصف داخل مجموعة الفعل (راجع ٢)
- يتمّ كذلك في العبارات الأمثلة

● وصف المعنى : هناك طريقتان

- يتمّ هذا الوصف من خلال الترجمات الفرنسيّة المقترحة للكلمة العربيّة:

**عابِس؛ عبوس** — maussade; morose; renfrogné; boudeur (air); rébarbatif; rechigné; sévère (visage)

فالترجمة الفرنسيّة هي التي تحلّل المعنى أو المعاني المختلفة للكلمة:

**اِنعِطاف** — braquage; diffraction; sinuosité; virage; sympathie; tendresse

قد يرد بعد ذلك، بعض العبارات التي من شأنها أن تبيّن هذه المعاني المختلفة:

~ إلى اليمين، اليسار — virage à droite, à gauche

~ سياسيّ — virage politique

مَدَى ~ سيّارة — rayon de braquage

- يتمّ هذا الوصف كذلك من خلال العبارات كما رأيناه فيما سبق وهذه العبارات بمثابة مجموعات حرّة للكلمات ولذلك لا يرافقها مرجع (اسم مؤلّف او كتاب او رقم صفحة ...)

• إذا كانت هذه العبارات الامثلة مجموعات جامدة (أمثالًا. حِكَمًا الخ ...) فالترجمة الفرنسيّة تقوم بكل ما في وسعها لتقدّم ما يعادلها من العبارات أو الأمثال الفرنسيّة:

**أَكْذَب مِنْ عُرْقوب** *prov.* menteur comme un arracheur de dents

وغالبًا ما تسمح الترجمة الحرفيّة (m.à.m.) بإيضاح الترجمة بالمحافظة على قوّة العبارة العربيّة ومميّزاتها:

**أيُّ فَتًى قَتَلَهُ الدُخان** *prov.* se noyer dans un verre d'eau (*m.à m.* s'asphyxier dans un rond de fumée)

# النصّ الفرنسيّ للقسم العربيّ – الفرنسيّ

إنّه وارد في الجانب الأيسر. في الجهة المقابلة للنصّ العربيّ

١. كلمة فرنسيّة (أو عبارة) لكلمة عربيّة (أو عبارة)

٢. كلمة فرنسيّة متبوعة بكلمة (أو أكثر) بين قوسين:

tombes (jour). trait (de caractère). disponible (temps, espace)

إن الكلمات الواردة بين قوسين لا تترجم المعنى العربيّ ولكنّها تلفت الانتباه إلى السياق الذي يجب على القارئ أن يفهم منه المعنى.

٣. كلمتان فرنسيّتان (أو أكثر) لكلمة عربيّة واحدة.

• إنّها منفصلة بنقطة وفاصلة (;) : هي مترادفات فكلّ كلمة موجودة على يمين النقطة والفاصلة قد تحلّ محلّ الكلمة الموجودة على يسارها.

• إنّها منفصلة بخطّ منحرف (/) : هي تدخل في عبارات مترادفة :

frais/indemnité de déplacement = frais de déplacement; indemnité de déplacement

se dresser/s'élever/se lever contre = se dresser contre; s'élever contre; se lever contre

enfourcher/monter un cheval = enfourcher un cheval; monter un cheval

infantile/puéril [*péjor.*] = infantile [*péjor.*]; puéril [*péjor.*]

mettre la main sur/pincer [*fam.*] un voleur = mettre la main sur un voleur; pincer un voleur [*fam.*]

abîmes/profondeurs marin(e)s = abîmes marins; profondeurs marines

dons/qualités intellectuel(le)s = dons intellectuels; qualités intellectuelles

• الكلمات تكوّن مجموعات حرّة. كلّ واحدة منها منفصلة عن الأخرى بفاصلة (,) : إنّها توازي المجموعات العربيّة التي هي منفصلة فيما بينها بفاصلة. فالكلمة الموجودة على يمين الفاصلة قد تحلّ محلّ الكلمة الموجودة على يسارها

domination capitaliste, coloniale = domination capitaliste; domination coloniale

rire, paroles provocant(es) = rire provocant; paroles provocantes

terre, capital productif(ive) = terre productive; capital productif

## ٤. العلامات الخاصّة بالترجمة

- الحروف المائلة قبل الترجمة : الإشارة تتعلّق بالنصّ العربيّ

*isl.* partie du Coran

يعني (*isl.*) أنّ الكلمة العربيّة المعنيّة قد تستعمل في سياق غير إسلاميّ (*isl.*) في معانٍ أخرى ولكن إذا استُعْمِلت الكلمة في نصّ له علاقة بالإسلاميّات فمعناها هو المعنى المشار إليه بعد الحروف المائلة.

*christ.* rosaire; *bot.* rhododendron; *méd.* roséole

معنى الإشارات بالحروف المائلة أن الكلمة العربيّة قد تترجم إلى إحدى الكلمات الفرنسيّة وفق السياق المشار إليه.

- الحروف المائلة بعد الترجمة: الإشارة تتعلّق بالكلمة الفرنسيّة من حيث الصرف او التركيب :

الفعل الفرنسيّ قد يكون لازمًا أو متعدّيًا أمّا هنا فهو لازم — fleurir *intr.*

الكلمة الفرنسيّة قد تستعمل كصفة أو كاسم مؤنّث — parallèle *adj., n.f.*

- الحروف المائلة بين قوسين معقوفين بعد الترجمة
  - تتعلّق الإشارة بمستوى الأسلوب اللغويّ (راجع لائحة المختزلات) :

détaler [*fam.*]; vérolé [*pop.*], disputeur [*litt.*]

  - تتعلّق الإشارة بمعنى الكلمة الحقيقيّ او المجازيّ :

ulcérer [*fig.*]; épineux [*pr.*]; indigeste [*pr.* et *fig.*]

  - تتعلّق الإشارة بالسياق الذي يجب استعمال الكلمة فيه :

front [*mil.*]; charge [*jur.*]; fixatif [*bx-arts, biol.*]

- الكلمات موجودة بين هلالين صغيرين مزدوجين : إنها كلمات دخيلة اللغة الفرنسيّة :

*«lapsus calami, linguae»*

- إذا كان ما يقابل العربيّة كلّه بالحروف المائلة فهو في الحقيقة شرح لا ترجمة :

*pronom personnel*

*titre donné à une femme de haut rang*

*litt. sorte de roman picaresque en prose rimée*

*prononcer la formule «bi-smi-llah»*: au nom de Dieu

## ٥. علامات أخرى بالحروف المائلة

معناها أن الترجمة سترد مقابلةً للصفة — être ... *v. à l'adj.*

معناها أن الترجمة هي الترجمة ذاتها الواردة في السطر السابق — *même sens*

# مختصر في النحو الفرنسيّ

## المعرفة والنكرة

| | أدوات التعريف | | أدوات التنكير | | أدوات التبعيض | |
|---|---|---|---|---|---|---|
| | m. | f. | m. | f. | m. | f. |
| sing. | *le (l')* | *la (l')* | *un* | *une* | *du (de l')* | *de la (de l')* |
| plur. | *les* | | *des* | | *des, de* | |

| الحروف مع أدوات التعريف |
|---|
| *à + le → au*<br>*à + les → aux*<br>*de + le → du*<br>*de + les → des* |

## الأسماء

### جنس الأسماء

- الأسماء الّتي تدلّ على الأشخاص : الاسم تابع لجنس الشخص في تذكيره وتأنيثه
- الأسماء الّتي تدلّ على الأشياء :
  - يكون الاسم مذكرا إذا كان مصحوبا باللواحق التالية : -AGE, -AIL, -AMENT, -EMENT, -IER, -ILLON, -IN, -IS, -ISME, -OIR, -TEUR
  - يكون الاسم مؤنثا إذا كان مصحوبا باللواحق التالية : -ADE, -AIE, -AILLE, -AINE, -AISON, -ANCE, -ANDE, -ÉE, -IE, -ILLE, -ISE, -ISON, -ITUDE, -OIRE, -TÉ, -TION, -TRICE, -URE.

### تأنيث الأسماء

- القاعدة العامّة : المذكّر + -E (*parent, parente ; ami, amie*)
- إذا كان آخر المذكّر
  - -E : لا يتغيّر (*artiste*)
  - -AN, -IN : -ANE, -INE (*faisan, faisane ; cousin, cousine*)
  - -EAU : -ELLE (*jumeau, jumelle*)
  - -ER : -ÈRE (*boucher, bouchère*)
  - -EUR : -EUSE (*prêteur, prêteuse*)
  - -F, -P : -VE (*loup, louve ; veuf, veuve*)
  - -IEN, ION : -IENNE, -IONNE (*chien, chienne ; lion, lionne*)
  - -OUX : -OUSE (*époux, épouse*)
  - -T : -TE (*candidat, candidate*)
  - -TEUR : -TRICE (*acteur, actrice*)

## الجمع

- القاعدة العامّة : المفرد + -s (*sot, sots ; sotte, sottes*)
- إذا كان آخر المفرد
  - -S, -X, -Z: لا يتغيّر
  - -AIL: -AILS (*rail, rails*)
  - -AL: -AUX (*cheval, chevaux*)
  - -AU, -EAU, -EU: + X
  - -OU: + S

## الصفات

### تأنيث الصفات وجمعها

تتمشّى الصفات على نفس القواعد الّتي لاحظناها في تأنيث الأسماء وجمعها

**ما عدا** : *doux, douce ; roux, rousse*, etc.

**درجات الوصف : المقارنة**

المقارنة من حيث الزيادة : que + الصفة + plus

المقارنة من حيث النقص : que + الصفة + moins

المقارنة من حيث التكافؤ : que + الصفة + aussi

صيغة تفضيل الأفضل : الصفة + très, fort, bien

صيغة المفاضلة الإيجابيّة : الصفة + *le plus, la plus, les plus (le plus beau livre, le livre le plus beau)*

صيغة المفاضلة السلبيّة : الصفة + *le moins, la moins, les moins (la moins belle maison, la maison la moins belle)*

# الأعداد (وهي صفات وأسماء)

**الأعداد الأصليّة**

| | | | | | | |
|---|---|---|---|---|---|---|
| 1 | *un* (m.), *une* (f.) | 30 | *trente* | 1 500 | *mille cinq cents* | |
| 2 | *deux* | 40 | *quarante* | | *quinze cents* | أو |
| 3 | *trois* | 50 | *cinquante* | 1 600 | *mille six cents* | |
| 4 | *quatre* | 60 | *soixante* | | *seize cents* | أو |
| 5 | *cinq* | 70 | *soixante-dix* | 1 700 | *mille sept cents* | |
| 6 | *six* | 71 | *soixante et onze* | | *dix-sept cents* | أو |
| 7 | *sept* | 80 | *quatre-vingt(s)* | 1 800 | *mille huit cents* | |
| 8 | *huit* | 81 | *quatre-vingt-un(e)* | | *dix-huit cents* | أو |
| 9 | *neuf* | 90 | *quatre-vingt-dix* | 1 900 | *mille neuf cents* | |
| 10 | *dix* | 91 | *quatre-vingt-onze* | | *dix-neuf cents* | أو |
| 11 | *onze* | 100 | *cent* | 2 000 | *deux mille* | |
| 12 | *douze* | 200 | *deux cents* | 1 000 000 | *un million* | |
| 13 | *treize* | 1 000 | *mille* | 1 100 000 | *un million cent mille* | |
| 14 | *quatorze* | 1 001 | *mille un(e)* | | *onze cent mille* | أو |
| 15 | *quinze* | 1 100 | *mille cent* | 2 000 000 | *deux millions* | |
| 16 | *seize* | أو | *onze cents* | 1 000 000 000 | *un milliard* | |
| 17 | *dix-sept* | 1 200 | *mille deux cents* | | *(arc.) un billion* | أو |
| 18 | *dix-huit* | أو | *douze cents* | 2 000 000 000 | *deux milliards* | |
| 19 | *dix-neuf* | 1 300 | *mille trois cents* | | *(arc.) deux billions* | أو |
| 20 | *vingt* | أو | *treize cents* | 0 | *zéro* | |
| 21 | *vingt et un(e)* | 1 400 | *mille quatre cents* | | | |
| 22 | *vingt-deux* | أو | *quatorze cents* | | | |

ملاحظة : مع cent وَ vingt تسقط علامة الجمع عندما جاء بعدهما عدد آخر. مثلًا :

*quatre-vingts → quatre-vingt-un/deux/trois ... ; trois cents → trois cent un/deux/trois ...*

**الأعداد الترتيبيّة :**

- إنّها مركّبة من العدد الأصليّ الذي زيدت عليه اللاحقة : *-ième*

  مثلًا : *troisième, onzième, deux-centième, millième, millionième*

- أمّا *premier* (أوّل) فهو قد يؤنّث ويجمع :

  مثلًا : *premier, première, premiers, premières*

- أمّا *deuxième* (ثانٍ) الذي يتبع القاعدة العامّة فله مرادف : *second, seconde, seconds, secondes*

# جداول تصريف الأفعال

| INFINITIF | AVOIR | |
|---|---|---|
| **PARTICIPE** | *présent* ayant | *passé* ayant eu |
| **INDICATIF** | *présent*<br>j' ai<br>tu as<br>il a<br>nous avons<br>vous avez<br>ils ont | *passé composé*<br>j' ai eu<br>tu as eu<br>il a eu<br>nous avons eu<br>vous avez eu<br>ils ont eu |
| | *imparfait*<br>j' avais<br>tu avais<br>il avait<br>nous avions<br>vous aviez<br>ils avaient | *plus-que-parfait*<br>j' avais eu<br>tu avais eu<br>il avait eu<br>nous avions eu<br>vous aviez eu<br>ils avaient eu |
| | *passé simple*<br>j' eus<br>tu eus<br>il eut<br>nous eûmes<br>vous eûtes<br>ils eurent | *passé antérieur*<br>j' eus eu<br>tu eus eu<br>il eut eu<br>nous eûmes eu<br>vous eûtes eu<br>ils eurent eu |
| | *futur simple*<br>j' aurai<br>tu auras<br>il aura<br>nous aurons<br>vous aurez<br>ils auront | *futur antérieur*<br>j' aurai eu<br>tu auras eu<br>il aura eu<br>nous aurons eu<br>vous aurez eu<br>ils auront eu |
| **CONDITIONNEL** | *présent*<br>j' aurais<br>tu aurais<br>il aurait<br>nous aurions<br>vous auriez<br>ils auraient | *passé*<br>j' aurais eu<br>tu aurais eu<br>il aurait eu<br>nous aurions eu<br>vous auriez eu<br>ils auraient eu |
| **SUBJONCTIF** | *présent*<br>j' aie<br>tu aies<br>il ait<br>nous ayons<br>vous ayez<br>ils aient | *passé*<br>j' aie eu<br>tu aies eu<br>il ait eu<br>nous ayons eu<br>vous ayez eu<br>ils aient eu |
| | *imparfait*<br>j' eusse<br>tu eusses<br>il eût<br>nous eussions<br>vous eussiez<br>ils eussent | *plus-que-parfait*<br>j' eusse eu<br>tu eusses eu<br>il eût eu<br>nous eussions eu<br>vous eussiez eu<br>ils eussent eu |
| **IMPÉRATIF** | *présent* aie ayons ayez | |

| ÊTRE | |
|---|---|
| *présent* étant | *passé* ayant été |
| *présent*<br>je suis<br>tu es<br>il est<br>nous sommes<br>vous êtes<br>ils sont | *passé composé*<br>j' ai été<br>tu as été<br>il a été<br>nous avons été<br>vous avez été<br>ils ont été |
| *imparfait*<br>j' étais<br>tu étais<br>il était<br>nous étions<br>vous étiez<br>ils étaient | *plus-que-parfait*<br>j avais été<br>tu avais été<br>il avait été<br>nous avions été<br>vous aviez été<br>ils avaient été |
| *passé simple*<br>je fus<br>tu fus<br>il fut<br>nous fûmes<br>vous fûtes<br>ils furent | *passé antérieur*<br>j' eus été<br>tu eus été<br>il eut été<br>nous eûmes été<br>vous eûtes été<br>ils eurent été |
| *futur simple*<br>je serai<br>tu seras<br>il sera<br>nous serons<br>vous serez<br>ils seront | *futur antérieur*<br>j' aurai été<br>tu auras été<br>il aura été<br>nous aurons été<br>vous aurez été<br>ils auront été |
| *présent*<br>je serais<br>tu serais<br>il serait<br>nous serions<br>vous seriez<br>ils seraient | *passé*<br>j' aurais été<br>tu aurais été<br>il aurait été<br>nous aurions été<br>vous auriez été<br>ils auraient été |
| *présent*<br>je sois<br>tu sois<br>il soit<br>nous soyons<br>vous soyez<br>ils soient | *passé*<br>j' aie été<br>tu aies été<br>il ait été<br>nous ayons été<br>vous ayez été<br>ils aient été |
| *imparfait*<br>je fusse<br>tu fusses<br>il fût<br>nous fussions<br>vous fussiez<br>ils fussent | *plus-que-parfait*<br>j' eusse été<br>tu eusses été<br>il eût été<br>nous eussions été<br>vous eussiez été<br>ils eussent été |
| *présent* sois soyons soyez | |

Devant une voyelle, *je* devient *j'* (je suis ; j'ai).

# التصريف

| INFINITIF | | | **aimer** | **copier** | **effacer** | **bouger** | **appuyer** |
|---|---|---|---|---|---|---|---|
| **PARTICIPE** | **présent** | | aimant | copiant | effaçant | bougeant | appuyant |
| | **passé** | | aimé | copié | effacé | bougé | appuyé |
| **INDICATIF** | **présent** | je | aime | copie | efface | bouge | appuie |
| | | tu | aimes | copies | effaces | bouges | appuies |
| | | il | aime | copie | efface | bouge | appuie |
| | | nous | aimons | copions | effaçons | bougeons | appuyons |
| | | vous | aimez | copiez | effacez | bougez | appuyez |
| | | ils | aiment | copient | effacent | bougent | appuient |
| | **imparfait** | je | aimais | copiais | effaçais | bougeais | appuyais |
| | | tu | aimais | copiais | effaçais | bougeais | appuyais |
| | | il | aimait | copiait | effaçait | bougeait | appuyait |
| | | nous | aimions | copiions | effacions | bougions | appuyions |
| | | vous | aimiez | copiiez | effaciez | bougiez | appuyiez |
| | | ils | aimaient | copiaient | effaçaient | bougeaient | appuyaient |
| | **passé simple** | je | aimai | copiai | effaçai | bougeai | appuyai |
| | | tu | aimas | copias | effaças | bougeas | appuyas |
| | | il | aima | copia | effaça | bougea | appuya |
| | | nous | aimâmes | copiâmes | effaçâmes | bougeâmes | appuyâmes |
| | | vous | aimâtes | copiâtes | effaçâtes | bougeâtes | appuyâtes |
| | | ils | aimèrent | copièrent | effacèrent | bougèrent | appuyèrent |
| | **futur** | je | aimerai | copierai | effacerai | bougerai | appuierai |
| | | tu | aimeras | copieras | effaceras | bougeras | appuieras |
| | | il | aimera | copiera | effacera | bougera | appuiera |
| | | nous | aimerons | copierons | effacerons | bougerons | appuierons |
| | | vous | aimerez | copierez | effacerez | bougerez | appuierez |
| | | ils | aimeront | copieront | effaceront | bougeront | appuieront |
| **CONDITIONNEL** | | je | aimerais | copierais | effacerais | bougerais | appuierais |
| | | tu | aimerais | copierais | effacerais | bougerais | appuierais |
| | | il | aimerait | copierait | effacerait | bougerait | appuierait |
| | | nous | aimerions | copierions | effacerions | bougerions | appuierions |
| | | vous | aimeriez | copieriez | effaceriez | bougeriez | appuieriez |
| | | ils | aimeraient | copieraient | effaceraient | bougeraient | appuieraient |
| **SUBJONCTIF** | **présent** | je | aime | copie | efface | bouge | appuie |
| | | tu | aimes | copies | effaces | bouges | appuies |
| | | il | aime | copie | efface | bouge | appuie |
| | | nous | aimions | copiions | effacions | bougions | appuyions |
| | | vous | aimiez | copiiez | effaciez | bougiez | appuyiez |
| | | ils | aiment | copient | effacent | bougent | appuient |
| | **imparfait** | je | aimasse | copiasse | effaçasse | bougeasse | appuyasse |
| | | tu | aimasses | copiasses | effaçasses | bougeasses | appuyasses |
| | | il | aimât | copiât | effaçât | bougeât | appuyât |
| | | nous | aimassions | copiassions | effaçassions | bougeassions | appuyassions |
| | | vous | aimassiez | copiassiez | effaçassiez | bougeassiez | appuyassiez |
| | | ils | aimassent | copiassent | effaçassent | bougeassent | appuyassent |
| **IMPÉRATIF** | | | aime | copie | efface | bouge | appuie |
| | | | aimons | copions | effaçons | bougeons | appuyons |
| | | | aimez | copiez | effacez | bougez | appuyez |

# التصريف

| INFINITIF | | | **payer** | | **geler** | **appeler** | **acheter** | **jeter** |
|---|---|---|---|---|---|---|---|---|
| **PARTICIPE** | **présent** | | payant | | gelant | appelant | achetant | jetant |
| | **passé** | | payé | | gelé | appelé | acheté | jeté |
| **INDICATIF** | **présent** | je | paie | paye | gèle | appelle | achète | jette |
| | | tu | paies | payes | gèles | appelles | achètes | jettes |
| | | il | paie | paye | gèle | appelle | achète | jette |
| | | nous | payons | | gelons | appelons | achetons | jetons |
| | | vous | payez | | gelez | appelez | achetez | jetez |
| | | ils | paient | payent | gèlent | appellent | achètent | jettent |
| | **imparfait** | je | payais | | gelais | appelais | achetais | jetais |
| | | tu | payais | | gelais | appelais | achetais | jetais |
| | | il | payait | | gelait | appelait | achetait | jetait |
| | | nous | payions | | gelions | appelions | achetions | jetions |
| | | vous | payiez | | geliez | appeliez | achetiez | jetiez |
| | | ils | payaient | | gelaient | appelaient | achetaient | jetaient |
| | **passé simple** | je | payai | | gelai | appelai | achetai | jetai |
| | | tu | payas | | gelas | appelas | achetas | jetas |
| | | il | paya | | gela | appela | acheta | jeta |
| | | nous | payâmes | | gelâmes | appelâmes | achetâmes | jetâmes |
| | | vous | payâtes | | gelâtes | appelâtes | achetâtes | jetâtes |
| | | ils | payèrent | | gelèrent | appelèrent | achetèrent | jetèrent |
| | **futur** | je | paierai | payerai | gèlerai | appellerai | achèterai | jetterai |
| | | tu | paieras | payeras | gèleras | appelleras | achèteras | jetteras |
| | | il | paiera | payera | gèlera | appellera | achètera | jettera |
| | | nous | paierons | payerons | gèlerons | appellerons | achèterons | jetterons |
| | | vous | paierez | payerez | gèlerez | appellerez | achèterez | jetterez |
| | | ils | paieront | payeront | gèleront | appelleront | achèteront | jetteront |
| **CONDITIONNEL** | | je | paierais | payerais | gèlerais | appellerais | achèterais | jetterais |
| | | tu | paierais | payerais | gèlerais | appellerais | achèterais | jetterais |
| | | il | paierait | payerait | gèlerait | appellerait | achèterait | jetterait |
| | | nous | paierions | payerions | gèlerions | appellerions | achèterions | jetterions |
| | | vous | paieriez | payeriez | gèleriez | appelleriez | achèteriez | jetteriez |
| | | ils | paieraient | payeraient | gèleraient | appelleraient | achèteraient | jetteraient |
| **SUBJONCTIF** | **présent** | je | paie | paye | gèle | appelle | achète | jette |
| | | tu | paies | payes | gèles | appelles | achètes | jettes |
| | | il | paie | paye | gèle | appelle | achète | jette |
| | | nous | payions | | gelions | appelions | achetions | jetions |
| | | vous | payiez | | geliez | appeliez | achetiez | jetiez |
| | | ils | paient | payent | gèlent | appellent | achètent | jettent |
| | **imparfait** | je | payasse | | gelasse | appelasse | achetasse | jetasse |
| | | tu | payasses | | gelasses | appelasses | achetasses | jetasses |
| | | il | payât | | gelât | appelât | achetât | jetât |
| | | nous | payassions | | gelassions | appelassions | achetassions | jetassions |
| | | vous | payassiez | | gelassiez | appelassiez | achetassiez | jetassiez |
| | | ils | payassent | | gelassent | appelassent | achetassent | jetassent |
| **IMPÉRATIF** | | | paie | paye | gèle | appelle | achète | jette |
| | | | payons | | gelons | appelons | achetons | jetons |
| | | | payez | | gelez | appelez | achetez | jetez |

| INFINITIF | | | semer | céder | envoyer | aller | finir |
|---|---|---|---|---|---|---|---|
| PARTICIPE | présent | | semant | cédant | envoyant | allant | finissant |
| | passé | | semé | cédé | envoyé | allé | fini |
| INDICATIF | présent | je<br>tu<br>il<br>nous<br>vous<br>ils | sème<br>sèmes<br>sème<br>semons<br>semez<br>sèment | cède<br>cèdes<br>cède<br>cédons<br>cédez<br>cèdent | envoie<br>envoies<br>envoie<br>envoyons<br>envoyez<br>envoient | vais<br>vas<br>va<br>allons<br>allez<br>vont | finis<br>finis<br>finit<br>finissons<br>finissez<br>finissent |
| | imparfait | je<br>tu<br>il<br>nous<br>vous<br>ils | semais<br>semais<br>semait<br>semions<br>semiez<br>semaient | cédais<br>cédais<br>cédait<br>cédions<br>cédiez<br>cédaient | envoyais<br>envoyais<br>envoyait<br>envoyions<br>envoyiez<br>envoyaient | allais<br>allais<br>allait<br>allions<br>alliez<br>allaient | finissais<br>finissais<br>finissait<br>finissions<br>finissiez<br>finissaient |
| | passé simple | je<br>tu<br>il<br>nous<br>vous<br>ils | semai<br>semas<br>sema<br>semâmes<br>semâtes<br>semèrent | cédai<br>cédas<br>céda<br>cédâmes<br>cédâtes<br>cédèrent | envoyai<br>envoyas<br>envoya<br>envoyâmes<br>envoyâtes<br>envoyèrent | allai<br>allas<br>alla<br>allâmes<br>allâtes<br>allèrent | finis<br>finis<br>finit<br>finîmes<br>finîtes<br>finirent |
| | futur | je<br>tu<br>il<br>nous<br>vous<br>ils | sèmerai<br>sèmeras<br>sèmera<br>sèmerons<br>sèmerez<br>sèmeront | céderai<br>céderas<br>cédera<br>céderons<br>céderez<br>céderont | enverrai<br>enverras<br>enverra<br>enverrons<br>enverrez<br>enverront | irai<br>iras<br>ira<br>irons<br>irez<br>iront | finirai<br>finiras<br>finira<br>finirons<br>finirez<br>finiront |
| CONDITIONNEL | | je<br>tu<br>il<br>nous<br>vous<br>ils | sèmerais<br>sèmerais<br>sèmerait<br>sèmerions<br>sèmeriez<br>sèmeraient | céderais<br>céderais<br>céderait<br>céderions<br>céderiez<br>céderaient | enverrais<br>enverrais<br>enverrait<br>enverrions<br>enverriez<br>enverraient | irais<br>irais<br>irait<br>irions<br>iriez<br>iraient | finirais<br>finirais<br>finirait<br>finirions<br>finiriez<br>finiraient |
| SUBJONCTIF | présent | je<br>tu<br>il<br>nous<br>vous<br>ils | sème<br>sèmes<br>sème<br>semions<br>semiez<br>sèment | cède<br>cèdes<br>cède<br>cédions<br>cédiez<br>cèdent | envoie<br>envoies<br>envoie<br>envoyions<br>envoyiez<br>envoient | aille<br>ailles<br>aille<br>allions<br>alliez<br>aillent | finisse<br>finisses<br>finisse<br>finissions<br>finissiez<br>finissent |
| | imparfait | je<br>tu<br>il<br>nous<br>vous<br>ils | semasse<br>semasses<br>semât<br>semassions<br>semassiez<br>semassent | cédasse<br>cédasses<br>cédât<br>cédassions<br>cédassiez<br>cédassent | envoyasse<br>envoyasses<br>envoyât<br>envoyassions<br>envoyassiez<br>envoyassent | allasse<br>allasses<br>allât<br>allassions<br>allassiez<br>allassent | finisse<br>finisses<br>finît<br>finissions<br>finissiez<br>finissent |
| IMPÉRATIF | | | sème<br>semons<br>semez | cède<br>cédons<br>cédez | envoie<br>envoyons<br>envoyez | va<br>allons<br>allez | finis<br>finissons<br>finissez |

# التصريف

| INFINITIF | | | ouvrir | s'enfuir | dormir | mentir | servir |
|---|---|---|---|---|---|---|---|
| PARTICIPE | présent | | ouvrant | s'enfuyant | dormant | mentant | servant |
| | passé | | ouvert | enfui | dormi | menti | servi |
| INDICATIF | présent | je<br>tu<br>il<br>nous<br>vous<br>ils | ouvre<br>ouvres<br>ouvre<br>ouvrons<br>ouvrez<br>ouvrent | m'enfuis<br>t'enfuis<br>s'enfuit<br>nous enfuyons<br>vous enfuyez<br>s'enfuient | dors<br>dors<br>dort<br>dormons<br>dormez<br>dorment | mens<br>mens<br>ment<br>mentons<br>mentez<br>mentent | sers<br>sers<br>sert<br>servons<br>servez<br>servent |
| | imparfait | je<br>tu<br>il<br>nous<br>vous<br>ils | ouvrais<br>ouvrais<br>ouvrait<br>ouvrions<br>ouvriez<br>ouvraient | m'enfuyais<br>t'enfuyais<br>s'enfuyait<br>nous enfuyions<br>vous enfuyiez<br>s'enfuyaient | dormais<br>dormais<br>dormait<br>dormions<br>dormiez<br>dormaient | mentais<br>mentais<br>mentait<br>mentions<br>mentiez<br>mentaient | servais<br>servais<br>servait<br>servions<br>serviez<br>servaient |
| | passé simple | je<br>tu<br>il<br>nous<br>vous<br>ils | ouvris<br>ouvris<br>ouvrit<br>ouvrîmes<br>ouvrîtes<br>ouvrirent | m'enfuis<br>t'enfuis<br>s'enfuit<br>nous enfuîmes<br>vous enfuîtes<br>s'enfuirent | dormis<br>dormis<br>dormit<br>dormîmes<br>dormîtes<br>dormirent | mentis<br>mentis<br>mentit<br>mentîmes<br>mentîtes<br>mentirent | servis<br>servis<br>servit<br>servîmes<br>servîtes<br>servirent |
| | futur | je<br>tu<br>il<br>nous<br>vous<br>ils | ouvrirai<br>ouvriras<br>ouvrira<br>ouvrirons<br>ouvrirez<br>ouvriront | m'enfuirai<br>t'enfuiras<br>s'enfuira<br>nous enfuirons<br>vous enfuirez<br>s'enfuiront | dormirai<br>dormiras<br>dormira<br>dormirons<br>dormirez<br>dormiront | mentirai<br>mentiras<br>mentira<br>mentirons<br>mentirez<br>mentiront | servirai<br>serviras<br>servira<br>servirons<br>servirez<br>serviront |
| CONDITIONNEL | | je<br>tu<br>il<br>nous<br>vous<br>ils | ouvrirais<br>ouvrirais<br>ouvrirait<br>ouvririons<br>ouvririez<br>ouvriraient | m'enfuirais<br>t'enfuirais<br>s'enfuirait<br>nous enfuirions<br>vous enfuiriez<br>s'enfuiraient | dormirais<br>dormirais<br>dormirait<br>dormirions<br>dormiriez<br>dormiraient | mentirais<br>mentirais<br>mentirait<br>mentirions<br>mentiriez<br>mentiraient | servirais<br>servirais<br>servirait<br>servirions<br>serviriez<br>serviraient |
| SUBJONCTIF | présent | je<br>tu<br>il<br>nous<br>vous<br>ils | ouvre<br>ouvres<br>ouvre<br>ouvrions<br>ouvriez<br>ouvrent | m'enfuie<br>t'enfuies<br>s'enfuie<br>nous enfuyions<br>vous enfuyiez<br>s'enfuient | dorme<br>dormes<br>dorme<br>dormions<br>dormiez<br>dorment | mente<br>mentes<br>mente<br>mentions<br>mentiez<br>mentent | serve<br>serves<br>serve<br>servions<br>serviez<br>servent |
| | imparfait | je<br>tu<br>il<br>nous<br>vous<br>ils | ouvrisse<br>ouvrisses<br>ouvrît<br>ouvrissions<br>ouvrissiez<br>ouvrissent | m'enfuisse<br>t'enfuisses<br>s'enfuît<br>nous enfuissions<br>vous enfuissiez<br>s'enfuissent | dormisse<br>dormisses<br>dormît<br>dormissions<br>dormissiez<br>dormissent | mentisse<br>mentisses<br>mentît<br>mentissions<br>mentissiez<br>mentissent | servisse<br>servisses<br>servît<br>servissions<br>servissiez<br>servissent |
| IMPÉRATIF | | | ouvre<br>ouvrons<br>ouvrez | enfuis-toi<br>enfuyons-nous<br>enfuyez-vous | dors<br>dormons<br>dormez | mens<br>mentons<br>mentez | sers<br>servons<br>servez |

# التصريف

| INFINITIF | | | **tenir** | **cueillir** | **mourir** | **courir** | **faillir** |
|---|---|---|---|---|---|---|---|
| **PARTICIPE** | **présent** | | tenant | cueillant | mourant | courant | *inusité* |
| | **passé** | | tenu | cueilli | mort | couru | failli |
| **INDICATIF** | **présent** | je<br>tu<br>il<br>nous<br>vous<br>ils | tiens<br>tiens<br>tient<br>tenons<br>tenez<br>tiennent | cueille<br>cueilles<br>cueille<br>cueillons<br>cueillez<br>cueillent | meurs<br>meurs<br>meurt<br>mourons<br>mourez<br>meurent | cours<br>cours<br>court<br>courons<br>courez<br>courent | *inusité* |
| | **imparfait** | je<br>tu<br>il<br>nous<br>vous<br>ils | tenais<br>tenais<br>tenait<br>tenions<br>teniez<br>tenaient | cueillais<br>cueillais<br>cueillait<br>cueillions<br>cueilliez<br>cueillaient | mourais<br>mourais<br>mourait<br>mourions<br>mouriez<br>mouraient | courais<br>courais<br>courait<br>courions<br>couriez<br>couraient | *inusité* |
| | **passé simple** | je<br>tu<br>il<br>nous<br>vous<br>ils | tins<br>tins<br>tint<br>tînmes<br>tîntent<br>tinrent | cueillis<br>cueillis<br>cueillit<br>cueillîmes<br>cueillîtes<br>cueillirent | mourus<br>mourus<br>mourut<br>mourûmes<br>mourûtes<br>moururent | courus<br>courus<br>courut<br>courûmes<br>courûtes<br>coururent | faillis<br>faillis<br>faillit<br>faillîmes<br>faillîtes<br>faillirent |
| | **futur** | je<br>tu<br>il<br>nous<br>vous<br>ils | tiendrai<br>tiendras<br>tiendra<br>tiendrons<br>tiendrez<br>tiendront | cueillerai<br>cueilleras<br>cueillera<br>cueillerons<br>cueillerez<br>cueilleront | mourrai<br>mourras<br>mourra<br>mourrons<br>mourrez<br>mourront | courrai<br>courras<br>courra<br>courrons<br>courrez<br>courront | faillirai<br>failliras<br>faillira<br>faillirons<br>faillirez<br>failliront |
| **CONDITIONNEL** | | je<br>tu<br>il<br>nous<br>vous<br>ils | tiendrais<br>tiendrais<br>tiendrait<br>tiendrions<br>tiendriez<br>tiendraient | cueillerais<br>cueillerais<br>cueillerait<br>cueillerions<br>cueilleriez<br>cueilleraient | mourrais<br>mourrais<br>mourrait<br>mourrions<br>mourriez<br>mourraient | courrais<br>courrais<br>courrait<br>courrions<br>courriez<br>courraient | faillirais<br>faillirais<br>faillirait<br>faillirions<br>failliriez<br>failliraient |
| **SUBJONCTIF** | **présent** | je<br>tu<br>il<br>nous<br>vous<br>ils | tienne<br>tiennes<br>tienne<br>tenions<br>teniez<br>tiennent | cueille<br>cueilles<br>cueille<br>cueillions<br>cueilliez<br>cueillent | meure<br>meures<br>meure<br>mourions<br>mouriez<br>meurent | coure<br>coures<br>coure<br>courions<br>couriez<br>courent | *inusité* |
| | **imparfait** | je<br>tu<br>il<br>nous<br>vous<br>ils | tinsse<br>tinsses<br>tînt<br>tinssions<br>tinssiez<br>tinssent | cueillisse<br>cueillisses<br>cueillît<br>cueillissions<br>cueillissiez<br>cueillissent | mourusse<br>mourusses<br>mourût<br>mourussions<br>mourussiez<br>mourussent | courusse<br>courusses<br>courût<br>courussions<br>courussiez<br>courussent | *inusité* |
| **IMPÉRATIF** | | | tiens<br>tenons<br>tenez | cueille<br>cueillons<br>cueillez | meurs<br>mourons<br>mourez | cours<br>courons<br>courez | *inusité* |

# التصريف

| INFINITIF | | | bouillir | recevoir | devoir | vouloir | pouvoir |
|---|---|---|---|---|---|---|---|
| PARTICIPE | présent | | bouillant | recevant | devant | voulant | pouvant |
| | passé | | bouilli | reçu | dû, due | voulu | pu |
| INDICATIF | présent | je<br>tu<br>il<br>nous<br>vous<br>ils | bous<br>bous<br>bout<br>bouillons<br>bouillez<br>bouillent | reçois<br>reçois<br>reçoit<br>recevons<br>recevez<br>reçoivent | dois<br>dois<br>doit<br>devons<br>devez<br>doivent | veux<br>veux<br>veut<br>voulons<br>voulez<br>veulent | peux<br>peux<br>peut<br>pouvons<br>pouvez<br>peuvent |
| | imparfait | je<br>tu<br>il<br>nous<br>vous<br>ils | bouillais<br>bouillais<br>bouillait<br>bouillions<br>bouilliez<br>bouillaient | recevais<br>recevais<br>recevait<br>recevions<br>receviez<br>recevaient | devais<br>devais<br>devait<br>devions<br>deviez<br>devaient | voulais<br>voulais<br>voulait<br>voulions<br>vouliez<br>voulaient | pouvais<br>pouvais<br>pouvait<br>pouvions<br>pouviez<br>pouvaient |
| | passé simple | je<br>tu<br>il<br>nous<br>vous<br>ils | bouillis<br>bouillis<br>bouillit<br>bouillîmes<br>bouillîtes<br>bouillirent | reçus<br>reçus<br>reçut<br>reçûmes<br>reçûtes<br>reçurent | dus<br>dus<br>dut<br>dûmes<br>dûtes<br>durent | voulus<br>voulus<br>voulut<br>voulûmes<br>voulûtes<br>voulurent | pus<br>pus<br>put<br>pûmes<br>pûtes<br>purent |
| | futur | je<br>tu<br>il<br>nous<br>vous<br>ils | bouillirai<br>bouilliras<br>bouillira<br>bouillirons<br>bouillirez<br>bouilliront | recevrai<br>recevras<br>recevra<br>recevrons<br>recevrez<br>recevront | devrai<br>devras<br>devra<br>devrons<br>devrez<br>devront | voudrai<br>voudras<br>voudra<br>voudrons<br>voudrez<br>voudront | pourrai<br>pourras<br>pourra<br>pourrons<br>pourrez<br>pourront |
| CONDITIONNEL | | je<br>tu<br>il<br>nous<br>vous<br>ils | bouillirais<br>bouillirais<br>bouillirait<br>bouillirions<br>bouilliriez<br>bouilliraient | recevrais<br>recevrais<br>recevrait<br>recevrions<br>recevriez<br>recevraient | devrais<br>devrais<br>devrait<br>devrions<br>devriez<br>devraient | voudrais<br>voudrais<br>voudrait<br>voudrions<br>voudriez<br>voudraient | pourrais<br>pourrais<br>pourrait<br>pourrions<br>pourriez<br>pourraient |
| SUBJONCTIF | présent | je<br>tu<br>il<br>nous<br>vous<br>ils | bouille<br>bouilles<br>bouille<br>bouillions<br>bouilliez<br>bouillent | reçoive<br>reçoives<br>reçoive<br>recevions<br>receviez<br>reçoivent | doive<br>doives<br>doive<br>devions<br>deviez<br>doivent | veuille<br>veuilles<br>veuille<br>voulions<br>vouliez<br>veuillent | puisse<br>puisses<br>puisse<br>puissions<br>puissiez<br>puissent |
| | imparfait | je<br>tu<br>il<br>nous<br>vous<br>ils | *inusité* | reçusse<br>reçusses<br>reçût<br>reçussions<br>reçussiez<br>reçussent | dusse<br>dusses<br>dût<br>dussions<br>dussiez<br>dussent | voulusse<br>voulusses<br>voulût<br>voulussions<br>voulussiez<br>voulussent | pusse<br>pusses<br>pût<br>pussions<br>pussiez<br>pussent |
| IMPÉRATIF | | | bous<br>bouillons<br>bouillez | reçois<br>recevons<br>recevez | *inusité* | veuille<br>veuillons<br>veuillez | *inusité* |

# التصريف

| INFINITIF | | | **savoir** | **valoir** | **voir** | **prévoir** | **s'asseoir** | |
|---|---|---|---|---|---|---|---|---|
| **PARTICIPE** | **présent** | | sachant | valant | voyant | prévoyant | s'asseyant | s'assoyant |
| | **passé** | | su | valu | vu | prévu | assis | assis |
| **INDICATIF** | **présent** | je | sais | vaux | vois | prévois | m'assieds | assois |
| | | tu | sais | vaux | vois | prévois | t'assieds | assois |
| | | il | sait | vaut | voit | prévoit | s'assied | assoit |
| | | nous | savons | valons | voyons | prévoyons | nous asseyons | assoyons |
| | | vous | savez | valez | voyez | prévoyez | vous asseyez | assoyez |
| | | ils | savent | valent | voient | prévoient | s'asseyent | assoient |
| | **imparfait** | je | savais | valais | voyais | prévoyais | m'asseyais | assoyais |
| | | tu | savais | valais | voyais | prévoyais | t'asseyais | assoyais |
| | | il | savait | valait | voyait | prévoyait | s'asseyait | assoyait |
| | | nous | savions | valions | voyions | prévoyions | nous asseyions | assoyions |
| | | vous | saviez | valiez | voyiez | prévoyiez | vous asseyiez | assoyiez |
| | | ils | savaient | valaient | voyaient | prévoyaient | s'asseyaient | assoyaient |
| | **passé simple** | je | sus | valus | vis | prévis | m'assis | |
| | | tu | sus | valus | vis | prévis | t'assis | |
| | | il | sut | valut | vit | prévit | s'assit | |
| | | nous | sûmes | valûmes | vîmes | prévîmes | nous assîmes | |
| | | vous | sûtes | valûtes | vîtes | prévîtes | vous assîtes | |
| | | ils | surent | valurent | virent | prévirent | s'assirent | |
| | **futur** | je | saurai | vaudrai | verrai | prévoirai | m'assiérai | assoirai |
| | | tu | sauras | vaudras | verras | prévoiras | t'assiéras | assoiras |
| | | il | saura | vaudra | verra | prévoira | s'assiéra | assoira |
| | | nous | saurons | vaudrons | verrons | prévoirons | nous assiérons | assoirons |
| | | vous | saurez | vaudrez | verrez | prévoirez | vous assiérez | assoirez |
| | | ils | sauront | vaudront | verront | prévoiront | s'assiéront | assoiront |
| **CONDITIONNEL** | | je | saurais | vaudrais | verrais | prévoirais | m'assiérais | assoirais |
| | | tu | saurais | vaudrais | verrais | prévoirais | t'assiérais | assoirais |
| | | il | saurait | vaudrait | verrait | prévoirait | s'assiérait | assoirait |
| | | nous | saurions | vaudrions | verrions | prévoirions | nous assiérions | assoirions |
| | | vous | sauriez | vaudriez | verriez | prévoiriez | vous assiériez | assoiriez |
| | | ils | sauraient | vaudraient | verraient | prévoiraient | s'assiéraient | assoiraient |
| **SUBJONCTIF** | **présent** | je | sache | vaille | voie | prévoie | m'asseye | assoie |
| | | tu | saches | vailles | voies | prévoies | t'asseyes | assoies |
| | | il | sache | vaille | voie | prévoie | s'asseye | assoie |
| | | nous | sachions | valions | voyions | prévoyions | nous asseyions | assoyions |
| | | vous | sachiez | valiez | voyiez | prévoyiez | vous asseyiez | assoyiez |
| | | ils | sachent | vaillent | voient | prévoient | s'asseyent | assoient |
| | **imparfait** | je | susse | valusse | visse | prévisse | m'assisse | |
| | | tu | susses | valusses | visses | prévisses | t'assisses | |
| | | il | sût | valût | vît | prévît | s'assît | |
| | | nous | sussions | valussions | vissions | prévissions | nous assissions | |
| | | vous | sussiez | valussiez | vissiez | prévissiez | vous assissiez | |
| | | ils | sussent | valussent | vissent | prévissent | s'assissent | |
| **IMPÉRATIF** | | | sache | *inusité* | vois | prévois | assieds-toi | assois-toi |
| | | | sachons | | voyons | prévoyons | asseyons-nous | assoyons-nous |
| | | | sachez | | voyez | prévoyez | asseyez-vous | assoyez-vous |

**pleuvoir :** pleuvant, plu ; il pleut, il pleuvait, il plut, il pleuvra ; il pleuvrait ; qu'il pleuve, qu'il plût.

# التصريف

| INFINITIF | | | **tendre** | **interrompre** | **prendre** | **peindre** | **battre** |
|---|---|---|---|---|---|---|---|
| PARTICIPE | présent | | tendant | interrompant | prenant | peignant | battant |
| | passé | | tendu | interrompu | pris | peint | battu |
| INDICATIF | présent | je<br>tu<br>il<br>vous<br>vous<br>ils | tends<br>tends<br>tend<br>tendons<br>tendez<br>tendent | interromps<br>interromps<br>interrompt<br>interrompons<br>interrompez<br>interrompent | prends<br>prends<br>prend<br>prenons<br>prenez<br>prennent | peins<br>peins<br>peint<br>peignons<br>peignez<br>peignent | bats<br>bats<br>bat<br>battons<br>battez<br>battent |
| | imparfait | je<br>tu<br>il<br>nous<br>vous<br>ils | tendais<br>tendais<br>tendait<br>tendions<br>tendiez<br>tendaient | interrompais<br>interrompais<br>interrompait<br>interrompions<br>interrompiez<br>interrompaient | prenais<br>prenais<br>prenait<br>prenions<br>preniez<br>prenaient | peignais<br>peignais<br>peignait<br>peignions<br>peigniez<br>peignaient | battais<br>battais<br>battait<br>battions<br>battiez<br>battaient |
| | passé simple | je<br>tu<br>il<br>nous<br>vous<br>ils | tendis<br>tendis<br>tendit<br>tendîmes<br>tendîtes<br>tendirent | interrompis<br>interrompis<br>interrompit<br>interrompîmes<br>interrompîtes<br>interrompirent | pris<br>pris<br>prit<br>prîmes<br>prîtes<br>prirent | peignis<br>peignis<br>peignit<br>peignîmes<br>peignîtes<br>peignirent | battis<br>battis<br>battit<br>battîmes<br>battîtes<br>battirent |
| | futur | je<br>tu<br>il<br>nous<br>vous<br>ils | tendrai<br>tendras<br>tendra<br>tendrons<br>tendrez<br>tendront | interromprai<br>interrompras<br>interrompra<br>interromprons<br>interromprez<br>interrompront | prendrai<br>prendras<br>prendra<br>prendrons<br>prendrez<br>prendront | peindrai<br>peindras<br>peindra<br>peindrons<br>peindrez<br>peindront | battrai<br>battras<br>battra<br>battrons<br>battrez<br>battront |
| CONDITIONNEL | | je<br>tu<br>il<br>nous<br>vous<br>ils | tendrais<br>tendrais<br>tendrait<br>tendrions<br>tendriez<br>tendraient | interromprais<br>interromprais<br>interromprait<br>interromprions<br>interrompriez<br>interrompraient | prendrais<br>prendrais<br>prendrait<br>prendrions<br>prendriez<br>prendraient | peindrais<br>peindrais<br>peindrait<br>peindrions<br>peindriez<br>peindraient | battrais<br>battrais<br>battrait<br>battrions<br>battriez<br>battraient |
| SUBJONCTIF | présent | je<br>tu<br>il<br>nous<br>vous<br>ils | tende<br>tendes<br>tende<br>tendions<br>tendiez<br>tendent | interrompe<br>interrompes<br>interrompe<br>interrompions<br>interrompiez<br>interrompent | prenne<br>prennes<br>prenne<br>prenions<br>preniez<br>prennent | peigne<br>peignes<br>peigne<br>peignions<br>peigniez<br>peignent | batte<br>battes<br>batte<br>battions<br>battiez<br>battent |
| | imparfait | je<br>tu<br>il<br>nous<br>vous<br>ils | tendisse<br>tendisses<br>tendît<br>tendissions<br>tendissiez<br>tendissent | interrompisse<br>interrompisses<br>interrompît<br>interrompissions<br>interrompissiez<br>interrompissent | prisse<br>prisses<br>prît<br>prissions<br>prissiez<br>prissent | peignisse<br>peignisses<br>peignît<br>peignissions<br>peignissiez<br>peignissent | battisse<br>battisses<br>battît<br>battissions<br>battissiez<br>battissent |
| IMPÉRATIF | | | tends<br>tendons<br>tendez | interromps<br>interrompons<br>interrompez | prends<br>prenons<br>prenez | peins<br>peignons<br>peignez | bats<br>battons<br>battez |

**falloir :** fallu ; il faut, il fallait, il fallut, il faudra ; il faudrait ; qu'il faille, qu'il fallût.

# التصريف

| INFINITIF | | | mettre | coudre | résoudre | suivre | vivre |
|---|---|---|---|---|---|---|---|
| PARTICIPE | présent | | mettant | cousant | résolvant | suivant | vivant |
| | passé | | mis | cousu | résolu | suivi | vécu |
| INDICATIF | présent | je | mets | couds | résous | suis | vis |
| | | tu | mets | couds | résous | suis | vis |
| | | il | met | coud | résout | suit | vit |
| | | nous | mettons | cousons | résolvons | suivons | vivons |
| | | vous | mettez | cousez | résolvez | suivez | vivez |
| | | ils | mettent | cousent | résolvent | suivent | vivent |
| | imparfait | je | mettais | cousais | résolvais | suivais | vivais |
| | | tu | mettais | cousais | résolvais | suivais | vivais |
| | | il | mettait | cousait | résolvait | suivait | vivait |
| | | nous | mettions | cousions | résolvions | suivions | vivions |
| | | vous | mettiez | cousiez | résolviez | suiviez | viviez |
| | | ils | mettaient | cousaient | résolvaient | suivaient | vivaient |
| | passé simple | je | mis | cousis | résolus | suivis | vécus |
| | | tu | mis | cousis | résolus | suivis | vécus |
| | | il | mit | cousit | résolut | suivit | vécut |
| | | nous | mîmes | cousîmes | résolûmes | suivîmes | vécûmes |
| | | vous | mîtes | cousîtes | résolûtes | suivîtes | vécûtes |
| | | ils | mirent | cousirent | résolurent | suivirent | vécurent |
| | futur | je | mettrai | coudrai | résoudrai | suivrai | vivrai |
| | | tu | mettras | coudras | résoudras | suivras | vivras |
| | | il | mettra | coudra | résoudra | suivra | vivra |
| | | nous | mettrons | coudrons | résoudrons | suivrons | vivrons |
| | | vous | mettrez | coudrez | résoudrez | suivrez | vivrez |
| | | ils | mettront | coudront | résoudront | suivront | vivront |
| CONDITIONNEL | | je | mettrais | coudrais | résoudrais | suivrais | vivrais |
| | | tu | mettrais | coudrais | résoudrais | suivrais | vivrais |
| | | il | mettrait | coudrait | résoudrait | suivrait | vivrait |
| | | nous | mettrions | coudrions | résoudrions | suivrions | vivrions |
| | | vous | mettriez | coudriez | résoudriez | suivriez | vivriez |
| | | ils | mettraient | coudraient | résoudraient | suivraient | vivraient |
| SUBJONCTIF | présent | je | mette | couse | résolve | suive | vive |
| | | tu | mettes | couses | résolves | suives | vives |
| | | il | mette | couse | résolve | suive | vive |
| | | nous | mettions | cousions | résolvions | suivions | vivions |
| | | vous | mettiez | cousiez | résolviez | suiviez | viviez |
| | | ils | mettent | cousent | résolvent | suivent | vivent |
| | imparfait | je | misse | cousisse | résolusse | suivisse | vécusse |
| | | tu | misses | cousisses | résolusses | suivisses | vécusses |
| | | il | mît | cousît | résolût | suivît | vécût |
| | | nous | missions | cousissions | résolussions | suivissions | vécussions |
| | | vous | missiez | cousissiez | résolussiez | suivissiez | vécussiez |
| | | ils | missent | cousissent | résolussent | suivissent | vécussent |
| IMPÉRATIF | | | mets | couds | résous | suis | vis |
| | | | mettons | cousons | résolvons | suivons | vivons |
| | | | mettez | cousez | résolvez | suivez | vivez |

# التصريف

| INFINITIF | | | **connaître** | **naître** | **rire** | **conduire** | **écrire** |
|---|---|---|---|---|---|---|---|
| PARTICIPE | présent | | connaissant | naissant | riant | conduisant | écrivant |
| | passé | | connu | né | ri | conduit | écrit |
| INDICATIF | présent | je<br>tu<br>il<br>nous<br>vous<br>ils | connais<br>connais<br>connaît<br>connaissons<br>connaissez<br>connaissent | nais<br>nais<br>naît<br>naissons<br>naissez<br>naissent | ris<br>ris<br>rit<br>rions<br>riez<br>rient | conduis<br>conduis<br>conduit<br>conduisons<br>conduisez<br>conduisent | écris<br>écris<br>écrit<br>écrivons<br>écrivez<br>écrivent |
| | imparfait | je<br>tu<br>il<br>nous<br>vous<br>ils | connaissais<br>connaissais<br>connaissait<br>connaissions<br>connaissiez<br>connaissaient | naissais<br>naissais<br>naissait<br>naissions<br>naissiez<br>naissaient | riais<br>riais<br>riait<br>riions<br>riiez<br>riaient | conduisais<br>conduisais<br>conduisait<br>conduisions<br>conduisiez<br>conduisaient | écrivais<br>écrivais<br>écrivait<br>écrivions<br>écriviez<br>écrivaient |
| | passé simple | je<br>tu<br>il<br>nous<br>vous<br>ils | connus<br>connus<br>connut<br>connûmes<br>connûtes<br>connurent | naquis<br>naquis<br>naquit<br>naquîmes<br>naquîtes<br>naquirent | ris<br>ris<br>rit<br>rîmes<br>rîtes<br>rirent | conduisis<br>conduisis<br>conduisit<br>conduisîmes<br>conduisîtes<br>conduisirent | écrivis<br>écrivis<br>écrivit<br>écrivîmes<br>écrivîtes<br>écrivirent |
| | futur | je<br>tu<br>il<br>nous<br>vous<br>ils | connaîtrai<br>connaîtras<br>connaîtra<br>connaîtrons<br>connaîtrez<br>connaîtront | naîtrai<br>naîtras<br>naîtra<br>naîtrons<br>naîtrez<br>naîtront | rirai<br>riras<br>rira<br>rirons<br>rirez<br>riront | conduirai<br>conduiras<br>conduira<br>conduirons<br>conduirez<br>conduiront | écrirai<br>écriras<br>écrira<br>écrirons<br>écrirez<br>écriront |
| CONDITIONNEL | | je<br>tu<br>il<br>nous<br>vous<br>ils | connaîtrais<br>connaîtrais<br>connaîtrait<br>connaîtrions<br>connaîtriez<br>connaîtraient | naîtrais<br>naîtrais<br>naîtrait<br>naîtrions<br>naîtriez<br>naîtraient | rirais<br>rirais<br>rirait<br>ririons<br>ririez<br>riraient | conduirais<br>conduirais<br>conduirait<br>conduirions<br>conduiriez<br>conduiraient | écrirais<br>écrirais<br>écrirait<br>écririons<br>écririez<br>écriraient |
| SUBJONCTIF | présent | je<br>tu<br>il<br>nous<br>vous<br>ils | connaisse<br>connaisses<br>connaisse<br>connaissions<br>connaissiez<br>connaissent | naisse<br>naisses<br>naisse<br>naissions<br>naissiez<br>naissent | rie<br>ries<br>rie<br>riions<br>riiez<br>rient | conduise<br>conduises<br>conduise<br>conduisions<br>conduisiez<br>conduisent | écrive<br>écrives<br>écrive<br>écrivions<br>écriviez<br>écrivent |
| | imparfait | je<br>tu<br>il<br>nous<br>vous<br>ils | connusse<br>connusses<br>connût<br>connussions<br>connussiez<br>connussent | naquisse<br>naquisses<br>naquît<br>naquissions<br>naquissiez<br>naquissent | risse<br>risses<br>rît<br>rissions<br>rissiez<br>rissent | conduisisse<br>conduisisses<br>conduisît<br>conduisissions<br>conduisissiez<br>conduisissent | écrivisse<br>écrivisses<br>écrivît<br>écrivissions<br>écrivissiez<br>écrivissent |
| IMPÉRATIF | | | connais<br>connaissons<br>connaissez | nais<br>naissons<br>naissez | ris<br>rions<br>riez | conduis<br>conduisons<br>conduisez | écris<br>écrivons<br>écrivez |

# التصريف

| INFINITIF | | | faire | plaire | taire | distraire | convaincre |
|---|---|---|---|---|---|---|---|
| PARTICIPE | présent | | faisant | plaisant | taisant | distrayant | convainquant |
| | passé | | fait | plu | tu | distrait | convaincu |
| INDICATIF | présent | je | fais | plais | tais | distrais | convaincs |
| | | tu | fais | plais | tais | distrais | convaincs |
| | | il | fait | plaît | tait | distrait | convainc |
| | | nous | faisons | plaisons | taisons | distrayons | convainquons |
| | | vous | faites | plaisez | taisez | distrayez | convainquez |
| | | ils | font | plaisent | taisent | distraient | convainquent |
| | imparfait | je | faisais | plaisais | taisais | distrayais | convainquais |
| | | tu | faisais | plaisais | taisais | distrayais | convainquais |
| | | il | faisait | plaisait | taisait | distrayait | convainquait |
| | | nous | faisions | plaisions | taisions | distrayions | convainquions |
| | | vous | faisiez | plaisiez | taisiez | distrayiez | convainquiez |
| | | ils | faisaient | plaisaient | taisaient | distrayaient | convainquaient |
| | passé simple | je | fis | plus | tus | *inusité* | convainquis |
| | | tu | fis | plus | tus | | convainquis |
| | | il | fit | plut | tut | | convainquit |
| | | nous | fîmes | plûmes | tûmes | | convainquîmes |
| | | vous | fîtes | plûtes | tûtes | | convainquîtes |
| | | ils | firent | plurent | turent | | convainquirent |
| | futur | je | ferai | plairai | tairai | distrairai | convaincrai |
| | | tu | feras | plairas | tairas | distrairas | convaincras |
| | | il | fera | plaira | taira | distraira | convaincra |
| | | nous | ferons | plairons | tairons | distrairons | convaincrons |
| | | vous | ferez | plairez | tairez | distrairez | convaincrez |
| | | ils | feront | plairont | tairont | distrairont | convaincront |
| CONDITIONNEL | | je | ferais | plairais | tairais | distrairais | convaincrais |
| | | tu | ferais | plairais | tairais | distrairais | convaincrais |
| | | il | ferait | plairait | tairait | distrairait | convaincrait |
| | | nous | ferions | plairions | tairions | distrairions | convaincrions |
| | | vous | feriez | plairiez | tairiez | distrairiez | convaincriez |
| | | ils | feraient | plairaient | tairaient | distrairaient | convaincraient |
| SUBJONCTIF | présent | je | fasse | plaise | taise | distraie | convainque |
| | | tu | fasses | plaises | taises | distraies | convainques |
| | | il | fasse | plaise | taise | distraie | convainque |
| | | nous | fassions | plaisions | taisions | distrayions | convainquions |
| | | vous | fassiez | plaisiez | taisiez | distrayiez | convainquiez |
| | | ils | fassent | plaisent | taisent | distraient | convainquent |
| | imparfait | je | fisse | plusse | tusse | *inusité* | convainquisse |
| | | tu | fisses | plusses | tusses | | convainquisses |
| | | il | fît | plût | tût | | convainquît |
| | | nous | fissions | plussions | tussions | | convainquissions |
| | | vous | fissiez | plussiez | tussiez | | convainquissiez |
| | | ils | fissent | plussent | tussent | | convainquissent |
| IMPÉRATIF | | | fais | plais | tais | distrais | convaincs |
| | | | faisons | plaisons | taisons | distrayons | convainquons |
| | | | faites | plaisez | taisez | distrayez | convainquez |

# التصريف

| INFINITIF | | | **dire** | **interdire** | **lire** | **croire** | **boire** |
|---|---|---|---|---|---|---|---|
| PARTICIPE | présent | | disant | interdisant | lisant | croyant | buvant |
| | passé | | dit | interdit | lu | cru | bu |
| INDICATIF | présent | je | dis | interdis | lis | crois | bois |
| | | tu | dis | interdis | lis | crois | bois |
| | | il | dit | interdit | lit | croit | boit |
| | | nous | disons | interdisons | lisons | croyons | buvons |
| | | vous | dites | interdisez | lisez | croyez | buvez |
| | | ils | disent | interdisent | lisent | croient | boivent |
| | imparfait | je | disais | interdisais | lisais | croyais | buvais |
| | | tu | disais | interdisais | lisais | croyais | buvais |
| | | il | disait | interdisait | lisait | croyait | buvait |
| | | nous | disions | interdisions | lisions | croyions | buvions |
| | | vous | disiez | interdisiez | lisiez | croyiez | buviez |
| | | ils | disaient | interdisaient | lisaient | croyaient | buvaient |
| | passé simple | je | dis | interdis | lus | crus | bus |
| | | tu | dis | interdis | lus | crus | bus |
| | | il | dit | interdit | lut | crut | but |
| | | nous | dîmes | interdîmes | lûmes | crûmes | bûmes |
| | | vous | dîtes | interdîtes | lûtes | crûtes | bûtes |
| | | ils | dirent | interdirent | lurent | crurent | burent |
| | futur | je | dirai | interdirai | lirai | croirai | boirai |
| | | tu | diras | interdiras | liras | croiras | boiras |
| | | il | dira | interdira | lira | croira | boira |
| | | nous | dirons | interdirons | lirons | croirons | boirons |
| | | vous | direz | interdirez | lirez | croirez | boirez |
| | | ils | diront | interdiront | liront | croiront | boiront |
| CONDITIONNEL | | je | dirais | interdirais | lirais | croirais | boirais |
| | | tu | dirais | interdirais | lirais | croirais | boirais |
| | | il | dirait | interdirait | lirait | croirait | boirait |
| | | nous | dirions | interdirions | lirions | croirions | boirions |
| | | vous | diriez | interdiriez | liriez | croiriez | boiriez |
| | | ils | diraient | interdiraient | liraient | croiraient | boiraient |
| SUBJONCTIF | présent | je | dise | interdise | lise | croie | boive |
| | | tu | dises | interdises | lises | croies | boives |
| | | il | dise | interdise | lise | croie | boive |
| | | nous | disions | interdisions | lisions | croyions | buvions |
| | | vous | disiez | interdisiez | lisiez | croyiez | buviez |
| | | ils | disent | interdisent | lisent | croient | boivent |
| | imparfait | je | disse | interdisse | lusse | crusse | busse |
| | | tu | disses | interdisses | lusses | crusses | busses |
| | | il | dît | interdît | lût | crût | bût |
| | | nous | dissions | interdissions | lussions | crussions | bussions |
| | | vous | dissiez | interdissiez | lussiez | crussiez | bussiez |
| | | ils | dissent | interdissent | lussent | crussent | bussent |
| IMPÉRATIF | | | dis | interdis | lis | crois | bois |
| | | | disons | interdisons | lisons | croyons | buvons |
| | | | dites | interdisez | lisez | croyez | buvez |

# Transcription phonétique الأصوات العربيّة المكتوبة بالحروف اللاتينيّة

| | | | |
|---|---|---|---|
| **[a]** | *«alif»* | support graphique de la *«hamza»* «`» initiale: voyelle longue | ا |
| **[b]** | *«bā`»* | occlusive bilabiale sonore | ب |
| **[t]** | *«tā`»* | occlusive dentale sourde | ت |
| **[θ]** | *«thā`»* | fricative interdentale sourde | ث |
| **[j]** | *«jīm»* | occlusive affriquée sonore | ج |
| **[ḥ]** | *«ḥā`»* | fricative pharyngale sourde | ح |
| **[x]** | *«ẖā`»* ou *khā`»* | fricative vélaire sourde | خ |
| **[d]** | *«dāl»* | dentale sonore | د |
| **[δ]** | *«ḏāl»* | fricative interdentale sonore | ذ |
| **[r]** | *«rā`»* | apicale vibrante | ر |
| **[z]** | *«zāy»* ou *«zā`»* | sifflante sonore | ز |
| **[s]** | *«sīn»* | sifflante sourde | س |
| **[š]** | *«ṣād»* | prépalatale chuintante sourde | ش |
| **[ṣ]** | *«ṣād»* | sifflante sourde emphatique | ص |
| **[ḍ]** | *«ḍād»* | occlusive dentale sonore emphatique | ض |
| **[ṭ]** | *«ṭā`»* | occlusive dentale sourde emphatique | ط |
| **[ẓ]** | *«ẓā`»* | fricative interdentale sonore emphatique | ظ |
| **[ε]** | *«ε ain»* | fricative pharyngale sonore | ع |
| **[ġ]** | *«ġayn»* | fricative vélaire sonore | غ |
| **[f]** | *«fā`»* | fricative labio-dentale sourde | ف |
| **[ḳ]** | *«qāf»* | occlusive postpalatale sourde emphatique | ق |
| **[k]** | *«kāf»* | postpalatale non emphatique sourde | ك |
| **[l]** | *«lām»* | apico-dentale latérale | ل |
| **[m]** | *«mīm»* | labiale nasale | م |
| **[n]** | *«nūn»* | dentale nasale | ن |
| **[h]** | *«hā`»* | glottale fricative | ه |
| **[w]** | *«wāw»* | semi-voyelle labiale | و |
| **[y]** | *«yā`»* | semi-voyelle prépalatale | ي |

# الدول الأعضاء في الجامعة العربيّة

يوجد في السطر الأوّل اسم البلد والنسبة اليه
في السطر الثاني المدن الكبرى ابتداءًا من العاصمة
في السطر الثالث العملة وأقسامها

1. **الأُرْدُن** (أُرْدُنيّ)
**عمّان**. العَقَبة
الدينار الأردنيّ 1000 فلس

2. **الإمارات العَرَبيّة المُتَّحِدة**
**أبو ظَبْي**. دُبيّ
الدرهم

3. **البَحْرَيْن** (بَحْرانيّ)
**المَنامة**
الدينار البحرانيّ

4. **تُونِس** (تونِسيّ)
**تونِس**. بَنْزَرت. صفاقس. سوسة
الدينار التونسيّ 1000 مليم

5. **الجَزائِر** (جَزائِريّ)
**الجَزائِر**. وَهْران. عَنّابة. قُسَنْطينة
الدينار الجزائريّ 100 سنتيم

6. **جيبوتيّ**
**جيبوتي**
الفرنك الجيبوتيّ

7. **السُودان** (سودانيّ)
**الخَرْطوم**. بور سودان. أم دُرْمان
الليرة السودانيّة/الجنيه 100 قرش

8. **سوريا أو سُوريّة** (سُوريّ)
**دِمَشْق**. حلَب. حُمْص. اللاذِقيّة
الليرة السوريّة - 100 قرش

9. **الصُومال** (صُوماليّ)
**مُقَديشيو**. بَرْبَرة
الشِلِّن الصوماليّ 100 سَنْتزيمي

10. **العِراق** (عِراقيّ)
**بَغْداد**. بَصْرة. المَوْصل. كِرْكوك
الدينار العراقيّ 5 ريالات. 20 درهم. 1000 فلس

11. **العَرَبيّة السَعوديّة** (سَعوديّ)
**الرياض**. جَدّة. مَكّة. المدينة
الريال السعوديّ 20 قرش

12. **عُمان** (عُمانيّ)
**مُسْقَط**. مَطْرَح. سلالة
الريال العمانيّ

13. **قَطَر** (قَطَريّ)
**الدوحة**
الريال القطريّ

14. **الكُوَيْت** (كُوَيْتيّ)
**الكُوَيْت**
الدينار الكويتيّ 10 دَراهِم او 1000 فِلْس

15. **لُبْنان** (لُبْنانيّ)

**بَيْروت**. طَرابُلس. صَيْدا. صور

الليرة اللبنانيّة = **100 قرش**

16. **لِيبيا** (ليبيّ)

**طَرابُلس**. بَنْغازي. سَبْها

الدينار الليبيّ = **1000 درهم**

17. **مِصْر** (مِصْريّ)

**القاهِرة**. الإسْكَنْدَريّة. بور سَعيد. أسْوان

الليرة المصريّة/الجُنَيْه = **100 قرش**

18. **المَغْرِب** (مَغْربيّ)

**الرِباط**. الدار البيضاء. فاس. مرّاكش

الدرهم المغربيّ = **100 سنتيم**

19. **موريتانيا** (موريتانيّ)

**نواكشوط**. نواذيب

**الأوقية** = **5 خم**

20. **اليَمَن الشَماليّ** (يَمَنيّ)

**صَنْعاء**. الحُدَيْدة. تعز

الريال اليمني = **40 بُقْس**

21. **اليَمَن الجَنوبيّ** (يَمَنيّ)

**عَدَن**. المُكَلّا

الدينار اليمنيّ = **1000 فلس**

# لائحة بلدان العالم

(البلدان العربية ص ٣٦–٣٧)

1. اتحاد الجمهوريات الاشتراكية السوفيتية — U.R.S.S.
2. اثيوبيا — Éthiopie
3. الاراضي الواطئة — Pays-Bas
4. الارجنتين — Argentine
5. اسبانيا — Espagne
6. استراليا — Australie
7. اسرائيل — Israël
8. افغانستان — Afghānistān
9. اكوادور — Équateur
10. البانيا — Albanie
11. المانيا — Allemagne
12. انجولا — Angola
13. اندونيسيا — Indonésie
14. اوروجواي — Uruguay
15. اوغندا — Ouganda
16. اوكرانيا — Ukraine
17. ايران — Iran
18. ايرلندا — Irlande
19. ايسلندا — Islande
20. ايطاليا — Italie
21. بابوا غينيا الجديدة — Papouasie - Nouvelle-Guinée
22. باراجواي — Paraguay
23. باكستان — Pàkistàn
24. البرازيل — Brésil
25. بربادوس — Barbade
26. البرتغال — Portugal
27. بريطانيا العظمى — Grande-Bretagne
28. بلجيكا — Belgique
29. بلغاريا — Bulgarie
30. بنجلاديش — Bangladesh
31. بنما — Panamá
32. بنين — Bénin
33. بوتسوانا — Botswana
34. بورما — Birmanie
35. بوروندي — Burundi
36. بولندا — Pologne
37. بوليفيا — Bolivie
38. بيرو — Pérou
39. بيلوروسيا — Biélorussie
40. تايلاند — Thaïlande
41. تركيا — Turquie
42. ترينيداد وتوباجو — Trinité et Tobago
43. تشاد — Tchad
44. تشيكوسلوفاكيا — Tchécoslovaquie
45. تنزانيا — Tanzanie
46. توجو — Togo
47. تونجا — Tonga
48. جابون — Gabon
49. جامايكا — Jamaïque
50. جامبيا — Gambie
51. جرينادا — Grenade
52. جواتيمالا — Guatemala
53. الدنمارك — Danemark
54. دومينيكا — Dominique
55. الرأس الاخضر — Cap-Vert
56. رواندا — Ruanda
57. رومانيا — Roumanie
58. زائير — Zaïre
59. زامبيا — Zambie
60. زمبابوي — Zimbabwe
61. ساحل العاج — Côte-d'Ivoire
62. سانت لوسيا — Sainte-Lucie

| | | |
|---|---|---|
| 63. | سان مارينو | Saint-Marin |
| 64. | ساوتومي وبرنسيبي | Sao Tomé e Principe |
| 65. | سري لانكا | Sri Lanka |
| 66. | السلفادور | Salvador |
| 67. | سنغافورة | Singapour |
| 68. | السنغال | Sénégal |
| 69. | سوازيلاند | Swaziland |
| 70. | سورينام | Surinam |
| 71. | السويد | Suède |
| 72. | سويسرا | Suisse |
| 73. | سيشل | Seychelles |
| 74. | سيرا ليون | Sierra Leone |
| 75. | شيلي | Chili |
| 76. | الصين | Chine |
| 77. | غانا | Ghāna |
| 78. | غيانا | Guyane |
| 79. | غينيا | Guinée |
| 80. | غينيا بيساو | Guinée-Bissau |
| 81. | فرنسا | France |
| 82. | الفلبين | Philippines |
| 83. | فنزويلا | Venezuela |
| 84. | فنلندا | Finlande |
| 85. | فولتا العليا | Haute-Volta |
| 86. | فيتنام | Viêt-nam |
| 87. | قبرص | Chypre |
| 88. | جزر القمر | Comores |
| 89. | الكامرون | Cameroun |
| 90. | كمبوتشيا | Cambodge |
| 91. | كندا | Canada |
| 92. | كوبا | Cuba |
| 93. | كوريا | Corée |
| 94. | كوستاريكا | Costa Rica |
| 95. | كولومبيا | Colombie |
| 96. | الكونغو | Congo |
| 97. | كينيا | Kenya |
| 98. | لاو | Laos |
| 99. | لكسمبورج | Luxembourg |
| 100. | ليبيريا | Liberia |
| 101. | ليسوتو | Lesotho |
| 102. | المالديف | Maldives |
| 103. | مالطة | Malte |
| 104. | مالي | Mali |
| 105. | ماليزيا | Malaysia |
| 106. | المجر | Hongrie |
| 107. | مدغشقر | Madagascar |
| 108. | المكسيك | Mexique |
| 109. | ملاوي | Malawi |
| 110. | موريشيوس | Maurice |
| 111. | موزمبيق | Mozambique |
| 112. | موناكو | Monaco |
| 113. | مونغوليا | Mongolie |
| 114. | ناميبيا | Namibie |
| 115. | النرويج | Norvège |
| 116. | النمسا | Autriche |
| 117. | نيبال | Népal |
| 118. | النيجر | Niger |
| 119. | نيجيريا | Nigeria |
| 120. | نيكاراجوا | Nicaragua |
| 121. | نيوزيلندا | Nouvelle-Zélande |
| 122. | هايتي | Haïti |
| 123. | الهند | Inde |
| 124. | هندوراس | Honduras |
| 125. | وسط افريقيا | Centrafrique |
| 126. | الولايات المتّحدة الامريكية | États-Unis d'Amérique |
| 127. | اليابان | Japon |
| 128. | يوغوسلافيا | Yougoslavie |
| 129. | اليونان | Grèce |

# المنظمات (الهيئات) الدولية

| | |
|---|---|
| 1. الاتحاد الأوربي الغربي | **U.E.O.** Union de l'Europe occidentale |
| 2. الاتحاد التعاوني الدولي | **A.C.I.** Alliance coopérative internationale |
| 3. الاتحاد الدولي للمواصلات السلكية واللاسلكية | **U.I.T.** Union internationale des télécommunications |
| 4. إتحاد السياحة الدولي | **A.I.T.** Alliance internationale de tourisme |
| 5. الاتحاد العالمي للبريد (الأمم المتحدة) | **U.P.U.** Union postale universelle |
| 6. الاتحاد العام للشغل | **C.G.T.** Confédération générale du travail |
| 7. اتحاد العمال الأمريكي | **A.F.L.** Américan Federation of Labor |
| 8. إتحاد المدفوعات الأوربي | **U.E.P.** Union européenne des paiements |
| 9. إتحاد المعارض الدولية | **U.F.I.** Union des foires internationales |
| 10. الاتفاقية العامة للتعريفات الجمركية والتجارة | **A.G.T.D.C.** Accord général sur les tarifs douaniers et le commerce |
| 11. الادارة الوطنية للملاحة والفضاء | **N.A.S.A.** National Aeronautics and Space Administration |
| 12. البنك الاسلامي للتنمية | **B.I.D.** Banque islamique de développement |
| 13. البنك الأوربي للاستثمارات | **B.E.I.** Banque européenne d'investissement |
| 14. بنك التسويات الدولية | **B.R.I.** Banque des règlements internationaux |
| 15. البنك الدولي للإنشاء والتعمير | **B.I.R.D.** Banque internationale pour la reconstruction et le développement |
| 16. جامعة الدول العربية | **L.E.A.** Ligue des États arabes |
| 17. الجماعة الاقتصادية الأوربية | **C.E.E.** Communauté économique européenne |
| 18. الجماعة الأوربية للفحم والفولاذ | **C.E.C.A.** Communauté européenne du charbon et de l'acier |
| 19. جمعية التجارة الحرة الأوربية | **A.E.L.E.** Association européenne de libre-échange |
| 20. الجمعية الدولية للعلاقات العامة | **A.I.R.P.** Association internationale des relations publiques |

| | |
|---|---|
| 21. الجمعية الدولية للنقل الجوي | **A.T.A.I.** Association de transport aérien international |
| 22. الجمعية المالية الدولية | **A.F.I.** Association fiscale internationale |
| 23. السوق الأوربية المشتركة | **M.C.E.** Marché commun européen |
| 24. السوق العربية المشتركة | **M.C.A.** Marché commun arabe |
| 25. صندوق الأمم المتحدة الدولي لإغاثة الأطفال | **U.N.I.C.E.F.** United Nations International Children's Emergency Fund<br>**F.N.U.E.** Fonds des Nations unies pour l'enfance |
| 26. صندوق النقد الدولي (الأمم المتحدة) | **F.M.I.** Fonds monétaire international |
| 27. غرفة التجارة الدولية | **C.C.I.** Chambre de commerce international |
| 28. اللجنة الاقتصادية لأسيا والشرق الأقصى | **C.E.A.E.O.** Commission économique (de l'O.N.U.) pour l'Asie et l'Extrême-Orient |
| 29. اللجنة الاقتصادية لإفريقيا (الأمم المتحدة) | **C.E.A.** Commission économique (de l'O.N.U.) pour l'Afrique |
| 30. اللجنة الاقتصادية لأوربا (الأمم المتحدة) | **C.E.E.-UN** Commission économique (de l'O.N.U.) pour l'Europe |
| 31. مؤتمر الأمم المتحدة للتجارة والتنمية | **C.N.U.C.E.D.** Conférence des Nations unies sur le commerce et le développement |
| 32. المجلس الاقتصادي والاجتماعي (الأمم المتحدة) | **C.E.S.** Conseil économique et social (de l'O.N.U.) |
| 33. مقر القيادة العليا لقوات الحلفاء في أوربا | **SHAPE** Supreme Headquarters Allied Powers Europe<br>**E.M.S.F.A.E.** État-major suprême des forces alliées en Europe |
| 34. مكتب تنسيق التعريب (في الوطن العربي) | **B.P.A.** Bureau permanent d'arabisation |
| 35. مكتب العمل الدولي | **B.I.T.** Bureau international du travail |
| 36. منظمة الأمم المتحدة | **O.N.U.** Organisation des Nations unies |
| 37. منظمة الأمم المتحدة للتربية والعلوم والثقافة (الاونسكو او اليونسكو) | **UNESCO** United Nations Educational, Scientific, and Cultural Organization<br>**UNESCO** Organisation des Nations unies pour l'éducation, la science et la culture |

| | |
|---|---|
| **FAO** Food and Agriculture Organization (UN)<br>**O.A.A.** Organisation des Nations unies pour l'alimentation et l'agriculture | 38. منظمة الأغذية والزراعة |
| **O.P.E.P.** Organisation des pays exportateurs de pétrole<br>**OPEC** Organization of Petroleum Exporting Countries | 39. منظمة البلدان المصدرة للنفط |
| **O.L.P.** Organisation de libération de la Palestine | 40. منظمة التحرير الفلسطينية |
| **O.C.D.E.** Organisation de coopération et de développement économique | 41. منظمة التعاون الاقتصادي والتنمية |
| **O.I.A.C.** Organisation internationale de l'aviation civile | 42. المنظمة الدولية للطيران المدني (الأمم المتحدة) |
| **O.T.A.S.E.** Organisation du traité de l'Asie du Sud-Est<br>**SEATO** Southeast Asia Treaty Organization | 43. منظمة حلف جنوب شرق اسيا |
| **O.T.A.N.** Organisation du traité de l'Atlantique Nord<br>**NATO** North Atlantic Treaty Organization | 44. منظمة حلف شمال الأطلسي |
| **O.M.S.** Organisation mondiale de la santé | 45. منظمة الصحة العالمية (الأمم المتحدة) |
| **O.M.M.** Organisation météorologique mondiale | 46. المنظمة العالمية للأرصاد الجوية (الأمم المتحدة) |
| **ALECSO** Arab League Educational, Cultural and Scientific Organization | 47. المنظمة العربية للتربية والثقافة والعلوم |
| **O.I.T.** Organisation internationale du travail | 48. منظمة العمل الدولية |
| **O.C.I.** Organisation du congrès islamique | 49. منظمة الموتمر الإسلامي |
| **O.U.A.** Organisation de l'unité africaine | 50. منظمة الوحدة الافريقية |
| **A.I.D.** Association internationale de développement | 51. هيئة التنمية الدولية |
| **CIA** Central Intelligence Agency | 52. وكالة الاستخبارات المركزية |
| **UNRWA** United Nations Relief and Works Agency (for Palestine Refugees in the Near East) | 53. وكالة الأمم المتحدة لاغاثة وتشغيل اللاجئين الفلسطينيين في الشرق الأدنى |
| **C.E.E.A.** Communauté européenne de l'énergie atomique (Euratom) | 54. الوكالة الدولية للطاقة الذرية (الأمم المتحدة) |

# الموافقة
# بين التقويم القمري والتقويم الشمسي

## Correspondance des calendriers lunaire et solaires

| السنة الهجرية 1400 | | السنة الميلادية 1979-1980 | | | | |
|---|---|---|---|---|---|---|
| اليوم | الأشهر القمرية | اليوم | الأشهر الشمسية السريانية | اليوم | الأشهر الشمسية الغريغورية | |
| 1 | مُحَرَّم | 20 | تِشْرين الثاني | 20 | نُوفَمْبر | 20 novembre |
| 1 | صَفَر | 20 | كانون الأوَّل | 20 | دِيسَمْبر | 20 décembre |
| 1 | رَبيع الأوَّل | 18 | كانون الثاني | 18 | يَناير | 18 janvier |
| 1 | رَبيع الآخِر | 17 | شُباط | 17 | فَبْراير | 17 février |
| 1 | جُمادَى الأولَى | 18 | آذار | 18 | مارس | 18 mars |
| 1 | جُمادَى الآخِرة | 17 | نِيسان | 17 | أَبْريل | 17 avril |
| 1 | رَجَب | 16 | أَيّار | 16 | مايو | 16 mai |
| 1 | شَعْبان | 15 | حَزيران | 15 | يُونيه. يُونيو | 15 juin |
| 1 | رَمَضان | 14 | تَمُّوز | 14 | يُوليه. يُوليو | 14 juillet |
| 1 | شَوَّال | 13 | آب | 13 | أَغُسْطُس | 13 août |
| 1 | ذُو القَعْدة | 11 | أَيْلول | 11 | سِبْتَمْبر | 11 septembre |
| 1 | ذُو الحِجّة | 11 | تِشْرين الأوَّل | 11 | أُكْتوبر | 11 octobre |

# الاختزالات الاصطلاحيّة والموادّ

- *abrév.* abréviation
- *absol.* absolu, absolument
- *accus.* accusatif
- *adj.* adjectif
- *adj. dém.* adjectif démonstratif
- *adj. indéf.* adjectif indéfini
- *adj. num. cardin.* adjectif numéral cardinal
- *adj. num. ordin.* adjectif numéral ordinal
- *adj. poss.* adjectif possessif
- *adj. rel.* adjectif relatif
- *admin.* administration
- *adv.* adverbe
- *adv. rel.* adverbe relatif
- *aéron.* aéronautique
- *agr.* agriculture
- *algér.* algérien, Algérie
- *alphab.* alphabétique
- *anat.* anatomie
- *arbor.* arboriculture
- *arc.* archaïque
- *archéol.* archéologie
- *archit.* architecture
- *arg.* argot
- *arm.* armement
- *art.* article
- *arts graph.* arts graphiques
- *astrol.* astrologie
- *astron.* astronomie
- *atom.* atomique
- *autom.* automobile
- *aviat.* aviation
- *balist.* balistique
- *banq.* banque
- *bijout.* bijouterie
- *biol.* biologie
- *boiss.* boisson
- *bot.* botanique
- *bx-arts.* beaux-arts
- *cathol.* catholique, catholicisme
- *cf.* comparez (lat. *confer*)
- *chass.* chasse
- *ch. de f.* chemins de fer
- *chim.* chimie
- *chir.* chirurgie
- *chir. dent.* chirurgie dentaire
- *christ.* christianisme
- *cin.* cinéma
- *circons.* circonstanciel
- *class.* classique
- *coll.* collectif
- *comm.* commerce
- *compar.* comparatif
- *compl.* complément
- *comptab.* comptabilité
- *condit.* conditionnel
- *conj.* conjonction
- *constr.* construction
- *cost.* costume
- *cout.* couture
- *cuis.* cuisine, art culinaire
- *cycl.* cyclisme
- *déf.* défini
- *dém.* démonstratif
- *dér.* dérivé
- *dialect.* dialectal
- *diplom.* diplomatique
- *dir.* direct
- *dr.* droit
- *dr. anc.* droit ancien
- *dr. comm.* droit commercial
- *ébénist.* ébénisterie
- *écon.* économie
- *égypt.* égyptien, Égypte
- *électr.* électricité
- *enseign.* enseignement
- *équit.* équitation
- *ex.* exemple
- *exclam.* exclamation, exclamatif
- *f. ou fém.* féminin
- *fam.* familier
- *féod.* féodalité
- *fig.* figuré
- *fin.* finances
- *fisc.* fiscal, fiscalité
- *géod.* géodésie
- *géogr.* géographie
- *géol.* géologie
- *géom.* géométrie
- *gramm.* grammaire
- *hébr.* hébreu, hébraïque
- *hérald.* héraldique
- *hist.* histoire
- *hist. isl.* histoire islamique
- *hist. nat.* histoire naturelle
- *horlog.* horlogerie
- *hortic.* horticulture
- *imp.* imparfait
- *impér.* impératif
- *impr.* imprimerie
- *ind.* indicatif, indirect
- *indéf.* indéfini
- *industr.* industrie
- *inf.* infinitif
- *ins.* insecte
- *interj.* interjection
- *interr.* interrogation, interrogatif
- *intr.* intransitif
- *inv.* invariable
- *iron.* ironique, ironiquement
- *isl.* islam
- *jeux.* jeux
- *jur.* juridique
- *lat.* latin
- *lib.* libanais, Liban
- *ling.* linguistique
- *litt.* littéraire, littérature, histoire littéraire
- *loc.* locution

# Liste des abréviations et rubriques

| | |
|---|---|
| *pop.* | populaire |
| *poss.* | possessif |
| *pr.* | propre |
| *précéd.* | précédent |
| *préf.* | préfixe |
| *prép.* | préposition |
| *pron.* | pronom |
| *pron. dém.* | pronom démonstratif |
| *pron. interr.* | pronom interrogatif |
| *pron. pers.* | pronom personnel |
| *pron. rel.* | pronom relatif |
| *prosod.* | prosodie |
| *prov.* | proverbe, dicton, sentence, locution |
| *psychanal.* | psychanalyse |
| *psychiatr.* | psychiatrie |
| *psychol.* | psychologie |
| *qqch* | quelque chose |
| *qqn* | quelqu'un |
| *qqp* | quelque part |
| *radio.* | radiodiffusion |
| *relat.* | relatif |
| *relig.* | religion |
| *rhét.* | rhétorique |
| *scol.* | scolaire |
| *scout.* | scoutisme |
| *sexol.* | sexologie |
| *sing.* | singulier |
| *spécialem.* | spécialement |
| *sport.* | sports |
| *subj.* | subjonctif |
| *subord.* | subordination |
| *suff.* | suffixe |
| *suj.* | sujet |
| *superl.* | superlatif |
| *sylvic.* | sylviculture |
| *syr.* | syrien, syriaque, Syrie |
| *techn.* | technique |
| *technol.* | technologie |
| *télécomm.* | télécommunications |
| *télév.* | télévision |
| *text.* | textiles |
| *théâtr.* | théâtre |
| *théol.* | théologie |
| *tiss.* | tissage, tissu |
| *topogr.* | topographie |
| *tr.* | transitif |
| *trav. publ.* | travaux publics |
| *tr. ind.* | transitif indirect |
| *tunis.* | tunisien, Tunisie |
| *turc.* | turc, Turquie |
| *v.* | verbe, voir |
| *v. impers.* | verbe impersonnel |
| *v. pr.* | verbe pronominal |
| *vétér.* | art vétérinaire |
| *vulg.* | vulgaire |
| *vx.* | vieux |
| *zod.* | zodiaque |
| *zool.* | zoologie |
| *loc. adj.* | locution adjective |
| *loc. adv.* | locution adverbiale |
| *loc. conj.* | locution conjonctive |
| *loc. interj.* | locution interjective |
| *loc. v.* | locution verbale |
| *log.* | logique |
| *l. sout.* | langue soutenue |
| *m. ou masc.* | masculin |
| *maghr.* | maghrébin, Maghreb |
| *m. à m.* | traduction littérale (mot à mot) |
| *mar.* | marine |
| *maroc.* | marocain, Maroc |
| *math.* | mathématiques |
| *mécan.* | mécanique |
| *méd.* | médecine |
| *métall.* | métallurgie |
| *météor.* | météorologie |
| *métriq.* | métrique |
| *métrol.* | métrologie |
| *mil.* | militaire |
| *min.* | mines et minières |
| *minér.* | minéralogie |
| *mobil.* | mobilier |
| *monn.* | monnaies |
| *mus.* | musique |
| *myst.* | mystique |
| *myth.* | mythologie |
| *n.* | nom |
| *négat.* | négatif, négation |
| *n. f.* | nom féminin |
| *n. f. pl.* | nom féminin pluriel |
| *n. m.* | nom masculin |
| *n. m. pl.* | nom masculin pluriel |
| *n. pr.* | nom propre |
| *n. un.* | nom d'unité |
| *ois.* | oiseau |
| *opt.* | optique |
| *orth.* | orthographe |
| *papet.* | industrie du papier |
| *part.* | participe |
| *part. pass.* | participe passé |
| *part. prés.* | participe présent |
| *pathol.* | pathologie |
| *pâtiss.* | pâtisserie |
| *p. cent.* | pour cent |
| *peint.* | peinture |
| *péjor.* | péjoratif |
| *pers.* | personne, personnel |
| *P. et T.* | Postes et Télécommunications |
| *philos.* | philosophie |
| *phon.* | phonétique |
| *phot.* | photographie |
| *phys.* | physique |
| *physiol.* | physiologie |
| *pl. ou plur.* | pluriel |
| *pl.-q.-parf.* | plus-que-parfait |
| *poét.* | poétique |
| *poiss.* | poisson |
| *polit.* | politique |

# المعجم العربي - الفرنسي

# ا

(أَلِف)

*considéré comme la première lettre de l'alphabet : « alif » ; support graphique de la « hamza » initiale ; voyelle longue :* [a]

**1 أَ** (← هَلْ) *1. particule d'interr. dir.* est-ce que?

**أَقَرَأْتَ** est-ce que tu as lu? as-tu lu?

*peut être associée à une particule de négation :*

أَلا، أَلَمْ، أَما، أَفَلَمْ est-ce que ... ne pas?

أَما قَرَأْتَ n'as-tu pas lu?

*2. particule d'interr. ind.*

لا أُبالي أَ je ne veux pas savoir si; peu m'importe que

أَ... أَمْ، سَواءٌ أَ... أَمْ، أَوْ *3. en corrélation avec une particule de disjonction :*

أَجاء أَمْ لا، سَواءٌ أَجاء أَمْ لا qu'il vienne ou non

**2** (ااب) **آب** août [*calendrier syriaque*]

**3** (ااح) **آح** blanc d'œuf; albumen

آحين albumine

**آحينيّ**، بيلة ~ ة albumineux; albuminurie

**4** (ااس) **آس** myrte

**5 أَبَّ** ـِ أَبًّا ه aspirer à; désirer

~ لِلْمَسير se préparer à partir

~ إلى الوَطَن avoir le mal du pays

أَبابة mal du pays; nostalgie

**6 أَبْجَد**، أَبْجَدِيّة alphabet

أَبْجَديّ alphabétique

**7 أَبَد** ج آباد éternité

لِـ، إلى الـ ~ éternellement; sans retour

~ الأَبَد، الآباد، الدَهْر à jamais; pour toujours; jusqu'à la fin des siècles

**أَبَدًا** *1. en phrase affirmative :* toujours *2. en phrase négative :* jamais; pas du tout; aucunement

أَبَديّ éternel; infini

أَبَديّة éternité

آبِدة ج أَوابِد archaïsme; sédentaire [*ois.*]

**أَوابِد** الكَلام، الطُيور langage archaïque; oiseaux sédentaires

الـ ~ والدَوائِر vestiges du passé

أَبيد persistant (feuillage)

II **أَبَّدَ** تَأْبيدًا ه، ه faire durer; éterniser; rendre éternel; fixer qqn, qqch pour une longue durée; pérenniser; perpétuer; sédentariser

**تَأْبيد** pérennisation; perpétuation; sédentarisation

~ ذِكْرَى perpétuation d'un souvenir

**مُؤَبَّد** éternel; pérennisé; perpétué

السِجْن الـ ~ prison perpétuelle/à perpétuité/à vie

V تَأَبَّدَ تَأَبُّدًا s'éterniser; se fixer qqp; se perpétuer; se sédentariser

تَأَبُّد perpétuation; sédentarité

**8 أَبَرَ** ـُ أَبْرًا ه piquer (insecte)

~ النَخيل féconder/polliniser les palmiers

**إبْرة** ج إبَر — aiguille; aiguillon; dard; *fig.* malveillance; méchanceté; médisance

~ زَهْرة، صَنَوْبَر — étamine; aiguille de pin

حَقَنَ ه ~ — faire une piqûre à qqn

~ الراعي — géranium

لا بُدَّ مَعَ العَسَل مِن إبَر النَحْل

*prov.* il n'y a point de rose sans épines (*m. à m.* il n'y a point de miel sans aiguillon d'abeille)

إبَريّ — en forme d'aiguille; aciculaire

آبِرات — insectes munis d'un dard; aculéates

مِئْبَر ج مَآبِر — étui à aiguilles; anthère

إنَّهُ لَذو مآبِر في الناس — colporter des calomnies

II أبَّرَ تَأبيرًا — pratiquer l'acupuncture; féconder les palmiers

تَأبير — acupuncture

مُؤَبِّر — acupuncteur

9 **إبْراهيم** — Ibrahim; Abraham

10 **إبْريق** ج أباريق — aiguière; bouilloire; broc; cruche; pot

11 **أبْريل** — avril

12 **إبْزيم** ج أبازيم — agrafe; boucle; fibule

13 **أُباشة** من الناس — ramassis de gens

14 **أُبْض** ج آباض؛ مَأْبِض — jarret

أُبْضيّ؛ مَأْبِضيّ — poplité

15 **إبْط** ج آباط — aisselle; dessous de bras

إبْطيّ — axillaire *adj.* [*anat.*]

V **تَأَبَّطَ** تَأَبُّطًا ه — mettre/prendre sous le bras

~ ذِراع ه — prendre le bras de

مُتَأَبِّطًا ذِراع ه — bras dessus bras dessous

16 **أَبَقَ** ـِ أَبَقًا (العَبْدُ) — s'enfuir (esclave)

آبِق ج أُبَّق — esclave fugitif

17 **إبِل**؛ إبِلِيّات — chameaux; camélidés

أُبُلّة — tribu; compagnons

**إبالة** — fagot (de bois); botte (de foin); administration; gestion

حَسَن الإيالة والـ~ — qui mène bien sa barque

18 **إبْليس** ج أباليس، أبالِسة — Iblis; esprit démoniaque; démon; diable

19 **إبْن** ج أبْناء ← بنو

**إبّان** — moment favorable/opportun; début; commencement

~ الشَباب — la force de l'âge

في ~ ه — pendant; durant; au cours de; lors de; au moment de

في ~ الصَيْف، الشِتاء — au cœur de l'été, de l'hiver

II أَبَّنَ تَأْبينًا (مَيِّتًا) — pleurer/célébrer (un mort)

**تَأْبين** — discours/éloge funèbre; panégyrique

حَفْلة ~ — veillée/cérémonie funèbre; commémoration; cérémonie commémorative

20 **أبْنوس**؛ آبَنوس — ébène; bois d'ébène

21 **أَبِهَ** ـَ أَبَهًا بِـ، لِـ ه، ه — s'aviser de; s'intéresser à; être sensible à; faire cas de/attention à

لَمْ يَأْبَهْ بِـ، لِـ — ne faire aucun cas de; faire fi de [*litt.*]; ne prêter aucune attention/n'accorder aucune importance à

شَيْء لا يُؤْبَهُ بِهِ — chose insignifiante/sans valeur/sans importance

آبِه ج ون بِـ ه — soucieux de

غَيْر ~ بِـ — au mépris de; insouciant de; sans se soucier de; sans faire cas de

**أُبَّهة** — apparat; faste; ostentation; pompe [*fig.*]; splendeur; solennité

بِـ ~ — solennellement; en grande pompe; avec ostentation

**أَبْهَر** ← بهر

22 (ابو) **أَبا** ـُ إباوة، أُبُوًّا — être père

أَبَوْتُه وأَمَمْتُه — j'ai tout fait pour lui; je lui ai servi de père et de mère

**أبو** *entre dans la composition de nombreux noms d'animaux comme premier terme; v. au deuxième terme*

~ فِكْرة، مَشْروع — le père/le promoteur d'une idée, d'un projet

~ الهَوْل — le Sphinx

**أب** ج آباء — père

الـ ~ الأَقْدَس — le Saint-Père

يا **أبي**، يا أَبَتِ، يا أَبَتي — père! ô mon père!

أَنْتَ بِـ ~ وأُمّي — tu me tiens lieu de père et de mère; tu es tout pour moi

قَتْل، قاتِل أبيه — parricide *n., adj.*

أَبًا عَنْ جَدّ — de père en fils

الأَبَوانِ — les parents

**آباء** — aïeux; ancêtres; patriarches

~ الكَنيسة — les Pères de l'Église

أُبُوّة شَرْعيّة، طَبيعيّة — paternité légitime, naturelle

**أَبَويّ** — paternel; patriarcal

عاطِفة، نَصيحة ~ ة — sentiment, conseil paternel

أُسْرة ~ ة — famille patriarcale

عَقْليّة، نِظام ~(ة) — mentalité, système paternaliste

أَبَويّة — paternalisme; patriarcat

**آب**، الـ ~ الأَزَليّ — le Père éternel

بِسْم الـ ~ — au nom du Père

23 **أَبَى** َ إِباء ه — décliner (offre); dénier; rejeter (proposition); refuser; opposer un refus

~ ه على ه — refuser qqch à qqn

شاءَ أَمْ ~ — qu'il le veuille ou non

~ أَنْ — refuser de; se refuser à; dédaigner de

~ إِلّا أَنْ — vouloir absolument; insister pour; s'obstiner à; tenir à

**إباء**، إباءة — fierté; orgueil

~ القَضاء — déni de justice

**أَبيّ** ج ون — digne; fier; hautain; orgueilleux

ضَمير ~ — bonne conscience

V **تَأَبَّى** — faire la fine bouche; se récuser

~ على ه، ه — se refuser à qqn, à faire qqch

24 (أتم) **مَأْتَم** ج مَآتِم — enterrement; cérémonie funèbre; funérailles; obsèques

مَأْتَميّ — funèbre; funéraire

25 (اتن) **أَتان** ج أُتُن — ânesse; bourrique

26 **أَتّون** ج أَتاتين — brasier; fourneau; fournaise; four à chaux

27 (أتو) **إتاء** — rapport; utilité

مَخْضُ الماء لَيْسَ لَهُ ~ — *prov.* donner des coups d'épée dans l'eau

**إتاوة** ج ات، أَتاوَى — contribution; pourboire; redevance; royalties; taxe; tribut

دَفَعَ الـ ~ — payer tribut

28 **أَتَى** ِ إِتْيانًا ه، إلى ه — arriver; venir; parvenir

~ البُيوت مِنْ أَبْوابِها — frapper à la bonne porte; prendre les choses par le bon bout; ne pas y aller par quatre chemins

~ بِـ ه، ه — amener; apporter; prendre en passant; introduire (une habitude); faire venir

~ بِرِبْح — produire un bénéfice; rapporter (de l'argent)

~ بِإِيضاح — apporter une précision

~ بِالمُعْجِزات — accomplir des miracles

~ حَرَكة، عَمَلَهُ — exécuter/faire un geste, son travail

~ على ه — achever qqch; aller au bout de; mener à terme; faire mention de; mentionner/rapporter (un événement)

~ على آخِرِه — détruire; venir à bout de

~ على الأَخْضَر واليابِس — mettre à feu et à sang; ravager

كَما يَأْتي — comme suit

إِتْيان بِعادات جَديدة — introduction d'habitudes

**آتٍ** — à venir; futur; suivant

الأَجْيال الـ ~ ة — les générations futures

التَمارين الـ ~ ة — les exercices suivants

الأشْخاص الـ~ة أسْماؤهم — les personnes dont les noms suivent

مَأْتًى ج مَآتٍ — origine; point de départ; provenance; source

III آتَى مُؤاتاةً ه — convenir à; tomber d'accord avec; être favorable (circonstance); tourner en faveur de

**مُؤاتٍ** — approprié; avantageux; propice; commode; favorable; opportun

غَيْر ~ — inopportun; malcommode

ظُروف، فُرْصة ~ة — circonstances, occasion favorable(s)/propice(s)

IV **آتى** إيتاءً ه ه — donner/offrir qqch à qqn

~ الزَكاة — donner/faire l'aumône

~ ثِمارَهُ — donner des fruits [*pr.* et *fig.*]

**أوتِيَ** ه — recevoir qqch

مِمَّا ~ ذَلِكَ — à quoi cela tient-il?

مِن أيْنَ ~ هَذِهِ الجُرْأة — d'où lui vient cette audace?

V **تَأتَّى** تَأتِّيًا — advenir; arriver (événement); se produire; survenir

~ مِن، عن — être consécutif à; dériver/procéder/provenir/résulter/venir de

~ لِـ ه — être favorable à qqn (sort)

**مُتَأتٍّ** عن — consécutif à; dérivé de; procédant de

29 (أثث) **أثيث** — abondant; épais; luxuriant; touffu

جِذْر ~ — racine traçante

**أثاث** — ameublement; meubles; mobilier

قِطْعة ~ — meuble *n.m.*

نَقَلَ الـ~ إلى، مِن ه — emménager; déménager

ناقِل ~ — déménageur

II **أثَّثَ** تَأثيثًا بَيْتًا — meubler une maison

~ بَيْتَهُ — se meubler

**مُؤثَّث** — meublé *adj.*; garni *adj.* (logement)

30 **أثْأب** — banian

31 **أثَرَ** ـِ أثْرًا ه — rapporter; relater; transmettre

لَمْ يُؤْثَرْ أنْ — on n'a pas entendu dire que

**إثْرَ** — à la suite de; immédiatement après

جَرَى على ~ه — courir aux trousses de [*fam.*]

جاءَ في ~ ه — suivre les traces; arriver sur les pas de

**أثَر** ج آثار — cicatrice; conséquence; effet; impression; incidence; influence; marque; piste; reste; ruine; trace; tradition; vestige; monument historique; pièce de collection/de musée

~ أدَبيّ، فَنّيّ — œuvre littéraire, artistique

غائِب لا ~ لَه — parti sans laisser d'adresse

خالٍ مِن ~ — il n'y a pas trace de

~ أقْدام، تَعَب، نَوْم — trace de pas, de fatigue, de sommeil

أزالَ كُلَّ ~ لِـ — faire disparaître toute trace de

اِقْتَفَى، تَتَبَّعَ ~ه — être sur la piste/les traces de; marcher sur/suivre la trace de

أضاعَ ~ه — perdre la piste/la trace de

ضَلَّ الـ~ — prendre une fausse piste; faire fausse route

~ زائِف، كاذِب — fausse piste

بِـ، على، في ~ه — à la suite de; par suite de

حَدَث ذو~، بَعيد الـ~ — événement marquant/de grande portée

لا ~ لَهُ — sans conséquence/effet/incidence

إجْراء لا ~ لَهُ — mesure inopérante/inefficace

لَهُ ~ كَبير في — avoir une grande influence sur

~حَسَن، سَيِّئ — bonne, mauvaise influence

الـ~ الشَريف — *niche pratiquée dans un mur en direction de la Ka'ba*

أصْبَحَ أثَرًا بَعْدَ عَيْن — être complètement détruit; n'être plus qu'un souvenir

تَرَكَ ~ — laisser une empreinte/une marque/une trace

**آثار** — effets; restes; ruines; séquelles; traces; vestiges

~ العُدْوان — les séquelles de l'agression

تَعَقَّبَ ~ه — prendre la piste de; suivre la piste/les traces de

حَمَلَ ~ ه — porter les traces de

بَدَأَتْ ~ه تَظْهَر ses effets ont commencé à se faire sentir

~ قَرار conséquences/implications d'une décision

~ الماضي traditions/vestiges du passé

~ تَأْرِيخيّة، تِذْكارِيّة monuments historiques, commémoratifs

~ كاتِب l'œuvre d'un écrivain

~ عَتيقة، قَديمة antiquités; pièces de musée

مَصْلَحة الـ~ service/département des antiquités

عِلْم، عالِم الـ~ archéologie; archéologue

**أَثَرِيّ**، آثارِيّ ج ون archéologue; archéologique; ancien; démodé; vieux

بَعْثة، مُفْرَدات ~ة mission archéologique; termes archaïques

**أَثَرِيّات**؛ بائِع ~ antiquités; antiquaire

أَثَرة؛ أَثِر égoïsme; égoïste

**أَثير** choisi; de choix; exquis; précieux; préféré

~؛ إِثْيَر éther

على جَناح الـ~ par la voie des ondes

أَثيرِيّ éthéré [*chim.*, *fig.*]

مَأْثُرة ج مَآثِر action/coup d'éclat; exploit; haut fait; performance; prouesse

**مَأْثُور** mémorable/conservé/transmis (parole, fait)

حَديث ~ *« hadith » transmis par une suite ininterrompue de rapporteurs*

قَوْل، كَلِمة ~(ة) adage; dicton; parole mémorable

II **أَثَّرَ تَأْثيرًا في، على ه ، ه** affecter; agir/se répercuter sur; avoir une action/de l'effet/une incidence sur; ébranler [*fig.*]; entraîner (une conséquence pour); frapper [*fig.*]; impressionner; influencer; influer sur; laisser une marque/une trace; marquer [*fig.*]

~ على مَريض agir/avoir un effet sur un malade

~ في النَّفْس، القَلْب attendrir; émouvoir; remuer [*fig.*]; toucher [*fig.*]; aller droit au cœur

**تَأْثير** ascendant [*fig.*]; conséquence; crédit [*fig.*]; effet; impact; incidence; influence; prestige

ذو ~ conséquent; efficace; impressionnant; influent; prestigieux

~ الأُجور على الأَسْعار incidence des salaires sur les prix

~ دَواء action/effet d'un médicament

تَحْتَ ~ الغَضَب، الخَوْف sous le coup/sous l'empire de la colère, de la peur; en proie à la colère, à la peur

كانَ لَهُ ~ على avoir prise/de l'effet sur

لَيْسَ لَهُ ~ على n'avoir aucun effet/aucune prise sur

عَديم ~ inopérant; inefficace

أَثَّرَ فيهِ ~ًا عَميقًا faire une grande impression; avoir un grand ascendant; laisser une marque profonde

**مُؤَثِّر** attachant; attendrissant; émouvant; frappant; impressionnant; pathétique; poignant; à sensation; sensationnel; touchant

لَحْظة ~ة moment d'émotion/palpitant

مُؤَثِّرة ج ات influence; incident *n.m.*

IV **آثَرَ إيثارًا ه. أَنْ** choisir; avoir une prédilection/une préférence pour; préférer

~ه. ه على préférer qqn, qqch à; donner la préférence à qqn, qqch sur

إيثار affection; prédilection; préférence

إيثارِيّ altruiste; préférentiel

إيثارِيّة altruisme; favoritisme

V **تَأَثَّرَ تَأَثُّرًا ه** emboîter le pas à qqn; suivre l'exemple/les traces de

~ بـ، لـ، مِنْ ه. ه être affecté/ému/influencé/marqué/touché par; s'attendrir sur; se laisser attendrir/ébranler/influencer par; subir l'influence de; se ressentir de; être sensible à

ما ~ بـ، لـ، مِن ه. ه être/rester insensible à

~ تَأَثُّرًا حَسَنًا être édifié (personne)

**تَأَثُّر** attendrissement; émoi; émotion; sensibilité

سُرْعة الـ~ émotivité; susceptibilité

سَريع الـ~ émotif; susceptible; chatouilleux (caractère)

عَدَم الـ~ insensibilité; impassibilité

سَهْل الـ~ impressionnable; émotif

تَأَثُّرِيّ impressionniste *n.*, *adj.*

تَأَثُّرِيّة affectivité; émotivité; impressionnisme

| | |
|---|---|
| مُتَأَثِّر بِـ | affecté par; sensible à |
| غَيْر ~ | impassible; imperturbable; insensible |
| X اِسْتَأْثَرَ اِسْتِئْثَارًا بِـ ه، ه | accaparer; s'attribuer; monopoliser; mettre le grappin sur qqn [fam.] |
| ~ بِهِ رَبُّهُ | être rappelé à Dieu |
| ~ بِالسُّلْطة | s'arroger le pouvoir |
| ~ بِهِ الحَسَد | être possédé par le démon de la jalousie |
| ~ بِٱهْتِمام كَبير | susciter un grand intérêt; captiver/passionner (le public) |
| ~ بِحِصَّة الأَسَد | se tailler la part du lion |
| اِسْتِئْثار | accaparement; monopolisation |
| اِسْتِئْثاريّ | exclusif (amour) |

32 أُثْفِيَّة ج أَثافٍ ← ثفى

| | |
|---|---|
| ثالِثة الأَثافي | jamais deux sans trois |
| رَماهُ بِثالِثة الـ ~ | donner le coup de grâce |

| | |
|---|---|
| 33 أَثَلَ ـِ أُثولاً | être ... *v. à l'adj.* |
| أَثْل | tamaris |
| أَثْلة | racine |
| أَثيل | enraciné; bien enraciné; de bonne maison; de bonne race; noble |
| II أَثَّلَ تَأْثيلاً | consolider; enraciner; raffermir |

| | |
|---|---|
| 34 (أثل) أَثيل؛ أَثيليّ | éthyle; éthylique |
| أَثيلين | éthylène |

| | |
|---|---|
| 35 أَثِمَ ـَ إِثْمًا | faire le mal; pécher |
| إِثْم ج آثام؛ مَأْثَم ج مَآثِم | crime; faute; péché; scélératesse |
| آثِم ج أَثَمة | coupable; criminel; pécheur; scélérat |
| أَثيم ج أُثَماء | coupable (plaisir); criminel *adj.*; scélérat *adj.* |

| | |
|---|---|
| 36 أَثْيوبيّ ج ون | éthiopien *adj., n.* |

| | |
|---|---|
| 37 أُجاج؛ ماء ~ | saumâtre (eau) |
| أَجيج | flamboiement |
| II أَجَّجَ تَأْجيجًا ه | attiser; aviver |
| ~ لَهيب الذِكْرَى | raviver la flamme du souvenir |
| V تَأَجَّجَ تَأَجُّجًا | s'aviver; s'embraser; s'enflammer; flamboyer; se ranimer; se raviver |
| تَأَجُّج | ardeur/flamboiement (du feu) |
| مُتَأَجِّج | embrasé; enflammé; flamboyant |
| نار ~ة | brasier; feu ardent/vif |

| | |
|---|---|
| 38 أَجَرَ ـُ أَجْرًا ه | prendre à gages; donner/payer un salaire/des gages; salarier; rémunérer; rétribuer |
| ~(مَسْكَنًا) | prendre en location/louer (un appartement) |
| أَجْر ج أُجور | cachet (d'un artiste); gage; paie; rémunération; rétribution; salaire |
| ~ أَساسيّ، أَدْنَى، مَضْمون | salaire de base, minimum, garanti |
| ~زَهيد، الكَفاف | salaire de famine |
| أُجور العُمَّال | paie des ouvriers |
| سِياسة الـ ~ | politique salariale |
| يَوْم دَفْع الـ ~ | jour de paie |
| أَجْريّ | salarial |
| أُجْرة ج أُجَر | gages; rémunération; rétribution; salaire |
| ~ النَوْم مَعَ الوَجْبات الثَلاث | prix de la pension complète |
| ~ المَسْكَن | montant d'un loyer; loyer |
| ~ أَرْض | fermage d'une terre |
| دَفَعَ ~ التاكسي | payer la course du taxi |
| عَرَبة ~ | voiture de louage |
| ~ نَقْل | frais de transport; fret |
| أَجير ج أُجَراء | employé; salarié; serviteur |
| أَجيرة | servante |
| مَأْجور لِـ | à la solde de; stipendié; vénal; vendu |
| رَجُل، قاتِل ~ | homme de main; tueur à gages |
| الأَجارة | condition salariée; salariat |
| II أَجَّرَ تَأْجيرًا ه | donner à bail; mettre en location; louer |

~ قَلَمَهُ، نَفْسَهُ — prostituer sa plume; se prostituer [*fig.*]; se vendre [*fig.*]

~ أَرْضًا زِراعِيَّة — affermer une terre

**تَأْجير** — location; mise en location; affermage

~ الغُرَف — chambres à louer; offres de location

**تَأْجيريّ** — locatif

ضَريبة، قيمة ~ة — impôt, valeur locatif(ive)

**مُؤَجِّر** ج ون — bailleur; loueur

IV **آجَرَ** إيجارًا، إجارة — louer; mettre en location

~ سَفينة — fréter un navire

**إيجار**، إجارة ج ات — bail; fermage; location; louage; loyer

بَيْت، غُرْفة لِلْ~ — maison, chambre à louer

عَقْد ~ — contrat de location

~ مُمَلِّك — location-vente

**إجارة** الخَدَمات — louage de services

عَقْد ~ — contrat de louage/de location

حَرَّرَ ~ — passer un bail

الإعارة والـ~ — prêt-bail

إيجاريّ — locatif

X **اِسْتَأْجَرَ** اِسْتِئْجارًا ه، ه — prendre à gages; embaucher; engager; prendre à bail/en location/en fermage; louer

~ سَفينة — affréter un navire

**اِسْتِئْجار** — embauche; engagement; location

~ مَطْلوب — demandes de location

**مُسْتَأْجِر** ج ون — locataire; preneur à bail

**مُسْتَأْجَر** ج ون — embauché; engagé; salarié

39 **آجُرّة** ج آجُرّ — brique; tuile

40 **إجّاصة** ج إجّاص — poire [*bot.*]

41 **إجْل** — torticolis

42 **أَجَلْ** — assurément; certes; oui; parfaitement; sans doute

43 **أَجْل** : لِـ، مِنْ ~ ه، أَنْ — dans le but/à cause/à l'effet de; pour; pour que

خُلِقَ من ~ أَنْ — être fait pour

أَتَيْتُ من ~ها — c'est pour elle que je suis venu

من ~ هَذا — c'est pourquoi; c'est la raison pour laquelle

44 **أَجَل** ج آجال — délai; échéance; mort; terme

حَلَّ ~ه — arriver à échéance/à terme

عِنْدَ حلول الـ~ — à échéance; à terme échu

طَويل، بَعيد الـ~ — à long terme; à longue échéance

قَصير، قَريب الـ~ — à court terme; à brève échéance

دَنا الـ~ — la fin approche; c'est la fin

اِنْصِرام، تَمْديد الـ~ — expiration, prolongation d'un délai

إلى ~ غَيْر مُسَمًّى — sine die

**آجِل** — futur; à venir

إمّا ~ًا أَوْ عاجِلًا — à plus ou moins brève échéance; tôt ou tard

الآجِلة — l'autre vie; l'au-delà

II **أَجَّلَ** تَأْجيلًا ه — ajourner; atermoyer; différer; proroger, reculer; remettre/renvoyer à plus tard; surseoir; gagner du temps; temporiser

~ المُداوَلات — ajourner les délibérations

~ جَلْسة — remettre une séance

~ مَوْعِدًا — reculer une échéance

~ مُباراة — reporter une rencontre [*sport.*]

**تَأْجيل** — ajournement; atermoiement; prorogation; renvoi; sursis

~ دَعْوى، قَضِيّة — renvoi/report d'une affaire

~ لِمُدّة أُسْبوع — renvoi à huitaine

~ التَجْنيد — sursis d'incorporation

جَواب **تَأْجيليّ** — réponse dilatoire

**مُؤَجَّل** — ajourné; différé; remis; repoussé

أَمْر ~ — partie remise

~ التَجْنيد — sursitaire

~ الإذاعة — retransmis en différé (émission)

صِداق ~ — dot à paiement différé

X إِسْتَأْجَلَ إِسْتِئْجالًا ه — demander un délai/un sursis

45 أَجَمة ج آجام — bosquet; broussailles; maquis

46 أُجُون — pestilence

آجِن — infect; pestilentiel; putride

47 أَحَّ ـُ أَحًّا — tousser

48 أَحَد م إِحْدَى — un(e) *adj.*; quelque *adj.*; quelque chose; quelqu'un

~ هُما، هُمْ — l'un d'eux

~ مِن أَهْلِهِ — quelqu'un de sa famille

ما مِنْ، لا ~ — aucun; nul; personne

ما من ~ سِواكَ — il n'y a guère que vous

~ ج آحاد؛ يَوْم الـ ~ — dimanche

إِحْداهما، هُنَّ، ها — l'une d'elles

أُحادَ — un à un; un par un

جاؤُوا ~ — ils sont venus un à un

أُحادِيّ — uni-/mono- *préf.*

~ الخَلِيّة، الجانِب — unicellulaire; unilatéral

~ الحَمْض، الخَطّ — monoacide; monorail

~ العَيْن، اللَوْن — monoculaire; monochrome

~ الكُتْلة، الحَجَر — monobloc; monolithe

~ اللُغة — monolingue; unilingue

~ المَقْطَع، الوَتَر — monosyllabe; monocorde

زَواج، زِراعة ~(ة) — monogamie; monoculture

طائِرة ~ة السَطْح — monoplan *n.m.*

نَظّارة ~ة — monocle

أُحادِيّة اللَوْن — monochromie

~ اللُغة — monolinguisme

~ المَقْطَع — monosyllabisme

أَحَدَ عَشَرَ م إِحْدَى عَشْرَةَ — onze

الـ ~ عَشَرَ الفِرَنْسِيُّ — le onze français [*sport.*]

حادِيَ عَشَرَ م حادِيةَ عَشْرةَ — onzième

الـ ~ عَشَرَ مِن الشَهْر الجاري — le onze courant

أُخْت ← أخو

49 أَخَذَ ـُ أَخْذًا ه — emprunter; prendre; prélever; saisir

~ قُبْلة — poser/prendre un baiser

~ السِلاح، يَدَهُ — prendre les armes, la main

~ه بِذَنْبِهِ — punir; faire payer une faute à

~ه بِشِدّة — traiter sévèrement/durement

~ حَذَرَهُ — se tenir sur ses gardes; prendre garde; se méfier

~ه بِالقُوّة — prendre par la force; forcer

~ه بِالحُسْنَى — prendre par la douceur; traiter avec bienveillance

~ الأَمْر بِقَوابِلِهِ — prendre les choses par le commencement/par le bon bout

~ أُهْبَتَهُ، عُدَّته لِـ — se préparer à; se mettre en devoir de

~ دَمًا — prélever/recevoir du sang

~ عَيِّنة — prélever un échantillon

~ راحتَهُ — se mettre à l'aise; prendre ses aises

~ مَجْراه — prendre sa course

~ عِلْمَهُ عن ه — tenir son savoir de

~ رَأْيَ ه — prendre l'avis de

~ه، ه إلى — emmener; emporter

~ه النَوْم، النُعاس — le sommeil le prit

~ كُلًّا على حِدة — prendre à part/séparément

~ مَأْخَذَه — faire sienne/adopter la position de

~ من ه مَأْخَذًا — prendre possession/s'emparer de qqn (sentiment)

~ بِاقْتِراح، بِرَأْي — se rallier à une proposition, à un avis

~ بِعَيْنِ الاعْتِبار — prendre en considération

~ بِالأَبْصار والأَلْباب — captiver les regards et les cœurs

~ بِنَصْرة ه — prendre fait et cause pour

~ بِخاطِر ه — être/se montrer agréable/complaisant avec; réconforter

~ بِيَدِ ه — aider; assister; donner la main à

~ على عاتِقِه — prendre sur soi/à sa charge

| | |
|---|---|
| ~ على ه طَريقَهُ | barrer la route à |
| ~ على ه أنْ | reprocher/faire grief à qqn de |
| ~ على نَفْسِهِ أنْ | se faire un devoir de |
| ~ (يفعل)، بِـ، في ه | commencer/se mettre/se prendre à; entreprendre de |
| ~ في النُمُوّ، يَنْمو | commencer à se développer |
| ~ بِالأكْل، يَأْكُل | se mettre à manger |
| ~ في القُوَّة | prendre de la force; se renforcer |
| **خُذْ** | prends! tiens! |
| **أَخْذ** | préhension; prélèvement; prise |
| الـ~ بِنِظام | mise en vigueur d'un système |
| الـ~ والرَّد | controverse; débat; discussion; dispute; tergiversations |
| الـ~ والعَطاء | échange; trafic; troc |
| ~ الدَم | prise de sang |
| **آخِذ** ج ون | absorbant (travail); prenant (récit) |
| ~ بِـ، في | en voie/en train de; qui a choisi de; qui commence à |
| ~ دَم | receveur de sang |
| **أخّاذ** | attrayant; captivant; passionnant; prenant; séduisant |
| جَمال، مَشْهَد ~ | beauté, spectacle fascinant(e)/saisissant(e) |
| أَخيذ ج أَخْذَى | captif; prisonnier de guerre |
| أَخيذة ج أَخائِذ | captive *n.f.*; butin |
| **مَأْخوذ** | pris; saisi |
| قانون ~ بِهِ | loi en vigueur |
| **مَأْخَذ** ج مَآخِذ | anse; poignée; prise; reproche; référence; source (historique) |
| ~ ماء، أَرْضيّ، تَيّار | prise d'eau, de terre, de courant |
| الـ~ الأَقْرَب | la meilleure approche |
| قَريب الـ~ | facile; simple |
| لا ~ عَلَيْه | sans reproche |
| لَيْس في ذَلِكَ ~ | il n'y a pas matière à controverse/de quoi fouetter un chat |
| **مَآخِذ** | bibliographie; références; sources (historiques) |
| مِن الـ~ عَلَيْه أنْ | l'un des reproches qu'on peut lui faire |
| III **آخَذَ** مُؤاخَذة ه على ه | blâmer; reprocher qqch à qqn; en vouloir à qqn de |
| ~ نَفْسَهُ على ه | se reprocher qqch; s'en vouloir |
| لا تُؤاخِذْني! | ne m'en veuillez pas! pardonnez-moi! |
| **مُؤاخَذة** | blâme; objection; reproche |
| لا ~ | pardon! |
| VIII **اتَّخَذَ** اتِّخاذًا ه | adopter; prendre |
| ~ مَوْقِفًا | adopter/prendre une position |
| ~ إجْراءاتٍ، قَرارًا | prendre des mesures, une décision |
| ~ ه ذَريعَةً لِـ | prendre comme prétexte |
| ~ زَوْجَةً، عَشيقًا | prendre femme, un amant |
| اتِّخاذ | adoption (de mesures); prise (de position) |

| | |
|---|---|
| 50 **آخَرُ** م أُخْرى ج أُخَر | autre |
| مِن وَقْتٍ، آنٍ إلى ~ | de temps à autre/en temps |
| مِن عام إلى ~ | d'année en année |
| في مَكان ~ | autre part; ailleurs |
| أنا، هُوَ الـ~ | moi, lui aussi |
| مِن ناحِية، جِهة **أُخْرَى** | d'autre part |
| إنْ كانَتْ الـ~ | dans le cas contraire |
| هِيَ الـ~ | elle aussi |
| مِن سَنَة الى ~ | d'année en année |
| بين فَتْرة وَ~ | de temps à autre |
| أُخْرَويّ؛ أُخْرَوِيّات | eschatologique; eschatologie |
| الآخَرونَ م الأُخْرَيات | les autres |
| **آخِر** ج أَواخِرُ | extrême *n.m.*; extrémité; fin ultime; terminaison (grammaticale) |
| ~ السَنة، القِصّة | la fin de l'année, de l'histoire |
| عن ~ هِمْ | jusqu'au dernier |
| ما لَهُ ~ | infini; interminable |
| إلى ~ه (الخ) | et cætera |
| في الـ~؛ ~ الأَمْر | à la fin; en fin de compte; finalement; en définitive; en dernier lieu; à la fin des fins; enfin |
| في أَواخِر الشَهْر | dans les derniers jours du mois |

الآخِرة — l'au-delà

**أخير** — dernier; extrême *adj.*; ultime

الرُّبْع الـ~ مِنَ القَرْن — le dernier quart du siècle

مَجْهود، مَرْحَلة ~(ة) — dernier(ère) effort, étape

قَبْلَ الـ~ — avant-dernier

الأَمَل، التَكْريمات الـ~(ة) — suprême espoir; les honneurs suprêmes

**أخيرًا** — en définitive; en dernier lieu; enfin; à la fin; finalement

المَسْؤُول أَوَّلًا وَ~ — le seul et unique responsable

II **أَخَّرَ** تَأْخيرًا ه، ه — attarder; différer; reculer *tr.*; retarder *tr.*; surseoir à

~ مَوْعِد إِسْتِحْقاق — proroger une échéance

~ زَحْفَ الأَعْداء — ralentir/retarder la progression de l'ennemi

ذَلِكَ لا يُؤَخِّر ولا يُقَدِّم — cela ne change rien à l'affaire/n'apporte rien de plus

**تَأْخير** — ajournement; prorogation; ralentissement; retard

دُونَ ~ — sans retard

**مُؤَخَّر** — ajourné; différé; reculé; retardé

~، مُؤَخَّرة — arrière *n.m.*; arrière-train; croupe; derrière *n.m.*

رَكَلَ ه في ~ه — donner un coup de pied au derrière

جالِس على ~ه — assis sur le derrière/sur son arrière-train

جَلَسَ في ~ سَيّارة — s'asseoir à l'arrière d'une voiture

~ مَوْكِب — queue d'un cortège

~ مَرْكَب — plage arrière/pont supérieur arrière (d'un bateau); poupe

في ~ الصُفوف — aux derniers rangs

**مُؤَخَّرة** ج ات — arrière-garde; arrières *n.m.pl.*

**مُؤَخَّرًا** — dernièrement; ces derniers temps; nouvellement; récemment

IV مِن **مُؤْخِر** عَيْنِه — du coin de l'œil

V **تَأَخَّرَ** تَأَخُّرًا — être/rester derrière/en arrière; s'attarder; reculer *intr.*; tarder; retarder *intr.*

~ عن مَوْعِده — être en retard au rendez-vous

~ عن الوُصول — tarder à arriver

~ في طَريقه — prendre du retard en chemin

**تَأَخُّر** — recul; retard

**مُتَأَخِّر** — arriéré *adj.*; attardé; retardataire; tardif

بَلَد ~ — pays sous-développé

~ عَقْلِيًّا — attardé mental

~ المَفْعول — à retardement

في ساعة ~ة — à une heure avancée; tard; sur le tard; tardivement

مُتَأَخِّرًا — en retard; tard; tardivement

دَفْعَ **المُتَأَخِّرات** — payer les arriérés

51 **أُخْطُبوط** ج ات — pieuvre; polype; poulpe

مَدينة أُخْطُبوطيّة — ville tentaculaire

52 (أخو) **أَخٌ** ج إِخْوة — frère (par le sang); *zool.* congénère

~ ج إِخْوان — frère (par l'affection ou la doctrine); coreligionnaire

~ لِ، من أَبٍ، أُمّ — frère consanguin, utérin

~ شَقيق — frère germain

~ من الرِضاع، بالرُضاعة — frère de lait

عَمَلَ ه مُعامَلة الـ~ لِأَخيه — traiter qqn en frère/comme un frère

قَتْل، قاتِل ~، أُخْت — fratricide *n.*

صِراع **الإِخْوة** — lutte fratricide

**إِخْوان** الوِداد أَقْرَبُ مِن إِخْوة الوِلاد — un frère par le cœur est souvent plus proche qu'un frère par le sang

الـ~ المُسْلِمون — les frères musulmans

**أُخْت** ج أَخَوات — sœur

~ زَوْج، زَوْجة — belle-sœur

أَخَوِيّ — fraternel

أَخَوِيًّا — fraternellement

**أَخَوِيّة**، إِخْوانيّة، أُخُوّة — fraternité; confraternité

~ دينيّة — confrérie religieuse

**آخِية** ج أَخايا — attache; lien; lien de parenté

لَهُ عِنْدَه ~ ثابِتة — avoir ses entrées chez/de bonnes relations avec qqn

أَخائِيّ — confraternel

III آخَى مُؤاخاة، إخاءً ه — fraterniser
الإخاء البَشَريّ — fraternité humaine
**مُؤاخاة** الجُنود لِلْعُمّال — fraternisation des soldats avec les ouvriers
~ السِلاح — fraternité d'armes
VI تَآخى تَآخِيًا — fraterniser; fraternisation
تَآخِي الشُعوب — fraternité des peuples

53 **أَخينوس** — oursin

54 **أَدَبَ** ـِ أَدْبًا ه — donner un festin/offrir un banquet en l'honneur de
مَأْدُبة ج مَآدِب — dîner; banquet; festin

55 **أَدَب** ج آداب — civilité; correction; courtoisie; décence; éducation; politesse; urbanité; littérature
في غاية الـ~ — d'une parfaite courtoisie/correction; très courtois/poli
بِـ ~ — poliment; décemment
رَجُل بِلا ~ — homme sans éducation/grossier/mal dégrossi
قِلّة، قَليل الـ~ — impolitesse; impoli
الـ~ العَرَبيّ — la littérature arabe
اِمْتَهَنَ، تَعاطَى الـ~ — faire de/s'adonner à la littérature
**آداب** — bonne éducation; bonnes manières/mœurs; convenances; belles-lettres; humanités
~ السُلوك — étiquette; convenances
~ العامّة — les conventions sociales; la moralité publique
دَرَسَ الـ~ — faire ses humanités; étudier les lettres
إجازة في الـ~ — licence de/ès lettres
**أَدَبيّ** — littéraire; moral *adj.*
ضَغْط، اِلْتِزام ~ — pression, engagement moral(e)
حَرَكة، مِلْكيّة ~ة — mouvement, propriété littéraire
اِسْم ~ — nom de lettres/de plume
نَقْد، قيمة، لُغة ~(ة) — critique, valeur, langue littéraire
أَدَبيّات؛ أَدَبيّاتي — déontologie; déontologique
أَديب ج أُدَباء — homme de lettres; lettré; littérateur

عالَم الأُدَباء — le monde littéraire/des lettres
II أَدَّبَ تَأْديبًا ه — châtier; corriger qqn; punir; discipliner; former; humaniser
**تَأْديب** — châtiment; correction; éducation; formation; humanisation
مَجْلِس الـ~ — conseil de discipline
**تَأْديبيّ** — disciplinaire; éducatif; punitif
عُقوبة، سَرِيّة ~ة — sanction, compagnie disciplinaire
حَمْلة ~ة — expédition punitive
مُؤَدِّب ج ون — éducateur; précepteur
مُؤَدَّب ج ون — discipliné; bien élevé; poli
V تَأَدَّبَ تَأَدُّبًا — se discipliner; s'éduquer; s'humaniser; se montrer courtois
تَأَدُّب — civilité; courtoisie; bonne éducation
مُتَأَدِّب — bien éduqué; courtois; poli

56 **أَدَمة** — derme; épiderme; peau
**أَديم** — peau; cuir
مِن ~ واحِد — du même bois; sortis du même moule [*fig.*]
~ الأَرْض — la surface de la terre
**آدَم** — Adam
بَنو ~؛ أَوادِم — les hommes; les humains; les gens
آدَميّ ج ون — adamique; homme; humain
إدام — gras *n.m.*; sauce (que l'on mange avec du pain)

57 (أدو) **أَداة** ج أَدَوات — appareil; engin; outil; instrument
~ التَعْريف — article défini
~ آلِيّة — machine-outil
~ نَحْوِيّة — *gramm.* mot outil; particule
**أَدَوات** — outillage; matériel
أَمَدَّه، تَجَهَّزَ بِـ ~ — outiller; s'outiller
~ مُخْتَبَرِيّة، مَكْتَبِيّة — matériel de laboratoire, de bureau
~ مَنْزِلِيّة، دِراسيّة — appareils ménagers; fournitures scolaires
~ الطَبْخ — ustensiles de cuisine; vaisselle
~ الأَكْل — couvert *n.m.*; service; vaisselle

**58** (أدى) **أداء الخِدْمة العَسْكَرِيّة** accomplissement du service militaire

~ يَمين، قَسَم prestation de serment

~ دَيْن paiement d'une dette

~ اِلْتِزام exécution d'un engagement

II **أدّى** تَأْدِيةً ه accomplir; exécuter qqch; réaliser

~ خِدْمة، التَحِيّة العَسْكَرِيّة rendre un service, les honneurs militaires

~ دَوْرًا، مُهِمّة remplir/assumer un rôle, une mission

~ شَهادة porter témoignage

~ قَسَمًا، يَمينًا prêter serment

~ دَيْنَه s'acquitter de/payer/rembourser sa dette

~ واجِبَه accomplir son devoir

~ الخِدْمة العَسْكَرِيّة accomplir/faire le service militaire

~ أَجْرًا، تَعْويضًا لِ rémunérer; rétribuer

~ غَرَضَه atteindre le but; avoir ce que l'on veut

~ عَمَلًا accomplir/exécuter/fournir un travail

~ دَوْرًا interpréter/jouer un rôle [*cin., théâtr.*]

~ ه إلى ه faire parvenir qqch à qqn

~ إلى ه aboutir/aller/conduire à; déboucher sur; causer; entraîner; provoquer

~ إلى كارِثة provoquer une catastrophe

تَأْدِية accomplissement; exécution; interprétation; versement

**مُؤَدٍّ** (المُؤَدّي) ج مُؤَدُّون interprète [*cin., théâtr.*]

صَفْقة ~ة إلى الإفْلاس opération ruineuse

**مُؤَدّى** ج مُؤَدَّيات contenu *n.m.*; signification; teneur

IV آدى إيداءً ه aider; assister qqn

V تَأَدّى تَأَدِّيًا إلى ه، ه parvenir à qqn (nouvelle); contribuer à qqch; être accompli/réalisé (affaire)

**إيديولوجيّ** ← إيديولوجيّ

**59** **إذْ**؛ ~ أنّ car; comme; étant donné que; en effet; puisque; alors/dès/pendant que; lorsque; quand; voici/voilà que

~ ذاكَ (← إذٍ) alors; à ce moment-là

**إذٍ** : يَوْمَئِذٍ، وَقْتَئِذٍ، حِينَئِذٍ alors; à cette époque-/à ce moment-/en ce temps-là

**60** **إذا**؛ ~ ما *1. en phrase verbale, se construit avec un v. à l'accompli et se traduit avec un v. à l'imparfait*: quand, lorsque; *ou avec un v. au présent*: si

~ جاء المَساءُ عُدْتُ quand venait le soir, je revenais

~ اِجْتَهَدْتَ نَجَحْتَ si tu t'appliques, tu réussiras

إلّا ~ sauf si

~ بِ ه، ه *2. en phrase nominale*: soudain; voici que

وَ~ بي أَجِدُ نَفْسي et soudain je me trouvai

خِلْناهُ فارِغًا و~ بِه عامِر nous l'imaginions vide et le voici plein

~ هُمْ مُتَقارِبونَ في السِنّ il se trouve qu'ils ont le même âge

**إذًا**، **إذَنْ** alors; dans ce cas-là; donc; dès lors; par conséquent

**61** **آذار** mars [*calendrier syriaque*]

**62** **أذَنَ** ـَ أذانًا بِ ه annoncer; laisser prévoir/présager

**أذِنَ** ـَ أَذَنًا لِ، إلى prêter l'oreille à; écouter

~ إذْنًا ه، لِ ه بِ، في ه autoriser qqn à; permettre à qqn de; consentir à; donner le feu vert

~ لِنَفْسِه أنْ prendre la liberté/se permettre de

لا تَدْخُلْ حَتّى يُؤْذَنَ لَكَ n'entrez pas avant d'y avoir été autorisé

أذان appel à la prière

**أُذُن** ج آذان oreille; anse

الـ~ الظاهِرة، الباطِنة oreille externe, interne

الـ~ المُتَوَسِّطة oreille moyenne

طَبيب الـ~ والأَنْف والحُنْجُرة oto-rhino-laryngologiste

اِلْتِهاب الـ~ otite

إنّهُ ~ السَيِّد avoir l'oreille du maître

~ الزَمان la renommée

~ الدُبّ *bot.* molène; bouillon-blanc; cierge de Notre-Dame

~ الفَأْر *bot.* épervière; myosotis

لَبِسَ ~هُ لِـ ه — se faire tirer l'oreille; faire la sourde oreille

في ~هِ وَقْر؛ مَوْقور الـ~ — dur d'oreille

إِنَّهُ ~ ناشِرة صاغية — être tout oreilles/tout ouïe

نَشَرَ **أُذُنَيْهِ** — ouvrir grand les oreilles; tendre l'oreille; *fig.* avoir les dents longues

عَرَفَ الأَرْنَب وَ~ها — voir venir qqn [*fig.*]

لِـ. حَتَّى ~ه — jusqu'au cou

آذان الجَدْي. الكَلْب — *bot.* plantain; cynoglosse

أُذُنِيّ — auriculaire *adj.*

أُذَيْن؛ أُذَيْنة — oreillette [*anat.*]; pavillon [*anat.*]

أَذَنة — stipule [*bot.*]

**إِذْن** ج أُذون — autorisation; bon *n.m.*; congé; permis; permission

~ إِقامة. بالخُروج — permis de séjour; permission de sortir

~ في التَغَيُّب. بالإِقْلاع — autorisation de s'absenter, de décoller

بِـ~ اللّٰهِ — avec la permission de Dieu

~ قاصِر — émancipation d'un mineur

~ بالصَرْف — autorisation/mandat de paiement

~ الطَبْع — imprimatur; bon à tirer

أُذون الخَزينة — bons du Trésor

آذِن — chambellan; garant; répondant; *ch. de f.* sémaphore

**مَأْذون** — autorisé; émancipé; en congé/permission; permissionnaire

مِنْ مَصْدَر ~ — de source autorisée

~ شَرْعِيّ — *isl.* fonctionnaire religieux chargé de célébrer les mariages

مِئْذَنة. مَأْذَنة ج مَآذِن — minaret

III أَذَّنَ تَأْذينًا بِالصَلاة — appeler à la prière

مُؤَذِّن ج ون — muezzin

IV **آذَنَ** إِيذانًا بِـ ه — annoncer; avertir; laisser présager/prévoir; sonner (l'heure)

~ بالصَلاة — appeler publiquement à la prière

إِيذان بِـ ه — annonce; signe annonciateur; déclaration; proclamation

**مُؤْذِن** — qui annonce/avertit

الدَقّة الـ~ة بالنِصْف — le coup qui sonne la demie

V تَأَذَّنَ تَأَذُّنًا ه — être informé/instruit de; apprendre

X **اِسْتَأْذَنَ** اِسْتِئْذانًا ه في. بِـ ه — demander à qqn la permission/l'autorisation de

~ بالاِنْصِراف — prendre congé; se retirer

63 **أَذِيَ** َ أَذًى — subir un dommage/un tort

**أَذًى** — dommage; mal; offense; tort

عَدَم ~ — innocuité

**أَذِيّة** — méchanceté; nocivité

لا يُفَكِّر في الـ~ — ne pas songer à mal

III **آذَى** إِيذاءً ه — blesser [*fig.*]; léser; faire du mal/du tort à; porter préjudice à

~ مَصالِح. عُضْوًا — léser les intérêts, un organe

~ صِحّة ه — nuire à/détériorer la santé

إِيذاء ج ات — détérioration; lésion; malfaisance; nuisance; préjudice

**مُؤْذٍ** — délétère; malfaisant; nocif; nuisible; préjudiciable; toxique

غَيْر ~ — inoffensif; anodin

سِحْر ~ — maléfice

V تَأَذَّى تَأَذِّيًا مِنْ ه — souffrir de; subir un dommage

64 **أُراق** — ictère

65 **أَرَب** ج آراب — but; désir; intention; souhait; vœu; objet désiré; objectif

بَلَغَ. نالَ ~ه — atteindre son objectif; réaliser son vœu

أُرْب. أُرْبة ج أُرَب — nœud; *fig.* adversité; difficulté; scrupule

**إِرْب** ج آراب — astuce; finesse; ingéniosité; invention

قَطَّعَ. مَزَّقَ ~ًا — couper/déchirer en morceaux; lacérer; mettre en charpie/en lambeaux

**إِرْبًا** ~ — morceau par morceau; pièce par pièce; en pièces; en charpie; en lambeaux

أَريب؛ أَرِب — astucieux; fin; futé; industrieux; ingénieux; rusé; sagace

مَأْرَب ج مَآرِب — chose de première nécessité; souhait; but; intention

66 **أُرْبِيّة**؛ ثَنْية الـ~ — aine; pli de l'aine

أُرْبِيّ — inguinal

67 **إِرْبِيان** — écrevisse; homard; langouste; crevette

68 **أَرْتُوازيّ**، بِئْر ~ ة — artésien (puits)

69 **إِرْث** (← ورث) — hérédité; héritage; patrimoine; succession

حِصّة في الـ~ — part d'héritage

هُوَ في ~ صِدْق، نَزاهة — être foncièrement loyal, honnête

إِرْثيّ — patrimonial; héréditaire

70 **أُرْثة** (← أُرْفة) — petit bois de chauffage

II **أَرَّثَ** تَأْريثًا النارَ — allumer le feu

~ بين الناس — semer la discorde

71 **أَرِجَ** ـَ أَرَجًا — exhaler un parfum agréable; sentir bon

أريج — arôme; fumet; parfum; senteur

V تَأَرَّجَ تَأَرُّجًا — embaumer *intr.*

72 **أرجح** ← رجح

أُرْجوحة ج أَراجيح — balançoire; escarpolette

II **تَأَرْجَحَ** تَأَرْجُحًا — balancer *intr.*; se balancer; osciller

~ بَيْنَ مُعَسْكَرَيْنِ — balancer entre deux camps

تَأَرْجُح ج ات — balancement; oscillation; variation (en plus ou en moins); fluctuation

73 **أُرْجُوان** — pourpre *n.f.*; *bot.* gainier; arbre de Judée

أُرْجُوانيّ — pourpre *adj*; pourpré; purpurin

74 II **أَرَّخَ** تَأْريخًا ه — dater (événement, lettre); faire l'historique de; raconter l'histoire de; rapporter un événement

**تَأْريخ**، تاريخ ج تَواريخ — annale; chronique; datation; date; histoire

ما قَبْلَ الـ~ — préhistoire

**تاريخيّ** — historique; mémorable

حَقيقة، أَزْمِنة ~ ة — vérité, temps historique(s)

قَبْلَ الأَزْمِنة الـ~ ة — préhistorique

مُؤَرِّخ ج ون — annaliste; chroniqueur; historien

مُؤَرَّخ — daté; rapporté

75 **أَرْخَبيل** ج ~ ات — archipel

76 **أُرْدُنيّ** — jordanien

77 **أُرْديّ**، لُغة ~ ة — ourdou; urdu (langue)

78 **أَرْز**، أَرْزيّة — cèdre; mélèze

79 **أُرُزّ**، رُزّ — riz

زِراعة، حَقْل الـ~ — riziculture; rizière

80 **أَرِسْتُقْراطيّ** — aristocrate; aristocratique

أَرِسْتُقْراطيّة — aristocratie

81 **أَرْض** ج أَرَضُونَ جج أَراضٍ — globe (terrestre); fonds [*agr.*]; sol; terrain; terre; territoire

~ قَفْر، لِلْبِناء — terrain vague, à bâtir

~ الوَطَن — sol natal/de la patrie; territoire national

في طُول الـ~ وعَرْضِها — sur toute la surface de la terre

الـ~ كُرَوِيّة — la terre est ronde

كُرة الـ~ — globe terrestre

جَلَس أَرْضًا — s'asseoir par terre

**أَراضٍ** (أَراضي) زِراعيّة — terres arables/cultivables

~ ما وراء البِحار — territoires d'outre-mer

**أَرْضيّ** — terrestre; agraire

حَياة، كُرة ~ ة — vie, globe terrestre

هَزّة ~ ة — secousse tellurique

~ شَوْكيّ — artichaut

أَرْضيّة — plancher; parquet; rez-de-chaussée

82 **أَرَضة** ج أَرَض — termite

مَأْرَضة — termitière

83 **أُرْغُن** ج أَراغِن — orgue

عازِف ~ — organiste

84 **أُرْفة** ج أُرَف — borne; jalon; limite

أُرْفيّ ج ون — géomètre

II أَرَّفَ تَأْرِيفًا مِساحة — jalonner/limiter une surface; faire un bornage

85 أُرْفِيَّة — phalène

86 أَرَقَة ج أَرَقات؛ ~ كاذِبة — puceron

87 أَرَق — insomnie

آرِق، أَرِق — insomniaque

لَيْلَة ~ ة — nuit blanche/d'insomnie

II أَرَّقَ تَأْرِيقًا ه — tenir éveillé; causer des insomnies; empêcher de dormir

~ حَياتَه — empoisonner l'existence [fam.]

88 (أرك) أَرِيكة ج أَرِيك. أَرائِك — canapé; lit d'apparat; sofa; coussin moelleux

89 أُرْكة — épaulard; orque

90 إِرَم ج آرام — grosse pierre; borne/jalon (pistes du désert)

أَحْرَقَ الأُرَّمَ على ه — avoir une dent contre [fam.]

أُرومة ج ات — racine; origine; souche [bot., comm.]

~ شيك — talon de chèque

دَفْتَر ذو أُرومات — carnet à souches

II أَرَّمَ تَأْرِيمًا طَرِيقًا — baliser/jalonner un chemin

أَرْمَل ← رمل

91 أَرْمَنِيّ — arménien

92 أَرْنَب ج أَرانِب — lapin; lièvre

~ داجِنة. بَرِّيَّة — lapin domestique, de garenne

~ وَحْشِيَّة — lièvre

أَرْنَبة — hase; lapine; bout du nez; museau

لا يَرى أَبْعَدَ من ~ أَنْفِه — ne pas y voir plus loin que le bout de son nez

93 أُرْوِيَّة — mouflon

94 أُرَيْفة — columelle [bot.]

95 أَزَّ ـِ أَزِيزًا — crépiter; crisser; grincer; siffler; vrombir; chanter (marmite)

أَزِيز عَجَلات. باب — crissement des pneus; grincement d'une porte

~ المُحَرِّك — vrombissement du moteur

~ الرَصاص — sifflement, crépitement des balles

V تَأَزَّزَ تَأَزُّزًا — bouillonner; entrer/être en ébullition

96 أَزَج ج آزاج — termitière

97 أَزَحَ ـِ أُزوحًا — se contracter; se rétracter; faire défection; manquer à l'appel

أَزوح — indolent; lymphatique

98 أَزْدَرَخْت. أَزادَرَخْت — azadarachta; azèdarac; arbre à chapelets; melia

99 أَزْر — dos; force

شَدَّ ~ ه — encourager; être courageux/fort

إِزار ج أُزُر — robe; tablier; tenture; voile

خَفيف. كَميش الـ~ — expéditif; entreprenant

عَفيف الـ~ — chaste; pudique

داري ~ ي — ni vu ni connu

مِئْزَر ج مَآزِر — caleçon; pagne; tablier

مَأْزور — en état de péché

II أَزَّرَ تَأْزِيرًا ه — fortifier; donner un fortifiant

III آزَرَ مُؤازَرةً ه — aider; assister; prêter main-forte à; secourir; soutenir

~ في — concourir/coopérer à; apporter son concours à

مُؤازَرة — aide; assistance; concours; coopération; secours; soutien

V تَأَزَّرَ، VIII إِتَّزَرَ بِـ — s'envelopper dans un voile

VI تَآزَرَ تَآزُرًا — collaborer; s'entraider

تَآزُر — collaboration; entraide; synergie

100 أَزِفَ ـَ أَزَفًا — approcher (fin); survenir (événement)

~(ت) الرَحيل. الساعة — l'heure du grand départ a sonné

أَزَف — misère de l'existence

أَزْفة ج أُزَف — limite (temporelle); terme de l'existence

دَعِ الآزِفة تَأْزَف — advienne que pourra

**101** **أَزَقَ** ـِ أَزْقًا — être à l'étroit

مَأْزِق ج مَآزِق — impasse; mauvais pas

**102** **أَزَل**؛ أَزَلِيّة — éternité; préexistence

مُنْذُ الـ~ — de toute éternité

أَزَلِيّ؛ أَزَلِيًّا — éternel; éternellement

**103** **أَزْمة** ج أَزَمات — crise; situation critique

~ نُمُوّ، وِزارِيّة، نَقْدِيّة — crise de croissance, ministérielle, monétaire

سَنة آزِمة — année critique/de crise

مَأْزوم — victime de la crise; brisé [*fig.*]; vaincu

V **تَأَزَّمَ** تَأَزُّمًا — s'aggraver; s'assombrir [*fig.*]; être dans la gêne/dans une situation critique; empirer; aller mal; être critique/tendu (situation); se tendre [*fig.*]

~ت الحالة — l'heure/la situation est critique/grave; ça va mal; ça barde [*fam.*]

**تَأَزُّم** — aggravation; difficulté; gêne; tension [*fig.*]

نُقْطة ~ — cote d'alerte [*fig.*]

مُتَأَزِّم — malheureux; gêné; dans la gêne; critique/tendu (situation); en état de crise

**إزْميل** ← زمل

**104** **إِزاءَ** — en présence de; vis-à-vis de; en face de; en regard de

**105** **آزوت**؛ آزوتِيّ — azote; azoté

**106** **أُسّ** ج إِساس (← أَساس) — exposant *n.m.* [*math.*]

**أُسِّيّ** — exponentiel

مُعادَلة، دالّة ~ة — équation, fonction exponentielle

**أَساس** ج أُسُس — assise; base; fondation; fondement; substrat

على ~ ﻫ — sur la base de; en se fondant sur

أَقَرَّ ~ الضَرائِب — établir l'assiette de l'impôt

لا **أَساسَ** لَهُ — sans fondement; sans consistance

أَساسًا — foncièrement

وَضَعَ **أُسُسًا** لِـ ﻫ — poser les bases/les fondements

**أَساسِيّ** — de base; capital *adj.*; crucial; foncier [*fig.*]; fondamental; essentiel; primordial; principal; structurel

مَسْأَلة ~ة — question cruciale/capitale

حَجَر ~ — pierre angulaire; pierre de touche

مَقال ~ — article de fond

أَلْوان ~ة — couleurs primitives

قانون ~ — loi organique; institution

إِصْلاحات ~ة — réformes structurelles/de structure

ثَمَن، سِعْر ~ — mise à prix; prix de base

أَسيسة ج أَسائِس — infrastructure

II **أَسَّسَ** تَأْسيسًا ﻫ — donner une assise à; asseoir [*fig.*]; baser; créer; établir; poser les bases/les fondements; fonder; instituer; installer; instaurer

~ مَصْنَعًا، شَرِكة — créer une usine; fonder une société

~ نَظَرِيّة على — baser une théorie sur

**تَأْسيس** ج ات — création; établissement; fondation; installation; institution; instauration

~ شَرِكة — fondation de société

جَمْعِيّة **تَأْسيسيّة** — assemblée constituante

قَوانين ~ة — lois constitutives

**مُؤَسِّس** ج ون — fondateur; constituant

عُضْو، سُلْطة ~(ة) — membre fondateur; pouvoir constituant

**مُؤَسَّسة** ج ات — entreprise; établissement; firme; fondation; institut; institution; organisme

~ خَيْرِيّة — fondation pieuse/de bienfaisance

~ تَجْميل — institut de beauté

~ دِراسِيّة، صِناعِيّة — établissement scolaire, industriel

~ دُوَلِيّة، عالَمِيّة — organisme/organisation international(e), mondial(e)

~ تِجارِيّة — maison/fonds de commerce; firme; exploitation commerciale

~ خاصّة، عامّة — entreprise privée, publique

**مُؤَسَّسات** سِياسِيّة — institutions politiques

الدِفاع عَن الـ~ — la défense des institutions

مُؤَسَّسِيّ — institutionnel

V **تَأَسَّسَ** تَأَسُّسًا — être créé/établi/fondé/instauré; s'instaurer

114 أَسَرَ ـِ أَسْرًا ه — capturer; faire prisonnier

أَسْر — captivité; capture

بِـ ~ ه — tout *adv.*; en entier/totalité; entièrement

أُسْر — rétention d'urine

أُسْرة ج أُسَر — ethnie; famille; foyer; groupe; ménage

~ مالِكة، مَلَكيّة — dynastie/famille/maison régnante, royale

أَمير من ~ مالِكة — prince du sang

~ شَريفة — bonne famille; famille honorable

رَبّ الـ~ — chef de famille; paterfamilias

اِسْتِهْلاك الأُسَر — consommation des ménages

أَبْناءُ الـ~ الكَبيرة — fils de famille/de grande tente

أُسَريّ، أُسْرَويّ — familial

أَسير ج أَسْرَى، أُسَراء — captif; prisonnier

~ الحَرْب، التَقاليد — prisonnier de guerre, des traditions

تَبادُل الأَسْرى — échange de prisonniers

X اِسْتَأْسَرَ اِسْتِئْسارًا — se constituer prisonnier

115 إِسْرائيليّ — israélien; israélite

116 إِسْطَبْل — écurie; étable

117 أَسْطُرْلاب — astrolabe

أُسْطورة ← سطر

أُسْطول ← سطل

أُسْطُوان ← سطن

118 أَسِفَ ـَ أَسَفًا على، لِـ ه — être affligé/désolé/peiné de/à cause de; s'affliger/se désoler de; déplorer; regretter; trouver malheureux que

أَسَف — affliction; chagrin; peine; regret

أَعْرَبَ عن ~ه — exprimer son/ses regret(s)

بِـ، مع الـ~؛ بِكُلّ ~ — avec regret; par malheur; malheureusement

يا لَلْـ~، وا أَسَفاه — hélas! quel malheur!

~ على — se baser/se fonder sur; prendre comme base/comme fondement

إِسْبانِخ ← سَبانِخ

107 إِسْبانيّ — espagnol; hispanique

~ أَمْريكيّ، مَغْرِبيّ — hispano-américain; hispano-moresque

108 أَسْبيرين — aspirine

109 إِسْت ج أَسْتاه — anus; cul [*pop.*]; derrière *n.m.*

~ الدَهْر — les premiers temps

أَخْطَأَ ~هُ الحُفْرة — manquer/rater son affaire/son coup; foirer (affaire, coup)

أَنْفُهُ في السَماء و ~هُ في الماء — *prov.* le nez dans les nues mais le cul dans l'eau

أَضْيَقُ إِسْتًا مِنْ ه — ne pas être de taille/de force à

إِسْتيّ — anal

110 أُسْتاذ ج أَساتِذة — enseignant; professeur

~ العَرَبيّة، كُرْسيّ، زائِر — professeur d'arabe, titulaire, associé

~ مُساعِد — maître-assistant

الـ~ فُلان — Monsieur le Professeur; Maître

أُسْتاذيّ — magistral; professoral; doctoral [*fig.*]

أُسْتاذيّة — maestria; magistère; professorat

111 إِسْتراتيجيّ ج ون — stratège; stratégique

إِسْتراتيجيّة — stratégie

112 إِسْتَرْلينيّ — sterling

ليرة، المِنْطَقة ~ة — livre, zone sterling

الجُنَيْه الـ~ — guinée britannique

اِسْتِمارة ← أمر X

113 أَسَد ج أُسْد، أُسود، آساد — lion

حِصّة الـ~ — la part du lion

~ البَحْر — otarie

X اِسْتَأْسَدَ — s'effaroucher; se hérisser [*fig.*]; s'irriter; se mettre en colère

**آسِف** affligé; chagrin *adj.*; chagriné; désolé; triste; je regrette! je suis confus!

~ كُلَّ الأَسَف je regrette infiniment

غَيْر ~ sans regret; qui ne regrette rien

كانَ **آسِفًا** على être au regret de

**أَسِيف** ج أُسَفاء regrettable; triste

أَرْض ~ة terre désolée/stérile

المَأْسوف عَلَيْه le regretté; le défunt

IV آسَفَ إيسافًا ه affliger; attrister; consterner; désoler

يُؤْسِفُني أَنْ j'ai le regret de; je suis désolé de

يُؤْسَف عَلَيْه، لَهُ regrettable

**مُؤْسِف** affligeant; attristant; désolant; déplorable; ennuyeux; fâcheux; malheureux (événement); lamentable

من الـ~ أَنْ il est dommage/fâcheux/regrettable que

من الـ~ جِدًّا أَنْ il est très dommage/très fâcheux/très regrettable que

V **تَأَسَّفَ** تَأَسُّفًا على، لِـ ه ← أَسِفَ

مُتَأَسِّف affligé; chagriné; fâché; peiné; triste

119 **إِسْفَنْج** beignet; éponge

صَيّاد ~ pêcheur d'éponges

إِسْفَنْجِيّ spongieux

**إِسْفين** ← سفن

120 **أُسْقُف** ج أَساقِفة évêque

هَيْئة، رَئيس **الأَساقِفة** épiscopat; archevêque

أُسْقُفِيّ épiscopal

أُسْقُفِيّة archevêché; diocèse; épiscopat; évêché

121 **أَسَل** jonc [*bot.*]

~ الهِنْد rotang

أَسَلة الرُّمْح، اللِّسان fer de lance; pointe de la langue

أَسيل الخَدّ qui a les joues lisses

تُنْبِئ **أَسالة** خَدِّهِ عن أَصالة جَدِّه

*prov.* bon sang ne saurait mentir

II **مُؤَسَّل** pointu

**أسلوب** ← سلب

**اسم** ← سمو

122 **إِسْمَنْت**، ~ مُسَلَّح ciment; ciment armé

مُبَطَّن بالـ~ cimenté

مَصْنَع ~ cimenterie

123 **أَسِنَ** ـَ أُسونًا croupir; s'infecter; pourrir

**آسِن** fétide; gâté; infect; putride

ماء ~ eau croupie/croupissante

أُسون croupissement

V مُتَأَسِّن putride

124 **أَسًى** affliction; amertume; désolation; peine; tristesse

هو في ~ شَديد être au désespoir

آسٍ، أَسْيان affligé; amer [*fig.*]; désespéré; triste; désolé; malheureux; tragique (air, ton)

**إِسْوة** ج إِسًى exemple; modèle

أُسْوةً لِـ، بِـ ه à l'instar de; à l'exemple de

**مَأْساة** ج مَآسٍ drame; tragédie

تَحَوَّل الى الـ~ tourner au drame/au tragique

**مَأْسَوِيّ**، مَأْساوِيّ dramatique; tragique; triste

مُؤَلِّف ~ auteur tragique; dramaturge

مُمَثِّل ~ tragédien

III آسَى مُؤاساة ه consoler; réconforter

مُؤاساة consolation; réconfort

مُؤاسٍ consolant; consolateur; réconfortant

IV آسَى إيساءً attrister; affliger; désoler

مُؤْسٍ attristant; affligeant; désolant

V تَأَسَّى تَأَسِّيًا être consolé; se consoler

VI تَآسَى تَآسِيًا se consoler mutuellement

125 **أَسيتات** acétate

أَسيتون — acétone

أَسيتيلين — acétylène

126 أَسْيَويّ ج ون — asiatique

~ أَفْريقيّ — afro-asiatique

127 أَشِبَ ـَ أَشَبًا — allier (les métaux); procéder à des alliages

أُشابة ج أَشائب — alliage; mélange

~ من الناس — ramassis de gens

II أَشَّبَ تَأْشيبًا ه ← أَشِبَ

V تَأَشَّبَ تَأَشُّبًا — grouiller (foule); être mélangé hétérogène

128 II أَشَّرَ تَأْشيرًا ه. على ه — marquer; mettre une marque une indication sur qqch; enregistrer; parapher

~ على جَواز سَفَر — apposer un visa sur viser un passeport

~ على أَسْماء — pointer des noms

تأْشير، تَأْشيرة ج ات — marque; indication; mention; paraphe; pointage; visa

~ مُرور، دُخول — visa de passage, d'entrée

~ هامِشيّ — mention marginale

مُؤَشِّر ج ات — *écon.* indicateur; paramètre

مُؤَشَّر — marqué; mentionné; pointé; visé

129 إِشْر، أُشْرة ج أُشَر — dentelure; crémaillère; dents de scie; pattes postérieures de la sauterelle; tarière [*zool.*]

تَأْشير ج تَآشير — mandibule (des insectes)

130 إِشْراس — ornithogale

131 أُشْنة — lichen; algue; mousse; usnée

~ الصَبّاغين — orseille

132 أَشوريّ، أَشوريّات — assyrien; assyriologie

133 (أصص) أَصيص ج أُصُص — pot jardinière de fleurs

134 إِصْر ج آصار — alliance; contrat; pacte; charge; fardeau

إِصار ج أُصُر — attache; hauban; lien

آصِرة ج أَواصِر — attache [*fig.*]; lien [*fig.*]; parenté

أَواصِر القَرابة — liens de parenté du sang

مَأْصِر — estacade

135 أَصْل ج أُصول — base; fondement; origine; original *n.m.*; principe; source; *gramm.* racine; radical *n.m.*; *dr.* minute

مِنْ ~ شَريف — de noble extraction

~ مِن الحَقيقة — un fond de vérité

في الـ~ — à l'origine; au début; au fond

صورة طِبْقَ الـ~ — copie conforme

طِبْقًا لِلْـ~ — en bonne et due forme; pour copie conforme

أَصْلًا — foncièrement; au fond; radicalement; *en phrase négative*: aucunement; pas du tout

أَصْليّ — authentique; fondamental; initial; original *adj.*; originel; primitif *adj.*; principal; radical *adj.*

نَصّ. نُسْخة ~(ة) — texte original; original *n.m.*

بَلَد. لَوْن ~ — pays d'origine; couleur primitive

الخَطيئة الـ~ة — le péché originel

قيمة. تَغْييرات ~ة — valeur absolue; transformations radicales

رَأْسمال. عَدَد ~ — capital initial; nombre cardinal

الجهات الـ~ة الأَرْبَع — les quatre points cardinaux

سُكّان أَصْلِيّون — aborigènes; autochtones; indigènes

أَعْضاء ~ — membres fondateurs

أُصول — principes fondamentaux; rudiments; *comm.* actif *n. m.*; *dr.* procédure

تُرْجِع ~ه إِلَى — avoir sa source son origine dans; remonter à

على حَسَب الـ~ — dans les formes; en bonne et due forme

~ المِهْنة — l'ABC/les rudiments du métier

الـ~ والخُصوم — l'actif et le passif [*comm.*]

~ مُتاحة. سائِلة. ثابِتة — actif disponible, liquide, immobilisé

~ المُحاكَمات — Code de procédure civile

الـ~ الّتي يَجِب اتِّباعُها — la procédure à suivre

عِلْم الـ~ — la théologie; la jurisprudence

## 135 أصل ١٣٥

أُصوليّ ج ون — jurisconsulte; légiste; théologien

**أصالة** — authenticité; originalité

~ الرأي — fermeté de jugement; opinion saine; esprit juste

عَدَم ~ — inauthenticité; manque d'originalité

أَصالةً — directement; en tant que tel; primitivement

**أصيل** ج أُصَلاء — aborigène *adj.*; authentique; bien enraciné; de noble origine; original; permanent; propre; solide; tenace; titulaire; en titre; vivace

عُضْو، أُسْتاذ ~ — membre permanent/titulaire; professeur titulaire/en titre

فِكْرة، لَوْحة ~ة — idée originale; tableau authentique

جَواد، حِصان ~ — cheval pur-sang/racé

كَلْب ~ — chien de race

تَضارُب ~ — opposition tenace/vivace/bien enracinée/héréditaire

**أصيل** ج أُصُل، أصائِل — crépuscule; soir; soirée

جَنَحَ الـ~ — le soir tombe

II أَصَّلَ تَأْصيلاً ه — enraciner; ancrer [*fig.*]

V تَأَصَّلَ تَأَصُّلاً — prendre racine; s'enraciner; jeter de profondes racines; s'ancrer [*fig.*]

تَأَصُّل — enracinement

**مُتَأَصِّل** — profondément ancré; chronique *adj.*

حِقْد، عادة ~(ة) — haine tenace; habitude invétérée

جُذور ~ة — racines profondes

VI تَآصُل — allotropie

تَآصُليّ — allotropique

X **اِسْتَأْصَلَ** اِسْتِئْصالاً ه — arracher; déraciner; exciser; extirper

~ الداء — supprimer les racines du mal; tuer le mal dans l'œuf

~ الرَذائِل، الأَعْداء — extirper les vices; exterminer les ennemis

~ وَرَمًا خَبيثًا — procéder à l'ablation d'une tumeur maligne

~ المَلاريا — procéder à l'éradication du paludisme

**اِسْتِئْصال** — ablation; arrachage; éradication; excision; extermination

~ اللَوْزَتَيْن، الزائِدة — amygdalectomie; appendicectomie

136 **أَصَلة** ج أَصَل — boa; python

137 **أَطَّ** ـِ أَطًّا — craquer; grincer (chaussures, porte)

أَطيط — craquement; grincement

138 **إطار** ج ات، أُطُر — cadre; cerceau; cercle; châssis; chambranle; encadrement

في، ضِمْنَ ~ — dans le cadre de

~ حَياة — cadre de vie

~ لَوْحة — cadre d'un tableau

~ اِقْتِصاديّ، تاريخيّ — cadre/contexte économique, historique

أَحاطَ بِـ، صانِع ~ — encadrer; encadreur

~ إداريّ — cadre administratif

~ باب، نافِذة — encadrement/châssis de porte, de fenêtre

~ عَجَلة، دَوْلاب — pneu; bandage de roue

~ داخِليّ — chambre à air

إطارات وُسْطَى، عُلْيا — cadres moyens, supérieurs

أَطّار ج ون — encadreur

II أَطَّرَ تَأْطيرًا ه، ه — encadrer

**مُؤَطَّر** — encadré

~ ضِمْنَ دائِرة — inscrit dans un cercle

139 **أَطْرُب** — belladone

140 **أَطْلَس** — atlas

~ العالَم، لُغَويّ — atlas universel, linguistique

~ جُغْرافيّ — atlas géographique

**أَطْلَسيّ** — atlantique

ساحِل، حِلْف ~ — côte, pacte atlantique

141 (أطم) **أُطام**؛ أُطاميّ — dysurie; dysurique

142 **أُطُم** ج آطام — blockhaus

أَطوم — dugong

143 **آغا** ج آغَوات — agha; chef

**144** **إغْريقيّ** ج إغْريق، أغارِقة — grec

الإغْريقيّة — la langue grecque; le grec

**145** **أغُسْطُس** — août

**146** **أُفّ** — fétu; brin; peu de chose; rognure d'ongle

أُفٍّ — fi! [*litt.*]; peuh! pouah! ouf!

V تَأَفَّفَ تَأَفُّفًا مِنْ ه، ه — se ficher [*fam.*]/se plaindre/être las [*litt.*]/de; râler [*fam.*]/ronchonner [*fam.*] à cause de

تَأَفُّف ج ات — plainte

مُتَأَفِّف — râleur; ronchon

**147** **أفْرَقَ**، أفْرَقة — africaniser; africanisation

**أفْريقيّ** ج ون، أفارِقة — africain

~ شَماليّ، جَنوبيّ — nord-, sud-africain

أفْرو-أسْيَويّ — afro-asiatique

II تَأَفْرَقَ تَأَفْرُقًا — s'africaniser

X مُسْتَفْرِق ج ون — africaniste

**148** **إفْرَنْجيّ** ج إفْرَنْج — européen; franc [*hist.*]

**149** **أفْعَى** ج أفاعٍ — vipère

~ التُّرْس — cobra

أفْعِيّات — vipéridés *n.m.pl.*

أفْعَويّ — venimeux; vipérin

**150** **أفْغانيّ** — afghan

**151** **أُفُق** ج آفاق — horizon

في، فَوْقَ الـ~ — à/au-dessus de l'horizon

جَوْلة في الـ~ — tour d'horizon

جالَ في **آفاق** البَلَد — parcourir le pays

كَشَفَ ~ًا جَديدة — ouvrir/découvrir de nouveaux horizons

وَسَّعَ ~ مَعارِفِهِ — élargir/reculer l'horizon de ses connaissances

**أُفُقيّ**؛ خَطّ ~ — horizontal; horizontale *n.f.*

تَرْكيز، تَكامُل ~ — concentration, intégration horizontale

أُفُقيّة — horizontalité

أَفّاق ج ون — vagabond; globe-trotter

مِنْفاق ج مَآفيق — périscope

مِنْفاقيّ — périscopique

**152** **أفَكَ** ـِ أفْكًا — mentir

~ عن رَأْيِهِ — changer d'opinion

إفْك، أفّاك ج ون — mensonge; menteur

**153** **أفَك** — mandibule (du bec des oiseaux)

**154** **أفَلَ** ـُ أُفولاً — disparaître; se coucher (astre)

~ نَجْمُهُ — pâlir [*fig.*] (étoile)

**أُفول** — décadence

~ نَجْم، الشَّمْس — coucher d'une étoile, du soleil

**155** **أفِنَ** ـَ أفَنًا — amoindrir l'intelligence; abêtir

البِطْنة تَأْفِنُ الفِطْنة — *prov.* ventre plein n'a point de cervelle

أفين، مَأْفون — tête vide/creuse; imbécile; sot; stupide

**156** **أفَنْدي** ج ة — éfendi; Maître; Monsieur; gentleman

أفَنْدِم — *exclam.* Monsieur? vous désirez? vous dites? pardon?

**157** **أفْيوم**، أفْيون — opium

مُدْمِن، مُتَعاطي الـ~ — opiomane

**158** **أقاقيا** — acacia

**159** **أقَّتَ** تَأْقيتًا ه (← وقت) — fixer le moment/l'heure de

**مُؤَقَّت** — provisoire; provisionnel [*dr.*]

بِصِفة ~ة — à titre provisoire

حُكومة ~ة — gouvernement provisoire

تَنْفيذ ~ — exécution par provision

**160** **أُقْحُوان** — chrysanthème

**161** **أقْلَمَ** أقْلَمة — acclimater; régionaliser

~ نَباتات، عادات — acclimater des plantes, des habitudes

~ المُؤَسَّسات — régionaliser les institutions

أَقْلَمة — acclimatation; régionalisation

إِقْليم ج أَقاليم — district; province; région; territoire

**إِقْليميّ** — provincial *adj.*; régional; territorial

المياه الـ~ة — les eaux territoriales

إِقْليميّة — régionalisme; territorialité; particularisme régional

مُؤَقْلَم — régionalisé; acclimaté

II تَأَقْلَمَ تَأَقْلُمًا — s'acclimater; se régionaliser

II تَأَقْلُم — acclimatation; régionalisation

162 **أُقْليديّ** — euclidien

163 **أُكْتوبر** — octobre

164 (أكد) **أَكيد** — assuré; certain; défini; ferme *adj.*, infaillible; positif [*fig.*]; sûr

بِصورة ~ة؛ **أَكيدًا** — assurément; certainement; certes; évidemment; de toute évidence; et comment; comment donc; à coup/pour/bien sûr; sûrement

أَكيدًا لا — sûrement/certainement pas!

II **أَكَّدَ** تَأْكيدًا ه — assurer; attester; certifier; confirmer; corroborer; garantir

~ أَنْ — donner l'assurance/affirmer/soutenir que

~ على ه — insister/mettre l'accent sur

~ مَوْقِفَه، تَرْشيحَه — confirmer/maintenir sa position/sa candidature

~ صِحّة نَبَأ — garantir l'authenticité d'une nouvelle

~ شائِعة — accréditer/confirmer une rumeur

~ صَداقته — protester de son amitié

**تَأْكيد** ج ات — affirmation; assurance; garantie; attestation; confirmation; intensité; vérification

بالـ~؛ بِكُلّ ~ — certainement; exactement; parfaitement; de toute évidence

أَعْطَى **تَأْكيدات** — donner des garanties

**تَأْكيديّ** — affirmatif; confirmatif; intensif

أَداة، صيغة ~ة — particule, forme intensive

**مُؤَكَّد** — assuré; attesté; avéré; certain; certifié; confirmé; corroboré; garanti; intensif; sûr

لَيْسَ هُناكَ ما هُوَ ~ — il n'y a rien de sûr/de positif

مِن الـ~ أَنْ — il est avéré/certain/sûr que

واقِعة، نَتيجة ~ة — fait, résultat certain/assuré

دَواء ~ النَجاح — remède infaillible

غَيْر ~ — hypothétique; incertain; problématique

V **تَأَكَّدَ** تَأَكُّدًا — se confirmer; se vérifier; s'assurer de; être certain/convaincu/persuadé/sûr de; avoir la certitude/la conviction que; constater

~ مِنْ حَقيقة الأَمْر — en avoir le cœur net

تَأَكُّد — assurance; certitude; constatation; conviction

مُتَأَكِّد من — certain/convaincu/persuadé/sûr de

165 **أَكَرَ** ـِ أَكْرًا ه — cultiver; labourer

أَكّار ج ون — cultivateur; laboureur

III إكارة، مُؤاكَرة — métairie; métayage

مُؤاكِر ج ون — métayer

166 **أُكْرة** ج أُكَر — balle; *technol.* bille; galet

~ باب — bouton de porte

~ دَرَجان — galet de roulement

167 **أَكْريليك** — acrylique

168 **أُكْسِجين**؛ أُكْسِجينيّ — oxygène; oxygéné

أَكْسَجَ؛ أَكْسَجة — oxygéner; oxygénation

II تَأَكْسَجَ تَأَكْسُجًا — s'oxygéner

169 **أُكْسيد** ج أَكاسيد — oxyde

أَكْسَدَ؛ أَكْسَدة — oxyder; oxydation

يُؤَكْسَد؛ لا يُؤَكْسَد — oxydable; inoxydable

مُؤَكْسِد؛ مُؤَكْسَد — oxydant; oxydé

II تَأَكْسَدَ تَأَكْسُدًا — s'oxyder; oxydation

170 **إِكْسير**؛ الإِكْسير — élixir

171 (أكف) **أَكاف** — bât

**172 أَكَلَ** ـُ أَكْلًا ه s'alimenter; consommer; consumer; démanger; manger; ronger; user

~ بِلا شَهِيَّة manger sans appétit/du bout des dents

~ مَعْدِنًا attaquer un métal (acide)

~ عَلَيْه الدَهْر subir les atteintes du temps

**يُؤْكَل** comestible; mangeable

لا ~ immangeable

**أَكْل** manger *n.m.*; nourriture; repas

الـ~ والشُرْب le boire et le manger

يُقْبِل على ~ الثِمار raffoler des fruits

غُرْفَة الـ~ salle à manger

**أَكْلة** ج أَكَلات repas; mets; nourriture

~ إِقْليمِيَّة، شَرْقِيَّة spécialité régionale, orientale

**أُكُل** : آتى ~ه porter ses fruits; fructifier

**آكِل** ج ون mangeur

~ اللَحْم، الحَشَرات carnivore; insectivore

~ العُشْب herbivore

~ النَمْل fourmilier

أُكال démangeaison; gangrène; prurigo; prurit

أُكاليّ gangréneux; prurigineux

أَكّال، أَكول caustique [*chim.*]; gros mangeur; glouton; goulu

مَأْكَل ج مَآكِل manger *n.m.*; nourriture

مَأْكول ج ات aliments; comestibles *n.m.pl.*; victuailles; vivres

V **تَأَكَّلَ** تَأَكُّلًا se corroder; se gangréner; être attaqué/entamé/rongé/usé

~هُ الحَسَدُ être rongé par l'envie

~تْ ه الهُمومُ être rongé par les soucis

**تَأَكُّل** corrosion; érosion; usure

~ القُوَّة الشِرائِيَّة l'érosion du pouvoir d'achat

**مُتَأَكِّل** corrodé; érodé; rongé; usé

VI تآكَلَ تَآكُلًا ← V

**إِكْليل** ← كلل

**173 أَكَمة** ج أَكَم جج آكام butte; mamelon; monticule; tertre

وراءَ الـ~ ما وَراءَها il y a anguille sous roche

**174 أَلْ.** اَلْ *art. défini inv.* le; la; les

**أَلا** ← أ

**أَلّا** ← أنْ

**175 إِلّا** (إنْ + لا) excepté; moins; à part; sauf; si ce n'est

الساعة الرابِعة ~ رُبْعًا quatre heures moins le quart

~ صَفَحاتٍ à quelques pages près

و ~ sans quoi; sinon; autrement

~ إذا، أنْ، أنَّ cependant; à moins que; toutefois; et pourtant; sauf/excepté si; et quand même

اللّهُمَّ ~ إذا *même sens*

لا. ما. لَيْس ... ~ ... ne ... que; rien que

لا إِلَهَ ~ اللّه il n'y a d'autre divinité que Dieu

لَيْس هُناكَ. لا شَيْءَ ~ أَنْ il n'y a rien d'autre que

لَيْسَ ~ ni plus ni moins; sans plus; plus du tout; purement et simplement

ما مِنْ أَحَد ~ وَيَمْلِك il n'y a personne qui ne possède; tout le monde possède

~ وَهُو. هِيَ qui n'est autre/rien d'autre/pas autre chose que

~ وهو الحُبّ qui n'est pas autre chose que l'amour

**آلة** ج ات ← أول

**176** II **أَلَّبَ** تَأْليبًا ه coaliser; rallier; rassembler

~ الشَعْبَ ameuter les populations [*fam.*]

~ جَميع المَصالِح coaliser tous les intérêts

V تَأَلَّبَ تَأَلُّبًا s'attrouper; se coaliser; se rallier; se rassembler

**تَأَلُّب** attroupement; ralliement; rassemblement

~ مَصالِح coalition d'intérêts

مَكان ~ point de ralliement

**177 الخ** (← إِلَى آخِرِهِ) — *abrév.* etc.

**178 اَلَّذِي** م اَلَّتِي — *pron. rel. variable quant au genre et au nombre, inv. quant à la fonction* : qui; que; quoi; dont; où

بَعْدَ اَللُّتَيَّا و اَلَّتِي — après bien des discussions/des palabres

**179 أَلِف** — *nom de la voyelle «ā» considérée comme la première lettre de l'alphabet : «alif»*

من ~ه إلى يائه — de A à Z

**أَلِفْباء** — ABC

كِتاب ~ — abécédaire

**180 أَلْف** ج آلاف، أُلوف — mille; millier

**أُلوف**، آلاف مُؤَلَّفة مِنْ — des milliers de

بِالـ~، بِعَشَرات الـ~ — par milliers; par dizaines de milliers

عِيد، ذِكْرَى **أَلْفِيّ** (ة) — millénaire

**181 أَلِفَ** ـَ إِلْفًا ه، ه — s'accoutumer/s'habituer à; être accoutumé/habitué à; s'apprivoiser; se familiariser/avoir des affinités avec

~ البَرْد — être habitué au froid

**أُلْفة** — accoutumance; affection; affinité; intimité; concorde; familiarité; sociabilité; habitude; bons rapports; union des cœurs

**أَلِيف** ج أَلائِف — ami; associé; compagnon; familier; habitué; intime; sociable

الحَيَوانات الـ~ة — les animaux domestiques

إِلْف ج آلاف — ami; bon compagnon; habitué

آلِف ج أُلّاف، أَوالِف — *même sens*

**آلَفُ** لِ — *superl. du précéd.*

الأَشْياء الَّتي نَحْنُ ~ لَها — les choses auxquelles nous sommes le plus habitués

**مَأْلوف** — commun/courant *adj.*; familier; habituel; ordinaire; usuel; *mus.* «*malouf*» (musique d'origine andalouse)

صَوْت، لُغة ~(ة) — voix familière; langue courante

في الساعة الـ~ة — à l'heure accoutumée

طَريق، أَعْمال ~(ة) — trajet, travaux coutumier(s)

طُرُق ~ة — *fig.* sentiers battus

غَيْر ~ — inaccoutumé; inhabituel; inusité

II **أَلَّفَ** تَأْليفًا ه — accorder; mettre en accord; assembler; associer; assortir; combiner; composer; constituer; former; joindre; réunir; syncrétiser; synthétiser; unir

~ حُكومة — former/constituer un gouvernement

~ كِتابًا — composer/écrire un livre

~ بين شَيْئَيْن — joindre/réunir deux choses

~ بين الأَقْمِشة، الأَلْوان — assortir les étoffes, les couleurs

يُؤَلِّف ذَلِكَ كَذا من المَجْموع — cela représente tant du total

**تَأْليف** ج تَآليف — assemblage; association; assortiment; combinaison; composition; constitution; formation; réunion; synthèse; union; *litt.* écrit *n.m.*; ouvrage; œuvre

~ الحُكومة — formation/constitution du gouvernement

الـ~ بين الوَسائِل و الأَهْداف — *prov.* qui veut la fin veut les moyens

~ أَلْوان — association de couleurs

تَأْليفِيّ — syncrétique; synthétique

تَأْليفِيّة — syncrétisme

**تَآليف** — écrits; œuvre (d'un écrivain)

~ أَدَبِيّة — production littéraire

**مُؤَلِّف** ج ون — auteur; compositeur; écrivain; constituant; constitutif

~ مَجْهول — auteur anonyme

حُقوق الـ~ — droits d'auteur

أَجْزاء، عَناصِر ~ة — parties constitutives; éléments constitutifs

قُوّات ~ة — forces constituantes

مُؤَلَّف ج ات — assemblé; composé; formé; synthétisé; ouvrage

III آلَفَ مُؤالَفة ه — s'adapter/s'habituer à; s'apprivoiser; vivre dans l'intimité de

مُؤالَفة — fréquentation; adaptation

IV آلَفَ إِيلافًا ه، ه — accoutumer; adapter; apprivoiser; familiariser; habituer

V **تَأَلَّفَ** تَأَلُّفًا، ~ من — se composer; se constituer; se former; consister dans

VI تَآلَفَ تَآلُفًا مع ه — vivre en accord/en harmonie avec; s'accorder; s'harmoniser; se fréquenter

**تآلف** accord; harmonie

~ الدُوَل le concert des nations

الـ~ بين الأفْراد l'accord entre les individus

~ الأصْوات، الألْوان harmonie des sons; harmonie/mariage des couleurs

**مُتَآلِف** harmonieux; en accord; en harmonie

VIII **اِئْتَلَفَ** اِئْتِلافًا ه، ه être accoutumé/adapté à; se coaliser; se combiner/s'entendre avec; avoir de bonnes relations/vivre en harmonie avec

~ الجِسْمُ وَ le corps est adapté à

**اِئْتِلاف** accord; affinité; harmonie; bonne entente; coalition

~ بين النَّاس l'entente entre les individus

~ الدُوَل le concert des nations

وِزارة **اِئْتِلافِيّة** gouvernement de coalition/d'unité nationale

182 **أَلَق** brillant *n.m.*; éclat; scintillement (soleil, diamant); étincelle

V تَأَلَّقَ تَأَلُّقًا briller; chatoyer; resplendir; s'épanouir

**تَأَلُّق** éclat/chatoiement/vivacité (d'une couleur); splendeur

~ الجَواهِر، المَنْسوجات chatoiement des bijoux, des tissus

**مُتَأَلِّق** brillant; chatoyant; étincelant; splendide; resplendissant

183 **إلِكْترون** électron

**إلِكْترونيّ** électronique *adj.*

مِجْهَر، عَقْل، حاسِبة ~(ة) microscope, cerveau, calculatrice électronique

184 **اَللّي** *dialect. pron. rel. inv.* qui, que, quoi

185 **أَلِمَ** - أَلَمًا éprouver une douleur; souffrir; être dans la peine/l'affliction

**أَلَم** ج آلام affliction; douleur; peine; souffrance

مِنْطَقة، وَخْزة ~ zone douloureuse; élancement

تَلَوَّى من الـ~ se tordre de douleur

أُسْبوع **الآلام** la semaine sainte

عانَى ~ًا كَبيرة souffrir le martyre

زَهْرة الـ~، آلامِيّة passiflore

**أَليم** cruel (douleur); douloureux; pénible

عَذاب، ذِكْرَى ~(ة) châtiment cruel; souvenir pénible

IV آلَمَ إيلامًا ه affliger; blesser [*fig.*]; désoler; endolorir; faire mal/de la peine/souffrir; peiner; tenailler (faim, mal)

ما ~ه هُوَ أنْ ce qui lui a fait de la peine c'est

إيلام blessure [*fig.*]; douleur; endolorissement; peine

**مُؤْلِم** affligeant; désolant; douloureux; pénible

حَقائِق ~ة vérités dures à entendre/difficiles à avaler [*fam.*]

ذِكْرَى ~ة souvenir cuisant/amer

حالة ~ة situation poignante

V **تَأَلَّمَ** تَأَلُّمًا مِنْ s'affliger/souffrir de

~ في صَمْت souffrir en silence

**مُتَأَلِّم** affligé; désolé; souffrant

صَرَخَ ~ًا crier de douleur

186 **أَلْماس** diamant

أَلْماسِيّ، مُؤَلْمَس diamanté; en diamant

187 **أَلْمانِيّ** allemand

188 **إلَه** ج آلِهة divinité; dieu

يا إلَهي ô mon Dieu!

**اَللّه** (الـ + إله) Dieu; Allah

لا إلَهَ إلّا ~ il n'y a point d'autre divinité qu'Allah

بِسْمِ ~ *formule prononcée avant de commencer une action* : au nom de Dieu

لِوَجْهِ ~ pour l'amour de Dieu

مَعاذَ، لا قَدَّرَ ~ à Dieu ne plaise! Dieu m'en garde!

وَ، تَـ، بِـ ~ par Dieu!

~ أَعْلَم Dieu seul le sait (*m. à m.* Dieu est le plus savant)

ما شاءَ ~ *formule d'encouragement* : comme Dieu le veut

إنْ شاءَ ~ si Dieu le veut

سُبْحانَ ~ *formule d'admiration* : gloire à Dieu!

~ تَعالَى que Dieu soit exalté!

بَرَكة ~ فيك — que Dieu vous bénisse; merci

لِلّهِ، الحَمْد ~ — bravo! Dieu soit loué!

إنّا ~ و إنّا إلَيْهِ راجعون — *formule qu'un musulman prononce à l'heure du danger :* nous appartenons à Dieu et c'est vers lui que nous retournerons

~ إذا، إلّا، إلّا إذا — à moins que; sauf si

~ نَعَم — mon Dieu oui! parfaitement!

**إلَهة** ج ات — déesse

**إلَهيّ**، صِفات ~ة — divin; attributs divins

سُلْطة، فَضائِل ~ة — pouvoir théocratique; vertus théologales

**الإلَهيّات** — théologie; théodicée

**أُلوهة، أُلوهيّة، إلاهة** — caractère divin; divinité; théisme

II أَلَّهَ تَأْليهًا ه — déifier; diviniser

**تأْليه** — apothéose; déification

**189** (ألو) **أَلا** ـُ أَلْوًا ه، ه — abandonner/laisser qqn, qqch; faire défaut à

لا يَأْلو نَصْحًا، جَهْدًا — ne pas ménager ses conseils, sa peine

**أَلْوة** — aloès

**أَلْية** ج ات، أَلايا — fesse

**190** **إلى** — *particule marquant le déplacement, la direction :* chez; en direction de; vers; jusqu'à

نَظَرَ ~ه، ه — regarder qqn, qqch

~ جانِب ذَلِكَ — d'autre part; en outre; de plus

~ الآنَ — jusqu'à maintenant/présent

~ هُنا، هُناكَ — jusqu'ici; jusque-là

~ مَتَى، إلامَ — jusqu'à quand?

~ أَيْنَ — jusqu'où?

~ أَنْ — jusqu'à ce que; au point que

وَ ما ~ ذَلِكَ — et ainsi de suite

ومَنْ ~ه — tutti quanti

جَلَسَ ~ مَكْتَبِه — s'asseoir à son bureau

كَرَّهَ ه ~ه — rendre qqch détestable à qqn

سَكَنَ ~ه — se reposer sur

**إلَيَّ** — à/jusqu'à/vers moi

الأَمْرُ ~ — c'est moi qui décide; à moi de jouer [*fig.*]

**إلَيْكَ، إلَيْكُمْ** — attention! voici

اِذْهَبْ ~ — mêle-toi de tes affaires

~ عَنّي — laisse-moi tranquille

~ مَعْنَى الـ — voici le sens de

**191** **أَمْ** — *dans une phrase interr. dir. ou ind.* ou; ou bien

أَخَرَجَ الرَّجُل ~ دَخَلَ — l'homme est-il sorti ou entré?

سَواءٌ أَكانَ جالِسًا ~ واقِفًا — qu'il soit assis ou debout

**192** **أَمّا** ... **فَ** — quant à; pour ce qui est de; en ce qui concerne

~ أنا فَأَقول — quant à moi, je dis

~ اليَوْمَ فَسَأَفْعَل — mais aujourd'hui je ferai

~ وَالحالة هَذِهِ فَ — mais dans ces conditions; puisqu'il en est ainsi

~ بَعْدُ — *dans une lettre, après les formules de courtoisie habituelles, pour introduire l'objet de la correspondance*

**193** **إمّا** .. أَوْ — soit ... soit; ou ... ou; ou bien ... ou bien

~ مُباشَرَةً ... أَوْ غَيْر مُباشَرة — soit directement, soit indirectement

**194** **أَمَّ** ـُ أُمومة — être mère

~ ـُ أَمًّا إلى — se diriger vers; se rendre à

~ أَنْ — se proposer de

**أُمّ** ج أُمَّهات — mère

لُغة الـ~ — langue maternelle

الوَطَن الـ~ — la mère patrie; la métropole

~ القُرْآن، الكِتاب — la première sourate du Coran

~ القُرَى — La Mecque

~ الدِّماغ، الرَّأس — méninge

~ أَرْبَع وَأَرْبَعين — mille-pattes

~ عُوَيْف — fourmilion

~ النَّدامَة — *fig.* précipitation

رَأَيْتُهُ بِـ ~ عَيْنَيَّ — je l'ai vu de mes propres yeux

195 إمْبراطور ج أباطِرة empereur
إمْبراطورة impératrice
إمْبراطوريّ impérial; impérialiste
إمْبراطوريّة empire

196 إمْبرياليّ؛ إمْبرياليّة impérialiste; impérialisme

197 أمْبير ampère [électr.]

198 أمْت ج إمات accident de terrain; inégalité du sol

199 أمَد ج آماد délai; durée; terme
قَصير، طَويل الـ~ à court, à long terme
طالَ على ه الـ~ avoir/obtenir un long délai; s'éterniser
مُنْذُ ~ بَعيد depuis longtemps

200 أمَرَ ـُ أمْرًا enjoindre; donner un ordre; ordonner; prescrire
~ ه بـ ه commander/enjoindre/ordonner à qqn de
~ ه بالذَهاب ordonner à qqn de partir
~ ألّا ordonner de ne pas; interdire
~ لَهُ بِألْف دينار il lui fit donner mille dinars
أُمِرَ أنْ، بـ recevoir l'ordre de
~ على ه être investi du pouvoir
اِفْعَلْ ما تُؤْمَرُ بِهِ fais ce qu'on te dit
أمْر ج أمور affaire; chose
أوّلَ، آخِرَ الـ~ en premier, en dernier lieu
هذا ~ عَويص c'est toute une affaire
ما الـ~ de quoi s'agit-il?
الـ~ الّذي chose qui/que/dont
لَيْسَ الـ~ كَذلِكَ il n'en est rien
ما لِلـ~ و ما عَلَيْهِ le pour et le contre
في الـ~ ما لَهُ و ما عَلَيْهِ il y a du pour et du contre
اِعْتَنَى بِتَدْبير الـ~ mettre bon ordre à
مَهْما يَكُنْ مِن ~ quoi qu'il en soit
عَرَفَ حقيقة ~ ه، ه connaître à fond

الـمُؤَسَّسة الـ~ maison mère
~ الخَلّ mère (du vinaigre)
يا أُمَّتِ o mère! ma mère!
أمَّهات الكُتُب ouvrages de base/fondamentaux
~ الحُروف matrices [impr.]
~ المَسائِل problèmes cruciaux/majeurs
~ الفَضائِل vertus cardinales
أُمّيّ ج ون analphabète; illettré; ignorant
أُمّيّة analphabétisme
أمومة maternité
أموميّ؛ أُمَّهاتِيّ maternel; matriarcal
أموميّة matriarcat
أمامَ en face de; devant
مِن، إلى الـ~ par devant; en avant
أماميّ antérieur; de devant; avant *adj. inv.*
الخَطّ الـ~ première ligne [*mil.*, *sport.*]
الباب الـ~ porte de devant
عَجَلات، قَوائِم ~ة roues avant; pattes de devant
إمام ج أئِمّة imam; guide
إمامة imamat; qualité/rang de l'imam
أُمّة ج أُمَم nation; communauté; ethnie
الـ~ الإسْلاميّة la communauté islamique
مَجْلِس الـ~ Chambre des députés
هَيْئة، مُنَظَّمة الأُمَم المتَّحِدة Organisation des Nations unies (O.N.U.)
أُمَميّ international; internationaliste
جَمْعيّة ~ة assemblée internationale
أُمَميّة internationalisme; internationale *n.f.*
الـ~ الاِشْتِراكيّة l'Internationale socialiste
نَشيد الـ~ة l'Internationale (hymne)
II أمَّمَ تَأْميمًا ه nationaliser; nationalisation
VIII اِئْتَمَّ اِئْتِمامًا ه prendre comme guide/modèle; suivre qqn

بَيْنَ أَمْرَيْنِ être dans l'alternative; avoir le choix/deux possibilités

**أُمور** choses; aspects

مارَسَ الـ~ être dans les affaires

**أَمْر** ج أَوامِر commandement; injonction; ordre; précepte; prescription

الـ~ لكَ، إِلَيْكَ c'est à toi de décider! comme tu veux!

~ مَلَكِيّ ordonnance royale

~ بِالتَّفْتيش، بِالقَبْض mandat de perquisition, d'arrêt

أُولُو الـ~ les autorités; les responsables; les pouvoirs publics

تَحْتَ ~كَ à vos ordres! à votre disposition/service!

الـ~، صيغة الـ~ *gramm.* impératif; mode impératif

الـ~ المُطْلَق، غَيْر المُطْلَق *philos.* impératif catégorique, hypothétique

تَلَقَّى ~اً recevoir un ordre

أَصْدَرَ **أَوامِرَ** ه donner des ordres

نَفَّذَ الـ~ ويداه على رَأْسِهِ obéir au doigt et à l'œil; obtempérer

الـ~ والنَواهي pouvoir/autorité suprême

**إِمْرة** autorité; influence; pouvoir

تَحْتَ ~ه sous les ordres/le commandement de; aux ordres de

تَحْتَ ~ غَيْره en second

**إِمارة** ج ات émirat; principauté; principat

~ البَحْر amiralat; amirauté

الإِمارات العَرَبِيَّة المُتَّحِدة les Émirats arabes unis

أَمارة ج ات indice; indication; signe; symptôme; prodrome

**أَمير** ج أُمَراء émir; prince

~ المُؤْمِنين *titre donné au calife :* prince/commandeur des croyants

~ المُسْلِمين *titre donné au sultan :* prince des musulmans

~ الكَعْبَة conservateur de la Ka'ba

~ البَحْر amiral

أَميرة ج ات princesse

**أَميريّ** princier

طابَع ~ timbre fiscal

**آمِر** qui commande; autoritaire; impératif *adj.*; injonctif

الـ~ الناهي maître absolu; chef suprême

لَهْجة ~ة ton impératif/autoritaire

حَنَفِيّة ~ة robinet de commande

~ الرَّتَل chef de file

**أَمّار** ج ون instigateur; incitateur

نَفْس ~ة بِالسوء mauvais génie

**مَأْمور** ج مَآمير préposé *n.*; sous-ordre; subalterne; subordonné *n.*

~ الشُرْطة commissaire de police

~ الجَمارِك، التَفْليسة préposé des douanes; syndic de faillite

~ العَدْلِيّة officier de police judiciaire

II أَمَّرَ تَأْميراً ه investir du pouvoir

**مُؤَمَّر** investi; obéi sans réserve

III آمَرَ مُؤامَرة ه في ه consulter qqn; demander son avis à qqn sur

**مُؤامَرة** ج ات complot; conjuration; conspiration; machination

V تَأَمَّرَ تَأَمُّراً على faire marcher à la baguette; exercer le pouvoir; régenter; régner

VI تَآمَرَ على ه comploter; se conjurer; conspirer (contre)

**تَآمُر** complot; conjuration; conspiration

~ على أَمْن الدَوْلة complot contre la sûreté de l'État

**مُتَآمِر** ج ون comploteur; conjuré; conspirateur

VIII **اِئْتَمَرَ** اِئْتِماراً بِـ se concerter; délibérer; prendre conseil

~ بِأَوامِره وَانْتَهى بِنَواهيه obéir aveuglément/au doigt et à l'œil; être aux ordres de

**مُؤْتَمَر** ج ات colloque; conférence; congrès; délibération

~ صُحُفيّ conférence de presse

~ حِزْب les assises d'un parti

**مُؤْتَمِر** ج ون congressiste

X **اِسْتِئْمارة**، **اِسْتِمارة** imprimé *n.m.*; formule; formulaire

~ أَسْئِلة questionnaire

201 **أَمْرَكَ**؛ أَمْرَكَة américaniser; américanisation
**أَمْرِيكِيّ**، أَمْرِيكَانِيّ ج ون، أَمِرِيكَان américain
هِنْدِيّ ~ amérindien
~ شَمَالِيّ، جَنُوبِيّ nord-, sud-américain
II تَأَمْرَكَ تَأَمْرُكًا s'américaniser; américanisation

202 **أَمْسِ**؛ في، بِالـ~ hier
أَوَّلُ ~؛ ~ الأَوَّل avant-hier
الـ~ القَرِيب tout dernièrement
**أُمْسِيَة** ج ات، أَمَاسِي ← مَسَاء

203 **أَمَلَ** ـُ أَمَلًا ه، أَنْ espérer; escompter; s'attendre à
**أَمَل** ج آمَال attente; espoir; espérance
الـ~ بِالمُسْتَقْبَل la foi en l'avenir
قَطَعَ الـ~ في désespérer/perdre tout espoir de
لا يَبْقَى هُنَاكَ أَيُّ ~ il n'y a plus d'espoir
على ~ أَنْ dans l'espoir/l'attente de
على ~ يَائِس déçu; désabusé
خَيْبَة ~ déception; désillusion; mécompte
بِلا ~ sans espoir/recours
~ كَاذِب faux espoir
**مَأْمُول** attendu; escompté; espéré
غَيْر ~ inattendu; inespéré
II **أَمَّلَ** تَأْمِيلًا خَيْرًا donner de/entretenir l'espoir; promettre *intr.*
~ ه مِن ه espérer qqch de qqn
~ بِـ ه se promettre de
**مُؤَمِّل** prometteur (sourire, résultat)
غَيْر مُؤَمَّل inespéré; inattendu
V **تَأَمَّلَ** تَأَمُّلًا ه، ه considérer; contempler; regarder avec attention
~ ه من الرَّأْس إلى أَخْمَص القَدَم examiner de la tête aux pieds; toiser qqn [*fig.*]
~ في ه envisager/examiner (une affaire); se concentrer; méditer; se recueillir; réfléchir; spéculer
لِنَتَأَمَّلْ هَذا المَثَل prenons cet exemple
**تَأَمُّل** ج ات contemplation; méditation; recueillement; réflexion; spéculation
فِكْر مُولَع بِالـ~ esprit contemplatif
هَيْئَة تَنُمُّ عَن الـ~ air méditatif/recueilli
تَأَمُّلِيّ contemplatif; méditatif; pensif; spéculatif
مُتَأَمِّل ج ون contemplateur; contemplatif; pensif; recueilli; réfléchi

204 **أَمَنَ** ـِ أَمْنًا ه faire confiance/se fier à; avoir confiance en
~ ه بِـ ه confier qqch à qqn
~ إلى ه se mettre sous la sauvegarde de
**أَمِنَ** ـَ أَمْنًا être à l'abri/en sécurité/tranquille
~ مِن ه، أَنْ être assuré de, que
**أَمُنَ** ـُ أَمَانَة être fidèle/loyal/sûr
**أَمْن** paix; sécurité
~ عَامّ، وَطَنِيّ sécurité publique; Sûreté nationale
حَافَظَ على الـ~ faire la police; veiller sur la sécurité
~ الدَّوْلَة la sûreté de l'État
مَجْلِس الـ~ Conseil de sécurité
تَتَوَفَّرُ فيه شُرُوط الـ~ remplir les conditions de sécurité
**أَمَان** aman; clémence; immunité; protection; salut; sécurité; sûreté
شَاطِئ ~ havre de paix et de sécurité
كَان في ~ être à l'abri/en sécurité/en sûreté
طَلَبَ الـ~ demander l'aman/grâce/quartier
ثِقَاب، صِمَام ~ allumettes, soupape de sûreté
حِزَام، قُفْل ~ ceinture de sécurité; verrou de sûreté
**أَمَانَة** fidélité; bonne foi; honnêteté; loyauté; probité
بِـ ~ fidèlement; honnêtement; loyalement; sûrement
عَدَم ~ déloyauté; indélicatesse; malhonnêteté
~ ج ات dépôt; objet déposé; consignation
مُسْتَوْدَع، مَخْزَن **الأَمَانَات** consigne
صُنْدُوق الوَدَائِع والـ~ Caisse des dépôts et consignations

| | |
|---|---|
| حافِظ الـ~ | dépositaire; consignataire |
| **أمانة**؛ ~ السِرّ | secrétariat |
| ~ عامّة | secrétariat général |
| **أمين** ج أُمَناء | fidèle; honnête; loyal; probe; sûr |
| ~ لِنَفْسِهِ، لِعاداته | fidèle à soi-même, à ses habitudes |
| صَديق ~ | ami fidèle/sûr |
| تَرْجَمة ~ة | traduction exacte/fidèle |
| غَيْر ~ | déloyal; indélicat; infidèle; inexact |
| ~ سِفارة، سِرّ دَوْلة | secrétaire d'ambassade, d'État |
| ~ كَبير، الأُمَناء | chambellan |
| ~ أوَّل، عامّ | premier secrétaire; secrétaire général |
| ~ حِسابات | commissaire aux comptes |
| ~ صُنْدوق، خِزانة | trésorier |
| ~ المَحْفوظات | conservateur *n.m.*; archiviste |
| **آمِن** | assuré/paisible/sûr (lieu, route) |
| في مَكان ~ | en lieu sûr |
| آمين | amen; ainsi soit-il |
| مَأْمون | en qui on a confiance; ferme; loyal; sûr |
| **مَأْمَن** ج مَآمِن | abri; asile; refuge |
| في ~ من | à l'abri de; à couvert |
| II **أَمَّنَ** تَأْمينًا ه | assurer; cautionner; confier; confirmer; garantir; pourvoir à; dire amen |
| ~ قُوتَ يَوْمِهِ | assurer son pain quotidien |
| ~ه على سِرّ | confier un secret à qqn |
| ~ دَوامًا، سَيْر الأَعْمال | assurer une permanence, la marche du service |
| ~ لِنَفْسِهِ مَخْرَجًا | se ménager une porte de sortie |
| ~ حَياته | s'assurer sur la vie |
| ~ على مُسْتَقْبَلِه، سَيّارته | assurer son avenir, sa voiture |
| **تَأْمين** ج ات | assurance; caution; cautionnement; garantie *n.f.* |
| شَرِكة، عَقْد ~ | compagnie d'assurances; contrat d'assurance |
| ~ على الحَياة | assurance sur la vie |
| ~ ضِدّ الحَريق، السَرِقة | assurance contre l'incendie, le vol |
| ~ ماليّ | caution financière |
| تَأْمينات اِجْتِماعيّة | assurances sociales |
| مُؤَمِّن ج ون | assureur |
| **مُؤَمَّن**، ~ عَلَيْه | assuré *adj.*, *n.*; garanti |
| ~ اِجْتِماعيًّا | assuré social |
| المَزْج ~ بِواسِطَة ه | le mélange est assuré par |
| IV **آمَنَ** إيمانًا بِـ | croire; avoir foi/confiance |
| ~ بِٱللّٰه | croire en Dieu; avoir la foi |
| **إيمان** | croyance; foi |
| الحاجة إلى الـ~ | le besoin de croire |
| الـ~ بِٱللّٰه | la foi en Dieu |
| مُؤْمِن ج ون | croyant |
| أَمير المُؤْمِنين | commandeur des croyants [*isl.*] |
| VIII **اِئْتَمَنَ** اِئْتِمانًا | se reposer sur; mettre sa confiance en; faire confiance; accorder un/du crédit |
| ~ ه على ه | confier qqch à qqn |
| **اِئْتِمان** | confiance; crédit |
| سُوء ~ | abus de confiance; déloyauté |
| **اِئْتِمانيّ** | fiduciaire |
| تَسْهيلات ~ة | facilités de crédit |
| مُؤْتَمَن ج ون | homme de confiance; dépositaire; séquestre |
| X **اِسْتَأْمَنَ** اِسْتِئْمانًا ه | avoir confiance en/faire confiance à qqn |
| ~ إلى ه | demander protection à |
| مُسْتَأْمِن | confiant; protégé; qui jouit d'une protection |
| 205 **أَمة** ج إماء | esclave; servante |
| **أُمَويّ** ج ون؛ الدَوْلة الـ~ة | omeyyade; dynastie omeyyade |
| 206 **أميبة** ج ات | amibe |
| 207 **أَنْ** (← أَنَّ) | *1. conj. de subordination, introduit un v.* que |
| أُريدُ ~ أَذْهَبَ، تَذْهَبَ | je veux partir, que tu partes |

النَصْرُ الحَقُّ ~ la véritable victoire serait de

~ تَعْمَلوا خَيْرٌ لَكُم vous feriez bien mieux de travailler

عِلْمًا ~، مع العِلْم ~ en sachant que

إلى، بَعْدَ، قَبْلَ ~ jusqu'à ce que; après que; avant que

عَلَى، شَرْطَ ~ à condition que

أَلَّا (أَنْ + لا) 2. *introduit une proposition négative*

أُريدُ ~ تَذْهَبَ je ne veux pas que tu partes

**208 إنْ** (← إلّا) si *conj.*

~ يَجِئْ أَذْهَبْ s'il vient, je pars

~ جاءَ أَمْ لا فَ qu'il vienne ou non

لا أَدْري ~ وَصَلَ je ne sais s'il est arrivé

ما ~ ... حَتّى à peine ... que

~ هو إلّا ce n'est que/rien d'autre que

وَ~ même si; bien que; quoique

وَ~ ... إلّا أَنَّ même si; et pourtant

**209 أَنَّ** (← أَنْ) *conj. de subordination, introduit un n. ou un pron.* que

أَعْلَمُ ~هُ مَريض je sais qu'il est malade

لا شَكَّ ~ il n'y a pas de doute que

لِـ~ (لِأَنَّ) parce que

كَـ~ (كَأَنَّ) comme si; on dirait que

بِما ~ puisque; étant donné que

إلّا، مَعَ، عَلَى ~ cependant; et pourtant; quoique; toutefois

غَيْرَ، بَيْدَ ~ *même sens*

**أَنّى** partout où; de quelque manière que

**210 إنَّ** 1. *particule introduisant une phrase nominale sans avoir de sens précis; a parfois une légère valeur intensive*

هذا وَ ~ certes; en vérité; bien plus

**إنَّ** 2. *conj. de subordination introduisant un n. ou un pron. après le v. «qāla» et ses dér.* que

قال ~هُ سَيَأْتي il a dit qu'il viendrait

**إنَّما** mais; ne ... que; plutôt; seulement

~ مِنْهُ نَعْرِفُ c'est seulement par lui que nous savons

**211 أَنَّ** ـِ أَنًّا، أَنينًا geindre; gémir; se plaindre

~ مِنَ الأَلَم gémir de douleur

~ تَحْتَ وَقْعِ هـ gémir sous le poids de

أَنين؛ أَنَّة ج ات cri; gémissement; plainte

أَنّات وآهات accents plaintifs; lamentations

أَنّان criard; gémissant; geignard; plaintif (ton, voix)

**212 أَنا** *pron. pers. sujet 1re pers. sing. masc. et fém.* moi; je

سَأَظَلُّ أَنا ~ je resterai le même fidèle à moi-même

الـ~ le moi; le je; ego

الـ~ شَيْءٌ كَريهٌ le moi est haïssable

الـ~ السامِيَة، العُلْيا surmoi; super-ego

اِخْتِلال الـ~ dépersonnalisation

أَنانِيّ égoïste; égocentrique; exclusif; individualiste

أَنانِيَّة égoïsme; égocentrisme; exclusivisme; individualisme

**213 أَنَبة** ج أَنَب aubergine

**214 II أَنَّبَ** تَأْنيبًا ه apostropher; attraper qqn [*fig.*]; blâmer; gronder; réprimander; faire des remontrances des reproches à; sermonner

~ه ضَميرُه avoir des remords

**تَأْنيب** ج ات apostrophe; blâme; gronderie; reproche; remontrance; réprimande

~ الضَمير remords

**215 أَنْبَج**؛ أَنْبَجة manguier; mangue

**أُنْبوب**، أُنْبوبة ← نبب

**216 إنْبيق** ج أَنابيق alambic

**217 أَنْتَ** م أَنْتِ *pron. pers. sujet 2e pers. sing.* toi; tu

~ وَحْدَكَ toi seul(e)

أَنْتُما *duel*: vous deux

أَنْتُمْ م أَنْتُنَّ *pl.* vous

**218** **أُنْثَى** ج إناث، أناثَى — femelle

إِمْرَأة ~ — une femme très féminine

**أُنْثَوِيّ** — féminin *adj.*

لَطافة ~ة — la beauté féminine

**أُنوثة** — féminité

الـ~ الخالِدة — l'éternel féminin

اِمْرَأة في غاية الـ~ — femme très féminine

II أَنَّثَ تَأْنيثًا ه — féminiser; mettre au féminin

**تَأْنيث** — féminisation

~ الكَلِمات — accord des mots au féminin

**مُؤَنَّث** — *gramm.* féminin *adj., n.m.*

الجِنْس (الـ) ~ — sexe féminin

رَجُل مُخَنَّث ~ — homme très efféminé

**219** **إِنْجيل** ج أَناجيل — évangile

إِنْجيليّ — évangélique

**220** **أَنْدَلُسيّ** — andalou

**221** **أَنِسَ** ـَ أُنْسًا إلى، بـ ه — s'apprivoiser; s'habituer à qqn; se familiariser avec

~ ـِ أَنْسًا ه — vivre dans l'intimité de

أَنِسَ ـَ أَنَسًا — être doux/de bonne compagnie/sociable

**إِنْس**، أَنَس ج آناس — les hommes; les gens; la communauté/le genre humain(e)

إِنْسيّ — humain *adj., n.m.*;

أَنَسيّ — humaniste

إِنْسيّة، أَنَسيّة — humanisme

أَنَسيّة — humanitarisme

**أُنْس** — affabilité; amabilité; aménité; civilité; courtoisie; intimité; sociabilité; sympathie; vie paisible; rapports sociaux agréables

أَنيس — affable; aimable; amène; civil; bon compagnon; courtois; familier; intime; sociable; sympathique

**إِنْسان** ج أُناس، النّاس — être humain; homme

~ جَديد، الغابة — homme nouveau, des bois

**إِنْسانيّ** — humain; humanitaire; philanthrope; philanthropique

العَلاقات، العَواطِف الـ~ة — relations, sentiments humain(e)s

غَيْر ~ — inhumain

مُؤَسَّسة ~ة — organisation humanitaire

**إِنْسانيّة** — humanité; genre/sentiment humain; philanthropie

قَضيّة الـ~ — la cause de l'humanité

إِنْسانيّات — sciences humaines

أُناسٌ، النّاس — les gens; les hommes; les autres

النِساء، النِسْوة — les femmes

**نِسائيّ، نِسْويّ** — féminin *adj.*; de femme; féministe

جَمْعيّة، مُحادَثات ~ة — association, conversations féminine(s)

صَوْت ~ — voix féminine/de femme

نَزْعة، حَرَكة ~ة؛ **نِسْويّة** — féminisme

نِسْوانيّ — féministe

آنِسة ج أَوانِس — demoiselle; mademoiselle

مَأْنوس — familier; habitué

II **أَنَّسَ** تَأْنيسًا ه — apprivoiser; domestiquer; humaniser; incarner

~ الوُحوش — apprivoiser/domestiquer les bêtes sauvages

~ العَلاقات — humaniser les rapports

**تَأْنيس** — apprivoisement; humanisation; domestication

أَعْصَى ~ًا — plus difficile à apprivoiser

III آنَسَ مُؤانَسة ه — avoir/entretenir de bons rapports/des rapports amicaux avec; tenir compagnie à; distraire

مُؤانَسة — convivialité; cordialité

مُؤانِس — convive; familier *n.*; intime *n.*

IV **آنَسَ** إيناسًا ه في، مِنْ ه — constater/trouver/observer/percevoir (une qualité) en qqn

~ه، ه — tenir compagnie à; distraire; égayer

إيناس — amabilité; affabilité; courtoisise

مُؤْنِس — confident *n.*; affable; aimable; courtois; sympathique

V تَأَنَّسَ تَأَنُّسًا — s'accoutumer; s'apprivoiser; se familiariser; s'habituer; s'humaniser; s'incarner

تَأَنُّس المَسِيح — l'incarnation du Christ

X اِسْتَأْنَسَ اِسْتِئْنَاسًا — s'apprivoiser; devenir familier/sociable; être sympathique

**مُسْتَأْنِس** — apprivoisé; familier; sociable

222 **أَنِيسُون** — anis

223 **أَنِفَ** ـَ أَنَفًا مِنْ، عَنْ ه، ه — avoir de la répulsion pour; dédaigner; rejeter avec mépris

~ أَنْ — dédaigner de; se refuser à

**أَنْف** ج أُنُوف — nez

رَغْمَ ~ه، أُنُوفِهِمْ — malgré lui, eux; contre son, leur gré

ضَرَبَهُ ~ًا — tuer qqn sur le coup

حَمِيُّ الـ~ — chatouilleux [*fig.*]; susceptible

شَامِخ الـ~ — arrogant; fier; hautain

شَمَخَ بِـ~ — se dresser sur ses ergots; monter sur ses grands chevaux [*fam.*]

جَعَلَ ~ه فِي قَفَاهُ — mettre la charrue avant les bœufs [*fam.*]; tourner le dos à la réalité

مَاتَ حَتْفَ ~ه — mourir de sa belle mort

~ الرَّغِيف — croûton/quignon de pain

~ الثَّوْر، العِجْل — *bot.* gueule-de-loup; muflier

**أَنْفِيّ**؛ تَجَاوِيف ~ة — nasal; fosses nasales

**أَنَفَة** — fierté; orgueil; pudeur

**آنِف**؛ ~ الذِّكْر — ci-dessus; précédent; susdit; susmentionné; susnommé

**آنِفًا** — auparavant; d'abord; ci-dessus; plus haut; précédemment

**أَنُوف** ج أُنُف — digne; fier; hautain; noble; pudique

X **اِسْتَأْنَفَ** اِسْتِئْنَافًا ه — recommencer; *jur.* faire/interjeter appel

~ العَمَل، دُرُوسَه — reprendre le travail, ses études

~ رِحْلَتَهُ، السَّيْر — reprendre son chemin; se remettre en route

~ مُرَاسَلَة — renouer une correspondance

**اُسْتُؤْنِفَ** — reprendre *intr.*

~ العَمَل — le travail a repris

**اِسْتِئْنَاف** — recommencement; reprise; *jur.* appel

~ العَمَل، المُفَاوَضَات — reprise du travail, des négociations

~ الدُّرُوس — reprise des cours; rentrée des classes

غَيْر قَابِل لِلْـ~ — sans appel

مَحْكَمَة الـ~ — cour d'appel

رَفَع ~ًا — interjeter appel

حُكْم اِسْتِئْنَافِيّ — jugement d'appel

224 (أنق) **أَنُوق** — percnoptère; vautour d'Égypte

بَيْضَة الـ~ — merle blanc

225 (أنق) **أَنَاقَة** — chic *n.m.*; distinction; élégance; grâce

~ المَلْبَس — élégance vestimentaire

~ الكَلَام — délicatesse du langage

قِلَّة، عَدَم الـ~ — inélégance; manque de grâce

**أَنِيق** — chic *adj.*; distingué; élégant; fringant; gracieux; pimpant

غَيْر ~ — inélégant

V تَأَنَّقَ تَأَنُّقًا — se faire beau; se pomponner; soigner sa tenue

تَأَنُّق — coquetterie; élégance

مُتَأَنِّق — coquet; élégant; pimpant; tiré à quatre épingles

226 **أَنْقَرِيّ** — angora *adj.* (animal)

227 **أَنْقَلِيس** — anguille

أَنْقَلِيسِيّ الشَّكْل — anguiforme

228 **أَنْكَلَزَ**، أَنْكَلَزَة — angliciser; anglicisation

**إِنْكْلِيزِيّ** ج إِنْكْلِيز — anglais *adj.*, *n.*

مِفْتَاح ~ — clef anglaise/à molette

II تَأَنْكَلَزَ — s'angliciser

229 **أَنُود** — anode

230 **أَنَى** ج آنَاء — moment; temps

**آنَاءَ اللَّيْل** — pendant toute la nuit

~ اللَيْل وأَطْرافَ النَهار — jour et nuit

**أناة** — attente; douceur; patience

طَويل الـ~؛ آنٍ ج ون — patient

**إناء** ج آنية، أوانٍ — pot; récipient; vase

كُلّ ~ بِما فيه يَرْشَح — *prov.* la caque sent toujours le hareng

الأواني المُقَدَّسة — les vases sacrés

**أنّى** — comment? comment serait-il possible que? partout où

V **تَأنّى** تَأَنِّيًا — agir posément/avec douceur; être circonspect; prendre son temps

مَنْ ~ نالَ ما تَمَنّى — *prov.* tout vient à point à qui sait attendre; qui veut voyager loin ménage sa monture

**تَأنٍّ** — circonspection; discernement; douceur; sage lenteur; prudence; retenue

**في التَأنّي** السَلامة — *prov.* qui va lentement va sûrement

بِالـ~ — doucement; lentement; posément; prudemment

العَجَلة مِن الشَيْطان والـ~ من الرَحْمان — *prov.* plus fait douceur que violence

**مُتَأنٍّ** — doux; circonspect; posé

231 **إهاب** ج أُهُب — peau

غَضُّ الـ~ — qui a la peau douce/fraîche/tendre/veloutée

232 **أُهْبة** ج أُهَب — préparatifs; bagages

أَخَذَ ~ه لِلسَفَر — se préparer à partir

عَلَى ~ه — en instance/sur le point de; prêt à

على ~ الحَرْب — sur le pied de guerre

على ~ الاِسْتِعْداد — en état d'alerte

على ~ الذَهاب، الرَحيل — sur le départ

II أَهَّبَ تَأْهيبًا ه — équiper; mettre sur le pied de guerre

تَأْهيب الجُنْد — équipement/mise sur pied d'une armée

V تَأَهَّبَ تَأَهُّبًا لِ — s'apprêter/se disposer/se préparer/se tenir prêt à; prendre des dispositions pour; se mettre en devoir de; s'équiper

في حالة التَأَهُّب — en état d'alerte

**مُتَأَهِّب** — prêt à

233 **أَهِلَ** ـَ أَهْلاً بِـ ه ا — se familiariser avec qqn

**أَهْل** ج أَهْلونَ جج أَهالٍ — famille; gens; habitants

~ الجَنّة — *théol.* élus *n.m.pl.*

~ الأَدَب، القَلَم — gens de lettres, de plume

~ القانون، الكَنيسة — hommes de loi, d'Église

~ القَضاء، الذَوْق — gens de robe, de goût

~ الأَمْر، اليُسْر — dirigeants; riches

~ ثِقة، الخَيْر — personnes de confiance; gens de bien

~ المَدينة، الجَزيرة — citadins; insulaires

~ القُرَى، الريف — villageois; ruraux

~ الحَضَر (المَدَر)، الوَبَر — sédentaires; nomades

~ الدار، البَيْت — la famille; les femmes de la famille

~ الحِرْفة، الخِبْرة — gens de métier, d'expérience

~ الكُهوف — hommes des cavernes

~ الكِتاب — *théol.* monothéistes (*spécialem.* chrétiens, juifs, musulmans)

~ السُنّة والجَماعة — sunnites; orthodoxes

الأهالي — les autochtones; les indigènes

**أَهْل** بِـ، لِ — apte/propre à; capable/digne/à même de; compétent/qualifié pour

غَيْر ~ بِـ، لِ — inapte/impropre à; incapable/indigne de; incompétent/non qualifié pour

**أَهْلًا**، ~ بِكَ، وسَهْلًا — sois/soyez le bienvenu

**أَهْليّ** — indigène *adj.*; local *adj.*; civil *adj.*; domestique *adj.*; familial

لَجْنة، حَرْب ~ة — comité local; guerre civile

شُؤون ~ة — affaires indigènes/locales

بَنْك ~ — banque nationale/locale

حَيوان ~ — animal domestique

**أَهْلِيّة** — aptitude; capacité; compétence; qualification

~ عامِل — qualification d'un ouvrier

اِخْتِبار ~ — test d'aptitude

~ قانونيّة، مَدَنيّة — capacité juridique, civile

عَدَم ~ — inaptitude; incapacité; incompétence

آهِل بِالسُّكّان، **مَأْهول** — habité; peuplé; populeux

غَيْر ~ — inhabité

II **أَهَّلَ** تَأْهيلاً ه لِـ ه — considérer comme digne de; former/habiliter/qualifier qqn; donner une formation/une qualification à

~ه مِنْ ه — marier qqn; donner qqn en mariage

~ بِـ ه — accueillir; recevoir avec affabilité

~ بِهِ أَحْسَنَ تَأْهيل — recevoir à bras ouverts; souhaiter la bienvenue; faire fête à; fêter qqn

تَأْهيل — formation; habilitation; qualification

**مُؤَهِّلات** — capacités; facultés; qualifications; titres

تَنازَعَ الـ~ — *sport.* disputer les qualifications

تَبارَى لِإِحْراز الـ~ — *même sens*

مُؤَهَّل لِـ — habilité; compétent; qualifié; taillé pour

V **تَأَهَّلَ** تَأَهُّلاً — fonder un foyer; prendre femme

~ بِـ — accueillir qqn en lui souhaitant la bienvenue

~ لِـ — être/devenir apte à/digne de; mériter de; être qualifié pour

~ لِلْمُباراة النِهائِيّة — se qualifier pour la finale

**مُتَأَهِّل** — marié; qualifié

هَشَّ بِهِ ~ًا — accueillir avec affabilité

X اِسْتَأْهَلَ ه ه — mériter de; se conduire en personne digne de; considérer que qqn, qqch est digne de/propre à

مُسْتَأْهِل لِـ — apte/propre à; digne/méritant de

234 **إِهْلِيلَج** (← هلج) — ellipse [*math.*]

**إِهْلِيلَجِيّ** — elliptique; ellipsoïde

مَدار ~ — orbite elliptique

قَطْع ~ — ellipse

الشَّكْل ~ — ellipsoïdal

235 **إِهْلِيلَج** — badamier; myrobalan

236 **أَوْ** — ou; ou bien

237 **آبَ يَؤُوبُ** أَوْبًا، إِيابًا — être de retour; retourner; revenir

~تِ الشَّمْس — le soleil s'est caché

**أَوْب**، أَوْبَة — retour; rentrée

مِنْ كُلِّ ~ — de tous côtés; de toutes parts; de partout

**إِياب** — retour; rentrée

بِطاقَة ذَهاب وَ~ — billet aller et retour

ذَهابًا وَ ~ًا — allées et venues; va-et-vient

أَوّاب ج ون — pénitent *n.*; qui revient à Dieu

صَلاة الأَوّابِين — la prière des pénitents

II أَوَّبَ أُغْنِيَة — reprendre un refrain

238 **أُوبِب** — O.P.E.P. (Organisation des Pays Exportateurs de Pétrole)

أُوبِك — OPEC (Organisation of Petroleum Exporting Countries)

أُوابِك — OAPEC (Organisation of Arabic Petroleum Exporting Countries)

239 **أَوْج** — apogée; cime; maximum; optimum; point culminant; sommet

بَلَغَ ~ ه — culminer; être au faîte de; battre son plein

~ المَجْد — le faîte de la gloire

في ~ الصَّيْف، المَعْرَكَة — au plus fort de l'été, de la bataille

كانَت الحَفْلَة في ~ها — la fête battait son plein

240 **آدَ** يَؤُودُ أَوْدًا ه — accabler; fatiguer; surcharger; être difficile/pénible pour qqn

لا يَؤُودُه ذَلِك — cela ne lui coûte rien

**أَوْد** — subsistance

قامَ بِـ~ ه — entretenir qqn; pourvoir à la subsistance/subvenir aux besoins de

II أَوَّدَ تَأْوِيدًا ه — courber; plier; ployer

241 (أور) **أُوار** — ardeur; embrasement; flamboiement

~ المَعْرَكَة — l'ardeur du combat

اِسْتَعَرَ العالَم ~ الحَرْب — la guerre a embrasé le monde

242 **أَوْرَبَ** — européaniser

**أُورُبِّيّ**، أوروبيّ ج ون — européen

الحَضارة، الطِراز الـ~(ة) — la civilisation, la mode européenne

الحِسابات الدولاريّة الـ~ة les eurodollars

II تَأَوْرَبَ s'européaniser

243 إوَزّة، فَرْخ ~ oie; oison

244 أوزون ozone

245 أَوْس loup-cervier; lynx

246 (أوف) آفة ج ات calamité; fléau; mal *n.m.*; malheur; vice; plaie [*fig.*]

مَؤُوف accidenté; endommagé

سَيّارة ~ة voiture accidentée

247 أوفسِت offset

248 أُوقِيّة ج أَواقٍ (← وقى) once

II أَوَّقَ تَأْوِيقًا ه ه charger qqn d'un fardeau; imposer qqch à qqn

249 أُوكالِبْتوس eucalyptus

250 (أول) آلَ يَؤُول إيالةً ه administrer; gérer

~ رَعِيَّته إيالة حَسَنة gérer au mieux les affaires de ses administrés

~ على نَفْسه أَنْ se promettre de

إيالة administration; gestion

حَسَن الـ~ qui mène bien sa barque

251 (أول) آلَ يَؤُول مآلاً إلى aboutir; arriver; parvenir; revenir; retourner; venir

~ بِهِ المَطافُ إلى en arriver/en venir à

~ إلى الصَلاح être couronné de succès/réussir *intr.* (projet)

~ إلى الفَشَل aller à l'échec (projet)

~ كُلّ شَيْء إلى مَصْلَحَتِه tout lui réussit; tout concourt à sa réussite

~ إلى الزَوال baisser/décliner (astre)

~ إلى النِصْف، الثُلْث être réduit à la moitié, au tiers

~ ـُ أَيْلولة إلى ه échoir en partage à qqn; hériter de

~ مَعاشًا إلى reverser une pension à

~ إلَيْهِ ثَرْوَتُهُ عن زَوْجَتِه sa fortune lui venait de sa femme

مَآل aboutissement; avenir; conséquence; destin; issue; résultat; retour; terme

في الحال والـ~ maintenant et à jamais; aujourd'hui et demain

إلى السَماء ~ه retourner au ciel

أَيْلولة dévolution; reversion; succession

~ حَقّ، مَعاش dévolution d'un droit; reversion de pension

رَسْم ~ droit de succession

آيِل . réversible (pension)

آل (← أَهْل) dynastie; famille; partisans

II أَوَّلَ تَأْوِيلًا ه commenter; expliquer; interpréter; faire l'exégèse de

~ تَأْوِيلًا حَسَنًا، سَيِّئًا tourner qqch en bien, en mal; prendre en bonne, en mauvaise part

تَأْوِيل ج ات exégèse; explication/interprétation allégorique; commentaire

لا يُمْكِن ~ه inexplicable

تَأْوِيليّ exégétique; interprétatif

مُؤَوِّل ج ون commentateur; exégète

252 أَوَّل ج أَوَّلون، أَوائِلُ commencement; de tête; début; premier

~ كُلّ شَيْء صَعْب il n'y a que le premier pas qui coûte

إنّه ~ مَنْ فَعَلَ ه être le premier à faire qqch

~ أَيّار le Premier-Mai

جُنْديّ ~ soldat de première classe

عاشِق، دَوْر ~ jeune premier; premier rôle

كاتِب ~ secrétaire principal; premier secrétaire

طَبيب ~ médecin-chef/major

صَنْف، نَخْب ~ premier choix

لِـ~ نَظْرة، وَهْلة à première vue; au premier/de prime abord; du premier coup d'œil

لِـ، مِنْ ~ مَرّة du premier coup; la première fois

في الـ~ au commencement/début de

~ الأَمْر en premier lieu; tout d'abord

~ ما فَعَلَ — la première chose qu'il ait faite
~ مُناسَبة — la première occasion
~ البارِحة، الأمْس — avant-hier
~ ما — aussitôt/dès que; tout d'abord
~ بـ ~؛ أوَّلًا فَـ ~ — un par un; l'un après l'autre
**أوَّلًا** — d'abord; premièrement
المَسْؤُول ~ و أخيرًا — le seul et unique responsable
**أُولَى** ج أُوَل، أُولَيات — première
الدَرَجة، السُرْعة الـ~ — première classe; *autom.* première *n.f.*
الكَلِمة الـ~ و الأخيرة — le premier et le dernier mot
المُقَدِّمات الـ~ — les premières manifestations; les tout débuts
لِلنَظْرة الـ~ — à première vue; au premier/de prime abord; du premier coup d'œil
إنْ كانَتِ الـ~ — dans le premier cas (d'une alternative)
الشاحِنة الـ~ — la voiture de tête
**أوَّلون** — aïeux; ancêtres; anciens
الـ~ والآخِرون — les anciens et les modernes
أوائِل الشَهْر، السَنة — le début/les premiers jours du mois, de l'année
**أوَّلِيّ** — a priori; de base; essentiel; fondamental; primitif; primordial; rudimentaire
عَدَد، نَموذَج ~ — nombre premier; prototype
مَوادّ، سِلَع ~ة — matières premières; produits bruts
التَعْليم الـ~ — enseignement primaire/élémentaire
دَعْوى، مَسْألة ~ة — action, question préjudicielle
مَبادِئ، حَقائِق ~ة — principes, vérités élémentaires
السُرْعة الـ~ة — vitesse initiale
**أوَّلِيّة** ج ات — primauté; priorité; axiome; apriorisme
~ العَقْل — le primat de la raison
**أوَّلِيّات** العِلْم — les principes élémentaires de la science
~؛ أوالِيّ — protozoaires
**أُوَيْل** ج ات — proton

253 (أول) **آلة** ج ات — appareil; instrument; machine; outil
~ لِرَفْع الأثْقال، تَصْوير — appareil de levage, photographique
~ مَحْظور اِسْتِعْمالُها — engin prohibé
~ موسيقِيّة، نَقْر — instrument de musique, de percussion
صار ~ بِيَدَيْهِ — devenir un instrument entre les mains de
~ التَناسُل — membre de la génération; pénis
~ بُخارِيّة، جَهَنَّمِيّة — machine à vapeur, infernale
~ حاسِبة، حَرْبِيّة، كاتِبة — machine à calculer, de guerre, à écrire
**آلات** — appareillage; outillage
~ الزِراعِيّة — machines agricoles
عِلْم الـ~ — mécanique *n.f.* [*phys.*]
**آلِيّ** — automatique; machinal; mécanique *adj.*
اِشْتِغال، رُبّان، هاتِف ~ — fonctionnement, pilote, téléphone automatique
حَرَكة ~ة — geste automatique/machinal
إنْسان ~ — robot; automate
كِتابة، حِسابة ~ة — mécanographie
مُوسيقَى، قُوّات ~ة — musique instrumentale; forces motorisées
**آلِيّ** ج ون — mécanicien
كاتِب، حاسِب ~ — mécanographe
**آلِيًّا** — automatiquement; mécaniquement; machinalement
عَمِلَ ~ — fonctionner automatiquement/comme un robot
**آلِيّة** ج ات — automatisme; machinisme; engin; mécanisme
~ مُصَفَّحة — engin blindé
~ العَرْض والطَلَب — loi/mécanisme de l'offre et de la demande
~ الأسْعار، مالِيّة — mécanisme des prix, financier
**آلاتِيّ** ج ون — instrumentiste; machiniste
موسيقَى ~ة — musique instrumentale
**إوالة** — mécanique *n.f.* [*math.*]
الـ~ السَماوِيّة، التَمَوُّجِيّة — mécanique céleste, ondulatoire

إوالِيّ؛ إوالِيّة — mécaniste *adj.*; mécanisme

II أَلَّى تَأْلِية ه — automatiser; mécaniser

تَأْلِية — automatisation; mécanisation

V تَأَلَّى تَأَلِّيًا — s'automatiser; se mécaniser

تَأَلٍّ — automation

**254 أُولو، أُولي م أُولات** (← ذو) — *s'utilise toujours avec un compl. déterminatif*: qui possède; qui a

~ الأَمْر، الحَلّ والعَقْد — les notables; les autorités; les grands

~ الأَلْباب — hommes de cœur/de bonne volonté

**أُولاء** (← هؤُلاء) — *pron. dém. pl. m. et f. de proximité*: ceux-/celles-ci

**أُولائِكَ** — *pron. dém. pl. m. et f. d'éloignement*: ceux-/celles-là

~ القَوْم — ces gens-là

**255 أوم** — ohm

**256 (أون) آنَ يَؤُون أَوْنًا** — arriver (moment)

~ الأَوان — il est temps/c'est le moment de; le moment est venu (de)

~ لَهُ أَنْ — l'heure a sonné pour lui de

**آن** — temps; moment

في ~ واحِد — en même temps; au même moment; simultanément

**الآنَ** — maintenant; à présent

~ وَقَدْ (...) — maintenant/à présent que

حَتَّى الـ، لِلْـ~ — jusqu'à maintenant; jusqu'à présent; encore

لا، ما، لَمْ (...) حَتَّى ~ — pas encore

من الـ~ فَصاعِدًا، مُنْذُ، بَعْدَ ~ — désormais; dorénavant

آنَذاكَ — à ce moment-/à cette époque-là; alors

**آنِيّ** — instantané; simultané

تَرْجَمة ~ة — traduction simultanée

غَيْر ~ — inactuel

آنِيّة — instantanéité; simultanéité

**أَوان** ج آوِنة — temps; moment

بَعْدَ فَوات الـ~ — trop tard; après coup

قَبْل الـ~ — avant l'heure; prématurément; avant terme

اِقْتَرَبَتْ مِن ~ وِلادَتِها — approcher du terme (femme enceinte)

فائِت الـ~ — tardif

جاءَ في ~ه — bien tomber; être opportun/de saison

كانَ في غَيْر ~ه — être hors de saison/inopportun; mal tomber

بَيْنَ الآوِنة والأُخْرَى — de temps à autre

هذه الـ~ الأَخيرة — ces derniers temps

**257 (أون) إيوان** — palais; salle

**258 (اوه) آهَ يَؤُوه أَوْهًا** — gémir; pousser des gémissements

آهْ؛ آهٍ — ah! hélas! oh!

**آهة** ج ات — gémissement; lamentation; plainte

أَطْلَقَ ~، آهاتٍ — pousser un, des soupir(s)

V تَأَوَّهَ تَأَوُّهًا — se lamenter; se plaindre; soupirer

تَأَوُّه ج ات — gémissement; soupir

**259 أَوَى - إِواءً إلى** — se retirer dans; se réfugier; s'abriter; se mettre à l'abri; chercher refuge; se loger; cantonner [*mil.*]

~ إلى غُرْفَتِه — se retirer dans sa chambre

اِبْن آوى ج بَنات آوى — chacal

**مَأْوًى** ج مَآوٍ — abri; asile; gîte; refuge; repaire; hospice

~ لَيْليّ، العَجَزة — asile de nuit, de vieillards

~ جَبَليّ — refuge de montagne

~ الجَيْش — cantonnement de l'armée

سُوء الـ~ — précarité du logement

IV **آوَى إيواءً** ه — abriter; donner asile; héberger; loger *tr.*; receler; recueillir

~ أَصْدِقاء — héberger/loger des amis

~ الجُنود — cantonner les soldats

~ لاجِئين سِياسِيِّين — accorder l'asile politique

~ مُجْرِمين — recéler des malfaiteurs

~ الفُقَراء — recueillir les pauvres

**إيواء** — cantonnement; hébergement; logement

~ المُجْرِمين — recel de malfaiteurs

**260** (أوي) **آية** — exemple; merveille; miracle; modèle; parangon; prodige

إنّهُ ~ — c'est une merveille/un prodige

هو ~ في الفَضيلة — c'est un modèle de vertu

~ في الجمَال — merveilleux; merveilleusement/prodigieusement beau

~ ج آيات، آي — signe; signe de Dieu; verset (du Coran)

~ مُحْكَمة، مُتَشابِهة — verset clair/non ambigu; verset obscur/ambigu

**261** **أيْ** — c'est-à-dire; *vocatif*: ô! eh

~ وَٱللّهِ — oui, par Dieu!

~ أنْ — c'est-à-dire que

إيْ — oui; bien sûr

**262** **أيُّ** م أيَّة — 1. *vocatif*: ô! eh

أنْتَ ~ الإنْسان — toi, ô homme!

يا **أيَّتُها** المَرْأة السَعيدة — ô femme heureuse!

**أيّ** م أيَّة — 2. *interr. dir.* quoi? quel? quelle? lequel? laquelle?

~ رَجُلٍ؛ أيَّةُ امْرَأةٍ — quel homme? quelle femme?

~ دَوْر هَذا الّذي يُمَثِّلُهُ — quel rôle joue-t-il?

في ~ (أيَّةِ) ساعة — à quelle heure?

~ شَيْء — quoi?

لِـ~ شَيْء — pour quoi faire?

لا تَدْري نَفْسٌ بِـ~ أرْض — 3. *interr. ind.* nul ne sait en quelle terre

**أيًّا** كانَ م أيَّةً كانَتْ — 4. *relat.* quel qu'il/quelle qu'elle soit; n'importe qui

~ كُنْتَ — qui que tu sois

على **أيّ** حالٍ؛ عَلَى ~ — de toute façon; en tout cas; quoi qu'il en soit

بِـ~ ثَمَنٍ كانَ — à n'importe quel prix

في ~ يَوْمٍ مِنَ الأيّام — un jour quelconque; n'importe quel jour

~ واحِدٍ فيكُمْ — n'importe lequel d'entre vous

في أيَّةِ يَدٍ كان — en quelque main que ce soit

دُونَ **أيّ** شَكّ — 5. *en phrase négative:* sans aucun doute

لا يَخْضَع لِـ~ رِقابة — il ne se soumet à aucun contrôle

بِأيَّة حال — aucunement; en aucune manière

أيُّ رَجُلٍ هُوَ — 6. *exclam.* quel homme!

أيَّةُ مُصيبة، فَضيحة — quel malheur! quel scandale!

**أيّاما** — 7. *avec un explétif:*

أُعْجِبَ بِهِ ~ إعْجابٍ — quelle ne fut pas son admiration!

أيّانَ (أيّ + آن) — quand?

**263** **إيّا** — *.mot auquel on adjoint les pron. pers. 1. pour éviter la juxtaposition de deux pron. affixes à la fin du v.*

أعْطَيْتُكَ إيّاها (أعْطَيْتُكَها) — je te l'ai donnée

*2. pour introduire un pron. affixe compl. d'un part. prés. indéterminé:*

مُتَجاهِلاً إيّانا — faisant semblant de nous ignorer

*3. pour permettre l'antéposition en début de phrase d'un pron. pers. compl. d'objet dir.*

إيّاكَ نَعْبُدُ — c'est toi que nous adorons

إيّايَ فَاتَّقُوا — c'est moi que vous devez craindre

*4. pour marquer l'avertissement:*

إيّاكَ — gare à toi! attention!

إيّاكَ أنْ تَفْعَلَهُ — garde-toi bien de le faire!

**264** **أيّار** — mai [*calendrier syriaque*]

أوَّلُ ~ — Premier-Mai

**265** II **أيَّدَ** تَأْييدًا ه، ه — approuver; appuyer [*fig.*]; confirmer; consolider; corroborer; étayer; ratifier; renforcer; soutenir

~ه في رَأْيِهِ — approuver qqn; confirmer qqn dans son opinion

~ أقْوال ه — corroborer les dires de

~ حُكْمًا، قَرارًا — confirmer/ratifier une décision, un jugement

~ اِقْتِراحًا، مُرَشَّحًا — appuyer/soutenir une proposition, un candidat

**تَأْييد** — approbation; appui; confirmation; consolidation; corroboration; ratification; renforcement; soutien

حَظِيَ بِـ~ — bénéficier d'un soutien

~اً لِـ — à l'appui de

تَأْييدِيّ — confirmatif (jugement); approbatif

مُؤَيِّد ج ون auxiliaire; justificatif *adj.*; partisan; supporter; sympathisant

~ لِلاِسْتِعْمار valet/suppôt du colonialisme

مُسْتَنَدات ~ة pièces à l'appui/justificatives

V تَأَيَّدَ تَأَيُّدًا se confirmer; se consolider; se renforcer; être confirmé/renforcé/consolidé

266 **إيديولوجِيّة** ج ات idéologie

إيديولوجيّ idéologique; idéologue

267 **إيرانيّ** iranien *adj.*, *n.*

268 **أَيْض** métabolisme

~ أساسيّ métabolisme basal

~ بِنائِيّ anabolisme

269 **أَيْضًا** aussi; encore

لا (...) فَحَسْبُ بَلْ (...) ~ non seulement ... mais encore

270 **إيطاليّ** italien *adj.*, *n.*

الإيطاليّة l'italien; la langue italienne

271 **أَيْك** fourré *n.m.*

272 **إيكي دُنْيا**، إيكيدُنْيا néflier; nèfle

273 **أَيِّل** ج أيائِل cerf; daim

أَيِّلة ج ات biche

أَيِّلِيّات cervidés *n.m.pl.*

274 **أَيْلول** septembre [*calendrier syriaque*]

275 **أَيِّم** ج أيائِم، أيامَى veuf; veuve

هي ~ ما لَها قَيِّم elle est veuve et seule

تَرَكوا النِساءَ **أيامَى** ils n'ont laissé que des veuves

V تَأَيَّمَ تَأَيُّمًا être/devenir/rester veuf

تَأَيُّم veuvage; viduité

276 **أَيْنَ** où?

إِلَى، مِنْ ~ jusqu'où? par où?

~ ... مِنْ ه quel(le) différence/rapport entre

~ هُوَ مِمّا أَخَذَهُ quelle différence avec ce qu'il a pris!

~ الثَرَى مِن الثُرَيّا il ne faut pas prendre les vessies pour des lanternes/mélanger les torchons et les serviettes

أَيْنَما partout où

~ كُنْتَ، سِرْتَ، وُجِدَ où que tu sois, que tu ailles, qu'il se trouve

277 **أَيون** ج ات ion

II أَيَّنَ تَأْيِينًا ه ioniser; ionisation

الجَوّ، الطَبَقة **المُؤَيَّن(ة)** ionosphère

(بـاء)

*deuxième lettre de l'alphabet : « bā' » ;*
*occlusive bilabiale sonore :* [b]

**278 ب** *1. particule marquant la contiguïté spatiale ou temporelle :* à; dans; pendant; près de; au cours de

أَمْسَكَ بِهِ — s'emparer/se saisir de qqn

بِاللَّيْل، بِالنَّهار — de nuit, de jour; pendant la nuit, le jour

بِالمَدينة — en ville; dans la ville

بِهِ طَمَع — avoir de l'avidité; être avide

ما بِكَ — qu'as-tu? qu'est-ce qui te prend?

كَيْفَ بِكَ وَ... — comment feras-tu pour ...?

قَبْلَ الذَّهاب بِساعة — une heure avant le départ

بَعيد عَنْه بِمِيل — à une distance d'un mille

بِحَضْرة — en présence de

بِرِئاسة، بِقِيادة — sous la présidence/le commandement de

*2. instrumental :* avec; à l'aide de; au moyen de

كَتَبَ بِالقَلَم — écrire au crayon

رَماه بِحَجَر — lancer une pierre à qqn

اِتَّهَمَ بِجَريمة — accuser d'un crime

عَلَيَّ بِهِ — amène-le moi

العَيْن بِالعَيْن — œil pour œil

بِثَمَن بَخْس — à vil prix

بِدينار — pour un dinar

بِما في ذَلِك — y compris; inclus

بِغَيْر، بِلا، بِدُون — sans

بِلا شَيْء — sans rien

بِما أَنَّ — étant donné que; puisque; vu que

بِاللّٰهِ، بِحَياتي — *3. particule de serment :* par Dieu! par ma vie!

(← إذا) — *4. en corrélation avec « iḏā » :* soudain

**279 بابا** — papa; pape

~ سِيدي — grand-papa

بابَوِيّ، باباوِيّ — papal

بابَوِيّة، باباوِيّة — papauté

**280** (بأبأ) **بُؤْبُؤ** — pupille; prunelle

أَعَزُّ مِنْ ~ عَيْنَيْهِ — plus cher que la prunelle de ses yeux

**281 بابِل** — Babel; Babylone

**بابِلِيّ** — babylonien

عُيُون ~ة — des yeux charmeurs/ensorceleurs

**282 بابوج** ج بَوابيج — babouche, pantoufle, mule

**283 بابور** ج بَوابير — vapeur *n.m.*; bateau à vapeur

**284 بابونَج** — camomille

**285 باذِنْجان** ج ات — aubergine

**286 بار** ج بارات — bar; cabaret

**287 بَأَرَ** - بَأْرًا ه — creuser un puits; *opt.* focaliser

**بِئْر** ج بِئار، آبار — puits
~ بِتْرول، نَفْط — puits de pétrole
~ أَرْتُوازِيّة — puits artésien
**بُؤْرة** ج بُؤَر — centre [*fig.*]; creuset; fosse; foyer
~ عَدَسة — foyer d'une lentille
~ فَساد، تَقَيُّح — foyer de corruption, de suppuration
~ زَرْع الميكْروبات — bouillon de culture
~ رَذائِل — cloaque [*fig.*]
~ زَلْزال — épicentre d'un séisme
**بُؤْرِيّ**؛ بُعْد ~ — focal; distance focale
لا ~؛ لابُؤْرِيّة — astigmate; astigmatisme

**288** **بارُود** — poudre (à fusil, à canon); fusillade; guerre
مِلْح ~ — salpêtre

**289** **باز** ج بيزان، بُزاة — *ois.* faucon; autour
بازي ج بَوازٍ — *même sens*

**290** **بَأْس** — bravoure; courage; force; vigueur; mal *n.m.*
لا ~ — cela ne fait rien! bon! bien! qu'à cela ne tienne! pas mal!
لا ~ في، مِنْ، أَنْ — il n'y a pas de mal à; rien n'empêche que
لا ~ بِهِ — non négligeable; convenable
البَأْساء والضَرّاء — le malheur et l'adversité
**بُؤْس** — adversité; détresse; infortune; misère
يَوْم نُعْم ويَوْم ~ — *prov.* les jours se suivent et ne se ressemblent pas
تَرَكَ ه في ~ — laisser qqn dans la peine
**بائِس** ج ون، بُؤْس — infortuné; malheureux; misérable
عاشَ ~ًا — vivre dans la misère
**بَئيس** ج بُؤَساء ← بائِس
عاشَ عِيشة ~ة — mener une existence misérable
**بِئْسَ المُشْكِلةُ** — sale/triste affaire!
~ الفِكْرةُ — quelle mauvaise/malheureuse idée!
~ ما فَعَلَ — comme il a mal fait!
~ الرَجُلُ — quel sale/pauvre type! [*fam.*]
VI تَباءَسَ تَباؤُسًا — feindre d'être dans la misère; faire le malheureux
VIII اِبْتَأَسَ اِبْتِئاسًا بـ ه — s'affliger; être affligé/malheureux/soucieux/triste; se faire du souci; s'en faire
لا تَبْتَئِسْ — ne vous en faites donc pas!

**291** **باشا** ج باشَوات — pacha

**292** **باص** ج ات — autobus; autocar; bus

**293** **باطون** — béton

**294** **باغة** — Celluloïd

**295** **باكِسْتانيّ** — pakistanais

**296** **بال** — baleine [*zool.*]

**297** **بالة قُطْن** — balle de coton

**298** **بال** — esprit; état/condition (psychique)
خَطَرَ بـ، عَنَّ لـ ~ه — se présenter/venir à l'esprit
هَدَأَ لَهُ ~ه — se calmer; être tranquille
أَعْطَى ~ه إلى، لـ ه — s'intéresser à; faire/prêter attention à
لَيْسَ هذا من ~ه — n'attacher aucune importance à; ne pas se faire de souci pour
أَدِرْ، رُدَّ ~ك — fais attention! attention!
ذو ~ — considérable; grave; important; sérieux
غَيْر ذي ~ — sans importance; sans gravité
طُول الـ~ — longanimité; douceur; patience
طَويل الـ~ — doux; patient
رَخِيّ الـ~ — d'un caractère facile; doux
فَراغ الـ~ — loisir; décontraction [*psychol.*]; relaxation
فارِغ الـ~ — décontracté; détendu; disponible; relaxe *adj.*
مَشْغول، مُنْشَغِل الـ~ — angoissé; anxieux; contracté; préoccupé; tendu; tracassé

ما ~كَ، ما ~كَ أَنْ — pourquoi; qu'avez-vous à?; que pensez-vous de?

ما ~ها تَصْرِف بَصَرَها — pourquoi détourne-t-elle les yeux?

ما ~كَ خائِفًا — qu'est-ce qui vous fait peur? pourquoi avez-vous peur?

ما ~كَ وَ — que dire alors de; que serait-ce si

**299** **بامية** — hibiscus; gombo

**300** **بان** — saule d'Égypte; moringa

**301** **باي** ج ات، بايْلِك — bey; beylicat

**302** **بَبْر** ج بُبور، بَبْرة — tigre; tigresse

**303** **بَبْغاء**، بَبَّغاء ج بَبْغاوات — perroquet

~ مُذَنَّب — ara

~ مِصريّ — perruche

**304** **بَبُّوش** — escargot

**305** **بَتَّ** ـُ ـِ بَتًّا ه، في ه — couper court/mettre fin à; décider de; juger; statuer

~ النِيَّة — renoncer à son projet

~ الصَوْم — interrompre le jeûne

~ حِبال المَوَدّة — briser les liens d'amitié

~ في قَضيّة — conclure/régler une affaire

~ في القَوْل، المَسْألة — trancher [*fig.*]; trancher une question; statuer

~ه السَفَر — être épuisé par un voyage

~ في مَصيره — décider du sort de

سَوْفَ يَبُتُّ فيهِ المُسْتَقْبَل — c'est l'avenir qui décidera

بَتّ، بَتّة — coupe; retranchement; taille; décision finale; conclusion (d'une affaire)

**بَتّةً، اَلْبَتّةَ**، بَتاتًا — *1. en phrase affirmative:* décidément; absolument; assurément; sans doute; catégoriquement; complètement

لا (...) ~، ~، الـ~ — *2. en phrase négative:* aucunement; nullement; en aucune façon; pas du tout

**باتّ** — décisif; définitif; irrévocable; péremptoire

صَفْقة ~ة — marché conclu

بَيْع، شِراء ~ — vente, achat ferme

II بَتَّتَ تَبْتيتًا ه — accomplir/exécuter (une promesse); tenir un engagement

VII اِنْبَتَّ اِنْبِتاتًا — se décider; se régler

**306** **بَتّ** — bure; robe de bure

**307** **بَتِّيّة** ج بَتاتِيّ — baril; barrique; cuve

**308** **بَتِرَ** ـَ بَتَرًا — avoir la queue coupée (petit chien)

**بَتَرَ** ـُ بَتْرًا — amputer; couper; mutiler; sectionner

~ إصْبَعَهُ — se couper le doigt

بَتْر — amputation; mutilation; sectionnement

باتِر، بَتّار ج بَواتِر — coupant; effilé; tranchant; *fig.* épée; sabre

أَبْتَرُ م بَتْراء ج بُتْر — amputé; tronqué; mutilé; sectionné

مَبْتور — *même sens*; fragmentaire; incomplet; écourté; abrégé *adj.*

**309** **بِتْرول** — pétrole

~ خام — pétrole brut

شَرِكة الـ~ الوَطَنيّة — Société nationale des pétroles

**بِتْروليّ** — pétrolier *adj.*

كيماويّ ~، بِتْروكيمِيائيّ — pétrochimique

**310** **أَبْتَع** : أَجْمَع ~ — *prov.* tous ensemble

**311** **بَتْل** — unique (en son genre); incomparable

**بَتّةً بَتْلةً** — de manière décisive; définitivement; sans retour

بَتَلة ج ات — pétale

بَتيلة ج بَتائِل، بَتْلاء — rejet [*bot.*]; rejeton [*bot.*]

**بَتول** — vierge *n.f.*

الـ~ — la sainte Vierge

بَتوليّ — virginal

بُتولة، بُتوليّة — virginité

بَتولا، بَتولة — *bot.* bouleau

II بَتَّلَ تَبْتيلًا ← V

تَبْتِيل — détachement du/renoncement au monde

V تَبَتَّلَ تَبَتُّلًا — être chaste/continent/pieux; vivre dans la chasteté; se détacher du monde pour se consacrer à Dieu

مُتَبَتِّل — coupé/retranché du monde; reclus; saint homme

**312 بَثَّ** ـُ بَثًّا ه — diffuser; propager; répandre

~ه خَبَرًا — communiquer une nouvelle à

~ الغُبار — soulever la poussière

~ه الشَكْوَى — faire ses doléances à

~ النُور، الأَفْكار — diffuser la lumière, les idées

~ حَياة جَدِيدة — insuffler une vie nouvelle

~ حَماسَهُ — communiquer son enthousiasme

~ أَلْغامًا — mouiller/poser des mines

~ العُيون — poster des espions

~ الشِقاق — semer la discorde

~ الفَوْضَى — jeter la confusion; créer le désordre

~ بِالراديو — radiodiffuser

~ بَرامِج — émettre des programmes

**بَثّ** — diffusion; dissémination; émission; propagation

~ إذاعيّ بِالراديو — émission radio; radiodiffusion

جِهاز ~ إذاعيّ — émetteur [*radio.*]

باثّة الأَلْغام — mouilleur de mines

VII اِنْبَثَّ اِنْبِثاثًا — se disséminer; se diffuser; infuser; se propager

مُنْبَثّ — diffus; diffusé; infusé; infusion

**313 بَثِرَ** ـَ بَثْرًا — avoir des boutons

**بَثْرة**، بَثْر ج بُثور — bouton; pustule

~ في الرِجْل، اليَد — ampoule au pied, à la main

بَثِير، بَثِر — boutonneux

V تَبَثَّرَ تَبَثُّرًا (الوَجْهُ) — se couvrir de boutons (visage)

**314 بَثَقَ** ـُ بَثْقًا — déborder; rompre les digues (fleuve)

بَثْق ج بُثوق — brèche; voie d'eau

باثِق — débordant; exubérant

VII **اِنْبَثَقَ** اِنْبِثاقًا — jaillir; déferler; se rompre (digue)

~ عَنْ، مِنْ — s'inspirer de; émaner de; procéder de

**اِنْبِثاق** — déferlement; débordement; jaillissement

~ النُور، الأَفْكار — jaillissement de la lumière, des idées

~ المِياه — déferlement/résurgence des eaux

~ السُلْطة — émanation du pouvoir

نُقْطة الـ~ — point d'émergence

مُنْبَثِق — débordant; jaillissant; émergent; émanant

مُنْبَثَق ج ات — foyer; source

**315 بَجِحَ** ـَ بَجَحًا بِـ ه — être gai/joyeux; se réjouir (de)

بَجَح — gaieté; joie

بَجّاح ج ون — fanfaron

V تَبَجَّحَ تَبَجُّحًا — être content de soi; se vanter; pontifier; bluffer; faire le fanfaron; crâner [*péjor.*]

تَبَجُّح ج ات — bluff; jactance; vantardise; crânerie

كَلِمات تَبَجُّحِيّة — fanfaronnades

مُتَبَجِّح ج ون — bravache; fanfaron; vantard

**316 بُجْر**، بَجَر — gros ventre; hernie ombilicale; obésité

بُجْرة ج بُجَر — nombril [*anat.*]

أَبْجَر م بَجْراء ج بُجْر — hernieux; corpulent; obèse; pansu; ventru

**317** (بجس) **بَجِيس** — abondant (eau); jaillissant

II بَجَّسَ تَبْجِيسًا ه — faire couler/jaillir; ouvrir une brèche/un passage; percer un abcès

VII اِنْبَجَسَ اِنْبِجاسًا — gicler; jaillir; sourdre; s'ouvrir une brèche

**318 بَجَع** — pélican

**319** II **بَجَّلَ تَبْجِيلًا** ه — glorifier; honorer; respecter; révérer; traiter avec déférence

تَبْجِيل — déférence; respect; révérence; vénération

كَلِمات تَبْجِيلِيّة — paroles révérencieuses

| | |
|---|---|
| مُبَجَّل | honoré; respecté; vénéré; vénérable |

| | |
|---|---|
| 320. بَحَّ - بَحًّا | être enroué; s'enrouer |
| بُحاح، بُحَّة | enrouement |
| ~ في صَوْته | avoir la voix enrouée/rauque |
| أَبَحّ م بَحّاء ج بُحّ | rauque/éraillé/enroué (voix) |
| مَبْحوح | enroué (personne) |

| | |
|---|---|
| 321 بُحْبوحة ج بَحابيح | abondance; aisance; vie aisée; prospérité |
| عاشَ في ~ | vivre dans l'abondance/l'aisance/l'opulence |
| II تَبَحْبَحَ تَبَحْبُحًا في ه | avoir une vie aisée/agréable; prendre du bon temps; être prospère |

| | |
|---|---|
| 322 بَحْت | pur; sans mélange |
| شَراب، لُغة ~(ة) | vin, langue pur(e) |
| رياضِيّات ~ة | mathématiques pures |
| بَحْتًا | purement; seulement; exclusivement |
| III باحَتَ مُباحَتة ه الوُدّ | vouer un sentiment sincère à |
| ~ه بِما عِنْدَهُ | tout dire/tout avouer à qqn |
| ~ شَرابَهُ | boire son vin/sa boisson pur(e) |

| | |
|---|---|
| 323 بُحْتُر، بُحْتُريّ | trapu |

| | |
|---|---|
| 324 بَحَثَ - بَحْثًا ه، عن ه | chercher; chercher à découvrir; rechercher; s'enquérir de; explorer; faire des investigations/des recherches; prospecter |
| ~ عن غُرْفة، حلّ | chercher une chambre, une solution |
| ~ عن ظِلِّهِ | chercher midi à quatorze heures |
| ~ في مَسْأَلة | étudier/examiner une question |
| ~ في مَوْضوع | discuter/disserter sur un sujet |
| أنا الَّتي تَبْحَث عَنْها | je suis celle que tu cherches |
| بَحْث ج بُحوث، أَبْحاث | étude; examen; investigation; mémoire *n.m.*; prospection; recherche |
| نَشَرَ ~ًا | publier une étude/un mémoire |
| قَيْدَ، تَحْتَ الـ~ | à l'étude |
| ~ أَدَبِيّ | dissertation littéraire |
| بَحْثًا عن | à la recherche de |
| باحِث ج ون | chercheur; investigateur; prospecteur |
| بَحّاث ج ة | *même sens* |
| مَبْحَث ج مَباحِث | champ/sujet/thème de recherche/de discussion; -ologie *suff.* |
| ~ الرِّئة، القَلْب | rhumatologie; cardiologie |
| مَباحِث | police; service de renseignements |
| رَجُل ~ | inspecteur de police |
| III باحَثَ مُباحَثة في، على | discuter de/sur; délibérer de |
| مُباحَثة ج ات | délibération; discussion; négociation; pourparlers |
| VI تَباحَثَ تَباحُثًا مع ه | discuter/conférer avec |

بَحْثَرَ ← بَعْثَرَ

| | |
|---|---|
| 325 بَحْر ج بِحار، بُحور | mer; *fig.* homme généreux; *prosod.* mètre |
| رَكِبَ الـ~، سافَرَ بَحْرًا | naviguer; voyager par mer |
| ~ الخَزَر | mer Caspienne |
| الـ~ المُتَوَسِّط، الأَبْيَض | mer Méditerranée |
| ~ النيل، الفُرات | le Nil; l'Euphrate |
| أَعالي، عُرْض الـ~ | pleine, haute mer |
| ~ عُلوم | puits de science |
| بَحْرِيّ | maritime; marin; naval; nautique |
| قانون ~ | Code maritime |
| مَعْرَكة، مَدْرَسة ~ة | bataille, école navale |
| تَيّار، نَباتات ~(ة) | courant, flore marin(e) |
| ضابِط ~ | officier de marine |
| قُوّة ~ة | force navale/maritime |
| القُوّات الـ~ة؛ الـ~ة | l'armée de mer; la marine |
| بُحْران | crise [*méd.*]; point culminant; délire |
| بَحْرانِيّ ج بَحارِنة | bahrani (habitant de Bahreïn) |
| بُحَيْرة ج ات | lac |
| بَحّار ج ون، ة | marin; matelot; navigateur |

البَحّارة، البَحّارون — personnel navigant; gens de mer; équipage
نِقابة ~ — syndicat des gens de mer
IV أَبْحَرَ إِبْحارًا — appareiller; prendre la mer; faire voile; mettre à la voile
~ إلى — s'embarquer pour
إِبْحار — appareillage; embarquement
V تَبَحَّرَ في — s'enfoncer dans [*fig.*]; aller au fond des choses; être plongé dans [*fig.*]; pénétrer [*fig.*]; être érudit
تَبَحُّر الذِهْن — profondeur d'esprit; érudition
مُتَبَحِّر — profond/pénétrant (esprit); érudit
~ في العِلْم — abîme/puits de science; érudit
X اِسْتَبْحَرَ اِسْتِبْحارًا — s'élargir/s'étendre (fleuve); se dilater

**326** بَخَّ ـُ بَخًّا — gicler; jaillir; tomber en gouttes/en pluie fine
~ ه بِـ — asperger qqch avec; vaporiser
بَخّاخ، بَخّاخة، مِبَخّة — gicleur; vaporisateur

**327** بَخْت ج بُخوت — chance; hasard; veine
قَليل الـ~ — malchanceux
قِلّة، سُوء الـ~ — malchance; déveine
بَخيت، مَبْخوت — chanceux; heureux (au jeu); veinard [*fam.*]

**328** (بختر) II تَبَخْتَرَ — faire le beau; se pavaner

**329** بَخَرَ ـَ بَخْرًا — fumer *intr.* (marmite)
بَخَر — haleine fétide; mauvaise haleine
بُخار ج أَبْخِرة — vapeur *n.f.*; buée; fumée
سَماء مُشْبَعة بالـ~ — ciel vaporeux
عُيُون مُجَلَّلة بالـ~ — des yeux embués
بُخاريّ — à vapeur; vaporeux
آلة ~ة — machine à vapeur
باخِر — qui dégage de la vapeur
حَساء ~ — soupe fumante
باخِرة ج بَواخِر — bateau à vapeur; navire; paquebot; vapeur *n.m.*
أَبْخَرُ م بَخْراء — qui a mauvaise haleine

بَخور — encens
~ مَرْيَم — cyclamen
مِبْخَرة ج مَباخِر — encensoir; brûle-parfum
بَخّارة — vaporisateur
II بَخَّرَ تَبْخيرًا ه — faire de la fumée/des fumigations; faire brûler de l'encens; encenser; vaporiser
تَبْخير — fumigation; vaporisation
مُبَخِّر، مُبَخِّرة — évaporateur
V تَبَخَّرَ تَبَخُّرًا — s'évaporer; se vaporiser; se volatiliser; être parfumé à l'encens
تَبَخُّر — évaporation; volatilisation
مُتَبَخِّر — évaporé; volatil

**330** بَخَسَ ـَ بَخْسًا ه — décrier; déprécier; mésestimer; sous-estimer; sous-évaluer
~ ثَمَن، قيمة، قَدْر ه — *même sens*
~ه حَقَّه — léser qqn dans son droit
بَخْس — prix modique; modicité de prix
بِثَمَن ~ — à vil/à bas prix
ثَمَن لا ~ فيه ولاشَطَط — prix ferme et définitif

**331** بَخْشيش ج بَخاشيش — pot-de-vin; bakchich; pourboire

**332** بَخَعَ ـَ بَخْعًا ه — aller jusqu'au bout des choses; faire qqch avec violence/rage
~ نَفْسَهُ — en arriver à se tuer (de rage)
~ بِعَمَلِه — travailler sans relâche; se tuer à la tâche
~ نُصْحَه لِـ — prodiguer ses conseils à
~ه خَبَرَهُ — croire sur parole

**333** بَخِلَ ـَ بُخْلًا؛ بَخِلَ ـَ — être avare; lésiner
~ بِـ — lésiner sur; être avare de
~ عن، على ه بِـ ه — priver qqn de qqch; refuser qqch à qqn
بُخْل — avarice; cupidité; ladrerie [*litt.*]
بَخيل ج بُخَلاء — avare; avaricieux; cupide; ladre [*litt.*]

**334** بَخا ـُ بَخْوًا — s'apaiser/se calmer (colère); disparaître (peur)

335 **بُدٌّ** — échappatoire

لا **بُدَّ** لِـ ه مِنْ أَنْ — ne pouvoir échapper à; il est indispensable de; il faut; on doit; on ne peut éviter de

لا ~ من ذلك — il n'y a pas moyen d'y échapper; cela s'impose

لا ~ — absolument; obligatoirement

إذا كانَ ولا ~ من — s'il est absolument indispensable de; si l'on ne peut faire autrement

كَما لا ~ تَعْلَمون — comme vous devez le savoir

لا ~ مِمّا لَيْسَ بُدٌّ مِنْهُ — il faut ce qu'il faut

كانَ لا ~ أَنْ — il fallait que

II **بَدَّدَ** تَبْديدًا مالَهُ — jeter son argent par les fenêtres; dilapider/gaspiller son argent

~ المَوادّ — dégrader/abîmer/détériorer les matériaux

~ الغُيومَ، الظُلُمات — dissiper les nuages, les ténèbres

~ تَرِكة، ثَرْوة — dilapider un héritage, une fortune

~ قُواه — gaspiller ses forces

~ قُوَى العَدُوّ — disperser les forces ennemies

~ الهُدُوء — perturber; troubler le calme

~ الهُموم — chasser/dissiper les soucis

**تَبْديد** — dégradation; dilapidation; dispersion; dissipation; gaspillage; élimination

~ أَمْوال الدَوْلَة — déprédation des biens de l'État

مادّة قابِلة الـ~ حَيَوِيًّا — matière biodégradable

**مُبَدَّد** — dégradé; dispersé; dissipé; éparpillé; épars; gaspillé

V تَبَدَّدَ تَبَدُّدًا — se débander; se désintégrer; se disperser; se dissiper; être gaspillé

**تَبَدُّد** — débandade; désintégration; dissipation; dispersion

بَعْدَ ~ الغُيوم — après la dissipation des nuages

~ الضَوْء — dispersion de la lumière

**مُتَبَدِّدينَ** — à la débandade

X **اِسْتَبَدَّ** اِسْتِبْدادًا ه — tyranniser

~ بِـ ه — s'approprier; s'emparer de; subjuguer; être exclusif; se conduire en dictateur; monopoliser; prendre possession de

**اِسْتِبْداد** — arbitraire *n.m.*; despotisme; dictature; monopolisation; tyrannie

**اِسْتِبْداديّ** — absolutiste; arbitraire *adj.*; despotique; tyrannique; autocratique

**اِسْتِبْداديّة** — arbitraire *n.m.*; absolutisme; autocratisme; despotisme; pouvoir absolu; tyrannie

**مُسْتَبِدّ** — arbitraire; autocrate; despote; tyran

~ بِرَأْيِه — exclusif; obstiné; entêté; têtu

336 **بَدَأَ** َ بَدْءًا — débuter; commencer; prendre naissance [*fig.*]

~ مِهْنَتَهُ — débuter dans la profession; faire ses débuts

~ حَرْبًا — déclencher une guerre

~ حَديثًا — entamer une conversation

~ الحِوار، الجَلْسة — ouvrir le dialogue, la séance

~ بِإِطْلاق النار — ouvrir le feu

~ النِقاش، القِتال — engager la discussion, la bataille

~ عَمَلَهُ، يَعْمَل — commencer à travailler

~ الأَمْرُ يَسُوء — les choses prennent une mauvaise tournure

~ الأَمْرُ يَتَحَسَّن — les choses prennent une bonne tournure

~ في النُقْصان، في التَطَوُّر — commencer à diminuer, à évoluer

~ بِداية جادّة — partir d'un bon pied; bien commencer

**بَدْء** ج أَبْداء — amorce; commencement; début; exorde [*rhét.*]; naissance [*fig.*]; origine

~ تَنْفيذ — commencement d'exécution

~ الشِتاء — l'entrée de l'hiver

~ السَنة الدِراسيّة — la rentrée scolaire

في الـ~ — à l'origine; au commencement; au début

مُنْذُ الـ~ — depuis le/à partir du commencement

**بداية** ← بَدْء

مِنْ، في الـ~ — au commencement; dès le début

لِكُلِّ أَمْرٍ ~ — il faut un début à tout

مَحْكَمة الـ~ — tribunal de première instance

**بَداءة** ← بَدْء

لَكَ الـ~ — c'est à toi de commencer

**بَدائِيّ** — primitif; primordial; rudimentaire

حالة ~ة — état de nature/embryonnaire

إنْسان، رَسّام ~ — homme, peintre primitif

إنْشاءات ~ة — installations rudimentaires

بَدائيًّا — primitivement; de manière primordiale

**بادِئ** — commencement; qui commence; début; qui débute

في ~ الأمْر — tout d'abord; immédiatement

بادِئَ ذي بَدْءٍ — de prime abord; avant tout; avant toute chose

بادِئة ج بَوادِئ — préfixe

**مَبْدأ** ج مَبادِئ — axiome; commencement; élément; norme; principe

في ~ الأمْر — au commencement; au début

من حَيْثُ الـ~ — en principe

مُراعاةً لِلْـ~ — pour le principe

**مَبادِئ** — principes

أمين لِـ~ه — fidèle à ses principes

رَجُل ذو ~ — homme à principes

~ المِهْنة — les rudiments/l'ABC du métier

**مَبْدَئِيّ**؛ اِتِّفاق ~ — de principe; accord de principe

مَبْدَئِيًّا — en/par principe

IV **أَبْدَأَ** إبْداءً ه — inventer; créer/produire qqch de nouveau

ما ~ ولا أعادَ — n'avoir rien à dire; n'être pas malin; n'avoir pas inventé la poudre

VIII **اِبْتَدَأَ** اِبْتِداءً — commencer *intr.*; prendre naissance

~ بِـ، في ه — commencer *tr.*

**اِبْتِداء** — commencement; début; apparition; naissance

اِبْتِداءً مِنْ — à commencer par; à dater de; à partir de; à compter de

**اِبْتِدائيّ** — élémentaire; primaire; initial; préparatoire

تَعْليم ~ — enseignement élémentaire/primaire

شَهادة ~ة — certificat d'études primaires

مَحْكَمة ~ة — tribunal de première instance

**مُبْتَدِئ** ج ون — débutant; novice [*relig.*]; apprenti

المُبْتَدِئونَ الكِبار — grands commençants/débutants

مُبْتَدَأ — *en phrase nominale*: sujet

337 **بَدَرَ** ـُ بُدورًا ه — surprendre; arriver par surprise

~ه، من ه — échapper à qqn (mot, objet); laisser échapper qqch

~ إلى ه، ه — s'empresser auprès/autour de qqn; se précipiter vers

~تْ مِنْه بَوادِر الغَضَب — laisser exploser sa colère; piquer une crise

بَدْر ج بُدور — pleine lune; *fig.* belle jeune femme; beau jeune homme

**بادِرة** ج بَوادِر — premier mouvement; prémices [*litt.*]; première manifestation; signe précurseur; initiative

~ غَضَب — mouvement/accès d'humeur

~ مَحْمودة — initiative heureuse

أتى بِـ~ جَميلة — faire un beau geste

III **بادَرَ** مُبادَرة ه — se hâter de; s'empresser de; faire diligence; se dépêcher

~ إلى ه — accourir vers; aborder qqn; accoster qqn

~ه بِـ ه — agresser/assaillir/surprendre qqn

~ بِـ، إلى ه — prendre l'initiative de; faire les premiers pas

**مُبادَرة** — empressement; initiative

أخَذَ، اِسْتَلَمَ زِمام الـ~ — prendre l'initiative

الـ~ العَسْكَرِيّة في يَدِه — avoir l'initiative militaire

مُبادِر — empressé

VI تَبادَرَ إلى الفَهْم، الذِهْن — se présenter/venir à l'esprit; sauter aux yeux

VIII **اِبْتَدَرَ** اِبْتِدارًا ه — se jeter/fondre/se précipiter/se ruer sur qqn

~ ه — s'empresser/se hâter de (faire qqch)

338 **بَدَعَ** ـَ بَدْعًا — innover; inventer; faire qqch pour la première fois; introduire un usage

**بِدْع** ج أبْداع — chose nouvelle; nouveauté; original *adj.*; sans précédent; extrême; excès

لا بِدْعَ مِنْ — il n'y a rien d'étonnant à

**بِدْعة** ج بِدَع — idée/chose nouvelle; innovation; hérésie; hétérodoxie

~ دينيّة، أدَبيّة — hérésie religieuse, littéraire

سِباق الـ ~ course de relais

بَدَلًا من contre; à défaut/en échange/au lieu de; plutôt que de; en remplacement de

**بَديل** ج أَبْدال، بُدَلاء contrepartie; remplaçant; réciproque *n.f.*; substitut; succédané; suppléant; *cin.* doublure

إطار ~ pneu de rechange

مَفْرَزة ~ة détachement de réserve

مادّة ~ة ersatz

بَديلة ج بَدائِل produit de remplacement; pièce de rechange

II **بَدَّلَ** تَبْديلًا ه، ه changer *tr.*; modifier

~ ثِيابَهُ changer de vêtements; se changer

~ الحَرَس relever la garde

~ الماء، المُسْتَخْدَمين changer/renouveler l'eau, le personnel

~ مَنْزِلَهُ déménager; changer d'appartement

~ مُوَظَّفًا muter un fonctionnaire

~ مالَه changer/convertir son argent

~ السُّرْعة changer de/passer les vitesse(s)

~ عُقوبة commuer une peine

**تَبْديل** ج ات changement; conversion; modification; mutation; remplacement

دَوْلاب ~ roue de secours

قابِل لِلـ~ convertible (monnaie)

قابِلِيّة الـ~ convertibilité

~ المُوَظَّفين mutation des fonctionnaires

~ المُسْتَخْدَمين renouvellement du personnel

جُنود الـ~ les soldats de la relève

جِهاز ~ prothèse

~ العُقوبة commutation de peine

غَيْر قابِل لِلـ~ immuable; invariable; inconvertible

**مُبَدِّل** الطُرُق échangeur routier

~ الأُسْطوانات changeur de disques [*techn.*]

~ كَهْرَبائيّ commutateur électrique

~ السُّرْعة changement de vitesse; dérailleur

III **بادَلَ** مُبادَلة ه ه échanger; troquer; faire des échanges avec qqn

بِدْعِيّ hérétique *adj.*

**بَديع** admirable; épatant [*fam.*]; magistral; merveilleux; sans précédent; unique

الـ~ *rhét.* ornements du style; la rhétorique

بَديعة ج بَدائِع merveille; beauté; création originale

IV **أَبْدَعَ** إِبْداعًا ه créer; innover; inventer; faire preuve d'originalité; fonder une nouvelle doctrine

~ في الشِعْر exceller en poésie

~ أَيَّما إِبْداع faire merveille/des merveilles; avoir des trouvailles

~ غايةَ الإِبْداع *même sens*

**إِبْداع** création; originalité; innovation; trouvaille

بِـ~ à merveille

إِبْداعِيّ ج ون، إِبْداعِيّة romantique *adj.*, *n.*; romantisme

**مُبْدِع** ج ون auteur; créateur; innovateur; inventeur; créatif; inventif; original (esprit); plein de ressources

خَيال ~ imagination créatrice

كاتِب، أُسْلوب ~ écrivain, style original

VIII اِبْتَدَعَ اِبْتِداعًا ه inventer; innover; faire/produire du nouveau; imaginer

اِبْتِداع ج ات invention; création

اِبْتِداعِيّ inventif

مُبْتَدِع ج ون hérétique; inventif; innovateur; novateur; original

X اِسْتَبْدَعَ اِسْتِبْداعًا ه trouver extraordinaire/insolite

339 **بَدَلَ** ـُ بَدْلًا ه، ه échanger; remplacer; substituer

بَدْل substitution; échange; remplacement

بَدْلة ← 340

**بَدَل** *gramm.* apposition; permutatif

~ ج أَبْدال contrepartie; contre-valeur; indemnité; remplaçant; suppléant

~ سُكْنَى، سَكَن indemnité de logement

~ حُضور jeton de présence

~ اِنْتِقال، أَقْدَمِيّة prime de déplacement, d'ancienneté

~ تَمْثيل frais de représentation

~ اِشْتِراك tarif d'abonnement; cotisation

~ه الحُبَّ، القُبْلَة — rendre à qqn son amour, son baiser

**مُبادَلة** ج ات — échange ; troc ; réciprocité

سِعْر الـ~ — taux de change

الـ~ الحُرَّة — libre-échange

مُبادَلات دُوَلِيَّة — échanges internationaux

IV **أَبْدَلَ** إِبْدالاً ه — commuter ; échanger ; remplacer ; substituer

~ شَيْئًا بِآخَرَ — remplacer une chose par une autre ; permuter deux choses

**إِبْدال** — commutation ; permutation ; remplacement ; substitution ; *ling.* métathèse

V **تَبَدَّلَ** تَبَدُّلاً — changer *intr.* ; muter *intr.* ; varier ; se renouveler

~ تَبَدُّلاً دائِمًا — être en constante mutation

تَغَيَّرت الأَحْوال و ~تْ — les choses ont changé du tout au tout

لا يَتَبَدَّل — invariable ; inaltérable ; immuable

**تَبَدُّل** ج ات — changement ; variation ; avatar ; transformation ; mutation

~ المِزاج، الحَرارة — changement d'humeur, de température

المُجْتَمَع في ~ — la société est en mutation

عَدَم ~ — invariance ; invariabilité

تَبَدُّلات في الرَأْي — revirements d'opinion

**تَبَدُّلِيَّة** — mutabilité ; variabilité

لا ~ — immutabilité ; invariabilité

**مُتَبَدِّل** — changeant ; variable ; instable

مِزاج، طَبْع ~ — humeur, caractère changeant(e)

جَوّ، طَقْس ~ — temps, climat variable

غَيْر ~ — immuable ; invariable

VI **تَبادَلَ** تَبادُلاً ه — permuter ; échanger

~ طَوابِع، رَسائِل — échanger des timbres, des lettres

~ الابْتِسامات، ذِكْرَيات — échanger des sourires, des souvenirs

~ كَلِمات الغَزَل — échanger des mots d'amour

**تَبادُل** ج ات — échange ; commutation

~ الخَدَمات — échange de bons procédés

~ مُوَظَّفين — permutation de fonctionnaires

~ طَلَقات نارِيَّة — fusillade

تَبادُلات غازِيَّة، تِجارِيَّة — échanges gazeux, commerciaux

تَبادُليّ؛ تَبادُلِيَّة — commutatif ; commutativité

**مُتَبادِل** — alterne ; mutuel ; réciproque

زَوايا ~ة — angles alternes

طَلَب ~ — demande réciproque

X **اِسْتَبْدَلَ** اِسْتِبْدالاً ه، ه بـ — remplacer par ; convertir en

~ كَلِمة بِأُخْرى — substituer un mot à un autre

~ مَلابِسه — changer de vêtements ; se changer

اِسْتِبْدال — changement ; remplacement ; commutation ; conversion ; substitution

340 **بَدْلة** ج بَدَلات، بِدَل — complet *n.m.* ; costume

~ داكِنة، حَمّام — costume sombre, de bain

~ تَشْريفاتِيَّة؛ رَسْمِيَّة — grande tenue ; uniforme

~ عَمَل — vêtement/combinaison de travail

~ عَمَل زَرْقاء — bleu de travail

341 **بَدُنَ** ـُ بَدانة — grossir ; être gros/corpulent

بَدانة — corpulence ; embonpoint ; grosseur

**بَدَن** ج أَبْدان — corps humain ; tronc [*anat.*]

~ الطائِرة — fuselage ; carlingue

~ سَفينة — carène ; coque (de navire)

**بَدَنِيّ** — corporel ; physique ; somatique

تَرْبِية، عَجْز ~(ة) — éducation, incapacité physique

بَدين ج بُدُن — corpulent ; gros ; obèse

342 **بَدَهَ** ـَ بَدْهًا — arriver à l'improviste ; survenir inopinément

**بَداهة** — évidence ; vérité évidente ; intuition ; naturel *n.m.* ; spontanéité

بالـ~ — intuitivement ; naturellement

حُضور الـ~ — esprit d'à-propos

**بَدَهِيّ**؛ مَعْرِفة ~ة — intuitif ; connaissance intuitive

**بَديهة** ج بَدائِه — à-propos ; évidence ; impulsion ; inspiration ; improvisation ; intuition ; promptitude/vivacité d'esprit ; répartie ; spontanéité ; vérité évidente

~ حاضِرة — présence d'esprit; sens de la repartie

حُضور الـ~ — promptitude de la repartie; esprit d'à-propos

**بَديهيّ** — évident; intuitif; naturel

من الـ~ أنْ — il est tout naturel que; il est évident que; il va de soi que

هَذا أمْر ~ — cela va de soi/va sans dire/est tout naturel

حَقّ ~ — droit naturel

بَديهيًّا، بَدَهيًّا — intuitivement

بَديهِيّة ج ات — axiome; donnée immédiate; truisme [*péjor.*]; vérité première

بَديهيّات عِلْم — axiomatique *n.f.*

III بادَهَ مُبادَهة ه — arriver à l'improviste; surprendre

مُبادَهة — initiative

VIII اِبْتَدَهَ اِبْتِداهًا — improviser; improvisation

**343** **بَدْويّ** ج بَدْو — bédouin; nomade

بَداوة — bédouinité; nomadisme

بادٍ — campagnard

بادية ج ات، بَوادٍ، بَيْداء — campagne; désert; steppe

بَيْداء ج بِيد — *même sens*

سُكّان البَوادي والقُرَى — populations rurales

**344** (بدو) **بَدا** ـُ بَداءة — apparaître; se manifester; avoir l'air; devenir/être évident; paraître; sembler

عِشْ ما ~ لَكَ — vis comme bon te semble

~ لِلْعَيان — se faire jour; se montrer; se révéler

~ أكْبَر، أصْغَر من سِنِّه — faire plus vieux, plus jeune que son âge

بَدَتْ مِنْهُ حَرَكة — faire un mouvement

**يَبْدو** أنْ — il apparaît/il s'avère/il paraît/il semble que

~ واضِحًا أنْ — il est clair/évident/patent que

لا ~ عَلَيْها أنّها — elle ne paraît pas avoir

~ كَأنَّ، وكَأنَّ — on dirait que

بادٍ — apparent; évident; manifeste; patent; visible

باديات الزَهْر — phanérogames *n.f.pl.*

بَداة ج بَدَوات — caprice; fantaisie

IV **أبْدى** إبْداء ه — feindre; montrer; faire preuve/témoigner de; révéler

~ لِلْعَيان — exhiber

~ رَأْيًا — émettre/exprimer un avis/une opinion; faire état d'une opinion; juger.

~ عَواطِفه — extérioriser/manifester ses sentiments

~ اهْتِمامه — marquer son intérêt

~ شَجاعَته — déployer tout son courage

~ حَزْمًا — faire montre de fermeté

~ دَلائِل فَرَحه — manifester sa joie

~ اعْتِراضات — formuler des griefs

~ إعْجابَهُ بـ — exprimer son admiration pour

**إبْداء** — déclaration; expression; extériorisation; manifestation

حَقّ لَهُ ~ رأيه — avoir voix au chapitre

V تَبَدَّى تَبَدِّيًا — apparaître; se manifester; se faire jour

تَبَدَّتْ لَهُ رُؤًى — avoir des visions

**345** **بَذَّ** ـُ بَذًّا — avoir/prendre l'avantage/le dessus; surpasser; vaincre

~ نَفْسَهُ — se surpasser

بَذّ، بَذيذة — avantage; victoire; succès

**346** **بَذّ**، باذّ (الهَيْئة) — malpropre; négligé *adj.*; sale

بَذاذة — laisser-aller; malpropreté; saleté

**347** **بَذَأَ** ـَ بَذْءًا ه، ه — détester; haïr; mépriser; regarder avec horreur/répugnance

~ ـَ بَذاءً، بَذاءة — être dévergondé/obscène/répugnant

**بَذاءة**؛ بَذاء — grivoiserie; grossièreté; impureté; inconvenance; obscénité; saleté; trivialité

ألْقى، فاهَ بـ~ — dire des grivoiseries/obscénités

بَذيء — dégoûtant; grossier; grivois; infect; inconvenant; graveleux; licencieux; obscène; trivial; répugnant

**348** **بَذْخ** — faste; luxe; somptuosité; splendeur

عاشَ في الـ~ والتَرَف — vivre sur un grand pied

**باذخ** fastueux; luxueux; somptueux; splendide

عاشَ عِيشةً ~ة mener grand train/la grande vie; avoir un train de vie somptueux

349 **بَذَرَ** ـُ بَذْرًا ه disperser; disséminer; ensemencer; répandre; semer

~ قَمْحًا أرْضًا emblaver une terre

~ الرُعْب répandre/semer la terreur

بَذْر ensemencement; semailles

**بَذْرة** ج بَذْر، بُذور semence; graine; grain; germe

~ سُوء، فَساد mauvaise graine; germe de corruption

شَذَرَ بَذَرَ çà et là; de-ci de-là

بُذَيْرة ج ات ovule [*bot.*]; germe

بَذور bavard

باذِر semeur

باذِرة ج بَواذِر semis

بَذّارة semoir

II بَذَّرَ تَبْذيرًا gaspiller; dilapider; prodiguer (son argent)

تَبْذير ج ات prodigalité; gaspillage; dilapidation

مُبَذِّر prodigue; gaspilleur; dilapidateur

350 **بَذَلَ** ـُ بَذْلًا جَهْدَهُ faire/prodiguer des efforts; se dépenser; s'ingénier à; se donner de la peine

~ ما في وُسْعِهِ faire de son mieux/tout son possible

~ غاية جُهْدِهِ *même sens*

~ نَفْسَهُ، حَياتَهُ se dévouer; donner sa vie; faire don de sa personne

~ جُهْدًا ضائِعًا travailler pour rien/pour le roi de Prusse; se fatiguer en vain

~ مالًا في faire des dépenses pour

~ مُحاوَلة لِـ faire une tentative de

~ الطاعة لِـ ه se soumettre entièrement à

~ السَيْف في passer au fil de l'épée

~ ماء وَجْهِهِ، من عِزّة نَفْسِهِ faire bon marché de sa dignité; passer sous les fourches Caudines

~ من شَخْصِهِ payer de sa personne

**بَذْلُ** الذات، النَفْس don de sa personne; abnégation

تَعاوَنَ في ~ جُهود déployer des efforts en commun

**بِذْلة** ج بِذَل négligé *n.m.*; vêtement ordinaire/de tous les jours/de travail

~ جَرّاح، بَيْضاء blouse de chirurgien, blanche

~ عامِل blouse de travail; salopette

مِبْذَل، مِبْذَلة ج مَباذِل ← بِذْلة

**مَبْذول** dépensé/déployé (effort, soin); donné généreusement

~ ج ات banalité

كُلّ ~ مَمْلول l'habitude amène l'ennui

V تَبَذَّلَ تَبَذُّلًا se dévergonder; perdre sa retenue; se prostituer

تَبَذُّل impudeur; impudicité; dévergondage; vulgarité; manque de retenue

مُتَبَذِّل dévergondé; impudique; vulgaire

VIII **اِبْتَذَلَ** اِبْتِذالًا ه négliger; banaliser; être vulgaire

~ نَفْسَهُ s'abaisser; s'humilier; manquer de dignité

~ في كَلامِهِ dire des banalités

~ المُخْتَرَعات العِلْمِيّة vulgariser les découvertes scientifiques

~ مَوْضوعًا déflorer un sujet

اِبْتِذال ج ات banalisation; vulgarisation

**مُبْتَذَل** négligé *adj.*; usé; banal; prosaïque; terre à terre; trivial; vulgaire

نُكْتة ~ة plaisanterie éculée [*fam.*]/réchauffée

أساليب ~ة sentiers battus [*fig.*]

فِكْرة ~ stéréotype; idée toute faite/rebattue/conventionnelle; lieu commun

مُبْتَذَلات banalités; lieux communs; trivialités

351 **بُرّ** froment

بُرّة caryopse; grain

352 **بَرّ** terre ferme; champs; campagne; bord (de la mer)

**بَرًّا**؛ مِنْ ~ dehors; au-dehors

~ وبَحْرًا par terre et par mer

**بَرِّيّ** terrestre; des champs; champêtre

مَعْرَكَة ~ة — combat terrestre

قُوّات ~ة — forces terrestres; armée de terre

حَيوانات، ثِمار ~ة — animaux, fruits sauvages

أَرْنَب ~ة — lapin de garenne

أَعْشاب ~ة — herbes folles; plantes sauvages

أَزْهار ~ة — fleurs des champs

~ مائيّ (← بَرْمائيّ) — amphibie

**بَرِّيَّة** ج بَرارٍ — savane; steppe

في الـ~ — en rase campagne

بَرّانيّ ج ون — étranger; externe; extérieur; de façade

IV أَبَرَّ إِبْرارًا — vivre à l'intérieur des terres/à la campagne; voyager sur terre

353 **بَرَّ** ـَ بِرًّا، مَبَرَّة — être bon/pieux/sincère; aimer filialement

~ بِوَعْده، بِتَعَهُّداته — tenir sa promesse; faire honneur à ses engagements

~، بُرَّ حَجُّهُ — accomplir le pèlerinage

**بِرّ** — bienfaisance; dévouement; charité; générosité; piété filiale; bonne foi

خَيْرُ الـ~ عاجِلُه — la charité ne se fait pas prier

عاشَ عيشة ~ — mener une vie d'innocence/une sainte existence

لا يَعْرِف هِرًّا من ~ — incapable de distinguer un chat d'un rat

بَرّ، بارّ ج أَبْرار، بَرَرة — bienfaisant; charitable; généreux; dévoué; pieux; saint; juste

**الأَبْرار والأَشْرار** — les bons et les méchants

نامَ نَوْمَ الـ~ — dormir du sommeil du juste/de l'innocence

بارّيّ — pieux (acte, attention)

مَبَرَّة ج ات، مَبارّ — institution de bienfaisance/de charité; organisation philanthropique; fondation pieuse; bienfait; acte de charité

II **بَرَّرَ** تَبْريرًا ه، ه — sanctifier; faire l'apologie de; justifier; excuser; légitimer; rationaliser [*psychol.*]

~ نَفْسَهُ، سُلوكَهُ بِـ — se justifier; expliquer sa conduite

~ ساحته — acquitter qqn

~ إِجْراءً — motiver une mesure

~ الظَّواهِر — sauver les apparences/la face

الغاية **تُبَرِّر** الواسِطة — *prov.* la fin justifie les moyens

**تَبْرير** ج ات — excuse; justification; apologie; rationalisation [*psychol.*]

~ وُجود — raison d'être

لا يُمْكِنُ ~ه — inexplicable; injustifiable

طَلَبَ مِنْهُ **تَبْريراتٍ** — demander des explications; avoir une explication avec

تَبْريريّ — apologétique

**مُبَرِّر** ج ات — excuse; justification; explication

عَمَل بِلا ~ — acte gratuit

لا ~ لَهُ — injustifiable; inexplicable; inexcusable

غَيْر **مُبَرَّر** — injustifié

آمال غَيْر ~ة — fausses/folles espérances

III بارَّ مُبارَّة ه — être bienfaisant pour

IV **أَبَرَّ** إِبْرارًا ه — s'acquitter de (promesse, devoir)

~ه — faire du bien à qqn

V تَبَرَّرَ تَبَرُّرًا — se légitimer; être légitime; se justifier (acte)

354 **بَرَأَ** ـَ بَرْأً الأَرْض — créer la terre (Dieu)

بَرْء، بَرِيَّة — création divine

البارِئ — le Créateur; Dieu

355 **بَرِئَ** ـَ بَراءة — guérir *intr.*; se remettre; se rétablir

~ مِن رَذيلة — s'affranchir d'un vice

بُرْء — guérison; rétablissement

**بَراءة** — candeur; immunité; innocence; naïveté; pureté; désaveu; rétractation

~ ج ات — brevet; diplôme; patente

~ اِخْتِراع — brevet d'invention

~ مَلَكيّة، باباويّة — ordonnance royale; bulle papale

~ التَّنْفيذ — exequatur

نَشَرَ ~ه — se rétracter publiquement

**بَريء** ج أَبْرِياء — candide; innnocent; ingénu; guéri; naïf; pur

~ من — affranchi/exempt/guéri de

قَلْب ~ — cœur simple/pur

حِماية الأَبْرِياء la protection des innocents

II **بَرَّأَ** تَبْرِئة ه absoudre; disculper; justifier; blanchir [*fig.*]; innocenter; mettre hors de cause; faire grâce de; exempter; guérir *tr.*

~ ساحة ه acquitter; libérer

~ نَفْسَه se disculper; se justifier

**تَبْرِئة** acquittement; absolution; exemption; justification; mise hors de cause

تَبْرِئةً لِلذِمّة par acquit de conscience

مُبَرَّأ absous; innocenté; acquitté

IV **أَبْرَأَ** إِبْراء ه absoudre; disculper; déclarer innocent; laisser aller; libérer; relâcher

~ من دَيْن، وَعْد dégager d'une dette, d'une promesse

~ه من مَرَض guérir qqn d'une maladie

~ ذِمّة ه donner quitus; tenir quitte; faire grâce/dispenser de

**لا يُبْرِئ عَليلًا ولا يَشْفي غَليلًا** *prov.* mettre un cautère sur une jambe de bois

**إبْراء** absolution; décharge; quitus; guérison

~ من دَيْن remise de dette

إبْراءً لِلذِمّة par acquit de conscience

V **تَبَرَّأَ** تَبَرُّؤًا être absous/acquitté/innocenté; se justifier; se laver (d'une accusation)

~ إلى ه se mettre sous la protection de

~ من ه désavouer qqch; renier; se rétracter

~ من أَصْدِقائِه renier ses amis

تَبَرُّؤ désaveu; reniement; rétractation

X **اِسْتَبْرَأَ** اِسْتِبْراء ه demander à être exempté/déchargé (d'une dette); demander l'absolution

~ مِنْ ه s'abstenir de; s'interdire qqch; guérir; recouvrer la santé

356 **بَرْبَرِيّ** ج بَرابِرة، بَرْبَر barbare; berbère

بَرْبَرِيّة barbarie

357 **بُرْتُقال**؛ شَجَرة ~ orange *n.f.*; oranger

عَصير ~ orangeade; jus d'orange

بُرْتُقاليّ orangeraie

بُرْتُقاليّ orange *adj.*; orangé

358 **بُرْثُن** ج بَراثِن griffe; serre

تَخَلَّص من ~ échapper aux griffes de

بُرْثُنيّ *bot.* pétalé (feuille)

359 **بُرْج** ج أَبْراج، بُروج bastion; citadelle; fort *n.m.*; tour *n.f.*; signe du zodiaque

~ بابِل، رَصَد، مُراقَبة tour de Babel, de guet, de contrôle

عاشَ في ~ عاجيّ vivre dans une tour d'ivoire

~ حَمام، ماء، جَرَس pigeonnier; château d'eau; clocher

~ دَبّابة قِتال tourelle de char

**بُروج**؛ ~ الأَفْلاك signes du zodiaque

بُروجيّ zodiacal

**بارِجة** ج بَوارِج cuirassé *n.m.*; *fig.* forte tête

~ قِتال، القِيادة navire/vaisseau de combat, amiral

V تَبَرَّجَ تَبَرُّجًا بِـ se montrer sous son meilleur jour; s'orner; se parer

360 (برجز) **بُرْجوازيّ** ج ون bourgeois

بُرْجوازيّة bourgeoisie

II تَبَرْجَزَ، تَبَرْجوَز s'embourgeoiser

تَبَرْجُز embourgeoisement

مُتَبَرْجِز؛ مُتَبَرْجوِز embourgeoisé

361 (برجس) **بِرْجاس** point de mire; cible

بِرْجيس Jupiter [*astron.*]

362 **بُرْجُمة** ج بَراجِم articulation/jointure des doigts

363 **بَرِحَ** - بَرَحًا، بَراحًا quitter; cesser; finir

~ المَكان abandonner les lieux

ما ~ ne pas cesser de; continuer; être encore

ما ~ حَتّى n'avoir de cesse que

**بَراح**؛ أَرْض ~ garrigue; lande; terrain découvert

بَراحًا ouvertement; publiquement

**بَريح** annonce publique/faite en public; criée

أَطْلَقَ الـ~ بِـ ه crier sur les toits; proclamer à cor et à cri

| | |
|---|---|
| بُرَحاء | paroxysme (de la douleur, de la passion) |
| **فَعَلَ فِعْلة بارِحة** | faire exprès |
| **البارِحة**، اللَّيْلَةَ الـ~ | hier; la nuit dernière |
| أَوَّل الـ~ | avant-hier |
| بَرّاح | crieur public |
| II **بَرَّحَ** تَبْريحًا بـ ه | accabler; affliger; faire souffrir; molester; tourmenter |
| تَبْريح ج ات، تَباريح | tourment; paroxysme |
| **تَباريح** الهَوَى | tourments de la passion |
| ~ الدَهْر، الحَياة | les coups du sort; les difficultés de l'existence |
| **مُبَرِّح** | intense; violent; cuisant; lancinant; insupportable (douleur); atroce; amer [*fig.*] |
| أَشْبَعَهُ ضَرْبًا ~ | rouer de coups; frapper à coups redoublés |
| أَلَم ~ | douleur aiguë/atroce |
| III بارَحَ مُبارَحة ه | abandonner/quitter (un endroit) |
| مُبارَحة | départ |
| IV **أَبْرَحَ** إِبْراحًا ه | faire qqch de beau/de bon/d'étonnant |
| ما ~ه | comme il/c'est beau! |
| **364 بَرَدَ** ـُ بَرْدًا ه | limer (du métal) |
| بُرادة | limaille |
| مِبْرَد ج مَبارِد | lime |
| **365 بُرْد** ج بُرود، أَبْراد | vêtement |
| بُرْدة ج بُرَد | *longue robe d'homme en étoffe de laine brune ou noire* |
| **366** (برد) **بَريد** | courrier; poste |
| نَقْل، تَوْزيع الـ~ | acheminement, distribution du courrier |
| ~ القُرّاء | courrier des lecteurs |
| مَرْكَز ~ | bureau de poste |
| صُنْدوق الـ~ | boîte postale |
| إدارة الـ~ والبَرْق | Postes et Télécommunications |
| ~ مَحْفوظ، جَوِّيّ | poste restante, aérienne |
| مُسْتَخْدَم ~ | postier; préposé aux P. et T. |
| **بَريديّ**؛ ~ جَوِّيّ | postal; aéropostal |
| بِطاقة ~ة | carte postale |
| IV أَبْرَدَ إِبْرادًا رِسالة | poster une lettre; mettre une lettre à la poste |
| **367 بَرُدَ** ـُ بُرودة | avoir/prendre froid; refroidir *intr.*; fraîchir; se rafraîchir (temps); perdre de son intensité; se calmer |
| ~تْ هِمَّتُه | se relâcher (intérêt); se décourager |
| **بَرَدَ** ـُ بَرْدًا ه، ه | apaiser; calmer; rafraîchir; refroidir; être en bon état; *v. aussi 364, 365, 366, 368* |
| ~ عَيْنَيْهِ بِالبَرود | mettre du collyre dans les yeux |
| ~ أَمْري | mes affaires vont bien |
| ~ لَهُ حَقّ على ه | avoir des droits sur |
| **بَرْد** | froid *n.m.*; rhume; refroidissement; *fig.* apaisement; soulagement |
| أُصيبَ بِـ~ | attraper/prendre froid |
| ~ قارِس، جاثِم | un froid de canard |
| كانَ ~ًا على القُلوب | soulager; donner des apaisements |
| **بُرود**، بُرودة | froideur; fraîcheur |
| أَجابَ بِـ، في ~ | répondre froidement, fraîchement |
| ~ جِنْسيّ | frigidité |
| ~ الجَوّ، الطَقْس | froid *n.m.*; froidure |
| ~ الدَم، الطَبْع | flegme; sang-froid |
| **بَرود**؛ ~ العَيْن | collyre |
| بارود ← *288* | |
| بَراد | affaiblissement; langueur; relâchement |
| بُرَداء | accès/frisson de fièvre; fièvre paludéenne; paludisme; malaria |
| **بَرَد** | grêle *n.f.* |
| حَبَّة ~؛ بَرَدة | grêlon |
| أَعْطَى الدُرَّ مَنْ لا يُمَيِّزُه مِن الـ~ | *prov.* donner des perles aux pourceaux |
| **بارِد** | froid; frais; agréable; calme *adj.*; facile; paisible; faible; insipide; niais; sot; stupide |
| على الـ~ | à froid |
| اِسْتِقْبال ~ | accueil glacial |
| غَنيمة ~ة | proie facile |

أَرْياح ~ة vents aigres/froids

عَيْش ~ existence facile/insipide

~ الطَبْع، الدَم flegmatique; froid *adj.* [*fig.*]

~ جِنْسيًّا frigide

ضَرَبَ في حَديد ~ *prov.* donner des coups d'épée dans l'eau

حُجّة ~ة argument sans valeur

**بَرّاد**، بَرّادة gargoulette; glacière

~ شاي، أَتاي théière

II **بَرَّدَ** تَبْريدًا ه rafraîchir; réfrigérer; refroidir

~ أَلَمًا soulager une souffrance; apaiser une douleur

~ غَليلَهُ، غُلَّتَهُ étancher sa soif; se désaltérer

~ نَفْسَهُ se faire justice

~ هِمّة ه décourager les bonnes volontés

**تَبْريد** rafraîchissement; refroidissement; réfrigération; froid [*technol.*]

صِناعة الـ~ industrie du froid

جِهاز الـ~ refroidisseur; réfrigérateur

خِزانة، سَيّارة ~ armoire, camion frigorifique

غُرْفة ~ chambre froide

**مُبرِّد** rafraîchissant; réfrigérant

~ ج ات rafraîchissement; boisson rafraîchissante

~ المُحَرِّك radiateur [*autom.*]

مُبَرِّدة ج ات réfrigérateur

مُبَرَّد rafraîchi; réfrigéré; refroidi; froid (viande)

V تَبَرَّدَ تَبَرُّدًا se rafraîchir; jouir de la fraîcheur

368 **بَرْدِيّ** papyrus

عِلْم، عالِم البَرْدِيّات papyrologie; papyrologue

369 **بَرْذَعة** ج بَرادِع bât

بَرادِعيّ ج ون bourrelier

370 **بِرْذَوْن** ج بَراذين cheval de trait; mauvais cheval; bidet [*fam.*]; bourrin [*arg.*]; canasson [*pop.*]; haridelle; rosse

أَثْقَل مِن ~ lourdaud; empêtré; pataud

371 **بِراز** excrément; selles; matières fécales; fèces

بِرازيّ fécal; excrémentiel; *bot.* sterculier; bois fétide/puant

مَبْرَز ج مَبارِز latrines

IV أَبْرَزَ إِبْرازًا déféquer; excréter

إِبْراز excrétion; défécation

المُبْرَزات excréments; excrétions

V تَبَرَّزَ تَبَرُّزًا aller à la selle

372 **بَرَزَ** ـُ بُروزًا apparaître; être évident; paraître; surgir; germer (plante)

~ عن affleurer; avancer *intr.*; dépasser de; émerger; se découvrir (rocher); être en saillie

بَرُزَ ـُ بَرازة surpasser; être supérieur; exceller

**بُروز** affleurement; émergence; protubérance; proéminence; relief; saillie; surgissement

~ عَظْم os qui saille

~ الأَفْكار jaillissement des idées

بَرْزة excroissance; protubérance

**بارِز** émergent; éminent; protubérant; de premier plan; saillant

خَريطة ~ة carte en relief

زاوية، حَدَث ~(ة) angle, fait saillant

شَخْصيّة ~ة personnalité éminente/marquante

قَسَمات ~ة traits accentués/accusés/anguleux

تَقاطيع، مَلامِح ~ة *même sens*

بِصورة ~ة de façon évidente

II بَرَّزَ تَبْريزًا على، في surpasser; exceller; se distinguer

تَبْريز agrégation [*enseign.*]

مُبَرِّز ج ون agrégé *n.m.*

III **بارَزَ** مُبارَزة descendre dans l'arène; aller au combat

~ه بالسَيْف croiser le fer avec qqn

**مُبارَزة** rencontre; tournoi; duel; combat singulier

~ جَوِّيّة combat/duel aérien

مُبارِز ج ون duelliste

IV أَبْرَزَ إِبْرازًا ﻫ — accentuer; mettre en avant/en relief/en évidence/en exergue; faire ressortir/paraître; publier

~ الظِّلال — marquer les ombres

~ التَّقاطيع — accuser les contours

~ الفِكْرة الأَساسِيّة — dégager l'idée essentielle

~ مُسْتَنَدات — produire des pièces à conviction

~ أَوْراقَهُ الهُوِيّة — exhiber/présenter ses papiers d'identité

VI تَبارَزَ تَبارُزًا — se rencontrer en duel; en venir aux mains

373 **بَرْزَخ** ج بَرازِخ — intervalle; séparation; *géogr.* isthme

374 **بِرْسام** — pleurésie

375 **بُرْسوم** — canne à sucre

بِرْسيم — luzerne; trèfle

376 **بُرْش** ج بُروش — natte (en feuilles de palmier)

بُرْشة ج بَرَش — tache blanche (sur les ongles, la peau)

أَبْرَش م بَرْشاء — bariolé; bigarré

أَبْرَشيّ — diocésain

أَبْرَشِيّة — diocèse; archevêché

377 **بَرْشَمَ**؛ بَرْشَن — river; border (un vêtement)

بَرْشَمة — rivetage

**بُرْشام**، بُرْشامة ج بَراشيم — *techn.* rivet; *méd.* cachet; capsule; gélule

~؛ بُرْشانة ج ات، بَراشِن — pain à cacheter; hostie

مُبَرْشِمة — riveteuse

378 **بَرَص** — lèpre

**أَبْرَص** م بَرْصاء ج بُرْص — lépreux

سامّ ~ — gecko

أَرْض بَرْصاء — terre/sol dénudé(e)/pelé(e)

أَبو بُرَيْص — gecko

379 **بُرْصة** (← بُورصة) — bourse

380 (برض) **بُراض** — étiage

381 **بَرْطال** — moineau; passereau

382 **بُرْطُل** — bonnet pointu; mitre [*relig.*]

383 **بَرْطَلَ** ﻫ — capter (un juge); corrompre; distribuer des pots-de-vin; graisser la patte [*fam.*]; suborner

بَرْطَلة — captation; corruption; subornation

بِرْطيل ج بَراطيل — pot-de-vin

إِنَّ البَراطيلَ تَنْصُر الأَباطيل — *prov.* les pots-de-vin font triompher les mauvaises causes

مُبَرْطِل — captateur; suborneur; corrupteur

مُبَرْطَل — acheté; vendu; stipendié

II تَبَرْطَلَ — se laisser acheter/corrompre; accepter des pots-de-vin [*fam.*]

384 **بَرْطَمَ** — faire la moue; prendre un air sévère

بَرْطَمة — moue de colère

بِرْطام — lèvre épaisse/charnue; qui a de grosses lèvres

بُرْطوم ج بَراطيم — poutre maîtresse

385 **بَرَعَ** ـُ بُروعًا، بَراعة — être habile/ingénieux; briller; exceller; se distinguer

بَراعة — ingéniosité; adresse; habileté; astuce; supériorité; mérite; virtuosité

**بارِع** — éminent; habile; brillant; virtuose; consommé [*fig.*]

فِكْرة ~ة — trouvaille; idée géniale/sensationnelle

خِطّة ~ة — plan astucieux/ingénieux

شَخْصِيّة ~ة — personnalité brillante/éminente

III بارَعَ مُبارَعة في — s'ingénier à

V تَبَرَّعَ تَبَرُّعًا بِـ ﻫ — faire donation de; faire une offrande; donner une contribution

تَبَرُّع ج ات — don; donation; libéralité; offrande; contribution; acte à titre gratuit

386 **بَرْعان** — gardon

387 **بَرْعَمَ** — bourgeonner; se couvrir de boutons [*bot.*]/de bourgeons

بَرْعَمة — bourgeonnement
بُرْعُم ج بَراعِم — bourgeon; bouton [*bot.*]; jeune pousse
بَراعِم الذَوْق — papilles gustatives
II تَبَرْعَمَ تَبَرْعُمًا ← بَرْعَمَ

388 **بُرْغوث** ج بَراغيث — puce *n.f.*
~ البَحْر — crevette
~ البَساتين — puceron
فَلّى الـ~ — chercher la petite bête; couper les cheveux en quatre

389 **بَرْغَش**؛ بَرْغَشة — moustique

390 **بُرْغُل** — semoule grossière; gruau
~ جَرش — blé concassé
بَرْغَلة الجِلْد — grain de la peau/du cuir
مُبَرْغَل — granulé; granuleux
تَبَرْغُل — granulation

391 **بُرْغِيّ** ج بَراغيّ — vis

392 **بَرَقَ** ـُ بَرْقًا، بَريقًا — briller; luire; miroiter; pétiller (yeux); scintiller
**بَريق** — éclat; lueur; lustre; miroitement; pétillement (du regard); scintillement
~ الذَكاء، الأَمَل — lueur d'intelligence, d'espoir
~ العَيْنَيْن، السُيوف — éclat/éclair des yeux, des épées
~ الفُولاذ — brillant de l'acier
~ الجَواهِر — chatoiement des bijoux
**بَرْق** ج بُروق — éclair *n.m.* [*météor.*]
~ خُلَّب — promesse de Gascon (*m. à m.* éclair qui n'est pas suivi de pluie)
بارِق — resplendissant; luisant; brillant; chatoyant; pétillant (regard)
**بارِقة** ج بَوارِق — lueur; ciel zébré d'éclairs
ما كُلُّ ~ تَجودُ بِمائِها — *prov.* tout ce qui brille n'est pas or
بَرّاق — éclatant; resplendissant; scintillant; brillant; chatoyant; fulgurant; luisant; pétillant (œil)
مَبْرَق ج مَبارِق — clarté/lueur (de l'aurore)
IV **أَبْرَقَ** إِبْراقًا — lancer des éclairs; resplendir (beauté); se montrer dans tout son éclat (femme)
~ وأَرْعَدَ — fulminer; tempêter

393 **بَرْق** — télégraphie
~ لا سِلْكِيّ — télégraphie sans fil; T.S.F. [*vx.*]
عَمُود الـ~ — poteau télégraphique
عامِل الـ~ — télégraphiste
**بَرْقِيّ** — télégraphique
طابِعة ~ة — téléscripteur; téléimprimeur; télétype
بَرْقِيّة ج ات — câble; câblogramme; télégramme
مِبْراق — télégraphe
IV أَبْرَقَ إِبْراقًا ه — câbler; télégraphier
إِبْراق؛ جِهاز الـ~ — télégraphie
مُبْرِق؛ ~ كاتِب — télégraphiste
**مُبْرِقة** — télégraphe
~ كاتِبة ← طابِعة بَرْقِيّة

394 **بِرْقِش**؛ بُرْقوش — pinson; bruant

395 **بَرْقَشَ** ه — barioler; bigarrer; diaprer
~ الجُلود — marqueter les peaux
~ في الكَلام — s'embrouiller/s'empêtrer dans ses explications; tenir des propos confus
**بَرْقَشة** — bariolage; bigarrure
~ في الكَلام — confusion/désordre des propos
**مُبَرْقَش** — bariolé; bigarré; diapré; marqueté (peau)
كَلام ~ — discours embrouillé; propos confus

396 **بُرْقُع** ج بَراقِع — voile *n.m.* (vêtement)
II تَبَرْقَعَ — se voiler

397 **بَرْقوق** — *coll.* prune; abricot
~ شائِك — *coll.* prunelle [*bot.*]
شَجَرة ~ — prunier; abricotier
شَجَرة ~ شائِك — prunellier

**398 بِرْقِيل** ج بَراقِيل — arbalète

**399 بَرَكَ** ـُ (الجَمَلُ) — baraquer; s'accroupir (chameau)

II بَرَّكَ جَمَلًا — faire s'accroupir un chameau

**400 بَرَكَة** — bénédiction; baraka

اللّٰهُ يَجْعَل الـ~ فيكُمْ — que Dieu vous bénisse!

**مَبْروك** — heureux; béni; bonne chance; félicitations; meilleurs vœux

يَوْم، عيد ~ — jour béni; bonne fête

II **بَرَّكَ** تَبْريكًا — invoquer la bénédiction de Dieu

~ على جَرَس — baptiser/bénir une cloche

**تَبْريك** — félicitation; bénédiction

~ جَرَس — baptême d'une cloche

III **بارَكَ** مُبارَكة في، على ه — bénir; féliciter

~ اللّٰهُ فيكَ — que Dieu vous bénisse!; merci

بُورِكَ فيكَ — que Dieu vous aide!

مُبارَك — bénéfique; béni

V **تَبَرَّكَ** تَبَرُّكًا بِـ ه — être béni/comblé; se trouver dans un état prospère

~ بِـ ه — s'attirer/gagner les bénédictions/les bonnes grâces de

VI **تَبارَكَ** — implorer la bénédiction; être béni; bien augurer/tirer un bon augure de

~ اللّٰه وَتَعالى — que le nom de Dieu soit béni et exalté

**401 بريك** تُونسيّ — beignet tunisien

**402 بِرْكار**؛ بيكار — compas

**403 بُرْكان** ج بَراكين — volcan

عِلْم، عالِم البَراكين — volcanologie; volcanologue

**بُرْكانِيّ** — volcanique

طَبْع، صَخْر ~ — tempérament, roche volcanique

البُرْكانيّة — le volcanisme

**404 بِرْكَة** ج بِرَك — bassin; étang; mare

**405 بَرْلَمان** — parlement

عُضْو ~؛ بَرْلَمانيّ ج ون — parlementaire

بَرْلَمانيّة — parlementarisme

**406 بَرَمَ** ـُ بَرْمًا — tresser (une corde); tordre deux cordes ensemble; entortiller; *v. aussi 407, 408*

بَريم — tressé avec des fils de deux couleurs; tordu (cordon); cordon; corde

بَريمة؛ بَرِّيمة — tarière; vrille; foret; tire-bouchon

**مَبْروم** — retors; tors

سِلْك ~ — câble; filin

**مِبْرَم** ج مَبارِم — tourillon

~ دَوْلاب — fusée (de roue)

II بَرَّمَ تَبْريمًا ه — tortiller; torsader

مُبَرَّم — retors; torsadé

IV **أَبْرَمَ** إِبْرامًا حَبْلًا — tresser une corde

~ مُعاهَدة — conclure/ratifier/un traité

~ حُكْمًا — confirmer un jugement

**إِبْرام** — torsion; conclusion; confirmation; ratification

مَحْكَمة النَقْض والـ~ — Cour de cassation

مُبْرَم — solide; inévitable; irrévocable

**407 بَرِمَ** ـَ بَرَمًا بِـ ه — être mécontent/ennuyé; *v. aussi 406, 408*

بَرَم — dégoût; ennui; mécontentement

**بَرِم** — dégoûté; ennuyé; mécontent

أَظْهَرَ هَيْئة ~ة — prendre un air dégoûté; faire une sale gueule [*pop.*]

IV **أَبْرَمَ** إِبْرامًا ه — ennuyer; importuner; fatiguer

~ بالمَطالِب — harceler qqn de demandes

مُبْرِم — agaçant; barbant [*fam.*]; ennuyeux

V **تَبَرَّمَ** تَبَرُّمًا — avoir des ennuis; être agacé/dégoûté; en avoir assez/marre [*pop.*]

~ من إِنْتِظار — se morfondre dans l'attente de

تَبَرُّم ج ات — ennui; plainte; agacement; dégoût; humeur; mauvaise humeur

مُتَبَرِّم — difficile à vivre; qui a mauvais caractère; grognon; ronchon

**408 بُرْمة** ج بُرَم، بِرام — lessiveuse; marmite

**409 بَرْمائِيّ** (← بَرِّيّ) — amphibie
البَرْمائِيّات — amphibiens *n.m.pl.*

**410 بَرْمَجَ** ه — programmer
بَرْمَجة — programmation
**بَرْنامَج** ج بَرامِج — programme
~ إِعْلاميّ، موسيقيّ — programme d'information, de musique
مُبَرْمِج ج ون — programmeur; programmateur
**مُبَرْمَج** — programmé
التَّعْليم الـ~ — enseignement programmé

**411 بِرْميل** ج بَراميل — baril; barrique; cuve; fût; tonneau

**412 بُرْنُس** ج بَرانِس — burnous; chasuble; manteau à capuchon
~ حَمّام — peignoir de bain

**413 بُرْنَيْطة** ج بَرانيط — chapeau (de forme européenne)

**414 بَرْنَقَ**، بَرْنَقة — vernir; vernissage
بَرْنيق — vernis
مُبَرْنَق — verni; vernissé

**415 بِرْنيق** — hippopotame

**416 بُرْهة** ج ات، بُرَه — instant; moment; espace/laps de temps

**417 بَرْهَمَن** ج بَراهِمة — brahmane
بَرْهَميّ، بَرْهَمَنيّ — brahmanique
بَرْهَمِيّة، بَرْهَمَنِيّة — brahmanisme

**418 بَرْهَنَ** ه، على ه — démontrer; prouver; argumenter; faire la démonstration de
~ على شَجاعته — faire montre de courage
~ حَقيقة — établir une vérité
**بَرْهَنة** — démonstration; raisonnement
~ بالحُجّة والدَّليل — argumentation
**بُرْهان** ج بَراهين — argument; raisonnement; témoignage
الـ~ على ذلك يَكْمُن في — la preuve en est que
~ الخُلْف — démonstration par l'absurde
~ دَوْريّ مُتَسَلْسِل — cercle vicieux
~ قاطِع، ساطِع — argument péremptoire, décisif
بُرْهانيّ — apodictique

**419 بُرَهْنيد** — œdicnème

**420 بروتستانتيّ** ج ون؛ بروتستانتيّة — protestant; protestantisme

**421 بَرْوَزَ** — encadrer
بِرْواز ج بَراويز — cadre (de tableau)

**422 بَرْوَق** — asphodèle
بروليتارية — prolétariat

**423 برونز**؛ برونزيّ — bronze *n.m.*; bronzé

**424 بُرة** ج بُرًى — anneau de cheville; anneau nasal

**425 بَرَى** ـِ بَرْيًا ه — tailler (roseau en pointe, crayon); amaigrir qqn (fatigue)
بَرِيّ، مَبْرِيّ — taillé; rogné
بُراية ج بُراء — copeau; éclat de bois; rognure
بَرّاية، مِبْراة ج مَبارٍ — taille-crayon; canif
III بارَى مُباراة ه — rivaliser avec qqn; concourir; être en compétition avec; se mesurer avec
لا يُبارَى — hors concours
**مُباراة** ج مُبارَيات — émulation; rivalité; compétition; concours; tournoi; match; coupe [*sport.*]
~ رِياضِيّة — compétition sportive; match
~ جَمال — concours de beauté
خارِج عن الـ~ — hors concours
VI **تَبارَى** تَبارِيًا — matcher; se mesurer; rivaliser
~ لِوَظيفة — concourir pour un emploi
مُتَبارٍ ج مُتَبارُونَ — concurrent; émule
VII **اِنْبَرَى** اِنْبِراء — être amaigri/aminci/fatigué

~ لِـ هـ se mettre en devoir de; entreprendre; commencer; prendre (une affaire) en main; se mettre à

~ لِـ ه défier; s'opposer à

**426 بَريطانيّ** britannique

الجُزُر، المَمْلَكة الـ~ة les îles, l'empire britannique(s)

**427 بَزَّ** ـُ بَزًّا هـ emporter; enlever; dérober; ravir

~ ه في هـ dépasser qqn; devancer; l'emporter sur; vaincre; triompher de

مَنْ عَزَّ ~ que le meilleur gagne!

VIII **اِبْتَزَّ** اِبْتِزازًا هـ piller; rançonner; commettre des exactions

~ مِنْ ه مالًا extorquer/soutirer de l'argent à qqn; faire chanter qqn

اِبْتِزاز chantage; extorsion (de fonds); exaction; brigandage; malversation; pillage; rançonnement

مُبْتَزّ brigand; pillard; pilleur; maître-chanteur

**428 بُزّ** ج بِزاز sein; mamelle

**429 بِزّة** costume; tenue; uniforme *n.m.*

~ نِظاميّة، رَسْميّة grand uniforme; tenue officielle

~ المَراسِم grande tenue; smoking

~ عَمَل، طَيَران combinaison de travail, de vol

بَزّاز marchand d'habits

**430 بَزْبوز** ج بَزابيز robinet; goulot

**431 بَزَرَ** ـِ بَزْرًا هـ semer (des graines); épicer [*pr.* et *fig.*]; relever [*cuis.*]; pimenter [*fig.*]; corser

بِزْرة ج بِزْر، بُزور grain; graine; pépin; semence

بِزْر ج أَبْزار جج أَبازير aromate; condiment; épice

مِثْلي لا تَخْفَى عَلَيْه **أَبازيرك** on ne me la fait pas [*fam.*]; tu ne m'auras pas [*fam.*]

بَزّار ج ون grainetier; marchand de graines

II بَزَّرَ كَلامَهُ و تَوْبَلَهُ ← بَزَرَ

**432 بَزَغَ** ـُ بُزوغًا هـ apparaître/se lever/poindre (soleil); percer (dent); surgir

~ هـ percer *tr.*, faire une scarification/une saignée

بُزوغ الشَّمْس، النَّهار lever du soleil, du jour

بازِغ ج بَوازِغ naissant (astre)

مِبْزَغ ج مَبازِغ lancette; scarificateur

**433 بَزَقَ** ـُ بَزْقًا هـ cracher

بَزْقة القَمَر lichen; usnée

بُزاق crachat; salive

مِبْزَقة ج مَبازِق crachoir

بَزّاقة ج بَزّاق limace [*zool.*]; cobra

**434 بَزَلَ** ـُ بَزْلًا هـ fendre; percer; ponctionner

~ الشَّرابَ مِنَ البِرْميل mettre un tonneau en perce

~ قَضيّة percer à jour une affaire

**بَزْل** ponction; paracentèse

بِزال foret; tire-bouchon

بَزّولة ج بَزازيل mamelle; sein

مِبْزَل، مِبْزَلة ج مَبازِل sonde [*méd.*]; tire-bouchon

(بزم) **إِبْزيم** ج أَبازيم *v. ordre alphab.*

**435 بِزْموت** bismuth

**436 بِزَنْطيّ** byzantin

**437 بَزيّ** frère de lait

**438 بَسْ** assez! cela suffit!; *dialect.* mais

**439 بَسَّ** ـُ بَسًّا عَقارِبَهُ distiller la calomnie

بَسّ ج بِساس chat

**440 بَسْباس** fenouil

بَسْباسة macis

**بَسابِس**، تُرُّهات الـ~ mensonges; menteries

**441 بَسْبايِج** البَلّوط polypode du chêne

**442 بَسْتَنة** horticulture; jardinage

**بُسْتان** ج بَساتين — jardin

~ فَواكِه، خُضَر — verger; potager *n.m.*

**بُسْتانيّ** — jardinier *adj.*, *n.m.*; horticole

نَباتات ~ة — plantes cultivées

443 **بَسْتونيّ** — pique (jeu de cartes)

444 **بَسَرَ** ـُ بَسْرًا، بُسورًا — se renfrogner; prendre un air sévère

**باسِر**؛ بَسور — austère; renfrogné; sévère

وَجْه ~ باسِل — air/mine très sévère

باسور ج بَواسير — hémorroïde

VIII ابْتَسَرَ ابْتِسارًا ه — anticiper; être prématuré

لا نَبْتَسِرِ الأُمور — n'anticipons pas!

مُبْتَسِر — anticipé; prématuré

445 **بَسَطَ** ـُ بَسْطًا ه — déplier; déployer; dérouler; étendre; étaler

~ه — dérider qqn; égayer; mettre à l'aise

~ قامَتَهُ — se redresser

~ المائِدة — dresser/mettre la table

~ نُفوذًا — étendre une influence

~ نَظَرِيّتَه، وَقائِع — énoncer/exposer sa théorie, des faits

~ على ه يَدَ المُساعَدة — tendre une main secourable

~ ذِراعَيْهِ — étendre/ouvrir/tendre les bras

~ ساقَيْهِ — allonger les jambes

**بَسُطَ** ـُ بَساطة — être ... *v. à l'adj.*

~ت أَسارِيرُهُ — se dérider; s'épanouir (visage)

**بَسْط** — déploiement; déroulement; développement; étalement; extension; exposition; amusement; distraction; divertissement; jovialité

~ نَظَرِيّة، الوَقائِع — exposition/énoncé d'une doctrine, des faits

~ كَسْر — numérateur de fraction

~ الجَناحَيْن — envergure d'un oiseau

**بَسْطة** — capacité; étendue; abondance; ampleur

~ السُلَّم — palier d'escalier

**بِساط** ج بُسُط — tapis

طَرَحَ مَسْأَلة على ~ البَحْث — mettre une question sur le tapis

على ~ المُناقَشة — en instance; en cours de discussion

طَوَى الـ~ بِما فيه — mettre un terme à; (dire, faire qqch) une fois pour toutes

~ آليّ، نَقّال — tapis mécanique, roulant

**بَساطة**؛ ~ القَلْب — candeur; simplicité; ingénuité; innocence; franchise; naïveté

الغاية في الـ~ — simple comme bonjour [*fam.*]

في مُنْتَهى الـ~ — *même sens*

بِكُلّ ~ — en toute simplicité; tout simplement

**بَسيط** ج بُسَطاء — candide; ingénu; naïf; élémentaire; infime; primaire [*péjor.*]; simple; déployé; égal (sol); large; spacieux; uni (terrain); *prosod. «basit»*

جُنْديّ ~ — simple soldat

طَعام، مُنْحَدِر ~ — repas léger; pente douce

~ الوَجْهِ — qui a le visage ouvert/riant; jovial

~ اليَد — généreux; qui a le cœur sur la main

الأَمْر ~ — c'est tout simple; ce n'est pas bien malin

إنّها الحَقيقة الـ~ة — c'est la pure vérité

البُسَطاء — les gens simples; Monsieur Tout le monde; vous et moi

بَسيطة ج بَسائِط — terre; surface terrestre

البَسائِط — corps simples; éléments [*chim.*]

**باسِط** — déployé; étendu; ouvert

عَضَلَة ~ة — muscle extenseur

مَبْسوط — gai; bien portant; jovial; réjoui; à son aise; tranquille; étendu; déployé; large

II **بَسَّطَ** تَبْسيطًا ه (← بَسَطَ) — simplifier; schématiser

~ المَعارِف — vulgariser les connaissances

**تَبْسيط** — schématisation; simplification; vulgarisation (des connaissances)

مُبَسِّط — simplificateur; vulgarisateur

III باسَطَ مُباسَطة ه — recevoir amicalement; mettre qqn à son aise

V **تَبَسَّطَ** تَبَسُّطًا — être/se mettre à l'aise; être simple/sans manière/sans gêne

~ في مَوْضوع — s'étendre sur un sujet; exposer en détail/en long et en large

VIII إِنْبَسَطَ اِنْبِساطًا — s'étirer; s'étendre; s'épanouir; se dérider; se dérouler; se déployer; se développer

إِنْبِساط — épanouissement; gaieté; bonne humeur; expansion; développement; déploiement; *psychol.* extraversion

مُنْبَسِط — épanoui; gai; déployé; déplié; aplati; plat; uni; vaste; *psychol.* extraverti

~ الجَناحَيْنِ — les ailes déployées

أَرْض ~ة — pays étendu/large/plat/vaste

**446** بَسَقَ ـُ بُسوقًا — être haut/de taille élevée

~ه، على ه — dépasser/surpasser les autres (par le mérite)

باسِق — de haute taille/de belle venue (arbre)

**447** بَسْكوت؛ بَسْكويت — biscuit

**448** بَسَلَ ـُ بُسولًا — avoir/prendre un air austère/menaçant; froncer les sourcils

بَسُلَ ـُ بَسالة — être brave/courageux/intrépide/vaillant

بَسالة — bravoure; courage; intrépidité; vaillance

~ عَسْكَرِيّة — valeur militaire

بـ~ — courageusement; bravement; vaillamment

باسِل ج بُسَلاء، بَواسِل — brave; courageux; intrépide; vaillant; valeureux; héroïque

وَجْه ~ — visage austère/sévère

نَبيذ ~ — alcool fort

V تَبَسَّلَ تَبَسُّلًا — faire le brave; prendre un air sévère/menaçant

~ لِـ ه — affronter; défier (la mort)

X إِسْتَبْسَلَ اِسْتِبْسالًا — vendre chèrement sa vie

**449** بِسِلّى؛ بِسِلّة؛ بَزِيلّا — petit pois

~ عَطِرة — pois de senteur

**450** بَسَمَ ـِ بَسْمًا — sourire *v.*

بَسْمة ج بَسَمات — sourire *n.m.*

باسِم — souriant

مَبْسِم — bouche; fume-cigarette

V تَبَسَّمَ عَنْ لُؤْلُؤ — son sourire découvrit des dents d'une blancheur éclatante

VIII اِبْتَسَمَ اِبْتِسامًا لِـ ه — sourire à qqn

اِبْتِسامة ج ات — sourire *n.m.*

مُبْتَسِم ج ون — souriant

**451** بَسْمَلَ بَسْمَلة — *prononcer la formule «bi-smi-llah»*: au nom de Dieu

**452** بَسَن : رَجُل حَسَن ~ — un bel homme

**453** بَشَّ ـَ بَشاشة — se dérider; être enjoué

هَشَّ ~ — être de bonne humeur/heureux/jovial

~ بِـ ه — accueillir avec affabilité

بَشاشة — jovialité; gaieté; enjouement; affabilité

باشّ، بَشّاش ← بَشوش

بَشوش — affable; avenant *adj.*; enjoué

وَجْه ~ — visage épanoui/heureux/ouvert/riant/souriant

اِسْتِقْبال ~ — accueil souriant/sympathique

**454** بَشَرَ ـُ بَشْرًا — éplucher; gratter; peler; râper; racler; *v. aussi 455*

بَشَر؛ بَشَرِيّة — genre humain; les hommes; l'humanité

بَشَرة — peau de l'être humain; épiderme

شاحِب الـ~ — les traits tirés

أَسْمَر الـ~ — le teint brun

بَشَرِيّ — humain *adj.*; épidermique

جِسْم، جِنْس. حَياء ~ — corps, genre, respect humain

غَيْر ~ — inhumain

تَحْت ~ — hypodermique

مَبْشور — épluché; pelé; râpé

مِبْشَرة — râpe; éplucheuse; grattoir

III باشَرَ مُباشَرة ه، ه — entreprendre; prendre en charge; procéder à; traiter (une affaire); avoir un rapport sexuel avec

~ المُفاوَضات — engager/entamer les négociations

~ المَسْؤولِيّة — assumer/prendre la responsabilité de

~ العَمَل — se mettre au travail; mettre la main à la pâte

~ الخِدْمة، وَظائِفه — entrer en exercice/en fonctions

~ مِهْنَتَه — exercer son métier/sa profession

~ عَمَليّات حَرْبيّة — entrer en campagne

**مُباشَرة** عَمَل، مِهْنة — exercice d'un métier

~ وَظيفة — entrée en fonctions/en exercice

**مُباشَرةً** — directement; tout droit; en droite ligne

يَتْبَعُهُ ~ — venir immédiatement après

عَلى الأَرْض ~ — à même le sol; de plain-pied

**مُباشِر** — direct; immédiat; praticien; manager *n.m.*

بَثّ، إذاعة ~(ة) — émission en direct

رَمْي ~ — tir de plein fouet

غَيْر ~ — détourné (voie); indirect; médiat

عَنْ طَريق غَيْر ~ — de manière détournée; indirectement; par ricochet

**455** **بَشَرَ** ـُ بَشْرًا ه — réjouir qqn par une bonne nouvelle; annoncer une bonne nouvelle à qqn; *v. aussi 454*

~ه بِوَجْه حَسَن — faire bon accueil/bonne figure à qqn

بَشِرَ ـَ بُشورًا، بِشْرًا بِـ — se réjouir de

**بِشْر** — gaieté; joie

حَسَن الـ~ — visage riant

**بِشارة** ج بَشائِر — annonce; annonciation; évangile; message

عيد الـ~ — Annonciation [*relig.*]

**بَشائِر** — heureux présages; signes favorables

~ الرَبيع — signes avant-coureurs du printemps

**بَشير** ج بُشَراء — évangéliste; porteur d'une bonne nouvelle

~ خَيْر؛ بُشْرَى — annonce; bon augure; bonne nouvelle; heureux présage

II **بَشَّرَ** تَبْشيرًا ه بِـ ه — annoncer une bonne nouvelle; évangéliser; prêcher; présager; laisser prévoir

~ بِدين — faire du prosélytisme religieux

~ بِالإِنْجيل — annoncer/prêcher les Évangiles

~ الحَصادُ بِمَوْسِم جَيِّد — la moisson promet/s'annonce bonne

**تَبْشير** ج تَباشير — évangélisation; signes précurseurs

صَلاة، دَقّة الـ~ — angélus

**تَباشير** الفَجْر، الصَباح — premières lueurs du jour

~ الرَبيع — annonce du printemps

تَبْشيريّ — évangélique

تَبْشيريّة — prosélytisme

مُبَشِّر ج ون بِخَيْر — annonciateur; avant-coureur; prometteur; plein de promesses; évangélisateur; missionnaire

X **اِسْتَبْشَرَ** اِسْتِبْشارًا بِـ — se réjouir (d'une nouvelle)

~ بِـ ه خَيْرًا — voir un augure favorable dans

**456** **بَشِعَ** ـَ بَشاعة — être … *v. à l'adj.*

**بَشاعة**؛ بَشَع — hideur; laideur

~ المَأْساة — horreur d'une tragédie [*fig.*]

~ جَريمة — noirceur d'un crime

بَشِع — hideux; laid; repoussant; répugnant; vilain

II بَشَّعَ تَبْشيعًا ه، ه — enlaidir; défigurer

تَبْشيع — enlaidissement; défiguration

X اِسْتَبْشَعَ اِسْتِبْشاعًا ه — trouver laid

**457** (بشق) **باشِق** — buse; épervier

**458** **بَشَكَ** ـُ بَشْكًا ثَوْبًا — mal coudre un vêtement

~ كَذِبًا — mentir grossièrement

VIII اِبْتَشَكَ — fabriquer de gros mensonges

اِبْتِشاك — imposture; histoire cousue de fil blanc

**459** **بَشْكور** ج بَشاكير — ringard à crochet; fourgon/râble de boulanger

**460** **بَشْكير** ج بَشاكير — serviette de bain

**461** **بَشِمَ** ـَ بَشَمًا مِن — mal digérer; avoir une indigestion/des nausées

بَشَم — poids sur l'estomac; mauvaise digestion; indigestion

**462** **بَشْمَلة** — *égypt.* néflier

463 بَشْنين — lotus; nénuphar

464 (بصص) بَصيص أَمَل — lueur/rayon d'espoir

465 بَصْبَصَ بِذَنَبه — frétiller de la/remuer la queue

~ بِعَيْنه — se rincer l'œil [fam.]; reluquer [fam.]; lancer des œillades

بَصْبَصَة — frétillement; œillade

466 بَصُرَ ـُ بَصَرًا — être clairvoyant; comprendre; y voir clair

~ بـ ه، ه — regarder; poser le regard sur; voir

بَصَر ج أَبْصار — vue; vision; regard

حاسّة الـ~ — sens de la vue

مَدَى، خَطّ الـ~ — champ, rayon visuel

على مَدَى الـ~ — à perte de vue

غابَ عن الـ~ — perdre de vue

لَهُ ~ بـ ه — avoir des lumières sur

ثاقِب، نافِذ الـ~ — perspicace; qui a l'œil à tout

اِلْتَقَى ~ها بـ~ه — leurs regards se croisèrent

طَويل، طُول الـ~ — hypermétrope; hypermétropie

قَصير، قِصَر الـ~ — myope; myopie

أَغْشى اللّهُ على ~ه — Dieu l'a rendu aveugle

لَمْح ~؛ في لَمْح ~ — clin d'œil; en un clin d'œil

بَصَرِيّ — optique *adj.*; visuel

عَصَب، زُجاجات ~(ة) — nerf, verres optique(s)

مِهاد ~ — thalamus

خِداع ~ — illusion d'optique

ذاكِرة ~ة — mémoire visuelle

البَصَرِيّات — optique *n.f.*

بَصير ج بُصَراء — qui voit bien/a une bonne vue

~ بـ ه — averti; clairvoyant; informé; perspicace; prévoyant; versé (dans)

بَصيرة ج بَصائِر — clairvoyance; discernement; jugement; perspicacité; prévoyance

كانَ على ~ مِن ه — être au fait de; voir clairement dans; juger sainement de

عَن ~ — en connaissance de cause

ضَرَبَ الهَوَى على ~ه — *prov.* la passion est aveugle

عَدَم ~ — imprévoyance

ذو ~ — homme averti/prévoyant/perspicace

عَديم ~ — imprévoyant; aveugle [*fig.*]

II بَصَّرَ تَبْصيرًا، تَبْصِرة ه — rendre qqn voyant/clairvoyant; éclairer [*fig.*]

~ ه بـ ه — ouvrir les yeux de qqn sur; faire prendre conscience de; mettre en garde qqn contre

تَبْصِرة — information; instruction

IV أَبْصَرَ إِبْصارًا ه، ه — apercevoir; distinguer; percevoir; voir

~ النور — voir le jour; naître

~ في الظَلام — voir dans l'obscurité

V تَبَصَّرَ تَبَصُّرًا — être clairvoyant; voir clair; avoir une intuition; réfléchir; faire preuve de perspicacité

~ في ه — considérer/étudier une affaire

تَبَصُّر — clairvoyance; perspicacité; intelligence; intuition; prudence; réflexion; prévoyance

بِلا ~ — de manière irréfléchie; en aveugle

عَدَم، قِلّة الـ~ — imprudence; imprévision; imprévoyance; irréflexion

عَديم، قَليل الـ~ — imprudent; imprévoyant; irréfléchi

مُتَبَصِّر — clairvoyant; prévoyant; prudent

غَيْر ~ — irréfléchi; imprévoyant; aveugle [*fig.*]

467 بَصَقَ ـُ بَصْقًا — cracher; expectorer

~ في وَجْه ه — cracher au visage de qqn

بُصاق — crachat

مِبْصَقة ج مَباصِق — crachoir

468 بَصَلة ج بَصَل — bulbe; oignon

~ نُخاعيّة، شَمّيّة — bulbe rachidien, olfactif

قِشْرة الـ~ — pelure d'oignon

نَباتات ذات ~ — plantes à bulbes

أَكْسَى مِن الـ~ — couvert/enveloppé/vêtu comme un oignon

بَصَل الفَأْر — scille

~ الحَيّة — scille d'automne
بَصَليّ — bulbeux; bulbaire
بُصَيْله — bulbille

469 **بَصَمَ** ـِ بَصْمًا — apposer/imprimer (sa griffe, un cachet); cacheter
بَصْم — cachetage
**بَصْمة** ج بَصَمات — empreinte; cachet; impression
~ أصابِع — empreinte digitale

470 **بَصْوة** — braise; étincelle

471 **بَضَّ** ـِ بَضًّا — suinter (eau, pierre)
~ أوْتار آلة — accorder un instrument; pincer les cordes
رَجُل لا **يَبِضّ** حَجَرُهُ — homme avare (*m. à m.* dont la pierre ne suinte pas)
بَضّ — délicat (peau); frais (teint); poupin (visage)

472 **بَضَعَ** ـَ بَضْعًا — inciser; opérer
بَضْع — incision; opération
مِبْضَع ج مَباضِع — bistouri; scalpel
مَبْضوع — opéré; incisé
**بِضْعُ**، بِضْعة ه — une partie de; certains; quelques
~ نِساء — certaines/quelques femmes
**بِضْعة** رِجال — certains/quelques hommes
في ~ أيّام — en quelques/en peu de jours

473 **بِضاعة** ج بَضائِع — marchandise
III باضَعَ مُباضَعة — avoir un commerce charnel (avec une femme)
V تَبَضَّعَ تَبَضُّعًا — faire des emplettes/du shopping
تَبَضُّع — shopping

474 **بَطَّ** ـُ خُراجًا، دُمَّلًا — vider/percer un abcès

475 **بَطّ** ج بُطوط — canard
فَرْخ ~ — caneton
~ قُطْبيّ، الصُخور — macreuse; macareux

بَطّة — cane

476 **بَطّة** — bouteille
~ الساق — mollet *n.m.*

477 **بَطُؤَ** ـُ بُطْأً — être lent
**بُطْء**؛ ~ الفَهْم — lenteur; lenteur d'esprit
بِـ ~ — avec lenteur; au ralenti; doucement
**بَطيء** ج ون، بِطاء — lent; ralenti *adj.*; pesant (démarche)
عَرْض، تَصْوير ~ — projection, prise de vues au ralenti
أبْطأُ من غُراب نوح — se faire attendre comme le Messie
II بَطَّأَ تَبْطِئة ه، على ه — ralentir *tr.*; retarder *tr.*
تَبْطِئة — ralentissement; retardement
IV **أبْطَأَ** إبْطاءً — être lent; agir avec lenteur; tarder; traîner en longueur
~ ه، بِـ ه — ralentir; réduire (sa vitesse); retarder *tr.*; renvoyer (au lendemain)
~ إنْجاز **قَضيّة** — faire traîner une affaire en longueur
**إبْطاء** — ralentissement; retard; décélération; ralenti *n.m.*
دونَ ~ — sans délai; sans retard
VI **تَباطَأَ** تَباطُؤًا في — traîner; traînasser; tarder; s'attarder; lambiner
~ في كَلامِهِ — parler d'une voix traînante
بِتَباطُؤ — pesamment
مُتَباطِئ ج ون — traînard; tardif; attardé; qui traîne le pas; pesant (démarche)
X اِسْتَبْطَأَ اِسْتِبْطاءً ه، ه — trouver lent

478 **بَطاطا**؛ بَطاطة — pomme de terre
~ حُلْوة — patate douce
بَطاطِس ← بَطاطا

479 **بَطّاريّة** ج ات — batterie [*électr., mil.*]

480 **بَطْبَطَ** — barboter (canard)
بَطْباط — renouée [*bot.*]

481 بَطَحَ ـَ بَطْحًا ه، ه — renverser; terrasser; jeter à terre; étendre sur le sol; aplanir (le sol)

بَطْح — supination

بَطْحة — taille d'un homme allongé

بُطاح — délire; fièvre accompagnée de délire

بُطاحيّ — délirant (fièvre)

**باطِح** — prostré; tombé; renversé; terrassé

عَضَلة ~ة — muscle supinateur

أَبْطَح م بَطْحاء ج أَباطِح — dépression (de terrain); creux; lit (d'un torrent); vallée

بَطْحاء ج بَطْحَوات. بِطاح — *même sens*

V تَبَطَّحَ تَبَطُّحًا — se répandre; sortir de son lit (fleuve)

VII **اِنْبَطَحَ** اِنْبِطاحًا — se coucher; se jeter à plat ventre; tomber la face contre terre

~ على الأَرْض — s'allonger/s'aplatir sur le sol

مُنْبَطِح على الأَرْض — couché à plat ventre sur le sol

482 (بطخ) **بِطِّيخ**؛ ~ أَصْفَر — melon [*bot.*]

~ أَخْضَر، أَحْمَر — pastèque

483 **بَطَرَ** ـُ بَطْرًا جُرْحًا — ouvrir (une plaie)

484 **بَطِرَ** ـَ بَطَرًا — être ... *v. à l'adj.*

~ نِعْمة اللّه — mépriser la grâce de Dieu

~ الحَقّ — méconnaître le droit

**بَطَر** — arrogance; insolence; suffisance; vanité; exubérance

~ الحَقّ — mépris du droit

فيه طَرَب وَ~ — c'est un joyeux drille/un joyeux luron/un petit plaisantin [*fam.*]

بَطِر — arrogant; folâtre; exubérant; insolent; vaniteux

IV غِنًى **مُبْطِر** — richesse insolente

485 (بطر) **بِطْرير** — braillard; tapageur

486 (بطرخ) **بَطارِخ** — œufs de poisson préparés

487 **بُطْرُس** — Pierre

488 **بَطْرَشيل** — chasuble; étole

489 (بطرق) **بِطْريق** ج بَطاريق. بَطارِقة — manchot; pingouin

490 **بَطْرَكة**، بَطْرَكِيّة — patriarcat

بَطْريك ج بَطارِكة — patriarche [*relig.*]

بَطْرِيرْك — *même sens*

491 **بَطَشَ** ـُ بَطْشًا بـ ه، ه — prendre de force; fondre/tomber sur; assaillir; attaquer

بَطْش — force; violence; attaque; oppression

492 **بِطاقة** ج ات. بَطائِق — carte; fiche; ticket; étiquette; billet

~ دَعْوة. طالِب — carte d'invitation, d'étudiant

~ اِنْتِخابيّة. بَريديّة — carte d'électeur, postale

~ هُويّة. شَخْصيّة — carte d'identité

~ زِيارة. مُعايَدة — carte de visite, de vœux

~ مُخَرَّمة. مُثَقَّبة — carte perforée

~ دُخول. خُروج — fiche d'entrée, de sortie

~ مُرور. طائِرة — billet/ticket de passage, d'avion

~ تَمْوين — bon/ticket d'approvisionnement/de rationnement

~ بَنْزين — bon/ticket d'essence

493 **بَطُلَ** ـُ بُطولة — se conduire en brave/en héros; *v. aussi 494, 495*

**بَطَل** ج أَبْطال — héros; brave *n.m.*; champion

~ رِواية — héros/protagoniste d'un récit

بَطَلة — championne; héroïne

**بُطولة** — championnat; héroïsme

~ عالَميّة — championnat du monde

دَوْر الـ~ — premier rôle [*cin.*]

بُطوليّ — héroïque; épique

V تَبَطَّلَ تَبَطُّلًا ← بَطَلَ

494 **بَطَلَ** ـُ بَطالة — être ... *v. à l'adj.*; *v. aussi 493, 495*

بطالة chômage; désœuvrement; oisiveté

~ ظاهِرة، مُقَنَّعة chômage réel, déguisé

إعانة ~ allocation de chômage

ساعة ~ heure creuse

بَطَّال ج ون chômeur; désœuvré; inactif; oisif; inemployé; sans travail

حياة ~ة vie oisive

495 بَطَلَ ـُ بُطْلانًا être *v. à l'adj.*; *v. aussi 493, 494*

بُطْل inanité; inutilité; nullité; frivolité

ذَهَبَ دَمُه ~ًا son sang a été versé inutilement/impunément

بُطْلان futilité; vanité; inanité; inutilité; fausseté; frivolité

~ وَصيّة caducité/nullité d'un testament

باطِل absurde; futile; vain; faux; frivole; caduc; oiseux

بُرْهان، وَصيّة ~(ة) preuve, testament nul(le)/caduc(que)

تُهْمة، إفْتِراض ~(ة) accusation, supposition gratuite

كَلام ~ paroles futiles/frivoles/en l'air; du vent [*fig.*]

آمال، جُهود ~ة vains espoirs, efforts

الحَقّ والـ~ le vrai et le faux

لاغٍ وَ ~ nul et non avenu

~ الاِسْتِعْمال démodé; archaïque; inusité

باطِلًا، بِالباطِل en vain; vainement; faussement

أباطيل vanités; futilités

~ الدُنْيا les vanités de ce monde

IV أَبْطَلَ إبْطالًا ه frapper de nullité; infirmer; annihiler; rendre caduc

~ قَرارًا abroger/rapporter une décision

~ مَفْعول ه، ه neutraliser qqn, qqch

~ مُعاهَدة annuler un traité

~ عُرْفًا، عادة abolir, proscrire un usage

~ اِنْتِخاب نائِب invalider une élection

~ قيمة نَقْد démonétiser; déprécier; dévaloriser

إبْطال annihilation; annulation; abolition; abrogation; neutralisation; proscription

~ قيمة نَقْد démonétisation; dépréciation; dévalorisation

مُبْطِل abrogatif; abrogatoire; dévalorisant; neutralisant

مُبْطَل aboli; abrogé; neutralisé; démonétisé; déprécié; dévalorisé

V تَبَطَّلَ في الحَياة croupir [*fig.*]

496 بُطْم térébinthe

صُمْغ الـ~ colophane; térébenthine

بُطْمِيّات térébinthacées *nf.pl.*

497 بَطِنَ ـَ بِطْنة avoir/prendre du ventre; être bedonnant [*fam.*]

بَطُنَ ـُ بَطانة ← بَطِنَ

بَطَنَ ـُ بَطْنًا، بُطونًا entrer; pénétrer dans

~ الأُمور aller au fond des choses

بَطْن ج بُطون creux; ventre; abdomen; fraction (de tribu)

رَقْص الـ~ danse du ventre

صاحَتْ عَصافير ~ه avoir des grenouilles dans le ventre

أَلْقَت الدَجاجة ~ها pondre (poule)

أَخَذَه ~ه ressentir un besoin naturel

سَكَنَ في ~ المَدينة habiter au cœur de la ville

~ قِطَط portée de chats

ظَهْرًا لِـ~ sens dessus dessous; cul par dessus tête [*fam.*]

بَطْنيّ ventral; abdominal

بُطَيْن أَيْمَن، أَيْسَر ventricule droit, gauche

بطان ج أَبْطِنة sangle

عَريض الـ~ riche; aisé; généreux

اِلْتَقَتْ حَلْقَتا الـ~ l'affaire a été bouclée

بطانة ج بَطائِن paroi intérieure; doublure (vêtement); garniture (frein)

~ خَشَبيّة، مَعْدِنيّة coffrage en bois, métallique

بَطانة obésité

بِطْنة gloutonnerie; indigestion

الـ~ تَأْفُنُ الفِطْنة *prov.* à se remplir le ventre on se vide l'esprit; ventre plein n'a point de cervelle

نَزَتْ بِهِ الـ~ — être abruti par la bonne chère

بَطِن؛ بَطين — glouton; ventru; ventripotent; obèse

**باطِن** ج بَواطِن — caché; intime; occulte; secret; entrailles (de la terre); plante (du pied); creux (de la main)

عُلوم ~ة — sciences occultes

أَفْكار، عَواطِف ~ة — pensées, sentiments intimes

~ الأَرْض — sous-sol

في ~ الأَرْض — au sein de/sous la terre; sous terre; dans les entrailles/les profondeurs de la terre

~ الإِنْسان — l'intérieur/le tréfonds de l'homme

آجَرَ، إِيجار مِن الـ~ — sous-louer; sous-location

مُسْتَأْجِر مِن الـ~ — sous-locataire

**بَواطِن** الأَمْر — les dessous d'une affaire

~ الأَرْض — les profondeurs de la terre

**باطِنِيّ** — immanent; intrinsèque; interne; intime; endocrine (glande); ésotérique

قيمة ~ة — valeur intrinsèque

مَرَض، حِسّ ~ — maladie interne; sens intime

خَوْف ~ — peur viscérale

باطِنًا، باطِنِيًّا — en secret; intimement; intérieurement

باطِنِيَّة — immanence; ésotérisme; intériorité

بَطّانِيَّة ج ات، بَطاطين — couverture; couvre-pieds

II **بَطَّنَ** تَبْطينًا ه — daller; paver; recouvrir; tapisser

~ ثَوْبًا — doubler un vêtement

**مُبَطَّن** — doublé; tapissé

~ بِالأَحْجار — recouvert de pierres; dallé; pavé

بِكَلام ~ — à mots couverts

IV **أَبْطَنَ** إِبْطانًا ه — cacher; dissimuler

~ بِطان فَرَس — sangler un cheval

X **اِسْتَبْطَنَ** اِسْتِبْطانًا ه — aller au fond (des choses); intérioriser; imprégner; pénétrer (les desseins de qqn)

اِسْتِبْطان — introspection; intériorisation

اِسْتِبْطانِيّ — introspectif

498 **بَظَّ** ـُ بَظًّا ه — accorder un instrument de musique

**بَظّ** : فَظّ ~ — grossier personnage

499 **بَظْر** ج بُظور — clitoris

500 **بُعْبُع** ج بَعابِع — épouvantail; bête noire [*fig.*]; croque-mitaine; loup-garou

501 **بَعَثَ** ـَ بَعْثًا ه، بِـ ه — envoyer; émettre; déléguer

~ على ه — causer; provoquer; inciter à

~ بِرِسالة — envoyer une lettre

~ رَسُولًا — envoyer/dépêcher un émissaire

~ في ه رَغْبة — faire naître un désir chez qqn

~ رُوح الحَياة — animer; insuffler la vie; ranimer; raviver; redonner vie

~ اِرْتِياحًا في النَّفْس — causer de la satisfaction

~ أَصْواتًا رَخيمة — rendre des sons mélodieux

~ صَيْحة، صُراخًا — pousser un cri

~ رائِحة — exhaler/dégager une odeur

~ الأَمَل — ranimer l'espoir

~ المَوْتَى، التَّقاليد — ressusciter les morts (Dieu), les traditions

~ أَشْخاصًا تاريخِيَّة — faire revivre des personnages historiques

~ه مِن نَوْمِهِ — tirer qqn du sommeil

~ قَضِيَّة مِن مَرْقَدِها — exhumer une vieille affaire

~ على الضَّحِك — prêter à rire; être risible

~ على الخَوْف، الرُّعْب — faire peur; effrayer; semer l'épouvante/le trouble/la terreur

~ على السُّرور، العَجَب — causer/provoquer de la joie, de l'étonnement

بُعِثَ مِن أَنْقاضِهِ — renaître de ses cendres

**بَعْث** — envoi; résurrection; restauration

~ الاِقْتِصاد — relance économique

**بَعْثة** ج بَعَثات — mission

~ عَسْكَرِيَّة، ثَقافِيَّة — mission militaire, culturelle

~ أَثَرِيَّة، اِقْتِصادِيَّة mission archéologique, économique

**باعِث** ج بَواعِث impulsion; mobile *n.m.*; stimulant; cause; aiguillon [*fig.*]

~ الجَرِيمة mobile du crime

~ على العَجَب motif d'étonnement

**مَبْعَث** ج مَباعِث éveil; source (d'énergie)

إنَّه ~ الذُعْر c'est une terreur

**مَبْعوث** envoyé *adj.*, *n.m.*; émis; ranimé

~ فَوْقَ العادة envoyé extraordinaire

VII **اِنْبَعَثَ** اِنْبِعاثًا من émaner; émerger; jaillir; renaître; refleurir [*fig.*]; être émis/envoyé/causé/provoqué

~ من المَوْت ressusciter *intr.*

**اِنْبِعاث** émanation; renaissance; résurrection

~ أُمَّة résurrection d'une nation

~ حرارة dégagement de chaleur

**مُنْبَعِث** renaissant; résurgent

**مُنْبَعَث** point d'origine/de départ

VIII **اِبْتَعَثَ** اِبْتِعاثًا ه exhumer (le passé)

~ شُعورًا ressusciter un sentiment

502 **بَعْثَرَ** بَعْثَرة disperser; éparpiller

~ جُهودَه se disperser [*fig.*]; disperser ses efforts

**بَعْثَرة** dispersion; éparpillement

**مُبَعْثَر** éparpillé; épars; dispersé; à la traîne

II **تَبَعْثَرَ** تَبَعْثُرًا être éparpillé; se disperser; traîner *intr.*

**تَبَعْثُر** dispersion; éparpillement

~ الأَفْكار، الجُهود éparpillement des idées, des efforts

503 **بَعَجَ** ـَ بَعْجًا ouvrir le ventre; éventrer; cabosser; emboutir (une voiture)

~ بَطْنَهُ لِـ ه عن ه s'ouvrir à qqn de qqch

**مَبْعوج** éventré

V **تَبَعَّجَ** تَبَعُّجًا se fendre; crever *intr.*

VII **اِنْبَعَجَ** اِنْبِعاجًا ← V

504 **بَعُدَ** ـُ بُعْدًا عن être éloigné/distant

~ بِـ ه عن éloigner qqn

~ أَنْ il est difficile à admettre/invraisemblable/impossible que

لا تَبْعُدْ reste! ne t'éloigne pas!

**يَبْعُدُ** عَنْهُ بُعْدَ الزَرْقاء عَنْ الغَبْراء *prov.* c'est le jour et la nuit!

لا ~ أَنْ il n'est pas impossible que

**بُعْد** ج أَبْعاد dimension; distance; échéance; éloignement; intervalle

وَقَعَ على ~ كَذا se trouver à une distance de

الـ ~ جَفاء *prov.* les absents ont toujours tort; loin des yeux loin du cœur

~ النَظَر largeur de vues; clairvoyance

~ الهِمَّة noblesse d'âme; ambition élevée

تَساوي، مُتَساوي الـ ~ équidistance; équidistant

على، عن ~ au/de loin; à distance

على ~ كيلومِتر à une distance d'un kilomètre

**أَبْعاد** dimensions [*pr.* et *fig.*]; contours; ampleur

~ غُرْفة، مَأْساة dimensions d'une salle, d'une tragédie

~ الأَطْراف، الأَجْنِحة envergure (ailes)

**بَعْدُ** déjà; encore

أَمَّا ~ ensuite

هُوَ ~ صَغير il est encore petit

لَمْ يَأْتِ ~ il n'est pas encore venu

فيما، مِنْ ~ ensuite; plus tard; par suite de

لَنْ تَأْتِيَ ~ elle ne viendra plus

**بَعْدَ** après

~ ذَلِكَ ensuite; par la suite; après quoi

~ حِين peu après; un instant/moment après

~ اليَوْم dorénavant; à partir d'aujourd'hui

~ أَيّام قَليلة d'ici quelques jours

~ أَنْ، إذْ، ما après que; alors que; ultérieurement

**بَعْدَئِذٍ** après quoi; plus tard; par la suite

**بَعْدِيّ، بَعْدِيًّا** a posteriori *adj.*, *adv.*

**بُعَيْدَ** peu de temps après

**بَعيد** distant; éloigné; lointain; reculé; invraisemblable; improbable

~ المَنال difficile à atteindre

~ عن étranger à; loin de; à l'écart de

من، إلى ~ de/au loin; à distance

زَمان، مَكان ~ époque, endroit reculé(e)

~ عن المَعْقول، الواقِع، الاِحْتِمال improbable; invraisemblable

غَيْر ~ non loin de

بَعيدًا loin *adv.*; au loin

**أَبْعَد** ج أَباعِد plus éloigné; plus distant; plus loin

~ ما يَكون مِن très éloigné de; tout à fait différent de; au-delà de

~ مِنْ أَنْ tant s'en faut que; il s'en faut de beaucoup

الأَباعِد les lointains; les étrangers (à la famille); les parents éloignés

**مَبْعَدة** distance; éloignement

على ~ عِدّة خَطَوات à quelques pas

على، عن ~ à distance; au loin

II بَعَّدَ تَبْعيدًا ه، ه éloigner; mettre/tenir à l'écart

III باعَدَ مُباعَدة ه écarter; tenir qqch écarté/séparé; séparer; espacer

مُباعَدة écartement; espacement

IV **أَبْعَدَ** إِبْعادًا ه ه bannir; éliminer; éloigner; évincer; exclure; exiler; expulser; tenir à l'écart/à distance

~ه عَنْ ه، ه détacher qqn de qqn, de qqch

~ الخَوْف chasser la peur

~ه عَن الوَطَن proscrire qqn; exiler

~ سُكّانًا déporter des populations

~ الشُّبُهات détourner les soupçons

**إِبْعاد** élimination; éloignement; éviction; exclusion; expulsion; déportation; proscription

إِجْراءات ~ mesures d'éloignement

**مُبْعَد** éliminé; exilé; proscrit; déporté

VI **تَباعَدَ** تَباعُدًا عن، مِن diverger; s'écarter; se mettre à distance; prendre ses distances; s'espacer; être/se suivre à intervalles (réguliers)

~ت زِياراتُهُ ses visites s'espacèrent

**تَباعُد** divergence; distance; écartement; espacement

~ الأَشْجار espacement des arbres

~ العَيْنَيْن écartement des yeux

**مُتَباعِد** divergent; séparé; espacé

آراء، خُطوط ~ة opinions, lignes divergentes

في فَتَراتٍ ~ة de loin en loin

VIII **اِبْتَعَدَ** اِبْتِعادًا عن s'écarter; s'éloigner de; s'arracher à; abandonner; quitter

~ عن الأَكْل s'arrêter/s'abstenir de manger

اِبْتِعاد abstention; éloignement; écartement

X **اِسْتَبْعَدَ** اِسْتِبْعادًا ه refuser; repousser; trouver invraisemblable/improbable

~ مُنافِسًا disqualifier/écarter/éliminer un concurrent

~ فِكْرة bannir/refuser/rejeter une idée

~ الخَطَر écarter le danger

~ نَفْسَه s'exclure

أَسْتَبْعِدُ أَنْ loin de moi la pensée de

لا يُسْتَبْعَد أَنْ il n'est pas impossible que

**اِسْتِبْعاد** élimination; exclusion; refus; rejet; invraisemblance; improbabilité

~ خَطَر exclusion de risque (assurance)

اِسْتِبْعاديّ éliminatoire (épreuve)

اِسْتِبْعاديّة invraisemblance; improbabilité

**مُسْتَبْعَد** invraisemblable; improbable

مِن الـ~ أَنْ il est improbable que

505 **بَعْر** ج أَبْعار crotte/crottin (de chameau, de chèvre); fiente

بَعير ج بُعْران جج أَباعير chameau

506 **بَعْض** *1. avec un n. sing.* une partie de; un peu de; quelque

~ المَسْؤوليّة une partie de la responsabilité

شَعَرَ بـ~ الاِرْتِباك éprouver quelque gêne à

~ الشَيْء، حِين un peu de; un certain/quelque temps

**بَعْض** — 2. *avec un n. pl.* certains; quelques

قالَ ~ الكَلِمات — il a dit quelques mots

~ مُقْتَرَحات — certaines propositions

كُلُّهم أَوْ ~هُمْ — tous ou certains d'entre eux; en totalité ou en partie

الـ~ الآخَر — d'autres; certains autres

بَيْنَ ~نا البَعْضُ — entre nous

اِقْتَرَبوا من ~هِمْ الـ~ — se rapprocher les uns des autres

~هُمْ على الـ~ — les uns sur les autres

II بَعَّضَ تَبْعيضًا ه — diviser en parties; partager

تَبْعيض — partition; division

تَبْعيضيّ — partitif

507 **بَعوضة** ج بعوض — cousin; moustique

جَناح ~ — un rien; une bagatelle

كَلَّفَهُ مُخَّ ~ — demander la lune à qqn

لَيْلة، ناحِية **مَبْعوضة** — nuit, région à moustiques

508 **بَعَقَ** ـَ بُعاقًا الأَرْض — arroser le sol (pluie)

~ جَمَلًا — égorger un chameau

VII اِنْبَعَقَ اِنْبِعاقًا — crever (nuage)

509 **بَعْل** ج بِعال، بُعول — époux; mari

بَعْلة — épouse; femme

510 (بعم) **بَعام** — chimpanzé

بَعيم — mannequin; prototype

511 **بَغَتَ** ـَ بَغْتًا ه — arriver/survenir soudainement; surprendre

**بَغْتة** — surprise

على ~؛ بَغْتةً — par surprise; à l'improviste; au dépourvu; inopinément; soudainement; de but en blanc

III باغَتَ مُباغَتة ه — prendre de court/au dépourvu; surprendre

**مُباغَتة** — soudaineté; surprise

~ الشُرْطة — descente de police

مُباغِت — inattendu; inopiné; soudain; subit; surprenant

512 **بَغْثَرة** — agitation; aversion; méchanceté

513 II **تَبَغْدَدَ** — faire l'avantageux; plastronner; le prendre de haut (*m. à m.* s'installer à/prendre les habitudes de Bagdad)

بَغْداديّ ج بَغادِدة — de Bagdad

514 **بَغَرَ** ـُ بُغورًا — annoncer la pluie; pleuvoir à torrents

بَغْر، بَغْرة — averse

مَبْغور — trempé par une averse; trempé comme une soupe [*fam.*]

515 **بَغْشة** — pluie fine

516 **بُغْض**، بَغْضاء — animosité; haine

~ البَشَر، النِساء — misanthropie; misogynie

**بَغيض**، مَبْغوض — abominable; odieux; repoussant; haïssable

شُعور ~ — sentiment odieux

مَظْهَر ~ — aspect repoussant

II بَغَّضَ تَبْغيضًا ه، ه الى ه — rendre détestable

IV أَبْغَضَ إِبْغاضًا — détester; haïr

**مُبْغِض** — haineux; plein de haine/d'animosité

~ لِلبَشَر، للنِساء — misanthrope; misogyne

مُبْغَض — détesté; haï

VI تَباغَضَ تَباغُضًا — se détester; se haïr

تَباغُض الأَجْناس، عُنْصُريّ — haine raciale

517 **بَغْل** ج بِغال — mulet [*zool.*]

بَغْلة — mule [*zool.*]

بَغّال ج ون — muletier

518 **بَغَى** ـِ بُغْيةً ه — vouloir; désirer

~ ـِ بَغْيًا على ه — tyranniser; opprimer; traiter injustement

~ ـِ بِغاءً (اِمْرَأة) — se prostituer (femme)

بَغْي — tyrannie; injustice; outrage

بُغْية — désir; souhait

بُغْيَةَ ه — dans le but de; en vue de

بِغاء — prostitution

بَغِيّ ج بَغايا — garce [*fam.*]; prostituée; putain [*pop.*]

باغٍ ج بُغاة — injuste; oppresseur; oppressif; tyran; désireux de

مَبْغًى ج مَباغٍ — bordel [*pop.*]; désir; souhait

VII اِنْبَغَى اِنْبِغاءً لِـ ه، ه — convenir; falloir

**يَنْبَغي** أن — il faut que; il convient de

كَما ~ — comme il faut; bien *adj.*

أَكْثَر مِمّا ~ — plus qu'il n'en faut; trop

VIII اِبْتَغَى اِبْتِغاءً — désirer; vouloir

اِبْتِغاءَ ه — par désir de; en vue de; dans le but de

مُبْتَغًى ج مُبْتَغَيات — aspiration; désir; désirable; désiré

519 **بَقّة** ج بَقّ — punaise [*ins.*]

شَجَرة البَقّ — orme

520 **بَقْبَقَ** — babiller; barboter; glouglouter; gargouiller

بَقْبَقة — glouglou; gargouillis

521 **بَقْدونِس** — persil

522 **بَقَرَ** ـَ بَقْرًا — éventrer

**بَقَرة** ج ات، بَقَر، أَبْقار — vache; bœuf

~ حَلوب، حَلّابة — vache laitière

بَقَرِيّ — bovin *adj.*; viande de bœuf

البَقَرِيّة ج ات — bovins *n.m.pl.*; bovidés *n.m.pl.*

بَقّار ج ون — bouvier; vacher; cow-boy

523 **بَقْرَج** ج بَقارِج — bouilloire

524 **بَقْس** — buis

525 **بَقْشيش** ج بَقاشيش — bakchich; pourboire

526 **بُقْعة** ج بِقاع، بُقَع — contrée; endroit; lieu; tache

~ مُنْفَرِدة — coin perdu

~ عَمْياء — point aveugle

~ حِبْر، زيت — tache d'encre, d'huile

تَفَشَّى كـ~ زَيْت — faire tache d'huile

~ مُضيئة — plage éclairée/lumineuse de lumière

البِقاع المُقَدَّسة — les lieux saints

II بَقَّعَ تَبْقيعًا — maculer; tacher; tacheter; souiller

**مُبَقَّع** — parsemé de taches; taché; marbré; maculé

بُيوت، جُدْران ~ة — maisons, murs lépreux(euses)

V تَبَقَّعَ تَبَقُّعًا — se maculer; être taché/tacheté

527 **بَقْلة** ج بَقْل، بُقول، أَبْقال — légume

~ المَلِك، حَمْقاء — fumeterre; pourpier

~ الخَطاطيف — chélidoine

نَبات بَقْلِيّ، بَقْلِيّة ج ات — plante potagère; légumineuse

بَقّال ج ون — épicier; marchand de légumes

باقِلاء، باقِلّاء — fève

528 **بُقَوْيقة** — barge [*ois.*]

529 **بَقِيَ** ـَ بَقاءً — être de reste; rester; demeurer; survivre; durer; tenir *intr.*; exister; continuer à

~ على حاله — subsister; se maintenir; se conserver; rester en l'état

ما، لا، لَنْ **يَبْقَى** إلاّ — ne ... plus; il n'y a plus qu'à

**بَقاء** — pérennité; durée; survie; continuation; existence; permanence

تَجْرِبة الـ~ — expérience de survie

~ النَّفْس — survivance de l'âme

تَنازُع الـ~ — lutte pour la vie

أَمَّنَ ~ ه — assurer la continuité de

دار الـ~ — vie éternelle

~ الطاقة — conservation de l'énergie

**بَقِيّة** ج بَقايا — détritus; reliquat; résidu; relique; vestige; reste

في ~ الأَقْطار — dans les autres régions

الـ~ في العَدَد القادِم — suite au prochain numéro

بَقايا الماضي — reliques du passé

**باقٍ** (الباقي) — reste; restant; survivant

الزَوْج الـ~ على قَيْد الحَياة — conjoint survivant

الباقِيات الصالِحات — bonnes œuvres

IV **أَبْقَى** إِبْقاءً ه، ه — garder; maintenir; conserver

~ الباب مَفتوحًا — tenir la porte ouverte

~ه في حالِه — conserver; garder; maintenir en l'état

~ه لِلْعَشاء — garder/retenir qqn à dîner

~ه في البُؤْس — laisser dans la misère

V **تَبَقَّى** تَبَقِّيًا — demeurer; rester

ما ~ مِنْهُ — ce qu'il en reste

**مُتَبَقٍّ** — restant; reste; qui est de reste; résiduaire

مِياه ~ة — eaux résiduaires

X **اِسْتَبْقَى** اِسْتِبْقاءً ه، ه — maintenir; retenir; préserver

~ه لِلْعَشاء — retenir qqn à dîner

~ أَسْعارًا مُرْتَفِعة — maintenir des prix élevés

530 **بَك** ج بَكَوات — bey; *titre de courtoisie: «bek»*

531 **بَكالوريا** — baccalauréat

532 II **بَكَّتَ** تَبْكيتًا ه — apostropher; rabrouer; blâmer/réprimander

~ه على ه — reprocher qqch à qqn

~ه ضَميرُه على — avoir des remords à propos de

**تَبْكيت** — blâme; réprimande; reproche

~ الضَمير — remords

533 **بَكَرة** ج ات — poulie; roulette; bobine

~ فِلْم، خَيْط — bobine de film, de fil

~ فِلْم تَصْوير — rouleau de pellicule

~ الحَثّ، التَحْريض — bobine d'induction

534 **بِكْر** ج أَبْكار — aîné; premier; premier-né; vierge *adj.*, *n.f.*; pucelle [*fam.*]

المُحاوَلة الـ~ — la première tentative

طارَت الطائِرة رِحْلَتَيْها الـ~ — l'avion a accompli ses deux premiers vols

أَرْض، غابة ~ — terre, forêt vierge

**بِكْرِيّ** — virginal

عَنْ **بَكْرة** أَبيهِم — jusqu'au dernier; tous sans exception

**بَكارة** — pucelage [*fam.*]; virginité

سَلَبَ ~ الفَتاة — déflorer une jeune fille

**بُكْرة** — aube; matin; grand matin

**بُكْرةً** — dès l'aube; dès le matin; à une heure matinale; matinalement; demain matin

بَكور، باكور، باكوريّ — précoce (fleur, fruit)

بَكير، مِبْكار ← بَكور

**باكورة** ج بَواكير — primeur *n.f.*; prémices; premier symptôme

~ النار — baptême du feu

~ الفَواكِه — primeurs *n.f.pl.*

**بُكوريّة** — aînesse; primogéniture

حَقّ ~ — droit d'aînesse

**باكِر** — matinal; précoce; prématuré

ساعة، يَقْظة ~ة — heure, réveil matinal(e)

مَوْت ~ — mort prématurée

في الصَباح الـ~ — de grand matin

باكِرًا — à la première heure; de bonne heure; tôt; à une heure matinale

II بَكَّرَ تَبْكيرًا ه — être matinal; faire qqch de bonne heure

**مُبَكِّر** — précoce; prématuré

نَهَضَ في ساعة ~ة — se lever à une heure matinale

IV **أَبْكَرَ** إِبْكارًا — être matinal; être précoce

~ إلى ه — précéder; se hâter vers

إِبْكار — précocité

**مُبْكِر** — hâtif

تَقاعُد ~ — retraite anticipée

مُنْذُ طُفولَتي الـ~ة — depuis ma petite enfance

VIII **اِبْتَكَرَ** اِبْتِكارًا — prendre l'initiative de; inventer; avoir la primeur de; innover; trouver du nouveau/de l'inédit

**بَلْهَ** oui sans doute! laissez cela! n'en parlons pas! n'en faites rien!

**بَلَى** *3. particule d'acquiescement* : bien sûr; certainement; sans aucun doute; mais oui

539 **بَلَّ** ـُ بَلاًّ ه détremper; humecter; imbiber; mouiller

**بِلَّة**، بَلَل humidité; moiteur

زادَ في الطِين ~ compliquer les choses

زِيادةً في الطِين ~ pour comble de malheur

بَليل، بَليلة frais *adj.*; vent humide et froid

**بَليلة**، حَبّات الـ~ blé cuit à l'eau

II بَلَّلَ تَبْليلًا ه humecter; humidifier; imbiber; mouiller; tremper

تَبْليل البَياض trempage du linge

**مُبَلَّل** trempé; détrempé; imbibé

~ بالدُموع éploré; en pleurs; en larmes

IV **أَبَلَّ** إِبْلالًا مِن مَرَض guérir; entrer en convalescence; recouvrer la santé

~ مِن الشِدّة échapper au malheur

**إِبْلال** convalescence; guérison

VIII اِبْتَلَّ اِبْتِلالًا s'humidifier; se mouiller; se tremper; se détremper

لا يَبْتَلُّ بالماء imperméable *adj.*

540 **بَلاذُر**، شَجَرة الـ~ anacarde; anacardier

جَوْز، ثَمَر الـ~ noix/pomme d'acajou; cajou

541 **بَلارِج** cigogne [*ois.*]

542 **بُلْبُل** ج بَلابِل rossignol [*ois.*]; toupie (jouet)

~ إِبْريق bec de théière

بُلْبول canard pilet

543 **بَلْبَلَ** بَلْبَلة ه agiter; jeter/semer la confusion dans; perturber; mettre du désordre; mettre sens dessus dessous

~ جَلْسةً، الأَفْكار perturber une réunion, l'esprit

**بَلْبَلة** anarchie; confusion; désordre; imbroglio; pagaille [*fam.*]; perturbation; remue-ménage; trouble *n.m.*

~ مُصْطَلَحات créer des mots nouveaux

**اِبْتِكار** invention; originalité; création; innovation; fantaisie

~ أُسْلوب hardiesse de style

**مُبْتَكِر** ج ون inventeur; innovateur; créateur

عَقْل ~ esprit inventif/créateur

**مُبْتَكَر** inédit; nouveau; original

~، مُبْتَكَرة ج ات invention; idée originale

المُبْتَكَرات الأَخيرة les dernières créations (mode)

535 **بُكْلة** ج بُكَل boucle; agrafe

III بَكَّلَ تَبْكيلًا boucler; agrafer

536 **بَكُمَ** ـُ بَكامة rester muet/silencieux; se taire; garder le silence

بَكِمَ ـَ بَكَمًا être muet

بَكَم mutisme

أَبْكَم م بَكْماء ج بُكْم muet; silencieux

IV أَبْكَمَ إِبْكامًا ه rendre muet; réduire au silence

V تَبَكَّمَ rester muet; garder le silence; se taire

537 **بَكَى** ـِ بُكاءً larmoyer; pleurer

~ ه، على ه déplorer la mort de, pleurer qqn

**بُكاء** pleurs; sanglots

اِنْفَجَرَ بالـ~ fondre en larmes; éclater en sanglots

حائِط المَبْكَى mur des Lamentations

**باكٍ** ج باكون larmoyant; qui pleure; éploré

بِصَوْت ~ d'une voix éplorée; avec des sanglots dans la voix

IV أَبْكَى إِبْكاءً ه faire pleurer

VI تَباكَى تَباكِيًا pleurnicher; faire semblant de pleurer

538 **بَلْ**؛ بَل وَ *1. précédé d'une proposition affirmative, renforce l'idée exprimée* : bien plus; qui plus est; voire; et ce qui est plus grave; et même

*2. précédé d'une proposition négative, marque une opposition nette* :

لا ... فَحَسْب ~ non seulement ... mais encore

~ الأفكار، الخَواطِر anxiété; agitation; confusion dans les idées

II تَبَلْبَلَ تَبَلْبُلاً être en désordre/plein de confusion; être anxieux/mal à l'aise/perturbé

544 **بَلَجَ** ُ بُلوجًا poindre [*litt.*]/luire (aurore); se lever (jour)

بَلِجَ َ بَلَجًا être gai/joyeux/serein

بَلْجة الفَجْر، الصُبْح blancheur/clarté/éclat/lueur de l'aurore; petit matin

**أَبْلَجُ** م بَلْجاءُ éclatant; brillant; gai; joyeux

وَجْه ~ visage ouvert/riant/serein

حَقّ ~ vérité évidente/éclatante

بُرْهان ~ raisonnement clair/lumineux

V تَبَلَّجَ، VII اِنْبَلَجَ ← بَلَجَ

VIII اِبْتَلَجَ اِبْتِلاجًا ← بَلَجَ

عِنْدَ اِبْتِلاج الفَجْر au petit jour; aux premières lueurs de l'aurore

545 (بلج) **بِلّيجْ** godille

546 **بَلَح** datte verte

~ البَحْر moule *n.f.* [*zool.*]

547 **بَلَحَ** َ بَلْحًا s'assécher (sol, puits); tarir

~ َ بُلوحًا être épuisé/fatigué

بَلوح puits tari

548 (بلح) **بُلَيْحاء** réséda

549 **بَلَد** ج بِلاد، بُلْدان pays; contrée; ville; village; bourg; cité

الـ~ الحَرام، الأمين la ville sainte; La Mecque

بَلْدة bourg; bourgade; commune; hameau

**بَلَدِيّ** aborigène; indigène; municipal; communal

اِنْتِخابات، مَجْلِس ~(ة) élections, conseil municipal(es)

عُضْو مَجْلِس ~ conseiller municipal

**بَلَدِيّة** ج ات commune; mairie; municipalité

دار الـ~ mairie (bâtiment); municipalité

رَئيس الـ~ maire; chef des services municipaux

مِن بَلَدِيّات ه compatriote; pays [*fam.*]

هو، هي مِن ~ي c'est un pays, une payse [*fam.*]

بِلاد ج بُلْدان ← بَلَد

550 (بلد) **بَلادة** apathie; stupidité; passivité; abrutissement

~ الحِسّ engourdissement des sens

~ العَقْل، الذِهْن lenteur/passivité intellectuelle

أَلَحَّ بِـ~ insister lourdement

بَليد abruti [*fam.*]; amorphe; engourdi; imbécile; inerte; stupide; endormi [*fig.*]; lourd/obtus (esprit)

V تَبَلَّدَ تَبَلُّدًا s'engourdir; s'abrutir

551 (بلر) **بَلْوَرَ** بَلْوَرةً ه cristalliser; clarifier

بَلْوَرة cristallisation; clarification

**بِلَّوْر**، بَلُّور cristal; verre

~ صَخْري cristal de roche; quartz

صِناعة الـ~ cristallerie

بِلَّوْرِيّ cristallin (roche, voix)

**بِلَّوْرِيّات**؛ شِبْهُ ~ cristaux; cristalloïdes

II بَلَّرَ تَبْليرًا ه cristalliser *tr.*; clarifier

V تَبَلَّرَ، تَبَلْوَرَ se cristalliser; se clarifier

**تَبَلُّر**، تَبَلْوُر cristallisation; clarification

~ السُكَّر، الذِكْرَيات cristallisation du sucre, des souvenirs

**مُتَبَلِّر**، مُتَبَلْوِر cristallisé; clarifié; candi (sucre)

لا، غَيْر ~ amorphe (roche)

**إِبْليس** *v. ordre alphab.*

552 **بَلْسَم** baume; balsamine; dictame

زَيْت ~، بَلْسَمِيّ huile balsamique

شَجَرة الـ~ balsamier; baumier; myroxylon

553 **بَلْشَفَ** بَلْشَفة bolcheviser; bolchevisation

بَلْشَفِيّ bolchevik

بَلْشَفِيّة bolchevisme

554 بَلَشون؛ ~ أَبْيَض — héron; aigrette [zool.]

555 بَلَصَ ـِ بَلْصًا — extorquer; pressurer; tondre [fig.]
بَلْص أَمْوال — extorsion de fonds

556 (بلط) بَلاط — carrelage; dallage; dalle; cour (royale); palais
~ ضريح — dalle funéraire; pierre tombale
بَلاطة — carreau; dalle; pavé; plaque
II بَلَّطَ تَبْليطًا ه — carreler; daller; paver
تَبْليط — dallage; pavage
مُبَلِّط ج ون — carreleur; paveur
مُبَلَّط — carrelé; dallé; pavé

557 بَلْطة ج ات — hache de guerre

558 بُلْطيّ — tilapie

559 (بلط) بَلُّوط؛ ~ أَخْضَر — chêne; chêne vert
شاه ~ — châtaignier
بَلّوطة ج بَلّوط — gland [bot.]

560 بَلّاعة، بَلُّوعة ج بَلاليع — cloaque; égout; bonde; puisard; fosse d'aisances/septique
بالوعة ج بَواليع — *même sens*

561 بَلِعَ ـَ بَلْعًا ه — absorber; avaler; déglutir; ingurgiter
~ ريقَه — avaler sa salive; déglutir; reprendre son souffle; faire une pause
~ كَرامَتَه — étouffer/faire taire son orgueil
~ بَلْعة واحِدة — avaler d'un trait
بَلْع — déglutition; absorption
~ الهَواء — aérophagie
بُلْعة — bouchée; gorgée
VIII اِبْتَلَعَ اِبْتِلاعًا (← بَلِعَ) — engloutir; engouffrer
~ دُموعَه — avaler/ravaler ses larmes
~ قُرْصًا — absorber/prendre un cachet
~تْهُ الأَرْض — disparaître sous terre

562 بَلْعَم، بَلْعَمة ج بَلاعِم — phagocyte
بَلْعَمة — phagocytose

563 بُلْعُم ج بَلاعِم — œsophage; gosier; pharynx
اِلتِهاب الـ~ — pharyngite
بُلْعوم ج بَلاعيم ← بُلْعُم

564 بَلْغة ج ات، بَلاغِي — babouche; mule; pantoufle

565 بَلَغَ ـُ بُلوغًا ه — accéder; arriver; atteindre; parvenir; devenir majeur/nubile/pubère
~ه خَبَرٌ — apprendre une nouvelle
~ مِن السَخافة إلى حَدّ بَعيد — être d'une très grande bêtise
~ بِهِ الأَمْرُ حتّى — en être/en arriver à un point tel que
~ منه كُلَّ مَبْلَغ — affecter/toucher gravement/profondément qqn
~ منه الجُهْد — être épuisé/exténué
~ الأَمْرُ مَبْلَغَ الجِدّ — les choses deviennent sérieuses
~ بـه ه إلى — amener/conduire qqn à
بَلُغَ ـُ بَلاغة — être éloquent/persuasif
بُلوغ — arrivée; atteinte; majorité; maturité; nubilité; puberté
سَهْل الـ~ — accessible
سِنّ الـ~ — âge adulte
بَلاغ ج ات — communiqué; communication; message; proclamation; notification; motion
قَدَّمَ ~ًا ضِدّ — présenter une motion contre
~ نِهائيّ، أخير — ultimatum
بَلاغة — éloquence; rhétorique; art de persuader
بَليغ ج بُلَغاء — éloquent; persuasif; sérieux (blessure); profond; grave
خَطيب، صَمْت ~ — orateur, silence éloquent
تَأْثير، اِهْتِمام ~ — grand(e)/profond(e) influence, intérêt
ضَرَر ~ — préjudice grave/sérieux
بالِغ ج ون — majeur; nubile; pubère; adulte
غَيْر ~ — impubère; immature

اِمْتِنان ~ — profonde gratitude

حَساسِيّة ~ة — très grande sensibilité

الـ~ عَدَدُهُمْ — dont le nombre atteint; qui se monte à

**مَبْلَغ** ج مَبالِغ — montant; somme; total; terme; point extrême

بـ~ كَذا — d'un montant de

بَلَغَ في ه ~اً — pousser (qualité, défaut) à son plus haut point

**بُلْغة**؛ نَصيب ~ — portion congrue

II **بَلَّغَ** تَبْليغًا ه ه — communiquer qqch à qqn

~ه تَحِيّاتِه — faire ses amitiés à

~ ه إلى ه؛ ه عن ه — notifier; faire part de; signaler

~ الأوامِر، اِحْتِراماته — transmettre les ordres, ses hommages

بَلِّغْه تَحِيّاتي — dites-lui bien des choses de ma part

تَبْليغ حُكْم — notification de jugement

III **بالَغَ** مُبالَغة في ه — abuser; aller trop loin; amplifier; exagérer

~ في المُزاح — pousser loin la plaisanterie

~ في شُهْرة ه — surfaire (la réputation de)

**مُبالَغة** — exagération; hyperbole; outrance; amplification

دُونَ، بِلا ~ — sans exagération; sans exagérer

صيغة الـ~ — forme intensive [*gramm.*]

**مُبالِغ** — exagérateur; abusif/outrancier (personne)

**مُبالَغ** — outré; exagéré; surfait; hyperbolique/abusif/outrancier (propos)

~ فيه — c'est beaucoup dire

IV **أَبْلَغَ** إبْلاغًا ه، ه إلى — conduire/amener qqn, qqch à

~ أَمْرًا — intimer/notifier un ordre

~ه خَبَرًا — faire part d'une/communiquer une information à

~ عن ه — rapporter qqch sur qqn; dénoncer

~ عن نَفْسِهِ — se dénoncer

إبْلاغ — communication; dénonciation; notification

566 **بَلْغَم** — flegme; pituite; glaire; expectoration

بَلْغَميّ — pituiteux

567 **بَلَق** — albâtre

**أَبْلَق**؛ أبوبُلَيْق — traquet [*ois.*]

طَلَبَ الـ~ العَقوق — chercher midi à quatorze heures

568 **بَلْقَشة** — harle

569 **بَلْقَع** ج بَلاقِع — inculte; inhabité; endroit inhospitalier

570 **بَلَم** — anchois

571 **بَلَه**؛ **بَلاهة** — bêtise; imbécillité; idiotie; stupidité

**أَبْلَه** م بَلْهاء ج بُلْه — abruti [*fam.*]; benêt; idiot; imbécile; stupide; niais

يا لَكَ مِن ~ — espèce d'idiot/d'abruti [*fam.*]!

اِبْتِسامة **بَلْهاء** — sourire idiot/niais/stupide

VI تَبالَهَ تَبالُهًا — faire l'imbécile

**بَلْهَ** ← بَلْ

572 **بِلْهارْسيا** — bilharziose

**بَلَى** ← بَلْ

573 **بَلا** ـُ بَلْوًا، بَلاءً ه — affliger; détériorer; éprouver; user

~ الحياة و جَرَّبَها — user et abuser de la vie

~ه الزَمان — avoir de l'expérience

**بَلِيَ** ـَ بِلًى — être râpé/usé; s'user

بَلاء، بَلْوى، بَلِيّة ج بَلايا — calamité; calvaire; adversité; épreuve; expérience; fléau; malheur

بِلًى — détérioration; usure; vétusté

**بالٍ** م بالية — usé; vétuste; révolu; périmé

كَلِمة ~ة — mot désuet/archaïque

IV **أَبْلَى** إبْلاءً ه — user/râper (un vêtement)

~ بَلاءً حَسَنًا — se conduire en héros

VIII اِبْتَلَى اِبْتِلاءً — être éprouvé; être soumis à l'épreuve; être frappé par le malheur

أُبْتُلِيَ بِمُصيبة — subir un malheur

مُبْتَلًى — éprouvé; soumis à rude épreuve

574 III بالَى مُبالاة بِـ ه faire/prêter attention à; s'intéresser à; tenir compte de; se soucier de; faire cas de

~ بِالمَصاريف regarder à la dépense

لا يُبالي بِـ se désintéresser de; être indifférent à; ne faire aucun cas de; faire fi de

لا ~ بِما يُقال، يُفْعَل laisser dire, faire

لا ~ بِالنُّجوم إذا كان القَمَر مَعَهُ s'adresser à Dieu plutôt qu'à ses saints

مُبالاة sollicitude; intérêt; attention

بِلا ~ avec détachement; de haut [*fig.*]

في غَيْر ~ sans faire attention

دُونَ ~ بِـ sans souci de; sans se soucier de

لا ~، اللامُبالاة désintérêt; inattention; indifférence; détachement

تَظاهَرَ الـ~ simuler l'indifférence; ne faire semblant de rien

مُبالٍ بِـ attentif à

لا، غَيْر ~ بِـ inattentif à; indifférent à

بلور ← بلر

575 بَلْيون ج بَلايين billion; milliard

576 بُنّ، شَجَرة ~ café; caféier

بُنِّيّ، لَوْن ~ marron *adj. inv.*

~ غامِق marron foncé; tête-de-nègre

577 بُنِّي carpe *n.f.* [*poiss.*]

578 بَنادورة pomme d'amour; tomate

579 بَنان ج ات bout/pulpe des doigts

طَوْع ~ك à votre disposition; à votre service; à vos ordres

يُشار إليه بِالـ~ *fig.* fameux; célèbre; renommé

عَضَّ ~ ه نَدَمًا se mordre les doigts

580 بُنانة square; jardin fleuri

581 بِنْت ج بَنات (← بنو) fille; fillette; *fig. ce mot est utilisé dans de nombreuses expressions, v. au deuxième terme*

~ يَوْمِها bonheur d'un jour; éphémère [*zool.*]

~ الشَفة parole (*m. à m.* fille de la lèvre)

~ العَيْن larme (*m. à m.* fille de l'œil)

~ الفِكْر réflexion; prudence (*m. à m.* fille de l'esprit)

بَنات نَعْش الكُبْرَى، الصُغْرَى Grande, Petite Ourse [*astron.*]

~ الصَدْر peines; soucis (*m. à m.* filles du cœur)

~ النار ortie (*m. à m.* filles du feu)

582 بَنْج «*benj*»; jusquiame; narcotique

II بَنَّجَ تَبْنيجًا ه anesthésier; anesthésie

583 بَنْجَر betterave

584 بَنْد ج بُنود bannière; étendard; clause; article (de loi); paragraphe

~ جِنائيّ clause pénale

II بَنَّدَ تَبْنيدًا ranger les troupes en ordre de bataille; ranger sous sa bannière

585 بَنْدَر ج بَنادِر mouillage; port; rade; capitale de district; centre commercial

~ شاه syndic des marchands [*égypt.*]

586 بَنْدَر، عامِل الـ~ rhésus [*zool.*]; facteur Rhésus

بَنَدورة ← بَنادورة

587 بَنْدير ج بَنادير tambourin [*mus.*]

بَنْديرة ج ات bannière; étendard

588 بُنْدُق، بُنْدُقة ج بَنادِق noisetier; noisette

بُنْدُقيّ، بُنْدُقانيّ ج بَنادِقة vénitien

بُنْدُقيّة ج بَنادِق؛ ~ خَفيفة fusil; carabine

~ صَيْد، بِقَناتَيْن fusil de chasse, à deux coups

بُنْدوق ج بَناديق bâtard

589 بَنْزين؛ ~ مُمْتاز essence; super *n.m.*

590 بِنِسلين pénicilline

591 **بِنْصِر** ج بَناصِر — annulaire

592 **بَنْطَلون** ج ات — pantalon

~ بَقّار — jean; blue-jean

بَنْطال ج بَناطيل ← بَنْطَلون

593 **بَنَفْسَج**؛ ~ الثالوث — violette; pensée [*bot.*]

**بَنَفْسَجيّ** — violet *adj.*

وَراءَ، فَوْقَ الـ~ — ultra-violet

594 **بَنْفَش** — améthyste

595 **بَنيقة** — col; ouverture (d'une chemise)

بَنيقة ج بَنائِق — boutonnière; épaulette

596 **بَنْك** ج بُنوك — banque

الـ~ الدُوَليّ لِلإِنْشاء والتَعْمير — Banque internationale pour la reconstruction et le développement (B.I.R.D.)

~ وَطَنيّ، مُؤَمَّم — banque nationale, nationalisée

~ التَسْليف، الوَدائِع — banque de crédit, de dépôts

~ الدَم، الخَصْم — banque du sang, d'escompte

597 **بِنْكام** — sablier

598 (بنو) **اِبْن** ج أَبْناء، بَنونَ — fils; descendant; *dans les n. pr. marque la filiation ou l'appartenance à une tribu, une famille et, dans ce cas, le «alif» initial disparaît comme dans l'ex. suivant :*

مُحَمَّد بنُ عَليّ — Mohammed fils de Ali

**اِبْنُ جِنْسِهِ** — son semblable

~ البَلَد، الوَطَن — autochtone *n.*; compatriote; natif

~ أَبيهِ — *prov.* digne de son père; tel père tel fils

~ ثَلاثين، سِتّينَ — âgé de trente, soixante ans

~ زِناء، حَرام — bâtard; voyou

~ السَبيل — chemineau; vagabond; voyageur

~، اِبْنة عَمّ، عَمّة — cousin, cousine (par le père)

~، اِبْنة خال، خالة — cousin, cousine (par la mère)

~، اِبْنة أَخ، أُخْت — neveu; nièce

~، اِبْنة ج بَنات — *premier terme de n. composés désignant des animaux ou des oiseaux*

~ آوى، عِرْس — chacal; belette

~ مُقْرِض، الماء — furet; aigrette [*ois.*]

يابُنَيَّ — ô mon fils! fiston [*fam.*]!

**أَبْناء** — enfants; descendants

~ الوَطَن، البَلَد — les/nos compatriotes

يَحْتاج البَلَد إلى كُلّ ~ه — le pays a besoin de tous ses enfants

~ لُغة — locuteurs natifs

بَنونَ؛ بَنو — enfants; descendants; dynastie; garçons

بَنو أُمَيّة، عَبّاس — les Omeyyades; les Abbassides

**اِبْنة** (← بِنْت ج بَنات) — fille

~ يَوْم، البَحْر — éphémère [*zool.*]; sirène [*myth.*]

بُنَيّة ج ات — fillette

اِبْنيّ؛ بَنَويّ — filial

بُنُوّة شَرْعيّة، طبيعيّة — filiation légitime, naturelle

V **تَبَنّى** تَبَنِّيًا ه — adopter un enfant

~ فِكْرة، رَأْيًا — faire sienne une idée; reprendre une idée à son compte; se ranger à l'avis de; adhérer à une opinion

~ أَفْكار ه — épouser les idées de

تَبَنٍّ — adoption

أَبٌ مُتَبَنٍّ — père adoptif

وَلَد مُتَبَنًّى — enfant adoptif

599 **بَنَى** ـِ بِناء، بُنْيانًا — bâtir; construire; édifier; ériger; établir; structurer

~ نَظَريّة — échafauder une doctrine

~ أَمَله على — fonder ses espoirs sur

~ على الرَمْل — bâtir sur le sable

بُنِيَ عَلَى — *gramm.* être indéclinable/figé (mot)

**بِناء** ج أَبْنية — bâtiment; construction; érection; élévation; édifice; immeuble; *gramm.* invariabilité

| | |
|---|---|
| صِناعة الـ~ | industrie du bâtiment |
| ~ قَديم | vieille bâtisse |
| مَوادّ ~ | matériaux de construction |
| الـ~ الحُرّ | franc-maçonnerie |
| أَعادَ ~ ه | reconstruire; reconstituer |
| إعادة الـ~ | reconstruction; reconstitution |
| **بِناءً** على ه | cela étant; étant donné; dès lors; vu que; par suite de; en raison de; d'après |
| ~ على طَلَبِكُم | à la suite de votre demande |
| ~ على التَعْليمات | suivant les instructions |
| ~ على ذَلِكَ | en conséquence; par conséquent |
| بِنائِيّ | structural |
| **بِناية** ج ات | construction; édifice; bâtiment; résidence |
| ~ مُعْتَدِلة الإيجار | H.L.M. |
| **بِنْية** ج بِنًى | complexion [*litt.*]; constitution physique; tempérament; structure |
| سَليم، صَحيح الـ~ | sain de corps; d'une solide constitution |
| ضَعيف الـ~ | de faible constitution; fragile |
| مَتين، قَويّ الـ~ | bien bâti; solide; costaud [*fam.*] |
| ~ قَصيدة، رِواية | structure d'un poème, d'un roman |
| ~ المُجْتَمع، إدارِيّة | structure de la société; structure administrative |
| ~ تَحْتِيّة، فَوْقِيّة | infrastructure; superstructure |
| بِنْيَوِيّ | structural; structuraliste |
| بِنْيَوِيّة | structuralisme |
| **بُنْيان** | construction; édifice |
| ~ اِقْتِصاديّ | édifice/structure économique |
| ~ الإِنْتاج | structure de la production |
| بانٍ ج بُناة | bâtisseur; constructeur |
| **بَنّاء** | constructif; positif |
| ~ ج ون | constructeur; maçon |
| نَقْد ~ | critique constructive/positive |
| البَنّاؤونَ الأَحْرار | francs-maçons; franc-maçonnerie |
| **مَبْنِيّ** | construit; échafaudé; bâti; *gramm.* indéclinable; invariable |
| ~ على الفَتْح، الكَسْر | *gramm. mot dont la flexion figée est « a », « i »* |
| **مَبْنًى** ج مَبانٍ | construction; bâtiment; édifice; immeuble |
| الـ~ والمَعْنَى | la forme et le fond |
| **مَباني** الإدارة | bâtiments de l'Administration |
| الـ~ العامّة | édifices publics |
| V تَبَنَّى تَبَنِّيًا | s'échafauder; se construire; s'élaborer |
| VIII اِبْتَنَى اِبْتِناءً | bâtir; construire; se construire |
| اِبْتِناء | anabolisme |
| **600 بَهَتَ** ـَ بَهْتًا ه | assaillir; surprendre |
| ~ ـَ بُهْتانًا ه | calomnier; diffamer; mentir |
| بَهِتَ ـَ بَهْتًا | s'altérer/passer (couleur); se ternir |
| بُهِتَ | être surpris/stupéfait; rester bouche bée |
| بُهْتان | calomnie; diffamation; fausseté; mensonge |
| بُهْتانًا | à tort |
| **باهِت** | atone; pâle; terne; délavé (couleur) |
| ~ اللَوْن | blanc comme un linge |
| نَظْرة، صَوْت ~(ة) | regard éteint; voix blanche |
| **مَبْهوت** | stupéfait; surpris |
| تَرَكَهُ ~ًا | laisser qqn pantois |
| **601 بَهْتَرَ** بَهْتَرة | mentir |
| **602 بَهُجَ** ـُ بَهاجة | être ... *v. à l'adj.* |
| **بَهْجة** ج بَهَجات | agrément; beauté; charme; délice; gaieté; joie; ravissement; splendeur |
| ~ حَفْلة | ambiance/entrain d'une soirée |
| ~ العُيُون، الأَنْظار | plaisir des yeux |
| بَهِج | agréable; beau; gai; riant; splendide; magnifique; joyeux |
| **مَبْهَج** ج مَباهِج الحَياة | agréments/joies/plaisirs de la vie |
| II **بَهَّجَ** تَبْهيجًا ه | égayer; donner un aspect riant à qqch; embellir; agrémenter |

IV أَبْهَجَ إِبْهاجًا ه égayer; rendre gai; réjouir; ravir; prendre un aspect riant (terre)

~ النَظَر charmer le regard

~ قَلْبَه remplir d'aise

مُبْهِج égayant; charmant; réjouissant

VIII اِبْتَهَجَ اِبْتِهاجًا exulter; être gai; jubiler; avoir un air de fête

~ قَلْبُهُ être comblé d'aise; s'épanouir

~ بِـ se délecter de; se féliciter de; se réjouir de

اِبْتِهاج aise; allégresse; contentement; enjouement; bonne humeur; jubilation

حَفَلات ~ réjouissances

نار ~ feu de joie

مُبْتَهِج allègre; content; enjoué; réjoui; satisfait

**603** بَهَرَ - بَهْرًا، بُهورًا aveugler; éblouir; accabler qqn; offusquer; être essouflé/ hors d'haleine; haleter

~ العُيُون charmer les regards

بَهْر éblouissement; éclat; beauté; splendeur; déception; étonnement

بُهْر respiration difficile; essoufflement

بَهار beauté; éclat; *v. aussi 604*

باهِر admirable; aveuglant; éblouissant; magnifique; remarquable; merveilleux; prestigieux; splendide

جَمال ~ beauté éblouissante/éclatante

نُور ~ lumière aveuglante/éblouissante

لَهُ مُسْتَقْبَل ~ il ira loin; il a un brillant avenir

نَجاح ~ succès fou/retentissant

عَمَل ~ action d'éclat; exploit

مَبْهور essoufflé; haletant; hors d'haleine; pantelant

IV أَبْهَرَ إِبْهارًا ه faire une action d'éclat

ه~ éblouir; émerveiller; fasciner

مُبْهِر éblouissant; fascinant

VII اِنْبَهَرَ اِنْبِهارًا être ébloui/aveuglé; s'essouffler; avoir une respiration difficile; avoir le souffle coupé [*pr.* et *fig.*]; être stupéfait

اِنْبِهار éblouissement; aveuglement; essoufflement; stupéfaction

**604** بَهار épice; poivre; *v. aussi 603*

أَبْهَر aorte

قَوْس الـ~ crosse de l'aorte

**605** بَهْرَجَ الحَقيقة farder la vérité

بَهْرَج faux; futile; vain; de mauvais aloi; boursouflure (de style); clinquant *n.m.*; brillant/éclat factice

مُبَهْرَج boursouflé/clinquant (style)

II تَبَهْرَجَ بِـ se parer des plumes du paon

**606** بَهْش chêne-liège

بَهْشِيَّة houx

**607** (بهظ) باهِظ écrasant; exorbitant; onéreux

مَصاريف ~ة charges écrasantes/élevées

نَفَقات ~ة dépenses folles/immodérées

مَبالِغ ~ة sommes considérables/énormes

~ الكُلْفة dispendieux; hors de prix

IV أَبْهَظَ إِبْهاظًا ه écraser qqn sous; surcharger; opprimer

~ أَعْباءَ ه aggraver/alourdir les charges

**608** بَهْلة anathème; imprécation

أَبْهَل sabine [*bot.*]

VIII اِبْتَهَلَ إلى ٱللّه invoquer/implorer/prier/supplier Dieu

اِبْتِهال ج ات imploration; invocation; prière; supplication

اِبْتِهاليّ invocatoire

مُبْتَهِل implorant (voix)

**609** بَهْلَوان ج بَهالين acrobate; danseur de corde; équilibriste; funambule

بَهْلَوانيّ acrobatique; funambulesque

طَيَران ~ acrobatie aérienne

بَهْلَوانيّة ج ات acrobatie; voltige; haute voltige

610 **بُهْلول** ج بَهاليل — bouffon; clown; pitre

~ المَلِك — fou du roi

611 (بهم) **بَهيمة** ج بَهائِم — animal; bête *n.f.*; brute

البَهائِم — bestiaux; animaux

بَهيميّ — animal *adj.*; bestial; brutal

بَهيميّة — animalité; bestialité; brutalité

612 (بهم) **بَهيم** (لَيْل) — épais/noir (nuit)

IV **أَبْهَمَ** إِبْهامًا — être/rendre obscur [*pr.* et *fig.*]; être ambigu/douteux

**إِبْهام** — obscurité; indétermination; vague *n.m.*; ambiguïté

~ الأَفْكار — confusion des idées

إِبْهاميّة — incompréhensibilité

**مُبْهَم** — inintelligible; trouble *adj.*; indistinct; incompréhensible; douteux; vague *adj.*

شِعْر، فِكْرَة ~(ة) — poésie, pensée hermétique

شُعور ~ — sentiment obscur/confus

نَصّ ~ — texte abscons [*péjor.*]/équivoque

جَواب ~ — réponse ambiguë

613 (بهم) **إِبْهام** ج أَباهِم — pouce [*anat.*]

~ قَدَم — orteil; gros orteil

614 **بَهْو** ج أَبْهاء — hall; parloir; salon

615 **بَهاء** — éclat; splendeur; lustre; brillant *n.m.*

~ لَوْن — vivacité d'une couleur

اِسْتَعادَ ~هُ العَتيق — retrouver son ancien lustre

**بَهيّ** — glorieux; resplendissant; éblouissant; splendide; superbe; brillant *adj.*

~ الطَلْعة — beau comme le jour; avenant

حَفْلة ~ة — fête éblouissante

باهي — bien! très bien! c'est parfait! formidable!

VI **تَباهى** تَباهِيًا — parader; être vaniteux; plastronner; se vanter

~ بِـ ه — tirer orgueil/vanité de; se parer de; se glorifier de; être fier de

**تَباهٍ** ج تَباهِيات — cabotinage; jactance; ostentation; vantardise; vanité

لَيْسَ هُناكَ مَدْعاة لِـ~ — il n'y a pas de quoi se vanter; il n'y a pas lieu d'être fier

مُتَباهٍ ج ون — cabotin; fier; orgueilleux; vaniteux; vantard

616 (بوء) **باءَ** بِغَضَب — encourir la colère de

~ بِالفَشَل، بِالخَيْبة — essuyer un échec

~ بِحَقّ ه — reconnaître les droits de qqn

II **بَوَّأَ** تَبْويئًا ه السُلْطة — porter au pouvoir

~ه مَنْزِلة رفيعة — élever qqn aux honneurs; faire accéder à une situation brillante

V **تَبَوَّأَ** تَبَوُّءًا العَرْش — accéder au/monter sur le trône

~ مَكانًا، مَرْكَزًا — prendre une place; occuper le terrain

~ الحُكْم — assumer/prendre le pouvoir; arriver/venir au pouvoir

617 (بوء) **بيئة** ج ات — environnement; milieu

~ اِجْتِماعيّة، سِياسيّة — milieu social, politique

عِلْم، عالِم الـ~ — écologie; écologiste (savant)

هُوَ في ~ه — être dans son élément

بيئَويّ — écologique; écologiste

مَباءة ج ات — gîte (d'étape); ruche d'abeilles

618 (بوب) **باب** ج أَبْواب — porte; *fig.* chapitre; rubrique; titre

على ~ بَيْتِه — à sa porte

قَفَلَ الـ~ ه — *pr.* et *fig.* fermer la porte; mettre un terme à

فَتَحَ الـ~، الأَبْواب لِـ — ouvrir la porte; ouvrir les portes (à)

~ سَيّارة — porte/portière de voiture

تَرَكَ الـ~ مَفْتوحًا — laisser la porte ouverte

طَرَقَ الـ~ — frapper à la porte

طُرِقَ الـ~ — on frappe!

~ جَرّار، الطَوارِئ — porte coulissante, de secours

~ كاذِب، خادِع — fausse porte

كان في، من ~ ه — suivre la règle; être dans le même cas que; ressortir à

في ~ ه — au chapitre de

في هٰذا الـ~ à ce sujet; dans ce domaine

من ~ الفَضْل comme une faveur

من ~ الضَرورة أنْ il est nécessaire de

من ~ أوْلَى à plus forte raison

أتَى البُيوت مِن **أبْوابِها** frapper à la bonne porte

على الـ~ aux portes; imminent

الوَرِيد **البابيّ** veine porte

**بُوَيْب** ج ات portillon

**بِوابة** métier de portier

**بَوّاب** ج ون concierge; portier; gardien d'immeuble

**بَوّابة** portail; porte cochère/monumentale

II **بَوَّبَ** تَبْويبًا ه classer; classifier; diviser un livre en chapitres

**تَبْويب** classification; classement

**مُبَوَّب** classé; classifié; ordonné en chapitres

إعْلانات ~ة annonces classées

**619** **بُوتَقة** ج ات، بَواتِق creuset [*métall.*]

~ الاِخْتِبار، الزَمان creuset de l'expérience, du temps

**620** (بوح) **باحَ** ـُ بَوْحًا بِـ ه إلى، لِـ ه
dévoiler; divulguer

~ بِحُبّه avouer/déclarer son amour

~ بِسِرّ confier/ébruiter/révéler un secret

~ لَهُ بِأسْرار عَواطِفه ouvrir son cœur à; s'ouvrir à; se confier à

**بَوْح** divulgation; aveu; confidence; effusion (de tendresse)

~ بِحُبّ déclaration d'amour

**باحة** cour; espace dégagé; hall; vaste salle

~ فُنْدُق hall d'hôtel

**بَوّاح** expansif; franc; ouvert; exubérant

IV **أباحَ** إباحة ه autoriser; rendre licite; permettre; laisser échapper (un secret)

~ه livrer qqn; abandonner qqn

**أُبيحَ** لِـ être livré à

**إباحة** liberté de tout faire; licence [*litt.*]; permission

~ التَصَرُّف licence du comportement

**إباحيّ** libertaire; licencieux; permissif

تَصَرُّف، كَلام ~ comportement, propos licencieux

**مُباح** autorisé; licite; permis; ouvert à tous

غَيْر ~ illicite; non autorisé

غَيْر ~ بِه inavoué (amour)

X **اِسْتَباحَ** اِسْتِباحة ه déclarer que qqch est licite; regarder comme licite; s'approprier; s'emparer de

~ حُرْمَتَه attenter à l'honneur de

~ دَمَهُ mettre qqn hors la loi; mettre la tête de qqn à prix

**621** (بوخ) **باخَ** ـُ déteindre; se délaver; passer; se défraîchir

**بائِخ** fané; insipide; puant; défraîchi

نُكْتة ~ة plaisanterie usée/éculée [*fam.*]

**بُوخة** (في تونِس) eau-de-vie de figues [*tunis.*]

**622** **بُودرة** fard; poudre

**بودَقة** ← بوتَقة

**623** **بُوذا**، بوذيّ ج ون Bouddha; bouddhiste

**بُوذيّة** bouddhisme

**624** **بارَ** ـُ بَوْرًا، بَوارًا n'aboutir à rien; se perdre; périr; être vain (effort); être corrompu/gâté/perdu (homme)

~ت السوقُ stagner/manquer d'activité (marché)

~ت السِلْعة ne pas trouver preneur; rester en stock/sur les bras [*fam.*] (marchandise)

~ت الأرْض rester inculte/en friche (terre)

~ت البِنْت ne pas trouver de mari

**بُور**؛ أرْض ~ friche; jachère; terre inculte; lande

**بَوار** perdition; perte; ruine

دار الـ~ l'enfer (*m. à m.* la demeure de la perdition)

**بائِر** ج بُور inculte; en friche; en jachère

رَجُل حائِر ~ vaurien

بِنْت ~ة vieille fille

II بَوَّرَ تَبْوِيرًا أَرْضًا — laisser une terre en friche/en jachère

625 **بُورصة** ج ات — bourse [*fin.*]
بُورصيّ ج ون — boursier *adj., n.m.*

626 **بَوْرَق**؛ حامِض الـ~ — borax; acide borique
بَوْرَقيّ — borique; boriqué

627 **بُوريّ** — barbeau; muge; mulet

628 **بُوريّة**؛ بُورِياء — natte de joncs

629 (بوس) **باسَ** ُ — embrasser; faire une bise; donner un bécot [*fam.*]; bécoter [*fam.*]
بُوسة ج ات — baiser *n.m.*; bécot [*fam.*]; bise

630 **بَوْش** ج أَوْباش — cohue; multitude; ramassis de gens; racaille; vacarme
هَوْشًا بَوْشًا — pêle-mêle; en désordre
بُوشيّ — misérable; malheureux; braillard

631 **بُوش** — apprêt [*techn.*]; colle; empois
II بَوَّشَ تَبْوِيشًا ه — apprêter [*techn.*]; encoller
تَبْوِيش — encollage

632 **بُوصة** ج ات — pouce [*métrol.*]

633 **بُوصِلة** — boussole

634 **بُوصِير** — molène; bouillon-blanc

635 **بُوطاس**؛ بوطاسيوم — potasse; potassium

636 **بُوطة** — creuset; bouteille

637 (بوع) **باع** ج أَبْواع — brasse [*métrol.*]
مِلْء الـ~ — brassée
طُول الـ~ في ه — vastes connaissances; savoir encyclopédique; grande compétence; érudition
طَوِيل. مَدِيد الـ~ — qui a le bras long; calé [*fam.*]/compétent/érudit en; versé dans
لَهُ ~ طَوِيل في — avoir une influence prépondérante dans
رَحْب. واسِع الـ~ — généreux; qui a le geste large
قَصِير الـ~ — avare; impuissant; chiche; incompétent; peu versé dans
بِالـ~ والذِراع — à bras raccourcis; à tour de bras

638 **بَوْغ**؛ كِيس الـ~ — spore; sporange
بَوْغِيّات — sporozoaires *n.m.pl.*

639 **بُوق** ج أَبْواق — clairon; cor; corne; mégaphone; trompe; trompette
نَفَخَ في ~ — claironner; corner
بُوقِيّة — fritillaire
بَوّاق — trompettiste
II بَوَّقَ تَبْوِيقًا ه — claironner; corner; trompetter

640 (بوق) **باقة** ج ات — bouquet; gerbe; botte (de fleurs)
**بال** — *v. ordre alphab.*

641 (بول) **بالَ** ُ بَوْلًا — pisser [*pop.*]; uriner
~تْ بَيْنَهُم الثَعالِب — se brouiller (avec ses amis)
**بَوْل** ج أَبْوال — pisse [*fam.*]; urine
مَرَض الـ~ السُكَّرِيّ — diabète
مَجْرَى الـ~ — urètre
**بَوْلِيّ** — pisseux [*fam.*] (couleur); urique; urinaire
مَجْرًى. تَسَمُّم ~ — urètre; urémie
مَسالِك ~ة — voies urinaires
بَوْلة؛ بَوْلِينا — urée
بُوال — diurèse
بِيلة آحِينِيّة. دَمَوِيّة — albuminurie; hématurie
**مِبْوَلة** ج مَباوِل — urinoir; pissoir [*pop.*]
~ شارِع. عامّة — pissotière [*fam.*]; vespasienne
V تَبَوُّل لاإرادِيّ — énurésie
X اِسْتَبالَ الأَسَد — prendre le taureau par les cornes
اِسْتِبْوال الدَم — urémie

642 **بُوليس** police

بوليسيّ policier *adj.*, *n.m.*

643 **بُوم** ج أَبْوام؛ بُومة hibou

~ غاب، صَيّاح chat-huant; hulotte

**بُومة** عُقابيّة، قَرْناء grand duc

~ صَمْعاء chouette

بُوميّات ducs [*ois.*]; strigidés *n.m.pl.*

644 **بَوْن**؛ بَوْنة intervalle; différence; écart

~ اِقْتِصاديّ، اِجْتِماعيّ disparité économique, sociale

بُوان ج بُون الخَيْمة mât central de la tente

645 **بوه** duc [*ois.*]

646 (بوه) **باه** coït; copulation

**بيئة** ← بوء

647 **بِيانو** piano

648 **باتَ** ـَ بَيْتًا، بَياتًا coucher; passer la nuit; rassir (pain); *comme v. d'état*: être; rester; devenir; *suivi d'un autre v. à l'inaccompli*: continuer à; ne pas cesser de

~ في فُنْدُق coucher à l'hôtel

~ لا يَجْرُؤ على il n'osait toujours pas

~ أَنْ il reste que

لَيْس لي مَكان **أَبيتُ** فيه je ne sais pas où coucher

بَيات شَتَويّ hibernation

**بَيْت** ج بُيوت maison; demeure; domicile; chez-soi; chambre

أَهْل الـ~ famille; *spécialem.* la famille du Prophète

~ الشَباب auberge de la jeunesse

~ بِغاء، دَعارة maison de tolérance/de passe

~ ريفيّ maison rurale/de campagne

مِن ~ لِـ ~ de porte en porte

~ الماء، الخَلاء lieu/cabinet d'aisances; W.-C.

مُدَبِّرة، رَبّة الـ~ maîtresse de maison; ménagère

خادِمة، عامِلة الـ~ femme de ménage

~ المال Trésor public

~ لَحْم Bethléem

الـ~ المُقَدَّس la Ville sainte; Jérusalem

~ اللّه la maison de Dieu

الـ~ الحَرام la Ka'ba

الـ~ الأَبْيَض la Maison-Blanche

هَذا الـ~ بَيْتُك vous êtes chez vous

~ ج أَبْيات vers *n.m.*

**بَيْتيّ** domestique *adj.*; ménager; privé

أَشْغال ~ة travaux domestiques/ménagers

بائِت rassis (pain, viande)

بَيّات ج ون interne (élève) *adj.*, *n.*

مَبيت gîte; asile de nuit

II **بَيَّتَ** تَبْييتًا avoir des idées derrière la tête; nourrir de mauvaises intentions; tramer/ourdir un complot; faisander

~ الإِضْرار لِـ ه ruminer la perte de

~ سَيّارته في المَرْأَب mettre/rentrer sa voiture au garage pendant la nuit

مُبَيِّت comploteur; intrigant

نِيّة مُبَيَّتة arrière-pensée

649 **بِيجاما** pyjama

650 (بيد) **بادَ** ـِ بَيْدًا périr corps et biens; disparaître; s'effacer; s'éteindre [*fig.*]

بَيْدَ أَنْ، ما alors que; cependant; tandis que; pendant que; mais; malgré; quoique

بَيْداء ج بَيْداوات، بِيد désert *n.m.*; étendue sauvage; steppe

**بائِد** disparu; effacé; perdu; périssable; révolu

المَعالِم، الأَزْمِنة الـ~ة les époques révolues

IV أَبادَ إِبادةً détruire; exterminer; anéantir; annihiler

إِبادة anéantissement; destruction; extermination

**مُبيد** ج ات destructeur; moyen de destruction

| | |
|---|---|
| ~ العُثّ، الفِطْرِيّات | antimite; fongicide |
| ~ الحَشَرات، الجَراثيم | insecticide; bactéricide |
| 651 **بَيْدَر** ج بَيادِر | aire de battage |
| 652 **بَيْدَق** ج بَيادِق | pion (jeu d'échecs) |
| 653 **بيرة**؛ مَصْنَع الـ~ | bière; brasserie |
| 654 **بَيْرَق** ج بَيارِق | bannière; étendard; fanion; flamme; oriflamme |
| 655 **بَيْروتيّ** ج ون، بَيارِتة | habitant/natif de Beyrouth |
| 656 **بَيْزار** ج بَيازِرة | fauconnier |
| بَيْزَرة | fauconnerie |
| 657 **بيزَنْطيّ** | byzantin |
| 658 **بيش** | aconit |
| 659 (بيض) **باضَ** - بَيْضًا ه | pondre (un œuf) |
| عِنْدَما **يَبيض** الديك | quand les poules auront des dents; la semaine des quatre jeudis [*fam.*] |
| بَيْض | ovulation; ponte; *coll.* œufs |
| **بَيْضة** ج ات، بَيْض | *n.un.* œuf; casque (en métal) |
| ~ اليَوْم خَيْر مِنْ دَجاجة الغَد | *prov.* un tiens vaut mieux que deux tu l'auras (*m. à m.* mieux vaut un œuf dans la main qu'une poule le lendemain) |
| أَبْعَد، أَعَزّ مِنْ ~ الأَنوق | merle blanc; inaccessible; rarissime |
| ~ مَقْلِيّة، مَسْلوقة | œuf sur le plat, dur |
| ~ نِمْبِرِشْت | œuf à la coque |
| في ~ النَهار | en plein jour; au grand jour |
| ~ الشَيْء، الدين | l'essentiel d'une chose; l'intégrité de la religion |
| بَيْضيّ؛ بَيْضَويّ | ovale |
| بَيْضانيّ؛ بَيْضاويّ | ovoïde |
| بُيَيْضة؛ بُوَيْضة ج ات | ovule |
| بُوَيْضيّ | ovulaire |
| بَيّاضة | ovipare |
| بَيوض ج بُيُض | ovipare; pondeuse (poule) |
| مَبيض ج ات؛ مَبيضي | ovaire; ovarien |
| IV إِباضة | ovulation |
| 660 (بيض) **أَبْيَض** م بَيْضاء ج بيض | blanc |
| سِلاح ~ | arme blanche |
| مَوْت ~ | mort subite |
| البَحْر الـ~ المُتَوَسِّط | la Méditerranée |
| لَيْلة **بَيْضاء** | nuit d'insomnie |
| ما كُلّ ~ شَحْمة | *prov.* tout ce qui brille n'est pas or |
| يَد ~ | main généreuse/prodigue |
| البِيض الساكِنون في أَفْريقيا | les Blancs d'Afrique |
| **بَياض** | blanc *n.m.*; blancheur; candeur |
| ~ ج ات | linge; lingerie; vêtements; terrain nu/vague |
| ناصِع الـ~ | teint de lys |
| ~ البَيْض، العَيْن | blanc d'œuf, de l'œil |
| ~ النَهار | lumière du jour; grand plein jour |
| نَقَلَ على ~ | recopier, mettre au propre |
| لَبِسَ الـ~ | s'habiller en/de blanc |
| ~ بَيْنَ الكَلِمات | blanc/espace entre les mots |
| تَرَكَ ~ًا | laisser un espace; espacer (les mots) |
| قَيِّمة. مَخْزَن الـ~ | lingère; lingerie |
| بَياضَ نَهارِهِ و سَوادَ لَيْلِه | jour et nuit; durant toute la journée et toute la nuit |
| بَياضات مَنْزِليّة | linge de maison |
| II **بَيَّضَ** تَبْييضًا ه | blanchir; peindre en blanc; étamer; décolorer |
| ~ صَفْحة ه | blanchir qqn; innocenter |
| ~ نُسْخة | recopier/mettre au propre un manuscrit |
| ~ وَجْه ه | rehausser l'éclat de; rendre illustre/heureux |
| تَبْييض | blanchiment; décoloration; étamage |
| **مُبَيِّض** | chlore; chlorure; décolorant |

~ ج ون — blanchisseur; étameur

IX اِبْيَضَّ اِبْيِضَاضًا — être/devenir blanc; blanchir; être atteint de leucémie

**اِبْيِضَاض** الدَم — leucémie

مُصَاب بِـ~ الدم — leucémique *n.*

اِبْيِضَاضِيّ — leucémique *adj.*

661 **بَيْطَرَ بَيْطَرَةً** — exercer l'art vétérinaire

~ فَرَسًا — ferrer un cheval

بَيْطَرَة — art vétérinaire

بَيْطَار ج بَيَاطِرة؛ **مُبَيْطِر** — vétérinaire *n.*; maréchal-ferrant

**بَيْطَرِيّ**؛ الطِبّ الـ~ — vétérinaire *adj.*; la médecine vétérinaire

مُبَيْطَر — ferré (cheval)

662 **بَاعَ** ـِ بَيْعًا، مَبِيعًا ه — céder; vendre

~ ه بِـ — laisser un objet pour (un prix)

~ه مِنْ ه — dénoncer; desservir qqn auprès de

**بَيْع** — cession; vente; *v. aussi 663*

~ بِالجُمْلَة، بِالتَجْزِئَة — vente en gros, au détail

~ بِالدَيْن، بِالتَقْسِيط — vente à crédit, à tempérament

~ نَقْدًا — vente au comptant

عَقْد الـ~ — contrat de vente

~ جَبْرِيّ، لِأَكْبَر عارِض — vente forcée, au plus offrant

اِحْتِكار، تِقْنِيّات الـ~ — monopole, techniques de vente

لِلـ~ — à vendre

**بائِع** ج ون، باعة — dénonciateur; fournisseur; marchand; vendeur

~ جَرائِد — dépositaire/vendeur de journaux

~ ومُشْتَرٍ — commerçant

~ بِالجُمْلَة، بِالتَجْزِئَة — grossiste; détaillant

~ مُتَجَوِّل، جَوّال — marchand ambulant/forain

~ مَخْزَن — commis de magasin

**باعة** الحَيّ — commerçants du quartier

بَيّاع ج ون — vendeur; marchand; commerçant

**مَبِيع** ج ات — vente

السَيّارة الأَكْثَر ~ًا — la voiture la plus vendue

مَكْتَب **المَبِيعات** — bureau de vente

مُدِير الـ~ — directeur des ventes

رَقْم الـ~ — chiffre d'affaires

VIII اِبْتاعَ اِبْتِياعًا ه — acheter; achat

663 **بَيْعَة** — cérémonie d'allégeance; allégeance; hommage; *v. aussi 662*

بِيعة — église; synagogue

III بايَعَ مُبايَعَةً ه — reconnaître qqn comme (chef); faire acte d'allégeance à; rendre hommage à (un souverain)

بُويِعَ لَهُ بِـ — être reconnu comme (souverain)

664 **بَيْك** ج بَيْكَوات — bey

بَيْكِيّ — beylical

665 **بِيكار** — compas

666 **بَيْلَسان** — sureau

667 **بانَ** ـِ بَيانًا، تِبْيانًا — apparaître; se manifester; se révéler; être … *v. à l'adj.*; *v. aussi 668*

~ أَنْ — il apparaît/se révèle que

~ لِلْعَيان — se faire jour; apparaître clairement; être en évidence

~ت الحَقِيقة — éclater (vérité)

**بَيان** ج ات — bulletin; compte-rendu; déclaration; communiqué; description; exposé; indication; information; manifeste *n.m.*; preuve; rapport; renseignement

على سَبِيل الـ~ — à titre indicatif

ما لَمْ يَرِدْ ~ مُخالِف — sauf indication contraire

~ الأَسْباب — exposé des motifs

~ الوَقائِع، مَسْأَلة — énoncé des faits, d'une question

~ إِحْصائِيّ — renseignement statistique

~ الحَقِيقة — mise au point

~ إِجْماليّ عن المَسْأَلة — aperçu de la question

~ وزاريّ — déclaration ministérielle
~ لِلصُّحُفِيِّين — communiqué à la presse
~ حِساب — état/relevé de compte; décompte
~ حِساب جارٍ — extrait de compte courant
~ تَفْصيليّ، مُفَصَّل — état détaillé; détail; inventaire
عَطْف الـ~ — *gramm.* apposition
قامَ بِـ ~ الأَضْرار — faire l'inventaire des dégâts
~ الشَّحْن — manifeste de cargaison
~ أَدَبِيّ، سِياسيّ — manifeste littéraire, politique
عِلْم الـ~ — rhétorique *n.f.*; art de l'éloquence
أَدْلَى بِبَيانات — donner/apporter des explications
**بَيانيّ** — énonciatif; explicatif; indicatif; indiciaire; schématique; graphique *adj.*
رَسْم ~ — schéma explicatif; diagramme; graphique *n.m.*
أُسْلوب ~ — style oratoire
**بَيِّن** — évident; apparent; explicite; flagrant; distinct; clair; visible
فَرْق، تَلْميح ~ — différence marquée; allusion transparente
~ أَنْ — il est évident que
**بَيِّنة** ج ات — preuve évidente/testimoniale; témoignage
كان على ~ مِن ه، ه — savoir à quoi s'en tenir au sujet de; être au courant/au fait de; être instruit de; être fixé sur
الـ~ على مَن ادَّعَى — le demandeur a la charge de la preuve
إِثْبات بِالـ~ — preuve par témoin
بائِن — évident; clair; net; patent
II **بَيَّنَ** تَبْيِينًا ه — déclarer; démontrer; expliquer; montrer; rendre évident; élucider; éclaircir
~ مَوْضوعًا — développer un sujet
~ الوَقائِع، الأَخْطاء — énoncer les faits; relever les fautes
IV **أَبانَ** إِبانة ه — exposer; mettre à jour/en évidence/en lumière; révéler; faire ressortir
~ حَقيقة الأَمْر — tirer l'affaire au clair
~ آراءه — exposer ses opinions
~ عَنْ فِكْرته — expliciter sa pensée

**مُبين** — clair; évident
نَصْر ~ — victoire éclatante
عَدُوّ ~ — ennemi déclaré
V **تَبَيَّنَ** تَبَيُّنًا ه — avoir/se faire une idée claire de; s'apercevoir de; se rendre compte de; s'avérer; apparaître clairement
~ وَضْع المُناقَشات — faire le point des discussions
~ لَنا أَنْ — il nous paraît évident que
~ القَرار — voir clairement la décision à prendre
X اِسْتَبانَ اِسْتِبانة — s'enquérir; enquêter; tirer au clair
اِسْتِبْيان ج ات — enquête

**668** (بين) **بانَ** ـِ بَيْنًا مِنْ — être séparé de; se séparer de; *v. aussi* 667
**بَيْن** — division; intervalle; séparation
ذات الـ~ — inimitié; désunion; discorde
**بَيْنَ** — entre; parmi
ما ~ الثامِن والعاشِر — entre le huit et le dix (du mois)
~ يَدَيْه — devant lui; en sa présence
فيما ~ ذَلِكَ — entre-temps
فيما ~ هُمْ — entre eux; dans leurs rapports mutuels
~ وَقْتٍ وآخَر — de temps à autre
~ بَيْنَ — tant bien que mal; ni bien ni mal; comme ci comme ça; couci-couça [*fam.*]
~ بَعْضِنا البَعْض، بَيْني و ~كَ — entre nous
~ ... وَ ... — ou ... ou; une partie ... une autre; certains ... d'autres
القَوْم ~ قَتيل وَأَسير — ils furent tués ou faits prisonniers
في المَيادين ~ العِلْمِيّة والصِناعِيّة و. — dans tous les domaines: scientifique, industriel ...
مِن **بَيْنِ** ه — entre autres; entre autres choses
بَيْنا، بَيْنَما — alors que; pendant que; tandis que; comme (temps)
بائِن — divorce; séparation; femme divorcée
بائِنة — dot de la mariée
IV أَبانَ إِبانة ه — séparer; diviser; distinguer

VI تَبايَنَ تَبايُنًا — différer; contraster; diverger; se différencier

تَبايُن ج ات — contraste; différenciation; disparité; dissimilitude; divergence; désaccord; hétérogénéité; inégalité

~ الدُخول — inégalité des ressources

~ الطَبَقات الاِجْتِماعيّة — clivage des classes sociales

~ الأَفْكار — divergence d'idées

ما عَدا بَعْض التَبايُنات — à quelques nuances/ différences près

مُتَبايِن — contrasté; différent; divergent; hétérogène; inégal; séparé; tranché

عَناصِر ~ة — éléments disparates

أَلْوان، آراء ~ة — couleurs, opinions tranchées

مُتَبايِنة ج ات — inégalité [*math.*]

(تاء)

*troisième lettre de l'alphabet: «tā'»;*
*occlusive dentale sourde:* [t]

ة؛ ـة — *marque du fém. en suff. dans les n.; elle se réalise alors graphiquement en «tā'» liée («marbūṭa»)*

**669** **تَ** — *particule de serment en préf.*

تَالرَّحْمانِ، تَاللّٰهِ — par Dieu!

**670** **تابوت** ج تَوابيت — bière; cercueil; sarcophage

~ العَهْد — arche d'alliance

~ الساقية — roue d'Archimède à aubes

**تابور** ج تَوابير ← طابور

**671** **تَأْتَأَ** تَأْتأة — bégayer; bégaiement

تَأْتاء — bègue

**672** **تَارَةً** ... تارةً. و أُخْرَى. طَوْرًا

une fois ... une autre fois; tantôt ... tantôt; parfois ... parfois

**673** (تأم) **تَوْأَم** ج تَوائِم، تَوْم — jumeau

**تَوْأَمان**، تَوْأَمَتانِ — frères jumeaux; sœurs jumelles

~ مُلْتَصِقان. مُتَلاصِقان — frères siamois

بَيْتَان ~ — maisons jumelles

تَوْأَمِيّ — jumelé (roue)

III تاءَمَ مُتاءَمة ه. بين ه — être jumeau/jumelle de; jumeler

مُتاءَمة (مَدينَتَيْن) — jumelage (villes)

IV أَتْأَمَ إِتْآمًا ه — mettre au monde des jumeaux

VI مُتَتائِم — jumelé (villes)

**674** **تَأْمور** — péricarde

اِلْتِهاب الـ~ — péricardite

~؛ تَأْمورة ج تَآمير — buire; pichet

**675** **تاهور** — nuage de forme allongée; stratus

**676** **تَبًّا** لَهُ. بِهِ — qu'il crève! [*pop.*]

X **اِسْتَتَبَّ** اِسْتِتْبابًا — s'affermir; s'établir; se stabiliser; se tasser [*fam.*]

~ النِّظام — tout est rentré dans l'ordre

~ الأَمْن. السَّلام — la sécurité est assurée; la paix est revenue

~تْ لَهُ الأُمور — ses affaires vont bien; les choses se sont tassées [*fam.*]

**اِسْتِتْباب** — stabilité; normalité; ordre; régularité

~ السِلْم. الأَمْن — stabilité de la paix, de l'ordre

مُسْتَتِبّ — stable; régulier; normal

**677** **تِبْر** — métal précieux brut (or, argent)

تِبْرة — pépite/parcelle (d'or, d'argent)

تِبْرِيّ — aurifère (sable)

**678** **تُبُشِّر** — loriot

**679** **تَبِعَ** َ تَبَعًا ه. ه — découler; dépendre de; s'ensuivre; suivre; venir après/à la suite

| | |
|---|---|
| ~ ه خُطْوةً خُطْوة | suivre qqn pas à pas |
| ~ طَرِيقًا، زِيًّا | suivre un chemin, une mode |
| ~ تَقَلُّبات، الآثار | suivre les fluctuations, les traces |
| وكُلُّ ما ~ ذَلِكَ | et tout ce qui s'ensuit |
| ~ بَعْضُهُم بَعْضًا | se suivre (les uns les autres) |
| ~ بَلَدًا | dépendre d'un pays |
| ~ عِلاجًا، سِياسة | suivre un traitement, une politique |
| ~ نَصيحة | suivre un conseil |
| **تَبَع** (← تابِع ج أَتْباع) | suite; succession; dépendance |
| بالـ ~ | consécutivement; successivement |
| تَبَعًا لِـ | en conséquence; en fonction de; selon; comme suite à; par suite de |
| **تَبِعة** ج ات | responsabilité; conséquence |
| على ه ~ جَسيمة | avoir une responsabilité considérable |
| أَلْقَى على ه ~ ه | rendre qqn responsable de; rejeter la responsabilité sur |
| **تَبَعيّ** | accessoire *adj.*; incident *adj.* |
| بِشَكْل ~ | en sous-ordre; en second |
| **تَبَعيّة** | appartenance; dépendance; mouvance; rattachement; subordination; vassalité |
| نَظَريّة ~ | théorie de l'accessoire [*dr. comm.*] |
| ~ اِقْتِصاديّة، ماليّة | dépendance économique, financière |
| ~ المُواطِنين لِدَوْلة | appartenance des citoyens à une nation; nationalité |
| **تابِع** | dépendant; rattaché; subordonné; suivant; annexe; appartenance; *gramm.* appositif *n.m.* |
| أُنْظُرْ إلى الصَفْحة الـ ~ة | voir à la page suivante |
| ~ الدَرْس، رِواية | suite de la leçon, de l'histoire |
| جَعَلَ ه، ه ~ًا لِـ | subordonner qqn, qqch à |
| **تابِع** ج ون، أَتْباع | adepte; disciple; fils spirituel; partisan; sectateur; vassal; homme de paille; subalterne |
| أَتْباع رَجُل سِياسيّ | clientèle d'un homme politique |
| **تابِعة** ج تَوابِع | conséquence; effet; résultat; fonction [*math.*]; filiale; satellite |
| كَوْكَب، قَمَر ~ | satellite artificiel |
| قُرًى ~ة لِمَدينة | villages satellites d'une ville |
| **تَوابِع** المَسْرَح | accessoires de théâtre |
| ~ فُنْدُق، دَوْلة | dépendances d'un hôtel, d'un pays |
| **تابِعيّ** | subordonné *adj.* [*gramm.*] |
| مُعادَلات ~ة | équations fonctionnelles |
| تابِعيّة | citoyenneté; nationalité |
| مَتْبوع بِـ | ce/celui que l'on suit; suivi (de) |
| تَبيع ج تِباع، تَبائِع | assistant; satellite; sectateur; *fig.* laquais; larbin [*fam.*]; valet |
| II تَتْبيع | allitération |
| III **تابَعَ** مُتابَعة، تِباعًا ه | continuer; poursuivre |
| ~ ه على ه | suivre (l'avis de) qqn; être d'accord avec |
| ~ حَديثَهُ قائِلًا | poursuivre en ces termes |
| ~ دُروسَه، سَيْرَه | continuer/poursuivre ses études, son chemin |
| ~ الحَوادِث، الأَنْباء | suivre les événements, les informations; se tenir au courant de l'actualité |
| ~ بِعَيْن ساهِرة | suivre d'un œil vigilant |
| ~ عَمَلًا | soigner un travail |
| ~ حَرَكات ه | épier les gestes de |
| **مُتابَعة** | continuation; suite; poursuite; exactitude; soin apporté à un travail |
| ~ الجُهود | poursuite des efforts |
| تِباعًا | à la suite; successivement; un à un; l'un après l'autre |
| مُتابَع | continuel; poursuivi (effort); soigné (travail); bien fait; solide [*fig.*] |
| IV **أَتْبَعَ** إِتْباعًا ه بِـ ه | adjoindre; ajouter; faire suivre; mettre à la suite de; placer sous l'autorité de; subordonner; satelliser |
| ~ الدَلْو بِالرِشاء | se mettre en quatre; fignoler [*fam.*] un travail (*m. à m.* donner la corde avec le seau) |
| ~ الفَرَس لِجامَها | *même sens* (*m. à m.* donner la bride avec le cheval) |
| ~ صاروخًا | mettre une fusée sur orbite; satelliser un engin |
| إِتْباع | adjonction; ajout; subordination; satellisation; *rhét.* paronomase; allitération |
| V **تَتَبَّعَ** تَتَبُّعًا ه، ه | poursuivre; exercer des poursuites |
| ~ أَثَر مُجْرِم | poursuivre un criminel |

X **اِسْتَتْبَعَ** اِسْتِتْباعًا ه avoir pour conséquence; s'ensuivre; entraîner; provoquer; engendrer [*fig.*]

وكُلُّ ما ~ ذَلِكَ et tout ce qui s'ensuit

مُسْتَتْبَعات conséquences

680 **تِبْغ** ج تُبوغ tabac

مَضَغَ ~ًا chiquer

مُضْغة ~ chique; tabac à chiquer

تَسَمُّم بِالـ~ tabagisme

681 **تابَل** ج تَوابِل aromate; épice; assaisonnement; condiment

تابَليّ aromatique

تَوْبَلَ تَوْبَلة ه aromatiser; assaisonner

تَوْبَلة aromatisation; assaisonnement

تَبّولة «*taboulé*» (plat proche-oriental)

II **تَبَّلَ** تَتْبيلًا ه aromatiser; assaisonner; épicer

مُتَبَّل assaisonné; aromatisé; épicé

682 **تِبِلْديّ** baobab

683 **تِبْن** paille

تِبْنة brin/fétu de paille

**تَبّان** ج ون marchand de paille

دَرْب الـ~، التَبّانة Voie lactée

مَتْبَنة fenil

**تَتْرَى** ← ترى

684 **تُتُن** tabac

685 **تَجَرَ** ُ تِجارة être commerçant; faire du commerce

**تِجارة** commerce; négoce; trafic

~ الجُمْلة، الكَماليّات commerce de gros, de luxe

~ التَجْزِئة، المُفَرَّق، القَطّاعيّ commerce de détail

غُرْفة الـ~ chambre de commerce

~ التَطَوُّرات étudier avec soin tous les développements

~ خُطَى ه emboîter le pas à

~ قَضِيّة، مُفاوَضات suivre de près une affaire, des négociations

**تَتَبُّع** ج ات poursuite; suite (judiciaire)

~ المُجْرِمين la poursuite des criminels

حَقّ الـ~ droit de suite [*mil.*]

VI **تَتابَعَ** تَتابُعًا défiler [*fig.*]; se poursuivre; se succéder; se suivre; se juxtaposer; former une suite ininterrompue de; réitérer; faire qqch coup sur coup

~ بِلا انْقِطاع se succéder sans interruption

~ الشُهود، الزَبائِن les témoins, les clients défilèrent

**تَتابُع** continu *n.m.*; défilé; enchaînement; succession; suite; suite ininterrompue

~ الأَحْداث enchaînement/succession des événements

~ الحَوادِث action [*litt.*]

بِالـ~، تَتابُعًا consécutivement; à la suite; successivement; coup sur coup; en série

**مُتَتابِع** consécutif; successif; suivi; continu *adj.*

~ خَطّيّ continu linéaire

مُراسَلة ~ة correspondance suivie

VIII **اِتَّبَعَ** اِتِّباعًا ه poursuivre; suivre (avec insistance); observer

~ قانون الطَريق observer le Code de la route

~ الزِيّ، طَريقة suivre la mode, une méthode

~ اليَمين garder la droite [*autom.*]; rester à droite

**اِتِّباع** observance; poursuite de qqch

~ًا لِ en accord avec; en conformité avec; conformément à

اِتِّباعيّ académique/classique (style)

اِتِّباعِيّة académisme; classicisme

**مُتَّبَع** mis en œuvre; pratiqué; utilisé; observé; suivi

السِياسة الـ~ة la politique suivie

قَوانين ~ة lois en usage/en vigueur

الوَسائِل الـ~ les moyens mis en œuvre

~ دُوَلِيّة، خارِجِيّة — commerce international, extérieur

حُرِّيّة الـ~ — le libre-échange

~ الرَقيق، العَبيد — la traite des Noirs

~ الرَقيق الأَبْيَض — la traite des Blanches

**تِجاريّ** — commercial; marchand *adj.*; mercantile

الإِسْم الـ~ لِلشَرِكة — raison sociale [*comm.*]

مُعامَلات ~ة — transactions commerciales

مُمَثِّل، مَرْفَأ ~ — représentant, port de commerce

شارِع ~ — rue commerçante/marchande

سِعْر، أُسْطول ~ — prix, flotte marchand(e)

مَحَلّ ~ — commerce; magasin

بَحْرِيّة، سَفينة ~ة — marine, navire marchand(e)/de commerce

قيمة ~ة — valeur vénale/marchande

غُرْفة ~ة — chambre de commerce

رُوح، صَفْقة ~ة — esprit, opération mercantile

التِجارِيّة — mercantilisme

**تاجِر** ج تُجّار — commerçant; fournisseur; marchand; négociant

~ التَجْزِئة، القَطّاعيّ، المُفَرِّق — détaillant

~ الجُمْلة — grossiste

تُجّار الحَيّ — les commerçants du quartier

**مَتْجَر** ج مَتاجِر — commerce; fonds de commerce; magasin

~ كَبير — grand magasin; supermarché

II تَجَّرَ تَتْجيرًا ه — commercialiser; commercialisation

III تاجَرَ مُتاجَرة بِـ ه — commercer; trafiquer; être dans le commerce

**مُتاجَرة** — trafic

~ بِالنُفوذ، بِالمُخَدِّرات — trafic d'influence, de stupéfiants

مُتاجِر ج ون — trafiquant

VIII اِتَّجَرَ اِتِّجارًا بِـ — commercer; faire le commerce de; trafiquer; se livrer à la traite (des esclaves)

**اِتِّجار**؛ ~ بِالرَقيق — trafic; traite (des Blanches, des Noirs)

**مُتَّجِر** ج ون — trafiquant

~ بِالمُخَدِّرات — trafiquant de stupéfiants

~ بِالرَقيق — négrier

**686 تُجاهَ** (← وجه) — en face de; face à; vis-à-vis de

**687 تَحْتَ** — au-dessous; dessous; sous; en bas; hypo-/infra-/sub- *préf.*

~ قِيادة، مَسْؤولِيّة — sous la direction, la responsabilité

~ تَصَرُّف ه — à la disposition de

~ إِمْرة الغَضَب — sous l'empire de la colère

~ إِشْراف ه — sous le patronage de

~ السِلاح، يَدِه — sous les armes, la main

~ أَعْيُنِكُم — sous vos yeux

~ الأَرْض — sous terre; souterrain *adj.*

~ الطَبْع — sous presse; en cours d'impression

~ الدَرْس، البَحْث — en instance; à l'étude

~ الفَكّ؛ تَحْفَكّي — sous-maxillaire

~ عُنْوان — sous-titre

~ الماء، البَحْر — sous-marin *n.m.*

~ الصِفْر، المُسْتَوى — au-dessous de zéro, du niveau

~ طائِلة ه — sous peine de

~ المُعَدَّل — inférieur à la moyenne

مِن ~ ه — par en bas; par-dessous

مِنْ ~ الأَشْجار — au pied des arbres

~ مَداريّ، عَتَبة الإِحْساس — subtropical; subliminal

~ القَمَر، اللِسان — sublunaire; sublingual

~ الشُعور، شُعوريّ — subconscient *n.m.*, *adj.*

~ الأَحْمَر، السَمْع — infrarouge; infrason

~ البَشَرة، الجِلْد — hypodermique

**تَحْتيّ** — sous-jacent; de dessous

بُنْية ~ة — infrastructure

**تَحْتانيّ** — inférieur (étage); de dessous

مَلْبَس ~ — dessous *n.m.pl.*; sous-vêtement

تَحْتُرْبة؛ تَحْأَرضيّ — souterrain *adj.*

**تَحْبَحْرِيّ**، تَحْمائِيّ sous-marin *adj.*

لُغْم، سِلْك، نَباتات ~(ة) mine, câble, flore sous-marin(e)

688 **تُحْفة** ج تُحَف bibelot; chef-d'œuvre; pièce de musée; curiosité; rareté

~ تَذْكارِيّة souvenir

دار تُحَف؛ مَتْحَف ج مَتاحِف musée; muséum

689 **تَخْت** ج تُخوت lit à baldaquin; trône

تَرَبَّعَ على الـ~ trôner

690 **تُخَس** marsouin [*zool.*]

691 **تَخِمَ** ـَ تَخَمًا avoir une indigestion

**تُخْمة** ج تُخُمات، تُخَم dyspepsie; indigestion

أُصِيبَ بـ~ avoir une indigestion

IV أَتْخَمَ إِتْخامًا ه بـ donner une indigestion à; gorger qqn de

مُتْخِم indigeste

692 **تُخْم** ج تُخوم borne; frontière; limite; lisière

**تُخوم** confins

على ~ السَّعادة aux rives/aux confins du bonheur

III تاخَمَ مُتاخَمة ه être limitrophe de/contigu à; border; confiner à

مُتاخِم adjacent; attenant; frontalier; limitrophe

693 **تُدْرُج** ج تَدارِج faisan

~ مُذَهَّب faisan doré

694 **تَراخوما** trachome

695 **تَرام** tram; tramway

696 **تُرْبة** ج تُرَب sol; terrain; terre; terroir; cimetière; tombe; *v. aussi 697*

~ خَصْبة، جَدْباء sol/terre fertile, stérile

تُراب ج أَتْرِبة، تِرْبان poussière; terre; terreau; sol

**تُرابِيّ** terrestre; poussiéreux; terreux

طَرِيق ~ة chemin de terre; route terrestre

تِلال، أَيادٍ ~ة monticules de terre; mains terreuses

عَضَّ **بالتَّرْباء** mordre la poussière

بَيْنَهُما ما بَيْنَ الجَرْباء وَالـ~ *prov.* il y a un monde entre eux; il y a loin de la coupe aux lèvres

II تَرَّبَ تَتْرِيبًا ه couvrir de terre; jeter de la terre sur

مُتَرَّب poussiéreux; couvert de poussière

IV أَتْرَبَ إِتْرابًا ه ← II

697 **تِرْب** ج أَتْراب du même âge; ami d'enfance; contemporain; *v. aussi 696*

هي ~ي elle a le même âge que moi

**أَتْراب** pareils; congénères

هو اِبْنُ ~ي il est de ma génération

698 **تِرْباس** ج تَرابِيس verrou

699 **تُرْبِين** ج ات turbine

700 (ترج) **أُتْرُجّ**، تُرُنْج cédrat; cédratier

701 **تَرْجَمَ** ه إلى interpréter; traduire (en)

~ فِكْرَ ه interpréter la pensée de

~ لِـ ه écrire la biographie de

~ فِلْمًا sous-titrer un film

**تَرْجَمة** ج تَراجِم interprétation; traduction; sous-titrage

~ آلِيّة، آنِيّة traduction automatique, simultanée

~ حياة biographie; vie [*litt.*]

كاتِب ~ biographe

~ ذاتِيّة autobiographie

تَراجِم فِلْم sous-titres d'un film

**تُرْجُمان** ج تَراجِمة interprète; traducteur

~ مُحَلَّف interprète assermenté

**مُتَرْجِم** ج ون interprète; traducteur

آلة ~ة machine traductrice

فِلْم مُتَرْجَم film sous-titré

**702** **تَرَح** ج أَتْراح — chagrin; souci; peine

ما مِن فَرْحة إلّا وبَعْدَها **تَرْحة** — *prov.* tel qui rit vendredi dimanche pleurera; Jean qui pleure et Jean qui rit

في الأَفْراح **والأَتْراح** — *prov.* dans les bons et les mauvais jours; pour le meilleur et pour le pire

**703** **تُرْس** ج أَتْراس، تُروس — bouclier; carapace; cuirasse; écaille (de crocodile)

سَمَك الـ~ — turbot

~ التَعْشيق — engrenage [*techn.*]

**تُروس** ناقِلة لِلْحَرَكة — différentiel *n.m.* [*techn.*]; engrenage de transmission

صُنْدوق الـ~ — boîte de vitesses

مَتْرَس ج مَتارِس — barre de fermeture

مِتْراس ج مَتاريس — barricade; rempart; barrière; retranchement

II تَرَّسَ تَتْريسًا ه — barricader (une porte)

V تَتَرَّسَ تَتَرُّسًا بِـ — se faire un bouclier de; se barricader

**704** **تَرْسانة** — arsenal; chantier naval

**705** **تُرْعة** ج تُرَع — canal d'irrigation; écluse

~ التَصْريف — canal de drainage; drain

IV أَتْرَعَ إِتْراعًا ه — remplir (d'eau); bourrer

**706** **تُرْغُلّة** ج تُرْغُلّ — tourterelle

**707** **تَرَف** — vie douce/raffinée; bien-être; faste; luxe

عاشَ عيشة ~ — vivre dans le luxe; mener la grande vie; avoir un train de vie somptueux

تَرِف؛ تَريف — commode; doux; facile (vie)

IV أَتْرَفَ إِتْرافًا ه — assurer une vie douce; donner tout le confort à

مُتْرَف — délicat; fastueux; luxueux; opulent

V تَتَرَّفَ تَتَرُّفًا — jouir du bien-être; vivre dans le luxe

**708** **تِرْفاس** — truffe [*zool.*]

**709** **تَرْقُوة** ج تَراقٍ، تَرائِق — clavicule

**710** **تَرَكَ** ـُ تَرْكًا ه، ه — abandonner; laisser; omettre; quitter

~ ه وشَأْنَهُ، على حالِهِ — abandonner qqn à son sort; laisser tranquille

~ لِـه الخِيار، أَمْرَ ه — laisser le choix, le soin de

~ بِطاقَتَهُ — déposer sa carte

~ ه حُرًّا لِـ — laisser qqn libre de

~ البابَ مَفْتوحًا — laisser la porte ouverte

~ مَكانَه لِـ — céder sa place à

~ بَيْتًا، مَكانًا — déserter une maison, un endroit

~ الدارَ تَنْعَى مَنْ بَناها — *prov.* ne laisser que des ruines derrière soi; tout laisser à l'abandon

~ ه جانِبًا — laisser de côté

~ الأُمور تَجْري في أَعِنَّتِها — laisser aller les choses

تُرِكَ وشَأْنَه — être abandonné à son sort; être tranquille; ne pas être inquiété

تَرْك — abandon; omission

تَرِكَة ج ات — héritage; legs; succession

مَتْروك ج ات — abandonné; legs; héritage

**711** **تُرْكيّ** ج أَتْراك، تُرْك — turc *adj.*, *n.m.*

عَلى طَريقة **الأَتْراك** — à la turque

أَيّام ~ — l'époque/la période turque

التُرْكيّة — turc *n.m.*; langue turque

II تَرَّكَ تَتْريك — turquifier; turquification

**712** **تُرْكُمانيّ** ج تُرْكُمان — Turkmène

**713** **تَرْمة** ج أَتْرام — *pop.* cul; fesse; derrière *n.m.*

**714** **تُرْمُس** — lupin

**715** **تُرْمُسة** — cave; caveau; souterrain

**716** **تُرُنْجيّ** — serin [*ois.*]

**717** **تُرُنْجان** — mélisse

718 **تُرَّهة** ج ات — babiole; bagatelle; broutille; frivolité; futilité; sornette

أنْفَقَ ثَرْوَتَهُ على **تُرَّهاتٍ** — dépenser sa fortune à des bagatelles

ذو الـ~ — charlatan; faiseur de boniments [*fam.*]

719 (ترى) **تَتْرَى** — *inv.* se succéder; affluer

لاتَزال الرَسائِل ~ — les lettres ne cessent d'affluer

الأَحْداثُ ~ سِراعًا — les événements se succèdent rapidement

720 **تِرْياق** — antidote; contrepoison; panacée; thériaque [*class.*]

~ أَبْيَض — arum; pied-de-veau [*bot.*]

721 **تريكو** — tricot

~ مُسَطَّح، مُضَلَّع — tricot plat, à côtes anglaises

722 **تِسْعة** م تِسْع — neuf *adj. num. cardin.*

مَنْزِل رَقْم ~ — appartement numéro neuf

~ رِجالٍ — neuf hommes

تِسْع بَناتٍ — neuf filles

تاسِع — neuvième; neuf (du mois)

تاسِعًا — neuvièmement

تُسْع ج أَتْساع — un neuvième de l'unité

**تِسْعون** — quatre-vingt-dix

اِبْن تِسْعينَ؛ تِسْعونيّ — nonagénaire

تِسْعةَ عَشَرَ م تِسْعَ عَشْرةَ — dix-neuf

القَرْنُ التاسِعَ عَشَرَ — le dix-neuvième siècle

السَنةُ التاسِعةَ عَشْرةَ — la dix-neuvième année

723 **تِشْرين** الأَوَّل — octobre [*calendrier syriaque*]

حَرْب ~ — la guerre d'Octobre (1973)

~ الثاني — novembre [*calendrier syriaque*]

724 **تَعِبَ** ـَ تَعَبًا — se fatiguer; être fatigué; être las

~ مِنْ — en avoir assez de; se lasser de

لا يَتْعَبُ — infatigable; increvable [*fig.*, *pop.*]

**تَعَب** ج أَتْعاب — fatigue; lassitude; peine

عانَى الـ~ — prendre de/se donner de la peine; peiner

شَعَرَ بالـ~ — sentir la fatigue

**أَتْعاب** — émoluments; honoraires; vacations

~ مَجْلِس إدارة — jetons de présence

تُعوبيّة — fatigabilité

تَعِب، تَعْبان — fatigué; las; épuisé

مَتْعَب، مَتْعَبة ج مَتاعِب — casse-tête; difficulté; embarras; obstacle; désagrément; inconvénient

**مَتاعِب** — inconvénients; tracas; tracasseries

جَلَبَ ~ — entraîner des ennuis/des inconvénients

قاعِدة الاِسْتِسْلام لِأَخَفّ الـ~ — loi du moindre effort

~ الحَياة — les désagréments de l'existence

IV **أَتْعَبَ** إِتْعابًا ه — harceler; fatiguer; lasser; épuiser; attirer des ennuis à

~ نَفْسَهُ — se fatiguer; se lasser; s'épuiser

لا تُتْعِبْ نَفْسَكَ — ne vous donnez pas la peine

**مُتْعِب** — fatigant; lassant; épuisant; assommant; malaisé; laborieux [*fig.*]; pénible

مُتْعَب — épuisé; fatigué; las

725 **تَعْتَعَ** تَعْتَعةً — bégayer

726 **تَعِسَ** ـَ تَعاسة — être ... *v. à l'adj.*

تَعاسة — malheur; misère

يا لَتَعاسَتي — pauvre de moi! misère!

تَعِس، تَعيس ج تُعَساء — malheureux; triste; misérable; pauvre hère; infortuné

التُعَساء — les misérables

IV أَتْعَسَ إِتْعاسًا ه — rendre malheureux

727 **تِفّ** — fétuque; pâturin

تِفاف — laiteron

728 **تُفّ** — crasse/saleté des ongles

**تُفًّا**؛ اتْفو عَلَيْهِ — *pop.* merde! je lui dis merde!

II تَفَّفَ تَتْفيفًا ه، ه — rejeter avec dégoût; montrer son aversion pour

729 **تُفّاحة** ج تُفّاح — pomme
شَجَرة تُفّاح — pommier
تُفّاحيّ، تُفَيْفيحيّ — linotte
مَتْفَحة ج مَتافِح — pommeraie

730 **نُفْرة** ج نُفَر — fossette [*anat.*]

731 **تَفَلَ** ـُ، تُفْل، تُفال — cracher; crachat
تَفِلَ ـَ تَفَلًا — sentir mauvais
مِتْفَلة ج مَتافِل — crachoir

732 **تِفْلِق** — râle [*ois.*]

733 **تَفِهَ** ـَ تَفَهًا، تَفاهة — être ... *v. à l'adj.*
**تَفاهة** — affadissement; fadaise; fadeur; insipidité; médiocrité; platitude; insignifiance
يَبْعَث على الـ~ — affadissant; insipide; plat
تُفاهة — un rien
**تافِه** — futile; insignifiant; dérisoire; fade; commun; médiocre; infime; insipide; plat; oiseux; trivial
كَلام، عَقْل ~ — propos, esprit futile/insignifiant
رَجُل ~ — homme de rien/de peu
مَبْلَغ ~ — somme dérisoire/infime
حَسَبَ حِسابًا **لِأَتْفَهِ** الأَشْياء — attacher de l'importance aux choses les plus dérisoires
تافِهة ج تَوافِه — baliverne; bricole; futilité; trivialité

734 **تِقْن** — habile; industrieux; technicien
**تِقْنيّ** — technique *adj.*
مُسْتَشار، وَكيل ~ — conseiller, agent technique
مُتَعاوِن، تَجْهيز ~ — coopérant, équipement technique
مَعونة، مُساعَدة ~ة — aide, assistance technique
مَهارة ~ة — technicité; compétence technique
~ ج ون — technicien
**تِقْنيّة** ج ات — technique *n.f.*; technicité
~ الكَهْرَباء — électrotechnique
**تِقْنيّات** التَشْييد، البَيْع — techniques de construction, de vente
تَقَدُّم الـ~ — progrès des techniques
تِقانة — perfection technique; solidité; technologie
تِقانيّ — technologique
IV **أَتْقَنَ** إِتْقانًا ه — passer maître dans; faire à la perfection; soigner un travail; réussir qqch; bien posséder (une science); exceller dans
~ كِتابَتَهُ — soigner son écriture
~ عَمَلَهُ كُلَّ الإِتْقان — fignoler son travail
~ بِناءً — construire solidement et avec art
**إِتْقان** — excellence; perfection; qualité; solidité; maîtrise; précision
بِـ، بِمُنْتَهَى الـ~ — soigneusement; à la perfection
قابِل لِلـ~ — perfectible
مُتْقَن — exact; excellent; réussi; solide; parfait; précis; travaillé

735 **تَقْوَى** (← وقى) — dévotion; piété
تَقِيّ ج أَتْقِياء — dévot; pieux; saint
تَقِيّة — circonspection; crainte de Dieu; sainteté
VIII اِتَّقَى اِتِّقاء ٱللّٰهَ (← وقى) — craindre Dieu

736 **تَكَّ** ـُ تَكًّا — faire tic-tac; écraser; couper
تِكّة ج ات — tic-tac

737 **تِكّة** ج تِكَك — ceinture
X اِسْتَتَكَّ تِكَّتَهُ — glisser sa ceinture dans les passants de son pantalon

**تُكَأة** ← وكأ

738 **تَكْتَكَ** — marcher sur des œufs [*fig.*, *fam.*]; faire tic-tac (montre)

739 **تَكْتيك** — tactique *n.f.*
~ بَرْلَمانِيّ، سِياسيّ — tactique parlementaire, politique
تَكْتِكِيّ — tacticien; tactique *adj.*

740 **تَكْسيّ** ج ات — taxi
أُجْرة ~ — course (de taxi)

**741** **تِكْنولوجيا**؛ تِكْنولوجيّ — technologie; technologique

**742** **تِكْنيكيّ** ج ون — technicien

**743** **تَكِيَّة** ج تَكايا — asile; hospice; monastère; couvent (de derviches)

**744** **تَلّ**، تَلّة ج تِلال، تُلول — butte; colline; coteau; élévation; tertre; monticule

**745** (تلد) **تَليد**؛ تالِد — ancestral; ancien; héréditaire

أَمْوال ~ة — biens héréditaires

أَمْجاد ~ة — gloires ancestrales

**746** (تلس) **تِلّيس** ج تَلاليس — sac à grains

تِلّيسة ج ات — bourse [*anat.*]; étui de miroir

**747** **تِلِسْكوب** — télescope

**748** **تَلَع** — cou long/de cygne [*fig.*]

تَلْعة ج تِلاع — butte; monticule; talus; tertre

IV أَتْلَعَ إِتْلاعًا ه — tendre le cou; s'offrir aux regards (femme); dresser la tête

**749** **تِلِغْراف**؛ تِلِغْرافيّ — télégraphe; télégraphique

**750** **تَلِفَ** ـَ تَلَفًا — s'abîmer; s'avarier; se dégrader; se détériorer; se gâter; périr

لا يُتْلَف — indestructible; impérissable; non-dégradable

**تَلَف** ج أَتْلاف — dégât; déprédation; perte; ruine; usure; dépérissement

قابِل لِلـ~ — destructible; dégradable; périssable

لاتَلَفِيّة — indestructibilité

تالِف — avarié; abîmé; gâté; détruit; dégradé

IV **أَتْلَفَ** إِتْلافًا ه، ه — abîmer; anéantir; causer la perte de; gâter; mettre à mal; dégrader; dévaster; détériorer; ruiner; ravager

~ المَزارِع — détruire/dévaster/ravager les récoltes

~ مالَه، ثَرْوَتَه — dissiper son bien, sa fortune

~ اللَحْم — corrompre/gâter la viande

إِتْلاف — dégradation; destruction; dissipation; détérioration; corruption; anéantissement; mise à mal; dévastation

مُتْلِف — prodigue; ruineux; destructeur; dévastateur; dissipateur; ravageur

وَزير مِتْلاف — ministre déprédateur/prévaricateur

**751** **تَلْفَزَ** — téléviser

**تَلْفَزة**؛ تِلِفِزيون — télévision

جِهاز ~؛ تِلْفاز ج تَلافيز — appareil/poste de télévision; téléviseur

إِذاعة، بَثّ **تَلْفَزيّ**(ة) — émission de télévision

مُتَلْفَز — télévisé

**752** **تَلْفَنَ** تَلْفَنة — téléphoner; téléphonie

**تِلِفون** ج ات — téléphone

رَنّة، دَقّة ~ — sonnerie, coup de téléphone

مُوَظَّف، عامِل ~ — employé du téléphone; téléphoniste

**تِلِفونيّ** — téléphonique

مُكالَمة، مُخابَرة ~ة — conversation téléphonique

**753** **تِلْكَ** (← ذَلِكَ) — *dém. fém. d'éloignement*: celle-là

~ الـ — cette *adj. dém.*

**754** **تِلْم** ج تِلام — chalumeau [*techn.*]

تَلَم ج أَتْلام — strie/raie (dans le sol); sillon

خَطَّ أَتْلامًا عَميقة — tracer de profonds sillons

II تَلَّمَ تَتْليمًا ه — strier; rayer; tracer des sillons

**755** **تَلْمَذَ** تَلْمَذة لِـ ه — être à l'école de qqn/le disciple de qqn; prendre comme disciple

صَديق مِن أَيّام **التَلْمَذة** — ancien condisciple

تِلْميذ ج تَلاميذ، تَلامِذة — apprenti; écolier; élève; disciple

II **تَتَلْمَذَ** لِـ ه — se mettre à l'école/suivre l'enseignement de

~ لِلأَكْفاء — être à bonne école

**756** **تَلْمود**؛ تَلْموديّ — Talmud; talmudique

**757** **تَلِهَ** ـَ تَلَهًا ~ ه — perdre la tête; rester stupéfait; oublier; perdre de vue

تالِه، مَتْلوه العَقْل — qui a perdu la tête; distrait; dans les nuages [*fig.*]; dans la lune [*fig.*]

758 **تَلا** ُ تِلاوةً صَلاتَه — réciter (sa prière)

~ سُبْحَتَهُ — égrener son chapelet

~ القُرآن — lire le Coran

~ ه تُلُوًّا — faire cortège à; s'ensuivre; suivre; succéder

تِلاوة — récitation; lecture

**تِلْوَ** — à la suite de; après

الواحِد ~ الآخَر — l'un après l'autre

أَرْسَلَ شَكاوَى الواحِدة ~ الأُخْرى — envoyer plainte sur plainte

**تالٍ** (التالي) — suivant; prochain

العُنْوان، اليَوْم الـ~ — l'adresse, le jour suivant(e)

بِالـ~ — donc; par conséquent; en conséquence; par suite

تالية ج تَوالٍ — suite; séquelles

**تَوالي** كَلِمات، بُيُوت — suite de mots, de maisons

بِـ، على الـ~ — consécutivement; à la suite; d'affilée; de suite

IV **أَتْلَى** إِتْلاءً ه، ه — faire suivre; mettre à la suite

~ نَفْسَه — se faire suivre par

VI تَتالَى تَتالِيًا ه — aller à la queue leu leu [*fam.*]; se suivre en file indienne; alterner

تَتالٍ — consécution; suite; alternance; juxtaposition

تَتالية — successivité

مُتَتالٍ — juxtaposé; alterné; consécutif; successif

759 **تِمّ** — cygne

760 **تَمّ** ِ تَمامًا — s'accomplir; se dérouler; s'effectuer; avoir lieu; se réaliser; s'achever; être achevé/complet; finir *intr.*; se terminer

~ العَمَل — le travail a été fait/réalisé; le travail est achevé/fini/terminé

~ وَعْدُهُ — sa promesse a été tenue/réalisée

~ الاِجْتِماع بِرِئاسة — la réunion s'est déroulée/s'est tenue sous la présidence de

قَدْ ~ قُبولُهُ — son accord fut obtenu

~ عن طَريق ه — passer par qqn (affaire)

~ تَأْسيس المَجْلِس — l'installation du conseil a eu lieu

**تَمام** — achèvement; perfection; plénitude; fini *n.m.*; intégralité; intégrité

جَيْب الـ~ — cosinus

قاطِع الـ~ — cosécante

~ أَرْض الوَطَن، عُضْو — l'intégrité du territoire, d'un membre

~ المَبْلَغ — l'intégralité de la somme

على ~ الاِقْتِناع — absolument/entièrement convaincu

بِالـ~ — au total; en tout; à la perfection; tout à fait; en entier

بِـ~ مَعْنَى الكَلِمة — dans toute l'acception du terme

في ~ الساعة كَذا — à telle heure exacte/précise

تَمَتَّعَ بِـ~ إِمْكانِيّاتِه — être en pleine possession de ses moyens; jouir de toutes ses facultés

بَدْر ~ — pleine lune

**تَمامًا** — à bloc; intégralement; parfaitement; pleinement; proprement; en plein; en tout point; tout à fait

جَديد، مُخْتَلِف ~ — tout nouveau; tout autre

تَغَيَّرَ ~ — changer du tout au tout

~ مِثْلُ ه، ه — exactement comme

ذَلِكَ ~ — c'est exactement cela; c'est cela même

لَمْ يَمَّحِ ~ — il n'avait pas complètement disparu

عِنْدَ الظُّهْر ~ — à midi tapant/sonnant

تَمامِيّ، تَمامِيّة — intégriste; intégrisme

**تامّ** — exhaustif; intégral; absolu; entier; total

قِراءة ~ة — lecture exhaustive

تَسْديد، تَجْديد ~ — paiement, renouvellement intégral

جَمال ~ — beauté achevée/parfaite

رَجُل ~ الصِفات — homme complet

ثِقة ~ة — confiance entière/absolue/totale

هُدُوء ~ — calme plat/parfait

II **تَمَّمَ** تَتْمِيمًا، تَتِمَّة ه — achever; accomplir; compléter; mener à terme; mettre fin à; finir *tr.*; exécuter

~ على جَرِيحٍ — achever un blessé

تَتْمِيم (← إتْمام) — achèvement; accomplissement; exécution; finition; réalisation

**تَتِمَّة** — complément; suite et fin; supplément

لِهٰذا المَقال ~ — à suivre (récit)

**مُتَمِّم** ج ات — complément; complétif; accessoire

دَفَعَ ~ مَبْلَغ — payer le complément d'une somme

جُمْلة ~ة لِلْفائِدة — phrase complétive

زاوية ~ة — angle complémentaire

مُتَمِّمات سينمائيّة — accessoires de cinéma

IV **أتَمَّ** إتْمامًا هـ ← II

~ دُروسَه — terminer ses études

~ إجْراءاتٍ — remplir des formalités

~ عَمَلَه — mener son travail à son terme; mettre à jour son travail; parfaire son œuvre

~ الزَواج — consommer le mariage

~ رِسالة، مُهِمّة — remplir une mission

~ واجِبَه — accomplir son devoir

~ خِدْمَتَهُ العَسْكَرِيّة — accomplir/faire son service militaire

~ جريمة — commettre un crime

**إتْمام** ← تَتْمِيم

~ الواجِب — accomplissement du devoir

~ الزَواج — consommation du mariage

VI تَتامَّ تَتامًّا — se trouver au grand complet

تَتامِّيّة — complémentarité

مُتَتامّ — complémentaire (angle)

X اِسْتَتَمَّ اِسْتِتْمامًا ه — être achevé/complet/complété; achever; compléter; mener à bonne fin

761 **تَمِيمة** ج تَمائِم — amulette; phylactère; fétiche

762 **تَمْتَمَ** تَمْتَمةً — balbutier; bredouiller; marmotter; murmurer

تَمْتَمة — balbutiement; bredouillement; marmottement; murmure

763 **تَمْرة** ج تَمْر، تُمور — datte

نَفْس ~، تَمِرة — bonne âme

**تَمْر هِنْديّ** — tamarin [*bot.*]; tamarinier

حَمَلَ الـ~ إلى هَجَر — *prov.* porter de l'eau à la rivière

**تُمَّرة**، أبو ~، تُمَيْر — colibri; souï-manga

764 **تِمْراد** — colombier; pigeonnier

765 **تِمْساح** ج تَماسيح — crocodile

~ أميركيّ — alligator; caïman

~ هِنْديّ — gavial

دُموع، بُكاء الـ~ — larmes de crocodile

تِمْسَح ج تَماسِح — hypocrite *n.m.*; tartuffe; menteur

766 **تَمّوز** — juillet [*calendrier syriaque*]

767 **تِنّ** ج أتْنان — égal; pareil; semblable

هُما تِنّان — d'égal à égal

768 **تُنّ** — thon

تِنِّين ج تَنانين — dragon; serpent de mer; trombe d'eau; cyclone

769 **تَنْبَك**، تُنْبُك، تُنْباك — tabac pour narguilé

770 **تُنْبُل**، تُنْبول — bétel

تِنْبال، تُنْبول ج تَنابيل — nabot

تَنْبَل ج تَنابِل، تَنابِلة — fainéant; tire-au-flanc [*fam.*]

تَنْبَلة — fainéantise

**تَنْبور** ← تَنْبول، تِنْبال

771 **تَنَك** — fer blanc

تَنَكة ج تَنَكات، عُلْبة تَنَكيّة — boîte en fer blanc; bidon; jerrican

772 **تَنُّوب**، ~ أحْمَر — sapin; épicéa

تَنُّوبيّ ج ات — conifère

773 **تَنُّور** ج تَنانير — four à pain; source d'eau chaude

**تَنُّورة** ج تَنانير — jupe

~ داخِلِيّة، تَحْتانيّة — jupon

**تَنَوُّط** ← نوط

774 **تَنُّوم** — héliotrope

**تِنِّين** ← تنّ

775 **تُهْمة** ج ات، تُهَم (← وهم)
accusation; charge [*jur.*]; imputation; prévention; soupçon

سَدَّدَ ~ إلى — diriger/lancer une accusation contre

أَسْنَدَ، أَلْصَقَ ~ على ه — imputer qqch à qqn; accuser qqn de

IV أَتْهَمَ إِتْهامًا ه بِـ ه ← VIII

VIII اِتَّهَمَ اِتِّهامًا بِـ ه — accuser; mettre en accusation; charger qqn [*jur.*]; soupçonner; imputer à qqn

اِتِّهام (← تُهْمة) — mise en accusation

مُتَّهَم — accusé; prévenu [*jur.*]; soupçonné

776 **تُهَمة** — odeur fétide de viande avariée

777 **تَوّ**؛ على الـ~؛ لِـ~ه — aussitôt; immédiatement; sur-le-champ; d'emblée; sur l'heure; tout droit; en droite ligne; tout juste

**تَوًّا** — *même sens*

قَدْ وَصَلَ. فَعَلَ ~ — il vient juste d'arriver, de faire

تَوَّ وُصولِهِ — dès son arrivée

778 **تابَ** ـُ تَوْبًا، تَوْبة — se convertir; être pénitent; faire acte de contrition

~ من، عن ه — renoncer à; se repentir de

~ إلى اللّٰه — se tourner vers Dieu

**تَوْبة** — contrition; pénitence; repentir; retour à Dieu

~ الخاطِىء — la conversion du pécheur

تائِب، تَوّاب ج ون — contrit; converti; pénitent; repentant; repenti

X اِسْتَتابَ اِسْتِتابة ه — convertir; ramener à Dieu

**تَوْبَلَ** ← تبل

779 **تُوت**؛ توتة ج توت — mûrier; mûre

~ الأَرْض — fraisier; fraise

~ شَوْكيّ — ronce; mûre sauvage

780 **تُوتيا**؛ توتية — antimoine; minium; zinc

781 **تُوتياء** — oursin [*zool.*]

782 **تاجَ** ـُ تَوْجًا — être couronné; porter une couronne/un diadème

**تاج** ج تيجان — couronne; diadème; tiare

~ عَمود — chapiteau [*archit.*]

~ سِنّ — couronne de dent

تاجيّ — coronaire (artère); coronal

تُوَيْج (الزَهْرَة) — corolle

تُوَيْجيّة — pétale

II تَوَّجَ تَتْويجًا ه، ه — couronner (roi, carrière, construction); sacrer

**تَتْويج** — couronnement; sacre

حَفْلة الـ~ — cérémonie du couronnement; sacre

~ مِهْنة — couronnement d'une carrière

مُتَوَّج — couronné

V تَتَوَّجَ تَتَوُّجًا — se couronner; être couronné

**تُؤَدة** ← وأد

783 **التَوْراة** — Torah; Pentateuque; Ancien Testament

**توربين** ج ات ← تُرْبين

784 **تَوْرَم**؛ ~ مِصْريّ — pluvian [*ois.*]

785 **تاقَ** ـُ تَوْقًا إلى ه، ه — aspirer à; désirer; avoir envie de; soupirer après

**تَوْق** — aspiration; désir; envie; appétit

~ إلى المَعْرِفة — aspiration à la connaissance; désir de connaître

تائِق — aspirant; désireux de

تَوّاق إلى — enflammé de désir; passionné de; anxieux de

786 **تُونِسِيّ** ج ون، تَوانِسة — tunisien *adj.*, *n.*; tunisois

787 **تَوْهة** (← تيه) — égarement de l'esprit

788 (تيح) IV **أَتاحَ** إتاحة ه لِـ — déterminer; disposer; préparer; destiner

~ لِـ ه الفُرْصة لِـ — donner l'occasion/la chance de; permettre à qqn de

**أُتيحَ** لَه أَنْ — il lui a été donné de; être destiné à; avoir la chance de

كَيْفَ ~ لَهُ أَنْ — comment se fait-il que?

مُتاح — disponible; donné

789 **تَيّار** ج ات — courant; fluide; flux

~ مَغْنَطيسِيّ — fluide magnétique

~ كَهْرَبائيّ، بَحْرِيّ — courant électrique, marin

ضِدّ الـ~ — à contre-courant

~ تِجارِيّ، ثَقافيّ — courant commercial, culturel

~ مُتَناوِب — courant alternatif

~ مُسْتَمِرّ، مُتَواصِل — courant continu

~ هَواء، هَوائيّ — courant d'air

جارَى الـ~ — suivre le courant

790 **تَيْس** ج تُيُوس؛ أَتْياس — bouc

~ الجَبَل — bouquetin

X اِسْتَتْيَسَتْ العَنْزة — reprendre du poil de la bête [*fam.*]

791 **تِيفُوس**؛ تيفوسِيّ — typhus; typhique

تيفيّ — typhoïde (fièvre)

792 **تِيل**؛ تيلة ج ات — lin; fibre (lin, coton)

793 **تامَ** ـِ تَيْمًا — aimer; être esclave de l'amour

تَيْمة — amulette; fétiche; porte-bonheur

تَيْمِيّ؛ تَيْمِيّة — fétichiste; fétichisme

تَيْماء — désert *n.m.*

II تَيَّمَ — captiver; rendre fou d'amour

مُتَيَّم — esclave de l'amour; fou de

794 **تِينة**؛ تِين — figue; figuier

**تين** فِرْعَوْن — sycomore

~ الأَصْنام، البَنْغال — figuier des pagodes; banian

~ شَوْكِيّ — figuier de Barbarie; oponce

795 **تاهَ** ـِ تِيهًا، تَيْهانًا — se dévoyer; s'égarer; errer; se fourvoyer

~ في اِعْتِبارات — se perdre en considérations

~ بِهِ الخَيالُ — laisser vagabonder son imagination

~تْ اِبْتِسامة — errer/flotter (sourire)

**تِيه** ج أَتْياه، أَتاويه — désert; labyrinthe; égarement; orgueil

~ البَصَر — amétropie

**مَتاهة** ج ات؛ تَيْهاء — dédale; désert; labyrinthe [*fig.*]

~ القَوانين — le dédale des lois

مَتْيَه؛ مَتْيَهة ج مَتايِه ← مَتاهة

**تائِه** — égaré; errant; perdu

لَمْسَة ~ة — caresse furtive

تَيْهان — hésitant; perplexe; fourvoyé

II تَيَّهَ تَتْييهًا ه — égarer; plonger qqn dans le désarroi/la confusion; fourvoyer; confondre qqn

(ثاء)

*quatrième lettre de l'alphabet : « thā' » ;*
*fricative interdentale sourde :* [θ]

**796** (ثأب) **ثَئِبَ** - ثَأَبًا bâiller; être nonchalant

ثَأْب، ثُؤَبَاء bâillement

VI تَثَاءَبَ تَثَاؤُبًا bâiller à se décrocher les mâchoires

تَثَاؤُب bâillement

**797** **ثَأَرَ** - ثَأْرًا ه، بِـ ه venger qqn

~ بِنَفْسِه se faire justice; se venger

~ إِهَانَة venger un affront

**ثَأْر** ج ات، آثار représailles; revanche; talion; vengeance

مُبَارَاة ~ match revanche/retour

الأَخْذ بِالـ~ loi du talion; vendetta

أَدْرَكَ ~ه assouvir sa vengeance

أَخَذَ بِـ~ه مِن ه venger qqn de

ثُؤُورَة vindicte

ثَائِر؛ ثَؤُور vengeur; vindicatif

VIII إِثَّأَرَ مِن ه، ه se venger de; poursuivre qqn de sa vengeance; prendre sa revanche

X إِسْتَثْأَرَ اِسْتِثْثَارًا crier vengeance

**798** (ثأل) **ثُؤْلُول** ج ثَآلِيلُ verrue; tétin [*fam.*]; mamelon

II تَثَأْلَلَ تَثَأْلُلًا être couvert de verrues

مُتَثَأْلِل verruqueux

**799** **ثَبَتَ** - ثَبَاتًا، ثُبُوتًا s'avérer; être certain/établi; tenir *intr.*; tenir bon/ferme/le coup; se maintenir

~ الأَمْرُ عِنْدَنَا pour nous la chose est claire

~ أَنْ il est établi que

~ الخَبَرُ la nouvelle s'est avérée exacte

~ لِـ، فِي وَجْه ه résister à; tenir tête à

~ على ه insister sur; persister à faire qqch; persévérer dans

**ثَبُتَ** - ثَبَاتًا، ثُبُوتًا être ferme/solide; montrer du courage

ثَبْت ج أَثْبَات (← ثابِت) digne de foi; sûr (document)

**ثَبَت** ج أَثْبَات index; liste; rôle; matricule

~ لِلْمَرَاجِع index bibliographique

**ثَبَات**؛ ثُبُوت assurance; consistance; fermeté; fixité; immobilité; résolution; patience; persistance

~ العَزِيمَة détermination; ténacité

~ فِي الآرَاء، العَقِيدَة constance/persévérance dans les idées, la croyance

~ الأَسْعَار fermeté/stabilité des cours/des prix

~ اليَد fermeté/sûreté de la main

~ التَقَالِيد permanence des traditions

~ بِنَاء solidité d'une construction

عَدَم ~ inconsistance; instabilité; irrésolution

بِـ~ avec assurance; résolument

بِـ~ العَزْم، الجَأْش de pied ferme

مُسْتَنَدَات ثُبُوتِيَّة justificatif *n.m.*; pièces justificatives

**ثَابِت** assuré; durable; immobile; consistant; ferme; persistant; stable; tenace

نَظَر ~ regard assuré

تاريخ، حادِث ~ date, événement établi(e)

أُجْرة، مُدّة ~ة salaire, durée fixe

راتِب، صَحْو ~ traitement, beau fixe

لَوْن، نَقْد ~ couleur indélébile; monnaie stable

أَمْوال، حَقيقة ~ة biens immeubles; vérité immuable

بَيْع، أَسْعار ~(ة) vente ferme; cours stationnaires

واقِعة ~ة fait constant/positif

مِن الـ~ أنْ il est avéré/certain/constant/établi

بِقَدَم ~ة sans hésitation; de pied ferme; d'un pas assuré

عَدالة ~ة justice immanente

قَرار ~ décision bien arrêtée

~ الجَأْش de sang-froid; inébranlable; intrépide; ferme

~ المِزاج d'humeur égale

~ العَزْم، الإرادة décidé/déterminé/résolu/tenace (personne)

غَيْر ~ hésitant; inconsistant; inconstant; instable; irrésolu

بِقَدَم غَيْر ~ة d'un pas mal assuré

ثابِتة ج ثَوابِت constante [*math.*]; étoile fixe

II **ثَبَّتَ** تَثْبيتًا ه affermir; assurer; consolider; confirmer [*pr.*, *christ.*]; fixer; immobiliser; maintenir; renforcer; stabiliser; valider

~ الأُجور والأَسْعار stabiliser les salaires et les prix

~ حائِطًا maintenir/renforcer un mur

~ الأَسْعار raffermir les cours

~ العَجَلات bloquer/caler les roues

~ بَصَرَه بِـ ه، ه fixer son regard sur; regarder fixement

~ صُورة، لَوْنًا fixer une photo, une couleur

~ ذِكْرَى في ذِهْنِه graver un souvenir dans son esprit

~ حَجَرةً، مُعاهَدة sceller une pierre, un pacte

~ قَدَمَيه على القَعْر prendre pied

~ خَصْمَه immobiliser son adversaire

~ ه في عَزْمِه donner de l'assurance; rassurer

~ مُوَظَّفًا titulariser un fonctionnaire

~ تَصْريحًا prendre acte d'une déclaration

**تَثْبيت** affermissement; consolidation; immobilisation; renforcement; validation; fixage; fixation; maintien; stabilisation

~ قيمة العُمْلة maintien de la valeur de la monnaie

~ الأَسْعار raffermissement des cours

~ البَدَن immobilisation du corps

~ مُوَظَّف titularisation d'un fonctionnaire

سِرّ، طالِب الـ~ *christ.* confirmation; confirmand

**مُثَبِّت** stabilisateur; fixateur *adj.*, *n.m.*; fixatif [*bx-arts*, *biol.*]

ساعِد ~ barre stabilisatrice

~ شَعْر، صورة fixateur de cheveux, de photographie

**مُثَبَّت** fixé; maintenu; stabilisé; confirmé; titularisé; raffermi; scellé; validé

~ في العِماد confirmand [*christ.*]

IV **أَثْبَتَ** إثْباتًا ه attester; authentifier; confirmer; établir; déterminer; installer fermement; prouver; justifier; donner acte; faire foi; valider

~ رَأْيًا، واقِعة confirmer une opinion, un événement

~ شَخْصِيّة ه identifier qqn

~ مَقْدِرَتَه faire ses preuves; donner sa mesure

~ حُضورَه، وُجودَه faire acte de présence

~ وَفاةً، حادِثة constater un décès; faire un constat

~ إرادَتَه affirmer sa volonté

~ أُطْروحة soutenir une thèse

ما لَمْ يُثْبَتْ العَكْس jusqu'à preuve du contraire

**إثْبات** affirmation; assertion; attestation; confirmation; identification; justification; preuve; raffermissement

~ أُطْروحة soutenance de thèse

~ حادِثة constat d'accident

~ وَفاة constatation de décès

طَلَبَ ~ ه كِتابة demander acte

شاهِد ~ témoin à charge

~ الحَقيقة، الحَقّ l'établissement de la vérité

~ الحَقّ بِالشَهادة — preuve testimoniale

~ الحَقّ بِالكِتابة — preuve littérale

**إثباتاً** لِ — à l'appui de; en témoignage de

~ لِذٰلِكَ — dont acte; en foi de quoi

**إثباتيّ** — affirmatif; assertif; probatoire; positif

جُمْلة ~ة — phrase affirmative

**مُثْبِت** — probant; confirmatif

**مُثْبَت** — affirmé; authentifié; attesté; confirmé; constaté; prouvé

~ شَرْعًا — dûment constaté

وَثيقة ~ة — document authentique/qui fait foi

V **تَثَبَّتَ** تَثَبُّتًا — s'affirmer; se confirmer; se raffermir; se vérifier

~ مِن ه — s'assurer de; examiner avec minutie; vérifier

~ في ه — faire qqch sans se presser/avec soin/avec minutie

~تْ شَخْصِيَّتُهُ — sa personnalité s'affirme

**تَثَبُّت** — vérification; constatation; examen; application; minutie

X اِسْتَثْبَتَ اِسْتِثْباتًا ه — tenir pour vrai/authentique; vérifier

**800** **ثَبَجَ** ـُ ثُبوجًا — gribouiller; griffonner

**ثَبَج** ج أَثْباج — centre; milieu; gribouillage; griffonnage

~ ج ثِبْجان — *ois.* petit duc

أَثْباج اليَمّ — abîmes/profondeurs marin(e)s

II مُثَبَّج — indéchiffrable (personne, écriture)

**801** **ثَبَرَ** ـُ ثَبْرًا، ثُبورًا ه — éloigner qqn; chasser qqn; maudire; détruire qqn; ruiner

**ثُبور** — ruine; destruction

دَعا بِالوَيْل والـ~ — se lamenter; se plaindre; gémir

III **ثابَرَ** مُثابَرة على ه — s'appliquer à; être assidu à; s'attacher à; persister dans; persévérer dans

~ على عَمَلِه — poursuivre son œuvre avec constance

**مُثابَرة** على ه — application; assiduité; persévérance; patience; constance

رُوح الـ~ — esprit de suite

**مُثابِر** — appliqué; assidu; persévérant; constant; laborieux

عَمَل ~ — travail obstiné

II **802** **ثَبَّطَ** تَثْبيطًا ه — décourager; faire échec à; faire échouer; frustrer; inhiber; rebuter; handicaper

~ هِمّة، عَزْم ه — démoraliser

~ ه عَن — empêcher qqn de; retenir qqn

**تَثْبيط** — découragement; frustration; inhibition; handicap

بِقَصْد ~ العَزْم — pour faire échec à

~ مَعْنَويّات الجَيْش — démoralisation de l'armée

**مُثَبِّط** — décourageant; frustrant; écœurant; rebutant

جَوّ ~ — atmosphère débilitante

~ لِلعَزائِم، لِلهِمّة — déprimant; démoralisant

**803** **ثَبَقَ** ـِ ثَبْقًا — être gonflé (fleuve); avoir la larme facile

VII اِنْثَبَقَ السَيْلُ، الغَيْمُ — se répandre (flot); crever (nuage)

**804** **ثَبَنَ** ـِ ثَبْنًا (الثَوْب) — relever les pans (d'une robe, d'un tablier)

ثُبْنة ج ثُبان، ثُبَن — poche (d'un tablier)

**805** **ثَجَّ** ـُ ثَجًّا — couler; s'écouler; se répandre

~ الماء — verser de l'eau

ثَجّة ج ات — flaque d'eau

ثَجّاج — abondant (pluie); siphon

ثَجيج؛ ثَجُوج — torrent gonflé d'eau; œil gonflé de larmes

**806** **ثَجير** العِنَب، التُفّاح — marc de raisin, de pomme

**807** **ثُجْلة** — bedaine; panse

أَثْجَل م ثَجْلاء ج ثُجْل — pansu; ventripotent [*fam.*]; ventru

**808** **ثَخُنَ** ـُ ثَخانة، ثُخونة — durcir *intr.*; épaissir *intr.* (sauce)

ثِخَن؛ ثَخانة — durcissement; dureté; épaisseur; épaississement; grosseur

**ثَخين** — épais; ferme; de fort diamètre

~ السِلاح — armé de pied en cap

II **ثَخَّنَ** تَثْخِينًا ه — durcir *tr.*; épaissir *tr.*

تَثْخِين — épaississement; durcissement

IV **أَثْخَنَ** ه، في ه ضَرَبَاتٍ — asséner/porter des coups à; cribler de coups; écharper qqn; massacrer [*fig.*]; meurtrir

مُثْخَن بِالجِرَاح — meurtri; couvert de plaies/de blessures

**809 ثِدام** — filtre à liqueur

**810 ثَدْي** ج ثِدِيّ، ثُدِيّ، أَثْداء — mamelle; sein; téton [*fam.*]

ثَدْيِيّ — mammaire; mammifère *adj.*, *n.*

ثَدْيِيّات — mammifères *n.m.pl.*

اِمْرَأَة ثَدْياء — femme à l'opulente poitrine

**811 ثَرَّ** ـِ ثَرًّا — pleuvoir à verse/abondamment; parler d'abondance

لَمْ يَثِرَّ وَلَمْ يَقُلْ شَيْئًا — ne pas piper mot

ثَرّ — chargé d'eau (nuage); rempli de larmes (œil); bonne laitière (femelle)

**812 ثَرَبَ** ـِ ثَرْبًا ه بِـ ه — gronder; blâmer; réprimander

II ثَرَّبَ تَثْرِيبًا ه، على ه ← ثَرَبَ

**813 ثَرْثَرَ** ثَرْثَرَةً — bavarder; babiller; jaser; papoter; palabrer; radoter

ثَرْثَرَة — bavardage; papotage; radotage; palabres

ثَرْثار — bavard; babillard; loquace; radoteur

ثَرْثارة — jaseur [*ois.*]

**814 ثَرَدَ** ـُ الخُبْزَ — tremper la soupe; faire des mouillettes

ثَرْد — petite pluie

ثُرْدة — mouillette; trempette

ثَرِيد، ثَرِيدة ج ثَرائِد — lichette de pain; panade; bouillon; potage; soupe

**815 ثَرَمَ** ـِ ثَرْمًا ه — casser une dent à qqn; édenter qqn

ثَرِمَ ـَ ثَرَمًا — tomber/se casser (dent); être édenté

أَثْرَم م ثَرْماء ج ثُرْم — édenté

الثُرْم — édentés *n.m.pl.*

VII اِنْثَرَمَ اِنْثِرامًا — perdre ses dents

**816 ثَرْوة**، ثَراء ج ثَرَوات — fortune; opulence; richesse

إِنَّه صاحِب ~ — être à la tête d'une grosse fortune; être fortuné/nanti

واسِع الـ~ — richissime

~ مائِيّة، طَبِيعِيّة — richesse en eau, naturelle

~ بِتْرولِيّة، مَعْدِنِيّة — richesse pétrolière, minière

**ثَرِيّ** ج أَثْرِياء — fortuné; nanti; opulent; riche

~ الحَرْب — profiteur de guerre; nouveau riche

تاجِر ~ — gros commerçant

المُجْتَمَعات الـ~ة — pays riches/nantis

**الأَثْرِياء** — les gros [*fig.*]; les nantis; les riches

حُكومة الـ~ — ploutocratie

**ثُرَيّا** ج ات — lustre; chandelier; *astron.* les Pléiades

أَيْنَ الثَرَى مِن الـ~ — *prov.* il ne faut pas prendre des vessies pour des lanternes; il ne faut pas mélanger les torchons et les serviettes

أَيْنَ الـ~ من يَدِ الراغِب — *prov.* il y a loin de la coupe aux lèvres

IV **أَثْرى** إِثْراءً ه — enrichir; s'enrichir; faire fortune

إِثْراء — enrichissement

مُثْرٍ ج مُثْرون — fortuné; nanti; riche

**817 ثَرِيَ** ـَ ثَرًى (التُرابُ) — être humecté/humide (terre)

**ثَرًى** — humidité de la terre; sol; terre

أَيْنَ الـ~ من الثُرَيّا ← ثُرَيّا

ثَرِيّ — terre légèrement humectée; humide

IV أَثْرى إِثْراء (الأَرْض) — ameublir/humidifier (la terre)

**818 ثَطْأة** ج ثَطًى — ségestrie

**819 ثَعَبَ** ـَ ثَعْبًا — faire couler; verser; drainer; siphonner

مَثْعَب ج مَثاعِب — canal; drain; siphon

**820 ثُعْبة** ج ثُعَب — lézard venimeux

**ثُعْبان** ج ثَعابِين — serpent

~ العُشْب، الماء — couleuvre à collier, d'eau

~ نَقْديّ | serpent monétaire
مَنْ لاعَبَ الـ~ في وَكْرِه فَلا يَأْمَن مِنْ لَسْعِهِ | *prov.* jouer avec le feu; qui s'y frotte s'y pique
ثُعْبانِيّات | ophidiens *n.m.pl.*

**821 ثَعْثَع** huîtres perlières

**822 ثُعال**، ثُعالة | renarde *n.f.*

**823 ثُعْل** ج ثُعول | excroissance de chair; papille; verrue

**824 ثَعْلَب** ج ثَعالِب | renard; goupil
داء الـ~ | alopécie; pelade
~ الماء | loutre
ثَعْلَبة | renarde; *méd.* dartre
ثَعْلَبيّة | vulpin
**ثُعْلول** ج ثَعاليل ← ثعل

**825 ثَعْثَعَ** ثَعْثَعة | bégayer
ثَعْثَعة | discours embrouillé; paroles confuses/incohérentes
ثَعْثاع | bègue

**826 ثَغَرَ** ـَ ثَغْرًا ه | ouvrir une brèche
ثُغِرَ الوَلَدُ | perdre ses dents de lait
ثَغْر ج ثُغور | bouche; dents de devant; poste frontière; ville côtière
الثُغور، الثُغْرور | les confins
**ثُغْرة** ج ثُغَر | brèche; creux; crevasse; défilé; faille; ouverture
فَتَح ~ | ouvrir une brèche; faire une percée/une trouée
سَدَّ ~ | combler une lacune
~ في البَرْنامَج | trou dans l'emploi du temps
~ في الذاكِرة | trou de mémoire
الـ~ بَيْنَ الشُعوب | fossé entre les peuples

**827** (ثغو) **ثَغا** ـُ ثُغاء | bêler; bêlement
ما لَهُ **ثاغية** ولا راغية | *prov.* ne pas avoir un sou; être complètement démuni

**828 ثَفْر** | croupière

**829 ثُفْل** | dépôt; lie; limon; résidu; sédiment
~ القَهْوة | marc de café
IV أَثْفَلَ إِثْفالًا ه | déposer *intr.*; produire un dépôt (liquide)

**830 ثَفِنَ** ـَ ثَفَنًا | être calleux; avoir des callosités
ثَفَن، ثَفِنة ج ات | cal; callosité; durillon; œil-de-perdrix
ثَفَنيّ، ثَفِن | calleux

**831 ثُفّاء** | cresson

**832 أُثْفيّة** ج أَثافيّ، أَثافٍ | trépied
ثالِثة **الأَثافيّ** | *prov.* (c'est) le comble/le bouquet/le coup de grâce
**ثِقة** ← وثق

**833 ثَقَبَ** ـُ ثَقْبًا ه | fraiser; perforer; percer; trouer
~ بِرْميلًا | mettre un tonneau en perce
~ بِئْرًا | forer un puits
~ إِطارًا، تَذْكِرة | crever un pneu; poinçonner un billet
~ الخَشَب | piquer/vriller le bois
~ ـُ ثُقوبًا، ثَقابة | être brillant/étincelant (feu, étoile); être aigu/pénétrant (esprit, regard)
إِطار لا **يُثْقَب** | pneu increvable
**ثَقْب** | forage; fraisage; percement; perforation
~ج ثُقوب | crevaison; orifice; ouverture; trou
~ الإِبْرة | chas; trou d'une aiguille
~ الباب، ماء | trou de serrure; voie d'eau
ثُقْبة ج ثُقَب ← ثَقْب ج ثُقوب
**ثِقاب**؛ عود ج عيدان ~ | allumettes
~ الأَمان | allumettes de sécurité
ثُقوب الفِكْر | acuité/pénétration d'esprit; perspicacité; sagacité
**ثاقِب** العَقْل، الفِكْر، الرَأْي | perspicace; fin; subtil; sagace

عَقْل. نَظْرة ~(ة) — esprit, regard pénétrant/perçant/aigu

صَوْت ~ — voix perçante/aiguë

مَعْرِفة ~ة — connaissance profonde

~ الأُذُن — perce-oreille

ثَقَّاب — foreur; poinçonneur

ثَقَّابة — foreuse; perforeuse; vilebrequin

مِثْقَب ج مَثاقِب — foret; tarière

**مِثْقاب** ج مَثاقيب — perceuse; perforatrice; poinçonneuse

~ النَجّار — poinçon de menuisier

~ طَبيب أَسْنان — fraiseuse de dentiste

مَثْقوب — fraisé; percé; perforé; poinçonné; troué

II **ثَقَّبَ** تَثْقيبًا ه — perforer (des bandes); allumer (le feu)

~ الزَنْدَ — battre le briquet

آلة تَثْقيب — machine à perforer; perforeuse

شَرائِط مُثَقَّبة — bandes perforées

IV أَثْقَبَ إِثْقابًا ه ← II

VII اِنْثَقَبَ اِنْثِقابًا — crever *intr.*; se percer; se perforer

لا يَنْثَقِب — increvable (pneu)

834 **ثَقَفَ** ـَ ثَقْفًا ه — redresser (ce qui était tordu)

**ثَقِفَ** ـَ. ثَقُفَ ـُ ثَقافة — être intelligent/ingénieux

**ثَقافة** ج ات — culture (esprit); éducation; raffinement (intellectuel); civilisation

~ شَرْقيّة. عامّة — culture orientale, générale

~ تِقْنيّة. عِلْميّة — formation technique, scientifique

**ثَقافيّ** — culturel

مَرْكَز. حَرَكة ~(ة) — centre, mouvement culturel

مُلْحَق. مُسْتَشار ~ — attaché, conseiller culturel

II **ثَقَّفَ** تَثْقيفًا ه. ه (← ثَقَفَ)
cultiver qqn; instruire; éduquer; former

تَثْقيف — formation intellectuelle/culturelle; instruction; éducation

تَثْقيفيّ — éducatif; civilisateur; formateur *adj.*

مُثَقِّف — éducateur; formateur; instructif

**مُثَقَّف** ج ون — cultivé; éduqué; instruit; intellectuel

غَيْر ~ — illettré; inculte (personne)

الفِئة الـ~ة الواعية — intelligentsia

III ثاقَفَ مُثاقَفة. ثِقافًا ه — s'acharner/s'escrimer contre qqn; croiser le fer; faire de l'escrime

مُثاقَفة — escrime; assaut [*sport.*]; joute

V تَثَقَّفَ تَثَقُّفًا — se cultiver; se former; s'instruire

مُتَثَقِّف ج ون — homme cultivé; intellectuel; éduqué

VI تَثاقَفَ تَثاقُفًا — faire semblant de se battre; se mesurer les uns avec les autres

835 **ثَقَلَ** ـُ ثَقْلًا ه — soupeser; peser *tr.*

**ثَقُلَ** ـُ ثِقْلًا. ثَقالة — s'alourdir; s'appesantir; être lourd; être pesant; peser *intr.*; être enceinte

~ على المَعِدة — peser sur l'estomac (nourriture)

~ في نَوْمِهِ — avoir le sommeil lourd

~ على ه — être à charge à; ennuyer; importuner

~ سَمْعُهُ — avoir l'oreille dure; être dur d'oreille

**ثِقَل** — alourdissement; lest; lourdeur; pesanteur

~ مُجْتَمَعيّ — pesanteur sociologique

~ الفَهْم — lourdeur d'esprit

~ على الضَمير. المَعِدة — poids sur la conscience, l'estomac

**ثِقْل** ج أَثْقال — charge; faix [*litt.*]; fardeau; poids

~ الضَرائِب. السِنين — poids des impôts, des ans

~ جُزَيْئيّ. نَوْعيّ — poids moléculaire, spécifique

بِكُلّ ~ه — de tout son poids

بِـ~ الذَهَب — au poids de l'or

~ مُوازِن — contrepoids

ساوَى ~ه ذَهَبًا — valoir son pesant d'or

مَرْكَز ~ — centre de gravité

جاذِبيّة الـ~ — pesanteur

قانون جاذِبيّة الـ~ — loi de la gravitation universelle

الأثقال poids et haltères [*sport.*]

رافِع، رَفْع الـ~ haltérophile *n.m.*; haltérophilie

ثَقيل ج ثُقَلاء lourd; pesant; encombrant; indolent

~ الذِهْن، الفَهْم balourd; endormi [*fig.*]; lourdaud; lent d'esprit

رِفْقة، حِمْل ~(ة) compagnie, fardeau pesant(e)

جَوّ، سَماء ~(ة) temps, ciel lourd

~ الهَضْم lourd à digérer; indigeste

صِناعة ~ة industrie lourde

أُسْلوب، عِبارة ~(ة) style, expression lourd(e)/maladroit(e)

~ السَمْع dur d'oreille

أَحْذِية ~ة grosses chaussures; godillots [*fam.*]

مُلاكِم وَزْن ~ boxeur poids lourd

شاحِنة ~ة camion poids lourd

~ الظِلّ، الروح، الدَم antipathique; importun; désagréable; indésirable; balourd; déplaisant; ennuyeux; insupportable; odieux; pénible

تَجَنَّبِ الثُقَلاء fuyez les importuns/les fâcheux

أَثْقَل م ثَقْلاء indigeste [*pr.* et *fig.*]

مِثْقال ج مَثاقيل «*mithqal*» [*métrol.*]; petite quantité; un peu; un brin de

~ ذَرّة مِن التَبَصُّر un grain de bon sens

ثَقّالة وَرَق presse-papiers

ثُقّالة ج ات haltère

II ثَقَّلَ تَثْقيلًا ه، ه؛ على ه، ه rendre lourd; alourdir; appesantir; charger; surcharger

~ كاهِلَ ه accabler; encombrer qqn; être à charge à

~ كاهِل المِيزانِيّة obérer/grever le budget

~ الشَعْب بِالضَرائِب écraser le peuple sous les impôts

~ سَفينة lester un bateau

~ت الأَثْمارُ الغُصونَ les branches croulent sous les fruits

IV أَثْقَلَ إِثْقالًا ه ← II

~ على ه déranger qqn

~ ذاكِرَتَهُ encombrer sa mémoire

~ نَفْسَهُ بِـ ه، ه s'encombrer de qqn, qqch

~ أَسيرًا بِالسَلاسِل charger un prisonnier de chaînes

~ت حَرَكاتِهِ السِنون les ans ont alourdi/appesanti ses gestes

~ مَعِدَتَه s'alourdir/se charger l'estomac

~ت كاهِلَهُ الدُيُونُ être accablé de dettes

أُثْقِلَ بِالعَمَل être surchargé de travail

~ت السَماء بِالغُيُوم le ciel est chargé de nuages

مُثْقَل بِـ chargé/surchargé de; écrasé sous

سَماء ~ة بِالغُيُوم ciel chargé/lourd

~ ضَميرُهُ avoir un poids sur la conscience; avoir la conscience chargée

~ بِالدُيُون accablé de dettes

~ بِالأَثْمار chargé de fruits

VI تَثاقَلَ تَثاقُلًا عن، في ه agir avec lourdeur; faire qqch à contre-cœur; mettre de la mauvaise volonté à; se montrer réticent

تَثاقُل ج ات lourdeur; réticence

بِـ~ pesamment; lourdement; avec mauvaise volonté; à contrecœur; avec réticence

مُتَثاقِل lourd/pesant (personne); ennuyeux

مَشَى، نَهَضَ مُتَثاقِلًا marcher, se lever lourdement/pesamment

**836** ثَكِلَ ـَ ثَكَلًا perdre son enfant; être privé de son enfant (par la mort)

ثَكِل، ثاكِل؛ ثَكول mère qui a perdu un enfant

IV أَثْكَلَها وَلَدَها enlever/prendre un enfant à sa mère (mort); priver une mère de son enfant

**837** ثُكْنة ج ات، ثُكَن baraquement; caserne; casernement; quartier [*mil.*]

**838** ثُلّة ج ثُلَل bande; foule; poignée de personnes; troupe; détachement [*mil.*]

**839** ثَلَبَ ـِ ثَلْبًا ه dénigrer; diffamer; critiquer

~ سُمْعة ه attaquer l'honneur de; entamer la réputation de

ثَلْب dénigrement; diffamation; critique acerbe

ثالِب diffamant; diffamatoire

840 **ثُلْث** ج أَثْلاث — tiers; *impr. type de caractères utilisés pour les titres*

**ثَلاثة** م ثَلاث — trois

~ رِجالٍ، أَرْباع — trois hommes; trois quarts

~ أَضْعافٍ؛ **ثَلاث** مَرّاتٍ — trois fois; triple

~ نِساءٍ — trois femmes

جَلَسْنا **ثَلاثَتُنا** — nous nous assîmes tous les trois

ثَلاثيّ — tertiaire [*géol.*]

ثَلاثةَ عَشَرَ م ثَلاثَ عَشْرةَ — treize

**ثَلاثونَ** — trente; trentième; trentaine

الـ~ مِنَ الشَهْر — le trente du mois

الصَفْحة الـ~ — page trente

الجُزْء الـ~ — la trentième partie

حَرْبُ **الثلاثينَ** سَنةً — la guerre de Trente Ans

تَجاوَزَ الـ~ — passer la trentaine

الثَلاثينات؛ الثَلاثينيّات — les années trente

**ثُلاثيّ** — trio; triple; tri- *préf.*

~ المُحَرِّكات، الفُصوص — trimoteur; trilobé

القاعِدة الـ~ة — règle de trois

~ المَقاعِد، السَنَوات — triplace; triennal

تَيّار ~ الأَطْوار، الأَدْوار — courant triphasé

~ السُطوح، الحُدود — triplan; trinôme

لَوْحة ~ة — triptyque

قِمّة، مُؤْتَمَر ~(ة) — sommet, conférence à trois/tripartite

~ الأَلْوان، الأَبْعاد — tricolore; tridimensionnel

~ الجَوانِب، الأَضْلاع — trilatéral

مُباراة، اِنْتِخابات ~ة — match, élections triangulaire(s)

أَصْل، فِعْل ~ الأَحْرُف — racine, verbe trilitère

~ اللُغات، المَقاطِع — trilingue; trisyllabique

ثُلاثيّة — tierce *n.f.*; trilogie

**ثُلاثاء**؛ يَوْم الـ~ — mardi

~ المَرْفَع — mardi gras

**ثالِث** — troisième

الصَفْحة الـ~ة — page trois

اليَوْم الـ~ من الشَهْر — le trois du mois

شَخْص ~ — tierce personne; un tiers

الاِتِّجاه، القِطاع الـ~ — troisième voie; secteur tertiaire

العالَم الـ~ — le tiers monde

ثالِثًا — tertio; troisièmement; en tiers

ثالِثَ عَشَرَ م ثالِثةَ عَشْرةَ — treizième

القَرْن الـ~ عَشَرَ — le treizième siècle

الصَفْحة **الثالِثة** عَشْرةَ — page treize

**ثالوث** — triade; trilogie; trinité; trio

الـ~ الأَقْدَس — la Sainte-Trinité

بَنَفْسَج الـ~ — pensée [*bot.*]

~ موسيقيّ — trio musical

مَثْلوث — triple; triplé

II **ثَلَّثَ** تَثْليثًا ه — tripler; triplement

~ المَبيعات — tripler les ventes

**مُثَلَّث** — triple; triplé; *géom.* triangle

~ قائِم الزاوِية — triangle rectangle

~ مُتَساوي الساقَيْن — triangle isocèle

~ مُتَساوي الأَضْلاع — triangle équilatéral

مَبيعات ~ة — ventes triplées/multipliées par trois

**مُثَلَّثيّ** — triangulaire

~ الصَفَحات — trièdre

عِلْم **المُثَلَّثات** — trigonométrie

**مُثَلَّثاتيّ** (حِساب) — trigonométrique (calcul)

841 **ثَلَجَ** ـُ ثَلْجًا؛ ~ت السَماء ← IV

ثَلِجَ ـَ ثَلَجًا — être satisfait/réjoui

**ثَلْج** ج ثُلوج — glace; neige

نُدْفة ~ — flocon de neige

يَسْقُط، يَنْزِل الـ~ — il neige

~ صِناعيّ، اِصْطِناعيّ — neige artificielle

مَكْسُوّ، مُغَطًّى، مَغْمور بِالـ~ — enneigé; neigeux

قِمّة مُكَلَّلة بِالـ~ — sommet neigeux

قِطْعة ~ — glaçon

كَثافة الـ~ — enneigement

ثُلوج دائِمة — neiges éternelles

ثَلْجيّ — glacial; glacé; neigeux [*pr.* et *fig.*]

مَثْلوج — enneigé; glacé

ثَلّاج ج ون — glacier; marchand de glaces

ثَلّاجة ج ات — réfrigérateur; armoire frigorifique

مَثْلَجة ج مَثالِج — glacière

II **ثَلَّجَ** تَثْليجًا ه — glacer *tr.*; congeler; réfrigérer

~ شَرابًا — mettre une boisson à glacer

تَثْليج — congélation; réfrigération

مُثَلِّج ج ات — congélateur

**مُثَلَّج** — gelé; congelé; glacé; réfrigéré

~، مُثَلَّجة ج ات — glace [*pâtiss.*]; sorbet

IV **أَثْلَجَ** إِثْلاجًا — être neigeux; neiger

~ الصَدْرَ — réjouir; égayer; épanouir; gratifier

طَقْس مُثْلِج — temps neigeux

V تَثَلَّجَ تَثَلُّجًا — se glacer; se congeler; se geler

**842 ثَلِمَ** ـَ ثَلَمًا — s'ébrécher; se fendre

**ثَلَمَ** ـِ ثَلْمًا ه — ébrécher; battre en brèche; fendre

~ سِكِّينًا، إِناءً — ébrécher un couteau, un vase

~ صيتَ ه — flétrir la réputation de qqn; diffamer; discréditer; jeter le discrédit sur

**ثَلْم** صيت ه — diffamation; discrédit; flétrissure

~ ج أَثْلام — *v. le suivant*

**ثُلْمة** ج ثُلَم — brèche; cassure; coche *n.f.*; encoche; faille

~ لا تُسَدّ — perte irréparable

سَدَّ ~ — combler une lacune

أَثْلَم م ثَلْماء — ébréché

II **مُثَلَّم** — ébréché; discrédité; diffamé

نَوْم ~ — sommeil entrecoupé/intermittent

V تَثَلَّمَ تَثَلُّمًا — s'ébrécher; s'écailler; être discrédité; se discréditer

مُتَثَلِّم ← مُثَلَّم

VII اِنْثَلَمَ اِنْثِلامًا ← V

**843 ثَمَّ**؛ ثَمَّتَ — là; là-bas

مِن ~ — de là; dès lors; donc; ensuite; par suite; par conséquent

**ثَمَّةَ** — là; là-bas

~ شَيْءٌ؛ لَيْسَ ~ شَيْءٌ — il y a quelque chose; il n'y a rien

**ثُمَّ** — ensuite; et puis

~ ماذا — et puis après?

**844 ثُمام** — millet [*bot.*]

على طَرَف الـ~ — aisément; facilement

**845 إِثْمِد** — antimoine

**846 ثَمَر** ج ثِمار، أَثْمار — *coll.* fruit; *fig.* effet; résultat; fruit

**ثَمَرة** ج ات، أَثْمار — *n.un.* fruit

~ ناضِجة، جافّة، لَحْمِيّة — fruit mûr, sec, charnu

مِن الـ~ تُعْرَف الشَجَرة — *prov.* c'est au fruit qu'on connaît l'arbre

الـ~ والجَمْرة — le bon grain et l'ivraie

~ مُحَرَّمة — fruit défendu

شَجَرة حافِلة بِالأَثْمار — arbre chargé de fruits

ثَمِر؛ ثامِر — fructifère; frugivore

IV أَثْمَرَ إِثْمارًا ه — porter ses fruits; être fructueux; fructifier; produire qqch; profiter

إِثْمار — fructification

**مُثْمِر** — fécond; fructifère; fructueux; productif; rentable

شَجَرة ~ة — arbre fruitier

جُهود، صَفْقة ~ة — efforts, affaire fructueux(euse)

أَرْض، رَأْس مال ~(ة) — terre, capital productif(ive)

تَوْظيف ~ — placement rentable

عَمَل ~ — travail fécond

غَيْر ~ — improductif; non rentable

X اِسْتَثْمَرَ اِسْتِثْمارًا ه (من) — faire fructifier; rendre productif; tirer des bénéfices de
~ أَرْضًا، نَجاحًا — exploiter une terre, un succès
~ رُؤُوس أَمْوال — investir/placer des capitaux
اِسْتِثْمار ج ات — exploitation; investissement; placement
مُسْتَثْمِر ج ون — investisseur; exploitant; exploiteur; bénéficiaire
**مُسْتَثْمَر** — exploité; investi; placé (argent)
غَيْر ~ — inexploité

**847 ثَمِلَ** ـَ ثَمَلًا — s'enivrer; se griser; se soûler
ثَمَل — ébriété; enivrement; ivresse; griserie
**ثَمِل** — gris [*fam.*]; ivre; pris de boisson; soûl; éméché
~ مِن الدِماء، الغَضَب — ivre de sang, de colère
~ مُهَدَّم — ivre mort
**ثُمالة** — dépôt; lie; sédiment; reste; fond; résidu
شَرِبَ الكَأْسَ حَتّى الـ~ — boire la coupe jusqu'à la lie
IV أَثْمَلَ إِثْمالًا ه — enivrer; griser; soûler

**848 ثَمَن** ج أَثْمان — prix; coût; cote; valeur; *v. aussi 849*
بِـ~ بَخْس — à bas/vil prix
دَفَعَ ~ه ذَهَبًا — acheter à prix d'or
بِـ~ غالٍ، باهِظ — au prix fort
~ عَدْل، الكُلْفة — prix juste, de revient
~ التَجْزِئة، الجُمْلة — prix de détail, de gros
باهِظ الـ~ — hors de prix
مَهْما كان الـ~ — à tout/à n'importe quel prix
~ المَجْد — la rançon de la gloire
لا **ثَمَنَ** لَهُ — inestimable; sans prix
ثَمِين — précieux; de choix; de prix; rare [*fig.*]
II **ثَمَّنَ** تَثْمِينًا ه — apprécier; estimer; évaluer; déterminer la valeur
~ ه بِسِعْرِهِ الحَقِيقِيّ — estimer à son juste prix
لا يُثَمَّنُ — inestimable
تَثْمِين — appréciation; estimation; évaluation
تَثْمِينِيّ — estimatif; évaluatif; appréciatif
مُثَمِّن ج ون — commissaire-priseur
مُثَمَّن — estimé; évalué

**849 ثُمْن** ج أَثْمان — huitième; *v. aussi 848*
**ثَمانية** م ثَمانٍ — huit
~ رِجالٍ — huit hommes
الأَحَد بَعْدَ ~ أَيّام — dimanche en huit
**ثَماني** بَناتٍ — huit filles
ذو ~ زَوايا، أَضْلاع — octogonal
**ثَمانيةَ عَشَرَ** م ثَمانِيَ عَشْرةَ — dix-huit
**ثُمانيّ** — octo- *préf.*
~ وَحَدات، الأَوْجُه — octave [*mus.*]; octaèdre
~ المَقاطِع — octosyllabe
ثَمانونَ — quatre-vingts
ثَمانونيّ؛ اِبْن ثَمانِينَ — octogénaire
الثَمانينات — les années quatre-vingts
**ثامِن** — huitième
الساعة الـ~ة — huit heures
الدَرْس الـ~ — leçon huit; huitième leçon
الـ~ مِن الشَهْر — le huit du mois
**ثامِنَ عَشَرَ** م ثامِنةَ عَشْرةَ — dix-huitième
II **مُثَمَّن** الزَوايا، الأَضْلاع — octogone; octogonal
~ مُنْتَظِم — octogone régulier

**850 ثُنّة** ج ثُنَن — fanon (de cheval); touffe de crins

**851 ثُنْدُوة** ج ات، ثَنادٍ — mamelle de l'homme; mamelon

**852 ثَنَى** ـِ ثَنْيًا ه عَن — dissuader; détourner; prévenir contre
~ عَزِيمةَ ه — rebuter; décourager
~ على ه — incliner à; pencher pour
**ثَنَى** ـِ ثَنْيًا ه — plier; ployer; replier; retrousser
~ وَرَقة، رُكْبَتَيْه — plier/replier une feuille, les genoux
~ غُصْنًا — ployer une branche

~ رُكْبَتَهُ لِـ — fléchir le genou devant

~ قُماشًا — plisser/rabattre une étoffe

~ على ہ بِضَرْبَة — redonner/réitérer un coup

يُثْنَى — pliable; repliable

ثَنْي — dissuasion; détournement; prévention; fléchissement; flexion; ploiement; réitération

~ الوادي، النَهْر — méandre (d'un fleuve)

ثِنْي ج أَثْناء — pli; repli; rebord

أَثْناء، في ~ ہ — en attendant; au/en cours de; entre-temps; dans l'intervalle; dans le courant de

في هَذِه الـ~ — entre-temps; sur ces entrefaites

ثَنِيَّة ج ثَنِيات، ثَنايا — col; courbure; rabat; pli; repli; *v. aussi 853 à 855*

~ في الجَبَل — col; défilé [*géogr.*]

ثَنِيات فُسْتان — plissé d'une robe

ثَنايا، في، بَيْنَ ~ ہ — à l'intérieur de; entre; parmi; durant; au cours de; dans le courant de

اِثْنان، ثانٍ، ثُنائيّ ← *853, 854*

مَثْنًى ج مَثانٍ — détour de chemin; sinuosité; méandre

مَثْنِيّ — courbé; plié; ployé; retroussé

II ثَنَّى تَثْنِية ہ — plisser; faire des plis; *v. aussi 853, 854*

V تَثَنَّى تَثَنِّيًا — faire des plis; faire un coude/une courbe

VII اِنْثَنَى اِنْثِناءً — fléchir; former un coude/un pli; se courber; s'incurver; s'incliner; se recourber

~ عن ہ — se détourner de; renoncer à

~ تَحْت وَطْأَة العَدُوّ — fléchir sous la pression de l'ennemi

~ إلى ہ — s'appliquer à; se préparer à

لا يَنْثَني — inflexible; inexorable

اِنْثِناء — fléchissement; coude

~ القِشْرة الأَرْضيّة — plissement de l'écorce terrestre

X اِسْتَثْنَى ہ، ہ — excepter; faire une exception pour; exclure; exempter

اُسْتُثْنِيَ — faire exception; être exempté

اِسْتِثْناء ج ات — exception

بِـ~ — à l'exclusion de; sauf; excepté; sans compter

فيما عَدا بَعْض الاِسْتِثْناءات — à quelques exceptions près

اِسْتِثْنائيّ — exceptionnel; spécial; exclusif

مُسْتَثْنًى — exclu; excepté; exempt; exempté

853 ثَنِيّة ج ثَنايا — compliment; éloge; hommage; louange; panégyrique; *v. aussi 852, 854, 855*

ثَناء ج أَثْنِية — *même sens*

~ على العَمَل، الجَمال — hommage rendu au travail, à la beauté

جَدير بالـ~ — digne d'éloges; louable

ثَنائيّ — élogieux

ثَنايا — actions héroïques; exploits

IV أَثْنَى إِثْناءً على ہ، ہ — louer; faire l'éloge de; chanter les louanges de; rendre hommage à

854 (ثنى) اِثْنان م اِثْنَتان — deux; *v. aussi 852, 853*

اِثْنَيْن؛ يَوْم الـ~ — lundi

ثَنَويّ؛ ثَنَويّة — dualiste; dualisme

اِثْنا عَشَرَ م اِثْنَتا عَشْرةَ — douze

اِثْنا عَشَريّ — duodécimal

ثانٍ (الثاني) م ثانية — deuxième; second; bi- *préf.*

العَهْد، العَصْر الـ~ — le secondaire [*géol.*]; l'ère secondaire

اليَوْم الـ~ مِن الشَهْر — le deux du mois

ثاني يَوْم — lendemain; le jour suivant

لِـ~ مَرّة؛ لِلْمَرّة الـ~ة — pour la deuxième fois

~ أُكْسيد، كَرْبونات — bioxyde; bicarbonate

~ اِثْنَيْن — compère; réplique; pendant *n.m.*

ثانِيًا — deuxièmement; secondement; secundo

ثانِية ج ثَوانٍ — seconde *n.f.*

اِنْتَظِرْ ~ — attendez une seconde! une seconde!

ثانيةً — à/de nouveau; ré-/re- *préf.*

حَمَّل، رَتَّبَ، أَنْشَأَ ~ — recharger; reclasser; reconstituer

ثانَويّ — secondaire; subalterne

تَعْليم، مَدْرَسَة ~(ة) — enseignement, école secondaire

أَشْغال ~ة — occupations marginales

فِكْرة، دَوْر ~(ة) — idée accessoire; rôle épisodique

هَذا أَمْر ~ — c'est un détail!

ثانَويّة — collège d'enseignement secondaire; lycée

ثُناءَ ثُناءَ — deux à deux

**ثُنائيّ** — binaire; double; duo; bi- *préf.*

~ المَقْعَد، اللَوْن — biplace; bicolore

~ القُطْب، الجِنْس — bipolaire; bisexuel

~ الحُدود، الجِذر — binôme; bilitère [*ling.*]

اِتِّفاق ~ — accord bipartite bilatéral

~ الشَفْرَتَيْن — bilame [*phys.*]

تَمْثيل، اِنْشِقاق ~ — bicamérisme; bipartition

~ العَيْنِيّة، القِيمة — binoculaire; bivalent

تَفَرُّع ~ — dichotomie

**ثُنائيّة** — dualisme; dualité

~ القُطْب — bipolarité

مَثْنَى مَثْنَى — deux à deux

II **ثَنَّى** تَثْنِيَة ه — doubler

~ الكَلِمة — mettre un mot au duel

تَثْنِيَة — duel [*gramm.*]; doublement; gémination

مُثَنَّى — double; doublé; *gramm.* mis au duel; qui porte les marques du duel

855 **ثَنِيَّة** ج ثَنايا — incisive *n.f.*; *v. aussi 852, 853*

856 **ثاب** ُ ثَوَبانًا — recouvrer la santé; se rétablir

~ إلى رُشْدِهِ — revenir à recouvrer la raison

~ إِلَيْهِ رُشْدُهُ، عَقْلُه — *même sens*

**ثَواب**، مَثُوبة — récompense; rétribution; mérite; prix (des bonnes œuvres)

نالَ ~ًا — obtenir une récompense

**مَثاب**، مَثابة — lieu de réunion de rencontre; rendez-vous

~ البِئْر — margelle (de puits)

II ثَوَّبَ تَثْويبًا (← IV) — appeler à la prière (muezzin)

تَثْويب — appel à la prière de l'aurore

IV أَثابَ إِثابة ه — récompenser; rémunérer; rétribuer

X اِسْتَثابَ اِسْتِثابة ه — réclamer (une récompense)

857 **ثَوْب** ج ثِياب، أَثْواب — habit; vêtement

لَبِسَ ~ الرَاهِب — entrer dans les ordres

في ~ بَسيط — sous une forme simple

ظَهَرَ في ~ ه — se donner prendre l'air de

لَبِسَ **ثِيابَهُ** — s'habiller; se vêtir

خَلَعَ ~ه — se déshabiller; se dévêtir

المَرْءُ بِآدابِهِ لا بِزِيِّه و ~ه — *prov.* l'habit ne fait pas le moine

بِمَثابة — sorte de; qui tient lieu/fait office de; tout comme; en guise de; qui sert de

858 **ثَوْج** ج أَثْواج — panier (pour porter de la terre)

859 **ثَوْر** ج ثِيران — bœuf; taureau

~ المِسْك — bœuf musqué

~ وَحْشيّ — bison

مُصارَعة **الثيران** — tauromachie

مُصارِع الـ~؛ ثَوّار ج ون — toréador; toréro

860 **ثارَ** ُ ثَوْرًا — s'élever (tumulte); se soulever (poussière)

~ ثائِرُهُ — éclater de colère; s'enflammer; s'irriter; se déchaîner; s'indigner; se mettre en furie; piquer une colère une crise

~ في وَجْهِه ه — se dresser surgir devant

~ على — s'insurger; se rebeller; se révolter; se soulever contre

**ثَوْرة** ج ات — déchaînement; excitation; éruption; éclat; coup d'éclat; accès de colère; insurrection; révolte; révolution; mutinerie

~ صِناعيّة — révolution industrielle

~ تِكْنولوجيّة — révolution technologique

أَحْدَثَ ~ في التِقْنِية — révolutionner la technique

**ثَوْريّ** ج ون — insurrectionnel; révolutionnaire

حَرَكة، نَظَرِيّة ~ة — mouvement, théorie révolutionnaire

**ثَوَران** — furie; agitation; excitation; tourbillon de poussière

~ بُرْكانيّ — éruption volcanique
**ثَوَرانيّ** — éruptif
**ثائِر** ج ثُوّار — déchaîné; furibond; furieux; mutin *n.m.*; révolté; révolutionnaire
مَجْنون ~ — fou furieux
~ الأَعْصاب — énervé
**ثُوّار** — rebelles; révolutionnaires; révoltés
مَحْكَمة الـ~ — tribunal révolutionnaire
ثائِرة ج ثَوائِر — agitation; effervescence
**مَثار** — encouragement; incitation; motif; stimulant
~ نِزاع، جَدَل، خِلاف — point/sujet de contestation, de discussion, de discorde
II **ثَوَّرَ** تَثْويرًا (← IV) — révolutionner; soulever (tumulte, poussière)
~ عاداتٍ — révolutionner des habitudes
IV **أَثارَ** إِثارة ه، ه — aguicher; exciter; monter la tête à; provoquer
~ الغُبار، مَسْأَلة — soulever la poussière, une question
~ اِعْتِراضاتٍ — soulever des objections
~ الأَحْقاد، الأَهْواء — attiser les haines; déchaîner les passions
~ الشَهِيّة — aiguiser/stimuler l'appétit
~ الشَعْب — ameuter le peuple
~ الغَضَب، الغَيْظ — aviver/soulever la colère; irriter
~ الحَنَق — indigner; révolter
~ الاِشْمِئْزاز — soulever le dégoût
~ احْتِجاجاتٍ — élever des protestations
~ الضَغائِن — jeter de l'huile sur le feu [*fig.*]
~ الأَعْصاب — porter/taper sur les nerfs; énerver
~ اِسْتِنْكارَ ه — scandaliser
~ لِـ ه مَشاكِل — créer/susciter des difficultés à; chercher noise à
~ اِضْطِراباتٍ — fomenter des troubles
~ الإِعْجاب، الأَهْواء — susciter l'admiration, les passions
~ الاِهْتِمام، الفُضول — exciter/susciter l'intérêt, la curiosité
~ الشُكوك، الشَهْوة — éveiller les doutes, le désir
~ شَفَقة ه — éveiller la pitié; fléchir qqn
~ الفَرَح، الحَماس — transporter de joie, d'enthousiasme
~ حَماس الجُمْهور — enflammer/passionner le public
~ فَضيحة — causer/provoquer un scandale
~ الأَحاسيس — faire vibrer les sentiments
~ الضَحِك — faire rire; provoquer l'hilarité
~ه على ه — dresser qqn contre
**إِثارة** — excitation; éveil; incitation; irritation; provocation; soulèvement; stimulation
أَحَسَّ بِـ~ — éprouver de l'irritation
**مُثير** — aguichant; irritant; provocant; excitant; révoltant; sensationnel; stimulant
~ الحَرْب — le démon de la guerre
ضَحْكة، كَلام ~(ة) — rire, paroles provocant(es)/irritant(es)
~ لِلضَحِك، لِلْحُزْن — risible; attristant
مُثيرات — stimulants; excitants
X **اسْتَثارَ** اِسْتِثارة ه — mettre hors de ses gonds; porter sur les nerfs; aguicher; exciter; irriter
~ه على ه — indisposer qqn contre
~ الاِنْتِباه — éveiller l'attention
~ رَغْبة ه — éveiller le désir; tenter qqn
مُسْتَثير — aguichant

861 **ثَوْل** ج أَثْوال — essaim (d'abeilles)
ثَوّالة من الجَراد — nuée de sauterelles
V تَثَوَّلَ تَثَوُّلاً — essaimer; essaimage
VII اِنْثالَ اِنْثِيالاً على ه — s'amonceler/s'amasser/s'entasser (autour, sur); recouvrir

862 **ثُوم**؛ فَصّ ~ — ail; tête d'ail; gousse d'ail

863 **ثَوَى** ـِ ثَواء — faire halte; s'arrêter (dans un lieu)
**مَثْوًى** ج مَثاوٍ — pension
~ لِلْعائِلات — pension de famille
الـ~ الأَخير — *fig.* la dernière demeure

**864** **ثَيِّب** ج ات femme qui a perdu sa virginité ; femme seule (divorcée, veuve)

II ثَيَّبَ تَثْييبًا ت (المَرْأة) vivre seule (femme)

**865** **ثَيْتَل** ج ثياتِل bœuf sauvage de la péninsule arabe

**866** **ثِيل**، ثَيِّل ivraie [*bot.*]

(جيم)

*cinquième lettre de l'alphabet : « jim » ;*
*occlusive affriquée sonore :* [j]

867 **جَأْب** onagre [*zool.*]; âne sauvage

868 **جَأْبة**، ~ البَطْن nombril; région ombilicale

869 **جُؤْجُؤ** ج جَآجِئ proue; poitrail; sternum

~ الطَّيْر bréchet

870 **جَأَرَ** - جأْرًا، جُؤارًا braire; mugir

~ إلى ٱللّه crier vers Dieu; implorer/prier/supplier Dieu

جَأْر، جُؤار mugissement; plainte; supplication

871 **جاز**؛ مُوسيقَى الـ~ jazz

872 **جَأْش** âme; cœur [*fig.*]; esprit [*fig.*]

ثَبات، رَباطة ~ calme *n.m.*; flegme; sang-froid

فَقَدَ رَباطة ~ه perdre la tête/son calme

اِنْتَظَرَ بِرَباطة ~ attendre de pied ferme

رَابِط، ثابِت الـ~ calme *adj.*; ferme *adj.*; flegmatique; imperturbable

873 **جالون** gallon [*métrol.*]

874 **جام** ج ات bol; coupe; gobelet

875 **جامَكِيّة** ج ات، جَوامِك traitement/salaire (de fonctionnaire)

876 **جاموس** ج جَواميس buffle

جاموسة bufflesse

877 **جاه** dignité; honneur; puissance; prestige; rang

صاحِب الـ~ dignitaire

878 **جاوَدار** seigle

879 **جاوَرْس** mil; millet

880 **جاويّ** javanais *adj.*, *n.*; de Java

لُبان ~ encens/résine de Java; benjoin

881 **جَبَّ** - جِبابًا النَّخْل féconder les palmiers

جُباب spathe [*bot.*]

882 **جُبّ** ج جِباب، أَجْباب citerne; puits

~ رَمْليّ puits perdu

883 **جُبّة** ج جُبَب froc; robe (d'homme); toge

جَبْخانة dépôt de munitions; magasin d'armement

884 **جَبْح** ج جِباح، أَجْباح ruche (d'abeilles)

885 **جَبَذَ** - جَبْذًا tirer; traîner

جابِذ centripète

886 **جَبَرَ** - جَبْرًا، جُبورًا ه bander; panser; restaurer; remettre en place (un os); *v. aussi 887, 888*

~ عَظْمًا مَكْسورًا réduire une fracture

~ خاطِر، خَواطِر ه réconforter; consoler

| | |
|---|---|
| ~ نَقْصًا، مَبْلَغًا | combler un déficit; arrondir une somme |
| ~ ه بِـ ه | assister qqn; venir en aide à |
| جَبْرُ عَظْم مَكْسور | réduction d'une fracture |
| جُبَار مِنْ | exempt de; innocent; libre de |
| جِبارة، جَبيرة ج جَبائِر | attelle; bandage; éclisse; plâtre *[méd.]* |
| جابِر | consolant; réconfortant |
| **مَجْبور** | consolé; réconforté; restauré; rétabli; remis (os) |
| عَظْم ~ | fracture réduite |
| حِساب، عَدَد ~ | compte, chiffre rond |
| II **جَبَّرَ** تَجْبيرًا ه | consolider; raffermir; remettre à flot |
| ~ عَظْمًا | réduire une fracture |
| تَجْبير، تَجْبيريّ | orthopédie; orthopédique |
| مُجَبِّر | orthopédiste; rebouteux |
| III جابَرَ مُجابَرة ه | bien traiter qqn; être aimable avec qqn |
| V تَجَبَّرَ تَجَبُّرًا | recouvrer la santé; reprendre des forces; se rétablir; se ragaillardir; se réconforter; se remettre; se consolider (fracture) |
| VII اِنْجَبَرَ اِنْجِبارًا ← V | |
| اِنْجِبار عَظْم | consolidation d'une fracture |
| 887 **جَبْر** | coercition; contrainte; force; *v. aussi 886, 888* |
| الـ~ | la fatalité |
| جَبْرًا | par force; forcément |
| بَيْع **جَبْريّ** | vente forcée |
| إجْراءات ~ة | mesures coercitives/de coercition |
| جَبْريّ ج جَبْريّة | fataliste; déterministe |
| الجَبْريّة | fatalisme; déterminisme |
| **جَبّار** ج جَبابِرة | colosse; géant; oppresseur; tyran; colossal; gigantesque; herculéen; impitoyable; imposant; titanesque; violent |
| الـ~ | le Tout-Puissant |
| ~ على رِجْلَيْن مِن طين | colosse aux pieds d'argile |
| شَجَرة، عَمَل ~(ة) | arbre, travail gigantesque |
| قامة ~ة | taille imposante |
| قُوّة، مَجْهود ~(ة) | force, effort colossal(e)/herculéen(ne)/titanesque |
| جَبَروت | pouvoir absolu; toute-puissance; omnipotence |
| IV **أَجْبَرَ** إجْبارًا على ه | astreindre/contraindre/forcer/ obliger qqn à faire qqch; mettre qqn dans l'obligation de |
| ~ نَفْسَه على ه | s'astreindre à; se forcer à |
| إجْبار | astreinte; contrainte; obligation |
| إجْباريّ | forcé/obligatoire (travail); contraignant (mesure) |
| **مُجْبِر** | astreignant; contraignant; obligatoire |
| **مُجْبَر** | astreint; contraint; forcé; requis |
| كان ~ًا على ه | être obligé de |
| V تَجَبَّرَ تَجَبُّرًا | être fier/orgueilleux; se rebiffer; se montrer récalcitrant |
| مُتَجَبِّر | impérieux; orgueilleux; hautain |
| 888 **الجَبْر**، جَبْريّ | algèbre; algébrique |
| 889 **جَبْرائيل**، جِبْريل | l'archange Gabriel |
| 890 **جِبْس** | plâtre; gypse |
| ~ ج أَجْباس | lâche; méchant; paresseux |
| ~ مَحْروق.. مَصْبوب | plâtre cuit, noyé |
| جِبْسين | sulfate de chaux |
| جَبّاس ج ون | plâtrier |
| II **جَبَّسَ** تَجْبيسًا ه | enduire de plâtre; plâtrer |
| ~ ذِراعًا مَكْسورًا | plâtrer un bras cassé |
| تَجْبيس | plâtrage |
| مُجَبِّس ج ون | plâtrier |
| 891 **جَبَس**، جَبَسة | pastèque; melon d'eau |
| 892 **جَبَلَ** ـُ جَبْلًا ه | modeler; pétrir |
| ~ إسْمَنْت، مِلاطًا | gâcher/malaxer du ciment |
| ~ طينًا، عَقْلًا | pétrir de l'argile, un esprit |
| جُبِلَ على ه | être enclin à/fait pour; avoir une propension à; avoir une disposition naturelle/une prédisposition à |

| | |
|---|---|
| جُبِلوا عَلَى طِين واحِد | *prov.* ils sont faits du même bois/de la même pâte |
| جَبَلة، جَبْلة | peau (visage); physionomie; traits |
| **جِبْلة**، جِبِلّة | complexion [*litt.*]; constitution; nature; tempérament; texture; trempe [*fig.*]; protoplasme |
| ~ دَمَوِيّة | plasma sanguin |
| رَجُل طَيِّب الـ~ | une bonne pâte [*fig.*]; qui a un bon fond |
| مَنْسوجات جَيِّدة الـ~ | étoffes de bonne qualité/bien tissées |
| جِبْليّ، جِبِلّيّ | inné; protoplasmique |
| **جَبْل**، جَبِل | épais; gros; grossier; rugueux |
| ~ الرَّأْس | forte tête |
| **مَجْبول** | corpulent |
| ~ على الكِبْرِياء، العُيوب | pétri d'orgueil, de défauts |
| جَبّالة | bétonnière; malaxeur |

| | |
|---|---|
| 893 **جَبَل** ج جِبال | mont; montagne |
| **جَبَلِيّ** ج ون | montagneux; montagnard *adj.*, *n.*; montueux |
| **مِنْطَقة** ~ة | région accidentée/montagneuse |
| **عِلْم الجِبال** | orographie |
| تَكَوُّن الـ~ | orogenèse |
| جِباليّ | orographique |

| | |
|---|---|
| 894 **جَبُنَ** ـُ جُبْنًا، جَبانة | être … *v. à l'adj.*; *v. aussi 895 à 897* |
| جُبْن، جَبانة | couardise; lâcheté; poltronnerie |
| جَبان، جَبين ج جُبَناء | couard; lâche; poltron; peureux |
| 895 **جُبْن**، جُبْنة ج أَجْبان | fromage |
| جُبْنيّ | fromager *adj.*; au fromage |
| جُبْنِين | caséine |
| جَبّان | fromager; marchand de fromage |
| مَجْبَنة | fromagerie |
| II جَبَّنَ تَجْبينًا (اللَّبَن) | transformer le lait en fromage |
| 896 **جَبّانة** ج ات، جَبابين | cimetière |

| | |
|---|---|
| 897 **جَبين** ج أَجْبُن، أَجْبِنة، جُبُن | front [*anat.*] |
| على ~ السَّماء | dans le ciel; en plein ciel |
| عالي الـ~ | le front/la tête haut(e) |

| | |
|---|---|
| 898 **جَبَهَ** ـَ جَبْهًا ه | faire un mauvais accueil à; surprendre |
| **جَبْهة** ج جَبَهات، جِباه | front [*anat.*]; façade; face |
| ~ شَعْبِيّة، وَطَنِيّة | front populaire, national |
| ~ الجُيوش | le front des troupes |
| ~ القِتال | front [*mil.*] |
| ~ بِناء | façade d'un édifice |
| **جَبْهِيّ**؛ هُجوم ~ | frontal; attaque frontale |
| أَجْبَه م جَبْهاء | qui a un front large et beau |
| III **جابَهَ** مُجابَهة ه، ه | défier; faire front; faire face à; s'attaquer à; aller au devant de |
| ~ العَدُوّ، الصُعوبات | affronter l'ennemi, les difficultés |
| ~ المَخاطِر بِلا خَوْف | regarder le danger en face |
| ~ه بِجَبْهة مُوَحَّدة | opposer un front uni à |
| **مُجابَهة** | affrontement; confrontation |
| لِـ~ الطَّلَبات | pour faire face aux demandes |
| VI تَجابَهَ تَجابُهًا | s'affronter |

| | |
|---|---|
| 899 **جَبَى** ـِ جَبْيًا ه | collecter/recueillir (les eaux de ruissellement) |
| ~ ـِ جِباية الضَرائِب | lever/percevoir/recouvrer l'impôt |
| جِباية الضَرائِب | levée/perception/recouvrement/rentrée des impôts |
| **جابٍ** (الجابي) ج جُباة | encaisseur; receveur (d'autobus) |
| ~ الضَرائِب | percepteur, receveur des contributions |
| ~ أَمْوال | collecteur de fonds |
| جَبا ج أَجْباء | bassin; réservoir; puits; citerne |
| جابِية ج جَوابٍ | *même sens* |
| II جَبَّى تَجْبِية | poser les mains sur les genoux ou sur le sol en se prosternant; se prosterner |
| تَجْبِية | saute-mouton |

900 جَثّ — cire d'abeille

جُثّة ج جُثَث — corps; corpulence; cadavre; dépouille mortelle; carcasse [fam.]

ضَخْم الـ ~ — corpulent

شَرَّحَ ~ — faire l'autopsie d'un corps

سَقَطَ ~ هامِدة — tomber raide mort

VIII اِجْتَثَّ اِجْتِثاثًا ه — arracher; déraciner

~ الأَعْشاب المُضِرّة — extirper les mauvaises herbes

اِجْتِثاث — arrachage; éradication; extirpation

901 جَثْل — dense; feuillu; touffu; épais

جَثْلة — *ins.* fourmi noire

جُثالة — chevelure épaisse; feuillage abondant/fourni/touffu

902 جَثَمَ ـُ جَثْمًا، جُثومًا — être allongé/couché sur le ventre; se blottir; gésir; se jucher; se percher; être/mettre en panne (bateau); brancher (oiseau); *v. aussi 903*

جاثِم — immobile; inanimé; sans mouvement; raide mort

~ ج ون، جَواثِم — blotti; juché; perché; prostré

مَرْكَب ~ — bateau en panne

جَواثِم — *ois.* passereaux

جَثوم ج جُثوم، جُثَّم ← جاثِم

جاثوم، جُثام ج جَواثيم — cauchemar

~ على صَدْرِه، مَعِدَتِه — poids sur la poitrine, sur l'estomac

جُثْمان ج ات — corps; dépouille mortelle

جُثْمانيّ — corporel

مَجْثَم ج مَجاثِم — juchée *n.f.*; juchoir; perchoir

903 جَثَمَ ـُ جُثومًا — croître; pousser (plante)

904 جَثا ـُ جُثُوًّا — s'agenouiller; fléchir le genou; se prosterner; tomber à genoux

جُثُوّ — agenouillement; prosternation

جُثْوة ج جُثًى — tombeau; tumulus; tas de pierres

~ ضَريحيّة — tertre funéraire

جاثٍ ج جُثيّ — accroupi; agenouillé; à genoux

مَجْثًى ج مَجاثٍ — prie-Dieu

905 جَحَدَ ـَ جَحْدًا — méconnaître; nier; désavouer; rejeter

~ دينَه، عَقائِدَه — abjurer/renier/répudier ses croyances, sa foi; apostasier

~ ه حَقَّ ه — dénier à qqn le droit de

~ جَميلَهُ — être/se montrer ingrat envers qqn

جَحْد، جُحود — abjuration; apostasie [péjor.]; désaveu; irréligion; reniement; *gramm.* négation du passé à l'aide de l'inaccompli

~ المَعْروف، الجَميل — ingratitude

جَحِد — avare; pauvre; chétif

عام ~ — année stérile; mauvaise année; disette

جاحِد — apostat; irréligieux; renégat; incrédule

~ الجَميل — ingrat

906 جَحَرَ ـَ جَحْرًا — s'enfoncer/se cacher/rentrer (dans son trou)

~ ت العَيْنان — avoir les yeux enfoncés dans les orbites

جُحْر ج أَجْحار — antre; repaire; terrier; trou (de souris)

VIII اِجْتَحَرَ اِجْتِحارًا — chercher/choisir un repaire; se faire un trou (animal)

907 جَحْش ج جِحاش، جِحْشان — ânon; bourricot; *fig.* lourdaud; *techn.* tréteau

~ النَجّار — établi de menuisier

908 جَحَظَ ـَ جُحوظًا — être globuleux/exorbité (œil)

~ ت عَيْناهُ — faire les gros yeux; avoir de gros yeux

جُحوظ العَيْن — exophtalmie

جاحِظ — qui a des yeux globuleux; exorbité (œil)

909 جَحَفَ ـَ جَحْفًا — dépouiller; écorcer; peler; enlever la peau; racler

~ جَليدًا — charrier des glaçons (fleuve)

~ الكُرة — attraper/saisir la balle au bond

جَحْفة — jeu du mail; polo [jeux.]

جُحاف — impétueux; violent; qui arrache/balaie tout sur son passage (torrent, mort)

| | |
|---|---|
| جَدَرِيّ، جُدَرِيّ | variole; variolique; petite vérole |
| ~ الطَّيْر | variole aviaire |
| مَجْدُور | variolé; varioleux; vérolé [pop.] |
| جُدَرِيّ، مُجَدَّر | variolique; variolé |
| مُجَدَّرة | *cuis.* plat de lentilles et de riz ou de semoule |

| | |
|---|---|
| 924 جَدَعَ - جَدْعًا ه | couper le nez/les lèvres/les oreilles; mutiler qqn |
| ~ أَنْفَ ه | rabattre le caquet [*fam.*]/l'orgueil de |
| جَدْع | mutilation |
| بِـ ~ الأَنْف | au prix de cruels sacrifices; *en phrase négative:* à aucun prix |
| جَدَعة | moignon |
| أَجْدَع م جَدْعاء | mutilé; qui a le nez coupé |

جدع ← جذع

| | |
|---|---|
| 925 جَدَفَ - جَدْفًا (← جَذَفَ) | nager [*mar.*]; ramer |

مِجْدَف ج مَجادِف، مِجْداف ج مَجاديف

| | |
|---|---|
| | aviron; pagaie; rame |
| ~ خَلْفِيّ | godille [*mar.*] |
| جَدّاف ج ون | rameur |
| II جَدَّفَ تَجْديفًا | canoter; godiller [*mar.*]; faire force de rames |
| تَجْديف | aviron [*sport.*]; canotage; nage [*mar.*] |
| نادي ~ | cercle/club d'aviron/nautique |

| | |
|---|---|
| 926 II جَدَّفَ تَجْديفًا على | blasphémer; jurer |
| تَجْديف ج تجاديف | blasphème; juron; imprécation |
| تَجْديفِيّ | blasphématoire; imprécatoire |
| مُجَدِّف ج ون | blasphémateur |

| | |
|---|---|
| 927 جَدَلَ - جَدْلًا ه | tresser; renforcer en tressant; natter; faire une épissure; épisser |
| جَدِلَ - جَدَلًا | forcir; grandir; se renforcer |
| جَدْلة | pilon (de mortier) |

جَديل ج جُدُل، جَديلة ج جَدائِل

| | |
|---|---|
| | natte de cheveux; tresse |
| جُدالة | épissure |
| مَجْدول | natté; tressé; bien fait/formé |
| ساق ~ة | jambe bien tournée |

| | |
|---|---|
| 928 جَدَل، جَدَلِيّة | dialectique *n.f.*; dispute; débat; querelle; *v. aussi 927* |
| مَوْضوع ~ | contesté; discuté; objet de discussion |
| أَحَبَّ الـ~ | aimer la discussion/la controverse |
| جَدَلِيّ | dialectique *adj.*; dialecticien |
| حُجَج ~ة | arguments polémiques |
| المادِّيّة الـ~ة | matérialisme dialectique |
| جَدِل، جَدّال، مِجْدال | disputeur; disputailleur; querelleur |
| III جادَلَ مُجادَلة، جِدال | discuter; se disputer; controverser; polémiquer; batailler |
| ~ في أَمْر | discuter une affaire |
| مُجادَلة ج ات | controverse; discussion; polémique *n.f.*; querelle; dispute |
| ~ حادّة | discussion animée |

جِدال ← مُجادَلة

| | |
|---|---|
| مَوْضوع، مَثار ~ | point/sujet de contestation/ de dispute; qui est en cause |
| بِلا ~ | sans conteste; incontestablement |
| أَطِعْ بِلا ~ | obéis sans discussion |
| لا ~ فيه | incontestable; indiscutable |
| لا يَقْبَل الـ~ | incontesté |
| مُجادِل ج ون | polémiste; disputeur [*litt.*]; contestateur |
| مُجادَل فيه | contesté; controversé; litigieux |

| | |
|---|---|
| 929 (جدو) جَدْوَى | don; présent *n.m.*; avantage; bénéfice; efficacité; utilité |
| عَدَم ~ | inanité; inefficacité; inutilité |
| بِلا، على غَيْر ~ | en pure perte; inutilement; vainement; sans succès |
| عَديم، لا ~ مِنْ | inutile; vain; qui ne sert à rien |
| أَجْدَى نَفْعًا | plus utile; plus efficace |
| IV أَجْدَى إِجْداءً ه ه، على ه | donner/procurer qqch à qqn |
| ~ نَفْعًا | procurer un avantage; être utile à |

**ما أَجْداكَ ذَلِك** — qu'est-ce que tu as gagné à ?
**لا يُجْدِيكَ نَفْعًا** — cela ne te servira/ne te mènera à rien ; c'est inutile/sans utilité
**مُجْدٍ** (المُجْدي) — utile ; profitable
غَيْر ~ — inutile ; inefficace ; vain
مِنَ الـ~ أَنْ — il est utile de
X **اِسْتَجْدَى** اِسْتِجْداءً ه — implorer ; mendier
~ ه ه — supplier qqn de
**اِسْتِجْداء** — mendicité ; supplication ; supplique
كانَ في صَوْتِه ~ — il y avait une prière dans sa voix
**مُسْتَجْدٍ** ج ون — mendiant ; mendigot [*pop.*]

930 **جَدْوَلَ** ه — cataloguer ; établir des rubriques
**جَدْوَل** ج جَداوِل — ruisseau ; rigole ; *fig.* barème ; catalogue ; bordereau ; schéma ; état ; rôle ; table ; tableau ; rubrique
~ خِدْمة، تَرْقِية — tableau de service, d'avancement
~ الدَّعاوى، المَبيعات — rôle des affaires [*jur.*] ; bordereau de vente
~ النَفَقات — détail/état des dépenses
~ الأَسْعار — barème ; tarif ; tableau des prix
~ الرَواتِب — échelle des salaires
~ لِلإِنْسِحاب — calendrier de l'évacuation
~ الأَعْمال — programme de travail ; ordre du jour
~ الضَرْب، الإِرْتِباط — table de multiplication, de correspondance
~ شامِل — tableau synoptique ; schéma
**مُجَدْوَل** — catalogué ; partagé en colonnes/en rubriques

**جَدْوَى** ← جدو

931 **جَدْي** ج جِدْيان، جِداء — chevreau
بُرْج الـ~ — Capricorne [*zod.*]

932 **جَذَّ** ـُ جَذًّا، جُذاذًا — arracher ; extirper ; exciser ; retrancher
جَذاذ — amputation ; excision ; extirpation ; retranchement
جُذاذة ج ات، جُذاذ — minerai d'or ; fragment ; parcelle ; raclure ; rognure ; fiche (de carton) ; morceau (cassé)
مَجْموعة جُذاذات — fichier
مَجْذوذ — arraché ; extirpé ; coupé ; retranché
II جَذَّذَ تَجْذيذًا — se retrouver isolé/seul ; coupé des autres
V تَجَذَّذَ تَجَذُّذًا — se morceler ; se briser

933 **جَذَبَ** ـِ جَذْبًا ه، ه — attirer ; entraîner ; tirer ; allécher ; captiver ; charmer ; séduire
~ مِنْ يَدِه، ذِراعِه — tirer par la main, le bras
~ الإِنْتِباه — attirer l'attention
~ القُلوب، الأَذْهان — séduire les âmes, les esprits
~ نَفَسًا — boire un coup ; aspirer une bouffée
**جَذْب** — attraction ; entraînement ; extase
الـ~ الجِنْسيّ — sex-appeal
مَرْكَز الـ~ — centre de gravitation
أَخَذَ جَذْبًا — arracher/prendre de force
**جاذِب** — attirant ; attractif ; centripète ; entraînant
قُوَّة ~ة — force attractive centripète
جاذِبة ج جَواذِب — *v. le suivant*
**جاذِبِيّة** — affinité ; attirance ; attraction ; attrait ; charme ; magnétisme ; séduction
~ الثِقْل — pesanteur [*phys.*]
قانون ~ الثِقْل — loi de la gravitation/de l'attraction universelle
~ شَخْص، وَجْه — agrément/charme/séduction d'une personne, d'un visage
~ أَرْضِيّة — attraction terrestre ; pesanteur [*phys.*]
~ شَعْرِيّة — capillarité
~ السُلْطة — fascination du pouvoir
جَذّاب — alléchant ; attirant ; attrayant ; attachant ; charmant ; charmeur ; sympathique ; séduisant ; voyant (couleur)
**مَجْذوب** — dément ; détraqué ; exalté ; illuminé ; possédé ; ravi ; *isl.* derviche ; mystique *n.*
كَالـ~ — comme un fou
III **جاذَبَ** مُجاذَبة ه — lutter/rivaliser avec ; se mesurer à
~ ه الحَبْلَ — faire assaut de ; entrer en compétition avec ; tirer chacun de son côté
~ ه ه — contester/disputer qqch à qqn

~ الكَلامَ، أَطْرافَ الحَديث — s'engager dans une conversation

VI تَجاذَبَ تَجاذُبًا ه، ه — s'attirer mutuellement; tirer chacun de son côté/à hue et à dia

~ الفِكَر — égarer; fourvoyer; jeter/semer la confusion; troubler l'esprit

~ أَطْرافَ الحَديث — chercher à accaparer/à participer à la conversation

**تَجاذُب** ج ات — affinité; attirance/attraction réciproque; différend; mésentente; tiraillement

هُناكَ ~ بَيْنَهُما — il y a du tirage entre eux

~ جُزَيْئِيّ — attraction moléculaire

VII **اِنْجَذَبَ** اِنْجِذابًا — graviter; être attiré/entraîné/tiré

~ الى ه — éprouver de la sympathie pour qqn

**اِنْجِذاب** — attraction; entraînement; extase; gravitation; sympathie

شَعَرَ بالـ~ إلى — éprouver de la sympathie; subir une attraction; ressentir une attirance

اِنْجِذابِيّ — centripète

VIII **اِجْتَذَبَ** اِجْتِذابًا ه، ه — attirer; tirer; allécher

~ الأَنْظار — attirer l'attention/les regards

~ اليَد العامِلة — drainer la main-d'œuvre

اِجْتِذاب — attraction; attirance

934 **جَذَرَ** ـُ جَذْرًا ه — arracher; déraciner; extirper

**جِذْر** ج جُذور — racine; souche; radical *n.m.* [*gramm.*]

~ الشَعْر، الأَسْنان — racine des cheveux, des dents

~ عَرَضِيّ، مُتَشَعِّب — racine adventive, fasciculée

~ هَوائِيّ، وَتَدِيّ، أَصْلِيّ — racine aérienne, pivotante, principale

~ تَرْبيعِيّ، تَكْعيبِيّ — racine carrée, cubique

مَدَّ **جُذورًا** عَميقة — lancer de profondes racines; s'enraciner profondément

**جِذْرِيّ** — radical *adj.*; rationnel [*math.*]

كَمِّيَّة، تَعْبير ~(ة) — quantité, expression rationnelle

تَطَوُّرات ~ة — transformations radicales

نِظام ~ — système radiculaire

عَدَد، كَمِّيَّة غَيْر ~(ة) — nombre, quantité irrationnel(le)

جِذْرِيًّا — radicalement

جِذْرِيّات الأَقْدام — rhizopodes *n.m.pl.*

جُذَيْر ج ات — radicelle

II جَذَّرَ تَجْذيرًا (عَدَدًا) — extraire la racine (d'un nombre)

تَجْذير — extraction

V تَجَذَّرَ تَجَذُّرًا — prendre racine [*pr.*]; s'enraciner

VII اِنْجَذَرَ اِنْجِذارًا — être extirpé/arraché/déraciné

935 **جِذْع** ج جُذوع، أَجْذاع — tronc d'arbre; tige; stipe

~ الإنْسان — torse; tronc [*anat.*]

~ طائِرة — fuselage

~ مُشْتَرَك، مَخْروط، هَرَم — tronc commun, de cône, de pyramide

~ عَمود، مِنْجَر — fût de colonne, de rabot

~ مُحَرِّك، عَنَفة، الكامات — arbre de moteur, de turbine, à cames

936 **جَذَع** ج جِذاع، جُذْعان — jeune; jeune homme; petit; poulain

أَجْذَع — *même sens*

جَذَعة — pouliche

**جَذَفَ** ـِ جَذْفًا بِالمَجاذيف ← جَدَفَ

937 **جَذِلَ** ـَ جَذَلًا — exulter; être gai/content/exubérant

جَذَل — enjouement; exultation; gaieté; exubérance; réjouissance

**جَذِل**، جَذْلان ج جُذْلان — enjoué; en fête; gai; heureux; hilare; joyeux; réjoui; satisfait

IV أَجْذَلَ إِجْذالًا ه — contenter; égayer; réjouir; rendre heureux

938 **جِذْل** ج أَجْذال، جُذول — moignon; tronc d'arbre élagué; souche d'arbre

لا يُبْصِر الـ~ في عَيْنِه — ne pas voir une poutre dans son œil

939 **جَذَمَ** ـِ جَذْمًا — entamer; entailler; exciser; mutiler; retrancher

جَذْم ج جُذوم — excision; retranchement; taille; mutilation

جِذْم. جِذْمة ج جُذوم، أَجْذام — fragment; bout; reste; racine; vieille souche; chicot (d'un arbre, d'une dent)

جُذام — éléphantiasis; lèpre

أَجْذَم م جَذْماء ج جَذْمَى — mutilé; lépreux

مَجْذوم ← أَجْذَم

940 **جُذْمور** ج جَذامير — *bot.* rhizome

بِجَذاميره — en/tout entier; dans son entier/sa totalité

941 **جُذْوة** ج جُذًى، جِذاء — ardeur; flamme; tison; brandon

أَخْمَدَ ~ القَلاقِل — apaiser les troubles

~ شَرّ — brandon de discorde

942 **جَرَّ** ـُ جَرًّا. جَريرةً على ه — commettre un délit/un crime contre

~ ـُ جَرًّا ه، ه — entraîner; tirer; conduire qqn

~ رِجْلَيْه — clopiner; se traîner; traîner la patte/la savate [*fam.*]

~ مِياه يَنْبوع — capter une source

~ المِياه إلى القَرْية — amener l'eau au village

~ عَرَبة، عِبْئًا — traîner une charrette, un fardeau

~ مَرْكَبًا، سَيّارة — haler/remorquer un bateau, une voiture

~ النار إلى قُرْصِه — accaparer l'attention; tirer la couverture à soi [*fig.*]

**جَرّ** — entraînement; traction; remorquage; *gramm.* subordination

سِلْك، حَيَوان ~ — câble tracteur; animal de trait

~ أَماميّ — traction avant

سَفينة الـ~ — remorqueur

~ المِياه — adduction d'eau; captage des eaux

حَرْف الـ~ — préposition

**هَلُمَّ جَرًّا** — allons, du courage! et ainsi de suite

**جَرّة** — traînée; trace

بِـ~ قَلَم — d'un trait de plume

مِن **جَرّاء** — à cause de

مِن ~ك، جَرّاك — à cause de toi; pour ton compte

جارّ — subordonnant *n.m.*; préposition

**مَجْرور** — tiré; tracté; *gramm.* subordonné; complément prépositionnel

~ ج مَجارير — égout

جارور ج جَوارير — tiroir

**جَرّار** — coulissant (porte); colossal; énorme; immense

جَيْش ~ — armée nombreuse

~؛ جَرّارة ج ات — tracteur; remorqueur; *ins.* scorpion jaune

جَرير ج أَجِرّة — bride; licou

**جَريرة** ج جَرائِر — crime; délit; faute; péché

مِنْ ~. جَرّاء — à cause de; dès lors; par suite de

المَجَرّة — galaxie; la Voie lactée

IV **أَجَرَّ** إِجْرارًا ه — ruminer

~ ه رَسَنَه — lâcher la bride à qqn

~ دَيْنَه — donner un délai pour le paiement d'une dette

VII **اِنْجَرَّ** اِنْجِرارًا — être attiré/tiré; subir une attraction

~ من، عَن — découler; provenir; résulter

VIII **اِجْتَرَّ** اِجْتِرارًا — mastiquer [*fig.*]; remâcher; ruminer

~ غَضَبَه — ruminer sa colère/ses griefs

~ اللُّبان — mastiquer/ruminer de la gomme

اِجْتِرار — rumination

مُجْتَرّ ج ات — ruminant *n.m.*, *adj.*

943 **جَرّة** ج جِرار — jarre

ما كُلُّ مَرّة تَسْلَمُ الـ~ — *prov.* tant va la cruche à l'eau qu'à la fin elle se casse

جَرّار — potier; fabricant/marchand de jarres

944 **جِرِّيّ** — silure

945 **جَرُؤَ** ـُ جَراءة. جُرْأة — être audacieux/hardi; oser; risquer; prendre des risques

~ على ه — avoir le courage/la hardiesse de; se risquer à

**جَراءة**، جُرْأة — audace; bravoure; courage; cran [*fam.*]; hardiesse; insolence; intrépidité

~ كَلام — hardiesse/liberté de langage; insolences

**جَرِيء** ج أَجْرِاء — audacieux; brave; courageux; déterminé; hardi; intrépide; insolent/osé (propos)

II جَرَّأَ تَجْرِيئًا ه — encourager; enhardir; donner du courage; rendre courageux

V **تجَرَّأَ** تَجَرُّؤًا على ه — se montrer audacieux/courageux; s'enhardir; braver; se hasarder à; se risquer à; tenter; oser; s'aviser de

VIII اِجْتَرَأَ اِجْتِراءً على ← V

946 **جَرَب** — gale [*méd.*]

جَرِب ج جِراب — croûteux; galeux *adj.* [*méd.*]; pelé

جَرْبان ج جَرْبَى — *même sens*

أَجْرَب م جَرْباء ج جُرْب — *même sens*

نَعْجة، أَرْض **جَرْباء** — brebis galeuse; terre pelée

جَرَبِيَّة — *bot.* scabieuse

جَرَبِيّات — acariens *n.m.pl.*

947 **جِراب** ج جُرْب — besace; bourse; gibecière; poche; sac; *anat.* bourse; scrotum

**جِرابيّ** — folliculaire

ثَمْرة ~ة — follicule [*bot.*]

جِرابِيّات — marsupiaux *n.m.pl.*

جُراب ج ات — bateau à fond plat; chaland; péniche

جُرَيْب ج ات — follicule [*anat.*]

جُرَيْبيّ — folliculaire

948 II **جَرَّبَ** تَجْرِيبًا ه، ه — mettre qqn, qqch à l'épreuve; éprouver qqn; essayer qqch; exercer qqn; tenter qqn, qqch; tester

~ نَفْسَه في — s'essayer à; s'exercer; s'attaquer à

~ الحَياة — faire l'expérience de la vie

~ فِعْلَة ه — essayer de faire comme qqn

~ حَظَّهُ — tenter/courir sa chance; risquer le coup

**تَجْرِبة** ج تَجارِب — essai; épreuve; expérience; expérimentation; tentative

عن، بالـ~ — par expérience

~ مَطْبَعِيّة — épreuve d'imprimerie

أَجْرَى ~ — faire un essai/une expérience/une tentative

طَوْر الـ~ — stade expérimental

على سَبِيل الـ~ — à titre expérimental; pour voir

تَحْتَ الـ~ — à l'essai

~ اِسْتِطْلاعِيّة، أُولَى — ballon/coup d'essai

~ مُكْتَسَبة — expérience acquise

قاوَم الـ~ — résister à la tentation

بَعْدَ **تَجارِب** خَمْسةِ أَعْوام — en cinq années d'expérience

~ الحَياة — l'école de la vie

مَحَطّة ~ — station d'expérimentation/expérimentale

**تَجْرِيبِيّ** — empirique; empiriste; expérimental

حُكْم ~ — jugement a posteriori

عُلوم ~ة — sciences expérimentales

تَجْرِيبِيًّا — empiriquement; de manière empirique

تَجْرِيبِيّة — empirisme

مُجَرِّب ج ون — tentateur; expérimentateur

مُجَرَّب — éprouvé; expérimenté; connaisseur; homme d'expérience; chevronné

949 **جُرْبُز** ج جَرابِزة — imposteur; fripon

950 **جُرْثُومة**، جُرْثُوم ج جَراثِيم — bactérie; germe; microbe; micro-organisme

~ مَرَض، نَبات — germe d'une maladie, d'une plante

عِلْم **الجَراثِيم** — bactériologie; microbiologie

~ مُبِيد — bactéricide

**جُرْثُومِيّ** — bactérien; germinal; microbien

مَرَض، خَلِيّة ~(ة) — maladie microbienne; cellule germinale

حَرْب ~ة — guerre bactériologique

951 **جَرْجَرَ** جَرْجَرةً — déglutir bruyamment; glouglouter; vociférer

~ نَفْسَه، خُطاه — se traîner

~ قَدَمَيْه، ساقَيْه — traîner les pieds, les jambes

مِشْية مُجَرْجِرة — traînant/hésitant (démarche)

**952 جَرَحَ** ـَ جَرْحًا ه — blesser; léser; traumatiser
~ بِسِلاح، بِكَلِمة — blesser avec une arme, par une parole
~ عُضْوًا — léser un organe
~ كِبْرِياء ه — blesser l'orgueil; offenser; outrager
~ مَشاعِر، قَلْب ه — offusquer; ulcérer [*fig.*]
~ شَهادة، شاهِدًا — récuser/réfuter (un témoignage, un témoin)
~ الأَشْجار — inciser/gemmer (des arbres)
جَرِحَ ـَ جَرَحًا — être blessé; être récusé
**جُرْح** ج جُروح، أَجْراح، جِراح — blessure; plaie
عاقِبة ~ — traumatisme
جُرْحِيّ — traumatique
مُثْخَن بِالجِراح — percé de coups
عِصْمة، مَعْصوم عن **الجُروح** — invulnérabilité; invulnérable
جِراحة — chirurgie
**جِراحِيّ** — chirurgical; opératoire
طِبّ، صَدْمة ~(ة) — médecine, choc opératoire
عَمَلِيّة ~ة — opération chirurgicale
أَجْرى عَمَلِيّة ~ة — faire une opération; opérer
**جَرّاح** ج ون؛ طَبيب ~ — chirurgien
~ أَسْنان — chirurgien-dentiste
**جارِح** — blessant; injurieux; offensant; outrageant; tranchant *adj.*
كَلام ~ — paroles vexantes/mordantes
جارِحة ج جَوارِح — animal carnassier; oiseau de proie; rapace; prédateur
**جَوارِح** — extrémités/membres du corps
بِكُلّ ~ه — de toute son âme; de tout son cœur
جَريح ج جَرْحَى — blessé; lésé; traumatisé
مَجْروح ج ون ← جَريح
II جَرَّحَ تَجْريحًا ه — récuser; réfuter; invalider; écharper qqn; faire de nombreuses blessures à
**تَجْريح** — chirurgie; réfutation; invalidation; diffamation
قابِل لِلـ~ — récusable; réfutable

VII اِنْجَرَحَ اِنْجِراحًا — se blesser; se vexer; s'offusquer
**يَنْجَرِح**؛ لا ~ — vulnérable; invulnérable
قابِل، قابِلِيّة **الاِنْجِراح** — vulnérable; vulnérabilité
**اِنْجِراحِيّة**؛ عَدَم ~ — vulnérabilité; invulnérabilité

**953 جَرَدَ** ـُ جَرْدًا — inventorier; faire un inventaire
~ المَوارِد — recenser les ressources
**جَرْد** — inventaire; recensement
وَضَعَ قائِمة ~ — dresser un inventaire
شَرْط الـ~ — sous bénéfice d'inventaire [*dr.*]

**954 جَريدة** ج جَريد، جَرائِد — palme; feuille de palmier
~ ج جَرائِد — liste; registre; journal
~ يَوْمِيّة، الصَباح، المَساء — journal quotidien, du matin, du soir
~ مُصَوَّرة، ناطِقة — journal illustré, parlé
~ رَسْمِيّة — Journal officiel

**955 جَرادة** ج جَراد — criquet; sauterelle
~ الماء — exocet; poisson volant
~ البَحْر — crevette
الجَرادِيّات — acridiens *n.m.pl.*

**956 جَرِدَ** ـِ جَرْدًا ه ← II — *v. aussi 953 à 955*
**جُرْدة** — nudité (du corps, du sol)
اِمْرأة بَضّة الـ~ — femme à la peau délicate/aux formes pleines
جَرْد — lisse; uni; râpé; usé; élimé
جَرِد — dépourvu de végétation/nu/dénudé (sol)
**أَجْرَدُ** م جَرْداءُ ج جُرْدٌ — dénudé; nu; pelé; cheval de race
بَلَد، جَبَل ~ — pays, montagne pelé(e)
وَجْه ~ — visage imberbe/glabre/lisse
شَجَرة، أَرْض **جَرْداء** — arbre nu/dénudé; terre pauvre/stérile
خَمْرة ~ — vin pur
جِياد **جُرْد** — beaux coursiers [*poét.*]

II جَرَّدَ تَجْرِيدًا ه، ه abstraire; démunir; dégarnir; dénuder; dépouiller; mettre à nu; émonder; enlever; ôter; peler

~ الأَشْجار مِنْ أَوْراقِها dépouiller les arbres de leurs feuilles

~ ه من ثِيابِه déshabiller; dévêtir

~ الإنْسان من حُقوقِه dépouiller un homme de ses droits

~ كُتُبًا dépouiller des livres

~ ه من السِلاح désarmer; démilitariser

~ عَسْكَرِيًّا مِن رُتْبَتِه dégrader un militaire

~ السَيْف مِن الغِمْد dégainer une épée

~ قَلْبَهُ عَنْ détacher son cœur de; se détacher de [*fig.*]

تَجْرِيد ج ات abstraction; dépouillement; déshabillage; enlèvement

~ من السِلاح démilitarisation; désarmement

تَجْرِيدة ج ات، تَجارِيد corps expéditionnaire; détachement [*mil.*]

تَجْرِيديّ abstrait (art, artiste, idée)

مُجَرَّد abstrait; dépouillé; dénudé; détaché [*fig.*]; pelé

~ مِن حُقوقِه déchu de ses droits

فِعْل ~ *gramm.* verbe nu/simple

عَدَد ~؛ في الـ~ nombre abstrait; dans l'abstrait

نَظَرِيّة ~ة théorie pure; utopie

المَعاني الـ~ة؛ المُجَرَّدات abstractions

يُرَى بِالعَيْن الـ~ة visible à l'œil nu

حَقيقة ~ة vérité toute nue; simple vérité

مِنْطَقة ~ة من التَجْهيزات الحَرْبِيّة zone démilitarisée

أَشْجار، جِبال ~ة arbres, montagnes dénudé(e)s/pelé(e)s

سَيْف ~ sabre au clair

~ من وَسائِل dépourvu de moyens

مُجَرَّدُ *inv. en genre et en nombre quand il est suivi d'un compl. d'annexion :* pur; simple; rien que; seul

~ تَحْويلاتٍ رَأْسِمالِيّة de simples transferts de capitaux

~ قَرْيةٍ صَغيرة un simple petit village

~ سَرْدِ الـ la simple énumération de

~ هذا الشَيْء seule cette chose est

~ التَفْكير في rien que d'y penser

~ صُدْفةٍ pure coïncidence

لِـ~ السُوء، الإساءة par pure méchanceté

لَيْسَ ~َ واحِدٍ ce n'est pas n'importe qui

بِـ~ ما... أَنْ dès que; aussitôt que; une fois que

بِـ~ وُصولِنا dès notre arrivée

V تَجَرَّدَ تَجَرُّدًا être nu/dépouillé/lisse

~ عَنْ نَفْسِه faire abstraction de soi-même; faire preuve d'abnégation

~ لِـ se consacrer à; se livrer à

~ من ثِيابِه se dépouiller de ses vêtements; se déshabiller; se dévêtir; se mettre tout nu

~ عن اللَذات الدُنْيَوِيّة se détacher des plaisirs mondains

~ مِن مالِه se démunir de son argent

تَجَرُّد abstraction; détachement; désintéressement; impartialité; renoncement

بِـ~ avec détachement; avec impartialité

مُتَجَرِّد désintéressé (avis); détaché [*fig.*]

بِعَيْن ~ة d'un œil détaché

957 جَرْدَل ج جَرادِل seau métallique

958 جُرَذ ج جُرْذان؛ جِرْذَوْن ج جَراذين rat

~ قُنْدُسِيّ ragondin

~ المَشاعِب surmulot

~ سِنْجابِيّ loir

959 جَرَزَ ـُ جَرْزًا ه anéantir; couper; retrancher; tuer; faire mourir/périr

~ الطَعام avaler/dévorer la nourriture

جَروز glouton; vorace

960 جَرَسَ ـِ جَرْسًا ه faire entendre un bruit; parler; produire un son

جَرَس ج أَجْراس cloche; clochette; timbre; sonnette

~ إِنْذار، كَهْرَبائِيّ sonnette d'alarme, électrique

زِرّ ~ bouton de sonnette

| | |
|---|---|
| بُرْج ~ | campanile |
| ذات أَجْراس | serpent à sonnette |
| جُرَيْس | campanule |
| جُرْسة | diffamation; discrédit; flétrissure |
| II جَرَّسَ تَجْريسًا ه (الدَهْر) | être formé par l'expérience/la vie |
| ~بِـ ه | diffamer; discréditer; dire du mal de |

| | |
|---|---|
| 961 جَرَشَ ـِ جَرْشًا | frotter; lisser; broyer; concasser; moudre |
| جَرْش | broyage; concassage |
| **جَريش**، مَجْروش | gruau; broyé; concassé; moulu grossièrement |
| ~ خَرْطال | flocons d'avoine |
| جاروش ج جَواريش، مِجْرَش | concasseur; meule |

| | |
|---|---|
| 962 جَرَضَ ـُ جَرْضًا ه | étouffer; étrangler; suffoquer |
| **جَرِضَ** ـَ جَرَضًا | étouffer *intr.*; suffoquer *intr.*; être en proie à une vive émotion |
| ~ بريقِه | avaler sa salive de travers |
| جَرَض، جَريض | suffocation; étouffement; agonie |
| جَريض ج جَرْضَى | oppressé; étranglé; suffoqué; agonisant |
| جارِض | étouffant; suffocant (chaleur, fumée) |

| | |
|---|---|
| 963 جَرَعَ ـَ جَرْعًا ه | absorber/boire en une gorgée; ingurgiter; avaler |
| ~ غَيْظَه | faire taire/ravaler sa colère |
| جَرْعٌ | absorption |
| **جُرْعة** | gorgée; goulée [*fam.*]; lampée |
| شَرِبَ ~ | boire un coup/une gorgée |
| شَرِبَ ~ واحِدة | boire d'un trait |
| ~ دَواء | dose [*méd.*]; prise [*méd.*]; potion |
| يُتَناوَل الدَواءُ ~ واحِدةً | le médicament s'absorbe en une seule prise |
| **جُرَيْعة** | petite gorgée |
| أَفْلَتَ ~ الذَقَن | s'en tirer de justesse; l'échapper belle; il s'en est fallu d'un poil [*fam.*] |
| II جَرَّعَ تَجْريعًا ه | faire boire qqn gorgée après gorgée |
| V تَجَرَّعَ تَجَرُّعًا ه | avaler à petites doses; prendre un remède |
| ~ الغُصّة، الإهانات | avaler la pilule [*fig.*]; avaler des couleuvres [*fig.*] |
| ~ غُصَص غَيْظِه | ravaler sa colère |

| | |
|---|---|
| 964 جَرَفَ ـُ جَرْفًا ه | affouiller; arracher/emporter/enlever (la terre); ratisser; raviner; saper |
| ~ الضِفاف | affouiller les berges (torrent) |
| ~ التُراب، الوَحْل | pelleter/racler la terre, la boue |
| ~ نَهْرًا | draguer un fleuve |
| ~ه الدَهْرُ | subir les atteintes du temps |
| جَرْف | affouillement; raclage; ratissage; ravinement; sape; dragage |
| جَرْفة تُراب | pelletée de terre |
| جُرْف ج أَجْراف، جُروف | berge ravinée par les eaux; falaise; banc de sable |
| **جارِف** | violent; impétueux; dévastateur |
| حُزْن ~ | tristesse profonde |
| سَيْل، حُبّ، رَغْبة ~(ة) | courant, amour, désir violent/impétueux |
| **جُراف**، سَيْل ~ | torrent dévastateur |
| ~ ثَلْج، ثَلْجيّ، جَليديّ | avalanche |
| **جُرافيّ** | torrentiel; torrentueux |
| أَمْطار، مِياه ~ة | pluies, eaux torrentielles |
| جاروف آليّ ج جَواريف | pelleteuse mécanique |
| جَرّافة ج ات | bulldozer; drague [*mar.*] |
| **مِجْرَفة**، مِجْرَف ج مَجارِف | bêche; pelle; curette [*méd.*] |
| ~ آلِيّة | pelle mécanique |
| II جَرَّفَ تَجْريفًا | emporter/charrier/entraîner la terre (torrent); faire des travaux de terrassement; *méd.* cureter; faire un curetage |
| تَجْريف | déblai; terrassement; *géol.* charriage; *chir.* curetage |
| VIII اِجْتَرَفَ ← جَرَفَ و II | |
| اِجْتِراف الأَراضي | l'érosion des sols |

| | |
|---|---|
| 965 جَرَمَ ـِ جَرْمًا ه | couper; désosser (viande); tondre (mouton) |

**966 جَرَمَ** ـِ جَرْمًا (← IV) — *v. aussi 967*

**جُرْم**؛ جَرَم ج أَجْرام، جُروم — crime; délit; forfait; infraction; culpabilité

لا ~؛ لا جَرَمَ — assurément; bien sûr; certainement; naturellement; sûrement; sans doute

اِرْتَكَبَ ~ًا — commettre un crime

**عِلْم الأَجْرام** — criminologie

خَبير في عِلْم الـ~ — criminologue; criminaliste

جُرْمِيّ؛ جُرْمِيَّة — criminel *adj.*; criminalité

**جَريمة** ج جَرائِم — crime; délit; infraction; faute; péché

اِرْتَكَبَ ~ — commettre un crime/un délit

~ صُحُفِيَّة — délit de presse

في حالة تَلَبُّس بِالـ~ — en flagrant délit; la main dans le sac [*fam.*]

ضَبَطَ ه مُتَلَبِّسًا بِالـ~ — prendre qqn en flagrant délit

II جَرَّمَ تَجْريمًا ه — déclarer coupable; incriminer

تَجْريم — incrimination; charge [*jur.*]

IV أَجْرَمَ إِجْرامًا — commettre un crime/un délit

إِجْرام — culpabilité; délinquance

**إِجْرامِيّ** — criminel *adj.*; délictueux; scélérat *adj.*

أَفْعال ~ة — actes délictueux/criminels

قَوانين ~ة — lois scélérates

إِجْرامِيَّة — criminalité

**مُجْرِم** ج ون — criminel *n.*; délinquant; malfaiteur; scélérat *n.*

~ حَرْب — criminel de guerre

الـ~ يَعود دائِمًا إلى مَكان جَريمته — le criminel revient toujours sur les lieux de son crime

~ مُبْتَدِئ — délinquant primaire

~ حَدَث — jeune délinquant

~ عائِد — récidiviste

المُجْرِمونَ الأَحْداث — jeunesse délinquante; délinquance juvénile

**967 جِرْم** ج أَجْرام — corps; masse/volume (d'un corps); *v. aussi 966*

~ سَماوِيّ، فَلَكِيّ — corps céleste; planète

**968 جَرْمَزَ** — se ramasser; se contracter

جُرْموز ج جَراميز — louveteau [*zool.*]

**جَراميز** — membres du corps

ضَمَّ، جَمَعَ ~ه — se ramasser (pour bondir)

مُجَرْمِز — replié/ramassé sur soi-même

**969 جَرْمَنَ** جَرْمَنة — germaniser; germanisation

جِرْمانِيّ، جِرْمانِيَّة — germanique; germanisme

مُتَجَرْمِن — germanisant

**970 جُرْموق** ج جَراميق — galoche (chaussure); sabot

**971 جُرْن** ج أَجْران — aire (à battre les grains, à sécher les dattes); mortier; urne; vasque

~ الطِين — auge à mortier

~ المَعْمودِيَّة — fonts baptismaux

جُرْبِيَّة — *zool.* bénitier; tridacne

**972** (جرن) **جِران** — encolure du chameau

أَلْقَى ~ه على ه — s'appliquer à; se faire à qqch

ضَرَبَ بِـ ~ه — s'installer; s'établir; venir (nuit)

**973 جَران**؛ جَرانة — grenouille

جارِن — serpenteau [*zool.*]

**974 جَرْو** ج جِراء — *zool.* chiot; petit chien

~ ج أَجْرُء — *bot.* fruit; capsule; germe

مُجْرٍ، مُجْرِية — femelle pleine, qui a des petits

**975 جَرَى** ـِ جَرْيًا، جَرَيانًا — avancer; couler; courir; s'écouler; se dérouler; s'effectuer; intervenir; se passer; passer (jours, temps); ruisseler; se répandre; advenir; avoir cours/lieu; survenir

~ الدَّمُ — le sang a coulé

~ لَهُ حَديث مع — avoir une conversation avec

~ الحَديث عن — la conversation a roulé sur

~ العَمَلُ — s'effectuer (travail)

~ بِهِ العَمَلُ — être/entrer en vigueur (loi); être consacré par la pratique

| | |
|---|---|
| rationner; distribuer des rations | وَزَّعَ الـ~ على |
| rationnement | جَرايات؛ تَوْزيع ~ |
| système, cartes de rationnement | نِظام. بِطاقات الـ~ |
| gestion; administration de biens | جِراية |
| courant *adj.*; en cours; en instance | **جارٍ** |
| études en cours | دِراسات ~ة |
| mois, eau, compte courant(e) | شَهْر، ماء، حِساب ~ |
| affaires, dépenses courantes | أَعْمال، نَفَقات ~ة |
| la loi en vigueur | القانون الـ~ بِهِ العَمَل |
| | جارِية ج جَوارٍ ← 976 |
| canal; caniveau; égout; lit (fleuve); voie | **مَجْرًى** ج مَجارٍ (المَجاري) |
| égout à ciel ouvert; collecteur *n.m.* | ~ مَفْتوح. رَئيسيّ |
| fil de l'eau, de la conversation | ~ الماء. الحَديث |
| urètre | ~ البَوْل |
| cours de l'histoire, des événements | ~ التاريخ. الحَوادِث |
| prendre une direction/une voie | أَخَذَ ~ هـ |
| suivre son cours; aller son train; prendre sa course | أَخَذَ ~ه |
| les choses vont leur train | تَجْري الأُمور ~ها |
| changer de cap/de direction | غَيَّرَ ~ه |
| conduit d'air, de ventilation, auditif | ~ هَواء. التَهْوِية. السَمْع |
| le tour/la tournure des négociations, des événements | ~ المُفاوَضات. الأَحْداث |
| voies urinaires, respiratoires | **مَجارٍ** بَوْليّة. تَنَفُّسِيّة |
| tout est rentré dans l'ordre; la situation est redevenue normale | عادَت المِياه إلى ~ها |
| cours/marche des événements | **ماجَرَيات** الأُمور |
| la trame de l'existence | ~ الحَياة |
| rivaliser avec; courir de concert; suivre qqch; s'adapter à; se conformer à | III **جارَى** مُجاراةً ه. هـ |
| suivre le progrès | ~ التَقَدُّم |
| suivre qqn sur le terrain de | ~ ه في مَيْدان ه |

| | |
|---|---|
| s'avancer dans une direction | ~ في اِتِّجاهٍ |
| se répandre de bouche à oreille; circuler (nouvelle) | ~ الخَبَرُ على الأَلْسُن |
| être sur toutes les lèvres/dans toutes les bouches | ~ على كُلِّ لِسان |
| suivre une ligne de conduite | ~ على خِطَّة |
| que s'est-il passé? | ماذا ~ |
| je veux savoir ce qui s'est passé | أُريدُ أَنْ أَعْرِفَ ما ~ |
| la correspondance qu'ils ont échangée | ما ~ بَيْنَهُم مِن مُراسَلات |
| une dévaluation est intervenue | ~ تَخْفيض |
| suivre une voie, une méthode; être analogue à | ~ مَجْرَى |
| devenir une seconde nature en qqn | ~ مِنْهُ مَجْرَى الدَم |
| rechercher son profit personnel | ~ وَراءَ مَنافِعِه الذاتِيّة |
| gagner son pain quotidien | ~ وَراءَ خُبْزِه اليَوْميّ |
| aller bon train | ~ على قَدَم وساق |
| venir au bout de la plume | ~ على قَلَمِه |
| passer en proverbe | ~ مَثَلًا. مَجْرَى المَثَل |
| on a l'habitude/il est habituel de | ~ت العادة أَنْ |

**تَجْري** الرِياح بِما لا تَشْتَهي السُفُن

*prov.* on ne fait pas toujours ce que l'on veut

| | |
|---|---|
| des expériences ont lieu/se déroulent | هُناكَ تَجارِب ~ |
| c'est ce qui se passe | هذا هُوَ ما يَجْري |
| à cause de toi; pour ton compte; pour toi | مِن **جَراك**، جَرائِك |
| course (action de courir, d'avancer) | **جَرْي** |
| marche/route d'un navire | ~ السَفينة |
| à son habitude | على ~ عاداتِه |
| en accord avec | **جَرْيًا** على |
| comme de coutume | ~ على العادة |
| cours; allure; train | جِرْية |
| écoulement/flux/ruissellement des eaux | **جَرَيان** المِياه |
| afflux de sang | ~ الدَم |
| émoluments; gages quotidiens; paie; traitement; portion; ration | **جِراية** ج ات |

~ إيقاع ه — suivre le rythme de

~ ه على أهوائه — passer ses fantaisies à qqn

مُجاراةً لِـ — en accord/conformité avec

IV **أَجْرى** إجْراءً ه — exécuter; réaliser; faire couler/courir; donner une impulsion; lancer

~ تَجارِب — faire/tenter des expériences

~ عَمَلِيّة جِراحِيّة — procéder à/pratiquer une opération chirurgicale

~ مُحادَثات، مُشاوَرات — procéder à/organiser des discussions, des consultations

~ إجْراءاتٍ — prendre des mesures; remplir des formalités

~ مُعْجِزاتٍ — accomplir des miracles

~ عَمَلِيّة مَزْج — effectuer un mélange

~ عَمَلِيّة حِسابِيّة — faire une opération [*math.*]

~ لِـه مُرَتَّبًا — allouer un traitement

~ بُحوثًا على — effectuer des recherches sur

~ العَمَل بِـ ه — mettre en application

~ اِتِّصالاتٍ — prendre des contacts

~ على ه المَوادّ الأَوَّلِيّة — rationner les matières premières

~ الدِماء — faire couler le sang

أُجْرِيَتْ دِراسات على — des études ont été effectuées sur

**إجْراء** — exécution; impulsion; rationnement; réalisation;

لِـ~ هٰذِهِ العَمَلِيّة — pour effectuer cette opération

قام بِـ~ تَجارِب — procéder à des expériences

~ العَمَل بِـ ه — la mise en application de

لا يُمْكِن ~ تَبْديل — il est impossible d'introduire un changement

~ ج ات — formalité; mesure; disposition

اِتَّخَذَ **إجْراءاتٍ** — prendre des dispositions/des mesures

اِتَّخَذَ، أَوْقَفَ ~ قَضائِيّة — engager, arrêter les poursuites

~ اِنْتِقامِيّة، اِحْتِياطِيّة — mesures de rétorsion, de précaution

~ قانونِيّة — actes de procédure

عَيْب الـ~ — vice de procédure

قانون الـ~ الجِنائِيّة — Code de procédure pénale

الـ~ الإدارِيّة، التِّجارِيّة — procédure administrative, commerciale

~ الرُكوب، النُزول — formalités d'embarquement, de débarquement

**إجْرائِيّ** — opérant *adj.*; opératoire

976 **جارِيَة** ج جَوارٍ — servante; jeune fille

977 **جَزائِرِيّ** — algérien

978 **جَزَّ** ـُ جَزًّا ه — tondre (la laine, le gazon)

**جَزّ** — tonte; coupe

**جِزّة** — toison

**جِزاز** — époque de la tonte

**جُزازة** ج ات — fiche (de papier)

**جَزيز، مَجْزوز** — tondu *adj.*; fauché (pré)

**جَزّاز** ج ون — tondeur

**مِجَزّ، مِجَزّة** ج مَجازّ — tondeuse

VIII **اِجْتَزَّ** اِجْتِزازًا — faucher; tailler; tondre

979 **جُزْء** ج أَجْزاء — division; parcelle; part; portion; segment; tome; volume

~ مِن جُمْلة — fraction/fragment d'un ensemble

كانَ ~ًا مِن — faire partie intégrante de

~ لا يَتَجَزَّأُ — corps simple/indivisible

~ مَحْصور في مُسْتَقيم — segment de droite

كِتاب في ثَلاثة **أَجْزاء** — livre en trois volumes/tomes

~ سُوَر مُتَهَدِّمة — pans de murailles

**جُزْئِيّ** — fractionnaire; fragmentaire; mineur *adj.*; partiel *adj.*; ponctuel; secondaire; sommaire *adj.*

تَوازُن، تَحْليل ~ — équilibre, analyse partiel(le)

خُسوف، كُسوف ~ — éclipse partielle

بِصِفة كامِلة أَوْ ~ة — de manière totale ou partielle

جُنَح، مَوادّ ~ة — délits mineurs; affaires sommaires [*dr.*]

تَخْطيط ~ — planification ponctuelle/au coup par coup

**جُزْئِيًّا** — en partie; partiellement; sommairement

كُلِّيًّا أَوْ ~ — tout ou partie

**جُزَيْء**، جُزَيْئَة ج ات — molécule; particule

~ غَرام — molécule-gramme

وَزْن **جُزَيْئِيّ** — poids moléculaire

II **جَزَّأ** تَجْزِئَة، تَجْزِيئًا ه — démembrer; diviser; fractionner; morceler; partager; subdiviser; segmenter

~ مِلْكِيَّة، دَوْلَة — démembrer une propriété, un État

~ مَجْموعة — fragmenter un ensemble

**تَجْزِئَة** — démembrement; division; fractionnement; fragmentation; morcellement; partage; segmentation; subdivision; *comm.* détail

قابِل، قابِلِيَّة لِلْ~ — divisible; divisibilité

بائِع، تاجِر الـ~ — détaillant; commerçant de détail

تِجارة الـ~ — commerce de détail

باعَ بَضائِعَهُ بالـ~ — détailler sa marchandise

تَجْزيئِيّ — moléculaire

V تَجَزَّأَ تَجَزُّؤًا — se démembrer; se diviser en parties; se fractionner; se morceler; se partager; se segmenter; se subdiviser

لا يَتَجَزَّأ — indivisible; inséparable

تَجَزُّؤ — démembrement; division; fractionnement; morcellement; segmentation; séparation

**تَجَزُّئِيَّة**، لا ~ — divisibilité; indivisibilité

980 **جُزْدان** ج جَزادين — porte-monnaie; sac de dame

981 **جَزَر**، جَزَرة — carotte [*bot.*]

982 **جَزَرَ** ـِ جَزْرًا — égorger; massacrer; tuer

~، جَزْرُ المَواشي — abattre, abattage des animaux

~ خَروفًا، بَقَرة — débiter un mouton, un bœuf

تَرَكَه **جَزَرًا** — laisser pour mort

جَزّار ج ون — boucher *n.m.* [*pr.*]; massacreur

جِزارة — boucherie; métier de boucher

جُزارة — abattis *n.m.pl.* [*pr.*]

**مَجْزَر**، مَجْزَرة ج مَجازِر — abattoir [*pr.* et *fig.*]; boucherie [*pr.* et *fig.*]; carnage; hécatombe; massacre; tuerie

أَرْسَلَ الجُنود إلى الـ~ — envoyer les hommes à la boucherie/à l'abattoir

983 **جَزَرَ** ـُ جَزْرًا — baisser/refluer/se retirer (mer)

**جَزْر** البَحْر — reflux; marée descendante

أَقْصى الـ~ — marée basse

984 **جَزيرة** ج جُزُر، جَزائِر — île

شِبْه ~ — presqu'île

الـ~ العَرَبِيَّة — la péninsule arabe; l'Arabie

~ مُرْجانِيَّة — atoll

جَزيرِيّ — insulaire

الجُزُر البِريطانِيَّة — îles Britanniques

985 **جَزْع** — onyx

986 **جَزَعَ** ـَ جَزْعًا — traverser; partager dans le sens de la largeur

جُزْع — axe; essieu

جازِعة ج جَوازِع — traverse [*techn.*]

II جَزَّعَ تَجْزيعًا — lacérer; marbrer; casser *tr.*; couper

مُجَزَّع — bigarré; marbré; veiné

V تَجَزَّعَ تَجَزُّعًا — se casser; casser *intr.*; se rompre

**تَجَزُّع** ج ات — marbrure; craquelure

~ الخَشَب — grain du bois

987 **جَزِعَ** ـَ جُزوعًا عن ه — s'affliger; s'impatienter; s'inquiéter de; se faire du mauvais sang [*fam.*]

~ على ه — craindre pour qqn

جَزَع — angoisse; anxiété; émotion; impatience; inquiétude; tristesse; trouble

مَجْزَع ← جَزَع

جازِع؛ جَزِع؛ جَزوع — anxieux; impatient; ému; inquiet; triste

988 **جَزَفَ** ـُ جَزْفًا ه — vendre/acheter (en bloc, sans compter)

**جُزاف** — parole/action irréfléchie

أَلْقى كَلامَه ~ًا — parler à la légère/à tort et à travers

باعَ، اِشْتَرى ~ًا — vendre, acheter à forfait

**جُزافِيّ** — forfaitaire; à forfait; à la tâche

أجْر، ضَريبة ~(ة) salaire à la tâche; impôt à forfait

سِعر، تَقْدير ~ prix, évaluation forfaitaire

III **جازَفَ** مُجازَفة بِـ ه في ه engager/lancer qqn dans une aventure

~ بِـ ه se risquer à; se hasarder à

~ بِنَفْسِه، بِحَياتِه prendre des risques; courir un danger/un risque; risquer sa vie; se jeter à corps perdu dans

~ بِنَفْسِه في المَتاعِب s'embarquer [*fam.*] dans des difficultés

~ بِمالِه jouer gros jeu; hasarder son argent; spéculer

~ في كَلامِه parler sans réfléchir

**مُجازَفة** aventure; hasard; imprudence; aléa; spéculation [*fin.*]

رُوح الـ~ esprit d'aventure

مُجازَفةً بِحَياتِه à ses risques et périls

**مُجازِف** imprudent; aventureux; risque-tout [*fam.*]; téméraire

مُجازِفًا بِحَياته au péril de sa vie

مُجازَف بِه aventuré; hasardeux; risqué; imprudent (acte)

989 **جَزُلَ** ـُ جَزالة être prudent/sage; être grand/considérable

**جَزالة** ampleur; importance

~ الكَلام abondance de paroles; éloquence; faconde [*litt.*]

~ الذِهْن sagacité; pénétration d'esprit

**جَزْل**، **جَزيل** ج جِزال ample; éloquent; abondant; considérable; nombreux; volumineux

كَلام ~ paroles abondantes/éloquentes

أُسْلوب ~ style soutenu/ferme

شُكْرًا **جَزيلًا** merci beaucoup; grand merci

نِعْمة ~ة faveur insigne [*litt.*]

IV **أَجْزَلَ** إِجْزالًا لِـ ه être généreux/large à l'égard de qqn; donner avec libéralité/profusion

~ على ه بِـ ه combler qqn de ses bienfaits

~ في المَديح se répandre en louanges

990 **جَزال**، زَمَن الـ~ récolte des dattes

991 **جَزَمَ** ـِ جَزْمًا ه couper; trancher; décider; être catégorique; jurer de

~ حَرْفًا *mettre une consonne en position de fermeture de syllabe*; retrancher une lettre finale

~ قَضِيّة trancher une affaire; tailler dans le vif; couper court

**جَزْم** décision; résolution; coupe; retranchement; apocope [*gramm.*]

عَلامة الـ~ signe de l'apocope/de la fermeture de syllabe

حُروف الـ~ particules qui commandent l'apocope

**جازِم** affilé; tranchant; définitif; décisif; catégorique; péremptoire

لَهْجة، كَلِمات ~ة ton, paroles tranchant(es)/dogmatique(s)

وَعْد ~ promesse ferme

أَسْباب، تَدابير ~ة raisons, mesures déterminantes/décisives

بِصورة ~ de manière expresse

جازِمة ج جَوازِم ← حروف الجَزْم

مَجْزوم *gramm.* apocopé

992 **جَزْمة** bottes; boots

993 **جَزَى** ـِ جَزاء ه بِـ récompenser; rétribuer

~ عن tenir lieu de; compenser

**جِزْية** ج جِزًى capitation; tribut; taxe

مُؤَدِّي الـ~ tributaire

**جَزاء** peine; pénalité; rémunération; rétribution; récompense

~ نَقْديّ amende

نالَ ~ على جَرائِمِه recevoir le prix de ses forfaits

~ خَطَأ sanction d'une faute

~ سِنِمّار *prov.* rendre le mal pour le bien (*m. à m.* c'est la récompense de Sinimmar)

الفَشَل ~ الكَسَل *prov.* l'échec est la sanction de la paresse

الـ~ مِن جِنْس العَمَل la peine doit être proportionnée à la faute

قانون الـ~، جَزائيّ Code pénal

ضَرْبة ~ penalty [*sport.*]

**جَزائيّ** rémunératoire; pénal

هِبة ~ة donation rémunératoire

**جَازٍ** qui récompense; gratifiant

**جازِيَة** ج جَوازٍ récompense

III **جازَى** مُجازاة جِزاءً ه sanctionner; pénaliser; punir; rémunérer

~ ه على، بِـ ه rétribuer (qqn pour)

~ كَ اللّهُ خَيْرًا، في الخَيْر que Dieu te récompense!

**مُجازاة** punition; pénalisation; rétribution

IV **أَجْزَى** إجْزاءً ه satisfaire qqn (en lui donnant qqch); suffire à qqn; procurer

~ عَن ه compenser; prendre la place de; tenir lieu de

**مُجْزٍ** rémunérateur

**أَشْغال مُجْزِية** activités rémunératrices

994 **جَسَّ** ـُ جَسًّا ه palper; tâter; fouiller; tâtonner

~ نَبْض ه prendre le pouls

~ نَبْض الرَّأْي العامّ sonder l'opinion publique/le terrain [*fig.*]

~ جَيْبَه chercher/fouiller dans sa poche

~ الأَرْض tâter le sol

~ نَسيجًا، فاكِهة palper un tissu, un fruit

**جَسّ** fouille; sondage; tâtonnement

جِهاز الـ~ الصَوْتيّ sonar

**جاسّة** ج جَواسّ organe des sens

**جاسوس** ج جَواسيس agent secret; espion

~ مُزْدَوِج agent double; mouchard [*fam., péjor.*]

**جاسوسِيّة** espionnage

**مَجَسّة** ج مَجاسّ touche [*techn.*]

~ آلة كاتِبة touche d'une machine à écrire

**مِجَسّ، مِجَسّة** ج ات، مَجاسّ tentacule

**مِجَسّي** tentaculaire

V **تَجَسَّسَ** تَجَسُّسًا examiner; s'enquérir de; être à l'affût; scruter

~ المَكان tâter le terrain [*fig.*]

~ على ه espionner qqn

**تَجَسُّس** espionnage

شَبَكة، مَصْلَحة ~ réseau, service d'espionnage

مُكافَحة الـ~ contre-espionnage

VIII **اِجْتَسَّ** اِجْتِساسًا ه tâter/palper de la main

~ الأَخْبار aller aux nouvelles

995 **جُسْأة** aspérité; cal; callosité; durillon

**جُسوء** rigidité; dureté; rugosité

**جاسِئ** calleux; dur; rigide; rugueux; sec (plante)

**جَسْئِيّ** ج ات pachyderme

996 **جَسَد**، جِساد *bot.* safran

**مُجَسَّد، مُجْسَد** safrané; imprégné de safran

997 **جَسَد** ج أَجْساد corps (humain)

رُوحًا و ~ًا corps et âme

**جَسَدِيّ، جُسْدانيّ** charnel; corporel; matériel; somatique

مَلَذّات ~ة plaisirs charnels

عُقوبة ~ة châtiment corporel

~ نَفْسيّ psychosomatique *adj.*

لا ~ incorporel

**مِجْساد** stéréoscope

**مِجْساديّ** stéréoscopique

II **جَسَّدَ** تَجْسيدًا بِصورة ه représenter qqch sous la forme de; donner corps/une forme concrète à; incarner; matérialiser; objectiver; personnifier

~ أَفْكاره matérialiser ses idées

~ فِكْرة، الحِكْمة incarner une idée, la justice

~ مَشاعِره objectiver ses sentiments

**تَجْسيد** objectivation; personnification; représentation concrète; incarnation

**مُجَسَّد** personnifié; incarné; objectivé; harmonieux (son)

إنّه الطِيبة الـ~ة c'est la bonté même

V **تَجَسَّدَ** تَجَسُّدًا se concrétiser; se matérialiser; prendre corps; s'incarner

**تَجَسُّد** concrétisation; incarnation; matérialisation

998 **جَسَرَ** ـُ جَسارة على ه / oser; avoir l'audace/la hardiesse de
**جَسارة** audace; cran [*fam.*]; hardiesse; témérité; intrépidité
بِـ~ hardiment
جاسِر ج جَواسِر؛ جَسور ج جُسُر hardi; audacieux; osé; téméraire; intrépide
II **جَسَّرَ** تَجْسيرًا ه encourager; enhardir
VI **تَجاسَرَ** تَجاسُرًا prendre des libertés avec; avoir le front/l'impudence/l'audace de
~ على ه se mesurer avec qqn
~ على ه oser entreprendre; se hasarder à; se risquer à
~ النَواهي braver les interdits
**مُتَجاسِر** impudent; insolent; téméraire

999 **جِسْر** ج جُسور pont; poutre
نَصَبَ ~ jeter un pont
~ جَوّي، دَوّار pont aérien, tournant
~ مُعَلَّق، نَقّال pont suspendu, roulant
~ عائِم، تُرْعة ponton; digue
~ خَلْفِيّ pont arrière [*autom.*]
رَأْس ~ tête de pont
نَسَفَ **الجُسور** couper les ponts
مَصْلَحة الـ~ والطُرُقات service des Ponts et Chaussées
**جُسَيْر** passerelle
~ بُنْدُقِيّة pontet de fusil
II **جَسَّرَ** تَجْسيرًا ه construire un pont/une digue
~ سَفينة ponter un bateau

1000 **جَسُمَ** ـُ جَسامة être ... *v. à l'adj.*
**جِسْم** ج جُسوم، أَجْسام corps; organisme
~ سَيّارة coque d'une voiture
~ الجَريمة corps du délit [*dr.*]
~ ضِدّيّ، مُضادّ anticorps
~ جاسِئ، مُخاطِيّ corps calleux, muqueux
~ بَسيط، مُرَكَّب corps simple, composé
~ أَصْفَر، زُجاجِيّ corps jaune, vitré
جِسْمًا لِـ~ corps à corps
**جِسْمِيّ** corporel; matériel; physique *adj.*
**جِسْمِيًّا** physiquement
**جُسَيْم** ج ات corpuscule [*anat.*]; particule [*phys.*]
**جُسَيْمِيّ** corpusculaire
**جَسامة** amplitude; corpulence; gravité; grosseur; importance; étendue; volume
~ الكارِثة l'étendue de la catastrophe
~ التَضْحِيات l'ampleur des sacrifices
**جُسْمان** corps; masse; volume
**جُسْمانِيّ** corporel; physique; matériel; somatique
قُوّة ~ة force physique
تَأْديب ~ châtiment corporel
**جَسيم**، جُسام ج جِسام corpulent; grand; gros; lourd; grave; volumineux; considérable; important
تَبِعة ~ة lourde responsabilité
خَطَأ ~ faute énorme/grave
خَسارات ~ة pertes importantes/sévères
**مِجْسامِيّ** stéréographique
رَسْم ~ stéréogramme
تَصْوير ~ stéréophotographie
II **جَسَّمَ** تَجْسيمًا ه concrétiser; donner corps/forme/du relief à; mettre en relief; matérialiser; agrandir; amplifier; grossir *tr.* [*fig.*]; exagérer; dramatiser
~ المَشاكِل grossir les problèmes
**تَجْسيم** concrétisation; matérialisation; agrandissement; amplification; exagération; grossissement; dramatisation; *phys.* stéréométrie
~ الأَصْوات، الصُوَر stéréophonie; stéréoscopie
**تَجْسيمِيّ** حَجْمِيّ stéréométrique
~ صَوْتِيّ stéréophonique
**مُجَسِّم** grossissant
مِنْظار ~ stéréoscope

**مُجَسَّم** concrétisé; en relief (carte); grossi; amplifié; exagéré; *phys.* stéréophonique; stéréoscopique

كيمياء ~ة stéréochimie

**مُجَسَّمات** solides *n.m.pl.* [*math.*]

عِلْم قِياس الـ~ stéréométrie

V تَجَسَّمَ تَجَسُّمًا prendre corps/forme; se concrétiser; se matérialiser

1001 **جُشَّة** son rauque (de la voix, de la gorge)

صَوْت أَجَشّ voix caverneuse/éraillée/rauque/rocailleuse

1002 **جُشاء**، جُشاءة éructation; rot

II جَشَّأَ تَجْشِئة éructer; roter [*pop.*]; avoir des renvois

V تَجَشَّأَ تَجَشُّؤًا ← II

تَجَشُّؤ renvoi; éructation

1003 **جَشِرَ** ـَ جَشَرًا، جُشارًا être enrhumé; s'enrouer

جَشَر، جُشْرة enrouement; toux; *géol.* agglomérat

جُشار haras

أَجْشَر enroué; enrhumé

1004 **جَشِعَ** ـَ جَشَعًا chercher avec avidité; convoiter; désirer vivement

**جَشَع** avidité; convoitise; cupidité; rapacité

بِـ~ avidement; âprement

جَشِع ج ون âpre au gain; avide; cupide; rapace [*fig.*]

1005 **جَشْم**، جَشَم charge; fardeau

جَشِيم ج جُشُم épais; gros; lourd

II جَشَّمَ تَجْشيمًا ه ه imposer qqch à qqn; infliger; faire subir

V تَجَشَّمَ تَجَشُّمًا s'exposer à la difficulté/au danger

1006 **جَصّ** plâtre; gypse

طَحَنَ الـ~ gâcher du plâtre

جَصّاص ج ون plâtrier

II جَصَّصَ تَجْصيصًا enduire de plâtre; plâtrer; blanchir; crépir

تَجْصيص plâtrage; blanchiment; crépissage

مُجَصِّص plâtrier

1007 **جِعة** bière [*boiss.*]

1008 **جَعْبة** ج جِعاب carquois; havresac; conduite; tube; tuyau

أَفْرَغَ ما في ~ه vider son sac [*fam.*]

~ بُنْدُقِيّة canon d'un fusil

1009 **جَعْجاع** fort en gueule [*pop.*]

1010 **جَعُدَ** ـُ جَعادة être crépu/frisé; friser *intr.*

**جَعْد** cheveux crépus/frisés

~ الأَصابِع homme aux doigts épais et courts

~ الأَنامِل، الكَفّ avare

أَجْعَد م جَعْداء ج جُعْد crépu; frisé

II جَعَّدَ تَجعيدًا ه froisser (un vêtement, une étoffe); crêper/friser (les cheveux); rider

تَجْعيد شَعْر mise en plis

تَجاعيد rides

مُجَعَّد fripé; froissé; ridé

V تَجَعَّدَ تَجَعُّدًا friser *intr.*; se friper; se ratatiner [*fam.*]; se rider; se crisper

تَجَعُّد ج ات ride

مُتَجَعِّد fripé; ridé; flétri; ratatiné

1011 (جعر) أَبو **جُعْران** scarabée

1012 **جَعْفيل** orobanche

1013 **جُعاف** impétueux (torrent)

1014 **جُعَل** ج جِعْلان escarbot; hanneton; scarabée

1015 **جَعَلَ** ـَ جَعْلًا ه، ه mettre; placer; poser; mettre qqn en mesure de; permettre à qqn de; faire en sorte que; amener/conduire qqn à

~ تَحْتَ نَظَره mettre sous les yeux

~ يَفْعَل se mettre à faire

~ ه أَنيقًا، شِرّيرًا rendre élégant, méchant

~ مِن ه صَديقه — faire de qqn son ami
~هُ سارِيًا — mettre en vigueur
~ من نَفْسِه عالِمًا — poser au savant [*fam.*]
جُعْل ج أَجْعال — gages *n.m.pl.*; royalties *n.f.pl.*; paie
جِعالة ج جَعائِل — prime; indemnité; pot-de-vin
III جاعَلَ جِعالًا ه — acheter qqn; corrompre; graisser la patte [*fam.*]
IV أَجْعَلَ إِجْعالًا ه — indemniser; rétribuer

**1016 جُغْرافِيّ** — géographique
~ ج ون — géographe
**جُغْرافِية** — géographie
~ اِقْتِصادِيّة، بَشَرِيّة — géographie économique, humaine
~ طَبيعِيّة — géographie physique

**1017 جَفَّ** ـِ جَفافًا، جُفوفًا — sécher; être/devenir sec; se dessécher; s'assécher
تَرَكَه يَجِفّ — laisser sécher qqch
**جَفاف** — aridité; sécheresse; dessication
شَعَرَ بِـ~ في حَلْقه — se sentir la gorge sèche
جَفيف — foin; fourrage sec
**جافّ** — aride; sec; séché
قَلَم حِبْر ~ — stylo à bille
II **جَفَّفَ** تَجْفيفًا — assécher; mettre à sec; déshydrater; dessécher
~ لَبَنًا، خُضَرًا — déshydrater du lait, des légumes
~ غَديرًا — assécher un marécage
~ دُموعَه، وَجْهَه — sécher ses larmes, son visage
**تَجْفيف** — assèchement; déshydratation; dessiccation
~ المُسْتَنْقَعات — assèchement des marécages
~ الأَلْبِسة — séchage du linge
مُجَفِّف — siccatif *n.m.*; déshydratant; desséchant
مُجَفِّفة كَهْرَبائِيّة — séchoir électrique
مُجَفَّف — asséché; séché; déshydraté
V تَجَفَّفَ تَجَفُّفًا — s'assécher; devenir sec
VIII اِجْتَفَّ اِجْتِفافًا — se déshydrater; mettre à sec
اِجْتِفاف — déshydratation

**1018 جَفَأَ** ـَ جَفْأً — former de l'écume (bouillon); déposer/rejeter des débris/de l'écume (fleuve)
جُفاء — écume/débris déposés(e) par un fleuve
ذَهَبَ جُفاءً — être inutile/réduit à rien/vain

**1019 جَفْر** ج جِفار، جُفور — puits
عِلْم الـ~ — divination
من ~ه — à cause de lui
جُفْرة ج جُفَر — cavité

**1020 جَفَس**؛ جَفاسة — indigestion

**1021 جَفَلَ** ـُ جَفْلًا ه، ه — rejeter des débris sur le bord (fleuve, mer); chasser devant soi; éloigner
جَفَلَ ـِ جُفولًا — s'éloigner rapidement; s'enfuir; reculer; avoir un mouvement de recul; sursauter
جَفْل؛ جُفول — alarme; frayeur; fuite
جَفْلة — haut-le-corps; sursaut
جُفال؛ جُفالة — écume d'un fleuve; épaves; détritus; écume/mousse du lait
**جافِل**؛ جَفول ج جُفّال — farouche; ombrageux; agité; fugitif; réfugié
شَعْر ~ — cheveux flottants
سَحائِب **جَفول** — nuages poussés par le vent
II جَفَّلَ تَجْفيلًا — chasser devant soi; faire fuir; effaroucher
IV **أَجْفَلَ** إِجْفالًا — détaler [*fam.*]; s'enfuir précipitamment; filer; lever le pied; sursauter; tressaillir
~ حَيَوانًا — effrayer un animal
VIII اِجْتَفَلَ اِجْتِفالًا — lever le camp/le pied

**1022 جَفْن** ج جُفون، أَجْفان — gaine; paupière
دُونَ أَنْ يَرِفَّ لَهُ ~ — sans sourciller
لَمْ يَغْمُضْ لَهُ ~ — ne pas pouvoir fermer l'œil
فَتَحَ، أَغْمَضَ **جُفونَه** — ouvrir, fermer les paupières

**جَفْنة** ج جَفَنات، جِفان — jatte; écuelle; gamelle

~ الكَرْمة — cep de vigne

**جُفَيْنة** ج ات — capsule [*bot.*]

**1023 جَفا** ـُ جَفاء، جَفاءة — être lourd/rugueux (vêtement)

~ جَفاءً، جَفْوًا ه، على ه — traiter qqn avec dureté; tyranniser; faire du tort à; se rendre insupportable à; jeter à terre; renverser; terrasser qqn

~ على صَديق — froisser un ami

~ عن ه — être mal à l'aise qqp; se détourner de; s'éloigner

~ جَنْبُهُ عن فِراشِه — s'agiter/remuer dans son lit

**جَفاء** — acrimonie; antipathie; aversion; dégoût; dureté; froideur; procédés inhumains; rudesse; sécheresse [*fig.*]; tyrannie

أَجابَ بِـ~ — répondre vertement/sèchement

حَيَّاهُ بِـ~ — saluer qqn avec raideur

البُعْد ~ — *prov.* loin des yeux, loin du cœur

جَفْوة — désagrément; injustice; tort; tyrannie

**جافٍ** ج جُفاة — brusque; brutal; dur; inhumain; injuste; rude

صَوْت ~ — ton acrimonieux

جَواب ~ — réponse abrupte/sèche

الأُمّ الجافية — dure-mère [*anat.*]

III **جافَى** مُجافاة ه — écarter qqn; éloigner qqn; être dur/cruel avec; offenser; repousser qqn

مُجافاة — désaffection

VI **تَجافَى** تجافِيًا ه — négliger; ne prendre aucun soin de; faire fi de; fouler aux pieds [*fig.*]

~ عن — avoir de la répugnance à/pour; être mal à l'aise; ne pas tenir (en place); glisser/tomber (objet)

**1024** (جلل) **مَجَلّة** ج ات — revue

~ عِلْمِيّة، أَدَبِيّة — revue scientifique, littéraire

~ أُسْبوعية، شَهْرِيّة — revue hebdomadaire, mensuelle

~ مُصَوَّرة — magazine; revue illustrée

المَجَلّات العاطِفية — presse du cœur

**1025 جَلَّ** ـِ جَلالًا — être grand/illustre/imposant/majestueux

~ عن — être trop élevé/trop grand; être au-dessus de

~ عن الحَصْر — être innombrable

اَللّٰهُ عَزَّ وَ~ — Dieu Tout-Puissant

قَلَّ أَوْ ~ — peu ou prou [*litt.*]; plus ou moins

مَالَهُ دِقّ وَ لا جِلّ — *prov.* n'avoir pas un sou vaillant

**جُلّ** — la plus grande/la majeure partie

~ ما نَقول إنّه — tout ce que l'on peut dire c'est

~ النّاس — la plupart des gens

~ ج جِلال، أَجْلال — bât; caparaçon; couverture; housse

جَلال — majesté; splendeur; magnificence

**جَلالة** المَلِك — Sa Majesté le roi

صاحِب الـ~ — Sa Majesté

**جَلَل**، أَمْر ~ — chose d'importance; affaire grave

**جَليل** ج أَجِلّة، أَجِلّاء — auguste; considérable; éminent; splendide; vénérable; sublime

خِدْمة ~ة — service éminent/insigne [*litt.*]

شَخْص ~ — homme éminent/vénérable

شَيْخ ~ — vieillard imposant/majestueux

الأَجِلّاء — les grands de ce monde

II **جَلَّلَ** تَجْليلًا ه، ه — s'étendre à; être commun à; border; couvrir; draper; envelopper

~ فَرَسًا — couvrir un cheval d'une housse; caparaçonner un cheval

صَفْحة ~ها السَواد — feuille recouverte de griffonnages

~ مُتَّكآتٍ — habiller des fauteuils

**مُجَلَّل** بِـ — couvert; recouvert de

عُيون، مَرايا ~ة بالبُخار — yeux, miroirs embués

IV **أَجَلَّ** إِجْلالًا ه — avoir de la considération pour; honorer; révérer; vénérer; rendre hommage à; combler de bienfaits; prodiguer des largesses

ما ~ه ولا أَدَقَّهُ — il ne lui a pas même donné un centime

هُوَ رَجُل يُجَلّ كَثيرًا — c'est un homme que l'on vénère

إِجْلال — respect; révérence; vénération; honneur; hommage

إجْلاليّ révérenciel

V **تَجَلَّلَ** تَجَلُّلًا عن être/devenir supérieur à

~ بِـ se couvrir d'un vêtement; se vêtir

~ بِالمَجْد se couvrir de gloire

**مُتَجَلِّل** بِالمَجْد auréolé/couvert de gloire

~ بِالسَّواد tout en noir

1026 **جَلَبَ** ـُ جَلْبًا ه، ه amener; apporter; conduire; importer; tirer; attirer; captiver; séduire

~ النَوْم procurer le sommeil

~ لَهُ النَحْس porter malheur à

~ العار لِـ ه être la honte de; faire affront à

~ مَشاكِل poser des problèmes; causer des difficultés

~ شُهوده citer/produire ses témoins

~ عَراقيل، مَتاعِب attirer/entraîner/susciter des complications

~ لِنَفْسِهِ هُمومًا، عَداوات s'attirer des ennuis, des inimitiés

**جَلْب** apport; attraction; importation; cause

~ شُهود citation/production de témoins

جالِب cause; motif; raison

**جَلّاب** attrayant; captivant; séduisant; *comm.* importateur

~ عَبيد marchand d'esclaves

جَلّابة، ج جَلاليب djellaba; robe; froc; tunique

جَلّابيّة ج ات *même sens*

جَليب؛ مَجْلوب amené; conduit; importé; exotique

مَجْلوبيّة exotisme

**مَجْلَب**؛ مَجْلَبة ج مَجالِب cause; motif; raison; occasion

~ هَواء appel/courant d'air

VIII اِجْتَلَبَ اِجْتِلابًا ه، ه ← جَلَبَ

X **اِسْتَجْلَبَ** اِسْتِجْلابًا ه entraîner; importer; provoquer; faire venir

~ رُؤوس أَمْوال drainer/importer des capitaux

~ ه se concilier qqn; racoler; faire du racolage

اِسْتِجْلاب racolage

1027 **جُلْب** cumulus

جُلْبة ج جُلَب escarre; croûte d'une plaie

جُلاب julep; eau de fleur d'oranger; sirop

1028 **جَلَبة** chahut; éclats de voix; raffut [*fam.*]; tapage; vacarme

II جَلَّبَ تَجْليبًا chahuter; pousser des cris; vociférer

1029 **جِلْباب** ج جَلابيب djellaba; tunique; robe d'homme

II **تَجَلْبَبَ** بِوَقاره، بِكَرامته se draper dans sa dignité

~ بِالمَجْد se couvrir de gloire

مُتَجَلْبِب بِـ enveloppé de; couvert de; drapé dans

1030 **جُلْبان** pois; petits pois

~ عَطِر pois de senteur

1031 **جَلْجَلَ** sonner; tinter; tonner

~ بِصَوْته crier; hurler

جَلْجَلة sonnaille; tintement; fracas du tonnerre

**جُلْجُل** ج جَلاجِل clochette; grelot

عَلَّقَ ~ عَن عُنُقِه attacher le grelot

جَبَل الجُلْجُلة Golgotha

جُلْجُليّة ج ات crotale; serpent à sonnette

**جُلْجُلان**؛ جِلْجِلان sésame [*bot.*]

~ القَلْب fond du cœur/de l'âme

**مُجَلْجِل** fracassant; perçant (cri); tonnant; retentissant

ضَحْكة ~ة rire clair et sonore/éclatant

جَلاجِل النَفْس états d'âme

II تَجَلْجَلَ في s'agiter/remuer à l'intérieur de

1032 **جَلَحَ** ـِ جَلْحًا manger les feuilles et l'écorce des arbres

جَلِحَ ـَ جَلَحًا perdre ses cheveux; se dégarnir (tête)

جَلَح chute des cheveux; calvitie

جَلَحة tempes dégarnies

أَجْلَح م جَلْحاء ج جُلْح — qui a le front dégarni; pelé (terre)

سَنة جالِحة — mauvaise année

**1033** **جَلَخَ** ـَ جَلْخًا ه — aiguiser/repasser (un couteau)

جَلّاخ — scorpène

II جَلَّخَ تَجْليخًا ← جَلَخَ

مُجَلِّخ ج ون — repasseur; rémouleur

**1034** **جَلَدَ** ـِ جَلْدًا ه — écorcher; ôter la peau; flageller; fouetter; donner le fouet; *v. aussi 1035*

~ عُمَيْرة — se masturber

جَلْد — flagellation

جَلَد — firmament

~ جَلادة — endurance; patience; robustesse; vigueur

**جَليد** ج جُلَداء، جِلاد — endurant; patient; robuste; vigoureux

~ على الدَهْر — qui fait contre mauvaise fortune bon cœur

~ القَلْب — ferme; fort

~ على التَعَب — dur à la peine; endurci

**جَلْد**، جَلود ← جَليد

نَبات ~ — plante rustique

**جِلْد** ج جُلود — dépouille d'un animal; cuir; peau

~ على عَظْم — n'avoir que la peau et les os

~ الرَأْس — cuir chevelu

~ غَنَم — basane

تِجارة **الجُلود** — peausserie

دِباغة الـ~ — tannerie

**جِلْدة** كِتاب — reliure

أَبْناء ~نا — nos frères de race; nos compatriotes

**جِلْديّ** — en/de cuir; dermique; cutané

اِرْتِكاس ~ — cuti-réaction

مَرَض ~ — maladie de la peau

عِلْم الأَمْراض الـ~ة — dermatologie

اِخْتِصاصيّ بِالأَمْراض الـ~ — dermatologue

حَقْن تَحْتَ ~ — piqûre sous-cutanée

مِجْلَد، مِجْلَدة ج مَجالِد — lanière de cuir; fouet

جَلّاد ج ون — bourreau

II جَلَّدَ تَجْليدًا كِتابًا — relier un livre

مُجَلِّد ج ون — relieur

مُجَلَّد ج ات — relié; tome; volume

III جالَدَ مُجالَدة ه — combattre; lutter contre

مُجالِد — gladiateur; lutteur

V تَجَلَّدَ تَجَلُّدًا — endurer; être ferme; s'armer de/prendre patience; patienter; reprendre des forces/de la vigueur

مُتَجَلِّد — patient; armé de patience

**1035** **جَلَد**، ~ أَبْيَض — gelée; gelée blanche; *v. aussi 1034*

**جَليد** — gel; glace

قِطْعة ~ — glaçon

جَليديّ — glacé; gelé; glaciaire (période)

جَليديّة العَيْن — cristallin *n.m.* [*anat.*]

جِلادة، جِلاديّ — glaciologie; glaciologue

مَجْلَدة — glacier [*géol.*]

II جَلَّدَ تَجْليدًا ه، ه — congeler; geler

تَجْليد — glaciation; congélation

IV أَجْلَدَ إِجْلادًا — être couvert de gelée

V تَجَلَّدَ تَجَلُّدًا — se congeler; geler *intr.*; se geler

مُتَجَلِّد — congelé; gelé

**1036** **جُلْذ** ج (مَناجِذ) — taupe [*zool.*]

جُلاذيّ ج جَلاذيّ — sacristain

جِلَّوْذ — chameau robuste

**1037** **جَلْز** سِكّين، سَيْف — virole (de couteau); garde (d'épée)

جِلاز ج جَلائِز — *même sens*

جِلَّوْز — aveline; noisetier

جِلَّوْزة — noisette

جِلْواز ج جَلاوِزة — sbire [*péjor.*]

| | |
|---|---|
| **1038 جَلَسَ** ـِ جُلوسًا | s'asseoir; être assis; siéger; se percher |
| ~ إلى عَجَلة القِيادة | s'asseoir au volant |
| ~ إلى الطاوِلة، المائِدة | s'attabler; se mettre à table |
| ~ يَفْعَل | se mettre à faire qqch |
| ~ على العَرْش | s'asseoir/monter sur le trône; accéder au trône |
| ~ لِـ ه | donner audience à; recevoir qqn |
| ~ إلى فَنّان، رَسّام | poser pour un artiste |
| الجُلوس على العَرْش | avènement; accession au trône |
| جُلوسيّ | sédentaire (profession) |
| **جَلْسة** | compagnie; réunion; séance; session |
| ~ عامّة | séance plénière |
| ~ لِفَنّان | séance de pose [*peint.*] |
| عَقَدَ ~ | tenir audience/ses assises |
| **جِلْسة** | manière de s'asseoir; posture |
| ~ الفارِس | l'assiette du cavalier |
| **جالِس** ج ون، جُلّاس | assis; participant |
| ~ إلى الطاوِلة، المائِدة | attablé |
| جَليس ج جُلَساء | convive; compagnon (de table); ami |
| جُلَساء الأمير | la maison/suite du prince |
| جَليسة ج ات | dame de compagnie |
| **مَجْلِس** ج مَجالِس | réunion; séance |
| ~ تَأديبيّ، تَأسيسيّ | conseil de discipline; assemblée constituante |
| ~ قَوْميّ، بَلَديّ | conseil national, municipal |
| ~ الإدارة، الحَرْب | conseil d'administration, de guerre |
| ~ الدَوْلة، الأَمْن | Conseil d'État, de sécurité |
| ~ الشُيوخ، الأَعْيان | Conseil des Anciens, des notables; Sénat |
| ~ الوُزَراء | conseil des ministres, de cabinet |
| ~ نِيابيّ، النُوّاب | Parlement; Chambre des députés |
| ~ عُرْفيّ، عَسْكَريّ | cour martiale; tribunal militaire |
| مَجالِس أَدَبيّة | salons littéraires |
| III جالَسَ مُجالَسة ه | tenir compagnie à; être en compagnie de |
| IV **أَجْلَسَ** ه | asseoir; faire asseoir; installer; placer (des invités) |
| **1039 جَلَطَ** ـِ جَلْطًا ه | raser/tondre (le crâne); écorcher/égratigner (la peau) |
| **جُلْطة** | lait caillé |
| ~ دَم، دَمَويّة | caillot de sang |
| II جَلَّطَ تَجْليطًا | coaguler *tr.* |
| مُجَلِّط | coagulant [*méd.*] |
| V تَجَلَّطَ تَجَلُّطًا | coaguler *intr.*; se figer |
| تَجَلُّط | coagulation |
| **1040 جَلَفَ** ـُ جَلْفًا | érafler; écorcher; égratigner; gratter/enlever (peau, terre) |
| ~ ذِراعَهُ، يَدَهُ | s'écorcher le bras, la main |
| ~ بِـ ه | anéantir; détruire; massacrer; faire une boucherie/un carnage de |
| جَلِفَ ـَ جَلافة | être ... *v. à l'adj.* |
| جَلافة | brusquerie; rudesse |
| جَلْف، جُلْفة | écorchure; éraflure; égratignure |
| **جِلْف** ج أَجْلاف | dur [*fig.*]; brusque (personne); emporté; fruste; grossier; malotru; mal dégrossi; goujat; soudard; violent |
| ~ ج أَجْلاف | dépouille d'un animal; outre *n.f.* |
| VII اِنْجَلَفَ اِنْجِلافًا | s'écorcher; s'égratigner |
| **1041 جَلْفَطَ**، جَلْفَظَ | calfater |
| جَلْفَطة | calfatage |
| جَلْفاط | calfat |
| جِلْفاط | étoupe goudronnée |
| **1042 جُلْكا**، جَلَكَى | lamproie |
| **1043 جَلَمَ** ـِ جَلْمًا ه | tondre (les moutons, la laine) |
| جَلْم | tonte |
| **جَلَم** ج أَجْلام | ciseaux; tondeuse; *ois.* émerillon |
| ~ الماء | puffin |
| أَبو ~ | bec-en-ciseaux |

جَلّام ج ون — tondeur

مَجْلوم — tondu

**1044 جَلْمَدَ** — pétrifier

**جَلْمَد** ج جَلامِدُ — roc; rocher; charge; fardeau

**جُلْمود** ج جَلاميد — *même sens*; homme ferme (comme un roc)

II تَجَلْمَدَ — être pétrifié

تَجَلْمُد الخَشَب — pétrification du bois

**1045 جَلْهَم** — bourdaine

جُلْهُم — rat palmiste

**1046** (جلو) **جَلا** ـُ جَلاءً مِنْ، عن — émigrer; se séparer; quitter (un pays); *v. aussi 1047*

~ ه عن البَلَد — exiler qqn; forcer qqn à s'exiler

~ عن مَوْقِع — abandonner/évacuer une position

**جَلاء** — abandon; émigration; exil; évacuation; exode

~ القُوّاتِ المُسَلَّحة — évacuation des forces armées

جالٍ — émigré; exilé

جالِية ج ات، جَوالٍ — exil; colonie (en exil, de migrants); émigrés; exilés

مَجْلُوّ — évacué; repoussé

IV أَجْلَى إجْلاءً ه، ه — chasser; exiler; expatrier; évacuer

إجْلاء الجَيْش — évacuation de l'armée

مُجْلًى — évacué; exilé; expatrié

أَراضٍ مُجْلاة — territoires évacués

**1047** (جلو) **جَلا** ـُ جَلاءً — apparaître/paraître au grand jour; s'offrir aux regards; être clair; *v. aussi 1046*

~ ه جَلْوًا — clarifier; donner de l'éclat/du brillant à; lustrer; polir

~ مَعْدِنًا — décaper/polir un métal

~ سلاحَه — fourbir ses armes [*pr.*]

~ أَدَواتِ الطَّبْخ — récurer les casseroles; faire la vaisselle

~ أُمورَه — débrouiller/mettre de l'ordre dans ses affaires

~ نَصًّا — clarifier/expliciter un texte

**جَلْيٌ، جَلْوٌ** — décapage; lustrage; polissage; récurage

~ الرُخام، المَعْدِن — polissage du marbre, du métal

**جَلاء** — clarification; clarté; évidence; lumière; brillant *n.m.*; éclat

~ الصَّوْت — limpidité/pureté/netteté de la voix

~ التَحْليل — clarté/lucidité d'une analyse

إِبْن ~ — homme public; qui a bonne conscience; qui n'a rien à se reprocher

بِـ ~ — de manière explicite; clairement; avec évidence

**جَلْوة** — brillant *n.m.*; éclat; lustre

لَيْلة الـ~ — nuit de noce; *spécialem.* moment où la mariée se dévoile devant son mari

**جَلِيّ** — apparent; clair; évident; flagrant; limpide; lucide; manifeste; patent; brillant *adj.*; lustré; poli

مَثَل، تَلْميح ~ — exemple lumineux; allusion transparente

بَيان ~ — explication limpide/lucide/lumineuse

حَقيقة ~ة — vérité aveuglante/éclatante

فِكْرة، نَصّ ~(ة) — idée, texte clair(e)/explicite/net(te)/précis(e)

كِتابة ~ة — écriture claire/lisible

بِصورة ~ة — de manière expresse/évidente

~ أَنْ — il est évident que

غَيْر~ — indistinct; imprécis; illisible

**يَظْهَر جَلِيًّا** — il apparaît clairement/expressément; il est manifeste/flagrant/patent que

**جَلِيّة** — évidence; clarté; vérité

وَقَفَ على ~ الأَمْر — découvrir toute la vérité; se rendre à l'évidence

اِسْتَوْضَحَ ~ الأَمْر — demander que toute la lumière soit faite

عن ~ — avec exactitude/précision

عَيْن ~ — conscience

جِلِّيان — apocalypse; apparition; vision

جِلِّيانيّ — apocalyptique

**أَجْلَى** م جَلْواء — plus clair/évident/net; beau; qui a de l'éclat (teint)

ظَهَرَ بِصورة ~ أَنْ — il apparaît d'une manière encore plus évidente que

~ مِنَ الشَّمْس — *prov.* clair comme le jour; clair comme le nez au milieu de la figure

**جَبْهة جَلْواء** — front large/haut/lumineux [*fig.*]

سَماء ~ — ciel serein/pur

**مَجْلُوّ** — poli (objet, métal); lustré; fourbi; luisant

رُخام ~ — marbre poli

**مَجْلًى** ج مَجالٍ — devant de la tête; aspect; panorama

II **جَلَّى** تَجْلِيَة ه — rendre brillant/luisant/poli; donner de l'éclat à; tirer au clair; expliquer clairement; mettre au grand jour/en lumière; éclaircir; éclairer; expliquer; montrer; faire ressortir; révéler

~ قَضِيَّة — faire la lumière sur/éclairer une affaire

~ عَنْ نَفْسه — découvrir/exprimer/révéler le fond de sa pensée; s'expliquer

~ في السِباق — arriver le premier; accomplir une performance; mener le train

**تَجْلِيَة** ج تَجالٍ — éclaircissement; révélation; performance; victoire (dans une course)

~ إلاهيّة — apparition divine

**مُجَلٍّ** (المُجَلِّي) — cheval vainqueur (d'une course)

IV **أَجْلَى** إِجْلاء ه — clarifier; rendre clair

~ مَوْقِفه — clarifier sa position; s'expliquer

V **تَجَلَّى** تَجَلِّيًا — se manifester; se révéler; se faire voir dans tout son éclat

~ مِن — ressortir de; apparaître

~ ه، ه — dépasser/surpasser les autres; regarder d'en haut

**تَجَلٍّ** (التَجَلِّي) — apparition; révélation; manifestation; transfiguration

~ الحَقيقة — la manifestation de la vérité

**مُتَجَلٍّ** (المُتَجَلِّي) ← جَلِيّ

VII **اِنْجَلَى** اِنْجِلاء — briller; paraître dans tout son éclat; s'éclaircir; se clarifier; se révéler

~ عن ه — découvrir; dégager; se dissiper

~ الجَوّ، المَوْقِف — le temps se dégage; la situation s'éclaircit

X **اِسْتَجْلَى** اِسْتِجْلاء — découvrir; ôter un voile; révéler; mettre au grand jour

~ غَوامِض أَمْر — tirer une affaire au clair

~ غَوامِض أَفْكاره — tirer les vers du nez à qqn [*fam.*]; confesser qqn [*fig.*]

**جلي** ← جلو

1048 **جَمَّ** ـِ جَمًّا — abonder/affluer (eau); être comble (puits); être abondant/riche/luxuriant (végétation); être charnu

~ ـُ جَمًّا، جِمامًا — refaire/réparer ses forces; reprendre des forces

**جَمّ** ج جِمام، جُمومٌ — abondant; ample; important; nombreux; exubérant; plein

فَوائِد ~ة — bénéfices/profits importants

~ الشَيْء — la majeure partie de

جَمًّا غَفيرًا — en foule; en grand nombre; au grand complet

جَمَّة ج جِمام — puisard; puits rempli d'eau

جُمَّة ج جُمَم — chevelure abondante

جَمَم؛ جُمام — comble *n.m.*; excédent; surplus

جَمام؛ جَمامة — quiétude; récréation; repos; tranquillité

**جُموم** — plein d'eau (puits); inépuisable; infatigable

~ النَشاط — exubérant

جَميم — abondant; copieux

أَجَمّ م جَمّاء — charnu; bien en chair; lisse; uni

اِمْرَأَة **جَمّاء** العِظام — femme bien en chair/bien enveloppée [*fam.*]

~ غَفيرة — en foule/masse; tous

**مَجَمّ** ج مَجامّ — poitrine; puits

~ الرَأْي، القَوْل هو — se ramener/se réduire/se résumer à (idée, propos)

II جَمَّمَ تَجْميمًا — combler; remplir

V تَجَمَّمَ تَجَمُّمًا — être exubérant/luxuriant (végétation)

نَبات مُتَجَمِّم — plantes luxuriantes

X **اِسْتَجَمَّ** اِسْتِجْمامًا — se concentrer; se délasser; se détendre; rassembler ses esprits; se recueillir; se récréer [*litt.*]; se relaxer

اِسْتِجْمام — délassement; détente; recueillement; repos; récréation; cure de repos; relaxation

1049 **جُمْبَري** — crevette; homard; langouste

1050 **جُمْباز** — gymnastique *n.f.*

جُمْبازيّ — gymnastique *adj.*

1051 **جُمْجُمة** ج جَماجِم — crâne; boîte crânienne

جُمْجُميّ — crânien

1052 **جَمْجَم** — parler de manière incohérente/inintelligible; baragouiner

جَمْجَمة — discours sans queue ni tête/incohérent

كَلِمات مُجَمْجَمة — mots inarticulés/inintelligibles

1053 **جَمَح** ـَ جَمْحًا، جِماحًا، جُموحًا
regimber; être récalcitrant/réfractaire; prendre le mors aux dents (cheval); faire un caprice; se dérober; partir au galop

**جُموح**، جِماح — indocilité; dérobade; caprice

~ الهَوى — frénésie/fougue de la passion

**جامِح** — capricieux; déchaîné; effréné; fougueux; réfractaire; rétif

نَشاط ~ — activité forcenée/effrénée/endiablée

خَيال ~ — imagination débridée/délirante

عاطِفة ~ة — sentiment violent/irraisonné

**جَموح** — indocile; indompté; rétif; récalcitrant

جَواد، شَخْص ~ — cheval, personne fougueux(euse)

1054 **جَمَخ** ـَ جَمْخًا — être fier/orgueilleux/vaniteux

1055 **جَمَدَ** ـُ جُمودًا — être apathique/indolent/nonchalant; se figer; épaissir; geler *intr.*; durcir *intr.*

~ دَمي في عُروقي — mon sang se figea dans mes veines

~ وَجْهُهُ — son visage se pétrifia

~ يَدُهُ — être avare/dur à la détente [*fig.*]

~ على ه — stagner/croupir dans

جَمَدَتْ نَفْسُه على — être indifférent à; ne pas se sentir concerné par

جَمْد — gel; congélation; solidification

جَمَد — gelée; glace; solide *n.m.*

**جُمود**، جُموديّة — apathie; indolence; immobilisme; inaction; inertie; nonchalance; obstination; passivité; rigidité; routine; sclérose [*fig.*]

~ عَقائِديّ — dogmatisme

**جَماد** ج ات — minéral *n.m.*; objet inanimé

~ الكَفّ — *fig.* avarice

~ العَيْن — *fig.* dureté; insensibilité

جَماديّ — minéral *adj.*

**جامِد** — apathique; consistant; épaissi; figé; immobile; inanimé; inerte; raide; rigide; solide; sclérosé

~ الكَفّ — *fig.* avare

~ العَيْن — *fig.* dur; insensible

اِبْتِسامة، مُجْتَمَع ~(ة) — sourire, société figé(e)

هُو ~ لا يَتَحَرَّك — rester de glace/comme une bûche/figé

وَجْه بارِد ~ — visage inexpressif/de pierre/hiératique

بِشَكْل ~ — d'une manière rigide; raidement

فِعل ~ — *v. qui n'est utilisé qu'à un seul temps; ex. «laysa»*

نَظْرة ~ة — regard sans expression

اِعْتِمادات ~ة — crédits gelés

~ ج جَوامِد — solide *n.m.*; minéral *n.m.*

الجَوامِد — les solides; les minéraux

**جُمادَى** الأولَى — *cinquième mois de l'année musulmane:* premier «*djoumada*»

~ الثانية — *sixième mois de l'année musulmane:* deuxième «*djoumada*»

II **جَمَّدَ** تَجْميدًا — coaguler; congeler; figer; pétrifier; rendre solide; gélifier; *fin.* capitaliser

~ اللَحْم — congeler de la viande

~ الحِسابات، الأَسْعار — geler les comptes, les prix

~ اِعْتِمادات، قَضِيّة — bloquer des crédits, une affaire

~ الفَوائِد — accumuler les intérêts

~ الدَم في عُروقه — glacer le sang [*fig.*]

~ رُؤُوس أَمْوال — immobiliser des capitaux; capitaliser

**تَجْميد** — congélation; solidification

~ رُؤُوس أَمْوال — immobilisation de capitaux; capitalisation

~ الاِعْتِمادات — gel des crédits

~ الأَسْعار والأُجور — blocage des prix et des salaires

آلة الـ~؛ **مُجَمِّد** — congélateur

~ ج ات — coagulant; gélifiant

**مُجَمَّد** — congelé; gelé; transi de froid; coagulé; gélifié; bloqué; immobilisé

لَحْم، اِعْتِماد ~ viande congelée; crédit gelé

V تَجَمَّدَ تَجَمُّدًا s'ankyloser; se coaguler; se scléroser; durcir *intr.*; geler *intr.*; se solidifier; être transi de froid; se figer

~ في الهَواء durcir à l'air

~ في عاداتِه se scléroser dans ses habitudes

~ دَمُه في عُروقِه son sang se glaça dans ses veines

الماء يَتَجَمَّد تَحْتَ الصِفْر l'eau se solidifie à 0°C

**تَجَمُّد** ankylose; gel; durcissement; coagulation; sclérose [*fig.*]; solidification

ضِدّ الـ~ antigel

**مُتَجَمِّد** ankylosé; gelé; durci; transi; pris (par les glaces); sclérosé [*fig.*]

مُحيط ~ océan Glacial

**1056** **جَمْرة** ج جَمْر braise; charbon ardent; tison; *méd.* anthrax; pustule

~ خَبيثة charbon [*méd.*]

على أَحَرّ من **جَمْر** الغَضَى être sur des charbons ardents; être sur le gril [*fam.*]; être dans ses petits souliers

جَمَرات؛ جِمار *isl. petits cailloux qui servent à lapider Satan*

**مِجْمَرة** ج مَجامِر brasero; creuset

~ العُطور brûle-parfum; cassolette; encensoir

II **جَمَّرَ** تَجْميرًا (اللَحْم) mettre (la viande) sur le gril

~تْ شَعْرَها mettre ses cheveux en chignon

**1057** **جُمّار** ج ات cœur/moelle de palmier

**1058** **جُمْرُك** ج جَمارِك douane

رَجُل، مُوَظَّف ~ douanier *n.m.*

**جُمْرُكِيّ** douanier *adj.*

تَعْرِفة، اِتِّحاد ~(ة) tarif, union douanier(ère)

رُسوم ~ة droits de douane; taxes douanières

حَواجِز، إِجْراءات ~ة barrières, politique douanière(s)

**1059** (جمز) **جُمَّيْز**؛ جُمَيْزِيّ figuier d'Égypte; sycomore

**جُمْزة** rameau porteur de bourgeons

(جمس) **جاموس** *v. ordre alphab.*

**1060** **جَمَشْت** améthyste

**1061** **جَمَشَ** ـُ جَمْشًا ه rendre lisse/poli/uni; épiler (à l'aide d'une pâte); raser; *fig.* caresser (une femme)

جَموش؛ جَميش pâte épilatoire

**1062** **جَمَعَ** ـَ جَمْعًا additionner; faire une addition/un total; totaliser; collectionner; compiler; rassembler; réunir; collecter; grouper; regrouper

~ البَراعة مِنْ أَطْرافِها être extrêmement habile

~ أَصْدِقاءَه réunir ses amis

~ أَدِلّة accumuler/réunir des preuves

~ جُيوشًا rassembler des troupes

~ الحُروف *impr.* assembler les caractères; composer

~ المال amasser de l'argent

~ شَمْلَ جُنودِه rallier/regrouper ses troupes

~ بَيْنَ صَفَحاتِها (كِتاب) contenir/renfermer (livre)

~ بَيْنَ القُوّة والحَذَر allier la force à la prudence

~ بَيْنَ الصَراحة والكِياسة allier la franchise au tact

~ بَيْنَ أَفْكار associer/rassembler des idées

~ مَعْلومات، وَثائِق recueillir des informations, des documents

~ مَعْلوماتٍ prendre des renseignements

~ الأَثْمار ramasser les fruits

جُمِعَ s'additionner; *gramm.* prendre la forme du pluriel

**جَمْع** addition; assemblage; collecte; compilation; ralliement; ramassage; rassemblement; réunion; regroupement

~ الرَسائِل levée du courrier

~ تَبَرُّعات collecte des dons

~ بَيْنَ أَلْوان association de couleurs

~ الوَظائِف cumul de fonctions

~ عَدَدَيْن somme de deux nombres

| | |
|---|---|
| ~ ج جُموع | foule; multitude; troupe; groupe; groupement; *gramm.* pluriel *n.m.* |
| صيغة الـ~ | *gramm.* pluriel *n.m.* |
| ~ الجَمْع | *gramm.* pluriel de pluriel |
| ~ سالِم، صَحيح | *gramm.* pluriel régulier, sain |
| ~ التَكْسير، مُكَسَّر | *gramm.* pluriel brisé, irrégulier |
| إِسْم الـ~ | *gramm.* collectif *n.m.* |
| **جَمْعِيّ** | additif; pluriel *adj.*; plural |
| **جَمْعِيّة** ج ات | amicale *n.f.*; assemblée; association; congrégation; corporation |
| ~ الأُمَم | Société des Nations |
| ~ تَعاوُن، إِصْلاح | société de prévoyance, d'aménagement |
| ~ تَعاوُنِيّة | société coopérative, d'entraide |
| ~ حُقوق الإِنْسان | Ligue des droits de l'homme |
| ~ نِسائِيّة | association/ligue féminine |
| ~ خَيرِيّة، أَدَبِيّة | société de bienfaisance, littéraire |
| ~ وَطَنِيّة، مُساهِمين | Assemblée nationale; assemblée d'actionnaires |
| ~ موسيقِيّة | philharmonie |
| ~ دينِيّة | communauté religieuse |
| عَقَدَ ~ | tenir des assises |
| **جُمْع** ج أَجْماع | poignée; poing; main fermée |
| ~ اليَد، الكَفّ | *même sens* |
| ضَرَبَ بِـ~ه، بِجُمْعَيْه | donner des coups de poing |
| **جُمُعة** ج ات، جُمَع | semaine; vendredi |
| ~ الآلام | Vendredi saint |
| **جَماعة** ج ات | collectivité; communauté; groupe; troupe |
| الـ~ الإِنْسانِيّة | la communauté humaine |
| ~ مِن | une cohorte de |
| ~ وَطَنِيّة، دُوَلِيّة | communauté nationale, internationale |
| الـ~ الإِقْتِصادِيّة الأُورُبِيّة | C.E.E. (Communauté économique européenne) |
| الـ~ الأُورُبِيّة لِلْفَحْم والفولاذ | C.E.C.A. (Communauté européenne du charbon et de l'acier) |
| النَحْل يعيش جَماعاتٍ | les abeilles vivent en communautés |
| **جَماعِيّ** | collectif *adj.*; collectiviste; communautaire; grégaire; sociologique |
| اِتِّفاق، عَمَل، مَسْعًى ~ | accord, travail, démarche collectif(ive) |
| حَيَوانات ~ة | animaux grégaires |
| نَفْسِيّ ~ | psychosociologique |
| حَرَكات، عَمَلِيّات ~ة | mouvements, opérations d'ensemble |
| إدارة ~ة | direction collégiale |
| نِظام ~ | système collectiviste |
| جَماعِيّة | collectif *n.m.*; collectivité; collectivisme |
| **جامِع** | qui contient/regroupe/renferme/réunit |
| ~ الأَحاديث | collecteur/recueil de traditions |
| ~ آثار قَديمة | collectionneur d'antiquités |
| فِكْرة ~ة | idée/vue d'ensemble/générale |
| تَعْريف ~ | définition globale/générale |
| ~ وثائِق | compilateur |
| كَنيسة ~ة | cathédrale |
| ~ ج جَوامِع | mosquée; mosquée cathédrale |
| **جامِعة** ج ات | université; académie |
| ~ شَعْبِيّة | université populaire |
| أُسْتاذ ~ | universitaire *n.m.*; professeur d'université |
| ~ ج جَوامِع | association; amicale *n.f.*; confédération; fédération; ligue |
| ~ الدُوَل العَرَبِيّة | Ligue arabe |
| ~ إِسْلامِيّة، عَرَبِيّة | panislamisme; panarabisme |
| ~ جَرْمانِيّة، سلافِيّة | pangermanisme; panslavisme |
| ~ إِسرائيلِيّة | communauté israélite |
| جامِعِيّ | universitaire *adj.*; académique; collégial |
| **مَجْموع** | assemblé; collecté; groupé; regroupé; réuni |
| ~ ج مَجاميع | agrégat; ensemble; somme; total; totalité; tout *n.m.* |
| ~ التَلامِذة | l'ensemble des élèves |
| في ~ه | dans l'ensemble |
| ~ سَيّارات، نُجوم | *astron.* système planétaire; constellation |

~ الطُرُق، السِكَك الحَديدِيّة — résau routier, ferroviaire

~ الأَسْلاك التِليفونِيّة — réseau téléphonique

**مَجْموعة** ج ات — assortiment; collection; liste; ensemble; groupe; groupement; recueil; série

~ وَطَنِيّة — collectivité/communauté nationale

~ النَفَقات — ensemble/total des dépenses

~ من — un(e) groupe/ensemble/série de

~ سَكَنِيّة كُبْرَى — grand ensemble

~ مَنازِل — îlot de logements

~ موسيقِيّة، مُغَنِّين — ensemble musical, vocal

~ إطارات، مَفاتيح — train de pneus; jeu de clefs

~ صِناعِيّة — complexe industriel

دُوَل الـ~ الأوروبِيّة — les états de la Communauté européenne

~ من النُقود، الطَوابع — collection de monnaies, de timbres

~ جُيوش — groupe d'armées

~ شَمْسِيّة — système solaire

~ من الأَحْزاب — groupement de partis

نَظَرِيّة المَجْموعات — théorie des ensembles [*math.*]

**جَميع** — totalité; tous; tout

~ الناس — tout le monde

من ~ القِياسات — de toutes les dimensions

الـ~ يَعْلَمون — il est de notoriété publique; tout le monde sait; nul n'ignore

مَعْلوم لَدَى الـ~ — *même sens*

جَميعًا — entièrement; ensemble; tous; tout entier

**أَجْمَع** م جَمْعاء — entier; tout; total

بِـ~ه، هم — dans son ensemble; en totalité; tous

**مَجْمَع** ج مَجامِع — aréopage; assemblée; concile; congrégation; synode; société

~ عِلْمِيّ — société savante; académie des sciences

~ فَنِّيّ، أَدَبِيّ — académie des arts, des lettres

~ لُغَوِيّ — académie

~ نَهْرَيْنِ، بَحْرَيْنِ — confluent [*géogr.*]

أَخَذَ **بِمَجامِع قَلْبِه** — aller droit au cœur de

**مَجْمَعِيّ** — conciliaire; académicien *n.*; académique

II **جَمَّعَ تَجْميعًا** ه — accumuler; agglomérer; amasser; assembler; collectionner; concentrer; rassembler; réunir

~ المَوادّ — rassembler des matériaux

~ مِياه المَطَر — collecter les eaux de pluie

~ مِياهَ السَدّ — mettre un barrage en eau

**تَجْميع** — assemblage (de parties); accumulation; concentration; réunion; sommation

~ مَدْرَسِيّ — ramassage scolaire

~ مِياه سُدّ — mise en eau d'un barrage

آلة ~ — assembleuse [*impr.*]

**مُجَمِّع** — collecteur *n.m.*; collectionneur

أُنْبوب، مَصْرِف، مَجْرَى ~ — tuyau, drain, égout collecteur

**مُجَمَّع**؛ ~ صِناعِيّ — complexe industriel

III **جامَعَ جِماعًا** ها — avoir des rapports charnels/sexuels avec; faire l'amour avec (une femme)

~ه على ه — convenir de qqch avec qqn

جِماع — coït; copulation; rapport sexuel

IV **أَجْمَعَ إِجْماعًا** على — s'accorder sur; être unanime à; s'entendre

~تْ آراؤهم — être d'accord/unanime

~ أَمْرَه لِـ — se concerter en vue de

**إِجْماع** — accord; unanimité; consensus

~ في المَديح — concert de louanges

شِبْهُ ~ — quasi-unanimité

بِـ~ الأَصْوات — à l'unanimité des voix

بالـ~ — d'un commun accord; unanimement

**إِجْماعِيّ** — unanime

بِصورة ~ة — à l'unanimité; de manière unanime

V **تَجَمَّعَ تَجَمُّعًا** في — s'accumuler; affluer; s'attrouper; s'entasser; se grouper; se rallier; se ramasser; se rassembler; se tasser

~ على نَفْسِه — se blottir; se mettre en chien de fusil

~ في، عِنْد — confluer/converger vers

~ في المُدُن — s'agglomérer/s'entasser dans les villes

**تَجَمُّع** ج ات — accumulation; afflux; affluence; attroupement; entassement
مَكان ~ — point de ralliement
~ شَعْبِيّ — rassemblement populaire
~ سُكّانِيّ — agglomération humaine
غَريزة الـ~ — instinct grégaire
تَجَمُّعات مُقاوَمة — îlots de résistance
VII **اِجْتَمَعَ** اِجْتِماعًا — s'assembler; se réunir; se rassembler; se rencontrer
~ بِـ ه — s'aboucher [*péjor.*]/avoir un entretien avec
**اِجْتِماع** ج ات — assemblée; conférence; réunion; société humaine
عَقَدَ ~ًا — tenir un meeting/une réunion
~ سِياسِيّ — meeting; rassemblement politique
عِلْم الـ~ — sociologie
~ ضِدَّيْن — ambivalence
قَد تَمَّ الـ~ بِرِئاسة — la réunion s'est tenue sous la présidence de
اِجْتِماعات إِقْليمِيّة — assemblées régionales
**اِجْتِماعِيّ** — social; mondain; sociologique
عالِم ~ — sociologue
~ اِقْتِصادِيّ، ثَقافِيّ — socio-économique; socio-culturel
~ سِياسِيّ — socio-politique
حَياة، مُحادَثة ~ة — vie, conversation mondaine
قِياس العَلاقات الـ~ة — sociométrie
اِجْتِماعِيّات — mondanités *n.f.pl.*
مُجْتَمِع ج ون — réuni; rassemblé
الوُزَراء المُجْتَمِعون — les ministres réunis
**مُجْتَمَع** — assemblé; rassemblé; réuni; regroupé
~ ج ات — société; vie en société/en communauté
~ اِشْتِراكِيّ — société socialiste
~ راقٍ، الأَثْرِياء — la haute société; le beau monde
وُجوه الـ~ — le grand monde; les notabilités
X **اِسْتَجْمَعَ** أَفْكارَهُ، حَواسَّهُ — se concentrer; se recueillir; reprendre ses esprits; rassembler ses idées
~ طاقَتَهُ — retrouver son énergie; se secouer [*fig.*]
~ مَعْلومات — recueillir des informations
~ ذِكْرَياتِه — rassembler ses souvenirs
~ قُواه — retrouver des/rassembler ses forces
~ لَهُ أُموره — tout va bien pour lui

1063 **جَمْعَر** — terre jaunâtre; marne [*géol.*]

1064 **جَمَل** ج جِمال، أَجْمال — chameau [*zool.*]
~ عَرَبِيّ، وَحيد السَّنام — dromadaire
جَمَلِيّات — camélidés *n.m.pl.*
جَمّال ج ون — chamelier

1065 **جَمُلَ** ـُ جَمالًا — être beau; embellir; se tenir bien; avoir une belle conduite
**جَمال** ج ات — beauté; charme; grâce
كُلُّهُ ~، في غاية الـ~ — de toute beauté
عِلْمُ الـ~ — esthétique *n.f.*
زادَ ~ًا — embellir *intr.*
جَمالِيّ؛ جَمالِيّة — esthétique *adj.*; esthétique *n.f.*
**جَميل** — beau; joli; bonne action; faveur; service; bienfait; obligeance
اِعْتِراف بِالـ~ — gratitude; reconnaissance
نُكْران الـ~ — ingratitude
حَفِظَ، اِعْتَرَفَ بِالـ~ لِـ ه — être reconnaissant envers; avoir de la gratitude pour
ناكِر الـ~ — ingrat
غَيْر ~ — inesthétique; laid
**أَجْمَل** — plus beau; meilleur; mieux
هٰذا ~ ما فيه — ce qu'il y a de mieux en lui
II جَمَّلَ تَجْميلًا ه، ه — embellir; enjoliver; orner; maquiller
**تَجْميل** — embellissement; enjolivure; maquillage
مُسْتَحْضَرات الـ~ — cosmétiques; maquillage
جِراحة الـ~ — chirurgie esthétique
مَعْهَد الـ~ — institut de beauté
فَنّ الـ~ — arts décoratifs; cosmétologie
مُجَمِّلة ج ات — esthéticienne; maquilleuse

مُجَمِّلات مَدينة — embellissements d'une cité

III جامَلَ مُجامَلة ه — traiter avec courtoisie/civilité; être convenable/courtois/poli avec

**مُجامَلة** ج ات — complaisance; courtoisie; politesse

زِيارة ~ — visite de politesse

**مُجامَلات** — civilités; convenances; formules de politesse

قَواعِد الـ~ — étiquette; protocole

**مُجامِل** — courtois; attentionné; complaisant; poli

IV **أَجْمَلَ** إِجْمالًا — se conduire bien/décemment

~ في الطَّلَب — demander poliment

ما أَجْمَلَهُ — que c'est/comme il est beau!

V تَجَمَّلَ تَجَمُّلًا — se faire une beauté; se pomponner; se maquiller

تَجَمُّل ج ات — éclat; pompe [*litt.*]; splendeur

1066 **جَمَلَ** ـُ جَمْلًا ه — rassembler; réunir; faire la somme

**جُمْلة** ج جُمَل — ensemble *n.m.*; somme; système; total *n.m.*; tout *n.m.*; *gramm.* phrase

بَيْع، باع بالـ~ — vente, vendre en gros

نِصْف الـ~ — demi-gros

~ إِسْمِيّة، فِعْلِيّة — phrase nominale, verbale

~ مُفيدة، مُعْتَرِضة — phrase complète, incidente

في، بـ~ — bref; en gros; globalement; en foule; en masse; dans l'ensemble

في، من ~ ما — entre autres; entre autres choses

تَرْكيب **الجُمَل** — construction grammaticale; syntaxe

عِلْم تَرْكيب الـ~ — syntaxe; phraséologie [*ling.*]

IV **أَجْمَلَ** إِجْمالًا ه — synthétiser; récapituler; résumer

~ قَوْلَهُ — se résumer

~ حِسابًا — faire la récapitulation d'un compte

**إِجْمال** — ensemble *n.m.*; total *n.m.*

بـ، على، في الـ~ — dans l'ensemble; en gros; au total

إِجْمالًا — en gros; somme toute

**إِجْماليّ** — brut; global; synoptique; récapitulatif *adj.*; total *adj.*

~ الإِنْتاج، الدَخْل — produit, revenu brut

الإِنْتاج القَوْميّ الـ~ — produit national brut (P.N.B.)

مَبْلَغ ~ — somme globale/totale; total *n.m.*

نَظْرة ~ة — vue d'ensemble; aperçu

مُذَكِّرة ~ة — état récapitulatif; récapitulatif *n.m.*; mémoire *n.m.*

إِجْماليًّا — globalement; en général; généralement

**مُجْمَل** — ensemble *n.m.*; compendium; résumé *n.m.*; somme; synopsis; synthèse

~ القَوْل، الكَلام — somme toute; bref

بـ، في الـ~ — dans l'ensemble; en gros

1067 **جُمانة** ج جُمان — perle

1068 **جَمْهَرَ** جَمْهَرةً — assembler; grouper; rassembler; regrouper; réunir; se réunir

**جَمْهَرة** — assemblage; réunion; rassemblement; regroupement

~ أَشْعار العَرَب — florilège/anthologie (de la poésie arabe antéislamique)

~ الناس — le grand public; la masse

**جُمْهور** ج جَماهير — assistance; foule; multitude; presse; public *n.m.*

**الجَماهير** الكادِحة — les masses laborieuses

~ العَرَبِيّة — les masses arabes

نَفْسِيّة الـ~ — psychologie des foules/des masses

**جُمْهوريّ** — républicain; public *adj.*

**جُمْهوريّة** ج ات — république

~ ديموقراطيّة، شَعْبِيّة — république démocratique, populaire

~ اِتِّحاديّة، فيدِراليّة — république fédérale

II تَجَمْهَرَ — s'assembler; s'attrouper; se masser; se rassembler

**تَجَمْهُر** — attroupement; rassemblement

1069 **جَنَّ** ـِ جَنانًا ه، على ه — envelopper les choses (nuit); plonger dans l'obscurité; obscurcir; *v. aussi 1070 à 1072*

~ اللَيْل — la nuit tombe; il fait noir/nuit

**جُنان** — vêtement; voile; rideau; bouclier

| | |
|---|---|
| ~ اللَّيْل | nuit obscure; obscurité/voile [*poét.*] de la nuit |
| **جَنان** ج أَجْنان | cœur [*fig.*]; âme |
| ثَبات ~ | fermeté de cœur/d'âme; sang-froid; flegme |
| ثابِت الـ~ | ferme *adj.*; flegmatique |
| جُنَّة ج جُنَن | armure; bouclier; voile (de femme) |
| **1070** **جَنَّ** ـُ جُنونًا ه | s'emparer de qqn (démon); rendre fou; *v. aussi 1069, 1071, 1072* |
| **جُنَّ** يُجَنُّ | être pris d'un accès de folie; être possédé par le démon; devenir fou; divaguer [*fig.*] |
| ~ جُنونُهُ | perdre l'esprit/la tête; s'emporter; faire des siennes/des folies |
| ~ الذُّبابُ | bourdonner/voltiger (mouches) |
| **جُنون** | affolement; aliénation; délire; démence; divagation; égarement; exaltation; folie; fougue; fureur; frénésie; passion |
| هٰذا ~ | c'est du délire/de la folie! |
| أَحَبَّ حَتَّى الـ~ | aimer à la folie |
| ~ دَوْرِيّ | cyclothymie |
| في غايَة الـ~ | fou à lier |
| ~ العَظَمة | folie des grandeurs |
| **جُنونِيّ** | affolant; démentiel; démoniaque; délirant; insensé; frénétique; fou *adj.* |
| سُرْعة ~(ة) | allure/vitesse folle |
| صُراخ ~ | cris/hurlements fous |
| موسيقى ~ة | musique endiablée/frénétique |
| أَمَل ~ | fol(le) espoir/espérance/chimère; espoir chimérique |
| سِباق، فَرَح ~ | course effrénée; joie délirante |
| فِكْرة ~ة | idée démente/extravagante |
| **مَجْنون** ج مَجانين | aliéné; dément; énergumène; forcené; fou; lunatique; maniaque; possédé |
| ~ أَنْتَ | es-tu fou? tu divagues [*fig.*]? |
| كَالـ~ | comme un fou; (marcher, courir) comme un dératé |
| مَلْجَأ المَجانين | asile d'aliénés/de fous |
| **جِنّ** | *coll.* démons; djinns; génies |
| عالَم الـ~ | le royaume des ombres; monde des fées/féerique; féerie |
| قِصَّة الـ~ | conte de fées |
| جِنِّي ج جِنّ، جانّ | génie; petit démon; djinn; lutin; *adj.* féerique; extraordinaire |
| **جِنِّيّة**، ~ البَحْر | fée; sirène [*myth.*] |
| مَجَنَّة ج مَجانّ | endroit où abondent/se cachent les djinns; folie |
| II جَنَّنَ تَجْنينًا ه | affoler; rendre fou |
| V تَجَنَّنَ تَجَنُّنًا | s'affoler; devenir fou |
| **1071** **جَنَّة** ج ات، جِنان | jardin; paradis |
| جِنان ج أَجِنَّة | jardin; verger |
| جُنَيْنة ج ات | petit jardin; jardinet |
| جَنائِنِيّ | jardinier |
| **1072** (جنن) **جَنين** ج أَجِنَّة | embryon; fœtus |
| تَكَوُّن الـ~ | embryogenèse |
| عِلْم الأَجِنَّة | embryologie |
| جَنينِيّ | embryonnaire; fœtal |
| **1073** **جَنْب** ج جُنوب، أَجْناب | côté; flanc; versant |
| نامَ على ~ه | coucher sur le côté/le flanc |
| على ~ | à part; de côté |
| في ~، جنب ه | en comparaison/à côté/au regard de |
| ذات الـ~، جُناب | pleurésie |
| جَنْبًا إلى ~ | côte à côte; coude à coude; de front |
| بَيْنَ **جَنْبَيْهِ** | à l'intérieur; inclus dans |
| ما بَيْن ~ | contenu *n.m.* |
| جَنْبة ج جَنَبات (← جَنْب) | arbrisseau; arbuste; plant |
| **جانِب** ج جَوانِب | abords; bord; côté; bas-côté; flanc (d'un bateau); paroi; face; versant |
| ~ فِكْرِيّ، سِياسِيّ | aspect intellectuel, politique |
| على ~ الطَّرِيق | au bord/en bordure de la route |
| الـ~ المُؤَثِّر | le point sensible |
| بِـ ~ فِراش ه | au chevet de |
| في ~ ه | en comparaison de; au regard de |

| | |
|---|---|
| في كُلِّ ~ | partout; de tous côtés |
| مِن الـ~ | par le travers |
| من ~ (...) من ~ آخَر | d'une part ... d'autre part; d'un côté ... de l'autre |
| من ~ إلى ~ | de part en part; à/au travers |
| من ~ه | de la part de |
| إلى، بـ~ ه | à côté de; outre; en outre; en plus de |
| كانَ إلى ~ه | être du côté de; prendre parti/fait et cause pour |
| ~ مِن | un(e) certain(e) nombre/quantité de |
| ~ كَبير مِن | une grande quantité/beaucoup de |
| كان على ~ عَظيم مِن | être très/vraiment/tout à fait/extrêmement |
| كان على ~ عَظيم من الجَمال | être très/ extrêmement beau |
| خافَ ~ه | craindre qqn; redouter qqn |
| لَيِّن، رَقيق الـ~ | amical; aimable; complaisant; docile; bon compagnon; gentil; facile à vivre; pacifique; tranquille |
| لِين الـ~ | gentillesse; amabilité; complaisance |
| شَديد الـ~ | difficile à vivre; mauvais coucheur |
| عَزيز الـ~ | fort; puissant |
| مَرْهوب، مَهيب الـ~ | craint; redouté; terrible |
| **جانِبًا** | de/à côté; à l'écart |
| تَرَكَ ه، ه ~ | laisser/mettre de côté, à l'écart |
| **جانِبيّ** | en coupe; latéral; de profil |
| مَقْطَع ~ | coupe; vue de profil |
| مَمَرّ، رِواق ~ | bas-côté [*archit.*] |
| مَعْرَكة ~ة | lutte secondaire/accessoire |
| أَبْواب، شَوارِع ~ة | portes, rues latérales |
| جانِبيًّا | latéralement; de profil; de/en travers |
| **جانِبيّة** | profil |
| ~ نَفْسيّة، فِكْريّة | profil psychologique, intellectuel |
| في **جَوانِب** المَدينة | à l'extérieur/aux abords de la ville |
| من كُلّ الـ~ | de tous les côtés; sous tous les aspects |
| رَحْب الـ~ | ample; spacieux; vaste |
| جِناب : طَوْع الـ~ | docile (cheval) |
| **جَنوب** | sud; midi |
| مُوَجَّه نَحْوَ الـ~ | orienté au sud/au midi |
| **جَنوبيّ** | méridional; austral; du sud; antarctique |
| مُناخ ~ | climat méridional |
| المُحيط المُتَجَمِّد الـ~ | océan Glacial Antarctique |
| قارّة قُطْبيّة ~ة | continent antarctique |
| ~ غَرْبيّ، شَرْقيّ | sud-ouest; sud-est |
| **أَجْنَبيّ** ج أَجانِب | étranger |
| ~ عن أَمْر | étranger à une affaire |
| لُغات، دُوَل ~ة | langues, pays étrangers(ères) |
| فِرْقة ~ة | Légion étrangère |
| أَجْنَبيّة | qualité d'étranger; non-citoyenneté |
| II **جَنَّبَ** تَجْنيبًا ه ه | abriter qqn de; faire éviter qqch à; éloigner qqn de; mettre qqn à l'abri de; tenir qqn à l'écart de |
| III **جانَبَ** مُجانَبةً ه، ه | être/se tenir à côté/ aux côtés de; côtoyer; longer; s'éloigner; éviter; tourner le dos à [*fig.*] |
| ~ سَفينة | aborder un bateau; être bord à bord |
| مُجانَبة | éloignement; froideur; aversion |
| رَأْي **مُجانِب** لِلصَّواب | vue qui tourne le dos au bon sens |
| IV **أَجْنَبَ** إِجْنابًا | être éloigné/loin; être étranger; être exposé au sud/au vent du sud |
| ~ عن | s'écarter/s'éloigner de |
| V **تَجَنَّبَ** تَجَنُّبًا ه، ه | échapper à; fuir; se dérober; éviter; esquiver |
| ~ عَنْ | s'abstenir/se garder de |
| ~ خَطَرًا | éviter/fuir un danger |
| ~ الضَرَبات | esquiver/parer les coups |
| VIII **اِجْتَنَبَ** اِجْتِنابًا ه | échapper; se dérober; détourner/ esquiver/parer (des coups) |
| ~ الناس، الجُمْهور | fuir le monde, la foule |
| اِجْتِناب | dérobade; esquive; fuite; parade |

**1074** (جنب) **جَناب**؛ جَنابُكُم
Excellence; votre Excellence

**1075** **جَنْبَر** outardeau

**1076** **جَنْبَزة** maquignonnage

**جُنْباز** maquignon

**1077** **جِنْث** ج أَجْناث pivot [*bot.*]; racine pivotante

**1078** **جُنْجُر** renouée [*bot.*]

**1079** **جُنْجُل** houblon

**1080** **جَنَحَ** - جَنَحًا، جُنوحًا pencher *intr.*; s'incliner; se pencher; *mar.* s'échouer; donner de la gîte (bateau); *v. aussi 1081*

~ اللَيْلُ، الأَصيل être imminent/proche (nuit); approcher/tomber (soir, nuit)

~ إلى être enclin/porté à; incliner à; pencher pour; avoir un penchant pour/une tendance à

**جُنوح** inclination; penchant *n.m.*; tandance; *mar.* échouage; gîte *n.f.*

الـ~ إلى المُبالَغة tendance à l'exagération

عِنْدَ ~ اللَيْل à la tombée de la nuit

**جُنْح** abri; refuge; obscurité; nuit

تَحْتَ ~ الظَلام à la faveur de l'obscurité

**جَناح** ج أَجْنِحة aile [*pr.* et *fig.*]; nageoire; flanc; *archit.* pavillon; *sport.* ailier

~ غِمْدِيّ élytre

عَديم الـ~ aptère *adj.*

~ لِمَعْرِض pavillon d'une exposition

~ جَنوبِيّ لِلْمَبْنَى aile sud du bâtiment

~ في فُنْدُق appartement/suite (dans un hôtel)

هاجَمَ الـ~ attaquer l'aile/le flanc [*mil.*]

طارَ بِـ~ه voler de ses propres ailes

على ~ السُرْعة avec promptitude; promptement

على ~ الأَثير، الجو par la voie des ondes, des airs

رَكِبَ ~ النَعامة bien mener sa barque; aller vite en besogne

على ~ السَفَر sur le départ; sur le point de partir

في ~ ه sous la protection de; dans l'ombre de qqn

خَفَضَ لَهُ ~ ه s'humilier devant qqn; se soumettre à; baisser les bras [*fig.*]; jeter l'éponge [*fam.*]

اِلْتَجَأَ إلى ~ ه chercher protection/se réfugier auprès de

اِلْتَجأ إلى ~ أُمِّه se réfugier dans les jupes de sa mère

رَكِبَ **جَناحَيْ** الطائِر quitter son pays; émigrer

كان في ~ الطائِر être dans l'inquiétude/l'impatience

عَديمات **الأَجْنِحة** aptères *n.m.pl.*

غِمْدِيّات. مُغْمَدات الـ~ coléoptères *n.m.pl.*

غِشائِيّات الـ~ hyménoptères *n.m.pl.*

حُرْشُفِيّات الـ~ lépidoptères *n.m.pl.*

**جَناحِيّ** ailé; en forme d'aile (fruit)

لا ~ aptère *adj.*

حَرَكة ~ة mouvement tournant

جَناحِيّة ج ات samare; fruit ailé

جُنَيْح ج ات aileron [*aéron.*]

جُنَيِّحة ج ات ailette

جانِح ج ون. أَجْناح qui penche; penché

جانِحة ج جَوانِح flanc; côté; *anat. nom de la troisième côte*

بَيْنَ **جَوانِحه** dans son cœur/son âme; en soi

طَفَرَتْ ~ ه trembler d'émotion/de plaisir

مَلأَت السَكينة ~ه être rempli d'aise

II جَنَّحَ تَجْنيحًا ه. ه faire pencher; incliner; donner des ailes; flanquer; entourer de chaque côté; garnir sur les flancs; *mar.* échouer *tr.*; donner de la gîte à

مُجَنَّح ailé; flanqué (de)

**مُجَنَّحات** الأَيْدي chiroptères *n.m.pl.*

~ الأَرْجُل ptéropodes *n.m.pl.*

IV **أَجْنَحَ** إجْناحًا ه، ه incliner *tr.* et *intr.*; pencher *tr.* et *intr.*

~ سَفينة faire échouer un navire

**1081** (جنح) **جُناح** crime; péché; délit; *v. aussi 1080*

لا جُناحَ عَلَيْهِ — il n'y a rien à redire à cela; il n'y a aucun reproche à lui faire

**جُنْحة** ج جُنَح — délit

~ التَشَرُّد — délit de vagabondage

عُقوبة ~ — peine correctionnelle

مَحْكَمة جُنَح — tribunal correctionnel; correctionnelle *n.f.*

جُنْحيّ — délictueux

جُنوحِيّة — délinquance

جانِح ج ون — délinquant

الأَحْداث الجانِحون — jeunesse délinquante; délinquance juvénile

**1082** **جُنْد** ج جُنود، أَجْناد — armée; troupe

~ نِظاميّ — armée régulière

**جُنْديّ** ج جُنْد، جُنود — soldat; militaire; guerrier; troupier; homme de troupe

~ مُسْتَجِدّ — recrue; bleu [*pop.*]

~ بَسيط — simple soldat

~ أَوَّل — soldat de 1re classe

الـ~ المَجْهول — le soldat inconnu

**جُنْدِيّة** — carrière/état militaire; armée; service militaire

صالِح لِلْ~ — bon pour le service (armé)

إِعْفاء عن الـ~ — exemption de service (armé)

II **جَنَّدَ** تَجْنيدًا ه — embrigader; enrôler; incorporer; mobiliser; recruter

~ الرِجال، جَيْشًا — armer des hommes; lever une armée

~ مُتَطَوِّعين — enrôler des volontaires

**تَجْنيد** — conscription; enrôlement; incorporation; mobilisation; recrutement

~ عامّ — mobilisation générale

الـ~ الإِجْباريّ — conscription; service militaire obligatoire

مُجَنَّد ج ون — conscrit; embrigadé; enrôlé; mobilisé; recrue

V تَجَنَّدَ تَجَنُّدًا — s'enrôler; s'engager dans l'armée; être appelé sous les drapeaux

**1083** **جُنْدُب**، جِنْدَب ج جَنادِب — criquet

**1084** **جَنْدَرَ** — raviver (couleur); retoucher (écriture effacée)

جَنْدَرة — machine à repasser

**1085** **جَنْدَلَ** ه — renverser; jeter à terre; terrasser

~ طائِرة — abattre un avion

جُنْدُل ج جَنادِل — cataracte; chute; rocher

جَنادِل النيل — les cataractes du Nil

**1086** **جُنْدول** — gondole [*égypt.*]

**1087** **جِنازة** ج ات، جَنائِز — enterrement; convoi funèbre

تَشْييع الـ~ — service funèbre/mortuaire; funérailles; obsèques

صَلاة الـ~ — absoute; requiem

جُنّاز ج جَنانيز — service funèbre/mortuaire

جَنازيّ، جَنائِزيّ — funèbre; funéraire; mortuaire

II جَنَّزَ تَجْنيزًا ه — mettre le cadavre dans son linceul/son cercueil; célébrer l'office des morts

**جَنْزَبيل**، جِنْزار، جَنْزير ← زنج

**1088** **جِنْس** ج أَجْناس — genre; sexe; *v. aussi 1089*

الـ~ الخَشِن، اللَطيف — le sexe fort, faible

الـ~ الناعِم، اللَطيف — le beau sexe

عِلْم الـ~ — sexologie

~ مُذَكَّر، مُؤَنَّث — genre/sexe masculin, féminin

ذو ~؛ عَديم ~ — sexué; asexué

كِلا الجِنْسَيْن — les deux sexes

**جِنْسيّ** — érotique; générique *adj.*; génésique; sexuel; sexy [*fam.*]

عَلاقات، مَلَذّات ~ة — rapports, plaisirs sexuels/charnels

جاذِبيّة، غَريزة ~ة — sex-appeal; instinct génésique

اِتِّحاد ~ — union charnelle

لا ~؛ تَناسُل لا ~ — asexué; reproduction asexuée

تَهَيُّج، إِثارة ~(ة) — érotisme

جِنْسِيّة — sexualité

جِنْسانِيّة — sexualité; activité sexuelle

1089 **جِنْس** ج أَجْناس — catégorie; espèce; ethnie; genre; sorte; race; *v. aussi 1088*

~ بَشَرِيّ — espèce genre race humain(e)

~ مُذَكَّر، مُؤَنَّث — genre masculin, féminin

اِسْم ~ — terme générique; nom commun collectif

أَبْناء الـ~ — frères de race

~ عَرِيق — race pure

جِنْسِيّ — racial

**جِنْسِيّة** ج ات — nationalité; citoyenneté

لا ~ لَهُ، عَدِيم ~ — apatride

شَرِكة مُتَعَدِّدة **الجِنْسِيّات** — multinationale *n.f.*

جَنِيس — du même genre; de la même espèce race

II **جَنَّسَ** تَجْنِيسًا ه بـ ه — rendre semblable similaire; assimiler; assortir; classer

~ كُسورًا — réduire des fractions au même dénominateur

لا يُجَنَّس — irréductible [*math.*]

تَجْنِيس — allitération; réduction (de fractions)

III جانَسَ جِناسًا، مُجانَسة ه — être du même genre de la même espèce; ressembler à

جِناس، مُجانَسة — affinité; ressemblance; similitude; *litt.* allitération; assonance; calembour; paronomase

مُجانِس — ressemblant; similaire; congénère; homonyme *adj.*

V تَجَنَّسَ تَجَنُّسًا — se faire naturaliser; acquérir une nationalité

تَجَنُّس — naturalisation

مُتَجَنِّس — naturalisé

VI **تَجانَسَ** تَجانُسًا — être assorti homogène; avoir des affinités; s'assortir; aller bien ensemble

لا تَتَجانَس هٰذِهِ الأَلْوان — ces couleurs ne vont pas ensemble

**تَجانُس**، تَجانُسِيّة — homogénéité; homonymie; ressemblance; affinité

~ أَلْوان — assortiment de couleurs

لا، عَدَم ~ — hétérogénéité

**مُتَجانِس** — assorti; homonyme; homogène; homologue

غَيْر ~ — hétérogène; composite; mal assorti

مَزِيج، مادّة ~ة — mélange, produit homogène

قاموس **المُتَجانِسات** — dictionnaire analogique

1090 **جَنَف** — déviation de la colonne vertébrale; scoliose

أَجْنَف م جَنْفاء — qui a une scoliose

VI **تَجانَفَ** تَجانُفًا — dévier s'écarter de la voie droite

~ لِـ ه — se laisser aller (au péché)

1091 **جُنْفاص**، جِنْفيص — serpillière

1092 (جنق) **مَنْجَنِيق** ج مَجانِق، مَجانِيق — catapulte; mangonneau; baliste

**جُنْك** ج جُنوك — jonque; harpe [*mus.*]

1093 (جنه) **جِنيه**، جُنَيْه ج ات — guinée [*monn.*]

~ إِسْتِرْلِينِيّ — livre sterling

1094 **جَنَى** جِنايةً ه — commettre perpétrer un crime; *v. aussi 1095*

~ على ه — nuire à; agir injustement contre

**جِناية** ج ات — crime; délit; faute; méfait; péché

~ قَتْل — crime capital

مَحْكَمة الجِنايات — tribunal criminel

**جِنائِيّ** — criminel *adj.* [*jur.*]; pénal

قانون، قاضٍ ~ — droit, juge criminel [*jur.*]

عُقوبة ~ة — sanction pénale

مُحاكَمة، مَحْكَمة ~ة — poursuite, tribunal criminel(le) [*jur.*]

**جانٍ** ج جُناة — criminel *n., adj.*; coupable

حَرِيق ~، جانِية — incendie criminel

أَوْقَفَ جانِيًا — arrêter un criminel

V تَجَنَّى تَجَنِّيًا على ه — accuser; charger [*jur.*]; incriminer

1095 **جَنَى** جَنْيًا ه — cueillir; récolter; recueillir; *v. aussi 1094*

~ ثِمارًا، أَكاليل غار — cueillir des fruits, des lauriers [*fig.*]

~ مَنافِع — recueillir/récolter/retirer des avantages

~ فائِدة — tirer avantage/bénéfice/parti/profit

~ اللَقاح، الرَحيق — butiner

**جَنْي** — cueillette; ramassage (de fruits); récolte

**جَنِيّ؛ مَجْنِيّ** — cueilli; récolté

**مَجْنًى** ج مَجانٍ — lieu de cueillette

**مَجانٍ** — morceaux choisis

**مَجاني الأَدَب** — anthologie littéraire

1096 **جِهْبِذ، جِهْباذ** ج جَهابِذة — critique averti; pontife [*fig.*]; mandarin [*fig.*]; manitou [*fig., fam.*]; homme brillant/habile/intelligent

**جِهة** ← وجه

1097 **جَهَدَ** - جَهْدًا — s'appliquer; se démener [*fig.*]; insister; travailler avec assiduité/zèle

~ ه — épuiser/fatiguer/mettre à plat [*fam.*] qqn (maladie)

**جَهْد** ج جُهود — application; assiduité; effort; zèle; faculté; force; puissance; difficulté; fatigue; peine

~ بَدَنِيّ، فِكْرِيّ — effort physique, intellectuel

~ ذِهْن، فِكْر — contention d'esprit

بَعْدَ ~ جَهيد — à grand-peine

لَمْ يَدَّخِر ~ًا في — ne rien épargner pour

بَذَل ~ه — consacrer toutes ses forces (à qqch)

بَذَل ~ًا ضائِعًا — faire de vains efforts/des efforts inutiles

مَبْدأ بَذْلِ أَدْنَى ~ — loi du moindre effort

بِـ ~ — avec effort/peine

بِـ ~ جاهِد — à grand-peine; au prix de grands efforts

بِلا، في غَيْرِ ~ — sans effort/peine

**جُهْد** (← جَهْد) — *v. le précédent*; *électr.* tension; voltage

الَّذين لا يَجِدون إلّا ~هم — ceux qui n'ont que leur force (de travail)

قُصارَى ~ه — tout son possible

~ التَيّار الكَهْرَبائي — tension d'un courant électrique; potentiel électrique; voltage

~ عالٍ — haute tension

~ مُنْخَفِض — basse tension

**جُهْدَ** طاقَتِه، إِمْكانِه — autant que possible/que faire se peut

~ ما — autant que; dans les limites de

**جاهِد** — appliqué; assidu; zélé

حاوَلَ، سَعى ~ًا لِ، أَنْ — s'efforcer de; essayer fermement, obstinément de

في مُحاوَلة ~ة لِ — dans un effort de

جَهْد ~ — effort considérable

**مَجْهود** ج ون — accablé de travail/de peine/de fatigue; surmené

~ ج ات — application; effort; zèle

بَذَل ~ه — déployer tous ses efforts

جُهادى ه أَنْ — il faut absolument que

III **جاهَدَ** مُجاهَدة، جِهادًا — s'appliquer; déployer tous ses efforts; lutter contre les difficultés; militer

~ ه — tourmenter qqn; combattre/lutter contre; faire la guerre sainte contre

~ في قَضِيّة ه، ه — militer pour la cause de

**جِهاد** — effort; application; *isl.* appel à la vraie foi; guerre sainte/contre les infidèles

جاهَدَ حَقَّ الـ~ في ه — mener le bon combat

**جِهادِيّة** — armée; guerre; militantisme

أَهْل الـ~ — personnel/effectifs militaire(s)

**مُجاهِد** ج ون — combattant; militant; résistant

~ الإِسْلام — champion de l'islām

IV **أَجْهَدَ** إِجْهادًا ه — fatiguer; excéder; tourmenter

~ على ه، ه — s'acharner contre

~ نَفْسَه — se donner beaucoup de peine; se démener; s'épuiser à; se surmener

~ فِكْرَهُ في — appliquer son esprit à; se concentrer sur

~ه الحَسَدُ — être dévoré/travaillé par la jalousie

**إِجْهاد** عَقْلِيّ، نَفْسِيّ — fatigue/surmenage intellectuel(le)

~ بَدَنِيّ — effort/fatigue physique

VIII **اِجْتَهَدَ** اِجْتِهادًا في : faire des efforts; s'appliquer; s'évertuer; travailler avec assiduité; s'attacher à; prendre à tâche [*litt.*]/à cœur de; s'efforcer de; tâcher de

~ في قَضِيَّة : *isl.* prononcer un jugement indépendant

**اِجْتِهاد** : application; assiduité; initiative; effort; *isl.* jurisprudence; interprétation personnelle (du juge)

مُوكَل لِـ~ الحاكِم : laissé à la diligence/l'initiative du juge

اِجْتِهاديّ : jurisprudentiel

**مُجْتَهِد** : appliqué; actif; assidu; diligent; zélé; industrieux; laborieux; studieux (élève)

**1098** **جَهَرَ** - جَهْرًا الشَّيْءُ : être connu/divulgué/public/notoire; apparaître; paraître

~ جِهارًا ه، بِـ ه : clamer; divulguer; proférer; déclarer publiquement; révéler; regarder avec soin; grossir *tr.* [*phys.*]

~ بِأَفْكاره : afficher/proclamer ses idées

~ بِصَوْته : parler à voix haute; élever la voix

~ بِغَيْظه : manifester/exprimer son indignation; faire un éclat

جَهُرَ ـُ جَهارة : avoir une voix retentissante/sonore

جَهِرَ ـَ جَهْرًا : être ébloui (par le soleil)

**جَهْر**؛ جِهار : emphase; haute voix; notoriété; publicité

بِالـ~؛ جَهْرًا؛ جِهارًا : notoirement; ouvertement; publiquement; au grand jour; tout haut

**جَهير** : notoire; connu; public *adj.*

صَوْت ~ : voix puissante/de stentor/de basse

حَرْف مَجْهور : phonème sonore

أَجْهَر م جَهْراء ج جُهْر : nyctalope

مِجْهَر ج مَجاهِر : microscope

مِجْهَريّ : microscopique

مِجْهار ج مَجاهير لِلصَّوْت : haut-parleur

III **جاهَرَ** مُجاهَرةً بِإيمانه : confesser sa foi; faire profession de

~ ه بِعَداوة : afficher/déclarer son inimitié

~ بِالحَقيقة، بِبَراءَته : crier/proclamer la vérité, son innocence

~ بِآراء : professer des opinions

VI تَجاهَرَ تَجاهُرًا : s'afficher comme/en tant que

**1099** **جَهَزَ** - جَهْزًا على جَريح : achever un blessé

**جِهاز** ج أَجْهِزة : appareil; appareillage; attirail; équipement; bagages; provisions

~ تِلِيفِزيون، هاتِف : appareil de télévision, de téléphone

~ لا سِلْكي : appareil sans-fil; poste de radio

~ مُرْسِل، إرْسال، بَثّ : appareil/poste émetteur

~ مُسْتَقْبِل، اِسْتِقْبال، اِلْتِقاط : appareil/poste récepteur

~ تَقْطير، حَفْر : distillateur; derrick

~ رَفْع : derrick; appareil de levage

~ التَّنَفُّس، الهَضْم : appareil respiratoire, digestif

~ عَصَبيّ، دَوْريّ : système nerveux; appareil circulatoire

~ الإِنْذار : dispositif d'alarme

~ سِرّيّ : organisation secrète

~ الدَّوْلة : l'appareil/les rouages de l'État

الـ~ الاِقْتِصاديّ : l'équipement économique

~ عَرُوس : trousseau de mariée

**أَجْهِزة** الإِعْلام : moyens d'information; mass media; médias

~ النَّقْل : moyens de transport

~ مُتَحَرِّكة : éléments motorisés

~ مَرْفَئِيّة : installations portuaires

جِهازيّة اِقْتِصاديّة : mécanisme économique

**جاهِز** : préparé; prêt *adj.*; disponible; tout trouvé/fait/prêt

أَدَوات ~ة : outils en état de marche

ثِياب ~ة : prêt-à-porter; confection [*industr.*]

بَدْلة، مَلْبَس ~ : costume, vêtement de confection

كُلّ شَيْء ~ : tout est prêt

وَجْبة ~ة : plat garni

الطَّعام ~ : le repas est servi

أَمْوال، بَضائِع ~ة : argent, marchandises disponible(s)

الأَمْوال الـ~ة : les disponibilités financières

II **جَهَّزَ** تَجْهيزًا ه، ه : disposer; garnir; installer; préparer; mettre sur pied; munir; pourvoir

~ مَطْبَخًا، حَمّامًا — installer/équiper une cuisine, une salle de bains

~ مَنْزِلَه — se monter; s'installer; s'équiper

~ ه، ه بِأدوات، آلات — outiller qqn, qqch

~ العَروس — constituer un trousseau de mariage

~ الأَقْمِشة، الجُلود — apprêter les tissus, les peaux

~ سَفينة — armer un navire

~ أَلْبِسة — confectionner des vêtements

~ دُكّانَه بِسِلَع جَديدة — regarnir sa boutique

~ الحُدود بِجُنودٍ — garnir les frontières de troupes

**تَجْهيز** — mise en état; équipement/armement (d'un bateau); confection; installation

~ الأَقْمِشة — apprêt des tissus

~ بِمُعَدّات — dotation en matériel

**تَجْهيزات** — outillage; appareillage; installations; équipements

~ صِحِّيّة — équipements/installations sanitaires

~ كَهْرَبائيّة — appareillage/installation électrique

تَجْهيزيّ — préparatoire

مُجَهِّز ج ون — armateur; confectionneur; installateur

مُجَهَّز — outillé; équipé; installé; garni; armé (navire)

IV أَجْهَزَ على جَريح — achever (un blessé); donner le coup de grâce

ضَرْبة مُجْهِزة — coup de grâce

V تَجَهَّزَ تَجَهُّزًا بِـ — s'outiller; s'équiper/se doter/se munir/se pourvoir (de)

**1100 جَهَشَ** ـَ جَهْشًا — avoir envie de pleurer

IV أَجْهَشَ بِالبُكاء — fondre en larmes; éclater en sanglots

**1101 جَهْض**؛ جَهيض — avorton

IV **أَجْهَضَ** إجْهاضًا — avorter; faire une fausse couche

~ ه — accabler qqn; chasser qqn; faire avorter

**إجْهاض** ج ات — avortement

~ عَفْويّ — fausse couche

**مُجْهِض** — abortif *adj.*, *n.m.*; accablant; écrasant

**1102 جَهِلَ** ـَ جَهْلًا ه — ignorer; être ignorant; méconnaître

**جَهْل**؛ جَهالة — ignorance; méconnaissance; sottise; stupidité

سِياسة تَعْميم الـ~ — politique d'obscurantisme

جاهِل ج جَهَلة، جُهّال — ignorant; ignare; sot; stupide

جاهِليّ — antéislamique; païen

**جاهِلِيّة** — ignorance; paganisme

عَصْر الـ~ — période antéislamique/préislamique

جَهول ج جُهُل — ignare

**مَجْهول** ج ات، مَجاهيل — ignoré; méconnu; inconnu; *math.* inconnue *n.f.*; *gramm.* passif

كاتِب، مُؤَلِّف ~ — écrivain obscur; auteur anonyme

جِهة، أَراضٍ ~ة — destination inconnue; terres inexplorées

قَبْرُ الجُنْديّ الـ~ — tombeau du soldat inconnu

اِنْطَلَقَ من المَعْلوم إلى الـ~ — procéder du connu à l'inconnu

الأَشِعّة الـ~ة — les rayons X

~؛ صيغة الـ~ — passif [*gramm.*]; voix passive

مَجْهَل ج مَجاهِل — terre inexplorée/inconnue; désert *n.m.*; sans traces

**مَجاهِل** القارّة — continent inexploré

~ الأَزْمِنة — la nuit des temps

VI **تَجاهَلَ** تَجاهُلًا ه، ه — faire semblant d'ignorer; ne faire semblant de rien; méconnaître; ignorer qqn; passer outre; fermer les yeux sur

~ المَعْلومات، إنْذارًا — négliger les instructions, un avertissement

تَجاهُل — méconnaissance; ignorance feinte

**1103 جُهْلول** — bécasseau

**1104 جَهَمَ** ـَ جَهْمًا ه — accueillir mal; faire grise mine/la grimace à; regarder de travers

جَهُمَ ـُ جَهامة — avoir un air/être rébarbatif/renfrogné

جَهْم، جَهِم — austère (visage); morose; rébarbatif; renfrogné; sévère (mine)

أَجْهَم — *même sens*

جَهْمة — irritation; morosité

جَهام؛ سَحاب ~ — nuage gris (qui ne donne pas de pluie)

جَهيم — enfer

IV أَجْهَمَ إِجْهامًا — se couvrir de nuages gris (ciel)

V تَجَهَّمَ تَجَهُّمًا — prendre un air austère/dur/rébarbatif/sévère; se renfrogner

~ لِـ — faire grise mine à

تَجَهُّم — dureté; morosité; air dur/rébarbatif

قالَ في ~ — dire avec un air renfrogné

مُتَجَهِّم — rébarbatif; renfrogné

**1105 جَهَنَّم** — enfer; géhenne

**جَهَنَّميّ** — infernal; diabolique

آلة ~ة — machine infernale

ضَجيج، نار ~(ة) — bruit infernal; feu d'enfer

سارَ بِسُرْعة ~ة — aller un train d'enfer

جَهَنَّميّة — bougainvillée

**1106 جَهْوَرَ** — parler à haute voix; élever/hausser la voix

جَهْوَر؛ جَهُور — éclat de voix; voix puissante/de stentor

جَهْوَريّ — puissant (voix); sonore

**1107 جَهِيَ** ـَ جِهًا — crouler; s'écrouler (maison)

جاهٍ — croulant; écroulé; défoncé (mur)

**1108 جَوّ** ج أَجْواء — air; ambiance; atmosphère; climat [*fig.*]

اِرْتَفَعَ في الـ~ — s'élever dans les airs

حالة الـ~ — le temps qu'il fait

الـ~ صاحٍ، بارِد، حارّ — il fait beau, froid, chaud

الـ~ مُمْطِر — il pleut; le temps est à la pluie

الـ~ رَديء، غائِم — il fait mauvais; le temps est couvert

بَريد الـ~ — poste aérienne

عن طَريق الـ~؛ جَوًّا — par air; par la voie/la poste aérienne; par avion

الـ~ الأَرْضيّ — atmosphère terrestre

الـ~ المُؤَيَّن؛ طَبَقة الـ~ الإِيُونيّة — ionosphère

~ عاصِف، خلّاب، خانِق — atmosphère tendue, agréable, étouffante

~ قَصيدة — atmosphère d'un poème

~ عَمَل — ambiance de travail

~ مُقَنَّن — vase clos; atmosphère confinée

~ تَفاهُم — climat/atmosphère de compréhension

~ مُلائِم — atmosphère/ambiance/climat favorable

في ~ مُلائِم — sous un jour favorable

خَلا لَه الـ~ — avoir le champ libre

أَجْواء بَلَد — espace aérien d'un pays

**جَويّ** — aérien; atmosphérique

غارة، هُجوم ~(ة) — raid, attaque aérien(ne)

مَجال، مَعْرَكة ~(ة) — espace, combat aérien

أُسْطول، قُوّات ~(ة) — flotte, forces aérienne(s)

ضَغْط، تَقَلُّبات ~(ة) — pression, perturbations atmosphérique(s)

أَرْصاد ~ة — observations météorologiques; météorologie

مَحَطّة أَرْصاد ~ة — station météorologique

نَشْرة ~ة — bulletin météorologique

ظاهِرة، حَجَر ~(ة) — météore; météorite

قاعِدة، ميناء ~ة — base aérienne; aéroport

مِلاحة ~ة — navigation aérienne; aéronautique *n.f.*

مَلّاح، مَرْكَب ~ — aéronaute; aéronef

~ بَحْريّ (جَو بَحْريّ) — aéronaval; aéromaritime

قاعِدة، قُوّات ~ة بَحْرِيّة — base, forces aéronavale(s)

جَوِّيّات — météorologie

جُوّة — creux; crevasse; terrain défoncé

جُوّانيّ — intérieur *adj.*

**1109 (جوب) جابَ** ـُ جَوْبًا، تَجْوابًا

explorer/parcourir/traverser un pays; croiser [*mar.*]; voyager; *v. aussi 1110*

~ طُولًا وَعَرْضًا — parcourir en tous sens

~ نَهْرًا، البَحْر، الفَضاء — sillonner un fleuve, la mer, le ciel

~ ثَوْبًا — fendre/déchirer un vêtement

جَوْب — exploration; tourisme; voyage; traversée (d'un pays)

جَوْبة — hiatus; creux *n.m.*; vide *n.m.*; espace vide

جَوّاب ج ون — explorateur; voyageur

~ آفاق، عالَميّ — globe-trotter

جَوّابة — *mar.* patrouilleur

VIII اِجْتابَ اِجْتِيابًا ه الى — aller d'un pays à un autre; faire des déplacements continuels

اِجْتِياب — traversée; pérégrinations; déplacements

**1110 جَواب** ج أَجْوِبة — réponse; riposte; lettre; message; *v. aussi 1109*

حاضِر الـ~ — avoir réponse à tout

~ًا عن، على — en réponse à

~ الشَرْط — *gramm.* apodose

III جاوَبَ مُجاوَبة ه على ه ← IV

IV **أَجابَ** إجابة ه، الى ه — répondre; répliquer; apporter une réponse à

~ على، عن سُؤال — répondre à une question

~ ه على، عن ه — répondre à qqn sur/au sujet de qqch

~ إلى مَطْلَب — accéder à/répondre favorablement à une demande; exaucer/agréer une requête

~ ه بِالإيجاب، بِالنَفْي — répondre par l'affirmative, par la négative

~ ه بِالمُوافَقة — répondre favorablement; consentir; donner son agrément/son accord/son assentiment

أُجيبَتْ دَعْوَتُكُمْ — votre prière a été entendue/exaucée

**إجابة** — réponse; réplique; agrément; approbation; assentiment

الـ~ على الأَسْئِلة — la réponse aux questions

لا سَبيل إلى الـ~ على — on ne peut répondre à

كَلِمة ~ — parole d'approbation

~ بِنَعَمْ أَوْ لا — réponse par oui ou par non

إجابةً لِـ — en réponse à

VI **تَجاوَبَ** تَجاوُبًا — se répondre; être solidaire de; se faire écho

~ مع — se correspondre; être en harmonie avec/conforme à

تَجاوُب — conformité; correspondance; harmonie; écho

X **اِسْتَجْوَبَ** اِسْتِجْوابًا ه — interroger; questionner; mettre en cause; interviewer

~ شُهودًا — interroger des témoins

~ مُتَظاهِرين — interpeller des manifestants

اِسْتِجْواب ج ات — interrogation; interpellation; questionnaire; interview

X **اِسْتَجابَ** اِسْتِجابة لِـ ه — exaucer un vœu; se prêter à; répondre à; faire droit à/agréer une requête; réagir favorablement; donner son assentiment

~ لِدَعْوة — répondre à un appel/à une invitation

**اِسْتِجابة** — réaction; réflexe *n.m.*; réponse; agrément; assentiment

~ إشْراطيّة — réflexe conditionné

اِسْتِجابةً لِـ — pour répondre à; en réponse à

**1111 جاجة** — babiole; brimborion [*v.x.*]; pacotille; verroterie

جُوَيْجة — poulette [*ois.*]

**1112 جَوْح** — destruction; perdition; perte

جائِح؛ جائِحيّ — épidémique

جائِحة ج جَوائِح — calamité naturelle; cataclysme; sinistre *n.m.*; désastre; épidémie

عِلْم الجَوائِح — épidémiologie

VIII **اِجْتاحَ** اِجْتِياحًا ه — envahir; détruire; livrer à la destruction; infester; dévaster; submerger; sévir

~ الحَواجِز — emporter/submerger les barrages/les digues (fleuve); renverser les barrages/les barricades (foule); tout renverser sur son passage

اِجْتِياح — envahissement; incursion; destruction; dévastation

**مُجْتاح** — envahisseur; dévastateur

مَرَض ~ — mal envahissant; épidémie [*fig.*]

**1113 جُوخ** ج أَجْواخ — drap; draperie; étoffe de drap

جُوخة — pièce de drap

جَوّاخ ج ون — drapier

**1114** (جود) **جادَ** ـُ جُودة — être excellent/parfait

~ جُودًا بـ ه — être généreux/libéral; donner généreusement

~ بِنَفْسِه — se dévouer; donner de sa personne

~ بِحَياتِه — donner/sacrifier sa vie; payer de sa personne

ما كُلُّ بارِقة ~تْ بِمائِها — *prov.* tout ce qui brille n'est pas or

جُود، جَوْد — générosité; largesse; libéralité; pluie; ondée

**جُودة** — qualité; excellence; perfection; supériorité

بِمُنْتَهى الـ~ — à la perfection; d'une grande qualité

**جَيِّد** ج جِياد — bien; beau; bon; excellent; de bonne qualité

من ~ إلى أَجْوَد — de mieux en mieux

**جَيِّدًا** — bien! bon!

~ جِدًّا — très bien! excellent!

**جَواد** ج أَجْواد جج أَجاويد — généreux; libéral; marquant (personnalité)

~ ج جِياد، أَجْياد — coursier; cheval de race/de course rapide

لِكُلِّ ~ كَبْوَة — *prov.* nul/personne n'est infaillible; tout le monde peut se tromper

أَجْوَد م جُودَى ج جُود — meilleur

II **جَوَّدَ** تَجْويدًا ه — faire dire bien/mieux qqch; améliorer

~ القُرْآن — psalmodier/réciter le Coran

تَجْويد — psalmodie; orthoépie coranique; art de la récitation coranique

مُجَوِّد ج ون — récitateur (du Coran); chantre

IV **أَجادَ** إجادةً ه — bien connaître; exceller; être passé maître dans; bien faire qqch; maîtriser (un art)

~ الكَلام، الحَديث — bien parler

~ الرَسْم — bien dessiner

~ الغِناء — bien chanter

IV أَجْوَدَ إجْوادًا ه — donner largement à qqn; combler qqn de dons; s'améliorer

**1115** (جور) **جارَ** ـُ جَوْرًا عَنْ — dévier; s'écarter; manquer (le but); quitter le droit chemin

~ على ه — être injuste/inique; commettre une injustice/une iniquité; opprimer; tyranniser

~ على بَلَد — empiéter sur un territoire; faire une incursion territoriale (dans le pays voisin)

~ ـُ جِوارًا ه — chercher asile/protection; se mettre sous le patronage de

جَوْر — iniquité; injustice; oppression; tyrannie

جَوْرِيّ — oppressif; despotique; tyrannique

جُورة ج جُوَر — creux; trou

جَوار — voisinage; patronage; protection; clientèle; rapports de clientèle

جار ج جِيران — ami; voisin; patron; protecteur

الجِيران — le voisinage

جائِر — despote; injuste; inique; tyran; tyrannique; oppresseur

III جاوَرَ جِوارًا، مُجاوَرةً ه، ه — avoisiner; être adjacent/contigu; toucher à; voisiner avec; confiner à; séjourner (dans une mosquée, une ville sainte); accorder sa protection à

مُجاوَرة — alentours; contiguïté; proximité; voisinage

**جِوار** — *même sens*; patronage; protection; clientèle

عَلاقات الـ~ — rapports de bon voisinage/de clientèle

في ~ ه — aux alentours; dans les parages; auprès; à côté; près de

في ~ ه — sous la protection de

مُجاوِر — adjacent; attenant; avoisinant; contigu; riverain; voisin *adj.*; qui séjourne dans une mosquée/une ville sainte

IV أَجارَ إجارةً ه — accorder son patronage/sa protection à; protéger; délivrer qqn de l'oppression

إجارة — patronage; protection

**مُجير** — protecteur; patron [*relig.*]

كَـ~ أُمّ عامِر — *prov.* réchauffer un serpent dans son sein

VI تَجاوَرَ تَجاوُرًا — être contigu; avoir des rapports de bon voisinage; être voisin de; se juxtaposer; se toucher

تَجاوُر — contiguïté; juxtaposition

مُتَجاوِر — adjacent; contigu; voisin *adj.*

X اِسْتَجارَ اِسْتِجارة ه — chercher asile/protection chez/auprès de; appeler à l'aide

كالمُسْتَجير مِن الرَمْضاء بِالنار
*prov.* tomber de Charybde en Scylla

1116 **جَوْرَب** ج جَوارِب — bas *n.m.* [*cost.*]; chaussette

1117 **جَوْز** ج أَجْواز — cœur [*fig.*]; milieu; *bot.* noix

~ كُولا، طِيب — noix de cola, muscade

~ قَيْء — noix vomique

~ هِنْد — noix de coco

شَجَرة ~ — noyer *n.m.*

شَجَرة ~ هِنْديّ — cocotier

جُوزة — *égypt.* «*guza*»; narghilé

الجَوْزاء — *zod.* Gémeaux

1118 **جازَ** ـُ جَوْزًا، جَوازًا، مَجازًا ه
traverser; passer à travers

~ اِمْتِحانًا — passer un examen

~ جَوازًا — être permis/possible

**يَجوز** أَنْ — il est licite/loisible/permis/possible de; on peut; il se peut que

لا ~ أَنْ — il n'est pas permis/possible de; on ne peut pas

**جَواز** ج ات — traversée; passage; transit; autorisation; permission; possibilité; *philos.* contingence

~ شِعْريّ، نَحْويّ — licence poétique; tolérance grammaticale

~ سَفَر، مُرور — passeport; sauf-conduit

**جائِز** — admissible; autorisé; licite; loisible; permis; possible; vraisemblable

غَيْر ~ — illicite; inadmissible; invraisemblable

مِن غَيْر الـ~ أَنْ — il est/c'est inadmissible (que)

~ ج جَوائِز، أَجْوِزة — poutre maîtresse

**جائِزة** ج جَوائِز — prime *n.f.*; prix; récompense

الـ~ الكُبْرَى — le grand prix; le gros lot

**جَوائِز** اليانَصِيب — lots de la loterie/de la tombola

تَوْزيع الـ~ — distribution des prix

الـ~ الأَدَبيّة — les prix littéraires

**مَجاز**؛ مَجازة ج ات — passage; détroit; goulet

~ إِنْشائِيّ — sens figuré; figure de rhétorique/de style; trope

~ مُرْسَل، عَقْليّ — métonymie; synecdoque

على سَبيل الـ~؛ مَجازًا — au figuré; métaphoriquement

مَعْنًى **مَجازيّ** — sens figuré; emploi métaphorique

III **جاوَزَ** مُجاوَزة ه — passer; traverser; dépasser

~ رَأْسًا، سَيّارة — doubler un cap, une voiture

~ الحُدود — abuser; dépasser les bornes; outrepasser

~ مِنْ، عَنْ — échapper à (un danger); passer outre; laisser (un crime) impuni

**مُجاوَزة** — traversée; dépassement; renonciation

~ الحُكْم — abus de pouvoir

~ القانون — violation de la loi

مُجاوِز العادة — extraordinaire

IV **أَجازَ** إِجازةً لِـ ه — autoriser; permettre; donner une autorisation/une permission

~ ه — approuver; confirmer; sanctionner

**إِجازة** — autorisation; congé; permission; licence

~ الطَبْع — imprimatur; bon à tirer

~ السِياقة، السَوْق — permis de conduire

~ صَيْفِيّة — vacances/congé d'été

~ في الحُقوق، التَعْليم — licence en droit, d'enseignement

~ مُرور — laissez-passer; sauf-conduit

~ حَصْر — brevet d'invention

~ بِراتِب، مَرَضِيّة — congé payé, de maladie

في ~ — en congé

الإِجازات المَدْرَسِيّة — vacances scolaires

مُجيز — mandataire; tuteur (d'orphelins)

**مُجاز** — autorisé; permis; approuvé; confirmé

~ في الآداب، لِلتَعْليم — licencié ès lettres, d'enseignement

VI **تَجاوَزَ** تَجاوُزًا ه — franchir; aller au-delà; enjamber; passer; traverser

~ إلى ه — aller jusqu'à

~ عن ه — fermer les yeux sur; passer outre

~ عَتَبة الدار — franchir le seuil de la maison

~ العَقَبات، العَوائِق — franchir les obstacles

~ سَيّارة — dépasser une voiture

~ المَراحِل — brûler les étapes

~ الحُدود — abuser; exagérer; dépasser les bornes

~ حُقوقَهُ — outrepasser ses droits

~ الأوامِر — transgresser les ordres

~ سُلُطَاتِه — excéder ses pouvoirs

تَجاوَزَتْهُ الأَحْداث — être dépassé par les événements

**تَجاوُز** ج ات — abus; dépassement; excès; outrance

مَمْنوع الـ~ — défense de doubler

~ السُلْطَة — abus d'autorité/de pouvoir; excès de pouvoir [*dr.*]

~ السُرْعة — excès de vitesse

قَمْع التَجاوُزات — répression des abus

مُتَجاوِز الحَدّ — exagéré; excessif; outrancier

VIII **اِجْتازَ** اِجْتِيازًا ه — passer; traverser de part en part; pénétrer

~ نَهْرًا، بابًا — franchir un fleuve, une porte

~ أَمَرَّ المِحَن — passer par de rudes épreuves

~ شارِعًا، الأَزْمة — traverser une rue, la crise

~ مَسافَة بَعيدة — couvrir une longue distance

اِجْتِياز — expédition; passage; traversée

1119 **جَوْزَل** ج جَوازِل — pigeonneau [*ois.*]

1120 **جَوْسَق** ج جَواسِق — kiosque; palais

1121 **جَوْشَن** ج جَواشِن — poitrine; thorax [*zool.*]

1122 (جوع) **جاعَ** ـُ جَوْعًا. مَجاعة — avoir faim; être affamé

~ إلى — désirer ardemment; brûler de

**جُوع** — faim; inanition

الـ~ كافِر — *prov.* ventre affamé n'a point d'oreilles; la faim est mauvaise conseillère

الـ~ إلى الثَرَوات، المَجْد — l'appétit des richesses, de la gloire

بَقِي على ~ه — rester sur sa faim

أَحَسّ بالـ~ — avoir faim

ماتَ جُوعًا — mourir de faim/d'inanition

مَجاعة — disette; famine

جَوْعان م جَوْعَى ج جِياع — *v. le suivant*

**جائِع** ج جِياع — affamé; qui a faim

~ إلى المَجْد — assoiffé (*m. à m.* affamé) de gloire

أَجْوَعُ مِن ذِئْب — *prov.* avoir une faim de loup

II جَوَّعَ تَجْويعًا ه — affamer; donner faim

IV أَجاعَ إجاعة ← II

أَجِعْ كَلْبَكَ يَتْبَعْك — *prov.* «si tu ne m'aimes pas je t'aime» (air connu); faire marcher qqn [*fam.*] (*m. à m.* ne donne rien à manger à ton chien, il te suivra)

1123 **جَوْف** ج أَجْواف — creux; cavité; dépression; trou; cale (de navire)

في ~ الأَرْض — dans les entrailles de la terre; sous terre

في ~ اللَيْل — au cœur de la nuit; en pleine nuit

في ~ البَيْت — à l'intérieur de la maison

~ البَطْن — cavité abdominale; ventre

~ هَواء — trou d'air

**جَوْفِيّ** — creux *adj.*; ventral; souterrain

المِياه الـ~ة — eaux souterraines

حَراريّ ~ — géothermique

حَرارة الأَرْض الـ~ة — géothermie

**أَجْوَف** م جَوْفاء ج جُوف — cave *adj.*; creux *adj.*; concave

وَريد ~ — veine cave

فِعْل ~ — *gramm.* verbe creux/concave

كَلِمات **جَوْفاء** — mots creux; mots dénués/vides de sens

II **جَوَّفَ** تَجْويفًا ه — creuser; évider; raviner

~ سَمَكة — vider un poisson

**تَجْويف** ج تَجاويف — alvéole; cavité; concavité; creux; caverne; excavation; anfractuosité; fondrière; renfoncement (dans un mur)

~ أَنْفِيّ — fosse nasale

مُجَوَّف — creusé; creux *adj.*; évidé; excavé

1124 **جَوْق**. جَوْقة ج أَجْواق — orchestre; chœur

~ غُرْفة — orchestre de chambre

مُدير ~ — chef d'orchestre

~ وِسام شَرَف Légion d'honneur

جَوْقِيّ choral; orchestral

II جَوَّقَ تَجْوِيقًا orchestrer; orchestration

1125 جالَ ـُ جَوْلًا، جَوَلانًا évoluer; tournoyer; faire le tour de; voltiger; voyager; croiser [*mar.*]; *v. aussi 1126*

~ في المَدينَة courir la ville

~ في الشَّوارِع circuler/déambuler dans les rues

~ في البِلاد voir du pays

~ بِرَشاقة évoluer avec élégance

~ في خاطِره passer par la tête (idée); avoir qqch dans la tête/l'esprit; préoccuper

~ يَدُهُ في commettre des malversations; mettre la main sur; faire main basse sur

جَوْلة ج ات circuit (touristique); excursion; voyage; tour; tournée; randonnée; *sport.* round

قامَ بِـ~ faire un voyage/un tour

قامَ بِـ~ بَيْن، على faire le tour/la tournée de

~ دَوْرِيّة، مَسْرَحِيّة ronde *n.f.* (de surveillance); tournée [*théâtr.*]

~ في الأُفُق tour d'horizon

جَوَلان حِصان évolutions d'un cheval; voltige [*équit.*]

~ اليَد détournement; malversations

مَجال ج ات arène; cercle [*fig.*]; champ [*fig.*]; domaine; espace; place; terrain

~ جَوِّيّ، حَيَوِيّ espace aérien, vital

~ عَمَل rayon d'action; champ d'activité

~ بَصَرِيّ، مَغْنَطِيسِيّ champ visuel, magnétique

بَعيد الـ~ d'envergure; d'importance

~ تَفاهُم terrain d'entente

~ لِمِهْنة débouché d'une profession

~ اِقْتِصاديّ، سِياسيّ domaine économique, politique

تَرَكَ، أَفْسَحَ لَهُ الـ~ laisser le champ libre/la porte ouverte à

وَدَعَ الـ~ فَسيحًا *même sens*

اِتَّسَعَ لَهُ ~ مِن الوَقْت avoir de la marge/le temps

لَيْسَ هُنا الـ~ لِلتَّحَدُّث ce n'est pas le lieu de parler de

لا ~ لِـ il n'y a pas lieu/pas de raison de

لا ~ لِلطَّعْن irrécusable; irréfutable

لا ~ لِلشَّكّ indubitable; ne pas laisser de place au doute; il n'y a pas l'ombre d'un doute

لا ~ لِلْخَطأ il n'y a pas à s'y tromper

في جَميع المَجالات dans tous les domaines

جَوّال ج ون vagabond; voyageur; explorateur

~ عالَمِيّ، آفاق globe-trotter

~ تِجارِيّ voyageur de commerce; commis voyageur

بائِع ~ marchand ambulant/forain; colporteur

سَيّارة ~ة grande routière [*autom.*]

جَوّالة ج ات grand voyageur; *mar.* croiseur

~ جَوّابة globe-trotter

II جَوَّلَ تَجْوِيلًا voyager (en tous sens); croiser [*mar.*]

تَجْوال promenade; tour *n.m.*; voyage; migration; nomadisme

IV أَجالَ إِجالةً ه faire décrire un cercle à

~ نَظَره، نَظَراته في promener son regard sur; parcourir du regard

~ طَرْفَه، بِطَرْفه في *même sens*

V تَجَوَّلَ تَجَوُّلًا faire une tournée/un tour; parcourir; errer; aller à l'aventure; rôder

~ في أَحْياء المَدينة parcourir les quartiers de la ville; faire un tour en ville; courir les rues

تَجَوُّل ج ات pérégrination [*v.x.*]; migration; voyage

بَيْع بالـ~ colportage

مَنْع الـ~ couvre-feu

مُتَجَوِّل ج ون ambulant; itinérant

بَيّاع، بائِع ~ forain; marchand ambulant; colporteur

فارِس ~ chevalier errant

1126 جَوْل ج أَجْوال cloison [*bot.*]; paroi intérieure

~؛ جُول détermination

**1127 جَوْلَق** ajonc

**1128 جُون** ج أَجْوان anse [*géogr.*]; baie [*géogr.*]; calanque; crique; golfe

**1129 جُونة** ج جُون fiasque; fiole

**1130 جُونيّ** ج ات colombidé; colombin [*zool.*]

**جاه** *v. ordre alphab.*

**1131 جَوْهَر** ج جَواهِر bijou; joyau; pierre précieuse; matière; substance; *philos.* essence; quintessence

~ الأَشْياء l'essence des choses

إِنَّهُ طَيِّب الـ~ avoir un bon fond

~ المُشْكِلة cœur/fond du problème

**جَواهِر** bijoux; joyaux; pierres précieuses; pierreries

صِياغة الـ~ joaillerie; bijouterie

**جَوْهَرِيّ** capital *adj.*; essentiel; important; intrinsèque; substantiel

نُقْطة، كَلِمة ~ة point capital; mot clé

~؛ جَوْهَرْجِيّ ج ة bijoutier; joaillier

جَوْهَرِيّة substantialité

مُجَوْهَرات ← جَواهِر

**1132 جَوِيَ** ـَ جَوًى se consumer d'amour/de chagrin; avoir une maladie pulmonaire

**جَوًى** amour; mal/maladie d'amour; passion; consomption; phtisie

أَهْل الـ~ والـهَوى les êtres dévorés par la passion

جَوٍ، جَوِيّ mauvais; fétide; pourri (poisson)

V تَجَوَّى تَجَوِّيًا s'effriter

VIII اِجْتَوَى اِجْتِواءً éprouver un sentiment violent (passion, haine)

**1133** (جيء) **جاء** ـِ مَجيئًا arriver; venir

~ ه بِـ ه، ه amener qqn à; apporter qqch à; introduire

~ على ه advenir; surgir; survenir

هَذاما ~ على لِسان ه voici ce qui a été dit par

هذاما ~ في جَريدة on lit dans le journal

مِنْ أَهَمّ ما ~ في parmi les points les plus importants de

ما جِيءَ بِهِ في ce qui a été déclaré/dit

**مَجيء** arrivée; introduction; venue

وَعَدَ بالـ~ il a promis de venir

لا يَسْتَطيع الـ~ il ne peut venir

ذَهاب وَ~ allées et venues

**جيئة** venue *n.f.*

هُمْ بَيْنَ ~ وَ ذَهاب ils ne font qu'aller et venir

قَطَعْنا الساحِل **جِيئةً** وَذَهابًا nous avons parcouru la côte en long et en large

**1134 جاب** ـِ جَيْبًا couper; fendre; ouvrir un vêtement

**جَيْب** ج جُيوب. أَجْياب ouverture; poche; sac; sinus [*anat.*, *math.*]

سَيّارة ~. جيب jeep

ساعة ~ montre de gousset

~ جَبَهِيّ. أَنْفِيّ sinus frontal

اِلْتِهاب الـ~ sinusite

~ مُقاوَمة poche de résistance

~ التَمام؛ تَمام الـ~ cosinus

دَفْتَر ~ calepin

فَتَّشَ جُيُوب ه faire les poches de qqn [*fam.*]

جَيْبِيّ؛ جَيْبَوِيّ sinusoïde; sinusoïdal

جُيَيْب gousset

VIII اِجْتابَ اِجْتِيابًا se déchirer; se fendre

**1135 جَيِد** beauté du cou

جِيد ج أَجْياد. جُيود cou long et gracieux; encolure

أَجْيَدُ م جَيْداء ج جِيد qui a un beau cou/un cou de cygne [*fig.*]

**1136 جير** chaux

~ مُطْفَأ، حَيّ chaux éteinte, vive

جِيرِيّ calcaire; calcique

II جَيَّرَ تَجْييرًا حائِطًا passer un mur à la chaux; blanchir un mur

1137 (جيش) جاشَ ـِ جَيْشًا، جَيَشانًا
être en ébullition; s'agiter; frémir; bouillir; être déchaîné/en fureur; enrager; affluer; déborder; s'engouffrer

~ القَلْب، الصَدْر بِـ — avoir le cœur plein de

~ الحُبّ، الغَيْظ في صَدْره — brûler d'amour; bouillir de colère

~ النَفَس في رِئَتِه — affluer/s'engouffrer dans les poumons (air)

~ت الحَياة فيه — déborder de vitalité

~ت نَفْسُه — être écœuré; avoir la nausée

~ت العَيْن بِالدُموع — avoir les yeux baignés de larmes

جَيَشان — agitation; bouillonnement [*fig.*]; écœurement; excitation; haut-le-cœur; nausée

**جَيْش** ج جُيوش (← جَيَشان) — armée; troupe

~ نِظاميّ، مُرابِط — armée régulière, territoriale

~ الإِنْقاذ، الاِحْتِلال — Armée du salut; armée d'occupation

**جائِش**؛ جَيّاش — bouillonnant; furieux; excité

بَحْر ~ — mer agitée/déchaînée/démontée

شُعور ~ — sentiment frénétique

جائِشة ج ات النَفْس — frémissement de l'âme; âme

1138 **جِيفَة** ج جِيَف، أَجْياف — cadavre; charogne

جِيفيّ — cadavérique

II جَيَّفَ تَجْييفًا — frapper; sentir le cadavre; puer; exhaler une odeur fétide

1139 **جِيل** ج أَجْيال — génération; siècle; époque; ère

الأَجْيال الجَديدة — les nouvelles générations

جِيليّ — séculaire

1140 **جيولوجيا**؛ جيولوجيّة — géologie

**جيولوجيّ** — géologique

عُصور، خَريطة ~ة — périodes, carte géologique(s)

(الحاء)

*sixième lettre de l'alphabet : « ḥā » ;*
*fricative pharyngale sourde :* [ḥ]

**حاجة** ← حوج

1141 **حاخام**؛ الـ~ الأَكْبَر — rabbin ; le grand rabbin

حاخاميّ — rabbinique

1142 **حامول** — orobanche

1143 **حان**؛ حانة؛ حاناة ج ات — bar ; cabaret ; bistrot [*fam.*]

حانيّ؛ حانَويّ — cabaretier

1144 **حانوت** ج حَوانيت — boutique ; échoppe

صاحِب الـ~؛ حانُوتيّ — boutiquier

1145 **حَبَّ** ـِ حُبًّا ه. ه. أنْ — aimer ; désirer ; vouloir ; *v. aussi 1146*

~ مَنْ ~ وكَرِهَ مَنْ كَرِهَ — qu'on le veuille ou non

**حُبّ** — amour ; attachement ; affection

~ عابِر، عُذْريّ — amourette, amour platonique

~ بَريء، ساذِج — idylle

~ الوَطَن، الحُرِّيّة — amour de la patrie, de la liberté

~ الإِسْتِطْلاع، البَشَر — curiosité ; philanthropie

باحَ بِـ~ه — faire une déclaration d'amour

~ الذات — égoïsme ; amour-propre

نَظَرات ~ — regards amoureux/tendres

**حُبًّا وَكَرامة** — à votre service ; très volontiers ; de tout cœur

~ لِـ، في — pour l'amour de ; par amour de pour

حَبَّذا — *v. ordre alphab.*

حُبّيّ — amical ; amiable ; aimable

حُبّيًّا — à l'amiable ; amicalement

**مَحَبّة** — affection ; amour ; attachement ; charité ; -philie *suff.*

بِـ~ — affectueusement ; amicalement

**حَبيب** ج أَحِبّة. أَحِبّاء. أَحْباب — amoureux ; bien-aimé ; cher ; chéri

يا ~ي — mon ma chéri(e)

~ قَلْبي — cher à mon cœur

**أَحْباب** — amis ; parents ; proches

حَبيبة ج حَبائِب — aimée ; amie ; chère ; chérie

**أَحَبّ** — plus aimé/cher ; désiré ; préférable

لا ~ إِلَيَّ مِنْ ذَلِكَ — rien ne m'est plus agréable

**مَحْبوب** — aimable ; aimé ; amant ; favori ; désirable ; populaire

الفَضيلة ~ة — la vertu est aimable

II حَبَّبَ تَحْبيبًا ه إلى — faire aimer ; rendre aimable/sympathique

**مُحَبَّب** — agréable ; aimable ; sympathique ; plaisant

IV **أَحَبَّ** إِحْبابًا ه. ه — affectionner ; aimer ; apprécier ; désirer ; vouloir ; préférer

~ حُبًّا جَمًّا — aimer plus que tout ; éprouver un grand amour

~ لَهُ أَنْ — attendre de qqn que ; souhaiter que qqn

ما ~ الخَيْرَ لَهُ أَنْ — voir d'un mauvais œil ; ne pas apprécier

| | |
|---|---|
| مُحِبّ | affectionné; affectueux; amateur (de); amoureux; aimant; -phile *suff.* |
| ~ لِلناس | affable; philanthrope |
| ~ الآداب، الفُنون | ami des lettres, des arts |
| ~ لِذاتِهِ | égoïste |
| V تَحَبَّبَ تَحَبُّبًا إلى | témoigner de l'affection/de l'amitié/de l'amour à; faire la cour à |
| VI تَحابَّ تَحابًّا | s'aimer; se chérir; se témoigner de l'affection |
| X اِسْتَحَبَّ اِسْتِحْبابًا ه، ه | trouver agréable/bon; apprécier; avoir une bonne opinion de/sur; estimer; *v. aussi 1146* |
| ~ ه، ه على | préférer qqn, qqch à |
| مُسْتَحَبّ | recommandable; de bon aloi; désirable |
| ~ الطَّعْم | de goût agréable; qui a bon goût (chose) |
| 1146 حَبَب، حَباب | bulle; *v. aussi 1145* |
| حَبابة مِصْباح | verre de lampe |
| حَبّ ج حُبوب | *coll.* baie; fruit; grain; graine; granule; pépin; pilule; pastille; *méd.* bouton; bubon; pustule |
| ~ المُلوك، الهال | cerise; cardamome |
| ~ البان، العَروس | noix muscade; cubèbe |
| ~ النيل | scammonée; liseron |
| ~ الفَقَد | agnus-castus; gattilier; vitex; poivre sauvage |
| ~ الغَمام، المُزْن، قُرّ | grêle; grêlon |
| حَبّة ج ات، حُبَب | *n.un. des précéd.* |
| ~ عِنَب، رَمْل | grain de raisin, de sable |
| ~ مِسْبحة | grain de chapelet |
| ~ القَلْب، العَيْن | le fond du cœur; la pupille |
| اِتَّخَذَ من الـ ~ قُبّة | *prov.* faire une montagne d'un rien |
| ~ سَوْداء | nigelle; cumin noir |
| حُبوب | céréales; semences; grains |
| آكِل الـ ~ | granivore |
| حُبوبة | bouton [*méd.*]; bubon |
| حُبَيْبة ج ات | granulation; granule; granulé *n.m.*; grenaille |
| حُبَيْبيّ | granulé; granuleux |
| رَمَد ~ | trachome |
| II حَبَّبَ تَحْبيبًا | granuler; faire des graines [*bot.*]; monter en graines; grener |
| تَحْبيب | granulation |
| مُحَبَّب | granité; granulé *adj.*; granuleux; grenu *adj.* |
| V تَحَبَّبَ تَحَبُّبًا | grener *intr.*; faire des bulles |
| تَحَبُّب | granulation; grain (de peau) |
| 1147 حُباحِب | ver luisant; étincelles/lueurs d'un feu |
| حَسِبَ الـ ~ كَواكِب | *prov.* prendre des vessies pour des lanternes |
| 1148 II حَبَّذَ تَحْبيذًا ه | applaudir à; apprécier; approuver; être partisan de |
| حَبَّذا | que c'est bien! que c'est beau! bravo! |
| ~ العَمَلُ | c'est du bon travail! |
| ~ لَوْ | il vaudrait mieux que; ce serait parfait si; il serait souhaitable de |
| ~ لَوْ أراكَ تَفْعَلُهُ | je voudrais bien t'y voir |
| تَحْبيذ | appréciation; approbation |
| مُحَبِّذ ج ون | approbateur; partisan |
| 1149 حَبْر ج أَحْبار | pontife; prélat; rabbin |
| الـ ~ الأَعْظَم | le souverain pontife |
| حَبْريّ | pontifical |
| حَبْريّة | pontificat |
| 1150 حَبَرَ ـُ حَبْرًا ه، ه | bien faire qqch; faire du bien à qqn |
| حَبِرَ ـَ حَبَرًا | aller/se porter bien/mieux; être content/gai/à l'aise |
| حَبْر، حُبور | aise; joie; plaisir |
| حِبْر ج أَحْبار | beauté |
| II حَبَّرَ تَحْبيرًا ه | faire un bel ouvrage; bien tourner (une phrase); embellir; raffiner |
| مُحَبَّر | bien fait; d'un beau travail; bien tourné |
| جُمْلة ~ ة | phrase bien tournée |
| بُرْدة ~ ة | manteau bien coupé |

1151 **حِبْر** encre
قَلَم ~ جافّ، ناشِف stylo à bille
~ سِرّيّ، صينيّ encre sympathique, de Chine
بَقِيَ، أَصْبَحَ ~ًا على وَرَق *prov.* rester lettre morte
حَبَرة robe de soie noire
حِبار ج ات الضَرب trace de coups; bleu *n.m.*; zébrure
مِحْبَرة ج مَحابِر écritoire; encrier
حَبّار؛ حَبّارة calmar; sépia [*zool.*]
II حَبَّرَ تَحْبيرًا ه encrer; faire des rayures/des zébrures
أُسْطُوانة التَحْبير rouleau encreur
مُحَبَّر rayé/zébré (étoffe)

1152 **حُبارَى** ج حُبارَيات outarde
حَبْرور outardeau
يَحْبور outarde mâle

1153 **حَبَسَ** ـِ حَبْسًا ه، ه claustrer; cloîtrer; confiner; enfermer; emprisonner; incarcérer; boucler qqn [*fam.*]; appréhender/arrêter qqn; renfermer; retenir
~ نَهْرًا endiguer/contenir un fleuve
~ أَنْفاسه retenir sa respiration/son souffle
~ على ه أَنْفاسَه couper le souffle à qqn
~ حاجة طَبيعيّة se retenir [*absol.*]
~ دُموعَه contenir/retenir ses larmes
~ ه على affecter à; consacrer à
~ نَفْسَه على ه se consacrer à
**حَبْس** claustration; détention; emprisonnement; incarcération
حَقّ الـ~ droit de rétention
~ ج حُبوس cachot; cellule; maison d'arrêt; prison
قَضى مُدّة في الـ~ faire de la prison
~ اِحْتياطيّ détention/prison préventive
حِبْس ج أَحْباس barrage; digue
حُبْس ج أَحْباس habous; legs pieux; bien de mainmorte
حُبْسة aphasie; difficulté de parole
**حَبيس** ج حُبَساء reclus; cloîtré; ermite
أَمْوال ~ة biens inaliénables/dotaux
طَبَقة ~ة nappe captive
**مَحْبوس** ج ون، مَحابيس confiné; contenu; captif; incarcéré; détenu; emprisonné; enfermé; isolé; prisonnier; reclus; retenu
~ في دَيْر cloîtré
~ اللِسان aphasique
**مَحْبَس** ج مَحابِس cachot; prison
~ الماء citerne
مَحْبَسة ج مَحابِس cloître; ermitage
II حَبَّسَ تَحْبيسًا مالَهُ على consacrer ses biens à un usage pieux; faire un legs pieux
VII **اِنْحَبَسَ** اِنْحِباسًا être emprisonné/enfermé; être retenu prisonnier; cesser; s'arrêter
~تْ أَنْفاسُه en avoir le souffle coupé
VIII **اِحْتَبَسَ** اِحْتِباسًا ه bloquer; contenir; détenir; retenir; obstruer
~ بِنَفْسِه se contenir; se maîtriser; se retenir
~ في se barricader; se cloîtrer; s'enfermer; se confiner dans
**اِحْتِباس** obstruction; détention
~ البَوْل rétention d'urine
مُحْتَبِس confiné; bloqué; retenu; obstrué

1154 **حَبَش**، حَبَشيّ dindon; dinde
حُبَيْش pintade
حَبَشيّ ج حَبَش، أَحْباش abyssin; éthiopien

1155 **حَبَضَ** ـِ حَبْضًا résonner; vibrer (corde)

1156 **حَبِطَ** ـَ حَبْطًا، حُبوطًا échouer; être vain (effort); avorter (entreprise)
~تْ جُهودُه، مَسْعاهُ c'est peine perdue; tomber à l'eau [*fig.*]
حَبَط marques/traces de coups
**حُبوط** échec; insuccès; langueur

~ حَقّ — forclusion

~ مَساعٍ، مَشْروع — échec de démarches, d'un projet

حابِط — languide [*litt.*]

IV **أَحْبَطَ** إِحْباطًا مَساعِيَ ه — contrecarrer; décevoir; frustrer; faire échouer les efforts de; faire échec à; tenir en échec

~ دَسيسة، مُؤامرة — déjouer une intrigue; éventer un complot

~ إِضْرابًا — briser une grève

إِحْباط — déception; déconvenue; frustration

**1157 حَبَقَ** ـِ حَبْقًا — péter [*fam.*] (chameaux, chèvres, moutons)

حَبْق؛ حُباق — pet [*pop.*] (chameaux, chèvres, moutons)

**1158 حَبَق**؛ ~ الراعي — basilic; armoise

~ الشُيوخ — herbe aux chats; cataire; germandrée; marumia

~ الماء — menthe aquatique

**1159 حَبَكَ** ـِ حَبْكًا — enlacer; entrelacer; lier; mailler; serrer; tisser; tresser; tricoter

آلة حَبْك؛ حَبّاكة — machine à tricoter

حَبْكة رِواية، نَسيج — contexture/texture d'un roman, d'un tissu

حُبْكة ج حُبَك — ceinture

**حِباك** ج حُبُك — bande; ligne; traînée; palissade

~ النُجوم — orbite (des planètes)

حَبيك — bien tressé/tissé; tissu serré

حَبيكة ج حُبُك — cotte de mailles; traînée d'eau/de sable; tricot

مَحْبوك — robuste; solide; tissé solidement

مِحْبَك ج مَحابِك — boucle (de ceinture)

II حَبَّكَ تَحْبيكًا ه — serrer (une ceinture); enlacer; ceindre

V تَحَبَّكَ تَحَبُّكًا بِـ ه — se ceindre; s'envelopper

VI مُتَحابِك — intersecté [*archit.*]

VIII اِحْتَبَكَ اِحْتِباكًا ه — entrelacer; lacer

اِحْتِباك — enlacement; entrelacement

مُحْتَبِك — entrelacé

**1160 حَبْل** ج حِبال — amarre; câble; corde; cordeau; lien; tendon

~ السُرّة، سُرّيّ — cordon ombilical

~ الوَريد — veine jugulaire

~ شَوْكيّ، سيسائيّ — moelle épinière

~ صَوْتيّ — corde vocale

~ القَرابة — lignée; généalogie

~ البَريد — liaison postale

أَلْقى، أَطْلَقَ الـ~ على الغارِب — laisser aller/faire; laisser la bride sur le cou

اِضْطَرَبَ ~ ه — se désorganiser; être gagné par la discorde

لَعِبَ على حَبْلَيْن — jouer double jeu/sur les deux tableaux

**حِبال** سَفينة — cordages d'un navire

صَرَمَ ~ ه — couper les ponts avec

أُحْبولة ج أَحابيل — attrape; piège; filet; traquenard; guet-apens; embûche

**حابِل** — chaîne (d'un tissu); magicien

اِخْتَلَطَ الـ~ بِالنابِل — tout est pêle-mêle/sens dessus dessous/embrouillé/dans la plus grande confusion

~ هُم ونابِلُهُم — pêle-mêle; confusion

حَوَّلَ ~ ه على نابِلِهِ — culbuter; renverser; mettre cul par dessus tête [*fam.*]

حِبالة ج حَبائِل ← أُحْبولة

حَبّال ج ون — cordier

**1161 حَبِلَ** ـَ حَبَلاً — concevoir; devenir enceinte/grosse

**حَبَل** — conception; gestation; grossesse

الـ~ بِلا دَنَس — l'Immaculée Conception

حُبْلَى ج حَبالَى — enceinte *adj.f.*

حُبْلة ج حُبَل — gousse

حَبَلة — cep de vigne

II حَبَّلَ تَحْبيلًا (اِمْرأةً) — féconder (une femme); rendre enceinte

**1162 حَبْن**؛ حَبَنة — laurier-rose

**1163 حِبْن** ج حُبون — phlegmon

| | |
|---|---|
| حَبَن | hydropisie |
| حابِن، أَحْبَن م حَبْناء | hydropique |
| **1164** (حبو) **حَبا** ـُ حَبْوًا | se traîner sur le sol (enfant) |
| ~ حِباءً ه ه | accorder qqch à qqn; doter de; avantager; favoriser; gratifier de; pourvoir de |
| ~ ه عَطْفَهُ | gratifier qqn de sa sympathie |
| حَبَتْهُ الطَبيعة | être favorisé par (la nature); avoir reçu en partage (à sa naissance) |
| حِباء، حُبْوة ج حُبًى | don; gratification; présent *n.m.* |
| حَبْوة | *bot.* alkékenge; physalis |
| III حابَى مُحاباةً ه، ه | favoriser; montrer de la partialité pour; être de connivence avec qqn à propos de |
| **مُحاباة** | complaisance; connivence; faveur; favoritisme; partialité; préférence |
| دونَ ~ أَحَد | sans acception de personne |
| ~ أَقارِب | népotisme |
| **1165** **حَتَّ** ـُ حَتًّا ه | corroder; éroder; peler; racler |
| ~ الأَوْراق، القِشْرة | dépouiller un arbre de ses feuilles, de son écorce |
| **حَتّ** | corrosion; érosion; usure |
| تَرَكه ~ًا بَتًّا، فَتًّا | anéantir; user jusqu'à la corde |
| ما في يَدِهِ ~ مِنْ ه | être totalement démuni de; n'avoir rien pas le moindre |
| حاتّ | corrosif; érosif |
| **حُتاتة** ج حُتات | débris; morceau; parcelle; raclure; rognure |
| ما في يَدِه ~ ← حَتّ | |
| حَتّى | *v. ordre alphab.* |
| VI تَحاتَّ تَحاتًّا | s'user les unes contre les autres (dents); tomber (feuilles) |
| تَحاتّ | érosion |
| VII اِنْحَتَّ اِنْحِتاتًا | se désintégrer; désintégration |
| **1166** **حَتَدَ** ـُ، حَتِدَ ـَ حَتَدًا | être d'origine/de race pure |
| **مَحْتِد** | descendance; extraction; lignée; lignage |
| مِن ~ كَريم | d'illustre extraction; de haut lignage |
| مِن ~ مَلَكيّ | de sang royal |
| **1167** **حُتْرة** | gorgée (de lait); goulée [*fam.*]; peu de chose; rien |
| **حِتار** | bord extérieur; bordure; cadre; cercle; pourtour |
| ~ دَوْلاب | jante |
| **1168** **حَتْف** ج حُتوف | mort; trépas |
| لَقِيَ ~هُ | trouver la mort |
| ماتَ ~ أَنْفِهِ | mourir de sa belle mort de mort naturelle dans son lit |
| سَعَى إلى، بَحَثَ عن ~ه | courir à sa perte à sa ruine |
| سعى إلى ~ه بِظِلْفِهِ | être l'artisan de sa propre ruine; creuser sa propre tombe |
| **1169** **حَتَكَ** ـُ حَتْكًا ه | gratter racler (le sol) |
| **1170** **حَتَمَ** ـِ حَتْمًا ه، بِـ ه | être rendre ... *v. à l'adj.*; décider; décréter; déterminer |
| ~ ه على ه | enjoindre; imposer; prescrire |
| **حَتْم** | sans mélange; pur |
| ~ ج حُتوم | arrêt (du destin); sentence irrévocable; injonction |
| حَتْمًا | absolument; forcément; immanquablement; inévitablement; infailliblement; irrémédiablement; nécessairement; obligatoirement; systématiquement |
| **حَتْميّ** | absolu; fatal; inéluctable; inévitable; définitif; immanquable; nécessaire; obligatoire; systématique |
| ضَرورة ~ة | nécessité absolue inéluctable |
| ~ ج ون | déterministe *adj.*, *n.*; fataliste |
| حَتْميًّا (← حَتْمًا) | fatalement |
| **حَتْميّة** | fatalité; déterminisme; inéluctabilité; impératif *n.m.* |
| ~ المَوْت | fatalité de la mort |
| لا ~ | indéterminisme |
| حُتامة طَعام | miettes reliefs restes d'un repas |
| **مَحْتوم** | inéluctable; inévitable; imposé; déterminé; décidé; immanquable; forcé |
| مَصير، أَجَل ~ | destin, issue fatal(e) irrévocable |
| الأَجَل ~ | le sort en est jeté |

كانَ مِن الـ~ أنْ — il était fatal que

II حَتَّمَ تَحْتِيمًا ه على ← حَتَمَ

**مُحَتَّم** — fatal; immanquable; inéluctable; inévitable; obligatoire; nécessaire

مِن الـ~ أنْ — il est inévitable que

مُحَتَّمة ج ات — impératif *n.m.*

V تَحَتَّمَ تَحَتُّمًا على ه أنْ — incomber à qqn

**1171 حَتَّى** — jusqu'à; même; y compris; jusqu'à ce que; jusqu'au moment où; en attendant que; afin de/que; de façon à/que; de telle sorte que

~ يَوْمِنا هَذا — jusqu'à nos jours

~ ذَلِكَ الوَقْت — jusqu'alors

~ الآنَ — jusqu'à présent; jusqu'ici

~ يَوْمَ كانَ — même le jour où

~ وَلَوْ — et même; même si

~ أَنَّ — de telle sorte que; à tel point que; tant/tellement que; si bien que

ما أنْ ... ~ — à peine ... que; dès que

ما بَقِيَ ~ واحِد — il n'en reste pas même un seul

**1172 حَثَّ** ـُ حَثًّا ه على ه — encourager; inciter; exhorter; pousser; presser de; recommander; secouer qqn [*fam.*]; stimuler

~ ه على العَمَل — exhorter/pousser qqn à travailler

~ الخُطَى — allonger/forcer/hâter/presser le pas

~ خُطاه في اِتِّجاه — diriger ses pas vers

**حَثّ** — encouragement; impulsion; incitation; instigation; stimulation

بِـ~ من — à/sur l'instigation de

~ على العَمَل — incitation au travail

~ ذاتيّ — self-induction

مِلَفّ ~ — bobine d'induction

حَثّيّ — inducteur (courant); à induction (moteur)

حاثّة ج ات؛ حاثّي — hormone; hormonal

**حَثيث** — rapide; véloce [*litt.*]

سَيْر ~ — marche forcée; allure rapide

بِخُطًى ~ة — à toutes jambes; à toute allure

مِحَثّ — inducteur *n.m.*; induit *n.m.*

II حَثَّثَ تَحْثيثًا الخُطَى — accélérer le pas

X اِسْتَحَثَّ اِسْتِحْثاثًا ه على — aiguillonner; inciter à; engager à; presser qqn de; provoquer; secouer qqn [*fam.*]

مُسْتَحَثّ — induit *n.m.*

**1173 حُثّ** — pain sec; grès

حُثّيّ — gréseux

**1174 حَثِرَ** ـَ حَثَرًا — faire des grumeaux; se figer

حَثَر، حَثَرة ج حَثَرات — grumeau; granulé *n.m.*; granulation; pilule

حَثِر؛ حَثَريّ — granuleux; granulé *adj.*

حُثار — trachome

II حَثَّرَ تَحْثيرًا ه — granuler; transformer en granules/en pilules

**1175 حُثالة** — débris; déchet; ivraie; rebut; scorie

~ البَشَريّة، الناس — rebut de l'humanité; crapules; racaille

**1176 (حَثى) حَثاة** — balle [*bot.*]; épicarpe

**1177 حَجَّ** ـُ حَجًّا ه — aller; se diriger vers; se rendre qqp; faire un pèlerinage

~ جُرْحًا — examiner/sonder une plaie

حَجّ؛ حِجّة — pèlerinage

ذو الحِجّة — *douzième mois de l'année musulmane: «dū l-ḥijja»*

حاجّ، حاجّي ج حُجّاج، حَجيج — pèlerin

حَجاج العَيْن ج أَحِجّة — orbite [*anat.*]

مَحَجّ، مَحَجّة ج مَحاجّ — but/destination/lieu (de pèlerinage); grande route; chemin fréquenté

مِحْجاج — cathéter; sonde [*méd.*]

**1178 حُجّة** ج حُجَج — allégation; argument; justificatif *n.m.*; prétexte; preuve; raison; témoignage; thèse

~ مِلْكيّة — titre foncier/de propriété

إنّهُ ~ في — faire autorité (en la matière)

~ قاطِعة؛ مُقْنِعة — argument concluant, convaincant

~ ج حَواجِب sourcil

حاجِبة ج حَواجِب paravent; écran protecteur

مَحْجوب caché; dérobé (aux regards); invisible; masqué; voilé

II حَجَّبَ تَحْجيبًا ه faire disparaître; dérober aux regards; élever une séparation

~ ه من المِيراث empêcher qqn d'hériter; exclure d'un héritage

مُحَجَّب voilé; séparé (par un rideau)

V تَحَجَّبَ تَحَجُّبًا se voiler; être dérobé/se dérober aux regards

VIII اِحْتَجَبَ اِحْتِجابًا عن disparaître; être caché; s'isoler; faire retraite; se voiler (le visage)

~ أمامَ ه s'effacer devant

~ عَن القُرّاء cesser de paraître (journal)

اِحْتِجاب effacement; disparition; retraite

مُحْتَجَب invisible; caché

1180 حَجَرَ ـُ حَجْرًا ه على ه défendre/interdire qqch/l'accès à qqn; prohiber

~ على ه consigner qqn; déclarer incompétent; frapper qqn d'interdiction; interner

~ على ه mettre l'embargo sur qqch

حَجْر embargo; défense; consigne [*mil.*]; interdiction; empêchement; réclusion; restriction

أَمَرَ بالـ~ frapper d'interdit; faire interdire

رَفَعَ الـ~ lever l'interdiction/l'embargo

~ صِحّيّ، قَضائِيّ quarantaine [*méd.*]; interdiction [*jur.*]

حِجْر ← *1181*

مَحْجور عَلَيْه interdit; défendu; prohibé; mineur; pupille [*jur.*]

~ الوَطَن pupille de la nation

مَحْجَر صِحّيّ ج مَحاجِر quarantaine [*méd.*]; lazaret

II حَجَّرَ تَحْجيرًا ه على ← حَجَرَ

VIII اِحْتَجَرَ اِحْتِجارًا أَرْضًا mettre des bornes à un terrain

~ بِـ ه se réfugier auprès de

اِحْتِجار bornage

~ لَيْسَ بَعْدَها حُجّة argument massue/sans réplique

بِـ~، بِـ~ أنْ sous couvert de; sous prétexte de/que

III حاجَّ حِجاجًا، مُحاجّة ه argumenter contre; débattre (qqch, de, sur qqch) avec qqn; disputer; batailler

VIII اِحْتَجَّ اِحْتِجاجًا لِصالِح ه prendre fait et cause pour

~ بِـ ه arguer de; alléguer; objecter que; prétexter de

~ بِبَراءَتِه protester de son innocence

~ على contester; discuter; protester/s'élever contre

~ على الظُلْم، الفَضيحة crier à l'injustice, au scandale

اِحْتِجاج ج ات argumentation; contestation; discussion; objection; protestation; réclamation

قام بِـ~ على émettre/formuler une objection

مُحْتَجّ ج ون contestataire; protestataire

1179 حَجَبَ ـُ حِجابًا ه cacher; éclipser; mettre/jeter un voile sur; voiler; occulter

~ الرُؤْيَة، النَظَر empêcher de voir; faire écran; boucher la vue

~ النُور intercepter la lumière

~ وَجْهَه se voiler la face

~ ه، ه عن dérober aux regards; masquer qqch; séparer de

~ نَفْسَه s'isoler; s'enfermer; n'être là pour personne

~ بين ه، ه وبين s'interposer

مَنْظَر لا يُحْجَب vue imprenable

حَجْب occultation; exclusion (d'un héritage)

حَجَبة os de la hanche

حِجاب ج حُجُب amulette; charme; talisman

~ ج حُجُب، أَحْجِبة cloison; écran; portière; rideau; voile

~ الحَنَك voile du palais

~ من البُيُوت، الشَجَر écran de maisons; rideau d'arbres

الـ~ الحاجِز diaphragme [*anat.*]

حاجِب ج حُجّاب، حَجَبة appariteur; chambellan; huissier [*admin.*]; planton; portier

تَحْتَ قَيْدِ الـ~ — en état d'arrestation

**1181 حِجْر** — giron; sein; mur; muraille; *v. aussi 1180, 1182*

عادَ إلى ~ ه — revenir dans le giron de

جَلَسَ على ~ ه — s'asseoir sur les genoux de qqn

نَشَأ في ~ ه — grandir au sein de

حِجْر ج حُجور — jument

حُجْر ج حُجور، أَحْجار — gîte *n.m.*; terrier; trou (d'animal)

**حُجْرة** ج حُجَر، حُجُرات — cabine; cabinet; cellule; chambre; pièce; salle

~ الدَرْس، الإنْتِظار، المُراقَبة — salle d'étude, d'attente, de contrôle

~ القِيادة — cabine/poste de pilotage

~ التَزْيين — cabinet de toilette

حُجَيْرة ج ات — barillet

مِحْجَر، مَحْجِر ج مَحاجِر — pourtour de l'œil; orbite [*anat.*]

**1182 حَجَر**، حَجَرة ج أَحْجار، حِجارة — pierre

~ نَفيس، كَريم، ثَمين — pierre précieuse; pierrerie

~ الفَلاسِفة، الزاوِية — pierre philosophale, angulaire

الـ~ الأَسْوَد — la pierre noire (de la Ka'ba)

~ القَمَر — pierre de lune; sélénite

~ جَهَنَّم — nitrate d'argent

~ قَدّاحة — pierre à briquet

~ الرَحَى، الطاحون — pierre meulière; meulière

~ الكُحْل، التوتياء — antimoine

~ لُبان — gemme de benjoin

~ الدَم، الشادِنة — hématite

~ جَوِيّ، نَيْزَكِيّ — météorite

~ خَفّاف، خُفّان — pierre ponce

~ كِلْسِيّ، جيرِيّ — pierre calcaire, à chaux

~ جِبْس، جِصّ — pierre à plâtre; gypse

~ السُماقِيّ — porphyre

~ عِثار، عَثْرة — pierre d'achoppement

وَضَعَ الـ~ الأَساسِيّ — poser la première pierre

طَبَعَ على الـ~ — lithographier

رَماه بِـ~ — jeter la pierre à qqn

أَصابَ عُصْفورَيْنِ بِـ ~ واحِد — faire d'une pierre deux coups

**حَجَرِيّ** — en pierre; lapidaire

عَصْر ~ — âge de la pierre

العَصْر الـ~ القَديم، الحَديث — paléolithique; néolithique

طِباعة، مَطْبوعة ~ة — lithographie

حَجِر، حَجير — pierreux; rocailleux; couvert de pierres

حَجّار ج ون — tailleur de pierre

مَحْجَرة ج مَحاجِر — carrière de pierres

II حَجَّرَ تَحْجيرًا ه — pétrifier; fossiliser

تَحْجير — pétrification; fossilisation

V **تَحَجَّرَ تَحَجُّرًا** — se fossiliser; se scléroser; se pétrifier

~تْ أَفْكارُه، عاداتُه — s'encroûter dans ses idées, dans ses habitudes

تَحَجُّر — sclérose; encroûtement; pétrification

**مُتَحَجِّر** — encroûté; pétrifié; sclérosé

قَلْب ~؛ ~ القَلْب — cœur de pierre

خُبْز ~ — pain dur

مِلْح ~ — sel gemme

مُتَحَجِّرة ج ات — fossile *n.m.*

X اِسْتَحْجَرَ اِسْتِحْجارًا ← V

**1183** (حجز) **حِجازِيّ** — (habitant, originaire) du Hedjaz

**1184 حَجَزَ** ـُ حَجْزًا ه — bloquer; confisquer; saisir; retenir; interner; isoler

~ مَكانًا، غُرْفة — réserver/retenir une place, une chambre

~ مَقْعَدًا — louer une place (au théâtre)

~ الجُنود في الثُكْنة — consigner la garnison

~ شَخْصًا — arrêter/boucler [*fam.*]/séquestrer un individu

**حَجْز** cloisonnement; internement; séquestration; retenue; rétention; arrêts de rigueur

~ الأَمْكِنة، الغُرَف réservation des places, des chambres

أَلْقَى الـ~ على ه confisquer; saisir [*dr.*]

~ أَمْوال confiscation; mainmise; saisie [*dr.*]

رَفْع، رَفْع الـ~ lever une saisie; mainlevée

~ تَنْفِيذيّ saisie-exécution; saisie exécutoire

~ إِرْتِهانيّ saisie conservatoire

**حاجِز**، حاجِزة ج حَواجِز barricade; barrière; clôture; cloison; digue; enclos; haie; môle; obstacle; paroi; garde-fou; parapet

~ من الشُرْطة barrage de police

الحِجاب الـ~ diaphragme [*anat.*]

~ مَسِيك، كَتِيم cloison étanche

~ المَحْكَمة la barre [*jur.*]

**حَواجِز جُمْرُكِيّة** barrières douanières

~ شائِكة chevaux de frise

سِباق ~ course d'obstacles/de haies

**حُجْزة** ج ات ceinture

**مَحْجوز** confisqué; gagé; saisi; consigné; interné; réservé; retenu

مَكان، غُرْفة ~(ة) place, chambre réservée/retenue

أَمْوال ~ عَلَيْها biens saisis/confisqués

VIII **اِحْتَجَزَ** اِحْتِجازًا ه، ه détenir en gage; enfermer qqn; claustrer; retenir; séquestrer

~ تِلْمِيذًا في المدرسة mettre/donner une retenue à un élève; mettre un élève en retenue

~ مَبْلَغًا من المال retenir une somme d'argent

~ بِـ ه se ceindre/s'entourer les reins de

**اِحْتِجاز** rétention; retenue; claustration; séquestration

رُهاب الـ~ claustrophobie

**مُحْتَجَز** enfermé; séquestré; retenu

**1185 حَجْفة** bouclier en cuir

VIII **اِحْتَجَفَ** اِحْتِجافًا s'emparer de

~ عَن détacher son esprit de; se détacher [*fig.*] de; ne plus penser à

**1186 حَجَلَ** ـُ حَجْلًا، حَجَلانًا sautiller; marcher à cloche-pied

حَجْلًا، حَجَلانًا à cloche-pied

**حَجَل** ج حِجْلان perdreau; perdrix

~ الماء glaréole

**حَجْلة** (jeu de la) marelle

~ ج حِجال lit nuptial d'apparat

II **مُحَجَّل** auréolé; ceint d'une auréole; qui a des pieds blancs (cheval)

**1187 حَجْم** ج حُجوم، أَحْجام format; calibre; taille; dimension; grosseur; encombrement (d'un meuble); *v. aussi 1188, 1189*

قَنابِل كَبِيرة الـ~ obus de gros calibre

قاعة كَبِيرة الـ~ salle de vastes proportions

كَبِير الـ~ de grande taille; de grand format; volumineux

~ الإِنْتاج volume de la production

~ رَأْس tour de tête

صورة في ~ طَبِيعيّ portrait grandeur nature

**1188 حَجَمَ** ـُ حَجْمًا ه poser des ventouses; saigner *tr.*; faire une saignée; *v. aussi 1187, 1189*

كأْس الحِجامة (verre à) ventouse

مِحْجَم ج مَحاجِم ventouse

حَجّام ج ون barbier; poseur de ventouses

**1189 حَجَمَ** ـُ حَجْمًا museler; *v. aussi 1187, 1188*

حِجام muselière

IV أَحْجَمَ إِحْجامًا عن s'abstenir de; reculer; faire défection/retraite

إِحْجام عن التَصْويت abstention

**1190 حَجَنَ** ـِ حَجْنًا ه recourber en forme de crochet

حَجَنة pampre

أَحْجَن م حَجْناء crochu; recourbé

مِحْجَن ج مَحاجِن — crochet; gaffe [*mar.*]

VIII اِحْتَجَنَ اِحْتِجانًا ه — attirer à soi; accaparer; amasser

**1191** **حَجا** ـُ حَجْوًا بِـ ه — deviner juste; affirmer/avancer qqch

~ بِهِ خَيْرًا — tirer un bon augure/bien augurer de

حِجًى، حِجًا ج أَحْجاء — astuce; discernement; esprit

أُحْجِيَّة ج أَحاجٍ — charade; devinette; énigme; casse-tête [*fig.*]

مَحْجِيّ — énigmatique

III حاجَى حِجاءً، مُحاجاة — parler par énigmes; être énigmatique

**1192** **حَدَّ** ـِ حِدادًا — porter le/être en/se mettre en deuil; *v. aussi 1193, 1194*

**حِداد**؛ في الـ~ — deuil; en deuil

ثِياب الـ~ — vêtements de deuil

لَبِسَ ثِياب الـ~ — porter le deuil

حِدادًا — en signe de deuil

حِداديّ — endeuillé; lugubre; sinistre

حادّ — en deuil

IV أَحَدَّ إِحْدادًا — porter le deuil

**1193** **حَديد**؛ ~ زَهْر — fer; fonte

~ مُشَبَّك — grille; grillage

سِكَّة الـ~ — chemin de fer; voie ferrée

الـ~ بِالـ~ يُفْلَحُ — *prov.* un clou chasse l'autre

ضَرَبَ في ~ بارِد — *prov.* donner des coups d'épée dans l'eau

حَديدة ج حَدائِد — morceau de fer; ferrure; tôle

حَدائِديّ — ferrailleur

**حَديديّ** — de/en fer; ferré; ferreux; ferrique; ferroviaire

خَطّ، سِكَّة ~(ة) — voie ferrée; chemin de fer

مِياه ~ة — eaux ferrugineuses

حِدادة؛ مَحْدَدة — métier du forgeron; ferronnerie; forgeage

حَدّاد ج ون — forgeron

II حَدَّدَ تَحْديدًا ه — forger

**1194** **حَدَّ** ـُ حَدًّا ه — borner; définir; délimiter; freiner; limiter; mettre un terme à; restreindre; *v. aussi 1192, 1193*

~ رَغَباتِهِ — limiter/réfréner ses désirs

~ حَقْلًا — borner/délimiter un champ

~ من الحُرِّيّات — réduire/restreindre les libertés

**حَدّ** ج حُدود — barrière; borne; définition; démarcation; frontière; ligne; limite; lisière; terme

~ نَحْويّ، عِلْميّ — définition grammaticale, scientifique

~ الرِبْح — marge bénéficiaire

~ من حُدود اللّه — *isl.* peine/châtiment légal(e)

~ سِكّين، مُوسَى — tranchant/fil d'une lame, d'un rasoir

بِـ~ السَيْف — à la pointe de l'épée [*litt.*]

~ ظاهِر — contour; pourtour

حَجَر الـ~ الفاصِل — borne; pierre de bornage

~ السِنّ، عُمْريّ — limite d'âge

~ أَقْصَى، أَعْلَى — extrême limite; limite supérieure; maximum *n.m.*

إلى أقصى ~ — au plus haut/au dernier point

~ أَدْنَى — limite inférieure; minimum *n.m.*

~ أدنى لِلْمَعيشة — minimum vital

~ أدنى لِلأَجْر، لِلعُمْر — salaire, âge minimum

جاوَزَ الـ~ — passer la mesure/la limite

أَوْقَفَ ه عند ~ ه — remettre qqn à sa place

إلى ~ بَعيد، كَبير — dans une large mesure; sur une grande échelle; dans de vastes proportions

~ أَدَّى بِهِ إلى — tant/tellement que

إلى ~ أن — au point que; jusqu'au point où

فَوْقَ الـ، بِلا ~ — excessivement; exagérément; outre mesure

إلى هذا الـ~ — à ce point

إلى ~ ما — (jusqu')à un certain point; relativement; (dans) une certaine mesure

إلى أيّ ~ — jusqu'à quel point? dans quelle mesure?

في، بِـ~ ذاتِه — en soi

على ~ قَوْله — selon ses propres dires/paroles

إلى ~ الآن، اليَوْم — jusqu'à présent; à ce jour
على، إلى ~ سَواءٍ، سِوًى — également; de la même manière
وَضَعَ ~ًّا لِ — mettre un terme à
لا حَدَّ لَهُ — sans bornes; démesuré; illimité; infini; sans mesure
ذو حَدَّيْن — à double tranchant
**حُدود** — bornes; confins; frontières; (ligne de) démarcation
تَجاوَزَ الـ~ — dépasser les bornes/la mesure; exagérer
لا يَحْفَظ على أيّ ~ — passer/perdre toute mesure
وَضَعَ، فَصَلَ ~ — délimiter; faire un bornage
في، ضِمْنَ ~ الـ — dans les limites/le cadre de
على ~ الـ — aux frontières/à la lisière de
خَرَجَ عَن الـ~ — sortir/déborder du cadre
ساكِن، مِنْطَقة الـ~ — frontalier *n.*; zone frontalière
حَرَس الـ~ — gardes-frontières
حَدِّيّ، حَدِّيّة — marginal; marginalisme
**حِدّة** — âcreté; aigreur; acuité; animosité; excitation
~ أزْمة، الذِهْن — acuité d'une crise, de l'esprit
~ البَصَر، الأهواء — acuité visuelle; fougue des passions
~ العَلاقات — aigreur des relations
~ الاِحْتِجاج — virulence de la protestation
~ المِزاج — emportement; caractère emporté
~ مُناقَشة — chaleur/feu/véhémence de la discussion
تَكَلَّمَ بِـ~ — parler avec aigreur/emportement/fièvre/feu
**حادّ** — âcre; âpre; aigu; aiguisé; agressif; aigre; bouillant [*fig.*]; chaleureux; chaud; effilé; emporté [*fig.*]; fougueux; incisif; perçant; strident; véhément
تَصْفيقات ~ة — applaudissements chaleureux/frénétiques
مُناقَشة ~ة — chaude discussion; discussion animée/emportée
~ الطَبْع، المِزاج — bouillant [*fig.*]; fougueux; impétueux; emporté; qui a le sang chaud
سِكّين، شَفْرة ~ة — couteau, lame affilé(e)/tranchant(e)

مَخالِب ~ة — griffes acérées
لَهْجة ~ة — ton acerbe/acide/agressif/acrimonieux
صَوْت ~ — voix stridente/perçante
نَظَر، ذَكاء ~ — regard, esprit incisif/perçant
ألَم ~ — douleur poignante/violente
دُخان، حُجّة ~(ة) — fumée âcre; argument percutant [*fam.*]
اِحْتِجاج ~ — protestation virulente/violente
أزْمة، زاوية ~ة — crise, angle aigu(ë)
**مَحْدود** — borné; confiné; défini; délimité; limité; restreint; fini [*philos.*]
~ المَعْنى — bien défini/clair/précis (sens)
آفاق، عُقول ~ة — horizons, esprits bornés
~ البَصيرة — qui a des œillères; borné [*fig.*]
دَخْل، مَسْؤوليّة ~(ة) — revenu, responsabilité limité(e)
شَرِكة ~ة المَسؤوليّة — société à responsabilité limitée
لا، غَيْر ~ — illimité; infini; indéfini
إجازة، إضْراب لا ~(ة) — congé, grève illimité(e)
لامَحْدوديّة — infini *n.m.*; infinité; infinitude
II **حَدَّدَ** تَحْديدًا ه — définir; délimiter; démarquer; déterminer; contingenter; aiguiser; rendre acéré
~ الأسْعار — bloquer/fixer/freiner/limiter les prix
~ كَمّيّة البَضائِع — contingenter les marchandises
~ ساعة، مَوْعِدًا — arrêter/fixer une heure/un rendez-vous; prendre date
~ زِيادة الاِسْتِهْلاك — freiner/limiter la consommation
~ مَشْروعًا، نصّ عَقْد — arrêter un projet, les termes d'un contrat
~ مَوْقِفه مِن ه — définir sa position par rapport à
~ مَوْضِع، مَوْقِع ه، ه — s'orienter; localiser; faire le point
~ الحَدّ الأقْصى — maximaliser; maximiser
~ مَقاس، قِياس ه — calibrer
~ مَجالاً، مَوْضوعًا — circonscrire un espace, un sujet
**تَحْديد** ج ات — démarcation; détermination; définition; localisation; restriction

~ الـمَوْضوع délimitation du sujet

~ الأَسْعار blocage/fixation/limitation des prix

~ طَريقة، أَهْداف définition d'une procédure, d'objectifs

على وَجْهِ الـ~ pour être précis/strict/exact

خَطّ ~ ligne de démarcation

~ مَقاس ه calibrage

~ الحَدّ الأَقْصى maximation [*écon.*]

**مُحَدِّد**، مُحَدِّدة ج ات déterminant *n.m.* [*écon., math.*]; déterminatif *adj., n.m.*

~ قِياس *techn.* calibre *n.m.*; gabarit; indicateur

**مُحَدَّد** en fer de lance; acéré; pointu; défini; délimité; déterminé; fixé; restreint; circonscrit

القَرار ~ la décision est arrêtée/prise

أَهْداف ~ة objectifs bien définis/déterminés

في الوَقْت الـ~ à l'heure dite/fixée/indiquée; à point nommé

في الميعاد الـ~ dans les délais fixés

لا تَتَجاوَزوا الجُرْعة الـ~ة ne pas dépasser la dose prescrite

شَرْط ~ condition limitative

غَيْر ~ indéfini; indéterminé

IV **أَحَدَّ** إِحْدادًا ه aiguiser; rendre acéré

~ بَصَره، نَظَره الى examiner avec attention; scruter

V تَحَدَّدَ تَحَدُّدًا se définir; se déterminer; se limiter; être défini/déterminé/limité

VIII اِحْتَدَّ اِحْتِدادًا على s'emporter; s'échauffer; s'irriter (contre)

اِحْتِداد emportement; échauffement; animosité; vivacité (d'une discussion)

مُحْتَدّ exaspéré; irrité; emporté; vif (ton)

1195 **حِدَأة** ج حِداء milan

حَدَأة ج حِداء hache à deux tranchants; francisque

1196 **حَدِبَ** َ حَدَبًا être convexe/cambré/voûté

**حَدَب** ج حِداب élévation de terrain; éminence; tertre

مِن كُلّ ~ و صَوْب en tout lieu; de toutes parts; partout; par monts et par vaux; de tous côtés

**حَدَبة** ج ات bosse; protubérance; *mécan.* came

~ الطَريق dos-d'âne *n.m.*

جِذْع الحَدَبات arbre à cames

أَحْدَب م حَدْباء ج حُدْب bossu

II حَدَّبَ تَحْديبًا ه bosseler; bomber; cambrer; voûter

تَحْديب bosselage

**مُحَدَّب**، ~ الظَّهْر convexe; bombé; voûté; arqué; renflé

جِسْر ~ pont en dos-d'âne

مِرْآة ~ة miroir convexe

V تَحَدَّبَ تَحَدُّبًا ← XII

V **تَحَدُّب** renflement; convexité

~، تَحَدُّبيّة الأَرْض convexité de la terre

XII اِحْدَوْدَبَ se voûter; être bombé/bosselé; se bomber; être convexe

مُحْدَوْدِب bombé; bosselé; courbé; convexe

1197 **حَدُثَ** ُ حَداثة être jeune/neuf/nouveau/récent; *v. aussi 1198*

**حَدَثَ** ُ حُدوثًا advenir; arriver; avoir lieu; se dérouler; se passer; se produire; survenir

~ تَحْتَ أَعْيُن ه se dérouler sous les yeux de

كَيْفَ ~ ذٰلِك comment est-ce arrivé?

~ ما كان يَتَوَقَّعه ce qu'il avait prévu arriva

شَيْءٌ مِنْ هذا لَمْ **يَحْدُث** il ne s'est rien produit de tel

**حُدوث** apparition; incidence; occurrence

إِمْكان ~ contingence [*philos.*]

**حَداثة** commencement; jeunesse; le jeune âge; nouveauté; caractère nouveau/récent de

سِنّ، أَيّام الـ~ les jeunes années; l'âge tendre

حِدْثان، حَدَثان الأَحْوال، الدَهْر adversité; revers; revirement du sort

**حَدَث** ج أَحْداث événement; épisode; fait; incident; occurrence; phénomène; symptôme; jeune *adj., n.*; *sport.* cadet

لاعِب ~ joueur cadet

حَدَثيّ événementiel

**أَحْداث** (les) jeunes; événements

الجانِحون الـ ~ délinquance juvénile

الكَيْفيّة التي تَسيرُ بِها الـ ~ la manière dont les choses se passent

~ الساعة l'actualité

الـ ~ السياسيّة. الرياضيّة actualité politique, sportive

**حادِث. حادِثة ج حَوادِث** accident; cas; épisode; événement; incident; occurrence

~ عَرَضيّ. طارِئ cas fortuit; événement contingent; hasard; contretemps

~ سَيّارة. طَيّارة accident de voiture, d'avion

~ المُرور. السَيْر accident de la circulation

~ مُؤْلِم. مُفاجِئ coup dur, de théâtre

~ مُؤْسِف. مُزْعِج mésaventure

**حَديث ج حِداث. حُدَثاء** jeune *n.*; moderne; nouveau; récent; néo- *préf.*

العَرَبيّة. العِلْم الـ ~ (ة) l'arabe, la science moderne

تاريخ ~ histoire contemporaine/moderne

أَخْبار ~ ة nouvelles fraîches; dernières nouvelles

~ النِعْمة. السِنّ nouveau riche; jeune

~ العَهْد بـ de fraîche date; nouveau; récent

~ العَهْد في مِهْنَته bleu *n.* [*pop.*]; novice

مَدينة ~ ة العَهْد. البِناء ville neuve/nouvelle

الزِيّ. الطِراز الـ ~ la dernière/nouvelle mode; la mode

أَزْياء الرَبيع الـ ~ ة les nouveautés du printemps

مَوْلود ~ ؛ ~ المَوْلِد nouveau-né *n.m.*

**حَديثًا** dernièrement; nouvellement; récemment

ظَهَر ~ vient de paraître

أَحْدَثُ الوَسائِل les moyens les plus modernes

II حَدَّثَ تَحْديثًا ه moderniser

تَحْديث وَسائِل الإِنْتاج modernisation des moyens de production

IV **أَحْدَثَ** إِحْداثًا ه causer; créer; innover; faire naître; produire; susciter

~ أَثَرًا. وَقْعًا produire un effet; faire impression/sensation

~ اِضْطِرابات provoquer des remous

~ مَتاعِب attirer des ennuis

~ الإِعْجاب susciter l'admiration

~ كارِثة. أَضْرارًا causer/occasionner/provoquer une catastrophe, des dommages

**إِحْداث** création; institution; production

~ تَغَيُّرات introduction de modifications

التَغْييرات المُرادُ ~ ها les modifications que l'on veut apporter/introduire

**إِحْداثِيّات** نُقْطة coordonnées d'un point

~ جُغْرافيّة coordonnées géographiques

~ سينيّة. أُفُقيّة abscisses

~ رَأْسيّة. عَموديّة ordonnées

**مُحْدَث** neuf; nouveau; récent; moderne

مَوْضوع ~ sujet neuf

المُحْدَثون les modernes

X **اِسْتَحْدَثَ** اِسْتِحْداثًا ه. ه produire qqch de nouveau; inventer; faire de l'inédit; créer; trouver qqn jeune

~ كَلِمات créer des néologismes

اِسْتِحْداث ج ات innovation; invention; création

مُسْتَحْدَث inédit; récent; nouveau

مُسْتَحْدَثة ج ات innovation; néologisme; nouveauté

المُسْتَحْدَثات les nouveautés (de la mode)

1198 **حَديث** ج أَحاديث discussion; causerie; conversation; entretien; interview; propos; speech; narration; relation d'un fait; *isl.* propos (tenu par le Prophète); dit *n.m.* (du Prophète); tradition; *v. aussi 1197*

~ تافِه. سَخيف parlote [*fam.*]; bavardage; balivernes

قَصَدَ الـ ~ عَنْ se proposer de parler de

دارَ الـ ~ عَنْهُ faire les frais de la conversation; faire parler de soi

~ ذو شُجون conversation à bâtons rompus

من ~ إلى آخر d'un propos à un autre; de fil en aiguille

~ النَفْس. القَلْب prémonition; pressentiment

~ صَحيح. سَقيم *isl.* tradition authentique, apocryphe

~ قُدْسيّ *isl.* tradition divine (dans laquelle Dieu s'adresse au Prophète)

~ نَبَوِيّ — *isl.* tradition du Prophète

أُحْدُوثة ج أحاديث — bruit; conte; histoire; fable; nouvelle *n.f.*; rumeur (sur qqn)

II **حَدَّثَ** تَحْدِيثًا ه — s'adresser à qqn; entretenir qqn; parler à qqn; conter; raconter; rapporter

~ ه ه، عن ه — parler à qqn de qqch

~ ه بِضْعَ كَلِماتٍ — dire quelques mots à

~ ه قَلْبُهُ — avoir le pressentiment que; se dire que

~تْهُ نَفْسُهُ بِـ — être tenté de; se laisser tenter par

تُحَدِّثُني نَفْسي أن — quelque chose me dit que

**حُدِّثَ** — se laisser dire/raconter

~تُ — on m'a raconté; je me suis laissé dire

**مُحَدِّث** ج ون — parleur; locuteur; speaker; *isl.* rapporteur/transmetteur des traditions mohammadiennes

~ مُتَحَذْلِق — beau parleur

III **حادَثَ** مُحادَثة ه — converser/s'entretenir avec; parler à

~ في، عن — discuter sur; négocier qqch

**مُحادَثة** ج ات — causerie; conversation; entretien; discussion; négociation

~ هاتِفِيّة — communication/conversation téléphonique

طَلَبَ ~ — demander une communication

مُحادَثات — pourparlers; négociations

V **تَحَدَّثَ** تَحَدُّثًا مع، إلى — s'entretenir/parler/converser avec; accorder une interview à; deviser

~ عن الماء والسَّماء — parler de la pluie et du beau temps

~ بِاسْمِ ه — parler au nom de

VI تَحادَثَ تَحادُثًا في — converser; s'entretenir; deviser

1199 **حَدَجَ** ـِ ه، ه بِعَيْنَيْهِ — fixer/braquer les yeux sur

~ ه بِبَصَرِه، بِنَظَرِه — décocher un regard

~ ه بِسَهْمٍ — décocher (une flèche)

حِدْج ج أَحْداج، حُدوج — fardeau; charge

حَدَج — coloquinte

حِداجة ج حَدائِج — litière (portée à dos de chameau)

II حَدَّجَ تَحْديجًا ه ← حَدَجَ

1200 **حَدَرَ** ـُ حَدْرًا، حُدورًا ه — abaisser; faire descendre

**حَدَر**؛ حَدور ج حُدُر — déclinaison; déclivité; descente; pente; talus

~ وادٍ — versant *n.m.*

حَدْرة — orgelet

V **تَحَدَّرَ** تَحَدُّرًا — s'abaisser; descendre par degrés

~ مِن — descendre de; tirer son origine de; sortir de [*fig.*]

تَحَدُّر — déclivité

مُتَحَدِّر من — descendant; issu de

VII **اِنْحَدَرَ** اِنْحِدارًا — s'abaisser; descendre; décliner; être en pente; tirer son origine de; descendre de [*fig.*]

~ت الطَّريق — le chemin descend

~ت الشَّمْس — le soleil baisse/décline

**اِنْحِدار** — décadence; déclin; déclinaison; descente; déclivité; pente; rampe

~ شَديد، خَفيف — pente raide, douce

شَديد الـ~ — escarpé; à forte déclivité

**مُنْحَدِر** من — issu de; descendant

طَريق ~ — descente; rampe

**مُنْحَدَر** ج ات — côte; coteau; descente; dépression; pente; talus

~ السُّوء — la mauvaise pente

~ الجَبَل — flanc d'une montagne

1201 **حَدَسَ** ـِ حَدْسًا — conjecturer; pressentir; supposer

**حَدْس** — intelligence aiguë; présomption; pressentiment; vivacité d'esprit; intuition

~ اِخْتِراعِيّ — esprit inventif

أَصابَ الـ~ — deviner/tomber [*fig.*] juste

حَدْسِيّ — intuitif; conjectural

حَدْسِيّة ج ات — conjecture

**حَذْف**، حَذّاف ← خذف

1202 **حَدَقَ** ـُ حَدْقًا ه (← II) — *v. aussi 1203*

~ ـِ حُدوقًا بِـ ه ← IV

**حَدَقة** ج ات، حِداق، أَحْداق — *anat.* pupille; prunelle

حَدَقيّة مِجْهَر — oculaire d'un microscope

II **حَدَّقَ** تَحْديقًا إلى، في — regarder fixement/avec intensité; fixer les yeux sur; attacher/braquer son regard sur; fixer qqn, qqch des yeux

~ في وَجْهِه ه — dévisager qqn

IV **أَحْدَقَ** إِحْداقًا بـ ه، ه — cerner; encercler; entourer; environner

~ النَظَر في — fixer le regard sur

**إِحْداق** — encerclement

~ خَطَر — imminence d'un danger

~ النَظَر — fixité du regard

مُناوَرة إِحْداقيّة — manœuvre d'encerclement

**مُحْدِق** — environnant; imminent (danger)

~ إلى — les yeux braqués/fixés sur

**1203** **حَديقة** ج حَدائِق — jardin; parc; *v. aussi 1202*

~ أَطْفال — jardin d'enfants

~ عامّة، حَيَوانات — jardin public, zoologique

~ زينة، نَباتات — jardin d'agrément, botanique

حادِقة أَطْفال — jardinière d'enfants

**1204** **حَدَلَ** ـِ حَدْلًا، حُدولًا ه — rouler/aplanir une surface

~ حَقْلًا، طَريقًا — cylindrer un champ, une route

حادِلة ج ات الطُرُق — lissoir; rouleau compresseur

مِحْدَلة ج مَحادِل — *même sens*

**1205** (حدم) VIII **اِحْتَدَمَ** اِحْتِدامًا — bouillonner [*fig.*]; s'échauffer; s'enflammer; s'emporter; frémir; être en ébullition [*fig.*]; se passionner; s'envenimer [*fig.*]

~ غَضَبًا، غَيْظًا — se fâcher tout rouge

اِحْتِدام — emportement; flamme [*fig.*]; frénésie; passion; paroxysme

مُحْتَدِم — acharné; enragé (combat); furieux; enflammé; fâché

**حِدة** ← وحد

**1206** (حدو) **حَدا** ـُ حَدْوًا، حُداءً ه، بـ ه — entraîner; exciter; inciter; pousser; stimuler

~ ه، بـ ه على، إلى — pousser qqn à

حادٍ (الحادي) ج حُداة — chamelier

**حُدْوة** — fer à cheval

على شَكْل ~ — en fer à cheval

V **تَحَدّى** تَحَدِّيًا ه. ه — provoquer; lancer un/mettre au défi; résister à; s'opposer à

~ ذَكاءه — intriguer qqn

~ النَظَرات — défier les regards

~ الرَأْي العامّ — braver l'opinion publique

**تَحَدٍّ** ج تَحَدِّيات — bravade; challenge [*sport.*]; défi; provocation

~ لِلْحَقيقة — outrage à la vérité

أَعْلَنَ ~ه لِـ — lancer un défi à

قَبِلَ التَحَدّيَ — relever le défi/le gant

مُتَحَدٍّ ج ون — challenger [*sport.*]

**1207** **حَدِيَ** ـَ حَدًى (بِالمَكان) — rester en place; ne pas bouger

**1208** **حَذِرَ** ـَ حَذَرًا مِنْ — prendre garde à; se garder de; être méfiant; se méfier de; se défier de

مَنْ ~ سَلِمَ — *prov.* prudence est mère de sûreté

اِحْذَرْ؛ حَذارِ — gare! attention!

**حَذَر؛ حِذْر** — circonspection; défiance; méfiance; précaution; prudence

بـ ~ — avec prudence; prudemment

الـ ~ ضَمان — *prov.* prudence est mère de sûreté

كان على ~. أَخَذَ حَذَرًا مِن — se méfier; se tenir sur ses gardes; se tenir à carreau [*pop.*]

كُنْ على ~. خُذْ حَذَرًا مِن — attention! soyez prudent! méfiez-vous!

الـ ~ لا يَمْنَعُ القَدَر — (*m. à m.* les précautions n'empêchent pas le destin de s'accomplir)

تَكَلَّمَ بـ ~ — ménager ses expressions; parler avec ménagement

اِلْتَزَم جانِب الـ ~ في ه — ménager qqn

تَفاؤُل مَشوب بِالـ ~ — optimisme prudent

حَذَرًا مِنْ أَنْ de crainte que

حاذِر، حَذِر ج ون défiant; discret; circonspect; méfiant; prudent; vigilant; avisé

أَنا حَذيرُكَ je t'avertis/vous avertis; je te/vous préviens

مَحْذور ج ات، مَحاذير désagrément; ennui; inconvénient

II **حَذَّرَ** تَحْذيرًا ه alerter; donner l'éveil; avertir; prévenir

~ ه مِن هـ mettre en garde contre; déconseiller à qqn de

~ الرَّأْيِ العامّ alerter l'opinion publique

**تَحْذير** admonition; avertissement; alerte *n.f.*; mise en garde

دُونَ ~ sans crier gare

عَلامات مُحَذِّرة signes avant-coureurs/annonciateurs/précurseurs

III حاذَرَ مُحاذَرة مِنْ appréhender; craindre; faire attention à; se méfier de

مُحاذَرة ج ات précaution; mesure de précaution

مُحاذِرًا en faisant attention; en prenant garde

V تَحَذَّرَ تَحَذُّرًا مِنْ agir avec circonspection/avec prudence; chercher à éviter qqn

ساقَ بِتَحَذُّر conduire avec prudence

مُتَحَذِّر discret; prudent

**1209** **حَذَفَ** ـِ حَذْفًا ه couper; élider; éliminer; éplucher; ôter; projeter; retrancher; supprimer

**حَذْف** élision [*gramm.*]; ellipse [*gramm.*]; coupure; projection; retranchement; suppression

عَلامة الـ~ apostrophe [*gramm.*]

حَذَف، حَذَفة agneau noir (du Hedjaz); *ois.* sarcelle

حَذّافة مَغْنَطيسيّة volant magnétique

VII اِنْحَذَفَ اِنْحِذافًا s'éliminer; s'élider

**1210** (حذفر) **بِحَذافيرِه** entièrement; en totalité; intégralement

عَرَفَ الأَمْرَ بِـ~ ه connaître les tenants et les aboutissants d'une affaire

نَقَلْنا القِصّة بِـ~ها nous avons rapporté l'histoire dans son intégralité

**1211** **حَذِقَ** ـَ حِذْقًا، حَذاقة être ... *v. à l'adj.*

حِذْق، حَذاقة adresse; dextérité; habileté; subtilité; clairvoyance

**حاذِق** ج حَذَقة، حُذّاق adroit/habile (de ses mains); clairvoyant; subtil

~ باذِق très adroit/habile

مُحادَثة ~ة conversation plaisante

عَقْل ~ esprit inventif/subtil/piquant

**1212** **حَذْلَقة** (← تَحَذْلُق) habileté; dextérité

حِذْلِق ج حَذالِق hâbleur; snob; pédant

لَهْجة حِذْلِقيّة ton pédant/sentencieux/doctoral

II تَحَذْلَقَ faire de l'esprit/de l'épate [*fam.*]

تَحَذْلُق affectation; épate [*fam.*]; esbrouffe; pédantisme; préciosité; snobisme

**مُتَحَذْلِق** affecté; pédant; précieux; snob

مُحَدِّث ~ beau parleur

**1213** (حذو) **حَذا** ـُ حَذْوَ ه imiter qqn; suivre l'exemple de; marcher sur les traces de; en faire autant que

~ النَّعْل بِالنَّعْل والقَرْض بِالقَرْض
*prov.* il faut rendre à César ce qui appartient à César

حِذاء ج أَحْذِية chaussure; soulier

بائِع **أَحْذِية** chausseur; marchand de chaussures

قَرْن، لَبّاسة ~ chausse-pied

حَذّاء ج ون cordonnier; chausseur

III **حاذَى** حِذاءً، مُحاذاة ه arriver/être à la hauteur/en face de; côtoyer; longer; marcher le long/à côté de

~ النَّهْر suivre le fleuve

سارَ بِمُحاذاة ه ← حاذَى

حِذاءَ ه en face de; vis-à-vis de

مُحاذٍ qui longe; qui est à la hauteur de; vis-à-vis; en face de

IV أَحْذَى إِحْذاءً ه chausser qqn

VIII **اِحْتَذَى** اِحْتِذاءً se chausser; suivre (un exemple)

~ ه emboîter le pas à qqn; imiter; prendre en exemple

إِحْتِذاء — imitation

**1214** **حَذَى** ـِ حَذْيًا هـ — couper; tailler

حِذْيَة — diamant de vitrier

**1215** (حرر) **حَرِيرة** — soupe; bouillie

**1216** (حرر) **حَرِير** — soie

~ صِناعيّ — soie artificielle; rayonne

~ صَخْرِيّ — amiante

حَرِيرة ج حَرَائِر — soierie; étoffe de soie

حَرِيرِيّ، حَرَائِرِيّ — soyeux; de/en soie

**1217** **حَرّ** — chaud *n.m.*; chaleur; *v. aussi 1215, 1216, 1218, 1219*

الـ~ وَالبَرْد — le chaud et le froid

~ الصَّيْف — la chaleur de l'été

**حَرارة** — animation; ardeur; chaleur; enthousiasme; ferveur; fièvre; fougue; passion; zèle; température

عَمِلَ بـ~ — travailler avec fièvre/ardeur

~ حَيوانِيّة، نَوْعِيّة — chaleur animale, spécifique

~ مَرِيض، غُرْفة — température d'un malade, d'une pièce

قاسَ ~ه — prendre sa température

~ كَهْرَبائِيّة — électrothermie

مِسْعَر، مِقْياس الـ~ — calorimètre; thermomètre

حافِظ، عازِل لِلْـ~ — calorifuge

مُوَلِّد ~ — calorifère; calorifique; thermogène

مُنَظِّم، مُثَبِّت الـ~ — thermostat

~ الأَرْض الجَوْفِيّة — géothermie

~ التِلِيفون، الهاتِف — tonalité (du téléphone)

~ الشَّباب — l'ardeur/la fougue de la jeunesse

بِـ~ — ardemment; chaudement; chaleureusement; cordialement; avec fougue

أَوْصَى بِـ~ — recommander chaudement

صافَحَهُ بِـ~ — serrer chaleureusement la main

**حَرارِيّ** — thermique; calorique; calorifique; réfractaire [*techn.*]

مَحَطّة ~ة — centrale thermique

الطَبَقة الـ~ة — thermosphère

وَحْدة ~ة — calorie; thermie

نَوَوِيّ ~ — thermonucléaire

كِيمِياء ~ة — thermochimie

~ كَهْرَبائِيّ — thermo-électrique; électrothermique

لَدْن ~ — thermoplastique

حُرَيْرة ج ات — calorie

حَرّان م حَرَّى ج حِرار، حَرارَى — assoiffé; altéré; passionné; fervent

بَكَى دُموعًا **حَرَّى** — pleurer à chaudes larmes

**حارّ** — ardent; chaud; chaleureux; cordial; fougueux; fervent; torride

إِسْتِقْبال، تَرْحيب ~ — accueil chaleureux/cordial/empressé

تَحِيّاتي الـ~ة — mes salutations empressées

عاطِفة ~ة — sentiment fougueux/passionné

مَرَقة ~ة — sauce piquante

فُلْفُل ~ — piment fort

على **أَحَرّ** من الجَمْر — être sur des charbons ardents; brûler d'impatience

مَحْرور — échauffé; fiévreux; passionné

**1218** **حُرّ** ج أَحْرار — indépendant; disponible; libre; libéral; pur; de choix; *v. aussi 1217, 1219*

تَرَكَهُ ~ًا في أَنْ — laisser qqn libre de

~ من الالْتِزام — libre de tout engagement

قِطاع، تَبادُل ~ — secteur privé; libre-échange

تَعْلِيم، عالَم، دُخول ~ — enseignement, monde, entrée libre

اِقْتِصاد، مِهْنة ~(ة) — économie, profession libérale

النِظام الـ~ — le système libéral; le libéralisme

مَدِينة، مِنْطَقة ~ة — ville, zone franche

رَمْية، قَذْفة ~ة — coup franc [*sport.*]

من ~ مالِه؛ من مالِه الـ~ — de ses propres deniers

**الأَحْرار** — les libéraux

حِزْب الـ~ — parti libéral

حُرِّيَّة ج ات liberté

~ فَرْدِيَّة، مَدَنِيَّة liberté individuelle, civile

~ المُعْتَقَد، التَعْبِير، الأَفْكار liberté de conscience, d'expression, de pensée

~ الصِحافة، الكَلام liberté de la presse, de la parole

~ التَبادُل، الاِخْتِيار libre-échange; libre arbitre

~ اِقْتِصادِيَّة، سِياسِيَّة libéralisme économique, politique

تَرَكَ لَهُ ~ هـ laisser à qqn la liberté de

لَهُ ~ التَصَرُّف بِـ avoir toute latitude de

~ الفِكْر indépendance/liberté d'esprit

II **حَرَّرَ** تَحْرِيرًا ه affranchir; délivrer; émanciper; libérer; rendre la liberté à

~ النِظام libéraliser le système

**تَحْرِير** libération; émancipation; délivrance

~ العَبِيد affranchissement des esclaves

~ الصِحافة libéralisation de la presse

~ البَلَد libération du pays

**تَحْرِيرِيّ** libérateur; *dr.*, *fin.* libératoire

إِجْراءات ~ ة mesures libératoires

مُحَرِّر ج ون libérateur *n.*

مُحَرَّر libéré; affranchi; libre

V **تَحَرَّرَ** تَحَرُّرًا reprendre sa liberté; s'émanciper; s'affranchir; se libéraliser (régime)

~ من التَقالِيد se libérer des traditions

تَحَرُّر affranchissement; émancipation; libéralisation; libération

تَحَرُّرِيَّة libéralisme

**مُتَحَرِّر** affranchi; émancipé

أَفْكار ~ ة idées libérales

**1219** II **حَرَّرَ** تَحْرِيرًا ه rédiger; *v. aussi 1217, 1218*

~ مَقالًا rédiger un article

~ شَهادة délivrer une attestation

~ مُخالَفة، مَحْضَرًا dresser une contravention/un procès-verbal; verbaliser

~ عَقْدًا dresser/libeller/passer un contrat

**تَحْرِير** rédaction

سِكْرِتير، أَمين الـ~ secrétaire de rédaction

رَئيس ~ rédacteur en chef

إِدارة الـ~ comité de rédaction

**مُحَرِّر** ج ون rédacteur (de journal)

~ اِقْتِصاديّ، سِياسيّ rédacteur économique, politique

مُحَرَّر ج ات écrit *n.m.*; rédigé; libellé

**1220** **حِرْباء** ج حَرابِيّ caméléon

**1221** **حَرْبة** ج حِراب baïonnette; lance; trait; pique

~ الصاعِقة، الصَواعِق paratonnerre

قِتال **بالحِراب** combat à la baïonnette

رَكِّبِ الـ~ baïonnette au canon!

**1222** **حَرِبَ** ـَ حَرَبًا piquer une colère; se mettre en rage; *v. aussi 1220, 1221, 1223*

**حَرْب** ج حُروب combat; guerre; lutte

~ ه، لِـ ه ennemi de

أَعْلَنَ الـ~ على déclarer la guerre à

شارَكَ في الـ~ faire la guerre

كَسَبَ الـ~ gagner la guerre

شَمَّرَتْ، كَشَفَتْ الـ~ عن ساقِها se déchaîner/faire rage (guerre)

قامَت الـ~ على ساقِها *même sens*

قامَت الـ~ على قَدَم وساق *même sens*

~ عالَمِيَّة، أَهْلِيَّة guerre mondiale, civile

الـ~ العُظْمَى la Grande Guerre

~ خاطِفة، عامَّة guerre éclair, générale

~ دينِيَّة، بارِدة guerre de religion, froide

~ الأَعْصاب، الشَوارِع guerre des nerfs, de rues

~ ذَرِّيَّة، نَفْسِيَّة guerre atomique, psychologique

~ إِعْلامِيَّة، طائِفِيَّة guerre des ondes, confessionnelle

~ اِسْتِنْزاف guerre d'usure

حالةُ ~ — casus belli; belligérance; état de guerre

~ التَصْحيح. السِتّة أيّام — guerre de rectification, des Six Jours

~ حَرَكة. خَنادِق — guerre de mouvement, de tranchées

~ عِصابات. مَواقِع — guérilla; guerre de positions

~ دِيبْلوماسيّة — campagne/opération diplomatique

على وَشْك الـ~ — sur le pied de guerre

**حَرْبيّ** — guerrier *adj.*; militaire; belliqueux; martial

بُوليس ~ — police militaire

مَجْلِس ~ — conseil de guerre

تَصْريح ~ — déclaration belliqueuse

نَشيد ~ — chant/hymne guerrier/martial

حَرِب ج حَرْبَى — combatif; belliqueux; irrité

III **حارَبَ** مُحارَبة، حِرابًا ه — combattre; guerroyer

~ في سَبيل ه، ه — lutter/militer pour

مُحارَبة البُؤْس والحِرْمان — lutte contre la pauvreté et les privations

**مُحارِب** ج ون — belligérant; combattant; guerrier; militant

~ في حَرْب العِصابات — guérillero

VI تَحارَبَ تَحارُبًا — se combattre; s'engager dans/se faire la guerre

مُتَحارِب — belligérant

**1223** **مِحْراب** ج مَحاريب — miḥrāb; sanctuaire

**1224** **حَرَثَ** ـُ حَرْثًا (الأرْض) — labourer; cultiver; mettre en valeur; retourner la terre

**حَرْث**، حِراثة — culture [*agr.*]; agriculture; labour; labourage

~، حَرْثة — terre arable; champ cultivé

حِراثيّ — aratoire

حارِث ج حُرّاث — cultivateur; laboureur

حَرّاث ج ون — *même sens*

حَرّاثة — courtilière

مِحْراث ج مَحاريث — charrue

**1225** **حَرَج**، حَرَجة ج أحْراج، حِراج — forêt; épaisseur de la forêt; forêt impénétrable; *v. aussi 1226*

~ بِكْر — forêt vierge

مَأْمور، حارِس **أحْراج، حِراج** — garde forestier

حَرَجيّ — forestier *adj.*; sylvestre

حِراجة — sylviculture

**حِراجيّ**، أحْراجيّ — forestier *adj.*; sylvicole; sylvestre

~ ج ون — sylviculteur; forestier *n.m.*

II حَرَّجَ تَحْريجًا ه — boiser/reboiser (une région)

تَحْريج — boisement; reboisement

مُحَرَّج — boisé

**1226** **حَرِجَ** ـَ حَرَجًا — être gêné/oppressé; ressentir une gêne; *v. aussi 1225*

حَراجة المَوْقِف — complexité/gravité/sérieux de la situation

**حَرَج** — délit; péché; embarras; gêne; situation délicate/difficile

كان في ~ — être dans une impasse/dans l'embarras/dans une situation délicate

لا يَجِد في نَفْسِهِ ~ًا — ne pas se gêner pour; ne voir aucun inconvénient à

لا **حَرَجَ** — il n'y a pas d'objection/de mal

لا ~ عَلَيْك — ne vous gênez pas; rien ne vous empêche de

**حَرِج** — délicat [*fig.*]; embarrassant; scabreux

وَضْع ~ — situation épineuse/délicate/critique

دَرَجة الحَرارة الـ~ة — température critique

كانَ في وَضْع، مَوْقِف ~ — être dans de beaux draps [*fam.*]/sur la corde raide; filer un mauvais coton [*fam.*]

مَوْضوع ~ — sujet épineux/scabreux

II **حَرَّجَ** تَحْريجًا ه — rétrécir; resserrer; compliquer; entraver

~ ه على — acculer qqn à; confiner qqn dans

مُحَرَّج ج ات — serment solennel

حَلَفَ بالمُحَرَّجات — jurer ses grands dieux

IV **أحْرَجَ** إحْراجًا ه — déconcerter; embarrasser; empêtrer [*fam.*]; entraver; gêner

~ ه إلى ه — contraindre/forcer qqn à; presser qqn de

~ مَوْقِفًا — aggraver/compliquer une situation

~ مَوْقِفه — mettre dans une situation délicate/dans la gêne; réduire à la misère

**إِحْراج** — dilemme; gêne

وَجَدَ بَعْضَ الـ~ في — éprouver une certaine gêne à

V **تَحَرَّجَ** تَحَرُّجًا من — s'abstenir de; se contenir; s'interdire; réfréner

~ المَوْقِف — devenir critique (situation); se compliquer

~ صَدْرُهُ مِنْ — se froisser de; être froissé par

1227 **حَرَدَ** ـِ حُرودًا — faire bande à part; bouder; se fâcher; être fâché

حَرِدَ ـَ حَرْدًا على ه — en vouloir à; chercher querelle à

حَرْد — bouderie; colère; grogne; rogne [*fam.*]

حارِد، حَرِد، حَرْدان — boudeur; courroucé; fâché; irrité; isolé

II حَرَّدَ تَحْريدًا ه — fâcher; irriter; mettre en colère

1228 **حِرْذَوْن** ج حَراذين — lézard; agame

1229 **حَرِزَ** ـَ، حَرُزَ ـُ حَرازة — être ... *v. à l'adj.*

حَرَزَ ـُ حَرْزًا — garder; protéger; surveiller

**حِرْز** ج حُروز — amulette; porte-bonheur; charme

~ ج أَحْراز — asile; place forte; refuge; endroit/lieu sûr

حَريز — fortifié; bien gardé; inaccessible; imprenable; inexpugnable; qui est sur ses gardes

مَحْرَز — réduit [*mil.*]

II حَرَّزَ تَحْريزًا ه، ه — abriter; mettre à l'abri; offrir un asile sûr à; veiller sur

IV **أَحْرَزَ** إِحْرازًا ه، على ه — avoir; détenir; acquérir; obtenir

~ نَتائِجَ جَيِّدة — obtenir de bons résultats

~ نَجاحًا — se tailler un beau succès

~ تَقَدُّمًا — réaliser/faire des progrès

~ النَصْرَ، الاِنْتِصار — remporter la palme, la victoire

~ البُطولة — gagner/remporter le championnat

**إِحْراز** — acquisition; détention; obtention

~ غَيْر مَشْروع — détention illégale

**مُحْرِز** على — détenteur; acquéreur; possesseur

V **تَحَرَّزَ** تَحَرُّزًا — être/se tenir sur le qui-vive/sur ses gardes

~ من — parer à; se préserver de

~ بِـ ه — se mettre sous la sauvegarde de

تَحَرُّز ج ات — ménagement; préservation; sauvegarde

VIII **اِحْتَرَزَ** اِحْتِرازًا — faire des réserves; réserver son opinion

~ مِنْ — se défier de; se garder de; se prémunir contre; se préserver de

**اِحْتِراز** ج ات — circonspection; méfiance; réserve; ménagement; prévoyance; prudence; vigilance

بِكامِل الـ~ — sous toutes réserves

مَعَ الاِحْتِرازات العادِيّة — avec les réserves d'usage

**اِحْتِرازيّ** — préventif

تَدْبير ~ — mesure préventive/de précaution

مُحْتَرِز — circonspect; défiant; méfiant; prévoyant; prudent

1230 **حَرَسَ** ـُ حَرْسًا، حِراسة — monter la garde

~ سَجينًا — veiller sur/escorter/garder/surveiller un prisonnier

**حَرَس** — garde; escorte; milice

~ وَطَنِيّ — garde/milice nationale

~ الشَرَف — garde d'honneur

~ مُتَجَوِّل، سَيّار — garde mobile

جُنْدِيّ الـ~ — milicien; soldat de la garde

مَخْفَر الـ~، مَحْرَس — corps/poste de garde; guérite

**حِراسة** — escorte; faction; garde; gardiennage; surveillance; veille

نَوْبة ~ — tour de garde/de veille/de faction

قامَ بِـ~ — monter la garde

~ السَواحِل، الشَواطِئ — la garde des côtes

~ على الأَمْوال، قَضائِيّة — séquestre [*dr.*]; mise sous séquestre

وَضَعَ ه تَحْتَ ~ — mettre sous séquestre/sous surveillance

حَرِيسة ج حَرائِس — haras

**حارِس** ج حُرّاس — factionnaire; garde *n.m.*; gardien; sentinelle; surveillant

~ لَيْليّ — gardien/veilleur de nuit; vigile

~ قَضائيّ، تِرْكة — séquestre (personne); administrateur judiciaire

~ خاصّ، لِأَخْتام — garde du corps, des Sceaux

~ مَرْمًى، سِجْن — gardien de but, de prison

~ المَرْضَى، حاجِز — garde-malade, -barrière

~ صَيْد، صَيْد سَمَك — garde-chasse, -pêche

~ سِكّة حديد — garde-voie/-ligne

~ عِمارة — concierge; gardien d'immeuble

مَلاك ~ — ange gardien

حارِسة السَواحِل، الشَواطِىء — navire garde-côte

مَحْروس — gardé; sauvegardé; protégé; sous séquestre (bien)

VIII اِحْتَرَسَ اِحْتِراسًا من — se défier; se méfier; être/se tenir sur ses gardes

اِحْتَرِسْ — attention!

**اِحْتِراس** — défiance; méfiance; prévoyance; prudence

تَصَرَّفَ بـ~ — agir avec ménagement/précaution/prudence

على سَبيل الـ~ — par mesure de précaution/de prudence

اِحْتِراسًا لِـ — en prévision de

مُحْتَرِس — avisé; défiant; méfiant; prudent

1231 (حرش) **حَرِيش** ج حُرُش — mille-pattes; licorne; rhinocéros

~ البَحْر — narval

1232 **حَرَشَ** ـِ حَرْشًا — racler; écorcher; râper

حُرْش ج أَحْراش — bois; fourré *n.m.*; forêt

حَرَش؛ حُرْشة؛ حَراشة — aspérité; rugosité

حَرِش؛ أَحْرَش م حَرْشاء ج حُرْش — râpeux; rude; rugueux

II حَرَّشَ تَحْريشًا ه على — exciter; inciter; provoquer

تَحْريش — excitation; incitation; instigation; provocation

V تَحَرَّشَ تَحَرُّشًا بِـ ه — exciter; provoquer; chercher noise/querelle à

تَحَرُّش — provocation; acharnement

1233 **حَرْشَف** ج حَراشِف — *zool.* écaille; squame

حَرْشَفِيّ — squameux; en écaille

حُرْشُفِيّات الأَجْنِحة — lépidoptères *n.m.pl.*

1234 **حَرَصَ** ـِ حِرْصًا على ه — être attentif à; avide/jaloux de; aspirer à; désirer; tenir à; veiller à

**حِرْص** — avarice; aspiration; avidité; désir; vif intérêt; soin jaloux; sollicitude

~ًا على — en vue de; dans le but de

**حَرِيص** ج حِراص، حُرَصاء على — avare; désireux; jaloux de; profondément attaché à; soucieux de; qui tient énormément à

~ على مَصْروفاتِهِ، مالِهِ — regardant [*fam.*]; près de ses sous

~ على الرِبْح — âpre au gain

~ على الشَكْلِيّات — à cheval sur le protocole; formaliste [*fig.*]

1235 **حُرُض** — alcali végétal; salicorne; soude [*bot.*]; cendres de salicorne (utilisées pour la lessive)

1236 **حَرَضَ** ـُ حَرْضًا — se corrompre; s'alanguir; dépérir

حَرَض ج أَحْراض — altération; dépérissement

إِنّه ~ مِن الأَحْراض — bon à rien; vaurien

حَرِض — corrompu; malade

II حَرَّضَ تَحْريضًا ه على — dresser qqn contre; exciter; inciter à; monter la tête à; porter à; pousser à; provoquer; susciter; induire [*électr.*]

~ على الاِضْطِرابات — fomenter/susciter des troubles

~ على التَمَرُّد — fomenter la sédition/la révolte

~ على المُوبِقات، العُنْف — pousser au vice, à la violence

~ على الفُجور، الخَلاعة — débaucher; inciter à la débauche

~ الجَيْش على العِصْيان — soulever l'armée

~ على تَرْك العَمَل — débaucher des travailleurs

| | |
|---|---|
| ~ على الإضْراب | appeler à la grève |
| **تَحْريض** ج ات | agitation; excitation; fomentation; impulsion; incitation; provocation; induction [*électr.*] |
| مُحَرِّك بِالـ~ | moteur à induction |
| ~ ذاتيّ | self-induction |
| ~ على الشَرّ | encouragement/incitation au mal |
| ~ عَلى الإضْراب | appel à la grève |
| ~ على الحَرْب | bellicisme |
| بِـ~ مِن | à l'instigation de |
| **تَحْريضيّ** | inductif [*électr.*]; incitatif |
| كَلام ~ | propos séditieux |
| **مُحَرِّض** | induit *n.m.*; inducteur [*électr.*] |
| ~ ج ون | agitateur; complice; démagogue; fomentateur; instigateur; provocateur |
| عَميل ~ | agent provocateur |
| ~ على اِضْطِرابات | fauteur de troubles |
| ~ على الحَرْب | belliciste |
| **مُحَرَّض** | induit *adj.* |
| V مُتَحَرِّض ← II مُحَرِّض | |

| | |
|---|---|
| 1237 **حُرْف** | cresson; nasitort |

| | |
|---|---|
| 1238 **حَرْف** ج حُروف، أَحْرُف | caractère [*impr.*]; lettre; graphème; *gramm.* conjonction; particule; préposition; *v. aussi 1237, 1239, 1240* |
| ~ مَطْبَعيّ، الطِباعة | caractère d'imprimerie |
| ~ النَصْب | conjonction de subordination |
| ~ العَطْف | conjonction de coordination |
| ~ الجَرّ | préposition |
| ~ الاِسْتِفْهام، القَسَم | *gramm.* particule d'interrogation, de serment |
| ~ زائِد، الزِيادة | augment [*gramm.*] |
| ~ اللِين، المَدّ | voyelle longue |
| ~ أَصْليّ، العِلّة (ا،و،ي) | *gramm.* radicale *n.f.*; lettre faible |
| ~ شَمْسيّ، قَمَريّ | *gramm.* lettre solaire, lunaire |
| رَأْس الـ~ | initiale *n.f.* |
| حَرْفًا بِـ~، بِالـ~ الواحِد | mot à/pour mot; à la lettre; littéralement; textuellement |
| **حُروف** عَرَبيّة، لاتينيّة | caractères arabes, latins |
| أُمَّهات الـ~ | matrices [*impr.*] |
| **حَرْفيّ** | littéral; textuel |
| تَرْجَمة ~ة | traduction mot à mot/littérale |
| تَقْليد ~ | imitation servile |
| حَرْفيًّا | au pied de la lettre; littéralement; textuellement |
| بِحَرْفيَّتِهِ | intégralement; in extenso; à la lettre |

| | |
|---|---|
| 1239 **حَرَفَ** ـِ حَرْفًا ه | mettre à l'envers; infléchir; renverser; retourner; diffracter (la lumière); *v. aussi 1237, 1238, 1240* |
| حَرافة | piquant *n.m.*; vivacité; acidité |
| **حَرْف** ج حِرَف | bord; bordure; rebord; rive |
| ~ جَبَل | arête d'une montagne |
| ~ سِكّين | fil/tranchant d'une lame |
| حارِف ج حَوارِف | déflecteur |
| مِحْرَف؛ مِحْراف | stylet [*méd.*] |
| حِرِّيف الطَعْم | fort/piquant (goût) |
| II **حَرَّفَ** تَحْريفًا ه | infléchir; incliner; renverser; aiguiser; falsifier; truquer; interpoler |
| ~ نَصًّا | falsifier/altérer un texte |
| ~ الحَقيقة | déguiser/farder la vérité |
| ~ مَعْنَى القانون | fausser l'esprit de la loi; faire une entorse à la loi |
| ~ الوَقائِع | déformer les faits |
| ~ أَفْكاره | travestir ses pensées |
| ~ كَلِمة، كَلام | estropier un mot; dénaturer des propos |
| **تَحْريف** | adultération; altération; corruption [*fig.*]; déformation [*fig.*]; falsification; interpolation |
| ~ الحَقيقة، الوَقائِع | travestissement de la vérité, de la réalité |
| **مُحَرَّف** | altéré; déformé; falsifié; dénaturé; interpolé; travesti (fait) |
| كَلِمة ~ة | mot estropié |

V تَحَرَّفَ تَحَرُّفًا ← VII

VII **اِنْحَرَفَ** اِنْحِرافًا — aller à la dérive; biaiser; dériver; dévier; se dévoyer; digresser; faire une digression; diverger; s'infléchir; obliquer; se diffracter

~ إلى اليَمين، اليَسار — prendre à/tourner à droite, à gauche; se rabattre sur la droite, la gauche

~ مِزاجُه — avoir un malaise/une indisposition; être indisposé

~ عَنْ — se détourner de

~ بِه عَنْ — dissuader qqn de; détourner qqn de

**اِنْحِراف** ج ات — aberration; anomalie; biais; détournement; déviation; digression; divergence; diversion; inclinaison; inflexion; gauchissement; diffraction

بِـ~ — de côté; de biais

~ عَن الاِتِّجاه الحِزْبِيّ — déviation politique; déviationnisme

~ مِهَنِيّ — déformation professionnelle

~ العَمود الفَقَرِيّ — déformation de la colonne vertébrale; scoliose

~ المِزاج، الصِحّة — malaise; indisposition; dérangement

~ الأَخْلاق — dérèglement des mœurs

~ الغَرائِز — perversité des instincts; perversion

~ أَشِعّة الشَمْس — obliquité des rayons du soleil

~ مَرْكَب، طائِرة — dérive d'un bateau, d'un avion

اِنْحِرافِيّة — déviationnisme

**مُنْحَرِف** — en biais; dévié; distordu; divergent; oblique

~ المِزاج — mal dans sa peau; mal à l'aise

~ الصِحّة — dérangé [*méd.*]; indisposé

سُلوك ~ — conduite déréglée/dissolue/perverse

خَطّ ~ — ligne oblique/divergente

~ الأَخْلاق — pervers; perverti; corrompu

~؛ شِبْه ~ ج ات — trapèze [*math.*]

1240 **حِرْفة** ج حِرَف — gagne-pain; profession; métier; carrière; *v. aussi 1237 à 1239*

**حِرَفِيّ** — professionnel *adj.*

تَأْهيلات ~ة — qualification professionnelle

حَريف ج حُرَفاء — compagnon (de métier, de plaisir)

VIII اِحْتَرَفَ اِحْتِرافًا مِهْنة — exercer un métier/une profession; faire métier/profession de

اِحْتِرافِيّة — professionnalisme

**مُحْتَرِف** ج ون — professionnel *n.m.*

ضابِط ~ — officier de carrière

لاعِب، رِياضِيّ ~ — joueur, sportif professionnel

مُحْتَرِفة (في اللَهْو) — professionnelle (du plaisir)

المُحْتَرِفون — les professionnels

مُحْتَرَف ج ات — atelier; studio

1241 **حَرَق** — sansevière

1242 **حَرَقَ** ـِ حَرْقًا ه — brûler; calciner; embraser; flamber *tr.*; incendier; incinérer

~ أَسْنانَه — grincer des dents

~ القُلوب — embraser les cœurs; exaspérer

~ أَصابِعَه — se brûler les doigts

حَرْق ج حُروق — brûlure; calcination; combustion; crémation; embrasement; incinération; flambage

**حُرْقة** — sensation de brûlure/de cuisson; *fig.* douleur; épreuve; peine; supplice; torture; tourment

~ في المَعِدة — brûlure d'estomac

بِـ~ — avec peine

حَريق ج حَرائِق — incendie; feu

حُراق — amadou

**حارِق** — brûlant; cuisant; incendiaire *n.*

جُرْح ~ — blessure cuisante

حَروق — combustible *adj.*

مَحْروق ج ات — brûlé; consumé; embrasé; combustible *adj.*, *n.m.*; incendié; incinéré

**مَحْروقات** — hydrocarbures

~ جامِدة، سائِلة — combustibles solides, liquides

**مَحْرَق** ج مَحارِق — brûleur; foyer [*phys.*]

بُعْد الـ~ — distance focale

**مَحْرَقِيّ** focal

**مَحْرَقَة** bûcher; four crématoire

**مِحْراق** ج مَحاريق ← مَحْرَق

**حَرّاقة** ج ات brûlot; frégate [*mar.*]

~ تَدْريب frégate-école

II **حَرَّقَ** تَحْريقًا أَسْنانَه grincer; grincement (dents)

~ تَحْريق جُثَّة incinérer; incinération (cadavre)

تَحاريق étiage [*égypt.*]

IV **أَحْرَقَ** إِحْراقًا ه brûler *intr.*; calciner; consumer; enflammer; mettre le feu à; incendier; incinérer; flamber *tr.*; détruire; tourmenter

~ مِصْباحًا griller une ampoule

~ غازًا، بَنْزينًا consommer du gaz, de l'essence

~ الدمُ وَجْهَه brûler les joues [*fig.*]

~ فَحْمَةَ لَيْلِه في passer ses nuits à

إِحْراق combustion; calcination; incinération

**مُحْرِق** ardent; brûlant; comburant; caustique

قَنابِل ~ة bombes incendiaires

رِمال، شَمْس ~ة sables, soleil brûlant(s)

مادّة ~ة produit caustique

مُحْرَق brûlé; calciné; incinéré

**مُحْرَقة** ج ات holocauste; sacrifié par le feu; brûlé vif

V **تَحَرَّقَ** تَحَرُّقًا ← VIII

~ شَوْقًا، رَغْبة لِـ، إلى ه être dévoré du désir de; brûler/griller de

VIII اِحْتَرَقَ اِحْتِراقًا brûler *intr.*; se consumer; flamber *intr.*; prendre feu; griller *intr.*; se calciner

لا يَحْتَرِق incombustible; ininflammable

**اِحْتِراق** combustion; conflagration

مُحَرِّك الـ~ الداخِلِيّ moteur à combustion interne

قابِل الـ~ combustible *adj.*; inflammable

مُمْتَنِع عن الـ~ ignifuge; ininflammable

جَعَلَ ه مَنيعًا مِن الـ~ ignifuger

اِحْتِراقِيّة combustibilité

1243 **حَرْقَدة** ج حَراقِد pomme d'Adam

1244 **حَرْقَفة** os iliaque; os coxal

**حَرْقَفِيّ**؛ حُفْرة ~ة iliaque; fosse iliaque

1245 **حَرْقُوة** rhino-pharynx

اِلْتِهاب الـ~ rhino-pharyngite

1246 **حَرَكَ** ـُ حَرَكَة ← V

**حارِك** garrot [*anat.*]

**حَرَكة** ج ات activité; animation; geste; trafic; mouvement; *ling.* signe orthographique; voyelle brève; désinence

~ مُنْتَظِمة، دَوَرانِيّة mouvement uniforme, giratoire

~ تَمَوُّجِيّة، تَذَبْذُبِيّة mouvement ondulatoire, oscillatoire

~ ثَقافِيّة activité/mouvement culturel(le)

~ نِقابِيّة، أَدَبِيّة activité/mouvement syndical(e), littéraire

~ إرادِيّة، اِضْطِرارِيّة mouvement volontaire, involontaire

~ اِنْعِكاسِيّة mouvement réflexe

~ سِياسِيّة، فِكْرِيّة activité politique, intellectuelle

~ مُحَرِّك régime d'un moteur

~ تِجارِيّة، سِياحِيّة activité/trafic commercial(e), touristique

~ المُسافِرين trafic des voyageurs

~ رُؤوس الأَمْوال circulation des capitaux

~ التَحَرُّر الوَطَنِيّ mouvement de libération nationale

~ السَيْر، المُرور trafic/circulation automobile

تَنْظيم الـ~ régulation du trafic

~ بَطيئة، هادِئة، مَسْرَحِيّة geste lent, calme, théâtral

خَفيف الـ~ adroit; agile; rapide; vif

ثَقيل الـ~ lent; lourd; maladroit; indolent

رِواية ذات ~ histoire mouvementée

شَديد الـ~ très animé

إنَّهُ في ~ مُسْتَمِرّة être toujours en mouvement

**حَرَكاتُه وسَكَناتُه** faits et gestes de qqn

في ~ه وسَكَناتِه — en toutes circonstances; dans tous les cas

حَرَكيّ؛ حَراكيّ — dynamique; cinétique

اِخْتِلاج ~ — *méd.* ataxie locomotrice

طاقة ~ة — énergie cinétique

حَرَكيّة — mobilité

حَرِك — alerte; mobile *adj.*; rapide; vif

مَحْرَك ج مَحارِك — trajectoire

مِحْراك ج مَحاريك — tisonnier

II **حَرَّكَ** تَحْريكًا ه — actionner; activer; agiter; bouger *tr.*; mettre en branle; fomenter; manipuler; mouvoir; secouer; stimuler; imprimer un mouvement; faire fonctionner

~ قِنّينة — agiter/secouer un flacon

~ مَنْتوجًا — écouler/mettre en circulation un produit

~ عَواطِف، مَشاعِر — attendrir; émouvoir; toucher/faire vibrer qqn

~ الشَهَوات — aiguiser les désirs

~ النَفْس، قَرائِح ه — bouleverser/toucher jusqu'au fond de l'âme

~ مَرَقًا — tourner une sauce

~ حَرْفًا — *ling.* mettre un accent sur une lettre; vocaliser; voyeller

لاَ يُحَرِّك ساكِنًا — ne pas broncher; ne pas faire un geste; rester immobile

**تَحْريك** — actionnement; mise en branle; impulsion; manipulation; fomentation; vocalisation

~ المَنْتوجات — écoulement des produits

**مُحَرِّك** ج ات — facteur; mobile *n.m.*; moteur

~ لِلْعَواطِف — attendrissant; émouvant; touchant

~ اِنْفِجاريّ، نَفّاث — moteur à explosion, à réaction

~ داخِليّ الاِحْتِراق — moteur à combustion interne

~ كَهْرَبائِيّ، بَنْزين — moteur électrique, à essence

~ ديزل، دَوّار — moteur diesel, rotatif

~ نَفّاث عَنَفيّ — turboréacteur

قُوّة، دَواليب ~ة — force, roues motrice(s)

**مُحَرِّكات** قَضيّة — ressorts d'une affaire

ثُلاثيّ الـ~ — trimoteur

رُباعيّ الـ~ — quadrimoteur

غُرْفة الـ~ — chambre des machines

V **تَحَرَّكَ** تَحَرُّكًا — s'agiter; s'ébranler; se mettre en branle/en route; bouger; évoluer; fonctionner; se mouvoir; remuer; se mettre en/se donner du mouvement; se secouer; être secoué

~ على كُرْسيِّه — bouger sur sa chaise

~ لِـ — s'émouvoir devant; être ému par

~ ت مَشاعِرُه، نَفْسُه — être ébranlé [*fig.*]/ému/remué/touché

الشَعْب **يَتَحَرَّكُ** — le peuple bouge/s'agite

لا ~ — immobile

تَحَرُّك ج ات — départ; déplacement; évolution; fonctionnement; locomotion; mouvement; secousse

**مُتَحَرِّك** — mobile; mouvant; *ling.* voyellé; vocalisé

جِسْم ~ — mobile *n.m.*

صُوَر، رُسوم ~ة — dessins animés

1247 **حَرَمَ** ـِ حِرْمًا، حِرْمانًا ه، ه — excommunier; lancer une excommunication/une exclusive contre; interdire; prohiber; déclarer illicite; tenir à distance

~ ه ه، ه مِنْ ه — dépouiller/priver qqn de; interdire qqch à qqn

~ نَفْسَهُ مِنْ — s'interdire qqch; se priver de; se refuser qqch

~ ه مِن الإِرْث — déshériter; priver qqn d'un héritage

~ ه من حَقِّه، حِصّته — dépouiller/frustrer qqn de ses droits, de sa part

**حَرُمَ** ـُ حَرَمًا — être défendu/illicite/interdit/prohibé/sacré

**حِرْمان** — misère; dénuement; dépouillement; exclusive *n.f.*; excommunication; privation

حَياة الـ~ — vie de privations

الـ~ من الحُقوق المَدَنيّة — privation des droits civiques; dégradation civique

**حَرَم** ج أَحْرام — encente *n.f.*; mur d'enceinte; lieu sacré; sanctuaire; chose interdite/inviolable/sacrée; tabou; gynécée

~ جامِعة — campus universitaire

الحَرَمانِ — les deux villes saintes (La Mecque et Médine)

**حُرْمة** ج حُرَم، حُرُمات pudeur; inviolabilité; chose sacrée; sainteté

~ (الرَجُل) épouse; femme

~ القانون le caractère sacré/inviolable de la loi

**هَتْك**، اِنْتِهاك ~ attentat/outrage à la pudeur

**هَتْك** ~ المَنْزِل violation de domicile

**حَرام** ج حُرُم illégal; illicite; interdit; défendu; prohibé; inviolable; sacré; sacro-saint [*iron.*]; saint; tabou *adj.*

اِبْن ~ enfant illégitime; bâtard

البَلَد الـ~ la ville sainte (La Mecque)

المَسْجِد الـ~ la mosquée sacrée (dans laquelle se trouve la Ka'ba)

البَيْت الـ~ la Ka'ba

~ عَلَيْك c'est mal de ta part! ce n'est pas chic [*fam.*]! c'est un péché! ne fais pas cela!

أراضٍ، مِنْطَقة ~ no man's land; terrain neutre

الأَشْهُر الحُرُم les mois sacrés [*isl.*] («*dū l-qa'da*»; «*dū l-ḥijja*»; «*l-muḥarram*»; «*rajab*»)

حَرامِيّ ج حَرامِيّة bandit; coquin; vaurien; bâtard *n.m.*

حَرِيم ج حُرُم harem; sérail; gynécée; l'ensemble des femmes de la famille

**مَحْروم** défendu; dépouillé; déshérité; frustré; excommunié; vénérable; respectable

~ مِن privé de; dépourvu de

حِرام ج ات، أَحْرِمة couverture

مَحْرَم ج مَحارِم sacro-saint [*iron.*]; tabou *adj.*; inviolable

مَحْرَمة ج مَحارِم mouchoir

II **حَرَّمَ** تَحْرِيمًا interdire; défendre; prohiber; déclarer illicite; prononcer un interdit

~ تَحْرِيمًا قاطِعًا interdire formellement

~ كِتابًا mettre un livre à l'index

~ بَيْعَ الخَمْر prohiber la vente de l'alcool

**تَحْرِيم** interdiction; interdit *n.m.*; prohibition; défense

~ كِتاب mise à l'index d'un livre

قانون ~ الخَمْر prohibition de l'alcool

تَحْرِيمِيّ prohibitif

تَحْرِيمِيّة prohibitionnisme

**مُحَرَّم** interdit; inviolable; prohibé; sacré; *isl. premier mois de l'année musulmane: «muḥarram»*

مِنْطَقة ~ة zone interdite; no man's land

كَلِمة ~ة mot tabou

IV أَحْرَمَ إِحْرامًا ه، ه excommunier; prononcer l'anathème contre; déclarer illicite; entrer dans une zone tabou/sacrée; être en état de consécration rituelle

إِحْرام *isl. vêtement propre au pèlerin à La Mecque: «iḥrām»;* état de consécration rituelle

VIII اِحْتَرَمَ اِحْتِرامًا ه estimer; honorer; respecter; révérer; vénérer

**اِحْتِرام** respect; considération; déférence; révérence; vénération; estime

في ~؛ اِحْتِرامًا respectueusement; par respect

تَمَتَّعَ بِـ~ الشَعْب jouir de la considération populaire

تَحِيّات، عَواطِف الـ~ salutations, sentiments respectueux(euses)

وَلَد قَلِيل الـ~ enfant irrespectueux

عَدَم ~ التَعَهُّدات inobservation des engagements

جَدارة الـ~ respectabilité

جَدِير بالـ~ respectable; qui mérite le respect

**اِحْتِرامات** devoirs; hommages; respects; sentiments respectueux

قَدَّمَ ~ه présenter ses devoirs/ses hommages

**اِحْتِرامِيّ** respectueux/déférent (attitude, parole)

كَلام غَيْر ~ propos irrespectueux

مُحْتَرِم déférent/respectueux (personne)

**مُحْتَرَم** honorable; recommandable; respectable; respecté; révérend; vénéré; vénérable

شَخْص ~ une personne bien/comme il faut

X اِسْتَحْرَمَ ه considérer comme sacré/tabou; être en chaleur/en rut (femelle)

اِسْتِحْرام rut

1248 **حَرْمَل** rue [*bot.*]

1249 **حَرَنَ** ـُ حِرانًا se dérober/s'arrêter net (monture); s'entêter; s'obstiner

حِران — dérobade; indocilité; entêtement; obstination

حَرون ج حُرُن — cabochard [*fam.*]; entêté; indocile; obstiné; réfractaire; rétif (animal); récalcitrant

**1250 حَرْوة** — irritation/picotement de la gorge; odeur aigre

**1251 حَرَى** ـِ حَرْيًا أنْ — il se peut/il est possible que

**حَرًى**، حَرًا ج أَحْراء — bruit (du vent); murmure (des arbres)

~ أنْ — *v. le suivant*

**حَرِيّ** ج ون، أَحْرِياء — adéquat; approprié; apte à; qui convient; propre à; digne de; qui mérite de

~ بالتَصْديق، بالذِكْر — crédible; remarquable

~ بأنْ يُهْتَمّ بِه — il mérite qu'on s'occupe de lui

أوْ بالـ~ — ou plutôt; ou plus exactement

حَرِيّة ج ات، حَرايا (← حَرِيّ) — *f. du précéd.*

**أَحْرَى** — plus digne de/propre à

كانَ بِالـ~ أنْ — il aurait été/ce serait plus juste/plus convenable/mieux de

بِالـ~ — d'autant plus; à fortiori; à plus forte raison; ou plutôt; ou mieux

IV **أَحْرَى** إحْراءً ه — rendre digne de

ما ~هُ بِـ ه — comme il est digne de

V **تَحَرَّى** تَحَرِّيًا ه، في، عن ه — faire exprès de; choisir; trier; s'enquérir; enquêter; rechercher; faire des recherches sur

~ مَيْدانًا جَديدًا — explorer un domaine nouveau

**تَحَرٍّ** ج تَحَرِّيات — enquête; investigation; recherche

شُرْطة، مَصْلحة الـ~ — police, service secret(ète)

تَحَرِّيات الشُرْطة — enquêtes/investigations policières

**1252 حَزَّ** ـُ حَزًّا — entailler; inciser; faire une encoche; cocher; meurtrir

~ في القَلْب، الفُؤاد — crever/transpercer le cœur [*fig.*]; plonger un poignard dans le cœur [*fig.*]

حَزّ، حَزّة ج حُزوز — coche *n.f.*; encoche; entaille; incision; onglet; strie; rainure; moment; le bon moment

**حَزاز**، حَزازة ج ات — pellicules (du cuir chevelu); crève-cœur; rancœur

~ الشَجَر، الصُخور — lichen; mousse [*bot.*]

**مَحَزّ** ج مَحازّ — encoche; entaille

أصابَ الـ~ — tomber juste; mettre le doigt dessus; mettre dans le mille

II حَزَّزَ تَحْزيزًا — strier; denteler

تَحْزيز — dentelure; crénelure

مُحَزَّز — crénelé; dentelé; strié

VIII اِحْتَزَّ ← حَزَّ

**1253 حَزَبَ** ـُ حَزْبًا ه — arriver à qqn; avoir lieu; survenir; être pénible à qqn; tourmenter

**حِزْب** ج أَحْزاب — bande; clan; faction; groupe; parti; section; *isl.* soixantième partie du Coran

الـ~ الحاكِم — le parti au pouvoir

**حِزْبيّ** — factieux; partisan *adj.*; sectaire

أغْراض ~ة — visées sectaires

مُنازَعات ~ة — rivalités partisanes

عَصَبيّة، رُوح ~ة — esprit de faction/de parti/de clan

~ ج ون — membre du parti

حِزْبيّة — sectarisme; partialité; esprit de parti

III حازَبَ حِزابًا، مُحازَبة ه ← V

V تَحَزَّبَ تَحَزُّبًا مَعَ، لِـ — faire cause commune avec; se ranger du côté de; avoir partie liée avec; prendre parti pour/le parti de

تَحَزُّب — sectarisme; esprit de parti

**مُتَحَزِّب** — sectaire; partisan; partial

~ لِلْمَلَكيّة — monarchiste; partisan de la monarchie

~ لِلْجُمْهوريّة — républicain; partisan de la république

**1254 حَزَرَ** ـُ حَزْرًا — deviner; estimer; évaluer; conjecturer; mesurer

حَزْر، مَحْزَرة — conjecture; estimation; évaluation

حَزيران — *v. ordre alphab.*

**1255 حَزَقَ** ـِ حَزْقًا — péter [*fam.*]

حُزاق — pet [*pop.*]

**1256** **حَزَقَ** - حَزْقًا boulonner; serrer (un boulon); faire un garrot; garrotter

**حَزْق** boulonnage; serrage (d'écrou)

**حَزْقَة**، مِحْزَقَة ج مَحازِف boulon; écrou

~ مُجَنَّحة، فَراشِيّة écrou papillon

**1257** **حَزَمَ** - حَزْمًا emballer; empaqueter; faire un ballot/un paquet; lier; ficeler

~ السَنابِل mettre en gerbes (céréales)

~ حِصانًا sangler un cheval

~ الحَشِيش، القَشّ botteler le foin, la paille

~ مَتاعَهُ faire ses malles/ses bagages

~ أَمْرَهُ prendre son courage à deux mains

~ رَأْيَهُ se décider après mûre réflexion; prendre une ferme résolution

حَزُمَ - حَزامة être déterminé/ferme (dans ses décisions)/résolu

**حَزْم** bottelage; emballage; empaquetage; caractère (ferme, résolu); conduite (ferme, sage); détermination; énergie; fermeté; résolution

بِـ~ carrément; fermement; avec décision/détermination

حَزْمِيّة dogmatisme

**حُزْمة** ج حُزَم، حُزَمات ballot; botte (foin, paille); brassée; colis; fagot; gerbe; paquet

~ الرَمْي، ضَوْئِيّة faisceau de tir, lumineux

~ حَطَب، حَشِيش fagot de bois; botte de foin

~ أَمْتِعة ballot de marchandises

~ مَفاتِيح trousseau de clefs

~ قَمْح، أَزْهار gerbe de blé, de fleurs

**حِزام** ج أَحْزِمة، حُزُم courroie; ceinture; bande; bandage; cordelière; sangle

~ ناقِل tapis roulant

~ فُتاق bandage herniaire; ceinture orthopédique

شَدَّ الـ~ serrer sa ceinture

~ الإِنْقاذ، النَجاة ceinture de sauvetage

~ الأَمان ceinture de sécurité

**حازِم** décidé; ferme *adj.*; énergique; résolu; à poigne

إِرادة ~ة volonté arrêtée

طَبْع ~ caractère énergique/résolu

حَزِيم *même sens*

حَزّامة botteleuse; lieuse

IV أَحْزَمَ إِحْزامًا ه sangler (un cheval); s'occuper de qqch

V تَحَزَّمَ تَحَزُّمًا ← VIII

VIII اِحْتَزَمَ اِحْتِزامًا بِـ ه se ceindre de; être sanglé

**1258** **حَزِنَ** - حُزْنًا، حَزَنًا لِـ، عَلى ه s'attrister; s'affliger; être triste (à cause de); déplorer

**حُزْن** ج أَحْزان affliction; peine; tristesse

اِبْيَضَّتْ عَيْناه من الـ~ avoir la mort dans l'âme

**حَزِن**، حَزِين ج حُزَناء، حِزان triste; affligé; plaintif; dans la peine

أَفْكار ~ة humeur/idées noire(s)/morose(s)

حَزْنان très affligé/triste

حَزائِنِيّ funèbre; lugubre; de deuil

مَحْزُون attristé; peiné; affligé

IV أَحْزَنَ إِحْزانًا ه affliger; attrister; peiner; faire de la peine à

**مُحْزِن** affligeant; attristant; mélancolique; lugubre; morose; funèbre; tragique

رِواية ~ة tragédie [*théâtr.*]

نَبَأ ~ nouvelle fâcheuse/tragique

مَظْهَر ~ air malheureux/lugubre

**1259** **حَزِيران** juin [*calendrier syriaque*]

**1260** **حَسَّ** - حَسًّا ه sentir; percevoir; être sensible à; *v. aussi 1261*

~ - حِسًّا لِـ ه être attendri/touché par; éprouver de la compassion pour

**حِسّ** sensation; sentiment; perception

~ الوَاجِب sentiment du devoir; conscience professionnelle

~ فَنِّيّ sens artistique

~ عَمَلِيّ، خُلُقِيّ sens pratique, moral

**حِسّيّ** sensible; tangible; concret; perceptible sensoriel

دَليل ~ preuve palpable/tangible

حِسّيّات sensations; les choses concrètes

**حاسّة** ج حَواسّ sens; sensation

~ النَقْد sens critique

**حَواسّ خَمْس** cinq sens

اِسْتَعادَ، اِسْتَرْجَعَ ~هُ reprendre ses sens/connaissance

ما يُدْرَكُ بِالـ~ ce qui tombe sous le sens; perceptible par les sens

تَدْريب الـ~ éducation sensorielle

حاسّيّ، حَواسّيّ sensoriel

حاسّيّة sensualité

حَساسيّة ← حَسّاسيّة

**مَحْسوس** sensible; tangible; perceptible; remarquable; concret; clair; évident

دَليل ~ preuve concrète/palpable/matérielle

غَيْر ~ imperceptible; insensible

حَرَكات غَيْر ~ة mouvements imperceptibles

بِصورة ~ة de manière sensible; sensiblement

المَحْسوسات le monde sensible

**حَسّاس** délicat; difficile; douillet; impressionnable; sensible; susceptible

عِرْق، وَتَر ~ point, corde sensible

نَفْس، صَديق، أُذُن ~(ة) âme, ami, oreille délicat(e)

مَوْضوع ~ sujet délicat/difficile

مَكان ~ endroit/position difficile

نُقْطة، مَرْكَز ~(ة) point, centre névralgique

حَسّاسة sensitive *n.f.* [*bot.*]

حَسّاسيّ allergique

**حَسّاسيّة** délicatesse; impressionnabilité; sensibilité; susceptibilité; tact; *méd.* allergie

~ شُعور délicatesse d'un sentiment

~ جِهاز sensibilité d'un appareil

~ مُرْهَفة sensibilité affinée

II **حَسَّسَ** تَحْسيسًا ه sensibiliser

~ الرَأْي العامّ sensibiliser l'opinion publique

تَحْسيس sensibilisation

مُحَسِّس sensibilisateur [*phot.*]

IV **أَحَسَّ** إِحْساسًا ه، بِـ ه deviner; éprouver; percevoir; ressentir; sentir

~ بِالخَطَر، بِالجوع sentir le danger; avoir faim

~ بِأَثَر ه se ressentir de

~ بِلَذّة، بِتَحَسُّن trouver du plaisir, une amélioration

~ بِقُشَعْريرة avoir un/être pris de frisson

~ه دَخيلًا se sentir étranger

~ كَأَنَّهُ avoir l'impression/le sentiment que

~ بِحَلْقِهِ قَدْ تَقَلَّص sentir sa gorge se serrer

**إِحْساس** ج ات، أَحاسيس perception; sensation; sentiment; sensibilité

ذو ~ رَقيق، رَقيق الـ~ d'une grande sensibilité

شَديد الـ~ hypersensible

~ بِالمَسْؤوليّة sentiment de responsabilité

قِلّة الـ~ insensibilité

إِحْساسيّة sensibilité; susceptibilité

V **تَحَسَّسَ** تَحَسُّسًا ه tâter; palper; chercher à sentir/à percevoir

~ طَريقَه في الظُلْمة tâtonner dans l'obscurité; avancer à tâtons

~ مِنْ خَبَر s'assurer d'une nouvelle

1261 **حَسَّ** ـُ حَسًّا (حِصانًا) étriller/panser un cheval; *v. aussi 1260*

~ الزَرْعَ anéantir/détruire les récoltes (vent, sauterelles)

حَسّ pansage

مِحَسّة étrille (à chevaux)

1262 **حَسِبَ** ـَ حُسْبانًا ه، أَنْ se figurer; considérer; croire; imaginer; s'imaginer; avoir l'impression; penser

~ ه ه prendre/tenir qqn pour

~ نَفْسَه ه se croire; se prendre pour

**حَسَبَ** ـُ حَسْبًا، حِسابًا calculer; compter

~ حِسابًا لِـ — tenir compte de; faire cas de; compter avec; attribuer de l'importance à; prendre en considération

ما ~ حِسابًا لِـ — ne pas tenir compte de; ne pas faire cas de

~ حِسابَ الأَشْياء — faire la part des choses

**يُحْسَبُ** — calculable; évaluable

قُوَّة ~ لَها حِساب — une force avec laquelle il faut compter

لا ~ لَهُ حِساب — ne compter pour rien

**حَسَب** ج أَحْساب — mesure; quantité; distinction; illustration [v.x.]; mérite personnel; noblesse; valeur; vertu

بِـ، على ~ — selon; suivant; au fur et à mesure de

بِـ، على ~ الظُروف — selon les/au gré des circonstances

حَسَبَ ← حَسْبَ

**حَسْبُ**، ~نا أَنْ — il nous suffit de; qu'il nous suffise de

~كَ أَنْ — cela vous suffit; pour peu que vous

~كَ فِرَنك — pour vous, ce ne sera/ça ne fera qu'un franc; il vous suffira d'un franc

~نا كَلامًا — assez parlé

**فَحَسْبُ** — rien que; exclusivement; seulement

لا (...) فَـ~، بَلْ — non seulement ..., mais encore

**حَسْبَ**، ~ما — selon; à proportion de; selon/suivant que

~ الأُصول — dûment; dans/selon les règles; en bonne règle

~ما اتَّفَقَ — n'importe comment

~ رَغْبَتِهِ — à son gré; comme il l'entend/le désire

~ أَقْواله — à ce qu'il dit/qu'il prétend; à l'entendre

~ أَهَمِّيَّة — par ordre d'importance

**حِسْبَة** — calcul; compte; fonction du «*muḥtasib*»

**حِساب** ج ات — compte; calcul

~ غَرْبيّ، شَرْقيّ — calendrier grégorien, julien

~ جارٍ، مَوْقوف — compte courant, bloqué

يَوْم الـ~ — jour du Jugement dernier

قائِمة الـ~ — note/addition (au restaurant)

دَفَعَ، سَدَّدَ قائِمة الـ~ — payer/régler l'addition

قَدَّمَ ~ًا عَنْ أَعْمالِهِ — rendre compte de ses activités

دَخَلَ، أَدْخَلَ في الـ~ — entrer, faire entrer en ligne de compte

~ الأَرْباح والخَسائِر — compte de profits et pertes

~ خِتاميّ، نِهائيّ — bilan

عِلْم الـ~ — arithmétique *n.f.*; calcul

ضَعيف في، غَلَط في الـ~ — faible en, erreur de calcul

~ عَقْليّ، الاِحْتِمالات — calcul mental, des probabilités

~ التَكامُل، التَفاضُل — calcul intégral, différentiel

~ الكَمِّيّات، الأَشِعَّة المُوَجَّهة — calcul vectoriel

~ اللّانِهائيّ الصِغَر — calcul infinitésimal

~ المُثَلَّثات — trigonométrie

بِـ~ ه — à raison de

لِـ~ ه — à l'avantage/pour le compte/au profit de

على ~ ه — aux dépens/au détriment/au préjudice de

على ~ مَصالِح الغَيْر — aux dépens des autres

مِنْ غَيْر، بِلا، بِدُون ~ — à l'aveuglette; sans compter

**حِسابات** — comptabilité; écritures *n.f.pl.*; comptes

رَئيس الـ~ — chef comptable

الـ~ الدُولارِيّة الأُوروبِّيّة — les comptes eurodollars

**حِسابيّ** — arithmétique *adj.*

ميزان، عَمَلِيّة ~(ة) — preuve, calcul/opération arithmétique

**حُسْبان** — conjecture; opinion

كانَ في الـ~ — entrer en ligne de compte; prendre en considération; être attendu/prévisible

لَيْسَ في الـ~ — imprévisible; imprévu; inattendu

إنْ لَمْ يَحْدُثْ ما لَيس في ~ — sauf imprévu

**حاسِب** ج حَسَبَة — actuaire; calculateur

~، حاسِبة إلِكْترونِيّة — calculatrice électronique

آلة، مِسْطَرة ~ة — machine à calculer; règle à calcul

**مَحْسوب** ج مَحاسيب — calculé; compté; protégé; patronné; favorisé

**مَحْسوبِيّة** — favoritisme; patronage; obédience

~ الأَقارِب — népotisme

III حاسَبَ مُحاسَبة ه — faire les comptes avec; demander des comptes à

~ نَفْسَهُ — faire son examen de conscience; faire un retour sur soi-même

**مُحاسَبة** — comptabilité

~ مُفْرَدة، مُزْدَوِجة القَيْد — comptabilité simple, double

~ النَفْس — examen de conscience

ديوان المُحاسَبات — Cour des comptes

**مُحاسَبيّ** — comptable *adj.*

مَرْكَز، عَمَلِيّات ~ة — position, opérations comptable(s)

**مُحاسِب** ج ون — comptable *n.m.*

خَبير، رَئيس ~ — expert-, chef comptable

V تَحَسَّبَ تَحَسُّبًا لِـ ه — prévoir; pourvoir à; être prévoyant/prudent; prendre des précautions

**تَحَسُّب** ج ات — précaution; prévision; prévoyance

~ًا لِلْمُسْتَقْبَل — en prévision de l'avenir

تَحَسُّبيّ — prévisionnel

مُتَحَسِّب — circonspect; prévoyant

VIII **اِحْتَسَبَ** اِحْتِسابًا ه، بِـ ه — prendre en considération; faire entrer en ligne de compte; supputer; estimer

~ بِـ ه — être content/satisfait de; se suffire de

~ ه على ه — attribuer/imputer qqch à; rejeter qqch sur

~ الأَسْعار — contrôler les prix

~ المَكاييل والمَوازين — inspecter les poids et mesures

**اِحْتِساب** — estimation; calcul, évaluation; imputation

~ًا لِوَجْهِ اللّه — pour l'amour de Dieu; «gratis pro Deo»

**مُحْتَسِب** — contrôleur des prix; inspecteur des marchés; «*muḥtasib*»

**مُحْتَسَب** — méritoire

**1263** **حَسَدَ** ـُ حَسَدًا ه — envier qqn; jalouser; porter envie à

~ حُسُودًا ه ه، على ه — envier/jalouser à cause de

**يُحْسَد** — enviable; envié

رَجُل جَدير بِأَنْ ~ — homme envié

مَوْقِف ~ عَلَيْه — situation enviable

**حَسَد** — jalousie; envie

أَلْقَى نَظْرة ~ — jeter un regard d'envie

تَأْكُلُه الـ~ — être dévoré par la jalousie

حاسِد ج حُسّاد — jaloux; envieux

**حَسود** ج حُسُد — *même sens*

الـ~ لا يَسود — *prov.* l'envieux ne fait pas le maître

عَيْن الـ~ تُبْلَى بِالعَمَى — *prov.* on est puni par où on a péché

مَحْسود — envié; jalousé

VI تَحاسَدَ تَحاسُدًا — se jalouser; s'envier

**1264** **حَسَرَ** ـُ حُسُورًا — être affaibli/faible/fatigué; avoir la vue fatiguée; être myope; *v. aussi 1265, 1266*

حُسور؛ حَسَر — fatigue; lassitude; fatigue de la vue; myopie

أَحْسَر م حَسْراء ج حُسْر — myope

**حَسِر؛** حَسير ج حَسْرَى — fatigué; las; débile

~ البَصَر ← أَحْسَر

**1265** **حَسِرَ** ـَ حَسَرًا عَلى ه — soupirer de regret sur/à propos de; déplorer; être consterné par; regretter; *v. aussi 1264, 1266*

**حَسْرة** ج حَسَرات — consternation; déception; soupir (de déception, de regret); regret; tristesse; malheur

تَأَمَّلَ ه، ه بِـ ~ — contempler avec consternation

يا لَلْـ~؛ يا حَسْرَتي؛ واحَسْرَتاهْ — c'est consternant/déplorable/malheureux/triste; hélas! quel malheur!

حَسْران — consterné; déçu; désolé; malheureux; triste

V تَحَسَّرَ تَحَسُّرًا على ه، ه ← حَسِرَ

تَحَسُّر ← حَسْرة

**1266** **حَسَرَ** ـِ حَسْرًا عَنْ ه — découvrir; ôter; dépouiller; mettre à nu; *v. aussi 1264, 1265*

~ عَنْ رَأْسِه — se découvrir

**حاسِر** ج حُسَّر — dénudé; dépouillé

~ الرَّأْس — nu-tête

~ ج حَواسِر — femme qui a le visage et les bras nus

II حَسَّرَ تَحْسِيرًا — muer (oiseau); perdre ses plumes

تَحْسِير — mue

VII اِنْحَسَرَ اِنْحِسارًا عَنْ — découvrir en se retirant (eau); se retirer; refluer; reculer; se replier

**اِنْحِسار** — retrait; reflux; repli

~ الثُلوج، المِياه — dégel; décrue

الـ~ الاِقْتِصاديّ — récession économique

مُنْحَسِر — dégagé; en baisse; en récession

**1267 حَسَك** — chevaux de frise; fil de fer barbelé

حَسَكَة ج ات، حَسَك — arête de poisson; épine; barbe [*bot.*]; chandelier; candélabre; flambeau; *mar.* périssoire

**حَسَكِيّ** — épineux; piquant

عَمود ~ — épine dorsale

**1268 حَسَمَ** ـِ حَسْمًا ه — couper; déduire; défalquer; escompter; retrancher; trancher

~ عَن، في الثَمَن — rabattre sur le prix; faire une remise (de prix)

~ مَسْأَلة — prendre une décision/statuer sur une question; conclure/régler une question

~ الخِلاف، النِزاع — trancher un différend, un litige

~ مَوْقِفًا بِسُرْعة — trancher dans le vif; couper court

~ لِـ ه المَوْقِف — forcer la main à qqn

**حَسْم** — conclusion; règlement; *comm.* défalcation; déduction; escompte; rabais; remise; réduction; retenue

~ النَفَقات المِهَنِيّة — déduction des frais professionnels

حَسْمًا لِلْخِلاف، لِلنِزاع — pour couper court à toute discussion

حُسام — épée/sabre tranchant(e); fil (d'une épée)

**حاسِم** — décisif; définitif

نَصْر ~ — victoire définitive/décisive

تَدْبير، تَجْرِبة ~ة — mesure radicale; épreuve cruciale

لَهْجة ~ة — ton bref/tranchant/péremptoire

طَوْر، مَرْحَلة ~(ة) — phase critique

بُرْهان ~ — argument concluant/décisif/probant

آراء ~ة — idées magistrales [*fig.*]

اليَوْم، الساعة الـ~(ة) — le jour J; l'heure H

الضَرْبة الـ~ة — balle de match

مَحْسوم — retenue sur le traitement

VII اِنْحَسَمَ اِنْحِسامًا — être coupé/déduit/retranché

**1269** (حسن) **حَسّون** ج حَساسين — chardonneret

**1270 حَسُنَ** ـُ حُسْنًا — être beau/bon/bien

~ أَنْ — (il est) bon/bien que; convenir

~ بِهِ أَنْ — faire bien de; il lui appartient de

يَحْسُن بِنا أَنْ — nous ferons/ferions bien de

**حُسْن** — beauté; bonté; excellence; qualité

~ سُلوك، سِيرة — bonne conduite; bonnes mœurs; vie/conduite irréprochable

~ تَدْبير — habileté; savoir-faire; doigté

~ الظَنّ — bonne opinion; jugement favorable

~ نِيّة، قَصْد — bonne foi; bonne volonté

~ الحَظّ — chance; bonne fortune; veine [*fam.*]

لِـ~ الحَظّ — par chance; par bonheur

سِتّ الـ~ — belladone

**حَسَن** ج حِسان — beau; bon; bien *adj. inv.*; excellent

~ التَكْوين، البِنْية — bien fait de sa personne

~ الحَظّ — chanceux; veinard [*fam.*]

حَمَلَ ه على مَحْمَل ~ — prendre bien; prendre en bonne part

~ التَصْميم — qui a une belle ligne/élégante (voiture)

مِنْ ~ إلى أَحْسَن — de mieux en mieux

حَسَنًا — bien *adv.*; bon *adv.*; fort/très bien; à la bonne heure

حَسَنة ج ات — aumône; bonne action/œuvre; bienfait; qualité; mérite; œuvre pie [*l.sout.*]

**حَسَنات** — avantages; qualités; mérites

لِذٰلِكَ ~ه — avoir le mérite de; avoir du bon

مِنْ ~ هذا الحَلّ أن — cette solution a, entre autres, le mérite de

**أَحْسَن** م حُسْنَى ج أَحاسِن — meilleur; mieux; préférable

~ ما يَسْتَطيع، ما يُمْكِن — du mieux qu'il peut; on ne peut mieux; au mieux

بِالّتي هي ~ ← حُسْنَى : بِالحُسْنَى

صارَ ~ حالًا — aller mieux

في ~ الاِحْتِمالات — en mettant les choses au mieux; dans le meilleur des cas

وَهَلْ ثَمَّةَ ما هو ~ — qu'y a-t-il/quoi de mieux?

**حُسْنَى** ج حُسْنَيات — bonne action; bienfait; vertu

أَخَذَ بِالـ~ — prendre par la douceur; traiter avec ménagement

الأَسْماء الـ~ — les 99 plus beaux noms de Dieu

حَسْناء ج حِسان — belle/jolie femme; une beauté

مَحاسِن (جمع مَحْسَنة) — avantages; bonnes actions; attraits; beautés; charmes; mérites; qualités

II **حَسَّنَ** تَحْسِينًا ه — améliorer; amender; embellir; enjoliver; orner; perfectionner

~ تُرْبة — mettre en valeur/amender/bonifier une terre/un sol

~ ه — présenter qqch sous un jour favorable

**تَحْسِين** ج ات — amélioration; amendement; bonification; embellissement; perfectionnement

~ نَسْل الأَبْقار — l'amélioration de la race bovine

~ وَضْع المَرْأة — l'amélioration de la condition féminine

تَحْسِينيّ — mélioratif

IV **أَحْسَنَ** إِحْسانًا ه — faire bien/savoir faire qqch; réussir

ما ~ه — que c'est beau/bon/bien!

~ الرَّقْص، القِراءة، الكِتابة — savoir danser, lire, écrire

~ التَصَرُّف — bien se conduire; bien mener sa barque

~ مُعامَلة ه — bien traiter qqn

~ مَشُورَتَه — donner de bons conseils

~ صُنْعَ ه — bien faire qqch; réussir qqch

~ صُنْعًا بِـ — bien faire de; avoir raison de

~ بِـ ه أَنْ — il vaut mieux que; faire mieux de

~ بِـ، إلى ه — faire du bien à; être bienfaisant pour; faire la charité à

~ الظَّنّ في، بِـ ه — prendre en bonne part; avoir bonne opinion de; penser du bien de

أَحْسَنْتَ — bravo! bien dit! bien joué!

إِحْسان — bienfaisance; bienfait; charité; philanthropie

إِحْسانيّ — philanthropique

مُحْسِن ج ون — bienfaiteur; bienfaisant; charitable; bon; philanthrope

V **تَحَسَّنَ** تَحَسُّنًا — aller mieux; s'amender; s'améliorer; embellir *intr.*; avoir/prendre meilleure tournure; se perfectionner

~ مَجْرَى المُفاوَضات — les négociations ont pris meilleure tournure/un meilleur tour

**تَحَسُّن** — amélioration

~ الوَضْع، الحالة — mieux-être

X اِسْتَحْسَنَ اِسْتِحْسانًا ه — approuver; applaudir à; trouver bon; voir d'un bon œil

إنْ اِسْتَحْسَنْتَ ذلك — si bon vous semble

يُسْتَحْسَنُ أن — il est bon de

**اِسْتِحْسان** — accord; approbation; consentement

إشارة دالّة على الـ~ — signe approbateur

مُسْتَحْسَن — agréable; plaisant; approuvé; préférable

**1271** **حَسا** ـُ حَسْوًا ه — boire (oiseau); absorber (un liquide) à petites gorgées

حَساء ج أَحْسِية — soupe; bouillon; potage

حُسْوة ج حُسَوات — petite gorgée; goutte; goulée

VIII اِحْتَسَى اِحْتِساء ه — humer [*lit.*]; absorber un liquide; avaler

**1272** **حَشَّ** ـُ حَشًّا ه — faucher (l'herbe); tondre (une pelouse)

حُشاشة الروح — reste/dernier souffle de vie

حاشّ ج حُشّاش — faucheur (personne)

مَحْشُوش — fauché/tondu (herbe, pré)

حَشيش ج حَشائش — *coll.* foin; fourrage; herbe sèche; hachisch; cannabis; marijuana

**حَشيشة** — *n. un.* herbe; plante

~ طِبِّيَّة — plante médicinale; simple *n.m.*
~ مُضِرَّة — mauvaise herbe
~ الجُروح، البَحْر — vulnéraire [*bot.*]; algue
~ الدُود، الشِفاء — herbe aux vers; tanaisie
~ الدينار، القَزاز — houblon; pariétaire
~ النجْم، اللَبَن — stellaire [*bot.*]; polygala
~ البَراغيث — herbe aux puces
حَشّاش ج ون — fourrageur; vendeur/fumeur de hachisch
مِحَشّ؛ مِحَشّة — faucille; faux; faucheuse
مَحَشّ ج مَحاشّ — grange à foin
مَحْشَشة ج مَحاشِش — fumerie (de hachisch)
VIII اِحْتَشّ اِحْتِشاشًا مَرْجًا ← حَشّ

**1273 حَشَدَ ِ حَشْدًا ه، ه** — amassser; masser; concentrer; mobiliser; rallier; rassembler; réunir; regrouper
~ الجُنود — concentrer/masser les troupes
~ الأُمَم — coaliser les nations
**حَشْد** ج حُشود — foule; presse [*litt.*]; multitude
~ مِنْ — une foule/une tapée [*fam.*] de
~ من الناس — affluence de personnes
**حُشود** عَسْكَرِيّة — concentrations militaires
~ مِن الأَشْياء — des masses de choses
**حَشِد** — nombreux; important
عَيْن ~ ة — source intarissable
**حاشِد** ج حُشُد — empressé; prompt; disponible [*fig.*]
مَوْكِب ~ — cortège imposant
**حاشِدة** ج حَواشِد كَهْرَبائيّة — *électr.* batterie; pile
~ مِرْكَم — batterie d'accumulateurs
II حَشَّدَ تَحْشيدًا ه ← حَشَدَ
V تَحَشَّدَ تَحَشُّدًا ← VIII
VIII اِحْتَشَدَ اِحْتِشادًا — s'amasser; se concentrer; se coaliser; se grouper; se masser; se rallier; se réunir; se rassembler; se regrouper

**اِحْتِشاد** المُتَظاهِرين — rassemblement des manifestants
~ الجُنود — concentration de troupes
مَرْكَز ~ — point de ralliement

**1274 حَشَرَ ُ حَشْرًا ه** — rassembler; réunir
~ نَفْسَهُ — rassembler ses esprits
~ أَنْفَه في — se mêler de (ce qui ne nous regarde pas)
~ ه على ه — acculer/forcer/contraindre à
حُشِرَ في — être embrigadé; se laisser embrigader
**حَشْر** — rassemblement; réunion; troupe nombreuse; multitude
يَوْم الـ ~ — jour de la résurrection des morts; jour du Jugement dernier
مَحْشَر ج مَحاشِر — lieu de rassemblement
V تَحَشَّرَ في — s'immiscer dans; se mêler de

**1275 حَشَرة** ج ات، حَشَر — insecte; bestiole
مُكافَحة **الحَشَرات** — la lutte contre les insectes
مُبيد لِلْـ ~ — insecticide
عِلْم، عالِم الـ ~ — entomologie; entomologiste
حَشَرِيّات — insectivores *n.m.pl.*

**1276 حَشْرَجَ** عِنْد المَوْت — râler (mourant)
**حَشْرَجة**؛ ~ المَوْت — râle (respiration); râle de l'agonie

**1277 حَشْفة** ج حِشاف — écueil; récif
حَشَفة — gland [*anat.*]

**1278 حَشَمَ ُ حَشْمًا ه** — fâcher; gêner; faire rougir
**حِشْمة** — décence; modestie; pudeur; réserve; timidité
ما بَيْني وبَيْنَكَ ~ — pas de façons/de cérémonie entre nous
بِلا ~ — sans vergogne; sans façon; sans cérémonie
اِفْتَقَرَ إلى ~ — manquer de réserve
قِلّة، عَدَم الـ ~ — immodestie; indécence
**حَشَم** — entourage; suite; suivants [*litt.*]; serviteurs
الخَدَم والـ ~ — domesticité nombreuse

حَشِيم ج حُشَماء — décent; modeste; timide; pudique

VIII اِحْتَشَمَ اِحْتِشامًا — être intimidé/timide; avoir honte/de la pudeur

اِحْتِشام — modestie; convenances; décence; pudeur; pudicité; retenue

تَكَلَّمَ بِـ ~ — parler avec retenue

نَظْرة ~ — regard décent/pudique

فَقَدَ كُلَّ ~ — perdre toute décence/retenue/réserve

قِلّة، عَدَم ~ — immodestie; impudeur; indécence

مُحْتَشِم — pudique; timide; réservé; modeste; décent

غَيْر ~ — immodeste

لِباس، هَيْئة ~(ة) — toilette, allure discrète/décente/modeste

**1279 حَشا** ـُ حَشْوًا — bourrer; farcir; insérer; remplir; rembourrer; truffer; *v. aussi 1280*

~ غَلْيونَهُ، حَقيبَتَهُ — bourrer sa pipe, sa valise

~ بِالقَشّ (جِلْد حَيَوان) — empailler (un animal)[1]

~ دَجاجة — farcir un poulet

~ وِسادة — rembourrer/remplir un coussin

~ سِلاحَهُ — charger son arme

حَشْو — farcissage; bourrage; garniture; bourre; rembourrage; remplissage; farce; délayage; longueur [*fig.*]; discours prolixe et vide; phrase incidente; parenthèse; pléonasme; tautologie; verbiage

~ لِلأَكْتاف — épaulettes; rembourrage d'épaules

تَجَنَّبَ الـ~ — éviter les longueurs/le remplissage/la prolixité

~ بِالقَشّ — empaillage (animal)

حَشْوة ج ات — bourre; farce; charge [*arm.*]; cytoplasme

~ مُتَفَجِّرَة — charge explosive

حَشْوِيّ — viscéral; tautologique; explétif

حَشًا ج أَحْشاء — viscère

أَحْشاء — viscères; entrailles; intestins

في ~ الأَرْض — dans les entrailles de la terre

أَحْشائِيّ — viscéral

حَشِيّة ج حَشايا — matelas; lit; *techn.* joint d'étanchéité

حَشايا — postiches (seins, fesses); faux seins

مَحْشِيّ، مَحْشُوّ — farci; bourré; rembourré

دَجاجة، وِسادة ~ة — poulet farci; coussin rembourré

تَمْر مَحْشُوّ — dattes fourrées

~ بِالقَشّ، بِالتِبْن — empaillé (animal)

بُنْدُقِيّة ~ة — fusil chargé

~ ذَهَبًا — cousu d'or

II حَشَّى تَحْشِية ه ← حَشا ـُ

VIII اِحْتَشَى اِحْتِشاءً مِن — être bourré/farci/rempli de; se remplir

إِحْتِشاء عَضَلة القَلْب — infarctus du myocarde

**1280 (حشى) حاشِية** — cour; domesticité; entourage; suite (d'un prince); *v. aussi 1279*

الـ~ المَدَنِيّة، العَسْكَرِيّة — la maison civile, militaire

~ ج حَواشٍ — bord; bordure; lisière; frange; ourlet; annotation; glose; marge; note

رَقيق الـ~ — aimable; courtois; poli; amical; sympathique

رِقّة الـ~ — amabilité; courtoisie; politesse; sympathie

~ نَسيج، ثَوْب — lisière d'un tissu; ourlet

حَواشي وتَعْليقات — apparat critique

قَرابة الـ~ — ligne/branche collatérale

رَجُل رَخيم، رَقيق الـ~ — homme aimable/courtois

حَياة رَقيقة الـ~ — vie aisée/facile/simple

جَمْع كَثيف الـ~ — affluence considérable

~ الحَديقة — plates-bandes du jardin

II حَشَّى تَحْشِية ه — border; mettre une bordure; annoter

تَحْشِية — annotation

III حاشَى حِشاءً، مُحاشاة ه — excepter; faire exception pour; exclure; laisser de côté

حاشا — excepté; sauf *prép.*

حاشاكَ — sauf votre respect

حاشا اللّه — à Dieu ne plaise; Dieu nous en préserve

حُوشِيَ أَنْ loin de nous l'idée de

VI تَحاشى تَحاشِيًا ه، مِن ه échapper à; éviter; esquiver; se garder de

~ النِقاش se dérober à/esquiver la discussion

~ المَسْأَلة éluder la question

~ الضَرَبات esquiver/détourner les coups

مُتَحاشٍ qui évite/se dérobe

1281 **حَصَّ** ـُ حَصًّا ه échoir en partage/revenir à qqn (somme d'argent)

**حِصّة** ج حِصَص contingent *n.m.*; lot; part; dose; participation; portion; quota; quote-part; ration; durée; période; séance (de cours, de travail)

~ الوارِدات quota d'importation

~ نِسْبِيّة quotité

دَفَع ~ه payer sa quote-part/sa part

~ تَأْسِيس part de fondateur

~ اِسْتِفادة part de bénéfice

~ في الأَرْباح participation aux bénéfices; dividende

**نِظام الحِصَص** système des quotas; contingentement; rationnement

وَزَّعَ بِالـ~ contingenter; rationner

1282 **حَصَبَ** ـِ حَصْبًا ه joncher/couvrir le sol (de petits cailloux); étaler du gravier

حَصَب؛ حَصْبة؛ حَصْباء gravier; gravillons; cailloux; pierres; galets

II **حَصَّبَ** تَحْصِيبًا ه empierrer; couvrir de cailloux; gravillonner

~ طَرِيقًا empierrer un chemin

1283 **حَصِبَ** ـَ حَصْبًا avoir la rougeole

حَصْبة rougeole

II حَصَّبَ تَحْصِيبًا ← حَصِبَ

1284 **حَصَدَ** ـُ حِصادًا، حَصْدًا ه moissonner; récolter; faucher

**حِصاد**؛ حَصْد moisson; fauchage; récolte

مَوْسِم الـ~ l'époque des moissons

حاصِد ج حَصَدة، حُصّاد faucheur; moissonneur

حَصّاد ج ون *même sens*

حاصِدة؛ حَصّادة moissonneuse [*techn.*]

**حَصّادة** دارِسة، دَرّاسة moissonneuse-batteuse

~ حازِمة، حَزّامة moissonneuse-lieuse

مَحْصود fauché; moissonné; récolté

حَصِيد؛ حَصِيدة ج حَصائِد moisson (abondante)

مِحْصَد ج مَحاصِد faucille

1285 **حَصِير** ج حُصُر natte (de joncs tressés); claie; tapis de sol; *techn.* table; tablier; tapis; train

حَصِيرة ج حَصائِر *même sens*

1286 **حَصِرَ** ـَ حَصَرًا être angoissé; éprouver un serrement de cœur; être oppressé

حَصَرَ ـُ حَصْرًا ه، ه assiéger; cerner; serrer; concentrer; délimiter; dénombrer; enserrer; limiter; presser; réduire; restreindre

~ العَدُوّ serrer l'ennemi de près

~ مَدِينة، مَسْأَلة assiéger une ville; cerner une question

~ السُلُطات concentrer les pouvoirs

~ حَرِيقًا circonscrire un incendie

~ نَشاطَهُ restreindre/réduire ses activités

~ ه في الإِفْلاس acculer/réduire à la faillite

~ نَفْسَهُ ضِمْنَ se cantonner à l'intérieur de

~ مَوْضوعًا délimiter un sujet

~ ـتْهُ فِكْرة être obsédé par une idée

**حَصْر** angoisse; blocus; encerclement; enclave; dénombrement; énumération; monopole; exclusivité

~ السُلُطات limitation/concentration des pouvoirs

~ بَحْرِيّ blocus maritime

~ التَمْوِين rationnement

نِظام، إدارة الـ~ monopole; régie [*comm.*]

~ التِبْغ régie des tabacs

~ الذِهْن tension/contention d'esprit

| | |
|---|---|
| مُنْحَصِر | assiégé; bloqué; cerné; limité; pressé; resserré; restreint; obsédé; pressé par un besoin |
| 1287 حِصْرِم | raisin vert |
| عَصِير الـ ~ | verjus |
| 1288 حَصُفَ ـُ حَصَافة | avoir un bon jugement; être judicieux |
| حَصَافة | jugement pertinent rigoureux sûr; tact |
| حَصِف؛ حَصِيف | prudent; pertinent; judicieux; sensé |
| 1289 حَصَلَ ـُ حُصُولًا | advenir; arriver; avoir lieu; se produire; résulter; survenir |
| ~ اتِّفاق | un accord est intervenu; on est arrivé parvenu à un accord |
| ~ على ه | acquérir; avoir; obtenir; entrer en possession de; recevoir qqch |
| ~ على مال. قَرْض | obtenir se procurer de l'argent, un prêt |
| ~ على نَتيجة | parvenir à un résultat |
| ~ على مَجْموع | arriver à un total (de); totaliser |
| ~ على صُوَر تَلْفَزِيّة | recevoir des images télévisées |
| ~ على مَعْلومات مِن | tenir des renseignements de |
| ~ لِـ ه على ه | procurer qqch à qqn; mettre qqn en possession de; permettre à qqn l'acquisition de |
| ~ لِـ ه على وَظيفة | procurer un emploi |
| حُصول | occurrence; incidence |
| ~ على | acquisition; obtention; réception (de qqch) |
| حاصِل ج ات. حَواصِل | production; produit [*écon., math.*]; rapport (d'une terre); rendement; résultat; récolte; résultante; somme [*math.*]; total |
| ~ ذَكاء | quotient intellectuel |
| ~ طَرْح | reste d'une soustraction |
| بِالـ ~ | bref; en résumé somme; somme toute; au total |
| حاصِلات زِراعيّة | denrées produits agricoles |
| حَصّالة نُقود | tirelire |
| حَصيلة ج حَصائِل | produit; production; résultat; moisson [*fig.*] |
| ~ مِن مُشاهَدات | moisson d'observations |
| عَلامة الـ ~ | parenthèse |
| لا يَدْخُل تَحْتَ الـ ~ | innombrable; infini; incalculable; illimité |
| لا ~ له؛ يَفوق الـ ~ | *même sens* |
| على سَبيل الـ ~ | de manière exhaustive |
| بِـ ~ المَعْنَى | au sens propre strict; proprement dit; à proprement parler; strictement parlant |
| ~. حُصْر البَوْل | rétention d'urine |
| حَصْرًا | exclusivement |
| حَصْريّ | exclusif; restrictif; obsessionnel |
| حَقّ ~ | droit exclusif; exclusivité |
| إجْراءات ~ ة | mesures restrictives |
| حَصَر | angoisse; anxiété; serrement de cœur; difficulté d'élocution |
| حُصار | obsession; névrose obsessionnelle |
| حَصِر | angoissé; anxieux |
| مَحْصور | bloqué; assiégé; cerné; délimité; encaissé [*géogr.*]; enclavé; enserré; limité; resserré; restreint |
| غَيْر ~ | infini; illimité |
| III حاصَرَ مُحاصَرة. حِصارًا ه | assiéger cerner bloquer investir (une ville) |
| ~ تْهُ الحَرارة | être accablé par la chaleur |
| حِصار؛ مُحاصَرة | siège; blocus |
| رَفَعَ. أزالَ. أنْهَى ~ | lever le siège le blocus |
| ضَرَبَ الـ ~ على المَدينة | mettre le siège devant assiéger une ville |
| خَرَقَ الـ ~ | forcer le blocus |
| حالة ~ | état de siège; loi martiale |
| مُحاصِر ج ون | assiégeant |
| مُحاصَر ج ون | assiégé |
| VII اِنْحَصَرَ اِنْحِصارًا في. بِـ ه | être assiégé cerné confiné; se borner à; se confiner dans; consister en; se limiter à; se localiser; se réduire à; éprouver un besoin pressant; *méd.* être obsédé |
| ~ الأَيِّل | le cerf est aux abois |
| اِنْحِصار | obsession; empêchement; limitation; resserrement; restriction |

produit des impôts ~ الضَرائِب

production littéraire ~ أدَبِيّة

**مَحْصول** ج ات، مَحاصيل denrée; moisson; produit (de la terre); récolte; revenu; rendement; résultat

tableau de chasse ~ الصَيْد

II **حَصَّلَ** تَحْصيلاً ه acquérir; obtenir; atteindre; entrer en possession de

~ الضَرائِب collecter/encaisser/lever/percevoir/recouvrer les impôts

~ دَيْنًا recouvrer/récupérer une créance

**تَحْصيل** acquisition; collecte; obtention; recette; perception (argent); recouvrement; conclusion; résultat

قَرار الـ~ mise en recouvrement

~ الضَرائِب encaissement/perception des impôts

بِرَسْم الـ~ à l'encaissement

~ دَيْن récupération/recouvrement de créance

دَيْن قابِل لِلْ~ créance récupérable

~ حاصِل évidence; tautologie; truisme [*péjor.*]

كان تَحْصيلاً حاصِلاً لِ ه couler de source

**مُحَصِّل** ج ون الضَرائِب collecteur des impôts; receveur des finances/des contributions; percepteur; encaisseur

~ أمْوال collecteur de fonds

V **تَحَصَّلَ** تَحَصُّلاً مِن être le produit/le résultat de; résulter de; provenir

~ على ه (II ←) atteindre; obtenir; parvenir à

X **اِسْتَحْصَلَ** اِسْتِحْصالاً ه ← II

~ ه *philos.* procéder à des déductions; déduire

~ على ه obtenir; se procurer

**اِسْتِحْصال** déduction [*philos.*]

~ إرْث captation d'un héritage

1290 **حِصان** ج أحْصِنة، حُصُن cheval; étalon

~ الحَلَق، بُخاريّ cheval d'arçons; cheval-vapeur

~ إبْليس، البَحْر mante religieuse; hippocampe

قُوّة، قُدْرة **حِصانيّة** puissance en chevaux

1291 **حَصُنَ** ـُ حَصانة être ... *v. à l'adj.*; *pour une femme* : vivre chastement/vertueusement

**حِصْن** ج حُصون bastion; château; citadelle; fort *n.m.*; forteresse; fortification; place forte

~ طائِر forteresse volante

**حُصَيْن** fortin

**حَصان**، حَصْناء femme vertueuse/chaste; épouse légitime

**حَصانة** immunité; impunité; inaccessibilité; inviolabilité; invulnérabilité

~ ديبلوماسيّة immunité diplomatique

~ نِيابيّة immunité parlementaire

~ دُوَلِيّة exterritorialité

**حَصين** imprenable; inaccessible; inexpugnable; invulnérable; inviolable

حِصْن ~ bastion [*fig.*]

II **حَصَّنَ** تَحْصينًا ه، ه fortifier/renforcer/retrancher (une position); immuniser

**تَحْصين** fortification; renforcement;

**مُحَصَّن** fortifié; retranché; immunisé

مَدينة ~ة ville fortifiée; place forte

**مُحَصَّنات** fortifications

IV **أحْصَنَ** إحْصانًا protéger sa vertu; vivre chastement

**مُحْصِنة** *pour une femme* : chaste; vertueuse

V **تَحَصَّنَ** تَحَصُّنًا se fortifier; se retrancher; se renforcer; *pour une femme* : être chaste/pudique/vertueuse

1292 **حَصًى** pierraille; cailloux

**حَصاة** ج حَصًى، حَصَيات caillou; gravier; galet; pierre; *méd.* calcul; gravelle

~ صَفْراويّة، بَوْلِيّة calcul biliaire, urinaire

**حَصَويّ** caillouteux; pierreux

IV **أحْصَى** إحْصاءً ه calculer; compter; dénombrer; énumérer; recenser

~ على ه débiter le compte de qqn; imputer (une somme) à

لا **يُحْصَى** incalculable; infini; innombrable

عدد لا ~ مِن une infinité de

| | |
|---|---|
| إحْصاء ج ات | calcul; compte; comptage; énumération; dénombrement; évaluation; inventaire, statistique *n.f.* |
| ~ السُّكّان | recensement de la population |
| خَبير، عالِم بالـ~ | statisticien |
| إحْصائِيّ | énumératif; statistique *adj.* |
| مُعْطَيات، بَيانات ~ة | données, renseignements statistiques |
| ~ ج ون | statisticien *n.* |
| إحْصائِيّة ج ات | statistique *n.f.* |
| إحْصائِيّات إقْتِصادِيّة | statistiques économiques |
| 1293 حَضَّ ـُ حَضًّا ه على | engager/inciter/pousser qqn à; exciter qqn contre |
| ~ على ثَوْرة | fomenter une révolte |
| حَضّ | incitation; instigation; fomentation |
| حَضيض | bas *n.m.*/pied (d'une montagne); *fig.* abîme; abjection; avilissement; déchéance |
| رُوحُه المَعْنَوِيّة في الـ~ | avoir le moral au plus bas/à zéro |
| نَزَل إلى الـ~ الأَسْفَل | tomber dans l'abjection |
| دَكَّه إلى الـ~ | battre qqn à plate couture [*fam.*] |
| نُقْطة ~ | périgée |
| II حَضْحَضَ تَحْضيضًا ← حضّ | |
| 1294 حَضَرَ ـُ حُضورًا ه، ه | être/se trouver là/présent; se présenter; être en présence de; comparaître; *v. aussi 1295* |
| ~ إلى | arriver/se rendre à/chez |
| ~ إحْتِفالًا، مُؤْتَمَرًا | assister à/participer à/suivre une cérémonie, un congrès |
| حَضْرة ج حَضَرات | présence |
| في، بِـ ~ ه | en présence de |
| ~ المَلِك | Son Altesse; Sa Majesté |
| ~ الوَزير، السَفير | Son Excellence le Ministre, l'Ambassadeur |
| ~ الأُسْتاذ | Monsieur le Professeur |
| يا حَضَرات المُحَلَّفين | Messieurs les Jurés |
| حُضور | assistance (à); comparution; participation (à); présence; visite; *philos.* immanence |
| في، بِـ ~ ه | en présence de |
| ~ مُلْزِم | présence obligatoire |
| ~ البَديهة، الذِهْن | présence d'esprit |
| كَلَّفَ، تَكْليف بالـ~ | assigner, assignation/citer, citation à comparaître |
| وَرَقة ~ | convocation/citation à comparaître |
| حُكْم حُضوريّ | jugement contradictoire |
| حُضوريّة | immanentisme |
| حاضِر ج ون، حُضَّر، حُضور | assistant (à); actuel; présent *adj., n.*: disposé/préparé/prêt (à, pour); *en réponse à un appel, une demande*: à votre service; à vos ordres; présent! |
| في الوَقْت، في الـ~ | à présent; actuellement; présentement; à l'heure actuelle |
| ~ الذِهْن، البَداهَة | qui a l'esprit prompt/vif |
| ~ الجَواب | qui a la répartie facile |
| مَحْضَر | assistance; présence |
| ~ ج مَحاضِر | procès-verbal; compte rendu; protocole; minutes *n.f.pl.* |
| ~ جَلْسة | procès-verbal/compte rendu de séance |
| ~ مُخالَفة | contravention; procès-verbal [*jur.*] |
| ~ الجَرْد | inventaire; liste |
| حَرَّرَ ~ًا | dresser un procès-verbal; faire un inventaire; verbaliser |
| في، بِـ ~ ه | en présence de; en face de |
| حَسَن الـ~ | de compagnie agréable |
| مَحْضور | habité; hanté/visité (par les démons) |
| II حَضَّرَ تَحْضيرًا ه | apprêter; confectionner; élaborer; préparer |
| ~ الطَعام | apprêter/préparer un repas; accommoder un plat |
| ~ مِلَفًّا | constituer/préparer un dossier |
| ~ امْتِحانًا، دَواءً | préparer un examen, un médicament |
| تَحْضير | apprêt; confection; élaboration; préparation; production |
| قَيْدَ، تَحْتَ الـ~ | en préparation |
| ~ مِلَفّ | constitution de dossier |
| تَحْضيريّ | préparatoire (réunion) |
| مَدارِس ~ة | écoles préparatoires; écoles normales |

**مُحَضِّر** ج ون — préparateur (en pharmacie); laborantin

**مُحَضَّر** ج ات — préparation (chimique)

III **حاضَرَ** مُحاضَرةً — faire (une conférence, une causerie); parler en public

~ ٥ على حَقّ ه — disputer qqch à qqn

~ ٥ الجَوابَ — riposter; répondre du tac au tac

**مُحاضَرة** — causerie; conférence; cours; séminaire

اِسْتَمَعَ إلى، أَلْقَى ~ — suivre, faire une conférence

**مُحاضِر** ج ون — conférencier

أُسْتاذ ~ — professeur chargé de cours

IV **أَحْضَرَ** إِحْضارًا ٥ — appeler; faire venir; introduire qqn

~ ه — fournir; procurer

~ ٥، ه مَعَهُ — amener; apporter

**إِحْضار** — approvisionnement; apport

مُذَكِّرة ~ — mandat d'amener

ذَهَبَ لِـ ~ ٥، ه — aller chercher qqn, qqch

**مُحْضِر** — huissier [*jur.*]

V **تَحَضَّرَ** تَحَضُّرًا — se préparer; être prêt/préparé

VIII **اِحْتَضَرَ** اِحْتِضارًا ه — assister à; être présent à/en présence de

أُحْتُضِرَ — agoniser; être à l'agonie/sur le point de mourir

المَرِيض يُحْتَضَر — le malade s'en va/se meurt

اِحْتِضار — agonie; mort

مُحْتَضَر — agonisant; moribond; mourant

X **اِسْتَحْضَرَ** اِسْتِحْضارًا ه — évoquer; mander; faire venir; rappeler à la mémoire; remettre en mémoire

~ الأَرْواح — évoquer les esprits

~ الذِّكْرَيات، الأَرْواح — évoquer les souvenirs, les esprits

~ ٥ أَمامَ القاضي — assigner qqn devant le juge

**اِسْتِحْضار** — évocation; mandement; assignation; allégorie

~ الأَرْواح — spiritisme; évocation des esprits

**مُسْتَحْضَر** — assigné (à comparaître); mandé

~، مُسْتَحْضَرة ج ات — préparation (culinaire, chimique); produit (chimique)

~ التَجْميل — produit de beauté; cosmétique

1295 **حَضَر** — région peuplée de sédentaires; population sédentaire; *v. aussi 1294*

أَهْل الـ ~ — les (peuples) sédentaires; les populations citadines/urbaines

**حَضَرِيّ** — sédentaire *adj., n.*; citadin; urbain

حَياة، مِنْطَقة ~ة — vie, zone urbaine/citadine

مَجْمَع، تَطَوُّر، مَرْكَز ~ — communauté, développement, centre urbain(e)

تَوَسُّع الحَياة الـ~ — urbanisation; développement de la vie urbaine/sédentaire

حَضَرِيّة — sédentarité

**حَضارة** ج ات — civilisation; culture; sédentarité

الـ~ الحَديثة — la civilisation moderne

**حاضِرة** ج حَواضِر — capitale; centre urbain; cité; métropole

~ إِقْليم — chef-lieu de district

II **حَضَّرَ** تَحْضِيرًا ه — urbaniser; civiliser; policer [*litt.*] (un peuple)

~ البَدْو — fixer/sédentariser les nomades

**تَحْضِير** — sédentarisation; urbanisation

عِلْم الـ~ — urbanisme

مُعَدَّل الـ~ — taux d'urbanisation

V تَحَضَّرَ تَحَضُّرًا — se civiliser; se sédentariser; s'urbaniser; se fixer (population)

**تَحَضُّر** — civilisation; sédentarisation; urbanisation

~ المَناطِق الرِيفِيّة — l'urbanisation des zones rurales

مُتَحَضِّر — civilisé; policé; sédentarisé; urbanisé

1296 **حَضْرَمِيّ** ج حَضارِم — originaire du Ḥadramaout

1297 **حَضَنَ** ـُ حَضْنًا، حِضانة ٥، ه

couver (des œufs); incuber; étreindre; prendre/porter dans ses bras (un enfant)

~ مَرَضًا — couver une maladie

حَضْن — étreinte; incubation

**حِضْن** ج أَحْضان — giron; sein [*pr.* et *fig.*]; poitrine

نامَ في ~ أُمِّه — dormir contre sa mère/dans les bras de sa mère

عاد إلى ~ أمّه retourner/rentrer au bercail

في أحْضان au cœur de; au fond de; au sein de; parmi; sous la protection de

في ~ الصَحْراء au cœur du désert

أخَذَ ه في ~ه prendre qqn dans ses bras; serrer qqn contre son cœur

**حِضانة** couvaison; incubation

دَوْر، مُدّة الـ~ période/durée d'incubation

دار الـ~ crèche; maternelle *n.f.*; nursery; pouponnière

حاضِن المِدْفَع، الرَشّاشة affût/fût de canon

**حاضِنة** ج ات، حَواضِن gouvernante; nourrice; nurse; *techn.* couveuse; incubateur

~ كَهْرَبائِيّة couveuse électrique

**مَحْضَن** ج مَحاضِن pouponnière; crèche; nursery

VI **تَحاضَنَ** تَحاضُنًا se donner l'accolade; s'embrasser; s'enlacer; s'étreindre

VII **اِحْتَضَنَ** اِحْتِضانًا ه étreindre; presser contre son sein; embrasser; serrer; donner l'accolade; incuber

~ رَأْسَهُ بِكَفَّيْه se prendre la tête dans les mains

~ أَوْلاده couver ses enfants

**اِحْتِضان** étreinte; embrassade; incubation

1298 **حَطَّ** ـُ حَطًّا ه déposer; mettre à terre; ôter; poser; baisser

~ الرِحال faire étape/halte; camper; s'arrêter; se fixer qqp

~ حُطوطًا se poser; se percher; relâcher [*mar.*]; faire relâche; jucher *intr.*; se jucher

~ على غُصْن se percher sur une branche

~تْ (الطائِرة) faire escale/se poser (avion)

~تْ بِنا الطائِرة l'avion nous a déposés

~ مِنْ قيمةِ، قَدْرِ ه avilir; décrier; dégrader; rabaisser; ravaler

~ مِنْ سُمْعَته porter atteinte à la réputation de

~ من كِبْرِيائِه rabattre l'orgueil/le caquet de

**حَطّ** déposition; dépréciation; diminution; pose; rabaissement

**حِطّة** abaissement; dégradation; descente; humiliation; infériorité; insulte

**مَحَطّ** ج مَحاطّ endroit; halte; perchoir; place; relais; station; *mus.* cadence

~ الآمال، الأَنْظار objet de convoitise, de l'attention générale

**مَحَطّة** ج ات arrêt; centre; gare; halte; poste; station

~ بَنْزين poste/station d'essence

~ إصْغاء، إرْسال poste d'écoute; poste/station émetteur(trice)

~ الإذاعة station émettrice (radio)

~ مُسْتَقْبِلة، اِسْتِقْبال poste récepteur; centre de réception

~ ضَخّ، صَرْف station de pompage, de drainage

~ تَوْليد الطاقة الكَهْرَبائِيّة centrale électrique

~ تَوْليد الطاقة الذَرّيّة centrale nucléaire

~ جَوِّيات، لِلأَرْصاد الجَوِّيّة station météorologique

~ وَسيطة، تَرْحيل relais [*radio.*, *télév.*]

~ تَجارِب زِراعيّة station/centre d'expérimentation agricole

~ تَحْويل التَيّار transformateur [*électr.*]

~ لِلْبُحوث station/centre de recherches

~ بَحْرِيّة، سَيّارات gare maritime, routière

~ الفَرْز gare de triage

~ مَرْكَزِيّة، رَئيسيّة gare centrale

~ أَخيرة terminus

ناظِر، رَئيس ~ chef de gare

~ التِرام، الباص arrêt/station de tram, de bus

VII **اِنْحَطَّ** اِنْحِطاطًا s'abaisser; s'avilir; déchoir; se dégrader; décliner; dépérir; se déshonorer; diminuer *intr.*; être abattu/déprimé; faire une dépression; se prostituer; se rabaisser

~ إلى مُسْتَوَى ه se ravaler au niveau de

**اِنْحِطاط** décadence; déchéance; déclin; dégradation; déliquescence; dépérissement; dépression; déshonneur; langueur

إحْساس بالـ~ sentiment d'infériorité

~ الأَخْلاق العامّة abaissement de la moralité; dégradation/décadence des mœurs

~ القُوَى الجَسَدِيّة abattement/déchéance physique

~ القُوَى النَفْسِيّة abattement psychique; dépression

اِنْحِطاطِيّ ج ون décadent *n.m.*

**مُنْحَطّ** dégradé; décadent; déprimé; déshonoré; bas; inférieur; languissant; à plat; vulgaire

أجور ~ة bas salaires

**1299** **حَطَبَ** ـِ حَطَبًا ← VIII

حَطَب ج أَحْطاب bois sec/de chauffage

زاد النار ~ًا jeter de l'huile sur le feu

حَطَبة bûche; morceau de bois sec

**حاطِب** ج ون ← حَطّاب

كَ~ لَيْل à l'aveuglette; à tort et à travers; n'importe comment

حَطّاب ج ون bûcheron

مِحْطَب ج مَحاطِب serpe; serpette

مَحْطَبة bûcher

VIII اِحْتَطَبَ اِحْتِطابًا ه ramasser du bois

**1300** **حَطَمَ** ـِ حَطْمًا ه briser; broyer; casser; écraser; démolir

**حُطام**؛ حُطامة fragment; débris; miette

~ الدُّنْيا vanités de ce monde; chimères; choses périssables/éphémères

~ سَفينة épave

حِطْمة ج حِطَم fragment; morceau; particule; pièce

حاطِمة الجَليد brise-glace

II **حَطَّمَ** تَحْطيمًا ه، ه abattre; anéantir; briser; casser; démolir; défoncer; détruire; disloquer; fracasser; mettre en miettes/en morceaux/en pièces; réduire en poussière; pulvériser

~ مُسْتَقْبَل ه briser l'avenir de

~ قُيودَ ه، قَلْب ه briser ses chaînes, le cœur de

~ رَأْس ه casser la figure de [fam.]; faire sauter la cervelle de [fam.]

~ رَأْسَهُ لِ se casser la tête pour [fam.]

~ الذَّرَّة désintégrer l'atome

~تْهُ الأَحْداث être abattu/brisé par les événements

**تَحْطيم** anéantissement; démolition; destruction; dislocation; défoncement; effraction; fracassement

~ الذَّرَّة désintégration de l'atome

سَفينة لِـ~ الجَليد brise-glace

**مُحَطَّم** abattu; anéanti; brisé; cassé; disloqué; effondré

إِنْسان ~ épave humaine

V **تَحَطَّمَ** تَحَطُّمًا se briser; se désintégrer; se disloquer; déferler; s'écraser; se fracasser; se défoncer

~ت طائِرة على الأَرْض s'écraser au sol (avion)

تَحَطُّم déferlement; désintégration; dislocation; éclatement

مُتَحَطِّم en morceaux; en éclats; brisé; désintégré; disloqué

**1301** **حَظّ** ج حُظوظ aléa; destin; fortune; lot; hasard; part; portion; sort; bonheur; chance; félicité; plaisir; veine [*fam.*]

أَسْعَفَهُ الـ~ بـ avoir la chance/la bonne fortune de; être favorisé par la chance

جَرَّبَ ~ه tenter sa chance

حُسْن الـ~ chance; bonne chance; veine [*fam.*]

لِـ، من حُسْن الـ~ par chance; heureusement; par bonheur

مِنْ حُسْن ~ه أَنْ avoir la chance/la bonne fortune de; bien lui en a pris de

لَهُ ~ سَعيد il a de la chance/de la veine [*fam.*]

يَا لَلْـ~ quelle chance! quelle veine [*fam.*]! chouette [*pop.*]! chic [*fam.*]!

حَسَن الـ~ chanceux; heureux; veinard [*fam.*]

سُوء الـ~ adversité; infortune; manque de chance; malchance; déveine [*fam.*]

سَيِّئ، قَليل الـ~ malchanceux; infortuné

ساءَ ~ه ne pas avoir de chance; jouer de malchance/de malheur

مِنْ سُوء الـ~ malheureusement; par malheur

كانَ لَه الـ~ في avoir le privilège de

نالَ ~ه من avoir/recevoir sa part/son lot de

~ وافِر من une grande part de

**مَحْظوظ**؛ حَظيظ chanceux; heureux; fortuné; privilégié; veinard [*fam.*]

كان ~ًا بـ avoir le bonheur/la chance de

المَحْظوظون les privilégiés

**1302** **حَظَرَ** ـُ حَظْرًا ه، على ه défendre; interdire; prohiber; mettre l'embargo sur; enclore

**حَظْر** défense; interdiction; embargo; prohibition

| | |
|---|---|
| embargo sur la vente | ~ بَيْع |
| embargo sur le transport | ~ شَحْن |
| lever l'embargo sur | رَفَعَ الـ ~ عَنْ |
| bergerie; enclos; enceinte *n.f.*; haie; palissade; hangar | **حَظِيرة** ج حَظائِر |
| parc (bétail); ménagerie | ~ حَيَوانات |
| hangars d'un aéroport | حَظائِر مَطار |
| défendu; interdit; prohibé; proscrit | **مَحْظور** |
| la contrebande est interdite | التَهْريب ~ |
| les choses qui font l'objet d'interdictions; interdits; restrictions; tabous | **المَحْظورات** |
| *prov.* ventre affamé n'a point d'oreilles; la faim chasse le loup hors du bois; nécessité fait loi | لِأَجْل الضَرورات تُباع الـ ~ |
| II mettre l'embargo sur; défendre; prohiber; interdire; proscrire | **حَظَّرَ** تَحْظيرًا ه |
| supprimer/abolir la peine de mort | ~ عُقوبة الإعْدام |
| proscrire l'usage des stupéfiants | ~ تَعاطِيَ المُخَدِّرات |
| défense; interdiction; interdit; prohibition; proscription | تَحْظير |
| prohibitif (mesure) | تَحْظيريّ |

1303 (حظرب) **تَحَظْرَبَ** être fort/robuste/tonique

| | |
|---|---|
| tonus; tonicité | **تَحَظْرُب** |
| tonus musculaire | ~ عَضَليّ |

1304 **حَظِيَ** َ حُظْوة être favorisé/bien partagé

| | |
|---|---|
| bénéficier de; avoir la faveur/la grâce/l'honneur de; jouir (d'une faveur) | ~ بِـ ه |
| remporter un/avoir du succès | ~ بِالنَجاح |
| bénéficier d'un soutien extérieur | ~ بِتَأْييد خارِجيّ |
| jouir de l'estime publique | ~ بِالتَقْدير العامّ |
| trouver grâce/être en faveur auprès de | ~ حُظْوةً عِنْدَ ه |
| bienveillance; faveur; grâce; privilège; popularité; mérite; prestige; crédit; considération | **حُظْوة** ج حُظًى |
| trouver grâce devant/aux yeux de | وَجَدَ ~ في عُيون ه |
| gagner la/les faveur(s)/les bonnes grâces/la bienveillance de | نالَ ~ ه |
| le privilège de la richesse | ~ الغَناء |
| jouir d'une grande popularité/d'un grand prestige | تَمَتَّعَ بِـ ~ بَعيدة |
| fléchette | حَظْوة ج حَظَوات، حِظاء |
| estimé; considéré, en faveur (auprès de); populaire | حَظِيّ |
| concubine; favorite; maîtresse | حَظِيّة ج حَظايا |
| privilégié | مَحْظِيّ |
| | مَحْظِيّة ج ات ← حَظِيّة |

1305 **حَفَّ** ُ حَفًّا، حُفوفًا ه، ه، بِـ ه، ه

| | |
|---|---|
| border; entourer; environner; s'empresser auprès de | |
| ses amis l'ont entourée de leur affection | ~ها أَصْدِقاؤُها بِمَوَدَّتِهِم |
| être le point de mire/le centre de tous les regards; attirer les regards | ~تْ بِه العُيون |
| bruire; frôler; siffler (serpent) | ~ ِ حَفيفًا |
| s'épiler le visage | ~ وَجْهَهُ |
| se raser les moustaches; se tailler la barbe | ~ شارِبَيْه، لِحْيَته |
| frotter le carrelage | ~ البَلاط |
| bruissement/murmure/frôlement des feuilles | **حَفيف** الأَوْراق |
| froufrou des dentelles | ~ التَخاريم |
| sec (aliment, pain) | حافّ |
| bord; marge; bordure; frange; *v. aussi 1413* | **حافّة** ج حَوافّ |
| rampe du théâtre | ~ مَسْرَح |
| au bord de la tombe, de la ruine | على ~ القَبْر، الخَراب |
| lèvres d'une plaie | حَوافّ جُرْح |
| hérissé; bordé; garni; entouré; enveloppé | مَحْفوف بِـ |
| litière; civière; brancard | مِحَفّة ج ات |

1306 **حَفْحَفة** أَجْنِحة battement/frôlement d'ailes

1307 (حفد) **حَفيد** ج أَحْفاد، حَفَدة
petit-fils

أَصْبَحَ جَدًّا لِأَحْفاد كثيرين | il était plusieurs fois grand-père; il avait eu de nombreux petits-enfants

حَفيدة ج ات | petite-fille

1308 **حَفَرَ** - حَفْرًا ه | buriner; creuser; faire un trou; forer; fouir; graver; percer; raviner

~ مَسْرَبًا، خَنْدَقًا | creuser une galerie, une tranchée

~ آبارًا نَفْطيّة | forer des puits de pétrole

~ طَريقًا | défoncer/percer une route

~ كِتابة | graver/sculpter une inscription

~ نَفَقًا، قَناة | percer un tunnel, un canal

**حَفْر** | burinage; gravure; forage; percement; *méd.* tartre

~ على مَعْدِن، غائِر | gravure à l'eau-forte, en creux

~ الخَشَب | gravure/sculpture sur bois

~ قَناة | percement d'un canal

**حُفْرَة** ج حُفَر | cavité; creux; excavation; fosse; fossé

مَنْ حَفَرَ ~ لِأَخيه وَقَعَ فيها | *prov.* quiconque se sert de l'épée périra par l'épée

حَفْرِيّة ج ات؛ حَفيرة ج حَفائِر | excavation; fosse; trou

حَفْرِيّات؛ حَفائِر؛ أَحافير | fouilles [*archéol.*]

**حافِر** ج حَوافِر | ongle/sabot du cheval

وَقَعَ الـ ~ على الـ ~ | *prov.* coïncider/correspondre exactement

عِنْد، على ~ه، حافِرته | sur-le-champ; immédiatement; d'entrée de jeu; tout de suite

الحافِرِيّات | les ongulés

**حَفّار** ج ون | graveur; foreur; sculpteur

~ القُبور | fossoyeur

**حَفّارة** ج ات | excavateur; excavatrice; pelle mécanique; pelleteuse

~ كَهْرَبائِيّة | foreuse/perceuse électrique

**مَحْفور** | gravé; creusé; sculpté; qui a des dents gâtées

كِتابة ~ة | inscription; gravure

خَشَب ~ | bois sculpté/gravé

خَدّانِ مَحْفوران | joues burinées/creuses/ravinées

مَحْفورة ج ات | sculpture; gravure

1309 **حَفَزَ** - حَفْزًا ه على، إلى | faire avancer; donner une impulsion à; inciter à; pousser (devant soi); stimuler; *chim.* catalyser

حَفْز | *chim.* catalyse

**حافِز** ج حَوافِز | coup de fouet [*fig.*]; élan; facteur; impulsion; mobile *n.m.*; motif; ressort [*fig.*]; stimulant; stimulus; *chim.* catalyseur

~ على العَمَل | exhortation/incitation au travail

حَوافِز قَضِيّة | ressorts d'une affaire

**حَفّاز**؛ عامِل ~ | *chim.* catalyseur; catalytique; agent catalytique

II حَفَّزَ تَحْفيزًا ← حَفَزَ

V تَحَفَّزَ تَحَفُّزًا لِـ ه | prendre son élan/son essor; bander ses muscles; se ramasser; se tendre; être sur le qui-vive; être/se tenir prêt (à agir, à bondir)

تَحَفُّز | essor; élan

مُتَحَفِّز لِـ | prêt à; tendu vers [*fig.*]

1310 **حَفْش** | esturgeon

1311 **حَفِظَ** - حِفْظًا ه | conserver; garder; maintenir; préserver; retenir; sauvegarder

~ أَسْرارًا | détenir/conserver/garder des secrets

~ النِظام، الأَمْن | maintenir l'ordre; assurer la sécurité

~ بَيْتًا | entretenir une maison

~ النَوْع | perpétuer/préserver l'espèce

~ه اللّه | que Dieu le garde/le protège!

~ مَكانًا، غُرْفة | réserver une place, une chambre

~ لِسانَه | tenir sa langue; être discret

~ طَعامًا | conserver des aliments

~ لَهُ الجَميل | garder une grande/de la/sa reconnaissance à qqn

~ مَكانَتَهُ | garder/tenir/se maintenir à sa place/son rang

~ المَكان في حالة جَيِّدة | tenir un endroit en bon état

~ تَحْقيقًا | suspendre une enquête

III **حافَظَ** حِفاظًا، مُحافَظة على ه garder; conserver; défendre; protéger; prendre soin de; maintenir; préserver

~ على الظَواهِر، كَرامته sauver les apparences la face

~ على الأَشْياء كَما هِيَ conserver les choses en l'état

~ على صِحَّتِهِ se conserver; s'entretenir; ménager/surveiller sa santé

~ على هُدوئِه، رَصانَتِه garder son calme, son sérieux

~ على مَكانَتِهِ tenir son rang/sa place

~ على عاداتِه conserver/garder ses habitudes

~ على حُقوقِه، مَصالِحِه protéger/sauvegarder ses droits, ses intérêts

**مُحافَظة** conservation; défense; garde; conservation foncière; *admin.* district; département; gouvernorat; province; préfecture

لِلْـ~ على الحَيَوِيَّة pour conserver sa vitalité

~ على حُقوقِهِ، مَصالِحِهِ protection/sauvegarde de ses droits, de ses intérêts

مَذْهَب الـ~ conservatisme

غَريزة الـ~ على النَفْس instinct de conservation

مَرْكَز الـ~ chef-lieu de département/de district

إدارة الـ~ administration préfectorale

مُحافَظيّ départemental; préfectoral

**حِفاظ** على conservation; garde *n.f.*; protection

ما اِسْتَطاع الـ~ على رَصانَته ne pas pouvoir garder son sérieux

**مُحافِظ** ج ون conservateur; préfet; gouverneur; administrateur civil

رَجُل ~ على صِحَّته homme bien conservé

مَقَرّ الـ~ préfecture

~ البَنْك الدُوَليّ gouverneur de la Banque internationale

حِزْب المُحافِظين le parti conservateur

IV **أَحْفَظَ** إحْفاظًا ه agacer; heurter qqn; fâcher; irriter; mettre en colère; offenser; vexer

~ ه نَصًّا faire apprendre un texte par cœur à qqn

V **تَحَفَّظَ** تَحَفُّظًا من، عن ه être attentif/circonspect/vigilant; être/se tenir sur ses gardes; faire des réserves sur; se méfier de

~ قَضِيّة، مِلَفًّا classer une affaire, un dossier

~ نَصًّا عَنْ ظَهْرِ قَلْبه apprendre/savoir un texte par cœur; mémoriser un texte

~ حُقوقًا لِـ ه sauvegarder/réserver les droits de [*dr.*]

حُفِظَ النَّوْع l'espèce se perpétue

يُحْفَظ في البَريد poste restante

**حِفْظ** attention; conservation; garde; maintien; mémorisation; préservation; protection; non-lieu

~ النَوْع perpétuation/préservation de l'espèce

~ الصِحّة hygiène

~ حَقّ *dr.* réservation; réserve (d'un droit)

قَرار الـ~ ordonnance de non-lieu

~ الأَمْن sécurité publique; maintien de l'ordre

~ اللِسان discrétion

حِفْظة ← حَفيظة ج حَفائِظ

حِفاظ ج ات couche (de bébé); serviette (hygiénique)

**حافِظ** ج حُفّاظ، حَفَظَة gardien; conservateur

~ أَسْرار dépositaire/détenteur de secrets

~ القُرْآن qui connaît le Coran par cœur

**حافِظة** ج حَوافِظ mémoire *n.f.*; classeur; portefeuille; serviette; bordereau

~ نُقود porte-monnaie; bourse

حَفيظة ج حَفائِظ colère; irritation; rancœur; rancune; ressentiment

**مَحْفوظ** conservé; gardé; maintenu; préservé; protégé; suspendu

جَميع الحُقوق ~ة tous droits réservés

بَريد ~ poste restante

مَكان ~ place réservée

أَطْعِمة، مَأْكولات ~ة conserves alimentaires

**مَحْفوظات**؛ أَمين الـ~ archives; archiviste

دار الـ~ الوَطَنِيّة les Archives nationales

دائِرة ~ الصُوَر، الأَفْلام photothèque; cinémathèque

مِحْفَظة ج مَحافِظ cartable; bourse; porte-feuille; porte-documents; sacoche; serviette

~ بـ ه — s'occuper de; être concerné par

~ في كَلامه — ménager ses paroles; peser ses mots

**تَحَفُّظ** ج ات — circonspection; décence; retenue; discrétion; ménagement; prudence; quant-à-soi; réserve; réticence

~ ذِهْنِيّ — restriction mentale

بـ~ — avec réticence/ménagement

دونَ، بِلا ~ — sans ménagement/réserve

عَدَم الـ~ — indiscrétion; manque de réserve/de tact; laisser-aller; désinvolture

مَعَ الـ~ — sous toute réserve; avec toutes les réserver d'usage

أَوْرَدَ، أَبْدَى **تَحَفُّظات** — émettre/exprimer/faire des réserves

مع كافّة الـ~ — sous toute réserve; avec toutes les réserves d'usage

**تَحَفُّظِيّ** — conservatoire *adj.* (mesure)

**مُتَحَفِّظ** — prudent; circonspect; discret; distant; réservé; réticent

غَيْر ~ — indiscret; désinvolte; imprudent

VIII **اِحْتَفَظَ** اِحْتِفاظًا بـ ه — conserver; garder; détenir; maintenir

~ بِمَنْصِبه — conserver son poste

~ بِأَسْرار — conserver/garder des secrets

~ بِحُرِّيَّة عَمَله — garder/préserver sa liberté d'action

~ ه لِنَفْسه — conserver par devers soi; garder pour soi

~ بِرَأْيه — réserver son opinion

**اِحْتِفاظ** — conservation; maintien; préservation

X **اِسْتَحْفَظَ** اِسْتِحْفاظًا ه ه

confier qqch à qqn; déposer/mettre en dépôt qqch chez qqn

~ ه سِرًّا — confier un secret à qqn; demander à qqn de garder un secret

**1312 حَفَلَ** ـِ حَفْلًا — abonder; être abondant; affluer; s'amasser; se rassembler; se réunir

~ت الجُدْران بِنُقوش — les murs étaient couverts de graffiti

~ بـ ه، ه — faire/prêter attention à; s'intéresser à; s'occuper de; faire cas de

**حَفْل** — foule; assemblée; multitude

هُناكَ ~ مِن النّاس — il y a foule

لا ~ به — sans conséquence/importance; indifférent

**حَفْلة** ج حَفَلات — cérémonie; fête; réception; réunion; séance

~ خَيْرِيّة — gala/soirée de bienfaisance

~ دِينِيّة — cérémonie/service religieux(ieuse)

~ ساهِرة، سَمَر — soirée de gala; soirée

~ زَواج، عُرْس — mariage; noce

~ تَذْكارِيّة، تَأْبِين — commémoration; cérémonie commémorative

~ مَأْتَم — honneurs funèbres; funérailles

أَقام ~ اِسْتِقْبال — donner une réception

~ مُوسِيقِيّة، غِنائِيّة — concert; récital

قاعة الحَفَلات — salle de concert/des fêtes

**حافِل** — abondant; copieux; nombreux; solennel

حَفْلة ~ة — cérémonie solennelle

~ بـ — couru [*fig.*]; très fréquenté; plein de; rempli de

~ بِالمُفاجآت — fertile/riche en rebondissements

شَجَرة ~ة بِالفَواكِه — arbre couvert/chargé de fruits

**حافِلة** ج حَوافِل — autobus; autocar; voiture; wagon

~ نَقْل، صِهْرِيج — car *n.m.*; wagon-citerne

~ كَهْرَبائِيّة — tramway

**مَحْفِل** ج مَحافِل — cercle; assemblée; meeting; réunion; lieu de réunion

~ ماسونِيّ — loge maçonnique

مَحافِل الحُكّام، سِياسِيّة، رَسْمِيّة

milieux responsables, politiques, officiels

VIII **اِحْتَفَلَ** اِحْتِفالًا بـ ه، ه — célébrer solennellement; fêter; honorer; avoir soin de; s'occuper de; prêter attention à

~ بِفَوْز — arroser [*fam.*] une victoire

~ بِعِيد مِيلاد ه — fêter l'anniversaire de qqn

~ بِذِكْرَى النَّصْر — commémorer la victoire

~ بِذِكْرَى ه — honorer la mémoire de

**اِحْتِفال** ج ات — cérémonie; festivité; solennité

~ بِتَوْزِيع الجَوائِز — cérémonie de distribution des prix

~ بِذِكْرَى — célébration; commémoration

قاعة الاِحْتِفالات — salle des fêtes

1313 **حَفْنة** ج حَفَنات — pleine main; poignée

~ من المُتَظاهِرين — une poignée de manifestants

1314 **حَفِيَ** ـَ حَفاوة بـ ه — faire fête à qqn; fêter qqn; recevoir avec affabilité/amabilité; *v. aussi 1315*

حَفاوة — accueil aimable; affabilité; amabilité

حَفِيّ — affable; aimable; accueillant

VIII اِحْتَفَى اِحْتِفاءً بـ ه، ه — célébrer; commémorer; honorer; fêter; témoigner sa sympathie à

**اِحْتِفاء** — aménité; démonstration/manifestation de sympathie

~ بِذِكْرَى — célébration; commémoration

بِغَيْر ~ — sans aménité

مُحْتَفًى بِهِ — récipiendaire

1315 **حَفِيَ** ـَ حَفاءً — être nu-pieds; *v. aussi 1314*

حافٍ ج حُفاة؛ حافي القَدَمَيْن — nu-pieds

مَشَى حافِيًا، حافِيَ القَدَمَيْن — marcher nu-pieds

1316 **حُقّ** ج أَحْقاق — toile d'araignée

**حُقّة** ج حُقَق — boîte; capsule; pot; cavité; creux

~ القُرْبان — ciboire

~ نُقود، طِيب — tirelire; flacon de parfum

حُقَيْق — pyxide [*archéol., bot.*]

1317 **حَقَّ** ـِ حَقًّا، حُقوقًا — être ... *v. à l'adj.*

~ لَهُ أن — il lui appartient de; avoir le droit de; avoir des motifs légitimes; être fondé à/en droit de; pouvoir

~ عَلَيْهِ أن — falloir; devoir; être impératif

**حُقَّ** لَهُ أن ← حَقَّ لَهُ أن

**حَقّ** ج حُقوق — droit *n.m.*; dû *n.m.*; exactitude; réalité; raison; vérité; vrai *n.m.*, *adj.*; authentique; exact; réel; véritable; orthodoxe

~ بـ ه — digne de

~ على ه — devoir; nécessité

الـ~ والباطِل — le vrai et le faux

~ إلَهِيّ، عامّ، مُكْتَسَب — droit divin, commun, acquis

~ الاِسْتِئْناف، العَفْو — droit d'appel, de grâce

~ الجَواب، الرِقابة — droit de réponse, de regard

~ الاِنْتِفاع، التَصَرُّف — droit de jouissance

~ الشُعوب في تَقْرير مَصيرِهِم — droit des peuples à disposer d'eux-mêmes

~ قانونيّ، كَنَسيّ — droit canon

~ الشُفْعة، المُرور — droit de préemption, de passage

بِـ~ — à bon droit; à juste titre; justement; vraiment

بِـ~ ه — à son endroit; à son sujet

إلى صاحِب الـ~ — à qui de droit

القائِم بِالـ~ الشَخْصيّ، المَدَنيّ — la partie civile

لَهُ الـ~ في — être dans son droit; avoir le droit de

إنَّهُ ~ لي — c'est mon droit; j'ai le droit de

لَهُ ~ ه في الحَياة — avoir le droit de vivre

لَهُ ~ ه في حَياة عادِيّة — avoir droit à une vie normale

قالَ الـ~ — dire la vérité

الـ~ يُقال — on peut dire/admettre; à dire vrai

ما تَقولُهُ ~ — ce que tu dis est vrai; tu as raison

السَعادة الـ~ — le véritable/vrai bonheur

الدين الـ~ — l'orthodoxie religieuse

كانَ على. أَقَرَّ لَهُ الـ~ — avoir, donner raison

أَخَذَ ~ ه بِيَده — se faire justice; prendre ses affaires en main

اِتَّخَذَ إجْراءات بِـ~ ه — prendre des mesures à l'encontre de/contre qqn

وَفْقًا لِلْـ~ — comme de juste/de raison

~ الأَقْوَى — la raison du plus fort

اِنْصاعَ لِلْـ~ — se rendre à la raison; entendre raison

أَعادَ ه إلى طَريق الـ~ — mettre qqn à la raison

قَصَّرَ في ~ ه — restreindre l'influence de; ne pas traiter qqn comme il le mérite

طالَبَ بِـ~ه — réclamer son dû

~ الزَوْجِيَّة — devoir conjugal

الـ~ أنْ — le fait/la vérité est que; à la/en vérité

مِنْ ~ه أنْ — avoir le droit/raison de

من الـ~ أن — il est vrai que; ce n'est que justice que

~ كَبِيرٍ، صَغِيرٍ، جَمِيلٍ — vraiment grand, petit, joli

**لا حَقَّ لَهُ في** — n'avoir aucun droit à

فَهِمَ ~ الفَهْم — comprendre parfaitement

عَرَفَ ~ المَعْرِفة — savoir parfaitement; connaître à fond

**حَقًّا** — décidément; effectivement; justement; à juste titre; vraiment; à vrai dire; à dire vrai; en vérité; véritablement

~ أوْ باطِلًا — à tort ou à raison

أ~ فَعَلْتَ ذلك — avez-vous vraiment fait ça?

**حُقوق** — droits; droit *n.m.* [*jur.*]

~ النَشْر — copyright

جَميع الـ~ مَحْفوظة — tous droits réservés

~ سِياسِيَّة، مَدَنِيَّة — droits politiques, civiques

~ الإنْسان — droits de l'homme

تَنازَلَ عن، دافَعَ عن ~ه — abandonner, défendre ses droits

دَرَسَ، طالِب الـ~ — étudier le, étudiant en droit

دُكْتوراه في، كُلِّيَّة الـ~ — doctorat en, faculté de droit

**حُقوقِيّ** ج ون — juridique; juriste; homme de loi

**حُقوقِيَّة** — bon droit

**أَحَقُّ** بِـ ه — être plus digne/méritant; mériter mieux/davantage

**أَحَقِّيَّة** — droit *n.m.*; bon droit

**حَقِيق** ج أَحِقَّاء بِـ — apte à; capable de; digne de; méritant

**حَقِيقة** ج حَقائِق — vérité; vrai *n.m.*; réalité; authenticité

هذه هي الـ~ — voilà/c'est la vérité!

~ حِسِّيَّة — phénomène concret/sensible; vérité tangible

على ~ه — sous son véritable jour

في الـ~؛ في ~ الأَمْر — à dire vrai; à vrai dire; en effet; en réalité; en vérité; dans le fond; pour tout de bon

**حَقيقةً** — *même sens*

**حَقِيقِيّ** — authentique; effectif *adj.*; positif; réel; sincère; véritable; vrai

عاطِفة ~ة — sentiment sincère/vrai/authentique

اِسْمُه الـ~ — son véritable/vrai nom

مَعْنًى ~ — sens propre

رِواية ~ة — histoire véridique/vraie

صُورة، أَجْر ~ (ة) — image, salaire réel(le)

غَيْر ~ — inauthentique; irréel; faux

عَدَم حَقيقيَّة — inauthenticité; irréalité

**مَحْقوق** — qui est en faute/dans son tort; fautif

~ بِـ، لِـ ه ← حَقيق

**حَقّانِيّ** — correct; exact; légitime; légal; valide; véritable

**حَقّانِيَّة** — droit *n.m.*; bon droit; justice

II **حَقَّقَ** تَحْقيقًا ه — atteindre; concrétiser; mettre en œuvre; réaliser; vérifier; rendre effectif/concret; authentifier; établir; confirmer; déterminer; vérifier

~ مَخْطوطًا — éditer/établir un manuscrit

~ آراءَه، حُلْمًا — concrétiser ses idées; réaliser un rêve

~ غايات، أَهْدافًا — atteindre des buts, des objectifs

~ الجُودة — atteindre la perfection

~ مَشْروعًا — matérialiser/réaliser un projet

~ أَمَل ه — combler les espoirs de

~ شَخْصِيَّة — identifier qqn; vérifier l'identité de

~ حِسابًا — apurer/vérifier un compte

~ في قَضِيَّة — enquêter sur/instruire une affaire

**تَحْقيق** ج ات — authentification; enquête; établissement (manuscrit); investigation; interrogatoire; actualisation; mise en œuvre; réalisation; recension (texte); vérification; exactitude; précision

الرَغْبة، الإرادة في ~ ه — désir/volonté d'atteindre/de réaliser qqch

لا يُمْكِن ~ه؛ مُتَعَذِّر الـ~ — irréalisable

~ صُحُفِيّ، قَضائِيّ — enquête journalistique, judiciaire

~ مُصَوَّر، إذاعيّ — reportage photographique, radiophonique

~ رِياضيّ — preuve mathématique

~ بِحُضور الخَصْمَيْن — interrogatoire contradictoire

~ الشَخْصيّة، الذاتيّة — identification (d'une personne)

~ في جَريمة — instruction d'une affaire criminelle

حاكِم، قاضي ~ — juge d'instruction

**مُحَقِّق** ج ون — enquêteur; magistrat instructeur; investigateur; vérificateur; reporter *n.m.*

**مُحَقَّق** — assuré; authentifié; avéré; réel; véritable

خَطَر ~ — un réel danger

من الـ~ أن — il est avéré que

IV أَحَقَّ إحْقاقًا في — avoir raison/bien faire de; être fondé à; tomber juste; dire la vérité

إحْقاقًا لِلحَقّ — pour faire foi

كان مُحِقًّا — il a bien fait; il a eu raison

V **تَحَقَّقَ** تَحَقُّقًا — être atteint (but); être assuré certain/sûr; se réaliser; se concrétiser; se matérialiser; se vérifier

~ت الشُكوك، المَخاوف — les doutes, les craintes se vérifièrent

~ الحُلْم المُسْتَحيل — le rêve impossible s'est réalisé

~ت آمالُه — ses espoirs se sont concrétisés

~ت المَشاريع — les projets se sont matérialisés

~ نَجاح المَشْروع — le succès du projet a été assuré

~ت الغاية المَنْشودة — le but désiré a été atteint

~ ه، مِن ه — apprendre avec certitude; s'assurer de; être assuré/certain/sûr de; se rendre compte de; constater; contrôler; vérifier

~ الأَمْر — en avoir le cœur net

~من الأَماكِن — reconnaître les lieux

**تَحَقُّق** — constatation; contrôle; reconnaissance; vérification

~ مِن الوَفاة — constatation de décès

X **اِسْتَحَقَّ** اِسْتِحْقاقًا — venir à échéance; avoir besoin de/droit à; mériter; mériter de/que; être digne de; valoir (la peine de, que); encourir; nécessiter

~ غَرامة — encourir/mériter une amende

~ الزِيارة — valoir le déplacement/la visite

~ الشَفَقة — être digne de compassion/de pitié

~ شُكْر وَطَنِه — bien mériter de la patrie

~ مُكافَأة — mériter/gagner une récompense

~ ه حَقّ الاِسْتِحْقاق — avoir bien gagné/bien mérité qqch

**اِسْتِحْقاق** ج ات — mérite; revendication; échéance

عن ~ — à bon droit; justement; à juste titre

وِسام الـ~ — croix du Mérite

~ دَيْن — exigibilité d'une dette

دَفَعَ دَيْنَهُ عِنْدَ الـ~ — payer sa dette à l'échéance

دَفْتَر **اِسْتِحْقاقات** — échéancier

حَسْبَ ~ه — selon ses mérites

**مُسْتَحِقّ** — possible de; dû *adj.*; exigible (somme)

~ ج ون — bénéficiaire; ayant droit; méritant

فَوائِد ~ة — arrérages

الـ~ من المَعاش — arrérages de pension

~ لِغَرامة — passible d'une amende

غَيْر مُسْتَحَقّ — indu (somme); immérité

1318 **حَقَب** — albugo de l'ongle

1319 (حقب) **حِقْبة** ج حِقَب — âge; ère; période

حِقْبةً من الزَمان — pour quelque/un certain temps

الحِقَب الهَلَكيّة — les grandes périodes géologiques

**حَقيبة** ج حَقائِب — cartable; gibecière; malle; sac; sacoche; trousse; valise

~ دِبْلوماسيّة — valise diplomatique

~ ظَهْر — sac à dos; havresac

~ يَد، نُقود — sac à main; porte-monnaie

~ طَبيب — trousse médicale

شَدَّ حَقائِبه — faire ses valises

1320 **حَقَدَ** ـِ حِقْدًا على ه. ه — nourrir de l'animosité contre; haïr; détester; en vouloir à

**حِقْد** ج أَحْقاد. حُقود — animosité; haine; rancœur; rancune; ressentiment

sans rancune — بدون ~
être dévoré par la haine — يَتَأَكَّلُه الـ~
être aveuglé par la haine — أَعْمَى الـ~ بَصَرَه
حَقيدة ج حَقائِد ← حِقد
haineux; malveillant; rancunier; plein de rancœur/de dépit; dépité — حَقود؛ حاقِد ج حَقَدة

1321 **حَقَرَ** ـِ حَقْرًا ه — dédaigner; mépriser; considérer comme vil
حَقِرَ ـَ، حَقُرَ ـُ حَقارة — être ... *v. à l'adj.*
**حَقارة** — bassesse; abaissement; insignifiance; médiocrité; petitesse [*fig.*]; caractère infamant/sordide; vulgarité
~ العَيْش — médiocrité de l'existence
حَقير ج حُقَراء — bas; infâme; infime; médiocre; méprisable; misérable; sordide; vil; vulgaire
II **حَقَّرَ** تَحْقيرًا ه، ه — faire peu de cas de; décrier; dénigrer; déprécier; humilier; outrager; regarder avec mépris; mépriser
تَحْقير — dénigrement; dépréciation; humiliation; outrage
تَحْقيريّ — dépréciatif; péjoratif (expression)
مُحَقِّر — outrageant; méprisant; humiliant
مُحَقَّرات — choses de peu de valeur
VIII **إِحْتَقَرَ** إِحْتِقارًا — dédaigner; mépriser; faire fi de
~ إِحْتِقارًا شَديدًا — mépriser profondément
**إِحْتِقار** — dédain; mépris; insulte
نَظَرَ إِلَيه بِعَيْن الـ~ — regarder avec mépris/de haut; toiser qqn
نَظْرة ~ — regard de dédain/de mépris/dédaigneux/méprisant
عامَلَهُ بِـ~ — traiter qqn en parent pauvre
إِحْتِقارًا لِـ — au mépris de; par mépris pour
مُحْتَقِر — dédaigneux; méprisant; humiliant
**مُحْتَقَر** — dédaigné; humilié; méprisé; méprisable
أَصْبَحَ ~ًا عِنْد النّاس — encourir le mépris public

1322 **حَقْل** ج حُقول — champ; domaine
~ النَّفْط — champ de pétrole; gisement pétrolifère
~ أَلْغام، إِخْتِبارات، رَمْي — champ de mines, d'expériences, de tir
~ كَهْرَبائيّ، مَغْنَطيسيّ — champ électrique, magnétique
في ~ ه — dans le domaine de
حَقْليّ — des champs; champêtre; agraire

1323 **حَقَنَ** ـُ حَقْنًا ه في — empêcher de couler; retenir (un liquide); injecter; faire une injection de; donner un lavement
~ ه إِبْرة — faire une piqûre à qqn
~ ماءَ وَجْهه — protéger/sauver l'honneur de
~ دَمَه — sauver qqn
~ الدِماء — empêcher le sang de couler
**حَقْن** ج حُقون — injection; piqûre
~ مُتَواصِل — perfusion
~ عَضَليّ، وَريديّ — piqûre intramusculaire, intraveineuse
حَقْنًا لِلدِماء — pour arrêter l'effusion de sang
حُقْنة ج حُقَن — lavement; clystère
مِحْقَن، مِحْقَنة ج مَحاقِن — injecteur; seringue
VIII إِحْتَقَنَ إِحْتِقانًا — se congestionner; être congestionné; s'obstruer
**إِحْتِقان** — congestion; obstruction
سَبَّبَ، أَحْدَثَ ~ًا — congestionner; provoquer une congestion
~ رِئَويّ — fluxion de poitrine; congestion pulmonaire
~ دِماغيّ — congestion cérébrale
وَجْه شَديد الـ~ — visage congestionné/tout rouge
زالَ ~ه — se décongestionner
مُحْتَقَن — congestionné; rouge (face)

1324 **حَقْو** ج حِقاء — lombes; reins
أَخَذَ بِـ~ه — se mettre sous la protection de
حَقْويّ — lombaire

1325 **حُكّ** — boussole; compas [*mar.*]

1326 **حَكَّ** ـُ حَكًّا ه — frotter; démanger; gratter; racler; récurer

~ كِبْرِيتًا، وَقِيدة — craquer/frotter une allumette

~ جِسْمَه، رَأْسَه — se gratter; se gratter la tête

~ في صَدْرِه — impressionner/toucher qqn

~ دِماغَهُ بِدماغ الآخرين — se frotter à autrui [*fig.*]

ما ~ جِلْدَكَ مِثْلُ ظُفْرك — *prov.* on n'est jamais si bien servi que par soi-même (*m. à m.* on ne se gratte jamais si bien qu'avec son ongle)

هَذا يَحُكُّهُ — cela le démange

حَكّ — frottement; friction

حِكّة ج ات — démangeaison; gale [*méd.*]

حَكَك — craie

حُكاك — prurit; prurigo

حُكاكيّ — prurigineux

حَكّاك ج ات — abrasif

~ الكابِح — garnitures de frein

مِحَكّ، حَجَر الـ~ — pierre de touche

الصُعوبة ~ الصَداقة — *prov.* au besoin on connaît l'ami

~ عُلْبة ثِقاب — frottoir de boîte d'allumettes

~ الزَمان — l'épreuve du temps

على الـ~ — à l'épreuve; en jeu

V **تَحَكَّكَ** تَحَكُّكًا بِـ ه — chercher noise/querelle à; se frotter à qqn

~ت العَقْرَب بِالأَفْعَى — c'est le pot de terre contre le pot de fer (*m. à m.* le scorpion se frotte à la vipère)

VIII **اِحْتَكَّ** اِحْتِكاكًا بِـ ه، ه — se frotter à qqn, qqch. [*litt.*]; avoir un contact avec

~ بِالعالَم — sortir; voir le monde; avoir des contacts

~ في صَدْرِه — être impressionné/touché (par qqch)

**اِحْتِكاك** ج ات — contact; confrontation; frottement; friction [*pr.* et *fig.*]

~ الأَفْكار — confrontation/choc des idées

ناقِلة بِـ~ — transmission par friction

1327 **حُكْر** — petit verre; petite quantité

~، حُكْرة ← اِحْتِكار

**حِكْر**، أُجْرة ~ — affermage [*agr.*]

VIII **اِحْتَكَرَ** اِحْتِكارًا ه — accaparer; truster; monopoliser; avoir le monopole de; spéculer

~ بَيْع التِبْغ — monopoliser la vente du tabac

~ الجَوائز الأُولَى — monopoliser les premiers prix

**اِحْتِكار** ج ات — accaparement; monopole; monopolisation; régie; spéculation; suprématie; trust

~ الدَوْلة، البَيْع — monopole d'État, de vente

قَوانين لِمُقاوَمة الـ~ — lois antimonopoles/antitrust

**اِحْتِكاريّ** — monopolistique

مَزايا ~ة — avantages monopolistiques

سُوق ~ة — marché spéculatif

اِتِّحاد، شَرِكة ~(ة) — trust

قانون لِمُقاوَمة الاِتِّحادات الـ~ة — loi antitrust/antimonopoles

مُحْتَكِر — accapareur; avide; cupide

1328 **حَكَمَ** ـُ حُكْمًا ه، ه — administrer; régir; décider; juger; prononcer un jugement; gouverner; régner; statuer

~ وَفْقًا لِلْقانون — juger conformément à la loi

~ حَسْبَ الظَواهِر — juger sur les apparences

~ على ه — condamner/juger qqn

~ لِـ ه بِـ ه — adjuger; donner en adjudication

~ في دَعْوَى — juger une affaire

~ في خِلاف — trancher un différend

~ في مُباراة — arbitrer un match

~ بِـ ه — conclure à; décider de

~ بِغَرامة على ه — condamner à/infliger une amende

~ بِإِدانة ه — déclarer coupable; convaincre qqn de; condamner

~ بِبَراءة ه — acquitter; déclarer innocent

**حُكِمَ** — être décidé/jugé (affaire); se décider/se juger (affaire)

~ بِبَراءته — être déclaré innocent; être acquitté

~ عَلَيْه بِـ ه — être condamné à

~ عليه بِالإدانة — être déclaré coupable

~ عليه بِالإعْدام — être condamné à mort

**حُكْم** ج أَحْكام — autorité; arrêt; condamnation; décision; jugement; modalité; pouvoir; précepte; règne; régime; sentence; verdict

يَكُون الـ~ لِـ، مَرْهونًا بِـ ه — la décision appartient à

تَحْتَ ~ه — sous son autorité/contrôle; en son pouvoir

نَزَلَ على ~ ه — céder à qqn; concéder; se plier à

~ مُتَناقِض، غِيابيّ — jugement contradictoire, par contumace

~ القَوِيّ — la loi du plus fort

~ بِالبَراءة — acquittement

~ بِالإدانة — condamnation

~ بِالإعْدام — condamnation à mort; sentence de mort

أَصْدَرَ الـ~ كَما يَشاء — juger à tort et à travers

~ مَلِك، الإرْهاب — règne d'un souverain, de la terreur

~ نِيابِيّ، تَمْثيلِيّ — régime parlementaire, représentatif

~ جُمْهوريّ، فاشِسْتيّ — régime républicain, fasciste

~ مُطْلَق — pouvoir absolu

بِـ~ مَنْصِبِه — du fait de/en vertu de ses fonctions

بِـ~ العادة — par la force de l'habitude

تَوَلَّى الـ~ — prendre le pouvoir

~ عُرْفِيّ — loi martiale; état de siège

~ اِسْتِبْداديّ — dictature; totalitarisme; pouvoir totalitaire

~ ذاتِيّ — autonomie; indépendance

في ~ ﻫ — être considéré comme; être virtuellement

كَأَنَّه في ~ العَدَم — comme s'il n'existait pas

**أَحْكام** عَقْد — modalités d'un contrat

~ عُرْفِيّة ← حُكْم عُرْفِيّ

~ القانون — les dispositions/les prescriptions de la loi

~ اِنْتِقالِيّة — règlements provisoires

لِلضَرورة ~ — *prov.* nécessité fait loi

حِكِمْدار — *égypt.* commandant; chef de la police

**حِكْمة** — sagesse; prudence; raison

مِن الـ~ أن — il est sage/judicieux/prudent de

لَيْس مِن الـ~ أَنْ — il n'est pas sage/pas prudent de

~ ج حِكَم — adage; aphorisme; maxime; morale *n.f.*; sentence morale; sens profond

حِكَمِيّ — sentencieux; gnomique (poésie); aphorique

**حَكَم** ج حُكّام — arbitre; juge; juge-arbitre

~ الحُدود، الخُطوط — arbitre/juge de touche

**حُكومة** ج ات — gouvernement

~ إلَهِيّة، الخُبَراء — théocratie; technocratie

~ الأَثْرِياء — ploutocratie

~ الجَماعة، الشَعْب — démocratie

حُكوميّ — officiel; gouvernemental; étatique

حُكومِيّة — étatisme

**حاكِم** ج حُكّام — autorité; chef; dirigeant; gouvernant; gouverneur; juge; magistrat; souverain

~ عامّ، المِنْطَقة، البَنْك — gouverneur général, de la région, de la banque

الحِزْب الـ~ — le parti au pouvoir

~ بِأَمْرِه، مُطْلَق — dictateur; autocrate

~ الصُلْح، نائِب — juge de paix; substitut [*dr.*]

~ مُقَرِّر، التَحْقيق — juge rapporteur, d'instruction

هَيْئة الحُكّام — magistrature

حاكِمِيّة — domination; empire; magistrature; souveraineté

**حَكيم** — ferme *adj.*; prudent; sage; judicieux

~ ج حُكَماء — docteur; médecin; philosophe; sage *n.m.*

**المَحْكوم** فيه، بِهِ — la chose jugée

الـ~ لَهُ — la partie gagnante [*dr.*]

~ عَلَيْه — condamné

~ عَلَيْه بِالإعْدام — condamné à mort

**مَحْكَمة** ج مَحاكِم — cour [*dr.*]; tribunal; prétoire

~ الجِنايات — cour d'assises; les assises

~ الاِسْتِئْناف — cour d'appel

~ العَدْل الدُوَلِيّة — Cour internationale de justice

~ النَقْض والإبْرام، ~ التَمْييز Cour de cassation

~ الجُنَح tribunal correctionnel; correctionnelle

~ عَسْكَرِيّة، مُخْتَلِطة tribunal militaire, mixte

~ اِبْتِدائِيّة، الدَرَجة الأُولَى tribunal de première instance

~ القَضاء الإداريّ tribunal administratif

**قاضي** ~ juge; magistrature assise

II **حَكَّمَ** تَحْكيمًا ه، ه arbitrer; désigner qqn comme arbitre/juge

**تَحْكيم** arbitrage

لَجْنة ~ commission d'arbitrage

هَيْئة ~ jury

**تَحْكيميّ** arbitral; d'arbitrage

III **حاكَمَ** مُحاكَمة ه، ه faire le procès de; poursuivre en justice; mettre en accusation; accuser

~ مُجْرِمًا juger un criminel

حُوكِمَ passer en jugement; être jugé

**مُحاكَمة** procès; condamnation; mise en accusation; poursuites; débats

~ جِنائِيّة poursuite pénale

أُصول الـ~ المَدَنِيّة Code de procédure civile

أُصول الـ~ الجِنائِيّة Code de procédure pénale

IV **أَحْكَمَ** إِحْكامًا ه bien faire qqch; maîtriser (une technique); ajuster; consolider; raffermir; rendre solide

~ أَمْرَه *même sens*

~ إِقْفال الباب bien fermer la porte

~ رَمْيَتَهُ régler son tir

~ نَظّاراته على أَنْفِهِ ajuster ses lunettes sur son nez

**إِحْكام** ajustement; exactitude; maîtrise; perfection; précision; réglage; consolidation

بِـ~ avec beaucoup de précision

**مُحْكَم** bien fait; solide; ferme; précis; bien ajusté

شَدَّ شَدًّا ~ًا serrer fort/vigoureusement

~ الإغْلاق bien/hermétiquement/solidement fermé; fermé à double tour

نَسيج ~ tissu serré; bien tissé (étoffe)

V **تَحَكَّمَ** تَحَكُّمًا في maîtriser; se rendre maître de; se conduire comme en pays conquis; contrôler; disposer arbitrairement de; avoir un pouvoir absolu sur; régenter; régir; régler; régner sur

~ في عَجَلة القِيادة bien conduire; être maître de son véhicule

~ في الأَسْعار maîtriser les prix

~ في اِرْتِفاع الأَسْعار fixer les prix à sa guise

~ مِن بَعيد commander à distance; télécommander; téléguider

~ بِقَرار ه décider pour/à la place de qqn

**تَحَكُّم** arbitraire *n.m.*; contrôle; despotisme; domination; mainmise; pouvoir discrétionnaire; réglage

~ الأَفْراد بِمَصالِح المُجْتَمَع
mainmise des individus sur les biens publics

~ مِن بَعيد télécommande; commande à distance; téléguidage

**تَحَكُّميّ** arbitraire *adj.*; despotique

**مُتَحَكِّم** qui s'est arrogé un pouvoir discrétionnaire

VIII **اِحْتَكَمَ** اِحْتِكامًا إلى ه. ه
en appeler à; recourir à l'arbitrage de

~ على décider de; exercer une autorité sur; régner sur; régenter

X **اِسْتَحْكَمَ** اِسْتِحْكامًا être ... *v. à l'adj.*

**اِسْتِحْكام** ج ات fortification; ouvrage de défense

**مُسْتَحْكَم** consolidé; renforcé; fortifié; bien enraciné; invétéré

**1329** **حَكَى** ـِ حِكاية ه conter; raconter; relater; faire un récit; imiter; reproduire; *syr., lib.* parler

~ه عَنْ ه rapporter qqch d'après qqn

~ على ه calomnier qqn

حُكِيَ أَنْ on raconte que

**حِكاية** ج ات anecdote; conte; fable; histoire; narration; récit

~ أَسْفار récit/relation de voyages

**حِكائيّ** narratif

**حاكٍ** ج حاكُون raconteur; narrateur; récitant *n.*

~ ج حَواكٍ électrophone; phonographe

**مَحْكيّ** raconté; narré; imité

III **حاكَى** مُحاكاةً ه، ه imiter; parodier; ressembler à

مُحاكاة copie; imitation; parodie; ressemblance

مُحاكٍ imitatif (musique)

~ ج مُحاكُون imitateur

1330 (حلل) حُلّة ج حُلَل toge; robe (de magistrat); surplis

حِلال scirpe; jonc des chaisiers

1331 (حلل) إحْليل urètre

1332 حَلَّ ـُ حُلولًا arriver; arriver à échéance; échoir; prendre place; camper; s'installer; *v. aussi 1330, 1331, 1338*

~ الأَجَل le terme est échu; le délai est expiré

~ مَحَلَّ ه، ه prendre la place de; tenir lieu de; remplacer; se substituer à

~ مَحَلَّهُ prendre/être à sa place

~ مَحَلَّ التَقْدير لَدى ه jouir de l'estime de qqn

~ لَوْنُهُ على déteindre sur

في الـ~ والتَرْحال en toute circonstance; dans tous les cas

حُلول arrivée (d'un moment); échéance; incidence; occurrence; immanence; incarnation; installation; habitation; demeure

~ مَحَلّ ه substitution; procuration

حُلوليّ؛ حُلوليّة panthéiste; panthéisme

حِلّة ج حِلال campement; halte de nomades; lieu de réunion

مَحَلّ، مَحَلّة ج ات، مَحالّ campement; lieu; emplacement; endroit; local *n.m.*; place; station

~ الوِلادة، العَمَل، الإقامة lieu de naissance, de travail, de résidence

~ هَنْدَسيّ lieu géométrique

~ نِزاع objet de litige/de controverse

~ نَظَر remarquable; qui attire l'attention

ما رَأى في ه ~ًا لِ ne voir aucune raison de/pour

صادَفَ ~ه trouver sa place; convenir; être opportun

في ~ه de circonstance; opportun; à sa place; à propos

حَلَّ ~ًا في قَلْب ه occuper une place dans le cœur

في غَيْر ~ه hors de/mal à propos; inopportun; déplacé; mal placé (confiance)

مُلاحَظات في غَيْر ~ها remarques déplacées/inconvenantes

~ تِجاريّ firme; maison de commerce; magasin

اِسْم الـ~ raison sociale

مَحَلّ ه، ه à la place/au lieu de

لا ~ لِ il n'y a pas de place pour/pas lieu de

مَحَلّات عُموميّة établissements/lieux/bâtiments publics; *pop.* bordels; maisons de passe

~ تِجاريّة commerces; magasins

~ اللَهْو، المَلاهي lieux de plaisir

مَحَلّيّ local *adj.*; indigène; national

السُوق الـ~ة marché local

الإنْتاج الـ~ الإجْماليّ produit national brut (P.N.B.)

عَصَبيّة ~ة esprit de clocher [*fam.*].

خُصومات، مُنازَعات ~ة querelles, rivalités de clocher [*fam.*]

مَحَلّيًّا localement

مَحَلّيّات chronique/page locale (journal); nouvelles locales

IV أَحَلَّ إحْلالًا ه، ه implanter; mettre en place; placer

~ ه مَحَلّ العِناية donner (à une chose) la place qu'elle mérite; mettre au premier rang de ses préoccupations

~ ه، ه مَحَلّ mettre à la place de; remplacer; substituer

~ السِلْم rétablir la paix

إحْلال implantation; remplacement; substitution; rétablissement

VIII اِحْتَلَّ اِحْتِلالًا مَقْعَدًا، بَلَدًا occuper une place, un pays

~ أَعْمالَه prendre ses fonctions

اِحْتِلال occupation

~ عَسْكَريّ occupation militaire

~ المَصانِع occupation des usines

جُيوش الـ~ forces d'occupation

مُحْتَلّ occupant [*mil.*]; occupé

الجُيوش الـ~ة les armées d'occupation; les occupants

الأَراضي الـ~ة les territoires occupés

X اِسْتَحَلَّ اِسْتِحْلالاً ه — s'emparer de; usurper; s'approprier

**1333 حَلَّ ـِ حِلاًّ** — être ... *v. à l'adj.; v. aussi 1332*

~ ـُ حَلًّا ه — défaire; délier; dénouer; détacher; résoudre; apporter une solution à

~ ه مِن — absoudre; accorder une dispense [*relig.*]; pardonner

~ من الخَطايا — pardonner les péchés

~ وَضْعًا مُتَوَتِّرًا — dénouer une situation tendue

~ عُقْدة لِسان — délier la langue

~ لُغْزًا، أُحْجِيَّة — deviner une charade; démêler une énigme

~ رُموز رِسالة — déchiffrer/décrypter un message

~ مَسْأَلة عَويصة — débrouiller une question difficile

~ المادّة — décomposer la matière

~ مُعادَلة، مُشْكِلات — résoudre une équation, des problèmes

~ حِزْبًا سياسيًّا — dissoudre un parti politique

لايُحَلّ — insoluble

**حَلّ ج حُلول** — solution; résolution; dissolution

وَجَدَ ~ًا لِلْمُشْكِلة — trouver une solution au problème

لَيْس من السَهْل ~ المُشْكِلة — la solution du problème n'est pas facile à trouver

~ مُعادَلة — résolution d'une équation

~ حِزْب، جَمْعِيّة — dissolution d'un parti, d'une assemblée

~ عُقْدة مَسْرَحِيّة — dénouement d'une pièce

~ الخَطايا — absolution des péchés

~ الرُموز — déchiffrement; décryptement

قابِل لِلْـ~ — soluble (problème)

غَيْر قابِل لِلْـ~، لا حَلَّ لَهُ — insoluble

أَصْحاب الـ~ والعَقْد، والرَبْط — les dirigeants; les puissants; les grands de ce monde

أَفْضَل الحُلول — la meilleure solution; le meilleur parti

**حِلّ** — licite; permis; profane *adj.*; non sacré

الأَشْهُر الـ~ — les mois profanes de l'année musulmane

كان في ~ مِن — être libre de; avoir carte blanche pour; avoir la liberté de

حِلّة — dispense [*relig.*]

**حَلال** — légitime; honnête; licite; *isl.* chose licite/permise

اِبْن ~ — enfant légitime; type bien [*fam.*]

مال ~ — argent honnêtement gagné

حَلالاً — légitimement; honnêtement

حَليل ج أَحِلّاء — époux; mari

حَليلة ج حَلائِل — épouse; femme

**مَحْلول** — dissous (parti); défait; démêlé; délié; déchiffré; dénoué; desserré; détaché; lâché; relâché; résolu (problème); *chim.* solution

شَعْر، عُقْدة ~ — cheveux, nœud défait(s)

II **حَلَّلَ تَحْليلاً ه** — analyser; décomposer; dissoudre; défaire; rendre compte; accomplir (sa promesse); satisfaire (à un engagement)

~ بَيانات، جُمْلة — analyser des renseignements, une phrase

~ وَثائِق، الدَم — analyser des documents, le sang

~ نَصًّا الى جُمَل — décomposer un texte en phrases

~ حَرَكة — analyser/décomposer un mouvement

~ النُور الشَمْسيّ — décomposer la lumière solaire

~ مَسْحوقًا — délayer/dissoudre de la poudre

~ تَحِلّةً ه — déclarer que qqch est autorisé/licite/permis; autoriser; permettre; rendre licite; légitimer; justifier

~ شُرْبَ الخَمْر — autoriser/permettre la consommation de l'alcool

تَحِلّة — accomplissement (d'une promesse)

تَحِلّةً لِلْقَسَم — par acquit de conscience

**تَحْليل ج ات، تَحاليل** — analyse; dissolution; décomposition; compte rendu

~ الدَم، وَثائِق — analyse de sang, de documents

~ الجُمْلة — analyse de la phrase

~ النُور — décomposition de la lumière

مَعْمَل ~ — laboratoire d'analyses

~ بالكَهْرَباء، كَهْرَبائيّ — électrolyse

~ طَيْفيّ — analyse spectrale

~ نَفْسانيّ، نَفْسيّ psychanalyse

تَحْليليّ analytique

هَنْدَسة، فِهْرِسْت ~(ة) géométrie, table analytique

مُحَلِّل ج ون؛ ~ نَفْسانيّ analyste; psychanalyste

IV أَحَلَّ إِحْلالًا déclarer licite/permis; absoudre

~ ه من وَعْدِهِ délier qqn de sa promesse

V تَحَلَّلَ تَحَلُّلًا se décomposer (cadavre)

~ إلى se décomposer en; s'analyser; se dissoudre

~ النَّصّ إلى جُمَل، فَقَرات le texte se décompose en phrases, en paragraphes

~ مِن se dégager; se désengager; échapper à; se libérer

تَحَلُّل dissolution; décomposition; désengagement

مُتَحَلِّل décomposé; pourri; analysé

جُثّة ~ة cadavre en décomposition

VII اِنْحَلَّ اِنْحِلالًا se débander; se décomposer; se défaire; dégénérer; se délier; se dénouer; se détacher; se dissoudre; lâcher *intr.*; pourrir; se putréfier

~ت الأَزْمة، الجَمْعيّة se dénouer (crise); se séparer (assemblée)

~ت العُقْدة lâcher/se défaire (nœud)

~ت المَوادّ العُضْويّة se décomposer (matières organiques)

~ اللَّوْن déteindre/passer (couleur)

يَنْحَلّ soluble

لا ~ indissoluble; insoluble; grand teint (couleur)

اِنْحِلال débandade; décadence; décomposition; dégénérescence; déliquescence; dénouement; dissolution; pourrissement; putréfaction

~ السُّكَّر، البَرْلَمان dissolution du sucre, du parlement

~ الأَخْلاق dissolution des mœurs

~ المَوادّ العُضْويّة décomposition/putréfaction des matières organiques

اِنْحِلاليّة solubilité

مُنْحَلّ décadent; décomposé; dissous; dissolu; dégénéré; pourri; en putréfaction

عِيشة، مُجْتَمَع ~(ة) vie dissolue; société décadente

X اِسْتَحَلَّ اِسْتِحْلالًا ه s'autoriser/se permettre qqch; considérer comme permis/comme une proie facile

1334 حُلْبة astragale [*bot.*]; *dialect.* fenugrec

1335 حَلْبة ج حَلَبات arène; lice

~ الرَّقْص، المُلاكَمة piste de danse; ring

~ السِّباق champ de courses; hippodrome

~ سِياسيّة arène politique

1336 حَلَبَ ـُ حَلْبًا traire; tirer du lait; *v. aussi* *1334, 1335*

~ عَيْنَ ه arracher/tirer des larmes à

~ الدَّهْرَ أَشْطُرَه en avoir vu de toutes les couleurs

~ نَمْلة *prov.* tondre un œuf; traire une fourmi

حَلْب البَقَرات traite des vaches

حَليب؛ حَلَب lait

~ مُعَقَّم lait pasteurisé

~ مُرَكَّز lait concentré/condensé

مَسْحوق الـ~ lait en poudre

حالِب ج حَوالِب point d'eau; pis des femelles; uretère

~ البَوْل méat urinaire

حالِبة؛ آلة ~ trayeuse [*techn.*]

حَلوب lactifère; laitière (vache)

حَلّابة bonne laitière (vache); nourrice

V تَحَلَّبَ تَحَلُّبًا couler (lait); suinter; distiller

~ لَهُ فَمُه l'eau lui vient à la bouche; saliver

~تْ لَه الأَفْواه délectable; appétissant; tentant; qui fait venir l'eau à la bouche

X اِسْتَحْلَبَ اِسْتِحْلابًا ه traire; extraire (un liquide); distiller

~ الأَزْهار extraire le suc des fleurs; distiller les fleurs

مُسْتَحْلَب ج ات émulsion; extrait

~ اللَّوْز lait d'amandes

~ أَزْهار extrait de fleurs

1337 حِلْتيت assa-fœtida; férule [*bot.*]

**1338** **حَلَجَ** ـُ حَلْجًا — égrener

حَلْج القُطْن — égrenage du coton

حَلِيج — égrené (coton)

مِحْلَج ج مَحالِج — égreneuse; égrenoir

**1339** **حَلْحَلَ** ه — ébranler qqch; ôter qqch de sa place

~ بابًا، دُرْجًا — décoincer une porte, un tiroir

**1340** **حَلْزَنَ** حَلْزَنة — tarauder; torsader

حَلْزَنة — taraudage; torsadage

حَلَزون ج ات — colimaçon; escargot; hélice; limaçon; spirale; volute

**حَلَزونيّ** — hélicoïdal; hélicoïde *n.m.*; en hélice; en spirale; serpentin *n.m.*

سُلَّم ~ — escalier en colimaçon/à vis/tournant

نابِض ~ — ressort à boudin

حَلَزُونيّات — hélicidés *n.m.pl.*

**1341** **حَلِسَ** ـَ حَلَسًا بِمَكانِه — rester cloîtré/enfermé chez soi/cloué sur place

حَلَسَ ـِ حُلوسًا بِـ ه — s'adonner/s'appliquer à

**حِلْس** ج أَحْلاس — couverture/housse de cheval; pacte

~ ه — adonné/appliqué/assidu à

~ بَيْتِهِ — casanier; cloîtré [*fig.*]

~ اللَّهْو، الحانات — play-boy; bon vivant; pilier de bistrot [*fam.*]

أَحْلَس م حَلْساء — bai (cheval)

IV **أَحْلَسَ** إِحْلاسًا ه — couvrir (un cheval); mettre une housse (à un cheval)

~ ه — faire un pacte avec qqn

~ ه على ه — obliger qqn à

**1342** **حَلَفَ** ـِ حَلْفًا — jurer; prêter serment

**حِلْف** ج أَحْلاف — serment; fidélité au serment

تأكيدًا بِـ~ اليمين — sous la foi du serment

**حِلْف** — alliance; pacte; ligue

الـ~ الأَطْلَسيّ — l'Alliance/le Pacte atlantique

حَليف ج حُلَفاء — allié; confédéré

II حَلَّفَ تَحْليفًا ه — assermenter qqn; faire prêter serment à

لَجْنة التَحْليف — jury [*dr.*]

**مُحَلَّف** ج ون — assermenté; juré *adj.*, *n.*

خَبير، مُتَرْجِم ~ — expert, interprète assermenté

المُحَلَّفون — les jurés; le jury [*dr.*]

III **حالَفَ** مُحالَفة ه — s'allier/se liguer avec; devenir l'allié de

~ه الحَظّ — avoir la chance avec soi; être favorisé par la fortune

IV أَحْلَفَ ه بِـ ه — faire jurer/faire prêter serment à qqn de

VI تَحالَفَ تَحالُفًا — s'allier; pactiser; se coaliser; se liguer

تَحالُف — alliance; pacte; coalition; ligue

مُتَحالِف — coalisé; interallié; allié *adj.*; ligué

X اِسْتَحْلَفَ اِسْتِحْلافًا ه — adjurer qqn de

**1343** **حَلَف**؛ حَلَفة؛ حَلْفاء — *bot.* alfa; stipe; sparte

**1344** **حَلُّوف** ج حَلاليف — sanglier; porc

**1345** **حَلَقَ** ـِ حَلْقًا ه، ه — raser; tondre; *v. aussi 1346*

~ ذَقَنَه — se raser

~ الرَّأْس، الشَّعْر — tondre le crâne; couper les cheveux

**حَلْق** — coiffure; rasage

~ ج حُلوق، أَحْلاق — gorge [*anat.*]; gosier

جَفَّ ~ ه — avoir la gorge sèche/le gosier sec [*fam.*]

حَلْقيّ — *ling.* guttural/aspiré (phonème)

**حِلاقة** — coiffure; rasage

قاعة، صابون ~ — salon de coiffure; savon à barbe

آلة ~ — rasoir mécanique

**حالِق** — montagne escarpée et nue

مِن ~ — d'en haut; du haut

رَمْي ~ — tir rasant

حَلّاق ج ون — barbier; coiffeur

**مَحْلوق**، حَليق الرَّأْس — rasé; tondu

شَعْر ~ — cheveux ras

مِحْلَق ج مَحالِق؛ ~ كَهْرَبائيّ — rasoir; rasoir électrique

1346 **حَلْقة** ج حَلَق، حَلَقات — anneau; bague; boucle; cercle; groupe (d'étudiants); rond *n.m.*; ronde *n.f.* (de danseurs); rondelle; maille; maillon; chaînon; décennie; épisode (de roman); *v. aussi 1345*

~ أَصْدِقاء — cercle/groupe d'amis

~ دُروس، دِراسيّة — cercle/cycle/groupe d'études; séminaire

~ مَفاتيح — porte-clefs; trousseau de clefs

~ وَصْل، اِتِّصال — trait d'union; tiret

~ كَهْرَبائيّة — circuit électrique

~ مُقْفَلة، مُفْرَغة — circuit fermé [*pr.* et *fig.*]; cercle vicieux

~ مُنْزَلِقة — curseur

~ مَشْهَد — numéro de spectacle

دَخَلَ، اِسْتَقَرَّ في الـ~ — entrer dans la danse

~ حامِض، فوطة — rondelle de citron; rond de serviette

~ مُسَطَّحة، مُسَنَّنة — rondelle plate, dentelée

~ تَرْكيز — molette de mise au point

الـ~ الرابِعة، الخامِسة من العُمْر
la quarantaine; la cinquantaine

حَلَقات الزُحَل — les anneaux de Saturne

حُلَيْقة ج ات — bouclette

**حَلْقيّ** — annelé; annulaire *adj.*; cyclique; verticillé (feuille)

لا ~ — acyclique

II **حَلَّقَ** تَحْليقًا — boucler *intr.*; évoluer dans les airs; prendre de la hauteur; s'élever dans le ciel; s'envoler; planer; tournoyer; tourbillonner; virevolter

~ بِبَصَره — lever les yeux

~ ه، على، فوق ه — survoler

**تَحْليق** — envol; vol plané; survol

**مُحَلَّق** — bouclé (cheveux); annelé (colonne)

V **تَحَلَّقَ** تَحَلُّقًا حَوْلَ، على ه، ه
boucler *intr.*; s'asseoir en rond/en cercle; faire la ronde; faire cercle (autour de)

تَحَلُّق — boucle [*aéron.*]

1347 **حُلْقوم** ج حَلاقيم — gorge [*anat.*]; gosier; pharynx

راحة الـ~ — rahat-loukoum

1348 **حَلَك** — noir (intense, comme du jais, de l'encre, du cirage, du charbon)

في جَوْف الـ~ — dans l'épaisseur des ténèbres

حُلْكة — noirceur; noir *n.m.*; épaisseur (de la nuit)

حالِك — obscur; foncé; sombre; noir (nuit)

1349 **حَلَمة** ج ات، حَلَم — teigne [*méd., zool.*]

حَلَميّ؛ حَلِم — teigneux

حَلَمِيّات — tinéidés *n.m.pl.*

1350 **حَلَمة** ج ات (الثَدْي) — mamelon [*anat.*]; tétin [*fam.*]; tétine; pointe du sein

**حُلَيْمة** ج ات؛ ~ ذَوْقيّة — papille; papille gustative

~ عُلْيا، سُفلَى — stalactite; stalagmite

1351 **حَلَمَ** ـُ حُلْمًا بِـ، عَنْ ه، ه — rêver à, de; songer à; *v. aussi 1349, 1350, 1352*

**حُلْم** ج أَحْلام — rêve; rêverie; songe

حَقَّقَ ~ه — réaliser son rêve

**أَحْلام** — chimères; utopies

تَفْسير، مُفَسِّر الـ~ — oniromancie; oniromancien

سَبَحَ في ~ه — se perdre dans une rêverie

هذه ~ نائِم — *iron.* châteaux en Espagne

حُلْميّ — onirique

حُلُم — puberté

**حالِم** — rêveur; songeur

فَتاة ~ة — jeune fille romanesque

هَيْئة، تانْغو ~ (ة) — air rêveur; tango langoureux

VIII اِحْتَلَمَ اِحْتِلامًا — arriver à l'âge de la puberté

مُحْتَلِم — pubère

1352 **حِلْم** ج حُلوم — patience; bonté; charité; clémence; indulgence; longanimité [*litt.*]; mansuétude; self-control

**حَليم** ج حُلَماء — bon; charitable; clément; indulgent; magnanime; débonnaire

**1353 حَلا** ُ حَلاوة — être ... *v. à l'adj.; v. aussi 1354*

**يَحْلو** لَهُ أنْ — il lui plaît de; trouver/croire bon de; se plaire à

حَسْبَما، كَما ~ لَهُ — comme il l'entend/il lui plaît; à sa guise

~ النَوْم، الأكْل — il fait bon dormir, manger

~ لَهُ القَوْل إنّ — se plaire à dire; croire bon de dire

حَلاوة — confiserie; douceur; halva (pâtisserie); gâteau; *fig.* charme; douceur; raffinement

حَلْوَى ج حَلاوى — gâteau; pâtisserie

حَلْوَيات — douceurs; sucreries; pâtisseries; gourmandises

حُلْوان — pot-de-vin [*fam.*]; pourboire

حَلْوانيّ — pâtissier; confiseur

**حُلْو** — doux; sucré; charmant; agréable; plaisant

~ كالعَسَل — doux comme le miel

وَجْه، صَوْت ~ — visage doux; voix douce

فَتاة ~ة — jeune fille douce/agréable/aimable

غُدّة ~ة — pancréas

أحْلَى م حُلْوَى — plus doux; plus sucré; plus aimable

ما أُحَيْلَى، ما أُحَيْلاه ← ما أحلاهُ

حُلْوة — glycine

II حَلَّى تَحْلية ه — adoucir; édulcorer [*pr.*]; sucrer

تَحْلية الماء — adoucissement de l'eau

مُحَلِّية الماء — adoucisseur d'eau

مُحَلًّى م مُحَلّاة — doux; sucré; adouci

IV أحْلَى إحْلاءً ه، ه — rendre/être doux; adoucir

ما أحْلاهُ، ~ها — qu'il, elle est doux(douce)/charmant(e)/agréable!

لا يُحْلي ولا يُمِرّ — ne faire ni chaud ni froid

V تَحَلَّى تَحَلِّيًا ه — s'adoucir

X اِسْتَحْلَى اِسْتِحْلاء ه — trouver agréable

**1354 حُلْية** ج حُلًى — bijou; joyau; décoration; garniture; ornement; parure; *v. aussi 1353*

حَلْي ج حِليّ — *même sens*

II حَلَّى تَحْلية ه، ه — décorer; embellir; orner; parer; garnir

تَحْلية — décoration; embellissement; ornement; garniture; parure

مُحَلًّى م مُحَلّاة — décoré; orné; paré; garni

V تَحَلَّى تَحَلِّيًا بـ ه — se parer; se garnir; s'orner

مُتَحَلٍّ ← مُحَلًّى

**1355 حَم.** حَمُو ج أحْماء — beau-père; père de l'épouse

حَماة ج حَمَوات — belle-mère; mère de l'épouse

**1356 حَمام.** حَمامة ج ات. حَمائِم — colombe; pigeon; palombe

~ مُطَوَّق. زاجِل — pigeon cravaté, voyageur

زاجِل ~ — colombophile

~ طُورانيّ. بَرّيّ — biset [*ois.*]; palombe

بُرْج الـ~ — pigeonnier

فَرْخ ~ — pigeonneau

حَمامة السَلام — la colombe de la paix

حَماميّات — colombidés *n.m.pl.*

**1357 حَمَّ** ُ حَمًّا ه — chauffer (l'eau); allumer (le four)

~ َ حَمَمًا — chauffer *intr.*; être chaud (eau, bain)

**حُمَّ** لَهُ الأمْر — être décidé/décrété (par Dieu)

~ الرَجُل — avoir la fièvre (homme)

حُمّة ج حُمَم. حِمام — chaleur intense; couleur pain brûlé; fièvre

حُمَمة ج حُمَم — cendres; laves

سَيْل حُمَم — coulée de lave

حَمّة ج حَمّ. حِمام — source d'eau chaude, thermale

حَمَّويّة — thermalisme

**حُمَّى** ج حُمَّيات — fièvre; fébrilité

نَوْبة ~ — accès de fièvre

~ الانْتِخابات. الذَهَب — la fièvre des élections, de l'or

~ صَفْراء. فَحْمِيّة — fièvre jaune; charbon [*vétér.*]

~ قُلاعيّة. قِرْمِزيّة — fièvre aphteuse; scarlatine

~ الحَشائِش — rhume des foins

~ المُسْتَنْقَعات — paludisme

مُخَفِّف، ضِدّ الـ~ — fébrifuge

حُمِّيّ — fébrile; fiévreux

حُمِّيَّة — fébrilité

**حَمّام** ج ات — bains; thermes; salle de bains; hammam

~ شَمْس، بُخار — bain de soleil, de vapeur

~ زَيْتِيّ، مِلْحِيّ — *techn.* bain d'huile; bain de sel

~ لِلسِباحة — piscine

مَحَطّة **حَمّامات** — station thermale

مَحَطّة ~ بَحْرِيّة — station balnéaire

حَمّامِيّ — balnéaire

حُمامَى — érythème

**مَحْموم** — fiévreux; fébrile; frénétique

نَشاط، يَد، قُبْلة ~ة — activité, main, baiser fiévreux(euse)

اِسْتِعْدادات ~ة — préparatifs fébriles

**حَميم** ج أَحِمّاء — chaud *adj.*, *n.m.*; intime/proche (ami)

جَوّ ~ — atmosphère fiévreuse; chaude ambiance

حَميمِيّ؛ حَميمِيّة — intimiste; intimisme

II **حَمَّمَ** تَحْميمًا (ماءً) — faire chauffer de l'eau; préparer l'eau d'un bain

~ ولدًا — baigner un enfant; donner le bain

X **اِسْتَحَمَّ** اِسْتِحْمامًا — se baigner; prendre un bain; se laver à l'eau chaude

~ في البَحْر — prendre un bain de mer

**اِسْتِحْمام** — baignade; bain

مُعالَجة بالـ~ — balnéothérapie

اِسْتِحْمامِيّ — balnéaire

مُسْتَحِمّ ج ون — baigneur

1358 **حَمَأَ** - حَمْأً بِئْرًا — curer un puits

**حَمْأة**؛ حَمَأ — boue; bourbe; vase; fange

تَمَرَّغَ في الـ~ — se vautrer dans la boue [*fig.*]

حَمِئ — boueux; bourbeux; vaseux; fangeux

1359 (حمت) **حَميت** — doux/sucré (fruit, miel)

1360 **حَمْحَمَ** حَمْحَمة — hennir; hennissement

حِمْحِم — bourrache

حِمْحِمِيّات — borraginacées *n.f.pl.*

1361 **حَمِدَ** - حَمْدًا ه، ه — louer qqn/qqch; être satisfait de; approuver; rendre grâces à

~ لِـ ه مَوْقِفَهُ — approuver (l'attitude de) qqn

صُعوبات لا **تُحْمَد** عُقْباها — difficultés dont on a tout lieu de craindre une issue malheureuse

**حَمْد** — approbation; louange; éloge; action de grâces

الـ~ لِلّه — gloire/grâce à Dieu; Dieu soit loué; louanges à Dieu; Dieu merci; à la bonne heure

أَحْمَد — plus digne d'éloges; *n.pr.* Aḥmad

فِعْل **حَميد** — acte méritoire/louable

مَرَض، وَرَم ~ — maladie, tumeur bénigne

**مَحْمود** — louable; digne d'éloges; loué

خَليقة ~ة — heureuse nature

مَساعٍ ~ة — efforts louables/méritoires

II حَمَّدَ تَحْميدًا ه — louer Dieu

مُحَمَّد — comblé/digne d'éloges/de louanges; loué; *n. pr.* Muḥammad; Mohammed; Mahomet; Méhémet

**مُحَمَّدِيّ** — mohammadien; mahométan

السِيرة الـ~ة — la tradition mohammadienne

IV **أَحْمَدَ** إِحْمادًا — être/se montrer digne d'éloges; plaire; mériter l'approbation

~ ه، ه — approuver; trouver bon/excellent

1362 **حَمْدَلَ** — *prononcer la formule «al-hamdu li-llah»*: Dieu soit loué

حَمْدَلة — *isl. formule de glorification de Dieu (v. le précéd.)*; doxologie

1363 (حمر) **حِمار** ج حَمير، حُمُر — âne; bourricot; baudet

على ظَهْر الـ~ — à dos d'âne

إِنّه ~ — c'est un âne!

~ عَتّابِيّ، الزَرَد — zèbre

~ الوَحْش، وَحْشيّ — onagre; âne sauvage

~ قَبّان — cloporte [*zool.*]

حِمارة ج حَمائِر — bourrique [*fam.*]; ânesse

حَمّار ج ون — ânier; muletier

**1364 حُمْرة** — couleur rouge; fard; rouge *n.m.*; rougeur; *méd.* érysipèle; *v. aussi 1363*

~ الشَجَر، الوَرَق — rouille [*bot.*]

حُمَيْراء — *bot.* baobab; *ois.* rouge-queue; *méd.* rubéole

حَمارّة القَيْظ — canicule; le plus fort de la chaleur

**أَحْمَر** م حَمْراء ج حُمْر — rouge *adj.*

~ الوَجْه — rougeaud

~ الشِفاه، الخَدَّيْن — rouge à lèvres, à joues

ما تَحْتَ، دُونَ الـ~ — infrarouge

الصَليب، الهِلال الـ~ — Croix-, Croissant-Rouge

الجَيْش الـ~ — l'armée rouge

هَوًى ~ — passion; relations passionnées/sensuelles

مَوْت ~ — fin sanglante; mort violente

إنّه من الأَحْمَرَيْن — aimer la viande et le vin (*m. à m.* les deux choses rouges)

**حَمْراء** — forte chaleur

سَنة ~ — mauvaise année

بُقْعة ~ — rougeur/tache rouge (sur la peau)

يَحْمور — hémoglobine; chevreuil

II **حَمَّرَ** تَحْميرًا ه، ه — rougir *tr.*; colorer/marquer en rouge

~ اللَحْم — faire griller/rôtir la viande

~ الشِفاه — mettre du rouge à lèvres; se farder la bouche

مُحَمَّر — grillé/rôti (viande); rougi; fardé

V تَحَمَّرَ تَحَمُّرًا — se farder; se maquiller

IX **اِحْمَرَّ** اِحْمِرارًا — rougir *intr.*; rougeoyer; piquer un fard [*fam.*]

~ الأَلَم — être atroce/violent (douleur)

~ وَجْهُه خَجَلًا — rougir de honte

~تْ مِنْهُ عَيْناهُ — faire les gros yeux à

~تِ الدُنْيا في عَيْنَيْهِ — voir rouge [*fig.*]

**اِحْمِرار** — rougeur; rougeoiment; rougissement

عَلا وَجْهَهُ الـ~ — rougir; le rouge lui monte au visage

شَعَرَ بالـ~ يَعْلو وَجْنَتَيْه — il sentit qu'il rougissait

X اِسْتَحْمَرَ اِسْتِحْمارًا — faire rougir qqn

**1365 حَمَزَ** ـِ حَمْزًا اللِسان — brûler/piquer la langue (liquide)

حَمْز النَبيذ — âcreté/âpreté d'un vin

حامِز — âcre; âpre; piquant; *fig.* revêche; vif

**1366 حَماس**، حَماسة — ferveur; courage; exaltation; entrain; fougue; enthousiasme; ardeur; élan; zèle

الـ~ الَّذي يَمْلأُ الصُدور — l'exaltation qui emplit les cœurs

~ المُناقَشة — le feu de la discussion

بِلا، بِدُون ~ — sans aucune envie de; sans entrain/enthousiasme

صَفَّقَ في ~ — applaudir avec enthousiasme des deux mains [*fig.*]

**حَماسيّ** — ardent; enthousiaste; chaleureux; exalté; fougueux; fervent; zélé; passionné; *litt.* épique

اِسْتِقْبال، كَلام ~ — accueil, propos termes chaleureux

خُطْبة ~ة — discours enthousiaste/passionné

شِعْر ~ — poésie héroïque/épique

II **حَمَّسَ** الشَعْب، الجُمْهور — enthousiasmer/fanatiser le peuple, la foule

~ المُشاهِدين — passionner les spectateurs

**مُحَمِّس** — entraînant; exaltant; passionnant

خُطْبة، مُباراة ~ة — discours exaltant; match passionnant

لَحْن، مُوسيقى ~(ة) — air, musique entraînant(e)

V **تَحَمَّسَ** تَحَمُّسًا — s'exalter; se monter la tête; s'enthousiasmer; s'échauffer; se passionner

~ لِـ — se faire l'ardent défenseur de

تَحَمُّس — enthousiasme; exaltation; passion; zèle

**مُتَحَمِّس** — enthousiaste; exalté; ardent; partisan; fervent; passionné; fanatique; fougueux; zélé

~ لِـ — ardent défenseur/partisan de

أَتْباع مُتَحَمِّسونَ — supporters forcenés

1367 **حَمَشَ** ـُ حَمْشًا ه — exciter; irriter; mettre en colère

1368 **حِمَّص**؛ حُمُّص — *coll.* pois chiche

مِحْمَصة الخُبْز، البُنّ — grille-pain; brûlerie de café

II **حَمَّصَ** خُبْزًا، بُنًّا — griller du pain; torréfier du café

تَحْميص البُنّ — torréfaction du café

مُحَمَّص — frit; grillé; torréfié

1369 **حَمُضَ** ـُ حُموضة — s'acidifier; être/devenir acide/aigre; aigrir

حَمْض ج حُموض، أَحْماض — acide *n.m.*

حَمْضِيّة ج ات — citron; agrume

حُموضة — acidité; âcreté; aigreur; piquant *n.m.*

**حامِض** — acide; âcre; aigre; piquant *adj.*

~ ج حَوامِض؛ حَمْض ج أَحْماض — acide *n.m.*; citron

~ الكِبْريت — acide sulfurique

~ الفَحْم، الخَلّ — acide carbonique, acétique

~ بَوْليّ، البَوْل — acide urique

~ لامائِيّ — anhydride

حُمّاض؛ حُمَّيْض — *bot.* oseille; oxalide; oxalis; patience [*bot.*]; surelle

II **حَمَّضَ** تَحْميضًا — acidifier; aigrir *tr.*; rendre aigre/acide/âcre

~ صورة — développer une photographie

~ اللَبَن — tourner *intr.* (lait); faire tourner le lait

تَحْميض — acidification; développement [*phot.*]

مُحَمِّض — acidifiant

مُحَمَّض — acidifié; développé [*phot.*]; tourné (lait)

IV أَحْمَضَ إِحْماضًا — aigrir *intr.*; raconter des histoires piquantes

قِصّة مُحْمِضة — histoire crue/piquante/salée [*fam.*]

IX اِحْمَضَّ اِحْمِضاضًا — aigrir *intr.*

مُحْمَضّ — aigre; aigri

1370 **حَمِقَ** ـَ حُمْقًا — être ... *v. à l'adj.*

**حَماقة**؛ حُمْق — folie; niaiserie; sottise; stupidité

مِنَ الـ~ أن — c'est stupide de

حَماقات — bêtises; enfantillages; insanités; stupidités

أَحْمَق م حَمْقاء ج حُمْق، حَمْقى — fou; niais; naïf; sot; stupide; nigaud; insensé

**حَمْقاء**؛ بَقْلة ~ — pourpier

كَلِمة ~ — mot malheureux

حُماق — varicelle

1371 **حَمَل** ج حُمْلان — agneau

بُرْج الـ~ — bélier [*zool.*]

1372 **حَمَلَ** ـِ حَمْلًا ه — emporter; porter; transporter; comporter; apporter

~ عَلَى ظَهْره، السِلاح — porter sur son dos, les armes

~ وِسامًا، ثَمَرًا — porter une décoration, des fruits

~ وَلَدًا — concevoir; être enceinte; porter (un enfant)

~ عَلَى مُتَّهَم — accabler/charger un prévenu

~ على العَدُوّ — attaquer/charger l'ennemi

~ ه على مَحْمَل الجِدّ — prendre au sérieux

~ ه على مَحْمَل السُوء — prendre mal/en mauvaise part

~ ه على غَيْرِ مَحْمَله — mal interpréter qqch; se tromper sur

~ ه مَحْمَل الهَزْل — prendre du bon côté/à la légère/à la plaisanterie

~ ه على — amener à; décider à; engager à; déterminer à; pousser à

~ ه على الكَلام، على العَمَل — faire parler; pousser à l'action

~ ه على التَفْكير — faire réfléchir; prêter à réflexion

~ ه على الضَحِك — prêter à/faire rire

بِكُلِّ ما يَحْمِلُهُ مِنْ مَعانٍ — au plein sens du terme

**حَمْل** — conception; gestation; grossesse; portée (d'un animal); *log.* attribution

مُدّة الـ~ — durée de la gestation

مانِع، ضِدّ الـ~ — anticonceptionnel

وَسائِل مَنْع الـ~ — moyens anticonceptionnels

~ سِلاح — port d'armes

رُخْصة ~ السِلاح — permis de port d'armes

**حَمْلة** ج حَمَلات — attaque; campagne; charge (de cavalerie); expédition

~ جَوِّيّة — attaque/raid aérien(ne)

~ عَسْكَرِيّة — corps expéditionnaire; campagne militaire

~ تَأْدِيبيّة — expédition punitive

~ إِنْتِخابيّة، صُحُفيّة — campagne électorale, de presse

~ إِسْتِكْشافيّة — raid de reconnaissance

~ دِبْلوماسيّة، سِياسيّة — offensive diplomatique, politique

شَنَّ، قامَ بِـ~ ضِدّ — partir en/faire campagne contre

حَمْليّ — attributif [*log.*]

**حِمْل** ج أَحْمال — charge; chargement; cargaison; faix; fardeau; poids

~ ج حُمول — litière (chargée sur un chameau)

أَحْمال من الصُخور — des chargements de pierres

**حُمولة** ج ات — charge; capacité; chargement; contenance; fret; jauge; tonnage

حَدّ، وَزْن الـ~ — charge limite; poids total en charge

~ قائِمة، صافية — jauge brute, nette

حِمالة ج ات، حَمائِل — baudrier; ceinturon

حِمالات — bretelles

**حامِل** ج ون، حَمَلة — portant; porteur; chevalet; *techn.* bâti *n.m.*; support

سَطْح، سِلْك ~ — surface portante; câble porteur

~ أَسْهُم — porteur de parts, d'actions

سَنَد لِـ~ ه — billet au porteur

يُدْفَع لِـ~ ه — payable au porteur

~ شَهادة — breveté; diplômé; titulaire d'un diplôme

~ إِجازة — licencié; titulaire d'une licence

~ إِجازة سَوْق — titulaire du permis de conduire

~ وِسام — décoré de l'ordre de

~ ج حَوامِل — enceinte *adj.*/grosse (femme); pleine (femelle)

**حامِلة** ج ات طائِرات — porte-avions

~ حَقائِب — porte-bagages

حَمّال ج ون — brancardier; portefaix; porteur *n.m.*

**حَمّالة** — poutre; support; pile [*archit.*]; pilier; brancard; civière

~ الصَدْر، النَهْدَيْن — bustier; soutien-gorge

~ جَوارِب — jarretière

حَميل — caution; garant; *anat.* fœtus

**مَحْمول** — porté; transporté; *log.* attribut; prédicat

~ عليه — *log.* sujet

~ جَوًّا — aéroporté

**مَحْمَل** ← حَمَل على ~ الجِدّ، السوء

**مَحْمِل** ج مَحامِل — brancard; civière; litière; palanquin; point d'appui; *techn.* palier; roulement

~ كُرْسيّ، اِنْزِلاقيّ — palier; palier de glissement

~ دَحْروجيّ، ذو كُرَيّات — roulement; roulement à billes

II **حَمَّلَ** تَحْميلاً ه — charger; faire porter/transporter qqch

~ ه على كاهِل ه — imposer qqch à qqn; faire supporter à qqn le poids de

~ ه تَبِعة، مَسْؤُوليّة — faire endosser une responsabilité à qqn; mettre qqch sur le dos de qqn [*fig.*]

تَحْميل — chargement; imposition

تَحْميلة ج تَحاميل — suppositoire

مُحَمَّل — chargé; imposé; endossé

V **تَحَمَّلَ** تَحَمُّلاً ه — prendre en charge; se charger de; subir; tenir le coup; souffrir; être étayé

~ الداء — accepter/endurer la maladie/le mal

~ المَسْؤوليّة — assumer/endosser la responsabilité

~ المَشاكِل، الصُعوبات — supporter les problèmes, les difficultés

~ النَفَقات — prendre à sa charge/supporter les dépenses

VI **تَحامَلَ** تَحامُلاً على ه — être prévenu contre; faire preuve d'intolérance/de partialité/de sectarisme; maltraiter; traiter injustement

~ على نَفْسِه — faire un effort sur soi-même; prendre sur soi

تَحامُل — intolérance; parti pris; prévention; sectarisme

VIII **اِحْتَمَلَ** اِحْتِمالاً ه — endurer; supporter; tolérer; faire une hypothèse/une supposition; supposer

~ البُؤْس والبَرْد — endurer la pauvreté et le froid

~ نَصيبَه من المَسْؤُولِيّة — porter sa part de responsabilité

~ المُناقَشة، تَأْخيرًا — admettre/tolérer/supporter la discussion, un retard

~ الشَتائِم — encaisser les injures

لَمْ يَعُدْ **يَحْتَمِل** — n'en pouvoir plus

لا يَسْتَطيع أَنْ ~ ه، ه — ne pas pouvoir encaisser qqn, qqch [*fam.*]

**يُحْتَمَل** — supportable; tolérable; concevable; probable

هذا مِمّا ~ — cela peut passer; c'est supportable

لا ~ — insupportable; intolérable; inconcevable; improbable

**اِحْتِمال** — endurance; tolérance

فَوْق ~ه — n'y plus tenir; insupportable; au-dessus de ses forces

~ ج ات — apparence (de vérité); hypothèse; perspective [*fig.*]; probabilité; vraisemblance

عَدَم ~ — improbabilité; invraisemblance

بَعيد الـ~ — improbable; invraisemblable

**اِحْتِمالات** خِطّة — aléas d'un projet

حِساب الـ~ — calcul des probabilités

في أَسْوَأ الـ~ — au pis aller; dans le pire des cas

في كُلّ الـ~ — de toute façon; dans tous les cas; en tout état de cause; en toute hypothèse

حَسَبَ ~ ه — supputer les chances de

**اِحْتِماليّ** — aléatoire; éventuel; potentiel; probabiliste

طَلَب، طاقة ~ة — demande, énergie potentielle

اِحْتِماليّة ج ات — potentialité; probabilisme; probabilité

**مُحْتَمَل** — éventuel; plausible; probable; supportable; vraisemblable

حادِث ~ — éventualité

أَلَم ~ — douleur supportable

غَيْر ~ — peu probable; improbable; insupportable; invraisemblable

مِن الـ~ أَنْ — il est probable/vraisemblable que; éventuellement

مِنْ غَيْرِ الـ~ أَن — il est improbable/peu probable/invraisemblable que

**1373** **حِمْلاج** ج حَماليج — chalumeau [*techn.*]

**1374** **حَمْلَقَ** — ouvrir de grands yeux; écarquiller les yeux

~ في — regarder fixement; fixer du regard

**حَمْو** ← حَم، حَمِي

**1375** (حمو) **حُمة** ج حُمات — venin; virus

~ ج حُمًى — dard (des insectes)

حُمَويّ — viral/à virus (maladie)

**1376** (حمو) **حَمِيَ** ـَ حُمِيًّا — brûler *intr.*; chauffer *intr.*; devenir/être chaud; s'échauffer; être échauffé; *fig.* faire rage; s'enflammer; *v. aussi 1375, 1377*

~ على — se mettre en colère (contre)

~ الأَمْر، الوَطيس — la bataille fait rage; ça barde [*pop.*]; ça chauffe [*fam.*]

**حَمْو** — ardeur; chaleur piquante

~ الشَمْس — ardeur du soleil

**حُمُوّ** آلة، مُحَرِّك — échauffement d'une machine, d'un moteur

~ أَلَم — intensité/violence d'une douleur

**حَمِيّة**، حُمَيّا — ardeur; brio; chaleur [*fig.*]; élan; enthousiasme; emportement; zèle; ferveur; feu sacré; fougue; fureur; furie; impétuosité; passion; rage; tempérament; véhémence; violence

~ الشَباب — l'ardeur/l'élan de la jeunesse

هاجَمَ بِـ~ — charger avec impétuosité; attaquer avec fureur/avec fougue

ذُو ~ — enthousiaste; ardent; fervent; impétueux; qui a de l'abattage [*fam.*]/du brio/de la fougue

الـ~ القَوْمِيّة، المَحَلّيّة — chauvinisme

**حُمَيّا** اللَعِب — la passion du jeu

في ~ النِقاش — dans la chaleur de la discussion

**حامٍ** م حامِية — chaud; animé; ardent; emporté; furieux; impétueux; rageur; violent

المُحَرِّك ~ — le moteur est chaud

نِقاش ~ — discussion animée

مَعْرَكة ~ة الوَطيس — combat acharné/furieux; bataille qui fait rage

II حَمَّى تَحْمِية ه — échauffer; chauffer *tr.*

مِساحة التَحْمِية — surface de chauffe

حَديد مُحَمًّى — fer rouge/porté au rouge

IV أَحْمَى إحْماءً ه ← II

~ مُحَرِّكًا — faire chauffer un moteur

~ عَضَلاتِهِ — s'échauffer [*sport.*]; se chauffer les muscles

1377 حَمَى ـِ حِمايَة ه، ه — abriter; défendre; protéger; sauvegarder; couvrir [*fig.*]; *v. aussi 1376*

~ نَفْسَه مِن — se garantir de; se protéger contre

~ ـِ حِمْيَة — mettre à la diète/au régime

**حِمايَة** — couverture; garde; protection; sauvegarde; tutelle

في ~ ه — sous l'égide/la protection de

~ الحُدود — couverture/protection des frontières

~ التِجارة الوَطَنيّة — protectionnisme

الـ~ الفِرَنْسيّة في المَغْرِب — le protectorat français au Maroc

**حِمائِيّ** — protectionniste

إجْراءات، سِياسة ~ة — mesures/politique protectionniste(s)

**حِمائِيّة** المُنْتَجات الزِراعِيّة — protectionnisme agricole

~ إحْتِكارِيّة — protectionnisme monopolistique

**حِمْيَة** — diète; régime

عِلْم الـ~ — diététique *n.f.*

حِمًى — protection; sauvegarde; sanctuaire

حَمِيّ — (malade) à la diète/qui suit un régime

حامٍ ج حُماة — défenseur; gardien; protecteur; saint patron (d'une ville)

**حامية** ج ات — garnison; ville de garnison; patronne

دَوْلة ~ — nation protectrice; puissance tutélaire

**مَحْمِيّ**؛ ~ بِالأوامِر — protégé; couvert [*fig.*]

دَوْلة ~ة — nation protégée

III **حامَى** مُحاماة عَنْ ه — défendre; prendre fait et cause pour; se faire l'avocat/le champion/le défenseur de

**مُحامٍ** ج مُحامونَ — avocat; champion; défenseur

~ إسْتِشارِيّ، مُسْتَشار — avocat-conseil

مُحامي الشَيْطان — avocat du diable

مُحامِية ج ات — avocate

المُحاماة — le barreau; la profession d'avocat

VIII **إحْتَمَى** إحْتِماءً مِن — s'abstenir de; parer à; s'abriter; se mettre à l'abri/à couvert; chercher protection contre

~ بِـ ه — se réclamer/se recommander de qqn; invoquer le patronage de qqn

~ بِظِلّ ه — se mettre dans l'ombre de qqn; se mettre sous l'aile protectrice de; chercher refuge auprès de

1378 **حَنَّ** ـِ حَنانًا، حَنينًا — s'attendrir; être attendri/ému; gémir (de tendresse)

~ إلى، لِـ — brûler de; languir de; aspirer à; avoir une grande tendresse pour; soupirer après

~ عَلى ه — avoir de la compassion pour; avoir pitié de; se laisser émouvoir par

**حَنان** — affection; commisération; compassion; sympathie; tendresse

بِـ~ — affectueusement; tendrement

حَنانَكَ، حَنانَيْكَ — pitié! par pitié!

**حَنين** — affection; aspiration; désir; envie (de); élan (vers); gémissements; soupirs (après); tendresse

الـ~ إلى الوَطَن — mal du pays; nostalgie

**حَنون** — affectionné; affectueux; câlin; caressant; gentil; sensible; tendre; touchant

أُمّ، قَلْب ~ — mère, cœur tendre

أَب ~ — bon père

صَوْت ~ — voix câline/caressante/touchante

حَنّان ← حَنون

II **حَنَّنَ** تَحْنينًا ه — apitoyer; attendrir; émouvoir; toucher qqn [*fig.*]

~ قَلْبَ ه — *même sens*

V **تَحَنَّنَ** تَحَنُّنًا على — s'apitoyer sur; s'émouvoir de; se laisser attendrir/toucher par; avoir pitié de; prendre en pitié

تَحَنُّن — attendrissement; apitoiement; pitié; sympathie; tendresse

1379 **حُنَيْن** : رَجَعَ بِخُفَّيْ ~ — *prov.* revenir bredouille; être Gros-Jean comme devant

1380 **حِنّاء** — henné

أَبو الـ~ — rouge-gorge

II حَنَّأَ تَحْنيئًا، تَحْنِئة ه — se teindre (les cheveux) au henné

1381 (حنب) II **مُحَنَّب** — voûté/cassé (vieillard)

1382 حَنْبَلِيّ ج حَنابِلة hanbalite; *v. le suivant*

حَنْبَلِيّة rite hanbalite; «*madhab*»/doctrine de Aḥmad ibn Ḥanbal

1383 حُنْبُلة ج حُنْبُل cosse (de haricots); gousse; haricot

(حنت) حانوت *v. ordre alphab.*

1384 حَنِثَ - حِنْثًا être parjure; se parjurer

~ بِعَهْده، في يَمينه revenir sur ses engagements; trahir son serment

حِنْث ج أَحْناث parjure; trahison; faux serment

حانِث parjure; qui commet un parjure; infidèle; traître

1385 حَنْجَرة ج حَناجِر gorge; gosier; larynx

اِلْتِهاب الـ~ laryngite

حُنْجور ج حَناجير ← جَنْجَرة

~ الطِيب flacon de parfum

~ الحُبوب flacon de comprimés

1386 حَنْدَقوق؛ حَنْدَقوقي mélilot

1387 حَنَش ج أَحْناش couleuvre; serpent (non venimeux)

1388 حِنْطة froment

حِناط؛ حَنوط baume/substance balsamique (pour embaumer les morts)

حِناطة art d'embaumer les morts

حانِط؛ أَحْمَر ~ très rouge; rouge vif

II حَنَّطَ تَحْنيطًا ه embaumer *tr.*; momifier

تَحْنيط embaumement; momification

مُحَنِّط embaumeur

مُحَنَّط embaumé; momifié

1389 حَنْطور، عَرَبة الـ~ calèche; fiacre

1390 حُنْظُب ج حَناظِب cerf-volant [*ins.*]; lucane

حُنْظوب pouffiasse [*pop.*]

1391 حَنْظَل coloquinte

1392 حَنَفِيّة ج ات robinet

أدار، شَدّ الـ~ ouvrir, fermer le robinet

1393 (حنف) أَحْنَف م حَنْفاء ج حُنْف
bot; pied-bot *n.m.*; qui a un pied bot

رِجْل حَنْفاء pied bot

1394 (حنف) حَنيف ج حُنَفاء vrai croyant; musulman; orthodoxe

الدين الـ~ la religion musulmane orthodoxe

حَنَفِيّ ج حَنَفِيّة hanéfite; *v. le suivant*

حَنَفِيّة rite hanéfite; «*madhab*»/doctrine de Abū Ḥanīfa; orthodoxie

1395 حَنِقَ - حَنَقًا عَلَى enrager; s'exaspérer; être exaspéré; être furieux; se fâcher; se mettre en colère; s'emporter; s'indigner; haïr; rager

حَنَق colère; courroux [*lit.*]; déchaînement; emportement; exaspération; furie; haine; indignation; rage; rancœur; ressentiment

ذابَ ~ه s'apaiser/se calmer (colère)

شَعَرَ بِبَعْض الـ~ sentir monter sa colère

بـ~ furieusement; haineusement; rageusement

حانِق؛ حَنِق déchaîné; enragé; emporté; en colère; fâché; furieux; irrité; indigné; rageur

~ على الحياة désespéré; las de la vie

IV أَحْنَقَ إِحْناقًا ه faire enrager/rager; fâcher; exaspérer; mettre en fureur; rendre furieux

مُحْنِق exaspérant; rageant

مُحْنَق ← حانِق

1396 حَنَكَ - حِصانًا brider un cheval

~ه الدَهْر être instruit/mûri par l'expérience

حَنَك ج أَحْناك palais [*anat.*]

~ صُلْب palais dur; voûte palatine

~ لَيِّن voile du palais

سَقَطَ ~ه من الدَهْشة rester bouche bée; béer de surprise

حَنَكِيّ palatal; palatin; maxillaire *adj.*

حَرْف ~ phonème palatal

حِناك — mors

حُناك — stomatite

**حُنْك**، حُنْكة — expérience de l'âge; prudence; sagesse acquise; solidité

إنَّهُ مِن أهْل الـ ~ — c'est un homme averti/d'expérience

II **حَنَّكَ** تَحْنيكًا ه — mettre le mors (à un animal); donner de l'expérience (vie); apprendre à vivre à qqn

~تْ ه التَجارِب — avoir été à rude épreuve; avoir appris à vivre

**مُحَنَّك** — chevronné; expérimenté; habile; instruit par l'expérience

رَجُل سياسيّ ~ — homme politique consommé; vieux routier [*fam.*] de la politique

~ مُبَنَّك — très habile; rusé

1397 (حنو) **حَنا** ـُ حَنْوًا ه — cambrer; courber; incliner; infléchir; plier; ployer; recourber

**حَنَى** ـِ حَنْيًا ه — *même sens*

~ أُنْبوبة — couder un tuyau

~ الرَأْس — courber/fléchir/incliner la tête

~ جِسْمه — fléchir le corps; se courber; s'incliner

~ ظَهْره — courber le dos/l'échine [*pr.* et *fig.*]

**حَنا** ـُ حُنُوًّا على ه — avoir/éprouver de la compassion/pitié/sympathie/tendresse pour; avoir un penchant pour

**حَنْو**، حَنْي — inclinaison; inflexion; flexion

~ الجِسْم — flexion du tronc

حَنْية — coude; méandre; sinuosité

**حُنُوّ** — inclination; affection; sensibilité; sympathie; tendresse

~ مُتَبادِل — sympathie partagée

اِسْتِمالَ الـ ~ — attirer la sympathie

حِنْو ج أَحْناء — cambrure; contour; courbure; courbe; pliure; arçon; pommeau de la selle

بين **أَحْناء** ه، ه — à l'intérieur de; au fond de

حَنِيّة ج حَنايا — arc; arceau; arche; voûte

في **حَنايا** صَدْره، نَفْسه — dans son for intérieur [*litt.*]; au fond de soi

حانٍ (الحاني) — tendre; qui aime tendrement

عَيْنان حانِيَتان — des yeux pleins de tendresse

حانية ج حَوانٍ — côte [*anat.*]; l'une des quatre côtes les plus longues

بِمِلْء **حَوانيه** — à pleins poumons; à pleine poitrine

**مَحْنِيّ** — cambré; coudé; courbé; fléchi; incliné

**مَحْنِيّة** ج مَحانٍ — cambrure; coude; méandre; sinuosité

IV أَحْنَى إحْناءً ← حَنا، حَنَى

VII **اِنْحَنَى** اِنْحِناءً — se baisser; se cambrer; se couder; faire un coude/un méandre; se courber; s'incliner; s'incurver; s'infléchir; se ployer; se recourber

~ أَمامَ ه في اِحْتِرام — s'incliner respectueusement devant; faire la révérence

**اِنْحِناء** — inclinaison; inclination; inflexion; courbette; révérence; flexion (du buste)

~ الطَريق — détour du chemin

~ العَمود الفِقْريّ — déviation de la colonne vertébrale; scoliose

اِنْحِناءة حادّة — coude brusque (d'un fleuve)

مُنْحَنٍ — courbe *adj.*; courbé; infléchi; coudé; incurvé; dévié

**مُنْحَنًى** ج مُنْحَنَيات — coude; courbe *n.f.* [*math.*]; tournant *n.m.*

~ الإنْتاج، النُمُوّ — courbe de production, de croissance

1398 **حَوّاء** — Ève

1399 **حُوت** ج حِيتان، أَحْوات — poisson; baleine; cétacé

~ أَزْرَق — grande baleine bleue; rorqual

~ عَنْبَر — cachalot

~ سُلَيْمان — saumon

بُرْج الـ ~ — Poissons [*zod.*]

حوتِيّات — cétacés *n.m.pl.*

1400 (حوث) IV **أَحاثَ** إحاثة ه — fouiller/remuer (la terre)

عالِم، عِلْم الإحاثة — paléontologue; paléontologie

إحاثيّ — paléontologique

1401 (حوج) **حاجة** ج ات، حَوائِج — chose; affaire; objet; besoin; nécessité

~ بَسيطة — affaire/chose simple

~ ماسّة — besoin pressant/urgent

سَدَّ ~ ه — combler les vœux de qqn

قَضَى ~ه — satisfaire/faire ses besoins naturels

عِنْدَ الـ~ — au besoin; en cas de nécessité

إذا دَعَتِ الـ~ إلى — s'il y a lieu; si c'est nécessaire

ما بِهِ، مَحَلّ الـ~ — l'essentiel; la partie essentielle; la substance

في ~ إلى — avoir besoin de; désirer; vouloir

لا ~ إلى — il n'est pas besoin/nécessaire de; il est inutile de; ce n'est pas la peine de

لا ~ لَهُ إلى، بِـ — n'avoir pas/aucun besoin de

**حَوائِج** — affaires; effets; bagages; barda [*fam.*]

~ شَخْصِيّة — affaires/effets personnels(elles)

**حاجِيّات** — commodités; objets de première nécessité

الـ~ والكَمالِيّات — le nécessaire et le superflu

ما نَحْن **أَحْوَجُ** إلَيْهِ — ce dont nous avons le plus besoin; ce qui nous est le plus nécessaire

IV **أَحْوَجَ** إحْواجًا إلى — avoir besoin de; être dans la nécessité de; rendre nécessaire; créer un besoin; réduire à la pauvreté

ما ~هُ إلى — comme il aurait besoin de! il aurait grand besoin de; il est urgent de

مُحْوِج ج ون، مَحاويج — démuni; pauvre; qui est dans le besoin

V تَحَوَّجَ تَحَوُّجًا إلى — faire ses commissions

VIII **اِحْتاجَ** اِحْتِياجًا إلى — avoir besoin de; vouloir

~ إلى — exiger; nécessiter; *fig. en parlant des choses*: requérir

اِحْتِياج ج ات — besoin; nécessité; exigence

سَدَّ **اِحْتِياجات** ه — satisfaire les besoins de

الـ~ إلى الماء — les besoins en eau

الـ~ الأَوَّلِيّة — les nécessités de la vie; les premières nécessités

مُحْتاج ج ون — démuni; qui est dans le besoin; indigent

1402 **حَوْجَلة** ج حَواجِل — fiole

1403 **حَوْذان** — renoncule

1404 **حُوذي** — cocher; postillon

1405 (حوذ) X **اِسْتَحْوَذَ** اِسْتِحْواذًا على ه — accabler; accaparer; être débordé de (travail); dominer qqn; écraser qqn [*fig.*]; envahir [*fig.*]; prendre le dessus sur/le meilleur de; prendre possession de [*fig.*]; saisir [*fig.*]; subjuguer; vaincre [*fig.*]; être gagné par [*fig.*]; être plongé dans [*fig.*]

~تْ عَلَيْه (هُمومُه) — être obsédé/hanté (par ses soucis)

~ على اِنْتِباه ه — passionner qqn

~ على رَأْسه — trotter dans la tête [*fam.*]; obséder

اِسْتِحْواذ — hantise; obsession

اِسْتِحْواذيّ — obsessionnel

مُسْتَحْوِذ عَلى ه — accablant; astreignant; écrasant [*fig.*]; envahissant [*fig.*]

1406 **حَوْر** — peuplier

حُوَيْراء — téphrosie

1407 **حَوِرَ** ـَ حَوَرًا — être très noir (œil)

**حارَ** ـُ حَوْرًا، مَحارًا — hésiter; être interdit/stupéfait

~ ـُ حَوَرًا — diminuer; manquer; être en quantité insuffisante; réduire *intr.*

~ إلى — revenir; retourner

حارة ج ات — impasse; rue; quartier (d'une ville)

أَحْوَر م حَوْراء — qui a les yeux d'un beau noir (ressortant dans le blanc)

حَوْراء — nymphe [*zool.*]

حُورِيّة ج ات، حُور — belle jeune femme; nymphe; *isl.* houri; vierge du paradis

حَوارِيّ ج ون — apôtre; disciple d'un prophète

الحَوارِيّون — *christ.* les Apôtres de Jésus

حَوارِيّة ج ات ← حُورِيّة

**مِحْوَر** ج مَحاوِر — axe; essieu; gond; pivot

~ رَأْسِيّ، عَموديّ — axe vertical

~ دَوَران، السِينات — axe de rotation, des abscisses

دارَ على ~ ه — pivoter autour de

حَسِبَ نَفْسَهُ ~ العالَم — se prendre pour le centre du monde

مِحْوَرِيّ — axial

**مَحارة** ج مَحار — coquille; coquillage; huître

| | |
|---|---|
| ~ الأُذُن | cavité/conque de l'oreille |
| مَحاريّات | ostréidés *n.m.pl.* |
| II حَوَّرَ تَحْويرًا | modifier; transformer |
| ~ الثِياب | laver/lessiver/blanchir (vêtements) |
| تَحْوير | modelage; modification; transformation |
| III حاوَرَ حِوارًا، مُحاوَرة ه | converser; dialoguer; discuter |
| حِوار؛ مُحاوَرة | colloque; conversation; dialogue; discussion; scénario; script |
| الـ~ دارَ حَوْلَ | s'engager/porter sur (conversation) |
| IV ما أَحارَ، لَمْ يُحِرْ جَوابًا | ne savoir que dire, que répondre |
| VI تَحاوَرَ تَحاوُرًا | dialoguer; converser |

**1408** (حوز) **حازَ** ُ حِيازة ه. على ه

acquérir; détenir; posséder; obtenir

| | |
|---|---|
| ~ مُلْكَ ه | accéder à la propriété; devenir propriétaire de |
| ~ قَصَب السِباق | remporter la palme |
| ~ جَميع الأَصْوات | rallier tous les suffrages |
| ~ سَنَدات | détenir des actions |
| ~ ثِقة، صَداقة ه | gagner la confiance, l'amitié de |
| حِيازة؛ حَوْز | acquisition; avoir *n.m.*; détention; obtention; possession; propriété |
| ~ المُلْك | accession à la propriété |
| ~ الأَسْلِحة، غَيْرُ مَشْروعة | détention d'armes, illégale |
| الـ~ تُساوي المِلْكيّة | possession vaut titre |
| في ~ ه | en la possession de qqn |
| ~ غَيْر المُقيمين | les avoirs des non-résidents |
| نَزَعَ، رَفَعَ الـ~ | déposséder |
| رَفْع، زَوال، نَزْع الـ~ | dépossession |
| حَوْز ج أَحْواز (← حِيازة) | banlieue; alentours; environs; territoire |
| حَوْزة | possession; propriété |
| في ~ه مَعْلوماتٌ | avoir en sa possession des/disposer de renseignements |
| أَبْقَى في ~ه | garder en sa possession/entre les mains |
| ~ البَلَد | l'intégrité/la totalité du territoire |
| حُوزيّ | qui fait bande à part; isolé |
| حائِز ج ون | détenteur; acquéreur; lauréat; possesseur |
| ~ سَنَدات | détenteur de parts [*fin.*] |
| حَيِّز ج أَحْياز | champ [*fig.*]; domaine; espace; sphère; zone |
| في ~ الإِمْكان، المَعْقول | dans le domaine du possible, du raisonnable |
| حَيِّزيّ | spatial |
| حَيِّزَمان (حَيِّز + زَمان) | espace-temps |
| حَيِّزَمَنيّ، حَيِّزَمانيّ | spatio-temporel |
| V تَحَيَّزَ تَحَيُّزًا لِ. إلى | prendre parti pour; avoir de la partialité/des préventions en faveur de; être prévenu en faveur de; être bien disposé pour/envers |
| ~ ضِدَّه | avoir des préventions contre; être prévenu contre; être mal disposé pour/envers |
| تَحَيُّز ج ات | disposition (bonne, mauvaise); partialité; parti pris; prévention |
| بِدُون ~ | sans parti pris |
| عَدَم ~ | impartialité; non-alignement |
| مُتَحَيِّز | partisan; partial; tendancieux |
| مَوْقِف، كِتاب ~ | position partisane; livre tendancieux |
| ~ إلى جانِب | prévenu en faveur de |
| غَيْر ~ | non-aligné; impartial |
| الدُوَل غَيْر الـ~ة | les États non-alignés |
| VII اِنْحازَ اِنْحِيازًا إلى | prendre parti/fait et cause pour; s'engager/se ranger aux côtés de |
| ~ عَنْ | abandonner les lieux; lever le camp; se retirer |
| اِنْحِياز | partialité; parti pris; prévention |
| عَدَم ~ | impartialité; non-alignement |
| اِنْحِيازيّ | tendancieux |
| مُنْحاز | partial; partisan |
| فِكْر ~، غَيْر ~ | esprit partisan, impartial |
| VIII اِحْتازَ اِحْتِيازًا ه | s'approprier; posséder; être/entrer en possession de |
| اِحْتِياز | appropriation |

**1409** **حاشَ** ُ حَوْشًا ه — traquer (une proie); rabattre (le gibier); faire une battue

| | |
|---|---|
| حَوْش | battue; traque |

~ ج أَحْواش — cour (d'une maison); enclos; ferme *n.f.*

لَفظ **حُوشيّ** — barbare/rare/inusité/inintelligible (mot, terme)

حائِش — rabatteur [*chass.*]

II **حَوَّشَ** تَحْويشًا مالًا — ramasser de l'argent; collecter/réunir des fonds

~ بَهائِم — parquer des animaux

IV أَحاشَ ه — faire une battue; faire tomber qqn dans un piège

1410 **حَوْصَل**، ج حَواصِل — jabot; gésier; *ois.* pélican

**حُوَيْصِلة** ج ات — vésicule [*anat., méd.*]; ampoule [*anat., méd.*]

~ صَفْراويّة، مَنَويّة — vésicule biliaire; vésicule séminale

1411 **حَوْض** ج أَحْواض، حِياض — auge; bac; bassin; carter [*autom.*]; citerne; container; cuve; cale (de bateau); dock; étang; plate-bande; réservoir; sas; *anat.* pelvis

~ عائِم، عَوّام — dock flottant; ponton

~ سَمَك، فَحْم حَجَريّ — vivier; bassin houiller

~ التَرْميم — bassin de radoub

~ البَحْر الأَبْيَض، النَهْر — bassin méditerranéen, d'un fleuve

~ سِباحة، حَمّام — piscine; baignoire

عِظام الـ~ — les os du bassin

**حَوْضيّ** — pelvien

زُنّار، نِطاق ~ — ceinture pelvienne

ذادَ، ذَبَّ عَنْ **حِياض** ه، ه — prendre la défense de; se faire le champion de

1412 (حوط) **حاطَ** ـُ حِيطة، حِياطة ه، ه — garder; prendre garde à; protéger; veiller sur

**حِيطة** ج حِيَط — circonspection; précaution; vigilance; prévention; prudence; attention; soin

أَخَذَ ~ه لِـ، ضِدَّ ه — prévoir qqch; prendre ses précautions/des mesures de prévention contre

بِلا ~ — par inadvertance; à la légère; étourdiment; imprudemment

**حائِط** ج حِيطان — mur; muraille; paroi

~ المَبْكَى — mur des Lamentations

~ السُور — muraille d'une ville

ضَرَبَ، أَلْقَى ه عُرْضَ الـ~ — dédaigner; se désintéresser de; ne faire aucun cas de; faire fi de; rejeter; repousser

~ مُشْتَرَك — mur mitoyen

بَيْنَ أَرْبَعة **حِيطان** — entre quatre murs

لِلْ~ آذان — *prov.* les murs ont des oreilles

حائِطيّة ج ات — tapisserie; tenture murale

II حَوَّطَ تَحْويطًا ه — ceindre; clore; encercler; entourer; construire un mur autour de

IV **أَحاطَ** إِحاطة ه بِـ — encadrer; encercler; enclore; entourer; environner; clore; ceindre; ceinturer; cerner; embrasser [*fig.*]

~ مَدينة بِأَسْوار — ceindre [*litt.*]/entourer une ville de murailles

~ بِمُشْكِلة — cerner un problème

~ بِمَعارِف عَديدة — embrasser un vaste domaine de connaissances

~ بِـ ه عِلْمًا — bien connaître; être parfaitement au courant de

~ ه عِلْمًا بِـ ه — faire savoir qqch à qqn; porter à la connaissance de; informer; mettre qqn au courant de

أُحيطَ عِلْمًا بِـ — apprendre; prendre connaissance de; être mis au courant de

**إِحاطة** — encerclement; information; communication; compréhension

~ بِـ ه — connaissance que l'on a de qqch

**مُحيط** — ambiant; environnant; familier

الحَرارة الـ~ة — chaleur ambiante

العالَم الـ~ — monde environnant; environnement

~ ج ات — contour; ambiance; atmosphère; milieu; environnement; entourage; périmètre; périphérie; pourtour; océan

الـ~ الأَطْلَسيّ، الهادِئ — océan Atlantique, Pacifique

الـ~ المُتَجَمِّد الشَماليّ — océean Glacial Arctique

الـ~ المُتَجَمِّد الجَنوبيّ — océan Glacial Antarctique

~ مُمْتِع — ambiance agréable

**مُحيطيّ** — périphérique; océanique

جادّة ~ة — boulevard périphérique

مُحاط — entouré; environné; cerné; encerclé; enclos *adj.*

V تَحَوَّطَ تَحَوُّطًا لِـ ← VIII

**تَحَوُّط** ج ات — précaution; prévision

تَدابير ~ — mesures de précaution

VIII **اِحْتَاطَ** اِحْتِياطًا لِـ ه — pourvoir à; prendre des précautions pour; agir en prévision de; prévoir

~ لِنَفْسِه — s'entourer de précautions

~ بِـ ه — ceindre; clore; encercler; entourer

**اِحْتِياط** ج ات — disposition; précaution; prévoyance; prudence; prévision

صُنْدوق الـ~ — caisse de prévoyance

دَوْلاب ~ — roue de secours

على سَبيل الـ~ — par mesure de précaution/de prudence

اِحْتِياطًا لِـ ه — en prévision de

اِتَّخَذَ اِحْتِياطات ضِدَّ، لِـ ه — se prémunir contre; prendre des dispositions pour; prendre des précautions contre

**اِحْتِياطِيّ** — réserve; stock; préventif

مال ~ — fonds de réserve

~ النَّفْط، الذَهَب — réserves de pétrole; réserves/stock d'or

~ قانونيّ — réserve légale

على سَبيل الـ~ — en réserve

قُوّات، جُنود الـ~ — forces, soldats/armée de réserve

جُنْديّ ~ — réserviste; soldat de réserve

حَبْس ~ — prévention [*jur.*]; détention préventive

تَدْبير ~ — mesure de précaution

اِحْتِياطِيًّا — préventivement

1413 **حَوْف** ج أَحْواف — *v. le suivant*

**حافَة** ج ات، حَواف — bord; bordure; extrémité; marge

~ الرَّصيف، القَبْر — le bord du trottoir; au bord de la tombe

~ مَسْرَح، كِتاب — rampe de théâtre; tranche d'un livre

حافَة ج حَوافّ ← حفّ

II حَوَّفَ تَحْويفًا ه — mettre sur le bord

1414 **حاقَ** ـُ حَوْقًا ه، بِـ ه — balayer; nettoyer; *fig.* mater

~ بِـ ه — entourer; environner

~ بالعَدُوّ، بالثُّوّار — balayer l'ennemi, les émeutiers

مِحْوَقة ج مَحاوِق — tête-de-loup; balai

1415 **حَوْقَلَ** حَوْقَلة — *prononcer la formule «la hawla wa la quwwata illa bi-llah»*: il n'y a de force et de pouvoir qu'en Dieu

1416 **حَوْقَلة** — bouteille à long col; fiole

1417 **حَوْك** — basilic [*bot.*]; ocimum

1418 (حوك) **حاكَ** ـُ حَوْكًا. حِياكة ه — coudre; tisser; composer (de la poésie); tramer (un complot); manigancer; concocter [*fam.*]

حَوْك، حَوْكة — air; allure; aspect

حِياكة — couture; tissage; texture (d'un tissu)

حائِك ج حاكة — tisserand; haïk

حائِكة ج حوائِك — tisseuse

مَحاكة — atelier de tissage

مَحُوك بِالجُروح — couturé (visage)

1419 (حول) **حال** ج أَحْوال — cas; circonstance; condition; état; position; présent; situation; *gramm.* complément circonstanciel d'état

صاحِب الـ~ — *gramm.* référent du complément d'état

لِسان ~ — attitude; aspect; extérieur *n.m.*; truchement [*litt.*]

في ~ كَهٰذِه — dans une telle situation/un tel cas

في ~ ه — dans l'éventualité de; pour le cas où

الـ~ والمُسْتَقْبَل — le présent et le futur

كَذٰلِكَ الـ~ — il en est/va de même

كَما هُوَ الـ~ — comme c'est le cas

ما زال، لايَزالُ على ~ ه — ne pas changer; n'avoir pas changé

كُلُّ شَيْءٍ يَمْضي إلى ~ه — tout ira/va bien/comme il faut

كيف ~ك — comment allez-vous?

كانَ في ~ جَيِّدة — aller bien

~كَ لَيْس بِأَحْسَن مِنْ ~ ه — vous n'êtes pas dans une meilleure situation que lui

مَضَى إلى ~، في سَبيل ~ه : s'en aller; vaquer à ses affaires

تَرَكَ ه على ~ه : laisser tel quel; abandonner qqn à ses occupations

على أيّ، كُلّ ~ : en tout cas; en tout état de cause; de toute façon/manière; toujours est-il que; quoi qu'il en soit; au/du reste; en toute hypothèse; après tout

والـ~ أنّ : alors que

بـ~؛ بِـ~ مِن الأحْوال؛ بأيّة ~ : *en phrase affirmative :* absolument; tout à fait; *en phrase négative* : en aucun cas; en aucune manière; jamais

في الـ~؛ **حالاً** : sur le coup; sur-le-champ; aussitôt; tout de suite; immédiatement; d'emblée; instantanément; à l'instant; sur l'heure

**حالَ** وُصوله : dès son arrivée

~ ما : quand; au moment où; dès lors que

**أحْوال** اِجْتِماعيّة، جَوّيّة : cas sociaux; conditions atmosphériques

~ سياسيّة، اِقْتِصاديّة : conjoncture politique, économique

~ مَدَنيّة، شَخْصيّة : état civil; statut personnel

~ الدَهْر؛ تَقَلُّبات الـ~ : vicissitudes/revirements du sort/de la fortune

في جَميع الـ~ : dans tous les cas; en toutes circonstances

**حالة** ج ات ← حال ج أحْوال

~ راهِنة : statu quo

في الـ~ الراهِنة : actuellement; dans la situation actuelle; en l'occurrence

في ~ صِحّيّة جَيِّدة : en bonne condition (physique); en forme; en bon état

في ~ سَيِّئة : en mauvais(e) état/condition/posture

في هذه الـ~ : dans ces conditions

الـ~ المَدَنيّة : état civil; statut légal

الـ~ الشَخْصيّة : statut personnel

~ الحِصار، الطَوارِئ : état de siège, d'urgence

~ نَفْسيّة، عَقْليّة، مَعْنَويّة : état d'âme/d'esprit

في ~ التَلَبُّس : en flagrant délit

~ مُعَيَّنة، عَرَضيّة : cas d'espèce, fortuit

في ~ حَرْب، وَفاة : en cas de guerre, de décès

~ القُوّة القاهِرة : cas de force majeure

في هذه الـ~؛ والـ~ هذه : en l'occurrence; puisqu'il en est ainsi; les choses étant ce qu'elles sont; dans ces conditions

في ~ كَهذِهِ : dans de telles circonstances; en pareil cas

**حالات** سَكَنيّة : conditions d'habitation/de logement

كانَ في أسْوأ ~ه : être dans tous ses états

**حاليّ** : actuel; présent; contemporain; instantané; momentané

لا، غَيْر ~ : inactuel

الوَضْع، الظُروف الـ~(ة) : la situation/les circonstances actuelle(s), présente(s)

مَوْضوع ~ : sujet d'actualité

**حاليًّا** : actuellement; présentement

جَعَلَ ه ~ : actualiser

حاليّة : actualité

**1420** **حَوِلَ** َ حَوَلاً : loucher *intr.*; avoir les yeux qui louchent

**حالَ** ُ حَوْلاً إلى : changer *intr.*; se changer en; prendre l'aspect de; se transformer

~ لَوْنُهُ : déteindre; passer (couleur)

~ دون، بين ه : barrer la route à; faire écran devant; empêcher; interférer; s'interposer entre; intervenir dans; faire/mettre obstacle à; s'opposer à

~ بَيْن مُحارِبَيْن : séparer deux combattants

~ عن عَهْد : se rétracter

لَيْس هُناكَ ما **يَحول** دُونَهُ : rien ne s'y oppose

حال، حالة ← *1419*

حَوَل : strabisme

**حَوْل** : force; puissance; pouvoir

~ ج أحْوال، حُؤول : année

أهْل الـ~ والطَوْل : les puissants; les grands de ce monde

صاحِب الـ~ والطَوْل : qui fait la pluie et le beau temps

لا **حَوْلَ** لَهُ ولا حيلة : être complètement démuni/à bout de ressources; en être réduit à la dernière extrémité

لا ~ ولا قُوّةَ إلّا بِاللّه : il n'y a de force et de puissance qu'en Dieu

حَوْلَ، من حَوْلِ ه autour de; à propos de; au sujet de

حَوْلِيّ périodique; temporaire; intérimaire; *équit.* yearling

نَبات ~ plante annuelle

حَوْلِيّة، حَوْلِيّات chronique; annales; annuaire

حَوالة ج ات *fin.* assignation; mandat; billet à ordre; *dr.* cession

~ بَريديّة، بَرْقِيّة mandat-poste/-carte; mandat télégraphique

حَرَّرَ ~ مَصْرِفيّة établir un mandat; mandater (une somme d'argent); faire un chèque

~ سَفَر traveller's chèque; chèque de voyage

~ حَقّ transfert de créance; cession de droit/de créance

~ نَهْر détournement d'un cours d'eau

حَوالَيْ approximativement; autour de; aux alentours de; aux environs de; vers; à peu près

~ المَساء vers le soir

حائِل ج حُوَّل changeant; variable; délavé (ton); passé (couleur)

~ ج حَوائِل barrière; empêchement; obstacle; obstruction

حيلة، حَيْلولة *v. ordre alphab.*

حِيالَ à l'approche/aux approches de; devant; en vue de; en face de

~ الخَطَر face au danger

أَحْوَل م حَوْلاء ج حُول qui louche; loucheur; atteint de strabisme

لا مَحالَة fatalement; nécessairement; sans aucun doute; infailliblement; inévitablement

لا ~ مِن ه il ne peut en être autrement

مِحْوال aiguillage [*ch. de f.*]

II حَوَّلَ تَحْويلًا ه aiguiller; changer *tr.*; commuter; convertir; dévier *tr.*; déplacer; détourner; infléchir; métamorphoser; transférer; transformer; faire diversion

~ مالًا changer/transférer/virer de l'argent

~ أَسْهُمًا، سَنَدًا négocier des actions, une traite

~ القِطار إلى خَطّ جانِبيّ aiguiller le train sur une voie de garage

~ المَوْضوع déplacer le problème

~ نَظَره، بَصَره tourner/détourner son regard

~ ه عَنْ عادته détourner qqn d'une habitude

~ وِجْهة طَريق dévier une route

~ مَجْرَى الأَحْداث infléchir le cours des événements

~ ه هذا الحَدَث cet événement l'a métamorphosé

تَحْويل ج ات aiguillage; assignation; change [*comm.*]; changement; commutation; conversion; convertissement; dérivation [*techn.*]; détournement; déviation; diversion; transfert; transformation; translation; virement; *rhét.* apostrophe; *agr.* alternance culture-jachère

~ رُؤوس أَمْوال transfert de capitaux/de fonds

~ نَفْسيّ transfert [*psychol.*]

~ من حِساب إلى آخَر virement de compte à compte

~ قِطار aiguillage d'un train

~ مَجْرى نَهْر détournement/déviation d'un cours d'eau

قَناة ~ canal de dérivation

عَمَلِيّة ~ manœuvre de diversion; opération de transfert

قابِل لِلـ~، غَيْر قابِل لِلـ~ convertible; inconvertible

دَيْن، قَرْض قابِل لِلـ~ dette, emprunt convertible

قابِلِيّة لِلـ~، عَدَم قابِلِيّة لِلـ~ convertibilité; inconvertibilité

صِناعة تَحْويلِيّة industrie de transformation

تَحْويلة ج تَحاويل *ch. de f.* aiguille; embranchement; voie de garage

مُحَوِّل aiguilleur; commutateur; dérivatif; transformateur

~ السُّرْعة changement de vitesse; dérailleur

~ الطاقة الكَهْرَبائِيّة transformateur électrique

~ التَّيّار commutateur de courant; convertisseur

~ السَّيْر aiguille [*ch. de f.*]

III حاوَلَ مُحاوَلة أَنْ essayer de; chercher à; tenter de; tâcher de

~ اِغْتِيال ه attenter (à la vie de)

~ الانْتِحار attenter à ses jours

~ جاهِدًا أَنْ s'efforcer de

مُحاوَلة essai; tentative

~ اِعْتِداء على ه، اِغْتِيال ه attentat (à la vie de)

IV أَحْوَلَ إِحْوالًا durer plus d'un an (plante); être vivace [*bot.*]; demeurer/rester/séjourner plus d'un an (dans un endroit)

IV أَحالَ إِحالة faire, dire qqch d'absurde

~ ه إلى changer; transformer

~ قَضيّة على المُحاكَمة mettre une affaire en jugement

~ قَضيّة إلى مَحْكَمة déférer une affaire au tribunal

~ مَشْروعًا إلى اللَجْنة renvoyer un projet en commission

~ ه على الاِسْتيداع mettre en disponibilité

~ على المَعاش، التَقاعُد mettre à la retraite

أُحيلَ على التَقاعُد، المَعاش être mis à la retraite

~ على المَحْكَمة être déféré devant le tribunal

إحالة assignation; transfert; transmission; absurdité; invraisemblance

~ اِقْتِراح، مَشْروع renvoi d'une proposition, d'un projet

~ إلى، على المَعاش، التَقاعُد mise à la retraite

مُحْوِل bisannuel/vivace [*bot.*]

مُحال absurde; impossible; impensable; inconcevable

من الـ~ أن il est absurde de/impossible que

~ إلى، على المَحْكَمة، المَعاش déféré à la justice; mis à la retraite

V تَحَوَّلَ تَحَوُّلًا الى se changer; se transformer; se muer; se convertir; se métamorphoser; s'infléchir; évoluer

~ إلى صالِح، ضِدّ مَصْلَحة ه tourner à l'avantage, au désavantage de

~ إلى غُبار se changer/se transformer en poussière

~ إلى مَأْساة tourner au tragique

~ إلى عادة devenir une habitude

~ تَحَوُّلًا سَيِّئًا، رَديئًا mal tourner

~ الحَظّ la chance a tourné

~ الماء إلى البُخار l'eau se change en vapeur

~ت الدُعْموصة إلى فَراشة se métamorphoser en papillon (larve)

~ عَنْ واجِباتِه se détourner de ses devoirs

~ لَوْنُه changer de couleur; passer/virer (couleur)

~ إلى اليَسار، اليَمين virer à gauche, à droite; se déplacer vers la gauche, la droite

تَحَوُّل ج ات évolution; conversion; mutation; métamorphose; tournant; transformation

~ مَرَض évolution d'une maladie

~ مَجْرَى نَهْر inflexion d'un cours d'eau

~ من تَحَوُّلات التاريخ un tournant de l'histoire

نُقْطة ~ في الحياة ه un tournant dans la vie

تَحَوُّليّ؛ تَحَوُّليّة transformiste; transformisme

مُتَحَوِّل changeant; mobile; variable

الأَعْياد الـ~ة les fêtes mobiles

~، مُتَحَوِّلة ج ات amibe

داءُ المُتَحَوِّلات amibiase

زُحار مُتَحَوِّليّ dysenterie amibienne

X اِسْتَحالَ اِسْتِحالةً être absurde/déraisonnable/impossible; changer *intr.*; se transformer

يَسْتَحيل أَنْ il est impossible que/de

اِسْتِحالة absurdité; impossibilité; transformation

مُسْتَحيل ج ات impossible *adj.*, *n.m.*; pas possible; impossibilité

عَمِلَ الـ~ faire l'impossible

مِن الـ~ أن il est impossible de/que

رابِع المُسْتَحيلات pierre philosophale; quadrature du cercle

1421 (حوم) حامَ ـُ حَوْمًا planer; rôder; tournoyer dans les airs; voler; voltiger; papillonner

~ حَوْلَ دار rôder/tourner autour d'une maison

~ حَوْلَ فَتاة tourner autour d'une jeune fille

~ت الشُبْهة ضِدّه faire l'objet de soupçons

حَوْمة ج ات quartier (d'une ville)

~ مَعْرَكة، قِتال fort de la mêlée/du combat; point chaud de la bataille

اِنْدَفَعَ إلى ~ القِتال se jeter dans la mêlée

حائِم qui plane; qui voltige; qui papillonne

حَوّام النَحْل bondrée

حَوّامة ج ات aéroglisseur; naviplane

الـ~ تَسير على وِسادة هَوائيّة — le naviplane se déplace sur coussin d'air

**حان**، حانة — *v. ordre alphab.*

1422 **حَوَى** ـِ حَيًّا ه — charmer (un serpent)

**حَواية** — prestidigitation; jonglerie; magie

**حَيُّ** العالَم — orpin [*bot.*]

**حَيّة** ج ات — serpent; reptile

~ الزُجاج — orvet

لِسان الـ~ — *bot.* ophioglosse

حَجَر الـ~ — *minér.* ophite

حَيّون — orpin [*bot.*]

حاوٍ ج حُواة — charmeur de serpents; conteur; jongleur; magicien; prestidigitateur

V تَحَوَّى تَحَوِّيًا — s'enrouler; se lover (serpent); se rouler dans ses plis

1423 **حَوَى** ـِ حَيًّا، حَواية — comprendre; inclure; contenir; embrasser; receler; renfermer; rassembler; réunir; *v. aussi 1422*

حَوِيّة ج حَوايا — pelote; peloton; rouleau; intestin

**حاوٍ** (الحاوي) — contenant

الـ~ والمُحْتَوَى — le contenant et le contenu

VII اِحْتَوَى اِحْتِواءً على ه ← حَوَى

**مُحْتَوًى** ج مُحْتَوَيات — contenu *n.m.*; teneur

~ عَقْليّ، سِياسيّ — contenu intellectuel, politique

مُحْتَوَيات النُفوس — le secret des âmes/des cœurs; le fond des pensées

1424 **حَيِيَ**، حَيَّ ـَ (يَحْيا) حَياة — vivre

لِيَحْيَ، فَلْيَحْيَ فُلان — vive un tel!

**حَياة** — vie; existence

نَمَط، كَيْفيّة، مُسْتَوَى الـ~ — genre, mode, niveau de vie

~ خاصّة، عامّة، عائِليّة — vie privée, publique, de famille

~ أَدَبيّة، اِقْتِصاديّة — vie littéraire, économique

ماء الـ~ — eau-de-vie

~ الحِرْمان، الحُرّيّة — vie de privations, libre

الـ~ الأَبَديّة — la vie éternelle

قَضَى ~ه في — passer sa vie à

رَدَّ، بَعَثَ الـ~ في — redonner vie à

تَمَتَّعَ بِالـ~ — bien vivre; jouir/profiter de la vie

مَدَى، لِمَدَى الـ~ — à la vie à la mort; à vie; toute la vie

تَأْمين لِمَدَى الـ~ — assurance sur la vie

على قَيْد الـ~ — en vie; vivant

يَنْبَضُ بِالـ~ — vif; vivant; plein de vie

بَيْن الـ~ والمَوْت — entre la vie et la mort

طيلة، مُدّة، في ~ه — du vivant de; jamais; sa vie durant; toujours

مَدينة لا ~ فيها — ville morte

القَضيّة قَضيّة ~ أَوْ مَوْت — il y va de la vie; c'est une question de vie ou de mort

عِلْم الـ~ — biologie

حَياتيّ، حَياتيّة — animiste; animisme

**حَيَّ** على الصَلاة — *formule d'appel à la prière musulmane*: venez à la prière

**حَيّ** ج أَحْياء — animé; actif; vif; vivant; faubourg; quartier; bloc de maisons; tribu

~ تِجاريّ، لاتينيّ — quartier commerçant; Quartier latin

ماء ~ — eau vive

مِثال، لُغة ~(ة) — exemple parlant; langue vivante

قَطَعَ الجِسْم الـ~ — couper/trancher dans le vif

لا يَعْرِف الـ~ من اللَّيّ — être incapable de séparer le bon grain de l'ivraie

**حَيًّا** — en vie; vif

أُحْرِق ~ — brûler/être brûlé vif

**الأَحْياء والأَمْوات** — les vivants et les morts

هِبة بَيْنَ ~ — donation entre vifs

عِلْم الـ~ — biologie

**أَحْيائيّ** — biologique

كيمياء ~ة — chimie biologique; biochimie

دَوْرة ~ة — cycle biologique

| | |
|---|---|
| ~ ج ون؛ عالِم ~ | biologiste |
| **حَيَوِيّ** | plein de vie; vigoureux; vital |
| مَجال، مَسْألة ~(ة) | espace, question vital(e) |
| أعْضاء ~ة | organes vitaux; parties vitales |
| المُحيط الـ~ | biosphère |
| مُضادّ ~ | antibiotique; *v. aussi le suivant* |
| **حَيَوِيّة** ج ات | abattage [*fam.*]; alacrité [*litt.*]; allant; dynamisme; animation; élan vital; entrain; vigueur; vitalité |
| مُفْعَم بِالـ~ | plein de dynamisme/d'allant/de vie |
| ذو ~ | qui a de l'abattage [*fam.*] |
| مُتَدَفِّق بِالـ~ | débordant de vie |
| ناقَش بِـ~ | discuter avec animation |
| مُضادّ الحَيَوِيّات | antibiotique |
| **حُيَيّ** ج ات؛ **حُوَيْن** ج ات | micro-organisme; microbe |
| ~، حُوَيْن مَنَوِيّ | spermatozoïde |
| عِلْم الحُيَيّات | microbiologie |
| **حَيَوان** ج ات | animal *n.m.*; être animé; être vivant |
| ~ داجِن، بَرّيّ | animal domestique, sauvage |
| جَمْعيّة الرِفْق بِالـ~ | société protectrice des animaux (S.P.A.) |
| عالِم الـ~، الحَيَوانات | zoologiste; zoologue |
| عِلْم الـ~، الحَيَوانات | zoologie |
| **حَيَوانات** ذَوات الثَدْي، ثَدْيِيّة | mammifères |
| الـ~ والنَباتات | la faune et la flore |
| حَديقة الـ~ | jardin zoologique |
| **حَيَوانِيّ** | animal *adj.* |
| الطَوائِف الـ~ة | les espèces animales |
| حَيَوانِيّة | animalité; bestialité; nature animale |
| حَيَمين؛ حَيَمينِيّ | vitamine; vitaminé |
| مَحْيا | vivarium |
| **مُحَيّا** | contenance; abord [*fig.*]; face; visage; physionomie; mine |
| ~ نَبيه | mine éveillée |
| طَلِق الـ~ | avenant/ouvert (visage) |
| وَقور الـ~ | d'un abord grave; réservé |
| II **حَيّا** يُحَيّي تَحِيّةً ه | conserver en vie; laisser vivre; saluer |
| ~ بِحَماس | ovationner |
| ~ بِالسِلاح | présenter les armes |
| ~ الفَضيلة | rendre hommage à la vertu |
| ~ بِالسَلام، مُوَدِّعًا | dire au revoir; s'en aller; partir |
| حَيّاكَ اللّٰه | que Dieu te préserve |
| **تَحِيّة** ج ات، تَحايا | salut; salutation |
| أدّى الـ~ العَسْكَرِيّة | faire le salut militaire |
| ~ العَلَم | salut au drapeau/aux couleurs |
| **تَحِيّات** | compliments; salutations |
| مَع ~ المُؤَلِّف | hommage de l'auteur |
| تَفَضَّلْ بِقُبُول ~ي | veuillez agréer l'expression de mes meilleurs sentiments |
| قَدَّمَ ~ه | présenter ses civilités/ses devoirs |
| IV **أحْيا** يُحْيي إحْياءً ه، ه | animer; ranimer; raviver; ragaillardir; rappeler/rendre à la vie; régénérer; vivifier; ressusciter; réanimer |
| ~ ألَمًا قَديمًا | réveiller une vieille douleur |
| ~ الأمَل | ranimer l'espoir |
| ~ الذِكْرى | célébrer/commémorer le souvenir |
| ~ ذِكْرى النَصْر، مَوْلِد ه | commémorer la victoire, la naissance de |
| ~ اللَيْل صَلاةً، دَرْسًا | passer la nuit à prier, à étudier; consacrer ses nuits à la prière, à l'étude |
| ~ سَهْرة، حَفْلة | donner une représentation |
| **إحْياء** | animation; ranimation; réanimation; relance; résurrection; vivification |
| ~ الاِقْتِصاد، اِقْتِصادِيّ | relance économique |
| ~ الفُنون، الدين | renaissance des arts, de la religion |
| إحْياءً لِذِكْرى | à la/en mémoire de; en commémoration de |
| إحْيائِيّة | animisme |
| مُحْيي | vivifiant |
| 1425 **حَياء** | timidité; pudeur; confusion; honte |
| ~ بَشَرِيّ | respect humain |

فَقَدَ كُلَّ ~ avoir toute honte bue

قِلَّة الـ~ impudence; indécence; impudeur

قَليل الـ~ impudique; impudent; indécent

بِلا ~ sans vergogne/pudeur

X اِسْتَحْيَى اِسْتِحْياء avoir honte; être timide; rougir

اِسْتِحْياء ← حياء

مُسْتَحِيَّة، السِتّ المستحية sensitive [*bot.*]

**1426** **حَيْثُ** *1. adv. relat.* où; là où; à l'endroit où

مِنْ ~ d'où; par où; là où

ذَهَبَ مِنْ ~ جاء il est reparti par où il était venu

إلى ~ vers où; là où; jusqu'où

**حَيْثُما** *2. relat. indéf.* où que; partout où

مِنْ **حَيْثُ** *3. loc.* quant à; sur le plan de; du point de vue de; en tant que; eu égard à; sous le rapport de

من ~ هو (كذا) en tant que tel

من ~ الشَّكْلُ sur le plan formel; formellement

من ~ الكَمِّيَّة du point de vue quantitatif; quantitativement

من ~ النَّوْعُ d'un point de vue qualitatif; qualitativement

بِـ~؛ بِـ~ أَنَّ *4. loc. conjonctive*: si bien que; de façon que; de telle sorte que; au point que; tellement que; attendu que; du moment que; dès lors que; étant donné que; comme; puisque

كان مِنَ القُوَّة بِـ~ أَنَّهُ il était tellement fort que

بِـ~ أَنِّي عَلَى يَقين مِنْ أَنْ comme je suis certain que

**حَيْثِيَّة** ج ات attendu *n.m.*; considérant *n.m.*; considérations; point de vue; aspect; égard; rapport

من هذه الـ~ à cet égard; sous ce rapport; de ce point de vue

حَيْثِيّات حُكْم attendus d'un jugement

III مُحايَثة، مُحايِث immanence; immanent

**1427** (حيد) **حادَ** ـِ حَيْدًا، حُيُودًا عن ه abandonner; biaiser; prendre un biais; se décaler; dérailler; dériver; se désister; se détourner; se diffracter (lumière)

~ بِهِ عن dissuader qqn de

~ المَرْكَب، القِطار dériver (bateau); dérailler (train)

~ عن طَريقه، خَطّه dévier de sa route; se détourner de son chemin

~ عن الطَريق المُسْتَقيم sortir du droit chemin

~ عن المَوْضوع déplacer la question; sortir du sujet; faire une digression; être hors du sujet

~ عن مَبادِئه abandonner ses principes; mettre de l'eau dans son vin [*fig.*]

لا يَحيدُ عَن مَبادِئه ne pas démordre

**حُيود**، حَيْد، حَيَدان abandon; biais; désistement; décalage; déviation; diffraction; digression

~ الضَوْء diffraction de la lumière

حائِد neutre

لا مَحيدَ عَنْهُ inévitable

II حَيَّدَ تَحْييدًا neutraliser; neutralisation

III حايَدَ حِيادًا، مُحايَدة ه rester neutre; se mettre/rester à l'écart/de côté; s'esquiver; se soustraire à

**حِياد**، مُحايَدة neutralité

اِلْتَزَمَ، وَقَفَ على الـ~ garder la neutralité; rester neutre

~ عن الخَطّ déraillement [*ch. de f.*]

حِياديّ neutre (attitude); neutraliste

حِياديّة neutralisme

**مُحايِد** neutre

كُهَيْرِب ~ neutron

بَلَد، مِنْطَقَة ~ة pays, zone neutre; no man's land

**1428** (حير) **حارَ** ـَ حَيْرة être confus/en pleine confusion; hésiter; rester interdit; perdre la tête; être stupéfait

~ في أَمْره être désorienté/en plein désarroi/embarrassé; ne pas savoir à quoi s'en tenir

**حَيْرة** désarroi; désorientation; embarras; confusion; indécision; incertitude; hésitation; perplexité

إنّه في ~ être perplexe/dans l'embarras

**حائِر** confus; désemparé; désorienté; embarrassé; hésitant; décontenancé; déconcerté; dérouté; irrésolu; interloqué; indécis; incertain; interdit; perplexe

بَقِيَ ~ًا ne savoir que dire/que faire; rester bouche bée

حَيْران م حَيْرَى ج حَيارَى ← حائِر

II حَيَّرَ تَحْييرًا ه confondre qqn; dérouter qqn; désorienter qqn; laisser/rendre perplexe; embarrasser; déconcerter; décontenancer

**مُحَيِّر** déconcertant; embarrassant; déroutant

قَضِيّة ~ة affaire troublante

مُحَيَّر ← حائِر

V **تَحَيَّرَ** تَحَيُّرًا hésiter; être dans l'embarras; rester perplexe; perdre la tête; être indécis

~ لِلأَسْئِلة être dérouté par les questions

~ في أَمْرِه être bien embarrassé

تَحَيُّر confusion; désarroi; désorientation; embarras; indécision; irrésolution; hésitation; perplexité

مُتَحَيِّر confus; embarrassé; désorienté; indécis; hésitant; perplexe; irrésolu

VIII **اِحْتارَ** اِحْتِيارًا ← V

~ مِنْ أَيْنَ يَبْدَأُ ne pas savoir par où commencer

**حَيِّز** ← حوز

1429 **حَيْزوم** ج حَيازيم proue (d'un bateau); poitrail

1430 **حِيْصَ** بِيْصَ embrouillamini [*fam.*]; affaire inextricable

1431 (حيض) **حاضَ** ـِ حَيْضًا، مَحيضًا
déborder (liquide)

~تِ المَرْأة être réglée (femme); avoir ses règles

**حَيْض** menstruation; menstrues; règles; indisposition féminine [*fam.*]

اِنْقِطاع الـ~ ménopause

**حَيْضيّ** menstruel

دَوْرة ~ة période menstruelle

حائِض، حائِضة indisposée [*fam.*]; qui a ses règles

**حيطة** ← حوط

1432 (حيف) **حافَ** ـِ حَيْفًا على ه
être injuste envers; faire du tort à; nuire à

**حَيْف** dommage; injustice; inimitié; préjudice; tort

1433 **حاقَ** ـِ حَيْقًا حُيُوقا بِـ ه advenir/arriver à qqn; cerner; entourer; s'emparer/se saisir de qqn

~ في ه pénétrer de part en part

1434 **حِيلة** ج حِيَل artifice; astuce; attrape; combine [*fam.*]; expédient; habileté; rouerie; ruse; faux-semblant; stratagème; subterfuge; tour; truc [*fam.*]

صاحِب ~ combinard [*fam.*, *péjor.*]

فَتَّشَ عن ~ chercher un biais/un moyen

~ تَصْويريّة، سينِمائيّة truquage photographique, cinématographique

فَقَدَ كُلّ ~ être en plein désarroi; être complètement désemparé/perdu [*fig.*]; être à bout de ressources; ne savoir que faire; n'y pouvoir rien; être désarmé

أَصْبَحَ وما بِهِ ~ *même sens*

أَعْياه الـ~ *même sens*

ما الـ~ qu'y pouvons-nous? que faire?

لا **حِيلة** في الأَمْر il n'y a rien à faire; c'est inexorable

لا ~ في يَدِه ← فَقَدَ كُلّ حيلة

إِنْسان كَثير **الحِيَل** homme de ressources

حِيَلي adroit; fin; habile; rusé

V تَحَيَّلَ تَحَيُّلًا abuser qqn; ruser; utiliser des stratagèmes/des subterfuges

VI **تَحايَلَ** تَحايُلًا على ه duper/escroquer qqn; biaiser; frauder; ruser

~ على القانون، صُعوبة contourner/tourner la loi, une difficulté

**تَحايُل** escroquerie; fraude; friponnerie [*class.*]; fourberie; ruse; tricherie; supercherie

عاشَ بالـ~ vivre d'expédients

**تَحايُليّ** : طُرُق ~ة manœuvres captatoires

إِفْلاس ~ banqueroute frauduleuse

VIII اِحْتالَ اِحْتِيالًا ← VI

مُحْتال combinard [*fam.*, *péjor.*]; coquin; escroc; fourbe; fripon [*class.*]; rusé; tricheur

1435 **حَيْلولة** empêchement; interruption; séparation; solution de continuité

1436 **حانَ** ـِ حِينًا être temps (de); approcher/arriver (moment)

~ الوَقْت لِـ il est temps de; c'est l'heure de; l'heure/le moment est venu(e) de; le moment approche

~ لَهُ أنْ se mettre enfin à

~تْ منهُ اِلْتِفاتة se retourner subitement/par hasard

**حِين** ج أَحْيان instant; moment; époque

مُنْذُ ذَلِكَ الـ~ depuis lors; depuis cette époque

في ~ه à point; à point nommé; immédiatement; en son temps; en temps voulu; quand le moment en sera venu

جاءَ في ~ه bien tomber

إلى ~ provisoirement; momentanément; pour un/quelque temps

وَلَوْ إلى ~ ne fût-ce que pour un temps

بَعْضُ ~ un certain temps

بَعْدَ ~ quelque temps après

مِن ~ لِـ، إلى آخَر؛ بَيْنَ الـ~ والـ~

de temps à autre; de temps en temps; par intervalles; par moments

في، على ~ أنْ alors que; au moment où; pendant/tandis que; au lieu que

**حِينَ**؛ ~ ما quand; lorsque

~ذاك؛ حينَئِذٍ alors; à ce moment là

**حِينًا** pour un/quelque temps; une fois

~ ... حينًا parfois ... parfois; tantôt ... tantôt

~ بَعْدَ حين d'un moment à l'autre

في أَغْلَب. أَكْثَر **الأَحْيان** la plupart du temps

في بَعْض الـ~ parfois; occasionnellement; de loin en loin

في الكَثير من الـ~ de nombreuses fois; souvent

**أَحْيانًا** occasionnellement; parfois; par instants; quelquefois

~ ... أَحْيانًا tantôt ... tantôt

II **حَيَّنَ تَحْيِينًا** ه actualiser; fixer (une date)

V **تَحَيَّنَ تَحَيُّنًا** غَفْلة profiter de l'inattention

~ الفُرْصة attendre/guetter le moment favorable

(خاء)

*septième lettre de l'alphabet : « ḥā' » ou « khā' » ; fricative vélaire sourde :* [x]

**1437 خابور** ج خَوابير — *techn.* clavette ; cheville ; tampon

**1438 خاتون** ج خَواتين — grande dame ; lady

**خاخام** ← حاخام

**1439 خارَصين** ؛ خارِصينيّ — zinc [*métall.*]

**1440 خال** ج أَخْوال — oncle maternel

خالة ج ات — tante maternelle

**1441 خال** ج خِيلان — grain de beauté ; tache sur le visage

**1442 خام** — brut ; non raffiné ; écru

نَفْط، كُحول ~ — pétrole, alcool brut

حَرير، نَسيج ~ — soie crue/grège ; tissu écru

سُكَّر، زَيْت ~ — sucre non raffiné ; huile vierge

مَوادّ ~ ؛ **خامات** — matières premières ; produits bruts

**1443 خان** ج ات — caravansérail ; taverne ; khān (titre honorifique)

خانة — case (jeu de dames ou d'échecs) ; colonne de journal

**1444 خانْقاة** ج خَوانِق — caravansérail ; couvent ; hospice

**1445 خَبَّ** ـُ خَبَب — aller au trot ; trotter

**خَبَب** ؛ سِباق ~ — trot ; course de trot

خَبّاب — trotteur *n.m.* [*équit.*]

**1446 خَبَّ** ـُ خَبيبًا، خِبابًا — être démonté/mauvais (mer)

~ ـَ خِبًّا — circonvenir ; mentir ; séduire ; suborner ; tromper

**خَبّ** — mer démontée/houleuse ; tempête ; mensonge ; subornation ; tromperie

(كَفَّ عن) الـ~ والدَّوَران — (arrêter de) tourner autour du pot [*fam.*]/parler avec des détours

خابّ، خَبّاب — enjôleur ; menteur ; séducteur ; suborneur ; trompeur

**1447 خَبْء** ؛ خَبيئة ج خَبايا — chose cachée/secrète ; secret

**خَبايا** الأَرْض — ressources naturelles

~ القَلْب — replis du cœur

خابِية ج خَوابٍ — jarre à huile/à vin ; bonbonne

خِباء ج أَخْبِية — tente (des nomades) ; cosse ; gousse ; balle [*bot.*]

مَخْبَأ ج مَخابِئ — abri ; cachette ; refuge ; planque [*pop.*] ; retraite

II **خَبَّأَ** تَخْبِئة ه، ه — abriter ; cacher ; enfouir ; dérober ; receler

ما ~ لَنا القَدَر — ce que le destin nous a réservé

مُخَبِّئ ج ون — receleur

VIII **اِخْتَبَأَ** اِخْتِباء — se cacher ; se dissimuler ; se tapir ; se planquer [*pop.*]

~ في الأَرْض — se terrer

**1448 خَبُثَ** ـُ خُبْثًا خَباثة — être ... *v. à l'adj.*

خُبْث ؛ خَباثة — débauche ; fornication ; fourberie ; malice ; malveillance ; méchanceté ; friponnerie [*class.*] ; vice

**خَبَث** — culot [*métall.*] ; résidu

قَليل ~، لا ~ لَهُ — incompétent; inexpérimenté

أَجْرَى ~ على — expertiser; faire une expertise

تَقْرير أَهْل الـ~ — rapport d'expertise

**خَبير** ج خُبَراء — compétent; connaisseur; éclairé; expert; expérimenté; d'expérience; spécialiste

شَخْص ~ — personne éclairée/informée au courant

كان ~ًا في ه — se connaître en

~ مُحاسِب — expert-comptable

~ مُحَلَّف — expert près les tribunaux

~ الدَّوْلة — technocrate

**حُكومة الخُبَراء** — technocratie

اِسْتَشارَ الـ~ — consulter les compétences

**مَخْبَر** ج مَخابِر — laboratoire

~ سَمْعيّ بَصَريّ — laboratoire audio-visuel

مِخْبَرة ج مَخابِر، مِخْبار ج مَخابير — éprouvette

III خابَرَ مُخابَرة بِـ ه — s'adresser à; contacter; prendre contact avec; être en correspondance avec; notifier

**مُخابَرة** ج ات — communiqué; correspondance; notice; notification

~ هاتِفيّة، داخِليّة — communication téléphonique, interurbaine

الـ~ بِـ — *dans une circulaire*: prière de s'adresser à/de prendre contact avec

**مُخابَرات**؛ قَلَم الـ~ — service de renseignements; renseignements généraux [*mil.*, *polit.*]

عَميل ~ — agent de renseignements

IV **أَخْبَرَ** إِخْبارًا ه ه، ه بِـ ه — apprendre qqch à qqn; avertir; communiquer; porter à la connaissance de; informer; notifier; relater

~ني بِهذا النَبأ — je tiens cette information de

أُخْبِرَ بِسِرّ، بِنَبأ — apprendre/tenir un secret, une information de

إِخْبار — avertissement; notification; reportage; information; note; message; rapport

**إِخْباريّ** — assertif; informatif

صِحافة ~ة — presse d'information

نَشْرة، جَريدة ~ة — bulletin, journal d'information

~ مَعادِن — scories métalliques; mâchefer

~ بُرْكان — scories volcaniques

**خَبيث** ج خُبَثاء، خِباث — coquin; débauché; faux; fourbe; fripon [*class.*]; malicieux; malin; méchant; mutin; vaurien; répugnant; scélérat; vicieux; vilain

اِبْتِسامة ~ة — sourire fripon/malicieux

رائِحة ~ة — puanteur; odeur nauséabonde

~ الرائِحة — puant; nauséabond; répugnant

حُمَّى، وَرَم ~ (ة) — fièvre pernicieuse; tumeur maligne

غَيْر ~؛ وَرَم غَيْر ~ — bénin; tumeur bénigne

خَبيثة ج خَبائِث — mauvaise action; turpitude; vilenie

الخَمْرُ أُمّ الخَبائِث — *prov.* le vin est la source de toutes les turpitudes

**1449** **خَبَرَ** ـُ خُبْرًا، خِبْرة ه — essayer; expérimenter

**خَبِرَ** ـَ، خَبُرَ ـُ خَبَرًا بِـ ه — savoir; bien connaître; avoir de l'expérience; être informé

~ الحَياة — connaître la vie/le monde; savoir vivre

**خَبَر** ج أَخْبار — information; nouvelle; commentaire; *gramm.* attribut; prédicat

أَصْبَحَ في ~ كانَ — disparaître; n'être plus qu'un souvenir; appartenir au passé

خَبَريّ — attributif [*gramm.*]

**أَخْبار** — informations; annales; chronique; nouvelles [*radio*]

نَشْرة الـ~ — bulletin d'informations

~ أَدَبيّة، ماليّة — chronique littéraire, financière

~ المُجْتَمَع — chronique mondaine, mondanités

أَخْباريّ — annaliste; chroniqueur

**خِبْرة**؛ خُبْر — acquis *n.m.*; expérience; compétence; connaissance; pratique; savoir-faire

رَجُل، ذَوُو ~ — homme(s) d'expérience

~ فَنّيّة — compétence technique

اِكْتَسَبَ ~ — acquérir une expérience

بِالـ~ — par/d'expérience

عِنْدَه ~ طَويلة بِـ ه — avoir une longue pratique de

**قِلّة** ~ — incompétence; inexpérience

**مُخْبِر** ج ون — détective; informateur; reporter *n.m.*

~ شُرْطة — indicateur de police

VIII **اِخْتَبَرَ** اِخْتِبارًا ه، ه — mettre à l'épreuve/à l'essai; essayer; éprouver; faire un essai/une expérience; examiner; expérimenter; explorer; tester

~ قُواه، نَفْسَه — essayer ses forces; s'essayer à

~ الطَلَبة — tester les étudiants

~ شَجاعة ه — éprouver le courage de

**اِخْتِبار** ج ات — épreuve; essai; étude; examen; expérience; expérimentation; test

~ ذاتيّ — expérience personnelle

قام بـ~ — faire une expérience, un test

أَجْرَى ~ًا — *même sens*

~ مِهَنيّ، إِحْصائِيّ — test professionnel, statistique

عَلَى سَبيل الـ~ — à titre expérimental

تَحْتَ الـ~ — à l'essai

عن طَريق الـ~ — empiriquement; de manière empirique

طَوْر، مَحَطّة اِخْتِبارات — stade, station expérimental(e)

**اِخْتِباريّ** — empirique; expérimental

حُكْم ~ — jugement a posteriori

اِمْتِحان ~ — examen probatoire

**مُخْتَبِر** — averti; expérimenté; informé

**مُخْتَبَر** ج ات تَجارِب، تَحاليل — laboratoire d'expériences, d'analyses

X **اِسْتَخْبَرَ** اِسْتِخْبارًا عَن ه — s'enquérir de; enquêter sur; s'informer de; demander des informations sur/des nouvelles de

**اِسْتِخْبار** ج ات — questionnaire; enquête; demande de renseignements

**اِسْتِخْبارات** عَسْكَرِيّة — les renseignements militaires

عَميل، مَصْلَحة الـ~ — agent, service de renseignements

1450 **خَبَزَ** ِ خَبْزًا ه — faire/cuire le pain; panifier

~ خُبْزَه بِيَده — mettre la main à la pâte

**خَبْزة** — fournée

**خُبْز** — pain

رَغيف ~ — galette de pain

~ بائِت — pain rassis

~ طَرِيّ، طازَج، هَشّ — pain frais/tendre

تَنُّور ~ — four à pain

لُبّة، قِشْرة ~ — mie, croûte de pain

شَجَر الـ~؛ خُبْزيّة — arbre à pain; artocarpe

**خَبّاز** — boulanger

**الخِبازة** — métier de boulanger; boulangerie

**مَخْبَز** ج مَخابِز — boulangerie; four de boulanger

VIII **اِخْتَبَزَ** اِخْتِبازًا — panifier; panification

1451 **خُبّاز؛ خُبّازَى** — mauve [*bot.*]

لَوْن خُبّازيّ — couleur mauve

**خُبّازيّات** — malvacées *n.f.pl.*

**خُبَّيْزة** — hibiscus

1452 **خَبَصَ** ِ خَبْصًا — *cuis.* mélanger; brouiller; faire de la marmelade

**خَبيص** — marmelade

1453 **خَبَطَ** ِ خَبْطًا ه، ه — fouler aux pieds; battre; frapper; piétiner; rosser [*fam.*]; gauler; faire tomber les feuilles des arbres

~ بِالرِّجْل — taper du pied; trépigner

~ كَفًّا بِكَفّ — se taper dans les mains (de désespoir)

**خَبْط** — gaulage; piétinement

~ عَشْواء — en aveugle; à l'aveuglette; à tâtons; à tort et à travers

**خَبْطة** — coup; coup de bambou [*fam.*]

**خُباط** — mal de tête; confusion mentale

**خُباطة** — gaulée; jonchée (de feuilles)

**مِخْبَط، مِخْباط** ج مَخابِط — batte; gaule

V **تَخَبَّطَ** تَخَبُّطًا ← خَبَطَ

~ في — se débattre dans; patauger dans

1454 II **خَبَّعَ** (← خَبَّأَ) — cacher

V **تَخَبَّعَ** — se cacher

1455 **خَبَلَ** ـُ خَبْلًا — abêtir ; abrutir ; déranger l'esprit

خَبِلَ ـَ خَبالًا — avoir l'esprit dérangé ; souffrir de confusion mentale

خَبَل — confusion mentale ; aliénation ; abêtissement ; abrutissement ; stupeur ; démence

أَخْبَل — confus ; dément ; débile

**مَخْبول** — aliéné ; fou ; abruti ; dérangé

إِنَّه ~ تَمامًا — il est complètement fou/cinglé [pop.]/marteau [pop.]

II خَبَّلَ تَخْبيلًا ه ، ه — détraquer qqn [fam.] ; confondre

مُخَبَّل — en pleine confusion mentale ; détraqué

V تَخَبَّلَ تَخَبُّلًا — s'abêtir ; s'abrutir

VIII اِخْتَبَلَ اِخْتِبالًا ← خَبِلَ

اِخْتِبال — aliénation mentale

1456 **خَبَل** — chat-huant

1457 (خبو) **خَبا** ـُ خَبْوًا — s'éteindre (feu) ; se calmer (colère)

1458 **خَتَرَ** ـِ خَتْرًا ه — trahir ; tromper ; suborner

خَتْر — perfidie ; trahison ; tromperie

خَتّار — perfide ; traître ; trompeur

1459 (ختع) **خِتاع** — gant de fauconnier

1460 **خَتَلَ** ـُ خَتْلًا ه — s'approcher furtivement de ; de ; se mettre en embuscade ; s'embusquer pour surprendre qqn ; dresser des embûches à qqn ; duper ; mystifier ; tricher

خَتْل ← مُخاتَلة

خاتِل ، خَتّال — mystificateur ; tricheur

III خاتَلَ مُخاتَلة ه — prendre qqn par surprise ; duper ; louvoyer [fig.] ; mystifier ; être fourbe avec qqn ; tricher ; tromper

مُخاتَلة — duperie ; duplicité ; louvoiement ; fourberie ; mystification ; tromperie

مُخاتِل — insidieux ; sournois ; fourbe

1461 **خَتَمَ** ـِ خَتْمًا ، خِتامًا ه — achever ; clore ; finir ; terminer ; cacheter ; sceller ; marquer ; apposer une griffe/une empreinte ; composter

~ خُطْبة — conclure un discours

~ على جَوْهَرة — estampiller ; poinçonner ; apposer une empreinte/une marque sur un bijou

~ على رِسالة — tamponner une lettre

~ رِسالة ، وَثيقة — cacheter une lettre ; sceller un document

~ على باب — apposer des scellés sur une porte

~ اللّٰهُ على قُلوبِهِم — Dieu les a rendus aveugles/inaccessibles/insensibles à la vérité (*m. à m.* Dieu a fermé leur cœur)

**خَتْم** ج أَخْتام ، خُتوم — cachet ; empreinte ; estampille ; poinçon ; marque ; griffe (d'un vêtement)

شَمْع الـ~ — cire à cacheter

وَضَعَ ، رَفَعَ **الأَخْتام** — apposer, lever les scellés

**خِتام** — conclusion ; dénouement ; péroraison

في الـ~ — en conclusion ; pour finir

**خِتاميّ** — de clôture ; final

خُطْبة ، جَلْسة ~ة — discours, séance de clôture

**خاتَم** ج خَواتِم — anneau ; bague ; cachet ; sceau ; tampon ; poinçon

~ أُسْقُفيّ ، زَواجيّ — anneau pastoral, nuptial

~ الزَّواج — alliance ; bague nuptiale

بَصَمَ ~ًا على — apposer un cachet/un tampon sur

~ الأَنْبِياء — le dernier des prophètes (Moḥammad, Mahomet)

حافِظ الخَواتِم ، الأَخْتام — garde des Sceaux

**خاتِمة** ج خَواتِم — conclusion ; dénouement ; fin ; épilogue

~ أَبْحاث طَويلة — couronnement de longues recherches

**خَواتِم** : العِبْرة بالـ~ — *prov.* en toute chose il faut considérer la fin

الأَعْمال بِـ~ها — *même sens*

**مَخْتوم** — marqué ; poinçonné ; estampillé ; tamponné

وَرَق ~ — papier timbré

VIII **اِخْتَتَمَ** اِخْتِتامًا — se clore ; se conclure ; se terminer

~ بِإِخْفاق — se solder par un échec

أُخْتُتِمَت الدَّوْرة — être clôturé/clos (session)

اِخْتِتام الدَّوْرة البَرْلَمانيّة — clôture de la session parlementaire

**1462** **خَتَنَ** ـِ خَتْنًا، خِتانًا — circoncire

~ ـِ خُتونًا — se marier; contracter une alliance en prenant femme

خِتان — circoncision

خَتَن ج أَخْتان — tout parent de l'épouse; beau-père/-frère; gendre

خُتون، خُتونة — alliance (par les femmes)

مَخْتون — circoncis

**1463** **خُثّ**، خُثّيّ — tourbe [*géol.*]; tourbeux

**1464** **خَثِرَ** ـَ خَثَرًا، خَثُرَ ـُ — se coaguler; cailler; épaissir (sauce)

خَثَر، خَثْرة — thrombose

خُثار — restes; sédiments

خُثارة — croûte d'une plaie

خاثِر — caillé (lait); coagulé (sang); épaissi (sauce); consistant; figé

II **خَثَّرَ** تَخْثيرًا — faire coaguler (lait, sang)

~ مَرَقًا — figer une sauce

تَخْثير — coagulation; figement

**مُخَثِّر**، ~ة ج ات — coagulant; thrombine

ضِدّ المُخَثِّرات — anticoagulant

مُخَثَّر — figé; coagulé; visqueux

IV أَخْثَرَ إِخْثارًا ← II

لا يَدْري هَلْ يُذيب أَمْ **يُخْثِر** — ne pas savoir quoi faire; être mi-figue, mi-raisin [*fam.*]

V تَخَثَّرَ تَخَثُّرًا — se figer; coaguler *intr.*; être épais/épaissi/figé

**تَخَثُّر** — coagulation; thrombose

مانِع الـ~ — anticoagulant

دَم مُتَخَثِّر — sang coagulé/caillé

**1465** **خَثْلة** — hypogastre; bas-ventre

**1466** (خثم) **أَخْثَم** — camard *adj.*

**1467** **خِثْي** ج أَخْثاء — bouse de vache; fiente

**1468** **خَجِلَ** ـَ خَجَلًا — rougir *intr.*; avoir honte; être embarrassé/intimidé

**خَجَل** — confusion; honte; timidité; embarras; gêne; ennui; contrariété

شَديد الـ~ — très timide

**خَجِل**، خَجْلان — confus; honteux; timide; embarrassé; gêné

إِنّي ~ — je suis confus

خَجول — très timide; plein de retenue

II خَجَّلَ تَخْجيلًا ه ← IV أَخْجَلَ

IV أَخْجَلَ إِخْجالًا ه — confondre qqn; faire honte à; remplir de confusion; intimider; choquer qqn

إِخْجالًا لَهُ — à sa grande honte; à sa grande confusion

مُخْجِل — choquant

**1469** **خَدَّ** ـُ خَدًّا ه — creuser des sillons/des ornières; raviner

**خَدّ** ج خُدود — joue; rigole; sillon

صَعَّرَ ~ه — faire la grimace/la moue/la petite bouche; prendre un air dégoûté

مِخَدّة ج ات، مَخادّ — coussin; oreiller; traversin

أُخْدود ج أَخاديد — fosse; fossé; sillon; ornière; rainure; rigole

II خَدَّدَ تَخْديدًا ه — strier; rayer

مُخَدَّد — strié; rayé

**1470** **خَدَجَ** ـُ خَدَجًا — avorter; faire une fausse couche; accoucher prématurément

خديج ج خَدائِج — avorton

خِداج — avortement; accouchement prématuré

**1471** **خَدِرَ** ـَ خَدَرًا — être engourdi/insensibilisé/paralysé; avoir un membre gourd

خَدَر — engourdissement; stupeur; torpeur; insensibilité

خَدِر، خادِر — engourdi; gourd; stupide; insensible

خادِرة ج خَوادِر — *zool.* chrysalide; nymphe

II **خَدَّرَ** تَخْديرًا ه — engourdir; insensibiliser; faire une narcose

~ مَريضًا — anesthésier un malade

~ الجُمْهور — endormir le public [*fig.*]

**تَخْدير** — insensibilisation; anesthésie; narcose

~ جراحيّ. عامّ. مَوْضِعيّ — anesthésie opératoire, générale, locale

مُخَدِّر ج ات — analgésique; anesthésique; sédatif; narcotique; soporifique; stupéfiant;

طَبيب ~ — médecin anesthésiste

تَهْريب، تَرْويج المُخَدِّرات — trafic des stupéfiants

مُخَدَّر — endormi; engourdi; gourd; insensibilisé; transi

IV أَخْدَرَ إِخْدارًا ه. ه ← II

إِخْدار — analgésie

V تَخَدَّرَ تَخَدُّرًا ← خَدِرَ

~ مِن البَرْد — être transi de froid

مُتَخَدِّر ← II مُخَدَّر

**1472** **خِدْر** ج خُدور — rideau

~ الدار — boudoir; fond de la maison; gynécée (partie de la maison réservée aux femmes)

**1473** **خَدَشَ** ـِ خَدْشًا — écorcher; égratigner; érafler; griffer; lacérer; racler; *fig.* troubler (le silence)

~ سُمْعة — attaquer souiller la réputation

خَدْش ج خُدوش. أَخْداش — écorchure; égratignure; éraflure

خَدْشة ج خَدَشات — coup de griffe

II **خَدَّشَ** تَخْديشًا ← خَدَشَ

~ الآذان — blesser [*fig.*] écorcher [*fam.*] les oreilles

VII اِنْخَدَشَ اِنْخِداشًا — s'écorcher; se griffer; s'égratigner

**1474** **خَدَعَ** ـَ خَدْعًا — abuser; attraper [*fig.*]; en faire accroire à [*litt.*]; donner le change; bluffer; berner; monter le coup [*fam.*]; duper; circonvenir; feinter [*fam.*], induire en erreur; leurrer; tromper; gruger; tricher

~ نَفْسَه — s'abuser; se leurrer; se tromper

خُدِعَ — être pris trompé; avoir été eu [*fam.*]

لَن أُخْدَعَ ثانيةً. قَطّ — on ne m'y reprendra pas deux fois; on ne m'y reprendra plus

**خُدْعة** ج خُدَع — astuce; attrape-nigaud; bluff; duperie; feinte; leurre; ruse; stratagème; imposture; tour; mauvais/sale tour; tromperie; tricherie; perfidie

~ حَرْبيّة. بَصَريّة — ruse de guerre [*pr.*]; illusion d'optique

~ سينِمائيّة — truc [*fam.*]; truquage cinématographique

خَديعة ج خَدائِع ← خُدْعة

**خادِع. خَدّاع** — insidieux; fallacieux; perfide; trompeur; tricheur; imposteur; illusoire

تَصَرُّف ~ — comportement plein d'artifices

خادِعة بَوّابة — guichet d'un portail

مَخْدوع — abusé; trompé; dupé; bluffé; berné [*litt.*]

مِخْدَع ج مَخادِع — alcôve

خَيْدَع ج خَيادِع — mirage [*fig.*]

III خادَعَ خِداعًا. مُخادَعة — mystifier; chercher à tromper; jouer au plus fin avec qqn

**خِداع**. مُخادَعة — duplicité; fourberie; ruse; triche [*fam.*]; tricherie; déloyauté; imposture; mystification; supercherie

~ الحَواسّ. بَصَريّ — hallucination; illusion d'optique

خِداعيّ — fallacieux; hallucinatoire; illusoire; insinuant; insidieux; frauduleux

مُخادِع ج ون — artificieux; astucieux; déloyal; filou; escroc

VII **اِنْخَدَعَ** اِنْخِداعًا بـ — se leurrer; s'en laisser conter; se faire des illusions sur

~ بالظَواهِر — se laisser abuser tromper par les apparences; se laisser prendre aux apparences

**1475** **خَدَمَ** ـُ خِدْمة ه — se dévouer à; servir qqn; se mettre être au service de; travailler

~ القُدّاس — servir la messe

~ رِكاب ه — être entièrement dévoué à qqn

اِخْدِمْ نَفْسَك بِنَفْسِك — servez-vous; self-service

**خِدْمة** ج ات. خِدَمات — service; travail

~ القُدّاس — célébration de l'office

~ ذاتيّة. دينيّة — self-service; service religieux

مَحَطّة. سُلَّم ~ — station-service; escalier de service

أيّ. أيّة ~ — à votre service; que puis-je pour vous?

في. لِـ ~ ه — au service de

في الـ ~ — de en au service

~ إجباريّة. عَسْكَريّة — conscription; service militaire

أدّى الـ ~ العَسْكَريّة — faire le service militaire son service

~ سِرِّيَّة، مُسَلَّحة — service secret, armé

أَسْدَى إلى ه ~ — rendre service à

خِدْمَةً لِـ — dans l'intérêt de

**خَدَمات** صِحِّيَّة، اِجْتِماعِيَّة — services sanitaires, sociaux

~ عامَّة، مُنْتِجة — services publics, productifs

**خادِم** ج خُدّام، خَدَم، خَدَمة — domestique; serviteur; valet

~ فُنْدُق، مَطْعَم، مَقْهًى — valet de chambre; garçon de restaurant; serveur

~ في سَفِينة، طائِرة — steward; garçon de cabine

~ اللّٰه، الدَّوْلة — serviteur de Dieu, de l'État

~كُمْ — votre serviteur

خَدَم، خَدَمة مَنْزِل — domesticité; gens, personnel de maison

خادِمة ج ات — bonne *n.f.*; servante; femme de chambre; fille de salle

خَدّام ج ون — serviteur; travailleur

خَدوم — complaisant; serviable

خَدومِيّة — complaisance; serviabilité

مَخْدوم ج ون — employeur; patron

مَخْدومة — maîtresse; madame

II خَدَّمَ تَخْديمًا ه — donner/trouver du travail à; employer; engager (un serviteur); prendre à son service

X **اِسْتَخْدَمَ** اِسْتِخْدامًا ه، ه — embaucher; employer; exploiter; mettre en jeu/en œuvre; se servir de; utiliser; user de; faire usage de

~ عُمّالًا، مَوارِد — employer des ouvriers; exploiter des ressources

**اِسْتِخْدام** — emploi; embauche; embauchage; mise en œuvre; exploitation; usage; utilisation

كَيْفِيَّة، مَطْلَب ~ — mode, demande d'emploi

مُسْتَخْدِم ج ون — employeur

**مُسْتَخْدَم** — employé; utilisé; usité; en usage

~ ج ون مَنْزِل، مَكْتَب — employé de maison; commis de bureau

غَيْر ~ — inemployé; inusité; inutilisé

مُسْتَخْدَمو مَكْتَب، مَنْزِل — personnel de bureau, de maison

**1476 خِدْن** ج أَخْدان — camarade; copain [*fam.*]; compagnon; condisciple; qui a le même âge

**1477 خُدَيْوِيّ**؛ خِدِيوِيّ — khédive; khédival

**1478** (خذرف) **خُذْروف** ج خَذاريف — toupie

**1479 خَذَلَ** ـُ خِذْلانًا ه — abandonner; faire défection; trahir; rester en arrière/en retrait; laisser tomber qqn

خِذْلان — abandon; défection; déboires; désappointement; échec; impuissance

II خَذَّلَ تَخْذيلًا ه عَنْ ه، ه — détacher qqn de

III خاذَلَ مُخاذَلة ه (← خَذَلَ) — refuser d'aider

VI **تَخاذَلَ** تَخاذُلًا — faire défection; flancher [*fam.*]; lâcher pied; être abandonné par ses forces; être languide [*litt.*]

~ أَمامَ المَتاعِب — abdiquer devant les difficultés

~تْ ساقاهُ تَحْتَه — ses jambes se dérobèrent sous lui

تَخاذُل — abdication [*fig.*]; défection; dissension; mésentente; pusillanimité

مُتَخاذِل — pusillanime; languide [*class.*]

VII اِنْخَذَلَ اِنْخِذالًا — être abandonné/délaissé; subir une défaite; être désemparé; s'abandonner

**اِنْخِذال** — abandon; défaite; délaissement; embarras; impuissance

شَعَرَ بِـ~ — se sentir impuissant; éprouver un sentiment d'impuissance

**1480 خَرَّ** ـِ خَريرًا — murmurer; ronronner; ronfler

~ بَيْنَ الأَعْشاب (الجَدْوَل) — le ruisseau murmure dans les herbes

~ القِطّ، المُحَرِّك — le chat, le moteur ronronne

**خَرير** — ronflement

~ جَدْوَل — gazouillis/murmure de ruisseau

~ قِطّ، مُحَرِّك — ronronnement/ronron de chat, de moteur

خَرّارة — toupie musicale; crécelle

**1481 خَرَّ** ـُ خَرًّا، خُرورًا — s'affaisser; tomber raide; *v. aussi 1480*

~ صَريعًا — s'écrouler; mordre la poussière [*litt.*]

~ لَهُ، عَلَى قَدَمَيْه — se jeter/tomber aux genoux, aux pieds de qqn; se prosterner devant

**1482 خَراء** — caca; merde [*pop.*]

بَيْت الـ~ chiottes [*pop.*]

1483 **خَرَبَ** ـِ خَرْبًا ه dévaster ; détruire ; piller ; ruiner ; mettre à sac ; saccager

~ بِناءً، صِحَّته démolir une construction, sa santé

خَرِبَ ـَ خَرَابًا se détruire ; être détruit/dévasté ; être/tomber en ruine ; être ruiné ; se délabrer ; se démolir

**خَراب** ج أَخْرِبة délabrement ; démolition ; destruction ; désolation ; dévastation ; mise à sac ; ruine ; saccage ; ravage

سَعَى إلى ~ه courir à sa perte/à sa ruine

~ ج خَرائِب décombres ; ruines

خِرْبة ج خِرَب lieu de dévastation/de ruines

خَرْبة ج خَرَبات masure ; taudis

خَرِب délabré ; démoli ; détruit ; dépeuplé ; dévasté ; ravagé ; mis à sac ; saccagé

خَرْبان *même sens*

II **خَرَّبَ** تَخْريبًا ه dévaster ; ravager ; ruiner ; saccager

~ آلة، مَشْروعًا saboter une machine, un projet

**تَخْريب** destruction ; mise à sac ; sabotage ; subversion ; ravage

~ الآثار العامّة dégradation des monuments publics

عَمَل **تَخْريبيّ** acte de sabotage/de destruction

أَعْمال ~ة manœuvres subversives

**مُخَرِّب** destructeur ; ruineux ; saboteur ; subversif

أَهْواء ~ة passions dévastatrices/ravageuses

VII مُنْخَرَبات foraminifères *n.m.pl.*

1484 (خرب) **خَرّوب**، خَرْنوب caroubier

1485 **خَرْبَشَ** griffonner ; gribouiller ; bâcler [*fam.*] un travail

خَرْبَشة gribouillage ; griffonnage

مُخَرْبِش griffonneur ; gribouilleur

مُخَرْبَشات (عَلى حائِط) graffiti

1486 **خَرْبَطَ** ه défaire qqch ; déranger qqch ; désorganiser ; mettre en désordre

1487 **خَرْبَق** ellébore ; hellébore ; rose de Noël

خُرْبوق vératre

1488 **خَرَتَ** ـُ خَرْتًا percer ; perforer ; trouer ; faire un trou

خَرْت ج خُروت، أَخْرات chas/trou d'une aiguille

1489 **خُرْج** ج خِرَجة besace ; bissac ; sacoche

1490 **خَرَجَ** ـُ خُروجًا sortir ; aller dehors ; se retirer ; prendre la porte

~ إلى الجَبَل، البَحْر gagner la montagne, le large

~ عن abandonner ; rejeter ; faire sécession ; entrer en dissidence

~ عن مَبْدأ rejeter un principe

~ عن عادة abandonner une habitude

~ عن المَوْضوع s'écarter/sortir du sujet

~ عن، من طَوْره sortir de ses gonds [*fam.*] ; être hors de soi

~ من مَأْزِق، سالِمًا s'en sortir ; s'en tirer

~ عن الخَطّ، السِكّة (قِطار) dérailler (train)

~ على attaquer ; s'attaquer à ; attenter à ; porter atteinte à ; s'insurger/se révolter contre

~ على المَأْلوف mettre en cause/contester la tradition

~ على القانون se mettre hors la loi

لا يَخْرُج عن أَنْ يكون، عن كَوْنه ه
ce n'est pas autre chose que ; ce n'est rien d'autre que

خَرْج frais *n.m.pl.* ; dépense(s) ; coût(s) ; produit revenu de la terre

**خُروج** sortie ; départ ; exode

قَرَّر، اِحْتاجَ إلى الـ~ décider, avoir envie de sortir

عِنْدَ الـ~ مِن au sortir de ; à la sortie de

وَقْت، باب الـ~ heure, porte de sortie

~ على attaque ; atteinte ; dissidence ; insurrection

~ على مَعْنَوِيّة الجَيْش atteinte au moral de l'armée

~ على الوَطَنيّة manquement/outrage au patriotisme

~ عن الخَطّ déraillement

~ عَسْكَرِيّ إلى expédition/intervention militaire

خُروجًا على par dérogation

| | |
|---|---|
| خَراج | *isl.* taxe/impôt foncier(ère); tribut |
| خُراجة ج ات، خُراج | abcès; éruption de boutons; tumeur |
| **خارِج** | extérieur; externe |
| ~ ج ون | sortant |
| نائِب ~ | député sortant |
| ~ قِسْمة | quotient (d'une division) |
| أَنْباء مِن الـ~ | nouvelles de l'étranger/de l'extérieur |
| أَسْباب ~ة عن إرادتِنا | raisons indépendantes de notre volonté |
| ~ الأَسْوار، النَصّ | hors les murs; hors-texte |
| ~ المِلاك | hors cadre |
| ~ عن المُباراة، عن المَوْضوع | hors-concours; hors du sujet |
| في الـ~، خارِجَ ه | à l'étranger; à l'extérieur; au dehors |
| خارِجًا | dehors; à l'extérieur |
| **خارِج** ج خَوارِج | dissident; opposant; transfuge |
| ~ على القانون | hors-la-loi |
| **خارِجيّ** | externe; extérieur; étranger; *isl.* kharidjite |
| إِسْتِعْمال، تِلْميذ ~ | usage externe; externe *n.*; élève externe |
| العالَم، السِياسة الـ~(ة) | le monde, la politique extérieur(e) |
| الشُؤون الـ~ة | Affaires étrangères |
| وِزارة، وَزير الـ~ة | ministère, ministre des Affaires étrangères |
| العَدُوّ الـ~ | l'ennemi du dehors |
| مَظْهَر ~ | dehors *n.m.*; façade [*fig.*] |
| خِرّيج ج ونَ | ancien élève de; diplômé de |
| **مَخْرَج** ج مَخارِج | issue; orifice; sortie; débouché *n.m.*; échappatoire; exutoire; faux-fuyant; subterfuge |
| ~ الحَرْف، الصَوْت | point d'articulation [*ling.*] |
| إِحْتَفَظَ لِنَفْسِهِ بِـ~ | se ménager une porte de sortie |
| ~ه الأَخير | sa dernière ressource |
| وَجَدَ ~ًا | s'en sortir [*fam.*]; s'en tirer; trouver une issue |
| لا ~ مِنْه | inextricable |
| ~ كَسْر | dénominateur [*math.*] |
| ~ مُشْتَرَك | dénominateur commun |
| II **خَرَّجَ** تَخْريجًا ه، ه ← IV | |
| ~ تِلْميذًا | éduquer/former un élève; donner une formation à un élève |
| IV **أَخْرَجَ** إِخْراجًا ه، ه | sortir *tr.*; chasser qqn; tirer/mettre dehors; déloger qqn; exclure; excréter; extraire |
| ~ ه من جَيْبِه | sortir/tirer qqch de sa poche; prendre qqch dans sa poche |
| ~ ه من عُزْلَتِه | tirer/sortir qqn de son isolement |
| ~ أَحْشاء دَجاجة، سَمَكة | vider un poulet, un poisson |
| ~ ه من حِيازَتِه | déposséder; exproprier |
| ~ إلى الفِعْل، الواقِع | actualiser [*philos.*] |
| ~ في السينِما، المَسْرَح | porter à l'écran, à la scène |
| ~ فِلْمًا، مَسْرَحِيّة | mettre en scène/monter un film, une pièce |
| ~ من الأَرْض | déterrer; exhumer |
| ~ رَصاصة من جُرْح | extraire/retirer une balle d'une blessure |
| ~ فِكْرة من رَأْسِه | chasser une idée de son esprit |
| ~ بِطاقة شَخْصِيّة | établir une carte d'identité |
| **إِخْراج** | actualisation [*philos.*]; dépossession; extraction; mise en scène; montage; retrait; excrétion |
| ~ كِتاب | maquette d'un livre |
| مُخْرِج ج ون | metteur en scène; monteur; réalisateur |
| **مُخْرَجات** | excrétions; excréments |
| تَحْليل المُدْخَلات والـ~ | analyse input output |
| V **تَخَرَّجَ** تَخَرُّجًا | être formé; se former; être produit; sortir d'une école |
| ~ حَديثًا من | être frais émoulu de |
| ~ على التَقَشُّف | être formé à l'école de l'austérité |
| تَخَرُّج | formation scolaire |
| المُتَخَرِّج من جامِعة | ancien élève de; diplômé de |
| X **إِسْتَخْرَجَ** إِسْتِخْراجًا ه | extraire; tirer; tirer une conclusion; conclure |
| ~ الزَيْت من الزَيْتون | extraire l'huile des olives |
| ~ كَلِمات من نَصّ | extraire des mots d'un texte |
| ~ المَعْدِن من الأَرْض | extraire le minerai du sous-sol |

~ جِذْرًا مُرَبَّعًا extraire une racine carrée

~ عَصير فاكِهة exprimer le jus d'un fruit

~ جُثّة déterrer un cadavre

اِسْتِخْراج extraction; expression (du jus); conclusion

مُسْتَخْرَج extrait; déterré

1491 **خَرْخَرَ** gargouiller; ronfler

خَرْخَرة الماء gargouillement de l'eau

1492 **خُرْدة** ج خُرْدَوات quincaillerie; mercerie

~ مَعْدِن débris de métal; limaille de fer; scories

خُرْدَوِيّ، خُرْدَجِيّ mercier; quincaillier

خَريد، خَرود pudique; timide (jeune fille)

خَريدة ج خَرائِد vierge; perle qui n'est pas percée

1493 **خُرْدُق** ج خَرادِق grenaille; plomb; chevrotine

1494 **خَرْدَل** moutarde *n.f.*

خَرْدَلِيّ moutarde *adj.*

1495 **خَرَزَ** ـُ خَرْزًا faire un trou dans/percer (un coquillage); coudre (du cuir); confectionner des chaussures

خُرْزة ج خُرَز point (de couture); couture

**خَرَز** الصُخور parmélie

~ الظَهْر vertèbres

~، **خَرَزة** ج ات verroterie; pierres de couleurs; petits coquillages; perles de verre; grains d'un collier; *anat.* vertèbre

~ بِئْر margelle (d'un puits)

خَريز élancement; douleur lancinante

خَرّاز ج ة savetier; cordonnier

مِخْرَز ج مَخارِز alène; poinçon

1496 **خَرِسَ** ـَ خَرَسًا être muet; se taire; garder le silence

اِخْرَسْ taisez-vous; la ferme [*pop.*]! silence!

خَرَس mutisme

خَروس primipare

أَخْرَس م خَرْساء ج خُرْس muet

خَرْسان ← أَخْرَس

خَريس tétras

IV **أَخْرَسَ** إخْراسًا ه faire taire; rendre muet; réduire au silence; fermer la bouche; clouer le bec [*fam.*]

~ الصِحافة bâillonner la presse

1497 **خَرَسانة**، ~ مُسَلَّحة béton; béton armé

1498 **خَرَشَ** ـِ خَرْشًا gratter; égratigner

~ الرِزْق racler les fonds de tiroir [*fam.*]

خِرْشاء ج خَراشِيّ membrane de l'œuf; peau du lait; mue/peau du serpent

II خَرَّشَ تَخْريشًا enflammer/irriter la peau

مُخَرِّش irritant

V تَخَرُّش الجِلْد inflammation/irritation de la peau

جِلْد مُتَخَرِّش peau enflammée/irritée

VIII اِخْتَرَشَ اِخْتِراشًا se gratter

1499 **خُرْشوف** ج خَراشيف artichaut

1500 **خَرْشَنة** sterne

1501 **خُرْص** ج خُرْصان boucle d'oreille

V تَخَرَّصَ تَخَرُّصًا ه forger/inventer des mensonges

تَخَرُّصات forgeries; mensonges; menteries [*fam.*]

1502 **خَرَطَ** ـُ خَرْطًا غُصْنًا dépouiller une branche de ses feuilles

~ قِطْعة خَشَبيّة، آلِيّة tourner/façonner une pièce de bois, une pièce mécanique

**خَريطة** ج خَرائِط carte [*géogr.*]

~ الأَرْض، مَدينة planisphère; plan d'une ville

خَرائِطيّ cartographique

خُراطة النُحاس، الخَشَب rognure de cuivre; copeau de bois

خَرّاط ج ون tourneur; fraiseur

**مَخْروط** ج مَخاريط cône [*math.*]

~ ناقِص، دَوَرانيّ tronc de cône; cône de révolution

قِطاع، سَطْح **مَخْروطيّ** section, surface conique

مِخْرَطة ج مَخارِط fraise [*techn.*]; fraiseuse; tour [*techn.*]

II خَرَّطَ تَخْريطًا ه fraiser; fraisage

VII اِنْخَرَطَ في سِلْك ه، ه s'engager; s'enrôler; adhérer à; se ranger sous la bannière de; s'incorporer à

اِنْخِراط incorporation; adhésion; affiliation

مُنْخَرِط affilié à; engagé; enrôlé; adhérent

1503 **خَرْطوشة** ج خَرْطوش cartouche [*mil.*]

1504 (خرطل) **خَرْطال** avoine

جَريش ~ flocons d'avoine

خَرْطاليّة canche

1505 **خُرْطوم** ج خَراطيم trompe d'éléphant

~ إِطْفاء، تَهْوية manche à incendie, à air

خُرْطوميّات pachydermes *n.m.pl.*

1506 **خُرْطون** ج خَراطين ver de terre; lombric

1507 **خَرِعَ** ـَ، خَرُعَ ـُ خَرَعًا، خَراعة être ... *v. à l'adj.*

خَرَع؛ خَراعة débilité; faiblesse; rachitisme; veulerie

خَرِع؛ مُخْرَع affaibli; débile; flasque; faible; veule; rachitique; languide [*litt.*]

1508 (خرع) VIII **اِخْتَرَعَ** اِخْتِراعًا ه imaginer du nouveau; inventer; innover

**اِخْتِراع** ج ات invention; découverte

الحاجة أُمّ الـ~ *prov.* la nécessité est mère de l'invention

بَراءة ~ brevet d'invention

مُخْتَرِع ج ون inventeur

المُخْتَرَعات الجَديدة nouvelles inventions

1509 **خَرِفَ** ـَ خَرَفًا délirer; divaguer; être gâteux/sénile; retomber en enfance; radoter; *v. aussi 1510, 1511*

خَرَف délire; divagation; gâtisme; sénilité; radotage

خَرِف؛ خَرْفان gâteux; débile; sénile; gaga [*fam.*]

خُرافة ج ات légende; conte de fées; mythe; superstition; fable

الخُرافات mythologie

**خُرافيّ** légendaire; fabuleux; mythique; fantastique

مَخاوِف ~ة craintes superstitieuses

مَخْرَفة ج مَخارِف boniments [*fam.*]; radotages; sornettes

II خَرَّفَ تَخْريفًا fabuler

تَخْريف fabulation; mythomanie

مُخَرِّف ج ون bonimenteur; charlatan; fabulateur; mythomane

1510 (خرف) **خَروف** ج خِراف، خِرْفان agneau; mouton

~ البَحْر lamantin

1511 (خرف) **خَريف** automne

خَريفيّ automnal; d'automne

1512 **خَرَقَ** ـُ خَرْقًا ه faire un accroc à; déchirer; lacérer; percer; pénétrer; perforer; faire un trou; forcer (un blocus); transpercer; traverser; abîmer; gâter; porter atteinte à

~ خُطوط الدِفاع faire une percée/une trouée dans/enfoncer les lignes de défense

~ كُرْسيًّا، جَيْشًا défoncer une chaise; défaire une armée

~ نافِذة في حائِط percer une fenêtre dans un mur

~ إِشارة مُرور، الأَنْوار brûler un signal, les feux

~ العادات déroger aux habitudes; rompre des habitudes

~ القانون transgresser/violer/faire une entorse à la loi

~ الحِياد، حُرْمة مَسْكَن violer la neutralité, le domicile de

~ الأَمْن العامّ troubler l'ordre public

**خَرْق** atteinte [*fig.*]; entorse [*fig.*]; dérogation; transgression; violation

~ حُرْمة المَسْكَن violation de domicile

~ الأَمْن العامّ atteinte à l'ordre public

~ المَحارِم — sacrilège; transgression des interdits

~ الماء — pénétration de l'eau

~ ج خُروق — accroc; déchirure; déchirement; fente; fissure; percée; percement; rupture; trou; trouée

اِتَّسَعَ الـ~ على الراقِع — *prov.* c'est irrémédiable irréparable

اِتَّسَعَ الـ~ بَيْن — le fossé s'élargit entre

**خُرْق**، خُرْقة — balourdise; énormité; gaucherie; maladresse; stupidité; stupeur

~ في الرَأْي — *même sens*

فاهَ بِخَرَقات — dire des énormités

**خِرْقة** ج خِرَق — chiffon; lambeau; loque; guenille; haillon

~ وَرَق — chiffon de papier

**خارِق** — pénétrant; perforant

رَصاصة، قَذيفة ~ة — balle, obus perforant(e)

~ العادة، الطَبيعة — exceptionnel; extraordinaire; inconcevable; incroyable; inhabituel; inoui; prodigieux; sensationnel; surnaturel; transcendant; sans précédent

رُؤًى ~ة — visions féeriques

هذا ~ — c'est énorme fantastique extraordinaire!

~، خارِقة ج خَوارِق — prodige; merveille; coïncidence extraordinaire

أَخْرَق م خَرْقاء ج خُرْق — balourd; insensé; maladroit; gauche [*fig.*]; stupide; anormal; irrégulier; illégal

سِياسة خَرْقاء — politique absurde maladroite

**مَخْرَقة** — tour de passe-passe; habileté; jonglerie; supercherie

~ فِكْرِيّة — acrobatie intellectuelle

خَرّاقة، مِخْرَقة ج مَخارِق — chignole; défonceuse

II خَرَّقَ تَخْريقًا ه — mettre en loques en lambeaux; déchiqueter; déchirer; lacérer

مُخَرَّق — loqueteux; en lambeaux

V تَخَرَّقَ — partir en lambeaux; tomber en charpie; se déchirer; se déchiqueter

VIII **اِخْتَرَقَ** اِخْتِراقًا ه — percer de part en part; traverser; transpercer; faire une trouée une percée

~ جَبْهة العَدُوّ — enfoncer rompre le front de l'ennemi

~ الحُقول — couper à travers champs

~ الجُمْهور — fendre/percer la foule

~ المَسامِع — vriller les oreilles

اِخْتِراق — perforation; pénétration; transpercement; traversée

مُخْتَرِق — pénétrant; perforant

مُخْتَرَق — passage; voie (d'eau)

1513 **خَرَمَ** خَرْمًا — perforer; percer; faire un trou; laisser un blanc (dans un texte)

خَرْم — *impr.* blanc *n.m.* lacune (d'un texte)

**خُرْم** ج خُروم — perforation; trou

~ الإِبْرة — chas

مَخْروم — perforé; percé; troué

خُرَّم — *bot.* charbon

خَرّامة — perceuse; perforeuse; perforatrice; poinçon

II **خَرَّمَ** تَخْريمًا — ajourer; faire des jours

~ أَشْرِطة — perforer des bandes

**تَخْريم** — percement; perforation

آلة الـ~ — trépan

~، تَخْريمة ج تَخاريم — ajour; jour [*cout.*]; dentelle

**مُخَرَّم** — ajouré; en dentelle; macramé

أَشْرِطة ~ة — bandes perforées

VII اِنْخَرَمَ اِنْخِرامًا — se déchirer; partir en lambeaux; se trouer; être atteint dans son intégrité

**اِنْخِرام** — atteinte; brèche; désordre; perforation; désorganisation; dérangement; trouble

~ في التَوازُن — rupture d'équilibre

VIII اِخْتَرَمَ اِخْتِرامًا ه — anéantir; détruire; emporter qqn (mort)

**خُرْنوب** ← خَرّوب

1514 **خِرْنِق** ج خَرانِق — petit du lapin/du lièvre; lapereau; levraut

1515 **خِرْوَع** — ricin

زَيْت الـ~ — huile de ricin

1516 **خَزّ** martre

1517 **خَزّ** ج خُزوز soie grège/écrue; tissu en soie

1518 **خَزِبَ** ـَ خَزَبًا être gros/enflé; enfler *intr.*

خَزَب رِئويّ œdème du poumon

1519 **خَزَر**؛ خُزْرة strabisme; regard de travers

IV أَخْزَرَ العَيْنَيْن piquer/faire cligner les yeux; faire loucher

1520 **خَزْرة** douleur dans le dos; lumbago; rachialgie

1521 **خَزَعَ** ـَ خَزْعًا ه couper; prélever (en coupant); faire une biopsie/un prélèvement

خُزْعة biopsie

1522 **خُزَعْبَلة** ج ات blague; frime [*fam.*]; affabulation; conte en l'air; galéjade

إنّها ~ c'est de la blague/de la frime [*fam.*]

رَوَى خُزَعْبَلات raconter des blagues/des sornettes/des contes à dormir debout [*fam.*]

1523 **خَزَف** céramique *n.f.*; porcelaine; poterie

~ مَطْليّ faïence

خَزَفِيّ en céramique; en porcelaine

خَزَفِيّات poteries

خِزافة céramique *n.f.*; art de la poterie

خَزّاف ج ون potier; céramiste; faïencier

1524 **خَزَقَ** ـِ خَزْقًا ه transpercer; percer de part en part

خَوْزَق *v. ordre alphab.*

**خازوق** ج خَوازيق pal; pieu; poteau

رَفَعَ على الـ~ empaler

1525 VIII **اِخْتَزَلَ** اِخْتِزالًا abréger; écrire en abrégé; *math.*, *chim.* réduire

**يُخْتَزَل** réductible [*math.*, *chim.*]

كَسْر لا ~ fraction irréductible

اِخْتِزال ج ات abréviation; sténographie; *math.*, *chim.* réduction

كِتابة **اِخْتِزاليّة** écriture abrégée; sténographie

طِباعة ~ sténotypie

**اِخْتِزاليّة** réductibilité [*math.*, *chim.*]

لا ~ irréductibilité

مُخْتَزِل sténographe; *chim.* réducteur

1526 **خُزام**؛ خُزامَى lavande; réséda; tulipe

1527 **خَزَنَ** ـُ خَزْنًا ه emmagasiner; engranger; entreposer; stocker

خَزْن emmagasinage; entreposage; stockage; magasinage

**خِزانة** ج ات، خَزائِن réservoir; armoire

الـ~ العامّة Trésor/trésorerie public(que)

~ ثِياب، مَلابِس armoire; garde-robe; placard; penderie

~ حائِطيّة armoire murale; placard

~ تَبْريد chambre froide; armoire frigorifique

~ صُوَر، أَفْلام، كُتُب photothèque; cinémathèque; bibliothèque

~ الدَوْلة le fisc; les coffres de l'État

سَنَدات على الـ~ bons du Trésor

**خَزينة** ج خَزائِن caisse; trésor; trésorerie; fisc

~ الدَوْلة Trésor public

خازِن ج خَزَنة، خُزّان trésorier

**خَزّان** ج ات، خَزازين barrage; bassin; citerne; réservoir/château d'eau

~ ج ون magasinier

**مَخْزون** enfermé; emmagasiné; entreposé

~ ج ات، مَخازين stock; stockage; marchandise en stock

**مَخْزَن** ج مَخازِن entrepôt; magasin; réservoir; *maroc.* État; gouvernement

~ أَسْلِحة dépôt d'armes; arsenal

~ الغَلّة، الفَحْم grenier; dépôt de charbon

~ العَفْش malle arrière [*autom.*]

أَمين ~ magasinier

مَخازِنيّ ج ة *maroc.* gendarme; milicien

II خَزَّنَ تَخْزِينًا ه — stocker; emmagasiner

تَخْزِين — emmagasinage; stockage; magasinage

VIII اِخْتَزَنَ اِخْتِزانًا ه ← II

1528 **خَزَى** ـِ خِزْيًا ه — faire un affront à; discréditer; jeter le discrédit sur; déshonorer

خَزِيَ ـَ خَزًى — s'avilir; tomber dans le malheur/le discrédit/le déshonneur

**خِزْي**، **خَزًى**، مَخْزاة ج مَخازٍ — avilissement; déshonneur; ignominie; turpitude; honte; humiliation

يا لَلْ~ — quelle honte!

مَخْزِيّ — avili; déshonoré; humilié; en pleine confusion

IV أَخْزَى إِخْزاءً ه — confondre qqn; couvrir de honte; humilier; déshonorer; remplir de confusion

إِخْزاء — humiliation; déshonneur

**مُخْزٍ** — déshonorant; humiliant; honteux

هذا أَمْر ~ — c'est une honte!

X اِسْتَخْزَى اِسْتِخْزاء — s'humilier; se couvrir de honte; se déshonorer

1529 **خَسّ** — laitue

~ النَعْجة — doucette; mâche; valérianelle

1530 **خَسَّ** ـَ خِسّة، خَساسة — être ... *v. à l'adj.*

خِسّة، خَساسة، خَسيسة ج خَسائِس — abjection; avarice; bassesse; mesquinerie; petitesse; turpitude

**خَسِيس** ج خِساس، أَخِسّة — abject; avaricieux; ignoble; vil; sordide; mesquin

بُخْل ~ — avarice sordide

شَخْص ~ — triste individu

IV أَخَسَّ إِخْساسًا ه — être mesquin; agir avec mesquinerie; commettre une action sordide/une vilenie

X اِسْتَخَسَّ اِسْتِخْساسًا ه، ه — trouver abject/ignoble

1531 **خَسِرَ** ـَ خُسْرًا، خَسارة ه — perdre *tr.* et *intr.*; avoir le dessous; être dépossédé de; s'abîmer; se détériorer; s'endommager; subir un dommage

~ دَعْوة، ثَرْوة، وَظيفة ه — perdre un procès, sa fortune, son emploi

خُسْران — *v. le suivant*

**خَسارة** ج خَسائِر — déception; dégât; déprédation; détérioration; dommage; mécompte; perte; préjudice

بِ~ — à perte

يا لَلْ~، يا ~ — quel malheur! quel dommage! c'est dommage!

~ بِلا عِوَض — perte sèche

~ حَرارة — déperdition de chaleur

**خَسائِر** — déboires; dommages; pertes

~ عَسْكَرِيّة، مالِيّة — pertes militaires, financières

حِساب الأَرْباح والـ~ — compte des profits et pertes

خَسْران — en dérangement; perdant

**خاسِر** — déçu; détérioré; endommagé; hors d'usage; perdant; qui a subi un dommage/une perte

الـ~ والرابِح — le perdant et le gagnant

مَعْرَكة ~ة — bataille perdue

II خَسَّرَ تَخْسيرًا ه، ه — causer des dommages/du tort à; abîmer; détruire; endommager

1532 **خَسَفَ** ـِ خُسوفًا — s'affaisser; s'effondrer (toit); disparaître; être englouti; s'éclipser (lune)

~ في الرِمال — s'enliser

~ خَسْفًا ه — amoindrir; diminuer *tr.*; faire cesser/disparaître; décroître

**خَسْف** — décroissance; diminution; déchet; affront; humiliation

على الـ~ — sans manger; à jeun

سامَ ه **خَسْفًا** — abaisser qqn; humilier

**خُسوف** — affaissement; effondrement, enlisement, diminution; décroissance; occultation

~ القَمَر — éclipse de Lune

خاسِف ج خُسَّف — affaissé; affamé; amaigri; effondré; diminué; occulté

خَسيف — enfoncé dans son orbite (œil)

أَخاسِيف — terrain mou; sol glissant

VII اِنْخَسَفَ اِنْخِسافًا — s'affaisser; décroître; diminuer *intr.*; disparaître; s'éclipser (Lune)

اِنْخِساف — affaissement; disparition; diminution; éclipse (Lune); occultation

**1533** (خسل) **خُسالة** rebut; restes; scories

خَسيل inférieur; de rebut; résiduaire

**1534** (خشش) **خَشاش** reptiles *n.m.pl.*

خَشاش vermine [*pr.*, *péjor.*]

خُشّ colline boisée

**1535** **خُشّاء** apophyse mastoïdienne

اِلْتِهاب الـ~ mastoïdite

خُشائِيّ mastoïdien

**1536** **خَشَب** ج أَخْشاب bois de charpente/de construction

~ القِدّيسين gaïac

~ الأَنْبِياء *même sens*

~ مُعاكِس contre-plaqué

لَبَّسَ بالـ~ lambrisser

**خَشَبة** ج ات morceau de bois; madrier; poutre

~ المَسْرَح scène (dans un théâtre)

صَعِدَ الى ~ المَسْرَح monter sur les planches

~ النَجاة planche de salut

خَشَبِيّ en/de bois; ligneux

خَشَبِيّة xylophone

**خَشِب** rugueux; âpre; dur; grand; rude

رَجُل ~ homme bâti à chaux et à sable

II **خَشَّبَ** تَخْشيبًا ه lambrisser; couvrir de boiseries

~ أَرْضِيّة غُرْفة parqueter; poser un parquet

تَخْشيب lambrissage; lambris; boiserie; parquetage

تَخْشيبة ج ات، تَخاشيب baraque; baraquement

V تَخَشَّبَ تَخَشُّبًا devenir dur (comme du bois)/raide/rigide; se raidir; se lignifier

تَخَشُّب catalepsie; lignification; rigidité; raidissement

تَخَشُّبِيّ cataleptique

مُتَخَشِّب lignifié; dur comme du bois; rigide; raide

XII **اِخْشَوْشَبَ** اِخْشيشابًا durcir; s'endurcir; se lignifier; se scléroser; devenir ligneux

~ في عَيْشه mener une vie dure; s'endurcir à la fatigue

اِخْشيشاب lignification; sclérose

**مُخْشَوْشِب** ligneux; dur; endurci; sclérosé

رَجُل ~ armoire à glace [*fig.*, *pop.*]; un dur [*fam.*]

**1537** **خَشْخاش**، ~ أَبْيَض pavot; pavot blanc

~ أَعْمَى، أَحْمَر anémone; coquelicot

خَشْخاشِيّات papavéracées *n.f.pl.*

**1538** **خَشْخَشَ** cliqueter; froufrouter; tinter; craquer

**خَشْخَشة** craquement; bruissement; frôlement; froufrou; froissement

~ السِلاح cliquetis des armes

**1539** **خَشَرَ** ـِ خَشْرًا trier; éliminer les scories

خُشارة déchets; rebuts; lie du peuple

**1540** **خَشْرَم** ج خَشارِم essaim/nid d'abeilles/de guêpes/de frelons; guêpier

خَشارِم cartilages du nez

خُشارِم gros nez

**1541** **خَشَعَ** ـَ خُشوعًا لِـ ه être déférent/humble/soumis

~ بِبَصَره، بِصَوْته baisser humblement les yeux, la voix

~ لِرَبّه se soumettre à la volonté de Dieu

~ت الأَصْوات les voix se turent

**خُشوع** déférence; humilité; recueillement; soumission

بِـ~ religieusement; avec dévotion; humblement

خاشِع ج خَشَعة déférent; humble; soumis

V تَخَشَّعَ تَخَشُّعًا ← خَشَعَ

VIII اِخْتَشَعَ اِخْتِشاعًا لَهُ baisser les yeux avec humilité devant qqn

**1542** **خَشَفَ** ـِ خَشْفًا (الثَلْجُ) craquer sous les pieds (neige)

خَشْف craquement de la neige sous les pieds

خَشَف؛ خَشِيف neige craquante; névé

خَشْفة ج خَشَف mouche verte

خُشّاف الغَسَق noctule

1543 (خشم) خُشام؛ أَنْف ~ gros nez

خَيْشوم ج خَياشيم nez; cartilage du nez

1544 خَشُنَ ـُ خُشونة être ... *v. à l'adj.*

خُشونة aspérité; âpreté; grossièreté; vulgarité; rudesse; rugosité

~ التَصَرُّف brutalité; brusquerie

~ العَيْش vie rustique; rusticité de la vie

~ المَرْكَب complexité/difficulté d'une entreprise

أجابَ بِـ~ répondre d'un ton bourru/brusque

خَشِن aigre [*fig.*]; âpre; bourru; brusque; brut; brutal; dur; mal dégrossi; grossier; fruste; rude; vulgaire; indélicat

~ الجانِب d'un abord/commerce difficile

صَوْت ~ voix rauque

لِحْية ~ة barbe hirsute

~ الطِباع rustaud [*fam.*]; rustre; fruste

~ اللَمْس râpeux; rugueux

الجِنْس الـ~ le sexe fort

أَخْشَن م خَشْناء ج خُشْن inabordable; intraitable

~ الجانِب d'un commerce difficile; hérissé [*fig.*]; irritable

II خَشَّنَ تَخْشينًا ه aigrir qqn (difficultés); exaspérer; irriter

تَخْشِنة ج ات crépi *n.m.*

III خاشَنَ مُخاشَنة ه brusquer/rudoyer qqn

XII اِخْشَوْشَنَ اِخْشيشانًا ← خَشُنَ

1545 خَشِيَ ـَ خَشْية ه، ه craindre; appréhender; redouter; trembler devant

~ على، أنْ craindre/trembler pour; craindre que

يُخْشَى أنْ il est à craindre que

خَشْية ج خَشايا appréhension; crainte; peur

خَشْيةً مِن، أن de crainte/de peur de, que

خاشٍ ج خاشون craintif; peureux; timoré; timide

خَشْيان م خَشْيا ج خَشايا ← خاشٍ

1546 خُصّ ج خِصاص، أَخْصاص cabane; hutte; galetas; cahute; *bot.* laitue

1547 خَصّة jet d'eau; vasque

1548 خَصَّ ـُ خَصًّا، خُصوصًا ه، ه concerner; assigner; attribuer; appartenir à; avantager; être caractéristique de; caractériser

~ ه بِمُكافَأة adjuger/décerner une récompense

~ نَفْسه بـ ه s'adjuger qqch; s'attribuer qqch

~ ه بالذِكْر faire spécialement mention de

~ ه بِعِناية distinguer qqn; accorder toute son attention à

هذا لا يَخُصُّه cela ne le concerne/regarde pas

خَصاصة ج خَصاص hiatus; interstice; intervalle

خاصّ particulier *adj.*; privé; spécifique; spécial; respectif

~ بـ afférent à; particulier à; spécifique; propre à

ظُروف، سَيّارة ~ة circonstances, voiture particulière(s)

عِناية، مُراسِل ~(ة) intérêt/soin, correspondant particulier

بِوَجْه، بِنَوْع، بِصِفة ~(ة) d'une façon particulière; à titre particulier; en particulier

قِطاع، تَعْليم ~ secteur, enseignement privé

شَرْع، طَريق، حياة ~(ة) droit, voie, vie privé(e)

مِلْكيّة، مَصْلَحة ~ة propriété, intérêt privé(e)

مَبْعوث ~ envoyé spécial/particulier

لَجْنة ~ة commission ad hoc

مِنْ مالي الـ~ de mes propres deniers

خاصّة propre *n.m.* (de l'homme); l'élite; les notables; la haute société; la cour

بَيْنَ الـ~ en petit comité

~ الإنْسان أنْ le propre de l'homme est

~ ج خَواصّ caractère particulier; caractéristique *n.f.*; particularité

بـ~؛ خاصّةً particulièrement; en particulier; spécialement; tout spécialement; surtout; singulièrement; notamment

**خاصّيّة** ج ات، خَصائِص apanage; caractéristique; attribut; nature; propriété; particularité; qualité; vertu; attributions; compétence; qualification

بِدائِرة ~ه dans les limites de ses attributions/de sa compétence

بِـ، على الـ~ plus particulièrement; singulièrement

خَصيصًا؛ خِصّيصًا exprès *adv.*; spécialement

خَصيصة ج خَصائِص caractéristique *n.f.*; particularité

مِن خَصائِصه أن il a la particularité de

عَلَى **الخُصوص**، على وَجْه الـ~ particulièrement; notamment; spécialement

خُصوصًا en particulier; surtout; singulièrement

**خُصوصيّ** spécial; particulier; privé; personnel

زيارة ~ة visite à caractère privé/à titre personnel

دُروس، سَيّارة ~ه leçons, voiture particulière(s)

خُصوصيّة ج ات particularisme

**أخصّ** plus particulier; spécial

على الـ~ spécialement; particulièrement

II **خَصَّصَ** تَخْصيصًا ه لِ ه، ه attribuer; affecter qqch; assigner; appliquer; consacrer qqch à; destiner; doter; particulariser; réserver; spécialiser; spécifier

~ نَفَقات engager des dépenses

~ مَكانًا، مَبْلَغًا affecter/destiner un lieu, une somme

~ مَبالِغ، اِعْتِمادًا allouer des sommes, un crédit

~ نَفْسَه se consacrer à; se spécialiser dans

**تَخْصيص** affectation; allocation; attribution; dotation; destination; engagement (de dépenses); réservation; spécification; spécialisation

على وَجْه الـ~ tout spécialement

مُخَصَّص لِ consacré à; spécifique; réservé à; destiné à

**مُخَصَّصات** allocations; crédits; rations

~ إضافيّة allocations supplémentaires; crédits additionnels

~ عَيْنيّة، نَقْديّة prestations en nature, en espèces

~ المَلِك، الرَئيس liste civile

V تَخَصَّصَ تَخَصُّصًا بِـ، لِـ se spécialiser; être propre/privé/spécial/spécifique

تَخَصُّص spécialisation; particularisation

مُتَخَصِّص ج ون spécialisé; spécialiste

VIII **اِخْتَصَّ** اِخْتِصاصًا بِـ être/devenir particulier/privé/propre/spécifique; être compétent/qualifié/spécialisé; avoir compétence pour; se particulariser; se spécialiser

~ ه، ه distinguer; caractériser; choisir; concerner/regarder qqn

~ ه بِ ه accorder spécialement/donner exclusivement qqch à qqn; gratifier qqn de qqch

~ ه لِنَفْسه accaparer; réclamer pour soi; revendiquer

~ بِدَوْر se confiner dans un rôle

اُخْتُصَّ بِـ être caractérisé par

فيما يَخْتَصّ بِـ en ce qui concerne; en matière de

**اِخْتِصاص** ج ات spécialisation; particularité; compétence; ressort; juridiction; prérogatives

عَدَم ~ مَحْكَمة incompétence d'un tribunal

مِن ~ه أن il lui appartient de

لَيْسَ هَذا مِن ~ه ce n'est pas de sa compétence/de son ressort/dans ses cordes; il n'est pas de la partie

اِخْتِصاصات المُدير les attributions du directeur

اِخْتِصاصيّ ج ون spécialisé; spécialiste

**مُخْتَصّ** ج ون compétent; responsable; spécialiste; particuler; afférent à; relatif à

الدَوائِر، الأَوْساط، الجِهات الـ~ة milieux autorisés/compétents

غَيْر ~ incompétent (tribunal)

1549 **خَصِبَ** ـِ خِصْبًا être fécond/fertile

**خِصْب**؛ **خُصوبة** abondance; fécondité; fertilité; richesse

قَرْن الـ~ corne d'abondance

~ أُنْثَى، الأَرْض، مُؤَلِّف fécondité d'une femelle, de la terre, d'un auteur

**خَصِب**؛ خَصيب؛ خِصْب fécond; fertile; riche; abondant; intarissable (imagination)

أرْض ~ة | terre grasse/fertile/productive
II خَصَّبَ تَخْصيبًا | engraisser/enrichir/fertiliser (une terre)
تَخْصيب | fertilisation
مُخَصِّبة ج ات | fertilisant; engrais
IV أَخْصَبَ إخْصابًا | féconder; fertiliser
~ أُنْثَى، عَقْلًا | féconder une femelle, un esprit
~ أَرْضًا | fertiliser une terre
إخْصاب | fécondation; fertilisation
مُخْصِب | fécond; fécondant; fertilisant; fertile; productif

1550 خَصِرَ - خَصَرًا | avoir les extrémités gelées/des engelures
خَصَر | engelure

1551 خَصْر ج خُصور | ceinture; taille
خاصِرة ج خَواصِر | côté; flanc; hypocondre
مِخْصَرة ج مَخاصِر | bâton; canne; sceptre
~ رَئيس المُوسيقى | baguette de chef d'orchestre
II مُخَصَّر | pincé/serré à la taille
III خاصَرَ ه | prendre par la taille; enlacer
VIII اِخْتَصَرَ اِخْتِصارًا ه | abréger; être bref; condenser; contracter (un texte); raccourcir; récapituler; résumer
اِخْتِصار | abréviation; condensation; contraction (de texte); raccourcissement; récapitulation
بالـ~ | en abrégé; en bref; bref *adv.*; en résumé; somme toute; en un mot; en substance
اِخْتِصاريّ | récapitulatif *adj.*
مُخْتَصَر ج ات | abrégé; abréviation; memento; précis *n.m.*; raccourci *n.m.*; récapitulatif; sommaire; résumé *n.m.*
عِبارة ~ة | formule ramassée/lapidaire

1552 خَصَفَ - خَصْفًا ه | coudre/réparer (des chaussures)
مِخْصَف ج مَخاصِف | alêne; poinçon de cordonnier

1553 خَصْلة ج خِصال | mérite; qualité; trait
خُصْلة ج خُصَل | mèche/touffe/toupet (de cheveux); houppette; aigrette (de plumes); poil

~ عُشْب | touffe d'herbe

1554 خَصَمَ - خَصْمًا | déduire; défalquer; escompter; soustraire; faire une remise/un rabais; décompter; *v. aussi 1555*
~ وَرَقة تِجاريّة | escompter un effet de commerce
~ التَكاليف | déduire/défalquer les charges
~ من الثَمَن | rabattre (une somme) du prix; baisser le prix
خَصْم | imputation; remise; déduction; escompte; défalcation; décompte; actualisation [*fin.*]
~ المَصاريف | déduction des frais
مَنَحَ ~ًا | accorder une remise
أعادَ إعادة الـ~ | réescompter; réescompte
سُوق، مُعَدَّل الـ~ | marché, taux de l'escompte
خُصوم | passif [*comm.*]
الأُصول والـ~ | l'actif et le passif (d'une société)
مَخْصوم | déduit; défalqué; escompté
VII اِنْخَصَمَ اِنْخِصامًا | être défalqué/déduit/soustrait

1555 خَصْم ج خُصوم، أَخْصام
antagoniste; adversaire; partie adverse; opposant; *v. aussi 1554*
خُصومة | antagonisme; dispute; querelle; inimitié; hostilité; litige; procès
III خاصَمَ مُخاصَمة، خِصامًا ه | prendre qqn à partie; s'en prendre à; quereller; introduire une action contre [*jur.*]
خِصام ← خُصومة
مُخاصِم ج ون | antagonique; antagoniste; opposant; adversaire
VI تَخاصَمَ تَخاصُمًا مع | se disputer; se quereller; se fâcher; avoir un litige, aller en justice
VIII اِخْتَصَمَ اِخْتِصامًا ه | mettre qqn (VI ←) en cause

1556 خَصَى - خَصْيًا، خِصاءً | castrer; châtrer; émasculer
خِصاء | castration; émasculation
خَصِيّ ج خِصْية، خِصْيان | castrat; eunuque
مَخْصِيّ | castré; châtré *adj.*; émasculé
خُصْية ج خُصًى | testicule
IV أَخْصَى إخْصاءً ← خَصَى

**1557** **خَضَّ** ـُ خَضًّا ه — agiter/secouer (un flacon)

**1558** **خَضَبَ** ـِ خَضْبًا، خُضوبًا — se teindre (mains, cheveux, barbe); devenir vert/verdir (plante, sol)

خَضِبَ ـَ خَضَبًا — être teint/vert

**خَضْب** ج خُضوب — pigment [*anat.*, *bot.*]; chlorophylle; verdure; plantes vertes

~ دَمَوِيّ، يَخْضوريّ — pigment sanguin, chlorophyllien

**خَضْبيّ** — chorophyllien

تَمَثُّل ~ — assimilation chlorophyllienne

**خِضاب** — fard; teinture (pour cheveux); pigment

~ الدَم — hémoglobine

خِضابيّ — pigmentaire

II خَضَّبَ تَخْضيبًا ه — colorer; farder; teindre; teinter; pigmenter

مُخَضَّب — fardé; teint *adj.*; coloré au henné

V تَخَضَّبَ تَخَضُّبًا — se colorer; se farder; se teindre; se teinter

مُتَخَضِّب — fardé; teint *adj.*

VIII اِخْتَضَبَ اِخْتِضابًا (→ V) — être pigmenté

اِخْتِضاب — pigmentation

XII اِخْضَوْضَبَ اِخْضيضابًا — verdir; devenir vert (plante); se couvrir de verdure (sol)

**1559** **خَضْخَضَ** — agiter; cahoter; secouer

خَضْخَضة — cahot; secousse

**1560** **خَضَدَ** ـِ خَضْدًا ه — casser; couper; rogner; tailler; enlever les épines (d'un arbre)

II خَضَّدَ شَوْكَة ه — rogner les griffes [*fig.*]; couper les ailes [*fig.*]; réduire à l'impuissance

**1561** **خُضْرة** ج خُضَر — verdure; vert *n.m.*; végétation; légume *n.m.*

بُستان **خُضَر** — jardin potager

زِراعة الـ~ — culture potagère/maraîchère; maraîchage

خُضار — verdure; légumes verts; crudités

خَضِر؛ خَضير — vert *adj.*; verdoyant; riant [*fig.*]; gazon; prairie; pré

**أَخْضَر** م خَضْراء ج خُضْر — vert *adj.*, *n.m.*; *fig.* bien né; bon; honorable

رَجُل ~ — homme de bien

~ الذِراع — *fig.* qui a les doigts verts/la main verte

خَضْراء ج خَضْراوات — légume *n.m.*

مَخْضَرة — pelouse; prairie; pré

خُضَيْر؛ خُضَيْريّ — verdier [*ois.*]

يَخْضور؛ يَخْضوريّ — chlorophylle; chlororophyllien

II خَضَّرَ تَخْضيرًا ه — verdir *tr.*; rendre vert/verdoyant

IX اِخْضَرَّ اِخْضِرارًا — verdir *intr.*; devenir vert/verdoyant

اِخْضِرار — verdeur; verdure

XII اِخْضَوْضَرَ، اِخْضيضار → IX

**1562** **خِضْرِم** ج خَضارِم — abondant; copieux; puits qui a beaucoup d'eau; mer

مُخَضْرَم — qui a vécu à cheval sur deux époques

**1563** **خَضَعَ** ـَ خُضوعًا لِ ه، ه — s'assujettir à; s'astreindre à; céder à qqn; se conformer à; obéir; plier *intr.*; se plier à; se rendre; se résigner; se soumettre; être humble/soumis; subir

~ لِلأَوامِر — se conformer aux instructions

~ لِعَمَل، لِنِظام — s'astreindre à un travail, à une discipline

~ لِفَحْص طِبّيّ — subir un examen médical

**خُضوع** — assujettissement; astreinte; docilité; humilité; obéissance; résignation; soumission; sujétion

~ لِلضَريبة — assujettissement à l'impôt

**خاضِع** ج خُضَّع، خُضْعان — assujetti; humble; obéissant; soumis; résigné; subordonné; subjugué

~ لِ — sous la dépendance de; dépendant de

خَضوع ج خُضُع — soumis

IV **أَخْضَعَ** إِخْضاعًا ه — asservir; assujettir; dompter; soumettre; subjuguer

~ الجَماهير — subjuguer les foules

إِخْضاع — asservissement; assujettissement

غَيْر مُخْضَع — indompté; insoumis

1564 **خَضِل** humide; moite; humecté; juteux; tendre

II خَضَّلَ تَخْضِيلًا ه humecter; humidifier

IX مُخْضَلّ trempé; humide; baigné (de larmes)

1565 **خِضَمّ** masse/étendue d'eau; mer

1566 **خَطَّ** ـُ خَطًّا tirer/tracer une ligne/un trait; calligraphier

~ت الرياح على الرَمْل rider la surface du sable (vents)

~ت التَجاعِيد على وَجْه marquer/creuser un visage (rides)

~ تَحْتَ ه souligner

~ طَرِيقًا tracer une route

~ ه الشَيْبُ grisonner

**خَطّ** ج خُطوط ligne; trait; tracé *n.m.*; raie; écriture; graphie; graphisme; calligraphie; rayure; magie

~ مِسْمارِيّ، إسْفِينِيّ écriture cunéiforme

~ تِلِيفونِيّ، الهاتِف ligne téléphonique

حَوَّلَ إلى ه ~ الهاتِف passer la ligne à qqn; brancher qqn sur la ligne

على الـ~ en ligne; au bout du fil

~ الدِفاع، أوَّل ligne de défense; première ligne

~ حَدِيدِيّ، سِكَّة الحَدِيد ligne de chemin de fer; rail

~ اِنْقِسام المِياه ligne de partage des eaux

~ الرَمْي، النار ligne de tir, de feu

~ اِنْسِيابِيّ ligne aérodynamique

~ أنابِيب المِياه réseau d'adduction d'eau; canalisations d'eau

~ أنابِيب النَفْط pipe-line

عَلَى طُول الـ~ sur toute la ligne

على ~ مُسْتَقِيم directement; en droite ligne; tout droit

بِـ~ اليَد manuscrit *adj.*

رَسْم بِـ~ اليَد acte sous seing privé

~ سَيْر، رِحْلَة itinéraire

~ بَحْرِيّ، جَوِيّ، بَرِّيّ liaison/voie maritime, aérienne, terrestre

~ طُرُق المُواصَلات réseau/tracé des voies de communication

~ فَرْعِيّ branchement; embranchement

~ جانِبِيّ voie de garage

خَرَجَ عن الـ~ dérailler; dévier

~ بَيانِيّ schéma; graphique *n.m.*

~ الاِسْتِواء équateur

~ الطُول، طُولِيّ longitude; méridien [*géogr.*]

~ العَرْض، عَرْضِيّ latitude; parallèle *n.m.* [*géogr.*]

~ التَنْصِيف، الهاجِرة، الزَوال méridien [*astron., math.*]

الـ~ الرَسْمِيّ لِلْحِزْب la ligne officielle du parti

**خُطوط** جَوِّيَّة lignes/voies aériennes

~ بَرِّيَّة routes/voies terrestres

~ بَحْرِيَّة، مائِيَّة voies maritimes, fluviales

الـ~ العَرِيضة les grandes lignes; les lignes de force

**خَطِّيّ** écrit; graphique; linéaire; manuscrit *adj.*

إثْبات، مُسْتَنَد، اِتِّفاق ~ preuve, document, accord écrit(e)

دالَّة، مُعادَلة ~ة fonction, équation linéaire

خُطوطِيّ graphique *adj.*

**خُطَّة** ج خُطَط dessein; intention; plan; projet; programme; tactique; ligne de conduite; procédé

وَضَعَ، نَفَّذَ ~ établir, exécuter un plan

~ عَمَل، سَنَوِيَّة plan d'action, annuel

خِطاطة graphologie

خِطاطِيّ graphologique; graphologue

**خَطّاط** ج ون calligraphe

فَشَك، رَصاصة ~(ة) balle traçante

**مَخْطوط** écrit; calligraphié; manuscrit *adj.*

~ بِيَد autographe

مَخْطوطة ج ات manuscrit *n.m.*

II **خَطَّطَ** تَخْطِيطًا ه délimiter; tracer; faire un tracé; rayer; strier; planifier; schématiser

~ لِـ ه méditer de

~ شارِعًا — aligner une rue; frapper une rue d'alignement

**تَخْطيط** ج ات — plan; planification; planning; schéma; schématisation; tracé; zébrure; rayure

~ شارِع — alignement d'une rue

~ مَرْكَزِيّ، لامَرْكَزِيّ — planification centralisée, décentralisée

~ كَهْرَبائِيّ لِلدِماغ — électro-encéphalographie

~ كَهْرَبائِيّ لِلْقَلْب — électrocardiographie

**تَخْطيطِيّ** — schéma

رَسْم ~ — diagramme; croquis; esquisse

فُنون ~ة — arts graphiques

مُخَطِّط ج ون — planificateur

**مُخَطَّط** ج ات — carte; croquis; plan *n.m.*; planifié; tracé *n.m.*; rayé; à rayures; strié; zébré; tigré

~ إِصْلاح، مَدينة — plan d'aménagement, d'une ville

~ بَيانِيّ، إِجْمالِيّ — graphique *n.m.*; esquisse

~ كَهْرَبائِيّ لِلدِماغ — électro-encéphalogramme

~ كَهْرَبائِيّ لِلْقَلْب — électrocardiogramme

V تَخَطَّطَ تَخَطُّطًا — se dessiner; s'esquisser

VIII **اِخْتَطَّ** اِخْتِطاطًا — être marqué de lignes/de raies; être rayé/tatoué; tracer; faire un tracé/un plan

~ لَهُ سُلُوكًا — prescrire/tracer une ligne de conduite à qqn

1567 **خَطِئَ** َ خَطَأً — commettre une erreur/une faute; se tromper; être dans l'erreur

**خَطأ** ج أَخْطاء — bavure [*fam.*]; erreur; faute; inexactitude; méprise; tort

كانَ على ~ — avoir tort

أَوْقَعَ في ~ — induire en erreur

مِن الـ~ أَنْ — c'est une erreur de croire que; il est faux/inexact de; on a tort de

اِرْتَكَبَ ~ — commettre une erreur/une faute/une bavure [*fam.*]

~ إِمْلائِيّ، لُغَوِيّ — faute d'orthographe, de langue

~ كِتابِيّ — «lapsus calami»

~ تاريخِيّ، في التاريخ — anachronisme; erreur de date

~ قَضائِيّ، مَطْبَعِيّ — erreur judiciaire; coquille [*impr.*]

خَطَأً — à tort; fautivement; par erreur

اِعْتَرَفَ **بِأَخْطائِه** — reconnaître ses torts

**خَطيئة** ج خَطايا — faute; crime; péché

اِرْتَكَبَ ~ — commettre un crime

اِعْتَرَفَ بِـ~ه — faire amende honorable

**خاطِئ** — erroné; faux; fautif; défectueux; incorrect

~ ج خَطَأة — pécheur; qui a commis un crime/une faute

خاطِئة ج خَواطِئ — pécheresse; coup malheureux/pour rien

IV **أَخْطَأَ** إِخْطاء — avoir tort; donner tort à; s'abuser; commettre une erreur/une faute/un péché; pécher; se tromper; manquer le but; faillir

~ فَأْلُه — ses prévisions sont fausses

~ الهَدَف — rater son coup/la cible

~ الطَريق — faire fausse route; se tromper de chemin

~ في حِسابه، في تَقْديره — se tromper dans son calcul, ses prévisions

~ بين شَيْئَيْن — confondre deux choses

~ في الحُكْم على ه — mal juger qqn

هذا ما **تُخْطِئُ** فيه — c'est ce qui te trompe

**مُخْطِئ** — fautif; en faute

ما لَمْ أَكُنْ ~ًا — si je ne me trompe; si je ne m'abuse

1568 **خَطَبَ** ُ خُطْبة — prononcer une allocution/un discours; *v. aussi 1569*

~ خُطْبة الجُمُعة — prononcer le sermon du vendredi (à la mosquée)

~ في اِجْتِماع، الناس — parler en public; haranguer les foules

خَطْب ج خُطوب — affaire grave/importante

**خُطْبة** ج خُطَب — khutba; discours; allocution; sermon; message; speech; harangue; prône; oraison; proclamation

~ حَماسِيّة، اِفْتِتاح — discours enthousiaste, inaugural

~ مُذاعة — allocution radiodiffusée

**خِطاب** ج ات ← خُطْبة

فَصْل الـ~ *précédée des considérants et formules d'eulogie : jur.* entrée en matière; décision; sentence

~ تَرْحِيب، العَرْش discours de bienvenue, du trône

~ مُسَجَّل، مَضْمون lettre recommandée

~ مَفْتوح، مُسْتَعْجِل lettre ouverte, exprès

~ تَقْدِمة، تَوْصِية lettre d'introduction/de recommandation

~ اعْتِماد lettre de crédit

تاء، كاف الـ~ *gramm.* pronoms de la 2e personne

فَنّ الخَطابة art oratoire; éloquence

**خِطابيّ**، خُطَبيّ discursif; oratoire *adj.*; rhétorique

مُناظَرة ~ة joute oratoire

**خَطيب** ج خُطَباء orateur; sermonnaire; prédicateur

~ شَعْبيّ tribun populaire

III **خاطَبَ** مُخاطَبة ه s'adresser à; adresser la parole à; converser avec; parler à; interpeller

~ بِالتِليفون appeler qqn au téléphone

~ بِبُرودة parler froidement à qqn

~ بِالكاف tutoyer

**مُخاطَبة** conversation; communication orale

تاء الـ~ *gramm.* pronom de la 2e personne

~ هاتِفيّة conversation/communication téléphonique

الـ~ بِالكاف tutoiement

**مُخاطِب** ج ون personne qui parle/qui prononce un discours

**مُخاطَب** ج ون destinataire (d'une communication orale); personne à qui l'on s'adresse; interlocuteur; *ling.* allocutaire; *gramm.* 2e personne

VI **تَخاطَبَ** تَخاطُبًا converser; discuter; s'adresser la parole; échanger des paroles

**تَخاطُب** conversation; discussion; échange de paroles

لُغة الـ~ la langue courante/parlée

1569 **خَطَبَ** ـُ خَطْبًا ها إلى ه demander une femme en mariage à; demander la main de; se fiancer avec; *v. aussi 1568*

~ها على ه donner (une fille) en mariage à; accorder la main d'une jeune fille

~ مَوَدّة ه rechercher l'amitié de; faire sa cour à

**خِطْبة** fiançailles

عَقْد ~ fiançailles officielles

**خُطوبة**؛ زَمَن الـ~ fiançailles; le temps des fiançailles

خاطِب ج خُطّاب؛ خَطيب ج خُطَباء
fiancé; futur *n.m.*; promis *n.m.*

خَطيبة؛ مَخْطوبة fiancée; future *n.f.*; promise *n.f.*

VIII اِخْتَطَبَ اِخْتِطابًا ها se fiancer avec; demander en mariage

1570 **خَطَرَ** ـِ خَطَرانًا بـ ه aller et venir; agiter; brandir; secouer; *v. aussi 1571*

~ في مِشْيَتة marcher les bras ballants/en se balançant/en se dandinant; se dandiner

~ بِذَنَبِه se battre les flancs avec sa queue

**خَطَرَ** ـُ خُطورًا في، على، بِبال ه passer par la tête; traverser l'esprit; venir à l'esprit/à l'idée; avoir une idée

~ لَه خاطِر avoir une idée soudaine

~ لَه أَنْ imaginer de

هذا أَمْر لا **يَخْطُر** بِبال c'est une chose inimaginable/inconcevable

خَطَران ballant *n.m.*; oscillation

**خَطْرة** ج خَطَرات fois; instant; moment; hasard

هَذِه الـ~ cette fois-ci

**خاطِر** ج خَواطِر qui va et vient; esprit; idée; pensée

سُرْعة الـ~ présence/vivacité d'esprit

سَريع الـ~ qui a l'esprit vif/la répartie facile

مَرَّ بِالـ~ passer par/traverser l'esprit

على ~ك comme vous voulez

إكرامًا لِ، لِأَجْل ~ك pour l'amour de vous; pour vous faire plaisir

بِكُلّ ~؛ بِكُلّ طيبة ~ avec joie; de bon/de tout cœur; ne pas demander mieux; de gaieté de cœur; de bon gré; de bonne grâce

أَخَذَ على ~ه مِنْ ه، ه s'offusquer; se sentir offensé par

أَخَذَ بِـ ~ ه — mettre à l'aise; rassurer; tranquilliser; réconforter

**خَواطِر** — considérations; pensées

طَمْأَنَ، طَمَّنَ ~ ه — calmer; tranquilliser; rassurer

خَطّار — pendule *n.m.*

IV **أَخْطَرَ** إِخْطارًا ه بِـ — aviser; avertir; informer; notifier

~ بِقُدومه، الشُرْطة — prévenir de son arrivée, la police

**إِخْطار** — avertissement; avis; information; notification

دُون ~ — sans crier gare; sans prévenir

V تَخَطَّرَ تَخَطُّرًا — se balancer; se dandiner; osciller

VI تَخاطَرَ تَخاطُرًا — communiquer par la pensée

تَخاطُر — transmission de pensée; télépathie

تَخاطُرِيّ — télépathique; par transmission de pensée

مُتَخاطِر — télépathe

1571 **خَطُرَ** ـُ خُطورة — être grave/important; *v. aussi 1570*

**خَطَر** ج أَخْطار — danger; insécurité; inconvénient; péril; risque; conséquence; importance; gravité

لا ~ هُناكَ من، في — il n'y a pas de danger/d'inconvénient à

في، بَعيد عن الـ ~ — en danger; hors de danger

عَرَّضَ لِـ، أَوْقَعَ ه في ~ — mettre en danger; exposer au danger

~ عامّ — danger public

رَكِبَ الـ، تَعَرَّضَ إلى الـ ~ — courir un/s'exposer au danger

تَحْتَ، بِـ ~ — au risque de

أَنْذَرَ بالـ ~ — donner l'alerte

إِنْذار بِـ، إِشارة الـ ~ — signal d'alarme, de détresse; alerte

صَفّارة، ناقوس الـ ~ — sirène d'alerte; sonnette d'alarme

سَفينة في ~ — navire en danger/en détresse

ذو ~ — dangereux; périlleux; risqué (entreprise)

**أَخْطار** المِهْنة — les risques du métier

رَكِبَ الأَهْوال والـ ~ — courir/chercher l'aventure; s'embarquer pour la grande aventure

**خُطورة** — conséquence; importance; gravité; sérieux (d'une situation); péril; danger; risque

~ مَوْضِع، مَوْقِف — précarité/gravité d'une situation

~ اِنْفِجار — danger/risque d'explosion

بِـ ~ — grièvement; gravement; sérieusement

ذو ~ — de conséquence; grave; important

زاد الحالةَ **خُطورةً** — aggraver la situation; rendre la situation plus critique

اِزْداد، اِزْدِياد ~ — s'aggraver; aggravation

**خَطِر** (← خَطير) — conséquent; critique; dangereux; délicat; grave; hasardeux; important; imprudent; sérieux; périlleux; dramatique

طَريق، مُنْعَطَف ~ (ة) — route, virage dangereux(euse)

قَفْزة ~ة — saut périlleux

**خَطير** ← خَطِر

حالة ~ة — situation critique/délicate

جَريحٌ جُرْحًا ~ — gravement/sérieusement blessé

أَمْر ~ — grosse/importante affaire; affaire délicate

غَيْر ~؛ مَرَض غَيْر ~ — bénin; maladie bénigne

مُهِمّة ~ة — mission délicate/importante/périlleuse

مَشاكِل ~ة — problèmes graves/importants

لَيْسَ هذا بِـ ~ — cela ne tire pas à conséquence/n'est pas grave

**مَخاطِر** — dangers; périls; risques

~ المِهْنة — les aléas du métier

III **خاطَرَ** مُخاطَرة بِـ — aventurer; hasarder; mettre en jeu; risquer (coup, partie); parier

~ بِرَأْي — hasarder une opinion

~ بِنَفْسِه — s'aventurer; se hasarder; s'exposer danger/au péril; courir un danger/un risque

~ بِحَياته، بِثَرْوته — risquer/jouer sa vie, sa fortune

~ مُخاطَرة كُبْرَى — jouer le tout pour le tout; jouer gros jeu/gros

**مُخاطَرة** — aléa; aventure; imprudence; témérité; pari

مَيْل إلى، حُبّ الـ ~ — goût du risque/de l'aventure

روح الـ ~ — esprit d'aventure

**مُخاطِر** ج ون — parieur; aventureux; téméraire; imprudent

مُخاطِرًا بِحَياته — au péril de sa vie

مُخاطَر بِهِ — aventuré; risqué

IV أَخْطَرَ إِخْطارًا — être dans une mauvaise passe/en mauvaise posture; filer un mauvais coton [*fam.*]; être en danger

مُخْطِر — dangereux; hasardeux; périlleux; risqué

1572 خَطْرَفَ — être agité/fébrile; délirer; divaguer; hâter le pas

1573 خَطَفَ ـِ خَطْفًا ه — enlever (par surprise); arracher; emporter; saisir à l'improviste; ravir; kidnapper; priver (qqn de qqch); *méd.* prélever; faire une biopsie

~ طائِرة — détourner un avion

~ وَلَدًا — kidnapper/enlever un enfant

خَطْف؛ خَطْفة — détournement (d'avion); kidnapping; enlèvement; rapt; hold-up; rapine

خَطْفًا — rapidement; subitement; vite

في خَطْفَة بَرْق — en/comme un éclair

خُطَيْفة ج ات — biopsie; prélèvement

خاطِف — court; bref; furtif; fulgurant; fugace; fugitif; impromptu; momentané; rapide; soudain *adj.*

مُقابَلة، نَظْرة ~ة — rencontre, regard furtif(ive)

صورة ~ة — instantané *n.m.* [*phot.*]

بِصورة ~ة — en passant; instantanément

حَرْب، زِيارة ~ة — guerre, visite éclair

ضَرْبة ~ة — coup sec

~ ج خَواطِف؛ خَطّاف — ravisseur; rapace [*ois.*]

~ ذُباب — gobe-mouches [*ois.*]

مَخْطوف — en extase; extatique

خُطّاف ج خَطاطيف — croc; grappin; harpon

صَيْد بِالـ~ — pêche au harpon

طَيْر ~ — hirondelle

~ البَحْر — hirondelle de mer [*ois.*]; sterne

~ الماء — exocet; poisson volant; hirondelle de mer [*poiss.*]

مِخْطاف ج مَخاطيف — grappin; harpon

VI تَخاطَفَ تَخاطُفًا ه — s'arracher/se disputer qqch

VII اِنْخَطَفَ اِنْخِطافًا — être enthousiasmé/extasié/ravi/en extase; être plongé dans le ravissement; être fugace/fugitif/furtif

اِنْخِطاف — ravissement; extase; fugacité

VIII اِخْتَطَفَ اِخْتِطافًا ه. ه — agripper; s'emparer de; enlever (un enfant); prendre par la force; se saisir de; kidnapper; détourner (un avion); commettre un hold-up/un rapt/un enlèvement

اِخْتِطاف — détournement; enlèvement; rapine; rapt; hold-up; kidnapping

1574 خَطِلَ ـَ خَطَلًا ه — être flasque/mou/lâche

~ في كَلامه — dire des contrevérités/des non-sens des balivernes; parler à tort et à travers; papoter; cancaner

خَطَل — balivernes; futilités; papotage

خَطِل — cancanier; futile; bavard

1575 خَطَمَ ـِ خَطْمًا ه — mettre un mors/une muselière à; museler

خَطْم ج خُطوم — bec; gueule; mufle; museau

~ خِنْزير — groin

خِطام ج خُطُم، أَخْطِمة — mors; muselière

1576 خِطْمِيّ — guimauve

~ بَرِّيّ، هِنْدِيّ — rose trémière; althée

خِطْمِيّة — ketmie; hibiscus

1577 خَطا ـُ خَطْوًا — marcher; avancer (en marchant); progresser

~ خَطْوة — faire un pas

~ خَطَواتٍ واسعة — marcher à grandes enjambées; *fig.* avancer à pas de géant

~ بِحَذَر — avancer avec prudence

خَطْوة ج خَطَوات — enjambée; foulée; pas

~ واسعة — grande enjambée; longue foulée

على بُعْد خَطَوات — à deux/quatre pas (d'ici)

خُطْوة ج خُطًى. خُطُوات ← خَطْوة

~ فَ~؛ ~ خُطْوةً ~ — pas à pas; pied à pied

اِتَّخَذَ ~ حاسِمة — faire un pas décisif

~ لَوْلَب — pas de vis

1578 خُفّ ج أَخْفاف، خِفاف bottine; chausson; pantoufle; patte de l'autruche/du chameau

رَجَعَ بِخُفَّيْ حُنَيْن revenir bredouille/les mains vides; être Gros-Jean comme devant; faire chou blanc [*fam.*]

1579 خَفَّ - خِفَّة être agile/léger/rapide; s'apaiser; se calmer; s'atténuer; faiblir; diminuer; décroître; perdre de l'importance/de l'intensité

~ تَوَتُّرُه se détendre

~ الأَلَم s'assoupir [*litt.*]/s'apaiser/diminuer (douleur)

~ إلى accourir; se hâter vers

**خِفَّة** agilité; prestesse; légèreté

~ الروح، الدَم amabilité; charme; enjouement

~ اليَد dextérité; adresse; tour de main

~ العَقْل légèreté d'esprit

بِـ~ légèrement; prestement; allègrement

**خَفيف** agile; alerte; allègre; preste; léger

~ اليَد habile; adroit; qui a la main légère

~ الدَم، الرُوح، الظِلّ aimable; charmant; sympathique

سِلاح، نَوْم ~ arme, sommeil léger(ère)

مَطَر، زراعة ~ة petite pluie; culture extensive

لِباس، أَكْلة، جُرْح ~(ة) vêtement, repas, blessure léger(ère)

لابِس لِباسًا ~ًا vêtu légèrement

قَلَم الـ~ *maroc.* crayon (à mine)

**أَخَفّ** plus léger; moindre; moins grave

قاعِدة الاِسْتِسْلام لِـ~ المَتاعِب loi du moindre effort

II **خَفَّفَ تَخْفيفًا** ه، مِنْ ه alléger; atténuer; dégrever; diminuer; exonérer; réduire; tempérer

~ على ه soulager/décharger qqn

~ الحُزْن consoler; alléger/soulager la/les peine(s)

~ أَلَمًا calmer/endormir une douleur

~ اِنْضِغاط، ضَغْط ه décompresser; décomprimer

~ ضَرْبة، صَدْمة amortir un coup, un choc

~ طِلاء diluer une peinture/un enduit

مَعَ كُلّ ~ نَخْطوها à chaque pas que nous faisons

~ إلى الأَمام pas en avant; progrès

**خُطًى** ثَقيلة، سَريعة pas lourds, rapides

بِـ~ قَصيرة، مُضْطَرِبة à petits pas; à pas chancelants

بِـ~ واسِعة à grands pas; à grandes enjambées

بِـ~ مُتَسارِعة، جَبّارة à pas accélérés/de géant

سارَ يَقيس ~ه aller à pas comptés

حَثَّ، أَسْرَعَ الـ~ presser/accélérer le pas

بِـ~ خافِتة، مُخْتَلِسة à pas feutrés/de loup

اِخْتَلَسَ الـ~ marcher à pas feutrés/de loup/sur la pointe des pieds

بَيْنَهما ~ يسيرة il y a une toute petite différence entre eux

تَبِعَ ~ ه suivre qqn; imiter

**خُطُوات** الشَيْطان diableries [*fig.*]

قام بِالـ~ الأولَى faire les premiers pas

II **خَطَّى تَخْطِيَةً** ه (→ V) faire avancer; faire faire un pas

~ ه عن éloigner qqch de; tenir qqch éloigné de

V **تَخَطَّى تَخَطِّيًا** ه dépasser; enjamber; franchir; aller au-delà; ignorer; omettre; passer outre; surpasser; traverser

~ إلى الأَمام aller de l'avant

~ بِهِ إلى الأَمام promouvoir

~ الحُدود dépasser/excéder les limites

~ حُدود حَقِّه outrepasser ses droits

~ حُدود الواقِع transcender la réalité

~ الصُعوبات surmonter les difficultés

~ نَفْسَه، ذاتَه se transcender; se dépasser

تَخَطَّتْهُ الأَحْداث être dépassé par les événements

**تَخَطٍّ** (التَخَطِّي) dépassement; franchissement; surpassement; traversée

~ المَتاعِب le franchissement des difficultés/des obstacles

~ الحُدود le dépassement des limites

VIII **اِخْتَطَى اِخْتِطاءً** avancer; aller de l'avant

~ ه marcher sur les pas de

**خَطِيّة** ج خطايا ← خطيئة

| | |
|---|---|
| ~ بالأمور | prendre les choses à la légère |
| ~ بالقوانين | braver les lois |
| ~ه الفَرَح | être transporté de joie |
| إِسْتِخْفاف | dédain; mépris |
| مُسْتَخِفّ | dédaigneux; méprisant |

1580 **خَفَتَ** ـُ خُفوتًا — s'apaiser; baisser (son); se calmer; cesser de parler

| | |
|---|---|
| خَفْت، خُفوت الصَوْت | fading |
| **خافِت** | bas (voix); étouffé (son); faible (lumière, son); pâle (lumière); pastel (ton, couleur) |
| تَكَلَّمَ بِصَوْت ~ | parler doucement/à voix basse |
| مُحَرِّك ~ | moteur silencieux |
| ~ الصَوْت | silencieux *n.m.*; pot d'échappement |
| III خافَتَ مُخافَتة ه (بِصَوْته) | parler à voix basse/tout bas à qqn |
| IV أَخْفَتَ إِخْفاتًا ه، ه | réduire au silence; étouffer le bruit |
| VIII اِخْتَفَتَ اِخْتِفاتًا ← خَفَتَ | |

1581 **خَفَرَ** ـُ خَفْرًا، خِفارةً ه، ه — garder; protéger; surveiller; escorter; *v. aussi 1582*

| | |
|---|---|
| تَحْت الخَفْر | sous escorte/protection |
| خِفارة | escorte; garde; faction; protection; surveillance |
| **خَفير** ج خُفَراء | factionnaire; garde; gardien; veilleur; sentinelle |
| ~ سِكّة حَديديّة، صَيْد | garde-voie; garde-chasse |
| **خافِرة**؛ ~ السَواحِل | escorteur; garde-côte (bateau) |
| **مَخْفور** | escorté; sous escorte; gardé; protégé; surveillé |
| أَرْسَلَهُ ~ًا | envoyer qqn sous bonne escorte |
| **مَخْفَر** ج مَخافِر | poste de garde |
| ~ الشُرْطة، أَماميّ | poste de police; avant-poste |

1582 **خَفِرَ** ـَ خَفَرًا — être timide/pudique; avoir honte; *v. aussi 1581*

| | |
|---|---|
| **خَفَر**؛ خَفارة | confusion; honte; pudeur; timidité |
| في ~ | timidement |
| خَفِر | confus; timide; pudique; honteux |
| ~ حِدّة نَصّ | édulcorer un texte |
| ~ وَطْأة ه | atténuer les effets de; arrondir les angles [*fig.*] |
| ~ الحُمَّى | faire tomber la fièvre |
| ~ سَيْره، سُرْعَته | ralentir/modérer son allure |
| ~ عُقوبة | adoucir/commuer une peine |
| ~ نَفَقاته، مَصاريفه | comprimer/limiter/modérer ses dépenses |
| ~ النور، الضَوْء | baisser/tamiser la lumière; mettre une lampe en veilleuse; *autom.* se mettre en code/en veilleuse |
| ~ من حَماسه | calmer/tempérer/modérer son enthousiasme |
| ~ من غُلْوائه، اِدِّعاءاته | baisser le ton; modérer son ardeur/ses prétentions; en rabattre; mettre une sourdine [*fam.*] |
| ~ من شِدّة لَوْن | éclaircir une couleur |
| ~ من نَشاطه | se mettre en veilleuse; réduire son activité |
| ~ آلام الفُقَراء | soulager les souffrances des pauvres |
| **تَخْفيف** | allégement; atténuation; dégrèvement; dilution; diminution; exonération; modération; ralentissement; réduction; soulagement |
| ~ المَصاريف، النَفَقات | compression des dépenses |
| ~ عُقوبة | atténuation/commutation de peine |
| ~ ضَرائِب | dégrèvement d'impôts |
| ~ الإِنْضِغاط، الضَغْط | décompression |
| **مُخَفِّف** | adoucissant; diluant; modérateur |
| ~ السُرْعة | réducteur de vitesse |
| ~ الضَغْط | décompresseur |
| ظَرْف ~ | circonstance atténuante |
| **مُخَفَّف** | atténué; dilué, décompressé; adouci; amorti *adj.* |
| ضَرْبة ~ة | amorti *n.m.* [*sport.*] |
| مَحْلول ~ | dilution (pharmaceutique) |
| V **تَخَفَّفَ** تَخَفُّفًا | s'adoucir; s'alléger; s'atténuer; diminuer *intr.*; se modérer |
| ~ عَنْ ه | s'éloigner précipitamment |
| X **اِسْتَخَفَّ** اِسْتِخْفافًا بـ ه، ه | mésestimer; faire fi/peu de cas de; dédaigner; mépriser; traiter de haut |
| ~ بِحَياته | faire bon marché de sa vie |

**1583 خَفَش** nyctalopie

خُفّاش ج خَفافيش chauve-souris

أَخْفَش م خَفْشاء nyctalope

**1584 خَفَضَ** ـِ خَفْضًا ه abaisser; baisser *tr.* et *intr.*; diminuer; réduire

~ صَوْتَه baisser la voix/le ton

~ الطائِر جَناحَيْه refermer/replier ses ailes

~ جَناحَهُ، مِن جَناحَيْه لِ ه *fig.* faire des concessions à; baisser les bras/s'humilier devant

~ الثَمَن baisser le prix; rabattre une somme du prix

~ مِنْ قيمة ه dévaloriser; déprécier

~ ضَغْط الماء la pression d'eau baisse

~ بِالمَكان séjourner/s'installer qqp

~ الكَلِمة *gramm.* prononcer un nom avec la flexion «*i*»

**خَفْض** abaissement; baisse; chute; diminution; réduction; limitation; *gramm.* cas où le nom se prononce avec la voyelle «*i*»

~ الضَغْط الدَمَويّ *méd.* baisse/chute de tension

~ جُهْد التَيّار baisse de courant

~ التَوَتُّر الدُوَليّ baisse de la tension internationale

~ القيمة dévalorisation; dévaluation

~ عُقوبة commutation de peine

~ مِن العَيْش quiétude; tranquillité

إنّه في ~ من العَيْش mener une existence paisible

**خافِض**؛ عَضَلة ~ة *anat.* abaisseur *n.m.*; muscle abaisseur

عَيْش ~ vie paisible et confortable

خافِضة sourdine [*mus.*]

مَخْفوض *gramm.* mot qui prend la flexion «*i*»

II **خَفَّضَ** تَخْفيضًا ه abaisser; dégrever; dévaluer; diminuer; rabaisser; réduire; décomprimer; décompresser

~ ساعات العَمَل réduire le temps de travail

~ النَفَقات réduire/limiter/comprimer les dépenses

~ الرُسوم détaxer

~ السِلاح déposer les armes

**خَفِّضْ عَلَيْك الأَمْر، الجَأْش** détendez-vous; du calme!

~ عَلَيْك القَوْل، الكَلام parlez plus bas

**تَخْفيض** abaissement; dégrèvement; diminution; rabais; réduction; baisse (provoquée)

~ الإِنْتاج baisse/réduction de la production

~ قيمة العُمْلة dévaluation de la monnaie

~ السِلاح، القُوّات المُسَلَّحة désarmement

~ ضَريبيّ، من الأَداء abattement/dégrèvement d'impôt

~ النَفَقات compression des dépenses

~ الأَسْعار، الأُجور baisse des prix; diminution des salaires

~ الحَرارة abaissement de la température

مُخَفِّض réducteur *n.m.*

**مُخَفَّض** diminué; rabaissé

القيمة الرَسْميّة الـ ~ة la valeur officielle après dévaluation

VII اِنْخَفَضَ اِنْخِفاضًا baisser; chuter [*fam.*]; décroître; se dévaluer; se dévaloriser

**اِنْخِفاض** baisse; dépression; abaissement; diminution; régression; dépréciation; dévaluation

~ الحَرارة baisse de la température

~ الضَغْط الجَوّيّ *géogr.* dépression atmosphérique; basse pression

~ مَنْسوب المِياه étiage; décrue des eaux

**مُنْخَفِض** bas; encaissé (route); surbaissé [*autom.*]; décroissant; en contrebas

أَراضٍ ~ة basses terres; pays bas

جُهْد ~ *électr.* basse tension

مُنْخَفَض ج ات dépression de terrain

**1585 خَفَقَ** ـُ خَفْقًا، خَفَقانًا battre (cœur); frémir; palpiter; vibrer; trembler; vaciller (flamme); flotter dans le vent (drapeau); claquer sur le sol (chaussures)

~ صَدْرُه avoir un haut-le-cœur; son cœur bondit dans sa poitrine

~ ـُ خَفْقًا ه، بِـ ه battre/fouetter (blancs d'œufs, crème)

~ رَأْسَه dodeliner de la tête (en s'endormant assis)

**خَفَقان** battement; frémissement; palpitation; tremblement

~ الجَناحَيْن frémissement d'ailes

~ القَلْب tachycardie

**خَفْقة** ج خَفَقات battement/palpitation (cœur); claquement (drapeau, chaussures)

أَحَسَّ بِـ~ في قَلْبه sentir un pincement au cœur

**خافِق** palpitant; frémissant; vacillant; vibrant

~ الجَناحَيْن les ailes palpitantes/frémissantes

الخافِقانِ l'Est et l'Ouest

خافِقة ج خَوافِق fanion

الخَوافِق les quatre points cardinaux

خَفّاق في الريح flottant/claquant au vent

خَفّاقة؛ مِخْفَقة batteur [*cuis.*]; mixeur

بَيْضة مَخْفوقة œuf battu

IV **أَخْفَقَ** إخْفاقًا achopper; avorter (entreprise); échouer; essuyer un échec; faire fiasco [*fam.*]

~ بِجَناحَيْه battre des ailes; voleter/voltiger (oiseau)

~ بِرَأْسه dodeliner de la tête

**إخْفاق** échec; faillite; fiasco [*fam.*]; insuccès

~ تامّ fiasco [*fam.*] complet; total insuccès

**1586** (خفن) **خُفّان** pierre ponce

**1587** **خَفِيَ** ـَ خَفاءً être caché/dérobé aux regards/inconnu (fait); disparaître; se dérober

~ عن البَصَر، العَيْن échapper à la vue; échapper à l'œil

~ على ه échapper à qqn

لا **يَخْفَى** عَلَيْكَ أنَّ il ne vous échappe pas que; vous n'êtes pas sans savoir que

لا ~ على أَحَد أنْ tout le monde sait bien que; personne n'ignore que

**خَفاء** clandestinité; secret

في الـ~ en secret; secrètement; dans la clandestinité; clandestinement

**خُفْيةً** en cachette; en catimini; en douce; à la dérobée; furtivement; incognito; sous le manteau; en secret; secrètement; en sous-main; en sourdine; en tapinois

**خَفِيّ** caché; clandestin; dérobé; imperceptible; inaperçu; invisible; latent; hermétique (texte); occulte; sous-jacent; secret

قُدْرة، أَنْوار ~ة pouvoir occulte; éclairage indirect

مَعْنًى ~ sens caché/latent

باب، سُلَّم ~ porte, escalier dérobé(e)

بَسْمة ~ة sourire furtif/imperceptible

كاتِب ~ الاِسْم auteur anonyme

شُرْطة ~ة؛ الخَفِيّة police secrète

خَفِيّة ج خَفايا secret *n.m.*; affaire secrète

**خَفايا** الصُدور، السَرايِر، القُلوب le secret/le tréfonds des cœurs/des âmes

~ قَضِيّة، الأُمور les dessous d'une affaire; le dessous des cartes

خافِية ج خَوافٍ dissimulation; secret; tréfonds

**مَخْفِيّ** caché; dissimulé; secret

سُلَّم ~ escalier dérobé

IV **أَخْفَى** إخْفاءً ه cacher; dissimuler; éclipser; occulter

~ الحَقيقة، نَبأً taire/étouffer la vérité, une nouvelle

~ جَواهِر مَسْروقة receler des bijoux volés

~ نَواياه cacher son jeu [*fig.*]/ses intentions

~ خُطَطَه، شُعوره dissimuler ses batteries; masquer/cacher le fond de sa pensée

إخْفاء dissimulation; recel

إخْفائِيّة occultisme

مُخْفٍ receleur

V تَخَفَّى تَخَفِّيًا se dérober; se cacher; se terrer; se déguiser

**تَخَفٍّ** (التَخَفِّي) déguisement; incognito *n.m.*

لَزِمَ الـ~ garder l'incognito

مُتَخَفٍّ clandestin; déguisé

سافَرَ مُتَخَفِّيًا voyager incognito/clandestinement

VIII **اِخْتَفَى** اِخْتِفاءً se cacher; se dérober; disparaître; s'éclipser

~ عن الأَنْظار échapper aux regards

اِخْتِفاء disparition; effacement; absence

مُخْتَفٍ absent; disparu; caché

1588 خَلّ ج خُلول vinaigre; *v. aussi 1589 à 1591*

صَلْصَة ~ vinaigrette

حَمْض الـ~ acide acétique

أُمّ الـ~ *fig.* le vin

~ وَخَمْر *prov.* vaille que vaille

ما هُوَ لا~ وَلاخَمْر ni vinaigre ni vin; *prov.* ni chair ni poisson; mi-figue mi-raisin

خَلّيّ؛ تَخْمير ~ acétique; fermentation acétique

خَلّات acétate

II خَلَّلَ تَخْليلاً ه confire dans le vinaigre; *techn.* décaper

تَخْليل décapage

خِيار مُخَلَّل cornichons au vinaigre; pickles

1589 خُلّة ronce; *v. aussi 1588, 1590, 1591*

الـ~ خُبْز الإبِل *prov.* la ronce est le pain du chameau

خِلال ج أَخِلّة cure-dents

II خَلَّلَ أَسْنانَهُ se curer les dents

1590 خِلّ ج أَخْلال ami intime; bon ami; *v. aussi 1588, 1589, 1591*

~ وَفِيّ ami véritable/fidèle

خَليل ج خُلّان، أَخِلّة amant; ami

بين خُلّان entre amis; en petit comité

خَليلة ج ات maîtresse; concubine

1591 خَلَل ج خِلال entrebâillement; fissure; hiatus; interstice; intervalle; avarie; dérangement; désordre; défaut de fonctionnement; défectuosité; détraquement; panne; *v. aussi 1588 à 1590*

~ عَقْليّ aliénation/déséquilibre mental(e)

خِلالَ au cours de; durant; pendant

مِنْ ~ à travers; par; sur la base de

في ~ en attendant; entre-temps

خَلّة ج خَلَل، خِلال brèche; fente; ouverture; lacune; trou; vide

سَدَّ ~ combler une lacune/un vide

IV أَخَلَّ إخْلالاً بِـ perturber; porter atteinte/préjudice à; troubler; enfreindre; déshonorer; offenser

~ بِالنَّواهي transgresser les interdits

~ بِوَعْد، عَقْد violer une promesse; rompre un contrat

~ بِالنِّظام العامّ troubler l'ordre public

~ بِواجِبه transiger avec son devoir

~ بِالآداب porter atteinte aux bonnes mœurs

~ بِالأَعْصاب، بِالعَقْل détraquer les nerfs, l'esprit

إخْلال atteinte; avarie; préjudice; infraction; transgression; violation; attentat (aux mœurs)

مع عَدَم ~ بِـ sans préjudice de

مُخِلّ ج ون fauteur de troubles; perturbateur

~ بِشَرَف infamant; déshonorant

~ بِالآداب immoral; indécent

V تَخَلَّلَ تَخَلُّلاً ه s'intercaler; entrecouper; être entrecoupé; se mêler à; être incorporé dans; être parsemé de

وَرَقة مُتَخَلِّلة feuille intercalaire

VIII اِخْتَلَّ اِخْتِلالاً se dérégler; se détraquer; être déficient/compromis/troublé; se désorganiser

~ تَوازُنُهُ perdre son/l'équilibre

~ت الشُّروط les conditions ne sont pas remplies

~ عَقْلُه avoir l'esprit dérangé

~تْ أَعْصابُه ses nerfs ont craqué; il a craqué; il s'est détraqué les nerfs [*fam.*]

اِخْتِلال déficience; dérèglement; défaut; désorganisation; désordre

~ التَّوازُن balourd [*mécan.*]; rupture d'équilibre; déséquilibre

~ عَقْليّ aberration/déséquilibre mental(e); dérèglement/désordre cérébral

~ نَفْسيّ perturbation psychologique

~ الأنا، الإنيّة، الذاتيّة dépersonnalisation

مُخْتَلّ anormal; défectueux; détraqué; déficient; dément; dérangé; déréglé; déséquilibré; troublé

1592 خَلَبَ ـِ خَلْبًا ه griffer; déchirer; emporter/enlever/saisir dans ses griffes/dans ses serres

~ ـُ خِلابة — cajoler; charmer; séduire; enjôler; ravir; tromper par des paroles caressantes

~ الأَنْظار، العَقْل — fasciner; captiver

إِنْ لَمْ تَغْلُبْ فاخْلُبْ — *prov.* si tu ne peux vaincre par la force essaie le sourire

خِلْب ج أَخْلاب — griffe; serre

خِلابة — cajolerie; séduction; charme; manières engageantes; fascination; ravissement

بَرْقٌ خُلَّب — éclair qui n'est pas suivi de pluie; orage sec sans pluie; *fig.* illusion; désillusion

إِنَّما هو كَبَرْق ~ — *prov.* qui fait des promesses de Gascon

رَمْي ~ — tir à blanc

فَشَك خُلَّبيّ — cartouche à blanc

**خَلّاب** — captivant; charmant; enjôleur; ensorceleur; fascinant; fascinateur; ravissant; séduisant; décevant; illusoire; captieux; spécieux; trompeur

وَعْد ~ — promesse fallacieuse/illusoire

حُجَج ~ة — arguments séduisants/spécieux

مَظْهَر ~ — aspect engageant/trompeur

مِخْلَب ج مَخالِب — griffe; serre; crampon; ongle

**1593** (خلج) **خَليج** ج خُلْجان — baie; golfe

الـ~ العَرَبيّ، الفارِسيّ — le Golfe (arabe, persique)

خالِجة ج خَوالِج — sentiment intime; émotion

III **خالَجَ** مُخالَجة خِلاجًا ه — envahir qqn (idée, sentiment); agiter (qqn, l'esprit); animer

~ قَلْبَهُ — bouleverser qqn; jeter qqn dans le trouble

مُخالِج — envahissant; bouleversant; troublant

VIII **اِخْتَلَجَ** اِخْتِلاجًا — palpiter; avoir des convulsions; frémir; frétiller; tressaillir; trembler

~ غَمًّا — déborder de tristesse

~ت عيناه — avoir les yeux qui papillotent

**اِخْتِلاج** — convulsion; frémissement; tremblement; palpitation

~ الشَّفَتَيْن — frémissement des lèvres

~ الجُفون — battement de paupières

اِخْتِلاجيّ — convulsif

مُخْتَلِج — palpitant; frétillant; frémissant; tremblant

**1594** **خَلْخَلَ** عَظْمًا، صَخْرًا — mettre à nu un os, un rocher

~ سِنًّا، حَجَرًا — ébranler une dent, une pierre

خَلْخَل ج خَلاخِل — bracelet/chaînette de chevilles

خَلْخال ج خَلاخيل — *même sens*

II تَخَلْخَلَ — branler; être ébranlé (pierre); remuer (dent); se raréfier (air); avoir du jeu; jouer [*mécan.*]; bouger

تَخَلْخُل — jeu [*mécan.*]; raréfaction (de l'air); ébranlement

مُتَخَلْخِل — branlant; ébranlé; qui a du jeu; qui bouge

**1595** **خُلْد** ج خُلْدان — taupe [*zool.*]

~ الماء — ornithorynque

**1596** **خَلَدَ** ـُ خُلودًا — se conserver longtemps; être éternel/immortel; durer éternellement

~ إلى، بِمَكان — rester/séjourner qqp

**خَلَد** ج أَخْلاد — esprit; pensée; cœur

دارَ في ~ه — avoir dans l'idée que; avoir l'idée de; tourner et retourner une idée dans sa tête

**خُلْد**، خُلود — éternité; immortalité; perpétuité; *v. aussi 1595*

دار الـ~ — *isl.* l'éternité; la vie éternelle

خُلود النَّفْس — immortalité de l'âme

خالِد — éternel; immortel; perpétuel; indéfectible; inoubliable

الجَزائِر الخالِدات — les îles Canaries

II **خَلَّدَ** تَخْليدًا ه — immortaliser; éterniser; rendre éternel; perpétuer

~ ذِكْرَى ه. ه — perpétuer le souvenir de

تَخْليد — perpétuation; immortalisation

تَخْليدًا لِذِكْرَى ه. ه — à la mémoire de

شَيْخ مُخَلَّد — vieillard bien conservé/encore vert

IV أَخْلَدَ إِخْلادًا ه (← II) — se conserver/vivre longtemps (vieillard)

~ إِلَى ه. ه — s'en remettre à; se reposer/s'appuyer sur; avoir un penchant pour

V تَخَلَّدَ في آثاره — se perpétuer dans ses œuvres; se conserver; s'éterniser

1597 خَلَسَ ـِ خَلْسًا ه ← VIII

خُلْسةً en catimini; en cachette; à la dérobée; à l'improviste; furtivement; sous le manteau; subrepticement

جَلَسَ ~ s'asseoir sur une fesse [*fam.*]/sur le bord de son siège

نَظَرَ ~ regarder de côté

خِلاسيّ métis; mulâtre; sang-mêlé; hybride

VIII اِخْتَلَسَ اِخْتِلاسًا chaparder [*fam.*]; dérober; soustraire; subtiliser; voler

~ الخُطَى marcher à pas de loup

~ قُبْلة prendre/voler un baiser

~ النَظَر الى glisser le regard vers; jeter un regard furtif

~ وَرَقة من رَزْمة distraire un billet d'une liasse

~ الأَمْوال العامّة dilapider les fonds publics; piller les biens de l'État

اِخْتِلاس ج ات dilapidation; pillage; larcin; escroquerie; subtilisation; filouterie; détournement de fonds; déprédation; malversation

مُخْتَلِس subreptice; escroc; filou

1598 خَلَصَ ـُ خَلاصًا، خُلوصًا être ... *v. à l'adj.*

~ الماء من العَكَر l'eau est devenue limpide

~ مِن الهَلاك échapper au danger

~ إلى مَكان arriver/parvenir à un endroit

~ إلى مَوْضوع aborder un sujet

~ من مَوْضوع إلى آخَر passer d'un sujet à un autre

خَلاص délivrance; rédemption; salut; paiement du salaire; *interj.* assez! en voilà/il y en a assez!

خَشْبة، جَيْش الـ~ planche de salut; Armée du salut

سَعَى إلى الـ~ بِالهَرَب chercher son salut dans la fuite

طَريق الـ~ la voie du salut

خُلوص clarté; candeur; franchise; pureté; sincérité; *techn.* jeu (d'une pièce)

~ تَأْمين franchise d'assurance

خُلاصة aperçu *n.m.*; quintessence; résumé; sommaire *n.m.*; synopsis

~ كِتاب substance d'un livre

~ عِطْرِيّة essence/extrait de fleur; parfum

~ حُكْم، سِجِلّ عَدْليّ extrait de jugement, de casier judiciaire

الـ~؛ ~ القَوْل en résumé; bref *adv.*; somme toute; en conclusion; en un mot

خالِص fin *adj.*; candide; innocent; limpide; sans mélange; pur; sincère; exempté (de)

~ مِنْ دَيْن quitte

~ الضَريبة exempt/exempté/exonéré d'impôts

~ من الجُمْرُك hors taxe; en franchise

~ الرَدّ réponse payée

~ الأُجْرة، أُجْرة النَقْل franco; franco de port

مَعْدِن، نِيّة ~(ة) métal, intention pur(e)

هي الحَقيقة الـ~ة c'est la pure vérité

عَقْل، صوف ~ pur esprit; pure laine

خَليص ج خُلَصاء clair; dévoué; fin; loyal; sans mélange

إنّه أَخْلَص الخُلَصاء c'est un pur

II خَلَّصَ تَخْليصًا ه payer; clarifier; débarrasser; dégager; délivrer; purifier; raffiner

~ ه مِن هُمومه débarrasser qqn de ses soucis

~ ه من الخَراب sauver de la ruine

~ ه من مَأْزَق tirer d'embarras

~ ه من الظُلْم affranchir de l'oppression

~ شَعْرًا démêler les cheveux

~ ه حَقَّه payer à qqn son dû

~ على ه payer des droits sur

~ رِسالة affranchir une lettre

~ بَضائِع مِن الجُمْرُك dédouaner des marchandises

تَخْليص affranchissement (lettre); délivrance; paiement; purification; sauvetage

~ البَضائِع dédouanement (de marchandises)

مُخَلَّص débarrassé; quitte; affranchi; dédouané

III خالَصَ مُخالَصة ه s'acquitter de qqch envers qqn; être loyal/sincère et honnête envers qqn; être quitte

مُخالَصة acquit; quittance; récépissé; décharge

IV أَخْلَصَ إخْلاصًا لِـ ه، في ه être ... *v. l'adj.*; se dévouer pour

~ لَهُ كُلَّ الإخْلاص — être à la dévotion de/tout dévoué à

**إخْلاص** — dévouement; abnégation; loyalisme; loyauté; sincérité; cordialité

بـ~ — loyalement; sincèrement

بِكُلِّ ~ — *dans une lettre:* bien à vous; votre dévoué

**مُخْلِص** — dévoué; affectionné; loyal; loyaliste; sincère

أب، زَوْج ~ — bon père, époux

صَديق ~ — véritable ami

تَحِيَّاتي الـ~ة — mes salutations sincères/distinguées

الـ~ لَكَ — *dans une lettre*: sincèrement vôtre; votre tout dévoué

V **تَخَلَّصَ** تَخَلُّصًا ه — se faire payer

~ من ه، ه — s'arracher/échapper/se soustraire à; se dégager/se débarrasser/se défaire/se dépouiller de; éviter

~ مِنْ مَأْزَق، وَرْطة — s'en sortir; se tirer d'affaire/d'un mauvais pas; s'en tirer; tirer son épingle du jeu; se dépêtrer

~ من عادة — perdre une habitude

~ من مَرَض — relever/sortir de maladie

تَخَلُّص ج ات — délivrance; échappatoire

X **اِسْتَخْلَصَ** اِسْتِخْلاصًا ه — extraire; prélever; déduire; conclure

~ دَيْنًا، مَبْلَغًا — récupérer/recouvrer une somme d'argent/une créance

~ نَتيجة، فائِدة — tirer une conséquence, un profit

~ أَفْكارًا — dégager des idées

يُسْتَخْلَصُ أَنْ — il en résulte/on en déduit que

**اِسْتِخْلاص** — déduction; conclusion; extraction; collecte; récupération

~ العَسَل، دَيْن — extraction du miel; recouvrement d'une créance

مُسْتَخْلَص ج ات — extrait *n.m.*

1599 **خَلَطَ** ـِ خَلْطًا ه — brasser; confondre; emmêler; entremêler; mélanger; mêler; mixer; incorporer

~ وَرَق اللَعِب — battre/mélanger les cartes

~ بين الأَسْماء، الأَشْياء — confondre les noms, les choses

خَلْط — brassage; confusion; combinaison; mélange; mixage; incorporation

**خِلْط** ج أَخْلاط — humeur [*anat.*]; confusion

~ مائيّ، زُجاجيّ — humeur aqueuse, vitrée

~ مِلْط، بِلْط — pêle-mêle; méli-mélo [*fam.*]

**أَخْلاط** الإنْسان، الجَسَد — les quatre humeurs de l'organisme

~ من الناس — populace [*péjor.*]; racaille

خِلْطيّ — humoral

**خَليط** ج خُلَطاء — réunion/collection (d'hommes, de choses); composite; hétéroclite; hétérogène; amalgame; mélange; mixture; alliage; compagnon; associé; sociétaire

~ الشُعوب — brassage/mélange de populations

~ مَشْروبات — cocktail

بِدُون ~ — sans mélange

خَليطة — alliage

**مَخْلوط** — amalgamé; mélangé; mêlé; hétérogène

~ ج مَخاليط — mixture; mélange

**خَلّاطة** — mélangeur; mixeur

~ خَرَسانة — bétonnière; bétonneuse

حَنَفِيّة ~ — robinet mélangeur

II خَلَّطَ تَخْليطًا ه — brouiller; embrouiller; emmêler; mettre du désordre dans; métisser; rendre confus

**تَخْليط** — confusion; hallucination; métissage

~ عَقْليّ — confusion mentale; délire

III **خالَطَ** مُخالَطة ه — vivre en compagnie de; fréquenter; se mêler à

~ أَصْنافًا مِنْ — côtoyer toutes sortes de

يُخالِطُه — mêlé de

خُولِطَ في عَقْلِهِ — avoir l'esprit confus/dérangé

مُخالَطة — compagnie; fréquentation

VI تَخالَطَ تَخالُطًا — se fréquenter; se voir

VIII **اِخْتَلَطَ** اِخْتِلاطًا — se confondre; s'emmêler; se mélanger; s'entremêler; se mêler

~ بالآخَرين — se mêler aux autres

~ عَلَيْه الأَمْر — se méprendre sur; s'embrouiller; s'empêtrer dans

**اِخْتِلاط** — brassage; confusion; mélange; promiscuité; chaos

~ الأَجْناس، الشُعوب croisement/brassage des races, des peuples

اِخْتِلاطات complications; embrouillamini [*fam.*]

اِخْتِلاطِيّة mixité

**مُخْتَلَط** bâtard *adj.*; hétérogène; mêlé; confus; mixte

مَحْكَمة، مَدْرَسة ~ة tribunal, école mixte

1600 **خِلْع** *maroc. viande de mouton séchée puis conservée dans sa graisse*

1601 **خَلَعَ** ـَ خَلْعًا ه enlever; dépouiller; ôter; retirer

~ مِعْطَفَهُ ôter/retirer son manteau/son pardessus

~ ثِيابَه se déshabiller; se dévêtir; se dépouiller de/quitter ses vêtements

~ حِذاءَهُ se déchausser

~ سِنًّا arracher/extraire une dent

~ بابًا enfoncer/forcer une porte

~ ه من مَنْصِبه démettre qqn de ses fonctions; destituer

~ مَلِكًا déposer/détrôner/renverser un roi

~ عِذارَه perdre toute honte

~ الطاعة refuser d'obéir; rejeter l'obédience

~ اِبْنَه renier son fils

~ كَتِفَه se déboîter/se démettre/se luxer l'épaule

~ الأَوْصال désarticuler

~ على ه لَقَب ه décerner le titre de

~ على ه خِلْعة offrir une robe d'honneur/un cadeau

خَلْع déposition; destitution; déboîtement; luxation; extraction (dent)

خُلْع divorce (demandé par l'épouse)

خِلْعة ج خِلَع livrée *n.f.*; robe d'honneur

خَلاعة débauche; dévergondage; libertinage; vice; obscénité; immoralité

خَلاعِيّ obscène; pornographique; désordonné (conduite)

خالِع العِذار débauché; libertin; dévergondé

**خَليع** crapule; crapuleux; débauché; dévergondé; immoral; impudique; lascif; paillard [*fam.*]; lubrique; vicieux

رَقْصة ~ة danse lascive

مَخْلوع déchu; renié; incontrôlé; déchaîné; irresponsable; *méd.* démis; luxé; déboîté; désarticulé

II خَلَّعَ تَخْليعًا arracher; déplacer; désarticuler; disloquer

خُلِّعَ tomber en pièces

V تَخَلَّعَ تَخَلُّعًا se défaire; se désarticuler; tomber en morceaux/en pièces

~ في الشَراب، الخَمْر s'adonner à la boisson

VII **اِنْخَلَعَ** اِنْخِلاعًا se déboîter; se démettre (l'épaule); se désarticuler; se luxer (l'épaule); être démis

~ من مَنْصِبه être destitué/déchu/démis de ses fonctions

1602 **خَلَفَ** ـُ خِلافة ه remplacer; succéder à; prendre la place/la suite de; suivre; laisser la/faire place à

خِلْف ج أَخْلاف mamelle/pis (de la chamelle)

**خِلْفة** alternance (jour et nuit/grand et petit/blanc et noir); pas; enjambée; différence; reste; laissé pour compte

زاد ~ *maroc.* s'en aller; continuer/poursuivre son chemin

**خَلَف** ج أَخْلاف ayant droit; descendance; descendant; remplaçant; successeur; mauvaise haleine (de l'homme à jeun)

السَلَف والـ~ les ascendants et les descendants; les anciens et les modernes

خَلَفًا عن سَلَف de père en fils; de génération en génération; au fil des générations

خَلْفة manque d'appétit; inappétence; anorexie

**خَلْف** arrière; derrière; suite

من ~، خَلْفَ en arrière; après; derrière; ensuite; à la suite de

في، إلى ~ à/vers l'arrière

أَغْلَقَ الباب مِن ~ه، **خَلْفَهُ** fermer la porte derrière soi

**خَلْفِيّ** arrière *adj. inv.*; de derrière; postérieur *adj.*

نافِذة، عَجَلات ~ة vitre, roues arrière

باب، قَوائِم ~ة porte, pattes de derrière

خَلْفِيّة toile de fond; fond; arrière-plan

**خُلْف** absurde *n.m.*; fausse promesse; discorde; désaccord

بُرْهان الـ~ raisonnement par l'absurde

خُلْفة ج خُلَف arrière-goût

خِلافة califat; succession

خَليفة ج خُلَفاء adjoint; calife; successeur; vicaire; dauphin

II خَلَّفَ تَخْليفًا ه، ه laisser; laisser derrière soi/en héritage

~ ه في الغُموض laisser qqn dans l'embarras/l'ignorance

~ ه يُفَكِّر بِ laisser qqn réfléchir à

مُخَلِّف qui laisse derrière soi

مُخَلَّف ج ات legs; héritage; reste; succession; vestige; survivance; patrimoine

مُخَلَّفات الماضي. الاِسْتِعْمار séquelles du passé, du colonialisme

III خالَفَ مُخالَفة. خِلافًا ه، ه contredire; être en contradiction avec; contrevenir à; déroger à; enfreindre

~ القانون désobéir à/enfreindre/violer la loi

~ الأوامِر forcer la consigne; enfreindre/transgresser les ordres

~ التَقاليد pécher contre les traditions

~ ضَميره transiger avec sa conscience

إلى أنْ يَصْدُرَ ما يُخالِف ذَلِك

jusqu'à nouvel ordre

خِلاف ج ات brouille; controverse; contraire n.m.; démêlé n.m. désaccord; différend; divergence; discorde; dissension; mésentente; opposé n.m.

مَوْضِع ~ en litige; litigieux; controversé

على ~ dans la désunion/la discorde

على ~ مع en désaccord avec; (avoir) maille à partir avec; en mauvaise intelligence

بِـ~ ه؛ خِلافًا لِـ au contraire/à la différence de; contrairement à

لا خِلافَ فيهِ il n'y a rien à dire/à redire

خِلافات tiraillements; zizanie; dissensions

هُناكَ ~ il y a du tirage [fam.]

خِلافيّ litigieux

خِلافيّة ج ات pomme de discorde [litt.]; point en litige; sujet de controverse/de discussion

مُخالَفة contradiction; contravention; dérogation; disparité; dissimilation; infraction; irrégularité

~ القانون entorse à la loi; infraction

~ النِظام manquement à la discipline

حَرَّرَ ~ dresser contravention

مَحْضَر ~ procès-verbal de contravention

اِرْتَكَبَ ~ se mettre en infraction/en état de contravention; commettre une infraction

مُخالَفةً لِلْقانون en violation de la loi

مَحْكَمة المُخالَفات tribunal de simple police

مُخالِف disparate; incompatible

~ ج ون adversaire; contrevenant; contradicteur; opposant

~ لِلأُصول. لِلْحَقيقة irrégulier; contraire à la vérité

سائِق ~ conducteur en faute/en tort

IV أَخْلَفَ إخْلافًا proliférer; avoir de nouvelles pousses (plante)

~ وَعْدَه. بِوَعْدِه faillir à/manquer à/violer sa parole/sa promesse; se dédire; être infidèle

~ الرَجاء décevoir l'espoir

~ مَوْعِدَه manquer un rendez-vous

إخْلاف الخَلايا prolifération des cellules

~ بِالوَعْد infidélité/manquement à sa promesse

مُخْلِف prolifère; infidèle

V تَخَلَّفَ تَخَلُّفًا عَنْ ه s'absenter; s'abstenir de; faire défaut; s'attarder; prendre du retard; manquer; manquer à l'appel

~ عَنْ مَوْعِد manquer un rendez-vous

~ عن الرُجوع إلى وَكْرِه ne pas rentrer à sa base (avion)

~ البُخار، الغاز être dégagé/produit (vapeur, gaz)

تَخَلُّف retard; rémanence [psychol.]

~ عن الحُضور absence; non-comparution; contumace n.f.

~ اِقْتِصاديّ sous-développement; retard économique

مُتَخَلِّف attardé; en retard; sous-développé; contumace adj.; résiduaire; résiduel

أَبْخِرة. غازات ~ة vapeurs, gaz produits(es)/dégagés(es)

مِياه. مَوادّ ~ة eaux, matières résiduaires

VI تَخالَفَ تَخالُفًا différer du tout au tout; diverger complètement; s'opposer les uns aux autres

مُتَخالِف contraire; divergent

| | |
|---|---|
| VIII **اِخْتَلَفَ** اِخْتِلافًا عن | différer; être différent; se différencier; varier |
| ~ مِنْ بَلَد لِآخَر | varier d'un pays à l'autre |
| ~ في، حَوْلَ | diverger/n'être pas d'accord/s'opposer/se quereller sur/à propos de |
| ~ مع | être en désaccord avec; se fâcher contre |
| ~ إلى دُور السينما | fréquenter assidûment les salles de cinéma |
| لا يَخْتَلِف عَلَيْه اِثْنان | faire l'unanimité |
| **اِخْتِلاف** ج ات | désaccord; différence; divergence; discorde; disparité; distinction; différenciation; opposition |
| الـ~ يَجِب أَلّا يُؤَدِّيَ إلى خِلاف | *prov.* la différence ne doit pas conduire au différend |
| ~ المَنْظَر | parallaxe [*astron.*] |
| ~ المَرْكَز | excentricité [*math.*] |
| ~ إلى دُور السينما | fréquentation des salles de cinéma |
| على ~ الأَحْزاب والمِلَل | sans distinction de parti ou de religion; de quelque parti ou religion que ce soit |
| على ~ الأَصْناف | de différentes/de toutes sortes |
| **مُخْتَلِف** | différent; divergent; distinct; multiple; varié |
| ~ كُلَّ الاِخْتِلاف | tout autre; complètement différent |
| ~ المَرْكَز | excentrique [*math.*] |
| **مُخْتَلَف** | divers; différent; toutes sortes de |
| ~ فيهِ، عَلَيْه | controversé; discuté |
| 1603 **خَلَقَ** ـُ خَلْقًا ه، ه | créer; faire naître; provoquer; susciter |
| ~ إعْجابًا شَديدًا | susciter une grande admiration |
| خُلِقَ لِـ، من أَجْلِ | être approprié à; être fait pour |
| خَلُقَ ـُ خَلاقة | être digne/honnête/méritant; être d'un bon naturel; avoir bon caractère |
| **خَلْق** | création; acte de création; créature; être vivant; constitution physique; conformation |
| الـ~ | les gens; les êtres vivants; les hommes |
| مَتين الـ~ | robuste; costaud; solide |
| **خِلْقة** ج خِلَق | caractère/disposition/qualité inné(e)/naturel(le); extérieur *n.m.*; nature; tournure |
| كَريم الـ~ | homme d'un naturel généreux |
| **خِلْقيّ** | congénital; naturel; constitutionnel [*anat.*]; inné |
| مَرَض ~ | maladie congénitale |
| **خُلْق** ج أَخْلاق | caractère/disposition/qualité inné(e)/naturel(le); nature; tempérament; moralité |
| سَهْل الـ~ | complaisant; obligeant |
| سُوء، سَيِّئ الـ~ | mauvais caractère; mauvaise tête/nature; naturel méchant |
| مِن نَفْس الـ~ | du même acabit [*fam.*] |
| **خُلُقيّ** | moral; éthique *adj.* |
| لا ~ | amoral; immoral |
| فَضيحة، جَريمة ~ة | attentat aux mœurs |
| **خُلُقيّة**؛ لا ~ | moralisme; immoralisme |
| **أَخْلاق** | mœurs; morale; moralité; éthique *n.f.* |
| شُرْطة الـ~ | police des mœurs; brigade/police mondaine |
| مَكارِم الـ~ | haute moralité; bonnes mœurs |
| سُمُوّ الـ~ | noblesse de caractère |
| كِتاب في الـ~ | traité de morale/d'éthique |
| عَديم، قَليل، فاسِد، مُنافٍ لِلـ~ | immoral; sans moralité |
| لا، قِلّة، فَساد الـ~ | immoralité |
| **أَخْلاقيّ** | moral *adj.*; éthique *adj.*; moraliste |
| لا ~ | amoral; immoral |
| **أَخْلاقيّة**؛ لا ~ | moralité; immoralité |
| خالِق؛ خَلّاق | créateur; constructif (esprit); *isl.* Dieu |
| **خَليق** ج خُلَقاء بِـ | apte à; approprié; fait pour; digne de; propre à; à même de; qualifié pour |
| ~ بِهِ أن | avoir tout lieu de/de bonnes raisons pour; devoir; être fondé à |
| **أَخْلَقُ** بِهِ أن | plus apte/propre à; mieux à même de; mériter davantage de |
| ~ بِهِ أن يُمَثِّل | être très représentatif |
| **خَليقة** ج خَلائِق | création; créature; nature; nature créée; univers; naturel; disposition; complexion [*litt.*] |
| ~ مَحْمودة | bonne nature |
| **مَخْلوق** ج ات، مَخاليق | créature; créé |
| غَيْر ~ | incréé |

المَخْلوقات la Création; les créatures; le monde créé

II خَلَّقَ تَخْليقًا donner bonne tournure à; égaliser; parfumer; polir [*pr.* et *fig.*]; synthétiser

تَخْليق formation morale; *chim.* synthèse

V تَخَلَّقَ تَخَلُّقًا se constituer; être en gestation; se différencier [*biol.*]

تَخَلُّق différenciation [*biol.*]; constitution

مُتَخَلِّق en cours de gestation

VIII اِخْتَلَقَ اِخْتِلاقًا ه inventer/forger (une histoire); fabriquer de toutes pièces

~ أَنْباء كاذِبة inventer des fausses nouvelles

~ أُكْذوبة forger un mensonge

~ أَعْذارًا se trouver de fausses excuses

اِخْتِلاق invention; affabulation [*péjor.*]; forgerie [*péjor.*]

مُخْتَلَق inventé/forgé de toutes pièces; faux; apocryphe

**1604 خَلَنْج** bruyère; erica

ديك الـ~ coq de bruyère; tétras-lyre

**1605 خَلا** ـُ خُلُوًّا، خَلاءً être vide (récipient)/abandonné par ses habitants (lieu); être disponible/inhabité/vacant (logement); être libre (place); s'écouler/passer (temps)

~ بالُهُ avoir l'esprit libre/tranquille; être tranquille/sans souci

~ مِن ه être exempt de; manquer de; ne pas être sujet à

~ من سُكّانه se dépeupler; se vider de ses habitants

~ من مَشاغِل، عَمَل avoir des loisirs; être inoccupé

~ ـُ خُلُوًّا، خَلْوةً être isolé/retiré/seul; s'isoler; se retirer

~ مع، إلى، بِـ ه avoir un tête à tête avec; parler en secret avec; n'être là que pour qqn

~ بِـ، إلى نَفْسه se recueillir; se replier sur soi-même; rentrer en soi-même

~ لِـ ه être particulier/réservé à qqn

~ لَهُ الجَوّ avoir le champ libre; avoir toute latitude (pour)

~ لِلْمُداوَلة délibérer en secret

مُنْذُ سَنَواتٍ خَلَتْ depuis/il y a des années

لا يَخْلو مِنْ ne pas être exempt de; ne pas manquer de; être sujet à; ne pas laisser de (suivi d'un inf.)/d'être (suivi d'un adj.)

لا ~ من جَمال ne pas être dépourvu de beauté; avoir une certaine beauté

لا ~ الموضوع من مَزالِق le sujet ne laisse pas d'être glissant

لا ~ مِنْ أَنْ ... أَوْ ... de deux choses l'une

خَلا، ~ ما excepté; à part; sauf; exclusivement; hormis

خِلْو ج أَخْلاء من dépourvu/exempt/vide de

مكان ~ من الناس endroit désert/vide

~ الباب pas-de-porte

خُلُوّ absence; bon de sortie; omission; vacuité; vide *n.m.*

~هُ مِن عَوائِق طَبيعيّة (lieu) qui ne présente pas d'obstacles naturels

خَلاء lieu inhabité/isolé; isolement; solitude

تحت. في الـ~ à ciel ouvert; à la belle étoile; dans les champs

بَيْت ~ cabinets; toilettes; W.-C.; latrines

خَلْوة ج ات lieu retiré; endroit solitaire; isolement; réduit *n.m.*; solitude

على ~ seul; en tête à tête; seul à seul; seuls;

خَلَوِيّ isolé/retiré/solitaire (lieu); sauvage

بَيْت ~ maison de campagne; résidence secondaire

خالٍ (الخالي) vacant; vide; passé *adj.*; écoulé (temps)

مَكان ~ place disponible/libre

~ من dénué/dépourvu/exempt de; sans

~ من السُكّان inhabité; désert *adj.*

~ من فائدة sans utilité; inutile

خالي البال le cœur léger; l'esprit tranquille; sans souci

القُرون الـ~ة les siècles passés

الأَيّام الـ~ة، الخاليات، الخَوالي les jours passés, anciens

خَلِيّ، ~ البال ج أَخْلياء ← خالٍ

خَلِيّة ج خَلايا ← 1606

II **خَلَّى** تَخْلية ه، ه، عن ه، ه — abandonner; laisser; laisser tranquille; quitter

~ ه يَفْعَل، يَعْتَقِد — laisser faire, croire

~ سَبيلَه — laisser aller; congédier

خَلِّ عَنِّي — laisse-moi tranquille

IV **أَخْلَى** إخْلاءً — vider; faire le vide; évacuer; faire évacuer

~ المَكان، المَنْزِل — faire place nette; débarrasser le plancher [fam.]; vider les lieux

~ الجَوّ، المَكان لِـ — laisser la place, le champ libre à

~ الطَريق، السَبيل — déblayer le terrain; ouvrir/frayer le passage/la voie

~ سَمْعَه لِـ — être tout ouïe [fam.]/oreilles; prêter l'oreille à

~ سَبيل ه — mettre en liberté; relâcher; relaxer

~ بَلَدًا من سُكّانه — dépeupler un pays; vider un pays de ses habitants

أَخْلِ الطَريق — place! débarrassez le plancher [fam.]!

إخْلاء سَبيل ه — relaxation; libération; mise en liberté

V **تَخَلَّى** تَخَلِّيًا عَنْ — abandonner; céder; se démettre de; se démunir de; se départir de; se dessaisir de; renoncer à

~ عن الحُكْم، أَمْواله، حُقوقه — abandonner le pouvoir, ses biens, ses droits

~ عن اِسْتِقْلاله، حُرّيّته — aliéner son indépendance, sa liberté

~ عن أَصْحابه — laisser choir/tomber [fam.] ses compagnons

~ عن رِفْقة ه — fausser compagnie à

~ عن عادة سَيِّئة — perdre une mauvaise habitude

~ عن كَوْنه (كذا) — perdre son caractère de; n'être plus (suivi d'un adj.)

**تَخَلٍّ** — abandon; démission; résignation; renonciation

~ عن أَمْوال — cession de biens

1606 (خلو) **خَلِيّة** ج خَلايا — ruche; cellule

جِسْم الـ~ — corps cellulaire

~ عَصَبيّة — neurone; cellule nerveuse

~ حَيَوانيّة، نَباتيّة، شَحْميّة — cellule animale, végétale, adipeuse

~ شُيوعيّة — cellule communiste

**خَلَوِيّ**؛ نَسيج ~ — cellulaire; tissu cellulaire

اِلْتِهاب النَسيج الـ~ — cellulite

خَلَوِيّات — métazoaires

1607 **خُمّ** ج خِمَمة — poulailler; cage à poules

IV أَخَمَّ إخْمامًا (الدَجاج) — faire rentrer (les poules) dans le poulailler

~ الطَعامُ — s'avarier (viande); tourner (lait)

مُخِمّ — infect; pourri; puant

V تَخَمَّمَ القُشامة، القُتات — finir/manger les restes

1608 **خَمان** — sureau

خَمانِيّة — actée

1609 **خَمِجَ** ـَ خَمَجًا — se corrompre/s'abîmer (viande); se gâter; sentir mauvais; pourrir

**خَمَج** — pourriture

~ الدَم — septicémie

خَمَجِيّ — septicémique

خَمِج — septique

II مُخَمَّج — avarié; corrompu; gâté; fétide

1610 **خَمْخَمَ** — renifler bruyamment; parler du nez; nasiller; manger comme un cochon [fam.]; goinfrer [pop.]; bouffer [pop.]

1611 **خَمَدَ** ـُ خُمودًا — se calmer; s'apaiser; cesser; s'éteindre; perdre de son intensité; tomber (fièvre); couver (feu); être amorti (bruit)

**خُمود** — accalmie; apaisement; cessation; extinction; perte d'intensité

~ الصَوْت، المَرَض — extinction de voix; rémission d'une maladie

IV **أَخْمَدَ** إخْمادًا ه — apaiser; calmer; faire cesser; étouffer; éteindre; supprimer

~ النار، ثَورة — étouffer le feu, une révolte

~ الأَصْوات، الصَدَمات — amortir les bruits, les chocs

~ شَجاعة، حَماسة ه — décourager; faire perdre à qqn son enthousiasme

~ غَضَبه — désarmer la colère de qqn

لا يُخْمَد — inextinguible

**إخماد** apaisement ; étouffement ; extinction ; suppression

~ الصَدَمات amortissement des chocs

مُخْمِد ج ات amortisseur

**مُخْمَد** amorti (choc) ; calmé ; étouffé (bruit) ; éteint (feu)

كِلْس ~ chaux éteinte

**1612** (خمر) **خِمار** ج أَخْمِرة. خُمُر

mantille ; voile (de visage) ; voilette

V تَخَمَّرَ تَخَمُّرًا se voiler le visage (femme)

**1613** **خَمْر** ج خُمور alcool ; vin ; boisson alcoolisée

اليَوْم ~ و غَدًا أَمْر *prov.* on verra bien demain ; demain il fera jour ; à demain les affaires sérieuses (*m. à m.* aujourd'hui du vin, demain les affaires)

خَلّ وَ ~ ؛ لا خَلّ وَلا ~ ← خَلّ

خَمْرِيّ (couleur) lie-de-vin *adj. inv.*

خَمْرِيّة ج ات chanson à boire ; poème bachique

**خَميرة**. خَمير ج خَمائِر ferment ; levain ; levure ; diastase ; enzyme

~ لِلْعَجين levain pour la pâte

~ الشِقاق ferment de discorde

خَمّار cabaretier ; marchand de vin

خَمّارة cabaret ; bistrot [*fam.*] ; taverne ; bar ; troquet [*pop.*]

خِمّير ivrogne ; soûlard [*pop.*]

مَخْمور ivre ; en état d'ébriété ; soûl ; pris de boisson

II خَمَّرَ تَخْميرًا faire fermenter/lever (pâte)

**تَخْمير** العَجين levage de la pâte

~ السُكَّر fermentation du sucre

مُخَمَّر fermenté ; levé (pâte)

III **خامَرَ** مُخامَرة ه envahir qqn ; obséder ; s'emparer de qqn (idée, sentiment)

~ ه الشُعور بِوُجود فَخّ flairer un piège

~ ه الشَكّ avoir un/des doute(s) ; être envahi/pris par le doute ; se douter de qqch

خامَرَتْهُ فِكْرة être obsédé par une idée

IV **أَخْمَرَ** إِخْمارًا بِـ ه se cacher/être caché dans ; couvrir ; dérober aux regards

~ ه ruminer qqch [*fig.*]

~ حِقْدًا nourrir de la haine/un ressentiment

V تَخَمَّرَ تَخَمُّرًا fermenter ; fermentation

VIII **إِخْتَمَرَ** إِخْتِمارًا lever (pâte) ; fermenter

~ت الفِكْرة بِعَقْله être hanté par une idée ; être obsédé ; hanter/obséder qqn (idée)

إِخْتِمار fermentation ; levage (d'une pâte)

**1614** **خُمْس** ج أَخْماس cinquième (de l'unité)

ضَرَبَ **أَخْماسَه** في أَسْداسه *prov.* se creuser la cervelle/la tête ; faire des pieds et des mains

ضَرَبَ ~ًا لِأَسْداس *même sens*

**خَمْسة** م خَمْس cinq

~ أَعْوام ؛ خَمْس سَنَوات lustre [*litt.*] ; cinq ans

~ أَضْعاف cinq fois ; quintuple

خُطّة. مَشْروع سَنَوات **خَمْس** plan quinquennal

**خَمْسِيّ** ؛ خُطّة ~ة quinquennal ; plan quinquennal

خَمْسَةَ عَشَرَ م خَمْسَ عَشْرَة quinze

خَمْسونَ cinquante ; cinquantaine

خَمْسونِيّ quinquagénaire

**خَمْسين** khamsin

عيد الـ~ Pentecôte

الخَمْسينات. الخَمْسينِيّات les années cinquante

عيد. تَذْكار خَمْسينِيّ cinquantenaire *n.m.*

**خامِس** cinquième

الصَفّ. الطابِق الـ~ la (classe de) cinquième ; le cinquième (étage)

الدَرْس الـ~ leçon cinq

خامِسًا cinquièmement ; quinto

**الخَميس** ؛ يَوْم الـ~ jeudi

~ الفِصْح. الأَسْرار. العَهْد *christ.* jeudi saint

خامِسَ عَشَرَ م خامِسةَ عَشْرَةَ — quinzième; quinze (date, heure)

خَمّاس ج خَماسِة — *maghr.* khammès; fermier au cinquième (de la récolte)

خُماسيّ — pentagone; pentagonal; *gramm.* quinquilitère (racine, mot)

خُماسيّة — *mus.* quinte

II خَمَّسَ تَخْميسًا ه — quintupler; s'engager comme khammès

**مُخَمَّس** — quintuple

~ الزَوايا، السُطوح — pentagone; pantaèdre

**1615** **خَمَشَ** ـِ خَمْشًا ه — écorcher; égratigner; érafler; griffer

~ ساقَه، يَدَه — s'écorcher la jambe, la main

خَمْش ج خُموش — écorchure; éraflure; éraflement; égratignure; grattage

خَمْشة — coup de griffe

VII اِنْخَمَشَ اِنْخِماشًا — s'écorcher; s'érafler; s'égratigner

**1616** **خَمِصَ** ـَ — être creux/vide (ventre)

**أَخْمَص** م خَمْصاء ج أَخامِص — plante du pied

~ بُنْدُقيّة — crosse d'un fusil

من قِمّة رَأْسه إلى ~ قَدَمه — de la tête aux pieds; de pied en cap

**أَخْمَصيّ** — plantaire

~ السَيْر — plantigrade

**1617** **خَمْل** — tapis de haute laine; plumage de l'autruche

خَميلة ج خَمائِل — bosquet; touffe de verdure; bouquet d'arbres

مُخْمَل — velours

مُخْمَليّ — velouté; en/de velours

**1618** **خَمَلَ** ـُ خُمولًا — s'avachir; languir; être inerte/sans forces

**خُمول** — apathie; avachissement; engourdissement des sens; léthargie; inaction; indolence; inertie; langueur; passivité; pesanteur/lourdeur d'esprit; torpeur

في ~ — paresseusement

خامِل — apathique; atone; avachi; amorphe; engourdi; indolent; inerte; endormi; léthargique; passif

**1619** (خمن) **خَمان** ← *1608*

خُمانة — balayures; détritus

**1620** II **خَمَّنَ** تَخْمينًا — conjecturer; estimer; évaluer; supposer; formuler une hypothèse

~ ه، ه بِقيمته — apprécier à sa juste valeur

**تَخْمين** ج ات — conjecture; estimation; évaluation; présomption; prévision

على الـ~ — au jugé; approximativement

تَخْمينيّ — conjectural; estimatif; appréciatif

**1621** (خمو) **خَما** ـُ خَمْوًا — être épais

**خام** : قُماش ~ — étoffe épaisse/grossière; *v. aussi ordre alphab.*

**1622** **خَنَّ** ـِ خَنينًا — parler du nez; nasiller

خُنّة — voix nasillarde

خَنين — nasalisation; nasillement

خُنان — morve

أَخَنّ م خَنّاء — nasillard

**1623** **خُنْثَى** ج خِناث — androgyne; hermaphrodite; *bot.* asphodèle

خُنْثيّة، خُنوثة — androgynie; hermaphrodisme

II خَنَّثَ تَخْنيثًا — féminiser; efféminer; ramollir qqn

مُخَنَّث — ramolli; efféminé; impuissant [*sexol.*]

V **تَخَنَّثَ** تَخَنُّثًا — s'efféminer; s'affaiblir

~ في المَلَذّات — s'amollir dans les plaisirs

تَخَنُّث — hermaphrodisme

مُتَخَنِّث — travesti; efféminé

**1624** **خَنْجَر** ج خَناجِر — dague; poignard

**1625** **خَنْخَنَ** — parler du nez

**1626** **خَنْدَقَ** ه — creuser un fossé/une tranchée/des retranchements

خَنْدَق ج خَنادِق — fossé; tranchée; retranchement

II تَخَنْدَقَ — se retrancher; se terrer

**1627 خَنِزَ** ـَ خَنَزًا — sentir mauvais; puer

خُنْزوان — *v. ordre alphab.*

**1628 خِنْزير** ج خَنازير — cochon; porc; pourceau

يالَهُ مِنْ ~ — quel cochon [*fam.*]!

~ البَحْر — dauphin [*zool.*]; marsouin

~ الهِنْد — cochon d'Inde; cobaye

~ الماء — hippopotame; tapir [*zool.*]

~ الأَرْض — oryctérope

~ البَرّ، بَرّيّ — sanglier

خِنْزيرة — truie; laie [*zool.*]

**خَنازيريّ**؛ عُقْدة ~ة — scrofuleux; scrofule

خَنازيريّة — *bot.* scrofulaire

**1629 خُنْزوان**، خُنْزوانيّة — mégalomanie; orgueil

**1630** (خنس) **أَخْنَس** م خَنْساء ج خُنْس — camard; camus; qui a le nez plat/écrasé

خَنْساء — vache sauvage

أَنْف خانِس — nez aplati/camard/camus/écrasé

**1631 خُنْشار** — fougère; polypode

~ صَغير — fougerole

**1632 خِنْصِر** ج خَناصِر — auriculaire; petit doigt

عَقَدَ الـ ~ على ه — apprécier beaucoup qqch

**1633 خَنَعَ** ـَ خَنَعًا ه — conter fleurette [*litt.*]; faire la cour aux femmes

خانِع ج خُنُع — adultère *n.m.*; coureur [*fig.*]

**1634 خَنَعَ** ـَ خُنُوعًا — s'abaisser; s'humilier; être servile

خُنوع — abaissement; humilité; obséquiosité; servilité; soumission

خَنوع — humble; obséquieux; servile; infidèle; traître

**1635 خُنْفُساء** ج خَنافيس — cafard [*zool.*]; hanneton; scarabée; escarbot

~ البَطاطِس — doryphore

الخَنافِس — coléoptères *n.m.pl.*

**1636 خَنَقَ** ـُ خَنْقًا ه — asphyxier; étouffer; étrangler; tordre le cou [*fam.*]; prendre à la gorge; suffoquer *tr.*

~ النور — faire le black-out

~ قِطاعًا اِقْتِصاديًّا — asphyxier un secteur économique

~ ثَوْرة — étouffer/juguler une émeute

~ رَغَباتِه — étouffer/réprimer ses désirs

~ الحُرّيّات — étrangler/étouffer les libertés

~ الصِحافة — bâillonner/museler la presse

سَأَخْنُقُهُ بِكِلْتا يَدَيَّ — je l'étranglerai de mes mains

**خَنْق** — étouffement; étranglement; strangulation; asphyxie; oppression

~ الأَنْوار — black-out

صِمام الـ ~ — obturateur

ماتَ خَنْقًا — mourir par asphyxie/par strangulation

**خُناق** — *méd.* étouffement; gêne (respiratoire); angine; suffocation

~ القَلْب — angine de poitrine

~ غِشائِيّ؛ خانوق — dipthérie

خُناقِيّ — diphtérique

**خِناق** — gorge; gosier

أَخَذَ ه، أَمْسَكَ ه بِـ ~ ه — prendre/saisir/tenir à la gorge/au collet

**خانِق** — asphyxiant; oppressant; accablant; étouffant; irrespirable; suffocant

صِمام الـ ~ — *autom.* starter

فَتَحَ صِمام الـ ~ — mettre les gaz

غازات ~ة — gaz asphyxiants

~ ج خَوانِق — *géogr.* canyon; défilé; gorge; col; ravin

~ الفَهْد — arnica

~ الذُباب — *bot.* attrape-mouches

~ الذِئْب، النَمِر — aconit; napel

خَنّاق — étrangleur

مَخْنوق — asphyxié; étouffé; étranglé; suffoqué

مَخْنَق (← خِناق) — goulot d'étranglement

II خَنَّقَ تَخْنيقًا ← خَنَقَ خَنْقًا

VIII اِخْتَنَقَ اِخْتِناقًا être étouffé; s'étouffer; s'asphyxier; s'étrangler; suffoquer *intr.*

~ مِن الغَيْظ، من الحَرارة suffoquer de colère, de chaleur

~ مِن الضَحِك، الغيظ s'étrangler de rire, de colère

**اِخْتِناق** asphyxie; étouffement; étranglement; strangulation; suffocation

اِنْتِحار بِالـ~ suicide par asphyxie

~ الصَوْت، فَتْقيّ étranglement de la voix, herniaire

**مُخْتَنِق** asphyxié; étranglé; suffoqué

فَتْق ~ hernie étranglée

**مُخْتَنَق** couloir [*géogr.*]; gorge; goulet

~ الطريق goulot d'étranglement

1637 **خِنَّوْص** ج خَنانيص cochonnet [*zool.*]; porcelet

~ وَحْشيّ، بَرّيّ marcassin

1638 **خَنًى** débauche; pornographie; prostitution; langage obscène; *fig.* malheurs; fléaux

IV أَخْنَى عَلَيه الدَهْر tombé en désuétude; détruit/usé par le temps

1639 **خَواجة** ج ات *titre donné aux étrangers et aux commerçants:* Monsieur

1640 **خِوان** ج أَخْوِنة table; sommier en bois; paillasse

~ الزينة coiffeuse [*mobil.*]; table de toilette

1641 **خَوْخ** pêcher; prunier

**خَوْخة** ج خَوْخ pêche [*bot.*]; prune *n.f.*

~ ج ات lucarne; soupirail

بَشَرة خَوْخِيّة teint de pêche

1642 **خُوذة** ج خُوَذ casque

~ طَيّار، سائِق دَرّاجة نارِيّة casque d'aviateur, de motocycliste

لُبْس الـ~ إِلْزاميّ port du casque obligatoire

1643 **خارَ** ـُ خُوارًا beugler; mugir (bovins)

خُوار beuglement; mugissement

1644 **خارَ** ـَ خَوَرًا faiblir; être faible; décliner *intr.*; fléchir

~تْ ساقاه ses genoux se dérobèrent; chanceler

~تْ قُواه être sans forces; défaillir; s'effondrer (physiquement)

~تْ عَزيمَتُه perdre son allant/sa détermination; se décourager; être découragé; s'effondrer (moralement)

خَوِرَ ـَ خَوَرًا *même sens*

**خَوَر** faiblesse; déclin; défaillance

~ القُوَى affaiblissement; épuisement physique

خَوْر *géogr.* dépression; embouchure (d'un fleuve)

**خائِر** القُوَى défaillant; déclinant; abattu; prostré; effondré; flapi [*fam.*]; délabré; exténué

~ النَفْس، العَزْم déprimé; démoralisé; découragé; effondré; abattu

خَوّار ← خائِر

II خَوَّرَ تَخْويرًا ← خارَ

1645 **خوريّ** ج خَوارِنة abbé; curé; pasteur

خَوْرَنيّ؛ خَوْرَنِيّة paroissial; paroisse

1646 **خَوْزَقَ** (← خَزَقَ) empaler

خَوْزَقة empalement; supplice du pal

II تَخَوْزَقَ s'empaler

1647 **خُوصة** ج خوص feuille de palmier; palme; raphia

1648 **خاضَ** ـُ خَوْضًا، خِياضًا ه
plonger/s'enfoncer/s'engager/entrer dans

~ الماء، البَحْر s'enfoncer/plonger dans l'eau; fendre la mer

~ الحَديث s'engager dans la discussion

~ غِمار، غَمَرات ه entrer en lice; se lancer courageusement dans

~ غِمار المَعْرَكة se jeter dans la mêlée; prendre part au combat

~ في مَسْأَلة étudier une question à fond

~ في الوَحَل patauger dans la boue

~ المَخاطِر affronter les dangers

**خَوْض** plongeon; examen (d'une question); traitement (d'un sujet)
~ الأَخْطار affrontement des difficultés
مَخاض، مَخاضة ج مَخاوِض gué
~ الوِلادة ← مخض

1649 **خافَ** ـَ خَوْفًا ه، مِنْ ه، أنْ s'alarmer; appréhender; craindre; avoir peur; redouter; trembler
~ على ه craindre pour qqn
~ من خَيالِه avoir peur de son ombre
**خَوْف**، مَخافة ج مَخاوِف crainte; peur; appréhension
~ مَرَضِيّ peur maladive; phobie
بِلا ~ en confiance; sans crainte; sans peur
لا خَوْفَ عَلَيه il n'a rien à craindre
خَوْفًا، مَخافةً مِنْ أنْ de crainte/de peur que; dans la crainte de
**مَخاوِف** dangers; périls; craintes; coupe-gorge
تَحَقَّقَتْ ~ه ses appréhensions se sont vérifiées
**خائِف** ج ون anxieux; alarmé; effrayé; craintif; apeuré; peureux; timoré
أنا ~ j'ai peur
خَوّاف، خَوِيف craintif; froussard; peureux; timoré
II خَوَّفَ تَخْوِيفًا ه ← IV
**تَخْوِيف** ج ات intimidation
إجْراءات، تَدابِير ~ mesures d'intimidation
IV أَخافَ إخافة ه alarmer; effaroucher; effrayer; faire peur; intimider; troubler
**مُخِيف** alarmant; affolant; effrayant; formidable; intimidant; lugubre; redoutable; terrifiant; troublant
أَنْباء، هَيْئة ~ة bruits alarmants; aspect redoutable
V تَخَوَّفَ تَخَوُّفًا مِن appréhender; craindre; s'alarmer; redouter; avoir peur de
تَخَوُّف ج ات appréhension; alarme; crainte; peur
أَبْدَى ~ه من exprimer ses craintes

1650 **خال** (خول) *v. ordre alphab.*

II **خَوَّلَ** تَخْوِيلًا ه، بِـ ه autoriser qqn à
~ ه حَقَّ ه donner/accorder/conférer à qqn le droit de; habiliter qqn à
تَخْوِيل habilitation
مُخَوَّل أنْ، بِـ autorisé/habilité à

1651 **خانَ** ـُ خَوْنًا، خِيانةً ه duper; tricher; trahir; tromper; être déloyal/infidèle
~ زَوْجَتَه، زَوْجَه tromper sa femme, son mari
~تْ ه قُواه flancher; défaillir; ses forces l'abandonnent/le trahissent
~تْ ه قَدَمُه faire un faux pas
~ ذاكِرَتُه avoir une défaillance/un trou de mémoire
**خِيانة** félonie [*litt.*]; déloyauté; perfidie; traîtrise; infidélité; trahison
~ عُظْمَى haute trahison
~ الذاكِرة، الأَمانة défaillance de mémoire; abus de confiance
خائِن ج خَوَنة، خُوّان déloyal; faux; félon; infidèle; perfide; traître; transfuge; tricheur; trompeur
**خَؤُون**، خَوّان ج ة *même sens*
ذاكِرة ~ mémoire infidèle; mauvaise mémoire

1652 **خَوَى** ـِ خَوًى، خَواء avoir faim; avoir l'estomac vide/le ventre creux [*fam.*]
خَوِيَ ـَ خَوًى، خَوايَة être ... *v. à l'adj.*
خَواء chaos; vacuité; hiatus
**خاوٍ** vide; désert *adj.*; inhabité; abandonné (lieu)
~ البَطْن le ventre/l'estomac creux [*fam.*]

1653 **خابَ** ـِ خَيْبة échouer; être déçu/désappointé/frustré
~ سَعْيُه tomber à l'eau (projet)
**خَيْبة**، ~ أَمَل déboires; déception; déconvenue; désappointement; désillusion; désenchantement; échec; mécompte
أَخْفَى ~ه cacher sa déconvenue
سِيماء ~ signes de déception
أُصِيبَ بِـ~ essuyer/subir un échec
وَلَد ~ bon à rien; vaurien

**خائب**؛ ~ الأَمَل — bredouille; déconfit; déçu; désabusé; désenchanté; inutile; vain

II **خَيَّبَ** تَخْيِيبًا ه — décevoir; dépiter; désappointer; faire échec à; frustrer; tenir en échec

~ أَمَل، آمالَ ه — trahir l'espoir, les espérances de; tromper l'attente de

**مُخَيِّب**؛ ~ لِلأَمَل — décevant; frustrant

مُخَيَّب — déçu; déconfit; désappointé; désabusé

1654 **خِيار** — concombre

~ مُخَلَّل — cornichon au vinaigre

~ جَنْبَر، شَنْبَر — casse fistuleuse; cassier

1655 **خَيْر** ج خِيار، أَخْيار — avantage; bien *n.m.*; bon *adj.*; excellent

الـ~ العامّ — le bien public

أَعْمال الـ~ — bonnes œuvres; œuvres de charité

لِـ ~ ه، ه — à l'avantage/au bénéfice/au profit de

الـ~ كُلُّ الـ~ أَنْ — il est tout à fait bien que; c'est très bien que

صَباح، مَساء الـ~ — bonjour; bonsoir

لا ~ فيه — il n'y a rien de bon; il n'est bon à rien

ذَكَرَه بِالـ~ — dire du bien de qqn

~ مِنْ — *compar.*, *superl.* mieux/meilleur que

هذا ~ لَكَ — c'est mieux pour vous

~ لِـ ه أَنْ — il vaut mieux/il est préférable que

كان مِن الـ~ أَنْ — il eût mieux valu; il eût été préférable de

~ النّاس — le meilleur des hommes

~ النِساء — la meilleure des femmes

خَيْرًا مِنْ — mieux que; plutôt que

**أَخْيار** النّاس؛ الـ~ — les bons; les meilleurs

خَيْرة ج ات — bonne chose; la crème de [*fam.*]

**خَيْرات** — abondance de biens; bienfaits; avantages

~ الدُّنْيا — biens matériels/de ce monde

~ الأَرْض — ressources; richesses; fruits de la terre; produits du sol

**خَيْرِيّ** — bienfaisant; charitable; généreux

جَمْعِيّة، مُؤَسَّسة ~ة — association philanthropique; fondation pieuse; société de bienfaisance

أَعْمال ~ة — œuvres pies/charitables

**خَيْرِيّة** — bienfaisance; bonté; générosité; charité

خَيار — liberté de choisir

**خِيار** — choix; bon choix; liberté; option; alternative

لَهُ، تَرَكَ لَهُ الـ~ — avoir, laisser le choix

لَكَ الـ~ في — libre à vous de

لا ~ لَهُ إلّا — il n'y a pas d'alternative/d'autre choix; n'avoir pas le choix

لَيْس هُناكَ الـ~ — il n'y a pas le choix

إنّه بَيْنَ **خِيارَيْن** — être dans d'alternative; avoir le choix entre deux solutions

خَيِّر — bienfaisant; bienveillant; charitable; excellent; généreux; libéral

II خَيَّرَ تَخْيِيرًا ه — donner/laisser le choix; choisir

V تَخَيَّرَ تَخَيُّرًا ه، ه — choisir; sélectionner

تَخَيُّرِيّة — éclectisme

VIII **اِخْتارَ** اِخْتِيارًا ه، ه، أَنْ — choisir; fixer son choix sur; élire; adopter; décider de son plein gré; se décider pour; opter; préférer

~ بِالقُرْعة — tirer au sort

~ مَقَرًّا، مِهْنة — élire domicile; embrasser une profession

حارَ فيما **يَخْتار** — avoir l'embarras du choix

أُخْتِيرَ — être choisi/élu

**اِخْتِيار** — choix; option; libre arbitre; alternative; préférence; sélection

~ المَقَرّ — élection de domicile [*dr.*]

عَن اضْطِرار أَوْ ~ — de gré ou de force; qu'on le veuille ou non

وَقَعَ ~ه على — fixer son choix sur

**اِخْتِيارِيّ** — choisi; facultatif; volontaire; optatif; éclectique

مادّة ~ة — matière facultative/à option

تَأْمين ~ — assurance volontaire

**مُخْتار** ج ون، مَخاتير — maire

مَرْكَز ~ — lieu de prédilection

أَرْض، وَطَن ~(ة) — terre, patrie d'élection/d'adoption

مُخْتارات — analectes; anthologie; morceaux choisis

مُخْتارِيّة — mairie

1656 خِيريّ — giroflée

1657 خَيْزُران ج خَيازِر — bambou; osier; rotin

خَيْزُرانيّ — de bambou; en osier

خَيْزُرانيّة — jonque

1658 خِيس ج أَخْياس — boqueteau; broussailles; taillis

1659 خَيْش ج خُيوش، أَخْياش — bâche en jute; serpillière; sac; tente de bédouin

~ العَمَل — qui bâcle [*fam.*] son travail

1660 خَيْشوم ج خَياشيم — branchies; ouïes

1661 (خيط) خاطَ ـِ خِياطة — coudre; suturer; recoudre

خِياطة — couture; suture

آلة ~ — machine à coudre

الـ~ النِسائيّة — haute couture

خَيْط ج خُيوط، خِيطان — fil; filament; ficelle

~ خِياطة — fil à coudre

~ ذو صِنّارة — ligne de pêche

~ فَحْميّ — filament [*électr.*]; charbon [*électr.*]

ذو خُيوط — filandreux

خَيْطيّ — filiforme; filandreux; filaire

خَيْطيّة ج ات — filaire [*zool.*]

داء الخَيْطيّات — filariose

خَيّاط ج ون — couturier; tailleur

مَخيط — cousu

II خَيَّطَ تَخْييطًا — faire de la couture

(خيل) خال ج خِيلان — *v. ordre alphab.*

1662 خَيْل ج خُيول — *coll.* chevaux *n.m.pl.*; *v. aussi 1663*

~ سِباق — course de chevaux

خَيْليّ — chevalin; hippique

خَيْليّات — équidés *n.m.pl.*

خَيّال ج ة — cavalier *n.m.*; écuyer

تِمْثال ~ — statue équestre

خَيّالة — cavalerie; police montée

مَمَرّ الـ~ — allée cavalière

خَيّاليّ — équestre

1663 خالَ ـَ مَخالة ه ه، أنْ — croire; considérer; imaginer; s'imaginer que; prendre (qqn, qqch) pour; *v. aussi 1662*

~ نَفْسَه (كذا) — se croire/s'imaginer (suivis d'un adj.)

خَيال ج ات، أَخْيِلة — apparition; fiction; chimère; fantaisie; imagination; fantasme; fantôme; spectre; silhouette; vision

بَنَى في ~ه قُصورًا — bâtir des châteaux en Espagne

يَفوق الـ~ — inimaginable; qui passe l'imagination

~ الظِلّ — ombres chinoises

خَيالة ج ات — apparition; esprit; fantasme; fantôme; spectre; vision

خَياليّ — fantastique; irréel; chimérique; fictif; imaginaire; utopique; utopiste; factice; mythique; romanesque

قِصّة ~ة — fiction; conte de fées

عالَم ~ — monde idéal

خَياليّة — utopie

أَخْيَل ج أَخايِل — *ois.* rollier

خُيَلاء — orgueil; vanité; arrogance

في زَهْو و~ — avec superbe et arrogance

خُيَلائيّ — paranoïaque; mythomane

هَوًى ~ — paranoïa; mythomanie

مَخيلة ← خُيَلاء

~ ج مَخايِل — indication; indice; signe; symptôme

مَخايِل — visions; idées; images mentales; imagerie

II خَيَّلَ تَخْييلًا لِـ، إلى ه أن — faire croire à qqn que; donner l'impression que; suggérer

خُيِّلَ إليه، لَه أن se figurer; s'imaginer; croire; penser

مُخَيِّلة imagination; la folle du logis; fantaisie

V تَخَيَّلَ تَخَيُّلًا أن avoir l'impression que; rêver; croire; imaginer; s'imaginer; se faire des idées

تَخَيُّل ج ات fantaisie; vision; rêverie; imagination

تَخَيُّليّ imaginaire

VIII اِخْتالَ اِخْتِيالًا être fier/vaniteux/orgueilleux; s'en croire

اِخْتِيال arrogance; présomption

مُخْتال présomptueux; imbu/infatué/rempli de soi-même; vain [*litt.*]; fat [*litt.*]; vaniteux

**1664 خَيْلان** sirène [*myth.*]

**1665 خَيْمة** ج ات، خِيَم، خِيام
tente; bâche; pavillon; *bot.* ombelle

خَيْميّ الشَكْل ombelliforme

خَيْميّات ombellifères *n.f.pl.*

II خَيَّمَ تَخْييمًا camper; bivouaquer

~ على planer (menace); menacer *intr.*; régner/s'installer (calme, silence)

مُخَيِّم campeur

الظَلام، اللَيْل ~ il fait sombre; l'ombre/la nuit s'installe

مُخَيَّم ج ات camp; campement; camping; baraquement; bivouac

~ بَدْو، كَشّافة campement de bédouins; camp de scouts

V تَخَيَّمَ تَخَيُّمًا camper; dresser sa tente; faire du camping

~تْ رائِحة في المَلابِس s'attacher aux/imprégner les vêtements (odeur)

تَخَيُّم camping

(دال)

*huitième lettre de l'alphabet : « dāl » ;*
*dentale sonore :* [d]

**1666** **داء** ج أدْواء — affection [*méd.*]; mal; maladie

لِكُلّ ~ دَواء — il y a remède à tout

~ الجَوّ، البَحْر، العَصْر — mal de l'air, de mer, du siècle

عِلاج الـ~ بِالـ~ — soigner le mal par le mal; homéopathie

~ المِنْطَقة، الثَعْلَب — zona; alopécie

~ الأَسَد، الفيل — éléphantiasis

~ المَفاصِل، المُلوك — rhumatisme; goutte [*méd.*]

**1667** **دَأَبَ** َ دَأْبًا، دُؤُوبًا على، في — persévérer; persister; avoir coutume/l'habitude de; s'appliquer à

~ على العَمَل — travailler avec zèle; être infatigable; être sur la brèche [*fig.*]

**دَأْب** ج أدْؤُب — assiduité; dynamisme; habitude; persévérance

على ~كَ — selon votre habitude; comme vous en avez l'habitude

دائِب؛ دَؤُوب — assidu; continuel; dynamique; infatigable; opiniâtre; persévérant; persistant

**1668** **دادة** — gouvernante; nourrice; nurse (généralement de race noire)

**1669** **دالِية** (← دلو) — vigne

**1670** **داما**؛ دامة — jeu de dames

**دامجانة** ← دَمْجانة

**دانة** ج ات ← دون

**1671** **داية** ج ات — sage-femme

**1672** **دَبَّ** ِ دَبيبًا — avancer; se mouvoir; ramper; se traîner (sur le sol); *fig.* envahir; s'infiltrer; se répandre

~ على الأَرْبَع — marcher à quatre pattes

~تْ عَقارِبُه — distiller la calomnie

~ الشَكُّ في نَفْسِه — être envahi par le doute

~ الخِلافُ بَيْنَهُم — la discorde se répandit parmi eux

~ دَبيبُ الحَياة في — s'animer; prendre vie

**دَبيب** — avance; envahissement; infiltration; influx; mouvement; reptation

أَحَسَّ بِـ~ الفَرْحة في نَفْسِه — il se sentit envahi par la satisfaction

**دُبّ** ج أدْباب، دِبَبة — ours

الـ~ الأَبْيَض، الأَسْمَر — ours blanc, brun

الـ~ الأَصْغَر، الأَكْبَر — Petite, Grande Ourse

الـ~ القُطْبيّ — ours polaire; étoile Polaire

~ البَحْر — otarie

جَلَبَ الـ~ إلى كَرْمِه — *prov.* réveiller le chat qui dort (*m. à m.* amener l'ours à sa vigne)

دابّ — rampant

دابّة ج دَوابّ — bête; bête de somme; monture

دُوَيْبّة ج ات — animalcule; petite bête; bestiole

دَبّاب ج ون (← دابّ) — tankiste

**دَبّابة** ج ات — tank; char [*mil.*]

~ قِتال، اقْتِحام — char de combat, d'assaut

**جُنود الدَبّابات** — tankistes

مَدافِع مُضادَّة لِلـ~ canons anti-chars

**مَدَبّ** النَهْر cours d'eau/d'un fleuve

من ~ النهر إلى مَصَبّه de la source à l'embouchure

II دَبَّبَ تَدْبِيبًا ه affiler; effiler; rendre pointu

مُدَبَّب؛ ~ الطَرَف aigu; pointu; effilé; en fer de lance

1673 **دَبَب** duvet (sur les joues et le menton)

مُدَبَّب poilu; velu

1674 **دُبّاء** *coll.* courge; calebasse; calebassier

1675 **دَبْج** tapisserie

دِيباج brocart; étoffe de soie à ramages

**دِيباجة** brocart; *dans une lettre*: préambule; préface; prologue

حَسَن الـ~ bien tourné; bien troussé (discours)

دَبّاج fabricant/marchand de brocart

مِدْبَج métier à tapisserie

II دَبَّجَ تَدْبِيجًا adorner [*vx*.]; brocher (tissu); décorer; embellir; orner (style, étoffe)

مُدَبَّج broché (tissu); orné; revêtu de brocart

مُدَبَّجات ornements de style

1676 **دَبْدَبة** bruit du galop d'un cheval

1677 **دَبَح** scorsonère

1678 **دَبْر** ج دُبور essaim/nid de guêpes; guêpier

دَبّور ج دَبابير frelon

1679 **دَبْر** ج دُبور récif

دُبور مُرْجانيّة bancs de corail; récifs coralliens

1680 **دَبَرَ** ـُ دُبورًا، دَبْرًا ه tourner le dos; suivre; venir après/en dernier; passer (temps)

**دُبْر، دُبُر** ج أَدْبار arrière *n.m.*; cul [*pop.*]; derrière *n.m.*; postérieur *n.m.*; partie arrière/postérieure

جَعَلَ ه ~ أُذْنه mettre sous le coude [*fig.*]; (*m. à m.* mettre derrière l'oreille)

من، عن ~ ه، ه après; en arrière/à la suite de

وَلَّى ~ه، **الأَدْبار** tourner les talons; prendre la poudre d'escampette [*fam.*]; déguerpir

وَلَّى عَنْه الـ~ se détourner de qqn

**دَبَرِيّ** tardif; qui vient après coup/trop tard

فِكْر ~ esprit de l'escalier

**دابِر** extrémité; racine; fondement; passé (temps)

قَطَعَ ~ ه exterminer; éliminer/supprimer radicalement

أَمْسِ الـ~ le passé; les temps anciens; le bon vieux temps

ذَهَبَ كَأَمْسِ الـ~ partir en fumée [*fig.*]/sans laisser de trace/d'adresse

دابِرة ج دَوابِر ergot (du coq); talon (du cheval)

دَبور vent d'ouest

II **دَبَّرَ** تَدْبيرًا ه arranger (un rendez-vous); aviser à; concocter [*fam.*]; manigancer [*fam.*]; organiser; pourvoir à; préparer; tramer; diriger (une opération); prendre en mains; prendre des dispositions; trouver; procurer; se débrouiller

~ صَفْقة traiter une affaire; conclure un marché

~ أَعْماله conduire/mener ses affaires

~ ه بِحَيْث s'arranger/se débrouiller pour que

~ خُطّة combiner/concerter/échafauder/élaborer un plan

~ خِيانة manigancer [*fam.*] une trahison

~ مُؤامَرة tramer un complot; comploter

~ مُفاجَأة ménager une surprise

دُبِّرَ se tramer; se préparer (complot)

**تَدْبير** ج تَدابير discernement; disposition; mesure; organisation; préparation; arrangement; concertation

~ المَنْزِل économie domestique; ménage

اِعْتَنَى بِـ~ أَمْر ه mettre bon ordre à

دُونَ ~ sans discernement; sans se poser de questions

اَللّٰه في الـ~ Dieu dispose

اِتَّخَذَ **تَدابير** prendre des mesures; s'arranger pour; faire en sorte que

~زَجْرِيّة، صِحِّيّة mesures répressives, d'hygiène

~ حِماية mesures de protection

مُدَبِّر ج ون — intendant; manager
~ مَكايِد — intrigant; comploteur
مُدَبِّرة المَنْزِل — gouvernante; intendante; ménagère
عَمَلِيّة، خُطّة مُدَبَّرة — coup monté
IV أَدْبَرَ إِدْبارًا — déguerpir; s'enfuir; fuir; tourner le dos; reculer; faire retraite
~ عَنْه الدَهْر — la fortune l'a abandonné; le sort lui a été défavorable
إِدْبار — fuite; reculade; retraite
V تَدَبَّرَ تَدَبُّرًا في ه — agir avec circonspection/discernement; aviser
~ بِحَيْثُ — faire en sorte que; s'arranger pour; tâcher de
~ أَمْره — se débrouiller; se retourner [fig., fam.]
~ أَمْره بِنَفْسه — se débrouiller tout seul
دَعْني وَقْتًا لِأَتَدَبَّر الأَمْر — laissez-moi le temps de me retourner [fam.]
تَدَبُّر — discernement; circonspection; réflexion
VI تَدابَرَ تَدابُرًا — se tourner le dos; être dos à dos; s'opposer; être en contradiction
تَدابُر — contradiction; contraste

1681 **دِبْس** — électuaire; mélasse; miel; sirop
~ عِنَب — raisiné
ذَوْب الـ~ — miel liquide
دَبّاس — marchand de raisiné

1682 **دَبّوس** ج دَبابيس — épingle; agrafe; punaise; *v. aussi 1681, 1683*
~ شَعْر — épingle à cheveux
~ إِنْكَلِيزي، أَمان — épingle de nourrice/de sûreté
عَلَّقَ ه بِـ~ — agrafer; épingler
دَبّوسيّة — clavaire
دَبّاسة — agrafeuse; pelote d'épingles
II دَبَّسَ تَدْبيسًا — épingler; rapiécer; raccommoder; agrafer

1683 **دَبّوس** ج دَبابيس — casse-tête; masse d'armes; massue; trique [fam]; *v. aussi 1681, 1682*

1684 **دَبْشة** ج دَبْش، أَدْباش — moellon

1685 **دَبَغَ** ـَ دَبْغًا، دِباغة ه — tanner
دِباغة، دَبْغ — tannage
دَبّاغ ج ون — tanneur
مَدْبوغ — tanné
مَدْبَغة ج مَدابِغ — tannerie

1686 **دِبْق** — gui [*bot.*]; glu
اِصْطاد على الـ~ — chasser à la glu
دَبِق — collant; gluant; poisseux; visqueux
دابوق — glu; gluten
II دَبَّقَ تَدْبيقًا ه — engluer; prendre à la glu
مُدَبِّق — qui prend les oiseaux à la glu; oiseleur
V تَدَبَّقَ تَدَبُّقًا — s'agglutiner; s'engluer

1687 **دَبْكة** — *lib., syr. «dabka»* (danse populaire)

1688 **دُبْلة** ج دُبَل — clou [*méd.*]; tumeur
دُبَيْلة ج ات — bubon
دُبَيْليّ — bubonique

1689 **دِبْلة** ج دِبَل — anneau; bague

1690 **دُبال** ج أَدْبِلة — engrais; humus; terreau
دَبالة طَعام — nocivité d'un aliment

1691 **دَبْلَجَ** فِلْمًا — doubler un film
دَبْلَجة — doublage [*cin.*]

1692 **دِبْلوم** — diplôme

1693 **دِبْلوماسيّ** — diplomate; diplomatique
سِلْك، حَقيبة، عَلاقات ~ة — corps, valise, relations diplomatique(s)
تَمارُض ~ — maladie diplomatique [*fam.*]
دِبْلوماسيّة — diplomatie

1694 **دَثَرَ** ـُ دُثورًا — s'effacer (trace); rouiller; s'abîmer; tomber dans l'oubli
داثِرة ج دَواثِر — ruine; vestige

الأوابِد والدَواثِر — vestiges du passé

دِثار ج دُثُر — (sorte de) cape; vêtement ample

V تَدَثَّرَ تَدَثُّرًا بِـ — se draper dans (une cape)

VII **إِنْدَثَرَ** إِنْدِثارًا — s'amortir [*fin.*]; s'effacer; s'oublier; sombrer/tomber dans l'oubli; être gommé [*fig.*]/oblitéré/oublié/périmé; être hors d'usage; s'user; vieillir (matériel)

~ت التَجْهيزات — l'équipement vieillit/s'use

**إِنْدِثار** التَجْهيزات — amortissement/usure/vieillissement du matériel

تَكْلِفة الـ~ — frais d'amortissement

مُنْدَثِر — ancien; démodé; effacé; hors d'usage; inusité (mot); suranné; vieilli; *fin.* amorti

**1695** (دثم) **دَثيمة** ج دَثائِم — mulot

**1696** **دَجاجة** ج ات، دَجاج — gallinacé; poule

~ الأَحْراج، الأَرْض — gélinotte; bécasse

~ ماء، الحَبَش — poule d'eau; dindon

دَجاجيّ — volailler; volailleur

الدَجاجيّات — gallinacés *n.m.pl.*

**1697** **دُجّ** — *ois.* grive; merle bleu; pétrocincle

**1698** **دُجّة** — obscurité; ténèbres

**1699** II **مُدَجَّج** بِالسِلاح — armé de pied en cap/jusqu'aux dents [*fam.*]

**1700** **دَجِر** — embarrassé; interdit [*fig.*]; stupéfait

دَيْجور — *v. ordre alphab.*

**1701** **دَجْل** — imposture; mensonge; charlatanerie

الدِجْلة — le Tigre (fleuve)

**دَجّال** ج ون، دَجاجِلة — charlatan; imposteur

المَسيح الـ~ — l'Antéchrist

طَبيب ~ — médecin marron

II **دَجَّلَ** تَدْجيلًا ه، ه — barbouiller; enduire (de goudron); séduire; tromper; induire en erreur

~ لِـ ه الأَشْياء — dorer la pilule à qqn [*fam.*]

تَدْجيل — duperie; imposture; charlatanerie

**1702** **دَجَنَ** ـُ دَجْنًا، دُجونًا — être ... *v. à l'adj.*

**دُجْنة**، دِجَنّة — obscurité; ténèbres; nimbes; nuage sombre

يَوْم ~ — jour de pluie

داجِن — obscur; ténébreux; couvert de nuages; gris (jour)

**1703** **دُجون** — domestication

**داجِن** ج دَواجِن — animal domestique/de basse-cour

طَيْر ~ ج طُيور دَواجِن — volaille

تَرْبية، مُرَبّي طُيور دَواجِن — aviculture; aviculteur

II دَجَّنَ تَدْجينًا حَيَوانًا — apprivoiser/domestiquer un animal

تَدْجين — apprivoisement; domestication

مُدَجَّن — apprivoisé; domestiqué

**1704** **دُجْية** ج دُجًى — obscurité/ténèbres (de la nuit)

دَياجي اللَيْل — *même sens*

داجٍ — obscur; sombre; ténébreux

III داجَى مُداجاة ه — flatter; faire des démonstrations d'amitié; être hypocrite

مُداجاة — hypocrisie; sournoiserie

مُداجٍ — hypocrite; sournois

**1705** **دَحْداح** — courtaud; trapu; nabot

**1706** **دَحَرَ** ـَ دَحْرًا ه — accabler; culbuter; écarter; éloigner; refouler; repousser; battre à plate couture [*fam.*]; vaincre

~ جَيْشًا — enfoncer/défaire/disperser une armée

جَيْش **مَدْحور** — armée battue à plate couture [*fam.*]/dispersée/culbutée

VII إِنْدَحَرَ إِنْدِحارًا — être repoussé; subir une défaite; être dispersé; être vaincu; faire défection; s'effondrer; s'écrouler; tomber; faire la culbute

**إِنْدِحار** — débâcle; défaite; défection; déroute; chute; dispersion; culbute; effondrement

~ الكَوْن — fin du monde

**1707** **دَحْرَجَ** ه — rouler; faire rouler

دَحْرَجة — roulement

دُحْروجة ج دَحاريج — boule; boulette; roulette

II تَدَحْرَجَ تَدَحْرُجًا — dégringoler [*fam.*]; rouler *intr.*

تَدَحْرُج ج ات — dégringolade [*fam.*]; roulé-boulé *n.m.*

1708 **داحِس** ج دَواحِس — mal blanc; panaris

داحوس ج دَواحيس — *même sens*

1709 **دَحَضَ** ـَ دَحْضًا — réfuter; battre en brèche; contredire; invalider; annuler (un acte); nier

~ حُجّة — réfuter un argument

~ بُرْهانًا، اِعْتِراضًا — ruiner un raisonnement; rejeter/refuser une objection

لا يُدْحَض — irréfragable; irréfutable; indéniable

**دَحْض**، دُحوض — annulation; invalidation; réfutation

لا يُمْكِن ~ه ← لا يُدْحَض

1710 **دَحِل** — creux/trou (où s'amasse de l'eau)

دَحِل — pansu; qui a le ventre pendant

مِدْحَلة أُسْطُوانِيّة — rouleau cylindrique

1711 **دَحا** ـُ دَحْوًا — étaler/rouler (une pâte); écraser (des gravillons)

مِدْحًى، مِدْحاة ج مَداحٍ — rouleau à pâtisserie/compresseur

1712 **دَخْداخِيّات** — myriapodes *n.m.pl.*

1713 دَخَرَ ← ذَخَرَ

VIII **اِدَّخَرَ** اِدِّخارًا — économiser; épargner; faire des économies; mettre de côté; mettre en réserve; faire des provisions; stocker

~ مالًا — économiser de l'argent; mettre de l'argent de côté

~ قُواه، وَقْتَه — économiser/épargner/ménager ses forces, son temps

ما ~ جُهْدًا، وُسْعًا في — ne pas ménager sa peine; ne rien ménager pour; tout faire pour

**اِدِّخار** — accumulation; épargne; économie; réserve; thésaurisation

مَيْل لِلْ~ — propension à épargner

شَجَّعَ الـ~ — encourager l'épargne

~ العائِلات، الأُسَر — épargne des ménages

~ فَرْدِيّ، وَطَنِيّ — épargne individuelle, nationale

~ المَصْنوعات — stockage des produits manufacturés

صُنْدوق الـ~ — caisse d'épargne

وَدائِع **اِدِّخارِيّة** — dépôts d'épargne

مُدَّخِر ج ون — épargnant; thésauriseur

**مُدَّخَر** — épargné; économisé; thésaurisé

المال الـ~ — épargne disponible

عاشَ مِن مالِهِ الـ~ — vivre de ses économies

~ ج ات — approvisionnement; stock; réserve

**مُدَّخَرات** الدَّوْلة — l'épargne/les réserves de la nation

فائِض الـ~ — l'excédent des réserves

1714 **دُخَس** — dauphin [*zool.*]

1715 **دُخَّلة** — fauvette

1716 **دَخَلَ** ـُ دُخولًا ه . إلى ه — entrer; pénétrer; s'introduire; s'insérer dans; commencer

~ المَدْرَسة — entrer à l'école/au lycée

~ المَعْرَكة . النِقاش — s'engager dans/participer à/prendre part à la bataille, la discussion

~ اللُغة — entrer/passer dans la langue (mot nouveau)

~ في المَوْضوع — entrer dans le vif du sujet

~ نِظامًا — adhérer à/entrer dans un système

~ وَقْتٌ — arriver (moment)

~ إلى المَرْأة — consommer le mariage; avoir un rapport charnel

~ على ه — se présenter subitement chez; se précipiter; se ruer sur; forcer la porte de qqn

دُخِلَ — être atteint d'un mal/dérangé

**دُخول** — entrée; intrusion; pénétration

~ الهواء — admission d'air

اِشْتِراك الـ~ — droit d'admission

~ الأَسْواق العالَمِيّة — pénétration des marchés mondiaux

~ الحَرْب — entrée en guerre

**دَخْل** — rente; revenu; recette; rapport; rentrée (d'argent)

~ شَهْرِيّ، قَوْمِيّ revenu mensuel, national

ضَرِيبة الـ~ impôt sur le revenu

~ فَرْدِيّ، مَحْدود revenu individuel, limité

~ الدَوْلة و خَرْجُها recettes et dépenses de l'État

أَصْحاب الـ~ الضَعيف les économiquement faibles

لَهُ ~ في ه participer à; contribuer à; être concerné par; être dans le coup

لا دَخْلَ لَهُ في ه n'avoir pas affaire avec; n'avoir rien à voir dans; être totalement étranger à

**دَخَل** défaut; dérangement; désordre; infirmité; trouble; vice

**دِخْلة** idée; manière d'agir; comportement; pensée; for intérieur; conscience

راجَع ~ه faire un retour sur soi; faire son examen de conscience

لَيْلة دُخْلة nuit de noce; nuit où le mariage est consommé

**داخِل** entrant; qui fait partie de; intérieur; interne *adj.*; y compris; inclus

في الـ~ à l'intérieur; au dedans

مِن الـ~ de l'intérieur; du dedans

داخِلَ au-dedans; en dedans; à l'intérieur

الداخِلون والخارِجون les entrants et les sortants

**داخِليّ** intérieur *adj.*; interne; domestique; profond; secret *adj.*

شُعور ~ sentiment intime

تِجارة، شُؤون ~ة commerce, affaires intérieur(es)

مِلاحة ~ة navigation intérieure

مَلابِس ~ة sous-vêtements; dessous *n.m.pl.*

خِلافات ~ة dissensions intestines

مَرَض، أَجْزاء ~(ة) maladie, parties interne(s)

تِلْميذ ~ élève interne; interne *n.m.*

غُدّة، إِفْراز ~(ة) glande, sécrétion endocrine

حَنَق ~ colère rentrée

داخِليًّا intérieurement

**داخِلِيّة** intériorité; internat [*méd.*]

وَزِير، وزارة الـ~ ministre, ministère de l'Intérieur

دَخّال أُذُن iule; mille-pattes; scolopendre

**دَخيل** ج دُخَلاء étranger; intrus; adventice

كَلِمة ~ة mot étranger; emprunt [*ling.*]

أَحَسَّ نَفْسَهُ ~ًا se sentir étranger

دَخيلَكَ s'il vous plaît

**دَخيلة** ج دَخائِل ← دِخْلة

في ~ نَفْسه au fond de soi-même; en son âme/son cœur

**دَخائِل** النُفوس fonds/tréfonds des consciences

~ الشُؤون affaires privées

**مَدْخول** perturbé; troublé; en désordre

~ عَلَيْه factice; forgé de toutes pièces

**مَدْخَل** ج مَداخِل accès; vie d'accès; anti-chambre; entrée; entrée en matière; exorde [*rhét.*]; introduction; seuil

حُسْن الـ~ bonnes manières; bonne conduite

مَداخِل الأَمْر ومَخارِجُها les tenants et les aboutissants d'une affaire

II دَخَّلَ تَدْخيلًا ه، ه faire entrer; introduire

III **داخَلَ** مُداخَلة ه s'emparer de l'esprit de; inquiéter; préoccuper; se mêler à; envahir

~ه اليَأْسُ se laisser gagner par le désespoir

مُداخَلة interférence; intervention; participation

مُداخِل envahissant (sentiment, pensée); préoccupant; inquiétant

IV **أَدْخَلَ** إِدْخالًا ه في entrer *tr.*; inclure; incorporer; insérer; intercaler; introduire; rentrer; emboîter

~ ه المَدْرَسة mettre (un enfant) à l'école

~ في طائفة ranger dans une catégorie

~ تَغْيِيرات، تَعْديلات introduire des modifications

~ المِفْتاح في القُفْل engager la clé dans la serrure

**أُدْخِلَ** على être introduit dans

~تْ عليه تَعْديلات subir des modifications

**إِدْخال** implication; emboîtement; inclusion; insertion; introduction; incorporation

~ تَحْسينات introduction d'améliorations

تَحْليل **المُدْخَلات** والمُخْرَجات analyse input output

V **تَدَخَّلَ** تَدَخُّلًا في — intervenir; entrer en jeu; se mêler de; s'entremettre; s'ingérer dans; s'immiscer dans; s'interposer

**تَدَخُّل** ج ات — entremise; interposition; ingérence; intervention; immixtion; intrusion

~ أَجْنَبِيّ — ingérence étrangère

~ جِراحِيّ — intervention chirurgicale

~ سِياسِيّ — intervention politique

~ مِن جانِب السُلُطات — intervention des autorités

~ في شُؤُون الغَيْر — immixtion dans les affaires des autres

~ السِياسة في — l'intrusion de la politique dans

عَنْ طَرِيق ~ ه — par son entremise; grâce à son intervention

عَدَم ~ — non-intervention

سِياسة عَدَم ~ — politique de non-intervention

تَدَخُّلِيّة — interventionnisme

مُتَدَخِّل — intervenant

VI **تَداخَلَ** تَداخُلًا في — s'emboîter; s'entremêler; s'imbriquer; s'immiscer; s'interpénétrer; interférer

~ في بَعْضِه — se recroqueviller; se replier sur soi; se mettre en chien de fusil

تَداخُل ج ات — interférence; imbrication; interpénétration; immixtion; emboîtement

**مُتَداخِل** — emboîté; imbriqué; entremêlé; recroquevillé; replié sur soi; *phys.* interférent

هَوائِيّ، أَثاث ~ — antenne télescopique; meubles gigognes

1717 **دَخْمَسَ** — cacher (ses intentions); celer [*litt.*]; frauder; tricher

دَخْمَسة — fraude; tricherie

1718 **دُخْن** — millet [*bot.*]

1719 **دَخَنَ** ـُ دَخْنًا — fumer; émettre de la fumée

دُخان ج أَدْخِنة — fumée; tabac; vapeur

دُخانِيّ — fumé; de couleur fumée

دَخْنان — couvert de fumée; enfumé

داخِنة ج دَواخِن — conduit/tuyau de cheminée

مَدْخَن، مَدْخَنة ج مَداخِن — cheminée

II **دَخَّنَ** تَدْخِينًا — enfumer; faire des fumigations/de la fumée

~ سَجائِر. الغَلْيُون — fumer la cigarette, la pipe

~ اللَحْم. السَمَك — fumer la viande, le poisson

~ سِيجارة — fumer/griller [*fam.*] une cigarette

**تَدْخِين** — fumigation

مَمْنُوع الـ~ — défense de fumer

الرَجاء عَدَم الـ~ — prière de ne pas fumer

**مُدَخِّن** — fumant; fumeur

قُنْبُلة ~ة — bombe fumigène

لَحْم مُدَخَّن — viande fumée

IV أَدْخَنَ إِدْخانًا ه ← II

1720 **دُرَّة** ج ات — perruche [*ois.*]

1721 **دُرَّة** ج ات. دُرَر، دُرّ — perle

~ يَتِيمة. فَرِيدة — oiseau rare [*fig.*]; merle blanc

دُرِّيّ — brillant; gris perle

1722 **دِرَّة** ج دِرَر — nerf de bœuf; rut (de la chèvre)

1723 **دَرَّ** ـِ دَرًّا. دُرورًا — ruisseler; couler (lait); *v. aussi 1720 à 1722*

~ بِاللَبَن — donner du lait en abondance

~ مالًا — rapporter beaucoup d'argent

دَرّ، دُرور — lactation

على **دَرَر** ه — être dans le droit fil de

على ~ الطَرِيق — sur la bonne voie

**مِدْرار** — bonne laitière (vache); torrentiel (pluie)

يَهْطِل المَطَر ~ًا — il pleut à torrents/à verse

IV أَدَرَّ إِدْرارًا ه — produire (du lait); rapporter *intr.*; provoquer un écoulement

**إِدْرار** من الحَلِيب — production laitière

~ سَنَوِيّ — rendement annuel

مُعَدَّل الـ~ — taux de rendement

**مُدِرّ** — rémunérateur (travail); productif; rentable

~ ج ات لِلْبَوْل — diurétique

~ لِلْعَرَق sudorifique

X **اِسْتَدَرَّ** اِسْتِدْرارًا (الدُموع) tirer des larmes à qqn

~ البَوْل provoquer la diurèse

~ الشَفَقة apitoyer

~ فَوائد chercher à tirer profit de; soutirer des bénéfices

1724 **دَرَأَ** ـَ دَرْءًا ه، ه repousser; chasser; éloigner

~ الخَطَر détourner/éloigner le danger

~ المَفاسِد réprimer les vices

~ على ه، ه agresser; fondre sur; se précipiter violemment sur

**دَرْء** agression; attaque soudaine; répression; répulsion

جاءَ السَيْل دَرْءًا le fleuve est sorti de son lit tout d'un coup

دِرْء ج أَدْراء؛ دَرِيء défenseur

**دَرِيئة** ج ات، دَرايا abri; écran; paravent; cible

1725 **دَرَأة** lisse *n.f.* [*techn.*]

~ مُدَرَّعة blockhaus

1726 **دَرابَزِين**؛ دَرَبْزِين balustrade; garde-fou; grille; parapet

~ سُلَّم، حَجَرِيّ rampe d'escalier; claustra

1727 **دَرابُكّة**؛ دَرْبوكة؛ دِرْبَكّة derbouka

الـ~ آلة نَقْر فَخّارِيّة la derbouka est un instrument à percussion en argile

1728 **دُراقِن**؛ دُرّاق pêche [*bot.*]

1729 **دَرْب** ج دُروب chemin; rue; sentier; défilé (dans la montagne); piste; voie

~ مَطْروق chemin battu

~ التَبّانة Voie lactée

دُرْبة habitude; familiarité; expérience; pratique

II **دَرَّبَ** تَدْرِيبًا ه على aguerrir; entraîner; exercer; former qqn; habituer

~ كَلْبًا dresser un chien

~ فَنِّيِّين former des techniciens

**تَدْرِيب** فَنِّيّ، مِهَنِيّ formation technique, professionnelle

~ رُوحِيّ ascèse

~ عَسْكَرِيّ préparation militaire

~ رِياضِيّ entraînement sportif

~ كَلْب صَيْد dressage d'un chien de chasse

دَوْرة، فَتْرة ~ stage de formation

**تَدْرِيبة** ج ات répétition [*théâtr.*]

أَجْرَى ~، تَدْرِيبات répéter [*théâtr.*]

**تَدْرِيبِيّ** formatif; préparatoire; expérimental

بَعْثة ~ة mission d'entraînement

مُدَرِّب ج ون moniteur; entraîneur; instructeur

**مُدَرَّب** aguerri; entraîné; exercé; expérimenté; chevronné

~ على الأَعْمال initié/rompu aux affaires

القُوى العامِلة الـ~ة main-d'œuvre spécialisée

V تَدَرَّبَ تَدَرُّبًا عَلَى s'accoutumer à; s'aguerrir; s'entraîner à; s'exercer à; faire l'apprentissage de; faire l'exercice [*mil.*]; se rompre (aux affaires)

تَدَرُّب apprentissage; entraînement; exercice

**مُتَدَرِّب** stagiaire; apprenti; novice

~ على أَبِيه enfant de la balle

1730 **دَرْبانِيّ** zébu

1731 **دُرّاج** faisan; francolin; perdrix du Sénégal

1732 **دَرَجَ** ـُ دُروجًا avancer; s'avancer; procéder/progresser/monter par degrés; faire entrer; insérer; introduire

~ على الأَرْض، المَدْرَج rouler sur le sol/sur une piste d'atterrissage (avion)

~تْ عادة جَدِيدة une nouvelle habitude s'est introduite/installée

**دَرْج** entrée; introduction; enregistrement; rouleau

في ~ الكَلام au cours de/pendant la conversation

عَجَلات، طَرِيق **دَرَجان** train, chemin de roulement

**دَرَج** ج أَدْراج escalier; marchepied; chemin; sentier; voie

~ لَوْلَبِيّ، دَوّار escalier à vis, roulant

~ صَعّاد، الخِدْمة — escalier mécanique, de service

رَجَعَ، عادَ، وَلّى أَدْراجَه — tourner bride; rebrousser chemin; revenir sur ses pas

ذَهَبَ ~ الرِياح — *prov.* partir en fumée; autant en emporte le vent

ذَهَبَتْ أَتْعابُه ~ الرِياحَ — se fatiguer pour des prunes [*pop.*]

**دَرَجة** ج ات — classe [*admin.*]; degré; échelon; grade; marche; nuance; rang; palier

~ الإِبْصار — acuité visuelle

اِرْتَقَى من ~ إلى أُخْرى — passer d'une classe à l'autre; gravir un échelon; monter en grade

~ الطُول — degré de longitude

~ مِئَوِيّة، الحَرارة، المُلوحة، الرُطوبة — degré centigrade, de température, de salinité, d'humidité

~ جامِعِيّة، إدارِيّة — grade universitaire, administratif

بـ~ وَزير — avec rang de ministre

فُولاذ مِن ~ عالِية — acier à haute teneur

~ الكُحول — teneur en alcool

مِن، في الـ~ الأُولى — en premier lieu; de premier ordre; de première classe; de choix

لِـ~ أن — au point que

**دَرَجات** المَراتِب — échelons de la hiérarchie

~ سُلَّم — barreaux d'une échelle; marches d'escalier

على ~ مُتَفاوِتة — à des degrés divers

~ اللَوْن — nuances de couleur

**دُرْج** ج أَدْراج — tiroir; casier

~ الصُنْدوق — tiroir-caisse

رِوايةٌ ذاتُ **أَدْراج** — roman à tiroirs

**دارِج** — courant; commun; en circulation; populaire; en vogue

اللُغة الـ~ة — langue parlée/vernaculaire; dialecte

غَيْر ~ — désuet; inusité

**دَرّاج** ج ون؛ ~ نارِيّ — cycliste; motocycliste

**دَرّاجة** ج ات — bicyclette; vélo

~ نارِيّة — motocyclette; vélomoteur

طَريق **الدَرّاجات** — piste cyclable

**مَدْرَج** ج مَدارِج — chemin; piste; sentier; rampe d'accès; processus

~ لِتَسْجيل الصَوْت — piste d'enregistrement

~ الإِقْلاع، النُزول — piste d'envol, d'atterrissage

~ مَطار — terrain d'aviation

في **مَدارِج** الرُقِيّ — dans la voie du progrès

مِدْرَجة كُرَوِيّات — roulement à billes

II **دَرَّجَ** تَدْريجًا ه — échelonner; étager; graduer; hiérarchiser; faire avancer monter qqn par degrés

~ الصُعوبات — graduer les difficultés

~ الأَلْوان — dégrader/nuancer les couleurs

**تَدْريج** — catégorisation; échelonnement; graduation; hiérarchisation; progression

بـ، على، مع الـ~ ← تَدْريجِيًّا

**تَدْريجِيّ** — gradué; graduel; progressif

تَمارين ~ة — exercices gradués

**تَدْريجِيًّا** — peu à peu; graduellement; par degrés; par étapes; insensiblement; progressivement; par paliers

تَدْريجِيّة — progressivité

**مُدَرَّج** — dégradé; gradué; nuancé

~ ج ات — graduation; amphithéâtre; tribune; perron

IV **أَدْرَجَ** إِدْراجًا ه في — enchâsser; inclure; incorporer; insérer; intégrer; intercaler

~ اِسْمًا، مَبْلَغًا — inscrire un nom; imputer une somme

~ في الحِساب — comptabiliser

~ في القائِمة السَوْداء — mettre à l'index/sur la liste noire

~ في جَدْوَل الأَعْمال — mettre à l'ordre du jour

أُدْرِجَ في — figurer

**إِدْراج** — enchâssement; inclusion; incorporation; insertion; intégration

~ مَسْأَلة في جَدْوَل الأَعْمال — inscription d'une question à l'ordre du jour

مُدْرَج بـ، في ه — enregistré; contenu; inclus; incorporé; inscrit

مُدْرَجات حُكْم — énoncés d'un jugement

V **تَدَرَّجَ** تَدَرُّجًا être hiérarchisé; s'échelonner; s'élever; s'étager; progresser par étapes/degrés

~ في السُلَّم الاجْتِماعيّ s'élever dans la hiérarchie sociale

~ في مُسْتَوَيات s'étager; se disposer en niveaux

**تَدَرُّج** apprentissage; stage; progression; échelonnement; gradation

~ الزراعات étagement des cultures

~ الأَلْوان dégradé de couleurs

~ القِيَم hiérarchie des valeurs

بالـ~ graduellement

تَدَرُّجيّ hiérarchique

مُتَدَرِّج ج ون apprenti; stagiaire

VII **اِنْدَرَجَ** اِنْدِراجًا في s'inscrire; s'insérer; s'incorporer; être classé/inclus

~ في مَجْموعة s'inscrire dans un ensemble

اِنْدِراج incorporation; insertion; inclusion

X **اِسْتَدْرَجَ** اِسْتِدْراجًا إِلَى amener par degrés; attirer; entraîner; appâter

~ ه الى الصُلْح amener qqn à composition

اِسْتِدْراج العُروض appel d'offres

1733 **دَرْجَنَ**، دَرْجَنة hydrogéner; hydrogénation

مُدَرْجَن hydrogéné

1734 **دَرِدَ** - دَرَدًا perdre ses dents; avoir les dents gâtées

دُرْد، دُرْديّ lie du vin; marc; sédiment; tartre

أَدْرَد م دَرْداء ج دُرْد édenté

دُرْد édentés *n.m.pl.*

1735 **دَرْدار** frêne; orme

1736 **دُرْدور** gouffre; remous; tourbillon

1737 **دَرَزَ** - دَرْزًا coudre; suturer; piquer (à la machine)

دَرْز couture; suture; piqûre

دَرْزة point de suture

1738 **دُرْزيّ** ج دُروز druze

1739 **دَرَسَ** - دَرْسًا، دِراسًا ه battre/égrener le blé; *v. aussi 1740, 1741*

دَرْس، دِراس battage; égrenage

**دَرّاسة**، مِدْرَس batteuse

~ حَصّادة moissonneuse-batteuse

1740 **دَرَسَ** - دُروسًا (آثارًا) effacer/faire disparaître (des traces); *v. aussi 1739, 1741*

دارِس ج دَوارِس effacé; oblitéré; usé

VII اِنْدَرَسَ اِنْدِراسًا s'effacer; disparaître

1741 **دَرَسَ** - دَرْسًا étudier; apprendre; *v. aussi 1739, 1740*

~ مِلَفًّا، قَضيّة étudier un dossier, une affaire

~ مَشْروعًا، مُقْتَرَحات étudier un projet, des propositions

~ لُغة أَجْنَبيّة étudier une langue étrangère

~ سُوقًا تِجاريّة prospecter un marché; faire du marketing

~ على ه suivre les cours de qqn; étudier sous la direction de

**دَرْس** ج دُروس cours; leçon

أَعْطَى، لَقَّنَ ه ~ًا faire un cours à; donner une leçon à [*pr.* et *fig.*]

لِيَكُنْ ذلك بِمَثابة ~ لَكَ que cela vous serve de leçon

لَجْنة ~ comité d'étude

تحت، قيدَ الـ~ à l'étude

قاعة، غُرْفة، حُجْرة الـ~ salle d'étude, de classe

**دُروس** ثانَويّة، عُلْيا études secondaires, supérieures

~ خُصوصيّة cours particuliers/privés

**دِراسة** ج ات étude

~ العُلوم، الحُقوق étude des sciences, du droit

سِنّ الـ~ âge scolaire

مَكْتَب **دِراسات** bureau d'études

مُدّة الـ~ scolarité

عام، سَنة **دِراسيّ**(ة) année scolaire

رِحْلة ~ة voyage d'études

دارِس، دَرّاس ج ون — qui étudie; étudiant

مَدْروس — étudié; mûrement réfléchi

**مَدْرَسة** ج مَدارِس — école

~ ثانَوِيّة — collège secondaire; lycée

~ اِبْتِدائِيّة، أَوَّلِيّة — école primaire, élémentaire

~ تِجارِيّة — école commerciale

~ حَرْبِيّة — école de guerre

**مَدْرَسيّ** — scolaire; scolastique *adj.*; classique

نَشاط، كِتاب ~ — activité, livre scolaire

مَدْرَسِيّة — scolastique *n.f.*; classicisme

II **دَرَّسَ** تَدْرِيسًا ه ه — enseigner qqch à qqn; faire des cours; être dans l'enseignement; professer; instruire

~ التَلاميذَ الجُغْرافية — enseigner la géographie aux élèves

مارَسَ **التَدْريس** — être dans l'enseignement

سِلْك، هَيْئة الـ~ — le corps enseignant; l'enseignement

طُرُق الـ~ — méthodes d'enseignement

**مُدَرِّس** ج ون — enseignant; maître d'école; instituteur; professeur; pédagogue

~ مُساعِد — assistant; maître-assistant

VI تَدارَسَ المَوْقِف — étudier ensemble la situation

**1742** **دِرْع** ج دُروع — armature; armure; blindage; bouclier; cotte de mailles; cuirasse; carapace

~ سَرْج، بُلْدوزَر — arçon de selle; lame de bulldozer

اِتَّخَذَهُ ~ًا لَهُ — se faire un rempart de

مَعْرَكة **دُروع** — bataille de blindés/de chars

دارِع ج ون — cuirassé; cuirassier

دارِعة ج دَوارِع؛ دَرّاعة — *mar.* cuirassé *n.m.*

II دَرَّعَ تَدْريعًا — cuirasser; blinder; revêtir d'un blindage

**مُدَرَّع** — blindé; cuirassé

سِلاح، فِرْقة ~(ة) — arme, division blindée

صَفائِح ~ة — plaques de blindage

مُدَرَّعة ج ات — engin blindé; blindé *n.m.*; *zool.* tatou

V **تَدَرَّعَ** تَدَرُّعًا بِـ — se faire un bouclier de; se cuirasser; se blinder

~ بالصَبْر — s'armer de patience

~ بالرَصانة — s'observer; se contenir; se tenir bien

~ ضِدَّ الأَلَم — se cuirasser contre la douleur

**1743** **دَرْفة** ج دِرَف — vantail; battant de porte

**1744** **دَرَقة** ج دَرَق، أَدْراق — bouclier en cuir; carapace de tortue; scutellaire [*zool.*]

**دَرَقيّ** — thyroïdien; thyroïde *adj.*

غُضْروف ~ — cartilage thyroïdien

غُدّة ~ة — thyroïde *n.f.*; glande thyroïde

دَرَقين — thyroxine

دُرَيْقة — aspidistra

**1745** **دَرَك** — gendarmerie; police

الـ~ الوَطَنيّ — gendarmerie nationale

ثُكْنة الـ~ — caserne de gendarmerie

مَرْكَز، مَخْفَر ~ — poste de gendarmerie

دَرَكيّ — gendarme; policier

**مَدارِك** — aptitudes; facultés; connaissances

قُوّة الـ~ — fermeté de caractère

IV **أَدْرَكَ** إِدْراكًا (الغُلامُ) — arriver à la puberté/à l'âge de raison/à la maturité (adolescent)

~ الثَمَرُ — arriver à maturité/mûrir (fruit)

~ ه، ه — atteindre; parvenir à; rattraper; rejoindre; comprendre; concevoir; avoir/prendre conscience de; se rendre compte; apercevoir; s'apercevoir; deviner; sentir; saisir (idée)

~ جَيِّدًا بِأَنّ — bien comprendre que

~ ما وَراءَه — voir venir qqn [*fig.*, *fam.*]

~ نِيّات ه — pénétrer/percer les desseins/les intentions de

ما لا يُدْرِكُهُ العَقْل — incompréhensible; insaisissable; inconcevable; imperceptible

ما لا **يُدْرَك** سِرُّه — *même sens*

ما لا ~ كُلُّه يُتْرَكُ جُلُّه — *prov.* c'est tout ou rien

**إدْراك** conception; compréhension; faculté de comprendre; conscience; entendement; intellect; intellection

سِنّ الـ~ âge de raison; maturité; puberté

~ الأفْكار pénétration des idées

فَقْد الـ~ perte de conscience

سَهْل الـ~ facile à concevoir/à comprendre

~ حِسّيّ perception sensible

~ الحَقيقة، الواقِعة perception de la vérité, de la réalité

~ العَيْن portée du regard

مُمْكِن ~ ه compréhensible; concevable; perceptible; saisissable

إدْراكيّ perceptif; compréhensif

**مُدْرِك** pubère; conscient; mature; raisonnable; intelligent

غَيْر ~ inconscient; immature; qui ne se rend pas compte

**مُدْرَك**؛ ~ بِالحِسّ compris; perceptible

مُدْرَكات concepts; conceptions; notions

VI **تَدارَكَ** تَدارُكًا ه aviser à; conjurer (danger); obvier [litt.]; pallier; parer à; prévenir (danger); réparer (omission); remédier à

تَدارُك compensation; palliatif; remède

X **اِسْتَدْرَكَ** اِسْتِدْراكًا ه corriger; se corriger; reprendre; se reprendre; rectifier; pallier; rattraper; se rétracter; remédier à; réparer (erreur)

~ تَقْصيرَه se rattraper

~ الأخْطاء rectifier/reprendre les erreurs

**اِسْتِدْراك** correctif; palliatif; rattrapage; rectificatif; rétractation

~ مُرَتَّب rappel de traitement

لا يُمْكِن ~ كُلّ شَيْء on ne peut tout prévoir

حُروف الـ~ *gramm.* particules de restriction

1746 **دَرَمَ** ـِ دَرَمًا trottiner

دَرِم؛ دَريم charnu; dodu; potelé; rebondi; rondelet [fam.]

II دَرَّمَ تَدْريمًا égaliser/polir/limer/soigner les ongles

مُدَرِّمة manucure; coupe-ongles; lime à ongles

1747 **دَرَن** ج أدْران crasse; saleté; malpropreté; *méd.* bacillose

دَرَنة، دُرَيْنة excroissance de chair; nodule [*anat.*]; nodosité; tubercule [*anat.*]; tumeur

دَرَنيّ noduleux; tuberculeux; tubéreux

دَرِن ج دِران crasseux; sale

V **تَدَرَّنَ**؛ ~ الرِئة، رِئويّ bacillose; phtisie; tuberculose

تَدَرُّنيّ tuberculeux

مُتَدَرِّن atteint de la tuberculose; tuberculeux

1748 **دَرَهَ** ـَ دَرْهًا (السوء) écarter/éloigner/repousser le mal

~ ه عَنْ ه protéger qqn contre qqch

~ عَلَى ه surprendre; survenir à l'improviste

دارِهة الدَهْر coup du sort

مِدْرَه ج مَدارِه leader; porte-parole

1749 **دِرْهَم** ج دَراهِم dirhem [*monn.*]

1750 **دِرْواس** dogue

1751 **دَرْوَشَ** devenir derviche

دَرْويش ج دَراويش derviche; fakir

1752 **دِرْوة** parapet; mur de protection

1753 **دَرَى** ـِ دِراية ه، بِـ ه connaître; savoir; apprendre

مَنْ يَدْري qui sait? on ne sait jamais

**دِراية** connaissance; savoir *n.m.*

عَنْ ~ en connaissance de cause

لا ~ لِـ ه بِـ ه incompétent; ignorant

دارٍ بِـ informé/instruit de; au courant; qui a connaissance de

أدْرَى بِـ qui est mieux instruit/informé de

**أدْريّ**؛ أدْريّة gnostique; gnosticisme

لا~؛ لاأدْريّة agnostique; agnosticisme

III **دارَى** مُداراة ه agir avec duplicité; chercher à flatter/à tromper; déguiser/masquer ses sentiments à l'égard de qqn; circonvenir; tromper

~ حَسّاسيّة ه — ménager la susceptibilité de
~ خَصْمَه، صِحَّته — ménager son adversaire, sa santé
**مُداراة** — duplicité; fourberie; hypocrisie; flatterie; ménagement; tromperie
عامَل ه بِـ~ — traiter qqn avec ménagement
مُدار — fourbe; flatteur; hypocrite; trompeur
IV أَدْرى إِدراءً ه بِـ ه — informer/instruire qqn de qqch; apprendre qqch à qqn
مَنْ ~كَ أن، بِـ — qui vous dit que? vous ne pouvez savoir combien
ما يُدْريني — qui sait? qui me dit que?

1754 **دَزّينة** — douzaine

1755 **دَسَّ** ـُ دَسًّا ه — insinuer; instiller [fig.]; enfouir; cacher; tâter le terrain; intriguer; tirer les ficelles [fam.]
~ بِطاقة في يَد ه — glisser furtivement un billet dans la main de
~ أَنْفَهُ في ه — fourrer son nez dans [fam.]
~ لِلْحُصول على مَرْكَز — briguer un poste
~ على ه — manigancer [fam.]/ourdir (une machination) en secret contre qqn; tramer
دَسيس ج دُسُس — espion; agent secret; sentiment caché
دَسيسة ج دَسائِس — cabale; complot; intrigue; machination; micmac [fam.]; manigance [fam.]; menées
**دَسّاس** — serpent des sables
~ ج ون — comploteur; conspirateur; intrigant
العِرْق ~ — *prov.* bon sang ne saurait mentir; bon chien chasse de race
VII **اِنْدَسَّ** اِنْدِساسًا في — s'infiltrer; se faufiler; se fourrer dans [fam.]; s'insinuer dans
~ بَيْن طَيّات الفِراش — se glisser dans les draps

1756 **دَسْت** ج دُسوت — avantage (au jeu); place d'honneur
~ الحُكْم، الوِزارة — trône; *fig.* portefeuille ministériel

1757 **دَسْتة** — douzaine; paquet de douze choses

1758 **دَسْتان** ج دَساتين — touche (de clavier)

1759 **دَسْتَرَ** — constitutionnaliser

**دُسْتور** ج دَساتير — charte; constitution; statut; *tunis.* Destour
مُخالِف الـ~ — anticonstitutionnel
**دُسْتوريّ** — constitutionnel; *tunis.* destourien
عَدَم، لا~ — inconstitutionnel
دُسْتوريًّا — constitutionnellement
**دُسْتوريّة** — caractère constitutionnel; constitutionnalité
عَدَم، لا ~ — inconstitutionnalité

1760 **دَسَرَ** ـُ دَسْرًا ه — clouer; river; riveter
دَسْر — rivetage
دِسار ج دُسُر — cheville [techn.]; clou; goujon [techn.]; rivet

1761 **دَسيعة** ج دَسائِع — écuelle; marmite; cocotte

1762 **دَسْكَرة** ج دَساكِر — localité; village

1763 **دَسَمَ** ـُ دَسْمًا ه — boucher (un flacon)
دِسام ج دُسُم، دُسْمة — bouchon; tampon; valve

1764 **دَسَم** اللَّبَن — graisse du lait
دَسَميّ — graisseux; onctueux
دَسَميّة — onctuosité; adiposité
دَسِم — adipeux; gras
II دَسَّمَ تَدْسيمًا — graisser; enduire de graisse

1765 (دسو) **داسٍ** — rabougri

1766 **دُشّ** ج ات — douche
أَخَذَ ~ًا — prendre une douche

1767 II **دَشَّنَ** تَدْشينًا (ثَوْبًا) — étrenner un vêtement; mettre un vêtement pour la première fois
~ كَنيسة — consacrer une église
~ جِسْرًا، سياسة — inaugurer un pont, une politique
**تَدْشين** بِناية — inauguration/consécration d'un édifice
~ مَعْرِض — ouverture/vernissage d'une exposition

تَدْشِينِيّ inaugural

**1768** (دشو) **تَدَشَّى** *syr., lib.* éructer; roter [*pop.*]

**دَعْ**، دَعَة ← ودع

**1769** **دُعابة** fourmi noire ailée

**1770** **دَعَبَ** - دَعْبًا badiner; folâtrer; jouer; plaisanter

دُعابة ج ات badinage; facétie; drôlerie; plaisanterie; enjouement; humour

**دَعِب**؛ داعِب؛ دَعّاب enjoué; badin; drôle; plaisant

في لَهْجة ~ة sur un ton badin/plaisant

فِكْر ~ esprit folâtre; plaisantin

III **داعَبَ** مُداعَبة ه amuser; badiner avec qqn; plaisanter avec qqn; cajoler; faire la cour à; jouer avec qqn; jouer de [*mus.*]

~ كَلْبًا، حِصانًا caresser/flatter un chien, un cheval

~ النُّعاس جُفونَه le marchand de sable est passé; faire papilloter les yeux (sommeil)

مُداعَبة caresse; badinage; facétie; flirt

مُداعِب badin; facétieux; folâtre; gai; plaisant

**1771** **دَعْث** courbature; frisson de fièvre

**1772** **أَدْعَج** م دَعْجاء ج دُعْج
qui a les yeux noirs et bien fendus

عَيْن **دَعْجاء** œil noir

**1773** **دَعَر**، دُعْر الخَشَب pourriture du bois

**دَعارة** débauche; indécence; liberté de mœurs; libertinage; obscénité; prostitution

~ الأَخْلاق corruption des mœurs

بَيْت ~ bordel [*pop.*]

**داعِر** ج دُعّار؛ دَعِر débauché; corrompu; indécent; licencieux; libertin; obscène

كَلام، صَوْت ~ propos, voix obscène

كَلِمة ~ة mot grossier

داعِرة ج ات putain [*pop.*]

**1774** **دَعَسَ** - دَعْسًا fouler aux pieds; piétiner

دَعْسة foulée; pédale

سَبيل مِدْعَس، مِدْعاس chemin battu

**1775** **دُعْسوقة** ج دَعاسيق coccinelle; bête à bon Dieu; *injure*: punaise; vermine

**1776** (دعص) V **تَدَعَّص** s'abîmer; se corrompre; se décomposer; pourrir; se putréfier

تَدَعُّص putréfaction; pourriture

مُتَدَعِّص gâté; abîmé; pourri; décomposé; putréfié

VII اِنْدَعَصَ ← V

**1777** **دَعَكَ** - دَعْكًا ه frotter; frictionner; malaxer

~ جِلْدًا fouler une peau

دَعْك frottement; friction; malaxage; foulage

دَعّاك الجُلود fouleur de peaux

مَدْعَكة ج مَداعِك foulerie

مِدْعَكة fouloir

**1778** **دَعَمَ** - دَعْمًا ه renforcer; soutenir; supporter; donner une assise solide; asseoir [*fig.*]

~ حائِطًا، اِسْتِدْلالًا étayer un mur, un raisonnement

~ مُرَشَّحًا appuyer/pistonner [*fam.*] un candidat

~ نَباتات palisser des plantes

~ بِالتُّراب terrasser; faire des travaux de terrassement

**دَعْم** assise; appui; piston [*fam.*]; soutien

~ مادِّيّ، مَعْنَوِيّ، أَجْنَبِيّ soutien matériel, moral, étranger

جِدار ~ mur de soutènement

دِعْمة ج دِعَم ← دِعامة

**دِعامة**، دِعام ج دَعائِم armature; assise; cale; colonne; console; étai; soutien; pilier; support; poutre maîtresse

~ جَناح raidisseur d'aile

~ باب montant d'une porte

~ فُطْر pied de champignon

~ القَوْم — leader; chef

داعِم (حائط) — (mur) porteur/de soutènement

مَدْعوم — appuyé; étayé; soutenu; pistonné [fam.]

دَعيمة ج دَعائِم — mur de soutènement; pilier; soutien

II دَعَّمَ تَدْعيمًا ه — caler; consolider; étayer; soutenir; renforcer

تَدْعيم — calage; consolidation; soutien; renforcement

قيادة مُدَعَّمة — direction assistée

VIII اِدَّعَمَ اِدِّعامًا على ه. ه — s'appuyer sur; reposer sur; être étayé par basé sur

1779 دُعْموص ج دَعاميص — larve; vermine

1780 دَعِن — hargneux; qui a mauvais caractère; méchant

1781 دَعا ـُ دَعْوًا ه إلى ه — appeler; convier; convoquer; héler; inviter; nommer; appeler/inciter/inviter/convier à; lancer un appel en faveur de; prier de; susciter

~ لِـ ه — prier pour qqn; faire de la publicité/de la propagande pour/des vœux en faveur de; appeler la bénédiction du ciel sur

~ على ه — former des vœux contre qqn; maudire; lancer des imprécations contre

~ه اللّٰهُ إليه — Dieu l'a rappelé à lui

~ ه إليه — demander à qqn de venir

~ ه إلى العَشاء — inviter/prier qqn à dîner

~ إلى مُؤْتَمَر — convoquer un congrès

~ إلى الإعْجاب — soulever/susciter l'admiration

~ إلى الاِلْتِباس — prêter à confusion

~ إلى الضَحِك — prêter à rire; risible

~ ه بِـ — traiter qqn de

~ نَفْسَهُ — être dénommé; s'appeler; se nommer

دُعِيَ يُدْعَى ه — s'appeler; être appelé/désigné/nommé; se nommer

~ إلى، لِـ — être invité à; être convoqué

دَعْوة ج دَعَوات — appel; citation (à comparaître); invitation; invite; incitation; invocation; convocation; credo; profession de foi; prière; vocation; supplication

~ إلى السِلاح، الشَعْب — appel aux armes, au peuple

~ بالشَرّ — imprécation; malédiction

بِطاقة ~ — carte d'invitation

~ لِلثَوْرة — incitation à la révolte

بِـ ~ ه — à la demande de; à la prière de; sur l'invitation de

~ الشُعَراء — art poétique

دَعَوات مُناهِضة — protestations véhémentes

وَجَّهَ ~ لِـ — adresser/envoyer des invitations

دَعْوَى ج دَعاوٍ. دَعاوَى — allégation; assertion; cause [dr.]; action [dr.]; affaire [dr.]; prétexte; procès; querelle; réclamation; thèse

~ على مَيْل ه — procès de tendance

خَسِرَ ~ — perdre un procès

رَبِحَ ~ — avoir gain de cause; gagner un procès

أَدْخَلَ ه في. أَخْرَجَ ه عَنْ ~ — mettre en cause, hors de cause

أَقامَ. رَفَعَ ~ — introduire une instance

~ اِحْتِياطيّة — action subsidiaire

بِـ ~ — sous prétexte de/que

دُعاء ج أَدْعِية — appel; invocation; oraison; prière; requête; supplication; souhait; vœu

~ لِـ ه — bénédiction

~ على ه — imprécation contre; malédiction

دُعائيّ — invocatoire

دِعاية، دِعاوة — apostolat; propagande; publicité; réclame

~ سِياسيّة. اِنْتِخابيّة — propagande politique électorale

دِعائيّ — publicitaire

صَفَحات. أَلْواح ~ ة — pages, panneaux publicitaires

فِلْم. مَقالة ~(ة) — film, article de propagande publicitaire

داعٍ (الداعي) ج دُعاة — apôtre; partisan; propagandiste; recruteur; agent de propagande

~ لِـ. إلى — qui invite; invitant; qui fait des vœux pour

~ ج دَواعٍ — cause; motif; raison

~ لِلْخِصام — sujet de dispute; pomme de discorde

ثَمّة. هُناك ~ لِـ — il y a lieu de

لَيْسَ من ~ لِ — il n'y a pas lieu de

بِـ~ (داعي) ه — à cause de; sous prétexte de; en raison de

بِلا ~ — hors de propos; sans nécessité; à plaisir

لا **داعِيَ** لِ — il n'y a pas de quoi; il n'y a pas lieu/de raison de; ce n'est pas la peine de

**دَواعٍ** صِحِّيّة — raisons de santé

مِن ~ ه — ce qui porte à; les raisons de

**داعية** ج ات، دَواعٍ ← داعٍ، دِعاية

~ الحَرْب — belliciste; faucon [*fig.*]

دَعِيّ ج أَدْعِياء — imposteur; poseur; prétendant; prétendu

**مَدْعُوّ** ج ون — convive; invité; appelé; nommé

الـ~ فُلانًا — le dénommé/le nommé Un tel

مَدْعاة لِ — cause; facteur; motif; raison

III داعَى مُداعاة ه — appeler/inviter qqn à (croire); faire un procès/une querelle à; traduire qqn en justice; plaider

مُداعٍ ج ون — plaideur; requérant

VI **تَداعَى** تَداعِيًا — chanceler; crouler; décliner; dégénérer; faiblir; péricliter; s'enchaîner/s'associer (idées); s'engrener; s'évoquer mutuellement; se disputer; se quereller

~ لِلسُّقوط — menacer ruine; tomber en ruine

(تَداعٍ) **تَداعي** العُنْف — l'engrenage de la violence

~ الأَفْكار، الخَواطِر — association d'idées

الـ~ الحُرّ — association libre [*psychol.*]

تَداعيّ — associatif

مُتَداعٍ — croulant; chancelant; frêle (vieillard); qui s'enchaîne/s'appelle (idées)

VIII **اِدَّعَى** اِدِّعاءً ه، بِـ، أنّ — alléguer; clamer; affecter de; feindre; simuler; élever une/des prétention(s); poser à; prétendre; revendiquer (injustement); se dire; s'ériger en; se flatter de; se poser en; se prévaloir de

~ صِفات — s'attribuer des qualités

~ بِحَقِّه — s'arroger le droit de

~ بِالحَقّ المَدَنيّ — se constituer partie civile

~ ه على ه — accuser qqn de; se plaindre de; faire un procès à

البَيِّنة على مَنْ ~ — *dr.* le demandeur a la charge de la preuve

**اِدِّعاء** ج ات — accusation; allégation; assertion; charge [*dr.*]; poursuites [*dr.*]; présomption; prétention; revendication

~ بِالأَناقة، بِالمَعْرِفة — prétention à l'élégance, au savoir

بِلا ~ — sans prétention

خَفَّفَ اِدِّعاءاته — limiter ses prétentions

اِدِّعائيّ — revendicatif

**مُدَّعٍ** ج ون — arrogant; poseur; présomptueux; prétentieux; *dr.* demandeur; plaignant

~ شَرْعيّ، أَصْليّ — ayant-droit; demandeur principal

~ عُموميّ، عامّ — ministère public; procureur général

**مُدَّعًى** ج مُدَّعَيات — prétention

~ عَلَيْه — *dr.* défendeur

X **اِسْتَدْعَى** اِسْتِدْعاءً ه — appeler; convoquer; envoyer chercher; évoquer; inviter; mander; quérir; rappeler; requérir; réquisitionner

~ الطَبيب — appeler/demander le médecin

~ وَقْتًا، تَفْكيرًا — demander du temps, réflexion

~ عِناية، الاِنْتِباه — exiger/réclamer/requérir des soins, de l'application

~ الأَرْواح — évoquer les esprits

~ مُوَظَّفًا — mander un fonctionnaire

~ قِطَعات الاِحْتِياط — rappeler la réserve [*mil.*]/le contingent

~ تَطْبيق القانون — requérir l'application de la loi

~ عُقوبة الإِعْدام — requérir la peine de mort

**اِسْتِدْعاء** — appel; convocation; demande; invitation; évocation; mandement; rappel; requête; réquisition

~ السَوْقة العَسْكَرِيّة — rappel du contingent

~ لِلْمَحْكَمة — citation à comparaître

~ لِلنِظام، لِمُراعاة النِظام — rappel à l'ordre

مُسْتَدْعٍ ج ون — requérant

1782 **دَغْدَغَ** دَغْدَغة ه — chatouiller qqn

~ كِبْرِياء ه — chatouiller/blesser l'amour-propre

~ أَنْف ه (رائِحة) — chatouiller les narines (odeur)

1783 **دَغَرَ** - دَغْرًا ه s'emparer de; commettre un larcin; emporter; prendre de force

دَغَر kleptomanie

دَغْرة larcin; enlèvement

1784 **دُغْري** direct; droit *adj.*; tout droit; sans détours

1785 **داغِصة** ج دَواغِص *anat.* patelle; rotule

1786 **دَغَل** ج أَدْغال، دِغال buisson; brousse; fourré; jungle; maquis; embuscade

دَغِل buissonneux; broussailleux; retiré/secret (lieu)

IV أَدْغَلَ إِدْغالًا prendre le maquis

مُدْغِل broussailleux; embroussaillé; perfide

1787 **دُغام** mal de gorge; pharyngite

IV أَدْغَمَ أَصْواتًا contracter/assimiler des phonèmes

إِدْغام assimilation; contraction; synérèse

مُدْغَم contracté/assimilé (phonème)

VIII اِدَّغَمَ اِدِّغامًا ← IV

1788 **دَغْناش** bouvreuil

1789 **دُفّ** ج دُفوف tambour de basque

~ مُجَلْجَل tambourin

دَفّ ج دُفوف boiserie; côté; flanc

**دَفّة** ج دِفاف battant (de porte); gouvernail

~ يد barre [*mar.*]

أَمْسَكَ على ~ المَرْكَب *mar.* prendre, tenir la barre

أَمْسَكَ على ~ التَّنْفيذ *fig.* prendre, tenir les leviers de commande/la direction des opérations

أَمْسَكَ على ~ الحَديث diriger/mener la conversation

1790 **دَفِئَ** - دَفَأً être chaud; chauffer *intr.*; se réchauffer; tiédir *intr.*

دِفْء chaleur; chaud *n.m.*; tiédeur

**دافِئ**؛ دَفِيء، دَفِئ chaud; tiède; chaleureux

جَوّ، عَواطِف ~(ة) atmosphère, sentiments chaleureux(euse)

دَفّاءة؛ دَفّاية (← مِدْفأة) bouillotte

دَفْآن م دَفْأى chaudement vêtu; au chaud

دَفيئة serre

مِدْفأ، مِدْفأة ج مَدافِئ foyer; calorifère; poêle

II دَفَّأَ تَدْفِئة ه chauffer; échauffer; réchauffer; tiédir *tr.*

**تَدْفِئة** échauffement; réchauffement; tiédissement

~ مَرْكَزِيّة، كَهْرَبائِيّة chauffage central, électrique

IV **أَدْفَأَ** إِدْفاءً ← II

كانَ السَّيْر قَدْ ~ني la marche m'avait réchauffé

حِرام مُدْفِئ couverture chauffante

V تَدَفَّأَ تَدَفُّؤًا se chauffer; s'échauffer; se réchauffer; tiédir *intr.*

تَدَفُّؤ الطَّقْس réchauffement de la température

1791 **دَفْتَر** ج دَفاتِر bloc-notes; cahier; carnet; registre

~ الأُسْرة livret de famille

~ صُنْدوق، الحِسابات livre de caisse, de comptes

~ يَوْمِيّات journal personnel

~ مَدْرَسة، شُروط cahier d'écolier, des charges

~ مَحاضِر، تِجاريّ registre des procès-verbaux, de commerce

~ عَناوين، ذو أُرومات carnet d'adresses, à souches

~ شيكات، عَلامات carnet de chèques, de notes

~ ضَريبة، جَيْب rôle d'impôt; calepin

~ صُوَر، طَوابِع album de photographies, de timbres

مَسْك الدَفاتِر tenue des comptes/des livres

1792 **دَفْدَفَ** بِجَناحَيْه agiter les ailes; battre des ailes (en restant/courant sur le sol)

1793 **دِفْران** *syr.* genévrier

1794 **دَفَعَ** - دَفْعًا ه ، بِ ه écarter; éloigner; enlever; ôter; pousser; repousser; refouler; bousculer; propulser; *comm.* payer; verser

| | |
|---|---|
| ~ إلى الأمام، جانِبًا | pousser en avant, de côté |
| ~ ه إلى هـ، أن | pousser à ; acculer à |
| ~ إلى اليَأْس | pousser au désespoir |
| ~ه الغَضَب | être emporté/mû par la colère |
| ~ النارَ بِشَرارها | *prov.* combattre le feu par le feu/le mal par le mal |
| ~ الأفْكار الحَزينة | chasser/éloigner les idées noires |
| ~ الجَماهير | refouler/faire refluer la foule |
| ~ الكُرة بِالقَدَم | repousser le ballon du pied |
| ~ عن نَفْسه تُهْمة | repousser une accusation |
| ~ المُحَرِّك بالمَرْكَبة | le moteur propulse le véhicule |
| ~ ثَمَنًا، مَبْلَغًا | payer un prix ; verser une somme |
| ~ نَقْدًا | payer cash [*fam.*]/comptant |
| ~ حِسابَه | payer l'addition, la note |
| ~ ضَرائِبه | acquitter ses impôts |
| ~ ضَريبة ه | payer le tribut de |
| مَقْعَد **يُدْفَع** ثَمَنُه | place payante |
| لا ~ | irrésistible |
| **دَفْع** | impulsion ; poussée ; propulsion ; dépense ; paiement ; versement ; *dr.* rejet |
| ~ بِالغَيْبة | alibi |
| ~ بِعَدَم الإخْتِصاص | *dr.* déclinatoire (de compétence) |
| ~ المُحَرِّكات | poussée des moteurs |
| ~ ذاتِيّ | autopropulsion |
| ذاتِيّ الـ~ | autopropulsé |
| وَسائِل، يَوْم الـ~ | moyens de paiement ; jour de paie |
| سَدَّدَ ~ًا | opérer un versement ; faire un paiement |
| عَدَم، تَأْجيل ~ | non-paiement ; moratoire |
| القَبْض والـ~ | recettes et dépenses |
| أَمَرَ، أَمْر بِالـ~ | ordonnancer ; ordonnancement |
| **دَفْعة** ج دَفَعات | bousculade ; élan ; éjaculation ; jet ; fournée [*fam.*] ; impact ; impulsion ; *comm.* acompte |
| ~ من المَراسيم الإشْتِراعيّة | train de décrets-lois |
| ~ دُخان | bouffée de fumée |
| **دُفْعة** ج دُفُعات | éclatement ; jaillissement ; saccade ; secousse ; sursaut ; sprint final ; fois ; moment |
| ~ على حِساب | à-valoir *n.m.* |
| هذه الـ~ | cette fois-ci |
| من نَفْس الـ~ | de la même promotion |
| بِـ~، دُفْعةً واحِدةً | d'un seul coup ; d'une seule traite ; en une seule fois ; tous ensemble |
| **دافِع** ج ون | payeur |
| ~ الضَريبة | contribuable |
| ~ج دَوافِع | élan ; impulsion ; mobile ; motif ; motivation ; pulsion ; raison ; ressort |
| ~ شَريف، لِلثَوْرة | noble cause ; la cause de la révolution |
| بِـ~ الغَضَب | sous l'impulsion de la colère |
| ~ عَصَبِيّ | influx nerveux |
| قُوَّة ~ة | force impulsive/répulsive |
| **مَدْفوع** | poussé ; propulsé ; pour acquit ; payé |
| إجازة ~ة | congé payé |
| ~ ج ات | paiement |
| ميزان **المَدْفوعات** | balance des paiements |
| **مِدْفَع** ج مَدافِع | canon ; pièce d'artillerie |
| ~ بَعيد المَرْمَى | canon à longue portée |
| ~ مُضادّ لِلطَيَران، الطائِرات | canon antiaérien |
| ~ هاوُن | mortier [*mil.*] |
| مَدافِع ضَخْمة، ثَقيلة | artillerie lourde |
| مِدْفَعِيّ ج ون | artilleur ; canonnier |
| مِدْفَعِيّة ثَقيلة، المَيْدان | artillerie lourde, de campagne |

III **دافَعَ** مُدافَعة، دِفاعًا عن ه، هـ

défendre qqn ; dissuader ; s'opposer à ; plaider pour ; protéger ; résister à

| | |
|---|---|
| ~ عن نَفْسه | se défendre ; résister |
| ~ عن حُقوقه | faire valoir ses droits |
| ~ عن مُتَّهَم | assister un prévenu |
| ~ عن أُطْروحة | soutenir une thèse |
| **دِفاع** | apologie ; assistance ; défense ; plaidoyer ; plaidoirie ; protection |
| بَقِيَ في حالة الـ~ | rester sur la défensive |

الـ ~ الوَطَنيّ، السَلْبيّ défense nationale, passive

الـ ~ ضِدَّ الطائِرات défense antiaérienne; D.C.A.

~ شَرْعيّ légitime défense

خَطّ، مَوْضِع ~ ligne, position de défense

الـ ~ عن النَفْس autodéfense

الـ ~ عن الحُرِّيّة défense de la liberté

**دِفاعيّ** défensif; apologétique

مُعاهَدة ~ة traité de défense

مُدافَعة عن أُطْروحة soutenance de thèse

**مُدافِع** ج ون défenseur; apologiste

~ عن avocat; champion (d'une cause)

VI **تَدافَعَ** تَدافُعًا se bousculer; se pousser

~ لِـ se démener pour/en faveur de

VII **اِنْدَفَعَ** اِنْدِفاعًا إلى، نحو s'élancer; s'engouffrer; prendre son essor; se jeter sur; se ruer vers/sur; faire irruption

~ في مُنْحَدَر dégringoler une pente

~ وَراءَ شَهَواتِه se laisser entraîner par ses passions

**اِنْدِفاع** éruption; essor; élan; exubérance; fougue; impulsion; impétuosité; lancée; motivation; ruée; rush

~ شِعْريّ envolée poétique

~ النِهاية، الحياة rush final; élan vital

تَحْتَ غَمْرة مِن الـ~ emporté par la fougue

~ عَصَبيّ، العَواطِف impulsion nerveuse, sentimentale

سُرْعة الـ~ vitesse acquise

اِسْتَمَرَّ في ~ه continuer sur sa lancée

**اِنْدِفاعيّ** impulsif; vif; spontané

طَبْع ~ nature impulsive/exubérante

اِنْدِفاعيّة impulsivité; spontanéité

مُنْدَفِع fougueux; impétueux; vif; exubérant

1795 **دَفَقَ** ـُ دَفْقًا ه répandre; verser; éjaculer

**دَفْق** *coll.* effusion; éjaculation; flux; jet

~ مِن المال afflux d'argent

**دُفْقة** *n. un.* coup

~ نُور échappée/jet de lumière

**دُفْقةً** واحِدةً d'un seul coup; en une seule fois; à la fois

~ دُفْقةً à petits coups; coup par coup

دَفّاقة ماء chasse d'eau

V **تَدَفَّقَ** تَدَفُّقًا affluer; couler à flots; déferler; se déverser; s'engouffrer; jaillir; se répandre; se ruer; surgir

~ بِشَتائِم، بِسَيْل من الشَتائِم éclater en injures; se répandre en invectives

~ حَماسًا déborder d'enthousiasme

~ الهَواء، الماء إلى، في s'engouffrer (air, eau)

**تَدَفُّق** afflux; débordement; effusion; flux; déferlement; jaillissement; ruée; rush; surgissement

~ الدَم، رُؤوس الأَمْوال afflux de sang, de capitaux

~ المُسافِرين، السُيّاح afflux/ruée des voyageurs/des touristes

~ الهَواء في المِدْخَنة tirage (d'une cheminée)

~ العَواطِف exubérance des sentiments

تَدَفُّقات حَنين effusions de tendresse

**مُتَدَفِّق** débordant; exubérant; impulsif; jaillissant

النُفايات الـ~ة les eaux usées qui se déversent

مُتَدَفِّقات دُوَليّة لِرؤوس الأَمْوال flux des capitaux internationaux

VII اِنْدَفَقَ اِنْدِفاقًا être répandu/versé; se répandre

اِنْدِفاق الدم effusion de sang

1796 **دِفْلَى** laurier-rose

1797 **دَفَنَ** ـِ دَفْنًا cacher; enfouir; ensevelir; enterrer; inhumer; mettre en terre; garder secret

~ فِكْرة، مَشْروعًا enterrer une idée, un projet

**دَفْن** enterrement; ensevelissement; inhumation

نَفَقات الـ~ frais de sépulture

**دَفين**؛ مَدْفون caché; enterré; enseveli; enfoui; secret

رَهْبة ~ة crainte secrète

دَفينة ج دَفائِن — trésor caché

دَفّان — croque-mort [*fam.*]

**مَدْفَن** ج مَدافِن — caveau; cimetière; sépulture; tombeau

~ العُظَماء — panthéon

نُصْب **مَدْفَنيّ** — monument funéraire

VII اِنْدَفَنَ اِنْدِفانًا — s'enterrer

1798 **دَقَّ** ـِ دِقّة ه — être broyé/pilé finement; broyer; concasser; écraser; piler; réduire en poudre; pulvériser; être de peu d'importance; être délicat/difficile; n'être qu'un détail

ما ~ وَجَلّ مِنْ — peu ou prou [*litt.*]; plus ou moins

ما ~ وجَلّ من الحَوادِث — les événements importants ou non/plus ou moins importants

~ مَوْقِفُه — être dans une situation critique/délicate

~ عن العِبارة — être difficile à exprimer; être inexprimable

**دُقَّتْ** عُنُقُه — se casser; se rompre le cou

**دَقَّ** ـُ دَقًّا — battre; frapper; marteler; sonner

~ القَلْبُ، البابُ — le cœur, la porte bat

~ دَقّةَ الهُجوم — battre la charge

~ الطَبْل — battre le tambour; tambouriner

~ البابَ، الأَرْضَ بِقَدَمه — frapper à la porte, le sol du pied

~ مِسْمارًا — enfoncer un clou

~ دَقّات مُتَتابِعة عَلَى — marteler

~ المُنَبِّهُ، الهاتِفُ — le réveil, le téléphone sonne

~ الجَرَسَ — sonner la cloche; sonner [*absol.*]

~ جَرَسَ الخَطَر، الإِنْذار — sonner l'alerte, l'alarme

~ت الساعةُ — l'heure a sonné

**تَدُقُّ** الساعةُ النِصْفَ — l'horloge sonne la demie

عِنْدَما ~ الساعة — quand sonnera l'heure; à l'heure tapante

**دُقَّ** الجَرَسُ، البابُ — on sonne; on frappe

**دَقّ** — battement; claquement; cognement; broyage; concassage; écrasement; moulure; pulvérisation; trituration

~ الحَنَك — *fig.* papotage; jacassement; jacasserie

**دَقّة** ج ات — *n.un. du précéd.*; coup; détonation; sonnerie

~ هاتِف، جَرَس — sonnerie de téléphone; coup de sonnette

~ القَلْب — battement du cœur

**دِقّة** — exactitude; fidélité; justesse; minutie; ponctualité; précision; régularité; rigueur; subtilité; délicatesse; détail; difficulté; finesse; petitesse; précarité

~ فِكْر — subtilité/finesse de l'esprit

~ شُعور — sensibilité; finesse du sentiment

~ مُتَناهية — très grande précision

~ خَطّ، مُلاحَظة — finesse d'un trait, d'une remarque

في غاية الـ~ — de haute fidélité

مِقْياس ~ — appareil/instrument de mesure/de précision

~ بُرْهان — rigueur d'un raisonnement

بِـ~ — avec précision/exactitude; précisément; exactement; minutieusement

عَدَم ~ — imprécision; infidélité (traduction)

**دَقيق** — délicat; exact; fin; infime; menu; méticuleux; minutieux; ponctuel; précis; scrupuleux; subtil; strict; ténu; broyé très fin; *n.m.* farine

~ اللَبَن — farine lactée

مَعِيّ ~ — intestin grêle

~ النَظَر — clairvoyant/pénétrant (esprit)

~ الشُعور — raffiné/sensible (homme)

~ الصُنْع — bien/délicatement fait; raffiné

مَسْأَلة، مَوْقِف ~(ة) — question, situation délicate

عِناية، عَمَل ~(ة) — travail, soin minutieux

تَفْكير ~ — réflexion subtile

بَحْث ~ — étude soignée/minutieuse/scrupuleuse

بُرْهان ~ — démonstration rigoureuse/scrupuleuse

حِساب ~ — bon compte; compte précis

آلة ~ة — instrument de précision

تَرْجَمة ~ة — traduction précise/serrée/exacte/fidèle

**دَقيقة** ج دَقائِق — détail; finesse; subtilite; minute

بعد ~، دَقيقتَيْن — en/dans une minute, deux minutes

في تِلْكَ الـ~ — à cet instant précis
بَعْدَ دَقائِق — en/dans quelques instants/minutes; tout à l'heure
~ الأُمور — détails; implications/complexité/dédale (d'une affaire)
~ اللُغة — finesses/subtilités de la langue
~ فِكْرة — nuances d'une idée
دَقيقيّ — farineux
دَقّاق — sonnant; broyeur; marchand de farine
دَقّاقة — heurtoir de porte
مِدَقّ ج ات — chemin; passage; piste; sentier; voie
~، مِدَقّة ج مَداقّ — pilon; *bot.* pistil
II دَقَّقَ تَدْقيقًا ه — faire qqch avec minutie/précision; préciser; vérifier; pulvériser; triturer
~ حِسابًا — vérifier un compte
~ عَمَلًا — contrôler un travail
~ كِتابًا، وَثائِق — dépouiller un livre, des documents
~ النَظَر — observer/regarder attentivement; contrôler
تَدْقيق ج ات — dépouillement; précision; scrupule
~ الحِسابات — vérification des comptes
بِالـ~ — avec précision; précisément; exactement
على الساعة كذا بِالـ~ — à telle heure précise
تَدْقيقيّة — méticulosité
مُدَقِّق — méticuleux; pointilleux; scrupuleux
IV ما أَدَقَّ مَواعيدَكَ — comme tu es exact!
VII اِنْدَقَّ اِنْدِقاقًا — se rompre/se casser (le cou)
~ مِسْمارٌ — s'enfoncer (clou)

**1799** دَقِر، دَقَرَى، دَقْراء — jardin luxuriant

**1800** دَقِعَ ـَ دَقَعًا — être dans la misère; vivre misérablement
IV أَدْقَعَ إِدْقاعًا — être sur la paille/dans la misère
~ ه — réduire à la misère; mettre sur la paille
مُدْقِع ج ون — gueux; misérable
فَقْر ~ — misère noire

**1801** دَقْلة ج دَقْل — datte
دَقَل ج أَدْقال — antenne; mât (de navire)

**1802** دَكَّ ـُ دَكًّا ه — abattre; concasser; damer; écraser; enfoncer (un mur); piler; pilonner; tasser; démolir; détruire; dévaster; mettre/jeter bas
~ الطَمْيَ، الأَرْض — damer/tasser la terre, le sol
~ حائِطًا، بِناية — abattre/démolir un mur, une construction
~ حِصْنًا — raser une forteresse
~ خُطوط الأَعْداء — pilonner les lignes ennemies
لا يُدَكّ — indestructible
دَكّ ج دُكوك — damage; démolition; destruction; nivellement; tassement
~ الأَرْض — amas/banc/couche (de terre)
دَكّة ج ات. دِكاك — ballast; banc; banquette; estrade; podium; socle
~ مُدَرَّجة — gradin
~ صَخْريّة — banc de rocher
دُكّان ج دَكاكين ← دكن
مَدْكوك — aplati; écrasé; tassé
~ القامة — qui a le corps ramassé; trapu
~ البِنْية — rachitique
مِدَكّ، مِدَكّة ج مَداكّ — pilon
رَجُل ~ — fort/robuste/bien planté (homme)
VII اِنْدَكَّ اِنْدِكاكًا — s'abattre (mur); s'écrouler; être jeté bas

**1803** دِكْتاتور، دِكْتاتورِيّة — dictateur; dictature
دِكْتاتوريّ — dictatorial

**1804** دُكْتور ج دَكاتِرة — docteur
~ في الطِبّ، في الآداب — docteur en médecine, ès lettres
دُكْتوراه — doctorat

**1805** (دكن) داكِن — foncé; sombre
أَلْوان ~ة — couleurs tristes
أَدْكَن م دَكْناء ج دُكْن — noirâtre; livide

boutique; magasin; échoppe — **دُكّان** ج دَكاكين 1806

agacerie; coquetterie; câlinerie; caresse: *v. aussi 1808, 1809* — **دَلال** 1807

caressant; séduisant — رَخيم الـ~

coquetterie; avances; agaceries; familiarité; privauté — **دالّة** (زائِدة، مُفْرِطة)

prendre des libertés avec qqn — لَهُ عَلَيْه ~

aduler/cajoler/couver/dorloter/gâter un enfant; chouchouter [*fam.*]; choyer — II دَلَّلَ تَدْليلًا (وَلَدًا)

caresse; adulation; gâterie — **تَدْليل** ج ات

nom familier/de tendresse — اِسْم ~

câlin; cajoleur; enjôleur — مُدَلِّل

coquet; gâté; couvé [*fig.*] — **مُدَلَّل**

jeunesse dorée — الشَباب الـ~

faire le difficile; faire la fine bouche; minauder; faire la coquette — V **تَدَلَّلَ** تَدَلُّلًا

faire des avances/du charme/la cour à; chercher à séduire — ~ على ه

avance; agacerie; minauderie — تَدَلُّل ج ات

criée; enchère; commission (du courtier); *v. aussi 1807, 1809* — **دِلالة** 1808

vente publique/à la criée/aux enchères — بَيْع بِالـ~

agent; commissionnaire; courtier; crieur public — دَلّال ج ون

entremetteuse [*péjor.*]; maquerelle [*pop.*] — دَلّالة

vendre des marchandises à la criée — II دَلَّلَ على بَضائِع

montrer; indiquer; signaler; guider; faire voir; prouver; démontrer; signifier; témoigner de; *v. aussi 1807, 1808* — **دَلَّ** ـُ دَلالة ه على ه 1809

mettre qqn sur la voie; indiquer le chemin à qqn; guider — ~ ه على الطَريق

signifier qqch; prouver qqch — ~ على شَيْء

comme nous le démontrerons — كَما سَنَدُلُّ عَلَيْه

métier/service de guide — دِلالة

indication; indice; sens; **signe; signification; signifiance [litt.]; symptôme** — **دَلالة** ج ات، دَلائِل

symptomatique *adj.* — ذو ~

démonstration d'amitié — ~ صَداقة، مَوَدّة

panneau, poteau indicateur — عَمود، رُقْعة ~

tous les indices montrent que — كُلّ **الدَلائِل** تُشير الى

sémiologie; sémiotique *n.f.* — عِلْم الـ~، الدَلائِليّات

sémiologique; sémiotique *adj.* — دَلائِليّ

indicateur; guide; catalogue; preuve; gage; témoignage; prodrome; argument; définition; *math.* exposant — **دَليل** ج أَدِلّة، أَدِلّاء

la preuve en est que — بـ~ أَنَّ

tableau indicateur — لَوْحة ~

catalogue des publications — ~ المَنْشورات

annuaire du téléphone — ~ الهاتِف

gage/marque d'amitié — ~ على الصَداقة

marque de respect, de confiance — ~ على التَقْدير، الثِقة

notice explicative; mode d'emploi — ~ الاِسْتِعْمال

faire la démonstration; faire/fournir la preuve — أَقام الـ~ على

n'est-ce pas une preuve suffisante? — أَلَيْسَ ~ًا كافِيًا

la meilleure preuve en est que — أَكْبَر ~ على ذلك

*philos.* preuve cosmologique, ontologique — ~ طَبيعيّ، وُجوديّ

argument ad hominem — ~ شَخْصيّ

exponentiel — دَليليّ

indicatif; signifiant *n.m.* — **دالّ**؛ ~ على

*math.* fonction (algébrique) — دالّة

sens; signification; signifié *n.m.*; valeur (d'un mot) — مَدْلول ج ات

démontrer; faire la preuve; prouver; argumenter — II دَلَّلَ تَدْليلًا على ه

argumentation; démonstration; raisonnement — تَدْليل

être amené à/guidé vers — V تَدَلَّلَ إلى

augurer; conclure; déduire; raisonner; inférer; induire; repérer — X **اِسْتَدَلَّ** اِسْتِدْلالًا ه

tirer argument de; argumenter — ~ مِنْ

demander/chercher son chemin — ~ على طَريقه

argumentation; conclusion; déduction; induction; inférence; repérage; raisonnement — **اِسْتِدْلال** ج ات

~ بإِثْبات الخُلْف — raisonnement par l'absurde

اِسْتِدْلالِيّ — discursif

1810 دُلْب — platane; sycomore/faux platane

~ هِنْدِيّ — teck

1811 دَلْبوث — glaïeul

1812 دِلْتا النيل — delta du Nil

1813 دُلْثة — foule; multitude

1814 دَلَجَ ـُ دُلوجًا — transvaser

1815 دَلّاح، دُلّاع — *bot.* pastèque

1816 دُلْدُل ج دَلادِل — porc-épic

1817 II دَلَّسَ تَدْليسًا ه — frauder; fraude

تَدْليسِيّ — frauduleux

مُدَلِّس ج ون — fraudeur

نَقْد، مِفْتاح مُدَلَّس — fausse monnaie; fausse clé

1818 دَلَعَ ـُ لِسانَه — tirer la langue

اِسْم دَلْع — diminutif; petit nom

دُلّاع (← دَلّاح) — *zool.* strombe

II دَلَّعَ تَدْليعًا ه — aduler; choyer; chouchouter [*fam.*]

VII اِنْدَلَعَ اِنْدِلاعًا — éclater; se propager; prendre feu; s'allumer; se déclencher (guerre); se déclarer (incendie); s'enflammer; pendre (langue)

1819 دَلَفَ ـِ دُلوفًا إلى، على — approcher; arriver; pénétrer; ricocher; se diriger vers; se rendre dans; aller/se glisser vers; s'infiltrer; dégoutter/couler goutte à goutte/suinter (liquide)

دالِف ج دَوالِف — ricochet; *phys.* ion

~ مَصْعَدِيّ، مَهْبِطِيّ — anion; cation

VII اِنْدَلَفَ اِنْدِلافًا إلى ← دَلَفَ

1820 دُلْفين ج دَلافين — dauphin [*zool.*]

1821 دَلَق — fouine

1822 دَلَقَ ـُ دُلوقًا، دَلْقًا — tirer la langue

مَدْلوق اللِسان — la langue pendante

IV أَدْلَقَ إِدْلاقًا ه — répandre; verser

VII اِنْدَلَقَ اِنْدِلاقًا — pendre (à l'extérieur); se répandre; se précipiter; se déverser

~ تْ أَحْشاؤُه — perdre ses tripes [*pop.*]; avoir les tripes à l'air [*pop.*]

مُنْدَلِق الأَحْشاء — qui a les tripes à l'air [*pop.*]

1823 دَلَكَ ـُ دَلْكًا ه. ه — brasser; dégrossir; frictionner; frotter; pétrir; malaxer; briquer

~ جَوادًا — bouchonner un cheval

~ مُحَرِّكًا — roder un moteur

دَلْك — frottement; friction; malaxage; rodage

دَلوك — onguent; embrocation; liniment

~ شَعْر — shampooing

دَلّاك؛ ~ طِبِّي — masseur; kinésithérapeute

~ اِهْتِزازِيّ — vibromasseur

مِدْلَك، مِدْلَكة — frottoir

II دَلَّكَ تَدْليكًا ه. ه — frictionner; frotter; masser

تَدْليك — friction; frottement; massage

~ طِبِّيّ — kinésithérapie

1824 II دَلَّهَ تَدْليهًا ه — tourner la tête à qqn (amour)

مُدَلَّه — amoureux; amouraché

V تَدَلَّهَ تَدَلُّهًا بِـ ه — idolâtrer; être à genoux devant [*fig.*]

~ في حُبِّه — s'amouracher de qqn

1825 دِلْهَم — obscur; sombre; ténébreux

اِدْلَهَمَّ اِدْلِهْمامًا — s'épaissir (obscurité); devenir noir/sombre (nuit)

أَسْوَد مُدْلَهِمّ — très noir; noir comme un corbeau

سَحاب، لَيْل ~ — nuage noir; nuit épaisse/profonde/ténébreuse

1826 دَلْو ج دِلاء، أَدْلٍ — seau en bois/en cuir; *zod.* Verseau

دالية ج دَوالٍ — roue hydraulique; machine d'irrigation; *anat.* varice; *bot.* cep de vigne

II دَلَّى تَدْلِية ه، ه — faire pendre (seau); faire tomber dans un piège

II مُدَلًّى — pendant *adj.*; qui pend; ballant *adj.*

الأَذْرُع مُدَلَّاة — les bras ballants

IV **أَدْلَى** إِدْلاء بِالدَلْو — faire descendre le seau dans le puits

~ بِدَلْوِهِ في، بَيْن الدِلاء — apporter sa contribution; *péjor.* mettre son grain de sel [*fam.*]

~ بِـ ه إلى ه — tendre/présenter/fournir qqch à qqn

~ بِحُجَّته — administrer/fournir/invoquer une preuve

~ بِتَصْريحات — faire des déclarations

~ بِشَهادَته — déposer; faire une déposition; apporter son témoignage

~ بِافْتِراض — émettre/formuler une hypothèse

~ بِدِفاعه — présenter sa défense

~ بِفِكْرة، بِرأيه — avancer/émettre un avis/une idée; se déclarer

~ بِرَشْوة — offrir un pot-de-vin [*fam.*]

V **تَدَلَّى** تَدَلِّيًا — pendre; être suspendu; retomber

~ بِـ، لِـ ه — être près de/sur le point de; être imminent

~ لِلسُقوط — menacer ruine

**مُتَدَلٍّ** (المُتَدَلّي) — pendant; retombant; suspendu

~ الذِراعَيْن — les bras ballants

حِلْية ~ة — pendentif

**دم** ج دِماء؛ دَمي؛ دَمويّ ← دَمي

**1827** **دَمَّ** ـُ دَمًّا ه بِـ — enduire/couvrir/recouvrir (de goudron, de plâtre); badigeonner; goudronner; barbouiller; plâtrer; torcher; teindre en rouge

~ ه — anéantir qqn; administrer une sévère correction à; battre à plate couture [*fam.*]; jeter à terre

دَمّ — enduit; onguent; pâte; liniment; couleur/peinture rouge

دُمَّة — trou de souris/de taupe

دَمامة — chétivité; difformité; laideur; monstruosité

دَميم — affreux; chétif; difforme; mal bâti; hideux; laid; monstrueux; repoussant; tordu [*fam.*]

**1828** **دَماثة** الخُلْق، الأَخْلاق — douceur/souplesse du caractère; affabilité; gentillesse; bonhomie

**دَمِث** ج دِماث — débonnaire; bonhomme *adj.*; doux; affable; gentil

~ الأَخْلاق — facile à vivre

II دَمَّث الأَخْلاق — adoucir/policer [*class.*] les mœurs

**1829** **دَمَج** ـُ دُموجًا (← VII) — s'assimiler; être assimilé

~ الغُرَباء في الجَماعة الوَطَنِيّة — assimiler les étrangers à la communauté nationale

IV **أَدْمَج** إِدْماجًا ه — assimiler; encastrer; emboîter; intégrer; inclure; incorporer; interpoler; intercaler; fondre (deux choses en une); fusionner *tr.*

~ أُنْبوبة في حائِط — encastrer un tuyau dans un mur

**إِدْماج** — assimilation; emboîtement; encastrage; inclusion; incorporation; insertion; intégration; interpolation; fusion

سِياسة الـ~ — politique d'assimilation

VII اِنْدَمَج اِنْدِماجًا — s'amalgamer; s'assimilier; être absorbé; s'incorporer; s'insérer; s'intégrer; s'encastrer; se fondre; fusionner

**اِنْدِماج** — absorption; assimilation; fusion; fusionnement; encastrement; insertion; incorporation; intégration

~ شَرِكات — fusion de sociétés

~ شَرِكة في أُخْرَى — absorption d'une société par une autre

**1830** **دَمْجانة** — dame-jeanne

**1831** **دَمْدَم** دَمْدَمة — bougonner; grogner; grommeler; maugréer; râler/ronchonner [*fam.*]

دَمْدَمة — bougonnement; grommellement; ronchonnement

مُدَمْدِم — bougon; ronchon; râleur

**1832** **دَمار** — anéantissement; désolation; destruction; ravage; ruine

II **دَمَّر** تَدْميرًا ه — dévaster; détruire; anéantir; exterminer; ravager

~ جِسْرًا — faire sauter un pont

**تَدْمير** — anéantissement; dévastation; destruction; extermination; subversion; ravage

قابِل لِلـ~ — destructible

مَدْمَع ج مَدامِع — conduit lacrymal

1837 دَمَغَ ـُ دَمْغًا — estampiller; cacheter; marquer; imprimer une marque; timbrer; apposer un timbre; poinçonner

دَمْغ — cachetage; estampillage; marquage; poinçonnage; timbrage

~ وَشْمِيّ — pyrogravure

دَمْغَة — cachet; estampille; frappe [*monn.*]; marque; poinçon

مَدْمُوغ — marqué; estampillé; frappé; poinçonné; timbré (papier)

1838 دِماغ ج أَدْمِغَة — cerveau; cervelle; encéphale; *v. aussi 1837*

اِلْتِهاب الـ~ — encéphalite

أُمّ الـ~ — méninge

دِماغِيّ — céphalique; cérébral; encéphalique

دَلِيل دامِغ — preuve accablante/concluante/convaincante

حُجَّة ~ة — argument irrésistible/péremptoire

حَقِيقَة ~ — vérité criante/aveuglante

دِمُقْراطِيّ ← ديمقراطيّ

1839 دَمْقَس — damasser

دِمَقْس — damas; soie

مُدَمْقَس، دِمَقْسِيّ — damassé [*tiss.*]; soyeux

1840 دَمَكَ ـُ دُموكًا، دَمْكًا ه — lisser; pétrir; fouler (étoffe)

مِدْمَك ج مَدامِك العَجِين — rouleau à pâtisserie

1841 دَمَلَ ـُ دَمْلًا، دَمَلانًا ه — fertiliser la terre; mettre de l'engrais; engraisser une terre

دَمال — engrais; fumier; terreau

1842 دَمَلَ ـُ، دَمِلَ ـَ دَمَلًا — cicatriser

دُمَّل ج دَمامِل — *méd.* abcès; bouton; clou; furoncle

طاعون دُمَّلِي — peste bubonique

داء الدَمامِل — furonculose

VI تَدامَلَ تَدامُلًا — se réconcilier; faire la paix

VII اِنْدَمَلَ اِنْدِمالًا — se cicatriser; se fermer (plaie); sécher (bouton)

مُدَمِّر — ravageur; destructeur; subversif

عَصَبِيَّة ~ة — fureur destructrice

مُدَمِّرَة ج ات — destroyer

مُدَمَّر — détruit; anéanti; ravagé; ruiné

1833 دَمْس الظَلام — épaississement de l'obscurité

دِيماس ج دَيامِيس — caveau; catacombes; oubliettes; souterrain

دامِس — noir; sombre; épais/profond (nuit)

II دَمَّسَ تَدْمِيسًا ه — cacher (qqch, une nouvelle); taire

1834 II دَمَّسَ تَدْمِيسًا ه — faire cuire

فُول مُدَمَّس — fèves cuites

1835 دَمْشَقَ، دَمْشَقَة — damasquiner; damasquinage

دَمْشَق — *ois.* pluvier; vanneau

دِمَشْقِيّ — damascène; de Damas

مُدَمْشَق — damasquiné

1836 دَمَعَ ـَ دَمْعًا، دُموعًا ه — larmoyer; pleurer

~تْ عَيْناه — avoir les larmes aux yeux

ضَحِكَ حَتَّى ~ت عَيْناه — rire aux larmes

دَمْعَة، دَمْع ج دُموع — larme; pleur

لَمَعَتْ ~ — briller/perler (larme)

دُموع الرِياء، التَماسِيح — larmes de crocodile

مَسَحَ، جَفَّفَ ~ه — essuyer/sécher ses larmes

ذَرَفَ ~ًا حَرَّى، حارَّة — pleurer à chaudes larmes

اِنْفَجَرَ بالـ~ — fondre en larmes

أَسالَ، اِسْتَدَرَّ الـ~ — tirer des larmes à qqn

مُسِيل لِلـ~ — lacrymogène

دَمْعِيّ؛ غُدَّة ~ة — lacrymal; glande lacrymale

غاز، قُنْبُلَة ~(ة) — gaz, grenade lacrymogène

دامِع، دَمِع — larmoyant; pleurant; pleurnichant; pleurnicheur

بِصَوْت ~ — avec des larmes dans la voix

دَمُوع — larmoyant (œil)

إنْدِمال cicatrisation

1843 دُمْلُج ج دَمالِج bracelet (de poignet, d'avant-bras)

1844 دُمْلوك ج دَماليك conglomérat; minéral de forme arrondie

1845 دَمَنَ ـُ دَمْنًا حَقْلًا fertiliser/fumer un champ

دَمان، دِمْن ج دِمَن fumier; engrais

1846 دَمِنَ ـَ دَمَنًا على ه faire qqch continuellement

IV أَدْمَنَ إدْمانًا ه pratiquer avec assiduité; laisser continuer qqch sans changement

~ الشَراب، التَدْخين s'adonner à la boisson, au tabac

إدْمان manie; habitude; routine

~ المُسْكِرات، المُخَدِّرات alcoolisme; toxicomanie

~ السيجارة مَلْعون l'usage de la cigarette est condamné

مُدْمِن المُخَدِّرات toxicomane

~ الأَفْيون، المُسْكِرات opiomane; alcoolique

عادة، مَرَض ~(ة) habitude invétérée; maladie chronique

1847 دَمِيَ ـَ دَمًا saigner; être ensanglanté

~ فوه، شَفَتُه من *fig.* brûler les lèvres (question)

دَم ج دِماء sang

لا يُلائِم ~ي دَمَهُ je n'ai pas d'atomes crochus avec [*fam.*]; je n'éprouve aucune sympathie pour

فار ~هُ la moutarde lui monte au nez

مَبْحَث الـ~ hématologie

أَفْقَرَ ~ ه anémier

فَقْر، إفْقار الـ~ anémie

فَقير الـ~ anémié; anémique

سُكَّر، تَحَلُّلُ الـ~ glycémie

~ الأَخَوَيْن، الثُعْبان، التِنّين *bot.* sang-dragon

سَفْك الدِماء effusion de sang

دَمَوِيّ sanguin; sanguinaire; sanguinolent

سَيَلان، مِزاج ~ écoulement, tempérament sanguin

دَوْرة ~ة circulation sanguine

وَرَم، حَيَوان ~ hématome; hématozoaire

بيلة ~ة hématurie

دَمة caillot de sang

دام saignant; sanglant; meurtrier *adj.*

قَلْب ~ cœur endolori

مَعْرَكة دامية combat meurtrier

II دَمَّى تَدْمية ← IV

مُدَمًّى sanglant; couvert de sang; sanguinolent; ensanglanté

سِكّين مُدَمّاة couteau couvert de sang

IV أَدْمَى إدْماءً faire saigner; mettre en sang; ensanglanter; couvrir de sang

~ القَلْب، الفُؤاد meurtrir le cœur; donner un coup de poignard [*fig.*, *litt.*]; plonger un poignard dans le cœur [*fig.*, *litt.*]

زَمَن إدْماء temps de saignement

مُدْمٍ sanglant; saignant

مُدْمًى ← II مُدَمًّى

1848 دُمْية ج دُمًى effigie; pantin; poupée; mannequin; marionnette; fantoche; *ois.* macreuse

1849 دَنّ ج دِنان amphore; cuve; cuveau; jarre

1850 دَنَّ ـُ دَنًّا bourdonner; fredonner

دَنين bourdonnement; fredonnement

1851 دَنَأَ ـَ دَناءة être ... *v. à l'adj.*

دَناءة abjection; avilissement; bassesse; infamie; platitude; mesquinerie; petitesse

دَنيء ج أَدْنياء abject; ignoble; méprisable; mesquin; crapule; sale; salaud/saligaud [*pop.*]; vil

جِنْس، نَوْع ~ race/qualité inférieure

جَريمة ~ة crime crapuleux

دَنيئة ج دَنايا bassesse; ignominie; turpitude

V تَدَنَّأَ تَدَنُّؤًا dégénérer; dégénérescence

مُتَدَنِّئ dégénéré

1852 دَنْد *bot.* médicinier

1853 دَنْدَنَ chantonner; fredonner; bourdonner; vrombir

دَنْدَنة bourdonnement; fredonnement; vrombissement

مُدَنْدِن bourdonnant; vrombissant

1854 دَنَس ج أَدْناس souillure; impureté; saleté

بِلا ~ immaculé [*fig.*]

دَنِس ج أَدْناس، دُنَساء impur; souillé [*litt.*]; sale

II دَنَّسَ تَدْنيسًا polluer; salir; souiller [*litt.*]; profaner

~ عِرْض ه entacher l'honneur de

تَدْنيس pollution; profanation

~ القُدْسيّات، الحُرُمات sacrilège *n.m.*

تَدابير تَدْنيسيّة mesures sacrilèges

مُدَنِّس sacrilège *adj.*; profanateur

1855 دَنِفَ - دَنَفًا dépérir; mourir de langueur

~ من البَرْد crever [*fam.*]/mourir de froid

دَنَف cachexie; consomption; dépérissement; langueur

IV مُدْنِف moribond

1856 دَنْقة؛ دَنَق ivraie

1857 دَنا - دُنُوًّا من، إلى s'approcher; être imminent/près/proche/à proximité; se rapprocher

دَنِيَ - دَنًا ← دَنَأَ

دَناوة، دَناية ← دَناءة، دُنُوّ

دُنُوّ approche; proximité; imminence

عند ~ العَدُوّ، المَوْت à l'approche de l'ennemi; à l'article de la mort

دَنِيّ ج أَدْنِياء (← دَنِيء) imminent; proche; prochain

دانٍ ج دُناة *même sens*

دَنِيّة ج دَنايا déshonneur; honte; lâcheté; petitesse; saloperie [*pop.*]; saleté [*fig.*]

المَنِيّة وَلا الـ~ plutôt la mort que la honte; plutôt mourir que déchoir

أَدْنَى م دُنْيا inférieur; moindre; plus proche; moins; minimum; minimal

عُمْر، أَجْر ~ âge, salaire minimum

بِـ~ قَدْرٍ مِنْ avec le minimum de/le moins possible de

حَدّ ~ limite inférieure

حَدّ ~ لِلْمَعيشة minimum vital

السَيّارة الـ~ سِعْرًا la voiture la moins chère

لَيْسَ هُناكَ ~ شَكّ il n'y a pas l'ombre d'un/le moindre doute

~ الجَزْر basse mer

بَلَغَ الجَزْرُ ~ه la mer est basse

~ من حَبْل الوَريد imminent; à deux doigts de

الشَرْق الـ~ Proche-Orient

لا ~ ه pas un seul; aucun; pas le moins du monde

أَدْناهُ ci-dessous; ci-après

المُوَقِّع، المُوَقِّعون ~ le, les soussigné(s)

دُنْيا le monde; ce bas monde; ici-bas; biens de ce monde; richesses

~ الفِكْر، السينما monde de la pensée, du cinéma

~ من الناس un monde fou; une foule de gens

~ الأَطْفال l'univers des enfants

الـ~ صَيْف c'est l'été

الحَياة الـ~ la vie en ce bas monde

اِسْوَدَّت الـ~ في وَجْهه voir tout en noir

اِحْمَرَّت الـ~ في وَجْهه voir rouge

أَقامَ الـ~ وأَقْعَدَها remuer ciel et terre

دُنْيَوِيّ matériel; mondain; séculier; temporel; terre à terre *adj. inv.*; terrestre

لَذّات، خَيْرات ~ة plaisirs, biens/richesses matériel(le)s

أُمور ~ة monde profane

دُنْيَوِيّة sécularité

دُنْيَوِيّات mondanités

II دَنّى تَدْنِية ه، ه ← IV

III دانَى مُداناة ه، ه approcher *intr.*; côtoyer; marcher/être près de

~ البُؤْس côtoyer la misère

لَذّة لا تُدانيها لَذّة plaisir incomparable/inégalable

IV **أَدْنَى** إِدْنَاءً ه، ه لِـ، إلى، من — approcher *tr.* et *intr.*; rapprocher; se rapprocher

~ يَدَه من يَدِها — il approcha la main de la sienne

~ ذلك صَدِيقَه منه — cela rapprocha son ami de lui

V **تَدَنَّى** تَدَنِّيًا — baisser; être sur son déclin; décliner

~ت الحَرارة — la température est tombée

~ لِـ ه — s'abaisser à; s'avilir dans

**تَدَنٍّ** (التَدَنِّي) — déclin; bassesse; avilissement

~ الأَخْلاق — baisse de la moralité

**مُتَدَنٍّ** — bas; médiocre; vil

أُجور **مُتَدَنِّية** — bas salaires

VI تَدانَى تَدانِيًا — se rapprocher les uns des autres

**1858** **دَنْيَوَ**، دَنْيَوة — séculariser; sécularisation

**1859** **دَهْر** ج دُهور — âge; époque; millénaire; temps; destin; destinée; éternité; fortune; sort; habitude; usage

ما ~ي بِذلك — qu'ai-je à faire/à voir avec cela?

عَضَّهُ الـ~ بِنِيابه — essuyer des revers de fortune

أَكَلَ الـ~ عَلَيْهِ وشَرِبَ — en avoir beaucoup vu; en avoir vu de toutes sortes

نَوائِب، تَصاريف، بَنات الـ~ — revers de fortune; vicissitudes du sort

الـ~ دَوّار — le temps passe; il y a des hauts et des bas; la chance tourne

أَقْبَلَ عَلَيْه الـ~ — la fortune lui a souri

حَدَثان الـ~ — roue de la fortune

إلى أَبَد، آخِر الـ~ — à jamais; pour toujours/l'éternité

إلى ~ الداهِرِينَ — *même sens*

لا ... الدَهْرَ كُلَّهُ، **دَهْرَهُ** — jamais de la vie

وَاللّهِ ما كَذِبَ ~ — il n'a jamais menti de la vie

أَبَدَ الدُهور — au grand jamais

**دَهْرِيّ** ج ة — athée; libre penseur; matérialiste; très âgé

**دَهْرِيَّة** — athéisme; libre pensée; naturalisme [*philos.*]

**1860** **دَهَسَ** ـَ دَهْسًا (كَلْبًا) — écraser (un chien)

داهِس — écraseur [*fam.*]

**1861** **دَهِشَ** ـَ دَهَشًا لِـ، من — s'ébahir; s'étonner; être étonné/stupéfait/surpris; rester interdit/saisi

دُهِشَ — *même sens*

**دَهْشة**، دَهَش — étonnement; ébahissement; perplexité; stupéfaction; surprise; stupeur

اِسْتَوْلَتْ عَلَيْه الـ~ — être frappé de stupeur

لِدَهْشَتي — à ma grande surprise

دَهِش، مَدْهوش — abasourdi; déconcerté; éberlué; ébahi; étonné; interdit; perplexe; stupéfait; surpris

IV **أَدْهَشَ** إِدْهاشًا ه — abasourdir; déconcerter; ébahir; éberluer [*v.x.*]; étonner; épater [*fam.*]; stupéfier; surprendre

~هُ أَنْ يَسْمَع — il fut étonné d'entendre

~ه الحَدَث — l'événement l'a frappé/surpris

**مُدْهِش** — épatant [*fam.*]; étonnant; surprenant; stupéfiant; merveilleux; prestigieux; prodigieux; phénoménal [*fam.*]

مَشْروع ~ — projet mirifique [*fam.*]/merveilleux

نَتائِج ~ة — résultats spectaculaires

شَيء، أَمْر ~ — chose étonnante; phénomène

VII اِنْدَهَشَ اِنْدِهاشًا ← دَهِشَ

**مُنْدَهِش** ← دَهِش، مَدْهوش

لا أَزالُ ~ًا — je n'en reviens pas

**1862** (دهق) **دِهاق** — comble (récipient); plein

**1863** **دِهْقان** ج دَهاقِنة، دَهاقين
chef; personnalité importante

**1864** **دِهْليز** ج دَهاليز — entrée; vestibule; corridor; galerie

~ الأُذُن — vestibule de l'oreille

**1865** **دَهِمَ** ـَ دَهْمًا ه — surprendre; survenir à l'improviste

داهِم — imminent (danger)

III **داهَمَ** مُداهَمة ه — assaillir; envahir; fondre sur; harceler; surprendre

~ فُنْدُقًا — faire une descente dans un hôtel

مُداهَمة الشُرْطة — descente de police; rafle

**1866** **دُهْمة** noirceur; noir *n.m.*

**أَدْهَم** م دَهْماء ج دُهْم noir *adj.*

~ غَيْهَب noir de jais

**دَهْماء** masse; populace [*péjor.*]; peuple; racaille

داهية ~ catastrophe; désastre

دَهْمائيّ démagogue; démagogique

دَهْمائيّة démagogie

II دَهَّمَ تَدْهيمًا noircir (par la suie)

**1867** **دَهَنَ** ـُ دَهْنًا ه enduire; oindre; peindre; pommader

~ حِذاءه graisser ses chaussures

~ بالطِيب embaumer (un corps)

دَهْن onction; peinture

**دُهْن** ج أَدْهان، دِهان graisse; gras *n.m.*

~ غَنَم، خِنْزير graisse de mouton, de porc

~ تَجْميل، زينة cosmétique; crème de beauté; fard; pommade

~ الكَتّان، النَخيل huile de lin, de palme

**دُهْنيّ** huileux; adipeux; graisseux; gras; onctueux

مادّة، جِسْم، حامِض ~(ة) matière, corps, acide gras(se)

غُدّة ~ة glande sébacée

دُهْنيّة ج ات onctuosité; matière/substance grasse

**دِهان** ج أَدْهِنة onguent; pommade; peinture; cosmétique; fard

~ لِتَلْميع الشَعْر brillantine

دَهّان peintre en bâtiment

مَدْهون؛ دَهين pommadé; graissé; verni

دَهينة ← دِهان

II دَهَّنَ تَدْهينًا (وَجْهَهُ) se farder (le visage)

مُدَهَّن fardé

III داهَنَ مُداهَنة ه aduler; circonvenir; cajoler; flagorner [*litt.*]; tromper; séduire; passer de la pommade à qqn [*fam.*]; entortiller qqn [*fam.*]; courtiser; enjôler

مُداهَنة duplicité; cautèle [*litt.*]; flagornerie [*litt.*]; dissimulation; tartuferie

مُداهِن courtisan; enjôleur; flatteur; cauteleux; flagorneur [*litt.*]

V تَدَهَّنَ تَدَهُّنًا se farder; se pommader

**1868** **دَهْنَج** malachite

**1869** (دهور) **تَدَهْوَرَ** décliner; se dégrader; dégringoler [*fam.*]; baisser; se détériorer; empirer; s'effondrer; s'écrouler; s'effriter; pourrir

**تَدَهْوُر** الحالة، الوَضْع débâcle; dégradation/détérioration/pourrissement de la situation

~ الأَسْعار، العُمْلة effritement/effondrement/dégringolade des prix, de la monnaie

~ في مُسْتَوَى المَعيشة baisse/diminution du niveau de vie

تَغَلَّبَ على ~ حاله *fig.* remonter la pente

**1870** (دهي) **دَهاء** astuce [*fam.*]; débrouillardise [*fam.*]; habileté; rouerie; ruse; stratagème; ingéniosité

داهٍ ج دُهاة astucieux; cauteleux [*péjor.*]; malin; retors; rusé; fine mouche; habile; roué; ingénieux

**داهية** ج دَواهٍ fine mouche; homme habile; maître en; retors; génial [*iron.*]

~ دَهْماء، دَهْياء calamité imprévue; désastre; catastrophe; fléau

فَلْيَذْهَبْ في ~ في، au diable! qu'il aille au diable/se faire pendre!

**داء** ج أَدْواء *v. ordre alphab.*

**1871** **دَوْبَل** sanglier mâle; oryctérope

**1872** **دَوْحة** ج دَوْح جج أَدْواح arbre de haute futaie

دائِح branchu; majestueux (arbre)

VII اِنْداحَ اِنْدياحًا se répandre; pendre

**1873** (دوخ) **داخَ** ـُ دَوْخًا s'étourdir; se sentir mal; avoir la nausée; être ivre; avoir la tête qui tourne

دَوْخة vertige; étourdissement; nausée

II دَوَّخَ تَدْويخًا griser; monter/porter à la tête; tourner la tête; donner le vertige; étourdir

**مُدَوِّخ** étourdissant

خَمْرة ~ة vin lourd/capiteux

**1874** **دُودة** ج دُود، دِيدان — ver

~ أرْض، بَيْضاء — ver de terre; ver blanc

~ القَزّ — ver à soie

~ وَحيدة، شَريطيّة — ver solitaire; ténia

~ القِرْمِز، الخِنْزير — cochenille; trichine

طارِد الدُود، الديدان — vermifuge

**دُوديّ** — vermiculé; vermiculaire; vermiforme

حَرَكة، زائِدة ~ة — mouvement, appendice vermiculaire

**دُوَيْدة** ج ات — vermisseau

II **مُدَوَّد** — véreux (fruit)

**1875** (دور) **دارَ** ـُ دَوْرًا، دَوَرانًا — tourner; circuler; se dérouler; fonctionner; tournoyer; tourbillonner

~ يَمينًا، يَسارًا — tourner à droite, à gauche

~ رَأْسُه — avoir la tête qui tourne/le vertige

~ الدَوْلابُ — la roue tourne [*pr.*]

~ الدهْر — la roue tourne [*fig.*]

~ في، على فَراغ — tourner à vide

~ المِفْتاحُ في القَفْل — la clef tourne dans la serrure

~ دَوْرةً سَريعة — faire un tour rapide

~ حول ه — contourner; tourner autour

~ حول العالَم — faire le tour du monde

~ حول المَوْضوع — tourner autour du pot [*fam.*]

~ على الأفْواه — être courant/usuel (mot)

~ على الألْسُن — faire l'objet des conversations; être sur toutes les lèvres

~ الحَديث، الكَلام على — la conversation tourne autour de/porte sur; il s'agit de

~ المُحَرِّك — démarrer *intr.*/se mettre en marche (moteur)

~ بالَ ه إلى، على ه — faire attention

ما ~ في ذِهْن ه — ce qu'il pense/qu'il a en tête

~تْ عليه الدَوائِر — subir des revers de fortune

**دُرْ** — demi-tour!

~ يَمينًا — demi-tour à droite!

**دَوَران** — circulation; tournoiement; rotation; braquage; giration

تَوَقَّفَ عن الـ~ — s'arrêter de tourner

~ الأرْض — révolution/rotation de la Terre

مُدّة، سَطْح الـ~ — durée, surface de révolution

اِتِّجاه، خَطّ ~ — sens giratoire

مِحْوَر ~ — tourillon

~ شَعْريّ، الدَم — circulation capillaire, du sang

جِهاز الـ~ — appareil circulatoire

**دَوَرانيّ** — circulatoire; rotatif

اِضْطِرابات ~ة — troubles circulatoires

حَرَكة ~ة — mouvement giratoire/rotatif

**دَوْر** ج أدْوار — rôle; tour; manche [*sport.*]; round; set [*sport.*]; phase; période; cycle; étage

عَزَفَ ~ه — jouer sa partie [*mus.*]

أتى، حانَ ~ه — son tour est venu; à son tour de

راحَ ~ه — son tour est fini/passé

بالـ~، كُلّ بِـ~ه — alternativement; tour à tour; à tour de rôle; chacun son tour

الـ~ لِ ه — c'est son tour de; à son tour/à lui de

بِـ~ه — à son tour

~ وتَسَلْسُل — cercle vicieux

~ أوّل، البُطولة — premier rôle

لَعِبَ، مَثَّلَ ~ًا — jouer un rôle [*théâtr.*]

قامَ بِـ~ كَبير — jouer un grand rôle

رَبِحَ الـ~ الأوَّل — remporter/gagner la première manche/le premier set

~ نِهائيّ — finale *n.f.* [*sport.*]; dernier round/set

~ حِضانة، قَمَريّ — période d'incubation, lunaire

~ دَمَويّ — phase/période sanglante

الـ~ الأرْضي، الأعْلى — rez-de-chaussée; dernier étage

**تَوْزيع الأدْوار** — distribution des rôles

**دَوْرة** ج ات — cycle; circuit; procession; reprise [*sport.*]; ronde; rotation; session; stage; tour; révolution [*astron.*]

~ دَوْلاب، التَصْويت — tour de roue, de scrutin

~ تَدْريب — stage/période d'entraînement

~ مَجْلِس، إمْتِحانات — session parlementaire, d'examens

~ زراعيّة — rotation des cultures

~ تَفْتيشيّة — ronde; patrouille

~ طُلّاب — promotion d'étudiants

~ كَهْرَبائيّة، اِقْتِصاديّة — circuit électrique, économique

~ سِياحيّة — circuit touristique

~ دَمَويّة، جَويّة — circulation sanguine, atmosphérique

~ المِياه — toilettes; W.-C.; salle d'eau

~ تَوْجيهيّة، إعْداديّة — cycle d'orientation, préparatoire

~ ماليّة — année fiscale; exercice budgétaire

~ اِلْتِفافيّة — manœuvre d'encerclement

**دَوْريّ** — cyclique; périodique *adj.*; saisonnier (migration); récurrent; *sport.* série

نَشْرة، مَطْبوعة ~ة — périodique *n.m.*

قِطار، رِسالة ~(ة) — train régulier; lettre circulaire

بُرْهان، جُنون ~ — cercle vicieux; cyclothymie

لا ~ — acyclique

الـ~ العامّ (لِكُرة القَدَم) — tournoi

**دَوْريّة** — caractère cyclique; périodicité; récurrence; ronde; patrouille

~ لَيْليّة — ronde de nuit

~ اللَيْل، النَهار — équipe de nuit, de jour

**دار** ج دُور، دِيار — habitation; maison; local *n.m.*; salle (de cinéma); résidence

لَزِمَ ~ه — garder la chambre

~ بَلَديّة — municipalité; maison du peuple; hôtel de ville

~ الصَنْعة، الصِناعة — arsenal

~ السِفارة — ambassade; résidence de l'ambassadeur

~ الرِئاسة — présidence; résidence du président

~ عَجَزة، نَقاهة — maison de retraite, de convalescence

~ الصُحُف، النَشْر — maison de la presse, d'édition

~ مُعَلِّمين — école normale

~ الكُتُب — librairie; bibliothèque

~ القَرار، البَقاء — la dernière demeure; la demeure éternelle; l'éternité

~ الفَناء — le bas monde; le monde temporel

~ النَعيم، السَلام — éden; paradis

~ حِضانة — crèche; garderie

**دُور** السينما، اللَهْو — cinémas; boîtes de nuit

~ البَغاء — bordels [*pop.*]; maisons de passe

**دُوريّ**؛ عُصْفور ~ — domestique *adj.*; *ois.* moineau

**دِيار** — contrée; pays

الـ~ المِصْريّة — l'Égypte

**دارة** ج ات — rond *n.m.*; halo (autour de la Lune); villa

~ كَهْرَبائيّة — circuit électrique

**دائِر** — ambulant; circulant; itinérant; en circulation; en fonctionnement; en route (moteur); rotatif

سِلْسِلة ~ة — série récurrente

**دائِرة** ج دَوائِر — cercle; circuit; circonférence; périmètre; rond *n.m.*; tour; *admin.* arrondissement; circonscription; département; district; service; *comm.* rayon

~ بَلَديّة — périmètre municipal

في ~ اخْتِصاصاته — dans la limite de ses attributions

قُطْر، شُعاع ~ — diamètre; rayon [*géom.*]

قَوْس، وَتَر ~ — arc de cercle; corde [*géom.*]

قاطِعة، مُحيط ~ — sécante; circonférence

~ البُروج — écliptique *n.m.*

~ كَهْرَبائيّة، قَصيرة — circuit électrique; court-circuit

~ المَعارِف — encyclopédie

~ سِياسيّة — sphère/cercle/milieu politique;

~ نُفوذ — sphère/zone d'influence

~ اِنْتِخابيّة — circonscription électorale

~ مَحْكَمة — chambre du tribunal

أَحْدَثَ **دَوائِر** في الماء — faire des ronds dans l'eau

~ سِياسيّة، مُطَّلَعة — milieux politiques, bien informés

دارَتْ عَلَيْه الـ~ — supporter l'adversité; subir des revers de fortune

دائِريّ — circulaire; orbiculaire

**دُوار** étourdissement; vertige; tourbillon

~ البَحْر، الجَوّ mal de mer, de l'air

شَعَرَ، أُصيبَ بِـ ~ la tête lui tourne; avoir le mal de mer, de l'air/le vertige

**دُوّار** ج دَواوير *maghr.* douar; village; *égypt.* maison du maire

**دَوّار** ambulant *adj.*; itinérant; tournant; roulant; tourbillonnant; *techn.* rotor *n.m.*

دَرَج، جِسْر ~ escalier roulant; pont tournant

باب ~ tourniquet; porte à tambour

بائع ~ marchand ambulant/forain; colporteur

مِطْبَعة ~ة rotative

~ الشَمْس tournesol

الدَهْر بِالناس ~ chacun son tour; tout le monde y passe

**دَوّارة** cerceau; remous; tourbillon; *techn.* compas à pointes sèches; moulinet

~ الرياح rose des vents

**مَدار** ج ات axe; pivot; cercle; circonférence; tour; *astron.* orbite; trajectoire; tropique

~ اِهْتِمام، أَعْمال centre d'intérêt; sphère d'activités

~ المُفاوَضات objet/sujet des discussions

~ القَضيّة pivot d'une affaire; cheville ouvrière

دارَ حَوْلَ ~ pivoter

خَطّ الـ ~ القَمَريّ plan de l'orbite lunaire

~ السَرَطان، الجَدْي tropique du Cancer, du Capricorne

على ~ السَنة toute l'année; l'année entière

مَدارة ج ات rond-point

**مَداريّ** orbital; tropical

طَيَران، مَحَطّة ~(ة) vol, station orbital(e)

مِنْطَقة ~ة zone tropicale

تَحْتَ ~ subtropical

II **دَوَّرَ** تَدْويرًا ه arrondir; circuler; tourner *tr.* et *intr.*; faire tourner; tourner en rond; renverser; remonter (une montre)

~ رَأْس ه tourner la tête [*fig.*]

~ دَواليب السَيّارة braquer les roues

~ بِـ ه faire des moulinets

~ الفَوائِض recycler les excédents

تَدْوير الفَوائِض recyclage des excédents

**مُدَوِّرة** ج ات manivelle

~ السُفود tournebroche

**مُدَوَّر** arrondi; circulaire; rond

III داوَرَ مُداوَرة ه biaiser; abuser; amuser [*litt.*]; circonvenir; emberlificoter [*fam.*]; tergiverser; regarder de biais

**مُداوَرة** ménagement; tergiversation

~ سياسيّة méandres de la politique

بِدُونِ ~ sans ambages

IV **أَدارَ** إدارةً ه entraîner [*mécan.*]; tourner *tr.*; faire circuler/passer à la ronde/tourner/fonctionner; mettre en marche/en mouvement; imprimer un mouvement; manœuvrer *tr.*; administrer; conduire; gérer; ménager; prendre en charge

~ ظَهْرَه، رَأْسَه، المِقْوَد tourner le dos, la tête, le volant

~ عَيْنَيْه rouler/tourner les yeux

~ ه عَنْ بُعْد télécommander; téléguider

~ التَدْفِئة allumer le chauffage

~ المَشاريع mener des projets à bien

~ مُحَرِّكًا lancer un moteur; faire démarrer/partir/tourner un moteur; mettre un moteur en marche/en route

~ شَرِكة administrer/gérer/diriger une société

~ الحَديث، الكَلام brancher [*fam.*]/faire porter la discussion sur; aborder un sujet de discussion

~ فُنْدُقًا gérer/tenir un hôtel

~ خَبَرًا faire circuler une information

~ بِوَجْهِه إلى ه tourner la tête en direction de

~ ه عن ه détourner qqn de (son devoir)

**إدارة** administration; direction; gestion; gérance; conduite (des affaires); *mécan.* commande; entraînement; guidage

~ مَرْكَزيّة، عامّة administration centrale, publique

مَجْلِس ~ conseil d'administration

~ أَمْوال، فُنْدُق gestion de biens; gérance d'un hôtel

أَشْرَفَ على ~ الأَعْمال — avoir la haute main sur les affaires

~ بالتُروس، بالسُيور — commande par engrenages, par courroies

~ عن بُعْد — télécommande; téléguidage

**إداريّ** — administratif; gestionnaire

خِبْرة ~ة — expérience de l'administration/de la gestion

إداريًّا — administrativement

**مُدير** ج ون، مُدَراء — administrateur; directeur; gérant; régisseur; chef; gouverneur

~ رِياضيّ — directeur sportif; manager [*sport.*]

~ جَوْقة، فَنّان — chef d'orchestre; imprésario

~ دُروس — directeur/préfet des études

~ مَدْرَسة — proviseur

نائِب ~ المَدْرَسة — censeur; sous-directeur

مُديريّة — direction; province [*admin.*]; gouvernorat

X **اِسْتَدارَ** اِسْتِدارة — s'arrondir; se retourner; faire demi-tour/un tête-à-queue

~ عائِدًا — revenir sur ses pas

**اِسْتِدارة** — arrondi *n.m.*; rotondité; rondeur; demi-tour; tête-à-queue

~ كَتِفَيْها و خَصْرِها — rondeur des épaules et de la taille

**مُسْتَدير** — rond; arrondi *adj.*; circulaire

نافِذة ~ة — hublot

مائِدة، طاوِلة ~ة — guéridon; table ronde

~؛ مُسْتَديرة — rond-point

**1876** **دَوْرَق** ج دَوارِق — carafe; jarre à deux anses

**1877** **دَوْزَنَ** آلة وَتَرِيّة — accorder un instrument à corde; tendre les cordes d'un instrument de musique

~ الإذاعة — mettre au point [*radio.*]

**دَوْزَنة** — accordage; mise au point [*radio.*]

**دُوزان** — accordoir; accord

اِخْتَلَّ ~ آلة — se désaccorder (instrument); déton-ner; dissoner

اِخْتَلَّ ~ عَقْله — avoir l'esprit troublé; divaguer

**1878** (دوس) **داسَ** ـُ دَوْسًا ه — écraser; marcher sur; rouler sur; fouler; fouler aux pieds; pédaler; piétiner

~ القَمْح — battre le blé

**دَوّاسة**؛ مِدْوَس ج مَداوِس — pédale

~ الكابِحة، الوَصْل — pédale de frein, d'embrayage

~ التَسارُع — accélérateur

مِدْوَس ج مَداوِس — batte; battoir; polissoir

مُداوِس — spatule [*ois.*]

VII اِنْداسَ اِنْدِياسًا — être écrasé/battu/broyé

**دُوش** ج ات ← دُشّ

**1879** **دَوْشة** — boucan [*fam.*]; chahut; clameur; raffut

**1880** (دوف) **دافَ** ـُ دَوْفًا ه — macérer; délayer/préparer une mixture

دَوْف — macération

**1881** (دول) **دالَ** ـُ دَوْلة — alterner; changer (périodiquement); tourner (chance); être révolu

~تْ على ه الدَوْلة — mal tourner pour; tourner au désavantage de

~تْ لِـ ه الدَوْلة — bien tourner pour; tourner en faveur de

دَوْل — alternance; changement; retour; tour; vicissitude

**دَوْلة** ج دُوَل — *n.un. du précéd.*; dynastie; État; nation; pouvoir; puissance

صاحِب الـ~ — *lib., syr. titre honorifique du Premier ministre*

~ رَئيس الحُكومة — *lib., syr.* Son Excellence le Premier ministre

الـ~ الأُمّ — métropole

مَصْلَحة الـ~ — raison d'État

الـ~ الأُمَوِيّة، العَبّاسيّة — dynastie omeyyade, abbasside

وَزير ~ — ministre d'État

**دُوَل** النَفْط، الخَليج — États pétroliers, du Golfe

الـ~ الكُبْرى، الأَعْضاء — les grandes puissances; les États membres

**دَوْليّ** — étatique; national

دَوْليّة — étatisme

**دُوَليّ** — international

المِياه الـ~ة les eaux internationales

رياضيّ ~ international *n.m.* [*sport.*]

**دُوَلِيّة** internationalisme; caractère international

الـ~؛ الـ~ الثالِثة l'Internationale; la Troisième Internationale

دُوَيْلة ج ات petit État; principauté; canton (suisse)

**دَوالَيْكَ** un après l'autre; tour à tour; à tour de rôle; alternativement

و هَكَذا ~ et ainsi de suite

II **دَوَّلَ** تَدْويلًا ه étatiser; internationaliser

~ وسائل الإنْتاج nationaliser les moyens de production

تَدْويل étatisation; internationalisation; nationalisation

III **داوَلَ** مُداوَلة ه، ه alterner; faire alterner

~ ه في ه conférer/délibérer/discuter/parler avec qqn de qqch; entretenir qqn de

**مُداوَلة** ج ات consultation; délibération; discussion; négociation

عَرْضُ الدَعْوَى لِلْـ~ mise d'une affaire en délibéré

حَقّ التَصْويت في الـ~ voix délibérative/consultative

مُداوَلةً alternativement; à tour de rôle

مُداوَلات pourparlers; tractations [*péjor.*]

IV أَدالَ إدالة ه، ه مِنْ faire passer qqch (de l'un à l'autre); transférer (qqch, qqn de … à)

VI **تَداوَلَ** تَداوُلًا ه conférer; se concerter; délibérer; alterner; circuler; faire qqch à tour de rôle

~ الرَأْي échanger des points de vue/des avis/des idées

~تْ ه الأَلْسُن passer de bouche en bouche; être sur toutes les lèvres

~تْ ه الأَيْدي passer de main en main; être dans toutes les mains

**تَداوُل** رُؤُوس الأَمْوال roulement de capitaux

~ السِلَع، النَقْد circulation des marchandises, monétaire

بالـ~ à tour de rôle; tour à tour

أَمَرَ بالـ~ ordonner un délibéré

لُغة الـ~ langue véhiculaire

~ كَلِمة usage d'un mot

تَداوُليّ délibératoire

مُتَداوِل délibérant

مال **مُتَداوَل** fonds de roulement

رَأْسمال ~ capital flottant

كَلِمة ~ة mot usité/courant/commun

1882 **دُولاب** ج دَواليب armoire; roue; cerceau; molette

~ الغَزْل، بِريشات rouet; roue à aubes

~ سِلْسِلة plateau de pédalier

~ مُسَنَّن rouage; roue dentée; engrenage

قَدّاحة ذات ~ briquet à molette

دُوَيْليب ج ات roulette

1883 **دولار** ج ات dollar

الحِسابات الدولاريّة الأُورُبيّة eurodollars

**دَوْلَع** ← دُلّاع

1884 **دُوم** palmier nain; chamerops humilis

1885 (دوم) **دامَ** ـُ دَوْمًا se conserver; continuer; durer; exister; se perpétuer; persister; se poursuivre; subsister; tenir *intr.*

ما ~ étant donné que; dans la mesure où; dès lors que; tant que; du moment que; puisque

ما ~ على ه أَنْ tant qu'à faire; à tant faire que de

ما ~ الناس يُريدون puisque/tant que les gens le veulent

ما **دُمْتَ** تُريده puisque vous le voulez

ما ~ حَيًّا tant que vous vivrez

دَوْمًا continuellement; éternellement; constamment; incessamment; toujours; pour toujours; en permanence; sans cesse

دَوَمان tourbillonnement

**دَوام** continuité; constance; durée; pérennité; perpétuité; persistance; permanence; horaire

عَلَى الـ~؛ دَوامًا ← دَوْمًا

ساعات ~ heures de présence/de permanence

تَأَخَّرَ عن الـ~ être en retard (à son travail)

مَكْتَب ~ الحِزْب permanence du parti

دَوامًا كامِلاً à temps complet

**دائم** durable; éternel; incessant; constant; de tous les instants; sempiternel; perpétuel; continu; continuel; permanent

أوْراق ~ة feuilles persistantes

دائِمًا toujours; tout le temps; à tout coup; continuellement; perpétuellement

دَيْمومة durée

دَوّام tourbillonnant; tournoyant

دُوّامة toupie

**دَوّامة** ج ات tourbillon; remous

~ الأعْمال، الأفْكار tourbillon des affaires, des idées

II **دَوَّمَ** تَدْويمًا tourbillonner; tournoyer; virevolter

تَدْويميّ giratoire

III **داوَمَ** مُداوَمة على ه continuer; persévérer; persister; faire diligence pour

~ على جُهوده poursuivre ses efforts

مُداوَمة assiduité; continuation; endurance; persévérance; persistance

مُداوِم assidu; à plein temps

IV أَدامَ إدامة prolonger/faire durer

مُدام، مُدامة vin

X اِسْتَدامَ اِسْتِدامة traîner (en longueur); se maintenir (en l'état)

مُسْتَديم incessant; continuel; continu; ininterrompu; durable; permanent

**1886** **دُون** bas; médiocre; de mauvaise qualité; inférieur; *v. aussi 1887*

عامَلَ ه بالـ~ traiter de haut

رَضِيَ بالـ~ se satisfaire de la médiocrité

**دُونَ** en deçà de; au-dessous de; à la différence de; à l'exclusion de; inférieur à; sans

~ ما، أنْ، بِدونِ أنْ sans; sans que

~ المُعَدَّل inférieur à la moyenne

~ الأحْمَر infrarouge

~ المُهِمّة au-dessous de sa tâche

~ مُسْتَوَى البَحْر au-dessous du niveau de la mer

~ ه، ه أهَمّيّةً de moindre importance; moins important

~ ه عِلْمًا moins savant que

~ ما نَظَر إلى en faisant abstraction de; sans tenir compte de

~ تَمْييز بَيْنَ sans distinction de

~ فائِدة، عِلْم sans utilité; sans savoir

~كَ الكِتاب prends/tiens/attrape le livre!

دُونيّة infériorité

**دانة** ج ات obus

~ هاوِن obus de mortier

**1887** (دون) **ديوان** ج دَواوين bureau; cabinet; administration; chancellerie; office; secrétariat; compartiment (de train)

~ شِعْر recueil de poèmes; divan

~ المُحاسَبة Cour des comptes

رَئيس الـ~ directeur de cabinet

~ الجُمْرُك douane

دِيوانيّ bureaucratique; administratif

دِيوانيّة bureaucratie

II **دَوَّنَ** تَدْوينًا ه codifier; prendre note de; noter; prendre acte; inscrire; transcrire; collecter/réunir (des poèmes)

~ في جُذاذ mettre en fiches; ficher

~ شَرْطًا stipuler une condition

~ مُلاحَظاته coucher par écrit/consigner ses remarques

~ بَيانات noter/porter des indications

تَدْوين codification; enregistrement; inscription; notification; transcription; mise en fiches

مُدَوِّن codificateur

شَرْع مُدَوَّن droit écrit

مُدَوَّنة ج ات code; note

**1888** (دوى) **دَواء** ج أدْوِية remède; médicament; médecine [*class.*]; médication; drogue

آخِر الـ~ الكَيّ *prov.* aux grands maux les grands remèdes; employer les grands moyens

لِكُلّ داء ~ *prov.* il y a remède à tout

لا ~ لَهُ irrémédiable; sans remède

خِزانة، حَقيبة **أدْوِية** pharmacie (meuble)

دَوائِيّ curatif; médicinal; médical
طِبّ ~ médecine curative
نَبات ~ plante médicinale
دَوِيّ؛ الداء الـ~ malade; maladie grave
II داوَى مُداوةً ه، ه soigner; traiter (un malade); remédier à; porter remède à
مُداواة cure; traitement; médication
طَبيب مُداوٍ médecin traitant

1889 (دوى) دَواة، دَواية ج دَوَيات encrier
دُواية croûte/peau du lait

1890 دَوَى ـِ دَوِيًّا retentir; vrombir; faire du bruit
دَوِيّ bruit; écho; fracas; retentissement; vacarme; vrombissement; son
~ الرَعْد coup de/fracas du tonnerre
داوٍ bruyant; fracassant; retentissant; sonore
II دَوَّى تَدْوِية gronder/retentir/tonner (canon, tonnerre); renvoyer l'écho
مُدَوٍّ retentissant; fracassant (discours); tonnant

1891 دَيُّوث entremetteur; maquereau [*pop.*]

1892 دَيْجور ج دَياجير ténèbres

1893 دَيْدَن habitude; coutume; pratique *n.f.*
~هُ الـ، أَنْ être coutumier de/habitué à

1894 دَيْر ج أَدْيار couvent; abbaye; cloître; monastère; prieuré
~ رَئِيسيّ maison mère d'un ordre religieux
دَخَل الـ~ prendre le voile; entrer dans les ordres

1895 دِيزَل diesel

1896 دَيْس ج أَدْياس aréole; *bot.* arundo
ديسة ج دِيَس jungle

1897 ديسَمْبَر، دِسَمْبَر décembre

1898 ديك ج ديكة، دُيوك coq
~ حَبَش dindon
سُعال ديكيّ coqueluche [*méd.*]

1899 ديكور ج ات décor

1900 دَيْلَم une nuée de; quantité innombrable

1901 دَيْماس ج دَياميس souterrain

1902 دِيمُقْراطيّ، ديموقراطيّ démocrate; démocratique
دِيمُقْراطيّة، ديموقراطيّة démocratie

1903 (دين) دانَ ـِ دِينًا بِـ ه adhérer à/pratiquer/professer une religion; *v. aussi 1904*
دِيانة pratique du culte; religion
دِين ج أَدْيان religion; croyance; confession religieuse
عالِم الـ~ théologien
يَوْم الـ~ jour du Jugement dernier
دينيّ religieux; spirituel; confessionnel
لا ~ irréligieux; areligieux; athée
السُلْطة الـ~ة pouvoir spirituel
V تَدَيَّنَ تَدَيُّنًا pratiquer/professer une religion; être religieux
تَدَيُّن dévotion; sentiment religieux; religiosité; piété
مُتَدَيِّن dévot; pieux; religieux

1904 دانَ ـِ دَيْنًا لِـ ه بِـ ه devoir qqch à qqn; *v. aussi 1903*
~ لِـ ه بِالشُكْر être l'obligé de
~ لِـ ه بِالحياة devoir la vie à
دَيْن ج دُيُون créance; dette
~ الدَوْلة، عامّ dette publique
دُيُون passif
~ الحَرْب dettes de guerre
دائِن prêteur; créditeur; créancier
الجانِب الـ~ avoir *n.m.* [*comptab.*]
~ بِرَهْن حِيازة prêteur sur gages

| | |
|---|---|
| ~ أصْليّ | créancier principal |
| **مَدين، مَدْيون** | débiteur; débité; redevable |
| حِساب ~ | compte débiteur/débité |
| كان ~ًا لِـ ه بـِ ه | être redevable à/l'obligé de; devoir qqch à |
| كان ~ًا لِـ ه بِالفَضْل والجَميل | devoir beaucoup de reconnaissance/une fière chandelle à qqn |
| III دايَنَ مُدايَنة ه | faire un prêt/prêter à qqn |
| مُدايَنة | lettre de change |
| IV **أدانَ** إدانة ه مالًا | prêter de l'argent à |
| ~ ه بِـ | accuser; condamner; convaincre qqn (d'un crime); déclarer coupable de |
| إدانة | condamnation; accusation; culpabilité établie |
| مُدين | prêteur |
| مُدان | condamné; convaincu (de); coupable; déclaré coupable |
| V تَدَيَّنَ تَدَيُّنًا ← X | |
| X اِسْتَدانَ اِسْتِدانةً ه مِن | emprunter/faire un emprunt; contracter/faire une dette; s'endetter |
| اِسْتِدانة | endettement; emprunt |
| مُسْتَدين | emprunteur |
| 1905 **دينار** ج دَنانير | dinar; denier |
| ديناريّ | carreau (jeu de cartes) |
| 1906 **دينامو** | dynamo |
| دينامومِتْر | dynamomètre |
| ديناميّ؛ ديناميّة | dynamique *adj.*, *n.f.*; dynamisme |
| 1907 **دَيْوَنَ** دَيْوَنة | bureaucratiser; bureaucratisation |
| 1908 **دِية** | prix du sang |

(ذال)

*neuvième lettre de l'alphabet: «ḏāl»;*
*fricative interdentale sonore:* [ð]

**1909** **ذا** (← هذا، ذَلِكَ) *pron. dém.* ceci; celui-ci

أَيُّها ~ hé là, vous!

ما ~ quoi? qu'est-ce que?

لِما ~ pourquoi?

لِـ ~ c'est pourquoi

بِـ ~ de cette façon; de ce fait; dès lors; par ce moyen

كَـ ~ ainsi; de cette manière

هُو ~ celui-là; c'est cela

هاءنَذا c'est moi; me voici

هَهُنا ~ c'est ici

**ذاكَ** cela; celui-là

~ هُو voilà

إِذْ، وَقْتَ، عِنْدَ، حِينَ ~ alors; à cette époque-là; à ce moment-là

ذانِكَ م تانِك l'un et l'autre; ces deux-là

**1910** (ذأب) **ذِئْب** ج ذِئاب، ذُؤْبان loup [*zool.*]

مَشَى مِشْيَةَ الـ~ marcher à pas de loup

~ في جِلْد حَمَل *prov.* un loup devenu berger; une main de fer dans un gant de velours (*m. à m.* un loup dans la peau d'un agneau)

داء الـ~ *fig.* faim (*m. à m.* la maladie du loup)

أُذْكُر الـ~ و هَيِّئْ القَضيب *prov.* quand on parle du loup on en voit la queue (*m. à m.* parle du loup et prépare ton bâton)

أَجْوَعُ مِنْ ~ *prov.* avoir une faim de loup

الـ~ في ثَلَّة (enfermer) le loup dans la bergerie

ذُؤْبان العَرَب brigands (célèbres chez les Arabes)

**ذُؤابة** ج ذَوائِب partie la plus haute de qqch; mèche/toupet de cheveux

~ الجَبَل sommet de la montagne

~ القَوْم notables de la tribu

VI تَذاءَبَ تَذاؤُبًا louvoyer; louvoiement

**1911** **ذات** ج ذَوات (← ذو) *fém.* qui a; qui possède; *philos.* ego; essence; être; moi *n.m.*; personne; soi *n.m.*; sujet

حُبّ الـ~ égocentrisme; égoïsme; amour de soi

مُحِبّ الـ~ égocentrique; égoïste

ثِقة بالـ~ confiance en soi

اِعْتِماد على الـ~ indépendance; autonomie

بالـ~؛ بِـ~ه en personne; personnellement; particulièrement; spécialement; même *adv.*

لِـ، بِـ، في حَدّ ~ه en soi; par essence

من ~ نَفْسِه؛ من تِلْقاء ~ه de son propre chef

~ الأَشْياء les mêmes choses; les choses mêmes

أنا بالـ~، بِـ~ي moi-même

أَنْتَ بالـ~، بِـ~ك toi-même

هو بالـ~، بِـ~ه lui-même

هُوَ اللُّطْف بالـ~ c'est la bonté même

في تِلْكَ اللَحْظة بالـ~ à l'instant même

إِسْم الـ~ *gramm.* substantif

ذاتِيّة égocentrisme; identité [*philos.*]; individualité; particularisme; personnalité; subjectivité; subjectivisme

لا~ impersonnalité

~ الكائِن ipséité

~ الحَرَكة automation; automatisme

أزالَ، إزالة ~ه dépersonnaliser; dépersonnalisation

أضاعَ ~ه se dépersonnaliser

1912 **ذَبَّ** ـُ ذَبًّا ه عن éloigner; chasser; détourner; repousser

~ غائلة الجُوع chasser le spectre de la faim

**ذُبابة** ج ذُباب، ذِبّان mouche [*ins.*]

~ المَناقِع notonecte

~ الزُهور éristale

1913 **ذَبَحَ** ـَ ذَبْحًا ه، ه égorger; immoler; sacrifier; massacrer; tuer; couper la gorge

~ ضَحِيّة immoler une victime

~ المَواشيَ abattre du bétail

ذَبْح égorgement; abattage; sacrifice

**ذِبْحة**، ~ صَدْرِيّة angine; angine de poitrine

ذَبيح égorgé; immolé; sacrifié; destiné à être immolé/sacrifié

**ذَبيحة** ج ذَبائِح offrande/victime (animal destiné au sacrifice); sacrifice

أقام الـ~ célébrer le sacrifice

الـ~ الإلَهِيّة le saint sacrifice

ذَبائحِيّ sacrificatoire

مَذْبوح sacrifié; immolé; abattu (animal de boucherie); égorgé

مَذْبَح ج مَذابِح abattoir; autel

**مَذْبَحة** ج مَذابِح abattoir [*fig.*]; boucherie [*fig.*, *péjor.*]; carnage; hécatombe; massacre

أرْسَلَ الجُنود إلى الـ~ envoyer les soldats à l'abattoir

VI تَذابَحَ تَذابُحًا s'entre-égorger

1914 **ذَبْذَبَ** ذَبْذَبة balancer; fluctuer; osciller; *fig.* hésiter

~ صِلة، اِرْتِباط بِـ ه en relation avec; qui a un lien avec

صِناعة ~ اِسْتِثْمارات ضَخْمة industrie qui nécessite de gros investissements

دَوْلة ~ عُمْلة قَوِيّة État à monnaie forte

~ قيمة valable; qui a de la valeur

غَيْر ~ قيمة non/pas valable; sans valeur

عَضَلة ~ رَأْسَيْن biceps

~ حَدَّيْن، قَرْنَيْن binôme; bicorne

~ الأجْراس، القَرْنَيْن *v. au second terme*

~ الجَنْب، الرِئة pleurésie

~ الصُدور idées; pensées; secrets

~ البَيْن discorde; dissension; désunion

~ اليَد pouvoir; puissance

~ اليَمين، اليَسار à droite; à gauche

**ذاتَ** مَرَّةٍ une certaine/une fois

~ يَوْمٍ un certain/un jour

~ لَيْلَةٍ une certaine/une nuit

**ذَوات** notables

اِبْن الـ~ de bonne famille

~ الجَناحَيْن gent ailée [*litt.*]; insectes ailés; diptères *n.m.pl.*

~ الأرْبَع quadrupèdes *n.m.pl.*

**ذاتِيّ** autonome; essentiel; indépendant; personnel; subjectif; particulariste; auto-*préf.*

حَرَكة ~ة mouvement automatique

تَوالُد ~ génération spontanée

عادات، روح ~ة particularisme

إيحاء، اِكْتِفاء ~ autosuggestion; autarcie

حُكْم، تَرْجَمة ~(ة) autonomie; autobiographie

تَمْويل، تَلْحيم ~ autofinancement; autogène

تَوْجيه، نَقْد ~ autoguidage; autocritique

دِفاع، تَدْمير ~ autodéfense; autodestruction

دافِع، دَفْع ~ autopropulseur; autopropulsion

~ الاِنْدِفاع، السَيْر autopropulsé; automobile

**ذَبْذَبة** ج ات — oscillation; balancement; fluctuation; hésitation; incertitude; indécision; instabilité

مُسَجِّل، مِقْياس، مِكْشاف الـ ~ — oscillographe; oscillomètre; oscilloscope

**مُذَبْذِب** — qui balance; qui oscille; fluctuant; hésitant; incertain; inquiet; instable

هو ~ بَيْن مَواقِف — balancer/hésiter entre plusieurs positions

II تَذَبْذَبَ تَذَبْذُبًا ← ذَبْذَبَ

تَذَبْذُبيّ — oscillatoire

مُتَذَبْذِب — ondulatoire [*électr.*]; ondoyant; oscillant

رَجُل ~ المِزاج — homme de caractère hésitant

نور ~ — lumière tremblotante

حَرَكة ~ة — mouvement oscillatoire/pendulaire

**1915** **ذَبَرَ** ـُ ذَبْرًا (الكِتاب) — parcourir un livre à hâte; lire rapidement/en diagonale; aller à l'essentiel dans une lecture

**1916** **ذَبُلَ** ـُ ذُبولًا — s'alanguir; dépérir; se faner; se flétrir; être flané/flétri

ذَبْل — écaille (de tortue)

ذُبول — dépérissement; langueur; alanguissement; flétrissure

**ذابِل** — fané; flasque; flétri; languide [*litt.*]; languissant; tiré/vieilli (traits)

عُيون، وَجْه ~(ة) — yeux battus; visage fatigué

**ذُبالة** ج ذُبال — mèche

~ شَمْعة، مِصْباح — mèche de bougie, de lampe

IV أَذْبَلَ إِذْبالاً ه، ه — alanguir; faner *tr.*; flétrir *tr.*

**1917** **ذَخَرَ** ـَ ذَخْرًا ه — mettre en réserve/de côté

~ مالًا — faire provision d'argent; mettre de l'argent de côté

ذُخْر ج أَذْخار — provisions; réserve; trésor

ذَخير — amorce [*arm.*]

**ذَخيرة** ج ذَخائِر — munitions; provision; réserve; stock; trésor; relique

~ أَمان — volant de sécurité

صُنْدوق ~ — reliquaire

II ذَخَّرَ تَذْخيرًا ه — amorcer; pourvoir; emmagasiner

جِهاز التَذْخير — amorce [*arm.*]

مُذَخِّرة — batterie d'accumulateur

IV أَذْخَرَ إِذْخارًا ه — approvisionner (une arme)

VIII اِذَّخَرَ ← اِدَّخَرَ (دخر)

**1918** **ذَرَّ** ـُ ذَرًّا ه — poudrer; répandre; saupoudrer

~ الرَماد في العُيون — jeter de la poudre aux yeux

~ ذُرورًا (قَرْنُ الشَمْس) — apparaître/émerger/poindre [*litt.*] (Soleil)

**ذَرّ** — *coll.* atomes; particules; petites fourmis; progéniture

~ مَسْحوق — poudrage; saupoudrage

**ذَرّة** ج ات — *n.un.* atome; brin; grain; molécule; parcelle; particule; petite fourmi

~ تُراب، رَمْل، صَواب — grain de poussière, de sable, de bon sens

~ من؛ مِثْقال، مِقْدار ~ — un brin/un doigt/une larme de; un iota [*fam.*]

دَمَّرَ بَلَدًا بِالـ~ — atomiser un pays

عِلْم الـ~ — atomistique

جُزَيْء الـ~ — molécule atomique

ثُلاثيّ الـ~ — triatomique

~ غَرامِيّة — atome-gramme

**ذَرِّيّ** — atomique; atomiste; moléculaire

عالِم ~ — savant atomiste

إِشْعاع، طاقة ~(ة) — rayonnement, énergie atomique

عَدَد، وَزْن، غُبار ~ — nombre, poids, poussière atomique

نَظَرِيّة، مُفاعِل ~(ة) — théorie, pile atomique

قُنْبُلة، أَسْلِحة ~ة — bombe, armes atomique(s)

مُصاب بِالإِشْعاع الـ~ — atomisé; victime du rayonnement atomique

ذَرِّيّة — atomisme

ذَرِّيّات — atomistique

**ذَرور** ج أَذِرّة — poudre

~ الدَجّالين — poudre de perlimpinpin

ذَروريّ — poudreux; pulvérulent

ذَرورِيّة — pulvérulence

ذَريرة ج ذَرائِر — collyre; cosmétique; poudre parfumée

ذُرِّيّة ج ات، ذَراري descendance; descendants; enfants; lignée; postérité; progéniture

مِذَرَّة ج مَذارّ semoir

**1919** **ذَرِبَ** ـَ ذَرَبًا، ذَرابة être ... *v. à l'adj.*

ذَرابة volubilité; causticité [*fig.*]

**ذَرِب** aigu; effilé; volubile; caustique [*fig.*]

~ اللِسان qui a la langue bien pendue

II ذَرَّبَ تَذْرِيبًا ه appointer; effiler

مُذَرَّب acéré; pointu; effilé; empoisonné (flèche)

**1920** **ذُرّاح**، ذَرّوح cantharide; mouche d'Espagne

**1921** **ذَرَعَ** ـَ ذَرْعًا étreindre; prendre dans ses bras; étendre les bras

~ قُماشًا mesurer une étoffe (avec le bras)

~ البِحار، الرَصيف sillonner les mers; faire le trottoir [*pop.*]

~ طريقًا جيئةً وذهابًا aller et venir; arpenter une rue; faire les cent pas; battre le pavé

~ إلى، عِنْدَ ه لِـ intercéder/intervenir auprès de qqn en faveur de

**ذَرْع** étreinte; envergure

واسِع، ضَعيف الـ~ puissant; impuissant

خالي الـ~ sans souci

ضاق بِـ ه ~ًا en avoir assez; ne plus supporter; être au-dessus des forces de qqn; ne pas y arriver

اِقْصِدْ بِـ~ك mêlez-vous de ce qui vous regarde

ما أَوْسَعَ ذَرْعَهُ في ه comme il est habile dans!; il est très fort en

**ذُرْعة** ج ذُرَع expédient; moyen

**ذِراع** ج أَذْرُع bras; avant-bras; *métrol.* coudée; aune

واسِع الـ~ avoir le bras long; être très fort en/habile à

~ الميزان، الرافِعة fléau de balance; flèche d'une grue

~ التَوْصيل arbre de transmission; bielle

~ قَلّابة، المِرْفاع vilebrequin; bras de levier

~ الأُخْطُبوط tentacule

بِالباع والـ~ à tour de bras; à bras raccourcis

تَأَبَّطَ ~ه donner le bras à; prendre par le bras

باسِطًا ~ه le bras tendu

أَعْطِ العَبْدَ كُراعًا يَطْلُب ~ًا *prov.* donnez un œuf à un esclave, il vous réclamera un bœuf

بِقُوّة **الذِراعَيْن** à force de bras; à la force du poignet

فَتَحَ، مَدَّ لَه الـ~ ouvrir/tendre les bras à

مِلْءُ الـ~ brassée

مِلْءُ الـ~. **ذِراعَيْه** à pleins bras

أَخَذَ بَيْنَ ~ه prendre dans ses bras

ذارِعة phalène

**ذَريع** rapide; véloce [*litt.*]; ample; large

إِخْفاق ~ échec complet/total

مَوْت ~ mort subite

**ذَريعة** ج ذَرائِع expédient; prétexte; subterfuge; intermédiaire; entremise

اِتَّخَذَ ه ~ لِـ prendre qqch comme prétexte

بِـ~ أن sous couleur/prétexte de

II **ذَرَّعَ** تَذْريعًا ه étrangler par derrière; agiter les bras

~ في السِباحة ~ nager la brasse

تَذْريعة brassée

V **تَذَرَّعَ** تَذَرُّعًا بِـ s'autoriser de; se prévaloir de; se réclamer de

~ بِذَريعة، بِوَسيلة alléguer; arguer de; exploiter/invoquer/mettre en avant/faire valoir/utiliser (argument, raison, prétexte); prendre prétexte de; prétexter de

**مُتَذَرِّعًا**، ~ أنّ en prétextant que; sous prétexte de/que

**1922** **ذَرَفَ** ـِ ذَرْفًا، ذَريفًا couler (larmes)

~تْ دُموعُه il pleure; ses larmes coulent

~ دُموعًا pleurer; verser des larmes; répandre des pleurs

~ دُموعًا حارّة، حَرَّى pleurer à chaudes larmes

**1923** **ذُرْفة** muguet [*bot.*]

**1924** **ذَرَقَ** ـُ ذَرْقًا fienter

ذَرَق طَيْر excrément/fiente d'oiseau

ذَرَقَة ج ذَرَق، أَذْراق écaille de tortue

مَذْرَق ج مَذارِق cloaque [*zool.*]

**1925** **ذُرة**؛ ~ صَفْراء maïs; sorgho

~ بَيْضاء *syr.* millet

**1926** (ذرو) **ذَرا** ـُ ذَرْوًا disperser; répandre; soulever (de la poussière)

~ (قَمْحًا)؛ ذَرْو vanner (du blé); vannage

ذَرَى ـِ ذَرْيًا *même sens*

ذُرًى؛ ذُراوة poussière vannée

ذَرّايَة van

**مِذْرًى**، مِذْراة ج مَذارٍ fourche

~ ثُلاثِيّ trident

II ذَرَّى تَذْرِيَة ← ذرا

مُذَرٍّ vanneur

**1927** **ذُرْوَة** ج ذُرًى apogée; cime; faîte; optimum; point culminant; sommet; summum; *v. aussi 1925, 1926*

بَلَغَ الـ~ culminer; atteindre son apogée

~ الغَضَب paroxysme de la colère

مُؤْتَمَر الـ~ conférence au sommet

~ المَجْد apothéose

**1928** **ذُعَرة** bergeronnette

**1929** **ذَعَرَ** ـَ ذَعْرًا ه affoler; effarer; effrayer; épouvanter; faire peur; terrifier

ذُعِرَ avoir peur; être effrayé

**ذُعْر**، ذَعَر affolement; alarme; consternation; effroi; épouvante; frayeur; panique; peur; stupeur; terreur

باعِث الـ~ effrayant; terrifiant

عاشَ في حالة الـ~ vivre dans la terreur

~ جَوِّيّ alerte aérienne

اِسْتَوْلَى عليه الـ~ la frayeur s'empara de lui; il fut gagné par la terreur

تَحْتَ تأْثير الـ~ sous l'empire de la terreur

إِنَّهُ ~ c'est une terreur [*pop.*]!

**مَذْعور**؛ ذَعور affolé; alarmé; effaré; effrayé; épouvanté; hagard; hébété; paniqué; terrifié; tremblant/transi de peur

أَفاق، اِسْتَيْقَظَ ~ًا se réveiller en sursaut, hagard

رُؤوس أَمْوال ~ة capitaux fugitifs/vagabonds

IV أَذْعَرَ إِذْعارًا ← ذَعَرَ

**1930** (ذعف) **ذُعاف** qui cause une mort immédiate; poison; venin

مَوْت ~ mort subite/violente

**1931** (ذعن) IV **أَذْعَنَ** إِذْعانًا لِـ ه، ه

obéir à; obtempérer à; prendre son parti de qqch; se laisser faire

~ لِرَأْي ه se ranger à l'avis de

~ لِلصَّواب entendre raison

~ لِلنَّصائِح écouter/suivre les conseils

~ لِلأَوامِر déférer/obéir/obtempérer aux ordres

~ بِالطّاعة obéir sans discuter; se soumettre

إِذْعان docilité; soumission; obéissance

مُذْعِن docile; obéissant; soumis

**1932** **ذَقَن**، ذِقْن ج أَذْقان، ذُقون menton; barbe

ضَحِكَ في، على ~ ه rire à la barbe/au nez de; se payer la tête de

غَرِقَ في العَمَل حَتّى ~ه être plongé dans le travail jusqu'au cou/jusqu'aux oreilles

~ الشَّيْخ absinthe [*bot.*]

حَلَقَ ~ه se raser

**1933** **ذَكَرَ** ـُ ذِكْرًا، تَذْكارًا citer; consigner; énoncer; évoquer; mentionner; penser; rappeler; se rappeler; songer à; se souvenir; *v. aussi 1934*

~ ه، ه بِالخَيْر، بِالشَّرّ dire du bien, du mal de

~ مُلاحَظاته consigner ses observations

~ الأَيّام الغابِرة évoquer les jours anciens; parler du bon vieux temps

~ مَشاكِل الساعة évoquer les problèmes de l'heure

~ صَراحةً ه mentionner expressément; faire mention expresse de

أَزْمان لا تَعيها الـ~ temps immémoriaux

**تِذْكار** commémoration; rappel; réminiscence; souvenir

~ًا لِـ à la mémoire de; en commémoration de; en souvenir

قَدَّمَ ه كَـ~ offrir qqch en/comme souvenir

على سَبيل الـ~ en souvenir; pour mémoire

**تِذْكاريّ** anniversaire *adj.*; commémoratif; mémorial

يَوْم، حَفْلة ~(ة) jour anniversaire; cérémonie commémorative

نُصْب، ضَريح ~ cénotaphe; monument commémoratif; mémorial

تُحْفة ~ة bibelot; souvenir

**ذاكِرة** mémoire; souvenir

~ الأَسْماء، الوُجوه mémoire des noms, des visages

قَويّ، حَسَن الـ~ qui a bonne mémoire

مَطْبوع في ~ النّاس gravé dans la mémoire des gens

رَجَعَ، عادَ بِالـ~ إلى se remémorer; évoquer le souvenir de

**مَذْكور** mentionné; cité; évoqué; rappelé; précité; susdit; susnommé

~ آنِفًا، أَعْلاه، سَلَفًا mentionné/cité précédemment, plus haut, ci-dessus

II ذَكَّرَ تَذْكيرًا ه بِـ ه، ه évoquer; rappeler qqn, qqch à; faire penser à; remémorer; remettre en mémoire

هٰذا يُذَكِّرُني بِـ ه، ه il me rappelle qqn; cela me dit qqch

**تَذْكير** بِـ ه rappel (de qqch)

لِلـ~، على سَبيل الـ~ pour mémoire

**تَذْكِرة** ج تَذاكِر billet; carte; memento; ticket

~ هُوِيّة، إِنْتِخاب carte d'identité, d'électeur

~ سينِما، سَفَر billet/ticket de cinéma, de voyage

قَطَعَ ~ prendre/se faire délivrer un billet

~ إِشْتِراك bulletin d'abonnement/de souscription

~ شَحْن connaissement [*mar.*]

قاطِعة **التَّذاكِر** caissière (d'un cinéma)

مُراقَبة، مُراقِب الـ~ contrôle, contrôleur des billets

تَذْكَريّ، تَذْكَرْجيّ receveur (d'autobus)

هَلْ تَذْكُر ه vous souvenez-vous de?

**ذُكِرَ** يُذْكَر figurer (dans); être cité/mentionné

~ بِالخَيْر، بِالشَّرّ avoir laissé un bon, un mauvais souvenir

**يُذْكَر** important; notable; considérable

لا ~ sans importance; insignifiant

**ذِكْر** énonciation; évocation; mention; rappel; souvenir; *isl.* invocation (de Dieu); répétition (du nom de Dieu); récitation (de versets coraniques)

جَدير بِـ، يَسْتَحِقّ الـ~ digne d'être mentionné; important; mémorable; à signaler

لا شَيْءَ يَسْتَحِقّ الـ~ rien à signaler

أَتَى على ~ ه indiquer; faire mention de; mentionner

لَمْ يُؤْتَ على ~ ه il n'a jamais été fait mention de

آنِف، سالِف الـ~ ci-dessus

خَصّ ه، ه بِالـ~ faire une mention spéciale de; souligner l'importance de

أَشادَ بِـ~ ه، ه célébrer; louer; féliciter

ما زال على الـ~ مِنْ avoir présent à la mémoire; se souvenir de

على ~ ه à propos de

الـ~ الحَكيم la parole divine

~ لا شُعوريّ réminiscence

إِحْتَرَمَ ~ ه respecter la mémoire de qqn

ذِكْرًا لِـ en mémoire de; en souvenir de; pour commémorer

**ذِكْرَى** ج ذِكْرَيات anniversaire; commémoration; mémoire; souvenir; réminiscence

حَفِظَ، كَرَّمَ، إِحْتَرَمَ ~ ه conserver, honorer, respecter la mémoire de

أَحْيا، مَجَّدَ، خَلَّدَ، أَكْرَمَ ~ ه célébrer la mémoire de; commémorer

~ الطُّفولة، سَيِّئة، غامِضة souvenir d'enfance; mauvais, vague souvenir

الـ~ المِئَويّة لِـ ه، ه centenaire de

الـ~ المِئَوِيّة الثّالِثة لِـ ه، ه tricentenaire de

إِحْتِفاء، إِحْتِفال بِـ~ حادِث commémoration d'un événement

**ذِكْرَيات** Mémoires *n.m.pl.*

دَوَّنَ ~ ه écrire, rédiger ses Mémoires

مُذَكِّر بِـ évocateur (de)

**مُذَكِّرة** ج ات mémoire *n.m.*; mémorandum; note; aide-mémoire; carnet; agenda; *dr.* citation; exploit; assignation

~ إداريّة، ديبلوماسيّة note de service, diplomatique

~ شِفاهيّة، دَوْريّة note verbale; circulaire

دَوَّنَ ~ rédiger un mémoire

~ إحْضار، القَبْض mandat d'amener, d'arrêt

دَوَّنَ مُذَكِّرات prendre des notes

III **ذاكَرَ** مُذاكَرة ه conférer/négocier avec qqn

~ دُروسَه mémoriser/apprendre/repasser/réviser ses leçons

مُذاكَرة colloque; conférence; consultation; délibération; mémorisation; révision

V **تَذَكَّرَ** تَذَكُّرًا ه évoquer; se rappeler; se remémorer; avoir souvenir/souvenance [*litt.*] de; se souvenir

~ الماضي évoquer le passé

~ تَذَكُّرًا مُبْهَمًا avoir de vagues réminiscences

لا يَتَذَكَّرُهُ أَحَد de mémoire d'homme

تَذَكُّر évocation; remémoration; réminiscence; souvenir

VI تَذاكَرَ، تَذاكُر délibérer; délibération

X **اِسْتَذْكَرَ** اِسْتِذْكارًا ه graver dans sa mémoire; chercher à retenir; mémoriser; retenir dans sa mémoire; évoquer; chercher à se remémorer

~ دَوْرًا apprendre/savoir un rôle

~ دَرْسَه repasser/réviser sa leçon

اِسْتِذْكار évocation; mémorisation; remémoration

اِسْتِذْكاريّ rétrospectif

1934 **ذَكَر** ج ذُكور pénis; verge; mâle *adj.*, *n.*; de sexe masculin; *v. aussi 1933*

مَنْشَب ~ لِلتَّيّار prise de courant mâle

الأطْفال من **الذُكور** والإناث les enfants de sexe masculin et de sexe féminin

ذُكورة masculinité

ذُكوريّ masculin

II ذَكَّرَ تَذْكيرًا ه acérer; aiguiser; *gramm.* mettre un mot au masculin

مُذَكَّر acéré; pointu; *gramm.* masculin

1935 **ذَكِيَ** ـَ ذَكاءً être ... *v. à l'adj.*

ذَكا ـُ ذُكُوًّا brûler avec intensité; se raviver; se ranimer

**ذَكاء** esprit; intelligence; suavité

حِدّة الـ~ acuité/vivacité d'esprit; sagacité

**ذَكِيّ** ج أذْكِياء délié (esprit); intelligent; délicieux; savoureux; suave; spirituel

عِطْر، رائحة ~(ة) parfum suave; bonne odeur

II ذَكَّى تَذْكِية النارَ ← IV

IV **أَذْكى** إذْكاءً activer; attiser; aviver

~ الحَماسة، الأحْقاد ranimer/raviver l'enthousiasme, les jalousies

~ شَجاعة المُقاتِلينَ relever le courage des combattants

~ خُصومة envenimer une querelle

1936 **ذَلَّ** ـِ ذُلًّا، ذِلّة، ذَلالة être ... *v. à l'adj.*

~ لِـ ه s'abaisser/s'humilier devant qqn

**ذُلّ**، ذِلّة abaissement; abjection; bassesse; docilité; ignominie; indignité; humiliation; opprobre [*litt.*]; servilité; soumission; obséquiosité

مُلْتَحِف بالـ~ couvert d'opprobre [*litt.*]

**ذَليل** ج أذِلّاء، أذِلّة abject; bas; docile; humble; humilié; ignoble; indigne; méprisable; soumis; servile; vil

II **ذَلَّلَ** تَذْليلًا ه، ه abaisser; avilir; humilier; dégrader

~ العَقَبات، الصُعوبات venir à bout des/aplanir/surmonter/vaincre les difficultés

تَذْليل الصُعوبات aplanissement des difficultés

IV **أَذَلَّ** إذْلالًا ه abaisser; avilir; humilier; mortifier

~ كِبْرياء ه rabaisser le caquet de [*fam.*]

~ ه باحْتِقاره écraser qqn de son mépris

إذْلال abaissement; avilissement; humiliation; mortification; dégradation

مُذِلّ avilissant; humiliant; infamant; infâme; dégradant

V **تَذَلَّلَ** تَذَلُّلًا s'abaisser; s'avilir; s'humilier

~ لِـ ه s'aplatir devant [*fam.*]; se soumettre à

X اِسْتَذَلَّ اِسْتِذْلالًا ه، ه tenir pour méprisable

**1937** (ذلف) **أَذْلَف** م ذَلْفاء ج ذُلْف
qui a un nez petit et fin

**1938** **ذَلْق** — pointe de la langue
حُروف الـ~، ذَلْقِيّة — phonèmes liquides
ذَلاقة اللِسان — facilité d'élocution; volubilité; faconde
ذَلِق اللِسان — volubile; qui a la langue déliée/bien pendue [*fam.*]

**1939** **ذَلِكَ** (← ذا، تِلْكَ) — *dém. masc. d'éloignement*: cela; celui-là; ce/cet ... là
~ هو — voilà
~ أنَّ — le fait est que; c'est que
بـ~ — ainsi; de cette manière
بما في ~ — y compris
كـ~؛ كـ~ الحالُ — de même; c'est comme (pour); il en est/va de même
مع ~ — cependant; pourtant; quand même; toutefois; d'ailleurs
لـ~ — c'est pourquoi
~ لِأنَّ؛ لَيْسَ ~ لِأنَّ — c'est que; ce n'est pas que

**1940** **ذَمَّ** ـُ ذَمًّا ه، ه — blâmer; condamner (moralement); décrier; dénigrer; diffamer; flétrir
~ ه على ه — reprocher qqch à qqn
**ذَمّ**؛ مَذَمَّة — blâme; dénigrement; diffamation; reproche; condamnation (morale); censure
مُسْتَوْجِب الـ~ — blâmable/condamnable (acte)
خلا ه الـ~ — être quitte
**ذِمّة** ج ذِمَم — caution; conscience; sens moral; garantie; responsabilité; protection; alliance; pacte
بَرَّأ، حَرَّرَ ~ه — libérer sa conscience
بَراءة ~ — satisfecit
حَصَلَ على، أعْطَى بَراءة ~ — recevoir, délivrer un satisfecit
بالـ~ — honnêtement? réellement? sérieusement?
على ~ ه — à la disposition de; sous la garantie/la responsabilité/la dépendance (financière) de
أَهْل الـ~ — *isl.* sujets non musulmans d'un État musulman
عَلَيْه ~ ه — qui s'est porté caution/garant de
في ~ اللّه — à la garde/à la grâce de Dieu
لا ~ له — sans conscience; sans vergogne
رَأى من ~ه أن — considérer de son devoir de
ذِمَّةً — en conscience; sincèrement
ذِمِّيّ — *isl.* sujet non musulman d'un État musulman
**ذِمام** ج أَذِمَّة — alliance; aman; caution; garantie; protection; droit
تَحْتَ ~ اللَيْل — à la faveur de la nuit
ذَميم؛ مَذْموم — blâmé; censuré; condamné; blâmable; condamnable; répréhensible
**ذَماء** — reste de vie; dernier souffle de vie; mouvement

**1941** (ذمر) **ذِمار** — honneur; droits sacrés
حامَى ~ه — défendre ses droits/son honneur/sa famille
V **تَذَمَّرَ** تَذَمُّرًا مِن — se plaindre; présenter des doléances; ronchonner [*fam.*]; maugréer; rouspéter [*fam.*]; râler [*fam.*]; broncher; protester
~ من فَقْرِ حاله — pleurer misère
تَذَمُّر ج ات — doléance; plainte; rouspétance [*fam.*]; protestation
مُتَذَمِّر — ronchonneur [*fam.*]; râleur [*fam.*]; rouspéteur [*fam.*]; protestataire

**1942** **ذَنَب** ج أَذْناب — queue
نَجْم ذو ~ ← مُذَنَّب
~ الصَفّ — la queue de la classe
بَصْبَصَ بـ~ه — remuer la queue
~ الفأر — queue-de-rat [*techn.*]
طَريق ~ الفأر — sape; galerie/tranchée souterraine
رَكِبَ ~ الريح — aller comme le vent
رَكِبَ ~ البَعير — *prov.* tirer le diable par la queue [*fam.*]
أَذْناب الناس — lie du peuple; racaille
ذَنَبِيّ — caudal
ذُنَيْب ج ات — pétiole
ذانِب — adhérent; partisan; suivant
II مُذَنَّب — comète

V تَذَنَّبَ/تَذَنُّبًا طَرِيقًا | s'engager dans/prendre un chemin

1943 **ذَنْب** ج ذُنُوب délit; faute; péché; culpabilité

اِرْتَكَبَ ~ًا commettre une faute

مُتَلَبِّسًا بِـ~ en faute; la main dans le sac

لَيْسَ الـ~ ذَنْبَهُ ce n'est pas de sa faute

IV أَذْنَبَ إِذْنَابًا commettre une faute/un péché; être coupable

مُذْنِب coupable; criminel; délinquant; fautif; pécheur

1944 **ذَهَبَ** - ذَهَابًا aller; s'en aller; partir; quitter; *v. aussi 1945*

~ صافِقًا وَراءَه الباب partir en claquant la porte

~ وَجاءَ aller et venir

~ إلى ه، ه se rendre à; aller trouver

~ إلى ه être d'avis que; émettre un avis/une opinion; croire; penser qqch

~ مَثَلًا passer en proverbe

~ عن ه الغَضَب sa colère l'a abandonné/est tombée

~ أَدْراجَ الرِياح *prov.* autant en emporte le vent

~ كَأَمْسِ الدابِر *prov.* disparaître sans laisser de trace

~ سُدًى، عَبَثًا être vain/inutile/en pure perte

~ بِـ ه، ه emmener; emporter

~ بِـ ه الى ه faire aboutir qqch

~ به الظَنّ إلى أن aller s'imaginer que

~ مَذْهَبًا embrasser une doctrine; suivre une voie

~ مَذْهَبًا حَسَنًا être dans/suivre une bonne voie

~ مَذْهَبًا سَيِّئًا être dans/suivre une mauvaise voie

أَيْنَ يُذْهَبُ بِكَ quelle idée! où allez-vous chercher cela?

**ذَهاب** départ; aller *n.m.*

~ دُونَ إِياب aller simple

~ و إِياب aller et retour; va-et-vient

**ذَهابًا مَعَ** en se ralliant à l'opinion de

~ و إِيابًا allant et venant; ici et là; de ci de là; çà et là

**ذاهِب** allant; partant; qui s'en va

~ اللَوْن décoloré; fané

بِـ~ الصَبْر avec une grande patience

**مَذْهَب** ج مَذاهِب conception; confession religieuse; croyance; doctrine; idée; idéologie; opinion; théorie; *isl.* école juridique

مُتَعَصِّب، مُتَمَسِّك لِـ~ ه doctrinaire; chauvin; sectaire

**مَذاهِب** أَدَبِيَّة doctrines littéraires

الـ~ الإِسْلامِيَّة les écoles juridiques orthodoxes de l'Islam

لِلناس في ما يَعْشَقُون ~ *prov.* tous les goûts sont dans la nature

**مَذْهَبِيّ** confessionnel; doctrinal; idéologique; idéologue

مَدارِس ~ة écoles confessionnelles

مَذْهَبِيَّة idéologie

تَمَذْهَبَ embrasser une doctrine

1945 **ذَهَب** or *n.m.*; *v. aussi 1944*

مَنْجَم، قيمة ~ mine d'or; valeur or

~ خالِص، إِبْرِيز or pur, fin

~ أَسْوَد or noir; pétrole

~ أَبْيَض or blanc; platine

مَشَى على الـ~ rouler sur l'or

أُسْتُرْ ~ك وَذَهابَك ومَذْهَبَك *prov.* cache ce que tu gagnes, ce que tu fais et ce que tu penses

ساوَى ثِقْلَهُ ~ًا valoir son pesant d'or

ما كُلّ بَرّاق ~ *prov.* tout ce qui brille n'est pas or

السُكوت من الـ~ *prov.* le silence est d'or

صَفْقَة من الـ~ affaire en or

طَلَى ه بالـ~ dorer

**ذَهَبِيّ** en or; doré; d'or

نَقْد، سِجِلّ ~ monnaie, livre d'or

أَصْفَر، عَصْر ~ jaune, âge d'or

II ذَهَّبَ تَذْهِيبًا عَلَى dorer; dorure (sur bois, cuir)

مُذَهِّب، مُذَهَّب doreur; doré

**1946 ذَهِلَ** ـَ ذُهولًا — être ... *v. à l'adj.*

**ذُهول** — ahurissement; consternation; ébahissement; effarement; stupeur; stupéfaction

**ذَهِل؛ ذاهِل** — *même sens que le suivant*

**مَذْهول** — abasourdi; ahuri; distrait; confus; consterné; ébahi; effaré; éberlué; interdit; interloqué; stupéfait

بَقِيَ ~ًا — être/rester interdit/interloqué; en rester baba [*fam.*]

IV **أَذْهَلَ** إِذْهالًا ه — atterrer; consterner; confondre qqn; déconcerter; méduser; épater [*fam.*]; époustoufler [*fam.*]; effarer; abasourdir; surprendre; stupéfier

هذا ما يُذْهِلُني — cela me renverse [*fam.*]! cela me suffoque!

**مُذْهِل** — abasourdissant; ahurissant; époustouflant [*fam.*]; épatant [*fam.*]; effarant; stupéfiant; prodigieux; renversant [*fig.*]; suffocant [*fig.*]

أَخْبار ~ة — nouvelles incroyables

VII اِنْذَهَلَ اِنْذِهالًا ← ذَهِلَ ذُهولًا

وَقَفَ مُنْذَهِلاً ← مَذْهول

**1947 ذِهْن** ج أَذْهان — esprit; intelligence; intellect

حُضور الـ~ — présence d'esprit; esprit d'à-propos

تَبادَرَ إلى الـ~ — se présenter/venir à l'esprit

مازالَت في **الأَذْهان** ذِكْرى ه — on garde encore le souvenir/la mémoire de

**ذِهْنِيّ** — intellectuel; mental

تَحَفُّظ ~ — restriction mentale

ذِهْنِيَّة — état d'esprit; intellectualité; mentalité

**ذُهان** — psychose

~ هَذَيانيّ — paranoïa

**ذُهانيّ** — psychotique

~ هَذَيانيّ — paranoïaque

**1948 ذُو** ج ذَوو (← ذات، أُولو) — qui a/possède

~ أُبَّهة — pompeux; solennel

~ ثُقَب — à trous; poreux

~ صِحّة — en bonne santé

~ مال — qui a de l'argent; possédant; riche

~ عَقْل — intelligent; raisonnable; qui a de l'esprit

جِهاز ~ أَرْبَع سُرُعات — appareil à quatre vitesses

~ بال، شَأْن، أَهَمِّيَّة — considérable; important; d'importance

~ أَرْبَع زَوايا — quadrangulaire

~ أَرْبَعة أَضْلاع — quadrilatère

~ مُرَبَّعات — quadrillé

~ قَرْنَيْن، مَقْعَدَيْن — bicorne; biplace

~ رَأْسَيْن (عَضَلة)، لَوْنَيْن — biceps; bicolore

~ رَأْسَيْن، جانِبَيْن — bicéphale; bilatéral

~ مُحَرِّكَيْن، عَيْنِيَّتَيْن — bimoteur; binoculaire

~ رِجْلَيْن، قَدَمَيْن — bipède

~ ثَدْيٍ — mammifère

~ رَحِم، قُرْبَى — parent; proche

~ القَعْدة — *onzième mois de l'année musulmane: «ḏū l-qa'da»*

~ الحِجّة — *douzième mois de l'année musulmane: «ḏū l-ḥijja»*

مِنْ **ذي** قَبْل — auparavant

غَيْر ~ مَوْضوع — sans objet

في حَيّ ~ طابَع شَعْبِيّ — dans un quartier à caractère populaire

بادِئَ ~ بَدْءٍ — de prime abord; au commencement

**ذَوُو** الاِطِّلاع، الخِبْرة — gens bien informés, d'expérience

~ المَوَدّة والمَعْرِفة — amis et connaissances

~ قُرْبَى، أَرْحام — parents; proches

~ الدَخْل المَحْدود — personnes à revenu limité; économiquement faibles

**ذَوات** ← ذات

**1949** (ذوب) **ذابَ** ـُ ذَوَبانًا، ذَوْبًا — dissoudre; se dissoudre; fondre *tr.* et *intr.*; liquéfier; se liquéfier

~ حُبًّا — être de nature aimante; se consumer/déborder/languir d'amour

~ حَنانًا، ظَرْفًا، عَطْفًا — fondre/déborder de tendresse, de gentillesse, de sympathie

~ غَمًّا وَهَمًّا — se ronger de souci; se morfondre

~ حَياءً — mourir de honte

~ـتْ أَظْفارُه في — s'efforcer vainement de; se casser les dents sur [*fam.*]

ما ~ في يَدِهِ منه خَيْرٌ — ne tirer aucun avantage de

**يَذوب**، لا ~ — soluble; insoluble

**ذَوَبان** — dilution; dissolution; liquéfaction; solution

قابِل لِلـ~، غَيْر قابِل لِلـ~ — soluble; insoluble

~ الثُلوج، الجَليد — fonte des neiges; dégel

~ الصابون، السُكَّر — dissolution du savon, du sucre

ذَوَبانيّة — solubilité

**ذَوْب** (← ذَوَبان) — coulant; liquide

~ الدِبْس — miel liquide

ذائِب — fondu; fondant; dissous

ذائِبيّة — solubilité

II **ذَوَّبَ** تَذْويبًا ه — dégeler; délayer; dissoudre; fluidifier; faire fondre; liquéfier; *fig.* effacer; éliminer

~ الفَوارِق — effacer/éliminer les différences

**تَذْويب** — délayage; dilution; dissolution; fluidification; fonte; liquéfaction; *fig.* effacement; élimination

~ الفَوارِق — élimination des différences

**مُذَوِّب** — dissolvant; fluidifiant; solvant

IV **أذابَ** إذابة ه (← II) — *fig.* employer; consommer; consumer; épuiser; éliminer

~ الجَليد — faire fondre la glace

~ لَوْنًا — détremper une couleur

~ عُصارة مُخِّه في — se fatiguer à; se torturer les méninges à [*fam.*]; se creuser la cervelle pour [*fam.*]

إذابة ← II تَذْويب

**مُذيب** ج ات — délayant; dissolvant; fluidifiant; solvant

**مُذاب** — détrempé (couleur); dilué; délayé; dissous; fondu

**1950** **ذادَ** ـُ ذَوْدًا، ذِيادًا عَنْ ه — défendre; protéger; chasser; écarter; éloigner; repousser

~ عن حِياض ه — prendre la défense de

الذَوْد عن حِياض الوَطَن — défense/protection de la patrie

ذائِد ج ذُوّاد — défenseur

**1951** **ذَوْد** : مِنَ الـ~ إلى الـ~ إبِل — *prov.* les petits ruisseaux font les grandes rivières

**مِذْوَد** ج مَذاوِد — auge; mangeoire; crèche; ratelier

~ المَسيح — crèche [*relig.*]

**1952** **ذاقَ** ـُ ذَوْقًا، مَذاقًا ه — goûter; déguster; essayer; mettre à l'épreuve; être sensible à

~ لِلْحَياة طَعْمًا — trouver du goût à/apprécier/aimer la vie

~ طَعْمَ السَلام، الإسْتِقرار — goûter/apprécier la paix, la stabilité

~ العَذاب — endurer des tourments [*litt.*]; subir des brimades

~ المُرَّ — éprouver de l'amertume

ذُقْ فَتَشْتَهِ — *prov.* l'appétit vient en mangeant

**ذَوْق** — goût; (sens du) goût; dégustation; raffinement; savoir-vivre; sensibilité; tact; urbanité [*litt.*]

~ مُرْهَف — goût/palais raffiné

الـ~ السَليم — bon goût

سَليم الـ~ — de bon goût; qui a le goût sûr

سَلامة الـ~ — bon goût; bon sens

عَصَب، بَراعِم الـ~ — nerf, papilles gustatif(ives)

ذَوْقيّ — gustatif

ذَواق — dégustation

ذِواقة — gastronomie; gastronome

ذِواقيّ — gastronomique

مَذاق — dégustation; goût; saveur; palais

ذَوّاق ج ون — dégustateur; connaisseur; gourmet

IV **أذاقَ** إذاقة ه ه — donner à/faire goûter

~ ه مُرَّ العَيْش — en faire voir de toutes les couleurs/de belles/des vertes et des pas mûres [*fam.*]

~ ه الأمَرَّيْن — *même sens*

~ ه عِقابًا — infliger un châtiment

V **تَذَوَّقَ** تَذَوُّقًا ه — déguster; goûter; prendre goût à; savourer; sentir

~ الموسيقى — apprécier/goûter la musique

~ طَعْمَ الحُرِّيّة، طَعامًا — savourer la liberté, un plat

| | |
|---|---|
| إذاعيّ | radiophonique ; émetteur (poste) |
| نَشْرة. أخْبار ~ة | radiojournal |
| إخْبار، مُخْبِر ~ | radioreportage ; radioreporter |
| مُذيع ج ون | annonceur ; diffuseur ; speaker |
| ~ أَخْبار كاذِبة | colporteur de fausses nouvelles |
| ~ أُسْطوانات | tourne-disque |
| مُذيعة | speakerine |
| 1956 ذَيْل ج أذْيال. ذُيول | appendice ; queue ; basques ; traîne ; conséquence ; séquelle ; suite ; addenda ; additif ; complément |
| ~ سَمَك | queue de poisson [*autom.*] |
| ~ مُضيء | traînée lumineuse |
| ~ جَبَل | pied d'une montagne |
| ~ فُسْتان، صَفْحة | bas d'une robe, d'une page |
| ~ رِسالة | post-scriptum |
| ~ قِنْديل | cul-de-lampe |
| ~ كِتاب | appendice/annexe d'un livre |
| طالَ ~ه | être à l'aise/aisé/riche |
| في ~ ذائِل | être dans la déchéance |
| طاهِر الـ~ | honnête ; innocent ; probe ; intègre |
| طَهارة الـ~ | honnêteté ; innocence ; probité ; intégrité |
| جَرَّ ~ه | *fig.* marcher avec arrogance ; se donner des airs ; se laisser aller à |
| جَرَّ على ه ~ العَفاء | passer l'éponge sur [*fig.*] |
| ذُيول (ثَوْب) | basques ; pans (de vêtement) |
| ~ قَضيّة | développements/prolongements d'une affaire |
| عادَ يَجُرّ ~ الخَيْبة والاِنْخِذال | essuyer un échec complet ; revenir la queue basse/la queue entre les jambes |
| تَعَلَّقَ، تَمَسَّكَ بِأَذْيال ه | être pendu aux basques/être dans les jupes de |
| ذَيْليّ | caudal |
| ذَيّال | cercopithèque |
| II ذَيَّلَ تَذْييلاً ه | allonger/rallonger (un vêtement) ; écrire/composer un supplément (à un livre) |
| V تَذَيَّلَ تَذَيُّلاً | se donner des airs |
| التَذَوُّق الأَدَبيّ | le goût de la littérature |
| مُتَذَوِّق | connaisseur ; gourmet |
| 1953 ذَوْلَق | bout/pointe (de la langue) |
| ذَوْلَقيّ | apical [*ling.*] |
| 1954 ذَوَى ـِ ذُوِيًّا | dépérir ; se faner ; se flétrir ; vieillir ; s'étioler |
| ~ رَوْنَقُهُ | se défraîchir |
| ذُوِيّ | dépérissement ; flétrissement ; flétrissure ; vieillissement ; étiolement |
| ذُواة؛ ~ العِنَب | pelure ; peau de raisin |
| ذاوٍ (الذاوي) | fané ; flétri ; vieilli ; usé |
| كَلِمة ~ة | mot désuet |
| IV أَذْوَى إِذْواءً ه | flétrir ; faner ; faire dépérir/vieillir |
| ذي ← ذو؛ هٰذِهِ | |
| 1955 (ذيع) ذاعَ ـِ ذُيوعًا | s'ébruiter ; se répandre (idée) ; se propager |
| ذُيوع | diffusion ; ébruitement ; propagation |
| ~ الأَخْبار الزائِفة | propagation de fausses nouvelles |
| ذائِع الصيت | célèbre ; connu ; fameux ; renommé |
| مِذْياع | bavard ; colporteur (de fausses nouvelles) ; indiscret ; poste de radio ; microphone |
| ~ جَيْب | radio portative |
| IV أَذاعَ إِذاعة ه | diffuser ; répandre (idées) ; propager ; divulguer ; rendre public ; publier ; faire circuler ; mettre en circulation (nouvelle) ; émettre ; colporter (nouvelle) ; transmettre ; radiodiffuser |
| ~ بِالتَلْفاز | téléviser |
| ~ بِصَوْت عالٍ | crier sur tous les toits [*fam.*] |
| إذاعة | diffusion ; divulgation ; ébruitement ; publication ; émission ; propagation ; radiodiffusion ; transmission |
| هَيْئة الـ~ | office de radiodiffusion |
| ~ التَلْفاز، تَلْفازيّة | émission de télévision |
| ~ لاسِلْكيّة | émission de T.S.F. (télégraphie sans fil : radiophonie) |
| ~ مَحَطّة | station émettrice (radio) |
| ~ أَمْواج صَوْتيّة | transmission d'ondes acoustiques |

(راء)

*dixième lettre de l'alphabet : «rā'» ;*
*apicale vibrante :* [r]

**1957** (رأأ) **رِئة** ج ات، رِئون — poumon

اِلْتِهاب، ذات الـ~ — pneumonie ; fluxion de poitrine

~ اِصْطِناعيّة، فولاذيّة — poumon artificiel, d'acier

~ البَحْر — méduse

تَنَفَّسَ بِمِلْءِ **رِئَتَيْه** — respirer à pleins poumons

**رِئَويّ** — pulmonaire

اِلْتِهاب ~ — pneumonie ; fluxion de poitrine

مُكَوَّرة ~ة — pneumocoque

**1958** **رَأَبَ** ـَ رَأْبًا ه — dépanner ; raccommoder réparer ; rectifier

~ آلة، سَيّارة — dépanner/réparer une machine, une voiture

~ إناء — raccommoder un vase

~ بَيْنَ أَصْدِقاء — raccommoder/réconcilier des amis

**رَأْب** — dépannage ; raccommodage ; réparation

رائِب (← روب) — dépanneur ; réparateur

**مَرْأَب** ج مَرائِب — atelier (de dépannage) ; garage ; remise

بَيَّتَ سَيّارته في الـ~ — mettre sa voiture au garage (pour la nuit)

صاحِب ~ — garagiste

**1959** **رَأْد**، **رُؤْد** — jeune fille éclatante de beauté/délicate/flexible

~ الضُحَى — le grand jour

**الضُحَى رائِد** — le soleil est déjà haut

**رِئْد** ج أَرْآد — du même âge ; contemporain

**1960** **رادار** — radar

**1961** **راديكاليّ** — radical [*polit.*]

راديكاليّة — radicalisme

راديو؛ راديوم — radio ; radium

**1962** **رَأَسَ** ـَ رِئاسة ه، ه — commander ; diriger ; présider ; être à la tête de

~ قَوْمًا — être à la tête d'une tribu/d'un peuple

~ وَفْدًا، جَمْعيّة — présider une délégation, une assemblée

**رِئاسة** — présidence

بـ، تَحْتَ ~ — sous la présidence de

مَقَرّ الـ~ — présidence ; siège de la présidence

**رِئاسيّ** — présidentiel

نِظام، اِنْتِخابات ~(ة) — régime, élections présidentiel(elles)

**رَأْس** ج رُؤوس — cap ; chef ; extrémité ; faîte ; haut *n.m.* ; pointe ; sommet ; tête ; promontoire

أَخَذَ بِـ~ه — monter à/tourner la tête [*fig.*]

رَكِبَ ~ه — n'en faire qu'à sa tête

في، على ~ — à la/en tête de

مَسْقَط ~ — lieu de naissance

~ جِسْر، ثَوْم — tête de pont, d'ail

~ ماشِية — une tête de bétail

ضَرْبة ~ — tête [*sport.*]

ضَرَبَ بِـ~ه — faire une tête [*sport.*]

| | |
|---|---|
| البَلَد الـ~ | capitale d'un pays |
| ~ الرَجاء الصالِح | cap de Bonne-Espérance |
| (أُقْسِم) بِـ~ي | (je jure) sur ma tête! |
| بِـ~هِ | en soi; indépendant |
| على الـ~ و العَيْن | très volontiers; de tout cœur; comme vous voulez |
| قَعَدَ على ~ سَرير ه | s'asseoir au chevet de |
| من قِمّة الـ~ إلى أخْمَص القَدَم | de la tête aux pieds; de pied en cap |
| ~ سُلَّم | haut d'une échelle |
| ~ مُثَلَّث، جَبَل | sommet d'un triangle, d'une montagne |
| ~ إبْرة، مِسْمار | pointe/tête d'une aiguille, d'un clou |
| أُمّ الـ~ | sommet du crâne; haut de la tête |
| عَرَف ~ه من رِجْلَيْه | savoir où on en est; s'y retrouver [*fig.*] |
| ~ العام، السَنة | nouvel an; jour de/premier de l'an |
| ~ السَنة، الشَهْر | début de l'année, du mois |
| **رَأْسًا** | directement; à même; en droite ligne; tout droit; droit *adv.*; d'aplomb |
| على الأَرْض ~ | à même le sol |
| ~ على رَأْس | l'un après l'autre |
| ~ على عَقِب | sens dessus dessous; de fond en comble; du tout au tout |
| **رَأْسيّ** | céphalique; vertical; perpendiculaire; principal |
| ضَريبة ~ة | capitation |
| تَرْكيز، تَكامُل ~ | concentration verticale; intégration [*écon.*] |
| رَأْسيًّا | perpendiculairement; verticalement; d'aplomb |
| رَأْسِيّات الأَرْجُل | céphalopodes *n.m.pl.* |
| على **رُؤوس** الأَصابِع | sur la pointe des pieds |
| على ~ الأَشْهاد | au grand jour; publiquement |
| أَبو الـ~ | pluvier |
| رُؤاس | céphalée |
| رُؤَيْس ج ات | capitule [*bot.*] |
| **رَئيس** ج رُؤَساء | chef; président; supérieur; leader; recteur |
| ~ بَلَديّة | maire; chef des services municipaux |
| ~ مَحَطّة، جَوْقة | chef de gare, d'orchestre |
| ~ التَشْريفات | maître des cérémonies; chef du protocole |
| ~ نُدُل، خَدَم | maître d'hôtel |
| ~ التَحْرير | rédacteur en chef |
| ~ جَوْقة | chef d'orchestre |
| ~ دَيْر | prieur; supérieur d'un couvent |
| ~ مُباشِر | supérieur hiérarchique |
| ~ فَريق | capitaine d'une équipe |
| ~ سَفينة | commandant d'un navire; capitaine |
| ~ أَرْكان الحَرْب، الأَرْكان | chef d'état-major |
| ~ الجُمْهوريّة، المَحْكَمة | président de la République, du tribunal |
| ~ الوُزَراء | président du conseil des ministres; Premier ministre |
| ~ فَخْريّ | président d'honneur |
| رَئيسة كَشّافة | cheftaine |
| رَئيسات | *zool.* primates *n.m.pl.* |
| **رَئيسيّ** | essentiel; capital *adj.*; principal |
| دَوْر، شارِع ~ | rôle, rue principal(e) |
| مَسْأَلة ~ة | question capitale/essentielle |
| مَرْكَز ~ | maison mère |
| مَقال، مَقالة ~(ة) | article de fond; éditorial |
| فَضائِل ~ة | vertus cardinales |
| **مَرْؤوس** ج ون | inférieur; sous-ordre; subalterne; en second |
| ~لِ | soumis/subordonné à |
| II رَأَّسَ تَرْئيسًا ه على | préposer qqn à; mettre qqn à la tête de; confier la direction de qqch à qqn |
| V تَرَأَّسَ تَرَؤُّسًا ه | diriger; présider; assurer la présidence |
| تَرَؤُّس | présidence; leadership; direction |
| VIII اِرْتَأَسَ اِرْتِئاسًا على ← V | |

1963 **رَأْسُ مالٍ** ج رُؤوس أَمْوال — capital; fonds

| | |
|---|---|
| ~ مُنْتِج، عاطِل | capital productif, improductif |

~ جارٍ، عامِل — capital/fonds de roulement
~ ثابِت — capital immobilisé/constant/fixe
~ اِسْميّ — capital nominal
~ بَشَريّ — capital humain
~ التَجْهيز، عَيْنيّ — capital d'équipement, réel/en nature
~ حاضِر، مُتَداوَل — capital disponible, flottant
~ مُتَخَصِّص، مُسْتَثْمَر — capital spécifique, investi
إِنْشاء، إِنْتاجِيّة ~ — création/formation de, productivité du capital
ضَريبة على ~ — impôt sur le capital
راسمال ج رَساميل ← رَأْسُ مالٍ

**رَأْسُماليّ** — capitaliste *n., adj.*
قِطاع، مُجْتَمَع ~ — secteur, société capitaliste
أَرْباح، اِقْتِصاد ~(ة) — profits, économie capitaliste(s)
هَيْكَل، نَموذَج، نِظام ~ — structure, modèle, système capitaliste

**رَأْسُماليّة** — capitalisme
~ تِجارِيّة، صِناعِيّة — capitalisme commercial/marchand, industriel
~ مُنافِسة، مالِيّة — capitalisme concurrentiel, financier
~ وَطَنِيّة، الدَوْلة — capitalisme national, d'État
**رُؤُوس أَمْوال** أَجْنَبِيّة، خاصّة — capitaux étrangers, privés
تَحْويل، تَوْظيف، سُوق ~ — transfert, placement, marché de capitaux
طَلَب، قِلّة، هُروب ~ — demande, pénurie, fuite de capitaux
رَسْمَلَ — *v. ordre alphab.*

**1964** **رَأَفَ** - رَأْفة؛ **رَؤُفَ** - رَآفة — être ... *v. à l'adj.*
~ بِـ ه — s'attendrir sur; être bienveillant pour; compatir à; avoir pitié de
رَأْفة — attendrissement; bienveillance; clémence; compassion; indulgence; pitié; merci *n.f.*
رَؤُوف — bienveillant; clément; doux; plein de bonté; miséricordieux; compatissant; indulgent
III رَاءَفَ مُراءَفة ه — traiter avec bienveillance; se montrer doux envers
V تَرَأَّفَ تَرَؤُّفًا بِـ ه — prendre en pitié; compatir
X اِسْتَرْأَفَ اِسْتِرْآفًا ه — implorer la pitié de

**1965** **رَأَمَ** - رَأْمًا (حَبْلًا) — tordre une corde pour la renforcer
~ قِدْحًا — réparer/raccommoder (un récipient)
**رَئِمَ** - رَأْمًا — se refermer (plaie en voie de guérison)
~ - رِئْمانًا ه — prendre en affection; traiter avec tendresse
رِئْم ج أَرْآم، آرام — gazelle blanche

**1966** **ران** — guêtre; bande molletière

**1967** **راوَنْد** — rhubarbe

**1968** **راية** ج ات — banderole; bannière; drapeau; étendard; oriflamme; pavillon [*mar.*]
رَفَعَ، نَشَرَ الـ ~ — battre pavillon
رَفَعَ ~ الثَوْرة — lever l'étendard de la révolte
خَفَضَ الـ ~ — amener son pavillon; baisser pavillon
**رايات**؛ ~ التَزْيين — pavois; grand pavois

**1969** **رَأَى** - (يَرَى) رُؤْية، رَأْيًا — s'apercevoir de; constater; observer; percevoir; remarquer
~ الأُمور كَما هي — voir les choses comme elles sont/la réalité en face
~ الأُمور على حَقيقَتِها — voir la réalité des choses
~ ه يَفْعَل ه — voir qqn faire qqch
~ النور — voir le jour [*pr.* et *fig.*]/la lumière
~ نَفْسه مُضْطَرًّا لِـ — se voir obligé de
~ رُؤْيةً شامِلة، كامِلة — avoir une vision globale/complète
~ رُؤْيا، رُؤًى — avoir des visions
~ رَأْيَ العَيْن، بِأُمّ عَيْنَيْه — voir de ses propres yeux; constater de visu
~ ه بِوُضوح — y voir clair [*pr.* et *fig.*]
~ فيه صَديقًا — voir en qqn un ami
~ رَأْيًا أن — être d'avis/considérer/croire/estimer/juger/penser/trouver/avoir l'impression que
~ صَوابًا، من الصَواب أن — considérer comme raisonnable
~ ه، ه جَميلًا، أَهلًا بِـ — trouver beau/digne de
~ من واجِبه أن — considérer de son devoir de
أَتَرَى إِذَنْ — tu vois?

مَرْئِيّ aperçu *adj.*; apparent; visible; vu; observé
لا، غَيْر ~ invisible; inaperçu
المَرْئِيّات le monde visible
مَرْأًى air; allure; aspect; physionomie
يُخْبِرُ ~ه عَنْ مَجْهولِه avoir l'air de ce que l'on est
اِمْرَأَة حَسَنَة الـ~ femme qui a de l'allure
على ~ مِنْ sous les yeux de; au vu de
على ~ ومَسْمَع الجَميع au vu et au su de tous
حَرَمَ ه ~ ه empêcher de voir
مِرْآة ج مَراءٍ. مَرايا glace; miroir
الوَجْه ~ النَفْس le visage est le miroir de l'âme
~ عاكِسة rétroviseur
مِرْآوِيّ spéculaire *adj.*
مِرايَة ج ات ← مِرْآة
III راءى مُراءاة ه consulter qqn; prendre l'avis de
~ رياءً. مُراءاة dissimuler; feindre; agir en hypocrite; simuler; jouer la comédie [*fig.*]
رِياء؛ مُراءاة dissimulation; duplicité; hypocrisie; fausse piété; fausseté; comédie [*fig.*]; pharisaïsme [*litt.*]
أَهْل الـ~ faux dévots
رِياءً pour la galerie; avec hypocrisie
مُراءٍ ج ون hypocrite; simulateur; comédien [*fig.*]; imposteur; pharisien; faux jeton [*fam.*]; faux dévot; tartuffe
IV أَرَى إراءة ه montrer; faire voir
أَرِني fais voir! montre!
يا تُرَى quoi donc? que pensez-vous de? n'est-ce pas?
أَيْنَ ذَهَبَ يا ~ où donc est-il passé? où a-t-il bien pu aller?
~ هَلْ je me demande si; qu'est-ce qui pourrait bien; je voudrais bien savoir si
VI تَراءَى apparaître; se manifester; se laisser voir; s'offrir aux regards/à la vue; paraître
~ في مِرْآتِه se regarder dans son miroir; se mirer
تَراءٍ apparition; manifestation
VIII اِرْتَأَى اِرْتِياءً choisir; considérer; estimer; juger; opiner; trouver bon

يُرَى بِالعَيْن المُجَرَّدة visible à l'œil nu
رَوْا بِأَنْفُسِكُمْ voyez vous-mêmes
إنْ رَأَيْت si vous le jugez bon
أَرَأَيْت لَوْ que diriez-vous/penseriez-vous de? ne pensez-vous pas que?
رُؤْيَة ج رُؤًى vision; vue *n.f.*; examen; intuition
أنا سَعيد لِـ ~ك je suis heureux de te voir
حَجَبَ الـ~ empêcher de voir; faire écran
مُنْعَطَف غَيْر قابِل لِلْـ~ tournant sans visibilité
الـ~ في الأمور examen des affaires
اِخْتِلاط الـ~ trouble de la vision/de la vue
عِنْدَ ~ ه à la vue de
رُؤْيا ج رُؤًى rêve; songe; vision
سِفْر الـ~ Apocalypse [*christ.*]
رُؤْيَوِيّ apocalyptique
رَأْي ج آراء appréciation; avis; conception; idée; jugement; notion; opinion; point de vue; pensée; proposition; sentiment; vue
عَبَّرَ عَنْ ~ه émettre un avis; dire son sentiment
أَبْدَى ~ه *même sens*
أَخَذَ ~ ه prendre l'avis de
أُخِذَ الـ~ على ه on a procédé à un vote sur
ما ~كَ في que pensez-vous de? qu'en dites-vous?
الـ~ رَأْيُكَ c'est à vous de décider
عند، في ~ه d'après lui; selon lui; à son avis; à son idée
ذو الـ~ judicieux; personne de bon sens
مع ~ بِالمُوافَقة avec avis favorable
تابَعَ ه على ~ه suivre l'avis de qqn
الـ~ العامّ opinion publique
صِحافة الـ~ presse d'opinion
تَبادُل الآراء échange de vues
اِتَّفَقَت الـ~ avoir le/être du même avis; être/tomber d'accord
اِخْتَلَفَت الـ~ avoir des avis différents; les avis sont partagés

~ رَأْيًا — adhérer à/partager une opinion

~ في ه — examiner attentivement; douter de

**1970** **رَبَّ** ـُ رَبًّا — être chef; exercer l'autorité/le pouvoir; avoir le contrôle de

**رَبّ** ج أَرْباب — maître; seigneur; patron; chef; Dieu

~ أُسْرة، عائِلة — chef de famille

~ البَيْت، الدار — maître de céans, de maison

~ عَمَل، مُؤَسَّسة — chef d'entreprise; employeur; patron

يا رَبِّي — ô mon Dieu!

**أَرْباب** الدَوْلة — grands de ce monde; notables

~ العَمَل — patronat; les patrons

اِتِّحاد ~ العَمَل — fédération du patronat

**رَبَّة** ج ات — maîtresse; dame

~ البَيْت، المَنْزِل — maîtresse de maison

~ الحَظّ، الشِعْر — la Fortune; la Muse

رِباب؛ رِبابة — autorité; pouvoir; alliance; pacte

**رُبوبيّة** — divinité; souveraineté

عِلْم الـ~ — théodicée

**رُبّان** ج رَبابِنة — capitaine [*mar.*]; pilote

~ تِلْقائيّ — pilote automatique

رَبّانيّ — divin; rabbin; rabbinique

رَبّانيّة — rabbinat

II رَبَّبَ تَرْبيبًا ه، ه — déifier; diviniser

V تَرَبَّبَ تَرَبُّبًا ه — se prétendre le maître; se faire passer pour le propriétaire

**1971** (ربب) **رَبيب** ج أَرِبّة — beau-père; beau-fils; gendre; nourrisson; allié; confédéré

~ الأُمّة — pupille de la nation

~ة ج رَبائِب — belle-mère; belle-fille; bru

رابّ؛ رابّة — beau-père; belle-mère; marâtre

**1972** (ربب) **رُبَّ** — nombreux; quelques; maint

~ رَجُلٍ، مَرّةٍ — maint(es)/de nombreux(euses) homme(s), fois

~؛ **رُبَّما** — souvent; il arrive souvent que; il est possible que; il se peut que; peut-être; cela dépend

~ سَمِعْتَ أَنْ — vous n'êtes pas sans avoir entendu dire

**1973** **رَبَب** — eau douce

رُبّ ج رِباب، رُبوب — pulpe/jus d'un fruit

رِبّة — repousse des foins; regain

**1974** **رَباب** — rebab; rebec

~ المُغَنّي، الشاعِر — rebec à deux, trois cordes

**1975** **رَبَأَ** ـَ رَبْأً — se tenir en sentinelle; être en vigie

~ على ه — dominer qqch; surplomber

~ بِنَفْسه عن ه — se considérer/s'estimer au-dessus de

رَبَأْتُ بِنَفْسي عن ذَلِك — je suis au-dessus de cela

رَبيء، رَبيئة ج رَبايا — sentinelle; garde

مَرْبأ — poste d'observation; vigie

**1976** **رَبْت** — petite tape; petite claque; tapotement

II **رَبَّتَ** على كَتِفِه، خَدِّه — caresser/tapoter l'épaule, la joue

~ نَفْسَه — être content de soi

**1977** **رَبِحَ** ـَ رِبْحًا ه — gagner; profiter; remporter; l'emporter

~ دَعْوَى، قَضيّة — avoir gain de cause; gagner un procès

**رِبْح** ج أَرْباح — avantage; bénéfice; gain; profit

عادَ بِـ~ على ه — profiter/rapporter à qqn

~ عاديّ، حَقيقيّ — bénéfice/profit normal, réel

~ إجْماليّ، صافٍ — bénéfice brut, net

حَدّ الـ~ — marge bénéficiaire

~ الصَرْف، السَهْم — agio; dividende [*fin.*]

مَصْدَر الـ~ — source de profit

~ اِسْتِثْنائيّ، فائِض — bénéfice exceptionnel; superbénéfice

~ بَسيط، مُرَكَّب — intérêt simple, composé

شَديد الحِرْص على الـ~ — avoir le goût/la passion du lucre [*péjor.*]

أرْباح bénéfices; rentrées; revenus

~ الإسْتِغْلال bénéfices d'exploitation

تَوْزيع، حِصّة الـ~ distribution, part des bénéfices

حِساب الـ~ والخَسائِر compte des profits et pertes

مُساهَمة في الـ~ participation aux bénéfices

ضَرائِب الـ~ impôts sur les bénéfices

رَباح bénéfice; gain; profit; *zool.* genette

الصَباح ~ *prov.* au matin les mains pleines

رابِح avantageux; lucratif; gagnant; profitable; vainqueur

صَفْقة ~ة bonne affaire; affaire juteuse

شُروط ~ة conditions avantageuses

رُبّاح hamadryas [*zool.*]

رَبيح ← رابِح

رَبيحة ج رَبائِح dividende [*fin.*]; part de bénéfice

II رَبَّحَ تَرْبيحًا ه ه profiter à qqn; faire réaliser un profit

IV أرْبَحَ إرْباحًا ه ه ← II

مُرْبِح avantageux; fructueux; lucratif; profitable; rentable; d'un bon rapport; rémunérateur

تِجارة ~ة affaire lucrative/rentable

أشْغال ~ة activités rémunératrices

**1978** **رَبَدَ** ـُ رُبودًا بِمَكان s'arrêter; faire halte

رُبْدة gris *n.m.*; grisaille

رِبْدة myriade

أرْبَدُ م رَبْداء ج رُبْد gris *adj.*

داهِية رَبْداء épouvantable catastrophe; terrible malheur

مِرْبَد parc à chameaux; aire où l'on fait sécher les dattes

V تَرَبَّدَ تَرَبُّدًا se voiler (ciel); se couvrir de nuages; s'assombrir (visage); être/devenir gris

IX اِرْبَدَّ اِرْبِدادًا ← V

مُرْبَدّ nuageux/ voilé (ciel); morose/sombre (visage)

**1979** **رُبيدان** pied-d'oiseau

**1980** **رَبِذَ** ـَ رَبَذًا avoir le pied agile/léger; être adroit de ses mains

رُبْذة ؛ رَبَذة chiffon/bouchon de laine ou de coton

رَبِذ agile/léger (pied); adroit/habile (main)

**1981** **مُتَرَبْرِب** brillant; diaphane (chair)

**1982** **رَبَسَ** ـُ رَبْسًا frapper du plat de la main

رَبْساء ج رُبْس grand malheur

رَبيس charnu

تِرْباس ج تَرابيس pêne

V تَرَبُّس ؛ مُتَرَبِّس somnambulisme; somnambule

**1983** **رَبِشَ** ـَ رَبَشًا se couvrir de végétation

رَبَش tache blanche sur les ongles

رُبْشة bigarrure

أرْبَش م رَبْشاء bigarré; couvert de végétation

**1984** **رُبْصة** attente; espoir; bariolage; bigarrure

V **تَرَبَّصَ** تَرَبُّصًا attendre; s'embusquer; se tenir en embuscade; être dans l'expectative; prendre position (armée)

~ لِلْعَدُوّ épier/guetter l'ennemi

~ بِهِ الدَوائِر، الشَرّ attendre l'occasion de nuire

~ بالبَضائِع الغَلاءَ spéculer à la hausse

~ الفُرْصة attendre le moment propice; épier/guetter l'occasion

تَرَبُّص stage [*admin.*]; spéculation

مُتَرَبِّص aspirant; candidat; en embuscade; en position; prêt à intervenir; guetteur; accapareur; spéculateur; stagiaire

**1985** **رَبَضَ** ـِ رَبْضًا بِـ ه s'installer qqp; rester dans un endroit; se tapir; prendre l'affût

~ على فَريسته se coucher sur sa proie (fauve)

~ على الرَمْل s'échouer sur le sable

~ إلى المائدة s'installer à table

رَبَض ج أرْباض alentours; banlieue; faubourg; périphérie d'une ville

رابِض couché les jambes repliées (animal); impotent; grabataire; à l'affût; aux aguets; gisant; tapi

رُبَض؛ مَرْبِض ج مَرابِض enclos; bergerie

II رَبَّضَ تَرْبيضًا الغَنَم enfermer des moutons dans un enclos

1986 رَبَطَ ـُ رَبْطًا ه، ه attacher; connecter; ficeler; lier; nouer; bander; faire une ligature

~ دابّة إلى ه attacher une bête à (un pieu)

~ ه بِهَدايا، قَلْبيًّا gagner qqn par des cadeaux; s'attacher qqn

~ مَصيره بِـ ه lier son sort à

~ سَفينة على الرَّصيف amarrer/embosser un bateau à quai

~ بين ه، ه rattacher; relier; avoir un lien avec

~ عُقْدة faire un nœud

~ رِباطة على قَلْبه raffermir le courage de; fortifier; réconforter

~ لِسانَه garder le silence; tenir sa langue

~ جَأْشَه garder son calme/son sang-froid/son flegme

رَبْط liaison; jointure; connexion; ligature; dépendance

صاحِب، أَهْل الحَلّ وَالـ~ puissant(s); notable(s); tout-puissant(s)

رَبْطة ج ات، رِباط nœud; bande; bandage; faisceau; cordée; paquet

~ صُحُف، أَوْراق نَقْدِيّة liasse de journaux, de billets

~ خُضَر botte de légumes

~ مَفاتيح trousseau de clefs

رِباط ج ات، رُبُط، أَرْبِطة attache; bandage; bande; bride; fixation; lacet; ligament; ligature; lien; nœud; accouplement [*techn.*]; camp retranché; hospice; station; relais

~ مَفْصِليّ ligament articulaire

~ الحِذاء lacet de soulier

~ زَلّاجة fixation de ski

~ الزَّواج، المَحَبّة nœud/lien du mariage; lien de l'amitié

~ عاطِفيّ attache/lien sentimental(e)

~ العُنُق، الرَّقَبة cravate

~ الفَتْح؛ الـ~ Rabat (*m. à m.* le camp de la victoire)

شَدَّ بِـ~ ligaturer

رِباطة جَأْشٍ aplomb; bonne contenance; fermeté; flegme; maîtrise de soi; sang-froid

اِنْتَظَرَ بِـ~ جَأْش attendre de pied ferme

حافَظَ على، فَقَدَ ~ جَأْشِه faire bonne, perdre contenance

رابِط كَهْرَبائيّ connecteur électrique

~ الجَأْش calme; ferme; froid; flegmatique; inébranlable; posé [*fig.*]; maître de soi

رابِطة ج رَوابِط trait d'union; attache; copule; lien; entente; liaison; conjonction; *techn.* lieuse

~ تِجارِيّة entente commerciale; consortium

~ صَداقة lien/rapport d'amitié

~ خَيْرِيّة association de bienfaisance

~ ضُبّاط الاِحْتِياطيّ amicale des officiers de réserve

الـ~ الفِرَنْسِيّة Alliance française

~ لُغَوِيّة communauté linguistique

~ الأُدَباء union des écrivains

~ التَّعْليم ligue de l'enseignement

~ العَطْف، التَّنْسيق conjonction de coordination, de subordination

~ الدَّم، الزَّواج lien du sang, du mariage

رَوابِط liaisons; attaches; liens

~ لا تَنْفَصِم عُراها liens indissolubles

كان لَهُ ~ بِالوِزارة avoir des attaches au ministère

مَرْبوط attaché; lié; connecté; relié

~ ج مَرابيط marabout; ascète

تاء ~ة «*tā'*» attaché (marque du féminin)

مَرْبَط ج مَرابِط enclos; étable; borne

مِرْبَط ج مَرابِط attache; collier; *techn.* courroie; lien; support

III رابَطَ مُرابَطة camper/stationner/être posté sur les/aux frontières

~ في ه militer pour la cause de; s'appliquer à; mettre tout son zèle à

مُرابِط appliqué; assidu; en garnison; posté/stationné (troupes); *isl.* marabout

الجَيْش الـ~ armée territoriale

المُرابِطون Almoravides

رَبْع ج رُبوع campement; habitation; zone habitée; résidence

الرُبوع région; territoire

رَبْع، رَبْعة. مَرْبوع القامة de taille moyenne; ramassé

**رَباع** prospérité; aisance

على ~ ه à l'aise; prospère

رَبّاع ج ون athlète; haltérophile

مَرْبَع ج مَرابِع campement; lieu du séjour

II رَبَّعَ رِجْلَيْه croiser les jambes

V **تَرَبَّعَ** تَرَبُّعًا s'asseoir en tailleur/les jambes croisées

~ على s'installer; trôner [*fig.*]

~ على العَرْش monter sur le trône

~ على الحُكْم. أَسْهُم détenir le pouvoir, des actions

**مُتَرَبِّع** على العَرْش régnant; au pouvoir

جَلَسَ ~ًا s'asseoir les jambes croisées

1988 **رُبْع** ج أَرْباع quart; quartier; *v. aussi 1987, 1989*

~ ساعة، سَنة quart d'heure; trimestre

~ القَمَر quartier de Lune

الدَوْر ~ النِهائيّ quart de finale

~ مُحيط دائِرة quadrant

ثَلاثةُ أَرْباعِ الوَقْت les trois quarts du temps

**رُبْعيّ** trimestriel

خِدْمة ~ة quart [*mar.*]

**رُبْعيّة** ج ات quart; quadrant

~ ماء مَعْدِنيّ quart d'eau minérale

**أَرْبَعة** م أَرْبَع quatre

ذو ~ مَقاطِع quadrisyllabique

~ أَضْعاف؛ ضَرَبَ بِـ~ quadruple; quadrupler

عَيْناه تَدْمَعانِ بِـ~ pleurer toutes les larmes de son corps

ذَهَبْنا أَرْبَعَتَنا nous partîmes tous les quatre

**أَرْبَعُ** زَوايا quadrangulaire

ذَواتُ الـ~ quadrupèdes *n.m.pl.*

VI **تَرابَطَ** تَرابُطًا s'articuler; s'associer; s'enchaîner

~ فيما بَيْنَهُم être solidaire les uns des autres

~ت الأَفْكار تَرابُطًا وَثيقًا les idées s'enchaînent/sont cohérentes

**تَرابُط** connexion; cohérence; corrélation; interdépendance; enchaînement; solidarité; interférence

~ الأَفْكار cohérence, enchaînement des pensées

~ المَعاني association d'idées

~ الذَرّات liaison des atomes

**مُتَرابِط** associé; coordonné; enchaîné; interdépendant; cohérent; corrélatif

مَجْموعة ~ة من ensemble cohérent

VIII **اِرْتَبَطَ** اِرْتِباطًا بِـ ه، ه s'articuler; s'attacher; s'engager; être fonction de/lié à; se lier; se rattacher; se raccorder à

~ بِـ ه s'attacher à qqn

~ بِكَلامِه engager sa parole

**اِرْتِباط** attache; attachement; cohésion; conjonction; connexion; corrélation; engagement; rattachement; raccordement; rapport entre; relation

~ مُباشِر corrélation directe

~ أَنابيب raccordement de tuyaux

ضابِط ~ officier de liaison

لَدَيْه **اِرْتِباطات** avoir des engagements

الدُوَلُ ذاتُ الـ~ بِـ les États qui entretiennent des relations avec

**مُرْتَبِط** conditionné (par); dépendant; connecté; conjoint *adj.*; connexe; lié; attaché; rattaché; en rapport avec; corrélé

~ أَشَدَّ الاِرْتِباط étroitement lié à

~ بِمَوْعِد lié par un engagement

1987 **رَبَعَ** َ رَبْعًا بِـ s'arrêter/séjourner dans un endroit; attendre; *v. aussi 1988, 1989*

~ ه soulever (des poids); soupeser

~ عَلى ه. ه avoir de la sympathie pour

~ عَنْ ه. ه avoir de l'antipathie pour; s'abstenir de; renoncer à

اِرْبَعْ عَلَيْك. على نَفْسِك. على ظَلْعِك prends patience! retiens-toi! n'en fais rien!

## 1988 رَبع ١٩٨٨

~ سَنَوات — quadriennal
أُمّ ~ وَأَرْبَعينَ — mille-pattes
أَرْبَعًا أَرْبَعًا — quatre à quatre
**أَرْبَعونَ** — quarante; quarantième
الصَفْحة ~ — page quarante
أَرْبَعونيّ — quadragénaire
الأَرْبَعينات، الأَرْبَعينيّات — les années quarante
أَرْبَعةَ عَشَرَ م أَرْبَعَ عَشْرةَ — quatorze
**رابِع**؛ العَصْر الـ~ — quatrième; quaternaire *n.m.*
~ المُسْتَحيلات — quadrature du cercle
رابِعًا — quarto; quater
**رابِعَ** عَشَرَ م رابِعةَ عَشَرةَ — quatorzième
الـ~ عَشَرَ من تَمُّوز — le quatorze juillet
رُباعَ — quatre à quatre; quatre par quatre
**رُباعيّ** — quadr-/tétra- *préf.*
فِعْل، خُطّة ~(ة) — verbe quadrilitère; plan quadriennal
فاصِل ~ — quarte [*mus.*]
~ القَوائِم، الأَقْدام، الأَرْجُل — quadrupède
~ الأَضْلاع — quadrilatère; quadrilatéral
~ السُطوح — tétraèdre; tétraédrique
~ التَوْريق، الأَقْطاب — quadrifolié; quadripolaire
~ المُحَرِّكات، النَفّاثات — quadrimoteur; quadriréacteur
مُحَرِّك ~ الأَشْواط — moteur à quatre temps
قِمّة، مُؤْتَمَر ~(ة) — sommet, conférence à quatre/quadripartite
~ المَقاطِع، الأَيْدي — quadrisyllabique; quadrumane
~ الأَجْزاء، الأَجْنِحة — tétramère; tétraptère
~ الأَرْجُل، الأَصابِع — tétrapode; tétradactyle
رُباعِيّة ج ات — quatrain; tétralogie
**أَرْبِعاء**؛ يَوْم الـ~ — mercredi
مَرْبوع — plié en quatre; de taille moyenne
II رَبَّعَ تَرْبيعًا ه — élever au carré; multiplier par quatre; quadrupler; quadriller; équarrir; donner une forme carrée; carrer; carroyer
**تَرْبيع** ج تَرابيع — quadrillage; équarissage; carroyage
~ الدائِرة — quadrature du cercle
تَرْبيعة ج ترابيع — carreau
**تَرْبيعيّ** — quadrillé
تَقْسيم ~ — quadrillage
جِذْر ~ — racine carrée
**مُرَبَّع** — carré [*math.*]; d'équerre; quadruplé; quadrillé; quadrilatère
مِتْر ~ — mètre carré
~ عَدَد، زَوايا — carré d'un nombre; quadrangulaire
مُرَبَّعة ج ات — aire; district; *anat.* quadriceps
قَميص ذو **مُرَبَّعات** — chemise à carreaux
وَرَق ذو ~ — papier quadrillé
X اِسْتَرْبَعَ اِسْتِرْباعًا بـ ه — se mettre en quatre pour [*fam.*]

**1989** **رَبيع** ج أَرْبِعة — printemps; *v. aussi 1987, 1988*
الـ~ الأَوَّل — *troisième mois de l'année musulmane: «rabī' I»*
الـ~ الثاني — *quatrième mois de l'année musulmane: «rabī' II»*
زَهْرة الـ~ — pâquerette
رَبيعيّ — printanier
رَبيعيّات — primulacées *n.f.pl.*
رِبْعيّ — printanier; né au printemps (animal)
يَرْبوع ج يَرابيع — gerboise
مَرْبَع ج مَرابِع — prairie; pré

**1990** **رَبَغَ** ـَ رَبْغًا — mener une vie agréable/confortable
رَبَغ — abondance; aisance; confort
رابِغ — agréable/confortable/prospère/plaisant (vie)

**1991** **رَبَقَ** ـُ رَبْقًا ه — prendre au collet/au lasso
رِبْقة ج رِبَق، أَرْباق — nœud coulant; lacet; lasso
رَبيقة ج رَبائِق — animal pris au collet
II رَبَّقَ تَرْبيقًا ه — faire un nœud coulant; tendre des collets

**1992** **رَبَكَ** ـُ رَبْكًا ه، ه ← IV

رَبِكَ ـَ رَبَكًا الأَمْر على ه — être compliqué/embrouillé; se trouver dans une situation compliquée

رَبْك، رَبِيكة ج رَبائِك — bourbier [*fig.*]; situation confuse

II رَبَّكَ تَرْبِيكًا ← IV

IV **أَرْبَكَ** إِرْباكًا ه — compliquer; semer la confusion/le désordre dans; désorganiser; embrouiller; encombrer

~ ه — confondre qqn; déconcerter; démonter qqn; déranger qqn; embarrasser; interloquer; gêner

~ ه في قَضِيَّة — engager/impliquer qqn dans une mauvaise affaire

إِرْباك — désordre; confusion; complication; désorganisation; embarras; gêne

**مُرْبِك** — déconcertant; encombrant; gênant

VIII **اِرْتَبَكَ** اِرْتِباكًا — se décontenancer; se déconcerter; se démonter; s'embrouiller; s'empêtrer; être déconcerté/embarrassé/en plein désarroi/en pleine confusion; perdre contenance

~ في الكَلام — bafouiller [*péjor.*]

~ في الوَحَل — s'embourber; patauger

**اِرْتِباك** — confusion; désarroi; embarras; gêne; perplexité

في ~ كَبير — en plein désarroi

شَعَرَ بـ~ كبير — éprouver une grande confusion

**مُرْتَبِك** — confus; décontenancé; désemparé; embarrassé; embrouillé; gêné; perplexe; penaud

**1993** **رَبْلة**؛ ~ السَاق — gras de la cuisse; mollet

رَبِل، رَبِيل — gras; grassouillet; obèse; rebondi

رَبالة — embonpoint; corpulence; obésité; graisse

V تَرَبَّلَ تَرَبُّلًا — grossir; prendre de l'embonpoint

تَرَبُّل — embonpoint; œdème

مُتَرَبِّل — charnu

**1994** **رَبْو** — asthme; dyspnée; rhume des foins

مُصاب بالـ~، مَرْبُوّ — asthmatique; enrhumé

**1995** **رَبا** ـُ رِباءً، رُبُوًّا — s'accroître; augmenter; grandir; être élevé

~ في النِعْمة — grandir dans l'aisance

~ رابِية — gravir une colline

~ على ه — dépasser; excéder; surpasser

~ بِرأسه — faire un signe affirmatif de la tête

رَبْو ج أَرْباء، رَبْوة ج رُبًى — colline; élévation de terrain; éminence; mamelon; tertre

رِبْوة — dix mille; myriade

**رِبًا**، رَباء — intérêt usuraire; usure

أَقْرَضَ بـ~ — prêter à usure

رِبَوِيّ — usuraire (taux, profit)

رابِية ج رَوابٍ ← رَبْو

أُرْبِيَّة — aine [*anat.*]

**مَرْبًى** ج مَرابٍ؛ ~ فراخ — éleveuse; poussinière

~ مائِيّ — aquarium

II **رَبَّى** تَرْبِيةً ه، ه — éduquer/élever/nourrir (enfant, animal)

~ فَواكِه — confire; faire de la confiture; préparer des fruits confits

**تَرْبِية** — éducation; formation

~ الأَوْلاد، النَحْل — puériculture; apiculture

~ الحَيَوان، السَمَك — élevage; pisciculture

فَنّ، عِلْم الـ~ — pédagogie

~ بَدَنِيَّة — éducation/culture physique

~ وَطَنِيَّة — Éducation nationale

~ اِجْتِماعِيَّة، مَدَنِيَّة — instruction civique

~ مِهَنِيَّة — formation professionnelle

مَصْلَحة الـ~ — service de l'élevage/de l'éducation

**تَرْبَوِيّ** — éducatif; pédagogique

طُرُق ~ة — méthodes éducatives

**مُرَبٍّ** (المُرَبّي) ج مُرَبُّون — éducateur; éleveur; pédagogue

~ الأَبْقار — éleveur de bestiaux

~ النَحْل، السَمَك — apiculteur; pisciculteur

مُرَبِّية ج ات — éducatrice; gouvernante; nourrice

**مُرَبًّى** — éduqué; élevé

~ ج مُرَبَّيات — confiture; conserve de fruits; fruits confits

~ وِعاء — confiturier

III رابَى مُراباةً ه — circonvenir; flatter

~ مالًا — prêter à usure; pratiquer l'usure

مُرابٍ ج مُرابون — usurier

IV أَرْبَى إِرْباءً ه — accroître; augmenter; développer; faire grandir

~ على — dépasser; excéder; surpasser

V تَرَبَّى تَرَبِّيًا ه — élever qqn; s'élever; être bien élevé/éduqué

مُتَرَبٍّ — bien élevé; bien éduqué

1996 **رَتّ** ج رُتوت — sanglier; porc; truie

1997 **رُتّة** — bégaiement; défaut d'élocution

أَرَتّ م رَتّاء ج رُتّ — qui a un défaut d'élocution; bègue

1998 **رَتَأَ** ـَ رُتوءًا — repriser; ravauder; serrer (un nœud); étrangler

رَتّاءة — ravaudeuse; repriseuse

1999 **رَتَبَ** ـُ رَتْبًا، رُتوبًا — ne pas bouger; être fixe; se redresser; être ferme

**رُتْبة** ج رُتَب — degré (d'une échelle); dignité; classe; grade (hiérarchique); ordre zoologique/botanique; rite/cérémonie religieux(euse)

كانَ بِـ~ ه — avoir rang de

رُتَبِيّ — rituel *adj.*

رَتابة — monotonie; train-train [*fam.*]; routine

**راتِب** — constant; fixe; monotone; routinier

~ ج رَواتِب — appointements; émoluments; paie; salaire; solde; traitement

قَبَضَ ~ه — toucher sa solde/son salaire

~ تَقاعُد — pension de retraite

رَواتِب — actes de dévotion surérogatoires

**رَتيب** — monocorde; monotone

~ ج رُتَباء — gradé *adj.*, *n.*

**مَرْتَبة** ج مَراتِب — classement; degré; place; rang; matelas

الـ~ الأُولَى في المُباراة — la première place du championnat

~ طالِب، مُرَشَّح — classement d'un élève, d'un candidat

في الـ~ الأُولَى — au premier chef/rang/plan

**مَراتِب** اِجْتِماعِيّة، إدارِيّة — hiérarchie sociale, administrative

دَرَجات الـ~ — degrés de la hiérarchie

II **رَتَّبَ** تَرْتيبًا ه — arranger; classer; mettre en ordre/de l'ordre dans; ordonner; ranger; disposer; réglementer; ajuster; aménager

~ لِـ ه مُرَتَّبًا — assigner un traitement à; appointer

~ شُؤونه — mettre de l'ordre dans/régler ses affaires

~ غُرْفَته، مَسْكَنه — faire sa chambre; s'installer

~ وَثائِق — classer des documents

~ مَلابِسه، أَوْراقه — ranger ses vêtements, ses papiers

**تَرْتيب** — aménagement; arrangement; ajustage; dispositif; disposition; classement; échelonnement; ordonnance; ordonnancement; ordre; règlement; réglementation; coordination

~ الكَلِمات، القِتال — ordre des mots, de bataille

~ الدِفاع، الهُجوم — dispositif de défense, d'attaque

شُؤون فيها ~ — affaires en ordre

في ~ مُنْضَمّ — en ordre serré

قانون الـ~ — loi associative

مُحِبّ لِلـ~ — personne ordonnée

بالـ~ — un par un; en ordre

من غَيْرِ ~ — en désordre; dans la confusion

**تَرْتيبات** — dispositions; dispositif; réglementation

أَخَذَ ~ — prendre des dispositions

~ مالِيّة — dispositions/réglementation financière(s)

**تَرْتيبِيّ** — hiérarchique; réglementaire

عَدَد ~ — numéro d'ordre; nombre ordinal

مُرَتِّب — ordonnateur

**مُرَتَّب** — ordonné; en ordre; rangé; classé; disposé; organisé

شُؤُون ~ة — des affaires en ordre

~ حَسْبَ أَهَمِّيَّة ه — rangé par ordre d'importance

غَيْر ~ — désordonné; en désordre

**مُرَتَّب** ج ات — appointements; émoluments; paie; salaire; traitement

~ أساسيّ، ثابت، شَهْريّ — traitement de base, fixe, mensuel

V **تَرَتَّبَ** تَرَتُّبًا على هـ — être la conséquence de; découler; s'ensuivre; résulter; être arrangé/ordonné/organisé

~ على الأَزْمة أَنْ — la crise a eu pour conséquence de

مَهْما ~ت على ذٰلِك مِن نَتائِج — quelles qu'en soient les conséquences

يَتَرَتَّبُ على ذٰلِكَ أَنْ — il s'ensuit que; il en découle que; il résulte que; en conséquence

2000 **رَتَجَ** ـُ رَتْجًا بابًا — fermer une porte au verrou/avec une barre; barricader/verrouiller une porte

**رَتْج**؛ جِهاز الـ~ — verrouillage; système de verrouillage

رِتْج — voie sans issue; impasse; *anat.* diverticule

رَتَج ج أَرْتاج — *v. le suivant*

رِتاج ج رُتُج، رَتائِج — crémone; portail; porte cochère; verrou/barre (de porte)

مَرْتَج ج مَراتِج — *géogr.* col; défilé; passage

مِرْتاج ج مَراتيج ← رَتَج، رِتاج

IV أَرْتَجَ إِرْتاجًا هـ ← رَتَجَ

أُرْتِجَ على ه — rester sans voix/muet; ne pas savoir quoi dire; ne pas trouver ses mots

2001 **أَرْتَخُ** م رَتْخاء — clair; délayé; fin

حَساء ~ — potage clair

عَجين ~ — pâte délayée, fine

2002 **رَتَعَ** ـَ رَتْعًا، رِتاعًا، رُتوعًا — vivre dans l'abondance; faire bonne chère; festoyer

رَتْعة — abondance de vivres; bonne chère

رَتِع؛ رَتْع — abondant (fourrage)

**مَرْتَع** ج مَراتِع — pâturage; prairie; pré

~ خِصْب — terrain favorable/fertile/propice

~ فَساد — foyer de corruption

2003 **رَتَقَ** ـُ رَتْقًا هـ — raccommoder; ravauder; réparer; repriser

~ ثَوْبًا، جَوارِب — repriser un vêtement, des chaussettes

~ فَتْقَهُمْ — raccommoder des personnes entre elles

~ فَتْقَهُ — arranger ses affaires

رَتْق ج رُتوق — raccommodage; réparation; reprise

راتِق — raccommodeur; stoppeur; médiateur

رَتّاقة — repriseuse; stoppeuse

2004 **رَتِلَ** ـَ رَتَلًا — être en colonne/en file/en ordre/en rang

**رَتَل** ج أَرْتال — colonne; file; convoi

رئيس الـ~ — chef de file

~ سَيّارات — file/colonne/défilé de voitures

~ آليّ — convoi motorisé

خَرَجَ من الـ~ — sortir du rang/de la file

سارَ **أَرْتالًا** — marcher en colonnes; défiler [*fig.*]

رَتِل — bien agencé/bien dit/bien tourné (discours)

II **رَتَّلَ** تَرْتيلًا كَلامَهُ — parler avec élégance

~ أَغانيَ المَجْد — entonner des hymnes de gloire

~ المَزامير — dire des psaumes; psalmodier

~ القُرْآن — psalmodier le Coran

**تَرْتيل** — psalmodie; chant

~. **تَرْتيلة** ج تَراتيل — chant religieux; hymne religieuse; choral *n.m.*; chœur; cantique

~ زَنْجيّة — negro-spiritual

مُرَتِّل ج ون — choriste; chantre

2005 **رُتَيْلاء** ج رُتَيْلاوات — mygale; tarentule

2006 **رَتَمَ** ـِ رَتْمًا هـ — briser/casser en petits morceaux

ما ~ بِكَلِمة — ne pas piper mot

رَتْمة ج رِتام — pense-bête [*fam.*]; nœud fait à un mouchoir

رَتيمة ج رَتائِم ← رَتْمة

ما زال **راتِمًا** — rester bouche bée; rester cloué sur place

IV أَرْتَمَ نَفْسَهُ **رَتْمة** — *fig.* faire un nœud à son mouchoir

2007 **رَتَم** — ajonc; spartium; genêt

2008 **راتِنْج**؛ راتين résine

راتِنْجيّ؛ راتينيّ résineux *adj.*; de résine

راتينيّات résineux *n.m.pl.*

2009 (رتو) دَنا مِنْه **رَتْوة** faire un pas vers [*fig.*]

2010 **رَثّ** ـِ رَثاثة s'élimer; s'user; être crasseux/élimé/sale/usé

**رَثّ** ج رِثاث haillon; guenille; éculé; élimé; minable; miteux; pouilleux; rapé (vêtement)

~ الهَيْئة crasseux; déguenillé; dépenaillé; allure minable/misérable

أحْذِية ~ة souliers éculés

رَثاثة crasse; pouillerie [*fam.*]

رِثّة ج رِثَث، رِثاث guenilles; vieilleries

رَثيث crasseux; pouilleux; sordide

IV أَرَثّ إرْثاثًا ه user; élimer; éculer

2011 (رثد) **أَرْثَد** gattilier

2012 **رَثَمَ** ـِ رَثْمًا أنْف ه casser/écraser le nez de

2013 **رَثا** ـُ رَثْوًا مَيِّتًا pleurer un mort; prononcer un éloge funèbre

**رَثَى** ـِ رَثْيًا، رِثاء ه ← رَثا ـُ

~ لِ ه، ه s'attendrir sur; déplorer; avoir/prendre en pitié; plaindre; pleurer qqn, qqch; présenter ses condoléances à

~ لِأحْزانِ ه compatir à la douleur de

يُرْثَى لَهُ lamentable; piteux; qui fait pitié; malheureux

**رِثاء** élégie; chant/oraison funèbre; thrène

داعٍ لِلـ~ lamentable; malheureux; piteux

رِثائِيّ élégiaque

مَرْثاة، مَرْثِية ج مَراثٍ discours/oraison funèbre; jérémiade; lamentation

رَثّاءة pleureuse

II رَثَّى تَرْثِية ه composer une élégie en l'honneur de; pleurer qqn dans un discours funèbre; prononcer un discours funèbre

2014 **رَثِيَ** ـَ رَثْيًا avoir des douleurs articulaires

**رَثْية** ج رَثَيات douleur articulaire; arthrite; goutte; rhumatisme

مَبْحَث الـ~ rhumatologie

~ مَفْصِلِيّة rhumatisme articulaire

~ مَفْصِلِيّة حادّة rhumatisme articulaire aigu

رَثِيّ rhumatisant; arthritique

رَثَويّ rhumatismal

2015 **رَجّ** ـُ رَجًّا ه agiter; ballotter; cahoter; commotionner; secouer

~ قِنّينة agiter un flacon

تَرُجُّنا السَيّارة رَجًّا la voiture nous secoue dans tous les sens

رَجّ ـُ رَجَجًا (الأرْض) frémir; tressaillir; vibrer (sol)

رَجّة ج ات cahot; commotion; convulsion; secousse; frémissement; saccade; tremblement du sol; vibration

رَجّاجة vibrateur

VIII اِرْتَجّ اِرْتِجاجًا ballotter; trembler; trépider; tressaillir; vibrer

**اِرْتِجاج** ballottement; secousse; tremblement; trépidation; vibration

~ نَفْسيّ ébranlement/secousse psychologique

~ مُخّيّ commotion cérébrale

مُرْتَجّ cahotant; trépidant; saccadé; vibrant; commotionné

2016 (رجأ) IV **أَرْجَأ** إرْجاء ه ajourner; atermoyer; différer; remettre; renvoyer à plus tard; reporter; proroger

~ إلى الغَد renvoyer au lendemain

~ اِمْتِحانًا repousser un examen

~ تَقْريرًا surseoir à une décision

**إرْجاء** ajournement; atermoiement; renvoi; report; prorogation; sursis

حالةَ ~ en disponibilité; en sursis

جَواب **إرْجائِيّ** réponse dilatoire

مُرْجَأ ajourné; différé; renvoyé; reporté; prorogé; en sursis

2017 **رَجَبَ** ـُ رَجْبًا مِنْ avoir honte/rougir de

رَجِبَ ـَ رَجَبًا craindre; respecter

رَجَب *septième mois de l'année musulmane: « rajab »*

رُجْبة — tuteur [*bot.*]

راجِبة ج رَواجِب — phalange d'un doigt

II رَجَّبَ تَرْجيبًا ه. ه — vénérer (une personne); tuteurer (un palmier)

تَرْجيب — tuteurage

مُرَجَّب — vénérable; vénéré

2018 **رَجَحَ** ـَ رُجْحانًا. رُجوحًا — peser davantage; l'emporter; être prépondérant; prédominer; prévaloir; surpasser

~ المِيزانُ — pencher d'un côté (balance)

~ في الوَزْن — dépasser en poids

~ ه بِيَدِهِ — soupeser qqch

~ رَأْيًا — soupeser un argument

~ عِنْدَهُ أَنْ — considérer comme préférable de

~ رَأْيُهُ — son avis a prévalu

رَجاحة — aménité; égalité d'humeur; équilibre [*psychol.*]; modération; pondération

رُجْحان — ascendant *n.m.* [*fig.*]; prépondérance; prédominance; probabilité; supériorité

رُجْحانيّة — probabilisme

**راجِح** — supérieur en poids; meilleur; prépondérant; prédominant; préférable; probable

الـ~ عِنْدي أَنْ — je crois probable/préférable que

رَأْي ~ — avis prépondérant

عَقْل ~ — esprit équilibré

**أَرْجَح** — *compar. du précéd.* supérieur en poids

من الـ~ أَنْ — il est probable/préférable que

عَلَى الـ~ — selon toute probabilité; probablement; selon toute vraisemblance; vraisemblablement

أَرْجَحيّة — prédominance; prépondérance; probabilité

أُرْجوحة ج أَراجيح — balançoire; trapèze [*sport.*]

مَرْجوحة ج مَراجيح — *même sens*

رُجّاحة — portique [*sport.*]

II **رَجَّحَ** تَرْجيحًا ه — donner la préférence à; préférer; tenir pour probable; balancer [*fig.*]

~ الكَفّة — faire pencher la balance

~ رَأْيَهُ — faire prévaloir son avis

تَرْجيح ج ات — préférence; probabilité; vraisemblance

تَرْجيحيّة — probabilisme

**مُرَجِّح** — prédominant; prépondérant; probable

صَوْت ~ — voix prépondérante

~ فَوْزُهُ. نَجاحُهُ — favori; gagnant

من الـ~ أن — il est probable que

V تَرَجَّحَ تَرَجُّحًا — se balancer; basculer; osciller; l'emporter; avoir du ballant; tanguer

تَرَجُّح ج ات — balancement; ballant; branle; oscillation; tangage; vraisemblance

VIII اِرْتَجَحَ اِرْتِجاحًا ← V

2019 **رَجْرَجَ**، II تَرَجْرَجَ — ballotter; cahoter; tressaillir; trembloter

رَجْراج، مُرَجْرِج — tremblotant; cahotant

رُجْرُج — gnetum

2020 **رَجَزَ** ـُ رَجْزًا — composer/réciter un poème en «*rajaz*»

رَجَز — *métriq.* «*rajaz*»

أُرْجوزة ج أَراجيز — poème composé en «*rajaz*»

أَراجوز — fantoche *n.m.*; marionnette

VIII اِرْتَجَزَ اِرْتِجازًا قَصيدة ← رَجَزَ

2021 **رَجُسَ** ـُ رَجاسة، رَجِسَ ـَ رَجْسًا — être ... *v. à l'adj.*

رَجَسَ ـُ رَجْسًا ه — sonder la profondeur

رَجَس. رِجْس ج أَرْجاس — saleté; souillure [*litt.*]; infamie; turpitude

رَجاسة ← رَجَس

رَجِس — sale; souillé [*litt.*]; infâme

رَجّاس — mugissant; tonnant; agité (mer)

مِرْجاس ج مَراجيس — sonde; sondeur

II رَجَّسَ تَرْجيسًا — souiller [*litt.*]; commettre un sacrilège

2022 **رَجَعَ** ـِ رُجوعًا. مَرْجِعًا — être de retour; retourner; s'en retourner; revenir; repartir

~ عَوْدُهُ على بَدْئِه — se retrouver à son point de départ

~ بِـ ه. ه — ramener qqn; rapporter qqch

~ بِخُفَّيْ حُنَيْن | revenir bredouille/les mains vides; être Gros-Jean comme devant
~ بِنَتيجة | entraîner une conséquence
~ إلى الحافِظة، الذاكِرة | revenir à la mémoire
~ إلى صَوابه، صِحّته | recouvrer la raison, la santé
~ إلى مَنْزِله، داره، بَيْته | rentrer chez soi
~ إلى ه | remonter/recourir/être dû à; provenir de
~ السَبَبُ إلى | être causé par/dû à; la raison en est que
~ إلى المُعْجَم | recourir au/consulter le dictionnaire
~ بِذاكِرته إلى | se reporter à; évoquer un souvenir; se remémorer
~ على عَقِبه، عَقِبَيْه | retourner/revenir sur ses pas; tourner bride/les talons
~ على أَدْراجه، أَعْقابه | *même sens*
~ على ظَهْره | faire un pas en arrière; reculer
~ القَهْقَرَى، إلى الوَراء | reculer; partir à reculons; rétrograder
~ على ه بِـ ه | plaider/réclamer/recourir contre
~ عن، في | revenir sur; renoncer à
~ عن قَراره، فيما قَرَّره | rapporter une décision
~ عن خَطَأه | revenir sur son erreur
~ عن شَكْواه، تَرْشيحه | retirer sa plainte, sa candidature
ما ~ عَمَّا هو فيه | ne pas en démordre
~ عن رَأْيه، قَوْله | se raviser; se reprendre; se dédire; reprendre sa parole; se rétracter; changer d'avis
~ في وَعْدِه | revenir sur sa promesse
~ إلى المَوْضوع | revenir sur le sujet/à ses moutons/à la charge
يُرْجَعُ إليه | faire autorité
**رَجْع** ج رِجاع | retour; répétition; réaction; répercussion; réponse
~ نَفْسيّ | réaction psychologique
~ الصَوْت، الصَدَى | écho
كَـ ~ البَصَر | en un clin d'œil
**رَجْعة** ج ات | retour; récurrence; répétition
دُونَ ~؛ لا ~ فيه | définitif; sans retour; irrévocable

دُونَ أَمَل في الـ ~ | sans espoir de retour
**رَجْعيّ** | réactionnaire; rétrograde
عَقْل، تَدابير ~(ة) | esprit, mesures réactionnaire(s)/rétrograde(s)
مَفْعول ~ | effet rétroactif
رَجْعيّة | rétroactivité; réaction [*polit.*]
رِجْعة ج رِجَع | bénéfice; profit
**رُجوع** | récurrence; restitution; retour; rétractation; révocation
يَوْم الـ ~ إلى المَدْرَسة | jour de la rentrée; rentrée scolaire
بِـ ~ البَريد | par retour du courrier
~ إلى الوَراء | recul; retrait
~ إلى نَفْسِه | retour sur soi-même
طَلَبَ ~ ه إليه | réclamer la restitution de
حَقّ الـ ~ | droit de recours
بِلا ~ | sans recours; sans retour
لا ~ عَنْه | irrévocable
**راجِع** | de retour; qui se répète/revient; récurrent
~ لِـ | qui se rapporte à; qui ressortit à
رَجيع | réchauffé (plat)
**مَرْجِع** ج مَراجِع | autorité; recours; référence; repère; instance; source de documentation
~ النَظَر | compétence
~ الفَضْل إلى | le mérite en revient à
إليه الـ ~ في ه | qui fait autorité en la matière
**مَراجِع** | bibliographie
~ دُوَليّة | instances internationales
II **رَجَّعَ** تَرْجيعًا ه | réitérer; répéter; reproduire; renvoyer; rapporter
~ الصَوْت | répercuter/renvoyer le son; faire vibrer la même note
**تَرْجيع** | allitération
~ الصَوْت | tremblement/vibration de la voix
III **راجَعَ** مُراجَعة ه | relire; réviser; revoir; se reporter à; vérifier; mettre au point
~ نَصًّا، تَجارِب طَبْع | relire/revoir un texte, des épreuves d'imprimerie

~ نَفْسه — reprendre ses esprits

~ مَخْطوطات — consulter des pièces d'archives

~ حِسابات — revoir/récapituler/vérifier des comptes

~ نُسَخًا — collationner des manuscrits

~ دَوْرًا — répéter un rôle

راجِعْ إلى — confer [*mot lat.*]; voir à

**مُراجَعة** — révision; revue; vérification; répétition; récapitulation

~ تَجارب — révision d'épreuves

~ مَخْطوطات — consultation/collation de manuscrits

~ دَوْر — répétition d'un rôle

IV **أَرْجَعَ** إِرْجاعًا ه — reculer *tr.*; faire reculer; repousser; renvoyer; restituer; retourner *tr.*; rapporter

~ كُرْسيًّا — reculer une chaise

~ عَدُوًّا — repousser/faire reculer un ennemi

~ مُشْكِلة إلى أَبْعادها الحَقيقيّة — ramener un problème à ses véritables proportions

~ إلى مَكانه — remettre en place; replacer

~ ه إلى ه — attribuer qqch à qqn

**إِرْجاع** — renvoi; retour; restitution

~ إلى المُرْسِل — retour à l'envoyeur

VI **تَراجَعَ** تَراجُعًا — battre en retraite; lâcher pied; reculer; refluer; perdre du terrain; se retirer; régresser; rétrograder; se replier

~ عن الكِفاح — abandonner le combat; lâcher prise

~ إلى الوَراء، خَلْفَ — faire machine/marche arrière

~ عن ادِّعائه — en rabattre; revenir sur ses prétentions

~ عن واجبه — se dérober à son devoir

~ عن قَوْله — reprendre sa parole; retirer ses paroles

~ عن رَأْيه — se raviser; changer d'avis

أَتراجَع عَمّا قُلْتُهُ — je retire ce que j'ai dit

**تَراجُع** — récession; recul; reculade; régression; retraite; *philos.* involution

~ اقْتِصاديّ — récession économique

بُرْهان **تَراجُعيّ** — raisonnement par récurrence

X **اِسْتَرْجَعَ** اِسْتِرْجاعًا ه — réclamer le retour/la restitution de; recouvrer; récupérer; retrouver; *chim. industr.* réactiver; régénérer

~ هُدوءه، عافيته، قُواه — recouvrer/retrouver son calme, sa tranquillité, ses forces

~ مالَه — récupérer son argent; rentrer dans ses fonds

~ السُّلْطة — reconquérir le pouvoir

~ حُقوقه، حُرّيّته — réconquérir ses droits, sa liberté

~ الذِكْرَى — se remémorer

**اِسْتِرْجاع** — réclamation; reconquête; recouvrement; récupération; régénération

~ الطاقة — récupération de l'énergie

لِـ~ ما أَنْفَقَه — pour rentrer dans ses fonds

**مُسْتَرْجِع** ج ات — *industr.* récupérateur; régénérateur

~ حَراريّ — *même sens*

**2023 رَجَفَ** ـُ رَجْفًا، رَجَفانًا — être ébranlé; grelotter; sursauter; trembler; vibrer

~ أَمام ه، ه — trembler devant

**رَجَفان** — tremblement; trépidation

~ في الصَوْت — trémolo dans la voix

**رَجْفة** ج رَجَفات — sursaut; tressaillement; trépidation

أَصابَتْه الـ~ — avoir la tremblote [*pop.*]

كِتابة **راجِفة** — écriture tremblée

IV **أَرْجَفَ** إِرْجافًا — trembler; être ébranlé; fomenter des troubles

~ بافْتِراءات — répandre des calomnies

إِرْجاف ج أَراجيف — bruits de couloir; propos séditieux; racontars

V تَرَجَّفَ تَرَجُّفًا ← VIII

VIII **اِرْتَجَفَ** اِرْتِجافًا — frémir; grelotter; trembler; trépider; tressaillir; vibrer; vaciller (flamme)

~ من البَرْد، خَوْفًا — être transi/trembler de froid, de peur

~تْ أَوْصالُه — trembler de tous ses membres

اِرْتِجاف — frémissement; grelottement; tressaillement; vibration

مُرْتَجِف — tremblant; grelottant; frémissant

2024 **رِجْل** ج أَرْجُل — pied; jambe; patte
~ الذِئْب — lycopode; pied-de-loup
~ أُخْطُبوط، كُرْسيّ — tentacule; pied de chaise
خُلُوّ الـ~ — pas-de-porte *n.m.*; reprise *n.f.*
عَرَجَ من ~ه اليُمْنَى، اليُسْرَى — boiter du pied droit, gauche
لا يَعْلَم على أيّ ~ يَقِف — ne savoir sur quel pied danser
~ الإوَزّ — chénopode
~ ج أَرْجال (جَراد) — nuée/vol (de sauterelles)
**ذو رِجْلَيْن** — bipède
سَعَى بِيَدَيْه **ورِجْلَيْه** — faire des pieds et des mains
كَثيرة **الأَرْجُل** — myriapodes *n.m.pl.*
رِجْلة — pourpier
رَجِل؛ راجِل ج رَجْل، رَجّالة — marcheur; piéton; fantassin
راجِلاً — à pied; pédestrement
رَجّالة — infanterie
**مِرْجَل** ج مَراجِل — chaudière; chaudron; marmite
مَوْضِع الـ~ — chaufferie
IV أَرْجَلَ إرْجالاً — aller à pied; être piéton
V **تَرَجَّلَ** تَرَجُّلاً — mettre pied à terre
~ عن حِصانه، سَيّارته — descendre de cheval, de voiture
مُتَرَجِّل ج ون — qui est à pied; qui met pied à terre; piéton; pédestre
VIII **اِرْتَجَلَ** اِرْتِجالاً — improviser
~ الكَلام — parler d'abondance et sans préparation
اِرْتِجال — improvisation
اِرْتِجالاً — à l'improviste; au pied levé; de manière impromptue; à livre ouvert
مُرْتَجَل — improvisé; impromptu; de fortune

2025 **رَجُل** ج رِجال — homme
~ ج رِجالات — grand homme; personnalité importante
~ عَظيم، صُوَريّ — grand homme; homme de paille
~ خَيْر، بَحْر — homme de bien, de mer
~ حَرْب، دَوْلة — homme de guerre, d'État
~ عاديّ، الشارع — homme de la rue
~ كادِح — homme de peine
إنّهُ ~ في الرِجال — c'est un homme/un type (fort, bien)
عَمِلوا رَجُلاً واحِدًا — travailler comme un seul homme
اِمْرَأة **رَجُلة** — femme hommasse [*péjor.*]/qui a toutes les vertus d'un homme
**رِجال** الدين، القانون — hommes de religion, de loi
~ الاِجْتِماع — sociologues
~ الاِقْتِصاد — économistes
~ المال، الصِحافة — financiers; journalistes
~ الأَعْمال، السياسة — hommes d'affaires; politiciens
~ السِلْك الدِبلوماسيّ — diplomates
~ العَدْل، السِلْك القَضائيّ — magistrats
مَنَحَ البُطولة لِـ~ها — décerner des brevets d'héroïsme à ceux qui les méritent
رِجالاً وَنِساءً — hommes et femmes
**رِجاليّ** — masculin
صَوْت، لِباس، عِطْر ~ — voix, vêtement, parfum masculin(e)
**رُجولة**؛ رُجوليّة — virilité; masculinité
سِنّ الـ~ — l'âge d'homme
**رُجوليّ** — masculin; viril; mâle
صَوْت ~ — voix masculine/mâle
جَمال ~ — beauté mâle/virile
II رَجَّلَ تَرْجيلاً ه — masculiniser; viriliser

2026 **رَجَمَ** ـُ رَجْمًا ه — lancer (des pierres contre); lapider; injurier; maudire
~ ه بِبَريق عَيْنَيْه — foudroyer/fusiller qqn du regard
~ بِفِكْرة — jeter/lancer une idée; hasarder une opinion; faire une supposition
~ بالغَيْب — conjecturer; prophétiser; prédire
**رَجْم** — lapidation
~ بالغَيْب — conjecture; prédiction; prophétie
~ ج رُجُم، رُجوم — missile; projectile; *astron.* étoile filante; aérolithe
رُجْمة ج رُجَم، رِجام — tombe; pierre tombale

**راجِمة** ج ات — lance-engins

~ صَواريخ — lance-fusées; lance-roquettes

**رَجيم** — maudit; damné

الشَيْطان الـ~ — Satan; le Maudit

مَذْهَب **مَرْجوم** — simple conjecture; opinion hasardée/sans fondement

مِرْجام — fronde; lance-pierres

**2027** (رجن) **رَجين** — poison mortel; venin

مَرْجونة ج مَراجين — panier

**2028** (رجو) **رَجا** ـُ رَجاء ه، أنْ — espérer; mettre son espoir dans; souhaiter

~ هُ أن — demander à qqn de; prier qqn de; solliciter

~ ه في إلْحاح — implorer; insister auprès de qqn

أرْجوكَ — de grâce; je vous en prie

رَجًا ج أرْجاء — côté; direction; région; zone

واسِع، شاسِع **الأرْجاء** — vaste; immense

في كُلّ ~ البَلَد — dans toutes les régions du pays; à travers tout le pays

في كلّ الـ~ — de tous côtés; partout

في ~ الغُرْفة — aux quatre coins de la pièce

**رَجاء** — espoir; espérance; prière

خائِب الـ~ — dépité; déçu; désappointé

قَطَعَ الـ~ — perdre espoir

رَأْس الـ~ الصالِح — cap de Bonne-Espérance

رَفَضَ ~ ه — rejeter la prière de qqn

الـ~ أنْ — prière de

الـ~ الدُخول، عَدَم التَدْخين — prière d'entrer, de ne pas fumer

راجٍ — plein d'espoir

**مَرْجُوّ** — attendu; espéré; souhaité

الـ~ الإجابة، إرْسال ه — prière de répondre, d'envoyer

الـ~ مِن فَضْلِك أن — prière de bien vouloir

غَيْر ~ — inespéré; inattendu

**رَجِيّة** — espoir; objet de l'espoir

لَيْسَ في ه ~ — il n'y a rien à attendre de

V تَرَجَّى تَرَجِّيًا ه، ه — mettre son espoir en; attendre beaucoup de

VIII اِرْتَجَى اِرْتِجاءً ه — espérer; souhaiter

غَيْر مُرْتَجًى — inespéré; inattendu

**2029** **رَجِيَ** ـَ رَجًا — s'arrêter de parler; se taire

**2030** (رحح) **أرَحّ** م رَحّاء ج رُحّ — qui a les pieds plats

**2031** **رَحِبَ** ـَ رَحَبًا — être ... *v. à l'adj.*

**رَحُبَ** ـُ رُحْبًا، رَحابة ← رَحِبَ

~ بِـ ه — faire qqch de gaieté de cœur; avoir toute latitude pour

**رَحابة**، **رَحَب** — ampleur; largeur

~ الصَدْر — générosité; libéralité; longanimité; magnanimité

~ الفِكْر، العَقْل — largeur/ouverture d'esprit

**رَحْب**، **رَحيب** — ample; large; spacieux; vaste

~ الباع، الذِراع، الصَدْر — généreux; libéral; magnanime; amical; sympathique

**رُحْب** ← رَحابة

أتَى على الـ~ والسَعة — être le bienvenu

وَجَدَ ~ًا وسَعةً — trouver un accueil sympathique/chaleureux

رَحْبة ج ات، رِحاب — vaste espace/étendue; pays plat et cultivé; parvis; place; esplanade; halle aux grains; cour intérieure; parking

رِحاب الفَضاء، الكَوْن — l'espace (interplanétaire); les immensités intersidérales

مَرْحَب — *v. ordre alphab.*

مَرْحَبًا بِكَ، بِكُم — soyez le bienvenu; bienvenue!

II رَحَّبَ تَرْحيبًا، تَرْحابًا بـ ه — accueillir avec cordialité; recevoir à bras ouverts; faire fête/bon accueil à; souhaiter la bienvenue

**تَرْحاب**، تَرْحيب — accueil cordial/amical; ovation

أجْمَلَ، قابَلَ ه بِكُلّ الـ~ — accueillir, recevoir à bras ouverts/chaleureusement/cordialement

خُطْبة الـ~ — allocution de bienvenue

مُرَحِّب — accueillant; chaleureux

مُرَحَّب بِهِ — bienvenu; bien accueilli

2032 (رحض) **مِرْحاض** ج مَراحيض cabinets; latrines; lieux d'aisance; toilettes; W.-C.

بِئْر الـ~ fosse d'aisances/septique

2033 (رحق) **رَحيق** nectar; vin pur et fin

مِسْك ~ musc pur/non frelaté

~ الزَهْر pollen

2034 **رَحَلَ** - رَحْلًا، رَحيلًا، تَرْحالًا

décamper [fam.]; déguerpir; déloger; lever le camp; se mettre en route; partir; voyager

يَرْحَل ويُقيم être toujours sur la brèche/entre deux trains/deux avions

رَحْل ج رِحال bagages

شَدَّ **رِحالَهُ** plier bagage [fam.]; faire ses bagages/ ses paquets

حَطَّ، أَلْقَى ~هُ faire halte; s'arrêter; camper; se fixer; s'installer

**رِحْلة** ج ات voyage; randonnée; périple; tour; tournée; relation de voyage

~ دِراسيّة، سِياحيّة voyage d'études, touristique

~ مُنَظَّمة voyage organisé

~ بَحْرِيّة traversée; croisière

~ تاكْسي course de taxi

~ عِلْمِيّة، قُطْبِيّة expédition scientifique, polaire

بَيان، خَطّ ~ itinéraire

**رِحْلات** pérégrinations [fam.]; voyages; rotations (transport)

~ مُنْتَظَمة (لِطائرة) vols réguliers

**تَرْحال**؛ رَحيل départ; déplacement; émigration; exode

حَياة ~ nomadisme; vie nomade

اِسْتَعَدَّ **لِلرَحيل** être sur le départ; être prêt à/sur le point de partir

وَدَّ الـ~ souhaiter partir

**راحِل** ج رُحَّل nomade; voyageur; défunt; décédé; disparu *n.*

المَلِك الـ~ le défunt roi

الفَقيد الـ~ le défunt; le disparu

**رَحّال** ج ة، رُحَّل، رُحّال migrateur; nomade; vagabond; voyageur

طَيْر ~ oiseau migrateur

العَرَب الـ~ les Arabes nomades

رَحّالة explorateur; globe-trotter

**مَرْحَلة** ج مَراحِل cycle; étape; période; phase; stade; traite [*litt.*]

الـ~ الأولى première étape

~ حاسِمة étape/tournant décisif(ive)

الـ~ الاِبْتِدائِيّة، الثانَوِيّة cycle primaire, secondaire [*enseign.*]

~ تَثْبيت، نُمُوّ phase de stabilisation, de développement

~ إِسْتِيّة، شَرْجِيّة phase anale

~ فَمِيّة، فَمَوِيّة phase orale

~ تَناسُلِيّة phase génitale

**مَراحِل** الإِنْسانِيّة، الحَياة étapes de l'humanité, de la vie

على ~ par étapes

دُونَ ه بِـ~ à cent lieues de; très inférieur à

يَزيد عَلَيْه بِـ~ cent fois mieux; très supérieur à

مَرْحَليّ progressif; par étapes

II **رَحَّلَ** تَرْحيلًا ه évacuer; déplacer; faire partir; transférer; transplanter

~ سُكّانًا déplacer/transplanter des populations

~مَبْلَغًا، حاصِلًا reporter une somme, un total

~ مَبْلَغًا مِن المال virer/transférer une somme

**تَرْحيل** ج تَراحيل déplacement; transplantation; transfert; report; virement

~ سُكّان déplacement/transfert de population

مَحَطّة ~ station de relais

أَهْل التَراحيل gens du voyage; nomades

مُرَحِّل relais [*télécomm.*]

مُرَحَّل ج ون personne déplacée

V تَرَحَّلَ تَرَحُّلًا nomadiser; transhumer; migrer

تَرَحُّل migration; nomadisation; transhumance

تَرَحُّليّ migratoire

**مُتَرَحِّل** itinérant; migrant; transhumant

القَبائِل الـ~ة tribus nomades

VIII اِرْتَحَلَ اِرْتِحالًا ← رَحَلَ

~ الى رَحْمَة رَبِّه — mourir; être rappelé à Dieu

2035 رَحِمَ - رَحْمَة ه، على ه — s'apitoyer sur; épargner qqn; avoir pitié de (qqn); prendre (qqn) en pitié; accorder sa miséricorde (Dieu); *v. aussi 2036*

~كَ ٱللّٰه — que Dieu vous accorde sa miséricorde/vous prenne en pitié; à vos souhaits

اللّٰهُ يَرْحَمُ ه — que Dieu lui accorde sa miséricorde (se dit d'une personne décédée)

لا ~ — inexorable; inflexible; sans pitié; qui ne pardonne pas

**رَحْمة** — clémence; compassion; miséricorde; pitié

طَلَبَ الـ~ — implorer la miséricorde; crier/demander merci

بِساط الـ~ — drap mortuaire; linceul

بِلا ~ — sans pitié; sans cœur; sans entrailles

تحت ~ ه — au pouvoir de; à la discrétion/la merci de; sous la coupe de; la proie de

**رَحيم؛ رَحْمان** — clément; compatissant; miséricordieux

الـ~ — le Clément; le Miséricordieux; Dieu

رُحْماكَ — par pitié!

**مَرْحوم** — décédé; défunt; disparu

الـ~ السَّيِّد ... — feu monsieur; le défunt

II رَحَّمَ تَرْحيمًا ه — *prononcer la formule «rahimak allah»:* que Dieu vous accorde sa miséricorde

V **تَرَحَّمَ** عَلَى ه ← رَحِمَ

~ على ه — demander à Dieu d'accorder sa miséricorde à qqn

X اِسْتَرْحَمَ اِسْتِرْحامًا ه — crier grâce; implorer (la clémence); supplier; demander miséricorde

مُسْتَرْحِم — suppliant; implorant

2036 **رَحِم** ج أَرْحام — matrice; utérus

خارِج الـ~ — extra-utérin

صِلات الـ~ — liens du sang; consanguinité

**ذَوُو الأَرْحام** — consanguins

رَحِميّ — utérin

2037 **رَحًى** ج أَرْحاء، رُحِيّ — meule

حَجَر الـ~ — pierre meulière

~ القَوْم — chef de la tribu

~ الحَرْب — champ de bataille; fort de la mêlée

تَدور ~ الحَرْب — la guerre fait rage

رَحَويّ — rotateur; rotatif; rotatoire

رَحَوِيَّة — cabestan

رَحّاي — broyeur

2038 **رُخّ** — rock/roc (oiseau fabuleux)

~ ج رِخاخ — tour (jeu d'échecs)

2039 (رخد) **رَخْوَدة** — mollesse des chairs; rachitisme

2040 **رَخُصَ** ُ رُخْصًا — être/se vendre bon marché

~ ُ رَخاصة — être doux (au toucher)/souple/tendre

~ لِـ ه — être accommodant/bienveillant pour qqn

رَخاصة الطَّعام — délicatesse de la chère

**رُخْص** — bon marché; solde

باعَ بِـ~ — vendre en solde/au rabais/à bon marché; solder

**رُخْصة** ج رُخَص — autorisation; licence; permis; permission

~ بِناء، سَيْر — permis de construire, de circuler

~ سِياقة، قِيادة — permis de conduire

~ إقامة، صَيْد — permis de séjour, de chasse

~ تَصْدير — licence d'importation

~ نَقْل سِلاح — permis de port d'arme

باعَ بِلا ~ — vendre à la sauvette

طَبيب بِلا ~ — médecin marron

رَخْص؛ رَخْصة ج رَخائِص — délicat; doux; flexible; tendre; souple

رَخيص — peu coûteux; bon marché; d'un bon prix

II **رَخَّصَ** تَرْخيصًا لِـ ه بِـ، في ه — autoriser qqn à; permettre à qqn de

~ بِاجْتِماع عامّ — autoriser une réunion publique

~ ثَمَنًا — rabaisser un prix; faire un prix

**تَرْخِيص** autorisation; permis; permission; rabais

~ بِـ ه permission/autorisation de

~ بِبِناء، بِالسَّيْر autorisation de construire, de circuler

**مُرَخَّص** بِهِ autorisé; permis

مُظاهَرَة ~بِها manifestation autorisée

V **تَرَخَّصَ** تَرَخُّصًا في ه être/se montrer accommodant/de bonne composition; prendre des libertés avec

~ مع ه في ه composer avec qqn; arriver à un compromis; faire des concessions à

تَرَخُّص accommodement; compromis; concession

مُتَرَخِّص de bonne composition; accommodant

VIII اِرْتَخَصَ اِرْتِخاصًا ه trouver qqch bon marché

بَذَلَ كُلَّ مُرْتَخَص وغالٍ (faire) tout son possible; (faire) des pieds et des mains [*fam.*]

X اِسْتَرْخَصَ اِسْتِرْخاصًا ه vouloir acheter à bon marché; marchander; faire bon marché de; dédaigner; demander l'autorisation

**2041** **رَخُفَ** ـُ رَخْفًا s'amollir; fondre; couler; se ramollir (pâte, beurre)

رَخْف pâte molle

رَخْفَة ج رِخاف pierre ponce

**2042** **رِخْل** ج أَرْخال agnelle

**2043** **رَخَمَ** ـُ رَخْمًا couver *tr.*; incuber *intr.*

رَخْم incubation; couvaison

رَخَم، رَخَمَة percnoptère; vautour d'Égypte

II رَخَّمَ تَرْخِيمًا ه faire incuber des œufs; mettre une poule à couver

**2044** (رخم) **رَخامة** الصَّوْت douceur/suavité de la voix

~ الشِعْر mélodie de la poésie

**رَخِيم** doux; harmonieux; mélodieux; suave; moelleux

صَوْت، موسيقَى ~ voix, musique douce/suave

هَمْس ~ doux frou-frou

II **رَخَّمَ** تَرْخِيمًا صَوْتَه adoucir/baisser sa voix

~ حَرْفًا supprimer une lettre à la fin d'un mot; élider

تَرْخِيم élision; apocope; syncope [*mus.*]

**2045** (رخم) **رُخام** marbre

رُخاميّ marbré; de marbre

رَخّام marbrier

مَرْخَم، مِرْخَم ج مَراخِم marbrerie

**2046** **رَخُوَ** ـُ رَخاوة être ... *v. à l'adj.*; pendre; pendouiller [*fam.*]

رَخِيَ ـَ رَخاءً، رِخْوة ← رخو

رَخَى ـِ لِحْيَتَه laisser pousser sa barbe; garder/porter la barbe

رَخا ـُ رَخاءً عَيْشُهُ avoir une vie agréable/aisée

**رَخاء** aisance; bien-être; aise; confort; opulence; prospérité; abondance (de biens)

~ اِقْتِصاديّ prospérité économique; haute conjoncture

عِيشة ~ vie confortable/aisée/opulente

أُمَّة في ~ nation prospère/riche

أَيّام الـ~ les beaux jours; le bon vieux temps

**رَخاوة** inconsistance; mollesse; faiblesse; ramollissement

~ الطَّبْع، العُود mollesse, faiblesse de caractère

~ حُكْم faiblesse de jugement

~ الأَرْض inconsistance du sol

**رِخْو** flasque; inconsistant; indolent; lâche; mollasse [*péjor.*]; mou; pâteux; ramolli; relâché

يَد ~ة main flasque/molle

حَبْل، حِبال ~(ة) cordage lâche/détendu

أَرْض، رِمال ~ة sol inconsistant/mou; sables mouvants

حُروف ~ة phonèmes fricatifs

عُقْدة ~ة nœud défait/desserré

شَخْص ~ bonhomme; personne bonasse/bon enfant

رَخْوِيّات mollusques *n.m.pl.*

رِخْوة manque de vigueur/de tension/de nerf; relâchement; ramollissement

**رَخِيّ** mou; relâché; languide [*litt.*]

~ البال décontracté; détendu; à l'aise

مَرْخِيّ العِنان à bride abattue; à toute bride

IV أَرْخَى إِرْخاءً ه débloquer; défaire; desserrer; lâcher; relâcher

~ قَبْضَتَهُ lâcher prise; desserrer son étreinte

~ حَبْلًا détendre, donner du mou à un cordage

~ حِبال مَرْكَب larguer les amarres

~ كابحة desserrer/lâcher les freins

~ حِزامَه défaire/dénouer sa ceinture

~ عِمامته défaire son turban; *fig.* se détendre

~ السَتائِر baisser les stores; fermer/tirer les rideaux

~ العِنان lâcher la bride [*fig.*]; abandonner les rênes [*fig.*]; passer la main [*fig.*]

~ اللَيْلُ سُدوله la nuit est tombée

~ عَضَلاتِه décontracter/détendre/relâcher les muscles

~ نَفْسه se détendre; se décontracter; se laisser aller; se relâcher; se relaxer

أَرْخِ lâche! lâchez prise!

VI تَراخَى تَراخِيًا s'affaisser; s'alanguir; se laisser aller; se négliger; se relâcher; se ramollir

~ الاِنْضِباط se relâcher (discipline)

~ت رَوابِط الصَداقة se distendre (liens d'amitié)

~ في كُرْسِيِّه s'affaler/se vautrer dans son fauteuil

تَراخٍ (التَراخي) alanguissement; indolence; laisser-aller; négligence; relâchement

~ الأَخْلاق relâchement des mœurs

مُتَراخٍ affalé; alangui; indolent; mou; négligent; relâché

أَخْلاق ~ة mœurs relâchées

اِرْتَمَى مُتَراخِيًا عَلَى الأَرْض
s'écrouler/s'effondrer/s'affaisser sur le sol

VIII اِرْتَخَى اِرْتِخاءً se défaire; se dénouer; se desserrer; mollir; se détendre; s'abandonner; s'amollir; s'avachir; se relâcher; se décontracter; se relaxer

~ حَبْلُ المُراقَبة se relâcher (surveillance)

~ حَبْلُ الدين s'affaiblir (sentiment religieux)

شَعَرَ بِجَسَدِها يَرْتَخي il sentit son corps s'abandonner

اِرْتِخاء abandon; amollissement; avachissement; décontraction; détente; laxité; relâchement; relaxation

X اِسْتَرْخَى اِسْتِرْخاءً ← VIII

~ في مَقْعَد s'affaler [*fam.*]/s'étaler dans un fauteuil

اِسْتِرْخاء العَضَلات décontraction musculaire

مُسْتَرْخٍ décontracté; sans consistance

مُسْتَرْخِي الأُذُنَيْن les oreilles pendantes

2047 رَدَّ ُ رَدًّا، مَرَدًّا ه. ه dissuader; écarter; éloigner; pousser; rejeter; repousser; rendre; restituer; retourner *tr.*; ramener; réintégrer; répercuter; réverbérer; rétrocéder; répondre

~ الأَعْداء، هُجومًا refouler/repousser les ennemis, une attaque

~ شَهادة، تُهْمة récuser un témoignage; rejeter une accusation

~ طَلَبًا، دَعْوة rejeter une demande; refuser une invitation

~ جَوابًا، بِالإِيجاب donner une réponse; répondre par l'affirmative

~ بابًا خَلْفَه pousser/repousser une porte derrière soi

~ يَدَه retirer sa main

~ عَيْنَه détourner le regard/les yeux

~ التَحِيَّة، السَلام على ه rendre son salut à

~ المَسْروق كُرْهًا rendre gorge

~ الصَفَعات، زيارة rendre les coups, une visite

~ ه إلى مَكانِه remettre en place; replacer

~ الكُرة renvoyer la balle

~ ذِكْرَ ه. ه rappeler le souvenir de

~ الحَياة إلى rendre la/redonner vie à

~ عَنْ ه كُلَّ أَذًى protéger qqn contre toute atteinte

~ على ه. ه objecter; répliquer; répondre; rétorquer

~ على اِعْتِراضات répondre à des objections

~ على حُجّة réfuter un argument

~ على هُجوم riposter à une attaque

~ على ه بِقَوْله كَذا répondre en ces termes/de la manière suivante

~ ه، ه كَذا changer/transformer qqn, qqch en; rendre (autre, différent)

~ ه على acculer/amener qqn à

~ ه إلى الدين convertir; ramener à la religion

~ ه إلى faire remonter à; attribuer à qqch telle origine

~ القَضِيَّة إلى نِصابِها remettre les choses au point

~ مَرْدودًا rapporter *intr.*; être d'un bon rapport

ما ~ هَذا عَلَيْه شَيْئًا ne rien rapporter à qqn

رُدَّ يُرَدُّ retourner *intr.*; être retourné/renvoyé

لا يُرَدُّ infaillible; irréfutable; irrécusable; irrésistible

شَخْص لا ~ حُكْمُه personne qui fait autorité

**رَدّ** ج رُدُود récusation; rejet; refus; réfutation; réplique; réponse; répartie; riposte; restitution; réverbération; répercussion; rétrocession

سَريع الـ~ qui a la réplique facile

فِيهِ أَخْذ و~ en discussion; qui fait l'objet de discussions

حَقّ الـ~ droit de réponse

~ إيجابيّ réponse positive/affirmative

رَدًّا عَلَى en réponse à

رَدّ فِعْلٍ ج رُدود فِعْل contrecoup; réaction; réflexe; répercussion

رَدَّةُ فِعْلٍ *même sens*

~ الفِعْل الأُولَى premier mouvement

~ أُغْنِية refrain

**رِدّة** apostasie [*péjor.*]; abjuration

أَهْل الـ~ apostats; rénégats; parjures

**رادّة**، مَرْدود profit; rendement; utilité; ristourne

لا ~ فيه inutile; sans profit; sans intérêt

**مَرَدّ** ج مَرادّ rapport; utilité; répons *n.m.* [*christ.*]

~ ه إلى cela se ramène à; il faut attribuer cela à; la raison en est que; cela est dû à

**مَرْدود** ج ات (← رادّة) chassé; écarté; repoussé; restitué; restitution

~ سَيِّئ désagrément

~ رَأْس مال rapport d'un capital

مَرْدودِيّة rentabilité

II **رَدَّدَ** تَرْدِيدًا، تَرْدادًا réitérer; répéter

~ بِجَميع الطُرُق répéter sur tous les tons

~ صَدَى ه se faire l'écho de

~ الصَوْت résonner; répercuter/renvoyer le son

**تَرْداد**، تَرْديد écho; fréquence [*électr.*]; répétition; hésitation

~ عالٍ haute fréquence

حاوَلَ ~ نَشيد قَديم essayer de retrouver un vieil air

V **تَرَدَّدَ** تَرَدُّدًا être fréquent; aller et venir; être réfléchi/renvoyé; revenir souvent; se répercuter

~ اِسْمُه على شَفَتَيْها son nom est revenu souvent sur ses lèvres

~ ذِكْره على الأَلْسِنة être mentionné fréquemment; être dans toutes les bouches

~ على ه، ه fréquenter assidûment; visiter régulièrement

~ على الطَبيب consulter le médecin

~ في hésiter; être indécis/incertain

~ بَيْن قَرارَيْن balancer/osciller entre deux décisions; être dans l'alternative

**تَرَدُّد** doute; hésitation; incertitude; indécision; irrésolution; perplexité; réticence; assiduité; fréquence; fréquentation; répercussion; *phys.* fréquence

~ في الأَفْكار flottement dans les idées

~ صَوْتيّ fréquence acoustique

الـ~ على المَتاحِف fréquentation des musées

**مُتَرَدِّد** ج ون fréquent; habitué; hésitant; incertain; indécis; irrésolu; perplexe; réticent

~ على المَنْزِل habitué de la maison

فِكْر، طَبْع ~ caractère, esprit irrésolu/flottant

مُتَرَدِّدة trombone [*mus.*]

VIII **اِرْتَدَّ** اِرْتِدادًا rebondir; se réfléchir; refluer; reculer; retourner; revenir sur ses pas; faire défection; se retirer; régresser

~ على أَدْباره، أَعْقابه revenir en arrière

~ إلى se rabattre sur; se retourner vers; rejaillir sur

~ إلى الدين se convertir

~ إلى الوَراء se rejeter en arrière

~ إلى شُعوره، صَوابه reprendre ses esprits; revenir à la raison

~ عن دِينه، عَقائده abjurer sa religion/ses croyances; apostasier

**ارْتِداد** contrecoup; défection; récession; régression; recul; retraite; reflux; répercussion; rebond; rebondissement

~ الأمْواج الصَوْتيّة، الضَوْئيّة réflexion/réverbération des ondes accoustiques, lumineuses

~ اللَهَب retour de flamme

~ عن الدين abjuration; apostasie [*péjor.*]

~ وِراثيّ atavisme

ارْتِدادة volte-face

**ارْتِداديّ** régressif; récessif; atavique

مِرْآة ~ة rétroviseur

مُرْتَدّ ج ون apostat; renégat; relaps

X **اِسْتَرَدَّ** اِسْتِرْدادًا ه récupérer; réclamer; recouvrer; reconquérir

~ حَواسّه reprendre connaissance

~ قُواهُ، صِحّته recouvrer la santé; reprendre/retrouver ses forces; récupérer *intr.*

~ هُدوءَه، رباطة جَأْشه retrouver son calme; se ressaisir

~ حُقوقه rentrer dans/reconquérir ses droits

~ نَفَقاته rentrer dans ses frais; récupérer ses fonds

~ السُلْطة reconquérir le pouvoir; retrouver son autorité

~ حُرّيّته reprendre/retrouver sa liberté

~ الرُخْصة في retirer le permis de

~ خَسارته remonter un concurrent [*sport.*]; récupérer/refaire son retard

**اِسْتِرْداد** rachat; recouvrement; récupération; reconquête; remontée [*sport.*]

~ القُروض recouvrement des créances

~ اِلْتِزام rachat d'une concession

~ رُخْصة retrait de permis

مُسْتَرِدّ حَراريّ récupérateur de chaleur

**2048** **رَدَأَ** ـَ رَدْءًا ه étayer/soutenir (un mur)

رِدْء ج أَرْداء appui; étai; soutien

**2049** **رَدُؤَ** ـُ رَداءة être ... *v. à l'adj.*

**رَداءة** méchanceté; défectuosité; mauvaise qualité

~ الطَقْس mauvais temps; mauvaises conditions atmosphériques

**رَدِيء** mauvais; méchant; défectueux; détestable; de qualité inférieure; lamentable; infect; grossier; mal dégrossi [*fam.*]; tocard [*pop.*]

عادة ~ة mauvaise habitude

الطَقْس، الجَوّ ~ il fait mauvais/un temps infect/un sale temps [*fam.*]

~ السُمْعة de mauvaise réputation

أَرْدأ pis; pire

**2050** **رَدْب** ج رُدوب cul-de-sac; impasse; *anat.* diverticule

إرْدَبّ mesure de grains

إرْدَبّة puisard; conduite d'eau

**2051** **رَدَح** espace de temps

~ًا من الزمان، الدَهْر un certain temps; quelque temps; une assez longue période; pour quelque temps

رُدْحة الصائد affût/guet/poste de chasseur

**2052** **رَدَخَ** ـَ رَدْخًا briser; casser

**2053** **رَدَسَ** ـُ رَدْسًا الطَريق aplanir/cylindrer une route

~ حِجارة concasser/écraser des pierres

مِرْداس ج مَراديس rouleau compresseur

**2054** **رَدَعَ** ـَ رَدْعًا ه. عن ه réprimer; empêcher de; dissuader; freiner [*fig.*]; mettre un frein à

~ عن الجَرائِم réprimer la criminalité

لا يَرْدَعُهُ رادِع ne reculer devant rien; irrépressible

رُداع rechute; récidive

**رَدْع** répression; dissuasion

قُوّات الـ~ forces de dissuasion

لا يُمْكِن ~ه irrépressible

**رَدْعيّ** répressif; dissuasif

تَدْبير، قانون ~ mesure, loi répressive

**رادِع** répressif; dissuasif

عَمَلِيّة ~ة opération répressive

قُوّات ~ة — forces de dissuasion

بِلا ~ — irrépressible; à tout casser [*fam.*]

رادِعة ج رَوادِع — sanction; inhibition; frein [*fig.*]; restriction; limitation

VIII اِرْتَدَعَ اِرْتِداعًا عن — s'abstenir de

**2055** **رَدْغة** — boue; fange; fondrière; vase *n.f.*

رَدِغ — boueux; fangeux

**2056** **رَدَفَ** ـُ رَدْفًا ه، ه — succéder à; suivre; venir à la suite de; monter en croupe

**رِدْف** ج أَرْداف — croupe; derrière *n.m.*; fesses; postérieur *n.m.* [*fam.*]; qui monte en croupe

على الـ~ — en croupe

الرِدْفان — *fig.* le jour et la nuit

رَديف ج رُدَفاء، رِداف — soldat de réserve; réserviste; monté en croupe

III رادَفَ مُرادَفةً ه — monter en croupe derrière qqn; se substituer à; être synonyme de

مُرادِف — synonyme; congruent; qui a la même signification

IV **أَرْدَفَ** إِرْدافًا ه، ه — prendre en croupe; ajouter; compléter

~ قائِلًا، مُوَضِّحًا — il ajouta ces mots/ces précisions

VI تَرادَفَ تَرادُفًا — se substituer les uns aux autres; se succéder les uns les autres; être synonyme de

تَرادُف، تَرادُفيّ — synonymie; synonymique

تَرادُفيًّا — en tandem

مُتَرادِف ج ات — synonyme

**2057** **رَدَمَ** ـُ رَدْمًا ه — remblayer; combler

~ طَريقًا، حُفْرة — remblayer une route; combler un fossé

**رَدْم** — remblayage; remblai; éboulement; démolition

~ ج رُدوم — décombres; éboulis; débris; matériaux de démolition

**رَديم** ج رُدُم — enseveli sous les décombres

ثَوْب ~ — déchiré; élimé; usé; râpé (vêtement); raccommodé; rapiécé

V تَرَدَّمَ تَرَدُّمًا ه — raccommoder; rapiécer; réparer

مُتَرَدَّم — pièce (sur un habit)

**2058** **رَدَنَ** ـِ رَدْنًا ه — filer de la soie

رُدْن ج أَرْدان — poignet de chemise; manchette

مِرْدَن ج مَرادِن — fuseau [*text.*]

**2059** **رَدْهة** ج رِداه، رَدْه — cavité naturelle (dans une montagne); entrée; hall; vestibule; salle

~ اِسْتِقْبال — salon; salle de réception

~ المُحاضَرات — amphithéâtre; salle de cours

**2060** **رَدَى** ـِ رَدْيًا — sauter à cloche-pied; *v. aussi 2061*

~ ه — briser; casser; détruire

رَدِيَ ـَ رَدًى — disparaître; être brisé/cassé/détruit; périr

رَدًى — destruction; disparition; ruine; mort

IV **أَرْدَى** إِرْداءً ه — abattre/démolir/détruire qqn; précipiter qqn (dans)

~ ه قَتيلًا — frapper qqn à mort

مُرْدٍ ج مُرْدِيات — antibiotique *n.m.*

V **تَرَدَّى** تَرَدِّيًا — se dégrader; empirer; croupir; pourrir; toucher le fond de l'abîme; être dans une situation désastreuse

~ في الرَذيلة — croupir dans la médiocrité

~ الوَضْعُ — la situation pourrit/se dégrade

تَرَدٍّ — dégradation; détérioration; croupissement; pourrissement

مُتَرَدٍّ — dégradé; désastreux; ruiné; pourri; qui est dans une situation désastreuse

**2061** (ردى) **رِداء** ج أَرْدِية — cape; costume; manteau; robe; vêtement; *v. aussi 2060*

~ قاضٍ — robe de juge

~ قَصير، ضَيِّق — minijupe; (robe) fourreau

VIII **اِرْتَدَى** اِرْتِداءً ه — s'habiller; endosser/mettre/passer/porter un vêtement; revêtir un habit; se vêtir

~ لِباسَ سَهْرة — être en habit (de soirée)

~ قَميصًا، بَنْطَلونًا — passer/porter une chemise, un pantalon

~ نَظّارات — porter des lunettes

**2062** **رَذَّ** ـُ رَذَذًا — bruiner; gicler; pulvériser

رَذّ — pulvérisation

رَذاذ — bruine; embruns; pluie fine; crachin

رَذّاذة، مِرْذاذ ج مَراذيذ — diffuseur; pulvérisateur; pompe

~ نَضّاح — buse de gicleur

2063 رَذُلَ ـُ رَذالة — être ... *v. à l'adj.*

رَذالة — abjection; bassesse; dépravation; vilenie

رُذالة ج ات — déchet; rebut

~ الناس، رُذال — lie/rebut de la société; crapule; racaille

رَذْل ج أَرْذال — abject; bas; dépravé; ignoble; vil

رَذيل ج رُذَلاء، أَرْذال ← رَذْل

رَذيلة ج رَذائِل — abjection; ignominie; impureté; vice; vilenie

الجَهْل أُمّ الرَذائِل — l'ignorance est la mère des vices

IV أَرْذَلَ إِرْذالًا ه — avilir qqn; rendre abject/ignoble; dépraver; rejeter; repousser

X اِسْتَرْذَلَ اِسْتِرْذالًا ه — considérer comme abject/vil

2064 رَزَّ ـُ رَزًّا — ficher; planter; enfoncer

~ وَتَدًا في الأَرْض — ficher un piquet en terre

رَزّة ج ات — crampon; piton; ferrure de porte; *maroc.* turban

دَقّ ~ — enfoncer/planter un piton

مِرَزّ — tarière

مِرَزّة — térébelle

2065 رُزّ، زِراعة الـ~ — riz; riziculture

مَرَزّة — rizière

2066 رُزْء ج أَرْزاء — calamité; désastre; malheur; préjudice grave

رَزيئة ج رَزايا ← رُزْء

2067 (زرب) مِرْزَبة ج مَرازِب — barre de fer; maillet; pilon

مِرْزَبّة ج مَرازِب — *même sens*

مِرْزاب ج مَرازيب — canal; égout; gargouille; gouttière

2068 رَزَحَ ـَ رُزوحًا، رَزاحًا — s'affaisser; être exténué; plier/ployer sous (une charge)

~ تَحْتَ ثِقْل الخَطايا، الضَرائِب — succomber sous le poids des fautes, des impôts

رازِح ج رِزاح — amaigri; exténué

مِرْزَح ج مَرازِح — étançon

II رَزَّحَ تَرْزيحًا ه — accabler; exténuer

أَرْزَحَ إِرْزاحًا ه ← II

2069 رَزَقَ ـُ رَزْقًا ه ه — accorder/donner qqch à qqn; pourvoir à la subsistance de

~ه اللّه الغِنَى، الصِحّة — que Dieu lui donne la richesse, la santé

رُزِقَ اِبْنًا — avoir un fils

رِزْق ج أَرْزاق — pain quotidien; subsistance; vivres *n.m.pl.*

كَسَبَ ~ه — gagner son pain quotidien/sa vie

قَطَعَ الـ~ عن ه — couper les vivres à

أَسْباب الـ~ — moyens d'existence

أَرْزاق اِحْتِياطيّة — provisions; réserves; rations

رَزْقة ج رَزَقات — solde *n.f.*

إِدارة رَزَقات الجَيْش — service des subsistances de l'armée

رازِق، الرَزّاق — père nourricier; Dieu

مَرْزوق — fortuné; chanceux; prospère

VIII اِرْتَزَقَ اِرْتِزاقًا — gagner sa vie; recevoir qqch; être mercenaire; être payé

مُرْتَزِق ج ة — mercenaire; homme de main

مُرْتَزَق — gagne-pain; job [*fam.*]; moyens d'existence

X اِسْتَرْزَقَ اِسْتِرْزاقًا — chercher un job [*fam.*]/un gagne-pain

2070 رَزَمَ ـُ رَزْمًا ه — emballer; empaqueter; mettre en paquet/en liasses; faire un paquet/un ballot; lier

~ ثِيابًا — plier des vêtements

~ أَوْراقًا، صُحُفًا — faire des liasses de billets, de journaux

~ القَشّ، الحَشيش — botteler la paille, le foin

رَزْم — bottelage; empaquetage

رِزْمة ج رِزَم — ballot; paquet; botte; liasse

~ ثِياب — paquet de vêtements; baluchon [*fam.*]

~ أَمْتِعة، صُحُف — ballot de marchandises; liasse de journaux

~ حَشيش، وَرَق — botte de foin; rame de papier

~ أَسْلاك حَديدِيَّة — faisceau de fils de fer

2071 **رَزَنَ** ـُ رَزْنًا ه — soupeser

رَزُنَ ـُ رَزانَةً — être ... *v. à l'adj.*; montrer de la gravité/de la dignité

**رَزانة** — dignité; discrétion; équilibre; gravité; mesure; pondération; réserve; retenue; sérieux *n.m.*; sagesse

تَكَلَّم بِـ ~ — peser ses mots; parler avec modération

**رَزين** ج رِزان — digne; discret; équilibré; flegmatique; grave; pondéré; posé; sérieux; réservé; réfléchi

عَقْل ~ — jugement rassis/solide

V تَرَزَّنَ تَرَزُّنًا — avoir de l'aplomb/de la tenue

2072 **رَسَّ** ـُ بِئْرًا — creuser un puits

~ مَيِّتًا — enterrer/inhumer un mort

رُسَّة — *bot.* arum

أُرْسوسة — bonnet; toque; calotte

**رَسيس** — commencement; prélude

~ الحُمَّى — premiers frissons de fièvre

~ الحُبّ — premiers symptômes de l'amour

2073 **رَسَبَ** ـُ رُسوبًا — se déposer/tomber au fond d'un liquide; précipiter *intr.*; sédimenter

~ فَحْم في مُحَرِّك — se calaminer (moteur)

~ في اِمْتِحان — échouer à/rater un examen

**رُسوب** — échec; dépôt; marc (de café); précipité *n.m.* [*chim.*]; résidu; sédiment; sédimentation

~ الغاز، الفَحْم — calamine [*techn.*]

رُسابة — précipité *n.m.*; sédiment

رُسوبيّ، رُسابيّ — sédimentaire [*géol.*]

**راسِب**، راسِبة ج رَواسِب — alluvion; dépôt sédimentaire; sédiment; lie; résidu; *chim.* précipité

رَجُل ~ — homme doux/bon/maître de soi

~ في اِمْتِحان — recalé [*fam.*]/refusé à un examen

~ فَحْميّ — calamine [*techn.*]

II **رَسَّبَ** تَرْسيبًا ه — précipiter une solution [*chim.*]; déposer un sédiment

~ تِلْميذًا — faire échouer/redoubler un élève

تَرْسيب — précipitation [*chim.*]; sédimentation

V تَرَسَّبَ تَرَسُّبًا ← رَسَبَ

**تَرَسُّب** — précipation [*chim.*]; sédimentation

سُرْعة ~ الدَم — vitesse de sédimentation [*méd.*]

مُتَرَسِّب ← راسِب

2074 **رَسَخَ** ـُ رُسوخًا — s'affermir; s'affirmer; être ... *v. à l'adj.*

~ في النُفوس — s'ancrer dans les esprits

~ في الأَرْض — s'infiltrer/pénétrer dans le sol (pluie)

رُسوخ — enracinement; fermeté; solidité; stabilité; ténacité

**راسِخ** — ferme; fixe; inébranlable; bien établi/enraciné; stable; solide; profondément ancré; tenace

~ في العِلْم — très versé dans la science; très savant/instruit

إيمان ~ — foi inébranlable

جُذور ~ة — racines profondes

سُلْطة، شُهْرة ~ة — autorité, réputation bien assise/bien établie

II **رَسَّخَ** تَرْسيخًا ه — affermir; ancrer [*fig.*]; fixer; établir solidement/profondément; inculquer; sceller; donner une assise solide à; stabiliser

~ شُهْرَته — asseoir/affermir une réputation

~ فِكْرة — ancrer/enraciner une idée

تَرْسيخ — affermissement; scellement; stabilisation

IV **أَرْسَخَ** إِرْساخًا ه ← II

~ ه في ذِهْنه — s'enfoncer qqch dans la tête [*fam.*]; bien se mettre une idée en tête

V تَرَسَّخَ تَرَسُّخًا — s'ancrer; s'enraciner; établir son assise

تَرَسُّخ — enracinement

2075 **رَسَعَ** ـَ رَسْعًا — avoir les paupières collées

2076 **رُسْغ** ج أَرْساغ، أَرْسُغ — *anat.* poignet; tarse; *zool.* paturon

2077 **رَسَفَ** ـُ رَسْفًا — trébucher (dans les entraves); être amarré

**2078** (رسل) **رِسالة** ج رَسائِل — épître; billet; lettre; message; missive; apostolat; mission; traité; thèse; dépêche; *litt.* essai

~ مُؤَمَّن عَلَيْها، مُسَجَّلة، مَضْمونة — lettre/pli recommandé(e)

~ في الأَخْلاق — essai/traité sur les mœurs

~ غَرام، حُبّ — billet doux; lettre d'amour

**صُنْدوق الرَسائِل** — boîte aux lettres

حَرَّرَ ~ ه — rédiger son courrier

رَسائِليّ — épistolaire

**رَسيل** ج رُسَلاء، رُسُل — annonciateur; envoyé; messager

~ القَطْر — nuage annonciateur de pluie

**رَسول** ج رُسُل — apôtre; courrier; émissaire; envoyé; estafette; messager; prophète

الـ~؛ ~ اللّه — l'Envoyé de Dieu; le prophète Mohammed

**رَسوليّ**؛ بَرَكة ~ة — apostolique; bénédiction apostolique

قاصِد، فَضيلة ~(ة) — nonce, vertu apostolique

كُرْسيّ، سُدّة ~(ة) — Siège apostolique; Saint-Siège

رَسْل — doux; lent; modéré (pas, allure); flottant (cheveux)

**رِسْل** — douceur; lenteur; modération

على ~ك — doucement! à votre aise! ne nous affolons pas [*pop.*]

III راسَلَ مُراسَلة ه — correspondre avec qqn; être en correspondance avec; écrire à qqn; entretenir une correspondance avec; contacter qqn (par lettre)

مُراسَلة — échange de lettres; correspondance

**مُراسِل** — correspondant; reporter *n.m.*

~ صُحُف، حَرْبيّ — correspondant de presse, de guerre

~ خاصّ — envoyé spécial

عُضْو ~ — membre correspondant (académie)

مُراسِلةُ مُحارِب — marraine de guerre

IV **أَرْسَلَ** إِرْسالاً ه، ه — émettre; envoyer; expédier; transmettre

~ بَرْقيّة، طَرْدًا — adresser un télégramme, un colis

~ البَريد — acheminer le courrier

~ حَمْلة، إِشارة — lancer une attaque, un signal

~ إِشارةَ اسْتِغاثة — émettre/lancer un S.O.S.

~ إِنْذارًا نِهائِيًّا — lancer un ultimatum

~ فُقّاعاتٍ، شَرارًا — faire des bulles, des étincelles

~ دُموعًا، كَلامًا — répandre des larmes; se répandre en paroles

~ زَعْقة — pousser un cri strident

~ ضَحْكة مُجَلْجِلة — partir d'un rire retentissant

~ ضَوْءًا على ه — jeter de faire la lumière sur

~ نَفْسَهُ مَعَ طَبيعَتِها — se laisser aller à ses impulsions

~تْ شَعْرَها — défaire/dénouer ses cheveux; laisser flotter sa chevelure

~ ه على سَجِيَّته — mettre qqn à l'aise

~ في طَلَب ه — envoyer chercher qqn

**إِرْسال** — émission; envoi; expédition; transmission; acheminement

مَحَطّة ~ — station d'émission

جِهاز ~ — appareil émetteur/de transmission

إِرْساليّ — missionnaire *adj.*

**إِرْساليّة** ج ات — envoi [*comm.*]; expédition; mission [*relig.*]; corps expéditionnaire; détachement [*mil.*]

~ التَبْشير — mission religieuse/apostolique

**مُرْسِل** ج ون — émetteur; expéditeur; destinateur; envoyeur

إِعادة ه إلى الـ~ — retour à l'envoyeur

جِهاز، مَحَطّة ~(ة) — poste émetteur; station émettrice

مُرْسِلة — *radio.* émetteur; transmetteur

**مُرْسَل** — défait/dénoué/flottant (cheveux)

حَديث ~ — *isl. parole du Prophète rapportée sans «isnād»*

كَلام ~ — prose

~ إليه — destinataire

VI تَراسَلَ تَراسُلاً مَعَ — correspondre; entretenir une correspondance avec

X **اِسْتَرْسَلَ** اِسْتِرْسالاً في، لِـ — s'épancher; se laisser aller à; s'abandonner à; continuer à; persévérer

~ إلى ه — être affable/aimable/à l'aise avec qqn

~ لِلْحُزْن — s'abandonner au chagrin

~ عَلَى المَوْضوع — s'étendre sur le sujet

~ شَعْرُها عَلَى كَتِفَيْها — flotter sur les épaules (cheveux)

**اِسْتِرْسال** — abandon; aise; affabilité; naturel *n.m.*

بِـ~ — sans interruption; avec naturel

**مُسْتَرْسِل** — affable; aimable; doux

~ الشَعْر — avec les cheveux flottants

**2079 رَسَمَ** ـُ رَسْمًا ه، ه — décrire; dessiner; figurer; illustrer; peindre; représenter; ordonner (un prêtre)

~ خَطًّا — tirer/tracer un trait/une ligne

~ حُدودًا — définir/établir/tracer des limites

~ ه لِـ ه — prescrire qqch à qqn

~ خُطَّة عَمَل — établir un plan d'action/une ligne de conduite

~ مَعالِم الطَريق لِـ ه — tracer/ouvrir le chemin à

~ خَريطة، مُخَطَّطًا — dresser une carte; lever un plan

~ مَشْروعًا — échafauder un projet

~ صُورة لِـ — donner une image de [*fig.*]

~ إشارة الصَليب — se signer; faire le signe de croix

~ مُثَلَّثًا في دائرة — inscrire un triangle dans un cercle

**رَسْم** ج رُسوم — description; dessin; figuration; illustration; représentation; trace; tracé *n.m.*; gravure; image; portrait; tableau; vignette; *v. aussi 2080*

~ شَكْل، الحُدود — tracé d'une figure, des frontières

~ جِداريّ، مائيّ — fresque; aquarelle

~ صِناعيّ، هِنْدَسيّ — dessin industriel

~ أَوَّليّ، تَخْطيطيّ — avant-projet; croquis; ébauche; première ébauche; esquisse

~ خَياليّ — schème

~ بَيانيّ — graphique *n.m.*; schéma; diagramme

~ عُموميّ، تَفْصيليّ — plan de masse, détaillé

~ قَلْبيّ، كَهْرَبائيّ لِلْقَلْب — électrocardiogramme

~ دِماغيّ، كَهْرَبائيّ لِلدِماغ — électroencéphalogramme

بِـ~ ه — destiné à; affecté à

مُنْتَجات بِـ~ الاِسْتِهْلاك — produits destinés à la consommation

بِـ~ البَيْع — à vendre; en vente

بِـ~ النَشْر — avec prière d'insérer

**رُسوم** مُتَحَرِّكة، صامِتة — dessins animés, sans paroles

~ هَزْلِيّة — caricatures; dessins humoristiques

~ كاريكاتوريّة — *même sens*

**رَسْميّ** — authentique; légal; officiel; pictural

جَواب، قيمة، جَريدة ~(ة) — réponse, cours, journal officiel(le)

عيد ~ — fête légale

لِباس ~ — tenue de rigueur; habit d'apparat

السُلُطات، الهَيْئات الـ~ة — les corps constitués

عَقْد، طَريق ~ — acte authentique [*dr.*]; voie hiérarchique

غَيْر ~ — officieux; inauthentique

رَسْميًّا — officiellement

الرَسْميّون — officiels *n.m.pl.*; personnalités officielles

**الرَسْميّات** — cérémonial; rituel *n.m.*; protocole

مُتَمَسِّك بِالـ~ — cérémonieux; protocolaire

رَوْسَم ج رَواسِم — cliché; gravure

**رِسامة** — art du dessin/de la gravure; consécration/ordination d'un prêtre; sacre

تَعَلَّمَ الـ~ — apprendre le dessin/à dessiner

**رَسّام** ج ون — dessinateur; artiste peintre; illustrateur

~ هَزْليّ، ساخِر، كاريكاتوريّ — caricaturiste; dessinateur humoristique

**مَرْسوم** — décrit; dessiné; tracé; inscrit; prescrit

شَريطة، قِصّة ~ة — bande dessinée

~ ج مَراسيم — décret; édit

~ بِإنْشاء — décret portant création de

~ تَشْريعيّ، قانونيّ — décret-loi

مَرْسَم ج مَراسِم — atelier/studio d'artiste

**مَراسِم**؛ **مَراسيم** cérémonial; décorum; étiquette [*fig.*]; honneurs; protocole; solennités; rituel *n.m.*

~ الدَفْن، أَخيرة honneurs funèbres/suprêmes; derniers devoirs

~ عَسْكَرِيّة، الحَرْب honneurs militaires, de la guerre

أَدّى الـ~ العَسْكَرِيّة rendre les honneurs militaires

~ التَشْريفات، دينيّة étiquette de la cour; cérémonial religieux

~ اِفْتِتاح cérémonie d'inauguration

دائرة، مُدير الـ~ service, chef du protocole

اِتَّبَعَ الـ~ suivre le/se conformer au protocole

دُفِنَ بِدُونِ ~ دينيّة être enterré civilement

**مَراسِمِيّ**؛ زيارة ~ة protocolaire; visite protocolaire

II رَسَّمَ تَرْسيمًا ه officialiser; officialisation

VIII **اِرْتَسَمَ** اِرْتِسامًا se dessiner; s'ébaucher; s'esquisser; s'inscrire; se marquer; laisser une trace/une marque; se découper sur; se projeter sur; se profiler; être ordonné prêtre; recevoir l'ordination

~ ظِلُّهُ في السَماء se projeter/se détacher sur le ciel (silhouette)

~ على وَجْهه ه se lire sur le visage

~ في القُلوب se graver dans les cœurs

**2080** **رَسْم** ج رُسوم droit; redevance; taxe; *v. aussi 2079*

~ مُباشِر، غَيْر مُباشِر taxe directe, indirecte

~ على القيمة المُضافة taxe à la valeur ajoutée; T.V.A.

~ جُمْرُكِيّ droit/taxe douanier(ère)

~ مَرْفأ، الاِسْتيراد droit de port, d'entrée

~ إضافيّ (بَريديّ، تَصاعُديّ) surtaxe (postale, progressive)

تَقاضى **رُسومًا** percevoir/prélever des taxes

**2081** **رَسْمَلَ** (← رَأْسُ مالٍ) capitaliser

**رَسْمَلة** capitalisation

~ الاِحْتياطِيّات، الفَوائد capitalisation des réserves, des intérêts

رَسْمال ج رَساميل capital *n.m.*

**مُرَسْمَل** capitalisé

**2082** **رَسَنَ** ـُ رَسْنًا ه brider; museler; passer la bride; mettre en laisse

رَسَن ج أَرْسُن، أَرْسان bride; laisse; licou; muserolle; courroie; guide *n.f.*

**2083** **رَسا** ـُ رَسْوًا، رُسُوًّا être ferme (comme un roc); *mar.* aborder; arriver à quai; être à l'ancre; mouiller

~ على الشاطِئ accoster (bateau)

~ عَلَيْه المَزاد obtenir une adjudication

رَسْو؛ رُسُوّ ancrage; mouillage

**راسٍ** ج رَواسٍ ferme; stable; à l'ancre; au mouillage; en rade (navire)

~ عَلَيْه المَزاد adjudicataire

راسية عليه المُناقَصة *même sens*

**مَرْسًى** ج مَراسٍ port; rade; mouillage; havre

**مِرْساة** ج مَراسٍ ancre; grappin

أَلْقى، رَفَعَ الـ~ jeter, lever l'ancre

IV **أَرْسَى** إرْساءً ه *mar.* ancrer; mouiller; jeter l'ancre; relâcher

~ القَواعِد، الأُسُس *fig.* jeter les bases; asseoir les fondations

~ الحَجَر الأَساسيّ poser la première pierre

~ الحالُ عَلَى ه aboutir à; en arriver à

~ المَزاد، المُناقَصة adjuger; donner en adjudication

**إرْساء** المَزاد، المُناقَصة adjudication

**مُرْسي** المَزاد، المُناقَصة adjudicateur

**2084** **رَشَّ** ـُ رَشًّا ه arroser; asperger; doucher; éclabousser; pulvériser; répandre; saupoudrer; vaporiser

~ ه بِالرَصاص، بِالرَشّاشة cribler de balles; mitrailler

~ ه بِوابِل مِن *fig.* mitrailler qqn de (questions)

**رَشّ** arrosage; aspersion; pulvérisation; saupoudrage; vaporisation

أُنْبوبة الـ~ tuyau d'arrosage

مَصْلَحة الـ~ والكَنْس service du nettoiement municipal

عَرَبة الـ~ arroseuse municipale

~ بِالمَعادِن métallisation

~ ج رِشاش pluie fine; bruine; embruns

راشّ ج ون mitrailleur

**رَشّاش**؛ حَمّام ~ douche

اِسْتَحَمَّ بِـ~ prendre une douche; se doucher

~؛ **رَشّاشة** ج ات atomiseur; vaporisateur; pulvérisateur; *mil.* mitrailleuse

رَمَى، رامَ بِـ~ mitrailler; mitrailleur

رَشيش؛ رُشَيِّشة ج ات mitraillette

مِرَشّ، مِرَشّة ج مَراشّ arrosoir; douche; goupillon; vaporisateur

V تَرَشَّشَ تَرَشُّشًا éclabousser; gicler; être arrosé/éclaboussé

**2085** **رَشَحَ** - رَشْحًا، رَشَحانًا filtrer *intr.*; suer; suinter; transpirer; sécréter; s'infiltrer; *v. aussi 2086*

ما ~ بِشَيْءٍ *fig.* ça n'a rien donné/rapporté

**رَشْح**؛ رَشَحان filtrage; infiltration; sécrétion; transpiration; sudation; suintement; sueur; rhume

مياه الـ~ eaux d'infiltration

**راشِح** qui sue; qui transpire; filtrant

~ عَرَقًا ruisselant de sueur

حُمة ~ة virus filtrant

مِرْشَح سيجارة bout filtre de cigarette

رُشاحة filtrat

II **رَشَّحَ** تَرْشيحًا ه، ه filtrer (un liquide); former/préparer/proposer qqn à (un emploi); accorder une investiture à qqn; enrhumer

~ نَفْسَهُ poser sa candidature; être/se porter candidat; se proposer

رُشِّحَ لِـ avoir été formé pour

**تَرْشيح** filtrage; candidature; investiture

وَرَق ~ papier-filtre

أَكَّدَ، ثَبَّتَ ~ه maintenir sa candidature

رَجَعَ عَنْ ~ه retirer sa candidature

**مُرَشِّح**؛ مُرَشِّحة filtre; percolateur; écran [*phys.*]

~ ماء، هواء، زَيْت filtre à eau, à air, à huile

~ بَصَريّ verre filtrant

**مُرَشَّح** ج ون aspirant; candidat

**قَهْوة** ~ة café filtre

V تَرَشَّحَ تَرَشُّحًا filtrer; s'infiltrer; suinter; s'enrhumer; transpirer; être candidat; candidat; poser sa candidature

تَرَشُّح infiltration [*méd.*]

مُتَرَشِّح ج ون candidat

VIII اِرْتَشَحَ اِرْتِشاحًا ← V

**اِرْتِشاح** infiltration; suintement

~ غِشائِيّ osmose

اِرْتِشاحِيّ osmotique

**2086** **رَشَحَ** ـُ رُشوحًا bondir; sautiller; sauter

رُشوح bond; saut; sautillement

**2087** **رَشَدَ** ـُ رُشْدًا، رَشادًا être dans/suivre la bonne direction, le bon chemin; être bien dirigé

**رُشْد** droiture; bon sens; sens commun; raison; maturité; entendement

سِنّ الـ~ majorité; maturité; âge adulte/de raison

بَلَغَ ~ه atteindre sa majorité/l'âge de raison

فَقَدَ، ضاعَ ~ه perdre la raison/l'entendement/la tête

ثابَ إلى ~ه reprendre ses esprits; revenir à de meilleurs sentiments

ذَهَبَ بِـ~ه rendre fou; affoler

رَشْدة mariage/union légitime

رَشاد (← رُشْد) *bot.* cresson; raifort; nasitort

**رَشادة** اقْتِصاديّة، ضَريبيّة rationalité économique, fiscale

اِنْعِدام الـ~ irrationalité

**رَشيد** majeur; raisonnable; réfléchi; sensé; rationnel

سُلوك، تَصْنيع ~ comportement, industrialisation rationnel(le)

غَيْر ~ irrationnel

راشِد adulte; majeur; orthodoxe

الخُلَفاء **الراشِدون** les califes orthodoxes (Abou Bakr, Omar, Othman, Ali)

II **رَشَّدَ** تَرْشيدًا émanciper; rationaliser [*écon.*]

~ ه، ه إلى، على guider vers;

**تَرْشيد** rationalisation; émancipation

~ الإنْتاج، العَمَل — rationalisation de la production, du travail

IV أَرْشَدَ إرْشادًا ه إلى ه — conseiller; donner un conseil; diriger; guider; enseigner; indiquer; monter; orienter; renseigner; piloter qqn, qqch; mettre sur la voie

~ ه إلى الطَريق — indiquer/montrer le chemin à qqn

~ سَفينة — piloter un navire

**إرْشاد** ج ات — conduite; direction; directive; conseil; orientation; indication; instruction; guidage

بـ~ه — sous sa conduite

~ مِهَنيّ، سِياسيّ — orientation professionnelle, politique

إرْشادات — indications; directives; mode d'emploi

إرْشاديّ — directif; indicatif; instructif

**مُرْشِد** ج ون — pilote; guide; conducteur; conseiller

~ ميناء — pilote de port

~ رُوحيّ — mentor; directeur de conscience; guide/père spirituel

مُرْشِدة إجْتِماعيّة — assistante sociale

X اِسْتَرْشَدَ اِسْتِرْشادًا ه، بـ ه — se guider sur; s'inspirer de; se laisser conduire par; consulter; demander des instructions/des directives/son chemin

~ بِعَقْله — consulter sa raison

2088 **رَشْراش** — (pain) frais; (viande) tendre

2089 **رَشَفَ** ُ رَشْفًا — aspirer/humer [*litt.*]/sucer (un liquide); siroter; boire à petits coups

~ قَليلًا مِنْ — tremper ses lèvres dans

رَشْفة — gorgée *n.f.*; coup [*fam.*]; goutte [*fig.*]

مِرْشَف ج مَراشِف — lèvre; suçoir [*zool.*]

VIII اِرْتَشَفَ اِرْتِشافًا ه ← رَشَفَ

2090 **رَشَقَ** ُ رَشْقًا بـ ه — jeter; lancer

~ ه بِحِجارة — lancer des pierres à/sur qqn; bombarder qqn de pierres; lapider

~ بِسَهْم، نَظْرة، لِسانِه — décocher une flèche, un regard, un trait [*fig.*]

**رَشْقة**، رَشْق ج أَرْشاق — jet; volée; rafale; salve

رَمَى ~ — tirer une salve/une rafale

~ طَلَقات نارِيّة — rafale de coups de feu

ضَرَب ~ — faire une volée [*sport.*]

نِصْف ~ — demi-volée [*sport.*]

VI **تَراشَقَ** تَراشُقًا بِالتُهَم — s'accuser mutuellement; se renvoyer la balle [*fig.*]

~ بِالشَتائِم — se lancer des injures

تَراشُق بِالبَنادِق — fusillade

2091 (رشق) **رَشاقة** — agilité; allure; aisance; élégance; doigté; grâce; légèreté; prestesse; sveltesse

~ طَبيعيّة — aisance/grâce naturelle

~ القَدّ — finesse de la taille; sveltesse

~ رَسْم، شَكْل — délicatesse d'un dessin, d'une forme

بـ، في ~ — légèrement; d'une manière aérienne [*fig.*]; avec allure/doigté/élégance

**رَشيق**؛ ~ القَدّ، القِوام — agile; alerte; allègre; bien balancé [*pop.*]; délicat; élancé; fringant; gracieux; élégant; léger; mince; leste; preste; svelte

مِشْية ~ة — démarche aérienne/gracieuse

2092 **رَشَمَ** ُ رَشْمًا ه — marquer (du linge); mettre des indications sur

~ بِصَليب على ه — mettre/faire une croix sur

رَوْشَم ج رَواشِم — gravure; marque/indication (mise sur qqch)

مَرْشوم — marqué (ligne)

2093 **رَشَنَ** ُ رُشونًا في ه — fourrer [*fam.*] son nez dans; se mêler de ce qui ne nous regarde pas

راشِن ج رَواشِن — indiscret; parasite [*fig.*]; pourboire

2094 (رشو) **رَشا** ُ رَشْوًا ه — corrompre; graisser la patte [*fam.*]; acheter (un fonctionnaire); suborner

**رُشْوة**، رَشْو ج رُشًى — corruption; subornation; gratification; pot-de-vin [*fam.*]

لا يُمْكِن ~ه — incorruptible

لا تُحاوِل ~ي — n'essaie pas de m'acheter

راشٍ م راشية — corrupteur; suborneur

VIII اِرْتَشَى اِرْتِشاء — se laisser acheter/corrompre; être vénal

لا يَرْتَشي incorruptible

**اِرْتِشاء** vénalité

~ مُوَظَّف corruption de fonctionnaire

**مُرْتَشٍ** vénal; vendu; suborné; corrompu

**2095 رَصَّ** ـُ رَصًّا، رَصَصًا être aligné/rangé/ serré les uns contre les autres; *v. aussi 2096*

~ ه ajuster; aligner; ranger; sertir

~ التُراب، الصُفوف tasser la terre; serrer les rangs

~ شِحْنة arrimer un chargement

~تْ أَسْنانُه avoir une dentition harmonieuse/ régulière

**رَصّ** alignement; ajustage; sertissage

~ سِكّة حَديديّة ballast de voie ferrée

رَصيص conglomérat; serrés/posés/pressés l'un contre l'autre

مَرْصوص serré; pressé; aligné; ajusté; couvert de feuilles

II رَصَّصَ تَرْصيصًا ه adapter; appliquer l'un contre l'autre; ranger; ajuster soigneusement

VI تَراصَّ تَراصًّا s'agglutiner; s'entasser; se serrer les uns contre les autres; serrer les rangs; être entassé; faire bloc; être/devenir compact

تَراصّ promiscuité; agglutination

تَراصّيّة compacité

**مُتَراصّ** compact; comprimé *adj.*; dense; entassé; serré

في، بِصُفوف ~ة en rangs, en ordre serré(s)

**2096** (رصص) **رَصاص** plomb

~ أَسْوَد؛ ~ أَقْلام graphite

قَلَم ~ crayon

**رَصاصة** balle [*arm.*]

~ خارِقة، خَطّاطة، ضائِعة balle perforante, traçante, perdue

رَصاصيّ de/en plomb; plombé; livide

رَصّاص ج ون plombier

II رَصَّصَ تَرْصيصًا ه plomber; recouvrir de plaques de plomb

تَرْصيص plombage (dent)

مُرَصَّص plombé; couvert de plaques de plomb

**2097 رَصَدَ** ـُ رَصْدًا، رَصَدًا ه، ه épier; espionner; guetter; observer; surveiller; *v. aussi 2098*

كُسوف **يُرْصَد** éclipse observable

**رَصْد** ج أَرْصاد guet; observation

~ جَوّيّ observation météorologique/ atmosphérique

~ الكَواكِب، الأَفْلاك observation des astres; astronomie

مَحَطّة ~ جَوّيّ station météorologique

تَقْرير **أَرْصاد** bulletin météorologique

رَصَد ج أَرْصاد espion; guetteur; mouchard; observateur; sentinelle; vedette; vigie

رَصيد aux aguets; prêt à bondir/à frapper

**راصِد** ج رُصَداء ← رَصَد ج أَرْصاد

~ جَوّيّات météorologiste; météorologue

رَصّاد ج ون ← رَصَد ج أَرْصاد

راصِدة فَلَكيّة télescope

مَرْصود guetté; observé; surveillé

**مَرْصَد** ج مَراصِد observatoire; poste de guet

~ جَوّيّ station météorologique

**مِرْصاد** ج مَراصيد affût; embuscade

وَقَفَ لَهُ، كان لَهُ بالـ~ avoir qqn à l'œil; avoir l'œil sur; avoir qqn dans son collimateur [*fam.*]; être aux aguets

V تَرَصَّدَ تَرَصُّدًا ه، ه؛ لِـ ه، ه être/se mettre à l'affût; faire le guet; guetter; avoir l'œil sur; être en sentinelle; observer; surveiller

تَرَصُّد guet; surveillance

مُتَرَصِّد aux aguets; guetteur

**2098 رَصَدَ** ـُ رَصْدًا ه لِـ affecter (une somme) à

**رَصيد** ج أَرْصِدة balance [*comm.*]; encaisse; provision; réserve; solde; stock; reliquat; crédit disponible

~ حِساب، نَقْديّ balance d'un compte, de caisse

~ دَيْن solde d'une dette

~ دائِن actif *n.m.*; solde créditeur

~ مَدين passif *n.m.*; solde débiteur

| | |
|---|---|
| دَفَعَ ~ دَيْنِه | solder sa dette |
| شيك بِدون ~ | chèque sans provision |
| حِساب بدون ~ | compte non approvisionné |
| **أرْصِدة** نَقْدِيّة | encaisse métallique |
| ~ سائِلة | réserves liquides; liquidités |
| **مَرْصود** | couverture [*comm.*] |
| IV أَرْصَدَ إِرْصادًا ه لِ | affecter à; destiner à; disposer; préparer pour |
| 2099 **رَصيعة** ج رَصائِع | paillette brillante (d'or, d'argent) |
| II **رَصَّعَ** تَرْصيعًا ه | enchâsser; incruster; sertir |
| ~ ه بِحِجارة كَريمة | sertir/monter des pierres précieuses sur (une bague) |
| تَرْصيع ج ات | enchâssement; incrustation; sertissage |
| تَرْصيعات من ذَهَب، جَواهِر | incrustations d'or, de pierreries |
| **مُرَصَّع** بِـ | émaillé; enchâssé; incrusté; pailleté; serti de |
| ~ بِجَواهِر | incrusté de pierreries |
| سَماء ~ة بِالنُّجوم | ciel constellé d'étoiles |
| V تَرَصَّعَ تَرَصُّعًا | s'encastrer; s'enchâsser |
| 2100 **رَصَفَ** ـُ رَصْفًا | aligner; ordonner; paver; ranger |
| ~ كَراسِيَ على دائِرة | ranger des chaises en cercle |
| ~ شارِعًا | paver une rue |
| رَصْفة | alignement/rangée de pierres |
| رَصافة | fermeté; solidité |
| **رَصيف** ج أَرْصِفة | débarcadère; embarcadère; jetée; plate-forme; quai; terrasse, trottoir; *adj.* ferme; solide; sûr; bien ajusté/fait/joint |
| ~ مَقْهًى | terrasse de café |
| ~ صَخْرِيّ | récif; écueil |
| ~ مَرْجانِيّ | banc/récif de corail |
| رَجُل، جَواب ~ | homme, réponse ferme/solide/sûr(e) |
| **مَرْصوف** | pavé; dallé; joint |
| II رَصَّفَ تَرْصيفًا ه ← رَصَفَ | |
| III راصَفَ مُراصَفة قُوّاتِه | aligner ses forces |
| VI تَراصَفَ تَراصُفًا | s'aligner; se mettre en ligne; former les rangs |
| يَمينًا تَراصَفْ | à droite, alignement! |
| 2101 **رَصُنَ** ـُ رَصانة | s'assagir; être ... *v. à l'adj.* |
| رَصَن | *bot.* lycopode |
| **رَصانة** | calme *n.m.*; circonspection; discrétion; gravité; pondération; réserve; sagesse; sérieux *n.m.* |
| في ~ | avec discrétion |
| رَصين | circonspect; calme *adj.*; grave; pondéré; posé; réservé; sage; sérieux *adj.* |
| 2102 **رَضَّ** ـُ رَضًّا ه | briser; casser; contusionner; meurtrir |
| ~ عَضَلة | se claquer/se froisser un muscle |
| **رَضّ** ج رُضوض | bleu *n.m.* [*méd.*]; contusion; meurtrissure; traumatisme |
| ~ عَضَلة | froissement de muscle; claquage |
| اِمْتَلأَ جَسَدُه بِرُضوض | avoir le corps couvert de bleus |
| راضّ | contondant |
| رُضاض | éclats/fragments (de rocher) |
| رَضيض | claqué; contusionné; froissé (muscle); meurtri |
| مَرْضوض (← رَضيض) | en compote [*fam.*] |
| 2103 (رضب) **رُضاب** | salive |
| أَفْرَزَ، إِفْراز ~ | saliver; salivation |
| رُضابِيّ؛ غُدّة ~ة | salivaire; glande salivaire |
| 2104 **رَضَخَ** ـَ رَضْخًا | casser (des noisettes, des noix, des noyaux) |
| مِرْضاخ | casse-noix |
| 2105 **رَضَخَ** ـَ رَضْخًا ه ه | faire un don/un présent à qqn |
| ~ لِـ | prendre son parti de; céder à qqn; baisser pavillon |
| ~ لِلْقانون | se soumettre à la loi |
| ~ لِلأَمْر الواقِع | s'incliner devant les faits/le fait accompli; se rendre à l'évidence |
| رَضْخ، رَضيخة | don modeste |
| رُضوخ | obéissance; soumission; complaisance |

**2106 رَضْراض** gravier; gravillons

مُرَضْرَض en morceaux; brisé; écrabouillé [*fam.*]

**2107 رَضِعَ** ـَ رَضْعًا، رِضاعة téter; sucer le lait

رَضْعة ج رَضَعات tétée

خَمْسُ **رَضَعات** في اليَوْم cinq tétées par jour

رِضاعة allaitement; tétée

راضِعة ج رَواضِع dent de lait

**رَضيع** ج رُضَعاء enfant à la mamelle; nourrisson; frère/sœur de lait

عِجْل ~ veau de lait

**رَضّاعة**؛ مِرْضَعة ج مَراضِع biberon; tétine

رَضَعَ مِن ~ prendre un biberon; sucer une tétine

III راضَعَ مُراضَعة وَلَدًا mettre un enfant en nourrice

IV **أَرْضَعَ** إرْضاعًا ه allaiter; faire téter; donner la tétée

~ وَلَدًا nourrir un enfant au sein

إرْضاع allaitement

مُرْضِعة nourrice

**2108 رَضْفة** ج رَضْف rotule [*anat.*]

تَرَكَهُ على الرَضْف mettre qqn sur les rotules [*pop.*]; mettre en mauvaise posture

**2109 رَضِيَ** ـَ رِضًى، مَرْضاة عن être content/satisfait de; se louer de

~ أَوْ أَبَى qu'il le veuille ou non

~ اللّه عَنْه *isl. formule que l'on prononce après le nom de l'un des quatre premiers califes ou des campagnons du Prophète*: que Dieu soit satisfait de lui

~ بِـ، أَنْ accepter; s'accommoder de; agréer; approuver; consentir à; se prêter à; vouloir bien; trouver bon

**رِضاء، رِضًى** agrément; assentiment; consentement; contentement; bon plaisir; approbation; satisfaction; bonnes grâces

شَهادة ~ satisfecit

إشارة ~ geste approbateur/d'approbation

شَعَرَ بِـ~ عَميق éprouver une profonde satisfaction

بِعَيْن الـ~ d'un œil favorable; d'un bon œil

بِـ، بِحُسْن، عَن ~ de bon gré; de bon cœur; de bonne grâce

بِكُلّ ~ ne pas demander mieux; de tout cœur

عَدَم ~ désapprobation; insatisfaction; mécontentement

عن ~ه avec son agrément/son assentiment

الـ~ بالمَوْت acceptation de la mort

حَظِيَ بِـ~ المَلِك être bien en cour

**مَرْضاة** ← رِضًى

~ لِلّه pour l'amour de Dieu

سَعَى إلى ~ه s'efforcer de donner satisfaction à

**راضٍ** ج رُضاة بِـ، عن béat; consentant; content; satisfait

غير ~ insatisfait; mécontent; désapprobateur

~ عن نَفْسه content de soi

عيشة **راضية** vie agréable/plaisante

II رَضَّى تَرْضية ه ← IV

طَلَبَ، حَصَلَ على **تَرْضية** demander, obtenir satisfaction

جائزة ~ lot de consolation

III راضَى مُراضاة ه chercher à plaire/à faire plaisir à

بالمُراضاة à l'amiable; de gré à gré

IV **أَرْضَى** إرْضاءً ه arranger qqn; contenter; donner satisfaction à; complaire à [*litt.*]; gratifier; plaire à; faire plaisir à; satisfaire

~ ادِّعاءً flatter les prétentions de

~ رَغْبَة ه combler, satisfaire le désir de

سَواء أ~كَ أَمْ لا ne vous en déplaise; que cela vous plaise ou non

إرْضاء contentement; satisfaction; complaisance

**إرضاءً لَكَ** pour vous faire plaisir

~ لِلضَمير par acquit de conscience

**مُرْضٍ** acceptable; satisfaisant; honnête [*fig.*]; suffisant

جَواب، نَتيجة ~(ة) réponse, résultat satisfaisant(e)

**مُرْضًى** satisfait; qui a reçu satisfaction

غَيْر ~ insatisfait

VI تَراضَى تَراضِيًا transiger; être satisfaits les uns des autres

تَراضٍ (التَراضي) compromis; transaction

بالـ~ de gré à gré; à l'amiable; par consentement mutuel

بِطَريق الـ~ الضِمْنيّ par tacite reconduction

VIII اِرْتَضَى اِرْتِضاءً بـ، لِـ s'accommoder de; se complaire à; trouver bon que; se plaire à; se prêter à

~ بالْمَوْت accepter la mort

X اِسْتَرْضَى اِسْتِرْضاءً ه amadouer; apaiser; chercher à contenter/à plaire/à donner satisfaction; se concilier

اِسْتِرْضاء apaisement; conciliation

اِسْتِرْضاءً لِـ à la satisfaction de

مَوْقِف، كَلِمات اِسْتِرْضائيّ (ة) attitude, paroles conciliante(s)/conciliatrice(s)

2110 رَطيط ج رِطاط، رَطائِط clameurs; vociférations; extravagances

IV أَرَطَّ إِرْطاطًا faire du tapage; vociférer; commettre des extravagances

2111 رَطِبَ ـَ رَطابة، رُطوبة être ... *v. à l'adj.*

رَطُبَ ـُ ← رَطِبَ

رُطوبة humidité; moiteur; fraîcheur

دَرَجة الـ~ degré/état hygrométrique de l'air

~ المَفْصِل synovie

~ مائِيّة، زُجاجيّة humeur aqueuse, vitrée

رَطْب délicat; doux; humide; moite; frais; juteux; succulent; tendre (végétation)

عود ~ bois vert

رَطْبة luzerne

رُطْبة ج رُطَب datte fraîche

رَطيب ← رَطْب

رَطّابة saturateur d'air

مِرْطاب hygromètre; hygroscope

مِرْطابيّة hygrométrie

II رَطَّبَ تَرْطيبًا ه humecter; humidifier; rafraîchir; mettre au frais

~ قَلْب ه apaiser; calmer

تَرْطيب humidification; rafraîchissement; apaisement

مُرَطِّب ح ات rafraîchissant; rafraîchissement; boisson fraîche/rafraîchissante

~ الهَواء humidificateur d'air

V تَرَطَّبَ تَرَطُّبًا fraîchir; s'humecter; s'humidifier; se rafraîchir; être apaisé/calmé; s'apaiser; se calmer

2112 رَطْل ج أَرْطال livre (poids); *syr., lib.* 2564 grammes

لِلـ~ رِطْل وأُوقيّة *prov.* à malin, malin et demi

2113 رَطَمَ ـُ رَطْمًا ه embourber; faire tomber dans la boue; *fig.* embarrasser; embrouiller

~ ه في أَمْر impliquer qqn (dans une affaire)

رُطْمة embrouillamini [*fam.*]

VIII اِرْتَطَمَ اِرْتِطامًا بِـ، على se cogner; se heurter; s'écraser contre

~ في الوَحَل s'embourber; s'enliser

~ في الأَمْر s'embrouiller/s'empêtrer dans une affaire

~ عَلَيْه الأَمْرُ être empêtré dans une affaire; être coincé [*fam.*]

2114 رَطَنَ ـُ رِطانة baragouiner

رِطانة؛ رُطَيْنَى baragouin; charabia; galimatias; jargon

2115 رَعاع canaille; crapule; lie du peuple; populace [*péjor.*]; racaille

2116 رَعَبَ ـَ رَعْبًا avoir peur; être inquiet/affolé/alarmé; s'inquiéter; s'alarmer

~ ه affoler; faire peur

رُعْب affolement; alarme; crainte; effroi; terreur; épouvante; frayeur; horreur; peur; panique;

اِسْتَوْلَى عليه الـ~ prendre peur; s'affoler; être saisi d'effroi

راعِب؛ رَعّاب affolant; affreux; alarmant; effrayant; épouvantable; inquiétant; intimidant; menaçant; terrible; terrifiant

مَرْعوب affolé; apeuré; épouvanté; terrifié

II رَعَّبَ تَرْعيبًا ه ← IV

IV أَرْعَبَ إِرْعابًا ه effrayer; épouvanter; horrifier; faire peur/horreur; intimider; terrifier; troubler

إِرْعاب intimidation

مُرْعِب ← راعِب، رَعّاب

خَوْف ~ — peur affreuse; peur panique

مَشْهَد ~ — spectacle horrible/terrifiant

مَظْهَر ~ — aspect redoutable/terrifiant

VIII اِرْتَعَبَ اِرْتِعابًا — s'affoler; s'effrayer; avoir peur

مُرْتَعِب — affolé; apeuré; effrayé; épouvanté; terrifié

**2117 رُعْبوب** — craintif; poltron

**2118 رَعْبَلَ** ه — déchirer; lacérer; mettre en lambeaux

رُعْبولة ج رَعابيل — haillon; lambeau

ثَوْب رَعابيل، مُرَعْبَل — en lambeaux/déchiré/lacéré (habit)

**2119 رَعْث** — pompons *n.m.pl.* (de harnachement)

رَعْثة ج رِعاث — caroncule [*anat.*]

**2120 رَعَدَ** ـُ رَعْدًا — tonner

~ لِ ه وَبَرَقَ ← IV

**رَعْد** ج رُعود — tonnerre

قَصْف الـ~ — coup de tonnerre; grondement (du tonnerre)

**رِعْدة** — grelottement; frisson; tremblement; tressaillement

~ بَرْد، حُمَّى، خَوْف — frisson de froid, de fièvre, de peur

أصابَتْهُ الـ~ — être pris de frissons/de tremblements; avoir la tremblote [*pop.*]

راعِد؛ رَعّاد — tonnant; tonitruant; de tonnerre

صَلَف تَحْتَ الراعِدة — *prov.* beaucoup de bruit pour rien

رَعّاد؛ رَعّادة — torpille [*poiss.*]

رِعْديد — couard; lâche; trembleur; peureux

IV **أَرْعَدَ** إِرْعادًا ه — tonner; donner le frisson à; menacer; faire trembler

~تِ السَّماء — il tonne; il y a du tonnerre

~ وأَبْرَقَ — fulminer; tonitruer

~تِ المَرْأة وأَبْرَقَتْ — être dans tout l'éclat de sa beauté (femme); être resplendissant (beauté)

VIII اِرْتَعَدَ اِرْتِعادًا مِن — frémir; frissonner; grelotter; trembler; tressaillir; être transi (de froid, de peur)

اِرْتِعاد — frémissement; frisson; tremblement; tressaillement

مُرْتَعِد — tremblant; grelottant; frémissant; transi

**2121 رَعْرَع؛ رَعْراع** — bien fait; gracieux; épanoui

~ أَيّوب — *bot.* pulicaire

II تَرَعْرَعَ — s'épanouir; fleurir

**2122 رَعَشَ** ـَ رَعَشًا — frissonner; tressaillir; trembler

**رِعْشة** — convulsion; frisson convulsif; tressaillement; tremblement nerveux

~ لَذّة — frémissement/frisson de plaisir

رَعِش؛ راعِش — tremblant; trembleur; couard

رَعّاش — peigneur [*techn.*]

رُعاش — chorée [*méd.*]

VIII **اِرْتَعَشَ** اِرْتِعاشًا — frémir; frissonner; vibrer; tressaillir; trembler

~ إعْجابًا، لَذّةً — tressaillir de surprise, de plaisir

~ مِن الغَيْظ — vibrer d'indignation (voix)

**اِرْتِعاش** — frémissement; frissonnement; tremblement

~ العَضَلات — tressaillement des muscles

مُرْتَعِش — frémissant; frissonnant; tremblant

**2123** (رعص) V **تَرَعَّصَ** تَرَعُّصًا — se lover; serpenter; se tordre; s'enrouler en spirales

VIII اِرْتَعَصَ اِرْتِعاصًا (← V) — frétiller

مُرْتَعِص — frétillant

**2124 رَعَفَ** ـُ رَعْفًا — saigner du nez

رَعَف، رُعاف — saignement de nez; hémorragie nasale

**2125** (رعق) **رَعيق** — gargouillement; gargouillis

**2126 رَعْل** — éperon/saillie rocheux(euse)

رُعْلة — broutille [*bot.*]

رِعْل — abeille mâle

**رَعِيل**، رَعْلة ج رِعال — escadron de cavalerie; avant-garde; peloton de tête

الـ~ الأَوَّل من المُحارِبين — les combattants de la première heure

2127 (رعم) **رُعام** — mucosité du nez; morve [*vétér.*]

رَعوم — morveux

2128 **رَعُنَ** ـُ رُعونة، رَعْنًا — être ... *v. à l'adj.*; agir, parler sans réfléchir

رَعَنَتْهُ الشَمْس — être frappé d'insolation; prendre un coup de bambou [*fam.*]

رَعْن — insolation; *v. aussi 2129*

رُعونة — ânerie; folie; irréflexion; bêtise; légèreté; maladresse; stupidité

**أَرْعَن** م رَعْناء ج رُعْن — bête; écervelé; hurluberlu; irréfléchi; frivole; gaffeur [*fam.*]; maladroit; stupide; volage

سائِق ~ — chauffard

2129 **رَعْن** ج رِعان، رُعون — *géogr.* aiguille; éperon; pic; piton; pointe; promontoire; saillie; *v. aussi 2128*

أَرْعَن م رَعْناء ج رُعْن — qui a un long nez; proéminent; en saillie; saillant

2130 **رَعا** ـُ رَعْوًا، رِعْوة — se convertir; se repentir; se tenir sur ses gardes; être vigilant; *v. aussi 2131*

~ عَنْ جَهْله، خَطائه — revenir de son ignorance, de son erreur

رُعْوَى — conversion; repentance [*litt.*]; repentir; vigilance

IX **اِرْعَوَى** اِرْعِواء — venir à résipiscence; revenir de son égarement

~ عن غَيِّه — *même sens*

~ لِلْحَقّ — se consacrer à faire triompher la vérité

2131 **رَعَى** ـَ رَعْيًا، رِعاية ه — brouter; paître; manger de l'herbe; pâturer; avoir/prendre soin de; observer les convenances; *v. aussi 2130*

~ أَبْقارًا، غَنَمًا — être berger; faire/mener paître des vaches, des moutons; garder des vaches, des moutons

~ ه — se dévouer pour qqn; avoir des égards; venir en aide à; porter assistance à

~ على ه — être berger pour le compte de qqn

~ على ه حُرْمَته — observer le respect qui est dû à qqn

~ مَشْروعًا — patronner/parrainer un projet

~ مَصالِح ه — gérer les/prendre soin des intérêts de

رَعاكَ اللّه — Dieu vous garde

باتَ **يَرْعَى** النُجوم — passer la nuit à compter les moutons [*fig.*]

**رَعْي**؛ ~ المَواشي — garde; gardiennage; pacage; pâture

حَقّ الـ~ — droit de pacage

رَعْيًا لَكَ — Dieu vous garde; que Dieu soit avec vous

رِعْي الحَمام — verveine

**رِعاية** — assistance; attentions; bienfaisance; considération; dévouement; égards; faveur; parrainage; patronage; prévenances; protection; sollicitude; vigilance

بِـ، تحت ~ ه — sous les auspices/l'égide/le patronage de

بِـ~ اللّه وحِفْظِه — à la garde/à la grâce de Dieu

الـ~ بِالطُفولة — protection de l'enfance

أَحاطَ ه بِـ~ — entourer qqn de prévenances

شَرْط الدَوْلة الأَكْثَر ~ — clause de la nation la plus favorisée

**راعٍ** (الراعي) ج رُعاة — berger; gardien de troupeau; pasteur; pâtre; protecteur; *relig.* pasteur; patron

~ البَقَر — cow-boy; vacher

~ الماعِز — chevrier

~ الفُنون — protecteur des arts; mécène

إِبْرة الـ~ — géranium

راعية ج رَواعٍ — bergère; vachère

مَرْعِيّ — observé; en vigueur (système)

مَرْعًى، مَرْعاة ج مَراعٍ — pâturage; pâture; herbage

رَعِيّة ج رَعايا — administré; ressortissant; sujet (d'un prince, d'un État); ouailles; paroisse

**رَعَوِيّ**، رَعائِيّ — bucolique; pastoral; paroissial

مَجْلِس ~ — conseil paroissial

قَصيدة، حَياة ~ة — poème, vie bucolique/pastoral(e)

رِسالة **رَعائِيّة** — lettre pastorale

جَريدة ~ — journal paroissial

## 2131 رعى ٢١٣١

III **راعَى** مُراعاة ه، ه avoir des égards/de la considération/de la déférence/du respect pour; avoir/prendre soin de; prendre en considération; tenir compte de; faire la part des choses; respecter

~ التَقاليد، القَواعِد observer/respecter les traditions, les règles

~ النُجوم observer les étoiles

~ مَصالِحَه consulter son intérêt

~ شُعور، جانِب، خاطِر ه ménager qqn; respecter les sentiments/les idées de

~ صِحَّته se ménager; soigner sa santé

~ مَقامه tenir son rang

ما ~ مَقامه déroger à son rang

**مُراعاة** considération; déférence; égard; ménagement; observance; respect

~ الآداب، القَوانين observation/respect des convenances, des lois

~ الصَوْم، القانون الدينيّ observance du jeûne, de la règle religieuse

عَدَم ~ القَوانين inobservation des lois

مع ~ ه sans préjudice de; en tenant compte de; en considération de

لا ~ sans-gêne *n.m.*

دون ~ au mépris de; sans égard pour; sans ménagement; sans façon

دون ~ أَحَد sans acception de personne [*dr.*]

**مُراعاةً** لِـ par déférence/égard pour; eu égard à; en considération/raison de

~ لِلْمَبْدأ، لِلظَواهِر pour le principe, la forme

**مُراع** déférent; respectueux

IV **أَرْعَى** إِرْعاءً ه faire paître; mener au pâturage

~ على ه être bienveillant pour

~ ه سَمْعه écouter qqn avec bienveillance; prêter une oreille attentive à

X **اِسْتَرْعَى** اِسْتِرْعاءً ه، ه prendre qqn comme berger; demander l'attention de qqn

~ الذِئْب prendre le loup comme berger; faire entrer le loup dans la bergerie

~ الاِنْتِباه، النَظَر accrocher/attirer/éveiller/retenir/solliciter l'attention, le regard; être remarquable

~ ه لِلْنِظام rappeler qqn à l'ordre

2132 **رَغِبَ** - رَغْبًا ه، في ه convoiter; désirer; souhaiter; vouloir; avoir envie de

~ إلى، من ه أن demander à qqn de

~ إلى اللّه prier/supplier Dieu

لا يُرْغَب فيه indésirable

**رَغْبة** ج رَغَبات appétit; convoitise; désir; envie; vœu; souhait

~ جارِفة، صادِقة، مُلْتَهِبة désir impétueux, sincère, brûlant

~ مَجْنونة، جامِحة désir effréné/fou; envie folle

أَثارَ ~ ه donner/faire envie; exciter le désir

~ في الهَرَب، البُكاء envie de fuir, de pleurer

لَه، أَحَسَّ بِـ ~ في avoir, ressentir une envie de

رَغيبة ج رَغائِب désir; souhait; objet de désir

رَغائِب desiderata

**راغِب** في désireux; curieux

لِآخِر ~ au plus offrant; au dernier enchérisseur

**مَرْغوب** فيه convoité; couru; bien coté; désirable; désiré; enviable; recherché; souhaitable; recommandé

أَمْر ~ فيه لِلْغاية chose éminemment souhaitable

شَخْص ~ فيه persona grata [*diplom.*]

~ عَنْهُ؛ غَيْر ~ فيه indésirable; persona non grata [*diplom.*]

لَيْسَ ~ًا بِهِ، فيه ce n'est pas très recommandé

II رَغَّبَ تَرْغيبًا ه في tenter qqn; inspirer le désir de; donner envie de

2133 **رَغَثَ** - رَغْثًا ه téter (petit d'animal)

رَغوث femelle qui allaite des petits

2134 **رَغُدَ** - رَغادة être ... *v. à l'adj.*

**رَغْد** aisance matérielle; bien-être; confort; prospérité; opulence

عِيشة ~ vie aisée/confortable/prospère

~ العَيْش agrément/douceur de l'existence

**السَعادة والرَغادة** bonheur et prospérité

رَغيد agréable; aisé; délicieux; confortable; facile; prospère (vie, état)

IV أَرْغَدَ إِرْغادًا — être/se trouver/vivre dans le bien-être

**2135** **رَغِيف** ج أَرْغِفَة — galette; miche; pain

**2136** (رغل) **أَرْغَلُ** — aisé/commode/confortable (vie); *ois.* marabout

**2137** **رُغْم**؛ مَرْغَمَة ج مَراغِم — aversion; répugnance

بِـ، على الـ~ من، عن — *v. le suivant*

**رَغْمَ** ه، هـ، ~ أَنْفِهِ — malgré; en dépit de; bien que; nonobstant; quoique

على ~ ه؛ **رُغْمًا عَنْ** — *même sens*

~ عَنْهُ، عَنْ أَنْفِهِ — contre son gré; malgré lui; à contrecœur

رَغام — sable; poussière

**راغِم** ج رُغْم — abattu/à terre (le nez dans la poussière)

~ أَنْفُهُ، الأَنْف — contraint et forcé

IV **أَرْغَمَ** إِرْغامًا ه عَلَى هـ — acculer; astreindre; condamner à; contraindre; forcer; obliger; mettre au pas/dans l'obligation de; réduire à; renverser qqn

~ نَفْسَه على — s'astreindre à; se forcer à

~ ه على السُكوت — réduire qqn au silence

إِرْغام — astreinte; contrainte; coercition

مُرْغَمًا — à contrecœur; contraint et forcé; la main forcée

**2138** (رغم) **رُغام** — mucosité

**رُغامَى** — trachée-artère

اِلْتِهاب الـ~ — trachéite

**2139** (رغو) **رَغا** ـُ رُغاء — blatérer (chameau); hurler; mugir

رُغاء — mugissement; hurlement; grondement

راغٍ — mugissant; hurlant

مالَهُ **راغِيَة** ولاثاغِيَة — *prov.* n'avoir ni sou ni maille; n'avoir pas un sou vaillant [*litt.*]

**2140** (رغو) **رَغا** ـُ رَغْوًا — se couvrir d'écume/de mousse; écumer *intr.*; mousser; *v. aussi 2139*

رِغْوة ج رُغًى — écume; mousse

راغٍ؛ رَغْوِيّ — écumant; moussant; mousseux

مِرْغاة ج مَراغٍ — écumoire

II **رَغَّى** تَرْغِيَة ← رَغا

~ ه غَضَبًا — faire écumer qqn de rage

IV **أَرْغَى** إِرْغاء — mousser; écumer *intr.* [*fig.*]; tempêter

~ وأَزْبَدَ — écumer de rage; fulminer

مُرْغٍ غَضَبًا — écumant de rage

VIII اِرْتَغَى اِرْتِغاء ه — écumer *tr.* (lait, bouillon)

**2141** **رَفَّ** ـِ رَفًّا — battre des ailes; voleter; voltiger

~ ـِ رَفِيفًا — étinceler; briller; miroiter

~ لِـ ه — avoir soin de qqn; traiter qqn avec bonté

~ ه وَحَفَّهُ — être aux petits soins pour [*fam.*]; témoigner son empressement à; honorer

~ خَطَرٌ على ه — planer sur qqn (danger, menace)

~ تْ عَيْناه — cligner/clignoter des yeux

~ تْ جُفونُه — battre/cligner des paupières

دونَ أَنْ **يَرِفَّ** لَهُ جَفْن — sans sourciller

**رَفّ** — battement (paupières); clignement; clignotement (lumière)

~ ج رُفوف — bande/troupe/nuée (d'oiseaux); vol; volée

~ مِن الأَسْماك — banc de poissons

~ ج رُفوف. رِفاف — étagère; rayon (de bibliothèque); tablette; porte-bagages

رُفوف — rayonnage

**رَفِيف** — éclat; brillant; lustre; miroitement

~ جَناحَيْن — battement/frémissement d'ailes

~ القَلْب — battement/palpitation du cœur

**رَفّاف** — clignotant *adj.*, *n.m.*; vif; brillant

~ الاِتِّجاه — clignotant de changement de direction

**2142** **رَفَأَ** ـَ رَفْأً ه — raccommoder; rapiécer; recoudre; repriser; réparer; stopper une couture

~ بَيْنَ صَدِيقَيْن — raccommoder [*fam.*]/réconcilier deux amis

**رَفْء** — raccommodage; reprisage; rapiéçage

**رِفاء** — concorde; harmonie; entente; paix

بِالـ~ والبَنين *cette formule s'adresse à de nouveaux mariés*: félicitations! (*m. à m.* en harmonie et avec beaucoup d'enfants)

رَفّاء repriseur; stoppeur; raccommodeur; ravaudeur

**مَرْفَأ** ج مَرافِئ port; bassin de radoub; havre

~ بَحْرِيّ، نَهْرِيّ port de mer, fluvial

~ حُرّ، أَساسِيّ port franc, d'attache

مَرْفَئِيّ portuaire

IV أَرْفَأَ إِرْفاء aborder; accoster; arriver au port

**2143 رَفَتَ** ـِ رَفْتًا ه briser/casser en petits morceaux

~ ه congédier; licencier; renvoyer; démettre qqn de ses fonctions

رَفْت congédiement; licenciement; renvoi

رُفات brisé/cassé en mille morceaux; restes d'une personne; dépouille mortelle; cendres (d'un mort)

مَرْفوت congédié; licencié; renvoyé

**2144 رَفَدَ** ـِ رَفْدًا ه aider; assister; prêter main-forte à; venir au secours de

~ حائِطًا étayer/soutenir un mur

رِفْد ج رُفود، أَرْفاد don; présent; support

**رافِد** ج رَوافِد affluent; auxiliaire; aide; tributaire [*géogr.*]

~ أَساسِيّ cheville ouvrière

الرافِدان le Tigre et l'Euphrate

بِلاد الرافِدَيْن Mésopotamie; l'Iraq

**رافِدة** ج رَوافِد madrier; poutre; solive

~ أَساسِيّة poutre maîtresse

**2145 رَفْرَفَ** رَفْرَفة battre des ailes; papillonner; voleter; voltiger; se déployer au vent; se trémousser

**رَفْرَف** ج رَفارِف aile [*autom.*]; garde-boue

~ قُبَّعة bord/rebord d'un chapeau; visière

رَفْراف martin-pêcheur

مُرَفْرِف qui claque/vole dans le vent (drapeau)

**2146 رَفَسَ** ـُ رَفْسًا ه، ه botter [*fam.*]; frapper du pied; donner un coup de pied; ruer; regimber

رَفْسة bourrade; coup de pied; ruade

رَفّاس hélice (de bateau); propulseur; rotor

**2147 رَفَشَ** ـُ رَفْشًا ه pelleter; ramasser; rafler [*fam.*]; racler

**رَفْش** ج رُفوش، أَرْفُش croc; pelle; aviron

~ آلِيّ pelle mécanique

مِن الـ~ إلى العَرْش self-made man (*m. à m.* de la poubelle au trône)

رَفْشة pelletée

رَفّاشة، مِرْفَشة ج مَرافِش pelleteuse

II رَفَّشَ لِحْيَتَهُ peigner sa barbe

(رفص) **رَفّاص** ← رَفّاس

**2148 رَفَضَ** ـُـِ رَفْضًا ه، أَنْ abandonner; rejeter; contester; refuser de; se refuser à; renoncer à

~ عَرْضًا، طَلَبًا rejeter/repousser une proposition, une demande

~ حَقّ ه في ه dénier à qqn le droit de

~ المُؤَسَّسات contester les institutions

~ الإِسْتِماع إلى ه refuser d'écouter

~ المَلَذّات renoncer aux plaisirs

~ رَفْضًا باتًّا refuser net/catégoriquement

~ دَعْوَى ه débouter qqn

~ دَعْوة، تَكْريمات décliner une invitation, les honneurs

**رَفْض** refus; rejet; renoncement; réprobation; veto

~ الطاعة refus d'obéissance

أَجابَ بِالـ~ répondre par la négative

في حال الـ~ dans la négative

إمّا القَبول أو الـ~ c'est à prendre ou à laisser

رَفْضِيّ ج ون contestataire

**رَفْضِيّة** contestation

الـ~ اليَسارِيّة contestation gauchiste

رافِض ج رَوافِض hérétique; déserteur

رافِضِيّ sectaire; «*rafiḍī*»

رافِضِيّة sectarisme

مَرْفوض inacceptable; inadmissible; irrecevable

2149 **رَفَعَ** ـَ رَفْعًا ه dresser; élever; hausser; hisser; lever; monter *tr.*; redresser; relever

~ ه عن débarrasser; dissiper; écarter; éliminer; éloigner; enlever; ôter; supprimer

~ صَوْتَهُ élever la voix; hausser le ton; parler plus haut

~ عَلَمًا arborer/hisser un drapeau; envoyer les couleurs; battre pavillon

~ الضَرائِب، الأَسْعار augmenter/relever les impôts, les prix

~ رَأْسَهُ، ذَيْلَه، قَدَمَهُ lever la tête, la queue, le pied

~ الرَأْس dresser redresser relever la tête; donner du prestige

~ لِواء الثَوْرة brandir/lever l'étendard de la révolte

~ مَعْنَوِيّات ه relever/remonter le moral

~ قَدْرَه rehausser/relever le prestige

~ التَدْفِئة augmenter/monter le chauffage

~ مُرَتَّب ه augmenter (le salaire de) qqn

~ إلى الذُرْوة، الأَوْج porter aux nues/au pinacle

~ من شَأْنه، مَكانَته accroître son importance

~ دَعْوَى، قَضِيّة على ه engager/intenter un procès; introduire une instance; poursuivre qqn (en justice)

~ إسْتِئْنافًا أمام مَحْكَمة faire/interjeter appel

~ دَعْوى إلى المَحْكَمة saisir le tribunal d'une affaire

~ عَريضة، تَقْريرًا إلى ه présenter/soumettre une pétition, un rapport

~ أَطْيَب الأَماني إلى ه présenter ses meilleurs vœux à

~ الأَخْتام، الحِصار lever les scellés, le siège

~ الجَلْسة clore/lever la séance

~ عُقوبة، مَنْعًا lever/supprimer une peine, une interdiction

~ القِناع، الحِجاب lever le masque; enlever son voile/se dévoiler (femme)

~ الغُبار، قُبَّعَته enlever la poussière, son chapeau

~ المائِدة، الطَعام débarrasser la table; desservir

~ الأَيْدي المُتَدَخِّلة mettre un terme aux interventions

~ إسْمًا، فِعْلًا *gramm.* mettre un nom au nominatif, un verbe à l'inaccompli indicatif

اِرْفَعْ يَدَيْك haut les mains!

**رُفِعَ** apparaître; être dévoilé/découvert/enlevé; être visible

~ مِن الأَمْر l'affaire fut découverte/dévoilée

~ عَنْه reprendre connaissance

**رَفْع** augmentation; élévation; élimination; éloignement; enlèvement; hausse; levée; levage; montée; montage; suppression

~ الذِراعَيْن، السِتار élévation des bras; lever du rideau

~ قُمامة المَنازِل enlèvement des ordures ménagères

~ الأَسْعار hausse des prix

~ اليَد عَنْ mainlevée [*dr.*]

~ الضَرائِب relèvement des impôts

~ سِعْر العُمْلة réévaluation

~ الجُثّة، الجُثْمان levée du corps

~ العُقوبات، المَنْع levée des punitions, de l'interdiction

آلة الـ~ appareil de levage

~ الأَفْعال *gramm.* mode indicatif

~ الأَسْماء *gramm.* cas nominatif

عَلامة الـ~ *gramm.* marque du nominatif/de l'indicatif

رَفْعة *gramm.* voyelle brève «*u*» (nom de la marque du nominatif et de l'indicatif)

**رِفْعة** élévation du rang; éminence; grandeur; honneurs; prééminence

صاحِب الـ~ *désignation honorifique* : Son Excellence

**رافِع** رَأْسَهُ qui lève/redresse la tête

سارَ ~ الرَأْس marcher la tête haute

~ أَثْقال haltérophile

آلة ~ة machine élévatrice; élévateur

قُوّة ~ة force ascensionnelle

**رافِعة** ج رَوافِع bascule; cric; grue; levier; monte-charge; palan; vérin

~ صَدْر soutien-gorge

~ تَبْديل السُرْعة levier de changement de vitesse

~ تَحْويل سَيْر القِطار aiguillage

**2149 رفع ٢١٤٩**

**رَفيع** élevé; exquis; de haute qualité; fin; précieux; raffiné; subtil

~ الشَأْن distingué; considérable; éminent

ذَوْق، تَهْذيب ~ goût, politesse exquis(e)/raffiné(e)/subtil(e)

قُماش ~ étoffe fine/précieuse

رُتْبة ~ة grade élevé

صَوْت ~ voix haute/retentissante

مُنْتَجات ~ة produits de qualité/de marque

رَفيعة ج رَفائِع affaire; cause [*jur.*]

**مَرْفوع** élevé; haussé; hissé; relevé; *gramm.* indicatif; nominatif

حَديث ~ tradition prophétique

**مَرْفَع** ج مَرافِع؛ ثُلاثاء الـ~ carnaval; mardi gras

**مِرْفَع** ج مَرافِع élévateur; grue; vérin

**مِرْفاع** ج مَرافيع *même sens*

**مِرْفاعيّ** ج ون grutier

II رَفَّعَ تَرْفيعًا ه إلى élever/nommer/promouvoir (au grade supérieur)

**تَرْفيع** إلى رُتْبة أَعْلَى promotion; nomination au grade supérieur

**مُرَفَّع** promu

III **رافَعَ** مُرافَعة ه إلى en appeler à; faire appel à; *dr.* citer qqn devant (un tribunal); sommer à comparaître; plaider

~ عن ه défendre qqn; plaider la cause de

**مُرافَعة** ج ات citation (en justice); instance; plaidoirie; plaidoyer; procédure; sommation

**مُرافَعات** دَعْوَى débats d'un procès

قانون، مَجَلّة الـ~ Code de procédure

V **تَرَفَّعَ** تَرَفُّعًا في الرُتْبة avancer dans la hiérarchie; être promu au grade supérieur

~ عَنْ ه ne pas vouloir s'abaisser à; être au-dessus de; faire fi de; dédaigner; regarder de haut; afficher du mépris pour; se considérer trop élevé pour; se donner/prendre des airs de supériorité

**تَرَفُّع** arrogance; fierté hautaine; orgueil; superbe *n.f.*

**مُتَرَفِّع** arrogant; fier; hautain; supérieur

VI **تَرافَعَ** تَرافُعًا se traîner mutuellement en justice; plaider les uns contre les autres

~ في المَوْضوع، الدَعْوَى plaider au fond, la cause

~ على أَساس الاِعْتِراف plaider coupable

~ على أَساس عَدَم الدِراية plaider l'inexpérience

**مُتَرافِع** ج ون plaideur

VIII **اِرْتَفَعَ** اِرْتِفاعًا s'élever; se hausser; se hisser; monter; prendre de la hauteur/de l'altitude; surgir; abandonner la partie; être écarté/éliminé

~ عَموديًّا s'élever à la verticale

~ بِـ ه إلى hisser qqn

~ عَنْ ه، ه dépasser qqn, qqch (en hauteur)

~ النَهار les jours allongent

~ بُكاؤُه éclater/jaillir (sanglots)

~ الخِصام cesser/prendre fin (querelle)

~ت الأَسْعار، المَعيشة augmenter (vie); monter (prix); renchérir (denrées)

**اِرْتِفاع** altitude; ascension; augmentation; élévation; haut *n.m.*; hausse; hauteur; montée

~ عَنْ سَطْح البَحْر altitude au-dessus du niveau de la mer

~ الصَوْت hauteur de la voix

~ مُثَلَّث، نَجْم hauteur d'un triangle, d'un astre

~ مُسْتَوَى المَعيشة élévation du niveau de vie

الأَسْعار في ~ les prix sont en hausse

~ الأَسْعار flambée/hausse/montée/augmentation des prix

**اِرْتِفاعيّ** ascensionnel

قُوّة، حَرَكة ~ة force, mouvement ascensionnel(le)

**مُرْتَفِع** élevé; surélevé; fort (prix); haut

بِصَوْت ~ à voix haute

**مُرْتَفَع** ج ات élévation; éminence de terrain; escarpement; hauteur; terrasse

**2150 رَفَقَ** ـُ رِفْقًا بِـ، على ه être accommodant/bon/bienveillant/doux envers qqn; traiter qqn avec gentillesse

**رِفْق** bonté; bienveillance; clémence; courtoisie; douceur; mansuétude

جَمْعيّة الـ~ بِالحَيَوان Société protectrice des animaux; S.P.A.

عامَلَ ه بـ~ — traiter qqn avec bienveillance

اللّهُمّ رِفْقًا بِهِ — pitié pour lui Seigneur

**رُفْقة** ج رِفاق — camaraderie; groupe; compagnie; société; troupe

بـ~ ه — accompagné de; en compagnie de; de conserve

**رَفيق** ج رُفَقاء، رِفاق — camarade; compagnon; copain [*fam.*]; partenaire

~ المَدْرَسة — condisciple

رِفاق السِلاح — frères d'armes

**رَفيقة** ج ات — dame de compagnie; compagne

~ الحَياة — épouse; femme

**مِرْفَق** ج مَرافِق — coude; accoudoir; *techn.* manivelle

اِسْتَنَدَ على ~ ه — s'accouder

**مِرْفَقيّ** — coudé

**مَرْفِق** ج مَرافِق — service [*admin.*]

**مَرافِق** — commodités; dépendances; installations

~ عامّة، الإعْلام — services publics, de l'information

~ الدار، الحَياة — installations sanitaires d'une maison; commodités; confort

~ مينائيّة — aménagements/installations portuaires

III **رافَقَ** مُرافَقة ه — accompagner; tenir compagnie; chaperonner; aller/marcher de compagnie; convoyer; escorter; raccompagner; reconduire

~ مُحْتَضَرًا — assister un agonisant

**مُرافَقة** — accompagnement; compagnie; escorte

**مُرافِق** ج ون — chaperon; compagnon; convoyeur

~ عَسْكَريّ، ضابط ~ — aide de camp; officier d'ordonnance

**مُرافِقة** — dame/demoiselle de compagnie

IV **أرْفَقَ** إرْفاقًا ه بـ — faire accompagner; joindre; inclure

~ مُسْتَنَدًا في مِلَفّ — annexer/inclure une pièce dans un dossier

~ القَوْل بالعَمَل — joindre le geste à la parole

~ الإشارة بالكَلام — *même sens*

**مُرْفَق** ج ات — inclus; joint; pièce jointe; annexe

~ بِهِ — ci-inclus; ci-joint

V **تَرَفَّقَ** تَرَفُّقًا بـ — être bon/doux avec; devenir l'ami/le compagnon de

~ في سَيْره — se promener lentement; flâner

VI **تَرافَقَ** تَرافُقًا — être le compagnon de; être concomitant/simultané à; voyager de conserve; s'accompagner mutuellement

**تَرافُق** — concomitance; simultanéité

**مُتَرافِق** — concomitant; simultané

VIII **اِرْتَفَقَ** اِرْتِفاقًا ه — s'accouder; s'appuyer sur les coudes

~ بـ — profiter de; bénéficier de; utiliser

**اِرْتِفاق** — utilisation; usage; servitude [*dr.*]

~ الأعْمال الحَرْبيّة، المُرور — servitude militaire, de passage

**مُرْتَفِق** ج ون — appuyé; accoudé; usager; utilisateur

**مُرْتَفَق** ج ات — accoudoir

2151 **رَفَل** ج أرْفال فُسْتان — traîne d'une robe

II رَفَّلَ إزارَه — laisser traîner sa robe; *fig.* marcher en se donnant de grands airs; se pavaner

2152 (رفه) **رَفاهِيَة؛ رَفاهة** — aisance; aises; bien-être; mieux-être; confort; prospérité; luxe

~ العَيْش — douceur de vivre; commodités de la vie

II **رَفَّهَ** تَرْفيهًا ه ه — assurer le bien-être de qqn; faire vivre dans l'abondance; égayer; divertir; rendre la vie agréable à qqn

~ عن ه — distraire qqn de

~ نَفْسَهُ، عن نَفْسه — se distraire; se divertir; s'égayer; se relaxer; se détendre

**تَرْفيه** — agrément; détente; distraction; divertissement; relaxation; récréation

~ العَيْش — confort; agrément de la vie

**تَرْفيهيّ** — récréatif

رِحْلة، فُنون ~ة — voyage, arts d'agrément

**مُرَفِّه** عَن النَفْس — agréable; divertissant; distrayant

2153 **رِقّ** — esclavage; servitude; *v. aussi 2154*

ضِدّ الـ~ — antiesclavagiste

**رِقّيّ**؛ حالة ~ة — servile; condition servile

**رِقِّيّة** — servilité; servitude

**رَقيق** ج أرِقّاء، رِقاق — esclave; serf

تِجارة، تاجِر ~ traite des, marchand d'esclaves

الاِتِّجار بالـ~ الأَبْيَض traite des blanches

X اِسْتَرَقَّ اِسْتِرْقاقًا ه asservir; réduire en esclavage

**اِسْتِرْقاق** esclavagisme; esclavage; asservissement

داعٍ لِلـ~ esclavagiste

**مُسْتَرَقّ** asservi; esclave; réduit en esclavage

شَعْب ~ peuple esclave/opprimé

**2154 رَقَّ** ـِ رِقَّة s'amincir; s'affiner; s'éclaircir; être ... *v. à l'adj.*; *v. aussi 2153*

~ لِـ ه؛ ~ قَلْبُهُ لِـ ه s'apitoyer sur; s'attendrir devant; être attendri devant; compatir à; être compatissant

رَقّ ج رُقوق parchemin; tambour de basque; tambourin

**رِقَّة** amabilité; douceur; courtoisie; délicatesse; finesse; galanterie; légèreté; politesse; raffinement; sensibilité; tact; tendresse; minceur; amincissement

~ الكَلام raffinement du langage

~ الحاشِية amabilité; délicatesse; courtoisie; galanterie

~ الشُعور délicatesse/finesse du sentiment; sensibilité

~ القَلْب، الطَبْع amabilité; sensibilité; délicatesse

~ الحال situation précaire; pauvreté; instabilité/précarité de la situation

~ قُماش finesse/légèreté d'une étoffe

رُقّ ج رُقوق *géogr.* reg

**رَقيق** aimable; attentionné; délicat; bienveillant; fin; léger; mince; poli; sensible; svelte; vaporeux (tissu)

~ الحاشِية civil [*litt.*]; courtois; aimable; amical; galant homme; poli

~ اللَفْظ، الكَلام *même sens*

~ الطَبْع، الشُعور، القَلْب bienveillant; sensible

~ الحال dans une situation délicate/précaire; pauvre

قَلْب، صَوْت ~ cœur tendre; voix caressante

رَقيقة ج رَقائِق lame; lamelle; plaquette

رَقائِقيّ lamellaire

**رُقاق** léger; fin; mince

فَطيرة ~ة؛ **رُقاقة** galette; gaufre

~ خَشَب copeaux de bois

**مِرْقاق** rouleau à pâtisserie

II **رَقَّقَ** تَرْقيقًا ه adoucir; affiner; amenuiser; amincir; attendrir; éclaircir (liquide); laminer (métal); polir (style); rouler (pâte); raffiner

~ صِباغة، مَرَقه diluer une peinture; allonger une sauce

~ قَلْب ه، اللَحْم attendrir qqn, de la viande

**تَرْقيق** adoucissement; affinage; amincissement; dilution

~ المَعادِن laminage des métaux

آلة الـ~؛ مُرَقِّق laminoir

IV أَرَقَّ إِرْقاقًا ه، ه ← II

V تَرَقَّقَ تَرَقُّقًا لِـ ه s'attendrir sur; se montrer compatissant; avoir pitié de

**2155 رَقَبَ** ـُ رُقوبًا، رَقابة ه contrôler; épier; guetter; observer; prendre en considération; superviser; surveiller; veiller sur

رِقْبة circonspection; contrôle; observation; vigilance

**رَقابة** censure; contrôle; surveillance

~ على الصَرْف، النَقْد contrôle des changes

~ صِحِّيّة contrôle/surveillance médical(e)

تَحْتَ ~ sous le contrôle/la surveillance de

حَقّ الـ~ droit de regard

**رَقَبة** ج ات، رِقاب col; cou; encolure; nuque; *isl.* esclave; personne

أَحاطَ ه مِن ~ه prendre qqn par le cou

غَليظ، صُلْب الـ~ entêté; fruste; obstiné; rustre; têtu

على، في **رَقَبتي** par/sur ma vie!

ضَريبة على **رِقاب** *isl.* impôt personnel

مِلْك، مالِك ~ nue-propriété; nu-propriétaire

أَخَذَتْ بَعْضُها بِـ~ بَعْض les choses s'enchaînent parfaitement

الأَمْر في ~هم la responsabilité leur incombe

**رَقيب** ج رُقَباء censeur; contrôleur; espion; gardien; guetteur; inspecteur; observateur; surveillant; *mil.* sergent; maréchal des logis

~ أوّل sergent-chef-major; maréchal des logis-chef

رُقْبَى donation entre vifs [*isl.*]

مَرْقَب ج مَراقِب observatoire; vigie; tour de contrôle; guérite

مِرْقَب télescope

III راقَبَ مُراقَبة ه. ه épier; contrôler; guetter; garder à vue; avoir l'œil sur; présider à; observer; surveiller; superviser

~ نَفْسَهُ s'observer; se surveiller

~ اللّهَ في ه traiter qqn avec égards par crainte de Dieu

~ حَرَكاتِه وَسَكَناتِه épier ses moindres faits et gestes

~ لاعِبًا marquer un joueur [*sport.*]

~ النَّفَقات، التَّذاكِر contrôler les dépenses, les billets

**مُراقَبة** censure; contrôle; guet; observation; surveillance; supervision; marquage [*sport.*]

تَحْتَ الـ~ sous contrôle; sous surveillance; en observation

حُجْرة، لَوْحة ~ salle, table de contrôle

لَوْحة ~ هاتِفيّة table d'écoute

بُرْج ~ mirador; tour de contrôle

~ الأَسْعار، الائْتِمان contrôle des prix, du crédit

~ ماليّة، نَقْدِيّة contrôle financier, monétaire

~ الصَّرْف، المِيزانِيّة contrôle des changes, budgétaire

**مُراقِب** ج ون contrôleur; guetteur; observateur; surveillant

~ ماليّ، مَدَنيّ، التَّذاكِر contrôleur financier, civil, des billets

~ أَشْغال، سِجْن surveillant de travaux, de prison

**مُراقَب** surveillé; contrôlé; épié; guetté

غَيْر ~ incontrôlé

V **تَرَقَّبَ** تَرَقُّبًا ه. ه anticiper; attendre; être à l'affût/dans l'expectative; avoir qqch en vue; épier; faire le guet; escompter; prévoir

~ الفُرْصة attendre/guetter l'occasion

~ نَتائِج escompter de bons résultats

تَرَقُّب ج ات affût; guet; anticipation; expectative; prévision; suspense *n.m.*

تَرَقُّبًا لِـ en prévision de; par anticipation à

خِلافًا لِلتَّرَقُّبات contrairement aux prévisions

تَرَقُّبيّ prévisionnel

مُتَرَقِّب guetteur

VI تَراقَبَ تَراقُبًا s'étudier/s'observer mutuellement/réciproquement

VIII ارْتَقَبَ ارْتِقابًا ه ← V

2156 **رَقَدَ** ُ رُقودًا، رُقادًا dormir; s'endormir; se coucher; reposer *intr.*; sommeiller; être couché calme en repos

~ عَنْ ه négliger

~ رَقْدَتَهُ الأخيرة dormir de son dernier sommeil

~تْ على بَيْضِها couver (poule)

~تِ السُّوق le marché est calme

~ الخَمير، السائِل reposer (liqueur, liquide)

هُنا **يَرْقُدُ** ici repose; ci-gît

**رَقْدة** somme *n.m.*

الـ~ الأخيرة le dernier sommeil

**رُقاد**، رُقود repos; sommeil; somnolence

وَقْت الـ~ heure du coucher

**راقِد** ج رُقَّد، رُقود couché; calme; dormant; dormeur; endormi; somnolent; gisant

ماء، سوق ~(ة) eau dormante; marché calme

راقود jarre de grande taille

مَرْقَد ج مَراقِد couche; couchette; lit

II رَقَّدَ تَرْقيدًا ه. ه faire dormir; allonger qqn dans un lit; faire couver une poule; *hortic.* marcotter

تَرْقيد marcottage

تَرْقيدة marcotte

IV أَرْقَدَ إِرْقادًا وَلَدًا coucher/endormir/mettre au lit un enfant

2157 **رَقْرَقَ**، II تَرَقْرَقَ miroiter; briller dans les yeux (larmes); être baigné de larmes (yeux); vibrer (vapeur provoquée par la chaleur)

2158 **رَقَشَ** ُ رَقْشًا ه barioler; bigarrer; moucheter; marqueter (peaux)

رَقْش bigarrure; bariolage

رُقْشة — tache

أَرْقَش م رَقْشاء ج رُقْش — bariolé; bigarré; moucheté; tacheté

مِرْقاش — pinceau

II رَقَّشَ تَرْقِيشًا ه — enjoliver; orner; parer; marbrer (la peau)

مُرَقَّش — marbré (peau)

V تَرَقُّش ج ات — marbrure

**2159 رَقَصَ** ـُ رَقْصًا — danser

~ فَرَحًا — danser de joie

~ التَّنْغو — danser le tango

رَقْص؛ رَقْصة ج رَقَصات — danse

راقِص ج ون؛ رَقّاص ج ون — danseur

حَفْلة، سَهْرة، لَيْلة ~ة — soirée dansante

موسيقى ~ة — musique de danse/dansante

رَقّاص ج رَقاقيص — danseur professionnel; coureur; courrier; messager

~ الساعة — *techn.* balancier; pendule *n.m.*

مَرْقَص ج مَراقِص — bal; dancing; piste/salle de danse

II رَقَّصَ تَرْقِيصًا ه، ه — faire danser/sauter; lancer au galop (sa monture); faire vibrer

III راقَصَ مُراقَصة ه — danser avec qqn

مُراقِص — cavalier (danse); danseur

VI تَراقَصَ تَراقُصًا — bouger/danser (lumières, flammes)

**2160 رُقْطة** ج رُقَط — tache noire sur fond blanc; pelage moucheté

أَرْقَط م رَقْطاء ج رُقْط — moucheté; parsemé de taches; tacheté; tigré (chat); *zool.* léopard; panthère

II رَقَّطَ تَرْقِيطًا ه — marbrer; tacheter

مُرَقَّط — tacheté; marbré; moucheté

V تَرَقُّط — marbrure

**2161 رَقَعَ** ـَ رَقْعًا ه — mettre une pièce à un habit; raccommoder; réparer; ravauder

رَقُعَ ـُ رَقاعة — être ... *v. à l'adj.*

رَقاعة — bêtise; impudence; insolence; stupidité

رُقْعة ج رُقَع، رِقاع — morceau (de tissu, de terrain); pièce (d'un vêtement, de terre); panneau; *comm.* billet; bon; coupon; coupure; étiquette; obligation; titre

~ دَلالة — panneau indicateur

~ مِن الأَرْض — parcelle/morceau de terre; étendue; territoire

~ شِطْرَنْج، داما — échiquier; damier

خَطّ الـ~ — *type d'écriture utilisée dans les lettres: «ruq'a»*

سوق الرِقاع — marché des valeurs; Bourse [*fin.*]

اِتَّسَعَ الخَرْقُ عَلَى الراقِع — c'est insupportable/intenable

رَقيع — bête; stupide; impudent; insolent

II رَقَّعَ تَرْقيعًا — raccommoder; rapetasser [*fam.*]; rapiécer; ravauder; rafistoler [*fam.*]

~ القَرْنية — pratiquer une greffe de la cornée

تَرْقيع — raccommodage; rapetassage; rapiéçage; ravaudage; rafistolage

~ القَرْنِيّة — greffe de la cornée; kératoplastie

مُرَقِّع — raccommodeur; ravaudeur

مُرَقَّع ج ات — raccommodé; rapiécé; fragment

~ تَرْقيعًا — de pièces et de morceaux

**2162 رَقَمَ** ـُ رَقْمًا ه — imprimer une trace; marquer; numéroter

~ قُماشًا — brocher/broder une étoffe

~ نَصًّا — mettre les signes diacritiques sur les mots d'un texte

رَقْم ج أَرْقام — chiffre; cote; nombre; numéro

~ المَبيعات — chiffre des ventes

~ بَيانيّ — *écon.* indice

~ بَيانيّ لِلأَسْعار، الأُجور — indice des prix, des salaires

~ قِياسيّ — record

سَجَّلَ ~ًا قِياسِيًّا — battre un record

العَدُوّ ~ واحِد — ennemi numéro un

~ هاتِف — numéro de téléphone

~ ناجِح في اليانَصيب — numéro gagnant à la loterie

~ مُسَلْسَل، مُتَتابِع — numéro d'ordre, de série

أَرْقام عَرَبِيّة، هِنْدِيّة — chiffres arabes, indiens

~ لاتينية، رومانيّة chiffres romains

مِرْقَم ج مَراقِم brosse à peinture; pinceau; plumier

~ هاتِف cadran de téléphone

II رَقَّمَ تَرْقِيمًا ه chiffrer; coter; graduer; marquer; numéroter; paginer; ponctuer

~ صَفَحات كِتاب paginer un livre

تَرْقِيم chiffrage; cotation; graduation; marquage; numérotation; pagination; ponctuation

آلة ~؛ مُرَقِّمة machine à numéroter

مُرَقَّم chiffré; coté; gradué; marqué; numéroté; paginé; ponctué

2163 رَقَّنَ تَرْقِينًا (كِتابًا) enluminer (un livre)

تَرْقِين، تَرْقِينة enluminure

مُرَقِّن ج ون enlumineur

2164 رَقَى ـِ رَقْيًا ه ensorceler; charmer (serpents); *v. aussi 2165*

رُقْيَة ج رُقًى charme magique; exorcisme; incantation; magie; sorcellerie

راقٍ ج رُقاة؛ رَقّاء ج ون charmeur de serpents; exorciste; magicien; sorcier

2165 رَقِيَ ـَ رَقْيًا، رُقِيًّا avancer/monter/s'élever par degrés; progresser

~ ه، في، إلى ه gravir/grimper (une montagne)

~ دَرَجات التَسَلْسُل gravir les échelons de la hiérarchie

~ بـ ه، ه faire avancer/progresser; promouvoir

~ إلى ه accéder à; atteindre

لا يُرْقَى إِلَيْهِ inaccessible

رُقِيّ؛ رَقْي ascension; bien-être; développement; élévation; progrès; progression

راقٍ (الراقي) avancé; choisi; développé; éduqué; élevé; évolué; émancipé; raffiné; supérieur

نَوْعِيَّة ~ة qualité supérieure

مُجْتَمَع، ثقافة ~(ة) société, civilisation avancée/évoluée

الطَبَقة الـ~ة beau monde; haute société; gens de qualité

مِرْقاة ج مَراقٍ degré; échelle; escabeau; marche; marchepied

II رَقَّى تَرْقِيَة ه faire avancer/progresser qqn; donner de l'avancement à/promouvoir

~ ه إلى رُتْبة أَعْلَى élever/nommer à un grade supérieur

~ إلى مَنْصِب عالٍ promouvoir à un poste élevé

رُقِّيَ être promu; monter en grade

تَرْقِيَة avancement; élévation/nomination (au grade supérieur); promotion

~ بِالاِنْتِخاب، بِالأَقْدَمِيَّة promotion au choix, à l'ancienneté

~ اِجْتِماعِيَّة promotion sociale

مُرَقًّى promu; nommé (au grade supérieur)

V تَرَقَّى تَرَقِّيًا avancer dans la hiérarchie; obtenir de l'avancement; faire l'objet d'une promotion; progresser; s'élever; monter les degrés

تَرَقٍّ avancement [*admin.*]; progrès

VIII اِرْتَقَى اِرْتِقاء ه monter; s'élever; gravir; grimper; accéder à

~ إلى عَهْد بَعِيد remonter à une époque reculée

~ العَرْش accéder au trône

~ السُلَّم monter l'escalier/à l'échelle

اِرْتِقاء ascension; montée; progrès; progression

~ العَرْش accession au trône; avènement

~ الكائِنات évolution des êtres vivants

مَذْهَب الـ~ théorie de l'évolution

اِرْتِقائِيّ évolutionniste

مُرْتَقًى ج مُرْتَقَيات côte; montée

2166 رُكَّة quenouille

عِلْم، طِبّ الـ~ magie/sorcellerie populaire

2167 رَكَّ ـِ رَكًّا، رَكاكة être ... *v. à l'adj.*

رَكاكة langueur; faiblesse; mollesse

~ الأُسْلوب faiblesse/pauvreté du style

رَكِيك faible; languide [*litt.*]; sans consistance; sans relief; lâche; relâché; rikiki [*fam.*]

~ العِلْم au savoir défaillant; peu savant

أُسْلوب ~ style diffus/pauvre

نَسِيج ~ tissu léger/souple/sans tenue

~ الطَّبْع de tempérament faible/mou/lâche

**2168 رَكِبَ** - رُكُوبًا ه، على ه enfourcher/chevaucher (un animal); monter sur/dans (véhicule); embarquer; s'embarquer

~ القِطار، الطائِرة، الباخِرة prendre le train, l'avion, le bateau

~ حِصانًا، دَرّاجة monter à cheval, à bicyclette

~ البَحْر prendre la mer; s'embarquer; naviguer; courir les mers

~ الأَخْطار والأَهْوال aimer/défier le danger; chercher l'aventure; rechercher les émotions fortes

~ الجَوّ، الهَواء prendre l'air; s'élever dans les airs

~ الطَرِيق prendre la route

~ أَثَرَه suivre la trace de

~ رِكابَ ه emboîter le pas à; s'attacher aux pas de; être sur les talons de

~ رِكابَ الرَمَل se hâter; partir en toute hâte

~ خُيولَه الحَرْبِيّة monter sur ses grands chevaux

~ بِه الزَلَل s'aventurer sur un terrain glissant [*fig.*]

~ رَأْسَهُ، هَواهُ n'en faire qu'à sa tête; faire un coup de tête; agir sans discernement

~ الشَطَط commettre des excès/outrances; aller trop loin; passer les bornes

~ مَتْنَ العُنْف s'abandonner/se livrer à la violence

~ مَرْكَبًا خَشِنًا entreprendre une œuvre difficile

~ مَرْكَبَ الخَطَل tenir des propos sans queue ni tête

~ه الدَيْنُ faire des dettes

~ه الشَيْطانُ faire des siennes [*fam.*]; avoir le diable au corps [*fam.*]

~ه الحَياءُ avoir honte

**رُكوب** action de monter sur/de chevaucher; embarquement; voyage

إِجْراءات، رَصِيف الـ~ formalités, quai d'embarquement

~ البَحْر، الجَوّ traversée par mer, air; navigation maritime, aérienne

~ الخَيْل، الدَرّاجة équitation; cyclisme

**رَكْب** cavalcade; caravane; cortège; escorte; peloton; procession

الـ~ المُتَقَدِّم peloton de tête

رُكْبة ج رُكَب، رُكَبات genou [*anat.*]

**راكِب** ج رُكّاب، رُكْبان navigateur; qui s'embarque; occupant (d'un véhicule); passager; voyageur

~ فَرَس، دَرّاجة cavalier; cycliste

~ دَرّاجة نارِيّة motocycliste

كانَ كَـ~ اِثْنَيْنِ être en porte à faux; être assis entre deux chaises [*fam.*]; ne savoir sur quel pied danser [*fam.*]; courir deux lièvres à la fois

**رُكْبان** escorte

~ السُنْبُل formation/apparition de l'épi (blé)

رَكّاب ج ون navigateur; voyageur

**رِكاب** ج رُكُب étrier

تحت ~ ه sous la coupe/la domination de

سارَ ~ ه s'ébranler (cortège)

حَلَّ ~ ه بِـ arriver/s'installer (à, dans)

~ الرِياح، السَحاب cortège des vents

رَكِبَ ~ ه، الرَمَل ← رَكِبَ

سارَ في رِكابه être tout dévoué à

**مَرْكَب**، مَرْكَبة ج مَراكِب bateau; navire; véhicule; voiture

~ بُخارِيّ، حَرْبِيّ bateau/navire à vapeur, de guerre

~ فَضائِيّ véhicule spatial

~ الصَيْد، النَقْل bateau de pêche; cargo

~ شِراعِيّ bateau à voile; voilier

~ القِيادة، دَوْرِيّ navire amiral; patrouilleur

مَرْكَبات عُمومِيّة transports publics/en commun

**مَراكِبِيّ** ج ة batelier; passeur

دَعْوة مَراكِبِيّة *égypt.* offre de Gascon (*m. à m.* invitation de bateliers)

II **رَكَّبَ** تَرْكِيبًا ه agencer; agglutiner; assembler; combiner; composer; constituer; construire; installer; monter *tr.*; synthétiser; faire une opération de synthèse; remonter [*mécan.*]

~ القِطَع assembler les morceaux

~ خَشائِب encastrer des pièces de bois

~ جِهازًا، مَصْنَعًا installer/monter un appareil, une usine

~ سُتُرًا، أَلْماسًا poser des rideaux; monter/sertir un diamant

~ جُمْلَة construire une phrase

دُرَّة لَنْ تُرَكَّبَ لِغَيْرِ سُلْطانٍ morceau de roi

**تَرْكيب** agencement; assemblage; combinaison; composition; constitution; conformation; installation; montage; mécanisme; structure; synthèse

~ الهَواء، الماء composition de l'air, de l'eau

~ اِسْتِقْلابيّ anabolisme

~ جِهاز montage/installation d'un appareil

~ جُمْلَة، نَحْوِيّ construction/tournure d'une phrase, grammaticale

جُمْلَة حَسَنَة الـ~ phrase bien tournée/d'une bonne facture

~ الجُمَل، الكَلام syntaxe

~ تَعْبيريّ syntagme

عِلْم التَراكيب syntactique *n.f.*

**تَرْكيبة** ج ات، تَراكيب ← تَرْكيب

~ مَفْصِلِيَّة système articulé

**تَرْكيبيّ** syntaxique; synthétique; structurel

جيولوجيا ~ة géomorphologie

**مُرَكِّب** ج ات constituant; constitutif; composant; ingrédient

أَجْزاء، عَناصِر ~ة parties, éléments constituant(e)s/constitutifs(ives)

~ ج ون لِلأَجْهِزَة monteur; installateur

**مُرَكَّب** assemblé; complexe; composé; installé; monté

اِسْم، فائِدَة ~(ة) nom, intérêt composé

جُمْلَة ~ة phrase complexe

~ ج ات élément; combinaison; combiné *n.m.*; complexe *n.m.* [*psychol.*]; composé *n.m.*; composition

~ الإِخْصاء، القُصور complexe de castration, d'infériorité

IV أَرْكَبَ إِرْكابًا ه على faire monter qqn sur; embarquer *tr.*

إِرْكاب embarquement

V تَرَكَّبَ تَرَكُّبًا مِنْ se composer de; être composé de; consister en; se combiner; se construire

VI تَراكَبَ تَراكُبًا chevaucher *intr.*; se chevaucher; se superposer; s'imbriquer

تَراكُب chevauchement; superposition; imbrication

مُتَراكِب imbriqué; superposé

VIII **اِرْتَكَبَ** اِرْتِكابًا appliquer; se conformer à; pratiquer; mettre en pratique

~ جَريمَة tremper dans/commettre/perpétrer un crime

**اِرْتِكاب** application; mise en pratique; perpétration

~ أَخَفّ الضَرَرَيْن *prov.* de deux maux il faut choisir le moindre

مُرْتَكِب auteur (d'un crime)

X اِسْتَرْكَبَ اِسْتِرْكابًا ه ، ه inviter à monter; prendre en stop [*fam.*]; faire de l'auto-stop

اِسْتِرْكاب auto-stop

مُسْتَرْكِب auto-stoppeur

**2169 رَكَدَ** ـُ رُكودًا stagner; végéter; croupir; reposer; tomber (vent); être ... *v. à l'adj.*

**رُكود** basse conjoncture; calme; croupissement; immobilité; inactivité; marasme; stagnation

~ الأَعْمال marasme/stagnation des affaires

~ السِياسَة immobilisme politique

~ الماء croupissement/stagnation de l'eau

المَسْأَلَة في حالَة ~ l'affaire est au point mort

ساعَة ~ heure creuse

راكِد calme; immobile; inactif; inerte; croupi (eau); dormant; stagnant

**2170 رَكَزَ** ـُ رَكْزًا ه ficher/enfoncer/planter (en terre); centrer

رِكْزَة ج رِكاز fermeté de caractère; énergie; *bot.* rejet; surgeon

رِكاز ج أَرْكِزَة filon; minerai; trésor

**رَكيزَة** ج رَكائِز armature; base; contrefort; console; étai; pile d'un pont; pilier; point d'appui; trésor; veine/filon (de minerai)

~ دِعائِيَّة support publicitaire

**مَرْكَز** ج مَراكِز centre; local *n.m.*; position; poste; siège; situation

~ التَجاذُب، الثِقَل centre d'attraction, de gravité

~ دائِرَة، عَصَبِيّ centre d'un cercle, nerveux

~ الداء centre/siège de la douleur

~ حَضارة، داءٍ foyer de civilisation, de maladie

~ التَدْريب المِهَنيّ centre de formation professionnelle

~ اللاعِبين position des joueurs

~ تِجاريّ، إسْتَراتيجيّ position/situation commerciale, stratégique

~ دُوَليّ لِعُمْلة position internationale d'une monnaie

~ مُحاسَبيّ، اجْتِماعيّ position comptable, sociale

~ خُطوط الهاتِف central téléphonique

~ تَوْليد الكَهْرَباء centrale électrique

~ ماء، بَريد point d'eau; bureau de poste

~ مياه حارّة، إسْتِحْمام station thermale, balnéaire

~ رَسْميّ (لِشَرِكة) siège social

~ رَئيسيّ maison mère; quartier général

~ رَصْد، بوليس (شُرْطة) poste de guet, de police

~ إطْفاء، إسْعاف poste d'incendie, de secours

~ تَنَصُّت، هاتِف poste d'écoute, de téléphone

~ قِتال، مُراقَبة poste de combat, de surveillance

~ مُتَقَدِّم، مُراقَبة poste avancé, d'observation

~ الإحْتِشاد point de concentration/de ralliement

إلْتَحَقَ بِـ~ه rejoindre son poste

ماتَ في ~ه mourir à son poste

~ مُحافَظة chef-lieu de canton/de district

~ سَكَنيّ centre/agglomération urbain(e)

ذاتيّ، مُخْتَلَف الـ~ égocentrique; excentrique

الـ~ الأوَّل la première place

طَرَدَ، طارِد عن الـ~ centrifuger; centrifuge

أبْعَدَ، حَرَّفَ عن الـ~ décentrer

**مَرْكَزيّ** central; centralisé

حُكومة، إدارة ~ة gouvernement, administration central(e)

بَنْك، تَدْفِئة ~(ة) banque, chauffage central(e)

~ أرْضيّ géocentrique

قُوّة جاذِبة ~ة force centripète

قُوّة ~ة طارِدة force centrifuge

~ مَتْجَر، مَخْزَن supermarché

لا، غَيْر ~ excentrique; décentré; décentralisé

**مَرْكَزيّة** centralisation; centralisme; centrisme

~ ديموقْراطيّة centralisme démocratique

~ إداريّة، سياسيّة centralisation administrative, politique

~ الإنْسان، الذات anthropocentrisme; égocentrisme

لا~ décentralisation

II **رَكَّزَ تَرْكيزًا** ه adapter; centrer; condenser; concentrer; appuyer/insister/mettre l'accent sur; axer; mettre au point [*opt.*]; cadrer [*phot.*]; réduire par la cuisson

~ نَظَرَه إلى، على braquer son regard sur

~ في الأرْض clouer au sol [*fig.*]

~ عَمودًا في الأرْض fixer un piquet dans le sol

~ إنْتِباهَه، فِكْره fixer/concentrer son attention, sa pensée; se concentrer

~ أفْكاره، أُسْلوبه ramasser ses idées, son style

~ على صَخْر asseoir/bâtir sur le roc

**تَرْكيز** centrage; centralisation; concentration; fixation; implantation; condensation; cadrage; mise au point [*opt.*]

~ السُلُطات centralisation/concentration des pouvoirs

~ فِكْر concentration de la pensée; contention d'esprit

**مُرَكَّز** centré; concentré; centralisé; fixé; implanté

حَليب ~ lait concentré/condensé

IV أرْكَزَ إرْكازًا حُرّاسًا poster des sentinelles

V تَرَكَّزَ تَرَكُّزًا se concentrer; se recueillir; concentration; recueillement

تَرَكَّزْ prêts! [*sport.*]

تَرَكُّز حَوْلَ الذات égocentrisme

VI تَراكَزَ تَراكُزًا converger; convergence

تَراكُزيًّا de manière concentrique/convergente

مُتَراكِز concentrique; convergent

VIII **ارْتَكَزَ** ارْتِكازًا على — prendre appui/s'appuyer sur; s'articuler sur; être basé/centré/fondé sur; consister en; être porté/supporté par; porter sur

~ على أساس صَحيح — avoir des bases saines/solides

لا يَرْتَكِز على أساس صَحيح — porter à faux; ne pas avoir de bonnes bases

**ارْتِكاز** — appui; articulation [*techn.*]; base; fondement; support

~ مِحْوَر، نُقْطة — point d'appui

**مُرْتَكَز** — appuyé; basé; fondé; supporté

~ ج ات — fondement; pivot; point d'appui; support

**2171** **رَكَسَ** ـُ رَكْسًا ه — renverser; retourner

مَنْكوس مَرْكوس — cul par dessus tête [*fam.*]

IV أَرْكَسَ إِرْكاسًا في الشَرّ — rendre la pareille

VIII ارْتَكَسَ ارْتِكاسًا — être renversé/la tête en bas; retomber dans (habitude, vice)

**ارْتِكاس** ج ات — réaction; réflexe

~ واقٍ — réaction/réflexe de défense

الطائرة ذات الـ~ — avion à réaction

**2172** **رَكَضَ** ـُ رَكْضًا — frapper le sol du pied/du sabot; piétiner; courir; galoper; prendre le galop

~ الطائر بِجَناحَيْه — battre des ailes (oiseau)

رَكْض — course; galop

رَكْضًا — au pas de course; au galop

رَكْضة من الشَيْطان — coup de folie [*fig.*]

راكِض، رَكّاض ج ون — courant; coureur

رَكوض — rapide *adj.* (cheval)

**2173** **رَكَعَ** ـَ رُكوعًا — s'agenouiller; se mettre à genoux; fléchir le genou; se prosterner

لَعِبَ حَتّى ~ — être sur les genoux [*fig., fam.*]

رُكوع — agenouillement; génuflexion; prosternement

**رَكْعة** ج رَكَعات — inclinaison; prosternation; génuflexion

رَكَعَ ~ واحِدة — faire une génuflexion

**راكِع** ج ون، رُكَّع — à genoux; prosterné

شَيْخ ~ — vieillard courbé (par l'âge)

مَرْكَع ج مَراكِع — agenouilloir; prie-Dieu

**2174** **رَكَلَ** ـُ رَكْلًا — donner un coup de pied; ruer; taper du pied

~ مُؤَخَّرَهُ — botter le derrière [*fam.*]

رَكْل، رَكْلة — coup de pied; ruade; *bot.* poireau

**2175** **رَكَمَ** ـُ رَكْمًا ه — accumuler; agréger; agglomérer; amasser; amonceler; empiler; entasser

**رُكام** — accumulation; agglomérat; agrégat; amas; fouillis; monceau; masse; pile; tas; *météor.* cumulus

~ من الأشْياء — une pile/un tas/une masse de choses

~ جُثَث — charnier

~ مُزْنيّ — cumulo-nimbus

رَكيمة ج رَكائِم — pile électrique

مَرْكوم ← VI مُتَراكِم

**مِرْكَم** ج مَراكِم — accumulateur

~ حاشِدة — batterie d'accumulateurs

II تَرْكيم طاقة — accumulation d'énergie

VI **تَراكَمَ** تَراكُمًا — s'accumuler; s'agréger; s'agglomérer; s'amasser; s'amonceler; s'empiler; s'entasser

~تْ على ه الأعْمال — avoir beaucoup à faire; être submergé de travail

**تَراكُم** — accumulation; amoncellement; agglomération

~ رَأْس المال، أدِلّة — accumulation de capital, de preuves

مُتَراكِم — accumulé; agrégé; aggloméré; amassé; amoncelé; empilé; entassé

**2176** **رَكَنَ** ـُ رُكونًا إلى — faire confiance à; recourir à qqn; se reposer sur qqn; se fier à; tabler sur; trouver refuge auprès de; se réfugier chez; ne pas sortir de (chez soi)

~ إلى الهُدوء — demeurer/rester calme

~ سَيّارة — garer une voiture

رَكِنَ ـَ رَكْنًا إلى، في ه، ه ← رَكَنَ

**رُكْن** ج أَرْكان — appui; colonne; pilier; pilastre; soutien; coin; encoignure; rubrique

~ الشارِع، المَوْقِد — coin de la rue, du feu

~ المَرْأة، الزِيّ — rubrique de la femme, de la mode

من ~ عَيْنِه — du coin de l'œil

**أَرْكان** — principes de base/élémentaires; état-major; brain-trust

ضابِط، رَئيس ~ — officier, chef d'état-major

~ الجَيْش، الحَرْب — état-major général

~ الحِزْب — dirigeants/responsables du parti

~ المَعْمورة — les quatre coins de la terre [*fam.*]

**ضَرْبة رُكْنِيّة** — corner [*sport.*]

رَكين — appuyé; étayé; ferme; grave; rassis; solide; qui a du poids/de l'autorité/de la gravité/du maintien

مِرْكَن ج مَراكِن — auge; baquet; lavoir

VIII **اِرْتَكَنَ** اِرْتِكانًا إلى، في ه — s'appliquer à; s'appuyer sur; être assidu à

~ في زاوية — se mettre/se réfugier dans un coin

مُرْتَكِن الى — appuyé contre/sur

**2177 رَكْوة** ج رَكَوات — *syr.*, *lib.* cafetière (à long manche)

**2178 رَمَّ** ـُ رَمًّا، مَرَمّة ← II

~ ـِ رَمًّا — être carié/décati [*fam.*]/vermoulu; pourrir (os)

رَمُّ الأَسْنان — carie dentaire

بِرُمَّته — tout entier; de fond en comble; en totalité; en bloc

رَميم — carié; vermoulu; (os) pourri/décomposé; vieux débris

رمامة — prothèse [*chir.*]

مَرَمّة الشاة — lèvre (de brebis)

II **رَمَّمَ** تَرْميمًا ه — radouber; réparer; ravaler/restaurer (un édifice)

~ سَفينة — caréner un bateau

تَدْمير لا يُرَمَّم — dommage/perte irréparable

**تَرْميم** ج ات — carénage; radoub; raccommodage; réparation; restauration; ravalement

حَوْض ~ — bassin de radoub/de carénage

تَرْميمات إيجارِيّة — réparations locatives

**مُرَمِّم** — raccommodeur; réparateur; restaurateur

**2179 رَمَث** ج أَرْماث، رِماث — ponton; radeau

**2180 رَمَجَ** ـُ رَمْجًا — leurrer

رامِج — appeau; leurre [*chass.*]

**2181 رَمَحَ** ـَ رَمْحًا — frapper (d'une lance); percer; transpercer

**رُمْح** ج رِماح، أَرْماح — javelot; lance; pique

رَمْي الـ~ — lancer du javelot [*sport.*]

كَظِلّ ~ — (maigre) comme un clou (*m. à m.* comme l'ombre d'une lance)

كَـ~ واحِد — comme les doigts de la main

كَسَروا بَيْنَهُم ~ًا — briser/rompre avec qqn; rompre une lance avec

رَمّاح ج ة — lancier

**2182 رَمَد** — chassie; conjonctivite; ophtalmie

~ حُبَيْبي — trachome

رَمِد — chassieux; œil atteint d'ophtalmie

رُمْدة — gris *n.m.*; grisaille

**رَماد** ج أَرْمِدة — cendre

أَرْبعاء، يَوم الـ~ — mercredi/jour des Cendres

نَفَخَ في الـ~ — bâtir/semer sur du sable (*m. à m.* souffler sur la cendre)

ذَرَّ الـ~ في العُيون — jeter de la poudre aux yeux

**رَمادِيّ** — gris; cendré

~ قاتِم — gris anthracite

رَمادِيّة — cinéraire [*bot.*]

أَرْمَد م رَمْداء ج رُمْد — gris

مِرْمَدة — urne funéraire

II رَمَّدَ تَرْميدًا ه — réduire en cendres; mettre qqch sous la cendre; incinérer

**تَرْميد** — incinération; crémation

فُرْن ~ — four crématoire

IX **اِرْمَدَّ** اِرْمِدادًا — être devenir gris; se couvrir de nuages

~ت العَيْن — être atteint d'ophtalmie; avoir les yeux chassieux

إرْمِداد — oïdium

مُرْمَد — atteint d'ophtalmie/d'oïdium

**2183** **رَمَزَ** ـُ رَمْزًا — faire signe/des signes (avec les yeux); figurer *tr.*; représenter; symboliser

**رَمْز** ج رُموز — attribut; code; emblème; notation; sigle; signal; signe; symbole

~ الجُودة — symbole de la qualité

~ المَلَكيّة — emblème de la royauté

~ السُلْطة — attribut du pouvoir

~ كيماويّ — notation/symbole chimique

تَكَلَّمَ رَمْزًا — parler par signes

**رُموز** سِرّيّة، إشارات — code secret, de signaux

دَليل الـ~ — code chiffré

كَتَبَ بالـ~ — chiffrer (une lettre); encoder

مَصْلَحة الـ~ — service du chiffre

فَكّ، حَلّ الـ~ — déchiffrer; décrypter

رَمْزِيّ — emblématique; figuratif; symboliste; symbolique

رَمْزِيّة ج ات — symbolique *n.f.*; symbolisme; code secret; chiffre

رامِز — chiffreur

راموز ج رَواميز — fac-similé; modèle; prototype; spécimen

**مَرْموز** — chiffré; codé

رِسالة ~ة — message chiffré

مَرْموزة — *bot.* calcéolaire

II رَمَّزَ تَرْميزًا ه — chiffrer (un message); coder; encoder

تَرْميز — chiffrement; codage; encodage; symbolisation

**2184** **رَمَسَ** ـُ رَمْسًا ه، ه — cacher; celer; enterrer; inhumer; recouvrir les traces de pas (sable)

رَمْس ج رُموس، أرْماس — fosse; sépulcre; tombe; sépulture; tombeau

رَمْسِيّ — sépulcral; tombal

راموس ج رَواميس ← رَمْس

رَمّاس — fossoyeur

**2185** **رَمَشَ** ـُ رَمْشًا — cligner; clignoter; ciller

~تْ عَيْناه — cligner des yeux

رَمْشُ عَيْنٍ — cillement; clignement d'œil; clignotement

رِمْش ج رُموش — cil

**2186** **رَمَص** — chassie

رَميص، أرْمَص — chassieux

**2187** **رَمِضَ** ـَ رَمَضًا — être brûlant (jour, soleil)

~ت الشَمْسُ — brûler le sable/les pierres (soleil)

رَمَض — coup de chaleur

أرْمَض م رَمْضاء — brûlant (sol); brûlé; embrasé; consumé

إسْتَجارَ من **الرَمْضاء** بالنار — tomber de Charybde en Scylla

رَمَضان — *neuvième mois de l'année musulmane: ramaḍan*

VIII إرْتَمَضَ مِن الحُزْن — être consumé par le/se consumer de

**2188** **رَمَقَ** ـُ رَمْقًا ه، ه — jeter un regard/les yeux sur

~ ه بالطُول والعَرْض — toiser qqn; regarder de travers/de haut

**رَمَق** ج أرْماق — reste de vie; dernier souffle

على الـ~ الأخير — être à la dernière extrêmité

سَدّ الـ~ — petite bouchée; juste ce qu'il faut pour ne pas mourir de faim

رِماق — regard de travers; regard noir

**مَرْموق** — éminent; considérable; insigne *adj.*; remarquable

مَكانة، وَظيفة ~ة — situation enviable; poste en vue

II رَمَّقَ تَرْميقًا — faire un travail sans goût ni soin; bâcler [*fam.*]/saboter [*fam.*] un travail

تَرْميق — bâclage/sabotage du travail

**2189** **رَمْل** ج رِمال، أرْمال — sable

حَبّة ~ — grain de sable

عِلْم، ضَرْب الـ~ — géomancie

رِمال مُتَحَرِّكة، رَخْوة — sables mouvants

**رَمَل** — marche rapide; pas de gymnastique; *métriq.* «*ramal*»

رَكِبَ رِكابَ الـ~ إلى — se hâter vers; partir en toute hâte

**رَمْلة** — grève; plage de sable

**رَمْليّ** — sablonneux; sable *adj.*; de sable; arénacé; arénicole

ساعة ~ة — sablier

**رَمّال** — géomancien

**مَرْمَلة** — sablière

II رَمَّلَ تَرْميلًا — sabler (une route); sablage

**مُرَمَّل** — sablé; ensablé

**2190** **أَرْمَل** م أَرْمَلة ج أَرامِل — veuf; veuve

**أُرْمولة** — rhizome

V تَرَمَّلَ تَرَمُّلًا — devenir veuf; veuvage

**2191** **رُمّانة** ج رُمّان — *bot.* grenade; grenadier

~ يَدويّة — grenade [*mil.*]

~ سَيْف — pommeau d'une épée

**2192** **رَمَى** ـِ رَمْيًا ه، بـ ه — envoyer; jeter; lancer; projeter; tirer; abattre; jeter bas

~ ه بـ ه — jeter/lancer qqch à qqn

~ حَجَرًا، كُرة — lancer/jeter une pierre, un ballon

~ سَهْمًا — décocher/envoyer une flèche

~ مَدينةً بِقَنابِل — bombarder une ville

~ ه بِتُهْمة — lancer une accusation contre; accuser; charger qqn

~ ه بِشَتائِم، بِنَظْرة — jeter/lancer des insultes, un coup d'œil

~ ه بِطَلْق ناريّ — tirer un coup de feu sur

~ ه بِالرَّصاص — passer qqn par les armes; fusiller

~ بِنَفْسِه من النافِذة — se jeter par la fenêtre

~ ه بِحَجَره — renvoyer la balle [*fig.*]; répondre/riposter du tac au tac

~ إلى ه، لِغاية ه — avoir en vue/pour objectif; se donner comme but; se proposer; tendre à; viser

~ هواه إلى ه، ه — jeter son dévolu sur

**رَمْي**؛ رَمْية ج ات — jet; lancement; projection; tir

~ الرُّمْح، الحَرْبة — lancement du javelot

~ القُرْص، الصَّحْن — lancement du disque

~ المِطْرَقة، الكُرة الحَديديّة — lancement du marteau, du poids

مَيْدان الـ~ — champ de tir; aire de lancement

~ على بَياض — tir à blanc

~ الكُرة — *sport.* dégagement; shoot; tir (au but)

أَرْسَلَ **رَمْية** — *sport.* botter; dégager; faire un shoot; shooter; tirer au but

~ زَهْر — coup de dés

~ مِن غَيْر رامٍ — coup de hasard/de chance; succès imprévisible/inattendu

عَلَى ~ حَجَر — à deux pas; à un jet de pierre

**رِماية** على الحَمام، الصُّحون — tir au pigeon, au pigeon d'argile; ball-trap

**رامٍ** (الرامي) ج رُماة — tireur; lanceur *n.*; tirailleur

~ مُمْتاز — tireur d'élite

رُبَّ رَمْية من غَيْر ~ — *prov.* le hasard fait bien les choses

~ الصَّحْن، الكُرة — lanceur du disque, du javelot

~ اللَّهيب — lance-flammes

الرامي — Sagittaire [*zod.*]

**رَمِيّ**؛ رَمِيّة ج ات — cible; jeté *n.m.*; lancé *n.m.*

أَصابَ رَمِيَّتَيْنِ بِرَمْية واحِدة — faire coup double/d'une pierre deux coups

**مَرْمًى** — but; cible; portée *n.f.*; stand de tir

على ~ حَجَر — à un jet de pierre; à deux pas d'ici

على ~ بُنْدُقيّة — à portée de fusil

على ~ البَصَر — à perte de vue

بَلَغَ ~ه إلى — porter à/avoir une portée de (arme)

أَسْلِحة سَريعة الـ~ — armes à tir rapide

حارِس الـ~ — gardien de but; goal

أَطْلَقَ الكُرة إلى الـ~ — *sport.* envoyer le ballon dans les buts; botter; tirer au but; shooter

أَصابَ الـ~ — toucher la cible/le but; mettre dans le mille; faire mouche; rentrer/marquer un but

بَعيد **المَرامي** — de grande portée (esprit, parole)

مِرْماة ج مَرامٍ — meurtrière *n.f.* [*archit.*]

VI **تَرامَى** تَرامِيًا — échanger des coups (de feu); se lancer/se jeter des projectiles; être vaste/immense

~ إلى ه أن، الخَبَرُ بـ ه — apprendre que; être informé de

~ إلى الظَفَر، الخِذْلان — s'acheminer vers le succès, l'échec (entreprise)

~ الأمْر إلى الفَساد — mal tourner (affaire); prendre une mauvaise tournure

~ على قَدَمَيْه، في ذِراعَيْه — se jeter aux pieds, dans les bras de

**مُتَرام** (المُتَرامي) — immense; vaste

بَلَد ~ الأطْراف — pays très étendu/immense

VIII **اِرْتَمَى** اِرْتِماءً — s'allonger; s'étendre; se laisser tomber par terre; se plonger dans

~ على قَدَمَيْه، بَيْن ذِراعَيْه — se jeter/tomber aux pieds, dans les bras de

~ على عُنُقه، في أحْضانه — sauter au cou, dans les bras de

~ إلى الوَراء، إلى الأمام — se rejeter en arrière; se lancer en avant

2193 **رَنَّ** ـِ رَنًّا — carillonner; cliqueter; sonner; résonner; tinter; retentir; vibrer

~ المُنَبِّه، الوَتَر — sonner (réveil); vibrer (corde)

**رَنَّة** ج ات — inflexion; intonation; tintement; vibration; sonorité; timbre (de voix)

~ حُزْن — inflexion/ton triste

~ هاتِف — sonnerie de téléphone

**رَنين** — intonation; résonance; son; tintement; ton; vibration de la voix

~ الفِضَّة — son argentin

أرَنّ م رَنّاء — bien timbré; argentin (son)

**رَنّان** — résonnant; ronflant; retentissant; sonore; sonnant; vibrant

صُنْدوق ~ — caisse de résonance

صَوْت، خِطاب ~ — voix, discours retentissant(e)/vibrant(e)

رَنّانة — diapason; vibraphone

II رَنَّنَ تَرْنينًا ه — tinter; faire vibrer

2194 **رَنْح** — vertige; *anat.* cervelet

مَرْنَحة ج مَرانِح — proue

II **رَنَّحَ** تَرْنيحًا ه، ه — balancer *tr.*; faire chanceler; tourner la tête; enivrer; donner le vertige

~ الغُصون — balancer les branches (vent)

رُنِّحَ عَلَيْه — être pris de vertige; défaillir; avoir la tête qui tourne; voir tout tourner

V **تَرَنَّحَ** تَرَنُّحًا — se dandiner; marcher en se dandinant/en zigzaguant; tituber; vaciller; brinquebaler (véhicule)

~ من التَعَب، النُعاس — tituber/tomber de fatigue, de sommeil

تَرَنُّح ج ات — dandinement; balancement dans la démarche; vacillement; roulis

مُتَرَنِّح — chancelant; brinquebalant (véhicule); titubant; vacillant

2195 **رَنْد** — aloès; laurier; myrte

2196 (رنع) **رُنوع** — échaudage du blé

رَنِع — échaudé (blé)

2197 **رَنْق**؛ رَنْقة — trouble (d'un liquide); eau trouble/bourbeuse

رَوْنَق — *v. ordre alphab.*

II **رَنَّقَ** تَرْنيقًا ه — brouiller/troubler (liquide, vue)

~ت الراية — flotter dans le vent (drapeau)

~ الطائِر — battre des ailes sans s'envoler (oiseau); avoir une aile tombante; *fig.* battre de l'aile

~ت السَفينة — *mar.* courir sur son ancre; éviter

~ النَوْمُ في عَيْنَيْه — troubler la vue (sommeil); cligner/papilloter de sommeil (yeux); s'assoupir

**تَرْنيق** — assoupissement

~ السَفينة — évitage

2198 **رَنْك** — figures héraldiques; blasons

2199 **رَنْكة**؛ ~ مُدَخَّنة — hareng; hareng saur

2200 II **رَنَّمَ** تَرْنيمًا — produire un son; résonner; chanter d'une voix mélodieuse

**تَرْنيمة** ج تَرانيم — cantique; chant; chœur; hymne; psalmodie

~ زَنْجيّة — negro-spiritual

V **تَرَنَّمَ** تَرَنُّمًا بـ ه ← II

~ بالقُرْآن — psalmodier le Coran

**2201 رَنا** ـُ رُنُوًّا إلَى، لِـ ه — lorgner; observer qqn; suivre des yeux; reluquer [*fam.*]

~ إلى حَديث ه — être suspendu aux lèvres de

**2202 رَهِبَ** ـَ رَهْبًا ه — craindre; redouter

أنْ **تُرْهَب** خَيْر من تُرْحَم — *prov.* il vaut mieux faire envie que pitié

رَهْبة — crainte respectueuse/révérencielle; respect; intimidation

**رُهاب** — phobie; crainte morbide

~ الماء، الاِحْتِجاز — hydrophobie; claustrophobie

~ الخَلاء — agoraphobie

رَهيب — affreux *adj.*; effrayant; effroyable; épouvantable; formidable; horrible; redoutable; terrible

راهِب ج رُهْبان — moine; religieux *n.m.*

رُهْبان ج رَهابين — *même sens*

راهِبة، رُهْبانة ج ات — nonne; religieuse *n.f.*

**رُهْبانيّ** — monastique; monacal

بَساطة، نِظام ~(ة) — simplicité, règle monastique

حَياة، عَيْش ~(ة) — vie, existence monacale

**رَهْبَنة؛ رُهْبانيّة** — congrégation; ordre religieux; monachisme; vie monacale

لا ~ في الإسْلام — la vie monacale n'existe pas dans l'Islam

**مَرْهوب**؛ ~ الجانِب — redoutable; terrible *adj.*

II رَهَّبَ تَرْهيبًا ه — faire embrasser la vie (→ IV) monastique; mettre dans un couvent; cloîtrer

IV أرْهَبَ إرْهابًا ه — épouvanter; intimider; terrifier; terroriser

إرْهاب — épouvante; intimidation; terreur; terrorisme

**إرْهابيّ** — terroriste *adj.*, *n.*

مُنَظَّمات ~ة — organisations terroristes

**مُرْهِب** — affreux; épouvantable; effrayant; intimidant; terrifiant

V تَرَهَّبَ تَرَهُّبًا — entrer en religion; prendre le voile

تَرَهُّب؛ رَهْبَنة — monachisme; vie monacale

**رَهْبَنَ** رَهْبَنة ← رهب V

**2203 رَهَج**؛ رَهَجة — poussière; fin nuage de poussière; *météor.* stratus

**2204 رَهَطَ** ـَ رَهْطًا ه — dévorer; manger avec avidité; gober; engloutir d'énormes bouchées

رَهْط ج أرْهاط — armée; brigade; meute; troupe; équipe; escouade; groupe; race; tribu

**2205 رَهافة** — étroitesse; finesse; minceur

~ الحِسّ، الذَوْق — délicatesse/sensibilité (des sentiments, du goût)

~ السَمْع، العاطِفة — finesse de l'ouïe; vivacité d'un sentiment

**رَهيف** — effilé; étroit; fin; mince

~ الحِسّ — délicat/sensible (sentiment)

ذَوْق ~ — goût délicat/exquis

IV **أرْهَفَ** إرْهافًا — affiner; aiguiser; amincir; raffiner

~ الأُذُن، السَمْع لِـ، إلى — prêter une oreille attentive à

أُرْهِفَ — s'affiner

**مُرْهَف** — affiné; aiguisé; délicat; exquis; fin; raffiné; sensible

~ الحِسّ، السَمْع، الذَوْق ← رَهيف

**2206 رَهَق** — abattement

III راهَقَ مُراهَقة — approcher de la puberté; être adolescent

مُراهَقة — adolescence; puberté

مُراهِق ج ون — adolescent; pubère

IV **أرْهَقَ** إرْهاقًا ه — abrutir; accabler; assommer [*fig.*]; crever [*fig.*]; écraser; encombrer; excéder; grever (un budget); harceler; molester; obérer; serrer de près; surmener; talonner; tourmenter

~ الشَعْب بِالضَرائِب — écraser le peuple sous les impôts

~ ه بِالأسْئِلة — harceler qqn de questions; mettre sur la sellette

~ حِصانًا — crever un cheval

~ الذاكِرة — encombrer la mémoire

~ نَفْسَه — s'abrutir [*fam.*]/se surmener (de travail)

**إرْهاق** — abrutissement; accablement; harcèlement; surmenage

~ عَقْليّ — surmenage intellectuel

**مُرْهِق** abrutissant; accablant; assommant; exténuant; excédant

**مُرْهَق** accablé; exténué; crevé [*pop.*]; fourbu; lassé; surmené

2207 **رَهِلَ** ـَ رَهَلًا s'avachir; enfler *intr.*; être ... *v. à l'adj.*

**رَهَل** avachissement; bouffissure; boursouflure; enflure

**رَهِل** avachi; boursouflé; bouffi; empâté; enflé; flasque; lâche; mou; obèse; relâché (muscle); soufflé (visage); tremblant (chair)

**رِهْل** (← رَهِل) *météor.* stratus

II **رَهَّلَ** تَرْهِيلًا ه avachir; enfler *tr.*; bouffir *tr.*; boursoufler

**مُرَهَّل** ← رَهِل

V **تَرَهَّلَ** تَرَهُّلًا s'avachir; être boursouflé; s'empâter; avoir les chairs flasques/molles/tremblantes

**تَرَهُّل** ج ات avachissement; bouffissure; enflure; boursouflure; empâtement; obésité; ramollissement (muscles); tremblement (chairs)

**مُتَرَهِّل** ← رَهِل

2208 **رِهْمَة** pluie fine et durable

**مَرْهَم** ج مَراهِم cataplasme; crème de beauté; emplâtre; liniment; onguent; pommade

2209 **رَهَنَ** ـُ رَهْنًا ه donner/mettre en gage; engager; gager; hypothéquer; nantir; mettre au clou [*fam.*]

~ رَهْنًا رَسْمِيًّا constituer une hypothèque

~ حَوائِجه الخاصّة engager ses effets personnels

**رَهْن** ج رُهون، رِهان gage; gageure; nantissement; otage

~ عَقاريّ، رَسْميّ hypothèque

هذا ~ بِـ ه cela dépend de/est fonction de/lié à

**رَهْنَ** ه en fonction de; en attendant que

أنا ~ إشارتك je suis tout à vous/à votre disposition; je n'attends qu'un signe de vous

~ التَحْقيق en attendant (les résultats de) l'enquête

**راهِن** actuel; durable; fixe; immuable; perpétuel; présent; stable

الحالة، الظُروف الـ~ة la situation, les circonstances actuelle(s)/présente(s)

**مَرْهون** engagé; mis en gage; gagé

~ بِـ ه dépendant de; lié à; prisonnier de; responsable de; sujet à

الأمور ~ة بِأَوْقاتها il y a temps pour tout

**رَهين** ج رُهَناء ← مَرْهون

~ بِأَعْماله responsable de ses actes

رَهينة ج رَهائِن (← رَهْن) objet gagé/hypothéqué; otage

III **راهَنَ** مُراهَنة، رِهانًا ه على défier qqn; mettre au défi; entrer en compétition avec; miser sur; parier

~ على أنْ parier/gager que

~ بِمَبالِغ ضَخْمة jouer gros jeu

**رِهان**، مُراهَنة défi; enjeu; gage; mise; pari

قَبَض، قَبِلَ ~ًا prendre, tenir un pari

**مُراهَنة مُشْتَرَكة** Pari mutuel

~ مُسْتَحيلة gageure; pari stupide

مُراهِن ج ون parieur

VIII **اِرْتَهَنَ** اِرْتِهانًا ه من prendre/recevoir/se faire donner (un gage, une hypothèque); exiger une garantie

~ ه بِـ tenir qqn par (un engagement)

~ بِـ ه être fonction de/lié à

~ نَفْسَه بِـ s'engager à; se porter garant de

مُرْتَهِن prêteur sur gages

X اِسْتَرْهَنَ اِسْتِرْهانًا ← VIII

2210 (رهو) **رَها** ـُ رَهْوًا être calme/à l'aise

~ في السَيْر marcher doucement; aller l'amble (cheval)

أَرْهُ على نَفْسك ne vous pressez pas!

**رَهْو** (← راهٍ) amble; calme *n.m.*; paix; quiétude; tranquillité

نَسْمة ~ة brise légère

~ ج رِهاء grue [*zool.*]

راهٍ calme *adj.*; aisé; à l'aise; paisible; spacieux; tranquille

2211 (روب) **رابَ** ـُ رَوْبًا cailler *intr.*; figer *intr.*

رَوْبة caille-lait; ferment; présure

رائِب caillé; lait caillé/figé; yaourt; babeurre

II رَوَّبَ تَرْوِيبًا cailler *tr.*; figer *tr.*; faire coaguler (le lait)

2212 رَوْبَصة somnambulisme

مُرَوْبِص somnambule

2213 رُوب ج أَرْواب robe

~ مَنْزِليّ robe de chambre

2214 رُوبل *monn.* rouble

2215 رُوبيّة ج ات *monn.* roupie

رُوبيان ← إِرْبيان

2216 (روث) راثَ ـُ رَوْثًا fienter; faire des crottes

رَوْث ج أَرْواث crotte; crottin; fiente; purin

2217 (روج) راجَ ـُ رَواجًا circuler (marchandise); avoir cours; être demandé; se propager; se répandre; être répandu; se vendre bien

~ت السِّلْعة أَمْ كَسَدَتْ que la marchandise se vende bien ou mal

لا تَروج هذه العَمَليّة هُنا cette pratique n'a pas cours; cela ne prend pas [*fig.*]

رَواج activité (d'un marché); boom; haute conjoncture; circulation (marchandise); cours (monnaie); mode; popularité; prospérité; succès; usage; vogue

~ اِقْتِصاديّ boom économique

~ السُّوق activité/prospérité du marché

~ كِتاب popularité/succès d'un livre

قِصّة لَها ~ عَظيم roman à grand tirage; best-seller

رائِج actif (marché); achalandé; d'un bon débit; répandu; populaire

مَشْهَد ~ spectacle couru/en vogue

بِضاعة ~ة marchandise qui se vend bien

سُوق ~ة marché actif/animé

أُغْنِيّة ~ة chanson populaire/à succès/à la mode; tube [*fam.*]

خَبَر ~ nouvelle qui court les rues

II رَوَّجَ تَرْويجًا ه faire circuler/mettre en circulation (marchandise); diffuser; distribuer; écouler; lancer (produit)

~ مادّة في السوق mettre un produit sur le marché

~ مَنْتوجًا، كِتابًا diffuser un produit, un livre

~ مُخَدِّرات faire le trafic/écouler des stupéfiants

~ أَخْبارًا كاذِبة colporter/propager/répandre de fausses nouvelles

~ لِصِناعَتِه prêcher pour son saint [*fam.*]

~ لِمُسْتَحْضَر lancer/faire la promotion d'un nouveau produit

تَرْويج mise en circulation; diffusion; distribution; écoulement; lancement; propagation; promotion (commerciale)

~ أَوْراق نَقْديّة écoulement de billets de banque

~ الأَخْبار propagation de nouvelles

~ المُخَدِّرات trafic des stupéfiants

~ مَنْتوجات diffusion/lancement/promotion de produits

مُرَوِّج الأَخْبار المُقْلِقة alarmiste *adj.*, *n.*

2218 (روح) راحَ ـُ رَواحًا aller; s'en aller; s'éloigner; partir; revenir/voyager le soir; tomber (nuit); se coucher (soleil); commencer/se mettre à; *v. aussi 2219, 2220*

~ وجاءَ aller et venir

~ ضَحيّةَ ه، ه mourir pour; se sacrifier pour

~ يَفْعَل، يَأْكُل commencer/se mettre à faire, à manger

رَواح aller *n.m.*; départ; retour; soir; tombée (du soleil)

في غُدُوِّه و~ه *fig.* quoi qu'il fasse

رائِح ج ون allant; partant; qui s'en va

~ غادٍ؛ رائِحًا غادِيًا qui va et vient; allant et venant

ما لَهُ سارِحة ولا رائِحة être totalement démuni; n'avoir pas un sou/un radis [*fam.*]

الجائِيات أَكْثَر من الرائِحات
*prov.* une de perdue dix de retrouvées

مُراح enclos; parc (aux bestiaux); cour (d'une maison)

III راوَحَ مُراوَحةً ه alterner; changer de

~ بين قَدَمَيْه danser d'un pied sur l'autre

~ فِي مَكانِه، الخُطَى faire du surplace; piétiner; marquer le pas

**مُراوَحة** surplace; piétinement

VI **تَراوَحَ** تَراوُحًا بين alterner; fluctuer; osciller; varier; faire qqch tour à tour

~ بين وبين être compris entre ... et (nombres); s'élever approximativement à

2219 **رُوح** ج أَرْواح âme; esprit; mentalité; souffle vital; *v. aussi 2218, 2220*

الجَسَد والـ~ le corps et l'âme/et l'esprit

فاضَتْ ~ه؛ أَسْلَمَ روحَه rendre l'âme

صِنْو ~ه âme sœur

الـ~ الأَعْظَم Dieu

الـ~ القُدُس، الشِرِّير le Saint-Esprit; le Malin

الـ~ الأَمين l'archange Gabriel

~ الخَمْر، عِطْرِيّة alcool; essence de parfum

ثَقيل الـ~ antipathique; désagréable; importun

خَفيف الـ~ aimable; charmant; sympathique

~ مَعْنَوِيّة moral *n.m.*

~ رِياضِيّة fair-play *n.m.*; sportivité

~ حَرْبِيّة، عَسْكَرِيّة militarisme; fibre militaire

مُقاوَمة الـ~ العَسْكَرِيّة antimilitarisme

~ التَضامُن، التَعاوُن esprit de corps/d'équipe

~ المُثابَرة، التَمَرُّد esprit de suite, de révolte

~ حِزْبِيّة، عَشائِرِيّة esprit de clan

~ المُغامَرة، عائِلِيّة esprit d'aventure, de famille

لا رُوحَ فيه inepte; insensé; sans âme

رُوحًا وَجَسَدًا corps et âme

**رُوحِيّ** spirituel; spiritualiste

حَياة، رِياضة ~ة vie, exercices spirituels(elle)

أَب، والِد ~ père spirituel

مَشْروبات ~ة boissons alcoolisées; spiritueux

حالة، فَلْسَفة ~ة état d'esprit; philosophie spiritualiste

**رُوحِيّة** mentalité; spiritualité; spiritualisme

**أَرْواح** âmes (des morts)

الـ~ الخَبيثة esprits malins; démons

أَرْواحِيّ؛ أَرْواحِيّة animiste; animisme

رُوحانِيّ appartenant à l'âme; divin; immatériel; incorporel; sacré; spirituel

رُوحانِيّة spiritualisme; spiritualité

**رِيح** ج أَرْياح air; souffle; vent

~ في الأَمْعاء gaz intestinaux

ذَهَبَ مع الـ~ partir en fumée [*fig.*]; autant en emporte le vent

هَبَّتْ ~هُ avoir le vent en poupe [*fig.*]

رَكَدَتْ، سَكَنَتْ ~ه tomber dans l'oubli; le vent a tourné [*fig.*]

**دائِرة الأَرْياح** rose des vents

رَيْحان، أَرْيَحِيّ (ريح) *v. ordre alphab.*

**رائِحة** (رِيحة) ج رَوائِح exhalaison; parfum; odeur; senteur

~ عَطِرة، طَيِّبة bonne odeur; odeur agréable; parfum

~ حادّة، كُحولِيّة odeur forte, d'alcool

~ خَبيثة odeur désagréable; mauvaise odeur; pestilence; puanteur

~ حَريق odeur de brûlé; brûlé *n.m.*

ذَكِيّ، طَيِّب الـ~ odoriférant; parfumé

لَيْسَ لِـ، ما في ه ~ il n'y a aucune trace de; ne pas voir la couleur de

عَديم الـ~ inodore

**مِرْوَحة** ج مَراوِح؛ مِرْواح éventail; hélice

~ هَوائِيّة moulin à vent

~ طائِرة، سَفينة hélice d'avion, de bateau

~ كَهْرَبائِيّة ventilateur

مَرْوَحة ج مَراوِح lieu très aéré/venté

II رَوَّحَ تَرْويحًا ه aérer; éventer; ventiler; parfumer; imprégner de parfum

تَرْويح aération; ventilation

IV **أَرْوَحَ** إِرْواحًا pourrir; sentir mauvais (eau, viande)

~ ه avoir vent de; flairer [*pr.* et *fig.*]

V تَرَوَّحَ تَرَوُّحًا s'éventer

X اِسْتَرْوَحَ اِسْتِرْواحًا ه aspirer; inhaler; inspirer; insuffler (de l'air); renifler; avoir vent de; subodorer

إسْتِرْواح صَدْري pneumothorax

**2220** (روح) **راح** (← راحة) vin

**راحة** ج ات، راح creux/plat (de la main); paume; *v. aussi 2218, 2219*

~ القَدَم plante du pied

راحيّ palmé (pied, feuille)

**راحة** ج ات aise; bien-être; confort; congé; délassement; détente; paix; récréation; repos; répit; soulagement; tranquillité; vacance

~ الضَمير paix de la conscience

~ الحُلْقوم rahat-loukoum

وَجَدَ ~ في trouver de l'agrément/du plaisir à

أَخَذَ ~ه prendre ses aises; se mettre à l'aise

~ أُسْبوعيّة repos hebdomadaire

بِ~؛ بِكُلّ ~ calmement; doucement; paisiblement; tranquillement

في غاية الـ~ de tout repos

فَتْرة، ساعة ~ moment/heure de répit, de repos

ذاقَ طَعْمَ الـ~ goûter le repos; se détendre; se reposer

شُروط، أَسْباب الـ~ confort; commodités; luxe

بَيْت الـ~ toilettes; W.-C.

مُراح maison de repos

II **رَوَّحَ** تَرْويحًا ه (رَيَّحَ) mettre à l'aise; apaiser; calmer; détendre; délasser; distraire; divertir; égayer; procurer le repos; réconforter; récréer; reposer; soulager

~ عَنْ نَفْسِه s'apaiser; se calmer; se donner du bon temps; s'en donner; se délasser; se distraire; se divertir; se récréer; se reposer

~ بِالجَماعة diriger la prière (pendant les nuits de ramaḍan)

**تَرْويح** délassement; détente; distraction; divertissement; réconfort; récréation

~ عن النَفْس *même sens*

فُنون الـ~ arts d'agrément

**تَرْويحة** ج تَراويح entracte; flânerie; promenade; *isl.* repos (pris après quatre «*rak'a*» pendant la prière)

صَلاة **التَراويح** prière que l'on fait pendant les nuits de ramaḍan

مُرَوِّح عَن النَفْس agréable; apaisant; délassant; distrayant; divertissant; réconfortant

IV **أَراح** إراحة ه ← II

~ ضَميره décharger/libérer sa conscience

~ الأَعْصاب، الأَذْهان détendre les nerfs, les esprits

~ ه مِنْ ه débarrasser/délivrer qqn de; épargner/éviter qqch à qqn; mettre à l'abri

**مُريح** apaisant; commode; confortable; reposant; soulageant

غَيْر ~ inconfortable; incommode

شُعور ~ sentiment de soulagement

كُرْسيّ ~ bon fauteuil; fauteuil confortable

VIII **اِرْتاحَ** اِرْتياحًا se délasser; se reposer

~ لِـ، إلى ه trouver de l'agrément/du plaisir/du réconfort/du soulagement dans; se féliciter de; être heureux de; apprécier; aimer

~ لِـ، إلى ه se reposer sur qqn; être satisfait de; s'en remettre à; avoir confiance en

~ لِكُلّ شَيْء s'accommoder de tout

جَعَلَ النَفْسَ **تَرْتاحُ** إلى ه inspirer confiance

**اِرْتياح** agrément; plaisir; réconfort; satisfaction; soulagement

إحْساس بِـ~ sentiment de soulagement

أَعْرَبَ عَن ~ه التامّ exprimer son entière satisfaction

**مُرْتاح** bien *adj. inv.*; calme; détendu; reposé; serein; soulagé

هَلْ أَنْتَ ~ tu es bien/bien installé?

~ البال l'esprit reposé; le cœur léger; décontracté; tranquille; relaxe *adj.*

~ الضَمير la conscience tranquille

جِدُّ ~ لِـ être bien aise de

X **اِسْتَراحَ** اِسْتِراحة se délasser; se détendre; se récréer; se reposer; se relaxer; être tranquille; faire une pause

~ مِنْ être débarrassé/délivré/libéré de

تَعالَوْا نَسْتَرِحْ venez vous reposer! reposons-nous!

اِسْتَرِحْ repos!

**اِسْتِراحة** délassement; entracte; halte; mi-temps; pause; repos; récréation; répit

~ ساعة battement d'une heure

**مُسْتَريح** bien *adj. inv.*; reposé; tranquille

هل أَنْتَ ~ هُنا es-tu bien ici?

**مُسْتَراح** — maison de repos; lieux d'aisances; toilettes

2221 **رَوْحاء** — nandou

2222 **رَوْحَنَ** رَوْحَنة — spiritualiser; spiritualisation

2223 (رود) **رادَ** ـُ رَوْدًا، رِيادًا — ne pas tenir en place/à sa place; aller et venir; explorer; prospecter; rechercher

~ وِسادُه — glisser (coussin); *fig.* être agité/inquiet/troublé

~ المَمَرّات — arpenter/parcourir les couloirs

رَوْد؛ رِيادة — exploration; prospection

**رائِد** ج ون، رُوّاد — de pointe; de tête; avant-coureur; avant-courrier; chef de file; éclaireur; explorateur; guide; pionnier; précurseur; prospecteur; *mil.* commandant; major

~ الفَضاء — astronaute; pionnier de l'espace

خَطَوات ~ة — pas en avant; progrès *pl.*

صِناعة، بُحوث ~ة — industrie, recherches de pointe

ريح ~ة — vent doux/léger

~ المَقْهَى — habitué des cafés; pilier de bistrot [*fam.*]

رُوَيْد — douceur; absence de précipitation

رُوَيْدًا — tout doucement; peu à peu; graduellement

رُوَيْدَكَ — tout beau! doucement!

مِرْوَد، مِرْوَدة ج مَراوِد — axe; essieu; crayon (de maquillage)

III **راوَدَ** مُراوَدة ه — venir à l'esprit de; trotter dans la tête [*fam.*]; tenter qqn

~تْ ه الرَغْبة في — l'envie l'a pris de; être pris de l'envie de; être tenté de

~ شَفَتَيْهِ اِبْتِسام — s'ébaucher/flotter sur les lèvres (sourire); esquisser un sourire

~ ذِهْنَه، اِنْتِباهَه — solliciter l'attention/l'intérêt

~ ه على ه — demander avec insistance; insister; exiger; solliciter

~ اِمْرَأة — faire des propositions à une femme; forcer une femme à se donner

IV **أَرادَ** إرادة ه، أَنْ — désirer; exiger; avoir l'intention de; tenir à; vouloir; se donner/se fixer un but; se diriger vers; prendre une direction; se proposer de

~ بِـ ه خَيْرًا — vouloir du bien à qqn

ماذا ~ بِذَلِك — qu'a-t-il voulu dire par là?

أَنْتَ الَّذي ~ ذَلِك — c'est vous qui l'avez voulu!

كَما تُريد — comme tu veux; comme vous voulez

أُريدُكَ أَنْ — je veux/je voudrais que vous

**إرادة** — désir; intention; volonté; vouloir; volition

~ قَوْمِيّة — volonté nationale

خارِج عن ~ه — indépendant de sa volonté

فَقْد. فاقِد الـ~ — aboulie; aboulique

**إراديّ** — intentionnel; volitif; volontaire

لا، غَيْر ~ — involontaire

إراديًّا — intentionnellement; volontairement

لا ~ — involontairement

**مُريد** ج ون — adepte; adhérent; aspirant; disciple; partisan; *relig.* novice

**مُراد** — désiré; recherché; voulu; dessein; intention

التَغْيِيرات الـ~ إحْداثُها — les transformations que/que l'on veut introduire

أَبانَ عن ~ه — bien se faire comprendre

VIII **اِرْتادَ** اِرْتِيادًا ه — explorer; fréquenter

~ المَدْرَسة — fréquenter l'école

~ الكَلأ — transhumer à la recherche de pâturages

~ المَقاهيَ — courir les bistrots [*fam.*]; être un pilier de bistrot [*fam.*]

اِرْتِياد — exploration; fréquentation; transhumance

**مُرْتاد** — explorateur; exploré; connu

غَيْر ~ — inexploré; inconnu

2224 **رازَ** ـُ رَوْزًا ه، ه — essayer; évaluer; mesurer; peser; soupeser; tester; faire subir un test

رَوْز — appréciation; essai; évaluation; examen; mesure

راز ج رازة — contremaître; surveillant de chantier

**رائِز** ج رَوائِز — *psychol.* test

~ ذَكاء — test d'intelligence

II رَوَّزَ تَرْويزًا ه — examiner; considérer; soupeser (un projet, une idée)

2225 **رَوْزَنة** ج رَوازِن — lucarne; hublot

**2226 رُوزنامة** éphéméride ; almanach

**2227 روسيّ** ج ون russe *adj.*, *n.*

الروسيّة langue russe ; russe *n.m.*

**2228 رَوْسَمَ** stéréotyper

رَوْسَم ج رَواسِم stéréotype [*arts graph.*]

**رَوْشَن** ج رَواشِن ← رَوْزَنة

**2229 رَوْضة** ج ات، رِياض jardin ; parc ; verger ; prairie ; *maroc.* cimetière

الـ~ النَبَوِيّة le tombeau du Prophète (à Médine)

~ الأَطْفال jardin d'enfants

~ سَلام oasis/havre de paix

**2230 راضَ** ـُ رَوْضًا، رِياضة ه، ه entraîner ; exercer ; dompter ; domestiquer

~ ذاكِرَتَهُ exercer sa mémoire

~ نَفْسَه على ه s'entraîner/s'exercer à

**رِياضة** exercice physique/spirituel ; entraînement ; pratique ; sport

~ بَدَنِيّة exercice/culture physique ; gymnastique

~ ذِهْنِيّة gymnastique de l'esprit/intellectuelle

~ شَتَوِيّة، مائِيّة sports d'hiver, nautiques

~ شِراعِيّة voile [*sport.*]

~ رُوحِيّة retraite spirituelle

**رِياضيّ** sportif *adj.*, *n.* ; athlète ; athlétique

خُطْوة ~ة pas gymnastique

حَياة، هَيْئة ~ة vie, allure sportive

أَلْعاب ~ة jeux sportifs ; compétitions ; olympiades

**رِياضيّ** mathématique *adj.*

عُلوم ~ة sciences mathématiques ; mathématiques

~ ج ون mathématicien

**رِياضِيّات** mathématiques *n.f.pl.*

~ اِبْتِدائِيّة، عُلْيا mathématiques élémentaires, supérieures

~ بَحْتة، تَطْبيقِيّة mathématiques pures, appliquées

رائِض ج ون، راضة، رُوّاض dompteur ; dresseur

II **رَوَّضَ** تَرْويضًا ه dompter ; dresser ; exercer ; mater ; subjuguer

~ طَبْعًا، عَضَلاته assouplir/discipliner un caractère, ses muscles

~ اللاعِبِينَ entraîner les joueurs

~ مُحَرِّكًا roder un moteur

تَرْويض entraînement ; discipline ; dressage ; domptage ; rodage

مُرَوِّض ج ون entraîneur ; dresseur ; dompteur

**مُرَوَّض** entraîné ; dressé ; dompté ; rodé

غَير ~ indompté

III راوَضَ مُراوَضة ه cajoler/flatter qqn (pour en obtenir qqch)

V تَرَوَّضَ تَرَوُّضًا être dompté/dressé ; faire du sport ; prendre de l'exercice

VIII اِرْتاضَ اِرْتِياضًا ← V

اِرْتِياض الخَيْل dressage de chevaux

**2231 راعَ** ـُ رَوْعًا ه alarmer ; effrayer ; faire peur ; surprendre ; susciter l'admiration de

~ من craindre ; avoir peur de

ما ~ه إلّا n'être pas peu surpris de ; être saisi [*fig.*]

**رُوع** cœur ; esprit

خَطَرَ بِـ~ه traverser l'esprit

أَدْخَلَ في ~ ه أن inspirer/suggérer qqch à qqn ; persuader qqn de

أَوْقَعَ، أَلْقَى، قَذَفَ في ~ ه أن *même sens*

رَوْع ؛ رَوْعة alarme ; crainte ; frayeur ; peur

سَكَّنَ، هَدَّأَ ~ ه apaiser ; tranquilliser ; calmer

هَدِّئْ، سَكِّنْ ~كَ calme-toi ; sois tranquille

**رَوْعة** attrait ; beauté ; charme ; enchantement ; grandeur ; magnificence ; prestige ; splendeur

أَثَّرَ على ~ ه، ه entamer le prestige de ; diminuer l'attrait de

**رائِع** admirable ; agréable ; beau ; charmant ; de choix ; clair (comme le jour) ; délicieux ; éblouissant ; épatant ; exquis ; formidable ; magnifique ; merveilleux ; prestigieux ; ravissant ; remarquable ; sensationnel ; sublime ; splendide ; superbe ; saisissant

~ هَذا — c'est formidable/épatant/merveilleux!

سَهْرة ~ة — soirée délicieuse/réussie

عَواطِف ~ة — sentiments exquis/sublimes

~ة حَقًّا هي الفِكْرة الّتي — admirable vraiment l'idée que

كَمْ يَكون رائِعًا إذا — comme ce serait agréable si; que ce serait agréable de

أَرْوَع م رَوْعاء — *compar. du précéd.*

~ شَيْء هو أن — ce qu'il y a de merveilleux, c'est que

قَلْب ~ — cœur pusillanime/timoré

**رائِعة** ج رَوائِع — chef d'œuvre; merveille

في ~ النَهار — en plein jour

كالشَمْس في ~ النَهار — clair comme le jour

إنَّها ~ — c'est un bijou/une perle [*fig.*]

رَوائِع الفَنّ — chefs-d'œuvre de l'art

II رَوَّعَ تَرْويعًا ه — effrayer; épouvanter; terrifier; terroriser

أَعْمال تَرْويعيّة — activité terroriste

**مُرَوِّع** — affreux; atroce; effrayant; effroyable; épouvantable; formidable; horrible; redoutable; spectaculaire; terrifiant; terrible

جَريمة ~ة — crime affreux/crapuleux

حادِث ~ — événement épouvantable; accident spectaculaire

IV أَراعَ إِراعةً ه ← II

مُريع ← II مُرَوِّع

VIII اِرْتاعَ اِرْتِياعًا — être alarmé/épouvanté/effrayé/horrifié

اِرْتِياع — alarme; épouvante; frayeur

**2232** راغَ ـُ رَوْغًا، رَوَغانًا إلى — contourner; tourner autour (d'une proie); se pencher/se tourner vers qqn

~ مِنْ — se détourner; s'esquiver

III راوَغَ مُراوَغة ه — dribbler [*sport.*]; louvoyer; ruser; tergiverser; tourner autour du pot [*fam.*]; tricher; tromper

**مُراوَغة** — artifice; dribble [*sport.*]; louvoiement; roublardise [*fam.*]; ruse; tergiversation; tour de passe-passe [*fig.*]; tromperie

**مُراوِغ** — astucieux; cauteleux [*péjor.*]; roublard [*fam.*]; retors; rusé

**2233** **راقَ** ـُ رَوْقًا — être clair/limpide/pur (liquide); s'éclaircir; se décanter

~ ه، لِـ ه — plaire à/contenter qqn

~ ه أن — aimer/se complaire/se plaire à

~ عَيْنَ، في عَيْن ه — flatter l'œil; taper dans l'œil [*fam.*]

لا يَروقُ لي — cela ne me convient/plaît pas

لَهُ هَيْئة لا تَروقُ لي — il a un air qui ne me revient pas [*fam.*]

رَوْقة — beauté; jolie femme

**رِواق** ج أَرْوِقة — allée/galerie (couverte); arcades; cloître; loggia; pavillon; péristyle; portique; porche; véranda

ضَرَبَ ~ه — planter sa tente; prendre ses quartiers

رِواقيّ؛ رِواقيّة — stoïcien *adj., n.*; stoïcisme

أَرْوِقة الوِزارات — les allées du pouvoir

**رائِق** — beau; charmant; clair; limpide; pur

~ المِزاج — de bonne humeur

أفكار ~ة — idées lumineuses/claires

بَسْمة ~ة — sourire lumineux; beau sourire

II رَوَّقَ تَرْويقًا — clarifier; éclaircir; tirer au clair; décanter; filtrer

تَرْويق — clarification; décantation; filtrage

تَرْويقة ج ات — *syr., lib.* petit déjeuner

مُرَوَّق — clarifié; décanté; filtré

IV **أَراقَ** إِراقة — répandre/verser/faire couler (un liquide)

~ ماءَ وَجْهِه — perdre la face; se déconsidérer; se déshonorer

~ الدِماء — provoquer une effusion de sang

إِراقة الدِماء — effusion de sang

**2234** (رول) **رُوال** — bave/écume (du cheval)

حِصان يَسيل ~ه — cheval écumant

II رَوَّلَ تَرْويلًا — baver (cheval)

**2235** (روم) **رامَ** ـُ مَرامًا ه — désirer; souhaiter

على ما **يُرام** — à souhait; bien *adv.*

كُلُّ شَيْء عَلى ما ~ — tout va bien; ça va; tout va pour le mieux

رَوْم — lobe de l'oreille
مَرام — aspiration ; désir ; dessein ; intention ; souhait
بَلَغَ ~ه — atteindre son objectif
مَروم — désiré ; souhaité

2236 رُوميّ ج روم — *hist.* byzantin ; chrétien
رومانيّ ج رومان — romain
أَرْقام ~ة — chiffres romains

2237 رَوْنَق — beauté ; brillant *n.m.* ; éclat ; lustre ; splendeur
بِلا ~ — incolore ; insipide

2238 رَوَى ـِ رِواية ه — conter ; narrer ; raconter ; rapporter ; relater ; faire la relation/le récit de ; rendre compte de ; *v. aussi 2239*
رُوِيَ، يُرْوَى أن — on rapporte que
رِواية ج ات — narration ; rapport ; récit ; relation ; roman
~ الحَوادِث — relation/version des faits
~ الاِسْتِباق، بوليسيّة — roman d'anticipation, policier
~ مُسَلْسَلة، سَوْداء — roman-feuilleton ; roman noir
الـ~ الجَديدة — nouveau roman
~ تَمْثيليّة، سينِمائيّة — pièce de théâtre ; scénario
~ غِنائيّة، مُحْزِنة — opéra ; tragédie
~ مُضْحِكة، هَزْليّة — comédie ; satire
روائيّ — romanesque ; narratif
مُغامَرات ~ة — aventures romanesques
~ ج ون — auteur ; dramaturge ; écrivain ; romancier
راوٍ ج رُواة، راوية — conteur ; narrateur ; rapporteur ; récitant ; transmetteur
راوية ج رَوايا — conteur ; rhapsode
رَوِيّة — délibération ; réflexion
عن ~ — à bon escient ; avec circonspection
في تَرَيُّث و~ — après mûre réflexion
دونَ، بِلا، عن غَيْرِ ~ — à la légère ; inconsidérément ; sans réflexion ; sans réfléchir ; à tort et à travers
تَصَرَّفَ بِدون ~ — avoir un comportement irréfléchi ; mettre les pieds dans le plat
مَرْوِيّ — conté ; raconté ; rapporté ; relaté
V تَرَوَّى تَرَوِّيًا حَديثًا — rapporter un propos
~ في ه — réfléchir mûrement à ; y regarder à deux fois ; se pénétrer de
تَرَوٍّ — modération ; pondération ; réflexion
عَدَم ~ — irréflexion
دون، بِدون، في غَيْر ~ ← رَوِيّة
مُتَرَوٍّ — modéré ; pondéré ; réfléchi
تَصَرُّف غَيْر ~ — conduite inconsidérée/incongrue/irréfléchie

2239 رَوِيَ ـَ رَيًّا — s'abreuver ; boire à sa soif ; étancher sa soif ; se désaltérer ; *v. aussi 2238*
رَوَى ـِ ه، ه — abreuver ; donner à boire à ; arroser ; irriguer
~ غَليلَه، عَطَشَه — étancher sa soif ; se désaltérer
~ على، لِـ ه — puiser de l'eau pour
لا يُرْوَى — inextinguible ; insatiable ; insatisfait (désir)
تَعَطُّش لا ~ إلَى — désir insatiable de ; soif inextinguible de
رِيّ — arrosage ; irrigation
قَناة ~ — canal d'irrigation
رِيّة ج رَوايا (← رأى) — roi (jeu de cartes)
رَيّان م رَيّا ج رِواء — frais ; humide ; luxuriant ; verdoyant ; pulpeux ; juteux ; succulent
وَجْه ~ — visage poupin
مَرْوِيّ — assouvi ; satisfait (désir)
غَير ~ — inassouvi ; insatisfait
II رَوَّى تَرْوِية ه — désaltérer ; étancher la soif
IV أَرْوَى إرواءً ه، ه — abreuver ; arroser ; désaltérer ; irriguer
~ ظَمَأه، غَليلَهُ — *fig.* assouvir sa soif de vengeance/sa haine/sa vengeance
مُرْوٍ — désaltérant
V تَرَوَّى تَرَوِّيًا ← رَوِيَ
VIII اِرْتَوَى اِرْتِواءً ← رَوِيَ

2240 رِيال ج ات — *monn.* ryal

**2241 رابَ** ِ رَيْبًا ه — inspirer des doutes/des soupçons; alarmer; inquiéter; jeter qqn dans le doute/l'incertitude

**رَيْب** — doute; soupçon; suspicion

~ الـمَنون، الزَمان، الدَهْر — vicissitudes du temps

بِلا ~ — indubitablement; à coup sûr

**لا رَيْبَ** أن — sans aucun doute; il est indubitable/hors de doute que

**مِمّا لا** ~ فيه — *même sens*

**رِيبة** ج رِيَب — défiance; doute; soupçon; suspicion

**أُتُّهِمَ** بِـ ~ — être soupçonné; faire l'objet de soupçons

**مَوْضِع** ~ — soupçonnable

رائِب — délabré; éboulé; effondré; douteux; incertain; suspect

IV **أرابَ** إرابة — être douteux/incertain/suspect

~ ه، ه ← رابَ

~ني مِنْهُ أَمْر — quelque chose me dit que; j'ai des doutes sur

**مُريب** — douteux; mal famé; inquiétant; louche; suspect

شَخْص، سُلوك ~ — individu, conduite suspect(e)/louche

V تَرَيَّبَ تَرَيُّبًا ← VIII

VIII **اِرْتابَ** اِرْتِيابًا في، بِـ، مِنْ

avoir/concevoir des doutes; se défier de; douter de; se douter de; se méfier de; révoquer en doute [*litt.*]; soupçonner; suspecter

~ في، بين — hésiter sur/entre; être hésitant/indécis

**اِرْتِياب** — doute; défiance; méfiance; suspicion; hésitation; indécision

بِـ ~ — avec scepticisme/méfiance

**اِرْتِيابيّ** — dubitatif; sceptique

بَسْمة، مَوْقِف ~(ة) — sourire, attitude dubitatif(ive)/sceptique

اِرْتِيابِيّة — scepticisme

**مُرْتاب** — défiant; méfiant; sceptique

~ في أَمْرِه — douteux; suspect; soupçonné

**2242 رِيباس** أَسْوَد — cassis [*bot.*]

**2243 رَيْثَما** — en attendant que; jusqu'à ce que

V تَرَيَّثَ تَرَيُّثًا بـ، في — atermoyer; hésiter; tarder; tergiverser; temporiser

**تَرَيُّث** — atermoiement; hésitation; temporisation; tergiversation

دونَ ~ — sans tergiverser

**2244 ريح**، ريحة ← روح

أَرْيَح — ample; large *adj.*

أَرْيَحيّ — généreux; libéral *adj.*

أَرْيَحيّة — générosité; libéralité; munificence

رَيّاح ج ات — écluse; canal d'irrigation

**رَيْحان** — basilic; myrte

~ الأَرْض — dictame

**2245 ريش** ج أَرْياش — plumage

**ريشة** ج ات — plume; pinceau; *mus.* médiator; plectre

وَزْن ~ — poids plume [*sport.*]

~ مِرْوَحة، سُكّان — pale d'hélice, de gouvernail

دَوْلاب بِريشات — roue à aubes

**ريشيّ** — penné (feuille)

وَرَقة ~ة زَوْجيّة، فَرْديّة — feuille paripennée, imparipennée

رِياش — trousseau; vêtements; mobilier *n.m.*

**2246 راعَ** ِ رَيْعًا، رَيَعانًا — être florissant/prospère; prospérer

**رَيْع** ج رُيُوع — bénéfice; intérêt; production; produit; rapport; rendement; rentabilité; rente; revenu; usufruit

~ عَقاريّ — rentre/revenu foncier(ère)/immobilier(ère)

~ الدَقيق — fleur de farine

ذو ~ — d'un bon rapport

رِيع ج أَرْياع، رُيوع — pigeonnier; tour

رَيْعان الشَباب — fleur/fraîcheur de la jeunesse; printemps de la vie

مَريع — productif (terrain)

**2247 ريف** ج أَرْياف — campagne; champ

**سُكّان الأَرْياف** — population rurale; les ruraux

**ريفيّ** campagnard; champêtre; paysan *adj.*; rural; rustique; rifain

مِنْطَقة ~ة zone rurale

مُجْتَمَع ~ société rurale

**2248** (ريق) **راقَ** ـِ رَيْقًا couler sur le sol (pluie)

~ بِنَفْسِه rendre l'âme

**رِيق** salive

أَجْرَى ~ ه faire venir l'eau à la bouche

سالَ ~ه لِـ en avoir l'eau à la bouche

لا يَجِفُّ له ~ intarissable (causeur)

على الـ~ à jeun

ريقيّ salivaire

**2249** **رالَ** ـِ رَيْلًا baver; bave

مَرْيَلة، مَرْيول ج مَراويل bavette; bavoir; tablier

II رَيَّلَ تَرْييلًا baver; écumer

**2250** **رامَ** ـِ رَيْمًا ه، مِن ه abandonner, quitter un endroit

ما ~ المَكانَ rester en place; ne pas bouger de place

ما ~ مِن المَكان *même sens*

ما ~ يَفْعَل continuer; ne pas cesser de

**رِيم** gazelle blanche

~ القِدْر écume grasse [*cuis.*]

II رَيَّمَ تَرْييمًا على en faire trop; bluffer; faire du battage [*fam.*]

تَرْييم bluff; battage [*fam.*]

**2251** **رانَ** ـِ رَيْنًا على ه، ه s'abattre sur; s'appesantir sur; s'emparer de; envahir; prendre possession de; soumettre; se rendre maître de

~ الصَمْتُ على شِفاهِهِمْ le silence leur cloua les lèvres

~ عَلَيْه حُزْنٌ جارِف une profonde tristesse s'abattit sur/s'empara de lui

~ عَلَيْه الخَمْر il est complètement ivre

أَحَسَّ بِالهُدوء **يَرينُ** عَلَيْه il sentit le calme l'envahir

(زاي)

*onzième lettre de l'alphabet: «zāy» ou «zā»;*
*sifflante sonore:* [z]

2252 (زأبر) **زِئْبَر** peluche poils (d'une étoffe)

IX ازْبَأَرَّ se dresser se hérisser (poil)

ازْبِئْرار، مُزْبَئِرّ hérissement; hérissé

2253 (زأبق) **زِئْبَق** mercure; vif-argent

2254 **زاج** *chim.* couperose; acide sulfurique; vitriol; sels minéraux

الـ~ الأَبْيَض. الأَزْرَق sulfate de zinc, de cuivre

الـ~ الأَحْمَر oxyde de fer

الـ~ الأَخْضَر sulfate de fer

2255 **زَأَرَ** ـِ زَأْرًا، زَئِيرًا rugir; rugissement

زائِر rugissant

2256 **زاغ** ج زِيغان corneille

2257 **زامور** poisson pilote

2258 (زأم) **زُؤام** soudain *adj.* subit violent (mort)

2259 (زأن) **زُؤان** ivraie; zizanie [*bot.*]

فَصَلَ الحِنْطة عَن الـ~ séparer le bon grain de l'ivraie

2260 **زان** charme [*bot.*]; hêtre

زانة ج ات faîne

2261 **زُبّ** ج أَزْباب pénis; verge [*anat.*]

زَبابة musaraigne

زَبيب raisins secs

2262 **زَبَب** duvet; chevelure abondante

أَزَبّ م زَبّاء ج زُبّ chevelu; hirsute; poilu; velu; couvert de duvet

2263 **زَبَد** écume; mousse

**زَباد**، زَبادة (sorte de) musc

سِنَّوْر الـ~ civette; chat musqué

**زُبْدة** beurre; *fig.* élite; extrait *n.m.*; fleur bouquet [*iron.*]; crème *n.f.* [*fam.*]; quintessence [*litt.*]; substance; substantifique moelle [*litt.*]; suc [*litt.*]

خُبْزة مَدْهونة بِالـ~ tartine beurrée

زُبْدِيّة ج زَبادِيّ bol

مِزْبَد ج مَزابِد bidon pot à lait

IV **أَزْبَدَ** إِزْبادًا mousser; faire de la mousse de l'écume; moutonner (mer)

أَرْغَى و~ écumer (de rage); tempêter; pester; fulminer [*fig.*]

مُزْبِد mousseux; écumant [*fig.*]; fulminant [*fig.*]

2264 **زُبْر** pénis; verge [*anat.*]

زُبْرة ج زُبَر enclume

2265 (زبر) **زَبور** psaumes

2266 **زَبَرْجَد** chrysolite; topaze *n.f.*

(زبع) **زَوْبَعة** *v. ordre alphab.*

**2267 زِبْل** fiente; fumier
**زُبالة** immondices; ordures
~ المَنازِل ordures ménagères
صُنْدوق الـ~ boîte à ordures; poubelle
زَبّال ج ون boueur; boueux [fam.]; éboueur
**مَزْبَلة** ج مَزابِل cloaque; tas de fumier/d'ordures
ماء الـ~ purin
وَقَفَ كَالدِيك على الـ~ monter sur ses grands chevaux [fam.]; se dresser sur ses ergots
II زَبَّلَ تَزْبِيلًا fumer (une terre); fumure

**2268 زَبَنَ** ـِ زَبْنًا frapper; ruer
**زُبانَى** antenne [zool.]; pince [zool.]
~، زُبانَيا العَقْرَب pinces du scorpion
زُبانة campagnol; souris des champs
**زَبون** ج زَبائِن client; consommateur
كانَ، أَصْبَحَ ~ًا عِنْد accorder sa clientèle à; être client de
الزَبائِن؛ الزُبُن clientèle
زِبْنِيّة ج زَبانِية démon; rebelle; geôlier; sbire
زَبانِية *isl.* anges de l'enfer

**2269 زُبَى** : بَلَغَ السَيْلُ الـ~ la mesure est comble; le vase a débordé; la coupe est pleine; en avoir par-dessus la tête; *fam.* ou *pop.* en avoir marre/ras le bol/plein le dos

**2270 زَجَّ** ـُ زَجًّا ه، ه، بـ ه، ه impliquer qqn dans; mettre dans le bain [fam.]; jeter; pousser
~ بـ ه في السِجْن jeter en prison; coffrer [fam.]
~ بـ ه في مَأْزِق acculer à/engager dans une impasse
~ البِلاد في مُغامَرة engager le pays dans une aventure
~ نَفْسَهُ في s'aventurer; se jeter dans
زُجّ ج زِجاج bout ferré; fer de lance
II زَجَّجَ تَزْجِيجًا ه ferrer (un bâton)
**مُزَجَّج** ferré (bâton)
IV أَزَجَّ إِزْجاجًا ← II

**2271 زُجاج** verre
~ نافِذة، مُلَوَّن vitre; vitrail
~ مَصْقول، غَيْر مَصْقول verre poli, dépoli
وَرَق ~ papier de verre
صِناعة، مَصْنَع ~ verrerie
كُوّة ~ verrière
**زُجاجة** ج ات morceau de verre; bouteille; canette
~ ساعة verre de montre
**زُجاجِيّ** en/de verre; vitré; vitreux; vitrier
واجِهة ~ة vitrine
رُطوبة ~ة humeur vitrée
إِطار ~ sous-verre
زَجّاج vitrier
II زَجَّجَ تَزْجِيجًا ه vitrer; vitrifier; vitrification
مُزَجَّج vitré; vitrifié

**2272 زَجَرَ** ـُ زَجْرًا ه chasser; crier; éloigner; faire partir (chien, oiseau); envoyer promener qqn [fam.]; rabrouer; rembarrer qqn [fam.]
~ ه، ه limiter (une activité); réprimer; restreindre; sanctionner
زَجْر réprimande; restriction; limitation/suppression (des abus); répression (des fraudes)
**زَجْرِيّ** limitatif; coercitif; répressif
تَدْبِير ~ mesure répressive/de compression; sanction
زاجِر répressif (acte)
زاجِرة ج زَواجِر contrainte; contrôle; empêchement; limitation; restriction; sanction

**2273 زَجِلَ** ـَ زَجَلًا être gai et bruyant
زَجَلَ ـُ زَجْلًا lancer un pigeon
زَجَل ج أَزْجال poésie populaire; chanson; chant
زَجّال poète populaire
**زاجِل**، زَجّال الحَمام colombophile
حَمام الـ~؛ الحَمام الـ~ pigeon voyageur
زِجالة colombophilie

**2274** (زجو) **زَجا** ـُ زَجاءً — convenir; faire l'affaire (de qqn)

~ زَجْوًا ه — faire aller; pousser devant soi

II **زَجَّى** تَزْجِيَة — faire avancer; pousser doucement

~ حاجة ه — faciliter qqch à qqn

IV **أَزْجَى** إِزْجاء (← II) — faire passer (le temps)

~ عَيْشَه بِـ ه — passer sa vie à

~ إلى الذِهْن أن — suggérer que

**2275** **زُحار** — dysenterie

~ مُتَحَوِّلِيّ، مُتَمَوِّرِيّ — dysenterie amibienne

**2276** **زَحَرَ** ـِ زَحِيرًا — ahaner; geindre

زَحِير — ahan; gémissement; soupir

**2277** **زَحْزَحَ** ه — déplacer qqch; disloquer; ébranler

II تَزَحْزَحَ عن — être ébranlé; s'écarter; se déplacer; se disloquer

لا يُزَحْزَحُ، لا يَتَزَحْزَحُ — inébranlable; à toute épreuve

تَزَحْزُح — déplacement; dislocation; variation

**2278** **زَحَفَ** ـَ زَحْفًا — avancer *intr.*; s'avancer; progresser; ramper; se traîner

~ عَلَى العَدُوّ — marcher contre/sur l'ennemi

~ على بَطْنِه أَمام الكِبار — ramper devant les grands

الوَقْت **يَزْحَف** — le temps se traîne

**زَحْف** ج زُحُوف — avance; poussée; progression [*mil.*]; reptation; troupe qui marche au combat; *industr.* fluage

~ العَدُوّ — avance/poussée de l'ennemi

~ الجُنود — mouvement de troupes

زاحِف — rampant; qui se traîne

زاحِفة ج زَواحِف — reptile

الزَواحِف — reptiles *n.m.pl.*

زَحّافة ج ات — traîneau; luge

الزَحّافات ← الزواحِف

مِزْحَف القَذْف — rampe de lancement

**2279** **زَحَلَ** ـَ زُحولاً — glisser (sol)

زُحول الأَرْض — glissement de terrain

زُحَل — Saturne [*astron.*]

**2280** **زَحْلَقَ** زَحْلَقة — faire glisser

زَحْلَقة ج ات (← تَزَحْلُق) — glissade

زُحْلوقة ج زَحاليق — luge; bobsleigh

II تَزَحْلَقَ تَزَحْلُقًا — glisser; faire des glissades; patiner

**تَزَحْلُق**، مَيْدان الـ~ — patinage; patinoire

مُتَزَحْلِق — patineur

**2281** **زَحَمَ** ـَ زَحْمًا ه، ه — bousculer; encombrer; entasser; pousser; presser; serrer

**زَحْم**، زَحْمة — affluence; bousculade; presse; rush; embouteillage; encombrement; foule

ساعة الـ~ — heure d'affluence; moment de presse

زِحام — *même sens*

III **زاحَمَ** مُزاحَمة ه — concurrencer; faire concurrence à; entrer en concurrence/en compétition avec; rivaliser avec

~ ه في ه — disputer qqch à qqn

~ بِالمَنْكِب والساق — jouer des coudes [*fam.*]

**مُزاحَمة** — compétition; concurrence; rivalité

زاحَمَ ه ~ غَيْرُ مَشْروعة — faire une concurrence déloyale

لا يَقْبَل الـ~ — défier toute concurrence; imbattable (prix)

**مُزاحِم** — concurrent; rival

لا ~ له — hors-concours; sans rival

VI **تَزاحَمَ** تَزاحُمًا — se bousculer; se presser en foule/les uns contre les autres; se faire concurrence; être/entrer en compétition/en concurrence avec

~ على ه — se presser/se serrer autour de

تَزاحُم — compétition; concurrence; rivalité

تَزاحُمِيّ — concurrentiel; compétitif (prix)

**مُتَزاحِم** ج ون — concurrent

الصِناعات الـ~ة — industries concurrentes

VIII **اِزْدَحَمَ** اِزْدِحامًا — affluer; se bousculer; s'écraser [*fig.*]; se presser; s'entasser; être bondé/encombré (lieu)

~ في المَدْخَل — s'écraser à l'entrée

~ في الباب — s'écraser à la porte

~ حول ه، على ه — s'agglutiner, se presser autour

**اِزْدِحام** — affluence; afflux; bousculade; cohue; embouteillage; entassement; encombrement; foule; presse

هَجَرَ ~ المَدينة — fuir les encombrements de la ville

ساعات الـ~ — heures d'affluence/de pointe

زالَ، خَفَّ الـ~ — se décongestionner (rue)

خَفَّفَ الـ~ — décongestionner (une rue); fluidifier (la circulation)

**مُزْدَحِم** — dense (foule); bondé; congestionné (circulation); embouteillé (rue); encombré (trottoir); populeux

~ بِالرُّكّاب — bondé de voyageurs

**2282** **زَخَرَ** - زَخْرًا، زُخورًا — enfler; gonfler *intr.*, grossir *intr.* (fleuve); bouillonner; être en effervescence

~ بِـ ه — abonder en; être plein de

**زاخِر** — abondant; exubérant; luxuriant; rempli; touffu

الشَّباب الـ~ — jeunesse exubérante/excessive

~ بِالمَرَح، الحُمَيّا — débordant de gaieté, de fougue

~ بِالأَحْداث — fécond/fertile/riche en événements

**2283** **زَخْرَفَ** — agrémenter; broder; décorer; embellir; émailler; enjoliver; enluminer; fleurir [*fig.*]; garnir; ornementer; orner

~ قِصّة — broder une histoire [*fam.*]

~ بِتَطْريزات — garnir de broderies

**زَخْرَفة** — décoration; broderie [*fig.*]; fioriture; garnissage; ornementation

فَنّ الـ~ العَرَبيّ — arabesque

زُخْرُف ج زَخارِف — broderie; clinquant *n.m.*; décor; décoration; motif décoratif/ornemental; fioriture; enluminure; enjolivure; garniture

زَخارِف الكَلام، البَيان — fleurs de rhétorique

زُخْرُفيّ — décoratif; ornemental

مُزَخْرِف — décorateur

**مُزَخْرَف** — décoré; embelli; brodé; fleuri; orné; émaillé (de)

الخَطّ الكوفيّ الـ~ — *arts graph.* coufique ornemental

**2284** **زَرَّ** - ُ زَرًّا ه — boutonner

**زِرّ** ج أَزْرار، زُرور — bouton; commutateur; contact; contacteur; poire [*électr.*]; *fig.* cheville ouvrière/clef (d'une affaire)

~ وَرْد، مِذْياع، جَرَس — bouton de rose, de radio, de sonnette

شَدَّ ~ ه — boutonner

II زَرَّرَ تَزْريرًا ه — boutonner; boutonnage

V تَزَرَّرَ تَزَرُّرًا — se boutonner

**2285** **زَراوَنْد** — aristoloche

**2286** **زَرَبَ** - ُ زَرْبًا ه — enfermer/parquer (des animaux)

زَريبة ج زَرائِب — bergerie; enclos; parc à moutons; hutte

**2287** **زَرِبَ** - َ زُروبًا — couler; s'écouler

زاروب ج زَواريب — boyau [*mil.*]; passage

مِزْراب ج مَزاريب — chéneau; gargouille; gouttière

**2288** **زَرْبِيّة** ج زَرابيّ — tapis de haute laine

زِرْياب — *ois.* geai

**2289** **زَرَجون** ج زَراجين — cep de vigne; sarment

**2290** **زَرَدَ** - ُ زَرْدًا ه — tricoter

**زَرَد** ج زُرود — cotte de mailles; tricot

حِمار الـ~ — zèbre

زَرَدة ج ات — chaînon; maille

زُرَيْدة ج ات — bouclette

زَرَديّ — zébré

II زَرَّدَ تَزْريدًا ه — zébrer

**2291** **زَرِدَ** - َ زَرْدًا ه — avaler

زَرْدة — bon repas; festin

مَزْرَد — gosier

VIII اِزْدَرَدَ اِزْدِرادًا — avaler; déglutir; gober

اِزْدِراد — déglutition

**2292 زَرْدَمة** glotte

**2293 زُرْزور** ج زَرازير étourneau [*ois.*]

**2294 زَرَعَ** ـَ زَرْعًا ه ensemencer; cultiver; parsemer; planter; semer

~ الشِقاق semer la discorde

مَنْ ~ حَصَدَ *prov.* récolter ce qu'on a semé

العَبْد يَحْرُث واللّهُ **يَزْرَع** *prov.* l'homme propose et Dieu dispose

مَنْ **يَزْرَعْ** الريح يَحْصُد العاصِفة

*prov.* qui sème le vent récolte la tempête

**زَرْع** culture; ensemencement; plantation

الـ~ والضَرْع l'agriculture et l'élevage

زَرْع ج زُروع *coll.* grains; graines; semences; plants; céréales

زَرْعة، زَريعة ج زَرائِع *n.un.* grain; graine; plant; semis; semence

**زِراعة** agriculture; culture

عِلْم الـ~ agronomie

~ أُحاديّة، مُتَنَوِّعة monoculture; polyculture

~ العِنَب، القُطْن culture de la vigne, du coton

~ الشَجَر، الأَرُزّ arboriculture; riziculture

~ خَفيفة، كَثيفة culture extensive, intensive

~ الخُضَر maraîchage; culture maraîchère/potagère

~ الحِراج، الأَحْراج sylviculture

~ الزَهْر، الأَزْهار floriculture

~ البَساتين horticulture

**زِراعيّ** agricole; agronomique; agraire; arable; aratoire

مُهَنْدِس ~ ingénieur agricole/agronome

خَبير، هَنْدَسة ~(ة) agronome; agronomie

مَعْهَد، بَحْث ~ institut, recherche agronomique

إِصْلاح، بَلَد ~ réforme agraire; pays agricole

آلة، أَرْض ~ة instrument aratoire; terre arable

آلات ~ة machines agricoles

**زارِع** ج زُرّاع cultivateur; planteur; semeur

~ الخُضَر maraîcher *n.m.*

~ الأَرُزّ riziculteur

~ الشَجَر arboriculteur

زَرّاع ج ة. ون ← زارِع

**مَزْروع** cultivé; planté; semé; parsemé (de fleurs)

**مَزْروعة** ج ات plant; plantation

**مَزْرَعة** ج مَزارِع exploitation agricole; ferme; plantation

~ نَموذَجيّة ferme modèle

~ التِبْغ، البُنّ plantation de tabac, de café

~ الزَيْتون olivaie; oliveraie

III زارَعَ مُزارَعة ه donner en métayage

**مُزارَعة** métayage; bail à complant

أَرْض ~ métairie

**مُزارِع** ج ون agriculteur; cultivateur; exploitant agricole; fermier; métayer; paysan

المُزارِعون population agricole paysanne; paysannat

VIII اِزْدَرَعَ اِزْدِراعًا transplanter; transplantation

**2295** (زرف) **زُرافة** ج زَرافيّ girafe [*zool.*]

**2296 زَرَقَ** ـُ سائِلاً injecter un liquide

زَرْق injection; perfusion [*méd.*]

مِزْراق ج مَزاريق harpon; javelot; sagaie; trait

**2297 زَرَق** bleu *n.m.*; glaucome

زُرْقة bleu *n.m.*; azur *n.m.*

**أَزْرَق** م زَرْقاء ج زُرْق azuré *adj.*; bleu *adj.*

~ كُحْليّ bleu foncé/marine

**قُبّة زَرْقاء** firmament

بَدْلة ~ bleu (de travail)

أَبو زُرَيْق geai

زُرَيْقاء genette

IX اِزْرَقَّ اِزْرِقاقًا bleuir; devenir/être bleu

اِزْرِقاق bleuissement; cyanose

أَخْضَر مُزْرَقّ glauque

**2298** **زُرْقُطة** ج زَراقِط — guêpe

**2299** **زَرْكَش** — broder; décorer; embellir; orner

زَرْكَشة — broderie; décor; décoration; chamarrure; embellissement; fioriture; ornementation

مُزَرْكَش — chamarré; décoré; constellé; orné; fleuri [fig.]

**2300** **زَرْنَق** — boire à la régalade

**2301** **زِرْنيخ** — arsenic

**2302** **زَرِيّ** — (aspect) misérable/miteux/pitoyable

IV **أَزْرَى** إِزْراءً بِـ ه، ه — détracter; discréditer; humilier; perdre qqn [fig.]; jeter le discrédit sur; ravaler [class.]; vexer

~ بِالكَرامة — porter atteinte à l'honneur de qqn

إِزْراء — discrédit; humiliation; vexation

مُزْرٍ — humiliant; vexant; méprisant

VIII **اِزْدَرَى** اِزْدِراءً ه، بِـ ه — dédaigner; mépriser; faire fi de [litt.]; narguer

~ القَوانين — braver la loi

**اِزْدِراء** — dédain; mépris

يَنُمّ عَنْ ~ — méprisant; dédaigneux

بِـ ~ — avec dédain/mépris; du bout des lèvres

نَظَرَ بِـ ~ — toiser qqn; regarder qqn de haut

مُزْدَرٍ — dédaigneux; méprisant

**2303** **زَعْتَر** — thym

~ بَرّيّ — serpolet

**2304** **زَعَجَ** َ زَعْجًا ه ← IV

IV **أَزْعَجَ** إِزْعاجًا ه — agacer; déplaire; déranger; embêter; embarrasser; ennuyer; enquiquiner [fam.]; excéder; gêner; harceler; importuner; incommoder; indisposer; inquiéter; offusquer; peser [fig.]; tracasser; troubler

~ نَفْسَه — se déranger; se gêner

لا **تُزْعِجْ** نَفْسَك — ne vous dérangez/gênez pas

**إِزْعاج** — dérangement; embarras; embêtement; désagrément; gêne; ennui; harcèlement; tracasserie; obsession

سَبَّبَ ~ًا لِـ ه — causer du dérangement à

**مُزْعِج** — agaçant; déplaisant; embarrassant; embêtant; empoisonnant; encombrant; ennuyeux; enquiquinant [fam.]; désolant; fâcheux; gênant; contrariant; désagréable; gêneur; importun; casse-pieds [fam.]; incommodant; incommode; inconfortable; inquiétant; irritant; obsédant; tracassier; troublant; tuant [fig.]

وَلَد ~ — enfant pénible/terrible

VII **اِنْزَعَجَ** اِنْزِعاجًا — être agacé/embarrassé/embêté/gêné/contrarié/incommodé/inquiété/irrité/tracassé/troublé; s'empêtrer; se gêner

~ مِنْ — s'inquiéter de; s'irriter de

**اِنْزِعاج** — agacement; dérangement; contrainte; malaise; déplaisir; incommodité; inconvénient; irritation; inquiétude

بِدُونِ ~ — sans contrainte

**2305** (زعر) **أَزْعَر** ج زُعْران — vagabond; voyou

**زُعْرور** ج زَعارير — aubépine; azerole; azerolier

~ بُسْتانيّ — néflier; nèfle

**2306** **زَعْزَعَ** — agiter; ébranler; secouer; saper

زَعْزَعة — convulsion; ébranlement; secousse; sape

زَعْزاع، زَعْزَعان — tornade; rafale (de vent); orageux; violent (vent)

II تَزَعْزَعَ — être ébranlé/secoué [fig.]; chanceler; être instable/précaire/boiteux [fig.]

شَجاعة لا **تَتَزَعْزَع** — courage à toute épreuve/inébranlable

**تَزَعْزُع** — ébranlement; instabilité; précarité

~ الدَّوْلة، الثِّقة — ébranlement de l'État, de la confiance

مُتَزَعْزِع — chancelant; branlant; boiteux [fig.]; incertain; instable; précaire

**2307** (زعف) **زُعاف** — foudroyant (poison, venin)

**2308** **زَعْفَران** — safran n.m. [bot.]

زَعْفَرانيّ، مُزَعْفَر — couleur safran; safrané

**2309** **زَعَقَ** َ زَعْقًا — beugler [fam.]; brailler; crier; crier à tue-tête; criailler; gueuler [pop.]; hurler; s'égosiller; glapir; vociférer

~ في أُذُنَيْه — corner aux oreilles de qqn

**زَعْقة** ج زَعَقات، زَعيق — beuglement [fam.]; braillement; cri; glapissement; hurlement; vocifération

~ اِسْتِغاثة — cri de détresse

زاعِق؛ زَعّاق braillant; brailleur; braillard; gueulard [*pop.*]; hurlant; hurleur

زُعاق saumâtre

**2310 زَعِلَ** - زَعَلًا se fâcher; être mécontent

زَعَل mécontentement

زَعِل؛ زَعْلان fâché; furieux; mécontent; en colère

II زَعَّلَ تَزْعيلًا fâcher; mécontenter; mettre en colère

IV أَزْعَلَ إِزْعالًا ← II

**2311 زَعَمَ** ـُ زَعْمًا ه، أن alléguer; déclarer; énoncer une opinion; prétendre

زُعِمَ أن on prétend que

على ما يَزْعَمون à ce qu'on prétend

**زَعْم**؛ زَعْمة allégation; assertion; dires; prétention

عَلَى ~ه soi-disant

زَعْمًا prétendument

زَعامة leadership; autorité; puissance; pouvoir

زَعيم ج زُعَماء dirigeant (d'un parti politique); leader; chef de file; meneur; tête de liste; tribun; guide (du peuple); *mil.* colonel

مَزْعوم faux; prétendu; soi-disant

مَزْعَم ج مَزاعِم allégation; conjecture; prétention; opinion douteuse/hasardeuse

V تَزَعَّمَ تَزَعُّمًا diriger; guider; présider (une délégation, un parti); se prendre pour/être un leader; prendre la tête/le commandement

**2312 زِعْنِفة** ج زَعانِف aileron/nageoire (de poisson); ailettes (bombe); basques (d'un vêtement)

زَعانِف مَطّاط palmes en caoutchouc

زِعْنِفيّات الأَقْدام pinnipèdes *n.m.pl.*

**2313 زَغَب** duvet (des oiseaux, du visage); poil follet

زَغِب؛ أَزْغَب cotonneux; duveteux; poilu; velu; velouté

**زُغْبة** muscardin

2314 زُغْدة primevère

**2315 زَغْرَدَ** زَغْرَدة pousser des cris de joie stridents (femme); lancer des «*youyous*»; striduler

زَغاريد؛ زَغاريط stridulations; cris de joie stridents; trilles; «*youyous*»

**2316 زَغَلَ** - زَغْلًا altérer; contrefaire; frauder; frelater

زَغَل adultération/altération (aliments); contrefaçon; frelatage; fraude

مَزْغول frelaté; contrefait; de mauvais aloi

**2317 زُغْلول** ج زَغاليل pigeonneau

**2318 زَفَّ** ـُ زَفًّا. زِفافًا ه donner (sa fille) en mariage; marier (sa fille)

~ العَروسَ conduire la jeune mariée à la maison de son époux

**زِفاف** hymen [*poét.*]; mariage; noces

لَيْلة الـ~ nuit de noces

زِفافيّ nuptial

زَفّة cortège nuptial; procession

**2319 زَفَّ** ـِ زَفًّا. زَفيفًا accélérer; se dépêcher; se hâter; presser le pas

~ت الريح bruire/souffler doucement (vent)

~ الطائِر déployer/étendre les ailes (oiseau)

~ خَبَرًا. نَبأ إلى ه annoncer une nouvelle à

زَفيف bruissement/léger souffle (du vent)

زِفّ؛ زَفَف duvet/plumage (des oisillons)

**2320 زِفْت** asphalte; goudron; bitume; poix

زِفْتي bitumineux; poisseux

II زَفَّتَ bitumer; asphalter; goudronner

تَزْفيت الطُرُق goudronnage/asphaltage des rues

**2321 زَفَرَ** ـِ زَفْرًا. زَفيرًا expirer; gémir; sangloter; soupirer; crépiter/pétiller (feu)

زَفير crépitement/pétillement (du feu); expiration; sanglot

زَفْرة ج زَفَرات gémissement; soupir; sanglot

صَعَّدَ زَفَرات طَويلة — exhaler/pousser de profonds soupirs

2322 **زَفَر** — gras *n.m.*; *christ.* nourriture interdite pendant le carême

أيّام، ثُلاثاء الـ~ — jours gras; mardi gras

اِنْقَطَعَ عن الـ~ — faire maigre

زِفْر ج أَزْفار — outre (à huile, lait)

زَافِرة ج زَوافِر — arc-boutant; étai

2323 **زَفْزَفة** — bruissement (des feuilles, du vent)

2324 **زَفَنَ** ـُ زَفْنًا — marteler le sol/taper du pied (en dansant); danser

زِفْن — tonnelle; véranda

2325 **زَقَّ** ـُ زَقًّا — gaver; donner la becquée; nourrir ses petits (oiseau)

زَقّة ج ات — becquée

2326 **زِقّ** ج أَزْقاق، زِقاق — outre *n.f.*; *bot.* asque

زُقاق ج أَزِقّة — cul-de-sac; impasse; ruelle

زُقاقيّ — voyou; trivial

زُقاقيّة — trivialité

زُقَيْقيّ — linotte [*ois.*]

2327 **زَقْزَقَ** زَقْزَقة — babiller; gazouiller; pépier; piauler; piailler

زَقْزَقة ج ات — babil; babillage; bruissement; gazouillis; gazouillement; ramage; pépiement; piaillement

**زَقْزاق** — pluvier

~ شاميّ — vanneau

2328 **زَقَمَ** ـُ زَقْمًا — avaler; ingurgiter

II زَقَّمَ تَزْقيمًا ه ه — gaver qqn de; faire avaler qqch à

2329 **زَكَبَ** ـُ زُكوبًا — remplir (un récipient)

زكيبة ج زَكائِب — sac; sacoche

2330 **زُكْرة** ج زُكَر — petite outre (à vin, vinaigre)

2331 **زَكَمَ** ـُ زَكْمًا الأَنْفَ — emplir les narines (odeur); enrhumer

زُكِمَ — s'enrhumer; attraper un rhume de cerveau; prendre froid

زُكام — catarrhe; rhume de cerveau; grippe; refroidissement

مَزْكوم — enrhumé; grippé

2332 (زكو) **زَكا** ـُ زَكاء — être pur/sans tache; se plaire (dans un endroit); vivre agréablement

زَكاة ج زَكَوات — aumône légale

زَكيّ ج أَزْكِياء — chaste; intègre; pur; vertueux

II زَكَّى تَزْكيةً ه — purifier; *isl.* acquitter l'aumône légale; attester l'honorabilité de; recommander qqn

تَزْكية — purification; *isl.* attestation d'honorabilité (de témoins); recommandation

2333 **زَلَّ** ـِ زَلًّا — broncher; faire une faute/un faux pas; glisser; trébucher

~ لِسانُه — faire un lapsus; sa langue a fourché [*fam.*]

~ عن الصَواب — divaguer; battre la campagne [*fam.*]

~تْ، ~تْ بِهِ القَدَم — le pied lui a manqué; glisser

**زَلّة** ج ات — erreur; faute; faux pas; peccadille

~ لِسان، قَلَم — «lapsus linguae, calami»

2334 (زلل) **زُلال** — eau douce; *chim.* albumen; albumine

~ المَفاصِل — liquide synovial; synovie

**زُلاليّ** — albumineux; synovial

بَوْل ~ — albuminurie

2335 **زَلابيّة** — pâtisserie (au miel)

2336 **زَلَجَ** ـُ زَلْجًا ه — tirer le verrou; fermer au verrou/verrouiller (une porte)

مِزْلاج ج مَزاليج — fermeture; gâche; loquet; pêne; verrou

IV أَزْلَجَ إِزْلاجًا ← زَلَجَ

2337 **زَلِجَ** ـَ زُلوجًا — glisser; patiner

زَلَج — glissade; glissement

زَلْج، زَليج — endroit glissant

زُلَيْج، زَلّيج ج زَلالِيج — faïence; carreau de faïence

مَزْلَج — patinoire

مِزْلَج ج مَزالِج؛ زَلّاجة ج ات — ski; patin

V تَزَلَّجَ تَزَلُّجًا — faire du ski; skier; glisser; patiner

**تَزَلُّج** — ski [*sport.*]; patinage

~ مائِيّ، مُتَعَرِّج — ski nautique; slalom

مُتَزَلِّج — skieur; patineur

**2338 زَلْزَلَ** ه، ه — ébranler; agiter; secouer

زُلْزِلَتِ الأَرْض — trembler (terre)

**زَلْزَلة**، زِلْزال ج زَلازِل — séisme; tremblement de terre

مَرْكَز ~ — épicentre

مِرْصاد، مِقْياس ~ — sismographe

زَلْزالِيّ — séismique; sismique

**عِلْم الزَلازِل** — sismologie

عالِم بالـ~ — sismologue

II تَزَلْزَلَ تَزَلْزُلًا — trembler (terre)

**زَلَط**؛ زَلْطة — *égypt.* caillou; gravier

**2339 زَلَع** — crevasse/fissure/gerçure (de la peau); écorchure

II زَلَّعَ تَزْليعًا — gercer/crevasser/fendiller (la peau)

V تَزَلَّعَ تَزَلُّعًا — se gercer; se fendiller; se crevasser (peau); s'écorcher

تَزَلُّع ← زَلَع

**2340 زَلَفَ** ـِ زَلْفًا إلى — s'approcher de; s'avancer auprès

زَلَف؛ زُلْفة؛ زُلْفَى — degré; dignité; rang; proximité; flatterie; flagornerie [*litt.*]; courtisanerie

V تَزَلَّفَ تَزَلُّفًا إلى — aduler; courtiser; faire du plat [*fam.*]/des avances; flatter

تَزَلُّف — adulation; flatterie; flagornerie [*litt.*]; avances *n.f.pl.*

مُتَزَلِّف — adulateur; courtisan; flagorneur; flatteur

VIII اِزْدَلَفَ اِزْدِلافًا إلى — se rapprocher; se rallier (soldats)

اِزْدِلاف — ralliement

**2341 زَلَقَ** ـُ زُلُوقًا، زَلْقًا — glisser; patiner; coulisser

~ على قِشْرة مَوْز — glisser sur une peau de banane

~ مِنْ بَيْنِ الأَيْدي — glisser entre les doigts

زَلَق — glissade; glissement

**زالِق**؛ زَلِق — glissant; coulissant

عُقْدة ~ة — nœud coulant

باب ~ — porte coulissante/à glissière

~ ج زَوالِق؛ زَلّاقة ج ات — curseur

زُلَّيْق — *bot.* brugnon

مَزْلَق. مَزْلَقة ج مَزالِق — patinoire; piste de ski; *pr.* et *fig.* casse-cou; endroit/terrain glissant/dangereux/hasardeux

لا يَخْلو من **مَزالِق** — ne pas manquer d'être glissant (sujet)

**مِزْلَقة** ج مَزالِق — coulisse; glissière; patin; toboggan

~ القَذْف — rampe de lancement

~ ذات بَكَرات. عَجَلات — patin à roulettes

~ لِلْجَليد — patin à glace

مِزْلاق ج مَزاليق ← مِزْلَقة

II زَلَّقَ تَزْليقًا ه — lubrifier; lubrification

مُزَلِّق — lubrifiant

V تَزَلَّقَ تَزَلُّقًا ← VII

تَزَلُّق على الجَليد — patinage sur glace

VII اِنْزَلَقَ اِنْزِلاقًا — coulisser; déraper; glisser; patiner

~ على مُنْحَدَر السُوء — glisser sur la mauvaise pente

~ت الأَغْلَبِيّة إلى اليَسار — la majorité glisse vers la gauche

~تْ قَدَمُه — son pied a glissé

**اِنْزِلاق** — dérapage; glissade; glissement

~ في المُنْعَطَفات — dérapage dans les virages

~ أَرْض — glissement de terrain

مُنْزَلِق — glissant; coulissant

**2342 زَمَّ** ـُ زَمًّا — lier; lacer (chaussures); museler

~ شَفَتَيْه — pincer/serrer les lèvres

**زِمام** ج أَزِمّة — bride; guide *n.f.*; lacet; longe; rêne

~ الحُكْم، الأَمْر — rênes du pouvoir; leviers de commande

قَبَضَ على ~ ه être aux commandes; prendre/tenir les commandes/les leviers de commande

أَمْسَكَ بِـ، تَوَلَّى ~ ه *même sens*

قَبَضَ على ~ ه tenir qqn en laisse

أَمْسَكَ بِـ~ النَفَقات tenir les cordons de la bourse

2343 (زمت) V **تَزَمَّتَ** être grave/digne/sévère (maintien, personne)

تَزَمُّت bigoterie [*péjor.*]; gravité; dignité; puritanisme; sévérité

**مُتَزَمِّت** bigot [*péjor.*]; grave (personne); sévère; puritain

إِنَّهُ ~ c'est un pur!

2344 **زُمَّج** الماء goéland; mouette

2345 **زَمْجَرَ** زَمْجَرة feuler; grincer; gronder; rugir

زَمْجَرة feulement; grincement; grondement; rugissement

2346 **زُمْرة** ج زُمَر bande; clan; clique [*péjor.*]; cohorte; faction; groupe; horde; troupe

~ مِنْ un tas de

2347 **زَمَرَ** ـُ زَمِيرًا jouer d'un instrument (à vent)

**زَمْر** ج زُمور ← زَمّارة

دُونَ طَبْل و~ sans tambour ni trompette

زَمّار joueur d'un instrument (à vent); flûtiste

**زَمّارة** ج زَمامير *mus.* flûte; flageolet; mirliton; pipeau; sifflet; *autom.* avertisseur; corne; Klaxon

~ الإِنْذار sirène d'alarme

~ البَحْر *poiss.* syngnathe; aiguille de mer

**مِزْمار** ج مَزامير (← زَمّارة) *anat.* glotte

لِسان ~ épiglotte

~ الراعي *bot.* flûteau; plantain d'eau

مِزْماريّات *bot.* alismacées *n.f.pl.*

**مَزْمور** ج مَزامير chant; cantique; psaume

سِفْر، كِتاب المَزامير psautier; livre de psaumes

II **زَمَّرَ** تَزْميرًا siffler; jouer d'un instrument (à vent); *autom.* corner; klaxonner

~ لِـ ه وطَبَّلَ annoncer à cor et à cri

2348 **زُمُرُّد**، زُمُرُّديّ émeraude *n.f.*, *adj.*

2349 **زَمْزَريق** *bot.* arbre de Judée; gainier

2350 **زَمْزَمِيّة** bouteille en cuir; gourde

2351 **زَمَعة** ج ات bourgeon (de la vigne); jeune pousse

IV **أَزْمَعَ** إِزْماعًا ه، على décider de; se décider à; se déterminer à; résoudre de; se résoudre à; prendre la décision/la résolution de

~ عَقْد مُعاهَدة décider de signer un traité

مُزْمِع على ه décidé/déterminé/résolu à/ferme (personne)

مُزْمَع عَلَيْه imminent; décidé/déterminé/résolu (chose)

2352 **زَمَكان** (زَمان + مَكان) espace-temps

زَمَكانيّ spatio-temporel

2353 **زَمَلة**، زُمْلة famille; tribu; smala

**زَمِيل** ج زُمَلاء camarade; collègue; confrère

~ دِراسة، عَمَل condisciple; compagnon (de travail)

زَمِيلة ج ات compagne; sister-ship

**زَمالة** camaraderie; confraternité; compagnonnage

عَلائِق ~ rapports confraternels

زَماليّ confraternel

2354 (زمل) **إِزْمِيل** ج أَزامِيل burin; ciseau à bois; grattoir

2355 **زَمَن** ج أَزْمان époque; moment; période; temps

~ الفِعْل le temps de l'action/du verbe

ساعةً من الـ~ une heure de temps

اِسْتَغْرَقَ ~ًا طَويلًا durer longtemps

مُنْذُ ~ بَعِيد de longue date; depuis/il y a/voici longtemps

مَنِيع على الـ~ à l'épreuve du temps

مع الـ~ à la longue; avec le temps

الـ~ الغابِر le bon vieux temps

| | |
|---|---|
| زَمَنًا | pour un temps |
| زَمَنَ ه | à l'époque/du temps de |
| **زَمَنِيّ** | chronologique; horaire *adj.*; séculier; temporel |
| السُّلْطة الـ~ة | pouvoir séculier/temporel |
| تَرْتيب، تَسَلْسُل ~ | chronologie |
| لا، غَيْر ~ | intemporel |
| لازَمَنيَّة | intemporalité |
| زَمِن، زَمين ج زَمْنَى | atteint d'une maladie chronique; impotent; valétudinaire [*litt.*] |
| **زَمان** ج أَزْمِنة | époque; âge; moment; siècle; temps |
| وَلَّى ~ه | avoir fait son temps |
| ظَرْف الـ~ | *gramm.* complément circonstanciel de temps |
| في الـ~ المُناسِب | en temps opportun; en son temps |
| مِن ~ | depuis longtemps/un certain temps |
| مَجاهِل **الأَزْمِنة**، الـ~ السَحيقة | la nuit des temps |
| إلى آخِرِ الـ~ | jusqu'à la fin des temps/siècles |
| زَمانة | impotence; maladie chronique |
| III زامَنَ مُزامَنة | synchroniser; synchronisation |
| مُزامِن | contemporain; synchronisé |
| IV أَزْمَنَ إِزْمانًا | devenir chronique (maladie); s'invétérer; vieillir (matériel) |
| إِزْمان | chronicité; vieillissement (du matériel) |
| مُزْمِن | permanent; chronique (maladie); invétéré (habitude) |
| VI تَزامُن، تَزامُنيَّة | synchronie; synchronisme; simultanéité |
| **مُتَزامِن**، تَزامُنيّ | synchrone; synchronique; simultané |
| حَساسيَّة ~ة | synesthésie |
| 2356 **زَمْهَرَ** | être froid/glacial (jour, journée); briller/étinceler dans le ciel (étoiles) |
| زَمْهَرير | grand froid; température glaciale |
| مُزْمَهِر | glacial/très froid (jour) |
| IV **ازْمَهَرَّ** ازْمِهْرارًا ← زَمْهَرَ | |
| ~تْ عَيْناه | avoir les yeux rouges de colère |
| 2357 **زُنْبور** ج زَنابير | guêpe; frelon |
| 2358 **زُنْبُرُك** ج زَنابِك | ressort [*techn.*]; spirale |
| 2359 **زَنْبَق** ج زَنابِق | lys; iris [*bot.*] |
| ~ الحَقْل، الوادي | muguet [*bot.*] |
| ~ النَهار | hémérocalle |
| زَهْرة الـ~ | fleur de lys |
| شَجَرة الـ~ | tulipier (arbre) |
| تُضارِعِ الـ~ بَياضًا | qui a un teint de lys |
| زَنْبَقيّات | liliacées *n.f.pl.* |
| 2360 **زِنْبيل** ج زَنابيل | panier (en palmier nain) |
| 2361 **زَنْج** ج زُنوج | *coll.* Nègres; Noirs |
| **زَنْجيّ** | *n.un.* Nègre; noir *adj.*, *n.m.* |
| تَرْتيلة، تَرْنيمة ~ة | negro-spiritual |
| ~ الشَكْل | négroïde |
| ~ صَغير | négrillon |
| زَنْجيَّة | négresse; négritude |
| زُنوجة، زُنوجيَّة | négritude |
| 2362 **زَنْجَبيل** | gingembre |
| 2363 **زِنْجار**، جَنْزار | vert-de-gris *n.m.* |
| مُزَنْجَر، مُجَنْزَر | vert-de-grisé |
| 2364 **زُنْجور** | brochet; bécard |
| 2365 **زِنْجير** زَناجير | chaîne; chenille [*techn.*] |
| مُزَنْجَرة | chenillette [*techn.*] |
| 2366 **زِنْجَفْر**، زُنْجُفْر | cinabre; minium; vermillon |
| 2367 **زَنِخَ** ـَ زَنَخًا | rancir |
| زَنَخ | rancissement; rance *n.m.* |
| زَنِخ | rance *adj.* |

**2368** **زَنْد** ج زِناد، أَزْناد briquet; *bot.* pédoncule; *anat.* poignet
~ قَميص poignet/manchette de chemise
عَظْم الـ~ cubitus
زَنْديّ cubital
**زِناد** ج أَزْنِدة détente [*arm.*]; percuteur
حَجَر الـ~ pierre à briquet, à fusil
واقية ~ pontet (de fusil)
قَدَحَ ~ فِكْره se creuser la cervelle [*fam.*]/la tête
ضَغَطَ على الـ~ appuyer sur la gâchette

**2369** **زَنْدَقة** athéisme; incroyance; irréligion; manichéisme; dualisme
زِنْديق ج زَنادِقة athée; dualiste; incroyant; irréligieux; manichéen; tartuffe
II تَزَنْدَقَ faire profession d'athéisme

**2370** **زُنّار** ج زَنانير ceinture; cordelière; courroie
~ حَوْضيّ ceinture pelvienne
II زَنَّرَ تَزْنيرًا ه، ه ceinturer

**2371** **زِنْزانة** ج ات cachot; cellule; oubliette; prison

**2372** **زَنْزَلَخْت** arbre à chapelets; mélia

**2373** **زَنْقة** ج ات، زَناقي rue; ruelle; impasse
زُناق؛ زَنّاق jugulaire *n.f.*; collet

**2374** **زِنْك** zinc
II زَنَّكَ تَزْنيكًا ه galvaniser [*techn.*]

**2375** **زَنَمة** ج ات *bot.* stipule

**2376** **زَنَى** ـِ زِنًى forniquer; commettre l'adultère
**زِنًى**؛ زِناء adultère; fornication
اِبْن ~ enfant adultérin; bâtard
زانٍ ج زُناة adultère *adj., n.m.*; fornicateur
زانية ج زَوانٍ adultère *adj., n.f.*; fornicatrice

**2377** **زَهِدَ** ـَ زُهْدًا في ه s'abstenir de; renoncer à
~ في الدُّنْيا renoncer au monde/aux plaisirs du monde
**زُهْد** abstinence; ascèse; ascétisme; continence; renoncement
الـ~ في النَفْس abandon de soi
الـ~ في المَأْكَل frugalité
حَياة ~ vie frugale
زُهْديّ ascétique; érémitique
زاهِد ج زُهّاد anachorète; ascète; abstinent; fakir
**زَهيد** chétif; infime; insignifiant; exigu; modeste; modique; mince; minime; petit; réduit *adj.*
مَبْلَغ ~ somme modeste/infime/minime
مَصْروف ~ consommation faible/modeste
دَخْل ~ revenu modeste; petit/faible revenu
سِعْر ~ prix modique/réduit
بِسِعْر ~ à bon compte/marché
V تَزَهَّدَ تَزَهُّدًا mener une vie ascétique; embrasser l'ascétisme; renoncer au monde
تَزَهُّد ascèse; ascétisme; renoncement
مُتَزَهِّد ascète

**2378** **زَهَرَ** ـَ زُهورًا briller; étinceler
**زَهْر** ج زُهور، أَزْهار، أَزاهير *coll.* fleurs
~ النَرْد dé (à jouer)
رَمْية ~ coup de dés
~ الكِبْريت، الدَقيق fleur de soufre, de farine
~ الطَحين، الدَقيق gruau
~ العَسَل، الريح chèvrefeuille; anémone
~ الرَبيع، اللُؤْلُؤ primevère; pâquerette
~ العُطاس، الآلام arnica; passiflore
ماء الـ~ eau de fleur d'oranger
**زَهْرة** ج أَزْهار *n.un.* fleur; beauté; éclat; blancheur; splendeur
في ~ العُمْر dans la fleur de la jeunesse
مَعْرِض **الزُهور** exposition florale; floralies
زَهْريّ floral
**زَهْريّة** ج ات pot de fleurs; vase *n.m.*

2381 **زها** ـُ زَهْوًا، زُهُوًّا fleurir; être florissant; prospérer; être beau; briller; s'épanouir

~ بِـ se flatter/se vanter/s'enorgueillir de

زَهِيَ بِـ tirer vanité de; être fier de

**زَهْو**؛ زُهُوّ fatuité; gloriole; infatuation; outrecuidance; présomption; prétention; orgueil; superbe *n.f.*; vanité

في ~ وَخُيَلاء avec superbe et arrogance

~ الأَلْوان éclat/beauté/vivacité des couleurs

زَهْوة كِبْرياء bouffée d'orgueil

زَهاء brillant *n.m.*/splendeur/vivacité (des couleurs)

زاهٍ beau; brillant *adj.*; coloré; cru (ton, couleur); éclatant; flamboyant; gai (couleur); magnifique; vif (couleur); vivant; riant; rutilant; splendide

**مَزْهُوّ** بِنَفْسِه fat; infatué; orgueilleux; vain; présomptueux; vaniteux

~ كِبْرياءً bouffi d'orgueil

**زُهاء** quantité; nombre

~ مِنْ une quantité de

زُهاءَ environ; près de; à peu près; presque

VIII اِزْدَهَى اِزْدِهاءً بِـ s'enorgueillir; tirer vanité de; se vanter; faire de l'autosatisfaction; faire parade de; émoustiller

أُزْدُهِيَ *même sens*

اِزْدِهاء présomption; autosatisfaction

**مُزْدَهٍ** émoustillant

~ بِنَفْسِه fat; vaniteux; présomptueux; infatué de sa personne; orgueilleux; vain

2382 **زَوْبَر** (← زِئْبِر) garniture/peluche d'une étoffe

2383 **زَوْبَعة** ج زَوابِع orage; ouragan; tempête; tornade; rafale; tourbillon

~ رَمْلِيّة tempête de sable

~ في فِنْجان tempête dans un verre d'eau

زَوْبَعِيّ orageux; tempétueux [*litt.*]

2384 **زَوْج** ج أَزْواج couple; paire; époux; conjoint; compagnon; mari; partenaire

الزَوْجانِ conjoints; époux *pl.*

تَعَدُّد، مُتَعَدِّد **الأَزْواج** polyandrie; polyandre

~ مُعَلَّقة suspension; jardinière

زُهَيْرة ج ات fleurette

الزُهَرة étoile du soir/du berger/du matin; Vénus

زُهَرِيّ syphilis; vénérien

**زاهِر** brillant; éclatant; fleuri; florissant; rutilant; vif (teint)

مُسْتَقْبَل ~ brillant avenir

**أَزْهَر** زَهْراء ج زُهْر blanc; brillant; vif; fleuri; lumineux

الجامِع الـ~ mosquée al-Azhar

أَزْهَرِيّ ج ون «*azharite*» (étudiant ou enseignant à l'université d'al-Azhar)

زَهْراء massif/parterre de fleurs

زَهّار ج ون fleuriste

مَزْهور syphilitique

مَزْهَرة pépinière (de fleurs)

مَزْهَرِيّة vase; pot de fleurs

مِزْهَر ج مَزاهِر luth

IV أَزْهَرَ إِزْهارًا fleurir; donner des fleurs; être en fleur

إِزْهار floraison; efflorescence; épanouissement; inflorescence

مُزْهِر fleuri; florissant; en fleur; épanoui

VIII اِزْدَهَرَ اِزْدِهارًا s'épanouir; fleurir; être florissant; prospérer; se réjouir

**اِزْدِهار** épanouissement; efflorescence; prospérité; floraison

~ اِقْتِصادِيّ expansion économique

**مُزْدَهِر** épanoui; florissant; prospère; réjoui; en expansion

تِجارة ~ة commerce prospère

IX اِزْهَرَّ اِزْهِرارًا ← IV

2379 **زَهَق** ـَ زُهوقًا s'évanouir; disparaître

~تْ روحُه، نَفْسُه mourir; rendre le dernier soupir

زاهِق؛ زَهوق vain; périssable

IV أَزْهَقَ إِزْهاقًا ه، ه anéantir; détruire; faire disparaître/périr; emporter [*fig.*]

2380 **زُهْم**؛ زُهْمة odeur fétide

زَهَم sébum; matière sébacée

زَوْجة ج ات — épouse; femme; moitié [*fam.*]

تَعَدُّد، مُتَعَدِّد الزَوْجات — polygamie; polygame

**زَوْجيّ** — conjugal; marital; matrimonial

وَرَقة رِيشيّة ~ة — feuille paripennée

**زَوْجيّة** — parité (nombre); mariage

مَسْكَن الـ~ — domicile conjugal

وِثاق الـ~ — lien matrimonial/du mariage

حَقّ، نِظام ~ — droit, régime matrimonial

**زَواج** — mariage; noce; *poét.* hymen; hyménée

~ مَدَنيّ، مَصْلَحة — mariage civil, de raison

حَفْلة ~ — cérémonie du mariage; noce

رابِطة، وكالة ~ — lien, agence matrimonial(e)

~ أُحاديّ — monogamie

سابِق لِـ، قَبْلَ الـ~ — prénuptial

زَواجيّ — nuptial; matrimonial; marital

زِيجة ج ات — mariage

مُعَدَّل الزِيجات — nuptialité

II زَوَّجَ تَزْويجًا ه، ه — accoupler; apparier; apparenter; marier; donner en mariage

III زاوَجَ مُزاوَجة — coupler; jumeler; accoupler; être accouplé; apparier

مُزاوَجة — accouplement; couplage; jumelage

V **تَزَوَّجَ** تَزَوُّجًا بـ، مِنْ ه — se marier; prendre femme; épouser; fonder un foyer; s'unir par le mariage; donner sa main

~ زَواجًا شَرْعيًّا — contracter un mariage régulier

مُتَزَوِّج — marié

VI تَزاوَجَ تَزاوُجًا — être jumelé/réuni/conjugué

تَزاوُج — jumelage

مُتَزاوِج — réuni; jumelé; conjugué

VIII **اِزْدَوَجَ** اِزْدِواجًا — être double; être accouplé; faire la paire

~تْ شَخْصيّتُه — se dédoubler (personnalité)

**اِزْدِواج** الشَخْصيّة — dédoublement de la personnalité

~ المَعْنَى — ambivalence

اِزْدِواجيّة اللُغة — bilinguisme

**مُزْدَوِج** — binaire; couplé; conjugué; double; doublé; duplex *adj.*; géminé

عَميل، حَياة ~ة — agent double; double vie

~ المَعْنَى — à double sens; ambivalent

اِسْتِعْمال، هِلال ~ — double emploi; guillemet

إِرْسال، مُصَوِّت ~ — duplex [*radio.*]; diphtongue

تَرْقيم، نَغْم ~ — numération, rythme binaire

مُزْدَوِجة — couple [*mécan.*]

2385 **زاد** ج أَزْواد، أَزْوِدة — pitance; provisions de route; subsistance; viatique; vivres; *v. aussi 2399*

مَزاد، مَزادة، مِزْوَد ج مَزاوِد — musette; gibecière; sac à provisions

II **زَوَّدَ** تَزْويدًا ه بـ ه — approvisionner qqn en; doter; équiper; garnir; munir de; fournir qqn en; pourvoir; ravitailler; procurer; nantir; outiller

~ ه بالسِلاح — armer qqn

~ مَطْبَخًا — équiper/installer une cuisine

زُوِّدَ بتَعْليمات — obtenir/recevoir des informations

**تَزْويد** — approvisionnement; équipement; dotation; fourniture; ravitaillement

~ بالوَقود — ravitaillement en combustible

~ بالذَخائر — approvisionnement en munitions

~ بالرِجال والمُعَدّات — équipement en hommes et en matériel

مُزَوِّد ج ون — fournisseur; pourvoyeur; ravitailleur

مُزَوَّد بـ — approvisionné; équipé; garni de; muni; pourvu; ravitaillé en

V **تَزَوَّدَ** تَزَوُّدًا بـ — s'armer de; s'approvisionner; s'équiper; se fournir; se munir; se pourvoir; se ravitailler

~ من باعة الحَيّ — se servir chez les commerçants du quartier

2386 **زارَ** ـُ زِيارة ه، ه — visiter/voir qqn, qqch; rendre visite à qqn

~ بَلَدًا، أَثَرًا، صَديقًا — visiter/voir un pays, un monument, un ami

**زِيارة** ج ات — visite; pèlerinage

~ مَتْحَف، صَديق — visite de musée, à un ami

بِطاقة ~ — carte de visite

قامَ بِـ~ لِـ ه، ه — faire une visite à qqn; visiter qqch

زائِر ج ون، زُوّار — hôte; visiteur; pèlerin

**مَزار** — pèlerinage; visite à un lieu saint

~ ج ات — lieu saint; tombeau (qui fait l'objet d'une vénération); marabout; sanctuaire

VI تَزاوَرَ تَزاوُرًا — se voir; se faire des visites

**2387** **زَوْر** ج أَزْوار — poitrail; thorax

زَوْرِيّ — thoracique

زَوَر — obliquité; *anat.* scoliose; *vétér.* malformation du thorax

**زُور** — mensonge; faux *n.m.*; fausseté

حَلْف، شاهِد ~ — faux serment, témoin

بالـ~ — par force

زُورًا — faussement; à faux; à tort

II **زَوَّرَ** تَزْوِيرًا ه — contrefaire; falsifier; frauder; truquer

~ الحَقِيقة، وَثِيقة — travestir la vérité; fabriquer un document [*péjor.*]

~ إِمْضاء — contrefaire/imiter une signature

~ أَوْراقًا — fabriquer des faux papiers

**تَزْوِير** — contrefaçon; fraude; falsification; travestissement; trucage; imitation (de signature); faux *n.m.*

~ أَوْراق — fabrication de faux papiers

~ اِنْتِخابِيّ — fraude électorale

طَعَنَ ه بالـ~ — s'inscrire en faux contre qqch

**مُزَوِّر** — falsificateur; faussaire; fraudeur; truqueur

**مُزَوَّر** — faux *adj.*; apocryphe; contrefait; truqué; falsifié; travesti (vérité)

عُمْلة، أَوْراق ~ة — fausse monnaie; faux papiers

IX **اِزْوَرَّ** اِزْوِرارًا عَنْ ه، ه — dévier; s'écarter de; avoir de l'aversion/du dégoût pour

~ بِهِ عَنْ — écarter qqn de; faire dévier

اِزْوِرار — aversion; dégoût; répulsion

**2388** **زَوْرَق** ج زَوارِق — barque; canot; canoë; chaloupe; embarcation; esquif; nacelle; pirogue

~ الإِنْقاذ، النَجاة — canot de sauvetage

~ إِنْزال، مُسَلَّح — péniche de débarquement; canonnière

~ حَرْبِيّ، ناسِف — vedette; vedette lance-torpilles

~ رِياضِيّ، صَيْد — yacht; barque de pêche

**2389** **زاغَ** ـُ زَوْغًا، زَوَغانًا — être incliné; dévier; s'écarter de la vérité; se brouiller (regard)

زَوَغان — ruse; *astron.* parallaxe

**2390** **زوفا**، زُوفى — hysope

**2391** II **زَوَّقَ** تَزْوِيقًا ه — décorer; émailler; enjoliver; enluminer; orner; pomponner

~ خُطْبَته — orner/émailler son discours

**تَزْوِيق**، تَزْوِيقة — décor; décoration; ornement; enluminure; broderie

~ الإِنْشاء — fioritures de style

تَزْوِيقِيّ — décoratif; ornemental

مُزَوِّق — décorateur; enlumineur

**مُزَوَّق** — fleuri (style); orné; décoré; enluminé; pomponné

~ في رَصانة — à la mise discrète

V تَزَوَّقَ تَزَوُّقًا بِـ — se pomponner; s'orner

**2392** **زالَ** ـُ زَوالًا عَنْ ه — abandonner/laisser/quitter (un endroit)

~ ـُ زَوالًا — s'achever; cesser; décliner (soleil); discontinuer; disparaître; s'évanouir; finir; mourir [*fig.*]; périr [*fig.*]; passer

~ قَلَقُهُ، لَوْنُه — se dissiper (angoisse); se décolorer

~ من الوُجود — n'être plus; disparaître

لا يَزول — impérissable; indéfectible; indélébile

ما **زالَ** ـَ لا يَزالُ — *v. négatif*: ne cesser de; continuer à; encore; toujours

ما ~ بِـ ه حَتّى — faire tant et si bien que

ما ~ صالِحًا — c'est encore bon; ça peut encore servir

ما ~ يعيش في الذِكْرَيات — continuer à vivre dans les souvenirs

ما ~ مُسْتَيْقِظًا — être encore éveillé

ما ~تْ أَمامَهُ مَتاعِب — n'être pas au bout de ses peines

ما زِلْتَ هُنا — tu es encore là?

ما زِلْتُ أَفْعَل — je continue à faire; je fais toujours; je ne cesse de faire

زَوال déclin; disparition; dissipation; extinction; fin; précarité; terme; naufrage [fig.]; crépuscule

سَريع الـ~ passager; éphémère; évanescent

~ مَمْلَكة chute/déclin d'un empire

في ~ه sur son déclin; déclinant

قَبْلَ، بَعْدَ، عِنْدَ الـ~ avant, après midi; à midi

خَطّ الـ~ méridien

زَواليّ de/dans l'après-midi

زَوْل ج أَزْوال homme; personne; apparition; spectre; fantôme; esprit; chose bizarre/étrange/extraordinaire

زائِل éphémère; fugace; fugitif; mortel; passager; transitoire

جَمال ~ beauté évanescente/fugace

أَمَل ~ espoir fugitif

مِزْوَلة ج مَزاوِل cadran/horloge solaire

III زاوَلَ مُزاوَلة ه s'employer à; avoir/exercer une profession; pratiquer; professer; travailler à

~ مِهْنة exercer une profession

~ التَعْليم être dans l'enseignement

مُزاوَلة exercice/pratique d'une profession

طَبيب مُزاوِل médecin; praticien

IV أَزالَ إِزالة ه abolir; dissoudre; effacer; écarter; éliminer; éloigner; faire cesser; faire disparaître; guérir de; mettre fin/un terme à; ôter; supprimer

~ كُلّ أَثَر لِلتَعَب effacer toute trace de fatigue

~ العَوائِق، الصُعوبات lever les obstacles/les difficultés

~ الضَجَر chasser/dissiper l'ennui

~ شُكوكًا dissiper des doutes

~ مَفْعول ه neutraliser l'action de

~ اِحْتِقان، خَبَث ه décongestionner; décrasser

~ الاِزْدِحام mettre un terme aux encombrements

~ الشَحْم dégraisser

~ الغازات dégazer

~ تَجَمُّد ه décongeler; dégeler

~ أَشْجار قُطْر déboiser un pays

إِزالة abolition; dissipation; dissolution; effacement; élimination; mainlevée; suppression; dé- *préf.*

~ الخَبَث، الاِحْتِقان décrassage; décongestionnement

~ الشَحْم، الغازات dégraissage; dégazage

~ مَفْعول ه neutralisation (d'un effet)

مُزيل dissolvant; neutralisant

~ الأَلَم analgésique *n.m., adj.*

زُوان ← زأن

2393 زَوَى ـِ زَوًى، زَيًّا ه عَن écarter; éloigner; déplacer; détourner qqch; cacher; celer [*litt.*]; dérober; soustraire

~ جَبينه، حاجِبَيْه contracter/plisser le front; froncer (les sourcils)

زاوِية ج زَوايا angle; coin; cornière; encoignure; recoin; coin/bout (de rue); rubrique; *isl.* confrérie religieuse; zaouia

~ نِصْف قُطْريّة radian

~ إِبْصار angle visuel

~ حادّة، قائِمة، مُنْفَرِجة angle aigu, droit/obtus

~ داخِليّة، مُتَبادِلة angle interne, alterne

~ مَحوطة، مُتَجاوِرة angle inscrit, adjacent

~ خارِجيّة، مُتَكامِلة angle externe, supplémentaire

~ مُتَقابِلة، مُتَتامّة angle opposé, complémentaire

حَجَر الـ~ pierre angulaire, de touche

رَمْية ~ corner [*sport.*]

~ تَقاطُع، بارِزة arête [*math.*]

~ ضَبْط قائِمة équerre

~ زَوْجيّة dièdre

ذو زَوايا anguleux

الـ~ الأَرْبع les quatre coins

مِقْياس الـ~ goniomètre

مُتَساوي الـ~ isogone

عَرَفَ ما في الـ~ من الخَبايا connaître tous les dessous de; en connaître un bout [*fam.*]; connaître qqch dans les coins [*pop.*]

مِن كُلّ الـ~ sous tous les angles

زاويّ — angulaire

مِزْواة ج مَزاوٍ — théodolite

II **زَوَّى** تَزْوِية ه ← زَوَى

~ حاجِبَيْه — arquer les sourcils

VII **اِنزَوَى** اِنْزِواء — se contracter; s'isoler; se retirer; se mettre dans un coin; se rencogner

~ في — se confiner; se terrer dans

اِنْزِواء — confinement; isolement; retraite; réclusion

اِنْزِوائيّ؛ اِنْزِوائيّة — isolationniste; isolationnisme

مُنْزَوٍ — confiné; isolé; reculé (endroit); reclus *adj.*

2394 **زُواويّ** — zouave

2395 **زِيّ** ج أَزْياء — costume; apparence; aspect; extérieur *n.m.*; uniforme; style; mode

الـ~ النِسائي — mode féminine

على الـ~ الجَديد — à la mode

مَجَلّة أَزْياء — journal de mode

V تَزَيَّا تَزَيِّيًا بـ — prendre le même aspect; s'habiller de la même manière; être à la mode

2396 **زَيْت** ج زُيوت — huile

~ زَيْتون، كَتّان — huile d'olive, de lin

~ خِرْوَع، فُول سوداني — huile de ricin, d'arachide

~ التَشْحيم، الشَعْر — lubrifiant; brillantine

أَشْجار، بُذور الـ~ — oléagineux; plantes oléagineuses

خطّ أنابيب الـ~ — oléoduc

صِناعة الزُيوت — huilerie; fabrication des huiles

مَصْنع لإنْتاج الـ~ — huilerie (usine)

زَيْتيّ — huileux; oléagineux *adj.*; oléifère

لَوْحة ~ة — peinture/tableau à l'huile

زَيْتونة ج زَيْتون — olive *n.f.* [*bot.*]; olivier

جامِع الـ~ — mosquée al-Zaytūna (à Tunis)

مَزْرَعة الزَيْتون — olivaie; oliveraie

جَبَل الـ~ — mont des Oliviers

زراعة، مُزارِع الـ~ — oléiculture; oléiculteur

زَيْتونيّ — olive *adj.* (couleur); étudiant d'al-Zaytūna

زَيّات ج ون — marchand d'huile

مَزْيوت — huilé

مِزْيَتة ج مَزايِت — huilier

II زَيَّتَ تَزْييتًا ه — huiler; *techn.* graisser; lubrifier

تَزْييت — graissage; lubrification

مُزَيِّت — lubrifiant *n.m.*; graisseur [*techn.*]

مُزَيَّت — huilé; graissé; lubrifié

2397 **زِيج** ج أَزْياج — fil à plomb; *astron.* éphéméride; tables astronomiques

زِيجة ج ات ← زوج

2398 **زاحَ** ـِ زَيْحًا، زُيوحًا — s'écarter; se pousser

~ عن المَرْكَز — se décentrer

زِحْ — pousse-toi; écarte-toi

زَيّاح — procession (religieuse)

IV **أَزاحَ** إزاحة ه — déplacer; écarter; éloigner

~ سِتارًا — écarter/entrouvrir un rideau

~ السِتار، اللِثام عن — dévoiler; révéler

~ عن المَرْكَز — décentrer

**إزاحة** — déplacement; écartement; éloignement

~ عن المَرْكَز — décentrement

~ اِفْتِراضيّة، زاوية — déplacement virtuel, angulaire

VII اِنْزاحَ اِنْزِياحًا ← زاحَ

2399 (زيد) **زادَ** ـِ زِيادة — augmenter *intr.*; s'accroître; être/devenir nombreux; se multiplier

~ت الأَسْعار، الضَرائِب — les prix, les impôts ont augmenté

~ على، عَنْ ه — dépasser; excéder; renchérir; surpasser

~ الاِسْتِهْلاك على الإنْتاج — la consommation dépasse la production

~ ه، في ه — accentuer; ajouter; augmenter *tr.*; accroître; aggraver; intensifier; étendre; majorer; multiplier

~ السِعْرَ الرَسْميّ — dépasser le cours officiel

~ الضَرائِب relever/augmenter les impôts

~ ه عِلْمًا donner de plus amples informations à

~ قيمة ه mettre en valeur; valoriser; revaloriser

~ ه تَسْلِيةً وراحةً rendre plus agréable/plus confortable

~ ه، ه جَمالًا embellir qqn, qqch

~ الطِينة بَلّة *prov.* aggraver les choses; mettre de l'huile sur le feu

ما ~ الطِينَ بَلّة pour surcroît de malheur

~ في ضَغْطه على accentuer sa pression sur

~ قائِلًا ajouter (ces mots, ces paroles)

ما **يَزيد** على plus de; qui dépasse

لا ~ على pas plus de; qui ne dépasse pas

كَذا أوْ ما ~ tant et plus

زِدْ على ذَلِك أنَّ ajoutez que; outre que; de plus

**زِيادة** ج ات accroissement; augmentation; addition; excès; excédent; hausse; majoration; supplément; surcroît; surplus; surabondance

~ ضَغْط surcompression; surpression

~ الأَسْعار augmentation/hausse des prix

~ المَواليد accroissement/augmentation des naissances

~ في الوَزْن excès de poids

~ في النَفَقات excédent des dépenses

~ المَواليد على الوَفَيات excédent des naissances sur les décès

لِـ~ الإيضاح pour supplément d'information; pour plus de précisions

~ التَفاصيل surcroît de détails

أَعْلَى ~ la plus forte enchère

~ الإنتاج surproduction

~ القيمة plus-value

بِـ~ الإِنْتاج en augmentant la production; en produisant davantage

**زِيادةً** عَلَى، عَنْ ذَلِكَ par-dessus le marché; de plus; en sus de; indépendamment de

~ أوْ نَقْصًا par excès ou par défaut; en plus ou en moins; plus ou moins; peu ou prou

الزيادات الأَميركيّة surplus américains

**زائِد** débordant; exagéré; excédant; excédent; excessif; excédentaire; élevé; superfétatoire; surabondant; extrême; en/de trop; extra

بِشَغَف ~ avec une extrême passion

~ عن العَدَد en surnombre

~ عن الحاجة، الضَروريّ superflu *adj.*, *n.m.*

وَزْن، حِمْل ~ surcharge; poids excédentaire

~ الضَغْط surcompressé; surpressé

ضَغْط ~ surcompression; surpression

**زائِدة** ج زَوائِد excroissance; *anat.* appendice; *gramm.* affixe; augment

~ وَسيطة *gramm.* infixe

~ دُودِيّة appendice vermiculaire

اِسْتِئْصال الـ~ appendicectomie

اِلْتِهاب الـ~ appendicite

زائِديّ المَقْطَع hyperbolique [*math.*]

**مَزيد** complément; excédent; surcroît; surcharge; supplément; *gramm.* dérivé/augmenté (verbe)

~ من المَنافِع surcroît/supplément d'avantages

~ من العَمَل surcroît/surcharge de travail

الـ~ من une grande quantité de; beaucoup; extrême *adj.*; très grand

لِلْـ~ مِن المَعْلومات pour plus de renseignements

~ الأَسَف، الاِرْتِياح extrême regret, satisfaction

~ السُرور très grande joie/satisfaction

بِـ~ شُكْري avec mes très vifs remerciements

**مَزاد** ج ات adjudication; criée; encan; enchères

بِالـ~ à l'encan; à la criée

بَيْع بِالـ~ العُموميّ vente aux enchères publiques

III زايَدَ مُزايَدة acheter cher; renchérir; faire de la surenchère; surenchérir

**مُزايَدة** adjudication; criée; enchère; surenchère

قاعة الـ~ salle des ventes

**مُزايِد** ج ون enchérisseur

لِلْـ~ الأَخير au plus offrant et dernier enchérisseur (vente)

V تَزَيَّدَ تَزَيُّدًا ← VIII اِزْداد

VI تَزايَدَ تَزايُدًا augmenter; s'accroître; croître; s'intensifier; se multiplier; grandir; proliférer; devenir de plus en plus fort/grand/nombreux

**تَزايُد** augmentation; accroissement; croissance; intensification; multiplication; prolifération

بِـ~ de plus en plus

**مُتَزايِد** croissant *adj.*; grandissant; grossissant

عَدَد ~ مِن nombre croissant de

VIII **اِزْدادَ** اِزْدِيادًا s'accentuer; s'accroître; augmenter; s'amplifier; grandir; grossir; se développer; devenir de plus en plus

~ ضُعْفًا، هُزالًا devenir de plus en plus faible, maigre

~ اِنْتِباهًا redoubler d'attention

~ سُوءًا، خُطورَةً s'aggraver

**اِزْدِياد** accentuation; accroissement; augmentation; amplification; recrudescence; développement

~ الوَزْن augmentation/prise de poids

~ الإِنْتاج accroissement de la production

~ الأَسْعار inflation

في ~ مُسْتَمِرّ en augmentation continue

**2400 زير** chanterelle [*mus.*]

زِيار tenailles; étau

II زَيَّرَ تَزْييرًا serrer (une vis)

**2401 زير** ج أَزْيار jarre

**2402 زيز** ج زيزان cigale [*zool.*]

بَصَل الـ~ muscari

**2403 زَيْزَفون** tilleul *n.m.* [*bot.*]

**2404** (زيغ) **زاغَ** ـِ زَيْغًا، زَيَغانًا s'écarter; dévier *intr.*; se détourner; faire une embardée

**زَيَغان**؛ زَيْغ aberration; déviation; embardée

~ الشَّباب écart de jeunesse; fredaine

زَيْغ لَوْنِيّ، البَصَر aberration chromatique, de la vue

زائِغ aberrant; hagard

IV **أَزاغَ** إِزاغَة ه. ه écarter; faire dévier; détourner

~ النَّظَر عَن détourner le regard de

VII اِنْزاغَ اِنْزِياغًا ← زاغَ

اِنْزِياغ النُّجوم aberration [*astron.*]

**2405 زَيْف** ← زائِف

~ ج زُيوف fausse monnaie

**زائِف** factice; falsifié; faux; truqué; pseudo- *préf.*

عُمْلَة، أَخْبار ~ة fausse(s) monnaie, nouvelles

II زَيَّفَ تَزْييفًا adultérer; falsifier; contrefaire; imiter; fabriquer de la fausse monnaie/un faux; truquer; maquiller [*péjor.*]

تَزْييف falsification; trucage; imposture; adultération; faux *n.m.*; contrefaçon; fabrication (de fausse monnaie)

**مُزَيِّف** imposteur; trompeur; truqueur

~ عُمْلَة faux-monnayeur; fabricant de fausse monnaie

**مُزَيَّف** faux *adj.*; fausse monnaie; apocryphe; factice; contrefait

هذا ~ c'est du toc! [*fam.*]

**2406 زيق** ج أَزْياق col (de chemise); collet

**2407 زيل** ← زول

III زايَلَ مُزايَلَة ه. ه abandonner; se séparer de

مُزايَلَة séparation

VI تَزايَلَ تَزايُلًا se disperser

**2408** (زين) **زانَ** ـِ زَيْنًا ← II

**زَيْن** ج أَزْيان ← زينة

~ الديك crête de coq

**زِينَة** beauté; décor; décoration; éclat; lustre; ornement; parure; toilette

حَديقَة لِلـ~ jardin d'ornement

~ قُبَّعَة، دَوْلاب garniture de chapeau; enjoliveur de roue

~ الوَجْه maquillage

نَباتات الـ~ plantes ornementales

خُوان الـ~؛ مُزَيِّنَة table de toilette; coiffeuse

~ يَوْم jour de fête

II زَيَّنَ تَزْيِينًا ه، ه agrémenter; décorer; embellir; enjoliver; garnir; fleurir *tr.*; ornementer; orner; parer

~ بالرُسوم illustrer (un livre)

~ نَفْسَهُ، وَجْهَهُ se maquiller

~ لَهُ أن amener qqn à; faire croire à qqn que; induire en tentation; tenter; dorer la pilule à qqn

تَزْيِين agrément; embellissement; décoration; ornementation

مُزَيَّن embelli; agrémenté; émaillé; décoré; illustré (livre)

V تَزَيَّنَ تَزَيُّنًا s'orner; s'embellir; se parer; se refaire une beauté; se fleurir; se garnir

VIII اِزْدان اِزْدِيانًا → V

مُزْدان orné; paré; fleuri; garni; embelli

2409 زَيْنابة *poiss.* able; ablette

2410 زَيْنَب *bot.* tubéreuse

(سين)

*douzième lettre de l'alphabet* : «*sīn*»;
*sifflante sourde* : [s]

**2411 س** x [*math.*]

**سَ** (← سَوْفَ) *marque du futur comme «sawfa»*

**سَأَذْهَبُ** je vais partir; je partirai

**2412 سابوط** carpe [*poiss.*]

**2413 ساج** platane; teck

ساجات castagnettes

**2414 ساجور** ج سَواجير collier de chien

**2415 ساحة** ج ات، سُوح arène; aire; cour; forum; place; préau

~ عامّة، عُمومِيّة place publique

~ هُبوط، الشَرَف aire d'atterrissage; champ d'honneur

~ أَلْعاب stade; terrain de sport

~ المَحْكَمة، القَضاء tribunal; cour [*jur.*]

~ القِتال، الحَرْب champ de bataille; théâtre de la guerre/des opérations

بَريء الـ~ innocenté; relaxé

عادَ إلى ~ العمل se remettre au travail/à l'ouvrage

إِرْتَمَى في **سُوح** الـ descendre/s'élancer dans l'arène [*fig.*]

**2416 سادة** simple; uni; uniforme

قَهْوة ~ café nature/sans sucre

**2417 سادَرْوان** *bot.* orseille

**2418 ساديّ**؛ ساديّة sadique; sadisme

**2419 سَئِرَ** ـَ سَأْرًا être de reste; rester

سائِر ه le reste; les autres; le restant; tous les autres

**2420 ساسانيّ** ج ون Sassanide

**2421 ساعة** ج ات heure; instant; moment; horloge; montre

~ سَوْعاء heure/moment décisif(ive), solennel(le)

~يَد montre-bracelet; bracelet-montre

~ جَيْب montre à gousset

~ شَمْسِيّة، رَمْلِيّة cadran/horloge solaire; sablier

~ دَقّاقة، حائِط pendule *n.f.*

~ ناطِقة، تَوْقيعِيّة horloge parlante, pointeuse

في ~ مُتَأَخِّرة à une heure avancée (de la nuit); tard

رَجُل الـ~ l'homme de la situation

قَدَّمَ، أَخَّرَ ~ه avancer, retarder sa montre

~ كامِلة une bonne heure

آخِر ~؛ الـ~ الأَخيرة dernière heure

~ قانونِيّة، شَمْسِيّة heure légale, solaire

~ الهُجوم، الصِفْر heure H

بَيْنَ ~ وأُخْرَى incessamment; d'un instant/moment à l'autre

لِ، مِن ~ه؛ الساعة à l'instant; aussitôt; sur le coup/l'heure/le moment

في هَذِه الـ~ — à l'heure qu'il est
خَرَجَ لِـ~ه — il vient juste/à peine de sortir
اِبْنُ ~ه — éphémère; passager *adj.*
في، بالـ~ — horaire *adj.* (travail)
**ساعَةَ** ه — au moment où; à l'époque où; à ce moment-là
~ غُروب الشَمْس — à l'heure du coucher du soleil
الـ~ ← لِـ، من ساعته
بَعْدَ ساعَتَيْن — en/dans deux heures
**ساعات** عَمَل — heures/horaire de travail
~ راحة، فَراغ — heures de repos, de loisir
صِناعة الـ~ — industrie horlogère
مَعْمَل، مَصْنَع ~ — horlogerie
~ الدَوام — heures/horaire de bureau/de permanence
~ إضافيّة — heures supplémentaires
**ساعيّ** — horaire *adj.*
حَرَكة ~ة — mouvement d'horlogerie
ساعاتيّ ج ون — horloger
سُوَيْعة ج ات — petite heure

**سافياء** ← سفى

**2422 ساق** ج سُوق، سِيقان — *géom.* côté; *bot.* tige; tronc (d'arbre); queue (d'un fruit); *anat.* jambe; *v. aussi 2739*
وَحيد الـ~ — unijambiste
طَويل، طَويلات الـ~ — *ois.* échasse; échassiers *n.m.pl.*
~ أَرْضيّة، مِجْذارة — tige souterraine, radicante
~ عارِشة، زاحِفة — tige grimpante, rampante
~ مُنْتَصِبة، مُلْتَفّة — tige dressée, volubile
عَظْم الـ~ الأَكْبَر — tibia
~ نَظّارة — branche de lunettes
رِباط الـ~ — jarretière
على قَدَم و~ — très énergiquement/sérieusement
وَقَفَ على ~ الجِدّ — mettre tout son zèle/toute son énergie à; prendre très au sérieux
قامَتْ على، كَشَفَتْ عَن الـ~ — éclater/se déchaîner (guerre)
أَقامَ الفِتْنة على الـ~ — fomenter des troubles
يَوْمَ اِلْتَفَّتِ الـ~ بالـ~ — au jour du Jugement dernier
مُتَساوي **الساقَيْن** — isocèle (triangle)
أَطْلَقَ **ساقَيْه** لِلريح — prendre ses jambes à son cou; se sauver à toutes jambes
جَرْجَرَ ~ — traîner la jambe/la patte
شَمَّرَت الحَرْب عن ~ها — éclater/se déchaîner (guerre)
ساقيّة ج ات — molletière
سُوَيْقة ج ات — pédicule; pédoncule; pétiole

**2423 سَأَلَ** ـَ سُؤالًا ه — interroger; questionner; poser une question à; demander la charité à qqn
~ ه رَأْيَهُ — demander son avis à/consulter qqn
~ ه ه، عن ه — demander qqch à qqn; s'informer/s'enquérir de; réclamer qqch à qqn
~ عن أَخْبار ه — demander des nouvelles de qqn
~ عن طَريقِه — demander son chemin
~ عَمّا إذا كان — demander si
~ ه أَنْ، أَلّا — implorer/adjurer qqn de, de ne pas
لا **أَسْأَلُ** عن الوالي — *prov.* le roi n'est pas mon cousin [*fam.*]; je suis plus heureux qu'un roi
سَلْ — *impér.* demande
لا تَسَلْ لِمَ — ne cherche pas à savoir pourquoi
سُؤال ج أَسْئِلة — demande *n.f.*; interrogation; requête; question
سائِل ج ون — demandeur; interrogateur; mendiant
سُؤَلة، سَؤول — questionneur
**مَسْؤول** ج ون — interrogé; questionné; responsable; qui a la charge de
~ عَنْ عائِلة، أُسْرة — chargé de famille
مَوْقِف ~ — attitude responsable
جَعَلَهُ ~ًا عَنْ ه — rendre qqn responsable de
غَيْر ~ — irresponsable
مَسْؤولون عن أَجْهِزة الدَوْلة — responsables de l'appareil de l'État

**مَسْؤُولِيَّة** ج ات responsabilité

أَلْقَى عَلَيْهِ الـ~ tenir qqn pour responsable; rejeter la responsabilité sur qqn

~ جَماعِيَّة responsabilité collective

أَخَذَ ه على ~ه prendre sous sa responsabilité

لا ~ irresponsabilité

حَدَّدَ المَسْؤُولِيَّات limiter les responsabilités

**مَسْأَلَة** ج مَسائِل affaire; cas; problème; question; thème (de discussion)

~ قانونِيَّة point/question de droit

ما الـ~ de quoi est-il question?

الـ~ مَسْأَلَة أُخْرى il n'est pas du tout question de cela; il ne s'agit pas de cela

هَذِهِ هِيَ كُلّ الـ~ c'est là tout(e) le problème/la question

III ساءَلَ مُساءَلة ه عن ه demander avec insistance qqch à qqn; réclamer

VI **تَساءَلَ** تَساؤُلًا عَنْ s'interroger sur; se poser des questions

~ هَلْ se demander si

**تَساؤُلِيّ** interrogateur; interrogatif

نَظَرات ~ة، مُتَسائِلة regards interrogateurs

**2424 سَئِمَ** ـَ سَأَمًا (مِنْ، عَنْ ه)
s'embêter; s'empoisonner [*fig.*]; se dégoûter/être dégoûté de; s'ennuyer; se lasser; se fatiguer [*fig.*]

**سَأْم**؛ سَآمة dégoût; ennui; fatigue [*fig.*]; lassitude; lourdeur (de style)

~ًا من المُقاوَمة de guerre lasse

سَئِم dégoûté; ennuyé; fatigué [*fig.*]; las

IV أَسْأَمَ إِسْآمًا ه assommer [*fig., fam.*]; ennuyer; fatiguer; lasser; endormir [*fig.*]

**مُسْئِم** endormant; fatigant; fastidieux; ennuyeux; lassant; maussade

**2425 سامِيّ** sémite; sémitique

لا ~؛ لاسامِيَّة antisémite; antisémitisme

ضِدّ، مُضادّ، مُعادي **السامِيَّة** antisémite

مُعاداة، مُقاوَمة الـ~ antisémitisme

**2426 سَبَّ** ـُ سَبًّا blasphémer; jurer

~ ه injurier; insulter; gronder; invectiver; outrager

سَبّ؛ سِباب injure; insulte; blasphème; juron; gros mot; invective; vilenie

مَسَبَّة ج ات ← سَبّ

سَبّاب ج ون insulteur

سَبّابة index [*anat.*]

VI تَسابَّ تَسابًّا échanger des insultes/des injures; s'injurier réciproquement; s'insulter; s'invectiver

**2427 سَبَب** ج أَسْباب cause; matière; lien; raison; motif; relation; *prosod.* pied

~ صُعوبات source de difficultés

~ جِدال motif/objet/sujet de dispute/de discussion

~ دِفاع moyen de défense

~ مَرَض cause/origine d'une maladie

يَرْجِع الـ~ إلى la raison en est que; cela est dû à

كان ~ ه ، ~ًا في، لِـ ه être cause de

لِأَكْثَر من ~ à plus d'un titre; pour plus d'une raison

دون ~ sans raison; hors de propos

ما ~ ذَلِك à quoi cela tient-il/est-il dû?

بِـ~ ه à cause de; du fait de

بِـ~ ذَلِك dès lors; par conséquent

**أَسْباب** apprêts; préparatifs

~ العِيد، العُرْس préparatifs de la fête, de la noce

وَصَلَ ~ه بِـ~ه joindre ses efforts/ses forces à

لِـ~ خارِجة عن إرادتنا pour des raisons indépendantes de notre volonté

تَقَطَّعَتْ بِه الـ~ *fig.* être à bout de ressources

لِلـ~ الّتي أَشَرْنا إِلَيْها pour les raisons que nous avons indiquées

بَحَثَ عن الـ~ rechercher les causes

بَيان، عَرْض الـ~ exposé des motifs [*jur.*]

~ حُكْم attendus d'un jugement

~ العَيْش، المَعيشة moyens d'existence/de subsistance

~ الراحة confort; luxe

~ الحَضارة، التَمَدُّن aspects de la civilisation

**سَبَبِيّ** causal; causatif; factitif

فِعْل، جُمْلَة ~(ة) — verbe factitif; proposition causale

نَعْت ~ — complément de l'adjectif (*ex.* beau de visage)

سَبَبِيَّة — (principe de) causalité

II **سَبَّبَ** تَسْبِيبًا ه — causer; engendrer; motiver; occasionner; susciter; provoquer; faire naître; donner naissance à [*fig.*]

~ كارِثَة — entraîner/provoquer une catastrophe

~ مَتاعِب — engendrer des difficultés

~ هَلاكَهُ — perdre qqn

~ لَهُ مَشَقَّة، مَتاعِب — coûter des efforts; donner du fil à retordre [*fam.*]

~ ضَرَرًا لِـ — causer un dommage à; faire du tort à

~ لِنَفْسِهِ الهُموم — s'attirer des ennuis

تَسْبِيب — motivation

**مُسَبِّب** — auteur (d'un accident); cause; origine

~ لِلاِضْطِرابات — fomenteur/générateur de troubles

**مُسَبَّب** — (être) un effet de; causé/provoqué par

السَبَب والـ~ — la cause et l'effet

V **تَسَبَّبَ** تَسَبُّبًا في، بِـ — être la cause/la raison de; causer; provoquer; avoir pour résultat

~ عَنْ — découler/être la conséquence/résulter de

2428 **سَباتيّ** — trèfle (jeu de cartes)

2429 **سَبانِخ** — épinard

2430 **سِباهي**؛ سَبايس — spahi

2431 **سَبَتَ** ـُ سَبْتًا — se reposer; observer le sabbat

**سَبْت** ج سُبوت — samedi; sabbat

~ النُور، الـ~ المُقَدَّس — samedi saint

سَبْتيّ — sabbatique (année)

**سُبات** — assoupissement; engourdissement; inertie; sommeil; somnolence; léthargie; coma; torpeur

راحَ في ~ عَميق — plonger dans un profond sommeil

~ الطَبيعة (في الشِتاء) — le sommeil de la nature (en hiver)

**سُباتيّ** — comateux; léthargique

شِرْيان ~ — carotide

IV أَسْبَتَ إِسْباتًا — hiberner; être en hibernation

إِسْبات — hibernation; léthargie

مُسْبِت — en hibernation; engourdi; léthargique

2432 **سِبْتَمْبَر** — septembre

2433 **سَبَج** — jais; obsidienne

2434 **سَبَحَ** ـَ سَبْحًا، سِباحة — nager; *v. aussi* 2435

~ في دَمِه — baigner dans son sang

~ في الخَيال، في أَحْلامه — rêvasser; se noyer/se perdre dans ses rêveries

**سِباحة** — nage; natation

حَوْض، حَمّام الـ~ — piscine

مُدَرِّس ~ — maître nageur

**سابِح**، سَبّاح ج ون — baigneur; nageur

~ في الدُموع — baigné de larmes

~ في العَرَق — être tout en nage/baigné de sueur

~ في الخَيال، أَفْكاره — songeur; pensif; rêveur; perdu dans ses rêves/ses pensées

سَبّاح — bon nageur

مَسْبَح ج مَسابِح — piscine; bassin de natation

2435 **سُبْحة** ج سُبَح — grain de chapelet; chapelet; rosaire; invocation/louange (de Dieu); acte de dévotion; *v. aussi* 2434

مَسْبَحة ج مَسابِح — chapelet; rosaire

**سُبْحانَ** اللّه — gloire à Dieu (formule d'admiration, de surprise)

~ه تَعالى — Dieu soit loué!

II **سَبَّحَ** تَسْبيحًا ه — réciter un rosaire; chanter les louanges de

~ اللّه، لِلّهِ — exalter/louer/glorifier/rendre gloire/rendre hommage à Dieu

~ بِحَمْده — encenser; faire le los de [*class.*]; glorifier

**تَسْبيحة** ج تَسابيح — hymne; glorification; louange; Te Deum

~ شُكْر لِلّه — doxologie

سَبْحَلَ سَبْحَلَةً glorifier Dieu; prononcer la formule «Dieu soit loué!»

2436 سَبَخَ ـِ سُبوخًا dormir d'un profond sommeil; *v. aussi 2437*

سَبْخ sommeil profond; léthargie

سَبيخَة، سَبيخ ج سَبائِخ flocon de coton

سَبيخيّ cotonneux; floconneux

II سَبَّخَ تَسْبيخًا être dans un état léthargique/dans le coma

~ القُطْن rouler le coton

~ الحُمَّى calmer/faire tomber la fièvre

تَسْبيخ coma; somnolence

تَسْبيخيّ comateux

2437 سَبْخَة ج سِباخ marécage; marais; marais salant; sebkha; *v. aussi 2436*

سِباخ ج أَسْبِخَة *égypt.* engrais; fumier

سِباخَة maraîchage; culture maraîchère

سَبّاخ maraîcher

سَبِخ marécageux; salsugineux

II سَبَّخَ تَسْبيخًا ه engraisser/fertiliser (une terre)

2438 سَبَدَ ـُ سُبودًا ه raser le crâne; couper les cheveux/les moustaches à ras

سُبَد *ois.* engoulevent

مَسْبود ras (cheveux)

2439 سَبَرَ ـُ سَبْرًا ه jauger; mesurer; sonder

~ جُرْحًا explorer/sonder une plaie

~ القَلْب، الضَمير sonder le cœur, la conscience

~ عُمْق البَحْر mesurer la profondeur de la mer

~ الرَأْي العامّ faire un sondage d'opinion

~ نَوايا ه، غَوْرَ ه sonder les intentions de; pressentir qqn; tâter qqn [*fig.*]

لا يُسْبَر insondable

سَبْر؛ ~ الرَأْي العامّ sondage; sondage d'opinion

مُتَعَذِّر ~ه insondable

سَبْرَة *ois.* glaréole

مِسْبَر ج مَسابِر *techn.* jauge; sonde; sondeur; *chir.* explorateur; stylet

مِسْبار ج مَسابير *même sens*

2440 سَبّورة ج ات، سَبابير ardoise; tableau

2441 سَبْسَب ج سَباسِب savane; steppe

~ قَفْر désert *n.m.*

2442 سَبُطَ ـُ سُبوطة être plat (cheveux)

سَبْط plat (cheveux)

سُباطة balayures; pellicules (de cheveux)

2443 سِبْط ج أَسْباط petit-fils; petits-enfants; famille; tribu

ساباط ج سَوابيط corridor; passage étroit/voûté

2444 سَبَطانة sarbacane; tube; tuyau

~ بُنْدُقيّة canon de fusil

2445 سَبّاط، سَبابيط chaussure; sabot; savate

2446 سَبَع *bot.* orobanche

2447 سَبْعَة م سَبْع sept; *v. aussi 2448*

رَقْم، عَدَد ~ le chiffre, le nombre sept

لِسَبْع سَنَوات septennal; pour une période de sept ans

سَبْعيّ؛ خِطّة ~ة septennal (plan)

حُكْم ~ septennat

سَبْعونَ soixante-dix; septante

سَبْعونيّ septuagénaire

السَبْعينات، السَبْعينيّات les années soixante-dix

سُبْع ج أَسْباع septième (partie de l'unité)

سُباعيّ septain; septénaire

سَبْعَةَ عَشَرَ م سَبْعَ عَشْرَة dix-sept

سابِع septième *adj. num. ordin.*

الـ~ من الشَهْر الجاري le sept du mois courant

سابِعًا septièmement

سابِعَ عَشَرَ م سابِعةَ عَشْرَةَ — dix-septième
أُسْبوع ج أَسابيع — semaine
أُسْبوعيّ — hebdomadaire *adj.*

**2448 سَبُع** ج سِباع — animal/bête féroce; prédateur; *v. aussi 2447*
~ الطَّيْر — oiseau de proie; rapace
شَرِبَ حَليبَ **السِباع** — avoir mangé/bouffé [*fam.*] du lion

**2449 سَبَغَ** ـُ سُبوغًا — traîner jusqu'à terre
سابِغ — traînant (vêtement); qui descend jusqu'à terre; pendant *adj.*
IV **أَسْبَغَ** إِسْباغًا ه عَلَى ه — élargir/étendre jusqu'à; gorger/combler qqn de
~ عَلَيْه المَديح — combler qqn d'éloges
~ عَلَيْه نِعَمَه — répandre ses grâces sur

**2450 سَبَقَ** ـِ سَبْقًا ه — gagner de vitesse; dépasser; devancer; distancer; précéder; venir en priorité
~ أَنْ — déjà; précédemment; il est déjà arrivé que
~ لي القَوْلُ، أَنْ قُلْتُ — j'ai déjà dit
~ أَنَّ الفِكْرة راوَدَت الأَذْهان — cette idée a déjà préoccupé les esprits
~ السَّيْفُ العَذَلَ — *prov.* se trouver devant le fait accompli
~ه لِسانُه — parler trop vite
لَمْ **يَسْبِقْ** لَهُ مَثيل — ne pas avoir son pareil
على نِطاق لَمْ ~ له مَثيل — dans des limites encore jamais atteintes
سَبَق ج أَسْباق — enjeu (d'une course)
**سَبْق** — avance; anticipation; antécédence
~ التَصْميم، الإِصْرار — préméditation
سَبْقة قَلَم، لِسان — «lapsus calami, linguae»
**سابِق** — antérieur; antécédent; devancier; préalable; précédent; précurseur; préconçu (idée); d'avant
حُكْم ~ — préjugé
~ لِلزَواج، لِلْوِلادة — prénuptial; prénatal
~ الذِكْر — mentionné plus haut; ci-dessus
~ الوُجود؛ وُجود ~ — préexistant; préexistence
~ لِأَوانِه — prématuré
إِنْذار، إِشْعار ~ — avis préalable; préavis
طَعْم ~ مِن — avant-goût de
في وَقْت ~ لِـ — antérieurement à
في الـ~ وَٱللاحِق — avant et après
مُدير، رَئيس ~ — ancien directeur, président; ex-directeur, -président
بَعْدَ ~ إِنْذار — après préavis
بِإِذْن ~ — avec autorisation préalable
كَـ~ العادة — comme d'habitude/toujours/avant
~ ما قَبْلَ الأَخير — antépénultième
لا **سابِقَ** لَهُ — incomparable; sans exemple; sans précédent
سابِقًا — ci-dessus; ci-devant; antérieurement; auparavant; précédemment
**سابِقة** ج سَوابِق — antécédent *n.m.*; précédent *n.m.*; préfixe
اِسْتَنَدَ إلى، شَكَّلَ ~ — s'appuyer sur, créer un précédent
**سَوابِق** عَدْلِيّة — antécédents judiciaires
سِجِلّ الـ~ العَدْلِيّة — casier judiciaire
**سابِقِيّة**؛ ~ القَصْد — antériorité; préméditation
جَريمة مع ~ القَصْد — meurtre avec préméditation
أَسْبَق (← سابِق) — ancien; ex-
أَسْبَقِيّة — ancienneté; antériorité; primauté; priorité
**سَبّاق** — anticipé; précurseur; vainqueur
قِطار، سَيّارة ~(ة) — train express/rapide; voiture de course
مَسْبوق — devancé; distancé; précédé
II **سَبَّقَ** تَسْبيقًا ه — anticiper; avancer; faire précéder
~ التاريخ — antidater
إِنَّ ساعَتي **تُسَبِّق** — ma montre avance
**مُسَبَّق** — anticipé; antidaté; préconçu; préalable
تَشاوُر، شَرْط ~ — consultation, condition préalable
حُكْم، شُعور ~ — préjugé *n.m.*; pressentiment
اِخْتِيار، تَصْوير ~ — présélection; préfiguration;
صُنْع، تَمْويل ~ — préfabrication; préfinancement

**مُسَبَّقًا** — par/à l'/d'avance; au préalable; préalablement; par anticipation

أَنْفَقَ ~ — anticiper un paiement; payer d'avance

صَنَعَ، مَصْنوع ~ — préfabriquer; préfabriqué

III **سابَقَ** سِباقًا، مُسابَقَة ه — chercher à devancer; lutter de vitesse; être en compétition avec

**سِباق** خَيْل، سَيّارات — course de chevaux, de voitures

~ في العَدْو — course à pied

~ حَواجِز، بَدَل — course de haies, de relais

~ التَسَلُّح — course aux armements

حِصان، سَيّارة ~ — cheval, voiture de course

حَلْبة، مَيْدان الـ~ — hippodrome; piste (de course)

**مُسابَقة** ج ات — concours; course; compétition; émulation

~ الحِساب، التاريخ — composition de calcul, d'histoire

~ الكَأْس — *sport.* championnat; coupe; tournoi

فازَ بِالـ~ — gagner au concours

مُسابِق ج ون — concurrent; coureur

VI تَسابَقَ تَسابُقًا — lutter de vitesse; chercher à devancer qqn; se bousculer; jouer des coudes [*fam.*]

VIII **اِسْتَبَقَ** اِسْتِباقًا الحُكْم — préjuger

~ الأَحْداث — anticiper sur les événements

**اِسْتِباق**؛ رِواية ~ — anticipation; roman d'anticipation

مَسْأَلة اِسْتِباقِيّة — question préjudicielle

**2451** **سَبَكَ** ـِ سَبْكًا ه، ه — façonner; forger; former; modeler

~ مَعْدِنًا، تِمْثالًا — fondre un métal; couler une statue

~ كَلامه، أُسْلوبه — bien parler; polir ses phrases/son style

~تْ ه التَجارِب — être mûri/façonné par l'expérience

سِباكة — coulée; fonte (des métaux)

سَبْك — expérience/formation (d'un individu); formulation (d'une idée); fonte (d'un métal)

سَبيكة ج سَبائِك — lingot; alliage; gueuse [*techn.*]

سَبّاك ج ون — fondeur

مَسْبوك — fondu; coulé (métal); fonte

مَسْبَك ج مَسابِك — fonderie; forge

II سَبَّكَ تَسْبيك (المَعادِن) — fondre, fonte (des métaux)

VII اِنْسَبَكَ اِنْسِباكًا — être coulé dans un moule; fondre *intr.*

اِنْسِباك المَعْدِن — fonte du métal

**2452** **سَبَل**؛ سُبولة (← سُنْبُل) — épi

IV أَسْبَلَ إِسْبالًا — lever (graine); avoir/faire des épis

**2453** **سَبَلة** ج ات — sépale

ذات ~ واحِدة، سَبَلَتَيْن — (fleur) monosépale, disépale

**2454** **سَبَلَ** ـُ سَبْلًا ه — laisser couler/tomber qqch

~ ـَ سُبولًا — s'étendre; se répandre

~ ـُ ه — injurier; insulter; invectiver

**سَبَل**؛ سُبْلة — pluie fine; petite averse; *méd.* cataracte

**سَبَلة** ج سِبال — duvet (de la lèvre supérieure); moustache

نَشَرَ ~ ه، سِبالَه — proférer des menaces; menacer

مَلأَ الكَأْس إلى ~ها — remplir un verre à ras bord

سُبَيْلة — *bot.* vulpin

أَسْبَل م سَبْلاء — qui a de longues moustaches; œil dont les cils sont très longs

سابِلة ج سَوابِل — chemins battus; passants; voyageurs qui circulent à pied

**سَبيل** ج سُبُل — chemin; route; sentier; voie; expédient *n.m.*; moyen

~ اللّه؛ في ~ اللّه — la cause de Dieu; pour l'amour de Dieu

اِبْنُ الـ~ — passant; voyageur

مَهَّدَ الـ~ لِـ ه، ه — préparer la voie à

ذَهَبَ، مَضَى ~ه، في، إلى ~ه — suivre son chemin; vaquer à ses occupations; s'en aller

فَتَحَ الـ~ لِـ ه — ouvrir la porte à [*fig.*]; prêter le flanc à [*litt.*] (la critique)

أَخْلَى، إِخْلاء ~ ه — libérer; libération

الـ~ الوَحيد، السَوِيّ — l'unique moyen de; le bon chemin/la bonne voie

اِعْتَرَضَ ~ ه — barrer la voie/la route à

لَيْسَ لَكَ عَلَيْهِ ~ vous n'avez aucun pouvoir sur lui

لَيْسَ لَدَيْه من ~ إلّا n'avoir d'autre moyen/ressource que de

على ~ ه en guise de; par manière de; à titre de; histoire de [*fam.*]

على ~ المِثال pour l'/à titre d'exemple; pour donner/prendre un exemple

على ~ التَوْفير par mesure d'économie

على ~ الاِحْتِياط à tout hasard; par mesure de prévoyance

على ~ الفكاهة histoire de rire [*fam.*]; pour plaisanter

في ~ ه en vue de; pour la cause de; dans la voie de; au service de; dans l'intention de

ماتَ في ~ وَطَنِه mourir pour la patrie

بِـ~ الكَلام عَنْ ه à propos de

كان بِـ~ ه être en passe/en train de

ما الـ~ إلَى comment faire pour; comment arriver à?

لا ~ إلى il n'y a aucun/pas de moyen de; il n'est pas possible de

ما اِسْتَطاعَ إلَيْه سَبيلًا autant que possible; de toutes ses forces; par tous les moyens

ضاقَتْ بِهِ السُّبُل à bout de ressources

سَبيل ج أَسْبِلة fontaine publique

سَبول ciboule [*bot.*]

II سَبَّلَ تَسْبيلًا ه faciliter; permettre

~ سِتْرًا baisser/tirer un rideau

~ ثَرْوَتَهُ لِلْخَيْر consacrer/mettre sa fortune au service du bien

مُسَبَّل qui a beaucoup de barbe et de longues moustaches

IV أَسْبَلَ إسْبالًا ه répandre; verser

~ت السَماءُ، دُموعُه il pleut; il pleure

~ت الطَريقُ être très fréquenté (chemin)

~ الماءَ، الدَمْعَ répandre/verser de l'eau, des larmes

~ سِتْرًا baisser/tirer/laisser tomber un rideau

~ جَفْنَيْه abaisser les paupières; baisser les yeux

~ عَلَيْهِ الشَتائِمَ déverser un flot d'injures contre; se répandre en injures contre

أَسْبِلْ fixe! [*mil.*]

مَطَر مُسْبِل pluie qui tombe à verse

**2455 سَبَى** ـِ سَبْيًا ه capturer; faire prisonnier; emmener en captivité; captiver; s'emparer du cœur de qqn; enchanter; fasciner; ravir

**سَبْي** captivité; capture; rapt

~؛ سُبِيّ captives

سَبِيّ م سَبِيّة ج سَبايا captif; prisonnier

**2456 س ت** (← سِجِلّ) R.C.; registre du commerce

**2457 ستاتيكا** statique *n.f.*

ستاتيكيّ statique *adj.*

**2458 ستّ** (← سَيِّدة) dame; maîtresse

~ الحُسْن belladone

**2459 سِتّة** م سِتّ six

~ أيّامٍ؛ أيامٌ ~ six jours

حَرْب الأيّام الـ~ la guerre des Six Jours

سِتّونَ؛ سِتّونيّ soixante; sexagénaire

السِتّينات، السِتّينيّات les années soixante

سِتّةَ عَشَرَ م سِتَّ عَشْرَةَ seize

**2460** (ستج) **أُسْتوجة** canette [*techn.*]

**أُسْتاذ** *v. ordre alphab.*

**2461 سَتَرَ** ـُ سَتْرًا ه، ه cacher; couvrir qqn, qqch; dissimuler; voiler; jeter/mettre un voile sur; protéger qqn; recouvrir; pallier qqch; faire mystère de

~ فَضيحة étouffer un scandale

~ عن الأَبْصار dissimuler aux regards

سَتْر déguisement

سِتْر ج سُتور، أَسْتار portière (de velours); rideau; voile (de femme); abri; protection

**سُتْرة** ج سُتَر blouson; jaquette; tunique; vareuse; veste; veston

~ مُشَمَّعة ciré *n.m.*

**سِتار** ج سُتُر؛ سِتارة ج سَتائر — écran; store; paravent; rideau; portière; tenture; voile *n.m.*

~ من الدُخان — écran/rideau de fumée

أَسْدَلَ، رَفَعَ الـ~ — baisser, lever le rideau

تَحْتَ ~ ه — sous couleur/prétexte de; sous les dehors de; sous le couvert de

من خَلْفِ الـ~ — sous le manteau; par derrière

~ حَديديّ — rideau de fer

ساتِر — écran; paravent

**مَسْتور** — caché; dissimulé; voilé; recouvert; couvert [*pr.* et *fig.*]

فَضيحة ~ة — scandale étouffé

تَلْميح ~ — allusion voilée/déguisée; sous-entendu *n.m.*

V **تَسَتَّرَ تَسَتُّرًا** — se camoufler; se déguiser; se cacher; se voiler; garder l'anonymat

~ على جَريمة — couvrir un crime

**تَسَتُّر** — anonymat; camouflage; dissimulation

بـ~ — en tapinois/cachette

**مُتَسَتِّر** — anonyme; sournois; camouflé; dissimulé

VIII **اِسْتَتَرَ اِسْتِتارًا** — se cacher; s'abriter; se dissimuler; se mettre à couvert; se planquer; être latent

**مُسْتَتِر** — abrité; caché; dissimulé; latent; larvé

إضْراب ~ — grève perlée

ضَمير ~ — pronom sous-entendu (cas de la 3e pers. masc. sing. de l'accompli)

**2462** **ستِرْلين**؛ إسْتِرْلين — sterling

لِيرة **إسْتِرْلينيّة** — livre sterling

المِنْطَقة الـ~ — zone sterling

**2463** **ستِريو**؛ ستِريوفون (← جَسَّمَ) — stéréophonique

**2464** **سَتَّفَ** تَسْتيفًا ه — arrimer; empiler

تَسْتيف — arrimage; empilage

**2465** (ستل) **مَسْتَل** ج مَساتِل — chemin étroit; sentier

**2466** **سَجَّ** ـُ سَجًّا ه — passer/poser (un enduit); insinuer qqch

مِسَجّة ج مَساجّ — truelle

**2467** (سجح) **أَسْجَح** م سَجْحاء — bien proportionné

**2468** **سَجَدَ** ـُ سُجودًا — s'agenouiller; se prosterner

~ لِـ ه — se prosterner devant qqn; obéir à

~ لِهٰذه الرَغْبة — s'abandonner au désir

سُجود؛ سِجْدة — agenouillement; prosternation; prosternement

ساجِد ج سُجَّد، سُجود — prosterné; en adoration

سَجّادة ج سَجّاد، سَجاجِد — tapis de prière

**مَسْجِد** ج مَساجِد — mosquée

~ جامِع — mosquée cathédrale

الـ~ الحَرام — la mosquée sacrée (à La Mecque)

الـ~ الأَقْصى — la mosquée al-Aqṣā (de Jérusalem)

**2469** **سَجَرَ** ـُ التَنّور — allumer le four à pain

سيجارة ج سَجائِر — cigarette

سيجار — cigare

**2470** **سَجَعَ** ـَ سَجْعًا — roucouler (pigeon); parler, écrire en prose assonancée

~ ج أَسْجاع — assonance; cadence; prose rimée; roucoulement

**2471** **سِجْف** ج سُجوف — portière (de velours); rideau; tapisserie; tenture; voilage

أَرْخَى اللَيْلُ **سُجوفَه** — *poét.* la nuit a laissé tomber ses voiles

سِجاف ج سُجُف (← سَجْف) — rabat; revers; *phot.* diaphragme

II سَجَّفَ تَسْجيفًا — mettre des tentures; *phot.* diaphragmer

**2472** **سُجُق** — saucisse

**2473** **سِجِلّ** ج ات — livre; livret; matricule; index; liste; registre; journal (de bord); rôle (des contributions)

~ ذَهَبيّ، عَدْليّ — livre d'or; casier judiciaire

~ فُنْدُق، المَحاضِر — registre d'hôtel, des procès-verbaux

~ فَرْديّ، ذاتيّ — livret individuel, militaire, matricule

~ الأحْوال المَدَنِيّة registre d'état civil

~ عَقاريّ، تِجاريّ cadastre; registre du commerce

~ المَواليد، الوَفَيات registre des naissances, des décès

~ المُحاسَبة، المَتْن livre des comptes; journal bord

سِجِلّات archives

سِجّيل (← سِجِلّ) marne [géol.]

سِجّيليّ marneux

II سَجَّلَ تَسْجيلًا ه consigner (des événements); enregistrer; inscrire; immatriculer; marquer; noter; ficher; mettre en fiches; prendre note; transcrire

~ قِطْعة موسيقيّة enregistrer un morceau de musique

~ رَسْميًّا homologuer (un record)

~ رَقْمًا قياسيًّا battre un record

~ تاريخًا relever une date

~ وَقْتَ المَجيء pointer l'heure d'arrivée

~ مُلاحَظات coucher des remarques par écrit

~ طَرْدًا في البَريد recommander un paquet

~ عَلامة مَصْنَع، حَقّ النَشْر
déposer une marque, un droit d'auteur

~ نَفْسَه s'inscrire; prendre une inscription

~ على نَفْسِهِ أنْ se déclarer publiquement pour

تَسْجيل ج ات enregistrement; inscription; immatriculation; notation; transcription; recommandation (d'un paquet)

آلة ~ appareil enregistreur

رُسوم ~ droits d'enregistrement

~ صَوْت، عَلامة prise de son; dépôt d'une marque

~ الأمْلاك العَقاريّة immatriculation foncière

رَقْم ~ numéro matricule

مُسَجِّل enregistreur; magnétophone; marqueur

آلة ~ة؛ مُسَجِّلة ج ات appareil enregistreur/d'enregistrement

~ الذَبْذَبة، الذَبْذَبيّات oscillographe

~ صُوَر تَلْفَزيّة، فيديوكاسيت magnétoscope

مُسَجَّل enregistré; inscrit; recommandé (paquet)

عَلامة ~ة marque déposée

شَريط ~ bande magnétique; cassette

مُوسيقى ~ة musique enregistrée

غَيْر ~ non-inscrit

III ساجَلَ مُساجَلة، سِجالًا ه concourir avec; débattre/disputer avec; rivaliser

~ ه ه contester qqch à qqn

سِجال، مُساجَلة compétition; contestation; débat; discussion

الحَرْب، الدَهْر ~ les hauts et les bas (de la guerre, de la fortune)

V تَسَجَّلَ تَسَجُّلًا se faire enregistrer/inscrire/immatriculer

**2474** (سجم) VII انْسَجَمَ مَعَ، وَ ه
s'accommoder à; s'accorder avec; s'adapter à; aller bien ensemble; être assorti/en accord/en harmonie avec; s'assortir; s'associer avec; couler de source; s'harmoniser

انْسِجام accord; adaptation; assortiment; cadence; convenance; compatibilité; correspondance (de couleurs); harmonie

~ الجُمْلة balancement de la phrase

عَدَم ~ désaccord; discordance; incompatibilité

انْسِجامًا مع en accord avec; conformément à

مُنْسَجِم accordé; assorti; balancé/bien cadencé (phrase); compatible; coulant/fluide (style); harmonieux; musical; qui coule de source; rythmé

غَيْر ~ discordant; incompatible

**2475** سَجَنَ ـُ سَجْنًا emprisonner; écrouer; enfermer qqn; incarcérer; boucler [fam.] (un prisonnier); mettre en prison/sous clé

~ لِسانَه tenir sa langue; la boucler/fermer [fam.]

سَجْن détention; emprisonnement; incarcération; réclusion

حُكِمَ عَلَيْه بالـ~ condamné à la prison

~ مَدَى الحَياة، مُؤَبَّد prison à vie, à perpétuité

~ اِحْتِياطيّ détention/prison préventive

~ مَعَ الأشْغال الشاقّة réclusion criminelle

سِجْن ج سُجون cachot; maison d'arrêt; geôle; prison; tôle/taule [pop.]

~ اِنْفِراديّ، عُموميّ régime cellulaire; prison centrale

~ الإصْلاح pénitencier

قَضَى مُدَّةً. سَنَة في الـ~ faire de la, un an de prison

مَصْلَحة السُجون administration pénitentiaire

سَجّان ج ون geôlier; gardien (de prison); garde

**سَجين** ج سُجَناء détenu; écroué; emprisonné; enfermé; incarcéré; prisonnier

إطْلاق الـ~ levée d'écrou

مَسْجون ج ون. مَساجين ← سَجين

**2476** **سَجا** ـُ سُجُوًّا être calme paisible tranquille (nuit)

**سَجِيّة** ج سَجايا caractère; disposition naturelle; nature; naturel *n.m.*

حُلْوُ الـ~ bon enfant; bonhomme

عن ~ spontanément; de lui-même

سَجايا dispositions naturelles

ساجٍ م ساجية calme paisible tranquille (nuit)

اِمْرأة **سَجْواء** femme douce paisible

II سَجَّى تَسْجِية ه enterrer ensevelir qqn

مُسَجًّى gisant *n.m.*; enveloppé dans un linceul

**2477** **سَحَّ** ـُ سَحًّا ه faire couler; répandre; verser

سَحّة مَطَر giboulée

**2478** **سَحَبَ** ـَ سَحْبًا ه dégager; enlever; entraîner; escamoter; étirer; haler; prélever; puiser; retirer; tirer; traîner

~ تَدْبيرًا، تَطْبيق ه على étendre une mesure, l'application de qqch à

~ مَبْلَغًا من البَنْك retirer une somme à la banque

~ وَلَدًا من المَدْرَسة retirer un enfant de l'école

~ تَرْشيحَه retirer sa candidature

~ دَعْوى من حاكِم dessaisir un juge d'une affaire

~ القُرْعة، اليانَصيب tirer au sort, la loterie

~ شيكًا، مُسْوَدّة émettre un chèque; tirer une épreuve

~ كَمْبيالة، سَنَدًا tirer une traite, une lettre de change

~ نَفَسًا من tirer une bouffée (d'une cigarette)

~ جُنوده replier retirer ses troupes

~ سَفيره rappeler son ambassadeur

~ ذَيْلَه *fig.* se pavaner

**سَحْب** entraînement; halage; traction; émission (d'un chèque); prélèvement; retrait (d'argent)

~ إجازة، رُخْصة retrait suspension de permis

~ حُقوق الانْتِخاب privation des droits électoraux

~ اليانَصيب، القُرْعة tirage de la loterie, au sort

حُقوق الـ~ الخاصّ droits de tirage spéciaux

~ على البارِد، الساخِن étirage à froid, à chaud

سَحْبة دُخان bouffée de fumée

سَحاب ج سَحائِب، سُحُب *coll.* nuage

**سَحابة** *n.un.*; ombrelle; parapluie

~ دُخان، غاز panache de fumée; nappe de gaz

كَـ~ صَيْف عن قَريب تُقَشَّع *prov.* être sans lendemain éphémère passager (*m. à m.* se dissiper comme un nuage d'été)

سَحابةَ النَهار، اليَوْم durant toute la journée, tout le jour

ساحِب tireur [*banq.*]

سَحّاب، سَحّابة ج ات fermeture Éclair à glissière

**مَسْحوب** allongé; étiré; fuselé; fusiforme

الـ~ عَلَيْه tiré [*banq.*]

~ الماء tirant d'eau

~ ج ات prélèvement

مَسْحَب appel d'air; traînée (lumineuse)

مِسْحاب ج مَساحيب cabestan

VII **اِنْسَحَبَ** اِنْسِحابًا se désister; s'escamoter; s'esquiver; flancher [*fam.*]; battre en retraite; se retirer; se replier; se tirer [*fam.*]

~ من مُباراة، سِباق abandonner (la course); déclarer forfait; se retirer d'une compétition

~ من وَرْطة sortir d'un guêpier; se tirer d'un mauvais pas

~ كالشَعْرة من العَجين tirer son épingle du jeu

~ عَلَى حالة s'appliquer à un cas (loi)

مَقْعَد يَنْسَحِب — siège escamotable

إِنْسِحاب — dégagement; désistement; escamotage; évacuation; forfait; repli; retrait; retraite

**2479 سَحَتَ** ـَ سَحْتًا — déraciner; extirper

سُحْت — *isl.* argent/bien/profit illicite

**2480 سَحَجَ** ـَ سَحيجًا ه — écorcher; s'écorcher; érafler; raboter; racler

سَحْج، سَحْجة — éraflement; écorchure; éraflure; raclure

ساحِج — abrasif

مِسْحاج — rabot

**2481 سَحِرَ** ـَ سَحَرًا — se lever au point du jour

سَحَر ج أَسْحار — aube; point du jour

سَحور — repas; petit déjeuner (pris avant le lever du jour pendant ramaḍān)

**2482 سَحَرَ** ـَ سِحْرًا ه — ensorceler; envoûter; enchanter; captiver; charmer; fasciner; jeter un sort à; *v. aussi 2481, 2483*

**سِحْر** ج أَسْحار، سُحور — charme; envoûtement; enchantement; fascination; sortilège; sorcellerie; magie; féerie; ensorcellement

~ الكَلام — magie verbale/des mots

إِنَّها ذات ~ — elle a du charme

هذا ضَرْب مِن الـ~ — cela tient de la magie

**سِحْرِيّ** — enchanteur; ensorceleur; féerique; magique

فانوس ~ — lanterne magique

تَأْثير ~ — fluide *n.m.* [*fig.*]; magnétisme [*fig.*]

**ساحِر** — fascinant; fascinateur; attrayant; ensorceleur; envoûtant; captivant; charmeur; prenant; ravissant; séduisant; séducteur

~ ج سَحَرة، سُحّار — enchanteur; mage; magicien; sorcier

إِنْقَلَبَ السِحْر على الـ~ — être pris à son propre piège; c'est l'arroseur arrosé

ضَرْبة ~ — coup de baguette magique

ساحِرة ج ات — magicienne; sirène; sorcière

سَحّار ج ون ← ساحِر

مَسْحور — charmé; captivé; ensorcelé; enchanté; envoûté; ravi; séduit

**2483 سَحّارة** ج ات — siphon

~ ج سَحاحير — boîte; caisse

**2484 سُحاف** رِئَوِيّ — tuberculose pulmonaire; phtisie

مَسْحوف — phtisique; tuberculeux

**2485 سَحَقَ** ـَ سَحْقًا ه، ه — anéantir; briser; écrabouiller [*fam.*]; écraser; broyer; meuler; piler; réduire en poudre/en poussière; pulvériser; battre à plate couture [*fam.*]

~ أَلْوانًا — broyer des couleurs

~ جَيْشًا — écraser/tailler en pièces une armée

~ خُصومَهُ — foudroyer ses adversaires

~ القَلْب — briser le cœur

سَحْق — anéantissement; écrasement; broyage; pulvérisation

سُحْق — éloignement; distance importante/longue

**ساحِق** — écrasant; énorme; foudroyant; poignant

أَغْلَبيّة، تَفَوُّق ~(ة) — majorité, supériorité écrasante

هُجوم ~ — offensive foudroyante

**سَحيق** — distant; profond; éloigné; lointain

أَعْماق ~ة — profondeurs abyssales

مِنْ زَمَن ~ — de temps immémorial

في الأَزْمِنة الـ~ة — dans la nuit des temps

**مَسْحوق** — broyé; pilé; écrasé; anéanti; rapé; haché

~ ج مَساحيق — poudre; fard

~ الحَليب، تَجْميل — lait en poudre; fard

~ الزينة — poudre de riz

مِسْحَق ج مَساحِق — broyeur; meule

III سِحاق، مُساحَقة — homosexualité féminine; lesbianisme; saphisme

سِحاقيّة — lesbienne

VII إِنْسَحَقَ إِنْسِحاقًا — s'écrabouiller [*fam.*]; s'écraser; se briser; être pulvérisé/écrasé

إِنْسِحاق القَلْب — contrition; repentir; repentance [*class.*]

مُنْسَحِق القَلْب — brisé; contrit; repentant

**2486 سَحَلَ** - سَحْلًا — aplanir; limer

مِسْحَل — lime; gourmette

**2487 ساحِل** ج سَواحِل — bord (de mer); côte; grève; littoral; rivage; rive; Sahel [*géogr.*]

في عَرْض ~ ه — au large de

**ساحِليّ** — côtier; maritime; littoral *adj.*

مَدينة ~(ة) — ville côtière/maritime/de la côte

سَفينة ~ة — caboteur

**خَفَر السَواحِل** — la garde des côtes

سَفينة لِخَفَر الـ~ — navire garde-côte

سَواحِليّ — habitant du Sahel; souahéli

III ساحَلَ مُساحَلَةً — arriver à la côte/au rivage; naviguer le long de la côte; caboter

**2488 سِحْلِيّة** ج سَحالٍ — lézard [*égypt.*]

**2489 سَحْلَب** — orchis; salep [*bot.*]; boisson enivrante (à base de salep)

سَحْلَبيّة — orchidée

**2490 سَحِمَ** - سَحَمًا — noircir *intr.*; devenir noir

سُحام، سُحْمة — noir *n.m.*

أَسْحَم م سَحْماء — noir *adj.*

II سَحَّمَ تَسْحيمًا ه — noircir *tr.*

**2491 سَحَنَ** - سَحْنًا ه — triturer; réduire en poudre; piler; pulvériser

~ أَلْوانًا — broyer des couleurs

سَحْن — pulvérisation; trituration; broyage

سَحْنة — aspect; expression du visage; faciès; extérieur *n.m.*; teint; forme; tête

سَحْنيّ — physionomique

**2492 سَحا** ـُ سَحْوًا ه — enlever/racler la boue

**سِحاءة**، سِحاية ج سَحايا — pellicule; pelure; méninge

اِلْتِهاب الـ~ — méningite

ساحِية ج سَواحٍ — pluie torrentielle

مِسْحاة ج مَساحٍ — bêche

**2493 سِخْت، سِخْتِيان** — maroquin

سِخْتِيانيّ — maroquinier

**2494 سُخْد** — placenta

سُخْديّ — placentaire

**2495 سَخَرَ** - سَخْرًا، سُخْرِيًّا ه — imposer une corvée; réquisitionner qqn; *v. aussi 2496*

**سُخْرة** — corvée; travail obligatoire/forcé; réquisition; servage

رِجال الـ~ — équipe de corvée; serfs

سَخْريّ — forcé/non rémunéré (travail)

II سَخَّرَ تَسْخيرًا ه — assujettir; asservir; exploiter qqn; réquisitionner qqn; réduire en esclavage; soumettre; subjuguer

تَسْخير — asservissement; assujettissement; exploitation; réquisition

مُسَخِّر — oppresseur; opprimant

مُسَخَّر — prête-nom; astreint à la corvée; requis; réquisitionné; opprimé; engagé (dans une corvée)

V تَسَخَّرَ تَسَخُّرًا ← II

VIII اِسْتَخَرَ اِسْتِخارًا — écrémer [*fig.*]

**2496 سَخِرَ** - سُخْرِيّة بِـ، مِن ه — se moquer de; s'amuser de; se ficher de [*fam.*]; railler; tourner en dérision; rire aux dépens de; se jouer de; faire la nique à; narguer; se gausser de [*litt.*]; ironiser sur; se rire de; ridiculiser; *v. aussi 2495*

**سُخْرِيّة** — dérision; moquerie; risée; raillerie; sarcasme; ridicule *n.m.*; plaisanterie; ironie; gouaille; quolibet; malice

مَبْعَث لِلـ~ — objet de dérision

سُخْريّ (شيء) — dérisoire; moqueur; ironique (sourire); malicieux; railleur; goguenard; sarcastique (ton); sardonique

**ساخِر** (شخص) — narquois; sarcastique; ironique; railleur; caricatural; gouailleur; goguenard; malicieux

رَسْم ~ — caricature

رَسّام ~ — caricaturiste

مَسْخَرة ج مَساخِر — mascarade; comédie; objet de ridicule/de risée

مَساخِر — carnaval; défilé de masques

**2497 سَخِطَ** ـَ سَخَطًا ه، على ه — s'emporter contre; s'exaspérer; être exaspéré par; se fâcher contre; s'indigner; s'irriter

سَخَط، سُخْط — exaspération; indignation; mécontentement; colère; mauvaise humeur; emportement; irritation

سُخْطة — accès d'humeur/de mauvaise humeur

ساخِط — furieux; furibond; mécontent; de mauvaise humeur; outré

مَسْخوط — haï; odieux; maudit

IV أَسْخَطَ إِسْخاطًا ه — irriter; mécontenter; outrer qqn; échauffer les oreilles; mettre en colère; fâcher; indigner; exaspérer

مُسْخِط — exaspérant; irritant

V تَسَخَّطَ تَسَخُّطًا ← سَخِطَ

**2498 سَخُفَ** ـُ سُخْفًا، سَخافة — être ... *v. à l'adj.*

سُخْف — absurdité; parole absurde; insignifiance

**سَخافة** ج ات — bêtise; absurdité; baliverne; banalité; enfantillage; fadaise; idiotie; imbécillité; ineptie; insanité; puérilité; sottise; stupidité

بَلَغَ مِنَ الـ~ إلى حَدّ أَقْصى — être complètement/parfaitement stupide

مِنَ الـ~ أن — il est absurde/stupide de

نَطَقَ بِسَخافات — dire des stupidités

سَخيف — léger/lâche/peu serré (tissu); absurde; aberrant; bête; dérisoire; banal; imbécile; insignifiant; idiot; inepte; puéril; saugrenu; sot; stupide

**2499 سَخْلة** ج سِخال — agneau

**2500 سَخَم**؛ سُخام — suie; noir de fumée

لَيْل سُخام — nuit noire

سَخيمة — haine; rancœur; rancune; ressentiment

II سَخَّمَ تَسْخيمًا ه، ه — noircir *tr.* [*fig.*]; couvrir d'opprobre

~ بِصَدْرِه — irriter; faire naître de la haine chez qqn

**2501 سَخُنَ** ـُ سُخونةً — s'échauffer [*pr.* et *fig.*]; être échauffé/enflammé [*fig.*]/chaud; chauffer *intr.*

**سُخونة**؛ سُخْن — chaleur; chaud *n.m.*; échauffement; inflammation

~ النِفاس — fièvre puerpérale

**ساخِن**؛ سَخين — chaud *adj.*; échauffé; enflammé

نِقاش ~ — discussion passionnée/vive

**سَخّان**، سَخّانة — bouillotte; réchaud

~، مِسْخَن ماء، حَمّام — chauffe-eau/-bain

سَخينة ج سَخائِن — colère; emportement

II **سَخَّنَ** تَسْخينًا ه — chauffer; échauffer; réchauffer

~ بِإِفْراط — surchauffer

**تَسْخين** — chauffage; échauffement; réchauffement

~ مُفْرِط — surchauffage; surchauffe

~ مُتَقَدِّم، مُسَبَّق — préchauffage

IV أَسْخَنَ إِسْخانًا ← II

**2502 سَخُوَ** ـُ سَخاء، سَخاوة — être ... *v. à l'adj.*

~ بِـ ه على ه — donner/distribuer généreusement; prodiguer des largesses

~ عن ه — renoncer à qqch

سَخا ـُ، سُخِيَ ـَ ← سَخُوَ

**سَخاء**؛ سَخاوة — générosité; largesse; libéralité; magnificence; munificence [*litt.*]

بِـ~ — généreusement; sans compter

سَخِيّ ج أَسْخياء — large [*fig.*]; libéral; généreux; prodigue

**2503 سَدَّ** ـُ سَدًّا ه — barrer; boucher; engorger; fermer; obstruer; obturer

~ فَجْوة، حُفْرة — combler une lacune, un trou

~ عَجْزًا، فَراغًا — combler un déficit, un vide

~ ثُغْرة، ثُلْمة — colmater une brèche

~ عِرْقًا دَمَوِيًّا — oblitérer un vaisseau sanguin

~ نَقْصًا — remédier à/suppléer à/pallier un manque

~ حاجة — répondre à/satisfaire un besoin

~ بِحائِط، بِحَواجِز — murer; barricader

~ الطَريق على — barrer la route à; faire barrage à

~ مَجْرَى نَهْر — obstruer le cours d'un fleuve

~ المِياه — endiguer les eaux

~ أَنْفه، أُذُنَيه — se boucher le nez, les oreilles

~ على ه باب الكَلام — empêcher qqn de parler

~ ـَ سَداداً — être bien/juste/à point; dire les mots qu'il faut

**سَدّ** — barrage; colmatage; fermeture; endiguement; obstruction; oblitération; obturation; occlusion

رَمْي الـ~ — tir de barrage

سَدّة قَلْبيّة، وَريديّة — infarctus; embolie

**سُدّ** ج سُدود — barrage; barrière; digue; écluse

الـ~ العالي — le haut barrage (d'Assouan)

~ بِنائيّ — barrage-poids

~ تُرابيّ، عَقْديّ — barrage en terre, à voûte

سُدّ — *méd.* cataracte

سُداد — *méd.* engorgement; obstruction; infarctus

**سِداد**؛ سِدادة ج أَسِدّة — bouchon; capsule; clapet; tampon (de coton, de charpie)

**سَداد** — acquittement (d'une dette); liquidation; paiement; remboursement; règlement; *v. aussi 2504*

تَحْتَ الـ~ — dû; impayé

**سَدّاد** — obturateur

~ التَوْصيل — *électr.* fiche; prise

**مَسْدود** — bouché; barré; bloqué (rue); colmaté; comblé (trou); fermé; obstrué; oblitéré (vaisseau); encrassé

دائِرة ~ة — circuit fermé

طَريق ~ — impasse

اِنْتَهَى إلى طَريق ~ — aboutir à une impasse

II **سَدَّدَ تَسْديداً** ه — s'acquitter de; amortir (une dépense); payer; solder

~ دَيْناً — liquider une/se libérer d'une dette

~ قَرْضاً، سَنَداً — rembourser un prêt; honorer une traite

~ دائِناً — désintéresser un créancier

~ قائِمة حِساب — régler une note/une addition

~ مَصاريف ه — défrayer qqn; faire face aux dépenses

~ اِشْتِراك ه — payer/verser son abonnement/sa cotisation

~ دَفْعة — effectuer un paiement

~ عَجْزاً — combler un déficit

**تَسْديد** — amortissement; liquidation; paiement; règlement; remboursement

تَحْتَ ~ — dû; impayé; en cours de règlement

غَيْرُ مُسَدَّد — impayé; non effectué (paiement)

VII **اِنْسَدَّ اِنْسِداداً** — se boucher; être bouché; être obstrué; s'obstruer; s'engorger; être engorgé

**اِنْسِداد** — obstruction; engorgement; occlusion; impraticabilité; oblitération [*méd.*]; infarctus; embolie

~ أَمْعاء — occlusion intestinale

**2504 سَدادُ** رَأْي — bon sens; bien-fondé (d'une opinion); droiture; rectitude (d'un jugement); justesse (d'esprit); pertinence (d'un avis); *v. aussi 2503*

جَرَى على ~ — agir avec droiture; être régulier [*fig.*]

سِدادة — mire (ligne de)

**سَديد** — droit; judicieux; juste; de bon sens; sain (jugement); pertinent; correct; de bon conseil (homme)

غَيْر ~ — faux; incorrect

II **سَدَّدَ تَسْديداً** ه، ه — braquer; coucher/mettre en joue; pointer; viser; guider vers (le bien); orienter

~ خُطاهُ نَحْوَ — diriger ses pas vers; guider les pas de qqn vers

~ اللّه خُطاهم — que Dieu dirige bien leurs pas

~ ضَرْبة، لَكْمة — asséner un coup

~ تُهْمة إلى — lancer une accusation contre; orienter les soupçons vers

~ مِدْفَعاً — pointer un canon

سَدِّدْ — en joue!

**تَسْديد** — pointage

خَطّ، نُقْطة ~ — ligne, point de mire

**مُسَدِّد**؛ مُسَدِّدة — pointeur

~ تِلْقائيّ — pointeur automatique

**2505 سِدْر** — *bot.* (sorte de) lotus

سِدْرة المُنْتَهَى — point extrême/le plus élevé

سادِر — étourdi; impénitent; imprudent; insouciant; téméraire

سَديرة — aréole [*bot.*]

سِدارة ؛ سيدارة — bonnet; calot; coiffure

2506 **سُدْس** ج أَسْداس — sixième (de l'unité)

سُدْسِيَّة — sextant *n.m.*

ضَرَبَ أَخْماسَهُ في **أَسْداسه** — se creuser la cervelle [*fam.*]/la tête

**سادِس** — sixième *adj. num. ordin.*

الـ~ من أُكْتوبر — le six octobre

سادِسَ عَشَرَ م سادِسةَ عَشْرَةَ — seizième

**سُداسِيّ** ج ات — sextuple; semestre; hexa- *préf.*

~ الشَكْل، القَوائِم — hexagonal; hexapode

II سَدَّسَ تَسْديسًا ه — sextupler

**مُسَدَّس** — hexagonal; hexagone; sextuple

~ ج ات — pistolet; revolver

~ رَشّاش — pistolet mitrailleur

2507 **سَدَف** ج أَسْداف — obscurité; ténèbres; ombres de la nuit

سُدْفة ج سُدَف — *même sens*

2508 **سَدَلَ** ـُ سَدْلًا ه — abaisser/baisser/tirer (un rideau); lâcher/laisser tomber (un voile)

سِدْل — drapé *n.m.*; portière; rideau; voile

II سَدَّلَ تَسْديلًا الشَعْر — défriser des cheveux

IV أَسْدَلَ إِسْدالًا السِتار على ← سَدَلَ

إِسْدال السِتار — chute du rideau

VII اِنْسَدَلَ اِنْسِدالًا — descendre (organe); tomber (cheveux)

اِنْسِدال — *méd.* ptôse; chute/descente (d'organe)

مُنْسَدِل — flottant; tombant (cheveux)

2509 **سَديم** ج سُدُم — condensation; brouillard; nébulosité; *astron.* nébuleuse

سَديمِيّ — nébuleux; vaporeux

VII اِنْسَدَمَ اِنْسِدامًا — se tarir (source); se refermer (plaie)

2510 **سَدَنَ** ـُ سَدْنًا ه — être gardien/portier (d'un édifice); être attaché au service de la Ka'ba

~ رَشّاشًا، مِدْفَعًا — servir une mitrailleuse, un canon

سِدانة — *isl.* office du gardien de la Ka'ba

**سادِن** ج سَدَنة، سُدّان — employé/gardien/portier (de la Ka'ba); sacristain

~ رَشّاش — servant d'une mitrailleuse

2511 **سَدًى**، سَداة ج أَسْدِية — chaîne (d'un tissu)

~ نَسيج ولُحْمَتُه — la chaîne et la trame

سَداة ج أَسْدِية — étamine [*bot.*]

**سُدًى** — abandonné; laissé pour compte; négligé; en pure perte; en vain; vainement

ذَهَبَ تَعَبُهُ، مالُهُ ~ — en être pour sa peine/pour son argent; s'être fatigué pour des prunes [*pop.*]

مِسْداة — ourdissoir

II سَدَّى تَسْدِية — ourdir; ourdissage (tissu)

IV **أَسْدَى** إِسْداءً ه — faire/tisser la trame (d'un tissu); arranger; disposer

~ إلى ه ه، بـ ه — combler qqn (de faveurs)

~ خِدْمة، مَعْروفًا إلى — obliger qqn; offrir ses services; rendre service; donner généreusement

~ الإرْشادات إلى — faire des suggestions; donner des conseils

~ الشُكْر إلى — remercier; adresser ses remerciements

2512 **سُذاب** — rue [*bot.*]

2513 **سَذاجة** — candeur; crédulité; innocence; naïveté; simplicité; rusticité

في ~ — naïvement; simplement

من الـ~ أن — il est naïf de

**ساذَج** — ballot [*fam.*]; candide; ingénu; innocent; naïf; niais; rustre; simple d'esprit; simplet; simpliste; poire [*fam.*]

حُبّ ~ — idylle; amour ingénu/naïf

2514 **سِرّ** ج أَسْرار — origine/principe/source de qqch; clandestinité; confidence; mystère; raison; raison profonde; secret; *christ.* sacrement; *v. aussi 2515 à 2518*

~ تَأَخُّر — raison d'un retard

اِكْتَسَبَ، اِكْتَشَفَ ~ًا — apprendre, découvrir un secret

وَقَفَ على ~ — *même sens*; avoir/trouver la clé d'une énigme

~ القُرْبان — eucharistie

~ الثالوث الأقدس، التثليث — le mystère de la Trinité

كلمة ~ — mot de passe

أمين، كاتب الـ~ — secrétaire (personne)

أمانة، كتابة الـ~ — secrétariat

~ فتح خزانة — combinaison d'un coffre

~ الفاتحة — les vertus mystiques de la Fatiha

~ شائع، ذائع — secret de polichinelle

~ المهنة — secret professionnel

~ القلوب، الطبيعة — secret des cœurs, de la nature

~ من أسرار الدولة — secret d'État [*pr.*]

في ~ ه — in petto; dans son for intérieur

**سِرًّا** — en secret; secrètement; à la dérobée; clandestinement; en confidence; en tapinois; sous le manteau/le masque; en catimini; en sous-main; de bouche à oreille

أجرى ~ — administrer un sacrement

**أسرار** — arcanes

الـ~ السبعة — les sept sacrements

الـ~ الأخيرة — les derniers sacrements

كشف لـ ه ~ قضيّة — initier qqn aux/révéler à qqn les secrets d'une affaire

~ ج أسارير — expression/traits (du visage); lignes (de la main)

**سِرّيّ** — clandestin; confidentiel; mystérieux; secret *adj.*; ésotérique; occulte

جلسة ~ة — huis clos

جمعيّة ~ة — société secrète

أموال ~ة — fonds secrets

باب ~ — porte dérobée/secrète

**سَريرة** ج سرائر — intention; pensée intime; âme; secret

صفاء، طهارة ~ — pureté d'intention/d'âme

III **سارّ** مُسارّةً ه بـ ه — faire une confidence à; confier (un secret) à; initier [*relig.*]

~ ه في أذنه — glisser (un mot) à l'oreille de qqn; chuchoter qqch à qqn

**مُسارّة** — confidence; conciliabule; initiation [*relig.*]

**مُسارّيّ** — initiatique

مُسارّ — initié

IV أَسَرَّ إسْرارًا إليه بـ ← III

إسْرار — confidence; chuchotement

VI تَسارَّ تَسارًّا ه — échanger des confidences

2515 **سَرَّ** ـُ سُرورًا ه — charmer; contenter; égayer; épanouir; rendre heureux; satisfaire; réjouir; *v. aussi 2514 et 2516 à 2518*

يَسُرُّني أنْ — il m'est agréable/j'ai le plaisir/je me réjouis de

سُرَّ يُسَرُّ بـ — être content/heureux de; se réjouir de; s'épanouir [*fig.*]; être satisfait/charmé/gai; prendre/trouver du plaisir à

**سُرور** — allégresse; contentement; joie; satisfaction; plaisir

بكلّ ~ — avec plaisir; allégrement; volontiers

مَسْرور — content; allègre; gai; joyeux; satisfait; réjoui; épanoui

**سَرّاء** — joie; prospérité; satisfaction; bonne fortune [*litt.*]

في الـ~ والضرّاء — pour le meilleur et pour le pire

مَسَرّة ج مَسارّ ← سُرور

IV أَسَرَّ إسْرارًا ← سَرَّ ـُ

2516 **سُرّ** ج أَسِرّة — cordon ombilical; ombilic

**سُرّة** ج سُرَر — nombril; moyeu (d'une roue)

~ البَلَد — centre/capitale du pays

**سُرّيّ** — ombilical; ombiliqué

الحَبْل الـ~ — cordon ombilical

2517 **سُرّيّة** ج سَراري — concubine; maîtresse

V تَسَرَّرَ، تَسَرَّى — avoir/entretenir une maîtresse

تَسَرُّر، تَسَرٍّ — concubinage

X اِسْتَسَرَّ اِسْتِسْرارًا ← V

2518 (سرر) **سَرير** ج أَسِرّة — couche; lit

رأس ~ — chevet

مِصْباح ~ — lampe de chevet

سَريريّ — clinique *adj.*; clinicien (médecin)

2519 **سَرِبَ** ـَ سَرَبًا — couler; s'écouler; fuir

سِرْب ج أَسْراب banc (de poissons); bande/troupe/troupeau (d'animaux); ribambelle (de choses); harde (de bêtes sauvages); nuée (d'insectes); compagnie/volée (de perdreaux); vol (d'oiseaux); escadrille (d'avions)

~ نَحْل essaim d'abeilles

سِرْبة مَدافِع batterie d'artillerie

سَرَب ج أَسْراب ← مَسْرَب

سَراب mirage

سُرابة infiltrat

مَسْرَب ج مَسارِب chemin; caniveau; galerie souterraine; piste; sentier; voie

~ مائِيّ، غازِيّ voie d'eau; fuite de gaz

II سَرَّبَ تَسْرِيبًا ماءً laisser couler/filtrer l'eau (outre)

~ أَنْباءً distiller/laisser filtrer des informations

V تَسَرَّبَ تَسَرُّبًا couler; s'écouler; fuir (eau, gaz); s'insinuer; se glisser; s'infiltrer; filtrer; se propager; se résorber [*méd.*]; transpirer (nouvelle)

~ الماءُ إلى السَفينة faire eau (navire)

تَرَك الهواء يَتَسَرَّب laisser l'air s'échapper

تَسَرُّب ج ات écoulement; infiltration; insinuation; fuite (d'eau, de gaz); propagation; *méd.* résorption

~ المَعْلومات fuite de renseignements

VII اِنْسَرَبَ اِنْسِرابًا couler; s'écouler

2520 أُسْرُب graphite

2521 سَرْبَلَ ه بِالمَجْد couvrir qqn de gloire

سِرْبال ج سَرابيل ← سَرْوال

II تَسَرْبَلَ بِثَوْب enfiler/passer un vêtement

~ بِالمَجْد se couvrir de gloire

مُتَسَرْبِل بِالمَجْد couvert de gloire

2522 سَرَجَ - سَرَجًا tresser/natter ses cheveux (femme)

سَرْج ج سُروج harnais; selle

سِراجة sellerie

سَرّاج، سُروجِيّ sellier

II سَرَّجَ تَسْرِيجًا faufiler; harnacher/seller (un cheval)

IV أَسْرَجَ إِسْراجًا ← سَرَّجَ، II

2523 (سرج) سِراج ج سُرُج lampe; lumière

IV أَسْرَجَ إِسْراجًا s'allumer (lampe); éclairer (lumière)

2524 سَرَحَ - سَرْحًا ه laisser divaguer/paître en liberté (son troupeau); *v. aussi 2525*

~ سَرْحًا، سُروحًا paître librement/divaguer (troupeau); avoir des distractions; être distrait; divaguer [*fig.*]; errer; vagabonder; traîner (dans les rues)

سَرِحَ - سَرْحًا se mettre/être à l'aise; ne pas se gêner; se détendre; se relaxer

سَراح délivrance; distraction; divagation [*pr.* et *fig.*]; élargissement [*jur.*]; libération; relaxation

~ شَرْطِيّ libération conditionnelle

أَطْلَقَ ~ ه délivrer; libérer; mettre en liberté; relaxer

أُطْلِقَ ~ ه être libéré/relaxé

مُطْلَق ~ ه libéré; relaxé

سَرْحة ج سَرَحات ← سراح

سَرَحات divagations [*fig.*]; élucubrations; rêveries

لَهُ ~ وشَطَحات avoir des visions/des illuminations; avoir l'esprit vagabond; extravaguer; battre la campagne [*fig., fam.*]

II سَرَّحَ تَسْرِيحًا ه libérer; mettre en liberté; élargir qqn; relaxer; licencier; renvoyer; remercier [*fig.*]

~ جُنْدِيًّا démobiliser/libérer un soldat; renvoyer un soldat dans ses foyers

~ ه من رُتْبَته dégrader qqn

~ نَظَرَه إلى promener son regard sur

~ شَعْرَه coiffer; se coiffer; peigner; se peigner

تَسْرِيح autorisation; libération; démobilisation; permission; licenciement; dégradation; renvoi; relaxation

مُسَرَّح libéré; démobilisé; relaxé; renvoyé; dégradé

VII اِنْسَرَحَ اِنْسِراحًا être plongé/se plonger dans ses pensées; se détendre; se relaxer

مُنْسَرِح الفِكْر détendu; distrait; relaxé

2525 (سرح) مَسْرَح ج مَسارِح pâturage; *fig.* scène; théâtre; tréteaux; *v. aussi 2524*

خَشَبة الـ ~ scène (d'un théâtre); les planches [*fig.*]

~ العَمَلِيّات théâtre des opérations

مَسْرَحِيّ théâtral; scénique

**مَسْرَحِيّة** ج ات pièce (de théâtre)

~ غِنائِيّة drame lyrique; opéra

2526 **سِرْحان** ج سَراحِين loup [*zool.*]

2527 **سَرْخَس** fougère; osmonde

2528 **سَرَدَ** ـُ سَرْدًا ه coudre; tricoter; débiter; réciter; relater; faire le récit de; énumérer

~ نَتائِج donner/débiter des résultats

سَرْد tricot; énumération; narration; récitation; relation; suite/série continue

سَرْدة ج سَرَدات maille d'un tricot

مَسْرَد ج مَسارِد index d'un ouvrage

II سَرَّدَ تَسْرِيدًا ه coudre; tricoter; percer; perforer

مُسَرَّد tricot; tricoté

2529 **سِرْداب** ج سَرادِيب cave; cul de basse-fosse; sous-sol (d'une maison); galerie; souterrain

2530 (سردق) **سُرادِق** dais; pavillon; tente d'apparat; tribune

مُسَرْدَق surmonté d'un dais/d'une tenture

2531 **سَرْدَنَ** mettre en boîte (des sardines)

سَرْدِين sardine

II تَسَرْدَنَ se serrer/être serrés comme des sardines [*fam.*]

2532 (سرط) **سِراط** ← صِراط

مِسْرَط œsophage

2533 **سَرْطَنة**، تَسَرْطُن cancérisation

**سَرَطان** ج سَراطِين crabe; cancer [*méd.*]

الـ ~ Cancer [*zod.*]

مَبْحَث الـ ~ cancérologie

مُوَلِّد، مُسَبِّب لِلـ ~، مُسَرْطِن cancérigène

~ البَحْر، النَهْر homard; écrevisse

سَرَطانيّ cancéreux

مُسَرْطَن؛ مُتَسَرْطِن cancérisé

2534 **سِرْع** ج سُروع cep; rameau (de vigne); sarment

2535 **سَرُعَ** ـُ سُرْعة être ... *v. à l'adj.*

**سُرْعة** ج ات allure; célérité [*litt.*]; diligence; empressement; promptitude; rapidité; vélocité; vitesse

~ التَصْدِيق crédulité

~ التَأَثُّر émotivité; susceptibilité

بِـ ~ en hâte; vite *adv.*; en vitesse; rapidement; rondement; à vive allure

بِأَقْصَى، بِمُنْتَهَى الـ ~ en toute hâte; à toute vitesse; à pleins gaz [*fam.*]; comme une flèche

~ الخاطِر agilité de l'esprit; présence d'esprit

~ جَهَنَّمِيّة train d'enfer

خَفَّفَ ~ ه ralentir l'allure/son train; réduire sa vitesse

~ قُصْوَى، مُتَوَسِّطة vitesse maximale, moyenne

~ زاوِيّة، اِبْتِدائِيّة vitesse angulaire, initiale

~ دَوَران مُحَرِّك vitesse de rotation; régime d'un moteur

~ تَفوق سُرْعة الصَوْت vitesse supersonique

~ تَصاعُدِيّة vitesse ascensionnelle

~ الطَوَاف، اِنْعِتاقِيّة vitesse de croisière, de libération

عَدّاد الـ ~ compteur/indicateur de vitesse

عُلْبة **السُرْعات** boîte de vitesses

مُحَرِّك ذُو أَرْبَع ~ moteur à quatre vitesses

**سُرْعانَ** ما ne pas tarder à; s'empresser de; avoir tôt/vite fait de; aussitôt

~ ما تَبَيَّنَ أن il a été vite évident; il est vite apparu; on s'est vite rendu compte

**سَرِيع** ج سِراع agile; courant; diligent [*litt.*]; prompt; rapide; mobile *adj.*; véloce

~ الفَهْم، الإِدْراك، الخاطِر d'esprit agile/vif

~ التَأَثُّر émotif; impressionnable; influençable; sensible; susceptible

~ العَطَب، العَمَل fragile; expéditif

~ التَصْديق — crédule; naïf

~ التَنَقُّل — très mobile; manœuvrable

~ الزَوال — éphémère

سَيْل، قِطار ~ — rapide *n.m.*; train express/rapide

~ الطَلْق، الطَلَقات — (arme) à tir rapide

~ الجَواب — prompt à la répartie

سَريعًا — avec empressement; en hâte; promptement; rapidement; vite

أَسْرَع — plus prompt/rapide

بِـ~ ما يُمْكِن — au plus vite; le plus vite possible

مِسْرَع ج مَسارِع — métronome; tachymètre

مِسْراع — *même sens*

II سَرَّعَ تَسْريعًا ه، ه — accélérer; hâter; presser

مُسَرِّع — accélérateur

III سارَعَ مُسارَعة، سِراعًا إلى — accourir; s'empresser de; se hâter de; courir vers/à; mettre de l'empressement à

~ ه — lutter de vitesse avec qqn

~ بِالحُضور — se hâter/s'empresser de venir

مُسارَعة — empressement; hâte

سِراعًا ← سَريعًا

مُسارِع إلى — empressé à

IV أَسْرَعَ إِسْراعًا — accélérer; accourir; se dépêcher; se hâter; s'empresser; faire diligence; faire vite; se presser

~ الخُطَى، في المَشْي — aller d'un pas rapide; accélérer/forcer/presser le pas; aller bon train; forcer l'allure

~ يَفْتَحُ الباب — il se hâta d'ouvrir la porte

إِسْراع — accélération; célérité [*litt.*]; diligence; empressement

مُسْرِع — empressé; diligent; pressé

مُسْرِعًا ← سريعًا

V تَسَرَّعَ تَسَرُّعًا — aller vite en besogne; s'emballer (moteur); se précipiter

تَسَرُّع — hâte; emballement; précipitation

VI تَسارَعَ تَسارُعًا — s'empresser; se hâter; lutter de vitesse

تَسارُع — accélération acquise

2536 سُرْعوب ج سَراعيب — belette

2537 سُرْعوف ج سَراعيف — mante religieuse

2538 سُرْفة ج سُرَف. — *zool.* termite

2539 (سرف) IV أَسْرَفَ — abuser; gaspiller; prodiguer; être prodigue

~ مالَهُ — jeter son argent par les fenêtres; dissiper son bien

إِسْراف — abus; gaspillage; dissipation; excès; intempérance; prodigalité; profusion

~ في — un luxe de

~ في تَناوُل المُسْكِرات — abus de boissons alcoolisées

مُسْرِف — dépensier; excessif; immodéré; prodigue; intempérant; gaspilleur

2540 سَرَقَ ـِ سَرِقة ه — cambrioler; dévaliser; dérober; piquer [*pop.*]; voler; soustraire (un document); plagier (une œuvre)

سَرِقة ج ات — cambriolage; larcin; plagiat; soustraction (de documents); vol

سارِق ج ون، سَرَقة، سُرّاق — voleur; maraudeur; plagiaire

سَرّاق جُيوب — pickpocket

مَسْروق — volé; dévalisé; plagié

~ ج ات — vol; plagiat

II سَرَّقَ تَسْريقًا ه — accuser/accusation de vol

III سارَقَ مُسارَقة ← VIII

VII مُنْسَرِق القُوّة — exténué; épuisé; à bout de forces

VIII اِسْتَرَقَ اِسْتِراقًا المال — soutirer de l'argent

~ النَظَر إلى ه، ه — guigner; regarder à la dérobée; jeter des regards furtifs; glisser un œil

~ القِراءة — lire en cachette

~ السَمْع — être aux écoutes; écouter aux portes; prêter/tendre une oreille indiscrète

2541 سِرْك؛ أَلْعاب الـ~ — cirque; jeux du cirque

2542 سَرْمَديّ — éternel; infini; sans fin; indissoluble; sempiternel; indéfectible

الدَوْر الـ~ — *philos.* retour éternel

سَرْمَدِيّة — éternité

**2543 سَرْنوب** — *ois.* balbuzard

**2544 سَرْو** — *bot.* cyprès

**2545 سرو** ← سرى

سَرِيّ ج أَسْرِياء، سُراة — généreux; notable; personnalité éminente/importante

سَراة — élite; classe dirigeante; notables

سارِية ج سَوارٍ (← صارٍ) — hampe; mât; pylone

II سَرَّى عَنْه الهُموم — distraire; écarter/éloigner les soucis; soulager; faire diversion

سُرِّيَ عَنْه، عن نَفْسه — être soulagé; trouver le repos/du soulagement

تَسْرِية — amusement; distraction; diversion; soulagement

**2546 سَرْوَلَ**؛ II تَسَرْوَلَ — culotter; se culotter; mettre un pantalon

**سِرْوال** ج سَراويل — caleçon; culotte; pantalon

~ سِباحة — maillot de bain

**2547 سَرَى** ← سرو

~ ـِ سَرَيانًا، سِراية — couler (sang); se diffuser; émaner; s'étendre; se communiquer; se progager; se répandre; parcourir (le corps); voyager (de nuit)

~ المَرَض في البَلَد — la maladie gagna tout le pays

~تْ رَعْشة في جَسَده — un frisson lui parcourut le corps

~ في الدَم — circuler dans le sang

~ مَسْرَى المَثَل — passer en proverbe

~ مَفْعولُهُ — être en vigueur; s'appliquer (loi); être valide (règlement); prendre effet

**سُرًى** — voyage (effectué de nuit)

عِنْدَ الصَباح يَحْمَد القَوْم الـ~ — *prov.* l'étape du matin réjouit le pèlerin

**سَرَيان**، سِراية — diffusion; écoulement; validité; propagation; validité; entrée en vigueur

~ المَرَض، الداء — contagion

**سارٍ** — appliqué (règlement); en vigueur; valide; voyageur (nocturne)

مَرَض ~ — maladie contagieuse/répandue

ما أَنْتَ أَوَّلُ ~ غَرَّهُ قَمَر — *prov.* il ne faut jurer de rien

أَصْبَحَ سارِيًا — entrer en vigueur/en application

سارِية ← سرو

سَرِيّ ج سُرْيان، أَسْرِية — rigole

**سَرِيّة** ج سَرايا — brigade; compagnie [*mil.*]; escadron

~ الطائِرات، السُفُن — escadrille; flottille

~ مِدْفَعِيّة — batterie d'artillerie

**مَسْرًى** ج مَسارٍ — trajectoire; voyage; *électr.* électrode

سَرَى ~ المَثَل ← سَرَى

**2548 سَراي** — palais; sérail

**2549 سُرْيالِيّ**؛ سُرْيالِيّة — surréaliste; surréalisme

**2550 سُرْيانِيّ** — syriaque

**2551 سَطْح** ج سُطوح — face; chape; niveau; pont (de bateau); plafond; tablier (de pont); plan; superficie; surface; terrasse; plate-forme; toit

على ~ الماء — à fleur d'eau; à la surface de l'eau

فوق ~ البَحْر — au-dessus du niveau de la mer

**سُطوح** — voilure

ثُلاثيّ الـ~ — trièdre *adj.*

**سَطْحِيّ** — extérieur *adj.*; externe; formel; frivole; léger (esprit); superficiel

مَعْرِفة، جُرْح ~(ة) — savoir, blessure superficiel(le)

سَطْحِيّة — frivolité; superficialité; formalisme (d'un comportement); légèreté (d'un esprit)

سُطَيْح ج ات — facette

سَطيح؛ مَسْطَحة — plate-forme; palier

II سَطَّحَ تَسْطيحًا ه — aplanir; aplatir; niveler; surfacer; terrasser; faire une terrasse

تَسْطيح — nivellement; surfaçage; terrassement

**مُسَطَّح** — plat *adj.*; écrasé (nez); plan *adj.*, *n.m.*; nivelé; surfacé

~ مائِل — plan incliné

طَبَق، مَرْكَب ~ — assiette plate; bateau ponté

VII اِنْسَطَحَ اِنْسِطاحًا être allongé/couché/étendu sur le dos; former une surface plane

~ على طوله s'étaler de tout son long [fam.]

**2552 سَطَرَ** ـُ سَطْرًا ← II سَطَّرَ

سَطْر ج سُطور، أَسْطُر barre; raie; ligne; trait

ساطور ج سَواطير couperet; serpe

أُسْطورة ج أَساطير conte de fées; fable; légende; mythe; saga

أُسْطوريّ romanesque; mythique; fabuleux; légendaire

عِلْم الأَساطير mythologie

مِسْطَرة ج مَساطِر؛ ~ حاسِبة règle; règle à calcul

مِسْطار ج مَساطير tire-ligne

II سَطَّرَ تَسْطيرًا ه barrer; écrire; tirer des traits; rayer; tracer des lignes

مُسَطَّر rayé; tracé; écrit

**2553 سَطَعَ** ـَ سُطوعًا briller; étinceler; luire; pétiller; resplendir; se répandre (odeur); sentir *intr.*; scintiller

سُطوع éclat (du soleil); étincellement; luminosité; pétillement; scintillement; splendeur; rutilance

ساطِع ج سَواطِع aveuglant (lumière); éclatant (soleil); clair (raisonnement); cru (lumière); fulgurant; luisant; odoriférant; odorant; radieux (soleil); rutilant; splendide

IV إِسْطاع illumination

**2554 سَطْل** ج سُطول bac à eau; auge; seau

أُسْطول ج أَساطيل flotte; escadre

~ بَحْريّ، جَوْيّ flotte maritime, aérienne

**2555 سَطَمَ** ـُ سَطْمًا ه boucher; fermer; obturer

سَطْم fermeture; obturation

سِطام ج سُطُم bouchon; tampon; tisonnier

**2556** (سطن) **أُسْطُوانة** ج ات colonne; disque; cylindre; pilier; fût (de colonne); rouleau

~ مُحَبِّرة، آلة كاتِبة rouleau encreur, de machine à écrire

~ مِضَخّة corps de pompe

مُحَرِّك ذو أَرْبَع أُسْطُوانات moteur à quatre cylindres

بائِع، تاجِر ~ disquaire

خِزانة ~ discothèque

أُسْطُوانيّ cylindrique

ضاغِط ~ rouleau compresseur

أَساطين السِياسة les ténors de la politique [fam.]; les grands ténors [fam.]

~ الأَدَب les pontifes [fam.] de la littérature; les mandarins [fig., iron.]

**2557 سَطا** ـُ سَطْوًا على agresser; attaquer; dévaliser; se jeter avec impétuosité sur; lancer un assaut contre; mordre; piller

~ الحِصان s'emballer (cheval); prendre le mors aux dents

سَطْو *v. le suivant*

سَطْوة ج سَطَوات agression; assaut; attaque; impétuosité; gangstérisme; pillage

~ على مَصْرِف hold-up

لَهُ ~ على ه avoir une grande autorité/influence sur; en imposer à

**سَعة** ← وسع

**2558 سَعْتَر**؛ ~ بَرّيّ thym; serpolet

**2559 سَعِدَ** ـَ سَعْدًا être heureux; jouir du bonheur

سَعُدَ ـُ، سَعِدَ ـَ سَعادةً *même sens*

سُعِدَ بِـ ه avoir la chance/la bonne fortune de

سَعْد ج سُعود chance; bonne chance/fortune; augure; bon augure

يَوْم، مَجْلَبة ~ jour faste; porte-bonheur

لَبَّيْكَ و سَعْدَيْكَ à votre service! à vos ordres!

سُعْد *bot.* cypérus; souchet

سُعْدِيّات cypéracées *n.f.pl.*

سَعادة béatitude; bonheur; félicité; succès

~ أَبَدِيّة béatitude éternelle

الشُعور بالـ~ le sentiment du bonheur

في مُنْتَهَى الـ~ au comble du bonheur

يا لَلـ~ quel bonheur! chic alors!

| | |
|---|---|
| مُساعِد ج ون | adjoint; adjudant; adjuvant; aide *n.m.*; assesseur; auxiliaire; collaborateur; coopérant; coopérateur; second *n.m.*; secourable |
| ~ أوّلُ | adjudant-chef |
| ~ خيّاط، حلاّق | garçon tailleur, coiffeur |
| مُدَرِّس ~ | maître-auxiliaire; maître-assistant |
| طَيّار ~ | copilote |
| IV أَسْعَدَ إسْعادًا | combler qqn de bonheur; rendre heureux; réjouir |
| ~هُ أن | avoir le bonheur de; être heureux de |
| ~ اللّه صَباحَكَ | bonjour! |
| VI تَساعَدَ تَساعُدًا | s'entraider; entraide |
| جَمْعيّة تَساعُديّة | société de secours mutuel |
| X اِسْتَسْعَدَ اِسْتِسْعادًا بِـ ه | se féliciter de; tirer bon augure de; être heureux de |
| 2560 (سعد) سَعوديّ | saoudien; saoudite |
| المَمْلَكة العَرَبيّة الـ~ة | le royaume d'Arabie Saoudite |
| 2561 سَعْدَنَ | faire le singe |
| سَعْدَنة | singerie |
| سَعْدان ج سَعادين | singe |
| سَعْدانة ج ات | *zool.* guenon; *anat.* aréole; bout/bouton/pointe du sein; téton [*fam.*]; *techn.* téton |
| 2562 سَعَرَ ُ سَعْرًا ه | allumer; attiser; aviver; exciter; fomenter; *v. aussi 2563* |
| سُعِرَ | être/se mettre en fureur; éprouver une faim violente |
| سُعْر | démence; faim violente; fougue; frénésie; fureur; miasmes; violence; rage |
| سُعْرة ج سُعُرات | calorie |
| سُعار | boulimie; fringale [*fam.*] |
| مَسْعور | enragé [*fig.*]; forcené; fou; frénétique |
| كالـ~ | comme un fou |
| سَعير ج سُعُر | feu; flamboiement; flamme |
| أَسْعَر م سَعْراء | amaigri; émacié; maigre |
| مِسْعَر ج مَساعِر (← مِسْعار) | calorimètre |
| مِسْعَريّ | calorimétrique |
| ~ السَفير، الأمير | *titre honorifique*: son Excellence l'Ambassadeur, le Prince |
| سَعيد ج سُعَداء | bénéfique; béat; bienheureux; fortuné; heureux; joyeux |
| عام، عيد، نَهارُكَ ~ | bonne année; bonne fête; bonjour |
| ~ الذِكْر | d'heureuse mémoire |
| لَيْلة ~ة | bonne nuit! |
| ساعِد ج سَواعِد | avant-bras; bras (entre le coude et la main); *techn.* bielle |
| الـ~ الأَيْمَن | bras droit [*fig.*] |
| اِشْتَدَّ ~ه | se renforcer; devenir puissant |
| فَتَّ في ~ه | affaiblir; réduire à l'impuissance |
| شَمَّرَ عن ~ الجِدّ | retrousser ses manches [*fig.*] |
| ~ مُتَّكَأ | bras de fauteuil |
| ضَرْبة ~ | manchette [*sport.*] |
| بِقُوّة الساعِدَيْن | à la force des bras |
| ساعِدة ج سَواعِد | affluent *n.m.* |
| مَسْعود | chanceux; heureux; fortuné |
| عيد مُبارَك ~ | bonne fête! |
| III ساعَدَ مُساعَدة ه | venir en aide à; aider; assister qqn; prêter assistance à; épauler; donner un coup d'épaule [*fam.*]/de main à; favoriser; porter secours; soutenir; seconder |
| ~ في | collaborer à; concourir à; participer à; contribuer à |
| ~ ه على ه | favoriser qqn en; permettre à qqn de |
| ~ ه مُساعَدة فَعّالة | apporter une aide/une contribution efficace |
| ~ بِمال | subventionner |
| مُساعَدة ج ات | aide; assistance; secours; concours; participation |
| ~ ماليّة | subvention; aide financière |
| مَدَّ لَهُ يَد الـ~ | tendre une main secourable/la perche à qqn; prêter main-forte |
| أَمَدَّ ه بِـ~ ماليّة | subventionner |
| ~ فَنّيّة، أَجْنَبيّة | assistance technique, étrangère |
| ~ الدَوْلة | aide de l'État |
| بِـ~ ه، ه | avec l'aide/le concours/la participation de |

مِسْعَرِيّات — calorimétrie

مِسْعار ج مَساعير — tisonnier

VIII اِسْتَعَرَ اِسْتِعارًا — s'embraser; s'enflammer; flamber *intr.*; se raviver

مُسْتَعِر — ardent

**2563** **سِعْر** ج أَسْعار — cote; cours; prix; taux; valeur; *v. aussi 2562*

~ الإقْفال، الإصْدار — cours de clôture, d'émission

~ الخَصْم، التَسْليف — taux d'escompte, d'intérêt

~ ثابِت — prix/parité ferme/fixe

~ السُوق، جارٍ — valeur marchande; prix courant

~ التَعادُل، تَعادُليّ — parité; taux paritaire

~ رَسْميّ — cours/prix/taux officiel

~ الصَرْف، القَطْع — taux de change

~ صافٍ، إجْماليّ — prix net, brut

~ الجُمْلة، التَجْزِئة — prix de gros, de détail

~ الكُلْفة، التَكْلِفة — prix coûtant/de revient

رَفْع، تَحْديد **الأَسْعار** — majoration, limitation des prix

اِرْتِفاع الـ~ — hausse/flambée/montée des prix

II سَعَّرَ تَسْعيرًا ه — coter; tarifer; taxer

**تَسْعير** — cotation; taxation; tarification

~ الأَسْهُم، جُمْرُكيّ — cotation des actions; tarification douanière

تَسْعيرة — taxe; tarif

**2564** (سعط) **سَعوط** — poudre à éternuer; tabac à priser

تَنْشِقة ~ — prise de tabac

مِسْعَط — tabatière

VIII اِسْتَعَطَ اِسْتِعاطًا — humer; priser

**2565** **سَعَفة**، سَعَف ج سُعوف — palme; rameau

أَحَد **السَعَف** — dimanche des Rameaux

IV أَسْعَفَ إِسْعافًا ه — aider; assister; secourir; porter secours à

**إِسْعاف** ج ات — aide; assistance; secours; soin

مَرْكَز، سَيّارة ~ — poste de secours; ambulance

رَجُل ~ — ambulancier

~ اِجْتِماعيّ، عامّ — Assistance sociale, publique

إِسْعافات أَوَّلِيّة — premiers secours/soins

إِسْعافيّ ج ون — secouriste

إِسْعافِيّة — secourisme

مُسْعِفة اِجْتِماعِيّة — assistante sociale

**2566** **سَعَلَ** ـُ سُعالًا — tousser

**سُعال**؛ سُعْلة — toux

نَوْبة ~ — quinte de toux

~ ديكيّ — coqueluche

**2567** **سِعْلاة** ج سَعالى، سَعالٍ — orang-outang

سِعْلَى، سِعْلاء ج سِعْلَيات — ogresse; démon femelle; mégère

**2568** أَبو **سُعْن** — marabout [*ois.*]

**2569** **سَعَى** ـَ سَعْيًا لِـ، وراءَ ه

s'activer à; chercher; comploter qqch; concourir à; s'attacher à faire; s'employer à; faire que/en sorte que; s'efforcer de; œuvrer à; tenter qqch/de faire; tâcher de; travailler à; rechercher; veiller à; viser à

~ إلى **فُنْدُقه** — se rendre à/gagner/regagner son hôtel

~ في الأَرْض فَسادًا — déployer une activité néfaste/malfaisante

~ لِتَحْقيق هَدَفه — s'efforcer d'atteindre son objectif

~ وَراءَ السَعادة — courir après/poursuivre le bonheur

~ وَراءَ خُبْزه — gagner son pain quotidien

~ في طَلَب ٥، ه — quérir [*litt.*]; chercher; rechercher

~ وَراءَ مَصْلَحته — rechercher/chercher son intérêt

~ لِعِياله — travailler pour les siens

~ لَدَى شَخْصِيّة — agir/intervenir auprès d'une personnalité

~ إلى حَتْفه، خَرابه، هَلاكه — courir à sa perte/à sa ruine

~ إلى حَتْفه بِظِلْفه — creuser sa propre tombe [*fig.*]; être l'artisan de sa propre ruine

~ بالبِلاد إلى التَقَدُّم — conduire le pays vers le progrès

~ بِيَدَيْه ورِجْلَيْه — faire des pieds et des mains

**سَعَى** َ سِعاية بـ ه إلى، عِنْدَ — desservir/discréditer qqn auprès de; dénoncer; intriguer *intr.*

سِعاية — calomnie; délation; embûches; intrigue; menées; machination

**سَعْي** — application; démarche; course; effort; entreprise; travail; recherche

~ ه لِهَدْم ه — entreprise de destruction [*fig.*]

الـ~ وَراءَ السَعادة — recherche du bonheur

الـ~ لِلْمَنْفَعة — recherche du profit

بـ~ مِنْ ه — à la diligence de [*dr.*]

خابَ ~ ه — son projet est tombé à l'eau; être un échec (entreprise)

أخْفَقَ في ~ ه — en être pour sa peine/ses frais; essuyer un échec

سَعْيًا وَراءَ — en quête de; à la recherche de; pour; en vue de

**مَسْعًى** ج مَساعٍ — course; démarche; effort; tentative

خابَ مَسْعاهُ ← خابَ سَعْيُه

مَساعٍ وُدِّيّة، حَميدة — bons offices

ساعٍ ج ساعونَ، سُعاة — agent; agent/courroie de transmission [*fig.*]; courrier; coursier; estafette; commissionnaire; groom; planton; délateur

**ساعي** البَريد — facteur des P. et T.; préposé des postes

~ مَكْتَب — garçon de bureau

**2570** (سفف) IV **أَسَفَّ** — décliner; descendre; voler au ras du sol; raser le sol; faire du rase-mottes

~ إلى ه — s'abaisser à; se ravaler jusqu'à

**إسْفاف**، سَفيف — rase-mottes [*aéron.*]

~ الأَخْلاق — corruption des mœurs; avilissement

~ الأُسْلوب — médiocrité/platitude du style; trivialité

**2571** **سُفْتَجة** ج سَفاتِج — traite [*fin.*]; devise; lettre de change

سَفاتِج أَجْنَبيّة — devises étrangères

**2572** **سَفَحَ** َ سَفْحًا — répandre/verser/faire couler (le sang)

سَفْح ج سُفوح الجَبَل — pied (d'une montagne)

سَفّاح ج ون — bourreau; égorgeur; meurtrier; sanguinaire

III سافَحَ سِفاحًا ه — forniquer avec qqn; se livrer à la débauche la luxure

**سِفاح** — fornication; luxure

اِبْن ~ — bâtard

**2573** **سَفَدَ** ِ سِفادًا — s'accoupler (animaux); couvrir la femelle; saillir; apparier

**سِفاد**، سَفْد — accouplement; coït (chez les animaux)

وَقْت الـ~ — saison des amours; période du rut

سَفُّود ج سَفافيد — broche; brochette

II سَفَّدَ تَسْفيدًا ه — embrocher; mettre à la broche

مُسَفَّد — embroché

III سافَدَ مُسافَدة ← سَفَدَ

IV أَسْفَدَ إسْفادًا — accoupler; apparier; se reproduire (animaux)

إسْفاد — reproduction

VI تَسافَدَ تَسافُدًا — s'accoupler; copuler; se reproduire

تَسافُد — copulation; accouplement; reproduction

**2574** **سَفَرَ** ِ سَفْرًا ه — dévoiler; balayer/chasser/disperser/dissiper (nuages)

~ عَنْ — écarter (un voile); briller (aurore)

سُفور — dévoilement (du visage de la femme)

سَفَر ج أَسْفار — expédition; départ; périple; voyage

سَفْرة — passage; voyage

**سافِر** — dévoilé; clair; évident; qui a le visage découvert (femme); manifeste

ضَحْكات ~ ة — rires éclatants/sans retenue

**سَفير** ج سُفَراء — ambassadeur; envoyé; négociateur; médiateur

~ بابَويّ — nonce apostolique

**سِفارة** ج ات — ambassade; chancellerie

~ بابَويّة — nonciature

**سُفْرة** — provisions de bouche; nappe; table servie/dressée

مَدَّ الـ~ — dresser la table; servir

سِفْر ج أَسْفار — livre; tome; volume

سَفَرِيّة ج ات — voyage; agence de voyages

II **سَفَّرَ** تَسْفيرًا ه — relier; reliure

~ ه — envoyer qqn en voyage

III **سافَرَ** مُسافَرة — naviguer; partir en voyage; voyager

~تْ عَنْه الحُمَّى — tomber (fièvre)

مُسافِر ج ون — voyageur; passager

IV **أَسْفَرَ** إِسْفارًا — se dévoiler; briller (aurore); avoir de l'éclat (visage)

~ عَنْ ه — aboutir à; découvrir qqch; avoir pour résultat

~ت المُباراة عن فَوْز — le match s'est terminé par la victoire de

2575 **سَفَرْجَل** ج سَفارِج — coing

شَجَرة ~ — cognassier

2576 **سَفْسَطة** ج ات — sophisme

سَفْسَطيّ، سَفْسَطائيّ — sophiste *adj., n.*; sophistique *adj.*

سَفْسَطائِيّة — casuistique; sophistique *n.f.*

2577 **سَفْسَفَ** عَمَلًا — bâcler [*fam.*]/gâcher un travail; saboter [*fam.*]/ sabrer [*fig.*] un travail

سَفْسَفة ج سَفاسِف — enfantillage; galimatias; faribole [*fam.*]; futilité; puérilité; vétille

2578 **سَفَط** ج أَسْفاط — grand panier; corbeille; nécessaire de toilette

2579 **سَفَطَ** ُ سَفْطًا ه — écailler (un poisson); aspirer; boire; sucer

~ حَقَّهُ — se désister

سَفْط — aspiration; succion

سَفْطة ج سَفَط، أَسْفاط — écaille; squame

2580 **سَفَعَ** َ سَفْعًا ه — cingler; donner un coup/une gifle/un soufflet; fouetter (vent); gifler; souffleter; bronzer; brûler [*fig.*]; hâler

سَفْع — hâle; bronzage

سُفْعة — hâle; teint hâlé/bronzé

أَسْفَع م سَفْعاء ج سُفْع — bronzé; brun; hâlé

مَسْفوع — bronzé; brûlé; bruni; hâlé; tanné (par le soleil)

II سَفَّعَ تَسْفيعًا ← سَفَعَ

2581 **سَفَقَ** ُ سَفْقًا ه — gifler; claquer (une porte); fermer bruyamment; souffleter

سَفْقة (← صَفْقه) — claque; gifle; soufflet

2582 **سَفَكَ** ِ سَفْكًا ه — répandre/verser/faire couler (larmes, sang)

سَفْك الدِماء — effusion de sang

سَفّاك — bourreau; homme cruel; égorgeur; meurtrier; sanguinaire; tyran

2583 **سَفَلَ** ُ سَفالًا — être en bas/dans le bas/dans la partie inférieure

سَفُلَ ُ، سَفِلَ َ سَفالةً — être ... *v. à l'adj.*

سُفالة — le bas; la partie inférieure

سَفالة — avilissement; bassesse; crapulerie; indignité; goujaterie; infamie; saloperie [*pop.*]

**سُفْليّ** — de dessous; inférieur; du bas

طابِق، طَرَف ~ — étage, membre inférieur

سُفْلِيّات المِنْخَرَيْن — cynopithèques

**سِفْلة، سَفِلة** ← سَفالة

~ الناس، القَوْم — canaille; gens de bas étage; populace [*péjor.*]; racaille; sale engeance; bas peuple; la tourbe [*litt.*] des hommes

سافِل ج سَفَلة — canaille; crapule; crapuleux; coquin; goujat; fripouille; ignoble; infâme; lâche; bas; vilain; sale; salaud [*pop.*]; saligaud [*pop.*]

سافِلة ج سَوافِل — derrière *n.m.*; partie inférieure

**أَسْفَل** م سُفْلَى — en/de dessous; du bas; plus bas; partie inférieure

~ جِدار، صَفْحة — pied d'un mur; bas de page

~ قِنّينة — cul de bouteille

إلى ~ — au bas de; en contrebas; dans la partie inférieure; au bout de; en queue de

في الـ~ — au-dessous; en aval; au fond

2584 **سِفْلِس** — syphilis

سِفْلِسيّ — syphilitique

مُسَفْلَس — syphilitique; qui a la syphilis

2585 **سَفَن** — *zool.* peau rugueuse (qui sert de râpe); papier émeri/de verre

**سَفِينة** ج سُفُن bâtiment [*mar.*]; navire; bateau; vaisseau

~ تِجارِيّة، شَحْن cargo; navire marchand de commerce

~ حَرْبِيّة bateau navire de guerre

~ شِراعِيّة، بُخارِيّة bateau à voile, à vapeur

~ تَعْلِيم، تَدْرِيس bateau navire-école

~ فَضائِية، الفَضاء vaisseau spatial

~ رُكّاب، صِهْرِيج paquebot; bateau-citerne

~ نُوح arche de Noé

مُؤَخَّر، مُقَدَّم ~ poupe; proue

مَسْفَن ج مَسافِن arsenal

III سافَنَ مُسافَنة ه transborder

مُسافَنة transbordement

2586 **سَفِين**، إسْفِين ج أسافِين coin; taquet

2587 **سَفْنَجَ** éponger

سَفَنْج، إسْفَنْج beignet; éponge

سَفَنْجِيّ، إسْفَنْجِيّ spongieux

2588 **سَفِهَ** - سَفَهًا، سَفُهَ - سَفاهة être ... *v. à l'adj.*

سَفَه، سَفاهة grivoiserie; grossièreté; impudence; inintelligence; inconvenance; indécence; insolence; sottise; stupidité

سَفِيه ج سُفَهاء grivois; grossier; impudent; inconvenant; indécent; insolent; inintelligent; sot; stupide

II **سَفَّهَ** تَسْفِيهًا ه، ه démontrer la sottise/l'inanité/la folie de; faire interdire judiciairement

~ وَجْه ه jeter le discrédit sur qqn

2589 **سَفَى** - سَفْيًا ه chasser/disperser/soulever la poussière

سَفا - سُفُوًّا aller vite; se déplacer rapidement (oiseau, personne)

أرْض تَسْفوها الرياح terre balayée par les vents

سافِياء poussière; tourbillon/vent de poussière

2590 **سَقَطَ** - سُقوطًا s'abattre; s'affaisser; chuter; déchoir; dégringoler [*fam.*]; s'effondrer; s'écrouler; tomber

~ أرْضًا tomber par terre sur le sol

~ في ساحة الشَرَف tomber au champ d'honneur

~ مَيِّتًا، جُثّة هامِدة tomber raide mort

~ صَرِيعًا mordre la poussière

~(ت) الحُكومة، المَطَر tomber (gouvernement, pluie)

~ في إمْتِحان échouer à un examen

~ مِنْ ه être déchu de perdre (ses droits)

~ من عَيْن ه baisser dans l'estime de

لِيَسْقُطْ، فَلْيَسْقُطْ à bas!

لا يَسْقُط indestructible; imprescriptible

سُقِطَ في يَده tomber des nues de son haut; les bras lui en tombent; être confondu bien embarrassé; en être pour sa courte honte; ne savoir que dire que répondre

**سُقوط** chute; déchéance; dégringolade [*fam.*]; échec; écroulement; effondrement; incidence; insuccès

~ الأسْعار، عُمْلة effondrement des prix, d'une monnaie

~ الأمْطار chute de pluie

~ حَقّ déchéance d'un droit; forclusion

زاوية ~ angle d'incidence

سُقاط وَرَق chute (de papier, de tissu)

سَقْطة ج سَقَطات، سِقاط chute; dégringolade [*fam.*]; erreur; faute

سِقْط avorton; fausse couche [*fam.*]

**سَقَط** ج أسْقاط défectuosité; erreur faute (de langage); lapsus; bric-à-brac; brocante; ferraille; friperie

~ المَتاع rebut; vieilleries

سوق ~ المَتاع marché aux puces; foire à la ferraille

~ في النَسيج chute (d'une pièce de tissu)

**ساقِط** caduc (droit); coquin; déchu (de ses droits); incident (angle); forclos; mauvais sujet; vaurien; ordure [*fig.*]

إنّكَ ~ vous êtes fichu [*fam.*] perdu!

سَقّاط ج ون، سَقْطِيّ brocanteur; chiffonnier; fripier; ferrailleur

سَقّاطة cliquet; loquet

**مَسْقِط** ج مَساقِط coupe [*géom.*]; section

~ ماء — cascade; chute d'eau

~ دَرَج — cage d'escalier

~ رَأْس — lieu de naissance/d'origine; pays/ville natal(e); patrie

~ رَأْسيّ، أُفُقيّ — coupe verticale, horizontale

IV **أَسْقَطَ** إِسْقاطًا ه، ه — abolir; abattre; avorter; déduire; défalquer; lâcher; larguer; omettre; ôter; précipiter; projeter; faire tomber; jeter bas; accorder un rabais; soustraire

~ قَنابِل على — lâcher/larguer des bombes sur

~ طائِرة — abattre/descendre un avion

~ الحُمَّى — faire tomber la fièvre

~ ه في اِمْتِحان — coller/éliminer/recaler/refuser/faire échouer qqn à un examen

~ حُكومة — renverser un gouvernement

~ ه من حَقّ — priver qqn d'un droit

أُسْقِطَ في يَدِه ← سُقِطَ

**إِسْقاط** — abolition; avortement; déduction; défalcation; largage; privation (d'un droit); renversement (d'un gouvernement); réduction; remise; rabais; soustraction; *philos.*, *math.* projection

~ قيمة عُمْلة — dévaluation d'une monnaie

**مُسْقِط** — abortif

V تَسَقَّطَ تَسَقُّطًا ه — apprendre (une nouvelle) petit à petit

VI **تَساقَطَ** تَساقُطًا — s'abattre; s'abîmer; s'affaler; s'avachir; s'écrouler; s'effondrer; se laisser choir; tomber (feuilles); tomber en ruine; tomber à torrents/à verse

~ على — se jeter sur

**تَساقُط** الأَوْراق — chute des feuilles

~ إِشْعاعيّ — retombée radioactive

**مُتَساقِط** — caduc (feuille)

2591 **سَقَعَ** - سَقْعًا — cogner; heurter

2592 **سَقْف** ج سُقوف — plafond; toit; terrasse; voûte; couverture (d'une construction)

سَقْفيّة — plancher

سَقيفة ج سَقائِف — hangar; préau

سَقّاف ج ون — couvreur

مَسْقوف — couvert (bâtiment)

II سَقَّفَ تَسْقيفًا ه — couvrir/mettre un toit sur (une construction)

تَسْقيفة — toiture

2593 (سقف) **أُسْقُف** ج أَساقِفة — évêque

هَيْئة **الأَساقِفة** — assemblée épiscopale; épiscopat

رَئيس الـ~ — archevêque

أُسْقُفيّ — épiscopal; diocésain

أُسْقُفيّة — archevêché; diocèse; épiscopat; évêché

IV أَسْقَفَ إِسْقافًا ه — nommer évêque

2594 **سِقالة** ج ات — armature; échafaud; échafaudage

إِسْقالة ج أَساقيل — *même sens*

II سَقَّلَ تَسْقيلًا ه — échafauder

2595 **سَقْلَبيّ** ج سَقالِبة — slave

2596 **سَقِمَ** - سَقَمًا — dépérir; languir; être malade

سَقَم، سُقْم ج أَسْقام — dépérissement; maladie; langueur

سَقام — *même sens*

سَقيم ج سُقَماء — erroné; incorrect; malade; languide [*litt.*]

مِسْقام — maladif; souffreteux; valétudinaire [*litt.*]

IV أَسْقَمَ إِسْقامًا ه — rendre malade

مُسْقِم — pathogène

2597 **سُقُمْري**؛ إِسْقُمْريّ — maquereau [*poiss.*]

2598 **سَقاوة** — *ois.* buse

2599 **سَقَى** - سَقْيًا ه، ه — abreuver; arroser; donner à boire de l'eau; irriguer; tremper (un métal)

سَقْي — abreuvement; arrosage; irrigation

سِقاية — métier/salaire du porteur d'eau; trempage des métaux

ساقٍ ج سُقاة — échanson; barman; serveur

ساقية ج سَواقٍ — barmaid; serveuse; rigole; ruisseau; seguia

سَقّاء ج ون — porteur d'eau

مَسْقًى ج مَساقٍ — abreuvoir

مِسْقاة ج مَساقٍ — canal d'irrigation; eau; pièce d'eau; réservoir; citerne

III ساقى مُساقاة ه — boire en compagnie de qqn; donner à boire à qqn; passer un contrat d'irrigation avec

IV أَسْقَى إِسْقاءً ه — irriguer; irrigation

VIII اِسْتَقَى اِسْتِقاءً ماءً — puiser de l'eau

~ الأَخْبار مِن — recueillir/puiser des informations

X اِسْتَسْقَى اِسْتِسْقاءً — faire des prières pour qu'il pleuve; demander à boire; être atteint d'hydropisie

اِسْتِسْقاء — hydropisie

~ الدِماغ، مَفْصِليّ — hydrocéphalie; hydarthrose

صَلاة الـ~ — rogations pour la pluie

مُسْتَسْقٍ — hydropique

**2600** سَكَّ ـُ سَكًّا ه — barricader/boucher/fermer (une porte)

~ نُقودًا، عُمْلة — frapper de la, battre monnaie

سَكّ ج سُكوك — clavette

~ النُقود — frapper de la/battre monnaie

سُكّ — *zool.* épeire

سِكّة ج سِكَك — chemin; rue; soc (de charrue); médaille; monnaie

دار ~ — hôtel de la Monnaie

~ حَديد، حَديديّة — chemin de fer; voie ferrée

سُكاك، سُكاكيّ — stratosphère; stratosphérique

مَسْكوك ج ات — monnaie

مَسْكوكات ذَهَبيّة، فِضّيّة — monnaies d'or, d'argent

عِلْم، عالِم بالـ~ — numismatique; numismate

**2601** سَكَبَ ـُ سَكْبًا ه — répandre; verser; déverser; faire couler; irriguer [*méd.*]

ساكِب، ~ الماء — verseur; Verseau [*zod.*]

مَسْكَب ج مَساكِب — creuset

VII اِنْسَكَبَ اِنْسِكابًا — couler; être versé; se déverser; être répandu; se répandre

**2602** سَكَتَ ـُ سُكوتًا — se taire; rester muet silencieux; ne rien dire; s'arrêter de parler

~ عَنْ ه — passer sous silence; ne pas faire état de; taire *tr.*

أُسْكُتْ — chut! silence! tais-toi! *pop.* boucle-la! la ferme! ta gueule!

سُكوت — mutisme; silence

الـ~ مِن الذَهَب — le silence est d'or

سَكْتة — apoplexie; congestion

~ قَلْبيّة، دِماغيّة — crise cardiaque; congestion cérébrale

ساكِت، سَكوت، سِكّيت — silencieux; taciturne

بَقِيَ ~اً — rester coi [*litt.*] silencieux

IV أَسْكَتَ إِسْكاتًا ه — faire taire; imposer le silence; réduire au silence; *fam.* clouer clore fermer le bec à

~ المُعارَضة — museler l'opposition

**2603** سَكِرَ ـَ سُكْرًا — s'enivrer; se griser; se soûler; être pris de boisson en état d'ébriété; *v. aussi 2604*

سُكْر — ébriété; enivrement; griserie; ivresse

سَكْرة ج سَكَرات — étourdissement; ivresse; stupeur; torpeur

~ المَوْت — agonie; coma

سُكَّر ج سَكاكِر — sucre

~ مُكَرَّر، خام — sucre raffiné, brut

قِطْعة، قالَب ~ — morceau, pain de sucre

~ فَنيد — sucre en poudre

~ القَصَب، الشَمَنْدَر — sucre de canne, de betterave; saccharose

~ العِنَب، الثِمار — glucose; fructose

قَصَب، صِناعة ~ — canne à sucre; industrie sucrière

نَقْص الـ~ — hypoglycémie

مَرَض الـ~ — diabète

سُكَّريّ — qui contient du sucre; diabétique

بَوْل، داء ~ — diabète

**سُكَّرِيّة** ج ات، سَكاكِر — sucrier; douceur; sucrerie; bonbon; confiserie; *chim.* glucide

~ الدَم — glycémie

سَكاكِرِيّ — confiseur

سُكَّرين؛ سَكارين — saccharine

سُكَّروز؛ سَكاروز — saccharose

**سَكْران** ج سُكارَى، سَكْرَى — éméché; gris; ivre; pris de boisson; soûl; *fam.* cuit; rond

~ طافِح — ivre mort; fin soûl [*fam.*]

سِكِّير — ivrogne; poivrot [*pop.*]; soûlard [*pop.*]

II سَكَّرَ تَسْكيرًا — sucrer; confire dans le sucre

مُسَكَّر — confit dans le sucre; sucré; gris [*fam.*]; ivre; éméché; soûl; *fam.* cuit; cuité; rond

مُسَكَّرات — douceurs; sucreries

IV أَسْكَرَ إِسْكارًا ه — enivrer; griser; soûler [*fam.*]

مُسْكِر — enivrant; grisant; capiteux

مُسْكِرات — boissons enivrantes

**2604** **سِكْر** ج سُكور — digue; écluse; pale; vanne

II **سَكَّرَ** تَسْكيرًا — endiguer; fermer; comprimer

~ حَنَفِيّة، بابًا — fermer un robinet, une porte

سَكِّرْ فَمَك، تِمَّك، بُقَّك — *pop.* ferme ta gueule! ta gueule! la ferme! boucle-la!

**2605** **سِكْرِتير** م سِكْرِتيرة — secrétaire

سِكْرِتيرِيّة؛ سِكْرِتارِيّة — secrétariat

**2606** **سُكُرْجة**؛ سُكُرُّجة — écuelle; bol

**2607** **سَكَعَ** - سَكْعًا، سَكَعًا ← V

V تَسَكَّعَ تَسَكُّعًا — errer/aller à l'aventure; baguenauder [*fam.*]; traîner (dans les rues); flâner

تَسَكُّع — flânerie

مُتَسَكِّع — errant; badaud; flâneur

**2608** **سَكَعْكَع**؛ أُمّ ~ — hoche-queue

**2609** (سكف) **سِكافة** — cordonnerie

إِسْكاف ج أَساكِفة؛ سَكّاف — cordonnier

ساكِف — linteau

**2610** (سكم) **إِسْكيم** — froc

**2611** **سَكَنَ** - سُكونًا — s'apaiser; se calmer; s'assoupir; se radoucir; s'assouvir; être au repos/tranquille/tranquillisé; *v. aussi 2612 à 2614*

~ عنه الوَجَعُ — n'avoir plus mal; se calmer (douleur)

~تْ ريحُهُ — tomber dans l'oubli; tourner [*fig.*] (vent, chance)

~ إلى ه، ه — se reposer sur qqn; faire confiance à

**سُكون** — calme *n.m.*; immobilité; inaction; inactivité; paix; repos; tranquillité; quiétude; placidité

~ الحَرْف — *ling.* fermeture de syllabe; quiescence; pause sur la fin de syllabe; symbole de la fermeture de syllabe: «*soukoun*»

سُكونيّ — statique *adj.*

**سَكَنات** ه وحَرَكات ه — faits et gestes de qqn

في ~ه وحَرَكاتِه — dans toutes les circonstances de sa vie

سَكينة — paix intérieure; quiétude; tranquillité d'esprit; repos; sérénité

**ساكِن** — calme *adj.*; coi(te) [*litt.*]; détendu; immobile; inactif; inerte; paisible; placide; stationnaire; statique; tranquille

حَرْف ~ — *ling.* phonème quiescent/en fermeture de syllabe/à la pause

تَوازُن ~ — équilibre statique

لا يُحَرِّك ساكِنًا — ne pas lever le petit doigt; se tenir coi [*litt.*]; ne pas bouger d'un pouce

II **سَكَّنَ** تَسْكينًا ه، ه — adoucir; apaiser; assoupir; calmer; lénifier; radoucir; rassurer; soulager; tranquilliser

~ جُوعه، تَعَطُّشه إلى — apaiser sa faim, sa soif de

~ رَوْعه — apaiser les craintes; tranquilliser

تَسْكين — apaisement; allégement; adoucissement; assoupissement; soulagement

مُسَكِّن ج ات — analgésique *adj.*, *n.m.*; apaisant; calmant *adj.*, *n.m.*; sédatif; tranquillisant *adj.*, *n.m.*; lénifiant; palliatif *adj.*

**2612** **سَكَنَ** - سَكَنًا، سُكْنَى — habiter; loger; séjourner; s'installer; demeurer; se loger; résider; vivre (à la ville, à la campagne, dans l'eau); séjourner; avoir un habitat [*zool.*]; *v. aussi 2611, 2613, 2614*

**سَكَن** habitat; habitation; logement
أَوْضاع، بَدَل ~ conditions, indemnité/prime de logement
مَرْكَز سَكَنِيّ résidence; centre urbain/résidentiel
الأَزْمَة الـ~ة crise du logement
الحالة الـ~ة conditions d'habitation
**سُكْنَى** habitat; habitation; logement; séjour
تَحْسين الـ~ amélioration de l'habitat
صالِح لِلـ~ salubre (construction)
**ساكِن** ج سُكّان domicilié; habitant *adj., n.*
~ أَصْلِيّ autochtone; indigène
~ الأَرْض، مِرِّيخ terrien; martien
~ الحُدود frontalier
**سُكّان** العالَم، عامِلون population mondiale, active
~ غَيْرُ عامِلين population non active
~ زِراعِيّون population agricole/rurale
~ القَرْيَة villageois; ruraux *n.m.pl.*
~ الكُهوف habitants des cavernes; troglodytes
~ البَدْو، الحَضَر population nomade, sédentaire/urbaine
~ من الإناث، الذُكور population féminine, masculine
كَثافة ~ densité de la population
تَعْداد الـ~ nombre/recensement des habitants; population
سُهولة تَنَقُّل الـ~ mobilité de la population
قَليل، قِلَّة الـ~ sous-peuplé; sous-peuplement
مُكْتَظّ بِـ، اِكْتِظاظ بِالـ~ surpeuplé, surpeuplement
عِلْم إِحْصاءات الـ~ démographie
سُكّانِيّ populationniste
**مَسْكون** habité; hanté; peuplé
غَيْر ~ inhabité; déserté
**مَسْكَن** ج مَساكِن appartement; demeure; domicile; foyer; habitacle; habitation; logement; logis [*litt.*]; résidence
~ مُعْتَدِل الإيجار H.L.M.; habitation à loyer modéré

غَيَّر ~ه changer de résidence
عادَ إلى ~ه rentrer chez soi; regagner ses pénates [*fam.*]; rentrer dans ses foyers
III ساكَنَ مُساكَنة ه cohabiter; vivre avec sous le même toit que qqn
مُساكِن ج ون concitoyen
IV أَسْكَنَ إِسْكانًا ه héberger; installer qqn dans un appartement; loger qqn
**إِسْكان** habitat; hébergement; logement
مَرْكَز ~ centre d'hébergement
أَزْمَة ~ crise du logement
سِياسة الـ~ politique du logement/de l'habitat
VI تَساكَنَ تَساكُنًا cohabiter; habiter ensemble/sous le même toit
تَساكُن cohabitation

**2613** (سكن) **سُكّان** ج ات gouvernail; safran [*mar.*]
~ الارْتِفاع، الغَوْص gouvernail de profondeur; barre de plongée
حامِلة الـ~ étambot
**سِكّين** ج سَكاكين couteau
~ جَيْب canif
كانوا شاهِري **السَكاكين** être à couteaux tirés
سَكّان، سَكاكينيّ coutelier

**2614** **سَكُنَ** ـُ سُكونة être pauvre/misérable
مِسْكين ج مَساكين humble; malheureux; misérable; pauvre; piètre

**2615** **سَلَّ** ـُ سَلًّا dégainer; extraire; tirer
~ خُيوط نَسيج effiler; effilocher
**سَلَّة** ج سِلال cabas; corbeille; hotte; panier
~ مُنْطاد nacelle de dirigeable
كُرة الـ~ basket-ball
~ المُهْمَلات corbeille à papiers
وَضَعَ في ~ المُهْمَلات jeter au panier
**سُلالة** ج ات descendance; lignée; postérité; race; *zool.* espèce; famille
~ حاكِمة dynastie régnante

سُلالِيّ dynastique; familial; racial

مِسَلَّة ج ات، مَسالّ aiguille; obélisque; stèle

مَسْلول dégainé; extrait/tiré de son fourreau (épée)

V تَسَلَّلَ تَسَلُّلًا مِن se dérober; s'échapper; s'esquiver; se glisser au dehors; prendre la porte [fam.]/le large

~ إلى ه، ه s'approcher sans bruit de; s'avancer à pas de loup; se couler; se faufiler; se glisser; s'infiltrer; s'insinuer

تَسَلُّل infiltration [polit., sport.]

VII انْسَلَّ انْسِلالًا ← V

~ خَفِيفَ الخَطْو s'esquiver sur la pointe des pieds; prendre la tangente [fam.]

انْسِلال infiltration

VIII اسْتَلَّ اسْتِلالًا ه dégainer; enlever; extraire; glisser tr.; tirer (son épée)

2616 سُلَّ يُسَلُّ être atteint de phtisie; être phtisique/tuberculeux

سُلّ رِئَوِيّ، تَدَرُّني tuberculose pulmonaire; phtisie

~ العَمود الفَقاريّ mal de Pott

مَبْحَث الـ~ phtisiologie

عالِم طَبيب الـ~ phtisiologue

ضِدّ الـ~ antituberculeux

سُلِّي، مَسْلول tuberculeux adj.

سُلِّين tuberculine

سَليلة مُخاطيّة polype [pathol.]

مَسْلول tuberculeux adj., n.; phtisique; poitrinaire

2617 سَلَبَ ـُ سَلْبًا ه ه arracher qqch à qqn; prendre de force; dépouiller qqn de qqch; détrousser; dévaliser; piller; gruger; rafler [fam.]; razzier; mettre à sac; saccager; spolier

~ اللُبّ ravir [fig.]

~ها بَكارَتها déflorer une fille

سَلْب dépouillement; déprédation; pillage; rafle; razzia; sac (d'une ville); saccage; spoliation; vol; négation

~ بالسِلاح hold-up; vol à main armé

عَلامة الـ~ math. signe négatif/moins/de la soustraction

سَلْبِيّ négatif; passif

نُسْخة، صورة ~ة épreuve négative; négatif n.m. [phot.]

مَوْقِف، دَوْر ~ rôle, attitude négatif(ive)/passif(ive)

دِفاع ~ défense passive

مُقاوَمة ~ة force d'inertie [fig.]; passivité

سَلْبيّة négativisme; passivité

سَلَب ج أَسْلاب butin; dépouilles; proie; rapine

أَسْلاب abats n.m.pl.

سالِب ج سُلّاب pilleur; prédateur; saccageur; ravisseur; négatif adj., n.m.; privatif

سَلّاب ج ون casseur; pillard [péjor.]; spoliateur; prédateur

سَليب، مَسْلوب aliéné; dépouillé; spolié; usurpé; volé

VIII اسْتَلَبَ اسْتِلابًا ه، ه (← سَلَبَ) aliéner

اسْتِلاب aliénation [dr., philos.]

2618 (سلب) أُسْلوب ج أَساليب

façon; manière; forme; genre; méthode; mode; procédé; litt. phraséologie; style; ton

~ عِلْميّ، العَمَل méthode scientifique, de travail

~ عَيْش، حَياة mode de vie, d'existence

اتَّبَعَ ~ًا جَديدًا suivre une nouvelle méthode

**الأَساليب الحَديثة لِلتَرْبِية**

les méthodes modernes d'éducation

دِراسة الـ~ stylistique n.f.

دِراسة الـ~ المُقارَنة stylistique comparée

أُسْلوبيّ stylistique adj.

2619 سَلْبوت capucine

2620 سُلْت orge; seigle

2621 سَلْجَم colza

2622 سَلَحَ ـَ سَلْحًا fienter

سَلْح ج سُلوح، سُلْحان fiente

**2623 سُلَح** ج سِلْحان — perdreau

**2624 سِلاح** ج أَسْلِحة — arme; armement

نَزَع، نَزْع الـ~ — désarmer; désarmement

أَلْقَى الـ~ — déposer mettre bas les armes

أَخَذَ الـ~ — prendre les armes

حَيَّا بـ، قَدَّم الـ~ — présenter les armes

بالـ~ ؛ بِلا ~ — à main armée; désarmé sans arme

بِقُوَّة، تَحْتَ الـ~ — par, sous les armes

رِفاق الـ~ — frères d'armes

مُدَجَّج بالـ~ — armé jusqu'aux dents

~ تَدْمير — arme engin de destruction

~ ذو حَدَّيْن، مُطْلَق — arme à deux tranchants, absolue

~ جَوِيّ — armée de l'air

II سَلَّحَ تَسْليحًا ه — armer; donner fournir des armes à

تَسْليح — armement; équipement; renforcement

**مُسَلَّح** ؛ غَيْر ~ — armé; non armé

إِسْمَنْت، زُجاج ~ — ciment armé; verre Sécurit

القُوّات الـ~ة — forces armées

V تَسَلَّحَ تَسَلُّحًا — s'armer; prendre les armes; se munir de

**تَسَلُّح** ؛ سِباق الـ~ — réarmement; course aux armements

**2625 سُلَحْفاة** ج سَلاحِف — tortue

تَقَدَّم بِسُرْعة الـ~ في سَيْرِها — avancer comme une tortue

**2626 سَلَخَ** ـُ سَلْخًا ه، ه — abattre dépouiller écorcher équarrir (un animal); scalper; décolorer

~ كَثيرًا من وَقْته في — consacrer beaucoup de son temps à

سَلْخ — abattage; équarrissage; décoloration

سَلْخة — dépouille; peau (de serpent)

سَلاخة — fadeur; insipidité

سَليخ — fade; insipide

سَلّاخ ج ون؛ سالِخ ج سُلَّخ — équarrisseur

سَلْخانة ج ات ← مَسْلَخ

مَسْلَخ ج مَسالِخ — abattoir; boucherie

مِسْلاخ ج مَساليخ — peau écorchée; dépouille d'un animal écorché

مَسْلوخ — écorché *n.m.*

VII اِنْسَلَخَ اِنْسِلاخًا — peler *intr.*; être pelé; muer

~ مِن، عن — se dépouiller de; perdre de; se départir de; se retirer de

~ من بُرودته — perdre de sa froideur

~ شَهْر — s'écouler; passer (mois)

اِنْسِلاخ — mue; dépouillement; retrait

مُنْسَلَخ — fin de mois

**2627 سَلِسَ** ـَ سَلَسًا، سَلاسة — s'assouplir; être ... *v. à l'adj.*

سَلَس — incontinence [*méd.*]

**سَلاسة** — complaisance; docilité; malléabilité; maniabilité; obéissance; souplesse

~ إِنْشاء، الكَلام — aisance de rédaction; facilité d'élocution

~ الأُسْلوب — facilité fluidité souplesse du style

**سَلِس** — aisé fluide souple (style); complaisant; docile; doux; facile (parole); maniable; malléable; obéissant

~ القِيادة — maniable; facile à conduire

~ البَوْل — incontinent [*méd.*]

**2628 سَلْسَلَ** ه، ه — enchaîner; mettre en chaîne en série; concaténer; connecter; conjoindre; joindre; hiérarchiser; sérier

**سِلْسِلة** ج سَلاسِل — énumération; chaîne; filière; hiérarchisation; chenille; collection; kyrielle; série; suite

~ أَرْقام، أَعْمِدة — cascade de chiffres; enfilade de colonnes

~ لِتَجْميع، تَرْكيب ه — chaîne d'assemblage, de montage

~ التَوْزيع، المَتاجِر — chaîne de distribution, de magasins

~ الأَفْكار — enchaînement cours fil (des idées)

~ لَوْحات، أَكاذيب — galerie de tableaux; tissu de mensonges

~ جِبال، جُزُر — chaîne de montagnes; chapelet d'îles

~ كُتُب — *litt.* collection; série

~ الفَقار — épine dorsale; échine; colonne vertébrale

سَلاسِل — fers; chaînes

عَمَل، إنْتاج **مُسَلْسَل** — travail à la chaîne; production en série

موسيقَى ~ة — musique sérielle

رَدُّ فِعْلٍ ~ — réaction en chaîne

رِواية ~ة — feuilleton; roman-feuilleton

رِواية تَلْفَزيّة ~ة — feuilleton télévisé

II تَسَلْسَلَ تَسَلْسُلاً — s'enchaîner; former une chaîne/une série; suivre la voie hiérarchique

**تَسَلْسُل** — enchaînement; voie hiérarchique; hiérarchie; hiérarchisation; succession

~ الحَوادِث — enchaînement des faits

~ إداريّ، القِيَم — hiérarchie administrative, des valeurs

بِطَريق الـ، بِالـ~ — par la voie hiérarchique

~ الأفْكار — cours/enchaînement/fil des idées; suite dans les idées

بِـ~ — en série; en chaîne; sans discontinuité; sans interruption

تَسَلْسُليّ — hiérarchique *adj.*

تَفاعُل **مُتَسَلْسِل** — réaction en chaîne

رِواية ~ة ← مُسَلْسَل

**2629 سَلَطة** — salade

**2630 سُلْطة** ج سُلُطات — force; influence; maîtrise; pouvoir; règne; puissance; autorité

~ عامّة، الشُرْطة — force publique

~ تَأْديبيّة، تَشْريعيّة — pouvoir disciplinaire, législatif

~ تَنْظيميّة، تَنْفيذيّة — pouvoir réglementaire, exécutif

~ روحيّة، زَمَنيّة، قَضائيّة — pouvoir spirituel, temporel, judiciaire

~ مُطْلَقة — pouvoir absolu; toute-puissance

تحت ~ ه — entre les mains de; en la possession de; sous la coupe de; au pouvoir de

بِمُجَرَّد ~ ه — d'autorité; de sa propre autorité

**سُلُطات** شَرْعيّة، رَسْميّة — autorités, corps constitués(ées)

~ مَرْكَزيّة، نَقْديّة — autorités centrales, monétaires

~ مَدَنيّة، عَسْكَريّة — autorités civiles, militaires

~ مَحَلّيّة، مُخْتَصّة — autorités locales, compétentes

~ سياسيّة، إداريّة — autorités politiques, administratives

~ عامّة، دُوَليّة — pouvoirs publics; instances internationales

تَفْريق، فَصْل الـ~ — séparation des pouvoirs

سَلْطَنة — sultanat

**سُلْطان** — autorité; domination; empire [*fig.*]; pouvoir; règle; souveraineté; sultan

~ القانون — force de loi; autorité de la loi

القانون ~ — la loi est souveraine

صاحِب الحَقّ ~ — est roi celui qui a le droit pour lui

~ إبْراهيم، الجَبَل — rouget [*poiss.*]; chèvrefeuille

كُلّ إنْسان في بَيْته ~ — *prov.* charbonnier est maître chez soi

سُلْطانيّ — impérial; souverain *adj.*; sultanesque; sultanien

سُلْطانيّة — bol; écuelle; soupière

II **سَلَّطَ** تَسْليطًا ه على — donner le pouvoir à; rendre qqn maître de

~ عِقابًا على ه — appliquer/imposer/infliger un châtiment à qqn

V **تَسَلَّطَ** تَسَلُّطًا على — dominer; envoûter; s'emparer de; gouverner [*fig.*]; hanter qqn; obséder; prédominer; régner sur

~ على الحُكْم — s'emparer du pouvoir; s'arroger l'autorité

~ على مُيوله — se dominer; avoir de l'empire sur/vaincre ses penchants

تَسَلُّط — empire [*fig.*]; domination; pouvoir; autorité; oppression; esclavage [*fig.*]; hégémonie; suzeraineté

تَسَلُّطيّ — autoritaire; impérialiste

تَسَلُّطيّة — autoritarisme; impérialisme

**مُتَسَلِّط** — régnant [*fig.*]; obsédant; dominant; dominateur

فِكْرة ~ة — idée fixe; marotte; obsession; psychose

مُتَسَلَّط عَلَيْه — obsédé/hanté par

**2631 سَلِعَ** ـَ سَلَعًا — être crevassé; se crevasser; se fissurer (peau)

سَلْع ج سُلوع — crevasse; fissure; plaie (au pied)

سَلْعة ج سِلاع — écrouelles; scrofules; goitre; kyste

أَسْلَع م سَلْعاء ج سُلْع — lépreux; qui a des crevasses aux pieds

سَلَعِيّ — goitreux

II سَلَّعَ القَدَمَيْنِ — crevasser les pieds

**2632 سِلْعة** ج سِلَع — article [*comm.*]; denrée; marchandise; affaires; meubles

~ نادِرة، أَوَّلِيّة — denrée/produit rare, de première nécessité

~ مَوْسِمِيّة، كَمالِيّة — article/produit saisonnier, de luxe

سِلَع فانية، قابِلة التَلَف — denrées/marchandises périssables

~ دُنْيا، رَدِيئة — produits de mauvaise qualité, de rebut

~ اِسْتِهْلاكِيّة عادِيّة — articles de consommation courante

تَسْوِيق الـ ~ — commercialisation des marchandises

حَرَكة، نَقْل الـ ~ — mouvement, transport des marchandises

**2633 سَلَفَ** ـُ سَلْفًا ه — herser; hersage

مِسْلَفة — herse

**2634 سِلْف** ج أَسْلاف — beau-frère

سِلْفة — belle-sœur

**2635 سَلَفَ** ـُ سُلُوفًا — devancer; précéder; passer

فيما ~ — autrefois; jadis; dans l'ancien temps

سَلَف ج أَسْلاف — aïeul; ancêtre; ancien *n.m.*; ascendance; ascendants *n.m.pl.*; devancier; précurseur; prédécesseur

الـ ~ والخَلَف — les ascendants et les descendants; les anciens et les modernes

مَذاهِب الـ ~ — doctrine primitive de l'Islam

~، سُلْفة ج سُلَف — acompte; avance; à-valoir; bonne œuvre; prêt; semelle intérieure

سَلَفًا — par anticipation; à l'/d'/par avance

سَلَفِيّ ج ة — réformiste musulman

سَلَفِيّة — réformisme musulman

سالِف ج سَوالِف، سُلّاف — antécédent; antérieur; précédent

في الأَيّام الـ ~ ة — autrefois; jadis

~ الذِكْر — susmentionné; ci-dessus; plus haut; supra

~ العَرُوس — *bot.* amarante

سالِفًا — autrefois; antérieurement; précédemment; jadis; ci-dessus; plus haut; supra

II سَلَّفَ تَسْلِيفًا ه، ه — faire précéder; donner la priorité à

~ ه مالًا — avancer/prêter de l'argent à qqn

تَسْلِيف، تَسْلِيفة — avance; crédit

~ عَقارِيّ، لِلاِسْتِهْلاك — crédit foncier, à la consommation

~ لِأَجَل قَصِير، طَوِيل — crédit à court, long terme

سِعْر الـ ~ — taux d'intérêt

IV أَسْلَفَ إِسْلافًا ه ه (← II) — payer d'avance

~ ه أُجْرَتَهُ — avancer son salaire à qqn

كَما أَسْلَفْناهُ — comme nous l'avons dit déjà/plus haut/précédemment

X اِسْتَسْلَفَ اِسْتِسْلافًا ه — se faire avancer/prêter (de l'argent); demander/recevoir une avance

**2636 سَلْفَتَ**، سَلْفَتة — sulfater; sulfatage

سُلْفات، مُسَلْفَت — sulfate; sulfaté

سُلْفِيد — sulfide

**2637 سَلَقَ** ـُ سَلْقًا — arracher/lacérer (la peau); frapper/transpercer (avec une arme); fouetter (jusqu'au sang); faire bouillir; cuire à l'eau

~ بِلِسانِه — blesser/cingler par des propos

سُلاقة — eau de cuisson (de légumes)

سِلْق — *bot.* bette; blette

مَسْلُوق، بَيْضة ~ ة — bouilli; œuf dur

سَلِيقة — disposition innée

~ ج سَلائِق، سُلُق — légumes cuits; *sorte de porridge*

V تَسَلَّقَ تَسَلُّقًا ه — grimper; escalader; gravir; monter sur (un arbre); faire une ascension

تَسَلُّق — escalade; ascension

مُتَسَلِّقة ج ات — *bot.* plante grimpante; liane

**2638 سَلُوقِيّ** — sloughi; lévrier arabe

سَلُوقِيّة — levrette

**2639** **سَلَكَ** ـُ سُلوكًا، مَسْلَكًا emprunter/prendre/suivre un chemin; s'engager dans une voie; se conduire; se comporter

~ مَسْلَكَ الصِدْق être sincère/droit/véridique

~ سُلوكًا مُسْتَقيمًا marcher droit

**سُلوك** attitude; comportement; conduite; ligne de conduite; manière d'agir/d'être; façons; manières; procédés

حُسْن الـ~ bonne conduite; bonnes manières

~ مُشين mauvaise conduite; conduite déplorable

آداب، قَواعِد الـ~ étiquette; savoir-vivre

سُلوكيّة viabilité

**سِلْك** ج أَسْلاك câble; fil (de fer); filament [*électr.*]; rail; *admin.* cadre; corps; carrière

~ كَهْرَبائيّ، شائِك fil électrique, de fer barbelé

~ بَحْريّ، هَوائيّ câble sous-marin, aérien

~ مُقاوِم résistance [*électr.*]

~ دِيبلوماسيّ corps/carrière diplomatique

~ التَعْليم، تَعْليميّ corps enseignant; l'enseignement

مَصْنَع الأَسْلاك tréfilerie

لا **سِلْكيّ** sans-fil *n.f.*; télégraphie sans fil; T.S.F.

إِرْسال صَوْتيّ لا ~ radiophonie

كَهْرباء لا ~ة radioélectricité

لا ~ كَهْرَبائيّ radioélectrique

سالِك libre/ouvert/praticable (route)

سَلّاكة filière [*industr.*]

مَسْلوك chemin battu/fréquenté

**مَسْلَك** ج مَسالِك allée; conduit; conduite; chemin; itinéraire; passage; sentier; voie; façons; manières; procédés

~ بَوْليّ conduit/canal urinaire

ذَوات ~ واحِد monotrèmes *n.m.pl.*

مِسْلَكة ج مَسالِك canette [*techn.*]

II **سَلَّكَ** تَسْليكًا ه ← IV

~ خُيوطًا débrouiller/enrouler des fils

~ قَضيّة débrouiller/clarifier une affaire; tirer une affaire au clair

IV **أَسْلَكَ** إِسْلاكًا ه في engager; insérer; introduire; passer un fil (dans une aiguille)

~ ه في engager/mettre qqn (sur un chemin)

**2640** **سُلَّم** ج سَلالِم échelle; escalier; gamme

~ النَجاة، الخِدْمة escalier de secours, de service

~ دَوّار، مُتَحَرِّك escalier roulant, mécanique

~ موسيقيّ، اِجْتِماعيّ échelle musicale, sociale

~ لَوْلَبيّ escalier à vis/en colimaçon

~ الأَنْغام، الأَلْوان، التَرَدُّد gamme des sons, des couleurs, de fréquence

**2641** **سُلامَى** ج ات phalange [*anat.*]

**2642** **سَلِمَ** ـَ سَلامًا، سَلامة être sain et sauf; être intact/en bon état; se porter bien; *v. aussi 2640, 2641*

~ مِن échapper à; réchapper à

**سَلامة** absence de défaut; droiture; intégrité; loyauté; perfection; qualité; salubrité; salut; sécurité

في التَأَنّي الـ~ *prov.* prudence est mère de sûreté; qui va lentement va sûrement

~ النِيّة، القَلْب candeur; innocence

بِـ~ النِيّة en toute bonne foi

~ الذَوْق bon goût; sûreté de goût

~ البَلَد مِن الأَمْراض salubrité publique

~ الأَراضي الوَطَنيّة intégrité du territoire

~ الطَريق، إِجْماعيّة sécurité routière, collective

سَهِرَ على ~ ه، ه veiller à la sécurité de

الـ~ العامّة sécurité publique

مع الـ~ au revoir; bon voyage

الحَمْدُ لِلّه على الـ~ *se dit à un voyageur qui revient chez lui*: heureux de ton retour!

سَلامات salutations; salut

**سَلام** salut; sécurité; salutation; paix; bon état; bonjour

دار الـ~ paradis

أَعادَ الـ~ إلى pacifier

يا ~ *exclamation de consternation : fam.* fichtre ! c'est du beau/du joli/du propre !

~ على ه *exclamation de désolation* : on peut dire adieu à/faire son deuil de ; adieu veau, vache, cochon, couvée !

الـ~ عَلَيْكُم salut ; bonjour ; «*salamalec*»

وَعَلَيْكُم الـ~ *réponse au salut précéd.* bonjour ; salut

والـ~ *formule de salutation en fin de lettre* : salut

بِـ~ sans encombre

**سِلْم**، حُبّ الـ~ paix ; pacifisme

حَمْلة داعية إلى الـ~ campagne pour la paix

**سِلْمِيّ**، أَهْداف ~ة pacifique ; objectifs pacifiques

سِلْمِيّة pacifisme

**سالِم** indemne ; intact ; rescapé ; sain ; sauf ; sain et sauf

جَمْع ~ *gramm.* pluriel régulier/sain

خَرَجَ **سالِمًا** من الوَرْطة il s'en est bien tiré

**سَلِيم** ج سُلَماء correct ; intact ; indemne ; inaltéré ; droit ; pur ; sans défaut ; sans vice ; valide

مَرَض ~ العاقِبة maladie bénigne

ذَوْق ~ bon goût

~ الذَوْق qui a du bon goût (personne)

~ البِنْية en bonne santé ; de constitution solide

~ العَقْل والجِسْم sain de corps et d'esprit

~ النِيّة، القَلْب candide ; innocent ; sincère ; pur ; ingénu

قَلْب، نِيّة ~ة cœur intention pur(e), droit(e)

غَيْر ~ faux ; malsain ; mauvais ; incorrect ; altéré

II **سَلَّمَ** تَسْلِيمًا ه من conserver intact ; préserver/protéger contre

~ ه ه ، إلى ه ه délivrer/livrer/remettre qqch à qqn

~ نَفْسَهُ se livrer ; se constituer prisonnier

~ نَفْسَهُ الأخير rendre le dernier soupir

~ ه أَسْرارَه confier ses secrets à ; se confier à

~ ه زِمامَ أَمْرِه s'en remettre à qqn

~ إليه إدارة ه passer les leviers de commande à

~ ه إلى السُلُطات الأَجْنَبِيّة extrader qqn

~ بِـ ه accepter ; admettre ; concéder ; s'incliner devant (un argument) ; se faire une raison de ; reconnaître ; se résigner à ; *philos.* postuler

~ بِرَغَباتِه accéder aux désirs de

~ على ه saluer qqn ; dire bonjour à qqn ; transmettre des salutations

ما ~ حَتّى وَدَّعَ ne faire que passer

مِمّا **يُسَلَّمُ** بِهِ أن on admet/on reconnaît que ; il est incontestable que ; on peut postuler que

مِمّا لا ~ بِهِ أن il est inacceptable/inadmissible que

**تَسْلِيم** acceptation ; concession ; reconnaissance ; résignation ; délivrance/remise (d'un paquet) ; transmission ; extradition ; salutation

**مُسَلِّم** ج ون livreur

**مُسَلَّم** بِهِ accepté ; incontesté ; indiscutable ; indiscuté

مِن الأُمور الـ~ بِها أن il est admis/reconnu que

**مُسَلَّمة** ج ات axiome ; postulat

III سالَمَ مُسالَمة ه être conciliant avec ; faire la/vivre en paix avec qqn

**مُسالَمة** conciliation ; pacification

**مُسالِم** conciliant ; pacifique

IV **أَسْلَمَ** إسْلامًا ه، ه trahir ; livrer qqn, qqch ; conserver intact/sain et sauf ; islamiser

~ بِـ ه إلى ه amener/conduire qqn à

~ مَدِينة لِلنَهْب livrer une ville au pillage

~ أَمْرَهُ لِلّهِ s'abandonner/se livrer/se soumettre à Dieu ; se faire musulman

~ رُوحَه rendre l'âme/le dernier soupir

**إسْلام** Islam ; abandon à/confiance en Dieu ; résignation ; soumission

**إسْلامِيّ** islamique ; musulman *adj.*

**إسْلامِيّة** islamisme

**مُسْلِم** ج ون musulman

V **تَسَلَّمَ** تَسَلُّمًا ه prendre livraison/possession de qqch ; se faire livrer qqch ; recevoir qqch ; entrer en possession de

~ زِمام الحُكْم prendre les rênes du pouvoir

~ جائِزة، رِسالة recevoir un prix, une lettre

~ مِلْكِيّة ه accéder à la propriété

~ وَظِيفة : prendre ses/entrer en fonctions

تَسَلُّم : prise (de possession); entrée (en fonctions); réception (d'une lettre); consignation

مُتَسَلِّم : consignataire (d'une marchandise); récepteur

VIII اِسْتَلَمَ اِسْتِلامًا ه : prendre livraison/possession de; réceptionner

~ مَقالِيد الأمور : prendre le pouvoir

اِسْتِلام؛ إِشْعار بالـ~ : réception; accusé de réception

أَشْعَرَ بِـ~ ه : accuser réception de

~ زِمام الحُكْم : prise de possession/du pouvoir

مَأْمور الـ~ : réceptionnaire

X اِسْتَسْلَمَ اِسْتِسْلامًا : s'abandonner; capituler; céder; rendre les armes; se rendre; se constituer prisonnier; se laisser aller/faire; se livrer; renoncer à la lutte; se résigner; se soumettre; succomber

~ لِـ ه، ه : s'abandonner à; se résigner à; s'en remettre à; céder à; se laisser aller à; s'incliner devant; se livrer à

~ لِلإِغْراء : succomber à la tentation

~ لِأَهْوائه : sacrifier à/écouter ses passions

اِسْتِسْلام : abdication; abandon; apathie; capitulation; reddition; résignation; soumission

~ لِلْمَعاصي : débauche; dérèglement

قاعِدة الـ~ لِأَخَفّ المَتاعِب : loi du moindre effort

مُسْتَسْلِمًا لِـ ه : au gré de

**2643 سَلْمون** : saumon *n.m.* [*poiss.*]

**2644 سَلْوة** : amusement; consolation; divertissement; distraction; plaisir; quiétude; tranquillité; relâche

سَلْوَى : consolation; soulagement; dérivatif; exutoire

II سَلَّى تَسْلِية ه : amuser; consoler; divertir; délasser; distraire; récréer; soulager

تَسْلِية ج ات، تَسالٍ : amusement; consolation; délassement; dérivatif; divertissement; distraction; soulagement; récréation; passe-temps

مُسَلٍّ : distrayant; divertissant; marrant [*pop.*]; consolant; consolateur; récréatif; amusant; délassant

V تَسَلَّى تَسَلِّيًا : se consoler; se divertir; se distraire; s'égayer; être soulagé; prendre du bon temps; se réjouir

تَسَلٍّ : distraction; consolation; récréation

**2645 سَلْوى** : *ois.* caille

**2646 سِلَّوْر** : anguille de mer; silure

**2647 سُلَيْمان** : Salomon

سَمَك ~ : saumon *n.m.* [*poiss.*]

**2648 سم** (← سَنْتِيمِتْر) : *abrév. de centimètre* : cm

**2649 سَمامة** : *ois.* martinet

**2650 سُمّ** ج سِمام : pore; orifice; trou

~ الإِبْرة : chas/trou d'une aiguille

مَسَمّة ج مَسامّ ← سُمّ

مَسامّيّ؛ مَسامّيّة : poreux; porosité

**2651 سُمّ** ج سُموم، سِمام : drogue; poison; stupéfiant *n.m.*; venin; toxique *n.m.*

~ قاتِل : poison mortel

مُضادّ لِلـ~ : antitoxique; antivénéneux; antivenimeux

اِخْتِصاصيّ بالـ~ : toxicologue

سُمّيّ : toxique *adj.*; vénéneux; venimeux

سُمّيّة : toxicité

السِمام البَيْضاء : drogues blanches; stupéfiants

سُمَيِّن : toxine

سِمامة؛ سِماميّ : toxicologie; toxicologique

سامّ : toxique; vénéneux; venimeux; délétère (gaz)

أَنْياب ~ة : crochets venimeux

إِدْمان، مُدْمِن مُخَدِّرات ~ة : toxicomanie; toxicomane

أَدْمَنَ مُخَدِّرات ~ة : s'intoxiquer

~ أَبْرَص : gecko

سَموم ج سَمائِم : simoun; vent chaud (du sud)

مَسْموم — empoisonné; vénéneux; venimeux

II **سَمَّمَ** تَسْميمًا ه، ه — empoisonner; envenimer; intoxiquer

~ العَلاقات، الجَوّ — envenimer les relations; empoisonner l'atmosphère

مُسَمِّم — empoisonneur

IV مُسِمّ — venimeux

V **تَسَمَّمَ** تَسَمُّمًا — s'empoisonner; s'envenimer; s'intoxiquer

~ت العَلاقات — les relations s'envenimèrent

**تَسَمُّم** ج ات — empoisonnement; intoxication; toxicose

~ بَوْليّ — urémie

VII اِنْسَمَّ اِنْسِمامًا ← V

2652 **سَمّور** ج سَمامير — martre; zibeline

~ ماء — loutre

2653 **سَمْت** ج سُموت — allure; apparence; direction; *astron.* azimut

~ الرَأْس — zénith

~ القَدَم — nadir

أَخَذَ ~ه إلى — prendre la direction/la route de

~ مُضْحِك — allure ridicule/comique

سَمْتيّ — azimutal; zénithal

2654 **سَمُجَ** ـُ سَماجة — être ... *v. à l'adj.*

سَماجة — disgrâce (physique); indélicatesse; laideur; maladresse; lourdeur

**سَمْج** — antipathique; affreux; disgracieux; laid; indélicat; hideux; pataud; maladroit; lourd; lourdaud

دُعابة ~ة — plaisanterie lourde

2655 **سَمُحَ** ـُ سَمْحًا، سَماحًا — être ... *v. à l'adj.*

**سَمَحَ** ـَ سَماحًا بِـ ه — autoriser; donner l'autorisation de/le feu vert/la permission; permettre; pardonner

~ لِنَفْسِهِ بِـ — se permettre de; prendre la liberté de; oser qqch

لا ~ اللّه — à Dieu ne plaise!

~ بِعِدّة تَفْسيرات — admettre plusieurs interprétations

**اِسْمَحْ** لي — pardonnez-moi

~ لي بِأَن — permettez-moi de; souffrez que je

سُمِحَ لَهُ بِأَن — pouvoir; possibilité lui a été donnée de

سَماح — bienveillance; bonté; facilité de caractère; indulgence; générosité; gentillesse; tolérance

سَماحة — *titre honorifique*: (Sa, Votre) Grandeur

**سَمْح** ج سِماح — bon; bienfaisant; bienveillant; conciliant; commode; doux; facile (de caractère); généreux; gentil; bon enfant; indulgent; souple

سَميح ج سُمَحاء ← سَمْح

**مَسْموح** بِهِ — autorisé; licite; admissible; loisible; possible; permis

غَيْر ~ بِهِ — illicite; impossible; inadmissible; interdit

مَسْموحات — dérogations; privilèges

III **سامَحَ** مُسامَحة ه — faire grâce à; gracier; être/se montrer tolérant pour qqn; être indulgent à l'égard de qqn; tenir quitte; pardonner à qqn

~ ه على ه — pardonner qqch à qqn

لا يُسامَح — impardonnable

مُسامَحة — indulgence; pardon; tolérance

VI **تَسامَحَ** تَسامُحًا — se montrer conciliant/indulgent/libéral/tolérant

~ في ه — tolérer qqch

تَسامُح — esprit de conciliation; indulgence; tolérance; libéralisme

تَسامُحيّ، تَسامُحيّة — laxiste; laxisme

مُتَسامِح — large d'idées; coulant; indulgent; libéral; tolérant; conciliant

X اِسْتَسْمَحَ اِسْتِسْماحًا ه بِـ ه — demander l'autorisation/la permission de

2656 **سِمْحاق** سَماحيق — épicrâne; périoste

~ رُكاميّ، طَبَقيّ — cirro-cumulus; cirro-stratus

سِمْحاقيّ — épicrânien

2657 **سَماد** ج أَسْمِدة — compost; fumier; engrais

~ طَبيعيّ، عُضْويّ — engrais naturel, organique

~ كيماويّ — engrais chimique

سامِد الرَأْس — la tête dressée/haute/levée

سَميد — semoule

II سَمَّدَ تَسْمِيدًا ه — engraisser/fumer (une terre); mettre de l'engrais; fertiliser

تَسْمِيد، تَسْمِيدة — fertilisation; fumure

مُسَمِّدة ج ات — engrais; fertilisant

**2658 سَمُر، سَمُرة** ج أَسْمُر — *bot.* gommier

سُمْرة — brun *n.m.*; hâle

**أَسْمَر** م سَمْراء ج سُمْر — brun; bronzé; hâlé

~ مُحْمَرّ، قاتِم — acajou *adj.*; noiraud

IX اِسْمَرَّ اِسْمِرارًا — bronzer *intr.*; brunir *intr.*; se hâler

مُسْمَرّ — hâlé; bronzé; brun; tanné (visage)

**2659** (سمر) **سَمار** — *bot.* jonc

**مِسْمار** ج مَسامير — clou; grappin; pointe; rivet

~ رِجْل — *méd.* durillon; clou; cor

~ إِصْبَعِيّ — goupille

~ مِحْوَر — cheville ouvrière

**مِسْمارِيّ** : خطّ، كِتابة ~(ة) — cunéiforme (écriture)

تِجارة، صِناعة **المَسامير** — clouterie

زَيَّنَ، مُزَيَّن بِالـ~ — clouter, clouté (coffre)

مَساميرِيّ — cloutier

II **سَمَّرَ** تَسْمِيرًا ه — clouer; clouter; river

~ ه في الفِراش — clouer qqn au lit (maladie)

**مُسَمَّر** — cloué; clouté; figé [*fig.*]; rivé

ظَلَّ ~ًا في مَكانه — rester cloué sur place

مَمَرّ، لَوْحة ~(ة) — passage, planche clouté(e)

V تَسَمَّرَ في مَكانه — être/rester cloué sur place; se figer; rester figé/rivé à sa place

**2660 سَمَرَ** ـُ سُمورًا — passer la nuit à bavarder/causer/deviser; veiller en compagnie; *v. aussi 2658, 2659*

سَمَر — veillée; entretien/causerie/conversation (pendant la nuit)

سَمِير، سامِر ج سُمّار — causeur nocturne; compagnon de veillée

III سامَرَ مُسامَرةً ه — deviser/s'entretenir avec qqn la nuit; tenir compagnie à qqn la nuit; veiller en compagnie de qqn

مُسامَرة — veillée

مُسامِر — compagnon de veillée

**2661 سَمْسَرة** — agence; commission; courtage

سِمْسار ج سَماسِرة — agent immobilier; courtier; commissionnaire; entremetteur; intermédiaire

**2662 سَمْسَق** — marjolaine

**2663 سِمْسِم** — sésame [*bot.*]

**2664 سَمَطَ** ـُ سَمْطًا ه — échauder; préparer; ranger; suspendre

سِمْط — collier de perles; rang/rangée (de perles)

سِماط ج سُمُط، أَسْمِطة — *même sens*; table; nappe

**2665 سَمِعَ** ـَ سَمْعًا، سَماعًا ه، ه

écouter; entendre; ouïr; écouter un avis; obéir à qqn

~ ه يَقُول إنّ — entendre qqn dire que

~ أن، بـ — entendre dire que/parler de

لا يُسْمَع — inaudible; imperceptible

سَماع — audience; audition; écoute; *ling.* usage; acception

**سَماعِيّ** — acoustique; auditif; audible

شاهِد ~ — témoin auriculaire

ذاكِرة ~ة — mémoire auditive

سِمْع — *zool.* lycaon

**سَمْع** ج أَسْماع — oreille; ouïe; audition; perception par l'ouïe

ثَقِيل الـ~ — dur d'oreille

مُرْهَف الـ~ — qui a l'oreille fine

جِهاز الـ~ — appareil auditif; organe de l'audition

صَكَّ ~ ه — frapper l'oreille (bruits)

مِقْياس الـ~ — audiomètre

اِسْتَرَقَ الـ~ — écouter aux portes; prêter une oreille indiscrète

أَرْهَفَ، أَعارَ ~ه — tendre/prêter l'oreille

تَناهَى الى ~ ه — parvenir aux oreilles de

صَوْت ما تحت الـ~ — infrason

تحت الـ~؛ سَمْعَ الأُذُن — à portée d'oreille

سَمْعًا وَطاعةً — entendu; d'accord; volontiers; à votre service

مَزَّقَ الأسْماع — déchirer les oreilles

**سَمْعِيّ** — auditif; acoustique

~ بَصَرِيّ، نُطْقِيّ — audio-visuel; audio-oral

السَمْعِيّات — traditions

**سُمْعة** — crédit [*fig.*]; renom; renommée; réputation

لَهُ ~ حَسَنة، سَيِّئة — avoir bonne, mauvaise presse réputation

دافَعَ عن ~ه — défendre sa réputation

تَمَتَّعَ بِـ~ طَيِّبة — jouir d'une bonne réputation

فَقْدُ الـ~ — discrédit

سامِع — auditeur; qui entend; entendant

**سَمّاعة** ج ات — combiné/écouteur/récepteur (de téléphone); audiophone; stéthoscope

~ رَأْسِيّة — casque d'écoute

**مَسْموع** — entendu *adj.*; audible; perceptible

غَيْر ~ — inaudible; imperceptible

مَسْموعِيّة — audibilité; perceptibilité

**مِسْمَع** ج مَسامِع — oreille

على ~ الجَميع — au su de tous

عَرَضَ على **مَسامِع** ه — porter à la connaissance de

مِسْماع — audiomètre; stéthoscope

II **سَمَّعَ** تَسْميعًا ه — discréditer qqn; faire courir des bruits sur

~ دَرْسه — réciter sa leçon

تَسْميع — récitation

VIII **اِسْتَمَعَ** اِسْتِماعًا إلى ه، ه — auditionner; écouter; chercher à entendre; être à l'/aux écoute(s) de ; tendre l'oreille

~ لِوِشاية الواشين — prêter une oreille attentive aux ragots [*fam.*]

~ لِنِداء ه — entendre l'appel de

**اِسْتِماع** — audition; écoute; audience

قاعة ~ — auditorium

~ إلى المُخابَرات الهاتِفيّة — écoute téléphonique

**مُسْتَمِع** — auditeur

المُسْتَمِعون — auditoire; public *n.m.*

2666 **سَمَقَ** ُ سُموقًا — être ... *v. à l'adj.*

سَمْق — haute taille (d'un arbre)

سامِق، سَموق — grand/haut/immense de belle venue (arbre)

2667 **سُمّاق** — *bot.* sumac; rhus

حَجَر سُمّاقِيّ — porphyre rouge/vert/noir

2668 **سَمَك**؛ سَمَكة ج أسْماك — poisson

~ مُوسَى، سُلَيْمان — sole; saumon

~ تِرْس، الرَمْل — turbot; équille

باعَ الـ~ في البَحْر — *prov.* vendre la peau de l'ours

**عِلْم الأسْماك** — ichtyologie

تَرْبية الـ~؛ سِماكة — pisciculture

سَمّاك ج ون — poissonnier

مَسْمَكة — vivier

2669 **سُمْك**؛ سَماكة — épaisseur; *v. aussi 2668*

**سَميك** — élevé; épais; gros; haut

نَسيج، زُجاج ~ — tissu grossier; verre épais

II سَمَّكَ تَسْميكًا ه — épaissir *tr.*

2670 **سَمْكَرِيّ** — ferblantier

سَمْكَرِيّة — ferblanterie

2671 **سَمَلَ** ُ سَمْلًا — arracher/crever les yeux

سَمَل ج أسْمال — guenilles; haillons; hardes [*péjor.*]; loques

سَمِل — dépenaillé; rapé/usé/vieux/en loques/en lambeaux (vêtement)

2672 **سَمِنَ** َ سِمَنًا، سَمانة — engraisser; épaissir; grossir prendre du poids; être ... *v. à l'adj.*

سِمَن؛ سِمْنة — corpulence; embonpoint; épaississement; graisse; obésité

سَمْن ج سُمون — beurre fondu et salé/de conserve

سَمّان — marchand de beurre

سَمين — charnu; corpulent; dodu; gras; gros; obèse; plantureux [*fam.*]; replet

سُمْنة؛ سُمَّنة؛ سُماناة — *ois.* caille; grive

سُمّان؛ سُمْنان؛ سُمانَى — *même sens*

II سَمَّنَ تَسْمينًا ه — engraisser *tr.*; gaver

سَمِّنْ كَلْبَكَ يَأْكُلُكَ — *prov.* réchauffer un serpent dans son sein (*m. à m.* gavez votre chien il vous mangera)

تَسْمين — engraissement; gavage

مُسَمَّن — gras; engraissé

**2673 سَمَنْتَ** — cimenter

**سِمِنْت**؛ إِسْمَنْت — ciment

~ مُسَلَّح — ciment armé

**2674 سَمَنْدَر** — salamandre [*zool.*]

سَمَنْدَل ج سَمادِل — *même sens*

**2675 سَما** ـُ سُمُوًّا — se dresser; s'élever; se hausser; se hisser; monter; transcender; être … *v. à l'adj.*; *v. aussi 2676*

~ إلى — aspirer à; se porter vers le haut (regard)

~ بِـ ه — élever; exalter; hausser; hisser

~ بِالعَقْل، الشُعور — élever l'esprit, les sentiments

~ على ه، ه — primer

~ عن — être/s'élever au-dessus de

**سُمُوّ** — éminence [*fig.*]; grandeur; hauteur [*fig.*]; transcendance; supériorité

~ الشُعور، الأَفْكار — élévation/hauteur des sentiments, des idées

~ النَفْس، الأَخْلاق — magnanimité; noblesse (de la conduite)

صاحِب الـ~ — Sa Hautesse; Son Altesse

صاحِب الـ~ المَلَكيّ — Son Altesse royale; Sa Majesté

**سامٍ** (السامي) — élevé; éminent; grand; haut; noble; prééminent; sublime; supérieur; suprême; transcendant

نَفْس، فِكْرة ~ة — grande âme; pensée magnanime

**سَماء** ج سَمَوات — ciel; firmament

بَيْنَ الـ~ والأَرْض — entre ciel et terre

~ مُرَصَّعة بِالنُجوم — ciel constellé d'étoiles

~ رَمادِيّة الأَديم — ciel gris

**سَماوِيّ** — céleste

المِياه الـ~ة — eaux pluviales

III سامَى مُساماة ه — surpasser; être plus glorieux/plus éminent que; rivaliser de que; rivaliser de gloire/de noblesse avec

IV أَسْمَى إِسْماء ه — élever; exhausser; hausser; hisser

VI **تَسامَى** تَسامِيًا — sublimer (ses instincts); se hausser

~ عن — être au-dessus de [*fig.*]

تَسامٍ — sublimation

**2676** (سمو) **اِسْم** ج أَسْماء — appellation; dénomination; nom; substantif; *v. aussi 2675*

~ه **فُلان** — s'appeler; se prénommer; se nommer

~ شَخْصِيّ، أَوَّل — petit nom; prénom

~ تِجارِيّ، الشَرِكة — raison sociale

~ مُسْتَعار — nom d'emprunt; pseudonyme

~ عائِلة — nom de famille

كَتَمَ ~ه — garder l'anonymat

~ جامِد — nom primitif (qui n'est pas produit par une dérivation)

~ إِشارة، اِسْتِفْهام — pronom démonstratif, interrogatif

~ الجِنْس — nom collectif/d'espèce (qui n'a pas de nom d'unité)

~ الجِنْس الجَمْعِيّ — nom collectif (qui a un nom d'unité)

~ الوَحْدة — nom d'unité (individu d'une espèce)

~ المَرّة — nom d'une fois (action exécutée une fois)

~ عَدَد، عَلَم — nom de nombre, propre

~ الفاعِل — nom de l'agent; participe présent

~ المَفْعول — nom du patient; participe passé

~ مَوْصول — pronom relatif

~ التَفْضيل، التَصْغير — élatif; diminutif

~ المَعْنَى، الفِعْل — nom abstrait; nom verbal

~ إِنَّ — sujet (d'une phrase nominale introduite par la particule «*inna*»)

~ كَانَ — sujet (du verbe d'état «*kāna*»)

~ الوِعاء، الآلة — complément circonstanciel; nom d'instrument

~ المَكان، المُبالَغة — nom de lieu; intensif

بِاسْمِ؛ بِسْمِ — au nom de

بِسْمِ اللّهِ — *formule prononcée avant d'entreprendre qqch*: au nom de Dieu

الأَسْماء الحُسْنَى — les quatre-vingt-dix-neuf beaux noms de Dieu; les attributs de Dieu

**اِسْمِيّ** — nominal; nominatif *adj.*; substantif *adj.*; *philos.* nominaliste

جُمْلة، قيمة ~ة — phrase, valeur nominale

سَهْم، سَنَد ~ — action, titre nominatif(ive)

اِسْمِيّة — nominalisme

سَمِيّ — homonyme

II **سَمَّى** تَسْمِية ه، ه — appeler; dénommer; intituler; nommer; prénommer; désigner par le nom de

~ الأَشْياء بِأَسْمائِها — appeler les choses par leur nom

~ ه إلى مَنْصِب — nommer/désigner qqn à un poste

سُمِّيَ بِاسْمِ ه — s'appeler; se nommer; se prénommer; être appelé/nommé

تَسْمِية — appellation; dénomination; désignation; intitulé; nomination

**مُسَمًّى** — appelé; dénommé; désigné; dit; nommé

~ ج مُسَمَّيات — sens; signification

إلى أَجَل ~ — pour une période limitée/déterminée

الى أَجَل غَيْر ~ — sine die; pour une durée indéterminée/illimitée

غَيْر ~ — anonyme

IV **أَسْمَى** إسْماء ه ه — désigner; appeler; nommer; intituler

V **تَسَمَّى** تَسَمِّيًا — s'intituler; s'appeler; être appelé/nommé/intitulé/désigné

**سِمة** ج ات ← وسم

**2677** **سَنَّ** ـُ سَنًّا ه — affiler; affûter; aiguiser; appointer; repasser (couteau); *v. aussi 2678, 2679*

**سَنّ** — affûtage; aiguisage; repassage

حَجَر الـ~ — pierre à aiguiser

**سِنّ** ج أَسْنان — dent; croc; pointe; défense (d'éléphant)

~ ثُوم — gousse d'ail

**أَسْنان**؛ طَقْم ~ — dentition; dentier

طِبّ، طَبيب الـ~ — médecine dentaire; dentiste

جَرّاح الـ~ — chirurgien-dentiste

عِناية بالـ~ — soins dentaires

مَعْجون الـ~ — pâte dentifrice

كـ~ المُشْط — comme les doigts de la main; comme deux gouttes d'eau

**سِنِّيّ** — dentaire

**سَنين** — aigu; affûté; effilé; pointu

**سَنون** — dentifrice; cure-dents

**سِنان** ج أَسِنّة — fer (de lance); bout ferré; pointe; croc [*techn.*]

**سِنّة** ج سِنَن — bec de plume; soc de charrue

**سَنّان** ج ون — aiguiseur; rémouleur; repasseur

**مِسَنّ** ج مَسانّ — aiguisoir; meule à aiguiser

II **سَنَّنَ** تَسْنينًا ه (← سَنَّ) — déchiqueter; denteler; échancrer

~ أُسْلوبَه — polir son style

**مُسَنَّن** — affilé; affûté; aiguisé; en pointe; en dents de scie; denté; dentelé; pointu

دَوْلاب، وَرَقة ~(ة) — roue dentée; feuille dentelée

جِبال ~ة الأَطْراف — montagnes aux sommets pointus

**مُسَنَّنة** ج ات — engrenage; crémaillère; pignon

IV **أَسَنَّ** إِسْنانًا — pousser (dent); faire ses dents (enfant)

إِسْنان — dentition

V **تَسَنَّنَ** تَسَنُّنًا — se denteler; être dentelé

تَسَنُّن — dentelure

VIII **اِسْتَنَّ** اِسْتِنانًا ه — se curer/se brosser/se nettoyer les dents

**2678** **سَنَّ** ـُ سَنًّا ه — établir/installer/introduire/suivre (loi, règle, usage); *v. aussi 2677, 2679*

~ تَشْريعًا — légiférer; établir/suivre une norme/une réglementation; prescrire

~ قَوانين — établir/édicter des lois; légiférer

~ ضَوابِط — normaliser; établir des normes

سَنُّ القَوانين — établissement/introduction de lois; pouvoir de légiférer

سُنَّة ج سُنَن — loi; pratique *n.f.*; norme; usage; sunna

~ الطَّبيعة، الوَسَط — loi de nature, du milieu

~ النَّبيّ — tradition islamique/du Prophète; sunna

أَهْل الـ~ والجَماعة — orthodoxie musulmane; orthodoxes *n.pl.*

سُنِّيّ — orthodoxe; sunnite

VIII اِسْتَنَّ اِسْتِنانًا ها — établir/introduire/suivre une loi/une règle/un usage

**2679 سِنّ** (← سنو) — âge; *v. aussi 2677, 2678*

~ الرُّشْد، البُلوغ، التَّمْييز — âge de raison/adulte

~ قانونيّة، الفَظاظة — âge légal, ingrat

~ التَّقاعُد — âge de la retraite

حَدّ الـ~ — limite d'âge

~ التَّعْليم — âge de la scolarisation

~ اليَأْس — retour d'âge; ménopause

~ النُّضوج — âge mûr; maturité

لا تَتَجاوَز ~ه الأَرْبَعين — ne pas avoir plus de quarante ans

تَقَدَّمَ، طَعَنَ في الـ~ — avancer en âge

تَقَدَّمَتْ بِهِ الـ~ — être très avancé en âge

طاعِن في الـ~ — âgé

IV أَسَنَّ إِسْنانًا — avancer en âge; vieillir

مُسِنّ ج ون — personne âgée; âgé; vieux; sénescent

**2680 سِنّارة** ج سَنانير — hameçon

**2681 سِنَّوْر** ج سَنانير — chat

~ الزَباد، بَرّيّ — civette; chat sauvage

سِنَّوْريّ ج ات — félin; félidé

**2682 سَنا** — séné

~ كاذِب — baguenaudier [*bot.*]

**2683 سِناد** — tapir [*zool.*]

**2684 سُنْباذَج** — émeri

وَرَق ~ — toile émeri; papier de verre

**2685 سُنْبُك** ج سَنابِك — sabot de cheval

**2686 سَنْبَلَ** — être en épis; faire ses épis (céréale)

سُنْبُل ج سَنابِل — *coll.* épi

~ الروميّ، الهِنْديّ — valériane; nard

سُنْبُلة — *n.un.* épi; *astron.* Vierge

**2687 سَنْتِمِتْر** ج ات — centimètre

**2688 سَنَجَ** ـُ سَنْجًا ه — noircir *tr.*

سِناج ج سُنُج، أَسْنِجة — suie; noir de fumée

**2689 سِنْجاب** ج سَناجيب — écureuil

سِنْجابيّ — cendré; gris

مادّة ~ة — matière grise

**2690 سَنْجَق** ج سَناجِق — sandjak [*turc.*]; étendard

**2691 سَنَحَ** ـَ سُنوحًا، سَنْحًا — s'offrir/se présenter (occasion)

~ مَوْقِف مُضْحِك — une situation amusante se présenta

~ت لَهُ الفُرْصة — l'occasion s'est offerte/présentée; avoir l'opportunité/beau jeu de

إذا ~ت الفُرْصة — à l'occasion; si l'occasion se présente

عِنْدَ سُنوح الفُرْصة — *même sens*

سانِح — avantageux; commode; favorable; de bon augure; propice

فُرْصة ~ة — bonne/belle occasion; occasion propice

غَيْر ~ — défavorable; inopportun (occasion)

سانِحة ج سَوانِح — occasion propice; opportunité

~ اليُمْن — *même sens*

سَوانِح — pensées; réflexions

~ الظُّروف — circonstances favorables; heureux auspices/augures

**2692 سَنِخَ** ـَ سَنَخًا — rancir

سَنَخ، سَناخة — mauvaise odeur; odeur de rance; rance *n.m.*

سَنِخ — rance; ranci

**2693 سِنْخ** ج أَسْناخ — *anat.* racine (d'une dent); alvéole

سِنْخِيّ — alvéolaire

**2694 سَنَدَ** ـُ سَنْدًا، سُنودًا ه، ه — appuyer; caler; étayer; patronner; soutenir; supporter

سَنْد — calage; étayage; étaiement

**سَنَد** ج ات، أَسْناد — appui; cale; étai; soutien; support; document; garantie; pièce (de dossier); *fin.* obligation; traite; valeur; *isl.* chaîne des garants d'une tradition

رجال الـ~ — autorités; garants

~ صُنْدوق، شَحْن — bon de caisse; connaissement

~ لِحامِله، لِأَمْر — billet au porteur, à ordre

~ مِلْكِيّة — acte/titre de propriété

~ سَحْب — effet de commerce; échéance

لا سَنَدَ له — insoutenable/indéfendable (opinion); gratuit (acte)

**سَنَدات** حُكومِيّة — obligations de l'État

~ شَرِكات صِناعِيّة — obligations industrielles

سِنادة — tasseau

**مَسْنَد** سُلَّم، دَرابَزين — main courante; rambarde

~ رَقَبة، رَأْس — appui-tête

مِسْنَد ج مَسانِد — accoudoir; dossier (de siège)

II سَنَّدَ تَسْنيدًا ه — adosser; appuyer; caler; étayer; palisser; soutenir; supporter

تَسْنيد — calage; étayage; palissage

III سانَدَ مُسانَدة ه، ه — assister qqn; apporter son appui à; patronner; prêter main-forte à; soutenir

مُسانَدة — appui; assistance; soutien; support

مُسانِد ج ون — supporter *n.m.*

IV **أَسْنَدَ** إِسْنادًا ه — attribuer/confier/conférer qqch à; étayer; soutenir; mettre en rapport; *gramm.* prédiquer

~ ظَهْره إلى — appuyer son dos contre; s'adosser à

~ بِناء إلى — adosser une construction à

~ ه إلى ه — donner des références; *isl.* rapporter une tradition (en s'appuyant sur des garants)

~ تُهْمة إلى ه — imputer qqch à qqn; incriminer; soupçonner; charger [*jur.*]

**إِسْناد** ج أَسانيد — allégation; citation; référence; preuve; *gramm.* prédication

~ دَوْر — attribution d'un rôle

**مُسْنَد** ج مَسانِد — *isl.* tradition; *gramm.* attribut; prédicat

~ إلى — imputable à

~ إليه — *gramm.* sujet

VI تَسانَدَ تَسانُدًا — s'entraider; s'épauler; se porter secours; se prêter mutuellement assistance; s'étayer mutuellement

تَسانُد — entraide

VIII **اِسْتَنَدَ** اِسْتِنادًا إلى ه — s'arc-bouter contre; s'appuyer sur; s'adosser à; se fonder sur; porter sur; reposer sur; se référer à; se reporter à; se réclamer de

~ إلى مِرْفَقه — s'accouder

~ إلى شَهادة — invoquer le témoignage de

اِسْتِناد — appui; soutien; soutènement; référence

اِسْتِنادًا عَلَى — attendu que

**مُسْتَنَد** ج ات — argument; document; pièce [*admin.*]; titre (foncier)

~ حِسابِيّ، ثُبوتِيّ — pièce comptable, justificative

**مُسْتَنَدات** — ouvrages de référence; documentation

~ إِبْرام — *diplom.* instruments de ratification

مُسْتَنَدِيّ — documentaire [*comm.*]; instrumentaire [*dr.*]

**2695 سَنْدان** ج سَنادين — enclume

وَقَعَ بَيْنَ الـ~ والمِطْرَقة — se trouver entre le marteau et l'enclume

**2696 سَنْدَرة** ج سَنْدَر — grenier, soupente; *bot.* bouleau; hêtre

**2697 سِنْديان** — chêne; chêne kermès

~ أَخْضَر — chêne vert; yeuse

**2698 سِنْسار** — fouine

**2699 سِنْط**، عَظْم الـ~ — carpe *n.m.* [*anat.*]

**سَنْط** — acacia d'Égypte; gommier rouge

~ شائِع — mimosa

**2700** **سِنْطاب** marteau de forgeron

**2701** **سُنْطور**؛ سِنْطير psaltérion; tympanon

**2702** **سِنْع**؛ سِنْعيّ métacarpe; métacarpien

**2703** **سُنْعُب** ج سَناعِب belette; putois

**2704** **سِنْفة** ج سِنَف capsule; cosse; gousse; légume

سِنْفيّة épilobe

سِنْفيّات légumineuses *n.f.pl.*

**2705** **سَنْكَريّ**؛ سَنْكَرِيّة ferblantier; ferblanterie

**2706** **سُنْقُر** ج سَناقِر؛ سُنْقور gerfaut

**2707** **سَنام** ج أَسْنِمة bosse (du chameau); protubérance; convexité

جَمَل ذو ~ وَاحِد؛ وَحِيد الـ~ dromadaire

~ طَريق dos d'âne [*fig.*]

جَمَل ذو سَنامَيْنِ chameau

II مُسَنَّم convexe; en dos d'âne

V **تَسَنَّمَ** تَسَنُّمًا ﻫ accéder; s'élever; escalader; monter (sur le trône)

~ ذُرْوة المعالي accéder aux honneurs suprêmes

~ صَهْوة المَجْد s'élever au faîte de la gloire

**2708** جَزاهُ جَزاءَ **سِنِمّار** *prov.* rendre le mal pour le bien

**2709** **سَنَمورة** anchois

**2710** (سنه) **سَناهيّة** annuité

III سانَهَ مُسانَهة ه passer avec qqn un contrat annuel

مُسانَهة contrat annuel; annuité

**2711** **سَنة** ج سِنُون، سَنَوات an; année

~ فَلَكيّة، نُجوميّة année sidérale, astronomique

~ ضَوْئيّة année-lumière

~ دِراسيّة، مَدْرَسيّة année scolaire

~ تَقْويميّة، ماليّة année civile; exercice [*fin.*]

~ قَرْنيّة، كَبيسة année non bissextile, bissextile

~ ميلاديّة، مَسيحيّة année de l'ère chrétienne

~ هِجْرِيّة année hégirienne/musulmane

رَأْس الـ~ nouvel an; premier/jour de l'an

نِصْف ~ semestre

**السِنون** les ans; l'âge; la vieillesse

بِمَرّ، بِتَوالي **السِنين** avec les années/les ans

في **سَنَوات قَليلة** en peu d'années

الـ~ العَشْر الأخيرة les dix dernières années

ثُلاثيّ الـ~ triennal; trisannuel

**سَنَويّ**؛ نِصْف ~ annuel; semestriel

سَنَويًّا annuellement; par an

V تَسَنَّى تَسَنِّيًا prendre de l'âge; devenir/se faire vieux; vieillir

**2712** **سَنا** ـُ سَنْوًا، سَناء briller (éclair, feu); *v. aussi 2711*

سَنِيَ ـَ سَنًى être ... *v. à l'adj.*

سَناء brillant; éclat; clarté; élévation; éminence; grandeur; lustre; splendeur

سانية ج سَوانٍ noria; roue hydraulique; machine élévatrice

سَنيّ élevé; brillant; éclatant; haut; magnifique; beau; splendide; sublime

II سَنَّى تَسْنية ه لِـ ه faciliter qqch à qqn; rendre aisé/facile/possible

مُسَنّاة ج مُسَنَّيات digue; jetée

V **تَسَنَّى** تَسَنِّيًا لِـ ه être facile/aisé (à faire); trouver facile/aisé

~ لَهُ أن il lui a été facile de

**2713** **سُنونو** hirondelle

**2714** **سُهْب** ج أَسْهاب، سُهوب steppe

IV **أَسْهَبَ** إسْهابًا في parler avec abondance; traiter en détail; s'attarder sur un sujet; être loquace/prolixe; donner un luxe de détails

~ في شَرْحه paraphraser

**إسْهاب** amplification; exubérance de style; longueurs *n.f.pl.*; prolixité; loquacité; redondance; paraphrase; verbosité

بـ ~ — en détail; par le menu

**مُسْهِب** — (orateur) bavard/loquace/prolixe

**مُسْهَب** — (discours) bavard/diffus/prolixe/redondant/verbeux

**2715 سَهِدَ** َ سَهَدًا — passer une nuit blanche; ne pas trouver le sommeil; avoir une insomnie; veiller

**سُهْد؛ سُهاد** — insomnie; nuit blanche; manque de sommeil; sommeil; veille

**ساهِد** — insomniaque

IV **أَسْهَدَ** إِسْهادًا — causer/provoquer une insomnie; empêcher de dormir

**2716 سَهِرَ** َ سَهَرًا — passer la soirée; veiller; passer une nuit blanche

~ على — présider à; surveiller; avoir soin de; veiller à

~ على تَطْبيق القانون — veiller à l'application de la loi

~ على سُمْعته — veiller à sa réputation

~ على مَريض، مَيِّت — veiller un malade, un mort

**سَهَر** — veille; veillée; vigilance

**سُهار** — insomnie; manque de sommeil

**سَهْرة** ج سَهَرات — soirée; veille; veillée

~ راقِصة — soirée dansante

فُسْتان، ثِياب ~ — robe du soir; tenue de soirée

عِيد ~ — réveillon

~ الاِسْتِعْداد — veillée d'armes

~ على مَيِّت — veillée funèbre/mortuaire

**ساهِر** — éveillé; vigilant; veilleur

~ على — attentif à; qui a l'œil sur; qui veille à

حَفْلة ~ة — soirée mondaine

عَيْن ~ة — œil vigilant

**ساهِرة** ج سَواهِر — veilleuse *n.f.*

**سَهّار** ج ون — noctambule

**سَهّارة** — veilleuse *n.f.*

**سَهْران** — qui ne dort pas; éveillé; insomniaque; qui veille; vigilant; veilleur

**مَسْهَر** ج مَساهِر — cabaret; boîte de nuit; night-club

**أَسْهَر** — canal déférent; conduit spermatique

III **ساهَرَ** مُساهَرةً ه — veiller en compagnie de qqn; tenir compagnie à qqn pendant la nuit

IV **أَسْهَرَ** إِسْهارًا ه — faire veiller qqn; tenir qqn éveillé

**2717 سَهِفَ** َ سَهَفًا، سُهافًا — mourir de soif

**سُهاف** — soif ardente/inextinguible

**ساهِف** — altéré

**2718 سَهُلَ** ُ سُهولة — être ... *v. à l'adj.*

~ اِسْتِعْماله — c'est commode/pratique

**سُهولة** — facilité; commodité; simplicité

~ التَكَلُّم — aisance/facilité de parole

~ السَيْر — fluidité de la circulation

~ الوُصول — facilité d'accès

بـ ~ — aisément; facilement

**سَهْل** — aisé; doux; égal; facile; léger (aliment, repas); simple; fluide (circulation); coulant (caractère); enfantin [*fig.*]; uni

عُمْلة ~ة — devise faible

~ الهَضْم — digestible; facile à digérer

طَريق ~ — chemin plat/non accidenté

من الـ~ أن — il est aisé/facile/simple de

**أَهْلًا وَسَهْلًا** — bienvenue! soyez le bienvenu!

سَهْل ج سُهول — pays plat/sans relief/uniforme; plaine

II **سَهَّلَ** تَسْهيلًا ه — aplanir (sol, difficultés); rendre égal/uni/simple/facile

~ ه لِ ه — faciliter qqch à qqn; favoriser

**تَسْهيل** ج ات — facilité; aplanissement

~ الأُمور — facilités

تَسْهيلات اِئْتِمانيّة — facilités de crédit

مُسَهِّل ← مُسْهِل

III **ساهَلَ** مُساهَلةً ه — être conciliant avec/indulgent pour

~ نَفْسَهُ — prendre des libertés

IV **أَسْهَلَ** إِسْهالًا ه — rendre/trouver facile; avoir la diarrhée; se soulager

~ ه الدَواءُ — administrer une purge à; purger qqn

إسْهال colique; diarrhée; dérangement intestinal; purgation

مُسْهِل ج ات laxatif; purgatif; purge

تَناوَلَ ~ًا se purger; prendre une purge

VI تَساهَلَ تَساهُلًا مع être ... *v. à l'adj.*

~ في s'accommoder de; tolérer

~ في أداء واجِبه transiger avec son devoir

~ في النِظام relâcher la discipline

~ عليه الأَمْرُ paraître facile à qqn; trouver facile

تَساهُل complaisance; conciliation; indulgence; libéralisme; tolérance

تَساهُليّة laxisme

مُتَساهِل arrangeant; accommodant; commode; complaisant; compréhensif; conciliant; coulant (personne); débonnaire; facile; indulgent; libéral; large d'idées; laxiste; tolérant

2719 سَهْم ج سِهام، أَسْهُم *arm.* dard; flèche; trait; *math.* flèche; *fin.* action; bon; titre; valeur; *v. aussi 2720*

~ الماء *bot.* alisma; plantain d'eau

~ ناريّ fusée; roquette [*arm.*]

طاشَ ~ه faire fausse route/un pas de clerc

في جَعْبته أَكْثَر من ~ *prov.* avoir plusieurs cordes à son arc (*m. à m.* plus d'une flèche dans son carquois)

ضَرَبَ بِـ~ مُصيب في prendre une part active/effective à; participer de manière efficace à; apporter sa pierre à l'édifice [*fig.*]

~ عينيّ، إسْميّ action d'apport, nominative

~ تَأْسيس، مِنْحة action de fondation, gratuite

سِهام ناريّة flèches de feu/enflammées/incendiaires

وابِل من الـ~ grêle de flèches/de traits

أَسْهُم ناريّة مُلَوَّنة feux d'artifice/de Bengale

إصْدار، حَمَلة الـ~ émission, porteurs d'actions

سُهَيْم ج ات fléchette

II سَهَّمَ تَسْهيمًا طَريقًا flécher une route

تَسْهيم fléchage

مُسَهَّم fléché

III ساهَمَ مُساهَمة في aider à; concourir à; contribuer à; cotiser; en être; être de; mettre du sien; participer à; prendre part à

مُساهَمة apport; concours; contribution; cotisation; participation

شَرِكة ~ société par actions

مُساهِم ج ون actionnaire; participant

العَناصِر الـ~ة في les éléments concourant à

IV أَسْهَمَ إسْهامًا في ← III

2720 سَهَمَ َ سُهومًا être ... *v. à l'adj.*; broyer du noir; avoir l'air/une mine défait(e)/grave; avoir le visage amaigri/pâle/défait; *v. aussi 2719*

سُهام consomption; maigreur; tristesse

سُهوم désenchantement; gravité; mélancolie; tristesse

سَهوم abattu; amaigri; grave; maigre; pâle; triste; qui broie du noir [*fam.*]; lugubre; mélancolique; morne

2721 سَها ُ سَهْوًا، سُهُوًّا عن oublier; se tromper (par oubli, négligence); négliger

~ عن بالِه échapper à qqn (idée); sortir de l'esprit

سُهِيَ عليه être perdu dans ses pensées; être ailleurs [*fig.*]/distrait

سَهْو ج سِهاء absence; distraction; inadvertance; inattention; manque d'attention; inexactitude; négligence; oubli; omission

غَلْطة ~ faute d'attention; erreur d'inattention

ما عَدا الـ~ والغَلَط sauf erreur ou omission

بِطَريق الـ~؛ سَهْوًا par inadvertance/omission; sans s'en douter; par méprise/mégarde/étourderie

~ رَهْوًا tout doucement; à l'aise

ساهٍ؛ سَهْوان absent [*litt.*]; distrait; étourdi; inattentif; négligent

كان ساهِيًا être ailleurs [*fig.*]/dans la lune

~ لاهِيًا parfaitement à l'aise/détendu

2722 ساءَ ُ سَوْءًا ه، ه être ... *v. à l'adj.*; affliger; faire du mal à; déplaire à

~تْ حالُه être en mauvais état; se détériorer

~تْ صِحّته aller/se porter mal; décliner (santé)

~ بِه الظَنّ avoir une mauvaise opinion de

**سُوء** ج أَسْواء calamité; dommage; défaut; mal; malheur; méchanceté; mauvaise chose

~ الحَظّ، البَخْت déveine; adversité; malchance; infortune; guigne [*fam.*]

لِـ، مِن ~ الحَظّ malheureusement; par malchance

~ الرُؤْيَة manque de/mauvaise visibilité

~ العَلاقات mésentente; mauvaises relations

~ الظَنّ défiance; méfiance

~ المُعامَلَة mauvais traitements

~ القَصْد، النِيَّة malveillance; mauvaise foi; méchanceté

~ التَرْكيب، التَكْوين malformation; défaut/vice de construction/de formation

~ الفَهْم، التَفاهُم incompréhension; malentendu; méprise

~ سُلوك، سِيرة inconduite; mauvaise conduite

~ الاِسْتِعْمال abus; mauvais(e) usage/utilisation

~ العاقِبة، المَغَبّة issue, conséquence fâcheuse/funeste

~ حال، أَحْوال ه le mauvais état, les mauvaises conditions de

~ الهَضْم mauvaise digestion

مُنْذِر بِالـ~ fatidique; de mauvais augure

نَبْتة ~ mauvaise herbe [*fig.*]

زادَ، اِزْدادَ **سُوءًا** aggraver; s'aggraver

رَجُل **سَوْء** mauvais/méchant homme

سَوْأَة ← سَيِّئة

**سَيِّئ** ج سَيِّئُون détestable; fâcheux; mauvais; méchant; néfaste; nocif

~ السُمْعة vaurien; qui a mauvaise réputation

مُعامَلة، تَأْثير ~ (ة) mauvais(e) traitement, influence

~ الطَبْع، الخُلْق mauvais/méchant/qui a un mauvais fond (personne)

~ الحَظّ، الطالِع infortuné; malheureux; malchanceux; né sous une mauvaise étoile

~ التَصَرُّف، الآداب qui a mauvais genre/de mauvaises manières/qui est incongru (personne)

~ التَرْبية mal élevé

**سَيِّئة** ج ات mauvaise action; désavantage; inconvénient; méchanceté; péché

الحَسَنات **والسَيِّئات** les avantages et les inconvénients

**أَسْوأ** م سُوْءَى plus mauvais; pire

اِنْتَظَرَ الـ~ attendre le pire

في ~ الاِحْتِمالات au pis aller; dans la pire des hypothèses/le pire des cas

من سَيِّئ إلى ~ de mal en pis

~ م **سَوْآء** affreux; détestable; laid; vilain

~ وَلود خَيْر من حَسْناء عَقيم
une femme laide avec beaucoup d'enfants vaut mieux qu'une belle femme stérile

مَساءة ج مَساوِئ mauvaise action; méfait; désavantage; inconvénient

II سَوَّءَ تَسْوِئَةً ه، ه ← IV

IV **أَساءَ** إِساءةً ه abîmer; faire mal qqch; corrompre; détériorer

~ إلى ه blesser [*fig.*]; froisser qqn; faire du mal à; humilier; nuire à; offenser; insulter; vexer

~ ه إلى ه tourner qqch au désavantage de

~ إلى سُمْعته compromettre la réputation de

~ اِسْتِعْمال ه abuser/faire abus de; mésuser

~ مُعامَلة ه traiter mal qqn; maltraiter; faire un mauvais parti à; être méchant pour

~ التَصَرُّف mal se conduire/se comporter; agir/se conduire méchamment

~ الظَنّ بِـ ه، ه avoir mauvaise/piètre opinion de; avoir des préventions contre; suspecter; prendre qqch en mauvaise part

~ فَهْم ه، ه comprendre de travers; se méprendre/se tromper sur qqn; suspecter

**إِساءة** blessure [*fig.*]; froissement [*fig.*]; humiliation; injure; insulte; méchanceté; nuisance; malfaisance; offense

~ الظَنّ prévention; suspicion

~ المُعامَلة mauvais traitement; vexation

**مُسيء** blessant; humiliant; désavantageux; fâcheux; malfaisant; malveillant; nuisible; offensant; pernicieux; vexant; méchant

قالَ قَوْلًا ~ًا parler méchamment; dire des méchancetés

عَمِلَ عَمَلًا ~ًا agir méchamment

مُساء إليه offensé; blessé; humilié; maltraité

VIII **اِسْتاءَ** اِسْتِياءً مِن être ... *v. à l'adj.*; éprouver du dépit de/devant; se formaliser; se froisser; s'offenser/s'offusquer de; prendre ombrage de; prendre mal qqch; se rembrunir; tiquer [*fam.*]

إِسْتِياء — dépit; mécontentement; ombrage [*fig.*]; vexation; ressentiment

مُسْتاء — blessé; dépité; mécontent; vexé

**2723** (سوح) **ساحَ** ـُ سِياحة — se déplacer; voyager; parcourir (un pays)

**سِياحة** — long voyage; randonnée; tourisme

وكالة، مَكْتَب ~ — agence, bureau de tourisme

**سِياحيّ** — touristique

وكالة، دَرَجة ~ة — agence de tourisme; classe touriste

مُعَدّات، إيرادات ~ة — équipement, recettes touristique(s)

سائح ج ون، سُيّاح — touriste; voyageur; *relig.* ascète/dévot/derviche itinérant

سَوّاح ج ون — randonneur; voyageur

ساحة — *v. ordre alphab.*

**مَساحة** ج ات — espace; aire; place; superficie; surface

~ حَيَوِيّة — espace vital

**2724** **سَوْحَر** — osier; saule

**2725** **ساخَ** ـُ سَوْخًا — s'enliser; s'ensabler; tomber dans un bourbier; s'embourber

~تْ رُوحُه — s'évanouir; défaillir

سَوْخ — enlisement; ensablement

سُواخ — bourbier

**2726** **سادَ** ـُ سِيادة — être/devenir ... *v. à l'adj.*; dominer; gouverner; prédominer; prévaloir; régner; régir; triompher

~ صَمْت طَويل — un long silence s'installa/régna

~ الفَساد — le désordre/le vice triomphe

**سِيادة** — autorité; domination; pouvoir; puissance; prédominance; souveraineté; suprématie

~ القانون — le règne/l'autorité de la loi

دَوْلة ذات ~ — État souverain

~ على البِحار والأَجْواء — empire/maîtrise des mers et des airs

~ه — *titre honorifique*: Son Excellence (le ministre); Son Éminence (le cardinal)

~ كُمْ — *forme polie de l'interpellation*: Votre Seigneurie; Vous

**سائِد** — dominant; prédominant; régnant

الأَسْعار، النِظام الـ~(ة) — les prix, le système en vigueur

حُكومة، رَأْي ~(ة) — gouvernement établi; opinion courante

**سَيِّد** ج سادة، سادات، أَسْياد — maître; sire; seigneur; patron; souverain *adj.*; suzerain

الـ~ فُلان — Monsieur Un tel

**سَيِّدي**؛ يا ~ — Sidi; Monsieur .../Maître ...

السادة المُوَظَّفون — messieurs les fonctionnaires

أَصْبَحْنا **أَسْيادَ** أَنْفُسِنا — nous sommes devenus nos propres maîtres

**سَيِّدة** ج سَيِّدات — femme; dame; lady

والـ~ عَقيلَتُه — et son épouse; et madame

الـ~ فُلانة، المُديرة — Madame Une telle, la directrice

~ الطَبَقة العُلْيا — femme du monde

سَيِّدتي — madame; maîtresse

سَيِّداتي وَسادَتي — Mesdames et Messieurs

V تَسَيَّدَ تَسَيُّدًا — faire le grand seigneur; jouer au monsieur

**2727** **سَوِدَ** ـَ سَوادًا — noircir *intr.*; *v. aussi 2726*

**سَواد** — noir *n.m.*; noirceur; vêtement noir; multitude/masse (de gens)

رَأَى الدُنيا ~ًا — voir tout en noir

~ اللَيْل — cœur de la nuit

~ البَلْدة — environs cultivés d'une cité

~ العَيْن، القَلْب — pupille [*anat.*]; fond du cœur

~ الشَعْب — petit peuple; petites gens

~ الناس؛ الـ~ الأَعْظَم — le plus grand nombre; le commun des mortels; la généralité; la masse

في، لِـ~ عُيون ه — pour les beaux yeux de

بِسَبَب ~ عَيْنَيْه — *même sens*

**أَسْوَد** م سَوْداء ج سود — noir; tête-de-nègre

الحَجَر الـ~ — la Pierre noire (de la Ka'ba)

الـ~ الذَهَب — l'or noir

**سَوْداء** noire [*mus.*]; humeur noire

**أفريقيا، السُوق الـ~** Afrique, marché noir(e)

**قائِمة، لائِحة ~** liste noire

**~ القَلْب** fond/secret du cœur; pensée intime

**أيّام سود** mauvais jours; jours néfastes

**التُجّار الـ~** trafiquants du marché noir

**سَوْداويّ** mélancolique *adj.*; sombre [*fig.*]; noir (idée); cafardeux [*fam.*]; hypocondriaque

**سُوَيْداء** humeur noire; hypocondrie; mélancolie

**سُودانيّ** (← *2728*) soudanais *adj.*, *n.*

II **سَوَّدَ تَسْويدًا ه** brouillonner; faire un brouillon; noircir *tr.*

**~ اللّٰه وَجْهك** que Dieu te damne (*m. à m.* te noircisse le visage)

**مُسَوَّد** néfaste (jour)

**مُسَوَّدة ج ات** (← مُسْوَدّة) brouillon; épreuve; esquisse; projet; *dr.* minute

**سَحَبَ، رَسَمَ ~** tirer une épreuve; dessiner un projet

**~ حُكْم، عَقْد** minute d'un jugement, d'un acte

**دَفْتَر المُسَوَّدات** registre des minutes

IX **اِسْوَدَّ اِسْوِدادًا** s'assombrir (ciel); être/devenir noir; noircir *intr.*

**~ت الدُنْيا في عَيْنَيْه** voir tout en noir; être consterné; avoir un coup de cafard [*fam.*]

**اِسْوِداد** noircissement; assombrissement

**مُسْوَدّ** noir; noirci

**مُسْوَدّة** ← مُسَوَّدة

**2728** **سَوْدَنَ؛ سَوْدَنة** soudaniser; soudanisation

**2729** **سارَ ـُ سَوْرًا إلى ه** assaillir; fondre sur; monter à la tête (vin)

**سَوْرة** cruauté; dureté; force; impétuosité; intensité; sévérité; véhémence; violence

**~ غَضَب** déchaînement/accès/crise de colère

**~ الحَياة، السُكْر** élan vital; fumées de l'ivresse

**سُور ج أَسْوار** clôture; enceinte; mur; muraille; rempart

**سُورة ج ات** rangée de pierres; *isl.* sourate

**سِوار ج أَسْوِرة، أَساوِر** bracelet; poignet (de chemise); manchette; segment

II **سَوَّرَ تَسْويرًا ه** clôturer; clore; enclore; entourer

III **ساوَرَ مُساوَرة ه الرَيْب، الشَكّ** être assailli/envahi par le/un doute; être pris d'un doute

**~تْ ه مَخاوِف بِـ ه** avoir des craintes au sujet de

V **تَسَوَّرَ تَسَوُّرًا** escalader; grimper

**2730** **سُوريّ** syrien *adj.*, *n.*

**2731** **سُوس؛ عَرَق الـ~** réglisse; jus de réglisse

**~؛ سُوسة ج سِيسان** *zool.* calandre; charançon

II **سَوَّسَ تَسْويسًا** se carier (dent); se piquer (de vers); se vermouler (bois); être attaqué/piqué par les vers

**مُسَوَّس** charançonné; vermoulu; carié (dent)

V **تَسَوَّسَ تَسَوُّسًا** ← II

**2732** (سوس) **ساسَ ـُ سِياسة** conduire; diriger; gouverner; régir; *v. aussi 2731, 2758*

**سِياسة ج ات** autorité; conduite des affaires; politique *n.f.*

**~ نَقْديّة، ماليّة** politique monétaire, financière

**رَجُل ~** homme politique; politicien

**~ تَوَسُّع** politique d'expansion

**سِياسيّ** politique *adj.*, *n.m.*; politicien

**رَجُل، سِلْك ~** homme, classe politique

**اِقْتِصاد، دَوائِر ~ة** économie, milieux politique(s)

**لا ~** apolitique

**سائِس ج ساسة** palefrenier

**2733** **سَوْسَن؛ ~ بَرّيّ** lys; iris [*bot.*]

**2734** **ساطَ ـُ سَوْطًا ه** flageller; fouetter; donner le/frapper avec un fouet; cravacher *tr.*

**سَوْط** flagellation

**~ ج سِياط، أَسْواط** fouet; cravache

**مِسْوَط** spatule

**ساعة**، سُوَيْعة — *v. ordre alphab.*

**2735** **ساغ** ـُ سَوْغًا — être ... *v. à l'adj.*

~ لَكُمْ أن — il vous est loisible/possible de

سَوْغ، سَوْغة — puîné

**سائغ** — coulant; facile; loisible; licite; permis; possible

من الـ~ أن — il est facile de

**مَساغ** — facilité; possibilité

صَعْب الـ~ — difficile/dur à avaler [*fam.*]

لا يَسْتَطيع ~ًا لِـ — ne pas pouvoir avaler [*fam.*]/digérer [*fam.*]/supporter de

لا مَساغَ لِـ — il est impossible de; il n'est pas facile de

II سَوَّغَ تَسْويغًا ه — faciliter; rendre facile/licite; légitimer; justifier; permettre; donner à bail

**تَسْويغ** — bail; justification; légitimation

قانون القَرْض والـ~ — loi prêt-bail

**مُسَوِّغ** ج ات — bonne raison; justification

بِلا، بِدون ~ — indu; illégitime; injustifié

IV أساغَ إساغة ه — admettre; trouver bon; assimiler/digérer (une information)

X **اِسْتَساغَ** اِسْتِساغةً ه — admettre; apprécier; approuver; déguster; savourer; trouver bon

~ المُزاح — goûter/comprendre la plaisanterie

اِسْتِساغة — dégustation

مُسْتَساغ — plausible; admissible

**2736** **سَوْفَ** — *particule du futur; se construit avec l'inaccompli indicatif*

~ أَفْعَلُ، أَكْتُبُ — je ferai; j'écrirai

اِقْتاتَ الـ~ — vivre de «peut-être»; se nourrir d'espoirs/d'illusions; bâtir des châteaux en Espagne

**مَسافة** ج ات — espace; écart; écartement; trajet; distance; intervalle; parcours

قَطَعَ ~ طَويلة — parcourir une longue distance

II سَوَّفَ تَسْويفًا ه — ajourner; atermoyer; remettre/renvoyer à plus tard; retarder; repousser (une date)

تَسْويف ج ات — ajournement; atermoiement; renvoi; retardement; report

تَسْويفيّ — dilatoire (réponse)

**2737** **سُوفْيَت**، سُوفيات — soviet

الـ~ الأَعْلَى — le Soviet suprême

**سُوفْيَتيّ**، سوفياتيّ — soviétique

الاِتِّحاد الـ~ — l'Union soviétique

**ساق** ج سوق، سيقان — *v. ordre alphab.*

**2738** **سُوق** ج أَسْواق — bazar; halle; marché; foire; rue marchande; souk; débouché [*comm.*]; *v. aussi 2739*

~ مُشْتَرَكة — marché commun

~ اللُقاط، السَقَط — marché aux puces; foire à la ferraille

~ مَحَلِّيّة، دُوَلِيّة — marché local, international

~ سَوْداء، خَفيّة — marché noir, parallèle

يَوْم الـ~ — jour du marché

~ الأَرْبِعاء، الخَميس — le souk du mercredi, du jeudi (devenus des noms de localités)

فَتَحَ، أَوْجَدَ ~ًا جَديدة — ouvrir, créer un nouveau débouché

أَغْرَقَ الـ~ بِـ — inonder le marché de

~ نَشيطة، راكِدة — marché actif, calme

~ الصَرْف، الاِئْتِمان — marché des changes, du crédit

~ العَمَل، الذَهَب — marché du travail, de l'or

~ العُمُلات الصَعْبة — marché des devises

~ نَقْدِيّة، مالِيّة — marché monétaire, financier

~ أَجْنَبِيّة، داخِلِيّة — marché extérieur/étranger, intérieur

~ حُرّة، عالَمِيّة — marché libre, mondial

سُلوك، تَوازُن الـ~ — comportement, équilibre du marché

أُدْخُلْ في ~ رَأْسِك — occupez-vous de vos affaires; mêlez-vous de ce qui vous regarde

سُوقة — foule; petit peuple; populace [*péjor.*]; masse

سُوقيّ — forain *adj.*; plébéien; populaire; populacier; trivial; voyou; vulgaire

سُوقِيّة — trivialité; vulgarité

II سَوَّقَ تَسْويقًا ه — mettre (un produit) sur le marché; commercialiser; faire une étude de marché

~ سِلَعًا — commercialiser des marchandises

تَسويق — commercialisation; marketing

مُسْتَشار ~ — conseiller en marketing

V تَسَوَّقَ تَسَوُّقًا — faire ses commissions/ses courses/son marché/du shoping/des emplettes/les magasins

تَسَوُّق — commissions; courses; emplettes; shoping

2739 **ساقَ** ـُ سَوْقًا، سِياقة ه — faire avancer; conduire; guider; mener; pousser devant soi (un troupeau); piloter; stimuler; *mil.* enrôler; mobiliser; *v. aussi* 2422, 2738

~ سَيّارة — conduire/piloter une automobile

~ه بِالعَصا — mener qqn à la baguette

~ مَساق ه — suivre l'exemple/les traces de

~ حياة عابثة، مُنْطَلِقة — mener une vie absurde, épanouie

~ دَليلًا — apporter/fournir une preuve

~ الحَديث إلى ه — s'adresser à

إلَيْكَ يُساق هذا الحَديث — c'est à vous que ce discours s'adresse

**سَوْق**؛ سِياقة — conduite; pilotage; *mil.* conscription; mobilisation

إجازة ~، سِياقة — permis de conduire

سَوْقة عَسْكَرِيّة — contingent militaire

**سِياق** — contexte; cours (des événements); suite; succession; séquence

~ الوَقائِع، الحَوادِث — action [*litt.*]; cours des événements

~ الكَلام، الحَديث — fil du discours/de la conversation

~ الأَفْكار — fil/cours des idées

~ القِصّة — texture d'un roman

~ مَراتِب — filière; hiérarchie

فَقَدَ ~ أَفْكاره — perdre le fil de ses idées

رَجَعَ إلى ~ أَفْكاره — retrouver le fil de ses idées; revenir à ses moutons

**سائِق** ج ون، سُوّاق — chauffeur; conducteur; pilote

~ حافِلة — wattman; mécanicien

~ شاحِنة — camionneur; routier *n.m.*

عَمِلَ ~ًا — être chauffeur/routier

سَوّاق ج ون ← سائِق

**مَساق** — processus; succession

ساقَ ~ه ← ساقَ

أَفْضَى بِهِ الـ~ إلى — déboucher sur; conduire à; en arriver à

III ساوَقَ مُساوَقة ه — accompagner; aller de pair avec; cadrer/concorder avec

VI تَساوَقَ تَساوُقًا مع — concorder avec; s'accorder; être compatible; vivre en accord

**تَساوُق** — cohérence; compatibilité; connection; harmonie; symétrie

عَدَم ~ — dysharmonie; dissymétrie

VII **اِنْساقَ** اِنْسِياقًا — couler; ruisseler; suivre son cours; se suivre

~ بِهِ إلى — dériver; aller à la dérive; être poussé vers

اِنْسِياق — ruissellement; dérive

مُنْساق — poussé en avant; en pente douce

2740 **سِواك** ج سُوك — cure-dents

**مِسْواك** ج مَساوِك — *même sens*

~ الراعي — *bot.* passerage

II سَوَّكَ تَسْويكًا ه — se brosser/se curer/se laver les dents

2741 **سَوْكَرَ** ه — assurer (un bagage); recommander (un colis)

مُسَوْكَر — assuré/recommandé (colis)

2742 **سول** ← سَأَلَ

II سَوَّلَ تَسْويلًا لِـ ه — tenter qqn; séduire; être tenté (par le démon)

~(ت) لَهُ نَفْسه، الشَّيْطان — *même sens*

مُسَوِّل — (démon) tentateur

V تَسَوَّلَ تَسَوُّلًا — tendre la main; demander l'aumône/la charité; mendier

تَسَوُّل — mendicité

مُتَسَوِّل — gueux; mendiant

2743 **سامَ** ـُ سَوْمًا — paître en liberté (animal); agir à sa guise

~ سِلْعَة — mettre en vente (marchandise)

~ ه ه ← II

~ ه خَسْفًا — traiter injustement; humilier

~ ـُ سِيامَة ه — sacrer (évêque); consacrer/ordonner (prêtre)

سَوْم — prix/valeur d'une marchandise

سُومَة (← سيم) — empreinte; marque distinctive

سِيامَة — consécration; ordination; sacre

سائِم — libre (d'aller, de venir); bétail errant

II سَوَّمَ تَسْوِيمًا ه ه — forcer/contraindre qqn à; imposer/infliger qqch à qqn

~ قيمة ه — estimer la valeur de qqch

~ على — faire une incursion/un raid; lâcher des cavaliers contre

مُسَوَّم — impétueux (cavalier)

III ساوَمَ مُساوَمَة ه في، على — débattre d'un prix avec qqn; marchander

~ على سُمْعَته — trafiquer de son crédit

مُساوَمَة — marchandage; trafic; tractation

VI تَساوَمَ تَساوُمًا — marchander; engager des tractations

تَساوُم — marchandage; tractation

**2744** سَوِيَ ـَ سَواء — équivaloir; être/mettre sur le même plan; valoir

~ ذَنَبُ الناقة بِأَنْفها — prendre le Pirée pour un homme (*m. à m.* prendre la queue de la chamelle pour son nez)

سَوِيَ ـَ سِوًى ← سَوَى ـِ

هَذا لا يَسْوَى شَيْئًا — cela ne vaut rien

سَواء ج أَسْواء، سَواسِيَة — égalité; équivalence; normalité; juste milieu; similarité; similitude

~ بِسَواء — également; sans distinction/ discrimination

الأَمْرُ ~ — qu'à cela ne tienne; cela revient au même

~ السَّبيل، الطَّريق — le droit chemin; la bonne voie

حَدّ، على الـ~ — également; de la même manière; indifféremment

~ عَلَيْه، لَدَيْه كُلُّ شيء — ne faire aucune différence entre; tout lui est égal; il se fiche de tout [*fam.*]

سَواءٌ ... أَمْ — qu'il s'agisse de ... ou; soit ... soit; ou ... ou; que ... ou; tant (dans ce domaine) que ...

~ أ ... أَمْ — *même sens*

سِوًى (← سَواء) — autre

وَجَدَ سِواهُ — il en a trouvé un autre (que lui)

دُونَ، لا ~ هُ — rien d'autre que; ne ... que; exclusivement

سِوَى — excepté; hormis; hors; sauf

لا يَبْقَى مِنْهُ ~ ه — il n'en reste que/plus que

وَ~ ذَلِكَ — et autres

سَوِيّ ج أَسْوِياء — correct; droit; normal; régulier; uni

طَرِيق ~ — route droite/facile/plate

الطَّرِيق الـ~ — le droit chemin

غَيْرُ ~ — anormal; irrégulier

سَوِيًّا — ensemble; d'un commun accord; concurremment; normalement; exactement; tout juste

تَعالَوْا نَسْتَمِع ~ إلى — écoutons ensemble; venez donc écouter

سَوِيَّة ج سَوايا — égalité; équivalence; similarité

هُمْ على ~ — ils sont égaux/équivalents

سَوِيَّةً — ensemble; conjointement; d'un commun accord

سِيّ ج أَسْواء — égal; équivalent; pareil; semblable; similaire

هُمْ ~ واحِد — ils ne font qu'un

لا سِيَّما (لا سِيَّ ما) — notamment; surtout

سِيّانِ — c'est la même chose; cela revient au même; c'est tout comme [*fam.*]; n'importe; peu importe; qu'importe

هذا ~ عِنْدي — ça m'est égal; cela m'est indifférent

مِسْواة — niveau [*techn.*]

II سَوَّى تَسْوِيَة ه — accommoder; ajuster; aplanir; arranger; débrouiller; égaliser; liquider; modeler; mettre de niveau; niveler; normaliser; rajuster; redresser; régulariser; régler

~ حِسابًا — régler/liquider un compte

~ حِسابَهُ مع — régler ses comptes avec

~ مُشْكِلَة — liquider/régler un problème

~ خِلافًا — régler/vider un différend

| | |
|---|---|
| مُتَساوٍ | égal; équivalent; uniforme; paritaire |
| غَيْر ~ | inégal |
| مُتَساوي البُعْد، الجُهْد | équidistant; équipotentiel |
| ~ الأَضْلاع، السّاقَيْن | equilatéral; isocèle |
| VIII اِسْتَوَى اِسْتِواء | être ... *v. à l'adj.*; arriver à l'âge mûr/à maturité; mûrir<br>*intr.*: se mettre/se tenir droit; se redresser; se maintenir |
| ~ جالِسًا | se mettre/se dresser sur son séant |
| ~ إلى الوَثْبة | se préparer à sauter |
| ~ على العَرْش | être fermement installé sur le trône; affermir son pouvoir |
| يَسْتَوي أن | il est égal/indifférent que |
| اِسْتِواء | égalité; équilibre; normalité; maturation; maturité; mûrissement |
| خَطّ الـ~ | équateur |
| اِسْتِوائيّ | équatorial; tropical |
| شِبْه ~ | subtropical (climat) |
| مُسْتَوٍ | commode; égal; en équilibre; équilibré; mature; mûr; à point; plan *adj.*; uni (sol) |
| غَيْر ~ | inégal (sol); en déséquilibre; malcommode |
| مُسْتَوًى ج مُسْتَوَيات | niveau; plan *n.m.* |
| ~ عَقْليّ، فِكْريّ | niveau intellectuel |
| ~ الأَسْعار، الأُجور، المَعيشة | niveau des prix, des salaires, de vie |
| على، في، بِـ~ه | au niveau de; sur le plan de; à la portée de; au ras de |
| على ~ واحِد | de même niveau; de plain-pied; sur un même plan; de même envergure |
| على الـ~ الوَطَنيّ | à l'échelon/à l'échelle national(e) |
| اِجْتِماع على أَعْلى الـ~ | réunion au plus haut niveau |
| 2745 سُويديّ | suédois *adj.*, *n.* |
| 2746 قَناة السويس | le canal de Suez |
| 2747 سُويسْريّ | suisse *adj.*, *n.* |
| 2748 سَويق | bouillie sucrée |
| سُوَيْقة ← ساق | |
| ~ الأُجور | rajuster/relever les salaires |
| ~ أَخْدَعَهُ | faire taire son orgueil; se faire tout petit; s'écraser [*fam.*] |
| ~ العَلاقات الدِبلوماسيّة | normaliser les relations diplomatiques |
| سُوِّيَ يُسَوَّى | s'arranger; se régler; se normaliser |
| ~ت القَضِيّة | l'affaire s'est arrangée/a été réglée |
| ~ت العَلاقات | les relations se sont normalisées |
| تَسْوِية ج ات | accommodement; arrangement; aplanissement; compromis; égalisation; nivellement; mise à niveau; normalisation; rajustement; redressement; règlement; régularisation; solution |
| ~ مُؤَقَّتة لِلْعَيْش | modus vivendi |
| ~ وُدِّيّة | arrangement à l'amiable |
| ~ حِساب | liquidation/règlement d'un compte |
| ~ سِياسيّة | règlement/compromis politique |
| ~ عَمَلِيّات التِجارة | règlement des opérations commerciales |
| مُسَوٍّ | ajusteur |
| III ساوَى مُساواة ه، ه | égaler; être égal à; égaliser; équivaloir; être équivalent à; contrebalancer; être/mettre au même niveau; coûter; valoir |
| كم ~ ذَلِك | combien cela fait/coûte/vaut-il? |
| البَلْيون يُساوي أَلْف مِلْيون | le billion équivaut à/correspond à/vaut mille millions |
| هذا لا ~ شَيْئًا | cela ne vaut rien |
| مُساواة | correspondance; égalité; équivalence; égalisation |
| على قَدَم الـ~ | d'égal à égal; de pair avec; sur un pied d'égalité |
| الـ~ في الحُقوق | l'égalité des droits |
| بِـ~ه | au ras de; au niveau de |
| مُساوٍ لِـه | égal; équivalent; comparable |
| V تَسَوَّى تَسَوِّيًا ← II سُوِّيَ | |
| VI تَساوَى تَساوِيًا | s'égaler; s'équivaloir; se valoir; être similaire/égal/équivalent à |
| تَساوٍ | égalité; équivalence; parité; similarité |
| تَساوي البُعْد، الكَمّيّة | équidistance; équipollence |
| بِالـ، عَلَى الـ~ | à égalité; à parité; ex-aequo *loc. adv.* |

**2749** **سِي** (← سَيِّدي) *abrév.* Monsieur

**2750** **سابَ** ـِ سَيْبًا couler (liquide); aller librement; ruisseler; parler à tort et à travers; détacher; libérer; laisser aller

**سائِب** coulant; fluide; liquide; affranchi; détaché; lâché; libre; relâché; sans contrainte; en vrac

أَمْوال ~ة biens vacants

أَسْيَب flou; libre; flottant (cheveux)

II **سَيَّبَ** تَسْيِيبًا ه laisser aller librement; négliger; rejeter

~ طائِرة، سَيّارة caréner un avion, une voiture

تَسْيِيب carénage

VII **اِنْسابَ** اِنْسِيابًا affluer; couler; s'écouler; aller avec rapidité; s'insinuer

~ على الماء glisser sur l'eau

~ في الغابات courir à travers bois (chemin)

~ الماء إلى السَفِينة faire eau (navire)

اِنْسِياب afflux; flux; ruissellement; écoulement

اِنْسِيابيّ aérodynamique (forme); bien profilé

اِنْسِيابِيّة carénage; profilé *n.m.*

**2751** **سِياج** ج ات، أَسْوِجة clôture; enclos; enceinte; grille; haie; mur; palissade; rideau d'arbres

II سَيَّجَ تَسْيِيجًا ه clôturer; clore; enclore; entourer (d'une haie)

مُسَيَّج clos; clôturé; enclos *adj.*

**2752** **سِيجارة** ج ات، سَجاير cigarette

سِيجار cigare

**2753** **ساحَ** ـِ سِياحة fuser; couler; se répandre; *v. aussi 2723*

**2754** **سِيخ** ج أَسْياخ broche; perche

**سَيِّد**، سَيِّدة ← سود

**2755** **سارَ** ـِ سَيْرًا aller; s'en aller; s'acheminer; avancer; se conduire; se déplacer; s'éloigner; partir; se mettre en route/ en marche; circuler; fonctionner; marcher/rouler (véhicule)

~ نَحْوَ عالِية النَهْر remonter un fleuve

~ وَالشاطِئَ longer/remonter la côte; côtoyer le rivage

~ جِيئةً وذَهابًا aller et venir; faire les cent pas

~ على قَدَمَيْه être sur pied; marcher [*fam.*]

~ راكِبًا chevaucher; aller à cheval

~ بِ ه إلى conduire/acheminer qqn à/vers

~ بِ ه إلى النَجاح mener (une tâche) à bien

~ في خُطَى ه marcher sur les pas de qqn

~ إلى القِتال aller/marcher au combat

~ بِدون هَدَف، بِاسْتِقامة marcher sans but, droit

~ في المُقَدِّمة ouvrir la marche; marcher en tête

~ في المُؤَخَّرة fermer la marche; marcher en queue

~ سَيْرًا مَرْضِيًّا être en bonne voie; bien marcher [*fig.*]

~ سِيرة حَسَنة avoir une bonne conduite

**يَسِير** en mouvement

الكَيْفِيّة الّتي **تَسِير** بِها الأَشْياء la manière dont les choses se passent/se déroulent

سِرْ va-t-en! file!

**سَيْر** départ; déplacement; circulation; écoulement; fonctionnement; marche; mouvement; processus; roulage

حُسْن الـ~ والسُلوك bonnes vie et mœurs

شُرْطة الـ~ police de la route/de la circulation

شُرْطيّ الـ~ agent de la circulation

قانون الـ~ Code de la route

تابَعَ ~ه continuer sa route/à avancer

تابَعَ ~ه في الطُرُقات continuer à déambuler dans les rues

ضَمِنَ، كَفَلَ ~ ه garantir la bonne marche de

الـ~ عَلَى الأَقْدام la marche à pied

~ النُجوم، الأَعْمال mouvement des étoiles; marche des affaires

~ مَرَض، الزَمان cours d'une maladie, du temps

**سَيْر** ج سُيور courroie; lanière; sangle

~ لِنَقْل الحَرَكة courroie de transmission

~ مُتَحَرِّك *industr.* tapis roulant

| | |
|---|---|
| مُسايَرة | ajustement; adaptation |
| ~ الحَوادِث | capacité/faculté d'adaptation |
| 2756 سِيرَج | huile de sésame |
| 2757 سِيسِ | jasmin |
| 2758 II سَيَّسَ تَسْيِيسًا | politiser; politisation; *v. aussi 2732* |
| مُسَيَّس | politisé |
| 2759 سِيساء؛ حَبْل سِيسائيّ | moelle épinière; épine dorsale |
| 2760 سَيْطَرَ سَيْطَرة عَلَى ہ، ه | asservir; contrôler; prendre le contrôle de; être chargé de/préposé à; dompter; dominer; avoir la haute main sur; être/se rendre maître de; maîtriser; posséder; prédominer; régir; régner; vaincre |
| ~ على إنْتاج النَفْط | contrôler la production de pétrole |
| ~ على أهْوائِه | dompter/dominer ses passions |
| ~ على اِرْتِفاع الأَسْعار | contrôler la hausse des prix |
| ~ على نَفْسه | se contenir; se maîtriser |
| ~ على غَرائِزه | discipliner/vaincre ses instincts |
| ~ على العُقول | envoûter/subjuguer les esprits |
| سَيْطَرة | domination; contrôle; empire (sur); hégémonie; mainmise; maîtrise; possession; prédominance; prééminence; puissance; règne; supériorité; suprématie |
| ~ الدَوْلة | étatisme |
| ~ على البِحار، نَفْسه | empire des mers, sur soi |
| تَحْتَ ~ ہ | sous la férule/la coupe/la domination de; au pouvoir de |
| مُسَيْطِر على | dominant; dominateur; maître de; préposé à; responsable de; prédominant; prééminent |
| غَيْر ~ عَلَيْه | indompté; incontrôlé |
| 2761 (سيع) مِسْيَعة | truelle |
| II سَيَّعَ تَسْيِيعًا ه | enduire un mur de pisé |
| 2762 سافَ - سَيْفًا ہ | sabrer; donner des coups de sabre/d'épée |
| ~ الرِكاب | étrivière |
| سِيرة ج سِيَر | comportement; conduite; ligne de conduite; biographie; vie [*litt.*] |
| ~ ذاتِيّة | autobiographie |
| سائِر | qui va/s'en va; allant; en marche; marchant; répandu; qui a cours; en usage; usité |
| الجَناح الـ~ | aile marchante |
| سَيّارة ج ات | automobile; planète; véhicule; voiture |
| ~ عامّة، أُجْرة | voiture de place; taxi |
| سائِق، صاحِب ~ | conducteur; automobiliste |
| ~ صَحْراوِيّة | Land-Rover |
| ~ جَيْب، دَوْرِيّة | Jeep; voiture de patrouille |
| ~ إسْعاف | ambulance |
| ~ مُدَرَّعة، مُصَفَّحة | voiture blindée |
| ~ نَقْل، شَحْن | camion; camionnette |
| تَأْمِين، صِناعة السَيّارات | assurance, industrie automobile |
| مَسار | orbite; trajectoire; parcours |
| مَسِيرة؛ مَسِير | cours; cheminement; conduite; manière de vivre; marche; parcours; trajet |
| ~ مُتَظاهِرِين | défilé de manifestants |
| II سَيَّرَ تَسْيِيرًا ہ، ه | conduire; diriger; gouverner; acheminer; envoyer; expédier; faire fonctionner; mettre en marche/en mouvement/en circulation; faire partir; propulser |
| ~ ہ عن | reléguer/renvoyer qqn |
| تَسْيِير | acheminement (du courrier); envoi; expédition; mise en marche/en circulation; propulsion |
| ~ ذاتِيّ | autogestion |
| ~ الأَعْمال | conduite des affaires |
| مُسَيِّر آلة | conducteur de machine |
| مُسَيَّر | en vigueur; courant; pratiqué |
| القَواعِد الـ~ة | règles en vigueur |
| III سايَرَ مُسايَرة ہ | s'adapter à; s'ajuster à; se mettre au diapason; côtoyer; aller/cadrer/être en harmonie avec |
| ~ العادات | observer les habitudes; sacrifier aux usages |

**سَيْف** ج سُيوف — épée; sabre; glaive; rapière; *poiss.* espadon

~ الغُراب — glaïeul

**سِيف** ج أَسْياف — bord (de mer); côte; rivage; rive

**سَيّاف** ج ون — porteur de sabre; bourreau

III سايَفَ مُسايَفَة ه — lutter à l'épée/au sabre contre

**مُسايَفَة** — escrime

V تَسَيَّفَ تَسَيُّفًا ← سافَ

**سيكارة** ← سيجارة

**2763** **سَيْكَران** — jusquiame

**2764** **سيكولوجيّ**؛ سيكولوجيّة — psychologique; psychologie

**2765** **سالَ** ـِ سَيْلًا — couler; s'écouler; se répandre; se liquéfier; fondre *intr.*; ruisseler

~ ريقُه، لُعابُه لِـ ه — l'eau en vient à la bouche

~ بِغَزارة — couler à flots

**سَيَلان** — écoulement; épanchement; flux; liquéfaction

~ دَمَويّ، مُخاطيّ — flux sanguin; blennoragie

**سَيْل** ج سُيول — écoulement; flux; flot; ravine; torrent; ruissellement

~ مِن الكَلام — flot de paroles

~ مِنْ دُموع، شَتائِم — torrent de larmes, d'injures

~ عُرام — torrent impétueux; une masse/marée de

~ بُرْكانيّ، حُمَميّ — coulée volcanique, de laves

بَلَغَ الـ~ الزُبَى — la coupe est pleine; en avoir assez [*fam.*]/ras le bol [*pop.*]

**سُيولة** — fluidité; liquidité

~ المُرور، الهَواء — fluidité du trafic, de l'air

~ رُؤُوس الأَمْوال — disponibilité des capitaux

**سُيُولات** مَصْرِفيّة، نَقْدِيّة — liquidités bancaires, monétaires

**سائِل** — coulant; fluide *adj.*; liquide; ruisselant; disponible [*comm.*]

أُصول، رَأْس مال ~(ة) — actif, capital liquide/disponible

أَرْصِدة، أَطْعِمة ~ة — réserves, aliments liquides

~ ج سَوائِل — liquide *n.m.*; fluide *n.m.*; liqueur [*chim.*]

السَوائِل والجَوامِد — les liquides et les solides

**سائِليّ** — hydraulique

مِضْغاط، كابِحة ~(ة) — presse, frein hydraulique

سائِليّة ← سُيولة

**سَيّال** — coulant; fluide *adj.*; cursif

أُسْلوب، رِواية ~(ة) — style coulant; récit fluide

**مَسيل** — cours d'eau; ruisseau

II سَيَّلَ تَسْييلًا ه — fluidifier; liquéfier; faire couler/fondre; condenser (la vapeur)

**تَسْييل** — fluidification; liquéfaction; fusion; condensation

**مُسَيِّل** — liquéfiant; fluidifiant

IV **أَسالَ** إسالة (← II سَيَّلَ) — déverser

~ الأَقْلام — faire couler beaucoup d'encre

V تَسَيَّلَ تَسَيُّلًا — se condenser; se fluidifier; se liquéfier

**تَسَيُّل** — condensation (de la vapeur); liquéfaction

**سِيَّما** ← سوى

**2766** **سِيمة** ج ات — caractéristique

**سِيماء** — marque; air; mine; physionomie; signe; trait; *ling.* sème

~ الوَجْه — expression du visage; faciès

~ البَلاهة، الشَباب — air idiot, jeune

~ مُشْرِقة — mine resplendissante

**سيمائيّ** — physionomique; sémique

**سِيميا**؛ سِيمياء (← سيماء) — magie; sorcellerie

**سِيميائيّ** — sémiologique; sémiotique *adj.*

**سِيميائِيّة** — sémiologie; sémiotique *n.f.*

**2767** **سين** ج ات — *nom de la lettre «sin»/du symbole de l'inconnue*

مِحْوَر السينات — axe des abscisses

إحْداثيّ سينيّ — abscisse

أَشِعّة ~ة — rayons X

**2768 سيناريو** scénario

**2769 سينما**؛ دار الـ~ cinéma; salle de cinéma

~ الشاشة العَريضة cénémascope

**سينمائيّ** cinématographique

آلة ~ة cinématographe

مُخْرِج، مُصَوِّر ~ cinéaste

نادٍ، هاوٍ ~ ciné-club; cinéphile

مُسْتَوْدِع أفْلام ~ة cinémathèque

(شين)

*treizième lettre de l'alphabet : «šin» ; prépalatale chuintante sourde :* [š]

**شاء** ← شيأ

2770 **شابل** alose

**شارة** ← شور

2771 **شاش** mousseline

**شاشة**، ~ السينما écran ; écran de cinéma

الـ~ الصغيرة le petit écran ; la télévision

2772 **شاشِيَّة** ج شواشٍ chéchia

2773 **شاقول** ج شَواقيل bâton ; fil à plomb

شاقوليّ vertical

شَاقوليّة verticale *n.f.* ; verticalité

شاقوليًّا verticalement ; à pic ; en flèche

2774 **شاكوش** ج شَواكيش marteau

2775 **شال** ج ات، شيلان châle ; foulard

2776 **شامة** (← شيم) grain de beauté

2777 **شَام**؛ شأم؛ شَآم à gauche ; Nord ; Syrie ; Damas

شاميّ syrien

**شُؤْم** calamité ; mauvais augure/présage ; malheur ; porte-malheur ; guigne [*fam.*] ; guignon [*fam.*]

يَوْم ~ jour néfaste/funeste/fatal/fatidique

رَسول ~ oiseau de malheur/de mauvais augure

صِياح ~ cri funèbre/sinistre

**مَشْؤوم** fâcheux ; fatal ; fatidique ; funeste ; malencontreux ; malheureux ; néfaste ; mauvais (jour) ; de mauvais augure ; sinistre

عَدَد ~ chiffre qui porte malheur

VI **تَشاءَمَ** تَشاؤُمًا être pessimiste/superstitieux

~ بِـ، من ه augurer/présager mal de qqch ; tirer mauvais augure/présage de

**تَشاؤُم** mauvais présage ; pessimisme

نَظَرَ إلى ه نَظْرَةَ ~ envisager qqch avec pessimisme

تَشاؤُميّ pessimiste (tempérament) ; porté au pessimisme

مُتَشائِم pessimiste (personne) ; superstitieux

2778 **شامبو** shampooing

~ مُلَوَّن shampooing colorant

2779 **شَأن** ج شُؤون affaire ; chose ; matière ; importance ; *méd.* suture ; point de suture

ما ~كَ que désirez-vous ? que voulez-vous ? de quoi s'agit-il ? c'est à quel sujet ?

ما ~كَ و qu'avez-vous à y voir ? en quoi cela vous concerne-t-il ?

هذا ~كَ، أنْتَ وَشَأنَك c'est votre affaire ; ça vous regarde ; débrouillez-vous

دَعْني و~ي laisse/laissez-moi tranquille/en paix ; *fam.* fiche/fichez-moi la paix

اِنْصَرَفَ إلى ~ه vaquer à ses affaires

2780 **شاه** — chāh; shāh; roi (jeu d'échecs)

~ مات — échec et mat

2781 **شاة** ج شِياء، شياه — brebis; mouton

2782 **شاهْبَلّوط** — châtaignier

2783 **شاهَتْرَج** — fumeterre

2784 **شاهين** ج شَواهين — faucon pèlerin; crécerelle

2785 **شَأْو** — extrémité; point extrême; but; objectif

بَعيد الـ~ — ambitieux

بَلَغَ، قَطَعَ ~ًا بَعيدًا — aller loin [*pr.* et *fig.*]

2786 **شاوُش**، شاويش — chaouch; planton; sergent

2787 **شاي** — thé

~ أَخْضَر، مُحَمَّص — thé vert, noir

2788 **شَبَّ** ـِ شُبوبًا — éclater/s'allumer/se déclarer (incendie); flamber; faire rage (feu)

~ت نِيران الحَرْب — éclater/se déchaîner (guerre)

~ ـُ شَبًّا ه — allumer (un feu)

~ ـِ شَبيبًا — être ardent/vif; se cabrer (cheval)

~ ـِ شَبابًا — devenir jeune homme/adolescent; grandir; se développer

~ عَلَى ه — avoir une longue expérience de

مَنْ ~ على خُلُق شابَ عَلَيْه — *prov.* l'habitude est une seconde nature

**شَبّ** — valet (jeu de cartes); alun

~ اللَيْل — belle-de-nuit; mirabilis

~ النَهار — belle-de-jour; convolvulus; liseron

**شَباب** (← شابّ) — jeunesse; jeunes gens; juvénilité

رَيِّق، مَطْلَع الـ~ — prime jeunesse

رَيْعان، شَرْخ، زَهْرة الـ~ — fleur de la jeunesse

عُنْفُوان الـ~ — force de l'âge

حَمِيَّة، نَضارة الـ~ — ardeur, fraîcheur juvénile

هذا ~ كَثْرة الكاثِرة — c'est le lot commun/le sort de la majorité des gens

~كُمْ هو ~ه — il en va de même pour vous; vous êtes dans le même cas

كَما هو ~ه — comme il en a l'habitude; comme d'habitude; comme c'est le cas; comme toujours

أُمور من ~ها أن — choses/faits de nature à

والـ~ أن — il s'agit de; il convient de

من ~ه أن — il lui appartient de

هذا من ~ه — cela le concerne; ce sont ses affaires

لَيْسَ هذا من ~ه — cela ne le concerne pas; ce ne sont pas ses affaires; *fam.* ce n'est pas son rayon/ses oignons

صاحِب الـ~ — la personne concernée

بِـ~ ه، ه — en ce qui concerne; à propos de; quant à; au sujet de; touchant à

أَخْبَرَه بِـ~ ه، ه — renseigner qqn au sujet de

في ~ ه — en fait de; en matière de

اِضْمَحَلَّ ~ ه — être en pleine décadence; dégénérer

عَديم، قَليل الـ~ — sans conséquence; de peu d'importance; insignifiant

ذُو~، رَفيع الـ~ — considérable; important; notable *adj.*, *n.m.*; responsable *n.*; de conséquence; d'importance

رَفَعَ ~ ه — ennoblir qqn

ظَنَّ نَفْسَه ذا ~ — se croire important/qqn, qqch; se prendre pour qqn

جَلَّ ~ه — le Très Haut (Dieu); qu'Il soit exalté

**شَأْنَ** ه، ه — comme; à l'instar de; selon l'habitude de

~ه في، مع — comme il a l'habitude de; comme il fait d'habitude

لا ~ لِـ ه في — n'avoir rien à voir dans/avec

تَرَكَ ه و~ه — laisser qqn tranquille

**شُؤون** — affaires; questions

الـ~ الخارِجيّة — Affaires étrangères

الـ~ الاِجْتِماعيّة — Affaires sociales

مُكَلَّف بِالـ~ — chargé d'affaires

قائِم بِـ~ عائِلَتِه — soutien de famille

تَدَخَّلَ في ~ الغَيْر — s'immiscer dans les affaires des autres

شَبابِيّ — juvénile; jeune *adj.*

شَبِيبة — jeunesse

**شابّ** ج شُبّان، شَباب — jeune *n.m.*; jeune homme; garçon; jouvenceau; *sport.* senior

شُبّان — jeunes gens; les jeunes

شابّة ج ات — jouvencelle; fille; jeune fille; jeune personne

شَبّابة — flûte; pipeau; clarinette; hautbois

مَشْبوب — allumé; flambant; enflammé

II شَبَّبَ تَشْبِيبًا ه — faire l'éloge d'une/chanter une jolie femme; vanter la beauté d'une femme

IV أَشَبَّ حِصانًا — cabrer un cheval

V تَشَبَّبَ تَشَبُّبًا ← II

2789 **شَبَث** ج أَشْباث، شِبْثان — tarentule

V **تَشَبَّثَ** بـ ه — s'accrocher à; adhérer à; se cramponner; se buter; s'entêter à; s'obstiner; se raccrocher à; tenir à; en tenir pour

~ بآرائه — se cramponner à ses idées

**تَشَبُّث** — adhérence; assiduité; entêtement; obstination; opiniâtreté; ténacité

شَديد الـ~ بالأصول — à cheval sur les principes

مُتَشَبِّث — assidu; buté; entêté; exclusif; obstiné; opiniâtre; inflexible; rétif; tenace

2790 **شِبِثّ** — aneth; fenouil

2791 **شَبَح** ج أَشْباح — apparition; fantôme; ombre; revenant; silhouette; spectre

~ الجُوع، الحَرْب، الفَوْضَى — spectre de la faim, de la guerre, de l'anarchie

~ اِبْتِسامة — fantôme/ébauche de sourire

~ المَوْت — l'ombre de la mort

عالَم الأَشْباح — le royaume des ombres

شَبَحِيّ — fantomatique; spectral

**شَبَحِيّة** — objectif *n.m.* [*phys.*]

~ بُعْدِيّة، واسِعة الزاوِية — téléobjectif; grand-angulaire

2792 **شِبْر** ج أَشْبار — empan; parcelle/pouce (de terre)

قَلَّدَ ه شِبْرًا بـ~ — imiter religieusement/servilement/scrupuleusement; calquer sa conduite sur; suivre un exemple point par point/à la lettre

II شَبَّرَ تَشْبِيرًا — gesticuler; gesticulation

2793 **شَبْرَقَ** — lacérer; mettre en lambeaux/en pièces

شَبْرَق ج شَبارِق — vêtement en pièces/en lambeaux/en charpie; chabraque

شِبْراق ج شَبارِيق — *même sens*

2794 **شُباط** — février [*calendrier syriaque*]

شَبّوط — *poiss.* carpe; cyprin

2795 **شَبِعَ** - شَبَعًا — s'assouvir; se rassasier; être saturé/rassasié; manger à sa faim; n'avoir plus faim; avoir assez de

لا يَشْبَعُ — insatiable

شَبْع ؛ شِبَع — satiété; saturation; suffisance (de qqch)

أَكَلَ **شُبْعَته** — manger à satiété/à suffisance; avoir suffisamment mangé

شَبْعان م شَبْعَى ج شِباع — assouvi; satisfait; qui a eu suffisamment; rassasié; repu; saturé

II شَبَّعَ تَشْبِيعًا ه، ه ← IV

IV **أَشْبَعَ** إِشْباعًا ه، ه — assouvir; gaver; gorger; imbiber; imprégner; rassasier; satisfaire; saturer

~ نَهَمَه، فُضولَه — assouvir ses convoitises; satisfaire sa curiosité

~ ه شَتْمًا، إهاناتٍ — abreuver qqn d'injures

~ رَغْبَتَه، حاجة — se passer une envie; satisfaire un besoin

~ كِبْرِياءَ ه — flatter l'orgueil de

~ مَحْلولًا، سُوقًا — saturer une solution, un marché

~ ه ضَرْبًا — bourrer/rouer de coups; passer à tabac [*fam.*]; tabasser [*pop.*]; donner/flanquer [*fam.*] une volée

**إِشْباع** — assouvissement/contentement (des sens); engorgement; imprégnation (d'un tissu); saturation

عَدَم، لا ~ — inassouvissement; insatisfaction

إِشْباعِيّ — explétif (mot)

**مُشْبَع** — engorgé; imbibé; imprégné; assouvi; rassasié; satisfait; saturé

~ بِأَهَمِّيَّة ه — imbu/pénétré de son importance

~ بِالرُّطوبة، بِالكَهْرباء — saturé d'humidité; chargé d'électricité

غَيْر ~ — inassouvi; non saturé

V **تَشَبَّعَ** تَشَبُّعًا بـ، مِنْ — s'imbiber; s'imprégner; être imbu/pénétré de; se pénétrer de

~ت السوق بـ — être saturé de produits (marché)

تَشَبُّع — imprégnation; saturation

**2796 شَبَق** — incontinence; lascivité; libido; lubricité; luxure

مَسّ **شَبَقِيّ** — érotomanie

شَبَقِيّة — érotisme

شَبِق — incontinent; lascif; libidineux; licencieux; lubrique; luxurieux

**2797 شُبُق؛** شُبُك — chibouk; chibouque

شَبيق — tuyau de pipe

**2798 شَبَكَ** ـُ شَبْكًا — agrafer; attacher; croiser; enchevêtrer; entrelacer; imbriquer; embrouiller; emmêler; enlacer; épingler; mêler

~ أَصابِعه، ذِراعَيْه — croiser les doigts, les bras

**شَبْك** — agrafage; épinglage

آلة الـ~ — agrafeuse

شَبَك — armature; canevas; grain (d'une photo); treillis [*techn.*]

**شَبَكَة** ج شَبَك، شِباك — chaîne (d'un tissu); filet (à bagages, à cheveux, de pêche); lacis; réseau; résille; rets [*litt.*]

~ كُرة المَضْرِب — filet de tennis

أَلْقَى، نَصَبَ ~ — jeter, tendre un filet

~ تَطْرِيز، مُقاوَمة — canevas; réseau de résistance

~ مَصارِف، قَنَوات الرِّيّ — réseau de drainage, d'irrigation

~ خُطوط حَديديّة — réseau de voies ferrées

شَبَكِيّ؛ شَبَكِيّة — rétinien; rétine

شَبِيكَة ج شَبائِك — crémaillère; grillage; résille; filet à cheveux

شُبَيْكَة ج ات — réticule [*opt.*]

**شُبّاك** ج شَبابيك — fenêtre; grille; guichet

~ العَرْض — vitrine

~ البَريد، المَصْرِف — guichet de poste, de banque

مَشْبوك — mêlé; emmêlé; embrouillé; enlacé; entrelacé

**مِشْبَك** ج مَشابِك — agrafe; attache; broche [*bijout.*]; crochet; fibule; goupille

~ غَسيل، وَرَق — pince à linge; trombone (à papier)

II **شَبَّكَ** تَشْبيكًا ه — accoupler [*techn.*]; agrafer (ensemble); croiser (les bras); enchevêtrer emmêler embrouiller (des fils); entrelacer; entrecroiser; emboîter; compliquer

~ أَسْلِحة — former des faisceaux; mettre les fusils en faisceaux

**تَشْبيك** — accouplement [*techn.*]; croisement [*techn.*]; emboîtage; imbrication; enchevêtrement; faisceau; enclenchement

~ مُباشِر — prise directe

**مُشَبَّك** — embrouillé; emmêlé; touffu; compliqué

حاجِز، حَديد ~ — grillage; grille en fer (forgé)

مُشَبَّكة ج ات — monogramme

V تَشَبَّكَ تَشَبُّكًا — se brouiller; se compliquer; s'embrouiller; s'enchevêtrer; s'emmêler; s'engrener

تَشَبُّك دَواليب — engrenage [*techn.*]

VI تَشابَكَ تَشابُكًا — chevaucher; se chevaucher; s'emboîter; s'entrecroiser; s'entrelacer; s'imbriquer (l'un dans l'autre)

تَشابُك — chevauchement; emboîtement; imbrication

~ الصَّلاحِيّات — confusion des pouvoirs/des intérêts

مُتَشابِك — emboîté; entrecroisé; entrelacé; imbriqué; compliqué; embrouillé; enchevêtré

VIII **اِشْتَبَكَ** اِشْتِباكًا ← V، VI

~ مع — se brouiller avec; entrer en conflit avec; en venir aux mains; avoir un accrochage/s'accrocher avec

~ت المَعْرَكة — le combat s'est engagé

**اِشْتِباك** — *mil.* accrochage; engagement; mêlée; conflit

~ المَصالِح — l'enchevêtrement des intérêts

**مُشْتَبَك** — engrenage [*fig.*]

**2799 شِبْل** ج **أَشْبال** — *petit d'animal carnassier*: lionceau/louveteau; *scoutisme*: louveteau

شابِل — *v. ordre alphab.*

**2800** **شَبين**، إشْبين — parrain [*relig.*]

شَبينة، إشْبينة — marraine [*relig.*]

**2801** **شَبَه**، شِبْه ج أَشْباه — identité; rapport; ressemblance; similarité; similitude; le même air/aspect

~ كاذِب — faux air

**شِبْه** — presque; para-/quasi-/semi-/sub- *préf.*

~ عَسْكَريّ، رَسْميّ — paramilitaire; officieux

~ جَزيرة — péninsule; presqu'île

~ ظِلّ، ظُلْمة — pénombre

~ قارّة هِنْديّة — sous-continent indien

~ مُصَوِّت، تِلْقائيّ — semi-voyelle; semi-automatique

~ مُنْحَرِف — trapèze

شِبْهَ ه — comme; de même que; à l'instar de

**أشْباه الأجْنِحة** — *ins.* archiptères *n.m.pl.*

~ القِلَى — *chim.* alcaloïdes *n.m.pl.*

**شُبْهة** ج شُبُهات — argument spécieux; doute; incertitude; présomption; soupçon; suspicion; vague *n.m.*

تَحْتَ ~ — soupçonné; suspect; suspecté; présumé

**شَبيه** ج شِباه، أَشْباه — assimilé; semblable; tel; similaire; ressemblant

~ بِالمُنْحَرِف — trapézoïde; trapézoïdal

~ بِالمُعَيَّن، بِالرَّسْميّ — rhomboïde; officieux

لا شَبيهَ لَهُ — incomparable

المُوَظَّفون وشُبُهُهُمْ، وأَشْباهُهُم — les fonctionnaires et assimilés

**أَشْبَهُ** بِهِ مِن ه — se ressembler parfaitement/en tous points

هو ~ بِهِ مِن الماء بِالماء — se ressembler comme deux gouttes d'eau

ما **أَشْبَهَ** اللَّيْلَةَ بِالبارِحة — les jours se suivent et se ressemblent; il n'y a rien de nouveau; c'est toujours la même chose

**مَشْبوه** — équivoque; ambigu; louche; mal famé; suspect; véreux (personne); sujet à caution

**مَشابِه** — ressemblances; similitudes; similarités

**شُبُهان** — *bot.* paliure; épine du Christ

**شَبَهان** — cuivre jaune; laiton

II **شَبَّهَ** تَشْبيهًا ه، ه بِ — assimiler; comparer; rendre semblable

~ على ه — rendre perplexe; mettre dans l'embarras

شُبِّهَ عَلَيْه — être perplexe/dans l'embarras

**تَشْبيه** ج ات — assimilation; comparaison

الكاف أداة الـ~ — le «*kaf*» est le terme de la comparaison

بِلا ~ — sans comparaison

تَشْبيهيّ — comparatif

**مُشَبَّه** ج ات — douteux; obscur; suspect (chose)

~ بِ — assimilé; comparé

III **شابَهَ** مُشابَهة ه — avoir l'air de; s'apparenter à; rappeler qqn, qqch; ressembler à; tenir de

وَ ما ~ ذَلِك — et autres; et cetera (etc.)

~ أَباهُ، أُمَّهُ — tenir de son père, de sa mère

مُشابَهة — conformité; ressemblance; similitude

مُشابِه لِ ه، ه — apparenté à; conforme à; ressemblant; semblable à

IV **أَشْبَهَ** إشْباهًا ه ← III

~ه كَثيرًا — ressembler beaucoup à

V تَشَبَّهَ تَشَبُّهًا بِ — se comparer à; imiter; copier; chercher à ressembler

تَشَبُّه — imitation

VI تَشابَهَ تَشابُهًا — se rapprocher; se ressembler; être similaire/analogue

**تَشابُه** — analogie; identité (de vues); parenté [*fig.*]; ressemblance; similitude; symétrie; uniformité

~ الوَضْع — homothétie

**مُتَشابِه** — analogue; comparable; identique; isomère; semblable; similaire; symétrique; uniforme

~ الوَضْع، الخَواصّ — homothétique; isotope

غَيْر ~ — dissemblable; dissymétrique

المُتَشابِهات — *isl.* versets obscurs/non explicites

VIII **اِشْتَبَهَ** اِشْتِباهًا ← VI

~ في، أنّ — se douter de; flairer [*fig.*]; soupçonner; subodorer; suspecter; tenir pour suspect

~ على ه — être douteux/ambigu/confus pour qqn

اِشْتِباه — ambiguïté; confusion; obscurité; suspicion

**مُشْتَبِه** soupçonneux

**مُشْتَبَه فيه** ambigu; équivoque; douteux; incertain; suspect; soupçonné; suspecté; sujet à caution

~ فيه بِـ هـ suspecté de

**2802** **شَتَّ** ـِ شَتًّا هـ ← II

شَتّ ج أَشْتات ← شتات

**أَشْتات** fragments; morceaux; parcelles

~ مِن هـ différents; divers; toutes sortes (de)

أَشْتاتًا en désordre; éparpillés

**شَتات** en désordre; dispersé; disséminé; éparpillé; épars; séparé

ضَمَّ ~ ه، هـ rallier; réunir; rassembler; faire l'union; unifier

شَتيت ج شَتَّى ← شَتات

أَلْوان **شَتَّى** toutes sortes de diverses/différentes couleurs

~ بَيْنَ *v. le suivant*

**شَتَّانَ** بَيْنَ هـ وهـ n'avoir rien de commun; être aux antipodes [*fig.*]; c'est une autre paire de manches [*fam.*]; quelle différence! il y a un monde entre [*fam.*]; ça fait deux [*fam.*]; tant s'en faut que; il s'en faut de beaucoup pour que

~ أن يَكون *même sens*

~ ما بَيْنَ القَوْل والعَمَل *prov.* dire n'est point faire; il y a loin de la coupe aux lèvres

II **شَتَّتَ** تَشْتيتًا هـ disperser; diviser; désunir; éparpiller; disloquer; émietter

~ العَدُوّ balayer/disperser l'ennemi

~ فِكْره، جُهوده disperser sa pensée, ses efforts

**تَشْتيت** dislocation; dispersion; éparpillement; désunion; division

**مُشَتَّت** éparpillé; épars; disloqué; dispersé; émietté; désuni; divisé; séparé

أَفْكار ~ة pensées diffuses/éparpillées

V تَشَتَّتَ تَشَتُّتًا se débander; se disloquer; se disperser; se diviser; s'éparpiller; diverger

**تَشَتُّت** débandade; dislocation; dispersion; éparpillement; division; divergence

~ الضَوْء dispersion de la lumière

~ الأَفْكار، الجُهود éparpillement des idées, des efforts

~ فِكْريّ dispersion d'esprit

**مُتَشَتِّت** clairsemé; dispersé; divergent; sporadique

مُتَشَتِّتين à la débandade

**2803** **شَتَلَ** شَتْلًا هـ faire des semis; replanter; transplanter

شَتْلة semis; plant

مَشْتَل ج مَشاتِل pépinière; plantation

مَشْتَليّ pépiniériste

II شَتَّلَ تَشْتيلًا هـ repiquer; repiquage [*agr.*]

**2804** **شَتَمَ** ـُ شَتْمًا blasphémer; jurer *intr.*; pester

~ ه injurier; insulter; outrager; pester contre

**شَتْم** : أَشْبَعَ ه ~ًا abreuver qqn d'injures

شَتيمة ج شَتائِم blasphème; injure; insulte; invective; juron; outrage; gros mot

سَيْل مِن الشَتائِم flot d'injures

تَراشَقَ بِالـ~ se lancer des injures

**شاتِم** qui se réjouit du malheur des autres

~ . شَتْميّ blessant; injurieux; insultant; offensant; outrageant

مَشْتوم injurié; insulté; outragé

شَتيم rébarbatif; renfrogné; sinistre

II شَتَّمَ تَشْتيمًا ه ← شَتَمَ

III شاتَمَ مُشاتَمةً ه se quereller avec; échanger des insultes/des injures avec

مُشاتَمة altercation; querelle

VI تَشاتَمَ تَشاتُمًا s'injurier; s'insulter; s'invectiver

**2805** **شَتا** ـُ شَتْوًا، شُتُوًّا hiberner; hiverner; passer l'hiver; pleuvoir

شاتٍ froid; pluvieux

**شِتاء** ج أَشْتِية hiver; pluie

فَصْل الـ~ hiver; saison des pluies

**شَتَويّ**، شِتائيّ d'hiver; hivernal; hiémal; pluvieux

فُسْتان، مِعْطَف ~ robe, manteau d'hiver

مَحَطّة، رياضة ~ة station, sport d'hiver

ثِياب، مَواضِع ~ ة — vêtements, quartiers d'hiver

مَشْتًى — quartiers/résidence d'hiver

II شَتَّى تَشْتِيَة — hiverner; passer l'hiver

~ بِـ — établir ses quartiers d'hiver à/dans

تَشْتِيَة — hivernage

مُشَتٍّ ج مُشَتُّون — hivernant

VI أَشْتَى إِشْتاء — arriver/venir (hiver)

V تَشَتَّى تَشَتِّيًا ← II

**2806 شَجَّ** ـُ شَجًّا ه — balafrer; blesser (au visage); briser (le crâne); fracturer

شَجَّة ج شِجاج — balafre; blessure; fracture

مَشْجوج — balafré; blessé (au visage); fendu

أَشَجّ م شَجّاء ج شُجّ — balafré

**2807 شَجَبَ** ـُ شَجْبًا ه — désavouer; condamner; flétrir (un comportement); réprouver; s'en prendre à; détruire; provoquer la ruine; attrister profondément

شَجْب — affliction; détresse; peine; souci; tristesse

شَجْب ج شُجوب — condamnation [fig.]; réprobation

شَجِب — affligé; atterré; consterné; triste

شِجاب ج شُجُب — portemanteau

مِشْجَب ج مَشاجِب — cintre; penderie; patère

II شَجَّبَ تَشْجيبًا ه، ه ← IV

IV **أَشْجَبَ** إِشْجابًا ه — affliger; consterner; atterrer; détruire/ruiner (la santé de) qqn

~ ه — condamner qqch; refuser; rejeter

**2808 شَجَرَ** ـُ شَجَرًا — arriver/se produire (événement)

~ بِرُمْح — frapper/percer d'un coup de lance

**شَجَر** — *coll.* arbres

زِراعة الـ~؛ شِجارة — arboriculture

زارِع الـ~؛ شَجّار — arboriculteur

**شَجَرة** ج ات، أَشْجار — *n.un.* arbre

~ النَّسَب، المِيلاد — arbre généalogique, de Noël

شَجَرِيّ — arborescent; *phon.* prépalatal

شُجَيْرة ج ات — arbuste; arbrisseau

شَجْراء — fourré *n.m.*; massif d'arbres

مَشْجَر ج مَشاجِر — plantation d'arbres; bosquet

II **شَجَّرَ** تَشْجيرًا ه — boiser (une région)

~ نَسيجًا — imprimer des motifs floraux sur un tissu

تَشْجير — boisement; reboisement

مُشَجَّر — boisé; reboisé; tissu imprimé à ramages

III شاجَرَ شِجارًا، مُشاجَرة ه — se bagarrer; chicaner; quereller; prendre à partie

شِجار، مُشاجَرة ج ات — querelle; rixe; bagarre; dispute; grabuge [*fam.*]; échauffourée; chamaille; chamaillerie; pugilat; empoignade [*fam.*]

V تَشَجَّرَ تَشَجُّرًا — grandir/pousser/croître (végétal)

تَشَجُّر — arborescence

مُتَشَجِّر — arborescent

VI تَشاجَرَ تَشاجُرًا — se bagarrer; se disputer; se quereller; se chamailler; s'empoigner

VIII اِشْتَجَرَ اِشْتِجارًا — se croiser; s'entrecroiser (épées, doigts)

**2809 شَجُعَ** ـُ شَجاعة — être ... *v. à l'adj.*

**شَجاعة** — audace; bravoure; cœur [*fig.*]; cran; courage; force d'âme; hardiesse; intrépidité; vaillance; valeur (militaire)

~ بِـ — audacieusement; bravement; courageusement; hardiment; vaillamment

شُجاع ج شُجْعان — audacieux; brave; courageux; qui a du cran [*fam.*]; héros; intrépide; hardi; osé; valeureux; vaillant

شَجيع ج شُجَعاء، شِجاع — *même sens*

II **شَجَّعَ** تَشْجيعًا ه — donner/redonner du courage/du cœur; encourager; exciter; réconforter; stimuler

~ ه عَلَى ه — encourager qqn à

~ التِجارة — favoriser le commerce

~ سِياسة جَديدة — promouvoir une nouvelle politique

تَشْجيع ج ات — encouragement; stimulation; réconfort; coup de fouet [*fig.*]

**مُشَجِّع** — encourageant; engageant; excitant; stimulant; réconfortant

~ صَمْت — silence complice

وَلا ~ incontestablement ; sans conteste

2813 شَحَبَ ـُ شُحوبًا blêmir ; pâlir ; changer de couleur [*fig.*]

شُحوب pâleur ; blêmissement

شاحِب blafard ; blême ; délavé (ton) ; hâve [*litt.*] ; pâle ; terne

وَجْه ~ mauvaise mine ; visage terreux

شَحَثَ، شَحّاث ← شَحَذَ

2814 شَحَجَ ـَ braire (mulet) ; croasser (corbeau)

شَحيج، شُحاج braiment/hennissement (du mulet) ; croassement (du corbeau)

2815 شَحَذَ ـَ شَحْذًا ه affiler ; affûter ; aiguiser ; meuler ; repasser (un couteau) ; mendier

~ شَفْرة، الشَهيّة aiguiser une lame, l'appétit

~ العَزيمة، الوَعْي stimuler la volonté, la conscience

~ الذِهْن aiguiser/stimuler l'esprit

الحاجة تَشْحَذُ القَريحة *prov.* la peur donne des ailes

شَحْذ affûtage ; repassage (des lames)

حَجَرُ ~ pierre à aiguiser ; meule

شِحاذة mendicité

شاحِذ rémouleur ; repasseur

شَحّاذ ج ون gueux ; importun ; mendiant ; mendigot [*pop.*] ; scie [*fig.*, *fam.*]

~ العَيْن orgelet

مِشْحَذ ج مَشاحِذ aiguisoir ; meule

2816 شُحّار suie

2817 شُحْرور ج شَحارير merle

2818 شَحَطَ ـَ شَحْطًا dépasser ; devancer

~ عَنْ ه، ه éloigner qqn, qqch

~ ـُ شُحوطًا être éloigné/à distance

شَحْط ج أَشْحُط tuteur [*agr.*]

شَحْطة galon [*mil.*]

V تَشَجَّعَ تَشَجُّعًا s'enhardir ; prendre courage ; être encouragé ; trouver du courage

تَشَجَّعْ courage ! hardi !

2810 شَجَنَ ـَ شَجَنًا ← شَجِيَ

شَجَنَ ـُ شَجْنًا ه affecter ; affliger ; peiner

شَجَن ج شُجون، أَشْجان appréhension ; anxiété ; détresse ; chagrin ; pathétique *n.m.*

شَجْن ج شُجون croisement/ramification (de chemins)

حَديث ذو شُجون conversation à bâtons rompus

2811 شَجا ـُ شَجْوًا affecter ; affliger ; attrister ; peiner ; causer de la peine/du chagrin

شَجِيَ ـَ شَجًى être ... *v. à l'adj.*

شَجْو ج أَشْجاء appréhension ; affliction ; souci ; anxiété ; chagrin ; peine ; tristesse

شَجًى، شَجًا ج أَشْجاء *même sens*

شَجِيّ affecté ; affligé ; anxieux ; chagriné ; peiné ; préoccupé ; triste ; mélodieux/pathétique/touchant (chant, musique)

شَجِيّة اللُغة l'âme/la musique de la langue

مَشْجاة، مَشْجاتِيّ mélodrame ; mélodramatique

II شَجَّى تَشْجية ه émouvoir ; toucher qqn ; rendre anxieux

مُشَجٍّ touchant ; pathétique *adj.*

2812 شَحَّ ـِ شِحًّا décroître/diminuer (eau)

~ ـَ شُحًّا على، بِـ ه être avare de ; lésiner sur

شُحّ، شَحّ avarice ; avidité ; ladrerie ; parcimonie

بِـ ~ parcimonieusement ; au compte-gouttes [*fam.*]

شَحيح ج شِحاح avare ; avaricieux ; avide ; ladre [*litt.*] ; pingre [*fam.*] ; chiche ; parcimonieux ; regardant [*fam.*] ; radin [*pop.*]

~ النَظَر qui a la vue basse

شُحاح ← شَحيح

III شاحَّ شِحاحًا، مُشاحّة ه contester qqch

مُشاحّة contestation ; discussion

لا ~ في ذَلِك incontestable ; indiscutable

لا ~ أن il est incontestable/indiscutable que

**2819** **شَحْم** ج شُحوم graisse; lard; chair/pulpe d'un fruit; lubrifiant; *v. aussi 2820*

~ المَرارة cholestérol

~ عَرَبة cambouis

الشُحوم les corps gras

**شَحْمة**، ~ الأُذُن morceau de graisse; lobe de l'oreille

**شَحْميّ** adipeux; graisseux; gras

غُدّة ~ة glande sébacée

شَحِم، شَحيم charnu (fruit); gras; pulpeux; gros

مَشْحَم station de graissage [*autom.*]

مِشْحَم، مِشْحَمة ج مَشاحِم graisseur [*techn.*]; point de graissage

II شَحَّمَ تَشْحيمًا ه graisser (une voiture); enduire de graisse; larder; entrelarder; lubrifier

**تَشْحيم** graissage; lubrification

زَيْت، مادّة الـ~ huile de graissage; lubrifiant

V تَشَحَّمَ تَشَحُّمًا faire du lard [*fam.*]; devenir obèse

**2820** **شَحيم**، شَحيمة ج شُحُم bréviaire

**2821** **شَحَنَ** ـَ شَحْنًا ه بِ charger qqch sur; garnir/remplir qqch de

~ سَفينة بِبَضائع embarquer des marchandises sur un bateau; charger un navire

~ بَطّاريّة charger une batterie

~ حِصْنًا garnir/armer une forteresse

**شَحْن** charge; chargement; fret; port; transport

تَذْكِرة، سَنَد، وَثيقة ~ police [*comm.*]; connaissement

أُجْرة الـ~ مَدْفوعة، مُسْتَحِقّة port payé, dû

سَيّارةُ، طائِرةُ ~ camion; avion-cargo

**شَحْنة** كَهْرَبائِيّة، اِنْفِعاليّة charge électrique, affective

~ مُفَرَّغة charge creuse [*mil.*]

شِحْنة ج شِحَن cargaison; fret; détachement [*mil.*]; garnison; ration

**شاحِنة** ج ات camion; fourgon; wagon de marchandises; poids-lourd

~ صِهْريج camion-citerne

سائِق ~ cammionneur; chauffeur de camion; routier *n.m.*

**مَشْحون** chargé; garni; rempli

بَطّاريّة ~ة *électr.* batterie chargée

III شاحَنَ مُشاحَنةً ه haïr; combattre; se quereller

مُشاحَنة querelle; escarmouche; dispute

**2822** **شَخَّ** ـُ شَخًّا pisser [*pop.*]; uriner; faire pipi

شَخّ pisse [*fam.*]; urine

**2823** **شَخَرَ** ـِ شَخيرًا ronfler; renâcler

شَخير ronflement

**2824** **شَخْشَخَ**، شَخْشَخة chuinter; chuintement

**2825** **شَخَصَ** ـَ شُخوصًا se dresser; enfler; apparaître/se lever (étoile)

~ إلى aller/se rendre à

~ بِبَصَره إلى fixer du regard; regarder fixement

شُخوص fixité (du regard); apparition/lever (des étoiles)

**شَخْص** ج أَشْخاص être *n.m.*; individu; sujet; quelqu'un; personnage; personne *n.f.*; type

أَيُّ ~ le premier venu; n'importe qui

~ عَزيز être/personne cher(chère)

كُلّ ~ غَريب عن المَصْلَحة toute personne étrangère au service

~ مَدَنيّ، مَعْنَويّ (اِعْتِباريّ) personne civile, morale

~ ثالِث، غَريب tierce personne

بِـ~ ه؛ شَخْصِيًّا en personne; personnellement

بِواسِطة، عن طَريق ~ par personne interposée

~ مُسَخَّر personne interposée [*dr.*]

~ مُقْلِق، مُضْحِك personnage troublant, amusant

**أَشْخاص** مَسْرَحيّة، رِواية personnages d'une pièce, d'un roman

~ مَعولُون personnes à charge

**شَخْصِيّ** personnel; individuel; privé; subjectif

اِسْم ~ petit nom; prénom

حَوائِج، أَفْكار ~ة effets, idées personnel(le)s

نِظام الأَحْوال الـ~ة statut personnel

مَصْلَحة، مَسْأَلة ~ة service, question personnel(le)

ضَريبة ~ة impôt/contribution personnel(le)

قامَ بِالحَقّ الـ~ se constituer partie civile

بِصِفة ~ة à titre privé/personnel

لِدَواعٍ ~ة pour raisons personnelles

بِوَسائِله الـ~ة par ses propres moyens

شَخْصِيًّا en personne; personnellement

**شَخْصِيّة** ج ات identité; individualité; personnalité

بِطاقة، تَحْقيق ~ carte d'identité; identification

~ اِعْتِبارِيّة، مَعْنَوِيّة personne morale

~ قانونِيّة، مَدَنِيّة personnalité juridique, civile

اِزْدِواج الـ~ dédoublement de la personnalité

~ قَوِيّة، بارِزة forte personnalité; personnage de marque; figure de proue [*fig.*]

لا ~ له qui n'a pas manque de personnalité

~ تاريخِيّة، رَسْمِيّة personnage historique, officiel

شَخْصانِيّة personnalisme

شاخِص fixe (regard); *géod.* jalon; pieu; mire

شَخيص important; volumineux; dominant

II شَخَّصَ تَشْخيصًا ه diagnostiquer; prescrire (un traitement); identifier (un suspect); personnifier, personnaliser; représenter; *géold.* jalonner; viser

تَشْخيص diagnostic (d'une maladie); identification; prescription (d'un remède); personnification; personnalisation; représentation; *géod.* jalonnement; visée

مُشَخِّصات traits caractéristiques/pertinents

مُشَخَّص personnifié; personnalisé; représenté

V تَشَخَّصَ تَشَخُّصًا apparaître; se personnifier

تَشَخُّص personnification; individuation

2826 **شَخَطَ**، ~ في geuler [*pop.*]; engueuler [*pop.*]

2827 **شَدَّ** ـُ شَدًّا ه affermir; attacher; atteler; bander; ceindre [*litt.*]; lier; fermer; raidir; raffermir; resserrer; visser; serrer

~ حَنَفِيّة شَدًّا مُحْكَمًا bien fermer un robinet

~ كابِحة، خَصْرَهُ serrer un frein; se serrer la ceinture [*pop.*]

~ عُقْدة، حَبْلًا serrer un nœud; tendre une amarre

~ أَزْره، عَضُده *fig.* aider; assister; renforcer; soutenir

~ أُذُنَيْه tirer les oreilles à

~ اِنْتِباه ه soutenir l'intérêt de

~ الرِحال se préparer à partir; faire ses paquets; se faire la malle [*fam.*]; mettre les voiles [*fam.*]

~ بِالحَبْل، بِرِباط tirer sur la ficelle; ligaturer

~ بِلَوْلَب visser; serrer une vis

~ على appuyer sur; compresser; comprimer; être fermement attaché à; enserrer; étrangler [*fig.*]

~ على يَده، ذِراعه presser/serrer la main, le bras de

~ على أَعْصابه se maîtriser; se contenir; se retenir

~ ه إلى ه serrer contre soi; étreindre; relier à

شُدَّ عَزْمك courage! hardi!

شَدَّ ما، لَـ~ما *exclam.* combien ...! souvent ...!

ولَـ~ ما كان سُرورُنا quelle ne fut pas notre joie

~ ما أَخْشى أن je crains fort que

**شَدّ** attelage; blocage; étranglement; serrement

~ على يَد pression de la main

شَدّة ( ّ ) *marque de la gémination*

**شِدّة** acuité; ardeur; force; impétuosité; intensité; paroxysme; puissance; rigorisme; rigueur; robustesse; rudesse; véhémence; vigueur; violence; vivacité

~ العَيْش difficulté(s) de l'existence

~ المَرَض paroxysme de la maladie

في ~ المُناقَشة dans le feu de la discussion

من ~ البَرْد، الحَرارة tellement/tant il fait froid, chaud

أَخَذَ ه بِالـ~ maltraiter; traiter durement

شَديدة ج شَدائِد adversité; désarroi; détresse; difficulté; calamité; coup du sort; gêne; misère; péril; mauvaise fortune [*litt.*]

واجَهَ الشَدائِد بِشَجاعة faire front courageusement; faire contre mauvaise fortune bon cœur

شَديد ج أَشِدّاء، شِداد aigu; ardent; cinglant; extrême; fort; intensif; impétueux; rigoureux; sévère; robuste; véhément; vif; violent; vigoureux; intense

~ الوَطْأة cruel; dur

عِقاب ~ châtiment rigoureux/sévère

تَنافُس، مُراقَبة ~(ة) concurrence, surveillance serrée

~ البَأْس audacieux; brave; courageux; vaillant

~ الشَكيمة entêté; obstiné; têtu

رائِحة، خَوْف ~(ة) forte odeur; peur bleue

حَرّ، بَرْد، فَرَح ~ chaleur, froid, joie intense

إِعْجاب، اِهْتِمام ~ profond(e) admiration, intérêt

أَحْمَرُ ~ الحُمْرة un rouge intense/vif

~ الحَرّ، البَرْد، الاِخْتِلاف très chaud, froid, différent

~ التَبَصُّر très perspicace; qui voit très loin [*fig.*]

**أَشَدُّ** plus fort/intense/violent

~ بَياضًا، سَوادًا، حُمْرةً plus blanc, noir, rouge

~ تَأْثيرًا plus impressionnant/intense

~ ما يَكون extrêmement; très; tout à fait

**أَشُدّ** la force de l'âge; forces; virilité

بَلَغَ ~ه être dans la force de l'âge/en pleine maturité/à son apogée

**مَشْدود** lié; étranglé; raide; serré; tendu

**مِشَدّ** ج ات corset; gaine (pour femme)

II **شَدَّدَ** تَشْديدًا ه aggraver; accentuer; affermir; consolider; endurcir; fortifier; intensifier; raffermir; renforcer; tonifier; redoubler (un phonème)

~ على ه، ه mettre l'accent sur; appuyer; se montrer sévère envers

~ على ه بِأَسْئِلة presser qqn de questions

~ صَوْته forcer la voix

~ مَوْقِفة durcir sa position

~ حَرْفًا *gramm.* doubler/géminer un phonème; marquer une lettre de la «*chadda*»

~ عَزيمة ه faire un effort de volonté; se secouer; secouer qqn

**تَشْديد** aggravation; affermissement; intensification; durcissement; consolidation; raffermissement; tonification

~ حَرْف *gram.* redoublement (d'un phonème); gémination

~ عُقوبة aggravation de peine

خَفَّضَ من الـ~ على relâcher/diminuer la pression; desserrer l'étreinte

**مُشَدِّد** tonifiant; tonique

ظُروف ~ة circonstances aggravantes

**مُشَدَّد** draconien; strict; sévère; rigoureux; *gramm.* géminé/redoublé (phonème)

إِجْراءات ~ة mesures draconiennes/rigoureuses

III شادَّ مُشادّة avoir des mots avec [*fam*]; se quereller/avoir une discussion avec

**مُشادّة** altercation; discussion; dispute; escarmouche; querelle

V **تَشَدَّدَ** تَشَدُّدًا s'affermir; se raffermir; se fortifier; s'endurcir

~ في ه être intransigeant/intraitable/rigoureux avec; traiter avec sévérité/rigueur

**تَشَدُّد** affermissement; raffermissement; endurcissement; rigueur; rigorisme; sévérité; intransigeance; exigence; puritanisme

**مُتَشَدِّد** exigeant; rigoriste; puritain; sévère; intransigeant; inexorable; délicat sur

VIII **اِشْتَدَّ** اِشْتِدادًا s'aggraver; s'intensifier; s'amplifier; s'accentuer; redoubler; être très (suivi d'un adj.)

~ قَلَقُه، غَضَبُه être très inquiet, très en colère

~ الظَلام s'accentuer/épaissir (obscurité)

~ الضَغْط s'accentuer/augmenter (pression)

~ الزِحام augmenter/devenir de plus en plus dense (foule)

~ الوَطيس ça chauffe! [*fam.*]; ça barde! [*fam.*]

**اِشْتِداد** recrudescence; redoublement; aggravation; intensification; accentuation; amplification; paroxysme

**2828** **شَدَخَ** - شَدْخًا ه briser; casser; écraser; fendre; fracasser

**مَشْدوخ** fendu

**2829** **شَدَف** ج شُدوف، أَشْداف silhouette

**شادوف** ج شَواديف chadouf

**شُدْفة** ج شُدَف morceau; segment

V **تَشَدَّفَ** تَشَدُّفًا se segmenter; segmentation

**2830** شِدْق ج أَشْداق — coin de la bouche; commissure des lèvres; gueule

ضَحِكَ مِلْءَ شِدْقَيه — rire à gorge déployée

أَشْدَق م شَدْقاء — qui a une grande bouche

V تَشَدَّقَ تَشَدُّقًا — parler avec emphase/volubilité; faire des phrases [*fig.*, *péjor.*]

مُتَشَدِّق — phraseur; hâbleur [*litt.*]; fort en gueule [*pop.*]; grande gueule [*pop.*]; beau parleur

**2831** شَدِيم — *zool.* magot

**2832** شَدَنَ ُ شُدونًا — grandir (petits d'animaux)

شادِن — faon

**2833** شَدَهَ َ شَدْهًا ه — frapper d'épouvante; consterner; méduser; effarer; effrayer

شُدِهَ — être/rester ... *v. à l'adj.*

شَدَه — effarement; perplexité; stupéfaction

مَشْدوه — perplexe; interdit; stupéfait; effaré; déphasé [*fam.*]; médusé

بَقِيَ، وَقَفَ ~ًا — bayer aux corneilles; rester bouche bée

IV أَشْدَهَ إِشْداهًا ← شَدَهَ

VII اِنْشَدَهَ اِنْشِداهًا ← شُدِهَ

**2834** شَدا ُ شَدْوًا — chanter; fredonner

~ من العِلْم ه — avoir quelque connaissance/une teinture de

شَدْو — chant

شَدْوَ ه — un peu de; une petite quantité de

شادٍ — chanteur; qui a une teinture de

**2835** شَذَّ ِ شَذًّا، شُذوذًا — faire exception; être ... *v. à l'adj.*

~ عَن القاعِدة — déroger; échapper à/s'écarter de la norme; dévier

شُذوذ — aberration; anomalie; bizarrerie; dérogation; excentricité; exception; irrégularité; extravagance; originalité; singularité

~ خَلْقيّ — vice de conformation

~ جِنْسيّ — perversion/inversion sexuelle

شاذّ ج شُذّاذ — aberrant; anomal; anormal; bizarre; extraordinaire; exceptionnel; excentrique; insolite; irrégulier; hétéroclite; singulier

~ الأَطْوار — drôle; fou; lunatique; excentrique; extravagant; original

~ ج شَواذّ — cas exceptionnel; exception

**2836** شَذَبَ ُ شَذْبًا — émonder; élaguer; tailler [*arbor.*]

شَذْب — élagage; émondage; taille [*arbor.*]

مِشْذَب — serpe

II شَذَّبَ أُسْلوبه — châtier son style [*litt.*]

**2837** شَذْر ج شُذور — fragment; paillette; parcelle; particule; perle; verroterie

شَذْرة ج شَذَرات — *même sens*

شَذَرَ مَذَرَ — pêle-mêle; çà et là; dans tous les sens/les coins; partout

**2838** شذو — odeur du musc

شَذًا — arôme; odeur agréable; parfum; senteur

~ الخَمْر — bouquet/fumet (du vin)

فاحَ ~ه — embaumer *intr.*

شَذاة — *zool.* glossine; mouche tsé-tsé

شَذِيّ — aromatique; odorant; parfumé

**2839** شَرَر (شررة) — *coll.* étincelles; *v. aussi 2840*

تَطايَرَ شَرَرًا — lancer des éclairs (yeux); étinceler [*fig.*]

عَيْنانِ تَقْدَحانِ ~ — *même sens*

شَرَرَة — *n.un.* étincelle

شَرار ← شَرَر

دَفَعَ النارَ بِـ~ها — combattre le mal par le mal

شَرارة ج ات، شَرار ← شَرَرة

شَمْعة الـ~ — bougie [*autom.*]

شَرّار — étincelant; scintillant; qui lance des éclairs

**2840** شَرّ ج شُرور — mal *n.m.*; méchanceté; péril; scélératesse; *v. aussi 2839*

بادَلَ الـ~ بالـ~ — rendre coup pour coup/le mal pour le mal

أَهْوَن ~ — moindre mal

وَفَّرَ ه، تَرَكَ ه من ~ ه — épargner qqn

مَطْبوع على الـ~ — enclin au mal/à faire le mal

**شَرّ** ج أَشْرار mauvais *adj.*, *n.*; méchant *adj.*, *n.*; scélérat; injuste

~ مِنْ plus méchant; pire que

~ النّاس le plus méchant des hommes

~ الهَزيمة la pire des/la plus cuisante des défaites

شِرّة malfaisance; méchanceté; nocivité

**شِرّير** ج أَشْرار démon; maléfique; malfaisant; malfaiteur; malhonnête; mauvais; noir (âme); poison [*fig.*]; peste [*fig.*]

الـ~؛ الروح الـ~ة le Malin; le démon; le diable; l'esprit malin [*litt.*]

روح ~ة mauvais génie; âme noire

**الأَبْرار والأَشْرار** les justes et les injustes

الأَخْيار والـ~ les bons et les méchants

**2841** (شرأب) **اِشْرَأَبَّ** إلى allonger/tendre le cou vers; se dresser/se hausser pour mieux voir

**2842** **شَرِبَ** َ شُرْبًا، مَشْرَبًا boire; s'abreuver

~ الدُّخان fumer (du tabac)

~ نَخْبَ، في صِحّة ه boire à la santé de; porter un toast à

~ الكَأْسَ حَتّى الثُّمالة boire le calice jusqu'à la lie

أَكَلَ الدَّهْر عَلَيْه و~ être usé par les ans (personne)

**شُرْب** absorption (de liquide); action de boire

شُغِلَ عن الأَكْل والـ~ perdre le boire et le manger

لا يَسْتَطيع الـ~ il ne peut pas boire

صالِح لِلـ~؛ يُمْكِن ~ه potable

مِياهُ الـ~ les eaux potables

بَعْدَ إفْراط من ~ الخَمْر après de nombreuses libations

**شُرْبة** ج شُرَب potage; potion; soupe

**شَرْبة** ج ات، شَرَب dose; potion; laxatif; purge

تَناوَلَ ~ boire un coup; prendre une purge

تَناوَلَ ~ ماء boire une gorgée d'eau; prendre un verre (d'eau)

تَناوَلَ **شَرَبات** كَثيرة faire de nombreuses libations

**شَراب** ج أَشْرِبة boisson; breuvage; sorbet; vin; eau-de-vie; jus de fruit

~ السُّكَّر sirop

أَدْمَنَ الـ~ s'adonner à la boisson

~ اللَّيْمون، البُرْتُقال citronnade; orangeade

~ التُّفّاح، العِنَب jus de pomme, de raisin

**شارِب** ج ون buveur; qui boit

~ ج شَوارِب moustache; bacchante [*pop.*]

شَرّاب؛ شِرّيب ج ون buveur; ivrogne

شَروب؛ شَريب sirop; potion; potable

**مَشْروب** ج ات boisson; breuvage; liqueur; consommation (prise dans un café)

تَناوَلَ، طَلَبَ ~ًا prendre, commander une consommation

مَشْروبات رُوحِيّة boissons spiritueuses; spiritueux *n.m.pl.*

**مَشْرَب**، مَشْرَبة ج مَشارِب boisson; source; fontaine; bar; débit de boissons; buvette; *fig.* école (spirituelle)

~ الرَّجُل goût; inclination; opinion; tendance; nature

وافَقَ ~ ه convenir à la nature de qqn

مَشْرَبِيّة ج ات، مَشارِبيّ moucharabieh; fenêtre grillée

مِشْرَبة ج مَشارِب cruchon

II **شَرَّبَ** تَشْريبًا ه ه donner à boire à qqn; endoctriner; inculquer qqch à qqn; imbiber; imprégner

~ نَسيجًا لَوْنًا imprégner un tissu d'une couleur

تَشْريب endoctrinement; imbibition; imprégnation

**مُشَرَّب** imbibé; imprégné; saturé

~ بِخَمْر، بِماء imbibé d'alcool, d'eau

~ بِآراء الثَّوْرة imprégné des idées de la révolution

IV **أَشْرَبَ** إشْرابًا ه، ه donner à/faire boire; abreuver; imprégner; imbiber; saturer

~ بِـ ه dire du mal de qqn/des mensonges sur qqn; attribuer des choses imaginaires à qqn

~ بِهِ ما لَمْ يَشْرَبْ imputer à tort qqch à qqn

**أُشْرِبَ** être imbibé/imprégné/saturé

~ بِنَفْسه être imbu de soi-même

~ حُبًّا être abreuvé d'amour; être amoureux

إشْراب imbibition; imprégnation; saturation

مُشْرَب بِهِ، بِنَفْسِه — imbu de lui-même

V تَشَرَّبَ تَشَرُّبًا — absorber; être perméable à; s'imbiber de; s'imprégner de

~ فِكْرة، رُطوبة — s'imprégner d'une idée, d'humidité

تَشَرُّب — absorption [*bot.*]; imprégnation; saturation

مُتَشَرِّب لِـ ، بِـ هـ — perméable à

VIII اِشْتَرَبَ اِشْتِرابًا هـ — absorber; absorption (d'un liquide)

2843 **شُرّابة** ج شَراريب — gland; houppe; houppette; pompon

~ الراعي — *bot.* houx

2844 **شِرْبين** — cyprès commun

2845 **شَرَث** — engelure; gerçure

2846 **شَرَجَ** — serrer (les cordons d'une bourse)

شَرْج ج شُروج، أَشْراج — crevasse/fente dans un rocher (par où s'écoule de l'eau); *anat.* anus; fondement [*fam.*]

شَرْجيّ — anal

II شَرَّجَ تَشْريجًا — coudre à larges points; faufiler

2847 **شَرَحَ** ـَ شَرْحًا هـ — couper en lamelles en tranches; disséquer; fendre; ouvrir; dilater; élargir; annoter; commenter; décrire; développer (une idée); élucider; expliquer; exposer; mettre en lumière/en évidence; faire un commentaire une exégèse; gloser; interpréter

شَرْح ج شُروح — annotation; commentaire; description; développement (d'une idée); élucidation; explication; exposition (d'un point de vue); exposé; glose; exégèse; interprétation; légende (d'un dessin)

شَرْحيّ — exégétique; explicatif; descriptif, illustratif

شارِح ج شُرّاح — commentateur; exégète; interprète (d'une idée)

**مَشْروح** — dilaté; fendu; ouvert; explicable; expliqué

غَيْر ~ — inexplicable; inexpliqué

**شَريحة** ج شَرائِح — lamelle; morceau; tranche

~ مِن الدَخْل، مِن اللَحْم — tranche de revenu, de viande

II شَرَّحَ تَشْريحًا هـ — autopsier (un cadavre); couper en tranches; disséquer; émincer (de la viande)

**تَشْريح** جُثّة — autopsie; dissection

عِلْم الـ ~؛ تَشْريحيّ — anatomie; anatomique

مُشَرِّح ج ون — anatomiste

IV أَشْرَحَ إِشْراحًا ه، هـ — épanouir; dilater

VII **اِنْشَرَحَ** اِنْشِراحًا — s'épanouir; se dilater; se fendre; se scinder

~ صَدْرُه، خاطِرُه — être soulagé; se réjouir; être à l'aise de bonne humeur

اِنْشِراح — épanouissement; aise; contentement; plaisir; bonne humeur; soulagement

مُنْشَرِح الصَدْر — à l'aise; épanoui; de bonne humeur; soulagé; réjoui; satisfait

2848 **شَرْخ** ج شُروخ — coupure; fente; fissure; séparation; *fig.* brouille; rupture

~ الشَباب — la fleur de l'âge/de la jeunesse

2849 **شَرَدَ** ـُ شِرادًا، شُرودًا — se dérober; s'enfuir; partir à l'aventure; divaguer; vagabonder

~ بِهِ الفِكْر — rêver; rêvasser

~ ذِهْنُه — être distrait/dans les nuages/dans la lune

**شُرود** الفِكْر — divagation; distraction; éparpillement; inattention; vagabondage de l'esprit

~ العَيْن — hébétude

~ حِصان — dérobade

**شارِد** ج شَوارِد — qui divague; égaré; fugitif; hagard; inattentif; errant; vagabond

كَلْب ~ — chien errant

فِكْر ~ — esprit vagabond

عَيْن، نَظْرة ~ة — œil hagard; regard hébété

~ الفِكْر — dans les nuages [*fig.*]; dans la lune [*fig.*]

**شارِدة** ج شَوارِد — anomalie; exception; *chim.* ion

لا تَفوتُه ~ وَلا وارِدة — avoir l'œil à tout; rien ne lui échappe

شَوارِد اللُغة — mots rares

II **شَرَّدَ** تَشْريدًا ه، هـ — chasser devant soi; effaroucher (animaux, personnes)

~ شَمْلَهم — déplacer/disperser des populations

مُشَرَّد ج ون — sans abri; personne déplacée; fugitif; réfugié

V تَشَرَّدَ تَشَرُّدًا — errer à l'aventure; vagabonder; partir en exode

تَشَرُّد — vagabondage; exode

رواية تَشَرُّديّة — roman picaresque/d'aventures

مُتَشَرِّد ج ون — sans-abri/-logis; clochard [*fam.*]; chemineau; homme sans aveu; vagabond; va-nu-pieds [*péjor.*]

**2850** **شِرْذِمة** ج شَراذِم — bande; gang; meute

**2851** **شَرَس**؛ **شَراسة** — brutalité; cruauté; dureté; férocité; hargne; méchanceté

**شَرِس** — acariâtre; brutal; dur; mauvais coucheur; cruel; féroce; hargneux; intraitable; difficile à vivre; querelleur; revêche

اِمْرَأة ~ة — mégère; harpie

شِراس — colle forte

**2852** **شُرْسوف** ج شَراسيف — cartilage costal; épigastre

شُرْسوفيّ — épigastrique

**2853** II **شَرَّشَ** عِند ه — s'incruster/s'implanter chez qqn; prendre racine [*fig.*]

**2854** **شَرْشَرَ** — aiguiser; repasser

**2855** **شُرْشور** ج شَراشير — pinson; bruant

**2856** **شَرْشَف** ج شَراشِف — nappe; drap

**2857** **شَرَطَ** ـِ شَرْطًا — scarifier; faire une scarification; inciser; *v. aussi 2858, 2859, 2860*

شَرْط — incision; scarification

مِشْرَط ج مَشارِط — bistouri; lancette; scalpel

**2858** **شُرْطة** — police; *v. aussi 2857, 2859, 2860*

~ بَلَديّة، النَّجْدة — police municipale; police-secours

~ قَضائيّة، الأَخْلاق — police judiciaire, des mœurs

~ السَّيْر، المُخَدِّرات — police de la route; brigade des stupéfiants

رِجال الـ~ — les policiers; la police

**شُرْطيّ** ج ون — agent de police; policier; flic [*pop.*]

~ السَّيْر — agent de la circulation

**2859** **شَرَطَ** ـُ شَرْطًا — mettre/poser des conditions; stipuler; *v. aussi 2857, 2858, 2860*

**شَرْط** ج شُروط — clause; condition; convention; stipulation; *gramm.* conditionnel

~ أَوَّل، لابُدَّ مِنْهُ — condition préalable, sine qua non

~ لازِم، إِجْباريّ — clause obligatoire; condition nécessaire

عَلَّقَ قُبوله على ~ — accepter sous condition

أَدَوات الـ~ — *gramm.* particules de condition

فِعْلُ، جَواب الـ~ — protase; apodose

عَلَى، بِـ~ — sous condition; sous réserve

على، بِـ~ أن؛ شَرْطَ أن — à condition que; à charge de; pourvu que; sous réserve que; moyennant

بِلا، دُونَ ~ — sans condition; à discrétion; sans réserve

بِلا قَيْدٍ ولا ~ — inconditionnel; de manière inconditionnelle; inconditionnellement

شَرْطَ المُعامَلة بِالمِثْل — à charge de revanche

**شُروط** القَبول، العَمَل — conditions d'admission, de travail

~ مادِّيّة، مَطْلوبة — conditions matérielles, requises

~ دَفْع، بَيْع، الحَياة — conditions de paiement, de vente, de vie

~ الأَمْن، الراحة — conditions de sécurité, de confort

~ مُعاهَدة — conditions/clauses d'un traité

دَفْتَر الـ~ — cahier des charges

**شَرْطيّ**؛ جُمْلة ~ة — conditionnel; phrase conditionnelle

**مَشْروط**؛ غَيْر ~ — conditionnel; inconditionnel

شَريطة ج شرائِط ← شَرْط

شَريطةَ أن ← على شَرْط أن

III **شارَطَ** مُشارَطةً ه — fixer/dicter/poser des conditions; stipuler; parier

مُشارَطة — contrat; arrangement; convention; pari; stipulation

V **تَشَرَّطَ** تَشَرُّطًا — être méticuleux/pointilleux/soigneux

VIII **اِشْتَرَطَ** اِشْتِراطًا ه، أن — conditionner; être la condition de; mettre/fixer/poser des conditions; exiger; imposer; stipuler

~ ه على ه — imposer qqch à qqn; exiger qqch de qqn

اِشْتِراط — clause; condition; stipulation

اِشْتِراطيّة — modalité

2860 **شَرِيط، شَرِيطة** ج شَرَائِط
bande (cinématographique, magnétique); bandeau; bandelette; bracelet (montre); film; galon; lacet; pellicule; ruban; *v. aussi 2857 à 2859*

~ ج شُرُط، أشْرِطة — *même sens*

~ مُخَرَّم، صَوْتي — bande perforée, sonore

~ مُصَغَّر — microfilm

دُودة **شَرِيطيّة** — ténia

طارِد لِلدودة الـ~ — ténifuge

2861 **شَرْطَنَ** ه — ordonner qqn prêtre

شَرْطونيّة — ordination

2862 **شَرَعَ** - شُروعًا في ه — aborder qqch; s'engager dans; commencer; entamer; entreprendre; se mettre à; procéder à; projeter; faire un plan de travail/un projet; *v. aussi 2863*

~ في نِقاش — engager une discussion

~ في عَمَل — mettre une affaire en train; se mettre à travailler

**شُروع** — commencement; départ; tentative

فِعْل الـ~، شُروعيّ — *gramm.* verbe inchoatif

شِراع ج أشْرِعة — voile *n.f.*; voilure

طَيَران **شِراعِيّ** — vol à voile

مَرْكَب، طائِرة ~(ة) — voilier; planeur

**شارِع في** — qui entame/s'engage dans/commence

~ ج شَوارِع — artère; avenue; boulevard; rue

رَجُل الـ~ — l'homme de la rue

~ عامّ، رَئِيسيّ — rue principale; grande artère

طافَ الشَوارِع — courir les rues

**مَشْروع** ج ات، مَشاريع — affaire; entreprise; plan; projet; vues *n.f.pl.* [*fig.*]; ébauche

نَفَّذَ ~ًا — exécuter un projet; mettre un projet à exécution

أدارَ ~ًا — veiller à la bonne exécution d'un projet

~ يَسْتَدْعي طُول النَفَس — projet de longue haleine

~ يَسْتَدْعي سَعة الصَدْر — *même sens*

~ قانون، رِواية — projet de loi, de roman

فَشِلَ في ~ه — échouer dans son entreprise

~ مُعاكِس — contre-projet

لَدَيْه **مَشْروعات** حَوْلَ — avoir des vues/des projets sur

2863 **شَرَعَ** - شَرْعًا ه — établir/élaborer/faire une loi; *v. aussi 2862*

**شَرْع** — loi; révélation [*isl.*]; droit

~ الأُمَم — droit des peuples/des gens

~ مَدَنيّ، إداريّ — droit civil, administratif

~ دَسْتوريّ، دُوَليّ — droit constitutionnel, international

~ العَمَل، عامّ — droit du travail, public

~ مُدَوَّن، طَبيعيّ — droit écrit, naturel

**شَرْعًا** — dûment; en droit; légalement; légitimement

~ وفَرْعًا — de plein droit

**مُعْتَرَف** به ~ — légitimé/reconnu (enfant)

أقَرَّ به ~ — légitimer/reconnaître (un enfant)

**شَرْعيّ** — légal; légitime; de bonne guerre; constitutionnel

طِبّ، حُكومة ~(ة) — médecine, gouvernement légal(e)

سُلُطات ~ة — corps constitués; autorités légales légitimes

حَقّ، وَلَد ~ — droit, enfant légitime

دِفاع ~ عن النَفْس — légitime défense

طَبِيب ~ — médecin légiste

لا، غَيْر ~ — illégal; inconstitutionnel; illégitime

وَلَد غَيْر ~ — enfant illégitime/naturel

شَرْعِيًّا — de jure

**شَرْعِيّة**، مَشْروعِيّة — bien-fondé; légalité; légitimité; régularité; constitutionnalité

لا، عَدَم ~ — illégalité; illégitimité; inconstitutionnalité; irrégularité (d'une mesure)

شَرْعَويّ، شَرْعَويّة — légaliste; légalisme

شِرْعة — charte; loi

**شَرِيعة** ج شَرائِع — loi; droit; légitimité islamique

~ الوَسَط، اللّه — loi du milieu, divine

~ الأقْوَى، الغاب — droit du plus fort; loi de la jungle

شَرائِع سَماوِيّة — droit divin
مَجْموع الـ~ — législation
شارِع ج ون — législateur
**مَشْروع** — légal; légitime; juste; licite; fondé
مُطالَبات ~ة — revendications justes/légitimes
طُرُق، حُقوق ~ة — voies légales; droits légitimes
غَيْر ~ — illégal; illicite; illégitime; injuste
مَشْروعيّة ← شَرْعيّة

II شَرَّعَ تَشْريعًا ه — légiférer; établir/faire des lois/une législation
**تَشْريع** ج ات؛ حَقّ الـ~ — législation
سُلْطة الـ~ — le pouvoir de légiférer
**تَشْريعيّ**؛ مَجْلِس ~ — législatif; assemblée législative
دَوْرة ~ة — législature
هَيْئة، سُلْطة ~ة — pouvoir législatif
مُشَرِّع ج ون — législateur

VIII اِشْتَرَعَ اِشْتِراعًا ه ← II

**2864 شَرْغ** — têtard
شُرْغوف ج شَراغيف — grenouille verte; rainette

**2865 شَرَفَ** ـُ شَرَفًا عَلَى ه — dominer qqch; s'élever/être situé au dessus de qqch
شَرُفَ ـُ شَرَفًا، شَرافة — être ... *v. à l'adj.*
**شَرَف** — dignité; distinction; élévation; éminence; gloire; grandeur; honneur; illustration; point d'honneur
مَسْأَلة، مَيْدان ~ — point, champ d'honneur
حَرَس، وَصيفة ~ — garde, dame d'honneur
دَوْرة، مَكان ~ — tour, place d'honneur
جَوْقة، كَلام ~ — Légion, parole d'honneur
~ النَسَب، المِهْنة — noblesse héréditaire; honneur professionnel
لا دِينَ له ولا ~ — sans foi ni loi
لِلـ~ — pour l'honneur; honoris causa (docteur)
بِشَرَفي — sur mon honneur; ma parole d'honneur
شَرَفيّ — honorifique; honoraire *adj.*

شَرَفيّة — honorabilité
**شُرْفة** ج شُرُفات، شُرَف — balcon; tribune
~؛ شَرَفة ج ات — créneau
**شَريف** ج شُرَفاء، أَشْراف — chérif; auguste; bien-né; chevaleresque; distingué; éminent; élevé (sentiment); excellent; glorieux; gentilhomme; honnête; honorable; illustre; loyal; noble; pur; de qualité (homme); respectable; sublime
زَوْجة، أَخْلاق ~ة — épouse, mœurs honnête(s)
أُسْرة ~ة — famille honorable/illustre
الأَشْراف، الشُرَفاء — la noblesse; les grands de ce monde
شَريفيّ — chérifien
مَشْرَف ج مَشارِف — point de vue; terrasse

II **شَرَّفَ** تَشْريفًا ه — élever aux honneurs; ennoblir; honorer; donner un témoignage de considération; faire honneur à; illustrer
~ ه بـ — faire l'honneur à qqn de
~ تَوْقيعه، عائِلته — faire honneur à sa signature, à sa famille
تَشْريف — ennoblissement
تَشْريفة ج ات — témoignage d'honneur/de considération
**تَشْريفات** — honneurs; protocole
قَواعِد، رَئيس الـ~ — cérémonial; maître des cérémonies
رَئيس، مُدير الـ~ — chef, directeur du protocole
سِجِلّ الـ~ — livre d'or
تَشْريفاتيّ — (question) protocolaire; (uniforme, tenue) de cérémonie/de gala/de parade
**مُشَرَّف** — crénelé; honnête (conduite); honorable; honoré; noble
الكَعْبة الـ~ة — Ka'ba la magnifique/la sublime

III شارَفَ مُشارَفة ه — arriver/être en vue de/à portée de; avoir sous les yeux; contempler; dominer

IV **أَشْرَفَ** إِشْرافًا على ه — plonger sur (regard); surplomber; regarder d'en haut; donner sur; avoir vue sur; dominer; être à deux doigts de; friser [*fig.*]
~ على المَوْت — être au plus mal/à l'article de la mort; se mourir; frôler la mort
~ على نِهايته — toucher à sa fin
~ على الهَلاك — être au bord de l'abîme

~ على إدارة — avoir le contrôle/la tutelle de/la haute autorité sur; contrôler; superviser; surveiller; présider aux destinées de

**إشْراف** — contrôle; direction; supervision; surveillance; responsabilité; patronage; auspices; haute autorité

تَحْتَ ~ ه — sous l'égide/le patronage/la haute autorité/la responsabilité/les auspices de

**مُشْرِف** ج ون — contrôleur; responsable; surveillant; qui est à la tête

~ على المَوْت — agonisant; moribond; mourant; (qui est) au bord de la tombe

**مُشْرِفة** — passerelle

V تَشَرَّفَ تَشَرُّفًا بِـ ه — être honoré; avoir l'honneur de

تَشَرَّفْنا — enchanté (de faire votre connaissance); très honoré

مُتَشَرِّفون، مُتَشَرِّفين — *même sens*

X **اِسْتَشْرَفَ** اِسْتِشْرافًا ه — observer avec attention; regarder au loin en se faisant un pare-soleil de la main; chercher à découvrir; examiner (les lointains)

~ إلى ه — aspirer à

**مُسْتَشْرَف** ج ات — esplanade; point de vue; terrasse

**2866 شَرَقَ** ـُ شُروقًا — briller/se lever (soleil)

شُروق الشَمْس، النَهار — lever du soleil, du jour

**شَرْق** — est; orient; levant *n.m.*

الـ~ الأقْصى، الأدْنى — Extrême-, Proche-Orient

الـ~ الأوْسَط — Moyen-Orient

**شَرْقِيّ** — l'est de; de l'est; levantin; oriental

الضِفّة الـ~ة — rive orientale

**شَرْقِيّة** — chergui

**مَشْرِق** ج مَشارِق — est; levant *n.m.*; orient

مَشارِق الأرْض ومَغارِبها — la terre entière; toute la terre

**مَشْرِقِيّ** ج مَشارِقة — oriental; levantin

IV **أَشْرَقَ** إشْراقًا — s'éclairer; briller; s'épanouir; luire; resplendir; s'illuminer; irradier

~ النَهار، ~ت الشَمْس — se lever (jour, soleil)

**إشْراق** — luminosité; splendeur; lever (du soleil); rayonnement; illumination; épanouissement

**إشْراقة**؛ ~ عَبْقَرِيّة — trait de lumière, de génie

إشْراقِيّ ج ون — illuminé; illuministe

إشْراقِيّة — illuminisme

**مُشْرِق** — brillant; épanoui (visage); étincelant; riant (visage); souriant (yeux); illuminé (visage); splendide; resplendissant; rayonnant; radieux; serein (jour)

حَياة ~ة — vie naissante

V تَشَرَّقَ تَشَرُّقًا — s'orientaliser

X اِسْتَشْرَقَ اِسْتِشْراقًا — s'intéresser à étudier l'orient

اِسْتِشْراق — orientalisme; études orientales

مُسْتَشْرِق ج ون — orientaliste

**2867 شَرِكَ** ـَ شِرْكًا، شَرِكة ه، ه — être associé à; participer; avoir part à

شِرْك — idolâtrie; polythéisme

**شَرَك** ج شُرُك، أشْراك — attrape; embûche; filet; guet-apens; lacets; lacs [*litt.*]; piège; rets [*litt.*]; traquenard

نَصَبَ ~ًا — tendre un piège

أَوْقَعَ في ~ — piéger; faire tomber dans un prendre au piège

**شَرِكة**، شِرْكة ج ات — association; compagnie; firme; société

~ المُحاصّة — association en participation

~ التأمين، النَقْل — compagnie d'assurances, de transport

~ السِكَك الحَديدِيّة — compagnie de chemin de fer

~ مُساهَمة، سِهامِيّة — société par actions

~ مُغْفَلة، مَخْفِيّة الاِسْم — société anonyme

~ التَمْويل، الاِسْتِثْمار — société de financement, d'investissement

~ قابِضة، بِتْرولِيّة — holding; compagnie pétrolière

ضَريبة **الشَرِكات** — impôt sur les sociétés

**شَريك** ج شُرَكاء — acolyte; associé; compagnon; compère; complice; partenaire; conjoint

~ مُتَضامِن، مُوصٍ — commandité; commanditaire

~ في المُلْك، في جُرْم — copropriétaire; complice (d'un crime)

كان ~ًا لِـ — avoir partie liée avec

وَشُرَكاؤُه — et consorts; et compagnie

شَرِيكَةُ حَيَاة ه compagne (d'une vie); épouse; conjointe

II شَرَّكَ تَشْرِيكًا ه، ه à associer; faire participer à; socialiser

تَشْرِيك وَسَائِل الإِنْتَاج socialisation des moyens de production

~ الأَرْض socialisation du sol

III شَارَكَ مُشَارَكَة في collaborer à; concourir à; contribuer à; coopérer à; prendre part à; participer à; tremper dans

~ ه ه ، في ه s'associer à qqn; être d'accord avec qqn pour; être complice de; faire cause commune avec; partager

~ ه طَعَامه، في طَعَامه partager le repas de

~ ه رَأْيه، هُمومه partager l'avis, les soucis de

~ ه في مِثْل هذا التَصَرُّف avoir exactement le même comportement

مُشَارَكَة ج ات association (avec); collaboration; contribution; coopération; complicité; concours; participation

~ في الإدارة، الأَرْبَاح participation à la gestion, aux bénéfices

مُشَارِك ج ون acolyte; actionnaire; associé à; participant

IV أَشْرَكَ إِشْرَاكًا ه في abonner qqn à; associer; impliquer qqn dans; intéresser/mêler qqn à (une affaire)

~ بِاللّه donner des associés à Dieu; être polythéiste/idolâtre

~ ه في فَرَحه communiquer sa joie à; associer qqn à sa joie

إِشْرَاك implication; *écon.* intéressement; participation

مُشْرِك ج ون polythéiste

VI تَشَارَكَ تَشَارُكًا s'associer

~ في نَفَقَة se cotiser; participer aux dépenses

~ في المَسْؤُولِيَّة، السُلْطَة partager la responsabilité, le pouvoir

VIII اِشْتَرَكَ اِشْتِرَاكًا في s'abonner à; s'associer à; collaborer à; être complice dans; communier avec; contribuer à; cotiser; en être; être de; se joindre à; prendre part; participer à

~ في المُنَاقَشَة se joindre à la discussion

~ في مُؤَامَرَة se conjurer

اِشْتِرَاك ج ات abonnement; association; collaboration; participation; complicité; communion; concours; contribution; cotisation; *ling.* polysémie

~ المَصَالِح communauté d'intérêts

نِظَام ~ الأَمْوَال régime de la communauté des biens

~ في الأَرْبَاح participation aux bénéfices

بِـ ~ ه avec le concours/la participation de

اِشْتِرَاكِيّ ج ون؛ ~ وَطَنِيّ socialiste; national-socialiste

حِزْب، اِتِّحَاد ~ parti, union socialiste

~ النَزْعَة socialisant

اِشْتِرَاكِيَّة؛ ~ وَطَنِيَّة socialisme; national-socialisme

مُشْتَرِك abonné; complice; cotisant; participant

مُشْتَرَك collectif; commun; communautaire; indivis; mitoyen; mixte; mutuel; réciproque (accord); *ling.* polysème

الأَمْن، الأَرَاضِي الـ~(ة) sécurité, terres collective(s)

سُوق، قَضِيَّة ~ة marché, cause commun(e)

مَصَالِح، مَنَاطِق ~ة intérêts, zones commun(e)s

مِلْكِيَّة ~ة copropriété; communauté de biens

مُشْتَرَكِيَّة mitoyenneté

X اِسْتَشْرَكَ اِسْتِشْرَاكًا ه socialiser; socialisation

2868 شَرْم ج شُرُوم anse [*géogr.*]; baie [*géogr.*]; bras de mer; golfe

أَشْرَم م شَرْمَاء ج شُرْم qui a le nez coupé/mutilé

2869 شَرْنَقَة ج شَرَانِق cocon (du ver à soie); dépouille/peau/mue de serpent

2870 شَرِهَ - شَرَهًا إلى ه être avide/glouton

شَرَه؛ شَرَاهَة avidité; gloutonnerie; gourmandise; intempérance; voracité; goinfrerie

نَظَرَ بِـ~ dévorer des yeux

شَرِه avide; glouton; goinfre; goulu; intempérant; vorace

2871 شَرْوَى *mot inv.* pareil; semblable

لا ~ له n'avoir pas son pareil

لا يَمْلِك ~ نَقِير n'avoir pas un sou vaillant; n'avoir ni sou ni maille; n'avoir pas un radis [*fam.*]; être totalement démuni/fauché [*fam.*]/à sec [*fam.*]

2872 شَرًى démangeaison; prurit; urticaire

X اِسْتَشْرَى اِسْتِشْراءً — s'aggraver (mal); être/devenir grave; se détériorer; empirer

**2873** **شَرَى** ـِ شِرَاءً ه — acheter

**شِراء** — achat

بَيْع و~ — commerce; négoce; trafic

~ آجِل، نَقْدًا — achat à terme, au comptant

**شِرائِيّ** : القُوَّة الـ~ة — pouvoir d'achat

**شارٍ** ج شُراة — acheteur; acquéreur; client

~؛ شاري الصَواعِق — *techn.* paratonnerre

VIII **اِشْتَرَى** اِشْتِراء ه — acheter; acquérir; faire l'acquisition/l'emplette de

باعَ و~ ه — commercer; faire du négoce/du trafic

~ ه لِنَفْسه — s'acheter qqch

**مُشْتَرٍ** ج مُشْتَرُونَ ← شارٍ

بائِع ~ — commerçant; négociant

المُشْتَري — *astron.* Jupiter

**مُشْتَرًى** ج مُشْتَرَيات — acquisition; achat; emplette

**2874** **شِرْيان** ج شَرايين — artère [*anat.*]

~ أَوْرطيّ، رِئَويّ — artère aorte, pulmonaire

~ طِحاليّ، مِساريقيّ — artère splénique, mésentérique

تَصَلُّب، تَكَلُّس **الشَرايين** — artériosclérose

اِلْتِهاب الـ~، **شَرْيانيّ** — artérite

شَرْيانيّ — artériel

**2875** **شَزَرَ** ـُ شَزْرًا ه — regarder de travers [*pr.* et *fig.*]; jeter le mauvais œil à qqn

شَزْرًا — (regarder) de biais/du coin de l'œil/de travers

V تَشَزَّرَ تَشَزُّرًا على — se fâcher contre

~ لِـ ه — se préparer (au combat)

**2876** **شُسوع** — éloignement; immensité

**شاسِع**؛ ~ الأَرْجاء — éloigné; énorme (distance); incommensurable; vaste; profond (différence)

**2877** **شِصّ** ج شُصوص — hameçon

**2878** **شَطَّ** ـِ شَطَطًا — divaguer; aller aux extrêmes; dévier; faire une digression; être superflu/en excédent

~ عن المَوْضوع — sortir du sujet

**شَطَط** — débordement; démesure; divagation; excès; outrance; écart; errements; extravagance

~ المُخَيِّلة — errements de l'imagination

~ السُلوك — écart de conduite; fredaines

شَطّ ج شُطوط — côte; grève; littoral *n.m.*; banc (de sable); plage; rivage; rive; chott

شَطِّيّ — côtier; littoral

IV مُشِطّ — abusif; excessif; outrancier

VIII اِشْتَطَّ اِشْتِطاطًا — être excessif; dépasser les limites/les bornes

**2879** **شاطِئ** ج شَواطِئ — bord (de mer); côte; grève; rivage; rive; littoral *n.m.*

~ أَمين — côte hospitalière; havre de paix

وَصَلَ إلى ~ أَمين — arriver à bon port

~ رَمْليّ، صَخْريّ — côte sablonneuse, rocheuse

شاطِئيّ — côtier; littoral *adj.*

**2880** **شَطَبَ** ـُ شَطْبًا ه — balafrer; entailler; fendre; couper (dans le sens de la longueur, des tranches); pourfendre; taillader; barrer; biffer; effacer; radier; rayer; raturer; supprimer

~ دَعْوَى، قَضِيّة — ne pas donner suite à une affaire; laisser tomber [*fam.*]; *jur.* ordonner un non-lieu

**شَطْب** — annulation; effacement; radiation; *jur.* non-lieu

لائحة الـ~ — liste électorale

~ حَجْز، رَهْن — mainlevée

~ ج شُطوب — entaille; balafre; coupure; incision; rature

~ ج شُطوب — costaud; grand; haut; de haute taille; robuste; vigoureux

شَطْبة ج شِطاب — *fém. du précéd.*

شَطابة — *maghr.* balai

**مَشْطوب** — balafré; barré; biffé; rayé (mot); effacé

II شَطَّبَ تَشْطيبًا (← شَطَبَ) — *maghr.* balayer

**تَشْطيب** — découpage; quadrillage; finition

أَناقة الـ~ — de finition soignée

مُشَطَّب balafré; rayé; à rayures; à raies; *maghr.* balayé

2881 شَطَحَ - شَطْحًا s'égarer; vagabonder; faire une escapade; danser; *fig.* divaguer

~ في الخَيال se laisser emporter par son imagination

شَطْحة ج شَطَحات escapade; *fig.* divagation; égarement; ivresse

بِـ~ قَلَم d'un trait de plume

لَهُ سَرَحات وَشَطَحات ← سَرَحات

شَطّاح ج ون baladin; danseur; danseur de corde

2882 شَطَرَ - شَطْرًا partager/fendre en deux; dédoubler; faire deux parts égales

~ شَطارة être ... *v. à l'adj.*

~ عن ه s'éloigner/se séparer de qqn

شَطْر dédoublement

~ ج شُطور، أَشْطُر moitié; partie; portion; quartier; tranche; *poét.* hémistiche

~ بُرْتُقالة moitié/quartier/tranche d'orange

خِلال الـ~ الثاني durant la deuxième moitié

سارَ ~ًا من الطَريق مع faire un bout de chemin avec

شَطْرَ ه، ه en direction de; vers

وَلّى أَنْظاره، وَجْهه ~ ه tourner les regards, le visage vers

الدَهْر شَطْران la roue (de la Fortune) tourne; toute médaille a son revers

حَلَب الدَهْر أَشْطُرَه éprouver tous les hasards de l'existence; mordre dans la vie à pleines dents

شَطارة adresse; débrouillardise; habileté; finesse; malice; ruse

شاطِر adroit; débrouillard; habile; fin; malicieux; malin; rusé

شَطيرة ج شَطائِر sandwich

شَطور fissile

مَشْطورات diatomées *n.f.pl.*

III شاطَرَ مُشاطَرةً ه ه participer à; prendre part à; partager

~ه رَأْيَه partager l'avis/l'opinion de qqn

~ه أَلَمَه compatir à la douleur de

~ه العَيْشَ حُلْوَه وَمُرَّه partager la vie de qqn pour le meilleur et pour le pire

~ه أَفْراحَه وأَتْراحَه partager les joies et les peines de qqn

VII اِنْشَطَرَ اِنْشِطارًا se dédoubler; se diviser; se cliver; se désintégrer; se se partager; se séparer

اِنْشِطار bipartition; dédoublement; clivage; fission; séparation; scission [*biol.*]

~ نَوَوِيّ fission nucléaire

مُنْشَطِر بَيْنَ ... وَ partagé entre ... et

2883 شِطْرَنْج (jeu d') échecs

رُقْعة، لَوْحة ~ échiquier

2884 شَطَفَ - شَطْفًا ه laver; rincer; fendre (bois)

شُطْفة écharde; éclat (de bois)

2885 شَطَن ج أَشْطان longue corde; corde de puits

شَيْطان *v. ordre alphab.*

2886 شَظَف ج شِظاف gêne; privations

حَياة، عَيْش ~ vie dure/de privations

شَظِف âpre/dur/sévère (vie); austère/rude (caractère)

2887 شَظِيّة ج شَظايا، شَظًى copeau; écaille (de vernis); écharde; éclat (de verre, d'obus); fragment; esquille; *anat.* péroné

V تَشَظَّى تَشَظِّيًا éclater; voler en éclats

تَشَظٍّ éclatement

2888 شَعَّ - شَعاعًا étinceler; se répandre (lumière)

شُعاع ج أَشِعّة trait de feu/de lumière; rayon; rai de lumière

~ مُوَجَّه، أَمَل vecteur; lueur d'espoir

~ الدائِرة، النُور rayon du cercle, de lumière

~ الشَمْس، أَخْضَر rayon de soleil, vert

~ الدَرّاجة rayon de bicyclette

أَشِعّة سِينِيّة، كَوْنِيّة rayons X, cosmiques

~ مَهْبِطِيّة، المَهْبِط rayons cathodiques

~ ما تَحْت الأحْمَر — rayons infra-rouges

~ ما بَعْد البَنَفْسَجيّ — rayons ultra-violets

مُعالَجة بال~ — radiologie; radiothérapie

فَحَصَ، صَوَّرَ بال~ — radiographier

فَحْص، تَصْوير بال~ — radioscopie; radiographie

**شُعاعيّ**؛ عَصَب ~ — radial; nerf radial

كَشْف ~ — radioscopie

**شُعاعيّات** — *bot.* radiées *n.f.pl.*; *zool.* radiolaires *n.m.pl.*

**شَعاع** ج أَشِعَّة — barbe (d'un épi)

طارَ قَلْبُه ~ًا — être libéré de ses soucis

طارَتْ نَفْسُه ~ًا — avoir l'esprit/la tête à l'envers

تَطايَروا ~ًا — se disperser/se fractionner/se séparer/faire scission (groupes)

**مِشْعاع** — radiateur

II شَعَّعَ تَشْعيعًا ه — irradier; irradiation

IV **أَشَعَّ** إِشْعاعًا — étinceler; irradier; rayonner; émettre des radiations

~ فَرَحًا، سَعادةً — rayonner de joie, de bonheur

**إِشْعاع** — radiance; rayonnement; radiation; irradiation

~ شَمْسيّ، ثَقافيّ — rayonnement solaire, culturel

~ حَضارة، شَخْص — rayonnement d'une civilisation, d'une personne

مَوْجة ~ — onde de radiation

**إِشْعاعيّ** — radiant; radio- *préf.*

تَصْوير، صُورة ~(ة) — radiographie

طِبّ، نَشاط ~ — radiologie; radioactivité

ذو نَشاط ~ — radioactif

نَظير ~ (النَشاط) — radio-isotope

طاقة ~ة — énergie radiante; radiation

مِنْقَل، تَوْجيه ~ — radiogoniomètre; radiogoniométrie

مِلاحة، قِيادة ~ة — radionavigation; radioguidage

**إِشْعاعيّة** — radioactivité

**مُشِعّ** — étincelant; radieux; rayonnant; radioactif

عُنْصُر ~ — radioélément

~ فَرَحًا، حُبًّا — rayonnant de joie, d'amour

V تَشَعَّعَ تَشَعُّعًا ← IV

X اِسْتِشْعاع — fluorescence

مُسْتَشِعّ — fluorescent

**2889** **شِعْب** ج شِعاب — goulet; banc de rocher; col; chemin/sentier de montagne; ravine; sente; passage; passe

**شَعْب** ج شُعوب — ethnie; nation; peuplade; race; peuple; public; tribu; troupe

تَعود السِيادة لِل~ — la souveraineté appartient au peuple

**شَعْبيّ** — populaire

ديموقراطيّة، جَبْهة ~ة — démocratie, front populaire

تَجَمُّع، حَرْب ~(ة) — rassemblement, guerre populaire

لا، غَيْر ~ — impopulaire

**شَعْبيّة**؛ لا ~ — popularité; impopularité

تَمَتَّعَ بِ~ كَبيرة — jouir d'une grande popularité

شُعوبيّ؛ شُعوبيّة — internationaliste; internationalisme

الشُعوبيّة — *isl. mouvement politique dirigé contre la prééminence arabe des premiers siècles de l'islām*

**شُعْبة** ج شُعَب، شِعاب — branche; filiale; bras (de mer); embranchement; rameau; ramification; subdivision; section; bureau; *anat.* bronche

الـ~ الثانية — le deuxième bureau

**شُعَبيّ** — bronchique; bronchitique

نَزْلة، اِلْتِهاب ~(ة) — bronchite

مَشْعَب ج مَشاعِب — bifurcation; fourche; sentier

II شَعَّبَ تَشْعيبًا ه — former des/séparer en branches; diviser; subdiviser; ramifier; faire des arborescences

مُشَعَّب — divisé en branches; ramifié; arborescent; fourchu

V تَشَعَّبَ تَشَعُّبًا — diverger; s'embrancher; fourcher; se diviser en branches; se ramifier; se séparer; se subdiviser

تَشَعُّب — arborescence [*fig.*]; complexité; ramification; embranchement

مُتَشَعِّب — fourchu; complexe

VII اِنْشَعَبَ اِنْشِعابًا — bifurquer; bifurcation

مُنْشَعِب — fourchu

**2890** **شَعْبان** *huitième mois de l'année musulmane : « chaabane »*

**2891** **شَعْبَذَ** (← شَعْوَذَ) jongler ; faire des tours ; escamoter

شَعْبَذة jonglerie ; tour de passe-passe ; charlatanisme

مُشَعْبِذ charlatan ; jongleur ; magicien ; saltimbanque

**2892** **شَعِث** ébouriffé (cheveux) ; échevelé (tête)

أَشْعَث م شَعْثاء ج شُعْث *même sens*

II شَعَّثَ شَعْرَهُ ébouriffer/défaire ses cheveux

مُشَعَّث ← شَعِث

**2893** **شَعَرَ** ـُ شُعورًا بِـ ه ، أن deviner ; éprouver (un sentiment) ; avoir connaissance/conscience/le sentiment de ; flairer [*fig.*] ; sentir [*fig.*] ; sentir la présence de ; ressentir ; *v. aussi 2894, 2895*

~ بِالخَوْف avoir peur

~ بِالصَداقة لِـ ه concevoir/éprouver de l'amitié pour

~ بِالضِيق être gêné/mal à l'aise

لَمْ يَشْعُرْ بِهِ أَحَد passer inaperçu

**شُعور** sentiments ; affectivité ; conscience ; connaissance de ; discernement ; perception ; cœur [*fig.*] ; sentiment

غابَ عن الـ~ perdre conscience/connaissance

عَبَّرَ عن ~ه exprimer son/ses sentiment(s)

الـ~ بِالقُوّة sentiment de puissance

الـ~ بِالعَظَمة sens de la grandeur

الـ~ بِالذات، بِالنَفْس conscience de soi

~ بِالإِثْم، بِالسَعادة sentiment de culpabilité, de bonheur

على غَيْر ~ مِنْه sans s'en rendre compte ; de manière inconsciente

عَديم، فاقِد، غائِب الـ~ inconscient ; insensible

لا ~ inconscience ; inconscient *n.m.*

تَحْتَ الـ~ subconscience ; subconscient *n.m.*

**شُعوريّ** conscient

لا، تحت ~ inconscient *adj.* ; subconscient *adj.*

اللاشعوريّ l'inconscient *n.m.*

**شِعْر** ج أَشْعار vers ; poésie ; poème

نَظَمَ الـ~ faire des vers ; composer de la poésie

~ رَعَويّ، دُنْيَويّ poésie pastorale, profane

~ شَعْبيّ، وَصْفيّ poésie populaire, descriptive

~ هَزْليّ، عِلْميّ poésie burlesque, savante

~ غِنائيّ، تَعْليميّ poésie lyrique, didactique

~ مَلْحَميّ، رَمْزيّ poésie épique, symbolique

~ خَمْريّ، حِكَميّ poésie bachique, gnomique

~ حَماسيّ، غَزَليّ poésie héroïque, érotique

~ هِجائِيّ، رِثائِيّ poésie satirique, élégiaque

دِيوان ~ recueil de poésie(s)/de poèmes ; divan [*litt.*]

لَيْتَ **شِعْري** لِـ ، عن si j'avais su/connu ... ! j'aurais voulu savoir/connaître ; ah si ... !

يا لَيْتَ شِعْري *même sens*

**شِعْريّ** poétique *adj.*

جَوّ، مَوْهِبة، مَوْضوع ~(ة) atmosphère, talent, sujet poétique

جَواز، مَذْهَب ~ licence, théorie poétique

مَقْطوعة ~ة pièce de vers ; poème ; poésie

مَجْموعة ~ة recueil de vers/de poésie

**أَشْعار** poèmes ; vers

قَطَّعَ ~ًا scander des vers

**شِعار** ج ات badge ; devise ; emblème ; insigne ; mot d'ordre/de passe ; cri de ralliement ; slogan ; symbole ; *hérald.* écu ; écusson

~ الحُرّيّة symbole de la liberté

~ السَلْطَنة، الجُمْهوريّة les insignes de la monarchie, de la république

طَرَحَ ~ًا lancer un slogan/un mot d'ordre

~ العَصْر la devise de l'époque

~ مُمَيِّز، تِجاريّ marque distinctive, commerciale

~ ج أَشْعِرة sous-vêtement

شِعاريّ emblématique ; héraldique

شاعِر ج شُعَراء poète

شاعِريّة sentiment/souffle/talent poétique

شَعيرة ج شَعائِر culte ; rite ; pratiques cultuelles

| | |
|---|---|
| مارَسَ **شَعائِر** الدين | pratiquer (la religion) |
| شَعائِرِيّ | cultuel; rituel *adj.* |
| مَشْعَر ج مَشاعِر | sens; organe des sens; sentiment |
| المَشاعِر الخَمْسة | les cinq sens |
| IV **أَشْعَرَ** إِشْعارًا ه بـ ه | avertir qqn de qqch; aviser; informer; notifier; faire sentir; signifier; donner un préavis |
| ~ ه بِوُجوده | rappeler à qqn sa présence |
| ~ بالاِسْتِلام | accuser réception |
| **إِشْعار** ج ات | avertissement; avis; préavis; notification |
| ~ باسْتِلام رِسالة | accusé de réception |
| إلى ~ آخَر | jusqu'à nouvel avis/ordre |
| إِشْعارًا بِذلِك | dont acte |
| X اِسْتَشْعَرَ اِسْتِشْعارًا ه | comprendre; être conscient de; prendre conscience de; deviner; flairer [*fig.*]; pressentir; avoir un pressentiment; subodorer; sentir [*fig.*] |
| **اِسْتِشْعار** | pressentiment; sentiment |
| قُرون الـ~ | *zool.* antennes |
| 2894 **شَعْر** | *coll.* cheveux; chevelure; pelage; toison; *v. aussi 2893, 2895* |
| نَتَفَ ~ ه | s'arracher les cheveux |
| **شَعْرة** | *n. un.* cheveu; crin; poil |
| قَطَعَ ~ مُعاوية | couper les ponts; franchir le Rubicon |
| **شَعْرِيّ** | capillaire; pileux |
| عِرْق، وِعاء ~ | vaisseau capillaire |
| جاذِبِيّة ~ة | capillarité |
| شَعْرِيّة | store vénitien; jalousie; treillage; *cuis.* vermicelle; *anat.* capillarité |
| أَشْعَر م شَعْراء ج شُعْر | poilu; velu; hirsute; couvert de poils; chevelu |
| شَعِر؛ شَعْرانِيّ | *même sens* |
| شَعْرانِيّة | pilosité |
| 2895 **شَعير**؛ سُكَّر ~ | orge; sucre d'orge; *v. aussi 2893, 2894* |
| **شَعيرة** ج ات، شَعائِر | grain (d'orge); bouton/clou de cuivre décoratif |
| ~ بُنْدُقِيّة | guidon de fusil |
| ~ الجَفْن | orgelet |
| 2896 **شَعْشَعَ** | couper (d'eau); délayer; éclaircir (une soupe); pointer (jour) |
| شَعْشاع | pénombre |
| 2897 **شَعْفة** جَبَل | éperon; piton; pic (rocheux) |
| 2898 **شُعْلة** ج شُعَل | flambée; flamme; tison; torche |
| شَعيلة ج شَعائِل | amorce; mèche (de lampe) |
| مَشْعَل ج مَشاعِل | fanal; flambeau; lanterne; torche |
| مِشْعَلة؛ مِشْعال | allumoir; flambeau |
| II شَعَّلَ تَشْعيلًا ه ← IV | |
| IV **أَشْعَلَ** إِشْعالًا ه | allumer; brûler *tr.*; embraser; enflammer; mettre le feu |
| ~ ه حُبًّا | inspirer un amour ardent; enflammer qqn; embraser qqn d'amour |
| ~ ثَوْرة | déclencher/provoquer une émeute |
| ~ قُنْبُلة يَدَوِيّة | amorcer une grenade |
| **إِشْعال** | allumage; déclenchement; embrasement |
| أَداة ~؛ مُشْعِل | *techn.* allumeur; allumage |
| VIII **اِشْتَعَلَ** اِشْتِعالًا | s'allumer; brûler; se déclencher (émeute); s'enflammer; s'embraser; prendre feu |
| ~ غَضَبًا | s'emporter; se mettre en colère |
| لا يَشْتَعِل | incombustible; ininflammable |
| اِشْتِعال | allumage; combustion; conflagration |
| **اِشْتِعالِيّة**؛ لا ~ | combustibilité; incombustibilité |
| مُشْتَعِل | ardent; en feu; flambant; enflammé |
| 2899 **شَعَنَ** ـَ شَعْنًا | disperser (les feuilles); ébouriffer (les cheveux) |
| IV أَشْعَنَ إِشْعانًا ه | empoigner qqn par les cheveux; crêper le chignon [*fam.*] |
| 2900 **شَعْنينة** ج شَعانين | palme; rameau |
| عيدُ الشَعانين | dimanche/fête des Rameaux |
| 2901 **شَعْواء** | dévastateur/violent (guerre, assaut) |
| حَمْلة، حَرْب ~ | *même sens* |

**2902** **شَعْوَذَ** (← شَعْبَذَ) illusionner; jongler; faire des tours de prestidigitation/de magie; escamoter

**شَعْوَذة** jonglerie; illusionnisme; charlatanisme; tour de passe-passe; magie; prestidigitation

**مُشَعْوِذ** ج ون jongleur; illusionniste; charlatan; magicien; prestidigitateur

**2903** **شَغَبَ** ـَ شَغْبًا ه faire du désordre/du tapage; provoquer/susciter des dissensions/la discorde

~ ه على exciter qqn contre

**شَغْب** désordre; échauffourée; fracas; grabuge [fam.]; sédition; tapage; trouble; tumulte

**شَغِب** chicaneur; querelleur; tapageur; séditieux; turbulent

**مَشاغِب** désordres; dissensions; troubles

III **شاغَبَ** مُشاغَبة susciter des ennuis à; se rebeller contre; se mutiner contre; nuire à qqn; troubler qqn; chercher à faire du mal à; chicaner

**مُشاغَبة** altercation; controverse; discorde; esprit de chicane; mutinerie; querelle; rébellion; subversion; sédition

**مُشاغِب** ج ون agitateur; factieux; meneur; querelleur; rebelle; subversif; séditieux

**2904** **شَغَرَ** ـَ شَغْرًا ه abandonner (un pays) sans defense

~ ـُ شُغورًا être sans protection (pays, ville); être vacant (poste)

~ الكَلْبُ lever la patte (chien)

**شُغور** disponibilité; inoccupation (d'un lieu); vacuité

~ التَرِكة، الحُكْم déshérence; vacance du pouvoir

**شَغَرَ بَغَرَ** en tous sens; dans toutes les directions

**شاغِر** disponible; en déshérence; inoccupé; vacant; vide

مَدينة ~ة ville sans défense/libre/ouverte

غَيْر ~ indisponible

**2905** **شَغْرَبَ، شَغْزَبَ** faire un croc-en-jambe/un croche-pied

**شَغْرَبيّة، شَغْزَبيّة** croc-en-jambe; croche-pied

**2906** **شَغَفَ** ـَ شَغْفًا ه captiver; rendre qqn amoureux; séduire

**شَغِفَ** ـَ شَغَفًا *v. le suivant*

**شُغِفَ** بِـ ه حُبًّا devenir éperdument amoureux de; s'engouer pour; s'éprendre de; brûler d'amour/de désir pour; se passionner pour; raffoler de; en pincer pour [*fam.*]

**شَغَف** amour; empressement; engouement; passion; zèle

أَقْبَلَ بِـ ~ زائِد على s'adonner avec un très grand empressement à

الـ ~ بِالدِراسة la passion de l'étude

**شَغِف** بِـ épris de; féru de; fou de; possédé de; passionné pour; toqué de; qui en pince pour [*fam.*]; adorant; adorateur de

**شَغوف، مَشْغوف** *même sens*

IV **مُشْغَف** بِـ *même sens*

VII **اِنْشَغَفَ** اِنْشِغافًا بِـ ← شُغِفَ، شَغَف

**2907** (شغف) **شَغاف** péricarde

اِلْتِهاب الـ ~؛ شُغاف péricardite

**2908** **شَغَلَ** ـَ شُغْلًا ه occuper (une place)

~ مائِدة، وَقْتَه occuper une table, son temps

~ وَظيفة occuper/tenir un emploi; exercer une fonction

~ ساعات ما بَعْد الظُهْر occuper son après-midi

~ أَوْقاته الفارِغة remplir ses loisirs

~ ه، بال ه، فِكْر ه absorber qqn; accaparer qqn; occuper qqn/l'esprit de; préoccuper; tracasser; rendre soucieux; troubler qqn; intriguer

~ عن ه faire diversion à; détourner/distraire de

شُغِلَ عن الشُرْب والأَكْل perdre le boire et le manger

**شُغْل** ج أَشْغال activité; affaire; besogne; tâche; occupation; travail; emploi; ouvrage

اِلْزَمْ ~كَ occupez-vous de vos affaires

~ يَدٍ، يَدَويّ fait main

~ ه الشاغِل son unique souci; sa principale occupation

كان في ~ شاغِل عن être trop absorbé pour s'occuper de

عِنْده ~ كَثير avoir beaucoup à faire/des choses à faire

**أَشْغال** يَدَويّة، شاقّة travaux manuels, forcés

مَحْكوم بِالـ ~ الشاقّة condamné aux travaux forcés; forçat

الـ~ العامّة، العُموميّة — travaux publics

**شاغِل** ج ون (← شُغْل) — occupant (du sol)

قِراءة ~ة — lecture absorbante

~ لِلْبال — préoccupant; inquiétant

~ ج شَواغِل — distraction; préoccupation; souci

في أَلْف ~ عن — avoir mille autres choses en tête

أَكْبَر ~ لِـ ه — le principal souci de

**شَغِيل، شَغّال** — actif; laborieux; diligent; très occupé; travailleur

**مَشْغول** — occupé (sol, place, personne); indisponible

مال، دار ~(ة) — argent placé; maison habitée

الخَطّ ~ — la ligne (du téléphone) est occupée

~ البال — angoissé; anxieux; préoccupé; soucieux

غَيْر ~ — disponible; libre (place)

**مَشْغوليّة** — angoisse; anxiété; appréhension

**مَشْغَل** ج مَشاغِل — atelier; forge; ouvroir; boutique d'artisan

**مَشْغَلة** ج مَشاغِل ← شُغْل

II **شَغَّلَ** تَشْغيلًا ه — embaucher; employer qqn; donner de l'occupation/du travail/un emploi à; mettre en œuvre/en marche/en activité/en fonction; faire fonctionner/jouer/marcher; occuper qqn; placer qqn; utiliser qqn

~ مالًا — placer/faire travailler de l'argent

~ مُحَرِّكه — mettre en marche/faire partir son moteur; démarrer

**تَشْغيل** — embauchage; embauche; fonctionnement; mise en activité/en œuvre/en marche; mise en eau (d'un barrage); démarrage

~ أَمْوال — placement de fonds

تَمّ ~ مَصْنَع جَديد — une nouvelle usine a été mise en fonction

مَكْتَب ~ — bureau de placement

الـ~ التامّ — plein emploi

**مُشَغِّل** — démarreur; starter [*mécan.*]

IV **أَشْغَلَ** إشْغالًا ه عن — distraire de; divertir; faire diversion; détourner de; occuper; donner de l'occupation; tracasser

~ بال ه — se mettre martel en tête; tracasser qqn

VI **تَشاغَلَ** تَشاغُلًا — s'affairer; s'occuper

~ عن — être occupé ailleurs; se laisser distraire de

~ عن الضَجَر — tromper son ennui

**مُتَشاغِل** — affairé; occupé; distrait

VII **اِنْشَغَلَ** اِنْشِغالًا بِـ ه — s'affairer à; se préoccuper de; être préoccupé/tracassé par

~ بالُهُ بِـ ه — *même sens*

**اِنْشِغال** — angoisse; anxiété; appréhension; préoccupation; indisponibilité

**مُنْشَغِل** — affairé; angoissé; anxieux; préoccupé; indisponible

VIII **اِشْتَغَلَ** اِشْتِغالًا بِـ ه ١ — s'occuper de; travailler; fonctionner

~ بِنَشاط — abattre de la besogne; s'activer

~ بِالتِجارة — être dans le commerce

~ بِاليَوْمِيّة — travailler à la journée

~ بِـ ه عن — être distrait par

~ المُحَرِّكُ — démarrer (moteur) *intr.*

**اِشْتِغال** — fonctionnement; occupation; travail; préoccupation

**مُشْتَغِل** — occupé; en fonction; au travail

**2909** **شَفَّ** ـِ شُفوفًا — être ... *v. à l'adj.*; transparaître

~ على، عن ه — être collant (vêtement); dévoiler/révéler/accuser les formes du corps (vêtement vaporeux ou étroit); laisser voir/transparaître

**شِفّ** ج شُفوف — gaze; étoffe fine et transparente; voile *n.m.*

**شَفَف، شُفوف** — transparence; limpidité

**شَفّاف، شَفيف** — diaphane; translucide; fin; clair; transparent; limpide

غَيْر ~ — opaque

**شَفافِيّة** — limpidité; translucidité; clarté; transparence

~ البَشَرة، الزُجاج — transparence de la peau, du verre

X **اِسْتَشَفَّ** اِسْتِشْفافًا ه — entrevoir; deviner; chercher à voir; discerner

~ رَسْمًا — calquer un dessin; décalquer

~ نَوايا ه — deviner les intentions; subodorer [*fam.*]; pénétrer les desseins de

~ مِن ه — voir à travers qqch

**اِسْتِشْفاف** — calquage/décalquage (d'un dessin)

وَرَق ~ — papier-calque

**2910** **شَفْتَرَ** faire la lippe [*fam.*]/la moue

شَفْتورة ج شَفاتير lippe

**2911** **شُفْر** ج أَشْفار bord; crête; extrémité; frange; lisière

~ العَيْن bord des paupières

~ النَهْر bord/berge d'une rivière

**شَفْرة** ج شَفَرات، شِفار lame; tranchant *n.m.*; coutelas; couteau; tranchet; couperet

~ حِلاقة rasoir à lame; lame de rasoir

~ مِرْوَحة أمان pale d'hélice; rasoir de sûreté

شَفَرات خَفّاقة lames de mixeur

**شَفير** ← شَفْر

على ~ الهاوية au bord de l'abîme/du gouffre/du précipice

مِشْفَر ج مَشافِر *chez le chameau:* babines; lèvre; mufle; *pop.* gueule; pif

**2912** **شِفْش** ombre [*poiss.*]

**2913** **شَفَطَ** ـُ شَفْطًا ه aspirer (un liquide, la poussière)

شَفْط، شَفْطيّ aspiration; aspiratoire

مَشْفوط aspiré

**شَفّاطة** chalumeau; pipette; siphon

~ الغُبار aspirateur à poussière

**2914** **شَفَعَ** ـَ شَفْعًا ه apparier; rendre pair (ce qui ne l'était pas); bisser; répéter qqch; faire couple avec; faire la paire; compléter; ajouter

~ كَلامه بِابْتِسامة accompagner ses paroles d'un sourire

~ ـَ شَفاعةً لِـ، في intercéder; s'interposer; se faire l'interprète de; patronner; recommander

شُفِعَ له الشَيْءُ voir double

شَفاعة intercession; médiation; patronage; recommandation

شَفْع ج أَشْفاع nombre pair; *méd.* diplopie

شَفْعيّة عَدَد parité d'un nombre

**شُفْعة**، حَقّ الـ~ préemption; droit de préemption

شافِع ← شَفيع

شافِعيّ ج شافِعيّة chaféite; chāfi'ite; *v. le suivant*

شافِعيّة chaféisme; chāfi'isme; rite chāfi'ite; «*madhab*»/doctrine de Chāfi'i

شَفيع ج شُفَعاء avocat [*fig.*]; intercesseur; interprète; médiateur; saint patron

شَفيعيّ patronal (fête)

V **تَشَفَّعَ** تَشَفُّعًا في، إلى ه intercéder pour; s'entremettre en faveur de; réclamer pour qqn; recommander qqn

~ بِصَديق إلى se recommander d'un ami auprès de

تَشَفُّع intercession; entremise; recommandation

تَشَفُّعيّ propitiatoire

**2915** **شَفَق** ج أَشْفاق tombée du jour; crépuscule; demi-jour; couchant; rougeur du couchant

عِنْدَ الـ~ entre chien et loup

~ قُطْبيّ جَنُوبيّ، شَماليّ aurore polaire australe, boréale

شَفَقيّ auroral; crépusculaire

**2916** **شَفِقَ** ـَ شَفَقًا على ه compatir; avoir de la compassion/de la pitié/de la tendresse pour; *v. aussi 2915*

**شَفَقة** apitoiement; attendrissement; commisération; merci *n.f.* [*litt.*]; miséricorde; pitié; sympathie; sollicitude; tendresse

أَثارَ الـ~ faire pitié; être pitoyable; attendrir

بِلا ~ sans pitié; sans rémission/merci

رَجُل بِلا ~، عَديم الـ~ homme sans entrailles/impitoyable

اِسْتَحَقَّ الـ~ être à plaindre/pitoyable; mériter la pitié

شَفيق، شَفوق affectueux; bon; charitable; clément; compatissant; miséricordieux; tendre; plein de sollicitude

IV **أَشْفَقَ** إِشْفاقًا على ه s'apitoyer sur; s'attendrir sur; épargner; compatir à; éprouver de la commisération/de la pitié; prendre en pitié; plaindre

~ على ه، ه أنْ craindre que; éviter

لَمْ يُشْفِقْ مِنْ أن ne pas hésiter à; ne pas craindre de

لَمْ ~ على نَفْسه ne pas plaindre sa peine

إِشْفاق ← شفقة

مُشْفِق ← شفيق

**2917** **شِفْنين** بَحْرِيّ — raie [*poiss.*]

**2918** **شَفة** ج شِفاه، شَفَوات — bord ; lèvre ; *v. aussi 2919*

~ عُلْيا، سُفْلَى — lèvre supérieure, inférieure

ما نَبسَ بِبِنْت ~ — ne pas desserrer les dents ; ne pas piper mot

عَضَّ **شَفَتَيْه** — se mordre les lèvres

اِبْتَسَمَ مِن طَرَف ~ — sourire du bout des lèvres

تَرَدَّدَ اِسْمُه على ~ — son nom revenait souvent sur ses lèvres

أَصْبَحَ اِسْمُه على كُلّ **الشِفاه** — son nom était sur toutes les lèvres/dans toutes les bouches

**شَفَهِيّ**، شِفاهِيّ — labial ; verbal ; oral *adj.*, *n.m.*

حُروف ~ة — labiales [*phon.*] ; phonèmes labiaux

اِتِّفاق، وَعْد، مُذَكِّرة ~(ة) — accord, promesse, note verbal(e)

اِمْتِحان، إفادات ~(ة) — examen, renseignements oral(aux)

شَفَهِيًّا، شِفاهِيًّا — oralement ; verbalement ; de vive voix

III **شافَهَ** مُشافَهةً ه — s'aboucher avec qqn [*péjor.*] ; appliquer ses lèvres sur la bouche de

~ ه بِـ ه — dire qqch à qqn de vive voix

مُشافَهةً ← شَفَهِيًّا

**2919** (شفو) **شَفًا** ج أَشْفاء — extrémité ; *v. aussi 2918*

عَلَى ~ ه — à deux doigts de ; au bord de

على ~ جُرُف هاوٍ — être dans une situation périlleuse/au bord de l'abîme

على ~ الفَشَل، الإخْفاق — a deux doigts d'échouer

**شَفَوِيّ** — *phon.* labial ; *bot.* labié

~ سِنّيّ، شَفَسِنّيّ — labiodental

شَفَوِيّة — *mus.* harmonica

شَفَوِيّات — *phon.* labiales ; *bot.* labiacées/labiées *n.f.pl.*

شَفَوِيًّا — de vive voix ; oralement

IV **أَشْفَى** إشْفاء على ه — s'approcher de ; arriver au bord de ; être proche/imminent/à deux doigts de

~ بِه على حافّة اليَأْس — conduire qqn au désespoir

مُشْفٍ على المَوْت — moribond ; à deux doigts de la mort

**2920** **شَفَى** ـِ شِفاء ه — guérir *tr.* ; rendre la santé ; remettre en bonne forme

~ الغَليل، الغُلّة — désaltérer ; étancher la soif

~ غَليله، غُلّته — *fig.* assouvir satisfaire ses désirs sa vengeance

شُفِيَ يُشْفَى — se fermer (plaie) ; guérir *intr.* ; recouvrer la santé ; retrouver la forme [*fam.*] ; relever de maladie ; se rétablir ; se remettre ; réchapper (à une maladie)

لا ~ — implacable ; incurable ; sans remède ; inextinguible ; insatiable

**شِفاء** — guérison ; cure ; rétablissement ; restauration (des forces, de la santé)

~ ج أَشْفِية — médicament ; médication ; médecine [*class.*] ; remède

قابِل لِلـ~ — curable ; guérissable

غَيْر قابِل لِلـ~ — incurable ; inguérissable

شِفائِيّ — curatif ; médicinal

شافٍ — clair ; évident ; curatif ; guérisseur ; salutaire

مَشْفًى ج مَشافٍ مَشْفَيات — clinique ; hôpital ; infirmerie

V تَشَفَّى تَشَفِّيًا — s'apaiser ; se radoucir ; se calmer

VIII اِشْتَفَى اِشْتِفاء — recouvrer la santé ; guérir

X اِسْتَشْفَى اِسْتِشْفاء ا — se faire soigner ; faire une cure ; se faire hospitaliser

اِسْتِشْفاء — cure ; hospitalisation

اِسْتِشْفائِيّ — hospitalier

**مُسْتَشْفًى** ج مُسْتَشْفَيات — maison de santé ; hôpital ; clinique

أَدْخَلَ ه الـ~ — hospitaliser qqn

أُدْخِلَ الـ~ — être hospitalisé

~ الأَمْراض العَقْلِيّة — maison de fous ; asile d'aliénés

**2921** **شِقّ** — gibbon

**2922** **شَقَّ** ـُ شَقًّا ه — couper ; crever *tr.* ; déchirer ; fêler ; fendre ; inciser ; percer *tr.* ; scinder ; sillonner (les mers) ; percer/pousser (dent)

~ إصْبَعه — se couper le doigt

~ حَطَبًا، عُباب البَحْر — fendre du bois, les flots

~ طَريقًا، شارِعًا — ouvrir, percer une route/une rue

~ طَرِيقًا في الجُمْهور fendre/traverser la foule

~ مَمَرًّا لِنَفْسه se faire/se frayer un passage/un chemin; faire une percée/une trouée

~ طَرِيقه faire son chemin; suivre sa voie

~ وَسَطَ ه passer au travers de; traverser

~ كِيسًا، السُكون éventrer un sac; rompre le silence

~ الحَناجِر بِالهُتاف acclamer à grands cris; crier à plein gosier

~ عَصا الطاعة se mutiner; se rebeller; se rebiffer [fam.]; se révolter

~ ـُ مَشَقّة ه على ه mettre dans la gêne; jeter dans les difficultés

~ عليْه أن coûter à qqn [fig.]; avoir du mal à/de la peine à; être difficile/pénible/insupportable à qqn de

لا يُشَقّ غُبارُه fig. incomparable; insurpassable

**شَقّ** ج شُقوق brisure; coupure; crevaison; crevasse; déchirure; fêlure; fente; fissure; gerçure; incision; lézarde; scissure; voie d'eau; *anat.* méat; *chim.* radical *n.m.*

~ طَريق percement/ouverture d'une route/d'un chemin

~ قَيْصَرِيّ césarienne

~ الماء، الذَرّة sillage; fission atomique

**شِق** moitié; clan; parti *n.m.*; partie; portion; difficulté; peine; fatigue; *anat.* sexe

بِـ~ النَفْس، الأَنْفُس à grand peine; péniblement

بَيْنَ **شِقَّي** الرَحَى entre le marteau et l'enclume

شِقِّيّ؛ شِقِّيّة sexué; sexualité

**شِقّة** ج شِقَق (← شِقّ) appartement; logement; studio

**شُقّة** ج شُقَق distance; éloignement; voyage lointain; difficulté; fatigue

بُعْد الـ~ *même sens*

بَعيد الـ~ distant; éloigné

**شُقاق** crevasse (de la peau); gerçure

**شاقّ** ardu; difficile; dur; fatigant; ingrat (travail); malaisé; pénible; rude (travail); sévère (punition); lourd (responsabilité)

أَشْغال ~ة travaux forcés

**شَقيق** ج أَشِقّاء frère (germain, utérin); frère [fig.]; de même race; germain *adj.*

قُطْر، دَوْلة ~(ة) pays frère

مُؤَسَّسات ~ة établissements du même groupe

سَفينة ~ة *mar.* sister-ship

إِخْوة **أَشِقّاء** frères germains/du même lit

**شَقيقة** ج ات، شَقائِق sœur (germaine, utérine); migraine; tic

~ النُعْمان anémone; renoncule

شَقيقِيّات renonculacées *n.f.pl.*

مَشْقوق crevassé; crevé; fendu; gercé; déchiré; lézardé; fêlé; percé; *atom.* fissile

**مَشَقّة** ج ات، مَشاقّ corvée [fig.]; difficulté; mal *n.m.*; fatigue; peine; travail/effort pénible

بِـ~ à grand peine; à grands frais; non sans mal/peine; malaisément; difficilement; péniblement; avec difficulté/peine

II **شَقَّقَ** تَشْقيقًا ه fendre; fendiller; fissurer; lézarder

~ طَريقًا frayer un chemin

III شاقّ مُشاقّة، شِقاقًا ه être en désaccord/se brouiller avec qqn; s'opposer à qqn

**شِقاق** déchirement; désaccord; désunion; discorde; dissension; division

بَثّ الـ~ semer la zizanie

V تَشَقَّقَ تَشَقُّقًا ← VII

تَشَقُّق ج ات faille; fente; fendillement; fissure; fissuration; lézarde; crevasse; gerçure; fission; craquelure

VII **اِنْشَقّ** اِنْشِقاقًا crever *intr.*; se déchirer; éclater (pneu); se fêler; se fendre; se fissurer; gercer; se lézarder; se scinder; se séparer; se craqueler

~ عن entrer en dissidence; faire sécession

**اِنْشِقاق** crevaison; déchirement; dissidence; division; coupure; désintégration [fig.]; lézarde; schisme; scission; sécession

~ نَوَوِيّ fission nucléaire

اِنْشِقاقِيّ schismatique; scissioniste

VIII اِشْتَقّ اِشْتِقاقًا كَلِمة *ling.* former/générer un mot; dériver un mot (d'une racine)

اُشْتُقّ من dériver de; être dérivé de; être généré par; être formé à partir de

اِشْتِقاق *ling.* dérivation; formation; génération; étymologie

اِشْتِقاقِيّ étymologique

مُشْتَقّ ج ات dérivé; généré; formé (mot)

كَلِمة، مادّة ~ة mot, produit dérivé

مُشْتَقَّة رِياضِيَّة — dérivée *n.f.* [*math.*]

**2923** **شَقِرَ** َ شُقْرَة — blondir; être blond/roux

شُقْرَة — blond *n.m.*; blondeur; roux *n.m.*; rousseur; couleur fauve

أَشْقَر م شَقْراء ج شُقْر — blond *adj.*; roux *adj.*; fauve *adj.*; alezan *n.m.*

شُقّار، شُقّارى — anémone; renoncule

شُقّاريّات — renonculacées *n.f.pl.*

IX اِشْقَرَّ اِشْقِرارًا ← شَقِرَ

**2924** **شِقْراق**، شِقِرّاق — *ois.* rollier; pic

**2925** **شَقَفَة** ج شَقَف — tesson (de bouteille, de poterie)

شاقوف ج شَواقيف — *techn.* smille; têtu *n.m.*

**شاقول** — *v. ordre alphab.*

**2926** **شَقْلَبَ** — culbuter; renverser; mettre cul par-dessus tête [*fam.*]

شَقْلَبة — capotage; culbute; saut périlleux; acrobatie; cascade [*autom.*]

II تَشَقْلَبَ — capoter; se renverser; faire la culbute; faire de la cascade

مُتَشَقْلِب ج ون — cascadeur

**2927** **شَقا** ُ شَقْوًا ه — rendre malheureux; réduire à la misère

شَقِيَ َ شَقاء، شَقاوة — être ... *v. à l'adj.*; peiner; travailler dur; endurer des souffrances; souffrir

**شَقاء**، شَقًا — détresse; fléau [*fig.*]; infortune; peine; misère; malheur; souffrance

كانَ في الـ ~ — être dans une mauvaise passe; avoir une passe difficile

شَقْوة ← شَقاء

شَقِيّ ج أَشْقِياء — criminel; malfaiteur; malheureux; misérable; scélérat

IV أَشْقَى إِشْقاءً ه ← شَقا

**2928** **شِك**، **شيك** ج ات — chèque; *v. aussi 2929, 2930*

سَدَّدَ بِـ ~ — payer/régler par chèque

~ بِلا رَصيد، مُسَطَّر — chèque sans provision, barré

~ سِياحة، لِحامِلِه — chèque de voyage, au porteur

دَفْتَر **شيكات**، شِكات — carnet de chèques; chéquier

II شَكَّكَ تَشْكيكًا — *égypt.* acheter/payer à crédit

**2929** **شَكَّ** ُ شَكًّا في، أن — contester; se défier de; mettre en doute; douter de/que; se méfier de; être sceptique sur; soupçonner; tenir pour suspect; suspecter; *v. aussi 2928, 2930*

~ في حَقيقة ه — *même sens*

لَمْ **يَشُكَّ** في — être convaincu/assuré/sûr de

**شَكّ** ج شُكوك — doute; défiance; soupçon; méfiance; suspicion

وَضَعَ ه مَوْضِعَ ~ — mettre/révoquer [*litt.*] en doute

~ مِنْهَجِيّ — doute méthodique/cartésien

ما مِنْ ~ في أن — il est hors de doute que; il n'est pas douteux que

لا يَرْقَى إِلَيْه الـ ~ — au-delà de tout soupçon; hors de doute; indubitable

لاسَبيلَ إلى الـ ~ فيه — *même sens*

غَيْر قابِل لِلـ ~ — *même sens*

بِلا، بِدُون، مِن غَيْر ~ — sans doute; assurément; certes; à coup sûr; infailliblement

بِدون أيّ ~ — sans aucun doute

هذا مِمّا لا **شَكَّ** فيه — c'est indubitable; ce n'est pas douteux

وَلا ~ — *même sens*

شَكّاك، شُكوكيّ — sceptique

شُكوكيّة — scepticisme

**مَشْكوك** فيه — apocryphe; sujet à caution; douteux; discutable; discuté; hypothétique; incertain; problématique

~ في أَمْرِه — suspect; suspecté

غَيْر ~ فيه — indubitable; insoupsonné; insoupçonnable; indiscuté; indiscutable

II شَكَّكَ تَشْكيكًا ه في ه — faire que qqn se doute de; jeter des doutes dans l'esprit de qqn au sujet de

V تَشَكَّكَ تَشَكُّكًا — douter; suspecter

**تَشَكُّك** — incertitude

~ شَرْعِيّ — suspicion légitime

مُتَشَكِّك — défiant; méfiant; ombrageux

**2930** **شَكَّ** ـُ شَكًّا ه — piquer (aiguille); transpercer; ficher; *v. aussi 2928, 2929*

~ السِلاح، في السِلاح — s'armer de pied en cap

**شَكَّة** ج ات — coup (d'aiguille, de poignard); piqûre; *méd.* douleur soudaine

~ في الخاصِرة — point de côté

شِكَّة ج شِكَك — arme; *techn.* goupille

شاكّ السِلاح — armé de pied en cap/jusqu'aux dents

**2931** **شُكُّب** — *ois.* bécassine

**2932** **شُكْد** ج أَشْكاد — don; ration

**2933** **شَكِرَ** ـَ شَكَرًا — produire des drageons

شَكِير ج شُكُر — *bot.* aubier; drageon; gourmand; rejeton; surgeon

**2934** **شَكَرَ** ـُ شُكْرًا ه لِـ، على — remercier qqn de/pour; rendre grâce à; récompenser

~ ه شُكْرًا جَزِيلًا — remercier vivement; adresser/exprimer ses vifs remerciements

يُشْكَر عليْه — louable (effort); méritant

شُكْران ← شُكْر

**شُكْر** ج شُكور — gratitude; action de grâces; reconnaissance; remerciement; merci *n.m.*

أَلْف ~ — merci mille fois

**شُكْرًا** لَكَ، ~ جَزِيلًا — merci; merci beaucoup

**شاكِر** — reconnaissant; plein de gratitude

كانَ ~ًا لِـ ه ه — savoir gré/bon gré à qqn de; être reconnaissant à qqn de

شَكُور ← شاكِر

مَشْكُور — agréable; agréé; méritoire; récompensé; remercié

III شاكَرَ مُشاكَرَةً ه — se congratuler mutuellement

V تَشَكَّرَ تَشَكُّرًا ه لِـ ه — remercier qqn pour qqch

**تَشَكُّرات** — remerciements

عَبَّرَ عن ~ه الحارّة — exprimer ses vifs remerciements

**2935** **شِكارة** ج شَكائِر — sac; sacoche; cartable; serviette

شاكِرِيّة — poignard à lame courbe

**2936** **شَكُسَ** ـُ شَكاسةً — être ... *v. à l'adj.*

شَكاسة — agressivité; hargne; morosité; rudesse; caractère acariâtre/difficile

شَكِس — acariâtre; agressif; chagrin (esprit); difficile (caractère); grincheux; hargneux; hérissé [*fig.*]; inamical; morose; rechigné; rude; mal tourné (esprit)

III شاكَسَ مُشاكَسةً ه — chercher querelle/noise/des histoires à

مُشاكَسة — controverse; dispute; querelle

مُشاكِس — mauvais coucheur

VI تَشاكَسَ تَشاكُسًا — se quereller; être en mauvais termes avec

**2937** **شَكَلَ** ـُ شَكْلًا ه، ه — attacher; entraver; lier; noter les voyelles brèves

~؛ شَكِلَ ـَ شَكَلًا — être ambigu/douteux/équivoque/obscur/vague

**شَكْل** ج أَشْكال — configuration; conformation; façon; forme; figure; manière; tournure; variété; mode *n.m.*; *ling.* voyellation (d'un texte); notation des voyelles brèves

بِأَفْضَل ~ — de la meilleure façon/manière

بِـ~ واضِح، طَبِيعِيّ — de manière évidente, naturelle

بِـ~ عامّ، خاصّ — d'une façon générale, particulière

بِـ~ مُسْتَمِرّ، حازِم — de façon continue, résolue

بِـ~ رائِع، ماهِر — de belle manière; en beauté; de main de maître

بِـ، على، في ~ه الحالِيّ — sous sa forme actuelle

ظَهَرَ ~ه — prendre forme

بَدا على ~ ه — apparaître sous la forme de

اِتَّخَذَ ~ ه — prendre la forme de

~ الحُكُومة — forme/mode de gouvernement

الـ~ والمَضْمون — la forme et le fond

~ المَضْمون، التَعْبِير — la forme du contenu, de l'expression

أَحالَ ه إلى ~ه الأَبْسَط — réduire à sa plus simple expression

عَدِيم الـ~؛ لا شَكْلَ لَهُ — informe; sans forme

شَكْلًا — pour la forme

على أَشْكال sous toutes les/différentes formes

هُمْ و ~ هم eux et leurs pareils/les gens de la même espèce

شَكْليّ figuratif *adj.*; formel; formaliste *adj.*, *n.*

عَيْب ~ vice de forme

لا ~ informel

شَكْليّة ج ات figuratif *n.m.*; formalisme; formalité

شِكال ج شُكُل attache; entrave; lien

شاكِلة ج شَواكِل manière; genre; mode

على ~ ه، ه de même acabit [*péjor.*]/gabarit [*fam.*]; à la manière/l'instar de; de même genre que; comme; de la même espèce/de même que

أَشْكَل م شَكْلاء polymorphe

شَكالة polymorphisme

مِشْكال kaléidoscope

II شَكَّلَ تَشْكيلاً ه façonner; former; constituer; informer [*philos.*]; donner forme à; modeler

~ حُكومة former/constituer un gouvernement

~ خَطَرًا constituer un danger

~ نَصًّا voyeller un texte (en notant les voyelles brèves)

شُكِّلَ لِ ه être fait pour

تَشْكيل composition; création; constitution; formation; *ling.* voyellation

~ لَجْنة، حُكومة constitution/formation d'une commission, d'un gouvernement

~، تَشْكيلة ج ات assortiment; collection; formation; groupe; groupement; organisation

~ عَسْكَريّة، شِبْه عَسْكَريّة formation militaire, para militaire

~ يَساريّة، يَمينيّة formation de gauche, de droite

~ بَحْريّة، جَوّيّة flottille; escadrille

~ مُنْتَجات assortiment/gamme/sélection de produits

~ وزاريّة combinaison ministérielle

تَشْكيليّ formel; plastique

الفُنون الـ~ة arts plastiques

مُشَكَّل constitué; façonné; formé; de différentes/diverses formes; différent; divers; varié; *ling.* voyellé

لَجْنة ~ة من comité constitué de par

III شاكَلَ مُشاكَلةً ه، ه être à l'image de similaire semblable à; ressembler à; se conformer à

مُشاكَلة conformité; ressemblance; similarité; similitude

مُشاكِل conforme; isomorphe; semblable à

IV أَشْكَلَ إِشْكالاً être un problème; être devenir ambigu difficile douteux obscur; se compliquer; s'embrouiller (affaire)

إِشْكال ambiguïté; difficulté; complication; problème

إِشْكاليّ problématique *adj.*

إِشْكاليّة problématique *n.f.*

مُشْكِل complexe; compliqué; difficile; ennuyeux (affaire)

مُشْكِلة ج ات، مَشاكِل ennui; inconvénient; problème; question

~ نَقْديّة، دُوَليّة problème monétaire, international

هٰذه هي، هُنا كُلُّ الـ~ là est/c'est tout(e) le problème/la question

حَلَّ ~ trouver une solution à un problème; dénouer une difficulté

مَشاكِل الطَريق les problèmes de la circulation

المَنافِع والـ~ avantages et inconvénients

جَلَبَ لِنَفْسه ~ s'attirer des ennuis/des histoires

V تَشَكَّلَ تَشَكُّلاً prendre forme/tournure; se former; s'organiser; se constituer; être constitué/formé; se différencier [*biol.*]

~ بِشَكْل ه apparaître/se matérialiser sous la forme de

تَشَكُّل الخَلايا différenciation cellulaire

VI تَشاكَلَ تَشاكُلاً s'accorder; s'adapter; s'ajuster; se ressembler; être de même nature/forme

تَشاكُل homologie; isomorphisme; uniformité

مُتَشاكِل homologue; isomorphe; uniforme

**2938 شَكَمَ** ـُ شَكْمًا ه، ه brider/museler [*pr.* et *fig.*]

شَكيمة ج شَكائِم bride; frein; gourmette; mors

قُوّة الـ~ énergie; force de caractère; fougue; obstination; vigueur

قَويّ، شَديد الـ~ énergique; entêté; orgueilleux; fougueux; obstiné; fier; vigoureux

**2939** **شَكا** ـُ شَكْوَى من، إلى — se plaindre de/à; accuser; récriminer; réclamer contre

~ أَمْرَه إلى ه — exposer ses griefs à qqn

~ الجُوع، من الجوع — souffrir de la faim; crier famine

مِمَّ تَشْكو — de quoi vous plaignez-vous?

**شَكْوى** ج شَكاوَى — accusation; doléance; grief; plainte; réclamation; récrimination

صاحِب الـ~ — plaignant *n.*

عَرَضَ ~ه، شَكاواهُ — exposer ses doléances

رَفَعَ، قَدَّمَ ~ إلى — déposer une/porter plainte

شِكايَة ج ات ← شَكْوى

شَكْوة ج شَكَوات — baratte

**شاكٍ** (شاكي) — plaignant *adj.*; plaintif

~ السِلاح (← شاكّ) — *fig.* violent (homme)

مَشْكُوّ مِنْه — accusé; en accusation; qui fait l'objet d'une plainte

مِشْكاة ج مَشاكٍ — niche [*archit.*]; lustre

V تَشَكَّى تَشَكِّيًا من، إلى ← شَكا

VIII **اِشْتَكَى** اِشْتِكاءً من ه، ه ← شَكا

~ من الجُوع، من بُؤْسه — crier famine, misère

اِشْتِكاء ج ات — plainte; réclamation; récrimination

مُشْتَكٍ ← شاكٍ

مُشْتَكًى عليه (← مَشْكُوّ) — *dr.* défendeur

**2940** **شُكولاتة** — chocolat

**2941** **شَلَّ** ـُ شَلًّا حَرَكَة ه، ه — paralyser qqn, qqch; neutraliser; annihiler; immobiliser; *v. aussi 2942*

~ يَدَه، قِواه، جُهوده — *fig.* réduire à l'impuissance

~ ـَ شَلَلًا — être … *v. à l'adj.*

**شَلَل** — impotence; inertie; paralysie

~ الأَطْفال، الطُفولة — paralysie infantile; poliomyélite

~ نِصْفيّ، سُفْليّ — hémiplégie; paraplégie

~ اِهْتِزازيّ — maladie de Parkinson

**أَشَلّ** م شَلّاء ج شُلّ — impotent; inerte; perclus; paralytique

~ بَشَريّ — loque humaine

مَشْلول — impotent; hémiplégique; paraplégique; paralysé; paralytique; inerte; perclus

IV أَشَلَّ إِشْلالًا ه ← شَلَّ

مُشِلّ — inhibant; neutralisant; paralysant

**2942** **شَلَّ** ـُ شَلًّا ه — répandre/verser des larmes

**شِلّة** ج شِلَل — bobine; écheveau; pelote; peloton; bande; grappe/poignée [*fig.*]; groupe

~ أَصْدِقاء — petit comité; bande d'amis/de copains

~ من — beaucoup de

شَلّال ج ات — cascade; cataracte

**2943** **شَلْبة** — silure [*poiss.*]

شَلَبيّ — coquet; dandy

**2944** **شَلَحَ** ـَ شَلْحًا ثِيابَه — se déshabiller; se dévêtir

مَشْلَح ج مَشالِح — vêtement ample; cape

II **شَلَّحَ** تَشْليحًا ه من — délester qqn de; dépouiller; détrousser [*litt.*]; dévaliser; gruger; spolier

~ من ثيابه — déshabiller; dépouiller de ses vêtements

تَشْليح — brigandage; dépouillement; spoliation; déshabillage

مُشَلِّح — brigand; détrousseur; spoliateur

مُشَلَّح — cabine de bain

**2945** **شَلْشَلَ** الماءَ — répandre de l'eau; verser goutte à goutte

**2946** **شِلْق**؛ شَلِق — lamproie

**2947** **شِلْو** ج أَشْلاء — lambeau de chair; fragment; membre du corps

**2948** **شَمَّ** ـُ شَمًّا ه — flairer; humer; priser; renifler; respirer; sentir

~ الهواء، النَسيم — faire un tour; prendre l'air

شَمّ؛ حاسّة الـ~ — flair; odorat

~ النَسيم — fête du printemps le Premier Mai (en Égypte)

شَمّيّ — olfactif

شَمَم — beauté du nez

شَمّام — qui prise

شَمِيم — bonne odeur; parfum; senteur; musc; bouquet/fumet (du vin)

V **تَشَمَّمَ** تَشَمُّمًا ← VIII

~ الأَخْبار — être à l'affût des nouvelles

VIII **اِشْتَمَّ** اِشْتِمامًا — flairer; deviner; sentir; subodorer

~ رائِحة كَذِب — flairer un mensonge

**اُشْتُمَّ** — s'exhaler de; laisser percer/soupçonner; percer *intr.* [*fig.*]; transpirer [*fig.*]

ما ~ شَيْء من — rien n'a percé de

**2949** (شمأز) **اِشْمَأَزَّ** من — se contracter (de dégoût); se crisper (d'horreur); éprouver du dégoût/de la répugnance pour; être dégoûté par; renâcler à; répugner à

~ت نَفْسُهُ — avoir la nausée [*fig.*]; être blasé

**اِشْمِئْزاز** — contraction/crispation de dégoût/d'horreur; exécration; dégoût; haut-le-cœur; écœurement; lassitude; nausée; révolte; répugnance

بـ~ — à contrecœur

**مُشْمَئِزّ** — blasé; aigri [*fig.*]; dégoûté; écœuré; révolté

~ من الحَياة — las de vivre

**2950** **شَمِتَ** ـَ شَماتة بـ — se réjouir du malheur des autres

شَماتة — joie maligne

شامِت ج شُمّات — qui se réjouit du malheur des autres

شامِتة ج شَوامِت — *fém. du précéd.*

II شَمَّتَ تَشْمِيتًا ه — décevoir; désappointer; tromper l'attente/l'espoir de

**2951** **شَمَخَ** ـَ شَمْخًا، شُموخًا

être ... *v. à l'adj.*; s'élever à une grande altitude (montagne)/à une grande hauteur (immeuble); s'élancer en hauteur (arbre)

~ بِأَنْفه، أَنْفَهُ — être arrogant/fier/hautain; prendre/se donner des airs; se gonfler [*fam.*]; être gonflé [*fam.*]; se dresser sur ses ergots [*fig.*]

شُموخ — élévation; hauteur; supériorité

**شامِخ** — élevé; éminent; haut

~ الأَنْف — altier; arrogant; hautain; sourcilleux; gonflé [*fam.*]

VI **تَشامَخَ** تَشامُخًا — être hautain; prendre/se donner des airs; le prendre de haut; être orgueilleux

~ على ه — traiter qqn de haut; toiser qqn

تَشامُخ — orgueil

مُتَشامِخ — altier; hautain; orgueilleux

**2952** **شَمَر**، شُمْرة، شَمّار — fenouil

**2953** II **شَمَّرَ** تَشْمِيرًا ه — ramasser/retrousser (les pans de) son vêtement; retrousser

~ عن ساعِد الجِدّ — relever/retrousser ses manches; prendre son courage à deux mains [*fam.*]; se mettre courageusement au travail; s'atteler à la tâche; donner un coup de collier [*fam.*]; mener rondement ses affaires; aller vite en besogne

~ عن ساعِدَيْه، ساقَيْه — *même sens*; se déchaîner (guerre)

مُشَمِّر — travailleur; dégourdi; actif; volontaire; qui va vite en besogne; qui abat du travail; travailleur

مُشَمَّر — retroussé (vêtement)

**2954** **شِمْراخ** — rameau (de fruits); hampe [*bot.*]; panicule; thyrse [*bot.*]

شُمْروخ ج شَماريخ — pétard; fusée de feu d'artifice

**2955** **شَمّاس** م شَمّاسة — diacre; diaconesse

شَمّاسيّ — diaconal

**2956** **شَمْس** ج شُموس — soleil

نُور، حَرارة الـ~ — lumière, chaleur du soleil

عَبّاد، رَقِيب الـ~ — tournesol; héliotrope

ما مِن جَدِيد تَحْتَ الـ~ — il n'y a rien de nouveau sous le soleil

شُروق، غُروب الـ~ — lever, coucher du soleil

ضَرْبة ~ — coup de chaleur/de soleil

**شَمْسِيّ** — solaire

صُورة، تَصْوِير ~(ة) — photographie

تَقْوِيم، سَنة ~(ة) — calendrier, année solaire

حَمّام، نِظام ~ — bain de soleil; système solaire

نَقْش، إنْتِحاء ~ — héliogravure; héliotropisme

ضَفِيرة ~ة — plexus solaire

حُروف ~ة — *ling.* lettres solaires (phonèmes qui assimilent le «*lam*» de l'article)

شَمْسِيّة ج ات — ombrelle; parasol; parapluie; jalousie

**شامِس** — brillant/éclatant/radieux/ensoleillé (jour)

~ ج شَوامِس — asocial; désobéissant; intraitable; rétif; rebelle; récalcitrant; raide

شَموس ← شامِس

مَشْمَس، مَشْمَسة — solarium

II شَمَّسَ تَشْميسًا ه — ensoleiller; insoler; exposer au soleil

تَشْميس — insolation; exposition au soleil

IV أَشْمَسَ إشْماسًا (← II) — être ensoleillé (jour)

إشْماس — ensoleillement; (durée d')insolation

مُشْمِس — ensoleillé

V تَشَمَّسَ تَشَمُّسًا — s'exposer/se mettre au soleil; prendre le soleil/un bain de soleil

تَشَمُّس — bain de soleil

X اِسْتِشْماس — héliothérapie

2957 **شَمْشَمَ** الهَواء — renifler; respirer/prendre le vent

2958 **شَمِطَ** َ شَمَطًا — grisonner (cheveux)

أَشْمَط م شَمْطاء ج شُمْط — grisonnant; poivre et sel (cheveux) [*fam.*]

IX اِشْمَطَّ اِشْمِطاطًا ← شَمِطَ

2959 **شَمْع** — cire; poix

~ عَسَليّ، الخَتْم — cire d'abeille, à cacheter

شَمْعة ج شُموع — bougie; chandelle

**شَمْعيّ** — cireux; poisseux

مُلَمِّع ~ — encaustique

شَمّاع — cireur; marchand de cire

II **شَمَّعَ** تَشْميعًا ه — enduire de cire; cirer; encaustiquer; imperméabiliser; imprégner

تَشْميع — imperméabilisation; imprégnation

مُشَمِّعة الأَرْضيّة — cireuse (à parquet)

**مُشَمَّع** — ciré; encaustiqué; enduit de cire; imperméabilisé; imperméable; imprégné

~ الأَرْضيّة — linoléum

مِعْطَف ~ — imperméable; ciré *n.m.*

قُماش، وَرَق ~ — toile cirée; stencil

2960 **شَمْعَدان** ج ات، شَماعِد — candélabre; flambeau; bougeoir

2961 **شَمَلَ** ُ شَمْلًا ه — comprendre; concerner; contenir; embrasser; englober; envelopper; inclure; impliquer; être général/universel; renfermer

**شَمْل** — implication; inclusion; smalah

جَمَعَ ~هُمْ — rassembler; réunir; unifier; unir

جَمْع ~ ه، ه — rassemblement; réunification; réunion; union

فَرَّقَ، مَزَّقَ ~هُمْ — démanteler; désunir; diviser; briser l'unité; séparer

تَفْريق، تَمْزيق ~ ه، ه — démantèlement; désunion; séparation

شَمْلة ج شَمَلات — cape; pèlerine

شُمول — compréhension; généralité; généralisation; globalité; universalité; universalisation

شُموليّة — universalisme

**شامِل** — ample; complet; englobant; général; global; exhaustif; total; unanime; universel

~ الرُؤْية — panoramique *adj.*

~ لِكُلّ شَيْء — tout compris

**مَشْمول** — compris; contenu; englobé; inclus

~ ج ات الوَظيفة — attribution(s) d'une charge

شِمال ج شَمائِل — naturel *n.m.*; perfections; qualités innées

VIII **اِشْتَمَلَ** اِشْتِمالاً ه، على ه — comporter; comprendre; contenir; embrasser; englober; inclure; impliquer; renfermer

~ بِعَبايَته — s'envelopper dans sa pèlerine

اِشْتِمال — inclusion

مُشْتَمِل على — inclusif

2962 **شَمال** — nord; septentrion [*v.x.*, *litt.*]

بَحْر الـ~ — mer du Nord

~ أفْرِيقيا — Afrique du Nord

~ شَرْقيّ، غَرْبيّ — nord-est, -ouest *n.m.*

شَمْأَل — vent du nord

**شَماليّ** — du Nord; nordiste; septentrional; arctique; boréal

القُطْب الـ~ — pôle Nord

~ شَرْقيّ، غَرْبيّ — nord-est, -ouest *adj.*

أفْرِيقيّ، أميركيّ ~ — nord-africain, -américain

**شِمال** — gauche *n.f.*

على الـ~ — à gauche

**2963** **شَمَنْدَر** — betterave

**2964** **شَنَّ** ـُ شَنًّا ه على — attaquer; lancer une attaque; faire une incursion/un raid

~ حَمْلة سياسيّة — déchaîner une campagne politique

~ هُجومًا، هُجومًا مُضادًّا — déclencher/lancer une offensive, une contre-offensive

~ حَرْبًا على المَجاعة — déclarer la guerre à la famine

~ مَعْرَكة، غارة — livrer une bataille; lancer un raid

**2965** **شَنَأَ** ـَ شَناءة — haïr; haine

شانِئ ج شُنَّاء — haineux

**2966** **شَنَب** — beauté/éclat/émail des dents

~ ج أشْناب — moustache

أشْنَب م شَنْباء — qui a de belles dents

**2967** **شَنِجَ** ـَ شَنَجًا ← V تَشَنَّجَ

II شَنَّجَ تَشْنيجًا — crisper; contracter

V تَشَنَّجَ تَشَنُّجًا — se crisper; avoir des convulsions/des spasmes

**تَشَنُّج** ج ات — crampe; crispation; convulsion; spasme

ضِدّ الـ~ — antispasmodique; anticonvulsif

تَشَنُّجيّ — convulsif; spasmodique

مُتَشَنِّج الحَلْق — la gorge nouée

**2968** **شِنْجار** — *bot.* orcanète

**2969** **شِنْجبار** — *bot.* grémil

**2970** **شِناخ** — promontoire

**2971** (شنر) **شَنار** — affront; déshonneur; ignominie; opprobre

شُنَّار — perdrix grise

II شَنَّرَ تَشْنيرًا ه — faire un affront à; diffamer

**2972** **شَنْشَنَ** — bruire; craquer (feuille); froufrouter (tissu)

شَنْشَنة — bruissement; craquement; froissement; froufrou

**2973** **شَنْطة** ج شُنَط — coffre; bagage; valise

~ اليَد — sac/bagage à main

شَنَطَ؛ شِناطة — polymériser; polymérisation

**2974** **شَنُعَ** ـُ شَناعة — être ... *v. à l'adj.*

**شَناعة** — abomination; atrocité; hideur; horreur; ignominie; indignité; infamie; laideur; turpitude; vilenie [*litt.*]

يا لَـ~ — quelle horreur! c'est atroce!

**شَنيع** — abominable; affreux; atroce; dégoûtant; détestable; difforme; exécrable; hideux; horrible; ignoble; indigne; infâme; inqualifiable; laid; odieux; répugnant; vilain

جَريمة ~ة، **شَنْعاء** — forfait

أشْنَع م شَنْعاء ← شَنيع

II شَنَّعَ تَشْنيعًا على ه — dénoncer; diffamer; honnir; salir qqn [*fig.*]; clouer au pilori; noircir la réputation; dire pis que pendre de

تَشْنيع — dénonciation; diffamation

**2975** **شُنْعوب** ج شَناعيب — jeune pousse; racine d'une dent

**2976** **شِنْف** ج أشْناف — boucle/pendant d'oreilles

II شَنَّفَ تَشْنيفًا (الآذان) — bercer/charmer/flatter l'oreille

**2977** **شَنَقَ** ـُ شَنْقًا ه — étrangler; pendre

**شَنْق** — pendaison

اِسْتَحَقّ الـ~ — mériter la corde; pendable

مِشْنَقة ج مَشانِق échafaud; gibet; potence

مِشْنَقيّ patibulaire; sinistre

مَشْنوق pendu

**2978 شُنْقُب** *ois.* bécassine

**2979 شِهاب** ج شُهُب، شُهْبان étoile filante; météore; bolide

شِهابيّ météorique

**2980 شَهِبَ** - شَهَبًا être gris cendré

شُهْبة gris; couleur grise/poivre et sel [*fam.*]

**أَشْهَب** م شَهْباء ج شُهْب gris; grisonnant; poivre et sel [*fam.*]

عام ~ année stérile; mauvaise année

يَوم ~ jour pluvieux/gris et froid

**2981 شَهِدَ** - شُهودًا ه assister à; observer; être présent à/témoin de; voir

~ بِ ه attester; certifier; confirmer; déposer *intr.*; faire une déposition; témoigner; porter témoignage

~ لِصالح ه plaider/témoigner en faveur de/pour; déposer à décharge

~ على ه plaider/témoigner contre; déposer à charge; charger qqn

~ أنَّ لا إلَهَ إلاّ اللّه *prononcer la formule*: j'atteste qu'il n'y a point d'autre divinité que Dieu

**شَهادة** ج ات acte [*jur.*]; acte de foi [*isl.*]; attestation; brevet; certificat; diplôme; déposition [*jur.*]; gage; martyre *n.m.*; témoignage; titre

~ زور faux témoignage

~ إقامة certificat de résidence

~ وِلادة، وَفاة acte de naissance, de décès

حامِل، صاحِب ~ titulaire d'un diplôme; diplômé; breveté; certifié

~ المَصْدَر *comm.* certificat d'origine

~ حُسْن سُلوك certificat de bonne conduite

~ حُسْن السَيْر والسُلوك certificat de bonnes vie et mœurs

دَليل بِ~ شُهود preuve testimoniale

الـ~ العَقاريّة certificat de propriété

~ الإثْبات accusation [*jur.*]

~ الدراسات العُلْيا diplôme d'études supérieures

~ الدراسات الثانَويّة diplôme d'études secondaires

~ الدراسات الإبْتِدائيّة الإعْداديّة certificat d'études primaires élémentaires

~ الدراسات الإبْتِدائيّة العالية certificat d'études primaires supérieures

~ الدراسات الإبْتِدائية التَكْميليّة brevet d'études du premier cycle

~ العالِميّة diplôme des universités traditionnelles (al-Azhar, al-Qarawiyyin)

**شاهِد** ج شُهود، أَشْهاد témoin; spectateur

~ سَماعيّ témoin auriculaire

~ عَيْنيّ، عِيان، عِيانيّ témoin oculaire

~ الإثْبات témoin à charge

~ الدِفاع، النَفْي témoin à décharge

~ زور faux témoin

~ زَواج témoin de mariage

على رُؤوس **الأَشْهاد** en public; au vu et au su de tous

نادَى على رُؤوس الـ~ crier sur les toits [*fam.*]

~ ، **شاهِدة** ج شَواهِد preuve; copie conforme; duplicata; citation; exemple; index [*anat.*]

~ ج شَواهِد pierre/plaque tombale/funéraire; stèle; tombe

**مَشْهود** attesté; observé; vu; pris en flagrant délit

يَوْم ~ jour mémorable

**شَهيد** ج شُهَداء martyr *adj.*, *n.*; mort au champ d'honneur; héros (de la guerre)

**مَشْهَد** ج مَشاهِد aspect; coup d'œil; numéro (d'un spectacle); panorama; paysage; scène; spectacle; tableau; vue; lieu où est mort un martyr; *théâtr.* scène; tableau

~ غِنائيّ récital de chant

على ~ مِن الجَميع au vu/à la vue de tous

مُشْهَد ج مَشاهِد lieu de rassemblement/de réunion

مَشاهِد مَكّة *isl.* points de convergence des pèlerins à La Mecque

III شاهَدَ مُشاهَدةً ه apercevoir; assister à; constater; observer; contempler; voir; visiter (un appartement)

شُهْرة célébrité; illustration [*class.*]; lustre [*fig.*]; notoriété; popularité; prestige; renom; renommée; réputation; vogue

نالَ، اِكْتَسَبَ ~ s'illustrer

مَشْهور، شَهير connu; célèbre; illustre; distingué; éminent; fameux; légendaire; prestigieux; renommé; réputé; notoire; mémorable; en vogue

مِن الـ~ أنّ il est de notoriété publique que

~ ج مَشاهير célébrité; personnage notoire

~ الأُدَباء، الفَنّانين les célébrités littéraires, artistiques

II شَهَّرَ تَشْهيرًا ه. ه ← IV

~ بِ ه. ه condamner publiquement; diffamer; flétrir qqn; clouer au pilori; dévoiler un scandale

تَشْهير condamnation; flétrissure; diffamation

تَخْويف، تَهْديد بالـ~ chantage

مُشَهِّر diffamateur; maître chanteur

IV أَشْهَرَ إِشْهارًا ه. ه faire connaître; divulguer; rendre célèbre/public; publier; proclamer

~ المَزاد mettre/vendre aux enchères publiques

~ نَفْسه، كِتابًا se faire connaître; lancer un livre

~ الحَرْب، إفلاسًا، سَيْفًا ← شَهَرَ

إِشْهار déclaration; proclamation; publicité

~ الحَرْب، إفْلاس déclaration de guerre, de faillite

~ المَزاد vente publique/aux enchères

VIII اِشْتَهَرَ اِشْتِهارًا devenir célèbre/connu/notoire/public/illustre; s'illustrer; se répandre; se faire un nom; se faire connaître; percer (artiste); se distinguer

~ بِ être célèbre/connu/réputé pour; se distinguer par; avoir la réputation de; se signaler par

~ بِأنّه passer pour

**2984** شَهْرَمان tadorne

**2985** شَهَقَ - شَهيقًا aspirer (de l'air); inhaler; inspirer; sangloter; hoqueter; braire

شَهْقة aspiration; inhalation; hoquet; sanglot

~ من الهَواء gorgée/goulée d'air

شَهيق inspiration; sanglot; braiment

مُشاهَدة ج ات observation; vision (d'un spectacle); visite

مُشاهِد ج ون observateur; témoin; spectateur

~ تِلِفِزيون téléspectateur

مُشاهَد ج ات perceptible; visible

مُشاهَدات le monde visible/observable

IV أَشْهَدَ إِشْهادًا ه ← X

إِشْهاد رَسْميّ acte de notoriété [*dr.*]

X اِسْتَشْهَدَ اِسْتِشْهادًا بِ ه. ه citer; prendre comme exemple; tirer argument de; prendre à témoin; invoquer; se recommander de; se réclamer de

أُسْتُشْهِدَ في ساحة الشَرَف tomber au champ d'honneur; mourir en martyr/héros

اِسْتِشْهاد citation; martyre

**2982** شَهْر ج شُهور، أَشْهُر mois; nouvelle lune; *v. aussi 2983*

~ العَسَل lune de miel

الـ~ المُنْصَرِم le mois écoulé/passé/dernier

ثَلاثة أَشْهُر trimestre

كُلُّ ثَلاثة ~ trimestriellement

شَهْريّ mensuel

أُجْرة ~ة mensualité; salaire/traitement mensuel; mois (de salaire)

نِصْف ~ bimensuel

شَهْريًّا mensuellement; au mois

III شاهَرَ مُشاهَرة passer un contrat au mois

مُشاهَرة mensualité; salaire mensuel

مُشاهَرةً ← شَهْريًّا

**2983** شَهَرَ - شَهْرًا ه divulguer; ébruiter; faire connaître; rendre public/notoire; illustrer; populariser; donner du prestige

~ الحَرْب على déclarer la guerre à; engager les hostilités contre

~ إفْلاس ه mettre qqn en faillite

~ سَيْفًا dégainer/brandir une épée

~ بُنْدُقيّة على ه braquer un fusil; coucher/mettre en joue

شَهْر إفْلاس mise en faillite

~ وزفير — inspiration et expiration

شُهاق — coqueluche

شاهِق ج شَواهِق — élevé/haut (construction, montagne)

**2986** **شُهْلة** — bleu foncé/-noir *n.m.*

أَشْهَل م شَهْلاء — bleu foncé/-noir *adj.* (œil)

**2987** **شَهامة** — énergie; grandeur; magnanimité; perspicacité; sagacité; virilité

~ القَلْب — noblesse de cœur

شَهْم ج شِهام — chevaleresque; énergique; généreux; magnanime; perspicace; sagace; sévère; viril

**2988** **شَهْوة** ج شَهَوات — avidité; concupiscence; convoitise; désir; envie; goût; jouissance; libido; passion; plaisir sensuel

الشَهَوات الطَبيعيّة — les appétits naturels

شَهْوان م شَهْوَى ج شَهاوى ← شَهْوانيّ

شَهْوانيّ — avide; charnel; concupiscent; épicurien; jouisseur; lascif; libidineux [*litt.*]; lubrique; luxurieux; sensuel; voluptueux

شَهْوانيّة — sensualité; volupté

**شَهِيّ** — agréable; alléchant; appétissant; plaisant; savoureux

~ لِـ ه — avide/friand de

**شَهِيّة** — appétit

بِـ~ — de bon/avec appétit; à belles dents

أَثارَ، فَتَحَ الـ~ — ouvrir/aiguiser/stimuler l'appétit

مُثير، فاتِح لِلـ~ — apéritif *adj.*, *n.m.*

عَدَم، قِلّة ~ — manque d'appétit; inappétence

II شَهَّى تَشْهية ه — allécher; exciter; faire désirer; donner de l'appétit

مُشَهٍّ — alléchant; appétissant; apéritif *adj.*

مَشْروبات **مُشَهِّية** — boissons apéritives

المُشَهِّيات — les apéritifs; les hors-d'œuvre

VIII اِشْتَهَى اِشْتِهاء — convoiter; désirer; avoir envie de; souhaiter; envier

لا أَجِد شَيْئًا **أَشْتَهيه** — je n'ai envie de rien

اِمْرَأة **تُشْتَهَى** — femme désirable

لا يُشْتَهَى — non désirable; indésirable

اِشْتِهاء — appétit; désir; envie; convoitise

مُشْتَهٍ — avide; rempli de désir/d'envie

مُشْتَهًى ج مُشْتَهَيات — agréable; enviable; désirable; désir; objet de désir; bienvenu; souhaité

**2989** **شابَ** ـُ شَوْبًا، شِيابًا ه — altérer; corrompre; dénaturer; abîmer (le goût)

سَعادة ما **شابَتْها** شائِبة — bonheur absolu/sans mélange/pur/parfait/sans nuage

شَوْب ج أَشْواب — mélange; vin étendu d'eau

**شائِبة** ج شَوائِب — qui altère/dénature; défaut; défectuosité; flétrissure; imperfection; impureté; souillure; tare; tache

~ مَعْدِنيّة — impureté/gangue d'un métal

**مَشوب** — altéré; abîmé; mélangé; mêlé; impur; imparfait; imprégné de; troublé

خَمْر ~ بِالماء — vin étendu d'eau

**2990** **شُوح** — *bot.* épicéa; sapin d'Anatolie

شُوحة — *ois.* buse; percnoptère

**2991** (شوذ) **مِشْوَذ** ج مَشاوِذ — turban [*cost.*]

**2992** **شُورة** — *zool.* ruche

شَوْرَى — *bot.* palétuvier

**2993** (شور) **شارة** ج ات — badge; cocarde; galon; insigne *n.m.*; signe; marque

~ شُرْطيّ — plaque de policier

~ الصَليب — signe de croix

**شُورَى** — avis; conseil; consultation; délibération; suggestion

مَجْلِس الـ~ — conseil d'État

شُوريّ — consultatif; délibératif

شَيِّر — de bon conseil; sage

مَشْوَرة ج ات ← شُورَى

**مِشْوار** ج مَشاوير — lieu où sont exposés les animaux; *maghr.* lieu où le souverain accorde ses audiences publiques; *techn.* course; trajectoire

II **شَوَّرَ** تَشْويرًا — gesticuler; faire des signes

~ إلى ه — signaler; pointer (un nom)

تَشْوِير — gesticulation; signalisation

III **شاوَرَ** مُشاوَرَةً ه في ه — consulter qqn sur qqch; demander à qqn son avis sur; prendre conseil de; délibérer avec qqn au sujet de

~ ضَميرَه — interroger sa conscience; s'interroger

**مُشاوَرة** ج ات — consultation; délibération

IV **أَشارَ** إشارَةً إلى ه — faire allusion à; montrer; signaler; indiquer; mentionner; faire mention de; marquer; viser qqch [*fig.*]; désigner

~ بِسَبّابَته، بِبَنانه — montrer/désigner du doigt; pointer un doigt vers

~ إلى ه أن — faire signe à qqn de; donner le signal de

~ على ه بِـ ه — conseiller à qqn de; conseiller/suggérer qqch à qqn

يُشير إلى ه — indicatif

يُشار إلَيْه بِالبَنان — très remarqué; remarquable; notable *adj.*

**إشارة** ج ات — allusion; désignation; geste; indication; indice; instruction; mention; ordre; signal; signe

رَهْنَ ~ ه — à sa disposition; à la dévotion de

~ صَوْتِيَّة، ضَوْئِيَّة — signal sonore, lumineux

~ خَطَر — signal d'alarme/de détresse; alerte *n.f.*

~ تَحِيَّة، بِاليَد — geste de salut, de la main

اِسْم الـ~ — démonstratif [*gramm.*]

بِالـ~ إلى رِسالَتِكُم — en référence à votre lettre

تَجْدُر الـ~ إلى أنّ — il convient de/il est à noter que

**الإشارات** الطَّريقِيَّة — signalisation routière

مَصْلَحة، ضابِط الـ~ — service, officier des transmissions

إشارِيّ — gestuel

**مُشير** — indicatif; signalisateur; conseiller; consultant; *mil.* maréchal

~ الجَوّ — maréchal de l'air

مُشار إلَيْه — indiqué; en question; mentionné; signalé

الـ~ إلَيْه — le dit; le susdit

VI **تَشاوَرَ** تَشاوُرًا — délibérer; se concerter; s'entendre

~ مع ه في ه — consulter qqn sur; demander son avis à

تَشاوُر ج ات — conférence; consultation; délibération

تَشاوُرِيّ — délibératoire

**مُتَشاوِر**، جَمْعِيَّة ~ة — assemblée délibérante

X اِسْتَشارَ اِسْتِشارَةً ه في ه — demander un avis/un conseil à qqn sur qqch; consulter; prendre conseil auprès de

**اِسْتِشارة** — consultation

على سَبيل الـ~ — à titre consultatif

~ قانونِيَّة، طِبِّيَّة — consultation juridique, médicale

**اِسْتِشارِيّ** — consultatif

مَجْلِس، لَجْنة، صَوْت ~(ة) — conseil, comité, voix consultatif(ive)

**مُسْتَشار** ج ون — conseiller; chancelier; consultant

مُحامٍ، طَبيب ~ — avocat-conseil; médecin-conseil

~ سِفارة — conseiller d'ambassade

مُسْتَشارِيَّة — chancellerie

2994 **شَوْرَب** — gobe-mouches [*ois.*]

شَوْرَبَ (← شارِب ج شَوارِب) — avoir des moustaches

مُشَوْرَب — moustachu

2995 **شَوِسَ** - شَوَسًا — combattre se conduire en héros

**أَشْوَس** م شَوْساء ج شُوس — brave; fier; orgueilleux; valeureux; héros

~ ج أَشاوِس — *même sens*

شُوس الحَرْب الأَخيرة — les héros de la dernière guerre

2996 **شُوشة** — mèche/touffe (de cheveux); barbe [*bot.*]

شاشة؛ شاشِية؛ شاوِش — *v. ordre alphab.*

شَواش — brouille; confusion; dérangement; discorde; trouble

II **شَوَّشَ** تَشْويشًا — déranger; brouiller; troubler; embrouiller; compliquer; perturber; parasiter (une émission de radio)

~ الأُمور — brouiller les cartes; compliquer les choses

**تَشْويش** — brouillage; parasite [*radio.*]; parasitage [*radio.*]; remue-ménage; perturbation; trouble

اِلْتِقاط نَقِيّ من أيّ ~ réception parfaite [radio.]

ضِدّ الـ~ antiparasite [radio.]

تَشْويشِيّة confusionnisme

مُشَوِّش perturbateur

مُشَوَّش brouillé; confus; flou; perturbé

V تَشَوَّشَ تَشَوُّشًا se brouiller; se confondre; être confus; être dérangé/troublé/perturbé

**تَشَوُّش**؛ ~ الأفْكار imbroglio; confusion des idées

2997 **شَوِصَ** ـَ شَوَصًا loucher; regarder de travers

أَشْوَص م شَوْصاء ج شُوص louche *adj.*

2998 **شَوْط** ج أَشْواط course [*sport.*]; étape; manche [*sport.*]; parcours; partie [*jeux.*]; phase; round; set; mi-temps; temps [*mécan.*]

قَطَعَ ~ًا كَبيرًا faire un long bout de chemin; parcourir une grande distance

فاقَهُ ~ًا شاسِعًا être à cent coudées au-dessus de

~ عَطالة temps mort; période creuse

2999 **شَواظة** *bot.* phlox

شُواظ ardeur; feu; flamme; intensité; passion; violence

3000 **شافَ** ـُ شَوْفًا ه regarder; voir; polir; orner

شُفْ regarde!

V تَشَوَّفَ تَشَوُّفًا من، إلى écouter avec attention; attendre avec impatience; regarder d'en haut; toiser

3001 **شوفان** avoine

3002 **شَوْق** ج أَشْواق désir; envie; passion

تَحَرَّقَ ~ًا إلى brûler du désir de; mourir d'envie de

شائِق؛ شَيِّق beau; excitant; magnifique; stimulant; savoureux (lecture); intéressant; brillant [*fig.*]; précieux; palpitant (roman); splendide

II شَوَّقَ تَشْويقًا ه إلى donner le désir/l'envie de; se faire désirer; exciter; tenter

تَشْويق suspense *n.m.*

مُشَوِّق attachant; excitant; tentant; passionnant; palpitant; sympathique

V تَشَوَّقَ تَشَوُّقًا إلى désirer; avoir envie de; être curieux de; souhaiter

مُتَشَوِّق إلى curieux de; désireux de

VIII اِشْتاقَ اِشْتِياقًا إلى désirer ardemment; avoir une grande envie de; aimer passionnément

اِشْتِياق désir; envie; passion

مُشْتاق إلى passionné; désireux de

3003 **شَوْك** ج أَشْواك *coll.* aiguillon; arête (de poisson); dard; épine; pointe; piquant *n.m.*; éperon; *bot.* chardon

كان على ~ être sur des épines

إكْليل ~ couronne d'épines

~ الدُرّاج *bot.* cardère; chardon à foulon

~ النار *bot.* buisson ardent

**شَوْكة** ج شُوَك *n.un.* fourchette; *fig.* ardeur; bravoure; élan; force; puissance; valeur

أبو ~ *poiss.* épinoche

~ دَرّاجة، الديك fourche de bicyclette; ergot du coq

~ اليَهود، السُنْبُل *bot.* acanthe; barbe (d'un épi)

الـ~ المُبارَكة *bot.* chardon bénit

قَلَعَ ~ لِـ ه enlever/tirer une épine du pied

كَسَرَ ~ ه remettre qqn à sa place; rabattre le caquet [*fam.*]

طَريق **الأَشْواك** chemin hérissé d'épines; voie épineuse

مَحْفوف بالـ~ hérissé/couvert d'épines; épineux [*pr.*]

**شَوْكِيّ** rachidien; spinal

عَمود، سِلْسِلة ~(ة) épine dorsale

حَبْل، نُخاع ~ moelle épinière

حُمَّى ~ة مُخِّيّة méningite cérébro-spinale

تين ~ cactus; figue de Barbarie

**شائِك** épineux; piquant *adj.*; pointu; hérissé (de piquants); armé de pied en cap; *fig.* ardu; épineux; délicat; scabreux; périlleux; semé d'embûches

سِلْك ~ fil de fer barbelé

مَوْضوع، مَسْأَلة ~(ة) sujet, question difficile/délicat(e)

II شَوَّكَ تَشْويكًا ه hérisser/garnir d'épines/de pointes/de chardons; piquer (barbe); avoir la barbe qui pique

3004 **شَوْكَران**، شَيْكَران ciguë

3005 **شَوّال** *dixième mois de l'année musulmane: « chawwal »*

3006 **شالَ** ـُ شَوْلًا lever; porter; soulever; *v. aussi 3026*

شَوْلة ج شِيال dard (dressé) du scorpion

مِشْوَل faucille

مِشْوَلة poids [*sport.*]

**مَشوم** ← مَشْؤوم

3007 **شُونة** ج شُوَن grange; grenier

~ تِبْن fenil

II شَوَّنَ تَشْوينًا ه engranger

3008 **شونيز** cumin noir; nigelle

3009 **شاهَ** ـُ شَوَهًا être ... *v. à l'adj.; v. aussi ordre alphab.*

شَوَه ← تَشَوُّه

أَشْوَه م شَوْهاء ج شُوه ← مُشَوَّه

II **شَوَّهَ** تَشْويهًا ه، ه déformer; défigurer; brouiller; enlaidir *tr.*; rendre difforme; massacrer [*fig.*]; mutiler; fausser; déparer; distordre; travestir (une idée)

~ على ه regarder qqn avec haine; jeter le mauvais œil/un mauvais sort à qqn; nuire à; porter malheur

~ عَقْله brouiller l'esprit

~ نَصًّا، كَلامًا gauchir un texte; caricaturer des propos

~ الوَقائع، فِكْرته dénaturer la réalité; trahir la pensée de

~ وَجْه وَظيفَته déshonorer sa profession

~ الحَقيقة déformer/défigurer/forcer/altérer/trahir la vérité

~ إذاعة brouiller/parasiter une émission

~ سُمْعة، صيت ه salir/ternir la réputation de qqn; compromettre qqn

**تَشْويه** défiguration; déformation; difformité; mutilation; brouillage; disgrâce

~ السُّمْعة atteinte à la réputation; compromission

~ مِهَنِيّ déformation professionnelle

**مُشَوَّه** biscornu [*fam.*]; déformé; difforme; défiguré; brouillé; disgracieux; laid; moche [*fam.*]; mutilé

رواية ~ة récit infidèle/déformé

V تَشَوَّهَ تَشَوُّهًا se déformer; se défigurer

تَشَوُّه déformation; défiguration; difformité; laideur; malformation

3010 **شَوَى** ـِ شَيًّا ه griller; rôtir; cuire sur le gril

شَيّ cuisson (au gril)

شِواء viande grillée/rôtie; grillade; rôti *n.m.*

شَواة cuir chevelu; scalp

شَوّاء ج ون rôtisseur

مَشْوِيّ méchoui; cuit; rôti; grillé; grillade

مِشْواة ج مَشاوٍ gril; grilloir; rôtisserie

شَوّاية *même sens*

3011 **شاءَ** ـَ مَشيئة ه désirer; vouloir; souhaiter

إنْ ~ اللّه si Dieu le veut; s'il plaît à Dieu

ما ~ اللّه comme Dieu le veut; que c'est beau!

~ أمْ أَبَى qu'il le veuille ou non; bon gré mal gré

~ ت الأَقْدار أن le sort a voulu que

كَما **يَشاء** à son aise/son gré/sa guise; à volonté

مَشيئة désir; intention; souhait; vouloir *n.m.*; volonté

3012 **شَيْء** ج أَشْياء chose; machin [*fam.*]; objet; quelque chose; truc [*fam.*]

~ من un peu de; un grain de; quelque

~ لا يُذْكَر، قَليل الأَهَمِّيّة chose de peu d'importance; c'est peu de chose

الـ~ الكَثير من un grand nombre de; une grande quantité de

على ~ كَثير من énormément; très

بَعْضَ الـ~ en partie; jusqu'à un certain point

أَشْبَهَ ~ بِـ ه — très/tout à fait semblable à

لا ~؛ بِلا، بِدون ~ — rien; sans rien

كَلا ~؛ لَيْسَ بِـ~ — pour rien; ce n'est rien

أَفْضَل من لا ~ — mieux que rien

لا لِـ~ إلّا لِـ — pour la seule/la simple raison que

لَيْسَ ... في ~ — n'être pas du tout/en rien/aucunement/en aucune manière

مافيش (ما في ~) — *dialect.* ce n'est pas important/nécessaire; point du tout; rien

قَدّاش (قَدَّ أيّ ~) — *dialect.* combien?

مُش (ما هو ~) — *dialect.* ne ... pas/point

ماعَنْديش (ماعندي ~) — *dialect.* je n'ai pas/rien

أش، أَيْش (أيُّ ~) — *dialect.* quoi?

لا، ما، لَمْ ... شَيْئًا — ne ... rien; aucunement; pas du tout

لا يَرَى ~ — ne rien y voir; n'y voir goutte

لَمْ يَرَ ~ — n'y avoir vu que du feu [*fam.*]

شَيْئًا فَشَيْئًا — au fur et à mesure; insensiblement; peu à peu; petit à petit

**شُوَيّة**، شُوايّة (شُوَيْء) — un peu; un peu de

~ شُوَيّة — peu à peu; petit à petit

شَيْئيّ — objectif *adj.*; positif *adj.*

**شَيْئيّة** — objectif *n.m.* [*opt.*]

لا ~ — non-être; non-existence

II شَيَّأَ تَشْيِيئًا ه، ه — chosifier; réifier; amener qqn à

تَشْيِئة — chosification; réification

V تَشَيَّأَ تَشَيُّؤًا — se chosifier; se réifier

**3013 شابَ** ـِ مَشيبًا، شَيْبًا — blanchir (cheveux); devenir blanc/chenu (tête); grisonner

~ من ه — se faire des cheveux blancs à cause de

عِنْدَما يَشيبُ الغُرابُ — quand les poules auront des dents (*m. à m.* quand les corbeaux auront des plumes blanches)

**شَيْب**؛ مَشيب — canitie; cheveux blancs; grisonnement

يَخِطُه الـ~ — poivre et sel (cheveux) [*fam.*]

آخِذ فيه الـ~ — *même sens*

أَخَذَ فيه الـ~ — grisonner (cheveux)

شائِب — qui a les cheveux blancs; âgé; chenu; vieux; vieillard

أَشْيَب م شَيْباء ج شِيب — chenu; gris; poivre et sel [*fam.*]; grisonnant

شَيْبان؛ شَيْبانيّ — âgé; vieux

II شَيَّبَ تَشْييبًا ه — vieillir; blanchir les cheveux de; faire faire des cheveux blancs à qqn [*fam.*]

**3014 شِيْبة** — armoise; absinthe

**3015 شِيت** ج شُيوتات — calicot; tissu imprimé

**3016 شِيح** — absinthe

شَيّاح — très assidu; papier buvard

شَيَّحَ تَشْييحًا — menacer; troubler; faire sécher

IV أَشاحَ إشاحة بِوَجْهه عن — détourner son regard/son visage de

**3017 شاخَ** ـِ شَيْخًا — vieillir; se faire vieux; prendre de l'âge

**شَيْخوخة** — vieillesse; vieillissement; les vieux jours; sénescence; sénilité

في ~ي — dans mes vieux jours; quand je serai vieux

عِلْم الـ~ — gérontologie

شَيْخوخيّ — sénile; sénescent

**شَيْخ** ج شُيوخ، أَشْياخ — cheikh; maître; vieillard; vieux; vénérable; vétéran; sage; sénateur

~ البَلَد، القَبيلة — chef de village/de tribu

~ الإِسْلام — *égypt.* grand mufti

~ الرَبيع — *bot.* érigeron; vergerette

مَجْلِس الشُيوخ — sénat

حُكْم، حُكومة الـ~ — gérontocratie

شَيْخة ج ات — vieille *n.f.*; vieille femme; matrone; patronne; directrice d'un groupe de danseuses musiciennes

شِياخة — dignité de cheikh/de sénateur

شائِخ — âgé; sénescent; sénile; vieilli; vieux

مَشْيَخة ج مَشايِخ — dignité de cheikh; professorat (dans les universités traditionnelles: al-Azhar, al-Qarawiyyin)

مَشْيَخيّ — sénatorial

V تَشَيَّخَ تَشَيُّخًا ← شاخَ

تَشَيُّخ — sénescence ; sénilité

**3018 شادَ** ـِ شَيْدًا — bâtir ; ériger ; construire

شِيد — plâtre ; mortier ; enduit *n.m.*

II شَيَّدَ تَشْيِيدًا هَيْكَلًا — bâtir ; construire ; dresser/élever/ériger un monument ; édifier

تَشْيِيد — édification ; construction ; érection

مُشَيِّد — constructeur

IV **أَشادَ** إِشادةً ه ← II

~ بِـ ه، بِذِكْرِه — célébrer ; exalter ; faire l'éloge/la louange de ; louer ; prôner ; vanter

**3019 شيش** — épée mouchetée ; fleuret ; rapière

لُعْبة ~ — escrime

شيشة — narghilé ; flacon en verre du narghilé

**3020** (شيط) **شاطَ** ـِ — être en excédent/en trop/de reste

شائِط — excédent ; en plus ; de reste ; restant

**3021 شاطَ** ـِ شَيْطًا — brûler *intr.* ; flamber *intr.*

II شَيَّطَ تَشْيِيطًا — brûler *tr.* ; flamber *tr.*

رائِحة المُشَيَّط — odeur de roussi/de brûlé

IV أَشاطَ ← II

X **اِسْتَشاطَ** اِسْتِشاطة — s'emballer [*fig.*] ; s'échauffer [*fig.*] ; s'emporter ; fulminer ; se déchaîner ; s'envoler à tire-d'aile

~ على — être pris de fureur contre ;

~ غَضَبًا، غَيْظًا — s'enflammer/bouillonner/frémir de colère ; se fâcher tout rouge

اِسْتِشاطة — emballement ; emportement ; déchaînement

مُسْتَشيط غَيْظًا — enflammé/bouillonnant/frémissant de colère ; fulminant ; déchaîné

مُسْتَشيطًا — à tire-d'aile

**3022 شَيْطان** ج شَياطين — démon ; diable ; malin ; méchant ; rebelle ; indocile ; Satan

زَيَّنَ له الـ~ أن — être tenté de ; être tenté par le démon

~ الشِعْر، الشاعِر — muse [*poét.*]

شَيْطانة — diablesse ; petite peste [*fam.*]

شَيْطَنة — diablerie ; malignité ; méchanceté

شَيْطانيّ — satané ; satanique ; démoniaque ; diabolique

II تَشَيْطَنَ — être turbulent ; se conduire comme un diable ; faire les quatre cents coups/des diableries

**3023 شَيْرَج** — huile de sésame

**3024 شاعَ** ـِ شُيوعًا — circuler/courir (nouvelle) ; s'ébruiter ; se divulguer ; se propager ; se répandre

~ بِخَبَر — divulguer/répandre/ébruiter (une nouvelle)

**شُيوع** — collectivisation ; propagation ; ébruitement ; extension ; notoriété ; popularité ; publicité ; indivision (d'une propriété)

~ آراء بَيْن الناس — pénétration d'idées dans le public

~ وَسائِل الإِنْتاج — communauté/collectivité des moyens de production

~ الأَمْوال — communauté des biens ; régime de la communauté

قَليل الـ~ — peu commun

على الـ~ — en commun ; en indivision

مُلّاك على الـ~ — propriétaires indivis

شُيوعيّ — communiste

شُيوعيّة — communisme

**شيعة** — chī'isme ; secte des chī'ites

~ ج شِيَع، أَشْياع — adhérents ; aides ; auxiliaires ; partisans ; sectateurs

شِيعيّ — chī'ite

**شائِع** — à la mode ; public ; fréquent ; usuel ; commun ; courant ; qui a cours ; indivis

مِلْكيّة ~ة — propriété indivise

سِرّ ~ — secret de polichinelle

شائِعة ج شَوائِع — bruit [*fig.*] ; rumeur ; renommée

II **شَيَّعَ** تَشْييعًا ه — accompagner ; escorter ; faire escorte à ; reconduire qqn ; collectiviser ; mettre en communauté

~ ه بِمَظاهِر التَكْريم — rendre les derniers devoirs à qqn ; conduire qqn à sa dernière demeure

شُيِّعَت جَنازته — ses obsèques ont eu lieu; on lui a rendu les derniers devoirs

**تَشْييع** — collectivisation; mise en communauté

~ جَنازة — derniers devoirs; obsèques; funérailles

III شَايَعَ مُشايَعة ه، ه — aller de pair avec; être partisan de; se conformer à; suivre (une opinion, un enterrement)

مُشايَعة — esprit partisan; partialité; cortège funèbre

مُشايِع ج ون — adepte; partisan; sectateur

IV **أَشاعَ** إشاعة — divulguer; étendre; rendre public; publier; répandre; propager

~ حَماسه — communiquer son enthousiasme

~ أَنْباء — colporter/ébruiter/mettre en circulation/faire courir/diffuser des nouvelles

~ الإرْهاب — semer la terreur

إشاعة — diffusion; publication; propagation; bruit; généralisation

مُشيع — propagateur; diffuseur

مُشاع — diffusé; publié; divulgué; répandu; tombé dans le domaine public; commun

V تَشَيَّعَ تَشَيُّعًا لِ ه، ه — prendre fait et cause pour; être affilié/inféodé à; s'affilier à; s'inféoder à

تَشَيُّع — chauvinisme; inféodation; partialité; sectarisme

مُتَشَيِّع لِ — partial; sectaire; chauvin [*péjor.*]; inféodé à; prosélyte

**3025 شِيق** — murène

**شيك** (← شِك) — *v. aussi 2928*

**3026 شالَ** ـِ شَيْلًا — soulever (un poids); *v. aussi 3006*

شِيالة — transport; port

شَيّال ج ون — portefaix; porteur

**3027 شَيْلَم** — ivraie; seigle

**3028 شِيمة** ج شِيَم — nature; naturel *n.m.*; caractère; qualité innée; trait de caractère

شامة — *v. ordre alphab.*

**مَشيمة** ج مَشيم، مَشايم — placenta

~ العَيْن؛ مَشيميّة — choroïde

مَشيميّ؛ مَشيميّات — placentaire(s) *adj., n.m.pl.*

**3029 شانَ** ـِ شَيْنًا ه، ه — abîmer; avilir; défigurer; déformer; enlaidir; entacher; gâter; rendre laid; ternir

~ سُمْعة ه — détruire une réputation; déshonorer

~ خُلْقًا — déparer

شَيْن — avilissement; déshonneur; honte; ignominie; opprobre

شائِن؛ شَيِّن — avilissant; abaissant; déshonorant; hideux; honteux; ignoble; infâme; ignominieux; inavouable (forfait); indigne; infamant; injurieux; insultant; inqualifiable; laid; licencieux; outrageant; scandaleux; vilain

**شاه** ج شياه — *v. ordre alphab.*

**3030 شَيْهَم** — porc-épic

**3031** (شيوع) **تَشَيْوَعَ** — être favorable au communisme/aux communistes

مُتَشَيْوِع — communisant; cryptocommuniste [*fam., péjor.*]

(صـاد)

*quatorzième lettre de l'alphabet : «ṣad» ; sifflante sourde emphatique :* [ṣ]

**3032** **ص** (= صَفْحة) *abrév.* page

**ص.ب** (= صُنْدوق البَريد) *abrév.* B.P. (boîte postale)

**3033** **صُؤابة** ج صُؤاب، صِئْبان lente; œuf de pou

**صابون** ← صبن؛ صَوْبَنَ

**3034** **صاج** plateau en métal; plaque de tôle

**3035** **صارٍ**، صارية ج صَوار colonne; mât; tronc (de palmier); hampe (de drapeau)

**صاع** ← صوع

**3036** **صاقور** hache; masse de carrier

**3037** **صالة** hall; salle

صالون salon; salle de séjour/de réception

**3038** **صامور** *bot.* paliure

**صامولة** ← صمل

**3039** **صَأى** ـِ صَئِيًّا piailler; piauler; pépier

صَئِيّ piaillement; piaulement; pépiement

**3040** **صَبَّ** ـِ صَبيبًا في confluer; couler *intr.*; déboucher (dans); s'écouler; se déverser; se jeter (fleuve); se répandre; se verser

~ على ه fondre/s'élancer/se jeter sur qqn

~ ـُ صَبًّا ه في débiter; déverser; jeter; répandre; verser; vider; *techn.* couler *tr.*; fondre *tr.*

~ ـَ صَبابة إلى ه aimer/désirer ardemment qqn

~تْ مياه النهر في، إلى les eaux du fleuve se déversent dans

~ لِنَفْسِه كَأْسًا se verser un verre

~ جامَ غَضَبِه على déverser/décharger/épancher sa haine/sa colère/sa bile sur

~ تِمْثالًا couler/fondre une statue

~ حُروفًا مَطْبَعِيّة fondre des caractères d'imprimerie

صَبّ coulage; écoulement; déversement; versement; *adj.* amoureux; ardent; fervent

صَبَب aval (d'un fleuve); déclivité; descente; pente; penchant

صَبيب نَبْع، بِئْر débit d'une source, d'un puits

صَبابة amour; ardeur; ferveur

صَبّاب verseur; bec verseur

مَصَبّ ج مَصابّ bouches/embouchure (d'un fleuve); déversoir; estuaire

مَصْبوب (métal) coulé/fondu

مَصْبوبات plombs [*impr.*]

صُبابة reste de liquide (dans un récipient)

V **تَصَبَّبَ** تَصَبُّبًا ← VII

~ عَرَقًا suer/transpirer à grosses gouttes; prendre une suée [*fam.*]; ruisseler de sueur

~ العَرَقُ على وَجْهِه avoir le visage baigné/inondé de sueur

مُتَصَبِّب عَرَقًا baigné/inondé de sueur

VII **إنْصَبَّ** إنْصِبابًا في، على — se déverser; s'élancer; couler *intr.*; s'épancher; se répandre; se verser; être versé; être répandu

~ في البَحْر — se jeter dans la mer (fleuve)

~ على الصَيْد — fondre sur sa proie

إنْصِباب — écoulement; épanchement; versement

**3041 صَبائِحيّ** ج ة — spahi; cavalier

**3042 صُبْح** ج أصْباح — aurore; matin; matinée

الـ~، صَلاة الـ~ — prière du matin

بَياض الـ~ — lueur de l'aurore

**صَباح** — matin

مِن الـ~ إلى المَساء — du matin au soir

في ~ اليَوْم التالي — le lendemain matin

صَباحًا — le/au matin; dès le matin

**صَباحَ مَساءَ** — matin et soir

~ الخَيْر، النُور — bonjour! bonne matinée!

~ اليَوْم — ce matin

صَباحيّ — du matin; matinal

صَباحة — beauté; gentillesse; grâce

صَبيح ج صِباح — beau; gentil; gracieux

صَبيحة ج صَبائِح — matin; matinée

**مِصْباح** ج مَصابيح — ampoule; lampe; lanterne; phare

~ نَقّال، كَهْربائيّ — baladeuse; torche électrique

~ جَيْب، لِحام — lampe de poche, à souder

~ وَهّاج، مُتَوَهِّج — lampe fluorescente/à incandescence

~ أَماميّ، خَلْفيّ، جانِبيّ — feu avant, arrière, de position

~ أشِعّة مَهْبِطيّة — tube à rayons cathodiques

II **صَبَّحَ** تَصْبيحًا ه — dire bonjour à; donner/souhaiter le bonjour

~ ه، على ه بِالخَيْر — *même sens*

IV **أصْبَحَ** إصْباحًا — être ... le matin; apparaître; se dévoiler; devenir; commencer à; se retrouver (dans tel état); *avant un v.* désormais

~ الصَباح — c'est le matin

اليَوْمَ ~ الشَيْء كَذا — désormais les choses sont ainsi

~ يَوْمًا فَإذا — un beau jour il s'est retrouvé

ما ~ لَه وُجود — avoir complètement disparu

~ أثَرًا بَعْدَ عَيْن — n'être plus qu'un souvenir

~ على شَكْل ه — prendre l'aspect/la forme de

حِينَ ~ الصُبْح، الصَباح — au matin

تُصْبِحُ على خَيْر — bonne nuit; bonsoir

وَأنْتَ مِنْ أهْله — *réponse à la formule précéd.*

X **إسْتَصْبَحَ** إسْتِصْباحًا — allumer (la lumière, la lampe)

~ بِـ — s'éclairer à l'aide de

**3043 صَبْر** — aloès; myrrhe

صَبْرة المَرجان — épiphylle

صَبّار — figuier/figue de Barbarie; cactus; oponce; raquette [*bot.*]

صُبَيْرة — *même sens*

صُبّار — tamarin

صَبّاريّات — cactées *n.f.pl.*

**3044 صَبَر**، صَبَرة — givre; gelée blanche

صَبْرة — froid vif

**3045 صَبَرَ** ـِ صَبْرًا — attendre; prendre patience; être patient; patienter; être constant; *v. aussi 3046*

~ على — endurer; persister dans; supporter; résister à

~ عَنْ — abandonner qqch; s'abstenir de; renoncer à; se passer de

**صَبْر** — constance; endurance; maîtrise de soi; patience; résistance

فَقَدَ ~ه — perdre patience; s'impatienter

أعْياهُ الـ~ — être à bout; sa patience est à bout; n'y plus tenir

نَفِدَ، فَرَغَ، عِيلَ ~هُ — *même sens*

إعْتَصَمَ بِالـ~ — s'armer de patience

إحْتَمَلَ، تَحَمَّلَ ه بِـ~ — prendre en patience; prendre son mal en patience

قِلّة، نَفاد، فُروغ الـ~ — impatience

قَليل، نافِد، فارِغ الـ~ impatient

بِفارِغ الـ~ avec impatience

الـ~ على التَّعَب، العَطَش résistance à la fatigue, à la soif

تَأَلَّمَ بِـ~ souffrir en silence/sans se plaindre

صَبْرًا patience! du calme!

**صابِر** constant; endurci; endurant; patient; persévérant; résistant

~ عَنْ abstinent

~ على الأَلَم dur à la peine/à la douleur

صَبور، صَبّار ← صابِر

II **صَبَّرَ** تَصْبيرًا ه، ه conserver; préserver; conforter; consoler; réconforter

~ جُثّة embaumer un cadavre

III **صابَرَ** مُصابَرةً s'armer de patience

~ ه faire attendre qqn; retarder un remboursement

مُصابَرة longanimité; patience

V **تَصَبَّرَ** تَصَبُّرًا être patient; prendre patience; patienter; persévérer

~ عَلَى الأَلَم، العَمَل souffrir, travailler avec courage

VIII اِصْطَبَرَ اِصْطِبارًا ← V

**3046** **صُبْرة** amas; pile; tas; lest; *v. aussi 3045*

صُبْرةً en bloc; en tas

**صابورة**؛ خَزّان، صِهْريج ~ ballast [*mar.*]; lest

أَلْقَى الـ~ délester; jeter du lest

إِلْقاء الـ~ délestage [*mar.*]

II صَبَّرَ تَصْبيرًا ه lester; lestage [*mar.*]

**3047** (صبع) **إِصْبَع** ج أَصابِع doigt; touche (piano)

~ قَدَم orteil

~ قُفّاز doigt de gant

~ ديناميت، الأَحْمَر bâton de dynamite, de rouge

وَضَعَ ~ه على mettre le doigt sur; toucher du doigt [*fig.*]

ساقَه بِـ~ه faire marcher au doigt et à l'œil

أَشارَ إِلَيه بِـ~ه montrer qqn du doigt

لَهُ ~ في ه avoir qqch à voir/être impliqué dans

~ العَدُوّ le doigt/la main/l'influence de l'ennemi

**أَصابِع** اليَد، القَدَم doigts; orteils

بَصَمات الـ~ empreintes digitales

ضَرَبَهُ على ~ه taper sur les doigts

عَضَّ ~ه se mordre les doigts

عَرَفَ ه على رُؤُوس الـ~ connaître sur le bout des doigts

تُعَدّ على الـ~ se compter sur les doigts de la main

زَلَقَ، أَفْلَتَ مِن بَيْنِ ~ه filer/glisser entre les doigts

كَـ~ اليَد comme les doigts de la main

بَيْن ~ه à portée de la main

عِبادة الـ~ fausse dévotion (*m. à m.* dévotion des doigts)

بِـ~ قَدَمَيه les doigts dans le nez [*fam.*]

~ مِنْ بَطاطِس frites; pommes frites

إِصْبَعيّ digital

إِصْبَعيّات digitigrades *n.m.pl.*

**3048** **صَبَغَ** ـُ صَبْغًا ه colorer; teindre; teinter

~ يَدَه بِفَنّ من فُنون tâter de [*fig.*]; se donner une teinture/un vernis de

**صِباغة** teinturerie; teinture

طُرُق ~ procédés de teinture

**صِبْغة** ج صِبَغ couleur; colorant; nuance; teint *n.m.*; teinte *n.f.*; teinture; pigment

~ يُود teinture d'iode

~ سِياسيّة، مَحَلّيّة nuance politique; couleur locale

أَخْرَجَهُ مِن ~ه déformer; dénaturer

صِبْغ ج أَصْباغ ← صِبْغة

صِبْغيّ، صِبْغيّة ج ات chromosome

تَحْليل **الصِبْغيّات** analyse chromosomique

صِبْغيّة chromatine; tonalité [*fig.*]

صِباغ ج **أَصْبِغة** couleur; pigment; teint; teinture

صَبّاغ ج ون teinturier

سوق الصَّبّاغين — souk des teinturiers

مَصْبوغ — coloré; imbibé; teinté; teint; *fig.* influencé

مَصْبَغة — teinturerie

VIII اِصْطَبَغَ اِصْطِباغًا بـ — se colorer; se teinter; se pigmenter

اِصْطِباغ — coloration; pigmentation; teinture

**3049** (صبن) **صابون** — savon

مَسْحوق، فَقاقيع ~ — poudre, bulles de savon

~ مُعَطَّر، صَغير — savon parfumé; savonnette

صِناعة، مَعْمَل ~ — industrie savonnière; savonnerie

صابونة — pain de savon; savonnette

صابونيّ — savonneux; savonnier

صابونيّة — saponaire [*bot.*]

صِبانة؛ مَصْبَنة — savonnerie (métier, atelier)

صَبّان ج ون — marchand/fabricant de savon

II صَبَّنَ تَصْبينًا ه — saponifier; saponification

V تَصَبُّن — saponification

صَوْبَنَ، صَوْبَنة — *v. ordre alphab.*

**3050** **صَبا** ـُ صَبَاءً، صُبُوًّا — être enfant/enfantin/puéril

~ إلى — aspirer à; prétendre à; avoir un penchant sexuel

**صِبًا**؛ صُبُوّة، صَباء — enfance; jeunesse; juvénilité

رَفيق الـ~ — ami d'enfance

صَبَويّ — juvénile

**صَبِيّ** ج صِبْية، صِبْيان — enfant; garçon; gars; gamin

~ خَدَمات — apprenti; garçon de courses

صَبِيّة ج صَبايا — enfant *n.f.*; fille; jeune fille/personne; gamine; môme [*fam.*]

**صِبْيانيّ** — enfantin; infantile/puéril [*péjor.*]

تَصَرُّف، بُرْهان ~ — conduite, argument infantile

صَوْت، أَلْعاب ~(ة) — voix enfantine; jeux enfantins

صِبْيانيّة — infantilisme; puérilisme

**3051** **صَبًا** — vent d'est

صابِيّات — alizés

**3052** **صُتْمة** ج صُتَم، صَتائِم — rocher; pierre dure

صِتامة — pétrographie; lithologie

صِتاميّ — pétrographique; lithologique

**3053** **صَحَّ** ـِ صِحّة — être ... *v. à l'adj.*; se vérifier

~ من — guérir; recouvrer/retrouver la santé

~ القَوْل إنّ — on peut dire que

إنْ، إذا ~ أن — si tant est que; s'il est vrai que

إنْ ~ القَوْل إنّ — si l'on peut dire; pour ainsi dire

إنْ ~ ظَنّي — si je ne me trompe

~ عَزْمُه على ه — être fermement décidé à

**صِحّة** — authenticité; correction; crédibilité; exactitude; hygiène; légalité; régularité; santé; état sanitaire; validité; véracité; vérité; vigueur

تَمَتَّعَ بـ~ جَيِّدة — avoir une/être en bonne santé

في ~ جَيِّدة، سَيِّئة — bien, mal portant; en bonne, mauvaise santé

وزارة الـ~ العامّة — ministère de la Santé publique

طَبيب الـ~ العامّة — médecin hygiéniste

~ خَبَر، عَقْد شَرْعيّ — authenticité d'une nouvelle, d'un acte juridique

~ رَأْي — bien-fondé d'une opinion

~ تَعْبير — justesse/exactitude d'une expression; propriété d'un terme

خَبَر بِلا ~ — nouvelle sans consistance/fondement

اِسْتَعادَ ~ ه — retrouver/recouvrer la santé; se remettre [*pr.* et *fig.*]

على ~ك — à la tienne/la vôtre!

عَدَم ~ — inauthenticité (d'une nouvelle); impropriété (d'un terme)

**صِحّيّ** — hygiénique; sain; sanitaire; salubre

وَرَق، عِناية ~(ة) — papier, soin hygiénique

خَدَمات، حِصار ~(ة) — services, cordon sanitaire(s)

طَقْس، هَواء ~ — climat, air sain/salubre

حَجْر، مَحْجَر ~ — quarantaine [*méd.*]

غَيْر ~ — antihygiénique; insalubre; malsain

**صِحّيّة**؛ عَدَم ~ salubrité; insalubrité

**صَحيح** de bon aloi; authentique; correct; exact; entier (nombre); fidèle (récit); juste; loyal; réel; régulier; sain; valable; véritable; vrai

~ أنّ il est exact/vrai que

~ الجِسْم والفِكْر sain de corps et d'esprit

إجابة ~ة bonne réponse; réponse exacte

فِعْل، أَصْل ~ *gramm.* verbe, radical sain

غَيْر ~ déloyal; faux; inauthentique; inexact; incorrect; infidèle (récit); irrégulier

**أَصَحّ** : أوعلى الـ~، بالـ~ ou plutôt/mieux; plus exactement

مَصَحّ، مَصَحّة ج ات، مَصاحّ clinique; maison de santé; sanatorium

II **صَحَّحَ تَصْحيحًا** ه amender; attester; certifier; confirmer; corriger; guérir; rectifier; redresser; réparer; restaurer; réviser; valider

~ مَخْطوطة faire une édition critique; réviser un manuscrit

**تَصْحيح** amendement; certification; correction; rectification; redressement; réparation; restauration; révision; validation

~ مَخْطوطة révision d'un manuscrit; édition critique

**تَصْحيحيّ** : بَيان ~ rectificatif *n.m.*

**مُصَحِّح** correctif; correcteur; rectificatif *adj.*

زُجاجات ~ة verres correcteurs

~ تَجارِب الطَبْع correcteur d'imprimerie

**3054 صَحِبَ - صُحْبةً، صَحابةً ه** accompagner; s'accompagner de; être compagnon/camarade de

~ ه في كُلّ غَدَواته ورَوَحاته ne pas lâcher/quitter qqn d'une semelle

**صُحْبة**؛ صَحابة compagnie; camaraderie; conduite (faire un bout de); compagnonnage

بِـ~؛ صُحْبةَ ه en compagnie de; avec; ci-joint

كان بِـ~ه رَجُلٌ il y avait un homme en sa compagnie

**صاحِب** ج أَصْحاب ami; camarade; compagnon; propriétaire; directeur; auteur; possesseur; patron

~ فِكْرة، مَشْروع auteur/père/promoteur d'une idée, d'un projet

~ في العَمَل، الطَريق compagnon de travail/de route

~ البَيْت propriétaire; maître de maison

~ العَمَل patron; employeur

~ فُنْدُق، مَصْنَع hôtelier; industriel

~ مَصْنَع سَيّارات، طَيّارات constructeur d'automobiles, d'avions

~ حَقّ، إيراد ayant droit; rentier

~ أَسْهُم détenteur/porteur de parts

~ ذاكِرة قَويّة doué d'une bonne mémoire

~ التَرْجَمة le personnage dont on écrit l'histoire

~ الرِفْعة، الدَوْلة (titre de) Premier ministre

~ الجَلالة، العَظَمة Sa Majesté

~ السُمُوّ المَلَكيّ Sa Royale Majesté

~ الغِبْطة *égypt.* Son Éminence le patriarche copte

~ الأَمْر souverain; qui détient le pouvoir

**صاحِبة** ج صَواحِب amie; compagne

~ الجَلالة، السُمُوّ المَلَكيّ Sa Majesté la reine; Sa Royale Majesté

~ العِصْمة Madame

صَحابيّ ج صَحابة compagnon du prophète Mohammed

مَصْحوب بِـ accompagné/assorti de

III **صاحَبَ مُصاحَبةً** ه، ه accompagner; entourer; escorter; vivre dans l'entourage/l'intimité de; se lier avec qqn

الظُروف الّتي ~ت ه les circonstances qui entourent (l'accident)

IV أَصْحَبَ إِصْحابًا ه ه donner un compagnon à; faire accompagner/raccompagner qqn par; donner une escorte à qqn

VIII اِصْطَحَبَ اِصْطِحابًا ه raccompagner; se tenir compagnie

X اِسْتَصْحَبَ اِسْتِصْحابًا ه emmener qqn; se faire accompagner/escorter par

**3055 صَحَر** couleur auburn/fauve/ocre

أَصْحَر م صَحْراء ج صُحْر *adj.* auburn; fauve; ocre

صَحْراء ج صَحارَى، صَحارٍ désert; Sahara

صَحْراويّ ج صَحْراوة — désertique; saharien

~ ج صَحْراوة — sahraoui

II صَحَّرَ تَصْحيرًا ه — transformer en désert; désertification

V تَصَحَّرَ تَصَحُّرًا — se transformer en désert

**3056 صَحْفة** ج صِحاف — assiette; bol; écuelle; plat *n.m.*; plateau

**صَحيفة** ج صَحائِف، صُحُف — feuillet; folio; feuille; journal

~ عَقّاريّة — titre foncier

~ه بَيْضاء — avoir bonne réputation

~ مُصَوَّرة — journal illustré; illustré *n.m.*

**صُحُف** — la presse; les journaux

~ الصَباح، المَساء — presse du matin, du soir

~ إخْباريّة، إعْلاميّة — journaux d'information

~ أدَبيّة، سياسيّة — presse littéraire, politique

قُصاصات مِن، جَرائِم الـ~ — coupures, délits de presse

مُراسِل الـ~، صُحُفيّ — correspondant de presse

**صُحُفيّ** — journalistique

~ ج ون — journaliste; publiciste

حَمْلة، وكالة ~ة — campagne, agence de presse

مُؤْتَمَر، مُلْحَق ~ — conférence, attaché de presse

**صِحافة** — presse; journalisme

حُرّيّة، مِنْبَر الـ~ — liberté de la presse; tribune de presse

~ إخْباريّة، الرَأْي — presse d'information, d'opinion

صِحافيّ ← صُحُفيّ

**مُصْحَف** ج مَصاحِف — livre; volume; exemplaire du Coran; un coran

II صَحَّفَ تَصْحيفًا ه — faire des fautes de lecture

**3057 صَحَل** — raucité/éraillement de la voix

صَوْت أَصْحَل — voix éraillée/sépulcrale/rauque

**3058 صَحْن** ج صُحون — assiette; bol; cavité; couvert *n.m.*; cuvette; plat; soucoupe

~ طائِر — soucoupe volante

~ دار — cour intérieure (de maison); patio

~ دَرَج — palier (d'un escalier)

~ كَنيسة — nef/vaisseau (d'église)

~ عَرْضيّ (في كنيسة) — transept

صَحْنانِ — castagnettes; cymbales

**3059 صَحا** ـُ صَحْوًا — être ... *v. à l'adj.*; se dégriser; s'éveiller; sortir du sommeil; se réveiller

~ من غَشْيَته — reprendre connaissance/ses esprits/ses sens

~ من غُروره — revenir de son erreur; être désabusé/désillusionné

صَحِيَ ـَ صَحًا ← صَحا ـُ

**صَحْو** — clarté; beauté; pureté; sérénité; éveil; réveil

~ الجَوّ — beau temps; temps clair/pur/serein

فَتَرات الـ~ — intervalles de lucidité/de conscience

~؛ صاحٍ — conscient; éveillé; sobre; vigilant; alerte; agile; lucide d'esprit; clair; brillant; pur; serein; sans nuages; dégagé (ciel)

II **صَحَّى** تَصْحِيَةً ه — éveiller; réveiller; dégriser

~ ه من غَشْيَته — faire revenir qqn à soi; ranimer qqn; rappeler qqn à soi/à la vie

IV أَصْحَى إصْحاءً ← صَحا ـُ، II

**3060 صَخِبَ** ـَ صَخَبًا — brailler; crier; gueuler [*pop.*]; faire du tapage/du tintamarre [*fam.*]; vociférer

**صَخَب** — braillement; brouillage [*radio.*]; chahut; grabuge [*fam.*]; bruit; clameur; tapage; tintamarre [*fam.*]; tumulte; turbulence; vacarme; vocifération

~ الأَنْغام — cacophonie

~ الأَشْغال — le tumulte des affaires

كَثير الـ~ — bruyant; tumultueux

أثارَ ~ًا في — faire scandale

**صاخِب**؛ صَخِب — assourdissant; bruyant; grondeur; houleux [*fig.*]; tumultueux; tempétueux; turbulent; fracassant; orageux; tourmenté (mer)

إيقاع ~ — rythme endiablé/frénétique

دِعاية ~ة — publicité tapageuse

**صَخّاب** — braillard; criard; gueulard [*pop.*]; tapageur

VIII اِصْطَخَبَ اِصْطِخابًا ← صَخِبَ

**3061 صَخْر** ج صُخور pierre; roc; roche; rocher

قَلْب من الـ~ cœur de pierre

ثابِت مِثْلُ الـ~ solide/ferme comme un roc

قُبَّة الصَخْرة la Coupole du Rocher; la mosquée d'Omar (à Jérusalem)

صَخْرِيّ de roche; rocheux; rupestre

رَصيف ~ écueil; barre rocheuse

ماء، شاطِئ ~ eau de roche; côte rocheuse

مِلْح ~ sel gemme

رُسوم ~ة peintures rupestres

صُخور بُرْكانيّة roches éruptives/volcaniques

~ مُتَحَوِّلة roches métamorphiques

~ نارِيّة، رُسوبِيّة roches ignées, sédimentaires

عِلْم الـ~ pétrographie

صَخِر rocailleux; pierreux

II صَخَّرَ تَصْخيرًا pétrifier; pétrification

V تَصَخَّرَ تَصَخُّرًا se pétrifier; pétrification

**3062 صَدَّ** ـُ صَدًّا ه، ه contenir (la foule); mettre/tenir qqn en échec; enrayer (une attaque); endiguer; intercepter (la balle) [*sport.*]; rebuter; refuser; rejeter (l'ennemi); repousser; résister à

~ تَدَفُّق الجُمْهور endiguer/contenir le public

~ هَجْمة repousser un assaut/une attaque

~ ه عن détourner/écarter qqn de

~ نَفْسه عن se détourner de

صُدود refus; interception; rejet

لا تُفَسِّر هذا بِأنّه ~ ne prends pas cela pour un refus

صَدّ rebuffade; refus; rejet; répulsion; résistance

~ الكُرة interception de balle

بِـ، في صَدَد à propos de; concernant; en ce qui concerne; en fait de; touchant à; en train de; sur le point de

في هذا الـ~ à cet égard; à cet effet; à ce sujet; à ce propos

مِصَدّ tampon; bouchon

**3063 صَديد** pus; sanie; *v. aussi 3062*

صَديدِيّ purulent; suppurant

IV أَصَدَّ إِصْدادًا suppurer; suppuration

**3064 صَدِئَ** ـَ صَدَأً se rouiller; rouiller *intr.*; s'oxyder; *v. aussi 3074, 3075*

لا يَصْدَأ inoxydable

صَدَأ rouille; oxydation

ضِدّ الـ~ antirouille

أَكَلَه الـ~ se rouiller; se piquer (métal)

أَصْدَأ م صَدْآء oxydé; rouillé

صَدِئ *même sens*

IV أَصْدَأَ إِصْداءً ه rouiller *tr.*; oxyder

**3065 صَدَحَ** ـَ صُداحًا crier; chanter; gazouiller

~ بِـ faire/jouer de la musique; jouer d'un instrument; sonner (du clairon)

صادِح chanteur; ténor

المُوسيقَى الـ~ة la musique qui monte/qui se fait entendre

صَدّاح *ois.* bec-fin

**3066 صَدَرَ** ـُ صُدورًا être publié/promulgué; sortir/paraître (livre)

~ عن، من émaner; procéder; partir; venir; provenir; sortir de; avoir pour origine

~ عن القَلْب venir du cœur

~ عن قَلْب طَيِّب partir d'un bon sentiment

صُدور émanation [*philos.*]; parution; promulgation; publication

صَدْر ج صُدور buste; cœur [*fig.*]; poitrine; poitrail; thorax; sein [*fig.*]

ضَمَّهُ إلى ~ه presser qqn contre son cœur/son sein

~ بارِز poitrine opulente/généreuse

رافِعة، حامِلة ~ soutien-gorge

عَرْض الـ~ tour de poitrine

~ المَجْلِس، المَكان place d'honneur

~ القَوْم chef; dirigeant

~ الدار sanctuaire; le saint des saints

~ الكَمان table d'harmonie d'un violon

~ النَهار، الصَيْف — début/entrée du jour, de l'été

في ~ الكِتاب — en exergue

~ قَميص — corsage; plastron

باب الـ~ — porte principale

رَحْب، رَحيب، واسِع الـ~ — généreux; libéral; magnanime; patient; ouvert; large d'esprit

ضَيِّق، مُنْقَبِض الـ~ — contrarié; déprimé; ennuyé; fâché; irrité; mal à l'aise; maussade

ذات الـ~ — le fond/le secret du cœur; for intérieur; pensées intimes

ذَوات الـ~ — *gramm.* (particules) qui se mettent en tête de phrase; préfixes

بَعيد الـ~ — cruel; impitoyable

بَنات الـ~ — chagrins; pensées noires/tristes; soucis

كَشَفَ عن مَكْنونات ~ه — ouvrir son cœur

ذاتُ الصُدور — secret des âmes

**صَدْرِيّ** — pectoral; thoracique

قَفَص، مَرَض ~ — cage thoracique; maladie de poitrine

نَزْلة، ذِبْحة ~ة — bronchite; angine de poitrine

صَدْرِيّة؛ صُدْرة؛ صِدار — blouse; corsage; gilet

**صَدارة** — première place; préséance; prééminence

في مَكان الـ~ — en vedette; au premier plan

**صادِر** — émanant; issu; provenant; promulgué; publié

في عَدَد ~ — dans un numéro paru

صادِرات — exportations

مَصْدور — poitrinaire; phtisique; tuberculeux

**مَصْدَر** ج مَصادِر — origine; principe; source; germe; racine [*fig.*]; référence; lieu d'origine; provenance; *gramm.* infinitif; nom verbal/d'action

~ طاقة، وَثيق، أَدَبِيّ — source d'énergie, autorisée, littéraire

~ لِلْخَيْر — source de profits

~ حَريق — foyer d'incendie

مِن ~ مَوْثوق به — de bonne source; de source digne de foi

**مَصادِر** الدَخْل، تاريخِيّة — sources de revenu, historiques

بَضائِع من كُلّ الـ~ — marchandises de toute provenance

~ القُوّة — potentiel militaire

II **صَدَّرَ** تَصْديرًا ه — *comm.* exporter (des marchandises)

~ كِتابًا — préfacer un livre; écrire/faire un avant-propos/une introduction

**تَصْدير** — avant-propos; préface; *comm.* exportation

**تَصْديرِيّ** : صِناعات ~ة — industries d'exportation

**مُصَدِّر** ج ون — exportateur

دُوَل ~ة لِلنَفْط — pays exportateurs de pétrole

**مُصَدَّر** — exporté

~ ج ات — marchandise exportée; exportation

III **صادَرَ** مُصادَرة — confisquer; mettre l'embargo sur; s'opposer à; réprimer; réquisitionner; saisir; séquestrer

~ بَضائِع مُهَرَّبة — mettre la main sur/saisir des marchandises de contrebande

~ بُرْهانًا — postuler

**مُصادَرة** ج ات — embargo; confiscation; saisie; mainmise; postulat; séquestration

حَقّ الـ~ — droit de préhension [*dr. anc.*]

~ على المَطْلوب — pétition de principe

مُصادَر — postulé; requis; réquisitionné

IV **أَصْدَرَ** إِصْدارًا ه — faire paraître; rendre public; publier

~ كِتابًا — éditer/publier un livre

~ مَرْسومًا بـ ه — décréter; prendre un décret

~ قَرارًا، قانونًا — promulguer un arrêté, une loi

~ حُكْمًا — promulguer/rendre/prononcer un jugement

~ حُكْمًا على ه — émettre/porter un jugement sur

~ أَوْراقًا مالِيّة — émettre des billets de banque

~ أَمْرًا، أَمْرًا بِالقَبْض — édicter un ordre; délivrer un mandat d'amener

~ قَرْضًا — lancer un emprunt

**إِصْدار** — émission; promulgation; publication

~ طَوابِع بَريدِيّة — émission de timbres-poste

مَصْرِف ~ — banque d'émission

**مُصْدِر**؛ بَنْك ~ — émetteur; banque émettrice

V تَصَدَّرَ تَصَدُّرًا occuper la première place/la place d'honneur; avoir le pas/la préséance sur; présider (un banquet)

**تَصَدُّر** préséance; présidence (d'un banquet)

حَقّ الـ~ droit de préséance

X اِسْتَصْدَرَ أَمْرًا، حُكْمًا édicter/promulguer un décret, un jugement

**3067 صَدَعَ** َ صَدْعًا ه fêler; fendre; partager en deux; percer; rompre

~ َ صُدوعًا بِـ ه mettre au jour; manifester; exposer clairement

~ بِالحَقّ déclarer la vérité

~ بِأَمْر exécuter un ordre

صُدِعَ avoir mal au crâne [*fam.*]/à la tête; avoir la migraine

صَدْع ج صُدوع cassure; brisure; crevasse; fente; fissure; faille; lézarde

صُداع mal de tête; céphalée; migraine

صُداعيّ migraineux

صِدْعة ج صَدَعات partie; morceau; *fig.* divergence

مَصْدوع brisé; fendu; fissuré; séparé; *méd.* qui a la migraine

II صَدَّعَ تَصْديعًا fendre; fissurer; lézarder; *fig.* casser/rompre la tête; ennuyer; importuner

تَصْديع fissuration; rupture

V **تَصَدَّعَ** تَصَدُّعًا se disloquer; se briser; se fendre; se fissurer; se lézarder; partir en morceaux; se crevasser; être séparé; se séparer; être ébranlé/compromis

~ت القُلوب بِـ ه fendre l'âme/le cœur

تَصَدُّع faille; fissuration; fente; fissure

VII اِنْصَدَعَ اِنْصِداعًا ← V

**3068 صُدْغ** ج أَصْداغ tempe; favoris

~ مُعَقْرَب accroche-cœur

أَصْداغ آخِذ فيها الشَّيْب les tempes argentées

**صُدْغيّ** temporal

عَظْم، شَرايين ~ (ة) os, artères temporal(es)

**3069 صَدَف** nacre; *v. aussi 3070*

**صَدَفة** ج صَدَف، أَصْداف coquillage; conque; coquille; écaille

~ الأُذُن conque/cavité de l'oreille; oreille externe

~ ذاتُ مِصْراعَيْن coquille bivalve

~ حَلَزونيّة coquille hélicoïdale (des gastéropodes)

**صَدَفيّ**؛ رَخْويّة ~ة nacré; mollusque à coquille

صَدَفيّات mollusques *n.m.pl.*

**3070 صَدَفَ** ِ صُدوفًا ه éloigner/décourager/détourner qqn

~ عن ه esquiver qqn; éviter qqn; se détourner de; s'écarter de; s'en aller

~ أن advenir; arriver par hasard

إذا ~ أن si par hasard; s'il advient que

صُدْفة ج صُدَف coïncidence; hasard; coup de hasard; occasion

صُدْفةً par accident; accidentellement; d'aventure; fortuitement; en passant; occasionnellement

مِن **الصُّدَف** الغَريبة par une de ces coïncidences étonnantes

صُدْفيّ occasionnel

III **صادَفَ** مُصادَفةً ه، ه arriver; advenir; coïncider; voir/trouver qqn; tomber sur qqn; rencontrer (des difficultés)

~ النَّجاح rencontrer/trouver le succès

~ مَحَلَّه venir à propos/à point; être opportun; bien tomber

~ أن il arriva/il advint que

**مُصادَفة** conjoncture; coïncidence; hasard; occurrence

مُجَرَّد ~ tout à fait fortuitement/par hasard; simple coïncidence

مُصادَفةً ← صُدْفةً

**مُصادِف** لِـ correspondant à; coïncidant avec

التاريخ الـ~ لِـ date correspondant à

VI تَصادُفيّ occasionnel

**3071 صَدُقَ** ُ صَداقة être ... *v. à l'adj.; v. aussi 3072*

صَدَقَ ُ صِدْقًا avoir raison; dire la vérité

~ الوَدّ accomplir/réaliser un souhait

~ في وَعْده accomplir une promesse; tenir parole

~ على ه s'appliquer à; être vrai pour de; être valable

~ مَنْ قال on a raison de dire

صِدْق authenticité; droiture; foi; franchise; loyauté; sincérité; véracité; vérité
لَهْجة الـ~ l'accent de la vérité
بالـ~ en conscience; en toute franchise
صِدْقًا franchement; sincèrement; vraiment
صَداقة amitié; intimité
صَديق ج أَصْدِقاء ami; intime *adj.*, *n.*
~ طُفولة، الموسيقى ami d'enfance, de la musique
~ بَيْنَ أَصْدِقائي l'un de mes amis; un mien ami
الـ~ وَقْتَ الضَيِّق *prov.* c'est dans la gêne que l'on reconnaît ses amis
شَعْب، دَوْلة، يَد ~(ة) peuple, pays, main ami(e)
صَديقانِ مُتَلازِمانِ une paire d'amis; des amis inséparables
~ حَميمانِ *même sens*
صادِق amical; authentique; cordial; droit; franc; fidèle; loyal; pur; sincère; véridique; vrai
غَيْر ~ infidèle; faux (témoignage); inamical
صَدوق، صِدّيق droit; pur; sincère; vrai
صَديق ~ ami à toute épreuve
أَصْدَق بُرْهان، دَليل على ه أن la meilleure preuve en est que
~ صَديق le meilleur ami
مِصْداق confirmation; pierre de touche; critère; critérium [*vx.*]; preuve; épreuve de vérité
II صَدَّقَ تَصْديقًا على ه attester; approuver; authentifier; ajouter foi à; croire; certifier; confirmer; donner son assentiment à; accorder son crédit à; entériner; homologuer; légaliser; tenir qqch pour vrai; ratifier; sanctionner; vérifier
ما ~ عَيْنَيْه، أُذُنَيْه ne pas en croire ses yeux, ses oreilles
لا يُصَدَّق incroyable; pas croyable
صُدِّقَ trouver crédit/créance; être cru
~ حَدْسي mon intuition se vérifia
تَصْديق approbation; assentiment; attestation; authentication; homologation; légalisation; ratification; sanctionnement; vérification
~ على إِنْتِخاب validation d'une élection
جَدير بالـ~ digne de créance
سُرْعة، سَريع الـ~ crédulité; crédule
قابِل، قابِليّة لِلـ~ crédible; crédibilité
غَيْرُ قابِل لِلـ~ incroyable
كان بَيْنَ مُصَدِّق ومُكَذِّب hésiter à croire
مُصَدَّق عليْه confirmé; attesté; certifié; légalisé
~ عليه رَسْمِيًّا certifié conforme et véritable
غَيْر ~ non crédible; inauthentique
مُصَدَّقة ج ات attestation; certificat
III صادَقَ مُصادَقةً ه se lier avec qqn; lier amitié avec qqn; traiter en ami
~ ه ، على ه ← II
VI تَصادَقَ تَصادُقًا مع avoir confiance/foi en la sincérité/l'amitié de; se fier à; vivre en amitié/en bonne harmonie avec
تَصادُق accord; entente; harmonie

3072 صَدَقة ج ات aumône; charité; contribution volontaire; offrande
~ الفِطْر aumône légale (versée à l'occasion d'une fête)
جَمَعَ، جَمْع الصَدَقات quêter; quête
صَداق ج صُدُق، أَصْدِقة dot; contrat de mariage
~ العَروس dot de la mariée
V تَصَدَّقَ تَصَدُّقًا على ه donner/glisser la pièce à; faire l'aumône/la charité à qqn
~ على ه بـ ه faire à qqn l'aumône de

3073 صَدَمَ ـِ صَدْمًا ه choquer; cogner; commotionner; heurter; percuter; scandaliser; secouer qqn [*fig.*]; télescoper; tamponner; traumatiser
~ سَيّارة accrocher une voiture
~ ه بِكَلامه choquer qqn par ses paroles
صَدْم cognement; impact; tamponnement; percussion
صَدْمة ج صَدَمات choc; commotion; émotion; heurt; saisissement; secousse; traumatisme
~ جِراحيّة، كَهْرَبائيّة choc opératoire; électrochoc
~ نَفْسيّة choc/traumatisme psychologique
سَبَّبَ له ~ provoquer un choc/une secousse
مُضادّ لِلصَدَمات antichoc

واقية مِن الـ~ pare-chocs

صادِم percutant [fam.]; choquant

سِعْر ~ prix choc

صُدام méd. grippe

III صادَمَ مُصادَمَةً choquer; contrecarrer; heurter; tamponner; entrer en collision avec; percuter

~ سَفينة aborder un bateau

~ العَدُوّ se jeter sur l'ennemi

مُصادَمَة abordage; choc; collision; heurt; tamponnement

وَحْدة، جُنود الـ~ unité, troupes de choc

صِدام choc; friction; coup de tampon

جُنود الـ~ troupes de choc

مُعالَجة صِدامِيّة traitement de choc

رَمْي مُصادِم tir percutant

VI تَصادَمَ تَصادُمًا s'affronter; s'aborder; s'entrechoquer; se heurter; se tamponner; se télescoper

تَصادُم accrochage; affrontement; choc; abordage (entre bateaux); collision; heurt; tamponnement

~ الأَحْزاب السياسيّة affrontement des partis politiques

~ الأَفْكار choc d'idées

VII اِصْطَدَمَ اِصْطِدامًا بـ ه، ه se cogner; cogner; choquer; heurter; tamponner; télescoper; percuter; se frotter à qqn; s'entrechoquer; se heurter; s'accrocher; entrer en collision avec

~ بِصُعوبات se heurter à des difficultés; tomber sur un bec [fam.]

اِصْطِدام ج ات abordage; accrochage; carambolage; choc; collision; heurt, friction; froissement (d'ailes) [autom.]; impact; tamponnage; tamponnement; télescopage

نُقْطة ~ point d'impact

**3074** صَدِيَ - صَدًى avoir soif

صَدًى soif; *ois.* chevêche

**3075** صَدًى ج أَصْداء bruit; écho; retentissement; son; *v. aussi 3064*

لَيْسَ لِهذا النَبأ أيّ ~ cette nouvelle n'a fait aucun bruit/n'a eu aucun écho

كانَ له ~؛ تَرَدَّدَ ~ه retentir; avoir un écho/un retentissement

مَشْهَد أَصْداء وأَضْواء spectacle son et lumière

II صَدَّى تَصْدِية ه provoquer un écho; trouver un accueil favorable

~ لِـ ه réserver un accueil favorable à; applaudir

تَصْدِية applaudissement

IV أَصْدَى إصْداء faire écho; résonner; réverbérer

~ بِصَوْت renvoyer/répercuter un bruit

تُصْدي القاعة بِالقَهْقَهات la salle répond par des éclats de rire

V تَصَدَّى تَصَدِّيًا لِـ ه، ه s'attaquer violemment à; barrer la route à; défier; s'opposer à; aller à l'encontre de; faire front contre; résister à

~ لِـ ه aborder qqch; se charger de; entreprendre

تَصَدٍّ (تَصَدِّي) attaque violente (contre); confrontation; défi

جَبْهة الصُمود والـ~ Front de la fermeté et de la résistance

**3076** صَرَّ - صَرًّا ه lacer; serrer les cordons (d'une bourse); faire un paquet; emballer; empaqueter; *v. aussi 3077*

~ أُذُنَيْه dresser les oreilles pour écouter (animal)

صُرّة ج صُرَر bourse; paquet; trousseau

~ الحَرَمَيْن *isl. dons envoyés par les différents pays musulmans à La Mecque et à Médine pour y être distribués en aumône lors du pèlerinage*

صارّة besoin; nécessité; soif

~ ج صَوارّ؛ مِصَرّة cordons d'une bourse; *anat.* sphincter

مَصْرور qui a les mains liées derrière la tête

صَريرة ج صَرائِر pièce de monnaie sonnante et trébuchante

IV أَصَرَّ إصْرارًا عَلَى ه continuer à; ne pas démordre de; exiger; insister; se piquer au jeu; s'obstiner dans; persister dans; persévérer; être … *v. à l'adj.*

~ على رَأْيه maintenir/soutenir son point de vue/son opinion

إصْرار insistance; exigence; obstination; persistance; persévérance

مُصِرّ déterminé; obstiné; tenace; résolu; insistant; persévérant; persistant

**3077** صَرَّ - صَريرًا grincer; craquer (chaussures); crisser; chanter (grillon); striduler; *v. aussi 3076*

~ الباب — la porte grince

~ القَلَمُ على الوَرَق — la plume gratte le papier

صَرير — bruit; craquement (de chaussures); crissement; chant (du grillon); grattement; frottement; stridulation; stridence [*litt.*]

صَريريّ — strident; stridulant

**صَرّار**؛ صارّ — bruyant; criard; strident

~ لَيْل — grillon

صَرّارة — *ois.* circaète

**3078** **صَرْح** ج صُروح — édifice; citadelle; palace

~ من الوَرَق — château de cartes

**3079** **صَرُحَ** ـُ صَراحة — être ... *v. à l'adj.*

صَرَحَ ـُ صَرْحًا ه — rendre clair; éclaircir; exposer clairement

**صَراحة** — candeur; clarté; franchise; netteté; pureté; sincérité; loyauté

~ اللِسان — liberté de langage; franc-parler

بِـ~؛ صَراحةً — carrément; clairement; à cœur ouvert; expressément; franchement; ouvertement; rondement

بِكُلّ ~ — en toute franchise/liberté; de manière explicite

تَكَلَّمَ بِـ~ — parler franc/franchement/librement/avec franchise; avoir son franc-parler

**صَريح** — catégorique; clair (situation); dégagé; droit; explicite; exprès; candide; formel; franc; incontestable; manifeste; net; prononcé (caractère); pur; sincère; véritable

عامَلَ مُعامَلة ~ة — jouer franc-jeu

~ أَكْثَر مِمّا يَجِب — plus franc qu'il ne le faudrait; trop franc

صُراح ← صَريح

صُراحيّة — bonbonne; dame-jeanne

II **صَرَّحَ** تَصْريحًا ه ، بِـ ه — annoncer; dire; déclarer; proclamer; professer que; faire profession de; autoriser; permettre; accorder une licence de

~ حُبّه، بِحُبّه — déclarer son amour; se déclarer

~ دَخْله، نَواياه — déclarer ses revenus, ses intentions

~ بِمِلْءْ فِيهِ، شِدْقَيْه — dire/proclamer/clamer bien haut

~ عن أَفْكاره — expliciter sa pensée; s'expliquer/parler franchement

**تَصْريح** ج ات — déclaration; proclamation; autorisation; permis de circuler; permission officielle

~ وِزاريّ، إلى الصُحُفيّين — déclaration ministérielle, à la presse

III **صارَحَ** مُصارَحةً ه بِـ ه — faire des déclarations; parler franchement/ouvertement/au grand jour/à cœur ouvert à qqn de qqch

~ بِما في نَفْسه — dire ce que l'on a sur le cœur; dire clairement ce que l'on pense; s'ouvrir à qqn de qqch; se confier

صِراحًا؛ مُصارَحةً — en public; ouvertement

VI تَصارَحَ تَصارُحًا ← صَرُحَ

VII اِنْصَرَحَ اِنْصِراحًا ← صَرُحَ

**3080** **صَرَخَ** ـُ صُراخًا، صَريخًا — brailler; crier; jeter/pousser un cri; s'écrier; s'exclamer; pousser un coup de gueule [*pop.*]; gueuler [*pop.*]; hurler; vociférer; se récrier

~ من الجُوع — crier famine

~ في وَجْهه — crier/jeter à la figure

~ على ه — crier après qqn

**صَرْخة** ج صَرَخات — appel; clameur; cri; hurlement

أَطْلَقَ ~ — pousser/jeter un cri

**صُراخ** — clameur; cri; criaillerie; gueulante [*pop.*]; coup de gueule [*pop.*]

~ غَضَب — cri/hurlement de colère

**صارِخ** — criant; crieur; flagrant; tapageur [*fig.*]; évident; clair; éclatant; cru (lumière); criard (ton, couleur)

اِنْتِقام ~ — revanche éclatante

قالَ صارِخًا — s'écrier

صَرّاخ ج ونَ — criard; crieur; braillard; gueulard [*pop.*]

**صاروخ** ج صَواريخ — engin; engin balistique; fusée; missile; roquette

~ عابِر القارّات — fusée/missile intercontinental(e)

طائِرة **صاروخيّة** — avion-fusée

**صَواريخ** أَرْض أَرْض — fusées sol-sol

~ بَحْر جوّ، أَرْض جوّ — fusées mer-air, sol-air

X اِسْتَصْرَخَ اِسْتِصْراخًا ه — appeler/crier au secours

3081 صَرْد ج صُرود sans mélange; pur; sincère; froid; *géogr.* plateau; sommet plat
حُبّ ~ amour sincère
نَبيذ ~ vin pur
كَذِب ~ pur(e) mensonge/invention
صارِد qui traverse de part en part; perçant (froid)
صُرَد pie-grièche
صُرّاد cirrus

3082 صَرْصَرَ crier; striduler (grillon)
صَرْصَر (vent) impétueux/violent
صُرْصُر ج صَراصِر blatte; cafard; cancrelat; criquet; grillon
صَرْصار، صُرْصور ج صَراصير *même sens*
مُصَرْصِر criard/perçant (voix)

3083 صِراط ج صُرُط route; voie
الـ~ المُسْتَقيم la bonne voie; la voie droite

3084 صَرَعَ َ صَرْعًا ه jeter à terre; abattre; mettre knock-out; renverser qqn; terrasser qqn; *fig.* consterner
صَرْع knock-out; K.-O.; épilepsie
صَرْعيّ épileptique
صَريع ج صَرْعَى abattu; gisant; jeté à terre; frappé à mort; renversé; terrassé; vaincu
سَقَطَ، خَرَّ ~ًا s'écrouler
مَصْروع dément; fou; insensé; knock-out; K.-O. *adj.*; épileptique
مِصْراع ج مَصاريع hémistiche; partie vitale du corps; mort violente; valve [*bot.*]
صَفيحة ~ battant (de porte); vantail; volet
فَتَحَ ه على مِصْراعَيْه ouvrir (la porte) à deux battants/toute grande
III صارَعَ صِراعًا، مُصارَعةً ه chercher à renverser qqn; combattre; lutter contre; être aux prises avec
المَوْت ~ lutter contre la mort
مُصارَعة الثيران tauromachie; corrida; course de taureaux
صِراع combat; antagonisme; lutte
كان في ~ مع. ضِدّ ه être aux prises avec; se battre contre
الطَبَقات. البَقاء ~ lutte des classes, pour la vie
بَحْريّ. جَوّيّ ~ combat naval, aérien
مُصارِع combattant; gladiateur; lutteur
الثيران ~ toréador
VI تَصارَعَ تَصارُعًا ← III
VII اِنْصَرَعَ اِنْصِراعًا être consterné; consternation

3085 صَرَفَ ُ صَرِيفًا crisser/grincer (dents, porte); *v. aussi 3086*
بِأَسْنانه ~ grincer des dents
صَريف crissement; grincement

3086 صَرَفَ ِ صَرْفًا ه donner congé à; congédier; dépenser; détourner; écarter; éconduire; dissuader; licencier; liquider [*fig.*]; remercier [*fig.*]; faire diversion; *v. aussi 3085*
الاِنْتِباه ~ détourner l'attention
مُسْتَأْجِرًا، مُسْتَخْدَمًا ~ congédier un locataire, un employé
ه عن عادته ~ déshabituer qqn
ه عن واجبه ~ détourner qqn de son devoir
النَظَر عن ~ détourner le regard; faire abstraction de; passer outre
عَيْنَيْه، البَصَر ~ détourner les yeux, la vue
جُنْديًّا مِن الخِدْمة ~ réformer un militaire
مَبْلَغًا مِن المال ~ débourser/dépenser une somme d'argent
العُمْر في ~ consacrer/passer sa vie à
عُمْلة ~ changer de l'argent
كَهْرَباء ~ consommer de l'électricité
التَيّار ~ débiter du courant
مِياه حَقْل ~ drainer l'eau d'un champ
صَرْف licenciement; congédiement; renvoi; déboursement; *mil.* réforme; *techn.* drainage; *fin.* change; *gramm.* changement; mutation; conjugaison; déclinaison; morphologie
سُوق، الرَقابة على الـ~ marché, contrôle des changes
رِبْح الـ~ agio

قابِل لِلـ~، قابِلِيّة الـ~ — *fin.* convertible; convertibilité

غَيْر قابِل لِلـ~ — inconvertible (monnaie)

عَدَم قابِلِيّة الـ~ — inconvertibilité (d'une monnaie)

عِلْم الـ~ والنَحْو — grammaire

مَمْنوع مِن الـ~ — indéclinable

بِـ~ النَظَر — sans parler de; sans tenir compte de; indépendamment de; en faisant abstraction de

**صَرْفِيّ** — morphologique

**صَرْفِيّة؛ صَرْفِيّات** — morphologie [*ling.*]

**صُروف الدَهْر** — calamités; malheurs; infortunes; revers de fortune

**صِرافة؛ صَيْرَفة** — change *n.m.*

**صَرّاف** ج ون — cambiste; changeur

**صَيْرَفِيّ** ج صَيارِفة — caissier; changeur; trésorier

**صِرْف** — net; sans mélange; pur

خَمْر ~ — vin pur/sans eau

**مَصْرِف** ج مَصارِف — drain; canal de drainage; déversoir; exutoire; fossé; *fin.* banque; comptoir

وَضَعَ ~ًا في جُرْح — placer un drain dans une plaie

~ إصْدار — banque d'émission

**مَصْرِفِيّ** — bancaire

حِساب، ضَمان ~ — compte, garantie bancaire

عَمَلِيّات، وَدائع ~ة — opérations, dépôts bancaires

مُؤَسَّسة، قُروض ~ة — établissement, prêts bancaire(s)

~ ج ون — banquier

شَبَكة مَصارِف — réseau de drainage

**مَصْروف** — dépensé; déboursé; drainé; changé; congédié; licencié; renvoyé; réformé; *gramm.* conjugué; décliné

~ من الخِدْمة — congédié; licencié

~ ج ات، مَصاريف — débours; dépense; consommation

~ من الوُقود — consommation de carburant

~ الجَيْب — argent de poche

**مَصْروفات** عارِضة، طارِئة — faux frais

غَطّى ~ه — rentrer dans/couvrir ses frais

**مَصاريف** — dépens *n.m.pl.* [*dr*]; frais; débours

حُكِمَ عليْه بِالـ~ — *dr.* être condamné aux dépens

خالِص الـ~ — franco de port

~ دَعْوى، صِيانة، اِنْتِقال — frais de justice, d'entretien, de déplacement

تَحَمَّلَ ~ — faire des dépenses/des frais; se mettre en frais [*fam.*]

تَحَمَّلَ ~ ه — faire les frais de [*fam.*]; supporter les frais de qqch

بِـ~ باهِظة — à grands frais

~ سِرِّيّة، عامّة — fonds secrets; frais généraux

II **صَرَّفَ تَصْريفًا** ه — délivrer (des billets); distribuer; commercialiser; écouler (un produit)

~ مالًا — changer de l'argent; faire de la monnaie

~ عَمَلًا، الأَعْمال الجارِية — expédier un travail, les affaires courantes

~ أَعْمالًا كَثيرة — abattre beaucoup de besogne

~ فِعْلًا، اِسْمًا — conjuguer un verbe; décliner un nom

~ الماء — évacuer/drainer l'eau

~ جُرْحًا — drainer une blessure

**تَصْريف** الفِعْل، الاِسْم — conjugaison; déclinaison

~ المِياه — drainage/évacuation des eaux

~ البَضائِع — écoulement des marchandises

~ المال، العُمْلة — change de l'argent, de la monnaie

~ التَذاكِر — délivrance/distribution des billets

~ غاز — échappement de gaz

قَسْطَل ~ غاز — tuyau d'échappement

تَصاريف الدَهْر — les vicissitudes du sort

**مُصَرِّف** — dérivatif; draineur

**مُصَرَّف** — *gramm.* conjugué; décliné

V **تَصَرَّفَ تَصَرُّفًا** — se conduire; se comporter; disposer de; procéder; *gramm.* se conjuguer; se décliner

~ على هَواهُ، كَما يَشاء — en prendre à son aise; n'en faire qu'à sa tête

~ في حَقّه — excercer son droit

~ كَرَجُل شَريف — se comporter en homme d'honneur

~ بِكُلّ حُرِّيّة — agir en toute liberté/à son gré

~ بِتَبَصُّر ورَوِيّة — agir avec discernement; jouer serré; prendre du recul [*fig.*]

~ بِدون رَوِيّة — agir sans discernement

~ مِن تِلْقاء نَفْسه — agir de son propre mouvement

~ كَسَيِّد — faire la loi; se conduire en maître

~ بِمَبالِغ ضَخْمة — manier des fonds considérables

~ بِنَصّ — prendre des libertés avec/adapter un texte

~ بِأَمْواله — jouir/disposer de ses biens; avoir la jouissance de son bien

**تَصَرُّف** ج ات — agissement; attitude; comportement; disposition; conduite; disponibilité; procédé

~ نَهْرِيّ — régime fluvial

~ غَيْر وَدِّيّ — comportement inamical

حُسْن الـ~ بِـ — le bon usage de

~ بِغَيْر عِوَض — disposition à titre gratuit

تَحْتَ ~ ه — à la disposition/discrétion de qqn; sous la main

جَعَلَ نَفْسَهُ تحت ~ ه — se mettre à la disposition de

حُرِّيّة الـ~ — la libre disposition de

هو حُرّ الـ~ — avoir les mains libres

لَهُ حَقّ الـ~ بِـ ه — avoir la disponibilité/l'exclusivité de

نُقود يُمْكِن الـ~ بِها — argent disponible; disponibilités *n.f.pl.*

لا ~ في — inaliénabilité; inaliénation

قابِل لِـ . قابِلِيّة الـ~ — aliénable; aliénabilité

غَيْر قابِل لِلـ~ — inaliénable

حَقّ لا يَجوز الـ~ فيه — droit inaliénable

تَرْجَمة بِـ~ — traduction libre

~ بِنَصّ — adaptation d'un texte

حَسَن، سَيِّئ الـ~ — (avoir) de bonnes, mauvaises manières; (avoir) bon, mauvais genre

مُطْلَق الـ~ — (avoir) un comportement autoritaire/un pouvoir absolu; disposer de droits absolus

**تَصَرُّفات** — agissements; manières

~ حَسَنة، سَيِّئة — bonnes, mauvaises manières

اِتَّخَذَ ~ — prendre des dispositions

VII **اِنْصَرَفَ** اِنْصِرافًا عَن — s'en aller; se détourner; s'éloigner; s'écarter; partir; se retirer; *gramm.* se conjuguer; se décliner

~ إلى — se tourner vers; s'adonner à

~ إلى المَلَذّات — s'adonner aux plaisirs

اِنْصَرِفْ — *fam.* fiche/fichez le camp! dégage! dégagez!

**اِنْصِراف** — départ; éloignement; retrait

اِسْتَأْذَنَ بِالـ~ — demander l'autorisation de se retirer/de partir

**مُنْصَرَف** — départ

في ~ النَهار — à la fin/tombée du jour

3087 **صَرَمَ** صَرْمًا ه. ه — couper; couper la parole à qqn; trancher

~ مع نَفْسه — exiger beaucoup de soi-même

**صَرامة** — austérité; cruauté; dureté; exigence; intransigeance; rigueur; rigidité (du caractère); rigorisme; sévérité

الـ~ لا تَقْبَلُها إلّا الـ~ — l'intransigeance appelle l'intransigeance

صَرْمة ج صُرَم — chaussure fine/légère

**صارِم** — austère; exigeant; bref (ton); dur; inflexible; puritain; intransigeant; rigoureux; sévère; rigide; strict; implacable; tranchant

نِظام. عادات ~(ة) — régime, habitudes austère(s)/strict(es)/sévère(s)

عَدالة. طَبْع ~ة — justice, caractère inflexible/implacable/sévère

لَهْجة ~ة — ton dur/bref/tranchant

مُوَظَّف. مَلابِس ~(ة) — fonctionnaire, vêtements strict(s)

**صَرِيمة** ج صَرائِم — énergie; fermeté; bride; licol; licou

~ الجَدْي — chèvrefeuille

III صارَمَ مُصارَمة ه — rompre avec qqn; se séparer de

VII **اِنْصَرَمَ** اِنْصِرامًا — finir; expirer (délai); passer/s'écouler (temps); venir à expiration

~ الأَجَل — le délai est expiré

**اِنْصِرام** أَجَل — expiration d'un délai

بَعْدَ ~ الشِتاء — après la fin de l'hiver

الشَهْر **المُنْصَرِم** — le mois dernier/écoulé/passé

(صرو) **صارِية** — *v. ordre alphab.*

**3088 مَصْطَبة** ج مَصاطِب — mastaba; banc de pierre (devant une maison); plate-forme

**3089 إِصْطَبْل** ج ات، أَصاطِب — étable

**3090 صَعُبَ** ـُ صُعوبة — être ... *v. à l'adj.*

~ على ه — coûter à qqn [*fig.*]

**صُعوبة** ج ات — contrariété; difficulté; empêchement; mal; obstacle; peine; pépin [*fig.*]

~ مالِيّة، مُؤَقَّتة — difficulté financière, momentanée

~ المِراس — caractère intraitable

وَجَدَ ~ في — avoir du mal/de la peine à

بِـ~ — difficilement; péniblement

دُون ~ — sans difficulté; haut la main; sans coup férir

أَثارَ **صُعوبات، مَصاعِب** — présenter, soulever des difficultés

واجَهَ الـ~ — affronter les difficultés

هُناكَ ~ — il y a du tirage [*fam.*]/un os [*fam.*]!

**صَعْب** ج صِعاب — ardu; difficile; difficile d'accès (lieu); difficultueux [*class.*]; désobéissant; dur; indocile; ingrat (sujet); pénible

~ الإِرْضاء — difficile à contenter

~ لِلْغاية — extrêmement difficile

وَلَد ~ المِراس — un enfant difficile/dur/impossible

مِن الـ~ أن — il est difficile de

عُمْلة ~ة — devise forte

عَمَل، مُهِمّة ~(ة) — tâche, mission difficile/délicate

V تَصَعَّبَ تَصَعُّبًا — devenir difficile/pénible

VI تَصاعَبَ تَصاعُبًا — faire la petite bouche/le délicat/le difficile/la grimace [*fig.*]

**مُتَصاعِب** — dégoûté; délicat; difficile (personne)

X إِسْتَصْعَبَ إِسْتِصْعابًا ه — trouver qqch difficile/pénible

**3091 صَعْتَر** (← سَعْتَر، زَعْتَر) — thym

~ البَرّ — serpolet

**3092 صَعِدَ** ـَ صُعودًا — escalader; se hisser; gravir; monter; grimper

~ السُلَّم — monter à l'échelle/l'escalier

~ على شَجَرة، صَخْرة — grimper à un arbre; se hisser sur un rocher

~ المُنْحَدَر — gravir/monter la côte/la pente

~ دَرَجة في السُلَّم — gravir un échelon dans la hiérarchie

~ التَيّار — remonter le courant

**صُعود** — ascendance; ascension; boom; hausse; montée

في ~ — en hausse

~ الى القَمَر — voyage dans la Lune

**صَعْدة** ج صَعَدات — côte; montée; pente

إِرْتَقَى الـ~ — monter la côte

**صاعِد** — ascendant *adj.*; montant

طَريق ~(ة) — chemin montant

... **فَصاعِدًا** — et plus; et davantage

من الآنَ فَـ~ — désormais; dorénavant; à partir de maintenant

صاعِدة ج صَواعِد — stalagmite

سُلَّم **صَعّاد** — escalier roulant

**صَعيد** — niveau; plan; plateau; surface

عَلَى ~ واحِد — sur le même plan

على الـ~ الوَطَنِيّ — à l'échelle/l'échelon national(e)

~ مِصْر — la Haute-Égypte

صَعيدِيّ ج صَعائِدة — «*Saïdien*»; habitant de la Haute-Égypte

تَنَفَّسَ **الصُعَداء** — pousser/exhaler un profond soupir

مَصْعَد ج مَصاعِد — *électr.* anode

مِصْعَد ج مَصاعِد — ascenseur; élévateur; monte-charge; remonte-pente

II **صَعَّدَ** تَصْعيدًا ه — dénaturer [*chim.*]; évaporer *tr.*; vaporiser; volatiliser; sublimer; intensifier

~ زَفَرات — exhaler des soupirs

~ غَرائِزه — sublimer ses instincts

**تَصْعيد** — dénaturation [*chim.*]; évaporation; exhalaison; intensification; sublimation; vaporisation; volatilisation

~ في حِدّة العَداء — escalade de l'hostilité

جهاز ~؛ مُصَعِّد — évaporateur

مُصَعَّد — dénaturé [*chim.*]; évaporé; sublimé

IV أَصْعَدَ إِصْعادًا ه، ه — faire monter; hisser

V تَصَعَّدَ تَصَعُّدًا — émaner; s'évaporer; se volatiliser; se sublimer

**تَصَعُّد** — évaporation; émanation; sublimation; volatilisation

~ غاز، النِزاع — émanation de gaz; escalade de la dispute

**مُتَصَعِّد** — sublimé *n.m.* [*chim.*]; volatil *adj.*; évaporé; vaporisé

VI **تَصاعَدَ** تَصاعُدًا — s'élever/retentir (bruit); jaillir (flamme); s'exhaler (parfum); monter (prix)

~ البُخار — fumer *intr.*

~ الهُتاف — retentir (ovation, acclamations)

**تَصاعُد** ج ات — effluve; exhalaison; jaillissement

~ الأَسْعار — flambée des prix

تَصاعُدات الخَمْر — les vapeurs de l'alcool

**تَصاعُديّ** — progressif; ascensionnel

سُرْعة ~ة — vitesse ascensionnelle

تَصاعُديّة — progressivité

**مُتَصاعِد** — ascendant; montant

تَيّارات ~ة — courants ascendants

**3093 صَعِرَ** َ صَعَرًا — avoir le torticolis

صَعَر — *méd.* torticolis

II صَعَّرَ تَصْعيرًا خَدَّه — faire la/des grimace(s); grimacer

تَصْعير — grimace; moue

**3094 صَعَقَ** َ صاعِقة — foudroyer; frapper (foudre); méduser; stupéfier; sidérer

~ه بالنَظَر — foudroyer du regard

صَعِقَ َ صَعْقًا — détoner; être foudroyant

**صُعِقَ** — s'évanouir; tomber en défaillance; être foudroyé

~ بالكَهْرَباء — s'électrocuter

صَعْق — détonation; électrocution; foudroiement

**صاعِق** — détonant; détonateur; époustouflant; fulminant; foudroyant

نَبَأ، خَبَر ~ — nouvelle foudroyante; coup de foudre

**صاعِقة** ج صَواعِق — foudre; tonnerre

حَرْبة، واقية الـ~، الصَواعِق — paratonnerre

**مَصْعوق** — électrocuté; foudroyé; frappé par la foudre; *fig.* sidéré

IV أَصْعَقَ إِصْعاقًا ه، ه — foudroyer [*pr.* et *fig.*]

VII اِنْصَعَقَ اِنْصِعاقًا — être ... *v. à l'adj.*

**مُنْصَعِق** — sidéré; médusé; stupéfait

**3095 صَعَل**، أَصْعَل — microcéphale

**3096 صَعْلَكَ** صَعْلَكة — réduire à la misère

**صُعْلوك** ج صَعاليك — brigand; clochard; galeux [*fig.*]; gueux [*litt.*]; hère; larron; mendiant; vagabond; va-nu-pieds

**3097 صَعْوة** — roitelet [*ois.*]

~ الحَطَب — ortolan

**3098 صَغُرَ** ُ صِغَرًا، صَغارة — être/devenir ... *v. à l'adj.*; rapetisser; diminuer; décroître

صَغارة — mesquinerie; petitesse [*fig.*]; humilité; servilité

**صِغَر** — exiguïté; modicité; petitesse

~ السِنّ — enfance; jeunesse

~ عَقْل — petitesse d'esprit

~ غَيْر مَحْدود — l'infiniment petit

مُتَناهي الـ~ — infinitésimal

**صَغير** ج صِغار — exigu; petit; subalterne; menu *adj.*; minime [*sport.*]; mesquin; minuscule [*impr.*]

~ السِنّ — peu âgé; jeune

العيد الـ~ — fête de la rupture du jeûne; petit baïram

**صِغار** المُوَظَّفين — fonctionnaires subalternes; petits fonctionnaires

التُجّار الـ~ — petits commerçants

**صَغيرة** ج صَغائِر — petitesse; péché véniel

اِرْتَكَب ~ — commettre une petitesse

كُلّ ~ وكَبيرة — les menus/moindres détails

صاغِر — diminué; humble; humilié; honteux; soumis

**أَصْغَر** م صُغْرى ج صُغْر — plus petit; junior; inférieur à; moindre; mineur

هذا ~ هُمومي — c'est le cadet de mes soucis [*fam.*]

نِهاية **صُغْرَى** — minimum; point extrême

آسيا الـ~ — Asie Mineure

الدُوَل الـ~ — les petits États

II **صَغَّرَ** تَصْغيرًا ه، ه — amoindrir; diminuer; rajeunir; rapetisser; réduire; raccourcir; miniaturiser

~ شَكْلًا هِنْدَسيًّا — réduire une forme géométrique; faire un modèle réduit

~ كَلِمة — former un diminutif

~ نَفْسَه، سِنَّه — se rajeunir

البُعْد **يُصَغِّر** الأَشْياء — *prov.* l'éloignement rapetisse les choses; loin des yeux, loin du cœur

**تَصْغير** — amoindrissement; diminution; miniaturisation; raccourcissement; rapetissement; réduction

صيغة الـ~ — diminutif [*gramm.*]

~ التَرْخيم — *gramm.* retranchement d'une lettre dans la formation du diminutif

~ حَجْم — réduction d'un volume

**مُصَغَّر** — amoindri; diminué; rapetissé; miniature; miniaturisé; réduit

فِلْم، نَموذَج ~ — microfilm; modèle réduit

صورة ~ة لِـ ه — miniature; image de petite dimension

**مُصَغَّرًا** — en petit; en raccourci; en miniature

VI تَصاغَرَ تَصاغُرًا — s'humilier; se faire petit; avoir une piètre opinion de soi-même; se rapetisser

X اِسْتَصْغَرَ اِسْتِصْغارًا ه — mépriser; déprécier; ravaler; regarder comme peu de chose/petit

3099 **صَغا** ـُ صَغْوًا — incliner *tr.*; pencher *tr.*; baisser (soleil)

~ إلى — incliner/pencher/tendre vers [*fig.*]

**صاغٍ** — attentif; complaisant; bien disposé

آذان ~ة — oreilles attentives/complaisantes

IV **أَصْغى** إصْغاءً إلى ه، ه — écouter; entendre; ouvrir grand les oreilles; prêter/tendre/ouvrir l'oreille

~ إلى نَصائِح — écouter des conseils

~ إلى نَفْسِه — s'écouter

مَحَطّة **إصْغاء** — poste/station d'écoute

**صفة** ← وصف

3100 **صَفَّ** ـُ صَفًّا ه — aligner; arranger; classer; classifier; ordonner; ranger; mettre en ordre

~ حُروفًا — composer [*impr.*]

**صَفّ** — alignement; arrangement; classement

~ حُروف؛ آلة ~ الحُروف — composition; composeuse

~ ج صُفوف — classe; file; ligne; haie; procession; queue; rang; rangée

~ أَرْقام، لاجِئين — colonne de chiffres, de réfugiés

دَعْوة الـ~ لِلعَسْكَر — l'appel de la classe [*mil.*]

~ مِن المُتَفَرِّجين، الأَشْجار — haie/rangée de badauds, d'arbres

أَوَّل، مُقَدَّم الـ~ — chef de file

~ سَيّارات، مُنْتَظِرين — file/queue de voitures, d'attente

ضابِط الـ~ — sous-officier

~ مُدَرَّج — gradin

في الـ~ الأَماميّ — en première ligne; aux premières loges [*fam.*]

~ إعْتِداديّ، تَكْميليّ — cours préparatoire, complémentaire

بالـ~؛ صَفًّا — à la file; en file; à la queue leu leu

اِنْتَظَمَ في، بالـ~ — s'aligner; se ranger en file; s'ordonner

في **صُفوف** مُتَراصّة — en rangs serrés

ضَمَّ، رَصَّ الـ~ — serrer les rangs

ضَبَطَ الـ~ — garder l'alignement

دَخَلَ في ~ المُتَرَشِّحين — *fig.* se mettre sur les rangs

عادَ إلى الـ~ — rentrer dans le rang

اِنْتَظَمَ في ~، **صُفوفًا** — se mettre en colonnes, en rangs; se ranger en files

ضَرَبَ ~ — former les rangs

صُفّة ج صُفَف — banc; banquette; hangar; sofa

صَفّاف — compositeur [*impr.*]

**صَفّافة**، ~ تَصْويريّة — composeuse; photocomposeuse

مَصْفوف — aligné; composé; classé; rangé

مَصَفّ ج مَصافّ — position (d'une armée); ligne de bataille

VIII **اِصْطَفَّ** اِصْطِفافًا — s'aligner; se ranger; se mettre en rang/en ligne; faire la queue

~ على الجانِبَيْن — faire la haie

3101 **صَفَحَ** ـَ صَفْحًا ه — éloigner; renvoyer qqn; repousser qqn; *v. aussi 3102*

~ عن ه، ه — pardonner à qqn; se détourner de

**يُصْفَح** عَنْه، لا ~ عَنْه — pardonnable; impardonnable

**صَفْح** — pardon; rémission

الـ~ عن الإهانات — le pardon des injures

يَسْتَحِقّ الـ~ — pardonnable

صَفوح — généreux; clément; qui pardonne facilement

3102 **صَفَحَ** ـَ صَفْحًا ه — aplanir; aplatir; élargir; étendre à plat; parcourir (un livre); *v. aussi 3101*

**صَفْح** ج صِفاح — côté; face; plat d'une lame; surface

ضَرَبَ ~اً عن ه — renoncer à; faire table rase de; ne faire aucun cas de; passer sous silence

**صَفْحة** ج صَفَحات — couche; épaisseur; face; feuille; page; panneau

أُنْظُر إلى الـ~ ١٠٠ — voir la page 100

~ مَطْبَعيّة — *impr.* placard

رَكَّبَ، تَرْكيب **صَفَحات** — mettre, mise en pages

رَقَّمَ، تَرْقيم ~ — paginer; pagination

**صَفيح** — fer-blanc

تِجارة، صِناعة الـ~ — ferblanterie

تاجِر، صانِع الـ~ — ferblantier

**صَفيحة** ج صَفائِح — tôle; feuille; bidon; plat (de l'épée); plaque; tablette; lame; dalle; panneau

~ بَنْزين، زَيْت — bidon d'essence, d'huile

~ مَعْدِنيّة، ذَهَبيّة — feuille de métal, d'or

صَفائحيّ — feuilleté; en lamelles

صُفَيْحة ج ات — lamelle; facette

صَفّاح ج ون — ferblantier

II صَفَّحَ تَصْفيحًا — aplatir; étendre; mettre en plaques/feuilles/feuillets; laminer; plaquer; blinder; cuirasser

تَصْفيح — blindage; laminage; placage

مُصَفِّحة ج ات — laminoir

مُصَفَّح — aplati; feuilleté; laminé; plaqué; blindé *adj.*; cuirassé *adj.*

مُصَفَّحة ج ات — engin blindé; blindé *n.m.*; automitrailleuse

III صافَحَ مُصافَحةً ه — serrer la main à qqn; donner une poignée de main; se saluer

مُصافَحة — serrement/poignée de main

V **تَصَفَّحَ** تَصَفُّحًا — être feuilleté/laminé [*industr.*]

~ كِتابًا — compulser/feuilleter/lire/parcourir un livre

~ الوُجوه — dévisager; examiner les visages avec attention; scruter

تَصَفُّح — lecture rapide

VI تَصافَحَ تَصافُحًا — se donner la main; échanger des poignées de main; se saluer

3103 **صَفَد** ج أَصْفاد — chaîne; lien; entrave

**أَصْفاد**، صِفاد — menottes; liens; fers

قَيَّدَ ه بالـ~ — mettre qqn aux fers; mettre les menottes à qqn

مُقَيَّد بالـ~ — aux fers; dans les fers

II صَفَّدَ تَصْفيدًا ه — garrotter; mettre qqn aux fers; passer les menottes à qqn

3104 **صَفَر** — *deuxième mois de l'année musulmane : « safar »*

3105 **صَفَرَ** ـِ صَفيرًا — siffler; siffloter; *v. aussi 3106, 3107*

صَفْرة — coup de sifflet

**صَفير** — sifflement; sifflet; sifflotement

~ الاِحْتِجاج، الاِسْتِغْجاب — sifflet de protestation, d'admiration

~ البُخار، الاِسْتِهْجان — sifflement de la vapeur, de mépris

اِسْتَقْبَلَ، قاطَعَ ه بالـ~ — accueillir, interrompre qqn par des sifflets

ذو ~ — sifflant (phonème)

**صَفّارة**، صَفّار ج ات — sifflet; sirène

~ الإنْذار — sirène d'alarme

صُفّاريّة؛ صُفْراية — *ois.* loriot

II **صَفَّرَ** تَصْفيرًا لَحْنًا — siffler/siffloter un air

~ اِحْتِجاجًا، اِسْتِهْجانًا — siffler en signe de protestation, de mépris

~ اِسْتِعْجابًا — siffler d'admiration

تَصْفير — sifflement; sifflotement

تَصْفيرة — coup de sifflet

مُصَفِّر ج ون — siffleur

**3106 صَفَر** — jaunisse; *v. aussi 3105, 3107*

**صُفْرة** — jaune (couleur); lividité; pâleur

~ البَيْض — jaune d'œuf

صُفار — jaunisse; ictère

**أَصْفَر** م صَفْراء ج صُفْر — jaune *adj.*

جِنْس، نُحاس ~ — race, cuivre jaune

**صَفْراء** — bile; fiel

حُمَّى، ضَحْكة ~ — fièvre, rire jaune

دُهْن الـ~ — cholestérol

الكُتُب الـ~ — les vieux parchemins

**صَفْراويّ** — biliaire; bilieux; fielleux

لَوْن، مِزاج ~ — teint, tempérament bilieux

صُفَيْراء — *bot.* cytise

II صَفَّرَ تَصْفيرًا — jaunir *tr.*; peindre/teindre en jaune/en roux; roussir *tr.*

تَصْفير — jaunissement

IX اِصْفَرَّ اِصْفِرارًا — jaunir; pâlir; blêmir; devenir livide; s'étioler

اِصْفِرار — blêmissement; jaunissement; pâleur; étiolement

مُصْفَرّ — jaunissant; blême; livide; pâle; étiolé

**3107 صَفِرَ** - صَفَرًا — être vide/vacant/inoccupé; *v. aussi 3105, 3106*

**صِفْر** ج أَصْفار — inoccupé; vacant; vide; nul; rien; zéro

~ اليَدَيْن — les mains vides; sans le sou

أَصْفَر — vide

IV **أَصْفَرَ** إِصْفارًا ه — vider; avoir les mains vides

~ البَيْت من المَتاع — vider les lieux

مُصْفِر اليد — les mains vides; bredouille

**3108 صِفْرِد** — râle de genêts [*ois.*]

**3109 صَفْصاف** — osier; saule

صَفْصافات — salicylate

**3110 صَفَعَ** - صَفْعًا ه — claquer qqn; gifler; frapper/taper au visage; donner une gifle/un soufflet [*litt.*]/une claque/une taloche [*fam.*] à qqn

صَفْعة ج صَفَعات — claque; gifle; soufflet [*litt.*]; tape; taloche [*fam.*]

**3111 صَفَقَ** - صَفْقًا ه — claquer; battre/frapper du plat (de la main, d'une lame); frapper bruyamment; *v. aussi 3112*

~ يَدَه بِالبَيْعة — claquer la main de qqn (pour sceller une vente)

~ البابُ — la porte claque

~ البابَ — claquer la porte

~ الباب بِوَجْه ه — claquer la porte au nez de qqn

**صَفْق**؛ صَفْقة — claquement

~ ج صُفوق — volet; clapet

~ تاجيّ — valvule mitrale

**صَفْقة** — affaire; marché; transaction

~ تِجاريّة — opération commerciale

عَقَدَ ~ — conclure une affaire; faire une transaction

~ رابِحة — bonne affaire/occasion/opération; affaire juteuse; belle occasion

~ خاسِرة — mauvaise affaire

~ مَغْبون — marché de dupes

بِـ~ المَغْبون — bredouille; les mains vides

**صِفاق** ج صُفُق — derme; épiderme; péritoine

اِلْتِهاب الـ~ — péritonite

صَفاقة — effronterie; impudence; insolence

**صَفيق** ج صِفاق — dense; épais; gros

**صُفْوة** crème [*fig., fam.*]; élite; fleur [*fig.*]; meilleur *n.m.*; mieux *n.m.*; premier choix; quintessence [*litt.*]

**صافٍ** beau/clair (temps); limpide; franc (couleur); sans nuages (ciel); immaculé (blancheur); net; pur; serein

~ سِعْر، رِبْح، وَزْن prix, bénéfice, poids net

**صافي** التَفْكير، الفِكْر lucide

~ القَلْب، النِيّة candide; naïf

صَفِيّ ج أَصْفِياء clair; limpide; pur; choisi; de choix; pur de cœur; ami sincère

صَفْوان *même sens*

صَفِيّة ج صَفايا part du chef du lion

**مِصْفاة** ج مَصافٍ filtre; passoire; raffinerie

~ النَفْط raffinerie de pétrole

**مِصْفَوِيّ** *anat.* ethmoïde *adj.*

عَظْم ~ *anat.* ethmoïde *n.m.*

II **صَفَّى** تَصْفِية ajuster; affiner; apurer; clarifier; décanter; épurer; filtrer; liquider; passer (un liquide); purger; purifier; raffiner; régler

~ بَضائِع liquider/solder des marchandises

~ مَسْأَلة régler/liquider une question

~ حِسابًا apurer/liquider un compte

~ حِسابَه مع ه régler ses comptes avec qqn

~ ه جَسَدِيًّا éliminer/liquider qqn physiquement

**تَصْفِية** affinage; ajustement; clarification; élimination; épuration; filtrage; liquidation; purge; règlement; raffinage

~ جَسَدِيّة élimination/liquidation physique

~ حِساب apurement/liquidation/règlement d'un compte

مَأْمور ~ liquidateur judiciaire

اِمْتِحان، مُباراة ~ épreuve, match éliminatoire/de sélection; éliminatoire *n.f.*

~ بَضائِع vente au rabais/en solde; soldes *n.m.pl.*; liquidation de marchandises

مَبيعات، بَيْع ~ *même sens*

حَلّ **تَصْفَوِيّ** solution définitive/radicale

**مُصَفٍّ** épurateur; filtre

~ قَضائِيّ liquidateur judiciaire

مُصَفًّى épuré; filtré; éliminé; liquidé

~ الجِلْد pachyderme

~ (الوَجْه) impudent; insolent; effronté; sans pudeur

باب صَفّاق porte battante

صَفّاقة claquette

II **صَفَّقَ** تَصْفيقًا applaudir; battre/claquer/frapper (des mains)

~ بِيَدَيْه battre des mains

~ بِجَناحَيْه battre des ailes

~ العَلَمُ في الريح claquer dans le vent (drapeau)

~ لِ ه، ه applaudir qqn, qqch

~ تَصْفيقًا صاخِبًا applaudir à tout rompre

تَصْفيق ج ات acclamation; battement; applaudissement; claquement

مُصَفِّق ج ون qui applaudit

المُصَفِّقون la claque (au théâtre)

VIII اِصْطَفَقَ اِصْطِفاقًا على se cogner/se battre contre; heurter

3112 **صَفَقَ** ـُ صَفْقًا ه soutirer (un liquide); transfuser; transvaser; faire une transfusion/un transvasement; *v. aussi 3111*

**صَفْق** transfusion; transvasement

~ دَم transfusion de sang

IV أَصْفَقَ إِصْفاقًا ه ← صَفَقَ

3113 **صَفَن** ج أَصْفان nid de guêpes; *anat.* bourse; scrotum

صافِن *anat.* saphène

3114 **صَفا** ـُ صَفْوًا، صَفاء être ... *v. à l'adj.*; s'éclaircir; se décanter; se découvrir (ciel); se lever (temps)

~ قَلْبُهُ être pur de cœur/d'intention

صَفًا، صَفْوان *coll.* roc; rocher; pierres dures

صَفاة ج صَفَوات *n.un.*

**صَفاء** clarté (du ciel); limpidité (de l'eau); pureté (du regard); netteté; lucidité (d'esprit); sérénité; eau (d'une pierre précieuse)

~ القَلْب candeur; naïveté; honnêteté; sincérité

اِسْتَرَدَّ ~ ه recouvrer la raison/l'équilibre [*psychol.*]

صَفْو ← صَفاء، صافٍ

III صافَى مُصافاةً ه — être honnête/loyal/sincère envers qqn

مُصافاة — concorde; cordialité; pureté/sincérité des sentiments

IV أَصْفَى إِصْفاءً ه بِـ ه — choisir; préférer; donner la préférence à

VIII اِصْطَفَى اِصْطِفاءً ه — choisir; sélectionner

اِصْطِفاء طَبيعيّ — sélection naturelle

مُصْطَفًى — élu; choisi; prédestiné; préféré

X اِسْتَصْفَى اِسْتِصْفاءً — faire place nette; confisquer; mettre sous séquestre

~ أَمْواله، رأْس ماله — réaliser ses avoirs, son capital

اِسْتِصْفاء — mise sous séquestre; réalisation [*fin.*]

3115 **صَقِبَ** ـَ صَقَبًا — être proche/à proximité

III صاقَبَ مُصاقَبةً ه — approcher qqn; être proche/voisin de qqn; avoir des affinités avec

مُصاقَبة — affinité

3116 **صَقْر** ج صُقور — faucon; oiseau de proie

الصُقور والحَمائم — les faucons et les colombes

صَقْرِيّات — falconidés *n.m.pl.*

صَقّار ج ون — fauconnier

3117 **صَقَعَ** ـَ صَقْعًا — être éloquent; bien parler

**صُقِعَ** — être glacé/recouvert de glace/de gelée

صُقْع ج أَصْقاع — contrée; pays; région; district

**صَقيع** — gelée; givre; glace

الطَقْس ~ — il gèle

مَصْقوع — gelé; givré; glacé

مِصْقَع ج مَصاقِع — éloquent

II صَقَّعَ تَصْقيعًا — glacer *tr.*; geler

مُصَقَّع — gelé; glacé

IV أَصْقَعَ إِصْقاعًا ← II

3118 **صَقَلَ** ـُ صَقْلًا، صِقالًا ه — astiquer; cylindrer; décaper; frotter; limer; lisser; lustrer; polir; poncer; récurer; repasser; vernir; glacer (le papier)

~ أَسْلِحَتَهُ — fourbir ses armes

صَقْل — cylindrage; décapage; glaçage; lissage; lustrage; polissage; ponçage; récurage; repassage; vernissage

**مَصْقول**، صَقيل — lisse; poli (pierre); glacé/couché (papier)

غَيْر ~ — brut (diamant); dépoli (verre)

صِقالة ج صَقائِل — gradin; échafaudage

صَقّال — polisseur

مِصْقَل، مِصْقَلة — polissoir

3119 **صَقْلَب** ج صَقالِبة — Slave

صَقْلَبيّ — slave *adj.*

3120 **صِقِلّي** — sicilien

3121 **صَكَّ** ـُ صَكًّا — frapper; *v. aussi 3122*

~ سَمْعَ ه — frapper l'oreille (son); entendre

~ بابًا — fermer une porte

VIII اِصْطَكَّ اِصْطِكاكًا — chanceler; claquer (dents); s'entrechoquer; fléchir; trembler (genoux); vaciller

اِصْطِكاك — claquement (dents); tremblement (genoux); vacillation; vacillement

مُصْطَكّ — chancelant; claquant; vacillant; tremblant

3122 **صَكّ** ج صُكوك — acte; charte; chèque; pièce [*jur.*]; titre; *v. aussi 3121*

~ ماليّ — obligation [*fin.*]

~ تَراضٍ، تَحْكيم — compromis *n.m.*

**صَلاة** ← صلو

**صِلة** ← وصل

3123 **صِلّ** ج أَصْلال، صِلال — cobra; naja

3124 **صَلَّ** ـِ صَليلًا — cliqueter; retentir; sonner

صَليل — bruit (de ferraille); cliquetis

3125 **صَلُبَ** ـُ صَلابةً — se raidir; devenir raide/dur; durcir; être ... *v. à l'adj.*; *v. aussi 3126*

~ في مَوْقِفه — rester sur ses positions

**3126** **صَلَبَ** ـِ صَلْبًا crucifier; mettre en croix; faire subir le supplice de la croix; *v. aussi 3125*

صَلْب crucifiement; crucifixion

**صَليب** ج صُلْبان croix

~ مَعْقوف، الحَرْب croix gammée, de guerre

الـ~ الأَحْمَر، المُقَدَّس la Croix-Rouge; la sainte Croix

~ البَحْر étoile de mer

دَرْب، شارة الـ~ chemin de croix; signe de la croix

على شَكْل ~ en croix

**صَليبيّ** croisé; crucial

~ الشَكْل cruciforme

حَرْب، حَمْلة ~ة croisade

صَليبيّات crucifères *n.f.pl.*

مَصْلوب crucifié; crucifix

II صَلَّبَ تَصْليبًا ه، ه mettre en croix/en forme de croix; croiser (deux choses)

تَصْليب croisement; entrecroisement

مُصَلَّب *ois.* bec-croisé

مُصَلَّبة ج ات croisillon

VI تَصالَبَ تَصالُبًا s'entrecroiser

تَصالُب entrecroisement; croisée (d'ogives)

**3127** **صَلْت** imberbe; lisse (visage); poli (acier)

أَصْلَت م صَلْتاء ج صُلْت *même sens*

IV أَصْلَتَ إِصْلاتًا ه tirer l'épée du fourreau; dégainer

**3128** **صُلَّجة** ج صُلَّج cocon (du ver à soie)

**3129** **صَلُحَ** ـُ صَلاحِيّة être ... *v. à l'adj.*

~ لِـ ه s'appliquer/convenir/servir à qqch

**صَلَحَ** ـُ صَلاحًا لِـ ه *même sens*

~ نَموذَجًا servir de modèle

~ لِلظُروف convenir aux circonstances

لا **يَصْلُح** لِشَيْء bon/propre à rien

**صَلابة** dureté; fermeté; durcissement; endurcissement; inflexibilité; ténacité; rigidité; rigorisme; robustesse; stabilité; solidité; volonté; vigueur

~ المَوادّ résistance des matériaux

~ الأَرْض consistance du sol

**صُلْب** dur; endurant; endurci; consistant; inflexible; solide; bien trempé; tenace; résistant; rigide; irréductible; stoïque; robuste; viril (attitude)

~ الرَأْي entêté; obstiné; têtu

~ المَوْضوع، المَقال cœur du sujet; corps de l'article

تَكَلَّمَ في ~ المَوْضوع aller au fait; entrer dans le vif du sujet

~ ج أَصْلاب acier; *anat.* échine; épine dorsale; reins; lombes

أَلَم الـ~ lombago

مِن ~ه؛ اِبْن ~ه fils par le sang, de ses œuvres

أَبْناء ~ه descendance; progéniture

مَصْنَع الـ~ aciérie

صُلْبيّ dorsal; lombaire

صُلْبة العَيْن sclérotique *n.f.*

صالِب ج صَوالِب quille [*mar.*]

II **صَلَّبَ** تَصْليبًا ه durcir; endurcir; racornir

~ مَوْقِفه durcir sa position

V تَصَلَّبَ تَصَلُّبًا s'ankyloser; durcir *intr.*; s'endurcir; s'indurer; se montrer intransigeant; être implacable; s'obstiner; se racornir; se raidir; se scléroser

**تَصَلُّب** ankylose; catalepsie; durcissement; endurcissement; entêtement; induration; inflexibilité; intransigeance; obstination; racornissement; rigorisme; rigidité; raidissement; raideur; sclérose; ténacité

~ الشَرايين artériosclérose

~ المَفاصِل، الأَعْضاء ankylose/raideur des articulations, des membres

~ في الآراء raideur dans les opinions

تَصَلُّبيّ cataleptique; scléreux

**مُتَصَلِّب** ankylosé; implacable; inflexible; raide; intransigeant; induré; irréductible; figé; entêté; encroûté; inexorable; obstiné; racorni; rigide; rigoriste; sclérosé; têtu; tenace

~ القَسَمات les traits durs/implacables

هذا ~ تَمامًا c'est tout à fait indiqué; cela fait bien l'affaire

**صُلْح** compromis; conciliation; concordat; réconciliation; paix

مُعاهَدة ~ traité de paix

عَقَدَ مُعاهَدة ~ conclure/signer la paix

حاكِم، قاضي ~ juge de paix

رَسول الـ~ parlementaire

**صُلْحِيّ** conciliatoire; transactionnel

لَجْنة ~ة commission d'arbitrage/de conciliation

صَلاح bon état; bon ordre; bonne condition; bonté; valeur; validité

**صَلاحِيّة** ج ات aptitude; compétence; convenance; mérite; praticabilité; viabilité; valeur

عَدَم ~ مَحْكَمة incompétence (d'un tribunal)

صَلاحِيّات الوَزير attributions du ministre

**صالِح** «ad hoc»; appréciable; approprié; apte; avantageux; bien *n.m.*; bon *adj.*; bonne œuvre; digne; honorable; compétent; convenable; idoine; favorable; intéressant; profitable; utile; pie (œuvre); pieux; moral *adj.*

ماتَ ميتة ~ة mourir pieusement

~ لِـ bon à/pour; propre à; digne de; fait pour; -able *suff.*

~ لِلْخِدْمة العَسْكَرِيّة bon pour le service armé

~ لِلأَكْل، لِلشُرْب mangeable; buvable/potable (eau)

~ لِلسَيْر، لِلزِراعة praticable (route); cultivable

~ لِلإِسْتِعْمال utilisable; en service

~ لِلطِباعة bon à tirer [*impr.*]

غَيْر ~ défavorable; désavantageux; inapte; indigne; incompétent; inadéquat; impropre; inintéressant; inutile

غَيْر ~ لِلإِسْتِعْمال inutilisable; hors service

غَيْر ~ لِلأَكْل، لِلشُرْب immangeable; imbuvable/non potable (eau)

~ لِلسَيْر impraticable (route)

مَيَّزَ الـ~ عن الطالِح distinguer le bon du mauvais/le vrai du faux; séparer le bon grain de l'ivraie

لا يُريد إلّا ~ه ne vouloir que le bien de qqn

تَحَوَّلَ إلى ~ه tourner à l'avantage de

مِن ~ه أن avoir avantage/intérêt à; il est de son intérêt de

الـ~ العام le bien public; l'intérêt général

~ الشَعْب la cause du peuple

لِـ ، في ~ه à l'avantage/au profit/pour le bien/pour le compte/en faveur/dans l'intérêt de

~ ج ون، صُلّاح، صُلَحاءُ bon *n.m.*; pieux; saint; saint homme

الصالِحون، الصُلَحاء pieux/saints personnages

الصالِحات bonnes œuvres; œuvres pies

**أَصْلَح** plus apte/digne/convenable/valable

مِن الـ~ أن il vaut mieux que; le mieux est de

مَصْلَح سَيّارات garage

**مَصْلَحة** ج مَصالِح avantage; affaire; bien; intérêt; utilité; profit; service; office

~ شَخْصِيّة intérêt/profit personnel

~ الشَعْب la cause du peuple

~ الدَوْلة، عُلْيا raison d'État

~ عامّة administration/office/service public(ique); bien public; intérêt général

وَجَدَ ~ه trouver son compte; s'y retrouver

له ~ في avoir intérêt/avantage à

لِـ ، في ~ه en faveur de; dans l'intérêt de; au profit de; pour le compte de; à l'avantage de

**مَصالِح** الغَيْر، المُسْتَهْلِكين intérêt d'autrui, des consommateurs

الـ~ الوَطَنِيّة، المُشْتَرَكة intérêt national, commun

الـ~ الإدارِيّة services administratifs

II صَلَّحَ تَصْليحًا ه ← IV

III صالَحَ مُصالَحة بين ه établir un compromis entre; concilier; réconcilier; raccommoder (des personnes) [*fam.*]

مُصالَحة accommodement; raccommodement; conciliation; compromis; réconciliation; transaction; composition avec qqn

مُصالِح conciliateur

IV **أَصْلَحَ** إِصْلاحًا ajuster; améliorer; amender; aménager; arranger; assainir; corriger; concilier; réformer; réconcilier; défricher; dépanner; guérir; modifier; porter remède; mettre en valeur; rectifier; remettre en état; rénover; réparer; restaurer; rétablir; retaper

~ أَرْضًا — amender/aménager/défricher/mettre en valeur une terre

~ عِمارة — rénover/restaurer/ravaler un immeuble

~ نَفْسه — s'amender; se corriger; se transformer

~ نَقيصة — corriger/guérir un défaut

~ طَريقًا — refaire/réparer une route

~ بين صَديقَيْن — réconcilier/raccommoder [fam.] deux amis

~ فِراشه — faire/retaper [fam.] son lit

لا يُصْلَح — incorrigible; irréparable

**إصْلاح** — ajustement; aménagement; amélioration; amendement; arrangement; assainissement; défrichage; dépannage; correction; conciliation; réconciliation; remise en état; mise en valeur; rectification; rénovation; réparation; restauration; ravalement; réfection; réforme

~ لَوْحات فَنّيّة — restauration de tableaux

عَمَلِيّة ~ — opération de rénovation

~ النُظُم — réforme des institutions

~ الإدارة — réforme de l'administration

الـ~ الدينيّ — réforme religieuse

~ الأَغْلاط، الأَخْطاء — errata *n.m.inv.*

أَدْخَلَ **إصْلاحات** على ه — apporter/introduire des améliorations/des corrections/des amendements à/dans

إصْلاحيّ — correctif; réformiste; révisionniste

إصْلاحيّة — réformisme; révisionnisme; maison de correction/de redressement

مُصْلِح ج ون — dépanneur; défricheur; conciliateur; médiateur; réformateur; rénovateur; réparateur; restaurateur

VI تَصالَحَ تَصالُحًا مع — composer avec qqn; faire la paix avec; se réconcilier avec; se raccommoder avec [fam.]; transiger

لا يَتَصالَحُ — irréconciliable; inconciliable

VII اِنْصَلَحَ اِنْصِلاحًا — s'arranger; être en bon ordre/en bon état; s'améliorer

VIII اِصْطَلَحَ اِصْطِلاحًا على ه — convenir de qqch; tomber d'accord sur; s'entendre sur; adopter/admettre (un usage)

**اِصْطِلاح** — accord; convention; pratique *n.f.*; usage d'un mot; entente

~ ج ات — terme technique; terminologie

**اِصْطِلاحيّ** — convenu; conventionnel

إشارة ~ة — signal convenu

كَلِمات ~ة — termes conventionnels; idiotismes

اِصْطِلاحيّة المُفْرَدات — technicité du vocabulaire

**مُصْطَلَح** عليْه — admis/adopté (mot); convenu; conventionnel

~ ج ات — terme technique

المُصْطَلَحات — lexique/vocabulaire technique; terminologie

X اِسْتَصْلَحَ اِسْتِصْلاحًا ه ← IV

~ الأَخْلاق، النَقْد — assainir les mœurs, la monnaie

3130 **أَصْلَخ** م صَلْخاء — sourd

أَصَمّ ~ — sourd comme un pot [*fam.*]

3131 **صَلُدَ** ـُ صَلادة — être/devenir ... *v. à l'adj.*

**صَلادة** — compacité; dureté; résistance; rigidité; solidité

~ المَوادّ — résistance des matériaux

~ الفُولاذ — trempe de l'acier

صُلودة ← صَلادة

صَلْد ج صِلاد — aride (terre); dur (bois, pierre); compact; résistant; rigide; qui brûle difficilement (bois); *fig.* avare; dur à la détente [*fam.*]

II صَلَّدَ تَصْليدًا ه — durcir; endurcir; tremper (un caractère, l'acier)

تَصْليد — durcissement; endurcissement; trempe (de l'acier)

مُصَلَّد — (acier) trempé

3132 **صَلْصة**، ~ طَماطِم — sauce, sauce tomate

3133 **صَلْصَلَ** — cliqueter; produire un bruit métallique; retentir; résonner; sonner

صَلْصَلة — cliquetis; bruit (de chaînes)

مُصَلْصِل — bruyant

3134 **صَلْصال** — argile; glaise; terre à foulon

صَلْصاليّ — argileux; glaiseux; gras (terre)

3135 **صَلَع** — calvitie; pelade

أَصْلَع م صَلْعاء ج صُلْع — chauve; nu (terre); sans végétation; pelé

**3136 صلعم** (← صَلَّى) — *abrév. de la formule d'eulogie prononcée après le nom du prophète Mohammed*: que la bénédiction et le salut de Dieu soient sur lui

**3137 صَلِفَ** ـَ صَلَفًا — faire le fanfaron; fanfaronner; se vanter

صَلَف — hâblerie; fanfaronnade; orgueil; dédain; vantardise; outrecuidance; mépris

صَلِف — hâbleur; outrecuidant; orgueilleux; fanfaron; vantard

تَصَلَّفَ تَصَلُّفًا ← صَلِفَ

**3138 صَلاة**، صَلَوة ج صَلَوات

acte de dévotion; oraison; prière

~ السَحَر، عَلَى مَيْت — matines *n.f.pl.*; service funèbre

~ التَراويح — prière effectuée pendant les nuits de ramaḍān

**صَلَوات**؛ ~ الرَبيع — litanies; rogations

II **صَلَّى** تَصْلِية — faire sa prière; prier (Dieu)

~ على ه — prier pour qqn; bénir; donner sa bénédiction à

~ اللّهُ عَلَيْهِ وسَلَّمَ — *formule d'eulogie prononcée après le nom du prophète Mohammed*: que la bénédiction et le salut de Dieu soient sur lui

~ بِالناس — *isl.* diriger/guider la prière publique

مُصَلٍّ ج مُصَلُّون — orant [*litt.*]; qui est en prière

مُصَلًّى ج مُصَلَّيات — oratoire; lieu de prière

**3139 صَلَى** ـِ صَلْيًا ه — brûler/chauffer/cuire/rôtir *tr.*

صَلِيَ ـَ صَلًى بِـ ه ← VIII

صَلْية — salve (de coups de feu)

IV **أَصْلَى** إِصْلاءً ه ← صَلَى

~ ه نارًا من — accabler qqn de; faire endurer les pires tourments à; tourmenter qqn; tenir qqn sur le gril [*fig.*]

VIII **اِصْطَلَى** اِصْطِلاءً بِـ — se brûler; être brûlé; se chauffer; s'embraser; se réchauffer; *fig.* avoir affaire à; affronter; se frotter à qqn

~ بِنار ه، ه — *même sens*; supporter l'ardeur/les rigueurs de

لا يُصْطَلَى بِناره — invincible; brave; héros; à qui il vaut mieux ne pas se frotter

اِصْطِلاء — brûlure; échauffement; embrasement

مُصْطَلًى — foyer

**3140 صَمَّ** ـُ صَمًّا — boucher; obstruer; tamponner (un liquide)

~ أُذُنَيْه لِـ — faire la sourde oreille; se boucher les oreilles; être sourd à

~ ـَ صَمًّا، صَمَمًا — être bouché/obstrué (flacon, conduit); être sourd

صَمَم — assourdissement; surdité

كان في ~ عن — faire la sourde oreille à

شَديد الـ~ — sourd comme un pot [*fam.*]

**صِمام** ج أَصِمَّة — bouchon; clapet; soupape; tampon; valve; vanne

~ الاِنْفِجار، النَزْف — clapet d'explosion, de purge

~ التَقْويم — redresseur de courant

~ تَحَكُّم — vanne de réglage

~ الدُخول، القَبول — soupape d'admission

~ الاِنْفِلات، التَصْريف — soupape d'échappement

~ الأَمان، الأَمْن — soupape de sûreté

رَفَعَ، فَتَحَ ~ الخانِق — mettre les gaz

**صِمامة** ج صَمائِم (← صِمام) — *méd.* embolie

~ الراديو — lampe/tube (de radio)

~ قَذيفة — fusée d'obus

**صَميم** — partie vitale; nature intime/profonde; vif *n.m.*; pur *adj.*; convaincu; sincère

~ القَلْب — fond du cœur; tréfonds de l'être

أُصيبَ في ~ قَلْبه — être atteint au tréfonds de son être

من ~ قَلْبه — du fond du cœur; très sincèrement

في ~ الحَرّ — au plus fort de la chaleur

في ~ه — dans son for intérieur

~ المَوْضوع، المَسْأَلة — cœur/vif du sujet, de la question

جَرَحَ، مَسَّ ه في ~ه — piquer, toucher qqn au vif

ضَرَبَ ه في ~ه — porter un coup funeste; frapper au but; toucher en plein cœur

**صَميميّ** — cordial; intime; vital

| | |
|---|---|
| مُتَصامّ عن الرَّحْمة | sourd à la pitié |
| 3141 صَمَتَ ـُ صَمْتًا، صُموتًا | se taire; être silencieux |
| اُصْمُتْ! | chut! silence! tais-toi! |
| صَمْت | mutisme; silence |
| لَزِمَ الـ~ | observer, garder le silence |
| في ~ | en silence; silencieusement |
| أَلْزَمَ ه الـ~ | faire taire; réduire au silence |
| قَطَعَ حَبْلَ الـ~ | rompre le silence la glace |
| صامِت ج صُموت | muet; silence; sourd (phonème); *bridge:* mort |
| ~ صَمْتَ القَبْر | muet comme une tombe |
| ما لَهُ ~ ولا ناطِق | n'avoir pas un sou vaillant |
| ~ ج صَوامِت؛ حَرْف ~ | consonne |
| صَموت | insonore; taciturne |
| IV أَصْمَتَ إِصْماتًا ه. ه | faire taire; réduire au silence; insonoriser |
| إِصْمات | insonorisation |
| مُصْمَت | compact; massif; plein (bois); solide; uni |
| 3142 صِماخ ج أَصْمِخة، أُصْموخ | méat; canal [*anat.*]; tympan |
| 3143 صَمَدَ ـُ صُمودًا | tenir bon/ferme/le coup; résister; opposer une ferme résistance; rester sur ses positions; être ... *v. à l'adj.* |
| ~ لِلتَجْرِبة، لِلإِغْراء | repousser la tentation |
| ~ أَمام المَتاعِب والعَراقيل | triompher de toutes les difficultés |
| ~ أَمام هَجَمات | résister aux assauts |
| ~ في الشَدائِد | se raidir dans les épreuves |
| ~ في وَجْه ه | défier; braver; résister à; tenir tête à; faire front; s'opposer à |
| ~ لِهُجوم | résister à/soutenir une attaque |
| ~ ـِ صَمْدًا | boucher; fermer; obstruer; tamponner |
| ~ ه ، لِ ، إلى ه | s'appliquer à; aller; se diriger; se rendre à |
| صَمْد | tamponnement |
| صَمَد؛ صَمَدانيّ | *qualificatif de Dieu*: éternel; qui n'a besoin de rien pour exister |
| عَلائِق ~ة | relations intimes |
| صَميميّة | authenticité; cordialité; intimité |
| أَصَمّ م صَمّاء ج صُمّ | engorgé; bouché; insonore; obstrué; sourd; *anat.* endocrine |
| حَجَر ~ | pierre dure |
| ~ أَبْكَم، أَصْلَخ | sourd-muet; sourd comme un pot [*fam.*] |
| عَدَد ~ | nombre incommensurable/irrationnel |
| قَناة صَمّاء | canal engorgé |
| مِياه ~ | eaux stagnantes/dormantes |
| غُدّة ~ | glande endocrine |
| II صَمَّمَ تَصْميمًا في، عَلَى ه | continuer; persévérer dans; persister dans; se mettre qqch en tête; décider de; se décider à; prendre la décision de; concevoir; se promettre de; être déterminé à; se résoudre à; se proposer fermement de; se déterminer pour; préméditer de; planifier; faire/tirer des plans |
| ~ على العَمَل، الذَهاب | se résoudre à travailler, à partir |
| تَصْميم ج ات | détermination; persévérance; résolution; conception; canevas (d'une histoire); premier jet; plan; maquette; planification; dessein; projet |
| ~ لا يَتَزَعْزَع | résolution inébranlable |
| سَيّارة حَسَنة الـ~ | voiture qui a une belle ligne |
| بِـ~ | délibérément; résolument |
| مُصَمِّم | décidé/résolu/déterminé (personne); maquettiste; planificateur; modéliste |
| ~ الأَزْياء | dessinateur de mode |
| مُصَمَّم لِ | conçu pour |
| ~ عليْه | décidé/résolu/délibéré/déterminé (chose) |
| IV أَصَمَّ إِصْمامًا | boucher; engorger; obstruer; insonoriser; assourdir (un bruit) |
| ~ ه | abasourdir; assourdir qqn; rendre sourd; casser les oreilles/la tête [*fam.*] |
| ~ السَمْعَ، أُذُنَيْه | fermer l'oreille à; se boucher les oreilles |
| ~ دُعاؤُهُ | son appel n'a pas été entendu |
| إِصْمام | assourdissement; engorgement; insonorisation; obstruction |
| مُصِمّ | assourdissant |
| VI تَصامَّ تَصامًّا عن | faire la sourde oreille |

**صُمود** — détermination; fermeté; opiniâtreté; ténacité; volonté

بالـ~ — de pied ferme

جَبْهة الـ~ والتَصَدّي — Front de la fermeté et de la résistance

صامِد — déterminé; ferme; opiniâtre; réfractaire [*phys.*]; tenace

صِماد ج أَصْمِدة — couvercle; bouchon; tampon

صِمادة ج صَمائِد ← صِماد

**صَوْمَعة** — *v. ordre alphab.*

3144 **صَمْغ** ج صُموغ — colle; mastic; résine

~ عَرَبيّ — gomme arabique

**صَمْغيّ**؛ مَزيج ~ — mucilagineux; mucilage

II صَمَّغَ تَصْميغًا — encoller; coller; mastiquer

تَصْميغ — encollage; masticage

3145 **صَمْل** — dureté; fermeté; raideur; *zool.* sphinx

~ رِمّيّ، جُثّيّ، جيفيّ — rigidité cadavérique

صَميل — (bois) dur/sec

صامِل — fort; robuste

صَمولة ج صَوامِل — *techn.* écrou; molette

صامولة ج صَواميل — *même sens*

IV أَصْمَلَ إِصْمالاً ه، ه — dessécher qqn, qqch [*pr.* et *fig.*]

3146 **صِمْلاخ** ج صَماليخ — cérumen

3147 **صَمَى** ـِ صَمْيًا — tomber raide mort; mourir sur place

أَصْمَى إِصماءً ه — donner/porter un coup fatal

3148 **صَنّ** — corbeille à pain; huche

صُنان — odeur forte (des aisselles)

3149 **صُنْبور** ج صَنابير — bec (de l'aiguière); tuyau d'arrivée d'eau; robinet

3150 **صَنْج** ج صُنوج — cymbale; gong

صَنّاجات — castagnettes

صَنّاج — cymbalier

3151 **صِنْديد** ج صَناديد — brave; courageux; fort; héros

~ مِنَ البَرْد، الحَرّ — (jour) très froid, très chaud

3152 **صُنْدوق** ج صَناديق — benne; boîte; cabine; caisse; habitacle; coffre; huche; malle; urne

~ البَريد، الرَسائِل — boîte postale, aux lettres

~ حَديديّ، مُسَجِّل — coffre-fort; caisse (enregistreuse)

~ الضَمان الاِجْتِماعيّ — caisse de Sécurité sociale

~ التَوْفير، الاِدِّخار — caisse d'épargne

أَمين الـ~ — caissier

~ النَقْد الدُوَليّ — Fonds monétaire international; F.M.I.

~ اِقْتِراع، اِنْتِخاب — urne électorale

~ التُروس — boîte de vitesses

~ القُمامة، الزِبالة — poubelle; boîte à ordures

3153 **صَنْدَل** ج صَنادِل — bois de santal; sandale; barge; chaland; péniche

3154 **صِناب** الماء — cardamine; cresson

~ بَرّيّ — cresson des prés

3155 **صِنار** — platane

صِنّارة ج صَنانير — aiguille; hameçon; crochet

مُصَنَّر — crochet

3156 **صَنَعَ** ـَ صُنْعًا، صَنيعًا ه — confectionner; construire; créer; exécuter (un travail); fabriquer; façonner; faire; manufacturer; ouvrager; produire; travailler; traiter; usiner

~ مُعْجِزات، عَجائِب — faire/opérer/produire des miracles, des merveilles

~ الخَيْر، المَعْروف — faire le bien

ماذا تَصْنَع — qu'est-ce que tu fabriques/tu fais?

**صُنْع** — action; exécution (d'un tableau); œuvre; bienfait; construction; fabrication; façon (d'un costume); ouvrage; manufacture

عَيْب في الـ~ — vice de fabrication

مِنْ ~ ه — du fait de qqn

بَديع، جَميل الـ~ — très beau/réussi; d'une belle/bonne facture

~ العُطور — parfumerie; fabrication de parfums

**صُنْعيّ** — artificiel; synthétique

الكَواكِب الـ~ة — satellites artificiels

**صَنْعة** — art; métier; travail de l'artisan

صاحِب ~ — artisan

**صِناعة** ج ات — art; artisanat; fabrication; industrie; métier

~ يَدَويّة تَقْليديّة — artisanat traditionnel

~ تَصْديريّة — industrie d'exportation

~ ثَقيلة — industrie lourde

~ الحَديد — sidérurgie

~ فُنْدُقيّة، زِراعيّة — industrie hôtelière, agricole

~ التَقْطير، الفَخّار — distillerie; poterie

دار ~ بَحْريّة — arsenal (maritime)

رِجال، أَرْباب الـ~ — industriels; patrons; patronat

**صِناعات** أَهْليّة — arts indigènes; artisanat local

~ بِتْروكيماويّة — industries pétrochimiques

**صِناعيّ** — artificiel; artisanal; factice; industriel

مَدينة، مِنْطَقة ~ة — ville, zone industrielle

كَواكِب ~ة — satellites artificiels

حَرير ~ — soie artificielle

دَوْلة ~ة — pays industriel

صَناع اليَدَيْن — adroit/habile de ses mains; plein de dextérité

صَنائِعيّ — artisan; artisanal

**صانِع** ج ون، صُنّاع — artisan; fabricant; constructeur

~ مَصيره — artisan de son destin

الصُنّاع — artisanat

**مَصْنوع** — fait; fabriqué; façonné; confectionné; ouvragé; ouvré

~؛ مَصْنوعة ج ات — produit artisanal/manufacturé; article; production

مَصْنوعات فَخّاريّة — poteries

**صَنيعة** ج صَنائِع؛ صَنيع — action; bonne action; bienfait; créature [*fig.*]; protégé

~ ه — à la solde de; être la créature/le protégé de

**مَصْنَع** ج مَصانِع — atelier; chantier; fabrique; manufacture; usine

~ أَسْلِحة — arsenal; usine d'armement

~ بَحْريّ. سُكَّر — chantier naval; sucrerie

سِعْر. عَلامة ~ — prix de fabrique d'usine; marque de fabrique

~ فَخّار. عُطور — poterie; parfumerie

~ إسْمَنْت — cimenterie

**مَصانِع** تَكْميليّة — industries complémentaires

أَرْباب الـ~ — industriels; patronat

II صَنَّعَ تَصْنيعًا ه — industrialiser; industrialisation

III صانَعَ مُصانَعة ه — entourer qqn de prévenances; cajoler; flatter

مُصانَعة — flatterie; prévenance

مُصانِع — flatteur; cajoleur

V **تَصَنَّعَ** تَصَنُّعًا — faire des mines/manières; prendre des poses; poser *intr.*; avoir un air affecté; feindre; simuler; *techn.* s'industrialiser

~ في كَلامه — *fig.* s'écouter parler

~ في لَهْجَته، هَيْئَته — prendre un ton, un air affecté

~ الدَهْشة — feindre/simuler la surprise

**تَصَنُّع** — affectation; chichi [*fam.*]; maniérisme; recherche (de style); préciosité; simagrée; sophistication; feinte; simulation; *techn.* industrialisation

بِلا ~ — sans fard/chichi [*fam.*]; naturel *adj.*

تَصَنُّعات — grimaces; simagrées; manières

**تَصَنُّعيّ**؛ جِهاز ~ — *techn.* simulateur

**مُتَصَنِّع** — affecté; apprêté; compassé; empesé [*fam.*]; forcé; guindé; maniéré; pincé [*fig.*]; poseur; prétentieux; simulateur; sophistiqué; *techn.* industrialisé

دَوْلة ~ة — pays industrialisé

**مُتَصَنَّع** — affecté; faux; feint; simulé

لُطْف ~ — fausse amabilité

VIII **اِصْطَنَعَ** اِصْطِناعًا ه — fabriquer (à partir de rien, de toutes pièces, artificiellement); faire usage de

~ وَثيقة — forger un document

اِصْطِناع — synthèse [*chim.*]

اِصْطِناعيّ synthétique (caoutchouc); artificiel; factice; postiche

جَنّات، كَواكِب ~ة paradis, satellites artificiels

أَصْوات ~ة bruitage

أَسْنان ~ة fausses dents; râtelier

**مُصْطَنَع** artificiel; forcé; factice; tiré par les cheveux [*fam.*]; sophistiqué; conventionnel; convenu; emprunté

اِبْتِسامة ~ة sourire artificiel/forcé

مِفْتاح ~ fausse clé

رِقّة ~ة douceur feinte

حَرَكات ~ة gestes étudiés

3157 **صِنْف** ج أَصْناف classe; catégorie; espèce; sorte; spécimen; ordre; qualité; variété

مِن ~ واحِد de même gabarit/ordre/qualité

~ تِجاريّ article de commerce

II صَنَّفَ تَصْنيفًا ه classer; classifier; composer (un livre)

تَصْنيف classement; classification; catégorisation; composition (d'un livre)

تَصْنيفة assortiment; typologie

تَصْنيفيّ typologique

مُصَنِّف ج ون classificateur; auteur; écrivain

3158 **صَنْفَرة** émeri

3159 **صَنَم** ج أَصْنام idole; fétiche

عِبادة، عابِد الأَصْنام idolâtrie; idolâtre

صَنَميّ؛ صَنَمِيّة fétichiste; fétichisme

3160 **صِنْو** ج صِنْوان، أَصْناء frère/sœur germain(e); qui a la même origine/la même racine/la même source; double *n.m.* [*fig.*]; pendant *n.m.*

~ رُوحِه âme sœur

**هُما صِنْوان** ils sont pareils/semblables/de la même eau

صِنْوة sœur [*fig.*]; *bot.* bouture

3161 **صَنَوْبَر** pin

غابة، حَبّة ~ pinède; pignon

صَنَوْبَرة cône (de pin)

صَنَوْبَريّ conifère *adj.*; pinéal

صَنَوْبَرِيّة ج ات conifère *n.m.*

3162 **صَهْ** chut! silence! motus! ta gueule [*pop.*]! tais-toi!

3163 **صَهِبَ** - صَهَبًا roussir

صُهْبة roux *n.m.*; rousseur; fauve (couleur)

أَصْهَب م صَهْباء ج صُهْب alezan; fauve *adj.*; blond; rouge; roux; rouquin [*fam.*]

3164 **صَهَرَ** - صَهْرًا brûler; fondre; forger

~ كِتابَيْن في واحِد fondre deux livres en un

~ مَعْدِنًا fondre un minerai

صَهْر fonte

صِهْر ج أَصْهار beau-fils; beau-frère; gendre; allié (famille); alliance; liens de parenté (par les femmes)

صَهيرة ج ات fusible; plomb [*électr.*]

صُهارة coulée; magma [*géol.*]; moelle

صَهور fusible *adj.*

مَصْهور brûlé; fondu

مِصْهَر fourneau; forge; fusible *n.m.*; plomb [*électr.*]

III صاهَرَ مُصاهَرةً ه entrer dans/s'allier à (une famille); s'apparenter à

مُصاهَرة affinité; alliance (par le mariage)

VI تَصاهَرَ تَصاهُرًا s'allier par le mariage

VII اِنْصَهَرَ اِنْصِهارًا fondre *intr.*; se fondre dans; se couler dans; s'assimiler à; fusionner

**اِنْصِهار** fonte; fusion

دَرَجه، نُقْطة ~ degré, point de fusion

سِلْك الـ~ الواقي fusible; plomb [*électr.*]

~ الشُعوب brassage des peuples

مُنْصَهِر fusible *adj.*; fondu

3165 **صِهْريج** ج صَهاريج bassin; cuve; citerne; container; réservoir

شاحِنة، عَرَبة ~ camion-citerne; wagon-citerne

**3166 صَهَلَ** ـِ صَهيلًا hennir; hennissement

**3167 صَهْوة** ج صِهاء، صَهَوات
croupe/dos (de cheval); creux (des reins)

تَسَنَّمَ ~ المَجْد s'élever au faîte de la gloire

على ~ الجَواد à cheval

**3168 صَهْيونيّ** ج ون، صَهايِنة sioniste

صَهْيونيّة sionisme

**3169 صَوْب** côté; région

مِنْ كُلِّ ~ de tous côtés; en tout lieu; partout; de partout; de toutes parts; par monts et par vaux

من كُلّ حَدَب، أَوْب و ~ *même sens*

صَوْبَ ه du côté de; en direction; vers

**صَواب** bon sens; droiture; entendement; exactitude; raison; sûreté

فَقَدَ، أَضاعَ ~ه perdre la raison/la tête/la boule [*fam.*]; s'affoler

غابَ عن ~ه *même sens*

غائِب عن ~ه inconscient; insensé

أَعادَ، رَدَّ ه إلى الـ~ mettre au pas; faire entendre raison; ramener à la raison; remettre sur les rails

أَلْزَمَهُ الـ~ *même sens*

عادَ، رَجَعَ، فاءَ إلى ~ه retrouver son bon sens; revenir à la raison

إنْقادَ لِلـ~ entendre raison

كانَ على الـ~ avoir raison

~ حُكْم rectitude d'un jugement

جادّة الـ~ la bonne voie; la voie droite; le droit chemin

تَحَقَّقَ مِن ~ ه s'assurer de l'exactitude de

عَدَم الـ~ déraison

مُخالِف لِلـ~ déraisonnable

**صَوابًا** à juste titre; justement

خَطَأً أو ~ à tort ou à raison

صَوابيّ؛ صَوابيّة bien-fondé

**صائِب** droit *adj.*; judicieux; juste; heureux (coup); sain (jugement)

مُلاحَظة ~ة remarque faite à propos/opportune/qui tombe à pic

غَيْر ~ faux; erroné; maladroit

II **صَوَّبَ** تَصْويبًا ه corriger; rectifier

~ إلى ه coucher/mettre qqn en joue

~ سِلاحًا نحو، إلى braquer/pointer une arme sur, vers

~ عَيْنَيْه إلى braquer les yeux sur

~ إلى الهَدَف viser la cible/l'objectif

~ جَيِّدًا bien viser

~ النيران على ه diriger le feu contre; tirer des coups de feu contre

**تَصْويب** correctif; correction; visée; pointage

مِرْفاع الـ~ hausse [*arm.*]

تَصْويبات errata *n.m. inv.*

مُصَوِّب؛ مُصَوِّبة pointeur; viseur

IV **أَصابَ** إصابة ه atteindre; accidenter; cogner; blesser; endommager; heurter; frapper; porter un coup à; arriver; se produire; survenir; acquérir; échoir à qqn; obtenir; faire mouche; réussir; avoir raison; deviner

~ المَرْمَى atteindre/toucher le but

~ الهَدَف *même sens*; *fig.* tomber/frapper/voir juste

~ الهَدَف بِالكُرة loger/placer la balle dans les buts; marquer un but

~ ه في صَميم قَلْبه atteindre qqn au plus profond de son être

~ ه بِطَلْقة ناريّة atteindre qqn d'un coup de feu

~ عُصْفورَيْن بِحَجَر واحِد faire coup double/d'une pierre deux coups

~ عِلْمًا posséder une science

~ خِبْرة acquérir une grande expérience

~تْهُ حِصّة كُبْرَى une grande part lui est échue; recevoir une grande part de

~تْهُ مُصيبة arriver malheur à qqn

~تْهُ فَوْرة غَضَب piquer une crise/une colère; se mettre en colère

~ه البَرْد s'enrhumer; prendre froid

التَطَوُّرات الّتي ~تْ ه — les transformations qui se sont produites dans/ont marqué

**أَصَبْتَ** — vous avez deviné juste! vous y êtes! c'est exact!

ما ~ه مِنْ ه — qu'avez-vous gagné à ...?

**أُصيبَ** بِـ ه — être accidenté/atteint/blessé

~ بِمَرَض — contracter une maladie

**إصابة** — atteinte; but; essai [*sport.*]; panier [*sport.*]; touche (escrime); cas [*méd.*]; traumatisme; coup

~ مُميتة، هَدَف — atteinte mortelle; coup au but

~ عَمَل — accident du travail

~ بِشَلَل الأَطْفال — cas de poliomyélite

نُقْطة الـ~ — point d'impact

وَفاة بِـ~ — mort par accident/accidentelle

سَجَّلَ ~ — marquer un but/essai; réussir un panier

**عِلْم الإصابات** — traumatologie

**مُصيب** — juste; qui tombe juste

**مُصيبة** ج مَصائِب — accident; adversité; calamité; désastre; fléau; infortune; revers; malheur

يا لَلْـ~ — malédiction! malheur! quelle plaie [*fam.*]!

أَيّة ~ — *même sens*

**مَصائِب** — maux; misères; tribulations

~ قَوْم عِنْدَ قَوْم فَوائِد — *prov.* le malheur des uns fait le bonheur des autres

**مُصاب** — atteint par; affligé de; pris par (une fièvre); accidenté

~ بِحُمّى، بِمَرَض — fiévreux; malade

~ بِداء خَبيث — atteint d'un mal pernicieux

~ بِمَرَض مُعْدٍ، سارٍ — contagieux *n.*

سَيّارة ~ة — voiture accidentée

المُصابون — accidentés *n.pl.*; victimes

**3170 صَوْبَنَ** (← صبن) — savonner

**صَوْبَنة** — savonnage

**3171 صاتَ** ـُ صَوْتًا — crier; pousser un cri; produire un bruit/un son

**صَوْت** ج أَصْوات — bruit; cri; résonance; son; sonnerie; ton; voix; *ling.* phonème; *polit.* suffrage; vote

رَفَعَ ~ه — élever/hausser la voix

رَدَّدَ، عَكَسَ الـ~ — résonner; répercuter le son

غَلَّظَ ~ه — durcir la voix

~ غليظ، أَجَشّ، حَزين — voix dure, rauque, triste

~ رَخيم، حادّ — voix mélodieuse, aiguë

~ ثاقِب — voix perçante/pointue

على ~ البُوق — au(x) son(s)/aux accents de

بِـ~ واحِد — en chœur; d'une seule voix

مُكَبِّر الـ~ — haut-parleur; microphone

أَعْطَى ~ه — donner sa voix/son suffrage

بِـ~ واطِئ — doucement; à voix basse

عالي الـ~ — qui a le verbe haut/la voix forte

بِـ~ مَسْموع — de manière audible

بِـ~ عالٍ — d'une voix forte; à voix haute

بِأَعْلَى ~ه — à tue-tête

قُوّة الـ~ — intensité/volume (du son)

مَخْرَج الـ~ — point d'articulation

سُرْعة الـ~ — vitesse sonique/du son

سُرْعة تَفوق سُرْعةَ الـ~ — vitesse supersonique

**أَصْوات** شَجِيّة — sons mélodieux

~ خَلْفِيّة، اِصْطِناعيّة — fonds sonore; bruitage

عَدّ الـ~ — compter les voix/les votes/les suffrages

فَرْز الـ~ — dépouiller les bulletins de vote/le scrutin

حاسِب، فارِز الـ~ — scrutateur

عِلْم، عالِم الـ~ — phonétique; phonéticien

تَعَدُّد، مُتَعَدِّد الـ~ — polyphonie; polyphonique

**صَوْتيّ** — acoustique *adj.*; phonique; phonétique; sonique; sonore; vocal

كِتابة ~ة — écriture phonétique

إشارة ~ة — signal sonore

فَوْق ~ — supersonique; ultrason

عالِم، مُهَنْدِس ~ — phonéticien; ingénieur du son

صَوْتيّة ج ات — acoustique *n.f.*; résonance
عِلْم الصَوْتيّات — acoustique *n.f.* (science); phonétique
أصْواتيّ؛ عالِم ~ — phonéticien
صائِت؛ صائِتيّة ج ات — sonore; sonorité
**صِيت** — renom; renommée; réputation; vogue
ذائِع الـ~ — célèbre; connu; illustre; renommé; réputé; de grande réputation; en vogue
ذاعَ ~ه — s'illustrer
ذو ~ حَسَن، سَيِّئ — avoir bonne, mauvaise presse/réputation; être avantageusement, désavantageusement connu
II **صَوَّتَ** تَصْويتًا — jeter/pousser des cris; crier; criailler; glapir; sonner *tr.*; sonoriser; voter *intr.*
~ فِلْمًا — sonoriser un film
~ على التَعْديل — voter l'amendement
لَه الحَقّ في أن يُصَوِّت — avoir le droit de vote
**تَصْويت** — sonorisation; scrutin; suffrage; votation; vote
~ عامّ — suffrage universel
مَكْتَب ~ — bureau de vote
حَقّ الـ~ — droit de vote; voix délibérative
**مُصَوِّت** — sonore
~ ج ون — votant
~ ج ات — voyelle
اِلْتِقاء مُصَوِّتَيْن — hiatus [*ling.*]
عَدَد المُصَوِّتين — nombre des votants
نِظام المُصَوِّتات — système vocalique; vocalisme
مُصَوِّتيّ؛ مُصَوِّتيّة — vocalique; sonorité
IV أصاتَ إصاتةً ه — sonoriser; sonorisation

**3172** **صَوْتَم** ج صَواتِم — phonème
صَوْتَميّ — phonématique; phonologique
صَوْتَميّات — phonologie

**3173** **صوجة** — soja

**3174** **صُواح** — pollen

**3175** IV **أصاخَ** لِـ. إلى — écouter
~ السَمْع — tendre l'oreille

**3176** **صودا** — *chim.* soude; *boiss.* soda
~ كاوية — soude caustique
صوديوم — sodium

**3177** **صُور** — *mus.* cor; corne

**3178** **صُورة** ج صُوَر — aspect; copie; duplicata; effigie; figure; forme; gravure; constellation; image; façon; manière; illustration; portrait; représentation; simulacre; tableau; vue *n.f.*; cas; hypothèse
~ شَمْسيّة — photographie; photo
~ إشْعاعيّة — radiographie; cliché
~ شُهوديّة، نَموذَجيّة — photo-robot; phototype
~ سَلْبيّة — cliché; négatif
~ نِصْفيّة، كامِلة — portrait en buste, en pied
~ بَشَريّة — forme/représentation humaine
~ مُتَحَرِّكة، ثابِتة — image animée, fixe
~ مَحْفورة، مَنْقوشة — gravure
~ الأسْلوب — image/figure de style
~ مُكَبَّرة — agrandissement
~ مُصَغَّرة — miniature
~ بَدائيّة — archétype [*psychanal.*]
~ وَثيقة الوِلادة — extrait de naissance
اِلْتَقَطَ ~ — prendre une photographie
~ واضِحة، مُفَصَّلة — image claire, détaillée
~ ساخِرة، جِداريّة — parodie; fresque
~ طِبْقَ الأصْل — copie conforme; fac-similé
~ صامِتة — histoire sans paroles
بِـ~ حازِمة — d'un air/d'une façon décidé(e)/ferme
بِـ~ إجْماليّة — globalement; grosso modo
بِـ~ جَليّة — de manière évidente/claire; manifestement
على الـ~ الآتية — de la manière suivante
بِـ~ تَضَخُّميّة — de manière inflationniste

بِـ ~ مَحْسوسة — de manière tangible/concrète

بِـ ~ عِلْمِيّة — de manière scientifique; scientifiquement parlant

بِـ ~ عامّة — de façon/de manière générale; généralement

بِـ ~ خاصّة — de manière/de façon particulière; particulièrement

في ~ ما إذا — au cas où; dans l'hypothèse où

في ~ ه — sous l'aspect/la forme de

**صُوَر** — imagerie

~ مُتَحَرِّكة — dessins animés

مَجْموعة، خِزانة ~ — recueil d'images; photothèque

جَمْع ~ — photomontage

~ البُروج — signes du zodiaque

كَثير الـ~ — imagé (style)

**صُوَرِيّ** — apparent; factice; fictif; formel; imaginaire; transcendantal

**صُوَرِيّة** — formalisme

II **صَوَّرَ** تَصْويرًا ه — caractériser; figurer; faire le portrait; former (des lettres); illustrer (un livre); dépeindre; décrire; faire état de; peindre [*pr.* et *fig.*]; représenter; reproduire; photographier

~ نُسْخة — photocopier; faire une photocopie

~ أَشْخاصًا — peindre/dépeindre des personnages

~ الأَخْلاق — faire une peinture des mœurs

~ فِلْمًا — tourner un film

~ بِالأَشِعّة — radiographier

صُوِّرَ له أن — imaginer; s'imaginer que; avoir l'impression que

**تَصْوير**؛ تَصويرة ج تَصاوير — figuration; gravure; illustration; peinture [*pr.* et *fig.*]; photographie; photocopie; reproduction; représentation; prise de vues

~ مُلَوَّن — illustration/photo en couleurs

فَنّ الـ~ — la peinture

~، تَصْويرة جِداريّ(ة) — fresque

~ بِالأَلْوان المائيّة — peinture à l'aquarelle

~ جَوّيّ — photographie aérienne

~ بارِز — photographie en relief

آلة ~ — appareil photographique; caméra

~ الأَخْلاق — peinture de mœurs

حَسَن، جَميل الـ~ — photogénique

~ نَموذَجيّ — phototypie

~ بالأَشِعّة، إِشْعاعيّ — radiographie

~ مُتَحَرِّك — cinématographie

**تَصويريّ** — descriptif (musique); figuratif (art); pictural; photographique; représentatif

نَقّاش، نَقْش ~ — photograveur; photogravure

**مُصَوِّر** ج ون — illustrateur; peintre; photographe

~ سينِما — opérateur (de cinéma); caméraman

مُصَوِّرة ج ات — appareil photographique

**مُصَوَّر** — illustré; reproduit; peint; représenté; photographié; filmé

جَريدة، صَحيفة ~ة — illustré *n.m.*; magazine

نُسْخة ~ة — photocopie

رِواية، قِصّة ~ة — bande dessinée

V **تَصَوَّرَ** تَصَوُّرًا ه — croire; juger; penser; se figurer; se mettre/avoir en tête; concevoir; imaginer; se représenter; avoir l'impression que

~ له الشَيْءُ — *même sens*

تُصُوِّرَ — se concevoir

لا يُتَصَوَّرُ — impensable; inimaginable; inconcevable

**تَصَوُّر** — conception; concept; notion; représentation; rêverie

لا يُمْكِنُ ~ه — inconcevable

عالَم تَصَوُّرِيّ — monde idéal/imaginaire

**3179** **صوص** ج صيصان — poussin

**3180** (صوع) **صاع** — mesure (de grains)

صاعًا بِـ~ — un prêté pour un rendu

رَدَّ لَهُ الـ~ بِالـ~ — rendre la pareille; répondre/riposter du tac au tac

كالَ لَهُ صاعًا **صاعَيْن** — *même sens*; à malin malin et demi; rira bien qui rira le dernier [*prov.*]

صُواع — coupe; pot

VII **اِنْصاعَ** اِنْصِياعًا لِـ — se laisser aller à; se plier à

~ لِلْأَوامِر — se soumettre; obéir aux ordres; obtempérer

~ لِلْحَقّ — se rendre à la raison; entendre raison

اِنْصِياع — obéissance; soumission

مُنْصاع — obéissant; soumis

**3181 صاغَ** ـُ صَوْغًا، صِياغة — façonner; former (un mot); forger (un mensonge); formuler (une loi); modeler; mouler

صَوْغ — façonnement; façon; forme; formation

**صِياغة** — composition; création; moulage; forme; orfèvrerie; bijouterie; joaillerie

~ الكَلِمات، الجُمَل — construction des mots et des phrases

**صِيغة** ج صِيَغ — façon; forme; motif; nature; paradigme; formule

أُسْلوب مَتين الـ~ — style étoffé

~ جَبْرِيّة، كيماويّة — formule algébrique, chimique

~ نَحْوِيّة، نِهائِيّة — forme grammaticale, définitive

~ الفِعْل، الشَرْط — mode verbal, conditionnel

~ المَعْلوم، المَجْهول — voix active, passive

صِيغيّ، صِيَغيّ — modal

**صائِغ** ج صاغة، صُيّاغ — artiste; créateur; modeleur; bijoutier; orfèvre

~ الكَلام — styliste

مَصوغة ج ات — joyau; bijou

مَصاغ — bijouterie; joaillerie

**3182 صُوف** ج أَصْواف — laine

**صُوفِيّ** — de laine; en laine; laineux

نَسيج ~ — lainage

صِناعة الأَنْسِجة الـ~ة — industrie lainière

~ ج ون — mystique; soufi

صُوفِيّة — mysticisme; soufisme

أَصْوَفُ م صَوْفاء — laineux

صُوفان؛ صوفانة — amadou

V تَصَوَّفَ تَصَوُّفًا — être/devenir/se faire soufi/mystique

تَصَوُّف — mysticisme; soufisme

مُتَصَوِّف ج ون — mystique; soufi

**3183 صالَ** ـُ صَوْلًا عَلَى ه — se jeter sur qqn avec impétuosité; dominer; avoir le dessus sur

صَوْلة — assaut; attaque; despotisme; force; fureur; impétuosité; poussée; violence

صائِلة ج صَوائِل — manifestation d'hostilité; violence

**3184 صَوْلَجان** ج صَوالِج — crosse (de hockey); sceptre; quille [*jeux*.]

كُرة ~ — golf; hockey

**3185 صامَ** ـُ صَوْمًا، صِيامًا — s'abstenir (de boire, de manger et d'avoir des rapports sexuels du lever du soleil à son coucher pendant ramaḍān); jeûner; faire carême

**صَوْم**؛ صِيام — abstention; abstinence; carême; jeûne

يَوْم ~ — jour maigre

**صائِم** — *anat.* jéjunum

~ ج ون، صُوَّم، صُيَّم — abstinent; qui jeûne; à jeun

**3186 صَوْمَعة** ج صَوامِع — ermitage; petit couvent de moines; tour; tourelle; minaret

~ ناسِك، راهِب — cellule d'ermite/de moine

**3187 صانَ** ـُ صِيانةً، صَوْنًا ه، ه

entretenir; protéger; sauvegarder; préserver

~ عِرْضه، ماءَ وَجْهه — défendre/protéger son honneur/sa vertu; se respecter; vivre vertueusement

~ مَقامه — garder son rang

~ صِحَّته — se maintenir en bonne santé; se ménager

~ ماله — ménager son argent

~ الطُرُق، المَلابِس — entretenir les routes, les vêtements

**صِيانة** — entretien; maintenance; préservation; protection; sauvegarde; *chez la femme*: chasteté; modestie; vertu

~ جِهاز، الطُرُق — entretien d'un appareil, des routes

**صَوْن** — conservation; garde; préservation; protection

لِـ~ه من العَثَرات — pour le protéger contre les accidents

صِوان ج أَصْوِنة — armoire; buffet; commode; garde-robe; penderie

صَوّان — granit; silex; quartz

صَوّانيّ — graniteux; granitique

صَوّانة ج صَوّان — pierre à feu/à fusil

مَصُون — bien gardé/protégé; honnête/vertueux (femme)

V تَصَوُّن الرئة — silicose

**3188** (صوى) **صُوّة** ج صُوًى — borne; point de repère

**صيت** ← صوت

**3189** **صاحَ** ـِ صَيْحة، صِياحًا — brailler; crier; s'exclamer; hurler; pousser un cri; se récrier

~ بِـ ، في، عَلَى ه — apostropher; appeler; interpeller; crier après qqn

~ تَعَجُّبًا — crier/s'exclamer de surprise

~ الديك — le coq chante

**صِياح** — clameur; cri; hurlement

~ الديك — chant du coq; cocorico

**صَيْحة** ج ات — cri; éclat de voix

~ مُفْزِعة، ثاقِبة — cri effrayant, perçant

ذَهَبَ ~ في الوادي — *prov.* prêcher dans le désert

~ الحَرْب — cri de guerre

أَرْسَلَ **صَيْحاتٍ** — pousser des cris

صائِح ج ون؛ صَيّاح ج ون — crieur; criailleur; criard; hurleur

II **صَيَّحَ** تَصْيِيحًا — brailler; beugler [*fam.*]; crier à tue-tête; criailler; gueuler [*pop.*]; hurler; vociférer

~ على ه — crier après qqn

VI **تَصايَحَ** تَصايُحًا — clamer; lancer/pousser des cris; vociférer; s'appeler/s'interpeller en criant

~ على ه — réclamer à cor et à cri

IV **أَصاخَ** لِـ ، إلى (← صوخ) — *v. aussi 3175*

**3190** **صادَ** ـِ صَيْدًا ه، ه — attraper; capturer; chasser; pêcher

**صَيْد** — chasse; coup de filet; pêche; gibier

مَرْكَب، شَبَكة ~ — bateau, filet de pêche

شَرِكة ~ الأَسْماك — société de pêche

~ اللُؤْلُؤ، الإِسْفَنْج — pêche des perles, des éponges

~ الطَيْر، البَرّ، الماء — gibier à plume, à poil, d'eau

اِسْتَرْوَحَ الـ~ — prendre le vent (chien)

كَلْب، رُخْصة ~ — chien, permis de chasse

ذَهَبَ إلى الـ~ — aller à la chasse

حَفْلة، تَذْكار ~ — partie, trophée de chasse

~ الحَمام — tir aux pigeons

~ غائِص — chasse sous-marine

كُلّ الـ~ في جَوْف الفَراء — *prov.* avoir toutes les qualités/tous les mérites; réunir tous les pouvoirs dans la même personne; mettre tous ses œufs dans le même panier

**صَيّاد** ج ون — chasseur; pêcheur

~ اللُؤْلُؤ — pêcheur de perles

مَصيد ج ات — chassé; pêché; tableau de chasse

**مَصاد**، مَصْيَدة ج مَصائِد — chasse; pêcherie

اِسْتَأْجَرَ ~ًا — louer une chasse

مِصْيَدة ج مَصايد — attrape; filet; piège; traquenard

V تَصَيَّدَ تَصَيُّدًا ← VIII

VIII **اِصْطادَ** اِصْطِيادًا — chasser; pêcher; racoler

~ في المياه العَكِرة — pêcher en eau trouble

اِصْطِياد — chasse; pêche; racolage

**3191** **صَيْدَح** — *ois.* chat-huant

**3192** **صَيْدَلة** — pharmacie; pharmacopée

عِلْم الـ~ — pharmacologie

**صَيْدَليّ** — officinal; pharmaceutique

~، صَيْدَلانيّ ج صَيادِلة — pharmacien; apothicaire

صَيْدَلِيّة ج ات — officine; pharmacie

**3193** **صَيْدَن** اللَحْم — sarcophage [*ins.*]

**3194** **صارَ** ـِ صَيْرًا، مَصيرًا، صَيْرورة ه
devenir; commencer à; se mettre à

~ إلى ه — aller; passer; se rendre à; finir par; résulter

صِير — anchois

**مَصِير** ج مَصائِر، مَصايِر — destin; devenir *n.m.*; destinée; échéance; fin; développement; sort; vie; progrès

~ الإنْسان — l'avenir/le devenir/la fin de l'homme

~ كِتاب — la fortune/la destinée/le sort d'un livre

تَقْرير الـ~ — autodétermination; indépendance

حَقُّ الشُعوب في تَقرير ~ ها — droit des peuples à disposer d'eux-mêmes

راضٍ بِـ~ه — satisfait de son sort

**مَصيريّ** — *adj. de relation*

الاسْتراتيجيّة العَرَبيّة الـ~ة — la stratégie arabe de développement/de progrès

صَيْرورة ← مَصير

II **صَيَّرَ** تَصْييرًا ه، ه — rendre qqn tel; transférer; faire que qqn, qqch soit/devienne

~ ه سَعيدًا — rendre qqn heureux

تَصْيير — transfert

**صَيْرَف** ← صرف

3195 **صِيصة**، صِيصِية ج صَياصٍ — ergot (de coq)

**صيغة** ← صوغ

3196 **صَيْف** ج أَصْياف، صُيوف — été

صَيْفَ شِتاءَ — été comme hiver

**صَيْفيّ** — estival; d'été

زِيّ، لِباس ~ — tenue d'été/estivale

تَوْقيت، دِراسة ~(ة) — heure, cours d'été

**مَصيف**، مَصْيَف ج مَصائِف — station/villégiature d'été

~ أَطْفال — colonie de vacances

II **صَيَّفَ** تَصْييفًا — estiver *intr.*; villégiaturer

~ في الجَبَل — estiver dans la montagne

**تَصْييف**؛ ~ المَواشي — estivage; estivage des troupeaux

VIII اِصْطافَ اِصْطِيافًا ← II

**اِصْطِياف** — villégiature; estivage

مَرْكَز ~ — centre de villégiature/d'estivage

مُصْطاف ج ون — estivant; vacancier

3197 **صِينيّ** — chinois

هِنْديّ ~ — indochinois

**صِينيّة** ج ات، صَوانٍ — plateau (en cuivre)

~ مُتَحَرِّكة، دَوّارة — plaque tournante [*techn.*]

3198 **صِيوان** ج صَوايين — pavillon; porche; tente de réception/d'apparat

(ضاد)

*quinzième lettre de l'alphabet : « ḍad » ;*
*occlusive dentale sonore emphatique :* [ḍ]

**3199** **ضاحية** ج ضَواحٍ — banlieue; faubourg

ضاحَويّ — suburbain

ضَواحٍ — abords; alentours; environs; parages

**الضَواحي** البَعيدة — grande banlieue

في الـ~ — aux alentours; en banlieue; à la ronde; dans les parages

ساكِن الـ~ — banlieusard

سُكّان، نَقْليّات الـ~ — population, transports suburbain(e)s

**3200** **ضاد** — « ḍad »; quinzième lettre de l'alphabet arabe

لُغة الـ~ — *fig.* langue arabe

ناطِقون بِـ، أَبْناء، أَهْل الـ~ — arabes; arabophones

أَقْطار الـ~ — pays arabes/arabophones

**3201** **ضَأَلَ** ـَ ضَأْلًا ه — affaiblir; diminuer; mépriser

ضَؤُلَ ـُ ضَآلَةً — être ... *v. à l'adj.*

ضَآلة — chétivité; exiguïté; modicité; paucité [*v.x.*]; petitesse

**ضَئيل** ج ضِئال — exigu; modeste; modique; chétif; faible; minime; piètre; petit; infime; mince

مَبْلَغ، فَرْق ~ — somme, différence infime

نَصيب ~ — portion congrue

أَجْر ~ — petit salaire; salaire de famine

**أَضْأَلُ** — plus chétif/faible/petit; moindre

~ مِنْ أن — trop restreint pour

VI **تَضاءَلَ** تَضاؤُلًا — s'affaiblir; s'amenuiser; décliner; décroître; dépérir; pâlir (lumière); péricliter; régresser

~ نُفوذُه — reculer (influence); perdre de son influence

تَضاؤُل — affaiblissement; déclin; décroissance; dépérissement; recul; reflux; régression; usure

**مُتَضائِل** — affaibli; déclinant; décroissant; diminué; usé

سُرْعة، قُوًى ~ة — vitesse décroissante; forces déclinantes

**3202** **ضَأْن** — ovins; ovidés; mouton

~ بَني مَرين — mouton mérinos

~ أَلْيان — karakul

ضَأْنيّ — viande de mouton; outre en peau de mouton

**ضائِن** — agneau [*fig.*]; doux comme un agneau

~ ج ضَأْن، ضِآن — macroscélide

**3203** **ضَبّ** ج ضِباب، أَضُبّ — lézard

خَبّ ~ — malin; rusé

حَتّى يَرِد الـ~ — *prov.* quand les poules auront des dents (*m. à m.* quand les lézards boiront)

**3204** **ضَبَّ** ـِ ضَبًّا على ه — tenir ferme/serré

~ فُوهُ على ه — se tenir coi; taire/garder un secret

**ضَبّة** ج ات — loquet; gâche

~ الرَمْي — gâchette

II ضَبَّبَ تَضْبيبًا ه — fermer (porte, fenêtre)

3205 ضَباب ؛ ضَبابة brouillard; brume; vapeur

ضَبابيّ brumeux; flou *adj.*; fumeux [*fig.*]; nébuleux [*pr.* et *fig.*]; vaporeux

ضَبابيّة flou *n.m.*; nébulosité

3206 ضَبَح - ضُباحًا glapir (renard)

3207 ضَبَرَ ـُ ضَبْرًا ه assembler; collecter; mettre en liasse; réunir; brocher [*impr.*]

ضَبْر ج ضُبور tortue [*mil.*]; brochure [*impr.*]

ضُبارة ج ضَبائِر classeur; dossier; liasse

إضْبارة ج أضابير *même sens*

إضْباريّ bureaucrate; homme de dossiers

ضَبّار، ضَبّارة brocheur; brocheuse [*techn.*]

3208 ضِبْس؛ ~ شَرّ méchant; difficile à vivre; porté au mal

3209 ضَبَطَ ـِ ضَبْطًا ه، ه ajuster; rajuster; corriger; inscrire; noter par écrit; marquer; mettre au point; préciser; être méticuleux; normaliser; mesurer; enregistrer; mettre en ordre; régler; réglementer; régulariser; rendre clair/précis; appréhender; arrêter; confisquer; mettre à la fourrière; empoigner; s'emparer de; discipliner; contrôler; garder le contrôle; maîtriser; rester maître de; réprimer; restreindre; tenir; retenir; saisir

~ ساعته régler sa montre; mettre sa montre à l'heure

~ مُحَرِّكًا régler/mettre au point/réviser un moteur

~ القِياس faire prendre des mesures exactes/précises

~ حِسابه régulariser son compte

~ مِجْهَرًا، جِهازًا mettre au point un microscope, un appareil

~ لِسانه tenir sa langue; se retenir (de parler)

~ أعْصابه، نَفْسه discipliner/contrôler ses réactions; se contrôler; maîtriser ses nerfs; se maîtriser

~ الكَلِمات orthographier; fixer l'orthographe/la prononciation des mots; noter les voyelles brèves

~ ه في حالة تَلَبُّس prendre qqn en flagrant délit/la main dans le sac/sur le fait

~ طُولَ السَطْر justifier une ligne [*impr.*]

~ صُفوفًا garder l'alignement; aligner

~ الأمْلاك العَقاريّة cadastrer; enregistrer les biens fonciers

لا يُضْبَط incontrôlable; irrépressible (rire)

ضَبْط ajustage; ajustement; conservation; contrôle; correction; enregistrement; entretien [*techn.*]; maintien; minutie; mise au point; normalisation; précision; régulation; régularisation; régularité; réglage; confiscation; mise à la fourrière; arrestation; capture; détention; saisie; répression; restriction; retenue; minutes *n.f.pl.* [*admin.*]; procès-verbal [*admin.*]

~ مُحَرِّك mise au point/réglage/révision d'un moteur

مِقْياس الـ~ instrument/mesure de contrôle/de précision

~ الحِسابات régularisation/tenue des comptes

~ الأمْلاك العَقاريّة enregistrement des biens fonciers

~ التَوَتُّر، مُسْتَوَى الصَوْت régulation de la tension, du niveau sonore

~ النَسْل limitation/contrôle des naissances

~ الكَلِمات orthographe/prononciation correcte des mots; notation des voyelles sur les mots

~ النَفْس contrôle de soi; sang-froid; self-control; tempérance

لَوْحة ~ tableau de contrôle

مَحْضَر ~ procès-verbal [*admin.*]

~ ذاتيّ autoréglage; autorégulation

بِالـ~ exactement; avec précision; précisément; proprement; positivement; justement; tout juste

هو ذاتُه بِالـ~ c'est cela précisément/justement

عِنْدَ الساعة كذا بِالـ~ à telle heure sonnante/tapante/exacte

ضَبْطًا ← بِالضَبْط

ضَبْطيّ disciplinaire

الشُرْطة الـ~ة police judiciaire

عُقوبة، كَتيبة ~ة sanction, bataillon disciplinaire

ضابِط contrôleur; réguleur; régulateur

~ ج ضَوابِط norme; règle; règle morale

بِغَيْرِ ~ ولا رادِع sans foi ni loi

~ الصَوْت contrôle de volume [*mus.*]

~ ج ضُبّاط officier

~ بَحْرِيّة، شُرْطة officier de marine, de police

~ عَوْن، مَأْمور officier subalterne

~ آمِر، قائِد officier supérieur, général

~ صَفّ gradé; sous-officier

~ إرْتِباط، عَدْلِيّة officier de liaison, de justice

~ الحالة المَدَنِيّة officier de l'état-civil

~ الأَحْوال الشَخْصِيّة *même sens*

~ تَحْقيق عَدْليّ officier de police judiciaire

~ في جَوْقة الشَرَف officier de la Légion d'honneur

**ضابِطة** ج ضَوابِط régulateur; frein

~ مُسْتَوَى التَسْجيل régulateur du niveau d'enregistrement

الـ~ العَدْلِيّة، القَضائِيّة police judiciaire

**أَضْبَطُ** م ضَبْطاء ج ضُبْط ambidextre

~ مِن ذَرّة *prov.* plus acharné/tenace qu'une fourmi

**مَضْبوط** exact; juste; précis; réglé; correct; régularisé; en ordre

العُلوم الـ~ة sciences exactes

قِياس، ساعة ~(ة) mesure, montre précise

حِساب، صَوْت ~ bon compte; voix juste

غير ~ incoercible; incontrôlé; inexact; faux (voix)

**مَضْبَطة** ج مَضابِط compte rendu; procès-verbal (de séance)

II ضَبَّطَ تَضْبيطًا ه ← ضَبَطَ

**مُضَبِّط** ajusteur

VII اِنْضَبَطَ اِنْضِباطًا se consolider; être consolidé/ferme/raffermi; être discipliné; obéir/se plier à une discipline

**اِنْضِباط** discipline; exactitude; justesse

~ المُشاة، السائِقين discipline des piétons, des conducteurs

أَخْضَعَ ه لِلْـ~ discipliner; plier qqn à la discipline

~ على الطَريق tenue de route (d'une voiture)

لا، عَدَم، قِلّة ~ indiscipline

قَليل الـ~ indiscipliné

**اِنْضِباطيّ** disciplinaire; discipliné

غَيْر، لا ~ indiscipliné

رُوح لا ~ة esprit d'indiscipline

**مُنْضَبِط** discipliné; obéissant; soumis (à la loi)

3210 **ضَبُع** ج ضِباع، أَضْبُع hyène

ضِبْعان ج ضَباعين hyène mâle

ضَبَع rut (des chamelles)

3211 **ضَجَّ** ـِ ضَجًّا، ضَجيجًا crier; faire du vacarme/du tapage/du bruit; hurler; vociférer; beugler [*fam.*]

~ على مُعَلِّم chahuter un professeur

~ بِالشَكْوَى se plaindre bruyamment; pousser les hauts cris

~ بِالنور الباهِر être éclaboussé de lumière (endroit)

**ضَجّة** ج ات bruit; chahut; cri; agitation; charivari; brouhaha; cohue; raffut [*fam.*]; remue-ménage; rumeur; sarabande [*fam.*]; tapage, tintamarre [*fam.*]; tumulte; vacarme; vociférations

بِلَجّة وَ~ à cor et à cri; bruyamment

أَحْدَثَ ~ faire du bruit/un éclat; chahuter

كَثير الـ~ agité; bruyant; tumultueux; mouvementé

ضَجيج، ضَجاج ← ضَجّة

ضَجّاج chahuteur; fracassant [*fig.*]; houleux (foule); tapageur

ضَجوج ← ضَجّاج

IV أَضَجَّ ← ضَجَّ

مُضِجّ chahuteur; bruyant

3212 **ضَجِرَ** ـَ ضَجَرًا مِن، بِـ ه être ... *v. à l'adj.*; éprouver un malaise/de l'inquiétude; s'embêter; s'empoisonner [*fig.*]; se dégoûter de; se fatiguer de; se lasser de; se morfondre; se raser [*fig.*]; trouver le temps long

ضَجَر angoisse; anxiété; dégoût; ennui; inquiétude; malaise; morosité; lassitude; tristesse

ضَجِر angoissé; anxieux; dégoûté; ennuyé; fâché; embêté; las; oppressé; morose; triste

IV أَضْجَرَ إِضْجارًا ه angoisser; ennuyer; irriter; barber [*fam.*]; raser [*fig.*]; lasser; dégoûter; fatiguer; endormir [*fig.*]; assommer [*fig.*]

مُضْجِر endormant [*fig.*]; ennuyeux; fastidieux; fatigant; barbant [*fam.*]; rasant [*fam.*]; rasoir *adj.* [*fam.*]; lassant; assommant [*fam.*]; monotone; mortel [*fig., fam.*]; tuant [*fam.*]

V تَضَجَّرَ تَضَجُّرًا ← ضَجِرَ

**3213 ضَجَعَ** ـَ ضَجْعًا s'allonger/se coucher/être couché/allongé sur le côté; gésir; aller vers son coucher (étoile)

~ في ه négliger de faire

ضَجْعة position couchée/allongée (sur le côté)

ضُجْعة، ضِجْعِيّ faible; fainéant; flemmard [*pop.*]; lâche; grabataire; paresseux; prostré

ضاجِع allongé/couché (sur le côté)

الضَواجِع étoiles qui descendent sur l'horizon

**مَضْجَع** ج مَضاجِع couche; lit

أَقَضَّ ~ ه priver de sommeil

III ضاجَعَ مُضاجَعة ه coucher/faire l'amour/avoir un rapport sexuel avec (une femme)

مُضاجَعة acte/amour sexuel

IV أَضْجَعَ إِضْجاعًا ه coucher qqn; mettre au lit

مُضْجَع gisant *adj.*

VIII اِضْطَجَعَ اِضْطِجاعًا (← ضَجَعَ) se prosterner

مُضْطَجَع couché (sur le côté); lit; couche

**3214 ضَحْضَحَ** frémir/vibrer (air par temps chaud, mirage)

ضَحْضاح ج ضَحاضيح haut-fond; banc de sable

**3215 ضَحِكَ** ـَ ضَحِكًا rire; se marrer [*fam.*]; ricaner

~ بِـ، من ه، ه se gausser de [*litt.*]; ironiser sur; rire de/aux dépens de; se moquer de

~ عن دُرّ مُنَضَّد avoir un sourire éclatant; rire à belles dents/de toutes ses dents

~ مِلْءَ، بِمِلْءِ شِدْقَيْه rire à gorge déployée

~ على، في ذَقَن ه se payer la tête de; rire au nez/à la barbe de

~ من طَرَف أَسْنانه rire du bout des lèvres

~ في عُبّه rire dans sa barbe/sous cape

**ضَحِك** rire *n.m.*; hilarité

نَوْبة ~ fou rire

اِسْتَغْلَبَ عليه الـ~ attraper le fou rire

بَعَثَ على، دَعا إلى الـ~ prêter à rire

أَثارَ ~ الجُمْهور provoquer l'hilarité générale

**ضَحْكة** ج ات rire *n.m.*; éclat de rire

~ صَفْراء rire jaune

أَرْسَلَ ~ partir d'un éclat de rire

**ضُحْكة** risée; tête de Turc; personnage de comédie

صارَ ~ لِلناس devenir la risée du public; tomber dans le ridicule

جَعَلَ ه ~ tourner qqn en ridicule

**ضاحِك** ج ون، ضَحوك riant; rieur

اِنْفَجَرَ ~ًا éclater de rire

رَأْي ~ opinion claire/franche/nette

ضاحِكة ج ضَواحِك dent; prémolaire

اِفْتَرَّ عَنْ **ضَواحِك** rire à pleine bouche/de toutes ses dents/à belles dents

**ضَحّاك** ج ون bouffon; comique; fou [*fig.*]; hilare; rigolard [*pop.*]

غاز ~ gaz hilarant

**أُضْحوكة** ج ات، أَضاحيك personnage de comédie; bouffonnerie; risée

كان ~ لِلناس ← ضُحْكة

مَضْحَكة ج مَضاحِك bouffonnerie

IV **أَضْحَكَ** إِضْحاكًا ه faire rire

~ الناس على ه faire rire aux dépens de; ridiculiser qqn aux yeux des gens

~ الإِنْس والجِنّ être d'un ridicule achevé/d'un comique irrésistible

~ الثَكْلى *même sens*

إِنَّكَ تُضْحِكُني vous me faites rire

**مُضْحِك** amusant; drôle; crevant [*fam.*]; marrant [*pop.*]; hilarant; rigolo [*fam.*]; ridicule; risible; fou *adj.*; facétieux; plaisant; grotesque; désopilant

رِواية، مُغامَرة ~ة pièce, aventure comique

الـ~ في المُشْكِلة أن le plaisant de l'affaire est que

بِصورة ~ة de façon amusante/plaisante; plaisamment

**مُضْحِكات** facéties

الـ ~ المُبْكِيات ce dont on ne sait s'il faut en rire ou en pleurer

VI تَضاحَكَ تَضاحُكًا faire semblant de rire

3216 **ضَحْل** ج ضِحال، أَضْحال petite quantité d'eau; étiage; haut-fond; banc de sable

ماء، مياه ~(ة) eau(x) peu profonde(s)

3217 **ضُحْمة** *poiss.* môle; poisson-lune

3218 **ضَحا** ـُ ضَحْوًا apparaître; être apparent/visible; *v. aussi 3219*

ضَحِيَ ـَ ضَحاءً aller/être au soleil

**ضُحًى**، ضُحًا matinée; milieu de la matinée (moment où le soleil a accompli le quart de sa course au-dessus de l'horizon)

بَيْنَ عَشِيَّة و ~ها du jour au lendemain; tout d'un coup; soudainement

بَيْنَ لَيْلة و ~ها *même sens*

IV **أَضْحَى** إِضْحاءً ه faire apparaître au grand jour; rendre visible; exposer; *en phrase nominale*: devenir

~ يَفْعَل commencer/se mettre à faire

V تَضَحَّى تَضَحِّيًا faire la grasse matinée

3219 **ضَحِيَّة** ج ضَحايا victime; proie; holocauste; *v. aussi 3218*

**ضَحايا** السَّيْر، فَضيحة victimes de la route, d'un scandale

أَحْدَثَ ~ faire des victimes

**أَضْحًى**، أَضْحاة ج أَضاحٍ brebis offerte au sacrifice; victime/offrande (de la fête du sacrifice)

عِيد الـ ~ fête du sacrifice; la grande fête; grand baïram

يَوْم الـ ~ jour du sacrifice

أُضْحِيَّة ج أَضاحٍ ← أَضْحًى

II **ضَحَّى** تَضْحِية بِـ ه، ه sacrifier; immoler

~ بِضَحِيَّة immoler une victime

~ بِـ ه، ه لِـ، في سَبيل ه sacrifier qqn, qqch pour la cause de

~ بِنَفْسِه se dévouer; s'immoler; se sacrifier; s'offrir en holocauste [*litt.*]

~ بِحَياته faire le sacrifice de/donner/sacrifier sa vie

**تَضْحِية** ج ات abnégation; immolation; holocauste; sacrifice

~ بِالنَّفْس، المال sacrifice de sa vie, de son argent

فِكْرة الـ ~ esprit de sacrifice

(ضحى) **ضاحية** *v. ordre alphab.*

3220 **ضَخَّ** ـُ ضَخًّا injecter; pomper

**ضَخّ** injection; pompage

مَحَطّة ~ station de pompage

ضَخّاخ ج ون pompiste

**مِضَخّة** ج ات، مَضاخّ pompe

~ ماء، بَنْزين، حَريق pompe à eau, à essence, à incendie

~ ماصّة، سَقْي pompe aspirante, d'arrosage

~ ضاغِطة pompe refoulante

~ هَوائيّة pompe à air

3221 **ضَخُمَ** ـُ ضَخامةً s'amplifier; grossir; être ... *v. à l'adj.*

ضَخامة ampleur; carrure; corpulence; énormité; grosseur; hypertrophie; immensité; importance

**ضَخْم** ج ضِخام colossal; considérable; gros; corpulent; gigantesque; imposant; immense; grandiose; géant *adj.*; monumental; mastoc [*péjor.*]; massif; luxueux; volumineux

قامَرَ بِـ، رَبِحَ مَبالِغ ~ة jouer, gagner gros

مَشْروع، مَجْهود ~ projet, effort gigantesque/colossal

~ العِيار de gros calibre

II **ضَخَّمَ** تَضْخيمًا ه amplifier; enfler *tr.*; exagérer; gonfler; grossir *tr.*; hypertrophier

~ خَبَرًا grossir/amplifier une nouvelle

~ الصُعوبات grossir les difficultés

**تَضْخيم** amplification; exagération; gonflement; grossissement

~ الوَصْف hyperbole [*litt.*]; description hyperbolique

**مُضَخِّم** ج ات amplificateur

~ الصَوْت mégaphone; porte-voix

V **تَضَخَّمَ تَضَخُّمًا** se dilater; se distendre; s'amplifier; grossir *intr.*; enfler *intr.*; gonfler *intr.*; s'hypertrophier

**تَضَخُّم** gonflement; grossissement; enflure; dilatation; distension; hypertrophie; inflation; surcharge; renflement

~ نَقْدِيّ inflation [*écon.*]

~ البَرامِج surcharge des programmes

**تَضَخُّمِيّ** inflationniste; hypertrophique

**مُتَضَخِّم** hypertrophié; grossi; distendu; dilaté

**3222 ضِدّ** ج أَضْداد antonyme contraire homophone [*ling.*]

**ضِدّ** anti- *préf.*; contre; à contresens; au contraire de; opposé à

~ الحَبَل، الطَيَران anticonceptionnel; antiaérien

~ الصَدَمات، الدَبّابات antichoc; antichar

~ السُمّ، الكَلَب antidote; antirabique

~ الرَبْو، الصِحّة antiasthmatique; antihygiénique

~ أيّ دِفاع contré (bridge)

~ الإشْعاع الذَرّيّ antiatomique

~ الحُكومة، الاِسْتِعْمار antigouvernemental; anticolonialiste

~ الضَوْء à contre-jour

**جِسْم ضِدّيّ** anticorps

III ضادَّ مُضادَّةً ه être contraire/opposé à; s'opposer à

**مُضادّ** ج ات contre; anti- *préf.*; défavorable; contraire; opposé

في اتِّجاه ~ dans une direction opposée; à l'opposite de; dans le sens contraire

تَجَسُّس ~ contre-espionnage

اِقْتِراح، إرهاب ~ contre-proposition; contre-terrorisme

تَأْمين، تَحْقيق ~ contre-assurance; contre-enquête

ثَوْرة، خِبْرة ~ة contre-révolution; contre-expertise

مُظاهَرة، مَشْروع ~ (ة) contre-manifestation; contre-projet

~ لِـ ← مُضادّ

~ لِلاِنْزِلاق، الاِنْعِكاس antidérapant; anti-reflet

~ لِلتَخَثُّر، التَجَعُّدات anticoagulant; antirides

~ لِلتَشَنُّج، الحَبَل antispasmodique; contraceptif

~ لِلدَبّابات، الطَيَران antichar; antiaérien

~ لِلسَمّ antidote; antitoxine; contrepoison

~ لِلسامِيّة، الصَدأ antisémitisme; antirouille

~ لِلسَرَطان، الضَباب anticancéreux; antibrouillard

~ لِلْفَساد، العُفونة antiseptique

~ لِلْعُثّ، الكُزاز antimite; antitétanique

VI تَضادَّ تَضادًّا contraster; être contraire/incompatible; s'opposer les uns aux autres

تَضادّ antinomie; antithèse; antonymie; contraste; incompatibilité; opposition; ambivalence

**مُتَضادّ** antonyme; contraire; incompatible; opposé; ambivalent

**قُوًى** ~ة forces contraires/opposées

آراء ~ة points de vue incompatibles

**3223 ضِرّ** polygamie

ضِرّيّ؛ ضِرّيّة *bot.* polygame; polygamie

ضَرّة ج ضَرائِر *isl.* co-épouse

**3224 ضَرَّ** ـُ ضَرًّا بِـ ه blesser [*fig.*]; faire du mal/du tort à qqn; porter préjudice à; désavantager; nuire à

**ضَرَر** ج أَضْرار atteinte; avarie; déprédation; désavantage; dégât; détriment; dommage; inconvénient; lésion; mal; méfait; misère; gêne; indigence; pauvreté; nocivité; préjudice; ravage

أَلْحَقَ بِـ ه ~ًا faire du tort/porter préjudice à qqn

عَدَم ~ innocuité

اِرْتَكَبَ أَخَفَّ الضَرَرَيْن *prov.* de deux maux il faut choisir le moindre

**أَضْرار** وخَسائِر dégâts; dommages; préjudices

سَبَّبَ ~ًا كَثيرة causer de graves dommages/de nombreux dégâts

**ضَرورة** ج ات gêne; impératif; nécessité; urgence

~ قُصْوى، عاجِلة extrême urgence

لِلـ~ أَحْكام *prov.* nécessité oblige/fait loi

ما هو مَعْلوم بِالـ~ ce qui tombe sous le sens; ce qui va de soi

بِالـ~؛ ضَرورةً nécessairement; impérativement

ضرورةَ أن d'autant plus que

لا ~ لِـ il n'est pas nécessaire de; ce n'est pas la peine de; il n'y a aucune urgence à

ضرورات طَبيعيّة besoins naturels

الـ ~ تُبيحُ المَحْظورات *prov.* l'occasion fait le larron; la faim chasse le loup hors du bois

ضروريّ impératif *adj.*; indispensable; essentiel; nécessaire; de rigueur

من الـ ~ أن il est nécessaire/indispensable de

الوَقْت الـ ~ لِـ le temps matériel de/nécessaire à

غَيْر ~ superflu

ضروريًّا essentiellement; nécessairement

ضروريّات le strict nécessaire

~ الحياة nécessités de la vie

الـ ~ والكَماليّات le nécessaire et le superflu

ضارّ délétère (gaz); désavantageux; dommageable; malfaisant; nocif; nuisible

غَيْر ~ inoffensif

ضَرير ج أَضِرّاء، أَضْرار aveugle *adj., n.*

ضَرّاء adversité; calamité; malheur; misère

السَرّاء والـ ~ la bonne et la mauvaise fortune; le meilleur et le pire

مَضَرّة ج مَضارّ ← ضَرَر

IV أَضَرَّ إِضْرارًا ه، ب ه، ب ه accidenter; blesser; désavantager; détériorer; endommager; léser; malmener; causer/faire du tort à; nuire; porter préjudice à

~ ه على contraindre/forcer qqn à

~ الصِحّة déranger [*méd.*]

هذا لا يَنْفَع وَلا يُضِرّ cela ne fait ni chaud ni froid; cela ne change rien

إضْرار détérioration; atteinte (aux droits de); préjudice; tort

قَصْد الـ ~ intention de nuire

مُضِرّ délétère (gaz); désavantageux; dommageable; malfaisant; fâcheux; nocif; malsain; mauvais; nuisible; pernicieux; préjudiciable

حَيَوانات، أَعْشاب ~ة animaux nuisibles; mauvaises herbes

طَعام ~ بِالصِحّة aliment contraire/malsain/nocif

غَيْر ~ inoffensif

V تَضَرَّرَ تَضَرُّرًا subir une avarie/un sinistre; être avarié/lésé/sinistré; souffrir

~ مِنْ ه se plaindre d'un tort; se déclarer lésé par

مُتَضَرِّر avarié (marchandise, bateau); sinistré; accidenté (voiture); endommagé

مَناطِق ~ة régions sinistrées

VIII اِضْطَرَّ اِضْطِرارًا إلى être contraint/forcé/obligé; se trouver dans l'obligation/la nécessité de

~ ه إلى ه contraindre/forcer/obliger qqn à; forcer la main à qqn

أُضْطُرَّ أن (← اِضْطَرَّ) falloir

اِضْطِرار exigence; nécessité; obligation; urgence; état d'urgence

عن ~ أو اِخْتِيار de gré ou de force; qu'on le veuille ou non

اِضْطِرارًا forcément; obligatoirement; nécessairement

هُبوط اِضْطِراريّ atterrissage forcé

مُضْطَرّ لِـ، إلى ه contraint à/de; forcé; obligé; force lui est de

أَراني ~اً لِـ ه je me vois contraint de

3225 ضَرَبَ ـِ ضَرْبًا ه battre *tr.* et *intr.*; frapper; taper; tirer (un coup de feu); lancer; jouer d'un instrument de musique; faire une multiplication; multiplier [*math.*]; mêler; mélanger; piquer (scorpion)

~ على الطاوِلة taper sur la table

~ على الوَتَر الحَسّاس toucher/faire vibrer la corde sensible

~ على آلة كاتِبة taper à la machine

~ رِسالة dactylographier une lettre

~ سِكّة، عُمْلة battre/frapper monnaie

~ آلات موسيقيّة jouer d'instruments de musique

~ ه كَفًّا donner une claque/une gifle; claquer; gifler

~ عُنْقه décapiter

~ الجَرَس sonner la cloche

~ ضَريبة على ه imposer qqn; frapper qqn d'un impôt/d'une taxe; taxer

~ هَدَفًا عَسْكَريًّا détruire un objectif militaire

~ عُقوبات infliger des sanctions

~ إِبْرة، حُقْنة faire/administrer une piqûre

~ الحِصار على مَدينة assiéger/bloquer/investir une ville

~ هـ. ه غَشاوة recouvrir qqch d'un voile; jeter un voile sur

~ صُفوفًا former les rangs

~ جَوْهَرة façonner/monter/ouvrager un bijou

~ بِوَجْه صاحِبه se retourner contre son auteur

~ صَفْحًا عن هـ faire table rase de; ne faire aucun cas de; passer sur qqch; passer sous silence; passer l'éponge sur

~ بِهِ عُرْضَ الحائِط *même sens*

~ إلى الحُمْرة، الصُفْرة tirer sur le rouge, le jaune

~ مَثَلًا citer/donner un exemple; citer un proverbe

ضُرِبَ فيه المَثَل passer en proverbe

يُضْرَبُ فيه، بِه المَثَل proverbial; exemplaire

**ضَرْب** pulsation; pulsion; jet; coup de fusil/de feu; battement; frappe (sur une machine); *math.* multiplication; *poét.* dernier pied d'un vers

~ الرَمْل géomancie

~ نُقود، سِكّة، عُمْلة frappe de monnaies

دار الـ~ hôtel de la Monnaie

جَدْوَل الـ~ table de multiplication

~ ج ضُروب، أَضْراب catégorie; espèce; genre; sorte; spécimen; variété

~ مِن المُحال c'est une chose impossible

هذا ~ مِن cela tient de/est une sorte de

ضُروب مِن toutes sortes de

**ضَرْبة** ج ات coup; secousse

~ إرْسال، تَوَقُّف coup d'envoi, d'arrêt

~ حُرّة، جَزاء coup franc; penalty

~ قاضية، مُجْهِزة coup de grâce/fatal

~ قاسية، شَمْس، ماهِر coup dur, de soleil, de maître

~ ساحِر coup de baguette magique

~ فـ~ coup sur coup

~ لا طَبيبَ لَها coup qui ne pardonne pas

**ضارِب** -âtre *suff.*; battant; qui bat; qui porte un coup; frappant; frappeur; qui frappe; *math.* coefficient; *zool.* migrateur

~ إلى se diriger vers; se rendre à

~ عن se détourner de; s'éloigner de

~ بِـ ه إلى jeter/lancer qqch vers/contre/sur

~ بِـ ه، ه الأَرْضَ jeter qqn, qqch à terre

~ بِسَهْم مُصيب في prendre une part active à

~ بِيَدِه faire signe de la main

~ بِنَظَره إلى tourner son regard/les yeux vers

~ على كَلِمة barrer/effacer un mot

~ على ه الذِلّة humilier qqn

~ بِذَقَنه الأَرْض être/rester/revenir la queue entre les jambes [*fig.*, *fam.*]; être honteux/marri [*litt.*]

~ الصَلاة، السَلام faire sa prière, le salut militaire

~ ه الحَرّ، البَرْد avoir chaud, froid

~ عن ه جِرْوَته s'armer de patience

~ في حَديد بارِد *prov.* battre le fer quand il est froid; donner un coup d'épée dans l'eau; prêcher dans le désert

~ على يَدِه empêcher qqn de; ôter à qqn le pouvoir de; réduire à l'impuissance

~ الرَقْم القِياسيّ في battre le record de

~ مَوْعِدًا fixer/prendre/donner un rendez-vous; prendre date

~ أَجَلًا accorder/donner/fixer un délai

~ خَيْمة، مُخَيَّمًا dresser/planter/tendre/installer une tente, un campement

~ في عُرْض الطُرُقات battre les chemins/la campagne

~ في الماء، البَحْر nager; croiser en mer (flotte)

~ في الغابات، الشَوارِع parcourir/arpenter/courir les bois, les rues

~ على غَيْر هُدًى errer sans but

~ أَطْنابه في sévir qqp; s'installer; prendre racine

~ في الخَيال rêver; rêvasser; être dans les nuages/dans la lune

~ عَدَدًا في *math.* multiplier un nombre par

~ نُقاعة نَباتات mélanger/mêler une macération

~ أَخْماسه في أَسْداسه être perplexe; ne savoir quel parti prendre/à quel saint se vouer [*fam.*]; se creuser la cervelle

## 3225 ضرب ٣٢٢٥

قُوَّة ~ة — force de frappe

~ الرَمْل — géomancien

~ إلى الحُمْرة، الزُرْقة — rougeâtre; bleuâtre

~ إلى الصُفْرة، الخُضْرة — jaunâtre; verdâtre

~ إلى السَواد، البَياض — noirâtre; blanchâtre

~ إلى البَنَفْسَجيّ — violacé; violâtre

**طُيور ضَوارِب** — oiseaux de passage/migrateurs

**مَضْروب** — multiplicande; mutiplié

~ فيه — multiplicateur [*math.*]

سِياسة ~ة على — politique imposée à

مَوْعِد ~ — rendez-vous fixé/précis/pris

في المَوْعِد الـ~ — à point nommé; à l'heure dite

**ضَريبة** ج ضَرائِب — contribution; impôt; imposition; redevance; taxe

دَفَعَ الـ~ — payer l'impôt

~ عَقارِيّة — impôt foncier

~ الدَخْل، المِلْكِيّة — impôt sur le revenu, la propriété

~ الشَرِكات، الأَرْباح — impôt sur les sociétés, les bénéfices

~ على رَقْم المَبيعات — impôt sur le chiffre d'affaires

خاضِع لِلـ~ — assujetti à l'impôt

أَخْضَعَ ه لِلـ~ — assujettir qqn à l'impôt

أَخْضَعَ ه لِلـ~ — fiscaliser (des revenus)

~ مُباشِرة، غَيْر مُباشِرة — impôt/contribution direct(e), indirect(e)

~ نِسْبِيّة، تَصاعُدِيّة — impôt proportionnel, progressif

~ الوارِدات — taxe aux importations

~ المَلاهي — taxe sur les spectacles

~ مِهَنِيّة — taxe professionnelle

**ضَرائِب** تَنازُلِيّة — impôts dégressifs

إدارة، مَصْلَحة الـ~ — service du fisc/des contributions

نِظام الـ~ — fiscalité

**ضَريبيّ** — fiscal

قانون، تَشْريع ~ — loi, législation fiscale

**مِضْرَب**، مِضْراب — *mus.* archet; *sport.* batte; maillet; raquette

كُرة الـ~ — tennis

**مَضْرِب** ج مَضارِب — camp; tente

~ المَثَل — exemplaire *adj.*; proverbial; cité en exemple; passé en proverbe

II ضَرَّبَ تَضْريبًا ه — matelasser; ouater; piquer (un matelas)

مُضَرَّب — matelassé; ouaté; piqué (matelas)

مُضَرَّبة — matelas

III ضارَبَ مُضارَبةً — agioter; spéculer/jouer à la Bourse; boursicoter [*fam.*]

مُضارَبة — agiotage; boursicotage; spéculation

مُضارَبيّ — spéculatif [*fin.*]

مُضارِب ج ون — *fin.* agioteur; spéculateur; boursier

IV **أَضْرَبَ** إِضْرابًا عن — s'arrêter; faire halte; refuser de; renoncer à

~ عن العَمَل — se mettre en grève; faire la grève

~ عن الطَعام — faire la grève de la faim

~ جَأْشًا لِـ — se mettre en condition; se préparer à

**إِضْراب** ج ات — grève; arrêt de travail

~ بالأَيْدي المَكْتوفة — grève des bras croisés

~ عامّ، جُزْئيّ — grève générale, partielle

~ مُسْتَتِر، ضِمْنيّ — grève perlée

~ في مَكان العَمَل — grève sur le tas

~ تَوَسُّعيّ، اِمْتِداديّ — grève tournante

~ بِنَشاط بالِغ — grève du zèle

~ عن الطَعام — grève de la faim

مُضْرِب ج ون — gréviste

VI **تَضارَبَ** تَضارُبًا — échanger des coups; se battre; lutter; s'entrechoquer (vagues); s'opposer; se partager (avis); être divisé/divergent/opposé/partagé/en contradiction (avis, opinions)

**تَضارُب** — conflit; contradiction; désaccord; lutte; opposition; partage des avis

~ الآراء — divergence d'opinions

VIII **اِضْطَرَبَ** اِضْطِرابًا — s'agiter; branler *intr.*; chanceler; perdre contenance; se déconcerter; se décontenancer; se détraquer; se troubler; vaciller; être ... *v. à l'adj.*

اِضْطِراب ج ات — agitation; altération; désordre; convulsion; désarroi; irrégularité; émotion; incohérence; perturbation; remous; tourmente; trouble; vacillation; vacillement

~ ثَوْرِيّ — mouvement/tourmente révolutionnaire

~ عَقْلِيّ، الخَواطِر — aberration/confusion mentale

اِضْطِرابات عُمّالِيّة — agitation prolétarienne/ouvrière

~ اِجْتِماعِيّة، عَصَبِيّة — troubles sociaux, nerveux

~ سِياسِيّة — convulsions/orages/remous politiques

~ جَوِّيّة — turbulences/perturbations atmosphériques

مُسَبِّب الـ~ — perturbateur

سَبَّبَ ~ في ه، ه — perturber/troubler qqn, qqch

مُضْطَرِب — altéré (voix, teint); agité; bouleversé; fébrile; fiévreux; déréglé; détraqué; ému; en émoi; mouvementé/trépidant (vie); gêné; chancelant; confus; perturbé; tourmenté; troublé; vacillant

بَحْر ~ — mer agitée/mauvaise

غَيْر ~ — imperturbable

~ البال، المِزاج — inquiet; de mauvaise humeur

~ العَقْل، الأَعْصاب — détraqué; surmené

3226 ضُرَب — *ois.* pie-grièche

3227 ضَرَجَ ـُ ضَرْجًا — fendre; déchirer

مِضْرَج ج مَضارِج — chiffon; lambeau; loque

عَيْن مَضْروجة — œil bien fendu

II ضَرَّجَ تَضْرِيجًا ه — ensanglanter; mettre en sang

مُضَرَّج اليَدَيْن — les mains en sang

3228 ضَريح ج ضَرائِح — fosse; tombe; tombeau; mausolée

بَلاطة ~ — dalle, pierre funéraire/tombale

ضَريحِيّ — funéraire; tombal; sépulcral

نُصْب ~ — monument funéraire

3229 ضَرَس الأَسْنان — agacement des dents

ضِرْس ج أَضْراس، ضُروس — molaire

~ العَقْل — dent de sagesse

ضُراس — mal de dents

حَرْب ضَروس — guerre violente/sanglante

ضُرَيْس — colibri

II ضَرَّسَ تَضْريسًا ه — denteler; donner du relief

~تْ ه الأَيّام، المِحَن — avoir été à rude école; être formé sur le tas; aguerrir; donner de l'expérience

تَضْريس ج تَضاريس — relief [*géogr.*]; dentelure

تَضاريس الأَرْض — mouvements du sol

~ الوَجْه — creux/plis/rides du visage

IV أَضْرَسَ إِضْراسًا الأَسْنان — agacer les dents

3230 ضَرَطَ ـِ ضَرِيطًا، ضُراطًا — péter [*fam.*]; pet [*pop.*]

3231 ضَرَعَ ـُ ضُروعًا — téter (chez les animaux); *v. aussi 3232*

ضَرْع ج ضُروع — mamelle; pis; tétine

الزَرْع والـ~ — l'agriculture et l'élevage

ضَرْعِيّ — mammaire

ضَرْعِيّات — mammifères *n.m.pl.*

IV أَضْرَعَ إِضْراعًا — mettre bas; parturition (chez les animaux)

3232 ضِرْع — même; semblable; similaire; *v. aussi 3231*

ضَراعة — abaissement; docilité; humilité; soumission

ضَريع — *bot.* varech

III ضارَعَ مُضارَعة ه، ه — être semblable à; ressembler à; rivaliser avec

لا يُضارَعُ ه — incomparable (chose)

مُضارَعة — rivalité; ressemblance

مُضارِع — semblable; similaire; comparable; rival

~ مَرْفوع، مَنْصوب — inaccompli indicatif, subjonctif

~ مَجْزوم — inaccompli apocopé

V تَضَرَّعَ تَضَرُّعًا إلى ه — conjurer qqn; implorer; invoquer; prier; supplier

تَضَرُّع ج ات — invocation; imploration; oraison; supplication; supplique

تَضَرُّعِيّ — invocatoire

مُتَضَرِّع — implorant; suppliant

**3233 ضُرْغوس** *bot.* populage

**3234 ضَرْف** courge de forme oblongue; récipient en cuir; gourde

**3235 ضَرِمَ** ـَ ضَرَمًا avoir très faim; être très en colère; s'enflammer; brûler

**ضَرَمة** ج ضَرَم tison

ما في الدار نافِخ ~ il n'y a personne/pas un chat

**ضَرَم** combustible; bois sec

نَفَخَ في غَيْر ~ *prov.* mettre un cautère sur une jambe de bois [*fam.*] (*m. à m.* souffler sur du bois vert)

IV **أَضْرَمَ** إِضْرامًا ه allumer; attiser; embraser; exciter; mettre le feu à; enflammer

~ الفِتْنة، لَظَى الهَيَجان attiser la révolte

~ القَلْب enflammer/embraser le cœur

إِضْرام allumage; embrasement; excitation

VIII اِضْطَرَمَ اِضْطِرامًا s'allumer; s'embraser; flamber; s'enflammer

اِضْطِرام conflagration; flamboiement; embrasement

مُضْطَرِم ardent; enflammé; embrasé

**3236 ضِرْو** ج ضِراء chien de chasse; limier

ضِراء؛ ضَراوة férocité; fureur; acharnement; voracité

**ضارٍ** ج ضَوارٍ bête féroce; carnassier; forcené; acharné; féroce; vorace

قِتال، مُقاوَمة **ضارِية** combat, résistance acharné(e)/forcené(e)

II ضَرَّى تَضْرِيةً ه، ه dresser (un chien); exciter; provoquer

**3237 ضَعْضَعَ** ه démolir; détruire; jeter bas

**ضَعْضَعة** démolition; destruction

~ الكِبَر radotage; sénilité

II تَضَعْضَعَ s'abaisser; s'humilier; être détruit/démoli/vaincu

تَضَعْضُع جَيْش débâcle d'une armée

**3238** (ضعف) **مَضْعَف** *bot.* muguet

**3239 ضَعُفَ** ـُ ضُعْفًا، ضَعْفًا s'affaiblir; s'amollir; chanceler; dépérir; faiblir; mollir; être … *v. à l'adj.*; *v. aussi 3240*

~ بَصَرُهُ baisser (vue)

**ضُعْف** débilité; faiblesse; affaiblissement; fragilité; impuissance; dépérissement; médiocrité

نُقْطة، ناحِية ~ point faible/vulnérable

~ البِنْية، الأُسْلوب faiblesse de constitution, de style

~ عَصَبيّ neurasthénie

~ تَناسُليّ impuissance sexuelle

~ العَقْل، الأَفْكار faiblesse/indigence d'esprit, des idées

~ الإرادة manque de ressort; aboulie; apathie; faiblesse de caractère

**ضَعيف** ج ضِعاف، ضُعَفاء affaibli; chétif; débile; déficient; délicat; faible; défaillant; faiblard [*fam.*]; fragile; frêle; impuissant; languide; médiocre; malingre

ذاكِرة ~ة mémoire défaillante/courte

~ البِنْية de complexion chétive/faible/délicate

أَمَل، حُكومة ~(ة) faible espoir; gouvernement faible

~ الإرادة aboulique; apathique; sans ressort; sans volonté

~ القَلْب influençable; pusillanime

II ضَعَّفَ تَضْعيفًا ه، ه ← IV

IV **أَضْعَفَ** إِضْعافًا ه، ه affaiblir; amoindrir; diminuer; détériorer

~ ضَرْبة amortir un coup

إِضْعاف amoindrissement; affaiblissement; détérioration

جَوّ **مُضْعِف** débilitant (atmosphère)

X اِسْتَضْعَفَ ه mépriser; regarder de haut; trouver petit; diminuer *tr.*

مُسْتَضْعَف diminué; humble; faible; malheureux

**3240 ضِعْف** ج أَضْعاف double *n.m.*; fois; deux fois plus; *v. aussi 3239*

مِئة ~ cent fois; centuple

ثَلاثة، عَشْرة **أَضْعاف** triple; décuple

زادَ ثَلاثة ~ tripler *intr.*

زادَ ه عَلى ثَلاثة ~ être trois fois plus

أَضْعافًا مُضاعَفة au centuple; plusieurs fois

II ضَعَّفَ تَضْعيفًا ه doubler; redoubler; géminer (une consonne)

تَضْعيف doublement; redoublement; gémination

compression; presse; pression; poussée; serrement; stress [*méd.*]; foule; affluence; tension **ضَغْط**
taux de compression مِقْدار الـ~
compression budgétaire ~ المُوازَنة
pression économique, politique ~ اِقْتِصاديّ، سِياسيّ
pression/tension artérielle ~ شَرْيانيّ
pression atmosphérique, sanguine ~ جَويّ، دَمَويّ
moyen de pression وَسيلة لِلـ~
pression d'un gaz, de la vapeur, d'un liquide ~ غاز، البُخار، سائِل
sous la pression de l'opinion publique تَحْتَ ~ الرَأْي العامّ
avoir de la tension اِرْتَفَعَ ~ دَمه
tension; hypertension اِرْتِفاع ~ الدم
décomprimer; décompresser; détendre خَفَّفَ، خَفَّضَ، أَزال الـ~
décompression; détente تَخْفيف، تَخْفيض، إزالة الـ~
haute, basse pression; tension élevée, basse ~ عالٍ، واطِئ
hypotension; hypotendu اِنْخِفاض، مُنْخَفِض الـ~
pressiomètre مِقْياس الـ~
surpression ~ زائِد
compressif; compresseur **ضاغِط**
presse-raquette ~ مِضْرَب
comprimé; compressé; étranglé **مَضْغوط**
bière pression بيرة ~ة
air comprimé هواء ~
compressible **ضَغوط**
incompressible; incoercible غَيْر ~
étreinte [*fig.*]; cauchemar ضاغوط
baromètre; manomètre مِضْغَط ج مَضاغِط
barométrique; manométrique مِضْغَطيّ
presse; compresseur **مِضْغاط** ج مَضاغيط
presse hydraulique ~ سائِليّ
se comprimer; être comprimé/compressé/pressé; pressé; se presser contre VII **اِنْضَغَطَ** اِنْضِغاطًا

contours d'un corps **تَضاعيف** جِسْم
à l'intérieur de في ~ ه
contenu d'un texte; teneur ~ نَصّ
géminé; doublé; redoublé **مُضَعَّف**
compliquer; doubler; redoubler; multiplier III **ضاعَفَ** مُضاعَفة ه
tripler ~ ثَلاثَ مَرّاتٍ
décupler *tr.* ~ عَشْرَ مَرّاتٍ
complication; doublement; décuplement **مُضاعَفة**
doublement de la production, du revenu ~ الإنْتاج، الدَخْل
complication politique ~ سِياسيّة
servocommande ~ القِيادة
servofrein **مُضاعِف** الكَبْح، الكابِحة
servomoteur ~ الحَرَكة
double; multiple; *gramm.* verbe sourd (dont la 2e et la 3e radicale sont semblables) **مُضاعَف**
centuple ~ مِئة مَرّة
multiplex ~ الإرْسال
plus petit commun multiple; p.p.c.m. الـ~ المُشْتَرَك الأَصْغَر
décupler *intr.*; doubler *intr.*; grossir *intr.*; redoubler *intr.* VI **تَضاعَفَ** تَضاعُفًا

3241 **ضِغْث** botte/bouquet d'herbes (vertes; sèches); vrac; mélange (de bon et de mauvais, de vrai et de faux); concours de circonstances malheureuses; guignon [*fam.*]; poisse [*pop.*]
mettre le comble à la confusion زادَه ~ًا على إبّالة
billevesées [*litt.*]; chimères; rêves confus; songes incohérents; châteaux en Espagne أَضْغاث أَحْلام

3242 **ضَغْضَغَ** mâchonner

3243 **ضَغَطَ** ـَ ضَغْطًا ه، عَلَى ه compresser; comprimer; forcer qqn; faire pression sur; appuyer; peser sur; presser; exercer une pression; étrangler; serrer
réduire/comprimer les dépenses ~ النَفَقات
serrer le pied (chaussure) ~ على الرِجْل
serrer sur sa poitrine; étreindre ~ على صَدْره
se forcer; se contraindre ~ على نَفْسه

لا يَنْضَغِط incompressible

اِنْضِغاط الغازات compression des gaz

اِنْضِغاطيّة compressibilité

**3244 ضَغِنَ** ـَ ضَغَنًا عَلَى ه avoir/nourrir de la haine; être rancunier

**ضَغينة** ج ضَغائِن fiel [*fig.*]; haine; venin [*fig.*]; rancœur; rancune

حَفِظَ لَهُ ~ tenir rigueur; avoir une dent contre [*fam.*]

أَثارَ **الضَغائِن** jeter/mettre de l'huile sur le feu

ضِغْن ج أَضْغان ← ضَغينة

ضاغِن، ضَغِن fielleux; haineux; rancunier; venimeux

**3245 ضِفّة** ج ضِفاف berge; bord; côte; rivage; rive (d'un fleuve)

**3246 ضِفْدَع** ج ضَفادِع crapaud; grenouille

~ شَجَر rainette

~ بَشَريّ homme-grenouille

نَقَّتْ **ضَفادِع** بَطْنه avoir des grenouilles dans le ventre; avoir le ventre qui gargouille

ضِفْدَعيّات batraciens *n.m.pl.*

**3247 ضَفَرَ** ـِ ضَفْرًا corder; tresser (cheveux, corde); natter

~ أَكاليل الثَناء لِ ه tresser des couronnes à [*fig.*]; chanter les louanges de

ضَفيرة ج ضَفائِر tresse; natte; feston; passement; *anat.* plexus

~ ضَفْر ج ضُفور *même sens*

VI تَضافَرَ تَضافُرًا converger; se confirmer; s'étayer; concourir à; se coaliser

تَضافُر convergence; coalition; conjugaison (des efforts); concours

مُتَضافِر convergent; coalisé

**3248 ضَفا** ـُ ضَفْوًا déborder; couler à pleins bords; se trouver à foison

**ضَفْوة** abondance; affluence de richesses

~ العَيْش confort; vie confortable

**ضافٍ** abondant; ample; substantiel; copieux; élaboré

بَيان ~ exposé détaillé

IV **أَضْفَى** إِضْفاءً ه على ه prodiguer qqch à qqn; conférer

~ الثَناء عليْه prodiguer des éloges

~ اللَمَسات الأخيرة على mettre la dernière main à/la dernière touche à

~ النَضارة، الفِتْنة donner de l'éclat, de l'attrait

**3249 ضَلَّ** ـِ ضَلالًا ه s'égarer; s'écarter du droit chemin; se tromper de route; errer; prendre le change [*fig.*]; se perdre; se leurrer; se fourvoyer; faire fausse route

~ سَعْيُه، جَهْدُه être vain (effort)

ضَلال؛ ضَلالة aberration; égarement; errements; erreur; fourvoiement [*litt.*]; désorientation; oubli; perdition

ضَلّة hésitation; incertitude; trouble

ضِلّةً en pure perte; en vain; bon à rien

**ضالّ** aberrant; égaré; dévoyé

الاِبْنُ الـ~ enfant prodigue

**ضالّة** brebis égarée [*pr.* et *fig.*]; ambition; dessein; objectif; objet des désirs/des recherches; visée

وَجَدَ ~ ه ومُبْتَغاه atteindre ses buts; obtenir ce que l'on désire

الحِكْمة ~ المُؤْمِن la sagesse est le but du croyant

أُضْلولة ج أَضاليل égarement; erreur; bourrage de crâne

مَضَلّة ج مَضالّ dédale; labyrinthe

II **ضَلَّلَ** تَضْليلًا ه abuser *tr.*; dérouter; dévoyer; égarer; tromper; fourvoyer; faire illusion à; illusionner; induire en erreur; faire sortir du droit chemin; désorienter; séduire; donner le change; perdre qqn

~ نَفْسه se fourvoyer; s'illusionner

**تَضْليل** désorientation; fourvoiement [*litt.*]; illusion; séduction; tromperie; diversion; égarement

قام بِعَمَليّة ~ faire diversion/une opération de diversion

مُضَلِّل captieux; faux; trompeur; déroutant; fallacieux

IV أَضَلَّ إِضْلالًا ه ← II

**3250 ضَلَعَ** ـَ ضَلاعًا مَعَ ه aider/soutenir qqn; avoir un penchant pour

~ على ه se détourner de qqn; soutenir l'adversaire de qqn

ضَلْع inclination; penchant; affection

ضِلْع ج أَضْلُع، ضُلوع، أَضْلاع côte [*anat.*]; côté; côtelette; nervure [*bot.*]; *fig.* auxiliaire; champion; soutien

لَهُ ~ في قَضِيَّة être dans le coup; être pour qqch/être partie prenante dans une affaire

بَيْنَ الضُلوع intercostal

مُخْمَل ذو أَضْلاع velours à côtes

مُنْحَني الـ~ curviligne

مُتَساوي الـ~ équilatéral

ضِلْعِيّ costal

ضَليع robuste; vigoureux; solide

~ في ه calé [*fam.*]/fort/expert/passé maître en; au courant de

ضالِع boiteux; qui claudique (animal)

~ مع complice de; de mèche avec [*fam.*]; qui a partie liée avec

II ضَلَّعَ تَضْليعًا ه côteler; strier; onduler *tr.*

مُضَلَّع à côtes; côtelé (velours); strié; ondulé

~ ج ات polygone

V تَضَلَّعَ تَضَلُّعًا être courbé/incliné/recourbé

~ مِن ه être calé [*fam.*]/fort en/versé dans; posséder à fond (connaissance, technique)

مُتَضَلِّع من ← ضَليع في

VIII اِضْطَلَعَ اِضْطِلاعًا بـ ه être de force à; prendre sur soi de; être parfaitement au courant de

~ بِدَوْر assumer/jouer un rôle

~ بِمَسْؤولِيَّة revendiquer/assumer/porter une responsabilité

مُضْطَلِع capable de; propre à; de force à

**3251** ضَمَّ ـُ ضَمًّا ه comporter; comprendre; englober; renfermer; compter; contenir; inclure; lier; regrouper; réunir; rassembler

~ ه إلى agréger qqch à; annexer; adjoindre; embrigader; incorporer dans; inclure dans; rapprocher de; rattacher à; joindre à; réunir à; remembrer; unir à

~ إلى قَلْبه، بَيْنَ ذِراعَيْه étreindre; embrasser; serrer/presser contre son cœur, dans ses bras

~ الصُفوف serrer les rangs

~ جَناحه عَلَيْه prendre sous son aile/sous sa protection

~ صَوْته إلى صَوْت ه joindre sa voix à celle de; se rallier à l'opinion générale; faire chorus avec

ضَمّ addition; adjonction; inclusion; annexion; rapprochement; rassemblement; rattachement; regroupement; réunion

~ دائِم annexion permanente

ضَمَّة embrassement; étreinte; «*damma*» (voyelle brève: «*u*»)

~ فَجْل botte de radis

تَحَلَّلَ من ~ ه échapper à l'étreinte de

نَسيج ضامّ tissu conjonctif

ضِمام attache; joint [*mécan.*]; lien

مَضْموم، ضَميم joint *adj.*; compact; annexé; adjoint; regroupé; réuni

ضَميمة ج ضَمائِم addenda; addition; appendice; augmentation (de salaire); majoration; rallonge [*fig.*]; supplément

IV إضْمامة ج أَضاميم bloc-notes; cahier; fascicule; liasse; bouquet; brassée (de plantes)

VI مُتَضامّ dense; compact; massif *adj.*

VII اِنْضَمَّ اِنْضِمامًا إلى s'affilier à; adhérer à; s'agréger à; se greffer sur [*fig.*]; fusionner avec; s'incorporer dans; s'inféoder à; se mêler à/de; se mettre de la partie; se ranger dans; se réunir à; se rallier à; se joindre à; rejoindre les rangs de; s'enrôler dans

~ الى حِزْب، جَمْعِيَّة adhérer à un parti, à une société

~ إلى نَظَرِيَّة se rallier à une doctrine; embrasser une théorie

~ إلى العَدُوّ passer à l'ennemi

اِنْضِمام adhésion; affiliation; enrôlement; ralliement; fusionnement; inféodation

دَعاه لِلـ~ إلى inviter qqn à se joindre à

بِطاقة ~ carte d'adhésion/d'affiliation

مُنْضَمّ إلى affilié à; inféodé à; joint à; serré contre; adhérent à; rallié à; enrôlé dans

**3252** ضَمْج punaise des lits

**3253** (ضمحل) اِضْمَحَلَّ s'en aller; s'anéantir; se consumer; dépérir; se défaire; disparaître; se disperser; se dissiper; tomber en décadence; mourir [*fig.*]

~ شَأْنُه — *même sens*

~تْ آمالُه — ses espoirs se sont envolés

اِضْمِحْلال — dépérissement; décadence; disparition; évanescence; dissipation

مُضْمَحِلّ — évanescent; décadent; défait; dissipé; disparu

3254 **ضَمَدَ** ـُ ضَمْدًا، ضِمادًا — bander (une plaie); panser; ligaturer

ضِماد ج أَضْمِدة، ضَمائِد — bandage; bande; ligature; pansement; compresse

II ضَمَّدَ تَضْمِيدًا ه — panser (une blessure); bander

تَضْمِيد — pansement; bandage

مُضَمِّدة — compresse

3255 **ضَمَخَ** ـُ ضَمْخًا ه — oindre/enduire (le corps d'onguents, d'huile, de parfums)

II ضَمَّخَ تَضْمِيخًا ه بِ ← ضَمَخَ

3256 **ضَمُرَ** ـُ ضُمْرًا، ضُمورًا — s'affaiblir; s'amenuiser; s'atrophier; se rabougrir; régresser; diminuer; maigrir; mincir

ضُمْر؛ ضُمور — affaiblissement; amenuisement; atrophie; faiblesse; maigreur; minceur

ضامِر ج ضَوامِر، ضُمَّر — atrophié; amenuisé; affaibli; amaigri; élancé; émacié; faible; maigre; mince; svelte; rabougri

**ضَمِير** ج ضَمائِر — conscience; for intérieur [*litt.*]; sens/conscience moral(e); *gramm.* pronom personnel

~ مِهَنِيّ — conscience professionnelle

حُرِّيّة، راحة الـ~ — liberté de conscience; repos de la conscience

مُرْتاح الـ~ — la conscience tranquille/en paix

مُثْقَل الـ~ — avoir qqch/en avoir gros sur la conscience

تَأْنِيب الـ~ — contrition; repentir; repentance

بِذِمَّتي و~ي — en mon âme et conscience

مُشْكِلة ~ — cas de conscience

فاقِد الـ~ — sans conscience; sans scrupules

حَيّ الـ~ — consciencieux; scrupuleux

لا دِينَ له ولا ~ — sans foi ni loi

أَراحَ ~ه — apaiser/libérer sa conscience

~ مُنْفَصِل — *gramm.* pronom personnel sujet isolé

~ مُتَّصِل — *gramm.* pronom personnel complément affixe

**ضَمِيرِيّ** — pronominal

مُشْكِلة ~ة — cas/problème de conscience

**مِضْمار** ج مَضامِير — domaine; lice; arène; hippodrome

في هذا الـ~ — à ce propos; dans ce domaine

IV **أَضْمَرَ** إِضْمارًا ه — amaigrir; affaiblir; rabougrir

~ ه — faire mystère de; sous-entendre

~ مَقاصِده — voiler ses intentions

~ نِيّات سَيِّئة — nourrir de noirs desseins

~ لِـ ه شَرًّا، سُوءًا — chercher à nuire/vouloir du mal à qqn

~ حِقْدًا لِـ ه — vouer de la haine à; nourrir de la haine envers qqn

إِضْمار — ellipse [*rhét.*]; restriction mentale

إِضْمارِيّ — elliptique

مُضْمَر — implicite; tacite; secret; sous-entendu; virtuel; *gramm.* pronom personnel

3257 **ضَمِنَ** ـَ ضَمانًا ه، ه من — assurer qqn, qqch contre; cautionner; garantir; se porter garant; gager; recommander; répondre de qqn/de la personne de

~ غَلّة — assurer une récolte

~ سَيْر ه — garantir la bonne marche de

~ لِنَفْسه دَخْلًا ثابِتًا — s'assurer un revenu fixe

**ضَمان** — assurance; caution; gage; garant; garantie; recommandation; sécurité; sûreté

لِـ~ ه — pour garantir/assurer qqch

أَعْطَى ~اً على حُسْن نِيَّته — donner un gage de bonne volonté

~ مَجّانِيّ لِمُدّة سَنة — garantie gratuite d'un an

شَرِكة ~ — compagnie d'assurances

~ الرَّهْن — hypothèque

~ المُسْتَقْبَل — garant de l'avenir

الـ~ الاِجْتِماعِيّ، الجَماعِيّ — la sécurité sociale, collective

حِساب دُونَ ~ — compte à découvert

ضَمانة ج ات — garant *n.*; garantie; sécurité; gage; caution

~ قَضائيّة — caution judiciaire

~ جَماعيّة — sécurité collective

~ إيجار — bail

~ لِحُسْن نيّته — gage de bonne volonté

ضَمانات اِجْتِماعيّة — assurances sociales

~ مَصْرِفيّة، دُسْتوريّة — garanties bancaires, constitutionnelles

~ دُوَليّة — garanties internationales

ضِمْن — intérieur; milieu

مِن ~ كَلامه — dans/à travers ce qu'il dit

مِنْ ~ ه، ما — y compris; entre autres choses

ضِمْنَ — au milieu de; dans le cadre de; parmi; au sein de; à l'intérieur de

ضِمْنًا — inclusivement; de manière implicite

ضِمْنيّ — implicite; inexprimé; tacite

شَرْط، تَجْديد ~ — condition implicite; tacite reconduction

ضامِن — caution; garant; répondant

~ لِنَجاحه — garant du succès

لَدَيْه، عِنْدَه ~ — avoir un répondant

ضَمين ج ضُمَناء ← ضامِن

مَضْمون — cautionné; assuré; garanti

رِسالة ~ة — lettre recommandée

~ بِرَهْن — gagé; hypothéqué

~ ج مَضامين — contenu *n.m.*; teneur

الشَّكْل والـ~ — forme et fond

II ضَمَّنَ تَضْمينًا ه — impliquer; inclure; insérer; moduler [*radio.*]; sous-entendre

تَضْمين — inclusion; modulation [*radio.*]; sous-entendu *n.m.*

مُضَمَّن — impliqué; inclus; compris; elliptique; sous-entendu *adj.*

V تَضَمَّنَ تَضَمُّنًا ه — contenir; comprendre; comporter; englober; embrasser; impliquer; inclure; renfermer

~ جَدْوَل الأَعْمال ه — l'ordre du jour comporte

تَضَمُّن — implication; inclusion; *log.* compréhension

مُتَضَمِّن — contenu dans; englobé; compris; impliqué; inclusif; sous-entendu *adj.*

~ كُلّ شَيْء — tout compris

VI تَضامَنَ تَضامُنًا — se solidariser; être solidaire

تَضامُن — mutualité; réciprocité; solidarité

شَرِكة ~ مُتَبادِلة — société mutuelle; mutuelle *n.f.*

روح الـ~ — esprit de corps

تَضامُنيّ؛ مُتَضامِن — solidaire

كَفيل، اِلْتِزام ~ — caution, engagement solidaire

3258 ضَنَّ َ ضَنًّا بِـ ه — épargner; lésiner; tenir à

~ بِكَلامه — économiser ses mots

ما ~ بِشَيْء لِأَجْل ه — ne rien épargner pour

~ على ه — marchander [*fig.*]

ضَنين ج أَضِنّاء — avare; chiche; économe

~ بِشَرَفه، بِوَقْته — jaloux de son honneur; avare de son temps

3259 ضَنُكَ ُ ضَنْكًا — être ... *v. à l'adj.*

ضَنْك — désagrément; gêne; misère; pauvreté

عاشَ عيشة ~ — mener une vie étriquée/étroite; être dans la purée [*fam.*]

ضَنيك — chétif; débile; étroit; étriqué; faible; sans forces; misérable; pauvre

3260 ضَنِيَ َ ضَنًى — s'épuiser; languir; être ... *v. à l'adj.*

ضَنًى — épuisement; consomption; exténuation; langueur; maladie

ضَنٍ — chétif; consumé/miné/rongé par la maladie; malade; maladif

IV أَضْنى إِضْناءً ه — épuiser; éreinter; exténuer; consumer [*fig.*]; user; ronger [*fig.*]

~ نَفْسَه — se tuer (à la tâche)

~ه الغَمّ والهَمّ — être rongé par les soucis

إِضْناء — épuisement; éreintement; exténuation

مُضْنٍ — épuisant; éreintant; exténuant

مُضْنًى — épuisé; éreinté; exténué; fourbu; souffreteux

3261 (ضهد) VIII اِضْطَهَدَ ه — brutaliser; opprimer; persécuter; traiter avec brutalité/violence; tyranniser

**اِضْطِهاد** ج ات brutalité; voies de fait; oppression; persécution

تَعَرَّضَ لِلـ~ être victime de persécutions

هَذَيان ~ délire de la persécution

**مُضْطَهِد** brutal; oppresseur; tyran; violent

**مُضْطَهَد** opprimé; persécuté; brutalisé

**3262 ضَهْل** petite quantité (d'eau, de lait)

**3263 ضَهًى** ménopause

III ضاهَى مُضاهاة ه، ه comparer; se comparer à; égaler; être semblable à; ressembler à; imiter

لا يُضاهِيهِ أَحَد hors-concours; incomparable; inimitable

لا يُضاهَى *même sens*

**مُضاهاة** analogie; comparaison; correspondance; ressemblance; similarité

**مُضاهٍ** analogue; correspondant; semblable; similaire

**3264 ضاءَ** ـُ ضَوْءًا s'allumer; briller; luire; s'illuminer; rayonner

**ضَوْء** ج أَضْواء lumière; clair *n.m.*; clarté; lueur; feu

على ~ ه à la lumière de

في هَذا الـ~ sous cet éclairage; sous ce jour

~ الشَّمْس lumière du soleil/du jour; jour

~ القَمَر lumière/clarté de la lune; clair de lune

~ السَّحَر petit jour

ضِدَّ، عَكْسَ الـ~ à contre-jour

~ كاشِف projecteur

حَسّاس لِلـ~ photosensible

~ أَحْمَر، أَخْضَر، أَصْفَر feu rouge, vert, jaune

~ أَمامِيّ، خَلْفِيّ، جانِبِيّ feu avant, arrière, de position

رُهاب الـ~ photophobie

**أَضْواء الهُبوط** feux d'atterrissage

~ الإرْشاد، التَّأْرِيم feux de balisage

أَلْقَى ~ على المَسْأَلَة faire la lumière sur une affaire

**ضَوْئِيّ** lumineux; clair

تَصْوِير، صُورة ~(ة) photographie

مُصَوِّر ~ photographe

حَفْر، نَقْش ~ photogravure; héliogravure

حَفّار، نَقّاش ~ photograveur; héliograveur

آلِيّ ~ photomécanique

تَرْكِيب ~ photosynthèse

قِياس ~ photométrie

كِيمِياء، كِيمِيائِيّ ~(ة) photochimie; photochimique

كَهْرَباء، كَهْرَبائِيّ ~(ة) photo-électricité; photo-électrique

اِنْتِحاء ~ phototropisme

سَنة ~ة année-lumière

ضُوَيْء ج ضُوَيْئات photon

ضِياء clarté; lumière

ضِيائِيّ clair; lumineux

ضِيائِيّة luminescence; luminosité

مِضْواء photomètre

II ضَوَّأَ تَضْوِئة ه ← IV ه

IV **أَضاءَ** إضاءة s'allumer; s'éclairer; s'illuminer; s'épanouir; luire

~ ه allumer; éclairer; faire briller; illuminer

**إضاءة** éclairage; allumage; illumination

~ غَيْر مُباشِرة éclairage indirect

**مُضِيء** éclairant; clair; radieux; lumineux; épanoui

**مُضاء** allumé; éclairé; illuminé

X **اِسْتَضاءَ** اِسْتِضاءة بِـ ه s'éclairer à (la lumière de)

~ بِـ ه avoir recours aux lumières de qqn

**3265 ضَوْج** ج أَضْواج méandre; coude; sinuosité; circonvolution (du cerveau)

**3266 ضَوْر**، ضائِر boulimie; boulimique

V **تَضَوَّرَ** جُوعًا، مِن الجُوع crier famine; être tenaillé par la faim

~ من الأَلَم se tordre/hurler de douleur

مُتَضَوِّر جُوعًا famélique [*litt.*]; crève-la-faim

3267 **ضَوْضاء** chahut; brouhaha; charivari; casse-tête; raffut [*fam.*]; rumeur; tapage; tintamarre; tumulte; vacarme

كَثير الـ~ tapageur; tumultueux

3268 **ضُوَع** *ois.* chevêchette

V تَضَوَّعَ تَضَوُّعًا بِـ ه dégager/exhaler/répandre (un parfum)

3269 **ضَوَى** ـِ ضُوِيًّا إلى ه se réfugier auprès de

VII **اِنْضَوَى** اِنْضِواءً se laisser faire; se laisser embrigader dans; s'inféoder à; se rallier à

~ تَحْتَ لِواء ه se ranger sous la bannière de

اِنْضِواء inféodation; ralliement

مُنْضَوٍ inféodé; embrigadé; rallié

3270 **ضارَ** ـِ ضَيْرًا ه causer un préjudice à; léser; nuire

هَلْ **يَضيره** ه ذَلِكَ qu'est-ce que cela peut lui faire?

ما ~ه أن cela ne lui fait rien de

**ضَيْر** inconvénient; injustice; offense; préjudice

إن نَفَعَ فَنَفْعُهُ ~ faire un cadeau empoisonné

ما وَجَدَ أيَّ ~ في ne voir aucun inconvénient/mal

ضائِر malfaisant; nuisible; préjudiciable

3271 **ضاعَ** ـِ ضَيْعًا، ضَياعًا disparaître; s'égarer; se perdre; périr; être ... *v. à l'adj.*; *v. aussi 3272*

~ في الجَبَل، التَفاصيل se perdre dans la montagne, les détails

**ضَياع** gaspillage; disparition; perte; ruine

~ حَرارة، وَقْت déperdition de chaleur; perte de temps

ضَياعًا en pure perte; vainement; pour rien

**ضائِع** ج ضِياع، ضُيَّع désemparé; en plein désarroi; flou; gâché; gaspillé; incertain; perdu; désarmé [*fig.*]

عالَم ~ الحُدود monde aux limites incertaines/floues

تَعَب، وَقْت، رَصاصة ~(ة) peine, temps, balle perdu(e)

مُسْتَقْبَل ~ avenir brisé/incertain

II **ضَيَّعَ** تَضْييعًا ه gâcher; galvauder [*fam.*]; gaspiller

~ وَقْته. مَهارته gâcher son temps; galvauder [*fam.*] ses talents

~ فُرصة gâcher/laisser échapper/passer une occasion

في الصَيْف ضَيَّعْتِ اللَبَن *prov.* vous chantiez ... eh bien dansez maintenant (*m. à m.* c'est en été que vous avez laissé tourner le lait)

IV **أضاعَ** إضاعة ه abandonner; délaisser; égarer; dilapider; gâcher; perdre; rater; laisser perdre/passer (l'occasion)

~ صَوابه perdre la raison/la tête/son bon sens

~ فُرْصة rater/gâcher une occasion

~ وَقْته. أَوْراقه prendre son temps, ses papiers

~ أَثَر ه prendre la trace de qqn

**إضاعة** dissipation (d'une fortune); négligence

~ الوَقْت gaspillage/perte de temps

3272 **ضَيْعة** ج ضِيَع. ضِياع ferme; propriété foncière; hameau; campagne; domaine; bourgade; petit village

3273 **ضَيْف** ج ضُيوف convive; hôte; invité

~ عابِر hôte de passage

اِسْتَقْبَلَ **ضُيوف** ه accueillir ses invités

رَحَّبَ بِـ~ه faire les honneurs de sa maison

**ضِيافة**؛ في ~ ه hospitalité; être l'hôte de qqn

غُرْفة. بَيْت ~ chambre, maison des hôtes

صاحِب. صاحِبة الـ~ hôte; hôtesse

لا. غَيْر ضِيافيّ inhospitalier (côte)

**مَضْيَف**. مَضْيَفة ج مَضايِف chambre d'amis/d'hôtes; hospice; hôtellerie

~ يَنْزِل فيه الزُوّار résidence pour les hôtes de passage

مَضافة ← مَضْيَف

مِضْياف hospitalier (peuple); qui aime recevoir

II ضَيَّفَ تَضْييفًا ه accueillir; donner l'hospitalité à; recevoir qqn

البَلَد المُضَيِّف pays d'accueil

IV **أضافَ** إضافة ه accorder l'hospitalité à; héberger; loger qqn chez soi

~ ه إلى additionner qqch à; ajouter; adjoindre; annexer; compléter; joindre

~ إِسْمًا إلى — *gramm.* déterminer un nom par un autre; mettre en rapport d'annexion

~ قائِلًا — ajouter ces mots

أُضيفَ إلى — s'ajouter à; être annexé à

أَضِفْ إلى ذلك أن — en outre; de plus; ajoutez à cela que

**إضافة** ج ات — addenda; additif; addition; ajout; adjonction; rajout; complément; *gramm.* rapport d'annexion (entre deux noms)

بالـ~؛ إضافةً إلى ذلك — aussi bien; outre; en outre; en sus de; de plus; en plus de

**إضافيّ** — additionnel; additif; annexe; complémentaire; auxiliaire; supplémentaire; subsidiaire (question)

مَبْلَغ ~ — supplément; complément

قُوًى ~ة — forces auxiliaires

ساعات، دُروس ~ة — heures, cours complémentaires

رَسْم ~ — surtaxe

لَوْحة ~ة — rallonge (de table)

**مُضيف** ج ون — hôte; amphitryon; steward

**مُضيفة** ج ات؛ ~ الطَيَران — hôtesse; hôtesse de l'air

**مُضاف** — annexé; complété; joint; *gramm.* nom complété/qui a un complément

~ إلى — ajouté à; en supplément; en complément; additionné à

~ إِلَيْه — *gramm.* complément de nom; régime

رَسْم على القِيمة الـ~ة — taxe à la valeur ajoutée; T.V.A.

VI **تَضايَفَ** تَضايُفًا — être voisin/en relation/en rapport

**تَضايُف** — rapport/relation entre (mots, choses, etc.)

أَعْداد أَوَّلِيّة بالـ~ — nombres premiers entre eux

VII **اِنْضافَ** اِنْضِيافًا إلى — s'additionner; s'ajouter; se greffer sur [*fig.*]; être ajouté/annexé/adjoint à

X **اِسْتَضافَ** اِسْتِضافة — loger qqn; héberger; demander l'hospitalité

**اِسْتِضافة** — hébergement

**3274 ضاقَ** ـِ ضَيْقًا — être … *v. à l'adj.*; manquer de place; se resserrer; rétrécir

~ عن — être trop petit/étroit pour

~ ذِرْعًا عن — être impuissant à/incapable de; se fatiguer de; ne pas être en état/en mesure de

~ت يَدُه عن — *même sens*

~ بِنا المَقام عن ذِكْر ه — la place nous manque pour parler de; nous n'avons pas la place de citer

~تْ به الحَياة — passer un mauvais moment/un mauvais quart d'heure; avoir la vie dure; être dans la purée [*fam.*]

~تْ به السُبُل — être aux abois/au bout du rouleau [*fam.*]/le dos au mur/à bout de souffle [*fig.*]

~ في وَجْهه مَيْدان ه — ne plus savoir à quel saint se vouer [*fam.*]

~ نَفَسُه — étouffer; perdre haleine; être à bout de souffle [*pr.*]

~ صَدْرُه — éprouver du chagrin/de l'ennui; manquer de patience; être anxieux/en plein désarroi/mal à l'aise

~تْ نَفْسُه — *même sens*

~تْ نَفْسُه من ه — faire une maladie [*fam.*] de qqch

**ضِيق**؛ ضِيقة؛ ضَيْقة — angoisse; chagrin; détresse; misère; peine; embarras; gêne; étroitesse; maladresse; exiguïté

~ ذاتِ اليَدِ، ماليّ — embarras d'argent; difficultés financières; impécuniosité

~ الميزان — insuffisance budgétaire

~ العَقْل، ذِراع — étroitesse d'esprit; impuissance

لِـ~ النِطاق — faute de place

عاشَ في ~ — vivre médiocrement/dans la gêne; se serrer la ceinture [*fam.*]

شَديدُ الـ~ لِـ، بِـ ه — très gêné de

**ضَيِّق** — confiné; étranglé (passage); étroit; borné; étriqué; gêné; exigu; juste (vêtement); resserré; restreint; rétréci

في مَكان ~ — à l'étroit

~ الحال، الصَدْر، النَفْس — anxieux; angoissé; déprimé; gêné; mal à l'aise

~ العَقْل — (qui a un) esprit borné/sans envergure/étroit/étriqué

~ اليَد، الذِراع — impécunieux; impuissant

**ضائِقة** ج ضَوائِق — crise; situation critique; gêne; misère

~ ماليّة — difficultés financières; embarras d'argent

~ العَيْش — circonstances difficiles

أَضْيَقُ مِن أن — trop étroit/étriqué pour

**مَضيق** ج مَضايِق — détroit; étranglement (d'une vallée); goulet; passage étroit

~ كالي — le pas de Calais

II **ضَيَّقَ** تَضْييقًا على ه — acculer; coincer qqn; réduire à l'impuissance/à la dernière extrémité; étrangler [fig.]; opprimer; traiter avec rigueur; serrer de près; resserrer; rétrécir *tr.*

~ فَجْوة — combler une lacune; réduire un écart; rattraper son retard

~ مَلْبَسًا — rétrécir un vêtement

~ على قَلْبه — étreindre [fig.]; oppresser

~ على ه بِأَسْئِلة — presser qqn de questions

~ على ه الخِناق — opprimer; mettre qqn aux abois [class.]

~ على نَفْسه — se restreindre; se limiter

تَضْييق — rétrécissement; dernière extrémité

III **ضايَقَ** مُضايَقة ه — agacer; assommer [fig.]; défavoriser; coincer [fig.]; embêter; brimer; embarrasser; ennuyer; gêner; fatiguer; harceler; importuner; incommoder; empoisonner [fig.]; indisposer; obséder; offusquer; oppresser; persécuter; tourmenter; vexer; tracasser

~ بِمَطالِب — harceler de demandes

لا يُضايِق نَفْسه — être sans gêne; ne pas se gêner

**مُضايَقة** ج ات — agacement; brimade; obsession; désagrément; embêtement; ennui; empoisonnement [fig.]; tourment; harcèlement; incommodité; inconvénient; tracas; vexation; oppression; persécution; tracasserie

**مُضايَقات** إداريّة — tracasseries administratives

~ الشُرْطة — brimades policières

**مُضايِق** — importun; agaçant; gêneur; embêtant; obsédant; empoisonnant; ennuyeux; gênant; oppressant; tracassier; vexant; vexatoire; défavorable; encombrant (souvenir); collant (personne) [fam.]; incommodant; incommode

VI تَضايَقَ تَضايُقًا — faire une maladie de [fig.]; se gêner; être gêné; être mal à l'aise; se vexer

تَضايُق — gêne; malaise

مُتَضايِق — gêné; mal à l'aise

3275 **ضامَ** ِ ضَيْمًا ه — traiter injustement; être injuste envers

~ ه حَقَّهُ — faire subir un préjudice/un dommage à qqn

ضَيْم ج ضُيوم — injustice; dommage; préjudice

3276 **ضَيْوَن** ج ضَياوِن — gros chat; matou

(طاء)

*seizième lettre de l'alphabet : « ṭā' » ;*
*occlusive dentale sourde emphatique :* [ṭ]

3277 **طابة** balle de caoutchouc

3278 **طابور** colonne ; file ; file indienne ; queue ; rang ; rangée ; rassemblement [*mil.*]

~ سَيّارات file de voitures

الـ~ الخامِس cinquième colonne

3279 **طابون**، طابونة foyer creusé dans la terre ; four ; four à pain

3280 **طابية** ج طَوابٍ donjon ; fort *n.m.* ; tour ; mur en pisé ; toque (du prêtre maronite)

3281 **طاجِن** ج طَواجِن plat de cuisson ; fait-tout ; ragoût ; plat mijoté en sauce

3282 **طار** tambour de basque

3283 **طارِمة** ج ات kiosque ; pavillon ; rotonde

**طازة** ← طَزِج، طازِج

3284 **طاس** ج طِيسان bol ; gamelle ; gobelet ; godet ; tasse

~ قَهْوة bol de café

صاحِب الـ~ والكَأْس compagnon de la dive bouteille

طاسة ج ات ← طاس

3285 **طَأْطَأَ** baisser/courber/incliner/pencher la tête

~ رَأْسه *même sens*

~ الرَّأْس خَجَلًا *fig.* avoir l'oreille/la queue basse ; être penaud/honteux

مُطَأْطِئ الرَّأْس la tête penchée/inclinée/courbée ; penaud ; la queue basse [*fig.*]

مُطَأْطَأ الرَّأْس *même sens*

**طاعة** ← طوع

3286 **طاغوت** (← طغي) faux dieu ; idole ; démon ; sorcier ; Satan

**طاقة** ← طوق

3287 **طاقية** ج ات، طَواقٍ toque blanche

**طَأْمَنَ** ← طَمْأَنَ

**طاوِلة** ← طول

**طاوُوس** ← طوس

3288 **طَبّة** bouchon ; bonde ; tampon

طُبّة *maghr.* rat d'égout

3289 **طَبَّ** ـُ طِبًّا traiter qqn/agir avec douceur ; exercer/pratiquer la médecine ; être médecin ; soigner ; traiter

طِبابة médecine ; profession médicale

**طِبّ** médecine

~ الأَسْنان، الأَطْفال chirurgie dentaire ; pédiatrie

~ الأَقْدام pédicurie ; podologie

رئيس أَطِبّاء — médecin en chef

II طَبَّبَ تَطْبيبًا ه — traiter [*méd.*]; administrer un traitement; soigner

تَطْبيب — traitement médical; exercice de la médecine

V تَطَبَّبَ تَطَبُّبًا — se faire/se dire/être médecin; pratiquer la médecine

مُتَطَبِّب — guérisseur

**3290** **طَبَخَ** ـُ طَبْخًا — cuire; faire cuire; cuisiner; faire la cuisine/la popote [*fam.*]

**طَبْخ** — cuisson; cuisine; art culinaire

وَصْفة الـ~ — recette culinaire/de cuisine

**طَبْخة** — plat cuisiné; préparation culinaire

~ سياسيّة — cuisine politique [*fam.*]

شاطَت الـ~ من كَثْرة الطَبّاخين — *prov.* trop de cuisiniers gâtent la sauce

طابِخ. طَبّاخ ج ون — cuisinier

~ السُمّ آكِلُه. يَذوقُه — *prov.* tel est pris qui croyait prendre; quiconque se sert de l'épée périra par l'épée (*m. à m.* c'est celui qui a mis le poison dans la sauce qui la goûte)

مَطْبوخ — cuit; cuisiné; préparé (plat); plat *n.m.*

مَطْبَخ ج مَطابِخ — cuisine; popote [*fam.*]

مِطْبَخ؛ مِطْبَخة ج مَطابِخ — cuisinière; fourneau

VII اِنْطَبَخَ اِنْطِباخًا — cuire *intr.*

**3291** **طَبَر** — hache; hachette; hallebarde

طِبْر — étai en maçonnerie; pilastre

**3292** **طَبَرْزَد** — sucre candi

**3293** **طَبْشورة** ج طَباشير — morceau de craie

طَباشيريّ — crayeux; crétacé

**3294** **طَبْطَبَ** — clapoter; gargouiller

طَبْطَبة — clapotement; clapotis; gargouillement

**3295** **طَبَعَ** ـَ طَبْعًا ه — estamper; estampiller; empreindre; faire une empreinte; imprégner; imprimer; façonner; former; forger; graver; marquer; inscrire; reproduire; timbrer; tirer (des épreuves)

~ نَفْسانيّ، الأَمْراض العَقْليّة — psychiatrie

~ نَفْسيّ، تَجانُسيّ — psychothérapie; homéopathie

~ الأَمْراض النِسائيّة — gynécologie

~ الأَعْصاب — neurologie

~ الأَمْراض الجِلْديّة — dermatologie

~ العُيون — ophtalmologie

~ شَرْعيّ، القَضاء — médecine légale

~ العَمَل، بَيْطَريّ — médecine du travail, vétérinaire

كُلّيّة الـ~، طالِب في الـ~ — faculté de, étudiant en médecine

**طِبّيّ** — médical; médicinal; thérapeutique

نَباتات ~ة — plantes médicinales; simples *n.m.pl.*

~ شَرْعيّ — médico-légal

**طَبيب** ج أَطِبّاء — docteur; médecin

~ نِسائيّ، نَفْسانيّ — gynécologue; psychiatre

~ الأَسْنان، الأَطْفال — dentiste; pédiatre

~ عامّ، اِخْتِصاصيّ — médecin généraliste, spécialiste

~ مُعالِج، شَرْعيّ — médecin traitant, légiste

~ اِسْتِشاريّ، مُشاوِر — médecin-conseil, consultant

~ الأَرْياف، الحَيّ — médecin de campagne, de quartier

~ الأَمْراض الجِلْديّة — dermatologue; dermatologiste

~ الأَقْدام — pédicure; podologue

~ نَفْسيّ — psychologue; psychothérapeute

~ العُيُون — ophtalmologue; oculiste

~ الأُذُن والأَنْف والحُنْجُرة — oto-rhino-laryngologiste

~ المَعِدة والأَمْعاء — gastro-entérologue

~ الرَثْية — rhumatologue

~ نَفْسانيّ — psychiatre

~ أَعْصاب — neurologue

~ مُوَلِّد — médecin accoucheur; obstétricien

~ التَخْدير — anesthésiste

طَبيبة ج ات — doctoresse

~ بِأَحْرُف بارِزة، غائِرة — estamper en relief, en creux
~ على حَجَر — lithographier
~ على آلة كاتِبة — taper à la machine
~ في ذِهْنه — fixer dans son esprit
~ ه على رِسالة — tamponner une lettre
~ قُبْلة على ه — appliquer un baiser sur
**طُبِعَ** على ه — être porté (naturellement) à; être né/formé pour/marqué par
~ بِطابَع ه — porter l'empreinte de; être caractérisé/marqué par
**طَبْع** — estampage; estampillage; empreinte; gravure; impression; façonnage; inscription; reproduction; timbrage; tirage
أعادَ، إعادة الـ~ — réimprimer; réimpression
صالِح لِلـ~، تَحْتَ الـ~ — bon à tirer [*impr.*]; sous presse
مُسْوَدّة الـ~ — épreuve d'imprimerie
**طَبْعة** ج طَبَعات — édition; impression; tirage [*impr.*]; empreinte
الـ~ الأُولَى، الأخيرة — premier(ère), dernier(ère) édition/tirage/impression
~ جَديدة، خاصّة — réédition; édition spéciale
~ فاخِرة، مُحَقَّقة — édition de luxe, critique
**طَبْع** ج طِباع — caractère; complexion [*litt.*]; humeur; nature; naturel *n.m.*; tempérament
جَواذِب الـ~ — penchants naturels
سَيِّئ الـ~ — mauvais(e) caractère/tête
حِدّة الـ~ — irritabilité; irascibilité; pétulance
حادّ الـ~ — irascible; irritable; pétulant
شَذّ، شُذوذ الـ~ — excentricité; extravagance
شاذّ الـ~ — excentrique; extravagant
مِن نَفْس الـ~ — du même genre; de même acabit [*fam.*]
بِالـ~؛ طَبْعًا — bien sûr! naturellement! et comment! comment donc! évidemment! de toute évidence! bien entendu! dame!
**طَبْعِيّ** — caractériel; inné; naturel; natif *adj.*
**طَبْعِيّة** — abandon; aisance; naturel *n.m.*; décontraction
~ الحَرَكة، الحَديث — décontraction/liberté des gestes, des propos

**طِباعة** — imprimerie; typographie; tirage
دار، حُروف الـ~ — imprimerie (local); caractères d'imprimerie
صالِح لِلـ~ — bon à tirer [*impr.*]
عامِل الـ~ — typo; typographe; ouvrier du livre
~ حَجَرِيّة — lithographie
**طِباعِيّ**؛ ~ حَجَرِيّ — typographique; lithographique
طابِع ج طَبَعة؛ طَبّاع ج ون — imprimeur
**طابِعة** إلِكْترونيّة — ordinateur
~ بَرْقِيّة — téléimprimeur
**طابَع** ج طَوابِع — cachet; estampille; empreinte; griffe [*fig.*]; caractère; nuance; poinçon; sceau; timbre; trait; tampon
~ الأصابِع — empreinte digitale
~ من المَطّاط، مَطّاطيّ — timbre, cachet de caoutchouc
~ مُخالَصة — timbre-quittance
~ رَسْميّ، شَخْصيّ، مُمَيِّز — caractère officiel, personnel, spécifique
~ شَخْصيّ — cachet/griffe/trait personnel(le)
مَدْموغ بِـ~ العَبْقَرِيّة — marqué au coin du génie [*litt.*]
ذو ~ اِقْتِصاديّ، سِياسيّ — d'ordre/de caractère économique, politique
~ بَريديّ، مُؤَرِّخ — timbre-poste; timbre dateur
أَلْصَقَ ~ًا على رِسالة — timbrer une lettre
لَيْسَ عليه ~ ه — n'avoir pas l'air de
~ مَحَلّيّ — couleur locale
لا طابَعَ له — impersonnel; sans caractère
**مَطْبوع** — imprimé; gravé; édité; impressionné (plaque); imprégné
صُورة ~ة — estampe; gravure
غَيْر ~ — inédit *adj.*; non impressionné
~ بِطابَع الجَمال — empreint de beauté
~ على — enclin à; porté à; doué pour
شاعِر ~ — poète-né; poète doué/talentueux/de génie
~ على الأعْمال — qui a l'instinct des affaires
مَطْبوعة ج ات — imprimé *n.m.*; publication
مَلأ مَطْبوعات — remplir des imprimés

~ شَهْرِيَّة، دَوْرِيَّة — publications mensuelles, périodiques

قَلَم الـ~ — service de presse

**طَبِيعَة** ج طَبائِع — nature; naturel *n.m.*; caractère; qualité innée; disposition naturelle

ما فَوْقَ الـ~ — surnaturel *n.m.*

فَوْق، فائِق، خارِق الـ~ — surnaturel *adj.*

على ~ه — au naturel

رَسَمَ عن الـ~ — peindre d'après nature

~ جامِدة، مَيِّتة — nature morte

بِـ~ الحال — naturellement; bien sûr; évidemment; de toute évidence

**طَبِيعِيّ** — naturel *adj.*; naturaliste *adj.*, *n.*; normal; physique *adj.*; naturiste

غاز، وَفاة ~(ة) — gaz, mort naturel(le)

وَلَد ~ — enfant naturel

مِن الـ~ أن — il est naturel/normal que; il va de soi que

هٰذا شَيْء ~ — cela va de soi/va sans dire; c'est tout à fait naturel/normal

العُلوم الـ~ة — sciences naturelles

طَبِيعيَّة — naturalisme; naturisme

طَبِيعيّات — physique *n.f.*

مَطْبَعة ج مَطابِع — imprimerie

مِطْبَعة ج مَطابِع — machine/presse à imprimer

**مَطْبَعيّ** — typographique

خَطَأ، غَلْطة ~(ة) — erreur typographique; coquille [*impr.*]; faute d'impression

صَفْحة، تَجْرِبة ~ة — *impr.* placard; épreuve

II **طَبَّعَ** تَطْبِيعًا ه — dresser/domestiquer/dompter (un animal)

~ العَلاقات — normaliser les rapports (entre deux pays)

تَطْبِيع العَلاقات — normalisation des rapports

لا يُطَبَّع — indomptable

غَيْر مُطَبَّع — indompté

V **تَطَبَّعَ** تَطَبُّعًا على ه — prendre l'habitude/le pli [*fam.*]

~ بِطِباع ه — s'imprégner de; entrer dans la peau de; participer de

VII **اِنْطَبَعَ** اِنْطِباعًا في، على — s'absorber dans; s'assimiler à; faire corps avec; se graver dans; s'imprimer sur

~ت الصُورة في ذِهْنه — l'image se grava dans son esprit

~ بِـ — s'empreindre de; être imprégné de; être impressionné par

**اِنْطِباعة** — impression

~ حَسَنة، سَيِّئة — bonne, mauvaise impression

اِنْطِباعيّ، اِنْطِباعيَّة — impressionniste; impressionnisme

مُنْطَبِع على — imprimé/gravé sur

3296 **طَبَق** ج أَطْباق — assiette; éventaire; couvercle; plat; plateau; soucoupe; *anat.* disque

~ صُلْبيّ — disque lombaire

~ طائِر — soucoupe volante

**طَبَقة** ج ات — caste; classe; couche; étage; film; pellicule; strate

~ طِلاء — couche/film/pellicule de peinture

~ اِجْتِماعيّة — couche/classe sociale

~ أَرْضِيَّة — couche/strate géologique

~ مُتَوَسِّطة، عامِلة — classe moyenne, ouvrière

~ مُثَقَّفة، كادِحة — intelligentsia; prolétariat

الـ~ الراقِية — haute société; gratin [*pop.*]; Tout-... (Paris, etc.)

مِن الـ~ السُفْلَى — de bas étage

~ أَرْضِيَّة — rez-de-chaussée; parterre

~ الجَوّ العالِيَة، طُخْروريّة — stratosphère

~ مائِيَّة — nappe d'eau

صاروخ ذو **طَبَقات** — fusée à étages

الـ~ الناشِئة — jeunes/nouvelles générations

الـ~ النَجِسة — castes impures; parias; intouchables

صِراع الـ~ — lutte des classes

عِلْم الـ~؛ عِلْم ~ الأَرْض — stratigraphie

**طَبَقِيّ** — discal

شُعور ~ — esprit de caste/de classe

وَعْي، صِراع ~ — conscience de classe; lutte des classes

تَقْسيم ~ إجْتِماعيّ — stratification sociale

طَبَقاتيّ — stratigraphique

**طِبْقَ**، ~ الأَصْل — conforme; fidèle; identique

نُسْخة ~ الأَصْل — copie conforme

**طِبْقًا** لِ — conformément à; en conformité avec; suivant; selon; en application de

~ لِلأَصْل، الأُصول — en bonne et due forme

~ لِلْقانون — statutairement; légalement

**طابِق** ج طَوابِق — étage; *vétér.* moitié antérieure d'un mouton

~ أَرْضيّ — rez-de-chaussée

II **طَبَّقَ تَطْبيقًا** ه — adapter; ajuster; faire coïncider; couvrir/recouvrir d'un couvercle; superposer; appliquer; mettre en application/en pratique/en vigueur; généraliser

~ القانون، إجْراءات — appliquer la loi, des mesures

~ على عُنُقِه — guillotiner

طُبِّقَ — entrer en application/en vigueur; prendre effet

**تَطْبيق** — adaptation; ajustage; application; pratique *n.f.*

~ عَمَليّ — application effective/pratique

~ القانون، التَعْليمات — application de la loi, de la consigne

في الـ~ — dans la/en pratique

عَدَم الـ~ — inapplication; non-application

غَيْر صالِح لِلـ~ — inapplicable

**تَطْبيقًا**، تَطْبيقيًّا — en pratique; pratiquement

نَظَريًّا و~ — en théorie et en pratique

تَمارين، أَشْغال **تَطْبيقيّة** — exercices, travaux pratiques/appliqués

**مُطَبَّق** — appliqué; mis en application/en vigueur; pratiqué

غَيْر ~ — inappliqué

III **طابَقَ مُطابَقة** ه، على ه — s'accorder; s'adapter; coïncider; confronter; s'ajuster; concorder; cadrer; conformer; se rapporter à; correspondre à; se conformer à; *gramm.* accorder (un verbe, un adjectif)

~ سُلوكه على — régler sa conduite sur

~ أَعْماله على أَقْواله — adapter/conformer ses actes à ses paroles

~ على وَصْف — répondre à une description

~ بَيْن ه — approprier; mettre en concordance; identifier

**مُطابَقة** — accord; adéquation; adaptation; coïncidence; correspondance; confrontation; identification; identité; appropriation; concordance; convenance; conformité

عَدَم ~ — non-conformité; inadaptation

مُطابَقةً لِ — conformément à

**مُطابِق** لِ — adapté; correspondant; conforme; concordant; équivalent à; adéquat; approprié; compatible; identique; fidèle

غَيْر ~ — non conforme; inexact

~ لِلْحَقيقة — vraisemblable

طِباق — antithèse [*rhét.*]

طِباقيّ — antithétique; stratifié

IV **أَطْبَقَ إطْباقًا** على ه، ه — cerner; encercler; entourer; envelopper de tous côtés; presser qqch; recouvrir; être/se mettre d'accord sur; être unanime à; convenir de

~ كِتابًا — fermer un livre

~ فَمَه — fermer la bouche

~ أَسْنانه — serrer les dents

~ شَفَتَيْه — pincer/serrer les lèvres

~ على إصْبَعه — se pincer le doigt

**إطْباق** — accord; unanimité; encerclement

حُروف الـ~ — phonèmes emphatiques

**مُطْبِق** — complet; parfait; total

هُدُوء ~ — calme plat

جُنون ~ — pure folie

جَهْل ~ — profonde/totale ignorance

سَكْران ~ — complètement saoul; ivre mort

الحُروف الـ~ة — phonèmes emphatiques

**مُطْبَق** — pressé; serré; fermé

~ ج مَطابِق — cul-de-basse-fosse; oubliette

V **تَطَبَّقَ تَطَبُّقًا** — s'adapter; s'ajuster; se superposer; se stratifier

~ على ه — s'appliquer à; être applicable à

تَطَبُّق — stratification; superposition

VI **تَطابَقَ** تَطابُقًا مع — cadrer avec; s'accorder avec; coïncider; concorder correspondre; se correspondre; s'identifier avec; se superposer

**تَطابُق** — accord; adéquation; compatibilité; concordance; congruence; correspondance; coïncidence; identification; identité; superposition; symétrie

~ الأَذْواق — conformité des goûts

**مُتَطابِق** — compatible; concordant; identique; correspondant; congru [*math.*]

غَيْر ~ — discordant; incompatible

VII **اِنْطَبَقَ** اِنْطِباقًا على — s'appliquer à; être fermé; se fermer (bouche); coïncider

~ على الجِسْم — épouser les formes du corps

اِنْطِباق — coïncidence

**3297** **طَبَلَ** ـُ طَبْلاً — battre le tambour

**طَبْل** ج طُبول — tambour; timbale [*mus.*]

~ كَبير — grosse caisse [*mus.*]

بلا زَمْر ولا ~ — sans tambour ni trompette

عَلَى صَوْت **الطُبول** — tambour battant

**طَبْلة** ج طِبال — étal; plateau; petite table

~ كابِحة — *techn.* tambour de frein

~ الأُذُن — *anat.* caisse/membrane du tympan; tympan

طَبْلِيّة ج ات. طَبالِيّ — petite table ronde; plateau (à manger)

طَبّال ج ون — tambour; timbalier; drummer; joueur de tambour

II **طَبَّلَ** تَطْبيلاً — tambouriner

~ لِ ه، ه — faire de la réclame/de la propagande pour; orchestrer (une campagne publicitaire)

زَمَّرَ و~ لِ ه — annoncer à cor et à cri; claironner; crier sur tous les toits

**طابون** — *v. ordre alphab.*

**3298** **طَبَنْجة** — escopette; tromblon

**3299** **طُخْرور** ج طَخارير — nuage léger/transparent; cirrus

طَبَقة طُخْروريّة — stratosphère

**3300** **طِحال** ج طُحُل — rate [*anat.*]

اِلْتِهاب الـ~؛ طُحال — splénite

أَسْرَعُ مِن فَرَس لاطِحالَ له — *prov.* courir comme un dératé

طِحاليّ — splénique

**3301** **طُحْلُب** ج طَحالِب — algue; mousse; lentille d'eau

**3302** **طَحَنَ** ـَ طَحْنًا ه — broyer; écraser; meuler; moudre; réduire en poudre; pulvériser; triturer

طِحانة — meunerie

**طِحْن** — farine; mouture

جَعْجَعة بِلا ~ — *prov.* beaucoup de bruit pour rien

**طاحِن** — broyeur; *fig.* violent; meurtrier

حَرْب، مَعْرَكة ~ة — guerre, bataille meurtrière

طاحِنة ج طَواحِن — molaire [*anat.*]

طَحان — *poiss.* chevaine; chevesne

طَحّان ج ون — meunier

مَطْحون — broyé; écrasé; moulu

**طَحين**؛ زَهْرة ~ — farine; fleur de farine

طَحينة — huile de sésame

طَحينيّ؛ طَحينيّة — farineux *adj., n.*

**طاحونة** ج طَواحين — meule; moulin

~ الهَواء — moulin à vent

**مَطْحَنة** ج مَطاحِن — minoterie; moulin

صاحِب ~ — minotier

مِطْحَنة ج مَطاحِن — moulin; broyeur

**3303** **طَخاء** — cirrus

**طُخْرور** ← طخرور

**3304** **طَرَّ** ـُ طَرًّا ه — couper; tailler (ses moustaches); aiguiser/repasser (une lame)

~ ـِ طُرورًا — pousser (plante, moustache)

طُرّ ج طِرار — *maroc.* tambour de basque

**طُرّة** ج طُرَر — houppe; houppette; frange/mèche de cheveux

~ أَمْ نَقْشَة — pile ou face

**طُرًّا** — ensemble; tous; tous ensemble; sans exception

**طَرَّار** — coupeur de bourses; filou; charlatan; imposteur; *maroc.* joueur de tambour

**3305 طَرَأَ** ـَ طَرْءًا، طُروءًا — advenir; arriver inopinément; surgir; survenir; intervenir

التَغَيُّر الَّذي ~ على — la modification survenue dans

~ على القانون تَغَيُّرات — la loi a subi des modifications

ماذا ~ عَلَيْه — qu'est-ce qui lui prend? quelle mouche le pique [*fam.*]?

~تْ عَلَيَّ فِكْرة — eurêka! j'ai trouvé! j'ai une idée!

**طارِئ** — exceptionnel; fortuit; inopiné; imprévu; casuel; occasionnel; contingent *adj.*; inattendu; imprévisible

قُدوم، حالة ~(ة) — arrivée inopinée; circonstance imprévue

مَصاريف ~ة — dépenses extraordinaires; faux frais

إذا جَدَّ ~ — en cas d'imprévu

ما لَمْ يَجِدَّ ~ — sauf imprévu

الظُروف الـ~ة — conjoncture; contingences

أَعْضاء أُصَلاء **وَطارِئون** — membres permanents et occasionnels

طارِئ، طارِئة ج طَوارِئ — circonstance fortuite; contretemps; coup du sort; imprévu *n.m.*; incident; péripétie

حالة **الطَوارِئ** — état d'alerte/d'urgence

صُنْدوق، باب الـ~ — caisse noire; porte de secours

طَرِيء — frais; nouveau; tendre

**3306 طَرِبَ** ـَ طَرَبًا لِ — s'extasier devant (la musique, la poésie); être sensible à; être agité par une émotion; être ... *v. à l'adj.*

**طَرَب** — dilection [*litt.*]; émotion; gaieté; joie

آلة الـ~ — instrument de musique

طَرِب ؛ طَروب — ému; gai; guilleret; folâtre; enjoué; charmé; touché; transporté; ravi

II طَرَّبَ تَطْريبًا — chanter; faire de la musique

IV أَطْرَبَ إِطْرابًا ه — charmer; émouvoir; transporter de plaisir/de joie; ravir

**مُطْرِب** — chanteur; musicien; musical; émouvant; ravissant; mélodieux

**3307 طَرابيزة** ج ات — *égypt.* petite table; tablette; table de nuit

**3308 طَرْبوش** — chéchia; tarbouch

~ فاسيّ — fez

**مُطَرْبَش** ؛ مُتَطَرْبِش — *égypt.* qui porte le tarbouch; *iron.* col blanc [*fam.*]; petit-bourgeois

**3309 طُرْبيد**، طُوربيد ج ات — torpille [*mil.*]

**3310 طَرَحَ** ـَ طَرْحًا ه، ه — flanquer [*fam.*]/jeter à terre; accoucher avant terme; avorter; jeter; rejeter

~ في المُزايَدة، المُناقَصة — mettre aux enchères, en adjudication

~ ه على بِساط البَحْث — mettre (une question) sur le tapis

~ ه مِن — déduire; décompter; défalquer; soustraire; ôter; faire une soustraction; faire la tare

~ ه لِ ه — faire abandon/remise de qqch à qqn

~ ه على ه — proposer/soumettre qqch à qqn

~ ه لِلْمُناقَشة — mettre en discussion/en question

~ أَسْئِلة — poser des questions; questionner

~ الثِقة — poser la question de confiance

~ ه على السُوق — lancer (un produit) sur le marché

طُرِحَ — être déduit/défalqué/soustrait

**طَرْح** — éjection; expulsion; rejet; accouchement (avant terme); avortement; déduction; remise; rejet; soustraction; tare

~ النَهْر، البَحْر — alluvion

طَرْحة ج طُرَح، طِراح — mantille; voile (qui recouvre la tête et les épaules); *comm.* lot (d'objets de même nature vendus ensemble)

طِرْح — avorton

**مَطْروح** — gisant; renversé; jeté à terre; rejeté; abandonné; négligé; misérable; prostré; *math.* soustrait; soustracteur

بِضاعة ~ة في الأَسْواق — marchandise proposée sur les marchés

الـ~ مِنْه — dont on a soustrait qqch; diminué de

**طَريح** ج طَرْحى ← مَطْروح

~ الفِراش — alité; cloué au lit; grabataire

طَريحة — correction; raclée [*fam.*]; tannée [*pop.*]; tournée [*pop.*]

مَطْرَح ج مَطارِح — place; siège; banquette; couche

طَروح؛ مِطْرَح — qui voit loin; dont la vue porte loin

أُطْروحة — thèse (de doctorat)

II **طَرَّحَ** تَطْريحًا ه — provoquer une fausse couche/un avortement

~تْ بِهِ الأَسْفار — être tenu éloigné par les voyages

III **طارَحَ** مُطارَحةً ه — avoir une conversation/un entretien/s'entretenir avec; converser

~ ه الكَلام، الحَديث — *même sens*

V تَطَرَّحَ تَطَرُّحًا — n'en pouvoir plus; s'écrouler de fatigue

VII **اِنْطَرَحَ** اِنْطِراحًا — s'abattre; s'écrouler

~ على قَدَمَيْه — se jeter aux pieds de

**مُنْطَرِح** — gisant; écroulé

VIII اِطَّرَحَ اِطِّراحًا ه — rejeter/repousser qqn

3311 **طَرْخون** — *bot.* estragon; serpentine

3312 **طَرَدَ** ـُ طَرْدًا ه، ه — bannir; chasser qqn; congédier; écarter; éloigner; déloger; exclure; expulser; exiler; ficher [*fam.*]/flanquer [*fam.*]/jeter/mettre à la porte/dehors; renvoyer; repousser; vider qqn [*fam.*]; traquer

~ العَدُوَّ مِن البِلاد — chasser l'ennemi du pays

~ عامِلاً أَجْنَبِيًّا — expulser un ouvrier étranger

~ مُسْتَأْجِرًا، خادِمًا — congédier un locataire; renvoyer un domestique

~ الأَوْجاع — chasser les douleurs

~ ه مِن مَنْصِبه — démettre/relever qqn de ses fonctions

~ الشَّيْطان — conjurer le diable

~ عن المَرْكَز — centrifuger

**طَرْد** — bannissement; congédiement; éloignement; chasse; éviction; exclusion; expulsion; ostracisme

~ عن المَرْكَز — centrifugation

~ ج طُرود — chargement; colis; ballot; paquet

~ بَريديّ، مُسَجَّل — colis postal, recommandé

طَرْدًا وعَكْسًا — en tous sens; à l'endroit et à l'envers; sous toutes ses faces

**طارِد** عن المَرْكَز — centrifuge

~ الدود، الشَريطيّة — vermifuge; ténifuge

طَريد ج طَرْدَى — banni; chassé; congédié; éloigné; écarté; évincé; exilé; expulsé; fugitif; poursuivi; repoussé; traqué; paria [*litt.*]

طَريدة ج طَرائِد — cible; gibier; proie

أَصابَ طَريدَتَيْن بِطَلْقة — faire coup double

طَرّاد ج ات — croiseur léger; escorteur rapide

III **طارَدَ** مُطارَدةً ه — chasser; donner la chasse; courir après qqn; traquer; talonner qqn; être sur les talons de; suivre/serrer de près; relancer qqn; pourchasser; poursuivre

~ ه بِإلْحاح — faire le siège de qqn

~ الفَتَيات — courir les filles

**مُطارَدة** — chasse; poursuite

طائِرة ~ — avion de chasse

**مُطارِد** الفَتَيات — coureur de filles/de jupons [*fam.*]

طائِرة ~ة؛ مُطارِدة ج ات — chasseur [*aviat.*]

VIII **اِطَّرَدَ** اِطِّرادًا — couler; suivre son cours (fleuve); se succéder sans interruption; suivre de près; venir à la suite; ne pas présenter de solution de continuité; être ... *v. à l'adj.*

**اِطِّراد** — continuité; régularité; uniformité

بِـ~ — régulièrement; de manière régulière

**مُطَّرِد** — continu; régulier; uniforme; constant; incessant; ininterrompu

تَقَدُّم، مِشْية ~(ة) — progrès, allure régulier(ère)

مَجْهود ~ — effort soutenu

قاعِدة ~ة — règle générale/qui ne souffre pas d'exception

X **اِسْتَطْرَدَ** اِسْتِطْرادًا — changer de sujet; s'éloigner de son sujet; faire une digression; sauter d'une idée à une autre; ouvrir des parenthèses [*fig.*]

اِسْتِطْراد ج ات — digression; parenthèse [*fig.*]

اِسْتِطْرادًا — de fil en aiguille; épisodiquement

اِسْتِطْراديّ — discursif; épisodique; à épisodes

3313 **طَرْز** — tapisserie; broderie

~ ج طُروز ← طِراز ج طُرُز

**طِراز** — tapis/tissu broché; broderies; tapisserie

~ ج طُرُز forme; modèle; manière; mode; style [bx-arts]; sorte; type; trempe [fig.]

سَيَّارة مِن ~ حَديث voiture d'un modèle récent

لَيْسَ مِن ~ الأَبْطال ne pas avoir la trempe d'un héros

مِن ~ واحِد de la même manière/sorte; du même modèle

على أَحْدَث ~ à la dernière mode; d'un tout dernier modèle; dernier cri

مِن قَديم الـ~ à la mode rétro

مِن الـ~ الأَوَّل de premier ordre; de classe; de première/grande classe

مِن ~ رَفيع de haut vol; de luxe

~ الأَثاث style de mobilier

طَرّاز brodeur; brocheur (sur soie)

II طَرَّزَ تَطْريزًا ه brocher; broder; faire de la broderie/de la tapisserie

تَطْريز brochage; broderie; tapisserie

مُطَرِّز brodeur; tapissier; brocheur (de soie)

مُطَرَّز broché/brodé (tissu)

**3314** **طِرْس** ج طُروس feuille; feuillet; tablette

**3315** **طُرْسوح** ج طَراسيح manchot [ois.]

**3316** **طَرِشَ** - طَرَشًا être dur d'oreille

طَرَش surdité

**أَطْرَش** م طَرْشاء ج طُرْش sourd

~ أَسَكّ sourd comme un pot [fam.]

VI تَطارَشَ تَطارُشًا faire la sourde oreille

**3317** **طَرَشَ** - طَرْشًا badigeonner; torcher [constr.]; gifler; claquer

طَرْش badigeon; torchis

طَرْشة ج ات gifle; claque

طُرْشيّ légumes au vinaigre; pickles

**3318** **طَرْطور** mayonnaise fortement relevée à base d'huile de sésame; bot. sterculiacées

طُرْطور hennin

**3319** **طَرْطَشَ**؛ طَرْطَشة éclabousser; éclaboussure

طَرْطَق craqueter; crépiter

**3320** **طَرَفَ** - طُروفًا بـ cligner/clignoter des yeux; v. aussi 3321, 3322

**طَرْف** clignement/clignotement d'œil; œil

نَظَرَ بالـ~ إلى jeter un coup d'œil/un regard

رَأَى ه مِنْ ~ عَيْنِهِ regarder du coin de l'œil/furtivement

~ خَفِيّ regard discret/furtif

مِنْ ~ خَفِيّ discrètement; de manière détournée/discrète; secrètement; sous cape; indirectement

رُبَّ ~ أَفْصَح من لِسان prov. un regard est parfois plus éloquent qu'un long discours

**طَرْفة عَيْن** clin d'œil

في ~ عَيْن en un clin d'œil; en un tour de main; sur-le-champ; instantanément

طارِف clignotant

**3321** **طَرُفَ** - طَرافة être ... v. à l'adj.; v. aussi 3320, 3322

طُرْفة ج طُرَف bon mot; bibelot; objet d'art/rare; curiosité; nouveauté; pièce maîtresse; joyau; chef-d'œuvre

**طَرافة** fantaisie; originalité; piquant n.m.; pittoresque n.m.

~ الأُسْلوب relief du style

طَريف curieux; étrange; inédit; nouveau; original; piquant adj.; pittoresque adj.; rare; relevé [fig.]; récent

طَريفة ج طَرائِف chose curieuse/nouvelle; curiosité; nouveauté; bon mot

طِرْف racé; de bonne/de pure race; de race

**3322** **طَرَف** ج أَطْراف bord; bout; côté; partie; extrémité; extrême n.m.; membre [anat.]; pan (d'un vêtement); pointe du pied; terminaison; v. aussi 3320, 3321

في ~ ه à l'extrémité/au bout de

من ~ إلى آخر de bout en bout

طَرَفًا إلى ~ bout à bout

من ~ ه de la part de

ضَحِكَ من ~ شَفَتَيْه rire du bout des lèvres

~ الغابة orée/lisière de la forêt

~ عَصَب terminaison nerveuse

الـ ~ اليَسار، اليَمين — extrême gauche, droite

~ أَمامِيّ، خَلْفِيّ — patte antérieure, postérieure (d'un cheval)

~ عُلْوِيّ، سُفْلِيّ — membre supérieur, inférieur

**طَرَفان** مُتَواجِهان — parties en présence

الـ ~ المُقاتِلان — parties belligérantes

على **طَرَفَيْ** نَقيض — diamétralement opposé/situé aux antipodes (points de vue)

~ النَهار — *compl. circons. de temps*: matin et soir

**أَطْراف** الدُنْيا — le bout du monde; les antipodes

على ~ قَدَمَيْه، أَصابِعه — sur la pointe des pieds

~ مَدينة — périphérie/environs d'une ville

بَعيد، مُتَرامي الـ ~ — immense; infini; très étendu

جاذَبَ ~ الحَديث — avoir une conversation/converser/s'entretenir avec

~ مِنْ حَديث — lambeaux de conversation

~ مُتَعاقِدة — parties contractantes

~ البَدَن — extrémités du corps (tête, mains, pieds)

جَمَعَ الكَفاءة مِن ~ ها — être très/hautement/parfaitement qualifié

جَمَعَ ~ ه — faire un résumé/un compte rendu

جَمَعَ ~ شَجاعَته — rassembler tout son courage

ثَنَّى ~ السَرير — border un lit

V **تَطَرَّفَ** تَطَرُّفًا في ه — abuser de; aller au bout/à l'extrême; exagérer; radicaliser

~ إلى — aller jusqu'à

**تَطَرُّف** — exagération; extrémisme; intempérance; excès; radicalisation

~ في القَوْل — incontinence/outrance de langage

**مُتَطَرِّف** — exagéré; extrémiste; extrême; excessif; immodéré; intempérant; radical; ultra *n.m.*

~ في الكَلام — incontinent/outrancier (dans ses propos)

**3323** **طَرْفة**؛ طَرْفاء — tamaris

**3324** **طَرَقَ** ـُ طَرْقًا ه، ه — arriver/venir la nuit qqp, chez qqn; faire une sortie [*mil.*]/une incursion de nuit; battre; marteler; donner des coups; forger; frapper; taper; toucher (d'un instrument); emboutir [*industr.*]

~ الباب، على الباب — frapper/taper à la porte

~ جَميع الأَبْواب — frapper à toutes les portes

لَمْ يَتْرُك بابًا إلّا و~ ه — faire flèche de tout bois; ne rien négliger

~ مَسامِعه، سَمْعَه — parvenir aux oreilles/à la connaissance de; entendre parler de

~ مَوْضوعًا — aborder/traiter un sujet

~ طَريقًا — emprunter/suivre un chemin/une route

~ بِـ، في ذِهْنه، باله — venir à/frapper l'esprit (idée)

**طُرِقَ** الباب — on frappe à la porte

~ الرَجُل — être sonné (homme) [*fam.*]

**طَرْق** — battage; battement; frappe; frappement; martelage; martèlement

~ المَعادِن — forgeage des métaux; emboutissage

**طَرْقة** ج طَرَقات — coup (à la porte)

**طُرْقة** ← طَريق

**طَريق** ج طُرُق، طُرُقات — route; rue; voie; sentier; chemin; passage

الـ ~ العامّ، العُمومِيّ — voie publique

~ رئيسِيّ — route principale/nationale

شَقَّ ~اً لِـ ه، ه — ouvrir la voie à

شَقَّ ~ ه — faire son chemin; se frayer un chemin

تابَعَ، واصَلَ ~ ه — poursuivre/continuer son chemin/sa route

أَثْناء الـ ~ — chemin faisant

~ مَطْروق، مُبْتَذَل — chemins battus; lieu commun

ضَلَّ ~ ه — perdre son chemin; faire fausse route

وَقَفَ في ~ ه — barrer la route à qqn

سَدَّ الـ ~ على ه — *même sens*

قارِعة، مَتْن، وَسَط الـ ~ — chaussée; milieu du chemin/de la route

عُرْض الـ ~ — *même sens*

كان في ~ ه إلى — se diriger vers; être sur le chemin de; être en route vers

في ~ العَوْدة — sur le chemin du retour

إنّنا في ~ نا إلى — nous sommes en route pour/sur la voie de

في ~ سَليم — en bonne voie

في ~ النَجاح — sur le chemin du succès/de la réussite

في ~ه إلى التَحْقيق — en voie de réalisation

~ تُرابيّة، بَحْريّة، جويّة — route/voie terrestre, maritime, aérienne

بـ، عن ~ ه، ه — par le canal/l'entremise/le biais l'intermédiaire/le moyen/le truchement de; grâce à; en; par voie de

عن ~ اِكْتِتاب — en souscrivant; grâce à une souscription; par voie de souscription

عن ~ خَلْق، تَحْقيق ه — en créant/réalisant; grâce à la création/à la réalisation de

عن ~ البَحْر، الجَوّ، البَرّ — par mer, air, terre; par la voie maritime, aérienne, terrestre

**طُرُق** دِبْلوماسيّة — voie(s) diplomatique(s)

مَجْموع، شَبَكة الـ~ — réseau routier

خَريطة الـ~ — carte routière

مَصْلَحة الـ~ — service de la voirie

قاطِع الـ~ — bandit de grand chemin; coupeur de routes

**طَريقة** ج طَرائِق، طُرُق — genre; manière; façon; méthode; modalité; mode *n.m.*; procédé; procédure; système; moyen; voie [*fig.*]

~ العَيْش، المَعيشة — mode/genre de vie; train de vie

~ الاِسْتِعْمال — mode d'emploi; conseils d'utilisation

~ تَصَرُّف حَسَنة، سَيِّئة — bon, mauvais genre

~ سارية، جارية — méthode répandue/courante

~ قِياسيّة، اِخْتِباريّة — méthode comparative, expérimentale

~ اِسْتِغْلال — méthode/procédure/procédé d'exploitation

~ طَبيعيّة، عِلْميّة — démarche naturelle, scientifique

وَجَدَ ~ لِـ — trouver une formule/un moyen de

~ تَفْكير — mode de pensée; tournure d'esprit

اِتَّبَعَ ~ مُنَظَّمة، مِنْهَجيّة — procéder avec méthode

~ مُمْتازة لِلْحُصول على — excellent moyen d'acquérir

~ مُباشِرة، غَيْر مُباشِرة — méthode directe, indirecte

بـ~ مُباشِرة، غَيْر مُباشِرة — directement; indirectement

بالـ~ ذاتِها، نَفْسِها — de la même manière; pareillement; semblablement

ما هي الـ~ في، لِـ — comment faire pour

~ التَعْليم — méthode d'enseignement/pédagogique; pédagogie

بـ، على ~ ه، ه — à la mode/la façon/l'imitation/l'instar de

~ ج ات (دينيّة) — doctrine/confrérie (religieuse, mystique)

طارِق ج طُرّاق — qui bat/frappe; voyageur/visiteur nocturne; rôdeur; devin

طارِقة ج طَوارِق — calamité; désastre; malheur

طَرّاق — forgeron

**مَطْروق** — battu; martelé

مَوْضوع، مَعْنًى ~ — idée/sujet usé(e)/rebattu(e); lieu commun; cliché [*fig.*]

سَبيل، طَريق ~ — chemins battus

طَروق؛ طَروقيّة — malléable; malléabilité

**مِطْرَقة** ج مَطارِق — marteau; masse (outil)

~ هَوائيّة، آليّة — marteau pneumatique, -pilon

II طَرَّقَ تَطْريقًا — battre (le fer); marteler; forger; frapper avec un marteau

IV **أَطْرَقَ** إِطْراقًا رَأْسَه — baisser la tête; se taire; se tenir coi

~ بِرَأْسِه — *même sens*

~ بَصَرَه — baisser les yeux; regarder/fixer le bout de ses souliers

مُطْرِق الرأس، بِرأسه — qui baisse la tête; honteux; gêné; silencieux

V **تَطَرَّقَ** تَطَرُّقًا إلى — atteindre; arriver à; aller/s'étendre jusqu'à; traiter un sujet; aborder (une question); entrer (dans le vif du sujet)

~ الشَكّ إلى فِكْره — s'infiltrer dans l'esprit (doute); être gagné par le doute

لا يَتَطَرَّق إلَيْه شَكّ — qui ne laisse aucune place au doute; dont on ne peut douter

X أَوانٍ **مُسْتَطْرِقة** — vases communicants

3325 **طُرامة** — plaque dentaire

3326 **طُرُمْبة** ج ات — pompe

3327 **طَرِيَ** ـَ طَراوة — être ... *v. à l'adj.*; s'attendrir (viande); se ramollir

**طَراوة** اللَحْم — fraîcheur/délicatesse de la viande; souplesse des chairs

~ الهَواء — fraîcheur de l'air

مُنْذُ ~ العُمْر — dès/depuis la plus tendre enfance

~ الخُلُق — douceur de caractère; gentillesse

طَرِيّ ج طِراء — frais; nouveau; souple; récemment cueilli (fruit); tendre (viande)

II **طَرَّى** تَطْرِيَةً ه — amollir; assouplir; attendrir (la viande); aromatiser

~ طَعامًا — assaisonner/relever un plat

تَطْرِية — aromatisation; assaisonnement; assouplissement; ramollissement

IV أَطْرَى إِطْراءً ه — flatter; couvrir qqn de fleurs; être galant; dire des galanteries

**إِطْراء**، عِبارات ~ — flatteries; galanteries

**مُطْرٍ** — flatteur; galant

**3328** (طزج) **طازِج** — frais (pain); tendre; du jour

بَيْضة، سَمَك ~(ة) — œuf, poisson frais/du jour

**3329** **طَسْت** ج طُسوت — assiette creuse; cuvette; écuelle; bassin; bassine

طَشْت ج طُشوت — *même sens*

**3330** **طَعِمَ** َ طَعْمًا، طَعامًا ه — prendre qqch (à boire, à manger); goûter

**طَعْم** ج طُعوم — goût; saveur

~ لَذيذ، المَوْز — goût agréable, de banane

جَعَلَ لِحياتِه ~اً — donner du sel/du piment à la vie

لَمْ يَذُقْ لِلْحياة ~اً — ne trouver aucun goût à la vie

رَجُل ذو ~ — homme de décision/de goût

لا ~ لـ ه — qui ne sent rien; insipide; sans saveur

**طُعْم** ج طُعوم — amorce; appât; *bot.* greffe; greffon; *méd.* vaccin

~ طَعام — aliment nourrissant

**طُعْمة** ج طُعَم — nourriture; morceau de pain [*fig.*]; ce qui permet de vivre; capture; prise; proie; trame (d'un tissu)

~ النيران — proie des flammes

~ المَدافِع — chair à canon

**طَعام** ج أَطْعِمة — aliment; manger *n.m.*; mets; nourriture; repas; vivres *n.m.pl.*

أَضْرَبَ عَن الـ~ — faire la grève de la faim

تَناوَلَ ~اً — manger; se nourrir; s'alimenter

قائِمة، لائِحة ~ — carte; menu *n.m.*

~ العَشاء، الصَباح — repas du soir; petit déjeuner

وَجْبة ~ خَفيفة — collation; goûter *n.m.*

تَناوَلَ وَجْبة ~ خَفيفة — prendre une collation; goûter *intr.*

أَطْعِمة — comestibles; subsistances; vivres

**مَطْعَم** ج مَطاعِم — cantine; popote [*fam.*]; restaurant; mess [*mil.*]; carré [*mar.*]

~ شَعْبِيّ — cantine soupe populaire

~ جامِعِيّ، الضُبّاط — restaurant universitaire; mess/carré (des officiers)

صاحِب ~ — restaurateur

II **طَعَّمَ** تَطْعيمًا ه، ه — greffer [*bot., chir.*]; inoculer; vacciner; transplanter (un organe)

~ ه بِالعاج — incruster d'ivoire

**تَطْعيم** ج ات — greffe; greffage; incrustation; inoculation; vaccination; transplantation (d'organe)

~ وِقائِيّ، إِجْبارِيّ — vaccination préventive, obligatoire

تَطْعيمات عاجِيّة، صَدَفِيّة — incrustations d'ivoire, de nacre

**مُطَعَّم** — greffé; incrusté; inoculé; vacciné; transplanté (organe)

كان ~اً ضِدّ الحُبّ — il était vacciné contre l'amour

قَبْضة ~ة بِالعاج — poignée incrustée d'ivoire

مع **مُطَعَّمات** صَدَفِيّة — avec des incrustations de nacre

IV **أَطْعَمَ** إِطْعامًا ه — alimenter; donner à manger; nourrir

~ نَباتًا، عُضْوًا — greffer une plante, un organe

V تَطَعَّمَ تَطَعُّمًا بِـ — se greffer; se transplanter

~ ه — savourer qqch

~ بِـ ه — être incrusté de; s'incruster dans

X اِسْتَطْعَمَ اِسْتِطْعامًا ه — demander à manger à qqn

**3331** **طَعَنَ** َ طَعْنًا ه، ه — frapper; harponner; percer; poignarder; transpercer

~ ه بِالتَزْوير — accuser qqn de faux

~ ه بِالتَزْوير — s'inscrire en faux contre qqch

~ في ه، ه blasphémer; calomnier; déchirer [*fig.*]; porter atteinte à; incriminer; attaquer la réputation de; invectiver; satiriser

~ في حُكْم، تَقْرير attaquer un jugement/une décision; introduire un recours contre

~ بِطَريق النَقْض se pourvoir en cassation

~ في صَلاحِيّة ه récuser la validité de

~ في بِلاد s'enfoncer/pénétrer à l'intérieur d'un pays

~ في السِنّ avancer en âge; se faire vieux; vieillir

**طَعْن** accusation; atteinte (contre); blasphème; incrimination; contestation; mise en cause; recours; pourvoi; diatribe; calomnie; injure; diffamation; satire; invective

آخِر طَريق لِلـ~ في dernier recours

**طَعْنة** ج طَعَنات attaque; coup (d'épée, de couteau); atteinte (d'une maladie)

أُصيبَ بِأَوَّل ~ recevoir la première atteinte/le premier coup

~ نَجْلاء، قاضية coup fatal/de grâce

**طاعِن** في السِنّ âgé; vieux; vieillard

~ بالنَقْض demandeur en cassation

رِسالة ~ة pamphlet

**طاعون** ج طَواعين épidémie; peste

~ دُبَيْليّ، دُمَّلي peste bubonique

مُصاب بِالـ~ pestiféré

طاعونيّ pestilent; pestilentiel; pesteux

**3332 طُغْراء** ج ات cachet; chiffre (d'un monarque); griffe (d'une marque); sceau; monogramme

**3333 طُغْمة** ج ات bande; clan; clique [*péjor.*]; faune [*péjor.*]; groupe; troupe

**3334 طَغَى** ـِ طَغْيًا ه déborder; dépasser la mesure; sortir des limites; bouillonner; bouillir [*fig.*]; être agité/en fureur

**طَغا** ـُ طَغْوًا، طُغْيانًا *même sens*

~ على ه prendre le dessus; l'emporter sur; dominer; prévaloir; être prépondérant; se conduire en tyran; opprimer; tyranniser

~ على الأَصْوات، اللَغَط couvrir les bruits

~ عَلَيْه العَمَل être débordé/écrasé de travail

**طُغْيان** bouillonnement; débordement; envahissement; inondation; dictature; injustice; oppression; terreur; tyrannie

طاغٍ، طاغية ج طُغاة despote; dictateur; injuste; insolent; oppresseur; potentat; tyran

طاغوت *v. ordre alphab.*

**3335 طَفّ** ج طُفوف bord d'un verre

**طَفيف** anodin; bénin; exigu; imperceptible; infime; léger (dégât); minime; médiocre; mince; véniel (péché); faible (quantité)

هذا أَمْر ~ c'est un détail

II **طَفَّفَ** تَطْفيفًا ه ne pas verser une mesure complète; lésiner sur; restreindre; rationner; réduire

~ على ه *même sens*

تَطْفيف rationnement; lésinerie; restriction

**3336 طَفِئَ** ـَ طُفوءًا ← VII

مِطْفَأة ج مَطافِئ éteignoir; extincteur; pompe à incendie

رَجُل **مَطافِئ** pompier; sapeur-pompier

فِرْقة، رِجال الـ~ corps des sapeurs-pompiers

IV **أَطْفَأَ** إِطْفاءً ه éteindre (incendie, lumière); apaiser/étancher (la soif)

~ نارًا، المِذْياع étouffer un feu; éteindre la radio

~ جَذْوة يَوْمِه في consumer ses jours dans; passer ses journées à

**يُطْفَأُ**، لا~ extinguible (soif); inextinguible

**إِطْفاء** extinction; étouffement (d'un feu)

رِجال الـ~ pompiers; corps des sapeurs-pompiers

إِطْفائيّ ج ون pompier

مُطْفِئ، مُطْفِئة ج ات extincteur

VII اِنْطَفَأَ اِنْطِفاء s'éteindre; mourir [*fig.*]

لايَنْطَفِئُ inextinguible

مُنْطَفِئ éteint (voix, regard)

**3337 طَفَحَ** ـَ طُفوحًا être plein; déborder de; être comble; grossir (fleuve); regorger de

~ ـَ طَفْحًا ه remplir à ras bord; faire déborder

~ سُرورًا، بِالسُرور exulter; pétiller de joie

~ بِالصِحّة — respirer la santé

~ الكَيْلُ، ~ت الكَأْسُ — la mesure est comble; en voilà assez; en avoir plein le dos [*pop.*]/ras le bol [*pop.*]

**طَفْح** — poussée; surabondance; réplétion

~ المِياه — trop-plein (des eaux)

~ جِلْديّ، دُمَّليّ — éruption [*méd.*]; exanthème

طَفْحيّ — éruptif; exanthémateux; exanthématique

طُفوح بِالسُرور — exultation; exubérance

طِفاح — comble *n.m.*; exubérance

طُفاحة — excédent; trop-plein

**طافِح** — comble *adj.*; débordant; trop plein

صَمْت ~ بِالحَنين — silence ému/ponctué de soupirs

~ بِالحَيَويّة — exubérant; pétulant; vif

طَفْحان — débordant; comblé; plein; rempli

مِطْفَحة — écumoire

II **طَفَّحَ** تَطْفيحًا ه — combler une mesure [*litt.*]; remplir à ras bord; faire déborder

~ الكَيْلَ — exagérer; dépasser la mesure; en faire trop

IV **أَطْفَحَ** إِطْفاحًا ← II

**3338** **طَفَرَ** ـِ طَفْرًا — bondir; cabrioler; faire la cabriole; caracoler; gambader; jaillir; sauter; sursauter

~ بِـ، ه، ه — pousser; donner de l'élan à; faire faire un bond à

طَفْرة — bond; cabriole; élan; essor; impétuosité; saut; soubresaut; sursaut; rebond; *biol.* mutation

طَفَر — dèche [*pop.*]; misère

طَفْران — fauché [*fam.*]; pauvre

**3339** **طَفِقَ** ـَ طَفْقًا — *suivi d'un verbe à l'inaccompli:* commencer à; se mettre à; entamer

**3340** **طِفْل** ج أَطْفال — bambin [*fam.*]; bébé; enfant; garçon; poupon

قاتِل، قَتْل ~ — infanticide

طَفْل — argile de couleur jaune

رَدْهة، مَدْرَسة **الأَطْفال** — pouponnière; classe enfantine

طِبّ الـ~ — pédiatrie; médecine infantile

طَبيب الـ~ — pédiatre; médecin spécialiste pour enfants

طِفْلة — fillette

طِفْليّ — infantile; enfantin

**طَفَل** — (clarté) peu après le lever/peu avant le coucher du soleil; crépuscule

عِنْد، غَيابات الـ~ — entre chien et loup

طَفالة؛ طُفولة — bas-âge; enfance; début (de la vie)

طُفوليّ — enfantin; infantile; puéril

طُفوليّة — infantilisme; puérilisme

**طُفَيْليّ** — intrus; indiscret (visiteur); intempestif; pique-assiette [*fam.*]; parasite; parasitaire

مَرَض، نَبات ~ — maladie, plante parasitaire

~ ج ات — *biol.* parasite

عِلْم الطُفَيْليّات — parasitologie

V **تَطَفَّلَ** تَطَفُّلًا — jouer à/faire l'enfant; venir sans être invité; s'inviter; être importun/intrus; se conduire comme un pique-assiette [*fam.*]

~ في — fouiner [*fam.*]; mettre son nez dans

**تَطَفُّل** — indiscrétion; intrusion

نَظْرة، سُؤال ~ — regard, question indiscret(ète)

مُتَطَفِّل ← طُفَيْليّ

**3341** **طَفا** ـُ طَفْوًا — émerger; flotter; nager; surnager; faire surface

~ على، إلى السَطْح — remonter à la/refaire surface

~ به إلى السَطْح — faire remonter à la surface

طَفْو؛ طُفُوّ — flottement; émergence

طَفاوة — halo; cercle autour de la Lune/du Soleil

طُفاوة — écume; mousse/détritus (surnageant à la surface de l'eau)

طافٍ — émergent; flottant; qui vient/remonte à la surface (poisson mort)

**طافِية** ج طَوافٍ — balise; bouée

~ النَجاة، الإِنْقاذ — bouée de sauvetage

**3342** **طَقَّ** ـُ طَقًّا — produire un bruit; craquer

طَقّة — craquement; tac *n.m.*

**3343** **طَقْس** ج طُقوس — cérémonial *n.m.*; cérémonie; liturgie; rite; rituel *n.m.*

**طَقْسِيّ** — rituel; liturgique

حَرَكات ~ة — gestes hiératiques

**3344** **طَقْس** ج طُقوس — climat; temps

~ رَديء — temps de chien; mauvais temps

الـ~ رَديء، جَميل — il fait mauvais, beau

**3345** **طُقْسوس** — if [*bot.*]; taxus

طُقْسوسِيّات — taxacées *n.f.pl.*

**3346** **طَقْطَقَ** طَقْطَقة — cliqueter; craquer

طَقْطَقة — cliquetis; craquement; tac

طَقْطوقة ج طَقاطيق — rengaine; tube [*mus., fam.*]

**3347** **طَقْم** ج طُقوم — harnachement; harnais; costume; complet (pour homme); tailleur (pour femme); ensemble (vestimentaire); service (à café)

~ مُجَوْهَرات — parure de bijoux

~ أَسْنان — dentier; ratelier

~ حُروف مَطْبَعِيّة — fonte des caractères [*impr.*]

طاقِم — équipage [*mar.*]; ensemble musical; orchestre

II طَقَّمَ تَطْقيمًا ه — harnacher

**3348** **طَلَّ** ـُ طَلًّا — humecter le sol/l'herbe (rosée); être humecté/humide

طَلّ — rosée; bruine

طَلَل ج أَطْلال — ruine; débris; vestige; reste

أَطْلال — *poét.* vestiges de campement

IV **أَطَلَّ** إِطْلالًا على — approcher; faire face à; se montrer; montrer son nez [*fig.*]; apparaître; émerger; paraître; dominer; être sur une hauteur; donner/prendre jour/plonger [*fig.*]/avoir vue sur; être en vue de

~ على ه بالأَذى — faire souffrir

~ الدَم — verser le sang impunément

~ من النافِذة — regarder par/se montrer à la fenêtre

~ بِرَأْسه — passer/montrer la tête; montrer le bout de l'oreille [*fig.*]

~ من جَميع المَنافِذ — assaillir qqn de toutes parts

مُطِلّ — qui surplombe/domine

**مُطَلّ** — versé impunément (sang)

~ ج مَطالّ — surplomb; point de vue

**3349** **طَلَبَ** ـُ طَلَبًا ه — demander; commander; chercher; rechercher; désirer; réclamer; quérir; requérir; solliciter

~ الصَمْت، نَمْرة — réclamer le silence, un numéro

~ ه في التِلِيفون — appeler/demander qqn au téléphone

~ الغُفْران، المَغْفِرة — demander pardon

~ وَظيفة، مَنْصِبًا — postuler/solliciter un emploi

~ المَجْد، العُلَى — courir après/rechercher la gloire, les honneurs

~ الثَأْر — chercher à se venger; crier vengeance

~ النَقْض، العَفْو — se pourvoir en cassation, en grâce

~ الحُكْم بِالبَراءة — plaider l'innocence

~ تَطْبيق القانون — demander l'application de la loi

~ عُقوبة الإِعْدام — requérir la peine de mort

~ مِن، إلى ه أَنْ، ه — demander à qqn/prier qqn de

~ مِنْه يَدَها — demander à qqn la main (d'une femme)

~ إلى ه الصَمْت — prier qqn de se taire

~ إلى ه الحَذَر — demander à qqn de faire attention

**طُلِبَ** — être demandé/réclamé/recherché

~ مِن قِبَل الشُرْطة — être recherché par la police

كَمْ تَطْلُب مِن ه — combien/quel prix en demandez-vous/en voulez-vous?

**طَلَب** ج ات — demande; invitation; prière; désir; quête; pétition; réclamation; requête; souhait; sollicitation; *comm.* commande; ordre

~ النَقْض — pourvoi en cassation

~ العَفْو — recours/pourvoi en grâce

قانون العَرْض والـ~ — loi de l'offre et la demande

على، عِنْد، لَدَى الـ~ — à la carte; à la/sur commande; sur/à la demande

يُدْفَع عِنْد، لِحين ~ه — payable à volonté, à vue

تَحْتَ الـ~ — en disponibilité; en réserve

~ وَظيفة، مَنْصِب — demande d'emploi

لَبّى ~اً — accéder à une demande

نُزولاً عِنْدَ ~ه — sur/à la demande de; pour accéder à la demande de

إسْتِجابةً لِـ~ه — *même sens*

**طَلَبات** — conclusions *n.f.pl.*

**طَلْبة** — litanie *n.f.*; litanies *n.f.pl.*; prière

**طَلَبيّة** — *comm.* commande; ordre

**طالِب** ج ون — qui demande; demandeur; candidat; requérant; solliciteur

~ الزَواج — prétendant; soupirant

~ ج طَلَبة، طُلّاب — étudiant; élève (de lycée)

~ ضابِط — élève officier

طالِبيّ، طُلّابيّ — estudiantin

**مَطْلوب** — attendu; demandé; espéré; désirable; désiré; recherché; prévu; réclamé; requis; sollicité

شُروط ~ة — conditions requises

~ على التِليفون — demandé au téléphone

الـ~ إثْباتُه — c.q.f.d.

~ ج ات — demande; dû *n.m.*; dette; doit *n.m.*

**مَطْلَب** ج مَطالِب — demande; prétention; réclamation; revendication; requête

بِناءً على ~ه — à la demande de; sur la requête de

غاية ~ه أن — ne demander qu'à; ne pas demander mieux que de

مَطالِب — desiderata; revendications

III **طالَبَ** مُطالَبة بِـ ه — exiger; prétendre à; réclamer; revendiquer; faire valoir (un droit)

~ بِحَقّه، بِحُقوقه — réclamer son dû; faire valoir son/ses droit(s)

~ بِزيادة التَفاصيل — réclamer des détails supplémentaires

~ بِزيادة الأجْر — réclamer/revendiquer une augmentation de salaire

~ بِإرْث — revendiquer un héritage

~ بِتَخْفيف العُقوبة — plaider les circonstances atténuantes

~ قَضائيًّا — requérir juridiquement

~ بِتَعْويضات — réclamer des dommages-intérêts

~ بِتَنْفيذ القَرارات — exiger l'application des résolutions

**مُطالَبة** ج ات — demande; exigence; réclamation; revendication

**مُطالِب** بِالعَرْش — prétendant au trône

V **تَطَلَّبَ** تَطَلُّبًا ه — exiger; nécessiter; réclamer; requérir

~ تَعْويضًا — exiger réparation

~ السَبيل إلى — rechercher les moyens de parvenir à

~ الإنْتِباه، التَفْكير — requérir l'attention; demander réflexion

**تَطَلُّب** ج ات — exigence; nécessité

**مُتَطَلِّب** — exigeant

**مُتَطَلَّب** ج ات ← تَطَلُّب

3350 **طَلَحَ** ـُ طَلاحًا — être ... *v. à l'adj.*

**طَلْح** ج طُلوح — bananier; acacia d'Arabie

**طَلْحيّة** ج طَلاحيّ — feuille [*papet.*]; feuillet

نِصْف ~ — in-folio

**طِلْح** — *ins.* tique *n.f.*; acarus

**طَليح** ج طُلْحان — *même sens*

~ ج طِلاح — efflanqué (chameau); épuisé; éreinté; exténué; maigre

**طالِح** — dépravé; mauvais; méchant; vicieux

3351 **طَلَسَ** ـِ طَلْسًا ه — abîmer/détruire (une inscription); effacer; rendre illisible

**طِلْس** ج أطْلاس — effacé/estompé/illisible (inscription); délavé/passé (couleur)

**أطْلَس** م طَلْساء — grisâtre; noirâtre

~ ج أطالِس — satin

**طَيْلَسان** ج طَيالِسة — voile de tête (pour hommes)

II **طَلَّسَ** تَطْليسًا — satiner; couvrir (de); enduire

3352 **أطْلَس** ج أطالِس — atlas géographique

**أطْلَسيّ** — atlantique *adj.*

الحِلْف، المُحيط الـ~ — le pacte atlantique; l'océan Atlantique

3353 **طِلَسْم** ج طَلاسِم charme; figure magique; talisman

3354 **طُلاطِلة** ج طَلاطِل luette

3355 **طَلَعَ** ـُ طُلوعًا ه s'élever au dessus de; gravir; grimper; monter sur; apparaître/paraître (astre); se lever (jour); poindre (soleil, jour); pousser (dent); surgir; survenir

~ النَهار il fait jour; le jour se lève

**طُلوع** apparition; ascension; lever (du jour, du soleil)

عِنْدَ ~ النَهار au lever du jour; à la pointe/la naissance du jour; le jour naissant

**طَلْع** *bot.* spathe

غُبار الـ~ pollen

**طَلْعة** apparence; aspect; face; faciès; visage; *bot.* spadice

بَهيّ الـ~ beau comme le jour

مَهيب الـ~ d'aspect redoutable

**طُلَعة** curieux; indiscret; inquisiteur

**طالِع** ascendant; montant

شَمْس ~ة soleil levant

~ ج طَوالِع étoile [*fig.*]; chance; sort; fortune; auspices; horoscope

حُسْن الـ~ bonne étoile/fortune/chance; heureux auspices

لِـ ، مِنْ حُسْن ~ه أن par chance; heureusement que; sa bonne étoile a fait que

ساءَ ~ه être le jouet/victime de la malchance; ne pas avoir de chance

سُوء، نَكَد الـ~ mauvaise étoile/fortune; infortune; malchance; guigne [*fam.*]; guignon [*fam.*]

لِـ ، مِنْ سُوء ~ه أن par malchance; malheureusement; par malheur; sa mauvaise étoile a voulu que

بِأَيْمَن، بِأَسْعَد الـ~ sous d'heureux, les plus heureux auspices

كَشَفَ الـ~ tirer un horoscope

طالِعة ج طَوالِع commencement; début

**مَطْلَع** ج مَطالِع commencement; début; point de départ; exorde; entrée en matière; prélude; seuil [*fig.*]

~ قَصيدة premier vers d'un poème

**طَليعة** ج طَلائِع avant-garde; peloton de tête; tête [*fig.*]

~ الجَيْش avant-garde de l'armée

~ الحَرَكة الفَنّيّة avant-garde du mouvement artistique

~ المُحارِبين combattants de la première heure

في الـ~ à la pointe [*fig.*]; en tête; à la tête; au premier rang; en flèche

طَليعيّ d'avant-garde; avant-gardiste; initiateur

**طَلائِع** prémices; signes avant-coureurs; symptômes

~ الرَبيع premières manifestations/commencement du printemps

III **طالَعَ** مُطالَعةً ه considérer avec attention; examiner avec soin; prendre connaissance de; découvrir; inspecter; observer; regarder; lire

~ ه شَيْء apparaître à qqn (chose)

~ النُجوم consulter/observer les astres

**مُطالَعة** lecture; commerce [*fig.*, *litt.*] des livres

قاعة الـ~ salle de lecture/d'étude

IV **أَطْلَعَ** إِطْلاعًا ه على ه apprendre/faire connaître qqch à qqn; instruire/informer qqn de; mettre qqn au fait/au courant; faire part à qqn de; porter à la connaissance de

~ ه على مِلَفّ communiquer un dossier à

~ ه على مَقاصِده expliquer/exposer ses desseins à

إِطْلاع على مِلَفّ communication de dossier

V **تَطَلَّعَ** تَطَلُّعًا إلى ه، ه ambitionner; aspirer à; espérer qqch; être dans l'attente de; regarder avec attention; examiner; porter ses regards sur; observer; envisager; dévisager

~ إلى المُسْتَقْبَل espérer/attendre beaucoup de l'avenir

~ إلى ما فَوقَ ذلك avoir de plus hautes ambitions

~ إلى مَكان se rendre à/gagner un endroit

~ في وُجوه الناس dévisager les gens

~ في عَيْنَيْه regarder qqn dans les yeux

تَطَلُّع ج ات ambition; aspiration; curiosité

VIII **اِطَّلَعَ** اِطِّلاعًا على ه apprendre; prendre connaissance de; constater; découvrir (un secret); s'informer; s'initier à; être informé/instruit de; se renseigner sur

~ على خَفايا ه — connaître/découvrir les dessous de

~ على مِلَفّ — prendre connaissance d'un dossier

**اِطِّلاع** ج ات — connaissance; information; initiation à; renseignement

بَعْد الـ~ على القَرار — vu l'arrêté

ذَوُو الـ~ — personnes bien informées

**مُطَّلِع** — connaisseur; bien renseigné; informé; au courant; initié; instruit

الأَوْساط الـ~ة — milieux bien informés

**مُطَّلَع** — entendu [*fig.*]

X **اِسْتَطْلَعَ** اِسْتِطْلاعًا ه، ه — chercher à connaître; s'informer de; interroger (les astres); consulter; partir en reconnaissance/à la découverte; reconnaître (un pays); faire un reportage

~ حَقيقة ه — chercher la vérité sur

~ غَيْبَ ه — tirer les cartes à qqn; tirer/dresser l'horoscope de qqn

~ رَأْيه — demander son avis à

**اِسْتِطْلاع** ج ات — découverte; exploration; recherche; reconnaissance; reportage

دَوْرِيّة، طَيّارة ~ — patrouille, avion de reconnaissance

مُقاتِل ~ — soldat en patrouille/en reconnaissance/en avant-garde

~ البُروج، الغَيْب — horoscope

حُبّ الـ~ — curiosité

حَرَكة **اِسْتِطْلاعِيّة** — activité de reconnaissance/exploratoire

رِحْلة، تَجْرِبة ~ة — voyage d'étude; ballon d'essai

**3356** **طَلْق** — talc

طَلَى بالـ~؛ طَلَّقَ — talquer

**3357** **طَلَقَ** ـُ طَلْقًا ه — laisser; lâcher; relâcher

~تْ طَلاقًا من زَوْجها — être répudiée par son mari; se séparer de/quitter son mari

**طَلُقَ** ـُ طَلاقة، طُلوقة — être ... *v. à l'adj.*

طُلِقَت المَرْأة — ressentir les premières douleurs (femme en couches)

**طَلاق** — divorce; répudiation

~ بالثَلاثة — *isl.* répudiation triple (dont la formule a été prononcée trois fois); divorce irrévocable

~ رَجْعِيّ — *isl.* répudiation révocable; divorce non définitif

~ خُلْعِيّ — *isl.* répudiation à la demande de l'épouse et moyennant indemnité

حَلَفَ بالـ~ — jurer ses grands dieux; insister beaucoup

**طَلاقة** — aisance; aise; décontraction; liberté

~ الوَجْه — jovialité; air épanoui/heureux

~ اللِسان — éloquence; faconde [*litt.*]; facilité d'élocution; volubilité

**طَلَق** ج أَطْلاق — course; sprint

سَريع الـ~ — à tir rapide (arme)

**طَلَقة** ج طَلَقات — coup (de feu); décharge

~ نارِيّة — coup de feu

**طَلْق** — *n.m.* douleurs de l'accouchement

~؛ طَلِق — *adj.* à l'aise; sans complexe/gêne; détendu; délié; libre; relâché

هَواء ~ — air pur/libre; le grand air

~ اللِسان — éloquent; qui a la langue déliée/bien pendue [*fam.*]; disert [*litt.*]; volubile

~ المُحَيّا، الوَجْه — (air) dégagé; jovial; épanoui; avenant

طَلْقة ج ات ← طَلاق

**طَليق** (← طَلْق) — affranchi; délié; libre; relâché

~ مِن أَيّ قَيْد — libre de tout lien; totalement affranchi

~ اليَد — qui a les coudées franches

~ المِشْية — d'allure dégagée; qui a une démarche souple

طَليقة — femme divorcée répudiée

II **طَلَّقَ** تَطْليقًا ه — renvoyer/répudier (sa femme); divorcer

~ ه، على ه — prononcer le divorce au bénéfice de, aux torts de

~ت نَفْسَها — se séparer de/quitter son mari

**مُطَلَّق** — divorcé; répudié

IV **أَطْلَقَ** إِطْلاقًا ه — lâcher; laisser partir; relâcher

~ زَوْجَته — renvoyer/répudier sa femme

~ النار، الرَصاص — tirer; déclencher le tir; tirer un coup de feu; ouvrir le/faire feu

~ المِدْفَع — tirer le canon; bombarder

~ صاروخًا، مُحَرِّكًا lancer une fusée, un moteur

~ الكِلاب على lancer/lâcher les chiens sur

~ صَرْخة pousser/lancer/jeter/émettre un cri

~ أنّات، زَفْرة exhaler des plaintes; pousser un soupir

~ الكُرة إلى المَرْمَى shooter dans les buts

~ مُحَرِّكًا faire partir/démarrer un moteur

~ العَمَل faire commencer/démarrer le travail

~ لِسان ه délier la langue de; faire parler

~ غَرائِزه libérer ses instincts; se libérer

~ النَفْس على سَجِيَّتِها se laisser aller à ses instincts/sa nature

~ سَراح، سَبيل ه libérer qqn; rendre/donner la liberté à; mettre en liberté; relaxer

~ يَدَه لِـ donner carte blanche à qqn pour

~ حَرْبًا من عِقالِها *prov.* déterrer la hache de guerre

~ لِحْيَتَهُ se laisser pousser la barbe

~ العِنان لِـ déchaîner; donner libre cours à

~ الحَبْل على الغارِب laisser la bride sur le cou; laisser le champ libre à

~ رِجْلَيْه إلى الريح courir comme le vent; prendre ses jambes à son cou; s'enfuir à toutes jambes

~ ساقَيْه لِلريح *même sens*

~ النُور الأَحْمَر، الأَخْضَر déclencher le feu rouge, vert

~ القُفْل، الجَرَس déclencher la fermeture, la sonnette

~ على ه attribuer (qualité, défaut) à qqn

~ على ه généraliser; rendre universel/absolu

~ على ه اِسْم ه nommer/appeler qqn du nom de; donner à qqn le nom de; intituler

~ على نَفْسه اِسْم ه s'intituler; se nommer; se faire appeler

**أُطْلِقَ** عَلَيْه اِسْمُ ه être nommé/dénommé/appelé; avoir pour nom

~ طَلْقُ النار partir (coup de feu)

**إطْلاق** déclenchement; déchaînement; lancement

~ نار، الرَصاص tir (au fusil); coup de feu

~ صاروخ، كُرة lancement d'une fusée; shoot

~ العِنان لِأَهْوائِه déchaînement des passions

~ إشارة آلِيَّة déclenchement d'un signal automatique

~ مُحَرِّك démarrage/lancement d'un moteur

~ سَراح، سَبيل ه libération; mise en liberté; relaxation

على الـ ~؛ إطْلاقًا absolument; expressément; aucunement; nullement; pas le moins du monde; du tout; point du tout; jamais; en aucune façon/manière

مُطْلِق؛ مُطْلِقة déclencheur [*techn.*]; tireur

**مُطْلَق** absolu; inconditionnel; parfait; total; complet; souverain *adj.* [*fig.*]

أَكْثَرِيَّة، أَغْلَبِيَّة ~ة majorité absolue

إرادة، حُكْم، سُلْطة ~ (ة) bon plaisir; pouvoir absolu/dictatorial/suprême/souverain; absolutisme; omnipotence

~ السُلْطة، الحُكْم omnipotent

~ سَراحُه، سَبيلُه libéré; libre; relaxé

مُطْلَقًا ← إطْلاقًا

مُطْلَقِيَّة absolutisme; totalitarisme; universalisme; caractère absolu/totalitaire/universel de

VII **اِنْطَلَقَ** اِنْطِلاقًا s'échapper; se mettre en marche/en route; prendre son essor; aller; s'en aller; s'ébranler; jaillir; partir; démarrer; se déclencher; se dérider; s'épanouir

~ كَالسَهْم، بِسُرْعة filer/partir comme une flèche

~ من مُجَرَّد فَرْض partir d'une simple hypothèse

~ في العالَم، الحَياة se lancer dans le monde, la vie

~ (تْ) قِطار، قافِلة s'ébranler (train, caravane)

~ (تْ) سَيَّارة، قِطار démarrer (voiture, train)

~ (تْ) قُفْل، إشارة se déclencher (fermeture, signal)

~ إلى كُلّ اِتِّجاه aller/partir/jaillir dans toutes les directions

~ يَفْعَل، يَجْري se mettre à faire, à courir

~ مُسْرِعًا s'élancer

~ من ... إلى aller/procéder de ... à

~ اِقْتِصاد البَلَد décoller/démarrer (économie d'un pays)

**اِنْطِلاق** démarrage; décollage; essor; départ; déclenchement; jaillissement; euphorie; épanouissement

~ القِطار، السِباق — départ du train, de la course

~ في الحياة — départ/démarrage dans la vie

~ اِقْتِصاديّ — décollage/démarrage économique

نُقْطة، خَطّ الـ~ — point, ligne de départ

~ جَيِّد — bon départ/commencement

~ الكَلام — aisance de la parole

اِنْطِلاقًا مِن — à partir/à compter/au départ de

**مُنْطَلِق** — qui jaillit/s'échappe/s'en va

~ الوَجْه — au visage épanoui/riant/ouvert

وَجْه ~ — visage épanoui/serein/riant/ouvert

مُنْطَلَق ج ات — point de départ/d'origine; plaque tournante [*fig.*]

3358 **طَلَمَ** ـُ طَلْمًا ه — étaler/rouler une pâte

مِطْلَمة — rouleau (à pâtisserie)

**طَلْمَسَ** ← طَلَسَ، طَمَسَ

3359 **طَلَى** ـِ طَلْيًا ه — badigeonner; enduire; peindre; vernir; appliquer (un enduit, une peinture, un vernis); revêtir/recouvrir (d'un enduit, d'une peinture, d'un vernis)

~ دِهانًا — étaler une pommade; pommader

~ بِالكَهْرَباء — galvaniser [*électr.*]

~ بِالجِبْس، بِالشَحْم — plâtrer; graisser

~ بِالميناء، بِالذَهَب — émailler; dorer

~ بِالمَساحيق — maquiller; poudrer

**طَلْي** — application (d'un enduit); badigeonnage; vernissage

~ بِالذَهَب، بِالميناء — dorure; émaillage

~ بِالجِبْس، بِالكَهْرَباء — plâtrage; galvanoplastie

~ بِالمَساحيق، بِالشَحْم — maquillage; graissage

**طِلاء** — enduit; cirage; revêtement; vernis

~ كَهْرَبائيّ — galvanoplastie

~ ذَهَبيّ، مينائيّ — dorure; émaillure

طُلْية ج طُلًى — cou

طِلْيان — tartre

**مَطْليّ** — enduit; badigeonné; vernis; entartré

~ بِالذَهَب، المِيناء — doré; émaillé

~ بِالمَساحيق — maquillé; poudré

~ بِالشَحْم، الجِبْس — graissé; plâtré

**طَلاوة** — douceur; onctuosité; peau/pellicule du lait; agrément; beauté; charme; élégance; grâce

تَكَلَّمَ بِـ~ — parler avec onctuosité/élégance

طَلِيّ — agréable; charmeur; onctueux; plaisant

VII اِنْطَلَى اِنْطِلاءً على — se laisser prendre/séduire/tromper par

اِنْطِلاء — tromperie; fraude

3360 **طَمَّ** ـُ طَمًّا ه. ه — engloutir; engorger; gorger; inonder; remplir; submerger

~ حَريقًا — noyer un feu/un incendie

~ بِئْرًا — combler, remblayer un puits

~ بِالتُراب — enfouir; ensevelir

**طِمّ** ج أَطْمام — grande masse liquide

الـ~ والرِمّ — grandes richesses; énorme fortune

**طامّة** — calamité; catastrophe

الـ~ الكُبْرَى — le Jugement dernier

هي الـ~ الكُبْرَى — *fig.* c'est une calamité/la catastrophe/le désastre/la fin de tout!

3361 **طَماطِم**؛ طُماطة — tomate

3362 **طَمْأَنَ** ه (← طمن) — apaiser; calmer; tranquilliser; mettre à l'aise; rassurer; réconforter

طُمَأْنينة — apaisement; calme; paix; quiétude; réconfort; repos; sécurité; sérénité; tranquillité

طُمَأْنينيّة — quiétisme

II تَطَأْمَنَ ← IV

IV **اِطْمَأَنَّ** اِطْمِئْنانًا — s'abandonner; s'apaiser; se détendre; se calmer; se relâcher; se rassurer; se tranquilliser

~ إلى ه — s'abandonner à; faire confiance à

اِطْمَئِنَّ — tranquillisez-vous; calmez-vous; soyez tranquille

اِطْمِئْنان ← طُمَأْنينة

**مُطْمَئِنّ** — apaisant; apaisé; calme; calmé; détendu; paisible; reposé; rassurant; rassuré; serein; tranquille; tranquillisant

إنّه ~ البال avoir l'esprit tranquille; dormir sur ses deux oreilles

**3363 طَمِثَ** ـَ طَمْثًا avoir ses règles

طَمْث règles *n.f.pl.*; menstruation; menstrues

طَمْثيّ menstruel

طامِث qui a ses règles; réglée (femme)

**3364 طَمَحَ** ـَ طُموحًا إلى ambitionner; aspirer à; prétendre à; viser à

طُموح ambition; aspiration; prétention

طامِح إلى aspirant; prétendant; soupirant après

طَموح؛ طَمّاح ambitieux; qui a soif de

مَطْمَح ج مَطامِح ambition; aspiration; convoitise

**مَطامِح** vues; visées

ذُو ~ عالية، بَعيدة qui a des aspirations élevées, des visées lointaines

كانَ مَوْضوع ~ être l'objet de convoitises

**3365 طَمَرَ** ـِ طُمورًا s'enfoncer dans la terre; tarir (source)

~ ـُ طَمْرًا ه enfouir; ensevelir; enterrer; cacher (dans la terre); remplir un trou de

طَمْر enfouissement; ensevelissement

طِمْر ج أَطْمار haillon; hardes *n.f.pl.* [*litt.*]; loque; nippes *n.f.pl.* [*fam.*]

مَطْمور enfoui; enseveli; caché (dans la terre)

مَطْمورة ج مَطامير silo; fosse à grains; matamore [*agr.*]; *syr.* tirelire

مِطْمار ج مَطامِر fil à plomb; cordeau; niveau (du maçon)

II طَمَّرَ تَطْميرًا ه plier/rouler qqch; *agr.* ensiler

تَطْمير ensilage

**3366 طَمَسَ** ـِ طُموسًا être effacé; disparaître sans laisser de trace

~ ـُ طَمْسًا ه cacher; effacer; dérober (aux regards); détruire; masquer; voiler; oblitérer [*fig.*]

~ الحَقيقة، نَبأ masquer/étouffer la vérité, une nouvelle

طَمْس effacement; destruction; oblitération; *relig.* anéantissement de l'être

**طامِس** caché; effacé; masqué; oblitéré; voilé; obscur; incompréhensible

~ القَلْب blasé; éteint [*fig.*]; rassis; qui n'éprouve plus de passion

VII **اِنْطَمَسَ** اِنْطِماسًا s'effacer; disparaître; se perdre (dans le sol)

~ت الجَداول les cours d'eau ont tari

~ ذِكْر، أثَره disparaître/se perdre (souvenir, trace)

لا يَنْطَمِس indélébile; intarissable (source)

**3367 طَمِعَ** ـَ طَمَعًا بِ، في ه convoiter; désirer; être avide de; envier; avoir envie de; guigner; lorgner [*fig.*]; prétendre à

~ بالمَزيد désirer plus/davantage

طَمُعَ ـُ طَماعةً devenir/être ... *v. à l'adj.*

**طَمَع** ج أَطْماع ambition; avidité; cupidité; convoitise; désir; envie; prétention

~ به avoir de l'ambition; être avide/ambitieux/cupide

مَعَ الـ~ الغُرور *prov.* l'ambition est aveugle

نَظَر الى ه في ~ jeter des regards d'envie sur

طَماعة ← طَمَع

**طَمِع**؛ طامِع؛ طَمّاع avide; cupide; rapace; envieux; prétendant à

~ في الرِبْح âpre au gain

مَطْمَع ج مَطامِع ← طَمَع

II طَمَّعَ تَطْميعًا ه في ه rendre qqn avide de; donner envie à qqn de; séduire; tenter; encourager à; rendre qqn cupide; allécher

**3368 طِماق** jambière

**3369 طمن** ← طَمْأَنَ

طَمان ← طُمَأْنينة

II طَمَّنَ تَطْمينًا ه apaiser; calmer; pacifier; rassurer; donner des apaisements

تَطْمين ج ات apaisement; soulagement

**3370 طَما** ـُ طُمُوًّا déborder; gonfler/grossir/être gonflé (fleuve)

طَمَى ـِ طَمْيًا *même sens*

طَمْي alluvion; limon

طَمْييّ alluvial; alluvionnaire; limoneux

طامٍ gonflé (fleuve)

**3371 طُنّ** ج أَطْنان — tonne

**3372 طَنَّ** ـِ طَنِينًا — bourdonner; frémir (ailes d'un insecte); résonner; sonner; tinter; vrombir; vibrer

**طَنين** — bourdonnement; résonance; tintement; vrombissement; vibration

~ أُذُنَيْن — tintement/bourdonnement d'oreilles

~ جَناحَيْن — frémissement d'ailes

**طَنّان** — frémissant; bourdonnant; grandiloquent; ronflant; sonnant; sonore; vibrant; pompeux; pompier *adj.* [*fam.*]; *ois.* colibri

كَلِمات ~ة — grands mots; mots pompeux/ronflants

طَنّانة — bourdon [*zool.*]

IV أَطَنَّ إِطْنانًا ه — faire sonner/tinter/vibrer

**3373 طُنُب** ج أَطْناب — nerf de bœuf; corde; cordage (qui sert à amarrer une tente); tendon

ضَرَبَ **أَطْنابه** في — s'installer; sévir; régner dans; prendre racine

شَدَّ ~ه — résider; séjourner

طُنُبِيّ — tendineux; nerveux (viande)

II طَنَّبَ تَطْنيبًا ه — bander; tendre à l'aide de cordes

IV **أَطْنَبَ** إِطْنابًا — exagérer; s'étendre (sur un sujet); être ... *v. à l'adj.*

~ في الكَلام — délayer sa pensée

**إِطْناب** — amplification; délayage; exagération; prolixité; redondance; verbosité

عَبَّرَ عن فِكْرة بـ~ — délayer une idée

إِطْنابِيّ — hyperbolique

مُطْنِب — bavard/prolixe/verbeux (orateur)

مُطْنَب — délayé/prolixe/verbeux/redondant (discours)

**3374 طُنْبُر** ج طَنابِر — tombereau

طُنْبور — *impr.* cylindre/rouleau encreur; *agr.* machine d'irrigation à bras; *mus.* instrument à six cordes

**3375 طَنْجَرة** ج طَناجِر — casserole; marmite

طَنْجِيرة — *même sens*

**3376 طَنْطَنَ** — bourdonner; tinter; résonner; retentir

طَنْطَنَة — bourdonnement; tintement; résonnement

مُطَنْطِن — bourdonnant

**3377 طَنَف** ج طُنوف — avant-toit; auvent; corniche; rebord; saillie [*archit.*]

**3378 طُنْفُسة** ج طَنافِس — moquette; tapis; tenture

**3379 طَهُرَ** ـُ طَهارة — être ... *v. à l'adj.*; n'avoir pas ses règles (femme)

طَهَرَ ـُ طُهْرًا — *même sens*

**طُهْر** — asepsie; chasteté; pureté

**طَهارة** — chasteté; candeur; limpidité; pureté; propreté; purification légale [*isl.*]

~ الذَيْل — innocence; probité; honnêteté; intégrité

~ النَفْس، القَلْب — fraîcheur d'âme, du cœur

~ العَواطِف — pureté des sentiments

~ الماء — pureté de l'eau

بَيْت الـ~ — latrines *n.f.pl.*; lieu où l'on fait ses ablutions

**طاهِر** — aseptique; candide; chaste; honnête; immaculé; limpide; pur; pudique; vertueux

~ القَلْب — cœur simple/pur/chaste

حُبّ ~ — amour pur/platonique

~ الذَيْل — innocent; intègre; probe; honnête

نَفْس ~ة، طَهيرة — âme pure, sainte, vertueuse

**طَهور** — limpide; pur; aseptique

ماء ~ — eau lustrale

مَطْهَر — purgatoire

نُفوس **مَطْهَرِيّة** — âmes en peine

مَطْهَرة ج مَطاهِر — cabinet de toilette; lavabo; toilettes *n.f.pl.*

II **طَهَّرَ** تَطْهيرًا ه، ه — aseptiser; assainir; curer (un puits); désinfecter; épurer; nettoyer; sanctifier; stériliser; circoncire (garçon)

~ مَدينة من اللُصوص — nettoyer une ville des voleurs

~ مِياه الشُرْب — assainir les eaux de boisson; rendre les eaux de boisson potables

~ جُرْحًا — désinfecter/aseptiser une blessure

~ الإدارة، الأَخْلاق — épurer l'administration; purifier les mœurs

تَطْهير — asepsie; aseptisation; antiseptie; assainissement; circoncision; désinfection; épuration; lustration; purification; stérilisation; sanctification

مَحَطّة ~ — station d'épuration

~ النَفْس، الجِسْم — purification de l'âme, du corps

مُطَهِّر — antiseptique; lustral; désinfectant; détergent; purifiant; stérilisant; sanctifiant

~ الأَوْلاد — personne qui pratique la circoncision

مُطَهِّرة — étuve à désinfection; purificateur

~ الهَواء — épurateur d'air

مُطَهَّر — aseptisé; aseptique; désinfecté; épuré; purifié; circoncis

الشَريعة الـ~ة — loi religieuse musulmane orthodoxe

V تَطَهَّرَ تَطَهُّرًا — faire ses ablutions; se laver; se nettoyer; se purifier; se sanctifier

**3380** **طَهْف** — flasque; lâche; mou; ramolli

زُبْدة ~ة — beurre qui coule

**3381** II **مُطَهَّم** — beau; bien fait; qui a de belles formes/des formes parfaites

V **تَطَهَّمَ** ه، ه — avoir de l'antipathie/de la répugnance pour qqn, qqch

**3382** **طَها** ـُ طَهْوًا ه — accommoder/préparer (un plat); cuisiner; cuire *tr.*; faire cuire/la cuisine/la popote [*fam.*]; rôtir *tr.*

طَهَى ـَ طَهْيًا، طِهاية — *même sens*

طَهْو؛ طَهْي؛ طِهاية — cuisine; cuisson

طاهٍ ج طُهاة — cuisinier; cuistot [*fam.*]

مَطْهُوّ — cuit

مَطْهًى ج مَطاهٍ — cuisine; popote [*fam.*]

**3383** **طُوبة** ج طوب — brique (séchée)

**طُوب** أَحْمَر، مُفَرَّغ — brique cuite, creuse

~ نَيّ، حَراريّ — brique crue, réfractaire

طَوّاب ج ون — briquetier

II طَوَّبَ تَطْويبًا ه — enduire un mur de boue; torcher [*constr.*]

**3384** **طُوبَى** — bonheur; félicité; béatitude; *v. aussi 3395*

طُوباويّ — bienheureux [*relig.*]

II طَوَّبَ تَطْويبًا ه — béatifier; béatification

**3385** **طاحَ** ـُ طَوْحًا — s'égarer; errer; rôder; dépérir; périr; tomber; *v. aussi 3396*

~ بِـ ه — emporter/égarer qqn; balayer [*fig.*]

طائِح — égaré; errant; perdu

طائِحة ج طَوائِح — accidents; vicissitudes; événements/circonstances défavorables

II **طَوَّحَ** تَطْويحًا بِـ ه — dévoyer; égarer; inspirer le désir de

~تْ بِه الطَوائِح — jeter dans des aventures; précipiter dans des catastrophes

IV **أَطاحَ** إطاحة بِـ ه — abattre; attaquer; discréditer; détruire; faire tomber; renverser

~ بِمَلِك، نِظام — renverser un monarque, un régime

**إطاحة** — attaque; discrédit; renversement

خَطَر الـ~ بِـ ه — danger de destruction

V تَطَوَّحَ تَطَوُّحًا — errer; s'égarer; tomber; être abattu/renversé (régime)

**3386** **طَوْد** ج أَطْواد — dune; montagne

VII اِنْطادَ اِنْطِيادًا — s'élever dans les airs

**مُنْطاد** ج مَناطيد — ballon [*aéron.*]; aérostat; zeppelin

~ مُوَجَّه، مُسَيَّر — ballon dirigeable; dirigeable

~ سابِر، مُقَيَّد — ballon-sonde; ballon captif

مُنْطاديّ ج ون — aéronaute; aérostier

**3387** **طَوْر** ج أَطْوار — période; phase; stade

الـ~ الأَخير — la dernière période

~ التَيّار الكَهْرَبائيّ — phase du courant électrique

تَيّار ثُنائيّ الـ~ — courant diphasé

غَيَّرَ، تَغَيُّر، مُتَغَيِّر الـ~ — déphaser; déphasage; déphasé

خَرَجَ عن ~ه — ne plus se connaître [*fig.*]; sortir de ses gonds; être hors de soi/à bout

أَخْرَجَ ه عن ~ه — pousser/mettre qqn à bout

**طَوْرًا** ... ~ — tantôt ... tantôt; parfois ... parfois

~ بَعْد طَوْر — phase après phase; étape par étape

**أَطْوار** النُمُوّ — phases/stades du développement

غَرابة الـ~ excentricité; fantaisie; originalité

غَريب الـ~ excentrique; fantaisiste; fantasque; original

ثُلاثي الـ~ triphasé [*électr.*]

**طَوار**؛ ~ الطَريق plate-forme; trottoir

**طُور**؛ ~ سيناء montagne; mont Sinaï

طُورانِيّ sauvage (animal, homme)

II طَوَّرَ تَطْويرًا ه développer; faire évoluer avancer; modifier; transformer

**تَطْوير** développement; évolution; modification; transformation

وَسيلة لِـ~ المُجْتَمَع moyen de faire évoluer la société

**مُطَوِّر**؛ مَرَض ~ évolutif; maladie évolutive

V **تَطَوَّرَ** تَطَوُّرًا se développer; changer; évoluer; se modifier; se transformer

~ تَطَوُّرًا مَأْسَوِيًّا tourner au tragique

**تَطَوُّر** ج ات développement; évolution; modification; processus; transformation

مَذْهَب، نَظَريّة الـ~ ← تَطَوُّرِيّة

تَطَوُّرِيّ évolutif; évolutionniste; transformiste

تَطَوُّرِيّة évolutionnisme; transformisme

**مُتَطَوِّر** évolutif [*méd.*]; avancé; développé; évolué

بِلاد ~ة pays avancé/développé/évolué

**طاس**؛ طاسة *v. ordre alphab.*

3388 **طاووس** ج طواويس paon

II طَوَّسَ تَطويسًا décorer; orner; parer

V تَطَوَّسَ تَطَوُّسًا mettre ses plus beaux atours; se pavaner; faire la roue; se parer des plumes du paon

3389 **طَوْطَم**؛ طَوْطَمِيّ totem; totémique

3390 **طاعَ** ـُ طَوعًا être obéissant; obéir

**طاعة** agrément; assentiment; consentement; docilité; obédience; obéissance; soumission; subordination

~ عَمْياء obéissance aveugle

خَرَجَ عن ~ ه se révolter contre; désobéir à; refuser de se soumettre

سَمْعًا و~ comme il vous plaira! très bien! à votre service! volontiers!

**طَوْع** (← طاعة) complaisant; facile; obéissant

~ العِنان docile; doux; facile

~ يَدِه، أَمْرِه à la disposition de; aux ordres de

**طَوْعًا** de bon cœur; volontairement

~ أَوْ كُرْهًا bon gré mal gré; de gré ou de force

~ لِـ au gré de; suivant; selon; en fonction de

**طَوْعِيّ**؛ غَيْر ~ volontaire; involontaire

طَوْعِيًّا spontanément; volontairement

**طَواعية** ← طاعة

عن ~؛ طَواعِيَةً volontairement; spontanément; de son propre gré

طَواعِيّة souplesse

**طائِع** ج طُوَّع complaisant; consentant; docile; malléable; maniable; obéissant; soumis; souple

~اً أَوْ كارِهًا qu'il le veuille ou non

طَيِّع ← طائع

II **طَوَّعَ** تَطْويعًا ه dresser qqn; rendre obéissant; se faire obéir par; plier qqn à sa volonté; soumettre; subjuguer

~ رِجالًا، مُجَنَّدين engager/enrôler/recruter des hommes, des volontaires

~تْ له نَفْسُه ه se permettre de; n'avoir aucune hésitation à; ne pas hésiter à; trouver bon de

تَطْويع recrutement; enrôlement; engagement

III **طاوَعَ** مُطاوَعة ه في accéder (à la demande, aux désirs de qqn); accepter de; s'accommoder de; s'entendre avec; consentir à

~ لِـ ه obéir; se soumettre

ما ~ه قَلْبُه على ه n'avoir pas le cœur à; n'être pas disposé à; se refuser à

مُطاوَعة plasticité; obéissance; soumission

**مُطاوِع** complaisant; consentant; malléable; manœuvrable; plastique *adj.*; souple

فِعْل ~ *gramm.* verbe à une forme réfléchie réfléchie passive

IV **أَطاعَ** إطاعة ه filer doux; obtempérer; être à la disposition de; obéir à

~ والِدَيْه، القانون obéir à ses parents, à la loi

~ غَرائِزه، الأَوامِر obéir à ses instincts, aux ordres

إطاعة obéissance; soumission

**مُطيع** ج ون — obéissant; soumis; discipliné

غَيْر ~ — indiscipliné

V **تَطَوَّعَ تَطَوُّعًا** — faire spontanément qqch; s'engager spontanément à

~ في الجَيْش — s'enrôler/s'engager dans l'armée

تَطَوُّع — enrôlement; engagement; spontanéité

**مُتَطَوِّع** ج ون — bénévole; stagiaire; volontaire; engagé volontaire

~ جَديد — nouvelle recrue

X **اِسْتَطاعَ اِسْتِطاعةً أن** — être capable de; avoir la capacité de; pouvoir; être en position de; avoir la possibilité de

مَن ~ الكَثير أَمْكَنَه اليَسير — *prov.* qui peut le plus peut le moins

**اِسْتِطاعة** — possibilité; pouvoir

بـ~ه أن — avoir la capacité/la possibilité de; pouvoir; être capable de

**مُسْتَطاع** — possible

قَدْرَ الـ~ — autant que possible; dans la mesure du possible

أَتَى بِالـ~ — faire son possible

**3391 طافَ** ـُ طَوْفًا، طَوافًا — circuler; faire un circuit; déambuler; errer; évoluer; parcourir; passer; se promener; rôder; vagabonder

~ حَوْلَ، بِ ه — tourner; tourner autour

~ حَوْلَ الكَعْبة — faire le tour de la Ka'ba

~ بِه، بِرَأْسِه — passer par la tête; venir à l'esprit; *v. aussi 3401*

~ بِه طائِف — voir qqn en songe; apparaître dans le sommeil; avoir une apparition

~ **طَوَفانًا** على — déborder; inonder

**طَوْف** ج أَطْواف — ponton; radeau

~ إِنْقاذ — bateau de sauvetage

طَوْفة — circuit; patrouille/ronde (de nuit)

**طُوفان** — déluge; inondation; masse (d'eau, de gens)

لِيَجِئْ مِنْ بَعْدِه الـ~ — après lui le déluge

طوفانيّ — diluvien

**طائِف** ج طافة، طُوّاف — ambulant; itinérant; gardien/ronde/patrouille de nuit; migrant; apparition; ombre [*fig.*]; spectre

طافَ بِهِ ~ ← طافَ

**طائِفة** ج طَوائِف — catégorie; classe [*hist. nat.*]; communauté; confession [*relig.*]; secte

~ دينِيّة، عُنْصُرِيّة — communauté religieuse; groupe ethnique

~ من ه — un tas/une foule de

طائِفيّ — confessionnel; séparatiste

طائِفيّة — confessionnalisme; séparatisme

**طَواف** — croisière; circuit; tour; tournée

سُرْعة الـ~ — vitesse de croisière

~ حَوْلَ العالَم — tour du monde

طَوّاف ج ون — colporteur; marchand ambulant; rôdeur; vagabond

طَوّافة — patrouilleur [*mar.*]

**مَطاف** — procession; procession rituelle autour de la Ka'ba

آلَ بِه الـ~ إلى — en arriver à; aboutir à; avoir comme conséquence

اِنْتَهَى به الـ~ إلى — *même sens*

II طَوَّفَ تَطْويفًا — croiser [*mar.*]; patrouiller; faire des rondes; faire un tour/une tournée; parcourir; faire une procession

تَطْواف، تَطْوافيّ — procession; processionnel

V تَطَوَّفَ تَطَوُّفًا ← طافَ

**3392 طاقَ** ـُ طَوْقًا ه — être capable de/de force à; pouvoir

**طَوْق** ج أَطْواق — cerceau; cercle; collier; capacité; pouvoir

~ الإِنْقاذ — ceinture/bouée de sauvetage

في ~ه أن — pouvoir; avoir la possibilité de

**طاقة** ج ات — arche; arcade; arceau; croisée; cintre; fenêtre

~ مَنْسوج — pièce de tissu

~ أَزْهار — botte/bouquet/gerbe de fleurs

~ ج ات — aptitude; capacité; effort; énergie; faculté; possibilité; pouvoir; potentiel

الـ~ الإِنْتاجِيّة — capacité de production

قَدْرَ، عَلَى قَدْرِ ~ه — selon ses moyens

بَذَلَ ~ه — faire tous ses efforts/son possible

مَصْدَرُ الـ~ — source d'énergie

~ الحَرَكة، حَرَكيّة — énergie cinétique

~ كامنة énergie potentielle; potentiel [électr.]

~ حراريّة، ذرّية، نوويّة énergie calorifique, atomique, nucléaire

حفظ، تغيُّر الـ~ conservation, transformation de l'énergie

تخزين، إدّخار الـ~ accumulation de l'énergie

بدّد الطاقات سُدًى gaspiller les énergies [fig.]

II **طوّق** تطويقًا ه ceinturer; cercler; cerner; encercler; envelopper; traquer; conjurer; détourner; dissiper; écarter

~ حيًّا، العدوّ boucler un quartier; cerner l'ennemi

~ ه بذراعيه entourer qqn de ses bras; prendre dans ses bras; embrasser

~ الأزمة conjurer la crise

**تطويق** encerclement; enveloppement

حركة ~ mouvement d'encerclement/enveloppant

~ الأزمة conjuration/dissipation d'une crise

**مُطوِّق** : حركة ~ة mouvement enveloppant

IV **أطاق** إطاقة supporter; tolérer

~ ه ه faire supporter qqch à qqn

لا **يُطيق** هُ صبرًا ne pas pouvoir souffrir/supporter/encaisser [fam.] qqn

لم يعُدْ ~ ه il n'en peut plus

لا يُطاق insupportable; insoutenable; intenable; intolérable

مُطيق للألم dur à la souffrance

مُطاق possible

V تطوّق تطوُّقًا بـ s'enrouler; porter un collier; se mettre un collier autour du cou

**3393** **طال** ـُ طُولًا s'allonger; croître; durer; être long; tirer/traîner en longueur; se prolonger; tarder

~ به المطال *même sens*

مهما ~ المطال même si cela doit être long

~ كثيرًا s'éterniser [fig.]

~ به الأمر، الزمن حتّى tarder à; prendre du temps pour

ما ~ به المطال حتّى ne pas tarder à

~ به المرض sa maladie a été longue

~ بهم الجلوس ils restèrent longtemps assis

~ الزمان أو قصر tôt ou tard

~ طَوْلًا على ه atteindre/arriver à; être capable de; dépasser; dominer; surpasser; vaincre

**طالما**. لطالما aussi longtemps que; longtemps; tandis que; il y a longtemps que; comme; pendant que

~ أن dès l'instant que; dès que

**طَوْل** avantage; pouvoir; puissance; richesse; bien-être

صاحب الحَوْل والـ~ omnipotent; tout-puissant

لاحَوْلَ له ولا ~ totalement impuissant

**طُول** ج أطوال étendue; long *n.m.*; longueur; taille

~ العُمْر، موجة longévité; longueur d'onde

في الـ~ والعَرْض de long en large

في ~ الأرض sur toute la terre

في ~ البلاد وعرضها dans tout le pays

سقط على ~ه tomber de tout son long/de tout son haut

~ الإبصار، النظر hypermétropie

~ السطر justification [impr.]

على ~ aussitôt; directement; tout droit; enfin; finalement; après tout

على ~ ه en bordure de; le long de; tout le long de

على ~ الساحل، الخطّ sur toute la côte, la ligne

خطّ الـ~ longitude; méridien

~ البال، الروح، الأناة clémence; équilibre; indulgence; longanimité; patience

~ الباع puissance considérable; influence; grande connaissance (en)

**طُولَ** ما au fur et à mesure que; à longueur de

~ حياته، النهار toute la vie, la journée

**طوليّ** longitudinal; en long

خطّ ~ longitude; méridien

**طِوال**؛ طيلة pendant; durant

~ عمره، النهار، الليل tout(e) la vie, le jour, la nuit

~ ساعاتٍ des heures durant

**طائل** considérable; énorme; immense; gigantesque

أموال، ثروة ~ة sommes, fortune colossale(s)/énorme(s)

~، طائِلة ج طَوائِل — avantage; profit; utilité

لا~ تَحْتَ ه — infructueux; stérile; superflu; vain

بِلا ~ — en pure perte; en vain; vainement; sans succès; inutile; sans profit

لَمْ يَظْفَر بِـ~ — n'avoir aucun succès

**تَحْتَ طائِلة** ه — sous le coup/l'empire de; sous peine de

تَحْتَ ~ القانون، الغَيْظ — sous le coup de la loi, l'empire de la colère

تَحْتَ ~ المَوْت — sous peine de mort

**طاوِلة** ج ات — table [*mobil.*]

لُعْبة الـ~ — jacquet; trictrac

كُرة، تِنِس الـ~ — ping-pong; tennis de table

~ الرَسْم، العَمَلِيّات — table à dessin, d'opération

**طَويل** ج طِوال — allongé; long; étendu; effilé

~ الباع — qui a le bras long; calé en [*fam.*]; versé dans (une science); très savant

~ القامة — grand; de haute taille

~ اليَد — qui a les doigts crochus [*fig.*]; pickpocket; voleur

~ البال، الروح، الأناة — patient; équilibré; indulgent; clément

~ اللِسان — impertinent; insolent; qui a la langue bien pendue [*fam.*]

~ الأَمَد — de longue haleine

~ الأَجَل — à long terme/longue échéance

**طَويلًا**، زَمَنًا ~ — longtemps; longuement

**طَويلات** الأَرْجُل — *zool.* marsupiaux sauteurs

~، **طِوال** الساق — *ois.* échassiers

مَسافات ~ — longues distances

أَطْوَل م طُولَى ج طُول — plus long

**مَطال** ← طالَ به الـ~

مِطْوَل ج مَطاوِل — bride; longe

II **طَوَّلَ** تَطْويلًا ه ← IV

~ خُطْبة — délayer un discours; être prolixe

تَطْويل — allongement; extension; prolongation; rallongement; prolixité; délayage; redondance

مُطَوَّل — redondant; prolixe; délayé [*fig.*]; diffus [*fig.*]

III طاوَلَ مُطاوَلةً ه — rivaliser avec qqn en force/mérite; chercher à en imposer

IV **أَطالَ** إطالة ه ، في ه — allonger; s'attarder sur; continuer; différer; étendre; étirer; faire durer/traîner/traîner en longueur; être long/trop long; prolonger; rallonger; retarder; prendre son temps

~ النَظَر إلى ه، ه — regarder longuement

~ المَقام، الوُقوف عند — s'attarder chez

~ الكَلام في — s'attarder sur un sujet; parler longuement de

إطالة ← تَطْويل

لا تُطِلْ عَلَيَّ — soyez bref!

VI **تَطاوَلَ** تَطاوُلًا لِـ، على ه — s'attaquer à; avoir l'audace de; être assez impudent/insolent pour

~ بِرأسه — dresser la tête; tendre le cou

X **اِسْتَطالَ** اِسْتِطالةً — s'allonger; être allongé/long; avoir une forme allongée/oblongue; être arrogant; dépasser les limites

~ عليه بالقَوْل — tenir des propos insolents à qqn

**اِسْتِطالة** — allongement; longueur; prolongement; arrogance; impudence; insolence

تَمَيَّزَ بِـ~ السيقان — se caractériser par la longueur des pattes

مُسْتَطيل ج ات — allongé; effilé; oblong; rectangulaire; rectangle *n.m.*

**3394** **طَوَى** ـِ طَيًّا ه — carguer (les voiles); enrouler; rouler; mettre en rouleau; plier; ployer; replier; retrousser; *fig.* passer l'éponge sur

~ ثِيابه، سِكّينًا — plier ses vêtements; fermer un canif

~ الخِيام — lever le camp; plier bagage [*fam.*]

~ زاوية صَفْحة — corner une page

~ البِساط بِما فيه — décider/régler une fois pour toutes

~ الماضي طَيَّ السِجِلّ — enterrer le passé

~ الأَرْض طَيًّا — dévorer l'espace; parcourir la terre

~ العُمْر في ه — passer sa vie

~هُ النِسْيان — se perdre/tomber dans l'oubli

~ كَشْحَه على ه — faire mystère de; cacher

~ كَشْحَه عن ه — tourner le dos à qqn

**يُطْوَى** — pliant; pliable; repliable

مَقْعَد، قارِب ~ — siège pliant; canot pliable

طَيّ ج أَطْواء — pli; repli; cachette; repaire

صارَ، أَصْبَحَ في ~ النِسْيان — tomber/se perdre dans l'oubli

في ~ الغَيْب — secrètement; en cachette

تَحْتَ ~ الكِتْمان — sous le sceau du secret

في ~ ه، طَيَّه — ci-joint; ci-inclus

طِيَّة ج طِوًى — besoin; dessein; direction; intention

مَضَى لِ~ه — persévérer dans; suivre son chemin avec détermination

طَيَّة ج ات — fronce; pli; repli; revers; recoin [fig.]

حَمَلَ بَيْنَ طَيّاتِ ه — contenir; renfermer au plus profond de

أَخْرَجَ ه مِن ~ مَلابِسه — sortir qqch de dessous ses vêtements

على الطَوَى — à jeun; l'estomac vide

طَوِيّة ج طَوايا — caractère; nature; intention; for intérieur [litt.]

خُلوص، سَلامة الـ~ — pureté d'intentions

خالِص، سَليم الـ~ — pur; le cœur sur la main

طَوايا ه — dans; à l'intérieur de; au plus profond de

مَطْوِيّ — froncé; pincé (vêtement); plié; ployé; replié; retroussé; roulé; en rouleau

مَطْوِيَّة دِعائِيَّة — dépliant publicitaire

مَطْوًى ج مَطاوٍ — pince (vêtement); fronce; pli; repli; spirale

مِطْوًى، مِطْواة ج مَطاوٍ — canif; couteau

V تَطَوَّى تَطَوِّيًا ← VII

VII اِنْطَوَى اِنْطِواءً — se plier; se recroqueviller; se lover; s'enrouler; se replier

~ على ه — contenir; comprendre; inclure; renfermer; comporter; receler; impliquer

بِكُلِّ ما ~ عليه — avec tout ce que cela implique

~ على أَخْطار — receler/comporter/présenter des inconvénients/des dangers

~ على فَوائِد — comporter/offrir/présenter des avantages

~ الزَمَن — le temps s'écoule

~ على مَشاعِر سِرِّيّة — nourrir des sentiments secrets

~ على نَفْسه — se replier sur soi-même; se renfermer; se recroqueviller [fig.]

اِنْطِواء — repli; repliement

~ نَفْسِيّ، ذاتِيّ — autisme; repliement/repli sur soi

اِنْطِوائِيّ — autistique; insociable; introverti

اِنْطِوائِيَّة — insociabilité; introversion

مُنْطَوٍ — recroquevillé; replié; lové

~ على نَفْسِه — renfermé [psychol.]; introverti

مُنْطَوًى ج مُنْطَوَيات — contenu n.m.

**3395** طابَ ـِ طِيبًا، طِيبة — être ... v. à l'adj.

~ لِ ه أن، بِـ ه — aimer à; se plaire à; se trouver bien de

~تْ لَيْلَتُكم — bonne nuit!

~تْ نَفْسُه — être de bonne humeur; être d'humeur agréable/joviale/enjouée

~تْ نَفْسُه عن ه — renoncer de bon gré à qqch

~تْ نَفْسُه لِ ه عن ه — donner qqch de bon cœur à qqn

~ لِ ه عن ه نَفْسًا — même sens

~تْ نَفْسُه إلى — avoir un penchant/du goût pour

يَطيب لي أن — il m'est agréable de; j'ai plaisir à; j'ai le plaisir de

كما ~ لَك — comme il vous plaira

طِبْ نَفْسًا — courage! ne vous en faites pas!

طيب ج طُيوب، أَطْياب — aromate; bonne chose; délicatesse; douceur; parfum; pureté

قارورة ~ — flacon de parfum

~ المُناخ، الطَعام — douceur du climat; délicatesse de la nourriture

~ العِرْق — noblesse du lignage

جَوْز الـ~ — muscade

طيبة — bonne chose/nature; douceur (de caractère)

بِـ ، عن ~ خاطِر، نَفْس — avec plaisir; de plein/bon gré; de bon cœur; de gaieté de cœur; de bonne grâce; volontiers; très volontiers; ne pas demander mieux

بِكُلِّ ~ خاطِر — même sens

طيبيّ — aromatique

طَيِّب — agréable; bon; doux; bienveillant; bien; excellent; brave; sain; savoureux; exclam. bien! très bien! c'est bien!

عِشْنا عيشة ~ة — nous avons mené une vie agréable

رائحة ~ة — bonne odeur; odeur agréable

~ الخُلْق، النَفْس — d'un bon naturel; de bonne humeur

~ القَلْب — bon; bonhomme [*adj.*]; brave; bonne pâte [*fig.*]

أُناس **طَيِّبون، طيِّبو** القَلْب — de braves gens

طَيِّبات؛ مَطايِب — délices/plaisirs (de la vie, de la table)

أَطْيَب ج أطايِب — *compar.* meilleur; plus agréable

أطايِب — les meilleurs morceaux; délices *n.f.pl.*; plaisirs; voluptés

**طُوبَى** — béatitude; bonheur; félicité; *v. aussi 3384*

~ لَكَ — heureux toi qui

~ لِلرَجُل الّذي — heureux celui qui

طوباويّ — béatifié; bienheureux

II طَيَّبَ تَطْيِيبًا ه — aromatiser; assaisonner; parfumer; relever (un plat)

تَطْييب — aromatisation; assaisonnement

مُطَيَّب — parfumé; aromatisé; assaisonné; relevé (sauce)

IV أطابَ إطابةً — améliorer; rendre agréable; agrémenter

V تَطَيَّبَ تَطَيُّبًا — s'améliorer; se parfumer; être amélioré/rétabli; se rétablir

X اِسْتَطابَ اِسْتِطابةً ه — apprécier; trouver agréable; déguster; se complaire à; goûter; savourer

اِسْتَطْيَبَ اِسْتِطْيابًا — *même sens*

مُسْتَطاب — bien coté/noté; apprécié

**3396 طاح** ـِ طَيْحًا — s'en aller; *v. aussi 3385*

II طَيَّحَ تَطْييحًا — jeter à terre; faire tomber; renverser

**3397 طارَ** ـِ طَيْرًا، طَيَرانًا — s'élancer; s'envoler; voler; prendre son vol/son envol

~ فَرَحًا — exulter; être fou/transporté de joie; ne pas se sentir de joie

~ بِخَياله — se laisser emporter par son imagination; s'envoler sur les ailes de l'imagination

~ طائِرُه — se mettre en colère; piquer une crise

~ عَقْلُه — perdre la tête; devenir fou

طَيَران — envol; vol; volée; aviation

~ فَضائيّ، شِراعيّ — vol spatial, à voile

~ لَيْليّ، لَيْلًا — vol de nuit

~ مُسِفًّا، اِنْقِضاضيّ — vol en rase-mottes, en piqué

~ اِسْتِطْلاع — vol de reconnaissance

سِلاح الـ~ — armée de l'air

~ القِتال، القَصْف — aviation de combat, de bombardement

ساعات الـ~ — heures de vol

في أَثْناء، عِنْدَ ~ه — au vol; en plein vol

رِحْلة ~ — vol

رِحْلات ~ — fréquence des vols; rotation (d'appareil)

وزارة الـ~ المَدنيّ — ministère de l'aviation civile

شَرِكة، خَطّ ~ — compagnie, ligne aérienne

نادي ~ — aéro-club

طَيَرانيّ — aéronautique *adj.*

**طَيْر** ج طُيور — oiseau; volatile *n.m.*

اِسْتَمَعَ كأنَّما على رَأْسِهِ ~ — écouter dans un silence religieux; être tout oreilles

سِباع، جَوارِح، كَواسِر الـ~ — oiseaux de proie; rapaces

قَواطِع، ضَوارِب الـ~ — oiseaux migrateurs

جَواثِم الـ~ — oiseaux percheurs; passereaux

عِلْم، عالِم **الطُيور** — ornithologie; ornithologue

الـ~ على أَشْكالِها تَقَع — *prov.* qui se ressemble s'assemble

قَنّاص الـ~ — oiseleur

طَيْرِيّة — psittacose

طِيَرة — mauvais augure/signe/présage

**طائِر** ج طُيُور، أَطْيار ← طَيْر

~ — volant *adj.*

~ النَوْء — pétrel

الثَدْيِيّات الـ~ة — chiroptères *n.m.pl.*

على الـ~ المَيْمون — sous d'heureux auspices; bon voyage!

طارَ ~ ه ← طار

~ ج ون — aviateur

**طائرة** ج ات — aéronef; aéroplane; avion

~ اِسْتِطْلاع، دَوْرِيّة — avion d'observation/de reconnaissance, de patrouille

على مَتْن ~ — à bord; à bord d'un avion; par air

~ نَقْل، شَحْن — avion de transport; avion-cargo

~ مُطارِدة — avion de chasse; chasseur

~ قاصِفة، قَصْف — avion de bombardement; bombardier

~ قاذِفة، قَذْف — *même sens*

~ أَسْرَع من الصَوْت — avion supersonique

~ نَفّاثة، شِراعِيّة — avion à réaction; planeur

~ عَموديّة، مائِيّة — hélicoptère; hydravion

حامِلة، ناقِلة **طائِرات** — porte-avions

حامِلة، ناقِلة ~ عَموديّة — porte-hélicoptères

**طَيّار** — volatil (liquide)

~ ج ون — aviateur; pilote

~ تَجْرِبة، خُطوط — pilote d'essai, de ligne

**طَيّارة** ج ات — aviatrice; *dialect.* avion

~وَرَق — cerf-volant

**مَطار** ج ات — aérodrome; aéroport; terrain d'aviation

مَبْنى ~ — aérogare

II **طَيَّرَ** تَطْيِيرًا ه — faire voler/s'envoler

~ بَرْقِيّة — envoyer un télégramme

~ ذِكْر ه — répandre le nom de; rendre célèbre

V **تَطَيَّرَ** تَطَيُّرًا — être superstitieux

~ بِـ ه — tirer un bon augure de; voir un présage favorable dans

~ من ه — tirer un mauvais augure de; voir un mauvais présage dans

تَطَيُّر — superstition

مُتَطَيِّر — superstitieux

VI **تَطايَرَ** تَطايُرًا — voler en éclats; s'envoler de tous côtés; se disperser; voltiger; s'éparpiller; voler (feuilles); voleter çà et là; flotter dans le vent (cheveux, poussière)

~ الشَرار — jaillir (étincelles)

الأَوْراق الجافّة **تَتَطايَر** — les feuilles mortes volent çà et là

X **اِسْتَطارَ** اِسْتِطارة ← VI

~ طَيْرًا — faire s'envoler un oiseau

**أُسْتُطِيرَ** اِسْتِطْيارًا — être effrayé/terrifié

~ عَقْلُه — être hors de soi/dans une violente agitation

مُسْتَطِير — dispersé; éparpillé; répandu; imminent/menaçant (mal)

3398 **طاشَ** ـِ طَيْشًا — être ... *v. à l'adj.*

~ سَهْمُه — *fig.* faire fausse route; faire un pas de clerc; manquer/rater son but/son coup

~ عن غَرَضه — *même sens*

~ صَوابُه — s'affoler; perdre la tête

**طَيْش**؛ طِياشة؛ طَيَشان — inconstance; dissipation; étourderie; fredaine; imprudence; légèreté; insouciance; distraction; irréflexion; manque de sérieux; maladresse; frivolité

~ في الكَلام، السُلوك — légèreté dans les propos, la conduite

بِـ ، عن ~ — inconsidérément; de manière inconsidérée; à la légère

**طائِش** — dissipé; distrait; écervelé; étourdi; évaporé [*fig.*]; frivole; hurluberlu [*fam.*]; imprudent; inconséquent; inconsidéré (propos); insouciant; irréfléchi; inconstant; maladroit; malavisé; tête en l'air/de linotte

رَصاصة ~ة — balle perdue

أَطْيَش — *ois.* fou

3399 أبو **طيط**؛ طِيبَط — *ois.* vanneau

3400 **طِيطَوَى** — *ois.* chevalier

3401 **طافَ** ـِ طَيْفًا — apparaître en rêve/en songe; *v. aussi 3391*

~ في ذِهْنه — évoquer

**طَيْف** ج أَطْياف — apparition; fantôme; ombre; spectre; vision; revenant; *biol.* larve

~ بَسْمة — ombre/ébauche d'un sourire

~ المَوْت، الماضي — spectre de la mort; fantôme du passé

~ شَمْسيّ، اِمْتِصاصيّ — spectre solaire, d'absorption

مِرْسَمة الـ ~ — spectrographe

لاحَتْ له **أطْياف** — voir des fantômes; avoir des visions

~ الفَرْحة — lueurs de gaieté (dans les yeux)

**طَيْفيّ** — fantomatique; spectral

تَحْليل ~ — analyse spectrale/spectroscopique; spectroscopie

صورة ~ة — spectrogramme

مِطْياف — spectroscope

**3402 طَيْفور** — fait-tout; plat creux

**طَيْلَسان** ← طلس

**3403 طِين** — argile; boue; terre glaise; tourbe; *fig.* gâchis; fange

~ خَزَفيّ، صينيّ — kaolin

سَيَرَى مِنْ أيّ ~ أنَا — il va voir de quel bois je me chauffe [*fam.*]

زادَ الـ~بَلّة — aggraver les choses; compliquer la situation; jeter de l'huile sur le feu

**طينة** — nature; naturel *n.m.*; caractère

مِن ~ واحِدة — de la même trempe; du même acabit [*fam.*]

مِن ~ جَيِّدة — bonne pâte [*fig.*]/nature

**طِينيّ** — boueux; argileux; fangeux; glaiseux

تُرْبة ~ة — terre glaise/grasse

II طَيَّنَ تَطْيِينًا ه — enduire de boue

**3404 طَيْهوج** — *ois.* tétras; coq de bruyère

(ظـاء)

*dix-septième lettre de l'alphabet : « ẓa » ;*
*fricative interdentale sonore emphatique :* [ẓ]

3405 **ظَبْي** ج ظِباء antilope ; chamois ; gazelle

3406 **ظِرّ** ج ظِرّان pierre dure ; silex

أَسْلِحة، أَدَوات من الـ ~ armes, outils de silex

3407 **ظَرِبان** ج ظِرْبى، ظَرابين putois

3408 **ظَرُفَ** ـُ ظَرافة être ... *v. à l'adj.*

**ظَرْف** amabilité ; charme ; distinction ; élégance ; esprit ; finesse ; grâce ; gentillesse ; humour ; bon ton ; sel (d'une plaisanterie)

كُلُّهُ ~، يَفيض ~ًا avoir de l'esprit jusqu'au bout des ongles ; être plein d'esprit

~ ج ظُروف capsule ; douille ; étui ; enveloppe ; godet ; pochette ; récipient ; vase ; pli (lettre) ; cas ; circonstance ; condition ; conjoncture ; *gramm.* adverbe

~ حاليّ adverbe de manière

~ زَمان، مَكان، كَمّيّة adverbe de temps, lieu, quantité

**ظُروف** circonstances *n.f.pl.* ; conditions *n.f.pl.*, conjoncture ; contexte ; situation

~ سياسيّة، تاريخيّة conjoncture/contexte politique, historique

~ العَرْض والطَلَب conditions de l'offre et de la demande

تَغَيَّرَت الـ ~ les circonstances ont changé

نَظَرًا إلى الـ ~ en raison des circonstances

~ مُخَفِّفة، مُشَدِّدة circonstances atténuantes, aggravantes

~ العَمَل، المَعيشة conditions de travail, de vie

الـ ~ لَمْ تُسْنَحْ لَهُ n'avoir pas eu l'occasion de

في هَذِه الـ ~ dans ces conditions

ظَرْفيّ adverbial ; circonstanciel

ظَرافة (← ظَرْف) grâce ; sel [*fig.*]

**ظَريف** ج ظُرَفاء aimable ; beau ; charmant ; chic ; distingué ; élégant ; exquis ; courtois ; gentil ; galant ; gracieux ; fin (plaisanterie) ; joli ; humoriste ; humoristique ; mignon ; plaisant

V تَظَرَّفَ تَظَرُّفًا faire le galant/le gentil ; se montrer aimable/courtois/poli

تَظَرُّف galanterie ; gentillesse ; amabilité ; courtoisie

مُتَظَرِّف galant homme ; dandy ; courtois

VI تَظارَفَ ← V

X اِسْتَظْرَفَ اِسْتِظْرافًا ه. ه trouver aimable/charmant/élégant

مُسْتَظْرَف charmant ; élégant ; de luxe ; luxueux

3409 **ظَعَنَ** ـَ ظَعْنًا lever le camp (caravane) ; partir

في الظَعْن والإقامة en toute circonstance

ظاعِن éphémère ; transitoire

ظَعينة ج ظَعائِن litière (portée à dos de chameau)

3410 **ظَفِرَ** ـَ ظَفَرًا ه obtenir/atteindre/trouver (ce que l'on cherche) ; mettre la main sur ; triompher ; remporter un succès/une victoire ; *v. aussi 3411*

~ بِمُتْعة في trouver une jouissance à

~ بِطائِل avoir du succès

~ على، بـ ه vaincre ; triompher de ; remporter la victoire sur

**ظَفَر** triomphe; succès; victoire

~ بِـ obtention de

ظَفَرِيّ triomphal

**ظافِر** triomphant; triomphateur; heureux; conquérant; victorieux; vainqueur

رَجَعَ ~ًا revenir triomphalement/en vainqueur

II ظَفَّرَ تَظْفِيرًا ه donner la victoire à qqn (Dieu)

ظُفِّرَ être victorieux; remporter la victoire

مُظَفَّر vainqueur; victorieux

3411 **ظُفْر** ج أَظْفار، أَظافِر ongle; griffe; serre; *v. aussi 3410*

مُقَلَّم الـ~ inoffensif (personne)

ناعِم الـ~ *fig.* jeune; d'un âge tendre

كَليل الـ~ méprisable; lâche

قَلَّمَ **أَظافِر** ه rogner/limer les ongles/les griffes de

كَشَرَ ~ ه في dire du mal de qqn; dénigrer

مِن نُعومة ~ة depuis sa plus tendre enfance

II **ظَفَّرَ** تَظْفيرًا ه، ه planter ses griffes/ongles dans

~ الوَرَق lisser une feuille de papier avec son ongle

3412 **ظَلَّ** ـَ ظَلًّا، ظُلولًا rester; demeurer; continuer à; persister

~ على صَمْته rester silencieux; garder le silence

~ واقِفًا في مَكانه rester debout sans bouger

~ على حاله se maintenir; ne pas changer

~ على مَوْقِفه rester sur ses positions; ne pas en démordre

إذا ~ت الأمور هَكذا si les choses restent ce qu'elles sont; du train où vont les choses

**ظِلّ** ج ظِلال ombre; *fig.* patronage; protection; tutelle

حُكومة ~ gouvernement fantôme

ثَلاثون دَرَجة في الـ~ trente degrés à l'ombre

كانَ أَتْبَعَ لَهُ مِن ~ه suivre qqn comme son ombre

في ~ ه، ه à l'ombre de; sous l'égide/la tutelle/les auspices de

لَيْسَ ثَمَّة ~ من الشَكّ il n'y a pas l'ombre d'un doute

لا ~ فيه لِلْحَقيقة dénué de tout fondement; il n'y a rien de vrai

ثَقيل الـ~ antipathique; importun; répugnant; mal venu; insupportable

اِسْتَثْقَلَ ~ ه trouver qqn insupportable

خَفيف الـ~ sympathique; bien venu; agréable

إنّه ~ ه، ه être le reflet/la réplique de

كَالباحِث عن ~ه chercher midi à quatorze heures; couper les cheveux en quatre

مَرَّ كَأَنَّهُ ~ ذِئْبٍ passer en coup de vent

تَقَلَّصَ ~ه perdre de son autorité/de son prestige; être diminué

كَـ~ رُمْحٍ (maigre) comme un clou; (grand) comme un échalas

ظِلالُ رَسْم ombres d'un dessin

ظُلَّة ج ظُلَل auvent; jalousie; tenture; store; ombrage; pergola; porche; loggia; véranda

ظَلال، ظِلالة ombrage

**ظَليل** ombragé; ombreux; à l'ombre

ظِلّ ~ ombre épaisse

ظَليلة ج ظَلائِل lieu ombragé; fourré *n.m.*

**مِظَلّة** ج ات، مَظالّ abri; baldaquin; dais; ombrelle; parapluie; parasol; parachute

~ مَوْقِف الباص abribus

~ نُزول، هُبوط parachute

أَلْقَى، أَنْزَلَ ه، ه بِالـ~ parachuter

~ ج مَظالّ tabernacle [*hébr.*]

مِظَلِّيّ ج ون parachutiste

II ظَلَّلَ تَظْليلًا ه، ه hachurer; faire de l'ombre; mettre de l'ombre sur; étendre son ombre sur; ombrager; ombrer; protéger

مُظَلَّل ombragé; ombré; hachuré; à l'ombre

IV أَظَلَّ إظْلالًا ← II

مُظِلّ ← مُظَلَّل

V تَظَلَّلَ تَظَلُّلًا se mettre à l'ombre

X اِسْتَظَلَّ اِسْتِظْلالًا بِـ ه، ه chercher de l'ombre; se mettre à l'ombre de qqn, qqch/sous la protection de qqn; chercher refuge auprès de qqn

**3413 ظَلَعَ** ـَ ظَلْعًا boiter; clocher; clopiner; tirer la jambe
ظَلْعًا clopin-clopant
ظالِع clopinant [*fam.*]; boitant; boiteux
ظُلاع rhumatisme articulaire

**3414 ظِلْف** ج ظُلوف، أظْلاف sabot (bovins, ovins, caprins); ongle
سَعَى إلى حَتْفه بِـ~ه creuser sa propre tombe; être l'artisan de sa propre ruine
بَحَثَ عن حَتْفه بِـ~ه *même sens*

**3415 ظَلَمَ** ـِ ظُلْمًا ه être injuste/inique; causer du tort à; opprimer; tyranniser
مَنِ اسْتَرْعَى الذِئْبَ ~ *prov.* berger qui met le loup dans la bergerie n'aime pas ses brebis
مَنْ أشْبَهَ أباهُ فَما ~ *prov.* qui ressemble à son père n'a pas à en rougir
**ظُلْم** abus; avanie; injustice; iniquité; méchanceté; oppression; tyrannie; vexation
مِن الـ~ أن il est injuste de
ظُلْمًا à tort; à faux; faussement; injustement; de manière injuste
ظُلامة injustice; grief; outrage; plainte
ظالِم ج ون، ظُلّام، ظَلَمة oppresseur; tyran; tyrannique; injuste; inique
ظُلْمة ج ظُلُمات obscurité; nuit noire; ténèbres
**ظُلُمات** اللَيْل les ombres/ténèbres de la nuit
~ البَحْر les périls de la mer
بَحْر الـ~ l'océan Atlantique
**ظَلام** ← ظُلْم، ظُلْمة
في الـ~ dans le noir/l'ombre
تَحْتَ جُنْح الـ~ à la faveur de l'obscurité
ظَلاميّ، ظَلاميّة obscurantiste; obscurantisme
لَيْلة **ظَلْماء** nuit d'encre/épaisse/noire
مَظْلوم victime de l'injustice; opprimé; persécuté; tyrannisé; maltraité
**ظَليم** ← مَظْلوم
~ ج ظِلْمان *zool.* autruche mâle
مَظْلِمة ج مَظالِم injustice; iniquité; grief; plainte; récrimination
اِرْتَكَبَ **مَظالِم** commettre des injustices; être inique
صاحِب الـ~ qui reçoit les plaintes/les doléances
IV **أظْلَمَ** إظْلامًا assombrir; s'assombrir; obscurcir; s'obscurcir; se couvrir (ciel); se rembrunir
~ ه ← ظَلَمَ
إظْلام obscurcissement; assombrissement
**مُظْلِم** néfaste (jour); noir (nuit); obscur; sombre; ténébreux
مُسْتَقْبَل ~ avenir sombre
الصالات الـ~ة les salles obscures
V تَظَلَّمَ تَظَلُّمًا إلى ه récriminer auprès de; présenter/exposer ses doléances/ses griefs; se plaindre à
تَظَلُّم ج ات grief; doléance; récrimination

**3416 ظَمِئَ** ـَ ظَمَأ، ظَماء avoir soif; être altéré
**ظَمَأ** soif
أرْوَى ~ه étancher sa soif
**ظَمْآن** م ظَمْأى ج ظِماء inassouvi; altéré; assoiffé
إذا مُتَّ ~اً فَلا نَزَلَ القَطْر *prov.* après moi le déluge
ظامِئ ← ظَمْآن
II ظَمَّأ تَظْمِئة ه altérer; assoiffer; donner soif
IV أظْمَأ إظْماء *même sens*

**3417 ظَنَّ** ـُ ظَنونًا ه . أن croire; conjecturer; considérer; estimer; se figurer; avoir l'impression; imaginer; s'imaginer; juger; penser; prendre/tenir pour; se prendre pour; présumer; sembler
~ ه مَيِّتًا considérer comme/tenir pour mort
~ ه (يَفْعَل) croire qqn capable de (faire)
~ في ه، ه suspecter qqn, qqch
**أظُنُّ** أن je crois que; il me semble que
فيما ~ à ce qu'il me semble
**ظَنّ** ج ظُنون conjecture; croyance; doute; opinion
أحْسَنَ الـ~ في penser du bien; prendre en bonne part; bien interpréter; envisager qqch avec optimisme/sous un bon jour

أساءَ الـ~ في — penser du mal de; prendre en mauvaise part; mal interpréter; envisager qqch avec pessimisme/sous un mauvais jour

حُسْن الـ~ — bonne opinion; confiance

كان عِنْد حُسْن الـ~ بِه — répondre à la bonne opinion/à la confiance

سُوء الـ~ — méfiance; défiance; mauvaise opinion

أَكْبَر، أَكْثَر، أَغْلَب الـ~ أن — il est très/fort probable

ما ~كَ بِـ ه — que penser de … ? que vous en semble?

ظَنًّا مِنْهُ أَنْ — car il pensait que

**ظَنّيّ** — conjectural; putatif; présomptif; supposé

وارِث ~ — héritier présomptif

ظِنّة ج ظِنَن — prévention; soupçon; suspicion

**ظَنُون**، ظَنّان — défiant; douteux; aventuré; aventureux; incertain

عَقْل ~ — esprit soupçonneux

مَظْنون بِهِ — présumé; soupçonné; suspecté

ظَنين ج أَظِنّاء — suspect *n.m.*; prévenu *n.m.*

**مَظِنّة** ج مَظانّ — avis; opinion; méfiance; présomption

إِنَّهُ لَـ~ لِلْخَيْر — jouir d'un préjugé favorable; être présumé capable de faire le bien

في **مَظانّ**ه — là où on l'attendait

في غَيْر ~ه — là où on ne l'attendait pas

3418 **ظُنْبوب** ج ظَنابيب — tibia

ظُنْبوبيّ — tibial

3419 **ظَهَرَ** ـَ ظُهورًا — apparaître; faire son apparition; se manifester; se montrer; éclore [*fig.*]; s'exhiber; se découvrir; voir le jour; se faire jour; paraître; poindre; percer [*fig.*]; se profiler; se révéler

~ حازِمًا، فَعّالًا — se montrer ferme, efficace

في، على ما يَظْهَر — à ce qu'il semble/paraît; en apparence

**ظُهور** — apparition; manifestation; parution

حُبّ الـ~ — ostentation; parade

مُحِبّ الـ~ — ostentatoire; vaniteux

عيد الـ~ — Épiphanie

ظَهْر ج ظُهور ← *3420*

**ظُهْر** — midi; milieu de la journée

قَبْل، بَعْد الـ~ — avant, après midi

رَأى نُجومَ الـ~ — voir trente-six chandelles

كانَ الوَقْت ~اً — il était midi

ظُهْري — méridien *adj.*

ظَهيرة — midi; méridienne *n.f.*

**ظاهِر** — apparent; distinct; évident; flagrant; manifeste; net; ostensible; patent; visible; apparence; extérieur *adj.*, *n.m.*, façade [*fig.*]; forme; mine [*fig.*]; semblant *n.m.*; accusé/marqué/prononcé (trait)

غَيْر ~ — latent; invisible; caché; secret; non marqué

~ كاذِب — faux-semblant [*litt.*]

~ حَقيقة — semblant de vérité

حَكَمَ على الناس بِـ~هم — juger les gens sur la mine

الدين الـ~ — la foi du charbonnier

الـ~ أَنْ — on dirait que; il semble que

ظاهِرًا؛ ظاهِريًّا — apparemment; extérieurement

**ظاهِرة** ج ات، ظَواهِر — apparence; dehors *n.m.*; manifestation; symptôme; phénomène

~ التَضَخُّم مَعْروفة — le phénomène de l'inflation est connu

~ عارِضة — épiphénomène

ظاهِريّ — phénoménal (monde); apparent; exotérique; de façade; extérieur; extrinsèque; superficiel

**ظَواهِر** غَرّارة — dehors trompeurs

حافَظَ على، سَتَرَ الـ~ — sauver les apparences, la face

مَذْهَب الـ~ — phénoménisme

**ظَواهِريّ** — phénoménal; phénoménologique;

~ ج ون — phénoménologue

ظَواهِريّة — phénoménologie

ظِهار؛ ظِهارة — épithélium

ظِهاريّ — épithélial

**مَظْهَر** ج مَظاهِر — air [*fig.*]; allure; apparence; aspect; attitude; contenance; configuration; côté [*fig.*]; dehors *n.m.* [*fig.*]; extérieur *n.m.*; façade [*fig.*]; jour [*fig.*]; mine; maintien; marque; physique *n.m.*; présentation; tenue

في ~ جَديد — sous un nouveau jour

هادِئ الـ~ — d'allure/d'aspect tranquille

~ مُتَوَقِّر، مَهيب — contenance grave/solennelle

~ كَذّاب — aspect/dehors/jour trompeur

حَسَن، سَيِّئ الـ~ — qui a bon, mauvais genre

~ حَزين — air malheureux/triste

~ الإِحْتِرام — marque de respect; maintien respectueux

بـ~ ه، ه — qui fait figure de; sous l'aspect de

الأَزْمة وأَهَمّ **مَظاهِرها** — la crise et ses principaux aspects

~ الحياة — les manifestations de la vie

II ظَهَّرَ تَظْهيرًا ه — développer/tirer (une photo)

تَظْهير صورة — développement/tirage d'une photo

III ظاهَرَ مُظاهَرة — manifester; faire des démonstrations (d'amitié)

**مُظاهَرة** شَعْبيّة — manifestation/démonstration populaire

~ مُضادّة — contre-manifestation

IV **أَظْهَرَ** إظْهارًا ه، ه — divulguer; mettre en évidence/en exergue; exhiber; exprimer; manifester; montrer; faire montre; proclamer; faire ressortir; révéler; témoigner de; rendre visible; mettre en valeur; faire/laisser voir; développer/tirer (une photo)

~ الفَرْق، سُروره — marquer la différence; témoigner sa joie

~ نَفْسه — se mettre en évidence; s'exhiber

~ خَوفه — exprimer/laisser voir sa crainte

~ ما في نَفْسه — s'extérioriser; s'exprimer

~ عَيْبًا — laisser deviner/révéler un défaut

~ ادِّعاءاته، مَقاصِده — afficher/révéler ses prétentions, ses desseins

~ شَجاعته — montrer/manifester du courage

~ ذَكاءه، كَفاءته — faire preuve d'intelligence, de compétence; faire ses preuves

**إظْهار** — exhibition; expression; manifestation; mise en valeur; révélation; *phot.* développement; tirage

~ صَداقة، سُرور — démonstration/témoignage d'amitié, de joie

إظْهاريّ؛ إظْهاريّة — exhibitionniste; exhibitionnisme

VI **تَظاهَرَ** تَظاهُرًا بـ — contrefaire; se donner l'air de/des airs; s'afficher comme; avoir l'air de; faire semblant de; affecter; feindre; simuler; composer; se donner un genre; faire le/la ...; faire mine de/étalage de; manifester *intr.*

~ بِعَدَم الإنْتِباه، بِاللامُبالاة — faire semblant/mine de rien [*pop.*]

~ بِثَرْوته — faire étalage de/exhiber sa fortune

~ بِالشَجاعة — faire le brave

**تَظاهُر** — étalage (de luxe); exhibition; ostentation; simulacre; simulation; manifestation; démonstration

~ رِياضيّ — exhibition/manifestation sportive

~ مُضادّ — contre-manifestation

لِلـ~ — pour la galerie

**تَظاهُرة** ← تَظاهُر

~ جَوِّيّة — exhibition/démonstration aérienne

تَظاهُريّ — simulé (combat)

مُتَظاهِر ج ون — manifestant; simulateur

X اِسْتَظْهَرَ اِسْتِظْهارًا ه — démontrer; exposer; montrer

3420 **ظَهْر** ج ظُهور — dos; envers; verso *n.m.*; dossier (de chaise); dessus *n.m.*; dessous *n.m.*; pont (navire); surface

قَوَّسَ ~ ه — faire le dos rond/le gros dos

مِن الـ~، مِن جِهة الـ~ — de dos

عَمِلَ مِن وَراء ~ ه — agir derrière le dos de qqn

سَقَطَ على ~ ه — tomber à la renverse

على ~ جَمَل، حِصان — à dos de chameau, de cheval

على ~ الباخِرة، الطائِرة — à bord d'un bateau, d'un avion

صَعِدَ إلى ~ الباخِرة — monter à bord

أَدارَ لِـ ه، أَعْطى ه ~ ه — tourner le dos à qqn

حَنَى ~ ه — courber le dos/l'échine

وَجْه الصَفْحة و~ها — le recto et le verso d'une feuille

عَنْ ~ قَلْبه — de mémoire; par cœur; de tête

اِبْنُه مِن ~ ه — fils de sa chair/de ses œuvres

~ الكُرْسيّ — dos/dossier d'une chaise

~ اليَد، الصُورة — revers de la main, de la médaille

## 3420 ظهر ٣٤٢٠

| | |
|---|---|
| عامَ، سَبَحَ على ~ه | nager sur le dos |
| طَفا على ~ه | faire la planche |
| **ظَهْرًا** لِبَطْن | sens dessus dessous; cul par dessus tête [*fam.*] |
| ~ على عَقِب | de fond en comble; radicalement |
| ~ لِظَهْر | dos à dos |
| **ظَهْرِيّ** | dorsal |
| أَلَم ~ | rachialgie |
| **ظَهِير** | aide *n.m.*; assistant; auxiliaire; partisan; soutien; supporter *n.m.* |
| ~ أَيْمَن، أَيْسَر | arrière-droit, -gauche [*sport.*] |
| II ظَهَّرَ وَرَقة تِجارِيّة | endosser un effet de commerce |
| تَظْهِير | endossement [*comm.*] |
| III ظاهَرَ مُظاهَرة ه | aider qqn; venir en aide à; prêter main-forte; assister qqn; épauler qqn |
| X **اِسْتَظْهَرَ** اِسْتِظْهارًا ه | apprendre par cœur; mémoriser; réciter |
| ~ على ه | avoir le dessus sur; l'emporter sur; vaincre; triompher de |
| اِسْتِظْهار | mémorisation; récitation |

## 3421 ظَيّان

| | |
|---|---|
| **ظَيّان** | clématite |

(عَيْن)

*dix-huitième lettre de l'alphabet: «ε ain»;*
*fricative pharyngale sonore:* [ε]

*en symbolique linguistique, le* [ε], *deuxième radicale de* $F_a\mathcal{E}_aL_a$, *représentera toute deuxième radicale verbale*

**3422** **عاج** ivoire; ivoire des dents; défense d'éléphant

بُرْج مِن الـ~ tour d'ivoire

ساحِل الـ~ Côte-d'Ivoire

**عاجِيّ** d'ivoire; ivoirin

بَياض ~ blanc ivoire

عاجِيّة ج ات objet en ivoire; ivoire

**3423** **عام** ج أعْوام an; année

رَأْس الـ~ nouvel an; premier de l'an

**3424** **عانة**، عانيّ pubis; pubien

**3425** **عَبَّ** ـُ عَبًّا ه boire à grands traits/à grandes goulées; aspirer/humer [*litt.*] (de l'eau)

**عُبّ** gousset; *partie de l'emmanchure située à l'aisselle*

ضَحِكَ في ~ه rire dans sa barbe/sous cape

لَعِبَ الفَأْر في ~ه avoir la puce à l'oreille

**عُباب البَحْر** eaux gonflées; onde; flot(s)

مَخَرَ ~ البَحْر fendre les flots; sillonner les mers

**3426** **عَبَأَ** ـَ عَبْأً ه، بِـ ه ← II

ما ~ بِـ ه *avec négatif:* n'attacher aucune importance à; n'avoir cure de rien; ne faire aucun cas/ne pas tenir compte/se désintéresser de; n'accorder aucun crédit/intérêt à

ما ~ بِالمَوْت mépriser la mort

**عِبْء** ج أعْباء charge; faix [*litt.*]; fardeau

~ الإثْبات la charge de faire la preuve [*jur.*]

**أعْباء جِسام** lourds fardeaux; lourdes responsabilités

~ عائِلِيّة، اِجْتِماعِيّة charges de famille, sociales

قامَ بِـ~ مَسْؤُولِيّة assumer une responsabilité

عَباءَة، عَبايَة cape; pèlerine (en grosse laine)

**عابِئ** بِـ ه préoccupé/soucieux de

غَيْر ~ بِـ ه indifférent à; insouciant de

مَشَى غَيْر ~ بِالمَطَر marcher sans faire cas de la pluie

II **عَبَّأَ** تَعْبِئَةً ه arranger; disposer; préparer; charger; emballer; embouteiller; mettre en bouteilles; empaqueter; enfermer qqch dans; ensacher; mettre en sac; enregistrer; stocker; mobiliser; recharger; remonter (un mécanisme)

~ أُسْطُوانات enregistrer des disques

~ الجُنود، المَوارِد mobiliser les troupes, les ressources

~ قَلَمَ حِبْر. ساعة recharger un stylo; remonter une montre

**تَعْبِئَة** appel aux armes; conscription; mobilisation; arrangement; chargement; emballage; mise en bouteilles/en sacs; embouteillage; empaquetage; ensachage; enregistrement; recharge; stockage

~ عامّة mobilisation générale

~ حَرْبِيّة disposition des troupes; tactique militaire

تَعْباوِيّ، تَعْبَوِيّ tactique *adj.*

**مُعَبَّأ** mis en sacs/en bouteilles; enregistré; stocké

إسْمَنْت ~ وسائِب ciment en sacs et en vrac

**3427 عَبّاسيّ** ج ون — abbasside

الدَّوْلة الـ~ة؛ العَبّاسيّون — dynastie abbasside

**3428 عَبِثَ** - عَبَثًا في، بـ ه — s'amuser/jouer/plaisanter avec; abîmer; bafouer; porter atteinte à; faire litière de [*litt.*]; se jouer de; détruire; profaner; saboter; mépriser; manier; manipuler; tripoter [*fam.*]

~ بالمَبادِئ — bafouer/transgresser les principes

**عَبَث** — badinage; jeu; futilité; passe-temps; moquerie; plaisanterie futile; frivolité; occupation frivole; absurde *n.m.* [*philos.*]

مِن الـ~ أن — il est absurde/vain/stupide de

فَلْسَفة الـ~ — philosophie de l'absurde

**عَبَثًا** — en pure perte; sans utilité; pour des prunes [*pop.*]; en vain; vainement

سَعَى ~؛ ~ يَسْعَى — en être pour ses frais; rien à faire/n'y fait

**عابِث** — badin; frivole; futile; moqueur; plaisantin; railleur

~ بالدين، الأَخْلاق — iconoclaste; impie; sacrilège *adj.*, *n.*; transgresseur

**3429 عَبَدَ** - عِبادة ه، ه — adorer; déifier; rendre un culte à; idolâtrer; avoir de la dévotion pour; vénérer

~ اللّهَ، الرَّسْم، التُّفّاح — adorer Dieu, le dessin, les pommes

**عِبادة** — adoration; culte; idolâtrie; dévotion

~ اللّه، المال — culte de Dieu, de l'argent

~ الطَّبيعة — naturisme

~ الفَرْد، الشَّخْصيّة — culte de la personnalité

حُرّيّة الـ~ — liberté de culte

العِبادات — pratiques cultuelles

عِباديّ — cultuel

عُبودة؛ عُبوديّة — asservissement; captivité; esclavage; joug; servage; servilité; servitude; sujétion

**عَبْد** ج عَبيد، عُبْدان — captif; esclave; serf; valet

~ ج عِباد اللّه — adorateur/serviteur de Dieu

~ اللّه، الرَّحْمَن، القادِر — *n.pr. d'homme* (*m. à m.* adorateur de Dieu, du Miséricordieux, du Tout-Puissant)

عَبْديّ — servile

**عِباد**؛ ~ اللّه — les hommes; les êtres humains; l'humanité

**عابِد** ج ون، عُبّاد، عَبَدة — adorateur

كان ~ه، ه — *fig.* être à genoux devant qqn, qqch

عَبّاد الشَّمْس — fleur du soleil; tournesol

**مَعْبود** — adoré; idolâtré; adulé

~ الشَّعْب، الشَّباب — idole du peuple, des jeunes

مَعْبَد ج مَعابِد — oratoire *n.m.*; lieu saint; sanctuaire; temple

II **عَبَّدَ** تَعْبيدًا ه — asservir; assujettir; soumettre

~ طَريقًا — frayer/ouvrir une route; revêtir/enduire/goudronner/macadamiser une route; conserver en état de viabilité; viabiliser

تَعْبيد الطُّرُقات — mise en état de viabilité; viabilité; pavage; goudronnage

**مُعَبَّد** — honoré; dompté; soumis; respecté; viabilisé; (chemin) battu/frayé/foulé/carrossable

طَريق ~ة — route en état de viabilité; voie revêtue/goudronnée/macadamisée

V تَعَبَّدَ تَعَبُّدًا لِلّه — se dévouer à/adorer/servir Dieu; se vouer au culte de Dieu

تَعَبُّد — adoration; culte; dévotion

مُتَعَبِّد — dévot; adorateur de Dieu; pieux

X **اِسْتَعْبَدَ** اِسْتِعْبادًا — asservir; réduire en esclavage; tenir sous le joug; subjuguer

~ شَعْبًا — enchaîner un peuple

اِسْتِعْباد — esclavage; joug; asservissement; servitude; servage

شَعْب **مُسْتَعْبَد** — peuple esclave/enchaîné/sous le joug

**3430 عَبَرَ** - عَبْرًا — pleurer; *v. aussi 3431*

~ عَبْرًا، عُبورًا ه — passer; traverser; franchir; transiter; examiner avec attention; mesurer; peser

~ على ه — jouer un tour à qqn; l'emporter sur qqn

عَبْرة ج عَبَرات، عِبَر — larme; pleur

**عَبْرَ** — à travers; pendant; trans- *préf.*

~ الأَجْيال — pendant des générations

~ الحُقول — à travers champs

~ أَفْريقيا، الصَّحْراء — transafricain *adj.*; transsaharien *adj.*

عابريّة fugacité

عَبير arôme; bouquet (d'un vin); exhalaison; fumet; parfum; senteur

~ ج عُبْر bien fourni; fourni; nombreux; qui fourmille de

عَبّارة passerelle

مَعْبَر ج مَعابِر passerelle; gué; couloir; passage défilé (de montagne)

مِعْبَر، مِعْبَرة ج مَعابِر bac; ferry-boat

II عَبَّرَ تَعْبيرًا ه ه faire franchir passer traverser (un obstacle) à qqn

~ رُؤْيا، حُلْمًا interpréter un songe

~ عَن ه déclarer; dénoter; énoncer; exprimer; refléter [*fig.*]; signifier

~ عن رَأْيه، فِكْره exprimer son avis; s'expliquer; formuler sa pensée; rendre une idée

~ عن قَناعته exprimer sa conviction

~ عن سُروره manifester témoigner sa joie

~ عَمّا في نَفْسه dire ce que l'on pense

~ عن إرادَته، رَفْضه manifester marquer sa volonté, son refus

~ عن ه بِالإشارات parler par signes

~ عن عَواطِفه exprimer traduire ses sentiments

تَعْبير énonciation; explication; expression; formulation; formule; dénotation; déclaration; interprétation; locution

طَريقة ~ phraséologie

مُتَعَذِّر ~ ه inexprimable; difficile à dire

إنْ جازَ الـ~ si l'on peut ainsi dire s'exprimer

بِـ~ آخَر autrement dit; en d'autres termes

تَعْبيريّ expressif; expressionniste

تَعْبيريّة expressionnisme; expressivité

مُعَبِّر expressif; significatif; signifiant

مُعَبَّر عَنْه énoncé *adj.*; exprimé; formulé; signifié

غَيْر ~ عنه inexprimé; informulé

VIII اِعْتَبَرَ اِعْتِبارًا ه، ه faire cas de; prendre en considération; avoir de la considération/des égards/du respect pour

~ أن considérer que; juger que; présumer; tenir compte de

~ سيبيريا، المُحيط transsibérien *adj.*; transatlantique *adj.*

~ النُصوص، الجُمَل transtextuel; transphrastique

عُبور franchissement; passage; traversée; transit

ثَمَن الـ~ prix de la traversée

كَثير الـ~ passager passant (chemin, rue)

زَوْرَق ~ bac

أماكِن الـ~ الخاصّة passages réservés (aux piétons)

ثُلاثيّة ~ (لِلسَّيّارة) triptyque de voiture

عِبْرة admonition; avertissement; considération; enseignement [*fig.*]; estime; exemple; leçon [*fig.*]; fait exemplaire important/qui sert de leçon; mesure

مَوْطِن الـ~ point crucial; fait saillant

عِقاب ~ لِلْغَيْر châtiment exemplaire

الـ~ بِـ ه أن l'important c'est; ce qu'il faut retenir c'est

هَذِهِ ~ لِمَنْ يَعْتَبِر c'est un exemple à méditer/une bonne leçon

الـ~ بِالخَواتِم en toute chose il faut considérer la fin

لا تَنْفَع فيه العِبَر les leçons ne lui servent à rien

عِبارة ج ات expression; formule; locution; phrase; proposition

~ لِلْمُجامَلة formule de politesse

~ مُبْتَذَلة cliché [*fig.*]; lieu commun

~ جَبْريّة expression algébrique

~ عَن une espèce/sorte de; qui consiste en

بِـ~ أُخْرَى autrement dit; en d'autres termes

عابِر éphémère; fugace; fugitif; passager; en transit; précaire; transitoire; passant

أَمَل ~ espoir fugitif; frêle espoir

جَمال، سَعادة ~(ة) beauté, bonheur d'un jour/éphémère/fugitif(ive)

حُبّ ~ flambée amoureuse; amourette

~ السَبيل، الطَريق passant; de passage

~ الصَحْراء، سيبيريا transsaharien *n.m.*; transsibérien *n.m.*

~ أَفْريقيا، المُحيط transafricain *n.m.*; transatlantique *n.m.*

~ قارّة transcontinental *n.m.*

~ ه، ه ... ه، ه ... كَ — considérer/regarder qqn, qqch comme; tenir qqn, qqch pour; prendre pour

~ ه مِن أَصْدِقائِه — compter qqn parmi ses amis

~ الواقِعة أَكيدة — tenir l'événement pour certain

~ نَفْسَه كَ — se prendre pour; se considérer comme

أُعْتُبِرَ مِنْ — être compté parmi/considéré comme

**اِعْتِبار** — considération; déférence; estime; observation; respect; égard; raison

بِهٰذا الـ~ — de ce point de vue; sous ce rapport

أَخَذَ، وَضَعَ في ~ه أن — prendre en considération/en compte le fait que

أَخَذَ بِعَيْن الـ~ — faire cas de; tenir compte

أَعادَ، إعادة ~ه — réhabiliter; réhabilitation

أُخِذَ في الـ~ — compter; être pris en compte

لا يَأْخُذ بِعَيْن الـ~ — ne faire aucun cas/ne pas tenir compte de

دُونَ ~ لِـ ه، ه — sans compter; en laissant de côté; sans égard pour; au mépris de

بِـ~ه كَذا — en tant que; en sa qualité de

بِـ~ه أن؛ **اِعْتِبارًا** لِـ — attendu que; considérant que; en considération de; eu égard à; par égard pour; dans le but de; compte tenu de

~ مِنْ — à compter de; à partir de

**اِعْتِباريّ** — relatif; subjectif; appréciatif

شَخْص، شَخْصيّة ~ة — personne morale

**مُعْتَبَر** — considérable; énorme; important; bien vu

غَيْر ~ — mal vu

**3431 عِبْريّ، عِبْرانيّ** — hébraïque; hébreu

عِبْراويّة — hébraïsme

العِبْرِيّة؛ العِبْرانيّة — hébreu *n.m.* (langue)

عَبْرَنَ — hébraïser

**3432 عَبَسَ** ـِ عُبوسًا — froncer les sourcils; avoir/prendre une mine austère/sévère; rechigner; se renfrogner; avoir l'air bougon/grognon; faire la grimace

~ في وَجْهِه — faire grise mine à qqn

عَبْس؛ عُبوس — froncement de sourcils; air/mine austère/sévère/rébarbatif(ive); morosité

**عابِس**؛ عَبوس — maussade; morose; renfrogné; boudeur (air); rébarbatif; rechigné; sévère (visage)

هَيْئة ~ة — air sinistre/rébarbatif

II عَبَّسَ تَعْبيسًا ← عَبَسَ

تَعْبيس — grimace

**3433 عَبَطَ** ـِ عَبْطًا — enlever qqn (mort); faire mourir qqn prématurément

عَبَطَتْهُ الدَواهي — atteindre/frapper qqn sans raison (malheur)

**عَبْطة** — fin/mort prématurée

ماتَ ~ — mourir prématurément

**عَبيط** ج عِباط، عُبُط — abîmé/tué prématurément; frais; nouveau

~ ج عُبَطاء — idiot; imbécile; stupide

زَعْفَران ~ — safran nouveau/frais/fraîchement cueilli

VIII اِعْتَبَطَ اِعْتِباطًا ← عَبَطَ

اِعْتِباطًا — arbitrairement; au hasard; sans fondement; gratuitement; fortuitement; injustement

اِعْتِباطيّ — sans raison; arbitraire *adj.*; fortuit; gratuit (acte); inquisitorial (ton, air)

اِعْتِباطيًّا ← اِعْتِباطًا

**اِعْتِباطيّة** — gratuité [*fig.*]; fortuité; arbitraire *n.m.*

~ الدَلالة — arbitraire du signe

**3434 عَبِقَ** ـَ عَبَقًا — exhaler une odeur/un parfum; se répandre (parfum); être ... *v. à l'adj.*

~ بِـ ه، ه — s'attacher/imprégner (odeur)

**عَبَق** — exhalaison; odeur; parfum

ذُو ~؛ **عَبِق** — odoriférant; odorant; parfumé; imprégné (de parfum)

~، عابِق بِـ — empreint de (sympathie)

**3435 عَبْقَر** — pays légendaire; patrie des djinns et des fées

**عَبْقَريّ** — génial; de génie; ingénieux; parfait

رَجُل، فِكْرة ~(ة) — homme, idée de génie

~ ج عَباقِرة — génie; aigle [*fig.*]

**عَبْقَريّة** — ingéniosité; talent; génie

~ لُغة، شَعْب، شِعْرِيّة — génie d'une langue, d'un peuple, poétique

**3436** **عَبْل** ج عِبال — gras; grassouillet; gros; bien en chair

عَبال — églantine; églantier

أَعْبَل — granit

أَعْبَليّ — graniteux; granitique

IV أَعْبَلَ إِعْبالًا — s'effeuiller; tomber (feuilles, feuillage); grossir

مُعْبِل — caduc (feuillage, feuilles)

**3437** **عَبَلْنَج** — cercopithèque

**3438** **عَبْهَر** — beau; bien fait/proportionné; *bot.* narcisse; nivéole

**3439** **عَبا** ـُ عَبْوًا ← عَبأَ

عُبْوة ج ات — container; emballage; ballot; paquet

~ من الديناميت — charge de dynamite

عَباية ← عَباءة

**3440** **عَبَوْثَران**، عُبَيْثَران — armoise

**3441** **عَتَبَ** ـِ عَتْبًا ه — passer le seuil/la porte de; *v. aussi 3442*

ما ~ باب ه — ne pas mettre les pieds chez

عَتَبة ج ات، عَتَب، أَعْتاب — seuil; linteau; marche (d'escalier)

جازَ ~ البَيْت — franchir le seuil de la maison

على ~ الباب — sur le pas de la porte

~ الشُعور — seuil de la conscience

II عَتَّبَ تَعْتيبًا — hésiter; traîner *intr.*

~ سَرْواله — serrer la ceinture de son pantalon

V تَعَتَّبَ تَعَتُّبًا الباب — ne pas quitter la porte qqn; rester sur le seuil

**3442** **عَتَبَ** ـُ عَتْبًا — se fâcher; se mettre en colère; *v. aussi 3441*

~ على ه ← III

III عاتَبَ مُعاتَبة، عِتابًا ه — blâmer/gronder qqn; reprocher qqch à qqn; réprimander; faire des reproches/des remontrances à; réprouver (une conduite)

عِتاب — blâme; remontrance; reproche; réprimande; réprobation

V تَعَتَّبَ تَعَتُّبًا — éclater en reproches

**3443** **عَتّابيّ** — zèbre (mammifère)

**3444** **عَتاد** ج أَعْتِدة — attirail; équipement; matériel militaire; munitions

لِكُلِّ حالٍ عِنْدَه ~ — *prov.* avoir réponse à tout

عَتيد — préparé; prêt; tout prêt

II عَتَّدَ تَعْتيدًا ه — disposer; préparer

**3445** **عِتْر** : عادَتْ إلى ~ ها — *prov.* revenir aux sources/à d'anciennes habitudes

عِتْرة — famille; maison; parents; *bot.* marjolaine

**3446** **عَتْرَسَ** — arracher

عِتْرِس، عِتْريس — emporté/violent (homme); de forte carrure; armoire à glace [*pop.*]

عَتْروس ج عَتاريس — bouc [*zool.*]

**3447** **عَتُقَ** ـُ عَتْقًا — prendre de l'âge; vieillir (vin); être ... *v. à l'adj.*; *v. aussi 3448*

عِتْق — âge/millésime (d'un vin); ancienneté; antiquité; beauté; bonté; qualité; vétusté

عَتيق، عاتِق — âgé; ancien; antique; de qualité; vieux; vétuste

راح ~ — vin vieux; bon vin

البَيْت الـ~ — *surnom de la Ka'ba*

عُتاق — vin vieux/bien vieilli

II مُعَتَّق — bonifié; exquis

خَمْر ~ ة — vieilli/vieux (vin)

**3448** **عَتَقَ** ـِ عَتْقًا ه — rendre la liberté à qqn; sauver; secourir; délivrer/affranchir/émanciper (un esclave); *v. aussi 3447*

عُتِقَ — être affranchi; retrouver/reprendre sa liberté

عِتْق، عَتاقة — affranchissement; délivrance; émancipation; liberté retrouvée

**عاتِق** — épaule; creux de l'omoplate

أَخَذَ على ~ ه — se charger de; prendre en charge/en main; prendre la responsabilité de; en faire son affaire; se faire fort de; prendre sur soi de

كانَ على ~ ه — être à la charge de; avoir sur les bras

أَلْقَى على ~ ه مَسْؤوليّة هـ — mettre qqch sur le dos de qqn

تَقَع المَسْؤوليّة على ~ ه — la responsabilité repose sur ses épaules

وَقَعَ، أُلْقِيَ على ~ ه — incomber à qqn

**مَعْتوق** — affranchi; délivré; émancipé; libéré

IV **أَعْتَقَ إِعْتاقًا ه** ← عَتَقَ

**مُعْتَق** ← مَعْتوق

VII **اِنْعَتَقَ اِنْعِتاقًا مِن** — s'émanciper; s'évader; s'affranchir; se libérer; *phys.* se libérer de l'attraction (d'une planète)

سُرْعة الاِنْعِتاق — vitesse de libération [*phys.*]

**3449** **عَتَلَ** ـُ عَتْلًا — arracher; emporter; enlever; porter; transporter; transplanter

**عَتَلة** ج عَتَل — crochet; levier; houe carrée

**عَتّال** — débardeur; portefaix; porteur; homme de peine; journalier

داء **عَتيل** — maladie grave

**3450** **عَتَمَ** ـِ عَتْمًا — hésiter à; tarder à; être lent à faire; retarder

~ اللَّيْل — s'écouler (partie de la nuit)

**عَتَمة** — premier tiers de la nuit; demi-jour

~ اللَّيْل — ténèbres/obscurité de la nuit

**عُتْمة** — *pathol.* scotome

**عَتامة** ج ات — opacité; ténèbres; voile (devant les yeux)

**عاتِم** — indistinct; obscur

أَلَم ~ — douleur diffuse

II **عَتَّمَ تَعْتيمًا ه** — assombrir; obscurcir; camoufler (les lumières)

~ أنْ، عن — cesser de; renoncer à; tarder à

ما ~ أنْ، عن — ne pas tarder à; ne pas cesser de

تَعْتيم الأَنْوار — black-out; camouflage des lumières

IV **أَعْتَمَ إِعْتامًا** ← II

**مُعْتِم** — ténébreux; triste (couleur); sombre; opaque; indistinct; obscur

**3451** **عَتِهَ، عُتِهَ عُتْهًا** — être ... *v. à l'adj.*

**عُتْه، عَتَه، عَتاهة** — aliénation mentale; bêtise; démence; faiblesse d'esprit; folie; idiotie; imbécillité; sottise; stupidité

**مَعْتوه** ج مَعاتيه — aliéné mental; bête; cinglé [*pop.*]; détraqué; dément; fou; faible d'esprit; idiot; imbécile; sot; stupide

**3452** **عَتا** ـُ عُتِيًّا، عُتُوًّا — vieillir; être ... *v. à l'adj.*

بَلَغَ مِن العُمْر **عُتِيًّا** — parvenir à/atteindre un âge avancé

**عُتُوّ** — arrogance; insolence; impertinence; violence

**عاتٍ** — cassé (par l'âge); vieux; arrogant; furieux; impétueux; impertinent; imperturbable; insolent; impudent; intraitable; récalcitrant; violent; sauvage

لَيْل ~ — nuit noire/profonde

ريح **عاتِية** — vent déchaîné/furieux/violent

**3453** **عُثّة** ج عُثّ — mite

مُبيد، ضِدّ **العُثّ** — antimite

**مَعْثوث** — mité; mangé par les mites

**3454** **عَثَرَ** ـُ عَثْرًا بِـ ه — achopper sur; broncher; buter sur; trébucher

~ بِهِ الحَظّ — essuyer des revers de fortune

~تْ قَدَمه — trébucher; faire un faux pas

~ ـُ عُثورًا على ه — découvrir; dénicher [*fig.*]; rencontrer; trouver; tomber sur; mettre la main sur

~ على سِرّ ه، ه — deviner qqn, qqch

**عَثْرة** ج عَثَرات — accident; faux pas; écueil [*fig.*]

وَقَفَ ~ على ه — faire obstacle à; mettre des bâtons dans les roues

حَجَر ~ — pierre d'achoppement

**عُثور** — découverte (due au hasard)

الـ~ على البِتْرول — découverte du pétrole

**عاثِر** — *part. prés.* qui trébuche

**مَعْثَر** — casse-cou; impasse [*fig.*]

**عاثور** ج عَواثير — accident; difficulté; événement fâcheux; piège

II **عَثَّرَ تَعْثيرًا** — faire broncher/trébucher; faire faire un faux pas; scandaliser

IV **أَعْثَرَ إِعْثارًا على ه** ← II

V تَعَثَّرَ تَعَثُّرًا بِـ — achopper; se scandaliser de; trébucher; s'embrouiller; s'embarrasser les pieds; patauger; buter contre; broncher; s'empêtrer dans

~ بِأَذْيال الخَيْبة — subir un échec; en être pour sa courte honte; essuyer des revers de fortune

3455 **عُثْكول** ج عَثاكيل — *coll.* grappe (de raisin); régime (de dattes); pompons de couleur

عُثْكولة — *n.un.*

مُعَثْكَلة — pancréas

مُتَعَثْكِل — chargé de fruits/de grappes

3456 **عَثْم** — mauvaise consolidation d'un os; os mal ressoudé

3457 **عُثْمان** — *n.pr. d'homme*: Othman

عُثْمانيّ — ottoman

الدَّوْلة الـ~ة — l'Empire ottoman

3458 **عُثْنون** ج عَثانين — barbe

صُهْب العَثانين — hommes à la barbe blonde/rousse

3459 **عَجَّ** ـِ عَجًّا، عَجيجًا — pousser des cris; gronder (tonnerre); rugir (vent); beugler; mugir; grouiller; fourmiller; pulluler

عَجيج — beuglement; cri; clameur; grand bruit; mêlée; mugissement; fourmillement; pullulement; grouillement

عُجّة — omelette

عاجّ، عَجّاج — grouillant; braillard; criard; gueulard [*pop.*]; orageux (temps)

عَجاج — fumée; poussière

عَجاجة ج ات — tourbillon de poussière; mêlée; coup de vent

II عَجَّجَ تَعْجيجًا — soulever de la poussière; faire de la fumée

IV أَعَجَّ إِعْجاجًا — rugir (vent); souffler avec violence; soulever des nuages de poussière; venir en masse

3460 **عَجِبَ** ـَ عَجَبًا مِن، لِـ ← V

**عَجَب** ج أَعْجاب — émerveillement; étonnement; merveille; surprise

أَتَى بِالـ~ — faire des merveilles/des miracles

قِصّة ~ — histoire étonnante

عَجَبًا، وَاعَجَباه — ha! tiens! fichtre [*fam.*]! bizarre! quelle surprise!

**عُجْب** — outrecuidance; suffisance; grands airs

~ بِالنَّفْس — fatuité; vanité

**عُجاب** — étonnant; extraordinaire; merveilleux; surprenant

قِصَص تَحْوِي العَجَب الـ~ — des histoires plus extraordinaires les unes que les autres

**عَجيب** — extraordinaire; admirable; étonnant; abracadabrant; étrange; inconcevable; incroyable; inénarrable; merveilleux; prodigieux; surprenant; *exclam.* c'est étonnant! c'est extraordinaire! impossible! pas possible!

الـ~ أَنْ — il est surprenant/extraordinaire que

عَجيبة ج عَجائِب — merveille; miracle; prodige; phénomène; chose extraordinaire

**عَجائِب** الدُّنْيا — merveilles du monde

أَتَى بِالـ~ — accomplir/faire des prodiges/des miracles/des merveilles; faire merveille

مِن ~ الأَمْر أَنْ — ce qui est étonnant/extraordinaire/remarquable c'est que

عَجائِبيّ — prodigieux

أُعْجوبة ج أَعاجيب — prodige; miracle

IV **أَعْجَبَ** إِعْجابًا ه — agréer à; intéresser; étonner; plaire à

أَما ~ كَ ذٰلِك — cela ne te plaît pas?

**أُعْجِبَ** بِـ ه، ه — *passif*: admirer; s'émerveiller de; être émerveillé; s'étonner de; avoir de de l'admiration pour

~ بِنَفْسِه — être imbu de soi-même/fat/vaniteux

**إِعْجاب** — admiration; émerveillement

كانَ مَحَلَّ الـ~ — être un objet d'admiration

أَثار ~ الجَميع — faire l'admiration de tous

أَخَذَهُ الـ~ والعَجَب — aller de surprise en surprise

بِشَكْل يُثير الـ~ — admirablement

نَظَرَ بِـ~ إِلى — admirer; regarder avec admiration

~ بِالنَّفْس — complaisance; fatuité; vanité

**مُعْجِب** — agréable; plaisant; surprenant

**مُعْجَب** بِـ — admirateur; admiratif; adorateur de

~ بِنَفْسِه — content de soi; vain; plein/imbu de soi-même; vaniteux; fat; infatué de sa personne

V تَعَجَّبَ تَعَجُّبًا مِن — trouver étonnant; être étonné/émerveillé/saisi/surpris; s'étonner de; s'émerveiller de

تَعَجُّب — étonnement; émerveillement; interjection; exclamation

عَلامة ~ — point d'exclamation

حُروف الـ~ — particules d'interjection

مُتَعَجِّب من — étonné de; émerveillé par

3461 عَجَرَ ـِ عَجْرًا على ه — importuner; fondre sur/charger qqn sabre au clair

عُجْرة ج عُجَر — pommeau; saillie; protubérance; nœud; nodosité; loupe [*bot.*, *anat.*]; tubercule

عُجَيْرة — nodule

عُجَريّ، عُجَيْريّ — nodulaire

عُجَرِيّة — nodosité

عِجارة — voile (de tête)

VIII اِعْتَجَرَ اِعْتِجارًا — s'entourer la tête d'un voile ramené ensuite devant le visage; se voiler (femme)

3462 عَجْرَفة — arrogance; insolence; hauteur [*fig.*]; fierté; orgueil; outrecuidance; superbe

II تَعَجْرَفَ تَعَجْرُفًا — plastronner; se donner des airs d'importance; prendre des airs

تَعَجْرُف — morgue; orgueil; hauteur [*fig.*]

أجاب بِـ~ — le prendre de haut; répondre avec impertinence

مُتَعَجْرِف — fier; hautain; impérieux; insolent; arrogant; outrecuidant; orgueilleux; paon [*fig.*]

3463 عَجِزَ ـَ عَجْزًا — être ... *v. à l'adj.*

عَجَزَ ـِ عن — être trop faible pour/incapable de/impuissant à

عَجُزَ ـُ — vieillir (femme); devenir/se faire vieille

عَجْز — carence; débilité; défaillance; déficit; faiblesse; impéritie; impuissance; impotence; incapacité; insuffisance; invalidité; nullité

~ عن الدَفْع، الوَفاء — insolvabilité

مَعاش ~ — pension d'invalidité

~ كُلّيّ، جُزئيّ — invalidité totale, partielle

~ جِنْسيّ — impuissance sexuelle

~ عن العَمَل — incapacité de travail

~ في المِيزان التِجاريّ — déficit de la balance (commerciale)

سَدَّ ~ًا — combler un déficit

عَجُز ج أعْجاز — croupe; croupion; derrière; fesses; sacrum; cul [*pop.*]; postérieur *n.m.* [*fam.*]; *métriq.* deuxième hémistiche

عَجيزة ← عَجُز

رَدَّ الـ~ على الصَدْر — *prov.* mettre qqch sens devant derrière; mettre la charrue avant les bœufs

أعْجاز النَخْل — chicots des palmiers

رَكِبَ ~ الإبِل — *prov.* subir des avanies; s'exposer à des difficultés

عاجِز ج عَجَزة، عَواجِز — débile; diminué; faible; impotent; impuissant; incapable; valétudinaire [*litt.*]; infirme; invalide

~ جِسْمِيًّا، عَقْلِيًّا — diminué physiquement, intellectuellement

مَأوَى العَجَزة — asile/hospice de vieillards; maison de retraite

عَجوز ج عَجائِز، عُجُز — vieillard; vieux *n.m.*; vieille *n.f.*; grand-mère

أيّام الـ~ة — les jours les plus froids de l'hiver

II عَجَّزَ تَعْجيزًا ه — rendre débile/impotent/infirme; paralyser qqn

IV أعْجَزَ إعْجازًا ه (← II) — être au-dessus des moyens/des forces de qqn; être dépassé par; faire des miracles

~ ه عن ه — rendre qqn incapable de

إعْجاز القُرْآن — caractère inimitable du Coran

مُعْجِز — désarmant (remarque); miraculeux

مُعْجِزة ج ات — miracle; prodige

حَقَّقَ ~ — faire/réaliser un miracle

هذا لا يَخْلو مِن ~ — cela tient du miracle

صانِع مُعْجِزات — thaumaturge [*litt.*]; magicien

3464 عَجَف — maigreur

عَجيف ج عَجْفَى — amaigri; maigre; qui subit des privations

أعْجَف م عَجْفاء ج عِجاف — décharné; efflanqué; émacié

البَقَرات العِجاف — vaches maigres [*fig.*]

**3465** **عَجَلة** ج ات — charrette; chariot; voiture; roue; *v. aussi 3466, 3467*

~ يَدَوِيّة، يَد — brouette

~ مُديرة، مائِيّة — roue motrice, à eau

~ قِيادة — volant d'une automobile

**عَجَلات** هُبوط — train d'atterrissage

دَرّاجة ثُلاثيّة الـ~ — tricycle

**مَعْجَلة** أماميّة، خَلْفيّة — train avant, arrière

**3466** **عِجْل** ج عُجول — veau; *v. aussi 3465, 3467*

~ البَحْر — lion de mer; phoque

عِجْلة ج عِجَل — génisse

**3467** **عَجِلَ** ـَ عَجَلًا، عَجَلة (← II، V)
*v. aussi 3465, 3466*

**عَجَل** — hâte; empressement; précipitation

بِـ، على ~ — à la hâte; d'urgence; à la sauvette; hâtivement; précipitamment; promptement; rapidement; vite

بِمُنْتَهى الـ~ — en toute hâte

بِلا ~ — sans hâte

**عَجَلة** — diligence; empressement; rapidité; vitesse; précipitation; promptitude

الوَقْت وَقْت ~ — le temps presse; ça urge [*fam.*]

لا داعِيَ لِلـ~ — rien ne presse

لِمَ الـ~ — pourquoi se presser?

الـ~ مِن الشَّيْطان — *prov.* la précipitation vient du diable

في الـ~ النَّدامة — *prov.* la précipitation est un mauvais guide

**عُجالة** — bref aperçu; exposé sommaire; esquisse; sketch

~ من الطَعام — collation; casse-croûte; repas pris sur le pouce

**عاجِل**؛ عَجِل — empressé; expéditif; qui a hâte de; diligent; hâtif; précipité; prompt; pressé; rapide; urgent

رِسالة ~ة — lettre exprès

كَلِمة ~ة — propos hâtif/composé à la hâte

حُكْم ~ — jugement sommaire

في القَريب الـ~ — dans un proche avenir; très prochainement; à bref délai

خَيْر البِرّ ~ه — *prov.* celui-là donne deux fois qui donne vite

خَيْر الأُمُور ~ها — le plus tôt sera le mieux

**عاجِلًا** — incessamment; bientôt; sous peu

~ أو آجِلًا — tôt ou tard

العاجِلة — la vie d'ici-bas; l'heure présente

عَجْلان م عَجْلَى ج عُجالَى ← عاجِل

نَظْرة **عَجْلَى** — coup d'œil furtif/rapide/prompt

عَجول؛ عَجيل ← عاجِل

مِعْجال — précoce

II **عَجَّلَ** تَعْجيلًا ه، ه (← V) — accélérer; anticiper; hâter; presser qqn

~ أَعْمالَه — avancer/activer ses travaux; expédier son travail

~ ذَهابَه — précipiter/hâter son départ

~ تَسْوِية النِزاع — hâter le règlement du conflit

~ في السَيْر — se hâter; forcer le pas

~ في إنْضاج فَواكِه — forcer des fruits

**تَعْجيل** — accélération; empressement

إشْعار ~ — avis de rappel

مُعَجِّل — empressé; pressé/précoce (personne); *techn.* accélérateur

**مُعَجَّل** — urgent; pressé (travail); d'avance/anticipé (paiement); sommaire (jugement); hâtif

إجْراءات ~ة — procédure d'urgence

سَراح ~ — libération anticipée

عَمَل ~ — travail pressé/fait à la hâte/bâclé [*fam.*]

III **عاجَلَ** مُعاجَلةً ه بِـ — décocher un coup à

~ه بِعُقوبة ه — ne pas faire attendre sa punition

~ه بِدَيْنه — réclamer le paiement d'une dette

IV **أَعْجَلَ** إعْجالًا خُطاه — forcer le pas/l'allure

~ه الوَقْت — ne plus avoir le temps de

V **تَعَجَّلَ** تَعَجُّلًا في — s'activer; se dépêcher; s'empresser; faire diligence; mettre de la hâte à; avoir hâte de; se hâter de; se presser; être pressé; aller/faire vite

~ ه، ه — brusquer qqn; devancer qqn; dépêcher [*class.*] (une affaire); précipiter; prévenir qqch

~ ه الجَوابَ demander une réponse rapide à qqn

لا تَتَعَجَّلْ حُكْمًا ne vous hâtez pas de juger

**مُتَعَجِّل** anticipé ; empressé ; hâtif ; précipité ; pressé

VI **تَعاجُل** accélération acquise

X **اِسْتَعْجَلَ** اِسْتِعْجالاً ← V

الوَقْتُ **يَسْتَعْجِلُنا** le temps presse

لا شَيْءَ ~نا rien ne presse

**اِسْتِعْجال** empressement ; urgence ; célérité ; précipitation

حالة ~ cas d'urgence

إسْعاف **اِسْتِعْجاليّ** secours d'urgence

حُكْم ~ ordonnance de référé

**مُسْتَعْجِل** empressé ; expéditif ; pressé ; urgent

حالة ~ة cas d'urgence

**مُسْتَعْجَل** urgent ; exprès ; précipité ; *jur.* référé

قاضي الأمور الـ~ة juge des référés

اِلْتَمَسَ حُكْمًا ~ًا solliciter un référé

**3468** **عَجَمة** ج ات، عَجَم noyau de fruit

**3469** **عَجَمَ** ـُ عَجْماً ه mettre les points diacritiques (sur les lettres) ; *v. aussi 3468, 3470*

IV أَعْجَمَ ← عَجَمَ

**مُعْجَم** ج مَعاجِم dictionnaire ; lexique ; glossaire

حُروف ~ة lettres marquées de points

**مُعْجَميّ** lexicographe ; lexicographique

**مُعْجَمِيّة** ؛ **معْجَمِيّات** lexicographie

**3470** **عَجَميّ** ج عَجَم non arabe ; *spécialem.* persan ; *v. aussi 3468, 3469*

بِلاد العَجَم Perse

**عُجْمة** barbarisme ; manque de correction linguistique

**أَعْجَم** م عَجْماء ج أَعاجِم étranger ; non arabe

**أَعْجَميّ** *même sens*

**عَجْماء** prière qui se fait à voix basse

~ ج عَجْماوات bête [*zool.*] ; brute *n.f.* [*péjor.*]

X **اِسْتَعْجَمَ** اِسْتِعْجامًا ه être incapable de lire/de parler ; balbutier ; bafouiller [*fam.*]

~ عن الجَواب ne savoir que répondre

**3471** **عَجَنَ** ـِ عَجْنًا ه brasser ; écraser ; écrabouiller [*fam.*] ; malaxer ; palper ; pétrir ; triturer

~ الوُجود بِيَدَيْه façonner l'existence de ses mains

**عَجْن** pétrissage ; malaxage

**عَجَن** fistule anale

**عِجان** périnée

**عَجين** ج عُجُن pâte

~ الخُبْز، الوَرَق pâte à pain, à papier

عَجينة ج عَجائِن ← عَجين

العَجائِن الغِذائِيّة pâtes alimentaires

**عَجينيّ** malléable ; pâteux ; plastique *adj.*

**مَعْجون** pétri ; malaxé ; trituré

~ ج مَعاجين électuaire ; crème ; mastic ; pâte [*méd.*]

~ حِلاقة، أَسْنان crème à raser ; pâte dentifrice

**مِعْجَن** ؛ **مِعْجَنة** ج مَعاجِن pétrin ; malaxeur ; pétrisseur

**مَعْجَنَ** **مَعْجَنة** mastiquer ; masticage

II **مُعَجَّنات** pâte à gâteaux/à tarte

**3472** **عَجْوة** dattes (de bonne qualité) ; pâte de dattes

**3473** **عُدّ** ؛ ~ الشَباب acné ; acné juvénile

~، عُدَّة وَرْديّ (ة) couperose

**3474** **عَدَّ** ـُ عَدًّا ه calculer ; chiffrer ; compter ; décompter ; dénombrer ; énumérer ; recenser ; *v. aussi 3473, 3475*

~ نُقْطة marquer un point [*jeux.*]

~ إلى العَشَرة y regarder à deux fois ; tourner sept fois sa langue dans sa bouche

~ ه كَذا considérer/regarder qqn comme ; prendre/tenir qqn pour ; croire/juger qqn tel

~ نَفْسه se juger/se regarder comme

~ ه مِن compter qqn parmi

~ الأَنْفاس على ه — surveiller étroitement qqn; espionner

**عُدَّ يُعَدُّ** ه — compter parmi *intr.*; être considéré

~ بَرِيئًا — être réputé innocent

~ من بَيْنِ الكِبار — compter parmi les plus grands

لا يُعَدُّ — innombrable; incalculable

**عَدّ** — calcul; chiffrage; dénombrement; comptage; compte; numération

~ عَشَرِيّ، ثُنائِيّ — numération décimale, binaire

~ تَنازُلِيّ — compte à rebours

لا عَدَّ لَهُ — innombrable

**عَدَد** ج أَعْداد — nombre; chiffre; numéro; quantité

~ كَبِير مِن — un grand nombre de; de nombreux

~ أَصْلِيّ، تَرْتِيبِيّ — nombre cardinal, ordinal

~ جَبْرِيّ، أَوَّلِيّ — nombre algébrique, premier

~ كَسْرِيّ، عَشْرِيّ — nombre fractionnaire, décimal

~ حِسابِيّ، مُرَكَّب — nombre arithmétique, complexe

~ صَحِيح، تامّ — nombre entier

~ وَتْرِيّ، فَرْدِيّ — nombre impair

~ شَفْعِيّ، زَوْجِيّ — nombre pair

~ خاصّ — numéro spécial (presse)

~ السُّكّان — population; nombre des habitants

~ الطُّلّاب في المَدارِس — population scolaire

~ الطُّلّاب في المَدْرَسة — l'effectif du lycée

~ الجُنود — effectifs (militaires)

أَعْداد أَوَّلِيّة بِالتَضايُف — nombres premiers entre eux

**عَدَدِيّ** — numéral; numérique

قِيمة، تَفَوُّق ~(ة) — valeur, supériorité numérique

**عِدّة** ه — nombreux; maints; plusieurs

~ مَرّات — plusieurs fois; souvent

~ المَرْأة — délai de viduité [*isl.*]

في **عِدادِ** ه — au rang de; parmi; au nombre de

كانَ في ~ ه — faire partie de; être au nombre de

**عَدّاد** ج ات — compteur

~ ماء، كَهْرَباء — compteur d'eau, d'électricité

~ دَوْرات، سُرْعة — compte-tours; indicateur de vitesse

~ سَيّارة، آلِيّ — taximètre; marqueur automatique

**عَدِيد** — maint; plusieurs; nombreux; multiple

الـ ~ مِن — de nombreux; quantité de; beaucoup; bien des

عَدَد ~ — très grand nombre; multitude

**مَعْدود** — compté; peu nombreux

أَقْدام ~ة — quelques pas; pas comptés

II **عَدَّدَ** تَعْدادًا ه ← عَدَّ

~ المَيِّت — faire l'éloge funèbre de qqn

**تَعْداد** — calcul; compte; décompte; énumération; dénombrement; comptage; numération

~ السُّكّان — population; recensement

تَعْدادِيّ — énumératif

V **تَعَدَّدَ** تَعَدُّدًا — s'accroître; se multiplier; proliférer; être ... *v. à l'adj.*

~ ه — multiplier; faire plusieurs choses à la fois

~ الزَّوْجات — prendre plusieurs épouses; être polygame

**تَعَدُّد** — accroissement; multiplication; multiplicité; pluralisme; poly- multi- *préf.* (dans des n. composés); prolifération

~ الأَزْواج، الزَّوْجات — polyandrie; polygamie

~ الأَلْوان — polychromie

~ الأَشْكال — polymorphisme

~ الاِسْتِعْمال — multiples utilisations

~ الشَّخْصِيّات — dédoublement de la personnalité

تَعَدُّدِيّ، تَعَدُّدِيّة — pluraliste; pluralisme

**مُتَعَدِّد** — plural; nombreux; multiple; multi poly- *préf.* (dans des adj. composés)

~ الأَزْواج، الزَّوْجات — polyandre; polygame

~ اللُّغات، الأَشْكال — polyglotte; polymorphe

~ الأَلْوان — multicolore; polychrome

~ الخَلايا — multicellulaire; pluricellulaire

تَحْلِيل ~ العَوامِل — analyse multi-factorielle

VIII **اِعْتَدَّ** اِعْتِدادًا بِـ، ه — faire cas de; avoir égard à; mettre au nombre de; compter sur; se compter parmi

~ت المَرْأة observer le délai de viduité

أُعْتُدَّ بِهِ compter pour qqn

**اِعْتِداد** présomption; confiance (en soi)

أفْرَطَ في الـ~ بِنَفْسِه trop présumer de ses forces

عَدَم الـ~ بِنَفْسه défiance de soi

اِعْتِداديّ présomptueux (air); confiant

مُعْتَدّ بِنَفْسه présomptueux; confiant en soi

3475 **عُدّة** ج عُدَد appareil; attirail; engin; équipement; harnachement; harnais; matériel de guerre; outillage; préparatifs *n.m.pl.*; provision; *v. aussi 3473, 3474*

أخَذَ ~ه لِـ prendre ses dispositions pour

~ مِظَلّة harnais de parachute

~ الصَواري، الرياضة agrès [*mar.*, *sport.*]

~ الزينة accessoires de toilette

IV **أعَدَّ** إعْدادًا ه، ه élaborer; mettre au point; préparer; se préparer; prendre des dispositions pour; équiper; mettre en état; confectionner; arranger; apprêter; aménager; disposer

~ عُدَّة ه لِـ ه se préparer à; se mettre en devoir

~ أُسْطولًا، جُنودًا équiper une flotte, des soldats

~ المُتَخَصِّصين لِـ former/préparer des spécialistes (à, pour)

~ المائِدة، السُفْرَة mettre/dresser le couvert, la table

~ الطَعام، العَشاء apprêter/préparer le repas, le dîner

~ حِصانًا harnacher un cheval

~ جَوابًا، دُكْتوراه préparer une réponse, un doctorat

~ مَسْكَنًا mettre un logement en état

**إعْداد** aménagement; confection; mise en train; élaboration; préparation; présentation

~ الإمْتِحانات préparation des examens

~ مِلَفّ constitution de dossier

~ الجُنود équipement d'une armée

~ البَرامِج préparation/élaboration de programmes

~ المَساكِن mise en état des logements

**إعْداديّ** préliminaire *adj.*; préparatoire

صَفّ ~ cours préparatoire

شَهادة ~ة brevet élémentaire/d'études du premier cycle

**مُعَدّ** لِـ aménagé; destiné à; prévu (pour); préparé; prédestiné à

**مُعَدّات** طِبّيّة، زِراعيّة équipement/matériel médical, agricole

~ عَسْكَريّة، حَرْبيّة équipement/matériel militaire; armement

~ الوِقاية dispositif de sécurité

~ صِناعيّة matériel/équipement industriel

X **اِسْتَعَدّ** اِسْتِعْدادًا لِـ ه se préparer à; se tenir prêt; se disposer à; se mettre en devoir de; prendre des dispositions pour

~ لِلإمْتِحان se préparer à l'examen

اِسْتَعِدّ garde à vous!

**اِسْتِعْداد** capacité; disposition/don (naturel(le)); disponibilité; préparation; aptitude; prédisposition

على ~ لِـ prêt à; disposé à

على أُهْبة الـ~ prêt à tout

بِدُون، على غَيْر ~ au pied levé; impromptu

قِلّة، عَدَم ~ impréparation

**اِسْتِعْدادات** حَرْبيّة، السَفَر préparatifs militaires, de voyage

تَجري ~ كَبيرة de grands préparatifs ont lieu

مُسْتَعِدّ لِـ ه disposé; prêt; paré; d'humeur à; préparé; prédisposé

3476 **عُدار** hydre [*zool.*]

3477 **عَدَس** lentille [*bot.*, *opt.*]

**عَدَسة** الماء lenticule; lentille d'eau

~ مُقَرِّبة، مُبَعِّدة lentille convergente, divergente

~ مُكَبِّرة lentille grossissante

عَدَسات النَظَر lentilles cornéennes; verres de contact

عَدَسيّ lenticulaire

عَدَسيّة *opt.* objectif; lentille

3478 **عَدَقة** grappin; harpon

**3479 عَدَلَ** ـِ عَدْلًا، عَدالة — être ... *v. à l'adj.*

~ ه، ه — redresser/rendre droit qqch; traiter qqn comme un en égal

~ في ه، ه — juger; se prononcer avec équité sur

~ بَيْن ه — balancer entre; hésiter entre; ne pas faire de différence de discrimination entre

~ ـِ عُدُولًا عن — abandonner; s'abstenir de; se détourner de; dévier; faire un écart/une embardée; s'écarter; renoncer à; se retenir de

~ عن أَخْطائه — revenir de ses erreurs

~ عن رَأْيه، قَراره — se raviser; changer d'avis; se déjuger

~ عن مَوْضوعه — s'écarter du sujet; faire une digression

~ بِـ ه عن ه — faire changer qqn (d'opinion); écarter/détourner qqn de; faire renoncer qqn à

~ بِـ ه عن مَنْصِبه — révoquer qqn

~ بِبَصَره عن — détourner son regard/les yeux de

~ بِبَصَره إلى — tourner son regard/les yeux vers

**عَدْل** — justice; juste *n.m.*; justesse; droiture; honnêteté; égalité; équité; impartialité; rectitude

حَكَمَ بِالـ~ — rendre la justice; juger avec équité

ثَمَن ~ — juste prix

بِـ~ — à juste titre; justement; avec justice

مُحِبّ لِلْـ~ — justicier

مِن الـ~ أن — il est juste de/que

لَيْسَ مِن الـ~ أَبَدًا أن — il n'est pas du tout juste que; il est très injuste de

~ ج عُدول — droit; honnête; juste; équitable; *isl.* témoin instrumentaire; «*adel*»

كِتابة، كاتِب ~ — notariat; notaire

عَدْلًا — équitablement; justement; avec justice

**عَدْليّ** — juridique; judiciaire; légal

سِجِلّ ~ — casier judiciaire

**عَدْليّة** — administration judiciaire

وِزارة الـ~ — ministère de la Justice

**عَدالة** — équité; justice; honnêteté; loyauté; impartialité; intégrité

~ تَبادُل، تَعاوُض — justice commutative

~ التَوْزيع — justice distributive

الـ~ الاِجْتِماعيّة — justice sociale

**عُدول** عن — abstention; dissuasion; écart; renonciation à; résignation

أَقْنَعَ ه بِالـ~ عن — dissuader qqn de

**عادِل** — équitable; juste; droit; honnête

تَوْزيع ~ لِلدَخْل القَوْميّ — juste redistribution du revenu économique

شَخْص ~ — esprit droit honnête intègre

**عَديل** ج عُدَلاء — égal; semblable; équivalent; pareil; bien proportionné

~ ج عَدائِل، عُدَلاء — beau-frère

عَديلان — qui ont épousé deux sœurs

عِدْل — bissac; sacoche; charge (répartie en deux sacs posés de part et d'autre du bât)

II **عَدَّلَ** تَعْديلًا ه — ajuster; améliorer; amender; corriger; décaler; équilibrer; faire contrepoids à; moduler; modifier; rajuster; rectifier; redresser (un jugement); réformer; remanier (un texte); réguler; réviser

~ الميزان — peser juste; bien équilibrer (les deux plateaux de) la balance

**تَعْديل** ج ات — ajustage; ajustement; amélioration; amendement; changement; correction; décalage; équilibrage; modulation; modification; péréquation; rajustement; rectification; redressement (de l'impôt); réforme; régulation; remaniement; révision

اِقْتَرَحَ، رَفَضَ ~ًا — proposer, refuser un amendement

~ وِزاريّ — changement/remaniement ministériel

~ الدُسْتور — révision de la Constitution

أَدْخَلَ **تَعْديلات** على — apporter/introduire des modifications/des amendements à/dans

الـ~ الواجِب إِدْخالُها — les amendements qu'il faut introduire

تَعْديليّ، تَعْديليّة — révisionniste; révisionnisme

مُعَدِّل، مُعَدِّلة — modérateur; régulateur; rhéostat

**مُعَدَّل** ج ات — normale *n.f.*; moyenne; taux (moyen)

بِـ~ كَذا — à la moyenne de; en moyenne

~ السُرْعة، الحَرارة — vitesse, température moyenne

~ النُمُوّ الاِقْتِصاديّ — moyenne/taux de croissance économique

~ القَطْع، مُرَكَّب — taux de l'escompte, composé

~ تَراكُم رَأْس المال — taux d'accumulation du capital

~ الإنْتاج cadence de production

III **عادَلَ** مُعادَلةً ه arranger; compenser; contrebalancer; égaler; être égal/pareil à; équivaloir à; proportionner; niveler; faire la tare

~ بَيْن ه égaliser

~ بين طَبَقات المُجْتَمَع niveler la société

مُتْعة لا **تُعادِلها** مُتْعة jouissance inégalée

مُصيبة لا ~ مُصيبة catastrophe sans précédent

**مُعادَلة** égalisation; égalité [*math.*]; équation; équivalence; nivellement

~ الشَهادات équivalence des diplômes

~ ذات مَجْهولَيْن équation à deux inconnues

~ مِن الدَرَجة الأولَى، الثانية équation du premier, second degré

~ تَفاضُل، تَفاضُليّة équation différentielle

مُعادِل égal; équivalent; correspondant

VI تَعادَلَ تَعادُلاً être en ballottage/en équilibre/ex aequo; s'équivaloir; faire match nul; s'égaler; s'égaliser; se compenser

كارِثة لا **تُعادِلها** كارِثة catastrophe sans précédent

فَرْحة لا ~ها فَرْحة joie à nulle autre pareille

**تَعادُل** égalisation [*sport.*]; égalité; parité; équilibre; équivalence; partage équitable; compensation; proportion

سِعْر الـ~ الرَسْميّ parité officielle

~ الأصْوات ballottage

عَدَم ~ disproportion; déséquilibre

تَعادُليّ التَمْثيل paritaire (représentation)

**مُتَعادِل** équivalent; égal; équitable; égalitaire; proportionné; ex aequo *n.m. inv.*

قُوًى، قِسْمة ~ة forces équilibrées; partage équitable

غَيْر ~ déséquilibré; disproportionné

VIII **اعْتَدَلَ** اعْتِدالاً être en équilibre/équilibré/pondéré/bien proportionné/sage/tempéré; se redresser

~ في مَوْقِفه avoir une position modérée

~ جالِسًا se redresser sur son séant

**اعْتِدال** modération; équilibre; pondération; tempérance; sagesse; sobriété; mesure; équinoxe

~ الطَقْس clémence/douceur du temps

~ خَريفيّ، رَبيعيّ équinoxe d'automne, de printemps

اعْتِداليّ équinoxial; modéré; statique (force)

**مُعْتَدِل** équilibré; harmonieux; modéré; modeste (demande); mesuré; moyen; ordinaire; tempérant; tempéré; sobre; bien proportionné

طَقْس، مِنْطَقة ~(ة) climat, zone tempéré(e)

مُناخ ~ climat doux/clément

ثَمَن ~ prix honnête/mesuré/modéré

لَهْجة ~ة ton modéré/mesuré

**3480 عَدِمَ** - عَدَمًا ه être absent; ne pas exister; manquer à qqn; ne pas avoir

**عَدَم** absence totale; indigence; pauvreté; manque; néant; in-/im-/non-/ab- *préf. privatifs* (dans des n. composés)

~ وُجود non-être; non-existence; inexistence

~ كِيان *même sens*

~ عُنْف non-violence

~ تَناقُض، مُطابَقة non-contradiction; non-conformité

~ تَدَخُّل في حَرْب non-belligérance; non-intervention

~ دَفْع، تَأْدية، وَفاء non-paiement

~ قُبول الدَعْوَى fin de non-recevoir

~ صُلْح، قُبول الصُلْح non-conciliation

~ اِلْتِزام، اِنْحِياز non-engagement; non-alignement

~ نَفاذ، تَنْفيذ non-exécution

~ مُمارَسة، تَمَتُّع non-activité; non-jouissance

~ اعْتِداء، تَفَهُّم non-agression; non-compréhension

~ قابِليّة الصَرْف non-convertibilité (d'une monnaie)

~ إعانة، إسْعاف، مُساعَدة non-assistance

~ تَمام، اِنْتِهاء non-achèvement

~ إتْمام، إنْجاز inachèvement

~ حَرَكة، نَشاط inaction; inactivité

~ اِنْضِباط، مُساواة indiscipline; inégalité

~ أَهَمّيّة، تَوافُق insignifiance; incompatibilité

~ إدْراك، تَفَهُّم، تَفاهُم incompréhension

~ مَقْدِرة، القُدْرة على — impuissance; incapacité; impossibilité

~ التَمَكُّن من، إمْكانيّة — impossibilité (de)

~ تَحْديد، تَعْيين — indétermination; indéfini *n.m.*

~ تَحَفُّظ، رَفاهة — indiscrétion; inconfort

~ اِنْتِباه — inadvertance; inattention

~ أَهْليّة، كَفاءة، خِبْرة — inaptitude; incompétence

~ اِخْتِصاص مَحْكَمة — incompétence d'un tribunal

~ تَماسُك، تَناسُق — incohérence; inconsistance

~ تَبَصُّر، تَقْدير لِلْعَواقِب — inconséquence

~ صِحّة، حَقيقة، أَصالة — inauthenticité

~ تَطْبيق، شَهيّة — inapplication; inappétence

~ رِضًى — insatisfaction; mécontentement

~ اِتِّفاق، اِسْتِعْمال — mésentente; non-usage

~ الوُقوف على — refus de prendre position; abstention

لِـ ~ ه — faute de

عَدَميّ؛ عَدَميّة — nihiliste; nihilisme

**عادِم** ج عَوادِم — inexistant; perdu; irrécupérable

مِياه ~ة — eaux usées

**عَوادِم** — débris; déchets; immondices; ordures; rebuts

~ السَيّارات — gaz d'échappement des voitures

أُنْبوبة الـ~ — tuyau d'échappement

**عَديم** — dénué; dans le dénuement; manquant/exempt/dépourvu/privé/qui manque de; pauvre; in-/im-/non- *préf. privatifs* (dans des adj. composés)

~ الذَكاء، العَطْف — pauvre d'esprit; dépourvu de tendresse

~ الحَرَكة، النَشاط، الرَواج — inactif

~ الخِبْرة، الكَفاءة، الأَهْليّة — incompétent; inapte

~ التَبَصُّر، الرَوِيّة — inconséquent; inconsidéré; irréfléchi

~ الصِحّة، الأَصالة — inauthentique

**مَعْدوم** — qui n'existe pas; absent; non existant; nul; inexistant; manquant

IV **أَعْدَمَ** إعْدامًا ه — anéantir; dépouiller; exécuter qqn; priver qqn de; tuer

~ نَفْسه ه — se dénuer de; se dépouiller de

~ ه بِالرَصاص، البُنْدُقيّة — passer par les armes; fusiller

~ بِالكَهْرباء — électrocuter (un condamné)

~ مَحْكومًا عَلَيْه — exécuter un condamné

**إعْدام** — annihilation; exécution; destruction; anéantissement (de l'individu); peine capitale

حُكْم بِالـ~ — condamnation à mort

حُكِمَ عَلَيْه بِالـ~ — être condamné à mort

عُقوبة الـ~ — peine/exécution capitale

**مُعْدَم** — gueux; indigent; insolvable; pauvre; fini; misérable; dénué de tout; exécuté; détruit; réduit à néant

VII اِنْعَدَمَ اِنْعِدامًا — disparaître; tomber dans le néant; être réduit à néant; être déficient/vacant; manquer

**اِنْعِدام** — manque; absence de

~ الأَدِلّة، الوَرَثة — absence de preuves; déshérence

~ مَعْنًى — non-sens

لِـ ~ ه — faute de

مُنْعَدِم (← معدوم) — fini (homme)

3481 **عَدْن**؛ جَنّة ~ — éden; paradis; eldorado

عَدْنيّ — édénique; paradisiaque

**مَعْدِن** ج مَعادِن — minerai; métal

~ ثَمين، كَريم، نَفيس — métal précieux

صِناعة، عِلْم **مَعادِن** — métallurgie; minéralogie

صِناعات الـ~ — industries métallurgiques

عامِل في صِناعة الـ~ — metallurgiste

**مَعْدِنيّ** — métallique; minéral; minier

سِتار، صَوْت ~(ة) — rideau, son métallique

اِحْتِياطيّ، نَقْد ~ — *fin.* réserve, monnaie métallique

زَيْت، ماء ~ — huile, eau minérale

مَوارِد ~ة — ressources/richesses minières

سَفينة، حَمّام ~(ة) — minéralier *n.m.*; station thermale

نِظام ~؛ مَعْدِنيّة — *fin.* métallisme

مَعْدَنَ يُمَعْدِنُ ه — métalliser; minéraliser

مَعْدَنة — métallisation; minéralisation

مُمَعْدَن — métallisé (peinture)

II عَدَّنَ تَعْدِينًا ه — exploiter/extraire des ressources minières

تَعْدين — exploitation/extraction de minerais; métallurgie

تَعْدينيّ — métallurgique

مُعَدِّن — mineur

**3482** **عَدا** ـُ عَدْوًا، عَدَوَانًا — courir; galoper

~ ه، عن ه — dépasser; outrepasser; aller au-delà de; passer outre; négliger

~ طَوْرَه وقَدْرَه — *même sens*

~ ه عن ه — détourner/empêcher qqn de

~ عُدْوانًا على ه — courir sus à/sur; être hostile à/l'ennemi de; agresser; assaillir; attaquer; fondre sur

ما ~ — excepté; hormis; sauf; à cela près; sans compter; sans; à part; non compris; hors; à l'exclusion de; exclusivement

ما ~ الغَلَط أو السَهْو — sauf erreur ou omission

لا يَعْدو عن، أن — ce n'est rien d'autre/de plus que

لا ~ قَطْرة من البَحْر — ce n'est qu'une goutte d'eau dans la mer

**عَدْو** — course; galop; galopade

سِباق في الـ~ — course à pied; course de vitesse

~ حِصان — train (d'un cheval)

**عَدْوة** الهَدَف، سَريعة — sprint

~ واحِدةً — d'une seule traite

**عَدْوًا** — au pas de course/de gymnastique

**عَدْوة** ج ات؛ عَداء — animosité; agression; antagonisme; hostilité; inimitié

في ~ مع ه — être mal avec qqn

**عَدائيّ** — agressif; hostile; inamical

أغْراض ~ة — visées hostiles

**عُدْوان** — agression; hostilité; injustice; inimitié; haine; oppression; tyrannie

**عُدْوانيّ** — agressif; hostile

كَلِمات، سِياسة ~ة — paroles haineuses; politique agressive

**عُدْوانيّة** — hostilité; agressivité

رُوح الـ~ — esprit d'agressivité/de haine

**عَدْوَى** — *méd.* propagation d'une maladie; infection; contagion

ناقِل الـ~ — infectieux; contagieux

حَمَل الـ~ إلى — contaminer

قابِل لِلْ، قابِليّة الـ~ — *méd.* réceptif; réceptivité

**عُدْوة** — bord; rivage; rive (d'un fleuve)

الـ~ الدُنيا، القُصْوَى — *fig.* ce bas monde; l'autre monde

**عَدُوّ** ج أعْداء جج أعادٍ — ennemi

~ أزْرَق — ennemi juré/héréditaire

**عُدَواء** — difficulté; empêchement; inconvénient; incommodité (siège); obstacle

جَلَسَ على الـ~ — être mal assis

**عَدّاء** — coureur; galopeur (cheval)

~ سَريع — coureur de vitesse; sprinter

**عادٍ** ج عُداة — qui passe les limites; attaquant; assaillant; ennemi

~ ج عَوادٍ — *v. le suivant*

**عادية** ج عَوادٍ — troupe d'ennemis/d'assaillants; attaque; assaut; injustice

~ السُمّ — action du venin/poison

العوادي — malheurs; vicissitudes

عاديات الزَمَن — outrage des ans; injures du temps [*litt.*]

**مَعْدًى** — passage

لا ~ عَنْه — inévitable

II عَدَّى تَعْدية ه — faire passer/traverser; *gramm.* rendre un verbe transitif

تَعْدية فِعْل — *gramm.* transitivité (d'un verbe)

مُعَدِّية — bac; ferry-boat

III عادَى مُعاداة، عِداءً ه — être hostile à/ennemi de; témoigner de l'hostilité à; agresser

**عِداء** — animosité; agression; antagonisme

الـ~ بين الشُعوب — antagonisme des peuples

**عِدائيّ** — inamical; agressif

نَظَرات ~ة — regards ennemis

مُعاداة لِلأَجانِب — xénophobie
**مُعادٍ** لِـ — ennemi de; hostile; -phobe *suff.*
~ لِلأَجانِب، فِرَنْسا — xénophobe; francophobe
الجَيْش المُعادي — l'armée ennemie
IV **أَعْدَى** إِعْداءً بِـ ه — communiquer propager (sa maladie); contaminer; infecter
أُعْدِيَ بِمَرَض — contracter une maladie; être contaminé
**مُعْدٍ** — contagieux (mal); infectant; infectieux
ضَحِك ~ — rire communicatif
مُصاب بِمَرَض ~ — contagieux (malade)
**مُعْدًى** — infecté; contaminé
V **تَعَدَّى** تَعَدِّيًا ه — dépasser; outrepasser; transgresser; outrer; passer outre; *gramm.* être transitif (verbe)
~ الآمال — aller au-delà des espérances
~ الحُدود — excéder dépasser les limites; déborder les frontières
لايَبْدو أَنَّه ~ الأَرْبَعين — il ne paraissait pas avoir dépassé la quarantaine
~ على ه — déborder empiéter sur
~ على مِلْكِيَّة ه — attenter à la propriété de
~ على ه بِالضَرْب — se livrer à des voies de fait
لا **يَتَعَدَّى** الأَمْر ه — il ne s'agit de rien d'autre que
**تَعَدٍّ** ج تَعَدِّيات — abus; délit; dépassement; empiètement; injustice; infraction; oppression; transgression; tyrannie
~ على — attentat contre; attaque; assaut; agression
**مُتَعَدٍّ** — transgresseur [*litt.*]; transitif
غَيْر ~ — intransitif
VI تَعادَى تَعادِيًا — se contaminer; se transmettre une maladie
VIII **اِعْتَدَى** اِعْتِداءً على ه. ه — agresser; commettre une agression contre; attenter à; s'en prendre à
~ على الأَخْلاق — attenter aux mœurs/à la morale
~ على عِرْض ه — attenter à l'honneur de
**اِعْتِداء** — agression; attentat; attaque; outrage
~ على أَمْن الدَوْلة — atteinte à la sûreté de l'État
~ على حَياة ه — attentat contre la vie de

~ على الأَخْلاق — outrage aux bonnes mœurs; attentat aux mœurs
مِيثاق عَدَم ~ — pacte de non-agression
اِعْتِداءات — voies de fait
اِعْتِدائيّ — agressif; attentatoire
اِعْتِدائِيَّة — agressivité
مُعْتَدٍ ج مُعْتَدون — agresseur
X اِسْتَعْدَى اِسْتِعْداءً على ه — indisposer qqn

**3483** **عَذُبَ** ُ عُذوبة — être ... *v. à l'adj.*; *v. aussi* 3484
**عُذوبة** — douceur fraîcheur (de l'eau); onctuosité; suavité
تَكَلَّمَ بِـ~ — parler avec onction
**عَذْب** — agréable; doux; suave; frais; moelleux; onctueux; tendre
~ الحَديث — brillant causeur
IV **أَعْذَبَ** إِعْذابًا ه — adoucir (l'eau)
~ المِياه المالِحة — dessaler l'eau
إِعْذاب المِياه المالِحة — dessalement de l'eau

**3484** **عَذاب** ج ات. أَعْذِبة — agonie; châtiment; douleur; martyre; peine; punition; souffrance; supplice; tourment; torture; *v. aussi* 3483
السَفَر قِطْعة من الـ~ — *prov.* partir c'est mourir un peu
تَحَمَّلَ **العَذابات** الأَبَدِيَّة — endurer les châtiments/les tourments éternels
II **عَذَّبَ** تَعْذيبًا ه — châtier; martyriser; mener la vie dure à; meurtrir; persécuter; punir; supplicier; tourmenter; torturer; tenailler [*fig.*]; faire souffrir
~ نَفْسه — se torturer; se tourmenter
~ ه وَخْز ضَميره — être rongé par le remords
**تَعْذيب** — persécution; supplice; torture
آلة الـ~ — instrument de torture de souffrance
ساقَ ه إلى الـ~ — conduire qqn au supplice
**مُعَذِّب** ج ون — persécuteur; tortionnaire
**مُعَذَّب** — supplicié; tourmenté; persécuté; souffrant; supplicié; mis au supplice
نَفْس ~ة — âme torturée
الإِنْسانِيَّة الـ~ة — l'humanité souffrante

V تَعَذَّبَ تَعَذُّبًا être au supplice/à la torture; endurer mille tourments; souffrir; pâtir [*class.*]

**3485** **عُذْرة**؛ عَذارة mèche/toupet (de cheveux, de la crinière d'un cheval); virginité; *v. aussi 3486*

عُذْريّ virginal; pur; platonique (amour)

**عَذْراء**؛ الـ~ vierge; la Vierge; Vierge [*zod.*]

إِصْبَع الـ~ digitale [*bot.*]

عَذراويّ virginal

**عِذار** ج عُذُر joue; duvet (qui pousse sur les joues); favoris; *fig.* pudeur

شَديد الـ~ décidé (personne); volontaire

خَلَعَ ~ه perdre toute pudeur

خالِع، خَليع الـ~ effronté; débauché; impudique

**3486** **عَذَرَ** ـِ عُذْرًا، مَعْذِرة absoudre; excuser; *v. aussi 3485*

اِعْذِرْني excusez-moi! pardon!

**عُذْر** ج أَعْذار excuse; prétexte

تَعَلَّلَ ~اً alléguer un prétexte

لا **عُذْرَ** له n'avoir pas d'excuse; être inexcusable

**قَدَّمَ أَعْذاره** présenter ses excuses

اِخْتَلَقَ الـ~ se trouver/inventer de fausses excuses, de faux prétextes

**مَعْذِرة** ج مَعاذِر ← عُذْر

أَرْجو الـ~؛ مَعْذِرةً pardon! excusez-moi! je vous fais mes excuses!

مَعْذور absous; excusé; pardonné

IV **أَعْذَرَ** إِعْذارًا ه excuser qqn; présenter des excuses

~ ه ه mettre qqn en demeure de; obliger qqn à

إِعْذار mise en demeure

V تَعَذَّرَ تَعَذُّرًا être ... *v. à l'adj.*

**تَعَذُّر** difficulté; impraticabilité; impossibilité

لِـ~ ه à défaut de; faute de; en raison de la difficulté de

مُتَعَذِّر inaccessible; impossible; difficile; impraticable; infaisable

VIII **اِعْتَذَرَ** اِعْتِذارًا عن، بِـ s'excuser de; alléguer (un prétexte); faire/présenter des excuses pour; demander pardon pour

~ إلى، لِـ s'excuser auprès de; présenter des excuses à

اِعْتِذار ج ات allégation; excuse; prétexte

X اِسْتَعْذَرَ اِسْتِعْذارًا إلى ه ← VIII

**3487** **عَذِرة** matières fécales; fèces; excréments

**3488** **عِذْق** ج أَعْذاق، عُذوق grappe (raisin, dattes); rameau

**3489** **عَذَلَ** ـُ عَذْلًا ه blâmer; censurer; désapprouver; réprimander

**عَذَل** blâme; censure; reproche

سَبَقَ السَيْفُ الـ~ trop tard!

عاذِل ج عُذّال censeur; désapprobateur; réprobateur

**3490** **عَذِيّ** sain (climat); salubre

عَذاة؛ عَذاوة salubrité; climat/pays salubre/sain

**3491** **عُرّة**؛ مَعَرّة défaut; gale; tic [*méd.*]

~ أَهْله déshonneur/honte de sa famille

VIII مُعْتَرّ galeux [*pr.* et *fig.*]; loqueteux; misérable; miséreux; qui a des tics

**3492** **عَرّاب** garant; parrain; manager; répondant; sponsor

عَرّابة marraine

عَرّابيّة parrainage

II عَرَّبَ تَعْريبًا عن parler au nom de; répondre de qqn

**3493** **عَرَبيّ** ج عَرَب arabe *adj.*, *n.m.*; *v. aussi 3492, 3494*

اللُغة، العالَم الـ~(ة) langue, monde arabe

اللُغة الـ~ة الدارِجة l'arabe dialectal

اللُغة الـ~ة الفُصْحَى l'arabe classique

الوَحْدة الـ~ة unité arabe; panarabisme

القَوْميّة، الأُمّة الـ~ة le nationalisme, la nation arabe

جامِعة الدُوَل الـ~ة Ligue arabe

المَمْلَكة الـ~ السَعوديّة royaume d'Arabie Saoudite

**عَرَب** *coll.* Arabes

تاريخ الـ~ histoire des Arabes

جَزيرة الـ~ la péninsule arabe; l'Arabie

الفَنّانون، الكُتّاب الـ~ artistes, écrivains arabes

~ عَرِبة، عَرْباء Arabes purs

**عُروبة** arabisme; arabité; caractère/domaine de l'arabe

جامِعة الـ~ panarabisme

**أَعْرابيّ** ج أَعْراب (arabe) bédouin/nomade; campagnard

II **عَرَّبَ** تَعْريبًا ه traduire en arabe; arabiser (un mot); parler l'arabe

**تَعْريب** traduction en arabe; thème

**مُعَرِّب** traducteur en arabe

IV **أَعْرَبَ** إِعْرابًا ه analyser (une phrase); décliner (un mot); parler l'arabe en prononçant les flexions désinentielles

~ عن ه dénoter; exprimer; extérioriser; formuler; manifester; signifier; témoigner *tr.*

~ عن أُمْنية، رَأْي émettre un souhait, un avis

~ عن مَخاوِفه formuler/exprimer ses craintes

~ عن أَمَله في أنّ exprimer l'espoir que

~ عن سُروره manifester/témoigner sa joie

~ عن نَواياه signifier ses intentions

**إِعْراب** analyse (grammaticale); déclinaison; flexion (grammaticale); formulation; expression; manifestation; extériorisation

**إِعْرابيّ** flexionnel

**مُعْرَب**، غَيْر ~ *gramm.* déclinable; indéclinable

~ عَنْه exprimé; formulé; notifié; signifié

غَيْر ~ عَنْه informulé; inexprimé

V تَعَرَّبَ تَعَرُّبًا ← X

X **اِسْتَعْرَبَ** اِسْتِعْرابًا s'arabiser; étudier l'arabe

**مُسْتَعْرِب** ج ون arabisant; mozarabe

3494 **عَرَبة** ج ات carriole; char; chariot; fourgon; wagon; véhicule; voiture; *v. aussi 3492, 3493*

~ يَد voiture à bras; brouette; diable

~ خَيْل calèche; fiacre

~ أُجْرة voiture de louage

~ سَكَن caravane; roulotte

~ مَلَكيّة carrosse royal

~ نَقْل charrette; wagon de voyageurs/de transport

~ سِجْن voiture cellulaire; panier à salade [*fam.*]

~ نَوْم، مَطْعَم voiture-/wagon-lit; wagon-restaurant

~ صِهْريج، بَريد wagon-citerne; wagon postal/-poste

~ شَحْن، أَمْتِعه fourgon, wagon de marchandises

~ طِفْل landau; poussette; voiture d'enfant

عَرَبيّة ج ات ← عَرَبة

عَرَبَجيّ ج ة *égypt.* cocher

3495 **عَرْبَدَ** faire la bringue [*pop.*]/la noce [*fam.*]/une orgie/du tapage; chercher querelle/noise; faire une mauvaise querelle; être ... *v. à l'adj.*

**عَرْبَدة** mauvaise querelle; turbulence; orgie; noce [*fig., fam.*]; querelle d'ivrognes

~ لَيْليّة tapage nocturne

عِرْبيد، مُعَرْبِد noceur [*fam.*]; querelleur; tapageur; turbulent; mauvais coucheur

3496 **عَرْبَنَ** verser des arrhes

عُرْبون ج عَرابين arrhes; gage

3497 **عَرِجَ** َ عَرَجًا boiter; claudiquer; être boiteux; clocher; traîner/tirer la jambe

عَرَجَ ُ عَرَجًا *même sens*

~ ُ عُروجًا s'élever par degrés; monter

عَرَج claudication [*litt.*]; boitement

أَعْرَج م عَرْجاء ج عُرْج boiteux; claudicant; éclopé; valet [*jeux.*]

مِعْرَج ج مَعارِج، مِعْراج ج مَعاريج échelle

II **عَرَّجَ** تَعْريجًا prendre à droite ou à gauche; faire un détour/un crochet

~ على ه faire escale/halte à

~ على ه faire un détour pour voir qqn

**تَعاريج** النَهْر — méandres/courbes/sinuosités d'un fleuve

~ الأَرْض — plissements de terrain

V تَعَرَّجَ تَعَرُّجًا — serpenter; zigzaguer; faire des zigzags; être sinueux

تَعَرُّج ج ات — contour; code; détour; lacet; virage; méandre; plissement; zigzag; sinuosité

مُتَعَرِّج — sinueux; en lacet/zigzags; tortueux (chemin)

VI تَعارَجَ تَعارُجًا — faire semblant de boiter

VII اِنْعَرَجَ اِنْعِراجًا — incliner; s'incliner; tourner; faire un écart/une embardée/un tournant; obliquer

اِنْعِراج ج ات — embardée; écart

مُنْعَرِج ← مُتَعَرِّج

مُنْعَرَج ج ات ← تَعَرُّج

3498 **عُرْجون** ج عَراجين — grappe desséchée (restée accrochée à l'arbre); rafle (de dattes, raisins); rameau sec

3499 **عَرّادة** ج ات — catapulte; machine de guerre

3500 **عِرْزال** ج عَرازيل — hutte de branchage (destinée à abriter les gardiens des récoltes)

3501 **عُرْس** ج أَعْراس — mariage; noce; banquet; repas de noce

عُرْسيّ — nuptial

**عَروس** ج عُرُس م عَرائِس — marié; mariée; nouveau(elle) marié(e); poupée

~ البَحْر، الشِعْر — sirène [*myth.*]; muse

~ ج عَرائِس النيل — lotus; nénuphar

العَروسانِ — mariés *n.m.pl.*; jeunes/nouveaux mariés/époux

عَروسة ج عَرائِس — marionnette; poupée; *égypt. appellation polie de la jeune fille*

عَريس ج عُرْسان — marié *n.m.*; nouveau marié

اِبْن **عِرْس** ج بَنات ~ — belette

II **عَرَّسَ** تَعْريسًا — faire une courte halte dans la nuit

~ ه بِـ ه — marier qqn à

لَيْلة التَعْريس — nuit de noce/de la consommation du mariage

IV أَعْرَسَ إِعْراسًا — prendre le repas de noce; faire la fête; organiser une noce

3502 **عَرَشَ** ـُ عَرْشًا ه — construire (une cabane); faire un treillage/un treillis

**عَرْش** ج عُروش — baldaquin; trône

جَلَسَ على، اِعْتَلَى الـ~ — s'asseoir, monter sur le trône

**عَريش** — brancard; timon; litière portée à dos de chameau

~ ج عُرُش، عَرائِش — treille; treillage; treillis; pergola; tonnelle; vigne

عارِشة — liane; plante grimpante

II عَرَّشَ تَعْريشًا ه — palisser une plante grimpante

تَعْريشة — pergola; véranda

V تَعَرَّشَ تَعَرُّشًا — grimper (plante); former une treille

VIII اِعْتَرَشَ على حائِط — s'attacher/se cramponner à un mur (liane)

مُعْتَرِشة — liane; plante grimpante

3503 **عَرْصة** ج ات — cour intérieure; jardin irrigué; verger

3504 **عَرَضَ** ـِ عَرْضًا ه — avoir lieu; arriver; se présenter; se présenter à l'esprit; survenir

~ لِـ ه، ه — aborder (qqn, une question); se présenter à qqn

~ ه — exhiber; exposer; étaler; montrer; faire voir; offrir; présenter; proposer; représenter; rendre compte de

~ شُروطًا مُغْرِية على ه — faire des conditions alléchantes à qqn

~ على البَيْع — mettre en vente/à l'étalage; proposer à la vente

~ على ه — *maghr.* inviter qqn

~ بَضائع، مَعارِفه — étaler/exposer des marchandises, ses connaissances

~ قُوَّته — faire étalage de/exhiber sa force

~ مَسْرَحيّة — présenter/représenter une pièce de théâtre; donner une représentation

~ نَظَرِيّة، رَأْيه — avancer/exposer une théorie/son point de vue

~ فِلْمًا جَديدًا — projeter un film nouveau

~ مَشْروعًا لِـ — soumettre un projet à

~ أَمْرًا لِلسُلُطات — en référer aux autorités

~ الوَقائِع الحَقيقيّة énoncer les faits bruts/comme ils se sont produits

~ مَسْأَلة على بِساط البَحْث mettre une question sur le tapis

~ الجُنْد faire défiler les soldats; passer en revue

~ لَهُ عارِض avoir un empêchement/un accident

~ ـُ مَحْفوظة réciter par cœur

~ ـُ عِرَضًا، عَراضة devenir/être étendu/large

**عَرْض** ج عُروض démonstration; compte rendu; énonciation; énoncé; étalage; exhibition; exposé; exposition; mise en vente; offre; parade; projection (film); proposition; présentation; représentation

شُبّاك الـ~ vitrine; étalage

قانون الـ~ والطَلَب loi de l'offre et de la demande

~ لِلْبَيْع mise en vente

~ اِسْتِخْدام offre de service/d'emploi

~ الأَسْباب، الوَقائِع exposé des motifs, des faits

~ الكُتُب présentation de livres

~ الصُلْح proposition/ouverture de paix

~ القُوَى déploiement de forces

~ الأَزْياء présentation de mode

يَوْم الـ~ jour du Jugement dernier

~ مَسْرَحيّة spectacle/représentation théâtral(e)

~ حالٍ؛ عَرْضُحال ج ات pétition; mémoire *n.m.*; placet; requête; procès-verbal; rapport

~ الجُنود défilé/revue militaire/des troupes

~ التَحيّة، عَسْكَريّ prise d'armes; parade militaire

اِسْتِدْراج **العُروض** appel d'offres

**عَرْض** ج أَعْراض côté/versant/flanc (d'une montagne); large *n.m.*; largeur; latitude; travers *n.m.*

~ صَدْر tour de poitrine

نَظَرَ، رَأى بِـ~ عَيْن regarder de côté/furtivement

في الطُول والـ~ de long en large

في طُول الأَرْض و~ها sur toute la terre; partout

خَطّ الـ~ الشَماليّ، الجَنوبيّ latitude nord, sud

**عَرْضًا** en large; en largeur

طُولًا و~ en long et en large

**عَرْضيّ** horizontal; transversal

خَطّ ~ ligne horizontale; latitude; parallèle *n.m.*

عَرْضة *maghr.* invitation

**عُرْض** milieu

~ النَهْر chenal

~ الشارِع chaussée

في ~ الطَريق au beau milieu de la rue

~ البَحْر large *n.m.*; pleine/haute mer

سارَ إلى ~ البَحْر gagner/prendre le large

مِنْ ~ الناس du peuple; originaire du peuple

ضَرَبَ ه **عُرْضَ** الحائِط faire table rase de

**عُرْضة** point de mire; objet des regards

كان ~ لِـ être en butte/exposé/sujet à; prêter le flanc à

وَقَفَ ~ في سَبيل ه entraver; contrecarrer

جَعَلَ نَفْسه ~ لِـ s'exposer à (la malveillance)

**عِرْض** dignité; honneur; réputation

طَعَنَ في ~ه s'attaquer à l'honneur de; déshonorer qqn; détruire la réputation de

نَقيّ الـ~ bonne réputation; honneur sans tache

في ~ه sous la protection/la sauvegarde de

**عَرَض** ج أَعْراض accident [*philos.*]; contingence; phénomène; symptôme; signe/indice de maladie

ثانِيًا وبالـ~ de façon secondaire et accessoire

عَرَضًا par accident/hasard; accidentellement; accessoirement; incidemment; fortuitement; occasionnellement; épisodiquement

عِلْم **الأَعْراض** séméiologie [*méd.*]

الـ~ المُتَزامِنة syndrome

أَعْراضيّ séméiologique

**عَرَضيّ** accidentel; épisodique; contingent; fortuit; incident *adj.*; occasionnel; symptomatique; véniel

خَطيئة ~ة péché véniel

عَرَضيّة précarité; contingence; caractère accidentel/fortuit de qqch

**عَروض** ج أَعاريض rocade; *poét.* dernier pied du premier hémistiche

عِلْم الـ~ métrique *n.f.*; prosodie

عَروضيّ métrique *adj.*; prosodique

**عارِض** ج ون exposant; démonstrateur; montreur; contingent *adj.*; précaire; occasionnel

~ الطَريق milieu de la chaussée

مُلاحَظة ~ة remarque incidente

~، عارِضة أَزْياء mannequin (de mode)

~ ج عَوارِض، أَعْراض accident; contingence; ennui; anomalie; empêchement; incident *n.m.*; obstacle; obstruction; mésaventure

~ صِحّة accident/ennui de santé

~ حُمَّى bouffée/montée/poussée de fièvre

عَوارِض contingences

**عارِضة** ج عَوارِض croisillon; longeron; poutre; vergue; traverse

قُوّة الـ~ éloquence; faconde

**عَريض** abondant; étendu; large; plat *adj.*; vaste

~ الشَدْق bien fendu (bouche, œil)

ثَرْوة ~ة grosse/énorme fortune

الخُطوط الـ~ة grandes lignes (d'un projet)

**عَريضة** ج عَرائِض pétition; pourvoi; requête; supplique

قَدَّمَ ~ faire/présenter une pétition

**مُقَدِّم العَرائِض** maître des requêtes

**مَعْروض** exposé; proposé; offert; invité

~ ج ات offre; proposition

~ الصُلْح، السِلْم offre/proposition de paix

الطَلَب زادَ عَن الـ~ la demande a dépassé l'offre

**مَعْرِض** ج مَعارِض exposition; foire; salon

~ السَيّارات، المُعَدّات الزِراعيّة
Salon de l'automobile, du matériel agricole

~ الآراء، الصُحُف exposé des idées; revue de presse

~ زِراعيّ concours/foire agricole

في ~ هـ à propos de; sous la forme de; par manière de; à l'occasion de

لَسْنا في ~ هـ ce n'est pas le lieu/la place de

في ~ التَهَكُّم، التَشْنيع sous la forme de la satire, de la diffamation

II **عَرَّضَ تَعْريضًا** لِـ، بِـ ه lancer des piques/des critiques contre; dénigrer; calomnier; insinuer; faire des insinuations calomnieuses; compromettre qqn

~ هـ لِـ disposer pour; prédisposer; élargir; exposer; mettre en évidence; présenter

~ نَفْسه لِلأَنْظار se mettre en évidence; se donner en spectacle; s'exposer aux regards

~ نَفْسه لِلشَمْس s'exposer/se mettre au soleil

~ نَفْسه لِلنَقْد donner prise/prêter le flanc à la critique

~ هـ لِلْخَطَر mettre en péril; exposer au danger; aventurer

~ نَفْسه لِلخَطَر aller au devant du/s'exposer au danger

~ صِحّته لِلخَطَر compromettre sa santé

~ سُمْعته لِلخَطَر compromettre sa réputation

**تَعْريض** disposition; élargissement; présentation; pose [*phot.*]

~ لِـ، بِـ allusion; attaque voilée; insinuation; calomnie; euphémisme; périphrase

~ سُمْعة ه لِلشُبُهات compromission

تَعْريضيّ allusif

مُعَرِّض لِلْخَطَر compromettant

**مُعَرَّض** vulnérable (au bridge)

~ لِـ en butte à; exposé/sujet à

~ لِلْهُجوم vulnérable (position)

غَيْر ~ non vulnérable (au bridge)

III **عارَضَ مُعارَضةً** ه، هـ affronter; aller à l'encontre de; contredire; contrecarrer; contrarier; mettre des bâtons dans les roues; contrer; objecter; opposer; s'opposer à; se mettre en travers de; tenir tête à; mettre son veto; pasticher

~ القُوّة بِالقُوّة opposer la force à la force

~ النِظام السِياسيّ s'opposer au régime politique

**مُعارَضة** affrontement; confrontation; contradiction; opposition; objection; remontrance; veto; pastiche

رُوح الـ~ esprit de contradiction

أَحْزاب الـ~ partis de l'opposition

| | |
|---|---|
| جُمْلَة ~ة | phrase incidente/incise; parenthèse [*fig.*] |
| X اِسْتَعْرَضَ اِسْتِعْرَاضًا ه | passer en revue |
| ~ الجُيُوش، المَوَاضِيع | passer en revue les troupes, les sujets |
| **اِسْتِعْرَاض** | revue; parade; défilé (militaire) |
| ~ مُوسِيقِيّ | revue musicale; show |
| ~ إِجْمَالِيّ | étude/vue d'ensemble |
| **3505 عَرْعَر** | genévrier; *maroc.* thuya |
| حَبَّة، ثَمْرَة الـ~ | genièvre; grain de genièvre |
| عَرْعَرَة | bouchon de carafe |
| **3506 عَرَفَ** ـِ عِرْفَانًا، مَعْرِفَة ه | apprendre; reconnaître; avoir connaissance de; connaître; savoir |
| ~ لِـ ه جَمِيلًا | avoir de la reconnaissance pour |
| ~ نَفْسَه، قَدْرَ نَفْسِه | se connaître soi-même |
| ~ أَشْيَاء كَثِيرَة عن ه، ه | savoir beaucoup de choses sur |
| ~ه حَقَّ المَعْرِفَة | savoir/connaître parfaitement/pertinemment/à fond/par cœur |
| اِعْرِفْ نَفْسَك بِنَفْسِك | connais-toi toi-même |
| لا يَعْرِفُ شَيْئًا عن ه | n'avoir aucune lumière sur; n'avoir aucune idée de |
| رَجُل لا ~ الرَحْمَة | homme impitoyable/inaccessible à la pitié |
| لَمْ ~ه التاريخ مِن قَبْل | sans exemple connu; inconnu à ce jour; inouï |
| **عُرِفَ** بِأَنَّه | être réputé pour; passer pour; être connu pour; avoir la réputation de |
| ~ بِاسْم | être connu sous le nom de |
| **عِرْفَان** | connaissance; gnose |
| ~ الجَمِيل، الفَضْل | gratitude; reconnaissance |
| **مَعْرِفَة** ج مَعَارِف | connaissance; personne de connaissance; information; instruction; notion; savoir *n.m.*; science; *gramm.* détermination; nom déterminé (par l'article défini) |
| عن ~ | sciemment; pertinemment |
| ~ الذَات، النَفْس | connaissance de soi |
| بِـ~ الجَمِيع | au su de tous |
| دُونَ ~ الجميع | à l'insu de tous |
| **مُعَارِض** ج ون | contradicteur; contradictoire; contrariant; hostile; objecteur; opposant; pasticheur |
| **مُعَارَض** | contesté; contredit; pastiché |
| IV **أَعْرَضَ** إِعْرَاضًا لِـ | se présenter de flanc; prêter le flanc à |
| ~ عَن | se détourner de; tourner le dos à; éviter; s'écarter de; renoncer à |
| ~ عن ذِكْر ه | ne pas faire mention de |
| في إِعْرَاض | à regret; à contrecœur |
| V **تَعَرَّضَ** تَعَرُّضًا لِـ | faire allusion à; remarquer; souligner; s'opposer à; combattre; contredire; s'aventurer; aborder qqn; entreprendre qqch; se mettre à faire; être en butte à/la proie de/sujet à; se prêter à; prêter le flanc à; donner prise à |
| ~ لِلْخَطَر | s'exposer; s'exposer au/courir un danger |
| ~ لِحادِث، إِهانة | avoir un accident; recevoir un affront |
| ~ لِلنَقْد | être en butte à/donner prise à la critique |
| ~ لِلاضْطِهاد | être victime de persécutions |
| VI تَعارَضَ تَعارُضًا مع ه | être en contradiction/en opposition avec; contraster avec; se contrarier; être en désaccord; s'opposer |
| **تَعارُض** | antagonisme; désaccord; contradiction; incompatibilité; hétérogénéité; conflit; contraste; divorce [*fig.*] |
| ~ المَصالِح | antagonisme/lutte d'intérêts |
| ~ الأَلْوان، المَبادِئ | opposition de couleurs, de principes |
| **مُتَعارِض** | antagonique; incompatible; inconciliable; opposé; hétérogène; contradictoire |
| VIII **اِعْتَرَضَ** اِعْتِراضًا على ه، ه | s'élever contre; réclamer contre qqn; protester; discuter; s'opposer à; s'interposer; intercepter; se mettre en travers; inquiéter; récuser; objecter |
| ~ سَبِيل ه | barrer la route à |
| **اِعْتِراض** | interception; interposition; réclamation; objection; protestation; veto |
| لا ~ | pas d'objection; il n'y a rien à dire |
| حَقّ الـ~ | droit de faire opposition/de veto |
| **اِعْتِراضِيّ**؛ اِجْتِماع ~ | contradictoire; réunion contradictoire |
| **مُعْتَرِض** | adversaire; contestataire; contradicteur; opposant; protestatiare; transversal; de travers; de traverse |

إنّه كَثير الـ~ avoir de grandes lumières/connaissances; être très savant; savoir beaucoup de choses

تَمَكَّنَ من ~ ه، ه arriver à connaître

**مَعارِف** connaissances; lumières [*fig.*]; relations

دائِرة ~ encyclopédie

**عَرْف** arôme; fumet; (bonne) odeur; parfum; senteur

**عُرْف** hauteur; lieu élevé; crin de cheval; crinière

~ الدِيك crête de coq; caroncule [*zool.*]

~ ج أَعْراف coutume; droit coutumier; pratique légale; formalité; tradition; usage

هَكذا يَسير الـ~ ainsi va la coutume

في ~ النـاس dans l'esprit des gens; selon les gens

الـ~ الدُوَليّ العامّ droit des gens

الـ~ والعادات us et coutumes

كَرَّسَهُ الـ~ consacré par l'usage

**أَعْراف** mœurs; traditions

الـ~ المُقَرَّرة، المُتَّبَعة usages établis/en vigueur

**عُرْفيّ** coutumier (droit)

حُكْم ~ état de siège

مَجْلِس، قانون ~ cour, loi martiale

عَرَفات «*'Arafāt*» (l'un des lieux du pèlerinage à La Mecque)

**عِرافة** divination; voyance

~ الكَفّ، اليَد chiromancie

**عارِف** بِ instruit; connaisseur; familier (de); expert (en)

أَنْتَ ~ tu sais bien

عارِفة sage-femme (à la campagne)

**أَعْرَفُ** : الذي أَنْتَ ~ بِه ce que tu connais le mieux

~ بِـه، ه حَتّى trop bien connaître qqn, qqch pour

عَرّاف ج ون devin; augure; voyant

عَرّافة devineresse; voyante; chiromancienne; sibylle; pythonisse

لُغَة العَرّافين langage sibyllin [*litt.*]

**مَعْروف** connu; bien connu; distingué; fameux; illustre; reconnu; renommé; réputé; *gramm.* voix active (v. dont on connaît le sujet)

~ بِـ، بِٱسْم connu sous le nom de; dit; nommé

غَيْر ~ inconnu; ignoré

الـ~ أن؛ مِن الـ~ أن il est connu/bien connu/ patent que; on sait/on sait bien que

~ ج مَعاريف service rendu; belle conduite; bon procédé; bienfait; faveur; obligeance, obligation

بَنو ~ *lib. surnom*: Druzes

أَسْدَى، صَنَعَ ~ًا إلى obliger qqn; rendre service à

صاحِب ~ obligeant

بالـ~ amicalement; loyalement; obligeamment

ناكِر، جاحِد الـ~ ingrat

جُحود، إنْكار الـ~ ingratitude

أَنْكَرَ، جَحَدَ ~ ه payer qqn d'ingratitude

**عَريف** bien renseigné; au courant; expert; autorisé en matière de

~ ج عُرَفاء assistant; moniteur; responsable; *mil.* brigadier; caporal

~ بَحْريّ quartier-maître

~ أوَّل caporal-chef; brigadier-chef

~ بَحْريّ أوَّل quartier-maître chef

II **عَرَّفَ** تَعْريفًا ه، ه annoncer; aviser; confesser qqn; définir; déterminer; donner une définition; identifier; faire savoir/connaître; *écon.* tarifer; *gramm.* déterminer par l'article

~ ه بِـ، إلى ه présenter qqn à; introduire qqn dans

~ نَفْسه se présenter; se faire connaître

~ بِنَفْسه، بِٱسْمه décliner son identité

**تَعْريف** ج ات annonce; avis; confession; définition; détermination; identification; information; introduction; présentation; *écon.* tarification; *gramm.* détermination (par l'article)

أداة الـ~ article déterminatif/défini

بِطاقة ~ carte d'identité

تَعْرِفة؛ تَعْريفة tarification; tarif

تَعْريفيّ déterminatif; tarifaire

مُعَرِّف ج ون confesseur

مُعَرَّف défini; déterminé; identifié

V تَعَرَّفَ تَعَرُّفًا إلى، على ه، ه connaître; faire la connaissance de; s'informer de; faire la découverte; s'enquérir de; découvrir; chercher à connaître; reconnaître

X اِسْتَعْرَفَ اِسْتِعْرافًا ه connaître; chercher à connaître/savoir; discerner

3507 (عرق) عِراقِيّ irakien

3508 عِرْق ج عُروق racine; souche [*pr.* et *fig.*]; ethnie; race; nervure [*bot.*]; veine [*anat.*, *minér.*]

~ مَعْدِنِيّ filon/veine de minerai

~ دَمَوِيّ vaisseau sanguin

~ اللُؤْلُؤ، الذَهَب nacre; ipéca

~ السُوس réglisse; bâton de réglisse

~ الرُخام، الخَشَب fil/veine du marbre, du bois

~ النَسا sciatique

طَيِّب الـ ~ bien né; de noble ascendance; de bonne souche

الـ ~ دَسّاس *prov.* bon sang ne peut mentir

ضَرَبَ فيه بِـ ~ avoir un point/trait commun avec; être de la même souche/veine

الـ ~ الأَبْيَض، الأَسْوَد، الأَصْفَر race blanche, noire, jaune

عِرْقِيّ veineux; vasculaire; racial (théorie)

~ ة، عِرْقِيّة raciste; racisme

عَراقة ancienneté; authenticité; pureté

~ النَسَب ascendance noble

عَريق bien fermement/solidement enraciné; qui tient (au sol) par sa racine; dont les origines sont lointaines (famille); noble/respectable (famille); ancien

~ في القِدَم immémorial; séculaire

~ النَسَب bien né; de bonne souche; de noble ascendance

عائلة ~ ة vieille famille

مَعْروق décharné/maigre (doigts, main)

II عَرَّقَ تَعْريقًا ه s'enraciner; prendre racine; marbrer; veiner

تَعْريق ج تَعاريق enracinement; nervure; veinure; texture (du bois); marbure

مُعَرَّق marbré; veiné

فُسْتان ~ robe à fleurs/fleurie/à ramages

~ في القِدَم bien/profondément enraciné (famille)

IV أَعْرَقَ إِعْراقًا ← II

تَعَرُّف connaissance; découverte; reconnaissance (des lieux)

VI تَعارَفَ تَعارُفًا على ه، ه reconnaître [*fig.*]; utiliser couramment/d'une manière banale; banaliser; se reconnaître; faire connaissance; se connaître

مُتَعارَف usité couramment; usuel; en vigueur; en cours

الإِسْم الـ ~ عَلَيْه nom bien/largement connu

القَواعِد المُتَعارَفة لَدى الجَميع règles reconnues par tous

VIII اِعْتَرَفَ اِعْتِرافًا بِـ ه admettre; s'accuser de; avouer; faire l'aveu de; se confesser; confesser qqch; reconnaître

~ بِأَخْطائِه admettre/avouer/reconnaître ses erreurs

~ بِوَلَد، بِحُكومة reconnaître un enfant, un gouvernement

~ به كَرَئيس reconnaître qqn comme chef

~ له بِالجَميل être reconnaissant envers qqn

~ بِذَنْبه، بِخَطاياه faire amende honorable; confesser ses péchés; faire son mea-culpa [*fam.*]

~ بِالواقِع se rendre à l'évidence; reconnaître les faits

~ بِحَقّ ه rendre justice à qqn; reconnaître les droits de qqn

لا يُعْتَرَف بِه inavouable

اِعْتِراف بِـ aveu; confession; reconnaissance

سِرّ، كُرْسِيّ الـ ~ secret de la confession; confessionnal

~ بِوَلَد، حُكومة reconnaissance d'un enfant, d'un gouvernement

~ بِدَيْن، خَطَئِه reconnaissance de dette, de son erreur

~ بِصِفة المَنْفَعة العامّة reconnaissance d'utilité publique

~ بِالجَميل gratitude; reconnaissance

مِن الـ ~ بِه أَن on s'accorde à reconnaître que; on admet que

مُعْتَرِف confesseur; reconnaissant

مُعْتَرَف بِه admis; approuvé; attitré; autorisé; avouable; avoué; indiscuté; licencié [*comm.*]; reconnu

~ بِه رَسْمِيًّا reconnu officiellement

غَيْر ~ بِه non admis; inavoué; discuté; désapprouvé

مُعْرِق في القِدَم ← عَريق

V تَعَرَّقَ تَعَرُّقًا ه ← II

VIII اِعْتَرَقَ اِعْتِراقًا ← II

X اِسْتَعْرَقَ اِسْتِعْراقًا ← II

**3509** **عَرِقَ** - عَرَقًا suer; transpirer; prendre une suée [*fam.*]

**عَرَق** suée [*fam.*]; sueur; transpiration; *fig.* eau-de-vie; arak

~ القِرْبة *fig.* effort; difficulté; peine; fatigue

لَقِيَ من ه ~ القِرْبة avoir à souffrir de l'attitude de qqn

غُدَد الـ~ glandes sudoripares

بـ~ جَبينِه à la sueur de son front

عَرَقيّ sudoripare

عَرْقان en sueur

II عَرَّقَ تَعْريقًا ه provoquer la sudation; faire suer/transpirer

تَعْريق؛ مُعَرِّق sudation; sudorifique

V تَعَرَّقَ تَعَرُّقًا exsuder; transpirer

تَعَرُّق exsudation; transpiration

**3510** **عَرَقيّة**؛ عَراقيّة petite calotte (qui se met sous le tarbouch); bonnet de nuit

**3511** **عُرْقوب** ج عَراقيب jarret; tendon d'Achille

أَكْذَب مِن ~ *prov.* menteur comme un arracheur de dents (*m. à m.* plus menteur que «*'Urqūb*»)

مَواعيدُ ~ promesses de Gascon

عُرْقوبيّ fallacieux (promesse)

طَيْر العَراقيب *ois.* épeiche

**3512** **عَرْقَلَ** ه، ه contrecarrer; embarrasser; entraver; gêner; handicaper [*fig.*]; neutraliser; faire obstruction/obstacle; se mettre en travers de

~ شارِعًا encombrer/embouteiller/congestionner une rue

~ السَيْر entraver/gêner/ralentir la circulation

~ جُهود ه entraver/saboter les efforts de

**عَرْقَلة** ج عَراقيل embouteillage [*fig.*]; encombrement; obstruction; neutralisation; handicap; croc-en-jambe [*fig.*]

قامَ بـ~ faire de l'obstruction

عَراقيل entraves [*fig.*]; difficultés; empêchements; obstacles

مُعَرْقِل encombrant; gênant; neutralisant

II تَعَرْقَلَ تَعَرْقُلًا être encombré/embouteillé/congestionné/neutralisé (rue, circulation)

تَعَرْقُل encombrement; embouteillage; embarras (circulation)

**3513** **عَرَكَ** ـُ عَرْكًا ه brasser; frotter; gratter (le cuir)

~ ه، ه attaquer; maltraiter; causer des dommages à

~ ه الدَهْر dégrossir/endurcir/façonner qqn (vie)

**مَعْرَكة** ج مَعارِك bataille; combat; engagement armé

~ بَحْريّة، بَرّيّة، جَوّيّة combat naval, terrestre, aérien

~ حامية chaude/violente bataille

**عَريكة** ج عَرائِك caractère; naturel *n.m.*; nature

لَيِّن الـ~ facile à vivre; bonhomme *adj.*; débonnaire; d'un naturel doux/facile; de bonne composition

شَديد الـ~ dur (homme); hautain; intraitable; rude

لانَتْ ~ ه s'adoucir; se faire moins dur

**عَرَكيّ** ج عَرَك السَمَك pêcheur

~؛ عَرِك lutteur; rude combattant/jouteur

III عارَكَ مُعارَكة، عِراكًا ه livrer combat; se battre; faire du grabuge [*fam.*]; en venir aux mains; se frotter à qqn

**عِراك**؛ مُعارَكة combat; échauffourée; grabuge [*fam.*]

اِلْتَحَمَ في ~ s'empoigner; se prendre à bras le corps

VI تَعارَكَ تَعارُكًا ← III

VIII مُعْتَرَك ج ات champ de bataille

**3514** **عُرْمة** ج عُرَم amas; amoncellement (de sable); tas; meule (blé, paille); pile; barrière; digue

عَرَمة ج عَرَم *même sens*

**عَرِم**، عارِم — énorme; fort; impétueux; tempétueux; véhément; violent (passion)

جَيْش ~ — armée nombreuxe

**يَوْم عارِم** — jour très froid

**عُرام** — dureté; force; mauvais caractère; emportement; insolence; impétuosité; véhémence; violence

سَيْل ~ مِن — un torrent de; une masse de; une multitude de

II عَرَّمَ تَعْرِيمًا ه — amasser; amonceler; accumuler

3515 **عَرَن** عَظْمِيّ — production osseuse; ostéophyte; tumeur cornée

**عَرِين** ج عُرُن — antre; gîte; repaire; tanière; trou

~ الأُسُود — fosse aux lions

عِران — corne; cornet [*mus.*]

3516 **عِرْناس**، عُرْنوس ج عَرانيس — épi de maïs

3517 **عِرْنِين** ج عَرانِين — cartilage du nez

3518 (عرو) **عَراوة** — *bot.* reine-des-prés

3519 **عَرا** ـُ عَرْوًا ه ← VIII

~ه النَدَم، التَهَيُّب — être pris de remords, d'appréhension

~ه الوُخوم — être saisi d'angoisse

عَرَتْه رَعْشة — être pris de tremblement

عَرَى ـِ عَرْيًا ه ← عَرا

عُرِيَ عُرْيًا — être pris/saisi (de frissons)

**عُرْوة** ج عُرًى — anse; ganse; lien; nœud; boutonnière; œillet (de chaussure)

~، عُرَى الصَداقة، مَحَبّة — nœuds [*class.*] de l'amitié; lien d'amitié

الـ~ الوُثْقَى — *fig.* protection sûre

**عُرَى** — chefs militaires; commandement

أَلْقَى إلَيْه الـ~ — confier à qqn les responsabilités; tout abandonner à qqn; mettre tout à la disposition de

رَوابِط لا تَنْفَصِم ~ ها — liens indissolubles

VIII **اِعْتَرَى** اِعْتِراءً ه، ه — advenir; affliger; arriver à qqn; étreindre [*fig.*]; survenir à; intervenir dans; être affligé/pris/saisi de; s'emparer de/prendre/saisir qqn (sentiment)

~ه الهَمّ — être la proie du souci

~تْه عِلّة — avoir une indisposition

3520 **عَرِيَ** ـَ عُرْيًا، عُرْيَة مِن — être ... *v. à l'adj.*

**عُرْي**، عُرْيَة، عُرًى — dépouillement; naturisme; nudité

لِباس، ثِياب الـ~ — déshabillé *n.m.*

~ الأُسْلوب — dépouillement du style

في ~ه الكامِل — dans le plus simple appareil

**عَراء** — lieu ouvert; rase campagne

في الـ~ — à ciel ouvert; en plein air; en rase campagne; à la belle étoile

نامَ في الـ~ — dormir à la belle étoile

**عارٍ** (عاري) ج عُراة — nu; pelé (sol); dépouillé; à poil [*fam.*]

~ مِن، عَن الصِحّة — dénué de fondement

عاري القَدَمَيْن، الأَقْدام — nu-pieds

عُرْيان ج عَرايا ← عارٍ

عُرْيانيّة — nudisme; naturisme

مُعْرًى ج مَعاري — partie nue/à découvert (du corps)

II **عَرَّى** تَعْرِية ه، ه — dégarnir; dénuder; mettre à nu; dépouiller; dévêtir; déshabiller

~ سِلْكًا كَهْرَبائِيًّا — dénuder un fil électrique

~ جِسْمه مِن ثِيابه — se dépouiller de ses vêtements; se dévêtir; se déshabiller

~ الأَشْجار مِن أَوْراقِها — dépouiller les arbres de leurs feuilles

تَعْرِية — mise à nu; dénudation; dépouillement; déshabillage

**مُعَرًّى** — dégarni; dépouillé; dévêtu; dénudé; déshabillé; pelé (sol); dans le plus simple appareil

~ الكَتِفَيْن — décolleté *adj.*; en décolleté

أَشْجار **مُعَرّاة** — arbres pelés/nus/dépouillés

V **تَعَرَّى** تَعَرِّيًا — se dégarnir; se déshabiller; se dénuder; se mettre à nu; se dévêtir; se dépouiller

~ مِن الأَشْجار — se déboiser (région)

تَعَرٍّ — nudité; déshabillage; strip-tease

مُتَعَرِّيَة — strip-teaseuse

X إِسْتِعْرائِيَّة — exhibitionnisme [*psychol.*]

**3521 عَزَّ** ـِ عِزًّا، عِزَّةً — être ... *v. à l'adj.*

~ على ه أن — être difficile à qqn de; coûter à qqn de

~ التَحْصيل على ه — il a été difficile d'acquérir

اَللّه ~ وَجَلَّ — Dieu Tout-Puissant

**عِزّ** — considération; célébrité; estime; gloire; renom; splendeur; force; puissance; violence

أَيّام الـ~ — les beaux jours [*fig.*]; le bon vieux temps

في ~ الشِتاء، الشَباب — au cœur de l'hiver; en pleine jeunesse

**عِزَّة** — honneur; dignité; fierté; noblesse; prix (grand); rareté; valeur

الشُعور بـ~ه — sentiment de son honneur/de sa dignité

~ قَوْمِيّة — dignité/fierté/honneur national(e)

~ النَفْس — noblesse de caractère; sens de l'honneur

**عَزيز** ج أَعِزَّة، أَعِزّاء — agréable; apprécié; chéri; considéré; cher; précieux; rare; fier; fort; honoré; noble; puissant; respecté

~ على ه — difficile/pénible pour qqn

~ على ه كَالحَياة — aussi/plus précieux que la vie

يا **عَزيزي** — mon cher; mon vieux [*fam.*]

~ القارِئ — mon cher lecteur

يا عَزيزتي — ma chère; ma vieille [*fam.*]

**أَعَزّ** م عُزّى — plus cher/précieux/rare; plus fort/puissant

فَقَدَ ~ صَديقٍ لَدَيْه — perdre le plus précieux des amis

عُزّى — «*'Uzza*» (idole des Arabes païens)

عَزّاء — année stérile/de disette; calamité

II **عَزَّزَ** تَعْزيزًا ه، ه — accentuer; appuyer; confirmer; conforter; consolider; corroborer; étoffer; fortifier; intensifier; renforcer; raffermir; survolter [*pr.* et *fig.*]

~ بِالسِلاح — armer; renforcer le potentiel militaire

~ جُهوده — accentuer/intensifier ses efforts

~ جانِبَ الجَيْش — grossir les rangs de l'armée

~ إِتِّجاهًا — confirmer/conforter une orientation

~ مَوْقِعًا حَرْبِيًّا — renforcer/garnir une position stratégique

~ ه بِشَواهِد — illustrer qqch par des exemples

~ جَمال ه — relever la beauté de

~ صَداقة، مَوَدّة — sceller une amitié, une sympathie

**تَعْزيز** — accentuation; affermissement; appui; confirmation; consolidation; corroboration; intensification; raffermissement; renforcement; renfort; soutien; survoltage

تَعْزيزًا لِ — à l'appui de

IV أَعَزَّ إِعْزازًا ه (← II) — chérir; estimer; honorer; affectionner; porter de l'affection à

إِعْزاز (← تَعْزيز) — affection; estime; tendresse

V تَعَزَّزَ تَعَزُّزًا — s'affermir; s'intensifier; se conforter; se renforcer; s'accentuer

VIII اِعْتَزَّ اِعْتِزازًا بِ — se réclamer de; se faire gloire de; se piquer de; se glorifier de; s'enorgueillir de; être fier de; avoir l'orgueil de

اِعْتِزاز — orgueil; vanité; amour-propre

مُعْتَزّ — fier; orgueilleux

**3522 عَزَبَ** ـُ عُزْبة — garder le célibat

~ ـِ عُزوبًا عن — abandonner; s'effacer (souvenir); s'éloigner; sortir (de l'esprit)

عُزْبة؛ عُزوبة — célibat

عَزَب ج عُزّاب، أَعْزاب — célibataire; non marié (femme, homme)

عازِب م ة ج عُزّاب — *même sens*

**أَعْزَب** م عَزْباء ج عُزْب — *même sens*

بَقِيَ (تْ) ~، عَزْباء — rester garçon, fille; rester célibataire

II عَزَّبَ تَعْزيبًا ه — abandonner/négliger ce que l'on avait commencé

**3523 عِزْبة** ج عِزَب — ferme; propriété agricole

**3524 عَزَرَ** ـِ عَزْرًا ه — blâmer; gronder; réprimander

~ ه على ه — inculquer qqch à qqn; faire la leçon à

~ عن ه — empêcher qqn de faire qqch

عَزْرائيل — «*'Azra'īl*» (ange de la mort)

عَزْري ج عَزارَى — *maroc.* célibataire

II **عَزَّرَ** تَعْزيرًا ه (← عَزَرَ) — châtier; aider; assister qqn; renforcer

**تَعْزير** — blâme; censure; châtiment; réprimande

3525 **عَزَفَ** - عَزْفًا على ه — jouer/tirer des sons (d'un instrument); exécuter/interpréter [*mus.*]; *v. aussi 3536*

**عَزْف**، عَزيف — plainte; jeu [*mus.*]; récital

~ قِطْعة موسيقيّة — exécution/interprétation (d'un morceau de musique)

**عازِف** — *mus.* concertiste; joueur; interprète

~ بيانو، مُنْفَرِد — pianiste; soliste

~ كَمان — violoniste

**مَعْزوفة** ج ات — morceau/pièce (de musique)

~ الإِسْتيقاظ — sonnerie du réveil

**مِعْزَف** ج مَعازِف — piano

3526 **عَزَفَ** ـُ عُزوفًا عن — se détacher; se détourner; s'éloigner de; être dégoûté de; se dégoûter de; *v. aussi 3525*

**عُزوف** — aversion; dégoût; désenchantement

**عَزوف** — dégoûté; désenchanté

3527 **عَزَقَ** - عَزْقًا ه — biner; défricher; sarcler

**مِعْزَق**، مِعْزَقة ج مَعازِق — bêche; binette; houe; sarcloir

3528 **عَزَلَ** - عَزْلًا ه، ه — démettre; destituer; écarter; mettre à l'écart; éloigner; ôter; isoler; limoger; révoquer; séparer; pratiquer la ségrégation

~ سِلْكًا، مَريضًا — isoler un fil, un malade

~ عُنْصُرًا بَسيطًا — isoler un corps simple

~ مَلِكًا عَن عَرْشه — déposer un souverain

~ ه مِن مَنْصِبه — relever qqn de ses fonctions; destituer/limoger qqn; faire sauter qqn [*fam.*]; casser un fonctionnaire

~ سَجينًا — mettre un prisonnier au secret

**يُعْزَلُ**؛ لا ~ — amovible; inamovible

**عَزْل** — déposition; destitution; mise à l'écart; limogeage; révocation; séparation; ségrégation; coït interrompu; isolement; isolation

حائِط ~ الصَوْت — mur antibruit

غَيْر قابِل لِلْـ~ — inamovible

لا عَزْلِيّة — inamovibilité

**عَزَل** — désœuvrement; oisiveté

**عُزْلة** — éloignement; isolement; vie/endroit retiré(e); retraite; solitude; réduit *n.m.*

في ~ — à l'écart

في ~ تامّة — dans un complet isolement; dans une thébaïde [*litt.*]

**عازِل** — isolateur; isolant *adj.*, *n.m.*; séparateur

عازِلة ج ات. عَوازِل — *même sens*

**أَعْزَل** م عَزْلاء ج عُزْل — désarmé; sans arme; sans défense

**مَعْزول** — isolé; à l'écart; écarté; éloigné

~ عن العالَم — coupé du monde

**مَعْزِل** ج مَعازِل — isoloir; retraite; lieu de retraite

بِ، في ~ ه — à l'écart de; isolé de; à part; séparé de; en dehors de

**مِعْزَل** ج مَعازِل — isolateur

II **عَزَّلَ** تَعْزيلًا ه — draguer; mettre de côté; éloigner

VII **اِنْعَزَلَ** اِنْعِزالًا عن — s'abstraire (dans); se couper (de); se détacher; s'isoler; s'exiler; se retirer

~ في الريف — se retirer à la campagne

**اِنْعِزال** — détachement; exil; isolement; retrait

في ~ — en vase clos; à l'écart; en retrait

**اِنْعِزاليّ** — isolationniste (politique)

**اِنْعِزاليّة** — isolationnisme

**مُنْعَزِل** — retiré; solitaire; isolé; écarté; exilé

حَياة ~ة — vie retirée/cloîtrée/de reclus/effacée

قَرْية ~ة — village coupé du monde/perdu/éloigné de tout

VIII **اِعْتَزَلَ** اِعْتِزالًا ه — abandonner; quitter; faire scission

~ العَرْش — abdiquer

~ وَظيفَته — se démettre de/abandonner ses fonctions; démissionner

~ العالَم — se retirer du monde

~ في ه — s'abstraire dans; se cantonner dans [*fig.*]; s'ensevelir dans [*fig.*]; se cloîtrer [*pr.* et *fig.*]; se confiner dans

اِعْتِزال abdication; démission; réclusion; retrait; retraite; *isl.* dogmatisme; théologie dogmatique

مُعْتَزِل ج ة qui fait scission; *isl.* théologien dogmatique

مُعْتَزَل ج ات retraite; solitude; vie retirée

**3529 عَزَمَ** ـِ عَزْمًا، عَزِيمة على ه décider; se décider à; décréter; se déterminer; entreprendre; se mettre en tête; projeter de; se promettre; se proposer; tirer des plans; résoudre de; se résoudre à; prendre la résolution de

**عَزْم** ج عُزوم décision; esprit d'entreprise; force d'âme/de caractère; détermination; dessein; énergie; fermeté; projet; ferme propos; résolution; volonté

عَقَدَ الـ~ على prendre la ferme résolution de; avoir la ferme intention de

صَحَّ ~ه على *même sens*

خارَ ~ه se rebuter; caler [*fig.*]

شَديد، ثابِت الـ~ inébranlable; décidé; résolu; stoïque

أُولو الـ~ hommes de bonne volonté

بِـ، بِكُلّ ~ avec décision; délibérément; résolument; de propos délibéré; fermement

**عَزْمة** ج عَزَمات intention; résolution; devoir (religieux); précepte divin

ما لَهُ ~ ولا عَزيمة manquer de résolution (dans la décision) et de fermeté (dans l'exécution); être velléitaire

**عَزيمة** ج عَزائِم (← عَزْم) formule incantatoire/magique; incantation; sortilège

~ صادِقة bonne volonté; constance; fermeté

~ سَيِّئة mauvaise volonté

قُوّة الـ~ force de caractère/d'âme

**عَزائِم** الله préceptes divins

~ المَغْفِرة œuvres/mérites expiatoires

**عازِم** décidé; déterminé; délibéré; ferme; résolu

~ على décidé/résolu à

عَزوم constant; consistant; persévérant; inébranlable; énergique (personne)

II عَزَّمَ تَعْزيمًا ه، ه adjurer; conjurer; enchanter (magie); exorciser

تَعْزيم adjuration; charme; conjuration; enchantement; exorcisation; exorcisme; incantation; sortilège

تَعْزيميّ incantatoire

مُعَزِّم exorciste; enchanteur

VIII اِعْتَزَمَ اِعْتِزامًا ه ← عَزَمَ

مُعْتَزِم ← عازِم

**3530 عَزا** ـُ عَزْوًا لِـ، إلى ه، ه accuser; assigner; attribuer (une faute) à; imputer; incriminer; mettre en rapport; rapporter; *v. aussi 3531*

~ فَشَلًا إلى ه attribuer/imputer un échec à

عَزْو accusation; assignation; imputation

مَعْزوّ إلى ه imputable à

**3531 عَزا** ـُ عَزاء se consoler; être patient; supporter avec patience

**عَزِيَ** ـَ عَزاء *même sens*

**عَزاء** consolation; patience; soulagement; cérémonie/visite de condoléances

جَلَسَ لِلْـ~؛ تَقَبَّلَ الـ~ recevoir les condoléances

II عَزَّى تَعْزِية ه consoler; réconforter; présenter ses condoléances à qqn

~ ه عن ه chercher à consoler qqn de qqch

**تَعْزِية** ج تَعازٍ consolation; réconfort; condoléances; cérémonie funèbre

رَفَعَ، قَدَّمَ ~ه، تَعازِيَه présenter ses condoléances; exprimer sa sympathie (à l'occasion d'un deuil)

مُعَزٍّ consolant; consolateur; réconfortant

V تَعَزَّى تَعَزِّيًا prendre patience; se consoler

VI تَعازَى تَعازِيًا se consoler mutuellement

**3532 عَسَّ** ـُ عَسًّا ه، على ه faire le guet/des rondes de nuit; garder; assurer la surveillance

عَسّة؛ عَسَس garde; guet; ronde de nuit

عَسّاس ج ون gardien; surveillant; veilleur de nuit

VIII **اِعْتَسَّ** اِعْتِساسًا ه ← عَسَّ

كَلْب ~ خَيْر من أَسَد رَبَض *prov.* chien qui veille vaut mieux que lion mort

**3533 عُسّ** ج عِساس grand gobelet

**3534 عَسوب** chef; prince

عَسيب — cou-de-pied; palme [*bot.*]

يَعْسوب ج يَعاسيب — reine des abeilles; libellule; chef; prince; notable

**3535 عُسْبُر** — panthère mâle

عِسْبار — *zool.* protèle

**3536 عَسْجَد** — or *n.m.*; joyaux; pierres précieuses

عَسْجَديّ؛ مُعَسْجَد — doré; d'or; en or

**3537 عَسُرَ ـُ عُسْرًا** — être ... *v. à l'adj.*

عَسِرَ ـَ عَسَرًا — *même sens*

عَسَرَ ـُ عُسْرًا ه على — presser qqn (de payer sa dette); forcer qqn

**عُسْر** — difficulté; embarras; gêne; malheur; mauvaise passe posture; mauvais pas; situation/circonstance difficile pénible; accouchement difficile; peine

~ الماء — crudité dureté de l'eau

~ الهَضْم — pesanteur de la digestion

اليُسْر والـ~ — les hauts et les bas (de l'existence)

إنّ بَعْدَ الـ~ يُسْرًا — *prov.* après la pluie le beau temps; Jean qui pleure et Jean qui rit

**عَسير**؛ عَسِر — ardu; gênant; difficile; dur; embarrassant; malaisé; pressant (besoin); sévère (critique); impraticable (chemin); pénible

عِيشة ~ة — vie difficile malheureuse

الأيّام ~ة — les temps sont difficiles/durs

~ الهَضْم — lourd/difficile à digérer (nourriture); indigeste

ماء ~ — eau crue dure

**أعْسَر** م عَسْراء ج عُسْر — gaucher *n.m.*

~ أيْسَر — ambidextre

III عاسَرَ مُعاسَرة ه — être dur envers qqn; traiter avec rigueur

IV أعْسَرَ إعْسارًا — être insolvable; être dans une situation difficile/réduit à la misère/dans la nécessité

**إعْسار**؛ حالة ~ — déconfiture [*fam.*]; insolvabilité; faillite

**مُعْسِر** — insolvable; nécessiteux; indigent

V **تَعَسَّرَ** تَعَسُّرًا — s'aggraver; se compliquer; avoir/trouver des difficultés

~ت الحالة — la situation se complique

VI تعاسَرَ تَعاسُرًا — faire le difficile le délicat

**3538 عَسَف** — iniquité; injustice; oppression; tyrannie

عَسْفيّ — oppressif

V **تَعَسَّفَ** تَعَسُّفًا ه — traiter durement qqn; commettre des abus des injustices contre; opprimer

~ عن — dévier; s'écarter de la ligne droite

~ في مَعْنَى كَلِمة — forcer le sens d'un mot

**تَعَسُّف** ج ات — aberration; déviation; écart

~ حُكْم — abus de pouvoir; arbitraire; despotisme; oppression; tyrannie

~ المَعْنَى، الكَلِمة — abus de langage; interprétation abusive forcée

~ الكَلام — boursouflure de style

**تَعَسُّفيّ** — arbitraire; abusif; despotique; oppressif; tyrannique

اِسْتِعْمال ~ لِكَلِمة — utilisation abusive d'un mot

إجْراء، اِعْتِقال ~ — mesure, détention abusive arbitraire

تَعَسُّفيًّا — abusivement; arbitrairement

مُتَعَسِّف — despote; tyran

**3539 عَسْقَل** ج عَساقِل — tubercule [*bot.*]; mirage

عُسْقول ج عَساقيل — *même sens*

**3540 عَسْكَرَ** عَسْكَرة — camper [*mil.*]; militariser; rassembler

عَسْكَرة — militarisation; campement

**عَسْكَريّ** ج عَسْكَر، عَساكِر — militaire *adj.*, *n.m.*; soldat; homme de troupe; troupier; troufion [*pop.*]

مَحْكَمة، خِدْمة ~ة — tribunal, service militaire

ضِدّ النِظام الـ~ — antimilitariste

تَدْريب ~ — instruction/préparation militaire

عَساكِر — troupe [*mil.*]

**مُعَسْكَر** — camp; campement; quartier militaire; baraquement

~ نَقّال، مُحَصَّن — camp volant, retranché

~ اِعْتِقال — camp de concentration

se diviser en deux camps — اِنْقَسَمَ إلى مُعَسْكَرَيْن

**3541** **عَسَل**، شَهْر الـ~ — miel; lune de miel

عَسَليّ — mielleux; de miel; ambré

عَسَلِيّات — mellifère; méliacées *n.f.pl.*

عَسّالة، مَعْسَلة — ruche

**مَعْسول** — mielleux; sucré

كَلِمات ~ة — paroles mielleuses/sucrées/alléchantes; belles paroles [*fig.*]

وُعود، مَواعيد ~ة — belles promesses; promesses alléchantes; monnaie de singe

**3542** **عُسْلُج** ج عَسالِج — brindille; rameau; scion; jeune pousse; *adj.* délicat; tendre

عُسْلوج، عِسْلاج ج عَساليج — *même sens*

**3543** **عَسا** ـُ عَساء، عُسُوًّا — *bot.* se dessécher; se flétrir; sécher

عاسٍ — flétri/desséché/sec (plante)

عَسْو — bougie; chandelle; cire

**3544** **عَسَى** ه أن — peut-être que; il se peut que; il est possible que; il se pourrait que; il peut se faire que; il faut espérer que; pourvu que

فيما ~ه أن — dans l'éventualité de/où

~ اللّٰهَ أن — fasse le ciel que; plaise à Dieu que

عَساني، نا أن — puissé-je; puissions-nous

**3545** **عُشّ** ج أَعْشاش — nid

تَلَمَّسْ أَعْشاشك — occupez-vous de vos affaires/de vos oignons [*pop.*]

عُشّة — cabane; hutte

عَشّة ج عِشاش — arbre chétif; palmier

II عَشَّشَ تَعْشيشًا — faire son nid; nicher; nidifier

تَعْشيش — nidation; nidification

VIII اِعْتَشَّ اِعْتِشاشًا — se nicher; nicher

**3546** **عُشْب** ج أَعْشاب — *coll.* herbe verte; herbage

آكِل الـ~ — herbivore

**عُشْبِيّ** — herbacé; herbeux; herbu

نَبات ~ — plante herbacée

**أَعْشاب** مُضِرّة، عِطْرِيّة — mauvaises, fines herbes

~ طِبِّيّة — herbes médicinales/officinales; simples *n.m.pl.*

مَتْجَر الـ~ الطِبِّيّة — herboristerie

مَجْموعة ~، مَعْشَب — herbier

أَبادَ، إبادة الـ~ — désherber; désherbage

مُبيد الـ~ — herbicide

إحْراق الـ~ — écobuage

أَعْشابيّ — herboriste

**عُشْبة** البَراغيث — herbe aux puces

~ المَنّ — glycérie; herbe à la manne

**عاشِب** — herbeux

~ ج ات، عَواشِب — herbivore

عَشّاب ج ون — herboriste

عاشوب ج عَواشيب — herbicide

IV أَعْشَبَ إعْشابًا — donner/produire de l'herbe; ramasser de l'herbe

V تَعَشَّبَ تَعَشُّبًا — botaniser; herboriser

XII اِعْشَوْشَبَ اِعْشيشابًا — se couvrir d'herbe verte (sol)

**3547** **عَشَرة** م عَشْر ج ات — dix; dizaine; déca- *préf.*; *v. aussi 3548*

~ أَضْعاف — décuple

~ لِتْرات، أَمْتار، غَرامات — décalitre; décamètre; décagramme

**عَشْر** سَنوات — décade; décennie; dix ans

الوَصايا الـ~ — décalogue

مُدّة ~ سَنوات، عَشْرِيّ — décennal

**عُشْر** — dîme; dixième; déci- *préf.*

~ دَرَجة، مِتْر — décigrade; décimètre

~ غرام، لِتْر — décigramme; décilitre

**عُشْرِيّ**، نِظام ~ — décimal; système décimal

عَدَد، كَسْر ~ — décimale *n.f.* [*math.*]

عِشْرونَ، لَجْنة العِشْرين — vingt; le comité des vingt

عاشِر — dixième *adj. num. ordin.*

عاشِرًا — dixièmement

عاشوراء — le 10 de «*Muḥarram*»; «*ʿašūrā*» (fête qui a lieu ce jour-là)

عُشارِيّ الضُلوع، الأَوْجَه — décagone

II عَشَّرَ تَعْشيرًا ه — décupler

مُعَشَّر الزَوايا — décagone

**3548** **عِشْرة** — communauté; compagnie; commerce [*fig.*]; intimité; fréquentation; relations amicales/sociales; *v. aussi 3547*

عَشير ج عُشَراء — ami; associé; compagnon; camarade; époux; familier *n.m.*

عَشيرة ج عَشائِر — clan; horde; peuplade; tribu

عَشائِرِيّ، عَشائِرِيّة — tribal; tribalisme

رُوح العَشائِرِيّة — esprit de clan

عَشور — fréquentable

**مَعْشَر** — assemblée; compagnie; groupe; réunion; gens réunis; société; communauté

لَطيف الـ~ — d'un commerce agréable; sympathique

عَواشِر، أَعْشار — rémiges

III **عاشَرَ** مُعاشَرَةً ه — vivre avec qqn; cultiver la société de; fréquenter; avoir des relations/contacts/accointances avec; être en contact avec; pratiquer qqn; frayer avec qqn

~ جيرانَه — voisiner; avoir des relations de bon voisinage; voir ses voisins

~ الأَوْساط المُثَقَّفة — hanter les milieux cultivés

مُعاشَرة — accointance; contact; pratique (des individus); relations; commerce [*fig.*]; fréquentation; compagnie; intimité

مُعاشِر — ami; compagnon; camarade

VI تَعاشَرَ تَعاشُرًا — se connaître; se fréquenter; se voir

**3549** **عَشِقَ** َ عِشْقًا ه، ه — être amoureux/épris de; aimer; s'attacher à qqn; s'éprendre de

~ أَكْل الفُلْفُل — aimer le piment

~ على ه — aimer qqn d'autre

**عِشْق** — amour; ardeur; passion

~ المَحارِم — inceste

عِشْقِيّ — érotique

عَشَقة — *bot.* lierre

**عاشِق** ج عُشّاق — amant; amoureux; épris; passionné; galant *n.m.*; soupirant *n.m.*

الـ~ الأَوَّل — jeune premier

عَشيق ← عاشِق. مَعْشوق

عَشيقة ج ات — maîtresse; amoureuse; éprise

مَعْشوق — aimé; amoureux

II عَشَّقَ تَعْشيقًا ه — *techn.* accoupler; enclencher; connecter; emboîter

**تَعْشيق** — *techn.* accouplement; connexion; emboîtage; emboîtement; enclenchement

~ مُباشِر — prise directe

V تَعَشَّقَ تَعَشُّقًا ه — devenir amoureux de; aimer; faire l'amour à

VI تَعاشَقَ تَعاشُقًا — s'aimer

**3550** **عَشِمَ** َ عَشَمًا — être ... *v. à l'adj.*

خُبْز عَشِم — pain sec/rassis

أَعْشَم م عَشْماء — aride; désséché; maigre; sec

**3551** **عَشا** ُ عَشًا — y voir mal la nuit

عَشِيَ َ عَشاوة — *même sens*

عَشْو، عَشًا، عَشاوة — héméralopie; cécité nocturne

عَشْوة — nuit; obscurité; imprudence; étourderie

**عَشِيّة** ج عَشايا، عَشِيّ — soir; soirée; veille

~ أَمْس — la veille

بَيْنَ ~ وضُحاها — du jour au lendemain; du soir au matin

عِشاء — entrée de la nuit; soir; soirée; *isl.* prière du soir

**عَشاء** ج أَعْشِية — dîner *n.m.*, souper *n.m.*

طَعام الـ~ — *même sens*

تَناوَلَ طَعام الـ~ — prendre le repas du soir; dîner *v.*; souper *v.*

حَفْلة ~ راقِصة — dîner dansant

أَعْشَى م عَشْواء ج عُشْي — aveugle; héméralope

خَبَطَ خَبْطَ **عَشْواء** — frapper en aveugle; *fig.* agir au hasard/à tort et à travers

رَكِبَ الـ~ — partir à l'aveuglette

عَشْوائِيّ étourdi; hasardeux; hasardé; au hasard; imprudent; inconsidéré

مَسْعًى ~ entreprise hasardeuse/inconsidérée

II عَشَّى تَعْشِيَة ه donner à dîner à qqn; passer la soirée avec qqn; tomber (nuit)

IV أَعْشَى إِعْشاء aveugler; rendre aveugle

V تَعَشَّى تَعَشِّيًا souper *v.*; dîner *v.*

تَعَشَّ وتَمَشَّ *prov.* faites quelques pas après dîner

3552 عَصَبَ ـِ عَصْبًا ه ceindre; empoigner; saisir à pleines mains; courber; ployer; bander; lier; serrer; panser; se grouper; se rassembler; se réunir

عُصْب *bot.* convolvulus; liseron

عَصَب ج أَعْصاب nerf; *fig.* chef; personnage important

~ الحَرْب، الاقْتِصاد nerf de la guerre, de l'économie

أَعْصاب الحِسّ والحَرَكة système de la perception et du mouvement

حَرْب الـ~ guerre des nerfs

بارِد الـ~ impassible; calme; flegmatique

هَزَّ، أَثارَ الـ~ énerver; porter/taper sur les nerfs

ثَوْرة الـ~ énervement; attaque de nerfs

ثارَتْ ~ه s'énerver; avoir les nerfs en boule [*fam.*]

ثائِر، مُتَوَتِّر الـ~ énervé; sur les nerfs/les dents; tendu

~ مُحَرِّكة لِلْعُروق nerfs vaso-moteurs

جِراحة، عِلْم الـ~ neurochirurgie; neurologie

مُهَدِّئ لِلْـ~ neuroleptique; calmant; sédatif

طَبِيب الـ~ neurologiste; neurologue

عَصَبِيّ nerveux *adj.*; vigoureux (style)

~ المِزاج nerveux (tempérament)

الجِهاز الـ~ système nerveux

ضُعْف، وَهَن، إِنْهاك ~ neurasthénie; dépression nerveuse

أَلَم، اِلْتِهاب ~ névralgie; névrite

عِلْم الأَمْراض الـ~ة neuropathologie

~ نَباتِيّ، إِنْباتِيّ، نَمائِيّ neuro-végétatif

حالة ~ة nervosité

نَوْبة، هَزّة ~ة crise de nerfs

خَلِيّة، وَحْدة ~ة neurone

عَصَبة ج ات clan; fédération; ligue; *anat.* neurone

~ العُمّال، الأُمَم trade-unions; Société des Nations

عَصَبِيّة ج ات esprit de clan/de parti/de clocher [*fam.*]; fanatisme; chauvinisme; patriotisme; sectarisme; tribalisme

نَبَضَ مِنْه عِرْق الـ~ sentir vibrer la fibre patriotique

عَصَبِيّات الأَجْنِحة névroptères *n.m.pl.*

عِصابة ج عَصائِب bandage; bandeau; turban; bande [*méd.*]

~ ج ات؛ عُصْبة ج عُصَب bande; clan; clique [*péjor.*]; bande de voleurs; cohorte; faction; gang; horde; ligue; maffia [*péjor.*]; ramassis; troupe

عُضْو من ~ gangster

حَرْب عِصابات guérilla

مُقاتِل في حَرْب ~ guérillero

عاصِبة jugulaire (d'un casque)

عُصاب *bot.* passerage; *méd.* névrose

~ اِسْتِحْواذِيّ névrose obsessionnelle

عُصابِيّ névrosé; névrotique

عُصابِيّة névrosisme

عَصِيب difficile; insupportable (malheur); critique (situation)

أَيّام ~ة temps/jours difficiles

مَعْصوب العَيْنَيْن *fig.* qui a les yeux bandés; qui a un bandeau sur les yeux

~ الخَلْق qui a de belles formes (femme); musculeux (homme)

IV أَعْصَبَ إِعْصابًا ه innerver; innervation

V تَعَصَّبَ تَعَصُّبًا être ... *v. à l'adj.*

~ لِـ avoir un préjugé pour; défendre une idée avec acharnement; mettre du fanatisme à; épouser le parti de

تَعَصُّب intolérance; esprit de parti; passion chauvine; chauvinisme; fanatisme; sectarisme

تَعَصُّبِيّ؛ مُتَعَصِّب intolérant; fanatique; chauvin; sectaire; entêté; opiniâtre

VIII اِعْتَصَبَ اِعْتِصابًا se mettre en/faire grève; constituer un clan/une ligue; se liguer; conspirer

اِعْتِصاب، مُعْتَصِب grève; gréviste

**3553** **عَصيدة** ج عَصائِد bouillie; purée

**3554** **عَصَرَ** ـِ عَصْرًا ه broyer; comprimer; écraser; essorer; fouler (le raisin); presser; pressurer

~ البَياضات essorer/tordre le linge

~ دِماغه *fam.* se pressurer le cerveau; se creuser le cerveau/la cervelle

~ العِنَب écraser/presser/fouler le raisin

عَصْر compression; essorage; foulage; broyage; pressurage (des olives); *v. aussi 3555*

**عُصارة** jus; suc

~ هَضْميّة، مَعِديّة suc digestif, gastrique

كَريم الـ~ homme généreux

عَصير فاكِهة suc; jus extrait de fruit; moût (de raisin)

عاصِرة fouloir; *anat.* sphincter

**عَصّارة**، ~ اللَّيْمون presse-fruits; presse-citron

~ البَياضات essoreuse

مَعْصور pressé (orange); essoré (linge)

مِعْصَر ج مَعاصِر pressoir; presse-fruits

مِعْصَرة ج مَعاصِر moulin à huile

IV **إعْصار** ج أعاصير cyclone; ouragan; orage; tornade; trombe

إنْ كُنْتَ ريحًا فَصادَفْتَ ~اً

*prov.* à malin malin et demi

ضِدّ الـ~ anticyclone

الأعاصير الجَوّيّة perturbations atmosphériques

VII اِنْعَصَرَ اِنْعِصارًا être aux abois/dans la gêne; être comprimé/compressé/pressé

اِنْعِصار compression; gêne

VIII **اِعْتَصَرَ** اِعْتِصارًا ه presser; extorquer; pressurer; soutirer; tirer qqch par la force

~ الشَّعْب pressurer le peuple; faire suer le burnous [*pop.*]

اِعْتِصار الفَواكِه pressurage des fruits

**3555** **عَصْر** ج عُصور، أَعْصُر âge; ère; époque; période; siècle; milieu de l'après-midi; *v. aussi 3554*

صَلاة الـ~ *isl.* prière de l'après-midi

الـ~ المَعْدِنيّ، الحَديديّ âge des métaux, du fer

الـ~ النُحاسيّ، الذَهَبيّ âge du cuivre (du bronze), d'or

الـ~ الحَجَريّ القَديم âge de la pierre taillée; paléolithique *n.m.*

الـ~ الحَجَريّ الحَديث âge de la pierre polie; néolithique *n.m.*

ذَوْق الـ~ goût du jour

~ جَليديّ، جيولوجيّ époque/période glaciaire, géologique

في ~نا هَذا aujourd'hui; de nos jours; à notre époque

فَريد ~ه sans égal/pareil (homme); incomparable; unique

عَصْريّ contemporain; d'aujourd'hui; moderne

عَصْريّة modernisme; modernité

II عَصَّرَ تَعْصيرًا ه moderniser; modernisation

III عاصَرَ مُعاصَرة ه être contemporain de; coexister avec

مُعاصِر contemporain

V تَعَصَّرَ تَعَصُّرًا se moderniser; modernisation

VI تَعاصُريّة contemporanéité

**3556** **عَصْعَص**، عُصْعوص coccyx; croupion

**3557** **عَصَفَ** ـِ عَصْفًا، عُصوفًا souffler en tempête/se déchaîner (vent)

~ بـ ه anéantir; détruire; emporter

عَصْف الرِياح، اِنْفِجار souffle du vent, d'une explosion

**عَصْفة** grain [*mar.*]; rafale; coup de vent; parfum; arôme; bouquet

~؛ عَصيفة ج عَصائِف *bot.* bractée; glume

عُصَيْفة، عُصَيْفيّة ج ات glumelle

**عاصِف** cinglant; déchaîné; furieux; houleux; impétueux; orageux; tempétueux; violent

جَوّ ~ temps orageux; gros temps; *fig.* atmosphère tendue

عاصِفة ج عَواصِف bourrasque; orage; tempête; tourmente

مَن يَزْرَع الريح يَحْصُد الـ~ prov. qui sème le vent récolte la tempête

هَبَّت الـ~ le vent souffle en tempête

~ من التَصْفيق tempête/tonnerre d'applaudissements

~ جُنون، حَرارة vent de folie; vague de chaleur

~ رَمْليّة tempête/vent de sable

عُصافة balle [bot.]

عَصّافة soufflerie

IV أَعْصَفَ إعْصافًا souffler violemment (tempête)

3558 عُصْفُر bot. carthame; safran bâtard

عُصَيْفِريّة giroflée jaune

عُصْفور ج عَصافير oiseau; passereau

~ في اليَد لا عَشَرة في الشَجَرة prov. un tiens vaut mieux que deux tu l'auras; mieux vaut tenir que courir

~ في اليد خَيْر من أَلْف كُرْكيّ في الجَوّ
même sens

~ التِين، الشَوْك becfigue; accenteur

~ دُوريّ moineau; piaf [pop.]; pierrot [ois.]

أَصابَ عُصْفورَيْن بِحَجَر واحِد
prov. faire d'une pierre deux coups

صاحَتْ عَصافير بَطْنه avoir le ventre qui gargouille

3559 عَصَمَ ـِ عَصْمًا ه conserver intact; garantir; préserver; sauvegarder

عِصْمة chasteté; innocence; immunité; vertu; impeccabilité [class.]; infaillibilité; invulnérabilité

في ~ه sous la protection/la tutelle de

~ النِكاح lien du mariage; protection morale du mari pour sa femme

في ~ النِكاح en puissance de mari; sous l'autorité/la protection maritale; sous l'aile protectrice du mari

صاحِبة الـ~ titre donné à une femme de haut rang

عُصْمة ج أَعْصام collier de chien

عِصاميّ distingué; éminent; noble; fils de ses œuvres; self-made man

كُنْ ~ًا لا عِظاميًّا prov. fils de ses œuvres et non fils à papa

عاصِمة ج عَواصِم capitale; métropole; chef-lieu

مَعْصوم impeccable; inviolable; invulnérable; infaillible

مَعْصوميّة ← عِصْمة

مِعْصَم ج مَعاصِم poignet

أَنْدَر مِن الغُراب الأَعْصَم prov. oiseau rare; merle blanc (m. à m. plus rare qu'un corbeau aux ailes blanches)

VIII اِعْتَصَمَ اِعْتِصامًا بـ chercher refuge/protection auprès; se réfugier auprès de; se retrancher; se munir de [fig.]

~ بِالصَبْر، الشَجاعة s'armer de patience, de courage

مُعْتَصَم asile; point d'appui; lieu sûr; casemate; refuge

X اِسْتَعْصَمَ اِسْتِعْصامًا ← VIII

مُسْتَعْصِم بـ qui cherche la protection de

3560 عَصًا ج عُصِيّ baguette; bâton; bois; canne; hampe de drapeau; gaule; manche (de pioche); perche; verge; sceptre; v. aussi 3561

~ أُسْقُف، يَعْقوب crosse (d'évêque); bot. raiponce

~ القِيادة manche à balai [aéron.]

قَفْز بِالـ~ saut à la perche

شَقَّ ~ الطاعة entrer en rébellion; se rebeller; se révolter; refuser l'allégeance (au souverain); faire scission; rompre intr.

شَقُّ الـ~ discorde; rupture; rébellion; scission; schisme

إنَّ الـ~ من العَصِيّة prov. tel père tel fils

عُصَيّة ج ات bacille

~ قولونيّة، النَواة colibacille; chromosome

داء العُصَيّات bacillose

داء ~ القولونيّة colibacillose

عُصَويّ bacillaire; chromosomique

عَصَويّة ج ات ins. phasme; bot. fléole des prés

3561 عَصَى ـِ عَصْيًا، مَعْصية، عِصْيانًا
désobéir à; défier; se révolter contre; s'insurger; se mutiner; s'opposer; se rebeller; regimber; se soulever (peuple); v. aussi 3560

~ه النَوْم — perdre le repos/le sommeil

**عِصْيان** — désobéissance; défi; insurrection; mutinerie; rébellion; soulèvement; révolte; indocilité; indiscipline; insoumission; insubordination; sédition

~ مُسَلَّح — insurrection armée; putsch

عِصْيانيّ — insurrectionnel; séditieux

مَعْصِية (← عِصْيان) — péché; désobéissance à Dieu

عاصٍ ج عُصاة — désobéissant; insubordonné; insurgé; indiscipliné; indocile; insoumis; mutin; rebelle; réfractaire; révolté; séditieux; récalcitrant

العاصي — Oronte

X **اِسْتَعْصَى** اِسْتِعْصاء — se coincer; s'enrayer; tomber en panne; être … *v. à l'adj.*

~ على ه، ه — défier; éluder; résister aux remèdes (maladie)

مُسْتَعْصٍ — réfractaire (argile); tenace (mal); difficile; incurable; insidieux; maladie maligne

**3562** **عَضَّ** ـَ عَضًّا ه — mordre

~ أصابعه — se mordre les doigts

~ه الدَهْر، الزَمان — être victime d'ennuis; subir de graves ennuis/des revers de fortune; être éprouvé par les souffrances

~ على ه بِالنَواجِذ — tenir fermement à; ne pas se départir de

عَضَّة — coup de dent; morsure

**3563** **عَضَدَ** ـُ عَضْدًا ه — aider; assister; fortifier qqn; patronner; parrainer; secourir; soutenir qqn

~ الشَجَرة — élaguer; émonder; couper les branches mortes

**عَضُد** ج أعْضاد، أعْضُد — bras (de l'épaule jusqu'au coude); *fig.* aide; appui; assistance; auxiliaire; soutien

~ الدَوْلة — auxiliaire du pouvoir

إنّه ~ه المَتين، اليَمين — c'est son bras droit

شَدَّ ~ه — aider; soutenir; donner un coup de main

فَتَّ مِن ~ه — affaiblir; disperser les partisans de

عَظْم الـ~ — humérus

عَضُديّ — huméral

عِضادة — pilastre; *géod.* alidade

مِعْضَد ج مَعاضِد — serpe

II عَضَّدَ تَعْضيدًا ه ← عَضَدَ

تَعْضيد — aide; appui; assistance; soutien

III عاضَدَ مُعاضَدةً ه — prêter main-forte à; épauler; donner un coup de main/d'épaule [*fam.*] à

VI تعاضَدَ تَعاضُدًا — s'épauler; se soutenir; s'entraider; coopérer

تَعاضُد — coopération; entraide; *physiol.* synergie

تَعاضُديّ — coopératif; synergique

تَعاضُديّة — amicale *n.f.*; coopérative *n.f.*

**3564** **عَضَلة** ج ات — muscle; *v. aussi 3565*

~ القَلْب — muscle du cœur; myocarde

~ باسِطة، باطِحة، قابِضة — muscle extenseur, supinateur, fléchisseur

**عَضَلات** مُخَطَّطة، لَمْساء — muscles striés, lisses

مَفْتول الـ~ — musclé; musculeux

أحْمَى ~ه — s'échauffer les muscles

اِلْتِهاب الـ~ — myopathie

عَضِل، عاضِل — musclé; musculeux

**عَضَليّ** — musculaire; intramusculaire (piqûre); myo- *préf.*

وَجَع، وَرَم ~ — myalgie; myome

جِهاز ~ — musculature

II عَضَّلَ تَعْضيلًا ه — muscler; musculation

**3565** (عضل) **عُضال** — difficile; grave; chronique *adj.*; incurable; insurmontable; invétéré; irrévocable; irrémédiable; *v. aussi 3564*

IV **أعْضَلَ** إعْضالًا ه — poser un problème à; être difficile; défier; rendre qqn impuissant

~ الداءُ الدَواءَ — le mal défie le remède/résiste au remède

مُعْضِل — inexplicable; énigmatique; qui fait problème; insoluble; insurmontable; inextricable; difficile (problème)

مُعْضِلة ج ات، مَعاضِل — embarras; problème; difficulté; énigme

**3566** **عُضْو** ج أعْضاء — adhérent; équipier; membre; organe; sociétaire; *anat.* membre; *physiol.* organe

~ أصْليّ، فَخْريّ — membre régulier, honoraire

~ مُنْتَدَب، اِحْتِياطِيّ — membre délégué, suppléant
~ مُراسِل، في المَجْمَع — membre correspondant; académicien
كانَ ~ًا في — faire partie de; être membre de
دَوْلة ~ في مُنَظَّمة — État membre d'une organisation
~ التَذْكير، الذُكورة — *bot.* étamine; *anat.* membre viril
~ دَوّار — *techn.* rotor
حُكومات **أَعْضاء** — gouvernements membres
الـ~ التَناسُلِيّة، الدَقيقة — organes génitaux
عِلْم وَظائِف الـ~ — physiologie
**عُضْوِيّ**؛ غَيْر ~ — organique; inorganique
الأَسْمِدة الـ~ة — engrais organiques
وَظائِف، كيمياء ~ة — fonctions, chimie organique(s)
خِطّة ~ة — organigramme
عُضْوِيّة — qualité de membre (d'un parti); adhésion; affiliation; appartenance; participation
II عَضَّى تَعْضِية ه — organiser (un groupe); se diviser/se séparer en parties
تَعْضِية — scissiparité
مُعَضًّى — scissipare

**3567 عَطِبَ** ـَ عَطَبًا — s'avarier; se détériorer; se se fatiguer; se blesser
**عَطَب** ج أَعْطاب — détérioration; avarie; dégât; dommage; ruine
سَريع الـ~ — fragile
عَطوب؛ عَطوبِيّة — fragile; fragilité
II عَطَّبَ تَعْطيبًا ه — avarier; détériorer; endommager; saboter; détruire; contusionner; blesser
V تَعَطَّبَ ← عَطِبَ

**3568 عِطْر** ج عُطور — aromate; arôme; parfum
**عِطْرِيّ؛ عَطِر** — aromatique; odoriférant; odorant; embaumé
رائِحة ~ة — bonne odeur; parfum suave
نَباتات ~ة — plantes aromatiques; simples *n.m.pl.*
عِطارة — parfumerie; commerce des parfums
عَطّار ج ون — parfumeur; droguiste; apothicaire
مَعْطَرة — parfumerie; boutique de parfumeur
II عَطَّرَ تَعْطيرًا ه — aromatiser; embaumer; parfumer
تَعْطير — aromatisation
هَواء مُعَطَّر — air embaumé
V تَعَطَّرَ تَعَطُّرًا — se parfumer

**3569 عُطارِد** — Mercure [*astron.*]
عَطَرْشة — *maroc.* géranium

**3570 عَطَسَ** ـُ عَطْسًا، عُطاسًا — éternuer
عَطْس؛ عَطْسة؛ عُطاس — éternuement
عَطوس — tabac à priser
II عَطَّسَ تَعْطيسًا ه — donner envie d'éternuer; faire éternuer

**3571 عَطِشَ** ـَ عَطَشًا — être ... *v. à l'adj.*; avoir soif
**عَطَش** — soif
ماتَ ~ًا — mourir de soif
كَسَرَ الـ~ — désaltérer
**عَطِش** ج عِطاش — assoiffé; altéré
~ إلى — *fig.* assoiffé/altéré/avide de
عَطْشان ج عُطاشَى، عِطاش ← عَطِش
عَطْشانة، عَطْشَى ج عِطاش — *fém. du précéd.*
II عَطَّشَ تَعْطيشًا ه — altérer; assoiffer; donner soif; donner la soif de
IV أَعْطَشَ ← II
V تَعَطَّشَ إلى ه — avoir soif/être assoiffé de (gloire, honneur); brûler de; languir de
**تَعَطُّش** إلى — besoin tyrannique; désir insatiable de; passion; soif de
~ إلى المال — soif des richesses
مُتَعَطِّش إلى ← عَطِش

**3572 عَطَفَ** ـِ عَطْفًا ه — courber; incliner *tr.*; infléchir; tordre
~ إلى ه — incliner/pencher vers; être attaché à; avoir/éprouver de la sympathie pour; s'intéresser à
~ على ه — éprouver de la compassion/pitié/tendresse pour; prendre en pitié

تَقَبَّلْ أَسْمَى ~ ي agréez mes sentiments distingués

**عاطِفِيّ** affectif; émotif; passionnel; sentimental

المَجَلّات الـ~ة presse du cœur

فَتاة ~ة jeune fille romanesque/sentimentale

عاطِفِيّة؛ عَواطِفِيّة sentimentalité; sentimentalisme

**مَعْطوف** *gramm.* coordonné

~ عليه *gramm.* mot auquel est coordonné un autre mot

عِطاف ج عُطُف، أَعْطِفة ← مِعْطَف

**مِعْطَف** ج مَعاطِف capote; capuchon; manteau; paletot; pardessus; blouse; toge

~ المَطَر، مُشَمَّع imperméable *n.m.*

II **عَطَّفَ** تَعْطيفًا ه، ه ← عَطَفَ

~ ه على éveiller la sympathie de qqn pour; mettre qqn dans de bonnes dispositions

V **تَعَطَّفَ** تَعَطُّفًا على ه prendre en/avoir pitié; manifester de la sympathie/de l'affection à; être favorablement disposé pour; être attaché à

~ بِالعِطاف s'envelopper dans sa capote; mettre son manteau

تَعَطُّف affection; sympathie; tendresse

VI تَعاطَفَ تَعاطُفًا éprouver une sympathie réciproque

تَعاطُف sympathie partagée

حَرَكة تَعاطُفِيّة mouvement de sympathie

VII **اِنْعَطَفَ** اِنْعِطافًا braquer *intr.*; faire un crochet; s'infléchir; tourner (rue); s'incurver (chemin); changer de direction; obliquer vers; virer

~ نَحْوَ ه، ه se pencher/se courber vers

~ على ه avoir de la sympathie pour

~ إلى المَيْسَرة، المَيْمَنة virer à bâbord, à tribord

**اِنْعِطاف** ج ات braquage; diffraction; sinuosité; virage; sympathie; tendresse

~ إلى اليَمين، اليَسار virage à droite, à gauche

~ السِياسة virage politique

مَدَى ~ سَيّارة *autom.* rayon de braquage

اِنْعِطافة tête-à-queue

مُنْعَطِف sinueux; en lacet; tortueux

~ عن ه، ه faire un crochet (pour éviter); éviter; se détourner de; changer de direction; faire une digression

~ بِه على fléchir qqn; infléchir

~ بِه عن dissuader/détourner qqn de

**عَطْف** changement de direction; détour; digression; inclination; affection; bonté; cordialité; pitié; sollicitude; sympathie; *gramm.* coordination

~ مُتَبادِل sympathie/sentiment partagé(e)

حَرْف ~ *gramm.* conjonction de coordination

~ البَيان apposition

**عَطْفة** crochet; coude (d'un chemin); tournant

~ أُنْبوب coude d'un tuyau

**عِطْف** ج أَعْطاف aisselle; côté; flanc

~، عِطْفة العِنَب vrille de la vigne

ثَنَى ~ ه عَنْ se détourner de qqn; tourner le dos à qqn

مَرَّ ثانِيًا ~ ه passer en détournant la tête; éviter qqn

يَنْظُر في **عِطْفَيْه** se donner/prendre de grands airs

أَطَلَّ بِـ~ه s'approcher d'une démarche fière/avec de grands airs; se pavaner

ضَمَّ بَيْنَ **أَعْطافه** comprendre; contenir; renfermer

لَيِّن الـ~ *fig.* docile; facile; malléable; souple

**عَطوف** affectueux; bienveillant; bon; compatissant; favorable (à)

اِمْرَأة، رَجُل ~ femme, homme aimant(e)/attentionné(e)

**عُطوفة** رَئيس مَجْلِس النُوّاب *lib.* Son Excellence Monsieur le Président de l'Assemblée nationale

صاحِب الـ~ Sa Grâce

**عاطِف** ← عَطوف

حَرْف ~ *gramm.* copulatif; coordonnant

**عاطِفة** ج عَواطِف cœur [*fig.*]; émotion; sentiment

غَنَّى بِكَثير من الـ~ chanter avec beaucoup de sentiment

~ على bienveillance/compassion/sympathie envers

**عَواطِف** الاِحْتِرام sentiments respectueux

جَرَحَ الـ~ blesser qqn [*fig.*]/les sentiments

مُنْعَطَف ج ات boucle (d'un fleuve); coude/lacet (d'une route); détour (du chemin); méandre; tournant; virage

~ خَطِر، ضَيِّق virage dangereux, étroit

X اِسْتَعْطَفَ اِسْتِعْطافًا ه apitoyer; implorer; implorer la pitié; supplier

~ العُظَماء courtiser les grands

اِسْتِعْطاف apitoiement; imploration; supplication

اِسْتِعْطافيّ propitiatoire; suppliant (air)

مُسْتَعْطِف implorant; suppliant

3573 عَطِلَ ـَ عَطَلًا ne pas fonctionner; être en panne

~ ـَ عَطْلًا، عُطولًا عن، من être dépourvu de (bijoux, harnachement, cordes, etc.)

عَطَلَ ـُ عَطالةً chômer; ne pas avoir de travail

عُطْل ج أعْطال défectuosité; détérioration; dérangement; panne

~ الهاتِف dérangement (téléphone)

عُطْلة ج ات absence de travail; désœuvrement; chômage; oisiveté; vacances; congé

يَوْم ~ jour chômé/férié

~ الأُسْبوع repos hebdomadaire; week-end

~ مَدْرَسيّة، بَرْلَمانيّة، قَضائيّة
vacances scolaires, parlementaires, judiciaires

~ صَيْفيّة les grandes vacances; vacances d'été/estivales

عَطالة chômage; loisir; oisiveté; *mécan.* inertie

نُقْطة ~ point mort

شَوْط، وَقْت ~ temps mort [*sport.*]

عاطِل dénué/dépourvu de; qui ne porte aucun ornement (femme)/harnachement (cheval); inerte (machine); inemployé; inactif

~ عن العَمَل sans travail; chômeur; oisif

II عَطَّلَ تَعْطيلًا ه، ه avarier; désorganiser; détruire; empêcher; inhiber; interrompre; neutraliser; mettre hors service/en retard; retarder; attarder; saboter; saborder; supprimer; suspendre [*fig.*]

~ الخُطَط déjouer les plans

~ اِعْتِمادات bloquer/geler des crédits

~ الخَطّ الهاتِفيّ déranger une ligne téléphonique

~ آلة dérégler/détériorer/détraquer/saboter une machine

~ حَرَكة، الإرادة paralyser un mouvement, la volonté

~ طابَعًا oblitérer un timbre

~ الجَلْسة، جَريدة suspendre la séance, un journal

تَعْطيل dérangement; mise au chômage; inhibition; interruption; détérioration; oblitération; paralysie; sabotage; sabordage; suspension; *isl.* dépouillement de la notion de Dieu; négation des attributs divins

~ حَرَكة المُرور paralysie du trafic

~ الاعْتِمادات blocage/gel des crédits

مُعَطِّل inhibant; paralysant; *isl.* partisan du dépouillement absolu de Dieu

شَرْط ~ condition suspensive

مُعَطَّل en dérangement (téléphone); détérioré; en panne; déréglé; avarié; suspendu (journal); détraqué

ساعة، طابَع ~(ة) montre arrêtée; timbre oblitéré

اِعْتِمادات ~ة crédits gelés

V تَعَطَّلَ تَعَطُّلًا subir une avarie; s'avarier; se coincer; tomber/être en panne; s'arrêter (montre); s'interrompre; s'enrayer (fusil); se détraquer; être dérangé; s'attarder; être en retard; retarder *intr.*; tarder; fermer (administration); se mettre en congé

~ عن العَمَل être sans travail/désœuvré; chômer

~ شُعوره perdre conscience

تَعَطُّل avarie; panne; dérangement (téléphone); interruption

~ عن العَمَل inaction; oisiveté; désœuvrement; chômage

~ البَشَر والآلات sous-emploi des hommes et des machines

مُتَعَطِّل oisif; sans emploi; désœuvré

3574 عَطَنَ ـِ عَطْنًا ه préparer/tanner (cuir); macérer *tr.*

عَطِن puant; putride (eau des tanneries)

II عَطَّنَ تَعْطينًا ه ← عَطَنَ

3575 (عطو) عَطاء ج أعْطِية cadeau; don; présent

~ ج ات adjudication; offre [*dr.*]

صاحِب الـ ~ — adjudicataire; donateur; soumissionnaire

قَدَّمَ ~ — faire une offre; soumissionner

عَطِيَّة ج عَطايا — cadeau; don; largesses; libéralité; offrande; présent

مِعْطاء ج مَعاطٍ، مَعاطِيّ — donnant; généreux; libéral

IV **أعْطى** إعْطاء ه ه — donner qqch à qqn

~ اِسْمَه ه، ه — donner son nom à qqn, qqch

~ الوَقْت، دَرْسًا — donner l'heure, une leçon

~ قارِئَه صُورةً أَمِينة — il a donné à son lecteur une image fidèle

~ خِصْبًا عَظِيمًا — produire/donner une abondante récolte

~ نَتائِج مُمْتازة — donner d'excellents résultats

~ شَهادة — délivrer/fournir une attestation

~ دَواءً — administrer/donner un remède

لَوْ طَلَبْتُهُ لَأَعْطانِيهِ — si je le lui avais demandé il me l'aurait donné

أُعْطِيَ ه — se faire donner qqch; recevoir qqch; obtenir

**إعْطاء** — don; donation; délivrance (de papiers); gratification

~ الدَواء — administration (d'un remède)

**مُعْطٍ** (مُعْطِي) — donateur; donneur

~ دَم، عامّ — donneur de sang, universel

**مُعْطًى** — donataire; donné

~ ج مُعْطَيات — donnée *n.f.*

مُعْطَيات المُشْكِلة — données/éléments du problème

VI **تَعاطَى** تَعاطِيًا ه — absorber; avaler; prendre (des remèdes); s'adonner à; se consacrer à

~ مِهْنة — exercer/pratiquer un métier; avoir une profession

~ الأَدَب — cultiver les belles-lettres

~ التِجارة، الصِناعة — être dans le commerce, l'industrie

~ أُمورًا عَديدة — brasser/embrasser de nombreuses affaires

**تَعاطٍ** (تَعاطِي) — exercice (d'une profession); pratique (d'un métier)

~ الأَدْوِية قَد يُسَبِّب النَوْم — l'absorption de remèdes peut provoquer le sommeil

X **اِسْتَعْطَى** اِسْتِعْطاءً — demander l'aumône/la charité; tendre la main; mendier

اِسْتِعْطاء — mendicité

مُسْتَعْطٍ — mendiant

3576 **عَظَلَ** ـُ عَظْلًا — s'accoupler (sauterelles)

III **عاظَلَ** بَيْنَ القَوْل — se répéter; faire des répétitions

~ بِالكَلام — tenir des propos compliqués/confus/amphigouriques; faire des phrases entortillées

مُعاظَلة — confusion; galimatias; amphigouri [*litt.*]; pathos [*fam.*]; répétitions

3577 **عَظْم** ج عِظام — os; arête (de poisson); *v. aussi 3578*

~ جَبْهِيّ، جِدارِيّ — os frontal, pariétal

~ الزَنْد، الساق — cubitus; tibia

~ صُدْغِيّ، قَذالِيّ — os temporal, occipital

~ العَجْز، العُصْعُص — sacrum; coccyx

~ العَضُد، الفَخْذ — humérus; fémur

~ الكَتِف، الكُعْبُرة — omoplate; radius

~ القَصّ، الوَرِك — sternum; os iliaque

كان جِلْدًا على ~ — n'avoir que la peau sur les os

**عَظْمِيّ** — osseux

هَيْكَل ~ — charpente osseuse; squelette

نَبج، عَرَن، زائِدة ~(ة) — ostéophyte

عَظْمِيّات — *zool.* téléostéens *n.m.pl.*

**عِظام**؛ مَجْموعة ~ — ossements; ossature

أَلَم، اِلْتِهاب الـ~ — ostéalgie; ostéite

عِلْم، تَرْقِيع الـ~ — ostéologie; ostéoplastie

~ رُسْغ القَدَم — tarse; os tarsiens

~ مُشْط القَدَم — métatarse; os métatarsiens

~ رُسْغ اليَد — carpe; os carpiens

~ مُشْط اليَد — métacarpe; os métacarpiens

عِظامِيّ — ostéologique

مَعْظَمة — ossuaire

II عَظَّمَ تَعْظِيمًا ه — ossifier; ossification

V تَعَظَّمَ تَعَظُّمًا — s'ossifier; ossification

**3578** **عَظُمَ** ُ عِظَمًا، عَظامة — être ... *v. à l'adj.*; *v. aussi 3577*

عِظَم — énormité; grandeur; grosseur; grande taille; importance; pouvoir; volume

**عَظَمة** — grandeur; faste; magnificence; majesté; arrogance; orgueil; insolence; vanité

جُنون الـ~ — mégalomanie

تَصَرَّف بِـ~ — faire les choses en grand

~ الأَمير فُلان — Sa Hautesse (titre de noblesse)

**عَظيم** ج عُظَماء، عِظام — immense; grand; énorme; corpulent; gros; grandiose; imposant; formidable; grave; important; magnifique; majestueux; sublime

فُرْصة ~ة — occasion en or

نَجاح ~ — succès fou; immense succès

العُظَماء — les grands/les puissants de ce monde

**عِظاميّ** — fils à papa [*fam.*]; fils de bonne famille

~ لا عِصاميّ — noble par ses ancêtres et non par ses œuvres

عَظيمة ج عَظائِم — catastrophe; calamité; grand malheur; péché capital

عَظائِم الأُمور — de vastes desseins; de grands projets; de grandes choses

**أَعْظَم** م عُظْمَى ج أَعاظِم — majeur; suprême

السَّواد الـ~ — la grande majorité; la plus grande partie; la masse

الحَرْب **العُظْمى** — la Grande Guerre

أَعاظِم رِجال هَذِهِ الدِيار — les grands de ce pays

II **عَظَّمَ** تَعْظيمًا ه — admirer; faire l'apologie de; exalter; glorifier; magnifier; honorer; chanter les louanges de; porter qqn au pinacle; prôner; respecter; vanter; vénérer

~ مَآثِره — chanter les hauts faits

تَعْظيم — apologie; apothéose; admiration; glorification; vénération

مُعَظِّم — apologiste

IV أَعْظَمَ إِعْظامًا ه، ه (← II) — regarder comme grand; attacher de l'importance; trouver difficile

**مُعْظَم** ه — la presque totalité; la généralité; la majorité; le plus grand nombre; la plupart de; l'essentiel de; la majeure partie

~ القُوَى — le gros des forces

في ~ الأَوْقات — la plupart du temps

V تَعَظَّمَ تَعَظُّمًا — crâner [*péjor.*]; faire le fier; être fier/hautain/orgueilleux

مُتَعَظِّم — fier-à-bras [*litt.*]

VI تَعاظَمَ تَعاظُمًا — être arrogant/orgueilleux; prendre/se donner des airs importants; se grandir; pontifier; être de même importance

تَعاظُم — mégalomanie

مُتَعاظِم — hautain; mégalomane; pontifiant

X اِسْتَعْظَمَ اِسْتِعْظامًا ه، ه — trouver grand; s'étonner de; être saisi d'admiration devant; se donner de l'importance

**3579** **عِظاءة** ج عِظاء — lézard

عِظاية ج عَظَايا — *même sens*

**عِظة** ← وعظ

**3580** **عَفَّ** ِ عِفّة — s'abstenir de toute souillure; vivre avec décence et chasteté (femme); être ... *v. à l'adj.*

عِفّة، عَفاف — abstinence; chasteté; vie chaste; continence; pudicité; sagesse; vertu (d'une femme); dignité; retenue

**عَفيف** ج أَعِفّاء — abstinent; chaste; continent; incorruptible; pudique; pur (femme)

زَوْجة ~ة — épouse honnête/vertueuse/sage

V تَعَفَّفَ تَعَفُّفًا (← عَفَّ) — faire le délicat/le difficile/la petite bouche

تَعَفُّف — abstinence; chasteté; continence; modestie; vertu

مُتَعَفِّف — chaste; continent *adj.*; décent; délicat; pur; vertueux

**3581** **عَفَد** — *ois.* grouse; lagopède

**3582** **عُفْر** ج أَعْفار — porc; pourceau [*litt.*]; sanglier; verrat; *fig.* féroce; filou; méchant

**3583** **عَفَرَ** ِ عَفْرًا ه — couvrir de poussière; enfouir dans la terre; ensevelir

عَفَر ج أَعْفار — poussière; terre

عُفْرة — couleur grisâtre/terreux

أَعْفَر م عَفْراء ج عُفْر — grisâtre; terreux

عَفّارة ج ات — chiffon à poussière; torchon

II عَفَّرَ تَعْفيرًا ه ← عَفَرَ

**مُعَفَّر** couvert de poussière de terre; poudreux; poussiéreux; terreux

3584 **عَفْرَتة** coquinerie; diablerie; espièglerie; malice

**عِفْريت** ج عَفاريت bon à rien; coquin; débrouillard; démon; diable; diablotin; entreprenant; espiègle; fin; fripon; habile; hardi; lutin; malicieux; malin; polisson; rusé

~ البَحْر baudroie

II تَعَفْرَتَ être devenir ... *v. à l'adj.*

3585 **عَفَسَ** ـِ عَفْسًا ه. على ه écraser; poser/mettre le pied sur

**عَفّاس** *ois.* fuligule

3586 **عَفْش** bagages

3587 **عَفْص** chêne

**عَفْصة** *bot.* loupe; noix de galle

**عَفْصيّة** thuya

**عَفِص** âcre; acerbe; âpre; astringent

**عُفوصة** âcreté; âpreté; astringence

3588 **عَفَنَ** ـِ عَفْنًا gâter; faire moisir; pourrir *tr.*; putréfier; infecter

عَفِنَ ـَ عُفونة، عَفَنًا croupir (eau); moisir *intr.*; pourrir *intr.*; se gâter; se putréfier; s'infecter

**عُفونة، عَفَن** infection; moisissure; moisi *n.m.*; pourri *n.m.*; pourriture; puanteur; relent; renfermé *n.m.*; taches d'humidité; *bot.* moisissure; pourriture grise

مانِع الـ~ antiseptique

**عَفِن** gâté; infect; infecté; moisi; pourri; puant; putride; putréfié; septique

II عَفَّنَ تَعْفينًا ه ← عَفَنَ

V تَعَفَّنَ تَعَفُّنًا ← عَفِنَ

**تَعَفُّن** ← عُفونة

~ الدَم septicémie

غير قابِل الـ~ imputrescible

**تَعَفُّنيّ** septicémique

**لا تَعَفُّنيّة** imputrescibilité

**مُتَعَفِّن** ← عَفِن

3589 **عَفا** ـُ عَفْوًا ه. ه amnistier; effacer (traces); éliminer; excuser; grâcier; faire grâce à; pardonner

~ عن faire grâce de qqch; pardonner qqch

~ عن ذَنْب passer sur une faute; passer l'éponge; passer outre

~ الأَثَر être effacé; disparaître (trace)

**عَفْو** effacement (des péchés); grâce; pardon; rémission

~ شامِل amnistie

مُنَظَّمة الـ~ الدُوَليّة Organisation pour l'amnistie internationale; Amnesty International

نال الـ~ obtenir sa grâce; rentrer en grâce

حَقّ الـ~ droit de grâce

~ الساعة، الخاطِر sous l'impulsion du moment

**عَفْوًا** involontairement; fortuitement; machinalement; *exclam.* excuse! excusez-moi! pardon! grâce!; *en réponse à des remerciements:* avec plaisir! de rien! il n'y a pas de quoi!

**عَفْويّ** instinctif; spontané; machinal

تَوَلُّد، حَرَكة ~(ة) génération, mouvement spontané(e)

إجْهاض ~ fausse couche

حَرَكة ~ة mouvement irréfléchi instinctif; geste machinal

**عَفْويًّا** instinctivement; spontanément; machinalement

**عَفْويّة** désinvolture; décontraction; laisser-aller; naturel *n.m.* (du comportement, des propos); spontanéité

**عَفاء** disparition; effacement; extinction [*fig.*]; oblitération

أَدْرَكَه الـ~ tomber en désuétude

عَلَيْه الـ~ être fichu [*fam.*]

**عافِية** intégrité; salut; santé; vitalité; *maghr.* feu

II عَفَّى تَعْفية ه anéantir; effacer; faire disparaître

**تَعْفية** anéantissement; effacement

III **عافَى** مُعافاة ه guérir; rendre la santé à qqn; rétablir qqn

~ ه من ه garantir qqn contre; préserver; dispenser qqn de

عافاكَ اللّهُ، عُوفيتَ puissiez-vous rester en bonne santé!; *maghr.* je vous en prie; s'il vous plaît

**مُعافاة** dispense; pardon; rétablissement; protection
الـ~ من الرُسوم القَضائيّة assistance judiciaire
**مُعافًى** dispos; guéri; en bonne santé
~ مِن dispensé de; exempté de; libre de
IV **أَعْفَى** إعْفاءً ه مِن dispenser qqn de; absoudre; exempter; décharger; dégager; exonérer; tenir quitte; faire grâce de; renvoyer
~ من رُسوم dégrever; détaxer
~ من يَمين، دَيْن délier/dégager d'un serment, d'une dette
~ من الخِدْمة réformer [*mil.*]; exempter de service (militaire)
~ من وَعْده، نَذْر rendre sa parole à; relever d'un vœu
~ من عُقوبة remettre/pardonner une peine
أُعْفيكَ من je vous dispense de
أَعْفِني من dispensez-moi/faites-moi grâce de
لا يُعْفَى مِنه impardonnable; indispensable
**إعْفاء** من absolution; dispense; exemption; exonération; libération; licenciement; mise en disponibilité; franchise [*admin.*]; réforme [*mil.*]; renvoi
~ من شَرْط السِنّ dispense d'âge
~ من الضَرائِب dégrèvement d'impôts; immunité fiscale
~ من عُقوبة remise de peine
~ من الخِدْمة العَسْكَريّة dispense de service militaire; réforme
~ بَريديّ franchise postale
**مُعْفًى** من exempt; exempté; net de
~ من الضَرائِب franc/exempt/net d'impôts
~ من الخِدْمة dispensé de service; réformé
VI **تَعافَى** تَعافِيًا guérir; récupérer *intr.*; reprendre des forces; se rétablir; se retaper [*fam.*]; se refaire
تَعافٍ guérison; rétablissement
مُتَعافٍ guéri; rétabli

**3590** **عَقَّ** ـُ عُقوقًا ه désobéir (à son père); être … *v. à l'adj.*
**عُقوق** désobéissance (d'un enfant à ses parents); impiété; ingratitude
**عَقوق** jument pleine; poulinière
طَلَبَ الأَبْلَقَ الـ~ *prov.* réclamer la lune (*m. à m.* réclamer un «cheval poulinière»)
~، عاقّ désobéissant; ingrat; irrespectueux; réfractaire; révolté
**عَقيق** ج أَعِقّة *géogr.* canyon; gorge; ravin; vallon; vallée encaissée
~ ج عَقائِق *minér.* agate
~ أَحْمَر cornaline; escarboucle
عَقيقيّ rouge cornaline

**3591** **عُقاب** ج عِقْبان aigle
~ البَحْر، الشَطّ frégate [*ois.*]; pygargue; orfraie
فَرْخ الـ~ aiglon
أَبْصَرُ مِن الـ~ avoir des yeux d'aigle
**عُقَيْب** busard
أَعْقَب، مَعْقوب aquilin

**3592** **عَقَبَ** ـُ عَقْبًا ه، ه venir à la suite; succéder à; prendre la place/la suite de; suivre; poursuivre; marcher sur les pas de; *v. aussi 3591*
**عُقْب** ج أَعْقاب conséquence; effet; fin; issue; résultat; suite
في ~ ه à la fin/à l'expiration/au terme de
عُقَيْبَ peu après
**عُقْبة** ج عُقَب fois; coup; tour; tour de rôle
**عَقِب** ج أَعْقاب lignée; postérité; talon; culot (de pipe); reste; suite
~ سيجارة bout/reste de cigarette; mégot [*pop.*]
~ بُنْدُقيّة crosse de fusil
جاءَ في ~ ه، عَقَبَ ه venir sur les traces de
رَأْسًا على ~ de fond en comble; sens dessus dessous; cul par-dessus tête [*fam.*]
وَلَّى على عَقِبَيْه tourner les talons; rebrousser chemin; retourner/revenir sur ses pas; faire demi-tour
**أَعْقاب** descendance; descendants; postérité
في ~ ه، ه à la suite; sur les talons de; dans les pas de
رَجَعَ على ~ه rebrousser chemin; tourner les talons
رَجَعَ، اِرْتَدَّ على ~ه refluer (troupe)

**عُقوبة** ج ات — châtiment; condamnation; peine; punition; pénalisation; pénalité; sanction

~ الإعْدام — dernier supplice; peine capitale

~ تأديبيّة — peine disciplinaire

فَرَضَ **عُقوبات** ضِدّ — prendre des sanctions contre

قانون، سِجِلّ الـ~ — Code pénal; casier judiciaire

~ اقْتِصاديّة — sanctions économiques

عُقوبيّ — pénal; punitif

**عَقَبة** ج ات، عِقاب — côte; chemin de montagne; montée; difficulté; écueil [*fig.*]; handicap; inconvénient; obstacle

وَقَفَ ~ دون ه — être/se mettre en travers de

أقامَ **عَقَباتٍ** في طَريق ه، ه — entraver; faire obstacle à; mettre des bâtons dans les roues

رَغْمَ كُلّ الـ~ — contre vents et marées

**عاقِبة** ج عَواقِب — conséquence; effet; fin; issue; prolongement [*fig.*]; résultat; suite; sanction; séquelle

حُسْن، سُوء الـ~ — issue heureuse, funeste

سَليم الـ~ — bénin (mal)

أَسْلَمُ الـ~ — moins risqué; plus sûr

بِلا ~ — impunément; sans conséquence

**عَواقِب** قَضيّة — prolongements d'une affaire

مَنْ نَظَرَ إلى الـ~ سَلِمَ من النَوائِب
*prov.* en toutes choses il faut considérer la fin

**عُقْبَى** — conséquence; effet; résultat; fin; issue

~ لَك — tout est bien qui finit bien [*prov.*]

صُعوبات لا تُحْمَدُ ~ها — des difficultés dont on a lieu de craindre l'issue/qui peuvent avoir des conséquences funestes

**عَقيب** — suivant; qui vient à la suite de

في ~ ه، عَقيبَ ه — à la suite de

يَعْقوب — *v. ordre alphab.*

II **عَقَّبَ** تَعْقيبًا ه — poursuivre; suivre; venir à la suite; corriger; revenir à la charge; recommencer; réviser [*jur.*]

~ آثار ه — suivre de près/les traces de

~ على الأنْباء — commenter les nouvelles

**تَعْقيب** ج ات — *jur.* révision; poursuite

~، تَعْقيبة — *méd.* blennoragie; chaude-pisse [*pop.*]

**مُعَقِّب** — commentateur

III **عاقَبَ** مُعاقَبةً، عِقابًا ه — alterner avec; relever qqn

~ ه بـ، على ه — châtier; sévir; pénaliser; punir; sanctionner; infliger une punition/sanction; mettre en pénitence

سَتُعاقَبُ عاجِلًا أوْ آجِلًا — vous ne perdez rien pour attendre

**مُعاقَبة** ج ات — châtiment; punition; pénalisation; *sport.* pénalty

~ اقْتِصاديّة — sanction économique

**عِقاب** (← مُعاقَبة) — correction; pénitence; supplice; pénalité

بِلا ~، بِلا مُعاقَبة — impunément

عِقابيّ — pénal

**مُعاقَب** — puni; pénalisé; châtié

~ عَلَيْه، غَيْر ~ — condamnable; impuni

IV **أعْقَبَ** إعْقابًا — bien se terminer (affaire); s'améliorer (personne); laisser des enfants (en mourant)

~ ه، ه — suivre immédiatement; venir à la suite; succéder à; alterner; revenir à intervalles réguliers

V **تَعَقَّبَ** تَعَقُّبًا ه — emboîter le pas; pister; poursuivre; suivre de près; être sur les talons de; talonner qqn; courir après

VI **تَعاقَبَ** تَعاقُبًا — alterner; défiler; se succéder; se suivre

**تَعاقُب** — alternance; consécution; succession

بالـ~ — à la suite; de suite

~ الفُصول — succession/cours des saisons

تَعاقُبيّ — alternatif; en alternance; successif

**مُتَعاقِب** — alterné; consécutif; suivi; successif

أوْراق ~ة — feuilles alternes

سِتّة أيّام ~ة — six jours consécutifs

3593 **عُقْبول**، ج عَقابيل — séquelles/traces (de maladie); stigmates

عُقْبولة — herpès; bouton de fièvre (sur la lèvre)

3594 **عَقْد** ج عُقود — dizaine; décennie; décade; période décennale

عَقْديّ — décennal

**3595** (عقد) **مِعْقَد** — pancréas
اِلْتِهاب الـ~ — pancréatite
عُصار **مِعْقَديّ** — suc pancréatique

**3596** **عَقَدَ** ـِ عَقْدًا ه — attacher; faire un nœud; lier; nouer; voûter; *v. aussi 3594, 3595*
~ رِباط عُنُقه، صَداقة — nouer sa cravate, une amitié
~ اِتِّفاقًا، صَفْقة — passer/conclure un accord, un marché
~ تَحالُفًا، نِكاحًا — contracter une alliance, un mariage
~ قَرْضًا، تَأْمينًا — contracter un emprunt, une assurance
~ بَيْعًا — arrêter/clore/conclure une vente
~ أَمَلًا على ه، ه — fonder des espoirs sur
~ النِيّة، العَزْم على — former le dessein/le projet de; avoir la ferme intention/le ferme propos de; résoudre/se promettre de
~ جَلْسة، مَجْلِسًا — tenir séance/conseil; siéger
~ اِجْتِماعًا — convoquer/tenir une réunion; se réunir
~ لِـ ه لِواء، رِئاسة ه — choisir qqn comme chef, comme président
~ لِـ ه على الجَيْش — confier/donner à qqn le commandement de l'armée
~ الخِنْصِر على — admettre/reconnaître la supériorité de
~ زَواجَهُ على اِمْرَأة — se marier; s'engager à (une femme) [*class.*]
~ جَبْهَتَه، ناصِيته، لِحْيَته — *fig.* prendre un air menaçant
**عُقِدَ** له لِواءُ النَصْر، المَجْد — remporter la victoire
~ لِسانُه — avoir de la difficulté à articuler; avoir la la langue nouée
**عَقْد** ج عُقود — acte; contrat; jonction; réunion; statuts (d'une société); *archit.* cintre; voûte; arc
أَبْرَمَ ~ًا، وَقَّعَ على ~ — passer, signer un contrat
~ عَمَل، بَيْع — contrat de travail, de vente
~ عاديّ، عُرْفيّ، غَيْر مُسَجَّل — acte sous-seing privé
~ التَراضي، أَصْليّ — contrat consensuel, réel
~ مُلْزِم لِلطَرَفَيْن — contrat synallagmatique
~ الزَواج، القِران — acte/contrat de mariage
~ صَفْقة — conclusion d'une affaire/d'un marché
~ جَلْسة — convocation/tenue d'une séance
~ اِتِّفاقات — passation/signature d'accords
~ سانِد — arc-boutant
قَوْس ~ — arceau
**عِقْد** ج عُقود — collier; chapelet
~ أَلْماس — rivière de diamants
واسِطة الـ~ — *fig.* morceau de roi/de choix; pièce de résistance
**عُقْدة** ج عُقَد — contraction; difficulté; joint; jointure [*anat.*]; problème; excroissance; enflure; ganglion; nœud; protubérance; loupe [*anat.*]; complexe [*psychol.*]
~ زالِقة، بَحْرِيّة — nœud coulant, marin
~ مَسْرَحِيّة، رِواية — nœud d'une pièce/d'une intrigue; intrigue [*litt.*]
تَسير الباخِرة ٢٠ ~ — filer vingt nœuds (bateau)
~ لِمْفيّة، خَنازيريّة — ganglion lymphatique; scrofule
~ النَقْص، الدُونيّة — complexe d'infériorité
~ أُوديب، إِخْصاء — complexe d'Œdipe, de castration
~ مُعَقَّدة — imbroglio; puzzle [*fig.*]
حَلّ ~ مُعَقَّدة — démêler/dénouer un imbroglio
هذه هي الـ~ — voilà le hic [*fam.*]
ذو **عُقَد** — complexé; plein de complexes
مَلأ ه بِالـ~ — donner des complexes à qqn
عُقَديّ، عُقَدِيّة — ganglionnaire; nodosité
عُقَيْدة، عُقَيْديّ — nodule; nodulaire
سِلْسِلة عُقَيْدات — arcature
عاقِد — contractant
أَعْقَد م عَقْداء — noué; noueux; plus difficile/compliqué
عَقيد — insoluble; difficile à résoudre; compliqué
عَقّاد ج ون — mercier; passementier
**مَعْقود** — noué; voûté; cintré; *psychol.* complexé
~ عَلَيْه — objet d'un contrat

~ اللِّسان — bègue; incapable de parler; qui a des difficultés d'élocution; qui a un cheveu sur la langue

الـ ~ له لواءُ القِيادة — qui porte bat pavillon de commandement

**عَقِيد** ج عُقَداء — contractant; partie contractante; *mil.* colonel

~ الكَرَم — foncièrement généreux

**عَقِيدة** ج عَقائِد — article/profession de foi; conviction; croyance; confession; credo; doctrine; dogme

~ خُرافِيّة — superstition

عَقائِديّ — idéologique; idéologue; dogmatique

عَقائِديّة — idéologie; dogmatisme

مَعْقِد الآمال — objet des espoirs; ce en quoi on a fondé ses espoirs

II **عَقَّدَ** تَعْقِيدًا ه — nouer; faire plusieurs nœuds; construire une voûte; compliquer (les choses)

~ شَرابًا — épaissir un breuvage par la cuisson

~ ثِمارًا — confire des fruits

تَعْقِيد ج ات — complexité; complication; difficulté

تَعْقِيدات إدارِيّة — complications administratives; maquis de l'administration

**مُعَقَّد** — complexe; compliqué; difficile; inextricable; noueux; touffu [*fig.*]

أُسْلوب ~ — style alambiqué touffu

يَد، عَصًا ~ة — main, bâton noueux(euse)

ثِمار ~ة — fruits confits

V **تَعَقَّدَ** تَعَقُّدًا — devenir difficile; se compliquer; s'aggraver; se nouer; se corser; épaissir (sauce)

~ لِسانُه — avoir un cheveu sur la langue; s'exprimer avec difficulté

~ التَحْقِيق — s'enliser (enquête)

تَعَقُّد ج ات — complication; complexité

VI تَعاقَدَ تَعاقُدًا — passer des contrats/une convention

تَعاقُد — convention; accord; forfait

تَعاقُديّ — contractuel; conventionnel; forfaitaire

المُتَعاقِدون — les contractants; les parties contractantes

VII اِنْعَقَدَ اِنْعِقادًا — siéger; se réunir (assemblée)

دَوْر اِنْعِقاد — session (parlementaire)

VIII **اِعْتَقَدَ** اِعْتِقادًا بـ . أنّ — considérer que; estimer; imaginer; s'imaginer; penser; être persuadé que; présumer; trouver que

~ أنّه — se croire/s'imaginer tel

**أعْتَقِدُ** أنّ — il me semble que; je crois que

فيما ~ — à ce qu'il me semble/ce que je crois

ألا تَعْتَقِد أنّ — ne croyez-vous/ne pensez-vous pas que?

**اِعْتِقاد** — croyance; conviction

في ~ي أنّ — j'ai la conviction/je crois que; je suis convaincu que; pour moi; à mon avis

~ دينيّ. سياسيّ — doctrine/croyance religieuse, politique

~ مَبْنيّ على — conviction fondée sur

حَمَلَ ه على الـ ~ أنّ — donner à/laisser entendre à qqn que

اِعْتِقاديّ — doctrinal

**مُعْتَقَد** ج ات — conviction; croyance; doctrine

حُرِّيّة الـ ~ — liberté de conscience

3597 **عَقُرَ** ـُ عُقْرًا — être ... *v. à l'adj.*; *v. aussi 3598*

**عُقْر** — infécondité; stérilité; centre; interstice; intervalle; milieu

~ الدار — cour intérieure de la maison

في ~ ه — chez; au sein de; à l'intérieur de

عاقِر ج عُقَّر، عَواقِر — improductif; infécond; infructueux; stérile (femme, terre)

عَقّار ج عَقاقِير — drogue; simple *n.m.*; plante médicinale; médicament

أدْمَنَ **العَقاقِير** — se droguer

تِجارة الـ ~ — droguerie

تاجِر الـ ؛ عَقاقِيريّ — herboriste; droguiste

**عَقِيرة** — cri; voix haute

رَفَعَ ~ه بالشَكاوَى — crier comme un putois; pousser les hauts cris

II عَقَّرَ تَعْقِيرًا ه — stériliser; stérilisation

III **عاقَرَ** مُعاقَرة ه — s'adonner à (l'alcool, la boisson)

~ كُؤُوس الرَدَى — boire au banquet de la mort

**3598** **عَقار** ج ات — fonds; bien-fonds; bien immeuble; *v. aussi 3597*

مالِك ~ — propriétaire foncier

**عَقاريّ** — foncier; immobilier

دَخْل، تَسْليف ~ — revenu, crédit foncier

مِلْكيّة ~ة — propriété immobilière

**3599** **عَقْرَب** ج عَقارِب — aiguille (de montre); *ins.* scorpion

~ الماء — écrevisse

~ البَحْر — rascasse; scorpène

~ شَعْر — accroche-cœur

**عَقارِب** الشِقاق — *fig.* intrigues; termes de dissension

دَبَّتْ بَيْنَهم الـ~ — distiller le venin de la calomnie

أقارِبُك ~ك — *prov.* on n'est jamais si bien trahi que par les siens

مُعَقْرَب — crochu; courbé; recourbé; en forme de dard; en boucle; bouclé

**3600** **عَقَصَ** ـِ عَقْصًا ه — friser *tr.*; faire friser; tresser; faire des tresses/un chignon

عَقيصة ج عَقائِص — chignon; natte de cheveux; tresse

مَعْقوص — en chignon; en nattes

مِعْقَص — fer à friser

**3601** **عَقْعَقَ** — jacasser

عَقْعَق ج عَقاعِق — pie

**3602** **عَقَفَ** ـِ عَقْفًا — cambrer; courber; incurver

عُقّافة — croc; crochet

أعْقَف م عَقْفاء ج عُقْف — cambré; crochu; courbé

عَقْفاء — rossignol [*techn.*]

**مَعْقوف** — incurvé; crochu; crochet [*impr.*]; tors; tordu

صَليب ~ — croix gammée; swastika

بَيْنَ مَعْقوفَيْن — entre crochets

VII اِنْعَقَفَ اِنْعِقافًا — s'incurver

**3603** **عَقَلَ** ـِ عَقْلًا ه، ه — attacher; faire un croc-en-jambe/un croche-pied à qqn; faire tomber qqn en lui faisant un croche-pied; lier; retenir; saisir [*jur.*]; opérer une saisie; tenir par des liens

~ البَطْن — constiper

~ مِلْكيّة — consacrer un bien foncier à un usage pieux

~ ـِ مَعْقولًا ه — comprendre; connaître; concevoir; entendre [*fig.*]; faire preuve d'intelligence; être intelligent/raisonnable; penser; raisonner; réaliser [*fig.*]; saisir [*fig.*]

مِمّا **يُعْقَل** — admissible; concevable; raisonnable

لا ~ — inadmissible; inconcevable; déraisonnable

**عَقْل** ج عُقول — cerveau [*fig.*]; conception; entendement; esprit; intellect; intelligence; sens commun; bon sens; raison

~ البَطْن — constipation

~ إلِكْترونيّ — cerveau électronique

~ شُعوريّ — conscient *n.m.*

~ باطِن، لاشُعوريّ — inconscient *n.m.*

الـ~ الأوَّل — logos [*philos.*]

فَقَدَ ~ه — perdre l'esprit/la tête; déraisonner

~ فَعّال، عَمَليّ — esprit créateur, pratique

~ نَظَريّ — esprit/raison spéculatif(ive)/théorique

سَليم الـ~ — sain d'esprit

مُخْتَلّ الـ~ — qui a l'esprit dérangé/faible; dément; débile

**عَقْليّ** — cérébral; intellectuel *adj.*; mental; rationnel

عُمْر، مَرَض، مَريض ~ — âge, maladie, malade mental(e)

حِساب، صِحّة ~(ة) — calcul, hygiène mental(e)

لا ~ — irraisonné; déraisonnable

عَقْليّة ج ات — mentalité; état d'esprit; rationalité

العَقْليّات — monde de l'esprit; monde mental

**عَقْلانيّ؛** عَقْلانيّة — rationaliste; rationalisme

لا ~؛ لا عَقْلانيّة — irrationaliste; irrationalisme

عُقْلة ج عُقَل — entrave; lien; nœud; croc-en-jambe; croche-pied; *sport.* trapèze; *bot.* marcotte

عُقْليّ — trapéziste

**عِقال** ج عُقُل — corde; cordelette; entrave; tresse de soie (qui sert à tenir le voile «*koufiya*»)

أَطْلَقَ الحَرْب من ~ها — déclencher la guerre

**عاقِل** ج ون، عُقَلاء — intelligent; judicieux; en pleine possession de ses moyens intellectuels; sain d'esprit; prudent; pensant; raisonnable; sage; sensé

غير ~ — irraisonnable; déraisonnable; imprudent

الإنْسان كائِن ~ — l'homme est un être pensant

**عَقول** ← عاقِل

~ ج ات — astringent

**عَقولِيّة** — astringence

**عاقول** ج عَواقيل — détour; sinuosité; difficulté; embarras; *bot.* alhage; sainfoin

**مَعْقول** — attaché; constipé; lié; retenu; saisi; admissible; compréhensible; concevable; intelligible; logique *adj.*; normal; plausible; rationnel; raisonnable; sage; sensé

سِعْر ~ — prix abordable/raisonnable

لا يَدْخُل في الـ~ — cela n'est pas raisonnable/n'a pas le sens commun

زِيادة عَن الـ~ — plus que de raison

مِن الـ~ أن — il est raisonnable/sage de

لا، غير ~ — aberrant; absurde; dément; insensé; déraisonnable; impensable; inadmissible; inconcevable; irrationnel

من غَيْر الـ~ أن — il est absurde/déraisonnable de

أَمَل غَيْر ~ — fol espoir; folle espérance

**مَعْقولِيّة** — rationalité; intelligibilité

لا ~ — illogisme, irrationalité; absurdité

**عَقيلة** — épouse; femme; moitié [*fam.*]

والسَّيِّدة ~ه — accompagné de son épouse

**عُقّال** — crampe

**مَعْقِل** ج مَعاقِل — bunker; casemate; citadelle; fortification; fief (politique); forteresse; redoute; refuge; retranchement; sanctuaire

حَرْب المَعاقِل — guerre de positions

II **عَقَّلَ** تَعْقيلاً ه — rendre intelligent/prudent/sage

~ نَباتًا — effectuer un marcottage; marcotter

V **تَعَقَّلَ** تَعَقُّلاً — s'assagir; se raisonner; être ... *v. à l'adj.*

**تَعَقُّل** — pondération; prudence; sagesse

بلا ~ — à tort et à travers

**تَعَقُّلِيّة** — intellectualisme

**مُتَعَقِّل** — pondéré; prudent; raisonnable; réfléchi; sage

غَيْر ~ — irraisonné; irréfléchi

VIII **اِعْتَقَلَ** اِعْتِقالاً ه — mettre aux arrêts/en état d'arrestation; arrêter qqn; capturer; mettre en prison; faire prisonnier; emmener en captivité; interner; incarcérer; déporter

أُعْتُقِلَ لِسانه — rester court

**اِعْتِقال** — internement; arrestation; mise aux arrêts; déportation; captivité; incarcération

تَحْتَ قَيْدِ الـ~ — en état d'arrestation

مُعَسْكَر ~ — camp de prisonniers/de concentration

اِعْتِقاليّ، مُعْتَقَليّ — concentrationnaire

**مُعْتَقَل** ج ون — déporté; incarcéré; interné; prisonnier; détenu

~ ج ات — lieu de détention; camp de concentration

3604 **عَقْلَن** (← عَقَل) — rationaliser; intellectualiser

**عَقْلَنة** — rationalisation; intellectualisation

**عَقْلانيّ** — rationaliste

**عَقْلانِيّة** — rationalité; rationalisme

3605 **عَقِمَ** ـُ عُقْمًا — être ... *v. à l'adj.*

**عُقْم** — frivolité; futilité; inefficacité; infécondité; stérilité

**عَقيم** ج عُقَماء — stérile (homme); frivole; futile; impuissant (effort); improductif; inefficace; infécond; infertile; ingrat (sujet); vain (discussion)

~ ج عُقُم، عَقائِم — stérile (femme)

**عُقام** — incurable (maladie)

**مِعْقَمة** ج مَعاقِم؛ مِعْقام — stérilisateur

II **عَقَّمَ** تَعْقيمًا ه — pasteuriser; stériliser

**تَعْقيم** — pasteurisation; stérilisation

**مُعَقِّم، مُعَقِّمة** — autoclave; étuve à stériliser; stérilisateur

**مُعَقَّم** pasteurisé; stérilisé

**3606** **عَكَّ** ـُ عَكًّا être … *v. à l'adj.*

~ ه accabler/tourmenter qqn

عَكَّة chaleur brûlante/étouffante

عَكِيك brûlant (jour); chaud; étouffant (chaleur); sans air

**3607** **عِكْبِر** pollen (recueilli et transporté par l'abeille)

**3608** **عُكْدة** coccyx; sacrum

**3609** **عَكِرَ** ـَ عَكَرًا se brouiller (eau); être trouble; perdre sa limpidité/sa pureté; se troubler

عَكَر eau/pluie sale/chargée de poussière; trouble de l'eau; lie; marc; sédiment qui se dépose au fond de l'eau

عَكِر brouillé/trouble/souillé/sale (eau)

II **عَكَّرَ** تَعْكِيرًا ه brouiller; obnubiler; troubler; perturber; embrouiller

~ صَفْو السَلام troubler la paix

~ صَفْوَ مِزاجه perturber qqn

تَعْكِير brouillage; perturbation; trouble *n.m.*

مُعَكِّر perturbateur; trouble-fête

**مُعَكَّر** perturbé; troublé; trouble *adj.*; obnubilé

~ المِزاج de mauvaise humeur

V تَعَكَّرَ تَعَكُّرًا se brouiller; se troubler; *fig.* s'aggraver; se détériorer

مُتَعَكِّر troublé; brouillé; aggravé

VIII مُعْتَكِر louche *adj.* [*fig.*]

**3610** **عَكَزَ** ـُ عَكْزًا s'appuyer sur son bâton

**عُكّاز** ج عَكاكيز bâton ferré; béquille; canne

~ الأُسْقُف crosse d'évêque

V تَعَكَّزَ تَعَكُّزًا marcher en s'appuyant sur des béquilles

**3611** **عَكَسَ** ـِ عَكْسًا ه intervertir; invertir; inverser; permuter; renverser; réfléchir (la lumière); refléter; renvoyer (lumière, son); réverbérer; résonner; *bot.* marcotter

~ تَرْتيب الكَلِمات inverser l'ordre des mots; intervertir les mots

~ الأَشِعّة الضَوْئيّة réfléchir les rayons lumineux

**عَكْس** contraire *n.m.*; contrepartie; contre-pied; opposé *n.m.*; inversion; interversion; permutation; renversement; *bot.* marcottage; *philos.* conversion

الـ~ هو الّذي حَدَث c'est le contraire qui s'est produit

بَل الـ~ هو الصَحيح c'est plutôt le contraire

إنّ الحال على ~ c'est le cas contraire/la situation inverse

في حالة الـ~ dans le cas contraire

بالـ~، على الـ~ au contraire; bien/tout au contraire; par contre; au rebours; à l'inverse/l'envers

و الـ~ بالـ~ et vice-versa; et réciproquement

بِـ~ الاِتّجاه à contre-courant; à contresens; à rebours

بِـ~الضَوْء à contre-jour

بِـ~مَيْل الوَبَر، الشَعْر à rebrousse-poil [*pr.*]

**عَكْسًا** à contre-pied; à rebours; à rebrousse-poil

طَرْدًا و~ dans tous les sens; sous tous les aspects

**عَكْسيّ** contraire *adj.*; inverse; opposé *adj.*

نِسْبة ~ة raison inverse

القَضِيّة الـ~ة *log.* réciproque *n.f.*; proposition réciproque

**عاكِس** inverseur; réfléchissant; réflecteur

مِرآة ~ة rétroviseur

~ النُور، الضَوْء abat-jour

~ الصَوْت abat-son; abat-voix

~ التَيّار *électr.* commutateur

عَكوس؛ عُكوسيّة réversible; réversibilité

**مَعْكوس** inversé; interverti; permuté; renversé; retourné; réfléchi; reflété; à rebours; à rebrousse-poil; en sens contraire

عَدّ ~ compte à rebours

مَشْروع ~ contre-projet

تَجْرِبة، مُسْوَدّة ~ة contre-épreuve

مَعْكوسيّة réversibilité

عَكيس *bot.* marcotte

verbe, image réfléchi(e) فِعْل، صُورة ~(ة)

réflexe *n.m.* مُنْعَكِس ج ات

réflexe conditionné, inné ~ مُكَيَّف، أَوَّليّ

3612 عَكَشَ ِ عَكْشًا tisser sa toile (araignée)

عُكَّاشة araignée; toile d'araignée

3613 عَكَفَ ِ ُ عُكوفًا على ه s'adonner à; s'appliquer à; être assidu à; s'attacher à; s'atteler à (un travail); se livrer à (une occupation); consacrer passer son temps à

~ على نَفْسه se replier sur soi

~ على قَضيّة se pencher sur une affaire

~ ِ ُ عَكْفًا ه عن ه empêcher retenir qqn de

عُكوف application; assiduité

~ على نَفْسه repli sur soi

عاكِف ج عُكوف adonné (à); appliqué; assidu

VIII اعْتَكَفَ اِعْتِكافًا على s'appliquer à; se cantonner dans; se dévouer à; faire retraite; se retirer du monde

~ على صَلاتِه s'absorber dans ses prières

مُعْتَكَف ج ات lieu retiré; retraite

3614 عَكَمَ ِ عَكْمًا ه emballer (des vêtements); mettre en ballots

عِكْم ballot; pièce de tissu dans laquelle on emballe qqch; boîte à ouvrage; nécessaire de couture

3615 عَلّ sarcopte de la gale

3616 عَلَّ، لَعَلَّ ه peut-être que; dans l'espoir que, il se peut que

~هُ سَيَأْتي غَدًا peut-être qu'il viendra demain

~كَ سَمِعْتَ أَنَّ vous avez peut-être entendu dire que; vous n'êtes pas sans avoir entendu dire que

عَلّي، عَلَّني أَراكَ peut-être que je te verrai

3617 عِلّة ج ات، عِلَل cause; excuse; motif; prétexte; raison; *v. aussi 3615, 3616, 3618*

~ فاعِلة، أُولَى، غائِيّة cause efficiente, première, finale

هذا ~ ه voilà pourquoi; c'est la raison pour laquelle

III عاكَسَ مُعاكَسة ه، ه contrarier; être contre; défavoriser; s'opposer à; molester qqn; être aux prises avec; en venir aux mains avec; faire obstacle à

~ه القَدَر le sort lui est contraire/est contre lui

مُعاكَسة antagonisme; contrariété; obstacle [*fig.*]; opposition; inversion

مُعاكِس antagoniste; contraire; contrariant; défavorable; fâcheux pour; inverse; malencontreux; opposé; *n.m.* contre-plaqué

اِقْتِراح، تَدْبير ~ contre-proposition; contre-mesure

أَمْر، هُجوم ~ contre-ordre; contre-offensive

إلّا بِإعْلام ~ sauf avis contraire

مُظاهَرة، تَظاهُر ~(ة) contre-manifestation

مُتَظاهِر ~ contre-manifestant

ريح، رَجُل ~(ة) vent contraire; personne contrariante

خِبْرة، تَحْقيق ~(ة) contre-expertise; contre-enquête

تَيّار، مَعْنًى ~ contre-courant; contresens

بِالاِتِّجاه الـ~ à contre-courant

ضَوْء، نُور ~ contre-jour *n.m.*

مُعاكَس contrarié

VI تَعاكَسَ تَعاكُسًا se contrarier; être en raison inverse/en opposition

مُتَعاكِس contraire; opposé; inverse

اِتِّجاهانِ مُتَعاكِسانِ directions opposées

VII اِنْعَكَسَ اِنْعِكاسًا se refléter; se réfléchir; se renverser; se répercuter; s'inverser; s'intervertir

~ت الأَزْمة على ه la crise se répercute sur

اِنْعِكاس ج ات inversion; interversion, reflet; (angle de) réflexion; réflexe; répercussion; réverbération

~ مُكَيَّف، أَوَّليّ réflexe conditionné, inné

اِنْعِكاسيّ réflexe *adj.*; réflexif

حَرَكة ~ة mouvement réflexe

فِعْل يَدُلُّ على عَمَل ~ verbe réfléchi

اِنْعِكاسيّة réversibilité; *gramm.* caractère réfléchi d'un verbe

مُنْعَكِس réfléchi *adj.* [*phys.*, *gramm.*]; reflex *adj.*, *n.m.* [*opt.*]; réflexe *adj.*

آلة ~ة reflex *n.m.*; appareil reflex

~ الوُجود raison d'être

الـ~ والمَعْلول la cause et l'effet

لا مَعْلول دُونَ ~ *prov.* il n'y a pas d'effet sans cause; il n'y a pas de fumée sans feu

~ العِلَل cause principale; raison profonde

على عِلاّته dans tous les cas; en tout état de cause; en entier; intégralement; sur le vif

عِلّي؛ عِلِّيّة causal; causalité

**مَعْلول** effet

اتَّخَذَ الـ~ عِلّة prendre l'effet pour la cause

**عَليل** : هَواء، نَسيم ~ air frais

II **عَلَّلَ تَعْليلاً** ه expliquer; interpréter; justifier; motiver; donner des raisons de

~ ه بـ ه distraire; occuper avec autre chose

~ بالأضاليل faire diversion; bourrer le crâne

~ نَفْسَه بِالآمال، الأَوْهام se nourrir/se bercer d'espoirs, d'illusions

~ بِالوُعود payer de belles paroles; faire de belles promesses

~ نَفْسَه بـ se promettre de

~ الرَفْضَ بـ expliquer son refus par; voilà la raison du refus

**تَعْليل** ج ات argumentation; explication; interprétation; justification; motivation

~ بالأضاليل bourrage de crâne; diversion

**تَعِلّة** ج ات allégation; échappatoire; excuse; prétexte; expédient; distraction; subterfuge

~ واهية mauvais prétexte; faux-fuyant; faux-semblant

قَدَّمَ له ~ donner/fournir/alléguer un prétexte

مُعَلِّل ج ون raisonneur

مُعَلِّلات motivation(s)

V **تَعَلَّلَ تَعَلُّلاً** بـ ه prétexter de; prendre comme prétexte

~ بِكَلام فارغ، بِالأَوْهام se payer de mots; se repaître de chimères

~ بـ ه عن se concentrer sur une chose pour se distraire d'une autre; se consoler de qqch en

تَعِلّة تَتَعَلَّلُ بِها عَنْ خَيْبَتِكَ sujet de consolation

VIII **اِعْتَلَّ اِعْتِلالاً** بـ ه alléguer/saisir un prétexte; prétendre; prendre comme prétexte/comme excuse

3618 **عِلّة** ج ات، عِلَل affection; défectuosité; déficience; faiblesse; infortune; indisposition; maladie; malaise; source de malheur; *v. aussi 3615 à 3617*

حُروف الـ~ *ling.* lettres faibles; voyelles longues

**عَليل** ج أَعِلّاء défectif; défectueux; déficient; indisposé; malade

لا يُبْرِئُ ~ًا ولا يَشْفي غَليلاً *prov.* un cautère sur une jambe de bois

VIII **اِعْتَلَّ اِعْتِلالاً** être ... *v. à l'adj.*; avoir une indisposition/une déficience; se détraquer (santé)

اِعْتِلال ← عِلّة

**مُعْتَلّ** défectueux; déficient; débile; morbide; indisposé; malade

فِعْل ~ الأَوَّل، الثاني، الآخِر *ling.* verbe qui a une lettre faible en première, deuxième, troisième radicale

3619 **عُلْبة** ج عُلَب boîte; boîtier; cassette; coffret; étui; *bot.* capsule

~ السُرْعة، لَيْل boîte de vitesses, de nuit

~ سَجائِر étui/paquet de cigarettes

عُلَيْبة ج ات *bot.* capsule; pyxide

II عَلَّبَ تَعْليبًا ه mettre/mise en boîte

مُعَلَّب ج ات mis en boîte; boîte (de conserve); conserve

مَصْنَع المُعَلَّبات conserverie; usine de mise en boîte

3620 **عِلْج** âne sauvage; personne fruste; barbare; non arabe

III **عالَجَ مُعالَجة** ه، ه guérir; porter remède à; remédier à; traiter qqn, qqch; soigner; s'appliquer à; se consacrer à; s'évertuer; mettre la main à l'ouvrage/la pâte; manipuler; manier (un objet); travailler (le bois)

~ مَسْأَلة، مُشْكِلة étudier/traiter une question, un problème

~ مَريضًا soigner/traiter un malade

~ العُقول، الصُدور occuper/travailler les esprits

~ الإعْلام traiter l'information

~ الرَمَق الأَخير être à l'article de la mort/à l'agonie

**مُعالَجة** cure; manipulation; médication; traitement; remède; thérapeutique *n.f.*

~ الإعْلام، المَعادِن traitement de l'information, des minerais

~ بِالراحة cure de repos

~ فيزيائيّة، نَباتيّة — physiothérapie; phytothérapie

**عِلاج** (← مُعالجَة) — ordonnance *n.f.*

وَصَفَ، كَتَبَ ~ًا — ordonner un traitement; rédiger une ordonnance

~ نَفْسيّ — psychothérapie

~ الداء بِالداء — homéopathie

~ بِحَمّامات البَحْر — thalassothérapie

~ المَعْلومات — informatique *n.f.*

لا عِلاجَ له — irrémédiable; incurable; sans remède

**عِلاجيّ** — curatif; thérapeutique *adj.*

طِبّ ~ — médecine curative

طَبيب **مُعالِج** — médecin traitant

~ المَعْلومات — informaticien *n.*

VI تَعالَجَ تَعالُجًا من — être sous traitement; se faire traiter contre; se soigner contre; suivre un traitement contre

VIII **اِعْتَلَجَ** اِعْتِلاجًا — s'agiter (mer); se heurter; s'entrechoquer (vagues)

~ في صَدْرِه — nourrir (un sentiment) en son sein; être agité/habité/troublé (par un sentiment)

**3621 عُلْجوم** — grenouille mâle

**3622 عَلَف** ج عِلاف، أَعْلاف — fourrage; pâture

عَلوفة ج عُلُف — picotin; provende

عَلَفيّ؛ عَلَفيّة — plante fourragère; brome [*bot.*]

عُلَّفة ج عُلَّف — cosse; gousse; fruit de l'acacia

مَعْلَف ج مَعالِف — écurie; étable; crèche

مِعْلَف ج مَعالِف — auge; mangeoire; musette à picotin

IV أَعْلَفَ الخُيول — donner leur picotin aux chevaux

**3623** (علق) **عُلَّيْق** — ronce; mûre sauvage

تُوت، توتة ~ — framboisier; framboise

**3624 عَلِقَ** ـَ عَلَقًا بِـ، من ه — s'accrocher; s'attacher; pendre *intr.*; se suspendre; être suspendu; tenir *intr.*

~ بِقُبول ه — trouver crédit auprès de; être reçu comme vrai (nouvelle)

~ عَلاقةً بِـ ه — s'attacher à qqn; se lier avec

~ت الأُنْثى — concevoir (femelle); devenir enceinte/grosse

**عَلَق البَحْر** — plancton; boue/sang séché(e) en croûte

~، عَلَقة ج عَلَق — sangsue

عَلْقة — *égypt.* raclée [*fam.*]; tannée [*pop.*]

**عَلاقة** ج ات، عَلائِق — affection; attache; attachement; commerce [*fig.*]; connexion; contact; corrélation; dépendance; liaison; lien; rapport; relation

ذو ~ بِـ — en rapport/relation avec

~ مِهَنيّة، عاطِفيّة — relation professionnelle, sentimentale

كان على ~ بِـ ه — avoir affaire à; entretenir des relations avec

كان على ~ طَيِّبة بِـ ه — être bien avec qqn; avoir de bonnes relations avec

لا ~ لَه بِـ — n'avoir rien à faire/à voir avec

لَهُ **عَلاقات** بِـ، في — avoir des accointances/des relations avec/dans

تَوَتُّر الـ~ — tension des relations

الـ~ العامّة، الدُوَليّة — relations publiques, internationales

قَطَعَ ~ه بِـ — couper les ponts avec; rompre les relations

اِنْقَطَعَتْ ~ه بِـ ه — perdre qqn de vue

على ~ طَيِّبة — en bons termes

حافَظَ على ~ في بَلَدِه — conserver des attaches dans son pays

عَلائِق؛ عَلائِقيّ — attributions; relationnel

عِلاقة ج عَلائِق — écharpe [*méd.*]; courroie; *bot.* pétiole; pédoncule

**عالِق** — accroché; pendant; suspendu

~ بالذِهْن — présent à l'esprit

عَلوق — calamité; malheur; ogre; vampire [*myth.*]

عَليق ج عَلائِق — avoine/orge (donnée aux chevaux); picotin; provende

**مِعْلاق** ج مَعاليق — *bot.* pédoncule; pétiole; queue

~ الباب — verrou

مَعاليق — suspension (d'un véhicule)

II **عَلَّقَ** تَعْليقًا ه بِـ، على — accrocher; attacher; pendre *tr.*; suspendre; placarder; faire dépendre qqch de; subordonner qqch à

~ أَهَمِّيّة على ه — attacher de l'importance à

~ آماله على — mettre ses espoirs dans
~ مَشْروعًا — mettre un projet en sommeil/sous le coude [*fam.*]
~ على نَصّ — annoter/commenter/expliquer/gloser un texte
**تَعْليق** ج ات — accrochage; suspension; annotation; commentaire; explication; glose; légende
مُحْكَم الـ~ — bien suspendu (voiture)
~ الحُكْم — suspension du jugement
بِدُون ~ — sans commentaire
تَعْليقات وحَواشٍ — apparat critique
تَعْليقة ج تَعاليق (← تَعْليق) — cintre
**مُعَلِّق** ج ون — commentateur
**مُعَلَّق** — accroché; conditionné (par); dépendant (de); indécis; en instance; en suspens; pendu; suspendu; subordonné (à qqch)
~ بِشَفَتَيْهِ — suspendu à ses lèvres
~ بِخَيْط — ne tenir qu'à un fil
جِسْر ~ — pont suspendu
مَسْأَلة ~ة — question pendante/en instance
أَعْمال ~ة — affaires en souffrance/en sommeil
عَقْد ~ على شَرْط — accord conditionnel
~، مُعَلَّقة ج ات — affiche; placard; poster
المُعَلَّقات — *poét.* sept poèmes antéislamiques célèbres; «*mu'allaqāt*»
V **تَعَلَّقَ** تَعَلُّقًا بـ — être accroché/attaché/suspendu à; s'accrocher; s'attacher à qqn, qqch; être fixé sur; s'agripper; se pendre; se raccrocher; se retenir; tenir à qqn, qqch; se suspendre; chérir qqn; affectionner qqn, qqch
~ بِالحَياة — tenir à la vie
~تْ بِهِ نازِلة — être impliqué dans une affaire
~ بِهِ تُهْمة — faire l'objet d'une inculpation
~ت عَيْناه بـ ه — ses yeux étaient fixés sur
~ بـ ه — appartenir à; concerner; dépendre de; se rapporter à; avoir trait/ressortir/toucher à
~ حَلّ القَضِيّة بِه — l'affaire dépend de lui
**يَتَعَلَّقُ** الأَمْر بـ ه — il s'agit de; il y va de; cela dépend de/regarde/concerne

فيما ~ بـ ه، ه — en matière de; en ce qui concerne; pour ce qui est de; en fait de; à propos de
**تَعَلُّق** بـ — affection; attache; attachement
**مُتَعَلِّق** بـ — afférent à; amoureux de; attaché à; en relation avec; relatif à; dépendant de; concernant; tributaire de
أُمور ~ة بِكَ — affaires vous concernant
~ بِالآخَر — interdépendant

**3625 عَلْقَمَ** — être/rendre amer
**عَلْقَم** ج عَلاقِم — amertume; *bot.* coloquinthe
ذاق الـ~، العَلاقِم من — subir les pires tourments/des vexations/des brimades de la part de
II **تَعَلْقَمَ** — devenir amer; prendre un goût amer

**3626 عَلَكَ** ـُ عَلْكًا — mâcher; mastiquer
**عَلْك** — mastication
**عِلْك**، عِلْكة — résine; gomme à mâcher; chewing-gum
**عالِك** — masticateur (muscle)
**عَلوك** — *bot.* silène

**3627 عَلِمَ** ـَ عِلْمًا ه، بـ ه، أن — avoir connaissance de; connaître; discerner; percevoir; apprendre; savoir; *v. aussi 3629*
~ عِلْمَ اليَقين — savoir pertinemment que
على ما **أَعْلَمُ** — que je sache; autant que je sache
لا ~ بِأَنَّ — je ne sache pas que
مَكان لا **يَعْلَمُ** بِهِ أَحَد — endroit ignoré de tous
**عُلِمَ** مِنْ — on mande de [*litt.*]; on apprend de
**عِلْم** ج عُلوم — connaissance; savoir; science; -logie *suff.*
لِـ~ه بِأَنّ — parce qu'il sait que
مع الـ~ بِأَنّ — tout en sachant que; bien qu'il sache que
~ الإحاثة، الأَسْنان — paléontologie; odontologie
~ الآثار، البِحار — archéologie; océanographie
~ الاِجْتِماع، الأَحْياء — sociologie; biologie
~ إِحْصاءات السُكّان — démographie
~ الأَجِنّة، الأَنْسِجة — embryologie; histologie

~ التَّرْبِية، التَّوْجِيه — pédagogie; cybernétique
~ الأَخْلاق — éthique; science des mœurs; morale
~ الأُمَم، الشُّعوب، الأَجْناس — ethnologie
~ الجَراثِيم — bactériologie; microbiologie
~ أَسْباب الأَمْراض — étiologie
~ الأَمْراض الجِلْدِيّة — dermatologie
~ الأَمْراض النِسائيّة — gynécologie
~ الجَمال، الزَلازِل — esthétique *n.f.*; sismologie
~ البَراكِين — volcanologie; vulcanologie
~ الحَيَوان، النَبات — zoologie; botanique
~ خَيالِيّ — science-fiction
~ الذَرّات — physique atomique; atomistique *n.f.*
~ العِظام، الصِحّة — ostéologie; hygiène
~ الأَصْوات، المُداواة — phonétique; thérapeutique
~ المَعاني، دَلالة الأَلْفاظ — sémantique; lexicologie
~ الزِراعة، الفَلَك — agronomie; astronomie
~ المُناخ، المَعادِن — climatologie; minéralogie
~ النَفْس، البِيئة — psychologie; écologie
~ وَظائِف الأَعْضاء — physiologie
~ التَشْريح — anatomie
~ تَقْويم الأَعْضاء — orthopédie
~ التَقْنِيّة، الصَنائِع والفُنون — technologie
~ القِبالة، الإِجْرام — obstétrique; criminologie
~ الجِبال، الطُيور — orographie; ornithologie
~ مِساحة الأَرْض — géodésie
~ طَبَقات الأَرْض — géologie
~ الطُفَيْلِيّات — parasitologie
~ المَعادِن — minéralogie
~ الحِمْيَة، التَغْذِية — diététique *n.f.*
عَن ~ — pertinemment; sciemment; au su (de)
عَن غَيْر ~ مِن ه؛ دُونَ ~ ه — à l'insu de
كانَ على ~ بِ — être au courant de
في، على حَدّ ~ي — à ma connaissance

تَبَحُّر، مُتَبَحِّر في الـ ~ — érudition; érudit
أَحاطَ ه عِلْمًا بِ ه — mettre qqn au courant au fait de
**كُلِّيّة العُلوم** — faculté des sciences
~ طَبيعِيّة، دَقيقة — sciences naturelles, exactes
~ بَشَرِيّة، تَطْبيقِيّة — sciences humaines, appliquées
~ باطِنِيّة، خَفِيّة — sciences occultes
**عِلْمِيّ** — érudit *adj.*; savant *adj.*; scientifique *adj.*
مَجَلّة ~ ة — revue savante scientifique
عِلْمِيّة — scientificité; scientisme
**عَلَم** ج أَعْلام — bannière; drapeau; fanion; jalon; marque; oriflamme; pavillon; personnage important/distingué; grand homme
في خِدْمة الـ ~ — sous les drapeaux
الـ ~ المُثَلَّث الأَلْوان — drapeau tricolore
الـ ~ الأَحْمَر، الأَسْوَد، الأَبْيَض — drapeau rouge, noir, blanc
اِسْم ~ — nom propre
أَعْلامِيّ، أَعْلامِيّات — onomastique *adj.*; onomastique *n.f.*
**عَلام** — atout
دُونَ ~ — sans-atout
واحِد دونَ ~ — un sans-atout
**عَلامة** ج ات — borne; cote; indication; indice; insigne; label; marque; note; point; signe; symptôme; trait
~ عَبْقَرِيّة — empreinte du génie
~ مُمَيِّزة — marque/trait distinctif(ive)
وَضَعَ ~ على — faire une marque sur
~ مَصْنَع، تِجارِيّة — marque de fabrique, commerciale
سَجَّلَ ~ تِجارِيّة — déposer une marque
~ مُسَجَّلة — marque déposée
~ وَصْل، بارِزة — trait d'union, saillant
جَيِّد، سَيِّء الـ ~ — bien, mal noté/coté
~ لَفْظ — point/signe diacritique
نالَ ١٢ ~ على ٢٠ — obtenir douze sur vingt
~ تَعَجُّب، اِسْتِفْهام — point d'exclamation, d'interrogation

~ جَبْرِيَّة، فارِقة signe algébrique, de ponctuation

عَلامات stigmates

**عالِم** ج ون، عُلَماء connaisseur; érudit; expert en; familier de; savant; uléma; diplômé/professeur (d'une université traditionnelle)

~ الكُلّ omniscient

~ الدين، اِجْتِماعيّ théologien; sociologue

~ بِـ -icien/-iste/-logue *suff.*

~ بِالبَراكِين، التَشْرِيح volcanologue; anatomiste

~ بِالحِمْيَة، التَغْذِية diététicien; nutritionniste

عالِمة almée

عالِمِيَّة diplôme (d'université traditionnelle); rang/dignité du professeur (d'université traditionnelle)

**أَعْلَم** بِـ mieux informé de; plus savant

اللّه ~ Dieu sait si; je donne ma langue au chat

عَلّامة؛ عَلِيم docte; érudit; très savant; puits de science

**مَعْلوم** connu; déterminé; notoire; *gramm.* voix active; verbe actif; *math.* quantité connue; *exclam.* certainement! bien sûr! en effet!

غَيْر ~ ignoré; inconnu; indéterminé

~، مَعْلومة ج ات connaissance; indication; information; instruction; renseignement

~ ج مَعالِيم droit perçu; frais; taxe

اِسْتَكْمَلَ مَعْلومات ه compléter son instruction

اِسْتَقَى الـ~ من مَوارِدها s'informer aux sources

لَدَيْه ~ عن être informé de

عِلاج الـ~؛ مَعْلُوماتِيَّة traitement des informations; informatique *n.f.*

مَعْلُوماتِيّ informaticien *n.*

**مَعْلَم** ج مَعالِم borne; signe de route; repère; point de repère; marque; trace; signe; signe distinctif; caractéristique *n.f.*

مَعالِم الوَجْه، الجَرِيمة traits du visage; indices d'un crime

~ الفَقْر signes de la pauvreté

مَعْلَمة؛ مَعْلَميّ encyclopédie; encyclopédique

II **عَلَّمَ** تَعْلِيمًا ه désigner; marquer; faire une marque sur; noter; pointer

~ ه ه، بِـ ه apprendre qqch à qqn; éduquer; enseigner; initier; instruire; professer

**تَعْلِيم** ج ات، تَعالِيم initiation; instruction; notation; pointage; enseignement; professorat; précepte; doctrine; indication; directive

الـ~ الاِبْتِدائيّ، الثانَوِيّ enseignement primaire, secondaire

الـ~ الحُرّ enseignement libre/privé

الـ~ المِهَنِيّ، المُخْتَلَط enseignement professionnel, mixte

الـ~ الرَسْمِيّ، العامّ enseignement officiel, public

الـ~ الجامِعيّ، العالي enseignement universitaire, supérieur

~ الكِبار، الفَتَيات enseignement aux adultes, aux jeunes filles

الـ~ الإلْزاميّ enseignement obligatoire

فَنّ الـ~ didactique *n.f.*; pédagogie

سِنّ الـ~ âge de scolarisation

**تَعْلِيمات** طِبِّيَّة، دِينِيَّة prescriptions médicales, religieuses

حافَظَ على الـ~ respecter la consigne

عَمِلَ وَفْقَ الـ~ agir selon les instructions/directives/indications/consignes

تَعالِيم مُحَمَّد les enseignements de Mohammed

الخَدَمات **التَعْلِيمِيَّة** services éducatifs/de l'enseignement

**مُعَلِّم** ج ون enseignant; initiateur; instituteur; professeur; pédagogue; contremaître; maître; maître artisan; moniteur; patron

دار **المُعَلِّمِين** école normale d'instituteurs

دار الـ~ العُلْيا école normale supérieure

IV **أَعْلَمَ** ه ه، بِـ ه annoncer qqch à qqn; apprendre; avertir; aviser; faire connaître; porter à la connaissance de; faire savoir; indiquer; informer; instruire; notifier; faire part de; mettre au fait/au courant; prévenir de; renseigner

~ خَبَرًا communiquer une nouvelle

~ ه بِأَمْر intimer un ordre

**إِعْلام** avis; indication; information; notification; notice

وَسائِل، أَجْهِزة الـ~ moyens/techniques/organes d'information; mass media; médias

~ آليّ، تَقْنِيّ informatique *n.f.*

| | |
|---|---|
| وِكالة، وِزارة الـ~ | agence d'information; ministère de l'Information |
| إعْلاميّ : رِحْلة ~ة | voyage d'information |
| صَحيفة، وَسائِل ~ة | journal, moyens d'information |
| V تَعَلَّمَ تَعَلُّمًا ه | apprendre; avoir appris; étudier; être informé/instruit; avoir de l'instruction; s'initier; s'instruire |
| ~ العَرَبيّة، الفِرَنْسيّة | apprendre l'arabe, le français |
| ~ القِراءة، الكِتابة | apprendre à lire, à écrire |
| ~ من تَجارِب ه | apprendre par expérience |
| تَعَلَّمْ أن | apprenez/sachez que |
| تَعَلُّم | étude; apprentissage; initiation (à) |
| رَغْبة الـ~ | désir d'apprendre |
| مُتَعَلِّم ج ون | éduqué; instruit; apprenti *n.m.*; en apprentissage; lettré |
| غَيْر ~ | illettré; ignare; inculte |
| X اِسْتَعْلَمَ اِسْتِعْلامًا ه، ه | chercher à connaître; s'instruire; prendre des renseignements; interroger |
| ~ عن ه، ه | s'enquérir de; prendre des nouvelles de; demander un renseignement/se renseigner sur |
| ~ عن صِحّة | s'informer de la santé de |
| اِسْتِعْلام ج ات | information; interrogation; demande de renseignements |
| مَصْلَحة، مَرْكَز الاِسْتِعْلامات | service, centre d'informations/de renseignements |
| رِحْلة اِسْتِعْلاميّة | voyage d'information |

| | |
|---|---|
| 3628 عُلْمة | bec-de-lièvre |

| | |
|---|---|
| 3629 عالَم ج عَوالِم | monde; univers; règne [*hist. nat.*]; *v. aussi 3627* |
| ~ الفِكْر | monde de l'esprit; intellect |
| قارّات الـ~ الخَمْس | les cinq parties du monde |
| الـ~ الجَديد | nouveau continent/monde |
| الـ~ القَديم | ancien continent/monde |
| ~ صَغير، كَبير | microcosme; macrocosme |
| الـ~ الثالِث، الرابِع | tiers, quart monde |
| ~ الحَقيقة | monde réel/de la réalité |
| ~ اليَوْم، الأَمْس | monde d'aujourd'hui, d'hier |
| عالَميّ | mondain; mondial; cosmopolite; universel |
| الأَسْواق، الاِقْتِصاد الـ~(ة) | marchés, économie mondiale(iaux) |
| عالَميًّا | mondialement; universellement |
| مَعْروف ~ | mondialement connu |
| عالَميّة | mondialité; caractère mondial; universalité; universalisme; cosmopolitisme |

| | |
|---|---|
| 3630 عَلْمَنَ | laïciser; séculariser |
| عَلْمَنة | laïcisation; laïcité; sécularisation |
| عِلْمانيّ | laïc; laïque; séculier |
| عِلْمانيّة | laïcité; laïcisme; sécularité |
| II تَعَلْمَنَ | se laïciser; se séculariser |

| | |
|---|---|
| 3631 عَلَنًا | en public; ouvertement; publiquement |
| عَلَنيّ | public *adj.*; notoire; exotérique |
| عَقْد، مَزاد ~ | acte de notoriété; enchères publiques |
| عَلانِية | notoriété; publicité |
| عَلانِيةً | ouvertement; notoirement; publiquement; en public; au grand jour |
| IV أَعْلَنَ إعْلانًا ه، أن | afficher; mettre à l'affiche; annoncer; aviser; déclarer publiquement; ébruiter; faire part de; manifester; montrer; notifier; publier; rendre public; proclamer; promulguer; faire profession de; professer (une opinion); révéler |
| ~ جَهْرًا | dire tout haut |
| ~ إرادته، نِيّته | manifester son intention |
| ~ قَرارًا، أَسْعارًا | notifier une décision; afficher des prix |
| ~ عَنْ مَسْرَحيّة | mettre une pièce à l'affiche |
| ~ الساعة | annoncer/sonner l'heure (horloge) |
| ~ قُدومه، عَن قُدومه | faire part de/annoncer son arrivée |
| ~ مَوْقِفه من المَسْأَلة | se prononcer sur la question |
| ~ تَأْييده، تَحْبيذه لِ | se déclarer pour/en faveur de |
| إعْلان | affichage; annonce; assignation; déclaration; notification; proclamation; promulgation; publication; publicité; réclame |
| ~ ج ات | affiche; avis; écriteau; faire-part; manifeste; panneau; pancarte; placard |

~ حَرْب، إرادة — déclaration de guerre; manifestation de volonté

~ بِالحُضور، بِالمُثول — assignation à comparaître

~ زَواج — publication des bans; faire-part de mariage

**إعْلانات** مُبَوَّبة، مُرَتَّبة — annonces classées

صَفْحة، قِسْم الـ~ — page, service de publicité

مُلْصِق الـ~ — colleur d'affiches

**إعْلانيّ** — publicitaire (campagne)

**مُعْلِن** — annonceur

**مُعْلَن** — affiché; publié; annoncé; placardé

أَسْعار ~ة — prix affichés, postés (du pétrole)

عَداوة ~ة — hostilité déclarée; franche hostilité

**3632** **عَلّانَ** (← فُلان) — *pour désigner qqn*: machin; truc

**عِلْوان** ج عَلاوين ← عُنْوان

**3633** **عَلا** ـُ عُلُوًّا — être haut; prendre de la hauteur; s'élever/se dresser (au-dessus du sol); se manifester; surgir; surmonter; *fig.* être illustre/d'un esprit élevé; *v. aussi 3634*

~ النَهْر — monter/grossir (fleuve)

~ الاِحْمِرار جَبينه — monter au front (rouge); rougir

~تْ هُ السآمة — avoir l'air fatigué/épuisé

~ه الصَدأ — rouiller; se couvrir de rouille

~ بِه السِنّ — vieillir; prendre de l'âge; arriver à un grand âge

~ صَوْته بِـ — s'écrier; s'exclamer

عَلَتْ وَجْهَه اِبْتِسامة — un sourire illumina son visage

**عَلُ** : نَظَرَ مِنْ ~ — regarder d'en haut; jeter un regard plongeant

**عِلْو** — haut *n.m.*; dessus *n.m.*

أَخَذَ هـ ~ًا — enlever qqch de haute lutte

**عُلْويّ** — de dessus; supérieur

طابِق، طَرَف ~ — étage, membre supérieur

روح ~ة — âme éthérée/céleste/divine

إرادة ~ة — volonté divine/suprême

**عُلُوّ** — altitude; élévation; grandeur; hauteur; noblesse; profondeur

~ عَنْ سَطْح البَحْر — altitude au-dessus du niveau de la mer

~ الشُعور — élévation des sentiments

~ الصَوْت — hauteur de la voix; intensité du son

~ الكَعْب — position/situation importante/en vue [*fam.*]

عَلايَة — partie supérieure; endroit élevé; belvédère

**عِلاوة** — allocation; gratification; excédent; indemnité; prime; surcroît; supplément

~ إنْتاجِيّة — prime de rendement

عِلاوةً على ذَلِك — bien/en plus; par/de surcroît; par-dessus le marché; outre; en outre; en sus; encore; indépendamment de

**عالٍ** — élevé; haut; de premier(ère) ordre/qualité; supérieur

جُهْد، ضَغْط ~ — haute tension, pression

تَرْداد، تَرَدُّد ~ — haute fréquence

مُسْتَوًى، تَعْليم ~ — niveau élevé; enseignement supérieur

تَكَلَّمَ بِصَوْت ~ — parler haut/fort

قَفْز ~ — saut en hauteur [*sport.*]

**عالي** الأمانة — de haute fidélité; hi-fi

~ المَقام — huppé [*fig.*]; de la bonne société

بِـ~ه؛ عالِيَهُ — ci-dessus; plus haut; précédemment (dans un livre)

تَطير الطائِرة **عالِيًا** — l'avion vole haut

رَفَعَ هـ ~ — lever/tenir bien haut; brandir

**عالِية** ج عَوالٍ — amont [*géogr.*]; haut lieu [*fig.*]

إلى ~ النَهْر — en amont

العَوالي — talents/vertus éminent(e)s

**أَعْلَى** م عُلْيا ج أَعالٍ — excellent; plus haut/grand/élevé/noble; meilleur; supérieur *adj.*; souverain *adj.*; suprême; sommet; partie supérieure de; cime; point culminant; crête; faîte; maximum; pinacle

إلى، في ~ هـ — en haut; en amont; au-dessus

المَجْلِس الـ~ لِـ — conseil supérieur de

مِن ~ إلى أَسْفَل — de haut en bas

على ~ مُسْتَوًى — au plus haut niveau

بِـ~ صَوْته — le plus fort possible; très fort (voix)

~ لِـ ه التَّصْفِيق des applaudissements l'accueillirent le saluèrent; des applaudissements crépitèrent éclatèrent en son honneur

~ على ه s'enorgueillir de qqch

~ على ه traiter/regarder qqn de haut; toiser qqn

اَللّٰهُ ~ Dieu le Très-Haut; le Très-Haut

تَعالَتْ أَصْوات مُطالِبة بِـ des voix s'élevèrent pour réclamer

**تَعالَ، تَعالَوْا** viens; venez; allons

~ نَسْتَرِحْ قَلِيلًا allons-nous reposer un peu

~ نَأْخُذْ مَثَلًا. نَسْتَمِعْ prenons un exemple; écoutons

مُتَعالٍ (← عالٍ) fier; hautain; transcendant

VIII **اِعْتَلَى** اِعْتِلاءً ه accéder à; grimper; monter sur; s'élever au-dessus de

~ العَرْش monter sur le trône

~ مَرْكَزًا. دَسْتَ الرِياسة accéder à une situation élevée, à la présidence

اِعْتِلاء accession; ascension

X **اِسْتَعْلَى** اِسْتِعْلاءً être avancé (jour); se grandir

~ على ه s'élever au-dessus de; dominer; prendre possession de

اِسْتِعْلاء supériorité

3634 **عَلَى** *prép.* dessus; au-dessus de; sur; contre; auprès de; près de; à la charge de; au désavantage de; malgré; *v. aussi 3633*

~ ما يُقال. عادتِه à ce qu'on dit; à son habitude

~ قَوْله à ce qu'il dit; selon lui

~ حَسَب ه en accord avec; en relation avec

~ حِساب ه. ه au détriment de

~ الإِطْلاق absolument; dans l'absolu

~ عَهْده de son temps; pendant sous son règne

~ حِين غَفْلة pendant un moment d'inattention

~ وَجْه التَقْرِيب approximativement

~ ضَوْء. نُور ه à la lumière de

~ عِلْم بِـ informé de; au courant de

~ غَيْر مَعْرِفة مِنْه sans le savoir; à son insu

~ الصَفْحة la partie supérieure le haut de la page

أَعْلاهُ auparavant; ci-dessus; plus haut; supra; susdit; susmentionné

القِيادة **العُلْيا** haut commandement

مَحْكَمة العَدْل الـ~ Haute Cour de justice

**أَعالي** البَحْر pleine mer; large *n.m.*

مِلاحة ~ البِحار navigation hauturière

**عَلَى** ← *3634*

**عَلِيّ** *n.pr. d'homme*: Ali

~ ج ون. عِلْي. عِلْية ← عالٍ

الـ~ (اللّٰه) Dieu; le Très-Haut

عِلْيِ القَوْم، مِن **عِلْية** القَوْم ← عُلِّيّة

**عَلْياء** lieu élevé; haut *n.m.*; sommet; *fig.* ciel

~ القَوْم haute société

عَلَوِيّ ج ون alaouite

**عُلِّيّة** ج عَلالِي salle d'apparat

~ القَوْم notables; personnages importants

بَنَى القُصور **والعَلالِي** bâtir des châteaux en Espagne

بَنَى علَيْه الـ~ faire une montagne d'un rien; grossir un événement; exagérer l'importance de

مَعْلاة ج مَعالٍ dignité; grandeur; noblesse

مَعالي الوَزِير Monsieur le Ministre; Son Excellence le ministre

II **عَلَّى** تَعْلِية ه élever un mur; exalter; hausser; exhausser; rehausser; surélever

~ صَوْتَه hausser le ton; élever la voix

~ سِعْر، قِيمة ه augmenter le prix/la valeur; valoriser

**تَعْلِية** élévation; exaltation; exhaussement; rehaussement; surélévation

~ سِعْر، قِيمة ه valorisation

مُعَلًّى élevé; haussé; rehaussé; surélevé; valorisé

IV أَعْلَى إِعْلاءً ه (← II) sublimer; sublimation

VI **تَعالَى** تَعالِيًا s'approcher; arriver; venir; se grandir; être élevé/haut/en hauteur; être exalté (Dieu); jaillir (cris); s'élever/monter (rumeur); être fier/orgueilleux; résonner; transcender

~ شَيْءٌ من — avoir un certain (courage, dose, quantité de)

لَيْسَ هذا ~ شَيْءٍ — ce n'est rien; peu importe; cela n'a pas d'importance/ne fait rien

~ اِنْتِظار، جَهْل — dans l'attente, l'ignorance

~ حَقّ، خَطأ — dans le vrai, l'erreur

لَيْسَ ~ خَطأ كَبير — il ne se trompe pas de beaucoup

~ بَصيرة من الأَمْر — en connaissance de cause

~ ما تَمَكَّنَ من رُؤْيته — autant qu'il a pu en juger

~ اليَسار، اليَمين — à gauche; à droite

~ كُلّ حال — de toute façon; en tout état de cause

~ الرَّأْس والعَيْن — volontiers; de bon cœur

~ مَتْن طائِرة، باخِرة — à bord d'un avion, d'un bateau; en avion, bateau

~ يَده — de sa main

~ جَدْوَل الأَعْمال — à l'ordre du jour

و~ ذَلِك — là-dessus; étant donné; par conséquent

بِناءً ~ ذلك — *même sens*

~ هذا النَحْو — de cette manière/façon

~ سَبيل المِثال — par exemple; à titre d'exemple

وَلَّوْا قائِدًا ~ ه — ils désignèrent un chef à la tête de

~ أَنْ — à condition que; sous réserve que; comme si; à titre de

~ أَنَّ — bien que; malgré que; cependant; pourtant; du reste; d'ailleurs; néanmoins

دارَ ~ه، ه — aller de l'un à l'autre; faire le tour de

مَضَتْ سِتُّ سَنَوات ~ ه — six ans ont passé depuis

البُرْهان ~ ذَلِك يَكْمُن في — la preuve en est que

~ه دَيْن — avoir une dette

~ خِلافاتهم — quelles que soient/malgré leurs divergences

~ كَثْرتهم — malgré leur nombre

~ كُرْهٍ مِنْه — à contrecœur; malgré lui

وَزَّعَ ~ ه — distribuer/répartir qqch entre

عَلَيَّ بِـ ه — que n'ai-je; ah! si je pouvais avoir; qu'on m'apporte

عَلَيْكَ بِـ — prenez; c'est à vous de

~ بالصَبْر — soyez patient; prenez patience

السَلام ~، عَلَيْكُمْ — salut; bonjour

بِاللّه ~ — je vous en prie

وَعَلَيْهِ — dès lors; en conséquence; par conséquent; partant [*conj.*]; dans ces conditions; c'est pourquoi

~ أَنْ — falloir; devoir; il (lui) appartient/revient de; avoir à

ما لَهُ وَما ~ — le pour et le contre; doit et avoir

في الأَمْرِ ما لَهُ وَما ~ — il y a du pour et du contre

أَدَّى ما ~ — se mettre en règle

ما كان ~ — l'état dans lequel il était

ظَلَّ على ما كان ~ — il est resté ce qu'il était; il n'a pas changé

المُسْتَوَى الذّي كان ~ — le niveau auquel il était

عَلامَ ... — pourquoi? dans quel but?

عَلاش — *dialect. même sens*

**3635 عَمّ** ج أَعْمام، عُموم — oncle paternel; *appellation familière pour une personne âgée*

اِبْن، بِنْت ~ — cousin; cousine

عَمّة ج ات — tante paternelle

عُمومة — relation collatérale/d'oncle à neveu

**عَمّا** ← عَنْ ما

**3636 عَمَّ** ـُ عُمومًا — être universel/général; s'étendre à tous; se généraliser; se répandre

~ه بِـ ه — étendre qqch à tous; inclure; embrasser; comprendre

~ الضَحِكُ بِالحاضِرينَ — le rire gagna l'assistance

**عُموم** — généralité; universalité; totalité; globalité; public *n.m.*

مَجْلِس الـ~ — Chambre des communes

على الـ~ — en général; généralement parlant; à tout prendre; en règle générale; d'une manière générale; dans l'ensemble; communément; universellement

بِوَجْه الـ~، عُمومًا — *même sens*

**عُموميّ** — public *adj.*; universel; plénier

جَمْعيّة ~ة — séance plénière; assemblée générale

| | |
|---|---|
| الصُنْدوق الـ~ | Trésor public |
| عُموميّة ج ات | généralité; universalité; caractère général de |
| **عامّ** | commun; général; public; universel |
| الرَأْي، الطَريق الـ~ | opinion, voie publique |
| الأَمْن الـ~ | Sûreté nationale; sécurité publique |
| مَصْلحة، مُدير ~(ة) | service public; directeur général |
| الأَرْكان الـ~ة | état-major général |
| **عامّة** ج عَوامّ | totalité; ensemble *n.m.*; foule; masse; commun *n.m.* [*litt.*]; populace [*péjor.*] |
| ~ الشَعْب | la masse; le peuple |
| عامّةً | communément; généralement; d'une manière générale; en général |
| **عامّي** | commun; homme de la rue/ordinaire; roturier; plébéien; terre à terre; vulgaire |
| كَلِمة ~ة | gros mot; vulgarité |
| اللُغة الـ~ة | langue populaire/courante; dialecte |
| II عَمَّمَ تَعْميمًا ه | extrapoler; généraliser; étendre; rendre accessible à tous; populariser; propager; universaliser; vulgariser |
| **تَعْميم** ج ات | extrapolation; généralisation; extension; popularisation; propagation; vulgarisation; circulaire *n.f.* [*admin.*] |
| على وَجْه الـ~ | d'une manière générale |
| بالـ~ | par extension |
| **3637 عِمامة** ج عَمائِم | turban |
| II مُعَمَّم | enturbanné |
| V تَعَمَّمَ تَعَمُّمًا | s'enturbanner; porter le turban |
| VIII اِعْتَمَّ اِعْتِمامًا ← V | |
| مُعْتَمّ | *iron.* enturbanné; porteur de turban |
| **3638 عَمَدَ** ـِ عِمادًا ه (← II) | *v. aussi 3639* |
| **عِماد** | baptême |
| اِسْم، ماء الـ~ | nom de baptême; eau baptismale |
| بَيْت الـ~ | baptistère |
| ~ النار، الهَواء | baptême du feu, de l'air |
| جُرْن الـ~، المَعْمودِيّة | fonts baptismaux |
| **مَعْمودِيّة** ← عِماد | |
| اِبْن الـ~ | filleul |
| يُوحَنا المَعْمَدان | Jean-Baptiste |
| مَعْمَدانيّ، مَعْمَدانيّة | baptiste; baptisme |
| II عَمَّدَ تَعْميدًا ه | baptiser; baptême |
| تَعْميد سَفينة | baptême d'un navire |
| V تَعَمَّدَ تَعَمُّدًا | recevoir le baptême; se faire baptiser |
| VIII اِعْتَمَدَ اِعْتِمادًا ← V | |
| **3639 عَمَدَ** ـِ عَمْدًا ه | étayer; soutenir; supporter; *v. aussi 3638* |
| ~ إلى ه | choisir; se décider pour; opter pour; se prononcer pour; recourir à; ne pas hésiter à; préméditer de; faire qqch exprès/de propos délibéré; se diriger droit sur |
| **عَمْد** | dessein; intention; préméditation; volonté |
| عَن ~، عَمْدًا | à dessein; exprès; intentionnellement; de propos délibéré; délibérément; volontairement |
| **عَمْديّ** | délibéré; intentionnel; volontaire |
| غَيْر ~ | involontaire; sans le vouloir |
| **عَمود** ج أَعْمِدة | arc-boutant; axe; borne; colonne; mât; perpendiculaire *n.f.*; pilastre; pilier; poteau; pylone; tige; verticale *n.f.* |
| ~ فِقْريّ، فَقاريّ، شَوْكيّ | échine; épine dorsale; charpente osseuse; colonne vertébrale |
| اِنْحِراف الـ~ الفِقْريّ | déviation de la colonne vertébrale; scoliose |
| ~ دَلالة، إشارة | poteau indicateur |
| ~ بَرْق، إعْدام | poteau télégraphique, d'exécution |
| ~ إنارة | lampadaire; réverbère; borne lumineuse |
| ~ ميزان | fléau d'une balance |
| ~ كَهْرَبائيّ | pile; pile électrique/galvanique |
| ~ ذَرّيّ | pile atomique; réacteur nucléaire |
| ~ دَوَران، مِرْفَقيّ | *techn.* arbre; vilebrequin |
| ~ مُخَدَّد، مُسْتَقيم | arbre cannelé, droit |
| ~ جَريدة، الطَريق | colonne (journal); axe routier |
| أَنْزَلَ ~ًا | abaisser une perpendiculaire |
| **عَموديّ** | droit *adj.*; perpendiculaire *adj.*; vertical |
| طائِرة ~ة | hélicoptère |

مَسْقَط ~ projection orthogonale

عَمودِيًّا d'aplomb; verticalement; à pic; en flèche

عَموديّة aplomb; verticalité

**عِماد** ج عُمُد colonne; mât (de tente); pilier; soutien; support; *mil.* général

شَريف، طَويل الـ~ (homme) important/noble/notable

عُمَيِّد colonnette

عُمْدة ج عُمَد chef/responsable de village; *égypt.*[1] maire

عُمْدِيّة *égypt.* mairie

عامِد *géom.* hauteur

**عَميد** ج عُمَداء chef; doyen (d'université); *mil.* général de brigade; brigadier

~ المُحامينَ bâtonnier de l'ordre des avocats

~ بَحْرِيّ contre-amiral

V **تَعَمَّدَ** تَعَمُّدًا ه faire qqch de propos délibéré; faire exprès de; se proposer de; méditer de; préméditer

~ ه بِإِضْرار avoir l'intention de nuire à qqn

**تَعَمُّد** ← عَمْد

بِـ~؛ تَعَمُّدًا ← عَمْدًا

مِن غَيْر، دُونَ ~ sans le faire exprès/le vouloir; sans intention

**تَعَمُّدِيّ** délibéré; intentionnel; prémédité; volontaire

غَيْر ~ involontaire

**مُتَعَمِّد** décidé (personne); ferme; intentionnel; volontaire

إرادة ~ة volonté délibérée/bien arrêtée

**مُتَعَمَّد** délibéré; prémédité

أَبْحاث ~ة recherches délibérées

قَتْل ~ meurtre avec préméditation; homicide volontaire

VI تَعامُدِيّة aplomb *n.m.*; orthogonalité; perpendicularité

مُتَعامِد (إِسْقاط) orthogonal (projection)

VIII **اِعْتَمَدَ** اِعْتِمادًا ه adopter qqch; choisir; se décider pour; opter pour

~ طَريقة adopter une méthode

~ ه accorder un crédit à qqn; attirer; désigner/nommer qqn en titre

~ سَفيرًا accréditer un ambassadeur

~ على ه، ه s'appuyer sur; porter sur; reposer sur; être soutenu par; compter sur; dépendre de; se confier à; se fier à; faire fond sur; se fonder sur; être fondé à; recourir à; tabler sur

~ على نَفْسه، ذاته compter sur soi; vivre en autarcie

يُعْتَمَد عليْه sûr; en qui l'on peut avoir confiance; sur qui l'on peut compter

**اِعْتِماد** ج ات confiance; crédit; dépendance

~ قَصير، طَويل الأَجَل crédit à court, long terme

فَتْح، رِسالة ~ ouverture, lettre de crédit

أَوْراق، كُتُب الـ~ lettres de créance

~ الاِقْتِصاد على النَفْط dépendance de l'économie par rapport au pétrole

الـ~ على نَفْسه اِقْتِصادِيًّا autarcie économique

يُمْكِنه الـ~ عَلَيْها il peut compter sur elle

مُعْتَمِدًا على en s'appuyant sur

**مُعْتَمَد** agréé; attitré; autorisé; authentique; appui; agent [*comm.*]; représentant

~ قُنْصُلِيّ agent consulaire

مُوَزِّع ~ distributeur agréé/autorisé

~ عَسْكَرِيّ، جامِعِيّ intendant militaire, universitaire

غَيْر ~ inauthentique

**مُعْتَمَدِيّة** جامِعِيّة، عَسْكَرِيّة intendance universitaire, militaire

~ دِبْلوماسِيّة légation diplomatique

3640 **عَمَر؛ عَمْرة** coiffe; coiffure; mantille; chapeau; turban; *v. aussi 3642*

عُمْر ج عُمور pendant d'oreille; *anat.* gencive

جَلْد عُمَيْرة masturbation; onanisme

VIII اِعْتَمَرَ اِعْتِمارًا ه se coiffer d'un chapeau; se couvrir (la tête)

مُعْتَمِر الرَأْس coiffé; couvert (d'un chapeau)

3641 **عَمَرَ** ـُ عَمْرًا ه habiter (un endroit); fréquenter (lieu, personne); cultiver; être habité/peuplé; se tenir (marché); *v. aussi 3640*

~ دارًا، بَيْتًا bâtir/construire/peupler une maison

~ جَوانِح ه، ه imprégner qqn, qqch

~، عَمُرَ ـُ عِمارةً se peupler; prospérer; fleurir (civilisation); être ... v. à l'adj.

~، عَمِرَ ـَ عِمارةً vivre longtemps; être en vie/dans un état florissant

عَمْر، **عُمْر** ج أعْمار âge; existence; durée de la vie; vie

في العِشْرين من ~ه dans sa vingtième année

~هُ ثلاثون سَنة être âgé de/avoir trente ans

شَجَرة الـ~ arbre de vie

~ عَقْليّ âge mental

**عَمْر** ج أعْمار ← عُمُر

~ اللّهِ par Dieu!

عَمْرَكَ اللّهُ que Dieu te prête vie

لَعَمْري par ma vie! je le jure!

عُمْرة *isl.* petit pèlerinage (qui peut se faire toute l'année et dont les obligations rituelles sont moins nombreuses que celles qui régissent le «*hajj*»)

**عُمْران** activité (d'un pays); bien-être; civilisation; culture; peuplement; prospérité

العَدْل أساس الـ~ *prov.* la justice est le fondement de la prospérité

**عُمْرانيّ** civilisé; culturel; peuplé

وَحْدة ~ة communauté urbaine

عُمْرَى donation à vie; viager *n.m.*

عُمْريّ (دَخْل) viager *adj.* (rente)

**عِمارة** ج ات bâtiment; construction; édifice; immeuble

~ أرْض بُور défrichement d'une terre

هَنْدَسة، فَنّ الـ~ architecture

~ ج عَمائِر escadre; flotte

~ أتاي، شاي plateau à thé (avec tout le nécessaire)

**عامِر** civilisé; cultivé; habité; florissant; peuplé; prospère; abondant; compact; épais; fourni; plein; rempli

دار، بَيْت ~(ة) *fig.* maison heureuse/prospère

~ الجَيْب، الأمَل les poches pleines; plein d'espoir

صَدْر ~ poitrine généreuse

أمّ ~ hyène

عَمّاريّة palanquin nuptial

عَمير ← عامِر، مَعْمور

عَميرة ruche; rucher

**مَعْمور** cultivé; développé (région); habité; fréquenté; peuplé

الـ~، المَعْمورة monde habité; univers

مِعْمار architecte; constructeur

**مِعْماريّ** *même sens*; architectural; architectonique *adj.*

مُهَنْدِس ~ architecte

فَنّ. هَنْدَسة ~(ة) architectonique *n.f.*; architecture

II **عَمَّرَ** تَعْميرًا vivre longtemps vieux

~ ه mettre (une terre) en valeur; cultiver; peupler; entretenir (un sol); conserver (une terre) en état; construire; édifier; ériger; reconstruire; restaurer; emplir; remplir; perenniser

~ مَدينة construire/édifier une ville

لَمْ يُعَمِّرْ طَويلًا ne pas faire de vieux os [*fam.*]

**تَعْمير** entretien; mise en valeur; peuplement; reconstruction; restauration

بَنْك الـ~ banque pour la reconstruction

قابِلِيّة ه لِلـ~ durabilité de qqch

مُعَمِّر ج ون colon

**مُعَمَّر** cultivé (terre); florissant; habité; peuplé; mis en valeur (région); vivace (plante); durable; non périssable

سِلَع إسْتِهْلاكِيّة ~ة biens de consommation non périssables

IV أعْمَرَ إعْمارًا ه ← II

X اِسْتَعْمَرَ اِسْتِعْمارًا ه coloniser (une terre, un pays)

**اِسْتِعْمار** colonisation; colonialisme

~ جَديد néo-colonialisme

مُقاوِم، مُقاوَمة الـ~ anticolonialiste; anticolonialisme

**اِسْتِعْماريّ** impérialiste; colonial; colonialiste

تَوَسُّع ~ expansion coloniale

اِسْتِعْمارِيّة colonialisme; impérialisme

مُسْتَعْمِر ج ون colon; colonisateur

مُسْتَعْمَر colonisé

مُسْتَعْمَرة ج ات colonie

**3642 عَمْش** qui est bon (pour la santé)/ salutaire

عَمَش chassie

أَعْمَش م عَمْشاء chassieux; qui a les yeux chassieux

**3643 عَمُقَ ـُ عُمْقًا** être profond; s'approfondir

~ حُبُّهُ لَها son amour pour elle s'est approfondi

**عُمْق ج أَعْماق** profondeur; fond

~ المياه، الأفكار profondeur des eaux, des idées

~ الحاجة إلى profond besoin

في ~ أَمْتار à une profondeur de quelques mètres

**أَعْماق** الضَمير fond/intimité de la conscience/ du cœur

في ~ ضَميره، قَلْبه، كيانه au fond de soi; au plus profond du cœur/de soi

من ~ قَلْبه du fond du cœur

~ الأَرْض، الكائِن entrailles de la terre; profondeurs de l'être

لَهُ فيه **عَمَق** avoir des droits sur

**عَميق ج عُمُق، عِماق** profond; intime

إِحْتِرام، شُعور ~ respect, sentiment profond

صَمْت، مَعْنًى ~ silence, sens profond

سُبات، تَنَهُّدات ~(ة) sommeil, soupirs profond(s)

إِقْتِناع ~ conviction intime

نامَ نَوْمًا **عَميقًا** dormir profondément

حَزِنَ حُزْنًا ~ être dans une profonde tristesse

مُقْتَنِع إِقْتِناعًا ~ être intimement convaincu

مِنْ **أَعْمَق** الدِراسات parmi les études les plus approfondies

II **عَمَّقَ تَعْميقًا** ه approfondir; creuser (une idée)

~ النَظَر في ه plonger ses regards dans

تَعْميق قَناة سويس l'approfondissement du canal de Suez

V تَعَمَّقَ تَعَمُّقًا في approfondir (une question); creuser (une idée); fouiller (un sujet); s'enfoncer (dans les recherches); pénétrer profondément; se plonger (dans l'étude)

**تَعَمُّق** الأَفْكار profondeur des idées

~ في مَوْضوع approfondissement d'un sujet

**3644 عَمِلَ ـَ عَمَلًا** ه agir; faire; fonctionner; œuvrer; opérer; travailler; confectionner; fabriquer

~ الدَواء، السُمّ عَمَله le remède, le poison agit

~ سائِقًا travailler comme/être chauffeur

~ بِالبَنْزين fonctionner à l'essence

~ اللِصّ بِاللَيْل opérer de nuit (voleur)

~ لِصالِح ه agir pour le bien de; avoir soin de; être empressé à

~ لِلْخَيْر العامّ œuvrer pour le bien public

~ على ه s'appliquer à; contribuer à; s'efforcer de; faire effort pour; œuvrer pour; travailler à

~ عَلَى إِسْتِخْراج المَعْدِن travailler à l'extraction du minerai

~ في ه، ه influencer; exercer une influence sur; influer sur; *gramm.* régir

~ بِ ه appliquer (une mesure); exécuter qqch; mettre à exécution/en application; se conformer à

**عُمِلَ** بِه (قانون) prendre effet; être applicable/ effectif/valide/en vigueur; exister (loi)

~ مِن (خَشَب) être fait/fabriqué/confectionné en (bois)

ماذا **تَعْمَل** هٰذا المَساء que faites-vous ce soir?

~ الشَرِكات الأَجْنَبِيّة في les compagnies étrangères opèrent dans (le pays)

لا بِهِ **يُعْمَل** ولا عَلَيْه يُعَوَّل nul et non avenu

**عَمَل ج أَعْمال** acte; action; besogne; emploi; fonction; fonctionnement; ouvrage; œuvre; opération; pratique *n.f.*; procédure; processus; rôle; tâche; travail; *gramm.* rection

حُرِّيّة الـ~ liberté d'action/d'agir

قامَ بِـ~ه fonctionner; faire fonction/office de

~ مُزْدَوِج، مُشْتَرَك double emploi; travail en commun

الـ~ بِ ه application; exécution

يَجْري الـ~ في، بِ le travail s'effectue; on travaille à

جارٍ فيه الـ~ en application; en cours; en vigueur; en action

إِجْراء الـ~ بِ ه mise en application/en œuvre/en vigueur

~ جُهْديّ، نَوْعيّ fonction potentielle, spécifique

عَمَلِيّاتِيّ opérationnel ; opératoire

**عامِل** actif ; effectif ; en service ; en fonction ; opérant ; opérateur ; travailleur

شركة ~ة في البلاد société opérant dans le pays

عُضْو، جَيْش ~ membre actif ; armée active

ضابِط ~ officier d'active

الطَبَقة الـ~ة ؛ العامِلون population active ; travailleurs

~ ج عُمّال، عَمَلة ouvrier ; prolétaire ; travailleur

~ مَوْسِميّ، زِراعي ouvrier saisonnier, agricole

~ مُتَخَصِّص، التِليفون ouvrier spécialisé ; téléphoniste

**عُمّال** population ouvrière active

~ مَصْنَع personnel ouvriers d'une usine

~ البِناء، أَكْفاء ouvriers du bâtiment, qualifiés

حِزْب، رئيس الـ~ parti ouvrier travailliste ; contremaître

طَبَقة الـ~ ؛ العُمّالة classe laborieuse ; prolétariat

**عُمّاليّ** ؛ عُمّاليّة travailliste ; travaillisme

تَشْريع ~ législation ouvrière

**عامِل** ج عَوامِل agent ; coefficient ; élément ; facteur ; mobile ; *gramm.* régissant

~ خَطَأ، ضَلال coefficient d'erreur

~ في إمْتِحان coefficient à un examen

~ الرُمْح manche d'une lance

تَحْتَ ~ الغَضَب sous l'action l'empire l'effet de la colère

**عَوامِل** الإنْتاج، النُمُوّ facteurs de production, de croissance

عامِل مِن ~ السَعادة l'un des éléments/facteurs du bonheur

~ نَفْسيّة، جَوّيّة facteurs psychologiques, atmosphériques

فِعْل ~ مُتَعَدِّدة action de facteurs nombreux

~ أَوَّليّة facteurs premiers

حَلَّلَ إلى ~ décomposer en facteurs ; faire une analyse factorielle

~ كيميائيّة، طَبيعيّة agents chimiques, naturels

عامِليّ factorielle *n.f.* [*math.*]

~ الفِعْل في الجُمْلة rôle du verbe dans la phrase

~ إنْقاذ opération de sauvetage

باشَرَ ~ه se mettre à l'ouvrage ; mettre la main à la pâte

فَقَدَ، تَرَكَ ~ه perdre laisser sa place, son travail

مُدّة، خُطّة ~ durée du plan de travail

~ شَجاعة acte de bravoure

عاطِل عَن الـ~ sans travail ; chômeur

طَلَب، عَرْض ~ demande, offre d'emploi

صاحِب، رَبّ الـ~ employeur ; patron

اِتّحاد أَرْباب الـ~ fédération des employeurs ; organisation du patronat

**أَعْمال** حَرْبيّة hostilités ; opérations militaires

~ يَدَويّة، مَنْزِليّة travaux manuels, ménagers

رَجُل ~ homme d'affaires

جَدْوَل الـ~ ordre du jour ; programme de travail

**عَمَليّ** praticien *n.m.* ; pratique *adj.* ; pragmatique ; réaliste

تَطْبيق ~ application pratique

سِياسة ~ة politique pragmatique/réaliste

عَمَليًّا en pratique ; pratiquement ; matériellement ; en fait

**عَمَليّة** ج ات entreprise ; opération ; procédure ; processus ; praxis

~ خَطِرة dangereuse/importante entreprise

~ جِراحيّة opération [*chim.*] ; intervention chirurgicale

~ إصْلاح، شُرْطيّة opération de rénovation, de police

~ قَيْصَريّة césarienne [*chir.*]

**عَمَليّات** ماليّة، شُرْطيّة opérations financières, policières

غُرْفة الـ~ P.C. ; poste de commandement

الـ~ الحِسابيّة الأَرْبَع les quatre opérations arithmétiques

~ مَصْرِفيّة، جارية opérations bancaires, courantes

خَطّ، مَسْرَح الـ~ ligne, théâtre d'opérations

قِسْم الـ~ service chirurgical ; bloc opératoire

غُرْفة، طاوِلة الـ~ salle, table d'opération

**عُمولة** commission [*comm.*]; courtage; gages

بالـ~ à la commission

**عِمالة** ج ات (← عُمولة) emploi; main-d'œuvre

~ زراعِيّة، صِناعِيّة emploi agricole, industriel

~ مُجْزِية، غير مُنْتَظِمة emploi rémunérateur, irrégulier

سِياسة، مَشاكِل الـ~ politique, problèmes de l'emploi

~ كامِلة plein-emploi

نَظَرِيّة الـ~ الكامِلة théorie du plein emploi

نَقْص في الـ~ sous-emploi

شُروط، قِطاعات الـ~ conditions, secteurs d'emploi

عَمالة district; région administrative; préfecture

**عَمْلة** ج ات mauvais coup; mauvaise action

قامَ بِـ~ faire un mauvais coup

**عُمْلة** ج عُمُلات monnaie; numéraire; devise

~ زائِفة، مَعْدِنِيّة fausse monnaie; monnaie métallique

~ وَرَقِيّة papier-monnaie; monnaie fiduciaire

مُزَيِّف ~ faux-monnayeur

**عُمُلات** قَوِيّة، صَعْبة monnaies/devises fortes

~ سَهْلة، أَجْنَبِيّة devises faibles, étrangères

~ مُعَوَّمة إلى أَعْلى، أَسْفَل monnaies flottant en hausse, en baisse

تَهْريب الـ~ trafic de devises

**عَميل** ج عُمَلاء agent; client; commissionnaire; espion; homme de main; suppôt [*litt.*]; valet [*fig.*]

~ مُزْدَوِج، سِرّيّ agent double, secret

~ الشَيْطان suppôt de Satan

~ الاِسْتِعْمار suppôt/valet du colonialisme

~ مَتْجَر، مَطْعَم client d'un magasin, d'un restaurant

**عُمَلاء** clientèle; pratique *n.f.* [*class.*]

~ طَبيب، بَنْك clientèle d'un médecin, d'une banque

**مَعْمول** confectionné; exécuté; fait; fabriqué; *gramm.* régi; gouverné

~ بِهِ en vigueur; en application; existant; pratiqué; usité

**مَعْمَل** ج مَعامِل atelier; fabrique; laboratoire; manufacture; usine

~ نَسيج filature

II **عَمَّلَ تَعْميلاً** ه donner un emploi à qqn; rémunérer qqn; nommer qqn gouverneur; *math.* mettre en facteur; factoriser

**تَعْميل** factorisation

III **عامَلَ مُعامَلةً** ه être en affaire avec; traiter une affaire avec

~ بِإِنْسانِيّة، بِالحُسْنَى traiter bien/avec humanité

~ كَصَديق، كَعَدُوّ traiter en ami, en ennemi

~ بِقَسْوة، كَنَفْسه traiter qqn durement, comme soi-même

~ بِالعُنْف، بِاللُطْف molester; prendre par la douceur

~ بِالمِثْل، بِنَفْس المُعامَلة rendre la pareille

~ه بِاحْتِقار traiter de haut/en parent pauvre/avec mépris

~ه مُعامَلة سَيِّئة maltraiter; traiter mal

~ه مُعامَلة النِدّ traiter d'égal à égal/sur un pied d'égalité

~ه مُعامَلة النِدّ لِلنِّد *même sens*

~ه مُعامَلة وَدِّيّة traiter qqn amicalement

**مُعامَلة** ج ات attitude/comportement (à l'égard de); procédé; traitement; *fin.* crédit; transaction; *admin.* affaire; dossier

الـ~ بِالمِثْل réciprocité

~ تَفْضيل traitement de faveur

~ سَيِّئة mauvais traitement; violence

سوء ~ *même sens*

أَساءَ ~ه malmener; maltraiter

شَرْط ~ الدُوَل الأَكْثَر رِعايةً clause de la nation la plus favorisée

**مُعامَلات** الرُكوب، النُزول formalités d'embarquement, de débarquement

أَلْقَى بِالـ~ écarter les dossiers

**مُعامِل** indice; coefficient

~ الاِنْكِسار indice de réfraction

~ الامْتِصاص، التَمَدُّد — coefficient d'absorption, de dilatation

~ رياضيّ، فيزيائيّ — coefficient mathématique, physique

~ تَفاضُليّ — dérivée *n.f.* [*math.*]

IV **أَعْمَلَ** إِعْمالاً ه، ه — employer; utiliser; faire fonctionner/travailler; mettre en mouvement/en œuvre

~ الفَأْس — manœuvrer/manier la pioche

~ السَيْف في الرِقاب — faire des ravages; passer au fil de l'épée

~ فِكْره — faire fonctionner ses méninges [*fam.*]

~ فِكْرة — appliquer/mettre en application une idée

~ يَدَيْه — mettre la main à la pâte

V **تَعَمَّلَ** تَعَمُّلاً لِـ ه — se donner beaucoup de peine/de mal pour

VI **تَعامَلَ** تَعامُلاً مع — être en affaires/en rapport avec; faire affaire avec

تَعامُل — communication; contacts; rapports; correspondance; transactions; affaires; échange de bons procédés

كانَ مُتَعامَلاً بِه — avoir cours; être en usage

VIII **اِعْتَمَلَ** اِعْتِمالاً في — fonctionner; opérer

~ في ه — agiter/parcourir qqn

X **اِسْتَعْمَلَ** اِسْتِعْمالاً ه — employer; manier; manipuler; mettre en service/en œuvre; pratiquer; se servir de; utiliser; exercer (un droit); user de; faire usage de; faire jouer (des mécanismes)

~ طَرِيقة — pratiquer/utiliser une méthode

**اِسْتِعْمال** ج ات — application; emploi; maniement; manipulation; mise en œuvre/en service; usage; utilisation

أَحْسَنَ، أَساءَ ~ ه — faire un bon, mauvais emploi/usage de

~ حَقّ — exercice d'un droit

~ مُزْدَوِج، شائِع — double emploi; d'utilisation courante

طَرِيقة، كَيْفِيّة الـ~ — mode d'emploi

**مُسْتَعْمِل** ج ون — utilisateur; usager

~ وَسائِل النَقْل المُشْتَرَكة — usager des transports en commun

**مُسْتَعْمَل** — en vigueur; qui a cours; usagé; usité; usuel

غَيْر ~ — inemployé; inusité; inutilisé

سَيّارة ~ة — voiture d'occasion/de seconde main

3645 **عَمْلَقة** — gigantisme

عِمْلاق ج عَمالِقة — colosse; colossal; géant; malabar [*pop.*]; mastodonte [*fam.*]; monstrueux; titan

عِمْلاقيّ — gargantuesque; gigantesque; titanesque

**عَمّا** ← عَنْ ما

**عَمَّنْ** ← عَنْ مَنْ

3646 **عَمِهَ** َ عَمَهًا عَن — être aveugle à; s'aveugler sur; être indécis

عَمَه — aveuglement; indécision; *méd.* agnosie

عَمِه — aveugle; hésitant; indécis

3647 **عَمِيَ** َ عَمًى — être/devenir aveugle; ne pas voir

~ عَن — être aveugle; s'aveugler sur

~ على ه — être obscur/difficile à percevoir (par qqn); être énigmatique pour

حُبُّكَ الشَيْءَ **يُعْمي** ويُصِمّ — *prov.* l'amour est aveugle

**عَمًى** — cécité

~ القَلْب، البَصيرة — aveuglement

~ الأَلْوان — daltonisme

عَماءة؛ عَماية — aveuglement; chaos; égarement; erreur

عَمائيّ — chaotique

**أَعْمَى** م عَمْياء ج عُمْي، عُمْيان — aveugle

~ القَلْب، البَصيرة — aveugle [*fig.*]; égaré

تَقْليد ~ — imitation passive/servile

طاعة، ثِقة **عَمْياء** — obéissance, confiance aveugle

II عَمَّى تَعْمية ه، ه — rendre aveugle; aveugler; camoufler

تَعْمية — camouflage

مُعَمًّى — énigmatique; hermétique; camouflé

IV أَعْمَى إِعْماء ه ← II

V تَعَمَّى تَعَمِّيًا عن — s'aveugler; être aveugle à

VI **تَعامَى** تَعامِيًا عن — se laisser aveugler; fermer les yeux sur; faire semblant de ne pas voir

~ عَن الخَطَر — pratiquer la politique de l'autruche

**3648 عَنْ؛ عَنِ ٱلْـ** *prép. marque l'idée de contiguïté et d'éloignement, de moyen et de privation, de séparation et de provenance*

~ طَرِيق الجوّ par la voie des airs; via

عَمِيَ ~ aveugle à

عاجِز، بَخيل ~ ه incapable de; avare de

ماتَ ~ أولاد وبَنات il est mort en laissant des garçons et des filles

ماذا ~ ه، ه qu'en est-il de? quoi de neuf à propos/au sujet de?

~ قَريب sous peu; de près

~ بُعْد، بَعيد de loin

سَأَلَ ~ ه s'enquérir/demander des nouvelles de

~ بَصيرة، عِلْم، دِراية en connaissance de cause

~ حُسْن نِيّة de bonne foi

~ حَقّ justement; de bon droit

~ سُرور joyeusement; avec plaisir

~ آخِرهم jusqu'au dernier

~ كُرْه مِنهُ à contrecœur; malgré lui

~ رِضًى de bon cœur; avec plaisir

أَبًا ~ جَدّ de père en fils

~ بَكْرة أبيهم tous; en totalité

كَسول ~ ه trop paresseux pour

دَقّ ~ الفَهْم trop subtil pour

~ المُدير، أَمْره pour le directeur; par ordre

إِلَيْكَ عَنّي hors d'ici; loin de moi; file!

**عَمّا** (عَنْ ما) تَتَحَدَّث de quoi parlez-vous?

~ قَليل، قَريب dans un moment; dans peu de temps; sous peu; avant peu

**عَمَّنْ** ( عَنْ مَنْ) تَتَحَدَّث de qui parlez vous?

**3649 عَنَّ** ِ عَنَنًا لِ ه s'interposer; se trouver sur le passage de; barrer la route à

~ ِ عَنًّا، عُنونًا لَهُ أَنْ s'aviser de; avoir une idée; se présenter/venir à l'esprit (idée)

~ عَن se détourner de

عُنّة؛ عَنانة impuissance [*méd.*]; impotence

**عِنان** ج أَعِنّة guide; rêne; bride

أَطْلَقَ، أَرْخَى الـ ~ lâcher la bride; laisser la bride sur le cou; donner libre cours à

مُطْلَق الـ ~ sans frein; débridé [*pr.* et *fig.*]

**تَرَكَ الشُؤون تَجْري في أَعِنَّتِها** laisser les choses aller leur train/suivre leur cours

عِنّين impuissant [*méd.*]

**3650 عِنَب** ج أَعْناب raisin

~ الذِئْب douce-amère

~ الدُبّ raisin-d'ours; busserole

~ الثَعْلَب raisin-de-renard; parisette

حَبّة ~؛ عِنَبة grain de raisin

دِبْس ~ raisiné

قاطِف ~ vendangeur

قَطَفَ، قِطاف الـ ~ vendanger; vendange

عِنَبيّة airelle; baie [*bot.*]

عُنّاب؛ عُنّابة jujubier; jujube

**3651 عَنْبا** manguier; mangue

**3652 عَنْبَر** ambre gris

~ ج عَنابِر cachalot

زَيْت ~ spermaceti; blanc de baleine

عَنْبَريّ ambré

**3653 عَنْبَر** ج عَنابِر baraquement; cale (de bateau); dépôt; hangar; magasin; pavillon; section; stand [*comm.*]

~ التَخْليل، التَشْطيب atelier de décapage, de finissage

~ الفَحْم، التَخْزين soute à charbon; halle de stockage

**3654 عَنِتَ** َ عَنَتًا être en difficulté

عَنَت difficulté; peine; souffrance

II عَنَّتَ تَعْنيتًا ه ه imposer à qqn qqch de difficile

V تَعَنَّتَ تَعَنُّتًا s'entêter; s'obstiner

تَعَنُّت entêtement; obstination

مُتَعَنِّت entêté; obstiné; rétif

**3655** **عَنْتَرَ** bourdonner (mouche); être brave/héroïque

عَنْتَرة bravoure; courage; intrépidité; bourdonnement; *hist.* Antar; Antara

عَنْتَر brave; courageux; intrépide; valeureux; *ins.* stomoxe

II تَعَنْتَرَ se vanter; fanfaronner; faire le fanfaron

تَعَنْتُر fanfaronnade; rodomontade; vantardise

مُتَعَنْتِر bravache; fier-à-bras [*litt.*]; matamore

**3656** **عِناج** lumbago; lombalgie

**3657** **عُنْجُهيّة، عُنْجُهانيّة** orgueil; stupidité; vanité

**3658** **عِنْدَ** *prép.* 1. *marque la contiguïté spatiale ou temporelle:* auprès de; chez; le long de; à côté de; au moment où; aux yeux de; à ses yeux; pour qqn; de l'avis de

~ النَصْر، النَجاح en cas de victoire/de succès

~ الرَصيف، المُلْتَقَى le long du trottoir; au carrefour

~ حُسْنِ ظَنِّه avoir bonne presse auprès de; être bien vu par

~ حُسْنِ الظَنِّ بِهِ avoir bonne opinion de

~ الساعة كَذا à telle heure

~ المَوْت au moment/à l'heure de la mort

~ طُلوع، هُبوط الشَمْس au lever, coucher du soleil

~ زيارته لِـ lors de sa visite à

عِنْدَئِذٍ، عِنْدَذاكَ sur ces entrefaites; alors; à ce moment-là; là-dessus

عِنْدَ ما comme; lorsque; au moment où; aussitôt que; dès que

**عِنْدَ** 2. *accompagné des pron. affixes rend l'idée de possession:* avoir

~كَ، ~هُ، ~ها tu as; il, elle a

أ ~كَ ما تَقولُه as-tu/avez-vous qqch à dire?

~ه خِبْرة il a de l'expérience

كانَتْ ~هُ خِبْرة il avait de l'expérience

~هُ عِلْم بَعيد savoir beaucoup de choses

**عِنْدي خِبْرة** j'ai de l'expérience

كانَتْ ~ي خِبْرة j'avais de l'expérience

~ي ما هو أَعْجَبُ je connais qqch de plus extraordinaire

عِنْديّة subjectivisme

مِنْ عِنْدِيّاتِهِ de son cru

**3659** **عَنَدَ** ـُ عُنودًا عَن dévier; diverger; s'écarter; se séparer de; rester/se mettre à l'écart

عَنِدَ ـَ عَنَدًا s'entêter; s'obstiner; être ... *v. à l'adj.*

عَنيد ج عُنُد acharné; buté; cabochard [*fam.*]; coriace; entêté; indocile; inflexible; intransigeant; mutin; obstiné; opiniâtre; tenace; qui a la tête dure; têtu; forte tête; raide (caractère); récalcitrant

III عانَدَ عِنادًا، مُعانَدة s'entêter; se mutiner; résister (aux arguments); se piquer; se piquer au jeu

عِناد entêtement; indocilité; intransigeance; ténacité; opiniâtreté; obstination; résistance

مُعانِد ← عَنيد

**3660** **عَنْدَلَ** chanter (rossignol)

عَنْدَليب ج عَنادِل rossignol

**3661** **عَنْز** ج أَعْنُز *coll.* ibis; chèvre

الـ~ المُحَرَّم ibis sacré

عَنْزة ج أَعْنُز، عُنوز (← عَنْز) *n. un.*

عُنَيْزة ج ات chevrette

عِنّاز *bot.* butome

**3662** **عَنَسَ** ـُ عُنوسًا être vieille fille; rester célibataire (femme)

**عُنوسة** célibat prolongé

عانِس ج عَوانِس vieille fille

**3663** **عُنْصُر** ج عَناصِر base; composant *n.m.*; élément constituant; ethnie; facteur; ingrédient; principe

~ بَسيط corps simple

طَيِّب الـ~ avoir un bon fond

~ الاِتِّهام chef d'accusation

**عَناصِر الإِنْتاج** facteurs de production

اِسْتِغْلال ~ الإِنْتاج exploitation des facteurs de production

~ غِذائِيّة — éléments nutritifs

**عُنْصُرِيّ** — élémentaire; ethnique; racial; raciste

تَفْرِقة، تَمْيِيز ~(ة) — apartheid; discrimination raciale

تَباغُض، مَسْأَلة ~(ة) — haine, politique raciale

**عُنْصُرِيّة** — racisme

**العَنْصَرة** — Pentecôte; *maroc.* fête du solstice d'été

**3664** **عُنْصُل** — scille [*bot.*]

**3665** **عُنْظوب، عِنْظاب** — lucane [*ins.*]

**3666** **عُنْف** — acharnement; âpreté; aspérité; brusquerie; brutalité; dureté; férocité; impétuosité; rigueur; rudesse; sévérité; rugosité; véhémence; violence

~ الأَهْواء — fougue/fureur de la passion

طُرُق، وَسائِل الـ~ — voies de fait; usage de la violence

هَزَّ بِـ~ — secouer violemment/fort/rudement

لَجَأَ إلى الـ~ — avoir recours/recourir à la violence

لا ~، لاعُنْفِيّ — non-violence; non violent

**عَنَفة** ج ات — turbine

~ سائِلِيّة، بُخارِيّة — turbine hydraulique, à vapeur

دافِع، ضاغِط **عَنَفِيّ** — turbopropulseur; turbocompresseur

راكِس، مِضَخّة ~(ة) — turboréacteur; turbopompe

**عَنيف** — acharné; aigu; âpre; brutal; bourru; brusque; furieux; fougueux; frénétique; impétueux; vigoureux; violent; véhément

مَعْرَكة ~ة — combat furieux; violente bataille

مُقاوَمة ~ة — résistance acharnée/forcenée

نِزاع، مُنافَسة ~(ة) — violente dispute; féroce concurrence

**عُنْفُوان** — force; vigueur

~ الشَباب — fleur de la jeunesse; force de l'âge; pleine vigueur

II عَنَّفَ تَعْنيفًا ه — admonester; apostropher; crier après qqn; gourmander; houspiller; malmener; maltraiter; molester; rabrouer; reprocher sévèrement; rudoyer; faire une sortie contre; tancer [*litt.*]; vitupérer

تَعْنيف — admonestation; apostrophe; reproche; rudoiement; vitupération; objurgation; semonce

**3667** **عِنْفِص** — femme acariâtre; mégère; chipie [*fam.*]; harpie

II تَعَنْفَصَ تَعَنْفُصًا — se vanter; vantardise

مُتَعَنْفِص — qui fait beaucoup de bruit; vantard

مُتَعَنْفِصة — rombière; grognasse [*pop.*]

**3668** **عُنُق** ج أَعْناق — col; cou; encolure; gorge; goulot; pédoncule; pétiole; queue (fleur, fruit); tige (feuille)

رِباط الـ~ — cravate

ضَرَبَ، ضَرْب الـ~ — décapiter; décapitation

عُنُقِيّ — cervical

**عَناق** ج عُنوق — *zool.* chevrette

~ الأَرْض — caracal; lynx

**عَنْقاء**؛ ~ مُغْرِب — phénix; oiseau fabuleux; griffon [*myth.*]

II عَنَّقَ تَعْنيقًا ه — prendre par le cou; saisir au collet

III **عانَقَ** مُعانَقة، عِناقًا ه — embrasser; prendre dans ses bras; donner l'accolade à; étreindre; enlacer

~ه بِحَرارة — sauter au cou de

عِناق؛ مُعانَقة ج ات — accolade; embrassement; embrassade; enlacement; étreinte

عِناقِيّة — pervenche [*bot.*]

VI تَعانَقَ تَعانُقًا — s'enlacer; s'étreindre; s'embrasser; se donner l'accolade

مُتَعانِقانِ — enlacés; embrassés

VIII **اِعْتَنَقَ** اِعْتِناقًا ه — embrasser (une religion); se convertir; adhérer à (une doctrine)

~ حِزْبَ ه — se ranger du côté de; adopter le parti de

**3669** **عِنْقاش** ج عَناقيش — colporteur; marchand ambulant/forain

**3670** **عُنْقود** ج عَناقيد — grappe (fleurs, fruits)

**3671** **عَنْقَريط** — argonaute [*zool.*]

**3672** **عَنْكَبوت** ج عَناكِب — araignée; mygale

عَنْكَبوتيّ، عَنْكَبوتيّة arachnéen; arachnoïde

عَنْكَبوتيّات arachnides

3673 **عَنا** ُ عَنْوةً ه prendre par force; *v. aussi 3675*

~ ُ عَناءٌ، عُنُوًّا لِـ s'abaisser/s'humilier devant; se soumettre à; obéir

عَنَتْ بِهِ الأمور être accablé/affecté; souffrir

**عَنْوة** force; violence

**عَنْوةً** de haute lutte; violemment; par force; de vive force

دَخَلَ على ه ~ forcer la porte de; prendre d'assaut

عانٍ humble; obéissant; soumis; servile

3674 **عَنْوَنَ** intituler; titrer; donner un titre

**عُنْوان** ج عَناوين adresse; intitulé; légende; modèle; en-tête; rubrique (journal); titre; type

~ فَرْعِيّ، شَرِكة sous-titre; raison sociale

~ جَمال modèle/type de beauté

مُعَنْوَن adressé; à en-tête; intitulé

تَعَنْوَنَ s'intituler; être intitulé; avoir pour titre

3675 **عَنَى** ِ عِنايةً ه intéresser; concerner; regarder [*fig.*]; *v. aussi 3673*

~ ه، بِـ ه faire allusion à qqch; exprimer; signifier; vouloir dire

**يَعْني**؛ ~ أنْ c'est-à-dire; cela signifie que

لا ~ بِأنْ non pas que; cela ne signifie pas que

ماذا ~ ذلك qu'est-ce que cela signifie/veut dire?

ما الّذي ~ه بِقَوْله هذا qu'est-ce qu'il veut dire par là?

هذا لا ~كَ cela ne vous regarde pas

لا تَتَكَلَّمْ بِما لا ~كَ ne parlez pas des choses qui ne vous regardent pas; mêlez-vous de vos affaires

عَنِيَ َ عَناءٌ être anxieux/malheureux/souffrant

**عُنِيَ** عِنايةً بِـ se charger de; avoir à cœur de; être préoccupé par; se mêler de; s'occuper de; prendre soin de; prendre en mains; veiller à; s'intéresser à; montrer de la sollicitude pour

~ بِسُمْعَتِه soigner sa réputation

~ بِأوْلادِه s'occuper de ses enfants

~ بِصِحَّته veiller à sa santé

~ بِهِ عِنايةً خاصّة être aux petits soins pour [*fam.*]

**عِناية** attention; effort; empressement; entretien de; intérêt; soin; sollicitude; prévenance

أوْلَى ه. ه ~ فائِقة porter à qqn, qqch un intérêt considérable

الـ~ الإلَهيّة la divine Providence

بِـ~ avec ménagement/soin; soigneusement

**عَناء** difficulté; fatigue; peine; labeur; préoccupation; soin; travail

~ السَفَر la fatigue du voyage

لِكُلِّ يَوْمٍ ما يَكْفيهِ من الـ~ *prov.* à chaque jour suffit sa peine

بِـ~ non sans peine; péniblement

بِقَليل مِن الـ~ en se donnant peu de peine; aisément; à peu de frais [*fig.*]

بِكَبير ~ à grands frais; à grand peine

بِلا ~ sans coup férir; comme une fleur [*fam.*]; haut la main; sans peine

عانٍ en détresse; malheureux; souffrant; en peine; *ling.* signifiant *adj., n.m.*

**مَعْنِيّ** affecté; concerné; intéressé; en question (chose); *ling.* signifié *adj., n.m.*

الحُكومات الـ~ة les gouvernements concernés

**مَعْنًى** ج مَعانٍ acception d'un mot; concept; notion; sens; signification; signifié *n.m.*; thème [*litt.*]

الـ~ وَالصُورة l'esprit et la lettre; le fond et la forme

الـ~ والمَبْنَى la substance et l'expression

فَقَدَ ~ الإنْسانيّة perdre le sens de l'humain

بِكُلِّ ~ الكَلِمة au plein sens du terme

~ حَقيقيّ، مَجازيّ sens propre, figuré

لا ~ لَهُ non-sens

لَيْسَ لَهُ ~ cela ne signifie rien/ne veut rien dire/ne rime à rien

~ هذا أنّ cela signifie que/revient à/revient à dire que

هذا كُلُّه ما ~ه qu'est-ce que tout cela signifie?

ذو ~ significatif; signifiant *adj.*

بِـ~ آخَر autrement dit

اِسْم ~ nom abstrait

أُحاديّ، أُحاديّة الـ~ univoque; univocité

مُزْدَوِج الـ~؛ ذو مَعْنَيَيْنِ à double sens

نَظَرات كُلُّها مَعانٍ regards chargés de signification

عِلْم المَعاني sémantique *n.f.*

تَعَدُّد الـ~ polysémie; plurivocité

مُتَعَدِّد الـ~ polysémique; plurivoque

**مَعْنَويّ** abstrait; conceptuel; incorporel; moral *adj.*; sémantique *adj.*; significatif

شَخْص، دَعْم ~ personne, soutien moral(e)

تَحْليل ~ analyse sémantique

**مَعْنَويّة** ج ات moral *n.m.*

رُوح، قُوَّة ~ *même sens*

رَفَعَ **مَعْنَويّات** الجُنود remonter/relever le moral des troupes

أَضْعَفَ، ضَعُفَتْ ~ ه démoraliser qqn; se démoraliser

مَعْنَوِيًّا moralement

**مَعْنَم** ج مَعانِم sème

~ نَوَويّ، سِياقيّ sème nucléaire, contextuel

تَحْليل مَعْنَميّ analyse sémique

II عَنَّى تَعْنِية ه affecter qqn; affliger; attrister; tourmenter

III **عانَى** مُعاناة ه endurer; pâtir (de); supporter; souffrir

~ آلامًا فَظيعة souffrir mille morts

~ مَتاعِب، عَذابات éprouver des difficultés; subir des tourments

~ التَعَب peiner *intr.*

~ البُؤْس endurer/connaître la misère

~ مِحَنًا عَديدة passer par de nombreuses épreuves

مُعاناة épreuve; effort; sollicitude; soin

V تَعَنَّى تَعَنِّيًا لِـ ه ahaner; peiner pour faire qqch; se donner beaucoup de peine

VIII **اِعْتَنَى** اِعْتِناءً بِـ avoir à cœur de; avoir l'œil à; être attentif à; montrer de l'empressement pour; s'empresser à; entretenir qqch; prendre soin de; travailler à

~ بِوَلَد s'occuper d'un/garder un enfant

~ بِصِحَّته ménager sa santé; se ménager

~ بِسُمْعَته soigner sa réputation

اِعْتِناء soin; effort; sollicitude; attention; intérêt pour; empressement; conscience professionnelle

مُعْتَنٍ بِـ ه attentif (à); consciencieux (travailleur); plein de sollicitude

مُعْتَنًى بِهِ consciencieux (travail); travaillé; qui est l'objet de soins attentifs

**3676 عَهِدَ** ـَ عَهْدًا ه، ه rencontrer qqn; savoir qqch; avoir connaissance de

~ وَعْدًا accomplir une promesse

~ إلى ه بِـ ه assigner/confier/prescrire qqch à qqn; charger qqn de; déléguer qqn pour; laisser/abandonner à qqn le soin de; enjoindre/recommander à qqn de

~ إلى ه بِـ ه faire une promesse à; contracter un engagement; remplir ses engagements; être fidèle à ses promesses

عُهِدَ إلى ه بِمَنْصِب se voir confier un poste

لم **يُعْهَد** مِن قَبْل inouï; extraordinaire

فيما **أَعْهَد** à ma connaissance; à ce que je sais; autant que je le sache

**عَهْد** connaissance; désignation; nomination

~ هُ بِـ ه، ه avoir connaissance de; se rappeler; à sa connaissance

~ ج عُهود alliance; engagement; pacte; promesse; serment; vœu; traité

قَطَعَ ~ًا conclure un pacte/un traité

وَفَى بِـ، نَكَثَ ~ه tenir, violer ses engagements

وَليّ الـ~ héritier présomptif; dauphin

~ ج عُهود âge; époque; ère; période; règne; siècle; temps

على ~ ه au/du temps de; sous le règne de

الـ~ القَديم، الجَديد *relig.* Ancien, Nouveau Testament

مُنْذُ ~ بَعيد de vieille/longue date; il y a longtemps; voici longtemps

منذ ~ قَريب dernièrement; voici peu

حَديث، قَريب الـ~ de fraîche date

حَديث ~ بِـ ه apprenti; novice; inexpérimenté

في ~نا هذا aujourd'hui; de nos jours; à notre époque

طالَ به الـ~ cela dure depuis longtemps

لَمْ يَطُلْ به الـ~ cela n'a pas duré/n'a pas tardé

الأَقْدَم **عَهْدًا** le premier en date; le plus ancien

| | | |
|---|---|---|
| 3677 | عَهَرَ ـَ عَهْرًا | se prostituer (femme); faire la noce [*fam.*] la bringue [*pop.*] |
| | ~ها، إليها | commettre l'adultère avec (une femme) |
| | عَهارة | prostitution |
| | عُهْر | adultère; impudicité; fornication; bringue [*pop.*] |
| | عاهِر ج عَهَرة، عُهّار | adultère; noceur [*fam.*]; bringueur [*pop.*] |
| | ~ة ج ات، عَواهِر | garce; grue [*pop.*]; gueuse; pouffiasse [*pop.*]; femme fille publique de mauvaise vie; putain [*pop.*]; prostituée |
| V | تَعَهَّرَ تَعَهُّرًا ← عَهَرَ | |
| 3678 | عاهِل ج عُهّال، عَواهِل | dictateur; monarque; potentat; roi; souverain |
| 3679 | عِهْن | laine flocons de laine teinte |
| | أَرْسَلَ الكَلام على عَواهِنِهِ | parler sans complexe à tort et à travers; dire des propos sans queue ni tête |
| | عاج | *v. ordre alphab.* |
| 3680 | عَوِجَ ـَ عَوَجًا | être ... *v. à l'adj.* |
| | عاجَ ـُ عَوْجًا على ه | faire un crochet passer par; faire halte dans; entrer chez qqn en passant |
| | عِوَج | courbure; coude; détour; déviation; sinuosité; tortuosité |
| | أَعْوَج م عَوْجاء ج عُوج | courbé; cambré; recourbé; tordu; tortueux; biscornu |
| II | عَوَّجَ تَعْويجًا ه | fausser (une clef); gauchir; distordre; tordre; voiler (une roue) |
| | تَعْويج | gauchissement; distorsion; torsion |
| | مُعَوَّج | crochu; tordu; voilé |
| V | تَعَوَّجَ تَعَوُّجًا | louvoyer; louvoiement |
| IX | اِعْوَجَّ اِعْوِجاجًا | être ... *v. à l'adj.*; dévier; se fausser; se gauchir; se gondoler; se recroqueviller; se tordre |
| | اِعْوِجاج | contorsion; distorsion; gauchissement; voile (d'une porte, d'une roue) |
| | مُعْوَجّ | tors; tordu; voilé; gauchi; bancal; crochu |
| | مُعْوَجَّة | cornue *n.f.* [*phys.*] |

| | | |
|---|---|---|
| | الأَحْدَث ~ | le dernier en date; le plus récent |
| | لا عَهْدَ لَهُ بِـ ه | ignorant; bleu [*pop.*] |
| | عُهْدة | engagement; promesse; clause rédhibitoire; pièce authentique; responsabilité |
| | أَخَذَ خَطأً على ~ه | couvrir une faute; prendre une faute sous sa responsabilité |
| | على ~ه | à ses risques et périls |
| | في ~ه | entre les mains de |
| | ~ ه على ه | la responsabilité de qqch incombe à |
| | مَعْهود | accoutumé; bien connu; fréquenté; habituel; contractuel; garanti; stipulé |
| | غَيْر ~ | inaccoutumé; inhabituel; insolite |
| | مَعْهَد ج مَعاهِد | établissement de recherche; institut; institution; alliance; pacte; conservatoire *n.m.* |
| | ~ دِراسات العَرَبيّة والإِسْلاميّة | Institut d'études arabes et islamiques |
| III | عاهَدَ مُعاهَدةً ه | passer un contrat avec; contracter un engagement; faire une promesse à; conclure une alliance avec |
| | ~ ه على الإِخْلاص | jurer fidélité à |
| | ~ ه على صَداقة | vouer de l'amitié à |
| | مُعاهَدة | alliance; pacte; traité |
| | ~ الصُلْح، السَلام | traité de paix |
| | ~ عَدَم الاِعْتِداء | pacte de non-agression |
| | ~ دينيّة | concordat |
| V | تَعَهَّدَ تَعَهُّدًا بِـ | contracter/prendre l'engagement de; s'engager à; se charger de; avoir/prendre soin de; inspecter; voir de près qqch; veiller à la bonne marche de; entreprendre; soumissionner; faire vœu de |
| | ~ بِدَفْع كَمْبيالة | accepter une lettre de change |
| | تَعَهُّد ج ات | engagement; obligation; soin; soumission (de travaux); vœu |
| | وَفَى بِـ~ه | faire honneur à ses engagements |
| | مُتَعَهِّد | concessionnaire; fournisseur; soumissionnaire; promoteur; représentant |
| | ~ بِناء | promoteur immobilier |
| | ~ الجَيْش | fournisseur de l'armée |
| | ~ فَنّيّ، رِياضيّ | impresario; manager; sponsor |
| VI | تَعاهَدَ تَعاهُدًا على ه | se jurer (amitié) |

**3681 عُود** ج أَعْواد، عيدان bois; bois d'aloès; pieu; baguette; branche; canne; *fig.* caractère; trempe; tempérament; *mus.* luth

ضَرَبَ، عَزَفَ على الـ~ jouer du luth

ضارِب الـ~ luthiste

~ ثِقاب، كِبْريت allumettes

~ الصَليب، النَدّ pivoine; agalloche

رَخاوة الـ~ mollesse/faiblesse de caractère

صُلْب الـ~ fermeté de caractère; de bonne trempe; bien trempé

عَوّاد luthier

**3682 عادَ** ـُ عَوْدة، مَعادًا retourner; s'en retourner; rentrer; réintégrer; recommencer; repartir; revenir; être réalisé/fait une nouvelle fois; *quand ce verbe est construit avec un autre verbe à l'inaccompli*: re-/ré- *préf.*

~ ـُ عِيادة ه visiter/aller voir un malade (médecin)

~ إلى ه، ه être attribué/imputable à; être du ressort/de la compétence de; relever de; remonter à; ressortir à

~تْ هذه القَضيّة إلى الوزير cette affaire est du ressort/de la compétence du ministre

~ت السِيادة إلى الشَعْب la souveraineté appartient/revient au peuple

~ إلى مُنْعَزَلِهِ se retirer; retrouver sa solitude

~ إلى بَيْته rentrer chez soi; regagner son domicile/ses pénates [*fam.*]

~ إلى مَحَلّه reprendre/retrouver sa place

~ إلى نَفْسه، صَوابه revenir à soi; reprendre ses esprits

~ إلى رُشْده، رُوعه recouvrer la raison; se remettre

~ إلَيْه الأَمَل retrouver l'espoir

~تْ إليه الحَياة retrouver la vie; renaître; renaître à la vie

~ت المِياه إلى مَجاريها redevenir normal; reprendre son cours

~ فَٱسْتَلْقَى revenir s'allonger

~ إلى مَوْضوعه revenir à son sujet; retourner à ses moutons

~ أَدْراجَه، على عَقِبَيْه retourner/revenir sur ses pas

~ إلى ما كانَ عَلَيْه redevenir ce qu'on était; se retrouver comme avant

~ بِـ ه إلى ramener/reconduire/raccompagner qqn

~ بِـ ه الخَيالُ إلى revenir/être ramené par l'imagination à

~ على ه بِـ ه ramener/rapporter qqch à qqn; entraîner une conséquence pour; rejaillir sur

~ على ه بِفائِدة، بِخَيْر être de bon rapport; rapporter; servir à; rendre service à; être utile à

~ يَفْعَل، يَطْبَع، يَقول refaire; réimprimer; redire

ما ~ ه؛ لا، لَنْ يَعود؛ لَمْ يَعُدْ ne ... plus; n'être plus

لا يَعودُ هُناكَ سِوَى ه il n'y a plus que

لَم يَعُدْ بِإمْكانه أن il n'a plus la possibilité de; il ne peut plus

لم ~ يَرى perdre de vue; ne plus voir

لم ~ يَكْفي il ne suffit plus

لم ~ يَهْتَمّ بِذلك أَحَد plus personne ne s'intéresse à cela

لم أَعُدْ أَقول، أَفْعَل je ne dirai plus, ne ferai plus

أَنا لم ~ أَنا je ne suis plus moi-même

**عَوْد**؛ عَوْدة *maroc.* cheval; jument

**عَوْدة** réintégration; récidive; récurrence; réitération; répétition; retour; rentrée

طَريق الـ~ route/chemin du retour

يُريد الـ~ إلى بَلَده il désire retourner dans son pays

~ الرَبيع، الحَياة retour du printemps, de la vie; renouveau

~ الحَياة إلى ه résurrection; reviviscence

بِـ~ البَريد par retour du courrier

إلى غَيْر ~ sans esprit de retour; pour toujours

**عادة** ج ات coutume; habitude; mode *n.f.*; tic; usage; règle [*fig.*]

على، حَسْب، كَـ~ ه à son habitude

جَرْيًا على ~ه *même sens*

جَرَت الـ~ بِـ il est habituel que/de règle que

خارِق لِـ، فَوْقَ الـ~ exceptionnel; extraordinaire

~ سِرّيّة masturbation

فَقَدَ ~ ه perdre l'habitude de/la main

اِكْتَسَبَ ~ contracter/prendre une habitude

**قُوّة** الـ~ force de l'habitude

كَسابِق الـ~ comme d'habitude

عادةً communément; couramment; de coutume; généralement; d'habitude; habituellement; à l'ordinaire; ordinairement

**عادات** coutumes; mœurs; manières; pratiques

~ خَبيثة pratiques odieuses; mœurs dépravées

~ سَيِّئة، حَسَنة mauvaises, bonnes habitudes/manières

**عاديّ** commun; courant; coutumier; normal; habituel; ordinaire; prosaïque (vie)

غَيْر ~ inhabituel; anormal; extraordinaire; inaccoutumé; insolite; spécial

شَخْص ~ simple particulier; Monsieur Tout le monde; l'homme de la rue

الحياة الـ~ة vie courante/quotidienne

**عِيادة** consultation (médicale); visite (du médecin); cabinet (de consultation); clinique

~ بَلَدِيّة، مَدَنِيّة policlinique

~ مُتَنَوِّعة polyclinique; dispensaire

~ خارِجِيّة service de consultation externe

**عائِد** qui revient/retourne; revenant; récurrent

أَعْلَنَ أَنَّه ~ il annonça qu'il serait de retour/qu'il allait revenir; annoncer son retour

مُجْرِم ~ récidiviste

~ إلى appartenant; ressortissant; relatif à

الأَمْر ~ إلَيْه il lui appartient de; c'est de sa compétence/de son ressort

**عائِدة** ج ات، عَوائِد avantage; gain; bénéfice; rendement; rentrée d'argent; sous-produit; revenu

مُعَدَّل الـ~ taux de rendement

**عائِدات** النَفْط profits pétroliers; royalties

**عوائِد** المُؤَلِّف، الجُمْرُك droits d'auteur, de douane

**مَعاد** destination; retour; résurrection

~ الخَلْق؛ الـ~ l'au-delà; le paradis

II **عَوَّدَ** تَعْويدًا ه على ه accoutumer qqn à; aguerrir; conditionner; façonner; initier à; endurcir qqn à; donner l'habitude à qqn de; habituer à

**تَعْويد** على accoutumance; conditionnement/façonnement d'un caractère; endurcissement

**مُعَوَّد** على accoutumé à; habitué à; conditionné pour; aguerri; endurci

غَيْر ~ على peu accoutumé/habitué à

III **عاوَدَ** مُعاوَدةً ه répéter; réitérer; revenir à la charge; être assidu

~ ه renouer avec qqn

~ ه المَرَض faire une rechute

~ ه بالسُؤال reposer la même question à qqn

~ ه مَرَحُه retrouver son enjouement

**مُعاوَدة** rechute; récidive; répétition; réitération; récurrence

~ النَشاط regain d'activité

**مُعاوِد** récurrent

IV **أَعادَ** إعادةً ه renouveler; recommencer; refaire; faire revenir; ramener; restituer; rendre; remettre; *quand ce verbe est suivi d'un n. d'action*: re-/ré- *préf.*

~ ه. ه إلى وَطَنه. مَكانه rapatrier; replacer

~ صَفَّه في المَدْرَسة doubler sa classe; redoubler

~ الصِحّة rendre la santé

~ رِسالة إلى مُرْسِلها renvoyer/retourner une lettre à son expéditeur

~ إلى ه الثِقة redonner confiance à qqn

~ اِنْتِخاب ه. تَمْثيل جَريمة réélire; reconstituer un crime

~ تَنْظيم ه restructurer; réorganiser

~ صِياغة كِتاب refondre un livre

~ قَوْل. قِراءة. كِتابة ه redire; relire; réécrire

~ تَصْدير ه. تَوْظيف ماله réexporter; réinvestir

~ النَظَر إلى réexaminer; reconsidérer; réviser; revoir qqch

~ طَبْع. إلْصاق. تَوْزيع ه réimprimer; recoller; redistribuer

~ النِظام إلى نِصابه rétablir l'ordre

~ أَمْرًا، فِعْلاً، جَريمة reitérer un ordre, un acte; récidiver

~ نَفْسَه se répéter

~ الكَرَّة revenir à la charge; y revenir

~ تَجْرِبة recommencer/refaire/renouveler/répéter une expérience

لا **تُعِدْ** ذلك مَرّةً أُخْرى ne recommencez pas! n'y revenez pas!

**إعادة** ra-/re-/ré- *préf.* (*ex.* rapatriement, recommencement, répétition, reconsidération, réintégration)

~ حُقوقه réhabilitation

~ التَسَلُّح، البِناء réarmement; reconstruction

~ التَنْظيم، النِظام réorganisation; remise en ordre

~ النَظَر إلى réexamen; reconsidération; révision

~ الشُؤُون على ما كانَتْ عَلَيْه restauration du statu quo

~ تَوْزيع، تَخْمين redistribution; réévaluation

~ إلى المُرْسِل retour à l'envoyeur

**مُعيد** assistant; moniteur; lecteur; répétiteur; réitératif

~ العرَبيّة في الجامِعة lecteur d'arabe à l'université

**مُعاد** ra-/re-/ré- *préf.* (*ex.* rapatrié, renvoyé, réintégré, réitéré, refait)

~ إلى مُرْسِله retourné à l'envoyeur

V **تَعَوَّدَ تَعَوُّدًا ه** visiter un malade

~ه، على ه s'accoutumer à; s'aguerrir; contracter/prendre une habitude; s'habituer à; prendre le pli [*fam.*]; s'endurcir à; se faire à; être habitué à; avoir l'habitude de

**تَعَوُّد** accoutumance; habitude; acquisition d'une habitude

**مُتَعَوِّد** على ه fait à; accoutumé à; habitué à; coutumier de

VIII اِعْتادَ اِعْتِيادًا ه ← V

**اِعْتِياديّ** courant; habituel; normal; coutumier

**غَيْر ~** anormal; inhabituel; extraordinaire; inusité; inaccoutumé

وَرَق ~ papier libre

اِعْتِياديًّا ← عادةً

**إنّهُ مُعْتاد** على القِيادة il est habitué à conduire

كَالـ~ comme d'habitude; à l'accoutumée

تَسير الأُمور كَالـ~ les choses vont leur train

رَجَعَ العَمَل الى ~ه le travail a repris normalement

X **اِسْتَعادَ** اِسْتِعادةً ه recouvrer; retrouver; reprendre; récupérer

~ مالَه recupérer/regagner son argent

~ **صِحّته** recouvrer ses forces/la santé; se refaire une santé

~ حُقوقه المَشْروعة recouvrer ses droits légitimes

~ هُدوءه retrouver son calme/son souffle

~ أَنْفاسه reprendre haleine/son calme

~ وَعْيه reprendre conscience/connaissance

~ قُواه، عافيَته reprendre des forces/le dessus; se restaurer

~ مُغامَراته revivre ses aventures

~ ذِكْرَى ه se remémorer qqch; revivre qqch par le souvenir

~ سُمْعته se racheter; se réhabiliter

~ حُظْوته لَدَى ه rentrer dans les bonnes grâces de

~ الثِقة، تَفَوُّقه regagner la confiance, du terrain

~ حُرّيّته reconquérir/recouvrer sa liberté

اِسْتِعادة recouvrement; regain; reconquête; recupération

3683 **عاذَ** ـُ عَوْذًا بِـ ه chercher refuge auprès de; se réfugier dans

~ ـُ عِياذًا، مَعاذًا بِـ ه من ه *même sens*

أَعُوذُ بِاللّه à Dieu ne plaise! Dieu m'en garde/m'en préserve!

**معاذَ** اللّه، **العِياذُ** بِاللّه *même sens*

عَوَذ asile; refuge; sanctuaire

عُوذة ج عُوَذ amulette; charme; porte-bonheur; talisman; incantation

II عَوَّذَ تَعْويذًا ه مِن ه adjurer; conjurer (le mauvais sort); exorciser

تَعْويذ؛ تَعْويذة conjuration; exorcisme; incantation

تَعْويذيّ incantatoire

3684 **عَوِرَ** ـَ عَوَرًا être/devenir borgne; perdre un œil; *v. aussi 3702*

**عَوْرة** sexe; point vulnérable; parties naturelles/sexuelles

ساتِر ~ cache-sexe

**عار** défaut; déshonneur; honte; infamie; opprobre; vice; ignominie

جَلَبَ الـ~ لِـ faire affront à; être déshonorant/infamant pour qqn

هذا ~ عَلَيْك c'est une honte!

جالِب الـ~ ignominieux; honteux; infamant; déshonorant

**عُوار** avarie; défaut; défectuosité; imperfection

~ في المَعْدِن paille dans le métal

سِلْعة مُصابة بِـ~ marchandise avariée

**أَعْوَر** م عَوْراء ج عُور borgne

مَعْي ~ caecum

II **عَوَّرَ** تَعْوِيرًا ه rendre borgne; éborgner

IV **أَعارَ** إِعْوارًا ه prêter le flanc à [*litt.*]; donner prise à; être vulnérable

**مُعْوِر** vulnérable

IV أَعار إِعارة ← عير

VIII **اِعْتَوَرَ** اِعْتِوارًا ه، ه assaillir; attaquer; atteindre; porter atteinte à; attenter à

**3685** **عَوِزَ** ـَ عَوَزًا être ... *v. à l'adj.*

**عَوَز** besoin; carence; dénuement; exigence; gêne; misère; nécessité; indigence; pauvreté; pénurie

كان في ~ être dans la nécessité/le besoin

عَوِز pauvre; besogneux; indigent; dans la misère/le besoin; nécessiteux; malheureux; gueux

IV **أَعْوَزَ** إِعْوازًا ه manquer à qqn; faire défaut/faute; appauvrir; réduire à la misère; vouloir; être dépourvu de

~هُ الوَقْت، المال manquer/être à court de temps, d'argent

~تْ ها النَظافة manquer de propreté (chambre)

~تْ ه الشَجاعة être dépourvu de courage

إِعْواز ← عَوَز

مُعْوِز ← عَوِز

**3686** **عَوْسَج** roncier; ronce; mûrier sauvage

~ أَسْوَد bourdaine

**3687** عَوِصَ ـَ عَوَصًا être ... *v. à l'adj.*

**عَوِيص** abscons [*péjor.*]; ardu; compliqué; difficile; délicat (question); indéchiffrable (énigme); insoluble (problème); obscur (pensée)

مُشْكِلة ~ة problème difficile à résoudre

**3688** **عاضَ** ـُ عَوْضًا، عِوَضًا ه بِـ، عن ه
compenser; remplacer; donner qqch en échange

**عِوَض** compensation; contre-valeur; indemnité; substitut; équivalent; remplacement; contrepartie; ersatz

بِـ~ à titre onéreux

بِغَيْر، دُونَ ~ à titre gratuit/gracieux; sans contrepartie

عِوَضًا مِن، عَن au lieu de/que; en contrepartie/remplacement/en échange de; à la place de; par contre; à défaut de; en guise de; en revanche; pour

II **عَوَّضَ** تَعْوِيضًا عن ه، بِـ ه remplacer; indemniser; dédommager; compenser; désintéresser; pallier; suppléer à; réparer

~ عن إِهْمال، خَطَأ réparer un oubli, une erreur

~ عن نَقِيصة بِـ racheter un défaut par

~ نَقْصًا combler un déficit; pallier une lacune

~ عن الوَقْت الفائِت rattraper le temps perdu

~ عن الخَسائِر combler les vides; réparer les dégâts

لا يُعَوَّض irremplaçable; irréparable; irrattrapable

**تَعْوِيض** ج ات pécule; rétribution; indemnité; dédommagement; allocation; compensation; prime; rattrapage; rémunération

~ الخَسارة indemnisation

~ ضَرَر indemnité compensatrice

دَفَعَ ~ًا dédommager; indemniser

دَفَعَ ~ًا عَن عَمَل rémunérer un travail

**تَعْوِيضًا عَن** en compensation de

**تَعْوِيضات** dommages-intérêts; indemnités; palliatifs

~ حَرْبِيّة dommages/réparations de guerre

**تَعْوِيضِيّ** compensatoire

أَداءات ~ة taxes compensatrices/de remplacement

V تَعَوَّضَ تَعَوُّضًا عن se dédommager de; prendre/recevoir un dédommagement

VI تَعاوُضِيّ commutatif

مُتَعاوِض interchangeable

VIII اِعْتاضَ اِعْتِياضًا عن ← V

X اِسْتَعاضَ اِسْتِعاضةً ه، عن ه بِـ
se dédommager par; remplacer une chose par; se rabattre sur; se rejeter sur

psychol. substitution; compensation اِسْتِعاضة

3689 عافَ ـُ عَوْفًا planer/évoluer en cercles (rapace)

3690 عاقَ ـُ عَوْقًا ه، ه arrêter; attarder; entraver; détourner; empêcher; faire obstacle/obstruction; freiner [fig.]; donner un coup d'arrêt/de frein; gêner; inhiber; handicaper; retarder

~ ه عن ه détourner/empêcher qqn de

عائِق، عائِقة ج عَوائِق coup d'arrêt/de frein; difficulté; inconvénient; empêchement; handicap; contretemps; entrave; obstacle; obstruction; opposition; *bot.* pied-d'alouette

دُون ~ sans encombre; sans problème

~ طَبيعيّ obstacle naturel

II عَوَّقَ تَعْويقًا ه ← عاق

مُناوَرة تَعْويقيّة manœuvre dilatoire/de retardement

مُعَوِّق ← عائِق

IV أعاقَ إعاقةً ه، ه (← عاقَ) *psychol.* frustrer; inhiber

إعاقة *psychol.* frustration; inhibition

مُعيق encombrant; frustrant; gênant; inhibant

مُعاق frustré; handicapé; inhibé

~ جِسْمِيًّا diminué physiquement; handicapé moteur

~ عَقْلِيًّا diminué intellectuellement; handicapé intellectuel

V تَعَوَّقَ تَعَوُّقًا s'attarder; être freiné/gêné/inhibé; ralentir *intr.*

3691 عالَ ـُ عَوْلًا عَن dévier; s'écarter de; *v. aussi 3692*

~ صَبْرُه excéder qqn; faire perdre patience

عِيلَ صَبْرُه être à bout; être à bout de patience; s'impatienter; perdre patience

عالَ ـُ عِيالةً ه avoir la responsabilité/la charge (d'une famille); entretenir (une famille)

ما لَهُ عال ولا مال n'avoir ni feu ni lieu

عالة : كان ~ على ه être à charge pour/un fardeau pour/à la charge de qqn; dépendre de qqn

عائِل أُسْرة soutien de famille

عائِلة ج ات، عَوائِل famille; maison

~ مالِكة famille; maison royale

اِبْن ~ fils de famille/de bonne famille; bien né

اِسْم ~ patronyme; nom patronymique; nom de famille

عائِليّ familial

رُوح ~ة esprit de famille

عَيِّل ج عِيال famille (à la charge de qqn: femme, enfants, descendants)

عِيال famille; *égypt.* enfants

عِيالات *maroc.* femmes; *v. aussi 3707*

مَعول personne à charge

مِعْوَل ج مَعاوِل barre à mine; pic; pioche

II عَوَّلَ تَعْويلًا على ه، ه crier au secours; demander assistance; tabler sur; se fier à; se promettre de; se proposer; envisager de; décider de

يُعَوَّلُ عَلَيْه faire autorité

لا ~ عَلَيْه sujet à caution

لا بِهِ يُعْمَلُ ولا عَلَيْه ~ nul et non avenu

مُعَوَّل عَلَيْه autorisé; qui fait autorité

IV أعالَ إعالةً ه nourrir (sa famille); alimenter; subvenir à; avoir qqn sur les bras

~ نَفْسَه subsister; subvenir à ses besoins

3692 عَوْل؛ عَويل cri; lamentation; gémissement; plainte; pleurs

IV أعْوَلَ إعْوالاً ululer; se lamenter; gémir

3693 عامَ ـُ عَوْمًا baigner dans; flotter; nager; être en surface; surnager; voguer

عَوْم nage; flottement; flottaison

أحْسَنَ الـ~ savoir nager

خَطّ الـ~ ligne de flottaison

عامة radeau

عائِم baignant (dans); flottant; à flot; nageant; planant [fig.]

جِسْر ~ ponton

عَوّامة ج ات bouée; balise; flotteur

~ مُفَحِّم، طائِرة مائيّة flotteur de carburateur, d'hydravion

~ سِنّارة صَيْد flotteur d'une ligne de pêche

II **عَوَّمَ** تَعْوِيمًا ه — faire flotter; mettre à flot/à l'eau; renflouer; lancer un navire

~ عُمُلات — faire flotter des monnaies

**تَعْوِيم** — mise à flot; lancement (d'un navire); renflouement

**عامّة** ← عمم

**3694** **عَوْن** ج أَعْوان — aide *n.m.* et *f.*; assistant; acolyte; agent; appui; concours; coup de main; service; renfort

~ مُحاسِب — agent comptable

بِـ~ اللّٰه — avec l'aide de Dieu

**مَعونة** ج ات — aide; munitions; secours *sing.* et *pl.*; subsides; subvention; vivres

~ مالِيّة، خارِجِيّة — assistance aide financière, extérieure

يَدُ الـ~ — main secourable

قَدَّمَ، قامَ بِـ~ ه — aider; porter/prêter assistance; donner/prêter main-forte

أَسْدَى ~ — rendre service à

بِـ~ ه، ه — à/avec l'aide de; avec le concours de

**المَعونات** المادِّيّة، الفَنِّيّة — aide matérielle, technique

وَزَّعَ الـ~ — distribuer les secours

III **عاوَنَ** مُعاوَنة ه في — aider; venir en aide; assister; prêter assistance; coopérer à; collaborer à; participer à; seconder; secourir; porter secours à; soutenir qqn; subvenir à; subventionner; servir; rendre service à

**مُعاوَنة** — assistance; concours; coopération; participation; collaboration; subvention

**مُعاوِن** ج ون — aide *n.m.*; assistant; auxiliaire; collaborateur; second *n.m.*; coopérant; coopérateur

~ قَضائِيّ، طِبِّيّ — auxiliaire de justice, médical

IV **أَعانَ** إِعانة ه ← III

**إِعانة** ج ات — aide; assistance; subvention; subside; secours; prestation; indemnité

طَلَبَ ~ — demander assistance

~ مالِيّة، عَدْلِيّة — aide financière; assistance judiciaire

~ غَلاء المَعيشة، البِطالة — indemnité de vie chère, de chômage

عَدَم ~ — non-assistance

إِعانات عائِلِيّة، اِجْتِماعِيّة — prestations familiales, sociales

VI **تَعاوَنَ** تَعاوُنًا — collaborer; coopérer; s'épauler; contribuer à; se soutenir; s'entraider

**تَعاوُن** — mutualité; synergie; entraide; coopération

روح الـ~ — esprit d'équipe

الـ~ الدُّوَلِيّ — coopération internationale

**تَعاوُنِيّ** — coopératif; mutualiste *adj.*

تأمين ~ — assurance mutuelle

جَمْعِيّة ~ة — association coopérative mutuelle

**تَعاوُنِيّة** ج ات — mutuelle *n.f.*; coopérative *n.f.*

~ الإِنْتاج، الإِسْتِهْلاك — coopérative de production, de consommation

**مُتَعاوِن** — coopérateur; mutualiste *n.m.*

X **اِسْتَعانَ** اِسْتِعانةً ه — s'aider de; faire appel à; appeler à l'aide; demander l'aide/l'assistance de; se faire assister; recourir à; bénéficier de; tirer parti de; utiliser; mettre à contribution

~ بِمَعْرِفة ه — avoir recours aux lumières de

(عون) **عانة** — *v. ordre alphab.*

**3695** (عوه) **عاهة** ج ات — décrépitude; tare; impotence; infirmité; invalidité; tare

ذو~ ← أَعْوَه

**أَعْوَه** م عَوْهاء ج عُوه — décrépit; disgracieux; handicapé; infirme; impotent; invalide; taré

**3696** **عَوَى** عُواء — aboyer (chacal); glapir; hurler; donner de la voix (chien)

**عُواء** — aboiement; hurlement; glapissement; clameur

**عاوٍ** — déchainé; glapissant; hurlant

IV **أَعْوَى** إِعْواء — hurler à l'unisson/avec les loups; faire chorus [*fam.*]

**3697** **عَيِيَ** يَعْيا عِيًّا — balbutier; bégayer; avoir l'élocution/la parole difficile

~؛ عَيَّ يَعَيُّ عَياءً عن، بـ — être incapable de; n'être pas de force à

**عِيّ**؛ **عَياء** — faiblesse; incapacité; lassitude; malaise

**عَيّ** ج أَعْياء — accablé; bègue; balbutiant; fatigué; incapable; impuissant

**عَيّان** — *même sens*

IV **أَعْيا إِعْياءً** ه — exténuer; fatiguer; éreinter; lasser; surmener; être à bout/à court de; être fatigué/exténué/surmené

~ الداءُ الدَّواء — le mal résiste au remède

~ه الصَّبْر — être à bout de patience

~ه، على ه أنْ — être difficile à/compliqué pour qqn de

أَعْيَتْه الحِيَل — être à court d'expédients

إِعْياء — éreintement; exténuation; fatigue; surmenage

مُعْيٍ — accablant; exténuant; éreintant; fatigant; lassant

مُعْيًى — accablé; éreinté; exténué; fatigué; surmené

3698 **عابَ** ـِ عَيْبًا ه — blâmer; désapprouver; incriminer; reprocher; flétrir

~ ه على ه — reprocher qqch à qqn

~ على ه سُلوكه — flétrir la conduite de qqn

**عَيْب** ج عُيوب — défaut; défectuosité; malfaçon; imperfection; tache [*fig.*]; tare; vice; travers *n.m.*

~ شَكْليّ، البِناء — vice de forme, de construction

~ خِلْقيّ، تَكْوينيّ — défaut de conformation, de fabrication

~ عَلَيْكَ — c'est une honte! vous devriez avoir honte!

لا عَيْبَ فيه — irréprochable; impeccable

عَيْبة ج عِيَب، عِياب — malle; sac

عائِب — indigne; défectueux; taré

مَعيب؛ مَعيوب — imparfait; défectueux; faux; mauvais; fautif; répréhensible; taré; vicieux

مَعابة ج مَعايِب — défaut; travers *n.m.*

3699 **عاثَ** ـِ عَيْثًا ه، ه، بِـ ه، ه — endommager; gâter; causer des dégâts/des dommages; ravager; sévir; faire souffrir

~ في البِلاد فَسادًا — infester un pays (mal)

~ مُنْذ بِضْعة سِنين — sévir depuis plusieurs années

II عَيَّثَ في جَيْبه — fourrager [*fam.*]/fouiller dans sa poche

3700 **عيد** ج أَعْياد — fête; festivité; festival

~ أَلْفيّ، مِئَويّ — millénaire *n.m.*; centenaire *n.m.*

الـ~ الصَّغير — petit baïram; fête de la rupture du jeûne

الـ~ الكَبير — grand baïram; fête du sacrifice/du mouton

أَبو، بِنْت الـ~ — *ins.* coccinelle

~ جَميع القِدّيسين — Toussaint

~ الأُمَّهات، وَطَنيّ — fête des mères, nationale

~ القُرْبان، الميلاد — Fête-Dieu; Noël

**عيديّة** ج ات — cadeau (de Noël, de fête)

~ رَأْس العام، السَّنة — étrennes *n.f.pl.*

II عَيَّدَ تَعْييدًا ه، ه — célébrer une fête; fêter; féliciter qqn à l'occasion d'une fête; festoyer

3701 **عَيْر** ج أَعْيار — âne sauvage; onagre

3702 (عير) **مِعْيار** ج مَعايير — calibre; critère; étalon; norme; gabarit; *v. aussi 3684*

~ العَيْش، الجَمال — standard de vie; canon de la beauté

مِعْياريّ — normatif; standard *adj.*

مَعايِر — défauts; fautes; vices

II عَيَّرَ تَعْييرًا ه — étalonner; étalonnage

~ ه بِـ ه — blâmer; déshonorer; invectiver; reprocher qqch à qqn

مُعَيِّرة — gabarit [*techn.*]

III **عايَرَ** عِيارًا، مُعايَرةً ه — calibrer; étalonner; standardiser; régler; normaliser; jauger; doser

~ النُّقود، الخُمور — titrer les pièces de monnaie, les alcools

**مُعايَرة** — étalonnage; calibrage; standardisation

~ دَواء — dosage/posologie d'un remède

~ النُّقود — vérification/titrage des monnaies

~ المَوازين والمَكاييل — vérification des poids et mesures

**عِيار** ج ات — aloi; mesure; calibre; étalon; standard *n.m.*; dimension; titre de gloire

آلة ~ — doseur; calibreur

ضَبَطَ ~ ه — calibrer une pièce

~ الذَّهَب — étalon-or

~ ناريّ — coup de feu

IV **أَعارَ** إِعارةً ه ه — prêter qqch à qqn

~ ه السَّمْعَ، الانْتِباهَ — prêter l'oreille/attention à qqch

~ ه، ه أَهَمِّيَّة — accorder de l'importance à

~ ه، ه اِهْتِمامًا — faire cas de/attention à; attribuer de l'importance à; accorder de l'intérêt/de l'attention à; attacher du prix à

~ ه، ه اِلْتِفاتًا — *même sens*

~ المَسْأَلَة أَوْلَوِيَّة اِهْتِمامِه — s'occuper d'une question en priorité; accorder le plus grand prix/intérêt à; donner la priorité à l'examen d'une question

**إعارة** — prêt *n.m.*

قانونَ الـ~ والإيجار، التأجير — loi du prêt-bail

X اِسْتَعارَ اِسْتِعارة ه — tirer qqch de (un mot d'un texte); emprunter (un mot); faire une image (de rhétorique)

اِسْتِعارة ج ات — emprunt; image [*rgét.*]; métaphore; figure de rhétorique

اِسْتِعاريّ — figuratif; métaphorique; rhétorique *adj.*

**مُسْتَعار** — d'emprunt; emprunté; postiche *adj.*

اِسْم ~ — nom d'emprunt/de guerre; pseudonyme

شَعْر ~ — faux cheveux; perruque

**3703 عيسى** — Jésus

عِيسَوِيّ ج عِيساوَى — *maroc.* membre de la confrérie des « *Aïssawa* »

**3704 عاشَ** ـِ عَيْشًا — exister; subsister; vivre

~ طَويلًا، في سَلام — vivre longtemps, en paix

~ مَرْخِيَّ العِنان — se laisser vivre

~ بَيْنَ بَيْنَ — vivre tant bien que mal

~ عَيْشَ الكَفاف — vivre au jour le jour; être au pain sec et à l'eau

~ عِيشة بَذْخ — mener grand train; avoir une belle vie

~ عِيشة كَرِيمة — mener une vie honnête

~ عِيشة حِرْمان — mener une vie de privations

~ خارِجَ الحُدود، في المَدينة — vivre à l'étranger, en ville

~ الأَزْمة، الحَدَث — avoir vécu la crise, l'événement

~ أَيّامًا سَعِيدة — couler/vivre des jours heureux

~ في التَّبات والنَّبات — vivre d'amour et d'eau fraîche

~ على الطَّبيعة، الحَشَرات — vivre de la nature, d'insectes

~ على حِساب ه — vivre aux crochets de qqn [*fam.*]

~ بالأَوْهام، لِلْفَنّ — vivre d'illusions, pour l'art

~، فَلْيَعِشْ الرَّئيس، المَلِك — vive le Président, le Roi!

**اُتْرُكوهم يَعيشون** — laissez-les vivre

إنْ **تَعِشْ** تَرَ — qui vivra verra

إنْ ~ تَرَ ما لَمْ تَرَه — vous allez voir ce que vous allez voir

**عَيْش** — existence; vie; *égypt.* pain

بِـ~ ك — de grâce; je vous en supplie

وَسائِل، أَسْباب الـ~ — confort

**عِيشة** — existence; vie

عاشَ ~ هادِئة — mener une vie tranquille

**مَعاش** — pension; retraite; traitement; subsistance

صُنْدوق، راتِب ~ — caisse, pension de retraite

أَحالَ، إحالة على الـ~ — mettre, mise à la retraite

~ تَقاعُد، عَجْز — pension de retraite, d'invalidité

أَجْرَى ~ًا لِـ — pensionner qqn; donner une pension à

صاحِب ~ — pensionné; retraité

**مَعيشة** ج مَعايِش — vie; manière/moyens de vivre; subsistance

كَسَبَ ~ه — gagner son pain/sa vie

مُسْتَوَى الـ~ — niveau de vie; standing

حَدّ أَدْنى لِمُسْتَوَى الـ~ — minimum vital

III **عايَشَ** مُعايَشة ه — vivre avec qqn; coexister

~ جَحيمًا — vivre dans un enfer

**مُعايَشة**؛ ~ سِلْمِيّة — coexistence; coexistence pacifique

IV أَعاشَ إعاشة ه — faire/laisser vivre; approvisionner

مَصْلَحة الإعاشة — service des subsistances [*mil.*]

مُعاش — vécu

V تَعَيَّشَ تَعَيُّشًا على ه — vivoter; vivre d'expédients; survivre

VI **تَعايَشَ** تَعايُشًا — vivre en symbiose; coexister

~ في سَلام — faire bon ménage avec

**تَعايُش** coexistence; symbiose; bon ménage

~ سِلْمِيّ coexistence pacifique

VIII **اِعْتاشَ** اِعْتِياشًا عَلَى ه ← V

3705 **عِياط** criaillerie; cris; vociférations; tapage

II **عَيَّطَ** crier; pousser des cris; faire du bruit/du tapage; vociférer; appeler

~ على ه crier après qqn; appeler qqn

3706 **عافَ** ـِ عِيافًا، عَيْفًا ه avoir de l'aversion/de la répugnance pour (une odeur); être dégoûté

رائِحة **تَعافُها** النَفْس odeur répugnante/insupportable

عَيْفة aversion; dégoût; horreur de qqch; répugnance

3707 **عَيِّل** ج عِيال famille; personnes à charge; femme; *v. aussi 3691*

عِيال ج ات *même sens*

3708 **عَيْن** ج أَعْيُن، عُيون œil; fontaine; source; puits; *fig.* indicateur de police

~ زُجاجِيّة، جاحِظة œil de verre, globuleux

~ السَيِّد الساهِرة œil du maître

تابَعَ بِـ~ ساهِرة suivre d'un œil vigilant

بِالـ~ المُجَرَّدة à l'œil nu

بِأُمّ ~ ه de ses propres yeux

بِـ~ الاِحْتِقار avec mépris; dédaigneusement

بِـ~ الرِضا d'un bon œil; favorablement

الـ~؛ ~ شِرِّيرة mauvais œil

أَصْبَحَ أَثَرًا بَعْد ~ n'être plus qu'un souvenir

اِسْمُ الـ~ nom concret

شاهِد ~ témoin oculaire

في طَرْفة ~ en un clin d'œil; en un instant

على الـ~ sur les lieux [*jur.*]

قَرَّتْ ~ ه se tranquilliser

قَرير الـ~ tranquille

على الرَأْس والـ~ très volontiers; très heureux; avec plaisir

هو ~ ه؛ بِـ~ ه en personne; le même; lui-même

الكَرَم بِـ~ ه؛ ~ الكَرَم la générosité même

الحَقُّ بِـ~ ه؛ ~ الحَقّ la pure vérité

فَرْضُ ~ devoir strict

اِلْتِهاب الـ~ ophtalmie

**طِبّ العُيون** ophtalmologie

طَبيب الـ~ oculiste; ophtalmologue

نَفَذَ مِنْ ~ الشَبَكة passer entre les mailles du filet

تَفَجَّر ~ًا غَزيرة jaillir en sources abondantes (eau)

**عَيْن** ج أَعْيان notable *n.m.*; notabilité; *fig.* pur; de bon aloi; de bonne qualité

عَيْنًا en nature

عَيْنِيّ oculaire *adj.*; ophtalmique; *philos.* concret; *dr.* réel; matériel

عَيْنِيّة ج ات oculaire *n.m.* [*opt.*]; œillère

عُيونِيّ ophtalmique; ophtalmologique

**عِينة**؛ بَيْع الـ~ avance [*comm.*]; vente à terme

عَيِّنة ج ات échantillon; prélèvement; spécimen

**عُوَيْنات** besicles; pince-nez

~ طِبِّيّة verres correcteurs

**مَعين** jaillissement; source

لا يَنْضُب ~ هُ intarissable

مِعْيان viseur

II **عَيَّنَ** تَعْيِينًا ه، ه allouer; appointer; assigner; définir; désigner; déterminer; indiquer; fixer; délimiter; établir; instituer; nommer; individualiser; particulariser; préciser; prescrire; spécifier

~ يَوْمًا، ساعة fixer/préciser un jour/une heure

~ أَهْدافًا définir des objectifs

~ مَهْرًا constituer une dot

~ قانونًا prescrire/établir une loi

~ مُوَظَّفًا affecter/établir/engager/nommer un employé/un fonctionnaire

~ مَسْؤُولًا désigner un responsable

~ ه في وَظيفة pourvoir à un emploi; affecter qqn à une tâche

~ حِصّة assigner une part

~ وارثًا، وَريثًا لَهُ instituer qqn son héritier

تَعْيين affectation (à un poste); allocation; appointement; assignation; délimitation; désignation; détermination; indication; nomination; établissement; spécification; constitution (de dot)

مُعَيَّن fixé; indiqué; déterminé; désigné; nommé; prescrit; précis; précisé; défini; *math.* losange; rhombe

الوَقْت، الساعة الـ~(ة) heure, moment fixé(e)/déterminé(e)

شَبيه بالـ~ rhomboïde [*anat.*]; rhomboïdal

وَسائِل ~ة moyens déterminés/donnés

III عايَنَ معايَنةً، عِيانًا ه se rendre compte de; inspecter du regard; observer; repérer; expertiser; constater; faire un constat; voir de ses propres yeux; visiter (un navire); donner une consultation

**مُعايَنة** expertise; repérage; constat; constatation; révision (de moteur); visite (de navire)

~ طِبِّيّة consultation médicale

~ خَبير expertise; constat d'expertise

**عِيان** ← مُعايَنة

بَدا لِلْ~ percer *intr.*; pointer *intr.*; se faire jour

شاهِد ~ témoin oculaire/visuel

واضِح لِلْ~ parfaitement observable; visible à l'œil nu

رَأى ه. ه **عِيانًا** voir qqn, qqch de ses propres yeux; être témoin visuel

مُعايِن spectateur; témoin

**عَيِيَ** َ يَعْيا ← *3697*

(غَيْـن)

*dix-neuvième lettre de l'alphabet: «ġayn»; fricative vélaire sonore:* [ġ] *ou* [y]

**3709** **غابة** ج ات، غاب — forêt; futaie

~ بِكْر — forêt vierge

~ النَخيل، الزَيْتون — palmeraie; oliveraie

~ البَحْر — madrépores *n.m.pl.*

حارِس، قانون **الغابات** — garde, Code forestier

مَصْلَحة المِياه و الـ~ — service des Eaux et Forêts

غابيّ — forestier; sylvestre

**3710** **غاد** (← غيد) — rameau flexible

غادة — nymphe; jeune femme au corps souple/élancé

**3711** **غادُس** — morue

**3712** **غار** ج أغْوار — laurier

إكْليل ~ — couronne de lauriers

جَنَى أكاليل الـ~ — cueillir des lauriers

**غار**؛ **غارة** ← غور، غير

**3713** **غاز** ج ات — gaz; *v. aussi 3844*

~ فَحْميّ، الفَحْم — gaz carbonique

~ دَمْعيّ، خانِق — gaz lacrymogène, asphyxiant

~ طَبيعيّ — gaz naturel

~ مُعَبّأ في قَوارير — gaz mis en bouteilles

~ إنارة، إضاءة، إسْتِضاءة — gaz d'éclairage

مَصْنَع، شَرِكة ~ — usine à gaz; compagnie du gaz

مَوْقِد، قِناع ~ — poêle, masque à gaz

أنبوب، مُسْتَوْدَع ~ — gazoduc; gazomètre

مِصْباح، مَضْرَم ~ — bec de gaz; brûleur

مُنْتِج لِلْـ~ — gazogène

خَنَقَ، مُصاب بالـ~ — gazer; gazé

حَوَّلَ إلى ~ (← غَوَّزَ) — gazéifier

تَحَوُّل، تَحْويل إلى ~ — gazéification

غُرْفة الـ~ — chambre à gaz

**غازيّ** — gazeux (eau, état)

ماء ~؛ غازوزة ج ات — eau gazeuse; soda

**3714** **غاق**؛ غاقة — cormoran

**3715** **غال** ج ات — cadenas

غالي ج ون — Gaulois

**3716** **غانيّ** — ghanéen

**3717** **غاية** ج ات — extrémité; borne; dernière limite; terme; bout; but; destination; fin; objectif; propos

~ في ذاتِها، بِحَدِّ ذاتِها — fin en soi

بَلَغَ ~ه — atteindre son but

كانَتْ ~ه أن — son but était de; il avait l'intention de

الـ~ تُبَرِّر الواسِطة، الوَسيلة — la fin justifie les moyens

لِـ~ ه — jusqu'à; jusqu'à concurrence de; dans le but de

لِهَذه الـ~ — à cet effet; dans ce but

~ ما — tout ce qui/ce que

~ ما في الأَمْر أنّ — tout se borne à; tout ce qu'il y a c'est que

~ ما يُسْتَفاد مِن ذلك أن — tout ce que l'on peut en déduire c'est que

~ في — le comble de; accompli; achevé; extrêmement; très

~ في الأَناقة — extrêmement/très élégant; d'une grande élégance

~ في الجَمال — de toute beauté; d'une beauté achevée/accomplie; beau comme tout

~ في الدِقّة — haute précision

بَذَلَ ~ جُهْده — faire de son mieux/tout son possible

في ~ الفَرَح — au comble de la joie

لِلْ~ — éminemment; extrêmement; fort *adv.*; infiniment; au possible; singulièrement; très; particulièrement

مَرْغوب لِلْ~ — éminemment souhaitable

مَرْغوب غايةَ الرَغْبة — *même sens*

في ~ الجَمال — beau comme tout; fort/très beau

جَميل، صَغير لِلْ~ — infiniment fort/très beau, petit

**غائِيّ** — *philos.* final; finaliste; téléologique

عِلّة ~ة — cause finale

**غائِيّة** — *philos.* finalité; finalisme; téléologie

**غَيابة** ج ات — clarté/lumière du soleil; ce qui fait de l'ombre (par rapport au soleil)/qui cache le soleil

~ البِئر — fonds d'un puits

**3718 غَبَّ** ـِ غِبًّا ه — espacer ses visites à qqn; faire qqch un jour sur deux

**غِبًّا** — rarement; de temps à autre; une fois sur deux

زُرْ ~ تَزْدَدْ حُبًّا — *prov.* espace tes visites on t'en aimera davantage; fais-toi désirer

**غُبّ** ج غُبوب، أغْباب — golfe; fjord

**مَغَبّة** ه — conséquence; expiration de qqch; fin; inconvénient; issue

سُوء ~ ه — les fâcheuses conséquences de

**3719 غَبَب** ج أَغْباب — fanon (de bœuf)

غابّ، غَبيب — faisandé (viande)

**3720 غُبار** — poussière; *maghr.* fumier

لا يُشَقُّ لَهُ ~ — incomparable; inégalable; hors de pair; sans rival

ذَرّة ~ — une poussière; grain de poussière

كَثير الـ~ — poussiéreux

أثارَ الـ~ — faire de la/soulever la poussière

رَفَعَ الـ~ — faire la/enlever la poussière

نَفَضَ ~ كَسَله — secouer son apathie

لا ~ عَلَيْه — incontestable; impeccable; irréprochable; sans bavure

الحَقيقة الّتي لا ~ عَلَيْها أن — il ne peut y avoir aucune contestation sur le fait que

**غُبْرة** — poudre; poussière

**غابِر** — d'antan; passé; révolu

الأَمْجاد الـ~ة — gloires d'antan/passées

الزَمَن، العُصور الـ~(ة) — époques révolues; la nuit des temps; temps anciens/passés; bon vieux temps

**أغْبَر** م غَبْراء — grisâtre; poudreux; poussiéreux; couvert de poussière

الغَبْراء — terre

غُبَيْراء — alisier

II **غَبَّرَ** تَغْبيرًا ه — couvrir qqch de poussière; soulever/faire de la poussière; salir; fumer (un champ)

~ في وَجْهه — dépasser; devancer

مُغَبِّر — poussiéreux; poudreux

IV **أغْبَرَ** إغْبارًا (→ II) — devenir gris de poussière

~ في ه — s'adonner à (une activité); faire sérieusement qqch

~ت السَماء — se couvrir (ciel); laisser présager la pluie (couleur du ciel)

IX **اِغْبَرَّ** اِغْبِرارًا — être/devenir gris

~ اليَوْمُ — être poussiéreux (jour, air)

**مُغْبَرّ** ← أغْبَرُ م غَبْراء

زُرْقة ~ة — lividité

أزْرَق ~ — blafard; livide; plombé (teint)

**3721** (غبس) **أغْبَس** م غَبْساء — isabelle (couleur)

**3722** **غَبَش** ج أَغْباش — pénombre; crépuscule

~ الفَجْر — crépuscule de l'aurore [*litt.*]; gris du petit matin

غَباشة — opacité

غَبِش — opaque; voilé; sombre (nuit)

أَغْبَش م غَبْشاء — opaque; voilé (lumière); *fig.* louche *adj.*

**3723** **غَبَطَ** ـِ غَبْطًا ه على ه — envier qqch à qqn

**غِبْطَة** — béatitude; bien-être; bonne humeur; contentement; euphorie; félicité; ravissement; envie

كانَ في مُنْتَهى الـ~ — être au comble de la félicité/du ravissement/du bonheur

كانَ مَحَلّ الـ~ — être un objet d'envie/dans une situation enviable

غَبْط ج غُبوط — gerbe

IV أَغْبَطَ إِغْباطًا ه — enchanter; ravir

VIII **اِغْتَبَطَ** اِغْتِباطًا بِـ ه — se féliciter de qqch; se réjouir; se faire une fête de; exulter; jubiler; être enchanté/ravi de

اِغْتِباط — enchantement; euphorie; jubilation; satisfaction

مُغْتَبِط — enchanté; extasié; ravi; content; euphorique; satisfait

**3724** **غَبَنَ** ـُ غَبْنًا ه — plisser (un vêtement pour le raccourcir); faire un pli (à un vêtement); *v. aussi 3725, 3726*

غُبِنَ — plisser *intr.*; se plisser; faire des plis (vêtement)

غَبْن — plissage

**3725** **غَبَنَ** ـِ غَبْنًا ه — circonvenir; duper; frauder; défavoriser; désavantager; tromper; *v. aussi 3724, 3726*

~ ه في حَقِّه — léser qqn

~ ه في وَزْن بِضاعة — tromper qqn sur le poids d'une marchandise

**غُبْن** ج غُبون؛ غَبَن — duperie; fraude; tromperie

~ فاحِش — fraude grossière

~ في عَقْد — lésion d'un contrat [*jur.*]

**مَغْبون** — dupé; lésé; trompé

صَفْقة الـ~ — marché de dupes

رَجَعَ بِصَفْقة الـ~ — perdre la partie; essuyer un échec; se faire rouler [*fam.*]; se faire avoir [*fam.*]; revenir bredouille/les mains vides

**3726** **غُبْن، غُبانة** — bêtise; niaiserie; stupidité; *v. aussi 3724, 3725*

فيه ~ — il a le cerveau dérangé! il est dérangé! il est malade! il a le cerveau malade!

**3727** **غَبِيَ** ـَ غَباوةً عن ه — ne rien comprendre à qqch; ne pas remarquer qqch; être ... *v. à l'adj.*

**غَباوة؛** غَباء — bêtise; crétinerie [*fam.*]; hébétement; hébétude; imbécillité; ineptie; inintelligence; insanité; niaiserie; sottise; stupidité

يَا لَهَا مِن ~ — quelle stupidité!

عَن ~ — aveuglément; à l'aveuglette; bêtement

**غَبِيّ** ج أَغْبِياء — aveugle [*fig.*]; bête; débile; épais [*fig.*]; hébété; imbécile; inepte; inintelligent; niais; nigaud; sot; stupide; *fam.* bêta; bouché; crétin; cruche; gourde

~ العَقْل — esprit épais/bouché [*fam.*]

VI تَغابَى تَغابِيًا — faire la bête

**3728** **غَتَّ** ـُ غَتًّا ه — immerger; plonger (dans l'eau); étouffer (un rire)

**3729** **غَثَّ** ـِ غَثاثة — être maigre

~ ـِ غَثيثًا — suppurer; s'infecter

~ الكَلام — être altéré/faux/trivial (discours, propos)

~ عَلَيْه المَكانُ — ne pas se plaire qqp

لا يَغِثّ عليه كَلام — rien ne lui paraît trop mauvais; dire/faire n'importe quoi; tout lui est bon

لا ~ عليه أَحَد — il n'a pas hésité à demander l'aumône à tout le monde; s'adresser à n'importe qui (*m. à m.* personne ne lui a paru assez maigre)

غَثاثة؛ غَثّ — trivialité; infection; suppuration

**غَثّ** — maigre; trivial; faux

فِيهِ الـ~ والسَمين — *prov.* il y a du bon et du mauvais; il y a à boire et à manger

**غَثيث** — pus; sanie

**3730** **غَثْراء** — hyène

**3731** (غثر) **مِغْثَر** — nectar [*bot.*]

**مُغْثور** ج مَغاثير ← مِغْثَر

**3732** **غَثا** ـُ غَثْوًا — rouler des débris (torrent)

غُثاء ج أَغْثاء — écume (de torrent); ordures (charriées par l'eau)

**3733** **غَثَى** ـِ غَثْيًا مِن — être bouleversé/écœuré/troublé; avoir la nausée; se sentir mal; écœurer

غَثِيَ ـَ غَثَيانًا — *même sens*

**غَثَيان** — écœurement; haut-le-cœur; mal/soulèvement de cœur; nausée; trouble

سَبَّبَ ~ النَفْس — soulever le cœur; donner la nausée

IV أَغْثَى إِغْثاء النَفْسَ، القَلْبَ ← غَثَى

**مُغْثٍ** — nauséabond

**3734** **غَجَرِيّ** ج غَجَر — bohémien; gitan; romanichel

**3735** **غَد** (← غدو) — lendemain

فَكَّرَ في الـ~ — penser au lendemain

في، مِن الـ~ — demain; le lendemain

بَعْدَ، غَداة ~ — surlendemain; après-demain

**غَدًا** — demain *adv.*

اليَوْمَ خَمْر و~ أَمْر — *prov.* aujourd'hui le vin et demain les affaires; demain il fera jour

**3736** **غُدَد** — épizootie; épidémie

**غُدَّة** ج غُدَد — bouton; glande; nodosité

~ دُهْنِيَّة — loupe [*méd.*]; kyste

~ نَكَفِيَّة، نُخامِيَّة — glande parotide; hypophyse

~ صَنَوْبَرِيَّة، دَمْعِيَّة — glande pinéale, lacrymale

~ دَرَقِيَّة، حُلْوة — glande thyroïde; pancréas

**غُدَد ثَدْيِيَّة** — glandes mammaires

~ لُعابِيَّة — glandes salivaires

الـ~ الباطِنِيَّة، الصَمّاء — glandes endocrines

اِلْتِهاب الـ~ — adénite

مَرَض الـ~ — adénopathie

**غُدِّيّ، غُدَدِيّ** — glandulaire; endocrinien

**3737** **غَدَرَ** ـِ غَدْرًا ه، بـ ه — trahir qqn; faire défection; agir avec perfidie/par traîtrise

~ شَرِيكَه — trahir son associé

**غَدْر** — déloyauté; perfidie; trahison; traîtrise; scélératesse; tricherie

بـ~ ؛ **غَدْرًا** — perfidement; avec perfidie; en traître; par trahison/traîtrise; traîtreusement

**غادِر** ج غُدّار، غَدَرة — déloyal; perfide; tricheur

مَرَض ~ — maladie insidieuse/maligne

يا **غُدَر** — ah perfide/traître!

غَدّار ← غادِر، غُدَر

**غَدّارة** — pistolet; revolver

~ سَرِيعة الطَلْق — pistolet mitrailleur

**غَدِير** ج غُدْران — étang; flaque; mare; bras mort d'un fleuve

~ مِن الضَوْء — flaque de lumière

غَدِيرة ج غَدائِر — tresse; natte (de cheveux)

غُدْرانِيّ — palustre

III **غادَرَ** مُغادَرة مَكانًا — sortir d'un/abandonner/quitter un endroit; vider les lieux

~ عَمَلًا — abandonner/laisser un ouvrage (en l'état)

**غُدْس** — araignée des maisons; tégénaire

**3738** **غِدْفة** — gousse

غُداف — chevelure noire/aile de corbeau; *ois.* corbeau; corneille; freux

**3739** **غَدِقَ** ـَ غَدَقًا — être abondant (source)/fertile (terre); tomber à verse (pluie)

~ على ه فائِض نِعْمَتِه — être submergé par le flot des faveurs de

غَدَق — pluie abondante/forte/torrentielle

غَدِق — abondant; copieux; torrentiel (pluie)

غَيْداق ج غَيادِيق — éphèbe; jeune homme beau et élancé; homme généreux

IV **أَغْدَقَ** إِغْداقًا — tomber dru/à verse/à torrents (pluie); pleuvoir fort

~ على ه الثَناء، المَدِيح — couvrir qqn de fleurs [*fig.*]; combler qqn d'éloges; prodiguer des louanges à

~ على ه وابِلًا مِن ه — combler qqn de; accabler qqn sous; prodiguer à qqn (dons, faveurs)

~ على ه الهَدايا بِسَخاء — gâter qqn; couvrir qqn de cadeaux; prodiguer ses dons généreux à

مُغْدِق ← غَدِق

**3740** **غَدَن**، غُدْنة langueur; lassitude; délicatesse; mollesse; sommeil

XII اِغْدَوْدَنَ être luxuriant/épais/fourni (chevelure, végétation)/de bonne venue (plante)

**3741** **غدا** ُ غُدُوًّا، غُدْوة devenir; venir/se présenter le matin chez qqn; *v. aussi 3735*

~ وراحَ aller et venir

غَدْو ج أَغْدا (← غد) lendemain

غَدْوًا demain *adv.*

**غَداة** ج غَدَوات matin (avant le lever du soleil)

~ الغَد demain matin; le lendemain matin

الغَداةَ ce matin; dans la matinée

الغَدَوات والرَوْحات allées et venues

غُدْوة ج غُدًى ← غَداة

**غُدْوةً** à une heure matinale; matinalement; de bon matin; ce matin

أَتَيْتُه ~ je suis allé le trouver ce matin

غَدِيّة ج غَدايا ← غَداة

العَشايا **والغَدايا** matin et soir

**غادٍ** (الغادي) ج غادون qui vient; venant; sur le point de; *maroc.* qui va; allant

كانَ رائِحًا ~اً il allait et venait

غَداء ج أَغْدِية déjeuner; repas (du matin); moment du repas

V تَغَدَّى تَغَدِّيًا déjeuner; prendre un déjeuner/son repas

**3742** **غَذَّ** ِ غَذًّا suppurer (plaie)

IV أَغَذَّ السَيْرَ، في السَيْر hâter le pas

**3743** **غِذاء** ج أَغْذِية nourriture; aliment; repas

**أَغْذِية** vivres; comestibles

الـ~ الأَرْضِيّة nourritures terrestres

**غِذائِيّ** alimentaire; nutritif; nourricier; nourrissant

عُصارة، مادّة ~ة suc nourricier; matière nutritive

قيمة ~ة valeur alimentaire/nutritive

مَوادّ ~ة denrées/produits alimentaires; comestibles; victuailles

II **غَذَّى** تَغْذِيَةً ه alimenter; nourrir; fournir de la nourriture à qqn

~ ه alimenter/approvisionner/charger (un appareil)

~ الفِكْر، الروح nourrir l'esprit/l'âme

~ حَديثًا alimenter une conversation

الأُنْثى **تُغَذِّي** صِغارها
la femelle alimente/nourrit ses petits

**تَغْذِية** sustentation; alimentation; nutrition; *techn.* alimentation; approvisionnement; charge; chargement

~ ناقِصة، سُوء ~ sous-alimentation; malnutrition

أَنْقَصَ، أَساءَ ~ ه sous-alimenter qqn

عِلْم الـ~ diététique *n.f.*

~ راجِعة، رِجْعِيّة *psychol.* feed-back

سائِل، مِضَخّة ~ bain, pompe d'alimentation

**مُغَذٍّ** substantiel; consistant; nourrissant; nutritif; *techn.* feeder *n.m.*

قِراءة، طَعام ~(ة) lecture, repas substantiel(le)/riche

V تَغَذَّى تَغَذِّيًا بِـ ه se sustenter [*fam.*]; s'alimenter; se nourrir (de)

**3744** **غَرَّ** ُ غُرورًا ه abuser qqn; abuser de la crédulité de; attraper [*fig.*]; égarer [*fig.*]; épater [*fam.*]; éblouir [*fig.*]; duper; illusionner; séduire; tromper; leurrer

**غُرور** aveuglement; chimère; égarement; gloriole; illusion; leurre

مَعَ الطَمَع الـ~ ambition et illusion vont de pair; se repaître de chimères; l'ambition est aveugle

أَقْلَعَ عَن ~ه déchanter; perdre ses illusions

~ بالنَفْس fatuité; infatuation [*litt.*]; vanité

**غِرّة** défaut d'attention; aveuglement; imprévoyance; inattention

على، على حِين ~ à l'improviste; inopinément; au dépourvu; par inadvertance; subitement; fortuitement

على ~ من ه à l'insu de; au moment où il s'y attendait le moins

أَتَى ه، أَخَذَ ه على ~ مِن ه arriver sur qqn sans qu'il s'y attende; surprendre; prendre de court

أُتِيَ، أُخِذَ على حِين ~ être pris de court; se faire cueillir à froid [*fam.*]

**غُرّة** ج غُرَر — première lueur de l'aurore; nouvelle lune; *ois.* foulque; milouin

في ~ الشَهْر — le premier du mois; au début du mois

على **غِرار** ه، ه — à l'avenant; à l'exemple de; à la façon/la manière de; à l'instar de; sur le modèle de; à l'imitation de; comme

على ~ واحِد — de la même façon/manière

غَرارة — impéritie; inexpérience; nullité

غِرّ ج أغْرار — blanc-bec; bizuth [*arg.*]; bleu *n.m.* [*pop.*]; dupe; facile à tromper; pigeon [*fig.*]; inexpérimenté

غَرّار؛ غَرور — captieux; déceptif; chimérique; illusoire; dysphorique; fallacieux; faux; trompeur; vain

**مَغْرور**؛ ~ بِنَفْسه — aveuglé; dupé; fat; vaniteux; présomptueux; prétentieux; vain

كان ~ًا — s'en croire; se bercer d'illusions

**أغَرّ** م غَرّاء ج غُرّ — honorable; illustre; magnifique; noble; unique

حِصان ~ — cheval qui a une tache blanche au front

**غَرّاء** — *poiss.* roussette

أيّام ~ — jours de gloire

II **غَرَّرَ** تَغْريرًا ه ← غَرَّ

~ نَفْسه — s'abuser; s'aveugler; se fourvoyer; se leurrer; s'illusionner; se faire des idées/des illusions

**تَغْريريّ** — insidieux; captatoire

سُؤال، وَسائِل ~ (ة) — question insidieuse; manœuvres captatoires

**مُغَرِّر** — captateur; captieux; fallacieux

VIII **اِغْتَرَّ** اِغْتِرارًا بـ ه — se laisser abuser/aveugler/tromper par; être aveuglé/égaré; s'égarer; se fourvoyer; s'illusionner sur; se faire des/se bercer d'illusions; se leurrer; se mettre le doigt dans l'œil [*fam.*]; se tromper

**مُغْتَرّ بِنَفْسِه** — fat; vain; vaniteux

3745 **غِرارة** ج غَرائِر — sac (de blé, paille)

**غُرَيْر**؛ غُرَيْراء — blaireau [*zool.*]

**غُرَيْريّة** — blaireau (brosse)

3746 **غُراب** ج غِرْبان — corbeau; corneille; corvette [*mar.*]

~ الماء، اللَيْل، الزَرْع — cormoran; hibou; choucas

~ البَيْن — oiseau de mauvais augure; prophète de malheur

طارَ ~ ه — *fig.* vieillir; blanchir (cheveux)

أرْض لا يَطير ~ها — *fig.* terre fertile

أجَّلَ حَتّى يَشيب الـ~ — *prov.* renvoyer aux calendes; la semaine des quatre jeudis; quand les poules auront des dents

**غُرابيّات** — corvidés *n.m.pl.*

**أغْرِبة العَرَب** — Arabes à peau noire

3747 **غَرَبَ** ـُ غَرْبًا عن — s'en aller; s'éloigner; émigrer; partir; disparaître; quitter; *v. aussi 3746*

~ ـُ غُروبًا — se coucher (astre)

~ القَمَر، الشَمْس — la lune, le soleil s'est couché(e)

**غَرُبَ** ـُ غَرابة — être ... *v. à l'adj.*

~ عن بال ه أن — échapper à qqn; perdre de vue que

لا **يَغْرُب** عَنك أنّ — il ne vous échappera pas que; vous savez bien que; vous n'êtes pas sans savoir que

أُغْرُبْ عَنّي — va-t-en; allez-vous-en; laisse-moi; laissez-moi

**غُروب** — coucher (astre, soleil); couchant

**غُروبيّ** — vespéral

**غَرْب** — couchant *n.m.*; ouest; occident; fougue; impétuosité; jeunesse

العَلاقات بَيْن الـ~ والشَرْق — les relations entre l'Ouest et l'Est

**غَرْبًا** — à/vers l'ouest

**غَرْبيّ** — occidental; d'ouest; de l'ouest

الباب الـ~ — porte ouest (de la ville)

أوروبا الـ~ة — Europe occidentale

الغَرْبِيّون — Occidentaux *n.m.pl.*

**غُرْبة** — distance; éloignement; dépaysement; émigration; exil; séparation

شَعَرَ بـ~ عن — éprouver de l'éloignement pour

عاشَ في الـ~ — vivre en exil/à l'étranger

~ روحيّة — incompatibilité d'humeur

**غَرابة** ج غَرائِب — bizarrerie; excentricité; étrangeté; caractère insolite; extravagance; singularité

~ الذِهْن — travers d'esprit

~ الأَطْوار — originalité du caractère

غُرابة — corniche [*archit.*]

**غَريب** — abracadabrant; barbare [*fig.*]; bizarre; curieux; dément [*fig.*]; drôle; étrange; étonnant; exotique; extravagant; grotesque; incompréhensible; hétéroclite; incroyable; inouï; insolite; inimaginable; phénoménal; singulier; extraordinaire; étranger *adj.*; rare; *exclam.* bizarre! impossible! par exemple! pas possible!

~ الأَطْوار — excentrique; loufoque [*fam.*]; original

رَأْي ~ — paradoxe; jugement insolite

وَجْه ~ — visage étranger

الـ~ في الأَمْر أن — ce qu'il y a d'étrange/de curieux c'est que

الـ~ أن — il est étonnant/curieux que

أَلَيْسَ ~ًا أن — n'est-il pas étonnant/étrange que

~ ج غُرَباء — étranger *n.m.*

غَريبة ج غَرائِب — étrangeté; curiosité; excentricité; chose extraordinaire; prodige; merveille

**غارِب** ج غَوارِب — crête (vague); sommet; garrot (de cheval)

تَرَكَ الحَبْلَ على الـ~ — laisser la bride sur le cou

**مَغْرِب** — couchant; occident; lieu où le soleil se couche; Maghreb

الـ~ الأَقْصَى — extrême-occident; Maroc

مَغْرِبيّ ج مَغارِبة — marocain; d'occident arabe; maghrébin

II **غَرَّبَ** تَغْريبًا — s'éloigner; émigrer; aller au bout du monde

~ ه — bannir; dépayser; éloigner; exiler; expatrier; occidentaliser; reléguer

تَغْريب — bannissement; dépaysement; éloignement; expatriation; exil; rélégation; occidentalisation

مُغَرَّب — banni; exilé; interdit de séjour

IV **أَغْرَبَ** إِغْرابًا — exagérer; faire des excentricités

~ في الضَحِك — avoir le fou rire

V **تَغَرَّبَ** تَغَرُّبًا — s'éloigner; s'exiler; s'expatrier; s'occidentaliser; être dépaysé

~ على ه — paraître étrange à qqn

تَغَرُّب — expatriation; occidentalisation

VIII **اِغْتَرَبَ** اِغْتِرابًا — s'expatrier; émigrer; devenir étranger; aliéner [*philos.*]

اِغْتِراب — aliénation [*philos.*]; expatriation; exil; éloignement; émigration; dépaysement

مُغْتَرِب — déraciné [*fig.*]; émigré; dépaysé; exilé; aliéné [*philos.*]

مُغْتَرَب — lieu d'exil; pays d'asile

X **اِسْتَغْرَبَ** اِسْتِغْرابًا ه — s'occidentaliser; s'étonner de qqch; trouver étonnant/extraordinaire; être perplexe

~ كَيْفَ أَنَّهُ — se demander avec étonnement comment

اِسْتِغْراب — étonnement; perplexité; surprise; occidentalisation; occidentalisme

مُسْتَغْرَب ← غَريب

3748 **غَرْبَلَ** ه — cribler (grains); tamiser; passer au crible

~ تَصْريحات — passer des déclarations au crible

غَرْبَلة — criblage; tamisage

**غِرْبال** ج غَرابيل — crible; tamis

غَطَّى الشَمْسَ بِالـ~ — *prov.* donner des coups d'épée dans l'eau (*m. à m.* se protéger du soleil avec un tamis/une passoire)

مُغَرْبَل — passé au crible; tamisé

3749 **غَرِدَ** ـَ غَرَدًا ← II

غَرِد — gazouillant

أُغْرود ج أَغاريد — gazouillis; ramage; chant d'oiseau

II غَرَّدَ تَغْريدًا — chanter; gazouiller

تَغْريد ج تَغاريد — chant (d'oiseau); gazouillis; gazouillement; ramage

3750 **غَرَزَ** ـِ غَرْزًا ه — enfoncer; ficher (en terre); implanter; planter; piquer; coudre (à gros points)

~ مِسْمارًا، إِبْرة — enfoncer un clou, une aiguille

~ في اللَحْم — s'incarner (ongle)

**غَرْز** — enfoncement; implantation; piqûre

~ ج غُروز — greffon; étrier en cuir

اِلْزَمْ ~ه — attachez-vous à ses pas

اُشْدُدْ يَدَيْكَ بِـ~ه — *même sens*

**غُرْزة** ج غُرَز — point (de couture, de suture)

| | |
|---|---|
| ~ حِياكة سِلْسِلة | point de chaînette |
| غارِز | enfoncé ; fiché ; incarné (ongle) |
| غَريز | grisou |
| **غَريزة** ج غَرائِز | disposition naturelle/innée ; instinct ; pulsion |
| ~ جِنْسيّة | instinct/pulsion sexuel(le) |
| ~ القَطيع | instinct grégaire |
| ~ الأُمومة، البَقاء | instinct maternel, de conservation |
| اِنْقادَ لِـ~ه | suivre son instinct |
| غَريزيّ | inné ; instinctif ; naturel ; pulsionnel |
| غَريزيًّا | d'instinct ; par instinct ; instinctivement |
| II غَرَّزَ تَغْريزًا ه ← غَرَزَ | |
| IV أَغْرَزَ إِغْرازًا ه ← غَرَزَ | |
| V تَغَرَّزَ تَغَرُّزًا ← VII | |
| VII اِنْغَرَزَ اِنْغِرازًا | s'enfoncer ; s'implanter ; se ficher ; pénétrer ; se planter |
| اِنْغِراز | enfoncement ; pénétration |
| VIII اِغْتَرَزَ اِغْتِرازًا (← VII) | mettre le pied à l'étrier |
| 3751 **غَرَسَ** ـِ غَرْسًا ه | planter (arbre) ; enfoncer ; ficher ; implanter |
| ~ فِكْرة جَديدة | implanter une idée nouvelle |
| غِراسة | arboriculture ; plantation des arbres |
| **غَرْس** | implantation ; plantage [v.x.] ; plantation |
| ~ الأَفْكار | implantation des idées |
| غِرْس ج أَغْراس، غِراس | plant ; planté |
| غارِس ج ونَ | planteur ; arboriculteur |
| غَريسة ج غَرائِس | brin ; plant ; semis |
| مَغْرِس ج مَغارِس | plantation ; pépinière |
| III مُغارَسة | bail à complant |
| 3752 **غُرْش** ج غُروش | piastre ; sou |
| حاسِب على الـ~ | regarder à la dépense ; être près de ses sous ; compter ses sous |
| 3753 **غَرَض** ج أَغْراض | ambition ; but ; cible [fig.] ; désir ; dessein ; inclination ; vue intéressée ; intention ; objet ; objectif ; matière ; sujet ; tendance |
| لِهذا الـ~ | dans ce but ; à cet effet |
| بِـ~ | avec une intention (cachée) ; de manière tendancieuse |
| أَدَّى ~ه مِن | réaliser son dessein de |
| أَصابَ، بَلَغَ ~ه | toucher au but ; atteindre son objectif |
| الـ~ من زيارته هو | l'objet de sa visite est |
| كان ~ه أن | son intention était de ; avoir l'ambition le dessein de |
| **أَغْراض** | affaires ; objets d'usage courant ; *litt.* sujets (d'étude) ; thèmes |
| تَناوَلَ ~ًا شَتَّى | traiter divers sujets |
| ~ الشِعْر | thèmes poétiques ; thématique poétique |
| غَرَضيّ؛ غَرَضيّة | tendanciel ; tendance |
| غَريض ج أَغاريض | pollen ; frais ; récent ; tendre |
| IV **أَغْرَضَ** إِغْراضًا ه | emplir ; remplir |
| ~ الغَرَض | arriver/toucher au but |
| **مُغْرِض** | intéressé ; partial ; tendancieux |
| صَداقة، عَلاقة ~ة | amitié, relation intéressée |
| V تَغَرَّضَ تَغَرُّضًا لـ | être partial/tendancieux ; prendre fait et cause/parti pour |
| **غُرْضوف** ج غَراضيف ← غُضْروف | |
| 3754 **غَرْغَرَ** | râler ; se gargariser ; se racler la gorge |
| غَرْغَرة | gargarisme ; collutoire ; raclement de gorge |
| غِرْغِر ج غَراغِر | pintade |
| II تَغَرْغَرَ تَغَرْغُرًا ← غَرْغَرَ | |
| 3755 **غَرَفَ** ـُ غَرْفًا | puiser (de l'eau) |
| غَرْف | puisage ; puisement |
| **غُرْفة** ج غُرَف | chambre ; pièce ; salle ; cabine |
| ~ قِيادة، هاتِف | cabine de pilotage, téléphonique |
| ~ تِجاريّة، فِلاحيّة | chambre de commerce, d'agriculture |
| ~ التَبْريد، التَحْميض | chambre froide ; chambre noire [phot.] |
| ~ الجُنَح، النَوْم | chambre des délits ; chambre à coucher |
| ~ اِنْتِظار | antichambre ; salle d'attente |

~ إسْتِقْبال salle de réception; salon

~ الأكْل salle à manger

~ العَمَلِيّات salle d'opérations

شِقّة لَها ثَلاثُ غُرَف appartement de trois pièces

اِتِّحاد الـ~ التِجارِيّة العَرَبِيّة
Union des chambres de commerce arabes

غَرّاف pot; récipient; qui a/contient beaucoup d'eau (fleuve, récipient)

غَرّافة ج ات carafe

مِغْرَفة ج مَغارِف cuiller; louche *n.f.*

VIII **اِغْتَرَفَ** اِغْتِرافًا ﻫ puiser

~ الماء بِالغَرابيل *prov.* donner des coups d'épée dans l'eau (*m. à m.* puiser de l'eau avec une passoire)

اِغْتِراف puisage; puisement

3756 **غَرِقَ** - غَرَقًا couler; s'enfoncer; s'engouffrer; se noyer; faire naufrage; sombrer; se perdre corps et biens (navire); s'abîmer en mer; être submergé; périr (en mer)

~ في التَأَمُّل se plonger dans la méditation

~ في قَطْرة ماء se noyer dans un verre d'eau

~ في شِبْر ماء *même sens*

~ في الوَحَل s'enfoncer dans la boue; s'enliser

~ لِأُذُنَيْه s'enfoncer jusqu'au cou

~ في النَوْم sombrer dans le sommeil

لا يَغْرَق insubmersible

**غَرَق** naufrage; noyade; immersion; submersion; inondation

تَخَلَّصَ مِن الـ~ échapper à la noyade

مُشْرِف على الـ~ en perdition (navire)

المَوْتُ غَرَقًا mort par immersion

**غارِق**، غَرِق، غَريق ج غَرْقَى naufragé; noyé; abîmé/perdu en mer; submergé; immergé; plongé dans

~ في الفَوْضَى plongé dans le chaos; submergé par l'anarchie

~ في أفْكاره perdu/plongé dans ses pensées; pensif

~ في الدُيون criblé de dettes

مَسْكَن ~ في الخُضْرة maison perdue dans la verdure

عَيْنانِ غارِقَتانِ في الدُموع des yeux baignés de larmes

إنْقاذ الغَرْقَى sauvetage des noyés

II **غَرَّقَ** تَغْريقًا ه، ﻫ noyer; couler *tr.*; faire couler; submerger; inonder

~ طالِبًا couler/faire échouer un étudiant

~ هُمومه في كَأْسه noyer ses soucis dans son verre/dans l'alcool

~ بَصَرَه في كَأْسه noyer/plonger son regard dans son verre

IV **أغْرَقَ** إغْراقًا ه، ﻫ ← II

~ ثَوْرة في الدَم noyer une révolution dans le sang

~ سَفينة couler/saborder un navire; envoyer un navire par le fond

~ في الضَحِك être pris par/avoir le fou rire

~ سوقًا بِبَضائع أجْنَبِيّة inonder un marché avec des produits étrangers; faire du/pratiquer le dumping

**إغْراق** inondation; submersion; immersion; sabordage; sabordement; *comm.* dumping; *rhét.* hyperbole

في حالة ~ en situation de dumping

إجْراءات مُقاوِمة لِلْـ~ mesures antidumping

إغْراقِيّ hyperbolique

X **اِسْتَغْرَقَ** اِسْتِغْراقًا ه absorber qqn (occupation)

~ زَمَنًا، وَقْتًا، مُدّة prendre/demander/occuper/employer/consommer du temps; durer

~ زَمَنًا طَويلًا durer longtemps

~ مِنْهُ أكْثَر من ساعة cela lui a demandé plus d'une heure

~ السَفَر يَوْمَيْن le voyage a pris/duré deux jours

~ مَغيبه مُدّة أيّام son absence a duré plusieurs jours

~ في التَفْكير، الأفْكار s'abîmer/se noyer/s'enfoncer/s'absorber dans la réflexion, les pensées

~ في نَفْسه، تَأمُّلاته s'abstraire; se recueillir; méditer

~ في الأحْلام rêvasser; se perdre dans la rêverie

~ في حَديث se plonger dans une conversation

~ في النَوْم sombrer/plonger dans le sommeil

مُسْتَغْرِق في — confit en [fig.]; plongé dans

~ في أفكاره — perdu/noyé dans ses réflexions; pensif

~ في أحْلامه — perdu/noyé/plongé dans ses rêves; rêveur

XII اِغْرَوْرَقَ اِغْرِيراقًا — être baigné/noyé de larmes (œil)

عَيْنان **مُغْرَوْرِقَتانِ** بالدُّموع — des yeux baignés de larmes

**3757** (غرق) **إغْريقيّ** — grec; hellène; hellénique

**3758** **غُرْلة** ج غُرَل — prépuce

**3759** **غَرام** — amour; désir; passion; *v. aussi 3760*

رِسالة ~ — billet doux; lettre d'amour

~ ج ات — *métrol.* gamme

**غَراميّ** — galant *adj.*; amoureux *adj.*; passionnel; érotique

عَلاقة، صِلة ~ة — liaison, relation amoureuse/passionnelle/galante

غَراميّات — amours; romances; galanteries; aventures amoureuses

IV أُغْرِمَ بـ ه — s'amouracher de; en pincer pour

**مُغْرَم** بـ — amoureux; épris; féru de; passionné

أَصْبَحَ ~ًا بـ — tomber amoureux de

**3760** **غَرِمَ** ـَ غُرْمًا، غَرامة ه — être tenu/obligé de

~ الدِية، دَيْنًا — être tenu de payer le prix du sang, une dette; indemniser

**غَرامة** ج ات — amende; compensation; réparation; *v. aussi 3759*

~ حَرْبيّة — (toucher) des dommages/une indemnité de guerre

فَرَضَ ـِ ~ على ه — infliger une amende à qqn; frapper qqn d'une amende

اِسْتَحَقَّ، دَفَعَ ~ — mériter, payer une amende

~ إجْرائيّة، تَحَكُّميّة — amende de procédure, arbitraire

~ جِنائيّة، مَدَنيّة — amende pénale, civile

غَريم ج غُرَماء — créancier; débiteur; adversaire; antagoniste; opposant

مَغْرَم ج مَغارِم — dette; obligation; passif [comm.]

II غَرَّمَ تَغْريمًا ه — infliger une amende à qqn; exiger réparation

IV أَغْرَمَ إغْرامًا ه على — contraindre/forcer qqn à

مُغْرَم على دَفْع ه — contraint/forcé/obligé à (payer)

**3761** (غرن) **غِرْين** — alluvions; boues fines; limon

**غِرْينيّ** — alluvial; alluvionnaire; limoneux

**3762** **غُرْنوق**، غِرْنيق ج غَرانيق — grue [zool.]

غُرْنوقيّ؛ غُرْنوقيّات — géranium; géraniacées *n.f.pl.*

**3763** **غَرا** ـُ غَرْوًا — s'étonner; coller; enduire de colle

لا غَرْوَ، غَرْوَى: — il n'y a pas de quoi s'étonner que; il n'y a rien d'étonnant à

**غِراء** — colle; glu

شِبْه ~؛ غُرَيّاء — colloïde; collodion

**غِرائيّ**، غَرَويّ، غَرْوانيّ — agglutinant; gluant; collant; visqueux

شِبْه ~؛ شَبْغَريّ — colloïdal

غَرّاية؛ مِغْراة — pot de colle

مَغْرُوّ، مَغْريّ — enduit de colle; collé

II غَرَّى تَغْرية ه — agglutiner; coller; encoller; engluer

تَغْرية — agglutination; collage; encollage

IV **أَغْرَى** إغْراء ه بـ ه — appâter; allécher; exciter; engluer [fig.]; inciter; influencer; leurrer; provoquer qqn; séduire; suborner; tenter

~ العَداوة بَيْنَ الناس — monter les gens les uns contre les autres; soulever l'inimitié parmi

~ الكِلاب على المارّة — exciter les chiens contre les passants

~ ه بالقِتال — provoquer qqn au combat

~ ه بشُروطه — faire des conditions alléchantes

~ ه بالهَرَب — inciter qqn à fuir

أُغْرِيَ بـ ه — convoiter; être/devenir avide; être séduit/tenté par

**إغْراء** — impulsion; incitation; excitation; instigation; invite; engouement; leurre; provocation; séduction; subornation; tentation

~ الرِبْح — appât du gain

~ اللَذّات — incitation aux plaisirs

بـ ~ مِنْ ه — à l'instigation de; sous l'impulsion de

ذو، ذات ~ — séduisant

مُغْرٍ (مُغْرِي) affriolant; alléchant; engageant; intéressant (prix); provocant (sourire); séduisant; tentant; incitateur; instigateur; suborneur

أسْعار، شُروط ~ة prix, conditions alléchant(e)s/intéressant(e)s

نَظْرة ~ة regard complice/provocant

مُغْرِية ج ات allumeuse *n.f.* [*fam.*]

مُغْرِيات caresses; blandices [*class.*]; flatteries

**3764** غَزُرَ ـُ غَزارة être ... *v. à l'adj.*; abonder; donner beaucoup de (lait, eau)

~تْ عَيْنُه ses yeux étaient pleins de larmes

غَزارة abondance; exubérance; luxuriance; surabondance

بـ~ à foison; à flots; tant et plus

تَساقَط المَطَر بـ~ il pleut à torrents/à verse/dru

غَزير abondant; copieux; exubérant; fécond (œuvre); foisonnant; luxuriant; plantureux; surabondant

تَتَفَجَّر المِياه عُيونًا ~ة l'eau jaillit en sources abondantes

رَمْي ~ feu nourri

**3765** غَزَلَ ـِ غَزْلًا ه filer (du coton); *v. aussi 3766*

غَزْل filage; filature (de laine, coton)

مَصْنَع ~ filature; usine de filature

~ ج غُزول (خَيْط) filé *n.m.*

مِغْزَل ج مَغازِل؛ غَزْلة quenouille; fuseau

أَعْرَى من الـ~ nu comme un ver (*m. à m.* plus nu qu'une quenouille)

مَغْزَليّ الشَكْل fusiforme

أبو المَغازِل héron

غَزّال fileur; marchand de fil

**3766** غَزَل galanterie; poésie érotique/d'amour/galante/courtoise; *v. aussi 3765*

غَزَليّ *litt.* érotique; galant *adj.*

غَزال ج غِزْلة، غِزْلان gazelle

III غازَلَ مُغازَلة ها faire la cour à/courtiser (une femme); conter fleurette à; flirter avec; dire des galanteries

~ رَغَدًا من العَيْش avoir les faveurs de la richesse; vivre dans la prospérité

مُغازَلة flirt; galanterie; cour (faite à une femme)

~ العاشِقين mots d'amour; caresses des amants

مُغازِل galant; flirteur

V تَغَزَّلَ ← III

**3767** غَزا ـُ غَزْوًا ه se proposer qqch; tendre à; vouloir; viser à; signifier; *v. aussi 3768*

مَغْزًى ج مَغازٍ but; fin; intention; message [*fig.*]; moralité (d'une histoire); sens; portée (d'une parole); signification

ذو ~ expressif; significatif

~ الانْتِخابات sens/portée/signification des élections

**3768** غَزا ـُ غَزْوًا ه conquérir; infester [*fig.*]; envahir; submerger [*fig.*]; faire irruption dans; *v. aussi 3767*

غَزْو، غَزْوة ج غَزَوات conquête; invasion; raid; incursion; razzia

~ الفَضاء conquête de l'air/l'espace

جُنْد الـ~ armée d'invasion

~ المَنْتوجات الأَجْنَبيّة invasion des produits étrangers

~ جَراد، أفْكار جَديدة invasion de sauterelles, d'idées nouvelles

غَزاة ج غَزَوات campagne/expédition militaire

غازٍ ج غازون envahissant

~ ج غُزاة conquérant; envahisseur

غازية ج ات campagne/expédition militaire; corps expéditionnaire; armée/unité d'intervention; razzia

مَغْزًى ج مَغازٍ expédition/campagne militaire

المَغازي récits de guerre; campagnes militaires

**3769** غُسّ faible; lâche; méprisable (homme)

**3770** غَسَق crépuscule; tombée du jour

عِنْدَ الـ~ entre chien et loup

غَسَقيّ crépusculaire

**3771** **غَسَلَ** ـِ غَسْلًا ه — laver; lessiver; lotionner; nettoyer

~ وَلَدًا — donner le bain à/baigner un enfant

~ إهانة — laver un affront

~ وَجْهه، أَسْنانه — se laver la figure, les dents

~ الأواني — faire la plonge/la vaisselle

**غَسْل** — blanchissage; lavage; lotion; nettoyage

~ المَلابِس — lessivage; lessive

~ بِالصابون، بَدَنِيّ — savonnage; prélavage

حَوْض الـ~ — baignoire; lavabo; évier; lave-mains

~ الأواني — plonge; vaisselle

**غاسِل** ج ون — laveur

~ السَيّارات، الزُجاج — laveur de voitures, de vitres

~ الأواني في مَطْعَم — plongeur dans un restaurant

غاسِلة الزُجاج — lave-glace *n.m.*

غَسّال ج ون — blanchisseur; laveur; *spécialem.* laveur de morts

غَسّالة ج ات — blanchisseuse; lavandière; *techn.* lessiveuse; machine à laver

**غَسول**؛ غاسول — *«ghassoul»*; lessive; lotion; *minér.* terre à foulon; *bot.* soude

عُلْبة، عَلامة ~ — boîte, marque de lessive

~ لِلشَعْر — lotion pour cheveux; shampooing

غُسالة — eaux de lessive/de lavage

غِسْلين — *même sens; isl.* ce qui sort du corps des réprouvés en Enfer

مَغْسول — lavé; lessivé; nettoyé

**غَسيل** — lessive; linge lavé/à laver

حُجْرة الـ~ — buanderie

**مَغْسَل** ج مَغاسِل — buanderie; cabinet de toilette; toilette; lavoir; laverie; blanchisserie

~ السَيّارات — station de lavage

**مِغْسَل** ج مَغاسِل — récipient dans lequel on lave qqch

~ الرَأْس — lave-tête

**مِغْسَلة** ج مَغاسِل — machine à laver; lave-linge

~ الأواني — lave-vaisselle

II غَسَّلَ تَغْسيلًا بِالصابون — savonner énergiquement

VIII اِغْتَسَلَ اِغْتِسالًا — se laver; faire ses ablutions; se baigner (dans une baignoire); prendre un bain

اِغْتِسال — ablution; bain; lotion

مُغْتَسِل — baigneur

**3772** **غَشَّ** ـُ غَشًّا — frauder; faire illusion; tricher

~ ه — duper; flouer; rouler qqn; tromper

~ نَفْسه — se duper; s'illusionner

~ ه — adultérer; falsifier; frelater; truquer

~ اللَبَن — mouiller le lait

~ في امْتِحان — frauder à un examen

**غِشّ** — duplicité; fourberie; perfidie; duperie; filouterie; imposture; adultération; fraude; falsification; frelatage; illusion; supercherie; triche *n.f.* [*fam.*]; tricherie; trucage; tromperie

نِيّة الـ~ — intention frauduleuse

~ اللَبَن، الخَمْر — mouillage du lait, du vin

قَمْع الـ~ — répression des fraudes

~ في الامْتِحانات، الانْتِخابات — fraude aux examens, aux élections/électorale

غُشّ — faux *adj., n.m.*; faux jeton [*fam.*]; double *adj.*; frelaté

غاشّ ج غَشَشة، غُشّاش ← غَشّاش

غَشّاش ج ون — dupeur; fraudeur; falsificateur; fourbe; trompeur; imposteur; tricheur; voleur

مَغْشوش ج ون — dupe; dupé; frelaté; trompé; falsifié

VII اِنْغَشَّ اِنْغِشاشًا — être dupé/roulé [*fam.*]/trompé; se laisser duper/rouler [*fam.*]/tromper

VIII اِغْتَشَّ اِغْتِشاشًا ← VII

**3773** **غَشَمَ** ـِ غَشْمًا ه — être fantasque/tyrannique/injuste; traiter injustement

غَشْم — arbitraire *n.m.*; iniquité; injustice; oppression

**غاشِم** — brute; brutal; lâche; inique; injuste

قُوّة ~ة — force brutale/oppressive

**غَشِيم** : abruti [*fam.*]; ahuri; artificiel (personne); borné; postiche *adj.*; grossier; tête en l'air; maladroit; stupide; ignorant; sans expérience; bleu *n.m.* [*pop.*]; bizut [*arg.*]; naïf; novice

**غَشُوم** : fantasque; fantoche; injuste; inique; arbitraire *adj.*; capricieux; oppresseur; tyrannique

سُلْطان ~ خَيْر من فِتْنة تَدوم : *prov.* un monarque tyrannique vaut mieux qu'une anarchie qui dure

II غَشَّمَ تَغْشِيمًا ه : induire en erreur; rouler [*fam.*] qqn en profitant de sa naïveté

VI تَغاشَمَ تَغاشُمًا : faire semblant d'être ... *v. à l'adj.*

**3774 غَشِيَ** ـَ غَشاوة ه، ه : couvrir; envelopper; recouvrir

~ المَقاهِيَ : fréquenter les bistrots

~ مُغامَرة : se jeter/se lancer dans une aventure sans réfléchir; foncer tête baissée [*fig.*]

~ ه الأَمْر : être surpris/pris de court

~ ه النُعاس : être envahi/gagné par le sommeil

~ ه بِالسَوْط : asséner des coups de fouet; donner une volée de coups

~ تْ عَيْناه : avoir un voile devant les yeux

~ تْ عَيْنَيْهِ غَشاوة : avoir un bandeau sur les yeux

**غُشِيَ عَلَيْه** : défaillir; avoir une/tomber en défaillance/syncope; perdre connaissance; s'évanouir; se pâmer [*v.x.*]; se trouver mal; tomber dans les pommes [*fam.*]; avoir des vapeurs

~ مِن الضَحِك، الفَزَع : s'évanouir/se pâmer de rire, de peur

~ على بَصَره : se voiler (vue)

**غِشاء** ج أَغْشِية : bandeau; couverture; film; membrane; tégument; pellicule

~ مُخاطِيّ : muqueuse *n.f.*

~ أَنْفِيّ : muqueuse nasale

اِلْتِهاب الـ~ المَفْصِليّ : synovite

~ البَكارة، المَهْبَل : hymen [*physiol.*]

~ طَبْلِيّ، عَضَلِيّ : tympan [*anat.*]; aponévrose

~ الجَنْب، الرَحِم : plèvre; endomètre

~ اللَبَن : peau/pellicule du lait

أَقْدام ذاتُ ~ : pieds palmés

**غِشائِيّ** : membraneux; tégumentaire

خُناق ~ : diphtérie

غِشائِيّات الأَجْنِحة : hyménoptères *n.m.pl.*

**غِشاوة** : bandeau; enveloppe; voile

أَزالَ الـ~ عن القَلْب، الأَفْكار : lever l'équivoque; désabuser qqn; dessiller les yeux

**غَشْية**؛ غَشَيان : évanouissement; faiblesse [*fig.*]; syncope; défaillance; transe; pâmoison [*fam.*]

صَحا، أَفاقَ مِن ~ ه : reprendre connaissance/ses sens/ses esprits; se remettre

غاشِية ج غَواشٍ : enveloppe; gaine; housse; calamité; désastre; infortune; douleurs

**مَغْشِيّ عَلَيْه** : évanoui; pâmé; sonné [*pop.*]; knock-out; envoyé au tapis

مُلاكِم ~ عَلَيْه : boxeur sonné [*pop.*]/knock-out

سَقَطَ ~ًا عَلَيْه : tomber sans connaissance; tomber évanoui

II **غَشَّى** تَغْشِية ه، ه : envelopper; obnubiler; obscurcir [*fig.*]; ternir; brouiller [*fig.*]

~ العَقْل، البَصَر : brouiller/obscurcir/troubler l'esprit, la vue

~ الدَمْع عَيْنَيْه : brouiller les yeux (larmes)

غُشِّيَ : se brouiller; s'obscurcir (vue, esprit)

تَغْشِية : obnubilation; obscurcissement; ternissement

مُغَشًّى : brouillé; obscurci; voilé; terni (regard, vue, esprit)

IV أُغْشِيَ بَصَرُهُ : avoir un brouillard devant les yeux; voir à travers un brouillard

V تَغَشَّى تَغَشِّيًا : se brouiller (vue); se voiler (yeux); se ternir (miroir)

**3775 غَصَّ** ـَ غَصَصًا : être étouffé/suffoqué; étouffer *intr.*; suffoquer *intr.*

~ المَجْلِس، المَكان : la salle était bondée/comble

**غُصّة** ج غُصَص : agonie; angoisse; chagrin; suffocation; tourment

هُناك ~ : il y a un os [*fam.*]

في حَلْقه ~ : avoir qqch en travers de la gorge/du gosier

غاصّ : bondé; comble *adj.*; plein à ras bords/à craquer; bourré [*fig.*]

IV **أَغَصَّ** إِغْصاصًا ه : étouffer *tr.*; suffoquer *tr.*

~ ه بِالطَعام : bourrer [*fam.*]/gaver qqn de nourriture

~ على ه الأَرْضَ — mener la vie dure à; réduire à la dernière extrémité

VIII اِغْتَصَّ اِغْتِصاصًا بِ — tomber sur un os

**3776 غَصَبَ** ـِ غَصْبًا ه على ه — forcer; contraindre

~ نَفْسَه — se forcer; se contraindre; se faire violence

~ اِمْرَأة — violenter/violer une femme; abuser d'une femme

~ ه ه — arracher qqch à qqn; prendre qqch de force à qqn

~ رَجُلًا مالَهُ — prendre son argent à un homme

~ حَقًّا — usurper un droit

**غَصْب** — contrainte; rapine; usurpation

~ بَدَنيّ — contrainte par corps

**غَصْبًا** — par force; forcément; par contrainte; à contrecœur

~ عَنْهُ — contre son gré; sans le vouloir; contraint et forcé; à son corps défendant

غاصِب ج غُصّاب — usurpateur

VIII **اِغْتَصَبَ** اِغْتِصابًا ه، ه — arracher/détourner/extorquer/soustraire qqch par la force; spolier; brutaliser qqn

~ اِمْرَأة — forcer/prendre de force/violenter/violer une femme; abuser d'une femme

~ السُلْطة، العَرْش — usurper le pouvoir, le trône

اِغْتِصاب — extorsion; rapine; rapt; spoliation; usurpation; viol; violence

اِغْتِصابيّ — usurpatoire (mesure)

**مُغْتَصِب** — brutal; violent; violateur

~ السُلْطة، الحَقّ — usurpateur

**3777 غَصَنَ** ـِ غَصْنًا ه — couper (une branche); prendre qqch

~ ه، ه عَنْ — détourner qqn, qqch de; empêcher qqn, qqch de

غُصْن ج غُصون، أَغْصان — branche

غُصْنة، غُصَيْن — rameau; branchette; brindille

أَغْصان — branchage(s)

**3778 غَضَّ** ـُ غَضًّا — baisser (les yeux, le regard); *v. aussi 3779*

~ طَرْفَه، نَظَرَه على، عن — *fig.* avaler un affront/des couleuvres; fermer les yeux sur; faire abstraction de; ne pas tenir compte de

~ النَظَر عن خَطأ — excuser une faute

~ من ه، ه — amoindrir; rabaisser qqn, qqch; rabaisser les mérites de; ravaler qqn

~ من صَوْته — baisser la voix, le ton; *fig.* en rabattre

**غَضّ** : بِـ~ النَظَر عن — sans parler de; sans tenir compte de; en faisant abstraction de

**غَضاضة** ج غَضائِض — abaissement; amoindrissement; diminution; honte; humiliation

لَيْسَ من ~ في — il n'y a pas de honte à

لا يَجِد أَيّة ~ في — ne voir aucune honte/objection à

غُصّة (← غَضاضة) — dépit; mécontentement

غاضّ العُيون — qui baisse les yeux

**غَضيض** ج أَغِضّاء — abaissé; amoindri; diminué; humilié

~ الطَرْف — qui a les yeux fatigués/baissés

II غَضَّضَ تَغْضيضًا ه — causer du dépit/du mécontentement à qqn; dépiter; mécontenter

**3779 غَضّ** — frais; juteux (fruit); tendre (rameau); vigoureux; vert (branche); nouveau (plant); *v. aussi 3778*

شَباب ~ — tendre/fraîche jeunesse

~ الإهاب — à la peau douce/tendre

غَضاضة — fraîcheur (d'un fruit); verdeur

**3780 غَضِبَ** ـَ غَضَبًا على ه، لِـ ه — se fâcher (contre qqn, de qqch); se courroucer [*litt.*]; s'irriter; enrager; rager; être courroucé/irrité

**غَضَب** — colère; courroux [*litt.*]; emportement; irritation; fureur

نَوْبة، سَوْرة، فَوْرة ~ — colère; crise; transport de colère; accès/mouvement d'humeur

بادِرة، غائِلة ~ — *même sens*

أَثارَ ~ ه — mettre qqn en fureur; pousser qqn à bout

دَفَعَه الـ~ — être emporté/poussé par la colère

ذَهَبَ عنه الـ~ — se calmer; être abandonné par la colère

إِنْتَابَهُ، اِسْتَحْوَذَ عَلَيْهِ الـ~ être pris de colère; ~
se mettre en fureur;
la colère s'empara de lui; piquer une crise

سَرِيع الـ~ irritable; irascible; emporté; coléreux;
colérique; qui a la tête près du bonnet [fam.]

سُرْعة الـ~ irascibilité; irritabilité

فَارَ، اِسْتَشاطَ غَضَبًا s'emporter; bouillir/être
bouillant de colère

غَاضِب fâché; courroucé; en colère; irrité; outré

غَضْبان م غَضْبَى ج غِضاب même sens

غَضُوب ج غِضاب، غُضابَى irascible; rageur;
coléreux; coléri-
que; furibond

IV أَغْضَبَ إِغْضابًا ه mettre en colère/en fureur;
provoquer la colère/la fureur;
faire rager; piquer au vif; indigner; irriter;
fâcher; courroucer; mécontenter; outrer; vexer

مُغْضِب enrageant; rageant; irritant; provocant;
vexant

3781 غِضار؛ غَضارة glaise n.f., adj.

غَضارِيّ glaiseux; (terre) de potier

غَضارة abondance; bien-être; opulence; écuelle;
pot

غَضِر؛ غَضير abondant; frais; juteux; vert; tendre

الـ~ النّاصِية qui a la main heureuse; à qui tout
réussit

غَضْراء من العَيْش abondance; bien-être

3782 غُضْروف ج غَضاريف cartilage

~ مَفْصِلِيّ ménisque

غُضْروفِيّ cartilagineux

3783 غَضَفَ ـ غَضْفًا baisser les oreilles (chien)

أَغْضَف م غَضْفاء (chien) qui a les oreilles
baissées/pendantes

3784 غَضْن ج غُضون pli; ride; fronce

غُضون كِتاب، كلام teneur d'un livre, d'un
propos

في ~ au cours de; dans le courant de; dans l'intérim/
l'intervalle; entre-temps

في ~ ذَلِكَ sur ces entrefaites; en attendant; d'ici là

II غَضَّنَ تَغْضينًا ه froncer (un tissu); grimacer; faire la grimace; plier;
plisser

~ وَجْهًا flétrir un visage

~ تَنُّورة، فُسْتانًا plisser une jupe, une robe

تَغْضين pliage; plissage; fronçage

V تَغَضَّنَ تَغَضُّنًا plisser intr.; faire des plis/
des faux plis; se froncer;
froncer intr.; se friper; se ratatiner [fam.]; se rider

تَغَضُّن ج ات ride; fronce; pli; grimace

مُتَغَضِّن fripé; ridé; ratatiné; flétri (visage)

3785 غَضَنْفَر fort; gros; puissant; robuste;
volumineux; fig. lion

3786 (غضو) غَضًا؛ غَضًى bot. sorte de tamaris

بَيْنَ جَنْبَيْهِ نار الـ~ fig. brûler/se consumer
(d'un sentiment)

على أَحَرَّ من جَمْر الـ~ sur des charbons
ardents

IV أَغْضَى إِغْضاء cligner des yeux; plisser les
paupières

~ حَياءً baisser la tête/les yeux avec timidité

~ عن، طَرْفَهُ عن ه fermer les yeux sur; faire
semblant de ne pas voir;
détourner les yeux de

إِغْضاء العَيْنَيْن clignement d'yeux

~ الجُفون plissement des paupières

VI تَغاضَى تَغاضِيًا عن fermer les yeux sur;
faire semblant de ne
rien voir; tolérer qqch; être indulgent pour;
passer sur [fig.]

~ عن أَخْطاء ه excuser les fautes de

تَغاضٍ indifférence; indulgence; longanimité [litt.];
tolérance

3787 غَطَّ ـ غَطيطًا râler; ronfler; grommeler
(animal); grogner; v. aussi 3788

غَطيط ronflement (dormeur); grommellement
(animal); grognement; râle

غَطّاط ronfleur

3788 غَطَّ ـُ غَطًّا ه في plonger qqch dans;
v. aussi 3787

~ ريشة في الحِبْر tremper une plume dans
l'encre

~ رَأْسَهُ في الماء se tremper la tête dans l'eau

~ في ماء مَغْلِيّ ébouillanter

3789 غَطْرَسة arrogance; fatuité; orgueil; morgue;
insolence; fierté; superbe n.f.

تَكَلَّمَ بِـ~ parler avec hauteur/arrogance

~ نَظَرَ إِلَيْه بِـ — toiser qqn

**غِطْرِيس** ج غَطَارِيس — fat; vaniteux; orgueilleux

II **تَغَطْرَسَ** — se donner/prendre des airs d'importance; faire du chiqué [*fam.*]; se rengorger; faire l'important

**تَغَطْرُس** — insolence; superbe *n.f.*; arrogance; morgue

**مُتَغَطْرِس** — infatué; fat; fier; orgueilleux; arrogant; plein de morgue

3790 **غَطَسَ** ـِ غَطْسًا ه — enfoncer; plonger *tr.* et *intr.*; immerger; tremper; s'enfoncer; se plonger; s'immerger; se tremper

~ غَطْسة في البَحْر — faire trempette [*fam.*]; piquer une tête

**غَطْس** — immersion; plongée; plongeon

~ تَحْتَ البَحْر — plongée sous-marine

مَقْفِز ~ — plongeoir

**غِطَاس** — baptême; Épiphanie

**غاطِس** — plongeant; en plongée; carène (d'un navire)

رَمْي ~ — tir plongeant

**غَطَّاس** — plongeur; scaphandrier; *ois.* grèbe; plongeon

~ تحت البَحْر — plongeur sous-marin; submersible

**مِغْطَس** ج مَغَاطِس — baignoire

**مِغْطَسة** ج مَغَاطِس — scaphandre

II **غَطَّسَ** تَغْطِيسًا ه، ه — baigner; baptiser; plonger *tr.*; enfoncer; immerger; tremper

~ في الماء المَغْلِيّ — ébouillanter

**تَغْطِيس** — immersion; plongement

3791 **غَطَشَ** ـِ غَطْشًا — être sombre/obscur (nuit)

~ غَطَشانًا — marcher péniblement; se traîner

**غَطِشَ** ـَ غَطَشًا — être affaibli/faible (vue)

**غَطَش** — faiblesse de la vue

**غَطْشاء** — (nuit, désert, faux jour) où l'on ne distingue rien

3792 **غِطَمّ**؛ غِطْيَم — grande masse d'eau; mer immense; océan

3793 **غطا** ـُ غَطْوًا، غُطُوًّا ← II

**غِطاء** ج أَغْطِية — bâche; capot; capote; couverture; couvercle; capuchon; capuche; dessus *n.m.*; enveloppe; gangue; housse; tapis; tégument

~ الرَّأْس — coiffure; couvre-chef *n.m.*

~ السَّرير — couvre-lit; dessus-de-lit

~ الطَبَق، المائِدة — couvre-plat; nappe

~ مُحَرِّك — capot de moteur; culasse

~ زُجاجِيّ — globe de verre

رَفَعَ، طَوَى الـ~ — décapoter

تَسْلِيف دُونَ ~ — découvert *n.m.* [*fin.*]

**غِطائِيّ** — tégumentaire

**غِطاية** — tunique; rembourrage

II **غَطَّى** تَغْطِية ه، على ه — cacher; draper; effacer; envelopper; couvrir; recouvrir; parsemer; incruster; ensevelir; revêtir; éclipser; porter ombrage à

~ حائِطًا — habiller/tapisser/recouvrir un mur

~ الاِسْتِهْلاك، النَفَقات — couvrir la consommation, les frais

~ جِسْمه بِغِطاء — se draper/s'envelopper dans une couverture

~ طَرِيقًا — revêtir une route; mettre un revêtement sur une route

~ العَجْز — combler/couvrir le déficit

~ الصَوْت — couvrir/étouffer le bruit/la voix

**غَطَّتْ** بِجَمالها سائِرَ النِساء — elle effaça/éclipsa toutes les autres femmes par sa beauté

~ الوارِدات النَفَقات — les recettes couvrent les dépenses

**تَغْطِية** — couverture [*fig., comm., mil.*]; incrustation; effacement; revêtement; enveloppement

~ عَمَلِيّة مالِيّة — couverture d'une opération financière

**مُغَطًّى** م مُغَطّاة — couvert; recouvert; enveloppé; voilé; revêtu; caché; tapissé

جِسْم ~ بِالشَعْر — corps couvert de poils

طَرِيق ~ — route revêtue

V **تَغَطَّى** تَغَطِّيًا بِـ ه — se couvrir; se recouvrir; être couvert/recouvert/tapissé/parsemé de; se draper dans

تَغَطَّتِ الحُقُول بِالأَزْهار — les champs se couvrent de fleurs

**3794 غَفَث** *bot.* eupatoire

**3795 غَفِرَ** ـَ غَفَرًا rechuter (maladie); être en recrudescence; revenir à ses premières amours; *v. aussi 3796*

غَفَر rechute (maladie); recrudescence

**غَفير** abondant; dense; nombreux

جَمّ، جَمْع ~ foule considérable/dense/nombreuse; monde fou

عَدَد ~ un grand nombre de

**3796 غَفَرَ** ـِ غَفْرًا، غُفْرانًا، مَغْفِرة لِ absoudre; pardonner à; *v. aussi 3795*

~ لِخاطِئٍ خَطاياهُ pardonner ses fautes à un pécheur

~ ٱللّه لَه que Dieu lui pardonne

**يُغْفَر** pardonnable; admissible

لا ~ impardonnable; inadmissible

غَفْر؛ غَفْرًا pardon; pardon!

**مَغْفِرة** absolution; miséricorde; pardon; rémission; indulgence

طَلَبَ الـ~ demander pardon

اِسْتَحَقَّ الـ~ mériter le pardon; pardonnable

نالَ الـ~ obtenir miséricorde; être pardonné

**غُفْران** ← مَغْفِرة

عيد الـ~ *hébr.* Yom Kippour; Kippour

غَفور؛ غَفّار indulgent; miséricordieux

غَفّارة chasuble

غِفارة ج غَفائِر voile (qui recouvre les cheveux et la nuque)

**مَغْفور لَه** absous; pardonné

الـ~ لَه défunt; regretté; feu *adj.*

VIII اُغْتُفِرَ se pardonner (faute); être pardonnable

**يُغْتَفَر** pardonnable; admissible

لا ~ impardonnable; inadmissible

X **اِسْتَغْفَرَ** اِسْتِغْفارًا ه demander pardon; faire amende honorable

~ اللّهَ se recommander à/recommander son âme à Dieu

أَسْتَغْفِر اللّهَ j'en demande pardon à Dieu; Dieu m'en garde; à Dieu ne plaise

اِسْتِغْفاريّ propitiatoire

**3797 غَفْق**؛ غَفْقة petite pluie; petit somme

**3798 غَفَلَ** ـُ غُفولًا être ... *v. à l'adj.*

~ عَنْ ه ne pas faire attention à; ignorer qqch par distraction; être distrait de; négliger; perdre de vue [*fig.*]

~ عن كَلِمة sauter un mot

~ عن الخَطأ laisser passer une faute; échapper (faute)

**غَفْلة** absence [*fig.*]; distraction; imprévoyance; inattention; inadvertance; insouciance; négligence; niaiserie

على حين، على ~ par inadvertance; à l'improviste; inopinément; au dépourvu; contre toute attente; subitement; sans que l'on s'en aperçoive/s'en rende compte/s'y attende

على ~ مِنْه à son insu; sans qu'il s'y soit attendu

غَفْلةً par mégarde/inadvertance; sans y penser

**غُفْل** ج أَغْفال anonyme (œuvre); non marqué (animal); nul (coup); inerte (matière)

~ مِن التاريخ non daté

~ مِن التَوْقيع، الإمْضاء non signé; anonyme (lettre)

**غُفْليّة** anonymat

غافِل distrait; négligent; absent [*fig.*]; qui a des absences [*fig.*]; imprévoyant; inconscient; sans souci; insouciant; inattentif

II غَفَّلَ تَغْفيلًا ه abêtir; abrutir; rendre ... *v. à l'adj.*

**مُغَفَّل** inattentif; apathique; insouciant; dupe; jobard; naïf; niais; nigaud; crédule; ganache [*fam.*]

III غافَلَ مُغافَلة ه tromper la vigilance de; profiter de l'inattention de

IV أَغْفَلَ إغْفالًا ه négliger; omettre; oublier; perdre de vue [*fig.*]; passer sous silence

لَمْ يُغْفِل شَيْئًا ne rien laisser échapper/passer

إغْفال négligence; omission; oubli

شَرِكة مُغْفَلة société anonyme

VI تَغافَلَ تَغافُلًا عن faire semblant de ne pas voir; être imprudent; fermer les yeux sur; négliger volontairement; se désintéresser de

تَغافُل désintérêt; imprudence; négligence

مُتَغافِل imprudent; négligent

**3799 غفا** ُ غَفْوًا faire un somme; sommeiller; somnoler; s'assoupir; s'abandonner au sommeil

غَفِيَ َ غَفْيَةً *même sens*

غَفْوة somme *n.m.*; petit somme; somnolence; assoupissement

غاف somnolent; assoupi

IV أَغْفَى إِغْفاء ← غَفا

إِغْفاءة ← غَفْوة

**3800 غقّ** ِ غَقِيقًا bouillonner; gargouiller

غَقِيق bouillonnement; gargouillis

**3801 غلّ** ُ غَلّة *agr.* fructifier; produire (terre); rapporter (récolte); avoir du rendement (terre); *v. aussi 3802 à 3804*

**غَلّة** ج ات، غِلال moisson; rapport; fruit [*fig.*]; production; rendement; revenu

~ كَرْم cru *n.m.*

غَلّات الأَرْض produits de la terre

IV أَغَلّ إِغْلالًا ه ← غَلّ

**مُغِلّ** productif; d'un bon rapport; rentable

~ غَيْر improductif; non rentable; d'un mauvais rapport

X **اِسْتَغَلّ** اِسْتِغْلالًا ه mettre qqch à profit; faire fructifier; exploiter; tirer parti de; utiliser

~ ظَرْفًا، فُرْصة profiter d'une circonstance, d'une occasion

~ مَزْرَعة، اِخْتِراعًا exploiter une propriété, une découverte

~ جَهْل ه، سَذاجَة ه exploiter l'ignorance, la naïveté de

~ ثِقة ه abuser de la confiance de

**اِسْتِغْلال** ج ات exploitation; profit; rapport; utilisation

مَنْزِل ~ maison de rapport

~ حُكوميّ régie

~ المَوارِد exploitation des ressources

قابِل الـ~ exploitable

**مُسْتَغِلّ** ج ون bénéficiaire; profiteur; exploitant; exploiteur; utilisateur

~ زِراعيّ exploitant agricole

**مُسْتَغَلّ** exploité; en exploitation

~ غَيْر inexploité

**3802 غلّ** ُ غُلولًا في. ه في glisser *tr.*; insérer; enfoncer *tr.*; se glisser/s'insérer/s'introduire/s'enfoncer dans; introduire; pénétrer; *v. aussi 3801, 3803, 3804*

~ في فِراشه se glisser dans son lit/ses draps

غِلالة ج غَلائِل robe de dessous; tunique; voilette; mantille

VII اِنْغَلّ اِنْغِلالًا ← غَلّ

**3803 غلّ** ُ ه، ه attacher; lier; entraver; mettre aux fers; réduire à l'impuissance; *v. aussi 3801, 3802, 3804*

~ يَدَيْه mettre les menottes à qqn

غُلَّتْ يَداهُ avoir les mains liées; être impuissant/réduit à l'impuissance

غُلّ ج أَغْلال carcan; fers *n.m.pl.*; chaînes *n.f.pl.*; menottes *n.f.pl.*

أَغْلال الماضي liens/chaînes/carcan du passé

II غَلَّلَ تَغْليلًا ه mettre aux fers; passer les menottes à

**3804 غلّ** َ غَلًّا، غَليلًا avoir soif; être assoiffé; *v. aussi 3801 à 3803*

~ قَلْبُه، صَدْرُه avoir soif de vengeance; être rempli de haine/rancœur/rancune

غُلّ souffrir d'une soif violente

**غِلّ** haine; animosité; rancœur; rancune

نَفَثَ ~ه على répandre/verser son fiel [*litt.*] sur

**غَليل** feu/flamme (de la passion); désir ardent; ardeur; haine; rancœur; rancune

شَفَى، بَرَّد ~ه se désaltérer; *fig.* se venger; tirer vengeance; prendre sa revanche; apaiser sa rancune

شافٍ، مُبَرِّد لِلْـ~ désaltérant; rafraîchissant; *fig.* apaisant

**3805 غلب** ِ غَلْبًا، غَلَبة ه، على ه battre; dominer; gagner qqn; l'emporter sur; avoir l'avantage/le dessus; damer le pion à qqn; prédominer; triompher de; désarmer [*fig.*]; vaincre

~ عَلَيْه النَوْم le sommeil s'empara de lui; succomber au sommeil

~ على الظَنّ أن être assez d'avis que; penser volontiers que

~تْ على ه الكَآبة être plutôt triste/mélancolique

~ على ه الكَرَم être plutôt généreux

غُلِبَ على أَمْره — avoir le dessous; être vaincu; succomber

لا يُغْلَب — imbattable; invaincu; invincible

غَلَبة — avantage; supériorité; victoire; prédominance

غالِب — dominant; prédominant; régnant; triomphant; vainqueur; victorieux

~ الظَنّ أن — il est probable que; on est enclin à penser que

~ الأَشْياء، الناس — la plupart des choses, gens

في الـ ~؛ غالِبًا — à l'ordinaire; d'ordinaire; ordinairement; souvent; fréquemment; le plus souvent; la plupart du temps

غالِبًا ما — il arrive fréquemment/souvent que; fréquemment; souvent

غالِبيّة — la plupart de; généralité; majorité; dominance; le plus grand nombre

أَغْلَب — la majorité/plupart de; la généralité

~ الناس — la plupart des gens; le gros de la population

في، على ~ الأَحْيان، الأَوْقات — la plupart du temps; le plus souvent; presque toujours; dans la majorité des cas

~ الظَنّ، الأَمْر أن — il est très probable que; il y a tout lieu de croire que; selon toute probabilité

أَغْلَبِيّ — majoritaire

أَغْلَبِيّة — majorité; pluralité

~ مُطْلَقة، نِسْبِيّة — majorité absolue, relative

~ ساحِقة، الأَصْوات — majorité écrasante, des voix

الـ ~ المُحافِظة، الرَجْعِيّة — la majorité conservatrice, réactionnaire

غَلّاب — conquérant; désarmant; supérieur; triomphant

مَغْلوب — battu; conquis; défait; désarmé [*fig.*]; dominé; vaincu

~ على أَمْره — contraint et forcé; réduit à l'impuissance

III غالَبَ مُغالَبة ه — surmonter les difficultés; lutter victorieusement contre

V تَغَلَّبَ تَغَلُّبًا على ٥، ه — asservir; prendre/reprendre le dessus; damer le pion à; dominer; avoir/prendre barre sur; soumettre; venir à bout de; maîtriser; surmonter; l'emporter sur; triompher de; primer sur; prévaloir; avoir raison de; prédominer

~ على العَقَبات — franchir les obstacles

~ على الصُعوبات — se jouer des difficultés

~ على المَشاكِل — dominer/contrôler les problèmes

~ على الأَهْواء — triompher des passions

~ على القُوَى الطَبيعيّة — domestiquer/dompter les forces de la nature

~ على العَدُوّ — battre/enfoncer/vaincre l'ennemi

~ على القَدَر — forcer le destin

تَغَلُّب — domination; prédominance; victoire sur; domestication; triomphe sur

~ فَريق رِياضيّ على — victoire d'une équipe sur (une autre)

مُتَغَلِّب — dominant; prédominant; vainqueur; victorieux

مُتَغَلَّب عَلَيْه — dompté; maîtrisé; domestiqué; vaincu

غَيْرُ ~ عَلَيْه — indompté; invaincu

3806 غَلَس — clair-obscur; obscure clarté (fin de la nuit)

II غَلَّسَ تَغْليسًا — se mettre en route/faire qqch/voyager/arriver qqp à la fin de la nuit

غليسرين — glycérine

3807 غَلْصَمة ج غَلاصِم — voile du palais; épiglotte; luette

غَلاصِم — branchies

3808 غَلِطَ ـَ غَلَطًا بِـ، في ه — se méprendre (sur); faire/commettre une erreur; se tromper (de); faire une faute

~ بِالعُنْوان — se tromper d'adresse

~ غَلْطة فاحِشة — faire une grossière erreur; se tromper complètement; se mettre le doigt dans l'œil [*fam.*]

غَلَط ج أَغْلاط — erreur; faute; faux pas; incorrection; inexactitude; méprise; *fam.* bourde; gaffe

~ في الحِساب، العُنْوان — erreur de calcul, d'adresse

~ الحِسّ — erreur des sens

ما عَدا السَهْو وَالـ ~ — sauf erreur ou omission

بِحَيْثُ يُمْكِن الـ ~ — à s'y méprendre

غَلْطة ج أَغْلاط ← غَلَط

وَلا ~ — sans une seule faute

~ قَلَم، لِسان — «lapsus calami, linguae»

~ إِمْلائِيَّة، سَهْوٍ — faute d'orthographe, d'inattention

~ مَطْبَعِيَّة، تَنْضِيد — faute d'impression; coquille [*impr.*]

هٰذِهِ ~ ه — c'est sa faute

**قائِمة الأَغْلاط** — liste d'erreurs; erratum; errata

**غَلْطان** — qui commet/fait une faute/une erreur; qui se trompe/est dans l'erreur

**مَغْلوط** — faux; fautif; incorrect; inexact; défectueux; erroné

III غالَطَ مُغالَطَةً ه — duper; induire en erreur; chercher à tromper

**مُغالَطة** — sophisme; duperie; falsification

**مُغالِط** — fallacieux; sophiste; sophistique

**3809 غَلُظَ** ُ غَلاظة، غِلَظًا — durcir *intr.*; épaissir *intr.*; être/devenir ... *v. à l'adj.*

~تْ تَقاطيع وَجْهه — avoir de gros traits

**غِلَظ** ؛ غِلْظة — épaisseur; dureté; rudesse; rugosité; grossièreté; âpreté

~ العَقْل، المَلامِح — grossièreté de l'esprit, de l'aspect

~ الصَوْت، الكَلام — dureté/rudesse de la voix, des paroles

~ القِشْرة، الجِلْد — rugosité de l'écorce, de la peau

~ البَطْن — *fig.* balourdise; sottise

عاشَ أَشَدَّ العَيْش ~ًا — mener l'existence la plus dure/rude/pénible/difficile

غَلاظة التَقاطيع، شَخْص — grossièreté des traits, d'un personnage

**غَليظ** ج غِلاظ — âpre; bourru; discourtois; dur; gros; grossier; fruste; épais; lourdaud; odieux [*fig.*]; pataud [*fam.*]; rude; rustre; rustaud [*fam.*]

~ الرَقَبة، الذِهْن، العَقْل — obstiné; borné; obtus (esprit); qui a la tête dure

تِبْغ ~ — tabac fort

عَقْل، شَخْص ~ — esprit épais/grossier; grossier personnage

المِعَى الـ~ — gros intestin

يَمين ~ة — serment solennel; terrible serment

II غَلَّظَ تَغْليظًا ه، ه — brutaliser; rudoyer; traiter avec dureté; durcir *tr.*; épaissir *tr.*

**تَغْليظ** — durcissement (de la voix); épaississement; rudoiement

**مُغَلَّظ** — cru [*fig.*]; épaissi; grossier; brutal; insolent

يَمين، قَسَم ~(ة) — juron

حَلَفَ الأَيْمان الـ~ة — jurer ses grands dieux; lancer une bordée de jurons

IV أَغْلَظَ لَهُ في القَوْل — parler durement/rudement/grossièrement à qqn; rudoyer qqn

**3810 غَلْغَلَ** — marcher d'un pas rapide

~ إِلَيْه الخَبَر — arriver aux oreilles (nouvelle); avoir vent de

II **تَغَلْغَلَ** في — entrer dans; envahir; s'insinuer; pénétrer; s'ancrer dans; submerger

~تْ السَيّارة في كُلّ الطَبَقات

la voiture a pénétré toutes les classes sociales

تَغَلْغُل السُلْطة — envahissement de l'autorité (de l'État); étatisme

**3811 غَلَفَ** ُ غَلْفًا ه — cacher qqch; enfermer/renfermer/serrer qqch dans

غَلَف — incirconcision

غُلْفة ج غُلَف — prépuce

**غِلاف** ج ات، غُلُف — enveloppe; étui; gaine; couverture/jaquette (livre); chemise [*technol.*]; fourreau; enrobage; gangue [*fig.*]; pli; pochette; revêtement; tégument; reliure

~ مُسَدَّس — étui de revolver

غِلافيّ — tégumentaire

أَغْلَف م غَلْفاء — incirconcis; incivil; brutal; dur; rude; rustre

غَلّافة — brocheuse; machine à brocher

II **غَلَّفَ** تَغْليفًا ه — brocher; envelopper; mettre sous enveloppe/sous pli; emballer; enrober; gainer; plaquer (de bois)

~ اللَوْز بِالسُكَّر — enrober les amandes de sucre

~ بِوَرَق، بِالمُقَوَّى — enrober de papier; cartonner

**تَغْليف** — cartonnage; emballage; enrobage; placage; gainage; brochage; mise sous enveloppe

آلة الـ~ — brocheuse; machine à brocher

مُغَلِّف ج ون — brocheur

**3812 غَلْفَنَ** غَلْفَنة — *technol.* galvaniser; galvanisation

3813 غَلَق ج أَغْلاق fermeture; serrure; clef de voûte
مَغْلَق خِزانة abattant de secrétaire
غَلّاقة نافِذة espagnolette
مِغْلاق ج مَغاليق fermeture; serrure; culasse
~ بُنْدُقِيّة culasse d'un fusil
IV أَغْلَقَ إِغْلاقًا ه clore; fermer
~ بابًا، غُرْفة fermer une porte, une pièce
~ مَصْنَعًا، مَحَلّه fermer une usine; fermer boutique
~ ميناء، حُدوده fermer un port, ses frontières
~ غِطاء rabattre un couvercle
أُغْلِقَ être impénétrable/insaisissable
~ عَلَيْه الأَمْر se trouver fort embarrassé; ne pas savoir comment faire
إِغْلاق fermeture; occlusion; clôture
مُغْلِق occlusif
مُغْلَق clos; impénétrable [*fig.*]; secret *adj.*; inaccessible; insondable (mystère); énigmatique; fermé [*pr.* et *fig.*]; hermétique
سِرّ ~ profond secret
وَجْه، باب ~ visage, porte fermé(e)
عَقْل ~ على الأَفْكار الجَديدة esprit fermé aux idées nouvelles
VII اِنْغَلَقَ اِنْغِلاقًا se refermer; fermer *intr.*; se fermer
~(ت) المَتْجَر، الأَبْواب le magasin, les portes ferme(nt)
~ قَلْبُه أَمام الشَفَقة se fermer/être insensible/imperméable à la pitié
~ على نَفْسه se replier/se refermer sur soi
اِنْغِلاق على نَفْسه repli sur soi
~ الأَمْعاء occlusion intestinale
مُنْغَلِق (homme) secret/impénétrable
~ عن، على insensible à; imperméable à [*fig.*]
X اِسْتَغْلَقَ اِسْتِغْلاقًا على ه être ... *v. à l'adj.*
مُسْتَغْلَق ambigu; équivoque; hermétique; impénétrable; insaisissable; inexplicable; inextricable; obscur

3814 غَلِمَ - غَلَمًا être en chaleur/en rut
غُلْمة chaleur [*sexol.*]; incontinence; libido; rut
غَلَم *maroc.* moutons [*coll.*]
غَلْمِيّ *maroc.* viande de mouton
غَلِم en chaleur; en rut; libidineux
غِلّيم incontinent
غُلام ج غِلْمان adolescent; garçon; gars [*fam.*]; gosse [*fam.*]; page *n.m.*; jeune homme
غُلامِيّة adolescence; jeunesse
غِلْمانِيّ pédéraste
غَيْلَم (← غُلام) *v. aussi 3861*

3815 غَلا ُ غُلُوًّا augmenter *intr.*; monter (prix); enchérir; renchérir; devenir cher
~ في dépasser les bornes; exagérer
~ سِعْر الخَشَب le (prix du) bois a augmenté
غُلُوّ exagération; hyperbole; outrance
غَلاء augmentation; hausse; *poiss.* ombre
~ في الأَسْعار augmentation/hausse des prix
~ المَعاش، المَعيشة cherté de la vie; vie chère
غُلَواء ardeur; excès; fougue; zèle; enthousiasme
خَفَّفَ من ~ه modérer/réfréner/tempérer sa fougue/son zèle/son enthousiasme/son ardeur; mettre de l'eau dans son vin; se modérer; en rabattre
غالٍ (غالي) cher; coûteux; dispendieux
باع بال~ vendre cher/à un prix élevé
كَلَّفَ غالِيًا coûter/être cher
غُلاة الشيعة chiites extrémistes
أَغْلى plus cher
~ من العَيْنَيْن coûter les yeux de la tête [*fam.*]
~ قيمة (prix) le plus élevé/le plus cher
~ تَهْنِئاتي mes plus chaleureuses félicitations
III غالى مُغالاةً بِ، في forcer la dose [*fig.*]; y aller fort; aller trop loin; exagérer; outrer; abuser de; faire abus de; surfaire
~ في اِسْتِعْمال قُوّته abuser de sa force
~ في الاِعْتِذار se confondre en excuses; faire les excuses les plus plates
~ في تَقْدير قُواه présumer de ses forces

| | |
|---|---|
| أَمْر ~ | affaire/événement difficile; difficulté |
| في ~ من أَمْر | dans une grande perplexité |
| غَمامة ج غَمام، غَمائِم | nuage |
| غَماميّ | nébuleux; nuageux |
| غَماميّة | nébulosité |
| غِمامة ج غَمائِم | œillères |
| مَغْموم | assombri [*pr.* et *fig.*]; voilé; couvert; affligé; chagrin *adj.*; triste; perplexe; sombre; soucieux |
| IV أَغَمَّ إِغْمامًا ه | peiner; chagriner; faire du chagrin/de la peine à; être couvert voilé (ciel); se couvrir de nuages |
| مُغِمّ | affligeant; chagrinant; nuageux; voilé |
| VIII اِغْتَمَّ اِغْتِمامًا | être au désespoir/soucieux/chagriné; avoir le cœur gros du chagrin; se faire du souci |
| لا تَغْتَمَّ | ne t'en fais pas! |
| مُغْتَمّ | chagrin *adj.*; chagriné; affligé; peiné; désespéré; soucieux |
| **3818 غَمَدَ** ـُ غَمْدًا ه | remettre (l'épée) au fourreau; rengainer |
| **غِمْد** ج غُمود، أَغْماد | douille; cosse; gaine; fourreau; étui |
| جَرَّدَ سَيْفه من ~ه | dégainer; tirer son épée |
| غِمْدِيّات الأَجْنِحة | coléoptères *n.m.pl.* |
| IV **أَغْمَدَ** السَّيْف ← غَمَدَ | |
| ~ سِكّينًا في | planter un couteau dans |
| مُغْمَدات الأَجْنِحة | coléoptères *n.m.pl.* |
| **3819 غَمُرَ** ـُ غَمارة | être ... *v. à l'adj.*; *v. aussi 3820* |
| **غَمارة** | sottise; stupidité; inculture; ignorance; manières frustes; rusticité du comportement |
| فيه ~ | se conduire comme un mufle; faire des bévues |
| غُمَر ج غِمار | éprouvette; petit récipient |
| غِمْر | sot; stupide; inexpérimenté; ingénu; sans expérience; fruste; rustre; maladroit; mufle |
| **3820 غَمُرَ** ـُ غَمارة | être ... *v. à l'adj.*; *v. aussi 3819* |
| ~ ـَ غَمَرًا صَدْره على | être plein de rancœur contre |
| **غَمَرَ** ـُ غَمْرًا ه | baigner; déborder; envahir; ensevelir; envelopper; immerger; noyer [*fig.*]; recouvrir; remplir; submerger |

| | |
|---|---|
| مُغالاة | outrance; exagération; hyperbole; intempérance; extravagance; immodération |
| مُغالٍ في | extravagant; immodéré; intempérant; exagérateur |
| **مُغالًى** في، بـ ه | excessif; surfait; outré; exagéré; hyperbolique |
| مَديح ~ فيه | éloge hyperbolique/surfait |
| VI تَغالَى تَغالِيًا في | exagérer; pousser qqch à l'excès |
| X اِسْتَغْلَى اِسْتِغْلاءً ه | trouver cher |
| **3816 غَلَى** ـِ غَلْيًا، غَلَيانًا | bouillir; bouillonner; entrer en effervescence |
| **غَلَيان**، غَلْي | ébullition; bouillonnement; effervescence |
| نُقْطة ~ | point de fusion/d'ébullition |
| مَدينة في ~ | ville en effervescence/ébullition |
| ~ الماء، الأَفْكار | bouillonnement de l'eau, des idées |
| مِقْياس ~ | ébulliomètre |
| غالٍ (غالي) | bouillant; effervescent |
| مَغْليّ | décoction; tisane |
| غَلّاية، مِغْلاة ج مَغالٍ | bouilloire; cafetière |
| **غَلْيون** ج غَلايِين | pipe |
| ~ الهُنود، السَّلام | calumet de la paix |
| II **غَلَّى** تَغْلية ه | bouillir *tr.*; faire bouillir; porter à ébullition; cuire par ébullition |
| ~ الأَعْشاب | faire une décoction de plantes |
| مُغَلًّى ج مُغَلَّيات ← مَغْليّ | |
| IV أَغْلَى إِغْلاءً ← II | |
| **3817 غَمَّ** ـُ غَمًّا ه | dépiter; assombrir qqn; voiler; chagriner; fâcher; affliger; causer du chagrin; peiner |
| **غَمّ** ج غُموم | affliction; anxiété; chagrin; désespoir; peine; perplexité; souci; tristesse |
| قَلْب مُفْعَم، مَلْآن ~ًا | cœur gros [*fig.*] |
| ~ (← مَغْموم) | *adj.* |
| يَوم ~ | jour sombre/triste |
| **غُمّة** ← غَمّ | |

~ ه بِفَضْله، بِالهَدايا — combler/couvrir qqn de ses bienfaits, de cadeaux

~ الأراضي — inonder/submerger/recouvrir les terres

~ غُرْفة ضَوْءًا — inonder/baigner une pièce de lumière

~ه جَوٌّ من السُرور — baigner dans une atmosphère de gaieté

**يُغْمَر** — submersible; inondable

لا ~ — insubmersible

**غَمْر** — déluge; flot; grande masse d'eau; grandes richesses; inondation; immersion; emprise; submersion; gangue

~ ج غِمار، غُمور — ample; large; généreux

تَحَرَّرَ من ~ الماضي — se dégager/se libérer de l'emprise du passé

**غَمْرة** ج غَمَرات، غِمار — grande masse d'eau déferlante; flot; exubérance; *bot.* zostère

في ~ ه — dans le flot/le désordre/la confusion de

في ~ الحُروب — dans la rage/la folie des guerres

غَمَرات المَوْت — affres [*litt.*]/abîmes de la mort

**غِمار** الحياة — adversité; tribulations; hauts et bas

خاضَ ~ المَعْرَكة — se jeter dans la mêlée; s'engager dans/prendre part à la bataille

في ~ المَعْرَكة — au fort du combat

غُمْر ج أَغْمار — brassée

**غامِر** — abondant; copieux; débordant; diluvien; envahissant

فَرَح ~ — joie débordante

**مَغْمور** — caché; enfoncé; effacé (homme); en plongée; immergé; ignoré; inconnu; obscur

~ بِالمِياه — inondé par les eaux

~ في النُور — plongé dans la lumière; noyé de lumière

~ بِالسُرور — débordant/inondé de joie

III **غامَرَ** مُغامَرةً بِـ ه — hasarder qqch; risquer; aventurer qqch; prendre des risques; tenter la fortune

~ بِحَياته، بِثَرْوته — aventurer/risquer sa vie, sa fortune

~ بِنَفْسه — s'aventurer; se hasarder; se risquer

غِمار — aventure; hasard; risque

غِماريّ — picaresque; d'aventures (récit)

**مُغامَرة** ج ات — aventure; entreprise hasardée/téméraire; témérité; équipée; odyssée

الـ ~ الفاشيّة — l'aventure fasciste

رُوح، حُبّ الـ ~ — esprit d'aventure; amour de l'aventure

فِلْم **مُغامَرات** — film d'aventures

مُحِبّ الـ ~ — aventurier

حَياة مَليئة بِالـ ~ — vie aventureuse

مُغامِر ج ون — aventurier; aventureux

VII• اِنْغَمَرَ اِنْغِمارًا — plonger dans; s'immerger; se plonger; être plongé/immergé (dans)

اِنْغِمار — immersion; submersion

3821 **غَمَزَ** ِ غَمْزًا ه — faire signe à; faire un signe d'intelligence; s'entendre avec qqn; avoir des intelligences avec; être de connivence avec

~ بِعَيْنِه — faire un clin d'œil; faire de l'œil (à); cligner de l'œil

~ قَناة ه — *fig.* éprouver qqn; mettre à l'épreuve; sonder qqn

~ في مَشْيه — clopiner; boiter; marcher à cloche-pied

**غَمْزة**، ~ العَيْن — clin d'œil; œillade; clignement d'yeux

~ ج غَمَزات — allusion; pointe [*fig.*]; trait d'esprit; signe; signal

وَجَّهَ ~ — lancer un trait d'esprit/une pointe

غَمّاز — bouchon (de pêche); flotteur

غَمّازة ج ات — fossette

**غَميزة** — défaut; faiblesse

ما فيه ~ — il n'y a là rien à désirer/à envier

**مَغْمَز** ج مَغامِز — portée lointaine; visée secrète; sens caché

ما فيه ~ ← غَميزة

3822 **غَمَسَ** ِ غَمْسًا ه — enfoncer; plonger *tr.*; tremper; immerger

~ أَسْنانه في — planter ses dents dans

~ في ماء مَغْليّ — ébouillanter

غَمْس — plongeon; immersion

**غَموس** — ardu; difficile; grave; périlleux

يَمين ~ — faux serment

غَمّاس — *ois.* plongeon

VII اِنْغَمَسَ اِنْغِماسًا — se plonger; s'immerger; s'enliser [*fig.*]; se tremper

~ في الرَذائِل — se vautrer/s'enfoncer dans la turpitude

~ في المَلَذّات — plonger dans les plaisirs; mener une vie de plaisirs

اِنْغِماس — immersion; enlisement; croupissement

3823 غَمِشَ َ غَمَشًا — avoir la vue faible

غَمَش — vue faible; faiblesse de la vue

غَمَصَ ِ غَمْصًا ه — faire peu de cas de; dédaigner

غَمَص — chassie

أَغْمَص م غَمْصاء — chassieux

3824 غَمُضَ ُ غُموضًا — être ... *v. à l'adj.*

غُموض — confusion; désordre (de la pensée); inintelligibilité; obscurité (de la langue); vague *n.m.*

~ الذِكْرَيات، الأَفْكار — confusion des souvenirs, des pensées

~ الأَشْكال — imprécision/vague des formes

~ اللُغة، العِبارة — obscurité de la langue, de l'expression

بِـ ~ — confusément; obscurément; vaguement

ما اكْتَحَلَتْ عَيْنه غُمْضًا — ne pas fermer l'œil de la nuit

غُمْضة عَيْن — petit moment; clin d'œil

في ~ عَيْن — en un clin d'œil; en un instant

بَيْنَ ~ عَيْن وانْتِباهِها — *même sens*

غامِض — confus; fermé [*fig.*]; flou; hermétique; imprécis; inintelligible; indéterminé; incompréhensible; indéchiffrable; indécis; indéfini; inexplicable; indistinct; louche; mystérieux; nébuleux (propos); obscur; ténébreux (projet); vague; voilé; *géogr.* bas; déprimé; encaissé

ذِكْرَيات، أَفْكار ~ة — souvenirs, idées confus(es)/imprécis(es)

وَضْع ~ — situation confuse/indéchiffrable

مَسْأَلة، نُقْطة ~ة — question, point obscur(e)

وَجْه ~ — visage fermé/indéchiffrable

عِبارات ~ة — termes voilés/flous/imprécis

لُغة ~ة — langage/langue sibyllin(e) [*litt.*]

~ة ج غَوامِض — obscurité; énigme; mystère

غَوامِض اللُغة — obscurités de la langue

اِسْتَجْلَى ~ قَضِيّة — tirer une affaire au clair

II غَمَّضَ تَغْميضًا ه — obscurcir; rendre obscur et difficile à comprendre

~ جُفونه على القَذَى — faire contre mauvaise fortune bon cœur

~ عنه في البَيْع — faire un prix/un rabais à qqn

IV أَغْمَضَ إِغْماضًا ه — fermer (les yeux)

~ عَيْنَيْه عن. على — fermer les yeux sur; tolérer qqch; être accommodant/de bonne composition; passer sur qqch

مُغْمَض العَيْنَيْن — les yeux clos

VIII اِغْتَمَضَ اِغْتِماضًا — se fermer (œil); clignoter/papilloter (yeux)

3825 غَمَطَ ِ غَمْطًا ه — dédaigner; mépriser

~ حَقّه — léser qqn; faire du tort à

3826 غَمْغَمَ — marmotter; murmurer; parler entre ses dents; bredouiller

غَمْغَمة — bredouillement; murmure; marmottement

3827 (غمق) غامِق — foncé (couleur, ton); intense; profond (bleu, noir)

بُنّي، أَخْضَر ~ — marron, vert foncé

3828 غَمْلَج؛ غُمْلوج — changeant; inconstant; volage; *bot.* dard

3829 غَمًى — défaillance; évanouissement

~ تَرَكْتُهُ. ها. هُمْ. هُنَّ — je l'ai, les ai laissé(e,és,ées) sans connaissance

IV أُغْمِيَ عليه — défaillir; avoir une/tomber en défaillance; s'évanouir; perdre connaissance; tomber en pâmoison [*fam., iron.*]/en syncope/dans les pommes [*fam.*]; se pâmer [*v.x.*]; se trouver mal

~ عليه من الفَرَح — se pâmer d'aise

إِغْماء — défaillance; évanouissement; faiblesse; pâmoison [*fam., iron.*]; syncope

مُغْمًى عليه — sans connaissance; évanoui; assommé; sonné [*fig.*]; knock-out

سَقَطَ ~ عليه — tomber sans connaissance

3830 غَنَّ - غَنًّا nasiller; parler d'une voix nasillarde; *v. aussi 3831*

غَنّ nasillement

غُنَّة son nasillard; nasalisation; nasalité

غُنان الحَشَرات bourdonnement d'insectes

أَغَنّ م غَنّاء qui nasille/parle du nez

IV أَغَنَّ إِغْنانًا bourdonner

مُغِنّ bourdonnant (ruche); qui résonne du bourdonnement des insectes

3831 (غنن) أَغَنّ م غَنّاء luxuriant (végétation); populeux; très peuplé; verdoyant; très vert (jardin); *v. aussi 3830*

حَديقة غَنّاء jardin à la végétation luxuriante et rempli de fleurs et de chants d'oiseaux

قَرْية ~ village très peuplé

IV أَغَنَّ إِغْنانًا être très boisé/couvert de végétation/très peuplé

3832 غَنِجَ - غَنْجًا faire des agaceries; flirter; minauder; lancer des œillades

غُنْج؛ غُناج agacerie; câlinerie; coquetterie; minauderie; œillade

غُنْجة *zool.* femelle du hérisson

غَنِج، مِغْناج câlin; coquet

أُغْنوجة ج أَغانيج ← غُنْج

II غَنَّجَ تَغْنيجًا ه chouchouter [*fam.*]; câliner; gâter qqn; dorloter

V تَغَنَّجَ تَغَنُّجًا في se faire prier; faire des manières

تَغَنُّج ج ات câlinerie; coquetterie

مُتَغَنِّج câlin

3833 غُنْدُر، غُنْدور ج غَنادِرة bellâtre; dandy; fat [*litt.*]; poseur; gandin

غَنْدورة gandoura

غَنْدَرة؛ تَغَنْدُر affectation (de la mise, des gestes)

II تَغَنْدَرَ faire des mines; prendre des poses; se pavaner

3834 غَنْغَرَ غَنْغَرة gangrener; gangrène

غَنْغَرينة؛ غَنْغَريني gangrène; gangréneux

مُغَنْغَر gangrené

تَغَنْغَرَ se gangrener

3835 غُنافِر goujat; malotru; homme d'un esprit grossier/obtus; gougnafier [*pop.*]

3836 غَنِمَ - غُنْمًا، غَنَمًا ه capturer; s'emparer de; faire une prise; ramasser du butin

غَنَم، غُنْم gain; profit; réussite

~ ج أَغْنام ovins; troupeau de moutons; mouton

غَنيمة ج غَنائِم butin; prise; proie; coup de filet; trophée

~ بارِدة، قانونيّة proie facile; bonne prise

رَضِيَ من الـ~ بِالإِياب encore heureux qu'il s'en soit tiré/qu'il ait sauve sa peau

مَغْنَم ج مَغانِم ← غنيمة

VIII اِغْتَنَمَ اِغْتِنامًا ه profiter de qqch

~ الفُرْصة profiter de/saisir l'occasion/l'opportunité; saisir la balle au bond

3837 غُنوصيّ؛ غُنوصيّة gnostique; gnosticisme

لا ~؛ لا غُنوصيّة agnostique; agnosticisme

3838 غَنِيَ - غِنًى، غَناء s'enrichir; être riche; *v. aussi 3839, 3840*

~ بِـ ه être content/satisfait de; se contenter de; n'avoir pas besoin de plus que

~ بِـ ه عَنْ آخَر *même sens*

غِنًى enrichissement; richesse; fortune

كان في ~ عن se passer de; n'avoir que faire de; n'avoir pas besoin de

لا ~ عن ذلك cela s'impose; indispensable

ما له عَنْه ~ ne pouvoir se passer de

غَناء avantage; utilité; contentement; suffisance; (quantité) qui suffit

لَه ~ عن ه avoir assez de qqch; n'être pas obligé de; n'avoir pas besoin de; n'avoir que faire de; pouvoir se passer de

هو في ~ عن ه *même sens*

لَيْسَ له في ~ ه ne trouver aucun avantage dans; ne voir aucune utilité à; n'avoir pas assez de; ne pouvoir se passer de

لا غَناء فيه inadéquat; insuffisant; inutile; qui ne sert à rien

غَنيّ ج أَغْنياء fortuné; riche; cossu

تاجِر ~ gros/riche commerçant

~ المَضْمون، المادّة — contenu, matière substantiel(le)

~ بالكالوريهات — riche en calories

~ عن — qui peut se passer de; être assez riche pour se passer de

~ عن البَيَان أن — il est inutile de dire; point n'est besoin de; il va de soi que

الدُوَل الـ~ة — pays riches/nantis

الأَغْنياء — les riches; les nantis; les gros [*fig.*]

IV **أَغْنَى** إغْناءً ه — enrichir; contenter; satisfaire

ما ~ ه شَيْئًا — ne servir à rien; n'avoir aucune utilité

~ ه عن ه — dispenser qqn de qqch

ما ~ ه عن ...؟ — qu'avait-il besoin de? qu'allait-il faire dans cette galère?

أَغْنَتْهُ التِجارة — le commerce l'a enrichi

الحال **يُغْني** عن السُؤال — *prov.* à bon vin point d'enseigne

الظَنُّ لا ~ عن الحَقّ — *prov.* l'air n'est pas la chanson (*m. à m.* une conjecture ne saurait tenir lieu de vérité)

إغْناء — enrichissement

VIII اِغْتَنَى اِغْتِناءً — s'enrichir; enrichissement

مُغْتَنٍ — enrichi

X اِسْتَغْنَى اِسْتِغْناءً عن — se dispenser/se passer de

يُسْتَغْنَى عَنْهُ — inutile

لا يُمْكِن **الاِسْتِغْناء** عنه — indispensable

**3839** **غانِية** ج غَوانٍ — jolie personne; jeune femme; belle *n.f.*; beauté

**3840** **غِناء** — chant; chanson; *v. aussi 3838, 3839*

**غِنائِيّ** — chantant; lyrique

شِعْر، مَسْرَحِيّة ~(ة) — poésie, drame lyrique

صَوْت ~ — voix chantante/mélodieuse

مُوسيقَى ~(ة) — musique vocale

غِنائِيّة — lyrisme

**أُغْنِيَة** ج أَغانٍ — chant; chanson; cantate; mélodie

~ مُحْزِنة — complainte

II **غَنَّى** تَغْنِية ه، بِـ ه — chanter

~ لَحْنًا — chanter un air

~ بالحُبّ، الخَمْر، النِساء — chanter l'amour, le vin, les femmes

ماذا تُراه يُغَنّي — qu'est-ce qu'il chante? [*iron.*]

مُغَنٍّ ج مُغَنُّون — chanteur

مُغَنِّيَة ج ات — chanteuse; cantatrice

مُغَنًّى م مُغَنّاة — chanté

V **تَغَنَّى** تَغَنِّيًا بـ ه — chanter qqch; se glorifier de; se vanter de; entonner les louanges de

~ بالنَصْر، المَجْد — chanter (la) victoire, la gloire

**3841** **غاثَ** ُ غَوْثًا ه ← IV

**غَوْث**، غُواث — cri de détresse; appel au secours; *maghr.* clameurs; cris; vacarme

الغَوْثَ، واغَوْثاه — au secours!

II **غَوَّثَ** تَغْوِيثًا ه — crier; jeter des cris

~ على ه — crier contre qqn; faire des reproches à

IV **أَغاثَ** إغاثةً ه — assister; secourir; porter assistance/secours à; venir en aide à qqn/à l'aide de qqn

~ عائِلة — soutenir une famille

**إغاثة** — aide; assistance; secours

~ الجَرْحَى — secours aux blessés

صُنْدوق لِـ~ الأَطْفال — Fonds pour l'enfance (des Nations unies)

وكالة ~ اللاجِئين — Agence pour l'assistance aux réfugiés (des Nations unies)

X **اِسْتَغاثَ** اِسْتِغاثةً بِـ ه — appeler qqn à l'aide/au secours; crier au secours; invoquer qqn

~ إلى ه — chercher secours dans

اِسْتِغاثة — appel à l'aide/au secours; S.O.S.

**مُسْتَغيث** — qui demande du secours

كَالـ~ من الرَمْضاء بالنار — tomber de Charybde en Scylla (*m. à m.* se cacher dans le feu pour éviter de se brûler)

**3842** **غارَ** ُ غَوْرًا — s'enfoncer (sol); s'encaisser (vallée); être enfoncé dans son orbite (œil)

~ في نَظَرِيّة — creuser une théorie

~ غارة على ه — faire une incursion en pays ennemi

**غَوْر** ج أَغْوار — cavité; dépression; enfoncement; creux *n.m.*; fond; profondeur

بَعيد الـ~ profond; difficile à sonder; impénétrable; insondable

غار ج أَغْوار، غِيران caverne; grotte; *v. aussi 3712*

اِسْتِكْشاف **الأَغْوار** spéléologie

أَغْواريّ spéléologue; spéléologique

**غارة** ج ات algarade; attaque; charge; coup de main; incursion; invasion; irruption; raid; razzia

شَنَّ ~ lancer une attaque; faire un raid

~ جَوِّيَّة attaque, raid aérien(ne)

**غارات** مُتَواصِلة attaques par vagues; vagues d'assaut

مِنْطَقة مُعَرَّضة لِلْ~ zone exposée aux invasions

غائِر cave (œil); creux; déprimé; enfoncé; encaissé (terrain); profond; rentré

مَغار، مَغارة ج ات، مَغاوِر antre; caverne; grotte; repaire

مِغْوار ج مَغاوير commando; troupe de choc; section d'assaut

IV **أَغارَ** إِغارةً على attaquer; lancer une attaque/un raid contre; charger; faire une incursion/une razzia; razzier

~ على بَلَد infester un pays

إِغارة coup de main; raid; charge

مُغير assaillant; agresseur; attaquant; envahisseur

V تَغَوَّرَ تَغَوُّرًا في descendre/venir/s'enfoncer dans (une vallée)

X اِسْتَغْوَرَ اِسْتِغْوارًا faire de la spéléologie

مُسْتَغْوِر spéléologue

**3843 غُوريلّا** gorille [*zool.*]

**3844 غاز** gaz; *v. aussi 3713*

II غَوَّزَ تَغْويزًا ه gazéifier; gazéification

**3845 غاصَ** ـُ غَوْصًا plonger dans la mer; aller au fond; s'enfoncer/s'abîmer [*litt.*] dans la mer; s'immerger (sous-marin)

~ في رِمال مُتَحَرِّكة s'enliser dans les sables mouvants

~ على ه plonger à la recherche de

**غَوْص** plongée; immersion; enlisement

~ على اللُؤْلُؤ، الإسْفَنْج pêche des perles, des éponges

غَوْصة *n. un.* plongeon; plongée

غِياصة plongée sous-marine; métier de plongeur/de scaphandrier

**غائِص** immergé; en plongée; carène (d'un navire)

~ في أَفْكاره plongé/perdu dans ses pensées; pensif

صَيْد ~ chasse sous-marine

**غَوّاص** ج ون plongeur; pêcheur (de perles, d'éponges); scaphandrier; *ois.* grèbe; plongeon

لِباس، جِهاز الـ~ scaphandre

**غَوّاصة** ج ات submersible; sous-marin

~ ذَرِّيَّة sous-marin atomique

غَوّاصيّ ج ون sous-marinier

مَغاص اللُؤْلُؤ pêcherie de perles

II غَوَّصَ تَغْويصًا ه، ه في plonger qqn, qqch dans; immerger

**3846 غَوْط** ج غُوط، أَغْواط cavité; dépression

غُوطة oasis; vallée fertile et bien arrosée

**3847 غائِط** ج غُوط excréments; caca; merde [*pop.*]; matières; matières fécales; fèces; selles

أَتَى الـ~ aller à la selle; faire caca

غائِطيّ fécal; merdeux [*pop.*]

V تَغَوَّطَ تَغَوُّطًا aller à la selle

**3848 غَوْغاء** charivari; tumulte; cohue; foule; moucherons; petits insectes

~ من النّاس racaille; crapule [*litt.*]; bas peuple

غَوْغائيّ démagogue; démagogique

غَوْغائيّة démagogie

**3849 غُول** ج غِيلان، أَغْوال ogre; ogresse; démon; goule; croquemitaine; loup-garou

**غائِلة** ج غَوائِل calamité; malheur

~ غَضَب transport [*litt.*] de colère

~ الزِحام bousculade

VIII اِغْتالَ اِغْتِيالًا ه assassiner; tuer qqn

اِغْتِيال assassinat; meurtre

**مُغْتال** ج ون — meurtrier; assassin

**3850 غَوَى** ـِ غَيًّا، غَوايَة — se fourvoyer; s'égarer; errer; perdre la route; être au désespoir; être sans ressources

~ ه — allécher; induire en erreur; enjôler; séduire; entraîner; tenter

**غَيّ**؛ غَيَّة ج ات — égarement; erreur; conduite irréfléchie; légèreté; fausse route

تَمادَى في ~ه — persévérer dans l'erreur

تَرَكَ ه في ~ه — laisser qqn dans l'erreur

غَوايَة (← غَيّ) — enjôlement; tentation

**غاوٍ** — alléchant; enjôleur; séduisant; séducteur; tentateur

~ ج غُواة — admirateur; amateur; fan; fervent

**غُواة الفَنّ** — amateurs d'art

~ نَجْمَة — admirateurs/fans [*fam.*] d'une vedette

**مَغْواة** ج مَغاوٍ — piège; traquenard; chausse-trape

مَنْ حَفَرَ ~ لِأَخيه وَقَعَ فيها — *prov.* être pris à son propre piège; tel est pris qui croyait prendre (*m. à m.* qui creuse un trou pour son frère tombe dedans)

IV **أَغْوَى** إِغْواءً ه — dépraver; égarer; induire en erreur; enjôler; leurrer; provoquer; séduire; suborner; tenter

~ اِمْرَأَة — abuser de/séduire/tomber [*fig.*] une femme

**إِغْواء** — séduction; enjôlement; leurre; subornation; tentation

**مُغْوٍ** — séducteur; suborneur; tombeur (de femmes); tentateur

(غيي) **غاية** — *v. ordre alphab.*

(غيب) **غابة** — *v. ordre alphab.*

**3851 غابَ** ـِ غَيْبًا، غِيابًا — se cacher; disparaître; s'évanouir [*fig.*]; se coucher (soleil); être absent; s'absenter; s'engouffrer (dans)

~ عن الأَبْصار — disparaître aux regards

~ عن الدَّرْس — manquer/sécher un cours

~ عن بَصَره — perdre qqn de vue

~ عن ه، عن باله، ذِهْنه أن — omettre de; oublier que; ne pas s'apercevoir que; sortir de l'esprit [*fam.*]; perdre de vue que

~ عن الصَّواب، الوجود — se tromper; perdre connaissance

~ عن صَوابه، عَقْله — perdre la tête, la raison

~ عن الذاكِرة — oublier; échapper à la mémoire; sortir de l'esprit [*fam.*]

~ عن دَوْره، رِسالته — faillir à son rôle, sa mission

**غَيْب** ج غُيوب — invisible *n.m.*; mystère (divin); secret

عالَم الـ~ — monde invisible caché

رَجْم بالـ~ — divination

عَن ظَهْر ~؛ غَيْبًا — par cœur

**غَيْبِيّ** — caché; invisible *adj.*; secret *adj.*

**غَيْبَة** — absence; éloignement; disparition

تَقْرير ~ — déclaration d'absence de disparition

**غِيبَة** — calomnie; médisance

**غِياب** — absence; disparition; contumace *n.f.*

في ~ه — en l'absence de; (parler de qqn) dans son dos

**غِيابِيّ** — contumace *adj.*; par contumace (jugement)

**غِيابِيًّا** — *jur.* par contumace; par défaut

**غَيْبوبَة** — évanouissement; hypnose; coma; inconscience; léthargie; perte de connaissance

**غَيْبوبِيّ** — comateux; léthargique; hypnotique

**غَيابَة** ج ات — fond; bas-fond

~ السِّجْن — cul-de-basse-fosse; oubliette

**غائِب** ج ون — absent; contumace; manquant; *gramm.* 3^e personne

حَكَمَ على الـ~ — dire du mal des absents

الـ~ مُتَّهَم — *prov.* les absents ont toujours tort

**مَغيب** — coucher (du soleil); couchant *n.m.*; absence; éloignement

II **غَيَّبَ** تَغْييبًا ه — cacher; dérober (aux regards); escamoter; faire disparaître; provoquer la disparition

~ ه عن باله — chasser de son esprit

حينَ **يُغَيِّبه** المُنْعَطَف — quand le tournant l'aura dérobé aux regards; quand il aura tourné le coin (de la rue)

V **تَغَيَّبَ** تَغَيُّبًا — être absent; s'absenter; manquer

~ عن الحُضور — manquer à l'appel; faire défaut/défection; être contumace défaillant

~ عن مَوْعِد manquer un rendez-vous; poser un lapin *[fam.]*

تَغَيُّب absence; contumace *n.f.*; défection

تَغَيُّبِيَّة absentéisme

مُتَغَيِّب ج ون absent; manquant; contumace *n.*; défaillant (témoin)

VIII اِغْتابَ اِغْتِيابًا ه calomnier; dénigrer; médire; dire du mal de; taper sur qqn *[fig.]*

اِغْتِياب calomnie; dénigrement; médisance

مُغْتاب médisant

**غَيْث** ج غُيوث pluie abondante 3852

أَوَّل الـ~ قَطْر *prov.* les débuts sont toujours difficiles; il faut un commencement à tout

**غَيِدَ** - غَيَدًا être ... *v. à l'adj.* 3853

غَيَد élasticité; flexibilité; souplesse

أَغْيَد م غَيْداء ج غِيد élancé; flexible; souple; jeune et tendre (plante, rameau)

غَيْداء ج غِيد ← غادة

**غَيْداق** ← غدق

**غارَ** - غَيْرة مِنْ، على ه envier; jalouser; être jaloux de qqn; *v. aussi 3855* 3854

غَيْرة ardeur; zèle; jalousie

**غَيور** ج غُيُر jaloux; zélé; exclusif (amour)

عِناية ~ة soin jaloux

غَيْران م غَيْرَى ج غَيارَى ← غَيور

IV أَغارَ إِغارة ه rendre jaloux; exciter la jalousie

V تَغَيَّرَ تَغَيُّرًا على ه être fâché/irrité contre

**غَيْر** autre; les autres; autrui; tiers; tierce personne; hors; hormis; sans; sauf; *avec des adj.* in-/im-/mal- *préf. privatifs* (dans ce cas ne prend jamais l'article); *v. aussi 3854* 3855

الـ~ les autres; autrui

اِحْتِرام الـ~ respect des autres/d'autrui

~ه، كَ، ي، ها، هُمْ un autre (que lui, toi, moi); une autre (qu'elle); d'autres (qu'eux)

~ه مِن الشُّعَراء d'autres poètes que lui

~ها مِن القُرَى، الدُّوَل d'autres villages, États

و~كُمْ كَثيرون et de nombreux autres que vous

الكُتُب العِلْمِيَّة و~ها من الكُتُب
les livres scientifiques et autres; et autres livres scientifiques

~ الفَرْع الَّذي une autre branche que celle qui

وفي مُنَظَّمات ~ها et dans d'autres organismes

و~ ذَلِك et autre; etc.

~ ذَلِك مِن الشُّؤون d'autres choses

لا ~ (غَيْرُ) rien/personne d'autre; exclusivement; uniquement; seulement; pas davantage

بِ، في، مِنْ، عَلى ~ (غَيْرِ) sans

بِ~ حَقّ à tort

في ~ جُهْد، تَرَوٍّ sans peine; sans réfléchir

لا نَجاحَ بِـ~ الشُّعور بِالمَسْؤولية
aucune réussite sans le sens des responsabilités

في، على ~ ما، أن sans; sans que

في ~ما تَهَيُّب sans crainte; sans appréhension

في ~ما إِحْساس بِالجُوع sans appétit; sans faim

~ (غَيْرُ) إِنْسانِيّ، ذَكِيّ inhumain; inintelligent

~ حاذِق inhabile; malhabile; maladroit

~ صالِح inutile; inutilisable

~ مَفْهوم incompris; inintelligible

~ مُثْمِر، عادِيّ infructueux; inhabituel

~ مَسْكون désert *adj.*; inhabité; inoccupé

~ عادِل inique; injuste

~ قادِر على incapable (de); impuissant (à)

~ كافٍ، لازِم insuffisant; inutile

~ مُمْتِع، مُنْتَظَر inintéressant; inattendu

~ مُحَدَّد indéfini; illimité; non défini/limité

~ مُنْقَطِع incessant; ininterrompu

~ مَوْجود، مُنَظَّم inexistant; indiscipliné

~ مَعْقول absurde; déraisonnable; saugrenu; non-sens

ساعة ~ مَغْناطيسيّة montre antimagnétique

~ رَسْميّ non officiel; officieux

المُعامَلات ~ الرَسْميّة transactions non officielles

~ المُسْلمين، المُقيمين les non-musulmans; les non-résidents

العالَم، الدُوَل ~ الشُيُوعيّ(ة) le monde, les États non communiste(s)

~ بَعيد، قَليل non loin; non négligeable (nombre)

~ مُقاتِل non-combattant (unité)

~ قابِل لِلتَبْديل ne varietur

غَيْرَ مَرَّةٍ plus d'une fois; fréquemment

~ مَرّاتٍ à maintes reprises; maintes plusieurs fois

غَيْرَ أَنَّ cependant; mais; néanmoins; sinon que; toutefois

غَيْريّ altruiste

غَيْريّة altérité; altruisme

II **غَيَّرَ تَغْييرًا** ه، ه changer *tr.*; altérer; modifier; décaler; muter; remanier; renouveler; introduire des changements

~ مَلابِسه changer de vêtements; se changer

~ مَنْزِله changer de domicile; déménager

~ رَأْيه، آراءه changer d'avis; évoluer (personne)

~ صَوْته contrefaire sa voix

~ مَوْقِفه changer de position; évoluer (personne)

~ وَجْه، شَكْل، هَيْئَة ه transfigurer; transformer

~ مَوْضِع الكَلام détourner la conversation; modifier le cours de la conversation

~ المَجْلِس الوِزاريّ remanier le gouvernement

**تَغْيير** ج ات، تَغايِر altération; changement; détournement; modification; mutation; transformation; transfiguration; transposition; renouvellement; remaniement

~ عُنْوان، اِتِّجاه changement d'adresse, d'orientation

~ السُرْعة، بَرْنامَج changement de vitesse, de programme

مُغَيِّر آليّ changeur/changement automatique

III **غايَرَ غِيارًا، مُغايَرةً** ه être ... *v. à l'adj.*; échanger; faire des échanges; être la réplique de; être contre qqch, qqn; aller à l'encontre de; s'opposer à

~ الشَرْعَ contrevenir à enfreindre la loi

~ الآداب avoir un comportement indécent

**غِيار** changement; échange; rechange

قِطعة ~ pièce de rechange

**مُغايِر** en contraste; différent; dissemblable; disparate

~ لِلشَرْع، لِلآداب abusif; indécent

مُغايِرة ج ات variante *n.f.*

V **تَغَيَّرَ تَغَيُّرًا** changer *intr.*; se modifier; s'altérer; se transformer; varier; se renouveler

~(ت) شَكْله، هَيْئَته se transfigurer

~ الوَضْع la situation a changé est différente

~ تَمامًا *fig.* faire peau neuve

~ت الأَحْوال وتَبَدَّلَتْ les choses/la situation a (ont) changé complètement du tout au tout

الوَضْع يَتَغَيَّرُ le vent tourne [*fig.*]

لا ~ invariable; inaltérable; *gramm.* indéclinable

لا ~ المَرْءُ on ne change pas; on ne se refait pas

لَمْ يَتَغَيَّرْ inaltéré; inchangé

**تَغَيُّر** ج ات altération; avatar; changement; modification; mutation; transformation; variation; renouvellement

~ المِزاج changement/saute d'humeur

~ الطَقْس، الحَرارة changement de temps, de température

~ يَطرأ على، يَعْتري ه modification qui intervient dans

**تَغَيُّريّة**؛ مُعامِل ~ variabilité; coefficient de variabilité

لا ~ inaltérabilité; invariabilité

**مُتَغَيِّر** changeant; inconstant; instable; mobile; variant; variable

VI **تَغايَرَ تَغايُرًا** être ... *v. à l'adj.*

**تَغايُر** altérité; hétérogénéité; hétérodoxie; disparité

**مُتَغايِر** différent; disparate; divers; hétérodoxe; hétérogène

3856 غِيس، غيص *maghr.* boue

3857 غَيْض petite quantité; rabais; enfant prématuré

~ مِن فَيْض *prov.* une goutte d'eau dans la mer

غَيْضة ج ات، غِياض marais couvert de végétation

3858 غَيْط ج غِيطان champ; jardin; plantation

غَيْطَنة، غَيْطَنيّ horticulture; horticole

غَيْطانيّ jardinier; horticulteur

3859 غاظَ ـِ غَيْظًا ه ← IV

غَيْظ colère; fureur; indignation; courroux [*litt.*]; déchaînement; exaspération; irritation; rage; ressentiment

أثارَ أشَدَّ الـ~ ← IV

IV أغاظَ إغاظة ه excéder; courroucer [*litt.*]; provoquer/soulever la colère/le courroux [*litt.*]/l'indignation; piquer au vif; faire rager; outrer; contrarier; mettre en colère/en fureur; faire bondir; indigner; exaspérer; aigrir qqn; fâcher; irriter

إغاظة exaspération; irritation

مُغيظ excédant; contrariant; rageant; exaspérant; irritant; enrageant [*fam.*]

VIII اِغْتاظَ اِغْتياظًا se courroucer [*litt.*]; éprouver du ressentiment; se mettre en colère; se fâcher; s'irriter contre; se formaliser; s'exaspérer; s'indigner; prendre mal qqch; enrager; rager; se monter [*fig.*]

اِغْتياظ ← غَيْظ

مُغْتاظ contrarié; outré; furibond; furibard [*pop.*]; courroucé; indigné; monté [*fig.*]

3860 غِيل ج أغْيال fourré *n.m.*

غَيْل ج غُيول cours d'eau; ruisseau; vallée alimentée par des sources

3861 غَيْلَم *zool.* tortue

3862 غامَ ـِ غَيْمًا être ... *v. à l'adj.*; se voiler/se couvrir (ciel)

غَيْم ج غُيوم nuage (noir)

~ من الغُبار، الدُخان nuage de poussière, de fumée

سَبَحَ في الغُيوم se perdre dans les nuages; planer [*fig.*]

مُسْتَقْبَل مُثْقَل بالـ~ avenir chargé de nuages

اِنْقَشَعَت الـ~ les nuages se dissipèrent

غائِم، غَيِّم bouché (temps); brumeux; couvert/gris/voilé (ciel); nébuleux; nuageux; *fig.* confus; flou; fumeux; incertain; indistinct; trouble; vague

عَلاقة ~ة relation trouble

غَيوم gris/nuageux (jour)

II غَيَّمَ، مُغَيِّم ← غامَ

IV أغامَ إغامة ← غامَ

V تَغَيَّمَ تَغَيُّمًا ← غامَ

3863 غَين nom de la lettre «ġayn»

أغْيَن م غَيْناء (arbre) touffu

3864 غينون guenon

3865 غِينِيّ ج ون Guinéen

3866 غَيْهَب ج غَياهِب obscurité; ténèbres

(غي) غاية *v. ordre alphab.*

(فاء)

*vingtième lettre de l'alphabet : « fā' » ;*
*fricative labio-dentale sourde :* [f]

**3867** **فَ** 1. *conj. de coordination :*
*a. coordonne des actions d'un même agent :*

نَبْدأ فَنَقول — nous commençons par dire/en disant

*b. coordonne des actions d'agents différents ; équivaut alors aux signes orthographiques point, point-virgule, deux points :*

فَقالَ فأَجابَ — il dit ; il répondit

*c. dans des locutions adverbiales marque la successivité :*

قَليلًا فَقَليلًا — peu à peu ; petit à petit

شَيْئًا فَشَيْئًا — *même sens*

يَوْمًا فَيَوْمًا — de jour en jour ; jour après jour

مِنَ الآنَ فَصاعِدًا — dorénavant ; à partir de maintenant ; dans l'avenir

*2. conj. marquant la consécution :*

اِتَّسَعَ نِطاقُهُ فَشَمَلَ — son domaine s'élargit à (jusqu'à englober)

أَمّا ... فَ — *3. corrélatif :*

أَمّا الرَّجُل فَهُوَ — quant à/en ce qui concerne l'homme, il

**3868** (فأت) VIII **اِفْتَأَتَ** بِـ ه — n'en faire qu'à sa tête ; s'obstiner ; s'entêter ; être entêté/obstiné

~ بِرَأْيِه، أَمْرِه — *même sens*

~ على ه — s'emporter contre ; prendre des mesures sévères contre ; violer un droit

~ على ه بِالباطِل — calomnier qqn

أُفْتُئِتَ — mourir subitement

اِفْتِئات — emportement ; oppression ; violence ; violation

**3869** **فاتورة** ج فَواتير — facture [*comm.*]

**3870** **فُؤاد** ج أَفْئِدة — cœur ; *fig.* courage ; vaillance

**3871** **فَأْر** ج فِئْران — *coll.* rat ; souris

~ المِسْك — rat musqué ; ondatra

~ الزَباب، السُمّ — musaraigne

~ فِرْعَوْن — *zool.* mangouste d'Égypte

لَعِبَ الـ ~ في عُبّه — avoir la puce à l'oreille

أُذُن الـ ~ — *bot.* myosotis

**فَأْرة** ج فِئار — *n.un.*

~ الجِراج، الحَقْل — mulot ; campagnol

فَأْرِيّات — muridés *n.m.pl.*

**فارِس** ← فرس

**3872** **فَأْس** ج فُؤوس — cognée ; hache ; houe ; pioche

كَيْفَ أُعاوِدُكَ وهذا أَثَرُ ~ ك — *prov.* un homme averti en vaut deux ; chat échaudé craint l'eau froide

فاسيّ — fassi ; habitant de Fès

**3873** **فاسِية**، فاسِياء — punaise des bois

أَفْحَش مِن ~ — *prov.* laid comme un pou (*m. à m.* une punaise)

**3874** **فاشيّ**، فاشِسْتيّ — fasciste

فاشِيّة، فاشِسْتيّة — fascisme

**3875** **فاصولِيّة**، فاصولِياء — haricot vert

**فاقة** ← فوق

3876 **فَأْل** ج فُؤول، أَفْؤُل augure (bon); présage (heureux); porte-bonheur

يَوْم ~ jour faste/bénéfique

ضَرَبَ الـ~ dire la bonne aventure; prédire l'avenir

VI **تَفاءَلَ** تَفاؤُلًا بِـ ه bien augurer/présager de; tirer bon augure de; être optimiste

~ بِالغَد croire au lendemain; avoir confiance en l'avenir

تَفاؤُل bon augure/présage; optimisme

مُتَفائِل ج ون optimiste; heureuse nature

3877 **فالوذَج** gâteau au miel

3878 **فانِلّة** flanelle

~ ج ات *égypt.* gilet de flanelle; tricot de corps; sous-vêtement

3879 **فانوس** ج فَوانيس falot; fanal; lampe; lampe-tempête; lanterne; veilleuse (d'automobile)

~ سِحْرِيّ lanterne magique

3880 **فِئَة** ج ات، فِئون catégorie; classe (d'âge); couche; élément; formation; groupe; groupement; série [*sport.*]; troupe; rubrique

في ~ ه sous la rubrique de

~ مُسَلَّحة formation/élément/troupe armé(e)

لاعِب الـ~ الأُولَى joueur de première série

~ دَمَوِيّة groupe sanguin

الـ~ المُثَقَّفة الواعية intelligentsia

فِئات العُمْر classes d'âge

3881 **فِبْرايِر** février

3882 **فَتَّ** ـُ فَتًّا في écraser; saper

~ في ساعِد، عَضُد ه affaiblir/compromettre/décourager une entreprise

فُتات ج فَتائِت *coll.* débris; miettes

فُتاتة *n.un.*

فَتوت friable

فَتيت (← فُتات) écrasé; en miettes

II **فَتَّتَ** تَفْتيتًا ه émietter; effriter; désintégrer; désagréger

~ الأَكْباد، القَلْب fendre l'âme/le cœur; briser/déchirer le cœur

تَفْتيت émiettement; désagrégation; désintégration; effritement

V **تَفَتَّتَ** تَفَتُّتًا s'effriter; s'émietter; se désagréger; se désintégrer; se déchirer [*fig.*]

تَفَتُّت القَلْب déchirement [*fig.*]; émiettement

VII **اِنْفَتَّ** اِنْفِتاتًا ← V

3883 **فَتِئَ** ـَ *v. toujours accompagné d'une négation*

ما ~ ne pas cesser de; continuer à

ما ~تْ تَعيشُ في خَيالِها elle continua à vivre dans ses rêves

3884 **فَتَحَ** ـَ فَتْحًا ه ouvrir; *gramm.* prononcer une consonne avec voyelle «*a*»

~ قَلْبه لِـ ه se confier à; ouvrir son cœur à; s'ouvrir à

~ حِسابًا ouvrir un compte

~ الباب لِلتَّجاوُزات ouvrir la porte aux abus

~ الباب على مِصْراعَيْه *fig.* ouvrir grand la porte

~ أَبْوابه رَسْمِيًّا ouvrir ses portes officiellement

~ الأَبْواب على مَصارِيعها *fig.* ouvrir les portes toutes grandes

~ قارورة ouvrir/déboucher une bouteille

~ مَوْهِبة ه révéler un don

~ مُفاوَضات مع ouvrir des négociations avec

~ الشَّهِيّة ouvrir/stimuler l'appétit; mettre en appétit

~ صَفْحة جَديدة tourner une page nouvelle

~ شارِعًا جَديدًا percer/ouvrir une nouvelle rue

~ طَريقًا لِـ frayer un chemin; ouvrir les voies à

~ ثُغْرة pratiquer une ouverture; faire une brèche

~ الخَطّ لِقِطار aiguiller un train sur la voie

~ بَلَدًا، مَدينة conquérir un pays, une ville

~ اللّه عَلَيْك que Dieu vous favorise l'accès au Bien/vous ouvre les portes du Bien

**فَتْح** ouverture; action d'ouvrir

~ حِساب، اِعْتِماد — ouverture d'un compte, de crédit

~ تَرِكة — ouverture d'une succession

~ أَسْواق جَديدة — ouverture/conquête de marchés nouveaux

~ ج فُتوح، فُتوحات — conquête/prise (d'une ville); victoire

**فُتوحات** — *tunis.* contributions; donations religieuses; offrandes

الـ~ الإِسْلامِيّة — conquêtes islamiques

**فَتْحة** ج فَتَحات — ouverture; *gramm. nom de la voyelle brève «a»*

**فُتْحة** ج فُتَح — ouverture; regard [*technol.*]; portée (d'un pont); trou d'homme; orifice; percée; trouée

~ نافِذة — embrasure d'une fenêtre

**فاتِح** — conquérant; victorieux; clair/pastel/tendre (couleur)

أَخْضَر، أَزْرَق ~ — vert, bleu pâle

~ شَهِيّة — appétissant

~ الشَهْر — début/premier du mois

**فاتِحة** ج فَواتِح — début; commencement; entrée en matière; introduction; prologue; exorde; préambule; préface

~ الكِتاب؛ الـ~ — fâtiha; première sourate du Coran

**فَتّاح** — qui ouvre (toutes grandes les portes du Bien, de la fortune: Dieu)

**مَفْتوح** — ouvert; à l'air libre; à ciel ouvert

مَدينة ~ة — ville ouverte

مَجارٍ ~ة — égouts à ciel ouvert

**مِفْتاح** ج مَفاتيح — clef; commutateur; bouton (de radio); aiguillage; touche (de piano)

~ الإِشْعال — contact; contacteur [*technol.*]

~ كَهْرَبائيّ — interrupteur; rupteur

~ عُموميّ — passe-partout *n.m.*

~ الكَلِمات المُتَقاطِعة — définition des mots croisés

II **فَتَّحَ تَفْتيحًا** ه — bien commencer qqch; épanouir (fleur); ouvrir/stimuler l'appétit

**مُفَتِّح لِلشَهِيّة** — apéritif

III **فاتَحَ مُفاتَحة** ه في ه — s'ouvrir à qqn (de); pressentir qqn (au sujet de)

**فُوتِحَ في** — être mis au courant de

V **تَفَتَّحَ تَفَتُّحًا** — éclore (fleur); s'épanouir; s'ouvrir; s'éveiller (esprit)

~ لِلْحُبّ — s'ouvrir/naître à l'amour

**تَفَتُّح** — épanouissement; éclosion; ouverture à; éveil (de l'esprit)

**مُتَفَتِّح** — éveillé/ouvert (esprit); épanoui (faculté)

VII **اِنْفَتَحَ اِنْفِتاحًا** — s'ouvrir (porte); se déboucher (conduit)

**اِنْفِتاح على العالَم** — ouverture au monde

**مُنْفَتِح** — ouvert (esprit); débouché (tuyau); communicatif (caractère)

VIII **اِفْتَتَحَ اِفْتِتاحًا** ه — commencer; entamer; inaugurer; ouvrir; conquérir

~ جَلْسة — ouvrir une séance

~ مَدْرَسة، مَعْرِضًا — inaugurer une école, une exposition

**اِفْتِتاح** — ouverture (d'une séance); inauguration

~ دَوْرة بَرْلَمانيّة — rentrée parlementaire

خِطاب ~ — discours d'inauguration/d'ouverture/de rentrée

**اِفْتِتاحيّ** — inaugural; liminaire

جَلْسة ~ة — séance inaugurale

مَقال ~ — article de fond; éditorial *n.m.*

مَقالات ~ة — propos liminaires

مَبْلَغ ~ — mise à prix (enchères)

**اِفْتِتاحيّة** — ouverture [*mus.*]; éditorial *n.m.*

**3885** **فَتْخة** ج فِتاخ — anneau simple; bague sans chaton

**3886** **فَتَرَ** ُ **فُتورًا** — se décourager; s'engourdir; faiblir; être mou/lâche; tiédir [*fig.*]; se relâcher; languir (conversation); *v. aussi 3887*

~تْ هِمّته — se décourager; être abattu [*fig.*]

**فُتور** — abattement; engourdissement; froid *n.m.*; froideur; inertie; langueur; léthargie; nonchalance; tiédeur; torpeur

~ الهِمّة — découragement

~ العَواطِف — tiédeur des sentiments

**فاتِر** — alangui; engourdi; abattu; inerte; langoureux; languide [*class.*]; languissant; nonchalant; léthargique

سُوق ~ة — marché inerte/calme/languissant

اِسْتِقْبال ~ — accueil hostile/tiède

II **فَتَّرَ** تَفْتِيرًا — alanguir; engourdir; attiédir [*fig.*]

~ نَشاطه — ralentir son activité

**أَفْتَرَ** إِفْتارًا ← II

**3887** **فَتْرة** ج فَتَرات — intervalle (de temps); période; phase; *v. aussi 3886*

~ مِن الزَمَن — intervalle/laps de temps

~ إِنْتِخابيّة، تَدْرِيب — période électorale, d'instruction

~ إِنْتِقال — période/phase de transition

خِلالَ الـ~ الماضية — durant la période écoulée

لِـ~ ثَلاث سَنَوات — pour une période de trois ans

**فَتَرات** الحَرّ والقَرّ — alternatives de chaud et de froid

~ العُسْر واليُسْر — alternatives de misère et de prospérité

بِـ~ مُتَقارِبة — à intervalles rapprochés

**3888** II **فَتَّشَ** تَفْتِيشًا ه، عَنْ ه

chercher; contrôler; examiner avec soin; fouiller; inspecter; perquisitionner; rechercher; visiter (bagages); passer une revue de détail

~ عَنْ حَلّ — étudier une/être à la recherche d'une solution

~ عن نَفْسه — se chercher

~ في جُيوبه — se fouiller; fouiller dans ses poches

**تَفْتِيش** — contrôle; examen minutieux; fouille; inspection; perquisition; recherche; visite (domiciliaire); inquisition; revue de détail [*mil.*]

~ الرِيّ — *égypt.* service/circonscription de l'irrigation

أَجْرَى ~ًا — faire une enquête/une perquisition/une ronde

دَوْرِيّة، دَوْرة **تَفْتِيشِيّة** — ronde *n.f.*; patrouille

**مُفَتِّش** — inspecteur; contrôleur; inquisiteur *adj.*

~ التَعْلِيم الإِبْتِدائيّ — inspecteur de l'enseignement primaire

الـ~ العامّ، الرَئِيسيّ — inspecteur général, principal

هَيْئة **المُفَتِّشِين** — l'Inspection; le corps des inspecteurs

**مُفَتِّشِيّة** — inspectorat; inspection (profession, services)

~ العَمَل، التَعْلِيم — Inspection du travail, de l'enseignement

**3889** **فَتَقَ** ـُ ـِ فَتْقًا — découdre; fendre; déchirer

**فَتْق، فُتاق** — déchirure; fente; fissure; *méd.* hernie

~ مُخْتَنِق، بَطْني — hernie étranglée; éventration

**فَتْقيّ، فُتاقيّ** — herniaire

حِزام ~ — bandage herniaire

**مَفْتوق** — décousu; fendu; éventré; qui a une hernie

II **فَتَّقَ** تَفْتِيقًا ه ← فَتَقَ

V **تَفَتَّقَ** تَفَتُّقًا — se découdre; se déchirer; se fendre

VII **اِنْفَتَقَ** اِنْفِتاقًا ← V

**3890** **فَتَكَ** ـِ ـُ فَتْكًا — *péjor.* être hardi/téméraire; se lancer dans une entreprise; rejeter tous les principes

~ بِـ ه — anéantir; assassiner; détruire; exterminer; dévaster; décimer; ravager

~ ذَرِيعًا — *même sens*

**فَتْك** — absence de principes moraux; violence gratuite; témérité

**فَتْكة** ج ات — assassinat; anéantissement; destruction; extermination; ravage

**فاتِك** ج **فُتّاك** — assassin; meurtrier; destructeur; ravageur; exterminateur

**فَتّاك** ج ون — *même sens*

مَرَض ~ — maladie virulente

**3891** **فَتَلَ** ـِ فَتْلًا ه — corder; filer (du chanvre); tordre (une corde); tresser (cheveux); tortiller

**فَتْل** — contorsion; filage; torsion

**فَتْلة** — tresse; brin [*pr.* et *fig.*]

**فَتِيل** — filé; tordu; tortillé; entortillé; tressé

لا يُغْني عنه ~ًا — ne mener à rien; être totalement inutile

لا يُجْدي ~ًا — *même sens*

**فَتِيلة** ج فَتائِل — cordeau; mèche (de lampe); filament (d'ampoule); suppositoire

**مَفْتول** — contourné; retors (fil); tordu; vrillé; tors; bien roulé [*fig.*]

~ العَضَلات — musclé; musculeux; athlétique

II فَتَّلَ تَفْتيلًا ← فَتَلَ

VII اِنْفَتَلَ اِنْفِتالًا — boucler *intr.*; se tordre; tourner la tête; regarder par-dessus son épaule

**3892** فَتَنَ ـِ فَتْنًا، فُتونًا ه — éprouver; mettre à l'épreuve; jeter dans l'erreur; jeter le trouble; captiver; charmer; éblouir [*fig.*]; enchanter (les regards); ensorceler; envoûter; fasciner; passionner; ravir; séduire; subjuguer

فُتِنَ — être mis à l'épreuve (du feu); être captivé/épris/enchanté/séduit par

~ في دينه — abandonner sa foi

فَتْن، فُتون — enchantement; engouement; fascination; ensorcellement; envoûtement

فِتْنة (← فَتْن) — tentation; séduction

~ المَرْأة — séduction de la femme

~ أَلْوان — féerie de couleurs

~ ج فِتَن — désordre public; émeute; dissension; guerre civile; révolte; sédition; zizanie

أَثارَ، مُثير ~ — provoquer une émeute; émeutier

فاتِن — attachant; attrayant; captivant; charmant; charmeur; féerique; passionnant; ravissant; séducteur; séduisant; *péjor.* tentateur; démon

فَتّان — *même sens*; *péjor.* fauteur de troubles; agitateur; révolté

مَفْتون — charmé; épris; toqué (de) [*fam.*]

مَفاتِن — charmes; beautés; séductions

IV أَفْتَنَ إِفْتانًا (← فَتَنَ) — provoquer une émeute; inciter à la révolte

مُفْتِن — émeutier

VIII اِفْتَتَنَ اِفْتِتانًا بِـ — être subjugué par; s'engouer pour; s'extasier devant; raffoler de

أُفْتُتِنَ بِـ ه — *même sens*

اِفْتِتان — engouement; extase

**3893** فَتْوَى ج فَتاوَى، فَتاوٍ — avis/consultation juridique; fatwa

IV أَفْتَى إِفْتاءً في ه — *isl.* exposer une opinion juridique; donner une consultation; délivrer une fatwa

إِفْتاء — délivrance d'une fatwa; fonction de mufti

مُفْتٍ — mufti

X اِسْتَفْتَى اِسْتِفْتاءً ه — consulter; faire une enquête/un référendum; plébisciter

~ الرَّأْيِ العامّ — consulter l'opinion publique; faire un sondage d'opinion

اِسْتِفْتاء — consultation; enquête; plébiscite; référendum; questionnaire; sondage d'opinion

**3894** فَتِيَ ـَ فَتًى، فَتاءً — être adolescent/jeune/en pleine jeunesse

فَتاء — adolescence; jeunesse

فُتُوَّة — *même sens*; *isl.* esprit/qualités chevaleresque(s); chevalerie; noblesse; générosité

فَتًى ج فِتْيان — garçon; enfant; jeune homme; adolescent; adulte dans la force de l'âge; homme brave

لَيْسَ الـ~ مَنْ يَقول : كانَ أَبي — *prov.* celui qui dit: «mon père était» n'est pas un homme

أَيُّ ~ قَتَلَهُ الدُّخان — *prov.* se noyer dans un verre d'eau

فِتْيان، فِتْية — jeunes gens

فَتاة ج فَتَيات — jeune fille/femme; adolescente

~ بالِغة — jeune fille pubère/formée

فُتَيَّة — fillette; petite jeune fille

فَتِيّ، فَتَوِيّ — jeune; juvénile; neuf (cœur)

**3895** فَجّ — col; défilé; chemin de montagne

مِن كُلِّ أَوْب و~ — de partout; de tous côtés; de toutes parts

مِن كُلِّ ~ عَميق — *même sens*

فَجاجة — immaturité; grossièreté

بـ~ — crûment; de manière abrupte

فِجّ — vert (fruit); cru [*pr.* et *fig.*]; immature

~ الطَّبْع — caractère cassant/abrupt/dur

كَلِمات ~ة — mots crus/grossiers

**3896** فَجَأَ ـَ فَجْأَة، فُجاءة ← III

فَجْأَةً، فُجاءةً — brusquement; inopinément; de but en blanc; soudainement; subitement; soudain *adv.*; à l'improviste; à brûle-pourpoint; au dépourvu; de manière impromptue; tout de go [*fam.*]; tout à coup; instantanément

فُجائيّ brusque; brusqué; inopiné; instantané; soudain *adj.*; subit; impromptu; inattendu; fortuit; foudroyant; prompt

تَعَب، أَلَم ~ coup de pompe [*fam.*]; coup de fouet [*méd.*]

حُبّ، اِنْقِلاب ~ coup de foudre, de théâtre

فُجائيّة soudaineté; instantanéité

III فاجَأَ مُفاجَأةً ه fondre sur qqn; assaillir; prendre de court; surprendre

فُوجِئَ بِـ être surpris/pris de court

مُفاجَأة ج ات surprise

مُفاجِئ ← فُجائيّ

تَطَوُّر ~ coup de théâtre

**3897** **فَجَرَ ُ فُجورًا** vivre dans le désordre; faire la fête/la noce [*fam.*]; mener une vie dissolue/de débauche; *v. aussi 3898*

فُجور immoralité; impudicité; libertinage; luxure [*litt.*]; orgie

فاجِر ج فُجّار، فَجَرة crapule; noceur [*fam.*]; impudique; licencieux; luxurieux; polisson; libertin

فاجِرة ج فَواجِر adultère *adj. fém.*; garce; putain [*pop.*]

**3898** **فَجَرَ ُ فَجْرًا ه** faire gicler/jaillir (l'eau); *v. aussi 3897*

قَناة ~ ouvrir/percer un canal

إطارًا ~ crever un pneu

فَجْر aube; aurore; point du jour

فَجيرة ج فَجائِر feu de joie

فَجّارة ج ات، فَجاجِر *dialect.* canal souterrain (prononcé «*foggara*»); foggara

II **فَجَّرَ تَفْجيرًا ه** (← فَجَرَ) détoner

الحِقْد ~ déchaîner/susciter l'envie

سَدًّا ~ crever/faire sauter un barrage

تَفْجير détonation; déchaînement

مُفَجِّر détonant; détonateur

V **تَفَجَّرَ تَفَجُّرًا** se déchaîner; déferler; détoner; déborder (colère); s'épancher; exploser; jaillir; rejaillir; sourdre (source)

~تْ دُموعه éclater en sanglots

~تْ يَنابيع الحَنين des flots de tendresse s'épanchèrent

**تَفَجُّر** débordement; déchaînement; déferlement; détonation; épanchement; explosion; jaillissement; éruption; déflagration

غَضَب ~ flambée/débordement de colère

**مُتَفَجِّر** jaillissant; détonant; explosant; explosif *adj.*; débordant; fulminant

حِقْد ~ haine furieuse/débordante

مَوادّ ~ة، مُتَفَجِّرات explosifs *n.m.pl.*

VII **اِنْفَجَرَ اِنْفِجارًا** crever; se déchaîner; détoner; éclater; exploser; fulminer; jaillir; se faire jour; poindre; rejaillir; sauter [*fig.*]; sourdre

بالضَحِك، ضاحِكًا ~ éclater de rire; s'esclaffer

بالبُكاء، باكِيًا ~ éclater en sanglots; fondre en larmes

غَضَبًا ~ éclater [*fig.*]; fulminer [*fig.*]; exploser [*fig.*]

~ت الفَضيحة éclater (scandale)

**اِنْفِجار** conflagration; détonation; déchaînement; déflagration; éclatement; explosion

غَضَب ~ débordement/explosion de colère

اِنْفِجاريّ explosif *adj.*

مُنْفَجِر ← مُتَفَجِّر

**3899** **فَجَعَ َ فَجْعًا ه** frapper qqn (malheur); dépiter; peiner; affliger; désoler

فُجِعَ بِـ être atteint/frappé par (un malheur)

فاجِع؛ فَجيع affligeant; désolant; terrible; triste; tragique [*fig.*]

فاجِعة ج فَواجِع calamité; catastrophe; tragédie; drame; désastre; malheur; peine; dépit

فَجيعة ج فَجائِع *même sens*

مَفْجوع affligé; éploré; frappé (par un malheur); désolé; dépité; peiné

فَجْعان م فَجْعَى *même sens*

IV مُفْجِع cruel (drame); navrant; affligeant; poignant; (atmosphère) lugubre/sinistre; dramatique

**3900** **فُجْل ج فُجول** radis

الخَيْل ~ raifort

**3901** **فَجْوة ج فَجَوات** coupure; césure; décalage; écart; écartement; espace entre deux choses; lacune; fente; interstice; intervalle; éclaircie (dans une forêt); échappée (dans une perspective); percée; trouée; hiatus

~ عَن الثَّوْرة التِكْنولوجيّة — décalage par rapport à la révolution technologique

~ هَوائيّة، في الذاكِرة — trou d'air, de mémoire

~ الصَدْر، البَطْن — cage thoracique; cavité abdominale

**3902 فَحَّ ـِ فَحيحًا** — siffler (serpent); sifflement

**3903 فَحِجَ** — qui a les pieds en dedans/varus; cagneux (cheval)

**3904 فَحُشَ ـُ فُحْشًا** — être ... *v. à l'adj.*

**فُحْش** — atrocité; indécence; insolence; monstruosité; obscénité; énormité; grossièreté

**فاحِش** — abominable; atroce; démesuré; exagéré; exorbitant; excessif; énorme; grossier; impudique; indécent; insolent; graveleux; grivois; monstrueux; monumental [*fig.*]; obscène; sale [*fig.*]

~ الطُول، الكَذِب — excessivement long, menteur

خَطَأ، غَلَط ~ — erreur, faute grossière/énorme/monumentale

كَلام ~ — propos obscènes/monstrueux

سِعْر ~ — prix astronomique/exagéré/exorbitant/fou/prohibitif

~ الغَلاء — trop/très cher

فَحيش ج فِحاش ← فاحِش

**فاحِشة** — putain [*pop.*]; prostituée

~ ج فَواحِش، فَحْشاء — adultère; atrocité; abomination; fornication; turpitude; monstruosité

**أَفْحَش** — *compar.* plus abominable/atroce

~ مِن فاسية — *prov.* laid comme un pou

**3905 فَحَصَ ـَ فَحْصًا ه، ه** — ausculter; analyser; explorer; examiner; inspecter; passer en revue (des idées); compulser; scruter; vérifier

~ مُرَشَّحًا — interroger/examiner un candidat

**فُحِصَ** — subir un examen médical

**فَحْص ج فُحوص** — analyse; auscultation; essai; exploration; inspection; revue; vérification; examen (médical); test; check-up; investigation

~ الدَم — analyse de sang

~ جُثّة — autopsie

**فَحْصة** — fossette [*anat.*]

**فاحِص** — examinateur; inquisiteur (regard); interrogateur

~ ج فُحّاص — inspecteur; vérificateur

V تَفَحَّصَ تَفَحُّصًا — inspecter; explorer (du regard); scruter

**مُتَفَحِّص** — explorateur *adj.*; scrutateur

نَظَرات ~ة — regards inquisiteurs

**3906 فَحْل ج فُحول** — cheval reproducteur; étalon; *fig.* forte personnalité; personne éminente; le meilleur; sommité

X اِسْتَفْحَلَ اِسْتِفْحالًا — s'aggraver; devenir/être très ... *v. à l'adj.*

اِسْتِفْحال — aggravation; gravité (d'une situation)

**مُسْتَفْحِل** — plein de difficultés; considérable; important; grave

تَناقُضات ~ة — de graves contradictions

**3907 فَحْم** — carbone; charbon

~ الحَيَوان، حَطَب — noir animal; charbon de bois

~ حَجَرِيّ — coke; houille

~ ثُنائيّ، المُحَرِّك — carbure; calamine (de moteur)

**فَحْمة ج فِحام، فَحَمات** — morceau/boulet de charbon

~ اللَيْل — *fig.* obscurité de la nuit; nuit noire

أَحْرَقَ ~ لَيْلِه في — passer sa (ses) nuit(s) à

**فَحْمِيّ** — carbonique; charbonneux

حُمَّى ~ة — charbon [*méd.*]

فَحْمات — carbonate

فاحِم — noir (cheveux); épais (nuit)

فَحّام — charbonnier; marchand de charbon

II فَحَّمَ تَفْحيمًا ه — carboniser; carburer

تَفْحيم — carbonisation; carburation

مُفَحِّم — carburateur

IV **أَفْحَمَ إفْحامًا ه** — acculer qqn; confondre qqn; cingler; clore/clouer/fermer le bec [*fam.*]/la bouche à qqn; mettre qqn au pied du mur; river son clou à; couper le sifflet à [*fam.*]; réduire qqn au silence; rabattre/rabaisser le caquet

~ ه بِالحُجَج accabler qqn d'arguments

أُفْحِمَ عَن الجَواب rester pantois/bouche bée; ne savoir que dire

مُفْحِم accablant (parole); percutant [fig.]; cinglant

رَدّ ~ réponse cinglante

شَهادة، حُجّة ~ة témoignage accablant; argument concluant/convaincant

V تَفَحَّمَ تَفَحُّمًا se carboniser; carbonisation

3908 فَحْوَى ج فَحاوٍ، فَحاوَى contenu; sens; signification; substance; signifié n.m.; teneur (d'une lettre)

3909 فَخّ ج فِخاخ، فُخوخ piège; attrape n.f.; guet-apens; lacet; lacs [class.]; embûche; souricière; traquenard

وَقَعَ في الـ~ tomber dans le piège/le panneau

اِكْتَشَفَ الـ~ éventer un piège

3910 فَخْذ ج أَفْخاذ fraction; subdivision d'une tribu; anat. cuisse

عَظْم الـ~ fémur

فَخْذيّ fémoral

3911 فَخَرَ - فَخْرًا، فَخارًا بِـ ه ← VI

~ على ه se prétendre supérieur à; surpasser qqn; se vanter au détriment de

فَخِرَ - فَخَرًا être rempli d'orgueil/de morgue; dédaigner; mépriser

فَخْر gloire; honneur; illustration [class.]; orgueil

لَيْسَ الـ~ بِأن on ne doit pas se vanter de

لَيْسَ هُناك مَدْعاة لِلْـ~ il n'y a pas de quoi se vanter; il n'y a pas lieu d'être fier

ولا ~ sans me vanter

فَخْريّ honoraire; honorifique; d'honneur

رَئيس ~ président d'honneur

فاخِر de choix; exquis; extra; extra-fin; fastueux; luxueux; de luxe; magnifique; précieux; raffiné; splendide; superbe; somptueux; maghr. charbon

خَشَب، أَقْمِشة ~(ة) bois précieux; étoffes précieuses

مُطَرَّزات ~ة riches broderies

سَيّارة، فُنْدُق ~(ة) voiture, hôtel de luxe

فَخور بِـ fier; glorieux; orgueilleux; vaniteux; vantard

مَفْخَرة ج مَفاخِر distinction; gloire; titre de gloire; action d'éclat; exploit; honneur

III فاخَرَ مُفاخَرة ه بِـ ه faire assaut/rivaliser de gloire avec qqn

VI تَفاخَرَ تَفاخُرًا بِـ ه avoir l'orgueil/la vanité de; se vanter; s'exhiber; s'honorer de; se faire gloire de; s'enorgueillir; se glorifier; se piquer de

VIII اِفْتَخَرَ اِفْتِخارًا بِـ ه ← VI

اِفْتِخار orgueil; vanité

مُفْتَخِر qui se vante/peut se vanter (de); qui se glorifie; glorieux; fier; vaniteux

مُفْتَخَر ← فاخِر

3912 فَخّار terre cuite/à potier; argile

جَرّة ~ jarre en terre cuite

فَخّاريّ potier; céramique

فَخّاريّات poteries; objets en céramique

فاخورة atelier de poterie

فاخُوريّ ج ون potier

3913 فَخْفَخة ostentation; pompe [litt.]; tralala [fam.]

بِـ~ en grand tralala [fam.]; en grande pompe

عاشَ عِيشة ~ mener une vie somptueuse; mener grand train

3914 فَخُمَ - فَخامة être ... v. à l'adj.

فَخامة éminence; faste; luxe; magnificence; somptuosité; splendeur; grand standing

~ الرئيس Monsieur le Président; Son Excellence

فَخْم éminent; fastueux; grandiose; imposant; luxueux; de luxe; magnifique; pompeux; somptueux; splendide; superbe; de grand standing

فُنْدُق ~ hôtel de luxe; palace

II فَخَّمَ تَفْخيمًا ه، ه accentuer; amplifier; emphatiser; honorer; traiter avec déférence/avec respect; vanter; enfler (son style)

تَفْخيم accentuation; emphase; amplification; emphatisation; grandiloquence; pathos [fam.]; solennité; enflure du style; considération; déférence; profond respect

بـ ~ pompeusement; solennellement

**مُفَخَّم** accentué; amplifié; déclamatoire; emphatique; emphatisé; pompeux; pompier *adj.* [*fig.*]; enflé [*fig.*]; grandiloquent; doctoral/théâtral/sentencieux (ton)

كَلِمات ~ة grands mots; paroles ronflantes

حُروف، صَوامِت ~ة lettres, phonèmes emphatiques

3915 **فَدَحَ** َ فَدْحًا ه accabler qqn (dette); écraser [*fig.*]

فَداحة amplitude; énormité; importance (d'une dépense, d'une erreur)

**فادِح** accablant; écrasant; cruel [*fig.*]; considérable; énorme; lourd [*fig.*]; grossier

أَمْر ~ affaire accablante/considérable

خَسارة ~ة dégât considérable; lourde perte; perte cruelle

دُيون ~ة dettes écrasantes/énormes

فادِحة ج فَوادِح malheur

3916 **فَدْر** ج فُدور bouquetin

3917 **فِدِراليّ**؛ فيدراليّ fédéral; fédéraliste

اِتِّحاد ~ union fédérale; fédération

فِدِراليّة fédéralisme

3918 **فَدَمَ** ِ فَدْمًا ه bâillonner; mettre un bâillon/une muselière à

فِدام bâillon; muselière

فَدامة crétinisme [*psychol.*]; stupidité

فَدْم bègue; crétin; imbécile; rustre; stupide

3919 **فادِن** ج فَوادِن fil à plomb; niveau (de maçon)

**فَدّان** ج فَدادين couple de bœufs attelés à une charrue; champ

~ ج أَفْدِنة *égypt.* arpent; mesure de surface

II فَدَّنَ تَفْدينًا ه niveler (le terrain); nivellement

3920 **فَدَى** ِ فِداء، فَدْيًا ه payer une rançon; racheter qqn

~ بِنَفْسه se racheter; s'offrir pour remplacer qqn; se sacrifier pour; faire le sacrifice de sa vie

~ أَسيرًا payer la rançon d'un captif

~ ثَأْرَه se venger

~ ه مِن ه prendre/avoir sa revanche sur qqn

فَدَيْتُكَ j'offrirai ma vie pour vous

**فِدْية** argent de la rançon; rançon

طَلَب ~ demande de rançon

**فِدًى**؛ فِداء rançon; sacrifice

ماتَ ~ لِلْوَطَن mourir pour la patrie

جُعِلْتُ **فِداك** j'offrirai/je donnerai ma vie pour vous

جَعَلَ كُلَّ شَيْء **فِداءً** لِـ tout donner/faire pour

فِدائيّ ج ون commando; partisan; résistant

فِدائِيّون commando; troupe de choc; corps franc; fedayin

فِدائِيّة esprit de sacrifice; héroïsme

مَفْدِيّ؛ II مُفَدًّى aimé jusqu'au sacrifice

VI **تَفادَى** تَفادِيًا ه، ه échapper à; éviter; se mettre à l'abri de; prévenir qqch; esquiver; parer; remédier à

~ الخَيْبة، النَظَر إلى éviter la déception, de regarder

~ ضَرْبة se dérober à/éviter/détourner/parer un coup

~ صُعوبة contourner/tourner une difficulté

~ الضَرَر بِتَدابير مُعَجَّلة parer au plus pressé

تَفادٍ esquive; parade

لا يُمْكِنُ تَفادِيه inévitable; imparable

VIII اِفْتَدَى اِفْتِداءً ه ← فَدَى

**اِفْتِداء** rachat [*fig.*]; rédemption

~ بِالنَفْس sacrifice de sa vie

3921 **فَذّ** ج أَفْذاذ éminent; exceptionnel; extraordinaire; incomparable; hors pair; rare; unique; seul

3922 **فَذْلَكَ** فَذْلَكة faire la somme (arithmétique)/le total (d'un compte)

فَذْلَكة somme; total *n.m.*; résultat

3923 **فَرَّ** ِ فِرارًا، مَفَرًّا s'enfuir; fuir; se sauver; échapper; s'échapper; s'évader; déserter

~ مِن القِتال abandonner le combat

~ هاربًا battre en retraite; fuir à toutes jambes; se tirer [fam.]

فَرَّ الأَمْرُ جَذَعًا être ramené à son point de départ [fig.]

**فِرار** évasion; désertion; fuite

لاذَ بالـ~ déguerpir; tirer ses chausses [class.]/ses grègues [vx]; trouver son salut dans la fuite

**فُرار** ← فِرار

الجَوادُ عَيْنُه ~ ه *prov.* à bon cheval on ne regarde pas à la bouche

**مَفَرّ** fuite

لا ~ مِنه fatal; forcé; inéluctable; inévitable

لا ~ مِن أنْ on ne peut éviter; on ne peut faire autrement que de; il faut en passer par là

**فارّ** échappé; évadé; déserteur; fugitif; fuyard

**فَرّار** *même sens*; *minér.* mercure

VIII **اِفْتَرَّ** اِفْتِرارًا briller; étinceler; irradier; sourire à belles dents

~ عَن ه révéler; s'ouvrir sur

~ ثَغْرُه عن اِبْتِسامة un sourire illumina son visage

~ عن دُرَر أَسْنانِه faire un sourire éclatant/radieux

**مُفْتَرّ** souriant/illuminé/radieux (visage)

**3924** **فَرَأ** ج أَفْراء onagre; âne sauvage

كُلّ صَيْد في جَوْف الـ~ *prov.* réunir tous les avantages/tous les pouvoirs; mettre tous ses œufs dans le même panier

**3925** **فُرات** eau douce; Euphrate

**3926** **فَراسيون** مائيّ patte-de-loup [*bot.*]; lycope

**3927** **فَراوُلة** fraise [*bot.*]

**3928** **فَرْبيون** euphorbe; épurge

**3929** **فَرْج** ج فُروج déchirure; fente; fissure; *anat.* vulve; sexe (de la femme)

**فُرْجة** ← فَرَج

~ ج فُرَج fente; fissure; hiatus; interstice; espace; espacement; écartement; ouverture; percée; trouée; portée [*archit.*]; éclaircie; échappée

~ نافِذة embrasure d'une fenêtre

~ المِفْتاح، الغابة trou de serrure; clairière

**فَرَج** confort; consolation; contentement; détente; soulagement

جاءَ بالـ~ apporter le soulagement

II **فَرَّجَ** تَفْريجًا ه، ه ébraser; écarter; espacer; éclaircir; consoler; distraire; détendre [*fig.*]; guérir [*fig.*]; soulager

~ أَزْمة dénouer une crise

~ الهَمّ والغَمّ dissiper les soucis

~ عن نَفْسه se consoler; se détendre; se distraire

**تَفْريج** consolation; distraction; dérivatif

IV **أَفْرَجَ** إِفْراجًا عن ه relâcher qqn; relaxer; élargir (un prévenu); mettre en liberté; libérer

~ عن بَضائع débloquer des marchandises

~ عن أَرْصِدة dégeler des réserves

**إِفْراج** élargissement (d'un prisonnier); libération; relaxe; relaxation; mise en liberté

~ مُؤَقَّت liberté provisoire

**مُفْرَج** عَنْهُ libéré; élargi; relaxé; relâché

V **تَفَرَّجَ** تَفَرُّجًا flâner; badauder; être badaud; baguenauder [*fam.*]; prendre l'air; se promener en flânant

**مُتَفَرِّج** ج ون spectateur; badaud

وَقَفَ وَقْفة الـ~ être spectateur/dans l'expectative

VII **اِنْفَرَجَ** اِنْفِراجًا se dissiper; être délivré; s'espacer; diverger; guérir *intr.*; s'écarter; bâiller; s'entrouvrir

~ عن هُمومه être délivré/libéré de ses soucis

~ تْ هُمومه se dissiper (soucis)

**اِنْفِراج** écartement; espacement; divergence; délivrance; consolation; détente; soulagement; dissipation (des soucis)

**مُنْفَرِج** divergent; obtus (angle); ouvert; largement ouvert; consolé; délivré; détendu; soulagé

**3930** **فَرّوج** ج فَراريج poulet

**فَرّوجة** poulette

**3931** **فِرْجار** compas

**3932** **فَرْجَنَ** étriller/panser un cheval

| | |
|---|---|
| 3935 فَرْد ج أفْراد | individu; particulier *n.m.*; unité; unique; seul; personne privée |
| عَنْ كُلٍّ ~ | par tête; par tête de pipe [*fam.*] |
| ~ ج فُرود | pistolet |
| فَرْدًا ~ | un par un; isolément; individuellement |
| أَفْراد النّاس | les particuliers; les individus |
| فَرْدِيّ | individuel; individualiste; personnel; simple; sporadique (maladie); singulier *adj.* |
| دَخْل ~ | revenu individuel/par tête |
| حُكْم، عَدَد ~ | autocratie; nombre impair |
| حُرِّيّة، مَسْؤوليّة ~ة | liberté, responsabilité individuelle |
| فَرْدِيّة | individualité; individualisme; singularité |
| فَرْدانِيّ | autocrate; individualiste |
| فَرْدانِيّة | autocratie; individualisme |
| فَريد | unique; inimitable; incomparable; à part; irremplaçable; sans égal/pareil; hors ligne; hors pair; isolé; exceptionnel |
| ~ في بابه، نَوْعه | unique en son genre; seul de son espèce |
| شارِع ذو اِتِّجاهٍ ~ | voie à sens unique |
| صيغة، حالة ~ة | hapax; cas isolé |
| مُناسَبة ~ة | occasion exceptionnelle |
| فُرادًا، فُرادَ، فُرادَى | un à/par un; séparément; individuellement; l'un après l'autre |
| ~ وجَماعاتٍ | séparément ou en groupe |
| II فَرَّدَ تَفْريدًا ه، ه | individualiser; singulariser; séparer en unités |
| تَفْريد | individualisation; singularisation |
| مُفَرَّد | individualisé; singularisé |
| IV أَفْرَدَ إفْرادًا | être seul; s'isoler; se mettre à l'écart |
| ~ ه | isoler; mettre à part; affecter spécialement à |
| إفْراد | *philos.* individuation |
| مُفْرَد | simple; singulier [*gramm.*]; impair |
| بـ~ه | tout seul |
| مُفْرَدة هُنود | réserve d'Indiens |
| مُفْرَدات | simples [*méd.*] |
| ~ الأَصابِع | périssodactyles *n.m.pl.* |
| فَرْجَنة | étrillage; pansage |
| فِرْجَن، فِرْجَوْن | étrille |
| 3933 فَرِحَ ـَ فَرَحًا | être ... *v. à l'adj.*; s'épanouir |
| ~ فَرَحًا عَظيمًا | éprouver une grande joie |
| ~ بِـ | se faire une fête; se réjouir de |
| فَرَح | allégresse; contentement; gaieté; épanouissement; hilarité; joie; liesse; satisfaction |
| يا لَلْـ~ | quelle joie! chic alors! |
| لا تَكادُ الدُّنيا تَسَعُهُ من الـ~ | ne pas se sentir de joie; le roi n'était pas son cousin [*fam.*] |
| طارَ فَرَحًا | exulter; sauter de joie; être au septième ciel |
| فَرْحة ج أَفْراح، فَرَحات | joie; fête; réjouissance |
| بَعْد التَرْحة الـ~ | *prov.* après la pluie le beau temps |
| ما مِنْ ~ إلّا وبَعْدها تَرْحة | *prov.* tel qui rit vendredi dimanche pleurera |
| فَرَحات الثَلْج | joies de la neige |
| أَفْراح إنْسانيّة | joies humaines |
| في الـ~ والأَتْراح | pour le meilleur et pour le pire |
| رَدْهة الـ~ | salle des fêtes |
| فَرِح | allègre; content; gai; joyeux; hilare; satisfait; en liesse; réjoui |
| فَرْحان م فَرْحَى، فَرْحانة ج فَراحى ← فَرِح | |
| II فَرَّحَ تَفْريحًا ه | amuser; égayer; épanouir; réjouir; charmer |
| IV أَفْرَحَ إفْراحًا ه ← II | |
| مُفْرِح | amusant; réjouissant; joyeux |
| خَبَر ~ | bonne nouvelle |
| 3934 فَرْخ ج فِراخ، أَفْراخ | oisillon; poussin; brin d'herbe; jeune pousse; surgeon; perche [*poiss.*]; petit poisson; grémille; serran |
| ~ عُقاب، بَطّ، شَبّوط | aiglon; caneton; carpillon |
| II فَرَّخَ تَفْريخًا | éclore; germer; incuber; pulluler |
| تَفْريخ | éclosion; incubation; pullulement |
| ~ صِناعِيّ | incubation artificielle |
| IV أَفْرَخَ إفْراخًا ← II | |

~ اللُغة lexique; vocabulaire; mots de la langue

جَدْوَل الـ~ glossaire

V تَفَرَّدَ تَفَرُّدًا s'individualiser; se particulariser; se singulariser

تَفَرُّد individualisation; particularisation; singularité

تَفَرُّدِيّة individuation

مُتَفَرِّد individualisé

VII اِنْفَرَدَ اِنْفِرادًا s'isoler; être isolé; se trouver seul; s'individualiser; être seul à

~ بِنَفْسه se retrouver seul; faire bande à part

اِنْفِراد isolement; solitude

على ~ isolément; à l'écart; séparément; en tête à tête

اِنْفِراديّ؛ إجْراءات ~ة unilatéral; mesures unilatérales

مُنْفَرِد seul; solitaire; écarté; esseulé; individualisé; isolé

القِيادة، المِلاحة الـ~ conduite, navigation solitaire

مُنْفَرِدًا tout seul; de manière isolée

3936 فِرْدَوْس ج فَراديس jardin; paradis; vignoble

طائِر ~ oiseau de paradis; sifilet

فِرْدَوْسيّ paradisiaque; céleste [*fig.*]

3937 فَرَزَ ـِ فَرْزًا ه isoler; s'isoler; lotir/morceler (un terrain); choisir; sélectionner; trier; faire un tri; *anat.* sécréter; *v. aussi 3938*

~ الأَصْوات dépouiller les voix/le scrutin

~ القِشْدة écrémer

فَرْز choix; lotissement; morcellement; sélection; tri; triage; *anat.* sécrétion

مَكْتَب ~ bureau de tri

~ الأَصْوات dépouillement des bulletins/du scrutin

فارِز الأَصْوات scrutateur

مَفْرَزة ج مَفارِز détachement militaire; groupe armé; commando

~ أَسْرَى commando de prisonniers

~ شُرْطة، طَوارِئ détachement de police; piquet [*mil.*]

~ حَريق piquet d'incendie

مِفْرَزة؛ فَرّازة écrémeuse

III فارَزَ فِرازًا، مُفارَزةً ه partager qqch avec qqn

IV أَفْرَزَ إفْرازًا هـ ← فَرَزَ

أَرْض مُفْرَزة terrain loti/en lotissement

~ ج ات داخِلِيّة sécrétion interne

3938 إفْريز ج أَفاريز *égypt.* trottoir; *archit.* auvent; corniche; frise; saillie; *bot.* fraise; *v. aussi 3937*

فَرّاز fraiseur

II فَرَّزَ تَفْريزًا fraiser (une pièce); fraisage

آلة تَفْريز؛ مُفَرِّزة fraise [*mécan.*]; fraiseuse

3939 فِرْزان reine (jeu d'échecs)

3940 فَرَس ج أَفْراس cheval; jument; *v. aussi 3941 à 3943*

~ نَهْر hippopotame

فَرَسيّ hippique

فارِس ج فُرْسان cavalier; chevalier; écuyer

فارِسة écuyère; amazone

فُرْسان cavalerie

فُروسيّ équestre; chevaleresque

فُروسيّة chevalerie; équitation

3941 فارِسيّ persan; perse

~ ج فُرْس Persan

الفارِسيّة parsi; persan; langue persane

3942 فِراسة perspicacité; sagacité; *v. aussi 3940, 3941, 3943*

عِلْم، عالِم الـ~ physiognomonie; physiognomoniste

عِلْم ~ الدِماغ، الجُمْجُمة phrénologie

فِراسيّ physiognomonique; phrénologique

V تَفَرَّسَ تَفَرُّسًا ه، في ه dévisager; lire sur le visage; fixer des yeux; plonger ses regards dans

3943 فَريسة ج فَرائِس proie; *v. aussi 3940 à 3942*

كان ~ أهوائه — être en proie aux passions/la proie de ses passions

VIII إفترس إفتراسًا ه — déchirer (sa proie); dévorer; se jeter sur (une proie)

مفترس — féroce; rapace; prédateur

**3944 فرسخ ج فراسخ** — lieue; mesure de distance; parasange

**3945 فرش ُ فرشًا ه** — épandre (sur le sol); étaler; étendre; disséminer; répandre; parsemer; tapisser; faire un lit

~ شقة — meubler/garnir un appartement

~ لـ ه — se préparer à

فرش — ameublement

فرشة — litière (d'une étable); paillasse

**فراش ج فرش، أفرشة** — matelas; lit; natte; tapis; couche; paillasse

لازم الـ~ — garder le lit/la chambre

**فرشة ج فرش؛ فرشاة** — brosse; frottoir; balai-brosse

~ الثياب، الأسنان، الشعر — brosse à habits, à dents, à cheveux

~ الحلاقة، الرسام — blaireau; pinceau

**فراشة ج فراش** — papillon

أطيش من ~ — *prov.* léger/inconstant/vif comme un papillon

فراشيات — *bot.* papilionacées *n.f.pl.*

فرّاش ج ون — garçon de bureau; valet de chambre; tapissier

**مفروش** — meublé; garni (appartement)

بيوت ~ة للإيجار — location en meublé/en garni

مفروشة ج ات — meuble

مفروشات — ameublement; mobilier

مفرش، مفرشة ج مفارش — sommier

II فرّش تفريشًا ← فرش

VIII **إفترش** إفتراشًا ه — se coucher sur; prendre qqch pour matelas

~ العشب وتلحّف الفضاء — coucher à la belle étoile

**3946 فرشح** على — chevaucher; enfourcher

مفرشح — à califourchon

**3947 فرصة ج فرص** — occasion; occurrence; opportunité; moment propice/opportun; chance

~ سانحة، مؤاتية — occasion favorable/propice

~ عجلى — occasion fugace/fugitive

~ سعيدة — très heureux! (se dit lors d'une rencontre)

أتاح له الـ~ لـ ه — donner l'occasion de/lieu à

أتيحت له ~ — occasion lui a été donnée de

ترك الـ~ تمرّ — laisser passer l'occasion

إغتنم، إنتهز الـ~ — profiter de/saisir l'occasion; saisir la balle au bond [*fig.*]

إنتظر ~ أخرى — attendre une autre occasion

**تكافؤ الفرص** — égalité des chances

**فريصة ج فرائص** — muscle de la poitrine

ضخم الـ~ — brave; courageux

**فرائص** — pectoraux

إرتعدت ~ ه — *fig.* être dans ses petits souliers

مرتعد الـ~ — tremblant

**3948 فرصاد** — mûrier

**3949 فرض ِ فرضًا ه** — échancrer; entailler; cocher; faire une encoche; découper; *v. aussi 3950*

**فرضة ج فرض** — entaille; découpure; encoche; échancrure; mortaise; rainure; havre; port; rade

~ توقيف — cran d'arrêt

II فرّض تفريضًا ه (← فرض) — denteler

مفرّض — dentelé

**3950 فرض ِ فرضًا ه** — exiger; imposer; infliger; prescrire; présupposer; supposer; *v. aussi 3949*

~ ه على ه — assigner/enjoindre qqch à qqn; obliger qqn à

~ غرامة على ه — infliger une amende à; frapper qqn d'une amende

~ رسمًا، ضريبة — taxer; imposer

~ إرادته — imposer sa volonté

~ الإحترام — imposer/commander le respect

**3950 فرض ٣٩٥٠**

لِنَفْرِضْ — admettons; supposons; soit *adv.*

**فَرْض** ج فُروض — imposition; obligation; précepte; prescription; disposition de loi; quote-part; hypothèse; supposition

~ ضَريبة، رَسْم — imposition; taxation

~ عَيْن — *isl.* obligation religieuse individuelle

~ كِفاية — *isl.* obligation religieuse solidaire

على ~ أن — dans l'hypothèse où; à supposer/en supposant que

**فُروض** — données d'un problème [*math.*]

~ الامْتِحان — devoirs; copies d'examen

أَدَّى ~ه الدينيّة — faire/accomplir ses dévotions

في أَسْوأ الـ~ — au pis-aller; dans la pire des hypothèses

**فَرْضيّ** — conjectural; hypothétique

**فَرْضيّة** — hypothèse; thèse

أَثْبَتَ الـ~ — confirmer l'hypothèse

**فَريضة** ج فَرائِض — *isl.* loi; précepte; quote-part; disposition/prescription de la loi religieuse; pension alimentaire

~ الجُمُعة — obligation de faire la prière le vendredi

**عِلْم الفَرائِض** — science relative aux héritages

ذَوُو، أَصْحاب الـ~ — héritiers

**مَفْروض** — imposé; prescrit

~ عَلَى ه أَنْ — incomber à

~ فيه — censé; présumé; supposé

~ فيه سُوء النيّة — présumé de mauvaise foi

مَفْروضات — devoirs; obligations; prescriptions

VIII **اِفْتَرَضَ اِفْتِراضًا** — émettre une hypothèse; envisager; impliquer; imaginer; supposer; présumer; présupposer

~ اِحْتِمالًا — envisager une éventualité

إذا ما أُفْتُرِضَ أن — si tant est que

لِنَفْتَرِضْ — admettons; soit; supposons

**اِفْتِراض** ج ات — hypothèse; postulat; présomption; présupposition; supposition

مُجَرَّد ~ — simple hypothèse

على ~ أن — dans l'hypothèse où; à supposer/en supposant que

اِفْتِراضًا، اِفْتِراضيًّا — hypothétiquement

الافْتِراضات الأَساسيّة — hypothèses de base

اِفْتِراضيّ — hypothétique; virtuel

اِفْتِراضيّة — virtualité

مُفْتَرَض — présumé; supposé

مُفْتَرَضات — implications; exigences; nécessités

**3951 فَرَطَ** ـُ فَرْطًا ه — arriver avant; devancer; précéder

~ مِنه قَوْل — laisser échapper une parole maladroite

~ مِنه شيء — manquer; laisser échapper; rater

**فَرْط** — dépassement des bornes; excès; outrance; hyper- *préf.*; sur- *préf.*

~ اِنْفِعاليّة، إفْراز — hyperémotivité; hypersécrétion

~ تَوَتُّر، حَساسيّة — hypertension; hypersensibilité

~ صَوْتيّ، نُمُوّ — hypersonique; hypertrophie

~ تَغْذية، إحْماء — suralimentation; surchauffe

لِـ، مِنْ ~؛ فَرْطَ ما — tant; tellement; à force de

من ~ تَعَوُّد الناس على — les gens se sont tellement bien habitués à

لِـ~ ما هو كذا — tant il est

**فَرْطًا** — en vrac

II **فَرَّطَ تَفْريطًا** ه، في ه — abandonner; dilapider; gaspiller; laisser; négliger; oublier; renoncer à; être laxiste

~ في وَقْته، صِحّته — gaspiller/perdre son temps, sa santé

**تَفْريط** — abandon; gaspillage; négligence; oubli; renoncement; laxisme

~ه بالقَضيّة القَوْميّة — son abandon de la cause nationale

IV **أَفْرَطَ إفْراطًا** ه، في ه — abuser de; aller trop loin dans; faire un usage immodéré de; exagérer; pécher contre (par excès); avoir trop (mangé, bu)

~ في إحْماء، تَغْذية ه، ه — surchauffer; suralimenter

~ في الإنْتاج، التَقْدير — surproduire; surestimer

**إفْراط** — abus; excès; usage immodéré; intempérance; raffinement/luxe (de détails); prodigalité

~ في الإنْتاج — surproduction

~ في التَقْدير — surestimation; surévaluation

بِـ~؛ إلى حدّ الـ~ — à outrance; terriblement; par trop; excessivement

**مُفْرِط** — immodéré; excessif; intempérant; démesuré; prodigue

~ العَصَبيّة، التَوَتُّر — hypernerveux; hypertendu

~ التَأثُّريّة، الحَساسيّة — hypersensible; hyper-émotif

VII **انْفَرَطَ** انْفِراطًا — se dissoudre; être dissous

~تْ سِلْسِلة أفْكاره — perdre le fil de ses pensées

~ عَقْدُهُمْ — se diviser/rompre *intr.*/se séparer (amis, alliés); se dénouer (amitié); se désunir; se désagréger [*fig.*]

**انْفِراط** — débâcle; désagrégation; division; séparation

~ عَقْد، تَضامُن — désunion; rupture [*fig.*]

**3952** (فرطح) **مُفَرْطَح** — large; plat; écrasé/épaté (nez)

تَفَرْطُح — épatement du nez

**3953** **فِرْطيسة** ج فَراطيس — groin; masse/marteau du forgeron

**3954** **فَرْع** ج فُروع — agence; annexe; accessoire; branche; embranchement; bras (d'un fleuve); descendant *n.m.*; filiale; rameau; ramification; succursale; section; subdivision [*admin.*]

~ شارِع، طَريق — impasse; embranchement

عِلْم الفُروع — droit appliqué; jurisprudence

الأُصول والـ~ — ascendants et descendants

**فَرْعيّ** — auxiliaire; annexe *adj.*; incident *adj.*; partiel; subsidiaire; secondaire

مَسْألة ~ة — question incidente/subsidiaire

لَجْنة ~ة — sous-commission

مُديريّة، مُحافَظة ~ة — sous préfecture

**فارِع** — élancé; élevé; grand; haut

~ الطُول، القامة — de haute stature/taille

~ القَوام — colossal

II **فَرَّعَ** تَفْريعًا ه — diviser; dériver; monter une dérivation; ramifier; shunter; subdiviser

**تَفْريع** — dérivation; shunt

V **تَفَرَّعَ** تَفَرُّعًا — s'embrancher; se diviser; essaimer; se subdiviser; se ramifier

~ مِن — découler/dériver de

**تَفَرُّع** — embranchement; ramification; subdivision; division

بالـ~ — en dérivation

~ ثُنائيّ — dichotomie

**مُتَفَرِّع** — dérivé (courant, fil); fourchu; ramifié

**3955** **فِرْعَوْن** ج فَراعِنة — pharaon

**فِرْعَوْنيّ** — pharaonique

**3956** **فَرَغَ** ـُ فَراغًا، فُروغًا ه — vider (un récipient); être ... *v. à l'adj.*

~ مِن ه — achever; accomplir; finir; en finir avec; terminer; liquider qqch

~ لِـ ه — se disposer à; se proposer; vaquer à

~ إلى نَفْسه — se recueillir; rentrer en soi-même

~ صَبْرُه، مَعينُ صَبْره — s'impatienter; n'y plus tenir; en avoir assez

فَرِغَ ـَ فَراغًا ← فَرَغَ

**فَراغ** — désœuvrement; loisir; oisiveté; vacance (de chaire); vacuité (d'un endroit); vide *n.m.*

أَوْجَدَ، تَرَكَ ~اً — faire le vide; laisser un vide

زَجَّى، كَرَّسَ ~ه لِـ — consacrer/occuper ses loisirs à

وَقْت ~ — loisir; temps disponible

في أَوْقات ~ي — à mes moments perdus; pendant mes heures creuses/de loisir

هَنْدَسة **فَراغيّة** — géométrie dans l'espace

فُروغ الصَبْر — impatience

**فارِغ** — inoccupé; oisif; vacant; vain (promesse); vide *adj.*

رَأْس ~ — *fig.* tête vide/creuse

مَعِدة ~ة — estomac creux/vide

~ اليَدَيْن — les mains vides

بالـ~ — à blanc (tir)

بِـ~ الصَبْر — impatient; avec impatience

كَلام ~ — verbiage; paroles creuses/inanes [*litt.*]/futiles; du vent [*fig.*]

**مَفْروغ** — achevé; épuisé; vidé

هذا أَمْر ~ مِنه — c'est une affaire entendue/une question réglée

II **فَرَّغَ** تَفْريغًا ه — creuser; déballer; dégarnir; évacuer; évider; verser; vider; vidanger

~ مَرْكَبًا، مُسَدَّسًا — décharger un bateau, un revolver
تَفْريغ — déballage; décharge; déchargement; vidange
~ عاطِفيّ، كَهْرَبائِيّ — décharge affective, électrique
مُفَرِّغ الأَقْذار، الزُّبالة — vide-ordures
مُفَرَّغ — creux; évidé; vidangé
IV أَفْرَغَ إِفْراغًا ه ← II
~ البَوْل — évacuer l'urine
~ سِلاحه — décharger son arme
~ مِضَخّة — désamorcer une pompe
~ جَهْده في — se donner tout entier à
~ صَبْر ه — impatienter; mettre à bout
إِفْراغ — épuisement; désamorçage; évacuation; déballage; décharge (d'une arme à feu)
حَلَقة مُفْرَغة — cercle vicieux
V تَفَرَّغَ تَفَرُّغًا — être libre (de toute occupation)/inoccupé
~ مِن — en avoir terminé avec; se libérer de (rendez-vous)
~ لِ — être totalement disponible pour; se donner tout entier à; vaquer à
~ لِمِهْنَته — s'adonner/se consacrer à son métier
X اِسْتَفْرَغَ اِسْتِفْراغًا — vomir
~ في — faire tous ses efforts pour; travailler de toutes ses forces à
مُسْتَفْرِغ — qui se donne tout entier à/se livre entièrement à

**3957** **فَرْفَرَ** — agiter/battre (ailes); être inconstant/volage; papillonner [*fig.*]; froufrouter
فَرْفَرة — inconstance; caractère volage
فَرْفار — volage (cœur); inconstant; léger
فَرْفارة — girouette

**3958** **فُرْفُورة** — pourpre [*zool.*]

**3959** **فَرَقَ ـُ فَرْقًا بَيْنَ** — différencier; distinguer; discerner; diviser; partager; faire une différence/distinction/discrimination entre
فَرْق ج فُروق — discrimination; distinction; différence; division; partition; distance; écart; espace [*impr.*]; espacement [*impr.*]; raie (dans les cheveux); séparation; inégalité
~ في السِعْر، السِنّ — différence de prix, d'âge
هُناكَ ~ كَبير بين ... و — il y a loin de ... à/une grande différence entre ... et
فِرْق ج فُروق — part; partie; portion; compagnie; détachement; groupe; section; troupe
~ نَحْل — essaim d'abeilles
فِرْقة ج فِرَق — compagnie; corporation; équipe; division; légion; brigade; troupe; groupe
~ مُوسيقيّة — groupe (musical); clique; orchestre
~ اِسْتِعْراضيّة — revue musicale
~ مَسْرَحِيّة — compagnie/troupe de théâtre
~ إِنْقاذ، مَطافِئ — équipe de secours; brigade de sapeurs-pompiers
الـ~ الخامِسة — cinquième colonne
~ أَجْنَبِيّة، مُصَفَّحة — légion étrangère; division blindée
~ الإِعْدام — peloton d'exécution
فَريق ج فُرَقاء، أَفْرِقة — clan; compagnie; coterie; faction; équipe [*sport.*]; groupe; parti
هو مِن ~ هم — il est de leur bord; il fait partie de leur clan
~ ج فُرَقاء — lieutenant général; général de corps d'armée
~ أَوَّل — général d'armée
فارِق — distinct; distinctif; différentiel *adj.*; discret; discriminatoire
عَلامة ~ة — marque [*fig.*]; trait distinctif
~، فارِقة ج فَوارِق — écart; différence; distinction; divergence; écartement; espace; espacement; nuance; inégalité; séparation
سَتَشْعُر بِالـ~ — vous verrez la différence
الفَوارِق الطَبَقِيّة — différences sociales/de classes
مع بُعْد الـ~ — toutes proportions gardées
فُرْقان — évidence; preuve; séparation; marque distinctive/séparative (entre le Bien et le Mal); le Coran
مَفْرِق ج مَفارِق — bifurcation; carrefour; croisement; intersection
~ طُرُق — *même sens*
~ شَعْر — raie dans les cheveux
مِفْرَق ج مَفارِق — potentiomètre

II **فَرَّقَ** تَفْرِيقًا، تَفْرِقة ه، ه — diviser; désunir; disperser; disloquer; disséminer; décentraliser; rompre; séparer

~ بَيْنَ ... وبين — distinguer entre; différencier; faire la différence des discriminations entre ... et

~ المُحارِبين — séparer les combattants

~ الصُفوف — rompre les rangs

~ الصِناعات، الإدارات — décentraliser les industries, les administrations

**فَرِّقْ تَسُدْ** — diviser pour régner

**تَفْرِيق؛ تَفْرِقة** — différence; distinction; différenciation; dislocation; dispersion; dissémination; décentralisation; séparation

~ جُسْمانيّ — séparation de corps

بالـ~ — au en détail; au choix

بِلا، دُونَ ~ — indistinctement; sans distinction; sans choix

**تَفْرِقة** ج ات ← تَفْرِيق

~ عُنْصُريّة — discrimination (raciale)

**تَفْرِقيّ**؛ إجْراءات ~ة — discriminatoire (mesure)

**مُفَرِّق** — séparateur *n.m.*; distributeur; revendeur; détaillant

**مُفَرَّق** — différencié; éparpillé

بالـ~ — au détail (vente)

باعَ، بَيْع بالـ~ — vendre, vente au détail; détailler; débiter (une marchandise)

بائِع بالـ~ — commerçant de détail; détaillant

III **فارَقَ** مُفارَقة، فِراقًا ه، ه — se désengager; se séparer; quitter; transcender; abandonner

~ الحَياة — abandonner quitter la vie; cesser d'exister; mourir

لا يُفارِق ه قَيْدَ خَطْوة — ne pas lâcher qqn d'une semelle; ne pas quitter d'un pas

**مُفارَقة؛ فِراق** — abandon; désengagement; séparation; paradoxe

~ تاريخيّة — anachronisme

**مُفارِق** — paradoxal; transcendant

IV **أَفْرَقَ** إفْراقًا ه — essaimer; essaimage

V **تَفَرَّقَ** تَفَرُّقًا — se désintégrer [*fig.*]; se disloquer; s'égailler; essaimer; s'éparpiller

**مُتَفَرِّق** — épars; clairsemé; sporadique

VIII **اِفْتَرَقَ** اِفْتِراقًا عن ه، ه — se séparer de; quitter; bifurquer

**اِفْتِراق** — bifurcation; séparation

**مُفْتَرَق** ج ات — bifurcation; carrefour; croisement (de routes); croisée; embranchement; plaque tournante

3960 **فَرْقَعَ** — claquer; crépiter; détoner; exploser; pétiller; pétarader; péter [*pop.*]

~ أَصابِعَه — faire claquer craquer ses doigts

**فَرْقَعة** — claquement; craquement; détonation; crépitement; explosion; pétarade; pétillement

**مُفَرْقِع** — craquant; détonant; explosif *adj.*; fracassant; pétaradant; pétillant

إِصْبَع ~ة — pétard

**مُفَرْقِعات** — explosifs

II تَفَرْقَعَ ← فَرْقَعَ

3961 **فَرَكَ** ُ فَرْكًا ه — égrener; faire rouler entre les doigts; frictionner; frotter

~ عَيْنَيْه، يَدَيْه — se frotter les yeux, les mains

~ أَنْف ه — *fig.* frotter [*fam.*] tirer les oreilles; passer un savon à qqn [*fam.*]; donner une leçon

**فَرْك** — friction; frottement

**فَريك** — friable; que l'on égrène facilement; blé vert

II فَرَّكَ ← فَرَكَ

3962 **فَرْكَلَ** — agiter bras et jambes; se débattre; être agité de soubresauts

3963 **فَرَمَ** ِ فَرْمًا — émincer; hacher; ébrécher

**فَرّامة** — hachoir

**مَفْروم** — haché (viande)

3964 **فَرْمان** ج ات — édit; décret; firman; laissez-passer; sauf-conduit

3965 **فَرْمَلَ** — freiner

**فَرْمَلة** ج فَرامِل — frein

3966 **فُرْن** ج أَفْران — four; fourneau; boulangerie; fournaise

~ عالٍ، غاز، كَهْرَبائيّ — haut fourneau; four à gaz, électrique

~ تَرْميد الجُثَث — four crématoire

| | |
|---|---|
| **فُرْنِيّات** | petits fours |
| فارِينة | *maghr.* blé tendre |
| فَرّان | boulanger |
| 3967 **فِرْنب** | lérot |
| 3968 **فَرْنَجَ**، فَرْنَجة | européaniser; européanisation |
| فَرَنْجِيّ، إفْرَنْجِيّ ج فَرَنْجة | européen |
| II تَفَرْنَجَ | s'européaniser |
| مُتَفَرْنِج | européanisé |
| 3969 **فَرَنْدَل** | salicaire |
| 3970 **فَرْنَسَ**، فَرْنَسة | franciser; francisation |
| فِرَنْسِيّ، فَرَنْساوِيّ ج ون | français *adj.*, *n.* |
| فَرَنْسِيس | *même sens* |
| 3971 **فِرَنْك** ج ات | franc [*monn.*] |
| ~ فَرَنْسِيّ، سُوِيسْرِيّ، بَلْجِيكِيّ | franc français, suisse, belge |
| 3972 **فَرَنْدَه** | pergola; porche; véranda |
| 3973 **فَرِهَ**؛ فارِه | agile; espiègle; éveillé; vif |
| فَراهة | agilité; espièglerie; vivacité |
| 3974 **فَرْو** ج فِراء | *coll.* fourrure; peau; pelage |
| ~ اِصْطِناعِيّ | imitation de fourrure |
| **فَرْوة** | *n.un.*; petite bourse |
| ~ اليَدَيْن، الرَّأْس | manchon; cuir chevelu |
| أبو ~ | *bot.* marron *n.m.* |
| فَرْوِيّة | pelisse |
| فَرّاء | fourreur |
| فِراوة؛ فِراءة | pelleterie |
| II فَرَّى تَفْرِية | fourrer |
| مُفَرًّى | fourré *adj.* |
| 3975 **فَرَى** ـِ فَرْيًا ه | émincer; couper/tailler dans la longueur |
| ~ على ه ← VIII | |
| **فِرْية** ج فِرًى | imposture; mensonge |
| **فَرِيّ** | coupé; taillé; *fig.* étonnant; étrange |
| أَتَى بِشَيْءٍ ~ | faire des choses étranges/abominables |
| V **تَفَرَّى** تَفَرِّيًا | se fendre; se craqueler |
| ~ عن | se dissiper devant; laisser voir; se déchirer en laissant voir |
| VIII اِفْتَرَى اِفْتِراءً على ه | calomnier; inventer des mensonges (pour nuire à qqn) |
| اِفْتِراء ج ات | calomnie; mensonge; imposture |
| اِفْتِرائِيّ | calomnieux |
| مُفْتَرٍ ج ون | calomniateur |
| مُفْتَرَيات | calomnies; inventions; impostures; forgeries |
| 3976 **فرودِيّ**؛ فرودِيّة | freudien; freudisme |
| 3977 **فَزَّ** ـُ فَزًّا | avoir un sursaut; sursauter; tressauter |
| ~ ه | effrayer; faire fuir; inquiéter; troubler |
| فَزّة | sursaut; tressautement |
| X **اِسْتَفَزَّ** اِسْتِفْزازًا ه | enflammer/soulever/transporter qqn (espoir, colère); se laisser emporter par (l'espoir, la colère) |
| ~ ه على | indisposer qqn contre; provoquer |
| اِسْتِفْزاز | incitation; instigation; provocation; soulèvement (de colère) |
| **اِسْتِفْزازِيّ** | agressif; incitateur; provocant; provocateur |
| خِطاب ~ | discours incendiaire |
| مُسْتَفِزّ ج ون | provocateur |
| 3978 **فَزَرَ** ـُ فَزْرًا | crever *tr.*; déchirer; fendre; percer |
| ~ إطارًا | crever un pneu |
| **فَزْر** | crevaison |
| أُصِيبَ بِـ~ في طَرِيقه | crever en route |
| فِزْرة ج فِزَر | crevaison; déchirure; fente |
| VII اِنْفَزَرَ اِنْفِزارًا | crever *intr.*; se déchirer |
| اِنْفِزار | crevaison; déchirure |

**3979** **فَزِعَ** ـَ فَزَعًا être … *v. à l'adj.*; avoir peur; craindre

~ لِـ ه craindre pour qqn

**فَزَعَ** ـَ فُزوعًا إلى se réfugier auprès de; recourir à

~ من نَوْمه se réveiller en sursaut

**فَزَع** alarme; crainte; frayeur; panique; peur; terreur; trouille [*pop.*]

**فَزِع** alarmé; apeuré; effrayé; craintif

**فِزيع** pusillanime; timoré

**فَزّاعة** signal d'alarme; tocsin

~، فُزّاعة ج فَزازيع épouvantail

**مَفْزَعة** ج مَفازِع *même sens*

II **فَزَّعَ** تَفْزيعًا ه ← IV

IV **أَفْزَعَ** إفْزاعًا ه effarer; effrayer; intimider; faire peur; horrifier; épouvanter; faire froid dans le dos; terrifier

**مُفْزِع** effarant; effrayant; intimidant; horrifiant; épouvantable; terrifiant; effroyable

**فِزيولوجيّ** ← فِسيولوجيّ

**3980** **فُسْتان** ج فَساتين robe

**3981** **فُسْتُق** العَبيد arachide; cacahouète

~ حَلَبيّ pistache

**3982** **فَسُحَ** ـُ فَساحة être … *v. à l'adj.*

**فَسَحَ** ـَ فَسْحًا خَطْوَهُ allonger le pas

~ المَجال لِـ ouvrir l'accès à/le passage; livrer passage à

**فُسْحة** ampleur; dégagement; cour; lieu dégagé; écartement; espace; espacement; passage

~ ج فُسَح grande salle; travée; promenade; liberté d'action; flânerie; coudées franches

كانَتْ له ~ من الوَقْت avoir le temps/de la marge

**فَسيح** ample; dégagé; étendu; large; ouvert (lieu); spacieux; vaste

~ المَدَى panoramique *adj.*

II **فَسَّحَ** تَفْسيحًا ه espacer; donner une place plus grande à; élargir; étendre

~ طَريقًا لِـ ouvrir la voie à qqn, qqch

IV **أَفْسَحَ** المَجال لِـ ه mettre en mesure de/à même de; donner lieu à/libre cours à; laisser le champ libre à/les coudées franches; s'effacer devant

~ المَكان لِغَيْره céder/laisser la place à d'autres

V **تَفَسَّحَ** تَفَسُّحًا s'aérer; se mettre à l'aise; se carrer à sa place; faire une promenade; flâner; se promener; prendre l'air

VII **اِنْفَسَحَ** اِنْفِساحًا s'espacer; se dilater; s'élargir; se trouver à son aise; avoir le temps

**3983** **فَسَخَ** ـَ فَسْخًا ه annuler; abolir; invalider; abroger; supprimer; révoquer; résilier; défaire; dissoudre; disloquer; séparer

~ زَواجًا défaire/dissoudre un mariage

~ اتِّفاقًا، عَقْدًا rompre, résilier un accord/un contrat

لا يُفْسَخ indissoluble; irrévocable

**فَسْخ** annulation; abolition; abrogation; dissolution; dislocation; révocation; résiliation; rupture (de contrat); suppression

~ ج فِساخ faible (d'esprit ou de corps); *jur.* incapable majeur

**فَسْخيّ** résolutoire (clause)

**فاسِخ** dirimant; abrogeant

**مَفْسوخ** annulé; dissous (mariage); résilié; aboli; abrogé; supprimé

**فَسيخ** poisson salé

~ ج فُسَخاء ← فَسْخ ج فِساخ

V **تَفَسَّخَ** تَفَسُّخًا se putréfier; se décomposer; se désintégrer; pourrir

**يَتَفَسَّخُ** putrescible

**تَفَسُّخ** décomposition; putréfaction; pourriture; désintégration [*fig.*]

**مُتَفَسِّخ** décomposé; pourri; putride

VII **اِنْفَسَخَ** اِنْفِساخًا se défaire; se dissoudre

لا يَنْفَسِخ indissoluble

**مُنْفَسِخ** dissous (mariage)

**3984** **فَسَدَ** ـُ فَسادًا s'abîmer; s'altérer; s'avarier (aliment); se détériorer; se dépraver; se gâter; se dénaturer; se corrompre; se décomposer; se pervertir; pourrir; s'infecter; tourner (lait); se putréfier

~(ت) الذَوْق، الأَخْلاق le goût, les mœurs se corrompent

لا يُفْسَدُ inaltérable

لَمْ يُفْسَدْ inaltéré

**فَساد** altération; avarie; confusion; corruption; croupissement (de l'eau); débauche; décomposition; défaut; dépravation; détérioration; désordre; mauvais état; excès *n.m.pl.*; gabegie; immoralité; infection; perversion; perversité; pourriture; tare; vice

~ الذَوْق، الأَخْلاق corruption du goût, des mœurs

~ الطَقْس changement de temps; mauvais temps

~ الهَواء impureté/pollution de l'air

غَيْر قابِل لِلـ~ inaltérable; imputrescible

عَدَم قابِلِيّة الـ~ inaltérabilité; imputrescibilité

**فاسِد** abîmé; avarié; corrompu; croupi; croupissant; décomposé (aliment); dénaturé; taré; dépravé; débauché; désordonné (vie); dissolu; gâté; immoral; impur; infect; pourri; tourné (lait); vicieux

هَواء ~ air impur/confiné/pollué

حَياة ~ة vie désordonnée/dissolue/immorale

**مَفْسَدة** ج مَفاسِد ravage; scandale; acte délictueux

~ للأَخْلاق lieu de perdition

مَفاسِد الحُكْم abus du régime/du pouvoir

IV **أَفْسَدَ** إِفْسادًا ه، ه abîmer; altérer; avarier; brouiller; dénaturer; détériorer; contaminer; corrompre; décomposer (la viande); désorganiser; dépraver; déparer; gâter; flétrir; infecter; intoxiquer; perdre; pervertir; pourrir; putréfier; ravager; faire tourner (le lait); perturber; semer la corruption/le désordre; saboter [*fam.*]; salir [*fig.*]; vicier

~ الجَوّ empoisonner/polluer/vicier l'atmosphère

~ الطَعام، الذَوْق corrompre les aliments, le goût

~ الأَخْلاق corrompre les mœurs

~ العَقْل abrutir qqn; gâter l'esprit de qqn

~ المِهْنة gâcher la profession

~ الحَقيقة fausser/dénaturer la vérité

~ الشَباب، أَخْلاق الشَباب corrompre/flétrir/perdre la jeunesse

~ بَيْن ه semer la discorde/la zizanie

~ ه على ه، ه détacher/éloigner qqn de qqn, qqch; aliéner qqn dans l'esprit de qqn

~ البَلَد على ه ruiner/saper l'autorité de qqn dans le pays

أُفْسِدَ être contaminé/infecté

إِفْساد contamination; corruption; déformation; brouillage; infection; intoxication; sabotage

مُفْسِد corrupteur; malsain [*fig.*]; pernicieux; perturbateur; saboteur

3985 II **فَسَّرَ** تَفْسيرًا ه commenter; faire l'exégèse; élucider; expliquer; interpréter

~ ه بِأَنّه رَفْض prendre qqch pour un refus

**تَفْسير** ج تَفاسير commentaire; exégèse; légende (d'un dessin); interprétation

عِلْم الـ~ *isl.* science de l'exégèse coranique

تَفْسيريّ exégétique; explicatif; interprétatif

مُفَسِّر ج ون exégète; commentateur

X اِسْتَفْسَرَ اِسْتِفْسارًا ه عن ه

s'informer/s'enquérir/se renseigner auprès de qqn sur qqch; demander à qqn des renseignements sur/l'explication de; interroger/questionner qqn sur

اِسْتِفْسار ج ات demande d'explication; interrogation

3986 **فُسْطاط** grande tente en poils (de chèvre, de chameau)

**فُسْطان** ج فَساطين ← فُسْتان

3987 **فُسْفات** phosphate

فَسْفَتَ فَسْفَتة phosphater; phosphatage

مُفَسْفَت، فُسْفاتيّ phosphaté

3988 **فَسْفَس** ج فَسافِس punaise des lits

3989 **فُسْفور** phosphore

فُسْفوريّ phosphoreux; phosphorique

فُسْفوريّة، تَفَسْفُر phosphorescence

مُتَفَسْفِر phosphorescent

3990 **فَسَقَ** ـُ فِسْقًا، فُسوقًا forniquer; vivre dans le/se livrer au désordre/au libertinage; faire la noce [*fam.*]; mener une vie dépravée; s'abandonner à la débauche; se dépraver; se débaucher

فِسْق؛ فُسوق — adultère; crapulerie; débauche; dépravation; fornication; immoralité; impiété; impudicité; inconduite; libertinage; luxure; paillardise; scélératesse; vice

فاسِق ج فُسّاق، فَسَقة — crapule; crapuleux; débauché; dépravé; fornicateur; impudique; immoral; libertin; licencieux; luxurieux; paillard [*fam.*]; pervers; polisson; vicieux

**3991** **فِسْقِيّة** ج ات، فَساقِيّ — citerne; vasque de marbre; réservoir

**3992** **فَسْل** ج فُسول — bouture

فَسيلة ج فَسيل، فَسائِل — rejet; rejeton [*bot.*]; bouture; plant

VIII اِفْتَسَلَ اِفْتِسالاً — bouturer; faire des boutures

**3993** **فَسا** ـُ فَسْوًا — lâcher des vesses [*pop.*]; vesser

**فُساء** — vesse [*pop.*]

~ الكَلْب — vulvaire [*bot.*]

فاسياء — *v. ordre alphab.*

**3994** **فُسَيْفِساء** — mosaïque

فُسَيْفِسائيّ — mosaïste

**3995** **فِسْيولوجيّ** — physiologique; physiologiste

فِسْيولوجيّة — physiologie

**3996** **فَشّ** ـُ فَشًّا — dégonfler; désenfler

فَشّ — dégonflement; désenflement

VII اِنْفَشّ اِنْفِشاشًا — se dégonfler; désenfler *intr.*

**3997** **فَشَخَ** ـَ على — enjamber; aller à grandes enjambées

فَشْخ؛ فَشْخة — enjambée; enjambement; foulée

**3998** **فَشَرَ** ـُ فَشْرًا — faire le fanfaron; se vanter

فَشْر — hâblerie; vantardise; fanfaronnade

فَشّار — hâbleur; fanfaron; vantard

**3999** **فاشِر؛** فاشِرة؛ فاشِراء — *bot.* bryone

فُشار — pop-corn

**4000** **فُشاغ** — salsepareille

**4001** **فَشَكة** ج فَشَك — cartouche [*mil.*]

~ خُلَّبِيّة — cartouche à blanc

**4002** **فَشِلَ** ـَ فَشَلاً — échouer; ne pas réussir; s'engourdir; perdre courage/ses forces; être engourdi/indolent/mou

~ في قَضيّة، عَمَل — rater une affaire; faire du mauvais travail

~ في اللِحاق به — ne pas réussir à rattraper qqn

**فَشَل** — échec; défaite; déboire; désappointement; faillite; fiasco; insuccès; revers

سارَ إلى الـ~ — aller à la dérive/à l'échec

مُنِيَ، باءَ بالـ~ — essuyer un échec; tourner court; faire long feu; faire un four [*fam.*]

**فاشِل** — gâché; manqué; raté; sans succès; désappointé; défait; en déroute; vaincu

مُرَشَّح ~ — candidat malheureux

IV أَفْشَلَ إِفْشالاً ه — faire échouer; faire échec; contrecarrer; déjouer; condamner/vouer à l'échec

هَدَّدَ بالإفْشال — *même sens*

**4003** **فَشا** ـُ فَشْوًا — s'ébruiter (nouvelle); se répandre; être divulgué; transpirer (secret)

IV **أَفْشَى إِفْشاءً** ه — communiquer (un secret); déceler; divulguer; rapporter (une nouvelle); révéler

~ سِرًّا — ébruiter/éventer/livrer/trahir/violer un secret; vendre la mèche [*fam.*]

~ أَسْرارًا — commettre des indiscrétions

**إِفْشاء** — divulgation; révélation

~ سِرّ — indiscrétion; violation d'un secret

هَدَّدَهُ بِـ~ سِرّه — menacer qqn de divulguer son secret; faire chanter qqn

مُفْشًى — éventé (secret); divulgué; ébruité (nouvelle)

V تَفَشَّى تَفَشِّيًا — se communiquer; se diffuser (nouvelle); s'ébruiter; se généraliser; se propager; se répandre

تَفَشٍّ — généralisation (du mal); propagation; diffusion; épidémie

مُتَفَشٍّ — répandu; épidémique; diffusé

**4004** **فَصَّ** ـُ فَصًّا — écosser; égrener

**فَصّ ج فُصوص** lobe; segment [*anat.*]

~ خاتَم، ثُوم chaton de bague; gousse d'ail

~ جِداريّ، قَذاليّ lobe pariétal, occipital

~ جَبْهيّ، صَدْغيّ lobe frontal, temporal

~ الكَلام teneur des paroles

بِـ~ه ونَصِّه dans l'esprit et la lettre; mot pour mot; textuellement

**فِصّة** luzerne

II **مُفَصَّص** lobé [*bot.*]

V **تَفَصَّصَ** se segmenter; se diviser

**تَفَصُّص** division; segmentation [*anat.*]

VIII **اِفْتَصَّ اِفْتِصاصًا** disjoindre; égrener; séparer

**4005** **فِصْح** *hébr.* pâque; *christ.* Pâques; *v. aussi 4006*

عِيد الـ~ fête de Pâques

**فِصْحيّ** pascal

**أَفْصَحَ** célébrer/fêter la pâque; faire ses Pâques

**4006** **فَصُحَ ـُ فَصاحة** être ... *v. à l'adj.*; *v. aussi 4005*

**فَصاحة** élocution; éloquence (orale); don de la parole; pureté de la langue

**فَصيح ج فُصَحاء** disert [*litt.*]; clair/éloquent/intelligible (personne); qui parle une bonne langue; puriste

~ ج فِصاح clair/éloquent/intelligible (discours)

**أَفْصَح م فُصْحَى** pur/classique/correct (mot)

~ من ه، ه plus clair/éloquent/pur que

**العَرَبيّة الفُصْحَى** arabe littéral/classique

IV **أَفْصَحَ إِفْصاحًا عن** parler de/signifier (ses intentions); exprimer (sa pensée); manifester (son opinion); informer

VI **تَفاصَحَ تَفاصُحًا** prendre un ton doctoral; parler avec emphase

**تَفاصُح** emphase; ton doctoral

**4007** **فَصَدَ ـِ فَصْدًا، فِصادًا** pratiquer une saignée; saigner (un malade)

**فَصْد؛ فِصاد؛ فِصادة** saignée; phlébotomie

**فَصيد** boudin

**مَفْصَد** saignée du bras

**مِفْصَد** lancette

V **تَفَصَّدَ تَفَصُّدًا** couler/perler (sueur); couler goutte à goutte; goutter; s'égoutter; suer; transpirer

**مُتَفَصِّد** suant; transpirant; qui perle (goutte de sueur)

VII **اِنْفَصَدَ اِنْفِصادًا** saigner *intr.*; couler (sang, sueur)

**4008** **فَصَلَ ـِ فَصْلًا ه، ه** congédier; relever qqn de ses fonctions; renvoyer; sevrer; déboîter; décoller; débrancher; débrayer; désunir; détacher; disjoindre; dissocier; écarter; espacer; isoler; séparer; partager; trancher

~ مُسْتَخْدَمًا licencier/renvoyer un employé

~ نازِلة trancher un litige

~ بَيْنَ ه séparer; faire le départ entre; départager

~ في ه décider de; juger de; statuer sur

**فَصْل** congédiement; licenciement; exclusion; renvoi; déboîtement; décollement; détachement; espacement; écartement; débrayage; débranchement; distinction; disjonction; division; isolement; dissociation; séparation; stop

~ السُلُطات distinction/séparation des pouvoirs

~ الكَنيسة عن الدَوْلة séparation de l'Église et de l'État

~ أَمْوال زَوْجَيْن séparation de biens (entre deux conjoints)

لا يُمْكِنُ ~ ه indissociable; inséparable

الـ~ مُوَقَّتًا عن العَمَل mise en disponibilité; licenciement provisoire

الكَلِمة، القَوْل الـ~ le dernier mot

~ الخِطاب *conclusion des formules d'eulogie par la formule: «amma ba'du»*

~ ج فُصول article de loi; acte (théâtre); chapitre; classe; classe d'école; saison

**فَصْليّ** saisonnier

**فِصْلة** tiré à part; *bot.* sépale

**فِصال** sevrage

**فاصِل** crucial; décisif (combat); péremptoire (ton)

~ ج فَواصِل écart; espacement; espace; solution de continuité; interruption; cloison; intermède; intervalle; démarcation; séparateur

خَطّ، حائِط ~ — ligne de démarcation; mur de séparation

بِلا ~ — sans interruption; sans solution de continuité

~ موسيقيّ — interlude

~ تَيّار — disjoncteur, interrupteur [électr.]

**فاصِلة** ج فَواصِل — virgule

~ مَنْقوطة — point-virgule

فَصيل (← فَصيلة) — sevré

**فَصيلة** ج فَصائِل — zool. famille; ordre; mil. détachement; peloton; section; troupe

~ الدَم، دَمَويّة — groupe sanguin

~ إعْدام، إسْتِكْشاف — peloton d'exécution; patrouille

**فَيْصَل** — arbitre; juge; arrêt (de l'arbitre, du juge)

**مَفْصول** — congédié; détaché; écarté; espacé; exclu; licencié; renvoyé; séparé

**مَفْصِل** ج مَفاصِل — attache; articulation; joint; jointure

**مَفْصِليّ** — articulaire; articulé

اِلْتِهاب الغِشاء الـ~ — synovite

رَثْية ~ة — rhumatisme

**اِلْتِهاب المَفاصِل** — arthrite

داء الـ~ — rhumatisme

**مِفْصَلة** ج مَفاصِل — charnière; gond

~ قَلّابة — va-et-vient

**مِفْصال** — déclic

II **فَصَّلَ** تَفْصيلًا — débiter; détailler; classer; classifier; mettre dans un ordre logique

~ ثَوْبًا — couper/tailler un vêtement

**تَفْصيل** ج تَفاصيل — détail; coupe; taille

بِالـ~ — tout au long; tout du long; longuement; en détail

رَوَى بِالـ~ — détailler une histoire

دَخَلَ في **تَفاصيل** — entrer dans les détails

بِـ، في أَدَقّ الـ~ — dans les menus détails; par le menu

طالَبَ بِزِيادة الـ~ — réclamer des détails supplémentaires

بِدُونِ ~ غَيْرِ لازِمة — sans détails inutiles

**تَفْصيليّ** — analytique; détaillé

**مُفَصَّل** — circonstancié; détaillé; en détail

**مُفَصَّلة** — charnière; gond; paumelle

III **فاصَلَ** مُفاصَلة ه، ه — débattre avec qqn; se séparer de qqn; rompre/dénouer une liaison; régler une affaire; trancher une question

~ بَيْنَ ه — mettre d'accord; concilier; réconcilier

~ على ه — marchander

VII **اِنْفَصَلَ** اِنْفِصالًا عن — se couper/se détacher/se séparer de; se déboîter; être démembré; se disjoindre; se dissocier; se décoller; se désolidariser; faire sécession; se désengager; divorcer; entrer en dissidence

**اِنْفِصال** — divorce; disjonction; démembrement; sécession; séparation; décollement; déboîtement; fission; schisme; dissidence

عاشَ على ~ — vivre séparément

اِنْفِصاليّ — séparatiste; schismatique

اِنْفِصاليّة — séparatisme

**مُنْفَصِل** — détaché; disjoint; indépendant; séparé; discontinu; dissident

وَرَقة، حُروف ~ة — feuille volante; caractères mobiles

مَفْصَل، تَمَفْصَلَ — *v. ordre alphab.*

**4009** **فَصَمَ** ـِ فَصْمًا ه — casser; déchirer; fissurer; rompre/couper (le contact)

صَداقة لا **تُفْصَم** عُراها — amitié indissoluble

**فَصْم** ج فُصوم — niche [*archit.*]; renfoncement

فاصِمة — rupteur

فُصام — schizophrénie

**مَفْصوم** — schizophrène

شَبيه بِالـ~، فُصاميّ — schizoïde

VII اِنْفَصَمَ اِنْفِصامًا — se casser; se déchirer

رَوابِط لا **تَنْفَصِم** عُراها — liens indissolubles

**اِنْفِصام** — hiatus [*fig.*]; fissure

~ الشَخْصيّة — dédoublement de la personnalité

**4010** **فَصَى** ـِ فَصْيًا ه مِنْ — détacher; lâcher; séparer

**فَضْية** radoucissement de la température; redoux

V **تَفَصَّى تَفَصِّيًا من** se dégager de; se libérer de; être délivré/débarrassé de (peines, dettes)

**4011 فَضَّ ـُ فَضًّا ه** briser; casser; disperser; rompre; séparer; percer; perforer

~ نِزاعًا، خِلافًا régler/résoudre un conflit, un différend

~ الصُفوف rompre les rangs

~ البَرْلَمان dissoudre l'Assemblée/le Parlement

~ جَلْسة clore/lever une séance

~ خَتْم رِسالة décacheter une lettre

~ بَكارَتها déflorer/dépuceler [*pop.*] (une fille)

**فَضّ** dispersion; dissolution; rupture; séparation

~ البَكارة défloration; dépucelage

**فَضَض؛ فُضاض** éclaboussures

~ مِن الناس personnes en groupes dispersés

VII **اِنْفَضَّ اِنْفِضاضًا** se disperser; se séparer; se répandre (larmes); rompre les rangs

**4012 فِضّة؛** شَجَرة الـ~ argent; *bot.* protée

**مَطْليّ** بالـ~ argenté; plaqué argent

**فِضّيّ** argenté; d'argent; en argent

**فِضّيّة** *bot.* protée

**فِضّيّات** argenterie

II **فَضَّضَ تَفْضيضًا ه** argenter

**مُفَضَّض** argenté; lamé

**4013 فَضَحَ ـَ فَضْحًا ه** briser/casser/ouvrir/faire éclater/rompre (une pastèque); déceler; démasquer; dévoiler; déjouer; divulguer; percer à jour

~ مُؤامَرة، حيلة déceler/démasquer/déjouer un complot, une ruse

~ مُخَطَّطه، نَواياه démasquer/dévoiler/révéler ses plans, ses batteries

~ الخِيانة crier à la trahison

~ نَفْسه se démasquer; se trahir

~ ه faire un affront à qqn; confondre qqn; diffamer; flétrir qqn; mortifier; compromettre la réputation de; déshonorer; salir qqn [*fig.*]

**فُضِحَ** perdre la face; être confondu

**فَضْح** dégradation; déshonneur; diffamation; flétrissure; humiliation; infamie; mortification

**فاضِح** choquant; déshonorant; diffamant; diffamateur; ignominieux; infamant; scandaleux

ظُلْم ~ injustice énorme/flagrante/criante

عاشَ عِيشة ~ة vivre dans le scandale; mener une vie scandaleuse

حيلة ~ة ruse cousue de fil blanc [*fam.*]

**مَفْضوح** compromis *adj.*; confondu; couvert d'opprobre; déshonoré; dévoilé; divulgué; humilié

حيلة ~ة ruse percée à jour

**فَضيح ← مَفْضوح**

**فَضيحة ج فَضائِح** action honteuse; éclat [*fig.*]; infamie; esclandre; scandale; turpitude; affront subi; déshonneur; catastrophe

~ ماليّة scandale financier

إنّها ~ c'est une honte/un scandale!

نَدَّدَ بالـ~ crier au scandale

تَجَنَّبَ الـ~ éviter un éclat/un esclandre

II **فَضَّحَ تَفْضيحًا ه، ه** faire un grand affront; stigmatiser

~ الرَذيلة stigmatiser le vice

**تَفْضيح** affront; stigmatisation

VIII **اِفْتَضَحَ اِفْتِضاحًا** essuyer/subir un affront; se couvrir de honte; se salir [*fig.*]; se déshonorer

~تْ مُؤامَرة apparaître au grand jour; être dévoilé/révélé/mis au grand jour/percé à jour (complot)

**4014 فَضْفَضَ** battre des ailes

**فَضْفاض** ample; large; flou (vêtement); bien en chair

أُسْلوب ~ style ampoulé/boursouflé/enflé/pompier/pompeux

**فَضْفَضة** ampleur/aisance/flou d'un vêtement; corpulence

**4015 فَضَلَ ـُ فَضْلاً من ه** rester *intr.*; être de reste/superflu/en trop

~ عن pouvoir se passer de qqch

~ ه، ه على primer *intr.*; être supérieur à; surpasser

فَضُلَ ـُ فَضْلاً avoir du mérite; être ... *v. à l'adj.*

**فَضْل ج أفْضال** amabilité; bonté; condescendance; obligeance; service rendu; bienfait; distinction; faveur; grâce; mérite; obligation; part; supériorité; vertu

بِ~ ه، ه grâce à; à l'aide de; à la faveur de; au moyen de; moyennant

الـ~ في ذلك يَعود إلى ه le mérite en revient à

لَهُ الـ~ في avoir le mérite de; avoir une part de; jouer un rôle dans

بِباب الـ~ par faveur; par pure bonté; par condescendance

من ~كَ de grâce; s'il vous plaît; S.V.P.; je vous en prie; ayez la bonté/l'obligeance de

لَكَ عَلَيَّ الـ~ je vous suis bien obligé; je suis votre votre obligé; je vous ai beaucoup d'obligation

إنّي أسير ~ك *même sens*

**فَضْلاً عَن** outre; sans parler de; sans compter; d'autant plus que; indépendamment de; encore

~ عن ذَلِكَ par-dessus le marché; par surcroît; aussi bien; au demeurant; d'ailleurs; par ailleurs

**أفْضال** bonnes grâces; bontés

**فَضْل ج فُضول** excédent; redondance; reste; surcroît; surplus

**فَضْلة ج فَضَلات** débris; épave; reste; déchet; restant; résidu; matière résiduaire

~ مَعْدِنِيّة culot [*industr.*]

**فَضَلات** déchets; détritus; miettes; excréments

~ الطَعام reliefs d'un repas

~ صِناعيّة déchets industriels

**فُضول** curiosité; indiscrétion; intrusion

أثارَ ~ ه piquer/exciter la curiosité de

تَطَلَّعَ بِ~ إلى ه dévisager; regarder de manière indiscrète

**فُضوليّ ج ون** curieux; envahissant (personne); fouinard [*péjor.*]; fouineur [*fam.*]; indiscret; intrus; oiseux; qui se mêle de ce qui ne le regarde pas; tierce personne; importun; mouche du coche

سُؤال، نَظْرة ~(ة) question, regard indiscret(ète)

**فُضوليّة** indiscrétion; importunité; inopportunité

**فاضِل** de bonne qualité; excellent; honnête; méritant; moral *adj.*; vertueux; supérieur; idéal *adj.*; restant *adj.*; de reste; en excédent

أعْمال ~ة actions vertueuses

~ ج ون (← فَضيل) honnête/vertueux (personne)

فاضِلة ج فَواضِل excédent; reste; restant; surcroît; surplus

**أفْضَل م فُضْلى ج أفاضِل** meilleur; mieux; optimal; supérieur

~ طَريقة لِ le meilleur moyen de

بِ~ شَكْل، وَجْه de la meilleure façon; au mieux

~ كَثيرًا من de beaucoup meilleur que; beaucoup mieux que; bien supérieur à; plutôt que

~ ما يَكون؛ وَلا ~ on ne peut mieux

مِن الـ~ أن il vaut mieux que; l'idéal est de; le mieux est de; il serait préférable de; bien faire/faire bien de

**أفْضَليّة** préférence; priorité

بِالـ~ par ordre de préférence

لَهُ الـ~ avoir la priorité

**فُضْلى ج فُضْلَيات** optimum

~ السَيِّدات femmes estimées

**فَضيل ج فُضَلاء** distingué; homme de mérite/de qualité; supérieur *adj.*; exquis; méritant; éminent

**فَضيلة ج فَضائِل** avantage; excellence; abondance de; mérite; qualité; supériorité; vertu; perfection

مارَسَ الـ~ pratiquer la vertu

**فُضالة ج ات** sous-produit; détritus; déchet; rebut

**فِضال ج فُضُل** déshabillé *n.m.*; négligé *n.m.*

**مِفْضَلة ج مَفاضِل** *même sens*

**مِفْضال** obligeant; bienfaisant; très généreux

II **فَضَّلَ تَفْضيلاً ه، ه، أن** aimer mieux; distinguer; favoriser; préférer; avoir une prédilection pour

~ ه، ه على préférer qqn, qqch à; donner la préférence à qqn, qqch sur

**تَفْضيل** prédilection; préférence; superlatif

اِسْم الـ~ comparatif [*gramm.*]

**تَفْضيليّ** préférentiel

تَعْريفة جُمْرُكيّة ~ة tarif préférentiel

**مُفَضَّل** préférable; préféré; favori; de prédilection; privilégié

ابن ~ benjamin

III فاضَلَ مُفاضَلة ه chercher à surpasser; rivaliser avec

~ بَيْنَ ... و comparer les mérites respectifs de

مُفاضَلة comparaison; favoritisme; partialité

IV أَفْضَلَ إِفْضالاً ه faire du bien/une faveur/un présent; honorer qqn; obliger qqn; rendre service à

~ على dépasser; être supérieur à (en nombre, mérite)

مُفْضِل bienfaiteur

V تَفَضَّلَ تَفَضُّلاً se donner la peine de; vouloir bien; condescendre à; avoir la bonté/l'obligeance de; faire à qqn la grâce/le plaisir de; daigner; obliger qqn

لَوْ ~ فَسَأَلَ s'il voulait bien se donner la peine d'interroger

~ فَجاءَ il s'est donné la peine de venir

تَفَضَّلْ ayez l'obligeance de; faites-moi le plaisir de; donnez-vous la peine de; prenez la peine de; je vous en prie; s'il vous plaît

تَفَضَّلوا بِقُبول ه veuillez agréer

تَفَضُّل condescendance; obligeance

مُتَفَضِّل condescendant; obligeant

VI تَفاضُل : حِساب ~ calcul différentiel, infinitésimal

مُعادَلة ~ équation différentielle

تَفاضُليّ différentiel (calcul, équation); infinitésimal (calcul)

مُعامِل ~ dérivée *n.f.*

4016 فَضا ـُ فَضاء être ... *v. à l'adj.*; finir; se terminer

فَضاء ج أَفْضية espace; cour; cour intérieure; terrain vague; air; airs; cosmos; vide *n.m.*

~ حَيَويّ espace vital

غَزْو الـ~ conquête de l'air/de l'espace

رائِد، مَلّاح الـ~ astronaute; cosmonaute; spationaute

سَفينة، مَرْكَب الـ~ astronef; vaisseau spatial

فَضائيّ cosmique; spatial

سَفينة، أَبْحاث ~ة vaisseau, recherches spatial(es)

مِلاحة ~ة astronautique *n.f.*

قاعِدة ~ة cosmodrome; base spatiale

فاضٍ (فاضي) désœuvré; inoccupé (lieu); sans occupation; libre; vacant; vide; large; spacieux; qui a terminé/réglé une affaire; qui s'est débarrassé d'une affaire; qui en a fini avec

~ الوِفاض sans le sou; dans la dèche [*pop.*]

~ الجَيْب *même sens*

II فَضَّى تَفْضية ه vider; rendre vacant; finir/terminer qqch; en finir/terminer avec; être dans la dèche [*pop.*]

~ مع ه en finir avec qqn; régler son compte à; se débarrasser de qqn

مُفَضًّى vidé; inoccupé (lieu)

IV أَفْضَى إِفْضاء إلى ه aboutir à; arriver à; conduire à; communiquer avec (pièce); en arriver/venir à; tourner en

~ بِـ ه faire part de qqch; annoncer

~ بِتَصْريحات faire des déclarations

~ بِأَسْراره إلى confier ses secrets à

~ بِمَكْنونات فِكْره livrer le fond de sa pensée

هذا لا يُفْضي إلى شيْء cela ne mène à rien/nulle part

V تَفَضَّى تَفَضِّيًا avoir des loisirs; se libérer de qqch; être délivré d'une corvée

~ لِـ ه s'adonner à; consacrer ses loisirs à

مُتَفَضٍّ désœuvré; libéré (d'une corvée)

4017 فَطَح الأَنْف épatement (du nez)

أَفْطَح م فَطْحاء épaté (nez); plat (pied)

4018 فَطاحِل grands pontes [*fam.*]/pontifes [*fam.*]; sommités; mandarins [*fig.*]

4019 فُطْر ج فُطور champignon; *méd.* fongus; *v. aussi 4020*

~ مَأْكول، سامّ champignon comestible, vénéneux

~ ذَرّيّ champignon atomique

مُبيد الـ~ fongicide

فُطْريّ fongueux

مَدينة ~ة ville-champignon

فُطْريّة ج ات fongosité

عِلْم الفُطْرِيّات — mycologie

فُطار — mycose

مَفْطَرة — champignonnière

**4020** **فَطَرَ** ـُ فَطْرًا ه — couper; crever; entamer; fendre; *v. aussi 4019*

~ القَلْب — *fig.* crever/fendre le cœur

~ ـُ فُطورًا — rompre le jeûne; déjeuner *intr.*; prendre le petit déjeuner

فُطِرَ على — avoir une disposition naturelle pour; être enclin à/porté à/né pour

فُطور — petit déjeuner

فَطْر ج فُطور — fente; fissure; coupure

**فِطْر** — petit déjeuner; rupture du jeûne

عِيد الـ~ — *isl.* baïram; fête de la rupture du jeûne

زَكاة، صَدَقة الـ~ — *isl.* aumône (faite à l'occasion de la rupture du mois de jeûne)

**فِطْرة** ج فِطَر — caractère; disposition naturelle; instinct; nature; naturel *n.m.*

حالة الـ~ — état de nature; naturel *n.m.*

~ الأَعْمال — bosse/génie/sens des affaires

فِطْرِيّ — congénital; inné; foncier; instinctif; naturel; natif; primitif; rudimentaire

فِطْرِيًّا — d'instinct; instinctivement; foncièrement

فِطْرِيّة — innéité

**فَطير** — fait à la hâte; immature; irréfléchi; prompt; azyme

عَمَل ~ — travail hâtif/bâclé

خُبْز ~ — pain azyme/sans levain

فَطيرة ج فَطائِر — crêpe; tarte; beignet; pâté

فَطائِرِيّ ج ة — marchand de galettes/beignets

**مَفْطور** على — qui a le génie/le sens de; qui est enclin/porté foncièrement/naturellement à; qui a un fond de

شاعِر ~ — poète-né

IV أَفْطَرَ إِفْطارًا — déjeuner *intr.*; prendre son petit déjeuner

إِفْطار — petit-déjeuner; premier repas de la journée (après le coucher du soleil durant Ramadan)

VII اِنْفَطَرَ اِنْفِطارًا — se crevasser; se fendre; se fendiller; se fissurer

**4021** **فَطَسَ** ـِ فُطوسًا — expirer; mourir; crever [*pop.*]

فَطِسَ ـَ فَطَسًا — être ... *v. à l'adj.*

فَطَس، فَطْسة — épatement

أَفْطَس م فَطْساء — camus/épaté/aplati/écrasé (nez)

**4022** **فَطَمَ** ـِ فَطْمًا ه — sevrer

فَطْم؛ فِطام — sevrage

فاطِمة — *n. de femme*: Fatima

**فاطِمِيّ** ج ون — Fatimide

الدَوْلة الـ~ة — la dynastie fatimide; les Fatimides

**مَفْطوم**؛ فَطيم — sevré

**4023** **فَطَنَ** ـُ فَطْنًا فِطْنة لِـ ه — s'apercevoir de; comprendre; deviner; noter; remarquer; raisonner; réaliser [*fig.*]; saisir [*fig.*]

~، فَطُنَ ـُ، فَطِنَ ـَ فَطانة — être ... *v. à l'adj.*

لَمْ يَفْطُنْ لَهُ أَحَد — passer inaperçu

**فِطْنة**؛ فَطانة — astuce; discrétion; flair [*fig.*]; intelligence; pénétration (d'esprit); perspicacité; prudence; sagacité; sagesse; subtilité

مِن الـ~ أن — il est prudent/sage/raisonnable de

لَيْسَ مِن الـ~ أن — il est imprudent/déraisonnable

البِطْنة تَأْفُن الـ~ — *prov.* à ventre plein point de cervelle

فَطِن؛ فَطين ج فُطَناء — astucieux; avisé; dégourdi; déluré; discret; habile; intelligent; prudent; perspicace; sagace; subtil

V تَفَطَّنَ تَفَطُّنًا ← فَطَنَ

**4024** (فظظ) **فَظاظة** — brutalité; cruauté; dureté; grossièreté; incorrection; indélicatesse; inhumanité; goujaterie; rudesse; trivialité; vulgarité; muflerie

تَصَرَّفَ بِـ~ مع — être incorrect avec; manquer de courtoisie envers; se montrer cavalier; se conduire comme un mufle [*fam.*]

**فَظّ** ج فِظاظ، أَفْظاظ — abrupt [*fig.*]; dur; cruel; bourru; brutal; discourtois; cavalier [*fig.*]; cru [*fig.*]; farouche; fruste; goujat; grossier; impoli; indélicat; malotru; mufle [*fam.*]; revêche; rustaud [*fam.*]; rustre; sans-cœur; vulgaire

~ ج أَفْظاظ — *zool.* morse

جَواب ~ — réponse cavalière/crue

**4025** **فَظُعَ** ـُ فَظاعة — être ... *v. à l'adj.*

**فَظاعة** — atrocité; abomination; cruauté; hideur; horreur; infamie; monstruosité; noirceur (d'une action); turpitude

يا لَلْـ~ — quelle horreur!

**فَظيع** — atroce; abominable; affreux; épouvantable; hideux; horrible; infâme; monstrueux; terrible

فَظيعة ج فَظائِع ← فَظاعة

فَظائع الحَرْب — horreurs/atrocités de la guerre

X اِسْتَفْظَعَ اِسْتِفْظاعًا ه — flétrir qqch; trouver qqch affreux/atroce

**4026** **فَعَلَ** ـَ فَعْلًا ه — accomplir; faire; agir

~ فِعْله — avoir une action/un effet; agir; opérer *intr.*

~ فيه فِعْلًا — avoir/exercer un effet/une action/une influence sur; agir sur; influencer

~ فيه فِعْلًا كَريهًا — avoir un effet déplorable

اِفْعَلْ ما تَشاءُ، ما بَدا لَكَ — fais ce que tu veux/ce que bon te semble

لَيْسَ بِوُسْعه أن يَفْعَلَ غَيْرَ ذلك — il ne pouvait rien faire d'autre

**فِعْل** ج أَفْعال — acte; action; activité; effet; fait; faire *n.m.*; impact; *gramm.* verbe

صِيغة الـ~ — forme verbale

~ تَناسُليّ، الحُبّ — acte sexuel

~ لازِم، مُتَعَدٍّ — verbe intransitif, transitif

بالـ~ — décidément; effectivement; de fait; dans la/en pratique

رَدُّ، رَدَّة ~ — contrecoup; réaction

**فِعْلًا** — bien; décidément; en effet; effectivement; de fait; réellement

فِعْلَ هُ — à l'instar de; comme

**فِعْليّ** — concret; effectif; pratique; efficace; factuel; réel; *gramm.* verbal

جُمْلة ~ة — phrase verbale

اِعْتِراف ~ — reconnaissance de facto

**فِعْليًّا** — effectivement; pratiquement; de facto

**فاعِل** — actant; actif; agissant; efficient

عِلّة ~ة — cause efficace/efficiente

قُوّة ~ — force majeure/vive

**فاعِل** ج فَواعِل — *gramm.* agent; sujet d'un verbe actif

اِسْم الـ~ — nom d'agent; participe présent/actif

نائِب الـ~ — sujet du verbe passif

**فاعِليّة** — activité; activisme; efficacité; énergie; efficience

~ دَواء، وَسيلة — efficacité d'un remède, d'un moyen

لا ~ — inefficacité

**فَعّال** — actif; effectif; efficace; opérant; opératoire; puissant

غَيْر ~ — inopérant; inefficace

دَواء، دَوْر ~ — remède, rôle efficace

فَعّاليّة ← فاعِليّة

**مَفْعول** — agi; passif; patient [*gramm.*]

اِسْم الـ~ — participe passé passif

~ ج مَفاعيل — effet; incidence; force; action; *gramm.* complément

~ رَجْعيّ — effet rétroactif; rétroaction

~ سُمّ، دَواء — effet/action d'un poison, d'un remède

~ بِه، فيه — complément d'objet direct, circonstanciel de temps ou de lieu

~ لَهُ (مِن أَجْله) — complément circonstanciel de but ou de cause

~ مُطْلَق — complément absolu/circonstanciel de manière

II فَعَّلَ تَفْعيلًا أَبْياتًا — scander des vers

**تَفْعيل** — scansion

~، تَفْعيلة ج ات، تَفاعيل — pied [*poét.*]

III فاعَلَ فِعالًا، مُفاعَلةً ه — avoir une action/un effet sur; agir sur; réagir sur

مُفاعِل نَوَويّ، ذَرّيّ — réacteur nucléaire

VI **تَفاعَلَ** تَفاعُلًا — entrer en combinaison; réagir [*chim.*]

~ت الغازات لِتُعْطي — les gaz réagirent pour donner

**تَفاعُل**، تَفاعُليّة — interaction; réaction; réciprocité

~ كيميائيّ، ذَرّيّ — réaction chimique, atomique

~ مُتَسَلْسِل — réaction en chaîne

تَفاعُليّ — réactif

VII **اِنْفَعَلَ** اِنْفِعالًا — concevoir du dépit; s'émouvoir; se laisser impressionner/émouvoir/influencer; changer d'humeur

~ بِـ ه — être ... *v. à l'adj.*

**اِنْفِعال** ج ات — agitation; émotion; changement d'humeur; dépit; manifestation de mauvaise humeur; excitation; réaction; saisissement

قَرَأَ بِـ~ — lire avec émotion/sentiment

خَفَّفَ مِن شِدَّة ~ه — calmer sa mauvaise humeur

اِضْطَرَبَ مِن الـ~ — être bouleversé par l'émotion

سُرْعة الـ~ — impressionnabilité; irritation; irritabilité

سَريع، سَهْل الـ~ — impressionnable; irritable; influençable

كَلِمة، عَلامة الـ~ — exclamation; point d'exclamation

**اِنْفِعاليّ** — affectif; émotif; excitable

**اِنْفِعاليّة** — affectivité; émotivité; excitabilité; impressionnabilité; passivité

لا ~ — impassibilité

**مُنْفَعِل** — ému; excité; agité; fébrile; sensible (à); impressionné; influencé; passif; dépité; de mauvaise humeur

**مُنْفَعِليّة** — passivité

VIII **اِفْتَعَلَ** اِفْتِعالًا ه على ه — calomnier; faire/forger/inventer des mensonges; diffamer; falsifier

**مُفْتَعَل** — artificiel; apocryphe; fabriqué/forgé de toutes pièces; falsifié; prétendu; soi-disant

4027 IV **أَفْعَمَ** إِفْعامًا ه، ه بِـ — empreindre; imprégner; remplir; gorger

**مُفْعَم** بِـ — empreint/imprégné/gorgé/rempli de

~ بِالنَشاط، الحَيَوِيّة — plein/débordant d'activité, de vie

(فعو) **أَفْعًى** ج أَفاعٍ — *v. ordre alphab.*

4028 **فَغَرَ** ـُ فَغْرًا فاه — ouvrir la bouche; béer

**فُغْرة** ج فُغَر — ouverture (d'une vallée); embouchure (d'un fleuve)

**فاغِر** — béant

~ الفَم — la bouche ouverte; bouche bée

بَقِيَ، وَقَفَ ~ الفَم — bayer aux corneilles

VII **اِنْفَغَرَ** اِنْفِغارًا — s'entrouvrir; être entrouvert

**مُنْفَغِر** — béant; grand ouvert

4029 **فَغْوة** ج فِغاء — fleur du henné; parfum; arôme

**فاغية** — *même sens*

4030 **فَقَأَ** ـَ فَقْأً ه — crever/percer (un œil, un abcès)

**اِنْفَقَأَ** اِنْفِقاءً — crever *intr.*; percer *intr.*

4031 **فَقْحة** ج فِقاح — fleur; paume de la main; sphincter anal

**فُقّاح** — inflorescence

4032 **فَقَدَ** ـِ فَقْدًا، فِقْدانًا ه — perdre; être privé de; égarer

~ نُور عَيْنَيه، الذاكِرة — perdre la vue, la mémoire

~ عَقْله، صَوابه — perdre l'esprit, la raison

~ الحَياة، حُقوقه — perdre la vie, ses droits

~ شَجاعته — se décourager; perdre courage

~ من قيمة ه — perdre de sa valeur; se déprécier

~ حُظْوته — tomber en disgrâce/en défaveur

~ وَعْيه، إِحْساسه — perdre connaissance/conscience/le sentiment

**فَقْد** ه — absence (de); défaut (de); disparition (de); manque; perte; déperdition; privation (de); in- *préf. privatif* (dans les n.)

~ إِحْساس، وَعْي — inconscience; perte de connaissance

~ الحُظْوة — défaveur; disgrâce

~ الصَوْت — extinction de voix

**فُقْدان** ← فَقْد

~ الذاكِرة — amnésie; perte de mémoire

~ نَشاطه، قُواه — déperdition d'énergie

~ الحِسّ — insensibilité

**فاقِد** — qui a perdu qqch; dépourvu de; in- *préf. privatif* (dans les adj.)

~ الذاكِرة، الحِسّ — amnésique; insensible

~ الضَمير — sans scrupule; sans conscience

~ الشُعور، الإِحْساس، الوَعْي — inconscient; sans connaissance

~ العَطْف — dépourvu de tendresse

~ حُظْوته — tombé en disgrâce

**مَفْقود** — disparu; égaré; perdu; absent

وارث ~ — héritier absent

**فَقيد** ج فَقْدَى — défunt; disparu; décédé

~ العِلْم — savant regretté/disparu

IV **أَفْقَدَ** إفْقادًا ه ه — déposséder/priver qqn de; faire perdre qqch à qqn

~ ه صَبْرَه — impatienter

~ التَوازُن — rompre/faire perdre l'équilibre

V تَفَقَّدَ تَفَقُّدًا ه — inspecter; s'informer de; réclamer; rechercher

تَفَقُّد ج ات — inspection; recherche; surveillance; visite

VIII اِفْتَقَدَ اِفْتِقادًا ه، ه — constater l'absence de; perdre; chercher (un objet perdu); rechercher

**4033** **فِقْرة** ج فِقَر، فِقَرات — alinéa; paragraphe; extrait; fragment; *anat.* vertèbre; *v. aussi 4034*

~ ظَهْرِيّة، عُنُقِيّة — vertèbre dorsale, cervicale

سُلّ الفَقَرات — mal de Pott

**فِقْرِيّ** — vertébral; vertébré *adj.*; rachidien; spinal; dorsal

عَمود، سِلْسِلة ~(ة) — colonne vertébrale; épine dorsale; échine; rachis

**فَقْرِيّات**؛ لا ~ — vertébrés; invertébrés

فَقار — *coll.* colonne vertébrale; épine dorsale

فَقارة ج فَقار — *n.un.* vertèbre

فَقاريّ ← فِقْريّ

**فَقاريّات**؛ لا ~ ← فَقْرِيّات

**4034** **فَقَرَ** ـُ فَقْرًا — être ... *v. à l'adj.*; *v. aussi 4033*

فَقْر — besoin; indigence; manque; misère; pauvreté

**فَقير** ج فُقَراء — indigent; pauvre; miséreux; misérable; dans le besoin; *isl.* ascète; derviche; fakir

الطَبَقات، الدُوَل الـ~ة — classes, pays pauvres

IV **أَفْقَرَ** إفْقارًا ه — appauvrir; réduire à la pauvreté; rendre pauvre; dépouiller (de ses richesses)

~ بَلَدًا — épuiser un pays

**إفْقار** — appauvrissement; épuisement; paupérisation

VIII **اِفْتَقَرَ** اِفْتِقارًا — s'appauvrir; tomber dans le besoin/la misère/la pauvreté

~ إلى ه — avoir besoin de; manquer de; vouloir; être à court de

**اِفْتِقار** — appauvrissement; dénuement; pauvreté (d'esprit)

الـ~ إلى — le besoin/le manque de

مُفْتَقِر الى — à court de; dans le besoin

**4035** (فقس) **مِفْقَس** ج مَفاقِس — incubateur; couveuse

مِفْقَسة — *même sens*

فَقُّوس — *coll.* melon (de Syrie); concombre

II فَقَّسَ تَفْقيسًا بَيْضة — couver (un œuf); faire éclore

تَفْقيس — incubation (d'un œuf)

V تَفَقَّسَ تَفَقُّسًا — éclore (œuf); éclosion

VII اِنْفَقَسَ اِنْفِقاسًا ← V

**فَقَص** ← فقس

**4036** **فَقَطْ** — seulement; pas davantage; pas plus; tout court

لا ... ~، بَلْ — non seulement ..., mais encore

**فَقَطَ** ـُ فَقْطًا الحِساب — noter le mot «seulement» après une somme pour éviter la fraude

II فَقَّطَ تَفْقيطًا ه — *même sens*

**4037** **فَقَعَ** ـَ فُقوعًا مِن — crever de (chaleur)

~تْ ه الفَواقِع — être accablé par les ennuis

فَقْع الذِئْب — *bot.* vesse-de-loup

**فاقِع** : لَوْن ~ — couleur criarde/franche/vive/pure

~ ج فَواقِع — malheur

فُقّاع — boisson fermentée; (sorte de) bière

فُقّاعة ج ات، فَقاقيع — bulle; cloque; vésicule; globule

II **فَقَّعَ** تَفْقيعًا — claquer; pétiller; faire des bulles

~ أَصابِعه — faire claquer/craquer ses doigts

تَفْقيع — claquement/craquement de doigts

V تَفَقَّعَ تَفَقُّعًا — claquer/craquer (doigts)

VII اِنْفَقَعَ اِنْفِقاعًا craquer (couture); se déchirer (vêtement)

4038 فُقْمة ج فُقَم éléphant lion de mer; phoque

فَقامة *poiss.* poisson-globe; tétrodon

VI تَفاقَمَ تَفاقُمًا s'accentuer; s'aggraver; progresser (mal); prendre de graves proportions; grandir (amour); s'exacerber; s'exaspérer; se compliquer; se corser; empirer (maladie); s'envenimer (situation)

~ت العَلاقات الدُوَلِيّة les relations internationales s'assombrissent se tendent

تَفاقُم aggravation; progression; exacerbation; exaspération; complication; progression (d'un mal); recrudescence

مُتَفاقِم recrudescent (mal)

4039 فَقِهَ - فِقْهًا comprendre; concevoir; entendre [*fig.*]; saisir (une idée)

فَقُهَ ـُ فَقاهة être savant; être versé dans le «*fiqh*»

لا يَفْقَه شَيْئًا ne rien entendre à; n'y voir que du feu

لا يُفْقَهُ impénétrable (secret); incompréhensible; insaisissable (idée)

فِقْه doctrine [*dr.*]; savoir; *isl.* jurisprudence; «*fiqh*»

~ اللُغة philologie

فِقْهِيّ *isl.* juridique; jurisprudentiel

فَقيه ج فُقَهاء homme de loi; jurisconsulte; savant; lettré; *titre honorifique donné à certains hommes de loi ou de religion*; *dialect.* maître d'école coranique

V تَفَقَّهَ تَفَقُّهًا étudier le «*fiqh*»

~ مَعْنَى ه comprendre; se pénétrer du sens de

4040 فَكَّ ـُ فَكًّا ه dé-/dis- *préf.*; débloquer; déboîter; décoller; décrocher; dégrafer; défaire; dégager; délier; démonter; dénouer; dérouler; desserrer; détacher; disjoindre; disloquer, émanciper; lâcher; libérer; relâcher (un prisonnier)

~ ـَ فَكَكًا se démettre/se luxer (une articulation); se faire une entorse

~ جهازًا، إطارًا démonter un appareil, un pneu

~ لَوالِب، مَحازِق dévisser; déboulonner

~ عُقْدة، رَبْطة عُنْقه défaire un nœud, sa cravate

~ أَزْرار الثِياب، ثِيابه déboutonner; se déboutonner

~ حَزْقة débloquer un écrou

~ حِصار مَدينة débloquer une ville assiégée

~ عُقْدة المُفاوَضة débloquer les négociations

~ لُغْزًا، أُحْجِيّة démêler deviner expliquer résoudre une énigme

~ رُموزًا، خُطوطًا déchiffrer; décrypter

~ حَجْزًا، رَهْنًا lever une saisie, une hypothèque; dégager (un objet mis en gage)

لا يُفَكّ indéchiffrable; inexplicable (énigme); inextricable (situation)

فَكّ déblocage; déboîtement; décollement; décrochage; démontage; dénouement; déroulement; disjonction; dislocation; relâchement; séparation; entorse

~ الكَتِف luxation (de l'épaule)

يُمْكِن ~ه démontable

~ اشْتِباك عَسْكَرِيّ désengagement militaire

~ رَهْن، حَجْز mainlevée

~ ج فُكوك *anat.* mâchoire; mandibule; maxillaire; *techn.* mors

~ أَسْفَل، أَعْلَى mâchoire maxillaire inférieur(e), supérieur(e)

مَلْحومات الـ~، الفُكوك *poiss.* plectognathes *n.m.pl.*

فِكاك argent grâce auquel on peut dégager un objet engagé; caution; rançon

مَفْكوك dé- ... *v. au verbe*

مِفَكّ إطار، لَوْلَبِيّ démonte-pneu; tournevis

II فَكَّكَ تَفْكيكًا ه (← فَكّ) décomposer (visage); démantibuler [*fam.*]; désarticuler; désintégrer; dissocier; déconnecter

تَفْكيك désarticulation; dissociation; désintégration

~ الذَرّة désintégration de l'atome

~ إداريّ décentralisation administrative

يُفَكَّك démontable (appareil)

مُفَكَّك décentralisé; décousu [*fig.*]; démonté (appareil); incohérent; démantibulé [*fam.*]; décomposé (visage); désarticulé; désintégré; déconnecté

جُمْلة ~ة phrase décousue/incohérente

~ المِشْيَة dégingandé; qui a une démarche désarticulée

V تَفَكَّكَ تَفَكُّكًا se décomposer (visage); se défaire; se démantibuler; se dénouer; se dégrafer; se démonter; se désagréger; se désarticuler; se désintégrer; se disloquer; se disjoindre; se dissocier; se dissoudre; s'effriter; partir en morceaux; être incohérent/décousu (discours)

~ت الجَمْعِيَّة l'association s'est dissoute

تَفَكُّك décomposition (d'un visage); désagrégation; dislocation; dissociation; dissolution; incohérence; effritement

~ الجَليد débâcle; dégel

حَرْب اِنْتَهَتْ فينا بِـ~ une guerre qui nous a disloqués/brisés

مُتَفَكِّك décomposé; défait; disjoint; incohérent

وَجْه ~ visage décomposé/défait

أَحْجار ~ة pierres disjointes/disloquées

VII اِنْفَكَّ اِنْفِكاكًا se déboulonner; se décrocher (tableau); se dégrafer; se défaire; se déboîter; se débloquer (situation, écrou); se décoller; se dénouer (crise); se dérouler; se délier; se désarticuler; se desserrer; se détacher; lâcher *intr.* (nœud); se luxer (genou)

ما ~ *suivi d'un v.* ne pas cesser de; continuer à

ما ~ يَعيش في الخَيال il a toujours vécu dans l'imaginaire

ما ~ قائِمًا rester debout; être encore debout

لا يَنْفَكّ inextricable

وَلا ~ يَنْظُر إلى sans cesser de regarder

اِنْفِكاك décollement; disjonction; luxation; déboîtement (genou)

VIII اِفْتَكَّ اِفْتِكاكًا ه arracher qqch; dégager; s'emparer de

**4041** فِكْر ج أَفْكار esprit; idée; pensée; opinion

تَجاذَبَ، حَيَّرَ ~ه égarer qqn; troubler l'esprit; jeter dans la confusion

الـ~ المُعاصِر pensée contemporaine

حُرِّيَّة الـ~ liberté d'esprit/de pensée

أَعْمَلَ ~ه في bien réfléchir à

بَعْدَ إعْمال ~ه tout bien pesé/réfléchi; après mûre réflexion

~ مُجْهَد esprit tendu

شارِد الـ~ esprit confus/embarrassé/troublé

مُشَوَّش الـ~ esprit confus; embarrassé; troublé

بِالـ~ par la pensée; en esprit

أَفْكار سَيِّئة، السُوء mauvaises pensées

ساوَرَتْه ~ سَوْداء se faire des idées; avoir des idées noires

بَنات الـ~ fruits de l'esprit

غَنِيّ بِالـ~ plein d'idées

غاصَ، اِسْتَغْرَقَ في ~ه se plonger dans ses pensées; rêvasser; rêver

غارِق، مُسْتَغْرِق في ~ه pensif; rêveur

دَعْنا من ~كَ épargne-nous tes réflexions

فِكْرة ج فِكَر، أَفْكار idée; notion; pensée; réflexion; conception; aperçu

~ الخَيْر، السُوء notion du bien, du mal

أَعْطى ~ه عن donner son idée sur

وَجَدَ ~ لِقِصّة جَديدة trouver l'idée d'un nouveau roman

~ ثابِتة، مُتَسَلِّطة idée fixe; hantise

أَخَذَ ~ عن se faire une idée de/sur

أَيَّةُ ~ quelle (drôle d') idée!

على ~ à propos; incidemment; puisque nous parlons de cela

عِنْدَ ~ ه à la perspective/la pensée de

فِكْرِيّ cérébral; intellectuel; mental; spirituel

الحُرِّيَّة الـ~ة liberté de pensée

فِكْرِيَّة intellectualité; mentalité

فِكِّير contemplatif; penseur; pensif

II فَكَّرَ تَفْكيرًا في ه aviser; penser; raisonner; réfléchir; songer à; rêver

~ في المُسْتَقْبَل penser à l'avenir

~ تَفْكيرًا صَحيحًا، مُسْتَقيمًا bien réfléchir

خِلافًا لِما ~ فيه contrairement à ce qu'il avait pensé

~ مِن أَجْل نَفْسه فَقَط ne penser qu'à soi

~ عالِيًا، بِصَوْت عالٍ penser tout haut/à haute voix

~ في أَنْ يَطْلُب penser à demander

~ في مَشْروع nourrir/caresser un projet

جَعَلَ ه يُفَكِّر في donner à/laisser/faire penser

لا تُفَكِّر في ذلك n'y pensons plus

تَفْكير cogitation; contemplation; pensée; réflexion; spéculation

دَعا إلى الـ~ donner à penser réfléchir

طَريقة الـ~ manière de penser

حُرِّيَّة الـ~ libre examen; liberté de pensée

~ جِدِّيّ، مُتَعَمِّق réflexion sérieuse, approfondie

مِمَّا يُؤَدِّي إلى الـ~ في ce qui conduit à penser que

المَرْء في الـ~ واللّه في التَدْبير

*prov.* l'homme propose et Dieu dispose

مُفَكِّر ج ون intellectuel; penseur; songeur

مُفَكِّرة ج ات agenda; carnet; memento

~ يَوْمِيَّة journal intime

V تَفَكَّرَ تَفَكُّرًا être pensif; penser; délibérer; réfléchir; raisonner; spéculer

تَفَكُّر spéculation; délibération

VIII اِفْتَكَرَ اِفْتِكارًا في ← V

**4042** فَكْش entorse; foulure

**4043** فَكِه badin; enjoué; facétieux; gai; humoriste; plaisant; spirituel; *v. aussi 4044*

قِصَّة ~ة histoire plaisante

فُكاهة attrape *n.f.*; farce; badinage; gaieté; humour; facétie; enjouement; sel [*fig.*]

فُكاهِيّ boute-en-train; plein d'humour; humoriste; humoristique (style)

II فَكَّهَ تَفْكيهًا ه amuser égayer (par des plaisanteries)

مُفَكِّه amusant; plaisant

V تَفَكَّهَ تَفَكُّهًا faire des plaisanteries; plaisanter; s'égayer; être de bonne humeur; être d'humeur badine/enjouée

~ بِـ ه، ه plaisanter avec qqch; s'amuser à

**4044** فاكِهة ج فَواكِه fruit

شَجَر، عَصير ~ arbre fruitier; jus de fruit

حَديقة، بُسْتان فَواكِه verger

**4045** فُلّ *bot.* variété de jasmin; seringa; nycthante

**4046** فَلَّ ـُ فَلًّا ه faire ouvrir une brèche; ébrécher (une lame); écorner; enfoncer/mettre en déroute (une armée); faire une percée une trouée; fêler

~ من حِدَّة affaiblir; battre en brèche [*fig.*]; émousser [*pr.* et *fig.*]; énerver

فَلّ ج فُلول brèche; cassure; fêlure; faille

فُلول débris d'une armée; soldats vaincus

فَليل ébréché (lame)

فِلالِيّ *maroc.* originaire du Tafilalet; cuir spécial

**4047** فَلَتَ ـِ فَلْتًا s'échapper

~تْ مِنْه كَلِمة échapper à qqn (mot); lâcher un mot malencontreux

~ مِنّي هذا cela m'a échappé

فَلْتة ج فَلَتات extravagance; incartade; incongruité

~ اللِسان، الكَلام écart de langage; propos incongru; lapsus

لَيْس بِـ~ زَمانه ce n'est pas un génie

فَلْتةً soudain; soudainement; subitement

فالِت ج فُلَتاء libre; échappé; en cavale [*arg.*]; vagabond; débauché; voyou; dissolu; vaurien; débridé (imagination)

~ اللِسان، الكَلام qui tient des propos incongrus licencieux libertins

IV أَفْلَتَ إفْلاتًا s'évader; échapper *intr.*; lâcher; lâcher prise

~ مِن ه s'échapper de; se soustraire à; se débarrasser de

~ ه من ه débarrasser délivrer qqn de qqch

~ نابِضًا déclencher un ressort

إفْلات déclenchement

~ تِلْقائِيّ déclenchement automatique

VII اِنْفَلَتَ اِنْفِلاتًا من se déclencher; s'évader; échapper *intr.*; s'échapper; se soustraire à

اِنْفِلات évasion; déclenchement; soustraction [*fig.*]

الحاجة إلى الـ~ besoin d'évasion

قَسْطَل ~ tuyau d'échappement

**4048** فُلِجَ ـَ فَلْجًا être frappé d'hémiplégie

فالِج hémiplégie; paralysie de la moitié du corps

~ شِقّيّ — *même sens*

مَفْلوج — hémiplégique; paralysé

**4049** **فَلْج** ج أَفْلاج — ruisseau

فالِج ج فَوالِج — chameau (à deux bosses)

فَليج ج فُلْجان — bande d'étoffe (dont on fait la tente bédouine)

II فَلَّجَ تَفْليجًا ه — évaser; répartir

مُفَلَّج، مُتَفَلِّج — évasé

V تَفَلَّجَ تَفَلُّجًا — s'évaser; se crevasser; se fendiller; gercer *intr.*

تَفَلُّج — évasement; crevasse; gerçure

**4050** **فَلَحَ** ـَ فَلْحًا ه — fendre; fendre la terre; cultiver; labourer

الحَديد بالحَديد **يُفْلَحُ** — *prov.* la force/violence ne cède qu'à la force/violence; le mal appelle le mal

**فَلاح** — bonheur; délivrance; félicité; prospérité; réussite; salut; succès

حَيَّ على الـ~ — accourez au salut (*formule associée à l'appel à la prière lancé par le muezzin*)

**فِلاحة** — agriculture; culture; labour; labourage; travail de la terre

وزارة الـ~ — ministère de l'Agriculture (dans certains pays arabes)

**فِلاحيّ** — agricole

آلة ~ة — instrument aratoire; machine agricole

فالِح — heureux; qui réussit; prospère

أَفْلَح م فَلْحاء — qui a la lèvre inférieure fendue

**فَلْحاء** — fendue (lèvre)

فَلّاح ج ون — cultivateur; fermier; laboureur; paysan

فَلّاحة ج ات — paysanne; fermière

طَبَقة **الفَلّاحين** — paysannat; paysannerie

IV أَفْلَحَ إِفْلاحًا — être heureux; prospérer; réussir; avoir du succès; se tirer d'affaire

مُفْلِح — heureux; prospère; qui a réussi

**4051** **فِلْذة** ج فِلَذات، فِلَذ، أَفْلاذ — morceau; portion

~ كَبِده — son propre sang; la chair de sa chair; le fruit de ses entrailles

أَفْلاذُ الأَرْض — trésors de la terre

فالوذ، فالوذج — *v. ordre alphab.*

فُولاذ — *v. ordre alphab.*

**4052** **فِلْز، فِلِزّ** — métal fondu; scories de métal; métaux non précieux

~ الكِلْس — calcium

**4053** **فَلْس** ج **فُلوس** — coquillage; écaille; sou; obole; pièce de monnaie

**فُلوس** — argent; fric/pognon [*pop.*]

عِنْدَه ~ — il est riche

II فَلَّسَ تَفْليسًا ه — déclarer/mettre en faillite; ruiner qqn

تَفْليس — déclaration de faillite

مُفَلَّس — en faillite; ruiné; détraqué (personne); étourdi; imbécile

IV **أَفْلَسَ** إِفْلاسًا — faire banqueroute/faillite; être insolvable

~ مَصْرِفًا — mettre une banque en faillite

**إِفْلاس** — faillite; banqueroute; insolvabilité; ruine

على وَشْك الـ~ — au bord/à deux doigts de la ruine

آلَ إلى الـ~ — dégringoler; aller à la ruine

مُفْلِس ج مَفاليس — banqueroutier; failli [*écon.*]; en faillite; insolvable; ruiné; sans le sou; fauché [*fam.*]

V تَفَلَّسَ تَفَلُّسًا — s'exfolier [*méd.*]; exfoliation

**4054** **فِلَسْطينيّ** — palestinien

مُنَظَّمة التَحْرير الـ~ة — Organisation de libération de la Palestine

**4055** **فَلْسَفَ** — philosopher

**فَلْسَفة** — philosophie

~ العُلوم، المَعْرِفة — épistémologie

~ التَنْمية، اِجْتِماعيّة — philosophie du développement, sociale

~ إِلَهيّة — théodicée; théosophie

فَلْسَفيّ — philosophique

فَيْلَسوف ج فَلاسِفة — philosophe

مُفَلْسِف ج ون — *même sens*

II تَفَلْسَفَ تَفَلْسُفًا — philosopher; passer pour/se dire philosophe

**4056 فَلْطَحَ** فَلْطَحة — aplatir; aplatissement

**مُفَلْطَح، مُتَفَلْطِح** — plat; aplati; comprimé

**4057 فَلَعَ** َ فَلْعًا — cliver; fendre

~ رَأْسَ ه — rompre la tête de qqn

**فَلْع** ج **فُلوع** — clivage; gerçure; crevasse

II فَلَّعَ تَفْليعًا ه — gercer; fendiller; fendre; crevasser

**تَفْليع** — fendillement

V تَفَلَّعَ تَفَلُّعًا — gercer *intr.*; se fendiller; se fendre; se cliver

**تَفَلُّع** — clivage

VII اِنْفَلَعَ اِنْفِلاعًا ← V

**4058 فَلْفَلَ** ه — pimenter; poivrer

**فُلْفُل، فِلْفِل** ج فَلافِلُ — piment; poivre

~ أَحْمَر حارّ — poivre rouge fort

شَجَرة ~ — poivrier [*bot.*]

**فُلَيْفِلة** ج ات — poivron

**4059 فَلَقَ** ِ فَلْقًا — fendre (en deux); fissurer; cliver; crevasser

~ أُذُنَيْه — rebattre les oreilles

**فَلْق** ج **فُلوق** — clivage; crevasse; gerçure

**فِلْقة** — *anat.* lobe; *bot.* cotylédon

أُحاديّ الـ~ — monocotylédone

ذات **فِلْقَتَيْن** — dicotylédone

**فَلَقة** — supplice de la bastonnade

**فَلّاق** ج ة — fellaga; bandit; bandit de grand chemin; coupeur de route

**فَلوق** — fissible; fissile

**فَيْلَق** ج فَيالِق — *v. ordre alphab.*

II فَلَّقَ تَفْليقًا — gercer; fendiller; crevasser

V تَفَلَّقَ تَفَلُّقًا ← VII

VII اِنْفَلَقَ اِنْفِلاقًا — s'écailler; éclater (bois); se désintégrer; se cliver; se fissurer; se fendiller; se segmenter

~ من الضَحِك — crever de rire [*fam.*]

**اِنْفِلاق** — éclatement; clivage; désintégration; fission; scission [*biol.*]

~ نَوَوِيّ، الذَرّة — fission du noyau; désintégration de l'atome

**4060 فَلَك** ج **أَفْلاك** — corps/globe céleste

~ التَدْوير — orbite d'un corps céleste

~ البُروج — écliptique

عِلْم الـ~ — astronomie

**فَلَكيّ** — astronome; astronomique; céleste; sidéral

سَنة ~ة — année astronomique/sidérale

**فَلْكة** — rondelle

**4061 فُلْك** — barque; canot; esquif; vaisseau; felouque

فَلوكة ج فَلائك — *même sens*

فَلائكيّ ج ة — barcassier; batelier; marinier

**4062 فِلُكْسِرا** — phylloxéra

**4063 فُلْكْلور** — folklore

**فُلْكْلوريّ** — folklorique

**4064 فَلْكَنَ**، فَلْكَنة — vulcaniser; vulcanisation

**مُفَلْكَن** — vulcanisé

**4065 فِلْم**، فيلم ج **أَفْلام** — film; pellicule; bande cinématographique

~ ناطِق، مُلَوَّن — film parlant, en couleurs

~ طَويل، قَصير — long, court métrage

~ إِخْباريّ، وَثائِقيّ — film d'actualité; film documentaire

~ مُصَغَّر — microfilm

III فَلَّمَ تَفْليمًا — filmer; filmage

**4066 فُلان** م فُلانة — X; monsieur/madame X; Un/Une tel(le); *fam.* chose; machin; truc

**فُلانيّ** — tel *adj.*

في المَكان الـ~ — à tel endroit

في الساعة الـ~ة — à telle heure

**4067 فِلِّين** liège

فِلِّينة bouchon de liège

**4068 فِلْو** ج فُلُوّ، أَفْلاء poulain

فِلْوة؛ فَلُوّة ج فِلًى، فِلاء pouliche

**فَلاة** ج فَلَوات désert

في الـ~ en rase campagne

**4069 فُلور** fluor

فَلْوَرة؛ تَفَلْوُر fluorescence

فُلوريّ؛ مُتَفَلْوِر fluorescent

**4070** II **فَلَّى** تَفْلِية القَمْلَ épouiller; chercher les poux

~ نَصًّا dépouiller/éplucher un texte

~ البَراغيثَ épucer; chercher les puces

~ البَرْغوث *fig.* chercher la petite bête; couper les cheveux en quatre; chercher midi à quatorze heures

V تَفَلَّى على ه se moquer de; faire de l'esprit aux dépens de

**4071 فِليو**؛ فُلَيّة *bot.* menthe; pouliot

**فَلْيون** ج فَلايين filleul

**4072 فَم** ج أَفْمام، أَفْواه bouche; embouchure; goulot (d'une bouteille); orifice; *v. aussi 4106*

طِب، طَبيب أَمْراض الـ~ stomatologie; stomatologiste

فَمَوِيّ، فَمِيّ oral *adj.*; buccal; stomatologiste

**4073 فَنَن** ج أَفْنان branche; rameau

**فَنّ** ج فُنون art; métier; catégorie; classe; genre; sorte; spécimen; variété

~ التَجْميل cosmétologie

~ التَمْريض profession/métier d'infirmier

~ الخِطابة، الحُكْم art oratoire, de gouverner

الـ~ لِلفَنّ، لِلْواقِع l'art pour l'art; art réaliste

~ التَنْميق، التَزْويق arts décoratifs

**فُنون** حُرّة، تَشْكيليّة arts libéraux, plastiques

الـ~ والصَنائِع arts et métiers

~ تَرْويح، تَرْفيهيّة arts d'agrément

~ مَنْزِليّة، جَميلة arts ménagers; beaux-arts

~ أَدَبيّة، الأَدَب genres littéraires

~ العِلْم les différentes branches du savoir/de la connaissance

~ مِن ه différentes/diverses sortes de

**فَنّيّ** artiste *adj. n.*; artistique; technique *adj.*; technicien *adj.*, *n.*; esthétique *adj.*

خِبْرة، مَعونة، مَدْرَسة ~ة compétence, aide, lycée technique

مُصْطَلَح، مُسْتَشار ~ terme, conseiller technique

عامِل ~ ouvrier spécialisé; technicien

تُحْفة ~ة objet/œuvre d'art; chef-d'œuvre

غَيْر ~ inesthétique

فَنّيّة technicité

**فَنّان** ج ون؛ عامِل ~ artiste; ouvrier d'art

**أُفْنون** ج أَفانين catégorie; classe; façon; manière; mode *n.m.*

II فَنَّنَ تَفْنينًا ه diversifier; mêler; varier *tr.*

V **تَفَنَّنَ** تَفَنُّنًا se diversifier; se ramifier; varier *intr.*

~ في ه s'ingénier à; passer maître en; raffiner sur; essayer par tous les moyens de; mettre toute son imagination à

تَفَنُّن affectation; raffinement; maîtrise; ingéniosité; diversité; multiplicité

مُتَفَنِّن divers; multiple; varié; ingénieux; raffiné; esthète

VIII اِفْتَنَّ اِفْتِنانًا ← V

**4074 فَنار** balise; phare

**4075 فِنْجان** ج فَناجين coupe; tasse (de café)

فِنْجال ج فَناجيل *même sens*

**4076 فِنْد** ج فُنود، أَفْناد branche; rameau

فَنَد ج أَفْناد faiblesse; impuissance

فَنادة ramure

II **فَنَّدَ** تَفْنيدًا répliquer; rétorquer; démentir; donner un démenti; réfuter

~ حُجّة réduire à néant/pulvériser un argument

تَفْنِيد — démenti; réfutation

**4077 فُنْدُق** ج فَنادِق — hôtel

~ عائِلات، فاخِر — pension de famille; hôtel de luxe

صاحِب ~ — hôtelier; taulier [*fam.*]

**فَنْدَقة** — hôtellerie (profession)

**فُنْدُقِيّ**؛ مَدْرَسة ~ة — hôtelier *adj.*; école hôtelière

**4078 فِنْطاس** — auge; citerne; réservoir

**فِنْطيسة** ج فَناطيس — museau (de porc)

**4079 فَنْك** ج أَفْناك — fennec

**4080 فَنِيَ** َ فَناء — s'anéantir; disparaître; s'effacer; s'évanouir [*fig.*]; périr; être ... *v. à l'adj.*

~ في — s'absorber se fondre se sublimer dans

~ الناس عَنْ بَكْرة أَبيهِم — disparaître jusqu'au dernier

**يَفْنَى**؛ قَدْ ~ — périssable; mortel

لا ~ — impérissable; ineffaçable; indestructible; immortel

**فَناء** — anéantissement; destruction; disparition; effacement; évanescence; extermination; évanouissement; fin; terme; néant

~ النَفْس — anéantissement de l'être (en Dieu)

**فِناء** ج أَفْنِية — cour; parvis; patio; préau

فَناة — *bot.* parisette

**فانٍ** — éphémère; évanescent; mortel *adj.*; vain; périssable; âgé; caduc; décrépit; épuisé; faible

كُلّ مَنْ عَلَيْها ~ — tous les hommes sont mortels

مَلَذّات ~ة — vains plaisirs; plaisirs éphémères

الفانِية — le monde périssable

IV **أَفْنَى** إِفْناء — anéantir; détruire; exterminer; réduire à néant; éteindre

~ ماله — consumer [*litt.*]/dépenser son argent

~ حَياته في — user/dépenser/passer sa vie (dans)

**إِفْناء** — anéantissement; destruction; écrasement; ruine

VI **تَفانَى** تَفانِيًا — s'anéantir/se détruire/s'exterminer mutuellement

~ في — s'adonner exclusivement à; se donner à; se consacrer à; se dévouer à; se sacrifier à; se vouer à

تَفانٍ — anéantissement; dévouement; sacrifice

مُتَفانٍ — dévoué; anéanti (en Dieu)

**4081 فِنيقِيّ** — phénicien

**4082 فَهْد** ج فُهود، أَفْهُد — guépard; léopard; panthère

**4083 فَهْرَسَ** — cataloguer; répertorier; faire un index

**فَهْرَسة** — catalogage; répertoriage

**فِهْرِس**، فِهْرِسْت ج فَهارِس — catalogue; index; table des matières; répertoire

**مُفَهْرَس** — catalogué; répertorié

**4084 فَهْقة** — première vertèbre cervicale

فَهَقة — *poiss.* poisson-globe; tétrodon

**4085 فَهِمَ** َ فَهْمًا ه — comprendre; concevoir; entendre [*fig.*]; interpréter; réaliser [*fig.*]; saisir [*fig.*]

لا يَفْهَم شَيْئًا من — ne rien entendre à

لا يُفْهَم — incompréhensible; insaisissable

لا ~ أَوَّلُه مِن آخِره — sans queue ni tête

**فَهْم** — compréhension; conception; entendement; esprit; intellect; intellection; intelligence; jugement; pénétration (de l'esprit)

تَظاهَرَ بال~ — prendre un air entendu

بَطِيء الـ~ — lent d'esprit; long à comprendre

أَساءَ، أَحْسَنَ ~ ه — mal, bien comprendre/interpréter

إِساءة، إِحْسان ~ — mauvaise, bonne compréhension/interprétation de

فِكْرة سَهْلة الـ~ — idée accessible/compréhensible

**فاهِم؛ فَهِم** — aigu (esprit); intelligent; vif; qui comprend vite

أَ~ أَنْتَ؟ — vous comprenez? compris? vu?

**فَهِيم** ج فُهَماء — intelligent; judicieux; qui a du discernement; sensé

**مَفْهوم** — compréhensible; compris; entendu; saisi; intelligible

هذا ~ — cela se comprend

~ أن — il est bien entendu/compris que

غَيْر ~ — incompréhensible; incompris; inarticulé (son)

~ ج مَفاهيم — acception; conception; concept; esprit; sens; notion; signification; compréhension

مَفْهوميّ — notionnel; conceptuel

مَفْهوميّة — intelligibilité

II فَهَّمَ تَفْهيمًا ه ه ← IV

IV أَفْهَمَ إفْهامًا ه ه — faire comprendre qqch à qqn

V تَفَهَّمَ تَفَهُّمًا ه — arriver à comprendre; comprendre peu à peu; essayer/s'efforcer de comprendre; se pénétrer (d'une idée)

تَفَهُّم — compréhension

VI تَفاهَمَ تَفاهُمًا — s'entendre; se comprendre; vivre dans une bonne entente

تَفاهُم — accord; entente/compréhension mutuelle; harmonie

سُوء ~ — malentendu; mésentente; mésintelligence

X اِسْتَفْهَمَ اِسْتِفْهامًا ه عن ه — chercher à comprendre/à connaître; s'enquérir de; interroger; questionner; se renseigner

اِسْتِفْهام — interrogation; demande de renseignements

عَلامة، نُقْطة ~ — point d'interrogation

أداة، اِسْم ~ — particule, pronom interrogatif(ive)

اِسْتِفْهاميّ — interrogatif

لَهْجة، جُمْلة ~ة — ton, phrase interrogatif(ive)

فو ← فم، فوه

**4086 فُوّة** — garance *n.f.*

فُوِّيات — rubiacées *n.f.pl.*

**4087 فَوانيا** — pivoine

**4088 فاتَ ـُ فَواتًا ه** — échapper à qqn; ne pas avoir le loisir/le temps de; passer (temps, occasion)

~ الوَقْت، الحال — il n'est plus temps; il est/c'est trop tard

~ ه أن — il lui a échappé/il a oublié que

~ ه القِطار — manquer/louper [*fam.*]/rater le train

~ تْ ه الفُرْصة — manquer/rater l'occasion; laisser passer/échapper l'occasion

~ ذاكِرتَه — sortir de la mémoire; oublier

لا يَفُوتُه أن — ne pas manquer de

لا ~ ه شَيْء — rien ne lui échappe; ne rien laisser échapper

فَوات الرِبْح — manque à gagner

قَبْلَ ~ الأَوان — avant qu'il ne soit trop tard

بَعْدَ ~ الأَوان — après coup; trop tard

فائِت — manqué; passé; précédent

العام الـ~ — l'année dernière

~ الأَوان — tardif; périmé

II فَوَّتَ تَفْويتًا ه — aliéner [*jur.*]

~ قِطارًا — rater/manquer un train

~ عَمَلِيّة — faire échouer une opération

~ فُرْصة — négliger/perdre, laisser échapper/passer une occasion

~ فُرْصة على ه — faire manquer/rater une occasion à qqn

تَفْويت — aliénation [*jur.*]

VI تَفاوَتَ تَفاوُتًا في ه — différer; être différents/disparates/inégaux

~ في دَرَجة ه — ne pas être … au même degré/titre; ne pas être aussi/autant

تَفاوُت — différence; disparité; diversité; disproportion; inégalité

مُتَفاوِت — différent; disparate; divers; inégal; disproportionné

VIII اِفْتاتَ اِفْتِياتًا ه ← فاتَ

~ بِرأيِه — avoir des opinions absolues/indépendantes

~ على ه — commettre un abus/une imposture contre qqn

~ على ه في ه — éluder les ordres; se soustraire à l'autorité de qqn

~ على ه — enfreindre (ordre, règlement); ne pas tenir compte de qqch

لا يُفْتات عَلَيْه بِـ ه — rien ne lui échappe

**4089 فَوْج ج أَفْواج** — bataillon; contingent; équipe; groupe; légion; régiment; troupe

أَفْواجًا — en foule/masse; par légions

**4090 فاحَ ـُ فَوْحًا** dégager (une odeur); exhaler; répandre (un parfum); sentir *intr.*

~(ت) عِطْره، رائِحته embaumer; fleurer sentir bon; s'exhaler; se dégager (parfum)

~ من ه émaner de

~ منه شَذا القَداسة être en odeur de sainteté

تَفوحُ منه رائحة الخَمْر sentir puer le vin

فَوْح، فَوَحان émanation; exhalaison

فَوْحة عِطْر bouffée de parfum; effluve

**4091 فَوْد ج أَفْواد** cheveux sur les tempes

بَدا الشَيْب بِفَوْدَيْه avoir les tempes grisonnantes

**4092 فارَ ـُ فَوْرًا، فَوَرانًا** bouillonner; être/entrer en ébullition/en effervescence; faire des bulles; déborder; jaillir; pétiller

~ فائِرُهُ piquer une crise/une colère

~ غَضَبًا être bouillant de colère

**فَوْر، فَوَران** bouillonnement; débordement; ébullition; jaillissement

على الـ~، **فَوْرًا** aussitôt; immédiatement; sur-le-champ; d'urgence; tout de suite; séance tenante; de ce pas; sur l'heure; de manière impromptue; incessamment; toute affaire cessante; à l'instant; instantanément; tout de go [*fam.*]; incontinent *adv.* [*litt.*]; d'emblée; tout net; sur le coup; aussi sec [*pop.*]; rapidement

لَمْ يَعْزِمْ ~ ne pas se décider immédiatement

فَوْرَ ه aussitôt/dès/sitôt (que)

**فَوْرة غَضَب** colère; crise/transport de colère; emportement; violence, intensité

أَصابَتْه ~ غَضَب piquer une colère

**فَوْرِيّ** immédiat; instantané; prompt; soudain *adj.*

رَدُّ فِعْل ~ réaction immédiate

**فائِر** bouillonnant; en ébullition/effervescence; vif

**فائِرة ج فَوائِر** emportement; mouvement de colère

**فَوّار** effervescent; en ébullition; emporté [*fig.*]; irascible

نَبيذ ~ vin mousseux

**فَوّارة ج ات** jet d'eau; geyser

II **فَوَّرَ تَفْويرًا** produire de la vapeur; cuire à la vapeur; faire bouillir [*pr.* et *fig.*]

**4093 فُورمول** formol

**4094 فازَ ـُ فَوْزًا** avoir le dessus; l'emporter; gagner; être gagnant vainqueur victorieux; remporter la victoire le succès; triompher; réussir

~ بِفائِزة، جائِزة gagner, remporter un prix

~ بِمُسابَقة réussir à gagner un concours

~ على ه gagner qqn; vaincre; dominer

~ من الخَطَر، المَكْروه échapper au danger, au vice; se sauver

**فَوْز** délivrance; réussite; succès; triomphe; victoire; salut

كان النَصْر حَليفه والـ~ أَليفه voler de victoire en victoire

**فَوْزِيّ** triomphal

**فائِز ج ون** gagnant; lauréat; vainqueur; triomphateur; victorieux

الـ~ بِجائِزة نُوبِل prix Nobel

**فوسفات**، فوسفاتِيّ ← فُسْفات

**فوسفور**، فوسفورِيّ ← فُسْفور

**4095** II **فَوَّضَ تَفْويضًا ه إلى ه** autoriser habiliter qqn à; commissionner; confier qqch à; déléguer mandater qqn pour; donner mandat procuration à qqn pour; préposer qqn à; s'en rapporter s'en référer s'en remettre à qqn pour; passer les commandes à [*fig.*]; laisser à qqn le soin de; *v. aussi 4096*

~ سُلْطانه إلى déléguer son ses pouvoir(s)

~ تَفْويضًا كامِلاً donner un blanc-seing carte blanche [*fam.*]

**تَفْويض** blanc-seing; mandat; procuration; délégation; pouvoir

~ سُلْطة délégation de pouvoir

~ كامِل، مُطْلَق pleins pouvoirs

**سُلْطة تَفْويضِيّة** pleins pouvoirs

**مُفَوِّض** commettant; mandant

**مُفَوَّض** commis; commissionnaire; délégataire; délégué; mandataire; mandaté; plénipotentiaire

كان ~ًا بِـ avoir pouvoir/reçu délégation de

~ رَسوليّ — légat pontifical

الـ~ السامِي — haut-commissaire

وَزير، وَكيل ~ — ministre plénipotentiaire; fondé de pouvoir

~ الحُكومة، الشُرْطة — commissaire du gouvernement, de police

~ بِالتَوْقيع — fondé de pouvoir

**مُفَوَّضِيّة** — commissariat; légation

~ عُلْيا — haut-commissariat

III **فاوَضَ** مُفاوَضة مع ه — être en discussion/en conférence avec; s'entretenir avec; parlementer avec

~ في ه — négocier; traiter (une affaire)

**مُفاوَضة** ج ات — entretien; discussion; négociation; pourparlers *n.m.pl.*; conférence

هَدَمَ الـ~ — faire capoter les négociations

مُفاوِض ج ون — négociateur

VI تَفاوَضَ تَفاوُضًا مع — se consulter; parlementer/traiter avec; négocier

**4096 فَوْضَى** — anarchie; chaos; confusion; désordre; gabegie; pagaille; remue-ménage; tohu-bohu

~ سِياسِيّة — confusion politique

بَثَّ الـ~ — jeter/semer le désordre/la confusion

**فَوْضَوِيّ** — anarchique; anarchiste; brouillon *adj.*; chaotique; en pagaille; confus

**فَوْضَوِيّة** — anarchisme; confusionnisme

**4097 فُوطة** ج فُوَط — chiffon; serviette

~ الأَيدي — essuie-mains

**4098 فَوْعة** — virulence (poison, fièvre)

مُفَوَّع — virulent

**4099 فُوف** — flocon (coton); membrane; pellicule

**4100 فَوْفَل** — arec; aréquier; chou-palmiste

**4101 فاقَ** ـُ فَوْقًا ه، ه — dépasser; être au-dessus de/supérieur à; excéder; transcender; dépasser; surclasser; surpasser; primer; *v. aussi 4102*

~ الحُدود — dépasser/transgresser les limites

~ قُدْرة، طاقة ه — dépasser les moyens de; être au-dessus des forces de

~ في العُلُوّ — dépasser en hauteur

~ الآمال — aller au-delà des espérances

فاقة — besoin; dénuement; indigence; misère; pauvreté

**فَوْقُ** — dessus *adv.*

مِنْ ~ — d'en haut; de dessus

إلى ~ — vers le haut

**فَوْقَ** — dessus *prép.*; au-/par-dessus; en haut; là-haut; sur

~ ذلك — en outre, en plus; de plus

وَما ~ ه، ذلك — et plus; et autres

~ صَوْتِيّ — supersonique; ultrason

~ بَنَفْسَجِيّ — ultraviolet

~ الحَدّ — exagéré; exagérément; excessif; excessivement; illimité; infini; outre mesure; par trop

ما ~ العادة، الطَبيعة — exceptionnel; extraordinaire; surnaturel; inhabituel

نَزَعَ خُوذته مِن **فَوْقِ** رَأْسه — il enleva son casque de dessus la tête

**فَوْقِيّ، فَوْقانِيّ** — supérieur; de dessus; élevé (étage)

طابِق ~ — étage supérieur

**فَوْقِيّة** — vêtement de dessus

**فائِق** — considérable; excellent; extrême; exquis; extraordinaire; grand; prééminent; sublime; supérieur; suprême; très

تَكْريمات ~ة — honneurs insignes

عِناية ~ة — grand/très grand intérêt

بِسُرْعة ~ة — à fond de train; à toute vitesse

نُبوغ ~ — talent exquis; grand talent

فَنّ، مَهارة ~(ة) — art, habileté consommé(e)

~ الإِحْتِرام — haute estime

~ إِحْتِراماتي — mes salutations très respectueuses

~ الطَبيعة، العادة — surnaturel; extraordinaire

**أَفاوِيق** — *fig.* faveurs; bienveillance

إِرْتَشَفَ ~ العِلْم — étancher sa soif de savoir

أَرْضَعَ ه ~ بِرِّه — traiter qqn avec mansuétude

**IV أَفاقَ إفاقة** guérir; se rétablir; se dégriser; récupérer; retrouver la santé

~ مِنْ نَوْمه s'éveiller; se réveiller

~ على صَوْت جَرَس المُنَبِّه s'éveiller à la sonnerie du réveil

~ مِن غَشْيَته reprendre connaissance ses esprits ses sens

**إفاقة** convalescence; récupération; éveil; réveil; guérison

**V تَفَوَّقَ تَفَوُّقًا** exceller; avoir le dessus; dominer; mener [*sport.*]; prédominer

~ بِنُقْطة mener d'un point

~ على avoir prendre l'avantage sur; dépasser; distancer; dominer; mener sur; prendre le pas sur; primer; surclasser; transcender

~ على نَفْسه se surpasser

**تَفَوُّق** avantage; excellence; prédominance; préexcellence; prééminence; prépondérance; primauté; supériorité; suprématie; transcendance

اِسْتَفادَ مِن ~ ه profiter de son avantage

**مُتَفَوِّق** supérieur; extrêmement grand/important; transcendant; prédominant; prééminent; excellent; prépondérant

الـ~ على ه supérieur à

X اِسْتَفاقَ اِسْتِفاقة ← IV

**مُسْتَفيق مِن نَوْمه** éveillé; réveillé

**4102 فاقَ ُ فُواقًا** hoqueter; sangloter

**فُواق** hoquet; râle (de l'agonie); sanglot

**4103 فَوْقَس** varech

**4104 فُول؛ ~ مُدَمَّس** fèves; fèves cuites à l'huile

حَبَّة ~ fève

~ سودانيّ arachide; cacahouète

**فَوّال** vendeur de fèves

**4105 فَوْلَذَ؛ فَوْلَذة** aciérer; aciérage

**فُولاذ؛ ~ مُصَلَّد** acier; acier trempé

مَصْنَع ~ aciérie

**فُولاذيّ** en acier

**4106 فاهَ ُ فَوْهًا بِـ** parler; proférer; prononcer

**لا يَفوهُ بِكَلِمة** ne pas ouvrir la bouche; rester muet; ne dire mot; ne pas souffler mot; ne pas prononcer une parole

**فُوه ج أَفْواه** (← فَم) bouche

**أَفْواه** aromates; épices

**فُوهة، فُوَّهة ج ات** orifice; buse; bouche gueule (d'un canon); abîme; fossé; cratère; tuyère

~ بِئْر، بُرْكان orifice bouche d'un puits, d'un volcan

~ الوادي entrée de la vallée; cluse

~ مِدْفَع، بُنْدُقيّة bouche/gueule d'un canon, d'un fusil

**فُوهِيّ** buccal

**V تَفَوَّهَ تَفَوُّهًا بِـ** dire; proférer; tenir (des propos); prononcer

**4107 في** *prép.* à; dans; en; en manière de; avec; sur; au sujet de

كَذِب ~ كَذِب mensonge après sur mensonge

~ اِعْتِزاز، حِذْر، خُبْث fièrement; prudemment; méchamment

الأَسْعار ~ ارْتِفاع les prix sont à la en hausse

~ زَهْو، خُيَلاء avec superbe, arrogance

~ حَضْرة ه en présence de

~ أَلْف من أَنْصاره à la tête de mille de ses partisans

قَصيدة ~ الحُبّ poème d'amour

~ أَواخِر، أَوائِل ه dans les derniers, les premiers jours; à la fin, au début (du mois)

~ يَوْمه، وَقْته le jour même; au moment même

~ المِئة، الأَلْف pour cent; pour mille

لَيْسَ ~ شَيْء cela n'est rien

و~ هذا ما فيه مِن ه avec ce que cela comporte de; qui n'est pas dénué exempt de

مِتْر ~ اِثْنَيْنِ un mètre sur deux

بِما ~ ه inclus; inclusivement; y compris

إلى الفِقْرة بِما ~ها jusqu'au paragraphe inclus

**فيما** alors que; pendant que; tandis que

~ إذا dans l'hypothèse où; au cas où

~ بَعْدُ، يَلي ensuite; par la suite; dans la suite

~ سَلَفَ، مَضَى — autrefois; jadis; naguère

~ بَيْنَ، بَيْنَهُمْ — entre; entre eux

~ يَظْهَر، يَبْدو — à ce qu'il semble, paraît

فِيمَ تُفكِّر — à quoi penses-tu/pensez-vous?

**4108** **فاءَ** ـِ فَيْئًا — se déplacer (ombre)

فَيْء ج أَفْياء — ombre

فيئة ج ات (← فِئة) — *v. aussi 3880*

V تَفَيَّأَ تَفَيُّؤًا — se trouver à l'ombre; tourner (ombre); *fig.* bénéficier; profiter de

**4109** **فِيتامين** ج ات — vitamine

**4110** **فِيتو**، حَقّ الـ~ — veto; droit de veto

**4111** **أَفْيَحُ** م فَيْحاءُ — ample; large; vaste; spacieux

فَيْحاء — soupe aux aromates

**4112** (فيد) **فائِدة** ج فَوائِد — avantage; bénéfice; bienfait; intérêt; efficacité; gain; profit; service; utilité; information précieuse; moralité; leçon à tirer

ما الـ~ — à quoi bon? pour quoi faire? quel intérêt?

~ بَسيطة، مُرَكَّبة — intérêt simple, composé

لِـ~ ه — au profit/dans l'intérêt/à l'avantage de

بِـ~ — avec fruit/profit/intérêt

بِدُونِ ~ — vain; sans utilité; sans intérêt

عَديم الـ~ — *même sens*

**لا فائِدةَ** من ذلك — cela ne mène à rien; il n'y a rien à en tirer

**فَوائِد** رِبَوِيّة، سَلْبِيّة — intérêts usuraires, négatifs

مُنْعَدِم الـ~ — non rentable; dénué d'intérêts

فَرْض الـ~ — imposition des intérêts

صافي الـ~ — bénéfices nets

**أَفْيَدُ** : مِن الـ~ أَنْ — il serait plus profitable/utile/intéressant de

IV **أَفادَ** إفادة ه — aider; venir en aide; être instructif; être utile à; servir à; faire du bien à

~ بِـ ه — indiquer; informer; notifier; faire connaître; rapporter; signifier; déclarer; faire une déclaration

~ عن ه — renseigner sur

~ من ه — tirer avantage/parti/profit de; bénéficier de; profiter de; mettre à profit

~ ه من ه — apprendre qqch de qqn; obtenir (un renseignement) de

لا يُفيد شَيْئًا — il ne sert à rien

**إفادة** — information; notification; renseignement

أَعْطَى، أَتَى بِـ~ — donner un renseignement, une information

**مُفيد** — avantageux; bienfaisant; bon; bénéfique; efficace; instructif; intéressant; utile; profitable; salutaire

غَيْر ~ — désavantageux; inefficace; inutile; inintéressant

تَوْجيهات غَيْر ~ة — fausses indications

**مُفاد** — contenu *n.m.*; sens; substance; teneur

~ تَصْريح — contenu d'une déclaration

تَصْريح ~ه أَنْ — déclaration qui se résume à

X **اِسْتَفادَ** اِسْتِفادة ه — acquérir; gagner qqch; apprendre; être informé de

~ ه من — exploiter; bénéficier de; tirer avantage/parti/profit de; utiliser; profiter de; apprendre qqch de; obtenir un renseignement; déduire qqch de; se prévaloir de

اِسْتَفادُوا من بَعْضهم البَعْض — profiter les uns des autres

اِسْتِفادة — exploitation; utilisation; déduction

**مُسْتَفيد** — bénéficiaire; qui profite; profiteur

~ من الحَرْب — profiteur de guerre

**فيدرالي** ← فِدرالي

**4113** **فَيْروز** — bleu-vert; turquoise

**4114** **فِيروس** ج ات، فَيارِيس — virus

**4115** **فِيزا** — visa

**4116** **فِيزياء** — physique *n.f.*

فيزيائي — physique *adj.*; physicien

**4117** **فِيزيولوجيا**، فيزيولوجي ← *3995*

**4118** **فاشَ** ـِ فَيْشًا — se vanter

فَيْش vantardise

فِيشة ج ات، فِيَش fiche; jeton

فِيش fiche [électr.]

~ ج أَفْياش faible; impuissant

فَيّاش vantard

فَيْصَل ← فصل

4119 فاضَ ـِ فَيْضًا abonder; être en excédent; déborder

~ بِ regorger de; déborder

~ على ه inonder; submerger; recouvrir

~ عن الطَلَب، الحاجات excéder la demande, les besoins

~ حَنانًا، نَشاطًا déborder de tendresse, d'activité

~ عن ٱللّٰه émaner de Dieu

فاضَتْ روحُه rendre l'âme/l'esprit [litt.]

~ أَنْفاسُه exhaler le dernier soupir

ما يَفيض من ه excédent de

فَيْض، فَيَضان inondation; abondance; affluence; pléthore; profusion; flot; flux; surabondance; effusion; émanation [philos.]; exubérance

~ مِن الخَيْرات abondance/affluence de biens

~ مَغْنَطيسيّ، الدَم flux magnétique, sanguin

~ حَنان effusion de tendresse

~ مِن النُور flot de lumière

~ من التَفاصيل luxe de détails

~ من الدُموع torrent/fleuve de larmes

غَيْض من ~ *prov.* une goutte d'eau dans la mer

فَيَضان crue; débordement; inondation

فائِض abondant; copieux; foisonnant; pléthorique; exubérant; surabondant; débordant; excédentaire

~ ج فَوائِض excédent; trop-plein; rabiot [fam.]; boni [comm.]

~ القيمة plus-value

فَيّاض d'une générosité sans bornes; munificent

~ الخاطِر esprit brillant/débordant d'idées

IV أَفاضَ إفاضة في ه s'étendre sur un sujet; développer abondamment une question; se répandre en; être exhaustif

~ في التَفاصيل s'enfoncer/se perdre dans les détails

~ في المَديح se répandre en louanges

إفاضة effusion; exhaustivité

X اِسْتَفاضَ اِسْتِفاضة être abondant/général/répandu; se répandre; se généraliser; être divulgué

~ الخَبَر la nouvelle se répandit partout

مُسْتَفيض connu; divulgué; exhaustif; répandu

مُحَدِّث ~ causeur intarissable

دِراسات ~ة études exhaustives

4120 فَيْفاء ج فَيافٍ désert; steppe

4121 فِيل ج أَفْيال éléphant; fou (au jeu d'échecs)

داء الـ~ éléphantiasis

~ البَحْر morse [zool.]

فَيّال ج ة cornac

4122 فَيْلَجة ج فَيالِج cocon du ver à soie

فَيْلَسوف ج فلاسِفة ← فلسف

4123 فَيْلَق ج فَيالِق corps d'armée; régiment; phalange

4124 فِينة moment; temps

الـ~ بَعْدَ الـ~ de temps à autre

بَيْنَ الـ~ والـ~ *même sens*

4125 فِينيقيّ phénicien

4126 فَيْهَق ample; vaste

~ في الكَلام prolixe

4127 فَيُّوميّ «*fayyoumi*»; originaire du Fayoum en Égypte

(قاف)

*vingt-et-unième lettre de l'alphabet : « qaf » ; occlusive postpalatale sourde emphatique :* [k]

4128 **قاب** étendue ; mesure

على ~ قَوْسَيْن à deux pas d'ici ; à un doigt de ; tout près ; imminent

4129 **قات** *bot.* «*kat*» (thé des arabes) ; fusain du Yémen ; évonymus

قاتيّ «*katine*» (alcaloïde tiré du «*kat*»)

قاتيّات *bot.* célastracées *n.f.pl.*

4130 **قادِس** ج قَوادِس galère

قادُوس ج قَواديس auge de noria ; godet ; seau ; conduit ; égout ; gouttière ; tuyau

**قار** ← قِير

4131 **قارورة** ج قَوارير ampoule ; bouteille ; fiole ; flacon

~ جِعة canette de bière

~ الحَجّام ventouse

4132 **قارُوس**؛ قَروس loup de mer [*poiss.*]

4133 **قارون** crésus [*fam.*]

**قازوزة** ← قَزَّ

4134 **قاشاني** faïence ; porcelaine

4135 **قاع** ج قِيعان terrain encaissé ; contrebas ; bas-fond ; fond

~ البَحْر، النَهْر fond de la mer, de la rivière

**قاعة** ج ات salle ; hall ; enceinte

~ المُطالَعة، الرَقْص salle de lecture, de bal

~ المُحاضَرات، المُزايَدة salle de conférences, des ventes

~ مَحَطّة، مَطار hall de gare, d'aéroport

~ إسْتِقْبال salon

~ مَحْكَمة enceinte de tribunal

~ طَعام salle à manger/de restaurant ; réfectoire

4136 **قاق** ج قيقان corneille

~ الماء cormoran

4137 **قاقُلّة** cardamome

4138 **قاقُم**؛ قاقوم hermine

4139 **قالَب** ج قَوالِب moule *n.m.* ; coffrage ; forme ; matrice ; patron

~ سُكَّر، شوكولاتة pain de sucre ; tablette de chocolat

~ صابون morceau de savon ; savonnette

قَلْبًا وقالَبًا ← قَلْب، قَوْلَب

4140 **قاموس** ج قَواميس dictionnaire ; lexique ; vocabulaire

4141 **قانون** (← قنن) «*kanoun*» ; instrument à cordes

4142 **قاوَنْد** martin-pêcheur

4143 **قاوُون** melon

**4144** **قَبَّ** ـُ **قَبًّا** se dresser (cheveux); se hérisser; ériger (une coupole)

**قَبّ، قَبَّة** ج **قِباب** col; collet; collerette; *techn.* moyeu

**قُبّ** ج **قِباب** capuchon (de vêtement)

**قُبَّة** ج **قِباب، قُبَب** coupole; dôme; dais; marabout; tente; tourelle

~ الجَرَس clocher; clocheton

~ زَرْقاء voûte céleste; firmament

جَعَلَ مِن الحَبَّة ~ faire tout un drame d'un rien/toute une histoire d'une petite chose; monter sur ses grands chevaux

II **قَبَّبَ تَقْبِيبًا** ه bomber; boursoufler; ériger; renfler; construire (en forme de dôme, de coupole)

~ الشَعْر faire dresser les cheveux sur la tête; hérisser le poil

**مُقَبَّب** bombé; boursouflé; convexe; dressé; érigé; renflé; voûté; en voûte

V **تَقَبَّبَ تَقَبُّبًا** être boursouflé/soufflé (visage); être renflé/bombé

**تَقَبُّب** boursouflure; convexité; renflement

**4145** **قَبَج** ج **قِباج** perdrix

**4146** **قَبُحَ** ـُ **قُبْحًا، قَباحةً** être ... *v. à l'adj.*; enlaidir *intr.*

**قُبْح؛ قَباحة** laideur; enlaidissement; ignominie; infamie; méchanceté; turpitude

**قَبِيح** ج **قِباح، قَباحَى** affreux; disgracieux; hideux; ignoble; laid; inesthétique; mauvais; méchant; moche [*fam.*]; répugnant; infâme

مَظْهَر ~ aspect ingrat

~ الشَكْل informe; difforme

**قَبِيحة** ج **قَبائِح** abomination; indignité; action vile/déloyale; déloyauté; vilenie

**مَقْبَحة** ج **مَقابِح** ← **قَبِيحة**

II **قَبَّحَ تَقْبِيحًا** ه، ه défigurer; dénigrer; rendre abominable; enlaidir; vilipender

~ وَجْهًا défigurer un visage

**تَقْبِيح** défiguration; enlaidissement

X **اِسْتَقْبَحَ اِسْتِقْباحًا** ه، ه trouver mauvais/laid; abhorrer [*litt.*]; haïr; voir d'un mauvais œil; désapprouver

**مُسْتَقْبَح** laid (moral); répugnant

**4147** **قَبَرَ** ـُ ـِ **قَبْرًا** ه enfouir; ensevelir; enterrer; inhumer

~ جُثّة enfouir/enterrer un cadavre

~ قَضِيّة enterrer une affaire

**قَبْر** inhumation; enterrement; enfouissement

~ ج **قُبور** caveau; fosse; sépulcre; sépulture; tombe; tombeau

الـ~ المُقَدَّس le saint sépulcre

كانَ على حافة ~ه avoir un pied dans la tombe

**قَبْرِيّ** sépulcral; tombal

**مَقْبَرة** ج **مَقابِر** caveau; tombeau; cimetière

**4148** **قُبَّرة** ج **قُبَّر** alouette; cochevis

**4149** **قُبْرُس** cuivre

**4150** **قُبْرُصِيّ** ج **قَبارِصة** Cypriote; Chypriote

**4151** **قَبَسَ** ـِ **قَبْسًا** نارًا donner/prendre du feu

~ مِثالَ ه recevoir/tirer une leçon de; emprunter un exemple; prendre exemple sur

**قَبَس** ج **أَقْباس** brandon; tison; *bot.* phlox

**قابِس** fiche [*électr.*]; fusible

**مِقْبَس** ج **مَقابِس** douille

~ تَيّار prise de courant

VIII **اِقْتَبَسَ اِقْتِباسًا** ه faire un emprunt (littéraire); emprunter; imiter; s'inspirer de; tirer qqch de; faire une citation

~ نورًا emprunter/recevoir de la lumière

**اِقْتِباس** ج ات adaptation [*litt.*]; citation; emprunt

**مُقْتَبَس** ج ات cité; imité; emprunté; emprunt; citation

**4152** **قُبْصة** pincée

**4153** **قَبَضَ** ـِ **قَبْضًا** ه، عَلى ه

agripper; attraper; empoigner; étreindre; happer; fermer/mettre la main sur; prendre (à pleines mains); saisir; se saisir de; serrer (dans la main); constiper (astringent); contracter

~ مالًا encaisser; empocher/percevoir/toucher de l'argent

~ مَعاشًا recevoir une pension

~ على ه appréhender qqn; arrêter qqn; s'assurer de; capturer; mettre la main sur qqn; pincer qqn [*fam.*]

~ على السُلْطان، أَعِنّة السُلْطان
détenir le pouvoir; tenir les rênes [*fig.*]

~ النَفس، الصَدْر contracter [*fig.*]; inquiéter; oppresser; déprimer

~ يَدَه عن ه refuser de

**قُبِضَ؛** ~ عليه se faire prendre/pincer [*fam.*]; *fig.* mourir

**قَبْض؛** ~ على ه، ه appréhension; arrestation; capture; empoignade [*fam.*]; détention; encaissement; contraction; prise; constriction; préhension; serrement; constipation

أَلْقَى، إلْقاء الـ~ على ه capturer; capture

أَمْر بالـ~ mandat d'arrêt

لا يُمْكِنُ الـ~ عليه insaisissable

**قَبْضة** étreinte; poigne; poignée; poing; manette; manche; botte (de légumes)

ضَيَّقَ ~ه resserrer son étreinte

~ باب bouton/poignée de porte

~ حَديديّة poigne de fer

وَقَعَ في ~ه tomber aux mains/au pouvoir de; être à la merci/en la possession de

قُبوضة astringence

**قابِض** astringent; constricteur; oppressant

أَثَر ~ impression désagréable/pénible

ظَلَّ ~ًا على يَدها il continua à lui tenir la main

عَضَلة ~ة muscle constricteur/fléchisseur

قَبّاض ج ون encaisseur

**مِقْبَض،** مَقْبِض ج مَقابِض crosse; manche; manette; poignée; pommeau; queue

~ سَيْف، سِكّين poignée d'épée; manche de couteau

~ عَصًا، مُسَدَّس pomme de canne; crosse de revolver

II **قَبَّضَ** تَقْبيضًا ه comprimer; contracter; crisper; oppresser

~ أَنْفه froncer le nez

مُقَبِّض العُروق vaso-constricteur

V **تَقَبَّضَ** تَقَبُّضًا se contracter; se convulser; se crisper; se rabougrir; se racornir; se ratatiner; se ramasser (pour bondir)

**تَقَبُّض** contraction; crispation; convulsion; rabougrissement; racornissement; rétrécissement; ratatinement

~ العَضَلات contraction des muscles

**مُتَقَبِّض** racorni; rabougri; ratatiné; convulsé; rétréci; crispé

~ على نَفْسه contracté; ramassé sur lui-même

~ مِن الأَلَم contracté/torturé par la douleur

VII **اِنْقَبَضَ** اِنْقِباضًا se crisper; se contracter; se serrer; se recroqueviller; se rétracter; se resserrer; être ... *v. à l'adj.*

~ عن ه s'abstenir

أَحْسَسْتُ أنّ قَلْبي **يَنْقَبِض** je sentis mon cœur se serrer

**اِنْقِباض** convulsion; contraction; crispation; rétraction; retrait

~ القَلْب abattement; angoisse; anxiété; cafard [*fam.*]; chagrin; dépression; serrement de cœur; trouble; *physiol.* systole

~ العُروق vaso-constriction

اِزْدادَ **اِنْقِباضًا** se sentir encore plus mal à l'aise

اِنْقِباضيّ systolique

**مُنْقَبِض** abattu; chagrin *adj.*; anxieux; angoissé; déprimé; contracté; oppressé

~ القَلْب le cœur serré

~ على ذاته recroquevillé; replié sur lui-même

**4154 قبط** ← قبض

**قِبْطيّ** copte *adj.*

~ ج قِبْط، أَقْباط Copte

**4155 قُبْطان** ج قَباطِنة capitaine; commandant

~ الطائِرة commandant de bord

**4156 قَبَعَ** - قَباعًا grogner/grommeler (sanglier)

قُباع الخِنْزير grognement; grommellement

**4157 قَبَعَ** - قُبوعًا se cacher; se confiner; se tapir; se terrer; *v. aussi 4156*

~ تَحْت ه rentrer la tête sous

تَقْبَع الغُرْفَة في الرَّثاثة la chambre disparaissait sous la saleté

قابِع caché; confiné; recroquevillé; terré; tapi

**قُبَّعة** calot; chapeau; coiffe; toque

~ شُرْطيّ bonnet de police

قُباع hérisson

قَبّاع porc

قَبيعة ج قَبائِع pommeau de sabre

II مُقَبَّع couvert d'un chapeau; chapeauté; coiffé

**4158** **قَبْقاب** ج قَباقيب galoche; sabot

**4159** **قُبْلة** ج قُبَل baiser *n.m.*; *v. aussi 4160, 4161*

أَخَذَ ~ مِن خَدّها prendre/poser un baiser sur sa joue

II قَبَّلَ تَقْبيلًا ه baiser; donner des baisers; embrasser

**تَقْبيل**؛ ~ اليَد baiser *n.m.*; baise-main

**4160** (قبل) **قَبيل** classe; espèce; genre; sorte; *v. aussi 4159, 4161*

مِن هذا الـ~ de ce genre/cette sorte; sous ce rapport; de ce/à ce point de vue; dans ce but/cette intention

مِن كُلّ ~ وَدَبير de tout genre/toute sorte

لَيْسَ مِن ه في ~ ولا دَبير n'être pour rien dans; n'avoir rien à voir dans

**قَبيلة** ج قَبائِل tribu; peuplade

~ رُحَّل tribu nomade

قَبيليّ، قَبائِليّ kabyle

قَبَليّ، قَبَليّة tribal; tribalisme

**4161** **قَبِلَ** - قَبولًا ه، ه accéder à (une demande); accepter; accueillir; agréer; approuver; donner son assentiment; consentir à; se prêter à; recevoir qqn, qqch; *v. aussi 4159, 4160*

~ المُناقَشة، المُخاصَمة accepter la discussion, la contradiction

~ هَدِيّة، دَعْوة accepter un cadeau, une invitation

~ طَلَبًا accéder à/agréer une demande

~ مُرَشَّحًا accepter/admettre/recevoir un candidat

~ بِدَفْع الثَّمَن accepter de/consentir à payer le prix

~. لا يَقْبَل التَّأْجيل souffrir un délai; ne pas souffrir de délai

~ تَسْجيلات جَديدة accepter/prendre de nouvelles inscriptions

لا أَقْبَل je ne marche pas [*fig.*]; je n'accepte pas

يَقْبَل ← قابِل لِـ

**يُقْبَل** acceptable; recevable

لا ~ inacceptable; irrecevable

**قُبول** acceptation; acquiescement; admission; affabilité; agrément; approbation; assentiment; consentement; empressement; bon vouloir

~ الوالِدَيْن consentement des parents

عَلِقَ بِـ~ه trouver crédit auprès de qqn (nouvelle)

إمّا الـ~ أو الرَّفْض c'est à prendre ou à laisser; se soumettre ou se démettre

ذو ~ وَإقْبال homme affable/empressé

فَحْص ~ examen d'entrée/d'admission

عن رِضًى و~ des deux mains [*fig.*]; de bon cœur

~ المُرَشَّحين admission des candidats

~ مُؤَقَّت admission temporaire

عَدَم ~ (← قابِليّة) non-acceptation; fin de non-recevoir

تَلَقّى ه بِـ~ accueillir qqch avec sympathie/empressement

تَفَضَّلوا بِـ~ veuillez agréer; agréez

لا يُمْكِن ~ه inacceptable; inadmissible

لا قُبوليّة ه inadmissibilité; irrecevabilité

قَبول ← قُبول

**قَبْلُ**؛ مِن ~ avant *adv.*; auparavant; antérieurement; précédemment

عَن، مِن ذي ~ *après compar.* par rapport à ce qui existait auparavant; (plus) qu'avant

أَحْسَن، أَكْبَر من ذي ~ mieux qu'avant; plus grand qu'avant

**قَبْلَ**، ~ أنْ avant *prép.*; avant de/que

~ ذلك، اليَوْم antérieurement; auparavant; avant *adv.*

~ ذلك بِشَهْر un mois auparavant; il y a un mois

وَصَلَ ~ه arriver avant qqn

~ كُلّ شَيْء avant tout; tout d'abord

~ ولاديّ prénatal

ما ~ ه en deçà de; en amont

قَبْلِيّ، قَبْلِيًّا a priori

قَبْلِيَّة a priori *n.m.*; apriorisme

قُبَيْلَ un peu avant; peu de temps avant; tantôt; il y a un instant; tout à l'heure

قِبَلَ ه chez; auprès de

مِن قِبَلِ ه au nom de; de la part de

مِن ~ نَفْسه de lui-même

قِبْلَة but; direction; orientation; visée; *isl.* «*qibla*»; direction de la Ka'ba; sud

~ الأنْظار، الاهْتِمام *fig.* point de mire; objet/cible de tous les regards; pôle d'attraction

قِبْليّ méridional; en direction du sud

الوَجْه الـ~ *égypt.* Haute-Égypte

قِبالة؛ عِلْم الـ~ obstétrique *n.f.*; accouchement

قُبالَةَ en face de; vis-à-vis de; en regard

قابِل à venir; prochain; suivant

~ لِـ consentant à; sujet à; susceptible de; -able/-ible *suff.*

~ لِلتَغَيُّر sujet à transformations; transformable

~ لِلالْتِهاب، لِلتَجْديد inflammable; renouvelable

~ لِلشِفاء curable; guérissable

~ لِلريّ، لِلقِسْمة irrigable; divisible

مَوْضوع ~ لِلجِدال sujet à discussion; qui fait problème; discutable

~ لِلصَرْف، لِلتَوْصيل convertible; conductible

~ لِلإتْقان perfectible

غَيْر ~ لِلتَغَيُّر، لِلالْتِهاب intransformable; ininflammable

غير ~ لِلشِفاء incurable; inguérissable

قابِلة ج ات، قَوابِل accoucheuse; sage-femme

قابِلِيّة لِـ aptitude; capacité; faculté; disposition; prédisposition; réceptivité; -bilité *suff.*

~ عُمْلة لِلصَرْف convertibilité d'une monnaie

عَدَم ~ لِلصَرْف non-convertibilité

~ لِلكَمال، لِلإتْقان perfectibilité

~ لِلتَوْصيل، لِلقِسْمة conductibilité; divisibilité

عَدَم ~ لِلقِسْمة indivisibilité

بِـ~ à belles dents; avec appétit

قَبّالة *hébr.* cabale; Kabbale

مَقْبول accepté; acceptable; admis; admissible; présentable; passable; plausible; possible; recevable; satisfaisant; valable; bien vu; vraisemblable

سِعْر ~ prix abordable/honnête

شُروط ~ة conditions acceptables/satisfaisantes

غَيْر ~ inacceptable; inadmissible; impossible; invraisemblable; irrecevable; mal vu; non valable

شَخْص ~، غَيْر ~ persona grata, non grata

هذا غَيْر ~، لَيْسَ مَقْبولًا ce n'est pas de mise

مَقْبولات opinions reçues

مَقْبوليّة acceptabilité; recevabilité; vraisemblance

II قَبَّلَ تَقْبيلًا *maghr.* orienter vers la «*qibla*»; *égypt.* aller vers le sud

مُقَبِّلات hors-d'œuvre; amuse-gueule [*fam.*]

III قابَلَ مُقابَلةً ه، ه correspondre à; être placé en face/vis-à-vis de; faire face à; croiser qqn; avoir un entretien/une entrevue avec; voir [*fig.*] (le directeur); faire une comparaison; gérer; prendre soin de; s'occuper de

~ نُصوصًا، وَثائِق collationner/confronter des textes, des documents

~ بِـ، بين ه comparer; rapprocher; faire des rapprochements

~ الخَيْر بِالشَرّ rendre le mal pour le bien

~ السَيِّئة بِالحَسَنة rendre le bien pour le mal

~ العُنْف بِالعُنْف répondre à la violence par la violence

~ ه بِالمِثْل rendre la pareille

~ ه على الرَحْب والسَعة accueillir avec affabilité; faire bon accueil à

مُقابَلة audience; colloque; comparaison; collation (de documents); confrontation; entretien; entrevue; interview; parallèle *n.m.* [*fig.*]; rapprochement

مَنَحَ ~ accorder une audience/une interview

أَجْرَى ~ interviewer

سَهْل الـ~ d'un abord facile

**بالـ~، مُقابَلةَ ه** en retour; en contrepartie; en échange; en revanche

**مُقابِل** qui est en face/en vis-à-vis; contrepartie; contrepoids; opposé; correspondant; réciproque *n.f.*

الرَصيف الـ~ trottoir opposé/d'en face

الاتِّجاه، الضَفّة الـ~(ة) direction, rive opposée

بـ، في ~ ه en contrepartie; à titre onéreux

بلا، بِدونِ ~ gratis; à titre gracieux/gratuit; gratuitement; pour rien

**مُقابِلَ** en regard; ci-contre; moyennant

~ ذَلِكَ par contre; en échange de

عَشْرة ~ واحِد dix contre un

~ نُقود، مال moyennant finances

IV **أَقْبَلَ إِقْبالًا** على ه، ه aborder; approcher; arriver auprès de; s'adonner à; se livrer à; s'occuper de; s'empresser de; marquer de l'intérêt/de l'empressement pour; se tourner favorablement vers; avoir du goût pour; en venir à

~ على البَحْث عن se lancer à la recherche de

~ على الكارِثة aller à la catastrophe

~ بَعْد تَوْبة حَسَنة devenir raisonnable après un repentir sincère

~ وأَدْبَرَ faire la navette; aller et venir

**إِقْبال** approche; arrivée; venue; bonne fortune; prospérité

~ على application à; empressement; intérêt (pour)

عَلَيْه ~ qui a du succès/le vent en poupe

**مُقْبِل** qui vient; venant; à venir; prochain; futur

الأَزْمِنة الـ~ة les temps futurs/à venir

السَنة الـ~ة l'année prochaine

V **تَقَبَّلَ تَقَبُّلًا** ه accueillir; accepter; recevoir

~ نَبأً accueillir une nouvelle

~ المُصيبة accepter l'adversité

~ التَهانِيء، التَعازِيَ recevoir les félicitations, les condoléances

~ المِيناء البَواخِرَ الكَبيرة accueillir/recevoir de grands navires (port)

**مُتَقَبِّل** لِـ ه perméable à [*fig.*] (une idée)

VI **تَقابَلَ تَقابُلًا** se correspondre; s'opposer; se trouver en face/face à face; se croiser; être confronté à; être isomorphe

**تَقابُل** confrontation; contraire; correspondance; croisement; opposition

~ بالتَضادّ a contrario (raisonnement)

**تَقابُلِيّة** isomorphie; isomorphisme

**مُتَقابِل** isomorphe [*math.*]; alterne; opposé

أَوْراق، زَوايا ~ة feuilles, angles alternes/opposé(e)s

X **اِسْتَقْبَلَ اِسْتِقْبالًا** ه، ه accueillir; aborder; aller au devant de/à la rencontre de; consulter [*méd.*]; se présenter devant; recevoir; réceptionner

~ أَصْدِقاءه accueillir/recevoir ses amis

~ عَهْدًا aborder une époque/une ère

**اِسْتِقْبال** accueil; réception; futur

مَكْتَب، مَرْكَز ~ bureau de réception; centre d'accueil

حَسَن الـ~ accueillant

حَفْلة ~ soirée; réception mondaine

خِطاب، حُجْرة ~ discours, salle de réception

غُرْفة ~ salon; salle de séjour

آلة، جِهاز ~ appareil, poste récepteur

**اِسْتِقْبالِيّة** prospective; futurisme

**مُسْتَقْبِل**، جِهاز ~ poste récepteur

**مُسْتَقْبَل** à venir; avenir; futur *adj.*, *n.m.*

~ قَريب، لامِع proche, brillant avenir

في الـ~ dans le futur; à l'avenir

~ العَلاقات l'avenir des relations

ذو، ذات ~ d'avenir; qui a de l'avenir

**مُسْتَقْبَلًا** prochainement; à/dans l'avenir

**مُسْتَقْبَلِيّ؛ مُسْتَقْبَلِيّة** futuriste; futurisme

مَشاريع ~ة projets futurs/à venir

**4162** II **قَبَّنَ تَقْبِينًا** ه peser

**قَبّان** balance romaine; bascule

حِمار ~ *ins.* cloporte

V تَقَبَّنَ تَقَبُّنًا — se peser

**4163** قَبا ـُ قَبْوًا ه — arquer (un objet); confectionner qqch en forme d'arc; élever/ériger un édifice en forme de dôme

~ الزَعْفَران — cueillir/ramasser la fleur de safran

قَبا — *astron.* apside

قَباء ج أَقْبِية — caban; capote; vêtement de dessus

قَبْو ج أَقْبِية — cave; caveau; sous-sol; galerie (souterraine)

قَبَوِيّ — apsidal

قِباء — espace; intervalle

بَيْنَهُما ~ قَوْسَيْن — une distance de deux arcs les sépare

V تَقَبَّى تَقَبِّيًا — gonfler/monter/lever (pâte); s'arrondir; s'envelopper dans sa capote

**4164** قَتّ ← قات

قَتات — *bot.* mimosa

**4165** قَتَّ ـُ قَتًّا ه — épier/suivre qqn

~ أَثَرَه — *même sens*

~ قُتوتًا — calomnier; mentir

قَتّات — calomniateur; menteur

**4166** قَتَب ج أَقْتاب — bât

**4167** قَتاد — *bot.* astragale; adragante

**4168** قُتار — fumet; odeur; parfum de viande rôtie

II قَتَّرَ تَقْتيرًا — exhaler une odeur/un fumet (viande rôtie)

~ الطَعامَ على ه — mesurer/chicaner la nourriture; donner chichement à manger; lésiner sur la nourriture

تَقْتير — parcimonie

بالـ~ — parcimonieusement; chichement; au compte-gouttes

مُقَتِّر — chiche; parcimonieux

مُقَتِّر — qui répand son parfum (viande, aromate)

قَتَع — *ins.* scolyte

**4169** قَتَلَ ـُ قَتْلًا ه — assassiner; donner la mort à; tuer; massacrer; supprimer qqn

~ ه بالرَصاص — [t]uer par balles; fusiller

~ جُوعه، الوَقْت — [t]romper sa faim; tuer le temps

~ ه خُبْرًا، عِلْمًا — [ê]tre parfaitement au courant de

~ ه بـ — [d]élayer; diluer; étendre (un liquide)

~ الخَمْرة — [m]ettre de l'eau dans son vin

قَتْل — [a]ssassinat; massacre; meurtre; homicide

~ غَيْر مَقْصود — [h]omicide involontaire

قَتْلٌ خَطَأً، عَن طَريق الخَطَأ — homicide par imprudence

~ عَمْدًا، مُتَعَمَّد — homicide volontaire; meurtre avec préméditation

قَتْلة — *syr.* raclée [*fam.*]

قاتِل — mortel *adj.*; foudroyant; meurtrier *adj.*; tuant; fatal (coup)

سُمّ، حادِث ~ — poison foudroyant; accident mortel

مُصاب بِجُرْح ~ — mortellement blessé

~ ج ون، قَتَلة، قُتّال — assassin; meurtrier; tueur

قَتّال — meurtrier; délétère (gaz); *zool.* épaulard

قَتيل ج قَتْلَى — assassiné; mort *adj.,n.*; tué

مَقْتَل ج مَقاتِل — combat meurtrier; bataille acharnée; assassinat; meurtre; endroit du corps où une blessure est mortelle; point vulnérable du corps

أَصابَ، بَلَغَ الـ~ — frapper en plein cœur

مَقْتَلة — boucherie [*fig.*]; carnage; massacre; tuerie

II قَتَّلَ تَقْتيلًا — faire un carnage; massacrer (jusqu'au dernier)

تَقْتيل — massacre; carnage

مُقَتَّل — éprouvé; expérimenté

III قاتَلَ قِتالًا ه — se battre contre; combattre; faire la guerre à; guerroyer [*litt.*]; lutter contre

قِتال — bataille; combat; lutte

ساحة الـ~ — champ de bataille

ذَهَبَ إلى الـ~ — monter en ligne; aller/marcher au combat

مُهِمّة قِتاليّة — mission de combat

قِتاليّة — combativité

مُقاتِل ج ون — combattant; guerrier

وَحَدات ~ة — unités combattantes

طائِرة ~ة — avion de combat

غَيْر ~ — non-combattant

VI تَقاتَلَ تَقاتُلًا — se battre; se combattre; s'entretuer; se faire la guerre

VIII اِقْتَتَلَ اِقْتِتالًا ← VI

مُقْتَتَل — champ de bataille; lieu du combat

X اِسْتَقْتَلَ اِسْتِقْتالًا — risquer sa vie; braver la mort

**4170** قَتَمَ ـِ قُتومًا — s'élever dans l'air (poussière)

قَتَم — poussière

قاتِم — assombri; foncé; noir; obscur; profond (couleur); rébarbatif; sombre

أَسْوَد ~ — noir foncé

IV أَقْتَمَ إِقْتامًا ه — obscurcir; assombrir; noircir

IX اِقْتَمَّ اِقْتِمامًا — s'assombrir; s'obscurcir

**4171** قِثّاء — citrouille; concombre

~ الحِمار — ecballium élaterium; concombre d'âne

**4172** قُحّ ج أَقْحاح — franc; pur; sans mélange; non/mal dégrossi; fruste; grossier; rustre

قُحاح — *même sens*

**4173** قَحَبَ ـُ قَحْبًا — tousser

قَحْبة ج قِحاب — putain [*pop.*]; prostituée; fille de joie

**4174** قَحْط — disette; stérilité

عام ~، قاحِط — année de disette/difficile/stérile/sèche

**4175** قَحَفَ ـَ قَحْفًا ه — arracher/charrier/emporter (rivière); avaler

قِحْف ج أَقْحاف، قُحوف — boîte crânienne; crâne; tête

قُحاف — torrentueux; torrentiel

قَحّافة ج ات — benne; chariot; wagonnet

**4176** قَحِلَ ـَ قَحَلًا؛ قَحَلَ ـَ قُحولًا — être/devenir... *v. à l'adj.*

قَحَل؛ قُحولة — aridité; improductivité; infertilité; sécheresse

قاحِل — aride; désolé; infertile; infécond; ingrat (sol); inhospitalier (terre)

**4177** قَحَمَ ـُ قُحومًا ه. في ه ← VII

قُحْمة — danger; péril; stérilité; entreprise téméraire

قُحومة. قَحامة — décrépitude; vieillesse décrépite

قَحْم ج قِحام — décrépit (vieillard)

مِقْحام ج مَقاحيم — téméraire

IV أَقْحَمَ إِقْحامًا ه في — lancer en avant; pousser qqn dans/à

~ يَده في جَيْبه — enfoncer la main dans la poche

VIII اِقْتَحَمَ اِقْتِحامًا ه، ه — aborder; aller à l'abordage de; affronter; agresser; prendre d'assaut; monter à donner l'assaut; assumer; braver; défier; regarder avec mépris; mépriser; se lancer dans; s'engager dans

~ ه اِقْتِحامًا — prendre violemment qqn à parti

~ مَكانًا — entrer brusquement qqp; envahir les lieux

~ مَيْدان الأَعْمال، — s'engager/se lancer dans les affaires

~ المَخاطِر — affronter les dangers; aller au devant des difficultés

~ المَوْت — braver la mort

~ سَفينة — monter à l'abordage d'un/aborder un navire

~ العَدُوّ — se jeter/fondre sur l'ennemi

اِقْتِحام — affrontement; assaut; agression; invasion; témérité

دَبّابة ~ — char d'assaut

**4178** (قحو) أُقْحوان ج أَقاحٍ — camomille; marguerite

**4179** قَدْ — *particule employée avec les v. devant:*

*1. l'accompli:*

*a. pour dénoter un passé proche:*
~ قُلْتُ لَكَ — je viens de te dire

*b. pour confirmer la valeur passée de l'action:* il est déjà arrivé — ~ وَصَلَ

*c. pour dénoter un passé dans le passé:* nous constatâmes qu'il avait déjà mangé — وَجَدْناهُ ~ أَكَلَ

كانَ ~ خَرَجَ — il était déjà sorti

كان ~ مَرَّ عَلَيْهِ عِشْرونَ سَنة — vingt ans avaient déjà passé depuis

*d. pour dénoter un futur antérieur (quand il est précédé d'un inaccompli) :*

عِنْدَ ما يَكون المَوْعِد ~ حانَ — quand le moment en sera venu

*2. l'inaccompli : pour exprimer une éventualité, une hypothèse :*

~ تَرْفُضُ دَعْوَتي — il se peut qu'elle refuse mon invitation ; elle refusera peut-être mon invitation

يَخاف مِن سائِل ~ يَنْسَبِك — il craint qu'un liquide puisse se répandre

**4180** **قَدَّ** ـُ قَدًّا — couper ; déchirer en lanières

**قُدَّ** قَلْبُه من حَجَر — avoir un cœur de pierre

~ من أديم واحِد — être de la même trempe/fait du même bois

**قَدّ** ج قُدود — forme ; physique *n.m.* ; stature ; taille ; quantité ; proportion ; volume

رَشيق، جَميل الـ~ — svelte ; bien fait ; bien tourné

على ~ ه — autant ; de la même quantité ; dans la même proportion

**قِدّة** ج قِدَد — lambeau ; bande ; lanière ; morceau

ثَوْب ~ — vêtement en lambeaux

**قُدّ** — *poiss.* morue ; chabot

**مَقْدود** — coupé en lanières ; coupé ; bien bâti (corps) ; bien découplé/fait/roulé [*fam.*]

~ من الصَخْر — tout d'une pièce/d'un bloc (personne)

**قَديد** — (viande, poisson) coupé en lanières et séché/boucané ; salaison

**مِقَدّ** — tranchet

II **قَدَّدَ** تَقْديدًا ه — saler/sécher (de la viande)

**مُقَدَّد** ج ات — salé ; salaison ; sec (poisson) ; séché

V **تَقَدَّدَ** تَقَدُّدًا — se disperser (foule) ; se déchirer en bandes ; être séché à l'air (viande) ; se racornir

**4181** **قَدَح** ج أَقْداح — coupe ; verre ; gobelet ; godet ; tasse

**4182** **قَدَحَ** ـَ قَدْحًا ه — frotter (une allumette) ; percuter (silex) ; étinceler ; faire des étincelles

~ النار — chercher à tirer du feu de

~ الزَنْد — battre le briquet

~ زِناد فِكْره — se creuser la tête/la cervelle [*fam.*] ; s'ingénier à

~ في ه، ه — attaquer ; prendre à parti ; invectiver ; satiriser ; s'en prendre à

~ في عِرْضه — diffamer qqn ; attaquer la réputation/l'honneur de

~ في شَهادة — récuser un témoignage

~ شَرَرًا — étinceler/flamboyer (œil) ; foudroyer (du regard)

عَيْن، نَظْرَة **تَقْدَحُ** شَرَرًا — œil, regard étincelant/fulgurant/flamboyant

**قَدْح** — attaque ; diffamation ; invective ; diatribe ; satire ; étincellement ; flamboiement

سِلاح ~ — arme à percussion

لَهُ **القِدْح** المُعَلَّى في — avoir une influence décisive sur/un grand impact sur/une part prépondérante dans

**قادِح** — étincelant ; flamboyant (œil) ; fulgurant ; percutant ; percuteur

**قَدّاحة** — briquet ; pierre à feu/fusil

**مِقْدَح، مِقْدَحة** — frottoir

**مِقْداح** ج مَقاديح — chignole

**4183** **قِدْر، قِدْرة** ج قُدور — chaudron ; lessiveuse ; marmite

**4184** **قَدَرَ** ـِ قَدْرًا على ه — être ... *v. à l'adj.* ; avoir le pouvoir/la capacité/la possibilité de ; pouvoir

~ ـِ قُدْرةً، مَقْدُرةً على، أن — *même sens*

~ ـُ قَدْرًا ه — apprécier qqch ; décréter ; fixer ; déterminer ; mesurer ; prendre la mesure de

**يَقْدِر** على الدِفاع عن نَفْسه — il peut/sait se défendre

لا ~ على النُهوض — il ne peut se lever

**قَدْر** ج أَقْدار — degré ; dose ; mesure ; montant ; part ; proportion ; quantité ; rang ; valeur ; *isl.* décret divin ; destin ; destinée

~ مُشْتَرَك — lot/part/sort commun(e)

لَيْلة الـ~ — vingt-sixième nuit du mois de ramadan ; la nuit du Destin

إيجار ~ ه كَذا — location d'un montant de tant

~ كَبير، واسِع مِن ه — une grande part/quantité/proportion de

الـ~ الأَكْبَر مِن — la plus grande part ; le maximum

بِأَدْنَى، بِأَقَلّ ~ من ه — avec le moins de/le minimum de

رَجُل قَليل الـ~ — homme médiocre/de peu de valeur

| | |
|---|---|
| قادِر على | apte à; capable de; en état/en mesure de; de force de taille à; susceptible de |
| ~ على كُلِّ شَيْء | capable de tout |
| أظْهَرَ ما هو ~ عليه | montrer de quoi on est capable; donner toute sa mesure |
| غَيْر ~ على | inapte à; incapable de; impuissant à |
| قَدير | capable; efficace; puissant; omnipotent |
| ~ في السِباق | fort à la course |
| العَليّ الـ~ | le Tout-Puissant |
| مَقْدور | déterminé; mesuré; prédestiné |
| ~ ج ات | destin; possibilité; pouvoir; |
| بِـ، في ~ه أنْ | avoir la capacité/la faculté la possibilité de; être en mesure de |
| الـ~ كائِن | ce qui est déterminé arrivera; le sort en est jeté |
| بَذَلَ ~ه | donner toute sa mesure |
| مَقْدُرة | capacité; mérite; faculté; pouvoir; possibilité; potentiel; échéance; moment fatal; fatalité |
| الـ~ الشِرائيّة | pouvoir d'achat |
| ~ه الكَبيرة عَلى العَمَل | sa grande capacité de travail |
| مِقْدار ج مَقادير | dose; montant; quantité; quantum; quotité; somme; taux; teneur; valeur |
| بِـ~ | dans une certaine mesure/quantité/proportion; modérément; tant |
| بِـ~ هـ، كَذا | dans la mesure de où; tant/autant de; pour tel(le) montant quantité valeur |
| ~ أدْنَى، أقْصَى | minimum; maximum |
| ~ الضَغْط | taux de compression |
| ~ جَبْريّ | expression algébrique |
| مِقْداريّ | quantitatif |
| مَقادير | posologie |
| اِخْتَزَلَ كَسْرًا إلى أبْسَط ~ه | réduire une fraction à sa plus simple expression |
| II قَدَّرَ تَقْديرًا ه، ه | apprécier qqn, qqch; calculer; considérer; prendre en considération; avoir de la considération/des égards pour; estimer; évaluer; faire une estimation/une évaluation; jauger; juger; mesurer; priser; prédire; faire des prévisions; supputer; supposer; faire un sous-entendu |
| ~ كَمِّيّة هـ | faire une évaluation quantitative; quantifier; doser |
| رَفيع الـ~ | de grande valeur; auguste; supérieur |
| إلى هذا الـ~ | si; tellement; autant; dans cette mesure |
| بِـ، على ~، قَدْرَ | en proportion de; proportionnellement à; dans la mesure où du possible; autant; autant que/que possible; pour autant que; aussi longtemps que; à mesure que; au fur et à mesure que; tant que; à l'égal de |
| بِـ~ طاقَته | dans la mesure de ses capacités/possibilités |
| بِـ~ الإمْكان، المُسْتَطاع | tant qu'on peut; autant que possible |
| على ~ واسِع، كَبير | dans une large mesure une grande proportion |
| على ~ الإنْسان | à la mesure de l'homme |
| لَيْسَ النَجاح على ~ الطُموح | le succès ne correspond pas aux/n'est pas à la mesure des ambitions |
| على قَدْرٍ ما | dans une certaine mesure/proportion |
| قِدْر ← *4183* | |
| قَدَر ج أقْدار | destin; destinée; pouvoir; prédestination; sort; chance |
| القَضاء والـ~ | fatalité (voulue par Dieu); volonté divine |
| ~ مَحْتوم، أعْمَى | fatalité; sort aveugle |
| الـ~ يُعاكِسه | il n'a pas de chance; le sort lui est contraire |
| حَرِّك الـ~ يَتَحَرَّك | *prov.* aide-toi le ciel t'aidera |
| شاءَت الأقْدار | le sort a voulu que |
| قَدَريّ ج ة | fataliste; *isl.* partisan du libre arbitre; qadarite |
| قَدَريّة | *isl.* libre arbitre |
| قُدْرة ج قُدُرات | autorité; capacité; faculté; moyen *n.m.*; potentiel *n.m.*; pouvoir; possibilité; puissance |
| ~ فَرْديّة | autorité personnelle |
| ~ ضَريبيّة | puissance fiscale (d'un moteur) |
| ~ اللّه | pouvoir/puissance divin(e) |
| مَصْنَع ~ه كَذا | usine d'une capacité de tant |
| كَبير الـ~ | d'une grande capacité/puissance |
| ~ على العَمَل | puissance de travail |
| أظْهَرَ ~ه | donner sa mesure |
| عَدَم ~ على | impossibilité; incapacité de; inaptitude à |

~ ه على ه arrêter; décider; décréter; déterminer; fixer; prédestiner; prédéterminer; acculer/réduire qqn à

~ لِ ه أن assigner/faciliter qqch à qqn

~ مَدَى الخَسائِر évaluer/mesurer l'étendue des dégâts

~ ه، ه حَقَّ قَدْرِه apprécier à sa juste valeur

لا ~ اللّهُ à Dieu ne plaise! Dieu m'en préserve!

قُدِّرَ العَدَد، التَكْليف بِ ه le nombre, la dépense a été évalué(e) à

~ فَكانَ ce qui devait arriver arriva

~ له أن être destiné/voué à; avoir la chance/la bonne fortune de

~ له أن يَنْجَح avoir eu la chance de réussir; il devait réussir

لا يُقَدَّر inappréciable; incalculable; inestimable

**تَقْدير** ج ات appréciation; considération; cote; égard; estimation; estime; évaluation; faveur; supputation; détermination; *rhét.* ellipse; sous-entendu

~ المَسافات appréciation des distances

~ شَخْصيّ cote d'amour; estime personnelle

~ الفَوائِد، الدَخْل القَوْميّ calcul des intérêts, du revenu national

بِـ~ جَيِّد، مَقْبول avec mention bien, passable

جَدير بِالـ~، يَسْتَحِقّ الـ~ estimable

على الـ~ au jugé; approximativement

على أَقَلّ الـ~ au minimum; au bas mot; tout au moins

العَبْد في التَفْكير والرَبّ في الـ~
*prov.* l'homme propose et Dieu dispose

تَقْديرًا virtuellement; implicitement; par supposition

**تَقْديرات** ميزانيّة prévisions budgétaires

أَيَّدَ، أَكَّدَ ~ه confirmer ses prévisions

تَقْديريّ elliptique; estimatoire; estimatif; virtuel

**مُقَدَّر**، ~ له apprécié; coté; évalué; estimé; considéré; jaugé; fatal; fatidique; prévisible; prévu; prédestiné; tacite; sous-entendu; supposé; implicite; virtuel

غَيْر ~ imprévu; imprévisible; méconnu

**مُقَدَّرات** estimations; valeurs; virtualités; potentiel

VIII اِقْتَدَرَ اِقْتِدارًا على ← قَدَرَ على

**مُقْتَدِر** على capable; fort (en); puissant

الـ~ le Tout-Puissant

غَيْر ~ على impuissant; incapable

4185 **قَدُسَ** ـُ قَداسة être pur/saint

**قَداسة** sainteté; pureté

~ البابا Sa Sainteté le Pape

**قُدْس** pur; sacré; saint; tabou *adj.*

~ ج أَقْداس lieu sacré/saint; tabou; sanctuaire

~ الأَقْداس le saint des saints

الـ~ la ville sainte; Jérusalem

حَظيرة الـ~ Paradis

**قُدْسيّ** de Jérusalem; sacré; saint

حَديث ~ *isl.* tradition divine (dans laquelle Dieu s'adresse au Prophète)

قُدْسيّة ه caractère sacré/saint/tabou de qqch; sainteté

الرُوح **القُدُس** *christ.* Saint-Esprit; *isl.* ange Gabriel

بِاسْم الآب والاِبْن والرُوح الـ~
*christ.* au nom du Père, du Fils et du Saint-Esprit

قادوس *v. ordre alphab.*

**قُدّاس** ج قَداديس messe; office religieux

كِتاب الـ~ missel; livre de prières/de messe

قِدِّيس ج ون *christ.* saint

عيد **القِدِّيسين**، جَميع الـ~ Toussaint

**قُدّوس** très saint

الـ~ le Très-Saint (Dieu)

بَيْت **المَقْدِس** Jérusalem

II قَدَّسَ تَقْديسًا ه، ه révérer; sacraliser; sacrer; sanctifier; vénérer

**تَقْديس** sacre; consécration; sacralisation; sanctification; vénération

~ أَعْمَى fétichisme [*fig.*]

مُقَدِّس sanctifiant

**مُقَدَّس** béni; bénit; consacré; sacré; sacralisé; sanctifié; vénéré; révéré

الكِتاب، الأَسْفار الـ~(ة) Livre saint; saintes Écritures

ماء، مَدينة ~(ة) — eau bénite; ville sainte
الأرْض الـ~ة — Terre sainte
الأماكِن الـ~ة — Lieux saints
الواجِب، الرُتَب الـ~(ة) — devoir, ordres sacré(s)
القُرْبان الـ~ — saint sacrement; sainte communion
V **تَقَدَّسَ** تَقَدُّسًا — être sacré sacralisé sanctifié
اللّٰهُ تَعالَى وَ~ — Dieu dont le nom soit exalté et sanctifié

**4186 قَدِمَ** َ قُدومًا — arriver; venir
طالِب ~ إلى العاصِمة — étudiant venu dans la capitale
**قَدُمَ** ُ قِدَمًا — être ancien; précéder; vieillir [*fig.*]; avancer en âge
**قُدوم** — arrivée; venue
~ الرَبيع — arrivée du printemps
**قَدوم** ← مِقْدام
~، قَدّوم ج قَدائِم — binette; herminette; houe; pioche
**قِدَم** — ancienneté; antériorité; antiquité; obsolescence; préexistence; vieillissement; vétusté
مُنْذُ، في الـ~ — depuis longtemps; de temps immémorial; de toute éternité; depuis toujours
حَسْبَ الـ~ — selon l'ordre de préséance
**قَدَم** ج أقْدام — pas; pied; autorité; influence; prestige; *anat.*, *métrol.* pied
~ مُشَوَّهة — pied bot
ذو ~ مُشَوَّهة — pied-bot *n.m.*
~ رَحاء، مَسْحاء، فَطْحاء — pied plat
~ كَفِّيّة، ذاتُ غِشاء — pied palmé
كَفّيّات الـ~ — palmipèdes *n.m.pl.*
راحيّات الـ~ — plantigrades *n.m.pl.*
إصْبَع، أخْمَص الـ~ — orteil; plante du pied
مِن أخْمَص الـ~ إلى قِمّة الرَأْس — de pied en cap
زَلَّتْ بِه الـ~ — perdre pied; faire un faux pas; trébucher
لُعْبة كُرة الـ~ — football
بِـ~ ثابِتة — de pied ferme
على ~ المُساواة — sur un pied d'égalité
على ~ الحَذَر — prudemment; timidement
على ~ الاِسْتِعْداد — en état d'alerte; sur le pied de guerre
سَمْتُ الـ~ — nadir [*astron.*]
كان على ~ وَساق — être sur pied; avoir bon pied bon œil; être entrer en pleine activité; aller bien; marcher bon train
مَعَه قَدَمًا لِـ~ — sur le même pied que; côte à côte; de pair avec
**القَدَمانِ** الأماميَّتانِ — les pattes antérieures de devant
الـ~ الخَلْفِيَّتانِ — les pattes postérieures de derrière
ذو **قَدَمَيْن** — bipède
خَرَّ على **قَدَمَيْ** ه — se jeter aux pieds de
على ~ (ي. ك. ه ...) — à pied
على أطْراف أصابِع ~ه — sur la pointe des pieds
ثَبَّتَ ~ه على — prendre pied sur
أثَر **أقْدام** — trace de pas
رُباعيّ الـ~ — quadrupède
سَمِعَ وَطْءَ ~ — entendre des pas
السَيْر على الـ~ — marche à pied
**قَدَمة** — *techn.* pied à coulisse
**قَدَميّة** — *mus.* harmonium
سارَ، مَضَى **قُدُمًا** — aller de l'avant droit devant soi
مَشَى **القُدُمَ** — être le premier à l'attaque
**قادِم** — arrivant; futur; prochain; venant; à venir
قِطار ~ من — train en provenance de
مَنِ الـ~ — qui vive? qui va là?
السَنة، الأُسْبوع الـ~(ة) — l'année, la semaine qui vient/prochaine
في العِشْرين سَنةً الـ~ة — dans les vingt années à venir
القادِمون الجُدُد — nouveaux arrivants
**قادِمة** ج قَوادِم — avant-garde; *ois.* rémige
**قُدّامَ**؛ مِن ~ — devant; par/au-devant; en face de
**قَديم** ج قُدَماء — ancien; antique; éternel; vieilli; archaïque; reculé (époque); suranné; vétéran; vétuste; vieux
الـ~ الأزَليّ — Dieu; l'Éternel

الحَضارات الـ~ة — les civilisations antiques; l'Antiquité

في الـ~، في ~ الزَمان — anciennement; jadis; dans les temps anciens; autrefois; précédemment

قَديمًا — *même sens*

أَقْدَم ج أَقْدَمون — plus ancien/vieux/âgé

الأَقْدَمون — ancêtres; anciens

**أَقْدَمِيّة** — ancienneté; antériorité

تَرْقِية بِالـ~ — avancement à l'ancienneté

**مِقْدام** — crâne *adj.* [*litt.*]; qui a du cran; entreprenant; audacieux; hardi; intrépide; osé; vaillant; valeureux

**قَيْدوم** ج قَياديم — proue

II **قَدَّمَ** تَقْديمًا، تَقْدِمة ه، ه — anticiper; avancer *tr.*; faire passer avant/devant; céder le pas; donner la préséance à

~ ه لِـ ه — fournir; offrir; présenter; tendre

~ مَوْعِدًا، رِحْلة — avancer un rendez-vous, un voyage

~ تَسْديدًا، اِنْتِخابات — anticiper un paiement, des élections

~ طَلَبًا، شَكْوَى — formuler/présenter/déposer une demande, une plainte

~ خُضوعه — faire sa soumission

ما ~تْ يَداهُ — ce qu'il a commis/dont il est responsable

~ خَدَماتِه — offrir ses services

~ لِـ ه كُرْسِيًّا — avancer un fauteuil à

~ لِـ ه طَعامًا — donner à manger/de la nourriture à; servir qqn

~ تَعازِيَه، تَهانِئَه — présenter ses condoléances, ses félicitations

~ السِلاح — présenter les armes

~ نَفْسه لِـ، أَمامَ — se présenter à, devant

~ أَوْراقَ اَعْتِماده — présenter ses lettres de créance

~ اِمْتِحانًا — passer un/se présenter à un examen

~ مُرَشَّحًا — proposer/présenter un candidat

~ ضَمانات، ضَحِيّة — offrir des garanties, un sacrifice

~ اِسْتِقالته — offrir/présenter/remettre sa démission

~ كِتابًا — dédier/dédicacer/préfacer un livre

~ رِجْلاً وأَخَّرَ أُخْرى — faire un pas en avant et un autre en arrière; être hésitant/perplexe; hésiter; ne savoir sur quel pied danser

~ ه على ه — donner un tuteur à qqn

هذا لا يُقَدِّم ولا يُؤَخِّر — cela ne fait ni chaud ni froid/ne change rien/est inutile

**يُقَدَّمُ** هذا الطَعام ساخِنًا — ce plat se sert chaud

**تَقْديم** — anticipation; avancement; dédicace; introduction; présentation; préface; offre

~ كَفالة — dépôt d'une garantie

**تَقْدِمة** — don; offrande; dédicace

~ مِن المُؤَلِّف — hommage de l'auteur

**مُقَدِّم** — donateur; présentateur

**مُقَدِّمة** ج ات — avant-garde; première ligne; préface; prélude; préambule; prologue; prolégomènes; début; introduction; première manifestation; prémices [*litt.*]; prémisse

في الـ~ — en tête; au premier rang; en première ligne

في ~ اهْتِمامِه — au premier rang de ses préoccupations

~ صُغْرَى، كُبْرَى — *philos.* mineure; majeure

~ الكَوْكَب، فِلْم — tête de cortège; générique de film

**مُقَدَّم** — antécédent; anticipé; avancé; présenté; offert; avant *n.m.*; devant *n.m.*; préalable *n.m.*; prioritaire; *mil.* lieutenant-colonel

شُكْر، تَسْديد ~ — remerciement, paiement anticipé

~ المَسْرَح، سَيّارة — avant-scène; avant d'une voiture

نَبَأ ~ — flash; nouvelle en priorité

في الـ~ — à la pointe de [*fig.*]

**مُقَدَّمًا** — par anticipation; au préalable; préalablement; d'avance

ولَكَ الشُكْرَ ~ — recevez mes remerciements anticipés

بيعَ الإِنْتاج ~ — la production est vendue d'avance

**مُقَدَّمة** ← مُقَدِّمة

~ طائِرة — nez d'un avion

**مُقَدَّمات** — primates *n.m.pl.*

IV **أَقْدَمَ** إِقْدامًا على ه — entreprendre; se hasarder à; tenter; prendre l'initiative de; avoir l'audace de; avoir l'esprit d'entreprise; oser; se lancer dans; avancer vers/sur

~ على التَّنْمية — se lancer dans le développement

~ على عَمَلِيّة — entreprendre/tenter une opération

~ على مَسْعًى — faire/hasarder une démarche

**إقْدام** — audace; cran; hardiesse; entreprise; initiative; intrépidité; résolution; valeur; vaillance

رُوح ~ — esprit d'entreprise/d'initiative

ذو ~ — audacieux; résolu; hardi; vaillant; entreprenant; intrépide

V **تَقَدَّمَ** تَقَدُّمًا — approcher *intr.*; s'approcher; avancer *intr.*; s'avancer; évoluer; être/marcher en tête/au premier rang; gagner du terrain; progresser; faire des progrès; venir en priorité; cheminer [*fig.*]; se développer

~ ه، ه، على ه — distancer; dépasser; devancer; précéder; être antérieur à; prendre le pas sur

فيما ~ — auparavant; ci-dessus; plus haut; précédemment

~ لِـ ه — être présenté/offert à; se présenter à

~ بِـ ه لِـ، إلى ه — présenter/soumettre qqch à qqn; saisir qqn de qqch

~ بِمَشْروع، بِمُقْتَرَحات — présenter un projet, des propositions

~ بِمَشْروع إلى الحُكومة — saisir le gouvernement d'un projet

~ بِشَكْوَى — formuler une plainte

~ت الأَفْكار — les idées cheminent/progressent

~تْ بِه السِنّ — prendre de l'âge/de la bouteille [*fam.*]; vieillir

~تْ بِه التَجْرِبة والخِبْرة — blanchir sous le harnais; acquérir de l'expérience en vieillissant

**تَقَدُّم** — avancement; cheminement; essor; développement; primauté; priorité; processus; progrès; progression; supériorité; vieillissement

~ العُلوم، البَحْث — développement/essor/progrès des sciences, de la recherche

~ العِلْم، الأَفْكار — marche/cheminement de la science, des idées

~ الأَعْمال — avancement des travaux

**تَقَدُّمِيّ** ج ون — progressiste

الأَحْزاب الـ~ة — partis progressistes

**تَقَدُّمِيّة** — progressisme

**مُتَقَدِّم** — antécédent; devancier; en avance; avancé; développé

الدُوَل الـ~ة — pays avancés/développés

مَوْقِف، مَرْكَز ~ — position, poste avancé(e)

التِكْنولوجيا الـ~ة — technologie avancée

~ لِسَنَواتٍ عَديدة — en avance de plusieurs années

سِنّ، عُمْر ~(ة) — âge avancé; bel âge

الرَكْب الـ~ — peloton de tête

~ ذِكْرُه — dont il a été fait mention plus haut

VI **تَقادَمَ** تَقادُمًا — être très ancien; dater d'une époque reculée

~ عَهْدُه، زَمَنُه — *même sens*

**تَقادُم** — *dr.* prescription

أَخْضَعَ لِلـ~ — prescrire; soumettre à la prescription

~ مُكْسِب، مُسْقِط — prescription acquisitive, extinctive

مع ~ الزَمان — de jour en jour; avec le temps

غَيْر قابِل لِلـ~ — imprescriptible

4187 **قُدْموس** ج قَداميس — audacieux; brave; puissant

4188 **قُدْوة** — exemple; modèle

~ حَياة — vie exemplaire; règle de vie

صار ~ — montrer le chemin; ouvrir la voie [*fig.*]; servir d'exemple

VIII **اِقْتَدَى** اِقْتِداءً بِـ ه — suivre l'exemple de; imiter; se guider sur; se régler sur

~ بِه الكَثيرون — faire école; servir d'exemple

اِقْتِداء — imitation

اِقْتِداءً بِـ — à l'exemple/l'instar de; sur le modèle de

4189 **قَذَر** ج أَقْذار — ordure; saleté

**قَذارة** — abjection; cochonnerie [*fig.*, *fam.*]; crasse; infection; impureté; ordure; malpropreté; obscénité; saleté; saloperie [*pop.*]; turpitude

عاشَ في الـ~ — vivre dans la saleté

**قَذِر** — abject; cochon [*fig.*, *fam.*]; crasseux; infect; impur; immonde; malpropre; dégoûtant; ignoble; obscène; pouilleux; salaud [*pop.*]; saligaud [*pop.*]; infâme; sale; sordide

زُقاق، كَلام ~ — ruelle, propos immonde(s)

قاذورة ج ات — immondices; ordures; saletés

مَقْذَرة ج مَقاذِر — cloaque; égout

**4190** **قَذَعَ** َ قَذْعًا ه — diffamer; injurier; dire des injures à; outrager

قَذيعة ج قَذائِع — injure; outrage

IV **مُقْذِع** — virulent/acerbe (critique)

**4191** **قَذَفَ** ِ (← جَدَفَ) — ramer; *v. aussi 4192*

مِقْذَف ج مَقاذِف — aviron; rame

مِقْذاف ج مَقاذيف — *même sens*

II قَذَّفَ تَقْذيفًا — faire force de rames; faire du canotage

تَقْذيف — canotage

**4192** **قَذَفَ** ِ قَذْفًا ه، بِـ ه — lancer; jeter; projeter; envoyer; promener [*fig.*]; vomir [*fig.*]; rejeter; éjecter; envoyer; *v. aussi 4191*

~ه بِالحَجَر — envoyer/jeter/lancer des pierres à qqn

~ه بِالشَتائِم، بِالسِباب — jeter/lancer des injures à qqn; vomir des insultes sur/contre

~ بِالقَنابِل — lancer des bombes; bombarder

~ه بِلَواذِع — décocher des traits à qqn

~ حُمَمًا — cracher des laves (volcan)

~ الكُرة — jeter/lancer la balle; shooter

~ المَنيّ — éjaculer

~ه تُهَمًا، بِالتُهَم — accuser qqn; lancer des accusations contre qqn

~ في رُوعه أن — suggérer à qqn de/que; persuader qqn de

~ بِقَوْله — parler sans retenue/à tort et à travers

~ت ه الأَمْواج إلى الشاطِئ — rejeter qqch sur le rivage (vagues)

**قَذْف** — accusation; éjection; lancement; jet; rejet; projection; shoot; gunitage

~ المَنيّ، القَنابِل — éjaculation; bombardement

طائِرة، طَيّارة ~ — avion de bombardement; bombardier

قَذْفة حُرّة، أُولَى — *sport.* coup franc, d'envoi

مَقْعَد **قَذْفيّ** — siège éjectable

آلة، مَوْجة ~ة، قِذافيّة — engin, onde balistique

قِذافة — balistique *n.f.*

**قاذِف** — *techn.* lanceur; guniteuse

طَيّارة ~ة ← قَذْف

**قاذِفة** ج قَواذِف ← طائرة قَذْف

~ رُمّانات، لَهَب — lance-grenades; lance-flammes

~ نَسائِف — lance-torpilles

~ صَواريخ — lance-fusées; lance-roquettes

قَذّاف، قَذّافة — obusier; catapulte

مَقْذوف ج ات، مَقاذيف ← قَذيفة

**قَذيفة** ج قَذائِف — engin; bombe; fusée; missile; obus; projectile

~ نَسّافة — torpille

VI **تَقاذَفَ** تَقاذُفًا ه، بِـ ه — ballotter; pousser; bousculer

~ت بِه الأَمْواج — être balloté/poussé par les vagues

تَقاذُف — ballottage; ballottement; bousculade

VII اِنْقَذَفَ اِنْقِذافًا — sauter (bouchon)

**4193** **قَذال** ج قُذُل — col (d'une veste); nuque; occiput

قَذاليّ — occipital

**4194** **قَذًى**؛ قَذاة — impureté; poussière; brin/fétu de paille; *fig.* difficulté; souci

في عَيْنه ~ — avoir une poussière dans l'œil; *fig.* être sur des épines

صارَ الأَمْر ~ في عينه — *prov.* tomber comme un cheveu sur la soupe (*m. à m.* comme une poussière dans l'œil)

أَغْضَى على الـ~ — avoir une patience d'ange; avaler des couleuvres

**4195** **قَرَّ** ِ قَرًّا — être … *v. à l'adj.*; rafraîchir; fraîchir *intr.*; *v. aussi 4196*

~ت عَيْنُه — *fig.* se consoler; se tranquilliser

مَنْ قَنِعَ بِما هُوَ فيه ~ت عَيْنُه

*prov.* pour vivre heureux vivons de peu

قَرُّ الشِتاء — fraîcheur/froid de l'hiver

**قُرّة** — consolation; délice; joie; plaisir; plaisir des yeux; *bot.* cresson

~ العَيْن — *même sens*

قارّ ← مَقْرور

**مَقْرور، قَرير العَيْن** frais; rafraîchi; *fig.* qui a la conscience tranquille; calmé; consolé; égayé; heureux; joyeux; réconforté; réjoui; tranquillisé

كَأنّه ~ طَلَعَتْ عليْه الشَمْس *prov.* comme neige (fondant) au soleil

**4196 قَرَّ ـِ قَرارًا** s'arrêter; être ferme; s'installer (dans un endroit); persister; persévérer; se tenir tranquille; *v. aussi 4195*

~ القَرار، الرَأْي على ه arrêter; décider; fixer; déterminer; prendre la décision de

لا **يَقِرّ** له قَرار ne pas tenir en place; avoir la bougeotte [*fam.*]; être instable; ne pas trouver le repos

لا ~ له قَرار حَتّى n'avoir de cesse que

**قَرار** fermeté; constance; permanence; durée; repos; séjour fixe; stabilité; tranquillité

دار الـ~ l'au-delà; la demeure éternelle

لا **قَرارَ** له inconstant; instable; versatile

لا نارَ له ولا ~ n'avoir ni feu ni lieu

**قَرار** ج ات arrêt; arrêté *n.m.*; décret; décision ferme; parti; résolution; intention bien arrêtée; sentence; refrain

اِتَّخَذَ ~اً prendre un arrêté/une décision/un parti; se résoudre à

~ وِزاريّ، تَحْكيم arrêté ministériel; décision arbitrale

~ اِسْتِبْداديّ oukase [*fig.*]; décision arbitraire

أَصْدَرَ، نَفَّذَ ~اً publier, appliquer une résolution

~ اِتِّهام acte d'accusation; réquisitoire

قامَ بِـ~ أَوْجُه النَشاط décider des formes d'action

دَعْهُ يَتَحَكَّمُ بِـ~ ك laisse-le prendre la décision à ta place

قَرارات مَجْلِس الأَمْن résolutions du Conseil de sécurité

تَوازُن **قَراريّ** équilibre statique

**قَرارة** fond [*fig.*]; profondeur [*fig.*]

~ النَفْس، الضَمير fond de l'âme; intimité de la conscience

في ~ نَفْسه in petto; au fond de soi; au tréfonds de soi; dans son for intérieur; à part soi

**مَقَرّ** ج مَقارّ local *n.m.*; résidence; lieu de résidence/séjour; siège; siège social

~ الرَئيس، المُنَظَّمة résidence du président; siège de l'organisation

~ القِيادة، القِيادة العُلْيا poste de commandement; quartier général

**قارّ** fixe; durable; permanent; stable; sédentaire; stationnaire

لَجْنة ~ة comité permanent

**قارّة** ج ات continent

الـ~ الجَديدة، القَديمة le nouveau, l'ancien continent

سِيْف الـ~ plateau continental

بَيْنَ **قارّات** intercontinental (échanges)

صاروخ عابِر الـ~ fusée intercontinentale

اِنْجِراف الـ~ dérive des continents

**قارّيّ**؛ مُناخ ~ continental (climat)

**قارورة** *v. ordre alphab.*

II **قَرَّرَ** تَقْريرًا ه. أَن arrêter/prendre une décision; choisir de; décréter; conclure; se déterminer; disposer; prendre le parti/la résolution de; édicter; établir; résoudre de; se décider à; constater

~ مَصيره arrêter/fixer sa conduite; décider de son sort

~ عُرْفًا. قانونًا consacrer un usage; édicter une loi

**تَقْرير** ج ات. تَقارير arrêté; décision; rapport

~ إداريّ. خَبير rapport administratif, d'expert

~ المَصير autodétermination

حَقُّ الشُعوب في ~ مَصيرها droit des peuples à disposer d'eux-mêmes

~ عن مُهِمّة compte-rendu/rapport de mission

~ المَنْفَعة العامّة déclaration d'utilité publique

**مُقَرِّر** ج ون rapporteur

~ الميزانيّة rapporteur du budget

**مُقَرَّر** ج ات arrêté; décidé; établi; fixé; prescrit; incontestable; consacré

المَوْعِد الـ~ rendez-vous fixé

في الميعاد الـ~ dans les délais fixés/prescrits

الأَعْراف الـ~ة usages consacrés/établis

مِن الـ~ أَنْ il est décidé/entendu que

IV **أَقَرَّ** إِقْرارًا ه، بِـ ه — accepter; s'accuser de; admettre; adopter qqch; avouer; confesser; consacrer (un usage); décider de; déclarer; établir; homologuer; installer; introniser; stabiliser; valider

~ حَقًّا، قانونًا — consacrer un droit; adopter une loi

~ مَشْروعًا — adopter/sanctionner un projet

~ أَساس الضَرائِب — établir/déterminer l'assiette de l'impôt

~ مُعاهَدة — ratifier un traité

~ له بِالحَقّ — donner raison à qqn

~ بِجَهْله — confesser/reconnaître/avouer son ignorance

~ بِذَنْبه — convenir de/reconnaître sa faute; s'avouer/se reconnaître coupable; faire son mea culpa [*fam.*]

~ بِجَميل — reconnaître un bienfait; être reconnaissant

~ه على ه — donner raison à qqn sur qqch; entériner l'avis de qqn

هذا ما لا **يُقِرّه** عَقْل — c'est inadmissible

**إِقْرار**؛ ~ بِـ — approbation; adoption; affirmation; aveu; confession; consécration; déclaration; homologation; intronisation; sanction (d'une loi); stabilisation

~ الدُخول — déclaration de revenus

V **تَقَرَّرَ** تَقَرُّرًا — être décidé; se décider

~ عَقْدُ اِجْتِماعات — il a été décidé de tenir des réunions

X **اِسْتَقَرَّ** اِسْتِقْرارًا بِـ، في — être ... *v. à l'adj.*; demeurer; s'enraciner [*fig.*]; s'établir; se fixer; s'installer; s'asseoir; prendre son assiette/son assise; résider

~ له الأَمْر — être bien installé/bien en place; avoir une situation stable/sûre

~ الرَأْي على — se décider à; il a été décidé que; se faire une raison de

قَبْلَ أن ~ بي المَجْلِس فَـ — à peine étais-je installé que

**اِسْتِقْرار** — enracinement [*fig.*]; équilibre; fermeté; immutabilité; fixité; constance; stabilité; consistance; permanence; stabilisation; assiette [*fig.*]

الـ~ السِياسيّ — stabilité politique

فَتْرة ~ — période de stabilité/stabilisation

عَدَم ~ — instabilité; précarité; déséquilibre; inconstance; porte-à-faux; déracinement

رَجُل لا **اِسْتِقْرار** له — homme sans consistance/inconsistant/inconstant/instable

**مُسْتَقِرّ** — bien assis/installé/en place; immobile; ferme; fixé; équilibré; discipliné; constant; stable; stationnaire; permanent; sédentaire; solide

حُكومة ~ة — gouvernement stable/bien assis

مَرَض، أَسْعار ~(ة) — maladie stationnaire; prix stables/fermes

عُرْف ~ — usage consacré/établi

غَيْر ~ — instable; inconstant; précaire; déséquilibré; incertain; déraciné [*fig.*]

**مُسْتَقَرّ** — demeure; résidence; lieu de séjour

~ الحُكومة — siège du gouvernement

**4197** **قَرَأَ** - قِراءةً ه — lire; faire une lecture

~ على ه — lire devant qqn; apprendre de qqn; suivre l'enseignement de; prendre des leçons

~ السَلام لِـ، على ه — faire parvenir ses salutations à

~ لِـ ه حِسابه — tenir compte de; prévoir

~ لِـ ه أَلْفَ حِساب — tenir grand compte de; faire grand cas de; être vivement préoccupé par

لا يُقْرَأ — illisible

**قِراءة** ج ات — lecture; récitation

~ الكَفّ — chiromancie

فَنّ القِراءات — *isl.* science des lectures coraniques

**قُرْآن**؛ الـ~ الكَريم — Coran

**قُرْآنيّ** — coranique

مَدْرَسة، آيات ~ة — école coranique; versets du Coran

**قارِئ** ج قُرّاء — lecteur; instruit; cultivé; lettré; *isl.* récitateur (du Coran)

عَزيزي الـ~ — mon cher lecteur

~ الكَفّ — chiromancien

بَريد **القُرّاء** — courrier des lecteurs

**مَقْرُوء** — lisible; lu; récité (verset)

**مَقْرُوئِيّة** — lisibilité

**مِقْرَأ** ج مَقارِئ — lutrin; pupitre

**مَقْرَأة** — lecteur de cassette; tête de pick-up

IV **أَقْرَأَ** إِقْراءً ه ه — faire lire qqch à qqn; donner à lire; enseigner la récitation du Coran

~ ه السَلام — envoyer son salut à qqn (par lettre)

**مُقْرِئ** ج ون — récitateur du Coran

X **اِسْتَقْرَأَ إِسْتِقْرَاءً** — chercher; étudier; examiner; rechercher; induire [*log.*]

**إِسْتِقْراء** — induction [*log.*]; examen; étude; investigation; recherche

**إِسْتِقْرائيّ** — inductif; a posteriori *adj.*

تَقْدير ~ — extrapolation

طَريقة ~ة — méthode inductive par induction

4198 **قَرُبَ** ـُ قُرْبًا، مَقْرُبة — approcher *intr.*; avoisiner; être ... *v. à l'adj.*; *v. aussi 4199*

ما ~، يَقْرُب مِن — approximativement; environ; à peu près

**قُرْب** — abord; imminence; proximité; voisinage

بِـ~ه، ه؛ قُرْبَ — à côté; à proximité de; aux abords de; au voisinage de; auprès/près de

عَن ~ — à bout portant; tout près/proche

**قُرْبيّ** — *maghr.* gourbi

**قَرابة** — affinité; environ; parenté; proche parenté; liens du sang

ذو ~ — proche parent; proche *n.m.*

~ العَصَب — consanguinité

~ الأُصول، الفُروع — branche/ligne ascendante, descendante

قُرابةَ ه — approximativement; aux environs de; environ; près de

**قُرْبى**؛ ذو الـ~ ← قَرابة

**مَقْرُبة** — proximité; voisinage

على ~ مِن — au voisinage de; à proximité de; près de

**قَريب** — proche; prochain; récent; près; voisin *adj.*; *fig.* aisé; facile

الماضي، المُسْتَقْبَل الـ~ — passé récent; avenir proche

~ العَهْد — tout récent/nouveau

~ العَهْد بِـ — novice; néophyte; débutant

عَمّا، عَن ~؛ قَريبًا — d'ici peu; sous peu; prochainement; bientôt; un de ces jours

في الـ~ العاجِل — très prochainement/bientôt

مُنْذ عَهْد ~ — depuis peu; naguère

مُنْذ الأَمْس الـ~ — *même sens*

~ إلى، من المَعْقول — plausible; vraisemblable

~ الاِسْتِعْمال — utilisable; d'emploi facile

~ ج أَقْرِباء — collatéral; consanguin; parent; proche *n.m.*

~ العَصَب — *même sens*

أَحْبِبْ ~ك — aime ton prochain

قَريبًا مِن (← عن قَريب) — à côté; à proximité

أَبْلَغَ القَريبين والبَعيدين ه — publier qqch urbi et orbi

الأَقْرِباء ← الأَقارِب

**أَقْرَب** — plus probable; plus proche; prochain; plutôt

~ نُقْطة إلى المَوْقِع — le point le plus proche de l'endroit

~ المُوَزِّعين إليْكم — le distributeur le plus proche de vous; le prochain distributeur

~ المَواضِع إلى — l'endroit le plus proche; le prochain endroit

هو إلى ه ~ — être très proche de

~ إلى الصِحّة، الصَواب — plutôt/presque/quasiment exact, vrai

~ إلى الذَوْق العَرَبيّ — plus/très proche du goût arabe

إلى الـ~ فالـ~ — de proche en proche; de plus en plus proche

~ إلى الهُزال، المَرَض — plutôt maigre, malade

في ~ وَقْت مُمْكِن — le plus tôt possible

~ ج أَقْرَبون جج أَقارِب — proche parent

**الأَقارِب** — les proches; la famille; les siens

**قُرْبان** ج قَرابين — holocauste; hostie; offrande; *christ.* communion; sacrement

تَناوَلَ، أَمْسَكَ الـ~ — *christ.* communier; recevoir la communion, les sacrements

الـ~ المُقَدَّس — saint sacrement; communion solennelle

سِرّ، عيد الـ~ — eucharistie; Fête-Dieu

**قُرْبانيّ** — sacrificatoire; eucharistique; sacramentel

**مَقْرَب** ج مَقارِب — chemin de traverse; raccourci

**مِقْراب** ج مَقاريب — télescope

II **قَرَّبَ** تَقْريبًا ه، ه — approcher *tr.*; rapprocher; rendre possible; faciliter; vulgariser

~ ه إلى ه — réconcilier qqn avec

~ بَيْن ه، ه concilier; rapprocher; réconcilier

~ ه إلَيْه honorer qqn; vénérer

~ ذَبيحة *relig.* faire une offrande; offrir un sacrifice

~ القُرْبان administrer le sacrement de l'eucharistie

**تَقْريب** approximation; conciliation; don; présent; vulgarisation; rapprochement; réconciliation

على الـ~ environ; approximativement; à peu près; presque

على وَجْه الـ~، تَقْريبًا *même sens*

**تَقْريبيّ** approximatif; approchant; approché

قيمة، رَقْم ~(ة) valeur approchée; numéro approchant

**مُقَرَّب** familier; favori; intime

صَديق ~ ami intime; meilleur ami

III **قارَبَ** مُقارَبةً ه être ... *v. à l'adj.*; approcher; s'apparenter à; côtoyer; friser [*fig.*]; frôler; juxtaposer; rapprocher

~ المَوْت friser/frôler la mort

~ البُؤْس، الثَلاثين côtoyer la misère; approcher de la trentaine

~ النِهاية tirer à sa fin; approcher de la fin

يُقارِب النِصْف près de la moitié

مُقارَبة apparentement; approximation; juxtaposition; rapprochement

**مُقارِب** approchant; qui est près/sur le point de; proche; apparenté; juxtaposé

خَطّ ~ asymptote

V **تَقَرَّبَ** تَقَرُّبًا مِن، إلى s'approcher; se rapprocher; chercher à entrer en contact/en rapport avec; *christ.* communier

~ إلى ه rechercher la faveur/l'intimité de; faire des avances à qqn

**تَقَرُّب** approche; *christ.* communion

مُحاوَلات ~ avances *n.f.pl.*

VI **تَقارَبَ** تَقارُبًا converger; être comparable/proche/voisin; se rapprocher les uns des autres; être voisin; se juxtaposer

~ في السِنّ être à peu près du même âge

**تَقارُب** convergence; juxtaposition; rapprochement; voisinage

أَوْجَدَ ~ًا مع ه procéder à un rapprochement avec qqn

**مُتَقارِب** approchant; comparable; convergent; proche; voisin

أَلْوان ~ة couleurs voisines

~ في السِنّ d'un âge approchant/comparable

VIII **اِقْتَرَبَ** اِقْتِرابًا مِن approcher; s'approcher; se rapprocher

~ من فَتاة في الشارِع aborder une jeune fille dans la rue

أُذْكُرْ غائِبًا يَقْتَرِبْ *prov.* quand on parle du loup on en voit la queue

اِقْتِراب approche; rapprochement

4199 **قِرْبة** ج قِرَب outre *n.f.*; *bot.* asque; *v. aussi 4198*

لَقِيَ عَرَق الـ~ *fig.* subir des avanies

**قارِب** ج قَوارِب barque; canot; embarcation; nacelle; péniche; pirogue

~ النَجاة، الإنْقاذ canot de sauvetage

قِراب ج قُرُب، أَقْرِبة étui; fourreau; gaine; sac de voyage

قَرّاب *maghr.* porteur d'eau (prononcé «*garrab*»)

4200 **قَرَبوس** ج قَرابيس arçon de selle; pommeau

4201 قَرَتَ ـِ قُروتًا devenir bleu/verdâtre (peau à la suite d'une contusion); être marqué par une ecchymose/un hématome

**قَرَت** bleu (sur la peau); ecchymose; hématome

~ الجِلْد *méd.* kératose

قارِت omnivore

مَقْروت marqué d'ecchymoses/de bleus (peau)

4202 **قَرَحَ** ـَ قَرْحًا ه blesser; ulcérer; *v. aussi 4203*

قَرْح ج قُروح abcès; chancre; plaie; ulcère; ulcération

قَرْحة ج قِرَح *même sens*

قَرِح chancreux; ulcéré; couvert de plaies

II قَرَّحَ تَقْريحًا ulcérer; ulcération

V تَقَرَّحَ تَقَرُّحًا s'ulcérer; ulcération

مُتَقَرِّح ulcéré; chancreux

**4203** **قَريحة** ج قَرائِح — disposition naturelle; faculté; génie; inclination; prédisposition; talent; verve; *v. aussi 4202*

**قَراح** — clair; limpide; pur

شَوَى الماء الـ~ — *prov.* (en être réduit à) se nourrir d'eau fraîche

VIII **اِقْتَرَحَ** اِقْتِراحًا ه — proposer; suggérer; faire présenter une proposition suggestion

**اِقْتِراح** ج ات — proposition; suggestion; motion; vœu

تَقَدَّمَ بِـ~ — faire une proposition

~ مُعاكِس، مُضادّ — contre-proposition

~ بِاللَّوْم، بِالقانون — motion de censure; proposition de loi

بِناءً على ~ه — sur la proposition de

**مُقْتَرَح** ج ات ← اِقْتِراح

**4204** **قِرْد** ج قُرود، قِرَدة — singe

**قِرْدة** — guenon

**قِرْديّ** — simien; simiesque

**قُراد، قُرادة** ج قِرْدان — tique

~ الجَرَب — sarcopte de la gale

**أبو قِرْدان** — *égypt.* héron

**4205** **قَرْدَب** — *bot.* bistorte

**قُرْدُح** ج قَرادِح — cercopithèque; babouin

**قُردوح** ج قَراديح — *même sens*

**4206** (قردس) **قُرَيْدِس** — crevette

**4207** **قَرِسَ** ـِ قَرَسًا — être ... *v. à l'adj.*; pincer [*fig.*] (froid); geler *intr.*

**قِرْس** — *ins.* simulie

**قارِس** — (vent) frisquet [*fam.*]/gelé/glacé/glacial; (froid) intense/piquant/perçant/saisissant/vif; (hiver) rigoureux/rude

II **قَرَّسَ** تَقْريسًا — geler *tr.*; glacer *tr.*

**4208** **قِرْش** ج قُروش — *monn.* piastre; *poiss.* requin; squale

**4209** **قُرَشيّ** — Koraichite

**4210** **قُرْص** ج أَقْراص — disque; rond *n.m.*; plaque ronde; *méd.* cachet; comprimé; pastille; tablette; *v. aussi 4211*

~ الشَمْس — disque du soleil

~ الرَمْي ؛ رَمْي الـ~ — disque [*sport.*]; lancement du disque

~ المُرور، العَسَل — disque [*ch. de f.*]; rayon de miel

~ الواصِل — disque plateau d'embrayage

~ دَوّار أُسْطوانات — platine de tourne-disque

~ هاتِف، الأَرْقام — cadran de téléphone

~ مَرِن، دَمَويّ — diaphragme [*opt.*]; plaquette sanguine

جَرَّ النار إلى ~ه — *prov.* tirer la couverture à soi; apporter de l'eau à son moulin

**قُرْصة** — rondelle

**قُرْصيّ** — discal

**4211** **قَرَصَ** ـُ قَرْصًا ه، ه — piquer; pincer; *fig.* piquer qqn au vif; décocher/lancer des piques [*fam.*]; larder qqn d'épigrammes; *v. aussi 4210*

~ إصْبَعَه في — se pincer le doigt dans

**قَرْصة** — pincement; pinçon; piqûre (de moustique, de puce)

~ في القَلْب — pincement au cœur

~ البَرْد — morsure du froid

اليَوْم ~ بَرْد — il fait frisquet [*fam.*]/froid

**قارِص** — âcre; acerbe; acide; aigre [*fig.*]; amer; caustique; corrosif; fielleux; mordant; piquant; vif

**قارِصة** ج قَوارِص — coup de dent [*fig.*]/de langue/de boutoir; chicanerie; propos blessant; épigramme; raillerie; pique [*fam.*]

**قُرّاص** — ortie

أَحْمَر ~ — très rouge; rouge vif

**مِقْراص** ج مَقاريص — ciseau à bois

**قَراصِيا** — variété de prunier ou de cerisier (selon les régions)

**قَراصِية** — fruit d'un prunier ou d'un cerisier

**4212** **قَرْصَنَ** — écumer les mers; faire de la course/de la flibuste; pirater

**قَرْصَنة** — course; flibuste; piraterie

قُرْصان ج قَراصِنة، قَراصين aventurier; forban; boucanier; corsaire; écumeur de mer; flibustier; pirate

4213 قَرْض ج قُروض avance; emprunt; prêt; *v. aussi 4214*

~ شَرَف prêt d'honneur

~ حَسَن، دونَ فائِدة prêt sans intérêt

~ قَصير، مُتَوَسِّط، طَويل الأَجَل emprunt/prêt à court, moyen, long terme

~ عامّ، عُموميّ emprunt public

~ قابِل لِلتَبْديل prêt convertible

إِسْتِهْلاك الـ~ amortissement d'un emprunt

IV أَقْرَضَ إِقْراضًا ه accorder un prêt; avancer/prêter (de l'argent) à qqn; créditer

مُقْرِض prêteur; bailleur de fonds

VIII اِقْتَرَضَ اِقْتِراضًا ه emprunter; faire un emprunt

اِقْتِراض emprunt

مُقْتَرِض؛ مُقْتَرَض emprunteur; emprunté (argent)

X اِسْتَقْرَضَ اِسْتِقْراضًا ه (← VIII) demander/solliciter un emprunt

4214 قَرَضَ ـِ قَرْضًا ه attaquer [*fig.*]; cisailler; corroder; couper; entamer; grignoter; mâcher [*fig.*]; manger [*fig.*]; mordre; perforer; piquer (le bois); remâcher; rogner; ronger; *v. aussi 4213*

~ المَعْدِن، الخَشَب mâcher/manger le métal; piquer le bois

~ الشِعْر composer/faire/réciter de la poésie

~ رِباطَه *fig.* passer l'arme à gauche [*pop.*]

تَقْرِض الأَرانِب طَعامَها les lapins rongent leur nourriture

قَرْض érosion; corrosion; grignotement; perforation

تَقْرِض طَعامَها لا كَـ~ القَوارِض
ils ne rongent pas leur nourriture de la même manière que les (autres) rongeurs

قُراضة coupures; débris; limailles; rognures (de métal)

قارِض *pr.* et *fig.* érosif; corrosif; incisif; mordant

~ ج قَوارِض rongeur

مَقْروض perforé; rongé; rogné

قَريض poésie; poème; *vétér.* aliments ruminés

حالَ الجَريض دونَ الـ~ *prov.* arriver après la bataille

اِبْن مِقْرَض *zool.* fouine

مِقْراض ج مَقاريض cisailles; ciseau; sécateur

II قَرَّضَ تَقْريضًا ← قَرَضَ

VII اِنْقَرَضَ اِنْقِراضًا dépérir; s'éteindre [*fig.*]; disparaître; finir; mourir; périr; se perforer; *fig.* se ronger les sangs

~ت العائِلة، اللَهْجة la famille s'est éteinte; le dialecte a disparu

اِنْقَرَضوا عن آخِرِهِمْ périr jusqu'au dernier

اِنْقِراض dépérissement; extinction (d'une famille); disparition

مُنْقَرِض disparu (civilisation); éteint (famille); mort (langue)

4215 قُرْط ج أَقْراط boucle/pendant d'oreille; grappe (de fruits); régime (de bananes)

قِراط؛ قُراطة lumignon; chandelle

قيراط *v. ordre alphab.*

II قَرَّطَ تَقْريطًا ه mettre des boucles d'oreilles à

~ فَتيلة moucher une chandelle

~ على ه serrer de près; presser qqn; pousser qqn (à); être strict/sévère avec qqn; lésiner; être avare

تَقْريطة fichu; foulard; madras

4216 قُرْطُب *bot.* mélampyre

قُرْطُبيّ cordouan

4217 قَرْطَسَ ه mettre dans un cornet/paquet; empaqueter; atteindre une cible; faire mouche; *maroc.* tirer une cartouche

قِرطاس ج قَراطيس cahier; cornet (de papier); feuille; feuillet; papier; cible; *maroc.* cartouche

قَراطيس ماليّة valeurs immobilières

أَدوات قُرْطاسيّة fournitures de bureau; articles de papeterie

4218 قَرْطَل ج قَراطِل corbeille; panier tressé

4219 قِرْطِم؛ قُرْطُم *bot.* carthame; safran bâtard

قُرْطُمان avoine

**4220** II **قَرَّظَ** تَقْرِيظًا ه ، faire l'éloge/le panégyrique (d'un vivant); louer; complimenter; prôner

تَقْرِيظ ج تقارِيظ apologie; compliment; dithyrambe; éloge; eulogie; panégyrique; hagiographie

تَقْرِيظيّ dithyrambique; hagiographique; élogieux; laudatif; apologique

مُقَرِّظ ج ون apologiste; hagiographe

**4221** **قَرِعَ** ـَ قَرَعًا être vide (endroit, puits); être chauve; *v. aussi 4222*

قَرَع pustule; teigne

**قَرْع**، قَرْعة *bot.* calebasse; citrouille; courge; gourde; potiron

~ كُوسَى courgette

~ عَسَليّ potiron égyptien

**قَرْعة** *chim.* cornue; cucurbite

~ ج قَراعي *maghr.* bouteille; flacon

قَرْعِيّات cucurbitacées *n.f.pl.*

**قارِعة** ج قَوارِع الطَرِيق chaussée

على ~ الطَرِيق، الشارِع en pleine rue; au milieu de la chaussée/de la rue

**أَقْرَعُ** م قَرْعاء ج قُرْع chauve; dénudé/dégarni/nu (crâne, front); teigneux

عُود ~ bois dépouillé de son écorce

أَرْض **قَرْعاء** terre dénudée/pelée

**4222** **قَرَعَ** ـَ قَرْعًا ه battre; cogner; fouetter; heurter; frapper; sonner *tr.*; faire sonner/vibrer; tambouriner; taper; frapper; ausculter (par percussion); percuter [*méd.*]; *v. aussi* 4221

~ صَدْرَه se frapper la poitrine; *méd.* percuter la poitrine

~ سَمْعه، الباب frapper les oreilles; frapper/taper à la porte

~ الطَبْل، الجَرَس battre le tambour; sonner la cloche

~ سِنَّه grincer des dents (de dépit)

~ سِنّ النَدَم على، لِـ ه *fig.* battre sa coulpe; faire son mea culpa [*fam.*]; se mordre les doigts de; se repentir amèrement de

~ جَبْهَته بِالإناء vider la coupe; faire cul sec

قُرِعَ sonner; résonner

**قَرْع** heurt; percussion [*méd.*]; vibration

اِسْتَحَقّ الـ ~ mériter le fouet/des coups

**قَرْعة** coup (frappé à la porte); sonnerie

~ الحُزْن glas

**قُرْعة** coup décisif favorable; conscription; sort

سَحَبَ، ضَرَبَ الـ ~ tirer au sort

سَحْب، ضَرْب الـ ~ tirage au sort

كانَتْ له الـ ~ gagner; avoir le sort/la chance pour soi; le sort (lui) a été favorable

كانَتْ عليه الـ ~ perdre; avoir le sort/la chance contre soi; le sort (lui) a été défavorable

**قارِع** ج ون *part. prés.*

الـ ~ بابَ ه، ه qui frappe à la porte de

**قارِعة** ج قَوارِع adversité; calamité; coup de boutoir/du sort/de malchance; catastrophe; invective; propos malveillant

الـ ~ la dernière heure; *isl.* l'heure du Jugement dernier

قَرّاع batteur; percussionniste; *ois.* pic

**قَرِيع** choisi; de choix; excellent

~ الدَهْر héros

قَرِيعة ج قَرائِع élite; choix; la meilleure partie/la crème [*fam.*] de

مِقْرَعة ج مَقارِع baguette (de tambour); férule; fouet; marteau de porte; heurtoir

II قَرَّعَ تَقْرِيعًا ه على gourmander; gronder; houspiller; inquiéter; rabrouer; réprimander; reprocher sévèrement qqch à qqn; vitupérer

تَقْرِيع reproche; réprimande; vitupération

III قارَعَ قِراعًا، مُقارَعةً ه، ه se heurter; en venir aux mains; s'entrechoquer; faire cliqueter les armes les unes contre les autres; tirer à la courte paille

VIII اِقْتَرَعَ اِقْتِراعًا على tirer au sort; voter

**اِقْتِراع** scrutin; vote; suffrage; tirage au sort

~ أَوَّل، ثانٍ premier, deuxième tour de scrutin

مُقْتَرِع votant

**4223** **قَرَفَ** ـُ قَرْفًا ه éplucher; peler (un fruit)

~ بِـ ه soupçonner qqn; éplucher les faits et gestes de

قَرِفَ ـَ قَرَفًا ه avoir la nausée; se dégoûter de; se blaser de; être blasé/dégoûté
قَرَف dégoût; écœurement; haut-le-cœur; nausée
قَرِف مِن blasé; dégoûté
قِرْفَة ج قِرَف écorce; cannelle
أُمّ ~ *zool.* pangolin
II قَرَّفَ تَقْرِيفًا ه blaser; dégoûter; écœurer; faire horreur; répugner à
IV أَقْرَفَ إِقْرافًا ه ← II
مُقْرِف affreux; dégoûtant; nauséabond; repoussant; répugnant
VIII اِقْتَرَفَ اِقْتِرافًا ه commettre/consommer/perpétrer un crime/une faute
مُقْتَرِف auteur d'un crime; criminel

4224 قَرْفَصَ قَرْفَصة s'accroupir
قُرْفُصاء position accroupie
جَلَسَ، قَعَدَ الـ~ s'accroupir; s'asseoir sur les talons

4225 قَرِقَ ـُ قَرْقًا glousser; gloussement
قُرْق liège

قُرْقُب ← قُرْقُف

4226 قِرْقِدَنّ *zool.* loir

4227 قَرْقَرَ gargouiller (ventre); grommeler (chameau)
قَرْقَرة gargouillement; grommellement

4228 قِرْقِس moucherons

4229 قَرْقَعَ brimbaler; brinquebaler; cahoter; crépiter
قَرْقَعة brimbalement; cahot; fracas; roulement (d'une charrette sur les cailloux)

4230 قَرْقَفَ grelotter (de froid); claquer des dents; faire trembler
قُرْقُف *ois.* mésange; mésange charbonnière

4231 قَرَقوز؛ قَرَه قوز guignol; marionnette

4232 قِرِلّى *ois.* martin-pêcheur

4233 قُرْمة ج قُرَم billot; tronçon de bois; souche
قِرام ج أَقْرِمة voile
قَرام *bot.* rhizophora

4234 قَرْمَدَ enduire; couvrir/recouvrir (d'un toit)
قِرْميدة ج قِرْميد، قَراميد brique; tuile
مُقَرْمَد enduit; couvert de tuiles (toit)

4235 قِرْمِز carmin *n.m.*; cramoisi *n.m.*; *bot.* kermès
قِرْمِزيّ carmin; carminé; cramoisi; écarlate; vermeil
الحُمّى الـ~ة scarlatine
قِرْمِزيّة *zool.* kermès; cochenille

4236 قَرْمَلة *bot.* bourse-à-pasteur

4237 قُرْمود *zool.* bouc des marais

4238 قُرْموط *poiss.* anguille du Nil

4239 قَرْن ج قُرون âge; siècle; temps; *v. aussi 4240*
الـ~ العِشْرون vingtième siècle
القُرون الوُسْطَى Moyen Âge
الـ~ الحَجَرِيّة الأولَى paléolithique
الـ~ الحَجَرِيّة الحَديثة néolithique
قَرْنيّ centenaire; séculaire

4240 قَرَنَ ـِ قَرْنًا ه، بَيْنَ ه accoler; accoupler; ajouter; allier; appareiller *tr.*; apparier; atteler; connecter; coupler; joindre; réunir; unir; *fig.* cocufier [*pop.*]; *v. aussi 4239*
~ الفَضيلة بِالشَجاعة allier la vertu au courage
~ القَوْل بِالفِعْل joindre le geste à la parole
~ كَلِمَتَيْن accoler deux mots
قَرْن accolement; accouplement; appariage; attelage; connection; couplage
~ ج قُرون *zool.* antenne; corne; trompe; *bot.* cosse; légume; *mus.* cor
وَحيد الـ~ rhinocéros

~ الجَبَل sommet; cime; arête de montagne

~ الأَيِّل *zool.* lucane

~ الشَمْس corne du soleil levant

~ أَحْذِيَة chausse-pied

~ الغَزال *bot.* lotier; trèfle cornu

**قَرْنِيّ** corné; cornéen; kératique

عَدَسات ~ة lentilles cornéennes

**قَرْنِيَّة** cornée *n.f.* [*anat.*]

سَحابة، عَنْبة ~ *méd.* néphélion; staphylome

اِلْتِهاب، تَرْقيع الـ~ kératite; kératoplastie

اِسْتِئْصال الـ~ kératectomie

**قَرْنِيّات** légumineuses *n.f.pl.*

~ فَراشِيّات papilionacées *n.f.pl.*

أبو قُرَيْن *ois.* calao

**قُرْنة** ج قُرَن angle saillant; coin; recoin

~ ج ات *maghr.* abattoir (prononcé «*gurna*»)

قِرْن ج أَقْران égal; émule; pair; pareil; semblable

أَقْراني mes pairs/pareils/semblables

أَقْرَن م قَرْناء encorné; cornu

قَرْناء *zool.* vipère à cornes; céraste

قَرْنان cocu [*pop.*]; cornard [*pop.*]

قارِنة *techn.* accouplement; couple

قَرانية *bot.* cornouiller

مَقْرون combiné; accouplé; accolé; connecté; conjoint *adj.*; joint; *pop.* cocu; cocufié

**قَرين** ج قُرَناء (← مَقْرون) mari; époux; conjoint *n.m.*; compagnon

مُنْقَطِع الـ~ incomparable; sans rival

**قَرينة** femme; épouse; conjointe; compagne; moitié [*fig.*, *fam.*]

~ ج قَرائِن connexion; contexte; indication; indice; présomption [*dr.*]

إِثْبات بالـ~ présomption de fait

II قَرَّنَ تَقْرينًا ه tailler en pointe; corner (une page)

مُقَرَّن anguleux; pointu

III **قارَنَ** مُقارَنة بَيْن balancer entre; mettre en balance; collationner; comparer; faire établir une comparaison une parité un parallèle; confronter; rapprocher; mettre en regard; faire des recoupements

~ نَفْسه بِ se comparer à

~ بين نُصوص collationner comparer rapprocher des textes

~ بين شَهادَتَيْن recouper deux témoignages

**يُقارَن**؛ لا ~ comparable; incomparable

**مُقارَنة** collation; collationnement; comparaison; confrontation; parallèle *n.m.*; parité; rapprochement; recoupement

قابِل لِلْ~ بِ comparable à

بِالـ~ مع par/en comparaison avec; comparativement à

قِران hymen [*poét.*]; hyménée [*poét.*]; mariage; lien du mariage; union

**مُقارِن** comparatif; comparant; comparatiste; comparateur

دِراسة ~ة étude comparative

مُقارِنًا بِ en comparant par comparaison avec

**مُقارَن** comparé

أَدَب، قانون ~ littérature, droit comparé(e)

V تَقَرَّنَ تَقَرُّنًا *pathol.* se couvrir de plaques cornées

تَقَرُّن أَبْيَض leucoplasie

VI تَقارَنَ تَقارُنًا se coupler; se rapprocher

تَقارُن دَواليب couplage de roues

VIII اِقْتَرَنَ اِقْتِرانًا بِ ه épouser; s'unir à qqn par le mariage; se marier avec; être lié à; s'accompagner; être simultané concomitant

اِقْتِران concomitance; conjonction; connexion; contiguïté; liaison; mariage; simultanéité; union

مُقْتَرِن concomitant; conjoint; conjugué; contigu; simultané

**4241** **قَرَنْبِيّ** ج ات *ins.* capricorne

**4242** **قَرْنَبيط**؛ قُنَّبيط *bot.* chou-fleur

**4243** **قُرُنْد** *minér.* corindon

**4244** **قَرَنْفُل** *bot.* œillet; giroflier; girofle

بُرْعُم، كَبْش ~ clou de girofle

قَرْنون؛ قَرْنين *bot.* scolyme

قَرَه قوز ← قَرَقوز

4245 قَرا ـُ قَرْوًا ه frapper/transpercer qqn d'une lance; examiner/suivre qqch de près

قارِية ج قَوارٍ pointe (de lance); tranchant (de sabre); *ois.* pivert

X اِسْتَقْرَى اِسْتِقْراءً ← قرأ X

4246 قَرَى ـِ قِرًى accorder/donner l'hospitalité; héberger; recevoir/traiter qqn

قِرًى collation (offerte à un invité); hospitalité

قَرْية ج قُرًى bourg; bourgade; hameau; localité; village

~ خِيام village de toile

أَهالي القُرَى ruraux; villageois

أُمّ الـ~ La Mecque

قَرَوِيّ ج ون campagnard; paysan; rural; rustique (vie); vicinal (chemin); villageois

حَياة ~ة vie rurale/rustique

قَرَوِيّونَ ruraux; villageois; kairouanais

جامِع القَرَوِيِّينَ mosquée Karawiyyin

4247 قَزّ، دُود الـ~ soie grège; ver à soie; *v. aussi 4248*

قَزِّي séricigène; séricicole

قَزِّيّة papillon du ver à soie; bombyx du mûrier

قِزازة؛ قَزّاز sériciculture; sériciculteur

قِزازة؛ قازوزة ampoule (de verre); bouteille; flacon

4248 (قزز) II مُقَزِّز infâme; infect; nauséabond; dégoûtant; *v. aussi 4247*

V تَقَزَّزَ تَقَزُّزًا مِن se dégoûter de; faire la grimace

~ت النَفْس avoir la nausée; éprouver de la répulsion/de l'aversion

تَقَزُّز النَفْس aversion; dégoût; nausée; lassitude

4249 قُزْحة ج قُزَح bande colorée/irisée; irisation

قَوْس قُزَح arc-en-ciel

قُزَحِيّة iris [*anat.*]

II قَزَّحَ تَقْزِيحًا ه assaisonner/aromatiser (un plat); orner/embellir (son discours); iriser

V تَقَزَّحَ تَقَزُّحًا s'iriser; être irisé

تَقَزُّح irisation

قَزْدير ← قَصْدير

4250 قَزَم nanisme

قَزَم ج أَقْزام avorton; gringalet [*fam.*]; lilliputien; nabot [*péjor.*]; pygmée; nain *adj., n.*

4251 قِسّ ج قُسوس ministre du culte; vicaire; pasteur; prêtre; clergyman;

قِسّيس ج ون، قَساوِسة *même sens*

قِسُّوس *bot.* lierre

4252 قَسْتوس *bot.* ciste; ladanum de Crète

4253 قَسُحَ ـُ قَساحةً être ... *v. à l'adj.*

قاسِح dur/épais/ferme (bois); rude/rugueux (étoffe)

4254 قَسَرَ ـِ قَسْرًا ه assujettir; contraindre; forcer; forcer la main; violenter; faire violence

قَسْر contrainte; coercition; sujétion; violence

قَسْرًا à contrecœur; par force; de vive force; forcément; inévitablement

قَسْرِيّ coercitif

قاسِر contraignant; assujettissant

4255 قَسِطَ ـَ قَسَطًا s'ankyloser; durcir (bois)

قَسَط ankylose; raideur/roideur [*class.*] des membres

مَقْسوط ankylosé

4256 قِسْط équité/justice (dans le partage)

~ ج أَقْساط dose; lot; obole; part; portion; prime; paiement/versement échelonné; traite

كانَ على ~ كَبير مِن avoir une grande dose/part/quantité de

أَكْبَر ~ مُمْكِن مِن ه la plus grande part possible de

~ سَنَوِيّ، شَهْرِيّ annuité; mensualité

**بَيْع على أَقْساط** vente à tempérament/en plusieurs versements

سَدَّدَ على ~ payer par traites

II **قَسَّطَ** تَقْسِيطًا ه rationner; répartir; fractionner

~ دَفْعه fractionner/échelonner le paiement

**تَقْسِيط** fractionnement; répartition; rationnement; échelonnement (d'un paiement)

دَفْع بالـ~ facilités de paiement; paiement par traites

بَيْع بالـ~ vente à crédit/à tempérament

IV **أَقْسَطَ** إِقْساطًا donner la mesure juste; agir/répartir avec équité/justice

4257 **قَسْطَل** châtaignier; marronnier; *v. aussi 4258*

**قَسْطَلة** châtaigne; marron *n.m.*

**قَسْطَليّ** marron *adj.*

4258 **قَسْطَل** ج قَساطِل tube; tuyau; *v. aussi 4257*

~ حَريق، إِنْفِلات tuyau d'incendie, d'échappement

**قَساطِل** tuyauterie

4259 **قَسُمَ** ـُ قَسامةً être ... *v. à l'adj.*; avoir de beaux traits; *v. aussi 4260, 4261*

**قَسِمة** ج ات beauté; élégance des formes; grâce

**قَسِمات الوَجْه** traits du visage

**قَسيم** ج قُسُم beau; élégant; gracieux

II **تَقْسيم** ج تَقاسيم proportions (du corps); traits (du visage)

دَقيق التَقاسيم visage aux traits fins

4260 **قَسَم** ج أَقْسام serment; *v. aussi 4259, 4261*

~ غَليظ، مُغَلَّظ juron

IV **أَقْسَمَ** إِقْسامًا ه، أن jurer; prêter serment

~ باللّه prendre Dieu à témoin

~ على ه conjurer qqch

~ على ه أن adjurer qqn de ne pas faire

~ لِ ه طاعة jurer fidélité à qqn

~ جَهْدَ أَيْمانه jurer ses grands dieux; en mettre sa main au feu

~ أَيْمانه المُغَلَّظة *même sens*

~ بِمُقَدَّساته jurer sur ce que l'on a de plus cher

VI **تَقاسَمَ** تَقاسُمًا أن se jurer mutuellement que; échanger des serments

4261 **قَسَمَ** ـِ قَسْمًا ه diviser; disperser; disposer; échelonner; fractionner; partager; répartir; scinder; sectionner; tronçonner; séparer; *v. aussi 4259, 4260*

~ قِسْمَيْن couper en deux

~ت القَضيّة البِلاد l'affaire a divisé le pays

**قِسْم** ج أَقْسام classe d'école; compartiment; fraction; part; partie; subdivision; portion; section; secteur; segment; tronçon; *admin.* bureau; division; section; service

~ الدِراسات العَرَبيّة département/section des Études arabes

في ثَلاثة **أَقْسام** en trois parties/points

**قِسْمة** division [*math.*]; allocation; lot; partage

~ عَشَرة عَلَى اِثْنَيْن division de dix par deux

خارِج ~ quotient [*math.*]

قابِل، قابِلِيّة الـ~ divisible; divisibilité

~ ثُنائِيّة dichotomie

**قُسَيْم** ج ات particule [*phys.*]

**قاسِم** *math.* dénominateur; diviseur; sous-multiple

~ مُشْتَرَك *math.* dénominateur commun

~ مُشْتَرَك أَعْظَم plus grand commun diviseur; p.g.c.d.

~ اِنْتِخابيّ quotient électoral

**مَقْسوم** divisé; coupé; sectionné; *math.* dividende

~ عليه diviseur [*math.*]

**قَسيم** ج قُسَماء partageant; partenaire; participant

**قَسيمة** ج قَسائِم bon *n.m.*; coupon; reçu *n.m.*; souche; talon

**مَقْسِم** ج مَقاسِم compartiment

~ المِياه partage des eaux

~ هاتِفيّ central/standard téléphonique

**أُقْسومة** ج أَقاسيم lot; part; partie; portion; destinée

II قَسَّمَ تَقْسِيمًا compartimenter; découper; démembrer; diviser; distribuer; fractionner; fragmenter; lotir; morceler; subdiviser; sectionner; segmenter; répartir; *mus.* improviser; préluder

~ مِلْكًا démembrer/morceler une propriété

تَقْسِيم ج تَقاسِيم découpage; division; distribution; démembrement; fractionnement; fragmentation; lotissement; morcellement; subdivision; sectionnement; segmentation; répartition; partage; partition; *mus.* improvisation; prélude

~ العَمَل division du travail

تَقْسِيمة ج تَقاسِيم solo instrumental

تَقْسِيمِيّ fractionnaire; parcellaire; fragmentaire; divisionnaire

مُقَسِّم diviseur; distributeur

~ هاتِفِيّ standard téléphonique

مُقَسَّم divisé; fractionné; démembré; fragmenté; segmenté; réparti; morcelé

III قاسَمَ مُقاسَمةً ه ه partager qqch avec qqn; participer aux bénéfices; être associé à qqn pour qqch

مُقاسَمة association; partage; participation

~ الأَرْباح participation aux bénéfices

مُقاسِم associé; coassocié; coparticipant

~ المَسْؤُولِيّات qui partage les responsabilités (avec qqn)

V تَقَسَّمَ تَقَسُّمًا se disperser; se fragmenter; se diviser; se subdiviser; se sectionner; se segmenter

~تْ ه الهُموم distraire/préoccuper/tourmenter qqn (soucis)

تَقَسُّم fragmentation; segmentation

VI تَقاسَمَ تَقاسُمًا المَسْؤُولِيّات partager les responsabilités

~ مِيراثًا se partager un héritage

VII اِنْقَسَمَ اِنْقِسامًا إلى se diviser en; se décomposer en; se fractionner; se partager; se séparer; se subdiviser; se scinder

~(ت) الحِزْب، البِلاد le parti, le pays s'est scindé/divisé

لا يَنْقَسِم indivisible; inséparable

اِنْقِسام division; fractionnement; partage; scission; subdivision

خَطّ ~ المِياه ligne de partage des eaux

~ ثُنائِيّ، خَلَوِيّ dichotomie; division cellulaire

اِنْقِسامِيّة؛ لا ~ divisibilité; indivisibilité

مُنْقَسِم désuni; divisé; scindé; partagé

~ ثُنائِيًّا dichotomique

VIII اِقْتَسَمَ اِقْتِسامًا ه se partager qqch

4262 قَسا ـُ قَسْوةً، قَساوةً être ... *v. à l'adj.*; durcir *intr.*; s'endurcir

~ الطَّرِيق la route est mauvaise/cahoteuse

~ على ه malmener qqn; maltraiter; mener la vie dure à; être dur/méchant avec

قَسْوة؛ قَساوة âpreté; brutalité; cruauté; dureté; durcissement (d'une position); endurcissement; inhumanité; méchanceté; rigidité (du caractère); rigorisme; rigueur; sévérité; rudesse; sécheresse

~ القَلْب sécheresse/dureté de cœur

~ المُناخ âpreté/dureté/rigueur du climat

شَدِيد الـ~ très dur/sévère/rude

عامَلَ ه بِـ~ mener la vie dure; traiter méchamment; serrer la vis [*fam.*] à qqn

ضَرَبَهُ بِـ~ avoir la main lourde [*fig.*]

قاسٍ (قاسِي) amer; âpre [*fig.*]; brutal; coriace [*fig.*]; cruel; cinglant (reproche); dur; endurci; féroce; inhumain; impitoyable; inexorable; inflexible; mauvais; méchant; pénible; rigide; rigoureux; rude; sec (cœur); sévère; sans-cœur

طَبْع، حَياة ~(ة) caractère endurci; vie dure

مِهْنة، أَرْض ~(ة) profession exigeante; terre rude

تَدابِير ~ة mesures draconiennes/rigoureuses/sévères

قاسِي الرَّأْس forte tête; entêté; tête dure; têtu

~ القَلْب dur; impitoyable; insensible; qui a un cœur de pierre

II قَسَّى تَقْسِية ه durcir *tr.*; rendre cruel; endurcir

~ الفُولاذ، الطَّبْع détremper/tremper l'acier; tremper le caractère

تَقْسِية durcissement; trempage (des métaux)

III قاسَى مُقاساةً ه، من ه endurer; pâtir de; souffrir *tr.*; subir

~ نار essuyer/subir le feu (des ennemis)

~ الجُوع، البَرْد endurer la faim, le froid

~ المِحَن، المَصائِب — connaître/éprouver/subir des difficultés/des épreuves/des revers; en voir de dures [fam.]

~ الأَلْواء واللأْواء — souffrir comme un damné; endurer mille morts/tourments; en voir de toutes les couleurs; manger de la vache enragée [fam.]

**4263 قَشَّ ُ قَشًّا** — balayer; glaner; ramasser; ratisser

**قَشّ** — balayage; ratissage

~ ج قِشاش — chaume; paille; vieilles affaires; vieux meubles

كُوخ ~ — chaumière

حَشا، حَشْو بالـ~ — empailler; empaillage (des animaux)

**قَشَّة** — brin/fétu de paille

**مِقَشَّة** — balai; balayette; brosse

**قَشّاش** — glaneur; qui glane de quoi manger

**قَشّاشة** — rateau

**قَشّاشيّة** — dame-jeanne; bonbonne

**قُشاش** — glanures; ordures; choses glanées de-ci de-là; vieux objets; vieilleries

**قَشايشيّ** ج ة — *maghr.* marchand de vieilleries

II **قَشَّشَ تَقْشيشًا** ه — empailler/rempailler (les chaises)

**4264 قَشَبَ ُ قَشْبًا** ه — mettre/verser du poison (dans un aliment)/du fiel (dans ses propos)

**قِشْب** ج أَقْشاب — fiel [*fig.*]; poison

رَجُل ~ خِشْب — homme fielleux; bon à rien; vaurien

**قَشيب** ج قُشُب — neuf *adj.*; propre comme un sou neuf

**قَشّابة** ج قَشاشِب — *maghr.* blouse/tunique de laine

**4265 قَشَدَ ُ قَشْدًا** — enlever la crème (du lait); écrémer

**قِشْدة، قِشْد** — crème; mousse; gras *n.m.*

~ مُثَلَّجة — crème glacée; ice-cream

**قِشْديّ**، ~ اللَوْن — crémeux; de couleur crème

**قاشِدة، مِقْشَدة** — écrémeuse; écumoire

**4266 قَشَرَ ُ قَشْرًا** ه — éplucher; peler; dépouiller; enlever l'écorce/la peau; gratter; racler

**قُشارة** — épluchure; pelure; écaillure; raclure

**قِشْر، قِشْرة** ج قُشور — balle (du grain); coquille; cosse; croûte; écaille; écorce; épluchure; film; gangue [*fig.*]; peau; pellicule; pelure; squame; zeste

~ الأَرْض، جَوْزة — écorce terrestre; coque de noix

~ الدِماغ، الكُظْر — cortex; corticosurrénale *n.f.*

**قُشور** — futilités; balivernes

~ المَعْرِفة — connaissances superficielles

**قِشْريّ** — cortical [*anat.*]; squameux

~ كُظْريّ — corticosurrénal *adj.*

**قِشْرِيّات** — crustacés *n.m.pl.*

**شَعير مَقْشور** — orge perlé

II **قَشَّرَ تَقْشيرًا** — décortiquer; écailler; écorcer; peler; racler; desquamer

**تَقْشير** — écaillage; décorticage; desquamation

**مُقَشَّر** — écaillé; décortiqué; desquamé

V **تَقَشَّرَ تَقَشُّرًا** — se desquamer; s'exfolier

**تَقَشُّر** — desquamation; exfoliation; formation d'écailles

VII **اِنْقَشَرَ اِنْقِشارًا** — se dépouiller (de sa peau, de son écorce); peler *intr.*; se peler; s'écailler (peinture)

**4267 قَشَطَ ِ قَشْطًا** ه (← كشط)

abraser; palissonner; racler; adoucir (les peaux); raper; mettre la peau à nu

~ الوَحَل، وَحَل أَحْذِيته — décrotter; se décrotter

**قِشْطة** (← قِشْدة) — crème (du lait)

**قَشاط** — cartouchière; *techn.* courroie (de transmission)

**قُشاط** — copeau; éclat; fragment; jeton; pièce (d'un jeu)

**قَشّاط** — détrousseur; brigand; pillard

**مِقْشَط، مِقْشَطة** — canif; décrottoir; palisson; racloir

II **قَشَّطَ تَقْشيطًا** ه — détrousser; dévaliser; piller

**4268 قَشَعَ َ قَشْعًا** ه — balayer/dissiper/disperser (nuages, brouillard); dissoudre

**قُشاعة** — crachat; glaire

II قَشَّعَ تَقْشِيعًا — cracher; expectorer

تَقْشِيع — expectoration

مُقَشِّع ج ات — expectorant

IV أَقْشَعَ إِقْشَاعًا ← قَشَعَ

V تَقَشَّعَ تَقَشُّعًا ← VII

VII اِنْقَشَعَ اِنْقِشَاعًا — être balayé/chassé/dissipé (nuage, brouillard); se dissiper; se disperser; se déchirer; se dégager; s'éclaircir (brouillard)

~تْ عن نَفْسه غُيوم الاِضْطِراب — son désarroi se dissipa

اِنْقِشاع — dissipation; dispersion (des nuages)

بَعْدَ ~ الضَباب الصَباحِيّ — après dissipation des brumes matinales

مُنْقَشِع الغُيوم — (ciel) dégagé

4269 قَشْعَرَ قَشْعَرَةً ه — donner la chair de poule/le frisson à qqn; horripiler

قُشَعْرِيرة — chair de poule; frisson; saisissement; tremblement

~ بَرْد، خَوْف، حُمَّى — frisson de froid, de peur, de fièvre

أَحَسَّ بِـ ~ تَسْري في جِسْمه — sentir un frisson parcourir son corps

IV اِقْشَعَرَّ اِقْشِعْرارًا — avoir la chair de poule; frissonner; trembler

~ مِنْه البَدَن — épouvantable; horrible; terrible

مُقْشَعِرّ — frissonnant; tremblant; saisi d'horreur/de terreur

4270 قَشْعَم؛ قِشْعام — vautour

أُمّ ~ — *fig.* guerre

4271 قَشِفَ ـَ قَشافة — être ... *v. à l'adj.*

قَشِف — crasseux; malpropre; sale

V تَقَشَّفَ تَقَشُّفًا — mortifier son corps/sa chair; se mortifier; se priver; vivre dans l'austérité/l'abstinence

~ صَوْمًا — macérer son corps par le jeûne

تَقَشُّف ج ات — abstinence; ascétisme; austérité; cénobitisme; macérations; mortifications; privations

حَياة ~ — vie ascétique/austère/de privations

تَقَشُّفِيّ — cénobitique

مُتَقَشِّف — abstinent; ascétique; austère; cénobite

4272 قَشْلة — baraquements; caserne; citadelle; fortin

4273 قَصّ — poitrine; sternum

4274 قَصَّ ـُ قَصًّا ه — cisailler; couper (les cheveux); découper; écourter; émonder; élaguer; raccourcir; rogner; tondre; *v. aussi 4273, 4275, 4276*

قَصّ — découpage; élagage; émondage

قَصّة — découpage; coupe (de cheveux)

~ عَصْرِيّة — coupe moderne (de cheveux)

قُصّة ج قُصَص — frange de cheveux

قُصاصة ج ات — lambeau; rognure; chiffon (de papier)

~ من الصُحُف — coupure de presse

قَصّاص — tondeur

قَصّاصة — massicot

مَقْصوص — tondu; coupé; élagué; émondé

مِقَصّ — cisailles; ciseau; paire de ciseaux

~ الأَظافِر — coupe-ongles

II قَصَّصَ تَقْصيصًا ← قَصّ

4275 قَصَّ ـُ قَصَصًا ه — conter; narrer; raconter; relater; *v. aussi 4274, 4276*

قِصّة ج قِصَص — conte; histoire; narration; récit; relation

~ صَغيرة، طَويلة — nouvelle; roman

~ تاريخيّة — récit/roman historique

إِنَّها ~ طَويلة — c'est une longue/toute une histoire!

قَصَصِيّ — narratif; romanesque

~ ج ون ← قاصّ

بِنْية، مَقْطَع ~(ة) — structure, séquence narrative

قاصّ ج قُصّاص — conteur; narrateur; nouvelliste; raconteur; romancier

قَصّاص ج ون — *même sens*

أُقْصوصة ج أَقاصيص — conte; historiette; nouvelle *n.f.*

VIII اِقْتَصَّ اِقْتِصاصًا ه ← قَصّ

**4276** III **قاصَصَ** قِصاصًا ه rendre la pareille à qqn; infliger/donner une punition/une correction; corriger; punir; mettre en pénitence; compenser [*dr.*]; sanctionner; exercer des représailles contre; *v. aussi 4274, 4275*

III قاصَّ قِصاصًا، مُقاصّة على ه *même sens*

**قِصاص** correction; leçon [*fig.*]; pénitence; punition; compensation; sanction; talion

أخَذَ الـ~ مِن ه prendre sa revanche

قِصاصيّ pénal

مُقاصّة compensation

V تَقَصَّصَ تَقَصُّصًا أثَره talonner; être sur les talons de

VIII **اِقْتَصَّ** اِقْتِصاصًا من ه châtier; corriger [*fig.*]; fouailler; fustiger; harceler; punir; rendre la pareille; se venger de; tirer vengeance; user de représailles contre; torturer

~ مِنْه النَدَم être harcelé par le remords

اِقْتِصاص châtiment; correction [*fig.*]; vengeance; représailles; torture [*fig.*]

**4277** **قَصَبَ** ـِ قَصْبًا ه abattre (des animaux de boucherie); couper; dépecer

قَصْب abattage; dépeçage; *v. aussi 4278, 4279*

قِصابة boucherie

**قَصّاب** ج ون boucher; équarisseur

~ الحِجارة équarisseur (de pierres)

II قَصَّبَ تَقْصيبًا équarrir; équarrissage

**4278** **قَصَبة** ج قَصَب canne; conduit; roseau; tige; tube; tuyau; *v. aussi 4277, 4279*

~ بَرْديّ، صَيْد papyrus, canne à pêche

~ مَصّ، سُكَّر canne à sucre

~ الرِئة trachée; trachée-artère

شُعْبَتا الـ~ bronches

الـ~ الكُبْرى tibia

أحْرَزَ **قَصَب** السِباق remporter un succès; gagner; l'emporter

قَصّاب joueur de flûte

قَصّابة pipeau; flûte

**4279** **قَصَبة** casbah; citadelle; chef-lieu; métropole; *v. aussi 4277, 4278*

~ ج قَصَب، قُصَيْبة boucle (de cheveux); bouclette

II قَصَّبَ تَقْصيبًا نَسيجًا brocher un tissu

تَقْصيب brochure; brochage; broché *n.m.*

تَقْصيبة شَعْر boucle de cheveux

مُقَصَّب bouclé; broché (tissu); brocart

V تَقَصَّبَ boucler *intr.* (cheveux)

**4280** **قَصَدَ** ـِ قَصْدًا ه، أنْ aspirer à; méditer de; envisager de; avoir l'intention de; projeter de; se proposer; proposer; vouloir; vouloir dire; signifier; viser qqch; entendre [*fig.*]; tendre à

~ مَكانًا se rendre à/se diriger vers/gagner un endroit

~ إلى ه قَصْدًا faire qqch exprès

~ ه، إلى ه s'adresser à; aller trouver qqn

~ مِن ذلك أن en faisant cela il voulait/se proposait de/visait à

ماذا **تَقْصِد** où voulez-vous en venir? que voulez-vous dire?

قُصِدَ بـ، من ه signifier; vouloir dire

**قَصْد** aspiration; dessein; but; intention; objectif; préméditation; projet; juste mesure/milieu; ni gros ni maigre; modération

بَلَغَ ~ه atteindre son objectif

ما الـ~ مِن ذلك à quoi rime/sert/vise tout cela?

حَسَن، سَليم الـ~ bien intentionné; avec de bonnes intentions

سَيِّئ الـ~ mal intentionné; avec de mauvaises intentions

عَرَضَ الـ~ من زِيارَته exposer l'objet de sa visite

لَيْسَ ~ي أن mon propos n'est pas de

بِـ~ أن dans le but/le dessein/la pensée de; en vue de

عن ~، قَصْدًا à dessein; de propos délibéré; volontairement; délibérément; exprès; intentionnellement; sciemment

بِدون، عَن غَيْر ~ par/au hasard; par inadvertance; sans le vouloir; sans s'en douter; involontairement

قَصْديّ intentionnel; volontaire

**قاصِد** direct (chemin); tout droit (direction); messager

~ رَسوليّ — nonce apostolique; légat du pape
قِصادة رَسوليّة — légation; nonciature
**مَقْصود** — délibéré; intentionnel; volontaire; voulu; recherché (effet); visé
~ ج مَقاصيد ← مَقْصِد
غَيْر ~ — involontaire; non délibéré
الـ~ أن — il est question de; il s'agit de
ما الـ~ — de quoi s'agit-il/est-il question?
**قَصيد** ← مَقْصود
بَيْت الـ~ — l'objet essentiel/le plus important
**قَصيدة** ج قَصائِد — pièce de vers; «*qacida*»; poème
**أَقْصَد** — plus direct/efficient
بِـ~ طَريقة — de la manière la plus directe; de la façon la plus économique
**مَقْصِد** ج مَقاصِد — but; dessein; intention; objectif; projet
لَهُ ~ خَفيّ — avoir une intention cachée/une idée derrière la tête
**مَقاصِد** ه في المُسْتَقْبَل — projets d'avenir
حَقَّقَ ~ه — atteindre ses buts/objectifs; réaliser ses projets
أَدْرَكَ ~ ه — deviner les intentions de; voir venir qqn
VIII **اِقْتَصَدَ** اِقْتِصادًا في ه — faire des économies; économiser; épargner
~ مالَه، وَقْتَه، مَوارِدَه — économiser son argent, son temps, ses ressources
**اِقْتِصاد** — économie; épargne
~ مُوَجَّه، زِراعيّ — économie dirigée, agricole
~ راسماليّ، حُرّ — économie capitaliste, libérale
~ سِياسيّ، بَشَريّ — économie politique, humaine
~ وَطَنيّ، مُدَبَّر — économie nationale, concertée
عِلْم الـ~ — science économique
**اِقْتِصاديّ** — économique; économiste
عَلاقات ~ة — relations économiques
ظُروف، مَعونة ~ة — conjoncture, aide économique
النِظام الـ~ الاِجْتِماعيّ — système socio-économique
الوَضْع الـ~ السياسيّ — conjoncture économico-politique
من الوِجْهة الـ~، اِقْتِصاديًّا — d'un point de vue/sur le plan économique
**اِقْتِصاديّات** — affaires/problèmes/questions économiques; économie (d'un pays)
**مُقْتَصِد** — économe *adj.*; épargnant
**مُقْتَصَدات** — économies; épargne

**4281 قَصْدَرَ** قَصْدَرة — étamer; étamage
**قَصْدير** — étain
**مُقَصْدِر** — étameur

**4282 قَصْر** ج قُصور — alcazar; château; palais; *v. aussi 4283*
~ العَدْل، مَلَكيّ — palais de justice, royal
~ المُؤْتَمَرات — palais des congrès
~ الرِئاسة — palais présidentiel/de la présidence
مَدينة الأَقْصُر — Louxor
**قَصْريّة** ج ات — grand plat; plateau; pot

**4283 قَصَرَ** ـِ قَصْرًا ه — abréger; borner; limiter; confiner; contenir; écourter; exclure; raccourcir; restreindre; *v. aussi 4282*
~ نَفَقاته — limiter/restreindre ses dépenses
~ نَسيجًا — décolorer un tissu
~ على ه — se borner à; se confiner dans; se limiter à; se restreindre à
~ ـُ قُصورًا — manquer; faire défaut
~ عَنْ ه — être ... *v. à l'adj.*; échouer dans; renoncer à
**قَصُرَ** ـُ قِصَرًا — être ... *v. à l'adj.*; décroître; rapetisser *intr.*; raccourcir *intr.*
**قَصْر** — décoloration; étroitesse; limitation; restriction; insuffisance; *gramm.* exclusion
~ك أن — il vous suffit de faire; il suffit que vous fassiez
**قِصَر** — brièveté; étroitesse; petitesse
~ الحَياة — brièveté de la vie
~ النَظَر — étroitesse de vue/d'esprit
~ الأَيّام — raccourcissement des jours
قَصَر ← قُصور
**قُصور** — déficience; impéritie; incapacité; inertie; impuissance; insuffisance; indolence; paresse; laxisme; négligence

قَصّار أَجْواخ foulon

مِقْصَرة ج مَقاصِر fouloir

II قَصَّرَ تَقْصيرًا ه abréger; écourter; rendre plus court; diminuer; restreindre; raccourcir

~ في ه manquer de; être en faute; faire défaut; négliger; pécher contre

~ في حَقّ ه diminuer la part de; restreindre l'influence; ne pas accorder à qqn tout l'intérêt qu'il mérite; ne pas traiter qqn comme il faut

ما ~ في التَفَكُّه il ne manquait pas de plaisanter

~ عَنْ ه manquer à; renoncer à; faillir à; ne pas être à la hauteur de

~ عن واجبه faillir à son devoir

~ القُماش dégraisser/fouler/nettoyer une étoffe

لَمْ يُقَصِّرْ في ه ne pas pouvoir se défendre de

لم ~ عن الضَرْب ne pas y aller de main morte

تَقْصير carence; défaut; faiblesse; inexactitude; insuffisance; manquement; négligence; abrègement; diminution; raccourcissement; restriction; dégraissage; foulage; nettoyage

مُقَصِّر insuffisant; négligent; inexact

~ في faible en

VIII اِقْتَصَرَ اِقْتِصارًا على se cantonner/se confiner dans; se borner/se limiter/se restreindre/se réduire/en rester à

~ على الضَروريّ se limiter au nécessaire

اِقْتِصار exclusivité

مُقْتَصِر borné; cantonné à; limité à

مُقْتَصَر bref; court; raccourci; sommaire *adj.*; succinct

قَيْصَر *v. ordre alphab.*

4284 قَصَعَ َ قَصْعًا ه écraser (un insecte entre ses doigts)

~ َ قُصوعًا ه avaler; boire

قَصْعة ج قَصَعات، قِصاع écuelle; gamelle; jatte; auge

قَصاعة؛ قِصاع infantilisme; crétinisme [*psychiatr.*]; retard (intellectuel)

قَصِع؛ قَصيع attardé; rabougri; qui ne se développe pas (plante, enfant); crétin [*psychiatr.*]; infantile

~ عَقْليّ débilité mentale

~ الباع impuissance; incapacité; impéritie

قُوّة الـ~ الذاتيّ force d'inertie

حالة، مُدّة الـ~ minorité; état d'une personne mineure; temps pendant lequel une personne est mineure

قَصارة petitesse de taille

قاصِر débile; déficient; exclusif; insuffisant; décolorant

~ عن impuissant à; incapable de

~ على borné à; confiné dans; limité à; restreint à; réservé à

~ النَظَر à courte vue; à vue basse [*fig.*]

جُهود ~ة efforts insuffisants/limités

~ ج ون، قُصَّر mineur; pupille

مَقْصور؛ ~ على (← قاصِر) rapetissé; raccourci

لَمْ تَعُد المُشْكِلة ~ة على le problème n'est plus limité à

أَلِف ~ة (: ى) *«alif maqṣūra»; «a» raccourci;* (produit phonique de la transformation de diphtongues instables *«aya, ayu, ayi, ayan, ayun, ayin»* et dont la graphie *«yā'»* sans points est destinée à conserver le souvenir de la racine)

مَقْصورة ج ات، مَقاصير compartiment; box; galerie; loge; stalle

~ طَيّارة، قِطار carlingue; compartiment (train)

قَصير ج قِصار bref *adj.*; court; petit

~ الكُمَّيْن à manches courtes

~ الرِجْلَيْن court sur pattes [*fam.*]

مُنْذُ أَمَد، زَمَن، مُدّة ~(ة) depuis peu; naguère; il y a peu de temps

أَقْصَر م قُصْرَى plus court/bref/petit

في ~ وَقْت مُمْكِن dans les plus brefs délais possible

قُصارَى limite; terme

~ القَوْل bref; en bref; en résumé; somme toute

~كَ أَنْ bornez-vous à

~ ما يَنْبَغي له أن يَفْعَل ce qu'il doit se borner à faire est

بَذَلَ ~ جُهْده prodiguer tous ses efforts; faire tout son possible pour; se mettre en frais

**4285** **قَصَفَ** ـِ قَصْفًا ه — briser (branche, bateau); fracasser; *v. aussi 4286*

~ ـِ قَصِيفًا — éclater; gronder; retentir avec fracas; tonner; bombarder; canonner

~ الرَّعْد — il tonne; le tonnerre gronde

~ت المَدافِع — les canons tonnent/grondent

**قَصْف** — bombardement; canonnade; fracassement

~ الرَّعْد — éclat/roulement/grondement de tonnerre

دَوِيّ ~ — coup de/bruit du tonnerre

~ المِدْفَع — bruit/grondement du canon

طائِرة ~ — avion de bombardement; bombardier

قَصافة ← تَقَصُّفيّة

قَصِف، قَصِيف — cassant; délicat; fragile

قاصِف — bruyant; éclatant (bruit); grondant; rugissant; tonnant

قاصِفة ج ات، قَواصِف — bombardier

V تَقَصَّفَ تَقَصُّفًا — être brisé/cassé/fracassé; se briser; se casser; se fracasser; se fracturer

**تَقَصُّف** القِشْرة الأَرْضيّة — fracture de l'écorce terrestre

~ الجَلِيد — débâcle (des glaces)

~، تَقَصُّفيّة — *techn.* fragilité (métal)

VII اِنْقَصَفَ اِنْقِصافًا — se rompre; lâcher *intr.*; se fendre

اِنْقِصاف — faille

**4286** **قَصَفَ** ـُ قُصوفًا — faire bombance [*fam.*]/ripaille [*fam.*]/la fête; *v. aussi 4285*

قَصْف؛ قُصوف — beuverie; bombance [*fam.*]; orgie; ripaille [*fam.*]

قَصْفيّ؛ قُصوفيّ — orgiaque

مَقْصِف ج مَقاصِف — buffet (garni); bar; boîte (de nuit); dancing

**4287** **قَصَلَ** ـِ قَصْلاً ه، ه — couper le bout de qqch; couper le cou à qqn; guillotiner

قُصالة — chute; reste

قَصِيل — fourrage vert; orge/blé coupé en herbe; vert *n.m.*; verdure

مِقْصَلة ج مَقاصِل — échafaud; guillotine

مَقْصول — guillotiné

**4288** **قَصَمَ** ـِ قَصْمًا — briser; casser; rompre

قاصِمة الدَهْر، الظَهْر — coup fatal/mortel; calamité; catastrophe; désastre

قَصِم؛ قَصِيم — cassant; fragile; faible; frêle

**4289** **قَصا** ـُ قَصْوًا، قُصُوًّا — être ... *v. à l'adj.*

قَصِيَ ـَ قَصًى، قَصًا — *même sens*

**قَصِيّ**، قاصٍ ج أَقْصاء — éloigné; lointain; reculé

رَمَى المَرْمَى الـ~ — aller trop loin; jeter loin le bouchon [*fig.*]

**أَقْصَى** م قُصْوَى ج أَقاصٍ — absolu; bout; limite *adj.*; maximum; extrême; le plus éloigné; le fin fond de; *géogr.* pointe; cap

~ مَداه — les limites de qqn

~ الشارِع — à l'extrémité/au bout de la rue

إلى ~ اليَمِين — à droite au fond/au bout; tout à fait/complètement à droite; à droite toute

~ البَلَد — fin fond du pays

الحَدّ الـ~ — limite extrême; maximum; bout; dernière limite

إلى الحَدّ الـ~ — au maximum; au dernier/au suprême degré; au dernier/au plus haut point

إلى ~ حَدّ، دَرَجة — *même sens*

مُؤْسِف إلى ~ الحُدود — éminemment regrettable

~ السُرْعة — pointe de vitesse

~ الاِرْتِفاع — plafond [*aéron.*]

بـ~ سُرْعة — à toute allure/vitesse

حَلَّقَ ~ تَحْليق — plafonner

المَسْجِد الـ~ — mosquée d'Omar à Jérusalem

المَغْرِب، الشَرْق الـ~ — Maroc; Extrême-Orient

مِن **أَقْصاه** إلى ~ه — d'un extrême à l'autre; de bout en bout

**قُصْوَى** — maximal; maxima *adj.*

حاجة، ضَرورة ~ — besoin, nécessité absolu(e)

سُرْعة ~ — pointe de vitesse; vitesse absolue; plafond [*mécan.*]

ذو أَهَمِّيّة ~ — de la plus haute/la dernière importance

**أَقاصِي** الأَرْض — confins de la terre; bout du monde

في ~ الأَرْض — aux quatre coins de la terre [*fam.*]; aux antipodes; au bout du monde

IV أَقْصَى إِقْصاءً ه عن bannir; disqualifier; écarter; éloigner; éliminer; exclure; reléguer

~ مُنافِسًا écarter un concurrent

إِقْصاء bannissement; disqualification; éloignement; élimination; exclusion; relégation; mise à l'écart

V تَقَصَّى تَقَصِّيًا ه، في ه aller au fond des choses; s'enquérir de; rechercher avec soin; scruter; s'enfoncer dans (une recherche); étudier avec minutie

~ مَسْأَلة، مَوْضوعًا approfondir/creuser/fouiller une question, un sujet

~ مَنْشأ مَرَض dépister une maladie

~ مَعْلومات rechercher des renseignements

~ الحَقيقة s'enquérir de la vérité

تَقَصٍّ ج تَقَصِّيات assiduité; approfondissement; investigation; dépistage (d'une maladie); recherche

مُتَقَصٍّ chercheur; investigateur; minutieux

X اِسْتَقْصَى اِسْتِقْصاءً ه ← V

~ في مَوْضوع creuser/approfondir/fouiller un sujet

اِسْتِقْصاء curiosité; étude; investigation; recherche; minutie

لِـ~ الإمْكانِيّات pour étudier les possibilités

مُسْتَقْصٍ scrutateur; minutieux

مُسْتَقْصًى exhaustif (étude); pénétrant (analyse)

4290 **قُضْوان** *bot.* cirse

4291 **قَضَّ** ـُ قَضًّا ه percer; perforer

~ ـَ قَضيضًا craquer (sous la dent); être mêlé de sable (aliment)

قَضَّة ج قَضَض، قِضاض conglomérat; gravier; gravillon

IV أَقَضَّ مَضْجَعه rendre le lit insupportable à qqn; causer des insomnies; troubler le sommeil/les nuits; inquiéter qqn; tourmenter

VII اِنْقَضَّ اِنْقِضاضًا على ه، ه assaillir; donner l'assaut; s'élancer/foncer/fondre/se jeter/se précipiter/se ruer/tomber sur qqn; piquer/plonger (avion)

~ على فَريسة s'abattre/fondre sur sa proie

اِنْقِضاض assaut; piqué [*aéron.*]; ruée

طائِرة، قَصْف ~ avion d'assaut; bombardement en piqué

طائِرة مُنْقَضّة avion d'assaut

4292 **قَضَبَ** ـِ قَضْبًا ه abattre; couper; émonder; ébrancher; retrancher

~ الأَسْباب بين ... و couper les ponts avec

قَضْب *bot.* luzerne

قَضاب *bot.* pervenche

قَضيب ج قُضْبان baguette; barre; barreau; bâton; canne; tringle; rail; rayon de bicyclette; *anat.* verge; phallus; pénis

~ سِكّة حَديديّة rail

~ الذَهَب *bot.* solidago

قَضيبيّ phallique; phalloïde

مِقْضَب ج مَقاضِب ébranchoir; serpe

II قَضَّبَ تَقْضيبًا ه ébrancher; émonder; tailler (les arbres)

تَقْضيب ébranchage; émondage; taille (de la vigne)

VIII اِقْتَضَبَ اِقْتِضابًا être ... *v. à l'adj.*

~ قِصّة abréger/condenser/élaguer/raccourcir (un récit)

اِقْتِضاب brièveté; concision; laconisme

مُقْتَضِب bref/concis/laconique (personne)

كاتِب ~ écrivain concis

مُقْتَضَب bref; concis; court; étriqué; laconique; succinct

جَواب، عِبارة ~(ة) réponse laconique; formule lapidaire

بَيان ~ communiqué concis/succinct

مُقْتَضَبات nouvelles brèves

4293 **قُضاعة** *zool.* loutre

4294 **قَضْقَضَ** broyer; craquer; faire craquer (les os)

~ الجَوانِح rogner les ailes

قَضْقَضة craquement (des os)

4295 **قَضَمَ** ـِ قَضْمًا ه croquer; grignoter; ronger

قَضام fruits secs; assortiment de fruits secs

قاضِم ج قَواضِم rongeur

قَضيم ج قُضُم، أَقْضِمة parchemin; vélin

4296 قَضَى - قَضاءً ه passer (un certain temps); accomplir; achever; consommer [*fig.*]; finir; effectuer; exécuter (un ordre); acquitter (une dette)

~ وَقْته، حَياته passer/dépenser son temps, sa vie

~ نَهاره، لَيْلَته في passer sa journée, sa nuit à

~ أَيّامًا هانِئة couler des jours heureux; se la couler douce [*fam.*]

~ مُدّة عُقوبة purger une condamnation/une peine

~ حَياته وَحيدًا vivre seul

~ نَحْبه، أَجَله، أَمْره mourir; avoir fait son temps

~ الصَلاة faire sa prière; s'acquitter de sa prière

~ حاجَته satisfaire un/faire ses besoin(s); se soulager [*fig.*, *fam.*]; se satisfaire [*fam.*]

~ العَجَبَ من être très étonné/on ne peut plus étonné de

~ نَهْمَته من étancher sa soif de [*fig.*]

~ بِ، بِأن arrêter qqch; décider; prendre la décision de; déterminer; exiger que; comporter; impliquer; avoir pour conséquence; vouloir que; prescrire; prédestiner

~ في ه juger; décider de; prendre un jugement sur

~ على ه، ه anéantir; détruire; mettre un terme à; achever qqn; porter un coup fatal à; annihiler; couler qqn, qqch [*fig.*]; décimer; avoir raison de; tuer; réduire; surmonter; vaincre; venir à bout de

~ على المُقاوَمة venir à bout de/réduire/vaincre la résistance

~ على حالة حَرِجة vider l'abcès [*fig.*]

قُضِيَ الأَمْر le sort en est jeté; les jeux sont faits; c'en est fait

أَمْر النَهار ~ اللَيْلَ *prov.* la nuit porte conseil

**قَضاء** arrêt; jugement; sentence; judicature; justice; juridiction; magistrature

~ اللّه destin; destinée; mort; prédestination

الـ~ والقَدَر Fatalité; volonté de Dieu

أَهْل، أَحْكام الـ~ gens de robe; jurisprudence

مارَسَ، دَخَلَ سِلْكَ الـ~ exercercer la, entrer dans la magistrature

دار الـ، خاضِع لِلْـ~ palais de justice; justiciable

~ جِنائِيّ، الجِنايات justice criminelle

~ الصَلاة accomplissement/exécution de la prière

~ حاجة satisfaction d'un besoin

~ على ه annihilation; anéantissement; exécution; achèvement; destruction; mise à mort; fin; mort; terme; trépas

~ ج أَقْضية district; province

**قَضائِيّ** juridictionnel; juridique; judiciaire

حارِس ~ séquestre (personne)

تَحْتَ حِراسة ~ة sous séquestre

شُرْطة، إِنابة ~ة police judiciaire; commission rogatoire

مَأْمور، هَيْئة ~(ة) officier ministériel; magistrature

**قاضٍ** (قاضي) ج قُضاة cadi; juge; magistrat

~ شَرْعِيّ cadi; juge religieux

~ صُلْح juge de paix

~ تَحْقيق، مُحَقِّق juge/magistrat instructeur; juge d'instruction

ضَرْبة **قاضِية** coup funeste/mortel/de grâce/fatal

فازَ بِضَرْبة ~ *sport.* gagner par K.-O.

**قَضِيّة** ج قَضايا affaire; cause; cas; contestation; litige; matière; problème; procès; proposition [*log.*]; thèse; théorème

~ مُسَلَّمة axiome; truisme [*péjor.*]; vérité première/d'évidence; évidence

هذه ~ ذَوْق c'est une affaire de goût

الـ~ الوَطَنِيّة la cause nationale

أَقامَ، رَفَعَ ~ بِـ، على ه faire/intenter un procès à; intenter une action contre

ما هي الـ~ de quoi est-il question/s'agit-il?

**قَضايا**؛ قَلَم، قِسْم الـ~ contentieux; service du contentieux

**مَقْضِيّ**؛ ~ على ه accompli; achevé; anéanti; décidé; détruit; exécuté; jugé; satisfait (besoin)

الأَمْر الـ~ fait accompli

قُوّة الأَمْر الـ~ بِه autorité de la chose jugée

III قاضَى مُقاضاةً ه accuser; citer qqn devant le juge; faire un procès à; traîner/poursuivre/traduire qqn en justice

V تَقَضَّى تَقَضِّيًا → VII

VI **تَقاضَى** تَقاضِيًا ه — se faire payer qqch ; exiger le paiement de ; percevoir/prélever/recevoir/toucher (somme) ; être en litige/en procès à propos de ; avoir une contestation à propos de

~ مُرَتَّبًا، أَجْرًا — toucher/percevoir/recevoir un traitement, un salaire

~ الفُنْدُق كَذا — coûter/revenir à (hôtel)

مُتَقاضٍ ج ون — plaidant ; plaideur ; justiciable

VII **اِنْقَضَى** اِنْقِضاء — s'achever ; s'accomplir ; se consommer ; se dérouler ; expirer ; s'écouler ; finir ; prendre fin ; se terminer ; passer ; se passer ; être ... *v. à l'adj.*

ما ~تْ فَتْرة طَويلة حَتَّى — il ne se passa pas longtemps avant que

**اِنْقِضاء** الدَّيْن — extinction de la dette

عِنْدَ ~ الفَتْرة — à l'expiration du délai

~ الدُهور — consommation/fin des siècles

بَعْدَ ~ الأَمْر، سِنين — après coup, des années

مُنْقَضٍ — révolu

VIII **اِقْتَضَى** اِقْتِضاء — exiger ; comporter ; impliquer ; nécessiter ; prescrire ; demander ; décider ; décréter ; requérir

~ حالُه عِناية كَبيرة — son état nécessite/exige de nombreux soins

~ الاِنْتِباه — requérir l'attention

إذا ~ الحال، الأَمْر — s'il le faut ; s'il y a lieu ; le cas échéant ; si besoin est ; si nécessaire

اِقْتَضَت الحالة اِحْتِياطات — la situation nécessite des précautions

ما تَقْتَضيه الظُروف — selon les circonstances

**اِقْتِضاء** — exigence ; nécessité

عِنْدَ الـ~ — à la rigueur ; au besoin ; en cas de besoin/de nécessité ; le cas échéant ; éventuellement ; s'il est nécessaire ; s'il y a lieu

**مُقْتَضًى** ج مُقْتَضَيات — exigence ; implication ; exigé ; impliqué ; nécessité

بِـ، على ~ ه — d'après ; en vertu ; suivant ; selon ; conformément à

بِـ~ الأَوامِر — conformément aux/en conformité avec les ordres

بِـ~ أَحْكام العَقْد — en vertu des termes de l'accord

**مُقْتَضَيات** العَمَل — besoins/nécessités du service

~ العَصْر، المِهْنة — exigences de l'époque, du métier

~ مالِيّة، إدارِيّة — nécessités/implications financières, administratives

X اِسْتَقْضَى اِسْتِقْضاء ه ه — requérir qqn ; demander à qqn de juger

4297 **قِطّ** ج قِطَط، قِطَطة — chat

**قِطّة** — chatte

عاشَ كَالـ~ والفَأْرة — vivre comme chien et chat

قُطَيْطة — petit chat ; chaton

4298 **قَطْ**، قَطُّ، فَقَطْ — jamais ; pas du tout ; tout juste ; seulement

هذا لَمْ يَحْدُثْ ~ — cela n'est jamais arrivé/ne s'est jamais vu

لا، لَيْسَ ... **فَقَطْ** — pas seulement ; ne ... que

4299 **قَطّ**، ~ الشَعْر — crépu ; court (cheveux) ; qui a les cheveux courts et crépus

4300 **قَطا** — *coll.* coq de bruyère ; ganga ; gelinotte

قَطاة — *n. un.*

4301 **قَطَبَ** ـِ قَطْبًا، قُطوبًا ه — concentrer/ramasser/réunir en un point

~ حاجِبَيْه — froncer les sourcils

~ جَبينه — plisser/rider le front

**قُطْب** ج أَقْطاب — axe ; pôle ; pivot ; *fig.* magnat ; potentat ; sommité ; ténor (d'un parti politique)

~ الرَحَى — pivot [*fig.*]

~ شَمالِيّ، جَنوبِيّ — pôle Nord, Sud

~ جَذْب، مِرْكَم — pôle d'attraction ; borne d'accumulateur

~ مَغْناطيسِيّ، كَهْرَبائِيّ — pôle magnétique ; électrode

~ سالِب — cathode ; pôle négatif

~ مُوجِب — anode ; pôle positif

ثُنائِيّ، ثُنائِيّة الـ~ — bipolaire ; bipolarité

**أَقْطاب** المالِيّة، الصِناعة — magnats de la finance, de l'industrie

~ الأَحْزاب السِياسِيّة — ténors des partis politiques

قُطْبة ج قُطَب (← قُطْب) maille; point (de couture); *bot.* sagittaire

قُطْبيّ؛ بِحار ~ة polaire; mers polaires

شَفَق ~ aurore boréale

قُطْبيّة polarité

قَطوب renfrogné; froncé; rechigné; maussade

مَقْطَب ج مَقاطِب moyeu

II قَطَّبَ تَقْطيبًا ه grimacer; plisser (le front); froncer (les sourcils); se renfronger; rechigner [*fam.*]; coudre; mélanger; être … *v. à l'adj.*

تَقْطيب grimace; froncement; plissement (du front); couture

مُقَطِّب acariâtre; morne; morose; maussade

~ الوَجْه renfrogné; rechigné

بَدا ~ الوَجْه faire triste figure

مُقَطَّب (← مُقَطِّب) cousu

V تَقَطَّبَ تَقَطُّبًا se rembrunir; se rider (front); se plisser; se froncer (sourcil)

X اِسْتَقْطَبَ اِسْتِقْطابًا ه، ه attirer; faire venir; polariser

~ كِبار الزُوّار attirer les visiteurs de marque

~ الِانْتِباه polariser l'attention

اِسْتِقْطاب attraction; polarisation

مُسْتَقْطَب polarisé

**4302** قُطْر ج أَقْطار contrée; pays; région; territoire; *techn.* calibre; *math.* diagonale; diamètre; *v. aussi 4303, 4304*

نِصْف ~ rayon [*math.*]

قُطْريّ territorial; régional; *math.* diagonal; diamétral

نِصْف ~ radial *adj.*

زاوية نِصْف ~ة radian

قُطْريًّا diamétralement

**4303** قَطَرَ ـُ قَطَرانًا ه déborder de; dégoutter; distiller; s'égoutter; suer; goutter; respirer; sécréter; suinter; *v. aussi 4302, 4304*

~ بُؤْسًا، أَسًى suer la misère, le désespoir

~ لَوْعة distiller l'inquiétude/le malaise

قَطَران suintement

قَطْر ج قِطار pluie; liquide (qui tombe goutte à goutte)

قَطْرة ج قَطَرات goutte; collyre

قَطَرَ ~ قَطْرةً tomber goutte à goutte

قُطَيْرة gouttelette

قُطْران ← قَطْرَن

قَطّارة goutte-à-goutte; compte-gouttes; pipette

مَقْطَر ج مَقاطِر distillerie

مِقْطَر ج مَقاطِر alambic; distillateur

II قَطَّرَ تَقْطيرًا ه distiller; filtrer; instiller

~ نَبيذًا، ماء البَحْر distiller l'alcool, l'eau de mer

تَقْطير distillation; instillation

صِناعة ~ distillerie

تَقْطيرة *méd.* goutte-à-goutte

مُقَطَّر distillé; filtré

المُقَطَّرات spiritueux *n.m.pl.*

V تَقَطَّرَ تَقَطُّرًا s'égoutter; tomber goutte à goutte; goutter; dégoutter; dégouliner; suinter

تَقَطُّر suintement; égouttement

مُتَقَطِّر dégouttant

VI تَقاطَرَ تَقاطُرًا accourir/se rendre en foule; affluer; s'assembler; s'attrouper; s'entasser; former des groupes compacts; suinter

تَقاطُر affluence; attroupement; suintement

**4304** قَطَرَ ـُ قَطْرًا ه atteler; mettre en file; remorquer; traîner; *v. aussi 4302, 4303*

قَطْر ج قُطورات attelage; remorquage; remorque; *égypt.* train

قِطار ج ات train

~ الرُكّاب، البَضائِع train de voyageurs, de marchandises

~ سَريع، سَبّاق train express; rapide

~ فاخِر، سِلْكيّ train de luxe; funiculaire

فاتَهُ الـ~ rater/manquer le train

~ بَطيء، وَقّاف omnibus

قاطِرة ج ات، قَواطِر — locomotive; motrice; remorqueur

~ كَهْرَبائِيّة — locomotrice

مَقْطورة ج ات، مَقاطير — remorque

**4305** **قُطْرُب** ج قَطارِب — luciole; ver luisant

**4306** **قِطْرِس** — albatros

**4307** **قَطْرَنَ** — goudronner; *v. aussi 4303*

قَطْرَنة — goudronnage

قُطْران — goudron; poix liquide

مُقَطْرَن — goudronné

**4308** **قَطاس** — yak; yack

**4309** (قطش) **مَقْطوشة** — *syr.* poularde

**4310** **قَطَعَ** َ قَطْعًا ه — abattre (un arbre); briser; couper; découper; casser; cesser; intercepter; interrompre; mutiler; couper court à; réséquer; rompre; sectionner; trancher

~ أَشْجارًا، رَأْس ه — abattre des arbres; décapiter

~ عَمَله — arrêter/cesser son travail, de travailler

~ خَطّ الهاتِف — couper la ligne du téléphone; couper

~ كَلامه، حَديثه — s'arrêter de parler; s'interrompre

~ مُكالَمة — interrompre une communication/une conversation

~ عليْه كَلامه، حديثه — couper la parole à qqn; interrompre qqn

~ المُواصَلات — intercepter les communications

~ الأَمَل — désespérer; être désespéré; perdre l'espoir

~ دَوْرًا — passer par une phase/un stade

~ شَوْطًا، أَشْواطًا — faire des progrès; gagner du terrain

~ نِصْفَ الطَريق — faire la/avoir fait la/en être à la moitié du chemin

~ الطَريق — fermer la voie; couper le chemin; *fig.* brigander; marauder; couper les routes; voler sur les grands chemins; infester les chemins

~ عليْه الطَريق — couper la route à qqn; attaquer; se jeter sur; piller

~ الماء، الكَهْرَباء — couper/fermer l'eau, l'électricité

~ رَحِمه — rompre les relations familiales

~ بَيْنَهم — brouiller les gens; semer la discorde

~ به صِلَته — laisser tomber [*fam.*] qqn; ne plus voir qqn; rompre ses relations avec

~ عليْه نَفَسه — couper le souffle à

~ نَهْرًا، شارِعًا — traverser un fleuve, une route

~ تَذْكِرة — prendre un billet

~ الوَرَق — couper (jeu de cartes)

~ عَهْدًا لِـ ه — passer un contrat avec

~ على نَفْسه وَعْدًا، عَهْدًا — prendre l'engagement formel de; se promettre de; s'engager à

~ مَسافة طَويلة — couvrir/parcourir/franchir une longue distance

~ كَذا كِيلومترًا — faire tant de kilomètres

~ وَقْتًا — passer un temps/un moment

~ لِسان خَصْمه — *fig.* prévenir la malveillance/la méchanceté

~ شَعْرَة مُعاوِية — *prov.* couper les ponts [*fig.*]; franchir le Rubicon

قُطِعَ بِهِ — avoir le souffle coupé; être empêché de; on lui a coupé l'herbe sous le pied

**قَطْع** — amputation; brouille; coupage; coupure; découpe; dispute; incision; interruption; interception; mutilation; retranchement; rupture; section [*géom.*]; sectionnement; suspension; traversée; *écon.* escompte; devise; *techn.* format

~ الأَشْجار، التَيّار — abattage des arbres; coupure de courant

~ الرَأْس — décollation

هَمْزة الـ~ — *gramm. «hamza»* stable formative

~ الطَريق — brigandage; maraudage; vol/pillage de grand chemin

~ النَفْط — embargo sur le pétrole

~ أَجْنَبِيّ، صَعْب — devise étrangère, forte

سِعْر الـ~ — cours/taux de change/de l'escompte

مُراقَبة الـ~ — contrôle des changes

~ الرُبْع، كُتُب الجَيْب — in-quarto; format de poche

~ زائِد، مُكافِئ، ناقِص — hyperbole; parabole; ellipse

بِـ ~ النَظَر عَن — abstraction faite de; sans parler/tenir compte de; indépendamment de

**قَطْعًا** — *en phrase affirmative*: absolument; à coup sûr; expressément

لا ... ~ — *en phrase négative*: en aucune façon/manière; jamais; pas du tout

~ لِلوَقْت — pour passer le temps

**قَطْعِيّ** — catégorique; décisif; définitif; formel; péremptoire

حُكْم ~ — jugement décisif/formel

حُجّة ~ة — argument définitif/péremptoire

**قِطْعة** ج قِطَع — fragment; moignon; morceau; parcelle; partie; pièce; portion; quartier (d'orange); segment; tranche; tronçon; unité

~ مِن الخَشَب — pièce/bout de bois

مِن ~ واحِدة — d'une seule pièce; d'un seul tenant

ثَلاثة أَجْهِزة في ~ واحِدة — trois appareils en un seul

~ غِيار — pièce de rechange

~ أَرْض — morceau/coin de terre

~ نَقْد، مال — coupure [*fin.*]; pièce de monnaie

~ خُبْز — bout/morceau/quignon de pain

~ بَحْرِيّة، مُدَبَّبة — unité navale, blindée

~ مِدْفَعِيّة — pièce d'artillerie

~ مُوسيقيّة، غِنائِيّة — pièce/morceau de musique; pièce vocale

بالـ~ — à la pièce; à la tâche; à façon (travail)

**قاطِع** — bref (ton); catégorique; coupant; crucial; convaincant; concluant; décisif; définitif; déterminant; incisif; formel; péremptoire; probant; percutant; sans réplique; strict; tranchant

~ (ج ون) أَمَل — désespéré

~ تَذاكِر — receveur/vendeur de billets

أَمْر ~ — ordre strict/sans réplique

لَهْجة ~ة — ton incisif/péremptoire/tranchant

حُجّة ~ة — argument probant/irréfutable/percutant

دَليل ~ — preuve convaincante/décisive/déterminante

تَجْرِبة ~ة — expérience concluante/cruciale

~ ج قَواطِع — *géom.* sécante; *ois.* migrateur; passager; de passage

~ تَيّار — coupe-circuit; interrupteur; rupteur

~ طَريق ج قُطّاع الطُرُق — bandit; brigand; coupeur de route; voleur de grand chemin; coupe-jarret

قاطِعة ج قَواطِع — *anat.* incisive *n.f.*; *électr.* interrupteur; coupe-circuit

**مَقْطوع** — amputé; abattu; brisé; coupé; détaché; fendu; interrompu; retranché; séparé

~ الرَأْس — décapité

طَريق ~ — route barrée/coupée

سِعْر ~ — prix forfaitaire/à forfait

~ الأَمَل — abattu [*fig.*]; brisé [*fig.*]; désespéré

~ بِهِ — décidé; réglé; tranché (cas); à qui on a coupé l'herbe sous le pied

مَقْطوعة ج ات — morceau/pièce (de musique, poésie)

**مَقْطوعِيّة** — consommation; forfait

بالـ~ — à forfait; à la pièce; à la tâche

**قَطيع** ج قُطْعان — bande/troupe (d'animaux); troupeau; harde

غَريزة الـ~ — instinct grégaire

**قَطيعة** — cessation; brouille; faille [*fig.*]; rupture; interruption (des relations)

~ الرَحِم — *même sens*

~ ج قَطائِع — domaine seigneurial; fief; terre [*féod.*]

**أَقْطَع** (← قاطِع) — *compar.* plus ... *v. à l'adj.*

~ م قَطْعاء ج قُطْع — manchot; amputé; invalide

**قِطاع** ج ات — secteur; section [*géom.*]; migration (des oiseaux); *techn.* profilé

وَقْت ~ الطَيْر — *zool.* époque de la migration

~ خاصّ، عامّ، الخَدَمات — secteur privé, public, des services

~ صِناعيّ، زِراعيّ — secteur industriel, agricole

~ تِجاريّ — secteur commercial

القِطاعات الأَساسيّة — secteurs essentiels

**قِطاعيّ**؛ خِطَط ~ة — sectoriel; plans sectoriels

قِطاعة — abstinence

قُطاعة مِجْهَريّة — coupe microscopique

**قَطّاع** — cutter; *mar.* cotre

~ الطَريق ← قاطِع

**قَطّاعة** hachoir; sectionneur

~ البُقول coupe-/hache-légumes

تاجِر **القَطّاعيّ** détaillant *n.m.*; commerçant de détail

تِجارة الـ~ commerce de détail

بَيْع بالـ~ vente au détail

**مَقْطَع** ج مَقاطِع coupe [*géom.*]; couplet; extrait; fragment; paragraphe; passage (d'un texte); profil; tranche; section; séquence; pause (de la voix); syllabe

~ شِعْريّ، غِنائيّ strophe; couplet

~ حَريق coupe-feu; pare-feu

~ عَرْضيّ، عَموديّ coupe transversale, perpendiculaire

~ قَصَصيّ séquence narrative

ثُلاثي، رُباعيّ **المَقاطِع** trisyllabique; quadrisyllabique

مِقْطَع ج مَقاطِع coupe-papier; massicot; soc

II **قَطَّعَ** تَقْطيعًا ه déchiqueter; découper; démembrer; entrecouper; fragmenter; scander (poésie); segmenter; tronçonner

**تَقْطيع** découpage; démembrement; scansion; fragmentation; segmentation; tronçonnement

~ ج تَقاطيع allure (de qqn); contour; architecture [*fig.*]; stature

تَقاطيع الوَجْه traits/contours du visage

III **قاطَعَ** مُقاطَعة ه، ه couper court à; couper la parole à; interrompre qqn; boycotter; bloquer; mettre l'embargo sur

~ ه الحَديث couper la parole à qqn; interrompre

~ حَديثًا، خِطابًا troubler/gêner un entretien, discours (par des interruptions)

~ عَلاقاته rompre avec qqn; cesser/interrompre ses relations avec

~ مُراسَلة interrompre les relations épistolaires

~ زِياراته mettre un terme à ses visites

~ أَوْصال ه disjoindre; désunir; disloquer

**مُقاطَعة** embargo; blocus; boycott; boycottage; interruption; désunion; rupture (des relations)

~ (إداريّة، إقْليميّة) canton; district; province; territoire administratif

مُقاطِع ج ون interrupteur; contradicteur

أَسْكَتَ المُقاطِعين faire taire les contradicteurs

IV **أَقْطَعَ** إقْطاعًا ه ه attribuer (un fief à); assigner; allouer qqch à qqn

~ ه عن empêcher qqn de

إقْطاع، إقْطاعة fief; féodalité; seigneurie

إقْطاعيّ féodal; suzerain; feudataire

إقْطاعيّة féodalisme; suzeraineté

مُقْطَع vassal; feudataire

مُقْطَعيّة vassalité

V **تَقَطَّعَ** تَقَطُّعًا se briser; se détacher; se dérégler; se sectionner; se segmenter; se séparer; s'interrompre; être ... *v. à l'adj.*

~تْ به الحِبال être à bout de ressources/au bout du rouleau [*fam.*]

~تْ به الأَسْباب *même sens*

~تْ دُونَهُ الأَعْناق être difficile/impossible à atteindre

**تَقَطُّع** dérèglement; discontinuité; intermittence; sectionnement; segmentation

بِـ~ à bâtons rompus; par intermittence

**مُتَقَطِّع** déréglé; brisé; discontinu; entrecoupé; haché [*fig.*]; intermittent; saccadé; retranché; séparé; mis en déroute (armée)

صَوْت ~ voix brisée/saccadée

غَيْر ~ ininterrompu; continu

في أَوْقات ~ة par intermittence

VI تَقاطَعَ تَقاطُعًا s'entrecouper; s'entrecroiser; se couper; se croiser; rompre (entre amis); se séparer

**تَقاطُع** (الطُرُق) croisement; bifurcation; intersection; échangeur

~ الخُطوط الحَديديّة nœud ferroviaire

نُقْطة، زاوِية ~ *géom.* point d'intersection; arête

**مُتَقاطِع** croisé; intersecté

كَلِمات ~ة mots croisés

VII **اِنْقَطَعَ** اِنْقِطاعًا se briser; casser *intr.*; céder; se détacher; lâcher *intr.*; rompre *intr.*; se rompre; se sectionner; s'arrêter; cesser; finir *intr.*; prendre fin; s'interrompre; être discontinu; manquer; tarir [*fig.*]; être supprimé/coupé

~ لِـ، إلى ه s'adonner à; se consacrer à; se vouer à

~ المَطَر la pluie s'est arrêtée/a cessé

~ عَن العَمَل s'arrêter/cesser de travailler

~ كَلامه s'arrêter de parler; se taire

~ فَجْأَةً s'arrêter/tourner court

~ نَفَسُه s'étouffer; avoir le souffle coupé

~تْ عَلاقاتُه بِـ ه perdre qqn de vue

~تْ شَعْرَةُ مُعاوية *prov.* les ponts sont coupés

**اِنْقِطاع** arrêt; cessation; cesse; discontinuité; hiatus; interruption; coupure; rupture; sectionnement; séparation

~ التَيّار coupure de courant

بِلا، بِدُون ~ sans cesse/interruption/relâche/rémission/répit; sans désemparer/discontinuer/respirer [*fig.*]; coup sur coup; d'un seul tenant; d'une seule venue

مِن غَيْر ~ *même sens*; continuellement; de manière incessante

**مُنْقَطِع** coupé; déconnecté; discontinu; interrompu; retranché; rompu; séparé

~ عَن العالَم coupé du monde

غَيْر ~ continu; incessant; ininterrompu; continuel

~ القَرين، النَظير incomparable; singulier; unique; sans rival

VIII **اِقْتَطَعَ** اِقْتِطاعًا ه s'approprier; détacher; déduire; défalquer; prendre une part/partie/portion; prélever; retenir; retrancher; rogner sur; séparer

~ مَبْلَغًا مِن distraire une somme de

**اِقْتِطاع** prélèvement; retenue; défalcation; déduction

X اِسْتَقْطَعَ اِسْتِقْطاعًا ه accaparer; s'arroger; s'approprier; déduire

**4311 قَطَفَ** ـِ قَطْفًا، قُطوفًا ه cueillir; récolter

~ عِنَب الكَرْم vendanger

**قَطْف** cueillette; récolte (coton, fruits)

~ العِنَب vendange

داني **القُطوف** à portée de la main; d'emploi facile

قَطَف *bot.* arroche

قاطِف ج ون ← قَطّاف

**قَطّاف** ج ون cueilleur/ramasseur (de fruits); vendangeur

~ الذُرَة corn-picker

**قَطيفة** ج قَطائِف couverture; peluche; velours; *pâtiss.* crêpe à la pâte d'amandes; *bot.* amarante

~ مُضَلَّعة velours côtelé

VIII اِقْتَطَفَ اِقْتِطافًا ه ← قَطَفَ

مُقْتَطَف ج ات extrait; fragment

مُقْتَطَفات شِعْرِيّة florilège; morceaux choisis

**4312 قَطيلة** ج قَطائِل tampon (de coton)

**4313 قَطْلَب** arbousier

**4314 قُطام**، قُطاميّ épervier

**4315 قِطْمار**، قِطْمير *bot.* enveloppe fine d'un noyau; péricarpe; *fig.* un rien; un brin

ما أَصابَ مِنْه ~ ne pas tirer un centime/un sou vaillant de qqn

**4316 قَطَن** lombes; reins; *v. aussi 4317, 4318*

أَلَم الـ~، قُطان lombalgie; lumbago

**قَطَنيّ**، أَلَم ~ lombaire; douleur lombaire

**4317 قُطْن** coton; *v. aussi 4316, 4318*

شَجَرة الـ~ cotonnier *n.m.* [*bot.*]

~ طِبّيّ، مَنْدوف ouate

~ مُلْتَهِب coton-poudre; fulmicoton

~ مُصَفًّى، مُنَظَّف، ماصّ coton hydrophile

**قُطْنيّ** cotonneux; cotonnier *adj.*

بِطانة ~ة ouatine

قُطْنِيّة ج ات، قَطانٍ cotonnade

صِناعة القُطْنِيّات industrie cotonnière

قَطانِيّات légumineuses *n.f.pl.*; légumes farineux

قَيطان ج قَياطين cordelière; galon; ruban; passement; passepoil

قِيطون ج قياطين *maghr.* tente de toile; guitoune [*fam.*]

قَياطينيّ passementier

مَقْطَنة cotonnerie; plantation de coton

4318 **قَطَنَ** ـُ قُطونًا هـ، في هـ habiter (un endroit); demeurer; loger *intr.*; se loger; résider; vivre qqp; *v. aussi 4316, 4317*

قاطِن ج قُطّان habitant; résident; domicilié

4319 **قَعْب** ج قِعاب grande coupe à boire; bock; chope

4320 **قَعَدَ** ـُ قُعودًا في s'asseoir; être assis; s'installer; être ferme; se maintenir fermement; prendre place/un siège; *suivi d'un inaccompli*: continuer à; rester à

~ عَن هـ abandonner; s'abstenir de; s'arrêter de; cesser de; négliger; se désister; renoncer à

~ بِـ ه faire asseoir qqn; installer qqn

~ بِـ ه عن هـ décourager qqn; empêcher qqn de; retenir qqn

قامَ و~ être agité/alarmé/angoissé/anxieux/inquiet; ne pas tenir en place; avoir la bougeotte [*fam.*]

قامَ و~ لِـ هـ être vivement ému par

قُعود (عن) abandon; abstention; cessation; désistement; renonciation; *méd.* ménopause

قُعَد، قَعَدة tire-au-flanc [*fam.*]; flemmard [*pop.*]; planqué *n.m.*; embusqué [*fam.*]

**قَعْدة** posture; séance; siège; derrière *n.m.*; postérieur *n.m.*

ذُو الـ~ *onzième mois de l'année musulmane*: «*dū-l-qa'da*»

قِعْدة assiette [*fig.*]; posture; manière de s'asseoir/de se tenir assis

قُعَديّ ج قُعَدة indolent; toujours assis; sédentaire

**قاعِد** ج قَعَدة assis; inactif; sédentaire; *fig.* tire-au-flanc [*fam.*]; flemmard [*pop.*]; paresseux

~ عن الخِدْمة العَسْكَريّة planqué; embusqué [*fam.*]

~ ج قَواعِد femme qui ne peut plus avoir d'enfant/qui n'a plus ses règles

**قاعِدة** ج قَواعِد assise *n.f.*; base; capitale; règle; châssis; étalon; fondation; loi; fondement; infrastructure; point d'appui; socle; soubassement; pied (de statue); piédestal; plate-forme; norme; précepte; principe

~ عَمود base/socle/pied d'une colonne

~ عَسْكَريّة، جَوّيّة base militaire, aérienne

~ أَجْنَبيّة، العَمَليّات base étrangère, d'opérations

~ بَحْريّة، أَرْضيّة base maritime, terrestre

~ فَضائيّة cosmodrome; base spatiale

اِتَّخَذَ ~ عَسْكَريّة se baser; établir/avoir une base militaire

~ نَقْديّة، الذَهَب étalon monétaire; étalon-or

~ صِناعيّة، اِقْتِصاديّة infrastructure industrielle, économique

~ اِنْتِخابيّة plate-forme électorale

~ الإيمان formule de foi

~ الاِسْتِسْلام لِأَخَفّ المَتاعِب loi du moindre effort

~ نَحْويّة، حُقوقيّة norme/règle grammaticale, juridique

~ أَخْلاقيّة، مُناصَفة الأَرْباح principe moral

~ ثُلاثيّة، حَياة، حِساب règle de trois, de vie, à calcul

مِساحة الـ~ surface de base

على الـ~ convenablement; selon l'usage/les règles de l'art

**قَواعِد** اللُغة règles de la langue; grammaire

أَرْسَى ~ هـ poser/établir les bases de

الـ~ المُسَيِّرة في règles en vigueur

سُلوك لا ~ له conduite sans principes

**قَعيد** ج قُعَداء estropié; impotent; allié; compagnon; personnes qui encadrent qqn; surveillant

~ المَنْزِل condamné aux arrêts

**مَقْعَد** ج مَقاعِد banc; banquette; canapé; chaise; fauteuil; place; siège; selle (de bicyclette)

~ طَويل chaise longue

مَقْعَدة cul [*pop.*]; derrière *n.m.* [*fam.*]; fesses, postérieur *n.m.* [*fam.*]

IV **أَقْعَدَ** إِقْعادًا ه، هـ asseoir qqn, qqch; faire asseoir; placer; mettre en place

~ ه عن هـ empêcher qqn de; retenir qqn

~ من هِمّته modérer l'ardeur/l'enthousiasme

أَقامَ الدُنْيا و~ ها remuer ciel et terre

أُقْعِدَ être estropié/impotent/paralysé; rester cloué sur place

مُقْعِد مُقيم alarmant; angoissant; bouleversant; inquiétant

مُقْعَد estropié; impotent; infirme; invalide; paralytique; perclus

VI تَقاعَدَ تَقاعُدًا rester chez soi; se retirer (des affaires); prendre sa retraite; partir/être mis à la retraite

~ عن ه se désintéresser de

تَقاعُد retraite; retenue; réserve

سِنّ، راتِب الـ~ âge de la, pension de retraite

صُنْدوق الـ~ caisse de retraite

أَحالَ، إحالة ه على الـ~ mettre, mise à la retraite

مُتَقاعِد ج ون pensionné; retiré (des affaires); retraité; à la retraite; vétéran

VIII اِقْتَعَدَ اِقْتِعادًا ه prendre qqch comme siège; s'asseoir

~ الأَرْض مُتَرَبِّعًا s'asseoir par terre à la turque

4321 قَعْر ج قُعور cavité; creux; dépression; fond; profondeur

~ البَحْر، البِئْر fond de la mer, du puits

~ السَفينة، قِنِّينة fond de cale; cul de bouteille

بَعيد الـ~؛ قَعير profond [pr. et fig.]

قَعارة profondeur

قَعيرة synclinal

II قَعَّرَ تَقْعيرًا ه approfondir; creuser; excaver

مُقَعَّر cave; creux (joues); excavé; concave

صَوْت ~ voix sourde

V تَقَعَّرَ تَقَعُّرًا s'enfoncer; se creuser; s'excaver

تَقَعُّر؛ تَقَعُّرِيّة concavité; creux n.m.

تَقَعُّرات وتَحَدُّبات des creux et des bosses

4322 قَعِسَ - قَعَسًا avoir la poitrine bossue

قَعَس bosse/protubérance sur la poitrine

أَقْعَسُ م قَعْساء bossu; qui a la poitrine bossue; protubérant

VI تَقاعَسَ تَقاعُسًا عن se désintéresser de; rester en arrière; ne pas se sentir concerné par qqch; négliger; négliger de faire

4323 قَعْقَب serpentaire [ois.]

4324 قَعْقَع؛ قَعْقَعة cliqueter (armes); cliquetis

4325 قُعالة bot. pétale

4326 (قعو) أَقْعَى م قَعْواء qui a le nez retroussé

IV أَقْعَى إِقْعاءً s'accroupir (animal); s'asseoir sur le derrière (animal)

4327 قَفَّ - قُفوفًا se dresser (cheveux); se hérisser; se blottir; se renfermer

قُفّة ج قُفَف cabas; couffin; panier

II قَفَّفَ تَقْفيفًا الشَعْر faire dresser les cheveux (sur la tête)

IV أَقَفَّ شَعْرَهُ horripiler

قَفا ج أَقْفية ← قفو

4328 قَفْر ج قِفار désert adj., n.m.; abandonné (endroit); déserté; désolé (terre); dévasté; inhabité; inhospitalier; vague (terrain); vide

قَفار، قَفير (خُبْز) pain sec

قَفير ج قُفران ruche

IV أَقْفَرَ إِقْفارًا من السُكّان se vider de sa population; se dépeupler; être ... v. à l'adj.

~ مَكانًا dépeupler/dévaster/ravager/vider (de ses habitants) un endroit

إِقْفار dévastation; dépeuplement; ravage

مُقْفِر désert adj.; désertique; dévasté; dépeuplé; vidé de sa population; ravagé; désolé; farouche

4329 قَفَزَ - قَفْزًا، قَفَزانًا bondir; sauter; s'élancer

~ قَلْبه في صَدْره son cœur bondit dans sa poitrine

~ فَرَحًا bondir/sauter de joie

~ إلى الماء، الأُتوبيس se jeter/sauter à l'eau, dans l'autobus

~ على الحَبْل، صَفًّا sauter à la corde, une classe

~ بالمِظَلّة sauter en parachute

قَفْز bond; saut; cabriole; élan

خَشَبة الـ~ tremplin [pr. et fig.]

الـ~ الطَويل، العالي saut en longueur, hauteur

الـ~ بِالعَصا، بِالمِظَلّة saut à la perche, en parachute

قَفْزة خَطِرة، إلى الأَمام saut périlleux; bond en avant

قَفَزَ ~ إلى المَجْهول faire un saut dans l'inconnu

قَفّاز ج ون sauteur

قُفّاز ج ات، قَفافيز — gant

~ مُلاكِم، الإغْتِسال — gant de boxe, de toilette

مِقْفَز، مِقْفَزة ج مَقافِز — sautoir; tremplin

II مُتَقَفِّز — ganté

4330 قَفَص ج أَقْفاص — cage; cageot; volière

~ صَدْرِيّ — cage thoracique

~ طائِرة — carlingue; fuselage

~ الاِتِّهام — box des accusés

V تَقَفَّصَ تَقَفُّصًا — se pelotonner

4331 قُفْطان ج قَفاطين — cafetan

4332 قَفِعَ ـَ قَفَعًا — avoir les doigts contractés

قَفْع — *mil.* tortue

قَفْعاء — *bot.* astragale

II مُقَفَّع — qui a les pieds et les mains contournés/contractés recroquevillés

V تَقَفَّعَ تَقَفُّعًا — se contracter; se contracturer; se recroqueviller

تَقَفُّع — contracture

4333 قَفْقَفَ — grelotter

4334 قَفَلَ ـُ قَفْلاً ه — clôturer; fermer; clore

~ ـِ قُفولاً — revenir de voyage

~ خارِجًا — retourner à l'extérieur; ressortir

~ راجِعًا إلى مَكانه — battre en retraite [*fig.*]; regagner sa place; revenir sur ses pas

قَفْل الأبواب — fermeture des portes

جِهاز الـ~ — système de fermeture/de verrouillage

قُفْل ج أَقْفال، قُفول — cadenas; fermeture; serrure; verrou

~ الأَمان — serrure de sécurité; verrou de sûreté

~ سَحّاب — fermeture Éclair

قَفَل ← قافِلة

قافِلة ج قَوافِل — caravane; colonne; convoi; file

~ بَحْرِيّة، عَسْكَرِيّة — convoi maritime, militaire

IV أَقْفَلَ إِقْفالاً ه — cadenasser; clôturer; mettre sous clé; fermer; obstruer; verrouiller

~ على ه — enfermer qqn; boucler qqn [*fam.*]

~ مَتاعه، حِسابًا — boucler ses bagages; arrêter un compte

إِقْفال — clôture; fermeture; obstruction; occlusion; verrouillage

وَقْت ~ الأَبْواب — heure de fermeture des portes

أَحْكَمَ ~ الباب — bien fermer la porte

مُقْفِل — occlusif

مُقْفَل — bouché; clos; clôturé; fermé; obstrué; verrouillé

ظَلام ~ — obscurité ténèbres compacte(s)

الطَريق ~ — la rue est bouchée

VII اِنْقَفَلَ اِنْقِفالاً — se fermer; se refermer; se clore

4335 قَفا ـُ قَفْوًا — suivre les traces de

قَفا ج أَقْفِية، أَقْفاء — dos; nuque; occiput; séant; derrière *n.m.*; envers; dessous *n.m.*; revers

~ الصُورة — revers de la médaille

~ قُماش — envers revers d'une étoffe

على ~، الـ~ — au dos de; derrière; à l'envers

الـ~ أَمْ الوَجْه — pile ou face?

من ~ يَدِه — par-dessus l'épaule

سَقَطَ على ~ه — tomber à la renverse sur le derrière [*fam.*]/sur le cul [*pop.*]; être en pleine déchéance

قافِية ج قَواف — rime

II قَفَّى تَقْفِيةً ه — mettre en rimes, rimailler [*fam.*]; rimer

مُقَفًّى — rimé

VIII اِقْتَفَى اِقْتِفاءً أَثَرَه — dépister; emboîter le pas à; filer qqn; marcher sur les pas/les traces/dans le sillage de; suivre les traces

4336 قُلّة ج قُلَل — cruche; gargoulette; jarre; *v. aussi 4337*

IV أَقَلَّ إِقْلالاً ه، ه — emmener; emporter; porter; transférer; transporter

X اِسْتَقَلَّ اِسْتِقْلالاً ه، ه — emmener; se faire transporter; transporter; emprunter un moyen de transport

~ التاكْسي، الطائِرة prendre/emprunter le taxi, l'avion

~ القِطار خَطْفًا prendre le train en marche/au vol

**4337 قَلَّ ـِ قِلًّا، قِلّة** s'amenuiser; s'amoindrir; baisser; diminuer; décroître; se raréfier; se faire rare; être ... *v. à l'adj.*; *v. aussi 4336*

~ الصُنْع la fabrication a diminué

~ مُسْتَوَى الماء le niveau de l'eau a baissé

~ أنْ؛ قَلَّما il est rare que; si peu que; guère; peu; rarement

~ أنْ؛ قَلَّما يَأْكُل il mange peu; il ne mange guère

~ عَنْ être moins ... que; être en moins grande quantité/en plus petite quantité/plus rare que; être inférieur à

~ عَنْهُ شُهْرةً، قِدَمًا être moins célèbre, moins ancien que

~ عنه مالًا، خُطورةً être moins riche, moins important que

~ كَثيرًا عن ه، ه être de beaucoup inférieur à

ما ~ أَهَمِّيّةً عن ه ne le céder en rien à; n'avoir pas moins d'importance que; n'avoir rien à envier à

ما ~ دَخْلُه عن ه son revenu n'est pas inférieur à

ما ~ حَظُّه عن حَظِّ ه sa part n'est pas moins importante que celle de

كُلَّما ~ عَمَلُه ~ رِبْحُه moins il travaille moins il gagne

~ أَوْ جَلَّ peu ou prou [*litt.*]; plus ou moins

بدِقّةٍ ~تْ أَوْ جَلَّتْ avec plus ou moins de rigueur

إلّا ما ~ وَنَدَرَ à de rares exceptions près

**قِلّة** défaut; exiguïté; manque; modicité; pénurie; rareté; raréfaction; manque/absence/peu de; *utilisé souvent avec la même valeur que le préf. privatif* in-/im-/dé- *formatif d'un n.*

~ عَدَدِيّة، حَظّ infériorité numérique; déveine

~ العُمُلات الصَعْبة pénurie de devises

~ غَيْرُ مَسْؤولة minorité irresponsable

بِـ~ ه faute de; par manque de

عاشَ في الـ~ vivre dans la privation/le manque

~ الأَدَب، الصَبْر impolitesse; impatience

~ الإحْساس، الإحْتِشام insensibilité; indécence (de la tenue)

~ الحَياء impertinence; impudence; insolence

~ الإنْتاج، التَصْنيع sous-production; sous-industrialisation

~ السُكّان، الإسْتِثْمار sous-peuplement; sous-investissement

**قَليل** peu *n.m.*; peu nombreux; rare; faible/insignifiant/modeste/modique/peu important (nombre, ressources); *même valeur que le préf. privatif:* im-/in- *formatif d'un adj.*

~ مِنْ un peu de; quelque(s); quelque peu; une pointe de [*fig.*]

إنَّهُ مِنَ الأَماكِن الـ~ة c'est un des rares endroits

دَخْل ~ revenu faible/modique

~ القِيمة de faible valeur; insignifiant

بِـ~ de peu; de justesse

لا بِـ~ وَلا بِكَثيرٍ مِن ه totalement étranger à; en dehors du coup; ni de près ni de loin

الـ~ في الكَثير يَجْمَع *prov.* les petits ruisseaux font les grandes rivières

السَنَوات الـ~ الماضية les quelques années écoulées

بَعْدَ، عَمّا، عَنْ ~ dans un moment; dans/d'ici/sous peu; bientôt; dans un instant; tout à l'heure

قَبْل، مُنْذُ ~ avant/il y a peu; tout à l'heure

~ الأَدَب impoli; incivil

~ الحَياء éhonté; impertinent; impudent; insolent

~ السُكّان، التَصْنيع sous-peuplé; sous-in-dus-trialisé

**قَليلاً** un peu; quelque peu; un tantinet; guère

~ جدًّا؛ إلّا ~ tant soit peu; très peu; guère plus

~ أَوْ كَثيرًا peu ou prou [*litt.*]

~~؛ ~ فَـ~ petit à petit; peu à peu; doucement; lentement; sans bruit [*fig.*]; sans à-coups

**أَقَلّ** inférieur (à); moindre (que); moins (que); minimum

~ ما يَكون si peu que ce soit

~ ما يُمْكِن، يُسْتَطاع tant soit peu; le moins possible

~ ما يُقال فيه إنَّهُ le moins que l'on puisse en dire est que

~ أَهَمِّيّةً de moindre importance

الأَقْطار الـ~ تَطَوُّرًا les régions les moins évoluées

~ التَكاليف le minimum de frais

**4338** **قَلْب** ج **قُلوب** centre; cœur; noyau; partie essentielle de; essence [*fig.*] de; *v. aussi 4339*

في ~ الـمَدينة au centre/cœur de la ville; en pleine ville

مِن صَميم الـ~ du fond du cœur; très sincèrement

مِن كُلّ ~ه de tout son cœur

فَتَحَ ~ه ouvrir son cœur

عَن ظَهْر الـ~ par cœur

قَساوة الـ~ cruauté; dureté

اِنْقِباض الـ~ abattement; découragement; dépression

قاسي الـ~ cruel; dur; sans pitié

مُنْقَبِض الـ~ abattu; découragé; déprimé

خُناق الـ~ angine de poitrine

بُرود، بارِد الـ~ indifférence; indifférent

~ حَجَر cœur de pierre

مُصاب بِمَرَض الـ~ cardiaque *n.*

عِلْم تَطْبيب الـ~ cardiologie

اِخْتِصاصيّ بِالـ~ cardiologue

مُخَطَّط الـ~ cardiogramme

حَدَّثَ ~ه بِـ ه deviner; sentir; pressentir

قَلْبًا وقالَبًا fond et forme; corps et âme

أَفْعال القُلوب *gramm.* verbes de cœur/de sentiment (croire, penser, etc.)

**قَلْبيّ** cardiaque *adj.*; cordial *adj.*

تَحِيّاتي الـ~ة mes cordiales salutations

قَلْبيًّا cordialement; avec cordialité

**قُلاب** lésion/maladie du cœur; myocardite

قالَب (← قَوْلَب) *v. aussi ordre alphab.*

**4339** **قَلَبَ** ـِ **قَلْبًا** ه basculer; bousculer; culbuter; inverser; intervertir; invertir; permuter; renverser; retourner; tourner *tr.*; *v. aussi 4338*

~ أَوْضاع الـمُجْتَمَع bouleverser/révolutionner l'ordre social

~ الأَرْض، الصَفْحة remuer la terre; tourner la page

~ نِظام الحُكْم faire un coup d'État

عَلامة ~ مِن الـمُعَدَّل note inférieure à la moyenne

على الـ~ au/pour le/à tout le/tout au/du moins; au bas mot; encore

على ~ تَقْدير au bas mot; selon l'estimation la plus faible

مِن القَليل إلى الـ~ de moins en moins

لَيْسَ **أَقَلّ** مِن أَنْ c'est la moindre des choses que de

في ~ مِن لَمْح البَصَر en un clin d'œil

في حُدودٍ ~ dans des limites moindres

لا ~ ولا أَكْثَرَ ni plus ni moins

**أَقَلّيّة** ج ات minorité

~ سِياسيّة، دينيّة minorité politique, religieuse

~ لُغَويّة minorité linguistique

حُكْم، اِحْتِكار الـ~ oligarchie; oligopole

II **قَلَّلَ** **تَقْليلاً** مِن ه amenuiser; amoindrir; diminuer *tr.*; rapetisser; réduire; restreindre

**تَقْليل** amenuisement; amoindrissement; diminution; réduction; restriction

بِـ~ الاِعْتِماد على en diminuant la dépendance par rapport à

IV **أَقَلَّ** **إِقْلالاً** مِنْ ← II

X **اِسْتَقَلَّ** **اِسْتِقْلالاً** devenir/être ... *v. à l'adj.*

~ ه considérer une quantité comme peu importante

~ ه considérer qqn avec dédain/mépris

~ بِأَمْره *même sens*

~ بِحَمْل، مُهِمّة assumer un fardeau, une charge

~ بِغُرْفة avoir une chambre indépendante

~ بِصُنْع، عَمَل ه être seul à faire qqch

**اِسْتِقْلال** autonomie; indépendance

~ داخِليّ، ماليّ autonomie interne, financière

~ سِياسيّ، اِقْتِصاديّ indépendance politique, économique

**اِسْتِقْلاليّ** partisan de l'indépendance; particulariste; autonomiste

**اِسْتِقْلاليّة** autonomisme; particularisme

**مُسْتَقِلّ** autonome; distinct; indépendant; libre (pays); séparé; particulier

~ في النِعْمة، النَعيم، التَرَف vivre dans l'aisance, le bien-être, le luxe

~ على رَمْضاء البُؤْس être en proie à la misère/au malheur

**تَقَلُّب** ج ات changement; caprice; fluctuation; inconstance; modification; oscillation; revirement; variation

~ الطَبْع، المِزاج، الخُلْق inégalité d'humeur; inconstance; instabilité; mobilité (du caractère); versatilité

**تَقَلُّبات** الجَوّ، الطَقْس changements de temps; intempéries

~ الرَأْي العامّ revirements de l'opinion publique

~ الزَمان، الحَياة vicissitudes du temps, de la vie

~ الدَهْر caprices/retours/revirements de la fortune/du sort; la roue de la Fortune

~ العُمْلة، اِقْتِصادِيّة fluctuations de la monnaie, économiques

تَقَلُّبِيّة versatilité; variabilité; instabilité

مُتَقَلِّب capricieux; changeant; fluctuant; mobile; incertain; inconstant; instable; lunatique; mouvant; ondoyant (caractère); variant; variable; volage

VII **اِنْقَلَبَ** اِنْقِلابًا capoter; chavirer; muer; s'intervertir; s'inverser; se renverser; se retourner; verser (dans le fossé)

~ إلى ه se changer en; dégénérer en; devenir; se transformer; tourner à; se tourner en; virer à

~ على ه se retourner contre

~ إلى يَد أُخْرَى changer de main (chose)

~ الحَظّ la chance a tourné

~ الحَظّ إلى صالح ه tourner à l'avantage de

~ على ظَهْره culbuter *intr.*; faire la culbute; capoter

**اِنْقِلاب** ج ات bouleversement; capotage; coup d'État; convulsion [*fig.*]; culbute; interversion; inversion; mue; péripétie; renversement; retournement; rétroversion; revirement; revers; transformation

~ فُجائِيّ coup de théâtre; volte-face

~ صَيْفِيّ، شِتائِيّ solstice d'été, d'hiver

~ الريح، المِزاج saute de vent, d'humeur

~ الوَضْع، المَوْقِف retournement/renversement de situation

~ اِجْتِماعِيّ، سِياسِيّ bouleversement social, politique

~ الدَهْر revers de fortune; caprice du sort

~ ظَهْر المِجَنّ tourner casaque [*fam., péjor.*]; retourner sa veste [*fam.*]

~ ه رَأْسًا على عَقِب retourner complètement/de fond en comble; mettre tout sens dessus dessous; envoyer tout promener [*fam.*]; mettre tout en l'air; remuer ciel et terre

يُقْلَب réversible

**قَلْب** bouleversement; conversion; culbute; inversion; interversion; permutation; renversement; revirement; retournement; *ling.* métathèse; *rhét.* palindrome

~ نِظام الدَوْلة coup d'État

~ الحالة retournement de situation

**قَلّاب** changeant; inconstant; instable; variable; versatile; *techn.* basculeur; culbuteur

كُرسيّ ~ chaise à bascule; chaise longue

شاحِنة ~ة camion à benne basculante

قَلّابة agitateur [*techn.*]

**مَقْلوب** basculé; inverse; inversé; culbuté; renversé; retourné; retroussé

بِالـ~ à contresens; à l'envers; à rebours; sens devant derrière/dessus dessous

مَقْلوبِيّة réversibilité

ثَوْب **قَلوب** vêtement réversible

مَقْلَب ج مَقالِب attrape; blague [*fam.*]; farce; tour

مِقْلَب houe; versoir

II **قَلَّبَ** تَقْليبًا ه manipuler dans tous les sens; tourner; retourner

~ الصَفَحات tourner les pages

~ عَيْنَيْه rouler les yeux

~ كَفَّيْه *fig.* faire amende honorable; être désolé; être bien embarrassé; se repentir

~ ذِهْنه، بِذِهْنه se remuer [*fig.*]; se creuser la cervelle [*fam.*]; étudier avec minutie

~ فيه النَظَر étudier/examiner sous tous les angles; scruter

تَقْليب manipulation

V **تَقَلَّبَ** تَقَلُّبًا changer; subir un changement; fluctuer; être capricieux/inconstant/versatile; osciller; se tourner; se retourner; varier

~ في ه être versé [*fig.*] dans; avoir l'expérience de; jouir de; se prélasser dans; se rouler dans [*fig.*]; vivre dans

~ في الوَظائِف الدَوْلِيّة assumer/exercer des fonctions officielles

**مُنْقَلِب** renversé; retourné
~ العَيْنَين les yeux révulsés
**مُنْقَلَب** destin; inversion; renversement
~ الصَيْف، الشِتاء solstice d'été, d'hiver

4340 **قُلاح** tartre (sur les dents)

4341 **قِلادة** ج قَلائِد chaîne de cou; collier; médaillon; pendentif
مِقْلَد ج مَقالِد، مِقْلاد ج مَقاليد clé
**مَقاليد** الأمور gestion des affaires; pouvoir *n.m.*; haute main sur
~ الحُكْم rênes du pouvoir; leviers de commande
تَسَلَّمَ ~ الحُكْم prendre les leviers de commande/le pouvoir
أَلْقَى إلى ه ~ الحُكْم confier/abandonner le pouvoir à
أَلْقَى إلى ه ~ أَمْرِه remettre son sort entre les mains de
مَقْلَدة tréfilerie
II **قَلَّدَ** تَقْليدًا ه contrefaire; copier; imiter; mimer; parodier
~ مَنْصِبًا pourvoir un poste
~ ه وَظيفة installer un fonctionnaire/qqn dans une fonction; conférer/confier une fonction
~ ه جَميعَ السُلُطات investir qqn de tous les pouvoirs
~ ه وِسامًا décorer qqn; remettre une décoration à
**تَقْليد** ج تَقاليد contrefaçon; copie; imitation; mime; parodie; routine; coutume; convention; tradition; usage; nomination; investiture; remise de décoration
~ إمْضاء imitation de signature
**تَقاليد** مَرْعيّة، شَعْبيّة traditions en vigueur, populaires
خالَفَ الـ~ pécher contre les traditions
**تَقْليديّ** conventionnel; traditionnel; académique [*fig.*]; classique [*fig.*]
أُسْلوب، تَحْليل ~ style, analyse académique/conformiste
صِناعة، زِراعة ~ة artisanat, agriculture traditionnel(le)
تَقْليديّة académisme; conformisme; traditionalisme
تَقاليديّ conformiste; conventionnel

مُقَلِّد ج ون qui copie; imitateur; mime
مُقَلَّد contrefait; copié; factice; imité
V **تَقَلَّدَ** تَقَلُّدًا مَنْصِبًا accéder à une fonction
~ المَناصِب العُلْيا accéder aux honneurs
تَقَلُّد المَناصِب العُلْيا accession aux honneurs

4342 **قِلِزّ، قُلُزّ** airain

4343 **قَلْس** ج قُلوس amarre; câble; *v. aussi 4344, 4345*

4344 **قَلَسَ** ُ قَلْسًا éructer; régurgiter; *v. aussi 4343, 4345*
قَلْس éructation; régurgitation

4345 II **قَلَّسَ** تَقْليسًا ه coiffer qqn; mettre un chapeau à qqn; mystifier; *v. aussi 4343, 4344*
~ ← قلنسوة

4346 **قَلَصَ** ِ قُلوصًا être dans le trouble; se contracter; se raccourcir (étoffe); se rétracter
قَلوص contractile; rétractile
قَلوصيّة contractilité
II قَلَّصَ تَقْليصًا contracter; crisper; rétrécir *tr.*; retrousser
V **تَقَلَّصَ** تَقَلُّصًا se contracter; se crisper; se convulser; décliner; disparaître; se rabougrir; se racornir; se ratatiner [*fam.*]; se rapetisser; se recroqueviller; rétrécir *intr.*; se rétracter
~ ظِلُّه pâlir/décliner [*fig.*] (étoile); perdre de son influence/de son prestige
تَقَلُّص ج ات contraction; convulsion; crispation; racornissement; retraction; retrait; rétrécissement
مُتَقَلِّص contractile; contracté; convulsé; crispé; rabougri; ratatiné; rapetissé; recroquevillé; rétracté

4347 **قُلاع** aphte
حُمَّى قُلاعيّة fièvre aphteuse

4348 **قَلَعَ** َ قَلْعًا ه arracher; enlever en tirant; déraciner; extirper; extraire; ôter; tirer; *v. aussi 4347*
**قَلْع** arrachage; déracinement; extirpation; extraction

~ أشْجار — arrachis

قِلْع ج قِلاع، قُلوع — voile (d'un bateau)

قُلوع — voilure

قَلْعة ج قِلاع، قُلوع — casbah; citadelle; fort; forteresse; fortin

~ طائِرة، بَحْرِيّة — forteresse volante; unité navale

قَلّاعة ج ات — arracheuse; arrachoir

مَقْلَع ج مَقالِع — carrière (de pierres)

مِقْلاع ج مَقاليع — fronde

مِقْلاعِيّ — frondeur

II قَلَّعَ تَقْليعًا ه ← قَلَعَ

IV أَقْلَعَ إِقْلاعًا — appareiller; lever le camp; mettre à la voile; larguer les voiles; partir; démarrer

~ت الطائِرة — décoller; s'envoler; prendre l'air/son vol

~ عن ه — s'arracher; s'extraire de; renoncer à; se départir de; se guérir de

~ عن التَدْخين — renoncer à/s'arrêter de fumer

~ عن عادة — se désaccoutumer; se déshabituer de; perdre l'habitude de; rompre avec une habitude

~ عن غُروره، غَيِّه — déchanter; revenir de ses illusions/de ses erreurs

~ عن عَيْب — se corriger/se guérir d'un vice

إِقْلاع — appareillage; arrachage; décollage; démarrage; envol

على وَشْك، قَيْدِ الـ~ — en partance; sur le départ

VII اِنْقَلَعَ اِنْقِلاعًا من — s'arracher; se déraciner

VIII اِقْتَلَعَ اِقْتِلاعًا ه — arracher; déraciner; ôter; emporter; extirper; extraire

اِقْتِلاع — arrachage; arrachement; déracinement; extraction (d'une dent); extirpation

**4349** **قَلَفَ** ـِ قَلْفًا، قَلْفةً (سَفينة) — calfater un bateau

قَلِفَ ـَ قَلَفًا — être incirconcis; avoir un phimosis

~ ـِ قَلْفًا — enlever l'écorce des arbres; écorcer

~ ـُ قَلْفًا — circoncire

قَلْفة؛ قِلافة — *mar.* calfatage

قُلْفة — prépuce

ضِيق الـ~ — phimosis

أَقْلَفُ — incirconcis

قُلافة — écorce; pelure

II قَلَّفَ تَقْليفًا ه ← قَلَفَ سَفينة

**4350** **قَلِقَ** ـَ قَلَقًا (من) — s'alarmer; s'angoisser; s'inquiéter; se frapper [*fig.*]; s'en faire; prendre ombrage de; se tourmenter; se tracasser; trouver le temps long; être ... *v. à l'adj.*

لا تَقْلَقْ — ne vous inquiétez pas; ne vous en faites pas

**قَلَق** — agitation; alarme; angoisse; anxiété; désordre; malaise; trouble; préoccupation

~ خافِت — sourde angoisse/inquiétude

اِشْتَدَّ ~ه على — être très inquiet au sujet de

هُناكَ ما يَدْعو إلى الـ~ — il y a de quoi s'inquiéter

لَيْسَ هناك ما يَدْعو إلى الـ~ — il n'y a pas de quoi s'inquiéter

قَلِق — agité; alarmé; anxieux; angoissé; fébrile; inquiet; fiévreux [*fig.*]; mal à l'aise; préoccupé; troublé; perturbé

IV **أَقْلَقَ** إِقْلاقًا ه — alarmer; angoisser; contrarier; déconcerter; déranger [*fig.*]; inquiéter; plonger dans l'anxiété/l'inquiétude; préoccuper; perturber; tourmenter; tracasser; troubler

~تْ ه أَفْكاره — ruminer des idées préoccupantes

إِقْلاق — angoisse; tourment; tracasserie; trouble

**مُقْلِق** — alarmant; angoissant; contrariant; inquiétant; déconcertant; dérangeant; préoccupant; troublant

قَضِيّة ~ة — affaire contrariante/troublante

**4351** **قُلْقاس** — *bot.* colocase

~ رُوميّ، هِنْديّ — topinambour; patate [*bot.*]

قُلْقاسِيّات — aracées *n.f.pl.*

**4352** **قَلْقَلَ** ه، ه — agiter; ébranler; perturber; secouer; tracasser; troubler; inciter à la rébellion; produire un bruit

**قَلْقَلة** ج ات، قَلاقِل — agitation; embarras; perturbation; tracas; troubles

~، **قَلْقَلات** خَفِيّة — mouvements furtifs

أَحْدَثَ **القَلاقِل** — provoquer des troubles

مُقَلْقَل — agité; ébranlé; instable; perturbé

II تَقَلْقَلَ تَقَلْقُلاً — être … *v. à l'adj.*; bouger; remuer; se trémousser; *mécan.* avoir du jeu; jouer

تَقَلْقُل — instabilité; trémoussement; jeu [*mécan.*]

مُتَقَلْقِل — boiteux (chaise); branlant; qui a du jeu (pièce)

تَوازُن ~ — équilibre instable

4353 **قَلَم** ج أَقْلام — calame; crayon; plume; bureau; agence; service; *v. aussi 4354*

~ رَصاص، حِبْر — crayon à mine; stylo

~ حِبْر جافّ، ناشِف — crayon, stylo à bille

~ حُمْرة، حَواجِب — bâton de rouge; crayon à sourcils

عاشَ مِن ~ه — vivre de sa plume

بِجَرّة ~ — d'un trait de plume

أَهْل الـ~ — gens de plume

ذو ~ سَيّال — avoir la plume facile

بِـ~ ه — dû à la plume de; écrit par

~ المَطْبوعات — service de presse

~ الاِسْتِعْلامات — bureau d'informations

مِقْلَمة — écritoire; plumier

4354 **قَلَم** — ligne; raie; trait; *v. aussi 4353*

قُلامة — rognure d'ongles; un rien

مِقْلَمة، مِقْلام — coupe-ongles; pince à ongles

إِقْليم ج أَقاليم — *v. ordre alphab.*

II قَلَّمَ تَقْليمًا ه — élaguer; émonder

~ أَظافِره، أَظْفاره — rogner les ongles, les griffes

مُقَلَّم الأَظافِر — *fig.* impuissant; (qui a) les ailes/les griffes rognées

4355 **قَلْنَسَ** (← قَلَسَ) — couvrir d'une calotte/d'une toque; mettre un chapeau/un bonnet

قَلَنْسُوة ج قَلانِس — bonnet; calotte; capsule; capuche; capuchon; coiffe; toque

~ الجُمْجُمة، غِشائِيّة — *anat.* calotte crânienne, aponévrotique

~ الجِذْر، المَعِدة — coiffe [*bot.*]; bonnet [*vétér.*]

~ المُحَرِّك — *techn.* culasse

جِرْجير قَلَنْسَوِيّ — capucine

صِمام ~، قَلَنْسِيّ — valvule mitrale

II تَقَلْنَسَ ← قَلْنَسَ

4356 **قَلْو، قِلْي** — alcali; kali; *v. aussi 4357*

قَلَوِيّ، قِلْوِيّ ج ات — alcalin

قِلْوِيّة، قِلْوانِيّة — alcalinité

قِلْوانِيّ — alcaloïde

II قَلَّى تَقْلِية ه — alcaliniser; alcalinisation

4357 **قَلَى** قَلْيًا ِ — frire *tr.*; faire frire; sauter; faire sauter (dans la poêle); haïr; *v. aussi 4356*

قَلِيَ — frire *intr.*

قَلْي — friture

مَقْلِيّ؛ سَمَك ~ — frit; friture de poisson

قَلّاية، مِقْلاة ج مَقالٍ — poêle; poêle à frire

II قَلَّى تَقْلِية ← قَلَى

4358 **قِمّة** ج قِمَم — apogée; cime; crête; faîte; front (de la montagne); point culminant; sommet

بَلَغَ ~ه — atteindre son apogée

مِن ~ الرَّأْس إلى أَخْمَص القَدَم — de la tête aux pieds; de pied en cap

مُؤْتَمَر ~ — conférence au sommet

~ ثُنائِيّة، ثُلاثِيّة — sommet bipartite/à deux, tripartite/à trois

قِمَم واسِعة — de vastes sommets

قِمام آسِيّ — *bot.* myrtille

قُمامة ج ات، قُمام — balayures; immondices; ordures

~ المَنازِل — ordures ménagères

أَكْوام الـ~ — des montagnes d'immondices/d'ordures

4359 **قَماءة** — crétinisme [*fam.*]; insignifiance; médiocrité; petitesse

قَمِيء ج قِماء — crétin [*fam.*]; insignifiant; médiocre; petit

| | |
|---|---|
| **4360** **قَمْح** | blé; froment |
| **قَمْحة**؛ ~ البُنْدُقيّة | grain de blé; guidon de fusil |
| قَمْحيّ | (couleur de) blé; doré |
| **4361** **قَمَر** ج أَقْمار | Lune; rondelle; *v. aussi 4362* |
| ~ صِناعيّ | satellite artificiel |
| حَجَر الـ~ | sélénite; pierre de Lune |
| ضَوْء، ضياء الـ~ | clair de lune; clarté de la lune |
| ~ الدين | *cuis.* pâte d'abricots |
| هَبَطَ، هُبوط على سَطْح الـ~ | alunir; alunissage |
| ~ إذاعيّ، اِتِّصاليّ | satellite de communication |
| **قَمَريّ** | lunaire |
| شَهْر، سَنة ~ة | mois, année lunaire |
| الحُروف الـ~ | *ling.* lettres lunaires |
| مَرْكَبة ~ة | module lunaire |
| **أَقْمَر** م قَمْراء | blanc; éclatant de blancheur; brillant |
| **قَمْراء**؛ لَيْلة ~ | clair de lune; nuit claire |
| مَقْمَرة ج مَقامِر | maison de jeu; tripot [*péjor.*] |
| قَميرج قُمَراء ← مُقامِر | |
| III **قامَرَ** قِمارًا، مُقامَرةً ه، ه | hasarder; jouer avec qqn à un jeu de hasard; risquer |
| ~ على | jouer/parier sur (un numéro, un cheval) |
| **قِمار**؛ مُقامَرة | jeu de hasard; pari |
| نادي الـ~ | maison de jeu |
| مُقامِر ج ون | joueur *n.m.*; partenaire (jeu de hasard) |
| IV **أَقْمَرَ** إِقْمارًا | briller/se lever (Lune); *techn.* alunir |
| إِقْمار | lunaison; *techn.* alunissage |
| مُقْمِر | éclairé par la Lune; clair (nuit) |
| X اِسْتَقْمَرَ اِسْتِقْمارًا | satelliser; satellisation |
| **4362** **قَمْرة** ج قَمَرات | cabine; couchette; compartiment; compartiment à couchettes; *v. aussi 4361* |
| قَمْريّة | imposte; lucarne |
| قُمْريّ ج قَماريّ | pigeon |
| قُمْريّة | tourterelle |
| **4363** **قَمَسَ** ـِ قَمْسًا ه | immerger; plonger *tr.* |
| قاموس ج قَواميس | océan; *fig. v. ordre alphab.* |
| **4364** **قَمَشَ** ـُ قَمْشًا ه | ramasser par terre |
| **قُماش** ج أَقْمِشة | étoffe; toile; tissu |
| ~ تَجْفيف، شِراع | tissu éponge; toile à voile |
| ~ مُشَمَّع، مَطْبوع | toile cirée; tissu imprimé |
| ~ مُضَلَّع | étoffe à côtes; reps |
| ~ ضامات | tissu écossais/à damier |
| ~ مُمَطَّط، مُوَرْنَش | toile caoutchoutée, vernie |
| ~ مُوَبَّر | tissu brossé; molleton |
| **قُماشة**؛ ~ خَلْفيّة | pièce d'étoffe; toile de fond |
| أَقْمِشة مُفْروسات | tissus d'ameublement |
| حِذاء **قُماشيّ** | espadrille |
| قَمّاش ج ون | drapier; marchand d'étoffes |
| **4365** **قَميص** ج قُمْصان، أَقْمِصة | chemise; chemisier; enveloppe; tunique; *christ.* aube; surplis |
| ~ النَوْم، أُسْطوانة | chemise de nuit, de cylindre |
| ~ قَصير الكُمَّيْن | chemise à manches courtes |
| القُمْصان السَمْراء، السَوْداء | chemises brunes, noires [*hist.*] |
| V تَقَمَّصَ تَقَمُّصًا | mettre/passer une chemise; *relig.* se métamorphoser; se réincarner |
| تَقَمُّص | identification; métamorphose; métempsycose; réincarnation |
| **4366** **قَمَطَ** ـُ قَمْطًا ه | emmailloter; garrotter; langer; ligaturer; poser un garrot |
| قِماط ج قُمُط، أَقْمِطة | maillot; lange; garrot |
| II قَمَّطَ تَقْميطًا ← قَمَطَ | |
| **4367** **قِمْطَر** ج قَماطِر | cartable; sac |
| **4368** **قِمْع** ج أَقْماع | cupule; cornet; entonnoir; suppositoire; *v. aussi 4369* |
| ~ الخَيّاط | dé à coudre |
| ~ مِرَشّة، نَضّاحة | pomme d'arrosoir |

~ المُخّ — *anat.* infudibulum

قِمْعيّ — en entonnoir

قِمْعيّة — *zool.* cérite; cérithe

4369 قَمَعَ َ قَمْعًا، ه — dompter; briser [*fig.*]; mater; réfréner; réprimer; sévir; soumettre; subjuguer; *v. aussi 4368*

~ غرائِزه — dompter réfréner ses instincts

~ مُظاهَرات — réprimer des manifestations

~ إضْرابًا — briser une grève

قَمْع — compression; répression; punition; sujétion

مَصْلَحة ~ الغُشّ — service de la répression des fraudes

تَدابير ~ — mesures de compression répression

قَمْعيّ — répressif; compressif

إجْراءات، تأْثير ~(ة) — mesures, influence répressive(s)

مِقْمَعة ج مَقامِع — masse d'armes; matraque

4370 قُمْقُم ج قَماقِم — bocal; flacon vase à long col; encensoir

4371 قَمْلة ج قَمْل — pou

قَمِل؛ II مُقَمَّل — pouilleux

4372 قَمِن، قَمين بِـ ه — apte à; capable de

قَمين ج قَمائِن — four (à chaux, à pain)

4373 قِنّ أقْنان، أقِنّة — esclave; serf

قِنانة — esclavage; servage

4374 قُنّ ج قِنان — poulailler; *v. aussi 4373, 4375*

دَجاج الـ~ — volaille

قُنّة ج قِنان، قُنَن — cime; crête; faîte; sommet

قِنّينة ج قَنانٍ — bouteille; canette; carafe; fiole; flacon

~ ترموس، عازِلة — Thermos

II قَنَّنَ تَقْنينًا ه — mettre en bouteilles

في جَوّ مُقَنَّن — en vase clos

4375 (قنن) قانون ج قَوانين — base (juridique); canon [*philos.*]; code; droit; loi; norme; ordonnance [*admin.*]; règle; règlement; statut; *v. aussi ordre alphab.*; *v. aussi 4373, 4374*

~ عُرْفيّ، دُسْتوريّ — loi martiale, constitutionnelle

~ السَيْر، العَمَل — Code de la route, du travail

~ العُقوبات، المُرافَعات — Code des peines, de procédure

~ جِنائيّ، مَدَنيّ — Code pénal, civil

~ الشَرَف، الإيمان — code de l'honneur; credo

~ أساسيّ، المُوَظَّفين — statut organique, des fonctionnaires

~ الأَحْوال الشَخْصيّة — statut personnel

~ العَرْض والطَلَب — loi de l'offre et de la demande

~ دُوَليّ، مِلاك — loi internationale; loi-cadre

قُوّة الـ~ — force de la loi; légalité

أَهْل الـ~ — gens de robe; hommes de loi

رَجُل ~ — homme de loi; juriste

مُطابِق لِلْـ~ — canonique; légal

أَلْغَى ~ًا — abroger annuler supprimer une loi

خارِج عَن الـ~ — hors-la-loi; illégal

اِلْتَزَمَ حُدود الـ~ — rester dans la légalité

قانونًا — en droit; de plein droit; dûment; de jure; juridiquement; légalement

قانونيّ — juridique; légal; légitime; licite; statutaire; valide; canonique

~ ج ون — juriste; légiste

سِعْر، سِنّ ~(ة) — cours, âge légal

عَمَل، وَضْع ~ — acte, statut juridique

غَيْر ~ — illégal; illicite

قانونيًّا ← قانونًا

قانونيّة — légalité; légitimité; canonicité

لا، عَدَم ~ — illégalité; illégitimité

II قَنَّنَ تَقْنينًا ه — codifier; contingenter; légiférer; mesurer (la nourriture); rationner; réguler; restreindre; standardiser

تَقْنين ج ات — codification; contingentement; législation; rationnement; régulation; standardisation

~ الطاقة — restrictions d'énergie

مُقَنِّن législateur; régulateur

مُقَنَّن codifié; contingenté; déterminé; fixé; rationné; standardisé

4376 قَنا balisier; canna

4377 قَنْب ج قُنوب calice

قُنابة bractée; enveloppe de l'épi

قِنَّب chanvre; jute

~ هِنْديّ chanvre indien; jute

خَيْط ~؛ قُنَّبة corde (de chanvre); ficelle

مِقْنَب ج مَقانِب carnassière; gibecière; musette

4378 قُنْبُر، قُنْبُرة ج قَنابِر aigrette; houppe; houpette; huppe; panache; touffe de plumes; *ois.* alouette

قُنْبُرة الماء *ois.* gravelot

4379 قُنْباز *syr.* veste (ouverte et serrée à la taille par une ceinture)

4380 قُنْبُع، قُنْبُعة ج قَنابِع bractée; glume; enveloppe de l'épi

4381 قَنْبَلَ قَنْبَلة bombarder [*phys.*]; bombardement

قُنْبُلة ج قَنابِل bombe; obus

~ غازيّة، مُنْفَجِرة bombe à gaz, explosive

~ ذَرِّيّة، هيدروجينيّة bombe atomique, à hydrogène

~ آجِلة، مَوْقوتة bombe à retardement

~ حارِقة، مُحْرِقة bombe incendiaire

~ يَدَويّة grenade [*arm.*]

مُقَنْبِل bombardier

طائِرة ~ة؛ مُقَنْبِلة avion de bombardement; bombardier

4382 قُنَّبيط chou-fleur

4383 قَنَتَ ـُ قُنوتًا mener une vie d'abstinence; être humble/soumis

قُنوت abstinence; humilité; soumission (à Dieu)

قانِت abstinent; humble; soumis

4384 قَنْد ج قُنود؛ قِنْديد sucre candi

مَقْنود sucré au sucre candi

II قَنَّدَ تَقْنيدًا ه sucrer avec du sucre candi

4385 قُنْدُس ج قَنادِس castor; loutre

4386 قِنْديل ج قَناديل lampe; lampe à huile

قَنْدَليّ هِنْديّ *bot.* marronnier d'Inde

قُنْدول *bot.* genêt épineux

قَنْدَلَفْت sacristain

4387 قُنْزُعة aigrette; crête (du coq); houppe de plumes; huppe; panache

4388 قَنَصَ ـِ قَنْصًا ه، ه chasser; harceler; tirer sur qqn, qqch

قَنْص chasse; harcèlement

حَرْب الـ~ guérilla; guerre de harcèlement

قانِصة ج قَوانِص *zool.* gésier

قَنّاص ج ة chasseur; guérillero; franc-tireur

~، قَنّاصة الغَوّاصات chasseur de sous-marins

مَقْنوص؛ قَنيص chassé; pris en chasse; harcelé

قَنيصة ج قَنائِص gibier; proie

VIII اِقْتَنَصَ اِقْتِناصًا ه chasser

~ الفُرْصة guetter l'occasion

~ الظُروف mettre les circonstances à profit; tirer parti/profiter des circonstances

4389 قُنْصُل ج قَناصِل consul

قُنْصُليّ consulaire; consulat

قُنْصُليّة؛ ~ عامّة consulat; consulat général

4390 قَنَطَ ـِ قُنوطًا من désespérer; perdre courage; se lasser

قُنوط dégoût; désespérance [*litt.*]; désespoir; ennui; lassitude

قانِط؛ قَنِط؛ قَنوط dégoûté; désespéré; lassé

II قَنَّطَ تَقْنيطًا ه désespérer qqn; ôter tout espoir à; jeter dans le désespoir; lasser

4391 قَنْطَرَ ه cambrer/voûter qqch; construire en forme d'arche/de voûte

قَنْطَرة ج قَناطِر — arcade; arche; pont; poutre; voûte de pont; viaduc
~ ماء، مائيّة — aqueduc
مُقَنْطَر — voûté; cambré; arqué

**4392** **قِنْطار** ج قَناطير — quintal
قَناطير مُقَنْطَرة — d'énormes quantités; des tonnes et des tonnes

**4393** **قَنْطاريون** — centaurée

**4394** **قَنِعَ** َ قَناعة ه — s'accommoder; être convaincu de; se contenter de; pouvoir se passer de; se satisfaire de
قَناعة — contentement; conviction; modération; frugalité; sobriété; tempérance
مَقْنَع ؛ ~ لَه — suffisance; c'est assez bon pour lui
قِناع ج أَقْنِعة — masque; voile (de femme); voilette
كَشَفَ، نَزَعَ الـ~ عن ه — démasquer; dévoiler; arracher/lever/ôter le masque
~ المَوت — masque mortuaire
~ واقٍ، الغاز — masque à gaz
تَحْتَ ~ ه — sous le couvert/le masque de
بِلا ~ — à visage découvert
قَنوع ؛ قانِع — content; content de peu; frugal (personne); tempérant; sobre
II قَنَّعَ تَقْنيعًا ه، ه — convaincre; déguiser; masquer; satisfaire; voiler
~ الحَقيقة، النَتائِج — masquer la vérité, les conséquences
مُقَنَّع — déguisé; voilé; masqué
اِمْرَأة، حَفْلة ~ة — femme voilée; bal masqué
بِطالة ~ة — chômage larvé/déguisé
IV أَقْنَعَ إِقْناعًا ه بِـ ه — convaincre qqn de qqch; décider qqn à; persuader; faire entendre raison à; donner satisfaction à
~ ه بِحُسْن نِيّته — convaincre qqn de sa bonne foi
إِقْناع — persuasion
مُقْنِع — concluant; convaincant; démonstratif; persuasif; probant; satisfaisant
تَعْليل ~ — explication concluante/convaincante
V تَقَنَّعَ تَقَنُّعًا — se déguiser; se masquer; se voiler la face
تَقَنُّع — déguisement; mascarade
مُتَقَنِّع — déguisé; masqué; voilé
VIII اِقْتَنَعَ اِقْتِناعًا بِـ ه — se convaincre se persuader se pénétrer se satisfaire de; être ... *v. à l'adj.*
اِقْتِناع — contentement; conviction; dissuasion; persuasion; satisfaction
مُقْتَنِع بِـ — convaincu; pénétré de; persuadé; content; satisfait

**4395** **قُنْفُذ** ج قَنافِذ — hérisson
~ النَمْل — échidné
~ البَحْر. بَحْريّ — oursin
II تَقَنْفَذَ تَقَنْفُذًا — se hérisser; se mettre en boule [*pr.* et *fig.*]

**4396** **قَنْقَر** — kangourou

**4397** **قِنْقِن** ج قَناقِن — sourcier

**4398** **قَنِمَ** َ قَنَمًا — être rance; rancir *intr.*; sentir mauvais/le rance
قَنَم — rancissement
قَنَمة — odeur de rance; rance *n.m.*
قَنّوم — *poiss.* mormyre; morme

**4399** (قنم) **أُقْنوم** ج أَقانيم — *théol.* hypostase; personne; substance
أُقْنوميّ — hypostatique
الأَقانيم الثَلاثة — la Sainte-Trinité

**4400** **قَنا** ُ قَنْوًا ← VIII
قَنَى ِ قَنْيًا — *même sens*
قِنْو ج أَقْناء — grappe de dattes
قُنْوة ؛ قِنْية ← اِقْتِناء
قَناة ج قَنَوات — bois de lance; adducteur; aqueduc; canal; chenal; conduit *n.m.*; conduite; fossé; tuyau; voie [*anat.*]
لانَتْ ~ ه — *fig.* s'adoucir; s'attendrir; se laisser attendrir; se calmer
~ الماء — aqueduc; conduite d'eau
~ التَلْفَزة، الرَيّ — canal de télévision, d'irrigation
~ صَفْراويّة، دَمْعيّة — canal/voie biliaire; canal lacrymal

~ بُنْدُقِيَّة، عَلَم — canon de fusil; hampe de drapeau
~ الفَضَلات، الهَضْم — rectum; voie digestive
قُنَيَّة ج ات — canule; caniveau
قانٍ — très rouge; rutilant
أَقْنَى م قَنْواء — qui a le nez aquilin; aquilin (nez)
II قَنَّى تَقْنِيةً نَهْرًا — canaliser un fleuve
يُقَنَّى — canalisable
تَقْنِية الأنهار — canalisation des fleuves
نَهْر قابِل لِلْـ~ — fleuve canalisable
~ صاعِدة — colonne montante
VIII اِقْتَنَى اِقْتِناءً ه — acquérir; faire l'acquisition de; s'approprier; posséder; se procurer
اِقْتِناء — acquisition; possession; appropriation
مُقْتَنٍ ج ون — acquéreur
مُقْتَنًى ج مُقْتَنَيات — acquisition; objet acquis

**4401 قَهْد** ج قِهاد — bouton de narcisse

**4402 قَهَرَ َ قَهْرًا** ه، ه — accabler; battre; mater; dominer; dompter; maîtriser; réfréner; réprimer; soumettre; subjuguer; vaincre
~ نَفْسه — se forcer à; se maîtriser
لا يُقْهَر — imbattable; incoercible; indompté; invincible; irrésistible
جَيْش لا ~ — armée invincible
رَغْبة، عاطِفة لا تُقْهَر — désir, sentiment incoercible
قَهْر — asservissement; coercition; contrainte; force; répression
قَهْرًا — de haute lutte; par force
قَهْرِيّ — coercitif; forcé
اِبْتِسامة ~ة — sourire forcé
سَبَب ~ — raison majeure
قاهِر — contraignant; impérieux; irrésistible; vainqueur; victorieux
قُوَّة، أَسْباب ~ة — force majeure; raisons impérieuses
القاهِرة — Le Caire
قاهِرِيّ ج ون — Cairote; originaire/habitant du Caire
جَريدة ~ة — journal cairote/du Caire
مَقْهور — battu; contraint; conquis; forcé; vaincu
قَهْرَمان ج قَهارِمة — majordome; régisseur
قَهْرَمانة — gouvernante

**4403 قَهْقَرَ** — lâcher pied; reculer
قَهْقَرَى — recul; reculade; retrait; retraite
رَجَعَ، عادَ الـ~ — partir à reculons; faire demi-tour; battre en retraite; rebrousser chemin; lâcher pied
أَرْجَعَ ه الـ~ — faire reculer; mettre en fuite; repousser
II تَقَهْقَرَ — faire marche arrière; battre en retraite; perdre du terrain; refluer; rebrousser chemin; régresser; se retirer; rétrograder
تَقَهْقُر — marche arrière; reflux; régression; retrait; récession
~ اِقْتِصاديّ — récession économique
تَقَهْقُرِيّ — récessif; régressif
سارَ مُتَقَهْقِرًا — marcher à reculons

**4404 قَهْقَهَ** — éclater de rire; s'esclaffer; rire aux éclats; rire à gorge déployée
~ على، مِن ه، ه — faire des gorges chaudes de
قَهْقَهة ج ات — éclat de rire; gros rire

**4405 قَهْوة** — café (boisson)
فِنْجان ~ — tasse de café
~ سادة — café fort/sans sucre
~ ج قَهَوات، قَهاوي — café (lieu); bistrot [*fam.*]
مَقْهًى ج مَقاهٍ — *même sens*
رُوّاد ~ — habitués; habitués d'un café; clients habituels
تَرَدَّدَ على المَقاهي — fréquenter les cafés
رائد مِن رُوّاد الـ~ — pilier de bistrot/de cabaret
قَهْوَجِيّ، قَهَواتِيّ — cafetier

**4406 قُوب** ج أَقْواب — poussin
قاب — *v. ordre alphab.*
قُوباء، قُوبة — *méd.* dartre; eczéma; herpès; gale

قُوبائيّ — eczémateux; galeux

**4407 قَوْبَع** — bergeronnette

**4408 قُوبيون** — gobie; goujon

**4409 قاتَ** ُ قوتًا ه — alimenter; nourrir; pourvoir à la subsistance de

قات — *v. ordre alphab.*

**قُوت** ج أقْوات — aliment; nourriture; moyens d'existence; pâture [*fam.*]; pitance [*fam.*]; subsistance

~ السَفَر — viatique

كَسَبَ ~ه — gagner son pain quotidien

أقْوات — victuailles; vivres

IV أقاتَ إقاتةً ه ← قاتَ

V تَقَوَّتَ تَقَوُّتًا ← VIII

VIII اِقْتاتَ اِقْتِياتًا (بـ) — s'alimenter; se nourrir; vivre de; se sustenter [*fam.*]; subsister

**4410** (قود) **قادَ** ُ قِيادة ه، ه — conduire; guider; commander; diriger; entraîner; gouverner; mener; piloter; régir

~ سَيّارة، طائِرة — piloter/manœuvrer une voiture, un avion

~ ه إلى مَقْهًى — entraîner qqn au café

~تْه قَدَماهُ إلى — ses pas le conduisirent à

~ سَفينة — gouverner un bateau

~ الجُموع — guider/manier les foules

**قِياد** (← قِيادة) — licou

سَلِس الـ~ — docile; maniable [*fig.*]

صَعْب الـ~ — indocile; difficile; intraitable (caractère)

أسْلَمَ ~ه لِـ — s'en remettre aveuglément à; se laisser mener par le bout du nez par

**قِيادة** — commande; commandement; conduite; direction; dirigeant; leadership; manœuvre; pilotage

أحْسَنَ، أساءَ الـ~ — bien, mal conduire [*autom.*]

عَجَلة الـ~ — volant [*autom.*]

المُتْعة في الـ~ — plaisir de conduire/de piloter

مَقَرّ، حُجْرة الـ~ — poste de commandement, de pilotage

لَوْحة الـ~ — tableau de bord

~ حِزْب سِياسيّ — appareil/direction d'un parti

~ مُتَّحِدة، مُوَحَّدة — commandement unifié

مَقَرّ الـ~ العُلْيا — grand quartier général; G.Q.G.

قِياديّ ج ون — dirigeant; membre de la direction

**قائِد** ج قادة، قُوّاد — caïd; capitaine (de bateau); chef; commandant; leader; commandeur; conducteur; guide; meneur; pilote

~ جَيْش — général *n.m.* [*mil.*]

~ أعْلَى، عامّ — généralissime; commandant général en chef

~ سِرْب — chef d'escadrille [*aéron.*]

~ حَرَكة — tête/meneur d'un mouvement

وَلَّى ~ًا على — nommer/désigner un chef

مَقادة — passerelle (de navire, d'avion)

مِقْوَد ج مَقاوِد — commande; direction [*autom.*]; guide *n.f.*; guidon de bicyclette; laisse; licou; volant [*autom.*]

VII **اِنْقادَ** اِنْقِيادًا لِـ ه — se laisser aller/faire conduire/mener; s'abandonner; filer doux [*fam.*]; céder; obéir à; se soumettre; être ... *v. à l'adj.*

~ لِلصَواب — entendre raison; se rendre à la raison

~ لِيَراعِه — écrire au fil de la plume; suivre son inspiration

**اِنْقِياد** — abandon; complaisance; conformité; docilité; obéissance; soumission

سَهْل الـ~، مُنْقاد — complaisant; docile; facile; souple [*fig.*]; soumis; obéissant

VIII اِقْتادَ اِقْتِيادًا ه — conduire qqn en passant devant lui; précéder

**4411 قَوّاد** — entremetteur; maquereau [*pop.*]; proxénète; souteneur

قِوادة — proxénétisme

**4412 قَوّارة**؛ مِقْوَرة — gouge; trépan

II **قَوَّرَ** تَقْويرًا ه — échancrer; évider; forer; trépaner

~ فُسْتانًا — décolleter/échancrer une robe

تَقْوير — échancrure; évidage; forage; trépanation

**مُقَوَّر** — décolleté; échancré; évidé; foré; trépané

~ ثَوْب décolleté *n.m.*; échancrure

**4413** **قَوْرَمة** plat (de viande braisée avec oignons et tomates)

**4414** **قَوِسَ** ـَ قَوَسًا s'arquer; se cambrer; se voûter; être ... *v. à l'adj.*

**قَوْس** ج أَقْواس arc; arcade; arche; archet; cintre [*archit.*]; *zod.* Sagittaire

~ قُزَح، النَبيّ arc-en-ciel

~ نَصْر، كَهْرَبائيّ arc de triomphe, électrique

~ عَقْد، دائرة arceau; arc de cercle

~ قَذُوف، البُنْدُق arbalète

~ حاجِبِيّة، رَكِيزة arcade sourcilière; arc-boutant

~ مُزْدَوِجة، مَعْقوفة *impr.* accolade; crochet; parenthèse

اِفْتَح، أَقْفِل الـ~ ouvrez, fermez la parenthèse

أَعْطِ الـ~ بارِيَها *prov.* à chacun son métier (*m. à m.* confie ton arc à celui qui l'a confectionné)

ما بَقِيَ في ~ صَبْره مِنْزَع *prov.* être à bout de patience

**بَيْن قَوْسَيْن** entre parenthèses

على قاب ~ à deux pas d'ici; à portée de la main; tout près

**قُوَيْسة، قُوَيْسِيّة** *bot.* sauge

**قَوّاس** archer

~ كَنِيسة suisse (d'une église)

II **قَوَّسَ** تَقْوِيسًا arquer; arrondir; bomber *tr.*; cambrer; courber; incurver; recourber; voûter

**مُقَوَّس** arqué; arrondi; bombé; busqué; cambré; convexe; courbe; en dos d'âne; galbé; gondolé; incurvé; renflé; voûté

مَقْعَد ~ الشَكْل siège galbé/baquet [*autom.*]

~ الساق bancal

III مُقاوِس jockey

V تَقَوَّسَ تَقَوُّسًا être ... *v. à l'adj.*; se cambrer; se courber; se gondoler; faire le gros dos; s'incurver; se recourber; se voûter

تَقَوُّس cambrure; arrondi *n.m.*; convexité; courbure; galbe; voussure

مُتَقَوِّس ← مُقَوَّس

**4415** II **قَوَّضَ** تَقْوِيضًا abattre; faire crouler; démanteler; démolir; défaire; détruire; mettre/jeter à bas; renverser

~ نَظَرِيّة، مُنافِسًا démolir [*fam.*]/couler une théorie, un concurrent

تَقْوِيض démantèlement; démolition; destruction

مُقَوِّض corrosif

V تَقَوَّضَ تَقَوُّضًا crouler; s'écrouler; s'effondrer

تَقَوُّض écroulement; effondrement

**4416** **قَوْط** ج أَقْواط troupeau de moutons

قَوْطة grand panier

قُوطة *égypt.* tomate

**4417** **قُوطيّ** gothique

**4418** **قُواع** lièvre

قاع؛ قاعة *v. ordre alphab.*

**4419** **قاقَ** ـُ قَوْقًا caqueter; glousser

قَوْقًا قَوْقاة *même sens*

قاق *v. ordre alphab.*

قَوْق؛ قَوْقاة caquet; caquetage; gloussement

**4420** **قَوْقَس** varech

**4421** **قَوْقَعة** ج قَوْقَع conque; coquillage; écaille; coquille; *bot.* chanterelle

قَوْقَعيّ hélicoïde *adj.*

II تَقَوْقَعَ تَقَوْقُعًا rentrer dans sa coquille

**4422** **قالَ** ـُ قَوْلًا ه، إنّ dire; dire que

~ ه في، عن dire qqch à propos de

~ بِـ ه professer (une opinion); énoncer; déclarer; prévoir (une disposition dans un texte de loi)

~ في نَفْسه إنّ se dire que

~ في صَوْت حَزين dire d'une voix triste

~ مَثَلًا في ه، ه citer qqn, qqch en proverbe

~ فيما ~ dire entre autres choses

**القال** والقيل — cancans; échos; bruits de couloirs; potins [*fam.*]; on-dit *n.m.inv.*; racontar [*fam.*]; ragots [*fam.*]

أكْثَرَ مِن الـ~ والقيل — cancaner; colporter des ragots [*fam.*]; potiner

لَيْسَ عِنْدي ما **أقول** — je n'ai rien à dire

**قُلْ** لي — dis donc! dis-moi!

و ~ مِثْل ذلك في — on peut/vous pouvez en dire autant de

أوْ ~ — ou plutôt; ou disons que

إنْ لَمْ **نَقُلْ** — pour ne pas dire; si ce n'est

**قِيلَ** (يُقال) إنّ — on dit que

~ في المَثَل إن — on dit proverbialement que

الـ~ والقال ← القال

**يُقالُ** إنَّ، الحَقّ ~ — on dit que; à dire vrai; à vrai dire

صَحيح أنْ ~ — il est exact/vrai de dire; on dit à juste titre

أقَلُّ ما ~ — le moins que l'on puisse dire

ما كُلُّ ما يُعْلَم ~ — *prov.* toute vérité n'est pas bonne à dire

**قَوْل** ج أقْوال جج أقاويل — dire *n.m.*; dit *n.m.*; déclaration; énoncé; énonciation; mot; parole; propos

الـ~ والعَمَل، والفِعْل — la parole et l'action/l'acte

~ مَوْثور — maxime

على، حَسَب ~ه — au dire de; soi-disant

إنْ صَحَّ الـ~ — si l'on peut dire; pour ainsi dire

ما ~كَ في ... — qu'en dites-vous?

لا حاجةَ إلى الـ~ بِ — point n'est besoin de dire; il va sans dire que

خُلاصة الـ~ — en un mot; bref

أفْعال الـ~ — *gramm.* verbes d'énonciation

**أقْوال** — dires; dits; propos; témoignages

~ مُسيئة — propos malfaisants

**أقاويل** — on-dit *n.m.inv.*; propos; qu'en-dira-t-on *n.m.inv.* [*fam.*]; racontars [*fam.*]

**قائِل** ج ون — déclarant; disant; énonciateur; narrateur

~ البَيْت الشَهير — l'auteur du vers connu

**قائِلًا** — en disant; en déclarant

**مَقول** ج ات — dit; énoncé; prononcé; discours; proposition [*philos.*]

**مَقال**، مَقالة ج ات — article; propos; essai; traité

~ صُحُفيّ، رَئيسي — article de journal, de fond

~ افْتِتاحيّ — éditorial

أوْرَدَ ~ه بِأكْمَله — rapporter des propos dans leur intégralité

لِكُلّ مَقام ~ — *prov.* selon le temps, la manière; chaque chose en son temps

**مَقُولة** ج ات — catégorie philosophique

III قاوَلَ مُقاوَلة ه — conférer/s'entretenir/négocier avec; passer un contrat/une convention avec; discuter un prix/un contrat

**مُقاوَلة** ج ات — conférence; conversation; contrat; discussion; entretien; arrangement; convention; entente; forfait; marché; transaction; entreprise (de travaux publics)

عَمَل بالـ~ — travail à forfait

تَقاضى بالـ~ — être payé à la pièce

لَجْنة المُقاوَلات — commission des marchés

**مُقاوِل** ج ون — entrepreneur

IV أقالَ إقالةً ← *4444 IV*

V **تَقَوَّلَ** تَقَوُّلًا على ه. ه — ergoter; inventer des propos; émettre des prétentions

~ الأقاويل — se faire l'écho de faux bruits

**تَقَوُّلات** — on-dit *n.m.inv.*; racontars [*fam.*]; arguties; vaines prétentions

X اسْتَقالَ اسْتِقالة ← *4444 X*

**4423 قَوْلَبَ** (← قالَب) — couler [*techn.*], mouler, stéréotyper [*fig.*]

**قَوْلَبة** — moulage; coulée *n.f.*

**مُقَوْلَب** — coulé; moulé; stéréotypé

II **تَقَوْلَبَ** تَقَوْلُبًا في — se mouler; se couler dans [*fig.*]; être formé au moule; être stéréotypé

**4424 قُولَنْج** — colique

**4425 قُولون** — côlon

الْتِهاب، مَرَض الـ~ — colite; colopathie

**4426 قامَ ـُ قَوْمًا، قِيامًا** être; exister; avoir lieu; s'élever; se dresser; s'implanter; s'installer; se lever; se mettre debout; se relever; se soulever; se tenir; tenir [*fig.*]; *suivi d'un v. à l'inaccompli*: se mettre à/en devoir de; commencer à

~ت الحَرْب *fig.* se déchaîner; éclater; surgir; survenir (conflit, guerre)

~ على قَدَم وساق *fig.* être en bon ordre/en ordre de marche; devenir effectif; se réaliser

~ بَيْنَهُما حِوار avoir un dialogue; se dérouler (conversation)

~ القِطار démarrer/partir (train)

~ت طاوِلة في وَسَطَ ه une table se dressait au milieu

~ على جانِبَي الطَريق border la route

~ قائِمُه، ~تْ قائِمَتُه se manifester; prendre corps; avoir un début d'existence/de réalisation

~ لِـ ه se lever en l'honneur de

~ لِـ، في وَجْه ه، ه défier; s'opposer à; résister à; tenir tête à; se révolter contre

~ على consister dans; porter sur; reposer sur; se fonder sur; avoir pour fondement; assumer; assurer; veiller sur; prendre soin de

~ت المُسابَقة على le concours a porté sur/a consisté en

~ العَصْر الحَديث على القُوّة l'époque moderne a la force pour fondement

~ على وَثائِق se fonder sur des documents

~ بِـ s'acquitter de; accomplir; assumer; se charger de; effectuer; entreprendre; exécuter; s'occuper de; opérer; prendre en charge; procéder à

~ بِشَأْن، بِشُؤون ه، ه administrer; gérer; prendre soin de/s'occuper de qqn, qqch

~ بِواجِبه accomplir/faire/remplir son devoir

~ بِدَوْر، كَـ ه، ه assumer/jouer/remplir un rôle; faire figure de; passer pour

~ بِرِحْلة faire/entreprendre un voyage

~ بِعَمَل faire/effectuer/exécuter/entreprendre un travail

~ بِعَمَلِيّة حِسابِيّة faire une opération arithmétique/un calcul

~ بِعَمَلِيّة جِراحِيّة procéder à/faire une opération chirurgicale

~ بِتَجْرِبة، بِإِجْراء تَجْرِبة procéder à/faire/tenter une expérience

~ بِوَظيفة ه، ه exercer/assumer/remplir la fonction de

~ بِوَعْده accomplir/tenir sa promesse

~ بِأَبْحاث، بِزِيارة faire des recherches, une visite

~ بِمَعونة ه aider qqn; porter assistance à

~ بِشِراء ه acheter; procéder à l'achat de

~ بِمَصاريف défrayer; assurer/couvrir les frais de; faire face aux dépenses de

~ بِالاِحْتِجاج على élever une protestation contre; protester

~ بِتَنْفيذ ه exécuter qqch; procéder à l'exécution de qqch

~ بِإِعْداد ه préparer; procéder à la préparation de

~ بِإِنْتاج، بِنَقْل ه assurer la production, le transport de

~ بِأَعْباء الحُكْم assumer la responsabilité du pouvoir

~ بِأَعْباء المَسْؤولِيّة assumer de lourdes responsabilités

~ بِإِجْراء ه exécuter; mettre à exécution

~ بِتَطْبيق ه appliquer; mettre en application

~ بِوَضْع ه placer; mettre en place

~ بِقَرار ه décider; prendre une décision

~ بِأَوَد، مَعاش ه subvenir aux besoins/à la subsistance de

~ و قَعَدَ ← قَعَدَ

~ مَقامَ ه، ه ← مَقام

لا يَقوم هذا على أَساس cela ne tient pas/ne tient pas debout

أَعْباء ~ بِها وَحْدَهُ fardeaux qu'il assume seul

تُقام السُوق كُلَّ الخَميس le souk se tient chaque jeudi

قُمْ debout! levez-vous! lève-toi!

**قَوْم** ج **أَقْوام** groupe; groupe humain; gens; ethnie; nation; peuple; peuplade; tribu; goum

هَؤُلاء الـ~ الغُرَباء ce groupe/cette communauté d'étrangers

**قَوْمِيّ** ethnique; national; nationaliste

العيد الـ~ fête nationale

أَهْداف، مَطالِب ~ة objectifs nationaux; revendications nationalistes

فَوْقَ ~ supranational

~ ج ون nationaliste *n.*

~ ج ة — goumier

**قَوْمِيّة** ج ات — caractère sentiment national; nationalisme; nationalité

مُشْكِلة الـ~ — problème du nationalisme

**مُشْكِلة القَوْمِيّات** — problème des nationalites

**قَوْمة** (← قِيام) — révolte; soulèvement

قامُوا ~ رَجُل واحِد — se dresser comme un seul homme

**قِيام** — accomplissement; avènement; déclenchement; exécution; existence; implantation; installation; mise en place; manifestation; réalité; tenue (de qqch)

~ ه يَتَرَتَّب على — cela est dû à

~ حُكْم ذاتيّ — installation d'un pouvoir autonome; instauration de l'autonomie

~ الحَرْب — déclenchement de la guerre

الـ~ بِعَمَل — accomplissement/exécution d'un travail

أَثْناء الـ~ بِأَعْمال وَظيفته — dans l'exercice de ses fonctions

إلى ~ الساعة — éternellement; perpétuellement

**قِيامة**، يَوْم الـ~ — résurrection [*isl.*]; jour du Jugement dernier

~ قائِمة — bouleversement; branle-bas

**قَوام** — consistance; corps; existence; bon état; fermeté; vigueur; moyens d'existence; stature; taille

جَميل الـ~ — bien fait bâti

**قِوام** — appui; base; fondement; infrastructure; pilier; soutien; soutènement; substrat; support; structure

~ قَضيّة — pivot d'une affaire

~ الدَوْلة، الحُكومة — structure de l'État, du gouvernement

~ أَهْله — soutien de famille

**قامة** — stature; taille

طَويل، قَصير الـ~ — grand, petit (de taille)

~ مَفْرودة — corps bien droit

**قائِم** — debout; dressé; érigé; qui se tient debout/immobile; constant; ferme; inchangé; inébranlable; en place; en vigueur; existant; installé; permanent; fondé; reposant (sur)

~ بِواجِبِه — qui accomplit son devoir; ponctuel à ses obligations; consciencieux

حُكومة ~ة — gouvernement en place établi

نُظُم، تَقاليد ~ة — systèmes, traditions en vigueur

إلى مَتَى تَبْقَى المُشْكِلة ~ة — jusqu'à quand le problème continuera-t-il à se poser?

في ~ حَياتِه — de son vivant

الصِناعات الـ~ة في البَلَد — les industries installées dans le pays

السُلْطة ~ة في الشَعْب — le pouvoir réside dans le peuple

~ على اِتِّفاق ثُنائيّ — fondé sur un accord bipartite

~ بِذاته، بِرَأْسه، بِنَفْسه — absolu *n.m.*; autonome; indépendant

~ بالأَعْمال — chargé d'affaires

~ الماء — château d'eau

~ الزاوية — à angle droit; perpendiculaire *adj.*

زاوية ~ة — angle droit

**قائِمَقام** — «*caïmacam*»; gouverneur de province; fonctionnaire responsable d'autorité

**قائِمَقاميّة** — «*caïmacamat*»: dignité fonction du «*caïmacam*»; gouvernorat

**قائِمة** ج قَوائِم — bordereau; catalogue; état [*admin.*]; mémoire *n.m.*; liste; montant *n.m.*; patte [*ois.*]; pied (du cheval); pieu

~ الأَسْعار — barème des prix; mercuriale [*comm.*]

~ الجَوائِز — liste des prix; palmarès

~ طَعام — menu; carte (de restaurant)

~ حِساب — addition; facture; note

~ اِنْتِخابيّة — liste électorale

**قَوائِم** — membres (du corps); pattes pieds (d'un quadrupède)

**قَويم** — authentique; correct; droit; ferme; solide; vrai

~ الرَأْي — qui a l'esprit droit sain solide

السُلوك، الطَريق الـ~ — le droit chemin [*fig.*]

قيمة، قَيِّم، قَيِّمَ ← قيم

**مَقام** ج ات — dignité; lieu; place; position; randonnée; rang; séjour; station; situation; *mus.* gamme; mode; clef; *math.* dénominateur

~ اِجْتِماعيّ — condition situation sociale

ذو ~ رَفيع — haut placé; qui occupe tient une grande place

~ مَرْموق — haute situation; le haut du pavé

في هذا الـ~ à ce propos; à cette occasion

~ إبْراهيم *isl.* station d'Abraham (à La Mecque)

~ صاحِب الجَلالة Son Altesse; Sa Hautesse; Sa Majesté

قامَ ~ ه، ه servir de; suppléer; tenir lieu/la place de; faire fonction/office de; remplacer

~ الحَديث sujet de conversation

لِكُلّ ~ مَقال *prov.* chaque chose en son temps

**مَقامة** séance; session

~ ج ات *litt.* «*maqāma*» (sorte de roman picaresque en prose rimée)

مَقامات سياسيّة milieux/sphères politiques

II **قَوَّمَ** تَقْويمًا ه، ه affermir; corriger; dresser; mettre/placer debout/droit; pallier; rectifier; redresser; réformer; raffermir; valoriser; estimer; évaluer; *mar.* faire un relèvement

~ الوَقْت déterminer/estimer/établir la date/l'époque/le temps

~ الأَخْلاق réformer/corriger les mœurs

~ خَطأً، خَلَلًا pallier une déficience

~ غَلْطة corriger/rectifier/redresser une erreur

**تَقْويم** affermissement; correction; rectification; redressement; réforme (des mœurs); raffermissement; relèvement [*mar.*]; almanach; annuaire; calendrier; éphéméride; chronique

~ هِجْريّ، غريغوريّ calendrier hégirien, grégorien

**حُكْم تَقْويميّ** jugement de valeur

سَنة ~ة année civile

**مُقَوِّم** correcteur; correctif; redresseur; réformateur

~ التَيّار redresseur de courant

~ ج ات composant; constituant; constitutif; élément; ingrédient; principe

أَجْزاء ~ة parties constituantes/constitutives

**مُقَوِّمات** المادّة composants/éléments constitutifs de la matière

~ التَخْطيط principes de la planification

~ القَوْميّة fondements/constituants du nationalisme

**مُقَوَّم** affermi; corrigé; redressé; rectifié

~ ج ات fondement; institution; *admin.* appareil; instruments; organes; système

**مُقَوَّمات** الدَوْلة appareil de l'État

~ التَخْطيط instruments de la planification

III **قاوَمَ** مُقاوَمةً ه، ه affronter; combattre; contrarier; contrecarrer; se défendre/se dresser contre; faire face à/front contre; freiner; relever/redresser le front; s'insurger/lutter/réagir contre; opposer; s'opposer à; regimber; repousser; résister à; soutenir (une attaque); supporter; tenir [*fig.*]; tenir bon/ferme; tenir tête à; se mettre en travers de

~ حَمْلة résister à/soutenir une attaque

~ البَرْد، الحَرّ supporter le froid, le chaud

~ النُعاس، العَدُوّ lutter contre le sommeil, l'ennemi

~ الإغْراء résister à/repousser la tentation

~ مُيُوله lutter contre/combattre ses penchants

~ القُوّة بِالقُوّة opposer la force à la force

الاِحْتِكاك **يُقاوِم** السَيْر le frottement freine le déplacement

لا يُقاوَم incoercible (rire); irrésistible; insoutenable; insupportable; intenable

**مُقاوَمة** défense; lutte (contre); opposition; résistance; anti- *préf.* (avec n.)

~ سَلْبيّة force d'inertie; défense passive

~ كَهْرَبائيّة résistance électrique

~ فَلَسْطينيّة résistance palestinienne

~ الاِسْتِعْمار anticolonialisme

~ الشُيوعيّة anticommunisme

~ التَقاليد anticonformisme

~ الساميّة، العِرْقيّة antisémitisme; antiracisme

**مُقاوِم** adversaire; antagoniste; opposant; résistant; réfractaire

~ لِـ anti- *préf.* (avec adj.)

~ لِلْعِرْقيّة، لِلشُيوعيّة antiraciste; anticommuniste

IV **أَقامَ** إقامةً ه construire; dresser; élever; ériger; établir; installer; instaurer; implanter; mettre sur pied; préparer; organiser; déterminer; fixer

~ مُوَظَّفًا établir/installer/nommer un fonctionnaire

~ه على ه donner/confier à qqn la responsabilité de

~ الصَلاة accomplir la prière rituelle

~ بِناية، سُدًّا asseoir/construire/implanter un bâtiment, un barrage

~ نُصْبًا، تِمْثالًا — élever/ériger/dresser une pierre tombale, une statue

~ العَدْلَ — rendre/faire régner la justice

~ عَلاقات وُدِّيّة — établir des relations amicales

~ مَشْروعًا — établir/préparer un projet

~ قائِمة الحاجِيّات — établir l'état des besoins

~ جُنودًا في ناحية — cantonner des troupes dans une région

~ حُرّاسًا — poster des sentinelles

~ الدَليل، البُرْهان على — administrer/faire/fournir la preuve de

~ دَعْوَى على ه — introduire une instance; faire/intenter un procès; plaider contre

~ أَوَدَ ه — subvenir aux besoins de; pourvoir à la subsistance de

~ وَزْنًا لِـ ه، ه — attacher de l'importance/du prix à; faire cas de; tenir compte de

~ ه، ه مَقامَ ه، ه — mettre/installer à la place; remplacer qqn, qqch par

~ نَفْسه مَقامَ ه — poser à; jouer à; se donner pour; se faire passer pour

~ حُجّة، اِحْتِجاجًا — élever une protestation

~ وَثيقة، ذَبيحة — établir un acte; célébrer un sacrifice

~ حَفْلة — organiser une fête; donner une réception

~ ه عَلى أَساس — baser/fonder qqch (sur); donner une base/un fondement à

~ الدُنْيا وَأَقْعَدَها — remuer ciel et terre; faire sensation

~ بِـ، في المَدينة — habiter/s'établir/se fixer en ville

~ في الفُنْدُق — demeurer/séjourner/loger à l'hôtel

~ في الريف — s'installer/résider/vivre à la campagne

~ في شِقّة حَديثة — loger/habiter dans un appartement moderne

~ مِنْ ه — faire un prélèvement/une retenue sur; réduire

**إقامة** — élévation; érection (d'une statue); séjour; construction; établissement; implantation; installation; instauration; mise en place/sur pied; résidence

~ مَشْروعات — réalisation/mise en œuvre de projets

~ مَصْنَع — établissement/implantation d'une usine

~ حَواجِز جُمْرُكيّة — établissement de barrières douanières

~ مُخَيَّم — installation d'un camp

~ الطاقات الإنْتاجيّة — création des capacités de production

مَحَلّ، شَهادة الـ~ — lieu, certificat de résidence

~ جَبْريّة، مُجْبَرة — résidence forcée

~ مُراقَبة — résidence surveillée

**مُقيم** ج ون — domicilié; habitant; résident; sédentaire; permanent; qui vit qqp

~ عامّ — résident général

المُقيمون والرُحَّل — sédentaires et nomades

غَيْر المُقيمين — les non-résidents

**مُقام** — installé; érigé; mis en place; établi *adj.*; grade; habitacle; séjour; lieu de résidence

لِكُلِّ ~ مَقال — *prov.* chaque chose en son temps; à chaque circonstance correspond un langage approprié

VI تَقاوَمَ تَقاوُمًا — se contredire; se contrarier; se heurter; s'opposer (forces)

X **اِسْتَقامَ** اِسْتِقامة — se dresser; se lever; se mettre debout; se redresser; se tenir bien/correctement droit; être en ordre/en place; être ... *v. à l'adj.*

~ الى ه، ه — aller tout droit vers

~ ه — évaluer; estimer (le prix de); coter

~ له الكَلام — avoir/dire les mots qu'il faut

اِسْتَقِمْ — tiens-toi bien droit

**اِسْتِقامة** — correction; droiture; honnêteté; probité; intégrité; loyauté; régularité; rectitude

~ الحَياة، الرَأْي — régularité de la vie; orthodoxie (de la pensée)

عَدَم ~ — incorrection; malhonnêteté; déloyauté; improbité; irrégularité

**مُسْتَقيم** — correct; direct; droit; honnête; intègre; loyal; orthodoxe; probe; rectiligne; régulier (vie); *anat.* rectum

خَطّ ~ — ligne directe/droite

~ الخَطّ — rectiligne

بِـ، في خَطّ ~ — en ligne droite; tout droit; directement; à vol d'oiseau

سُلوك ~ — conduite droite/honnête/loyale

الصِراط الـ~ — *isl.* la voie droite; le droit chemin

~ الرَأْي — orthodoxe; bien pensant

غَيْر ~ — déloyal; malhonnête; indélicat; irrégulier (acte, pratique)

مُسْتَقيمات الأَجْنِحة — orthoptères *n.m.pl.*

مُسْتَقِيميّ — *anat.* rectal

4427 **قَوِيَ َ قُوَّة** — s'affermir; se consolider; se fortifier; être/devenir ... *v. à l'adj.*

~ على ه — avoir la capacité/la force de; pouvoir

**قُوَّة** ج ات، **قُوًى** — cœur [*fig.*]; faculté; force; intensité; pouvoir; puissance; robustesse; vigueur; véhémence

بِـ~ — fort *adv.*; fortement; vigoureusement

الـ~؛ بالـ~ — la manière forte; par force

~ شِرائيّة، الشِراء — pouvoir d'achat

بِكُلّ ~ي — de toutes mes forces

~ فاعِلة، ضارِبة — force vive, de frappe

الـ~ العامِلة — main-d'œuvre

~ مُحَرِّك — puissance/poussée d'un moteur

حالة الـ~ القاهِرة، الجَبْريّة — cas de force majeure

~ الصَوْت — intensité/volume du son

~ على العَمَل — force/puissance de travail

~ المَصّ، الرَدْع — pouvoir d'absorption, de dissuasion

~ جاذِبة، جابِذة إلى المَرْكَز — force centripète

~ مُرْكِسة، نابِذة، طارِدة مَرْكَزيّة — force centrifuge

~ الاِسْتِمْرار، القُصور الذاتيّ — force d'inertie

~ مَعْنَويّة، الطَبْع — moral *n.m.*; trempe (du caractère)

~ القَضيّة المَقْضيّة — autorité de la chose jugée

~ القَضيّة المُقْضَى بِها — *même sens*

الـ~ الاِقْتِصاديّة، العَسْكَريّة — puissance économique, militaire

~ بَحْريّة — puissance maritime/navale

مِقْياس الـ~ — dynamomètre

ضُعْف، عَدَم الـ~ — impuissance; faiblesse

ضَعيف، عَديم الـ~ — impuissant; faible

**قُوّات** بَرّيّة — forces terrestres; armée de terre

~ بَحْريّة — forces navales; armée de mer

~ جَوّيّة — forces aériennes; armée de l'air

~ اِحْتِياطيّة، مُسَلَّحة — forces de réserve, armées

**قُوًى** إقْطاعيّة، رَجْعيّة — puissances féodales; forces réactionnaires

~ آلِيّة — forces motorisées/mécanisées

خائِر الـ~ — flapi [*fam.*]; épuisé; sur le flanc [*fig.*]

اِسْتَرْجَعَ، اِسْتَرَدَّ، اِسْتَعادَ ~ ه — retrouver ses forces; se remettre; revivre

جَدَّدَ ~ ه — redonner des forces à; faire revivre; retaper [*fam.*] qqn

**قَوِيّ** ج أَقْوِياء — ferme; fort; gaillard *adj.*; intense; robuste; puissant; solide; véhément; vigoureux; énergique (effort)

~ العارِضة — éloquent; beau parleur

عُمْلة، قَطْع ~(ة) — monnaie, devise forte

~ البِنْية — athlétique; bien bâti; costaud [*fam.*]; solide; vigoureux

~ الخُلُق، الطَبْع — bien trempé (caractère)

~ الإرادة، العَزْم — volontaire; ferme (homme)

**أَقْوَى** مِنْ — plus fort/robuste/solide que

~ من أن — trop fort/solide pour

تَقْوى ← تَقَى

II **قَوَّى** تَقْوِيةً ه، ه — affermir; consolider; encourager; endurcir; fortifier; donner plus de force à; intensifier; raffermir; réconforter; reconstituer les forces de; remonter qqn; renforcer; stimuler; tonifier

~ نَفْسه — s'endurcir; se fortifier; refaire ses forces

~ النار — activer le feu

~ الإسْمَنْت بالحَديد — armer le ciment avec du fer

~ اِحْتِلالاً عَسْكَريًّا — renforcer une occupation militaire

**تَقْوِية** — affermissement; encouragement; consolidation; intensification; raffermissement; renforcement; reconstitution (des forces); stimulation

~ الإنْتاج — intensification de la production

**مُقَوٍّ** ج مُقَوِّيات — cordial *n.m.*; fortifiant *adj., n.m.*; remontant *adj., n.m.*; reconstituant *adj., n.m.*; revigorant; stimulant *adj., n.m.*; tonique; tonifiant

مَشْروب ~ — *même sens*

**مُقَوًّى** — consolidé; renforcé; raffermi

وَرَق، مَصْنَع ~ — carton; cartonnerie

V تَقَوَّى تَقَوِّيًا — s'affermir; se fortifier; se raffermir; se réconforter; se remettre; se remonter; se renforcer

**4428** **قاءَ** ـِ قَيْئًا ه — vomir; rendre rejeter (repas, nourriture)

**قَيْء** — vomissure; vomi *n.m.*; vomissement

رائِحة الـ~ — odeur de vomi

II قَيَّأَ تَقيِئةً ه — faire vomir

**مُقَيِّئ** — émétique; vomitif

الجَوْز الـ~ — noix vomique

V تَقَيَّأَ تَقَيُّؤًا (← قاءَ) — être pris de vomissements

**4429** **قِيتار** ج قَياتير — harpe; lyre; cithare; guitare

قِيثارة ج قَياثير — *même sens*

**4430** **قاحَ** ـِ قَيْحًا ← V

قَيْح ج قُيوح — purulence; sanie; suppuration; pus

قَيْحِيّ، II مُقَيِّح — purulent; sanieux

قَيْحِيّة — purulence

V تَقَيَّحَ تَقَيُّحًا — s'envenimer; se couvrir se remplir de pus; suppurer; être ... *v. à l'adj.*

تَقَيُّح — suppuration; purulence

مُتَقَيِّح — purulent; suppurant; envenimé

**4431** **قَيْد** الأَمْتِعة — enregistrement de bagages

~ ج قُيود — attache; carcan; chaîne; contrainte; entrave; lien; frein [*fig.*]; restriction; servitude [*fig.*]

على، بِـ~ الحياة — en vie; vivant

بِدُون، بِلا ~ ولا شَرْط — sans restriction; sans contrainte; pur et simple; purement et simplement; inconditionnel; inconditionnellement

على ~ ٥، ه — à la portée de; à portée de

على ~ البَصَر، خُطْوة — à portée de vue; à un pas

على ~ الذَهاب، الإقْلاع — en partance; sur le point de partir

على ~ الدَرْس، النَظَر — en instance; à l'étude

قَيْدَ ← على قَيْد

**قُيود** — écritures *n.f.pl.*; menottes; liens

~ اِجْتِماعِيّة — contraintes sociales

~ تَقْنين الطاقة — restrictions d'énergie

وَضَعَ ~اً على ه — imposer introduire des restrictions à; réfréner; restreindre

الـ~ على حُرِّيّة التَحْويل — entraves à la liberté de transfert

II **قَيَّدَ** تَقْييدًا ه — asservir; attacher; entraver; garrotter; lier; ligoter; limiter; restreindre; immatriculer; inscrire; fixer marquer prendre (un rendez-vous); prendre note; noter; transcrire; enregistrer; cataloguer

~ بالأَغْلال، بالأَصْفاد — enchaîner; mettre aux fers

~ حُرِّيّة ٥، ه — entraver limiter la liberté (de)

~ أَفْكاره على الوَرَق — coucher ses idées par écrit

~ في دَفْتَر — transcrire sur un registre

~ أَمْتِعة، بَضائِع — enregistrer des bagages, des marchandises

~ مَبْلَغًا على حِساب — débiter un compte; mettre au débit

~ مَبْلَغًا لِحِساب — créditer un compte; mettre au crédit

قُيِّدَ على المِيزانِيّة — émarger au budget

**تَقْييد** — asservissement; limitation; restriction; immatriculation; enregistrement; inscription; transcription

~ الائْتِمان — encadrement/restriction du crédit

مُقَيِّد — contraignant; limitatif; restrictif

**مُقَيَّد** — limité; restreint; lié; entravé

إنّه ~ بِـ — *fig.* être lié par; avoir les mains liées par

~ اليَدَيْن والقَدَمَيْن — être pieds et poings liés

V **تَقَيَّدَ** تَقَيُّدًا بِـ ٥، ه — être lié/attaché à qqn, qqch; dépendre de; s'inscrire dans; être tenu de/par

~ بالقَواعِد — observer les/se conformer aux règles

~ بِبَرْنامَج — se conformer à un programme

تَقَيُّد — conformité; observance (des règles)

**4432** **قَيْدود** ج قَياديد — (corps) allongé/élancé/tout d'une venue

**4433** **قَيْدوم** — avant-garde; proue; tête

**4434** **قِير**، قار — bitume; goudron; poix liquide

قارِيّ — bitumeux; bitumineux

II قَيَّرَ تَقْيِيرًا goudronner; goudronnage

مُقَيَّر goudronné; poisseux

4435 قِيراط ج قَراريط (← قرط) carat

4436 قَيْرَوانيّ (← قرى) kairouanais

4437 قاسَ ـِ قِياسًا، قَيْسًا ه jauger; mesurer; toiser

~ ه على، بِـ ه comparer; mesurer qqch à; faire une analogie avec

~ الطَريق battre le pavé; arpenter [fam.] la rue

~ النَجاح على أساس ه mesurer le succès à

لا يُقاس incommensurable

قَيْس؛ إدارة الـ~ mensuration; service anthropométrique

قِياس ج ات analogie; comparaison; dimension; échelle [géogr.]; format; mesure; norme; pointure; record [sport.]; référence; raisonnement par analogie; syllogisme; -métrie suff. (dans des n. composés)

~ الخُلْف raisonnement par l'absurde

~ الخَصْر، التَصْريف tour de taille; paradigme [ling.]

غُرْفة الـ~ salon d'essayage

خارِج، خُروج عن الـ~ anomal; anomalie

بِالـ~ إلى par analogie/comparaison avec; au regard de

بِالـ، على الـ~ avec mesure/précaution; selon/conformément à la règle

~ الجاذِبيّة، الكُحول gravimétrie; alcoométrie

~ المَطَر pluviométrie

قِياسيّ analogique; indiciaire; normal; standard adj.; syllogistique; régulier

أفْعال ~ة، غَيْر ~ة verbes réguliers, irréguliers

رَقْم ~ chiffre record; record; indice

رَقْم ~ لِلأَسْعار، القِيَم indice des prix, des valeurs

وَصَلَتْ المَبيعات أرْقامًا ~ة les ventes ont atteint des chiffres records

غَيْر ~ anomal; hétéroclite; irrégulier [gramm.]

قِياسيّة normalité; régularité

لا ~ hétéroclisme; anomalie; anormalité

مِقْياس ج مَقاييس [c]ompteur; échelle (de [m]esure); critère; gabarit; [j]auge; mesure; module; norme; -mètre suff. (dans des n. composés)

~ الإسْتِواء، القامة [n]iveau [techn.]; toise

~ الإرْتِفاع، البُعْد، التَيّار [a]ltimètre; télémètre; [a]mpèremètre

~ حَرارة [c]alorimètre; thermomètre

~ سُرْعة، سُرْعة الريح [t]achymètre; anémomètre

~ الصَبيب، القُوّة débitmètre; dynamomètre

~ الضَغْط indicateur de pression; manomètre

~ الضَغْط الجَويّ baromètre

~ المَطَر pluviomètre

~ الغَلَيان، الوَقْت ébulliomètre; chronomètre

~ غَلْفانيّ، كَلْفَنيّ galvanomètre

~ كُمون، جُهْد potentiomètre

مِقْياسيّ normatif; indicatif

مَقاس ج ات mesure; dimension; mensuration; taille (vêtement)

II قَيَّسَ تَقْييسًا ه indexer (les prix, les salaires); indexation

III قايَسَ قِياسًا، مُقايَسةً ه comparer; établir une comparaison/un parallèle; faire une analogie avec; faire un devis/une estimation; estimer; évaluer

مُقايَسة parallèle n.m.; devis; estimation

VI مُتَقايِس isométrique

4438 قَيْصَر ج قَياصِرة césar; empereur; kaiser; tsar

قَيْصَريّ césarien; impérial; tsariste

شَقّ، عَمَلِيّة ~(ة) césarienne n.f. [méd.]

قَيْصَرِيّة césarienne n.f. [méd.]; césarisme; bazar; «kissariya»; souk/marché couvert

4439 قاضَ ـِ قَيْضًا (← III) casser son œuf (poussin); fêler; fendre

قَيْض coquille d'œuf; équivalent; ressemblant (à)

قِيضة éclat/fragment d'os

II قَيَّضَ تَقْييضًا ه، ه لِـ destiner qqn, qqch à

قُيِّضَ لِـ ه أنْ arriver à qqn de; avoir l'occasion de

~ من مَسْؤُولِيَّة se décharger d'une responsabilité

اِسْتِقالة abdication; démission; dédit *n.m.*; résiliation

مُسْتَقِيل déchargé (de fonction); démissionnaire

4445 قِيمة ج قِيَم cote; cours (d'une monnaie); coût; valeur; montant; prix; mérite; taux; *v. aussi 4426*

ذو. ذات ~ qui a du mérite du prix de la valeur; appréciable; important; valable; consistant

لا يَقول شَيْئًا ذا ~ il ne dit rien d'important

رِسالة ذات ~ lettre chargée

خَفَّضَ. تَخْفيض ~ ه *fin.* dévaluer; dévaluation

~ أَصْلِيّة valeur absolue de base

لا قيمةَ لَهُ sans valeur; non valable; nul

قِيَم أَخْلاقِيّة. خالِدة valeurs morales, éternelles

~ مَنْقولة. عَقارِيّة valeurs mobilières, immobilières

مَبْحَث الـ~ *philos.* axiologie

قِيمِيّ، قِيَمِيّ: حُكْم ~ jugement de valeur

قَيِّم de choix; de valeur; de prix; de qualité; précieux; valable

~ ج ون curateur; conseil judiciaire; intendant

II قَيَّمَ تَقْيِيمًا ه déterminer l'intérêt le prix la valeur de qqch; évaluer; estimer; apprécier; faire une estimation

تَقْيِيم appréciation; évaluation; détermination de l'intérêt de qqch

تَقْيِيمِيّ estimatif; estimatoire

X اِسْتَقامَ اِسْتِقامة (← قوم) coter; estimer évaluer (un prix)

4446 قَيْنة ج ات. قِيان esclave chanteuse; servante, femme de chambre

III قايَضَ مُقايَضة ه échanger; faire des échanges du troc; troquer

مُقايَضة échange; troc

قيطان ← *4317*

4440 قَيْظ canicule; été; le plus fort de la chaleur; chaleur; fournaise [*fig.*]

قائِظ caniculaire; torride; très chaud

4441 II قَيَّفَ تَقْيِيفًا ه، ه marcher sur les pas; suivre de près [*pr.* et *fig.*]; examiner; scruter

V تَقَيَّفَ تَقَيُّفًا *même sens*

4442 قِيق *ois.* geai

4443 قَيْقَب *bot.* érable

4444 قالَ ـِ قَيْلًا faire la sieste; *v. aussi 4422*

قائِل qui fait la sieste

قائِلة heure de midi; moment le plus chaud de la journée; méridienne *n.f.*; sieste

قَيْلولة؛ مَقيل méridienne *n.f.*; sieste

IV أَقالَ إِقالة ه، ه abolir/abroger/annuler qqch; déposer qqn; destituer

~ ه من وَظيفَته démettre/relever qqn de ses fonctions; révoquer/limoger qqn

إِقالة ه، ه abolition; abrogation; annulation; déposition/destitution (d'un souverain); limogeage/révocation (d'un fonctionnaire)

X اِسْتَقالَ اِسْتِقالة abdiquer; résilier

~ مِن وَظيفَته démissionner; se démettre de ses fonctions; quitter son emploi; demander à être relevé de ses fonctions

~ من عَقْد annuler/résilier un contrat

# ك

(كاف)

*vingt-deuxième lettre de l'alphabet: «kaf»: postpalatale non emphatique sourde:* [k]

**4447** **كَ** *pron. pers. suff. 2ᵉ pers. sing. masc. et fém.* toi; te; ton; ta; tes (selon la nature du mot auquel il est suffixé)

**4448** **كَ** *prép.* comme; ainsi que; à l'instar de; tel que; pareillement; semblablement

كَصَديق en tant qu'ami; en qualité d'ami; pour ami

كَمُدير en tant que/en qualité de directeur

**كَأَنَّ، كَأَنَّما** *conj.* il semble/semblerait que; c'est comme si; tout se passe comme si; quasi; on dirait/croirait que; on a l'impression que

يأكُل بِسُرْعة ~ه تَأَخَّرَ il mange vite comme s'il était en retard/si vite qu'on dirait qu'il est en retard

~ه فِيه comme s'il y était

~ شَيْئًا لَمْ يَكُنْ comme si de rien n'était

بَدا ~ه، و~ه faire l'effet de; apparaître comme

**كَذا** tant; tant de; tel; comme cela; sic

~ سَنَوات، في ~ سَنَوات tant d'années; dans tant d'années

بِمَدينة ~ dans telle ville

و~ et quelques

~ و~ tant et tant; tel et tel

**كَذَلِكَ، كَهَذا** comme; même; également; idem; item; identique; tel

**كَلّا** certainement pas; en aucun cas; jamais; au grand jamais; non; pas du tout

~ ثُمَّ ~ cent fois non! non et non!

**كَما** comme; tout comme; de même que; tel que; de la même manière que

~ أَنَّ d'autre part; en outre; de plus; de même

~ يَجِب، يَنْبَغي، يَليق comme il faut/de juste

~ يَلي، سَيَأْتي comme suit

~ يَشاء comme il veut; à sa guise

~ لَوْ comme si

~ ... كَذَلِكَ ... de même que ..., de même

**كَمَنْ** comme quelqu'un qui

إِنَّكُمْ ~ vous me faites penser/vous ressemblez à quelqu'un qui/à des gens qui

**4449** **كَئِبَ** َ - كَأْبًا، كَآبَة être ... *v. à l'adj.*

كَآبَة affliction; cafard [*fam.*]; chagrin; dépression; désespoir; humeur noire/triste; mélancolie; morosité; tristesse; vague à l'âme

**كَئيب** affligé; attristé; cafardeux; chagrin *adj.*; dépressif; déprimé; désolé; désespéré; de mauvaise humeur; lugubre; mélancolique; morne; morose; sinistre; triste

~ الفُؤاد le cœur serré

أُغْنِية ~ة chanson lugubre/sinistre/triste

IV **أَكْأَبَ إِكْآبًا** tomber dans le malheur/l'affliction

~ه affliger; attrister; décourager; désespérer; rendre qqn chagrin/mélancolique/triste

VIII اِكْتَأَبَ اِكْتِئابًا s'affliger; s'attrister; se chagriner; avoir du chagrin/le cafard [*fam.*]; se désespérer; se désoler; se lamenter; avoir le cœur gros/serré; être ... *v. à l'adj.*

اِكْتِئاب (← كَآبَة) *psychol.* dépression

اِكْتِئابي *psychol.* dépressif

مُكْتَئِب ← كَئيب

4450 **كاتِدْرائيّة** cathédrale

**كاثوليكيّ** ← كَثْلَكَ

4451 **كاخية** ج كواخٍ homme de confiance; conseiller (d'un prince)

كَواخي المَلِك la cour; les familiers du roi

4452 **كَأَدَ** َ كَأْداءً ← كَئِبَ

**كَأْداء** adversité; injustice; chagrin; malheur; tristesse

عَقَبة ~ difficulté obstacle insurmontable

4453 **كادَر** ج كَوادِر cadre (administratif, d'une entreprise)

4454 **كار** ج كيران *maghr.* car *n.m.*; autocar

~ ج ات métier; occupation; profession; travail

ما ~ك في، بِ en quoi cela vous regarde-t-il?

عَداوة الـ~ jalousie rivalité professionnelle

عَدُوّ الـ~ concurrent rival (dans la profession)

كَثير **الكارات** قَليل البارات *prov.* qui trop embrasse mal étreint; qui court deux lièvres à la fois n'en prend aucun; qui partout sème en aucun lieu ne récolte

مُسَبَّع الـ~ *prov.* qui a deux cordes à son arc (*m. à m.* sept cordes …)

أَرْباب الـ~ artisans; hommes de l'art

4455 **كاري**، كَري cari; carry; curry

4456 **كاريكاتوريّ** caricatural; animé (dessin); dessiné (bande)

كاريكاتوريّة ج ات caricature; bande dessinée; dessin animé

4457 **كازينو** ج كازينوهات casino

4458 **كَأْس** ج ات، كُؤوس coupe; verre; calice

~ البُطولة، العالَم coupe de championnat, du monde

~ الزَهْرة calice de fleur

~ القُرْبان ciboire

شَرِبَ الـ~ حَتّى الثُمالة *litt.* boire le calice jusqu'à la lie

سَقاهُ ~ المَوْت *fig.* faire subir à qqn les pires tourments

أَحْرَزَ ~ البُطولة remporter gagner la coupe le championnat

كَأْسيّة sépale

كُؤَيْس coupelle

4459 **كاسيت** cassette [*technol.*]

4460 **كاغِد** ج كَوافير document; papier

كاغِط *maghr. même sens*

كاغِديّ marchand de papier

4461 **كافور** ج كَوافير camphre; spathe (du palmier)

شَجَرة ~ camphrier

**كافوريّ**؛ كُحول ~ camphré; alcool camphré

4462 **كاكاو**؛ شَجَرة ~ cacao; cacaotier

مَمْزوج بِالـ~ cacaoté

4463 **كاكَنْج** alkékenge; cerise d'hiver; coqueret

4464 **كاكي** kaki [*bot.*]; plaqueminе

شَجَرة الـ~ plaqueminier

4465 **كالِبْتوس** eucalyptus

4466 **كالوريه**. كالوريّة ج ات calorie [*méd.*]

طَعام غَنِيّ بِالكالوريهات aliment riche en calories

4467 **كامة** ج ات came [*technol.*]

4468 **كامَخ** ج كَوامِخ amuse-gueule [*fam.*]; pickles

4469 **كانْتو** : سُوق الـ~ marché aux puces; foire à la ferraille

4470 **كانون** الأَوَّل. الثاني *calendrier syriaque*: décembre; janvier

4471 **كانون** ج كَوانين fourneau; foyer; poêle; réchaud

4472 **كاوَشير** *bot.* opopanax

**4473 كَبَّ** ـُ كَبًّا ه — bobiner; embobiner; verser; pelotonner; culbuter; incliner; pencher; renverser

~ ه لِ، على وَجْهه — culbuter/renverser qqn face contre terre

**كَبّ** — bobinage; embobinage

~؛ كَبّة — culbute; chute la tête la première; inclinaison; prosternement; renversement; attaque; charge (de cavalerie)

**كُبّة** — bobine (de fil); pelote/peloton (de laine); balle (de coton); *syr., lib.* «*kubbé*» [*cuis.*]

~، كُبًا — cœur (jeu de cartes)

~ مِنْ الشَيب — chenu; très âgé; tout blanc (vieillard)

كَبابة — *bot.* cubèbe

كَباب؛ كُبيبة — boulette/brochette de viande; kebab

كُبّاية — coupe; verre

مِكَبّ ج ات، مَكابّ — bobine; pelote

II كَبَّبَ تَكْبيبًا ه — faire des boulettes (de viande)

IV **أَكَبَّ** إكْبابًا ه ← كَبَّ ه

~ على ه — s'adonner à; s'appliquer à; être assidu à; s'attacher à [*fig.*]; s'atteler à [*fig.*]; se livrer à; se plonger dans; se vouer à

~ على مَسْأَلة — se pencher sur une question

إكْباب على — application; assiduité; attachement; dévouement

مُكِبّ على ه — adonné; appliqué; assidu; attelé à [*fig.*]; plongé dans; tout à (son travail)

V تَكَبَّبَ تَكَبُّبًا — se blottir; se pelotonner; se mettre en chien de fusil; se recroqueviller

VII **اِنْكَبَّ** اِنْكِبابًا — tomber en avant/prosterné

~ على وَجْهه — *même sens*

~ على قَدَمَيْه — se jeter aux genoux/aux pieds de; se prosterner devant qqn

~ على عَمَل، مَسْأَلة ← IV

**4474 كَباريه** ج ات — cabaret

**4475 كَبَتَ** ـِ كَبْتًا ه — contenir [*fig.*]; dominer; dompter [*fig.*]; inhiber; museler [*fig.*]; ravaler (sa colère); réfréner; refouler; réprimer; étouffer (un sentiment)

~ غَيْظه — maîtriser/ravaler/réprimer sa colère

~ مُيوله — contenir/museler/refouler ses penchants

كَبْت — inhibition; répression; *psychol.* refoulement

كابِت — inhibant; inhibiteur; répressif

**مَكْبوت** — étouffé; inhibé; refoulé; réprimé; dominé

ضَحْكة ~ ة — rire étouffé

غَيْظ ~ — colère rentrée

**4476 كَبّوت** ج كَبابيت — capote; manteau

**4477 كَبَحَ** ـَ كَبْحًا ه، ه — arrêter (un cheval); asservir; brider; tenir en bride. comprimer; contrôler; contenir [*fig.*]; dompter; dominer; endiguer [*fig.*]; étouffer [*fig.*]; freiner; mettre un frein à; gouverner [*fig.*]; inhiber; mater; refouler; réfréner; réprimer; retenir; vaincre

~ جِماح ه، ه — *même sens*

~ مُظاهَرة — mater/réprimer une manifestation

~ غَيْظه — dominer sa colère; se contenir; se contrôler; se modérer

لا يُكْبَح — incoercible; incontrôlable; indomptable; indompté

**كَبْح** — compression; contrôle [*fig.*]; endiguement [*fig.*]; empêchement; inhibition; refoulement; répression; *techn.* freinage

~ جِماح الأَهْواء — refoulement des passions

~ كَهْرَبائيّ، سائِليّ — freinage électrique, hydraulique

~ عَصَبيّ — hydrocution

كابِح — coercitif; inhibiteur; répressif

**كابِحة** ج كَوابِح — frein

~ هَوائيّة — frein aérodynamique/pneumatique

~ سائِليّة، مائيّة — frein hydraulique

~ ذاتُ قُرْص — frein à disque

~ ذاتُ طَبْلة — frein à tambour

بِطانة ~ — garniture de frein

مُضاعِف ~ — servofrein

**شَدَّ الكَوابِح** — serrer les freins

**مِكْبَح** ج مَكابِح ← كابِحة

**4478 كَبَدَ ـِ كَبْدًا ه** affecter profondément; affliger; atteindre qqn au plus profond de lui-même

عَبَدَ ـَ كَبَدًا avoir mal au foie

**كَبِد**، كِبْد ج أَكْباد foie; centre; cœur; milieu; flanc; *fig.* affection; courage; sentiment

في ~ السَّماء au milieu du ciel; dans le ciel/le firmament

غَليظ الـ~ au cœur dur de pierre

أَصابَ ~ الحَقيقة toucher la vérité du doigt; être au cœur du problème; avoir tout à fait raison

اِلْتِهاب الـ~، كُباد hépatite; maladie de foie

مَبْحَث الـ~ hépatologie

**كَبِديّ**، كِبْديّ hépatique *adj.*

قُصور ~ insuffisance hépatique

مَكْبود hépatique *n.*

II **كَبَّدَ** تَكْبيدًا culminer; être à l'apogée de sa course; être au zénith

~ت الشَّمْسُ السَّماءَ le soleil est au zénith

~ه خَسائِر خَطِرة faire subir/infliger de lourdes pertes à

III **كابَدَ** مُكابَدةً ه endurer; s'endurcir à; être endurci à; souffrir *tr.*; se faire à; supporter

~ الجُوع endurer/supporter la faim

~ خَسائِر جَسيمة éprouver/subir des pertes considérables

V **تَكَبَّدَ** تَكَبُّدًا s'installer au centre; s'élever au zénith; se mettre en frais

~ خَسائِر essuyer/subir des pertes

~ مَصاريف، نَفَقات supporter/faire des frais

**4479 كُبّاد** *bot.* bigaradier; cédratier

**4480 كَبَر**؛ زَهْرة الـ~ câprier; câpre

كَبَريّة câpre confite

**4481 كَبُرَ** ـُ كُبْرًا، كِبَرًا s'accroître; augmenter; croître; grandir; être ... *v. à l'adj.*

~ على ه أن être difficile à supporter/à réaliser; trouver grave/important/inadmissible/intolérable; hésiter devant la gravité/l'importance de

~ عن ه، ه dédaigner; mépriser; regarder de haut

**كَبِرَ** ـَ كِبَرًا في السِّنّ avancer en âge; vieillir; grandir [*fig.*]

كُبْر éminence; énormité; gloire; grandeur; illustration; importance; magnificence; noblesse; pompe [*litt.*]; prestige

كِبْر؛ كِبْرِياء arrogance; fierté; gloire; grandeur; importance; magnificence; majesté; orgueil; présomption; splendeur; superbe *n.f.*

**كِبَر** âge avancé; grand âge; vieillesse; grandeur; importance; grande taille

~ غَيْر مَحْدود، مُتَناهي الـ~ infiniment grand

**كَبير** ج كِبار، كُبَراء considérable; éminent; grand; de grande taille; gros

~ على ه أن *fig.* difficile; grave; important; inadmissible; intolérable

عَدَد ~ مِن un grand nombre de; beaucoup de

حَظّ ~ grande/forte chance

مُوَظَّف، ضابِط ~ haut fonctionnaire; officier supérieur

هُناك فَرْق ~ il y a une grande différence; il s'en faut de beaucoup

بِـ~ عَناء avec beaucoup de difficulté/de peine; à grand peine

الى حَدّ ~ beaucoup; dans une grande mesure; tant; tellement

~ السِّنّ âgé; d'un âge avancé; vieux

أَخي الـ~ mon grand frère; mon frère aîné

**كِبار** adultes; grands; grandes personnes

~ المُوَظَّفين، الضُبّاط hauts fonctionnaires; officiers supérieurs

~ رِجال المال والأَعْمال magnats de la finance

~ الزُوّار، التُجّار visiteurs de marque; gros commerçants

الأَرْبَعة الـ~ les quatre grands

**كَبيرة** ج كَبائِر énormité; forfait; crime grave; péché capital/mortel

لا ~ ولا صَغيرة totalement négatif/nul; absolument rien

كُبار grand; corpulent; énorme

**أَكْبَر** م كُبْرَى ج أَكابِر aîné; plus âgé/grand; plus; majeur *adj.*; senior

اَللّٰهُ ~ Dieu est le plus grand/le Très-Haut

~ الظَنّ أن il est fort probable/vraisemblable que; selon toute vraisemblance

القَدْر الـ~ la plus grande/la majeure partie

كُبْرَى ج كُبْرَيات majeure *n.f.* [*log.*]

الدُوَل، الصُحُف الـ~ grandes puissances; grands journaux

كُبْرَيات المُؤَسَّسات les grandes entreprises

الأكابر les grands; les notables

من بَنات الـ~ fille de grande maison/tente

II كَبَّرَ تَكْبِيرًا ه amplifier; accroître; agrandir; augmenter; grandir *tr.*; grossir *tr.*; trouver grave/important/insupportable; *isl.* proclamer la grandeur de Dieu (en prononçant la formule: «*allāh akbar*»)

~ الأشياء grossir les choses

~ راسماله arrondir/augmenter son capital

~ بـه honorer qqn; traiter qqn avec générosité/honneur; bien recevoir qqn

~ كَرْشه على ه tenter de s'enrichir aux dépens de

تَكْبير amplification; agrandissement; élargissement; grossissement; *isl.* exaltation; louange; glorification de Dieu; prière adressée à Dieu; proclamation de la grandeur de Dieu

مُكَبِّر agrandisseur; amplificateur; grossissant

~ الصَوْت haut-parleur

عَدَسة ~ة lentille grossissante; loupe

مُكَبَّر agrandi; amplifié; grossi

صُورة ~ة agrandissement photographique

III كابَرَ مُكابَرةً ه être endurant; résister à; supporter; s'entêter; s'obstiner; maintenir son point de vue; se buter

~ ه disputer avec qqn; polémiquer avec; contredire

~ في المَحْسوس nier l'évidence

مُكابَرة dispute; entêtement; intransigeance; obstination; opiniâtreté; polémique

مُكابِر buté; intransigeant; entêté; obstiné; opiniâtre; irréductible; qui refuse l'évidence

IV أَكْبَرَ إِكْبارًا ه، ه trouver grand/important/grave; admirer; adorer (Dieu); exalter; louer; respecter; révérer; avoir de la considération/du respect pour

إِكْبار admiration; considération; respect

V تَكَبَّرَ تَكَبُّرًا s'enorgueillir; devenir fier/orgueilleux; prendre les choses de haut/avec morgue

~ عن dédaigner; mépriser

تَكَبُّر morgue; mépris; orgueil; fierté

مُتَكَبِّر fier; dédaigneux; orgueilleux; impérieux; sourcilleux

X اِسْتَكْبَرَ اِسْتِكْبارًا ← IV

4482 كُبْري ج كَباري *égypt.* passerelle; pont

4483 كَبْرَتَ ه soufrer; sulfater; sulfurer

كَبْرَتة soufrage

كِبْريت؛ مَنْجِم ~ soufre; soufrière

عُود ~؛ كِبْريتة ج ات allumette

كِبْريتيّ sulfureux; sulfurique; soufré

حامِض ~ acide sulfurique

يَنْبوع، حَمّام ~ source, bain sulfureux(euse)

مُكَبْرِت، مُكَبْرِتة soufreuse [*technol.*]

كِبْريتات sulfate

مُكَبْرَت soufré; sulfaté

4484 كَبَسَ ـِ كَبْسًا على ه، ه assiéger; cerner; comprimer; étreindre; bourrer; farcir; remplir; serrer; tasser; conserver [*cuis.*]; confire; faire confire; mariner

~ مَكانًا faire une descente/une rafle (police)

~ السَنة بِيَوْم ajouter/intercaler un jour (en année bissextile)

كَبْس compression; pression

كَبْسة attaque surprise; charge; impétuosité; raid

~ شُرْطة، شُرْطيّة، بوليسيّة descente/rafle de police

كُبْس fusible *n.m.*

كابوس ج كَوابيس cauchemar; mauvais rêve; étreinte [*fig.*]

أَحَسّ بـ~ sentir un poids sur la poitrine

كابوسيّ cauchemardesque

مَكْبوس barré; comprimé; confit; conservé dans le vinaigre; farci; rempli

كَبيس (← مَكْبوس) intercalé; interpolé; intercalaire; jour intercalaire (en année bissextile)

سَنة ~ة année bissextile

كابِس *techn.* piston

آلة ~ة؛ كَبّاس؛ كَبّاسة compresseur; poussoir; piston; presse

**مِكْبَس** ج مَكابِس — presse [*technol.*]

~ مائيّ — presse hydraulique

II كَبَّسَ تَكْبِيسًا هـ — malaxer; masser; presser; serrer de près; faire des passes magnétiques

تَكْبِيس — malaxage; massage

**4485 كَبْسَلَ**، كَبْسَلة هـ — capsuler; capsulage

**كَبْسولة** ج ات — capsule; amorce (d'arme à feu); détonateur

~ مُضادّة لِلحَساسيّة — pilule contre la nervosité

**4486 كَبَشَ** ـُ كَبْشًا هـ — cramponner; prendre à pleines mains

**كَبْش** ج كِباش، أَكْباش — arc-boutant; pierre angulaire; *zool.* bélier; *zod.* Bélier

~ التَصادُم — tampon [*ch. de f.*]

~ قَرَنْفُل — clou de girofle

~ الفِداء — bouc émissaire

~ المَحْرَقة — victime expiatoire

**كُبْشة** ج كُبَش — agrafe; crampon; crochet; piton; pression; bouton-pression

كَبْشة — cuillère à pot

كَبّاش — *techn.* griffe; pince

**4487 كُبَع** — baleine; mégaptère

**4488 كَبْكَبَ** هـ — culbuter; renverser; rassembler les animaux d'un troupeau

كَبْكَبة، كُبْكُبة — cohue; foule; rassemblement (hommes, animaux)

II تَكَبْكَبَ — se blottir; se pelotonner; s'envelopper dans ses vêtements

**4489 كَبَلَ** ـِ كَبْلًا هـ — attacher; emprisonner; enchaîner; entraver; garrotter

**كَبْل** ج أَكْبال — câble

~ الرَفْع — câble de levage

**كِبْل** ج كُبول — chaîne; menottes; entrave; fers *n.m.pl.*

II **كَبَّلَ** تَكْبِيلًا ه ← كَبَلَ

~ بِالسَلاسِل — enchaîner; mettre aux fers; charger de fers; tenir dans les fers

مُكَبَّل — dans les/aux fers; enchaîné; entravé

**4490 كَبَنَ** ـُ كَبْنًا هـ — ourler (un vêtement); faire un ourlet

**4491 كُبُنّ**، كُبُنّة — biscuit sec

**4492 كَبا** ـُ كَبْوًا، كُبُوًّا — broncher; faire un faux pas; trébucher; rater son coup (balle, flèche); couver sous la cendre

~ الزَنْدُ — faire long feu (briquet)

~ نُورُهُ — subir une éclipse

~ رَوْنَقُه — se défraîchir; se faner; se flétrir; perdre de son éclat; ternir *intr.*

~ نَجْمُه — s'obscurcir [*fig.*]; se ternir (gloire); pâlir (étoile)

~ وَجْهُه — changer de couleur; pâlir; se rembrunir

كَبْو — chute; gaffe; raté *n.m.*; *astron.* nutation

**كَبْوة** — erreur; faux pas

لِكُلِّ جَواد ~ — *prov.* tout le monde peut se tromper; l'erreur est humaine

كُبْوة — cassolette

كَباوة — lividité; pâleur

**كابٍ** (كابي) — décrépit; défraîchi; fané; flétri; livide; pâle; terne

طَلْقة ~ة — coup raté; raté *n.m.*

**4493 كَتَّ** ـُ كَتًّا — frémir/trembler (eau dans la marmite)

~ هـ — compter; *lib., syr.* verser (un liquide)

~ هـ في أُذُن ه — souffler qqch à l'oreille de qqn

كَتّ، كَتيت — frémissement/tremblement de l'eau dans une marmite

**4494 كَتَبَ** ـُ كَتْبًا، كِتابة هـ — écrire; inscrire; libeller; rédiger

~ حَوْلَ هـ — écrire sur un sujet

~ عن ه — écrire sous la dictée de qqn

~ مَقالًا — rédiger un article

~ لَه مَنْصِبًا — nommer

~ على ه هـ — destiner qqch à qqn

~ على نَفْسه هـ — être fermement décidé à; se jurer de; se faire un devoir/une obligation de

~ لَه بِـ هـ — imposer/prescrire qqch à

**كُتِبَ** — être écrit; s'écrire; *fig.* être fatal/décidé

~ لَه النَّجاح — être couronné de succès; être destiné à réussir; être voué au succès

**كِتابة** — écriture; graphie; graphisme; inscription; rédaction

~ آلِيّة، مُخْتَزَلة — mécanographie; sténographie

آلة ~ — machine à écrire

~ السِرّ — secrétariat

~ العَدْل — notariat

~ الدَوْلة — secrétariat d'État

بالـ~، كِتابةً، كِتابِيًّا — par écrit

**كِتاب** ج كُتُب — lettre; livre; document écrit; œuvre; ouvrage; volume

~ ذَهَبِيّ، جَيْب — livre d'or, de poche

~ مُسَجَّل، اِعْتِماد — lettre recommandée; lettres de créance

أُمّ الـ~، القُرْآن — *isl.* première sourate du Coran

أَهْل الـ~ — les gens du Livre; les hommes qui croient à une religion révélée

**كِتابِيّ**؛ اِمْتِحان ~ — écrit *n.m.*; examen écrit

**كُتُب** التاريخ، مَدْرَسِيّة — livres d'histoire, d'école

خِزانة، دار الـ~ — bibliothèque; librairie

**كُتُبِيّ** — livresque

~ ج ون — libraire

جامع **الكُتُبِيّة** — «*al-koutoubiya*»; la mosquée des Libraires (à Marrakech)

كُتَيِّب — livret; opuscule

**كاتِب** ج كُتّاب، كَتَبة — auteur; écrivain; clerc; commis; scribe

~ مَحْكَمة، عَدْل — greffier; notaire

~ سِرّ، دَوْلة — secrétaire; secrétaire d'État

باشْكاتِب — *égypt.* clerc (de notaire)

**كاتِبة** ج ات — femme de lettres

~ طابِعة — dactylographe; dactylo

آلة ~ — machine à écrire

كُتّاب ج كَتاتيب — école; école coranique

**مَكْتوب** — écrit; fatal; décidé

~ لَهُ — destiné; prédestiné; voué à

~ ج مَكاتيب — correspondance; écrit *n.m.*; message; note

كَتيبة ج كَتائِب — bataillon; détachement; cohorte; escadron; phalange

كَتائِبِيّ — phalangiste

**مَكْتَب** ج مَكاتِب — agence; bureau; étude; local *n.m.*; cabinet; pupitre; table de travail

~ تَوْظيف — bureau de placement; agence pour l'emploi

~ السَفَرِيّات — agence/bureau de voyages

~ البَريد، الاِسْتِقْبال — bureau de poste, de réception

~ الاِسْتِعْلامات — agence/bureau d'informations

جَلَسَ إلى ~ه — s'asseoir à son bureau

~ وَكيل دَعاوَى — étude d'avoué

~ كاتِب عَدْل، مُحامٍ — étude de notaire; cabinet d'avocat

اِنْتَخَبَ الـ~ — élire le bureau

~ قَوْمِيّ — office national

مَكْتَبِيّ — bureaucratique

**مَكْتَبة** ج ات — librairie; bibliothèque

أَمين ~ — bibliothécaire

III كاتَبَ مُكاتَبةً ه — écrire à qqn; échanger une correspondance/correspondre avec qqn

مُكاتَبة — correspondance; échange de lettres

مُكاتِب — correspondant *n.m.*

VI تَكاتَبَ تَكاتُبًا مع — correspondre avec; avoir/entretenir une correspondance avec; échanger des lettres avec

VIII **اِكْتَتَبَ** اِكْتِتابًا في، لِـ ه — s'engager dans; se faire inscrire à; s'inscrire à; souscrire; enregistrer; inscrire qqn

~ في مُباراة — s'engager/se faire inscrire dans une compétition

**اِكْتِتاب** — engagement; enregistrement; inscription; contribution; souscription

~ المُتَبارين — engagement des concurrents

~ تَفْضيلِيّ — souscription préférentielle

مُكْتَتِب — souscripteur; engagé (dans une compétition); inscrit

X اِسْتَكْتَبَ اِسْتِكْتابًا ه ه — dicter qqch à qqn; faire prendre sous la dictée

اِسْتِكْتاب — dictée

آلة، جِهاز إِسْتِكْتابيّ — Dictaphone

مُسْتَكْتَب — commis

**4495 أَكْتَع** م كَتْعاء ج كُتْع — manchot [*méd.*]

**4496 كَتَفَ** ـِ كَتْفًا ه — lier les mains (derrière le dos)

**كَتِف**، كِتْف ج أَكْتاف — *archit.* arc-boutant; *anat.* épaule; omoplate

عَرَفَ مِنْ أَيْنَ تُؤْكَل الـ~ — *prov.* savoir s'y prendre (*m. à m.* savoir par où commencer à manger une épaule)

ما هَكَذا تُؤْكَل الـ~ — *prov.* ce n'est pas du tout ça! ce n'est pas ainsi qu'on doit s'y prendre

**هَزَّ كَتِفَيْه** — hausser les épaules

كَتِفِيّة، كِتْفِيّة — épaulette; épitoge; patte d'épaule; scapulaire [*cathol.*]

**مَكْتوف** اليَدَيْن — les mains liées (derrière le dos); *fig.* inactif; impuissant

بَقِيَ ~ اليدين — *fig.* rester les bras croisés/les mains dans les poches/sans rien faire

أَكْتَف م كَتْفاء — qui a les épaules larges

كَتيف، كَتيفة ج كَتائِف — barre de porte; verrou

كَتّوفة — surplis

III كاتَفَ مُكاتَفة ه — épauler qqn; donner un coup de main/d'épaule [*fam.*] à qqn; aider; assister qqn

V تَكَتَّفَ تَكَتُّفًا — croiser/se croiser les bras

VI تَكاتَفَ تَكاتُفًا — s'épauler; s'aider; se solidariser; se soutenir mutuellement

تَكاتُف — assistance/secours/soutien mutuel(le); solidarité

مُتَكاتِف — solidaire

**4497 كَتْكوت** ج كَتاكيت — petit poulet, poussin

**4498 كُتْلة** ج كُتَل — agglomérat; bloc; ensemble; cartel; groupe; masse; massif *n.m.*; monceau; morceau; tas; *métall.* bloom; brame

~ بُيوت — pâté/îlot de maisons

~ نَوْعِيّة — masse spécifique

~ مِن الأَعْصاب — paquet de nerfs

~ صابون — pain de savon

~ دُوَل — bloc de pays

كُتَل اِقْتِصادِيّة، سِياسِيّة — blocs économiques, politiques

**كُتْلَةً**؛ ~ واحِدة — en bloc; en masse

كُتْلَوِيّ، كُتْلَوِيّة — monolithique; monolithisme

II **كَتَّلَ** تَكْتيلاً — agglomérer; agréger; entasser; conglomérer; masser; tasser

~ قِطَعًا مُخْتَلِفة — agréger des parties différentes

تَكْتيل — agglomération; agrégation

**مُكَتَّل** — arrondi; en boule; en tas; conglomérat

رَجُل، اِمْرَأة ~(ة) — homme, femme rond(e) rondelet(te) [*fam.*]

V **تَكَتَّلَ** تَكَتُّلاً — s'agglomérer; se coaliser; se former en clans/partis/blocs; constituer un/faire bloc; se liguer

~ كُتْلة سِياسِيّة، عَسْكَرِيّة — créer un bloc politique, militaire

**تَكَتُّل** — cartellisation; coalition; conglomérat; bloc

سِياسة الـ~ — politique des blocs/des cartels

تَكَتُّلِيّ، تَكَتُّلِيّة ← كُتْلَوِيّ

مُتَكَتِّل — aggloméré; coalisé; ligué; conglomérat

**4499 كَتَمَ** ـُ كَتْمًا، كِتْمانًا ه — cacher; taire qqch; dérober à la vue/à la connaissance; dissimuler

~ ه ه، ه عن ه — cacher/taire qqch à qqn

~ شُعوره، عَواطِفه — cacher/taire ses sentiments

~ غَرَضه، نِيَّته، أَفْكاره — cacher/dissimuler son objectif, son intention, ses pensées

~ الحَقيقة — étouffer/taire la vérité

~ أَنْفاسه — retenir son souffle/sa respiration

~ صَوْته — contenir/étouffer sa voix

~ سِرًّا — garder/cacher/taire un secret

**كِتْمان** — contrôle; contrainte; retenue; secret; silence [*fig.*]

~ السِرّ — discrétion

~ الحَقيقة — dissimulation

كَتامة؛ كُتوم؛ كُتومِيّة — étanchéité; imperméabilité

كِتام — *lib.* constipation

**كاتِم** — qui cache/dissimule/tait qqch

سِرّ ~ — secret bien gardé

~ السِرّ secrétaire; confident

~ الصَوْت pot d'échappement

مُسَدَّس ~ الصَوْت revolver à silencieux

**كَتيم** hermétique; hermétiquement fermé; impénétrable; imperméable; étanche

حاجِز ~ cloison étanche

**كَتوم** discret; imperméable; renfermé [*fig.*]; réservé; silencieux; réticent; taciturne

غَيْر ~ indiscret

**مَكْتوم** confidentiel; gardé/préservé (secret); secret (sentiment)

صَوْت ~ son mat; bruit sourd/étouffé

II كَتَّمَ تَكْتيمًا ه rendre étanche; imperméabiliser

تَكْتيم étanchéité; imperméabilisation

مُكَتَّم étanche; imperméabilisé; imperméable

V تَكَتَّمَ تَكَتُّمًا ه garder le silence; tenir sa langue; rester muet; faire mystère de [*class.*]

**تَكَتُّم** mutisme; mystère; action secrète; discrétion; sournoiserie

عَدَم ~ indiscrétion

بِـ~ en tapinois; en secret

مُتَكَتِّم discret; muet; renfermé; réservé; sournois

**4500** (كتن) **كَتّان** lin

زَيْت ~ huile de lin

نَسيج ~ étoffe de lin

كَتّانيّ en/de lin

**4501** **كَثَّ** ـِ كَثاثة، كَثَثًا être … *v. à l'adj.*

كَثاثة épaisseur (des cheveux)

كَثّ، كَثيث dru; épais; fourni; en broussailles; hirsute; touffu (barbe, cheveux)

**4502** **كَثَب** proximité; voisinage

عَنْ ~ avec attention; en détail; de près; à bout portant; étroitement

راقَبَ ه عن ~ surveiller qqn de près/étroitement

كاثِبة ج كَواثِب garrot (du cheval)

كَثيب ج كُثْبان dune

**4503** **كَثُرَ** ـُ كَثْرة abonder; augmenter; croître; s'accroître; se multiplier; être … *v. à l'adj.*

**كُثْر** (← كَثْرة) majeure partie; majorité

~ هُمُ الَّذينَ يَعْرِفون nombreux sont ceux qui savent

**كَثْرة** abondance; fréquence; multiplicité; foisonnement; (grande) quantité; (grand) nombre; multitude

~ التَغَيُّرات les nombreux changements

~ إِنْتاج fécondité [*fig.*]

الـ~ الكاثِرة، الغامِرة مِن la grande majorité de; la plupart de

بِـ~ à profusion; tant et plus; abondamment; à flots; à foison; en nombre; à force de

**كَثير** abondant; beaucoup; nombreux; en nombre/quantité; maint; considérable

~ جِدًّا énormément; très nombreux

عَرَفَ الشَيْء الـ~ en savoir long; savoir beaucoup de choses

بِـ~ de beaucoup; très; tout à fait; totalement

نَطَقَ بِالـ~ en dire long; parler avec abondance

أَبْعَد، أَطْوَل مِنْه بِـ~ *après un compar.* beaucoup plus loin, plus long

لا بِقَليل ولا بِـ~ en rien; ni peu ni prou [*litt.*]

لَيْسَ مِنْه لا بِقَليل ولا بِـ~ être totalement étranger à; n'être absolument pas concerné par; n'être pour rien dans (une affaire)

الـ~ مِنْ quantité de; bon nombre de; plein de; de nombreux; beaucoup de

قَدَّمَ الـ~ من الخَدَمات rendre de nombreux services

عانَى الـ~ الـ~ من souffrir énormément/mille tourments [*litt.*]

في الـ~ من الأَحْيان de nombreuses fois; souvent; dans de nombreux cas

**كَثيرًا** beaucoup; fréquemment; comme tout; notablement; très; fort *adv.*

~ ما souvent; tant de fois; fréquemment; il arrive fréquemment/souvent que

**أَكْثَر** plus; plus nombreux/fréquent/abondant; davantage

فَـ~ et plus

يُحِبُّه كَأَخ لا بَلْ ~ il l'aime comme un frère et même davantage/plus

~ الـ(ناس) la presque totalité/la majorité/la plupart des (gens)

الـ ~ شُيُوعًا، شَعْبِيًّا le plus répandu, populaire
على الـ~، على ~ تَقْدير au plus; tout au plus
~ مِنْ plus de que; davantage de
~ من ذلك *en début de phrase* : bien plus; qui plus est
~ من أيِّ شَيْءٍ آخَر plus que toute autre chose
وَصَلَ عَدَدُهم ~ من leur nombre atteint plus de
إنَّهُ ~ أَهَمِّيَّةً من avoir plus d'importance que
إنّه يَحْلُم ~ مِمّا يُفَكِّر il rêve plus qu'il ne réfléchit
~ مِمّا يَجِب، من اللازم plus qu'il ne faut; trop
~ مِنْهُ *pour comparer deux attributs du même sujet* : plutôt ... que
هو طَويل ~ منه قَصير il est plutôt grand que petit
هو غَنِيّ ~ منه فَقير il est plutôt riche que pauvre
**أَكْثَر** davantage; plus
لا أَقَلّ وَلا ~ ni plus ni moins
سَتَجِدُ إذا بَحَثْتَ ~ tu trouveras en cherchant davantage
~ فَ~ de plus en plus
لا ~ pas davantage; sans plus
~ ما يُمْكِن on ne peut plus; au plus haut degré/point
~ ما يُمْكِن مِن السعادة on ne peut plus heureux
**أَكْثَرِيّ** majoritaire
**أَكْثَرِيَّة** majorité; la presque totalité; la plus grande part; prépondérance; pluralité; plus grand nombre
نُوّاب الـ~ députés de la majorité
**مِكْثار** bavard; prolixe; verbeux
II كَثَّرَ تَكْثيرًا ه accroître; multiplier; propager (une espèce)
**تَكْثير** accroissement; multiplication; propagation
IV **أَكْثَرَ** إكْثارًا ه، في، مِن abuser de; faire un usage abusif de; multiplier
~ الشَواهِد multiplier les citations
~ الإعْتِذارات se confondre en excuses
~ مِن الأَكْل، الشُرْب trop manger; trop boire
~ من الأَكْل، الشُرْب حَتّى tant manger, boire que; trop manger, boire pour que
مَنْ ~ أَسْقَطَ *prov.* qui trop embrasse mal étreint
**إكْثار** abus; inflation; multiplication
VI تَكاثَرَ تَكاثُرًا s'étendre; se multiplier; prendre de l'extension; proliférer; se propager; prospérer; pulluler
**تَكاثُر** extension; multiplication; propagation; prolifération; pullulement
~ الجِنْس البَشَرِيّ propagation de l'espèce humaine
سَريع الـ~ prolifique
**مُتَكاثِر** prolifère
X اِسْتَكْثَرَ اِسْتِكْثارًا ه على ه considérer comme trop abondant/important/nombreux; trouver que cela ne vaut pas la peine de; reprocher qqch à qqn

4504 **كُثَيْراء** *bot.* astragale
صَمْغ الـ~ gomme adragante

4505 **كَثْعَم** léopard d'Afrique

4506 **كَثُفَ** ُ كَثافة épaissir; être ... *v. à l'adj.*; réduire *intr.* (à la cuisson)
**كَثافة** compacité; consistance; densité; épaisseur; intensité; opacité
~ صَوْت، سَيْل sonorité d'une voix; viscosité d'un liquide
~ نَسيج، الضَباب épaisseur d'un tissu, du brouillard
~ الهَواء، السُكّان، رَمْي densité de l'air, de la population, d'un tir
~ نَوْعِيَّة poids spécifique
مِقْياس الـ~ densimètre
**كَثيف** compact; consistant; dense; dru; épais; fourni (arbre); intensif; massif *adj.*; touffu; opaque
قَهْوة، وَرَق ~(ة) café, papier fort
أَرْض، مادّة ~ة terre lourde; matière consistante
لَيْلة، غابة ~ة nuit, forêt épaisse/opaque sombre
زِراعة ~ة culture intensive
مَعْدِن ~ النَوْع minerai dense/de forte densité
مِكْثاف؛ مِكْثافي densimètre; densimétrique

II **كَثَّفَ** تَكْثِيفًا ه — condenser; concentrer; épaissir *tr.*; rendre épais; réduire par la cuisson

~ غازًا، كِتابًا — condenser un gaz, un livre

تَكْثِيف — concentration; condensation; épaississement; réduction

مُكَثِّف، مُكَثِّفة — condensateur; condenseur; réducteur

**مُكَثَّف** — intense; condensé; concentré; réduit

دُروس ~ة — cours intensifs

نَشاط ~ — activité intense

V تَكَثَّفَ تَكَثُّفًا — devenir plus épais/dense/visqueux; se concentrer; se condenser; épaissir; avoir/acquérir de la consistance/de la compacité

VI **تَكاثَفَ** تَكاثُفًا ← V

~ الضَباب — le brouillard épaissit

تَكاثُف — concentration; condensation; épaississement; densification

مُتَكاثِف (← كَثيف) — dense; épais; compact

**كثل** ← كَوْثَل

4507 **كَثْلَكَة** — catholicisme

كاثوليكيّ ج كاثوليك — catholique

كاثوليكيّة — catholicité

II تَكَثْلَكَ — se faire catholique; se convertir au catholicisme

4508 **كَحَّ** ـُ كُحّة — tousser; toux

4509 **كَحَبَ** ـُ كُحْبًا — *maghr.* tousser; toux

4510 **كَحَتَ** ـَ كَحْتًا ه — cureter; faire un curetage

كَحْت — curetage

مِكْحَت — curette

4511 **كَحَصَ** ـَ كُحوصًا — disparaître; s'effacer (trace); s'écarter; se pousser (personne); s'en retourner

4512 **كَحَلَ** ـُ كَحْلًا ه ← II

~ السُهاد عَيْنَيْه — avoir les yeux cernés par l'insomnie; n'avoir pas dormi de la nuit

كَحْل — ciel bleu/sans nuage; azur; voûte azurée

كُحْل — antimoine; cosmétique/noir pour les yeux; khôl; kohol; noir *n.m.*

كُحْلة ج أكاحِل — *bot.* calendula; souci sauvage

**كُحْليّ** — fabricant de kôhl

أزْرَق ~ — bleu-noir; bleu marine

**كُحول**؛ ~ صِرْف — alcool; alcool absolu

مِقْياس الـ~ — alcoomètre

**كُحوليّ** — alcoolique; spiritueux

مَشْروبات ~ة — boissons alcooliques; spiritueux *n.m.pl.*

أَكْحَل م كَحْلاء — noir *adj.*; *anat.* veine médiane

كَحْلاء، كُحَيْلاء — *bot.* bourrache; buglosse

كَحيل ج كَحْلَى — noir; enduit de kôhl/de collyre

مِكْحَل ج مَكاحِل — crayon/bâton à collyre

مُكْحُلة ج مَكاحِل — boîte à collyre; fusil à silex

مِكْحَلة — *même sens*

II كَحَّلَ تَكْحيلًا ه — enduire/farder les yeux de khôl; mettre du noir aux yeux

V تَكَحَّلَ تَكَحُّلًا — se mettre du noir aux yeux; se farder les yeux; avoir le bord des paupières enduit de khôl

VIII **اِكْتَحَلَ** اِكْتِحالًا ← V

~ السُهاد — avoir les yeux noirs/cernés à force d'insomnies; n'avoir pas fermé l'œil de la nuit

ما ~تْ بِك عَيْنَيّ — je ne t'ai pas vu depuis longtemps; tu m'as beaucoup manqué

4513 (كحل) **كاحِل** ج كَواحِل — *anat.* cheville

4514 **كَدَّ** ـُ كَدًّا — s'appliquer à; être assidu à; se fatiguer à; faire un travail pénible; faire diligence; peiner *intr.*; travailler ferme; turbiner [*fam.*]

~ه — fatiguer qqn; imposer un travail pénible à

~ في الطَلَب — demander avec insistance; insister beaucoup

~ بِلا جَدْوَى — se battre les flancs; perdre sa peine; se fatiguer pour des prunes [*fam.*]

**كَدّ** — assiduité; diligence; effort; fatigue; labeur; peine; travail dur/pénible

لَيْسَ مِن ~ه — n'avoir rien fait pour obtenir qqch

بِـ~ — laborieusement; à grand-peine; avec peine

كَدود ؛ كَدّاد — diligent; industrieux; travailleur; bourreau de travail

مَكْدود — épuisé; fatigué; vaincu; battu; marqué par les sabots (sol)

أَكْداد ج أَكاديد — bandes d'hommes

IV مُكِدّ — besogneux

**4515 كَدَحَ** ـَ كَدْحًا — travailler dur; trimer [*fam.*]; mener une vie de forçat

~ لِـه — gagner la vie de; travailler pour; pourvoir à la subsistance de

~ في — faire tous ses efforts pour

**كادِح** ج ون — forçat [*fig.*]; homme de peine; laborieux; prolétaire

الجَماهير الـ~ة — masses laborieuses; prolétariat

الكادِحون — population laborieuse; prolétaires; prolétariat; travailleurs

**4516 كَدَرَ** ـُ، كَدِرَ ـَ كَدَرًا — s'assombrir; se ternir; se troubler (eau); être/devenir ... *v. à l'adj.*

**كَدَر** ج أَكْدار — impureté; lie; trouble [*pr.* et *fig.*]; contrariété; dépit; ennui; grief; irritation (légère); mécontentement; nuage [*fig.*]

سَعادة بِلا ~ — bonheur sans nuage

كَدِر ؛ كَدير — assombri; impur (eau); lugubre; mécontent; sombre; sinistre; terne; trouble *adj.*; voilé (regard)

كُدْرِيّ — *ois.* syrrhapte

أَكْدَر م كَدْراء ← كَدِر

II كَدَّرَ تَكْديرًا ه — affliger; assombrir; attrister; chagriner; contrarier; dépiter; déplaire; ennuyer; fâcher; froisser qqn; indisposer; mécontenter; peiner; ternir (une couleur); tracasser; troubler; vexer; désobliger

تَكْدير — contrariété; désagrément; dépit; mécontentement; peine; froissement; fâcherie; déplaisir; ternissement; trouble, vexation; tracasserie; désobligeance

مُكَدِّر — déplaisant; attristant; affligeant; fâcheux; désagréable; ennuyeux; désespérant; pénible (nouvelle); regrettable; désobligeant

مُكَدِّرات — ennuis; tracas

مُكَدَّر — contrarié; bouleversé (visage); fâché; ennuyé; indisposé; mécontenté; peiné; vexé

V تَكَدَّرَ تَكَدُّرًا مِن — être ... *v. à l'adj.*; se froisser de; s'assombrir; se ternir

تَكَدُّر — contrariété; mécontentement; peine

مُتَكَدِّر (← مُكَدَّر) — sombre (regard); terne

**4517 كُدْس** ج أَكْداس — amas; amoncellement; échafaudage [*fig.*]; tas; entassement; meule; monceau; pile

أَكْداس من الكُتُب — piles/tas de livres

كُداسة ؛ كُدّاس ج كَداديس ← كُدْس

II **كَدَّسَ** تَكْديسًا ه — accumuler; amasser; amonceler; empiler; mettre en piles/en tas; échafauder [*fig.*]; entasser; tasser

~ الأَرْباح — accumuler les bénéfices; faire sa pelote [*fam.*]

~ البَضائِع — accumuler/empiler/entasser les marchandises

تَكْديس — accumulation; amoncellement; entassement; empilage; mise en tas/en piles

V تَكَدَّسَ تَكَدُّسًا — s'accumuler; s'empiler; s'amonceler; s'entasser

تَكَدُّس ج ات — amoncellement; entassement; pléthore

**4518 كَديش** ج كُدْش — *péjor.* bidet [*fam.*]; carne; canasson [*fam.*]; mauvais cheval

**4519 كَدَفة** — piaffement; piétinement

IV أَكْدَفَ إِكْدافًا — piaffer (cheval)

**4520 كَدَمَ** ـِ كَدْمًا ه — contusionner; marquer la peau; meurtrir

كَدْمة — contusion; ecchymose; hématome; heurt; meurtrissure

كادِمة ج كَوادِم — tondeuse à barres/à lames

**4521 كَدْميوم** — cadmium

**4522 كَدَنَ** ـُ كَدْنًا ه — atteler (animal)

~ بِثَوْبِه — s'entourer les reins/se ceindre avec sa robe

كَدْن ج كُدون — attelage; litière; robe de chambre

كِدْنة — bosse (du chameau)

كَدّان — pierre ponce

كَذّان — *même sens*

**4523 كَدَى** ـِ كَدْيًا — être avare/chiche dans ses dons

كُدْية ج كُدًى — mendicité; *géogr.* colline; monceau; tas; tertre

II كَدَّى تَكْدِية — mendier; mendicité

مُكَدٍّ ج ون — mendiant; mendigot [*pop.*]

**كَذا** ← كَ

**4524** **كَذَبَ** ـِ كِذْبًا، كَذِبًا décevoir; feindre; mentir; simuler; tromper

~ ظَنُّه se tromper; faire erreur

~ت عَيْنُه avoir une illusion d'optique

~ رَأْيُه se faire des illusions

**كِذْبة**، كِذْب، كَذِب conte [*fig.*]; fable [*fig.*]; fausseté; mensonge; menterie [*fam.*]

~ أبريل، نيسان poisson d'avril

كَذِبًا faussement

**كاذِب** déceptif [*class.*]; fallacieux; faux; spécieux; trompeur; menteur; mensonger

أَمَل ~ fol espoir; espoir trompeur

بَيان، يَمين ~(ة) fausse indication; faux serment

رِواية ~ة histoire fausse/mensongère

~ ج ون، كَذَبة menteur *n.*

كَذّاب ج ون، كَذوب *même sens*

**أُكْذوبة** ج أَكاذيب conte; fable; mensonge

~ بَيْضاء pieux mensonge

II **كَذَّبَ** تَكْذيبًا ه، ه accuser qqn de mensonge; contredire; décevoir; traiter qqn de menteur; démentir; infliger un démenti à; ne pas croire; ne pas ajouter foi à

~ه تَكْذيبًا قاطِعًا s'inscrire en faux; donner/infliger un démenti formel à

**تَكْذيب**، ~ رَسْميّ démenti; démenti officiel

بَيْنَ مُصَدِّق **ومُكَذِّب** hésiter/avoir peine à croire; rester incrédule

IV **أَكْذَبَ** إِكْذابًا ه، ه prendre qqn en flagrant délit de mensonge; traiter qqn de menteur/qqch de mensonge; nier qqch

ما ~ه comme il est menteur!

**4525** **كَرَّ** ـُ كَرًّا charger (après avoir simulé la fuite); revenir à la charge; *v. aussi 4526*

~ راجِعًا revenir sur ses pas

~ اللَّيْل والنَّهار se succéder (jour et nuit)

**كَرّ** attaque; charge; course

بَيْنَ ~ وَفَرّ alternativement; par intermittence

الـ ~ والفَرّ virevolte de cavaliers; attaque et retraite

على ~ الأَيّام au fil des jours; avec le temps; à longueur d'année

على ~ الزَمان، الدُهور *même sens*

**كَرّة** attaque; charge; fois; retour

أَعادَ الـ ~ revenir à la charge; remettre ça [*fam.*]

~ بَعْدَ ~ à la suite; à plusieurs reprises; à répétition

كَرَّةً أُخْرَى une autre/seconde fois

II **كَرَّرَ** تَكْريرًا، تِكْرارًا ه doubler; récidiver; recommencer; redire; rectifier; redoubler; refaire; réitérer; répéter; reproduire; affiner; épurer; filtrer; purifier; raffiner

~ سُؤالاً، أَمْرًا répéter une question; réitérer un ordre

يُكَرِّر récursif

كَرِّرْ encore! bis!

**تَكْرير** ج ات affinage; épuration; raffinage; filtrage; purification; recommencement; réitération; répétition

مَحَطّة ~ station d'épuration

مَعْمَل ~ السُكَّر raffinerie de sucre

**تَكْرار** recommencement; récidive; redite; réitération; fréquence; répétition

~ كَلِمة fréquence d'un mot

تَكْرارًا à maintes/plusieurs reprises; fréquemment

تَكْرارِيّة récursivité

مُكَرِّر (جَريمة) récidiviste

**مُكَرَّر** bis *adj.*; double; doublé; fréquent; itératif; recommencé; réitéré; répété; réitératif; redoublé; affiné; raffiné; épuré; purifié

رَقْم ٢ ~ numéro 2 bis

نَفْط، مُنْتَجات ~(ة) pétrole, produits raffiné(s)

نَفْط ~ لِلإِضاءة pétrole lampant

~ مِئة مَرّة centuple

V **تَكَرَّرَ** تَكَرُّرًا être ... *v. à l'adj.*; se répéter; se reproduire; se renouveler

~ مع faire double emploi avec

لا أُحِبّ لِشَيْء **يَتَكَرَّر** مَرَّتَيْن

*prov.* l'ennui naquit un jour de l'uniformité (*m. à m.* je n'aime pas que les choses se répètent)

تَكَرُّر fréquence; répétition; reproduction

مُتَكَرِّر ← مُكَرَّر

4526 كَرَّ ـُ كَرِيرًا produire un râlement; râler; *v. aussi 4525*

كَرِير râlement

4527 كَرار cellier; office (d'une maison)

كَراكُز ← كَرَكُز

كَراويا ← كَرَوْيا

كُرة ← كرو

4528 كَرَبَ ـُ كَرْبًا ه affliger; attrister; chagriner; causer du chagrin à; serrer le cœur à; peiner; tourmenter; *v. aussi 4529, 4530*

~ حَبْلًا tordre/tresser une corde

~ القَيْدَ على serrer un lien; mettre un garrot

كَرْب ج كُروب affliction; anxiété; chagrin; peine; tourment; tristesse

لَطَّفَ مِن ~ ه apaiser/atténuer/diminuer son tourment

كُرْبة ج كُرَب chagrin; tristesse

مِكْرَبة garrot [*méd.*]

IV أَكْرَبَ إِكْرابًا ه jeter qqn dans l'embarras/la peine/l'affliction

مُكْرَب soigné; solide; bien ficelé [*fig., fam.*]

VIII اِكْتَرَبَ اِكْتِرابًا être ... *v. à l'adj.*

مُكْتَرِب affligé; attristé; peiné; tourmenté; triste

4529 كَرَبَ ـُ كَرْبًا، كِرابًا labourer; *v. aussi 4528*

كَرْب labour

4530 كَروب ange; chérubin

كَروبيّ ج ون *même sens*

4531 كِرْباج ج كَرابيج fouet

4532 كِرْباس ج كَرابيس étoffe (de coton épais et rugueux)

كَرابيسيّ marchand d'étoffes de coton

4533 كَرْبَلَ biner; nettoyer le coton/le blé

كِرْبال ج كَرابيل égreneuse (de coton); égrenoir; crible

4534 كَرْبون carbone

وَرَق ~ papier carbone

كَرْبونات carbonate

4535 أَكْرَت م كَرْتاء bouclé; emmêlé (cheveux)

4536 كَرَثَ ـِ ـُ كَرْثًا ه affecter; affliger; attrister; oppresser; opprimer (souci); serrer le cœur; troubler

كارِثة ج كَوارِث calamité; cataclysme; drame; catastrophe; désastre; fléau; sinistre *n.m.*

ضَحيّة ~ victime d'un sinistre; sinistré

~ لا تُعادِلُها ~ catastrophe sans précédent

الكَوارِث الجَوّيّة catastrophes aériennes

كَريث affligé; critique; désolé; dur; difficile; navré; oppressé

VIII اِكْتَرَثَ اِكْتِراثًا لِ faire attention à; être concerné par; s'intéresser à; se soucier de; se préoccuper de; tenir compte de; être vigilant

ما ~ لِ être indifférent à; ne pas se soucier de; ne pas faire attention à/cas de; se désintéresser de; faire fi de; laisser courir [*fig.*]

اِكْتِراث attention; intérêt; soin; souci

عَدَم ~ indifférence; insouciance

في غَيْرِ ما ~ sans faire attention

مُكْتَرِث لِ concerné par; attentif à; soucieux de

غَيْر ~ inattentif; insouciant; indifférent

4537 كُرّاث poireau

4538 كُرْجيّ géorgien

4539 كِرْح ج أَكْراح cellule (de moine)

4540 كُرْديّ ج كُرْد، أَكْراد kurde *adj., n.*

جَبَل الأَكْراد Kurdistan

4541 كَرْدَسَ كَرْدَسة lier avec une corde; resserrer/serrer un lien

كُرْدوس العَظْم — épiphyse

**4542 كَرْدَمانة** — *bot.* garou

**4543 كِرْدان** ج كَرادين — collier

**4544 كَرَزَ** ـِ كُروزًا إلى — chercher asile/refuge dans/auprès de; se cacher; *v. aussi 4545*

**كَرَز** — cerise;

~ الطُيور — guigne [*bot.*]

شَجَرَة ~ — cerisier

كُرْز — gibecière

كَرْز — *bot.* pomme de pin

كُراز، كُرّاز — cruche; gargoulette

كَرّاز ج كَراريز — bélier qui porte le sac du berger

**4545 كَرَزَ** كَرْزًا بِـ ه — prêcher; prédication

~ بالإنْجيل — prêcher les Évangiles

كارِز — prédicateur

**4546 كِرْس** — assise *n.f.*; base; fondation

**كُرْسيّ** ج كَراسٍ، كَراسِيّ — chaire; chaise; fauteuil; siège; trône

~ التَعْليم العالي — chaire d'enseignement supérieur

أُسْتاذ ~، ذو ~ — professeur titulaire

~ تاريخ، أَدَب — chaire d'histoire, de littérature

~ هَزّاز، قَلّاب — chaise/fauteuil à bascule; rocking-chair

~ مُنْطَوٍ، تَمَدُّد — chaise pliante, longue

~ مُريح، نَقّال — fauteuil; fauteuil roulant

~ بَرْلَمانيّ — siège au Parlement

~ أُسْقُفيّ — siège épiscopal

الـ~ البابَويّ، الرَسوليّ — le Saint-Siège

مُؤَجِّرة **كَراسيّ** — chaisière

II **كَرَّسَ** تَكْريسًا ه — poser les assises; jeter les bases (d'une construction); assembler; grouper; rassembler; réunir

~ كَنيسة لِـ — bénir/consacrer une église; dédier une église à

~ ه، ه لِـ — sacrifier qqn, qqch à

~ت العادة كَلِمة — consacrer un mot (usage)

~ وَقْتَه لِـ، على ه، ه — consacrer/donner/occuper/employer son temps à

~ حَياته لِـ، على ه، ه — consacrer/donner/vouer sa vie/son existence à; vivre pour

~ نَفْسه، ذاته لِـ — se consacrer/se donner/se dévouer/s'employer/se sacrifier/se vouer à

تَكْريس — cérémonie de baptême/d'inauguration; consécration; bénédiction; sacre

مُكَرِّس نَفْسه — dévoué (homme)

**مُكَرَّس** — consacré; dédié (à); sacré; voué (à)

خُبْز، ماء ~ — pain, eau bénit(e)

**4547 كُرّاس** ج كَراريس — fascicule; opuscule

كُرّاسة — brochure; cahier; plaquette

**4548 كِرْسَنّة** — *bot.* orobe; ers; gesse

**4549 كِرْش** ج كُروش، أَكْراش — estomac; panse; ventre

كَراشة — *ins.* scolyte

أَكْرَش م كَرْشاء ج كُرْش — bedonnant [*fam.*]; pansu; ventripotent [*fam.*]; ventru

II كَرَّشَ تَكْريشًا — plisser le front

IV أَكْرَشَ إكْراشًا — avoir du ventre; bedonner [*fam.*]

مُكْرِش ← أَكْرَش م كَرْشاء

V تَكَرَّشَ X اِسْتَكْرَشَ — prendre du ventre

**4550 كَرَعَ** ـَ كَرْعًا، كُروعًا — s'abreuver; boire (en aspirant le liquide sans le secours d'un récipient); humer [*litt.*] (un liquide)

~ مِن مَناهِل ه — s'abreuver/puiser aux sources de

**كَرِعَ** ـَ كَرَعًا — avoir mal au tibia; avoir les jambes fines

~ت السَماء — pleuvoir

كَرَع — eau de pluie/potable; pieds (des bêtes de somme); méprisable; vil

كارِعة ج ات — palmier (qui pousse au bord de l'eau)

كَراعيّ ج ون — marchand de pieds de moutons

**كُراع** ج كَوارِع، أَكْرُع — tibia; extrémité

~، أَكارِع الأَرْض — le bout du monde; les confins de la terre

أُعْطِيَ العَبْدُ ~ًا فَطَلَبَ ذِراعًا — *prov.* donnez un œuf on vous réclamera un bœuf (*m. à m.* donnez des pieds de mouton à un esclave et il réclamera des bras d'homme)

أَكارِع م كَرْعاء ج أَكارِع — qui a les jambes fines minces

أَكارِع الأَرْض ← كُراع

V تَكَرَّعَ تَكَرُّعًا — faire ses ablutions; éructer; roter [*pop.*]

تَكَرُّع ج ات — éructation; rot

**4551 كَرَفْس** — *bot.* céleri

~ الماء — ache des marais

**4552 كَرّاكة** ج ات — drague

**4553 كَرْكَبَ** ه — faire dégringoler rouler; mettre en désordre/en boule [*pr.* et *fig.*]; troubler

**4554 كَرْكَدَّن**، كَرْكَدَن — rhinocéros

~ البَحْر — narval

**4555 كَرْكَرَ** — amasser; entasser; ramasser; s'esclaffer; gargouiller; rire aux éclats; réitérer; répéter

كَرْكَر — *ois.* stercoraire

كَرْكَرة — gargouillement; réitération; répétition

كُرْكور ج كَراكير — tas de pierres

**4556 كُرْكُم** — curcuma

**4557 كَرْكَنْد** — homard

**4558 كَرَكوز**، كَراكوز — théâtre d'ombres/de marionnettes; *v. aussi 4231*

**4559 كُرْكِيّ** ج كَراكِيّ — grue [*ois.*]

الـ~ في الجوّ لا يُعَوِّض عُصْفورًا في اليد

*prov.* un tiens vaut mieux que deux tu l'auras

**4560 كَرْم** ج كُروم — cru *n.m.*; vigne; vignoble; *v. aussi 4561*

باعَ ~ه واشْتَرَى مَعْصَرة — *prov.* vendre sa vigne pour acheter un pressoir; tuer la poule aux œufs d'or; couper l'arbre pour avoir le fruit; manger son blé en herbe

كَرْمة — cep (de vigne)

كَرْمِيّ — viticole

كِرامة — viticulture

كَرّام ج ون — vigneron; viticulteur

**4561 كَرُمَ** ُ كَرَمًا، كَرامة — être ... *v. à l'adj.*; *v. aussi 4560*

**كَرَم** — générosité; largesse; libéralité; magnificence; munificence; noblesse

~ الأَصْل، الأَخْلاق — noblesse d'origine, de caractère

كُرْمًا، كُرْمى لَكَ — en votre faveur honneur; pour vous

**كَرامة** — dignité; honneur; marque d'honneur; noblesse; prestige; respect

~ الإنْسان — dignité humaine

حافَظَ على، صانَ ~ه — sauver la face

الشُّعور بـ~ه — sentiment de sa dignité

حُبًّا و~ لَكَ — en votre honneur; pour vous; avec grand plaisir; très volontiers

~ ج ات — miracle; prodige (accompli par un saint)

**كَريم** ج كِرام، كُرَماء — amical; bienfaisant; bon; chevaleresque; distingué; éminent; généreux; gracieux; honorable; hospitalier; large [*fig.*]; libéral; noble; obligeant; précieux; respectable

مِن أَصْل ~ — de haute naissance; bien né

~ المَحْتِد، النَسَب — *même sens*

كاتِب ~ — écrivain illustre

حَجَر، مَعْدِن ~ — pierre, métal précieux

كَريمة ج كَرائِم — femme/fille bien née/honnête/vertueuse

مَكْرُم، مَكْرُمة ج مَكارِم — action généreuse/noble; nature bienfaisante

II **كَرَّمَ** تَكْريمًا ه، ه — célébrer; exalter; honorer; faire honneur à; rendre les honneurs à; révérer; vanter; vénérer

~ بَطَلًا — célébrer un héros

**تَكْريم**، تَكْرِمة ج ات — célébration/exaltation de qqn; honneur; vénération

كَأْس ~ — vin d'honneur; toast

~ حَرْبِيّ les honneurs de la guerre

تَكْرِيمًا لِـ en l'honneur de

مُكَرَّم célébré; exalté; honoré; respecté; révéré; sacré (personne); vénéré

IV أَكْرَمَ إِكْرَامًا ه (← II) avoir des attentions/des égards pour; rendre hommage à; montrer de la déférence/du respect pour

~ والِدَيْه honorer ses parents

إِكْرام attention; considération; déférence; distinction; respect; révérence; vénération

أَفْرَطَ في الـ~ être obséquieux; faire de grands salamalecs [*fam.*]

إِكْرامًا لِـ en l'honneur/à l'intention de

~ لِلّٰهِ pour l'amour de Dieu

~ لِذِكْرَى ه à la mémoire de

إِكْرامِيّ déférent

تَحِيّات ~ة salutations déférentes/empressées

إِكْرامِيَّة don; gratification; prime

V تَكَرَّمَ تَكَرُّمًا بِـ avoir la bonté/la charité/l'obligeance de; daigner; faire le généreux; être/se montrer généreux; faire la grâce/le plaisir de; se donner la peine de; vouloir bien

تَكَرَّمْ بِـ donnez-vous la peine de; faites-moi le plaisir de

مُتَكَرِّم obligeant

**4562** **كُرُنْب، كَرَنْب** chou [*bot.*]

**4563** **كَرَنَف** couper/trancher (les rameaux d'un palmier)

كُرناف ج كَرانيف moignon de rameau (sur le palmier)

**4564** **كَرْنيب** calebasse; calebassier

**4565** **كُرنيش** corniche

**4566** **كَرِهَ** َ **كُرْهًا** ه، ه abhorrer; avoir en abomination/en horreur; avoir de l'aversion/du dégoût/de la répugnance/de la répulsion pour; se dégoûter/être dégoûté de; détester; exécrer; haïr

كُرْه abomination; antipathie; aversion; dégoût; exécration; haine; horreur; inimitié; répulsion; répugnance; répulsion

~ الأَجانِب xénophobie

على ~ مِنْه contre son gré; à contrecœur; de mauvaise grâce; malgré soi; à son corps défendant

كُرْهًا منه *même sens*

طَوْعًا أو ~ bon gré, mal gré; de gré ou de force

كَراهة، كَراهِيَة ← كُرْه

كارِه الأَجانِب xénophobe

كَرِيه abominable; antipathique; dégoûtant; désagréable; détestable; exécrable; infect; odieux; repoussant; répugnant; répulsif; vilain

~ الرائِحة malodorant; qui sent mauvais; fétide; nauséabond; puant

رائِحة ~ة puanteur; odeur «sui generis»

كَرِيهة ج كَرائِه calamité; désagrément; horreur; malheur; misère

كَرائِه الحَرْب horreurs de la guerre

مَكْروه abhorré; déplaisant; désagréable; détesté; haï; haïssable; odieux; répréhensible

~، مَكْروهة ج ات، مَكارِيه acte criminel; désagrément; ennui; impétuosité; violence

مَكْرَه، مَكْرُهة ج مَكارِه contrariété; désagrément; exécration

II كَرَّهَ تَكْرِيهًا ه إلى ه dégoûter qqn de qqch; rendre qqch détestable/odieux à qqn; faire haïr qqch par qqn

IV أَكْرَهَ إِكْراهًا ه على ه astreindre/contraindre/forcer/obliger qqn à qqch; forcer la main à; faire violence à; violenter

~ نَفْسه على ه s'astreindre/se contraindre/se forcer/s'obliger à; se faire violence pour

إِكْراه contrainte; coercition; usage de la force; violence

تَحْتَ الـ~ sous la contrainte

إِكْراهِيّ؛ إِجْراءات ~ة coercitif; mesures de coercition

مُكْرِه contraignant

مُكْرَه contraint; forcé; obligé

~ أَخوكَ لا بَطَل *prov.* héros malgré lui

مُكْرَهًا contre son gré; contraint et forcé

V تَكَرَّهَ تَكَرُّهًا faire le délicat/la fine bouche/la grimace; montrer de l'aversion/de la répugnance pour

X اِسْتَكْرَهَ اِسْتِكْراهًا ه، ه trouver mal/mauvais/odieux/répugnant

**4567** **كَرا** ُ **كَرْوًا** creuser; excaver; draguer (canal)

كَرْو — creusement; dragage

كُرة ج ات، كُرًى (← كور) — balle; ballon; boule; boulet; globe; sphère

نِصْف ~ — hémisphère

شِبْه ~ — sphéroïde

الـ ~ الأرْضيّة — le globe terrestre; la Terre

~ المِدْفَع، الثَّلْج — boulet de canon; boule de neige

~ السَّلَّة، القَدَم — basket-ball; football

~ اليَد، الماء — handball; water-polo

~ الصَّوْلَجان — golf; polo; hockey

~ الطائِرة — volley-ball

~ المِضْرَب — tennis

~ الطاوِلة — tennis de table; ping-pong

لاعِب ~ القَدَم — footballeur

لاعِب الـ ~ الطائِرة — volleyeur

لاعِب ~ السَّلّة، المِضْرَب — basketteur; tennisman

كُرَيّة ج ات — bille; boulette; *anat.* globule

~ بَيْضاء؛ كُرَيْضاء — globule blanc; leucocyte

~ حَمْراء؛ كُرَيْراء — globule rouge; hématie

~ لِمْفاوِيّة — lymphocyte

تَعْداد الكُرَيّات — numération globulaire

كُرَوِيّ — globulaire; globuleux; rond; sphérique

الأرْض ~ة — la Terre est ronde

نِصْف ~ — hémisphérique

كُرَوِيّة — rondeur; rotondité; sphéricité

كَرّاءة — drague; dragueur

مِكْوار — sphéromètre

**4568 كَروان** — courlis

~ الجَبَل — œdicnème

**4569 كَرّوسة** ج ات — charrette; voiture; carriole

**4570 كروم** — chrome

كَرْوَمَ؛ مُكَرْوَم — chromer; chromé

**4571 كروموزوم** — chromosome

**4572 كَرَوْيا** — carvi; cumin des prés

**4573 كَرِيَ** َ كَرًى — s'assoupir; sommeiller; somnoler

كَرًى — assoupissement; somnolence

**كَرَى** ِ كَرْيًا ← كَرا ٤

**4574 كَرَى** ِ كِراءً — *dialect.* louer; *v. aussi 4573*

~ ِ كَرْيًا — courir à toutes jambes

كِراء — loyer; prix de la location d'un travail

كارٍ (كاري) — qui a loué; locataire

III كارَى كِراءً، مُكاراة ه ه ← IV

كِراء؛ مُكاراة — bail; location; mise en location; louage

مُكارٍ ج ون — bailleur; loueur; ânier; chamelier; muletier; caravanier

IV أَكْرَى إِكْراءً ه ه — donner à bail; louer qqch à qqn; donner mettre en location

إِكْراء ← كِراء

مُكْرٍ ج ون — loueur; logeur

مُكْرِية ج ات — loueuse; logeuse

مُكْرًى ج مُكْرَيات — loué; en location; de louage

VIII اِكْتَرَى اِكْتِراء ه — louer; prendre à bail en location

اِكْتِراء — location/louage (du locataire)

مُكْتَرٍ ج ون — locataire

X اِسْتَكْرَى اِسْتِكْراء ← VIII

**4575 كَزَّ** ُ كَزًّا، كَزازة ه — contracter; crisper; rétracter; rétrécir; serrer

~ على أَسْنانه — serrer les dents

~ مِن، عَن ه — avoir/éprouver de l'aversion/du dégoût pour

**كَزازة** — contraction; crispation; rétraction; rigidité; roideur; tremblement; *métall.* résistance à la torsion

~ في الوَجْه — rictus

اِبْتِسامة تَحَوَّلَتْ إلى ~ — sourire qui se transforma en rictus

كُزاز؛ كُزازيّ — tétanos; tétanique

ضِدّ الـ~ — antitétanique

VIII اِكْتَزَّ اِكْتِزازًا — se contracter; se crisper; se raidir; se rétracter; se roidir

اِكْتِزاز ج ات — contraction; crispation

**4576** **كُزْبُرة**؛ كُزبور — coriandre

~ الثَعْلَب — pimprenelle

~ البير — *bot.* capillaire *n.m.*

~ الصَخْر — *bot.* polytric

**4577** (كزم) **كَزوم** — édenté (vieil animal)

**4578** **كَسَبَ** ـِ كَسْبًا ه — acquérir; gagner *tr.*; obtenir; profiter; tirer un avantage/un profit

~ مَعْرَكة، وَقْتًا — gagner une bataille, du temps

~ دَعْوَى — gagner un procès; avoir gain de cause

~ مالًا، جائِزة — gagner de l'argent, un prix

~ رِزْقَه، مَعيشَته — gagner sa vie/son pain/sa croûte [*fam.*]

~ رِزْقه بِعَمَله — vivre de son travail

~ عَطْفَ، وِدَّ، صَداقة ه — gagner la sympathie/l'amitié de; se concilier qqn

~ إِثْمًا، خَطيئة — porter la charge/la responsabilité d'une faute

**كَسْب** — acquisition; avantage; bénéfice; gain; lucre [*litt., péjor.*]; pécule

~ العَمَل — produit du travail

بِقَصْد الـ~ — dans un but lucratif

كاسِب ج ون — qui acquiert/gagne qqch; travailleur

كاسِبة ج كَواسِب — bête carnassière/féroce; oiseau de proie

**مَكْسِب** ج مَكاسِب ← كَسْب

~ جَديد — nouvelle acquisition

IV أَكْسَبَ إِكْسابًا ه ه — être ... *v. à l'adj.*; faire acquérir/gagner qqch par qqn; faire profiter qqn de qqch

**مُكْسِب** — fructueux; juteux [*fig.*] (affaire); intéressant [*fig.*]; lucratif; profitable; rémunérateur

غَيْر ~ — infructueux; sans profit

V تَكَسَّبَ تَكَسُّبًا ه — chercher à acquérir/à gagner/à obtenir qqch/à tirer profit de

VIII اِكْتَسَبَ اِكْتِسابًا ه — acquérir; conquérir; gagner; obtenir; posséder; profiter; réaliser des profits

اِكْتِساب — acquisition; conquête; obtention; possession

**مُكْتَسَب** — acquis; conquis; gagné; obtenu

~ ج ات — acquisition; conquête; profit

~ نَفْسيّ — acquisition psychologique

خِبْرة، سُرْعة ~ة — expérience, vitesse acquise

**كُسْبُرة** ← كُزبُرة

**4579** **كَسْتَنة**؛ كَسْتَناء — châtaigne; marron *n.m.*

كَسْتَنيّ؛ كَسْتَنائِيّ — châtain; marron *adj.*

**4580** **كَسَحَ** ـَ كَسْحًا ه — balayer; draguer; racler [*fig*]; tout balayer/emporter sur son passage; *v. aussi 4581*

~ العَدُوَّ — balayer l'ennemi

كَسْح — dragage; balayage

كُساحة — balayures; ordures

**كاسِحة** أَلْغام — dragueur de mines

~ جَليد، ثَلْج — brise-glace; chasse-neige

مِكْسَحة ج مَكاسِح — balai

III كاسَحَ مُكاسَحة ه — chercher noise/querelle à; s'en prendre à

VIII **اِكْتَسَحَ** اِكْتِساحًا ه، ه — balayer [*fig.*]; dépouiller; dévaster; envahir; infester; faire main basse sur; mettre à sac; nettoyer [*fig.*]; piller; rafler; saccager; submerger (l'ennemi); venir à bout de

اِكْتِساح — dévastation; invasion; mise à sac; pillage; rafle; submersion; sac; saccage

مُكْتَسِح — dévastateur

**4581** **كَسِحَ** ـَ كَسَحًا — avoir les membres inférieurs faibles; traîner la jambe; ... *v. à l'adj.*; *v. aussi 4580*

كَسَح — débilité/faiblesse/impotence/langueur (des membres inférieurs)

كُساح — rachitisme

**كَسِيح** ج كُسْحان — cul-de-jatte; impotent; estropié; perclus; rachitique

ساق ~ة — jambe impotente/estropiée/inerte

**أَكْسَح** م كَسْحاء ج كُسْح ← كَسِيح

II كَسَّحَ تَكْسِيحًا ه — rendre qqn impotent

**مُكَسَّح** ← كَسِيح

**4582** **كَسَدَ** ـُ كَسادًا — n'être pas achalandé (marché, marchand); n'avoir pas de débit/subir une mévente/se vendre mal/ne pas trouver preneur (marchandise); stagner (affaires)

**كَساد**، كُسود — crise (économique); dépression; basse conjoncture; inactivité; marasme; récession; stagnation [*comm.*]; mévente

مَوْسِم ~ — morte-saison

**كاسِد** — de faible débit (marchandise); inactif (marché); stagnant (affaire)

مَوْسِم، فَصْل ~ — morte-saison

IV أَكْسَدَ إِكْسادًا ه، ه ← كَسَدَ

**أَكْسَدَ، أُكْسِيد** — *v. ordre alphab.*

**4583** **كَسَرَ** ـِ كَسْرًا ه، ه — briser; casser; rompre; concasser; fracturer; refermer/replier les ailes (oiseau)

~ العَدُوّ — enfoncer/mettre en déroute/vaincre l'ennemi

~ النُور — réfracter la lumière

~ الصَمْت — briser/rompre le silence

~ قَلْب ه — briser le cœur; décourager

~ خاطِره — faire un affront à qqn; désappointer; désobliger; offenser

~ بابًا، ضِلْعًا — enfoncer/fracturer une porte, une côte

~ ساقَه، ذِراعَه — se casser une jambe, un bras

~ العَطَش — désaltérer; apaiser/couper la soif

~ أَنْف ه — rabattre le caquet/l'orgueil

~ مِن أَنْف ه، زَهْو ه — *même sens*

~ عَيْن ه — faire honte à qqn

~ مِن طَرْف ه — baisser les yeux

~ من حِدَّة ه — freiner/réfréner/tempérer l'enthousiasme/les excès/le zèle de

~ ه عن مُراده — détourner/dissuader qqn de

~ مِن بَرْد ه — réchauffer; tiédir *tr.*; faire tiédir

~ مِن حَرّ ه — attiédir; refroidir

~ حَرْفًا — *gramm.* prononcer une consonne avec la voyelle «*i*»

**كُسِرَ** — être brisé; tiédir *intr.* (eau); tomber (vent)

~ بَيْنَهم رُمْح — se brouiller; rompre des lances avec

**كَسْر** ج كُسور — bris; brisure; casse *n.f.*; cassure; crevasse; effraction; fente; fissure; fracture (d'un os); rupture; calamité; déroute; déconfiture; faillite; malheur; *math.* fraction; *gramm.* prononciation d'une consonne avec la voyelle «*i*»

سَرِقة بِطَرِيق الـ~ — vol avec effraction

~ عُشْرِيّ — fraction décimale

~ لا يُخْتَزَل — fraction irréductible

حِساب بِلا ~ — compte rond

**كُسور** — fragments/morceaux d'os

أَرْض ذات ~ — terrain accidenté

... و~ — et des poussières (après un nombre)

**كَسْرة** — défaite; déroute; *gramm.* «*kesra*» (nom de la voyelle brève «*i*»)

وَقَعَت عَلَيْه الـ~ — être vaincu/mis en déroute/écrasé

**كَسْرِيّ** : عَدَد ~ — fractionnaire; nombre fractionnaire

**كِسْر** ج كُسور — brisure; cassure

قَبَعَ في ~ بَيْتِه — se tenir à l'écart; se retirer sous sa tente [*fig.*]

**كِسْرة** ج كِسَر — fragment; morceau

~ خُبْز — bout de pain

~ قَنِّينة — tesson de bouteille

**كِسْرَى** — Chosroês

**كُسار**، كُسارة — débris; fragment; miette; morceau

**كُسَيْرة** ج ات — *phys.* dioptrie

**كاسِر** ج كَواسِر — *phys.* dioptre; réfracteur; *ois.* oiseau de proie; rapace

~ أَمْواج — brise-lames

~ العِظام، الحَجَر — *ois.* gypaète; *bot.* saxifrage

**كَسّارة** — concasseur

~ بُنْدُق، جَوْز — casse-noisettes; casse-noix

مَكْسور (← كَسير) brisé; cassé; enfoncé (porte, ennemi); fracturé; rompu; naufragé; mis en déroute; vaincu; *gramm.* qui a une «*kesra*»

**كَسير** ج كَسْرَى، كَسارَى ← مَكْسور

~ القَلْب désappointé; désespéré; le cœur brisé

**مَكْسِر** ج مَكاسِر cassure/pli (du pantalon)

صَلْب، صَليب الـ~ de bonne souche; de haut lignage

إكْسير pierre philosophale

الإكْسير élixir

II **كَسَّرَ** تَكْسيرًا ه briser; broyer; écraser; fracasser; fragmenter; mettre en en miettes/en morceaux/en pièces; rompre; faire voler en éclats

~ حِجارة broyer/concasser des pierres

**تَكْسير** broyage; fracassement; fragmentation

جَمْع الـ~ *gramm.* pluriel brisé

مُكَسَّر brisé; broyé; écrasé; fracassé; en miettes/morceaux/pièces; rompu

V تَكَسَّرَ تَكَسُّرًا se briser; se casser; déferler (vague); se fracasser; se fragmenter

تَكَسُّر déferlement; fracas; fragmentation

وَجْه مُتَكَسِّر visage défait

VII **اِنْكَسَرَ** اِنْكِسارًا se briser; se casser; s'écraser; se fracturer; lâcher *intr.*; rompre *intr.*; se rompre; se réfracter; *fig.* échouer; essuyer un échec

~ جَفْنُه *fig.* être désappointé

**اِنْكِسار** défaite; échec; rupture; *phys.* réfraction

سَريع الـ~ cassant; fragile

عِلْم ~ الأَشِعّة dioptrique *n.f.*

وَحْدة الـ~ العَيْنيّ dioptrie

اِنْكِساريّ dioptrique

**مُنْكَسِر** abattu; brisé; cassé; défait (visage, ennemi); consterné

خَطّ ~ ligne brisée

**4584 كَسَعَ** َ كَسْعًا ه donner un coup de pied au derrière de qqn [*fam.*]; chasser/refouler/repousser qqn

~ ذَنَبه mettre sa queue entre les jambes (animal)

**4585 كَسَفَ** ِ كُسوفًا s'assombrir (visage); s'éclipser (soleil); subir une éclipse; s'occulter (astre); être sombre

~ ِ كَسْفًا ه cacher; occulter; voiler; abattre qqn [*fig.*]; confondre; déconcerter; dérouter [*fig.*]; faire honte à; humilier; mortifier; troubler

كُسوف éclipse de soleil; occultation

كاسِف الوَجْه austère; maussade; malheureux; sombre; triste

VII اِنْكَسَفَ اِنْكِسافًا s'éclipser; subir une éclipse

اِنْكِساف ← كُسوف

**4586 كَشْكَسَ** broyer; piler; pulvériser

كُشْكُس؛ كَشْكَسو couscous

كَشْكاس couscoussier; marmite/passoire pour préparer le couscous

**4587 كَسِلَ** َ كَسَلًا ← VI

كَسَل fainéantise; inaction; indolence; négligence; paresse; relâchement

كَسول cancre [*péjor.*]; endormi [*fig.*]; fainéant; inactif; indolent; paresseux

كَسْلان م كَسْلَى ج كُسالَى ← كَسول

VI تَكاسَلَ تَكاسُلًا être ... *v. à l'adj.*; fainéanter; paresser; se relâcher

تَكاسُل ← كَسَل

مُتَكاسِل ← كَسْلان، كَسول

**4588 كَسَمَ** ِ كَسْمًا ه émietter qqch entre les doigts

~ على عِياله travailler pour entretenir sa famille

**4589 كَسا** ُ كَسْوًا ه، ه draper; garnir; habiller; revêtir; vêtir

~ صِبْغة ه donner à qqch l'apparence de; façonner d'une certaine manière

كَسْو garnissage; habillage; revêtement

**كِسْوة** ج كِسًى كَساوٍ draperie; habillement; habit; livrée; vêtement; pelage; toison

~ التَشْريفة tenue de gala/de parade; grande tenue

كِساء ج أَكْسِية bâche

كاسٍ habilleur (au théâtre)

كاسِية tectrice *adj.*, *n.f.*

**مَكْسُوّ** drapé; garni; habillé; revêtu; vêtu

~ ثِمارًا couvert garni de fruits

**أَكْسَى مِنْ** mieux plus vêtu que

~ مِن البَصَل *prov.* riche comme Crésus (*m. à m.* plus enveloppé qu'un oignon)

IV أَكْسَى إِكْساءً ه ← كَسا

VIII **اِكْتَسَى** اِكْتِساءً s'habiller; se garnir; revêtir *tr.*; se vêtir

~ بِالنَبات se couvrir de végétation

**4590** **كَشَّ** ـِ كَشًّا ه chasser qqn; envoyer promener qqn [*fig.*]; refouler; repousser

~ ـِ كَشيشًا bruire [*litt.*]; pétiller; produire un bruit de frôlement de froissement

كَشيش froissement (de plumes); frôlement (du serpent); pétillement

كُشَّة boucle mèche toupet de cheveux

كَشَّة العَجوز *bot.* lichen; mousse

**كَشْت** ← كَشوت

**4591** **كُشْتُبان** ج كَشاتِبين dé (à coudre)

زَهْر الكَشاتِبين digitale *n.f.* [*bot.*]

سُمّ ~ digitaline

**4592** **كَشَحَ** ـَ كَشْحًا ه ← كَشَّ

~ قَوْمًا disperser séparer un groupe d'individus

**كَشْح** ج كُشوح hypocondre *n.m.* [*anat.*]; côté; flanc

طَوَى ~ه عن ه se détourner de qqn; rompre avec qqn; tourner le dos à qqn

طَوَى ~ه على ه (← III) cacher (un sentiment)

كُشاحة haine inimitié secrète; rancœur; rancune; ressentiment

كاشِح ennemi secret; rancunier

III **كاشَحَ** مُكاشَحةً ه nourrir une haine secrète un ressentiment contre

~ ه بِالعَداوة *même sens*

**4593** **كَشَرَ** ـِ كَشْرًا grimacer; faire la grimace

~ اِسْتِياءً، نُفُورًا faire une grimace de mépris, de dégoût

~ عن أَسْنانه، أَنْيابه montrer les dents, les crocs

كِشْر؛ كَشْرة grimace; rictus

II كَشَّرَ تَكْشيرًا ← كَشَرَ

**4594** **كَشَطَ** ـِ كَشْطًا cureter; décortiquer; écorcer; écorcher; gratter; racler; *fig.* dépouiller; détrousser; dévaliser

~ الوَحَل مِن أَحْذِيَته décrotter ses chaussures

~ نَفْسَه s'écorcher

كَشْط curetage; écorchure; grattage; raclage

كُشاطة raclure

كَشّاط boucher *n.m.*; *fig.* détrousseur; pilleur

مِكْشَط، مِكْشَطة curette; décrottoir; grattoir

**4595** **كَشَفَ** ـِ كَشْفًا ه، عَنْ ه déceler; découvrir; dénicher [*fig.*]; détecter; deviner; dévoiler; discerner; élucider; explorer; lever/soulever (un voile); reconnaître (un pays); faire une reconnaissance; repérer; révéler; laisser voir; mettre en valeur (formes); dépister [*méd.*]

~ نِيّاته، عن نَواياه afficher/déclarer/découvrir dévoiler/manifester/révéler ses intentions

~ نَوايا، نِيّات ه discerner/deviner les intentions

~ عن رَأْسه baisser sa garde/se découvrir (boxeur)

~ سِرًّا deviner/découvrir/percer/révéler un secret

~ وَرَقَته، أَوْراقه abattre/dévoiler/étaler son jeu/ses cartes [*pr.* et *fig.*]; se démasquer

~ الغُموض عن ه exhumer (une affaire); tirer au clair; faire la lumière sur

~ السِتار عن ه dévoiler; démasquer; arracher mettre bas les masques; lever le voile sur

~ القِناع، النِقاب عن ه *même sens*

~ مَوْقِع ه، ه détecter/repérer la position de; révéler sa position

~ على الحَقائِب inspecter/visiter les bagages (en douane)

~ على مَريض examiner un malade (médecin)

~ لِـ ه أَسْرار ه initier qqn aux secrets de

~ لِـ ه عن قَلْبه se confier à qqn; épancher/ouvrir son cœur/s'ouvrir à qqn

~ عن ما في قَلْبه *même sens*

~ عن خَفاياه، عن مَكْنون صَدْره *même sens*

~ عن عَجْزِه — montrer/révéler son impuissance; se révéler impuissant

~ عن ساق الجِدّ — faire des pieds et des mains

~ت الحَرْب عن ساقِها — se déchaîner (guerre)

**كَشْف** ج كُشوف — découverte; détection; dévoilement; enquête; examen; exhumation; exploration; inspection; investigation; recherche; reconnaissance; repérage; révélation; scoutisme; *myst.* illumination; *admin.* bordereau; état; facture; liste

عَمَلِيّة ~ — opération de reconnaissance

~ النَفَقات، حِساب — état des dépenses; facture

~ طِبّيّ — examen médical; dépistage

كَشْفيّ؛ كَشْفِيّة — scout *adj.*; scoutisme

كِشافة — découverte; exploration; reconnaissance; scoutisme

كِشافيّ — scout *adj.*

**كاشِف** — détecteur; enquêteur; inspecteur; examinateur; surveillant; *chim.* réactif; révélateur

ضَوْء، نور ~ — projecteur

كاشِفة ج كَواشِف — scandale

**كَشّاف** ج ة — prospecteur; vérificateur; éclaireur; scout *n.m.*

~ نور، كَهْرَبائِيّ — projecteur

مِصْباح ~ — *même sens*

**مَكْشوف** — découvert; à découvert; à nu; dégagé; mis/percé à jour; *fin.* découvert *n.m.*

~ الصَدْر — décolleté *adj.*

بِالـ، على الـ~ — cartes sur table; ouvertement; publiquement; au grand jour

حيلة ~ة — ruse grossière/cousue de fil blanc [*fam.*]

مَوْقِع ~ — position vulnérable/découverte

بانَ بِالـ~ — apparaître/se manifester clairement/au grand jour/à visage découvert

II كَشَّفَ تَكْشيفًا ه — éventer un secret

III **كاشَفَ** مُكاشَفةً ه بِـ ه — agir ouvertement; révéler qqch à; jouer cartes sur table

~ه بِأَسْرار قَلْبه — ouvrir son cœur à qqn; s'ouvrir/se confier à qqn

~ه بِالعَداوة — être ouvertement hostile/ne pas cacher son hostilité à qqn

V **تَكَشَّفَ** تَكَشُّفًا — apparaître; se découvrir; être découvert/à découvert; se dévoiler; se manifester; percer *intr.*; se révéler

~ عن كَوْنه ه — se montrer/se révéler (sous tel jour, tel)

VII **اِنْكَشَفَ** اِنْكِشافًا ← V

~ عن ه — découvrir; dévoiler; révéler; laisser apparaître/voir

~ الثَوْب عن ساقَيْن عاجِيَّتَيْن — la robe laissa entrevoir des jambes d'ivoire

VIII **اِكْتَشَفَ** اِكْتِشافًا ه، أَنْ — apercevoir; déceler; découvrir; découvrir que; détecter; inventer; mettre la main/le doigt sur; trouver; faire une découverte/une trouvaille

~ سِرًّا، فَخًّا — percer un secret; éventer un piège

~ أَخْطاء — constater/trouver des erreurs

**اِكْتِشاف** ج ات — découverte; détection; invention; trouvaille

عِلْم الـ~ — euristique *n.f.*

~ كَنْز — découverte/invention d'un trésor

مُكْتَشِف ج ون — découvreur; inventeur

مُكْتَشَف ج ات — découverte *n.f.*

X اِسْتَكْشَفَ اِسْتِكْشافًا ه — chercher à découvrir; partir à la découverte de; explorer; reconnaître (une région); faire une/partir en reconnaissance; rechercher; faire des recherches

**اِسْتِكْشاف** ج ات — découverte; exploration; reconnaissance; recherche

~ الأَغْوار — spéléologie

دَوْرِيّة ~ — patrouille de reconnaissance

رِحْلة اِسْتِكْشافِيّة — voyage d'exploration

**مُسْتَكْشِف** ج ون — explorateur

~ الأَغْوار — spéléologue

4596 **كُشْك** ج أَكْشاك — édicule; kiosque; stand; pavillon; tonnelle

~ هاتِف — cabine téléphonique; taxiphone

~ مُحَوِّل كَهْرَبائِيّ — transformateur électrique

~ اِسْتِحْمام — cabine de bain

كِشْك — *lib.*, *syr.* plat à base de blé et de lait

4597 **كَشْكَشَ** — s'enfuir/se glisser dans les herbes (serpent); produire un bruit de frôlement

**4598 كَشْكول** besace; sébile

**4599 كِشْمِش** groseillier

~ أَسْوَد cassis [*bot.*]

كِشْمِشة groseille; cassis [*bot.*]

**4600 كُشْنَى** *bot.* vesce

**4601 كَشوت، كَشوث** cuscute *n.f.*; plante parasite

**4602 كَظَّ ـُ كَظًّا ه، ه بِ، مِنْ** encombrer; gaver; gonfler [*fig.*]; gorger; rassasier; surcharger (de nourriture)

~ بِالماء gorger/se gorger d'eau

~ الغَيْظ صَدْرَه gonfler/se gonfler de colère

كُظَّتْ نَفْسه مِن ه *pr.* et *fig.* avoir une indigestion/être rassasié de

**كِظَّة** indigestion; excès/surcharge (de nourriture)

~ الدَم pléthore [*méd.*]

كَظّ (← كَظيظ) (homme) dur/difficile/intraitable

كَظيظ débordé (de travail); gavé; gonflé; gorgé; rassasié; surchargé; surmené

V تَكَظَّظَ تَكَظُّظًا بِ ه être plein/rempli/surchargé/surmené

تَكَظُّظ surcharge; surmenage

VIII **اِكْتَظَّ** اِكْتِظاظًا بِ ه être ... *v. à l'adj.*; se bourrer; se gaver; se garnir

~ بِالسُكّان، بِالناس fourmiller/grouiller de monde

~ بِالكَلام se soûler/être soûlé de paroles

اِكْتِظاظ بِالسُكّان surpeuplement; surpopulation

**مُكْتَظّ** بِ bourré de [*fam.*]; bondé; engorgé; pléthorique; repu; surchargé

~ بِالسُكّان surpeuplé

**4603 كُظْر** ج كُظور capsule/glande surrénale

غُدّة كُظْرِيّة *même sens*

**4604 كَظَمَ** ـِ كُظومًا ه boucher; comprimer; condamner/fermer (un passage, une porte); contenir; dominer; dompter; endiguer [*fig.*]; étouffer/taire/faire taire (sentiment); refouler; réfréner; retenir

~ غَيْظَه dompter/étouffer/ravaler/refouler/retenir sa colère; se contenir; se retenir; ronger son frein

كَظْم canal de la déglutition; gosier

كِظامة caveçon

كَظيم bouché; comprimé *adj.*; étouffé; condamné (passage); intercepté; obstrué; *fig.* oppressé; triste

**مَكْظوم** ← كَظيم

غَضَب ~ colère rentrée

**4605 كَعَبَ** ـَ كُعوبًا الثَدْيُ être formé/rond/plein (sein)

~ ـُ تْ الفَتاة avoir la poitrine faite/formée/ronde (fille)

**كَعْب** ج كِعاب، كُعوب *anat.* articulation; cou-de-pied; cheville; osselet; talon; astragale

~ ج كُعْب، كِعاب cube; dé; *géom.* cube

~ ج كُعوب nœud (de bambou); pile; tas

عَظْم الـ~ calcanéum

~ شيك talon de chèque

عالي الـ~ fameux (homme); glorieux; illustre; passé maître en; de haut rang

عُلوّ الـ~ gloire; honneur; illustration; position sociale/rang élevé(e)

**كَعْبة** cube; dé à jouer; pièce carrée; *isl.* Ka'ba

الـ~ المُشَرَّفة Ka'ba la magnifique

كَعْبِيّة ج ات talon de chaussure

كُعْب poitrine (d'une femme); seins

كُعْبة virginité

كاعِب ج كَواعِب، كِعاب arrondi/formé/rond (sein); formé (fille)

كُعَيْب *bot* cardon; cardes

II **كَعَّبَ** تَكْعيبًا ه donner une forme cubique à

~ عَدَدًا mettre à la puissance trois

تَكْعيب cubage

تَكْعيبيّ cubique; cubiste *adj.*, *n.*

تَكْعيبيّة cubisme

**مُكَعَّب**؛ مِتْر، قَدَم ~ cubique; mètre, pied cubique

~ عَدَد cube d'un nombre

4606 كُعْبُرة ج كَعابِر nœud; nodosité; pomme [*fig.*]; pommeau; radius; tête d'un os

كُعْبورة ج كَعابير *même sens*

كُعْبُريّ radial [*anat.*]

4607 كُعْتُر tarin [*ois.*]

4608 كَعْكة ج كَعْك biscuit; cake; craquelin; gimblette; gâteau sec

4609 كَعَمَ ـَ كَعْمًا ه، ه ficeler/serrer (l'ouverture d'une outre); museler (un chameau)

كِعْم ج كِعام boîte; étui; gaine; muselière

4610 كغ kg (abrév. de kilogramme)

كغد، كغط (← كاغِط) *v. ordre alphab.*

4611 كَفَّ ـُ كَفًّا ه عن contenir qqn; dissuader; éloigner; inhiber; maintenir à distance; refouler; repousser

~ ه border/mettre une bordure à (un tissu); coudre; ourler; faire un ourlet; faire cesser; mettre un terme/un point final à

~ يَده suspendre qqn/l'activité de qqn

~ ماء وَجْهه protéger l'honneur de

~ عن ه abandonner; s'abstenir/s'arrêter/cesser de; se contenir; se désister; laisser tomber [*fig.*]; renoncer à

~ عن الصَمْت rompre le silence

~ عن عادة ه se désaccoutumer/se déshabituer/perdre l'habitude de

كُفَّ بَصَرُهُ être aveugle; ne rien voir; n'y voir que du feu [*fig.*]

لا يَكُفُّ عن ne pas cesser de; ne faire que; ne pas laisser de [*litt.*]

لا ~ عن الحَرَكة ne pas s'arrêter/ne pas cesser de bouger

كَفّ abstention; arrêt; cessation; désistement; dissuasion; inhibition; renoncement; suspension

~ ج أَكُفّ، كُفوف gant; main; palme; patte palmée; paume; tape

باطِن الـ~ creux/paume de la main

جُمْع الـ~ poing; poignée

~ مَرْيَم *bot.* agnus-castus; gattilier

~ العَذْراء *bot.* rose de Jéricho

~ النَسْر *bot.* fougère grand aigle

~ الدُبّ *bot.* orvale

اِسْتَدَرَّ الأَكُفّ recevoir de généreuses donations

كَفِّيّ *bot., zool.* palmé

وَرَقة ~ة مُرَكَّبة feuille palmée composée

كَفِّيّات القَدَم، الأَقْدام palmipèdes *n.m.pl.*

كَفّة ج كِفَف، كِفاف paume (de la main); plateau (de la balance)

رَجَحَتْ ~ faire bon poids/bonne mesure

الذَهَب بِالذَهَب وَالـ~ بِالـ~
*prov.* les bons comptes font les bons amis

كُفّة ج كُفَف، كِفاف bande; bord; bordure; lisière

~ الأَشْجار lisière de la forêt

كِفاف ج أَكِفّة bordure; bourrelet; ourlet

~ الأُذُن ourlet de l'oreille

كَفاف ce qui suffit pour survivre; quantité de nourriture indispensable pour vivre

عاش عَيْشَ الـ~ être au pain et à l'eau; se nourrir de pain sec; vivoter; vivre au jour le jour

عاشَ ~ يَوْمه *même sens*

أَجْر الـ~ salaire de famine

كافّة ه tout *adj.*; l'ensemble/la totalité de

~ أَنْواع ه toutes sortes de

~ أَنْحاء الأَرْض toutes les régions de la terre

كافّةً collectivement; en totalité; totalement; tous

مَكْفوف bordé; bouché; fermé; inhibé; ourlé; refoulé; repoussé; serré

~ ج مَكافيف؛ كَفيف ج أَكِفّاء aveugle *n.*

II كَفَّفَ تَكْفيفًا ه ourler

مُكَفَّف en forme de palme/de paume; palmé (pied)

V تَكَفَّفَ تَكَفُّفًا tendre la main/la paume de la main (pour mendier); mendier

X اِسْتَكَفَّ اِسْتِكْفافًا ← V

4612 كَفَأَ ـَ كَفْأً ه abandonner; renverser; retourner *tr.*

| | |
|---|---|
| ~ عَدَم الـ | disproportion; inégalité |
| مُتَكافِئ | correspondant; égal; équivalent; paritaire; en proportion; proportionné; proportionnel |
| لَيْسَت القُوَى ~ة | les forces ne sont pas la partie n'est pas égale(s) |
| غَيْر ~ | disproportionné; hors de proportion; inégal |
| VII اِنْكَفَأَ اِنْكِفاءً | être ... v. à l'adj.; changer; reculer; se reculer |
| اِنْكِفاء | inversion; récession; régression |
| اِنْكِفائيّ | récessif; régressif |
| مُنْكَفِئ | altéré; changé; inversé |

| | |
|---|---|
| **4613 كَفَتَ** ـِ كَفْتًا ه. ه | attirer; détenir; ramasser; retenir |
| ~ ه عن ه | détourner qqn de |
| ~ سائِلًا | verser d'un seul coup (un liquide) |
| كِفْت | petite marmite; sac |
| كُفْتة | «kefta»; boulettes (de viande); petits morceaux de viande rôtis en brochettes |
| كَفائِتيّ ج ة | marchand de brochettes |
| II كَفَّتَ تَكْفِيتًا ه بِـ | incruster plaquer d'ivoire de nacre; faire de la marqueterie; marqueter |
| تَكْفِيت | incrustation; marqueterie; placage |
| مُكَفَّت | incrusté; marqueté; plaqué |

| | |
|---|---|
| **4614** (كفح) III **كافَحَ** ه. ه | combattre; être confronté à; entrer en conflit avec; faire la guerre à [fig.]; engager la lutte lutter contre; en venir aux mains avec |
| ~ حَرِيقًا | combattre un incendie |
| ~ الجَهْل، الفَساد | lutter contre l'ignorance, la corruption |
| ~ الأُمور شَخْصِيًّا | s'occuper personnellement de ses affaires |
| **كِفاح** ج ات | combat; conflit; confrontation; lutte |
| الـ~ السياسيّ | lutte politique |
| الكِفاحات الاِجْتِماعِيّة | conflits sociaux |
| **مُكافَحة** | lutte (contre); répression |
| ~ الغِشّ، المَفاسِد | répression des fraudes, des abus |
| ~ إدْمان المُسْكِرات | lutte contre l'alcoolisme antialcoolique |

| | |
|---|---|
| ~ عن | se détourner de; renoncer à |
| كُفْأة | production; produit; rapport; récolte |
| **كَفاءة** ج ات | aptitude; capacité; compétence; habileté; qualification; égalité; équivalence; parité; efficacité |
| ~ فَنِّيّة | compétence technique |
| ~ إنْتاجِيّة | capacité de production; rendement |
| ~ لِلْعَمَل | qualification au travail |
| كَفاءات | facultés (intellectuelles); qualifications; titres (universitaires) |
| **كُفْء**، كُفُؤ ج كِفاء، أَكْفاء | égal; même; apte; pareil; semblable; à même de; capable; compétent; habile; qualifié; à la hauteur [fam.] |
| عامِل ~ | ouvrier qualifié |
| غَيْر ~ | inapte; incapable; incompétent |
| III **كافَأَ** مُكافاءةً ه | être ... v. à l'adj.; égaler; équivaloir à; gratifier; indemniser; payer; primer; donner une indemnité/une prime (pour); récompenser; rémunérer; rétribuer |
| ~ تِلْمِيذًا مُجْتَهِدًا | couronner un bon élève |
| **مُكافاءة** ج ات | compensation; gratification; prix; indemnité; prime; récompense; rémunération; rétribution |
| ~ يَوْمِيّة، بَرْلَمانِيّة | indemnité journalière, parlementaire |
| **كِفاء** ه | en compensation rétribution de |
| لا ~ لَه | sans égal équivalent pareil |
| **مُكافِئ** | correspondant adj.; comparable; égal; équivalent; homogène; pareil; paritaire |
| قَطْع ~ | parabole [math.] |
| قَطْعيّ مُكافِئيّ | parabolique |
| VI تَكافَأَ تَكافُؤ (مع) | correspondre à; se correspondre; être à la parité; être ... v. à l'adj. |
| **تَكافُؤ** | compensation; correspondance; égalité; équivalence; parité; valence [math.]; proportion |
| ~ الفُرَص | égalité des chances |
| سِعْر الـ~ | parité [fin.] |
| ~ عُنْصُر | valence d'un élément [chim.] |
| ثُنائيّ، ثُلاثيّ الـ~ | bivalent; trivalent |
| ثُنائيّة، ثُلاثيّة الـ~ | bivalence; trivalence |
| تَعَدُّد، مُتَعَدِّد الـ~ | polyvalence; polyvalent |

~ إدْمان التِبْغ — lutte contre le tabagisme/l'abus du tabac

~ الأُمِّية — lutte contre l'analphabétisme

~ التَجَسُّس — contre-espionnage

~ الحَشَرات، السَرَطان — lutte contre les insectes, le cancer

مُكافِح ج ون — combattant; lutteur

**4615 كَفْر** ج كُفور — bourgade; hameau; village

**4616 كَفَرَ** ُ كُفْرًا، كُفْرانًا ه، بِـ ه — s'affranchir de; refuser; nier (l'existence de); rejeter; repousser; répudier; *v. aussi 4615*

~ بِاللّٰه — être ... *v. à l'adj.*; blasphémer; ne pas croire en Dieu; profaner/renier Dieu

**كُفْر**، كُفْران — absence de foi; athéisme; incrédulité; incroyance; infidélité; ingratitude (vis-à-vis de Dieu); négation; refus; rejet; répudiation

~ بِاللّه — blasphème; impiété; profanation

الإيمان بِالعِلْم ~ بِالجَهْل — la foi en la science est la condamnation de l'ignorance

**كافِر** ج ون، كِفار، كُفّار، كَفَرة — athée; impie; incrédule; incroyant; infidèle (à Dieu); ingrat; irréligieux; mécréant

~ بِالْجَهْل — hostile à l'ignorance

~ بِنِعْمة اللّه — oublieux de la bonté divine

كَفّار ج ة، ون؛ كَفور ج كُفُر ← كافِر

كَفّارة — expiation d'un crime; acte de pénitence; réparation (morale)

كافور — *v. ordre alphab.*

II **كَفَّرَ** تَكْفيرًا عَنْ ه — expier; faire pénitence; accomplir une pénitence

~ عن خَطاياه — racheter ses péchés; réparer ses fautes; faire amende honorable

~ ه عن ه — pardonner qqch à qqn

~ لِـ ه — s'humilier devant qqn; demander pardon à

تَكْفير — expiation; rachat [*fig.*]; rédemption; réparation (morale)

تَكْفيريّ — expiatoire; propitiatoire

**4617 كَفْكَفَ** دُموع ه — essuyer/sécher les larmes

~ مِنْ غُروره — en rabattre

**4618 كَفَلَ** ُ كَفالةً ه، ه — assurer; cautionner; couvrir [*fig.*]; se porter garant de; garantir; parrainer; répondre de; nourrir; avoir soin de; assurer la subsistance de; *v. aussi 4619*

~ سَيْر ه — garantir la bonne marche de

~ نَجاح ه — garantir le succès de

~ تَحْقيق سِياسة — garantir l'application d'une politique

~ ه بِرَهْن — gager/hypothéquer qqch

كَفِلَ َ كَفالة ← كَفَلَ

**كَفالة** — assurance; caution; cautionnement; couverture [*fig.*]; dépôt (de garantie); gage; garantie; parrainage; sécurité; sûreté

قَدَّم ~ — fournir une caution/une garantie

~ مالِيّة — caution/garantie financière

في ~ ه — à la charge de; sous la caution/la garantie/la garde/la responsabilité de

كافِل ج كُفَّل — caution; garant; manager *n.m.*; parrain; protecteur; répondant; responsable; sponsor; tuteur

مَكْفول — assisté; cautionné; couvert [*fig.*]; gagé; garanti; parrainé; pupille *n.*

**كَفيل** ج كُفَلاء ← كافِل

الوَسائِل الـ~ة بِـ — les moyens garantissant

II كَفَّلَ تَكْفيلاً ه ه — garantir qqch à qqn; confier la garde/le parrainage/la tutelle de qqch, qqn à; désigner/nommer qqn comme tuteur

III كافَلَ مُكافَلة ه — conclure un arrangement/s'arranger avec qqn

V **تَكَفَّلَ** تَكَفُّلاً بِـ ه، ه — assumer; se charger de; s'engager à; se porter garant pour; répondre pour

~ بِالنَفَقات — subvenir aux frais

VI تَكافَلَ تَكافُلاً مع — être solidaire de; se solidariser avec; vivre en symbiose avec

تَكافُل — solidarité; symbiose

مُتَكافِل — solidaire

**4619 كَفَل** ج أَكْفال، كُفول — croupe; cul [*pop.*] (des animaux); derrière *n.m.* [*fam.*]; fesse; postérieur *n.m.* [*fam.*]

**4620 كَفَنَ** ِ كَفْنًا ه، ه — envelopper dans un linceul; recouvrir la braise de cendres

كَفَن ج أَكْفان — linceul; suaire

II كَفَّنَ تَكْفِينًا ← كَفَن

4621 **اِكْفَهَرَّ** اِكْفِهْرارًا — être ... *v. à l'adj.*; s'assombrir (visage, ciel); s'obscurcir; se rembrunir (visage); se renfrogner

اِكْفِهْرار — assombrissement; obscurcissement; obscurité; noirceur (du ciel); tristesse (du visage); mine austère/rébarbative/renfrognée

**مُكْفَهِرّ** — assombri; austère; épais/gris/noir (nuage); obscur; rébarbatif; renfrogné; sombre; triste

4622 **كَفَى** كِفايَة — être en quantité suffisante; suffire

~ أَنْ — il a suffi de/que

~ ه — avoir assez de; suffire à qqn

~ ه مَؤُونَةً — suffire à tous les besoins de qqn

~ حاجَةَ ه — suffire pour couvrir les besoins de

~ ه مَؤُونَةَ ه — épargner/éviter à qqn la peine de

~ ه شَرَّ عَذَاب — épargner à qqn bien des tourments

~ بِاللّٰه هادِيًا — Dieu est le meilleur guide

~ ه مِن ه — remplacer; tenir lieu de

~ نَفْسَه بِنَفْسِه — se suffire à soi-même

~ كَ هَذَرًا — assez de/trêve de bavardages

~ كَ مُزَاحًا — assez de/trêve de plaisanteries

**يَكْفِي** — assez! en voilà assez! c'est bon! la barbe [*pop.*]! c'en est trop! il y en a marre [*pop.*]

~ أن — il n'est que/il suffit de; pour peu que

عِنْدَه ما ~ مِن — avoir assez/suffisamment de

كادَ لا ~ — suffire à peine; être juste assez

لا يُكْفَى — insatiable

**كِفايَة** ج ات (← كَفاءَة) — capacité; compétence; efficacité; qualification; quantité suffisante; ce qui suffit; suffisance; *techn.* rendement

أَكَلَ ~ ه — manger à sa faim/à satiété

نالَ ~ ه مِن ه — avoir eu suffisamment/assez de

عِنْدَه الـ~ مِن — avoir assez/une quantité suffisante de

دُونَ الـ~ — trop peu; pas trop

عَدَم ~ — insuffisance; manque *n.m.*

**كاف** ج كُفاة (← كُفْء) — en quantité suffisante; qui remplace/suffit/tient lieu de; suffisant

غَيْر ~ — pas assez; insuffisant

**غَيْر مَكْفِيّ** — insatisfait (désir)

VIII **اِكْتَفَى** اِكْتِفاءً بِـ — avoir assez de; se borner à; se cantonner dans; se contenter de; se limiter/en rester/s'en tenir à

لا يَكْتَفِي بِـ — ne pas se contenter de

**اِكْتِفاء** — contentement; satisfaction

~ ذاتِيّ — indépendance (économique); autarcie; autonomie

عَدَم ~ — insatisfaction

**مُكْتَفٍ** — contenté; satisfait

غَيْر ~ — insatisfait (personne)

4623 **كَكَتُوَة** — cacatoès

4624 **كِلا** الـ~ — *inv.* tous les deux; les deux

**كِلْتا** الـ~ — *inv.* toutes les deux; les deux

كِلاهُما — chacun des deux; l'un et l'autre; tous deux

كِلْتاهُما — chacune des deux; l'une et l'autre; toutes deux

بِكِلْتا يَدَيْه — des deux mains; à pleines mains

لِكِلا الجِنْسَيْن — pour l'un et l'autre genre/sexe

**كَلّا** ← كَ

4625 **كَلَّ** كَلًّا — être ... *v. à l'adj.*; s'affaiblir; s'assoupir; s'émousser (lame, sentiment); s'embarrasser (langue); faiblir; se fatiguer; se lasser; perdre de son intensité/de sa force/de sa vigueur; *v. aussi 4624, 4626 à 4628*

لا يَكِلّ — infatigable

لا يَحِلّ وَلا ~ — à toute épreuve

**كَلَل** — assoupissement; embarras (d'élocution); émoussement; faiblesse; fatigue; langueur; lassitude; pesanteur (des membres); manque d'agressivité/d'éclat/d'énergie/de ressort [*fig.*]

بِلا، بِدُونِ ~ — infatigablement

**كَلال** ← كَلَل

~ المَعادِن — *techn.* fatigue (des métaux)

**كَليل** affaibli; amorphe; amorti [*fig.*]; émoussé; épuisé; éreinté; faible; fatigué; harassé; languide; languissant; las; lassé; pâle; pesant (geste); sans ressort; terne [*fig.*]

بَصَر ~ vue basse/faible

II كَلَّلَ تَكْليلًا perdre toute expression (visage)

IV أَكَلَّ إِكْلالًا ه، ه affaiblir; amortir [*fig.*]; assoupir; émousser; épuiser; éreinter; fatiguer; harasser; lasser; rendre amorphe/las/pesant

VII اِنْكَلَّ اِنْكِلالًا ← كَلَّ

4626 **كُلّ** 1. *utilisé seul*: ensemble *n.m.*; intégralité; totalité; tout *n.m.*; tout le monde; chacun; *v. aussi 4624, 4625, 4627, 4628*

الـ~ يُسَلِّمُ بِأَن tout le monde admet que

كَـ~ comme un/en tant que tout

بِالـ~ entièrement; totalement

الـ~ في الـ~ en tout; tout à fait

~ بِدَوْرِه chacun à son tour

لِـ~ ذَوْقُه chacun ses goûts

**كُلّ** 2. *utilisé avec un compl. sing. indéterminé*: chaque; chacun; quiconque; tout

~ رَجُل، اِمْرَأة chaque/tout(e) homme, femme

بِـ~ قُوَّة avec beaucoup de force

بِـ~ عَزْم avec beaucoup de détermination

~ شَيْء (كُلْشي) chaque/tout(e) chose; tout *adv.*

~ هذا، ذلك tout ceci, cela

مِن ~ جِهة de chaque/de tous côté(s)

على ~، على ~ حال en tout cas; toujours est-il que

في ~ سَبْعة أَيّام tous les sept jours; chaque semaine; toutes les semaines

في ~ مِن الجَزائِر والعِراق pour ce qui est de l'Algérie et de l'Iraq; en Algérie aussi bien qu'en/autant qu'en/comme en Iraq

~ ما tout ce qui; chaque chose; n'importe quoi

هذا ~ ما في الأَمْر voilà tout

~ مَنْ tous ceux qui; chacun; quiconque

**كُلَّ يَوْم** chaque jour; tous les jours

~ وَقْت n'importe quand; tout le temps

~ مَرَّة؛ كُلَّما chaque fois; toutes les fois

**كُلّ** 3. *avec un compl. sing. déterminé*: entier; la totalité de; tout *adj.*; tout à fait; très

~ المَسْؤُولِيّة toute la responsabilité; la responsabilité entière

~ العالَم؛ العالَم ~ه le monde entier; tout le monde

~ اليَوْم؛ اليَوْم ~ه tout le jour; le jour entier

الحَقيقة ~ الحَقيقة هي toute la vérité est que

الخَيْر ~ الخَيْر أن il est très/tout à fait bien que

مِنْ ~ قَلْبي de tout mon cœur

في ~ عُمْري toute ma vie; durant toute mon existence

في عُمْري ~ه *même sens*

قَريب كُلَّ القُرْب tout/tout à fait proche

مُخْتَلِف ~ الاِخْتِلاف entièrement/totalement/très différent

اِنْتَبَهَ ~ الاِنْتِباه faire très attention; être très attentif/vigilant

**كُلّ** 4. *avec un compl. pl. déterminé*: tous; toutes

~ التَفاصيل؛ التَفاصيل ~ها tous les détails

~ الناس؛ الناس ~هم tous les gens; tout le monde

**كُلَّما** chaque fois que; toutes les fois que; à mesure que; au fur et à mesure que

~ دَعَتِ الحاجة إِلَيْه chaque fois que cela est nécessaire; selon les besoins

~ تَقَدَّمَتْ بِهِ السِنّ au fur et à mesure qu'il vieillit

~ ... كُلَّما plus ... plus

~ تَقَدَّمَتْ بِهِ السِنّ كُلَّما plus il prend de l'âge plus

**كُلِّيّ** absolu *adj.*; complet *adj.*; global; total *adj.*; universel; macro-/omni- *préf.*

تَكْلِفة، مَصْروفات ~ة coût, dépenses total(es)

صُورة ~ة image globale/complète

اِقْتِصاد ~ macro-économie

تَحْليل ~ macro-analyse

~ القُدْرة، الوُجود omnipotent; omniprésent

**كُلِّيًّا** complètement; tout entier; entièrement; intégralement; en plein; pleinement; en tout point; radicalement; totalement; en totalité; tout à fait

تَكَرَّسَ ~ لِـ se donner tout entier à; se dévouer corps et âme

**كُلِّيَّة** ج ات — absolu *n.m.*; complétude; intégralité; intégrité; totalité; omni- *préf.*

~ ج ات — *enseign.* académie; école supérieure; faculté

~ حَرْبِيَّة، عَسْكَرِيَّة — École de guerre militaire; académie militaire

~ تِجارِيَّة — École supérieure de commerce

~ الآداب، الحُقوق — faculté des lettres, de droit

~ القُدْرة، الوجود — omnipotence; omniprésence

بِ~ه ← كُلِّيًّا

الكُلِّيّات — universaux *n.m.pl.*

كُلِّيانيّ، كُلِّيانيّة — totalitaire; totalitarisme

**4627 كُلّة** ج كُلَل — balle; bille; *sport.* poids

**4628 كِلّة** ج ات، كِلَل — moustiquaire; voile *n.m.*; voilette; pompon rouge; *v. aussi 4624 à 4627*

**إِكْليل** ج أَكاليل — couronne; diadème; *bot.* ombelle

~ الشَوْك، الجَبَل — couronne d'épines; romarin

~ الغار، المَجْد — couronne de lauriers [*pr.* et *fig.*]

جَنَى **أَكاليل** الغار — cueillir des lauriers [*fig.*]

إِكْليليّ — coronaire

II **كَلَّلَ** تَكْليلاً ه — couronner; mettre une couronne un diadème

~ جُهودًا — couronner des efforts

كُلِّلَتْ جُهودُنا بِ — nos efforts ont été couronnés par

**مُكَلَّل** بِالزَهْر، بِالثَلْج — couronné de fleurs, de neige

~ بِالنَجاح — couronné de succès

V **تَكَلَّلَ** تَكَلُّلًا بِ — être couronné de/par

~ بِالنَجاح، بِاتِّفاقيّة — être couronné de succès, par un accord

**4629 كَلَأَ** ـَ كَلْأً ه، في ه — préserver; protéger; veiller sur

~ ه بِعَطْفه — témoigner de la sympathie à

كَلَأ ج أَكْلاء — fourrage; herbage; herbe; pâture

**كِلاءة** — garde; protection; sauvegarde

في ~ اللّه — à la garde de Dieu

كَلوء — vigilant (œil)

II كَلَّأَ تَكْلِئَةً — aborder; arriver à quai; atterrir (bateau); mouiller; entrer en rade

كَلّاء، مُكَلَّأ — bord; mouillage; rade; rivage

VIII اِكْتَلَأَ اِكْتِلاءً — veiller sans se lasser; être toujours ouvert (œil)

**4630 كلاسيك**، كلاسيكيّ — classique *n.m., adj.*

**كلاسيكيّة** — classicisme

~ جَديدة — néo-classicisme

**4631 كَلَبَ** ـُ كَلْبًا ه — éperonner; donner des coups d'éperon; harponner; piquer

كَلِبَ ـَ كَلَبًا — aboyer; être devenir enragé; avoir la rage; rager; avoir soif

**كَلْب** ج كِلاب — chien; *péjor., fam.* chien; avare; regardant

~ البَحْر — chien de mer; roussette

~ الماء — loutre

~ صَيْد، الراعي — chien de chasse, de berger

~ حِراسة — chien de garde; mâtin

مَرَّ بِوادي الـ~ — *prov.* vivre comme un chien; mener une vie de chien

لِسان الـ~ — *bot.* cynoglosse

كُلّ ~ بِبابه نَبّاح — *prov.* prêcher pour sa paroisse pour son saint [*fam.*]

~ اِعْتَسَّ خَيْر مِن أَسَد رَبَض — *prov.* mieux vaut être chien vivant que lion mort

عاشَ عِيشة **الكِلاب** — *prov.* mener une vie de chien

كَلْبة ج ات — chienne

كَلْبيّ — canin; *philos.* cynique

كَلْبِيّة — cynisme [*philos.*]

**كَلْبِيّات** — canidés *n.m.pl.*

~ الرُؤوس — cynocéphales

**كَلَب** — méchanceté; rage [*vétér.*]; voracité

داء الـ~ — hydrophobie

كَلِب، كَليب — enragé [*vétér.*]; méchant; vorace; hydrophobe

كَلِبيّ — rabique

كُلّاب ج كَلاليب — crampon; croc [*technol.*]; crochet; éperon; grappin; harpon; pied-de-biche

كُلّابة ج ات — pince; tenaille

~ اللُصوص — pince-monseigneur

VI تَكالَبَ تَكالُبًا عَلَى ه، ه — assaillir; se jeter/se ruer sur; être passionné de; se passionner pour

X اِسْتَكْلَبَ اِسْتِكْلابًا — devenir enragé/féroce/méchant

**4632 كَلَتَ** ـِ كَلْتًا — transvaser; transvasement

**4633 كُلْثوم** — qui a de bonnes joues/des joues rebondies

مُكَلْثَم الوَجْه — joufflu; poupin; poupon

**4634 كَلَحَ** ـَ كُلاحًا، كُلوحًا — s'assombrir (visage); se rembrunir; être/devenir ... *v. à l'adj.*

**كالِح** — austère; malheureux; maussade; morose; morne; sévère; sombre; triste

إنّه ~ الوَجْه — avoir triste mine; faire triste figure; avoir l'air malheureux

II كَلَّحَ تَكْليحًا ه — assombrir; rendre qqn malheureux

IV أَكْلَحَ إِكْلاحًا ه ← II

V تَكَلَّحَ تَكَلُّحًا — prendre/avoir l'air ... *v. à l'adj.*

مُتَكَلِّح ← كالِح

**4635 كُلْخوز** — kolkhoz

**4636 كِلْس** — chaux

~ مُطْفأ، حَيّ — chaux éteinte, vive

أَصْلَحَ أَرْضًا بِالـ~ — chauler [*agr.*]

عَدُوّ، إِلْف الـ~ — *bot.* calcifuge; calcicole

**كِلْسيّ** — calcaire *adj.*; calcique

حَجَر ~ — calcaire *n.m.*

كَلْسيوم — calcium

II كَلَّسَ تَكْليسًا ه — badigeonner/blanchir (un mur); chauler; calcifier; calciner

تَكْليس — badigeonnage; chaulage; calcification; calcination

V تَكَلَّسَ تَكَلُّسًا — se calcifier; se calciner

**تَكَلُّس** — calcification; calcination

~ الدَم، الشَرايين — calcémie; artériosclérose

مُتَكَلِّس — calcifié; calciné; sclérosé

**4637 كَلَف** — taches de rousseur

~ الشَمْس — taches solaires

أَكْلَف م كَلْفاء ج كُلْف — brun; fauve *adj.*; roux

**4638 كَلِفَ** ـَ كَلَفًا بِـ ه، ه — s'amouracher de; s'éprendre de; se passionner pour; être ... *v. à l'adj.*

**كُلْفة** — affectation; afféterie; cérémonial; cérémonies *n.f.pl.*; charge; corvée; fatigue; formalité; gêne; manières *n.f.pl.*; maniérisme; obligation; peine; préciosité; recherche [*fig.*]; *écon.* charges *n.f.pl.*; coût; dépense; frais *n.m.pl.*

اِكْتَسَى بِـ~ — se vêtir avec recherche

~ الإِنْتاج — coût de/à la production

سِعْر الـ~ — prix coûtant/de revient

كَثير، قَليل الـ~ — coûteux; peu coûteux

بِـ~زَهيدة — à peu de frais; bon marché

عَدَم ~ — désinvolture; laisser-aller *n.m.*

دُونَ، مِن غَيْر ~ — sans cérémonie/façon; à la fortune du pot

كَلِف بِـ — attaché (à); amoureux; épris; passionné

II كَلَّفَ تَكْليفًا، تَكْلِفةً ه — coûter; déranger; gêner; être à charge à qqn; réquisitionner

~ نَفْسه، خاطِره — se déranger; faire un effort; se forcer; se donner de la peine

~ حَياة ه — coûter la vie à

مَهْما ~ الأَمْر — à tout/à n'importe quel prix; quoi qu'il en coûte; quel qu'en soit le prix

~ الأَمْر ما ~ ه — coûte que coûte

~ غالِيًا — coûter/revenir/valoir cher

~ ه ه، بِـ ه — charger qqn de qqch/faire qqch; consacrer qqch à; confier qqch aux soins de; contraindre qqn à; coûter à qqn; imposer à qqn (des sacrifices); préposer qqn à; réquisitionner

~ ه أَمْوالاً طائِلة — consacrer des sommes considérables à

~ ه جُهودًا كَبيرة — coûter à qqn de grands efforts; il lui en coûte de

~ مُحامِيًا بِالدِفاع — confier à un avocat la défense

~ ه بِإِجْراء ه — charger qqn d'effectuer

~ نَفْسه فَوْقَ طاقَتِها — se forcer; forcer sa nature; demander l'impossible

**4639 كَلْفَنَ** كَلْفَنة galvaniser; galvanisation [*technol.*]

كَلْفانيّ، مُكَلْفَن galvanique; galvanisé

**4640 كَلْكَلة** callosité

أناخ بالـ~ على ه écraser qqn; peser lourdement sur

II تَكَلْكَلَ تَكَلْكُلاً durcir (peau); devenir calleux rugueux (main); *fig.* s'endurcir

تَكَلْكُل cal; durillon

مُتَكَلْكِل endurci (criminel); impénitent; invétéré

**4641 كَلَمَ** كَلْمًا blesser; faire une blessure une plaie; *v. aussi 4642*

كَلْم ج كُلوم، كِلام blessure; plaie

كَليم ج كَلْمَى blessé

**4642 كَلِمة** ج ات، كَلِم adresse; allocution; discours; mot; parole; propos; terme; Verbe [*théol.*]

جَمَعوا ~ هُمْ على décider unanimement/d'un commun accord; s'entendre sur; être unanimes à

أَلْقَى ~ faire prononcer un discours

~ تَمْهيديّة mot d'introduction

~ وَجيزة *fig.* mot bref; petit mot

أَلْقَى ~ وَجيزة للشُكْر dire un mot de remerciement

~ مُرور، السِرّ mot de passe

~ ه واحِدة n'avoir qu'une parole

~ عاجِلة propos hâtif composé à la hâte

~ مَأْثورة parole mémorable marquante

~ جارِحة propos blessant désobligeant offensant

~ شَرَف parole d'honneur

~ حُلْوة mot/parole gentil(le)/d'affection; gentillesse; petit mot

~ فاصِلة، المِفْتاح le fin mot/la clé de

~ فَـ~ mot à mot; à la lettre

~ اللّه parole de Dieu; Verbe divin

لا يَنْبِس بِـ~ ne pas dire un mot; ne pas piper mot

يُعَبَّر عن ذلك بِكَلِمَتَيْن cela tient en deux mots

~ ه الأَبْلَق العَقوق *prov.* demander la lune

~ ه بَيْض الأَنوق *même sens* (*m. à m.* réclamer un œuf de corbeau blanc)

~ ه مُخّ البَعوض *même sens* (*m. à m.* réclamer de la cervelle de moustique)

**تَكْلِفة** ج تَكالِف corvée; coût

سِعْر الـ~ prix coûtant de revient

~ ثابِتة، مُتَغَيِّرة coût fixe, variable

**تَكْليف** ج تَكاليف charge; contrariété; inconvénient; ouvrage difficile/pénible; réquisition

بلا، بِدون ~ sans cérémonie façon manières

**تَكاليف** charges *n.f.pl.*; coût; frais *n.m.pl.*

~ المَعيشة، مِنْهاج coût de la vie, d'un programme

~ مِهَنيّة charges frais professionnel(le)s

~ تَقْدير devis estimatif

باهِظ الـ~ coûteux; exorbitant; hors de prix

مَهْما كانَت الـ~ à tout prix; coûte que coûte

بِأَقَلّ الـ~ à peu de à moindre frais

**مُكَلَّف** (بِـ) chargé (de); contribuable; préposé (à); requis

~ بِمُهِمّة، بِشُؤُون chargé de mission, d'affaires

V **تَكَلَّفَ** تَكَلُّفًا ه affecter de; faire qqch avec affectation; mettre de l'affectation dans; faire des cérémonies/des manières; se charger de; se déranger pour; se donner la peine de; se forcer à; s'imposer de; faire le sacrifice de; se faire fort de; coûter; revenir à

~ الضَحْك se forcer à rire; rire d'un rire forcé; rire jaune

~ المَشْروع نَحْو le projet est revenu environ à

**تَكَلُّف** affectation; afféterie; chichis *n.m.pl.* [*fam.*]; cérémonies *n.f.pl.*; contrainte; manières; maniérisme; préciosité; raffinement; recherche

بِدُون، بلا ~ sans façon/formalités

**مُتَكَلِّف** (في) affecté; apprêté; artificiel; guindé; cérémonieux; compassé; contraint; empesé; emprunté; forcé [*fig.*]; maniéré; pincé [*fig.*]; précieux; prétentieux; poseur; raffiné; recherché; tiré par les cheveux

اِبْتِسامة ~ة sourire artificiel/factice/figé

ضَحْكة ~ة rire contraint/forcé/jaune

تَصَرُّف ~ comportement pincé/emprunté

**كَلِمات مُتَقاطِعة** mots croisés

الـ ~ الأُمّ entrées (d'un dictionnaire)

العَشْر الـ ~ décalogue; les Dix Commandements

**كَلام** dire *n.m.*; discours; langage; parole; *théol.* Verbe

طَريقة الـ ~ manière de dire/de parler

~ رَمْزِيّ langage chiffré/symbolique

بِـ ~ مُبَطَّن à mots couverts

~ لا يَقْبَل أَيَّ اجْتِهاد propos qui n'admettent aucune interprétation; propos sans ambiguïté

بارِع الـ ~ brillant causeur

~ مُرْسَل، مَنْظوم prose; poésie

عِلْم الـ ~ *isl.* théologie scolastique; «*kalām*»

~ رَنّان *péjor.* mots/phrases ronflant(e)s

~ فارِغ *péjor.* mots/phrases creux (creuses)/vides

تَعَلَّلَ بِـ ~ فارِغ se payer de mots

بالـ ~ oralement; verbalement

عِنْدَ الـ ~ عَنْ à propos/au sujet de

بِـ ~ آخَر autrement dit; en d'autres termes

خَيْر الـ ~ ما قَلَّ وَدَلَّ *prov.* les plaisanteries les plus courtes sont les meilleures

**كَلْمانِيّ** bavard; éloquent; loquace

**كَليم** ج كُلَماء énonciateur; interlocuteur; locuteur

~ الله l'Interlocuteur de Dieu (surnom de Moïse)

II **كَلَّمَ** تَكْليمًا ه adresser la parole; s'adresser (à); parler (à)

~ ه بِـ، في هـ parler à qqn de qqch

III **كالَمَ** مُكالَمَةً ه communiquer; converser; avoir une conversation; discuter; s'entretenir; parler avec qqn

~ ه هاتِفِيًّا avoir une conversation téléphonique avec qqn

**مُكالَمة** ج ات communication; conversation; discussion; entretien

~ هاتِفِيّة communication/entretien téléphonique; coup de téléphone

**مُكالِم** allocutaire; interlocuteur

V **تَكَلَّمَ** تَكَلُّمًا dire; énoncer; s'exprimer; parler

~ مَعَ ه bavarder; converser; discuter; s'entretenir; parler (avec)

~ بِالعَرَبِيّة s'exprimer/parler en arabe

~ عن ه، هـ parler de; tenir des propos sur

~ بِالسُّوء عن dire du mal; parler en mal de

~ بِالخَيْر عن dire du bien; parler en bien de

~ عن عِلْم، عن دِراية parler en connaissance de cause

**تَكَلُّم** conversation; discours; énonciation; entretien; langage; locution; parole

أَحْسَنَ الـ ~ بِالعَرَبِيّة bien parler l'arabe

**مُتَكَلِّم** ج ون énonciateur; locuteur; qui parle; parlant; parleur; *gramm.* première personne; *isl.* docteur en «*kalām*»; théologien scolastique

مُتَكَلَّم عنه ce dont on parle; ce dont il est question; topique

**4643 كُلْوة** ج ات، كُلًى rein; rognon

اِلْتِهاب، مَبْحَث الـ ~ néphrite; néphrologie

**كُلْية** ← كُلْوة

**كُلْوِيّ** néphrétique; rénal

مَغْص ~ colique néphrétique

**4644 كلور**، مُكَلْوَر chlore; chloré

**كلوروفورم** chloroforme

خَدَّرَ بالـ ~ chloroformer

**4645 كليروس**، إكْليروس clergé

كليروسيّ، كليروسيّة clérical; cléricalisme

**كُلْية** ← كُلْوة

**4646 كم** km (abrév. de kilomètre)

~/س km/h (kilomètre à l'heure)

**4647 كَمْ** *1. particule d'exclam.* combien! comme! que! que de!

~ كُنْتُ أَوَدّ أن، لَوْ comme/que j'aurais voulu! j'aurais tant voulu

~ يَكونُ ... إذا comme/que ce serait ... si

~ مِن مَرّة que de fois ...!

~ رَأَيْنا مِن حالات que de cas avons-nous vus!

كَمْ 2. *particule interr. dir. et ind.* combien?

~ مَرَّةً combien de fois?

~ كِتابًا. دَفْتَرًا combien de livres, de cahiers?

بِـ~ تَبيع هذا combien vendez-vous cela?

بِكُلِّ ~ مِن الوَقْت tous les combien?

الـ~ والكَيْفَ le combien et le comment

كَمّ ج ات *philos.* quantité; *phys.* quantum; *v. aussi 4648, 4649*

نَظَرِيَّة الكَمّات théorie des quanta

كَمِّيّ quantitatif; quantique

تَحْليل، فيزياء ~(ة) analyse quantitative; physique quantique

كَمِّيًّا quantitativement

كَمِّيَّة ج ات contingent; dose; lot (de marchandises); quantité; somme

~ صَغيرة من petite quantité; une pointe de

~ كَبيرة من grande quantité; une masse de

~ مُهْمَلة quantité négligeable

~ مُجَمَّعة agrégat [*écon.*]

~ مُتَّجِهة، قياسيّة grandeur vectorielle, scalaire

حَدَّدَ، عَيَّنَ الـ~ contingenter; doser; quantifier

تَحْديد، تَعْيين الـ~ contingentement; dosage; quantification

كَمِّيّات مِن des masses/des quantités de

~ المَخْزون état du stock

بِـ~ كَبيرة من à grand renfort de

II كَمَّمَ تَكْميمًا ه quantifier; quantification

مُكَمِّم ج ات quantificateur

**4648** كَمَّ ـُ كَمًّا *agr.* butter; buttage; *v. aussi 4646, 4647, 4649*

مِكَمَّة butteur; buttoir

**4649** كَمَّ ـُ كَمًّا ه، ه bâillonner; garrotter; museler; *v. aussi 4646 à 4648*

~ فَم، أَفْواه ه museler réduire au silence/faire taire (l'opinion publique)

كُمّ ج أَكْمام manche *n.f.*

قَميص قَصير الكُمَّيْن chemise à manches courtes

كِمّ ج أَكْمام. كِمام *bot.* calice; périanthe

~ ج أَكِمَّة sac à picotin; musette (de cheval)

كِمام. كِمامة ج كَمائِم bâillon; garrot; muselière; masque à gaz

II كَمَّمَ تَكْميمًا ه ← كَمَّ

~ الصَّحافة. المُعارَضة museler la presse, l'opposition

**4650** كَمْء *coll.* truffe [*bot.*]

كَمْأة *n.un.*

~ الماء *bot.* macre; châtaigne d'eau

**4651** كَمان؛ ~ جَهير violon; violoncelle

عازِف ~ violoniste; violoncelliste

**4652** كَمْبيالة ج ات lettre de change; effet de commerce; traite

**4653** (كمت) كُمَيْت (couleur) marron noisette; bai (cheval)

**4654** كُمَّثْرَى، كُمَّثْراة poire [*bot.*]

**4655** كَمَحَ َ كَمْحًا ه freiner; mettre un frein à

كَماحة frein [*mécan.*]

**4656** كَمَخَ َ كَمْخًا ← كَمَحَ

~ بِأَنْفه regarder de haut; se dresser sur ses ergots

**4657** كَمِدَ َ كَمَدًا s'altérer (couleur); s'assouplir (cuir, vêtement); se décolorer; se faner; se ternir; être ... *v. à l'adj.*; *v. aussi 4658*

كَمْد altération (de la couleur); assouplissement (cuir); décatissage; ternissement

كَمَد، كُمْدة lividité; opacité; tristesse

كامِد assoupli (cuir); décati; décoloré; fané; flétri; mat; opaque; pâle; passé (couleur); terne; affligé; malade; triste

كَمِد، كَميد، أَكْمَد ← كامِد

IV أَكْمَدَ إِكْمادًا ه décatir; faire passer ternir (une couleur)

~ ه affliger; attrister

4658 **كِماد؛ كِمادة** — cataplasme; compresse; enveloppement [*méd.*]; *v. aussi 4657*

~ خَرْدَل — enveloppement de moutarde

II كَمَّدَ تَكْميدًا ه — appliquer un cataplasme/une compresse sur; mettre un enveloppement; bassiner

4659 **كَمَر** ج أَكْمار — ceinture à gousset

كَمَرة ج ات — arcade; arcature; arche; flèche (d'une grue); poutre (en fer)

4660 **كَمَشَ** ـُ كَمْشًا — agripper; prendre/saisir à pleines mains

كَمَش — *méd.* amblyopie

كَمْشة — poignée

كَمِش، كَميش — actif; agile; ingambe; leste; rapide; véloce [*litt.*]; *méd.* amblyope

كَمّاشة ج ات — pince; tenaille(s)

II كَمَّشَ تَكْميشًا ه — contracter; friper; froisser; plisser; rider

V تَكَمَّشَ تَكَمُّشًا — se contracter; se ratatiner; se rider; être ... *v. à l'adj.*

مُتَكَمِّش — contracté; ratatiné; ridé

VII **اِنْكَمَشَ** اِنْكِماشًا — se rapetisser; se recroqueviller; se resserrer; se rétracter; rétrécir *intr.*; se rétrécir

~ على ذاته — se replier sur soi

**اِنْكِماش** — déflation; resserrement; rétraction; retrait; rétrécissement

~ النَقْد، نَقْدِيّ — déflation monétaire

غَيْر قابِل الـ~ — irrétrécissable

~ ذاتيّ، الذات — introversion; repli sur soi

اِنْكِماشيّ — déflationniste

**مُنْكَمِش** — recroquevillé; rétracté; rétréci

~ على ذاته — introverti; replié sur soi-même

4661 **كَمُلَ** ـُ كَمالًا، كُمولًا — être ... *v. à l'adj.*; s'achever; finir *intr.*; se terminer

**كَمال** — achèvement; fini *n.m.*; intégralité; intégrité; perfection; plénitude

~ عَمَل — fini d'un travail; finition

بـ~ه ← بِكامِله

**كَماليّ** — de luxe; luxueux; somptueux

مَصْروفات ~ة — dépenses somptuaires

كَماليّة — complétude; finition; perfection

كَماليّات — objets de luxe; superflu *n.m.*

**كامِل** — accompli; complet; consommé [*fig.*]; entier; exhaustif; intact; intégral; parfait; plein; plénier; total

ثَمانية أَيّام ~ة — huit jours francs/pleins

رَجُل، اِمْرَأة ~(ة) — homme, femme accompli(e)/parfait(e)

جَلْسة، غُفْران ~(ة) — séance, indulgence plénière

تَوَظُّف ~ — plein-emploi

بِصِفة ~ة أَوْ جُزْئيّة — de façon globale ou partielle

~ الشَيْء — ensemble/totalité de la chose

~ المَلَكات العَقْليّة — intégrité des capacités intellectuelles

رَقَدَ بِـ~ مَلابِسه — coucher tout habillé

بِـ~ه — au complet; au grand complet; en entier; entièrement; intégralement; dans son intégralité; totalement; in extenso

رَجُل ~ النُمُوّ — homme fait

رَجُل ~ الصِفات — homme parfait

غَيْر ~ — imparfait; incomplet

**أَكْمَل** — plus complet/parfait

على ~ وَجْه — de la manière la plus parfaite; le mieux; le plus parfaitement

بِـ~ه ← بِكامِله

بَلْدة بِـ~ها — une cité tout entière

II **كَمَّلَ** تَكْميلًا، تَكْمِلةً ه — achever; finir *tr.*; compléter; continuer; parfaire; amener à la perfection/à terme; terminer; parachever

~ نَقْصًا — combler une lacune; pallier une déficience

تَكْميل — achèvement; finition; parachèvement; perfectionnement; terminaison

**تَكْمِلة** — complément; continuation

دَفَعَ ~ المَبْلَغ — payer le complément

**تَكْميليّ** — accessoire; complémentaire; complétif; supplémentaire

مَصانِع، مَوارِد ~ة — industries, ressources complémentaires

**مُكَمِّل** — complément *n.m.*; complémentaire; continuateur; supplétif *adj.*; supplémentaire

جُزْء، إجْراء ~ partie intégrante; mesure complémentaire

**مُكَمِّلات** accessoires *n.m.pl.*

III كامَلَ مُكامَلة ه *math.* intégrer; intégration

IV أَكْمَلَ إكْمالًا ه ← II

VI تَكامَلَ تَكامُلًا se compléter mutuellement; être complémentaire(s)/en complémentarité; s'épanouir (personnalité)

**تَكامُل** complémentarité; épanouissement (de la personnalité); *math.* intégrale *n.f.*; *écon.* intégration

~ السِلَع complémentarité des biens

~ رَأْسيّ، أُفُقيّ intégration verticale, horizontale

حِساب ~ calcul intégral; intégrale *n.f.*

عَمَليّة الـ~ *math.* intégration

~ شَرِكة *écon.* intégration

قابِل لِلـ~ intégrable

**تَكامُليّ**؛ مُعادَلة ~ة intégral *adj.*; équation intégrale

تَكامُليّة complémentarité

**مُتَكامِل** complémentaire; intégré; supplémentaire; universel

شَرِكة ~ة، غَيْر ~ة société intégrée, partiellement intégrée

زَوايا ~ة angles complémentaires/supplémentaires

VIII اِكْتَمَلَ اِكْتِمالًا ← كَمَلَ

وَقْتَ **اكْتِمال** طاقَتِه en pleine possession de ses moyens

**مُكْتَمِل** achevé; complet; parfait

رَجُل ~ النُمُوّ homme fait/mûr

X إسْتَكْمَلَ إسْتِكْمالًا accomplir; compléter; chercher à compléter/à rendre à rendre complet/parfait; épanouir [*fig.*]; s'épanouir; parfaire; remplir toutes les conditions; extrapoler

**إسْتِكْمال** accomplissement; extrapolation

~ الذات épanouissement de l'être/de la personnalité

**مُسْتَكْمِل** الشُروط qui remplit toutes les conditions

**4662 كَمَنَ** ـُ كُمونًا في être ... *v. à l'adj.*; consister dans; résider [*fig.*]; siéger (mal); se trouver

يَكْمُن البُرْهان في la preuve réside dans/en est que

كَمَنَ ـَ لِـ ه، ه se mettre/se tenir en embuscade; s'embusquer; guetter

كُمون latence; potentiel *n.m.*; potentialité; virtualité

كُمونيّ potentiel *adj.*

كُمْنة *méd.* amaurose

كامِن؛ كَمين aux aguets; caché; en embuscade; latent; à l'intérieur de; potentiel *adj.*; secret *adj.*; virtuel

كامِنة ج كَوامِن pensée secrète; idée de derrière la tête; intention de nuire

**كَمين** ج كَمائِن complot; embuscade; piège; guet-apens; menée secrète; souricière

دَبَّرَ، نَصَبَ ~ًا لِـ ه tendre une embuscade un piège; ourdir [*litt.*] un complot

مَكْمَن ج مَكامِن ← كَمين

**4663 كَمّون** *bot.* cumin

**4664 كَمَنْجة** violon

**4665 كُمْه** *poiss.* tanche

**4666 كَمَه** cécité congénitale; trouble de la vue

أَكْمَه م كَمْهاء ج كُمْه aveugle de naissance

**4667 كَنَّ** ـُ كَنًّا، كُنونًا ه cacher (un sentiment); tenir caché/secret (une pensée)

~ صَداقة لِـه porter qqn dans son cœur; porter vouer de l'amitié à qqn; concevoir de l'amitié pour qqn

كِنّ ج أَكْنان، أَكِنّة abri; asile; intérieur *n.m.*; refuge

كُنّة ج ات، كِنان auvent; couverture [*archit.*]; porche

كَنّة ج كَنائِن belle-fille; bru; belle-sœur

كانون *v. ordre alphab.*

**مَكْنون** caché; secret (haine)

كَشَفَ عن ~ قَلْبه ouvrir son cœur à

كِنانة ج ات، كَنائِن carquois

IV أَكَنَّ الصَداقة لِـه ← كَنَّ

X إسْتَكَنَّ إسْتِكْنانًا على ه cacher; se cacher; se retirer chez soi

مُسْتَكِنّة ج ات haine cachée/secrète; rancune

**4668 كَنارِيّ** — canari

**4669 كَنَب** — cal *n.m.*; callosité (aux mains et aux pieds)
كَنِب — calleux

**4670 كَنَبة** ج ات — canapé; sofa

**4671 كُنْباث** — *bot.* prêle; equisetum

**4672 كُنُد**، كَنود — avare; ingrat; méchant
كُنود — ingratitude

**4673 كُنْدُر** — encens
كُنْدُرة ج كَنادِر — *lib., syr.* chaussure
كُنْدُرْجِيّ — *lib., syr.* cordonnier

**4674 كِنّارة** ج ات، كَنانير — lyre [*mus.*]

**4675 كَنَزَ** ـِ كَنْزًا ه — accumuler; amasser; empiler; entasser; tasser
~ المال — cacher/enfouir/mettre de l'argent (dans une bourse, sous terre)
**كَنْز** ج كُنوز — trésor (enfoui dans la terre)
اِكْتَشَفَ ~ًا — découvrir/inventer [*dr.*] un trésor
**كَنْزة** — *n.un.* bourse; coffre
~ صُوفيّة، الصُوف — pull-over
كَنِز، كِناز ← مُكْتَنِز
VIII **اِكْتَنَزَ** اِكْتِنازًا — être ... *v. à l'adj.*
~ مالًا — amasser de l'argent; thésauriser
**اِكْتِناز** المال — thésaurisation
~ اللَحْم — fermeté/consistance des chairs
مُكْتَنِز — charnu; gonflé; pulpeux; consistant/ferme (chair); *fin.* thésauriseur
مُكْتَنَز — accumulé; amassé; caché (sous terre); empilé; enfoui; entassé; tassé; thésaurisé

**4676 كَنَسَ** ـُ كَنْسًا ه — balayer; balayage; *v. aussi 4677*
كُناسة — balayures; ordures
كَنّاس — balayeur
**مِكْنَسة** ج مَكانِس — balai
ضَرْبة ~ — coup de balai
~ كَهْرَبائِيّة — aspirateur électrique
مَكْنَس ج مَكانِس — gîte; repaire; tanière
II كَنَّسَ تَكْنيسًا ه ← كَنَسَ

**4677 كَنيس** — synagogue; *v. aussi 4676*
**كَنيسة** ج كَنائِس — église
أَهْل الـ~ — gens/hommes d'Église
**كَنَسِيّ**، كَنائِسِيّ — clérical; ecclésial; ecclésiastique
سُلْطة ~ة — pouvoir spirituel

**4678 كُنّاش** ج ات، كَنانيش — cahier; registre
كُنّاشات — principes fondamentaux

**4679 كَنْغَر** — kangourou

**4680 كَنَفَ** ـُ كَنْفًا ه — aider; assister *tr.*; garder; conserver; protéger; accorder sa protection à
**كَنَف** ج أَكْناف — aide; asile; assistance; égide [*litt.*]; protection; tutelle
عاشَ في ~ ه — vivre dans l'ombre/sous l'aile protectrice de
أَخَذَ ه تَحْتَ ~ه — prendre qqn sous sa protection sa tutelle
عادَ الى ~ ه — rentrer dans le giron de
كَنيف ج كُنُف — cabinets; latrines; toilettes; w.-c.
VIII **اِكْتَنَفَ** اِكْتِنافًا ه — enclaver; enclore; faire un enclos autour de; entourer d'une barrière
~ ه — prendre sous sa protection; se mettre à l'abri/sous la protection de
~ ه الغُموض — être entouré d'équivoque; baigner dans l'ambiguïté
اِكْتِناف — enclavement
مُكْتَنَف (بِ) — enclos; entouré; hérissé (de difficultés)

**4681 كُنْفوشِيّة** — confucianisme

**4682 كُنْه** — le point le plus éloigné/le plus reculé; extrême *n.m.*; fond; cœur [*fig.*]; entité; essence [*fig.*]; nature intime/profonde; substance
~ الأَشْياء — essence/fond des choses

~ المُشْكِلة    cœur du problème

عَرَفَ كُنْهَ المَعْرِفة    connaître qqch à fond

VIII اِكْتَنَهَ اِكْتِناهًا ه    aller jusqu'au bout/au fond; explorer; pénétrer au cœur de; sonder

~ نِيّات ه    deviner/pénétrer les intentions de

اِكْتِناه    exploration [*fig.*]; pénétration

**4683** **كَنَى** ـِ كِنايةً ه ه، بِ ه    donner un surnom à qqn; désigner/nommer qqn à l'aide d'un sobriquet

~ عَن ه، ه بِ    faire allusion à; faire une métonymie

كُنِيَ بِ    porter un surnom; être désigné par un sobriquet

**كِناية**    allusion; métonymie; périphrase

إنَّهُ ~ عن    c'est une espèce/sorte de; cela consiste en

كِنايةً عن    par manière de; au lieu de; à la place de

كُنْيَة ج كُنًى    sobriquet; surnom (composé de «*abū*», «*umm*» suivis d'un nom)

كَنِيّ    qui porte le même sobriquet/surnom qu'un qu'autre

مَكْنِيّ عَنْه    désigné/signifié par allusion/par métonymie

II كَنَّى تَكْنِية ه ← كَنَى

مُكَنًّى بِ    désigné; dit; nommé; surnommé

**4684** **كُهْبة**    lividité

أَكْهَبُ م كَهْباء ج كُهْب    livide

**4685** **كَهْد**    fatigue; peine

كَهْداء    fille servante dégourdie/leste

**4686** **كَهْرَب**    électrifier; électriser; galvaniser [*fig.*]

**كَهْرَبة**    électrification; électrisation; galvanisation (des foules)

~ خَطّ حَديديّ    électrification d'une voie ferrée

كَهْرَب ج كَهارِب؛ كُهَيْرَب ج ات    électron

كَهْرَبِيّة    attraction; électricité; magnétisme [*fig.*]

**كُهَيْرَبيّ**    électronique *adj.*

مِجْهَر، حاسِبة ~ة    microscope, calculatrice électronique

عَقْل ~    cerveau électronique, ordinateur

كَهْرَبا    ambre doré/jaune; succin

**كَهْرَباء**    électricité

مُوَلِّد لِلْ~    électrogène

مَجْموعة مُوَلِّدة لِلْ~    groupe électrogène

مَحَطّة تَوْليد ~    centrale électrique

حَلّ، حَلّ بِالْ~    électrolyser; électrolyse

مُداواة بِالْ~    électrothérapie

مُعالَجة بِالْ~    diathermie

**كَهْرَبائِيّ**    électrique; électricien

مِصْباح، كُرْسيّ ~    ampoule, chaise électrique

نور ~    lumière électrique

عِلاج ~    électrothérapie

~ تِقْنِيّ، فَنّيّ    électrotechnique

~ ساكِن، قَراريّ    électrostatique

~ مَغْنَطيسيّ؛ كَهْرَطيسيّ    électromagnétique

مَغْنَطيسيّة ~ة؛ كَهْرَطيسيّة    électromagnétisme

~ آليّ    électromécanique

~ ميكانيكيّ    électromécanicien

~ مائيّ؛ كَهْرَمائِيّ    hydroélectrique

مِكْشاف ~    électroscope

مَغْنَطيس ~    électro-aimant

تَوْصيل، صَدْمة ~(ة)    connexion électrique; électrochoc

قَتَلَ بِالصَّدْمة الـ~ة    électrocuter

مَوْت، قَتْل بِالصَّدْمة الـ~ة    électrocution

كيمياء ~ة    électrochimie

كيميائيّ ~    électrochimique

مُخَطَّط القَلْب الـ~    électrocardiogramme

صورة الدِماغ الـ~ة    électro-encéphalogramme

تَيّار، جِهاز ~    courant, appareil électrique

مِحْلَق، مِكْواة ~(ة)    rasoir, fer (à repasser) électrique

جِهاز ~ مَنْزِليّ    appareil électroménager

**مُكَهْرِب**    électrisant; galvanisant

مُكَهْرَب électrifié; électrisé; galvanisé [*fig.*]

II تَكَهْرَبَ تَكَهْرُبًا s'électriser; s'électrifier

تَكَهْرُب électrisation; électrification

**كَهْرَطيسيّ، كَهْرَمائيّ** ← كهرب

**4687 كَهْف** ج كُهوف antre; cave; caverne; cavité; grotte

أَهْل الـ~ les gens de la Caverne (sourate XVIII)

أَهْل الكُهوف les hommes des cavernes

V تَكَهُّف cavitation

**4688 كَهَلَ** ـَ كُهولًا، كُهولة mûrir (homme): arriver à l'âge mûr; atteindre la maturité (entre 40 et 60 ans)

كُهولة âge mûr; maturité; pleine force de l'âge

**كَهْل** ج كُهول، كُهْلان d'âge mûr; mûr; vieillissant; quadragénaire; quinquagénaire

~ عَزَب، عازِب vieux garçon

**كَهْلة** ج ات femme mûre/d'un certain âge

~ عازِبة vieille fille

**كاهِل** ج كَواهِل partie du dos entre les omoplates; garrot [*zool.*]; nuque

شَديد الـ~ fort; puissant

كانَ على ~ه être sur le dos de qqn [*fig.*]

أَلْقَى مَسْؤُولِيّة على ~ه charger qqn de; confier à qqn la responsabilité; mettre qqch sur le dos de qqn [*fig.*]

تَلَقَّى ه على ~ه se charger de; prendre la responsabilité de

ثَقَّلُوا على ~ه ما يُريدون mettre tout sur le dos de qqn; il a bon dos

على ~ الحُكومة à la charge du gouvernement

VIII اِكْتَهَلَ اِكْتِهالًا être arrivé à l'âge mûr; avoir acquis son plein développement/sa maturité

مُكْتَهِل mûr; (plante) qui a atteint son plein développement

**4689 كَهْوَل** araignée

**4690 كُهْنة** chiffons; vieux habits; friperie

بائِع ~ fripier

**4691 كَهَنَ** ـُ كَهانةً ه être devin/prêtre; deviner/prédire l'avenir

كَهانة prédiction; prophétie

كِهانة divination; art de prédire l'avenir; prêtrise; sacerdoce

كَهْنوت clergé; ordre [*christ.*]; prêtrise; sacerdoce

كَهَنوتيّ clérical; sacerdotal

كاهِن ج كَهَنة، كُهّان devin; ecclésiastique *n.m.*; oracle; prêtre; sacrificateur

كَهَنة clergé

كاهِنة ج ات devineresse; prêtresse; prophétesse

V **تَكَهَّنَ** تَكَهُّنًا بِـ ه augurer de; conjecturer; deviner; prédire; présager; pressentir; prévoir; pronostiquer; prophétiser

~ بالمُسْتَقْبَل prédire l'avenir

تَكَهُّن ج ات augure; conjecture; divination; prédiction; présage; prescience; pressentiment; prévision; pronostic; prophétie

مُتَكَهِّن augure; devin; oracle; pronostiqueur

**4692 كاهِية** ج كَواهٍ *tunis.* sous-chef; substitut; vice- *particule inv.*

**4693 كُوّة** ج ات، كُوًى، كِواء baie; créneau; écoutille; guichet; embrasure; hublot; lucarne; meurtrière; œil-de-bœuf; soupirail; trou (d'un mur)

**4694 كُوب** ج أَكْواب coupe; gobelet

كوبة cœur [*jeux.*]; jeu d'échecs; trictrac

كُوبِيّة *bot.* hydrangée; hydrangelle

**4695 كوباي** cobaye

**كوبري** ← كُبْري

**4696 كُوبَلْت**، أَزْرَق ~ cobalt; bleu cobalt

**4697 كُوبون** ج ات coupon [*fin.*]

صَرْف الكوبونات vente des coupons

**4698 كُوبيّ** ج ون Cubain

**4699 كَوْثَر** nectar; *isl.* nom d'un fleuve du paradis

**4700 كَوْثَل** dunette; poupe

**4701 كَوْجَر** cougar; puma

**4702 كُوخ** ج أَكْواخ baraque; bicoque [*fam.*]; cabane; cahute; case; gourbi [*pop.*]; hutte; masure; réduit *n.m.*; taudis

~ مِن قَشّ chaumière

**4703 كادَ** ـَ كَوْدًا، مَكادة *suivi d'un v. à l'inaccompli*: être près/sur le point de; faillir; manquer de; peu s'en faut que; presque; quasi; aller (suivi d'un inf.)

~ يَسْقُط il a manqué de/failli tomber; il est presque tombé; il allait tomber

سِعْر ~ يكون ثابتًا un cours presque/quasi fixe

ما ~ يُوجَدُ شَخْصٌ il n'y avait presque personne

ما ~ يُوجَد شَخْصٌ إلّا و presque tout le monde; presque chaque individu; la presque totalité/la quasi-totalité des individus

ما ~ ... حَتّى aussitôt que; dès que; à peine ... que (avec le présent ou le passé selon le contexte)

ما ~ يَسْمَع اِسْمه حتّى à peine entend-il son nom que

ما ~تْ تَنْقَضي الفَتْرة حتّى la période était à peine terminée que

... أَوْ يَكادُ ou presque

~ يَراها il la voit presque

**4704 كَوْد** ج أَكْواد plate-bande

**4705 كَوْدَن** ج كَوادِن *zool.* bardot

**4706 كَوْر** ج أَكْوار caractère; nature; naturel *n.m.*

كُور ج كِيران forge; fourneau; soufflet du forgeron; *v. aussi 4726*

~، كُوارة ج كَوائِر guêpier; nid de guêpes; ruche

كُورة ج كُوَر (← كرو) hameau; village; commune rurale

مِكْوَر، مِكْوَرة turban

II **كَوَّرَ** تَكْويرًا ه fagoter; mettre en fagots/en ballots; enrouler; mettre en boule; rouler en spirales

~ عِمامَته enrouler son turban (sur sa tête)

~ قَبْضَته serrer le poing

تَكْوير fagotage; enroulement

مُكَوَّر enroulé; en boule; fermé (poing); globuleux; rond; en spirales (turban)

مُكَوَّرة رِئَوِيّة pneumocoque

V تَكَوَّرَ تَكَوُّرًا s'arrondir; se mettre en boule en spirales; se pelotonner

**4707 كُوز** ج أَكْواز، كِوَزة cruchon; gargoulette; *bot.* cône; épi (de maïs); strobile

~ صَنَوْبَر pomme de pin

كُوزيّ ج ات conifère

**4708 كُوس** ج ات équerre; *mus.* tambour; timbale

**4709 كُوساة** ج كُوسى، كُوسا courgette

**4710 كَوْسَج** espadon; requin

**4711 كُوع**، كاع ج أَكْواع angle; coude; courbe

لَمَسَ ه بالـ~ donner un coup de coude à qqn

أَكْوَع م كَوْعاء ج كُوع qui a le coude le poignet démis

II كَوَّعَ تَكْويعًا ه couder; dévier

مُكَوَّع coudé (tuyau)

**4712 كُوفيّ** coufique

كُوفِيّة couffié; voile de tête; foulard

**4713 كُوكا** coca [*bot.*]

**4714 كَوْكَب** ج كَواكِب astre, étoile

~ سينمائيّ vedette (de cinéma); star

~ سَيّار، بَحْر planète; étoile de mer

كَوْكَبة، ~ نُجوم constellation

~ الفُرْسان escadron de cavaliers

كَوْكَبيّ astral; planétaire; sidéral; stellaire

بَيْنَ كَواكِب intersidéral; interstellaire

حَسِبَ الحُباحِب ~ *prov.* prendre des vessies pour des lanternes [*fam.*]/des étincelles pour des étoiles

**4715 كُوكتيل** cocktail

**4716 كُولا** *bot.* cola; kola

كوكا كولا Coca-Cola

**كُوْلان** *bot.* jonc; papyrus

**4717 كُوليس** ج كَواليس coulisse

في، وَراء **كَواليس** السِياسة dans les coulisses de la politique

**4718 كَوْم** ج أكْوام amas; colline; meule; pile; monceau; monticule; tertre; tas; fatras [*péjor.*] (de choses); ramassis (de gens)

كُوْمة ج كُوَم *n.un.*

II كَوَّمَ تَكْويمًا ه amasser; amonceler; empiler; entasser; mettre en tas

V تَكَوَّمَ تَكَوُّمًا s'amasser; s'amonceler; s'empiler; s'entasser

**4719 كانَ** ـُ كَوْنًا، كَيْنونة، كِيانًا advenir; arriver; avoir lieu; être; exister; *utilisé comme exposant temporel renvoie le v. dans le passé: imp. avec un v. à l'inaccompli et pl.-q.-parf. avec un v. à l'accompli*

~ رَجُلٌ تاجِرٌ il y avait un homme riche

~ ذٰلِكَ بَعْدَ cela arriva après

~ ما ~؛ ~ وَ ~ il y avait une fois

شِعْرًا ~ أو نَثْرًا qu'il s'agisse de poésie ou de prose

~ أن il advint/il arriva que

~ عَلَيْهِ أنْ devoir; avoir à

ما ~ مِنْهُ إلّا أن s'empresser de; son premier mouvement fut de; ne pas pouvoir faire autrement que de; n'avoir pas d'autre choix que

ما ~، لَمْ يَكُنْ لِـ (+ فِعْل) il n'aurait pas pu/dû; il n'y avait pas de raison que

~ لَهُ أن être capable de/homme à/en situation de; avoir la faculté/la possibilité de

ما ~ لَهُ أن être incapable de/dans l'impossibilité de; ne pas être homme à/en situation de; ne pas pouvoir

أصْبَحَ في خَبَرِ ~ disparaître; ne plus être qu'un souvenir; appartenir au passé

وَإنْ، وَلَوْ ~ et même si

~ يَأْتي، يَذْهَب *avec un v. à l'inaccompli*: il venait, allait

~ قَدْ أتى، ذَهَبَ *avec un v. à l'accompli*: il était venu, allé

~ يَكون ... لَوْ il aurait pu être ... si

ماذا ~ سَيَقول qu'aurait-il pu dire?

**كُنْتَ** رَأيْتَ on pouvait/on aurait pu voir

~ سَمِعْتَ on pouvait/on aurait pu entendre

بَعْدَ يَوْمٍ **يَكونُ** قَدْ دَرَسَها demain il l'aura étudiée

حِينَ ~ المَوْعِد قَدْ حانَ quand le moment sera venu

ما **يَكونُ** *après un compar.* tout à fait; totalement; très

أشْبَه ما ~ بِـ tout à fait semblable

أبْعَد ما ~ مِن très éloigné de

أقْرَب ما ~ مِن الصَواب très près de la vérité

**تَكونون** قَدْ ذَهَبْتُم vous serez déjà partis

على أمَلٍ أنْ **يَكون** قَدْ لَطَّفَ مِن en espérant qu'il aurait apaisé

لَنْ ~ انْطَلَقَ il ne sera pas parti

لا يَخْرُج مِن أنْ ~ ce n'est rien d'autre que; de deux choses l'une

كَما لَوْ لَمْ **يَكُنْ** شَيْء comme si de rien n'était

و لِـ~ النور que la lumière soit

ولِـ~ ما يَكون advienne que pourra

لَمْ ~ قَدْ عَرَفه il ne l'avait pas reconnu

**كَوْن** ج أكْوان le fait d'être/d'exister; état; être; existence; manière d'être; qualité; cosmos; macrocosme; monde; nature; univers

~ ه عِلْمًا sa qualité de science; le fait que ce soit une science

بِـ، لِـ~ه كَذا à cause de; étant donné; parce que c'est

بِـ~ه مَرْكَزًا parce que c'était un centre

مَعَ ~ه bien que; encore que; malgré; quoique

مَعَ ~ه رَديئًا bien qu'il soit laid

وَصْفُ الـ~ cosmographie

عِلْم، نَشْأة الـ~ cosmologie; cosmogonie

**كَوْنيّ** cosmique; universel *adj.*

أشِعّة ~ة rayons cosmiques

~ مَلّاح cosmonaute; spationaute

كِيان entité; être; existence; nature; substance

في أعْماق ~ه au plus profond de son être

عَدَم ~ non-être; non-existence

كِيانة caution; garantie

كائِن créature; étant; être; existant; il y a

~اً مَنْ كان، ما كان qui quoi ce soit

عِلْم، تَطَوُّر الـ~ ontologie; ontogenèse

الكائِنات la création; les créatures; les êtres

كَيْنونة existence

عَدَم ~ non-être; non-existence

طَريق ~ العَرَب la voie de l'existence arabe

مَكان ج أَمْكِنة، أَماكِن emplacement; endroit; espace; lieu; place; point; position; situation

~ حَسّاس، أَمين endroit sensible, sûr

اِخْتار ~اً choisir un emplacement/une place

~ مُغْلَق، فارِغ espace clos, vide

الزَّمان والـ~ le temps et l'espace

في الزَّمان والـ~ en temps et lieu

~ شَرَف، صَدْر الـ~ place d'honneur

لَيْسَ هُنا الـ~ المُناسِب لِـ ce n'est pas le lieu de

بَقِيَ في الـ~ نَفْسه rester à la même place/sur place

لا يَسْتَقِرّ في ~ ne pas rester en place

أَفْسَحَ لَهُ الـ~ faire place de la place à

أَخْلَى الـ~ laisser la place; vider les lieux; débarrasser le plancher [*fam.*]

لَهُ مِنْ قَلْب ه ~ avoir une place dans le cœur de

~ لِلْجُلوس، لِلْوُقوف place assise, debout

وَضَعَ نَفْسه في ~ ه se mettre à la place de

إِنّه في الـ~ المُناسِب لَه être bien à sa place

لَوْ كُنْتُ في ~ك à votre place; si j'étais à votre place

أَخَذَ، اِحْتَلَّ ~اً occuper une place; prendre place/position; se placer

أَخَذَ، حَلَّ ~ ه occuper prendre la place de; remplacer qqn

اِحْتَلَّ ~اً مَكينًا occuper tenir une place considérable

ثَمَن، أُجْرة الـ~ prix de la place

~ تَأَلُّب centre point de ralliement

في كُلّ ~ de tous côtés; en tous lieux; à tous les coins de rue; partout

في ~ آخَر ailleurs; autre part

في ~ ما quelque part

إِنّه مِن الأَهَمِّيّة بِـ~ plutôt très important

مِن الجَمال بِـ~ plutôt très beau

ظَرْف ~ *gramm.* complément circonstanciel de lieu

اِسْم ~ *gramm.* nom de lieu (paradigme du nom de lieu)

مَكانَ ه au lieu de; à la place de

أَماكِن مُقَدَّسة lieux saints

~ عامّة، عُمومِيّة lieux publics

إِنّه مِن الـ~ القَليلة الَّتي c'est un des rares endroits où/que

مَكانة (← مَكان) autorité; degré; dignité; influence; prestige; rang; situation élevée; standing

مَكانِيّ local *adj.*; spatial

مَكانِيّة spatialité

II كَوَّنَ تَكْوينًا constituer; créer; donner existence/forme à; façonner; faire; former; produire; structurer

~ رَأْيًا former un jugement; juger

القَواعِد الَّتي تُكَوِّن الشَكْل les règles qui président à la naissance de la forme

تَكْوين architecture [*fig.*]; complexion [*litt.*]; conformation; constitution; création; façon; façonnement; formation; production; structuration

تَحْتَ الـ~ en formation

عَيْب الـ~ vice de conformation de constitution

حَسَن الـ~ bien charpenté [*fig.*] constitué fait

~ جِسْمِيّ constitution physique; physique *n.m.*

~ شَرِكة constitution de société

~ المُجْتَمَع structure de la société

~ الخِبْرات — formation des compétences

سِفْر الـ~ — la Genèse

**تَكْوِينيّ** — constitutionnel; structurel

إصْلاحات ~ة — réformes structurelles

**مُكَوِّن** — créateur; composant; constituant; constitutif; formateur; formatif

الأجْزاء الـ~ة — parties constitutives/constituantes

~ ج **مُكَوِّنات** — composant *n.m.*; composante *n.f.*; constituant *n.m.*

~ خُطّة اِقْتِصاديّة — composantes d'un plan économique

مُكَوَّن مِن — composé; constitué; fait; formé; consistant en

V **تَكَوَّنَ** تَكَوُّنًا — se constituer; se développer; s'établir; se former; prendre consistance

~ مِن — se composer de; consister en; être composé/formé de

**تَكَوُّن** — constitution; développement; formation; genèse

قَيْدَ، في حالة الـ~ — en gestation [*fig.*]

X **اِسْتَكانَ** اِسْتِكانةً — devenir/se faire humble; s'humilier; se rendre; se résigner; être servile; se soumettre

~ إلى، لـ ه — s'abaisser/s'humilier devant qqn

~ إلى الهَوان — essuyer une humiliation; tomber dans l'abjection

اِسْتِكانة — abaissement; abjection; humiliation; humilité; résignation; servilité; soumission

مُسْتَكين — humilié; opprimé; passif; résigné; servile; soumis

**4720 كَوْنج** — hobereau [*ois.*]

**الكونْغرِس** الأميركيّ — le Congrès américain

وَحْدة **كُونْفِدِراليّة** — confédération

**4721 كَوَى** ـِ كَيًّا ه، ه — brûler (acide); piquer (scorpion); marquer au fer rouge; repasser (un vêtement); *méd.* cautériser

**كَيّ** — brûlure; piqûre (de scorpion); *méd.* cautérisation; pointe de feu

~ الثِياب — repassage

حَجَر الـ~ — nitrate d'argent

آخِرُ الدَواء الـ~ — *prov.* aux grands maux les grands remèdes

**كاوٍ**؛ مادّة ~ة — caustique *adj., n.m.*

صُودا ~ة — soude caustique

كاوية — fer à cautériser/à marquer

كَوّاء — marqueur (de bêtes); repasseur

**مِكْواة** ج مَكاوٍ — cautère; fer à repasser

~ الشَعْر، اللِحام — fer à friser, à souder

مِكْوَجيّ م مِكْوَجيّة — repasseur (de linge)

VIII اِكْتَوَى اِكْتِواءً — se brûler; être brûlé/marqué au fer rouge

**4722 كُوَيْتيّ** — koweïtien

**4723 كَيْ**؛ لِكَيْ — afin de/que; de façon à/que; de telle façon que

كَيْلا — pour ne pas que

**4724 كَيْتَ وَ** ~ — ceci et cela; telle et telle chose; de telle et telle manière; tant et tant; et patati et patata

**4725 كادَ** ـِ كَيْدًا، مَكِيدة ه، لـه
circonvenir; comploter (contre); conspirer; duper; intriguer (contre); manigancer; nuire à; chercher à nuire/à tromper; tendre un piège à; tramer un complot contre; tromper

كَيْد ج كِياد — artifice; brigue [*litt.*]; complot; conspiration; embûche; guet-apens; intrigue; piège; machination; manège [*fig.*]; manigance; micmac [*fam.*]; ruse; stratagème; vexation

مَكِيدة ج مَكايِد — *même sens*

كَيْديّ — vexatoire

كائِد — comploteur; conspirateur; machinateur

**4726 كِير** ج كِيرة، أكْيار، كِيران
soufflet de forge; *v. aussi 4706*

**4727 كِيروسين** — kérosène

**4728 كِيس** ج أكْياس — besace; bourse; cabas; gibecière; housse; poche; sac; *v. aussi 4729*

~ نُقود، نَوْم — porte-monnaie; sac de couchage

~ وَرَق، نَيْلون — sac en papier, en plastique

~ بَطْنيّ — *zool.* poche marsupiale/ventrale

~ مَصْليّ، دُهْني — *méd.* bourse séreuse; kyste; loupe

~ كَانَ أَن comment se fait-il que?

~ لَه بِأَن comment arriver à?

فَ~ بِـه، ه que dire alors de; à plus forte raison alors en ce qui concerne

على كَيْفِهِ à sa guise sa tête

عَمِلَ على ~ه en faire à sa tête

لَمْ يَكُنْ في ~ه ne pas être dans son assiette

كَيْفَما de quelque façon manière que; en tout cas; dans tous les cas

~ كانَ quelque si ... que; tant bien que mal

~ اتَّفَقَ n'importe comment; comme cela se présente

كَيْفِيّ arbitraire (choix); conventionnel; discrétionnaire (pouvoir); qualitatif

شَرْح، تَفْسير ~ explication, interprétation fantaisiste

كَيْفِيَّة comment *n.m.*; façon; manière; modalité; mode; moyen; particularité; propriété; qualité

~ الدَفْع، الحياة mode de paiement; genre de vie

~ اِسْتِعْمال mode d'emploi

II كَيَّفَ تَكْييفًا ه accommoder; adapter; ajuster; aménager; approprier; conditionner; mettre en condition; conformer; façonner; former; donner forme à; modeler; modifier; moduler; reconvertir; régler (sa conduite sur); rendre conforme approprié

~ رواية لِلسينما adapter un roman au cinéma

~ الهَواء climatiser; conditionner l'air

~ ظُهور ه، ه conditionner l'apparition de

~ عَقْلِيَّة ه conditionner la mentalité

~ سُلوكه على modeler sa conduite sur

~ سُلوكه وَفْقًا لِـ conformer sa conduite à; se conformer à

~ ضَغْط طائِرة pressuriser un avion

~ حَياته على régler sa vie sur

~ القُوَى الإِنْتاجِيَّة reconvertir les forces productives

تَكْييف accommodation; adaptation; ajustage; ajustement; aménagement; appropriation (d'une chose à une autre); conditionnement; façonnement; modelage; modulation; reconversion

~ البَصَر accommodation de la vision

~ خِصْيَة، مِخَدّة bourse [*anat.*]; taie d'oreiller

~ الراعي، البَوْغ *bot.* bourse-à-pasteur; sporange

كِيسة ج ات gant de toilette

كِيسِيّات marsupiaux *n.m.pl.*

كُيَيْس ج ات sachet

~ آحي ganglion

II كَيَّسَ تَكْييسًا ه emballer; ensacher

تَكْييس emballage; ensachage; ensachement

مُكَيِّس emballeur; ensacheur

مُكَيَّس emballé; ensaché; mis en sac

**4729 كاسَ - كِياسة** être ... *v. à l'adj.*; *v. aussi 4728*

كِياسة adresse; beauté; chic *n.m.*; civilité; complaisance; courtoisie; dextérité; distinction; élégance; espièglerie; finesse; galanterie; habileté; intelligence; politesse; politique [*fig.*]; savoir-faire; tact; urbanité; doigté

بِـ~ adroitement; fort civilement

كَيِّس ج كَيْسَى adroit; beau; bien; bien mis; chic *adj.*; civil [*fig.*]; complaisant; courtois; distingué; élégant; espiègle; éveillé; fin; galant; joli; habile; intelligent; mutin *adj.*; poli; rusé; sagace; plein de tact

وَلَد ~ الفِعْل enfant espiègle éveillé

إِشارة ~ة fine allusion

أُناس كَيْسَى، أَكْياس des gens comme il faut

كُوَيِّس (← كَيِّس) *égypt.* bien! c'est bien!

أَكْيَس م كِيسَى، كُوسَى ج كِيس ← كَيِّس

II كَيَّسَ تَكْييسًا ه rendre élégant

V تَكَيَّسَ تَكَيُّسًا jouer au plus fin

**4730 كَيْف** ambiance; atmosphère [*fig.*]; condition; état d'esprit; humeur; plaisir; *v. aussi 4731*

كَيْفَ *interr. ou exclam.* comment? comme! et comment!

عَرَفَ لِماذا و~ savoir le pourquoi et le comment

عَرَفَ الكَمّ والـ~ savoir combien et comment

و~ يَكون لِلدينار نِفاس eh quoi! un dinar peut-il accoucher?

~ حالُك comment allez-vous?

~ الهَواء climatisation; conditionnement de l'air
~ الضَغْط pressurisation
~ اِقْتِصاديّ reconversion économique
**مُكَيِّف** adaptateur; ajusteur
~ ج ات الضَغْط pressuriseur
~ هَواء، هوائيّ conditionneur d'air; climatiseur
**مُكَيَّف** accommodé; adapté; ajusté; aménagé; approprié; climatisé; conditionné; façonné; modelé; modulé; reconverti
~ لِ conditionné/fait pour
~ الضَغْط، الهَواء pressurisé; climatisé
حُجْرة ~ة الضَغْط cabine pressurisée
سَيّارات ~ة لِ véhicules conditionnés/aménagés pour
فُنْدُق ~ الهَواء hôtel à air conditionné
غَيْر ~ inadapté
V **تَكَيَّفَ** تَكَيُّفًا مَع، عَلى ه
accommoder *intr.* [*opt.*]; s'accommoder de; s'adapter à; s'ajuster sur; s'aménager; être approprié à; se conformer à; être conforme à; se modeler sur; se prêter à; se réadapter; se régler sur; se reconvertir
~ مع الظُروف s'adapter aux circonstances
**تَكَيُّف** accommodation (de l'œil); adaptation; ajustement
عَدَم ~ inadaptation
تَكَيُّفيّ؛ تَكَيُّفيّة mimétique; mimétisme
VI تَكايَفَ تَكايُفًا se conditionner mutuellement

**4731 كِيف** ج كُيوف chanvre indien; kif; hachisch; *v. aussi 4730*
II كَيَّفَ تَكْييفًا ه droguer; se droguer; fumer (cigarette, tabac, kif); intoxiquer; s'intoxiquer
V تَكَيَّفَ تَكَيُّفًا ← II

**4732 كالَ** ـِ كَيْلاً ه jauger/mesurer/peser (les grains)
~ لِ ه اللَطَمات rouer qqn de coups
~ لِ ه الشَتائِم se répandre en injures contre
~ لِ ه بِكَيْله rendre la monnaie de la pièce [*fig.*]
**كَيْل** ج أَكْيال mesure (de capacité pour les grains)
طَفَحَ الـ~ la coupe est pleine; en avoir plein le dos [*pop.*]/ras le bol [*pop.*]
رَدَّ لِ ه الـ~ renvoyer la balle
كَيْليّ mesurable; volumétrique
مِكْيال ج مَكايِل mesure (de capacité)
المَوازين والمَكاييل poids et mesures
كَيّال ج ة marchand/mesureur de grains
II كَيَّلَ تَكْييلاً ه jauger; mesurer
III **كايَلَ** مُكايَلة rendre la pareille
~ ه صاعًا بِصاع répondre du tac au tac

**4733 كِيلُوغرام** ج ات (← كغ) kilogramme

**4734 كِيلُومِتْر** ج ات (← كم) kilomètre

**4735 كِيلُواط** kilowatt
~ ساعة kilowattheure

**4736 كِيمِياء** chimie; alchimie
~ ضَوْئِيّة، نَفْطيّة photochimie; pétrochimie
~ حَيَويّة، أَحْيائِيّة biochimie
~ صِناعيّة، مَعْدِنيّة chimie industrielle, minérale
~ عُضْويّة chimie organique
**كِيميائِيّ** chimique; chimiste; alchimiste
~ نَفْطيّ؛ كيمينَفْطيّ pétrochimique
الأَسْمِدة الـ~ة engrais chimiques
مُهَنْدِس ~ ingénieur chimiste
كِيماويّ ج ات (← كيميائيّ) produit chimique
صِناعة الكيماويّات البِتروليّة industrie pétrochimique

**4737 كانَ** ـِ كَيْنًا لِ ه s'abaisser/s'humilier devant; être/se faire humble; se soumettre à
X اِسْتَكانَ اِسْتِكانة ← كون X

**4738 كِينا**، كينين quinine

(لام)

*vingt-troisième lettre de l'alphabet : « lam » ;*
*apico-dentale latérale :* [l]

**4739** لَ *1. particule de serment :*

لَعَمْري par ma vie

*2. simple corrélatif :*

إنَّ ... لَ ... *a. rattaché à un attribut, un v., une prép. dans une phrase énonciative*

لَوْ ... لَ ... ؛ لَوْلا ... لَ ... *b. rattaché au v. de l'apodose dans une phrase conditionnelle exprimant un irréel du passé*

لَكِ، لَهُ، لَنا، لَكُنَّ ... *3. transformation phonique de la prép. « li » devant les pron. pers. affixes*

*4. particule d'admiration ou d'étonnement :*

يا لَلْعَجَب ؛ يا لَلْحَظّ quelle merveille ! quelle chance !

يا لَهُ، لَها مِنْ quel ! quelle ! espèce de

يا لَها مِنْ فِكْرة en voilà une idée ! quelle idée !

**4740** لِ *1. prép.* à ; à cause de ; afin de/que ; à l'avantage de ; en faveur de ; pour ; pour que ; en raison de ; *v. aussi 4739 (3)*

قالَ لِـ ه dire à qqn

لِساعَته، لِوَقْته sur l'heure ; sur le moment ; aussitôt

أخوهُ لِأبيه وَأُمِّه frère de la même mère et du même père ; frère germain

لِأَوَّلِ وَهْلة du premier coup d'œil ; de prime/au premier abord

لِلْمَرَّة الأولَى pour la première fois

لا بُدَّ لِهذا مِن cela a besoin de

المَشاكِل والمَنافِع لِـ ه les inconvénients et les avantages de

لَوْحة، كِتاب لِلْفَنّان un tableau, un livre de l'artiste

مُتَقَدِّم لِسَنَوات عَديدة en avance de plusieurs années

لِماذا، لِمَ ؛ لِأَيِّ سَبَب pour quelle raison ; pourquoi

لِأَجْل ه . ه à cause de ; dans le but de ; pour

لِأَنَّ parce que

لِذا ؛ لِذَلِك aussi ; de là ; c'est pourquoi

لِـ ه *2. avec les pron. pers. affixes exprime la possession :* avoir

لِي، لَكَ، لَهُ كِتابٌ j'ai, tu as, il a un livre

كانَ لِي كِتابٌ j'avais un livre

كانَتْ لِي كُتُبٌ j'avais des livres

لَهُ فَضْل avoir du mérite à

لَهُ الفَضْل في avoir le mérite de

لِذاته، لِنَفْسه pour soi ; en personne ; lui-même

الأَمْر لِي، لَكَ c'est moi, toi qui décide(s) ; cela dépend de moi, de toi

هَلْ لَكَ أن pouvez-vous ? êtes-vous en mesure de ? voulez-vous ? avez-vous besoin de ?

ماذا لي في ذلك qu'ai-je à y voir ? qu'est-ce que cela peut me faire ? qu'ai-je besoin de ?

ما لِي أَراكَ هُنا pourquoi vous vois-je ici ?

لا لَهُ ولا عَلَيْهِ sans avoir gagné ni perdu ; quitte

ما لَهُ (وَما عَلَيْه) crédit (et débit) ; actif (et passif)

لَهُ أن avoir droit à/le droit de/qualité pour ; être possible à qqn de

لَيْسَ لَهُ أن n'avoir pas droit à/le droit de/qualité pour ; ne pas être possible à qqn de

لَكَ أَنْ تُصَدِّقه أَوْ لا vous pouvez le croire ou non

~ شَكٌّ aucun/nul doute

~ خَيْرَ في il n'y a rien de bien à/rien à attendre de

~ جِنْسِيَّةَ لَه apatride

~ بُدَّ مِنْ on ne peut éviter de; il faut; on doit

~ غُبارَ عَلَيْه irréprochable

و~ مَرَّةً واحِدة pas même une/pas une seule fois

~ جَرَمَ naturellement; sûrement

~ سِيَّما surtout; tout spécialement

**لا** 8. *entre en composition figée avec des n., des v. ou des adj. comme préf. privatif*: a-; anti-; in-; non-; dé-; *l'ensemble peut alors prendre l'art.*

لاأدْرِيّ، لاغُنوصيّ agnostique; sceptique

لاأدْرِيّة، لاغُنوصيّة agnosticisme; scepticisme

لامُبالٍ، لاإراديّ indifférent; involontaire

اَللاّأباليّة، اَللاّمُبالاة l'indifférence (religieuse)

لاأنا (اَللاّأنا) non-être; non-moi

لاأنانيّ، لاأنانيّة altruiste; altruisme

لاجِنْسيّ، لامُتَجانِس asexué; hétérogène

لادينيّ areligieux; athée; irréligieux

لادينيّة، لادِين athéisme; irréligion

لاجَناحيّ، لاهَوائيّ aptère; anaérobie

لامَركَزيّ، لامَركَزيّة décentralisé; décentralisation

لامَركَزيّة إداريّة décentralisation administrative

لامائيّ anhydre

لامادّيّ، لاشَخْصيّ immatériel; impersonnel

لامادّيّة، لاشَخْصيّة immatérialité; impersonnalité

لانِهاية incommensurable *n.m.*; infini *n.m.*

لانِهائيّ incommensurable *adj.*; infini *adj.*

لاشُعور، لاشُعوريّ inconscience; inconscient

لاشَيْئيّة néant; non-existence; nullité

لاحَتْميّ، لاحَتْميّة indéterministe; indéterminisme

لامُعَرَّف indéfinissable; indéfini; indéterminé

لامَسْؤُوليّ، لامَسْؤُوليّة irresponsable; irresponsabilité

3. *conj. introduisant une complétive au subj.*

جاء لِيَعْمَلَ، لِيَزورَ il est venu pour travailler, visiter

ما كانَ لِيَفْعَلَ il ne devait/ne pouvait/n'était pas en mesure de faire

**لِ، وَلْ، فَلْ** 4. *avec un v. apocopé exprime une invitation ferme, un ordre*: que!

لِيَدْخُلْ، لِيَذْهَبْ qu'il entre! qu'il parte

فَلْنَأكُلْ، لِنَشْرَبْ mangeons! buvons!

لِيُحاوِلْ أيٌّ واحِد فيكُمْ que n'importe lequel d'entre vous essaie

**4741 لا ج لاءات** 1. *n.f.* non

لِمَ هٰذِهِ الـ~ القاطِعة pourquoi ce non catégorique?

أرْبَعُ **لاءاتٍ** حاسِمة quatre «non» définitifs

**لا** 2. *négation absol.* non; pas du tout; non pas; non pas que

~ وَاللّٰهِ non, par Dieu!

نَعَمْ أمْ ~ oui ou non?

**لا** 3. *avec un v. inaccompli*: ne ... pas

~ يَفْعَلُ، يَذْهَبُ il ne fait pas, ne part pas

**لا** 4. *avec un v. impér.*

~ تَفْعَلْ، تَذْهَبْ ne fais pas, ne pars pas!

**لا** 5. *en corrélation avec d'autres particules*:

~ ... فَحَسْبُ، فَقَطْ non/pas seulement

~ هٰذا وَ~ ذاكَ ni ceci ni cela; ni l'un ni l'autre

ما كَتَبَ و~ تَلْفَنَ il n'a ni écrit ni téléphoné

لَيْسَ جَميلًا و~ حَسَنًا il n'est ni beau ni bon

~ ... إلّا ne ... que

~ إلٰهَ إلّا اللّٰهُ il n'y a point d'autre divinité que Dieu

**بِلا** sans; exempt de

**حَتّى وَلا** pas même

**وَلا** 6. *avec un compar./superl.*

وَ~ أبْسَط، أجْمَل on ne peut plus simple, plus beau

وَ~ أحْسَن، أفْضَل on ne peut mieux

**لا** 7. *suivi d'un n. fixé au cas dir., négation d'existence*:

~ أحَدَ nul; personne; aucun

لاعَقْلانيّ، لامَشْروط — irrationnel; inconditionnel

لاعَقْلانيّة — irrationalité; irrationalisme

لامْتِثاليّ، لامْتِثاليّة — non-conformiste; non-conformisme

لامَعْنًى، لاعُنْف — non-sens; non-violence

لاسِلْكي، إشارة لاسِلْكيّة — sans-fil; message radio

لايُدْحَضُ، لايُبَرْهَنُ — irréfutable; indémontrable

لايُرْدَعُ، لايُقْهَرُ — irrépressible; invincible

**4742** **لاتَ** حِينَ، وَقْتَ ه — ce n'est pas le moment

**4743** **لاتينيّ**؛ اللُغة الـ~ — latin *adj., n.*; latin *n.m.*

**4744** **لادَن**، لاذَن ← لَدُن

**4745** **لازَوَرْد** — azur; bleu *n.m.*; lapis-lazuli

**لازَوَرْديّ** — azuré; bleu azur

الشاطِئ الـ~ — Côte d'Azur

**4746** **لاطة** ج ات — madrier

**4747** **لألأ** ← II

**لُؤْلُؤة** ج لُؤْلُؤ، لآلِئُ — perle

عِرْق الـ~ — nacre; madrépore

**لُؤْلُئيّ** — nacré; perlé

**لُؤْلُئيّة** — *bot.* reine-marguerite

II **تَلألأ** تَلألُؤًا — briller; chatoyer; clignoter; étinceler; flamboyer; luire; miroiter; pétiller; resplendir; rayonner; scintiller

~ت العَيْنُ بِالدَمْع — briller de larmes (œil)

~ الدَمْع — perler (larme)

~ بِعَيْنِه — jouer de la prunelle; faire de l'œil [*fam.*]

~ بِذَنَبِه — remuer la queue (chien)

~ بِالصِحّة، السَعادة — rayonner/resplendir de santé, de bonheur

**تَلألُؤ** — brillant *n.m.*; chatoiement; clignotement; étincellement; éclat; flamboiement; miroitement; pétillement; rayonnement; scintillement

~ النُجوم — éclat/rayonnement/scintillement des étoiles

~ الماء، الألْوان — miroitement de l'eau; chatoiement des couleurs

**مُتَلألِئ** — brillant *adj.*; clignotant *adj.*; chatoyant; étincelant; flamboyant; pétillant; rayonnant; scintillant

~ بِالسَعادة — rayonnant de bonheur

**4748** **لالّة** — *maghr.* dame; maîtresse de maison

يا ~ — madame

**4749** **لام** — «*lam*» (nom de la lettre «*l*»)

**لاميّ** — rime en «*l*»

**لاميّة** — poème dont la rime unique est en «*l*»

**4750** **لَؤُمَ** ـُ لُؤْمًا — être ... *v. à l'adj.*; *v. aussi 4751*

**لُؤْم** — abjection; avarice; bassesse; coquinerie [*litt.*]; iniquité; mesquinerie; servilité

**لَئيم** ج لِئام، لُؤَماء — avare; coquin; dépravé; fourbe; ignoble; inique; malhonnête; misérable; servile; sordide

**4751** **لَأَمَ** ـَ لأْمًا ه — bander; panser (une blessure); appliquer un pansement; lier; ligaturer; *v. aussi 4750*

**لَأْم** — cicatrisation

**لأْمة** ج لأْم، لُؤَم — cuirasse

III **لاءَمَ** مُلاءَمة ه — s'accorder avec; arranger qqn; aller bien à qqn; faire l'affaire de; être favorable/propice à; concorder; convenir à; s'entendre/s'harmoniser avec; réussir à qqn

~ بَيْنَ ه — apparier; accommoder; accorder; adapter; concilier; assortir; harmoniser; mettre en harmonie

هذا **يُلائِمُ** ه — cela lui sied [*litt.*]/va bien

هذا لا ~ني — cela ne me réussit pas/ne me vaut rien

**مُلاءَمة** — adaptation; commodité; convenance; opportunité

**مُلائِم** — adapté; adéquat; avantageux; compatible; convenable; congru; expédient *adj.*; idoine; favorable; fait (pour); opportun; pertinent; propice; seyant

وَقْت ~ — moment favorable/opportun/propice

عِبارة ~ة — expression adéquate/adaptée/appropriée

مُلاحَظة ~ة — remarque pertinente

جَوّ ~ لِـ — atmosphère/ambiance favorable à

في جَوّ ~ — sous un jour favorable

~ غَيْر inadéquat; incongru; inopportun; défavorable; désavantageux

VI تَلاءَمَ تَلاؤُمًا مع s'assortir; s'arranger; coïncider avec; s'harmoniser; aller bien (ensemble, avec)

~تْ هَذِهِ الأَلْوان فيما بَيْنَها ces couleurs s'harmonisent bien entre elles

تَلاؤُم accord; adaptation; assortiment; harmonie; compatibilité

مُتَلائِم en accord; adapté (à); assorti; compatible; conforme; congru; harmonieux

~ غَيْر inconciliable; non congru

VIII اِلْتَأَمَ اِلْتِئامًا s'adapter; s'agglutiner; se joindre; s'harmoniser; se réunir; se rejoindre; *méd.* se cicatriser; se fermer (plaie); guérir (blessure); se souder/être soudé (os)

اِلْتِئام adaptation; accord; agglutination; harmonie; *méd.* cicatrisation; guérison; soudure; fermeture (d'une plaie)

**4752 لامة، لاما** lama

**4753 لاهوت** divinité; caractère/nature divin(e); théologie

لاهوتيّ théologal; théologien; théologique

**4754 لاوَنْدة** lavande

**4755 لَأْي، لَأْواء** adversité; malheur; difficulté

~ بَعْدَ à grand/avec peine; non sans peine; à grands frais; avec retard

قاسَى الأَلْواء واللأْوَى endurer mille morts/tourments; en voir de toutes les couleurs; manger de la vache enragée [*fam.*]

**4756 لأى ج ألآء** buffle; taureau sauvage

**4757 لَبَّ ـُ لَبًا، لَبابة** être/devenir ... *v. à l'adj.*

~ ـُ لَبًّا بِمَكانٍ s'arrêter qqp; s'installer

لُبّ ج أَلْباب cœur; milieu; noyau; meilleure partie de qqch; partie intérieure/la plus profonde de qqch; chair/pulpe (d'un fruit); moelle [*bot.*]; *fig.* âme; cœur; esprit; intelligence

~ الكُظْر médullo-surrénale

خَلَبَ ~ه éblouir [*fig.*]; séduire; ravir [*fig.*]

لُبِّيّ، لُبابيّ médulleux; médullaire; pulpeux

لُبَّيْن mouron [*bot.*]

لَبَّيْكَ ← لبى

لُباب mie de pain; pulpe; moelle; incontesté/sans reproche (honneur, réputation); pur; de premier choix; essentiel

~ الجَوْز amande de la noix

لَبابة sagacité; intelligence; perspicacité

لَبَب ج أَلْباب haut de la poitrine/du poitrail

رَخِيّ الـ~ généreux; ouvert [*fig.*]

في ~ رَخيّ être à l'aise; avoir du bien/de la fortune

لَبيب assidu; compréhensif; déluré; ingénieux; intelligent; raisonnable; sagace; sensé

II لَبَّبَ تَلْبيبًا faire ses graines/sa chair/sa pulpe (fruit)

~ ه prendre qqn au collet; colleter

تَلْبيب ج تَلابيب col; collet

أَخَذَ ه بِـ~ه prendre au collet

**4758 لِبَأ** colostrum

لَبُؤة ← لَبْوة

**4759 لَبِثَ ـَ لَبْثًا** prolonger un séjour; rester; séjourner; se tenir qqp

ما ~ أن ne pas tarder à; avoir tôt fait de

لَنْ يَلْبَثَ أن il ne saurait tarder à

لَبْث hésitation; retard

لُبْثة instant de répit

V تَلَبَّثَ تَلَبُّثًا s'attarder; hésiter; prendre du retard; prolonger un séjour; traîner *intr.*; se réserver

**4760 لَبَخَ ـَ لُبوخًا** être corpulent/charnu

لَبَخ *bot.* acacia; albizzia; lebeckia; sébestier

لَبْخة ج لَبَخات cataplasme; émollient; sinapisme

**4761 لَبَدَ ـُ لُبودًا بِـ ه** adhérer/coller à qqch; se poster; se mettre à l'affût; se blottir

~ بِالأَرْض se coller au sol; se tapir

~ بِـ ه entourer qqn; serrer de près

لِبْد، لَبَد feutre; laine; crins; poils; crinière

~ مُقَوًّى feutrine

~ ج لُبود، أَلْباد tapis de laine de prières; calotte en feutre

لَبَد، لُبْدة ج لِبَد ← لِبْد

لا سَبَدَ له ولَا ~ n'avoir pas un sou; avoir été tondu [*fig.*] ratiboisé [*pop.*]

لِبْديّ feutré; en feutre

لَبِد، لُبَد accumulé; compact; inépuisable (richesse)

رَجُل ~ casanier *adj.*; solitaire

II لَبَّدَ تَلْبيدًا ه agglutiner; fouler (des étoffes); fourrer (des vêtements); feutrer; matelasser; coller; encoller; enduire de colle de gomme; *métall.* fritter

~ الأَرْض humidifier mouiller le sol (rosée)

~ الشَعْر gominer les cheveux

تَلْبيد foulage (des étoffes); matelassage; *métall.* frittage

مُلَبَّد feutré; foulé; matelassé; gominé (cheveux)

~ بِالغُيوم chargé (de nuages) couvert gris lourd (ciel)

V تَلَبَّدَ تَلَبُّدًا se blottir; s'agglutiner (cheveux); s'amonceler (nuages); être touffu; feutrer *intr.*

~ بِالغُيوم se couvrir (de nuages)

تَلَبُّد feutrage

مُتَلَبِّد aplati collé plaqué (cheveux); feutré (laine); couvert lourd (ciel)

4762 لَبَسَ ـِ لَبْسًا على ه être rendre confus; jeter dans la confusion; confondre qqn; mêler; mélanger

لَبِسَ ـَ لُبْسًا ه couvrir; recouvrir; se couvrir (d'un vêtement); se coiffer de; se revêtir de

~ ثِيابه endosser/passer/porter/mettre des vêtements; être habillé; s'habiller; se vêtir

~ الحِداد، ثَوْب الحِداد prendre porter le deuil

~ ثَوْب الراهِب prendre le froc l'habit le voile

~ لَهُ جِلْدَ النَمِر *prov.* endosser la peau du tigre; montrer les dents/les griffes

~ مِشَدًّا se corseter; mettre un corset

~ ثَوْبًا تَنَكُّرِيًّا se costumer; se déguiser

~ اِمْرَأة vivre en concubinage avec une femme

لُبْس ambiguïté; chaos/confusion/désordre (de la pensée, du discours); doute; incertitude; obscurité

كان في ~ مِن ه، ه avoir des doutes sur

لِبْس ج لُبوس ← لِباس ج أَلْبِسة

لِبْسة manière de s'habiller de se vêtir

لِكُلِّ زَمان ~ chaque chose en son temps

لِباس ج أَلْبِسة costume; habit; tenue; vêtement

~ عَوْم costume de bain; maillot

~ سَهْرة habit; tenue de soirée

~ رَسْميّ habit tenue de gala officiel(le) de cérémonie; grande tenue

~ عَسْكَريّ uniforme militaire; tenue

~ جاهِز costume de confection

~ داخِليّ sous-vêtement; dessous *n.m.pl.*

~ السَهْرة إلزاميّ tenue de soirée obligatoire de rigueur

أَلْبِسة effets; habits; habillement; garde-robe

لَبيس ج لُبُس même *adj.*; identique

لَيْسَ لَه ~ incomparable

مَلْبوس usagé/usé (vêtement); *pathol.* possédé/habité par un démon

~ ج ات habit; vêtement

مَلْبوسات لِلرِجال، لِلنِساء vêtements pour hommes, femmes

تِجارة، صِناعة الـ~ commerce, industrie du vêtement

مَلْبَس ج مَلابِس (← لِباس)

salon d'habillage/d'essayage

أَنيق الـ~ bien habillé; élégant

مَلابِس ← أَلْبِسة

رَتَّبَ ~ه ranger ses vêtements

حُجْرة الـ~ dressing-room; penderie

خِزانة الـ~ armoire; garde-robe; penderie; placard

صِناعة الـ~ confection [*text.*]; industrie du vêtement

جَدَّدَ ~ه renouveler sa garde-robe

مُسْتَوْدَع الـ~ vestiaire

II لَبَّسَ تَلْبيسًا ه بِـ barder (de gras); couvrir; draper; enrober; enduire; envelopper; garnir; napper; glacer (de sucre); habiller qqn, qqch; vêtir; revêtir; plaquer (d'or, de bois); incruster

~ حائِطًا بِالخَشَب — lambrisser un mur; habiller un mur de lambris

~ لَوْمًا — *fig.* enrober/envelopper un reproche

~ عَلَيْه ه — embrouiller qqn; rendre confus/compliqué/obscur; décevoir; dissimuler; dorer la pilule à qqn [*fam.*]; créer/faire naître des illusions; feindre; simuler

**تَلْبيس** — enrobage; habillage; garnissage; placage (de bois); incrustation; feinte; fraude; illusion; simulation; *cuis.* glaçage; nappage

~ بِالكَهْرَباء — galvanoplastie

**مُلَبَّس** — enrobé; garni; lambrissé; dissimulé; embrouillé; compliqué; confus; obscur; feint; simulé; *cuis.* glacé; nappé

~ ج ات — bonbon; dragée

III **لابَسَ** مُلابَسةً ه — concerner qqch; s'ingérer/s'immiscer dans; se mêler de; être mêlé à

~ ه — être en bons termes avec; s'associer à/avec; *fig.* entourer qqn

**مُلابَسة** ج ات — aspect (d'une chose); incidence; environnement; circonstance; conjoncture

IV **أَلْبَسَ** إِلْباسًا ه، ه — habiller; vêtir; revêtir

~ ه قُبَّعة — coiffer qqn d'un chapeau

V **تَلَبَّسَ** تَلَبُّسًا بِـ ه — se couvrir/se vêtir de

~ بِجَريمة — commettre un crime devant témoin

حالة **تَلَبُّس** بِالجَريمة — flagrant délit

~ بِالجُرْم المَشْهود — *même sens*

ضَبَطَ ه **مُتَلَبِّسًا** — prendre qqn sur le fait/la main dans le sac/en flagrant délit

VIII **اِلْتَبَسَ** اِلْتِباسًا — être ... *v. à l'adj.*

**اِلْتِباس** — ambiguïté; amphibologie; confusion; équivoque *n.f.*; obscurité; quiproquo

رَفَعَ ~ ه — faire une mise au point

أَحاطَ بِـ ه الـ~ — être entouré d'équivoque

**مُلْتَبِس** — ambigu; amphibologique; compliqué; confus; douteux; embrouillé; équivoque; louche; obscur; difficile à comprendre; désordonné

**4763 لَبْشة** — radier *n.m.*

**4764 لَبَطَ** ـِ لَبْطًا — donner des coups de pied/des ruades; ruer (cheval)

~ ـُ بِـ ه الأَرْضَ — jeter qqn à terre

**لُبِطَ** بِه — être jeté à terre; être enrhumé; s'enrhumer

**لَبْط، لَبْطة** — coup de pied; ruade; rhume (de cerveau)

**4765 لَبِقَ** ـَ لَبَقًا — être ... *v. à l'adj.*

لَبُقَ ـُ لَباقةً — *même sens*

**لَباقة، لَبَق** — adresse; habileté; ingéniosité; civilité; élégance; doigté; grâce; délicatesse; décence; ménagement; politique *n.f.* [*fig.*]; raffinement; savoir-faire; subtilité; tact; urbanité

بِـ~ — adroitement; habilement; subtilement; avec ménagement/tact

**لَبِق، لَبيق** — adroit; habile; ingénieux; intelligent; civil [*fig.*]; décent; délicat; élégant; gracieux; raffiné; subtil; urbain [*adj.*]

حَلّ ~ — solution élégante

طَريقة ~ة — méthode habile

غَيْر ~ — indécent; indélicat; inélégant; inintelligent; maladroit

II **لَبَّقَ** تَلْبيقًا ه، ه — être aux petits soins pour qqn; adoucir/amollir/attendrir qqch; adapter/ajuster (des morceaux); fabriquer de pièces et de morceaux

~ الكَلام — baratiner [*fam.*]; faire du baratin [*fam.*]

كَلام **مُلَبَّق** — baratin [*fam.*]; paroles habiles

**4766 لَبَكَ** ـُ لَبْكًا ← VIII

**لَبْكة** — confusion; désordre; fatras

كان في ~ — être dans une situation embarrassante/dans ses petits souliers [*fam.*]

II **لَبَّكَ** تَلْبيكًا ه — compliquer; embrouiller; encombrer; embarrasser qqn

~ المَعِدة — détraquer l'estomac

**مُلَبِّك** — encombrant; embarrassant

V **تَلَبَّكَ** تَلَبُّكًا — s'embrouiller; se détraquer; s'encombrer de; s'empêtrer dans; s'embarrasser de

**تَلَبُّك** — gaucherie; maladresse; embarras (gastrique)

VIII **اِلْتَبَكَ** اِلْتِباكًا (← V) — être ... *v. à l'adj.*

**مُلْتَبِك** — confus; embrouillé; désordonné; empêtré; embarrassé

**4767 لَبْلَبَ** بِوَلَدِها — choyer/dorloter/gâter son enfant (mère)

**لَبْلاب** — *bot.* lierre; liseron

~ مِصْرِيّ — *bot.* dolic; lablab

**4768** لِبْن، لَبِنة ج لَبِن — brique séchée
لَبَّان — briquetier; fabricant de briques séchées
II لَبَّنَ تَلْبِينًا ه — faire des briques

**4769** لَبَن ج أَلْبان — lait; *v. aussi 4768*
~ مُعَقَّم — lait pasteurisé/stérilisé
~ مُرَكَّز — lait condensé/concentré
~ مُرَكَّز مُحَلًّى — lait condensé/concentré sucré
مَسْحوق ~ — lait en poudre
~ شَجَرة — résine; sève
لَبَنِيّ — lacté; laiteux; laitier *adj.*
حِمْيَة، خَميرة ~ة — régime lacté; ferment lactique
قَنَوات ~ة — conduits lactaires
أَسْنان ~ة — dents de lait
لَبَنِيَّة — lactaire [*bot.*]
لَبان — poitrail
لُبان — baume parfumé; storax; résine; mastic; chewing-gum; gomme à mâcher
~ جاوِيّ — résine de Java; benjoin
شَجَرة ~ — arbre à benjoin
اِجْتَرَّ الـ~ — mastiquer du chewing-gum
لُبانة، لُبْنَى — *bot.* aliboufier; styrax
لابِن ج لَوابِن — lactifère; bonne laitière (femelle); lactescent
لَوابِن — mamelle; pis
لَبون، لَبونة ج ات — mammifère
لَبَّان — laitier; marchand de lait
مَلْبَنة ج مَلابِن — laiterie; pot à lait
II تَلْبين — soupe au lait avec de la farine et du miel
مُلَبَّن — *sorte de nougat*
دَقيق ~ — farine lactée
IV أَلْبَنَ إِلْبانًا — avoir/donner du lait; être en période de lactation
إِلْبان — lactation
مُلْبِن — lactifère; en période de lactation
V تَلَبُّن، مُتَلَبِّن — lactescence; lactescent

**4770** لُبْنانِيّ — libanais

**4771** لَبْوة، لَبُؤَة — lionne

**4772** II لَبَّى تَلْبِيَةً ه — accéder/faire droit à (une requête); acquiescer; obéir à; être complaisant; répondre (comme le génie de la lampe) présent! à votre service!
~ دَعْوة — accepter/répondre favorablement à une invitation
~ طَلَبًا، مَطالِب — répondre favorablement avec empressement à; satisfaire; donner satisfaction
~ رَغَبات ه — prévenir les désirs de
~ النِداء — répondre à l'appel
~ بِالحَجّ — s'acquitter des cérémonies du pèlerinage
لَبَّيْكَ — présent! à votre service!
تَلْبِية — complaisance; obligeance; prévenance; acquiescement; réponse favorable; satisfaction
مُلَبٍّ — complaisant; obligeant; prévenant
مُلَبِّيًا نِداء — répondant à l'appel
~ طَلَب الزَبائِن — donnant satisfaction aux clients; servant les clients
مُلَبًّى — satisfait (demande)
غَيْر ~ — non satisfait; insatisfait

**4773** لَتَّ ـُ لَتًّا ه — broyer; brouiller; écraser; moudre; mélanger; mêler; *fig.* rabâcher [*fam.*]; répéter; remettre sur le tapis; revenir sans cesse sur; ressasser
~ وعَجَنَ في مُشْكِلة — ressasser un problème
لَتّ — bavardage; papotage; rabâchage; radotage; rengaine [*fig.*]; refrain [*fig.*]; antienne [*fam.*]
~ وعَجْن — *même sens*
~ ج لُتوت — pioche
لَتّات — bavard; rabâcheur; radoteur

**4774** لِتْر ج ات — litre

**4775** لَتَأَ ـَ لَتْأً ه — repousser qqn en lui donnant un coup
~ ه بِالحَجَر — jeter/lancer des pierres à

**4776** (لَتى) اَلَّتي (← اَلَّذي) — *v. ordre alphab.*

اَللُّتَيَّا، اللَّتَيَّا — infortune; malheur

وَقَعَ فِي اَلَّتي والـ~ — tomber dans les difficultés/le malheur

بَعْدَ الَّتي والـ~ — après bien des discussions/des palabres

**4777 لَثّ** (← لَثِيَ) — rosée *n.f.*

لِثَة ج ات، لِثًى — gencive

لِثَيّ، لِثَوِيّ — gingival

**4778 لَثِغَ** َ لَثَغًا — avoir un défaut d'élocution; grasseyer; zézayer

لَثَغ — défaut d'élocution

لُثْغَة — grasseyement; zézaiement

أَلْثَغ م لَثْغاء ج لُثْغ — qui zézaie

**4779 لَثَمَ** ِ لَثْمًا ه — baiser/embrasser sur la bouche; toucher du bout des lèvres

~ت، لَثِمَت المَرْأة — se voiler le visage (femme)

**لَثْمة** ج لَثَمات — baiser

~ اليَد — baisemain

**لِثام** ج لُثُم — lithām; voile de visage

كَشَفَ، أَماطَ الـ~ عن ه — dévoiler; lever le voile sur

II لَثَّمَ تَلْثيمًا ه — se voiler la face; se mettre un voile sur le bas du visage; porter un lithām

مُلَثَّم — voilé

VI تَلاثَمَ تَلاثُمًا — s'embrasser

تَلاثُم — embrassade; embrassement [*litt.*]

**4780 لَثِيَ** َ لَثْيًا — être humecté/humide

لَثًى — résine; rosée; suc

لِثة — gencive

**لِثَوِيّ** — gingival

الحُروف الـ~ة — *phon.* interdentales fricatives

لَثٍ — humecté; humide; moite

IV أَلْثَى إِلْثاءً — laisser couler sa sève (arbre)

**4781 لَجَّ** ِ لَجاجةً في — être ... *v. à l'adj.*; s'entêter; insister sur; persister dans; persévérer; s'obstiner à

~ بِـه — enailler qqn (désir); tourmenter qqn (faim)

لَجاج، لَجاجة — entêtement; insistance; persistance; ténacité

لُجّ — bord/rive (d'un fleuve)

لُجَّة — abîme; crevasse; gorge; gouffre; pleine/haute mer; grande masse d'eau

لُجِّيّ — profond/vaste (abîme, océan)

**لَجَّة** ج ات — brouhaha; bruit; clameurs; vacarme

بِـ~ وضَجَّة — à cor et à cri

**لَجوج** — collant [*fam.*]; disputeur; entêté; impérieux; insistant; obsédant; obstiné; querelleur; tenace; têtu

رَغْبة ~ — désir impérieux

لَجّاج — agité/houleux (mer)

III لاجَّ مُلاجَّةً ه — se quereller/se disputer avec; chicaner; controverser

V تَلَجَّجَ تَلَجُّجًا ← لَجَّ

VIII اِلْتَجَّ اِلْتِجاجًا — être agité par de grandes vagues/animé par une forte houle (mer); faire rage (tempête)

اِلْتِجاج — houle profonde

**4782 لَجَأَ** َ لُجوءًا إلى ه — s'abriter; se réfugier; chercher asile/refuge; en venir à; se référer à; avoir recours/recourir à

~ إلى الخارِج — se réfugier à l'étranger

~ إلى العُنْف، الكَذِب — recourir à la violence; au mensonge

~ إلى إعانة ه — avoir recours à l'aide de

لَمْ يَعُدْ يَعْرِف إلى مَنْ يَلْجأ — ne plus savoir à quel saint se vouer

**لُجوء** — asile; recours; référence

حَقّ الـ~ — droit d'asile

الـ~ إلى العُنْف — recours à la violence

لاجِئ ج ون — réfugié

إغاثة اللاجِئين — secours aux réfugiés

**مَلْجَأ** ج مَلاجِئ — abri; asile; havre; hospice; planque [*fam.*]; port [*fig.*]; refuge; retraite

~ طِبِّيّ — poste de secours; infirmerie

~ الشُّيُوخ — asile/hospice de vieillards

~ اليَتامَى، أَمين — orphelinat; havre de paix [*litt.*]

~ ضِدّ الغارات الجَوّيّة — abri antiaérien

IV **أَلْجَأَ** إلْجاء ه إلى — contraindre/forcer qqn à; être urgent

~ أَمْره إلى اللّه — s'en remettre à Dieu

إلْجاء — urgence

مُلْجِئ — urgent

VIII اِلْتَجَأَ اِلْتِجاء إلى ← لَجَأَ

مُلْتَجَأ ← مَلْجَأ

4783 **لَجْأَة** — *zool.* caret; chélonée; tortue de mer

4784 **لَجَب** — brouhaha; grondement; vacarme

~ الخَيْل — hennissement des chevaux

4785 **لِجاف** — linteau; traverse (de chemin de fer); rocher en saillie

4786 **لَجْلَجَ** لَجْلَجة — balbutier; balbutiement

الحَقّ أَبْلَج والباطِل ~ — *prov.* le vrai est clair, le faux bafouille

لَجْلاج — qui a la parole difficile/embarrassée

II تَلَجْلَجَ ← لَجْلَجَ

4787 **لِجام** ج لُجُم، أَلْجِمة — bride; frein; mors

أَتْبَعَ الفَرَسَ ~ ها — *fig.* aller jusqu'au bout; terminer ce qui a été commencé

IV **أَلْجَمَ** إلْجامًا ه — mettre une bride/un frein/un mors à; réfréner; faire taire

~ حِصانًا — brider un cheval

VIII **اِلْتَجَمَ** اِلْتِجامًا — être dompté/domestiqué

~ عن الكَلام — rester interdit/bouche bée/stupéfait

4788 **لَجْنة** ج لِجان — commission; comité

~ العِشْرِينَ — le comité des vingt

~ التَخْطيط — commission du plan

~ تَحْقيق، تَنْفيذ — commission d'enquête, exécutive

~ صُلْحيّة — commission d'arbitrage

~ سَيِّدات المَدينة — le comité des dames de la ville

~ اِمْتِحان — jury d'examen

~ اِنْضِباطيّة — conseil de discipline

~ عُلْيا، فَرْعيّة — haut-comité; sous-comité; sous-commission

لِجان الحِزْب — appareil du parti

لُجَيْن — argent *n.m.*

4789 **لَحَّ** ـَ لَحًّا — avoir les paupières collées; être proche (parenté)

لَحّ — parenté directe proche

اِبْن عَمّ لَحًّا. لَحٌّ — cousin germain

لَحوح ← مِلْحاح

**مِلْحاح** — qui frotte et blesse (bât trop serré); dur à actionner (mécanisme); *fig.* entêté; têtu; insistant; importun; obstiné; pressant; tenace; persistant; pénétrant (odeur)

نَظَر ~ — regard appuyé/insistant

IV **أَلَحَّ** إلْحاحًا — être pressé/urgent; urger [*fam.*]

~ على ه — appuyer sur/presser qqch

~ على ه — harasser; harceler; importuner; implorer; solliciter; stimuler qqn

~ على ه بـ ه — inciter/presser/prier qqn de

~ في — insister sur; revenir à la charge

~ في طَلَب ه — demander instamment

**إلْحاح** — incitation; insistance; stimulation; sollicitation pressante

بـ، في ~ — de manière urgente; instamment; avec insistance

**مُلِحّ** — appuyé [*fig.*]; insistant; impérieux (besoin); pressant; qui revient à la charge; persistant; urgent

ضَرورة، رَغْبة ~ة — nécessité, désir impérieux(euse)

حاجة ~ة — besoin pressant/urgent

حالة ~ة — urgence; cas d'urgence

لَمْ يَكُن لَه رَغْبة ~ة في — il n'avait pas très envie de

4790 **لَحَبَ** ـَ لَحْبًا ه — frayer/élargir un chemin

**لاحِب** — chemin large/bien tracé

~ ج لَواحِب — *électr.* électrode

4791 **لَحَدَ** ـَ لَحْدًا — enterrer; inhumer

**لَحْد** — enterrement; inhumation

~ ج لُحود، أَلْحاد — niche (aménagée dans les murs d'une crypte); caveau; fosse; tombe; tombeau; sépulcre; sépulture

مَلْحودة ج مَلاحيد ← لَحْد ج لُحود

لَحّاد — fossoyeur

IV أَلْحَدَ إِلْحادًا — biaiser; dévier; *isl.* s'écarter de la voie droite; devenir hérétique; quitter l'orthodoxie

**إِلْحاد** — apostasie [*péjor.*]; athéisme; hérésie; hétérodoxie; irréligion

~ سِياسيّ — déviation politique

**مُلْحِد** ج ون، مَلاحِدة — athée; hérétique; païen; irréligieux; libre penseur; hétérodoxe

**4792 لَحَسَ** - لَحْسًا — lécher; manger/ronger la laine (mite); miter

لاحِسة السُكَّر — *ins.* petit poisson d'argent; lépisme

مَلْحوس — cinglé [*pop.*]; piqué [*pop.*]; taré

**4793 لَحَظَ** - لَحْظًا ه — constater; jeter un regard sur; observer; regarder; remarquer; voir

لَحْظ ج أَلْحاظ ← لَحْظة

**لَحْظة** ج لَحَظات — regard; clin d'œil; instant; moment

اِنْتَظَرَ ~ — attendre un moment/un instant

بَعْدَ ~ — dans un instant/un moment; sous peu

~ بَعْدَ ~ — d'instant en instant

في ~ — en un instant/moment

في كُلّ ~ — à chaque instant; à tout propos

في الـ~ ذاتِها، نَفْسِها — au même instant

~ راهِنة، **هامّة** — instant/moment présent, critique

مُنْذُ ~ — depuis peu/un moment

~ عَيْن — court instant; clin d'œil

لَمْ يَتَرَدَّد ~ عَيْن — il n'hésita pas un seul instant

في الـ~ الأَخيرة؛ آخِر ~ — au dernier moment

بَيْنَ ~ وأُخْرَى — incessamment; d'un moment à l'autre

**لَحَظات** السَعادة — des instants de bonheur

الـ~ الأَخيرة — derniers instants

تَوَقَّفَ لَحَظاتٍ — il s'arrêta quelques instants

لَحْظَتَئِذٍ — alors; à cet instant

لَحْظيّ — instantané

**مَلْحوظ** — aperçu *adj.*; appréciable; notoire; remarquable; saillant [*fig.*]; signalé (service)

غَيْر ~ — inappréciable; imperceptible

مَلْحوظة ج ات — observation; remarque

III **لاحَظَ** مُلاحَظة ه — apercevoir; distinguer; observer; remarquer; faire une observation à; noter qqch

~ ه على ه — relever/retenir qqch contre qqn

**يُلاحَظ** أنّ — on note/observe/remarque que

مِمّا ~ أنّ — on peut noter/remarquer que; il est évident/manifeste que

**مُلاحَظة** ج ات — appréciation; constatation; mention (à un examen); note; observation; remarque; réflexion

دِقّة، قُوّة الـ~ — esprit d'observation

وَجَّهَ ~ إلى — faire une observation à

لَفَتَ نَظَره إلى ~ ه — faire remarquer qqch à qqn

مُلاحِظ ج ون — observateur

**مُلاحَظ** — observé; remarqué

مِن الـ~ أن — il est remarquable que; on peut noter/observer/remarquer que; de toute évidence

**4794 لَحَفَ** - لَحْفًا ه — couvrir; envelopper (d'un drap); recouvrir

لِحاف ج لُحُف — couverture; couvre-lit; couvre-pieds; drap

مِلْحَف ج مَلاحِف ← لِحاف

VIII **اِلْتَحَفَ** اِلْتِحافًا بـ — s'envelopper (dans une couverture)

~ بالعار — se couvrir de honte

**مُلْتَحِف** بـ — enveloppé/couvert de

~ بالسَواد — vêtu de noir

~ بالعار — couvert de honte

**4795 لَحِقَ** - لَحْقًا، لَحاقًا ه، ه — s'attacher à; être lié à/inséparable de; attaquer/affecter/affliger/atteindre qqn (mal)

~ ه، بـ ه — joindre qqn; se joindre à; rejoindre; rattraper; s'unir/s'incorporer à; succéder à; suivre

~ بالمَدْرَسة — entrer à l'école

~ بِخِدْمَته — prendre son service

لِحاق : فَشِلَ في الـ~ بِـ — ne pas réussir à rattraper

حاوَلَ الـ~ بِالرَّكْبِ المُتَقَدِّم — tenter de rejoindre le peloton de tête

لَحَق ج أَلْحاق — annexe; appendice; suite; *géogr.* vallée alluviale

لاحِق — accessoire *adj.*; annexé; dépendant; joint; épisodique; suivant; subséquent; ultérieur; postérieur *adj.*

شَرْط ~ — clause accessoire

لاحِقًا — infra; plus bas (dans un livre); ci-dessous; plus tard

لاحِقة ج لَواحِق — accessoire *n.m.*; dépendance; *gramm.* suffixe

لَواحِق السَّيّارة — accessoires d'automobile

III لاحَقَ مُلاحَقةً ه — être toujours après qqn; s'attacher aux pas de; obséder; pourchasser; poursuivre; suivre; traquer

~ اِمْرَأة — courir après une femme

مُلاحَقة ج ات — chasse; poursuite

~ قَضائيّة — poursuite judiciaire

حَرِصَ على ~ها — il avait très envie de la suivre

IV أَلْحَقَ إِلْحاقًا ه، ه — ajouter; annexer; attacher qqn; joindre; incorporer; rattacher; admettre qqn (dans une organisation); réunir

~ ه بِنَفْسِه — s'adjoindre qqn

~ ه إلى مَصْلَحة — affecter/attacher/rattacher qqn à un service

~ ضَرَرًا بِـ ه — endommager qqch

~ خَسائِر بِـ ه — infliger/faire subir des pertes à

~ ضَرَرًا بِسُمْعَتِه — entacher une réputation

إِلْحاق — adjonction; admission; addition; affectation; annexion; jonction; rattachement (administratif); rajout

~ إِقْليم — annexion/rattachement d'une province

~ حَرْف بِـ كَلِمة — addition d'une lettre à un mot

مُلْحَق ج ات، مَلاحِق — accessoire *n.m.*, *adj.*; annexe *n.f.*, *adj.*; dépendance; appartenance; appendice; addendum; avenant *n.m.*; attaché *adj.*, *n.m.*; détaché; note additionnelle; supplément

~ مُعاهَدة — protocole d'accord

~ مُعْجَم — supplément d'un dictionnaire

~ اِقْتِصاديّ، أَدَبيّ — supplément économique, littéraire (d'un journal)

~ عَسْكَريّ، بَحْريّ — attaché militaire, naval

~ جَوِّيّ، صُحُفيّ — attaché de l'air, de presse

~ تِجاريّ، ثَقافيّ — attaché commercial, culturel

مُلْحَقات — dépendances (territoriales); territoires annexés

VI تَلاحَقَ تَلاحُقًا — passer insensiblement d'un point à un autre; se regrouper; se rejoindre; se rattraper; se suivre sans interruption

تَلاحُق؛ ~ أَبْواب — succession; enfilade de portes

مُتَلاحِق — continu; consécutif; ininterrompu; successif

~ الحَرَكة — mouvement perpétuel

VIII اِلْتَحَقَ اِلْتِحاقًا بِـ — adhérer à; s'affilier à; s'agréger à; s'attacher à; se rallier à; se joindre à

~ بالإدارة — entrer dans l'administration

~ في خِدْمة ه — s'engager au service de

اِلْتِحاق — adhésion; affiliation; ralliement

X اِسْتَلْحَقَ اِسْتِلْحاقًا ه — prendre qqn à son service; s'adjoindre qqn; se faire accompagner/suivre de

**4796** لَخْلاخ — *bot.* chardon

**4797** لَحَمَ ـُ لَحْمًا — raccorder; souder

لَحْم — raccordement; soudure

مَوْضِع الـ~ — point de soudure

~ ج لُحوم، لِحام — chair; pulpe; viande

بِـ~ه وَشَحْمِه — en chair et en os

لَحْمة — morceau de viande

لَحْميّ؛ لَحيم — carné; charnu

لَحْمِيّات — carnivores *n.m.pl.*

لُحْمة ج لُحَم — trame; contexture; parenté; lien; texture [*pr.* et *fig.*]

لُحَيْمة ج ات — caroncule [*anat.*]

~ دَمْعِيّة — caroncule lacrymale

لاحِم — cohésif

~ ج لَواحِم — carnassier *adj.*, *n.m.*; carnivore *adj.*, *n.*

لَحِم، لَحيم — charnu; potelé; pulpeux

لَحّام — boucher; *techn.* plombier; soudeur

مَلْحوم raccordé; soudé

مَلْحومات الفَكّ *poiss.* plectognathes *n.m.pl.*

مَلْحَم ج مَلاحِم soudure

**مَلْحَمة** ج مَلاحِم bagarre; corps à corps; échauffourée; engagement; mêlée; *litt.* épopée; geste *n.f.*

~ دامية mêlée sanglante

**مَلْحَميّ** épique

شِعْر ~ *litt.* épopée; poésie épique

مِلْحام lampe à souder

II لَحَّمَ تَلْحيمًا ه sceller; souder; faire une soudure

تَلْحيم scellement; soudure

III لاحَمَ لِحامًا ه بِ joindre; se joindre; s'unir à; souder

**لِحام**؛ ~ ذاتيّ soudure; soudure autogène

IV **أَلْحَمَ** إِلْحامًا ه بِ ajuster; joindre; souder; tramer; tisser

~ ه donner à manger de la viande à qqn

إِلْحام soudure; suture

VI تَلاحَمَ تَلاحُمًا être ... *v. à l'adj.*; se souder (os)

تَلاحُم soudure; cohérence; homogénéité

**مُتَلاحِم** cohérent; homogène; soudé

غَيْر ~ décousu (style); incohérent; hétérogène

VIII **اِلْتَحَمَ** اِلْتِحامًا être ... *v. à l'adj.*; adhérer; s'agglutiner; s'arrimer; se cicatriser; se joindre; se souder; s'unir; s'engager/devenir acharné (combat)

~ في عِراك s'empoigner; se saisir à bras-le-corps; s'engager dans un corps à corps; en venir aux mains

اِلْتِحام adhérence; agglutination; cohérence; cohésion; contexture; corps à corps; engagement; mêlée; solidarité; union

اِلْتِحاميّة adhésivité

مُلْتَحِم cohérent; homogène; uni; solidaire; soudé

**مُلْتَحِمة** *anat.* conjonctive *n.f.*

اِلْتِهاب الـ~ *méd.* conjonctivite

**4798** **لَحَنَ** ـُ لَحْنًا في ه commettre des barbarismes; écorcher une langue; parler mal une langue

**لَحْن** ج لُحون، أَلْحان barbarisme; impropriété; incorrection; faute de langage; solécisme

~ ج أَلْحان accent; accord [*mus.*]; chant; son; air de musique; musique; mélodie

~ المِزْمار chant de la flûte

~ مَأْتَميّ air/marche funèbre

~ عَسْكَريّ marche militaire [*mus.*]

مَلْحون *maghr.* chanson/poème en dialecte; musique d'origine andalouse

II لَحَّنَ تَلْحينًا chanter; entonner; psalmodier; composer; mettre en musique

تَلْحين arrangement/composition musical(e)

بَيْن تَلاحين ه aux accents (d'une musique)

مُلَحِّن compositeur; musicien

III لاحَنَ مُلاحَنة parler en argot

مُلاحَنة argot

**4799** **لَحْي** ج أَلْحٍ bas de la joue; maxillaire

**لِحْية** ج لِحًى barbe

أَطْلَقَ ~ه garder/se laisser pousser la barbe

~ التَيْس *bot.* salsifis

~ الحِمار capillaire

أَبو، ذو ~؛ لِحْيانيّ؛ أَلْحَى barbu

**لِحاء** *bot.* écorce; partie interne de l'écorce; liber; *anat.* cortex

بَيْنَ العَصا و~ها *prov.* entre l'arbre et l'écorce; entre le marteau et l'enclume

لِحائيّ cortical

VIII اِلْتَحى اِلْتِحاءً avoir/porter la barbe

**4800** **لَخْب** *bot.* chamérops

**4801** **لَخِصَ** ـَ لَخَصًا avoir les yeux bouffis; être enflé (œil)

لَخَص bouffissure (des paupières)

أَلْخَصُ م لَخْصاء qui a les yeux bouffis; bouffi (œil)

**4802** II **لَخَّصَ** تَلْخيصًا ه abréger; condenser; dépouiller; résumer; présenter/extraire la quintessence (d'une œuvre); récapituler; réduire; synthétiser; faire une synthèse

**تَلْخيص** abrégé *n.m.*; condensé *n.m.*; synthèse; condensation; dépouillement; résumé *n.m.*; compte rendu; récapitulation; sommaire; synopsis

يُمْكِن ~ الوَضْع في on peut résumer la situation

لا سَبيلَ إلى ~ il n'est pas possible de résumer

تَلْخيصيّ récapitulatif *adj.*

**مُلَخَّص** abrégé *adj.*, *n.m.*; résumé *adj.*, *n.m.*; sommaire *n.m.*; synthèse (historique)

~ مُطالَعة compte-rendu de lecture

V تَلَخَّصَ تَلَخُّصًا في être condensé/résumé; se condenser; se résumer

المَوْقِف يَتَلَخَّص في la situation se résume en

**4803** **لُخْم** *poiss.* poisson-scie

**4804** **لَخَن** puanteur/mauvaise odeur (du corps)

أَلْخَن م لَخْناء incirconcis; qui sent mauvais

**4805** **لُخْنيس** *bot.* lychnide; lychnis

**4806** **لَدَّ** ـُ لَدًّا ه disputer qqn; se disputer/se quereller avec; quereller qqn; s'en prendre violemment à

لَدَد violente dispute; querelle; rixe

**لَدود** ج لِداد، أَلِدّة acharné; emporté; farouche; implacable; irréconciliable; querelleur; violent

عَدوّ ~ ennemi numéro un/farouche/juré/déclaré/mortel; pire ennemi

عَدُوّي الـ~ mon pire ennemi

أَلَدّ م لَدّاء ج لُدّ ← لَدود

V تَلَدَّدَ تَلَدُّدًا atermoyer; tergiverser; tarder à s'acquitter de; être récalcitrant

تَلَدُّد ج ات atermoiements; tergiversations

مُتَلَدِّد récalcitrant

**4807** **لَدَغَ** ـَ لَدْغًا ه mordre (serpent); piquer (scorpion); *fig.* blesser; adresser des propos mordants à; lancer des piques à [*fam.*]

لَدْغة ج لَدَغات morsure; piqûre; *fig.* pique [*fam.*]; propos mordant

**لَديغ** ج لُدَغاء، لَدْغى mordant (personne); méchant; mauvaise langue; caustique [*fig.*]

~؛ مَلْدوغ piqué (par un scorpion); mordu (par un serpent); piqué au vif; blessé [*fig.*]

**4808** **لَدُنَ** ـُ لَدانة، لُدونة s'adoucir; s'assouplir; être ... *v. à l'adj.*; *v. aussi 4809*

لَدانة، لُدونة élasticité; flexibilité; liant *n.m.*; plasticité; souplesse

لَدْن ج لِدان، لُدْن doux; élastique; flasque; flexible; liant *adj.*; plastique *adj.*; souple; tendre

لادَن *bot.* ciste; ladanum; gomme-résine

لَدينة ج لَدائِن matière plastique; plastique *n.m.*

مادّة لَدائِنيّة *même sens*

II **لَدَّنَ** تَلْدينًا ه، ه adoucir; amollir; assouplir; tempérer; rendre élastique/flexible/souple; plastifier

~ الفُولاذ détremper de l'acier

تَلْدين plastage; plastification

مُلَدِّن plastifiant *adj.*, *n.m.*

مُلَدَّن plastifié

**4809** **لَدُن** auprès de; à côté de; chez; à proximité

مِنْ ~ de; de la part de; par qqn

**4810** **لَدى** auprès de; au moment de; en présence de; par devers; à la disposition de

~ الحاجة en cas de nécessité

كانَتْ لَدَيْه غُرْفة il avait une chambre; il disposait d'une pièce

لَدَيَّ خَبَر مُزْعِج je possède une information troublante

أَعَزّ صَديقٍ لَدَيْك le plus précieux des amis dont tu disposes/de tes amis

**4811** **لَذَّ** ـَ لَذاذًا، لَذاذةً être ... *v. à l'adj.*

~ له أن aimer à; avoir plaisir/se plaire à

~ بِـ ه trouver ... *v. à l'adj.*; se délecter de; savourer

ما ~ وطابَ مِنْ ه toutes sortes de choses agréables/délicieuses/exquises

**لَذّة** ج ات agrément; attrait; charme; délectation; délice; jouissance; plaisir; volupté; régal; saveur

مَذْهَب الـ~ hédonisme

وَجَدَ ~ في se complaire à; trouver/prendre du plaisir à

لِكُلِّ جَديد ~ *prov.* tout nouveau tout beau

لَذيذ ج لِذاذ agréable; bon; délicieux; délectable; doux; exquis; plaisant; savoureux; suave; succulent

**مَلَذَّة** ج ات délice; jouissance; plaisir; volupté

~ آثِمة plaisir coupable

لَذاذة ج لَذائِذ ← مَلَذَّة

II لَذَّذَ تَلْذيذًا ه plaire à; flatter (le goût de)

IV أَلَذَّ إِلْذاذًا rendre agréable/plaisant

مُلِذّ agréable; attrayant; plaisant

V تَلَذَّذَ تَلَذُّذًا ه، بِـ ه se délecter; déguster; se régaler; savourer

تَلَذُّذ délectation; dégustation; jouissance; volupté

مُتَلَذِّذ jouisseur

VIII اِلْتَذَّ اِلْتِذاذًا (← V) trouver du plaisir à; goûter [*fig.*]

~ بِالْموسيقى goûter/apprécier la musique

X اِسْتَلَذَّ اِسْتِلْذاذًا ← V، VIII

**لِذا**، لِذَلِكَ ← لِ

**4812** **لَذَعَ** - لَذْعًا ه mordre (serpent); brûler; blesser; marquer au fer rouge; *fig.* bafouer; cingler; consumer le cœur (amour); couvrir de sarcasmes; railler

مَنْ **لَذَعَتْهُ** حَيَّة خافَ مِنْ حَبْل

*prov.* chat échaudé craint l'eau froide (*m. à. m.* qui a été mordu par un serpent se méfie d'une corde)

لَذْع، لَذْعة morsure/piqûre (de serpent); brûlure; marque au fer rouge; amertume [*fig.*]; causticité (d'une parole)

لَذْعيّة، لاذِعيّة، لُذوعيّة causticité/venimosité (d'une personne, d'un propos)

**لاذِع** acerbe; acéré [*fig.*]; acide [*fig.*]; aigre [*fig.*]; amer [*fig.*]; caustique [*fig.*]; cinglant; cuisant; corrosif [*fig.*]; fielleux; incisif; mordant; piquant; venimeux [*fig.*]; vif

نَقْد ~ critique acerbe/incisive/mordante

لَهْجة ~ة ton aigre/amer/cinglant/fielleux

كَلِمة ~ة mot acéré/caustique/venimeux

مُلاحَظة ~ة remarque acide/cuisante/incisive

سُخْرِيّة ~ة ironie corrosive

**لاذِعة** ج لَواذِع brocard [*litt.*]; coup de dent [*fam.*]/de boutoir [*fig.*]; pique [*fam.*]; raillerie; repartie; sarcasme; satire; trait satirique

لَواذِع propos caustiques/mordants/railleurs

لَذّاع ج ون (← لاذِع) acide/mordant/virulent (écrivain)

لَوْذَع، لَوْذَعيّ mordant; virulent; ingénieux; sagace

مَلْذوع piqué [*pr.* et *fig.*]; mordu (par un serpent)

(لذي) **أَلَّذي**، ذو *v. ordre alphab.*

**4813** **لَزَّ** - لَزًّا، لَزَزًا se presser/se serrer (les uns contre les autres)

~ بِـ ه adhérer à; se coller à

~ ه بِـ ه attacher *tr.*; coller *tr.*; joindre; lier; serrer

~ الأَسْطُر serrer les lignes

~ ه إلى ه forcer/contraindre/obliger qqn à

لَزّ، لَزّة crampon; crochet

مَلْزوز compact; joint; pressé; serré; resserré; solide

مِلَزّة rondelle; joint *n.m.*

II لَزَّزَ تَلْزيزًا ه بِـ river une chose à

مُلَزَّز compact; ferme; fort; robuste; solide

**4814** **لَزِبَ** - لُزوبًا بِـ ه s'attacher fortement à; se coller; se river

لَزُبَ - être ... *v. à l'adj.*; coller *intr.*; durcir (boue)

لُزوب ← لُزوج؛ لازِب ← لَزِج

**لُزْبة** disette; gêne

سَنة ~ mauvaise année; année de disette

عَزَب **لَزَب** vieux garçon

لِزاب *bot.* genévrier à encens; cèdre d'Espagne

**4815** **لَزِجَ** - لَزَجًا، لُزوجًا être ... *v. à l'adj.*

~ بِـ adhérer à; coller

لُزوج، لُزوجة adhésivité; ténacité (d'une colle); viscosité

لَزِج، لازِج adhérent; attaché; adhésif; collant; collé; compact; épais (liquide); gluant; poisseux; tenace; visqueux

**481[6] لَزِقَ ـَ لُزوقًا بِـ ه** s'attacher à qqch; adhérer; coller *intr.*; se coller

لَزاق؛ لَزوق adhésif *n.m.*; colle

لَزْقة cataplasme; emplâtre

لازِق؛ لَزِق collant; tenace

أَلْزَق م لَزْقاء qui les oreilles collées; collé (oreille)

لَزّاق؛ لِزّيق collant; adhésif *adj.*, *n.m.*

II لَزَّقَ تَلْزيقًا ← IV

IV أَلْزَقَ إِلْزاقًا agglutiner; agglutination

VIII اِلْتَزَقَ اِلْتِزاقًا ← لَزِقَ

**اِلْتِزاق** agglutination; adhérence

~ جَنْبيّ adhérence pleurale

**4817 لَزِمَ ـَ لُزومًا ه، ه، بِـ ه** accompagner qqn partout; s'attacher à un endroit; persister à; rester dans; s'appliquer à faire qqch; être assidu à/inséparable de

~ه أن être ... *v. à l'adj.*; falloir; devoir

~ الحِمْية suivre un/se mettre au régime

~ الفِراش garder le lit; s'aliter

~ الغُرْفة garder la chambre; rester enfermé

~ الصَّمْت garder/observer le silence

~ه المال avoir besoin d'argent; être dans le besoin

~ه الراحة avoir besoin de repos

إنْ ~ الأَمْر s'il le faut; si c'est nécessaire

**يُعْطيك ما يَلْزَمُك** il te donnera ce dont tu as besoin

**لُزوم** adhérence; conséquence; dépendance; exigence; implication; observance; observation (d'une règle); nécessité

عِنْدَ الـ~ au besoin; en cas de nécessité; le cas échéant; à la rigueur

~ الفِراش alitement

~ الصَّمْت silence

لُزومًا de plein droit; nécessairement

لُزوميّة conséquence nécessaire; dépendance logique

**لَزْمة** ج ات adjudication; concession; franchise; licence

صاحِب الـ~ adjudicataire; concessionnaire

**لازِم** impératif *adj.*; indispensable; inséparable; nécessaire; obligatoire; requis *adj.*; de rigueur; *gramm.* intransitif

شَرْط ~ condition impérative sine qua non

كَالـ~ comme il faut

الـ~ في الـ~ strict nécessaire

أَكْثَر من الـ~ plus qu'il n'en faut; plus que de raison

~ أَنْ تَجيء، أَذْهَب il faut que tu viennes, que je parte

غَيْر ~ inutile

~ ج لَوازِم corollaire; nécessité; accessoire *n.m.*; appareillage; approvisionnement; équipement

**لَوازِم سَفَر** accessoires/nécessaire/provisions de voyage

~ مَكْتَب، مَكْتَبيّة articles/fournitures/garnitures de bureau

~ بِناء matériaux/matériel de construction

~ الطَّبْخ ustensiles/batterie de cuisine

لازِمة ج لَوازِم corollaire; manie; tic; leitmotiv; refrain

**مَلْزوم** obligé; responsable

~ بِالأَداء redevable de; assujetti à (l'impôt)

مَلْزوميّة obligation; responsabilité

مَلْزَمة ج ات، مَلازِم cahier [*impr.*]; fascicule; livraison (d'un livre)

مِلْزَم، مِلْزَمة ج مَلازِم étau

II لَزَّمَ تَلْزيمًا ه adjuger; adjudication

مُلَزِّم adjudicateur

III **لازَمَ** لِزامًا، مُلازَمةً ه séjourner à/dans; ne pas bouger de/ne pas quitter (un endroit)

~ ه s'attacher aux pas de; accompagner partout/toujours; hanter/obséder/poursuivre qqn (idée, souvenir)

~ الغُرْفة، الفِراش garder la chambre, le lit

~ نَصًّا serrer un texte de près

~ مَريضًا être au chevet d'un malade

~ه النَّحْس jouer de malheur; être poursuivi par la malchance

**لِزام** nécessité impérieuse; obligation; devoir *n.m.*

~ على ه أن il faut absolument que; il est absolument nécessaire de/que

## 4817 لزم ٤٨١٧

لِزامًا — fatalement

كان ~ عليه أن — être obligé/dans l'obligation de

رَأَى ~ عليه أن — considérer comme un devoir de; se voir dans l'obligation de

مُلازَمة — assiduité; attachement; hantise; inhérence; obsession; zèle

مُلازِم — assidu; attaché (aux pas de); concomitant; inséparable; partisan; persistant; tenace; immanent; inhérent à; obsédant (souvenir); *mil.* sous-lieutenant

~ أَوَّل — lieutenant

IV أَلْزَمَ إِلْزامًا ه ه، بِ ه — astreindre qqn à; forcer; engager; obliger; enjoindre à qqn de; ordonner

~ ه الطاعة، بِالطاعة — imposer l'obéissance à qqn; forcer qqn à obéir

~ ه الصَمْت، بِالصَمْت — imposer le silence à qqn; forcer qqn à se taire

~ ه الفِراش — clouer/tenir qqn au lit (fièvre); contraindre qqn à s'aliter

~ نَفْسه بِ ه — s'astreindre/se forcer à; s'imposer de; s'infliger qqch

~ نَفْسَه بِتَضْحِياتٍ — s'infliger des sacrifices

كان يُلْزِم ه ذَلِكَ — cela s'imposait

هذا لا ~ بِشَيْء — cela n'engage à rien

~ك كَلامُكَ هذا — ces propos vous engagent

إِلْزام — astreinte; obligation; nécessité

إِلْزاميّ — draconien; impératif; indispensable; nécessaire; obligatoire

تَعْليم ~ — enseignement obligatoire

شَرْط ~ — condition sine qua non/impérative

قُيود ~ة — restrictions draconiennes/nécessaires

مُلْزِم — strict; obligatoire; nécessaire; qui engage

فَريضة ~ة — obligation stricte

مُلْزَم — obligé; tenu (à, de); obligatoire

إِنَّهُ ~ بِتَعَلُّم ه — être obligé d'apprendre

كانَ غَيْرَ ~ بِ — n'être pas tenu de

VI تَلازَمَ تَلازُمًا — être ... *v. à l'adj.*; ne faire qu'un; dépendre étroitement l'un de l'autre

تَلازُم — concomitance; inhérence; simultanéité

مُتَلازِم — concomitant; corrélatif; inhérent; simultané; inséparable

VIII اِلْتَزَمَ اِلْتِزامًا بِ — s'astreindre à; contracter une obligation; s'imposer de; entreprendre; être tenu de; se conformer à

~ بِ، على — s'engager à

~ الطاعة — rester dans l'obédience de/l'obéissance à

~ مَوْقِفًا — s'imposer une attitude

~ الصَمْت — se condamner au/s'imposer le silence

~ بِقَسَم — se lier par serment

~ بِأَماكِن العُبور — emprunter les passages réservés

~ سِياسيًّا — s'engager politiquement

اِلْتِزام ج ات — astreinte; concession [*comm.*]; contrainte; dépendance; engagement; obligation; conformité

أَخَذَ على نَفْسه ~ًا — prendre un engagement; se faire une obligation/un devoir de

~ سِياسيّ؛ عَدَم ~ — engagement politique; non-engagement

قامَ بِالْتِزاماته — faire honneur/satisfaire à ses engagements

مُلْتَزِم — adjudicataire; concessionnaire; engagé

أَدَب، كاتِب ~ — littérature, écrivain engagé(e)

غَيْر ~ — non-engagé

X اِسْتَلْزَمَ اِسْتِلْزامًا ه — exiger; falloir; nécessiter; impliquer; prescrire; réclamer; requérir

~ التَفْكير — demander/nécessiter réflexion

~ عِنايَة، حَلًّا — réclamer des soins; comporter une solution

~ الاِنْتِباه — réclamer/requérir l'attention

مُسْتَلْزَمات — conditions requises; équipement; choses indispensables/nécessaires; appareillage

زَوَّدَ ه بِكُلّ ~ العِلْم — fournir à qqn tout le matériel scientifique

~ المِهْنة — exigences du métier/de la profession

4818 لَزّان — cytise

4819 لَسَّ ـُ لَسًّا — brouter; lécher

لُساس — premières pousses [*bot.*]

4820 لَسَعَ ـَ لَسْعًا ه — mordre (serpent); piquer (scorpion); blesser; calomnier; médire de

~ه النَدَم — être rongé par le remords

~ت فِكْرَه هذه الصُوَر — ces images lui brûlent l'esprit

لَسْعة — morsure (de serpent); piqûre (d'insecte)

مَلْسوع، لَسيع — blessé; piqué; mordu

**4821 لَسَن** — facilité d'élocution; éloquence

لَسِن — disert [*litt.*]; éloquent; qui a la parole facile; qui s'exprime avec facilité

أَلْسَن م لَسْناء ج لُسْن — *même sens*

**لِسان** ج **أَلْسِنة، أَلْسُن** — *anat.*, *ling.* langue; *techn.* loquet; tenon

مَدَّ، عَضَّ ~ه — tirer, se mordre la langue

~ سُوء — mauvaise/méchante langue

ضَبَطَ ~ه — tenir sa langue; se surveiller (dans ses propos)

كانَ طَويل الـ~ — avoir la langue bien pendue/trop longue

كان ذَلِق الـ~ — avoir la langue déliée

كَتَبَ على ~ ه — écrire sous la dictée de

الـ~ العَرَبيّ؛ ~ العَرَب — la langue arabe

تَحَدَّثَ بـ~ ه — parler au nom de

على ~ الصُحُف — par voie de presse

~ القَوْم — porte-parole; représentant

ناطِق بـ~ه — *même sens*

~ حال ه — interprète (d'un sentiment); organe [*fig.*]; porte-parole

~ حال حِزْب — porte-parole d'un parti

~ حال المُعارَضة — l'organe de l'opposition

~ حاله يَقُول — sembler dire/signifier

~ الحال غَيْر ~ المَقال — l'esprit est différent de la lettre

الـ~ والفَرْض — *techn.* tenon et mortaise [*techn.*]

~ إبْزيم، قُفْل — *techn.* ardillon; pêne

~ الثَوْر — *bot.* bourrache; buglosse

~ الحَمَل، الكَلْب — *bot.* plantain; cynoglosse

~ الحَيَّة، العُصْفور — *bot.* scolopendre; frêne

**ذو لِسانَيْن** — qui tient un double langage; hypocrite

**أَلْسِنة** النار — langues de feu

جَرَى على ~ العامّ والخاصّ — être dans toutes les bouches/sur toutes les langues

لِسانيّ — lingual; verbal; oral

**لِسانِيّة، لِسانِيّات**؛ أَلْسُنِيّات — linquistique *n.f.*

عالِم بالـ~، أَلْسُنيّ — linguiste

لُسَيِّن — languette; gâchette

II لَسَّنَ تَلْسينًا — effiler

IV مُلْسِن — qui a la langue bien déliée/affilée [*fam.*]

**4822 لَشَك** — *poiss.* rémora

**4823** III **لاشَى** مُلاشاةً ه — abolir; annihiler; anéantir; détruire; réduire à néant; supprimer

~ الآمال — anéantir les espoirs

مُلاشاة — abolition; anéantissement; annihilation; destruction; suppression

VI **تَلاشَى** تَلاشِيًا — s'anéantir; se consumer; décliner; dépérir; disparaître; s'évanouir; mourir; périr; être réduit à néant; se volatiliser

~ أَمَلُه الأَخير — son dernier espoir s'est évanoui

~ كَالدُخان — partir en fumée

~ت الأَوْهام — les fantômes/les illusions se sont volatilisé(e)s/ont disparu

~ت الأَصْداء — l'écho s'est tu

لا يَتَلاشَى — indéfectible

**تَلاشٍ** — anéantissement; consomption; déclin; déliquescence; dépérissement; disparition; évanouissement; évanescence; volatilisation

~ الذات — nirvana

**مُتَلاشٍ** (مُتَلاشي) — anéanti; consumé; disparu; déliquescent; détruit; évanoui; évanescent; réduit à néant; parti en fumée; perdu; ruiné

صُورة ~ة — image évanescente

**4824 لِصّ** ج لُصوص — bandit; brigand; filou; voleur; larron; malandrin

لُصوصِيّة — brigandage; filouterie

V **تَلَصَّصَ** تَلَصُّصًا — être/se faire voleur; dérober; voler

~ على — écouter (aux portes); épier; espionner

مُتَلَصِّص — furtif

مُتَلَصِّصًا à la dérobée; furtivement

**4825 لَصَف** *bot.* câprier

لاصِف *bot.* plantain

**4826 لَصِقَ** - لَصْقًا، لُصوقًا بِـ ه adhérer; s'attacher à; coller *intr.*; se coller; être ... *v. à. l'adj.*

لَصْقة cataplasme; colle; emplâtre

لُصوقة adhésivité; ténacité

لَصِق، لاصِق adhérent; agglutinant; attaché; collé; collant; tenace

**لَصوق** collant; adhésif

شَريط ~ ruban adhésif; adhésif *n.m.*; sparadrap

ثَوْب ~ vêtement collant; collant *n.m.*

لَصيق adjacent; contigu; attaché; collé; joint

لَصيقة ج ات، لَصائِق étiquette

III **لاصَقَ** مُلاصَقةً ه s'accrocher à qqn [*fig.*]; s'attacher aux pas de qqn; accompagner qqn partout

~ ه être adjacent/contigu à; être connecté/en contact avec; toucher à

مُلاصَقة affrontement; contact (avec qqch); conjonction; connexion; cohésion; contiguïté

مُلاصِق accolé; adjacent; contigu; cohérent; en contact avec qqch; attenant à

IV **أَلْصَقَ** إِلْصاقًا ه attacher; apposer; coller; agglutiner; encoller; joindre; plaquer; *ling.* affixer

~ إِعْلانًا afficher un avis; apposer une affiche

~ على الجِدار placarder; coller sur les murs

~ ظَرْفًا cacheter une enveloppe

~ بِـ ه قَضيّة coller une affaire sur le dos de qqn [*fam.*]

~ بِـ ه تُهْمة accuser qqn; lancer une accusation contre qqn

**إِلْصاق** affixation; agglutination; jonction

~ الإِعْلانات affichage; placardage

مُلْصِق الإِعْلانات colleur d'affiches

**مُلْصَق** collé; joint; affiché; lié; fixé; affixé

مُلْصَقة ج ات affiche; placard; *gramm.* affixe *n.m.*

VI تَلاصَقَ تَلاصُقًا être ... *v. à l'adj.*; s'entasser; se coller (les uns contre les autres); se tasser (dans un endroit resserré); se toucher

تَلاصُق cohérence; cohésion; contiguïté; entassement

**مُتَلاصِق** accolé; agglutiné; attenant; adjacent; collé; cohérent; contigu; joint; tassé

غَيْر ~ décollé; mal joint; disjoint

VIII **اِلْتَصَقَ** اِلْتِصاقًا بِـ s'agglutiner; coller; se coller à; se serrer contre; s'insérer dans; s'incruster

~ جِسْماهُما في الرَقْص leurs corps étaient soudés dans la danse

~ بِرأْي adhérer à une opinion

**اِلْتِصاق** adhérence; adhésion; cohérence; cohésion

~ العَضَلات بِـ insertion des muscles

مُلْتَصِق cohérent; cohésif; inhérent; inséré; adhérent

**4827 لَطّ** ج لِطاط collier de graines de coloquinte

**4828 لُطّ** *poiss.* lotte

**4829 لَطَخَ** - لَطْخًا ه éclabousser; encrasser; maculer; salir; souiller; tacher

~ ه بِشَرّ salir qqn [*fig.*]; baver sur [*fig.*]

**لَطْخة** ج لَطَخات bavure; éclaboussure; tache; souillure; *fig.* calomnie; atteinte (à la réputation)

~ من العار infamie; ignominie

II **لَطَّخَ** تَلْطيخًا ه ← لَطَخَ

~ ه بِالدَم ensanglanter; tacher de sang

~ يَدَيْه بِالدم tremper ses mains dans le sang

~ قَدَمَيْه بِالوَحَل se crotter les pieds

~ سُمْعَته entacher/ternir sa réputation

**مُلَطَّخ** constellé de taches; maculé; taché

~ بِالوَحَل، الدم crotté; ensanglanté

~ بِالدُهْن graisseux; gras (papier)

V تَلَطَّخَ تَلَطُّخًا s'éclabousser; se maculer; se crotter; se salir; se tacher

**4830 لَطَسَ** - لَطْسًا ه frapper qqch du plat (d'une arme)

مِلْطاس ج مَلاطيس pioche à bourrer

**4831** **لَطَعَ** َ لَطْعًا ه — donner un coup de pied au derrière

~ اِسْمًا في لائِحة — rayer un nom sur une liste

لَطْعة — rature

أَلْطَعُ م لَطْعاء — édenté

**4832** **لَطَفَ** ُ لُطْفًا بِـ، لِـ ه — être bienveillant pour qqn

لَطُفَ ُ لَطافةً — se radoucir; être ... *v. à l'adj.*

**لَطافة**؛ لُطْف — affabilité; amabilité; aménité; bonté; bienveillance; bonhomie; douceur; complaisance; galanterie; gentillesse; grâce; obligeance; charme; courtoisie; délicatesse; finesse (d'esprit); raffinement; suavité; urbanité [*litt.*]

~ المُناخ، التَقاطيع — douceur du climat; délicatesse des traits

**لُطْف** ج أَلْطاف — attention; bienfait; bonté; caresse; gentillesse; prévenance

الـ~ الإلَهيّ — bonté grâce divine

بِـ~ — gentiment; gracieusement; aimablement

عامَلَ ه بِـ~ — traiter qqn avec délicatesse

**لَطيف** ج لُطَفاء، لِطاف — affable; agréable; amène; aimable; attentionné; avenant; bienveillant; bon; doux; caressant; charmant; complaisant; délicat; fin; galant; gentil; gracieux; joli; mignon; obligeant; prévenant; raffiné; spirituel; suave

الـ~ — le bon Dieu

يا ~ — bon mon Dieu!

الجِنْس الـ~ — le beau sexe; le sexe faible

عِطْر، زَهْرة ~(ة) — parfum, fleur délicat(e)

لَطيفة ج لَطائِف — bon mot; mot/trait d'esprit; astuce; finesse; gentillesse; amabilité

II **لَطَّفَ** تَلْطيفًا ه — assouplir; adoucir; atténuer; diminuer; édulcorer [*fig.*]; tempérer (l'ardeur); donner des apaisements

~ تَدْبيرًا، نَصًّا — assouplir des mesures; édulcorer un texte

~ الأَلَم — endormir la douleur

~ مِن كَرْبه — atténuer/apaiser son tourment

**تَلْطيف** — assouplissement [*fig.*]; atténuation; apaisement; adoucissement; diminution; euphémisme

تَلْطيفيّ — euphémique

مُلَطِّف — calmant; apaisant; sédatif

III لاطَفَ مُلاطَفة ه — cajoler; caresser; flatter; traiter avec bonté; prodiguer des caresses à

مُلاطَفة ج ات — bienveillance; caresses; cajoleries

مُلاطِف — caressant; complaisant; prévenant

V **تَلَطَّفَ** تَلَطُّفًا — être affectueux bon doux poli

~ بِـ — avoir la bonté la courtoisie la charité de; daigner; faire la grâce de

X اِسْتَلْطَفَ اِسْتِلْطافًا ه — trouver agréable charmant

**4833** **لَطَمَ** ِ لَطْمًا — donner un coup une gifle une claque; battre; gifler; heurter; claquer; souffleter

لَطْمة ج لَطَمات — coup (de poing); choc; claque; gifle; soufflet; heurt; horion

تَبادَلَ لَطَماتٍ — échanger des gifles

لَطيم، لَطيمة ج لَطائِم — musc; onguent parfumé

VI تَلاطَمَ تَلاطُمًا — se briser; déferler; s'entrechoquer (vagues)

بَحْر **مُتَلاطِم** الأَمْواج — mer démontée houleuse

**4834** **لَطا** ُ لَطْوٌ — chercher un abri (sous un rocher, dans un recoin)

**4835** **لَظّ** كَظّ — homme cruel/dur/intraitable

**4836** **لَظِيَ** َ لَظًى — brûler avec de grandes flammes; flamber

لَظًى — feu; feu de l'enfer; enfer

II لَظَّى تَلْظِيةً — attiser le feu pour le faire brûler avec de grandes flammes

V تَلَظَّى تَلَظِّيًا ← لَظِيَ

**4837** **لُعاع**؛ لُعاعة — *bot.* chicorée; endive

**4838** **لَعِبَ** َ لُعْبًا، لَعِبًا — badiner; folâtrer; jouer; se divertir; *v. aussi 4839*

~ الطاوِلة، الأَوْراق — jouer au jacquet, aux cartes

~ دَوْرًا — jouer/interpréter un rôle

~ على ه — duper; jouer un tour à; mystifier

~ على هـ — jouer (d'un instrument)

~ على حَبْلَيْن — jouer un double jeu; manger à deux rateliers

~ على الكَلام — jouer sur les mots

~تْ بِه الهُموم — être en proie à/la proie de l'anxiété

~ الفَأْر في عُبّه — avoir la puce à l'oreille

**لَعْب**، لَعِب ج أَلْعاب — badinage; divertissement; jeu

قُدْرة، قُوّة الـ~ — puissance de sortie [*radio.*]

وَرَق ~ — jeu de cartes; cartes à jouer

**أَلْعاب** رياضيّة، القُوَى — sports; athlétisme

~ أُولَمْبيّة — jeux Olympiques

~ ناريّة — feux d'artifice

~ خِفّة، سِحْريّة — jeux d'adresse; prestidigitation

**لُعْبة** ج لُعَب — jeu; partie (de jeu); poupée; jouet [*pr.* et *fig.*]; dérision; fantoche; marionnette

~ الطاوِلة، الداما — jacquet; jeu de dames

كان ~ القَدَر — être le jouet du sort

**لاعِب** ج ون — joueur; athlète; gymnaste; *mus.* musicien; instrumentiste; virtuose *n.*

~ كُرة القَدَم — footballeur

~ كُرة السَلّة — basketteur

~ الكُرة الطائِرة — volleyeur

~ كُرة الطاوِلة — pongiste

~ كُرة المَضْرِب — tennisman

لَعوب — enjoué; folâtre; joueur (enfant); gai

أُلْعوبة ج أَلاعيب — attrape; entourloupette [*fam.*]; jeu; farce; manigance; marionnette

مَلْعَب ج مَلاعِب — cour de récréation; gymnase; terrain de jeu/de sport; stade

مَلاعِب السِرْك — jeux du cirque

III لاعَبَ مُلاعَبة ه — amuser qqn; jouer avec qqn

مُلاعِب ج ون — compagnon de jeu

IV أَلْعَبَ الرِياح بَيْن ذِراعَيْه — bâtir sur le sable/des châteaux en Espagne

VI **تَلاعَبَ** تَلاعُبًا بِـ، في ه — jouer avec; se jouer de; faire une farce à; monter un bateau à qqn; mener qqn en bateau; manipuler [*fig.*]

~ بِـ ه — tourner qqn en dérision

~تْ بِهِ الأَهْواء، الأَرْياح — être le jouet des passions, des vents; aller à la dérive [*pr.* et *fig.*]

**تَلاعُب** — comédie [*fig.*]; duplicité; manigance; manipulation; tricherie

~ بِالأَلْفاظ — jeu de mots

**4839** **لَعَبَ** ـُ لَعْبًا — baver; saliver; *v. aussi 4838*

**لُعاب** — bave; salive

~ الحَيّة، النَحْل — venin du serpent; miel de l'abeille

~ الشَمْس — fil de la Vierge

سالَ ~ ه على — avoir l'eau à la bouche; baver devant

أَسالَ الـ~ — faire venir l'eau à la bouche

**لُعابيّ**؛ غُدَد ~ة — salivaire; glandes salivaires

لاعِب — baveux

V تَلَعَّبَ تَلَعُّبًا — saliver; salivation

**4840** **لَعْثَمَ** في ه — examiner avec attention; hésiter; prendre son temps

لَعْثَمة — balbutiement; bafouillage

II تَلَعْثَمَ — balbutier; bafouiller; hésiter (parole)

مُتَلَعْثِم — balbutiant; bafouillant; hésitant (parole)

**4841** **لَعَجَ** ـَ لَعْجًا (في الصَدْر) — s'agiter [*fig.*]; s'échauffer [*fig.*]; s'enflammer (sentiment)

~ ه — agiter/échauffer/enflammer qqn (amour)

لَعْج — douleur; peine

III لاعَجَ مُلاعَجة ه — accabler qqn; affecter; opprimer

**4842** **لَعَطَ** ـَ لَعْطًا — se hâter; tatouer

لُعْطة — tatouage (sur les joues)

مَرَّ لاعِطًا — passer en rasant les murs

**4843** **لَعِقَ** ـَ لَعْقًا — laper; lécher

~ جِراحَه — lécher ses blessures

~ إِصْبَعَه — mourir

لُعْقة — cuillerée

**مِلْعَقة** ج مَلاعِق — cuiller; cuillère

أَبو ~ *ois.* canard souchet; souchet

مَلاعِقيّ spatule [*ois.*]

**4844 لَعْل** *minér.* rubis; *bot.* styrax

**4845 لَعَلّ** (لَ + عَلّ ← علل) peut-être (que)

لَعَلِّي peut-être que je moi

**4846 لَعْلَعَ** broyer; briser; casser; fracasser

مُلَعْلِع fracassant

لَعْلاع lâche; poltron

II تَلَعْلَعَ trembler/vibrer (air chaud, mirage)

**4847 لَعَنَ** َ لَعْنًا ه، ه condamner; exécrer; maudire; lancer des imprécations/l'anathème contre; pester contre; réprouver

~ اللّٰه ه peste soit du des; que Dieu maudisse

**لَعْنة** ج لَعَنات، لِعان anathème; exécration; imprécation; malédiction

~ اللّٰهِ على ه maudit soit

لَعْنيّ imprécatoire

لاعِن qui maudit/lance des imprécations

**لَعين** damné; détesté; exécrable; maudit; réprouvé; sacré/satané [*fam.*]; frappé d'anathème

الـ~ Satan

مَلْعون ج مَلاعين ← لَعين

III **لاعَنَ** لِعانًا ه éclater en imprécations contre

~ بَيْنَ ه se prononcer entre deux partis (juge)

VI تَلاعَنَ تَلاعُنًا se maudire; se lancer des imprécations

**4848 لَعْو** avide; méchant; méprisable; vil

إمْرأة ~ة femme méchante; peste [*fig.*]

كَلْبة ~ة chienne méchante/vorace

**لَعْوة** intensité/violence de la faim; *anat.* aréole

**4849 لَغَبَ** َ لَغْبًا tenir des propos mensongers; être ... *v. à l'adj.*

لَغْب flèche mal taillée; *fig.* propos mensongers; discours confus

لَغْب، لُغوب fatigue; langueur; lassitude; trouble

لاغِب fatigué; las; languide [*class.*]

**4850 لُغْد** ج أَلْغاد lobe (de l'oreille); fanon (de bœuf)

لُغْدود ج لَغاديد *même sens*

**4851 لُغْز** ج أَلْغاز casse-tête [*fig.*]; charade; devinette; énigme; paradoxe; rébus

مِفْتاح الـ~ mot de l'énigme

لُغْزيّ énigmatique

IV أَلْغَزَ إلْغازًا parler par énigmes

مُلْغَز ambigu; énigmatique; mystérieux (propos); équivoque

**4852 لَغَطَ** َ لَغَطًا faire du vacarme

**لَغْط** ج أَلْغاط charivari; clameur; tapage; tumulte; vacarme

طَغَى على كُلّ ~ آخَر couvrir tous les autres bruits

أَثارَ الـ~ soulever des clameurs; faire du tapage

مَنْ كَثُرَ ~ه كَثُرَ غَلَطُهُ *prov.* trop parler nuit

لَغّاط tapageur; faiseur de vacarme

**4853 لَغَمَ** َ لَغْمًا baver; écumer (chameau); *v. aussi 4854*

لُغام bave/écume/salive du chameau

IV أَلْغَمَ إلْغامًا amalgamer; amalgame

مُلْغَم amalgamé

**5854 لَغَمَ** ُ لَغْمًا ه miner

~ طَريقًا، جِسْرًا miner un route, un pont

**لَغْم** minage

~ الشَواطِئ minage des côtes

لَغَم ج أَلْغام mine [*mil.*]; grenade sous-marine; *v. aussi 4853*

**أَلْغام** سائِمة، عائِمة mines flottantes

حَقْل ~ champ de mines

زَرَعَ ~ًا في mouiller/poser des mines; miner

زارِعة، كاسِحة ~ mouilleur/dragueur de mines

نَزَعَ، كَسَحَ الـ~ déminer; draguer les mines

نَزْع، كَسْح الـ~ déminage; dragage de mines

**مَلْغوم** miné; explosif [*fig.*]

مَواقِع، أَحْداث ~ة situations, événements explosifs(ives)

**4855 لَغا** ـُ لَغْوًا parler; se tromper/faire des fautes en parlant

لَغِيَ ـَ لَغًا *même sens*

**لَغْو** nullité/caducité (d'un contrat); pléonasme; redondance

تَكَلَّمَ بِالـ~، **لَغْوًا** dire des babioles/des futilités

**لُغة** ج ات langue; langage; idiome

~ مَيِّتة، حَيّة langue morte, vivante

~ فُصْحى، كلاسيكيّة langue classique/littéraire

~ المَوْلِد؛ الـ~ الأُمّ langue maternelle

~ أَجْنَبِيّة langue étrangère

~ طَبيعيّة langue naturelle

~ عامّيّة langue populaire; dialecte

~ رَمْزِيّة langage chiffré/codé/symbolique

~ مِهْنِيّة langue professionnelle; jargon [*péjor.*]

فقه الـ~ philologie

عِلْم الـ~ lexicographie

أَهْل الـ~ philologues; lexicographes

~ شَرْحِية métalangage; métalangue

هذه ~ه ce sont ses propres termes

**لُغَوِيّ** linguiste; linguistique *adj.*

أَخْطاء ~ة fautes de langue

**لاغٍ** abrogé; annulé; caduc; nul; périmé

~ وباطِل entaché de nullité; nul et non avenu

IV **أَلْغَى إِلْغاءً** ه abolir; abroger; éliminer; exclure; annuler; invalider; infirmer; frapper de nullité; proscrire; renoncer à; révoquer; rapporter; supprimer; résilier

~ قانونًا abolir/abroger une loi

~ مَوْعِدًا annuler/décommander un rendez-vous; se décommander

~ مَرْسومًا rapporter une décision

**أُلْغِيَ** s'annuler; être annulé/aboli/abrogé

**إِلْغاء** abolition; abrogation; annulation; élimination; exclusion; invalidation; infirmation; omission; renonciation; résiliation; révocation; suppression

~ رِحْلة طَيَران نَحْوَ suppression d'un vol en direction de

**مُلْغًى** annulé; aboli; abrogé; invalidé; résilié; nul; caduc [*dr.*]; périmé

قانون ~ loi caduque

VIII اِلْتِغاء قانون caducité d'une loi

**4856 لَفَّ** ـُ لَفًّا ه bobiner; emballer; dévider; embobiner; empaqueter; contourner; enrouler; entourer; entortiller; envelopper; plier; rouler; ramasser; rassembler; réunir; mettre en rouleau

~ رَأْسه بِـ s'envelopper/s'entortiller la tête de

~ سيكارة rouler une cigarette

~ أَمْتِعَته plier/empaqueter ses affaires

~ وَرَقًا faire un rouleau de papier

~ لَفّه *fig.* être du même bord que/de la même sorte que

**لَفّ** bobinage; emballage; embobinage; empaquetage; enroulement; enveloppement; machinations; manigances [*fam.*]; menées tortueuses; hésitations; flottements; tatonnements

مِن غَيْرِ ~ sans cérémonie; sans détour; sans tergiverser

~ ودَوَران valse-hésitation [*fig.*, *fam.*]; tergiversations

بلا ~ ولا دَوَران sans tourner autour du pot [*fam.*]

**لَفّة** ج ات colis; paquet; rouleau; spirale; pièce de tissu; turban

~ وَرَق، رَقّ rouleau de papier, de parchemin

لِفّ ج لُفوف foule; multitude; épais/touffu (arbre)

**لِفافة** ج لَفائِف bande; bandage; enveloppe; enveloppement; couverture; rouleau

~ تِبْغ، من التِبْغ cigarette

~ ساق guêtre; jambière; molletière; bande molletière

لَفّافة bobineuse [*mécan.*]; bobinoir; dévidoir

**مَلْفوف** emballé; embobiné; empaqueté; bobiné; enroulé; enveloppé; roulé

~؛ مَلْفوفة *bot.* chou

**لَفيف** foule; multitude; légion; mêlé; mélangé; *gramm.* «*lafīf*» (racine dont deux des trois radicales sont des lettres faibles ou glides)

~ الناس — pègre; populace [*péjor.*]

~ مَفْروق (وَعَى، وَفَى، وَقَى) — *gramm.* «*lafīf mafrūq*» (racine dont les deux lettres faibles sont séparées par une consonne)

~ مَقْرون (طَوَى، كَوَى، قَوِيَ) — *gramm.* «*lafīf maqrūn*» (racine dont les deux lettres faibles se suivent)

لَفيفة ج لَفائِف — cigarette; pelote; rouleau

مِلَفّ ج ات — couverture; *électr.* bobine; *admin.* chemise; classeur; dossier

مِلْفاف ج مَلافيف — treuil

II لَفَّفَ تَلْفيفًا ه — draper; enrouler

تَلْفيف ج تَلافيف — enroulement; volute; entrelacs

**تَلافيف** الدِماغ — circonvolutions cérébrales

~ مُخِّيَّة — *même sens*

في ~ الظَلام — au sein des ténèbres

IV أَلَفَّ إِلْفافًا رَأْسه — mettre la tête sous son aile (oiseau)

V تَلَفَّفَ تَلَفُّفًا في، بِـ — se draper/s'enrouler/s'entortiller dans; s'entourer/s'envelopper de; s'emmitoufler

VIII **اِلْتَفَّ** اِلْتِفافًا — être épais/luxuriant/touffu (bois)

~ حَوْلَ ه، ه — entourer qqn, qqch; se grouper autour; contourner; encercler

~ بِـ، في — s'enrouler; s'entortiller; s'envelopper

~ بِغِطائِه — s'envelopper/se rouler dans sa couverture

~ على ه — se cramponner à

**اِلْتِفاف** — encerclement; enroulement; enveloppement

حَرَكة ~، اِلْتِفافِيَّة — *mil.* mouvement enveloppant/d'encerclement

**مُلْتَفّ** — détourné; contourné; enveloppé; dru; épais; touffu; luxuriant

**4857** **لِفْت** — *bot.* colza; navet; rave

~ بَرِّيّ — *bot.* raiponce

**4858** **لَفَتَ** ـِ لَفْتًا ه إلى — diriger; retourner; tourner

~ ه عن رَأْيِه — détourner qqn d'une opinion

~ النَظَر، الاِنْتِباه إلى — attirer/éveiller/solliciter l'attention; signaler/souligner l'importance; faire remarquer

~ ه إلى النِظام — rappeler à l'ordre

لَفْتة ج لَفَتات — coup d'œil; regard furtif; volte; pirouette; tour; virevolte; volte-face

**لافِتة** ج ات — affiche; écriteau; pancarte; panneau

~ طَريق — panneau de signalisation routière

IV أَلْفَتَ إِلْفاتًا النَظَر ← لَفَتَ

مُلْفِت — attirant; notable; remarquable

V تَلَفَّتَ تَلَفُّتًا حَوْلَهُ ← VIII

VIII **اِلْتَفَتَ** اِلْتِفاتًا إلى — s'adresser; apostropher; s'intéresser à; se tourner; se retourner; tourner ses regards vers; avoir/prendre soin de; prendre en considération

~ حَوْلَهُ — regarder autour de soi

**اِلْتِفات** — apostrophe; attention; égards; sollicitude; soins

أَعارَ ه، ه ~ًا — accorder de l'attention à; faire/prêter attention à

جَدير بِالـ~ — digne d'égards d'attention

نَظَرَ إلى ه بِعَيْن الـ~ — examiner avec une bienveillante attention

عَدَم ~ — inattention

دُونَ ~ إلى — au mépris de; sans égards pour

X **اِسْتَلْفَتَ** النَظَر إلى — attirer le regard; se faire remarquer

~ الاِنْتِباه — attirer/solliciter l'attention

**4859** **لَفَحَ** ـَ لَفْحًا ه — brûler; consumer; cingler; fouetter; effleurer; hâler

~ عَيْنَيْه — brûler/piquer les yeux (fumée)

~ت ه حُمَّى الاِغْتِراب — être consumé/miné par la nostalgie/le mal du pays

~ الوَجْه — fouetter le visage (air vif)

**لَفْح** الشَمْس — hâle

~ النار — souffle du feu

**لَفْحة** ج لَفَحات — bouffée (de chaleur); coup d'air/de chaleur

~ حُمَّى — accès/poussée de fièvre

كان على **لَفَحات** اللَهيب — être sur des charbons ardents

لافِح — brûlant; caniculaire; torride (chaleur)

مَلْفوح — tanné/hâlé par le soleil

لُفّاح — *bot.* mandragore

4860 لَفَظَ ـِ لَفْظًا ه، بـ ه cracher; dégager; éjecter; rejeter; émettre; énoncer; exprimer; prononcer
~ رائِحة، كَلِمة dégager une odeur; prononcer un mot
~ نَواة، الطَعام cracher un noyau; rejeter la nourriture
~ النَفَس الأخير expirer; rendre le dernier soupir
~ بِكَلام articuler/prononcer des paroles
~ ه إلى الساحِل rejeter qqch au rivage (mer)
لا يُلْفَظُ imprononçable
لَفْظ crachat; éjection; rejet; émission; énonciation; prononciation
~ حُكْم énoncé d'un jugement
~، لَفْظة ج أَلْفاظ mot; parole; terme; lexie; lexème
~ مُتَواطِئ، مُرَكَّب terme univoque, complexe
~ مُشْتَرَك homonyme
~ مُسْتَعار، مَجازِيّ terme métaphorique, figuré
لَفْظًا verbalement; littéralement
~ ومَعْنًى dans la lettre et l'esprit
القَضِيّة قَضِيّة أَلْفاظ c'est une question de mots
لَفْظِيّ؛ مَعْنًى ~ littéral; sens littéral
لَفْظِيًّا littéralement; à la lettre
مَلْفوظ craché; éjecté; rejeté; rendu; vomi; émis; articulé; prononcé
V تَلَفَّظَ تَلَفُّظًا بـ ه articuler; proférer; prononcer

4861 لَفَعَ ـَ لَفْعًا brûler (feu)
~ الشَيْبُ رَأْسَه grisonner; blanchir (cheveux)
لِفاع ج لُفُع، أَلْفِعة pèlerine
مِلْفَع cache-nez
II لَفَّعَ تَلْفيعًا ه couvrir; recouvrir
~ الشَيْبُ رَأْسَهُ ← لَفَعَ
تَلْفيعة écharpe; foulard
V تَلَفَّعَ تَلَفُّعًا بـ être couvert/recouvert de; se couvrir; se recouvrir; se voiler

4862 لَفَقَ ـِ لَفْقًا ه coudre des lés bout à bout; repriser
II لَفَّقَ تَلْفيقًا ه agencer; coudre/mettre bout à bout; syncrétiser
~ قِصّة affabuler; forger/inventer une histoire
~ خَبَرًا falsifier/fabriquer une nouvelle
~ لِـ ه الأَضاليل bourrer le crâne à qqn
تَلْفيق affabulation; invention; forgerie [*rare*]; falsification
~ الأَخْبار bourrage de crâne; tissu de mensonges
تَلْفيقة ج تَلافيق bobard [*fam.*]; conte à dormir debout
تَلْفيقيّة syncrétisme
مُلَفِّق ج ون affabulateur; inventeur; mythomane
مُلَفَّق fabriqué/inventé de toutes pièces; falsifié; hétéroclite; hétérogène; syncrétisé

4863 لَفْلَفَ قَضِيّة étouffer une affaire
~ ه couvrir qqn [*fig.*]

4864 IV أَلْفَى إِلْفاءً ه، ه constater; trouver; remarquer; rencontrer; s'apercevoir
أَلْفاه قَدْ خَرَجَ il s'aperçut qu'il était sorti
نَظَرَ إِلَيْها فَـ~ ها تَنْهَض il la regarda et constata qu'elle se levait
أَلْفَيْتُ البَيْتَ مَنْزِلاً صَغيرًا je constatai qu'il s'agissait d'un petit logement
VI تَلافَى تَلافِيًا ه éviter; détourner; pallier; parer; remédier à; réparer
~ صُعوبة contourner une difficulté
~ ضَرْبة détourner/parer un coup
~ مُصيبة prévenir une catastrophe

4865 لَقَب ج أَلْقاب nom de famille; surnom; titre (honorifique, de noblesse); sobriquet
II لَقَّبَ تَلْقيبًا dénommer; donner un nom/un surnom/un titre; surnommer
~ نَفْسه se donner le titre de
تَلْقيب dénomination
مُلَقَّب بـ appelé; dit; nommé; surnommé

4866 لَقَحَ ـَ لَقْحًا féconder; inoculer; vacciner

**لَقِحَ** َ لَقَحًا، لَقاحًا — être fécondé (palmier, femme)

لَقْح؛ لِقاح — fécondation; inoculation; vaccination

لِقاح — pollen; vaccin; sperme

**لاقِح** ج لَواقِح — fécondant; vent fécondant qui transporte le pollen

لَقوح ج لِقاح — fécondé; pleine *adj.f.*

II لَقَّحَ تَلْقيحًا ه — féconder; greffer; imprégner; inséminer; inoculer; faire une piqûre; polliniser; vacciner

**تَلْقيح** — fécondation; greffage; imprégnation; insémination; inoculation; piqûre; vaccination; pollinisation

~ اِصْطِناعيّ — insémination artificielle

مُلَقِّح — fécondant; fécondateur; vaccinateur

مُلَقَّح — fécondé; vacciné; inoculé; imprégné

IV أَلْقَحَ إِلْقاحًا ← II

V اِلْتَقَحَ اِلْتِقاحًا — être fécondé (femelle, palmier); recevoir la greffe; prendre (vaccin)

X اِسْتِلْقاح — vaccinothérapie

**4867** **لَقَسَ** ُ لَقْسًا — blâmer; critiquer

لَقِسَ َ لَقَسًا نَفْسُه إلى — être attiré/entraîné vers; avoir un penchant pour

**لَقِس**؛ ~ النَفْس — acerbe; caustique; envieux; jaloux; inconstant; léger; volage

**4868** **لَقَطَ** ُ لَقْطًا ه — becqueter; butiner; cueillir; glaner; grappiller; ramasser sur le sol

~ الأَثْمار، الحَطَب — ramasser (à terre) des fruits, du bois

~ مَعْلوماتٍ — butiner/glaner des informations

لَقْط — glanage; cueillette; préhension; ramassage

لَقْطة ج لَقَطات — pincée; poignée; petite quantité de fruits/de bois ramassée à terre; *phot.* prise de vue; vue

لَقَط؛ لُقاط؛ لُقاطة — éteule; glane; glanure

**لُقْطة** ج لُقَط — occasion; affaire; trouvaille; vieillerie

~ رابِحة — bonne affaire/occasion

سُوق **اللُقَط** — marché aux puces; foire à la ferraille/aux affaires

**لاقِط** — glaneur; ramasseur

~ صَوْت — pick-up

بَنو ساقِط بَنو ماقِط بَنو ~ — *prov.* cancres, hères et pauvres diables

لِكُلِّ ساقِطة ~ ة — *prov.* il y a une oreille pour chaque mot

**لَقّاط** ج ون — glaneur; cueilleur; ramasseur

~، لَقّاطة — *techn.* tenailles; cliquet

مَلْقوط — ramassé; glané; cueilli

**لَقيط** ج لُقَطاء — enfant trouvé; bâtard

~ الدَوْلة — pupille de l'État

**مِلْقَط** ج مَلاقِط — pince [*techn.*]; pincettes; tenaille

~ شَعْر، غَسيل — pince à épiler, à linge

~ الوِلادة، الجَنين — forceps

VIII **اِلْتَقَطَ** اِلْتِقاطًا ه — cueillir; glaner; capter; ramasser; intercepter; recevoir [*radio.*]; recueillir; trouver; tomber par hasard sur

~ أَثْمارًا، حَطَبًا — cueillir des fruits; ramasser du bois

~ فُتاتًا — ramasser/recueillir des miettes

~ لِصًّا — attraper/cueillir [*fam.*] un voleur

~ مَعْلومات، حِكايات — glaner des renseignements, des histoires

~ صُورة — prendre une photo; photographier

~ مَحَطَّة إذاعِيّة — capter/prendre/recevoir une station de radio

~ بَرْقِيّة — intercepter/recevoir un télégramme

**اِلْتِقاط** — cueillette; ramassage; interception; réception

~ إشارة — réception des signaux

~ الصُوَر — prise de vues

~ بَرْقِية — interception de télégramme

جِهاز ~ — appareil de réception; récepteur

اِلْتِقاطًا — par hasard; inopinément; d'occasion

**4869** **لَقَعَ** َ لَقْعًا ه — mordre/piquer (serpent); nuire à qqn

~ ه بِعَيْن — jeter le mauvais œil/un mauvais sort à

لُقّاع؛ لُقّاعة — hâbleur; qui a la répartie rapide; prompt à la riposte

لُقاعة ج لُقاع — *ins.* mouche verte; lucilie

**4870** **لَقِفَ** ـَ لَقْفًا، لَقَفانًا ه — avaler; happer; engloutir; attraper/saisir au vol

لَقِف — adroit; agile; preste; prompt; qui a de bons réflexes

V **تَلَقَّفَ** تَلَقُّفًا ← لَقِفَ

~ بِنَظَراتِه — dévorer/manger des yeux

~ كَلامَ ه — boire les paroles de

VIII اِلْتَقَفَ اِلْتِقافًا ← لَقِفَ، V

**4871** **لَقَف** ج أَلْقاف — paroi d'un puits

**4872** **لَقْلَقَ** — claquer du bec (cigogne); claqueter; craqueter

لَقْلَقة ج لَقالِق — claquement de bec; craquètement

لَقْلاق؛ لَقْلَق ج لَقالِق — *ois.* cigogne; *fig.* bavard

**4873** **لَقَمَ** ـُ لَقْمًا ه — boucher; obstruer

لَقِمَ ـَ لَقْمًا الطَعام — avaler goulûment

**لُقْمة** ج لُقَم — bouchée; goulée; *anat.* condyle

تَكَلَّمَ والـ~ تَمْلأ فَمَه — parler la bouche pleine

~ سائِغة لِ — proie facile pour

جَعَلَه ~ سائِغة لِ — livrer en pâture à

لُقْميّ؛ لُقْمانيّ — *anat.* condylien; condyloïde

لَقْمة النَعْجة — *bot.* plantain

II **لَقَّمَ** تَلْقيمًا ه ه — faire avaler qqch à qqn; gorger qqn de qqch

~ رَشّاشًا — charger/servir une mitrailleuse

~ عَمَلَ ه — mâcher la besogne à

مُلَقِّم — servant (d'arme automatique)

IV **أَلْقَمَ** إِلْقامًا ه ه — gorger qqn de

~ النار — alimenter/entretenir le feu

~ بُنْدُقيّة — charger un fusil

~ ه حَجَرًا — clore/clouer le bec; fermer la bouche à; river son clou à; rabattre le caquet de

**إِلْقام** — alimentation (du feu); chargement (d'une arme à feu)

مُلْقِم — servant (d'une pièce d'artillerie)

مُلْقَم — alimenté/nourri/entretenu (feu); chargé (arme)

VIII **اِلْتَقَمَ** اِلْتِقامًا ه — avaler; gober; ingurgiter

~ ه مَرّةً واحِدة — ne faire qu'une bouchée de

**4874** **لَقِنَ** ـَ لَقانة — comprendre vite; avoir l'intelligence vive

II **لَقَّنَ** تَلْقينًا ه ه — dicter; apprendre qqch à qqn; faire comprendre; endoctriner; enseigner; inculquer; initier; instruire; insinuer; souffler (au théâtre); suggérer; suggestionner

~ ه أَجْوِبَتَه — dicter à qqn ses réponses

تَلْقين — endoctrinement; enseignement; initiation; insinuation; instruction; suggestion; dictée

مُلَقِّن — initiateur; instigateur; souffleur [*théâtr.*]

V تَلَقَّنَ تَلَقُّنًا ه — apprendre qqch; être informé de; s'initier à; prêter l'oreille à

**4875** **لَقْوة** — paralysie faciale/de la bouche

**4876** **لَقِيَ** ـَ لُقْية، لِقاء ه، ه — accueillir; trouver; rencontrer; recevoir; endurer; supporter

~ رَواجًا كَبيرًا — faire fureur; avoir un grand débit

~ رَبَّه — mourir; rencontrer son destin

~ حَتْفَهُ — trouver la mort; mourir

**لِقاء**؛ لُقْية — accueil; entrevue; rencontre; réunion

خَرَجَ لِـ~ ه — aller/sortir à la rencontre de

مَنَعَني مِن ~ه — il m'empêcha de le rencontrer

إلى الـ~ — au revoir; à un de ces jours; à la prochaine [*fam.*]; au plaisir

إلى الـ~ القَريب — à bientôt; à tout à l'heure; à tout de suite; à tantôt

**لِقاءَ** ه — en compensation de; en contrepartie; moyennant; pour

~ لاشَيْء — pour rien

مَلْقًى ج مَلاقٍ — rendez-vous; lieu de rencontre

**تِلْقاءَ** (مِنْ تِلْقاءِ ه) — du côté de; en face de; vers

مِن ~ نَفْسِه، ذاتِه — de manière automatique/spontanée; automatiquement; spontanément; de lui-même; tout seul; de son propre gré/chef; en toute liberté; librement; de sa propre initiative

**تِلْقائيّ** — automatique; spontané

سِلاح، تَوَلُّد ~ — arme automatique; génération spontanée

**تِلْقَائِيًّا** automatiquement; spontanément; d'office; ipso facto

جاءَ ~ couler de source

**تِلْقَائِيَّة** automaticité; automatisme; spontanéité

**أُلْقِيَّة** ج **أَلاقِيّ** difficulté; énigme; devinette

**الأَلاقِيّ** malheurs; tourments

III **لاقَى** لِقاءً، مُلاقاةً ه، ه aborder qqn; accueillir; aller au devant/à la rencontre de; avoir une entrevue avec; se trouver/faire face à; rencontrer; endurer; éprouver

~ ه في الشارِع croiser qqn dans la rue

~ آذانًا صاغِيَة trouver des oreilles attentives

~ رَواجًا كَبيرًا se vendre bien; trouver preneur; avoir du débit; faire fureur

~ صُعوبات aller au devant de/éprouver/rencontrer des difficultés

~ الأَلاقِيَّ مِن endurer des tourments du fait de

**مُلاقاة** ← لِقاء

لِـ~ ه à la rencontre de; au devant de

IV **أَلْقَى** إِلْقاءً ه، ه، بِـ ه، ه jeter; lancer; injecter; projeter; précipiter; désarçonner

~ قَنابِل على jeter/lancer des bombes sur; bombarder

~ ضَوْءًا، نُورًا على jeter/projeter de la lumière sur; faire la lumière sur; éclairer

~ جُنودًا بِالمِظَلّات jeter/lancer des parachutistes; parachuter des troupes

~ نَظْرَةً على jeter/lancer un coup d'œil/un regard

~ السِلاح jeter/déposer/poser/rendre les armes

~ أَسْلِحَتَه désarmer *intr.* [*pr.* et *fig.*]

~ حِمْلًا على poser/déposer un fardeau

~ عَصاه poser son bâton (de pèlerin); faire halte

~ مِرْساة mouiller (navire); faire escale; jeter l'ancre

~ الرُعْبَ في القُلوب jeter l'épouvante dans les cœurs; frapper de terreur

~ سُؤالًا على ه poser une question à qqn

~ ه، ه أَرْضًا jeter/lancer/flanquer [*fam.*] par terre; faire toucher terre à; descendre qqn

~ ه في السِجْن jeter/flanquer [*fam.*]/mettre qqn en prison

~ القَبْض على mettre la main sur qqn; capturer

~ بالًا لِـ faire/prêter attention à

~ نَظَره على jeter/poser le regard sur

~ السَمْعَ إلى prêter l'oreille à; tendre l'oreille vers

~ القَوْلَ على dicter qqch; s'adresser; donner des instructions

~ القَوْلَ إلى faire parvenir/transmettre (une parole)

~ أُلْقِيَّة على ه poser une devinette/une énigme

~ مُحاضَرة على ه faire/donner une conférence

~ خُطْبَة، خِطابًا faire/prononcer un discours

~ كَلِمة في الجُمْهور parler en public

~ كَلِمة وَجيزة dire un mot [*fig.*]

~ بَيانًا faire une communication/une déclaration; donner lecture d'un communiqué

~ دَرْسًا faire un cours; donner une leçon

~ المَوَدّة إلى témoigner/manifester de la sympathie

~ إلى ه زِمامه، مَقاليد أُموره s'en remettre à qqn; passer les commandes [*fig.*]

~ المَسْؤُولِيَّة على ه rejeter la responsabilité sur; mettre qqch sur le dos/le compte de qqn [*fig.*]; faire endosser à qqn la responsabilité de; tenir qqn pour responsable de

~ في رُوعِ ه أن insinuer qqch à qqn; inspirer/suggérer à qqn de; persuader qqn de

~ بِنَفْسه من النافِذة se jeter/se précipiter par la fenêtre

~ بِنَفْسه في الماء se jeter à l'eau

~ بِنَفْسه في أَحْضان se jeter dans les bras de

~ بِنَفْسه في مَأْزِق s'engager dans une mauvaise affaire

~ بِنَفْسه في مُغامَرة se lancer dans une aventure

**إِلْقاء** jet; rejet; injection; projection; lancement; dictée; diction; élocution

~ القَنابِل bombardement

~ ه بالمِظَلّة parachutage de qqch

~ القَبْض على capture

V **تَلَقَّى** تَلَقِّيًا ه accueillir; obtenir; se faire donner; recevoir; recueillir; trouver

~ ه بِالتَسْليم والقَبول accueillir favorablement qqch

~ ميراثًا — recueillir un héritage

~ الأوامِر — prendre/recevoir les ordres

~ ضَرَبات — encaisser/prendre/recevoir des coups

~ مَدَدًا، تَوْجيهات — recevoir des secours, des directives

~ دُروسًا — suivre des cours; prendre des leçons; étudier

~ العُلوم، المَعارِف — acquérir des connaissances; apprendre; s'instruire

**تَلَقٍّ** (تَلَقِّي) — accueil; réception; obtention (de secours)

~ الدُروس — études; poursuite des études

~ المَعارِف — acquisition des connaissances

~ الإشارات — réception des signaux

VI تَلاقَى تَلاقِيًا — confluer; se croiser; se joindre; se rejoindre; se rencontrer; se retrouver; se trouver

**تَلاقٍ** (تَلاقي) — croisement; jonction; rencontre

نُقْطة ~ — point de jonction/d'incidence/de rencontre

VIII **اِلْتَقَى** اِلْتِقاءً بـ ه، ه — confluer (avec); coudoyer; croiser; se joindre; se rejoindre; rencontrer; se rencontrer; se réunir; voir qqn [*fig.*]

~ت عَيْناهُ بِعَيْنَيْ ه — croiser le regard de qqn; leurs regards se rencontrèrent

**اِلْتِقاء** — conjonction; jonction; croisement (de voitures); incidence; rencontre

نُقْطة ~ — point d'incidence/de rencontre

~ نَهْرَيْن — confluence (de deux fleuves)

**مُلْتَقًى** ج مُلْتَقَيات — confluent; (lieu de) jonction/rendez-vous; intersection

~ شَوارِع — carrefour; croisement (de rues)

X **اِسْتَلْقَى** اِسْتِلْقاءً على — s'allonger; s'étendre; être ... *v. à l'adj.*

~ على ظَهْره — se coucher/s'étendre sur le dos

~ على العُشْب — s'allonger dans l'herbe

~ على قَدَمَيْ ه — s'allonger aux pieds de qqn

~ على الأَرْض — s'étaler par terre [*fam.*]

**مُسْتَلْقٍ** على — allongé; étendu; couché

**4877** **لَكَّ** ـُ لَكًّا ه، ه — bourrer de coups; donner une bourrade à; rosser [*fam.*]; *techn.* laquer

**لُكّ** — laque; cire à cacheter; résine rouge

شَجَرة الـ~ — *bot.* arbre à laque; laquier

لَكيك — compact; comprimé; dur; épais; pressé; plein (bois)

II لَكَّكَ تَلْكيكًا ه — cacheter/sceller avec de la cire

VIII اِلْتَكَّ اِلْتِكاكًا — être ... *v. à l'adj.*; se presser/se serrer les uns contre les autres

مُلْتَكّ ← لَكيك

**4878** **لَكَأَ** ـَ لَكْأً ه — frapper; renverser qqn

~ ه بِالسَوْط — fouetter qqn

لَكِئَ ـَ لَكَأً بِالمَكان — rester en place

V **تَلَكَّأَ** تَلَكُّؤًا في — être en défaut/en faute; s'attarder; tarder; traîner (pour faire qqch)

~ عَنْ — cesser de; renoncer à; refuser de

مُتَلَكِّئ — attardé; traînard; en faute (pour avoir tardé)

**4879** **لَكِد** — agglutiné; collé; tenace; *fig.* avare

V تَلَكَّدَ تَلَكُّدًا — s'agglutiner; se coller; se tasser

**4880** **لَكَزَ** ـُ لَكْزًا ه — donner un coup; pousser; repousser

لِكاز — *techn.* épingle; cheville; clavette; goujon; goupille

**4881** **لَكَعَ** ـَ لَكْعًا ه — piquer (mouche, scorpion)

لَكِعَ ـَ لَكَعًا على ه — être ... *v. à l'adj.*

لَكاعِ — dégoûtant; disgracieux; dépravé; ignominieux; salaud/salope [*pop.*]

لَكيع ج لُكَعاء — *même sens*

**4882** **لَكَمَ** ـُ لَكْمًا ه — donner des coups à; boxer qqn

**لَكْمة** ج لَكَمات — coup de poing

~ كُلّاب — crochet (boxe)

تَبادَلَ **لَكَماتٍ** — échanger des coups de poing

III لاكَمَ مُلاكَمة ه — boxer avec qqn

مُلاكَمة — boxe; pugilat; combat de boxe

**مُلاكِم** ج ون — boxeur; pugiliste

~ مُحْتَرِف — boxeur professionnel

**4883** **لَكِنْ، لَكِنَّ** mais; seulement; pourtant; toutefois

**4884** **لَكِنَ** َ لَكْنًا s'exprimer avec difficulté; parler mal

لُكْنة défaut d'élocution

لَكَن ج أَلْكان bassin; pétrin; récipient de cuivre

أَلْكَن م لَكْناء qui a un défaut d'élocution

**لِكَيْ، لِكَيْلا** ← لِ، كَيْ

**لِمَ** ← لِماذا، ما

**4885** **لَمْ** *particule de négation avec v. apocopé*: ne; ne ... pas

أَلَمْ يَجِئْ بَعْدُ؟ est-ce qu'il n'est pas encore venu?

أَفَلَمْ أَقُلْ n'ai-je donc pas dit?

**4886** **لَمَّ** ُ لَمًّا ه assembler; collecter; glaner; ramasser (du bois); ratisser (le sol)

~ شَمْلَ، شَتيتَ ه، ه rassembler; réunir; rallier

~ شَعَثَ ه arranger réorganiser qqch; réparer le désordre

**لَمَّة** ج لِمام difficulté; infortune; malheur

~ مِن un grain (de folie); un brin (de fantaisie)

لُمَّة، لُمامة assemblée; collection; groupe/troupe d'hommes; ramassis

لِمَّة ج لِمَم boucle mèche de cheveux; cheveux qui descendent derrière l'oreille

لَمّام glaneur

IV **أَلَمَّ** إِلْمامًا بِ ه، ه affliger/atteindre/frapper/toucher qqn (malheur); s'initier à; toucher à (un sujet); avoir des notions de; arriver/s'installer dans un endroit; faire un tour d'horizon; embrasser du regard

~ بِذَنْب، جَريمة commettre une faute, un crime

~ بِجَميع أَطْراف ه avoir une vision complète/globale de

~ إِلْمامةً أَخيرة embrasser d'un dernier regard

~ بِمَوْضوع traiter un sujet dans son ensemble/de manière exhaustive

**إِلْمام** notion/vision globale (d'une question); connaissance

~، إِلْمامة ج ات aperçu; vue d'ensemble; tour d'horizon; résumé; sommaire

مُلِمَّة ج ات accident; adversité; coup du sort; infortune; malheur

**4887** **لِمّاء** raie [*poiss.*]

**4888** **لَمّا** *1. conj. de temps, se construit avec l'accompli*: quand; lorsque; une fois que; après que

~ خَرَجَ quand il fut sorti

~ كانَ vu étant donné que; comme

**لَمّا** *2. particule de négation*: ne; pas encore

**4889** **لَمَجَ** ُ لَمْجًا manger sur le pouce [*fam.*]; goûter (dans l'après-midi); prendre un casse-croûte [*fam.*]; grignoter

لُمْجة amuse-gueule [*fam.*]; apéritif; casse-croûte [*fam.*]; goûter *n.m.*

V تَلَمَّجَ ← لَمَجَ

**4890** **لَمَحَ** َ لَمْحًا ه apercevoir; aviser qqn, qqch; découvrir; entrevoir; lorgner; lancer un regard; remarquer

~ َ لَمَحانًا briller (éclair, étoile); étinceler; apparaître; paraître

~ جَمالَ وَجْهِها il remarqua la beauté de son visage

**لَمْح، لَمْحة** ج لَمَحات aperçu *n.m.*; vue d'ensemble; synopsis

في ~ البَصَر en un clin d'œil; en un tour de main

في أَقَلَّ مِن ~ البَصَر en moins de rien

في مِثْل ~ البَرْق comme l'éclair

**لَمْحة وَجيزة عَن** bref aperçu de

~ ج مَلامِح air apparence aspect (d'une personne); traits

**مَلامِح الوَجْه** expression traits du visage; physionomie

~ مُتَناسِقة traits réguliers

~ مُمَيِّزة traits caractéristiques (d'une région)

تَغَيَّرَتْ ~ه changer de visage

مَلامِحيّ physionomique; de physionomie

II لَمَّحَ تَلْميحًا إلى ه، ه faire allusion à; insinuer; donner à/faire/laisser entendre; viser à

**تَلْميح** ج ات، تَلاميح allusion; euphémisme; insinuation; périphrase

بِالـ~ par allusion; à demi-mot

~ واضِح، بَيِّن، جَليّ allusion transparente

~ مَسْتور allusion voilée

تَلْميحيّ — allusif

**4891** **لَمَزَ** ـُ لَمْزًا ه — blâmer; critiquer; faire un clin d'œil/un signe de connivence

**4892** **لَمَسَ** ـُ ـِ لَمْسًا ه، ه — caresser; examiner; palper; porter la main sur; percevoir; toucher; tâter; sentir; retoucher

~ تَغْيِيرًا في — percevoir/sentir un changement

~ خَيْبَة الأَمَل — mesurer la déception

~ لَمْسًا خَفيفًا — frôler; effleurer

~ اليَدَيْن — imposer les mains

**لَمْس** — attouchement; contact; imposition (des mains); tact; touche; toucher *n.m.*

حاسّة الـ~ — sens du toucher

~ خَفيف — frôlement; effleurement; caresse

**لَمْسة** ج لَمَسات — nuance; touche; retouche

~ من اللَوْن — touche de couleur

**لَمَسات** أخيرة — dernières touches

أَضْفَى الـ~ الأخيرة لِ — mettre la dernière main

لَمْسيّ — tactile

لامِسة ج لَوامِس — *zool.* antenne; tentacule

**مَلْموس** — sensible; palpable; tangible; concret; qui tombe sous le sens

نَتائِج ~ة — résultats concrets/tangibles

صارَ، جَعَلَ ~ًا — se concrétiser; concrétiser

بِشَكْل ~ — sensiblement; de manière sensible

غَيْر ~ — immatériel; intangible; impalpable

بِشَكْل غَيْر ~ — insensiblement

مَلْموسات — monde concret; choses concrètes

**مَلْمَس** ج مَلامِس — attouchement; contact; touche (de machine à écrire); *zool.* tentacule

ناعِم الـ~ — doux au toucher; lisse

مَلْمَسيّ — tentaculaire

مَلامِس مِعْزَف، آلة كاتِبة — clavier de piano, de machine à écrire

III لامَسَ مُلامَسة ه — affleurer; effleurer; frôler; caresser; palper; toucher

**مُلامَسة** — attouchement; affleurement; caresse; effleurement; contact; frôlement

~ اليَد، النَسيم — caresse de la main, de la brise

V **تَلَمَّسَ** تَلَمُّسًا ه — palper; tâtonner; chercher à tâtons; prospecter

~ طَريقَه — chercher son chemin à tâtons

~ في الظَلام — tâtonner dans l'obscurité

~ زَبائِن — prospecter une clientèle; rechercher des clients

تَلَمُّس — tâtonnement; prospection

VI تَلامَسَ تَلامُسًا — être contigu; contiguïté

VIII **اِلْتَمَسَ** اِلْتِماسًا ه — demander; adresser une demande/une requête; quêter; prier; solliciter; réclamer; rechercher; trouver

~ إِذْنًا — demander/solliciter une permission

~ الرَحْمة — réclamer l'indulgence

~ صَداقة ه — rechercher l'amitié de

~ عُذْرًا — chercher/trouver une excuse

**اِلْتِماس** — demande; prière; requête; sollicitation

~ وَظيفة — demande d'emploi

**مُلْتَمِس** ج ون — demandeur; quêteur; requérant; solliciteur

**مُلْتَمَس** ج ات — demande; placet; pétition; requête; sollicitation

**4893** **لَمَصَ** ـُ لَمْصًا ه — tremper son doigt (dans un plat pour le goûter)

~ ه — dénigrer; faire des grimaces en imitant qqn

**4894** **لَمَظَ** ـُ لَمْظًا ه — goûter; déguster; se lécher les babines [*fam.*]

لَماظ — bouchée/gorgée (prise dans la bouche pour goûter la nourriture ou la boisson)

V تَلَمَّظَ تَلَمُّظًا — se passer la langue sur les lèvres; sortir la langue (serpent)

**4895** **لَمَعَ** ـَ لَمْعًا، لَمَعانًا — briller; chatoyer; étinceler; flamboyer; jaillir (éclair); luire; miroiter; resplendir; scintiller

~ بِسِكّين — brandir un couteau

~ بِجَناحَيْه — agiter les ailes

~ بِيَده — faire signe avec/agiter la main

~ نَجْمُه — *fig.* percer (artiste)

~ بِبَريق الذَكاء — briller/pétiller d'intelligence (œil)

لَمَعان — brillant *n.m.*; éclat; éclair; étincellement; chatoiement; flamboiement; fulguration; lueur; luisant *n.m.*; lustre; miroitement; poli *n.m.*; vivacité (d'une couleur); scintillement; splendeur

~ الفُولاذ — brillant éclat poli de l'acier

~ الأَقْمِشة — chatoiement des étoffes

~ البَرْق — jaillissement de l'éclair

لُمْعة ج لُمَع — éclair; éclat; brillant *n.m.*; flash; lueur; lustre; rayonnement; vernis

~ من العَيْش — pitance; ration qui suffit pour vivre

لامِع — brillant *adj.*; éclatant; étincelant; flambant; flamboyant; fulgurant; glacé (surface); vif (couleur); prestigieux (nom); reluisant; verni; scintillant; resplendissant; luisant; vernissé

حِذاء ~ — soulier verni

لامِعة ج لَوامِع — *anat.* fontanelle

لَمّاع ← لامِع

أَلْمَع، أَلْمَعيّ — astucieux; perspicace; sagace; vif (esprit)

أَلْمَعيّة — astuce; perspicacité; sagacité; vivacité d'esprit

II لَمَّعَ تَلْميعًا ه — astiquer cirer (chaussures); glacer (du papier); lustrer; polir; faire reluire; vernir

تَلْميع — cirage; glaçage; lustrage; polissage; vernissage

فُرْشاة ~ — brosse à reluire

مُلَمَّع — astiqué; ciré/verni (soulier); lustré; glacé (papier)

IV أَلْمَعَ إِلْماعًا بِـ — agiter (la main, la queue); faire signe

~ إلى ه — faire allusion à; insinuer

إِلْماع — allusion; insinuation; signe

إِلْماعيّ — allusif

VIII اِلْتَمَعَ اِلْتِماعًا ← لَمَعَ

**4896** **لِمْفا**، لِنْفا — lymphe

لِمْفاويّ، لِمْفيّ — lymphatique; lymphoïde

وِعاء، غُدّة ~(ة) — vaisseau, ganglion lymphatique

اِلْتِهاب لأَوْعية الـ~ة — lymphangite

كُرَيّة ~ة — lymphocyte

**4897** **لَمْك**، لُماك — collyre

**4898** **لَمْلَمَ** — glaner; ramasser; caresser; palper

مُلَمْلِمة — trompe (d'éléphant)

II تَلَمْلَمَ تَلَمْلُمًا — se blottir

**4899** **لَنْ** — *particule de négation du futur, construite avec l'inaccompli du subj.* ne; ne ... pas

لَمْ يَكُنْ وَلَنْ يَكونَ — cela n'a pas été et ne sera pas

**4900** **لُنْدُنيّ**، لَنْدَنيّ — londonien

**4901** **لَهِبَ** ـَ لَهَبًا، لُهابًا — brûler; s'embraser; flamber; flamboyer; s'enflammer

لَهَب، لَهيب، لُهاب — ardeur (du feu); flamme; flambée; flamboiement

قاذِفة، رامِية ~ — lance-flammes

لَهيب الذِكْرى — flamme du souvenir

لاهِب — ardent; enflammé; brûlant; embrasé; flamboyant

قِصّة حُبّ ~ة — une brûlante histoire d'amour

أَيّام الصَيْف الـ~ة — les jours brûlants de l'été

لَهوب — combustible *adj.*; inflammable

لُهَيْب — *ois.* rouge-queue

II لَهَّبَ تَلْهيبًا ه — faire brûler; embraser enflammer qqch; flamber *tr.*

IV أَلْهَبَ إِلْهابًا ه — brûler *tr.*; enflammer; embraser; exciter; échauffer [*fig.*]; envenimer [*méd.*]

~ النِزاع، النار — jeter de l'huile sur le feu

~ الجَماهير، المُسْتَمِعين — soulever/embraser les foules, les auditeurs

~ه حُبُّ الوَطَن — brûler d'amour pour sa patrie

إِلْهاب — inflammation; ignition

V تَلَهَّبَ تَلَهُّبًا — brûler *intr.*; s'exaspérer (passion); s'enflammer (pour)

تَلَهُّب — exaspération (des passions)

VIII اِلْتَهَبَ اِلْتِهابًا — s'allumer; s'embraser; s'envenimer [*méd.*]; s'exaspérer; fulminer; flamber *intr.*; flamboyer; s'enflammer; s'irriter [*méd.*]

~ نَشاطًا — pétiller d'ardeur; faire feu des quatre fers

~ غَضَبًا s'enflammer de colère; s'irriter

اِلْتِهاب embrasement; exaspération; *méd.* irritation; inflammation

~ الأُذُن otite

~ الأَنْف وَالحَلْق rhino-pharyngite

~ الحَلْق angine

~ أَعْصاب مُتَعَدِّدة polynévrite

~ الدِماغ، السَحايا encéphalite; méningite

~ الرِئة، رِئَويّ fluxion de poitrine; pneumonie

~ شُعَبِيّ، القَصَبات bronchite

~ القَصَبات والرِئة broncho-pneumonie

~ شَرْيانِيّ، المَفاصِل artérite; arthrite

~ الصِفاق، عَظْمِيّ péritonite; ostéite

~ العَيْن، المُلْتَحِمة ophtalmie; conjonctivite

~ اللَوْزَتَيْن، الزائِدة amygdalite; appendicite

~ مَعِديّ، الوَرِيد gastrite; phlébite

~ المِعَى، مِعَوِيّ entérite

~ النَسِيج الخَلَوِيّ phlegmon

قابِل، سَرِيع الـ~ inflammable

غَيْر قابِل لِلْـ~ ininflammable

اِلْتِهابِيّ inflammatoire

مُلْتَهِب ardent; brûlant; embrasé; en flammes; fulminant; flambant; inflammable; torride; *méd.* enflammé; envenimé; irrité

~ حَماسًا، حَماسةً tout feu tout flamme

جُرْح ~ plaie irritée/enflammée/envenimée

مَوادّ ~ة matières/produits inflammables

قُطْن ~ fulmicoton

كَلِمات ~ة mots brûlants/enflammés

**4902** **لَهَثَ** - لَهْثًا، لُهاثًا s'essouffler; haleter; perdre haleine; souffler; être ... *v. à l'adj.*

~ إِعْياءً haleter d'épuisement

**لَهْث؛ لُهاث** essoufflement; halètement

**لاهِث** à bout de souffle; haletant; hors d'haleine; essoufflé; pantelant

جَرَى ~ًا courait à perdre haleine

VIII اِلْتَهَثَ اِلْتِهاثًا ← لَهَثَ

مُلْتَهِث ← لاهِث

**4903** **لَهِجَ** - لَهَجًا بِـ ه être attaché à/passionné par

~ بِشُكْره، بِالثَناء على ه parler élogieusement de; faire l'éloge de

**لَهْجة** ج لَهَجات accent; dialecte; ton; idiome; parler *n.m.*

تَكَلَّمَ بِـ~ قاسِية، هادِئة parler d'un ton dur, calme

~ إِقْلِيمِيّة patois

**لَهْجِيّ** dialectal

صِيغة، عادات ~ة forme, habitude(s) dialectale(s)

**4904** **لَهَدَ** - لَهْدًا ه peser à qqn; accabler qqn (fardeau)

~ دابّة éreinter/exténuer une bête

لَهِيد accablé (sous une charge); éreinté; exténué

**4905** **لَهِفَ** - لَهَفًا على ← V

يا لَهْفًا، يا لَهْفاه hélas! quel malheur! quelle tristesse!

**لَهْفة** ج لَهَفات affliction; anxiété; impatience; appréhension; désir; lamentation; regret; soupir; tristesse

اِنْتَظَرَ بِـ~ شَدِيدة attendre avec une grande impatience

لَهِيف؛ مَلْهوف affligé; anxieux; impatient; insatisfait; triste

لَهْفان م لَهْفَى ج لَهافَى ← لَهِيف

V **تَلَهَّفَ** تَلَهُّفًا لِـ، على brûler de; être avide de; appeler de ses vœux; désirer profondément; être affligé d'avoir perdu qqch; déplorer; regretter; soupirer après

أُمْنِيّة ~ الكُلّ إلى تَحْقِيقِها vœu que tout le monde désire profondément voir se réaliser

تَلَهُّف ← لَهْفة

**مُتَلَهِّف** impatient; anxieux

نَظْرة ~ة regard avide

**4906** **لَهِق؛** أَبْيَض ~ blanc éclatant; très blanc

لَهاق blanc *n.m.*; blancheur

**4907** لَهِم؛ لَهُوم glouton; gourmand; vorace; goinfre

IV أَلْهَمَ إِلْهامًا ه ه illuminer [fig.]; inspirer qqch à qqn

إِلْهام illumination; inspiration

مُلْهِم، مُلْهِمة inspirateur; inspiratrice

مُلْهَم inspiré; poétique

مُلْهَمات شاعِر sources d'inspiration

V تَلَهَّمَ تَلَهُّمًا بِنَظَراتِهِ manger/dévorer des yeux

VIII اِلْتَهَمَ اِلْتِهامًا ه avaler; dévorer; bouffer [pop.]; manger gloutonnement; engloutir/engouffrer/gober/happer (de la nourriture); ingurgiter

بِوَسْعي أن أَلْتَهِم جَمَلًا je pourrais bouffer [pop.] un chameau

اِلْتِهام bouffe [pop.]; engloutissement

مُلْتَهِم الذُباب ois. gobe-mouches

X اِسْتَلْهَمَ اِسْتِلْهامًا ه chercher à connaître; s'initier à; s'inpirer de

**4908** لَها ـُ لَهْوًا s'amuser; se distraire; se divertir; jouir; trouver du plaisir à; se réjouir

~ عَنْ ه se distraire de; cesser de; se détourner de; se consoler de; ne plus penser à; tromper son ennui

لَهْو؛ لَهْوة amusement; distraction; divertissement; diversion; jeu; jouissance; passe-temps; plaisir

دُور الـ~ lieux de plaisir

لَهاة ج لَهَوات anat. luette; uvule

لَهَويّ ling. uvulaire; vélaire

مَلْهًى ج مَلاهٍ lieu de distraction/de plaisir; plaisir

~ لَيْليّ cabaret; boîte de nuit

مَلاهٍ attractions; plaisirs

أُلْهِيّة dérivatif

II لَهَّى تَلْهِية ه، ه ← IV

تَلْهِية amusement; consolation; distraction; diversion; divertissement; passe-temps

IV أَلْهَى إِلْهاءً ه amuser; consoler; distraire; faire diversion; réjouir; récréer [litt.]

~ ه عن distraire qqn de qqch

~ نَفْسه عن se distraire; se divertir; se consoler

إِلْهاء ← تَلْهِية

مُلْهٍ amusant; distrayant; divertissant; récréatif

V تَلَهَّى تَلَهِّيًا ← لَها

VIII اِلْتَهَى اِلْتِهاءً ← لَها

**4909** لَوْ ... لَـ *particule du condit. irréel du passé*: si (toujours construit avec son corrélatif «*la*»)

~ نَظَرْنا لَوَجَدْنا si nous avions observé nous aurions constaté

وَدَّ ~ كانَ souhaiter avoir été

فيما ~ au cas où; pour le cas où

وَلَوْ quand bien même; et même; même si; ne serait-ce que; ne fût-ce que

حَتَّى وَلَوْ quand bien même; lors même que; même si

وَلَوْ أَنَّ encore que; bien que

لَوْلا ... لَـ، لَوْلَمْ ... لَـ sans; n'était; si ce n'était

لولايَ، لَوْلاكَ ... لَـ sans moi, toi

لَوْلاها لَكان سَعيدًا sans elle il aurait été heureux

لَوْلا المالُ ... لَما كانَ sans l'argent, il n'y aurait pas

لَوْلا ذَلِكَ لَما نَجَح sans cela il n'aurait pas réussi

لَوْلا أَنَّ صَديقَه كان ... لَـ si son ami n'avait pas été

لَوْلا أَنَّها قَرَّرَتْ لَـ si elle n'avait pas pris la décision

لَوْلا جَهْلي بِاللُغات لَـ sans mon ignorance des langues

**4910** لابَ ـُ لَوْبًا avoir soif; être ... *v. à l'adj.*

لَوْب soif

لائِب ج لُوُوب، لَوائِب altéré; assoiffé (mais qui est tenu à l'écart de l'eau); avide; brûlant [fig.]; impatient

دَم، رَأْس ~ sang, tête chaud(e)/bouillant(e)

**4911** لُوبي lobby

**4912** لُوبياء haricot

**4913** لُوت maigre *n.m.* [poiss.]; sciène

**4914** لَوْث démence; hallucination

~، لَوْثة ج أَلْواث — éclaboussure; saleté; tache

لَوْثيّ — hallucinatoire

**لُوثة**، لَوَث — fatigue; langueur; lassitude; lenteur (d'esprit)

~ بِهِ — avoir un petit grain de folie

II **لَوَّثَ** تَلْويثًا ه، ه — contaminer; éclabousser; encrasser; galvauder; infecter; maculer; polluer; salir; souiller; tacher; troubler

~ البِيئة الطَبيعيّة — polluer l'environnement naturel

~ شَرَف، سُمْعة ه — compromettre/ternir la réputation

**تَلْويث** — compromission; contamination; encrassement; infection; pollution

~ المِياه — pollution des eaux

~ الجَوّ — pollution de l'air

**مُلَوِّث** — polluant; salissant; compromettant

مَوادّ ~ة — matières polluantes

**مُلَوَّث** — contaminé; pollué; souillé; impur; compromis

~ بالدَم — ensanglanté; taché de sang

V **تَلَوَّثَ** تَلَوُّثًا — être ... *v. à l'adj.*; s'encrasser; s'infecter; se maculer; se polluer; se tacher; se souiller

~ بالطِين — se crotter

**تَلَوُّث** — contamination; impureté; pollution

~ الجَوّ — la pollution de l'atmosphère/atmosphérique

**مُتَلَوِّث** ← مُلَوَّث

VIII اِلْتاثَ اِلْتِياثًا — être ... *v. à l'adj.*

**مُلْتاث** — confus (esprit); désordonné; embrouillé

**4915** **لاحَ** ـُ لَوْحًا، لَوَحانًا — apparaître; paraître; sembler; éclore/luire/poindre [*litt.*] (aurore); devenir visible

~ في الأُفُق — poindre à l'horizon

~ لِـ ه شَيْء — apercevoir qqch; paraître/sembler à qqn

~ لي طَيْفُ شَخْص — j'aperçus une ombre

~ إلى ه، ه — jeter/lancer (un regard)

**يَلوحُ** أنّ — il paraît/semble que

على ما ~ لي — à ce qu'il me semble; selon toute apparence

**لَوْح** ج **أَلْواح** — feuille; os plat; pale (de gouvernail); panneau; plate-forme; planche; tablette; *anat.* omoplate

~ خُبْز، رَسْم — planche à pain, à dessin

~ الأَلْوان، قَفْز — palette de couleurs; tremplin

كُوخ مِنْ **أَلْواح** — cabane en planches

كِتاب مُزَيَّن بِـ~ — livre illustré de planches

**لَوْحة** ج ات — écriteau; pancarte; placard; plaque; vue; tableau

~ هُوِيّة، تَذْكارِيّة — plaque d'identité, commémorative

~ القِيادة، الإعْلانات — tableau de bord, d'affichage

~ زَيْتِيّة — *bx-arts.* tableau; peinture (à l'huile)

~ سَوْداء، الجَصّاص — tableau noir; taloche du plâtrier

~ الضَبْط، المُراقَبة — tableau de contrôle

~ شَرَف، تَوْزيع — tableau d'honneur, de distribution

~ الداما، الشِطْرَنْج — damier; échiquier

سِلْسِلة **لَوْحات** — collection de tableaux

مَعْرِض ~ — galerie de tableaux

لُوَيْح، لُوَيْحة — planchette; plaquette

**لائِحة** ج لَوائِح — apparence extérieure; mémoire *n.m.*; mémorandum; motion; projet/proposition (de loi); morasse; liste

~ سَوْداء، اِنْتِخابِيّة — liste noire, électorale

اِقْتِراع بِالـ~ — scrutin de liste

~ طَعام — carte/menu (au restaurant)

**لِياح**، أَبْيَض ~ — blanc; très blanc

II **لَوَّحَ** تَلْويحًا بِـ ه — agiter; brandir; faire signe avec; faire allusion à; menacer; bronzer; hâler

~ بِيَده — faire un signe de la main

~ بِمَنْديله — agiter son mouchoir

**تَلْويح** ج ات — allusion; remarque; addition/note marginale; signe; signal; *rhétor.* métonymie

~ بِالتَهْديد — menace voilée; allusion menaçante

**مُلَوِّح** — brandissant (qqch); menaçant (qqn avec qqch)

بَسْمة ~ة على شَفَتَيْه — un sourire flottait sur ses lèvres

مُلَوِّحة ج ات sémaphore

مُلَوَّح bronzé; hâlé; tanné par le soleil

IV أَلاحَ إلاحةً ← لاحَ

~ بِـ ← لَوَّحَ

VIII اِلْتاحَ اِلْتِياحًا être bronzé/hâlé/tanné (par le soleil)

4916 لاذَ ـُ لَوْذًا، لِياذًا بِـ ه s'abriter dans; chercher refuge; se réfugier; recourir à; se retrancher

~ بِالفِرار déguerpir; prendre la fuite; chercher son salut dans la fuite

~ بِالصَمْت se réfugier dans le silence; se taire

~ بِالصَمْت العَميق s'enfermer dans un profond mutisme

لايدري بِمَنْ يَلوذُ ne savoir à quel saint se vouer

لَوْذ ج أَلْواذ versant (d'une montagne); méandre; côté

مَلاذ ج مَلاوِذ abri; asile; recours; refuge; retranchement; havre [*fig.*, *litt.*]; port [*fig.*]

الـ~ الأخير le dernier recours

لَوْذانيّة manœuvre dilatoire

4917 لُورْد ج ات (أَنْكَليزيّ) lord anglais

4918 لَوْزة ج ات، لَوْز *bot.* amande; *anat.* amygdale

~ أَرْقَن argania; noix d'argan

شَجَرة اللَوْز amandier

~ البَرْبَر، الأَرْقَن arganier

~ مُرّ، حُلْو amande amère, douce

اِلْتِهاب، اِسْتِئْصال اللَوْزتَيْن amygdalite; amygdalectomie

لَوْزيّ aux/d'amandes (préparation, pâtisserie)

لَوْزيّة pâte d'amandes

II لَوَّزَ تَلْويزًا ه farcir de pâte d'amandes

4919 لاطَ ـُ لَوْطًا بِـ trouver sympathique; s'attacher à qqn, qqch; adhérer à

لَوْط sympathie

~ الأَوْلاد pédérastie

لِواط، لِواطة homosexualité masculine; sodomie; inversion sexuelle

لُوطيّ، لَوّاط homosexuel; inverti; pédéraste

4920 لُوطُس قَرْنيّ lotier

~ النيل lotus; nénuphar

4921 لاعَ ـُ لَوْعًا ه éprouver une vive émotion; causer des tourments (passion); rendre malade (amour)

لا تَلَعْ ne vous inquiétez pas; ne vous en faites pas

لَوْعة agitation; ardeur; émotion; inquiétude; malaise; martyre [*fig.*]; souffrance; tourment; trouble; serrement de cœur

VIII اِلْتاعَ اِلْتِياعًا être profondément affecté/affligé; brûler d'un amour ardent; être en proie à une violente passion

قُبْلة مُلْتاعة baiser ardent/brûlant/enflammé/passionné

4922 لُوغاريتم ج ات logarithme

لوغاريتميّ logarithmique

4923 لُوف، لِيف *coll.* luffa [*bot.*]; éponge végétale

لِيفة *v. ordre alphab.*

4924 لاقَ ـُ لَوْقًا ه amollir *tr.*; travailler (une pâte); triturer

مِلْوَق ج مَلاوِق spatule

4925 لاكَ ـُ لَوْكًا ه mâcher; mastiquer

~ الكَلام avaler ses mots

~ لِجامه ronger son frein (cheval)

~ الأَيّام passer/tuer le temps

~ سُمْعة ه entamer la réputation de; déchirer qqn [*fig.*]

ما تَلوكُه الأَلْسُن on-dit *n.m. inv.*; rumeur publique

لَوْك mastication

4926 لُوكانْدة ج ات *égypt.* hôtel; pension de famille

4927 لَوْلَب ج لَوالِب hélice; vis; spirale; *fig.* cheville ouvrière; pivot

لَوْلَبيّ hélicoïde *adj.*; hélicoïdal; en hélice/spirale/colimaçon/tire-bouchon; spiral

دَرَج ~ escalier en colimaçon

لَوْلَبِيّة ج ات *biol.* tréponème

مُلَوْلِبة ج ات filière

**4928 لامَ** ـُ لَوْمًا، مَلامة ه blâmer; critiquer; censurer; reprendre qqn

~ ه على ه reprocher qqch à qqn; faire des reproches/des remontrances à qqn; en vouloir à; désapprouver

~ نَفْسه على s'en vouloir de; se reprocher de

**لَوْم**؛ لَوْمة blâme; critique; reproche; remontrance; désapprobation

جاءَ بِـ~ faire une critique

لا تأخُذه **لَوْمةٌ** être au-dessus de toute critique; n'encourir aucun reproche; être irréprochable

**لائِم** ج لُوَّم، لُوَّام qui blâme/fait des reproches; censeur

نَظْرة ~ة regard désapprobateur

**لائِمة** ج لَوائِم blâme; reproche

اِسْتَحَقَّ ~ mériter des reproches/un blâme

أَنْحَى على ه **بِاللَّوائِم** accabler/abreuver qqn de reproches

**لَوّام**؛ لَوّامة censeur; critique *adj.*, *n.*; qui fait beaucoup de reproches

النَفْس الـ~ة *psychol.* conscience critique; sur-moi

**مَلوم** blâmé; censuré; critiqué; qui a encouru des reproches

**مَلام، مَلامة** ج مَلاوِم ← لومة

**4929 لَوْن** ج أَلْوان coloration; coloris; couleur; nuance; teint *n.m.*; teinte; teinture; ton; espèce; genre; sorte; variété

أزال، إزالة الـ~ décolorer; décoloration

مُزيل الـ~ décolorant

~ سِياسِيّ couleur politique

~ مَحَلِّيّ couleur locale

شَحُبَ ~ه changer de couleur; pâlir

~ فاقِع، كامِد، ناضِر couleur criarde, pâle, chaude

~ ثابِت grand teint

عَديم، ثُنائِيّ الـ~ incolore; bicolore

~ أَدَبِيّ، قِصَصِيّ genre littéraire, romanesque

ذُو لَوْنَيْن bicolore

بِالـ~ الأَسْوَد والأَبْيَض en noir et blanc

**أَلْوان** مُتَتامّة couleurs complémentaires

~ قَوْس قُزَح couleurs de l'arc-en-ciel

دافَعَ عن ~ وَطَنه défendre les couleurs de son pays

مُتَعَدِّد، مُخْتَلِف الـ~ multicolore; polychrome; irisé; diapré

~ المَلابِس toutes sortes de vêtements

قاسَى ~ العَذاب endurer toutes sortes de tourments

مِن سائِر الـ~ de toutes sortes; de tous genres

ثُلاثِيّ الـ~ tricolore

**لَوْنِيّ** chromatique; chromo- *préf.*

زَيْغ ~ aberration chromatique

II **لَوَّنَ** تَلْوِينًا ه colorer; colorier; nuancer; teindre; teinter

~ أَفْكاره nuancer sa pensée

تَلْوِين coloriage; coloration; colorisation

تَلْوِينِيّة chromatisme

مُلَوِّن coloriste; colorant

**مُلَوَّن** en couleurs; coloré; colorié; teinté

رَسْم ~ coloriage

رَجُل ~ homme de couleur; métis; mulâtre

V تَلَوَّنَ تَلَوُّنًا être ...... *v. à l'adj.*; se colorer; se diaprer; se teinter; se nuancer

تَلَوُّن irisation; coloration

**مُتَلَوِّن** coloré; de différentes couleurs; changeant; variable

~ بِأَلْوان قَوْس قُزَح diapré; irisé

~ المِزاج d'humeur changeante/variable

**4930** (لوى) **لِواء** ج أَلْوِية marque [*mar.*]; drapeau; étendard; bannière; brigade; *mil.* major général; général de brigade; contre-amiral; *v. aussi 4931*

اِنْضَوَى تَحْتَ ~ ه se ranger sous la bannière de

عُقِدَ لَه ~ النَصْر recevoir les lauriers de la victoire

بارِجة مَعْقود لَها ~ الاميرال navire portant la marque de l'amiral

**4931 لَوَى** لَيًّا، لُوِيًّا ه — cambrer; courber; recourber; distordre; fausser (une serrure); gauchir; infléchir; incurver; lover; plier; ployer; tordre; voiler (une roue); *v. aussi 4930*

~ عُنُق ه — tordre le cou à

~ مِعْصَمَه، عَضَلته — se fouler le poignet; se froisser un muscle

~ لِ ه، ه — avoir un penchant pour; préférer; pencher être pour qqn

~ على ه، ه — être contre qqn; cacher qqch; se détourner de

مَرَّ لا **يَلْوِي** على أَحَد — passer sans s'arrêter sans remarquer personne

فَرُّوا وَلَمْ يَكُنْ ~ أَحَد على أَحَد — c'était la panique le sauve-qui-peut

لَوِيَ َ لَوًى — onduler; serpenter; former des coudes des ondulations (dune); s'incliner/ployer (plante qui se fane)

**لَيّ** — distorsion; gauchissement; infléchissement; flexion; recourbement

~ الشيشة — flexible tube de narghilé

لا يَعْرِف الحَيّ مِن الـ~ — *prov.* ne pas distinguer un chat d'un rat

لَيَّة ج لِوًى — courbe; flexion; sinuosité; tortuosité

لِوًى ج أَلْوِية — dune courbe; détour; coude ondulation (dans les dunes)

لَوًى ج أَلْواء — coliques; douleur dans le ventre

قاسَى الأَلْواء واللأْواء — endurer les pires tourments; souffrir mille morts

**لاوٍ على** — qui prête attention à

غَيْر ~ على شيْء — sans se laisser distraire; sans rien remarquer; totalement étranger (à)

لَوَّاء — torcol [*ois.*]

**مَلْوِيّ** — cambré, courbé; gauchi; incurvé; recourbé; tordu; voilé (roue)

II لَوَّى تَلْوِية ه — tordre fortement

III لاوى لِواءً — s'enrouler en spirale; se lover (serpent); serpenter

لِواء — repli (d'un serpent); spirale; *v. aussi 4930*

IV **أَلْوَى** إِلْواءً ← لَوَى

V **تَلَوَّى** تَلَوِّيًا — être ... *v. à l'adj.*; se contorsionner; louvoyer; serpenter; se replier; se tordre; se tortiller

~ مِن الأَلَم، من الضَحِك — se tordre de douleur, de rire

يُتَلَوَّى لَهُ مِن الضَحِك — tordant [*fig.*]

**تَلَوٍّ** — contorsion; sinuosité; repli; tortillement

**مُتَلَوٍّ** — entortillé; sinueux; tortueux; retors

وَرَقة ~ة — feuille découpée lobée

VIII **اِلْتَوَى** اِلْتِواءً — se distordre; se cambrer; gauchir *intr.*; se gondoler; s'incurver; s'infléchir; plier *intr.*; ployer *intr.*; se recourber; se recroqueviller; se plier; se tordre; serpenter (rivière); se voiler (roue); se mettre en vrille

~ على ه — *fig.* devenir être ... *v. à l'adj.*

**اِلْتِواء** — contorsion; distorsion; gauchissement; flexion; ploiement; torsion; difficultés; complications; obscurités; perversion

~ الأَرْض — accidents de terrain

قَضِيب **اِلْتِوائيّ** — *techn.* barre de torsion

**مُلْتَوٍ** — contourné; oblique; recourbé; sinueux; tordu; tors; voilé (porte); vrillé; *fig.* compliqué; difficile; obscur; pervers

طُرُق ~ة — voies détournées

**لَئِن** ← لَ

**4932 لِياء** — *poiss.* lamie; touille

**4933 لِيبيّ** — libyen

**4934 لَيْتَ**؛ يا ~ — ah si! plût à Dieu que! pourvu que!

~ شِعْري — ah! si j'avais su!

~ أَنَّها لَمْ تَكُنْ — ah! si elle n'avait pas existé!

~ني عَرَفْتُ — si j'avais su! si j'avais pu savoir!

**ليتر** ج ات ← لِتْر

**4935 لَيْث** ج لُيوث — lion

~ عِفِرِّين — fourmi-lion

**4936 لِيرة** ج ات — livre *n.f.*

~ لُبْنانيّة، سوريّة — livre libanaise, syrienne

~ إِسْتِرْلِينيّة — livre sterling

**4937 لِير** — lire *n.f.*

**4938 لَيْسَ**؛ ~ بِـ n'être pas; ne ... pas
~ إِلَّا sans plus; ni plus ni moins
أَ~ كَذَلِكَ n'est-ce pas?
~ لَـه أَنْ n'avoir pas à
~ مِن ه لا بِقَلِيل ولا بِكَثِير être totalement étranger à
~ أَنَّ ce n'est pas que
~ مِن طَبِيعَتِه أَنْ il n'est pas naturel de sa part de
~ ... فَقَطْ بَلْ non seulement ... mais encore
لَسْتُ أَعْرِفُ، أَدْرِي je ne sais pas
لَيْسِيَّة *philos.* non-être

**4939 لَيِسَ** ـَ لَيَسًا garder la chambre; rester enfermé chez soi
أَلْيَس م لَيْساء casanier; brave; intrépide

**4940 لِيسانس** licence

**4941 لِياط** mortier (de maçon); revêtement réfractaire; plâtre

**4942 لِيف** ج أَلْياف *coll.* fibre; filament; bourre de palmier nain
لِيفة *n.un.* fruit de la luffa; éponge végétale
~ عَصَبِيَّة fibre nerveuse
**لِيفيّ**؛ لِيفانِيّ fibreux; ligneux; filamenteux; filandreux
وَرَم ~ fibrome
لُيَيْفة ج ات fibrille
لِيفِين؛ لِيفِينِيّ fibrine; fibrineux
V تَلَيَّفَ تَلَيُّفًا se lignifier; devenir fibreux/ligneux
**تَلَيُّف** lignification
~ الكَبِد cirrhose du foie

**4943 لاقَ** ـِ لَيْقًا، لِياقة بِـ ه، ه
convenir à; aller bien; plaire; être ... *v. à l'adj.*
ما لاقَ عِنْدَ ه ولا ~ être totalement indifférent à qqn; ne pas convenir/plaire à; ne pas faire l'affaire de
**يَلِيق** أن il est convenable/bien porté de; il sied de [*litt.*]
لا ~ أن il est mal porté/impoli/inconvenant de
**لِياقة** aptitude; bienséance; bonnes manières; capacité; compétence; convenance; tact; correction; décence; galanterie; convention
~ بَدَنِيَّة aptitude physique
قَواعِد الـ~ الاِجْتِماعِيَّة conventions sociales; règles de la bienséance
بِـ~ décemment; galamment
عَدَم، قِلَّة ~ incongruité; inconvenance; manque de tact; malséance
**لائِق** acceptable; adéquat; ajusté; à propos; approprié; apte; avantageux; bienséant; convenable; correct; décent; digne; présentable; séant; seyant
مِن الـ~ أن il est convenable/il convient de
غَيْر ~ déplacé (mot); incongru; incorrect; inconvenant; malséant
كَلِمة غَيْر ~ة incongruité; propos malsonnant

**4944 لِيَكُنْ** (← لِـ، كانَ) *philos.* fiat

**4945 لَيْل** ج لَيالٍ، لَيالِي *coll.* nuit; soirée
عِنْدَ هُبوط الـ~ à la tombée de la nuit
مُنْتَصَف الـ~ minuit; moitié de la nuit
سَواد الـ~ toute la nuit; la nuit entière
طَيْر ~ oiseau nocturne/de nuit
الـ~ أَخْفَى بِالوَيْل *prov.* la nuit tous les chats sont gris
**لَيْلاً** de nuit; nuitamment
أَمْر النَهار قُضِيَ ~ *prov.* la nuit porte conseil
~ نَهارًا؛ لَيْلَ نَهارَ nuit et jour
**لَيْلة** ج ات *n.un.* nuit
~ القَدْر nuit du Destin [*isl.*]
~ الدَخْلة nuit de noce
~ لَيْلاء nuit sombre/noire/d'encre
~ أَمْسِ la veille; la nuit dernière
~ العِيد la veille de la fête
~ زاهِرة، هادِئة brillante soirée; nuit calme
في كُلِّ ~ chaque nuit
بَيْنَ ~ وضُحاها du jour au lendemain

~ سَعِيدة — bonne nuit!

لَيْلةً — une nuit; une certaine nuit

**اللَيْلَة** — cette nuit; ce soir

ما أَشْبَهَ الـ~ بِالبارِحة — *prov.* toutes les nuits se suivent et se ressemblent; il n'y a rien de nouveau sous le soleil

لَمْ أَنَمْ لَيْلَتَها — je n'ai pas dormi cette nuit-là

لَيْلَتَئِذٍ — cette nuit-là; alors

**لَيْليّ** — nocturne

خَفير ~ — homme de veille; gardien de nuit

مَلْهًى ~ — boîte de nuit

رائِد المَلاهي الـ~ة — noctambule

لَيْلِيّات — *ins.* papillons de nuit

لَيْلَى — *n.pr. de femme*: Leila; *fig.* bien-aimée; dulcinée [*iron.*]

**4946 لَيْلَك** — lilas *n.m.*

لَيْلَكِيّ — de lilas; lilas *adj.*

**4947 لِيم** — ressemblance; sosie

هو ~ه — c'est son sosie

**4948 لَيْمون**؛ ~ حامِض — citron

~ حُلْو — orange

~ أَفَنْديّ، يُوسُفيّ — mandarine

شَراب ~؛ لِيموناضة — citronnade; limonade

شَجَرة الـ~ — citronnier

**4949 لانَ** ـِ لِينًا، لَيانًا — s'adoucir; s'amollir; s'assouplir; se laisser fléchir; mollir; se radoucir; se ramollir; être ... *v. à l'adj.*

~تْ قَناته — se montrer conciliant; être de bonne composition

لا يَلِين — inexorable; inflexible

**لِين** — complaisance; esprit de conciliation; douceur; gentillesse; malléabilité [*fig.*]; modération

~ الدِماغ، العِظام — ramollissement du cerveau; ostéomalacie

~ الاِنْقِياد — docilité; facilité de caractère

~ الطَبْع، العَرِيكة — souplesse de caractère

حُروف الـ~ — voyelles longues «*ā, ū, ī*»

**لُيُونة** — flexibilité; liant *n.m.*; malléabilité; plasticité; souplesse (physique)

~ الجانِب — *fig.* sociabilité

**لَيِّن** — doux; douillet; docile; élastique; flexible; moelleux; malléable; liant *adj.*; plastique; nonchalant; mou; souple; tendre

~ الجانِب — accessible (homme); d'un abord facile; sociable

~ الطَبْع — conciliant; souple; malléable [*fig.*]

~ الخُلْق — commode/coulant (caractère)

~ العَرِيكة — docile; maniable; facile de caractère

II **لَيَّنَ تَلْيِينًا** — adoucir; amollir; attendrir; assouplir; modérer; ramollir

~ جِلْدًا — assouplir une peau

~ مَفاصِله — assouplir ses articulations

تَلْيِين — amollissement; assouplissement; modération; ramollissement; *techn.* détrempe (de l'acier)

**مُلَيِّن** — adoucissant; amollissant; modérateur; émollient; ramollissant

~ ج ات — laxatif; purgatif

IV **أَلانَ إِلانَةً** ه، ه — assouplir (un tissu); cajoler; prodiguer des caresses à; attendrir

~ قُضاتَه — fléchir ses juges

(ميم)

*vingt-quatrième lettre de l'alphabet: «mim»; labiale nasale:* [m]

**4950** مَ — *abrév. de l'interr. «ma» utilisée avec une prép.*

بِمَ، لِمَ، فيمَ — avec quoi? pourquoi? dans quoi?

إلامَ، عَلامَ، حَتّامَ — vers/jusqu'où? sur quoi? jusqu'à quoi? jusqu'où?

**4951** ما — *1. particule négative:*

*a. en phrase verbale*: ne; ne ... pas

*b. en phrase nominale*:

~ مِنْ؛ ~ مِن أَحَد — nul; aucun

~ من مُؤَرِّخ ... إلاّ وَقَدْ — il n'existe pas un seul historien qui n'ait

*2. en construction figée avec particules ou verbes constitue des loc. temporelles*:

ما لَمْ — aussi longtemps/tant/à moins que

هَذا لا يَعْني شَيْئًا ~ لَمْ — cela ne signifie rien tant que

~ لَمْ نَصِلْ إلى — tant que nous n'arriverons pas à

~ دامَ (دُمْتُ) — tant que (il, je, tu)

~ أَنْ — aussitôt/dès/sitôt que

~ ... حَتّى؛ ~ أَنْ ... حَتّى — à peine ... que

و~ هي إلّا دَقائِق حَتّى — quelques secondes s'étaient à peine écoulées que

ما — *3. pron.rel. sans antécédent renvoyant à des choses*: ce que; quoi

~شاءَ اللّه — comme Dieu veut! que la volonté de Dieu soit faite!

ما قَبْلَ التاريخ — préhistoire

~ بَعْدَ النَفْس — métapsychique *n.f.*

~ قَبْلَ، بَعْدَ المَنْطِق — prélogique; métalogique

~ بَعْدَ، فَوْقَ الطَبيعة — métaphysique; surnaturel

لَدَيْهِ ~ يَكْفُل عَيْشه — avoir de quoi

~ كان عَلَيْه قَبْلَه — ce qu'il était auparavant

و ~ إلَيْه، إلى ذَلِك — et tout ce qui s'ensuit; et caetera; et cetera

~ جَرَى؛ ~ جَرَيات — événement (*m. à m.* ce qui s'est passé)

بِـ~ فِيهِ، فيها، في ذَلِكَ — y compris

كانَ الجَميع بِـ~ فيهم أنا — tout le monde, moi y compris, était

الدُوَل بِـ~ فيها الدُوَل العَرَبيّة — les États, y compris les États arabes

بِـ~ في ذَلِكَ الميناء التِجاريّ — y compris le port de commerce

بِما هُو — en tant que

ما بَيْنَ؛ في ~ بَيْنَ — entre; parmi; inter- *préf.* (avec adj).

~ بَيْنَ الحُكومات — entre gouvernements; intergouvernemental

~ بَيْنَ الحُلَفاء — entre alliés; interallié

~ بَيْنَ الأَسْلِحة — interarmes

~ بَيْنَ الكَواكِب — intersidéral

ما (...) مِنْ — *4. en corrélation avec «min»*: ce qui/que ... en fait de

~ يَخْلُقه من وَسائِل — les moyens qu'il crée (*m. à m.* ce qu'il crée en fait de moyens)

~ هُمْ عَلَيْه من تَخَلُّف — l'état de sous-développement dans lequel ils sont (*m. à m.* ce dans quoi ils sont en fait de sous-développement)

~ نَحْنُ فيهِ من تَطَوُّر — la période d'évolution que nous vivons

~ في الشِعْر **من** خَيال — l'imagination qu'il y a dans la poésie

~ بَلَغَت الدَوْلة **من** الغِنَى — le degré de prospérité que le pays a atteint

~ أشارَ إليْه **من** أنّ — l'indication qu'il a donnée que

5. *en composition avec d'autres particules*:

**إنّما** ← إنّ؛ **أيْنَما** ← أيْنَ؛ **بَيْنَما** ← بَيْنَ

**حَتّامَ** ← حَتّى؛ **رُبَّما** ← رُبَّ؛ **كَيْفَما** ← كَيْف

**بِما** أنّ — attendu/dès lors que; comme

**مَهْما** — quelque ... que; quoi ... que; *v. aussi 5211*

~ كان كَبيرًا — quelque grand qu'il soit

~ يَكُنْ مِن أمْر — quoi qu'il en soit; en tout cas

6. *en suffixe de certains verbes*:

**قَلَّما** — rarement; il est rare que

**كَثيرًا ما** — souvent; il est fréquent que

**طالَما** — longtemps; il y a longtemps que; tant que; aussi longtemps que

**ما؟** — 7. *pron. interr. se rapportant à des choses*: quoi? quelle chose?

~ اسْمُكَ — quel est votre nom? comment vous appelez-vous?

~ الخَبَر — quoi de neuf? quelle nouvelle?

~ لَكَ — qu'y a-t-il? qu'as-tu? que t'est-il arrivé?

~ لَكَ خائِف — pourquoi as-tu si peur?

~ أنْتَ وَذَلِكَ — qu'as-tu à voir avec cela?

**ماذا** (← ما؟) — *avec «dā» dém. explétif*

~ تَفْعَل (← ما تَفْعَل) — que fais-tu?

~ عَنْ ه — qu'en est-il de? où en est?

**بِماذا** (بِمَ)؛ **لِماذا** (لِمَ) — 8. *interr. précédé de particules (v. aux particules)*

**ما** — 9. *exclam. suivi d'un v. inv. (IVe forme) dont le sujet est toujours fixé au cas direct*: combien! comme! que!

~ أسْعَدَ الرَجُلَ، المَرْأةَ — comme l'homme/la femme est heureux(euse)!

~ أسْعَدَهُ، أسْعَدَها — comme il/elle est heureux(euse)!

~ يَكون أسْعَدَهُ، أسْعَدَها — comme il/elle sera heureux(euse!)

~ كانَ أسْعَدَهُ، أسْعَدَها — comme il (elle) était heureux(euse!)

~ أدَقَّ مَواعيدَكَ — comme vous êtes exact à vos rendez-vous!

~ أسْرَعَ ما يَمْضي الوَقْت — comme/que le temps passe vite!

10. *renforce l'indétermination du nom après lequel il est placé*: quelconque; n'importe quel; un certain

في مَدينةٍ **ما** — dans une ville quelconque/n'importe quelle ville/une certaine ville

عَمَلٌ ~ — une action quelconque; quelque action

شَيْءٌ ~ — un je ne sais quoi; un petit quelque chose

**4952 ماء** ج مِياه (← موه) — eau; onde; hydro- *préf.*

~ جارٍ، ساخِن — eau courante, chaude

~ بارِد، غازيّ — eau froide, gazeuse

~ النَبات، الفِضّة — sève; eau-forte

~ الزَهْر، الوَرْد — eau de fleur d'oranger, de rose

~ عَذْب — eau douce/potable

~ أُجاج، مِلْح — eau saumâtre

~ زُعاق — eau dure

~ الكلور، جافيل — eau de Javel

~ كُولونيا، الحياة — eau de Cologne; eau-de-vie

~ أُكْسِجينيّ، مَعْدِنيّ — eau oxygénée, minérale

مَخَرَ، شَقَّ عُبابَ الـ~ — fendre les eaux/l'onde

أدْنَى، أعْلَى مَنْسوب لِلـ~ — basses, hautes eaux

تَسَرَّبَ، انْساب الـ~ إلى — faire eau (navire)

حُورِيّة، عَروس الـ~ — naïade [*myth., bot*]

تَطْبيب، مُعالَجة بِالـ~ — hydrothérapie

حَلَّلَ، تَحْليل بِالـ~ — hydrolyser; hydrolyse

~ الشَباب — *fig.* fraîcheur (de la jeunesse); juvénilité

~ الوَجْه — *fig.* décence; honneur; réputation

صانَ ~ وَجْهِ ه — sauver la face

بَذَلَ، أراقَ ~ وَجْهِ ه — abaisser/déshonorer qqn

بَذَلَ، أراقَ ~ وَجْهِهِ — s'abaisser; se déshonorer

**مِياه** الأمْطار، الشُرْب — eaux pluviales, potables

أنابيب، عِلْم الـ~ conduites d'eau; hydrologie
مَصْلَحة الـ~ والغابات Service des eaux et forêts
~ إقْليميّة eaux territoriales
~ جَوْفيّة eaux souterraines
الـ~ المُعْذَبة، المُحَلّاة eaux adoucies
مَحَطّة تَحْلِية الـ~ station d'adoucissement des eaux
الـ~ المالِحة eaux salées/salines/saumâtres
تَحْلِية الـ~ المالِحة dessalement/dessalaison de l'eau
**مائِيّ**؛ ماهيّ aquatique; aqueux; fluide *adj.*; liquide *adj.*; hydraulique; nautique; hydrique
حَيوان ~ animal/faune aquatique
نَبات ~ plante/flore aquatique
تَزَلُّج، أَلْعاب ~(ة) ski, jeux nautique(s)
طاقة، قُوّة ~ة houille blanche
لَوْحة، طائِرة ~ة aquarelle; hydravion
زَلّاقة ~ة hydroglisseur
مِكْبَس، مُهَنْدِس ~ presse hydraulique; ingénieur hydraulicien
**مائِيّة**، مائِيّات aquosité; hydrologie
~، ماوِيّة *bot.* sève
مَيِّه aquatique
مُوَيْه، مُوَيْهة un peu/une petite quantité d'eau; *égypt.* eau

**4953 ماجِسْتير** diplôme/licence d'enseignement; diplômé; licencié; maître d'école

**4954 ماح البَيْض** jaune d'œuf

**4955 ماحَوْز** ج مَواحيز espace/intervalle entre deux objets; *mil.* no man's land

**4956 ماخُور** ج مَواخير lieu de débauche; bordel [*pop.*]; cabaret; tripot [*péjor.*]; maison de passe/de tolérance; lupanar [*litt.*]
ماخوريّ bordélique [*pop.*]; débauché

**4957 مَأَدَ** َ مُؤُودًا *bot.* être ... *v. à l'adj.*
مَأْد *bot.* délicat; doux; flexible; moelleux; tendre

**4958 مادّة** ج مَوادّ (← مدد) denrée; matériau; matériel; matière; substance; *enseign.* matière; discipline; champ d'étude; *dr.* article; paragraphe; terme (d'un contrat)
الـ~ الثالِثة مِن الإتِّفاقيّة l'article trois de la convention
~ حَراريّة *phys.* matériau réfractaire; réfractaire *n.m.*
~ سِنْجابيّة *anat.* matière/substance grise
~ نِقاش objet/sujet d'une discussion
~ ثانَويّة sous-produit
أُسْلوب غَنِيّ الـ~ style étoffé/riche
**مَوادُّ** (← مادّة) *plur. quadrisyllabique*
~ البِناء، التَعْليم matériaux de construction; matières enseignées
~ غِذائيّة denrées/produits alimentaires
~ أَوَّليّة، خام matières premières; produits bruts
~ إسْتِهْلاكيّة biens de consommation
~ مُلْتَهِبة matières/produits inflammables
~ دَسِمة، بِتْروليّة corps gras; produits pétroliers
**مادّيّ** charnel; matériel *adj.*; matérialiste *adj.*, *n.*; physique *adj.*; terre à terre
لا ~ incorporel; intemporel; immatériel
مادِّيًّا matériellement; charnellement
**مادّيّة** matérialité; matérialisme
~ تاريخيّة، جَدَليّة matérialisme historique, dialectique
لا ~ immatérialité

**4959 مار** *précédant un n.pr.* saint

**4960 مارس** mars (mois)
**مارِسْتان** asile d'aliénés

**4961 مارِشال**؛ مارِشاليّة maréchal; maréchalat

**4962 مارك** ج ات mark

**4963 ماركسيّ** marxiste
~ لينينيّ marxiste-léniniste

**ماركسيّة** — marxisme

~ لينينيّة — marxisme-léninisme

4964 **ماركة** — marque

~ تِجارِيّة، مُسَجَّلة — marque enregistrée

4965 **مارونيّ** ج مَوارِنة — maronite *adj.*

~ ج مَوارِنة — maronite *n.*

مَوْرَنَ مَوْرَنة — *lib.* maroniser

4966 **مازوت** — mazout

مَزْوَتَ؛ مَزْوَتة — mazouter; mazoutage

4967 **ماس**، ماسة (← أَلْماس) — diamant

ماسيّ — diamanté; de/en diamant

**مَأْساة** ← أَسَى

4968 **ماسورة** ج مَواسير — conduite; tube; tuyau

~ تَهْوِية — conduit d'aération

مَواسير — tuyauterie

4969 **ماسونيّ** — franc-maçon; maçonnique

ماسونيّة — franc-maçonnerie

4970 **ماش** — (sorte de) haricot noir

4971 **ماعون** ج مَواعين — attirail; instrument; ustensile (de ménage); outil; rame de 500 feuilles de papier

مَواعين — vaisselle

4972 **مَأْق** ج مَآقٍ — commissure interne/coin de l'œil; conduit lacrymal

مَأْقة — colère; sanglot

4973 **ماكاك** — macaque

**ماكياج** ← مَكْيَجَ

**ماكينة** ← مَكِنة

**مال**، ماليّ ← مول

4974 **مالتُسيّ**؛ مالتُسِيّة — malthusien; malthusianisme

4975 **مالِطيّ** — maltais

4976 **ماليزيّ** — malais

4977 **مَأْمَأَ** — bêler

4978 **ماموث** — mammouth

4979 **مَأَنَ** ـَ مَأْنًا ه. ه — approvisionner; fournir des vivres; porter de l'eau à

اِمْأَنْ مَأْنَكَ واِشْأَنْ شَأْنَكَ — débrouillez-vous; faites ce que vous avez à faire; occupez-vous de vos affaires/de vos oignons [*fam.*]

**مَؤونة**. **مُؤْنة** ج مُؤَن — approvisionnements; provision; réserve; stock; vivres; substances

~ مَصْرِفيّة — provision bancaire

مُؤَن عَسْكَرِيّة. حَرْبِيّة — matériel militaire de guerre

4980 **مَأْنة** ج ات. مِئَان — nombril; ombilic; péritoine

4981 **مانَويّ**؛ مانَويّة — manichéen; manichéisme

4982 **ماهِيّة** ج ات (← ما) — *mot formé à partir de « mā »: philos.* caractère propre/spécifique (d'une chose); essence; composition; nature; qualité; quiddité; substance

~ الأَشْياء — nature des choses

**ماوِيّة** ← مائِيّة (ماء)

4983 **مِائة**، **مِئة** ج ات — cent; centaine; centième

اِبْن ~ سَنة — centenaire (homme)

٧٥ بـ. في الـ~ — 75 p. cent

~ غَرام، لِتْر، مِتْر — hectogramme; hectolitre; hectomètre

الجُزْء الـ~ — centième partie

~ بـ. في الـ~ — cent pour cent

حَوالَيْ ~ — centaine; aux environs de cent

**مِئات** رَجُل. اِمْرَأة — des centaines d'hommes, de femmes

بالـ~ par centaines

مِئويّ centenaire *adj.*; centésimal; centennal

عيد، تَذْكار ~ لإنْشاء centenaire de la création

دَرَجة، نِسْبة مِئويّة degré centigrade; pourcentage

مائدة ← ميد

**4984 مايو** mai; *cost.* maillot

أوّل Premier Mai

**4985 مَتَّ ـُ مَتًّا، مُتوتًا ه** étendre; dérouler (une chose pour l'étendre)

~ إلى ه بِصِلة avoir des accointances/rapports avec; s'apparenter à; être en connexion avec; avoir à faire avec; avoir qqch à voir dans

~ إلى ه بِقَرابة être apparenté à/l'allié de; rechercher l'alliance de/l'apparentement avec

لا يَمُتُّ إليْه بِصِلة n'être pour rien dans; n'avoir rien à voir avec

مَتات lien familial; parenté; alliance

ما لَهُ ~ إليْه n'avoir aucun lien de parenté avec

مائة ج مَواتّ ← مَتات

**4986 مَتَحَ ـَ مَتْحًا** tirer l'eau (d'un puits)

~ الجَرادُ enfoncer la queue dans le sol pour pondre (sauterelle)

مَتوح éloigné; lointain; long

مَسافة ~ longue distance

**4987 مِتْر ج أمْتار** mètre

~ مُرَبَّع، مُكَعَّب mètre carré, cubique

مِتْريّ؛ نِظام ~ métrique; système métrique

**4988 مُتْعة ج مُتَع** agrément; délice; intérêt; jouissance; plaisir; régal; *isl.* compensation donnée à la femme après divorce

نِكاح الـ~ *isl.* mariage temporaire contre compensation

~ رِواية، الصَّيْد intérêt d'un roman; plaisir de la chasse

~ القِيادة plaisir de conduire

~ فِكْريّة jouissance intellectuelle/spirituelle

ظَفِرَ بِـ~ عَميقة في trouver une profonde jouissance dans

شَعَرَ بِـ~ لا تُعادِلُها ~ éprouver une jouissance inégalée

لا مُتْعةَ فيه sans intérêt; dépourvu d'intérêt

مُتَع العَقْل plaisirs de l'esprit

~ الحَياة agréments de l'existence

مُتْعيّة hédonisme

مَتاع ج أمْتِعة article [*comm.*]; bagage; ustensile; marchandise; objet utile; meuble; bien (de consommation); meuble; mobilier *n.m.*; paquetage; matière périssable; *isl.* bien *n.m.* éphémère

~ الدُّنيا les biens de ce monde

~ الجُنْديّ paquetage du soldat; barda [*fam.*]

ما الحَياة والدُّنيا إلّا ~ الغُرور

le *Coran*: la vie et monde ne sont que des biens illusoires

الكِتاب امْتاعي، امْتاعك *dialect.* mon, ton livre

أمْتِعة affaires; effets; marchandises

~ شَخْصيّة affaires/effets personnel(le)s

II مَتَّعَ تَمْتيعًا ه بِـ ه (← IV) équiper (en biens de consommation)

IV أمْتَعَ إمْتاعًا ه conserver qqn en vie (Dieu); laisser qqn jouir de la vie (Dieu); captiver; divertir; donner du plaisir; égayer; réjouir; régaler qqn [*fig.*]

مُمْتِع captivant; attachant; agréable; délicieux; intéressant; marrant [*pop.*]; plaisant; satisfaisant; réjouissant; savoureux (histoire)

غَيْر ~ inintéressant; déplaisant

V تَمَتَّعَ تَمَتُّعًا بِـ ه bénéficier de; disposer de; faire ses délices de; goûter [*fig.*]; jouir de; avoir du plaisir; faire usage de; savourer; se régaler; posséder

~ بالراحة jouir du repos; savourer le repos

~ بِقَبول عامّ jouir d'une reconnaissance générale

~ بِكامِل صَوابه avoir toute sa raison/toute sa tête

~ بِكامِل قُواه العَقْليّة jouir de toutes ses facultés intellectuelles

تَمَتُّع jouissance; plaisir; possession

~ بِحَقّ jouissance d'un droit

4993 مَثَلَ ُ مُثولاً être prêt préparé; apparaître; comparaître; se tenir debout (en présence de); se présenter (devant); être reçu en audience

~ ه ٥. ressembler à; être ... *v. à l'adj.*

~ ُ مَثْلاه. ه بِ comparer; regarder comme semblable; faire un exemple de

~ بَيْنَ يَدَيْ. لَدَى ه être reçu en audience par

مُثول apparition; comparution; parution

مَثَل ج أَمْثال même; pareil; semblable; image; ressemblance; similitude; adage; allégorie; apologue; dicton; exemple; fable; maxime; parabole; parangon; proverbe; sentence

أَخَذَ. ضَرَبَ. أَوْرَدَ ~ًا prendre citer un exemple; rapporter un proverbe

صارَ مَضْرِبَ ~ لِ passer en proverbe; être cité donné en exemple

ذَهَبَ ~ًا، قِيلَ ~ في ه *même sens*

أَقامَ لَه ~ًا apporter un proverbe comme argument

~ه كَ~ه il en est en va de ... comme de; il en va de même pour; être comparable semblable à

مَثَلاً par exemple

مَثَليّ proverbial

مِثْل ج أَمْثال égal *adj.*; même *adj.*; pareil; semblable; tel *adj.*; ressemblance; similitude; réciproque

~ ه ٥. à l'égal de; pareil semblable à; le même; tel (que)

في ~ هذه الحالة en pareil cas; en une telle circonstance

تَفَوَّهَ بِـ~ هذا الكَلام tenir de tels propos

~ هُمْ يَنْبَغي أن تَكون c'est comme eux qu'il faut que tu sois

~ هذه الدِراسة لا تَتِمّ une telle étude ne s'effectue pas

شَوارِع لَيْسَ ~ها جَمالاً des avenues qui ne sont pas aussi belles

لَمْ يُسْمَعْ بِـ~ه inouï

قامَ. عامَلَ ه بالـ~ en faire autant; rendre la pareille

مِثْلَ؛ مِثْلَما ainsi aussi bien de même de la même manière que; comme; à l'instar de; pareil à

مُداواة مِثْلِيّة homéopathie

أَمْثال congénères; semblables; pareils

هُوَ و~ه lui et ses pareils

سَهْم ~ action de jouissance [*fin.*]

عَدَم ~ non-jouissance

X اِسْتَمْتَعَ اِسْتِمْتاعًا بِـ (← V) rechercher le plaisir

4989 مَتْك extrémité; pointe; *bot.* anthère

مُتْك *ins.* trompe; rostre

4990 مَتَلَ ُ مَتْلاً ه agiter; secouer

4991 مَتُنَ ُ مَتانة être ... *voir à l'adj.*

مَتْن ج مُتُون partie principale corps même (d'une chose); texte (d'un livre, par opposition au commentaire et à l'apparat critique); trame (d'une histoire); dos (d'un cheval); pont (d'un navire); parvis; terre-plein

على ~ باخِرة à bord d'un navire

على ~ طائِرة à bord d'un avion

صَعِدَ إلى، على ~ monter à bord

~ النَهار toute la journée

~ الطَريق chaussée; milieu de la rue

سِجِلّ الـ~ carnet journal de bord

رَكِبَ ~ العُنْف se livrer à la violence; monter sur ses grands chevaux [*fam.*]

مِتان ج مُتُن espace compris entre deux colonnes

مَتانة consistance; fermeté; force; robustesse; solidité; stabilité; ténacité; vigueur

~ العَقْل fermeté d'esprit

~ البُرْهان solidité vigueur de la démonstration

مَتين consistant; ferme; fort; inébranlable; solide; stable; robuste; vigoureux

~ البِنْية bien charpenté fait (corps)

حُجّة ~ة argument consistant inébranlable

II مَتَّنَ تَمْتينًا ه، ه consolider; doubler (un tissu); raffermir; renforcer

تَمْتين consolidation; raffermissement; renforcement

4992 مَتَى *interr.* quand?

إلى، حَتّى ~ jusqu'à quand?

~ما aussitôt sitôt dès que; quand

اِمْتَى *dialect.* quand?

مَثالة ج ات، مَثائِل excellence; exemplarité; perfection; supériorité; leçon (morale)

مِثال ج أَمْثِلة، مُثُل canon (de beauté); type; exemple; modèle; patron (de mode); règle [*fig.*]; spécimen; *philos.* idée platonicienne

فِعْل ~ (: وَصَلَ، يَبِسَ) *gramm.* verbe assimilé (dont la 1re radicale est une lettre faible)

~ أَعْلَى، كَمال idéal; utopie

~ أَصْليّ archétype

على سَبيل الـ~ par exemple; à titre d'exemple

على ~ ه à l'exemple/l'imitation/l'instar de; sur le même modèle que; pareillement; semblablement

مِثالَ ه، ه à l'exemple de; par exemple

المُثُل الأَفْلاطونيّة idées platoniciennes

مِثاليّ classique *adj.*; allégorique; exemplaire; idéal *adj.*; idéaliste; représentatif; typique

الأَنا الـ~ sur-moi

مِثاليّة exemplarité; idéalisme; idéalité; représentativité

ماثِل debout; en position debout; en face/présence (de); présent

~ لِلْعَيان visible; patent

الفِكْرة ~ة في الأَذْهان l'idée est présente dans les esprits

مَثيل ج مُثُل autre; assimilé; égal *n.m.*; équivalent; homologue; pareil *n.m.*; pendant *n.m.*; ressemblant; semblable *n.m.*; tel

النَفْط والمَوادّ الـ~ة le pétrole et les produits assimilés

لا مَثيلَ لَهُ hors concours/ligne/pair; inédit [*fig.*]; incomparable; irremplaçable; sans égal/exemple/pareil/rival; inouï

مَثّال ج ونَ sculpteur; statuaire

أَمْثَل م مُثْلَى qui se rapproche le plus de/ressemble le plus à; plus parfait/vraisemblable; exemplaire; idéal *adj.*; modèle

حَجْم ~ volume optimum

حَجْم ~ للسُكّان optimum de population

أَمْثَليّ idéaliste

أَمْثَليّة idéalisme

أُمْثولة ج أَماثيل exemple; cité comme exemple; avertissement

II مَثَّلَ تَمْثيلًا، تَمْثالًا ه، ه assimiler [*physiol.*]; illustrer; incarner [*fig.*]; personnifier; représenter

~ ه، ه بِ assimiler qqn, qqch à; comparer; rendre semblable/similaire/resemblant

~ مِن ه faire un exemple de qqn, qqch; fournir un exemple

~ بِ ه أَشْنَعَ تَمْثيل infliger un châtiment atroce/exemplaire à

~ دَوْرًا figurer; jouer/interpréter/tourner un rôle; jouer la comédie

~ جَريمة reconstituer un crime

~ مَشْهَدًا، تَمْثيلًا représenter ne scène; donner une représentation

~ دَوْلة، الشَعْب représenter un État, le peuple

~ أَفْضَلَ تَمْثيل être très représentatif de

تَمْثيل allégorie; analogie; comparaison; assimilation; incarnation; interprétation; jeu [*cin.*, *théâtr.*]; illustration; figuration; personnification; reconstitution (d'un crime); représentation

~ نَفْسيّ psychodrame

فَنّ الـ~ art dramatique

~ بَيانيّ représentation graphique

بَدَل ~ frais/indemnité de représentation

~ تِجاريّ، شَعْبيّ représentation commerciale, populaire

~ مَسْرَحيّة représentation théâtrale

~ ثُنائيّ bicamérisme; bicaméralisme

على سَبيل الـ~ comme illustration/exemple; à titre d'exemple

تِمْثال ج تَماثيل effigie; image; statue; sculpture

~ صَغير، نِصْفيّ statuette; buste

نَصَبَ ~ًا dresser une statue; statufier

تَمْثيليّ représentatif; théâtral; scénique

مُنَظَّمة، نِظام ~(ة) organisation, système représentatif(ive)

تَمْثيليّة ج ات pièce de théâtre

~ غِنائيّة، هَزْليّة opéra; comédie

مُمَثِّل ج ونَ acteur; comédien; interprète; représentant

~ سِياسيّ، تِجاريّ représentant politique, de commerce

~ مَأْساويّ tragédien

~ التَكْوين — isotope; isotopique

VIII اِمْتَثَلَ اِمْتِثالًا هـ — observer suivre un usage; se conformer; imiter en tous points; représenter qqch; se soumettre à

~ لِلْأَوامِر — déférer obéir aux ordres; obtempérer

اِمْتِثال — obéissance (aux ordres); observation (des usages); soumission

اِمْتِثاليّ، اِمْتِثاليّة — conformiste; conformisme

لا ~، لااِمْتِثاليّة — non-conformiste; non-conformisme

مُمْتَثِل — obéissant; soumis

4994 مَثَن — inflammation de la vessie

مَثانة — vessie [*anat.*]

اِلْتِهاب الـ ~ — cystite

مَثانيّ — vésical

4995 مَجَّ ـُ مَجًّا هـ — cracher; dégorger; rejeter; laisser couler la sève (plante); avoir du dégoût de la répugnance pour qqch

~ كَلامًا رَديئًا — refuser d'écouter des calomnies

مُجاج، مُجاجة — jus; suc

~ الفَم، النَحْل — salive; miel

4996 مَجْد ج أَمْجاد — distinction; gloire; grandeur; honneur; illustration; magnificence; splendeur

صَهْوة الـ ~ — apogée faîte de la gloire

في أَوْج ~ ه — à son apogée; au zénith [*fig.*]; au faîte de sa gloire

لِـ ~ ه — à la gloire en l'honneur de

مَجيد ج مُجَداء — admirable; exalté; excellent; fameux; glorieux; grand; illustre; noble; splendide

أَمْجَد ج أَماجِد — plus noble/glorieux/illustre

أَماجِد الماضي — gloires du passé

II مَجَّدَ تَمْجيدًا ه، هـ — faire l'apologie de; célébrer; exalter; rendre gloire à; glorifier; magnifier; porter au pinacle; vanter

تَمْجيد — apologie; célébration; exaltation; glorification

~ًا لِذِكْرَى — pour honorer la mémoire de; à la mémoire/en l'honneur de

مُمَجِّد — glorificateur; apologiste

~ دِبْلوماسيّ، تِجاريّ — agent diplomatique, commercial

مُمَثِّلو الشَعْب — représentants du peuple; députés

~ المُوَظَّفين — représentants délégués du personnel

مُمَثِّليّة سِياسيّة — représentation politique

~ دِبلوماسيّة — représentation diplomatique

مُمَثَّل — représenté; interprété; reconstitué (crime); personnifié

III ماثَلَ مُماثَلة ه، هـ — être ... *v. à l'adj.*; assimiler qqn, qqch à; identifier; faire correspondre; rappeler qqn qqch (à qqn); ressembler

~ها في دِقّتها — avoir la même précision

مُماثَلة — analogie; assimilation; identité; identification; ressemblance

مُماثِل — analogue; identique; pareil; parallèle *adj.*; semblable; similaire; ressemblant

في حالة ~ة — dans un cas semblable

وَأَشْياء أُخْرَى ~ة — et autres choses du même genre

IV أَمْثَلَ إِمْثالًا ه — punir qqn de manière exemplaire; faire un exemple sur

V تَمَثَّلَ تَمَثُّلًا هـ — assimiler [*physiol.*]; se figurer; apparaître; se manifester se présenter; s'incarner dans; se représenter; s'imaginer

~ بِـ — s'assimiler à; imiter; se modeler/prendre exemple sur; citer un proverbe (pour étayer ce que l'on dit)

تَمَثُّل — assimilation; apparition; manifestation; citation

~ خَضْبيّ — assimilation chlorophyllienne

VI تَماثَلَ تَماثُلًا — être ... *v. à l'adj.*; s'identifier à; se ressembler les uns les autres

~ مِن مَرَضه — relever de maladie

~ لِلشِفاء — entrer en convalescence

تَماثُل — homologie; identité; identification; symétrie; ressemblance; uniformité

لا، عَدَم ~ — asymétrie; dissemblance

تَماثُليّ — homologique; symétrique

غَير، لا ~ — asymétrique; dissemblable

مُتَماثِل — homologue; identique; symétrique; semblable; uniforme

أَشْياء ~ة — objets de série; choses semblables

~ الصَوْت — homophone

V تَمَجَّدَ تَمَجُّدًا se glorifier; se vanter; être glorifié/vanté/l'objet d'une apologie

VI تَماجَدَ تَماجُدًا étaler ses titres; faire assaut de titres/de gloire

4997 مَجْرِيات (← جَرَى) *philos.* données de l'expérience

4998 مَجَر *coll.* Hongrois; Magyars

مَجَرِيّ *n.un.* hongrois; magyar

مَجْر important/nombreux (armée)

4999 (مجس) مَجوس Rois mages

مَجوسيّ ج مَجوس mage *n.m.*; mazdéen

مَجوسيّة mazdéisme

مَجال ← جول

5000 مَجَلَ ـُ مَجْلًا avoir des ampoules/des cloques (main)

مَجْلة ج مِجال *méd.* ampoule; cloque; vésicule

5001 مَجْمَعَ (← جَمَعَ، لغم) amalgamer

مَجْمَع، مَجْمَعة amalgame; magma

5002 مَجَنَ ـُ مُجْنًا، مَجانة se moquer; plaisanter; rigoler [*fam.*]; tenir des propos effrontés/insolents/moqueurs

مُجون؛ مَجانة bouffonnerie; clownerie; rigolade [*fam.*]; effronterie; gaudriole [*fam.*]; lascivité

ماجِن ج مُجّان bouffon; clown [*fig.*]; moqueur; rigolo [*fam.*]; insolent; effonté; impudent; graveleux; scabreux

مَجّان ← (ماجِن) gratuit; exempt de taxes

بِالـ~؛ مَجّانًا gratis; gratuitement; à titre gratuit/gracieux; gracieusement; à l'œil [*fam.*]; pour rien

مَجّانيّ bénévole; gratuit; gracieux *adj.* [*fig.*]

مَجّانيّة gratuité; exemption (de taxes); exonération

~ التَعْليم gratuité de l'enseignement

5003 مُخّ ج أَمْخاخ le meilleur de qqch; cœur/essence [*fig.*]; quintessence

~ البِيض jaune d'œuf

مَحّاح enjôleur; menteur

مَحارة ← حور

5004 مَحَصَ ـَ مَحْصًا ه affiner; épurer; purifier; raffiner un métal; passer au crible [*pr.* et *fig.*]; purger

مَحيص fourbi; luisant; poli (métal); *fig.* fort; robuste; vigoureux

II مَحَّصَ تَمْحيصًا ه (← مَحَصَ) éplucher/examiner/expurger (un texte); penser à; réfléchir à; tester; mettre à l'épreuve (un projet); clarifier; revenir sur une question

تَمْحيص clarification; étude minutieuse/approfondie; recherche; vérification

5005 مَحَضَ ـَ مَحْضًا ه ه donner à boire de l'eau pure

~ه صَداقة، وُدًّا avoir de la sympathie pour; vouer de l'amitié à; porter de l'affection à; être sincèrement attaché à

مَحُضَ ـُ مُحوضة être ... *v. à l'adj.*

مَحْض non mélangé; sans mésalliance; pur; pur-sang

حَقيقة، لَبَن ~ vérité pure/vraie [*fam.*]; lait pur

لِـ~ صالِحه dans son propre intérêt; seulement pour son bien

مَحْضًا purement; simplement; exclusivement

V تَمَحَّضَ تَمَحُّضًا s'adonner/se consacrer entièrement à

5006 مَحَقَ ـَ مَحْقًا annihiler; brûler; détruire; consommer; effacer/faire disparaître (les traces de)

ماحِق brûlant; écrasant; cuisant [*pr.* et *fig.*]

هَزيمة، تَفَوُّق ~ة cuisante défaite; supériorité écrasante

يَوْم ~ الحَرّ jour brûlant

مِحاق absence de clair de lune

VII اِنْمَحَقَ اِنْمِحاقًا décroître/disparaître (lune); être brûlé/consumé; se consumer

اِمَّحَقَ اِمِّحاقًا *même sens*

اِنْمِحاق disparition; effacement; *astron.* absence de Lune

5007 مَحِكَ ← III مُماحِك

III ماحَكَ مُماحَكة chicaner; ergoter; couper les cheveux en quatre; palabrer; pinailler [*fam.*]; chercher querelle; quereller

مُماحَكَة chicane; chicanerie; ergotage; palabre; pinaillage [*fam.*]; querelle

مُماحِك chicaneur; mauvais coucheur; palabreur; pinailleur [*fam.*]; querelleur

V تَمَحَّكَ تَمَحُّكًا ← III

**5008** **مَحالة** ج مَحال échafaudage; palan; poulie de transmission; grosse poulie

**5009** **مَحَلَ** َ مُحولًا être ... *v. à l'adj.*

**مَحْل**؛ مُحول disette; improductivité; infertilité; pauvreté; stérilité; intrigue; tromperie

ماحِل aride; improductif; infertile; ingrat (sol); stérile

IV **أَمْحَلَ إِمْحالًا** rendre stérile stériliser (une terre); dessécher (une vallée)

إِمْحال stérilisation dessèchement de la terre

مُمْحِل ← ماحِل

V **تَمَحَّلَ** تَمَحُّلًا ه chercher à obtenir qqch par la ruse; intriguer

~ الأَعْذار fabriquer de fausse excuses de faux prétextes

VI مُتَماحِل qui n'en finit pas (désert)

**5010** **مَحَنَ** َ مَحْنًا ← VIII

**مِحْنة** ج مِحَن affliction; épreuve; fatigue; malheur; peine; souffrance; calvaire [*fig.*]; tribulations *n.f.pl.*

~ عَصَبِيَّة épreuve pour les nerfs; chaude journée [*fig.*]; rude épreuve

VIII **اِمْتَحَنَ** اِمْتِحانًا ه، ه éprouver; tenter; examiner; mettre à l'épreuve/à l'essai; faire l'essai de; s'essayer à; faire endurer/subir des épreuves; tester

~ قُواهُ mesurer ses forces

~ مُرَشَّحًا interroger un candidat

اُمْتُحِنَ subir un examen/une épreuve/un malheur/une peine; être éprouvé

**اِمْتِحان** ج ات épreuve; essai; examen; tentation; test

~ شَفَهِيّ épreuve/examen oral(e)

~ كِتابِيّ épreuve/examen écrit(e)

~ القُوَى épreuve de force

مُمْتَحِن examinateur

مُمْتَحَن éprouvé; essayé; examiné; testé

**5011** **مَحا** ُ مَحْوًا ه abolir; faire disparaître; effacer; éliminer; essuyer; extirper; passer l'éponge sur; gratter (pour enlever); gommer; rayer; résorber

**مَحْو** abolition; effacement; élimination; suppression

~ الأُمِّيَّة lutte contre l'analphabétisme; alphabétisation

~ أَثَر الماضي faire table rase du passé

~ البَطالة résorption du chômage

**يُمْحَى** délébile

لا ~ indélébile; ineffaçable

مَمْحُوّ effacé; aboli; éliminé; extirpé; résorbé

مِمْحاة gomme (à effacer); chiffon (à poussière)

VII اِنْمَحَى اِنْمِحاء être effacé; s'effacer; disparaître; s'estomper (souvenir); partir (tache); se résorber (chômage)

اِمَّحَى اِمِّحاء *même sens*

لَمْ **تَمَّحِ** رَعْشَتُه son tremblement n'avait pas disparu

**يُمَّحَى**؛ لا ~ ← يُمْحَى

**اِمِّحاء** effacement; disparition; résorption

~ أَثَر effacement d'une trace

~ ذَنْب effacement d'un péché

**5012** **مَحْوَرَ** ه (← حور) axer; centrer

**5013** **مُخّ** ج مِخاخ cerveau; cervelle; moelle; la meilleure partie de qqch

أَذابَ عُصارة ~ ه se creuser la cervelle

~ البَعوضة le fin du fin (*m. à m.* moelle de moucheron)

كَلَّفَه ~ البَعوضة *prov.* demander la lune

**مُخِّيّ** cérébral; médullaire

~ شَوْكِيّ cérébro-spinal

مُخَيْخ cervelet

مُخَيْخِيّ cérébelleux

V تَمَخَّخَ تَمَخُّخًا ه sucer la moelle de l'os; *fig.* extraire sucer la moelle de

**5014** **مَخَرَ** َ مُخورًا ه fendre les eaux

~ العُباب sillonner la mer

مَخْر، مُخور — sillage d'un navire

يَمْخُور ج يَماخير — *ins.* faux bourdon

ماخور — *v. ordre alphab.*

**5015 مَخِضَ** ـَ مَخاضًا — éprouver les premières douleurs (femme en couches); *v. aussi 5016*

مَخاض — douleurs de l'enfantement; parturition

ماخِض — femme dans les douleurs/en couches; parturiente

V **تَمَخَّضَ** تَمَخُّضًا عَنْ — aboutir à; s'achever en; accoucher de/couver [*fig.*]; déboucher sur; se terminer en; se traduire par

~تِ اللَّيْلة عَن صَباح سُوء — la nuit s'achève sur un matin lugubre

**5016 مَخَضَ** ـَ مَخْضًا ه، ه — battre; baratter le lait; *fig.* agiter/secouer en tous sens; *v. aussi 5015*

**مَخْض** — barattage

~ الماء لَيْسَ له إِتاء — *prov.* donner des coups d'épée dans l'eau (*m. à m.* à battre de l'eau on ne fait pas de beurre)

مَخيض — babeurre

مِمْخَضة ج مَماخِض — baratte

V تَمَخَّضَ تَمَخُّضًا — être agité/secoué dans tous les sens

**5017 مَخَطَ** ـُ مَخْطًا، مُخوطًا ← V

**مُخاط** — glaire; morve; mucosité; mucus; sécrétion

~ الشَّيْطان — fils de la Vierge

~ الشَّمْس — *même sens*

**مُخاطيّ** — glaireux; morveux; muqueux

غِشاء ~ — muqueuse *n.f.*

II مَخَّطَ تَمْخيطًا — moucher

V تَمَخَّطَ تَمَخُّطًا — se moucher

**5018 مَخْطَرَ** — se dandiner; se déhancher; se tortiller en marchant; agiter la croupe

II تَمَخْطَرَ في مِشْيَته ← مَخْطَرَ

**5019 مَخَلَ** ـُ مَخْلًا ه — lever (grâce à un levier)

مُخْل ج أَمْخال، مُخول — levier; barre à mine

**5020 مَدَّ** ـُ مَدًّا ه — allonger/avancer *tr.*; déplier; déployer; développer; étaler; étendre; étirer; élonger; tendre; prolonger; s'allonger; être long; s'étendre; s'élever/monter (niveau de l'eau); *v. aussi 5021*

~ ه بِـ ه — fournir/tendre qqch à qqn; approvisionner/fournir/aider qqn en qqch

~ يَدَه — avancer/tendre la main

~ سَجّادة — étaler/étendre un tapis

~ سَيْطَرَتَه — étendre son influence

~ ذِراعَيْه — allonger/tendre les bras

~ جِسْمَه، حَبْلاً — s'étirer; tirer une corde

~ أَجَلًا — accorder un délai; proroger une échéance

~ جُذورًا عَميقة — jeter/lancer de profondes racines

~ أَنابيب — poser/installer des canalisations

~ البَصَر إلى — tourner les yeux vers; regarder en direction de

~ السُّفْرة — mettre/dresser la table; poser une nappe

~ أَسْلاكًا — dérouler/poser/installer des fils

~ فُتوحاتِه إلى — pousser ses conquêtes jusqu'à

~ نَشاطه إلى — étendre son activité à

~ ه بالعَتاد — fournir du matériel de guerre à qqn

~ ه بِحاجاتِه مِن الماء — fournir à qqn l'eau dont il a besoin

~ لِـ ه يَد العَوْن — prêter main-forte à; tendre une main secourable à

~ رِجْلَه قَدْرَ كِسائِه، لِحافِه — *prov.* s'adapter aux circonstances; trouver chaussure à son pied

**مَدّ** — allongement; déploiement; développement; déroulement; étalement; étirement; extension; flux; fourniture (en); installation; pose; prolongation; prorogation; assistance; soutien

~ خَطّ الأَنابيب — extension du réseau des canalisations

~ سِلْك التِلِيفون — installation/pose d'une ligne téléphonique

~ المَصانِع بِحاجاتها مِن المِياه — la fourniture aux usines de l'eau dont elles ont besoin

ما قَدَّمَهُ مِن ~ وعَطاء — le soutien qu'il a apporté

يُواصِل ~ ه بِالعَتاد — il continue à le fournir en matériel

حُروف الـ~ — *ling.* voyelles longues

~ البَحْر haute mer ; marée haute

بَلَغَ الـ~ أَقْصاه la mer est pleine

الـ~ والجَزْر marée ; flux et reflux

بَيْن الـ~ والجَزْر pris entre deux feux ; tirer à hue et à dia

~ البَصَر؛ على ~ النَظَر portée de la vue ; à perte de vue

قابِل لِلـ~ extensible

**مَدّة** *« madda »* (signe placé au-dessus d'un *« alif »* et correspondant à l'allongement d'un *« ā »* voyelle de *« hamza »*)

**قُدْرة مَدِّيّة** coefficient de marée

**مُدّ ج أَمْداد** mesure (de grains)

**مُدّة ج مُدَد** délai ; durée ; espace/laps de temps ; moment ; période ; temps

لِـ، في الـ~ مِنْ ... الى pour la période du ... au

~ طَويلة مِن الزمان longue période de temps

لِـ~ طَويلة؛ مُدّةً طَويلةً pour longtemps ; longtemps

في ~ ه au cours de ; pendant ; durant

في نَفْسِ الـ~ pendant la même période ; en même temps

لِـ~ ساعَتَيْن pendant/pour deux heures

**مَدَد ج أَمْداد** assistance ; renfort ; secours ; soutien

~ جَديد troupes fraîches

إنّه ~ مِن c'est une émanation de

أَمْداد، إمْدادات fournitures ; ressources ; renforts

**مادّة ج مَوادّ** *v. ordre alphab.*

مَدود expansible ; extensible

**مَديد** ← مَمْدود

~ القَدّ، القامة grand ; long ; de haute taille/stature

زمان ~ long moment ; longue période

**مَمْدود** allongé ; étendu ; étalé ; déployé ; étiré

سِماط ~ على الأرْض nappe étalée sur le sol

**مَمْدوديّة** expansibilité ; extensibilité

II **مَدَّدَ تَمْديدًا** ه، ه allonger ; coucher ; étendre qqn ; détendre ; dilater ; distendre ; faire durer ; donner de l'extension à ; étirer ; prolonger ; proroger ; rallonger

~ جَريحًا allonger étendre un blessé

~ جَلْسة allonger prolonger une séance

~ نَبَضًا détendre distendre un ressort

~ فَتْرة راحة faire durer une période de repos

~ جِلْدًا، مَعْدِنًا étirer une peau, un métal

~ مُعاهَدة proroger un traité

**تَمْديد** détente ; dilatation ; étirage (des peaux) ; prolongation ; prorogation ; rallongement

~ الوَقْت prolongation [*sport.*]

~ ولاية ه prolongation prorogation du mandat (présidentiel)

مُمَدِّد dilatateur ; extenseur (muscle)

مُمَدَّد ← مَمْدود

IV **أَمَدَّ إمْدادًا** ه بِـ ه approvisionner ; fournir ; alimenter (une machine) ; munir ; offrir ; procurer ; porter secours à ; secourir

~ه بِمَبْلَغ مِن المال fournir à qqn une somme d'argent ; subventionner

~ه بِأَمْتِعة approvisionner

~ بِقُروض دون فائِدة offrir des prêts sans intérêt

~ه بِالإعانة، بِيَد المُساعَدة prêter assistance à ; apporter son soutien à

**إمْداد** ج ات alimentation (d'un moteur) ; renfort ; approvisionnement ; fourniture

يَسْتَمِرّ ~ه بِالبِتْرول le pétrole continuera à lui être fourni

V **تَمَدَّدَ تَمَدُّدًا** s'allonger ; se coucher ; s'étendre ; s'étirer ; se détendre ; se distendre ; se dilater

~ على سَريره s'allonger se coucher s'étendre sur son lit

~ على ظَهْره se coucher sur le dos

**تَمَدُّد** détente/dilatation (d'un gaz) ; distension ; expansion ; extension ; tension (d'un ressort)

قابِل الـ~ dilatable ; expansible ; extensible

قابِلِيّة الـ~ expansibilité ; extensibilité

**تَمَدُّدِيّ**؛ إسْمَنت ~ expansif (ciment)

مُتَمَدِّد allongé ; couché ; étendu (sur un lit)

VIII **اِمْتَدَّ اِمْتِدادًا** إلى s'allonger (chose) ; se communiquer à ; concerner ; se dérouler ; s'étaler ; s'étendre à/jusqu'à ; envahir ; gagner du terrain ; se prolonger ; se propager ; se tendre

~ت الأَيدي إلى الصَحْن les mains se tendirent vers le plat

~ت الحَريق إلى الدار l'incendie se communiqua à la maison

~ت المُشْكِلة إلى ه، ه le problème concerne

امْتِداد allongement; déploiement; envahissement; étendue; extension; prolongement; prolongation; prorogation

~ الأَجَل longévité

امْتِداديّة extensibilité

مُمْتَدّ allongé; déployé; étendu; prolongé; envahissant

X اِسْتَمَدَّ اِسْتِمْدادًا ه مِن emprunter; tirer; extraire; puiser dans; chercher son inspiration dans; s'inspirer de; recevoir

~ قُوَّته من tirer sa force de

~ جُرْأَته من puiser son courage dans

~ دَليلًا من tirer argument de

~ نُورًا recevoir de la lumière; emprunter sa lumière à

مُسْتَمَدّ مِن inspiré de; emprunté à; puisé dans; tiré de

الدَخْل الـ~ من الصادِرات le revenu tiré des exportations

**5021** مَدَّ ـُ مِدادًا مِن ه tremper sa plume dans (l'encrier); *v. aussi 5020*

مِداد encre; huile (de lampe)

على ~ه à sa manière/sa façon

**5022** مِدالية ج ات médaille

مُدام، مُدامة ← دوم

**5023** مَدَحَ ـَ مَدْحًا ه، ه complimenter; louer; célébrer; chanter (les louanges de); faire l'éloge/le panégyrique; glorifier; louanger [*litt.*]; prôner; vanter

~ الأَبْطال chanter/glorifier les héros

مَدْح compliment; célébration; éloge; eulogie; louange; panégyrique

يَسْتَحِقُّ الـ~ louable

مَدْحيّ élogieux; laudatif

مادِح louangeur [*litt.*]; panégyriste; chanteur de louanges

مَمْدوح célébré; complimenté; comblé d'éloges; loué; chanté (héros)

مَديح ج مَدائِح éloge; louange; compliment; panégyrique

اِسْتَجْدَى المَدائِح quêter/rechercher les louanges

مَديحيّ laudatif; de louange (poème)

VIII اِمْتَدَحَ اِمْتِداحًا ه ← مَدَحَ

**5024** مِدْخة، مَديخ polypier [*zool.*]; polype

**5025** مَدَر boue sèche

أَهْل الـ~ *hist. isl.* arabes sédentarisés; populations sédentaires

مَدَرة ج مَدَر motte/brique de boue séchée

مُدَراء ← مُدير (دور IV)

**5026** مَدْرَسَ (← درس) scolariser

مَدْرَسة scolarisation

**5027** مَدينة ج مُدُن cité; ville

~ جامِعيّة، عُمّاليّة cité universitaire, ouvrière

الـ~ المُقَدَّسة la Ville sainte

~ السَلام *surnom de Bagdad ou de Jérusalem*: la ville du Salut

الـ~ المُنَوَّرة؛ ~ النَبيّ *surnoms de Médine*

اِبْنُ الـ~ enfant de la ville; qui connaît bien la ville

~ أُخْطَبوطيّة ville tentaculaire

المُدُن الكُبْرَى grandes cités

سُكّان الـ~ population urbaine

مَدينيّ؛ مُدُنيّ urbain

مَدَنيّ civil; laïc; séculier; citadin; urbain

مَسْؤُوليّة، حَياة ~ة responsabilité, vie civile

الشَرْع، القانون الـ~ droit civil

الخِدْمة الـ~ة fonction publique; service civil

شَخْص، لِباس ~ personne, vêtement civil(e)

المَدَنِيّون citadins; population civile/urbaine/citadine

مَدَنيّة civilisation

ـيْدان ج مَيادين — *v. ordre alphab.*

II **مَدَّنَ** تَمْدينًا ه، ه — civiliser; dégrossir; humaniser; policer; créer/fonder des cités; urbaniser

تَمْدين — civilisation; humanisation; urbanisation; urbanisme

**تَمْدينيّ**؛ مُهِمَّة ~ة — civilisateur; mission civilisatrice

V تَمَدَّنَ تَمَدُّنًا — se civiliser; se dégrossir; se policer; s'humaniser; se fixer dans les villes (population); s'urbaniser

تَمَدْيَنَ تَمَدْيُنًا — *même sens*

تَمَدُّن — civilisation; urbanisation; vie dans les villes

مُتَمَدِّن — civilisé; éduqué; humanisé; policé; raffiné; urbanisé

**5028** **مَدوس**؛ مَدوسة — méduse

**5029** **مَدًى** — ampleur; degré; envergure; espace; étendue; latitude; mesure; quantité; importance; limite; portée; terme; intervalle; écart; *prép.* durant; pendant; tout le long de/le temps que; aussi longtemps que

بَلَغَ ~ ه — atteindre à; aller/arriver jusqu'à

~ انْخِفاض — ampleur d'une dévaluation

~ الأَضْرار — ampleur/étendue des dégâts

~ حَيَويّ — espace vital

~ عَمَل، حِين — rayon d'action; l'espace d'un instant

~ الحَياة، الدَهْر — toute la vie; toujours; à jamais

~ الحَياة وإلى المَمات — à la vie, à la mort

على ~ كَذا — dans un rayon/à une distance de

~ صَوْت — clavier/ampleur d'une voix

على ~ الصَوْت، البَصَر — à portée de voix; à perte de vue

بَعيد، طَويل الـ ~ — de grande envergure; à long rayon d'action

إلى، على ~ بَعيد، واسِع — au loin; dans une large mesure

بُنْدُقيّة بَعيدة الـ ~ — fusil à longue portée

على ~ الأَيّام — au fil des jours; avec le temps

III مادَى مُماداةً ه — donner un délai/un répit à

VI **تَمادَى** تَمادِيًا — être très long; durer longtemps; se prolonger; traîner en longueur

~ في — continuer à/dans; persévérer; persister; se complaire dans

~ في غَيِّه — persévérer dans son égarement

مع. على **التَمادي** — à la longue; au bout du compte

**5030** **مُدْية** ج مُدًى — couteau; poignard

**5031** **مُذْ** (← مُنْذُ) — dès; depuis

**5032** **مَذِرَ** َ مَذَرًا — pourrir/se gâter (œuf)

شَذَرَ **مَذَرَ**، شِذْرَ **مِذْرَ** — de tous côtés; dans tous les sens; sens dessus dessous

مَذِر — pourri (œuf)

V تَمَذَّرَ ← مَذِرَ

**5033** **مَذَقَ** ُ مَذْقًا — couper/mêler d'eau (lait, vin)

III ماذَقَ مُماذَقَةً — cacher (ses sentiments)

مُماذَقة — fausseté; fourberie; hypocrisie; insincérité [*litt.*]

مُماذِق — faux; fourbe; hypocrite; insincère [*litt.*]; intéressé [*fig.*]

**5034** **مَذْهَب** ← ذَهَبَ

II تَمَذْهَبَ تَمَذْهُبًا — adopter/embrasser (une doctrine, une religion)

**5035** **مَرَّ** ُ مَرارةً — être/devenir amer; *v. aussi 5036*

**مَرارة** ج ات. مَرائِر — aigreur [*fig.*]; goût amer; amertume; fiel; *anat.* vésicule biliaire

مَلأَ نَفْسَه ~ — se remplir d'amertume

بـ ~ — amèrement; aigrement

**مَرّ** ج أَمْرار. مُرور — bêche; manche de bêche

مِرّة ج مِرَر — bile

**مِرّيّ**؛ حَصاة ~ة — biliaire; calcul biliaire

**مُرّ** — amer; aigre [*fig.*]; fielleux; désagréable; triste; *bot.* myrrhe

~ الصَحْراء — *bot.* coloquinte

ذاقَ الـ ~ — éprouver/ressentir une grande amertume; subir des avanies/des brimades

مُرَّة — amertume; *fig.* accident fâcheux; événement désagréable

المُرَّتانِ ← الأَمَرّانِ

مُرار — *bot.* centaurée

مُرَّيْر — *bot.* scorsonère; souchet

مَرِير ج مَرائِر — amer; cuisant [*fig.*]; fort; ferme; constant; inébranlable; robuste; solide

خَيْبة، هَزِيمة ~ة — amère déception; défaite cuisante

أَمَرّ — plus amer

الأَمَرَّانِ — la vieillesse et la misère (*m. à m.* les deux choses les plus amères)

لَقِيَ مِنْه الأَمَرَّيْنِ — endurer/subir les pires tourments du fait de

مَرِيرة ج مَرائِر — constance; détermination; fermeté; force; résolution; ténacité; vigueur

II مَرَّرَ تَمْرِيرًا ه — rendre amer

IV أَمَرَّ إِمْرارًا ه — être/rendre amer

ما ~هُ — comme/que c'est amer!

**5036** مَرَّ ـُ مُرورًا — s'en aller; circuler; s'écouler; s'éloigner; franchir; passer; transiter; *v. aussi 5035*

~ بِـ ه، ه — passer à côté/le long de/par; arriver à qqn; survenir

~ (زَمَن) على ه — être passé (temps) depuis

~ت السِنون على ه — les années ont passé/il s'est passé des années depuis

~ت السِنون على ه — vieillir; avoir pris de l'âge; avoir des années de plus

~ مَرَّ البَرْقِ — passer/filer comme l'éclair

~ ذِكْره — on a déjà parlé/fait état de/mentionné

~ بِشارِع — passer par une rue

~ بِمَرْحَلة — franchir une étape

~ بِتَطَوُّرات جِذْرِيّة — passer par des transformations radicales

~ بِسَلام — avoir une heureuse issue; arriver sans encombre

~ بِنا أَنْ قُلْنا — il nous est déjà arrivé de dire que

~ سَرِيعًا بِـ ه — passer rapidement sur

~ زَمان طَويل على ه — un long moment a passé depuis

مُرور — circulation; cours; passage; transit

شُرْطة، رَجُل الـ~ — police, agent de la circulation

إِصْلاح، حال الـ~ — amélioration, état de la circulation

رُخْصة، إِجازة ~ — laissez-passer; autorisation de circuler

مَمْنوع الـ~ — passage interdit; interdit à la circulation

وَقْت، تَذْكِرة ~ — heure, billet de passage

حَقّ، اِرْتِفاق ~ — droit, servitude de passage

بِمُناسَبة ~ خَمْسِ سَنَوات — à l'occasion du cinquième anniversaire

مُرورًا بِـ — en passant par; via

مَرّ — cours; déroulement; écoulement; procès; processus; passage; site; succession

على ~ الأَيّام، السِنين — au fil des jours, des ans

على ~ الزَمان — avec le temps

مَرَّة ج ات، مِرار — fois; reprise

كُلّ ~ — à chaque fois/reprise

لِأَوَّل ~ — la première fois

مِن أَوَّل ~ — du premier jet/coup

لِلْـ~ الأُولَى، الأَخيرة — pour la première, la dernière fois

لِآخِر ~ — une fois pour toutes; pour la dernière fois

~ أُخْرَى — une autre/nouvelle fois; encore une fois

غَيْر ~ — à maintes reprises; plus d'une fois

أَكْثَر مِن ~ — *même sens*

كَمْ ~ — *exclam.* que de fois!; *interr.* combien de fois?

ذاتَ ~ — une fois; il était une fois

في الـ~ الواحِدة — en une seule fois; tout d'un coup

لا ~ واحِدة — pas une seule fois

ما كُلّ ~ تَسْلَم الجَرّة — *prov.* tant va la cruche à l'eau qu'à la fin elle se casse

بالـ~ — *en phrase affirmative*: définitivement; absolument; une fois pour toutes; *en phrase négative*: absolument pas; nullement; point du tout

مَرَّةً، ~ ما — une fois; il était une fois

~ أُخْرى — encore

مَرَّتَيْن — deux fois

بَعْضُ مَرّاتٍ — quelquefois; parfois

عِدَّةَ ~ — plusieurs fois; souvent; à plusieurs reprises

مِرارًا — souvent; bien des fois; maintes fois; à maintes reprises

~ عَديدةً — *même sens*

5037 **مَرْء، اِمْرُؤ** ج رجال — être *n.m.*; homme; humain *n.m.*; on
يَحْتار الـ~ مِنْ أَيْنَ يَبْدَأ — on ne sait pas par où commencer
يَسْتَطيع الـ~ أن — on peut; il est possible
اِمْرَأة (المَرْأة) ج نِساء، نِسْوة — dame; femme
مُرُوءة، مُروّة — caractère mâle/viril; mâle énergie; esprit chevaleresque; virilité
**مَريء** — bon; facile à digérer; salubre; sain; mâle *adj.*; viril
~ ج مُروء، أَمْرِئة — œsophage
مَريئًا هَنيئًا — à votre santé! grand bien vous fasse
**مَرْأى**، II تَمَرْأى (← رأى) — se mirer; se regarder dans un miroir

5038 **مَرْج** ج مُروج — herbage; pelouse; prairie; pré
~ وهَرْج — confusion; désarroi; désordre; remue-ménage; tumulte
مَرْجة ج ات — marécage

5039 **مَرْجان**، ~ مُتَشَعِّب — madrépores *n.m.pl.*; corail
~ مُذَهَّب — *poiss.* daurade
**مَرْجانِيّ** — corallien; corallin; madréporien; madréporique
جَزيرة ~ة — atoll
مَرْجانيّة — *zool.* serpent corail; *bot.*, *minér.* coralline *n.f.*
مَرْجانيّات — coralliaires *n.m.pl.*

5040 **مَرْجَحَ** (← رجح) — balancer; osciller
مَرْجوحة — escarpolette; balançoire
II تَمَرْجَحَ ← مَرْجَحَ

5041 **مَرِحَ** َ مَرَحًا — badiner; s'ébattre; exulter; folâtrer; plaisanter; se réjouir; être ... *v. à l'adj.*
لا تَمْرَحْ بِعِرْضِك، بِمالِك — on ne badine pas avec l'honneur, l'argent
**مَرَح** — alacrité; enjouement; effronterie; euphorie; gaieté; jovialité; impudence; insolence; pétulance; vivacité (de la parole)
عاوَدَه ~ ه — retrouver sa gaieté; redevenir euphorique
مَرِح ج مَرْحَى — enjoué; bon vivant; euphorique; gai; jovial; pétulant; fringant [*litt.*]; guilleret; joyeux; prompt; vif
مَرْحَى — bravo! bien! très bien!

**مارّ** — allant; passant; traversant
~ ج ون، ة — passant; piéton; promeneur
شارِع كَثير المارّة — rue passante
مَرير، مَريرة ← 5035
**مَمَرّ** ج ات — allée; corridor; couloir; galerie; passage; promenoir; lieu de passage; *géogr.* col; défilé; passe; *techn.* cannelure
~ مُسَمَّر، نَفَقيّ — passage clouté, souterrain
~ على مُسْتَوًى واحِد — passage à niveau
~ جَوِّيّ، عَرَبة — couloir aérien, d'un wagon
~ نَهْر — parcours/fil d'une rivière
على ~ الأيّام — au fil des jours
II مَرَّرَ تَمْريرًا ه — passer *tr.*; faire passer; faire une passe [*sport.*]
تَمْريرة — passe [*sport.*]
IV **أَمَرَّ** إمْرارًا ه، ه — faire passer qqn par; passer/promener *tr.*
~ يَدَه، أَصابِعه على — promener/passer sa main, ses doigts sur
~ نَظَره على — promener son regard sur
X **اِسْتَمَرَّ** اِسْتِمْرارًا — demeurer; continuer; durer; faire un long/un bon usage; persister; poursuivre; se poursuivre; tenir *intr.* [*fig.*]
~ صامِتًا — demeurer/rester silencieux
**اِسْتِمْرار** — continuation; continuité; constance; pérennité; permanence; poursuite; persistance
بِـ~ — continuellement; constamment; régulièrement
قابِل لِلْـ~ — viable (entreprise)
عَدَم ~ — discontinuité
**مُسْتَمِرّ** — constant; continu; continuel; chronique *adj.*; incessant; ininterrompu; permanent; persistant; régulier
بَطالة ~ة — chômage endémique
تَيّار، عَرْض ~ — courant continu; spectacle permanent
بِشَكْل ~ — de façon continue/continuelle
عَمَل ~ — travail régulier/ininterrompu
عادات ~ة — longues/vieilles habitudes
غَيْر ~ — discontinu; irrégulier

II مَرَّحَ تَمْرِيحًا دِهانًا étaler/passer une pommade; oindre; pommader; frotter à l'aide d'un onguent

5042 **مَرْحَبَ** ه (← رحب) souhaiter la bienvenue à qqn

5043 **مَرَخَ** ـَ مَرْخًا ه oindre; pommader

مِرِّيخ؛ مِرِّيخيّ Mars [*astron.*]; martien

مَروخ ج أَمْرِخة liniment; onguent; pommade

5044 **مَرِدَ** ـَ مَرَدًا être ... *v. à l'adj.*; n'avoir que du duvet

**أَمْرَدُ** م مَرْداء ج مُرْد، مُرْدان éphèbe; glabre; imberbe

غُصْن ~ branche dépouillée de ses feuilles

ذَقَن، وَجْه ~ menton, visage imberbe

المُرْدان *hist.* mignons [*iron.*, *péjor.*]

II مَرَّدَ تَمْرِيدًا ه dépouiller (une branche) de ses feuilles; passer un enduit/poser un revêtement sur un mur

تِمْراد ج تَماريد colombier; nid; pigeonnier

5045 **مَرَدَ** ـُ مُرودًا être audacieux/hardi; s'attaquer à

مُرْديّ ج مَراديّ gaffe [*mar.*]

**مارِد** ج مُرّاد، مَرَدة démon; géant *adj.*, *n.*; mastodonte [*fam.*]; monstre; mauvais génie; rebelle; titan; très élevé/haut (édifice); gigantesque

~ من الحديد monstre de fer

مَريد ج مُرَداء ← V مُتَمَرِّد

V **تَمَرَّدَ** تَمَرُّدًا على se rebeller; se rebiffer [*fam.*]; être indocile; s'insurger; se mutiner; se révolter; se soulever; secouer le joug

~ على الأوامِر désobéir aux ordres; refuser d'obéir

**تَمَرُّد** insubordination; insurrection; indocilité; mutinerie; levée de boucliers; insoumission; désobéissance; rébellion; révolte; sédition; soulèvement

~ على الأوامِر refus d'obéissance

حَرَّضَ على الـ~ pousser à la révolte

تَمَرُّديّ insurrectionnel

**مُتَمَرِّد** ج ون désobéissant; indocile; insoumis; insubordonné; insurgé; mutin *n.m.*; réfractaire; rebelle; récalcitrant; révolté; séditieux; soulevé contre

5046 **مَرْدَقوش** marjolaine

5047 **مَرَزَ** ـُ مَرْزًا ه pincer du bout des doigts

مُرْزة *ois.* busard

مَرْزة petit(e) morceau/partie de qqch

5048 **مَرَسَ** ـُ مُرْسًا imbiber; macérer *tr.*; tremper (du pain)

~ ـِ مُروسًا (حَبْل) sortir de la gorge d'une poulie (corde); *fig.* aller mal (affaire)

~تْ حِبالُهُ ses affaires vont mal

مَرَسة ج مَرَس، أَمْراس bride; cable; cordage; corde; cordeau; cordon; licou

**مِراس**؛ مَراسة énergie; force; solidité; vigueur

سَهْل الـ~ complaisant; docile; facile/maniable (personne)

سُهولة الـ~ complaisance; docilité; douceur; facilité de caractère

صَعْب، شَديد الـ~ difficile (de caractère); indocile; intraitable; intransigeant; obstiné; récalcitrant; terrible (enfant)

صُعوبة، شِدّة الـ~ indocilité; intransigeance; obstination

II **مَرَّسَ** تَمْرِيسًا ه aguerrir; endurcir qqn

~تْه الأَيّام la vie l'a endurci; s'aguerrir

III **مارَسَ** مُمارَسةً ه professer; remplir (une fonction)

~ وَظيفة، مِهْنة avoir/exercer une profession, un métier

~ حَقًّا، نُفوذًا exercer un droit, une influence

~ رَقابة exercer un contrôle/une surveillance

~ السُّلْطة exercer le pouvoir/le commandement; commander

~ الأَمْرَ بِنَفْسه mettre la main à la pâte

~ أُسْلوبًا pratiquer/mettre en pratique une méthode

~ الأَلْعاب الرِياضيّة pratiquer le sport; faire du sport

~ التِجارة faire du commerce; exercer une activité commerciale

~ الإِرْهاب pratiquer la terreur

~ ضَغْطًا exercer une pression

~ شَعائِر دِينِه pratiquer (sa religion)

~ دَوْرَه — remplir son rôle/sa fonction

**مُمارَسة** — application ; exercice (d'un métier) ; exécution ; expérience ; pratique *n.f.*

~ فَنّ، الرِياضة — pratique d'un art, du sport

~ حَقّ، سُلْطة — exercice d'un droit, d'une autorité

بالـ~ تُكْتَسَب المَهارة — *prov.* c'est en forgeant qu'on devient forgeron

**مُمارِس** — pratiquant ; en exercice

~ شَعائِر دينه — pratiquant/qui pratique (sa religion)

طَبيب ~ — médecin praticien

V **تَمَرَّسَ** تَمَرُّسًا بـ، على ه — être habitué à ; s'habituer à ; se faire la main sur ; se frotter à qqch [*litt.*]

~ بالفَقْر — être à l'école de la pauvreté

~ بالأعْمال — se rompre aux affaires

~ بـ ه — s'en prendre à qqn ; prendre à partie

**مُتَمَرِّس** — chevronné ; rompu à ; praticien ; à l'école de

**5049** **مَرِضَ** ـَ مَرَضًا — prendre mal ; devenir/être malade

**مَرَض** ج أَمْراض — affection ; mal *n.m.* ; maladie ; malaise

~ عَصَبيّ، عُضال — maladie nerveuse, incurable

~ مُزمِن — maladie chronique

~ مُسْتَوطِن — maladie endémique

~ مُعْدٍ، باطِنيّ — maladie contagieuse, interne

~ زُهَريّ — maladie vénérienne

~ عَقْليّ — maladie mentale

~ نَفْسيّ، نَفْسانيّ — psychopathie ; psychose

~ جِلْديّ — maladie de peau ; dermatose

عِلْم **الأمْراض** الجِلْدِيّة — dermatologie

عِلْم الـ~ النَفْسيّة، العَقْليّة — psychopathologie

~ الجِهاز العَصَبيّ — affections/maladies du système nerveux

**مَرَضيّ** — maladif ; morbide ; pathologique

فُضول ~ — curiosité maladive

عِلْم النَفْس الـ~ — psychopathologie

**مَريض** ج مَرْضَى — affaibli ; faible ; languissant ; malade *adj., n.*

~ عَقْليّ، نَفْسيّ — malade mental ; psychopathe

II مَرَّضَ تَمْريضًا ه — donner des soins ; soigner (un malade) ; faire profession d'infirmier

تَمْريض — soins (donnés à un malade) ; profession d'infirmier

**مُمَرِّض** ج ون — infirmier ; garde-malade

راهِبة ~ة — sœur hospitalière

مُمَرِّضة ج ات — infirmière ; garde-malade

IV أَمْرَضَ إِمْراضًا ه — rendre malade ; transmettre une maladie

إِمْراض؛ إِمْراضيّ — pathogénie ; pathogénique

مُمْرِض — pathogène

V تَمَرَّضَ تَمَرُّضًا — languir ; faiblir ; être ... *v. à l'adj.*

مُتَمَرِّض — languissant ; maladif ; malingre

VI تَمارَضَ تَمارُضًا — simuler une maladie/un malaise

مُتَمارِض — simulateur (d'une maladie)

**5050** **مَرَطَ** ـُ مَرْطًا — arracher le poil ; épiler

مَرْط — épilation

أَمْرَط م مَرْطاء ج مُرْط — glabre ; qui a perdu son poil

**5051** **مَرَعَ** ـَ مَرْعًا، مَرَعًا — pommader ; oindre

مَرْع ج أَمْراع، أَمْرُع — fourrage ; pâturage

مَريع — fertile (vallée) ; généreux (homme)

**5052** **مَرَغَ** ـَ مَرْغًا — paître

مِمْرَغة — cæcum

**مِمْرَغيّ** — cæcal

غِشاء ~ — baudruche

II مَرَّغَ تَمْريغًا ه، ه — pommader ; faire se rouler un animal dans la terre

V **تَمَرَّغَ** تَمَرُّغًا — se pommader ; se parfumer

~ في أَمْر — hésiter ; être hésitant

~ في التُراب — se rouler/se vautrer dans la terre

~ في النَعيم — jouir du bien-être

**5053** **مُرْفين** — morphine

5054 مَرَق؛ مَرَقة bouillon gras; sauce

مُرَيْق *zool.* murex

5055 مَرَقَ ـُ مُروقًا ه darder/lancer (une flèche); détaler; entraîner; passer rapidement

~ مِن دينه apostasier; dévier; s'écarter (de l'orthodoxie); renier sa/renoncer à sa foi

~ مِن رَمِيَّة percer/transpercer/traverser de part en part une cible (balle, flèche)

~ السَهْم *fig.* épuiser le sujet

مُروق apostasie [*péjor.*]; déviation; défection; désertion; reniement

~ مِن الوَطَنِيَّة indignité nationale; déchéance de la nationalité

مارِق bref/court/éphémère/fugitif (moment)

~ ج مُرّاق apostat; déserteur; hérétique; renégat

5056 مَرْكَزَ مَرْكَزة centrer; concentrer; consolider ses positions

II تَمَرْكَزَ تَمَرْكُزًا s'établir; se concentrer; s'implanter; s'installer; se poster; siéger

~ الوَجَع في la douleur siège dans

~ العَدُوّ على الحُدود l'ennemi s'est établi à la frontière

تَمَرْكُز consolidation (d'une position); concentration (des troupes); implantation; installation; localisation

مُتَمَرْكِز concentrique; implanté

5057 مُرّاكُشيّ de Marrakech; du Maroc; marocain

5058 مَرْمَر albâtre; marbre

مَعْجون ~ stuc

مَرْمَريّ marmoréen; d'albâtre

~ ج ون marbrier *n.m.*

مَرْمارة ج مَرامير femme aux chairs tremblantes

5059 مَرْموزة *bot.* calcéolaire

5060 مَرَنَ ـِ مُرونًا، مَرانة s'accoutumer; se faire à; s'habituer; s'endurcir; être ... *v. à l'adj.*

مِران accoutumance; expérience; habitude

مُرونة agilité; ductilité; élasticité; flexibilité; liant *n.m.*; malléabilité; maniabilité; plasticité; souplesse

مَرِن adroit; agile; ductile; flexible; élastique; liant *adj.*; malléable; maniable; plastique *adj.*; souple

مُرّان *coll.* frêne; hêtre

II مَرَّنَ تَمْرينًا ه accoutumer; aguerrir; éduquer; entraîner; exercer qqn; habituer; rééduquer

~ صَوْته cultiver sa voix

~ ه على ه entraîner/exercer qqn à qqch

تَمْرين ج ات، تَمارين entraînement; exercice; devoir (scolaire); éducation; rééducation

تَحْت الـ~ en apprentissage

~ روحيّ exercice spirituel

تَمْرينات رِياضيّة mouvements de gymnastique

~، تَمارين عَسْكَرِيّة *mil.* manœuvres

مُمَرِّن ج ون entraîneur; instructeur

مُمَرَّن ← مُتَمَرِّن

V تَمَرَّنَ تَمَرُّنًا على ه s'aguerrir; s'entraîner; s'exercer; faire l'exercice (soldat); se faire la main; faire l'apprentissage de

~ على قِطْعة موسيقيّة étudier un morceau de musique

تَمَرُّن aguerrissement; apprentissage; entraînement; exercice

مُتَمَرِّن exercé; fait à; entraîné; aguerri

5061 مَرْو؛ ~ بَنَفْسَجيّ quartz; améthyste

مُروّة ← مَرْء : مُروءة

5062 لا مُرْيةَ فيه indubitable; évident; patent

مِراية ← رأى : مِرْآة

III مارَى مِراءً، مُماراة ه contester; douter de; élever des doutes sur; révoquer en doute [*class.*]

~ ه في ه disputer avec qqn au sujet de qqch [*litt.*]

لا يُماري ه مُمارٍ في ه être inégalable; ne pas avoir d'équivalent; incontesté

لا مِراءَ فيه incontestable; évident; patent

لا ~ أن il est incontestable/évident que; il ne fait aucun doute que

~ بلا — incontestablement; sans aucun doute; sans contredit

V تَمَرَّى تَمَرِّيًا (← رأى : مَرْأًى) — se mirer; se regarder dans une glace

**5063 مَرْيَم** — Marie; Myriam

مَرْيَمِيّ — marial

**بَنو مَرين** — *maroc.* Mérinides (dynastie marocaine)

ضَأْن بَني ~ — mérinos

مَرينيّ — mérinide *adj.*

**5064 مَزَّ** ـُ مَزًّا ه — sucer; suçoter [*fam.*]

مَزَّة — petite gorgée (prise pour goûter); suçotement; *cuis.* hors-d'œuvre; amuse-gueule [*fam.*]

مُزّ — acidulé; aigre-doux

V تَمَزَّزَ تَمَزُّزًا — déguster; dégustation

**5065 مَزَجَ** ـُ مَزْجًا ه بِـ — mélanger; mêler; mixer; panacher; incorporer

~ بَيْنَ (...) وبَيْنَ — confondre; emmêler

**مَزْج** — composition; incorporation; mélange; mixage; panachage

~ أَلْوان — fondu de couleurs

**مِزاج** ج أَمْزِجة — caractère; complexion; humeur; constitution; état d'esprit; naturel *n.m.*; tempérament

وافَقَ ~ ه — être du goût de

لا يُوافِق ~ه — ne pas être du goût de

ثابِت، رائِق الـ~ — d'humeur égale; de bonne humeur

مُنْحَرِف الـ~ — indisposé; mal à l'aise; malade

مُضْطَرِب الـ~ — *même sens*

سَيِّء الـ~ — de mauvaise/méchante humeur; de mauvais poil [*fam.*]

مُعَكَّر الـ~ — *même sens*

~ عَنيف، دَمَويّ — tempérament violent, sanguin

~ عَصَبيّ، سَوْداويّ — tempérament nerveux, mélancolique

~ صَفْراويّ، بَلْغَميّ — tempérament bilieux, flegmatique

مِزاجيّ — caractériel

**مَزيج**؛ مَمْزوج — composite; emmêlé; confondu; mélangé; mêlé; mixé; panaché

~ ج مُزُج — alliage; alliance; composé *n.m.*; magma; mixture

~ مَشْروبات — cocktail

III مازَجَ مِزاجًا، مُمازَجَة ه، ه — se combiner à; se mêler étroitement intimement à

VI تَمازَجَ تَمازُجًا ← VIII

VIII اِمْتَزَجَ اِمْتِزاجًا بِـ — s'amalgamer; s'emmêler; s'incorporer; fusionner; se mélanger; se mêler; être ... *v. à l'adj.*

اِمْتِزاج — amalgame; fusion; incorporation; mélange

مُمْتَزِج — amalgamé; incorporé; mélangé; mêlé

X اِسْتَمْزَجَ ه لِـ — s'introduire dans la vie de qqn; pressentir qqn; chercher à percer les sentiments de

**5066 مَزَحَ** ـَ مَزْحًا — badiner; blaguer [*fam.*]; folâtrer; se moquer; plaisanter; rigoler [*fam.*]; avoir le mot pour rire

إنَّكَ تَمْزَح — tu veux rire!

مَزْح، مَزْحة — *v. le suivant*

**مُزاح** — attrape; badinerie; boutade; drôlerie; espièglerie; jeu d'esprit/de mots; farce; facétie; galéjade; plaisanterie; rigolade [*fam.*]; *bot.*, *coll.* nèfle

على سَبيل الـ~ — pour rire

قَصَدْتَ الـ~ — tu voulais/tu veux plaisanter/rire!

**مُزاحة** ← مُزاح

الـ~ تُذْهِب المَهابة — *prov.* la plaisanterie chasse le respect

**مازِح، مَزّاح** ج ون — badin; facétieux; farceur; folâtre; folichon [*fam.*]; blagueur; bouffon; plaisantin; mutin (esprit); rigolard [*pop.*]

~ ثَقيل، خَبيث — mauvais plaisant; turlupin

III مازَحَ مُمازَحَة ه — plaisanter qqn/avec qqn

**لا تُمازِح الدَنيء فَيَجْتَرِئَ عَلَيْك**

*prov.* chantez à l'âne, il vous fera des pets; redoute l'homme de rien si tu le traites avec honneur

**لا~ الشَريف فَيَحْقِد عَلَيْك**

*prov.* ne plaisantez avec un homme de bien, il vous haïrait

**5067 مَزَرَ** ـُ مَزْرًا ه — donner à boire le «*mizr*»; remplir une outre; se mettre en colère contre; s'en prendre à

مِزْر — «*mizr*» (sorte de bière)

5068 مَزَعَ ـَ مَزْعًا carder/séparer le coton avec les doigts
مُزْعة flocon de coton; touffe de plumes
II مَزَّعَ تَمْزيعًا lacérer; lacération

5069 مَزَقَ ـِ مَزْقًا ه faire un accroc; déchirer; lacérer; tailler
~ عَضَلَته se claquer/se déchirer un muscle
مَزْق accroc; déchirure; lacération
~ عَضَلة déchirure/claquage musculaire
مِزْقة loque; lambeau
II مَزَّقَ تَمْزيقًا déchirer; dépecer; déchiqueter; mettre en lambeaux/en pièces; lacérer
~ القَلْب déchirer/crever le cœur
~ فَريسته déchiqueter/déchirer/dépecer sa proie
~ شَمْل ه mettre/tailler en pièces (armée)
~ أُذُنَيْه déchirer/rompre les oreilles
~ كُلَّ مُمَزَّق، شَرَّ تَمْزيق déchirer à belles dents
~ إرْبًا إرْبًا *pr.* et *fig.* écharper; mettre en charpie
~ كِيان ه déchirer qqn [*fig.*]; écarteler [*fig.*]
تَمْزيق déchirement; dépeçage; lacération
مُمَزِّق déchirant (cri)
مُمَزَّق déchiré; dépenaillé; loqueteux; en charpie/lambeaux; lacéré
V تَمَزَّقَ تَمَزُّقًا se déchiqueter; se déchirer; tomber en lambeaux/loques/morceaux/pièces
~ غَيْظًا crever de colère/de dépit
تَمَزُّق déchirement; déchirure; rupture

5070 مُزْن nuage qui donne de la pluie; pluie
مُزْنة nimbus; ondée; orage
رُكام مُزْنيّ cumulo-nimbus

5071 مَزِيّ distingué; élégant; ingénieux; spirituel
مَزِيّة ج مَزايا avantage; excellence; mérite; perfection; qualité; privilège; supériorité; vertu
II مَزَّى تَمْزية ه، ه louer avec exagération; porter aux nues; préférer

5072 مَسَّ ـَ مَسًّا، مَسيسًا ه caresser; frôler; effleurer; masser; palper; toucher; faire l'amour avec (une femme)
~ كُلَّ شَيْء، بِإصْبَعه toucher à tout, du doigt
~ بـ ه، ه porter atteinte à; blesser; entamer; entacher; inquiéter; frapper; nuire; causer une perte à; offenser; violer [*fig.*]
~ بِكَرامة ه porter atteinte à la dignité
~ه بِسُوء، بِأَذًى faire du mal; causer un dommage/un préjudice
~ه مَسًّا خَفيفًا causer une perte légère
~ رَأْسماله entamer son capital
~ه في صَميمه piquer au vif
~ه الشَّيْطانُ، مُسَّ avoir un accès de folie; piquer une crise
~تْ بِه الحاجة إلى être pris par un besoin pressant; se faire sentir (besoin)
لا يُمَسُّ inattaquable; intact; intangible; inviolable
مَسّ attouchement; caresse; contact; effleurement; frôlement; touche; toucher *n.m.*
~ بـ atteinte/première atteinte (d'un mal); accès; douleur; mal; offense; violation
~ من جُنون accès/brin [*fam.*]/grain de folie
عِنْدَ ~ الحاجة en cas de besoin/de nécessité; à l'occasion
مَسيس الحاجة besoin impérieux; grand besoin; nécessité
ماسّ important; impérieux [*fig.*]; pressant
حاجة ~ة besoin pressant/urgent
مَمْسوس caressé; effleuré; frôlé; offensé; palpé; palpable; tangible; *fig.* démoniaque; maniaque; dérangé [*fig.*]; possédé (par le démon)
III ماسَّ مِساسًا، مُماسّة ه، ه être ... *v. à l'adj.*; atteindre; toucher/violer qqch
مِساس contact; contiguïté; atteinte; toucher *n.m.*; violation
مِنْ غَيْر ~ بـ sans préjudice de
~ بالحُرّيّة atteinte à la liberté
عِنْدَ ~ الحاجة ← مسّ
مُماسّة contact; *math.* tangence
مُماسّ adjacent; contigu; en contact avec; tangent
مُماسّيّ tangentiel

VI تَماسَّ تَماسًّا — être contigu/tangent/en contact; se toucher

تَماسّ ← مُماسّة

نُقْطة ~ — point de contact/de tangence

**5073** مَسَحَ ـَ مَسْحًا، مُسوحًا ه — badigeonner; cirer; essuyer; frictionner; frotter; oindre; palper; passer la main sur; tamponner (un liquide); toucher

~ يَدَيْه، رِجْلَيْه — s'essuyer les mains, les pieds

~ أَحْذِية — cirer des chaussures

~ه مِن ه — dépouiller/priver qqn de qqch

~ه مِن الوُجود — rayer qqn de l'existence

~ه اللّه — Dieu l'a favorisé

~ه بِـ ه — frapper qqn avec; porter un coup à qqn

~ ـَ مِساحة (الأَراضي) — cadastrer; établir le cadastre de; arpenter; mesurer des terrains; parcourir/arpenter [*fig.*] (le monde)

مَسْح — badigeonnement; effleurement; friction; frottement; lotion; onction; palpation

~ (الأَراضي) — arpentage; cadastre; mesure

مَسْحة — allure; apparence; empreinte; nuance; tournure; trace; cachet [*fig.*]

الـ~ الأَخيرة؛ ~ المَرْضَى — extrême-onction

~ مِنْ — un grain/vernis de; une teinte/teinture/touche de

فيه ~ من — être empreint de

مِسْح ج مُسوح — bure; cilice; froc; sac

لَبِسَ ~ الآلِهة — prendre le voile; entrer dans les ordres

مِساحة — aire; superficie; surface; arpentage; cadastre; relevé *n.m.*; étendue *n.f.*

~ حَقْل — contenance d'un champ

عِلْم، مَصْلَحة الـ~ — géométrie; service du cadastre

~ الأَرْض — géodésie

مِساحيّ؛ مَسْحيّ — cadastral; géométrique

~ أَرْضيّ — géodésique

ماسِح ج ون — cireur; frotteur

~ الأَحْذِية — cireur de chaussures

مَسّاح ج ون — arpenteur; géomètre; cireur

مَسّاحة ج ات الزُجاج — *techn.* essuie-/lave-glace

أَمْسَح م مَسْحاء — lisse; plat *adj.*; uni

مَسْحاء ج مُسْح — femme qui a la poitrine plate

قَدَم ~ — pied plat

مَمْسوح — ciré; essuyé; frotté; oint

~ الوَجْه — qui a la peau du visage lisse

مَسيح — oint

الـ~ — Messie; Jésus

مَسيحيّ — messianique; chrétien

مَسيحيّة — messianisme; christianisme

مِمْسَحة ج مَماسِح — torchon; serviette

~ الأَيْدي — essuie-mains

~ الأَرْجُل، الأَقْدام — essuie-pieds; paillasson

II مَسَّحَ تَمْسيحًا ه ← مَسَحَ

~ه — cajoler; enjoler; tromper par des paroles mielleuses

تِمْساح — *v. ordre alphab.*

III ماسَحَ مُماسَحة ه — échanger des caresses, des propos caressants/enjôleurs/cajoleurs

V تَمَسَّحَ تَمَسُّحًا بِـ ه — être caressant; se montrer câlin; faire sa cour; flagorner; se frotter à qqn; chercher noise/querelle à; provoquer qqn

~ بِـ ه — affecter/afficher (un sentiment)

**5074** مَسَخَ ـَ مَسْخًا ه — changer/transformer/métamorphoser qqn en

~ ه — faire perdre son goût/sa saveur/sa qualité; falsifier; affadir; édulcorer; éventer; rendre insipide

مَسْخ — métamorphose; mutation; métempsychose; transformation; transmutation; affadissement

~؛ مِسْخ ج أَمْساخ — affreux; anormal; défiguré; hideux; infirme; laid; monstrueux; métamorphosé en animal

~ ج مُسوخ — monstre; monstruosité; avorton

~؛ مَسْخيّ — affadi; évaporé; éventé; insipide; fade

مُسوخة — fadeur; insipidité

ماسِخ، مَسيخ، مَمْسوخ ← مَسْخ

**5075** مَسْخَرَ ← سخر

II تَمَسْخَرَ على ه — faire des farces/des niches à; se moquer de; taquiner; ridiculiser

**5076 مَسَدَ** ـُ مَسْدًا حَبْلًا — tresser une corde

~ في السَّيْر — se hâter; aller plus vite

مَسَد ج أَمْساد — corde tressée; axe d'une poulie; fibres ligneuses (du palmier)

II مَسَّدَ تَمْسِيدًا — caresser/lisser les cheveux; masser

تَمْسِيد — lissage; massage

مُمَسِّد — masseur

**5077 مِسْك** — musc; *lib., syr.* pois de senteur; *v. aussi 5078*

ثَوْر الـ~ — ovibos; bœuf musqué

حَبّ الـ~ — ambrette [*bot.*]

أَيِّل الـ~ — *zool.* chevrotain; porte-musc

~ الجِنّ — *bot.* chénopode

~ الخِتام — le mot de la fin; le bouquet [*fig.*]; le couronnement [*fig.*]; le comble

مِسْكِيّ — musqué; muscat; de musc

عِنَب ~ — raisin muscat

مُسْكة مِنْ — un brin [*fam.*]/grain/peu de; une parcelle de

ما فيهِ ~ — il n'y a rien de bon en cela

~ من المَوَدّة — un brin [*fam.*] de sympathie

II مَسَّكَ تَمْسِيكًا ه — musquer; parfumer au musc

مُمَسَّك — musqué; parfumé au musc

**5078 مَسَكَ** ـِ مَسْكًا ه، بـ ه — agripper; saisir; s'agripper à; tenir; mettre/poser la main sur; prendre; *v. aussi 5077*

~ه بِيَده — prendre qqn par la main

~ه بِيَده — tenir qqch à la main

~ دَفّة الأمور — tenir la barre/les leviers de commande [*fig.*]

~ الدَفاتِر، الحِسابات — tenir les livres, les comptes

~ لِسانه — tenir sa langue

مَسْك الدَفاتِر — tenue des livres

~ الحِسابات — tenue des comptes; comptabilité

مُسْكة ج مُسَك — anse; manche (de couteau); poignée (de porte); prise; bracelet (en écaille ou ivoire)

~ ريشة — porte-plume

مَسْكة ج مَسَكات ← مُسْكة

مُسُك، مُسَكة ج مُسَك ← مَسِيك

مُسْكان — arrhes; acompte; avance; gage

مَساكة، مِساك — avarice; *tout ce qui sert à empêcher l'écoulement de l'eau*: étanchéité; digue

ماسِكة ج مَواسِك — frein (de canon)

مَسِيك — avare; pingre [*fam.*]; tenace; dur à la détente [*fam.*]; étanche

حاجِز ~ — cloison étanche

II مَسَّكَ تَمْسِيكًا ه — contenir; endiguer; garder/retenir (l'eau)

كَما ~ت الماءَ الغَرابِيل — comme une passoire [*fig.*]

IV أَمْسَكَ إِمْساكًا ه، ه، بـ — agripper; attraper; rattraper; empoigner; happer; prendre; saisir; tenir; retenir

~ بِعَهْده — tenir ses engagements; observer rigoureusement ses promesses

~ سارِقًا — mettre la main sur/pincer [*fam.*] un voleur

~ الحَبْل من طَرَفَيْه — *prov.* jouer sur les deux tableaux; nager entre deux eaux; manger à deux rateliers (*m. à m.* saisir la corde par les deux bouts)

~ البَطْن — constiper

~ لِسانه — tenir sa langue

~ أَنْفاسه — retenir son haleine/sa respiration/son souffle

~ عَن ه — s'abstenir; se retenir; contenir; se contenir; cesser de; avoir de la retenue

~ عن الحَرَكة — s'arrêter/cesser de bouger

~ عن غَيْظه — contenir sa colère; se contenir; se retenir

~ عن الكَلام — se retenir de parler; se taire

~ عن البُكاء — ravaler/rentrer ses larmes

~ عن الطَعام — faire abstinence; s'abstenir de nourriture; cesser de manger; jeûner

أُمْسِكَتْ أَمْعاؤُه — être constipé

إِمْساك — abstention; abstinence; jeûne; avarice; retenue; *méd.* constipation

سَبَّبَ الـ~ — constiper; être astringent

إِمْساكِيَّة astringence ; *isl.* calendrier spécial au mois de ramadan

**مُمْسِك** astringent ; constipant ; échauffant [*méd.*]

يَسيرُ ~ًا بِعَصًا il avance en tenant un bâton

ظَلَّت ~ة بِالسَّمّاعة في يَدها elle garda l'écouteur à la main

V **تَمَسَّكَ** تَمَسُّكًا بِـ ه، ه s'aggriper ; se cramponner ; s'emparer de ; se raccrocher/se rattraper à ; se saisir de ; *fig.* chérir ; invoquer ; se réclamer de ; tenir à ; faire valoir (un droit)

~ بِأَذْيال، بِأَهْداب ه être profondement attaché à

~ بِحُقوقه se prévaloir de/faire valoir ses droits

~ بِحُسْن نِيَّته exciper de [*litt.*]/invoquer sa bonne foi

~ بِالقانون se réclamer de la loi

~ بِالقاعِدة s'en tenir à la règle

~ بِبُطْلان عَقْد invoquer la nullité d'un contrat

**تَمَسُّك** attachement ; dévotion

الـ ~ بِالأَنْظِمة attachement aux institutions

شَديد الـ ~ بِالمَبادِئ à cheval sur les principes

**مُتَمَسِّك** attaché à ; dévoué ; formaliste

~ تَمَسُّكًا شَديدًا بِـ ه profondément attaché à

VI تَماسَكَ تَماسُكًا adhérer solidement (dans ses parties) ; se contenir ; garder son calme ; se maîtriser ; se retenir ; s'empêcher de ; réfréner (son premier mouvement) ; être ... *v. à l'adj.*

تَماسُك consistance ; cohérence ; cohésion ; solidarité ; solidité

**مُتَماسِك** cohérent ; consistant ; ferme ; solidaire ; solide ; tenace ; ininterrompu ; continu ; sans solution de continuité, sans faille

غَيْر ~ incohérent ; inconsistant ; discontinu

~ الأَجْزاء cohérent dans toutes ses parties ; dont toutes les parties se recouvrent parfaitement

X **اِسْتَمْسَكَ** اِسْتِمْساكًا البَولُ avoir de la rétention d'urine

~ بِـ ه ← مَسَكَ، IV

~ عَن ← IV أَمْسَكَ عَن

**مُسْتَمْسِك** calme ; maître de soi ; posé (esprit) ; tranquille

5079 **مَسْكَنة** (← سكن) misère ; pauvreté

مِسْكين ج مَساكين humble ; misérable ; servile ; miséreux ; pauvre ; soumis

II تَمَسْكَنَ devenir pauvre misérable ; être humble soumis servile

5080 **مَسَلَ** ـُ مُسولًا couler (eau)

مَسَل cours d'eau ; plage tout en longueur

5081 **مَسْمَرَ** (← سمر) clouer

5082 **مَساء** ج أَمْساء soir

مِن الصَّباح إلى الـ ~ du matin au soir

عِنْدَ الـ ~ le soir ; dans la soirée

صَباحَ مَساءَ *même sens*

~ اليَوْم، غَدٍ، أَمْسِ ce soir ; demain, hier soir

~ الخَيْر bonsoir

**مَساءً** le soir ; en soirée

اليَوْمَ ~ ce soir

غَدًا، أَمْسِ ~ demain, hier soir

**مَسائيّ** du soir ; vespéral [*litt.*]

جَريدة، أَخْبار ~ة journal, nouvelles du soir

أَمْسِ *v. ordre alphab.*

**أُمْسِيَّة** ج ات، أَماسِيّ soir ; soirée

~ أَمْسِ la veille au soir

~ فَنِّيَّة، أَدَبِيَّة soirée artistique, littéraire

II **مَسَّى** تَمْسِيَة *prononcer la formule* : que Dieu vous accorde une bonne soirée ; dire bonsoir

~ ه saluer qqn le soir

مَسّاكَ اللّٰه بِالخَيْر que Dieu vous accorde une bonne soirée ; je vous souhaite une bonne soirée ; bonsoir

IV **أَمْسَى** إِمْساء commencer la soirée ; passer la soirée à ; devenir

~ يَفْعَل passer la soirée/se mettre à faire

5083 **مَسَى** ـِ مَسْيًا ne pas écouter/ne pas suivre les conseils/les avertissements

~ ه frictionner ; frotter ; masser les mamelles pour faire monter le lait

~ الماشِية épuiser/fatiguer les bestiaux (chaleur)

**5084** **مُشْ** — *dialect.* ce/il n'est pas

~ مُمْكِن — ce n'est pas possible; c'est impossible

**5085** **مَشَّ** ـُ مَشًّا ه — puiser de l'eau par petites doses; traire une femelle en lui laissant un peu de lait; sucer la moelle d'un os; faire fondre qqch (dans l'eau); essuyer la graisse (qu'on a sur les mains)

~ ـُ مَشاشَة — être de bonne composition; être d'abord facile (personne)

مُشّ ج مِشاش — *maghr.* chat

مُشاشَة ج مُشاش — *anat.* cartilage; épiphyse

مَشوش — essuie-mains; serviette

**5086** **مَشيج** ج أَمْشاج — gamète

**5087** **مَشَحَ** ـَ مَشْحًا ه — administrer l'extrême-onction

مَشْحة المَرْضَى — extrême-onction

**5088** **مِشْر** — qui a le teint cramoisi (homme)

**مَشْرة** — jeune pousse; rameau tendre; thalle

~ الأَرْض — tapis de fleurs et de jeunes pousses

اِمْرَأَة ~ الأَعْضاء — femme au corps tendre et flexible

**5089** **مَشَطَ** ـُ مَشْطًا — carder; coiffer; peigner

~ شَعْره — se coiffer; se peigner

~ أَرْضًا — herser; ratisser

~ رَجُلًا — *fig.* flatter; passer de la pommade à qqn [*fam.*]

مَشْط — hersage; peignage; *fig.* flatterie

**مُشْط** ج أَمْشاط — chargeur (d'un fusil); herse; râteau; peigne

~ اليَد، القَدَم — *anat.* métacarpe; métatarse

~ الراعي — *bot.* chardon porte-soie

مُشْطيّ — à dents; dentelé; en forme de peigne; *anat.* métacarpien; métatarsien

مِشاطة — métier de coiffeur

ماشِط؛ ماشِطة — coiffeur; coiffeuse

مَشّاط — cardeur; coiffeur

مَشوط؛ مَشوط الغُراب — *bot.* polypode

مَمْشوط — cardé; hersé; peigné; marqué (au fer: chameau)

مِمْشَطة ج مَماشِط — cardeuse [*techn.*]; peigne; herse

II مَشَّطَ تَمْشيطًا ه — carder; peigner; passer au peigne fin/ratisser [*pr.* et *fig.*]

تَمْشيط — ratissage

مُمَشَّط ← مَمْشوط

VIII اِمْتَشَطَ اِمْتِشاطًا ← مَشَطَ

**5090** **مَشْظ**؛ مِشْظة — écharde

مَشِظَ — avoir des échardes dans les mains

**5091** **مَشَقَ** ـُ مَشْقًا — carder (le lin); cingler; déchirer; lacérer; avaler/manger goulûment

~ الجَوْز — gauler les noix

~ الوَتَر — assouplir/tendre une corde de musique

~ الكِتابة — faire des exercices d'écriture; avoir une écriture déliée/fine; former des lettres élégantes

**مَشْق** — cardage; gaulage

~، مَشاقة القَدّ — sveltesse/finesse (de la taille)

مُشاقة — filasse; bourre; étoupe

مِشْقة — flocon de coton/de lin

مَشّاق — cardeur

**مَمْشوق**؛ مَشيق — délié (écriture, allure); effilé; élancé; fin; fluet; profilé; svelte

قَدّ، قامة ~(ة) — taille aérienne/légère

مِمْشَقة ج مماشِق — carde; cardeuse; peigne

II تَمْشيق — décorticage

V **تَمَشَّقَ تَمَشُّقًا** — être dépouillé/se dépouiller de son écorce (rameau); être déchiré/lacéré

~ جِلْباب اللَّيْل — se dissiper (ténèbres de la nuit)

VIII **اِمْتَشَقَ** اِمْتِشاقًا ه مِن — arracher qqch des mains de

~ حُسامَهُ — dégainer/tirer l'épée

**5092** **مِشْلَوْز** (مِشْمِش + لَوْز) — abricot dont l'amande est douce

**5093 مِشْمِشة** ج مِشْمِش — abricot

شَجَرة المِشْمِش — abricotier

**5094 مُشْمُلة** — *bot.* bibassier; néflier du Japon

**5095 مَشَنَ** ـُ مَشْنًا ه — écorcher; frotter; griffer; racler

مَشْنة ج مِشان — écorchure

**5096 مَشَى** ـِ مَشْيًا — avancer; aller; se diriger; cheminer; marcher; partir

~ بِـ ه إلى، لِـ — conduire/mener qqn vers

~ بالنَّميمة — cancaner; colporter des médisances

~ مِشْيةَ الذِئْب — marcher à pas de loup

~ على آثاره — marcher dans le sillage/sur les traces/sur les pas de

**مَشْي** — déplacement; marche; cheminement; promenade

الـ~ نَوْع من الرِياضة — la marche est un sport

**مِشْية** — allure; démarche; train

مَشَى ~ مُتَباطِئة — avoir une démarche lente; aller à pas lents

تَمَخْطَرَ في ~ه — marcher en se dandinant

ماشٍ ج مُشاة — marcheur; piéton; qui va à pied; *mil.* fantassin

ماشِيًا — en marchant; à pied; pédestrement

**مُشاة** — *mil.* fantassins; infanterie

~ البَحْرِيّة — infanterie de marine

**ماشِية** ج مَواشٍ — bétail; bestiaux; bêtes; troupeau

~ حَيّة — bétail sur pied

مَمْشًى ج مَماشٍ — allée; couloir; corridor; galerie; passage; promenade; promenoir

II **مَشَّى** تَمْشِية ه، ه — faire aller/avancer/marcher; *fig.* accommoder; ajuster; faire marcher (une affaire)

III **ماشَى** مُماشاةً ه، ه — marcher avec qqn; être à la hauteur de qqn, qqch; côtoyer; se mettre au diapason; être à l'unisson de

~ العَصْر — se moderniser; marcher avec son temps; être dans le vent [*fam.*]; être/de son temps

~ العادات، التَقاليد — sacrifier aux usages; suivre les traditions

V **تَمَشَّى** تَمَشِّيًا — déambuler; aller et venir; faire une promenade; se promener; faire quelques pas

~ مع، على — aller de pair/s'accorder/cadrer avec; être en harmonie/s'harmoniser avec; observer/suivre (règle, principe)

~ في ه — agir/avoir de l'effet sur qqn (remède, poison)

~ مع التَقَلُّبات — suivre les fluctuations de

تَمَشِّيًا مع — en accord avec; conformément à

**5097 مَصَّ** ـُ مَصًّا ه — absorber; aspirer; sucer; suçoter [*fam.*]

~ قَلَمًا — suçoter [*fam.*] un crayon

~ مُسَكَّرًا، إبْهامه — sucer un bonbon, son pouce

~ دَمَه — *fig.* sucer jusqu'à la moelle

**مَصّ** — absorption; aspiration; succion

قَصَب الـ~ — canne à sucre

قُوّة الـ~ — pouvoir absorbant

مَصّة — goutte [*fig.*]; gorgée

**ماصّ** — absorbant; aspirateur

شُعور، مِضَخّة ~ة — poils absorbants [*bot.*]; pompe aspirante

ماصّة ج ات — pipette

الماصّات — les absorbants [*méd.*]

مَصّاص (← ماصّ) — sangsue/vampire [*fig.*]

**مَصّاصة** — chalumeau; sucette; tétine; *zool.* vampire

~ الغُبار — aspirateur de poussière

مَمْصوص — amaigri; épuisé; éreinté; fatigué; vidé [*fam.*]

مَصيص — humide; imbibé d'eau (terre)

**مِمَصّ** ج ات، مَماصّ — pipette; siphon

~ بَلّوعة — siphon de canalisation

~ ماء سِلْز — siphon d'eau de Seltz

VIII **اِمْتَصَّ** اِمْتِصاصًا ه — absorber; aspirer; pomper; résorber; sucer

~ رَحيق الأزْهار — aspirer/sucer le pollen des fleurs

~ الصَدَمات — absorber les chocs

**اِمْتِصاص** — absorption; aspiration; résorption

~ الصَدَمات — absorption des chocs

شَريط، طَيْف ~ bande, spectre d'absorption

مُعامِل ~ coefficient d'absorption

مُمْتَصّ absorbant; aspirateur

**5098 مِصْر** ج أَمْصار capitale; métropole; ville; pays; *sans marque de détermination*: nom de l'Égypte

~ القاهِرة Le Caire

~ الجَديدة Le Nouveau Caire; Héliopolis

مِصْرِيّ égyptien

II مَصَّرَ تَمْصيرًا ه choisir/désigner une ville pour capitale; bâtir des villes; égyptianiser

V تَمَصَّرَ تَمَصُّرًا devenir une grande ville/une capitale; s'égyptianiser; vivre à l'égyptienne

**5099 مَصير** ج مُصْران جج مَصارين

boyau; intestin; tripe

مَصارين entrailles

**5100 مَصْطَبة** banc de pierre; mastaba

**5101 مُصْطَكاء، مُصْطَكَى** lentisque; mastic

**5102 مَصَلَ** ـِ مَصْلًا se cailler (lait); s'égoutter (fromage); suinter (blessure)

**مَصْل** ج مُصول sérum

~ اللَّبَن petit-lait

**عِلْم المُصول** sérologie

مُعالَجة بالـ~ sérothérapie

**مَصْلِيّ** séreux; sérique

إِسْتِلْقاح ~ sérovaccination

مُصالة، مَصْلِيّة sérosité; petit-lait

**5103 مَصْمَصَ** suçoter [*fam.*]; se rincer la bouche

**5104 مَضَّ** ـُ مَضًّا، مَضاضة ه affecter qqn; faire du mal à/de la peine à qqn; faire souffrir qqn; peiner; picoter (œil); piquer

~ ـَ مَضًّا، مَضيضًا être chagrin [*litt.*]/triste; se consumer de chagrin

**مَضَض** affliction; martyre [*fig.*]; peine; tristesse

لَبَن ~ lait aigre

على ~ مِنْه à regret; avec répugnance; contre son gré

إِبْتَسَمَ على ~ sourire du bout des lèvres

أَجابَ، أَطاعَ على ~ répondre, obéir à contrecœur

**مُضاض** *bot.* fusain

~، **مُضاضة** sensation pénible; douleur vague; brûlure interne; irritation/picotement des yeux

أَشَدّ ~ difficile/dur à avaler [*fig.*]; la trouver saumâtre [*fam.*]

IV أَمَضَّ إِمْضاضًا ه dégoûter; excéder; exténuer; importuner; rebuter; torturer [*fig.*]

مُمِضّ excédant; poignant; rebutant

**5105 مَضُرَ** ـُ مُضورًا aigrir/tourner *intr.* (lait); piquer (vin)

ماضِر، مَضِر، مَضير tourné (lait); piquant (vin)

مَضيرة soupe à base de lait aigre

**5106 مَضَغَ** ـُ مَضْغًا mâcher; mastiquer

~ التِبْغ chiquer

~ الكَلام avaler/mal prononcer les mots

مَضْغ mastication

**مُضْغة** ج مُضَغ petit morceau de viande; gomme à mâcher; chewing-gum; chique; bouchée; morceau; *anat.* embryon

~ طَيِّبة bon morceau

مُضَغ الأُمور choses insignifiantes/sans importance; babioles

ماضِغ masticateur

**5107 مَضْمَضَ** rincer (un récipient); faire tourner de l'eau dans sa bouche; se gargariser

مَضْمَضة gargarisme; rinçage (de bouche)

II **تَمَضْمَضَ** se rincer la bouche

~ النُعاس في عَيْنه *prov.* le marchand de sable est passé

**5108 مَضَى** ـِ مَضاء être ... *v. à l'adj.*; *v. aussi 5109*

**مَضاء** acuité; tranchant *n.m.*

~ الفِكْر discernement; sagacité; pénétration

~ العَزيمة détermination; énergie; résolution

**ماضٍ** aigu; coupant; tranchant; pointu; perçant

النَفْط سِلاح ~ le pétrole est une arme efficace

**ماضي** العَزيمة déterminé; énergique; résolu

~ الفِكْر qui a l'esprit aiguisé/perçant; perspicace; pénétrant [*fig.*]; sagace

**5109** **مَضى** ِ مُضِيًّا aller; aller au-delà; avancer; s'avancer; passer; pénétrer; se mettre en route; *v. aussi 5108*

~ بِـ ه ، ه emmener; emporter

~ في ه continuer; persévérer; poursuivre (une action)

~ لِـ ، في طَريقه s'en aller; continuer/poursuivre/passer son chemin; *fig.* mourir

~ في سَبيله ، حاله *même sens*

~ في كَلامه continuer à parler

**فيما** ~ autrefois; jadis; naguère

~ ذِكْرُه dont il a déjà été fait mention; dont on a parlé plus haut

~ الوَقْت s'écouler/passer (temps)

~ العام l'année a passé/expire

~ عام على الحَرْب un an a passé depuis la guerre

مُنْذ سَنة **مَضَتْ** il y a un an

حَتّى عَشْر سَنَوات ~ jusqu'à il y a dix ans

ما أَسْرَعَ ما **يَمْضي** الوَقْت comme le temps passe!

كُلُّ شَيْء ~ لِحاله tout ira bien

لَمْ يَشَأْ أَنْ ~ في النِقاش refuser de poursuivre la discussion

**مُضِيّ** continuation; cours (des événements); poursuite (d'une action); passage; écoulement [*fig.*]

~ الوَقْت، الزَمان، الأَيّام écoulement/fuite/course du temps

بَعْدَ ~ أُسْبوعَيْن deux semaines après

بَعْدَ ~ ثَلاثِ سَنَوات trois ans après

على ~ الزَمان de manière continuelle/permanente

**ماضٍ** م ماضية qui passe/est passé; passé; précédent

~ قَريب، بَعيد passé récent, lointain

**العام الماضي** l'an passé/dernier

السَنة الـ~ة l'année passée/dernière

الشَهْر الـ~ le mois dernier/passé/précédent

في الـ~ autrefois; jadis; dans le passé

الفِعْل الـ~ *gramm.* passé *n.m.*; accompli *n.m.*

**ماضَويّ** accompli *adj.*; passé *adj.*

فِعْلة ~ة action passée

II **مَضَّى** تَمْضية ه ، ه faire avancer/passer; exécuter (un ordre)

~ الوَقْت في occuper/passer le temps à

تَمْضية الوَقْت passe-temps

IV **أَمْضى** إِمْضاءً وَقْتَهُ في ← II

~ أَمْرًا accomplir; exécuter; conclure; mener à terme/à bonne fin

~ مَرْسومًا، رِسالة signer un décret, une lettre

**إِمْضاء** exécution (d'un ordre); accomplissement (d'une action); signature; seing; griffe

لا يُنْكِر ~ه il ne renie pas sa signature

صاحِب الـ~ signataire

~ : فُلان signé: Un tel

صَدَّق على ~ contresigner

مُصَدَّق على ~ه contresigné

**مُمْضٍ** ج ون signataire; exécuteur

~ أَسْفَلَهُ soussigné

**مُمْضًى** signé

**5110** **مَطَّ** ُ مَطًّا ه allonger; étendre; étirer (du métal); bander/tendre (une corde)

~ قامَتَه redresser la taille; se redresser; se relever; s'étirer

**مَطّ** allongement; élongation; expansion; extension; étirage

**مَطّاط** élastique *adj.*; extensible; souple; caoutchouc

شَجَر الـ~ hévéa

إِطار ~ pneu; pneumatique *n.m.*

~ صِناعيّ، اِصْطِناعيّ caoutchouc synthétique

**مَطّاطيّ** caoutchouté; caoutchouteux

رباط، شَريط ~ élastique *n.m.*

مَطّاطِيّة élasticité; extensibilité

مَطّاطة étireuse [*techn.*]

**مَمْطوط** allongé; étiré

مُواء ~ long miaulement

II **مَطَّطَ** تَمْطيطًا ه caoutchouter

~ نابِضًا bander/tendre un ressort

~ه faire un affront; insulter; mettre qqn hors de ses gonds

V تَمَطَّطَ تَمَطُّطًا se tendre; être ... *v. à l'adj.*

تَمَطُّط élasticité; extension; tension

مُتَمَطِّط ← مَطّاط

5111 **مُطْر** ج أَمْطار épi de maïs

5112 **مَطَرَ** ـُ مَطَرًا ه inonder/tremper qqn (pluie)

~ت السَّماءُ il pleut

~ ـِ مُطورًا marcher d'un pas rapide

**مَطَر** ج أَمْطار pluie

كَمّيّة ~ pluviosité

وابِل من الـ~ averse; pluie battante

قِياس، مِقْياس الـ~ pluviométrie; pluviomètre

مَطَرة bidon; gourde; outre; réservoir

مَطْرة ondée

**مَطَرِيّ**؛ نِظام ~ pluvial; régime des pluies

مَطَرِيّة parapluie

مَطِر، ماطِر pluvieux; de pluie (jour)

مَمْطور arrosé par la pluie

مَطار ← طار

مِمْطَر ج مَماطِر ciré; imperméable *n.m.*; trench-coat

IV **أَمْطَرَ** إِمْطارًا arroser/inonder/tremper (pluie); pleuvoir; faire pleuvoir

~ عَلَيْه وابِلًا مِن *fig.* faire pleuvoir sur qqn un déluge/une grêle de

~ه بِوابِل مِن الرَّصاص cribler de balles

~ مِدْرارًا il pleut à verse/des hallebardes [*fam.*]

**إِمْطار** : مُعَدَّل، كَمّيّة الـ~ pluviosité

**مُمْطِر** pluvieux

سَحاب ~ nuage qui donne de la pluie

يَوْم ~ jour pluvieux

الطَقْس ~ le temps est à la pluie

V تَمَطَّرَ تَمَطُّرًا courir vite (cheval); s'abattre brusquement (oiseau)

مُتَمَطِّر rapide à la course (cheval)

X اِسْتَمْطَرَ اِسْتِمْطارًا ه demander de la pluie (à Dieu); demander à qqn de se montrer généreux

5113 **مِطْران** ج مَطارِنة archevêque; métropolite; évêque

مِطْرانِيّ *relig.* métropolitain *adj.*

مِطْرانِيّة archevêché; évêché

5114 **مَطَلَ** ـُ مَطْلًا ه aplatir/étendre un métal (à coups de marteau); forger; allonger/étirer une corde; *méd.* provoquer une élongation

~ه accorder un délai à qqn

~ه حَقّه، بِحَقّه renvoyer/retarder le paiement d'une dette

مَطْل élongation [*méd.*]

مَطّال forgeron; tôlier

مَطيل؛ مَطيلة ج مَطائِل ductile; tôle

مَطيلِيّة ductilité

III ماطَلَ مُماطَلة ه différer/renvoyer/reculer le paiement de sa dette; temporiser; tergiverser

مُماطَلة ajournement; renvoi; recul; tergiversation; temporisation

مُماطِل mauvais payeur

5115 **مَطا** ـُ مَطْوًا ه faire avancer rapidement/stimuler (sa monture)

مَطا ج أَمْطاء dos (d'une bête de somme)

مِطْو ج أَمْطاء rafle de dattes/de raisins; épi touffu

مَطْوة instant; moment

مَطِيّة ج مَطايا bête de somme; monture; *fig.* expédient; moyen; tremplin

V تَمَطّى تَمَطِّيًا s'allonger; s'étendre; s'étirer

VIII اِمْتَطَى اِمْتِطاءً — se mettre en selle; enfourcher monter (un cheval); chevaucher

مُمْتَطٍ جَوادًا — à cheval

**5116 مَظْهَرَ** (← ظهر) — actualiser [*philos.*]

II تَمَظْهَرَ — s'actualiser; apparaître; se manifester

مُحْتَوًى **يَتَمَظْهَرُ** بِالكَلام — contenu qui est actualisé par le discours

تَمَظْهُر — actualisation [*philos.*]; apparition; manifestation

**5117 مَعَ** — avec; en compagnie de; accompagné de; au moment de; de pair avec; tout en; en même temps que; en dépit de; malgré

ومَنْ ~ ه — et compagnie; et consorts [*péjor.*]

~ العَمَل على — tout en travaillant à

~ العِلْم بِأنَّ — tout en sachant que

نَحْنُ ~ الحُرِّيَّة — nous sommes du côté de pour la liberté

~ ذَلِكَ — au demeurant; et encore; mais; malgré cela; néanmoins; quand bien même

~ كَوْنِه فَقيرًا، غَنيًّا — bien qu'il soit pauvre, riche

~ أنْ — alors que; bien que; malgré que; quoique

مَعًا — en chœur; en commun; de compagnie; concurremment; conjointement; de concert/conserve avec; de front; ensemble; à la fois; en même temps; simultanément

**مَعِيَّة** — compagnie; coexistence; escorte; entourage; simultanéité; suite; concomitance

بِ~ ه — accompagné/en compagnie de

بِ~ ه — escorté suivi de; ci-joint

واو الـ~ — *gramm.* le «*waw*» qui marque la simultanéité

**5118 مَعْبَلة** — *bot.* ginkgo

**5119 مَعَجَ** ـَ مَعيجًا ه — faire onduler les plantes (vent)

~ بِالقَلَم — secouer la plume dans l'encrier

V تَمَعَّجَ — onduler (serpent); ramper; serpenter (ruisseau)

**5120 مَعْجَنَ** (← عجن) — mastiquer

مَعْجَنة — masticage

مَعْجون — mastic

**5121 مَعِدة** ج مِعَد — estomac

اِلْتِهاب. عُصاب الـ~ — gastrite; gastralgie

اِلْتِهاب الـ~ والأَمْعاء — gastro-entérite

مَبْحَث الـ~ والأَمْعاء — gastro-entérologie

اِخْتِصاصيّ بِالـ~ والأَمْعاء — gastro-entérologue

**مَعِديّ** — gastrique; stomacal

اِضْطِراب. اِنْحِراف ~ — embarras gastrique

عُصارة ~ ة — suc gastrique

مَعِدِيّات الأَرْجُل — gastéropodes *n.m.pl.*

مَمْعود — atteint d'une maladie de l'estomac

**5122 مَعْدَنَ** ه (← عدن) — métalliser; minéraliser

مَعْدَنة — métallisation; minéralisation

مُمَعْدَن — métallisé (peinture)

II تَمَعْدَنَ تَمَعْدُنًا — se minéraliser; minéralisation

**5123 مَعِرَ** ـَ مَعَرًا — être clairsemé (cheveux, poils); perdre ses cheveux; tomber (ongle); manquer (d'argent)

أَمْعَر م مَعْراء النّاصية — chauve sur le devant du front

**5124 مَعْز** ج أَمْعُز. مَعيز — chèvre

ماعِز ج مَواعِز؛ مِعْزاة ← مَعْز

ماعِزيّ. مَعْزيّ — caprin

مُعَيْز — chevreau; chevrette

مَعّاز ج ون — chevrier

**5125 مَعَسَ** ـَ مَعْسًا — frotter énergiquement le cuir; *fig.* attaquer violer une fille

**5126 مَعِصَ** ـَ مَعَصًا — avoir une crampe

**مَعْص**؛ ~ المَعِدة — crampe; crampe d'estomac

**5127** VIII **اِمْتَعَضَ** اِمْتِعاضًا — être … *v. à l'adj.*; se dépiter; éprouver de la contrariété/du dépit

مُمْتَعِض — prendre ombrage [*litt.*]

**اِمْتِعاض** — dépit; déplaisir; contrariété; ennui; gêne; ressentiment

بَدا الـ~ على وجهه — le dépit se peignit sur son visage

مُمْتَعِض contrarié; dépité; en colère; furieux

مَعْكَرونة ← مَكَرونة

5128 مَعْمَع مَعْمَعة marcher en pleine chaleur; crépiter (feu); *fig.* être toujours du côté du plus fort

مَعْمَعَان grande chaleur de l'été; grand froid de l'hiver

مَعْمَعة crépitement (du feu); tumulte; tohu-bohu

مَعْمَعيّ qui est toujours du côté du plus fort; béni-oui-oui

5129 مَعُنَ ـُ مُعونة couler (eau)

مَعِنَ ـَ مَعَنًا être bien arrosé/irrigué

مَعين؛ مَعْن eau courante/vive; source intarissable

نَفَد ~ صَبْره perdre patience; être à bout de patience

ماعون *v. ordre alphab.*

IV أَمْعَنَ إمْعانًا في être assidu à; s'arrêter sur; être attentif à

~ النَظَر في، على fixer son regard sur; scruter; creuser (une idée); examiner/étudier (avec attention, minutie); s'enfoncer (dans une étude)

إمْعان assiduité; attention; diligence; soin

بـ~ attentivement; à la loupe [*fig.*]; minutieusement; mûrement

~ النَظَر examen attentif; étude minutieuse

مُمْعِن assidu; attentif; scrutateur (regard)

V تَمَعَّنَ تَمَعُّنًا في spéculer sur; étudier/mûrir (un projet)

تَمَعُّن ← إمْعان

بـ~ avec attention/minutie

مُتَمَعَّن فيه mûrement réfléchi (projet)

مَعْنَم ← عَنَى

5130 مِعًى، مَعْي ج أَمْعاء intestin; boyau; tripes

~ دَقيق، غَليظ intestin grêle; gros intestin

~ أَعْوَر cæcum

اِلْتِهاب الـ~، مِعَوِيّ entérite

مِعاء ج أَمْعِية ← مِعًى

أَمْعاء entrailles; tripes [*pop.*]; viscères

مَبْحَث المَعِدة والـ~ gastro-entérologie

مِعَوِيّ، مَعْوِيّ intestinal

دِيدان ~ة vers intestinaux

5131 مَغَثَ ـُ مَغْثًا ه plonger qqch dans l'eau

~ دواءً dissoudre/faire fondre un médicament

5132 مَغْد *bot.* morelle; aubergine

5133 مُغْرة ocre *n.f.*; roux *n.m.*; terre rouge

أَمْغَر م مَغْراء ocre *adj.*; roux *adj.*

5134 مَغْرَبَ (← غرب) marocaniser

مَغْرَبة marocanisation

عَنْقاء مُغْرِب oiseau fabuleux; griffon; phénix

5135 مَغْص ج أَمْغاص colique; mal au ventre

~ كُلَوِيّ، صَفراويّ colique néphrétique, hépatique

مَمْغوص qui a des coliques

5136 (مغط) V تَمَغَّطَ bander ses muscles

مُتَمَغِّط bandé/tendu (muscle); élastique *adj.*

5137 مَغْمَغَ balbutier; bredouiller; manger ses mots

~ سِبابًا mâchonner des injures

~ شَتائِم marmonner des insultes

5138 مَغْنَطَ aimanter; magnétiser; *v. aussi 5139*

مَغْنَطة aimantation; magnétisation

مَغْنَطيّ magnétique; hypnotique (sommeil, état)

مَغْنَطيّة magnétisme; hypnotisme

مُمَغْنِط magnétisant; magnétiseur

مُمَغْنَط magnétisé; aimanté

إبْرة ~ة aiguille aimantée

مِغْناط؛ مِغْنيط magnétomètre; magnéto

**5139 مَغْنَطِيس، مَغْناطِيس** aimant; *v. aussi* 5138

~ كَهْرَبائِيّ électro-aimant

**مَغْنَطِيسِيّ** hypnotique; magnétique

حَقْل ~ champ magnétique

نَوْم ~ sommeil hypnotique; hypnose

مَغْنَطِيسِيَّة magnétisme

**5140 مَغْنِيزِيا، مَغْنِيزِيوم** magnésie; magnésium

**5141 مُغُولِيّ** mongol; mongolien

مُغُولِيَّة *pathol.* mongolisme

**5142 مَفْصَلَ** (← فصل) articuler

II تَمَفْصَلَ تَمَفْصُلًا s'articuler

نُقْطة التَمَفْصُل point d'articulation/de jonction

نُقْطة الـ~ الأَوْهَى point faible/de moindre résistance

بَحَثَ عَنْ نُقْطة الـ~ الأَوْهَى chercher le défaut de la cuirasse

**5143 مَقَتَ** ـُ مَقْتًا ه، ه abhorrer [*litt.*]; avoir en abomination; détester; exécrer; haïr

**مَقْت** abomination; dégoût; exécration; haine; horreur; répugnance

~ شَدِيد haine violente/mortelle

مَمْقُوت abominable; dégoûtant; détestable; haï; détesté; exécrable; haïssable; horrible; infect; odieux; répugnant; révoltant

مَقِيت ← مَمْقُوت

IV أَمْقَتَ إِمْقاتًا ه، ه rendre haïssable/odieux

VI تَماقَتَ تَماقُتًا s'exécrer mutuellement; se haïr; se détester

**5144 مَقْدُونِس** persil

**5145 مَقَرَ** ـُ مَقْرًا confire; mariner (dans le vinaigre)

مَقِر aloès

مَقِر amer

**5146 مَقِسَ** ـَ مَقَسًا avoir la nausée; se trouver mal

مَقَس nausée

**5147 (مقع) VIII أَمْتُقِعَ** s'altérer (visage); blêmir; changer de couleur; pâlir

اِمْتِقاع altération (du visage); blêmissement; pâleur

مُمْتَقِع blême; livide; pâle

**5148 مَقَلَ** ـُ مَقْلًا ه regarder fixement

مُقْلة ج مُقَل globe oculaire

مُقْل *bot.* balsamea; bdellium

**5149 مَقانِق** (← نَقانِق، لَقانِق) saucisses

**5150 مَكَّة المُكَرَّمة** La Mecque/Mekke (généralement accompagnée de l'épithète: la sainte)

مَكِّيّ mecquois; mekkois; originaire de La Mecque

مُكاك moelle

مَكُّوك ج مَكاكِيك coupe à boire; *techn.* canette; navette

مَكُّوكِيّ: رِحْلات ~ة allées et venues; navette

قام بِرِحْلات ~ة بَيْن faire la navette/l'aller et retour entre

مَكُّوكِيَّة va-et-vient (du pendule)

**5151 مَكَثَ** ـُ مُكُوثًا بِـ، في s'arrêter (dans un endroit); demeurer; se fixer/se tenir qqp; rester; séjourner; passer du temps à; continuer à

~ سِنِينَ يَبْنِي il a passé des années à construire

**مُكُوث، مَكْث** arrêt; passage; séjour; station

طال ~هُ في السِجْن son passage/séjour en prison a duré longtemps

طِوالَ ~ه مَعَها tout le temps qu'il est resté avec elle

**5152 مَكَرَ** ـُ مَكْرًا ruser

~ بِـ ه duper; induire en erreur; jouer un tour à; tromper

مَكْر، مَكْرة artifice; astuce; coquinerie; tour; déloyauté; escroquerie; fourberie; imposture; malice; malignité; ruse; stratagème; tromperie

ماكِر ج مَكَرة artificieux; astucieux; cauteleux [*péjor.*]; coquin; déloyal; escroc; fourbe; fripon; imposteur; insidieux; malin; matois; roué; rusé; trompeur

مَكّار ج ون *même sens*

**5153** **مِكْروب**، ميكروب ج ات — microbe

**5154** **مِكْروسكوب**؛ ميكروسكوب — microscope

**5155** **مِكْروفون**؛ مَيْكروفون — microphone

مَكَرونة — macaroni; pâtes

**5156** **مَكَسَ** ـِ مَكْسًا ه — percevoir les impôts/les taxes

مَكْس ج مُكوس — droit de douane/de péage; péage; taxe; surtaxe

ماكِس، مَكّاس ج ون — percepteur

III ماكَسَ مُماكَسة ه — débattre; marchander

**مَكان** ← كون

**5157** **مَكِنة** ج ات، مِكان — machine; *v. aussi 5158, 5248*

~ صِناعيّة، آلية، تَشْغيل — machine-outil

~ طِباعيّة — machine/presse à imprimer

~ زراعيّة — machine agricole

~ خِرامة، تَخْريم — poinçonneuse

~ خِياطة — machine à coudre

مَكَنيّ — mécanicien; machiniste; mécanique

مَكْنَنَ — mécaniser

مَكْنَنة — mécanisation

II تَمَكْنَنَ، تَمَكْنُن — se mécaniser

**5158** **مَكُنَ** ـُ مَكانة — être ... *v. à l'adj.*; se consolider; se stabiliser

~ عِنْده — avoir de l'ascendant sur/de l'influence sur/du crédit auprès de qqn; être bien avec qqn/bien en cour

**مَكانة** — autorité; ascendant *n.m.*; compétence; crédit [*fig.*]; importance; influence; fermeté; pouvoir; solidité; standing; poids [*fig.*]; prestige

كانَتْ لَه ~ كُبْرَى عِنْدَ — avoir une grande influence sur

ذو ~ — homme solide/compétent/de poids

أَيَّةً كانَتْ ~ه مِن — quelle que soit son influence sur

مُكْنة؛ مَكِنة — capacité; faculté; possibilité; pouvoir; fermeté; force; intensité; vigueur

ماكِن؛ مَكين — apable; compétent; bien enraciné; ort; ferme; influent; intense; uissant; solide; stable; vigoureux

II **مَكَّنَ** تَمْكينًا ه، ه — onsolider; établir olidement; renforcer; tabiliser; donner du crédit/de 'autorité/de la considération/du prestige

~ه مِن ه — donner à qqn la possibilité/les moyens de; mettre qqn à même/en mesure le; permettre de

تَمْكين — consolidation; renforcement; stabilisation

IV **أَمْكَنَ** إِمْكانًا ه أن — être possible à qqn de; pouvoir; être en mesure de

~هُ فِعْلُ ه، أَنْ يَفْعَلَ — pouvoir faire; être en mesure de faire

إنْ، إذا ~ الأَمْرُ — si c'est possible

ما ~ه مِنْ — autant qu'il est/le plus possible

ما ~ه وما يُتَصَوَّر مِن ه — tous (toutes) les (...) possibles et imaginables

ما ~ مِن المَرّات — le plus souvent possible; toutes les fois que cela a été possible

**يُمْكِنُ** القَوْلُ بِأَن — il est possible de/on peut dire que

بِأَسْرَع ما ~ — le plus vite/le plus tôt possible

أَقَلَّ، أَكْثَرَ ما ~ مِن — le moins, le plus possible de

أَكْثَرَ، أَقَلَّ ما ~ مِن المَرّات — le plus, le moins souvent possible

أ، هَلْ ~ هذا — est-ce possible?

كُلّ ما ~ أن — tout ce qu'il est possible de

**إمْكان** ج ات — moyen; faculté; possibilité; pouvoir

بِـ ~ه أَنْ — être en état/à même/en mesure de; pouvoir

بِـ~ي أَنْ أَعْمَل الكَثير — je puis faire beaucoup

قَدْرَ، عَلَى قَدْرِ الـ~ — le plus possible; dans la mesure du possible; autant que possible

لَيْسَ في الـ~ أَبْدَعُ مِمّا كانَ — tout est on ne peut mieux/pour le mieux

**إمْكانات** لازِمة — moyens nécessaires

~ العَمَل — les possibilités d'action

نَظَر إلى كُلّ الـ~ — étudier toutes les possibilités

**إمْكانيّة** ج ات — moyen *n.m.*; perspective [*fig.*]; possibilité; faculté; potentiel *n.m.*

~ الإتْقان — perfectibilité

مُمْكِن contingent *adj.* [*philos.*]; possible *adj. n.*; potentiel *adj.*

هٰذا ~ possible! c'est possible! ça se peut!

إذا كانَ ذٰلِكَ ~ًا si possible; si c'est possible

في أَقْرَبِ وَقْتٍ ~ le plus tôt possible

في أَقْرَبِ ما هو~ dès que possible

بالسُّرْعة الـ~ة le plus vite rapidement possible

مِن الـ~ أَنْ il est possible il se peut que; il y a moyen de

غَيْر ~ impossible; ce n'est pas possible

غَيْر ~ على غَيْر هذا الوَجْه ce n'est pas possible autrement

~ إتْقانه perfectible

V **تَمَكَّنَ** تَمَكُّنًا مِنْ ه avoir barre prise sur qqn; avoir qqn en son pouvoir; dominer qqn

~ من ه être en état de à même de/en mesure de/ de force à; dominer; maîtriser; se rendre maître de; se donner les moyens de; s'emparer de; avoir la possibilité le pouvoir de; pouvoir; réussir à; parvenir à; venir à bout de

~ من مَسْأَلة dominer une question

~ من مُشْكِلة venir à bout d'un problème

~ من مُقاوَمة réduire une opposition

على ما ~ من رُؤْيَته autant qu'il a pu en juger; à ce qu'il a pu voir

مُتَمَكِّن من calé en [*fam.*] fort en/versé dans; plein de (son sujet)

X اِسْتَمْكَنَ اِسْتِمْكانًا مِن ← V

**5159** **مَكْو** ج مُكِيّ clapier; tanière; terrier

مِكْوَجِيّ ← كوى

**5160** **مَكْيَج**؛ مَكْيَجة maquiller; maquillage

ماكياج maquillage

II تَمَكْيَجَ se maquiller

**5161** **مِلّة** ج مِلَل communauté/confession/doctrine religieuse; croyance; religion; *v. aussi 5162*

على اِخْتِلاف **المِلَل** sans distinction de confession; de toutes les confessions religieuses

مِلّيّ confessionnel; religieux

**5162** **مَلَّ** َ مَلَلًا، مَلالًا ه se dégoûter; se lasser; s'embêter; s'ennuyer; se fatiguer; s'empoisonner [*fig.*]; être ... *v. à l'adj.*; *v. aussi 5161*

مَلَّتْ نَفْسُه مِن *même sens*

لا يَمَلّ infatigable; insatiable

مَلّة cendres chaudes

**مَلَل**؛ مَلال؛ مَلالة dégoût; ennui; fatigue [*fig.*]; lassitude; satiété

بِلا ~ infatigablement; inlassablement

مَلالة الأُسْلوب lourdeur de style

مَلول ج مُلُل dégoûté; embêté; ennuyé; fatigué; lassé

مَليل cuit sous la cendre (pain, viande)

كُلُّ قَريب **مَمْلول** *prov.* nul n'est prophète en pays; la satiété engendre le dégoût

II مَلَّلَ تَمْليلًا ← IV

IV أَمَلَّ إمْلالًا ه assommer [*fig.*]; barber [*fam.*]; dégoûter; endormir [*fig.*]; ennuyer; fatiguer [*fig.*]; lasser; raser [*fam.*]; rebuter

مُمِلّ assommant; barbant [*fam.*]; endormant [*fig.*]; ennuyant; ennuyeux; fatigant [*fig.*]; lassant; monotone; mortel *adj.* [*fam.*]; rasant [*fam.*]; tuant [*fig.*]; embêtant

V تَمَلَّلَ تَمَلُّلًا ← مَلّ

**5163** **مَلُّول** chêne vélani

**5164** **مَلَأَ** َ مَلْأً، مِلْأَة ه emplir; garnir; remplir; occuper (un espace); faire le plein

~ كَأْسًا ماءً، خَمْرًا remplir un verre d'eau, de vin

~ بِطاقة، اِسْتِمارة remplir une fiche, un formulaire

~ الدُّنْيا جَمالًا remplir le monde de beauté

~ العَيْنَ donner satisfaction; combler les vœux; taper dans l'œil [*fam.*]

~ الآذان بِـ ه rebattre les oreilles de

~ الفَضاءَ بِالصُّراخ remplir l'air de cris; crier sur tous les toits

~ ساعَتَه remonter sa montre

مَلِئَ َ مَلأً être ... *v. à l'adj.*; se remplir

**مَلأ** notabilités; conseil des anciens

الـ~ الأَعْلى le royaume des âmes/des cieux

في الـ~ والخلا | en public et en privé
على ~ | au grand jour; en public; notoirement; publiquement
مَلْء | plein *n.m.*; remplissage
~ القَنانِي | remplissage des bouteilles
مِلْء ج أَمْلاء | content *n.m.*; soûl *n.m.*; suffisance; plein *n.m.* (la quantité qui permet de remplir un contenant quelconque: ventre, main)
~ البَطْن، اليَد، الفَم | ventrée [*pop.*]; poignée; bouchée
~ الحُرِّيّة في | une entière/totale liberté de
بِـ~، مِلْءَ بَطْنِه | à pleines/grandes ventrées [*pop.*] tout son content/son soûl; jusqu'à plus faim/soif
~ قَدَحِه | à grandes rasades
~ شِدْقَيْه | aux éclats (rire)
~ كَفَّيْه، يَدَيْه | à pleines poignées, mains
~ ذِراعَيْه | à pleins bras; à bras ouverts
~ فَمِه | à haute/pleine voix
نامَ ~ جَفْنَيْه | dormir à poings fermés/sur ses deux oreilles
مُلاءة | haïk; voile de femme; couverture
~ سَرير | drap de lit
مَلِيء؛ مَلآن م مَلأَى | comble *adj.*; complet; débordant; opulent; plein; rempli; riche; *fin.* solvable
~ البَطْن، الفَم | le ventre, la bouche plein(e)
~ بالنَشاط | débordant d'activité/d'énergie
~ البَدَن | corpulent; bien en chair
مَمْلوء (بِـ) | fourni; plein; rempli
III مالأ مُمالأة ه | être partisan/partial; prendre/suivre le parti de; assister; aider; soutenir; faire cause commune/collaborer avec
مُمالأة | partialité; collaboration
IV أَمْلأَ إمْلاء ← مَلأَ
VIII اِمْتَلأَ اِمْتِلاء | s'emplir; se remplir; avoir de l'embonpoint; être... *v. à l'adj.*
~ت السَفينة ماء | se remplir d'eau; faire eau (navire)
اِمْتِلاء | embonpoint; réplétion; satiété
مُمْتَلِئ | charnu; corpulent; gonflé; plein; pulpeux; replet; qui a de l'embonpoint

~ مِن | [g]onflé/pénétré de (son importance)
~ البَطْن | [r]epu; rassasié; replet
~ الشَفَتَيْن | [q]ui a des lèvres charnues/gonflées/[p]ulpeuses
~ الوَجْه | [l]e visage plein/rebondi/rond
~ الخَدَّيْن | [q]ui a les joues rebondies/de bonnes [j]oues; joufflu
~ الجِسْم | [p]lantureux; bien en chair
~ صِحّةً، نَشاطًا | débordant de santé, d'activité

**5165 مَلاريا** | malaria; paludisme
بَعوضة الـ~ | anophèle; vecteur de la malaria
اِسْتِئْصال الـ~ | éradication du paludisme

**5166 مَلْتوسيّ** | malthusien
مَلْتوسيّة | malthusianisme

**5167 مَلْث** | début de la nuit; crépuscule

**5168 مالَج ج مَوالِج** | spatule; truelle

**5169 مَلِحَ ـَ مُلوحة** | être salé; *v. aussi 5170*
مَلُحَ ـُ مَلاحة | être beau/joli
مِلْح ج مِلاح، أَمْلاح | sel; chlorure; *fig.* sel; esprit; piquant *n.m.*; *adj.* salé; saumâtre
~ عاديّ، النُشادِر | chlorure de sodium, d'ammonium
~ الحَمْض الأَزْرَق | cyanure
~ حَجَرِيّ، بَحْرِيّ | sel gemme, marin
~ الطَبْخ، الطَعام | sel de cuisine
~ بارود | salpêtre; nitrate de potassium
مَنْجَم ~ | mine de sel
ماء ~ | eau salée/saumâtre
مِلْحِيّ | salin
ماء، مِياه ~(ة) | eau(x) saline(s)
مُلْحة ج مُلَح | anecdote; bon mot; mot/trait d'esprit; facétie
مُلوحة | salinité; salaison
دَرَجة ~ المِياه | degré de salinité des eaux

~، مَلاحة amabilité; beauté; charme; élégance; grâce; piquant *n.m.*/sel [*fig.*]

مالِح salé; salin; salsugineux

مَليح aimable; bon; beau; charmant; élégant; joli; gracieux; piquant *adj.* [*fig.*]

مُلّاحة ج مُلّاح agrume

مَلّاح saloir; *maroc.* mellah; ghetto/quartier juif

مَلّاحة ج ات marais salant; saline; mine de sel

مَمْلَحة ج مَمالِح *même sens*

مِمْلَحة ج مَمالِح salière

II مَلَّحَ تَمْليحًا ه assaisonner avec du sel; saler; mettre à la saumure; saumurer; faire mariner; mariner *tr.*

تَمْليح salaison; saumurage; marinage

مُمَلَّح ج ات salé; assaisonné avec du sel; en saumure; salaison; marinade

ماء ~ saumure; marinade

X اِسْتَمْلَحَ اِسْتِمْلاحًا ه trouver... *v. à l'adj.*; admirer

مُسْتَمْلَح beau; bon; de bon aloi/goût; bien *adj.*; joli

**5170** (ملح) **مِلاحة** marine; navigation; *v. aussi 5169*

~ الفَضاء، فَضائيّة astronautique

~ في أعالي البِحار navigation au long cours

~ بَحْريّة، جَوّيّة navigation maritime, aérienne

~ نَهْريّة navigation fluviale

~ ساحِليّة cabotage

صالِح، قابِل لِلـ~ navigable

شَرِكة ~ compagnie de navigation

مِلاحيّ marin *adj.*; marinier; nautique

مِلاحيّة navigabilité; caractère marin (d'un bateau)

مَلّاح ج ون marin *n.m.*; matelot; navigateur

~ جَوّيّ aéronaute

~ الفَضاء، الكَوْن astronaute; cosmonaute; spationaute

المَلّاحون gens de mer; équipage; personnel navigant

**5171** **مَلَخَ** ـَ مَلْخًا ه arracher; disloquer; tirer; tordre; *méd.* luxer; fouler; se faire une entorse

مَلْخ entorse; foulure; luxation

مُلوخيّة *bot.* corchore; mélochie; *maghr.* gombo; *égypt.* «*mlūḫiyya*» (sorte de mauve dont les feuilles sont comestibles)

**5172** **مَلُدَ** ـُ مَلادة être ... *v. à l'adj.*

مَلْد délicat/flexible/tendre (rameau)

أَمْلَد م مَلْداء ج مُلْد *même sens*

أُمْلود ج أَماليد brindille; rameau

**5173** **مَلِسَ** ـَ مَلاسة، مُلوسة être ... *v. à l'adj.*; avoir le poil ras la peau lisse

مَلاسة poli *n.m.*; satiné *n.m.*

أَمْلَس م مَلْساء lisse; uni; glabre; poli (surface); satiné (peau); moelleux/velouté (vin)

مَلّاسة *agr.* cylindre; rouleau; *techn.* truelle

II مَلَّسَ تَمْليسًا ه cylindrer/rouler (un champ); raboter/lisser (une planche); lisser/défriser (des cheveux)

تَمْليس cylindrage; défrisage; lissage

**5174** **مَلِصَ** ـَ مَلَصًا ← V

V **تَمَلَّصَ** تَمَلُّصًا مِن ه se dérober à; s'échapper (des mains); s'esquiver; glisser (entre les doigts); se sauver; se soustraire à

~ مِن اِلْتِزام se dérober à un engagement; se dégager; faire faux bond

~ مِن واجِب fuir ses devoirs; tirer au flanc [*fam.*]

تَمَلُّص dégagement; désengagement; dérobade; échappatoire; escapade; fuite

**5175** **مَلَطَ** ـُ مَلْطًا ه raser le crâne; tondre les cheveux

~ حائِطًا enduire un mur (de boue séchée, de mortier)

**مِلْط** ج أَمْلاط fripon; voleur; malhonnête

جِلْط ~ à la débandade; cul par-dessus tête [*fam.*]; pêle-mêle

مِلاط ج مُلُط boue (qui sert d'enduit); enduit *n.m.*; ciment; mortier; gâchis

مالِط liant *n.m.*

مالِطيّ *v. ordre alphab.*

مَمْلوط rasé/ras (cheveux); coupé ras

II مَلَّطَ تَمْليطًا حائِطًا ← مَلَطَ

5176 **مَلِقَ** ـَ مَلَقًا (← V) glisser du doigt (bague)

**مَلَق** coquetterie; cajolerie

في ~ d'un ton enjôleur/flatteur

مَلِق ← مُتَمَلِّق

III مالَقَ مُمالَقَةً ه ← V

V تَمَلَّقَ تَمَلُّقًا لِـ ه aduler; cajoler; caresser; câliner; faire la cour; courtiser; flagorner; flatter; passer la main dans le dos [*fig.*]/de la pommade à qqn [*fam.*]; faire du plat [*fam.*]

**تَمَلُّق** adulation; cour [*fig.*]; cajolerie; caresse; câlinerie; flagornerie [*litt.*]; flatterie

عِبارات ~ galanteries [*fig.*]; paroles mielleuses

بِلا ~ sans compliment; sans (vous) flatter; sans flatterie

**مُتَمَلِّق** qui ne pense rien des paroles mielleuses qu'il prononce; cajoleur; mielleux [*péjor.*]; flagorneur; flatteur

5177 **مَلَكَ** ـِ مُلْكًا ه avoir; contenir; dominer; contrôler; gouverner; posséder; régner (sur); exercer l'autorité/le pouvoir; avoir/garder/prendre en sa possession; être/se rendre maître de

~ وَسائِلَ الإِنْتاج posséder les moyens de production

~ نَفْسَه، زِمامَ نَفْسِه se contenir; se contrôler; se dominer; se modérer; se posséder; se retenir

~ حَواسَّه être maître de/gouverner ses sentiments

~ على ه حَواسَّه accaparer qqn; s'emparer des sentiments de; prendre possession de la pensée de; captiver; préoccuper; séduire; ravir

~ على ه شُعورَه، لُبَّه *même sens*

~ على ه جَميعَ مَشاعِرِه *même sens*

~ على ه سَبيلَ ه interdire à qqn l'accès à/de

~ أن avoir la faculté/le loisir/la possibilité/le pouvoir de; être capable de/en position de

**مَلَكْتَ فَاسْجِحْ** *prov.* tu es roi, pardonne

**لَمْ يَمْلِكْ** أن ne pouvoir s'empêcher/se retenir de

**مِلْك** ج أَمْلاك avoir *n.m.*; bien *n.m.*; domaine; propriété; possession

صارَ ~ الجَميع tomber dans le domaine public

**أَمْلاك** أَميرِيَّة، الدَوْلة domaine/propriété de l'État; les domaines

الـ~ الخاصَّة، العامَّة le domaine privé, public

**مُلْك** [a]utorité; monarchie; règne; royauté; pouvoir; [p]ouvoir royal; souveraineté

طَمَحَ إلى الـ~ [c]onvoiter le pouvoir

**مِلْكِيَّة** ج ات [a]voir *n.m.*; propriété; droit de [p]ropriété

~ مُشْتَرَكة [p]ropriété collective; copropriété

~ قائِمة البِناء، خاصَّة [p]ropriété bâtie, privée

~ أَدَبِيَّة، فَنِّيَّة [p]ropriété littéraire, artistique

~ صِناعِيَّة، عَقارِيَّة propriété industrielle, foncière

~ شَرِكة avoir/biens d'une société

نَزَعَ ~ ه déposséder; exproprier

نَزْع ~ ه dépossession; expropriation

**مَلَكة** ج ات aptitude; don; faculté; disposition; moyen; qualité; talent; trait (de caractère)

~ فَنِّيَّة sens/qualité artistique

اِفْتَقَرَ إلى **مَلَكات** manquer de moyens (intellectuels)

**مَلَكوت** empire; royaume; souveraineté

~ السَمَوات le royaume des cieux/de Dieu

مَلَكوتِيّ divin; céleste

**مِلاك** ج ات cadre [*admin.*]; effectif *n.m.*; base; condition; fondement

~ تِجاري، عالٍ cadre commercial, supérieur

~ الإدارة، الاِحْتِياط cadre administratif, de réserve

**مَلاك** ج مَلائِكة ange; séraphin

الـ~ الحارِس ange gardien

**مَلائِكيّ** angélique; séraphique

وَجْه، مُوسيقَى ~(ة) visage angélique; musique séraphique

**مالِك** ج ون، مُلّاك possédant; possesseur; propriétaire; régnant (souverain)

أَصْبَحَ الـ~ الوحيدَ لِـ ه devenir le seul propriétaire de

~ الحَزين héron

مالِكِيّ malikite [*isl.*]; *v. le suivant*

مالِكِيَّة rite malikite; «*madhab*»/doctrine d'al-Malik

**مَلِك** ج أَمْلاك، مُلوك monarque; roi; souverain

~ مُطْلَق monarque absolu

**مَلِكة** ج ات — reine; souveraine
~ الجَمال — reine de beauté
**مَلَكيّ** — monarchique; royal
~ ج ون — royaliste
أُسْرة، قَصْر ~(ة) — famille, palais royal(e)
حِزْب ~، المَلَكيّين — parti royaliste
**مَلَكِيّة** — monarchie; royauté; souveraineté
~ وراثيّة، مُطْلَقة — monarchie héréditaire, absolue
~ دُسْتوريّة — monarchie constitutionnelle
سُقوط الـ~ — chute de la monarchie
**مُلوكيّ** — princier; royal
هَديّة ~ة — cadeau princier/royal
عامَلَ ه مُعامَلة ~ة — traiter qqn princièrement/royalement
مُلوكية ← مَلَكيّة
**مَلّاك** ج ة، ون — propriétaire foncier/immobilier
**مَمْلوك** — appartenant à; dépendant de; possédé
الآلات الـ~ة لِلْوِزارة — le matériel appartenant au ministère
مُؤسَّسة ~ة لِلدَولة — entreprise d'État
~ ج مَماليك — mamelouk; esclave
**مَمْلَكة** ج مَمالِك — empire; royaume; possession; règne [*hist. nat.*]
الـ~ الإسْلاميّة — l'empire islamique/musulman
الـ~ المُتَّحِدة — le Royaume-Uni
الـ~ العَرَبيّة السَعوديّة — le royaume d'Arabie Saoudite
الـ~ الشَريفيّة — le royaume chérifien (du Maroc)
~ الحَيَوان، النَبات، الجَماد — le règne animal, végétal, minéral
II **مَلَّكَ** تَمْليكًا ه ه — aliéner [*dr.*]; céder/transférer la propriété à; mettre qqn en possession de; rendre qqn maître de; donner la royauté/la souveraineté à
**تَمْليك** — aliénation/cession/transfert de propriété
**مُمَلِّك** — aliénateur; donateur
**مُمَلَّك** — aliénataire; mis en possession de; rendu maître de
IV **أَمْلَكَ** إِمْلاكًا ه ه ← II

V **تَمَلَّكَ** تَمَلُّكًا ه — accéder à la propriété; acquérir; s'adjuger; s'approprier; s'emparer de; se rendre maître de; prendre possession de
~تْ ه مَوَدّة لِـ — se prendre d'amitié pour
**تَمَلُّك** — accession à la propriété; acquisition; appropriation; domination; prise de possession; possession
**مُتَمَلِّك** — acquéreur
~ فيه — possédé (du démon)
VI **تَمالَكَ** تَمالُكًا ه — contenir/réprimer (un sentiment)
~ عَن — se contenir; se donner une contenance; se défendre de; se dominer; se maîtriser; se modérer; se posséder; se ressaisir; se retenir; se vaincre
~ نَفْسَه عن — *même sens*
~ عن غَيْظه — contenir/maîtriser sa colère
لا **يَتَمالَكُ** عن — ne pas pouvoir se retenir de; avoir de la peine/de la difficulté à
لا ~ عن غَيْظه — laisser échapper sa colère
لا ~ عن فَرْط الفَرَح — il ne se possède pas de joie
VIII **اِمْتَلَكَ** اِمْتِلاكًا ه — avoir en sa possession; entrer en possession de; régner sur; être maître de; avoir sous sa dépendance; posséder
~ نَواصِيَ الأَمْر — tirer les ficelles
**اِمْتِلاك** — possession; propriété
مِن ناحية ~ها لِلطاقة — dans la mesure où elle possède l'énergie
**مُمْتَلَكات** — avoirs; dépendances/possessions (coloniales)
~ ثَقافيّة — biens culturels
X **اِسْتَمْلَكَ** اِسْتِمْلاكًا ه — prendre possession de; s'approprier
~ مَكانًا — exproprier; occuper un local; prendre possession des lieux
**اِسْتِمْلاك** — appropriation; expropriation; occupation; prise de possession
~ لِلْمَنْفَعة العامّة — expropriation pour cause d'utilité publique
تَعْويض ~ — indemnité d'expropriation

5178 **مَلْمَلَ** مَلْمَلة ه — agiter qqn [*fig.*]
~ في السَيْر — se dépêcher; se hâter
مَلْمَلة — agilité; célérité

II **تَمَلْمَلَ** في فِراشِهِ — bouger en dormant; remuer/s'agiter/se retourner dans son lit; être énervé

~ في مَقْعَدِهِ — s'agiter sur son siège

~ من الأَلَم — se tordre de douleur

مُتَمَلْمِل — remuant; agité (enfant)

5179 **مَلا** ـُ مُلُوًّا — s'étendre; être lent/long

**مَلًا** ج أَمْلاء — désert; espace découvert/ouvert

في الـ~ ← مَلأً

**مَلِيّ** — étendu; lent; long

~ من الدَهْر — longue période de temps

**مَلِيًّا** — longuement; à la longue

تَأَمَّلَ الأَشْياء ~ — observer les choses en prenant son temps; prendre du recul [*fig.*]

مِمْلاة — Dictaphone

II مَلَّى تَمْلِيَة ه ه — accorder qqch à qqn pour une longue période

مُلِّيَ عُمْرَه — avoir joui d'une longue existence

IV أَمْلَى إِمْلاءً على ه ه — dicter qqch à qqn; prescrire

إِمْلاء ج أَمالٍ (أَمالي)، أَماليّ — dictée

مُمْلٍ — qui dicte/prescrit

V تَمَلَّى تَمَلِّيًا — se repaître de

5180 **مَلِيَّة** ج مَلايا — haïk; robe portée par les femmes; voile *n.m.*

مِلايَة ج ات (← مُلاءة) — *même sens*

5181 **مِلْيار** ج ات — milliard

صاحِب ~؛ مِلْياردير — milliardaire

5182 **مِلِيشيا**، ميليشيا ج ات — milice

مِلِيشيّ؛ ميليشي — milicien

5183 **مِلِّيغرام**، مِلِّيجْرام ج ات — milligramme

5184 **مِلِّيم** ج ات — millime [*monn.*]

5185 **مِلِّيمِتر** ج ات — millimètre

5186 **مِلْيون** ج مَلايِين — million

صاحِب ~؛ مِلْيونير — millionnaire

بَلَد الـ~ شَهيد — le pays qui a eu un million de martyrs

مِمَّا؛ مِمَّن ← مِنْ + ما، مَنْ

5187 **مَنْ** — 1. *pron. rel. indéf. utilisé sans antécédent*: quelqu'un; quiconque; qui

~ عَصَى يُعاقَبْ — quiconque désobéira sera puni

كُلّ ~ — chacun; quiconque; tout homme; tous ceux qui

حِيلَةُ ~ لا حِيلَةَ لَهُ الصَبْرُ — *prov.* la patience est la ruse du faible

مَنْ؟ — 2. *pron. interr.* qui? qui donc?

~ يُرِيد — qui veut?

~ لَهُمْ بَعْدي — qui donc s'occupera d'eux quand j'aurai disparu; qui me remplacera auprès d'eux

مَنِ الرَجُل الّذي — quel est l'homme qui

5188 **مِنْ** — 1. *prép.* de; consistant en; en; depuis; grâce à; par; parmi; à partir de; de la part de; au moyen de; par rapport à; par suite de

~ يَوْم كذا — depuis tel jour

بَعْدَ ساعة ~ ذلك — une heure après

دَخَلَ ~ الباب — entrer par la porte

~ طَرِيق — par le canal/le moyen de

أَخَذَ ه ~ كَتِفِه — prendre qqn par l'épaule

عَرَفَ الشَرَّ ~ الخَيْر — distinguer le mal du bien

مُرَكَّب، مُؤَلَّف ~ — composé de

~ لَيْلَتِهِ — cette/la nuit-même

~ يَوْمِه — ce/le jour-même

خافَ، تَعَجَّبَ ~ — avoir peur de; s'étonner de

مَنَعَ ه ~ — empêcher de

حَما ه ~ — protéger contre

أَعْفا ه ~ — pardonner qqn pour

~ طَرَف، قِبَل، لَدُن ه — de la part de

ثِياب ~ الصُوف — vêtements de/en laine

~ النَقْد الشيءُ الكَثير — un grand nombre de critiques

نَحْنُ إلى الفِعْلِ أَحْوَجُ مِنّا إلى — nous avons plus besoin d'action que de

هو أَشَدُّ قُوَّةً مِنْه حِكْمَةً — il est plus fort que sage

أَكْثَر مِمّا يَجِب، يَنْبَغي — trop; plus qu'il n'en faut

6. *en corrélation avec un relatif indéfini* : en fait de — مِنْ (← ما)

*a.* il y a (des choses) qui ~ … ما، ما … ~

ما يَصِل إلَيْه ~ كُتُب — les livres qui lui parviennent (*m. à m.* ce qui lui parvient en fait de livres)

لَمْ تَبْلُغ ~ القُوَّة ما بَلَغَهُ — elle n'a pas atteint la même puissance que l'autre

مِمّا (مِنْ + ما) — chose qui; ce qui; à quoi?

~ يَعْني، يُشير إلى — ce qui signifie, montre que

*b.* il y a (des gens) qui — مِنْ … مَنْ، مَنْ … ~

~ الرِجال، النِساء مَنْ — il est/y a des hommes, des femmes qui; certains hommes; certaines femmes

مِمَّنْ (مِنْ + مَنْ) — à qui? de qui?

7. *explétif avec une négation ou une interr.* ما مِنْ

ما ~ … إلّا وَقَدْ — il n'y a guère; il n'existe pas un seul

ما ~ رَجُلٍ أَفْضَل — il n'est pas d'homme meilleur

ما ~ أَحَدٍ إلّا أَنْتَ — il n'y a guère que vous

8. *avec d'autres particules* : *v. au second terme* — ~ حَيْثُ، بَعْدُ، دُونِ، قَبْلُ

**5189** مَنَّ ، مَنًّا على ه بـ ه — être bienveillant pour favorable à; faire don de qqch à qqn; donner; douer; doter; décerner; gratifier; accorder octroyer une faveur; inspirer; suggérer; reprocher

مَنّ ج أَمْنان — bienfait; don; faveur; grâce; manne; présent; largesse; condescendance

بـ~ه تَعالى — par la grâce de Dieu le Très-Haut

مِنَّة ج مِنَن — bienfait; don; grâce; faveur; obligeance

الـ~ تَهْدِم الصَنيعة — *prov.* le mieux est l'ennemi du bien

مُنَّة — endurance; force; vigueur

شَديد الـ~ — endurant; fort; vigoureux

مَنون — destinée; fatalité; mort; trépas; vicissitudes du sort

~و ~هم — il est des leurs

~نا ~كُمْ — je suis des vôtres

~وْقِفه، مَنْزِلَتُه ~ ه — sa position par rapport à

~وْقِف أَحَدِهِما ~ الآخَر — la position réciproque de l'un par rapport à l'autre

~زِيادة نَصيبِه ~ الإنْتاج — augmentation de sa part dans le P.N.B.

~ه وَلَهُ — doit et avoir

2. *avec une énumération* : comme; en fait de; en tant que

دُوَل ~ مُتَقَدِّمة ونامية — des États développés ou en voie de développement

دُوَل ~ كَبيرة وَصَغيرة — des États grands ou petits

مَعونات ~ ماليّة وفَنِّيّة — des aides qu'elles soient financières ou techniques

وَسائل ~ الصَحافة والإذاعة — des moyens comme la presse ou la radio

نَشاطات ~ اِجْتِماعات وَ — des activités diverses qu'il s'agisse de réunions ou de

3. *en corrélation avec une autre particule* : si tellement … que — مِنْ … بِـ، بِحَيْثُ

كان ~ القُوَّة بِحَيْثُ — si tellement fort que

كان ~ الضَخامة بِحَيْثُ — si tellement énorme que

4. *en corrélation avec une conj.* مِنْ … أَنْ

~ المُمْكِن أن — il est possible que

~ الصَعْب، السَهْل أن — il est difficile, facile de

~ المَعْروف أن — on sait que

~ مَسْؤُوليَّتِهِ أن — il a la responsabilité de

~ الصُدَف الغَريبة أن — par une de ces coïncidences étonnantes

~ أَنْ، أَنَّ — à savoir que; comme; en fait de

5. *deuxième terme de la comparaison* مِنْ

أَصْغَر، أَكْبَر ~ه — plus petit, grand que

أَكْثَر ~ اللازِم — trop de; plus qu'il n'en faut

أَضْيَق، أَوْسَع ~ أن — trop étroit, large pour que

أَصْغَر، أَكْبَر ~ أن — trop petit, grand pour que

اِمْرَأة ~ femme recherchée pour sa fortune

**مَنّان** bienfaiteur; bienveillant; bon; munificent; gracieux; généreux; libéral

الـ~ *surnom de Dieu*

مَمْنون comblé; gratifié; obligé

مَمْنونيّة gratitude; obligation; reconnaissance

VIII **اِمْتَنَّ** اِمْتِنانًا على ه بِـ ه ← مَنَّ

~ لِـ ه avoir de la gratitude pour

~ على ه reprocher un bienfait à qqn

**اِمْتِنان** faveur; grâce; gratitude

شَعَرَ بِـ~ بالِغ لِـ éprouver une profonde gratitude pour

**5190** **مَنْجا**، مَنْغا manguier

مَنْجاة mangue

**5191** **مَنْجَنيق** ج مَجانيق، مَجانِق catapulte; mangonneau; machine de guerre

**5192** **مَنَحَ** ـَ مَنْحًا ه accorder qqch à qqn; attribuer; donner; décerner; allouer; doter; gratifier; impartir; octroyer; pourvoir

~ ه إجازة accorder une autorisation

~ ه جائزة، وِسامًا décerner un prix, une décoration

~ ه العُذْرَ، العَفْوَ accorder son pardon

~ ه مِنْحة accorder/allouer une bourse

~ مُهْلة accorder/consentir un délai

~تْ يَدَها accorder/donner sa main

**مَنْح** allocation; attribution; donation; dotation; octroi

~ حَقّ، الشَهادات collation d'un droit, des diplômes

**مِنْحة** ج مِنَح bourse; cadeau; dotation; gratification; indemnité; prime

~ دِراسيّة bourse d'études

~ القِيام بِالوَظائِف indemnité de fonctions

~ الإقامة، السُكْنَى indemnité de séjour, de logement

صاحِب الـ~ boursier; titulaire d'une pension/d'une indemnité

**مُناخ** ← نوخ

**مَنار** ← نور

**مِنْديل تَمَنْدَلَ** ← ندل

**5193** **مُنْذُ**، مُذْ ès; depuis; il y a

~ الآن ès maintenant/à présent; d'ores et déjà; ésormais; dorénavant

~ ذَلِكَ الحين، الوَقْت ès, depuis lors/cette poque/ce moment

~ القِدَم، وَقْت بَعيد epuis longtemps

~ سَنةٍ مَضَتْ lepuis un an déjà; il y a un an

~ يَوْمَيْن y a/depuis/voici deux jours

~ أَعْوام لا تَزيد على الخَمْسة l n'y a pas plus de cinq ans

**5194** **مَنْطَق** (← نطق) ceindre

II تَمَنْطَقَ بِـ se ceindre (les reins); se mettre une ceinture

**5195** **مَنَعَ** ـَ مَنْعًا ه، ه مِنْ، عَنْ ه défendre; censurer; éloigner; empêcher; priver; mettre l'embargo sur; interdire; obstruer; faire obstruction/opposition; s'opposer à; mettre à l'index; prohiber; proscrire; repousser

~ عَرْض، نَشْر ه interdire la présentation, la publication de; censurer

~ نَفْسه من، عن se défendre/s'empêcher/s'interdire de

مَنُعَ ـُ مَناعة être inaccessible/d'accès difficile (endroit); être imprenable (ville)

**مَنْع** censure; défense; embargo; empêchement; interdiction; privation; interdit *n.m.*; prohibition; obstruction; proscription

~ ج مُنوع abri; défense; place forte

~ الحَبَل، الحَمْل contraception

~ التَجَوُّل، العُفونة couvre-feu; antisepsie

~ مُحاكَمة non-lieu

~ النَشْر، التَمْثيل censure (défense de publier, de représenter)

مَنْعًا dans le but d'empêcher/d'interdire

مَنَعة ج مِناع ← مَناعة

مَنَعة casemate

**مَناعة** étanchéité; imperméabilité; immunité [*méd.*]; inaccessibilité; intangibilité; invincibilité; invulnérabilité; pouvoir de résistance à

V تَمَنَّعَ تَمَنُّعًا — être écarté tenu à l'écart éloigné repoussé; se voir défendre un accès

~ عَنْ — s'abstenir; se désister; se protéger; se retrancher derrière

VI تَمانَعَ تَمانُعًا — être ... v. *à l'adj.*

تَمانُع شَرْعِيّ — incompatibilité juridique

مُتَمانِع — incompatible; inconciliable

VIII اِمْتَنَعَ اِمْتِناعًا عَنْ — s'abstenir/se défendre s'interdire/se priver/se passer/se retenir de; se refuser à; éviter/refuser de; avoir de la répugnance pour; passer (jeu de cartes)

ما ~ عن — ne pas s'opposer à

اِمْتِناع — abstention; interdiction; refus; impossibilité

~ عن الحُكْم — déni de justice

مُمْتَنِع — inabordable (personne); inaccessible (lieu); inexpugnable (ville); impénétrable (forêt, visage); impossible; imprenable (vue); impraticable (chemin); irréalisable (espoir)

**5196** مَنْهَجَ (← نهج) — programmer

مَنْهَجة — programmation

مُمَنْهَج — programmé

**5197** مُنوتيب — monotype [*impr.*]

**5198** مَنَى ـِ مَنْيًا ه — affliger; éprouver qqn; mettre à l'épreuve; assigner (une part) à qqn; *v. aussi 5199, 5200*

مَنًى ← مَنِيّة

مُنِيَ بِخَسائِر — éprouver/subir des dégâts/des pertes

~ بِفَشَل — essuyer un échec

مَنِيّة ج مَنايا — destin; destinée; mort; sort; trépas [*litt.*]

الـ ~ ولا الدَنِيّة — *prov.* plutôt mourir que faillir

تَميل المَنايا حيث مالَت الأَكُفّ

*prov.* la fortune sourit aux audacieux

**5199** مُنْيَة ج مُنًى — désir; souhait; vœu; *v. aussi 5198, 5200*

إنّ المُنَى رَأْس أَمْوال المَفاليس

*prov.* l'espoir fait vivre (*m. à m.* est le capital de ceux qui ont tout perdu)

أُمْنِيّة ج أَمانٍ، أَمانِيّ — aspiration; désir; souhait; fantaisie; vœu

~ على الأَمْراض — résistance aux maladies

~ على النار — incombustibilité

عِلْم الـ ~ — immunologie

مانِع — inhibant; inhibiteur; intangible; préventif; privatif; prophylactique; anti- *préf.*

حَقّ ~ — droit exclusif

~ الحَمْل، الحَبَل — contraceptif

~ الاِحْتِراق، الاِشْتِعال — ignifuge

~ الكُزاز، الحَرارة — antitétanique; antithermique

~ الرُطوبة — hydrofuge

~ الاِنْزِلاق — antidérapant

~ الإِنْتان، العُفونة — antiseptique

~ لِلصَداء — antirouille

~ ج مَوانِع — empêchement; difficulté; obstacle; inconvénient; obstruction; opposition

لا ~ مِن — il n'y a pas d'inconvénient à

مانِعة الشَرَر — pare-étincelles

مَنيع — difficile d'accès; étanche; impénétrable; imprenable; inabordable; inaccessible; inapprochable; inexpugnable; insaisissable; insurmontable; invincible; invulnérable

مَدينة ~ة — ville forte

~ على النار — incombustible

مَمْنوع — banni; censuré; défendu; interdit; mis à l'index; prohibé; proscrit

~ الدُخول، المُرور — entrée, passage interdit(e)

~ التَدْخين، البَصْق — il est interdit de fumer, de cracher

~ مِن الصَرْف — *gramm.* indéclinable

~ مِن التَنْوين — *gramm.* (mot) qui ne prend jamais le «*tanuin*»

II مَنَّعَ تَمْنيعًا ه — fortifier; rendre inaccessible; immuniser

تَمْنيع — fortification; immunisation

مُمَنَّع — fortifié; immunisé

III مانَعَ مُمانَعةً ه ه — objecter; s'opposer à; faire opposition; refuser; se rebeller contre; résister à

~ عَن ه — défendre qqn; protéger

مُمانَعة — opposition; objection; refus; rébellion; résistance; révolte

حَقَّقَ ~ réaliser un vœu

أمانٍ، أمانيّ desiderata

II مَنَّى تَمْنِيةً ه، ه، بِـ ه faire espérer qqch à qqn

~ نَفْسه بِـ nourrir le désir de; se promettre de

دَعْني أُمَنّي نَفْسي بِـ laissez-moi espérer

V تَمَنَّى تَمَنِّيًا ه، أنْ، لَوْ aimer à/que; souhaiter que; faire le vœu de; formuler des vœux pour

مَنْ تَأَنَّى نالَ ما ~ *prov.* tout vient à point à qui sait attendre

كَمْ أَتَمَنَّى لَوْ comme je voudrais

تَمَنٍّ (تَمَني) ج تَمَنِّيات souhait; vœu

صِيغة الـ~ *gramm.* optatif *n.m.*

تَمَنِّيات رَأْس العام، السَنة souhaits de bonne année

أُقَدِّمُ لَكم أَطْيَبَ ~ي je vous présente mes meilleurs vœux

5200 مَنِيّ؛ مِنًى sperme; semence [*fig.*]; liquide séminal; *v. aussi 5198, 5199*

تَكَوُّن الـ~ spermatogenèse

قَذَفَ، قَذْف الـ~ éjaculer; éjaculation

مَنَويّ spermatique; séminal

حُوَيْن ~ spermatozoïde

IV أَمْنَى إمْناءً éjaculer; émettre du sperme

X اِسْتَمْنَى اِسْتِمْناء se masturber

اِسْتِمْناء masturbation; onanisme

5201 مَهِجَ - مَهَجًا avoir/retrouver bonne mine

مُهْجة ج مُهَج âme; cœur; esprit; force vitale; vitalité

خَرَجَتْ ~ه expirer

5202 مَهْد ج مُهود berceau; origine; lieu d'origine

مِن ~ه إلى لَحْده du berceau à la tombe

~هُ مِنْ، في originaire de

سَحَقَ، خَنَقَ في ~ه écraser, étouffer dans l'œuf

مُهْدة ج مُهَد terrain encaissé mais uniforme et plat

~ رَمْي plate-forme (de tir)

مِهاد ج مُهُد، أَمْهِدة [te]rrain plat et uni; fond [d]'un fleuve/de la mer; [fi]g. giron; sein

~ الزَهْرة [b]ot. réceptacle

~ بَصَريّ [a]nat. thalamus

تَحْت الـ~ [h]ypothalamus

II مَهَّدَ تَمْهيدًا ه [a]planir; déblayer; défricher; [r]endre accessible; égaliser; niveler; [f]aciliter; favoriser; mettre à/de niveau; préparer; [v]iabiliser

~ الفِراش [f]aire le lit; tendre les draps

~ الصُعوبات [a]planir les difficultés

~ السَبيل لِـ déblayer le terrain; ménager/préparer/frayer la voie à; préluder à; initier qqn à

~ طَريقًا، الطُرُق mettre en état de viabilité

~ مُقابَلة arranger/ménager une entrevue

تَمْهيد aplanissement; défrichage; déblaiement; déblayage; égalisation (du sol); nivellement; mise en état (des voies)

~ لِكِتابٍ، عَمَلٍ ما avant-propos; exposé; initiation; introduction; préambule; préface; préliminaire; prélude; préparation; présentation; prologue; transition

تَمْهيديّ liminaire *adj.*; préliminaire *adj.*; introductif; préparatoire

اِجْتِماعات ~ة réunions préparatoires

مُمَهَّد aplani; étendu; mis à plat; de niveau; déblayé; égalisé; nivelé; préparé; viabilisé

الطَريق، السَبيل ~ la voie est aplanie/frayée/ouverte

V تَمَهَّدَ تَمَهُّدًا être étendu à plat; aller bien (affaires); être en bon état/en ordre

5203 مُهْر ج مِهار، أَمْهار poulain

مُهْرة ج مُهَر pouliche; *anat.* cartilage intercostal

5204 مَهَرَ - مَهْرًا ه assigner une dot; doter (la femme que l'on épouse); *v. aussi 5203, 5205, 5206*

~ ه sceller; apposer un sceau

~ وَعْدًا بِدَمه sceller une promesse de son sang

مَهْر ج مُهور، مُهورة dot; enjeu; prix [*fig.*]; rançon; sceau; signet; tampon

~ المَجْد la rançon de la gloire

~ المَدَنِيَّة — l'enjeu/le prix/la rançon de la civilisation

مَمْهورة — (femme) dotée/qui a reçu une dot de son mari

IV أَمْهَرَ إِمْهارًا ه ← مَهَرَ

**5205** **مَهَرَ** ـَ مَهارةً ه، بـ، في ه — exceller à/en; s'y connaître en; savoir faire qqch; être ... *v. à l'adj.*; *v. aussi 5203, 5204, 5206*

**مَهارة** — adresse; doigté; dextérité; habileté; talent; intelligence; force [*fig.*]; mérite; maestria; savoir-faire; virtuosité

أَدَّى مُهِمَّته بـ~ — remplir une mission avec talent

~ اليَد — dextérité; tour de main

بـ~ — adroitement; habilement

لا يَحْتاج إلى كَبير ~ لِ — il n'y a pas besoin d'être très habile/grand clerc [*fam.*] pour

**ماهِر** ج مَهَرة — accompli [*fig.*]; achevé [*fig.*]; adroit; émérite; excellent; habile; parfait; industrieux; intelligent; maître [*fig.*]; magistral; talentueux; virtuose [*adj.*]; expert *adj.*

عامِل ~ — bon/habile ouvrier

قائِد ~ — foudre de guerre [*litt.*]

فَنّان ~ — artiste consommé/talentueux

**5206** **مَهْرِيّ** — méhariste

مَهْرِيَّة ج مَهارَى — méhari

**5207** **مَهْرَجا** — maharadjah

**5208** **مِهْرَجان** ج ات — festival; festivité; gala

**5209** **أَمْهَقُ** م مَهْقاء ج مُهْق — albinos

**5210** **مَهَلَ** ـَ مَهْلًا في ← V

**مَهْل** — aise; douceur; tranquillité

على ~ — à l'aise; doucement; en douceur; à loisir; paisiblement

على ~كَ؛ **مَهْلًا** — holà! pas si vite!

**مُهْلة** ج مُهَل — atermoiement; délai; répit; temps (de réflexion)

طَلَبَ، مَنَحَ ~ — demander, accorder un délai/du temps

حَصَلَ على ~ — obtenir un délai

IV **أَمْهَلَ إِمْهالًا** ه — accorder/donner du temps; laisser le temps de; impartir
demander un délai; atermoyer; mettre qqn à l'aise; être indulgent pour

ما ~ه المَرَض طَويلًا — la maladie ne lui a pas laissé un long répit

لَمْ يُمْهِلْها فَ — il ne lui laissa pas le temps de continuer

إِمْهالِيّ — dilatoire (réponse)

V **تَمَهَّلَ** تَمَهُّلًا — s'attarder; agir paisiblement/posément/avec lenteur; prendre patience/son temps; ralentir *intr.*; tarder

~ وهو يَقُولُ — il dit tranquillement en prenant son temps

تَمَهَّلْ على نَفْسِك — prends patience/ton temps!

**تَمَهُّل** — lenteur; tranquillité; pesanteur [*fig.*]; ralentissement

بـ~ — posément; tranquillement; paisiblement

**مُتَمَهِّل** — qui agit avec lenteur; lent; posé; tranquille

مَشَى ~ًا — compter ses pas [*fig.*]; marcher à pas comptés

X **اِسْتَمْهَلَ** اِسْتِمْهالًا — temporiser

~ ه — demander du temps/un délai/un répit à qqn

اِسْتِمْهال — temporisation

**5211** **مَهْما** (← ما) — quoique; bien que; même si

~ حاوَلَتْ — bien qu'elle ait essayé; quoi qu'elle ait pu faire

~ بَلَغَ الأَمْر — quoi qu'il en coûte; vaille que vaille

~ يَكُنْ مِن أَمْر — quoi qu'il en soit; en tout cas; peu importe; n'importe; qu'importe

~ يَحْدُثْ — quoi qu'il arrive

~ قَلَّ — si peu que ce soit; si petit qu'il soit

~ كَبُرَ — si grand/pour grand qu'il soit

**5212** **مِهْنة** ج مِهَن — profession; métier; carrière; *v. aussi 5213*

إِنَّه اِبْن الـ~ — être du métier

سِرّ، أَسْرار الـ~ — secret professionnel; les secrets du métier

نَجَحَ في ~ه — faire carrière; réussir

~ حُرّة، طِبِّيّة — profession libérale, médicale

آداب الـ~ — déontologie

**مِهْنِيّ** — professionnel *adj.*

تَعْلِيم، مَدْرَسة ~(ة) — enseignement, école professionnel(le)

تَدْرِيب، تَشْوِيه ~ — formation, déformation professionnelle

قِطاع، ضَمِير ~ — secteur, conscience professionnel(le)

**مِهَنِيّ** — interprofessionnel

تَوْجِيه، إرْشاد ~ — orientation professionnelle

II **مَهَّنَ** تَمْهِينًا ه — donner un apprentissage; initier

**تَمْهِين** — apprentissage; initiation

VIII **اِمْتَهَنَ** اِمْتِهانًا ه — faire profession de; pratiquer/exercer une/la profession (de); être expérimenté

**مُمْتَهِن** — praticien; professionnel *n.m.*

**5213 مَهُنَ** ـُ مَهانةً — être … *v. à l'adj.*; *v. aussi 5212*

**مَهانة** — abaissement; déchéance

**مَهِين** — débile; faible; humble; insignifiant; dédaigné; méprisé; traité avec dédain

VIII **اِمْتَهَنَ** اِمْتِهانًا ه، ه — humilier; traiter avec dédain/mépris; mépriser

~ الأَخْلاق — outrager la morale; attenter aux bonnes mœurs

**اِمْتِهان** — dédain; humiliation; mépris

~ الآداب — outrage aux mœurs

**5214 مَهاة** ج مَهَوات، مَها — addax; antilope blanche

**ماهِيّة** ← ما

**ماء** ج مِياه (← موه، ميه) — *v. aussi ordre alphab.*

**5215 ماءَ** ـُ مُواءً — miauler

**مُواء** ج ات — miaulement

~ مَمْطوط — long miaulement

**5216 ماتَ** ـُ مَوْتًا — mourir; décéder; cesser de vivre; finir; perdre la vie; périr; succomber; s'éteindre/passer [*fig.*]; claquer/crever [*pop.*]; *jeu d'échecs*: être mat

~ رُعْبًا، خَوْفًا — mourir de peur

~ جُوعًا، عَطَشًا — mourir de faim, de soif

~ حَتْفَ أَنْفِه — mourir de sa belle mort/de mort naturelle/dans son lit [*fig.*]

مات — *jeu d'échecs*: mat

**مَوْت** ج أَمْوات؛ مَمات — mort; trépas; décès

~ زُؤام، أَحْمَر — mort subite, violente

~ أَبْيَض، أَسْوَد — mort naturelle, par étouffement

خَطَر الـ~ — danger de mort

مُشْرِف على الـ~ — à l'article de la mort; au plus mal

مُوتة — évanouissement; perte de connaissance

مِيتة — mort; manière de mourir

**مَوْتان**؛ مُوتان — qui ne donne pas de signe de vie; *vétér.* épizootie

~ الفُؤاد — apathique; lymphatique

مُوتانِيّ — épizootique

مَوَتان — biens immeubles/fonciers

مَوات — abandonné; inculte; en friche; stérile (sol)

**مَيْت** ج أَمْوات، مَوْتَى — défunt; mort *adj., n.*; trépassé; cadavre

بَيْنَ حَيٍّ و~ — à demi-mort; entre la vie et la mort; moribond; mourant *n.*

أَرْواح **المَوْتَى** — mânes; les âmes des trépassés

مَدِينة، رَقْصة **الأَموات** — nécropole; danse macabre

**مَيْتة** — cadavre; carcasse

**مَيِّت** ج ون — mortel *n.*

~ ج مَوْتَى ← مَيْت

II مَوَّتَ تَمْوِيتًا ه ← IV

IV **أَماتَ** إماتةً ه — mettre à mort; faire mourir; donner la mort; mater; tuer

~ جَسَده، نَفْسه — macérer son corps; se mortifier

~ الشَياطِين — chasser les démons

**إماتة** — mise à mort; mort

~ جَسَده، نَفْسه — macération/mortification (ascétique)

**مُمِيت** — mortel (blessure, péché); funeste

مُصاب بِجُرْح، بِضَرْبة ~(ة) — mortellement atteint/blessé

خَطِيئة ~ة — péché mortel

**مُمات** : لُغة ~ة — langue morte

VI تَماوَتَ تَماوُتًا — faire le mort; feindre la mort

X اِسْتَماتَ اِسْتِماتة لِـ ه — s'exposer à la mort au martyre; se jeter à corps perdu dans; faire des efforts désespérés

مُسْتَميت — martyr; qui défie la mort

قِتال ~ — combat héroïque intrépide

**5217** مُوثة — prostate

اِلْتِهاب الـ~ — prostatite; inflammation de la prostate

مُوثيّ — prostatique

**5218** ماجَ ُ مَوْجًا، مَوَجانًا — être ... *v. à l'adj.*; s'agiter s'exciter (foule); se gonfler se soulever (mer); ondoyer; onduler; faire des vagues

مَوْجة ج مَوْج، أَمْواج — flot; onde; vague; lame

~ القَعْر — lame de fond

~ بَرْد، حَرّ — vague de froid, de chaleur

~ اِسْتِنْكار، غَضَب — vague de désapprobation, de colère

أَثار ~ اِحْتِجاج — soulever une vague de protestations

~ جَديدة، فِكْريّة — nouvelle vague; courant de pensée

سَعة ~ — amplitude d'une vague

طُول ~ — longueur d'onde

~ صَوْتيّة، مُخْمَدة — onde sonore, amortie

حَرْب الأَمواج — guerre des ondes

صَخَب الـ~ — fureur des flots

تَلاطَمَت الـ~ — s'entrechoquer (vagues)

~ صَغيرة — ondes courtes

~ فَوْق صَغيرة — ultra-courtes

~ مُتَوَسِّطة، طَويلة — ondes moyennes, longues

مُوَيْجة ج ات — vaguelette

مائِج؛ مَوّاج — gonflé (flot); agité/houleux (mer, foule); ondoyant; ondulant

بَحْر ~ — grosse mer; mer forte

II مَوَّجَ تَمْويجًا — onduler *tr.* (les cheveux); agiter/rider (la surface de la mer); soulever (des vagues); moirer une étoffe

V تَمَوَّجَ تَمَوُّجًا — chatoyer (couleurs); flotter (dans le vent); s'agiter/se rider/se gonfler se soulever (mer); osciller; vibrer

تَمَوُّج — chatoiement moiré (des tissus); ondoiement; ondulation; reflet; vibration; oscillation; ride (à la surface de l'eau); houle

~ في الصُفوف — flottement dans les rangs

~ دائِم — permanente *n.f.* (cheveux)

تَمَوُّجيّ — ondulatoire; vibratoire

إوالة، ميكانيكا ~ة — mécanique ondulatoire

مُتَمَوِّج — chatoyant moiré (tissu); changeant; fluctuant; mobile; ondoyant; ondulant; agité; houleux; ridé (mer); flamboyant [*archit.*]

VI تَماوَجَ تَماوُجًا — onduler (champs de blé); être agité bercé (par le vent)

تَماوُج — houle

مُتَماوِج — houleux; en vagues; ondulant; ondulé

**5219** مارَ ُ مَوْرًا — s'agiter (mer); onduler; se balancer être balancé (plante)

V تَمَوَّرَ تَمَوُّرًا — s'agiter (mer); se balancer (au vent); onduler; louvoyer; osciller

تَمَوُّر — ondulation; louvoiement

مُتَمَوِّر — ondulant; oscillatoire; amibien (mouvement)

مُتَمَوِّرة ج ات — *biol.* amibe

مَوْرَنَ ← مارونيّ

**5220** مُوريتانيّ — mauritanien

**5221** مَوْزة ج مَوْز — banane

شَجَرة، مَزْرَعة مَوْز — bananier; bananeraie

ماس — *v. ordre alphab.*

**5222** مُوسَى ج أَمْواس، مَواسٍ — couteau; rasoir

~ آليّة، كَهْرَبائيّة — rasoir mécanique, électrique

**5223** مُوسَى — *n.pr.* Moïse; Moussa

سَمَك ~ — sole [*poiss.*]

مُوسَويّ؛ شَريعة ~ة — *hébr.* mosaïque *adj.*; loi mosaïque

**5224** مُوسيقَى — musique

~ عَسْكَرِيّة، آلِيّة — musique militaire, instrumentale
~ مَنْزِلِيّة، غُرَف — musique de chambre
عِلْم، عالِم في الـ~ — musicologie; musicologue
**مُوسِيقِيّ** — musical; musicien *adj.*
آلة، أُذُن ~ة — instrument de musique; oreille musicienne
رَئِيس فِرْقة، جَوْقة ~ة — chef de musique
مُوسِيقِيّة — musicalité
موسيقار — musicien *n.m.*

5225 **مَوْص** — paille

5226 **مَوْصِلِيّ** — de Mossoul; mousseline

5227 **مَوْضَعَ** — localiser; faire le point; repérer; situer
مَوْضَعة — localisation; repérage
II تَمَوْضَعَ تَمَوْضُعًا — se situer; se localiser; se repérer
تَمَوْضُع — *philos.* objectivation

**مُؤْق** ← مأق

5228 **مُوق** ج أَمْواق — galoche, sabot

**مَوّال؛ مَواليا** ← ولي

5229 **مال** ج أَمْوال — argent; avoir *n.m.*; bien *n.m.*; fortune; richesse
ذو ~ — qui a du bien/est à l'aise; riche
جَمَعَ ~ًا — gagner de l'argent; faire fortune
أَنْفَقَ ~ه — dépenser son bien
قَلَّ ~ه — être gêné [*fig.*]; avoir peu d'argent
~ الحَرام — bien/argent mal acquis
~ الحَلال — argent/bien honnêtement gagné
بَيْت الـ~ — fisc; Trésor public; caisse [*fin.*]
عالَم الـ~ — le monde de l'argent/de la finance
رَأْس ~ ج رُؤُوس أَمْوال ← رَأْس
رَجُل ~ — financier *n.m.*

**أَمْوال** — fonds; richesses
~ سِرِّيّة، عامّة — fonds secrets, publics
لَدَيْهِ ~ هائِلة — disposer de fonds considérables
~ الدَوْلة — biens/domaine/fonds public(s); biens domaniaux
اِخْتِلاس ~ — détournement de fonds
**مالِيّ** — financier *adj.*; pécuniaire
حالة، مَوارِد ~(ة) — état, ressources financier(ères)
اِرْتِباك ~ — embarras pécuniaire; difficultés d'argent
وَرَقة ~ة — billet de banque
سُوق ~ة — marché financier
تَضَخُّم، اِسْتِثْمار ~ — inflation, investissement financier(ère)
عَمَلِيّات، سِياسة ~ة — opérations, politique financière(s)
رَأْس ~؛ نِظام رَأْس ~ — capitaliste; système capitaliste; *v. aussi 1963*
مالِيًّا — financièrement; pécuniairement
**مالِيّة** — finances *n.f.pl.*; trésorerie
~ الدَوْلة — les finances/la trésorerie de l'État
وَزِير الـ~ — ministre des Finances; chancelier de l'Échiquier
II مَوَّلَ تَمْوِيلًا ه، ه — enrichir; commanditer; financer; bailler/donner des fonds
**تَمْوِيل** — commandite; financement
طاقة، طُرُق الـ~ — capacité, méthodes de financement
~ ذاتِيّ — autofinancement
مُمَوِّل ج ون — commanditaire; bailleur de fonds; financier
مُمَوَّل — commandité; financé
V تَمَوَّلَ تَمَوُّلًا — être/devenir riche; s'enrichir
مُتَمَوِّل — riche; fortuné

5230 **مَوْماء** ج مَوامٍ — désert

**مُومِس** ← ومس

5231 **مُومِياء؛** مومية ج ات — momie

5232 **مُونادِيّة** — *philos.* monadisme; monadologie

5233 مُونة ج مُوَن approvisionnement; vivres; provisions; *égypt.* ciment; mortier

بَيْت الـ~ magasin à provisions

مَؤُونة ج مُؤَن ← مأن

II مَوَّنَ تَمْوِينًا بِـ ه alimenter [*fig.*]; fournir; approvisionner; garnir (un magasin); pourvoir en; ravitailler

تَمْوين alimentation; approvisionnement; fourniture; ravitaillement

مَصْدَر ~ source d'approvisionnement

مُمَوِّن ج ون approvisionneur; fournisseur; pourvoyeur; ravitailleur

مُمَوَّن بِـ fourni; pourvu; ravitaillé

V تَمَوَّنَ تَمَوُّنًا s'approvisionner (en vivres); faire ses provisions; se fournir; se ravitailler

~ ماءً faire de l'eau; s'approvisionner en eau

5234 ماهَ ـُ مَوْهًا avoir beaucoup d'eau (puits); faire eau (bateau)

~ ه بِـ ه mélanger; mêler (d'eau)

ماء *v. ordre alphab.*

مُوَيْه؛ مُوَيْهة eau; petite quantité d'eau

II مَوَّهَ تَمْوِيهًا ه hydrater; ajouter/mettre/verser beaucoup d'eau dans; adultérer; camoufler; dissimuler; falsifier; dorer; pallier; colorier; colorer; enduire/plaquer d'or

~ الحَقِيقة embellir/enjoliver/farder la vérité

~ عليه الأَمْر monter le coup à; chercher à séduire; faire miroiter qqch à qqn

تَمْوِيه hydratation; camouflage; feinte; dissimulation; palliatif; coloriage; embellissement; enjolivement; façade [*fig.*]; falsification; dorure; placage (d'or)

تَكَلَّمَ بِدُون ~ parler sans fard

مُمَوِّه captieux; spécieux

غَيْر ~ naïf; direct [*fig.*]

مُمَوَّه plaqué or (métal)

V تَمَوَّهَ تَمَوُّهًا s'hydrater

تَمَوُّه hydratation

5235 مِيتافِيزِيك métaphysique

5236 مِيتان méthane

5237 مِيثولوجيا؛ مِيثولوجيّة mythologie

مِيثولوجيّ mythologique

5238 مِيجار crosse (jeu du mail)

5239 ماحَ ـِ مَيْحًا puiser de l'eau dans sa main

~ ـِ مَيْحوحة se dandiner; se déhancher

V تَمَيَّحَ تَمَيُّحًا chanceler en marchant; zigzaguer comme un homme ivre

X اِسْتَماحَ اِسْتِماحة demander une faveur; faire une requête

5240 مادَ ـِ مَيْدًا، مَيَدانًا se balancer; osciller; chanceler; avoir la tête qui tourne le vertige

مَيْد vertige

مَيْدِيّة moule *n.f.* [*zool.*]

مائِد qui a le vertige la tête qui tourne

مائِدة ج مَوائِد table (à manger)

جَلَسَ إلى الـ~ se mettre à table

مَوائِد مَعْدِنِيّة tables métalliques

رُصِفَت الكَراسي حَوْلَ الـ~ les chaises sont rangées autour des tables

مِيداء bout; extrémité; terme

مَيْدان ج مَيادِين arène; champ; esplanade; forum; lice; piste; *fig.* cercle; domaine; plan; *mil.* campagne; *égypt.* place publique

~ السِّباق piste/champ de courses

~ سِباق الخَيْل hippodrome

~ سِباق الكِلاب cynodrome

~ العَمَل، الشَّرَف champ d'action, d'honneur

~ الحَرْب، المَعْرَكة champ de bataille; théâtre des opérations

~ الرَّمْي champ/polygone de tir

~ بَهْلَوانِيّات cirque

في ~ ه sur le plan/dans le cadre/le domaine de

في مُخْتَلَف المَيادِين dans les différents domaines; sur les divers plans

مَيْدانِيّ *mil.* de campagne

مَطْبَخ ~ *mil.* cantine/cuisine roulante

5241 **مِيرة** ج مِيَر provisions de bouche

ماعِنْدَهُ خَيْر وَلا مَيْر n'avoir pas un radis [*fam.*]/ un sou

III مايَرَ مُمايَرة ه contrefaire; imiter; parodier

مُمايَرة imitation; parodie

مُمايِر imitateur

5242 **مَيْرون** chrême; saint chrême; huile consacrée

سِرّ الـ~ *christ.* confirmation

5243 **مَيْز** distinction; favoritisme; partialité; supériorité

**مِيزة** ج ات attribut; caractéristique *n.f.*; qualité; dominante *n.f.*; caractère/marque distinctif(ive); particularité; prérogative; signe/trait (caractéristique, distinctif, particulier)

~ الإِنْسان le propre de l'homme

~ اللُغة l'esprit de la langue

~ طَبْع trait de caractère

II **مَيَّزَ** تَمْييزًا ه، ه، بَيْنَ ه، ه apprécier; caractériser; différencier; faire la différence entre; discerner; disjoindre; faire une discrimination/une distinction/une différence; distinguer; particulariser; faire de la ségrégation; sélectionner; séparer; singulariser; spécifier; conférer une distinction; favoriser; honorer; privilégier

~ه مِنْ ه reconnaître qqn à qqch

~ الحَقّ مِن الباطِل démêler le vrai du faux

لا يُمَيِّز بَيْنَ الخَمْر وَالخَلّ *prov.* ne pas savoir distinguer sa main droite de sa main gauche/un chat d'un rat (*m. à m.* le vin du vinaigre)

**تَمْييز** ج ات appréciation; caractérisation; différenciation; disjonction; discrimination; distinction; particularisation; sélection; séparation; singularisation; spécification; traitement de faveur/privilégié; favoritisme; bon sens; jugement; discernement; *gramm.* spécificatif; spécification; complément de nature

~ عُنْصُريّ discrimination/ségrégation raciale

سِنّ الـ~ âge de raison

خَطَأ في الـ~ erreur d'appréciation/de jugement

مَحْكَمة الـ~ Cour de cassation

بِدُون، بِلا ~ sans discernement/choix/distinction; à tort et à travers; indistinctement

**تَمْييزيّ** discriminatoire; ségrégationniste

إجْراءات، قُيود ~ة mesures, restrictions discriminatoires

تَمْييزيّة ségrégationnisme

**مُمَيِّز** caractéristique *adj.*; distinct; marquant (personnage); *gramm.* terme spécificatif

غَيْر ~ indistinct

**مُمَيِّزة** ج ات ← مِيزة

V **تَمَيَّزَ** تَمَيُّزًا بـ se caractériser; se différencier; se distinguer; se particulariser; se singulariser; être ... *v. à l'adj.*

~ العام بِنِهاية المَتاعِب l'année s'est caractérisée par la fin des difficultés

تَمَيُّز ج ات différenciation; singularité; particularité

**تَمَيُّزيّة**؛ لا ~ différenciation [*biol.*]; indifférenciation

**مُتَمَيِّز** caractérisé; distinct; différencié; distingué/marqué (par)

غَيْر ~ indistinct; indifférencié

VI تَمايَزَ تَمايُزًا différer *intr.*; trancher *intr.* (couleur)

مُتَمايِز tranché (couleur)

VIII اِمْتازَ اِمْتِيازًا بـ ← V

**اِمْتِياز** ج ات avantage; distinction; excellence; faveur; concession; passe-droit; immunité; préférence; prérogative; privilège

~ مِهْنَته avantage de la profession

جائِزة ~ prix d'excellence

ذو، صاحِب ~ concessionnaire; privilégié

شَرِكة صاحِبة ~ société concessionnaire

حَصَلَ على ~ obtenir une concession/un privilège

مَنَحَ ~ًا accorder une concession

~ إداريّ، بَرْلَمانيّ immunité administrative, parlementaire

~ مَنْجَميّ، بِتْروليّ concession minière, pétrolière

**اِمْتِيازات قُنْصُليّة** capitulations [*hist.*]

أَلْغَى الـ~ abolir les privilèges

**مُمْتاز** distingué; de choix/marque/qualité; sélect; émérite; excellent; extra [*fam.*]; extra-fin; épatant (type); florissant (santé); parfait; remarquable; sensationnel; signalé (service); privilégié; spécial; super [*fam.*]; surfin

بَنْزين ~ supercarburant

عَدَد، مُناخ ~ numéro spécial; climat privilégié

**5244** **مَيْسة** ج مَيْس timon (de charrue); *bot.* micocoulier

**5245** **ماسَ** ـِ مَيْسًا marcher en se balançant

**مَيْسان** ج مَياسين étoile de première grandeur

~، مَيْسون ج مَياسين éphèbe

**مَيْسَى** jeune fille élancée

**5246** **ماطَ** ـِ مَيْطًا ه، بـ ه pousser; repousser; éloigner; écarter; chasser

**مِياط** tiraillements

هُمْ في ~ وهِياط il y a des tiraillements/du tirage [*fam.*] entre eux

IV **أماطَ** إماطةً عَن ه dévoiler qqch; révéler; lever/ôter/arracher le voile de; faire toute la lumière sur

~ اللِثام عن *même sens*

**5247** **ماعَ** ـِ مَيْعًا couler; fondre *intr.*; entrer en fusion; se liquéfier; se dissoudre

مَيْع ؛ مُيوعة inconsistance; fluidité; liquidité; nonchalance

**مَيْعة** liquide; *bot.* styrax

~ الشَباب fraîcheur de la jeunesse; prime jeunesse

مائِع amorphe [*fig.*]; flasque; inconsistant; liquide; fluide; mou; mollasse [*péjor.*]; nonchalant

II مَيَّعَ تَمْييعًا ه diluer; liquéfier

تَمْييع liquéfaction

V تَمَيَّعَ تَمَيُّعًا ← ماعَ

تَمَيُّع déliquescence; liquéfaction

مُتَمَيِّع déliquescent; liquéfié

**5248** **ميكانيكا** (← مَكِنة) mécanique *n.f.*

~ نِسْبيّة، كَمِّيّة mécanique relativiste, quantique

**ميكانيكيّ** automatique; mécanicien; mécanique *adj.*

مُهَنْدِس، صِناعة ~(ة) ingénieur mécanicien; industrie mécanique

**ميكانيكيّة** دَقيقة mécanique de précision

~ تَمَوُّجيّة mécanique ondulatoire

**5249** **مالَ** ـِ مُيولًا décliner/tomber (jour); descendre (soleil); obliquer; biaiser; *mar.* donner de la bande

~ عَن dévier/se détourner/s'écarter de

~ ـِ مَيْلًا، مَيَلانًا إلى ه، ه incliner/pencher; se pencher vers; avoir un faible/un goût/une disposition/une vocation pour; avoir tendance/une propension à; être enclin/favorable/bien disposé à; tirer sur (couleur)

~ إلى الأمام pencher vers l'avant

~ إلى النَوْم glisser vers le sommeil; s'endormir

~ بـ ه، ه إلى entraîner qqn, qqch à

مُيول النَهار déclin/tombée du jour

**مَيْل** ج مُيول déclivité; divergence; déclinaison [*astron.*]; inclinaison; pente; goût; affection; attirance; disposition; inclination; penchant; passion; prédilection; propension; tendance

شَعَرَ بـ~ إلى se sentir attiré/poussé vers

~ أنانيّ، إلى الإرْتِفاع tendance égoïste, à la hausse

مَيَلان inclinaison; obliquité

**مائِل** (إلى) en déclivité; oblique; incliné; penché

سَطْح ~ plan incliné

~ إلى الشِفاء en voie de guérison

مَيّال إلى enclin à; porté sur; qui a un penchant/une tendance à

IV **أمالَ** إمالة ه infléchir; incliner/pencher *tr.*

~ ه bien disposer qqn; rendre sympathique

إمالة *ling.* inflexion vocalique (du «*a*» vers le «*i*»)

VI تَمايَلَ تَمايُلًا chanceler; se dandiner; rouler [*mar.*]; tituber; vaciller

تَمايُل balancement; roulis; vacillation

مُتَمايِل chancelant; titubant; vacillant

X **اِسْتَمالَ** اِسْتِمالة ه amadouer; attirer; capter; chercher à se concilier (les cœurs); conquérir; captiver; influencer

~ القُلوب، المَوَدّة gagner/attirer les cœurs, la sympathie

**5250** **مِيل** ج أَمْيال mile; mille *n.m.* [*métrol.*]

~ بَحْريّ mille marin/nautique

5251 (مين) مانَ ـِ مَيْنًا — mentir
مَيْن ج مُيون — mensonge
مَيّان ج ون — menteur

5252 مِينا — émail; *v. aussi 5253*
طَلَى بِالـ~ — émailler; vitrifier
مَطْليّ بِالـ~ — émaillé; vitrifié
طَلاء بِالـ~ — émaillage; vitrification
~ ساعة — cadran de montre
مِيناء ج مَوانٍ ← مِينا

مِينائيّ — émailleur

5253 مِيناء ج مَوانٍ (← ونى) — havre; port; rade
~ نَهْرِيّ، بَحْرِيّ — port fluvial, maritime
~ جَوِيّ — aéroport

5254 ماهَ ـِ مَيْهًا — dorer; enduire d'or
II مَيَّهَ تَمْيِيهًا ه (← ماء؛ مَوَّهَ) — hydrater
تَمْيِيه — hydratation
مُمَيِّه، مُمَيَّه — hydratant; hydraté

(نُون)

*vingt-cinquième lettre de l'alphabet : «nūn» ; dentale nasale :* [n]

**5255** **نا** *pron. pers. affixe de la 1re pers. du pl.* nous ; nos ; notre

*1. comme désinence personnelle dans un v. à l'accompli :*

أَكَلْنا، شَرِبْنا nous avons mangé, bu

*2. comme affixe pers.*

*a. en rapport d'annexion avec un n.*

كِتابنا، كُتُبنا notre nos livre(s)

*b. comme compl. d'objet dir. d'un v.*

زارَنا il nous a rendu visite

*c. comme compl. d'une prép.*

مَعَنا، لَنا avec nous ; à nous

**ناب** ج أَنْياب ← نيب

**نار** ج نيران ← نور

**5256** **نارَجيل** cocotier

**نارَجيلة** noix de coco

~ ج نَراجيل narguilé ; pipe à eau

**5257** **نارَدِين** valériane

نارَدينيّات valérianacées *n.f.pl.*

**5258** **نارَنْج** orange amère

**5259** **نازيّ** ج ون، نازيّة nazi ; nazisme

**ناس** ← إِنْسان

**نافورة** ج نَوافير ← نفر

**ناقورة** ج نَواقير ← نقر

**5260** **ناقوس** ج نَواقيس cloche ; clochette ; crécelle ; gong ; sonnette ; timbre

~ خَطَر sonnette d'alarme ; tocsin

**ناموس** ج نَواميس ← نمس

**5261** **نَأْمة** bruit ; gémissement ; son ; soupir

**5262** **ناوُوس** ج نَواويس sarcophage

**5263** **ناي** ج ات *mus.* chalumeau ; fifre ; flûte ; roseau ; «*nay*»

**5264** **نَأَى** َ نَأْيًا être éloigné de

~ ه، عَنْه s'éloigner ; prendre ses distances ; s'absenter ; partir

**نَأْي** (← نَوًى) éloignement

~؛ نُؤْي caniveau ; drain ; rigole (destinée à drainer l'humidité)

**ناءٍ** م نائِية distant ; éloigné ; lointain ; reculé

قَرْية ~ة village éloigné/perdu/reculé

**مَنْأًى** lieu éloigné/reculé

بِـ ~ عن en dehors/à distance/à l'écart de

IV أَنْأَى إِنْآء ه، ه éloigner ; mettre à distance ; rejeter ; repousser ; creuser des drains (autour d'une habitation)

VI تَناءَى تَنائِيًا s'éloigner/être éloigné les uns des autres

5265 (نبب) **أُنْبوب** ج أنابيب — ampoule; buse [*techn.*]; canal; conduit; conduite [*techn.*]; flacon; tube; tuyau

~ التَنَفُّس، رَشّ — trachée artère; tuyau d'arrosage

~ قَذْف نَسائِف — tube lance-torpilles

~ اِخْتِبار — tube à essai; éprouvette

~ تَهْوِية، حَلَزونيّ — pipe d'admission; serpentin [*chim.*]

~ اللِقاح — tube pollinique

~ مَعْجون أَسْنان — tube de pâte dentifrice

**أُنْبوبة** ج أنابيب ← أُنْبوب

~ بَيان — *mécan.* niveau; indicateur de niveau

**أنابيب** — tubulures; tuyauterie

مِرْجَل ذو ~ — chaudière tubulaire

~ المِياه، الغاز — conduites d'eau, de gaz

خطّ ~ البِتْرول — pipe-line; oléoduc

خَطّ ~ الغاز — gazoduc

**أُنْبوبيّ**؛ ~ الشَكْل — tubuleux; tubulaire; tubiste

**أُنبوبيّة** ج ات — bacille

**مُؤَنْبَب** — tubulé; en forme de tuyau; tubicole

قارورة ~ة — flacon tubulé

II نَبَّبَ تَنْبيبًا — tuber; tubage

5266 **نَبَأَ** - نَبْأً، نُبُوءًا ← نَبا

~ مِن بَلَد إلى بَلَد — aller de pays en pays

**نَبَأ** ج أَنْباء — annonce; avis; information; nouvelle

**أَنْباء** — chronique

نَشْرة ~ — bulletin d'informations

تُفيد الـ~ الوارِدة مِن — on nous communique/nous informe de; on apprend de

وِكالة ~ — agence de presse/d'informations

**نُبوءة، نُبُوّة** ج ات — prédiction; prophétie

**نَبِيّ** ج أَنْبِياء — prophète

**نَبَويّ** — prophétique

الكَلام، الأَحاديث الـ~ة — la parole, les dits du Prophète

II **نَبَّأَ** تَنْبِئة ه ه، بـ ه — annoncer; communiquer; informer; indiquer; notifier; faire savoir

IV **أَنْبَأَ** إِنْباءً ه، بـ ه ← II

~ ه بـ ه — annoncer/apprendre qqch à qqn; aviser/informer qqn de; prévoir; promettre de [*fig.*]

**إِنْباء** — annonce; avis; information; communication; notification

وكالة ~ — agence d'information

**مُنْبِئ** بـ — (nuage) annonciateur (de pluie)

V **تَنَبَّأَ** تَنَبُّؤًا بـ ه — annoncer; augurer; deviner; laisser deviner; prédire; présager; pronostiquer; prévoir; prophétiser; faire des prophéties

~ بِالمُسْتَقْبَل — percer/prévoir/prédire l'avenir; faire de l'anticipation

~ بِالطَقْس — prévoir le temps

~ بِطالِع ه — tirer les cartes à; prédire l'avenir de; tirer/faire l'horoscope de

**تَنَبُّؤ** — divination; prédiction; prévision; prophétie; pronostic

~ في زَمَن قَصير، طَويل — prévision à court, long terme

**مُمْكِن** الـ~ به — prévisible

**تَنَبُّؤات** جَوّيّة، ماليّة — prévisions météorologiques, financières

**تَنَبُّئِيّ**؛ كَلِمات ~ة — prophétique; paroles prophétiques

**مُتَنَبِّئ** ج ون — augure; devin; pronostiqueur

~ بِالشَرّ — prophète de malheur; oiseau de mauvais augure

5267 **نَبَتَ** ـُ نَبْتًا، نَباتًا — bourgeonner; croître; germer; lever *intr.* [*bot.*]; naître; sortir de terre/poindre/pointer (plante); pousser *intr.*; faire de la végétation

**نَبْت** — germination; bourgeonnement; herbage; herbe; végétation; bourgeon; plant; plante; pousse; végétal *n.m.*

~ الحِراج — sous-bois

**نَبْتة** ج ات، نَبْت — plant; jeune pousse

**نُبَيْتة** ج ات — plantule

**نَبات** ج ات — végétal *n.m.*; végétation; plante; phyto- *préf.*

~ حَوْليّ، مُعَمِّر — plante annuelle, vivace

~ بَرّيّ، تَزْيِينيّ — plante sauvage, d'ornement

~ عَلَفيّ، مُزْهِر — plante fourragère, remontante

مُعالَجة الأمْراض بِالـ ~ — phytothérapie

عالِم بِالـ. عِلْم الـ ~ — botaniste; botanique *n.f.*

آكِلُ الـ ~ — herbivore

جَمَّعَ الـ ~ — botaniser; herboriser

**نَباتات** — flore

~ البِحار. الجِبال — flore marine, montagnarde

حَديقة ~ — jardin botanique des plantes

**نَباتيّ** — herbacé; botanique; botaniste *adj.*; végétal *adj.*; végétarien *adj.*; végétatif

حِمْية ~ة — régime végétarien

~ ج ون — botaniste *n.*; végétarien *n.*

نَباتيّة — végétarisme

نابِت — qui germe pousse sort de terre; jeune plant pousse; jeunes; jeunes gens

**نابِتة** ج نَوابِت — race; *méd.* végétations

~ الشَرّ. السُوء — *fig.* sale engeance; mauvaise graine

نَبّوت ج نَبابيت — bourgeon; matraque; bâton; gourdin; trique [*fam.*]; *sport.* club; crosse

مَنْبِت ج مَنابِت — origine; lieu d'origine; plantation; pépinière; source

II نَبَّتَ تَنْبيتًا ه — planter; semer

IV **أَنْبَتَ** إِنْباتًا — germer; faire germer pousser; pousser *intr.*; produire des plantes de la végétation; se former (sein)

إِنْبات — germination

جِهاز إِنْباتيّ — appareil végétatif

V تَنَبُّت — végétation

X **اِسْتَنْبَتَ** اِسْتِنْباتًا ه — cultiver

~ البَكْتِريا. الجَراثيم — cultiver des bactéries, des microbes

**مُسْتَنْبَت** ج ات — pépinière

~ البَكْتِريا. الجَراثيم — bouillon de culture

**5268** **نَبَحَ** َ نَبْحًا. نُباحًا — aboyer; japper

~ على — aboyer après contre qqn

**نُباح** — aboiement; jappement

~ مُخَشْوِشِن. دائِب — aboiement rauque, qui s'apaise

**نَبّاح** — aboyeur

كُلُّ كَلْبٍ بِبابِه ~ — *prov.* prêcher pour sa paroisse pour son saint [*fam.*]

**5269** **نَبْخة** — étoupe (à calfater)

**5270** **نَبَذَ** ِ نَبْذًا ه — vinifier; faire des boissons spiritueuses; *v. aussi 5271*

**نَبيذ** ج أَنْبِذة — boisson alcoolisée; spiritueux; vin

~ فَوّار. أَبْيَض. أَحْمَر — vin mousseux, blanc, rouge

رُوح الـ ~ — esprit-de-vin; alcool éthylique

نِباذة — vinification

**5271** **نَبَذَ** ُ نَبْذًا ه — abandonner; éliminer; mettre de côté au rancart [*fam.*]; négliger; renoncer à; rejeter; repousser; réprouver; *phys.* centrifuger; *v. aussi 5270*

~ عَقْدًا — violer dénoncer un contrat

~ جانِبًا — laisser de côté; se détourner de

~ نَبْذَ النَواة — *fig.* rejeter avec dédain; ne faire aucun cas de

**نَبْذ** — mise à l'écart au rancart [*fam.*]; rejet; renoncement; réprobation; ostracisme

~ عَقْد — violation dénonciation d'un pacte

~ مِن — bagatelle; petite quantité; un peu de

أَنْباذ — populace; racaille

**نُبْذة** ج نُبَذ — extrait; fraction; fragment; partie; portion; notice

~ عن حَياة — curriculum vitae

**نابِذ**، قُوّة ~ة — centrifuge; force centrifuge

مَنْبوذ — abandonné; banni; expulsé; négligé; laissé mis de côté; rejeté; réprouvé; répudié; intouchable; paria

نَبيذ ← مَنْبوذ

VIII **اِنْتَبَذَ** اِنْتِباذًا — s'écarter; se mettre se tenir à l'écart

~ ناحِيةً — faire retraite; se retirer dans un endroit

**5272** **نَبَرَ** ِ نَبْرًا ه — accentuer; mettre l'accent sur; élever la voix; avoir la voix haut perchée; insister sur

~ مَقْطَعًا — accentuer une syllabe

**نَبْر** — accentuation; insistance; emphase

~ صَوْت. صَوْتيّ — accent tonique

لا نَبْرَ فيه — inaccentué (syllabe)

**نَبْرة** ج نَبَرات — accent; intonation; inflexion; ton; timbre (de la voix)

ناعِم الـ~ — qui a la voix mélodieuse

**مَنْبور**؛ غَيْر ~ — accentué; inaccentué (syllabe)

أَنْبار ج أَنابِر — soute; grange; grenier; magasin à grains

**مِنْبَر** ج مَنابِير — minbar; chaire; estrade; plate-forme; tribune

~ الصِحافة — tribune de presse

مِن أَعْلَى الـ~ — ex cathedra

**5273** **نِبْر** ج نِبار، أَنْبار — *ins.* hypoderme; œstre

نِبْرِيّات — œstridés *n.m.pl.*

**5274** **نِبْراس** ج نَبارِيس — lampe; lanterne; lumière; *fig.* hardi; courageux

~ وَقْتِه — flambeau de son temps

أَخَذَ مِنْه ~ًا — prendre qqn comme exemple

نَبْرِيس ج نَبارِيس — habile; hardi; courageux

**5275** **نِبْرِيج** ج نَبارِيج — boyau; tube du narghilé

**5276** **نَبَزَ** ـِ نَبْزًا ه — donner un surnom injurieux à

نَبَز ج أَنْباز — sobriquet/surnom injurieux

**5277** **نَبَسَ** ـِ نَبْسًا ه — cacher/taire un secret; parler; articuler; prononcer

ما ~ بِكَلِمة — ne pas dire/prononcer un mot/ un traître mot; ne pas desserrer les dents; ne pas ouvrir la bouche; ne pas souffler/ piper mot

ما ~ بِبِنْت شَفة — *même sens*

**5278** **نَبَشَ** ـُ نَبْشًا ه — creuser; fouiller; gratter; arracher; déterrer; défricher; exhumer; picorer; *fig.* tirer au clair

~ قَبْرًا — profaner une sépulture

نَبْش — déterrement; exhumation; défrichage; fouille; profanation (de sépulture)

أُنْبوش ج أَنابِيش — arrachis; plante arrachée avec sa racine

مَنْبوش — arraché; déraciné; déterré; profané (sépulture)

**5279** **نَبَضَ** ـِ نَبْضًا، نَبَضانًا — battre/palpiter (cœur); faire ressort; être en mouvement; vibrer

~ نابِضُه — se mettre en colère

~ قَلْبُه بِمَشاعِر — être animé par des sentiments

**نَبْض**، نَبْضة ج أَنْباض — battement; impulsion; pouls; pulsation; ressort

جَسَّ الـ~ — prendre/tâter le pouls

جَسُّ الـ~ — *fig.* ballon d'essai

~ كَهْرَبائِي — impulsion électrique

نَبْضة ج ات ← نَبْض

نَبَضان ← نَبْض

**نابِض** — contractile; palpitant; vibrant; qui a du ressort (personne)

~ بِالحَياة — plein de vie; dynamique

ما دامَ فيه عِرْق ~ — tant qu'il aura un souffle de vie

نَبَضَ ~ُه — se mettre en colère

~ ج نَوابِض — ressort

~ رَئِيسِيّ — *fig.* cheville ouvrière

~ حَلَزُونِيّ — ressort à boudin

~ لَوْلَبِيّ — ressort spiral; spiral *n.m.*

~ نَصْلِيّ، وَرَقِيّ — ressort à lames, à barres

مَنْبِض — point du corps où l'on voit battre les artères

IV أَنْبَضَ إِنْباضًا — faire gémir/vibrer (un arc); donner le frisson (fièvre)

**5280** **نَبَطَ** ـِ ـُ نَبْطًا ه — tirer de l'eau (d'un puits); creuser un puits

~ نُبوطًا الماء — sourdre

X اِسْتَنْبَطَ اِسْتِنْباطًا — inventer; *log.* déduire; formaliser

اِسْتِنْباط — invention; *log.* déduction; formalisation

اِسْتِنْباطِيّ — déductif

**5281** **نَبَطِيّ** — nabatéen

**5282** **نَبَعَ** ـَ ـُ نُبوعًا، نَبَعانًا — jaillir/sourdre (eau); naître/prendre sa source (rivière)

~ مِن — être consécutif à/produit par; venir de; provenir de

نُبوع، نَبَعان jaillissement (de l'eau)

نَبْع fontaine; source; arbre au bois dur

قَرَعَ الـ~ بِالـ~ croiser le fer [*pr.* et *fig.*]

أَصْلَب ~ًا très résistant

من نَبْعة كَرِيمة de noble origine; de bonne souche

نابِع jaillissant (eau); débordant

~ مِن consécutif à

عُيون ~ة sources d'eau vive

مَنْبَع ج مَنابِع fontaine; source; *fig.* germe; origine

~ تَمَرُّد foyer de révolte

~ الوَحْي le berceau de la Révélation de l'Islam

يَنْبوع ج يَنابيع fontaine; source

مِياه يَنابيع eaux de source

5283 نَبَغَ ـِ نَبْغًا، نُبوغًا apparaître; émerger; paraître; sourdre; surgir; exceller; être habile talentueux; avoir du talent

~ بِالدَّقيق laisser échapper de la poussière fine (sac de farine)

نُبوغ distinction; éminence [*fig.*]; génie; ingéniosité; habileté; savoir-faire; talent

نابِغ brillant; distingué; éminent; ingénieux; fameux; remarquable; de talent; talentueux

نابِغة ج نَوابِغ génial; de génie; génie *n.m.*; prodige (enfant); aigle [*fig.*]

نُبّاغ poussière fine (des moulins)

II نَبَّغَ تَنْبيغًا ﻫ secouer faire voltiger le pollen (du palmier)

تَنْبيغ pollinisation

5284 نَبْق nabka; jujubier; épine du Christ; nerprun; paliure

نَبْقِيّات rhamnacées *n.f.pl.*

5285 نَبْكة ج نَبْك، نُبوك tertre; tumulus

5286 نَبَلَ ـُ نَبْلًا ﻩ بِـ darder décocher jeter lancer des traits des flèches sur

نَبُلَ ـُ نَبالةً être ... *v. à l'adj.*; avoir du mérite une grande âme

نَبْل ج أَنْبال، نِبال *coll.* dard; flèche; trait

~ الدَّهْر vicissitudes du temps

وابِل مِن النِبال une grêle de traits de flèches

نُبَيْلة ج ات fléchette

نُبْل، نَبالة générosité; grandeur; magnanimité; mérite; perfection; noblesse

أَخَذَ لِـ ﻫ ~ه prendre les choses par le bon bout; s'y mettre

نَبيل ج نِبال، نُبَلاء aristocratique; auguste [*litt.*]; bien né; chevaleresque; excellent; éminent; noble; généreux; magnanime; sublime; grand fier (âme)

~ الرَّأْي judicieux; de bon conseil

نابِل ج نُبَّل archer; tireur

اِخْتَلَطَ الحابِل بِالـ~ affaire inextricable; embrouillamini [*fam.*]; être pêle-mêle cul par-dessus tête [*fam.*]

نَبّال ج ة (← نابِل) Sagittaire [*zod.*]

5287 نَبُهَ ـُ نَباهة être ... *v. à l'adj.*

~ لِـ ﻫ faire attention

نَبِهَ ـَ نَبْهًا مِن نَوْمه s'éveiller

نُبْه، نَباهة attention; compréhension; esprit; discernement; éveil; intelligence; perspicacité; réveil; sagacité; vigilance; célébrité; renom; distinction

قِلّة ~ incompréhension; inintelligence; inattention

نَبِه، نَبيه ج نُبَهاء éveillé alerte en éveil (esprit); compréhensif; dégourdi; intelligent; perspicace; spirituel; sagace; célèbre; connu; distingué; éminent; excellent; fameux; bien né; noble; renommé

II نَبَّهَ تَنْبيهًا ﻩ. ﻫ rendre célèbre; donner du renom à; tirer qqn de l'obscurité; donner l'éveil; éveiller; réveiller; stimuler

~ ﻩ إلى ﻫ alerter; attirer l'attention sur; avertir aviser qqn de; notifier; prévenir; ouvrir les yeux de qqn sur; souligner montrer (l'importance de); signaler qqch à qqn

~ الرَّأْيَ العامّ alerter l'opinion publique

~ إلى النِظام rappeler à l'ordre

تَنْبيه ج ات annotation; avertissement; éveil [*fig.*]; mise en éveil; avis; nota bene; note; notice; notification; rappel à l'ordre; remarque; stimulation; préavis

آلة ~ avertisseur [*autom.*]

مُنَبِّه ج ات excitant; stimulant; stimulus; réveil; réveille-matin

~ داخِليّ، خارِجيّ stimulus interne, externe

جَرَس الـ~ sonnerie du réveil

V تَنَبَّهَ تَنَبُّهًا لِـ هـ (← VIII) s'éveiller (à); noter; prendre bonne note de; percevoir; réaliser qqch

**تَنَبُّه** attention; perception; vigilance

~ الحَواسّ éveil/réveil des sens

**تَنَبُّهِيَّة** excitabilité (des nerfs)

**مُتَنَبِّه** ← مُنْتَبِه

VIII **اِنْتَبَهَ** اِنْتِباهًا إلى، لِـ، بِـ faire attention à; porter son attention sur; s'apercevoir de; s'aviser de; prendre garde à; remarquer; se tenir sur ses gardes; prendre/porter de l'intérêt à; veiller à; penser à; ouvrir l'œil; se rendre compte de; se surveiller; être ... *v. à l'adj.*

~ لِتَطْبيق التَدابير veiller à l'application des mesures

~ لِسِرّ éventer un secret

لم **يَنْتَبِه** إليه أَحَد passer inaperçu

**اِنْتَبِهْ** attention! gare! tiens-toi bien!

**اِنْتِباه** attention; intérêt; vigilance

لَفَتَ، اِسْتَرْعَى الـ~ إلى هـ attirer l'attention sur; donner l'éveil; souligner l'intérêt de

شَدَّ ~ ه soutenir l'intérêt de

عَدَم ~ désintérêt; inattention

**مُنْتَبِه** attentif; en éveil; en alerte; éveillé [*fig.*]; prudent; sur ses gardes; sur le qui-vive; vigilant

غَيْر ~ inattentif; étourdi; imprudent

**5288** **نَبا** ـُ نَبْوًا rebondir (épée, balle); ricocher

~ عَنْ ه، هـ se détourner/s'éloigner de; avoir de la répugnance pour; être en conflit avec

~ عن مَكانه ne pas être à sa place/traîner (objet)

~ بِـ ه مَكانٌ ne pas convenir à qqn; ne pas supporter (un endroit); ne pas se plaire qqp; ne pas rester en place

~ جَنْبُهُ عن الفِراش s'agiter sur sa couche

**نَبْو**، نَبْوة؛ نُبُوّ rebond; rebondissement; ricochet; éloignement [*fig.*]; répugnance

نُبُوّة، نَبيّ ← نبأ

**نابٍ** détestable; licencieux; répugnant

**5289** **نَتَّ** ـِ نَتيتًا bouillir; bouillonner (liquide)

**5290** **نَتَأَ** ـَ نَتْأً، نُتوءًا عَنْ avancer; déborder de; faire saillie; dépasser; se projeter sur; se détacher de; enfler (plaie); être ... *v. à l'adj.*

~ عن الحاشِية dépasser le bord; déborder

**نُتوء** avancée; éminence; excroissance; relief; proéminence; protubérance; saillant *n.m.*; saillie; escarpement

~ العَظْم apophyse

**ناتِئ** accusé; avancé; éminent; en relief; en flèche; en saillie; saillant; prononcé; proéminent; protubérant

مَلامِح ~ة traits accusés

ناتِئة ج نَواتِئ ← نُتوء

**5291** **نَتَجَ** ـِ نِتاجًا، نَتْجًا mettre bas (femelle); vêler

نَتَجَ ـُ مِن، عَن découler; dériver; être consécutif à; naître de; procéder de; provenir; s'ensuivre; résulter; tenir à

يَنْتُج عن ذلك il s'ensuit que

**نِتاج** parturition; vêlage; portée (d'une femelle); produit (d'un troupeau)

**ناتِج** qui met bas/qui vêle (femelle); produit [*écon.*]

~ عن، من consécutif/dû à; provenant/résultant de

الـ~ القَوْمي الإجْماليّ produit national brut; P.N.B.

إجْماليّ، صافِي الـ~ produit brut, net

**نَتيجة** ج نَتائِج aboutissant [*litt.*]; conclusion; aboutissement; conséquence; fin; fruit [*fig.*]; effet; issue; résultante; résultat; séquelle; suite

~ طَبيعيّة، صُوَريّة corollaire *n.m.*

كانَت الـ~ أن avoir pour résultat de

السَبَب والـ~ la cause et l'effet

في الـ~ en fin de/au bout du compte

بِـ~ هـ du fait de; par suite de; dès lors

نَتيجةً لِـ comme/en conséquence de; à la suite de; comme suite à; en conclusion de

**نَتائِج الاِمْتِحان** résultats de l'examen

أَمْر خَطِر الـ~ — affaire qui a des conséquences fâcheuses qui peut mener loin

لِذلك ~ خَطِرة — cela a des conséquences fâcheuses mène loin

وَصَلَ إلى ~ — arriver à des conclusions

**مَنْتوج** ج ات — produit manufacturé

~ جانِبيّ — sous-produit

**مَنْتوجات قُطْر** — produits production richesses d'une région

IV **أَنْتَجَ** إنْتاجًا ه — enfanter; engendrer; mettre bas; vêler; causer; créer; donner naissance; débiter; faire fructifier; générer; produire; provoquer; rapporter

~ جُمَلًا — engendrer générer des phrases

~ فِلْمًا، سيّارات — produire un film, des voitures

**إنْتاج** — enfantement; mise bas; création; génération; production; rendement; reproduction

~ مُشْتَرَك — coproduction

قِلّة، إفْراط الـ~ — sous-production; surproduction

~ أَدَبيّ، سينمائيّ — production littéraire, cinématographique

~ زِراعيّ، صِناعيّ — production agricole, industrielle

~ العُمّال — rendement des travailleurs

**إنْتاجيّ** — productif

طاقة، قُوّة ~ة — capacité, force productive

**إنْتاجيّة** — productivité; rendement

عَدَم، لا ~ — improductivité

عِلاوة ~ — prime de productivité

**مُنْتِج** — producteur; productif; fécond; fructueux; prolifique

كاتِب ~ — écrivain fécond prolifique

عَمَل، جُهود ~ة — travail, efforts fructueux/productif(s)

الدُوَل الـ~ة لِلنَفْط — les États producteurs de pétrole

~ ج ون — producteur [*cin.*]

غَيْر ~ — infructueux; improductif; stérile (effort)

**مُنْتَج** ج ات — production; produit

~ كيمْيائِيّ — produit chimique

**مُنْتَجات** صِناعيّة — produits industriels; production industrielle

~ مُصَنَّعة، تامّة الصُنْع — produits manufacturés, finis

~ نَمَطيّة، مُوَحَّدة النَمَط — produits standardisés

~ نِصْف مُصَنَّعة — produits semi-finis

~ مُشْتَقّة — produits dérivés

~ تامّة الصُنْع — produits finis

~ النَفْط — produits pétroliers; production pétrolière

VI تَناتَجَ تَناتُجًا — se reproduire; reproduction

X اِسْتَنْتَجَ اِسْتِنْتاجًا ه مِن — conclure de; tirer une conclusion une conséquence; inférer; reproduire (un texte); résulter; ressortir; *log.* déduire; induire

يُسْتَنْتَج مِن ذلك أنّ — il en résulte que; il ressort de cela que; on peut en déduire que

اِسْتِنْتاج — conclusion; déduction; induction; inférence

اِسْتِنْتاجيّ — déductif; inductif

5292 **نَتَحَ** ـِ نَتْحًا — exsuder

نَتْح — exsudation

نُتاحة، نُتوح — exsudat

5293 **نِتْرات** — nitrate

نِتْرون — neutron

قُنْبُلة نِتْرونيّة — bombe à neutrons

5294 **نِتروجين** — azote; nitrogène

نِتْروجينيّ — azoté

5295 **نَتَشَ** ـِ نَتْشًا ه — épiler; enlever extraire arracher retirer une épine; *v. aussi 5296*

نَتْش — épilation

نَتْشة عَصَبيّة — tic nerveux

مِنْتاش ج مَناتيش — épiloir; pince à épiler; pincette

5296 IV **أَنْتَشَ** إنْتاشًا — germer; germination

5297 **نَتَعَ** ـِ ـُ نُتوعًا — sourdre; suinter; sortir doucement (eau, sang)

5298 **نَتَفَ** ـِ نَتْفًا ه — arracher (les cheveux, les poils); épiler; peler; plumer

نَتْف — épilation

نُتْفة ج نُتَف — pincée; petite quantité; poignée

مِنْتاف — pince à épiler; épiloir

II نَتَّفَ شَعْرَهُ — s'arracher les cheveux

**5299 نَتَنَ** ـِ نَتْنًا — se décomposer; s'infecter; pourrir *intr.*; empester; puer; sentir mauvais; être/devenir ... *v. à l'adj.*

نَتُنَ ـُ نَتانة، نُتونة ← نَتَنَ

نَتِنَ ـَ نَتَنًا ← نَتَنَ

نَتانة، نُتونة — décomposition; infection; fétidité; pestilence; puanteur; pourriture

نَتِن — fétide; puant; pourri; pestilentiel; décomposé; infecté; fort (haleine)

II نَتَّنَ تَنْتينًا ه — rendre fétide/puant; pourrir *tr.*; décomposer (une viande); infecter (une plaie)

IV أَنْتَنَ إِنْتانًا — empester; sentir mauvais; puer; pourrir *intr.*

ما ~هُ — ça empeste! ça pue! quelle puanteur!

مُنْتِن — puant; pourri; infect; fétide

**5300 نَثَّ** ـِ نَثيثًا — suer/suinter (outre); exsuder

~ ـُ نَثًّا — répandre (un bruit, une nouvelle)

**نَثيث** — exsudation; moiteur; sueur; suintement

~ المَطَر — chute de pluie; ondée; bruine

**5301 نَثَرَ** ـُ نَثْرًا، نِثارًا — disperser; disséminer; joncher; parsemer; répandre; écrire en prose

~ البُذور — semer à la volée/à tout vent

~ سِرًّا — divulguer/répandre un secret

**نَثْر** — dispersion; dissémination; *litt.* prose

كَتَبَ ~ًا — écrire en prose; faire de la prose

**نَثْرِيّ** — dérisoire/insignifiant/petit (somme d'argent); sans importance; prosaïque [*pr.* et *fig.*]; en prose

مَصاريف ~ة — faux frais; menues dépenses

نَثْرِيّات — *litt.* mélanges (littéraires)

نِثار — confetti; bonbons/perles/riz/dattes (jetés à poignées à l'occasion d'une cérémonie); jonchée (de fleurs); retombée *n.f.*

نُثار بارود — traînée de poudre

نُثارة — débris; miettes (de pain); reliefs (d'un repas); raclures

ناثِر — prosateur

نَثور — prolifique

مَنْثور — en prose; prosaïque (langue); *bot.* girofle

V تَنَثَّرَ تَنَثُّرًا ← VIII

VI تَناثَرَ تَناثُرًا — partir/tomber en morceaux/parcelles/miettes; se morceler; s'émietter

VIII اِنْتَثَرَ اِنْتِثارًا — se disperser; se disséminer; s'étaler; joncher le sol

اِنْتِثار — dispersion; dissémination

مُنْتَثِر — dispersé; disséminé

**5302 نَجيج** — pyorrhée

**5303 نَجَبَ** ـُ شَجَرة — enlever l'écorce d'un arbre

نَجُبَ ـُ نَجابة — être ... *v. à l'adj.*

نَجَب — endoderme [*bot.*]

نَجابة — cœur [*fig.*]; noblesse; éminence; excellence; dons/qualités intellectuel(le)s/de cœur

نَجَب — éminent; excellent; généreux

نَجيب ج نُجُب، نُجَباء، أَنْجاب — bien né; de bonne/noble ascendance/famille; noble; distingué; patricien; supérieur

IV **أَنْجَبَ** إِنْجابًا ه — donner naissance/le jour/la vie; enfanter; engendrer; procréer

~ مِنْها — avoir des enfants (d'une femme)

إِنْجاب — enfantement; engendrement; procréation

**5304 نَجَحَ** ـَ نَجاحًا في — aboutir; réussir; marcher [*fig.*]; prospérer; tourner bien/à l'avantage; avoir la main heureuse

~ في اِمْتِحان — réussir/être reçu à un examen

~ في تَغْيير الوَضْع — réussir à modifier la situation

~ت المُفاوَضات — les négociations ont abouti

**نَجاح** ا — heureux aboutissement; prospérité; succès; réussite; triomphe

~ مُدْهِش، مُذْهِل — un succès fou

أَحْرَزَ ~ًا — remporter un succès

لَقِيَ ~ًا كَبيرًا — avoir du succès; faire recette [*fig.*]

**ناجِح** — favorable (issue); fructueux; florissant; fortuné; bienvenu; prospère; réussi; satisfaisant; qui connaît remporte un succès; couronné de succès

زَواج ~ — mariage réussi prospère

تَجْرِبة ~ة — expérience réussie couronnée de succès

غَيْر ~ — manqué; raté; mal venu

زَواج، تَجْرِبة غَيْر ~ (ة) — mariage, expérience raté(e)

~ ج ون في اِمْتِحان — reçu à un examen

نَجيح — bon (conseil); (opinion) de bon sens

أَنْجَح في ه — qui réussit le mieux à

IV أَنْجَحَ إِنْجاحًا ه — mener à bonne fin; conduire au succès; accomplir; faire réussir (une entreprise)

إِنْجاح — accomplissement; bonne fin; exécution

**5305 نَجَد** — *bot.* coleus

**5306 نَجْد** ج نِجاد، نُجود، نِجاد — *géogr.* plateau; chemin route en bordure d'un plateau; *v. aussi 5307, 5308*

**5307 نَجْد** ج نُجود، نِجاد — ameublement; meubles; mobilier; tapis; tapisseries; *v. aussi 5306, 5308*

نِجاد — baudrier; bandoulière; ceinturon; porte-épée

نَجّاد ج ون — tapissier; bourrelier

مِنْجَد ج مَناجِد — pendentif

II **نَجَّدَ** تَنْجيدًا ه — matelasser; rembourrer

~ بَيْتًا — décorer garnir meubler une maison

**تَنْجيد** — décoration; garnissage; rembourrage

نَسيج الـ~ — tissu d'ameublement

مُنَجِّد — matelassier; tapissier

**5308 نَجْدة** ج نَجَدات — aide; assistance; renfort; rescousse; secours; *v. aussi 5306, 5307*

الـ~، إلى الـ~ — à l'aide! au secours! à moi! à la rescousse!

قُوّات الـ~ — renforts; secours; forces de secours

شُرْطة الـ~ — police secours

IV أَنْجَدَ إِنْجادًا ه — aider; assister; favoriser; secourir; porter secours; venir en aide; sauver

إِنْجاد — sauvetage; secours

مُنْجِد — sauveteur; sauveur; secouriste

X **اِسْتَنْجَدَ** اِسْتِنْجادًا ه. ه — faire appel à; appeler crier au secours à l'aide; recourir; avoir recours à; demander du secours de l'aide

~ على النار، اللِصّ — crier au feu, au voleur

اِسْتِنْجاد ج ات — appel au secours à l'aide; demande de secours

**5309 نَجَذَ** نَجْذًا ه — mordre; écraser broyer (avec les molaires); importuner

**ناجِذة** ج نَواجِذ — molaire; dent de sagesse

عَضَّ على ~ه — avoir acquis de l'expérience de la sagesse; avoir atteint l'âge de raison; avoir mûri

عَضَّ على **ناجِذَيْه** — serrer les dents [*fig.*]; être ferme volontaire; endurer une douleur sans le montrer

أَبْدَى عن **نَواجِذِه** — montrer les dents [*fig.*]; être menaçant

عَضَّ بالـ~ — être fortement attaché à [*fig.*]; mordre à belles dents dans [*fig.*]

**5310 نَجَرَ** ُ نَجْرًا ه — façonner travailler (le bois); niveler raboter (une planche)

نَجْر — rabotage

نِجارة — menuiserie; charpenterie; charpentage

نُجارة — copeau

نَجّار ج ون — menuisier; charpentier; ébéniste

نَجْران — gond

مَنْجَر ج مَناجِر — atelier du menuisier; menuiserie

مِنْجَر ج مَناجِر — rabot

مِنْجَرة ج مَناجِر — pierre chaude (qui sert à réchauffer l'eau)

**5311 نِجْرِس** — *ins.* simulie

**5312 نَجِزَ** َ نَجَزًا — aboutir; s'accomplir; arrriver à son terme sa fin au bout; se finir; se réaliser; être ... *v. à l'adj.*

نَجَزَ ُ نَجْزًا — *même sens*

نَجْز، نِجاز — accomplissement; achèvement; exécution (d'un travail) fin; finition

**ناجِز** bien exécuté/fini (travail); fini; achevé; consommé; complet; entier; fini; parfait

بِـ~ (acheter, vendre) au comptant/de la main à la main/clefs en main

باع ناجِزًا بِـ~ vendre au comptant/de la main à la main

III ناجَزَ مُناجَزَة ه attaquer; combattre; descendre dans l'arène

IV **أَنْجَزَ** إِنْجازًا ه accomplir; achever; réaliser; confectionner; finir; exécuter (des travaux); mener à terme/à bonne fin; parachever

~ أَعْمالًا كَثيرة abattre beaucoup de besogne

~ الأَعْمال الجارِية expédier les affaires courantes

~ عَمَلِيّة رابِحة faire/réaliser une bonne opération

~ عَمَلًا بِسُرْعة bâcler/dépêcher un travail [*class.*]

~ وَعْده، بِوَعْده s'acquitter de/tenir/remplir sa promesse

**إِنْجاز** accomplissement; achèvement; confection; exécution (des travaux); finition; réalisation (d'un projet)

~ الأَعْمال الجارِية expédition des affaires courantes

عَدَم ~ inachèvement; inaccomplissement; non-exécution

**مُنْجَز** exécuté; fini; achevé; parachevé

غَيْر ~ inaccompli; inachevé

~ ج ات réalisation

المُنْجَزات الاِقْتِصادِيّة réalisations économiques

V **تَنَجَّزَ** تَنَجُّزًا ← IV

~ في continuer à; persévérer dans (une habitude)

X اِسْتَنْجَزَ اِسْتِنْجازًا ه ه prier qqn de s'acquitter de (sa tâche)

**5313** نَجِسَ - نَجَسًا être ... *v. à l'adj.*

نَجُسَ ـُ نَجاسة ← نَجِسَ

نَجَس؛ نَجاسة impureté; infection; malpropreté; saleté; souillure

نَجِس impur; immonde; infect; malpropre; sale; souillé; pollué

II **نَجَّسَ** تَنْجيسًا ه، ه salir; souiller; polluer; rendre impur/malpropre; profaner

تَنْجيس profanation; souillure; pollution

V تَنَجَّسَ تَنَجُّسًا se polluer; se salir; se souiller

**5314** **نَجاشيّ** Négus; roi des rois

**5315** **نَجَعَ** ـَ نُجوعًا في ه être ... *v. à l'adj.*; agir/avoir de l'effet sur qqn; profiter à qqn (médicament); *v. aussi 5316*

**نُجوع** action/effet/efficacité (d'un remède); énergie; profit; salubrité

عَدَم ~ inefficacité (d'un médicament)

**ناجِع** actif/bon/qui a de l'effet (remède); efficace; infaillible; profitable; radical *adj.*; puissant [*fig.*]; salutaire

غَيْر ~ anodin; impuissant; inefficace; inactif; inopérant

نجيع ← ناجع

**5316** **نَجَعَ** ـَ نَجْعًا (← VIII) *v. aussi 5315*

نَجْع ج نُجوع tente de poils; hameau; oasis

نُجْعة transhumance; recherche de pâturages

مَنْجَع ج مَناجِع pâturage

VIII اِنْتَجَعَ اِنْتِجاعًا ه، ه transhumer; chercher des pâturages; avoir recours à qqn; demander aide/protection; chercher refuge auprès de

اِنْتِجاع transhumance

مُنْتَجَع ج ات pâturage; oasis; *fig.* asile; refuge; retraite; maison de convalescence/de repos; sanatorium

**5317** **نَجَف** ج أَنْجاف digue; dune; monticule; tertre; tas de sable/de terre; endroit à l'abri des eaux

نَجَفة ج نَجَف، نَجَفات chandelier; lustre

**5318** **نَجَلَ** ـُ نَجْلًا ه engendrer un fils; être père d'un garçon; *v. aussi 5319, 5320*

**نَجْل** fils; descendance; lignée; postérité; progéniture

كَريم الـ~ de noble extraction/origine

**5319** **نَجَلَ** ـُ نَجْلًا ه، ه faire une large plaie (arme tranchante); fendre; percer; *v. aussi 5318, 5320*

أَنْجَل م نَجْلاء large/bien fendu (œil); qui a de grands yeux

طَعْنة نَجْلاء plaie béante

**مِنْجَل** ج مَناجِل faucille

أَبو ~ *ois.* ibis

| | |
|---|---|
| مِنْجَلة | étau |
| ~ مِنْضَدِيّة | étau d'établi |

| | |
|---|---|
| **5320 نَجيل** | *bot.* chiendent; gramen |
| ~ الهِنْد | *bot.* vétiver |
| نَجيلِيّات | graminacées graminées *n.f.pl.* |

| | |
|---|---|
| **إنْجيل** | *v. ordre alphab.* |

| | |
|---|---|
| **5321 نَجَمَ** ُ نُجومًا | apparaître se lever pointer (étoile); naître; surgir; être en état de; pouvoir |
| ~ عَن | découler; dériver; provenir; s'ensuivre; tenir à; résulter; ressortir de |
| ~ قَرْنُه | *fig.* montrer laisser passer laisser voir le bout de l'oreille |
| **نَجْم** ج نُجوم | moment temps fixé pour accomplir un travail pour payer une dette; versement; travail accompli; *poiss.* coffre; ostracion |
| ~ (← نَجْمة) | *astron., coll. v. le n.un.* |
| ~ ذو ذَنَب | comète |
| أَفَلَ الـ~ | se coucher pâlir (étoile) |
| أَفَلَ ~ه | *fig.* son étoile pâlit |
| عَلا ~ه | *fig.* avoir le vent en poupe |
| **نَجْمة** | *n.un.* astre; corps céleste; étoile; planète; star; vedette; astérisque |
| ~ المَساء، الصَباح | étoile du soir, du matin |
| ~ البَحْر | astérie; étoile de mer |
| ~ سينِمائِيّة | étoile vedette de cinéma; star |
| مَجْموعة، كَوْكَبة **نُجوم** | constellation |
| رَأَى ~ السَماء في عِزّ الظُهْر | *prov.* voir les étoiles en plein midi; avoir la berlue [*fam.*] |
| أَرَى ه ~ الظُهْر | *prov.* faire voir trente-six chandelles |
| فُنْدُق ثَلاثة ~ | hôtel trois étoiles |
| بَيْنَ الـ~ | interstellaire; intersidéral |
| **نَجْميّ**؛ نُجوميّ | astral; sidéral; étoilé; stellaire |
| سَنة ~ة | année sidérale |
| نَجْمِيّة ج ات | rosace; *bot.* aster |
| نُجَيْمة ج ات | astéroïde; *cin.* starlette |
| ناجِم عَن | consécutif à; résultant de; qui provient vient de |
| **مَنْجَم** ج مَناجِم | mine; gisement |
| ~ مِلْح، نُحاس | mine de sel, de cuivre |
| ~ فَحْم حَجَري | mine de charbon de houille |
| ~ مَعْدِن ثَمين | gisement de métal précieux |
| **مَنْجَميّ**؛ حَوْض ~ | minier; bassin minier |
| مِلْح ~ | sel gemme |
| مِنْجَم ج مَناجِم | fléau (balance) |
| II **نَجَّمَ** تَنْجيمًا ه | observer les étoiles; déterminer le temps; lire dans les astres |
| ~ الدَيْن | payer une dette à date fixe |
| **تَنْجيم** | observation des étoiles |
| عِلْم، فَنّ الـ~ | astrologie |
| مُنَجِّم | astrologue |
| IV أَنْجَمَ إِنْجامًا | s'étoiler (ciel); apparaître dans le ciel (astre) |

| | |
|---|---|
| **5322 نَجا** ُ نَجاةً مِن ه | échapper à; réchapper à; être sauvé; se sauver; sortir d'un mauvais pas; s'en sortir; s'en tirer; passer au travers de [*fig.*]; survivre; *v. aussi 5323* |
| ~ بِنَفْسه، بِجِلْده، بِرُوحه | l'échapper belle; sauver sa peau |
| ~ مِن الخَطَر، المَوْت | échapper au danger, à la mort |
| ~ مِن مَوْقِف حَرِج | se tirer d'une situation délicate |
| **نَجاة**؛ نَجاء | délivrance; salut; sauvetage; secours |
| طَوْق، زَوْرَق ~ | ceinture, canot de sauvetage |
| **نَجْوة** ج نِجاء | élévation de terrain; monticule (à l'abri de l'eau) |
| في، بِـ~ مِن ه ← مَنْجًى | |
| ناجٍ ج ون | qui réchappe à (un danger); rescapé; sauvé; survivant |
| **مَنْجًى**، مَنْجاة ج مَناجٍ | abri; monticule; échappatoire; refuge |
| في، بِـ~ مِن | hors d'atteinte; à l'abri; en sûreté |
| وَجَدَ ~ في | trouver une échappatoire dans |
| مَهَّدَ لِنَفْسه ~ | se ménager une porte de sortie |
| II **نَجَّى** تَنْجية ه | délivrer; sauver |

~ مَكانًا — mettre un endroit à l'abri (des eaux)

تَنْجية — délivrance; sauvetage

مُنَجٍّ ج ون — sauveteur

IV أَنْجى إِنْجاءً ← II

**5323 نَجا** ُ نَجْوًا، نَجْوَى ه — dire/communiquer qqch à l'oreille de qqn; faire une confidence à; *v. aussi 5322*

نَجْوى ج نَجاوَى — confidence; conversation confidentielle; secret

نَجِيّ ج أَنْجية — ami intime; confident

III **ناجَى** مُناجاةً ه — faire une confidence à; s'adresser confidentiellement à; avoir un aparté avec; parler à l'oreille de qqn; *relig.* prier Dieu avec ferveur

~ نَفْسه — se parler à soi-même; soliloquer; monologuer

**مُناجاة** — aparté; conversation confidentielle; intimité; prière fervente

~ نَفْسِه — monologue; soliloque

~ الأَرواح — spiritisme

VI تَناجَى تَناجِيًا — échanger des confidences; avoir des apartés

تَناجٍ — aparté

**5324 نَحَبَ** ِ نَحيبًا — se lamenter; pleurer; sangloter

**نَحْب**؛ نَحيب — lamentation; pleurs; sanglot; gageure; pari; durée; espace de temps; temps

قَضَى ~ه — expirer; périr; perdre la vie; mourir; avoir fait son temps

نُحْبة — chance; sort

نَحيب — lamentation; pleurs; sanglot

VIII إِنْتَحَبَ إِنْتِحابًا — se lamenter; lamentation

**5325 نَحَتَ** ِ ُ نَحْتًا ه — façonner; forger [*fig.*]; sculpter; tailler (la pierre)

~ كَلِمة جَديدة — forger un mot nouveau

**نَحْت** — façonnement; sculpture; taille; statuaire

~ الأَحْجار النَفيسة — taille des pierres précieuses

نُحاتة — éclat (de pierre); raclure

نَحيتة ج نَحائِت — sculpture; objet sculpté/taillé

مَنْحوت — taillé; sculpté; façonné

نَحّات ج ون — sculpteur; tailleur de pierre

مِنْحَت ج مَناحِت — ciseau à pierre; burin

**5326 نَحَرَ** ُ نَحْرًا ه — couper la gorge; égorger; immoler; sacrifier

**نَحْر** — égorgement; sacrifice; immolation

يَوْم الـ~ — le jour du sacrifice (du mouton)

~ الشَهْر، اليَوْم — début/commencement du mois, du jour

**نَحْر** ج نُحور — haut de la poitrine; cou

~ ج أَنْحار ← نِحْرير

بَيْن أَنْحاره — parmi ses pairs

ناحِرة ج نَواحِر — clavicule

VI تَناحَرَ تَناحُرًا — s'entre-égorger

VIII **اِنْتَحَرَ** اِنْتِحارًا — se donner la mort; se suicider; se tuer

~ شَنْقًا — se pendre; se suicider par pendaison

~ غَرَقًا — se noyer; se suicider par noyade

**اِنْتِحار** — suicide

حاوَلَ الـ~ — attenter à ses jours; tenter de se suicider

مُنْتَحِر — suicidé; victime (d'un suicide)

**5327 نِحْرير** ج نَحارير — habile; expérimenté; adroit; industrieux; ingénieux

**5328 نَحَزَ** َ نَحْزًا ه — donner un coup de pied/une ruade

نَحيزة — disposition naturelle; nature; naturel *n.m.*; substrat; *méd.* diathèse

**5329 نَحْس** ج نُحوس — calamité; déveine [*fam.*]; guigne [*fam.*]; guignon [*fam.*]; malheur; malchance; mauvaise étoile/fortune; mauvais augure/présage; poisse [*pop.*]

لازَمَهُ الـ~ — jouer de malheur; être poursuivi par la malchance

جَلَبَ الـ~ إلى ه — porter malheur/la poisse [*pop.*] à

**نَحِس** — de mauvais augure; funeste; malencontreux; fatal; fatidique; mauvais; néfaste; sinistre; malheureux

يَوْم الـ~ — jour fatal/néfaste/malheureux; mauvais jour

نُحاس ← *5330*

مَنْحوس ← نَحْس

II نَحَّسَ تَنْحيسًا الأَخْبار — rechercher des informations

5330 نُحاس — cuivre; *v. aussi 5329*

~ أَصْفَر — cuivre jaune; laiton

نُحاسيّ — cuivré; en de cuivre; cuivreux

العَصْر الـ~ — l'âge du cuivre

نَحّاس ج ون — marchand de cuivre; chaudronnier; fabricant d'objets en cuivre

II نَحَّسَ تَنْحيسًا — cuivrer; couvrir revêtir de cuivre

5331 نَحَطَ ـِ نَحيطًا — ahaner; respirer avec effort

نَحيط؛ نَحْط؛ نُحاط — ahan; respiration difficile

5332 نَحُفَ ـُ نَحافة — être … *v. à l'adj.*; mincir *intr.*; s'amincir; maigrir *intr.*

نَحافة — amincissement; fragilité; maigreur; minceur

نَحيف ج نُحَفاء، نِحاف — amaigri; aminci; débile; délicat; efflanqué [*péjor.*]; émacié; fluet; fragile; frêle; grêle; maigre; mince; sec (corps)

مَنْحوف — *même sens*

IV أَنْحَفَ إِنْحافًا ه — amaigrir; amincir; faire maigrir mincir; rendre maigre mince

مُنْحِف — amaigrissant (régime)

5333 نَحْلة ج نَحْل — abeille

في خِفَّة الـ~ — léger vif comme une abeille

تَرْبية النَحْل؛ نِحالة — apiculture

نَحّال ج ون — apiculteur

5334 نَحَلَ ـُ، نَحِلَ ـَ نُحولًا — maigrir *intr.*; s'amaigrir; être … *v. à l'adj.*; *v. aussi 5333, 5335*

نَحَلَ ـُ — *même sens*

نُحول — amaigrissement; maigreur; fragilité

ناحِل ج نُحَّل، نَواحِل ← نَحيل

نَحيل ج نَحْلَى — asthénique; amaigri; décharné; délicat; efflanqué [*péjor.*]; fluet; fragile; malingre; frêle; grêle; maigre

IV أَنْحَلَ إِنْحالًا ه — amaigrir; rendre maigre malingre; exténuer

5335 نَحَلَ ـَ نُحْلًا ه من ه — donner qqch à; faire cadeau à

~ نَحْلاه (قَصيدة) — attribuer faussement un poème à qqn

نُحْلة — cadeau; don; présent

مَنْحول — apocryphe

VIII اِنْتَحَلَ اِنْتِحالًا ه — s'arroger/s'attribuer/usurper (un droit); démarquer/piller/plagier (un ouvrage)

~ الأَعْذار — inventer/alléguer/forger de fausses excuses

~ شَخْصِيَّة ه — se faire passer pour qqn (d'autre)

~ اِسْمه — prendre un faux nom/un pseudonyme

اِنْتِحال — allégation; démarquage; pillage; plagiat; usurpation

اِنْتِحاليّ — usurpatoire

مُنْتَحِل — plagiaire; pilleur; usurpateur

مُنْتَحَل — apocryphe; alias

اِسْم ~ — faux nom; pseudonyme; nom de plume/de guerre

5336 نَحَمَ ـِ نَحْمًا، نَحيمًا — tousser; se racler la gorge

نَحِم — qui a une voix caverneuse

نُحام — *ois.* flamant (rose)

5337 نَحْنُ — *pr. pers. sujet 1re pers. du pl.* nous

5338 نَحْنَحَ — avoir une quinte de toux; ahaner; haleter

نَحْنَحة — ahan; halètement; quinte de toux; toussotement

تَنَحْنَحَ — se racler la gorge; respirer avec effort

5339 نَحا ـُ نَحْوًا ه، ه — se rendre à; se diriger vers; aller dans la direction du côté de

~ نَظَرَه إلى — tourner ses regards vers

~ نَحْوَه — imiter; suivre les traces de; emboîter le pas; en faire autant

~ه عَن — repousser qqn

نَحْو ج أَنْحاء — contrée; coin [*fig.*]; côté; direction; région; façon; manière; sorte; espèce; *gramm.* grammaire

~ وَظيفيّ، تَوْليديّ — grammaire fonctionnelle, générative

~ تَحْويليّ — grammaire transformationnelle

~ مُقارِن — grammaire comparée

عَلى ~ ه — d'après; conformément à; selon; à l'exemple de; de la même manière que

على ~ يَرْضاهُ — d'une manière qui lui convienne

على ~ يَزيدُ مِن ه — d'une manière qui accroîtra

على ~ لم يُعْهَد مِن قَبْل — de manière inouïe

عَلَى هَذا الـ~ — de cette façon/manière; si; tellement

على الـ~ التالي — de la façon/la manière suivante; comme suit

**نَحْوَ** ه، ه — à l'égard de; vis-à-vis de; envers; par rapport; pour; en faveur de; en direction de; vers; près de; à peu près; presque; approximativement; environ

~ الساعة كَذا — aux environs de telle heure

في **أَنْحاء** العالَم، المَعْمور — aux quatre coins [fam.] du monde/de la planète; dans toutes les régions du globe

مِن كافّة ~ البَلَد — de tous les coins du pays

**نَحْويّ** — grammatical

~ ج نُحاة — grammairien

**ناحية** ج نَواحٍ — aspect; domaine; côté; coin; région; sphère; contrée; partie; *admin.* canton; district

مِن ~ ه — du point de vue/sur le plan/sous le rapport de

مِن هذه الـ~ — de ce point de vue; sous cet angle/ce rapport

مِن ~ ... مِن ~ أُخْرَى — d'un côté ... de l'autre; d'une part ... d'autre part

مِن ~ أُخْرَى — d'autre part; par ailleurs

**نواحٍ** — parages; aspects

في، مِن ~ مُتَعَدِّدة — sous différents/divers aspects

مِن جَميع **النَواحي** — sous tous les angles/les rapports; sur tous les plans

مَنْحًى ج مَناحٍ ← ناحية ج نواحٍ

مَنْحاة ج مَناحٍ — direction; domaine; orientation

II **نَحَّى** تَنْحية ه، ه عَن — écarter; éloigner; mettre de côté; limoger

~ ه عن مَكانه — déloger/déplacer/éloigner

تَنْحية ه عن مَنْصِبه — limogeage

IV **أَنْحَى** إِنْحاءً في سَيْره — dévier; aller d'un côté

~ لِ ه — arriver sur le flanc de; prendre de flanc

~ على ه — attaquer; agresser; s'en prendre à

~ على ه بِاللَوائِم — adresser/faire des reproches à; cribler qqn de reproches

~ بَصَرَه عن — détourner son regard/les yeux de

V **تَنَحَّى** تَنَحِّيًا عن ه — abdiquer; abandonner; s'éloigner; s'écarter; se mettre de côté/à l'écart; se récuser; se retirer; renoncer à

~ جانِبًا — se ranger sur le côté; se mettre sur la touche [*fig., fam.*]

تَنَحٍّ — abandon; abdication; éloignement; écart; retrait; renoncement; *biol.* récessivité

مُتَنَحٍّ — *biol.* récessif (caractère)

VIII **اِنْتَحَى** اِنْتِحاءً ه — se trouver à côté/au bord/en bordure de; longer; se tourner vers/dans la direction de

~ رُكْنًا بَعيدًا — gagner un coin/un endroit éloigné

~ جانِبًا — faire bande à part; se retirer; se mettre/se tenir à l'écart

**اِنْتِحاء**، ~ ضَوْئيّ — tropisme; phototropisme

**5340** **نَخَبَ** ـُ نَخْبًا ه — choisir; élire; trier; sélectionner

~ نُخْبةً — trier sur le volet

نَخِبَ ـَ نَخَبًا — avoir peur; être craintif

**نَخْب** (← مَنْخوب) — choix; sélection; tri; triage

مِن ~ أَوَّل — de premier choix

~ ج أَنْخاب — toast

شَرِب ~ ه — porter un toast à; lever son verre à; boire à la santé de

**نَخْبَ** ه — à la santé de

~ كَ — santé! à votre santé! à la vôtre! à la tienne!

**نُخْبة** ج نُخَب — choix; élite; triage; sélection; la crème [*fig.*]; la fleur [*fig.*]; la quintessence; le gratin [*fam.*]; les meilleurs

~ مِن الكُتُب — un choix des meilleurs livres

~ مِن الأَفْلام — une sélection de films

~ مِن ذَوي المَكانة — un groupe de personnes triées sur le volet

**ناخِب** — qui choisit/sélectionne/trie

~ ج ون — électeur

**جَماعة الناخِبين** — corps électoral; électorat

هَيْئة الـ~ — collège électoral

**مَنْخوب** décharné; émacié; maigre; peureux; pusillanime

صَوْت ~ voix craintive

VIII **اِنْتَخَبَ** اِنْتِخابًا ه، ه choisir; élire; sélectionner; trier; voter pour

~ الحُبوب، اللاعِبين sélectionner des grains, des joueurs

**أَهْل لِأَنْ يُنْتَخَب** éligible

**اِنْتِخاب** ج ات choix; élection; tri; triage; sélection; vote; suffrage

حَقّ الـ~ droit de vote

~ اللاعِبين، الحُبوب sélection des joueurs, des grains

الـ~ العامّ suffrage universel

**أَهْلِيَّة لِلْـ~** éligibilité

**اِنْتِخابات عامّة** élections générales; consultation électorale

~ نِيابِيَّة، بَلَدِيَّة élections législatives, municipales

تَرَشَّحَ لِلْـ~ être candidat aux élections; se présenter aux suffrages

قانون الـ~ loi électorale

**اِنْتِخابيّ** électoral; électif; sélectif; éclectique

دائِرة، حَمْلة ~ة circonscription, campagne électorale

مَعْرَكة ~ة bataille/lutte électorale

طَريقة ~ة méthode sélective/élective

اِنْتِخابِيَّة électivité; éclectisme

**مُنْتَخِب** *techn.* sélecteur

~ ج ون électeur; sélectionneur

~ الفَريق القَوْميّ sélectionneur de l'équipe nationale

**مُنْتَخَب** choisi; élu; sélectionné; trié

رَئيس ~ président électif/élu

لاعِب ~ joueur sélectionné

**مُنْتَخَبات** *litt.* morceaux choisis; anthologie; analectes; chrestomathie

5341 **نَخَرَ** ـُ نَخْرًا، نَخيرًا grogner; renifler; renâcler; attaquer/manger/ronger/piquer/vriller/vermouler le bois (vers); éroder; carier

نَخِرَ ـَ نَخَرًا se carier; se piquer (bois); se nécroser

نَخَر، نَخْرة carie; nécrose; piqûre (dans le bois)

ناخِر carié; piqué (bois); vermoulu; vrillé (bois)

مَنْخور *même sens*

مَنْخَر ج مَناخِر fosse nasale; narine; naseau; nez

مَنْخَرانِ fosses nasales

مَنْخَرِيّ nasal *adj.*

VIII اِنْتَخَرَ اِنْتِخارًا ← نَخِرَ

5342 **نَخْرَبَ** piquer/ronger le bois (vers)

**نُخْروب** ج نَخاريب alvéole; cavité; cellule (d'un gâteau de cire); piqûre vermoulure (du bois)

5343 **نَخَزَ** ـَ نَخْزًا ه piquer; picoter

نَخْز، نَخْزة picotement; piqûre (d'aiguille)

5344 **نَخَسَ** ـُ نَخْسًا ه، ه aiguillonner; piquer; éperonner; stimuler

مِنْخَس ج مَناخِس aiguillon; dard; éperon

مِنْخاس ج مناخيس ← مِنْخَس

5345 **نِخاسة** commerce d'esclaves; traite des Noirs; maquignonnage; *v. aussi 5344*

نَخّاس ج ون marchand maquignon d'esclaves

5346 **نُخاع** ج نُخُع moelle; bulbe rachidien

~ شَوْكيّ moelle épinière

**نُخاعيّ** médullaire; spinal

بَصَلة ~ة bulbe rachidien

نُخاعة glaire; mucus; mucosité; pituite

مَنْخَع première vertèbre cervicale

V تَنَخَّعَ تَنَخُّعًا se moucher; cracher des glaires; se racler la gorge; s'éclaircir la voix

5347 **نَخَفَ** ـُ نَخْفًا renâcler; renifler

5348 **نَخَلَ** ـُ نَخْلاً cribler; bluter; tamiser; passer au tamis/au crible; trier

نَخْل blutage; criblage; tamisage; triage; *v. aussi 5349*

**نُخالة** son [*bot.*]

خُبْز ~ pain de son

مُنْخُل ج مَناخِل — blutoir; crible; tamis; sas

**5349** **نَخْل**، نَخْلة ج نَخيل — palme; palmier; dattier

غابة نخيل — palmeraie

**5350** **نَخِمَ** ـَ نَخْمًا — cracher; expectorer

نَخْم — expectoration

نُخامة — crachat; expectoration; pituite; mucosité; glaire

غُدّة نُخاميّة — hypophyse

V تَنَخَّمَ تَنَخُّمًا — cracher; expectorer; se racler la gorge

**5351** **نَخا** ـُ نَخْوة — se donner/prendre des airs; être bouffi d'orgueil/arrogant

نَخْوة — arrogance; dignité; grands airs; point d'honneur; orgueil; sens de l'honneur

**5352** **نَدَّ** ـِ نَدًّا عَن ه — échapper; fuir

~ت عَنّي هذه الكَلِمة — ce mot m'a échappé

~تْ عَنْه ضَحْكة — laisser échapper un éclat de rire; pouffer; pouffer de rire

**نِدّ** ج أَنْداد — contemporain; égal *n.*; émule; pair *n.m.*; pareil *n.*; partenaire; pendant *n.m.*; semblable *n.*; *v. aussi 5353*

لَيْسَ له ~ — n'avoir pas son pareil

لا **نِدَّ** له — hors de pair

وَجَدَ ~ه — trouver son homme

نَديد ج نُدَداء ← نِدّ

II **نَدَّدَ** تَنْديدًا ه — divulguer; ébruiter; trahir (un secret)

~ بـ ه، ه — décrier; diffamer; dénigrer; dénoncer; couler qqn [*fig.*]; détracter; critiquer; flétrir; fustiger; confondre qqn; faire le procès de; faire campagne contre; stigmatiser

~ بِالرَّذيلة، بِالفَوْضى — stigmatiser le vice, le désordre

~ بِالجَوْر — faire le procès de/dénoncer l'injustice

~ بِالفَضيحة — crier au scandale

~ بِالخِيانة — crier à la trahison

تَنْديد بـ ه، ه — divulgation; dénonciation; procès; dénigrement; stigmatisation

**5353** **نَدّ** — bois/résine d'aloès; encens

نَدِّيّ — ambré

**5354** **نَدِبَ** ـَ نَدَبًا — se cicatriser; *v. aussi 5355, 5356*

~ ـَ نُدوبًا — être ... *v. à l'adj.*

نَدَب ج نُدوب (← نَدْبة) — cicatrisation

نَدْبة ج أَنْداب — balafre; cal *n.m.*; cicatrice; stigmate; trace (de brûlure); marque (de fer)

نَديب — couvert de cicatrices; couturé; balafré

IV **أَنْدَبَ** إِنْدابًا ه — laisser une cicatrice/une marque; cicatriser *tr.*

~ نَفْسَه، بِنَفْسِه — s'exposer au danger; exposer sa vie; s'exposer

إِنْداب — cicatrisation

مُنْدِب — cicatrisant

VIII اِنْتَدَبَ اِنْتِدابًا — cicatriser *intr.*; cicatrisation

**5355** **نَدَبَ** ـُ نَدْبًا ه — déplorer (la perte de qqn); pleurer (un mort); se lamenter; *v. aussi 5354, 5356*

نَدْب، نُدْبة — lamentation; élégie; chant funèbre; stance

نادِبة ج نَوادِب، نَدّابة ج ات — pleureuse

مَنْدَب ج مَنادِب — lamentations funèbres

**5356** **نَدَبَ** ـُ نَدْبًا ه — déléguer; députer; envoyer; *v. aussi 5354, 5355*

~ ه لِـ، على ه — exciter/pousser qqn à; charger qqn de

**مَنْدوب** ج ون — délégué; député; envoyé; mandataire

~ سامٍ — haut-commissaire

~ خاصّ — envoyé spécial

~ مُفَوَّض — ministre plénipotentiaire

~ فَوْقَ العادة — envoyé extraordinaire

~ جَريدة، هَيْئة — envoyé d'un journal, d'une organisation

مَنْدوبيّة — délégation; haut-commissariat

VIII **اِنْتَدَبَ** اِنْتِدابًا ه لِـ ه — déléguer/détacher/députer/envoyer qqn pour; charger qqn de; donner mission à qqn; mandater (qqn, une puissance)

~ نَفْسَه — s'appliquer/se dévouer à

**اِنْتِداب** — délégation; détachement; députation; mandat [*hist.*]

تَحْتَ الـ~ — (pays) sous mandat

**مُنْتَدَب** délégué; détaché; député; mandaté

سُلْطة ~ة puissance mandataire

عُضْو ~ membre délégué

**5357** **نَدَحَ** ـَ نَدْحًا ه dilater; élargir; étendre

**نَدْحة** terrain vaste spacieux; liberté d'action

لا يَجِد ~ عَن se trouver contraint/obligé de

لا نَدْحةَ عَنْهُ être inéluctable/inévitable/nécessaire/obligatoire

**مَنْدوحة** choix; liberté d'action; alternative

لَهُ ~ عَن ه être facultatif/optionnel pour qqn; avoir le choix

لا مَنْدوحةَ لَهُ عَنْ ه n'avoir pas le choix; ne pas pouvoir faire autrement; il n'y a pas d'alternative

VIII اِنْتَدَحَ اِنْتِداحًا se répandre (animaux); se dilater; s'élargir

مُنْتَدَح ← مَنْدوحة

**5358** **نَدَرَ** ـُ نَدْرًا، نُدورًا être désarçonné; se détacher; tomber; se détraquer; se faire/être rare

~ نَفْسَه لِلّه se consacrer à Dieu

~تِ الأَثْمار مِن les fruits se détachent/tombent

نَدُرَ ـُ نَدارةً être ... *v. à l'adj.*

نَدْر ← نادِر

**نُدْرة**؛ ~ نِسْبِيّة rareté; rareté relative

في الـ~؛ نَدْرةً rarement; peu souvent

**نادِر** étrange; peu fréquent; inusité; inhabituel; hors série; isolé; rare; seul

الـ~ لا حُكْمَ لَه *prov.* une fois n'est pas coutume; une hirondelle ne fait pas le printemps

عُمْلة ~ة *écon.* devise forte

~ جِدًّا très rare; rarissime

**نادِرًا** guère; rarement

~ ما il arrive rarement que; il est rare que

إلّا ~ guère

**نادِرة** ج نَوادِر histoire drôle; anecdote; incident; plaisanterie; accident; phénomène; rareté; prodige; chose extraordinaire

وَلَد ~ زَمانه enfant prodige

IV أَنْدَرَ إنْدارًا faire/dire des choses extraordinaires

V تَنَدَّرَ تَنَدُّرًا ← VI

VI تَنادَرَ تَنادُرًا على dire/faire des plaisanteries; raconter des histoires drôles

**5359** **نَدَسَ** ـُ نَدْسًا ه terrasser; jeter à terre

~ه عَن الطَريق détourner/écarter qqn de son chemin

~ على ه الظَنّ diffamer; jeter le discrédit sur; médire de

**5360** **نَدَغَ** ـَ نَدْغًا chatouiller

نَدْغ *bot.* origan

**5361** **نَدَفَ** ـِ نَدْفًا ه carder; arçonner; floconner

نُدْفة ج نُدَف flocon (de coton)

نَديفة ج نَدائِف *même sens*

نَدّاف ج ون cardeur; arçonneur

نَديف، مَنْدوف cardé; floconneux (laine, coton)

مِنْدَف ج مَنادِف cardeuse; arçon/archet [*techn.*]

V تَنَدَّفَ تَنَدُّفًا floculer; floculation

**5362** **نَدَلَ** ـُ نَدْلًا ه arracher qqch; dérober

نَدْل ← نَذْل

نادِل ج نُدُل garçon (de café, restaurant); serveur

رَئيس النُدُل maître d'hôtel

**مَنْدَل** bois odoriférant

~ ج مَنادِل bottine

ضَرْبُ الـ~ pratique de la divination; spiritisme

**مِنْدَل** alerte; expéditif; pickpocket

~ ج مَنادِل essuie-mains; écharpe; foulard

مِنْديل ج مَناديل serviette; essuie-mains; suaire; foulard; écharpe; mouchoir; turban

V تَنَدَّلَ تَنَدُّلًا s'essuyer (avec une serviette); s'envelopper (dans une écharpe)

تَمَنْدَلَ *même sens*

**5363** **نَدِمَ** ـَ نَدَمًا، نَدامة على ه se repentir; regretter (ses péchés); faire son mea-culpa [*fam.*]; venir à résipiscence

| | |
|---|---|
| نَدَم، نَدامة | contrition; pénitence; regret; remords; repentir |
| نادِم ج نُدّام، نَدَمة | contrit; pénitent; repentant |
| نَدْمان ج نَدامَى | *même sens* |
| نَديم ج نُدَماء | commensal; compagnon de plaisir/de table |
| III نادَمَ مُنادَمةً ه | tenir compagnie à qqn (à table, dans les parties de plaisir) |
| مُنادَمة | partie de plaisir |
| مُنادِم ← نَديم | |
| **5364 نَدَهَ** َ نَدْهًا | crier |
| ~ البَهائِم | chasser/faire avancer les animaux en criant |
| **5365 نَدا** ُ نَدْوًا ه | se réunir; assister à une réunion; *v. aussi 5366* |
| ~ ه | appeler/convoquer/inviter qqn à une réunion |
| **نَدْوة** ج نَدَوات | cercle; club; colloque; lieu de réunion; réunion d'études; séminaire; symposium |
| ~ شِعْرِيّة، الجُنْديّ | cénacle poétique; foyer du soldat |
| الـ~ النِيابيّة | parlement |
| **نادٍ** ج أَنْدية، نَوادٍ | cercle; club; lieu de réunion |
| ~ أَدَبِيّ، عَسْكَرِيّ | cercle littéraire, militaire |
| ~ رِياضِيّ، لَيْلِيّ | club sportif; boîte de nuit |
| **نادي** قِمار | maison de jeu; tripot [*péjor.*] |
| ~ طَيَران | aéro-club |
| III **نادَى** نِداءً، مُناداةً ه | appeler; héler; interpeller |
| ~ بِـ ه | clamer; crier; prêcher; préconiser; proclamer; être partisan de |
| ~ بِالمُعْجِزة، بِالوَيْل | crier au miracle, au malheur |
| ~ بِبَراءة ه | proclamer l'innocence de |
| ~ بِحَلّ سِياسيّ | préconiser une solution politique |
| ~ بِأَوامِر، بِالثَأْر | crier des ordres; crier vengeance |
| ~ بِـ ه مَلِكًا، رَئيسًا | saluer qqn comme/proclamer qqn roi, président |
| ~ على الشُهود | faire l'appel des témoins |
| ~ على رُؤوس الأَشْهاد | crier sur les toits |
| ~ على، إلى السِلاح | crier aux armes |
| نُودِيَ بِهِ رَئيسًا | être proclamé président |
| **نِداء** | appel; adresse; clameur; proclamation; *gramm.* vocatif |
| ~ هاتِفيّ | appel téléphonique |
| حَرْف ~ | *gramm.* particule du vocatif |
| أَصْدَرَ ~ | adresser/lancer un appel, une proclamation |
| **مُناداة** | appel; interpellation; proclamation |
| **مُنادٍ** ج ون | qui appelle/crie/interpelle; annonceur/crieur public; héraut; invocateur |
| ~ بِـ ه | adepte; partisan (de) |
| أَوَّل **المُنادِين** بِهذه الفِكْرة | le premier partisan de cette idée |
| **مُنادًى** | appelé; invoqué; interpellé |
| صِيغة الـ~ | forme du vocatif |
| VI تَنادَى تَنادِيًا | proclamer à cor et à cri; crier sur les toits; se réunir; s'entretenir; former un club |
| يَوْم التَنادي | jour du Jugement dernier |
| VIII اِنْتَدَى اِنْتِداءً ← نَدا | |
| **مُنْتَدًى** ج ات | cercle; club; salle de réunion |
| **5366 نَدِيَ** َ نَدًى، نُدُوّة، نَداوة | être ... *v. à l'adj.*; *v. aussi 5365* |
| ما ~ مِنْه شَيْء | il n'en a rien tiré |
| نَدًى ج أَنْداء | rosée; *fig.* générosité; libéralité; magnanimité |
| نَداوة، نُدُوّة | humidité; moiteur |
| نَدٍ (نَدِي) ← نَدِيّ | |
| **نَدِيّ** | humecté; humide; moite; frais; juteux; tendre |
| ~ الكَفّ | qui a le cœur sur la main; généreux; magnanime |
| ~ الصَوْت | qui a une belle voix/une voix généreuse |
| نَدِيّة، نَدَوِيّات | *bot.* drosera; droséracées *n.f.pl.* |
| II **نَدَّى** تَنْدِيةً ه | humecter; humidifier; mouiller |
| ~ وَجْهه بِالدُموع | baigner son visage de larmes |
| V **تَنَدَّى** تَنَدِّيًا | être humecté/humide |
| ~ على ه | *fig.* être/se montrer généreux envers |

5367 نَذَرَ ـِ نَذْرًا، نُذورًا consacrer; vouer; faire un vœu

~ نَفْسه se consacrer à; se dépenser pour; se vouer à

~ على نَفْسه أَنْ faire vœu de

~ نُذُوره *christ.* prononcer ses vœux

نَذِرَ ـَ نَذَرًا être/se tenir sur ses gardes; être averti

نَذْر ج نُذور vœu; ex-voto

نَذْريّ votif *adj.*

نَذير ج نُذُر annonce; augure; avertissement; signe avant-coureur/précurseur; présage; consacré/voué à Dieu/au service de Dieu

~ المَوْت *ins.* blaps

~ الشُؤْم mauvais augure/présage; prophète de malheur

~ السُوء، النَحْس *même sens*

نَذيرة ج نَذائِر vœu; ex-voto; consacré à Dieu/au service de Dieu

مَنْذور ← نَذير

IV أَنْذَرَ إِنْذارًا ه بِـ ه alerter; avertir; annoncer; intimer (un ordre); menacer; mettre en demeure; sermonner; sommer; faire des sommations; présager; laisser présager; pronostiquer; faire des pronostics; notifier

~ بِالمَطَر annoncer la pluie

~ه بِالدَفْع mettre qqn en demeure/sommer qqn de payer

~ه بِالمُثول sommer qqn de se présenter

إِنْذار ج ات alerte; alarme; annonce; présage; avertissement; avis; intimation; menace; mise en demeure; pronostic; sommation; notification

سابِق ~ préavis

بِدون سابِق ~ sans préavis

بَعْد الـ~ العاديّ après les sommations d'usage

~ بِغارة جَوِيّة alerte aérienne

~ كاذِب fausse alerte

~ نِهائيّ ultimatum

في حالة ~ en alerte; en état d'alerte

وَجَّهَ، أَرْسَلَ ~ًا نِهائِيًّا lancer un ultimatum

جَرَس، صَفّارة ~ sonnette, sirène d'alarme

مُنْذِر بِـ annonciateur; menaçant; alarmant

~ بِالمَوْت de funeste présage

VI تَنَاذَرَ تَنَاذُرًا ه se lancer des avertissements mutuels; se faire peur l'un à l'autre; charmer un serpent (par des passes magiques)

تَنَاذُر *méd.* syndrome

~ مُعْدٍ، مُؤْذٍ syndrome infectieux, malin

5368 نَذُلَ ـُ نَذالة être ... *v. à l'adj.*

نَذالة abjection; crapulerie; dépravation; lâcheté; gangstérisme; goujaterie; saloperie [*pop.*]

نَذْل ج أَنْذال abject; canaille; coquin; chenapan; crapule; dépravé; fripouille; gueux; galapiat/pendard [*fam.*]; gangster [*fig.*]; goujat; méprisable; sacripant; salaud/saligaud [*pop.*]; vil

5369 نَرْبيدَج؛ نَرْبيج bec du tuyau (dans le narghilé); pipette [*chim.*]; ampoule [*méd.*]

5370 نَرْجِس narcisse

~ أَسَليّ jonquille

نَرْجِسيّة narcissisme

نَرْجِسيّات amaryllidacées *n.f.pl.*

نارَجيل، نارجيلة *v. ordre alphab.*

5371 نَرْد dé à jouer; trictrac

نَرْدين ← ناردين

5372 نِرْفانا nirvāna

أَنارِف *bot.* serpentaire

5373 نَرْفَزة nervosité

مُنَرْفَز nerveux; énervé

5374 نَزَّ ـِ نَزيزًا suinter; être imbibé/dégouliner d'eau (sol, flacon); imbiber (le sol); vibrer (corde de l'arc)

جُرْح يَنِزّ plaie saignante

نِزّ suintement; eau qui suinte

نَزّ ج نِزاز، أَنْزاز agile; alerte; ingambe; leste; rapide; mobile; inconstant; instable; volage; avide; passionné; sensuel

نَزيز ج نُزُز ← نَزّ

5375 نَزَحَ ـِ نَزْحًا، نُزوحًا quitter un endroit; transhumer; émigrer; faire mouvement

~ إلى مَكان venir; immigrer

~ بِئْرًا épuiser/tarir un puits

نَزِحَ ـَ نَزَحًا être épuisé/tari (puits)

نُزِحَ بِه vivre en exil/loin de chez soi

نُزوح émigration; exode; transhumance; mouvement (de troupes)

~ اِجْتِماعيّ، أَهْل القُرَى exode social, rural

نازِح ج نُزَّح، نُزّاح colon; déraciné; éloigné; émigrant; exilé; tari (puits)

النازِحون colonie de migrants

VIII اِنْتَزَحَ اِنْتِزاحًا عَن disparaître/fuir de (chez soi); quitter (son domicile)

5376 نَزُرَ ـُ نَزْرًا، نَزارة être ... *v. à l'adj.*

نَزارة exiguïté; portion congrue; petite quantité

نَزْر modique; peu nombreux; exigu; insignifiant; en petite quantité

~ يَسير infime/petite quantité

إِلّا نَزْرًا، نَزيرًا ne ... guère de

5377 نَزَعَ ـِ نَزْعًا ه arracher; éliminer; enlever; ôter; quitter; faire sortir; tirer; retirer; décoller; déposer; dé- *préf.*

~ السِلاح، اللِجام désarmer; débrider (un cheval)

~ القِشْرة décortiquer; écorcer; enlever l'écorce

~ حِذاءه se déchausser; enlever ses chaussures

~ جَزْمَته se débotter; enlever ses bottes

~ ثِيابه، لِباسه se dévêtir; se déshabiller; se dépouiller de/ôter/quitter ses vêtements

~ الشَعيلة désamorcer

~ الحَشْوة débourrer; enlever la bourre

~ السِدادة déboucher; enlever le bouchon

~ الأَخْتام lever les scellés

~ ه عن مَنْصِبه، عَمَله destituer; casser qqn; révoquer

~ ثِقته من ه retirer sa confiance à

~ مِلْكيّة ه لِ ه déposséder qqn de; exproprier

~ مِن ه abandonner; s'éloigner de; quitter; renoncer à

~ ـِ نُزوعًا إلى tendre à; avoir un penchant/une propension à/de la tendresse pour

نَزْع agonie; décollement; déposition; élimination

~ السِلاح désarmement

~ الأَخْتام levée des scellés

~ المِلْكيّة dépossession; expropriation

وَقْت الـ ~ à l'article de la mort; entre la vie et la mort

نَزْعة ج نَزَعات disposition pour; prédisposition; tendance; vocation

~ إلى الخَيْر disposition au bien

~ جَديدة، أَدَبيّة tendance nouvelle, littéraire

نَزَعات سِياسيّة tendances politiques

نُزوع ← نَزْعة

نازِع، نازِعة ج نَوازِع penchant; tendance

نَزَع مِنْه ~ إلى ه avoir un fort penchant pour

نَزوع، نَزّاع إلى، لِ très enclin à/porté sur

مَنْزوع السِلاح démilitarisé (zone)

~ الشَعيلة désamorcé (bombe)

مَنْزَعة ج مَنازِع but; intention; objectif

III نازَعَ مُنازَعةً، نِزاعًا ه، ه contester; avoir un démêlé avec; entrer en conflit avec; lutter contre; lutter contre la mort; agoniser; être à l'agonie

~ حَقَّ ه contester les droits de

المَريض يُنازِع le malade agonise/s'en va

نِزاع conflit; contestation; discorde; controverse; démêlé; litige; lutte; dissension; différend; prise de bec [*fam.*]; querelle

~ مُسَلَّح conflit/lutte armé(e)

وَقَعَ في ~ مع entrer en conflit avec; avoir maille à partir avec

مَثار ~ pomme [*litt.*]/sujet de discorde

مَوْضِع، مَوْضوع ~ contesté; controversé; en jeu (intérêt); en litige

بِلا ~ sans contredit/conteste/contestation

لا نِزاعَ فيه indiscuté; incontestable; incontesté; indéniable

مُنازَعة ← نِزاع

لا يَقْبَل الـ~ incontestable

مُنازَعات frictions; tirage [*fam.*]; tiraillements; tirailleries

~ قَضائيّة contentieux

~ العَمَل conflits du travail

مُنازِع contestataire; contestant [*class.*]; agonisant; moribond; mourant

لَيْسَ من ~ في personne ne peut contester/nier

بلا ~ sans conteste/contredit

مُنازَع فيه، عليه contesté; controversé; litigieux

غَيْر ~ فيه، عليه incontesté

VI تَنازَعَ تَنازُعًا ه، ه s'arracher qqn, qqch; se disputer qqch; écarteler; tirailler qqn; être en proie à/ la proie de

~ في ه avoir des démêlés à propos de

تَنازُع agonie; concurrence; contestation; conflit; litige; rivalité; tiraillement [*fig.*]

~ على البَقاء lutte pour la vie

~ مَصالِح conflit d'intérêts

~ اِخْتِصاص *jur.* conflit de compétence

~ صَلاحيّة *jur.* conflit d'attributions

مُتَنازِع concurrent; rival

مُتَنازَع عليه، فيه ← مُنازَع

VIII اِنْتَزَعَ اِنْتِزاعًا ه agripper; arracher; ôter; emporter; enlever; extirper; exproprier; extraire; extorquer; retirer

~ ه اِنْتِزاعًا il l'arracha d'un seul coup

~ مَوْقِعًا حَرْبيًّا enlever une position militaire

~ مالَهُ extorquer de l'argent à; saigner qqn [*fig.*]

~ الإِعْجاب forcer l'admiration

اِنْتِزاع enlèvement; extirpation; extorsion; extraction; expropriation; retrait

~ لِأَجْل المَصْلَحة العامّة expropriation pour cause d'utilité publique

**5378** نَزَغَ - نَزْغًا lancer des épigrammes; calomnier; médire de

نَزْغة ج نَزَغات excitation/incitation au mal

~ الشَّيْطان suggestions du démon

نَزّاغ méchante langue; calomniateur

**5379** نَزَفَ - نَزْفًا ه s'épuiser/être épuisé; épuiser (eau d'un puits); assécher; tarir *tr.* et *intr.*; vider; se vider

~. نُزِفَ دَمُهُ se vider de/perdre son sang; saigner; être saigné

~ت الأَشْجار سائِلًا أَبْيَض les arbres laissent couler un liquide blanc

نَزْف، نَزيف épuisement/tarissement/perte (sang, eau); hémorragie; saignée; saignement

~. نَزْفة ماليّ (ة) saignée d'argent

~ رُؤوس أَمْوال hémorragie de capitaux

~ عَيْنيّ hémophtalmie

نَزْفيّ hémorragique

~ المِزاج hémophile

نَزّافة vampire

مَنْزوف، نَزيف affaibli (par la perte de son sang); épuisé; exsangue; vidé (de son sang)

X اِسْتَنْزَفَ اِسْتِنْزافًا ه absorber; assécher; épuiser; vider; tarir; *fig.* affaiblir; épuiser qqn; user

~ مَوارِد البَلَد épuiser les ressources du pays

~ عَدُوّه affaiblir/grignoter [*fig.*] l'ennemi

~ دَم ه saigner *tr.*; vider qqn de son sang

~ مالَه مِنْ أَجْل se saigner aux quatre veines pour

اِسْتِنْزاف absorption; épuisement (des ressources)

~ ماليّ saignée d'argent

حَرْب ~ guerre d'usure

غَيْر مُسْتَنْزَف inépuisable; intarissable

**5380** نَزَقَ - نَزْقًا s'emporter/se mettre en colère facilement; être ... *v. à l'adj.*

نَزِقَ - نَزَقًا، نُزوقًا *même sens*

نَزَق، نُزوق démesure; fougue; frivolité; vivacité; impulsion; impulsivité; impétuosité; irascibilité; irréflexion; légèreté; pétulance; précipitation; promptitude; susceptibilité

نَزِق démesuré; fougueux; frivole; impétueux; impulsif; irascible; irréfléchi; léger; pétulant; précipité; prompt; susceptible; vif; vivace; primesautier

**5381** نَزَكَ - نَزْكًا ه percer qqn de traits [*pr.* et *fig.*]

نَيْزَك ج نَيازِك *v. ordre alphab.*

**5382 نَزَلَ ـِ نُزولًا** baisser; descendre; atterrir (avion)

~ المَطَرُ il pleut

~ سُلَّمًا، نَهْرًا descendre un escalier, un fleuve

~ مُسْتَوَى المُرَشَّحين le niveau des concurrents a baissé

~ بِالمِصْعَد descendre avec l'ascenseur/en ascenseur

~ مِن سَفينة، طائِرة débarquer d'un bateau, d'un avion

~ بِـ، في mettre pied à terre; faire halte; arriver qqp; camper; être cantonné dans

~ في فُنْدُق descendre [*fig.*]/loger/habiter/s'installer/séjourner/résider à l'hôtel

~ على ه بِـ fondre/tomber sur qqn à coups de

~ على ه بِالسَوْط asséner des coups de fouet à

~ عن اِمْرَأة se retirer (après un rapport sexuel)

~تْ بِـ ه مُصيبة affecter/affliger/atteindre/frapper qqn (malheur)

~ عن ه لِمَصْلَحة ه se désister de/renoncer à qqch en faveur de qqn

~ على حُكْم ه déférer/se soumettre à un jugement

~ عِنْدَ إرادة، رَغْبة، طَلَب ه céder à la volonté, au désir, à la demande de

~ مَنْزِلًا occuper une place/une position

~ مَنْزِلة ه مِن tenir lieu de; faire office de; être considéré comme

~ دُونَ مَنْزِلَته s'abaisser [*fig.*]; déchoir; s'humilier

**نَزِلَ ـَ نَزَلًا** produire (terre); avoir du rendement

~ ـِ نَزْلةً s'enrhumer

**نُزول** abaissement; atterrissage; arrivée; baisse; débarquement; déclin; descente; renoncement

إجْراءات الـ~ formalités de débarquement/d'arrivée

~ لِمَصْلحة ه désistement/renonciation en faveur de

~ المَطَر، الثَلْج chute de pluie, de neige

**نُزُولًا** عِنْد طَلَب ه sur la/à la demande de; pour déférer/répondre à sa demande

صُعودًا و~ montant et descendant

**نُزُل** ج أَنْزال auberge; hôtel; hôtellerie; pension

~ لِلْعائِلات pension de famille

نَزْل ج نُزول ← نُزُل

**نَزْلة**، نِزْل catarrhe; influenza

~ وافِدة grippe

~ صَدْرِيّة، شُعَبيّة fluxion de poitrine; bronchite

نَزْلِيّ catarrhal; grippal

نَزَل ج أَنْزال produit/rendement de la terre; revenu *n.m.*

نازِلة ج نَوازِل accident; mauvaise affaire; calamité; événement; fléau; occurrence

نَزيل ج نُزَلاء client/hôte/pensionnaire (dans un hôtel)

**مَنْزِل** ج مَنازِل appartement; demeure; domicile; foyer; habitation; logement; logis; maison; résidence; toit [*fig.*]; maison/mansion (lunaire)

~ زَوْجيّ، الزَوْجيّة domicile conjugal

~ رِيفيّ maison rurale/de campagne

**مَنْزِليّ** domestique/ménager *adj.*; à domicile

فُنون، زِيارة ~ة arts ménagers; visite à domicile/domiciliaire

كَهْرَبائيّ ~ électroménager

**مَنْزِلة** ج مَنازِل degré [*fig.*]; dignité; rang; grade; position; situation; standing

~ رَفيعة grade élevé; situation de premier plan; grand standing

II **نَزَّلَ** تَنْزيلًا ه مِن déduire; réduire; faire une déduction/une réduction/une remise; diminuer; minimiser

~ ه عَن ه décharger/déposséder/soulager qqn de; détrôner (un souverain)

~ مِن ه، ه abaisser/rabaisser/ravaler qqn; minimiser l'importance de qqch

~ ه في incruster (bois précieux, argent, or)

**تَنْزيل** abaissement; rabaissement; déduction; réduction; remise (de prix); dépossession; décharge; incrustation

~ رُتْبة dégradation (militaire)

IV **أَنْزَلَ** إِنْزالًا ه، ه faire descendre; faire mettre pied à terre; porter en bas; ramener à un niveau/un rang inférieur; abaisser; abattre; rabaisser; décrocher; déposer; décharger; débarquer (des marchandises); faire débarquer (des voyageurs); héberger; loger; donner l'hospitalité à; *physiol.* éjaculer; *isl.* révéler (le Coran)

~ طائِرة abattre/descendre [*fig.*] un avion

~ باخِرة إلى البَحْر lancer un navire

اِسْتِنْزال déduction; diminution; réduction; remise; prélèvement

**5383 نَزَهَ** ـُ نَزْهًا عَن ه s'abstenir de/renoncer à/refuser/rejeter (ce qui est impur); *v. aussi 5384*

نَزِهَ ـَ، نَزُهَ ـُ نَزاهةً être … *v. à l'adj.*

**نَزاهة**، نَزْه désintéressement; droiture; continence; honorabilité; honnêteté; innocence; intégrité; loyauté; probité; pureté (morale); scrupule; respectabilité

~ حُكْم objectivité/impartialité d'un jugement

بِـ~ consciencieusement; loyalement; scrupuleusement

عَدَم ~ malhonnêteté; improbité; impureté; partialité

نَزِه ← نَزيه

**نَزيه** ج نُزَهاء désintéressé; droit; honorable; honnête; innocent; incorruptible; intègre; loyal; probe [*litt.*]; pur; respectable; scrupuleux; salubre/sain (climat)

حاكِم ~ juge impartial/intègre

II نَزَّهَ تَنْزيهًا ه عَنْ ه rendre pur/purifier de toute souillure; sanctifier

تَنْزيه purification; sanctification; *isl.* dépouillement de Dieu (de tout anthropomorphisme)

**مُنَزَّه** libre/exempt de faiblesses/de souillures; impeccable [*class.*]; irréprochable; purifié; transcendant

الـ~ Dieu

V تَنَزَّهَ تَنَزُّهًا (← نَزُهَ) être exempt/pur de toute souillure

تَنَزُّه élévation d'âme

**5384 نُزْهة** ج نُزَه promenade; partie de plaisir; balade [*fam.*]; agrément; sortie; tournée; excursion; virée [*fam.*]; *v. aussi 5383*

قامَ بِـ~ faire un tour/une promenade

ذَهَبَ بِه إلى ~ emmener qqn en promenade; promener *tr.*

~ لَيْلِيّة، عاطِفِيّة promenade nocturne, sentimentale

V تَنَزَّهَ تَنَزُّهًا se balader [*fam.*]; faire une excursion/un tour; se promener; prendre l'air

تَنَزُّه ← نُزهة

مُتَنَزِّه ج ون promeneur; excursionniste

مُتَنَزَّه ج ات ← VIII

~ حَرارة المَريض abaisser/faire tomber la température du malade

~ خَطًّا عَموديًّا abaisser une perpendiculaire

~ لَوْحة من الحائط décrocher un tableau

~ حِمْلَهُ déposer/poser un fardeau; se décharger

~ الأمور مَنازِلَها mettre les choses à leur place [*pr.* et *fig.*]

~ رُكّابًا وبَضائِع déposer/débarquer des voyageurs et des marchandises

~ جُيُوشًا على الشاطئ débarquer des troupes/opérer un débarquement sur la côte

~ خَسائِر، أَضْرارًا بِه، ه faire subir/infliger des pertes, des dommages à

**إِنْزال** abaissement (d'une perpendiculaire); déchargement; débarquement (de troupes); décrochage; déposition; *physiol.* éjaculation; *isl.* révélation (du Coran)

~ سَفينة lancement d'un navire

V تَنَزَّلَ تَنَزُّلًا ← VI

VI **تَنازَلَ** تَنازُلًا عَن ه abandonner; se décharger/se démettre de; céder; démissionner; se désister; faire une concession; concéder; renoncer à

~ عن حُقوقه renoncer à/abandonner/céder ses droits

~ عن العَرْش abdiquer; renoncer au trône

~ عن الحُكْم renoncer au pouvoir; se retirer des affaires

~ عن مَنْصِبه démissionner; abandonner ses fonctions

~ لِه abdiquer/se désister en faveur de qqn

~ لِ، بِه condescendre à; daigner

**تَنازُل** abdication; abandon; cession; concession; condescendance; démission; renoncement; renonciation; résignation

عَدَم ~ intransigeance; refus de céder

عَدّ، حِساب **تَنازُليّ** compte à rebours

ضَريبة ~ة impôt dégressif

مُتَنازِل condescendant/protecteur (ton); résigné

X **اِسْتَنْزَلَ** اِسْتِنْزالًا ه entraîner; provoquer; déduire; diminuer; réduire; faire une remise; soustraire; prélever

~ إلْهامَه مِن s'inspirer de; puiser/tirer son inspiration (à, de)

~ه عن ه demander à qqn de renoncer à

VIII مُنْتَزَه ج ات — lieu de promenade; parc; promenade

5385 نَزا ـُ نَزْوًا، نَزَوانًا — bondir; sauter; s'apparier (animaux)

~ على الأُنْثى — couvrir/saillir une femelle

~ إلى — avoir un fort penchant pour

~ بِه قَلْبُه إلى — se laisser entraîner dans; se lancer tête baissée/foncer dans [*fig.*]

نَزَوان — coït (chez les animaux); moment d'intensité; force; paroxysme; violence; sortie [*fig.*]; saute d'humeur; caprice

نَزَوانيّ — primesautier; spontané; capricieux; paroxystique

نَزْو — rut; chaleur

نَزْوة ج نَزَوات — caprice; coup de tête; entrain; fantaisie; feu de paille [*fig.*]; fougue; impétuosité; impulsion; incartade; lubie; pétulance; véhémence; violence; volonté

~ وَلَد مُدَلَّل — caprice d'enfant gâté

ذو نَزَوات — capricieux; fantasque; fougueux; impétueux

أَخْضَعَ ه على ~ ه — faire les quatre volontés de

نَزْويّ — fantaisiste

دَوْرة ~ ة — *physiol.* œstrus; période de chaleur/de rut

نازِية ج نَوازٍ — éclat; mouvement brusque; saute d'humeur

صَدَرَتْ بِه ~ — faire un éclat

نَزّاء — qui excite/pousse (au mal); instigateur

نازيّ — *v. ordre alphab.*

5386 نَسيس : بَلَغَ مِنْه ~ ه — être à l'agonie; voir sa dernière heure arriver

5387 نَسا — *anat.* nerf sciatique

أَلَم، عِرْق الـ~ — *méd.* sciatique *n.f.*; douleur du nerf sciatique

نِساء ← إِنْس، مَرْأة

5388 نَسَأَ ـَ نَسْأً ه — écarter; éloigner; repousser

~ نَساءً ه — s'accorder un délai; différer; retarder; vendre à crédit

نَساء — longévité

نُسْأة — délai; répit

نَسيئة — crédit (à l'achat)

X اِسْتَنْسَأَ اِسْتِنْساءً — demander un délai/un crédit

نِساء ← إِنْس

5389 نَسَبَ ـِ نَسَبًا، نِسْبةً ه — attribuer; imputer; établir une relation/un rapport avec; lier; relier; mettre en relation/en corrélation; rapporter/faire remonter qqch à; faire découler qqch de; se rapporter/se référer à; rattacher (un événement à un autre); accuser/charger qqn de; mettre qqch sur le compte de

~ ه إلى — apparenter; désigner qqn par/donner à qqn le nom de son père

~ قَوْلًا إلى — attribuer une parole à

~ النَجاح إلى نَفْسه — s'attribuer le succès

نَسَب ج أَنْساب — famille; lignage (par le père); extraction; origine; généalogie; provenance

شَجَرة، سِلْسِلة الـ~ — arbre généalogique

شَريف، كَريم الـ~ — bien né

نَسَبيّ — généalogique

عِلْم الأَنْساب — généalogie

عِلْم ~ الأَعْداد — logarithme

عالِم بِالـ~، أَنْسابيّ ج ون — généalogiste

نِسْبة ج نِسَب — attribution; imputation; parenté; référence; relation; rapport; dose; cadence; indice; fréquence; pourcentage; proportion; ratio; régime; teneur; *gramm.* «*nisba*» (adj. de relation désignant l'origine, la matière)

~ عَشَرة في المِئة — une proportion de dix pour cent

~ مِئَويّة — pourcentage; taux

~ عَكْسيّة — proportion inverse

~ المَواليد، الوَفَيات — natalité; mortalité

~ الاِنْضِغاط — taux de compression

~ الأُكْتان — indice d'octane

~ الذَكاء — quotient intellectuel

~ الراسمال لِلْعَمَل — rapport du capital au travail

~ الكُحول — teneur en alcool

~ الرُطوبة — teneur en humidité

لا ~ بَيْن ... و — il n'y a aucun rapport/aucune comparaison entre ... et

بالـ ~ لِـ، الى — concernant; en ce qui concerne; à l'égard au regard en raison en proportion en comparaison en fonction de; par rapport comparativement à; par comparaison avec

**نِسْبِيّ** — comparatif; proportionnel; relatif

تَمْثيل ~ — représentation proportionnelle

ثَبات، تَغَيُّرات ~(ة) — fermeté, modifications relative(s)

حِصّة ~ة — prorata; quota

نِسْبِيًّا — comparativement; proportionnellement; relativement

**نِسْبِيّة** — proportionnalité; relativité; relativisme

مَذْهَب الـ ~ — relativisme

نَظَرِيّة الـ ~ — théorie de la relativité

~ المَعْرِفة — relativité de la connaissance

نَسّاب ج ون — généalogiste

**مَنْسوب** إلى — dérivé de; apparenté à; en rapport relation avec; relatif à; concernant; imputable

~ الماء — niveau de l'eau

اِنْخِفاض ~ الماء — étiage

أَدْنَى، أَعْلَى ~ المِياه — basses, hautes eaux

**نَسيب** ج أَنْسِباء، أَنْساب — collatéral; parent par alliance; bien né; descendant d'une famille noble patricienne; gentilhomme; *litt.* poème composé à la louange d'une femme; *maroc.* beau-frère; gendre

**الأَنْسِباء** — la famille; les siens

**أَنْسَبُ** مِنْ — mieux en rapport avec; plus adéquat conforme convenable qualifié; mieux approprié à

~ المَوْقِع لِـ — l'endroit le plus convenable pour

III ناسَبَ مُناسَبةً ه، ه — accorder; assortir; arranger qqn; faire l'affaire de; convenir à; s'accorder s'assortir avec; proportionner; se prêter à; être ... *v. à l'adj.*

هذا يُناسِبه — faire l'affaire de qqn; cela (lui) convient

**مُناسَبة** ج ات — adéquation; analogie; à-propos; conjoncture; affinité; correspondance; corrélation; opportunité; occasion

عِنْدَ الـ ~ — à propos; pour la circonstance; s'il y a lieu; à l'occasion

كَلِمة الـ ~ — mot de la situation

في كُلّ ~ — à tout propos

عَدَم ~ — impropriété; inopportunité; inadéquation

في **مُناسَبات** عَديدة — à maintes occasions

في الـ ~ الكُبْرَى — dans les grandes occasions

**مُناسِب** لِـ — accessible convenable avantageux (prix); adéquat; approprié; compatible; correspondant; expédient; de circonstance; fait pour; idoine; favorable (moment); tout indiqué; opportun; propice; providentiel; satisfaisant

وَقْت ~ — moment favorable opportun propice

في الوَقْت الـ ~ — à pic [*fig.*]; en temps opportun utile

بِسِعْر ~ — à bon compte; à un bon prix

مِن الـ ~ أن — il est opportun tout indiqué de

~ مُناسَبة عكْسيّة — inversement proportionnel

غَيْر ~ — défavorable; déplacé (mot); à contretemps; importun; impropre; inadéquat; incongru; indu; inopportun

VI **تَناسَبَ** تَناسُبًا — s'assortir; s'adapter; concorder; se correspondre; être ... *v. à l'adj.*

~ مع — correspondre à; répondre à

لا يَتَناسَب حجْمُه مع حَجْمها
leur taille n'est pas en rapport

لا ~ الجَهْد المَبْذول مع النَتائِج
les résultats obtenus ne sont pas en rapport avec l'effort déployé

**تَناسُب** — adéquation; assortiment; concordance; harmonie; proportion; proportionnalité; symétrie

عَدَم ~ — asymétrie; disharmonie; discordance; disproportion

**تَناسُبِيّ** — proportionnel

كَمِّيّات ~ة — quantités proportionnelles

تَناسُبِيًّا — proportionnellement

تَناسُبِيّة — proportionnalité

**مُتَناسِب** — assorti; conforme; concordant; proportionné; proportionnel; en rapport; symétrique

~ الأَجْزاء — harmonieux; bien proportionné

~ وَسَطِيّ — moyenne proportionnelle

~ طَرْدًا، عَكْسًا مع — directement, inversement proportionnel

غَيْر ~ — non conforme; discordant; asymétrique; disproportionné; hors de proportion avec

VIII **اِنْتَسَبَ** اِنْتِسابًا إلى s'affilier; s'apparenter; appartenir (à un parti); adhérer; s'inféoder; être inféodé; se réclamer de

~ إلى أُسْرة s'apparenter/appartenir à/venir d'une famille

~ إلى حِزْب، جَمْعيّة adhérer/s'affilier/appartenir à un parti, une association

**اِنْتِساب** adhésion; affiliation; appartenance; apparentement; origine

~ إلى حِزْب adhésion/affiliation à un parti

~ إلى أُسْرة appartenance à une famille

**مُنْتَسِب** affilié; adhérent; associé (membre); inféodé; apparenté; originaire/issu de

عُضْوٌ ~ إلى مَجْمَع membre associé à une académie

X **اِسْتَنْسَبَ** اِسْتِنْسابًا ه approuver; trouver conforme/adéquat

سُلْطة اِسْتِنْسابيّة pouvoir discrétionnaire

**5390 نَسَجَ** ـُ نَسْجًا ه tisser; tramer; tresser

~ على مِنْوال ه imiter; marcher sur les traces de

**نَسْج** tissage; texture

~ الكَلام، الخَيال inventions; mensonges

الصِناعة **النَسْجيّة** industrie textile

**نَسْجيّات** textiles *n.m.pl.*

~ مُرَسَّمة tissus d'ameublement; papier peint

نَسّاج ج ون tisserand

نِساجة art du tisserand; tissage; fabrication des textiles

**مَنْسوج** tissé; tressé

~ ج ات tissu; textile *n.m.*; toile

صِناعة **المَنْسوجات** industrie textile

**نَسيج** ج نُسُج، أَنْسِجة étoffe; tissu; toile

~ خَلَويّ، عَصَبيّ tissu cellulaire, nerveux

~ عَضَليّ، ضامّ tissu musculaire, conjonctif

~ عَظْميّ، دَمَويّ tissu osseux, sanguin

~ أَكاذيب، ناعِم tissu de mensonges, léger

~ كَتّان، قُطْن toile de lin, de coton

~ سادة *text.* armure de toile

~ عَنْكَبوت toile d'araignée

صِناعة، مَصْنَع الـ~ industrie, usine textile

هو ~ وَحْدِه être unique en son genre/incomparable; n'avoir pas son pareil

عِلْم تَرْكيب **الأَنْسِجة** histologie

**نَسيجيّ** tissulaire; textile *adj.*

نَباتات ~ة plantes textiles

نَسيجة ج نَسائِج pièce d'étoffe/de tissu

مَنْسَج ج مَناسِج atelier/usine de tissage

مِنْسَج ج مَناسِج métier à tisser; machine textile

**5391 نَسَخَ** ـَ نَسْخًا ه abolir; abroger; effacer; invalider; révoquer; suspendre [*dr.*]

~ (كِتابًا) copier; faire une copie; recopier; transcrire; retranscrire

~ نَصًّا abolir/abroger un texte/un verset du Coran

~ آثارًا، الشَباب effacer des traces, la jeunesse

**نَسْخ** abrogation; abolition; invalidation; révocation; suspension [*dr.*]; duplication (de documents); reproduction; transcription (d'un texte)

وَرَق، آلة ~ papier carbone; transcripteur

نَسْخيّ «*neskhi*» (type de graphie couramment utilisé en Orient)

**نُسْخة** ج نُسَخ copie; duplicata; exemplaire; transcription

~ مُصَوَّرة، أَصْليّة photocopie; minute [*dr.*]

~ طِبْقَ الأَصْل copie conforme

بالـ~ الأَصْليّة en version originale (film)

~ مُسَوَّدة، مُبَيَّضة brouillon; propre *n.m.*

مِنْ ثلاثِ **نُسَخ** en trois exemplaires; en triple exemplaire

طَبْعة مَحْدودة الـ~ édition à tirage limité

**ناسِخ** ج نُسّاخ transcripteur; copiste; scribe

آية ~ة verset abrogatif/abrogatoire

نَسّاخ ج ون ← ناسِخ

**ناسِخة**؛ نَسّاخة duplicateur; appareil à reproduire

~ ج نَواسِخ *gramm.* particule qui modifie le sens d'un mot

مَنْسوخ aboli; abrogé; polycopié; copié; reproduit

مَنْسوخة ج ات ← نُسْخة

مِنْساخ ج مَناسيخ — pantographe

II نَسَّخَ تَنْسيخًا ه — photocopier; établir faire des copies des duplicata; polycopier; reproduire (un texte)

VI تَناسَخَ تَناسُخًا — se succéder (époques); se transmettre qqch; se réincarner

تَناسُخ — réincarnation; métempsychose; transmigration (des âmes)

VII اِنْتَسَخَ اِنْتِساخًا ه ← نَسَخَ

X اِسْتَنْسَخَ اِسْتِنْساخًا ه ← II

**5392** **نَسَرَ** ُ نَسْرًا، نِسارًا ه — déchirer du bec et des griffes

نَسْر ج نُسور — vautour

نَسْرة — écharde

نَسْرِيّات — vulturidés *n.m.pl.*

نُسارِيّة — aigle

ناسور ج نَواسير — fistule; suppuration

مِنْسَر ج مَناسِر — bec (d'oiseau de proie)

**نِسْرين** — *bot.* églantier

زَهْرة الـ~ — églantine

**5393** **نُسْطوريّ** ج نَساطِرة — nestorien

**5394** **نَسَعَ** َ نَسْعًا — remuer se déchausser (dent)

نِسْع ج أَنْساع — poignet [*anat.*]; poignet de force; courroie de cuir

**5395** **نُسْغ** — *bot.* sève; suc

**5396** **نَسَفَ** ِ نَسْفًا ه — arracher avec la racine; détruire renverser de fond en comble; briser; disperser; faire voler en éclats; dynamiter; faire exploser sauter; pulvériser; couler torpiller (un bateau); nettoyer tararer/ vanner (le grain)

~ رَقْمًا قِياسيًّا — pulvériser un record

~ سَفينة، مَشْروعًا — couler torpiller un bateau, un projet

نَسْف — destruction; démolition; dynamitage; torpillage

نُسْفة ج نِساف — pierre ponce

نَسَف؛ نَسَفة — basalte

نَسَفيّ — basaltique

نُسافة — balle [*bot.*]; restes saletés (du grain)

نَسّاف، نَسّافة — tarare

**نَسّافة** ج ات — torpilleur

مُطارِدة ~، نَسّافات — contre-torpilleur

نَسيفة ج نَسائِف — torpille; *minér.* basalte

مِنْسَف ج مَناسِف — van

**5397** **نَسَقَ** ُ نَسْقًا ← II

**نَسَق** — agencement; arrangement; disposition; ordonnancement; ordre; rangée; rangement; système

حَرْف ~ — *gramm.* particule de coordination

~ لَوْن — nuance de couleur

شَعْر ~ — cheveux bien plantés

~ قَنابِل، كَلِمات — chapelet de bombes, de mots

على ~ — à la manière la façon l'imitation de

على ~ واحِد — de la même manière; de manière uniforme

نَسَقًا — de manière échelonnée; en chapelet; en ordre; en série; régulièrement

نَسَقيّ — systématique

نَسيق ← مُتَناسِق

II **نَسَّقَ** تَنْسيقًا ه — agencer; ranger; arranger; coordonner; échelonner; énumérer; harmoniser; normaliser; ordonner; mettre en série

~ حَوادِث رِواية — organiser un récit

~ بَيْن ... وبَيْن — coordonner

**تَنْسيق** — agencement; arrangement; distribution; énumération; coordination; échelonnement; harmonisation; normalisation; ordonnance; ordre

~ الرِواية — organisation d'un récit

~ السِياسات — harmonisation des politiques

الـ~ بَيْن المُكَوِّنات — l'équilibre entre les composants

الـ~ العَمَليّ فيما بَيْن — la coordination pratique entre

مُنَسِّق ج ون — coordonnateur; ordonnateur

مُنَسَّق — coordonné; harmonisé; systématique (esprit); normalisé; ordonné

V تَنَسَّقَ تَنَسُّقًا — s'agencer; s'organiser; s'ordonner

VI تَناسَقَ تَناسُقًا وَ، مع هـ — cadrer/s'harmoniser avec; s'échelonner; être ... *v. à l'adj.*

**تَناسُق** — coordination; cohérence; cohésion; harmonie; régularité; symétrie

~ الجُمَل — balancement des phrases

~ الحُجَج — logique de l'argumentation

عَدَم ~ — incohérence; irrégularité; dissymétrie

عَدَم ~ عَضَليّ — ataxie

**مُتَناسِق** — bien balancé (phrase); cohérent; harmonieux; régulier (traits); symétrique

غَيْر ~ — discordant; dissymétrique

**5398** **نَسَكَ** ـُ نِسْكًا، نُسوكًا — être dévot/pieux

~ لِلّٰه — se consacrer à Dieu

**نِسْك** — ascèse; ascétisme; dévotion; action méritoire; offrande; sacrifice

**نُسْكيّ** — ascétique; érémitique

**نُسُك** ج نِسْكان — *ois.* héliothrix à oreilles

**ناسِك** ج نُسّاك — anachorète; ascète; ermite; dévot; pieux; voué au culte de Dieu; fakir

**نَسيكة** ج نَسائِك — lingot de métal précieux (or, argent); offrande

**مَنْسَك** ج مَناسِك — ermitage; cellule d'ascète

V تَنَسَّكَ تَنَسُّكًا — se retirer du monde; se faire ermite; se consacrer à Dieu; être dévot/pieux

**تَنَسُّك** — ascèse; ascétisme

**مُتَنَسِّك** ← ناسِك

**5399** **نَسَلَ** ـُ نُسولًا — changer (de poils, de plumes); tomber (plumes, poils, cheveux); muer; s'effiler/s'effilocher (tissu); *v. aussi 5400*

~ ريشَه، شَعْرَه — perdre ses plumes, ses cheveux

~ ـُ نَسْلًا هـ ← II

**نُسالة** — effiloche; effilochure; effilure; filasse; flocon de laine

**نَسّال** — effileur; effilocheur

**نَسّالة** — effilocheuse [*techn.*]

II نَسَّلَ تَنْسيلًا هـ — effiler; effilocher

**تَنْسيل** — effilage; effilement; effilochage

**مُنَسَّل** — effilé; effiloché

V تَنَسَّلَ تَنَسُّلًا — s'effilocher

**5400** **نَسَلَ** ـِ نَسْلًا وَلَدًا — enfanter; engendrer; *v. aussi 5399*

**نَسْل** ج أَنْسال — descendance; famille; filiation; lignée; postérité; progéniture; race; enfant

ضَبْط، تَحْديد الـ~ — limitation/contrôle des naissances/de la natalité; planning familial

~ الأَبْقار — race bovine

**نَسَل** — lait de figue

**نَسول** — reproducteur; prolifique

**مَنْسَل** — *biol.* gonade

IV أَنْسَلَ إِنْسالًا هـ — générer; engendrer; reproduire/se reproduire (animaux)

**إِنْسال** — génération; reproduction

غَريزة الـ~ — instinct génésique

حَيَوان ~ — animal reproducteur; étalon

**إِنْساليّ** — reproductif; génésique

VI تَناسَلَ تَناسُلًا — se multiplier (par génération); se reproduire

**تَناسُل** — génération; reproduction; multiplication [*biol.*]

أَداة، أَعْضاء الـ~ — membre, organes de la génération; organes génitaux

غَريزة الـ~ — instinct génésique/de la génération

**تَناسُليّ** — génital; générateur *adj.*; génésique; reproducteur *adj.*; sexuel; vénérien

فِعْل، جِهاز ~ — acte sexuel; appareil génital

وَظائِف، حَياة ~ة — fonctions, vie génitale(s)

أَعْضاء ~ة — organes reproducteurs/génitaux

أَمْراض ~ة — maladies vénériennes

**5401** **نَسَمَ** ـِ نَسْمًا — souffler doucement (vent); se répandre (senteur)

**نَسْمة** — aura [*méd.*]

**نَسَم** ج أَنْسام — souffle léger (du vent); brise légère

**نَسَمة** ج ات، نَسَم — souffle d'air; brise; *fig.* souffle de vie; âme; être vivant; habitant; *méd.* asthme

لا يَزِيد السُكّان عن أَلْف ~ la population ne dépasse pas mille âmes habitants

نَسِيم ج نِسام air; brise; mouvement de l'air; zéphyr

شَمّ الـ~ *égypt.* fête du printemps le 1er mai

V تَنَسَّمَ تَنَسُّمًا exhaler répandre une odeur (agréable); humer; respirer

~ الهَواء العَلِيل prendre le frais

**5402** نَسْناس singe

بَلَغَ مِنْه ~ه épuiser qqn; mettre à plat

جُوع ~ une faim de loup

**5403** نِسْوة، نِسْوان (← نِساء) femmes

نِسْوِيّ، نِسْوانِيّ féminin; féministe

الحَرَكة الـ~ة féminisme

نُسَيّة femmelette

**5404** نَسِيَ َ نِسْيانًا ه abandonner; laisser en plan; négliger; oublier; omettre; perdre de vue; désapprendre [*litt.*]; sauter (un mot)

~ نَفْسه، أن s'oublier; oublier que

إنْ أَنْسَ فَلا أَنْسَى أن s'il est une chose que je n'oublierai jamais, c'est que; je n'oublierai jamais que

لا يَنْسَى أن ne pas manquer de oublier que

لا يُنْسَى inoubliable

نِسْيان oubli; amnésie

سَرِيع الـ~ oublieux; distrait; amnésique

نَسْي، نَسْوة oubli; omission

أَصْبَحَ ~ًا مَنْسِيًّا ← مَنْسِيّ

~ ج أَنْساء chose abandonnée oubliée sans valeur

ناسٍ ج ون oubliant; oublieux; distrait

مَنْسِيّ oublié; tombé dans l'oubli; laissé pour compte; passé sauté (mot, nom)

أَصْبَحَ نَسْيًا ~ًا tomber dans l'oubli le plus total

نَسِيّ ← مَنْسِيّ

IV أَنْسَى إنْساءً ه، ه faire oublier; permettre à qqn d'oublier; plonger qqn dans l'oubli; rendre qqn oublieux

~ه الانْتِظارَ faire oublier l'attente

VI تَناسَى تَناسِيًا ه faire semblant d'oublier; perdre de vue

ناسِيًا أو مُتَناسِيًا oubliant ou faisant semblant d'oublier

**5405** نَشَّ ِ نَشِيشًا bouillonner; bouillir; frémir (eau qui chauffe); chanter (marmite); grésiller (poterie qui reçoit de l'eau); mijoter; *v. aussi 5406*

نَشِيش frémissement; grésillement; chant (de la marmite)

**5406** نَشَّ ِ نَشًّا النَهْرُ s'assécher être à sec (étang, rivière); *v. aussi 5405*

وَرَق نَشّاش papier buvard

قُطْن ~ coton hydrophile

مِنَشّة ج ات chasse-mouches

نَشا ← نشو

**5407** نَشَأَ َ نَشْأً، نُشوءًا apparaître; émerger; prendre naissance; grandir; se développer; croître; germer [*pr.* et *fig.*]; naître [*fig.*]

~ عَن découler dériver procéder naître provenir venir résulter de; tirer son origine de

نَشْء génération; nouvelle génération

الـ~ الجَدِيد la jeunesse; la nouvelle génération

نَشْأة apparition; création; croissance; naissance; jeunesse; origine

نُشُوء croissance; développement; germination; évolution

~ الكائِنات évolution des êtres vivants

مَذْهَب الـ~ والارْتِقاء évolutionnisme

نُشُوئِيّ évolutionniste

ناشِئ naissant [*fig.*]; jeune homme

مَوَدّة، شُعور ~(ة) sympathie, sentiment naissant(e) nouveau(velle)

~ عَن consécutif dû à; procédant résultant provenant venant de

الناشِئة المُثَقَّفة، المُذَهَّبة jeunesse cultivée, dorée

الناشِئون les jeunes gens

مَنْشَأ ج مَناشِئ naissance; provenance; origine

بَلَد الـ~ pays d'origine

~ه (مَنْشَؤُهُ) مِن، في — originaire de

~ الأَزْمة، الشَرّ — germe de la crise; racine du mal

~ دَعْوَى — point de litige

II نَشَّأَ تَنْشِئَةً ه — éduquer; former; faire croître

تَنْشِئة — éducation; formation

IV **أَنْشَأَ** إِنْشاءً ه — causer; constituer; créer; édifier; établir; fonder; former; implanter; installer; instaurer; instituer; faire naître

~ مَدينة جَديدة — créer/fonder une ville nouvelle

~ مَدْرَسة، مَصْنَعًا — installer/implanter une école, une usine

~ شَرِكة — créer/constituer une société

~ مادَّةً صالِحة لِـ — constituer une matière digne de

~ إِمْبراطُورِيّة — édifier un empire

~ عَقْدًا — rédiger un acte

**إِنْشاء** — création; constitution; établissement; édification; fondation; formation; implantation; installation; institution; instauration; *litt.* composition; dissertation; narration; rédaction; style

~ عَلاقات وُدِّيّة — établissement/instauration de relations amicales

**إِنْشاءات** كَهْرَبائِيّة — installations électriques

~ صِحِّيّة — installations sanitaires

~ ذِهْنِيّة — constructions mentales

إِنْشائِيّ — rédactionnel; constructif; créatif; productif

**مُنْشِئ** ج ون (مُنْشِئُون) — créateur; fondateur; promoteur; rédacteur

~ نَظَرِيّة، فِكْرة — promoteur d'une doctrine/d'une idée

**مُنْشَأة** ج ات (مُنْشَآت) — création; entreprise; établissement; firme; fondation; institution; œuvre

~ خَيْرِيّة، عامّة — fondation de bienfaisance; établissement public

~ صِناعِيّة — établissement/firme/marque industriel(le)

مُنْشَآت مَرْفَئِيّة — installations portuaires

**5408** **نَشَبَ** ـُ نُشوبًا — se déclarer/se déclencher/se déchaîner/éclater/faire rage (incendie, guerre)

**نَشِبَ** ـَ نَشَبًا في — s'accrocher; adhérer; coller; s'attacher

ما ~، لَم يَنْشَبْ أن — ne pas cesser de/tarder à

نُشوب — déchaînement; déclenchement; fureur [*fig.*]; rage [*fig.*]

**نَشَب** — fortune (en meubles et immeubles); propriétés foncières; troupeaux

لَهُ نَسَب ولَيْسَ لَه ~ — *prov.* avoir un nom mais pas d'argent; noble désargenté

**نَشيبة** ج نَشائِب — fiche [*électr.*]

~ إِمْداد الكَهْرَباء — fiche d'alimentation électrique

~ مَقْسِم هاتِفيّ — fiche de standard téléphonique

نُشّابة ج نَشاشيب — flèche; dard; trait

**مَنْشَب**، مَنْشَبة ج مَناشِب — fiche/prise [*électr.*]

نَشِبَ ~ سُوء — se trouver dans une situation inextricable

IV **أَنْشَبَ** إِنْشابًا ه — ficher qqch (en terre)

~ مَخالِبه — enfoncer/planter/plonger ses griffes

**5409** **نَشَجَ** ـِ نَشيجًا — sangloter; être suffoqué (par les pleurs, les sanglots)

نَشيج — sanglot

**5410** **نَشَدَ** ـُ نِشْدانًا ه، ه — aspirer à; désirer; chercher; convoiter; avoir un objectif; se proposer (un objectif); partir à la recherche; prétendre à; rechercher

~ه اللّهَ، بِاللّه — adjurer/prier qqn de

**نِشْدان** — aspiration; désir; prétention à

~ الديمُقْراطِيّة — aspirations démocratiques

أُنْشودة ج ات، أَناشيد — cantique; hymne

**نَشيد** ج أَناشيد — cantique; hymne; chant; ode

~ الأَناشيد — Cantique des cantiques

~ حَرْبِيّ، وَطَنِيّ — chant guerrier; hymne national

~ عَسْكَرِيّ — marche militaire

الـ~ الأُمَمِيّ — l'Internationale

**مَنْشود** — aspiré; désiré; convoité; proposé; souhaité

الغاية، الإِصْلاحات الـ~ة — but recherché; réformes souhaitées

الضالّة الـ~ة — objectif d'une vie

III ناشَدَ مُناشَدةً ه أن — adjurer qqn de; faire appel/en appeler à; conjurer; demander instamment à; implorer

**مُناشَدة** adjuration; appel

IV **أَنْشَدَ إِنْشادًا ه** chanter [*fig.*]; déclamer réciter (un poème)

**مُنْشِد** récitant

X **اِسْتَنْشَدَ اِسْتِنْشادًا ه** demander à qqn de réciter des vers

**5411 نَشْدَرَ نَشْدَرة** ammoniser; ammonisation

**مُنَشْدَر** ammoniacé

**نُشادِر** ammoniaque

**نُشادِريّ** ammoniac *adj.*; ammoniacal

**5412 نَشَرَ ُ نَشْرًا ه** débiter (en planches); scier; *v. aussi 5413*

**نَشْر** sciage; débitage

**نُشارة** copeau; sciure

**نَشّار ج ون** scieur

**مَنْشور** débité (planche); scié

**خَشَب ~** bois de sciage

**مَنْشَرة ج مَناشِر** scierie

**مِنْشار ج مَناشير** scie

~ مَعادِن، خَشَب scie à métaux, à bois

~ يَدَويّ، آليّ scie à main, mécanique

~ كَهْرَبائِيّ، قُرْصيّ scie électrique, circulaire

أبو ~ *poiss.* poisson-scie

**مِنْشاريّة** *ins.* tenthrède

**5413 نَشَرَ ُ نَشْرًا ه** déplier; déployer; étendre; développer; éditer; étaler; disséminer, diffuser, propager, promulguer, publier; répandre; semer [*fig.*]; *v. aussi 5412*

~ أَوْراقه، نُفوذه étaler ses papiers; étendre son influence

~ الغَسيل étendre la lessive le linge

~ أَفْكاره diffuser propager répandre ses idées

~ جُنْدًا، مِنْديلًا déployer des troupes; déplier un mouchoir

~ الأَسْلِحة الذَرِّيّة disséminer les armes atomiques

~ الراية hisser battre pavillon

~ شِراعًا déployer dérouler hisser une voile

~ كِتابًا mettre en circulation publier diffuser sortir un livre

~ رِوايات éditer des romans

~ إِعْلانًا publier insérer un avis

~ الذُعْر semer la panique; répandre la terreur

~ قانونًا promulguer une loi

~ ُ نُشورًا المَوْتَى ressusciter les morts (Dieu)

**نُشِرَ** voir le jour paraître (écrit); ressusciter *intr.*

**نَشْر** déploiement; développement; diffusion; dissémination; dispersion; édition; étalement; extension; propagation; publication; résurrection; *agr.* épandage

~ القُوَى السِلاحيّة déploiement des forces armées

دار، عَقْد ~ maison, contrat d'édition

~ طَرِيقة جَدِيدة publication d'une nouvelle méthode

~ الإيمان، الأَفْكار propagation de la foi, des idées

بِرَسْم الـ~ avec prière d'insérer

**نَشْرة ج نَشَرات** bulletin; communiqué; prospectus; publication

~ ناطِقة، أَخْبار *radio.* journal parlé; nouvelles *n.f.pl.*; bulletin d'informations

~ شَهْرِيّة bulletin publication mensuel(le); mensuel *n.m.*

~ أُسْبوعِيّة، دَوْرِيّة hebdomadaire *n.m.*; périodique

~ مَطْوِيّة لِلدِعاية dépliant publicitaire

~ يَوْمِيّة ordre du jour [*mil.*]; proclamation

~ طِبّيّة bulletin de santé

~ الأَحْوال الجَوِّيّة bulletin météorologique

نَشَر الماء éclaboussures

نَشْرِيّة ج ات ← نَشْرة

**ناشِر** *zool.* aspic; cobra; naja; haje

~ ج ون diffuseur; propagateur; éditeur

ناشِرة الأَسْمِدة épandeur, euse [*agr.*]

**مَنْشور** édité; diffusé; dispersé; disséminé; déployé; déplié; étendu; exotérique; répandu

~ ج ات، مَناشير édit; circulaire *n.f.* [*admin.*]; pamphlet; tract; *math.* prisme

~ وِزاريّ، بابَويّ circulaire ministérielle; encyclique

مَنْشورات كاتِب — ouvrages/publications d'un écrivain

مَنْشوريّ — prismatique

مَنْشَر ج مَناشِر — étendoir; séchoir

II نَشَّرَ تَنْشيرًا ← نَشَرَ

مُنَشَّر — déployé; développé; répandu; disséminé

VIII **اِنْتَشَرَ** اِنْتِشارًا — se communiquer; se déplier; se déployer; se dérouler; se développer; se diffuser; se disséminer; se disperser; s'ébruiter; s'étaler; s'étendre; essaimer; se propager; se répandre; être ... *v. à l'adj.*

~ في البِلاد — gagner le pays (épidémie)

**اِنْتِشار** — déploiement; déroulement; développement; diffusion; dissémination; dispersion; ébruitement; étalement; expansion; extension; essaimage; propagation; ampleur; envergure

واسِع الـ~ — de grande ampleur/envergure

~ حَريق، الأَمْراض — propagation d'un incendie, des maladies

~ الأَفْكار — diffusion/propagation des idées

~ النُور، الصَوْت — propagation de la lumière, du son

جَريدة واسِعة الـ~ — journal à grand tirage

~ الأَخْبار — circulation des nouvelles

أَكْثَر الأَمْراض **اِنْتِشارًا** — les maladies les plus répandues

**اِنْتِشاريّ**؛ زِراعة ~ة — extensif; culture extensive

**مُنْتَشِر** — diffus; diffusé; divulgué; étendu

صِناعة ~ة — artisanat en expansion/en extension

**5414** **نَشَزَ** ـِ نَشْزًا، نُشوزًا — dépasser (en hauteur); se dresser (au-dessus); être proéminent/discordant/saillant/en saillie; choquer; détonner; offusquer; offenser

~ على ه — être ... *v. à l'adj.*

نَشْز ج نُشوز — lieu élevé; proéminence; protubérance; saillie

نَشاز — discordance; dissonance

نُشوز — animosité; hostilité; caractère acariâtre; *isl.* violation de ses devoirs conjugaux (par l'épouse); brutalités exercées contre sa femme (par l'époux)

ناشِز — acariâtre; indocile; récalcitrant; faux (son); discordant; dissonant; proéminent; saillant; protubérant; en saillie

V تَنَشَّزَ تَنَشُّزًا — se monter dur/intraitable

**5415** **نَشَطَ** ـُ نَشْطًا — faire un nœud coulant; *v. aussi 5416*

أُنْشوطة ج أَناشيط — nœud coulant

**5416** **نَشِطَ** ـَ نَشاطًا — être ... *v. à l'adj.*; *v. aussi 5415*

~ في — s'empresser de; s'activer à; déployer du zèle; faire qqch avec zèle; faire un effort pour; redoubler d'efforts pour

**نَشاط** ج ات — action; activité; alacrité [*litt.*]; allant *n.m.*; ardeur; dynamisme; entrain; impulsion; tonus [*fig.*]; vigueur; vivacité; zèle

~ اِجْتِماعيّ — activité sociale

~ تَرْبَويّ — activité éducative

~ دِبْلوماسيّ مُكَثَّف — intense activité diplomatique

اِلْتَهَبَ، اِتَّقَدَ ~ًا — pétiller d'ardeur; avoir une activité débordante; brûler les planches/le pavé [*fig.*]

أَظْهَرَ ~ًا كَبيرًا — déployer une grande activité; faire du zèle

~ إِشْعاعيّ — radioactivité

ذو~ إِشْعاعيّ — radioactif

مَجال ~ — champ d'action/d'activité

بِـ~ — avec cœur/ardeur/entrain; de tout cœur; ardemment; vigoureusement

نَشاطيّة — activisme

نَشيط ج نِشاط — actif; alerte *adj.*; allègre; plein d'allant; ardent; d'attaque; dégourdi; diligent; dispos; dynamique; énergique; fringant; gai; guilleret; laborieux; léger; sémillant; studieux; vert (vieillard); vif; vigoureux; zélé

II **نَشَّطَ** تَنْشيطًا ه — activer; animer; mettre de l'animation; fortifier; donner de l'allant; ravigoter [*fam.*]; revigorer; réconforter; réveiller [*fig.*]; stimuler; tonifier; vivifier; doper

~ ساقَيْه، أَصابِعه — se dérouiller/se dégourdir les jambes, les doigts

~ الهَضْم — activer/stimuler la digestion

تَنْشيط — animation; activation; encouragement; réconfort; stimulation; vivification; tonification

**مُنَشِّط** — cordial *n.m.*; fortifiant/remontant/tonique/tonifiant/stimulant *adj.*, *n.m.*; réconfortant; vivifiant; doping

دَواء ~ — *même sens*

~ ج ون — animateur

V تَنَشَّطَ تَنَشُّطًا (← نَشَط)
revivre; se retremper; retrouver son activité, son dynamisme

5417 نَشَفَ ُ نَشْفًا ه absorber, essuyer, pomper (l'eau, l'humidité); sécher

نَشْف absorption (de l'eau); séchage (par absorption)

نُشْفة ج نُشَف pierre ponce

ناشِف desséché; sec; à sec

نَشّاف، نَشّافة buvard; papier tampon buvard

مِنْشَفة ج مَناشِف serviette

حامِلة مَناشِف porte-serviettes

II نَشَّفَ تَنْشيفًا ه essuyer; sécher; dessécher

~ جِسْمه se sécher; s'essuyer

~ يَدَيْه se sécher, s'essuyer les mains

تَنْشيف dessication; séchage

مُنَشِّف desséchant; dessicateur

V تَنَشَّفَ تَنَشُّفًا absorber l'humidité, la transpiration (serviette, éponge); s'essuyer; se sécher; se dessécher

5418 نَشِقَ َ نَشْقًا ه aspirer; inhaler; inspirer (air); humer; respirer; renifler; sentir; priser du tabac

نَشْق aspiration; inhalation; inspiration

نَشَق odeur

نَشوق tabac à priser

مِنْشَقة ج مَناشِق inhalateur; tabatière

II نَشَّقَ تَنْشِقة ← نَشِقَ

تَنْشِقة prise de tabac

V تَنَشَّقَ تَنَشُّقًا ← نَشِقَ

X اِسْتَنْشَقَ اِسْتِنْشاقًا ه ← نَشِقَ

~ خَبَرًا éventer, deviner une nouvelle

~ الهَواء prendre l'air

~ هواءً نَقيًّا respirer l'air pur

~ هَواء الحُرِّيّة respirer l'air de la liberté

اِسْتِنْشاق aspiration; inhalation; inspiration; respiration

5419 نَشَلَ ُ نَشْلًا ه enlever; extraire; tirer; dérober; détrousser; dévaliser; soustraire (document); soutirer (argent); subtiliser; volatiliser

نَشْل filouterie; rafle; subtilisation; volatilisation; vol à la tire [*arg.*]; soustraction (de document)

نَشّال ج ون filou; pickpocket; tire-laine [*class.*]; vide-gousset [*vx.*]; voleur à la tire [*arg.*]

VIII اِنْتَشَلَ اِنْتِشالًا ه ← نَشَلَ

~ ه مِن repêcher qqn; retirer, sauver qqn de

~ ه مِن الضِعة، الحَضيض tirer du néant, de la boue

~ ه من البُؤْس arracher qqn à la misère

~ ه من مَأْزِق tirer qqn d'un mauvais pas

اِنْتِشال repêchage; sauvetage

5420 نَشَم *bot.* micocoulier

5421 (نشو) نَشا، نَشاء amidon; fécule; empois

نَشَويّ، نَشَويّات féculent *adj.*; féculents *n.m.pl.*

II نَشَّى تَنْشِية ه amidonner; amidonnage

5422 نَشِيَ َ نُشْوةً délirer; être pris de boisson; se soûler [*fam.*]; être ... *v. à l'adj.*; *v. aussi 5421*

~ الريحَ sentir; prendre le vent; avoir vent de qqch; subodorer

نَشًا effluve; parfum; senteur

نَشْوة délire; ébriété; enivrement; ivresse; griserie; fumées de l'ivresse de l'alcool; vertige

~، ~ الطَرَب enchantement [*fig.*]; euphorie; extase; ravissement

~ فَرَح، المَجْد transport de joie; vertige de la gloire

في ~ من الفَرَح être aux anges

أَخَذَتْهُ ~ النَجاح être grisé par le succès

نَشْوان م نَشْوَى ج نَشاوَى délirant; enivré; en état d'ébriété; gris [*fam.*]; ivre; soûl; pompette [*fam.*]; euphorique; extasié; en extase; ravi; en plein ravissement

نَشْيان لِـ ه à l'affût de (nouvelles)

VIII اِنْتَشَى اِنْتِشاءً délirer; s'enivrer; se griser; s'extasier; être ... *v. à l'adj.*

~ بِسَفْك الدِماء être ivre de sang

اِنْتِشاء، اِنْتِشائيّ extase; extatique

مُنْتَشٍ ← نَشْوان

**5423 نَصَّ** ـُ نَصًّا على ه — décider; déterminer; désigner; édicter; énoncer; fixer; indiquer; mentionner; spécifier; signaler; stipuler; *dr.* disposer; prévoir; prescrire

~ على سياسة — décider/définir/fixer une politique

~ الاتِّفاق على — l'accord prévoit/stipule que

**نَصّ** ج نُصوص — clause; décision; prescription; stipulation; disposition; libellé; énonciation; énoncé; original *n.m.*; texte; texte original

بالـ~ الكامِل — en toutes lettres

~ أدَبيّ، مُخْتار — texte littéraire; morceau choisi

مُطابِق لِلـ، طِبْقَ الـ~ — conforme; littéral; textuel

بِـ~ه وفَصِّه — en ses propres termes; à la lettre; mot à mot; littéralement; textuellement

بِـ~ه الحَرْفيّ — *même sens*

~ الدَّوْلة الأكْثَر رِعاية — clause de la nation la plus favorisée

نَصًّا وَرُوحًا — dans la lettre et dans l'esprit

نُصوص تَشْريعيّة — dispositions législatives

نَصّيّ — textuel

**مَنْصوص** عليه — énoncé *adj.*; édicté; décidé; mentionné; spécifié; stipulé; prévu; prescrit; fixé

الأحْكام الـ~ عليها — les dispositions mentionnées/prévues

السياسة الـ~ عليها — la politique déterminée/prévue

**مِنَصّة** ج ات، مَناصّ — estrade; podium; stand; tribune; *théâtr.* planches; plateau; scène

~ نَعْش — catafalque

**5424 نَصَبَ** ـِ نَصْبًا ه — arborer; dresser; élever; ériger; ficher/fixer (en terre); installer; investir; instituer; mettre en place; placer; planter (piquet); poser; préparer; tendre

~ مِدْفَعًا لِـ — braquer/diriger/pointer un canon (contre, sur, vers)

~ العَداء، الشَرّ لِـ ه ← III

~ فَخًّا، شَرَكًا لِـ — tendre un piège à; piéger

~ كَمينًا، مَكيدة لِـ — tendre une embuscade à

~ خَيْمة — dresser/planter/installer une tente

~ جِسْرًا — jeter/lancer un pont

~ حارِسًا — placer/disposer une sentinelle

~ تِمْثالًا لِـ ه — élever/ériger une statue en l'honneur de; statufier qqn [*fam.*]

~ الأشْرِعة — déployer/tendre les voiles

~ عَلَمًا — hisser un drapeau; lever les couleurs

~ نَفْسه — s'instituer; se donner pour; s'ériger en

~ على ه — duper; escroquer; tromper

~ الكَلِمة — *gramm.* donner la flexion «*a*» à un mot (nom ou verbe)

**نَصْب** — élévation; érection; installation; pose; investiture; institution; mise en place; plantation

~ ج أنْصاب (← نُصْب) — borne; limite; marque

~ على ه — escroquerie; fourberie; fraude; friponnerie; grivèlerie

~ الكَلِمة — *gramm.* «*naṣb*»; prononciation de la finale d'un mot avec la flexion «*a*»

حَرْف الـ~ — particule de «*naṣb*»

**نَصْبة** ج ات — plant; semis; *gramm.* «*naṣba*» (nom de la flexion «*a*» quand elle est la marque du subjonctif pour le verbe de la subordonnée, ou de l'accusatif pour le nom)

**نَصَب** — difficulté; épreuve; fatigue

**نُصُب** ج أنْصاب — idole; statue; pierre tombale; monument; stèle

~ لِقَتْلى الحَرْب — monument aux morts

~ مَدْفَنيّ، ضَريحيّ — monument/stèle funéraire

~ تَذْكاريّ — monument commémoratif; mémorial; stèle funéraire; trophée

**نُصْبَ** — en face de; en vue

~ عَيْنَيْه — sous les yeux

وَضَعَ ه ~ عَيْنَيْه — avoir en vue; se proposer; placer au premier rang de ses préoccupations

**نُصْبيّ** — monumental

**نُصْبة ج نُصَب ← نَصْب ج أنْصاب**

**ناصِب** — accablant; épuisant; fatigant; hostile; laborieux (travail); pénible

**ناصِبة** ج نَواصِب — *gramm.* (nom des) particules qui gouvernent le subjonctif ou l'accusatif

**نَصّاب** ج ون — bateleur; charlatan; escroc; filou; flibustier [*fig.*]; forban; fripon; imposteur; maître chanteur

**نَصيب** ج أَنْصِبة، نُصُب : chance; fortune; sort; contingent; dividende [*fin.*]; intérêt [*fin.*]; lot; part; participation; portion

مِن ~ ه أنْ : avoir la chance la bonne fortune de; il lui revient de

الجَمال والحُبّ ~ ه : la beauté et l'amour sont le lot de

هو على ~ مِن : avoir part à une part dans

لَه ~ لا بَأْسَ بِه في : avoir une part non négligeable dans

اِحْتَمَلَ ~ه من المَسْؤوليّة : prendre sa part de responsabilité

~ الأَسَد : la part du lion

زِيادة ~ الفَرْد : *écon.* augmentation de la part de l'individu

~ في الأَرْباح : participation aux bénéfices; dividende

**يانَصيب**، سَحْبُ الـ~ : loterie; tirage de la loterie

**مَنْصوب** : arboré; dressé; érigé; fixé fiché en terre; hissé (drapeau); installé; levé; planté; *gramm.* qui a pris la marque du subjonctif (verbe) ou de l'accusatif (nom)

**نِصاب** ج نُصُب : commencement; origine; principe; manche *n.m.*; poignée (d'une arme); souche

~ قانونيّ : quorum

في ~ه : à sa place; en ordre; en bon ordre

عادَ إلى ~ه : se rétablir (calme, justice); revenir à un état normal

رَدَّ، أَعادَ الحَقّ إلى ~ه : rétablir la vérité

وَضَعَ العَدْلَ إلى، في ~ه : restaurer la justice

رَدَّ الأَشياء إلى ~ها : remettre les choses en place

إتْمامًا لِلـ~ : pour faire un compte rond

**مَنْصِب** ج مَناصِب : lieu où est dressé planté qqch; *admin.* charge; dignité; fonction; place; poste; position

اِسْتَلَمَ، تَقَلَّدَ ~ه : prendre son poste/ses fonctions; entrer en fonctions

أَرْباب، أَصْحاب **المَناصِب** : grands dignitaires; hauts fonctionnaires

**مِنْصَبة** ج مَناصِب : chevalet (de peintre); toise; tréteau

II **نَصَّبَ** تَنْصيبًا ه، ه (← نَصَبَ) : installer (fonctionnaire); introniser; investir

~ أُذُنَيْه : dresser tendre l'oreille

**تَنْصيب** : installation (fonctionnaire); intronisation; investiture

III **ناصَبَ** مُناصَبةً ه : accabler qqn; s'opposer s'attaquer à qqn

~ ه العَداء، الشَّرّ : déclarer ouvertement manifester son hostilité à; se déclarer se montrer hostile à

~ ه الحَرْب : déclarer la guerre à qqn

IV **أَنْصَبَ** إنْصابًا ه : accabler; épuiser; éreinter; fatiguer

VIII **اِنْتَصَبَ** اِنْتِصابًا : se dresser; s'élever; s'ériger; entrer en érection; se hausser; se hérisser (poil); se mettre se tenir d'aplomb debout; se redresser; se rehausser; être ... *v. à l'adj.*

~ على قَدَمَيْه : se dresser se hausser sur la pointe des pieds

~ أَمامَ، وَجْهَ ه : se camper se dresser se planter devant qqn

~تْ الأَبْنِية على الشَّوارِع : les constructions se dressent s'élèvent le long des rues

**اِنْتِصاب** : aplomb [*pr.*]; érection; installation; hérissement

**اِنْتِصابيّ، اِنْتِصابيّة** : érectile; érectilité

**مُنْتَصِب** : d'aplomb; campé; debout; dressé; droit; élevé; érigé; droit; installé

**5425 نَصَتَ** ـِ نَصْتًا ← V

IV **أَنْصَتَ** إنْصاتًا إلى، لِـ ه، ه : écouter; prêter l'oreille à

V **تَنَصَّتَ** تَنَصُّتًا : être se mettre à l'écoute

**تَنَصُّت** : écoute

جِهاز، مَرْكَز ~ : table, poste d'écoute

**مُتَنَصِّت** : qui écoute est à l'écoute

**5426 نَصَحَ** ـَ نُصْحًا ه، لِـ ه، بِـ ه : donner un avis un conseil; conseiller qqn; adresser une exhortation à; préconiser; recommander à qqn

~ ـُ نَصاحَةً، نَصيحةً بِـ ه : *même sens*

~ ـُ نُصوحًا : être ... *v. à l'adj.*

~ ه بِالعُدول، بِالاِبْتِعاد عَن : conseiller à qqn de s'abstenir de; déconseiller qqch à qqn

**أَنْصَحُكَ بِأَنْ** : je te vous conseille de

بِماذا **تَنْصَحُني** : que me conseillez-vous?

**نُصْح** : avis; conseil; désintéressement; dévouement; exhortation; pureté d'intention; sincérité; recommandation

**ناصِح** ج نُصّاح، نُصَّح — de bon conseil; avisé; loyal; désintéressé; pur; sincère; (bon) conseiller; conseilleur; mentor

~ الجَيْب — qui a le cœur pur; (homme) honnête/loyal

**نَصوح** — désintéressé/loyal/pur/sincère/sage (conseil); vrai

تَوْبة ~ — contrition sincère

**نَصيحة** ج نَصائِح — avis; conseil; exhortation; leçon [*fig.*]; recommandation

طَبَّقَ، اِتَّبَعَ ~ — appliquer, suivre un conseil

III ناصَحَ مُناصَحةً ه ← نَصَحَ

X اِسْتَنْصَحَ اِسْتِنْصاحًا ه ه — demander un avis/un conseil à qqn; consulter qqn pour avis; regarder qqn comme de bon conseil

**5427** **نَصَرَ** ـُ نَصْرًا ه على — aider/assister/secourir qqn contre; donner la victoire (Dieu)

**نَصْر**، نُصْرة — aide; appui; assistance; secours; soutien (de la part de Dieu); succès; triomphe; victoire

قَوْس الـ~ — arc de triomphe

كان الـ~ حَليفَه والفَوْز أليفَه — voler de victoire en victoire

نَصْرانيّ ج نَصارَى — chrétien

النَصْرانيّة — christianisme; chrétienté

النَصارَى — chrétienté; chrétiens *n.m.pl.*

**ناصِر** ج ون، نُصّار — aide; auxiliaire; défenseur

أَخَذَ بِـ~ ه — aider; soutenir

**ناصِريّ** — nazaréen

~ ج ة — de Nazareth; *polit.* nassérien

ناصِريّة — *polit.* nassérisme

**نَصير** ج نُصَراء، أَنْصار — aide *n.m.*; allié; partisan; défenseur; sectateur; soutien; supporter

~ الفُنون — mécène

**أَنْصار** — clientèle; partisans; supporters; fans [*fam.*]

~ بَطَل، فَريق — supporters d'un champion, d'une équipe

**مَنْصور** — aidé; assisté; secouru; soutenu; victorieux; vainqueur

II نَصَّرَ تَنْصيرًا ه — convertir au christianisme; christianiser

**تَنْصير** — christianisation; conversion au christianisme

III **ناصَرَ** مُناصَرةً ه — aider; appuyer; apporter son aide à; se faire l'avocat/le défenseur de; défendre; soutenir

~ قَضيّة ه — épouser la cause de

~ البَحْث، الدِراسات — promouvoir la recherche/les études

**مُناصِر** لِـ — avocat [*fig.*]; partisan de; -phile *suff.*

~ لِفَرَنْسا، أَلْمانيا — francophile; germanophile

~ لِلْمُوسيقَى — mélomane

V تَنَصَّرَ تَنَصُّرًا — se convertir au christianisme; devenir/se faire chrétien

VIII **اِنْتَصَرَ** اِنْتِصارًا — avoir/prendre le dessus; triompher; vaincre; être vainqueur; remporter la victoire

~ لِـ ه — prendre fait et cause pour

~ على ه — battre qqn; l'emporter sur; triompher de; vaincre qqn

**اِنْتِصار** — succès; triomphe; victoire

حَقَّقَ ~ًا — remporter une victoire

اِنْتِصاريّ — triomphal

**مُنْتَصِر** — triomphant; triomphateur; victorieux; vainqueur

X اِسْتَنْصَرَ اِسْتِنْصارًا ه على — appeler qqn à l'aide contre; demander le secours de qqn contre

**ناصور** ج نَواصير ← ناسور

**5428** **نَصُعَ** ـُ نَصاعة — être ... *v. à l'adj.*

نَصاعة، نُصوع — éclat/pureté (d'une couleur); netteté (d'une image)

**ناصِع** — éclatant; clair; pur; net; évident; manifeste; sans mélange; candide (âme)

صُورة ~ة — image nette/aux contours précis/aux couleurs éclatantes

بَياض ~ — blanc/blancheur immaculé(e)

~ البَياض — d'une blancheur immaculée

الحَقيقة، الحَقّ الـ~(ة) — vérité éclatante/pure/aveuglante; pure vérité

**5429** **نَصَفَ** ـُ ـِ نَصْفًا ه — arriver à la moitié de qqch; atteindre/frapper/toucher le milieu

**نِصْف** ج أَنْصاف — milieu; moitié; demi *adj.*, *n.*; à demi; deux fois moins; entre les deux; entre deux âges; mi-/hémi-/semi- *préf.*

~ قُطْر — rayon [*math.*]

~ لَيْل، وَقْت minuit; mi-temps

~ مُغْلَق، دَوْرة mi-clos; demi-tour

~ راتِب، دَزِّينة demi-solde; demi-douzaine

~ مُسْتَقِيم، إلَه demi-droite; demi-dieu

~ ساعة، نَهار demi-heure; demi-journée

~ ساعة سَيْرًا une demi-heure de marche

~ داخِليّ demi-pensionnaire

~ لِتْر، جُمْلة demi-litre; demi-gros [*comm.*]

~ كِيلو، سِعْر demi-kilo; demi-tarif

~ نِهائِيّ، نِهائِيّة demi-finaliste; demi-finale

~ دائِرة demi-cercle; hémicycle

~ عارٍ à demi-nu; à moitié nu

~ مَفْتوح à demi-ouvert

~ بَدْوِيّ، صُلْب semi-nomade; semi-rigide

~ دائِرِيّ semi-circulaire

~ تِلْقائِيّ semi-automatique

~ كُرة، كُرَوِيّ hémisphère; hémisphérique

~ سَنة، سَنَوِيّ semestre; semestriel

~ يَوْمِيّ، شَهْرِيّ biquotidien; bimensuel

الساعة الثانية والـ~ deux heures et demie

فَتَحَ **نِصْفَ** فَتْحةٍ ouvrir à demi

شَرِبَ ثَلاثةَ **أَنْصاف** il a bu trois demis

**نِصْفِيّ** demi- hémi- semi- *préf.*

جَوْرَب ~ demi-bas; mi-bas

تِمْثال، شَلَل ~ buste; hémiplégie

عَمود ~ demi-colonne; colonne adossée

نِصْفِيًّا à moitié; à demi

نِصْفِيّة ج ات in-folio

نِصْفِيّات الجَناح hémiptères *n.m.pl.*

ناصِف ج نُصّاف، نَصَف domestique; valet

نَصِيف ج أَنْصِفة turban (d'homme); voile (de femme)

II نَصَّفَ تَنْصِيفًا ه découper/diviser/partager en deux; dédoubler; tracer une bissectrice; bissecter

تَنْصِيف bissection; dédoublement

مُنَصِّف médian

مُنَصِّفة ج ات bissectrice

III ناصَفَ مُناصَفةً ه partager par moitié en deux moitiés; être de moitié dans un partage; dédoubler

مُناصَفةُ الأَرْباح partage par moitié fifty-fifty

مُناصَفةً moitié-moitié; fifty-fifty

جائِزة **مُناصَفة** بَيْنَهُما prix attribué conjointement à deux lauréats

IV أَنْصَفَ إِنْصافًا ه être ... *v. à l'adj.*; rendre justice raison à qqn; traiter avec équité justice sans discrimination

**إِنْصاف** équité; justice; raison [*fig.*]

مِنَ الـ~ il est juste équitable de

لَيْسَ مِن الـ~ il n'est pas juste pas équitable de

مُنْصِف équitable; juste

VIII **اِنْتَصَفَ** اِنْتِصافًا ه être arriver à la moitié; tenir le milieu le juste milieu de

~ لِـ ه rendre justice à qqn; traiter qqn agir avec justice

~ مِن ه se faire rendre justice

**مُنْتَصَف** le milieu la moitié de

~ الساعة الثانية une heure trente

في ~ العام، القَرْن au milieu de l'année, du siècle

في ~ الطَريق au milieu du chemin; à mi-chemin

~ السَبْعِينات le milieu des années soixante-dix

إلى ~ الجِسْم à mi-corps

~ اللَيْل le milieu de la nuit; minuit

~ النَهار le milieu du jour; midi

X اِسْتَنْصَفَ اِسْتِنْصافًا demander/réclamer justice

**5430 نَصَلَ** ُ نُصولًا se délaver; déteindre; passer/s'altérer (teinte); se décolorer; *v. aussi 5431*

~ مِن السَهْم se détacher de la flèche (pointe)

نُصول décoloration; altération (des couleurs); affadissement/fadeur (d'une teinte)

ناصِل décoloré; déteint; fané passé (ton)

II نَصَّلَ تَنْصيلًا ه — décolorer ; faner/altérer une couleur

IV أَنْصَلَ إِنْصالًا ← II

إِنْصال — décoloration

مُنْصِل — décolorant

V **تَنَصَّلَ** تَنَصُّلًا — déteindre ; passer/se délaver (couleur) ; se décolorer

~ مِن ه — désavouer ; refuser de se mêler de ; méconnaître ; se dérober à

~ من مَسْؤُوليّة ه — dénier/rejeter toute responsabilité dans ; se laver les mains de

تَنَصُّل — décoloration ; dérobade ; désaveu ; méconnaissance ; refus

VIII اِنْتَصَلَ اِنْتِصالًا — branler/se défaire/se démancher (fer de lance) ; se dégarnir de son fer (flèche)

**5431** **نَصَلَ** ـُ نُصولًا ه — planter/ficher une pointe en fer ; *v. aussi 5430*

نَصْل ج نِصال، أَنْصُل — couteau ; pointe ; fer (de lance) ; lame ; *bot.* limbe

نَصْليّ — limbaire

نَصْلة ج نَصَلات — mèche [*techn.*]

**5432** **نَصِيّ** — *bot.* roseau des sables

نَصِيّة — tige de roseau

**ناصِية** ج ات، نَواصٍ — toupet (de cheveux) ; *fig.* notable *n.m.* ; notabilité ; personnalité

أَخَذَ بِـ~ ه — *fig.* empoigner ; saisir

أَخَذَ بِـ~ الحُكْم — prendre le pouvoir

مَلَكَ، اِمْتَلَكَ ~ ه — passer maître en ; avoir/prendre le contrôle de

عَقَدَ آمالَهُ بِـ~ ه — placer ses espoirs en qqn

أَذَلَّ ~ ه — humilier ; rabaisser qqn

مَلَكَ، اِمْتَلَكَ **نَواصِيَهُ** ← ناصِية

III ناصَى مُناصاةً، نِصاءً ه — se prendre mutuellement aux cheveux

**5433** **نَضَّ** ـِ نَضًّا، نَضيضًا — dégoutter ; filtrer ; s'égoutter ; goutter ; suinter

**نَضّ** — monnaie ; pièce de monnaie

مال ~، ناضّ — argent frais/liquide

نَضيض — exigu ; maigre ; modique ; petit ; en petite quantité

**5434** **نَضَبَ** ـُ نُضوبًا — disparaître dans le sol (eau) ; tarir ; s'en aller/s'écouler (foule, eau) ; s'épuiser/se résorber (eau, lait) ; ne pas donner beaucoup de lait (chamelle)

لا **يَنْضُبُ** — incessant ; inépuisable

مَنْبَع لا ~ مَعينُه — source intarissable

نُضوب — épuisement ; résorption ; tarissement

ناضِب — asséché ; tari ; tarissable

**5435** **نَضِجَ** ـَ نَضْجًا — cuire *intr.* ; être cuit à point ; mûrir ; venir à maturité

**نُضْج**، نُضوج — cuisson ; maturité ; maturation ; mûrissage ; mûrissement

~ سِياسيّ — maturité politique

عَدَم، قِلّة ~ — défaut de maturité ; immaturité

**ناضِج** — cuit à point ; à point (fruit) ; mûr ; arrivé à maturité

عَقْل، رَجُل ~ — esprit mûr ; homme fait/au jugement assis/rassis

غَيْر ~ — immature (homme)

وَجْنَتانِ **ناضِجَتانِ** — joues (rebondies et colorées) comme deux fruits mûrs

نَضيج ← ناضِج

IV أَنْضَجَ إِنْضاجًا ه، ه — mûrir *tr.* ; faire mûrir/arriver à maturité

إِنْضاج — mûrissage ; mûrissement

**5436** **نَضَحَ** ـَ نُضوحًا بِـ — transpirer/suer (corps, outre, gargoulette) ; suinter (humidité) ; gicler (larmes) ; exsuder

~ عن نَفْسه — se défendre ; repousser des arguments

~ على ه، ه — déteindre/influer sur ; influencer

~ ـِ نَضْحًا ه — arroser ; asperger ; doucher ; pulvériser ; verser

الإناء **يَنْضَحُ** بِما فِيه — *prov.* la caque sent toujours le hareng

نَضْح، نُضوح — aspersion ; dégorgement ; exsudation ; pulvérisation ; suintement ; sueur ; transpiration ; vaporisation

ناضِح ج نَواضِح — arroseur

نَضّاحة — gicleur ; vaporisateur

مِنْضَح، مِنْضَحة ج مَناضِح — douche ; pulvérisateur ; vaporisateur

VI تَناضَحَ تَناضُحًا — se diffuser par osmose

**تَناضُح** — osmose

مُتَوازِن الـ~ isotonique

تَناضُحيّ osmotique

تَوازُن ~ isotonie

VII اِنْتَضَحَ اِنْتِضاحًا gicler; faire gicler; verser des larmes (yeux)

~ بِـ ه produire [*fig.*]; mettre au jour

**5437** نَضَخَ َ نَضْخًا jaillir

نَضْخ jaillissement jet (gaz, pétrole)

نَضْخة ondée

**5438** نَضَدَ ِ نَضْدًا ه empiler; entasser; mettre en piles; superposer

نَضَد pile; strate; tas

نَضيد schiste; lamifié *n.m.*

نَضيديّ، مَنْضود schisteux; stratifié *adj.*

نَضيدة ج نَضائِد coussin

مِنْضَدة ج مَناضِد table; table de nuit de chevet; guéridon

~ عَمَل établi *n.m.*

II نَضَّدَ تَنْضيدًا ه arrimer; coordonner; stratifier; superposer; *impr.* composer

تَنْضيد superposition; stratification; *impr.* composition

لَجْنة ~ comité de coordination

مُنَضِّد *impr.* compositeur; typographe

مُنَضَّد composé [*impr.*]; lamifié; superposé; stratifié

V تَنَضَّدَ تَنَضُّدًا se stratifier; se superposer

تَنَضُّد superposition; stratification

**5439** نَضُرَ ُ نَضارةً، نُضورًا briller; avoir du brillant de l'éclat; être . . *v. à l'adj.*

نَضِرَ َ ← نَضُرَ

نَضْرة ← نَضارة

نَضارة beauté; brillant *n.m.*; éclat; pureté (couleurs); opulence; richesse (d'une palette); splendeur

~ بِكْريّة pureté virginale

~ الوَجْه fraîcheur grâce jeunesse du visage

في ~ العُمْر dans la fleur la force de l'âge: en pleine santé

ناضِر، نَضِر، نَضير beau; brillant *adj.*; chaud éclatant (couleur); coloré (teint); fleuri florissant [*fig.*]; frais (visage); gai; vif; poupin; prospère resplendissant (mine); rutilant; vert (rameau)

II نَضَّرَ تَنْضيرًا ه aviver (une couleur); donner du brillant de l'éclat

**5440** III ناضَلَ نِضالًا، مُناضَلةً ه lutter rivaliser avec qqn; être en compétition avec

~ عَن se faire l'avocat de; défendre qqn une cause; militer pour

نِضال، مُناضَلة combat; lutte; compétition; rivalité

~ مِنْ أَجْل الحُرِّيّة lutte pour la liberté

~ طَبَقيّ، اِجْتِماعيّ lutte des classes, sociale

في ~ مع aux prises avec

حَياة ~ vie militante de luttes

نِضاليّ agressif [*fig.*]; combatif; pugnace [*litt.*]

نِضاليّة agressivité [*fig.*]; combativité; mordant *n.m.*; militantisme; pugnacité

مُناضِل ج ون combattant; défenseur; lutteur; militant

مُناضِلو الحِزْب militants base du parti

**5441** نَضْنَضَ agiter darder sa langue (serpent)

نَضْناض serpent qui darde sa langue; échidné

**5442** نَضا ُ نَضْوًا مِن se déshabiller; tirer le sabre (du fourreau)

~ ُ نُضُوًّا pâlir passer s'effacer être effacé (teinture); déteindre

نِضْو، نِضْوة ج أَنْضاء fer (du mors); fer à cheval; *v. aussi le suivant*

نَضيّ amaigri; émacié; exténué

IV أَنْضَى إِنْضاءً ه amaigrir exténuer (une bête de somme)

**5443** نَطَّ ُ نَطًّا faire la cabriole; cabrioler; caracoler; gambader; sauter à la corde; rebondir (sur le sol)

نَطّ cabriole; caracolade; gambade

~ الحَبْل saut à la corde

حَطّة نَطّة saute-mouton

نَطّاط sauteur; cabrioleur

نَطّاطة — *ins.* altise; taupin

**5444 ناطِب** ج نَواطِب — papier-filtre; filtre en tissu

**5445 نَطَحَ** َ نَطْحًا ه — donner de la tête contre; donner un coup de corne à

نَطْحة ج نَطَحات — coup (de tête, de cornes); choc

ناطِح — qui donne des coups (de cornes, de tête)

**ناطِحة** ج نَواطِح — *fém. du précéd.*

~ ج ات السَحاب — gratte-ciel

~ الدَهْر — coup du sort

نَطيح — frappé/blessé (à coups de cornes); qui joue de malheur; malchanceux

III ناطَحَ مُناطَحةً، نِطاحًا ه — se donner des coups (de cornes, de tête)

**5446 نَطَرَ** ُ نَطْرًا، نِطارة — garder (un verger); être garde-champêtre; surveiller

نِطارة — charge/métier de garde-champêtre; garde *n.f.*; surveillance; vigie

ناطور ج نَواطير — garde/gardien de verger; garde-champêtre

نُطّار ج نَطاطير — épouvantail

**5447 نَطْرون** — carbonate de sodium; natron; salpêtre

**5448 نَطِسَ** َ نَطَسًا — être ... *v. à l'adj.*

نَطْس ج نِطاس — habile; savant *adj.*; qui a du métier

**نِطاسيّ** ج نُطُس — exact; expérimenté; habile; précis; minutieux; scrupuleux; tâtillon [*fam.*]

طَبيب ~ — bon médecin

V **تَنَطَّسَ** تَنَطُّسًا — être ... *v. à l'adj.*; approfondir une connaissance; examiner minutieusement (un malade, des comptes)

~ عن الأَخْبار — chercher; chercher à savoir/à en savoir plus

~ في الكَلام، اللِبْس — parler, s'habiller avec recherche/élégance

~ في الطَعام، الأَكْل — apprécier la bonne cuisine

مُتَنَطِّس (← نِطاسيّ) — élégant; éloquent; fin gourmet

**5449 نِطْع** — palais dur [*anat.*]

حَرْف نِطْعيّ — phonème dental

V **تَنَطَّعَ** تَنَطُّعًا — manger à satiété; être rassasié

~ في الكَلام — être diffus/excessif/prolixe

~ في عَمَله — être habile dans son art

تَنَطُّع ج ات — abus; excès; outrance; geste impulsif

**5450 نَطَفَ** ُ نَطْفًا — couler; s'écouler; suinter

نُطْفة ج نُطَف — (goutte de) sperme; semence [*fig.*]

نُطْفيّ — séminal (liquide); spermatique

**5451 نَطَقَ** ُ نُطْقًا، مَنْطِقًا بـ ه

articuler; dire; formuler; parler; prononcer; tenir (des propos); *v. aussi 5452*

**نُطْق** — articulation; diction; élocution; langage (articulé, humain); parole; prononciation

فاقِد الـ~ — qui a perdu (l'usage de) la parole; sans voix

**ناطِق** ج ون — doué de la parole/de raison; parlant; locuteur; qui s'exprime dans une langue intelligible/en termes clairs; -phone *suff.*

شريط، فِلْم ~ — bande sonore; film parlant

أَخْبار، جَريدة ~ة — journal parlé [*radio.*]

~ بِلِسان ه، ه — porte-parole de

~ بِالعَرَبيّة، الفِرَنْسيّة — arabophone; francophone

البُلْدان الـ~ة بِالفِرَنْسيّة — pays d'expression française; francophonie

النَفْس الـ~ة — âme/esprit/raison humain(e)

غَيْر ~ — non doué de la parole/de raison

**الناطِقون** الطَبيعيّون — locuteurs natifs

الـ~ بِالضادّ — *fig.* les Arabes (ceux qui prononcent le «*ḍād*»)

**مَنْطوق** — articulé; dit; énoncé *adj.*, *n.m.*; exprimé; formulé; parlé; prononcé; énonciation; formulation; *dr.* disposition; texte

~ الحُكْم — le texte/les termes exacts/les termes mêmes/les dispositions du jugement (après les attendus)

~ القانون — les termes de la loi

~ الكَلِمة — le sens exact du mot

بِالـ~ — à la lettre; expressément; explicitement; de manière explicite/expresse/non équivoque

**مَنْطِق** — faculté de parler; énonciation; élocution; locution; langage articulé; parole; raisonnement; raisonnement logique/dialectique

عِلْم الـ~ — logique *n.f.*

مِن الـ~ أن — il est logique de que

لَيْسَ من الـ~ أن — il n'est pas logique de que

~ الحَوادِث — logique des événements

~ صُوَرِيّ، رَمْزِيّ — logique formelle, symbolique

**مَنْطِقِيّ** — conséquent; logique *adj.*; rationnel

الطَريقة الـ~ الوَحيدة — la seule démarche logique

غَيْر، لا ~ — illogique; inconséquent; irraisonné; irrationnel

~ ج ون — logicien

**مَنْطِقِيّة**، لا ~ — rationalité; illogisme

IV **أَنْطَقَ** إِنْطاقًا ه — douer/doter d'un langage/de la faculté de s'exprimer; faire parler; permettre à qqn de s'exprimer

عَدَد **مُنْطَق** — *math.* nombre rationnel

X **اِسْتَنْطَقَ** اِسْتِنْطاقًا ه عن — chercher à faire parler/à faire dire qqch à qqn; interroger; questionner; faire subir un interrogatoire à

**اِسْتِنْطاق** — interrogatoire; instruction [*dr.*]

قاضٍ **مُسْتَنْطِق** — juge instructeur

**5452 نِطاق** ج نُطُق — ceinture; ceinturon; jupe à à deux volants; *fig.* cadre; cercle; domaine; enceinte; contour; secteur; zone; *radio.* bande; *v. aussi 5451*

عَقَدَ حُبُكَ الـ~ — se préparer à agir/à l'action/à l'épreuve

~ صِحّيّ، شُرْطيّ — cordon sanitaire, de police

~ الجَوْزاء — *astron.* Baudrier d'Orion

في، على ~ ه — dans le cadre de; sur le plan de

ضِمْنَ ~ — dans le cadre/la limite de

في ~ عالَميّ، إقْليميّ — sur le plan mondial, régional

على ~ جَديد — dans un cadre nouveau

على ~ واسِع — d'envergure; de grande envergure; dans une large mesure; sur une grande échelle

عَمِلَ على ~ واسِع — faire les choses en grand; voir grand [*fig.*]

على أَوْسَع الـ~ — sur une très grande échelle; de très grande envergure; très largement

**مِنْطَق** ج مَناطِق — ceinture

**مِنْطَقة** ج — contrée; district; territoire; fuseau (horaire); quartier; pays; région; secteur; circonscription; sphère

~ حَضَرِيّة، سَكَن — secteur zone urbain(e)

~ حُدود، البُروج — zone frontalière; zodiaque

~ قُطْبيّة — région polaire

~ تَعْليميّة — académie [*enseign.*]

~ عَسْكَرِيّة — circonscription secteur zone militaire

~ خَصْبة — contrée région zone fertile

~ نُفوذ — sphère zone d'influence

~ زَمَنيّة، ساعيّة — fuseau horaire

~ حُرّة — zone libre franche

~ التِجارة الحُرّة — zone de libre-échange

~ مُحَرَّمة، مَمْنوعة — zone interdite

~ صِناعيّة، سَكَنيّة — zone industrielle, résidentielle

~ مُجَرَّدة مِن التَجْهيزات العَسْكَرِيّة — zone démilitarisée

~ نَقْديّة، تِجاريّة — zone monétaire, commerciale

~ الدُولار، الإِسْتِرْلينيّ — zone dollar, sterling

داء الـ~ — *méd.* zona

**مِنْطَقِيّ** — sectoriel; zonal

II **نَطَّقَ** تَنْطيقًا ه — ceindre qqn; mettre une ceinture à; ceinturer; serrer les reins de

V **تَنَطَّقَ** تَنَطُّقًا بـ (← مِنْطَق) — être entouré de; s'entourer de; se ceindre de

**5453 نَطَلَ** ـُ نَطْلاً ه — exprimer le jus (des raisins); faire une décoction

~ ه — appliquer à qqn des compresses de plantes aromatiques

**نَطول** ج أَنْطِلة — décoction; bain/compresse (de plantes aromatiques)

**ناطِل** ج نَواطِل؛ **نَيْطَل** ج نَياطِل — broc; pichet

**5454 نَطْنَطَ** — bondir; sauter (de joie); sautiller (oiseau)

**نَطْنَطة** — bond; saut; sautillement

**نَطْناط** — bondissant; sautillant

**5455 نَطاة** ج أَنْطاء — pétiole

**5456 نَظَرَ** ـُ نَظَرًا إلى ه — considérer; envisager; contempler; examiner; observer; regarder; voir; être tourné vers; donner sur

~ نَظْرَةَ اِسْتِحْسان — regarder/voir d'un bon œil

~ بِعَيْنِ الرِضَى — *même sens*

~ نَظْرَةَ اِسْتِقْباح — regarder/voir d'un mauvais œil

~ بِمُؤْخِرِ عَيْنِه — lorgner; guigner du coin de l'œil

~ بَيْنَ ه — décider; juger

~ لِـ ه، ه — aider; prendre soin de

~ في ه — examiner qqch avec attention; observer; spéculer; réfléchir à; guetter; veiller sur

~ في مُشْكِلة — étudier/examiner un problème

~ في قَضِيّة — réfléchir à/juger une affaire

**أُنْظُرْ** بَعْدَهُ، فيما يَلي — voir plus bas/plus loin/infra

~ فَوْقَهُ، أَعْلاه — voir plus haut/supra

~ ظَهْرَهُ، خَلْفَهُ — voir au verso/au dos

**نَظَر** ج أَنْظار — contemplation; contrôle; examen; observation; pénétration; perception; regard; supervision; surveillance; vision; vue; *fig.* autorité; compétence; décision

الـ~ في الأَشْياء — contemplation; réflexion; spéculation

لَهُ الـ~ في ه — avoir le contrôle de; superviser

أَلْقَى ~ ه على — jeter les yeux/le regard sur

أَعادَ الـ~ في — reconsidérer; réexaminer; réviser

إعادة الـ~ — réexamen; révision

غَضَّ الـ~ عَن — fermer les yeux sur; ne pas tenir compte de

قَضِيّة فيها ~ — affaire qui mérite réflexion

عَرَفَ ه بالـ~ — connaître qqn de vue

اِسْتَرَقَ الـ~ إلى — regarder furtivement

لَفَتَ الـ~ — attirer l'attention

تَوارَى الشَيْءُ عَن ~ ه — perdre de vue (la chose)

أَعادَ الـ~ في الوَضْع — reconsidérer la situation

بُعْد الـ~ — largeur de vues; clairvoyance; perspicacité; prévision

إنّما الحُكْم بُعْد الـ~ — *prov.* gouverner, c'est prévoir

بَعيد الـ~ — clairvoyant; perspicace; qui voit loin/grand

قِصَر الـ~ — étroitesse de vues; courte vue; imprévision; imprévoyance

قَصير الـ~ — imprévoyant; qui a une vue étroite

وِجْهة ~ — manière de voir; point de vue; perspective

مِن وِجْهة ~ سِياسيّة — d'un point de vue/dans une perspective politique

بِمُجَرَّد الـ~ — à vue d'œil

تابِع، راجِع إلى، لِـ~ ه — qui relève de la compétence/de l'autorité de

عليه الـ~ في ذلك — cela relève de sa compétence

لِمَنْ لَهُ الـ~ في — à qui de droit

المَحْكَمة ذات الـ~ — le tribunal compétent

بِقَطْع، بِصَرْف الـ~ عَن — abstraction faite de; indépendamment de; sans compter que; sans préjudice de; sans tenir compte de; mis à part

في ~ ه — au regard/au gré/au yeux de; selon (lui)

في ~ ي — à mon avis; pour moi; selon moi

تَحْتَ الـ~ — sous les yeux; à l'étude; en cours

بِالـ~، **نَظَرًا** إلى أنّ — attendu que; en raison de; eu égard à; dès lors que; en considération de; en faveur de; étant donné; d'autant que

**نَظَرًا** إلى الظُروف — en raison des circonstances

~ إلى الصُعوبات — au vu des/étant donné les difficultés

**نَظْرة** ج نَظَرات، أَنْظار — coup d'œil; regard; aperçu *n.m.*; conception

أَلْقَى ~ — jeter un regard/un coup d'œil sur

~ وَداعٍ، حُبّ — regard d'adieu, d'amour

~ وَعيدٍ — regard menaçant

رَمَى ه بِـ~ — lancer/jeter un regard à

بادَلَ ه ~ بِـ — échanger un regard avec

~ إجْماليّة، شامِلة — aperçu; panorama; vue d'ensemble

~ خاطِفة — bref aperçu; coup d'œil rapide

أَلْقَى ~ خاطِفة على كِتاب — jeter un coup d'œil rapide sur un livre; lire un livre en diagonale [*fam.*]

لِأَوَّلِ ~ — à première vue; au premier regard/coup d'œil

**نَظَرات** — regards; réflexions

~ مُزْرِيات، مُلْتَهِبة — regards humiliants, enflammés

عَشَرات الـ~ — des dizaines de regards

صَفَعَتْه الـ~ — les regards le dévisagèrent

**نَظَرِيّ** — optique *adj.*; visuel; contemplatif; spéculatif; théorique

مِن الوِجْهة الـ~ة — sur le plan du point de vue théorique; en théorie

عِلْم ~ — science pure théorique

~ ج ون؛ الـ~ والعَمَلِيّ — théoricien; le théoricien et le praticien

نَظَرِيًّا — théoriquement; en théorie

**نَظَرِيّة** ج ات — conception; doctrine; point de vue; théorie; théorème; thèse; système

~ سِياسِيّة، ذَرِّيّة — théorie politique, atomique

الـ~ والتَطْبيق — la théorie et l'application/et la pratique

الـ~ والعَمَلِيّة — *même sens*

~ المَعْرِفة — théorie de la connaissance; épistémologie

**ناظِر** — œil; regard

~ ج ون. نَظّارة — spectateur

اِحْتَجَبَ كُلُّ شَيْءٍ عَن ~ي — tout disparut à mon regard

~ ج نُظّار — administrateur; inspecteur; intendant; surveillant; serre-file

~ مَحَطّة، عامّ — chef de gare; surveillant général

(ناظِر ج) نَظّارة — spectateurs; public

ناظِرة ج نَواظِر — œil; regard; administratrice; intendante; directrice; matrone

**نَظّارة** ج ات — lunette; lunettes *n.f. pl.*

~ طِبِّيّة — lunettes de vue

~ مُقَرِّبة، فَلَكِيّة — lunette d'approche, astronomique

صانِع، بائِع **نَظّارات** — lunetier

نَظّاراتِيّ — opticien

ناظور — longue-vue; jumelles *n.f.pl.*

**مَنْظور** — aperçu *adj.*; considéré; examiné; pris en considération; observé; perçu; en perspective; prévu; remarqué; visible; vu

~ إليه — administré *n.*; contrôlé; protégé; pupille [*dr.*]; surveillé

غَيْر ~ — invisible; inaperçu; imprévu

رَسْم **مَنْظورِيّ** — perspective *n.f.* [*bx-arts*]

**نَظير** ج نُظَراء — égal; homologue; isotope; pareil; pendant *n.m.*; semblable; tel *adj.*; réciproque *n.f.*

~ مُشِعّ — isotope radioactif

~ السَمْت — nadir

مُنْقَطِع الـ~ — sans égal/exemple pareil; hors ligne pair; incomparable

**نَظيرَ** ه. ه — comme; à l'instar de

لا ~ لَهُ ← مُنْقَطِع النَظير

نَظيرة ج نَظائِر — ampliation [*dr.*]; exemplaire; fac-similé

**مَنْظَر** ج مَناظِر — aspect; coup d'œil; décor (de théâtre); panorama; paysage; perspective *n.f.*; scène; site; spectacle; tableau [*fig.*]; vue

~ جَميل — belle perspective

~ جانِبِيّ — profil

**مَناظِر** خارِجِيّة، طَبيعِيّة — *cin.* extérieurs; décors naturels

عِلْم الـ~ — *bx-arts*: (art de la) perspective

**مَنْظَرة** ج مَناظِر (← مَنْظَر) — hauteur; lieu élevé; point de vue; salon; salle de séjour

~ السُلَّم — palier

**مِنْظار** ج مَناظير — longue-vue; lunette d'approche; visionneuse; jumelles *n.f.pl.*

~ فَلَكِيّ — télescope

II **نَظَّرَ** تَنْظيرًا بَيْنَ ه — comparer; établir faire une comparaison un rapprochement; assimiler (une chose à)

~ ه دَيْنًا — accorder à qqn un délai (pour un paiement)

III **ناظَرَ** مُناظَرةً ه. ه — contrôler; inspecter; superviser; surveiller; être en concurrence/concourir/rivaliser avec; disputer/controverser avec qqn; polémiquer; ressembler à

~ ه بِـ ه — assimiler; comparer; mettre sur le même plan

**مُناظَرة** — compétition; concurrence; controverse; débat; discussion; dispute; émulation; joute; polémique; rivalité; contrôle; inspection; supervision; surveillance

عِلْم الـ ~ *théol.* (art de la) controverse

**مُناظِر** ج ون égal; identique; même *n.*; pendant *n.m.*; semblable; adversaire; concurrent; émule; opposant; rival

~ دُروس surveillant d'études

~ أشْغال surveillant de travaux

V تَنَظَّرَ تَنَظُّرًا ه، ه examiner avec minutie; scruter; s'attendre à; prévoir

**تَنَظُّر** examen; observation

~ الباطِن endoscopie

تَنَظُّريّ باطِنيّ endoscopique

VI **تَناظَرَ** تَناظُرًا s'entre-regarder; échanger des regards; se faire face; correspondre; se correspondre; être homologue/symétrique

~ على controverser; échanger des arguments contraires

**تَناظُر** altercation; correspondance; homologie; symétrie

عَدَم، لا ~ asymétrie; dissymétrie

تَناظُريّ ← مُتَناظِر

**مُتَناظِر** correspondant (angle); homologue; symétrique

غَيْر ~ asymétrique; dissymétrique

VIII **اِنْتَظَرَ** اِنْتِظارًا ه، أن attendre; être dans l'expectative; poireauter [*fam.*]

~ دَوْره attendre son tour; faire la queue

يُنْتَظَرُ أن on attend que; on s'attend à ce que

**اِنْتِظار** attente; expectative *n.f.*

قاعة ~ salle d'attente

على غَيْر ~ contre toute attente; à l'improviste

في، بِـ ~ en attendant de; dans l'attente de

في ~ الذَهاب، الرُجوع en attendant de partir, de revenir

كانَ في ~نا il nous attendait

**مُنْتَظَر** attendu; espéré

غَيْر ~ inespéré; inattendu; imprévisible; imprévu; impromptu; subit

5457 **نَظُفَ** ـُ نَظافة être ... *v. à l'adj.*

نَظافة netteté; propreté; soin

**نَظيف** ج نُظَفاء، نِظاف net; propre; soigné; bien tenu

وَعْي ~ conscience pure

II **نَظَّفَ** تَنْظيفًا ه curer; décaper; décrasser; décrotter; dégraisser; nettoyer; purger; vidanger

~ وَجْهه، يَدَيْه se laver le visage, les mains

~ حِذاءه décrotter ses chaussures; se décrotter

~ بِئْرًا curer/nettoyer un puits

~ مَلابِس nettoyer/dégraisser des vêtements

~ أَظْفاره se curer les ongles

~ أُنْبوبة purger/vidanger une conduite

~ سَفينة caréner un bateau

**تَنْظيف** décapage; dégraissage; décrassage; nettoyage; nettoiement; purge; vidange

~ سَفينة carénage d'un bateau

مَصْلَحة **التَنْظيفات** service du nettoiement

مُنَظِّفات détergents *n.m.pl.*

V تَنَظَّفَ تَنَظُّفًا se nettoyer; se purifier; avoir/prendre soin de sa tenue

5458 **نَظَمَ** ـِ نَظْمًا، نِظامًا agencer; disposer/mettre en ordre/en série; joindre; unir; *poét.* versifier; faire des vers

~ أفْكاره réunir/ordonner ses idées

~ سِلْسِلة أفْكارِه retrouver le fil de ses idées

**نَظْم** agencement; arrangement; rythme (du cœur); *poét.* composition; versification

قادِر على ~ قَصيدة capable de composer un poème

نَظْميّ poétique

**نِظام** ج نُظُم، أَنْظِمة code; conformité; loi; discipline; institution; méthode; ordonnance; ordre; organisation; régime; règle; règlement; régularité; statut; système

~ سِياسيّ régime/système politique

~ إقْطاعيّ régime/système féodal

الـ ~ العامّ ordre public

شُرْطة الـ ~ service d'ordre

~ أساسيّ loi constitutionnelle; constitution; statut organique

~ مَصْرِفيّ، تَعاوُنيّ système bancaire, coopératif

**تَنْظيم** ajustement; arrangement; assemblage; classement; combinaison; contrôle; correction; coordination; discipline; disposition; mise en ordre; normalisation; mesure [*fig.*]; ordonnance; ordre; organisation; rectification; réglementation; régulation; régularisation; systématisation

أعادَ، إعادة الـ ~ réorganiser; réorganisation

~ قَضائِي réforme judiciaire

~ التَسْويق organisation de la commercialisation

~ مَصالِح الإدارة organisation administrative

~ الإنْتاج organisation de la production

~ حَرَكة السَيْر régulation du trafic

أدَوات الـ ~ النَقْدِيّ instruments de la régulation monétaire

**تَنْظيميّ** organisationnel; réglementaire; rectificatif *adj.*

مَبادِئ، طُرُق ~ة principes, méthodes organisationels(elles)

**مُنَظِّم** ج ون cadre [*admin.*]; coordonnateur; entrepreneur; manager; ordonnateur; organisateur; promoteur; régulateur; sponsor

~ حَفَلات imprésario

المُنَظِّمون الأكْفاء les cadres compétents

**مُنَظَّم** discipliné; méthodique; organisé; ordonné; réglementé; bien réglé; régulier; systématique

تَصَرُّف ~ comportement conduite discipliné(e)

جَيْش ~ armée régulière

رِحْلة، حَياة ~ة voyage organisé; vie réglée

عَقْل ~ esprit organisé/méthodique

خِدْمة ~ service régulier

غَيْر ~ inorganisé; irrégulier

**مُنَظَّمة** ج ات organisation; organisme

~ جَماهِريّة organisation de masse

~ التَعاوُن والتَنْمية الاقْتِصاديّة Organisation de coopération et de développement économique; O.C.D.E.

~ الأُمَم المُتَّحِدة Organisation des Nations unies; O.N.U.

~ الوَحْدة الإفْريقيّة Organisation de l'unité africaine; O.U.A.

~ الزِراعة والأغْذية Organisation (des Nations unies) pour l'alimentation et l'agriculture; O.A.A.

~ النَقْد الدُوَليّ système monétaire international

~ راسماليّ، اشْتِراكيّ système capitaliste, socialiste

~ سائِد، مَعْمول بِهِ système dominant, en vigueur

~ مِتْريّ، عُشْريّ système métrique, décimal

~ إداريّ، داخِليّ règlement administratif, intérieur

~ الأحْوال الشَخْصيّة statut personnel [*dr.*]

~ المُوَظَّفين statut des fonctionnaires

~ الحَياة manière de vivre; mode/règle de vie

~ السَيْر، المُرور Code de la route

**نِظاميّ** discipliné; normal; ordonné; organisé; méthodique; régulier; statutaire; systématique

بِزّة ~ة uniforme *n.m.*

جَيْش، جُنْد ~ armée active/régulière; troupes régulières

جُنْديّ ~ soldat régulier

قانون ~ loi organique/statutaire

إحْتِياطيّ ~ *écon.* réserve légale

غَيْر ~ indiscipliné; désordonné; désorganisé; irrégulier

جُنْديّ غَيْر ~ soldat irrégulier; franc-tireur

قِطْعة غَيْر ~ة corps franc

**مَنْظوم**، نَظيم disposé en ordre/en série; ordonné; rythmé; rythmique

~، مَنْظومة ج ات poésie

II **نَظَّمَ** تَنْظيمًا ه ajuster; arranger; assembler; classer; combiner; corriger; coordonner; discipliner; disposer; mettre en ordre/à jour; mesurer [*fig.*]; normaliser; ordonner; préparer; ranger; rectifier; régir; réglementer; régulariser; réguler; systématiser

~ أوْتارًا accorder un instrument

~ وَقْته organiser son temps; s'organiser

~ أُموره mettre ses affaires à jour

~ قَصيدة composer un poème; versifier

~ حَرَكة السَيْر réguler le trafic

~ تَصَرُّفاتِه se discipliner

~ نَشاطات مُخْتَلِفة coordonner différentes activités

~ العَمَل الدُوَلِيَّة Organisation internationale du travail; O.I.T.

~ الصِحَّة العالَمِيَّة Organisation mondiale de la santé; O.M.S.

~ الأَقْطار المُصَدِّرة لِلنَفْط Organisation des pays exportateurs de pétrole; O.P.E.P.

~ الأَقْطار العَرَبِيَّة المُصَدِّرة لِلنَفْط Organisation des pays arabes exportateurs de pétrole; O.P.A.E.P.

~ الأُوبِك OPEC

~ حِلْف شَمال الأَطْلَسِيّ Organisation du traité de l'Atlantique Nord; O.T.A.N.

~ لِلتَرْبِية والعُلوم والثَقافة Organisation (des Nations unies) pour l'éducation, la science et la culture; UNESCO

VIII اِنْتَظَمَ اِنْتِظامًا s'organiser; être ... *v. à l'adj.*

~ في être affilié à; s'affilier à; entrer dans (un organisme)

اِنْتِظام discipline; égalité; méthode; ordre; ordonnance; organisation; uniformité; régularité

~ المِزاج égalité d'humeur

بِ، في ~ avec méthode/ordre/régularité; méthodiquement; normalement; régulièrement; systématiquement

مُنْتَظِم discipliné; égal; cadencé; mesuré; réglé; méthodique; ordonné; régulier; rythmique; uniforme

سَيْر ~ train régulier

مِشْية ~ة allure régulière

حَرَكات ~ة mouvements réguliers/rythmiques

غَيْر ~ déréglé; désordonné; indiscipliné; inégal (pouls); irrégulier

**5459** **نَعَبَ** - نَعِيبًا، نُعابًا crier; croasser; ululer

نَعِيب؛ نُعاب croassement; ululement

نَعّاب *ois.* corbeau; *fig.* prophète de malheur

**5460** **نَعَتَ** - نَعْتًا ه، ه décrire; qualifier; traiter qqn, qqch de

**نَعْت** description; qualification

~ ج نُعوت adjectif; descriptif *n.m.*; qualificatif *n.m.*; *gramm.* épithète

**نَعْتِيّ** qualificatif *adj.*; descriptif *adj.*

كَلِمة ~ة terme de qualification

مَنْعوت décrit; qualifié; traité de; *gramm.* nom qualifié/suivi d'une épithète

**5461** (نعث) IV **أَنْعَثَ** إِنْعاثًا se mettre en route; faire du zèle; être assidu à

~ في ماله gaspiller/prodiguer ses richesses

**5462** **نَعْجة** ج نِعاج، نَعَجات brebis

خَسّ الـ~ *bot.* doucette; mâche; valérianelle

**5463** **نَعَرَ** - نَعِيرًا crier; grincer; nasiller

نَعِير؛ نَعْرة clameur; cri; grincement; nasillement

**نُعَرة** ج نُعَر arrogance; bouffée d'orgueil; orgueil; *ins.* taon

~ قَوْمِيَّة، عُنْصُرِيَّة chauvinisme; esprit de clocher

نَعور؛ ناعور ج نَواعير hémophile

نَعورِيَّة؛ ناعورِيَّة hémophilie

ناعورة ج نَواعير aile de moulin; noria; roue hydraulique; grande roue (de fête foraine)

نَعّار babillard; criard; *ois.* canari

نَعّارة cruche; cruchon

**5464** **نَعَسَ** - نَعْسًا، نُعاسًا avoir sommeil; dormir; avoir une activité réduite (marché); stagner (commerce); être ... *v. à l'adj.*

**نَعْسة** assoupissement; somme

رَكِبَتْهُ ~ شَديدة tomber dans un profond sommeil; dormir profondément

**نُعاس** inertie; langueur; léthargie; passivité; sommeil; somnolence; stagnation; torpeur

شَعَرَ، أَخَذَ في الـ~ s'assoupir; s'endormir; avoir sommeil; somnoler

ناعِس ج نُعَّس apathique; assoupi; endormi; ensommeillé; inerte; léthargique; passif; somnolent

نَعْسان م نَعْسَى ج نِعاس *même sens*

II نَعَّسَ تَنْعيسًا ه assoupir; endormir; coucher

IV أَنْعَسَ إِنْعاسًا ← II

VI تَناعَسَ تَناعُسًا faire semblant de dormir

**5465** **نَعْش** ج نُعوش bière; cercueil; civière

غِطاء الـ~ drap funéraire

بَنات ~ الصُغْرَى — Petite Ourse

بَنات ~ الكُبْرَى — Grande Ourse

مَنْعوش — porté sur une civière; mis en bière

IV أَنْعَشَ إِنْعاشًا ه — animer; encourager; vivifier; ranimer; rafraîchir; ragaillardir; raviver; ravigoter [fam.]; réconforter; redonner vie; rendre la vie; relancer; relever; restaurer; stimuler

~ الاِقْتِصاد — relancer relever restaurer l'économie

~ مُؤَسَّسة — redresser relever une entreprise

~ وُجُودَه — donner un sens nouveau à son existence

إِنْعاش — animation; ranimation; réanimation; relance; réconfort; restauration; stimulation; vivification

~ الصِناعة — relance de l'industrie

مُنْعِش — frais; rafraîchissant; revigorant [fam.]; réconfortant; remontant *adj., n.m.*; stimulant *adj., n.m.*; vivifiant

هَواء ~ — air frais vivifiant

VIII اِنْتَعَشَ اِنْتِعاشًا — s'animer; se ranimer; se raviver; se remonter; reprendre vie; revivre; être ... *v. à l'adj.*

اِنْتِعاش — réanimation; relèvement; renouveau; reprise; résurgence; stimulation

مُنْتَعِش — prospère; réconforté; stimulé; vivifié; vivace

**5466 نَعَصَ** ـَ نَعْصًا — dévorer la végétation (sauterelle)

**5467 نَعَظَ** ـَ نُعوظًا — entrer en érection

نُعوظ — érection [*physiol.*]

نَعوظ — érectile

ناعوظ — aphrodisiaque; stimulant

IV أَنْعَظَ إِنْعاظًا — être en état d'érection, d'excitation sexuelle; faire naître le désir sexuel

**5468 نَعْف** ج نِعاف — élévation de terrain

نَعَفة الديك — crête du coq

مَناعِف الجِبال — crêtes; sommets

**5469 نَعَقَ** ـِ نَعيقًا، نُعاقًا — crier; croasser; ululer; retentir

نَعيق، نُعاق — cri; croassement; ululement

نَعْقة ج نَعَقات (المُؤَذِّن) — appel/cri (du muezzin)

**5470 نَعْل** ج نِعال، أَنْعُل — chaussure; mule; sandale; semelle

~ الفَرَس — fer à cheval

~ الجِدار — plinthe

على شَكْل ~ فَرَس — en fer à cheval

اِخْضَرَّتْ نِعال القَوْم — *prov.* avoir du foin dans ses sabots; marcher rouler sur l'or

IV أَنْعَلَ إِنْعالًا ه — ferrer (un cheval)

VIII اِنْتَعَلَ اِنْتِعالًا — être chaussé; se chausser

كَأَنَّهُ ~ حِذاءً مِن حَديد — comme s'il avait des semelles de plomb

**5471 نَعَمَ** ـُ نَعْمًا — vivre dans le bien-être les plaisirs le luxe; prospérer (vie); être confortable (existence)

نَعِمَ ـَ نَعْمةً — *même sens*

~ بِـ ه — jouir de; se délecter de; prendre plaisir à; savourer; se trouver bien de

~ بالراحة — jouir du repos; se reposer

~ بالًا. عَيْنًا — être confiant calme paisible serein rasséréné

نَعُمَ ـُ نُعومةً — être agréable doux facile (vie); être doux au toucher moelleux confortable (tissu); se radoucir (caractère)

نَعَم، نَعْمة — bien-être; confort; délice; plaisir; prospérité; repos

~ ج أَنْعام جج أَناعيم — bétail; bestiaux; troupeaux

نَعَمْ — oui; en effet; bien sûr; certes; certainement; sans doute

نِعْمَ الرَجُل — *exclam. mélioratif; se construit comme un verbe suivi de son sujet*: l'excellent homme! quel homme merveilleux!

~ الأَمْرُ — excellente chose! épatant! merveilleux! tant mieux!

~ ما فَعَلْتَ — bravo! très bien! à la bonne heure! bien joué!

نِعْمة ج نِعَم — bienfait; faveur; grâce; richesse

واسِع الـ~ — fortuné; riche

حَديث الـ~ — nouveau riche; parvenu

بِـ~ اللّٰه — grâce à Dieu à la faveur divine

نُعْمَى ← نَعْماء

نِعَم، مَناعِم — bonnes grâces; largesses; délices *n.f.pl.*; plaisirs

أَغْدَقَ الـ~ على ه — couvrir qqn de bienfaits

**نُعومة** confort [*fig.*]; délicatesse; douceur (au toucher); finesse; onctuosité [*fig.*]; moelleux *n.m.*; velours [*fig.*]

تَكَلَّمَ بِـ ~ parler avec douceur/onction

~ البَشَرة délicatesse/finesse de la peau

~ نَسيج finesse/moelleux/confort d'un tissu

مِن ~ أَظْفاره dès/depuis sa plus tendre enfance

نَعام؛ نَعامة ج ات، نَعائِم autruche

**ناعِم** agréable; confortable; délicat; doux; lisse; douillet; fin; léger; moelleux; onctueux; raffiné; satiné; soyeux; tendre; velouté

نَسيج ~ tissu fin/léger/souple/confortable

تَرْبية، حَياة ~ة éducation, vie raffinée

طَحين ~ fleur de farine

سُكَّر ~ sucre en poudre

~ البال paisible/tranquille/serein (homme)

صَوْت ~ voix agréable/douce/musicale/flûtée

ناعِمة ج نَواعِم jolie femme; *bot.* sauge

**نَعيم** ج نُعَماء béatitude; bien-être; félicité; opulence; plaisir; satisfaction; volupté

~ اللّه faveurs/grâces divines

مَناعِم ← نِعَم

**نَعْماء** ج أَنْعُم générosité; aisance; opulence

الـ~ والبَأْساء les bons et les mauvais jours

في الـ~ والبَأْساء pour le meilleur et pour le pire

II نَعَّمَ تَنْعيمًا ه aplanir; adoucir; apaiser; assouplir; atténuer; amollir; combler (de bienfaits); effacer (les rides); enlever les obstacles; ramollir

**مُنَعَّم** glabre; qui a la peau lisse

IV **أَنْعَمَ** إِنْعامًا ه، ه ← II

~ على ه بِـ ه accorder/conférer/octroyer qqch à; doter/pourvoir qqn de

~ في ه s'appliquer à; se vouer à; se donner beaucoup de mal pour

~ النَظَر في bien réfléchir à; réfléchir mûrement à

**إِنْعام** bienfait; don; faveur

بَعْد ~ النَظَر après mûre réflexion

**مُنْعِم** bienfaisant; agréable/salubre (climat); bienfaiteur; donateur

V **تَنَعَّمَ** تَنَعُّمًا بِـ jouir de; vivre dans le bien-être/le luxe/les plaisirs; avoir/éprouver du plaisir à

~ بِالمَلَذّات mener joyeuse vie

~ بِدِفْء قُرْب ه jouir de la chaleur d'une présence

تَنَعُّم agrément; bien-être; jouissance; plaisir

5472 **نَعْنَع**؛ نَعْناع menthe

~ الحَقْل pouliot [*bot.*]

~ الماء، فُلْفُليّ menthe aquatique, poivrée

5473 **نَعَى** َ نَعْيًا، نَعِيًّا ه annoncer la mort de qqn

~ ه على ه blâmer qqn à cause de; reprocher qqch à qqn

تَرَكَ الدار **تَنْعَى** مَنْ بناها *prov.* ne laisser que des ruines derrière soi

نَعِيّ ← نَعي، ناعٍ

نَعْي، نَعْية ج نَعَيات annonce de la mort de qqn; faire-part de décès; notice nécrologique; blâme; reproche

نَعْوة ج نَعَوات *même sens*

مَنْعًى ج مَناعٍ *même sens*

نَعَيات؛ مَناعٍ nécrologie; rubrique nécrologique

ناعٍ م ناعِية ج نَواعٍ qui annonce la mort; nécrologue

5474 **نُغْبة** ج نُغَب gorgée

5475 **نُغَر** ج نُغْران serin [*ois.*]

5476 **نَغَزَ** َ نَغْزًا ه، ه aiguillonner; éperonner; chatouiller; donner un coup de coude à qqn

~ نُغوزًا بَيْنَه fomenter/semer/susciter la discorde

~ على inciter à; pousser à

نَغْزة coup d'aiguille/d'éperon/de coude; excitation

5477 **نَغَشَ** َ نَغْشًا bouger; faire un mouvement; s'agiter (sur sa chaise)

نُغاش؛ نُغاشيّ lilliputien

5478 **نُغْصة** ج نُغَص crève-cœur; dépit; désappointement

II **نَغَّصَ** تَنْغيصًا ه dépiter; désappointer; décevoir

~ عَيْشَه — empoisonner perturber troubler l'existence de

مُنَغَّص — trouble (joie, plaisir); troublé

IV أَنْغَصَ إِنْغاصًا ← II

**5479** **نَغَفة** ج ات — chrysalide

**5480** **نَغِلَ** َ نَغَلًا — se gâter (cuir); s'envenimer (plaie)

~ قَلْبُه على ه — *fig.* être irrité contre; éprouver du ressentiment à l'égard de; nourrir des intentions malveillantes à l'égard de

نَغِل ج نِغال — bâtard; enfant illégitime; hybride

IV أَنْغَلَ إِنْغالًا ه — faire des hybrides

إِنْغال — hybridation

**5481** **نَغِمَ** َ نَغْمًا — chantonner; fredonner

**نَغْم** ج أَنْغام — air (de musique); chant mélodieux; mélodie; son; timbre (d'un instrument); ton; tonalité

~ الصَّوْت — inflexion (de voix); intonation

**نَغَمة** ج ات ← نَغْم

ضَرَبَ على ~ واحِدة — faire entendre le même son de cloche [*fam.*]; entonner la même antienne [*fam.*]

على **نَغَمات** ه — aux accents au son de

نَغَمِيّة — tonalité

II نَغَّمَ تَنْغيمًا — moduler; vocaliser

**تَنْغيم** ج ات — modulation; vocalisation [*mus.*]; vocalise

~ التَّرَدُّد — modulation de fréquence

**مُنَغِّم** — modulateur; tuner

~ التَّرَدُّد — modulateur de fréquence

VI تَناغُم — harmonie; consonance; euphonie

تَناغُمِيّ — euphonique; harmonique *adj.*

مُتَناغِم — harmonieux; mélodieux

**5482** III **ناغَى** مُناغاةً — babiller; gazouiller; chuchoter à l'oreille; faire la cour à (une femme); flatter qqn

مُناغاة — babil; babillage; gazouillis; gazouillement

VI تَناغَى تَناغِيًا — roucouler [*fam.*] (amoureux)

**5483** **نَفَتَ** ِ نَفيتًا — bouillonner [*pr.* et *fig.*]

~ صَدْرُه بِالعَداوة على — nourrir de l'animosité contre

**5484** **نَفَثَ** ُ نَفْثًا ه — cracher; expectorer; vomir [*fig.*]; éjecter; émettre; exhaler; répandre; souffler

~ في رُوعِ ه — infuser [*litt.*]; insuffler inspirer un sentiment à qqn

~ سُمَّه في — *fig.* cracher vomir son venin sur

~ حَياة جَديدة في — insuffler une vie nouvelle à

~ سِحْرًا على — jeter un sort à; souffler un sortilège sur

~ الغازات المُؤْذِية — émettre répandre produire des gaz toxiques

~ قَلَمَه على الوَرَق — coucher jeter (ses idées) sur le papier

نُفِثَ في رُوعِه شَيْء. أَنْ — avoir une idée; avoir l'idée de

**نَفْث** — crachement; expectoration; exhalaison; éjection; émission (de voix); souffle

~ الشَّيْطان — poésie érotique (*m. à m.* inspiration du démon)

~ الدَم — crachement de sang; hémoptysie

**نَفْثة** ج نَفَثات — émission; effusion; crachat; jet; salive; parole; souffle; *fig.* aspect; idée; accusation; invective

~ آلة. مُحَرِّك — souffle d'une machine, d'un moteur

~ مِنْ **نَفَثات** الصِراع — l'un des aspects de la lutte

~ السِحْر — sortilèges

نُفاثة ج ات. نَفائِث — crachat; salive; *fig.* production poétique

نافِث ← نَفّاث

**نَفّاث** — sorcier; jeteur de sort; faiseur de sortilèges

~ في العُقَد — *même sens*

~ ج ات — *aéron.* réacteur

~ عَنَفيّ — turboréacteur

طائِرة ~ة — avion à réaction

نَفّاثة ج ات — sorcière; *aéron.* avion à réaction

II مُنَفِّث — expectorant

**5485** **نَفَجَ** ِ نَفْجًا — bondir hors du gîte (lièvre); sortir de l'œuf (poussin)

نُفْج — arrogance; fatuité; vanité; snobisme

نافِجة ج نَوافِج — *zool.* glande (où s'accumule le musc)

نَفّاج ج ة — arrogant; infatué; hâbleur [*litt.*]; poseur; snob

مِنْفَج، مِنْفَجة ج مَنافِج — fesses postiches

V تَنَفَّجَ تَنَفُّجًا — prendre/se donner de grands airs

تَنَفُّج — hâblerie; jactance; infatuation [*litt.*]; vanité

مُتَنَفِّج ← نَفّاج

**5486 نَفَحَ** َ نَفْحًا، نُفوحًا — s'exhaler/se répandre (odeur); exhaler/répandre (une odeur)

~ ه بِـ — donner; faire un don

**نَفْحة** — odeur; bouffée d'air (pur); mouvement/souffle de l'air

~ طَيِّبة — parfum; odeur/senteur agréable

مِنْفَحة — présure

**5487 نَفَخَ** ُ نَفْخًا، نَفيخًا ه — souffler

~ صَدْرَه — bomber/gonfler la poitrine/le torse

~ خَدَّيْه — enfler/gonfler les joues

~ شِدْقَيْه — se gonfler/être gonflé [*fam.*]; se rengorger

~ كُرة، إطار عَجَلة — gonfler un ballon, un pneu

~ الشَيْطان في أَنْفه — *fig.* se mettre en tête (des idées folles); se monter la tête; avoir une grosse tête [*fam.*] (*m. à m.* Satan lui a soufflé dans le nez)

~ في بوق — corner; sonner du clairon; claironner

~ في النار — souffler sur le feu; attiser les flammes

~ في الرَماد، في غَيْر ضَرَم — *prov.* parler à un mur/à un sourd; parler à qui ne veut point entendre (*m. à m.* souffler sur de la cendre, sur du bois vert)

~ في روحه ه — inciter qqn à; insuffler (de l'énergie); animer (discussion); vivifier; faire sortir de sa torpeur

~ في زَمّارة رُوحه ه — *même sens*

~ في صُورة ه — donner la vie à

~ في ه الشَجاعة — infuser/insuffler du courage à

**نَفْخ** — gonflage; gonflement; insufflation; souffle; *fig.* orgueil; vanité

آلة، مَحَطّة ~ — instrument à vent [*mus.*]; station de gonflage

**نَفْخة** ج نَفَخات (← نَفْخ) — bouffée; souffle; boursouflure; *méd.* flatulence

~ قَلْبِيّة — souffle cardiaque

~ الرَبيع — splendeur du printemps

نُفْخة ج نُفَخ — *méd.* flatulence; dilatation d'estomac

نُفّاخ، نُفّاخة ج ات — bulle; enflure; gonflement; poche (d'air); vésicule

نافِخ، نَفّاخ — flatulent; soufflant; souffleur

نَفّاخة — insufflateur; soufflerie

مَنْفوخ — bouffi; boursouflé; dilaté; empâté; gonflé; obèse; soufflé; ventru; *fig.* gonflé/bouffi/rempli d'orgueil; snob; vaniteux

مَنْفوخة ج ات — pouf *n.m.* (siège)

مِنْفَخ ج مَنافِخ — *techn.* gonfleur; pompe (à air); soufflet

مِنْفاخ ج مَنافيخ ← مِنْفَخ

V تَنَفَّخَ تَنَفُّخًا (← VIII) — être ... *v. à l'adj.*; poser [*fig.*]; poser pour la galerie

تَنَفُّخ — dilatation; boursouflure; enflure; orgueil; prétention; vanité

مُتَنَفِّخ — bouffi; bouffi d'orgueil; enflé; gonflé; soufflé; m'as-tu-vu [*fam.*]; prétentieux

VIII اِنْتَفَخَ اِنْتِفاخًا — bouffer *intr.*; se boursoufler; se dilater; s'empâter; enfler/renfler *intr.*; se tuméfier; *fig.* se rengorger

**اِنْتِفاخ** — boursouflure; dilatation; empâtement; enflure; gonflement; renflement; tuméfaction; tumescence

~ البَطْن — ballonnement; flatulence

~ المَعْي، المَعِدة — aérocolie; aérogastrie

**مُنْتَفِخ** — bouffant; bouffi; boursouflé; dilaté; empâté; enflé; gonflé; gros; pansu; renflé; tuméfié; tumescent; soufflé *adj.*; ventru

~ البَطْن — flatulent; ballonné

**5488 نَفِدَ** َ نَفَدًا — s'en aller; disparaître; s'évanouir [*fig.*]; s'épuiser/être épuisé (eau, livre); tarir (source)

~ صَبْرُه، مَعينُ صَبْرِه — perdre patience; s'impatienter; être à bout (de patience); n'y plus tenir

~تْ قُواهُ، أَمْوالُه — être à bout de forces, de ressources

لا يَنْفَد — inépuisable; intarissable

نَفَدَ ُ نَفْدًا حَقَّهُ — obtenir entière satisfaction

نَفاد épuisement; extinction (des forces)

~ الصَبْر. القُوَى impatience; affaiblissement

~ الاِحْتِياطيّات épuisement des réserves

نافِد épuisé (livre); tari (eau)

~ الصَبْر. القُوى impatient; exténué

~ المال ruiné; sans ressources

IV أَنْفَدَ إِنْفادًا ه épuiser (un livre); dépenser dilapider (une fortune); consumer

~ صَبْرَه crisper; énerver; impatienter; pousser à bout; mettre à la torture [*fig.*]

~ مَعِينَ صَبْرِه *même sens*

~ قُواه exténuer; épuiser qqn

مُنْفِد لِلصَبْر crispant; énervant

~ لِلقُوَى épuisant; exténuant

X اِسْتَنْفَدَ اِسْتِنْفادًا ← IV

~ المَخْزون السِلَعيّ épuiser le stock de marchandises

~ قُواه consumer [*class.*] épuiser ses forces

~ كُلَّ وُسْع في épuiser toutes les possibilités de

5489 نَفَذَ ُ نَفاذًا، نُفوذًا ه dépasser qqn; laisser derrière soi; pénétrer; percer; perforer; transpercer; traverser (de part en part)

~ إلى ه arriver parvenir jusqu'à; atteindre; déboucher sur

~ إلى أَطْواء النَفْس pénétrer le secret des âmes

~ إليه صَدَى الخارِج les échos du dehors arrivent parviennent jusqu'à lui

~ المَطَر في ثِيابه transpercer les vêtements (pluie)

~ت الرَصاصة مَعِدته perforer l'estomac (balle)

~ الباب إلى الطَريق donner ouvrir sur la rue (porte)

~ إلى جَيْش الأَعْداء faire une percée [*mil.*]

لا يُنْفَذ، لا ~ فيه. إليه impénétrable; imperméable

لا ~ إلى شُعوره impénétrable (personne)

نَفَذ ج أَنْفاذ efficacité; exécution (d'un ordre); orifice; ouverture

طَعْنة لَها ~ coup (de lance) qui porte

نُفوذ ascendant *n.m.*; autorité; crédit [*fig.*]; emprise; influence; importance; pouvoir; prestige; puissance

مارَسَ ~ًا قَوِيًّا على exercer une profonde influence sur

فَقَدَ مِن ~ه perdre de son influence

سِياسة ~ politique de prestige

مِنْطَقة ~ zone d'influence

ذو ~ important; influent; prestigieux

نَفاذ dépassement; effet; efficacité; pénétration; perforation; réalisation

~ البَصيرة acuité d'esprit; lucidité; pénétration d'esprit; perspicacité; profondeur; subtilité

~ النَظَر acuité du regard

نَفاذيّة. نُفوذيّة perméabilité (d'un terrain)

نافِذ insinuant; pénétrant [*pr.* et *fig.*]; perçant; perforant; influent; lucide; puissant; subtil; efficient; effectif *adj.*; en vigueur; existant; exécutoire; valable; valide

حُكْم. قانون ~ jugement exécutoire; loi en vigueur

نَظْرة ~ة regard lucide perçant

بَرْد. عَقْل ~ froid, esprit pénétrant

رائِحة ~ة odeur pénétrante subtile

أَصْبَحَ ~ًا entrer en vigueur

نافِذة ج نَوافِذ fenêtre; guichet; orifice; ouverture

~ الرَمْي *mil.* embrasure; meurtrière

~ عَرْض devanture; vitrine

نَوافِذ الإِنْسان *anat.* orifices naturels

نَفيذ ج نُفُذ perméable; appliqué; exécuté

مَنْفَذ ج مَنافِذ abord; accès; débouché *n.m.*; échappatoire; exutoire; issue; porte de sortie; orifice; ouverture; regard [*techn.*]; sortie; soupirail

~ المِياه écluse; vanne

وَجَدَ ~ًا لِغَضَبه trouver un exutoire à sa colère

وَجَدَ فيه ~ًا trouver une issue une échappatoire

مَهَّدَ لِنَفْسه ~ًا se ménager une porte de sortie

~ كَهْرَبائيّ électrode

مَنافِذ سَهْلة. صَعْبة abords accès faciles, difficiles

~ الخَلاص — issues de secours; voies du salut

سَدَّ الـ~ — bloquer les abords/les issues

سَدَّ لَهُ، عَلَيْه الـ~ — mettre au pied du mur

الـ~ الطَبيعيّة — orifices naturels

II **نَفَّذَ** تَنْفيذًا ه — appliquer; exécuter; mettre en œuvre/en pratique/en vigueur/en application/à exécution; réaliser

~ قرارًا، اِقْتِراحًا — appliquer une résolution, une proposition

~ خِطّة — exécuter un plan; mettre un plan à exécution

**تَنْفيذ** — application; exécution; mise en application/en œuvre/en pratique/en vigueur/à exécution; réalisation

دَخَلَ في طَوْر الـ~ — entrer en application; devenir effectif/exécutoire

~ مَشْروع، مِنْهاج — application d'un projet, d'un programme

~ القانون — application de la loi

~ قرارات — exécution des décisions

~ بَرْنامَج إذاعيّ — mise en ondes d'un programme de radio

طُرُق الـ~ — voies d'exécution

سُلْطة الـ~ — pouvoir exécutif

إيقاف الـ~ — sursis; suspension de l'exécution

حُكْم مَعَ وَقْف الـ~ — condamnation avec sursis

قانون وَقْف الـ~ — loi de sursis

أَحْكام قابِلة لِلـ~ — dispositions exécutoires

في حَيِّز الـ~ — en cours d'exécution

قامَ بِـ~ — assurer/procéder à l'exécution de

تَنْفيذًا لِـ — en exécution/en application de

**تَنْفيذيّ** — exécutif; exécutoire

لَجْنة ~ة — comité/commission exécutif(ive)

سُلْطة ~ة — pouvoir exécutif

**مُنَفِّذ** — exécutant; exécuteur [*dr.*]

الدُوَل الـ~ة لِلْقَرار — les États appliquant/qui appliquent/qui mettent en application la résolution

~ الوَصِيّة — exécuteur testamentaire

مَأْمور، عَوْن ~ — agent d'exécution

**مُنَفَّذ** — accompli; appliqué; exécuté; mis en application; réalisé

المُقَرَّرات الـ~ة — décisions mises en application

IV **أَنْفَذَ** إنْفاذًا ه — faire parvenir/pénétrer/traverser; effectuer; réaliser

~ أَمْرًا — exécuter un ordre

غَيْر **مُنْفِذ** لِلسَوائِل — imperméable *adj.*

V تَنَفَّذَ تَنَفُّذًا — être exécuté/réalisé

**مُتَنَفِّذ** — influent

**5490** **نَفَرَ** ـُ نُفورًا عَن، مِن ه — se détourner; se disperser; s'écarter; s'éloigner; s'enfuir; se dégoûter/être dégoûté de; avoir/éprouver de l'aversion/du dégoût/de l'antipathie pour; avoir la nausée/la phobie de; rechigner à; répugner à

~ إلى — affluer; gicler; se hâter vers; se ruer/se précipiter sur

~ت الصُوَر الى مُخَيِّلَتِه — affluer à l'imagination (images)

**نُفور** — allergie [*fig.*]; antipathie; aversion; dégoût; nausée; phobie; répugnance; répulsion; réticence

**نَفْر** — départ; dispersion; fuite; séparation

لَيْلة، يَوْم الـ~ — *isl.* la nuit, le jour du retour (à la Mecque pendant le pèlerinage)

نَفْرة ← نُفور

نَفَر ج أَنْفار — homme; individu; personne; petit groupe d'hommes; *mil.* simple soldat

**نافِر** ج نَفْر، نُفَّر — effarouché; farouche; fugitif; fuyard; timide; protubérant; en relief; saillant

~ مِن — qui éprouve de l'aversion pour; dégoûté de

نافِرة — famille; proches *n.m.pl.*; proches parents

نافورة ج نَوافير — jet d'eau; fontaine

**نَفير** ج أَنْفار — groupe; troupe; *mus.* cor; trompette

~ عامّ — mobilisation générale; levée en masse

II نَفَّرَ تَنْفيرًا ه مِن — dégoûter qqn; écœurer [*fig.*]; effaroucher; faire fuir; intimider; chercher à rendre odieux; répugner; rebuter; repousser; mettre en fuite

مُنَفِّر — antipathique; répugnant; rebutant; rébarbatif

III نافَرَ مُنافَرة ه، ← VI

IV أَنْفَرَ إنْفارًا (← II) — mobiliser [*fig.*]

مُنْفِر — ingrat/repoussant (visage)

II نَفَّسَ تَنْفِيسًا ه. عن ه — apaiser; consoler; rassurer; réconforter; soulager
~ عن غَضَبِه — décharger/épancher sa bile; exhaler/laisser échapper/donner libre cours à sa colère
~ عن ه الهَمّ — chasser les soucis
تَنْفِيس — apaisement; consolation; distraction; défoulement [fam.]; réconfort; soulagement
III نافَسَ مُنافَسةً ← 5494 III
V تَنَفَّسَ تَنَفُّسًا — reprendre haleine/son souffle; respirer; souffler; fig. être apaisé/consolé/soulagé; se défouler [fam.]
~ الصُّعَداء — respirer/souffler profondément; pousser un profond soupir/un soupir de soulagement
~ النَفَس الأخير — exhaler le dernier soupir
لا يَزال يَتَنَفَّس — il respire; il respire encore
تَنَفُّس — haleine; respiration; souffle
اِسْتَعادَ ~ ه — retrouver son souffle; reprendre haleine/son souffle
~ اصْطِناعيّ — respiration artificielle
تَنَفُّسيّ — respiratoire
الجهاز الـ~ — appareil/système respiratoire
مُتَنَفَّس — lieu où l'on respire (un air pur)

**5492** نَفِسَ نِفاسًا — être en couches (femme); *v. aussi 5491, 5493, 5494*
نُفِسَت المَرْأة — *même sens*
نِفاس — accouchement; couches; délivrance [fig.]; parturition
ماتَتْ في الـ~ — mourir en couches
نُفَساء ج نِفاس، نُفْس — accouchée; femme en couches; parturiente
نَفَساء — *même sens*

**5493** نَفُسَ ـُ نَفاسةً — être ... *v. à l'adj.*; *v. aussi 5491, 5492, 5494*
نَفاسة — beauté; qualité; caractère précieux
نَفيس ج نِفاس — beau; précieux; de prix; de qualité; de valeur; valable
نَفيسة ج نَفائِس — joyau; pierre précieuse

**5494** نَفَسَ ـُ نَفْسًا ه — jeter le mauvais œil à; nuire à qqn; *v. aussi 5491 à 5493*

VI تَنافَرَ تَنافُرًا — discorder; entrer en conflit; se heurter [fig.]; jurer (couleurs); se repousser mutuellement; être ... *v. à l'adj.*
تَنافُر — antipathie; discordance; disparité; dissentiment; dissonance; divergence; hétérogénéité; incompatibilité; incohérence
~ الأَصْوات، الأَنْغام — cacophonie (sons)
~ الطِباع، الأَمْزِجة — incompatibilité d'humeur
عَدَم ~ الطِباع — compatibilité d'humeur
مُتَنافِر — antipathique; discordant; dissonant; disparate; divergent; incohérent; incompatible; hétérogène; inconciliable
آراء ~ة — opinions/idées divergentes/discordantes
أَصْوات ~ة — sons discordants/cacophoniques
أَلْوان ~ة — couleurs disparates/incompatibles
X اِسْتَنْفَرَ اِسْتِنْفارًا ه — être effarouché
~ على — mobiliser qqn contre
~ الاحْتِياطيّ — appeler la réserve
اِسْتِنْفار عامّ — mobilisation générale

**5491** نَفَس ج أَنْفاس — bouffée; haleine; gorgée; souffle; respiration; *v. aussi 5492 à 5494*
جَذَبَ ~ًا طَويلًا — aspirer/tirer une longue bouffée; boire à longs traits
كَرَعَ ~ًا — boire une gorgée
ضاقَ ~ه — perdre haleine; être hors d'haleine; s'essouffler; avoir le souffle court; manquer de souffle
ضِيق الـ~ — essoufflement; *méd.* asthme
ضَيِّق الـ~ — essoufflé; qui a le souffle court; qui manque de souffle; *méd.* asthmatique
طَويل الـ~ — de longue haleine
حَتَّى الـ~ الأخير — jusqu'à son dernier souffle
قَطْع، اِنْقِطاع الـ~ — apnée
هو في ~ مِن أَمْرِه — avoir la liberté de ses mouvements; avoir les coudées franches
أَمْسَكَ، حَبَسَ، قَطَعَ أَنْفاسَه — retenir son souffle
فاضَتْ ~ه الأخيرة — rendre/exhaler le dernier soupir
اِنْطَلَقَتْ ~ه هادِئة — respirer [fig.]; retrouver son calme/son assurance
عَدَّ الـ~ على ه — surveiller étroitement qqn

**نَفِسَ** - نَفَسًا على ه بـ ه — envier qqn à cause de

**نَفْس** ج نُفوس، أَنْفُس — âme; essence; être *n.m.*; individu; même *adj.*; personne; principe vital; psyché; sang [*fig.*]; substance

~ المُتَكَلِّم — personne du locuteur; première personne

تَعْلَم ما في ~ي — tu sais ce que je pense

قالَ لِـ~ه إنَّ — se dire que

في قَرارة ~ه — à part soi; dans son for intérieur [*litt.*]; au fond de soi

~ه، ي، ك — soi-/lui-même; moi-même; toi-même

الثِقة بالـ~ — confiance en soi

الاِعْتِماد على الـ~ — *même sens*

بِشَقّ الـ~ — à grand-peine; avec de grandes difficultés/beaucoup de difficultés

اِخْدَمْ ~ك بِـ~ك — servez-vous

خِدْمة الـ~ — self-service

رَمَى ~ه على الأَرْض — se jeter par terre

جاءَ بِـ~ه — venir en personne/de soi-même

كَرَّرَ أَقْوالَهُ ~ها — reprendre/répéter ses propres termes

رَأَيْتُهُ ~ه — je l'ai vu en personne/lui-même

مِن تِلْقاءِ ~ه — de lui-même; spontanément; de son propre gré

مِن ذاتِ ~ه — *même sens*

إرادةُ تَطْوير ~ه بِـ~ه — la volonté de décider de sa propre évolution

أَشارَ إلى ~ه — se désigner; se donner en exemple

~ الشَيْء — la chose même; la même chose; c'est la même chose; il en va de même

بِـ~ هذا الشَيْء — avec cette même chose

بِهذا الشَيْء ~ه — *même sens*

بِـ~ هذه الأَشْياء — avec ces mêmes choses

بِهذِه الأَشْياء ~ها — *même sens*

في ~ الوَقْت — en même temps; au même moment; concurremment

في الوقت ~ه — dans le temps même que

في ~ هذا المَكان، المَوْضِع — au même/dans le même endroit

في المَكان، المَوْضِع ~ه — ibidem; dans l'endroit même

في، بِـ~ الأَمْر، الواقِع — en vérité; en réalité

عَنْ طِيب ~ — volontiers; de bon cœur/gré [*litt.*]; de gaieté de cœur

عِلْم الـ~ — psychologie

عِلْم الـ~ المَرَضيّ — psychopathologie

عِلْم الـ~ التَرْبَويّ — psychopédagogie

عِلْم الـ~ الفِيزيولوجيّ — psychophysiologie

عِلْم الـ~ الاِجْتِماعيّ — psychosociologie

باعَ **النُفوس** رَخيصة — faire bon marché des vies humaines

خَسائِر في الـ~ — pertes en vies humaines

**نَفْسيّ** — psychique; psychologique

حالة ~ة — état d'esprit

~ ج ون؛ طَبيب ~ — psychologue *n.m.*

عَوامِل، ظَواهِر ~ة — facteurs, aspects psychologiques

~ حَرَكيّ — psychomoteur

~ جَسَديّ — psychosomatique

~ جَماعيّ — psychosociologique

~ تَرْبَويّ — psychopédagogique

**نَفْسيّة** — psychisme; psychologie

~ الشُعوب — psychologie des peuples

**نَفْسانيّ** — psychique; psychologique

تَحْليل، مُحَلِّل ~ — psychanalyse; psychanalyste

طِبّ، طَبيب ~ — psychiatrie; psychiatre

مَريض ~ — psychopathe

عالَجَ بالتَحْليل الـ~ — psychanalyser; faire une psychanalyse

مُعالَجة ~ة — psychothérapie

تَمْثيل، نَقْد ~ — psychodrame; psychocritique

**نَفْسانيّة** ← نَفْسيّة

~ الأَوْلاد — psychologie des enfants

III **نافَسَ** مُنافَسةً ه في ه — concurrencer; entrer en concurrence/en compétition avec; faire concurrence à; rivaliser avec; faire assaut de

~ في التَأَنُّق — faire assaut d'élégance

~ على جائِزة disputer un prix

**مُنافَسة** assaut; compétition; rivalité; concurrence; émulation; joute;

~ غَيْر مَشْروعة، عادِلة concurrence déloyale, loyale

**مُنافِس** compétiteur; concurrent; émule; rival

راسماليّة ~ة capitalisme concurrentiel

VI **تَنافَسَ** تَنافُسًا معه في ه concourir à; se concurrencer; entrer en compétition; se disputer

~تْ في خَلْقِهِ أَسْبابٌ عديدة de nombreuses raisons concourent à sa création

**تَنافُس** compétition; concurrence réciproque; rivalité

بِـ~ à l'envi; à qui mieux mieux

**تَنافُسيّ** concurrentiel

تَوازُن، صِناعة ~(ة) *écon.* équilibre, industrie concurrentiel(le)

**مُتَنافِس** concurrent; rival

**مُتَنافَس عليه** couru; recherché; à la mode; en vogue; très demandé

5495 **نَفَشَ** ـُ نَفْشًا ه ébouriffer/hérisser ses plumes; gonfler (bois); bouffer (tissu)

**مَنْفوش** bouffant; gonflé (bois); ébouriffé (cheveux)

~ الشَعْر، الريش hirsute; ébouriffé; échevelé

**مَنْفوشة** soufflé *n.m.* [*cuis.*]

V **مُتَنَفِّش** ← مَنْفوش

VIII **اِنْتَفَشَ** اِنْتِفاشًا (← نَفَشَ) se hérisser (plumes)

5496 **نَفَضَ** ـُ نَفْضًا ه agiter; battre; gauler; remuer; secouer; taper; tapoter; faire tomber (la poussière)

~ بِساطًا، سَجّادة battre/taper/secouer un tapis

~تْ ـهُ الحُمَّى agiter qqn de frissons (fièvre)

~ الغُبار، خُموله secouer la poussière, son apathie

~ الرَماد عَن السيجارة secouer la cendre d'une cigarette

~ عَنْه الكَسَل chasser/secouer sa paresse; se secouer [*fig.*]

~ عَنْه الهَمّ chasser son anxiété/ses soucis

~ عَن نَفْسه غُبارَ ه *fig.* se débarrasser de; faire table rase de

~ يَده، يَدَيْه مِن ه se désolidariser de; s'en laver les mains [*fam.*]

~ نُفوضًا من مَرَض être guéri; se remettre

**نَفْض** agitation; secousse; gaulage

**نَفَض، نِفاض** ce qui tombe d'un objet secoué; abattis; gaulée

**نَفَضة** patrouille; détachement (envoyé en reconnaissance)

**نَفاض** frisson/tremblement (de fièvre)

**نافِض** qui secoue; qui tombe

أَوْراق ~ة feuilles caduques

~ ج نَوافِض fièvre accompagnée de frissons intermittente

**مَنْفَضة** ج مَنافِض cendrier

**مِنْفَضة** ج مَنافِض tapette

**مَنْفوض** battu (tapis); gaulé (fruit); secoué

II **نَفَّضَ** تَنْفيضًا ه secouer violemment

VIII **اِنْتَفَضَ** اِنْتِفاضًا bondir; avoir un haut-le-corps; se dresser; s'ébrouer; se soulever; sursauter; tressaillir; tressauter

~ لِلْعِبارة il bondit/sursauta en entendant l'expression

~ واقِفًا se dresser d'un bond

~ نَهْداها تَحْتَ قَميصِها ses seins ballottaient/tressautaient sous son corsage

~ الشَعْب لِما سَمِعَ le peuple se souleva à la nouvelle

**اِنْتِفاضة** ج ات *n. un.* bond; convulsion; saut; ébrouement; haut-le-corps; sursaut; soubresaut; soulèvement; tressaillement; tressautement [*litt.*]

عَرَتْهُ ~ لِلصَوْت sursauter au bruit

في ~ أَخيرة dans un dernier sursaut

~ شَعْبيّة، عَسْكَرِيّة soulèvement populaire, militaire

حُكومة اِنْتِفاضيّة junte

5497 **نِفْط** naphte; pétrole; *v. aussi 5498*

~ خام، عَرَبيّ pétrole brut, arabe

عائِدات الـ~ revenus pétroliers; royalties

سَفينة، ناقِلة ~ *mar.* pétrolier *n.m.*; tanker

**نِفْطيّ** pétrolier *adj.*; pétrolifère

مَوارِد، مُنْتَجات ~ة ressources, produits pétroliers

مِصْباح ~ lampe à huile/à pétrole

نُفَطة *fig.* coléreux ; emporté ; irritable ; qui pète le feu [*pop.*]

نَفّاط ؛ نَفّاطة terrain riche en naphte ; *hist.* brûlot

**5498 نِفْطة** ج نِفاط abcès ; ampoule [*méd.*] ; cloque ; pustule ; vésicule

نافِطة (← نَفْطة) variole

II **مُنَفِّط** ؛ دواء ~ vésicant ; vésicatoire

V تَنَفَّطَ تَنَفُّطًا se couvrir de cloques/de pustules

تَنَفُّط vésication

**5499 نَفَعَ** َ نَفْعًا ه، لِ ه être ... *v. à l'adj.* ; avantager ; profiter à ; servir ; rendre service

لا **يَنْفَع** inutile

لا ~ لِشَيْء n'être d'aucune utilité ; ne servir à rien

لا ~ ولا يَضُرّ ne faire ni chaud ni froid

لا ~ حَذَر مِن قَدَر *prov.* on ne peut rien contre son destin

**نَفْع** avantage ; bénéfice ; bien *n.m.* ; efficacité ; intérêt ; utilité

لا يَكون له ~ n'être d'aucune utilité ; n'avoir aucun avantage ; ne servir à rien ; inutile

لا يُجْدِي ~ًا *même sens*

لا **نَفْعَ** له *même sens*

**نَفْعِيّ** fonctionnel ; utilitaire ; égoïste ; profiteur

هَنْدَسة، نِظام ~(ة) architecture, organisation fonctionnelle

~ ج ون fonctionnaliste ; utilitariste ; arriviste

نَفْعِيّة fonctionnalisme ; utilitarisme ; égoïsme ; arrivisme

**نافِع** avantageux ; bienfaisant ; efficace ; pratique ; profitable ; salutaire ; utile ; *bot.* graine de fenouil

~ لِلصِحّة bon pour la santé

الـ~ والمُمْتِع l'utile et l'agréable

غَيْر ~ inefficace ; inutile ; vain

**نافِعة** ج نَوافِع avantage ; utilité

ما نَفَعَهُ بِـ~ n'être d'aucune utilité à qqn

وزارة الـ~ ministère des Travaux publics

أَنْفَعُ plus avantageux/efficace/utile

**مَنْفَعة** ج مَنافِع avantage ; bienfait ; intérêt ; profit ; service ; utilité

~ عامّة service/utilité public(ique)

لِلْـ~ العامّة d'utilité publique

لِـ~ه، ه au profit/à l'avantage/au service de

لا **مَنْفَعةَ** مِن ذلك cela ne mène à rien

وَجَدَ ~ه في، مِن trouver son compte/des avantages dans

لا أُريد إلّا ~ك je ne désire que ton bien

**مَنافِع** ومَشاكِل ه avantages et inconvénients

الـ~ الاِجْتِماعيّة والاِقْتِصاديّة avantages socio-économiques

~ عامّة aménagements publics ; servitudes [*dr.*]

~ صِحّيّة sanitaires *n.m.pl.* ; installations sanitaires

مَنْفَعِيّ pragmatique ; utilitaire ; utilitariste

مَنْفَعِيّة pragmatisme ; utilitarisme

VIII **اِنْتَفَعَ** اِنْتِفاعًا مِنْ، بِـ ه bénéficier de ; exploiter ; jouir de ; utiliser ; profiter ; se prévaloir de ; tirer avantage/parti/profit de

~ بِنَجاحِه tirer parti de/exploiter son succès

**اِنْتِفاع** bénéfice ; exploitation ; jouissance ; utilisation ; profit

حَقّ الـ~ droit de jouissance/d'usage ; usufruit

اِنْتِفاعِيّ fonctionnel ; fonctionnaliste ; utilitaire

اِنْتِفاعِيّة fonctionnalisme

مُنْتَفِع ج ون bénéficiaire ; utilisateur ; usager ; usufruitier

مُنْتَفَعات commodités

X اِسْتَنْفَعَ اِسْتِنْفاعًا بِـ ← VIII

**5500 نَفَقَ** ُ نُفوقًا (الحَيَوان)
crever/mourir (animal)

**نَفَق** ج أَنْفاق souterrain ; trou ; tunnel ; passage souterrain ; *v. aussi 5501*

نَفَقِيّ souterrain *adj.*

نافِقاء ج نَوافِق terrier/trou (de rongeur)

II **نافَقَ** نِفاقًا — entrer se cacher dans son trou (souris)

~ في ه — *fig.* cacher sa croyance/sa pensée; être hypocrite; dissimuler; feindre; ruser avec; simuler; jouer la comédie

**نِفاق** — comédie [*fig.*]; fausse dévotion; duplicité; fausseté; fourberie; hypocrisie; imposture; insincérité pharisaïsme [*litt.*]; tartufferie

**مُنافِق** — comédien [*fig.*]; faux; faux dévot; faux jeton [*fam.*]; fourbe; hypocrite; imposteur; pharisien; simulateur; tartuffe

V **تَنَفَّقَ** تَنَفُّقًا — débusquer faire sortir de son trou (un animal)

**5501** **نَفَقَ** ـُ نَفاقًا — se vendre bien (produit); être bien fréquenté/bien achalandé (marché); *v. aussi 5500*

**نَفَقة** ج ات، نِفاق — coût; débours; dépense; frais; pension provision alimentaire

~ الإِنْتاج — coût de production

قَطْع الـ~ — abandon de famille

على ~ ه — aux dépens frais de

**نَفَقات** اِنْتِقال — frais indemnités de déplacement

~ تَمْثيل — frais indemnités de représentation

غَطَّى ~ ه — couvrir les frais de

**نافِق** — qui se vend bien; très demandé (produit)

IV **أَنْفَقَ** إِنْفاقًا ه — débourser; dépenser (de l'argent); faire/engager des dépenses; payer

~ وَقْته على، لِـ ه — dépenser passer son temps à

~ ساعَتَيْن في القِطار — passer deux heures dans le train

~ بلا حِساب — dépenser sans compter

~ على ه — entretenir qqn; subvenir aux besoins de; pourvoir aux dépenses de

**إِنْفاق** — déboursement; dépense; engagement (de dépenses); entretien pécuniaire

اِنْحَصَرَ في ~ عامّ — se borner à faire des dépenses d'ordre général

~ قَوْميّ، عامّ — dépense nationale, publique

~ الأُسَر — dépense des ménages

**مُنْفِق** ج ون — économe; intendant; ordonnateur des dépenses

X **اِسْتَنْفَقَ** اِسْتِنْفاقًا ← IV

**5502** **نَفَلَ** ـُ نَفْلًا ه — faire un don à qqn

**نَفْل** — surérogation [*litt.*]; œuvre prière surérogatoire

**نَفَل** ج أَنْفال — butin; don; présent; *bot.* trèfle

**نافِل** — surérogatoire; superflu *adj.*

**نافِلة** ج نَوافِل — œuvre surérogatoire (prière, aumône); superflu *n.m.*; pécule

مِن ~ القَوْل إنّ — il est superflu de dire que; il va sans dire que

**نافِلةً** — en plus; en supplément; gratuitement

**نَوْفَل** — *v. ordre alphab.*

V **تَنَفَّلَ** تَنَفُّلًا — accomplir des œuvres surérogatoires (prières, aumônes)

VII **اِنْتَفَلَ** اِنْتِفالًا ← V

**5503** **نَفَى** ـِ نَفْيًا ه عن — bannir; mettre au ban de; déporter; éloigner; exiler; expulser; extrader; expatrier; proscrire; reléguer; contredire; désavouer; nier; refuser; rejeter

~ ه عن نَفْسه — se défendre de

~ تُهْمة عن مُتَّهَم — décharger un prévenu

**نَفْي** — bannissement; déportation; éloignement; exil; expulsion; extradition; expatriation; proscription; relégation; ostracisme; démenti *n.m.*; contradiction; désaveu; négation; refus; rejet

شاهِد الـ~ — témoin de la défense

أَجابَ بِالـ~ — répondre par la négative

أَداة الـ~ — *gramm.* particule de négation

**نُفاية** ج ات — débris; déchet; détritus

**نُفايات** — balayures; eaux usées; immondices

**نافٍ** — négatif; privatif [*gramm.*]

**نَفِيّ** ← مَنْفِيّ

**مَنْفِيّ** — banni; déporté; exilé; éloigné; extradé; proscrit; rejeté; dénié; nié; refusé

**مَنْفًى** ج مَنافٍ — exil; lieu d'exil

عاشَ في الـ~ — vivre en exil

III **نافَى** مُنافاة ه — exclure [*fig.*]; être contraire à; incompatible avec

**مُنافٍ** لِـ — contraire à; incompatible avec

هذا ~ لِلْعَقْل — c'est absurde

أَعْمال **مُنافِية** لِلْعَدْل — pratiques contraires à la justice

VI تَنافَى تَنافِيًا مع s'exclure mutuellement; jurer (couleur); être en opposition/hostile

VIII اِنْتَفَى اِنْتِفاءً être banni/exilé/expulsé; s'exiler; se tenir à distance; cesser; être controuvé [*litt.*]/désavoué/réduit à néant/supprimé/sans fondement

~ ت الإشاعات les bruits se sont révélés sans fondement

**5504** **نَقَّ** ـِ نَقيقًا caqueter; coasser

نَقيق caquet; caquetage; coassement

**5505** **نَقُبَ** ـُ نِقابةً être/devenir chef/représentant; *v. aussi 5506*

**نِقابة** ج ات association; corporation; pool; syndicat; union; corps de métier

~ الأَطِبّاء ordre des médecins

~ المُحامين conseil de l'ordre des avocats

~ العُمّال syndicat ouvrier/des travailleurs; trade-union

اِنْضَمَّ إلى ~ s'affilier à un syndicat; se syndiquer

عُضْو ~ syndiqué

نِقاباتيّ intersyndical

**نِقابِيّ** corporatif; syndical

حَرَكة، سياسة ~ة mouvement, politique syndical(e)

~ ج ون syndicaliste

**نِقابِيّة** syndicalisme; trade-unionisme

~ ثَوْرِيّة syndicalisme révolutionnaire

**نَقيب** ج نُقَباء chef; leader; responsable; préfet; syndic; *mil.* capitaine; major

~ بَحْرِيّ lieutenant de vaisseau

~ المُحامينَ bâtonnier de l'ordre des avocats

**5506** **نَقَبَ** ـُ نَقْبًا ه becqueter; picorer; forer; creuser; défoncer; excaver; percer; saper; traverser; trépaner; trouer; *v. aussi 5505*

~ حَقْلًا défoncer un champ

~ في البِلاد s'enfoncer dans l'intérieur des terres

~ عَن ه chercher; éplucher [*fig.*]; examiner; explorer; rechercher; peser [*fig.*]

**نَقْب** creusement; excavation; défonçage [*agr.*]; forage; percement; sape; trépanation

~ ج أَنْقاب، نِقاب excavation; passage (dans la montagne); perforation; trou

~ مِعَوِيّ perforation intestinale

**نُقْبة** ج نُقَب coup de bec; brèche; trou; tache de rouille

**نِقاب** ج نُقُب voile (de femme)

كَشَفَ الـ~ عَن lever le voile sur; dévoiler

**ناقوبة**؛ ~ السِنْديان *ois.* pic; épeichette

نَقّاب ج ون mineur; sapeur

نَقّابة ج ات excavateur; excavatrice; perforatrice

مَنْقوب excavé; troué; perforé; sapé

**نَقيبة** esprit; intelligence; perspicacité; âme; caractère; naturel *n.m.*

مَيْمون الـ~ chanceux; heureux; qui a de la chance

**مِنْقَب** savant; chercheur; méticuleux

~ ج مَناقِب *techn.* foret; défonceuse; *méd.* lancette

مَنْقَب ج مَناقِب chemin; col; défilé; passage; passe; ruelle; relais; station

مَنْقَبة ج مَناقِب *même sens*

مَناقِب exploits; hauts faits; qualités; talents; vertus

II **نَقَّبَ** تَنْقيبًا عن ه explorer; fouiller; prospecter; rechercher; scruter; sonder; terrasser; faire des terrassements

~ عن شُعوره sonder les sentiments de

**تَنْقيب** fouille; exploration; prospection; recherche; terrassement

~ عن الآثار fouilles archéologiques

**مُنَقِّب** ج ون chercheur; explorateur; scrutateur; prospecteur; fouilleur

~ عن الذَهَب chercheur d'or

V تَنَقَّبَ تَنَقُّبًا (← II) être perforé/troué/usé

VIII اِنْتَقَبَ اِنْتِقابًا se voiler le visage

**5507** **نَقَحَ** ـَ نَقْحًا aspirer la moelle des os

نَقْح nuage blanc d'été

II **نَقَّحَ** تَنْقيحًا ه amender; corriger; modifier; remanier; retoucher; réviser

~ أَشْعاره châtier/polir ses vers

تَنْقيح — amendement; correction; modification; remaniement; retouche; révision

تَنْقيحيّ — révisionniste

تَنْقيحيّة — révisionnisme

**5508 نَقَدَ** ُ نَقْدًا ه — critiquer; examiner regarder qqch d'un œil critique; trier (les bonnes pièces des fausses); *v. aussi 5509, 5510*

**نَقْد**؛ ~ ذاتيّ — critique *n.f.*; autocritique

الـ ~ الأَدَبيّ الحَديث — la nouvelle critique

**نَقْديّ** — critique *adj.*

مُلاحَظات، مَقالات ~ة — remarques, propos critiques

**ناقِد** ج نُقّاد — critique *n.m.*; censeur

~ أَدَبيّ، مُوسيقيّ — critique littéraire, musical

عَقْل نَقّاد — esprit critique

VIII **اِنْتَقَدَ** اِنْتِقادًا ه — censurer; critiquer; désapprouver

~ على ه — critiquer qqn

اِنْتِقاد — censure; critique *n.f.*; désapprobation

اِنْتِقاديّ ← نَقْديّ

**5509 نَقَدَ** ُ نَقْدًا — donner des coups de bec; becqueter; picorer; picoter; *v. aussi 5508, 5510*

نَقْد، نَقْدة — becquée; coup de bec; picorement

نُقّاد — gros-bec

مِنْقاد ج مَناقيد — bec

**5510 نَقْد** ج نُقود — argent; comptant *n.m.*; monnaie; pièce de monnaie; numéraire *n.m.*, *v. aussi 5508, 5509*

~ دُوَليّ، وَطَنيّ — monnaie internationale, nationale

صُنْدوق الـ ~ الدُّوَليّ — Fonds monétaire international; F.M.I

**نَقْدًا** — en numéraire; en espèces; au comptant

دَفَعَ المَبْلَغ ~ — payer cash [*fam.*] comptant; régler en numéraire

**نُقود** — espèces; fonds

الـ ~ العامّة — deniers publics

~ مَعْدِنيّة — espèces sonnantes et trébuchantes

سَكّ الـ ~ — monétisation

عِيار الـ ~ — titre de la monnaie

**نَقْديّ** — monétaire; numéraire *adj.*; pécuniaire

قِطْعة ~ة — pièce de monnaie

أَسْواق ~ة — marchés monétaires

سُلْطات ~ة — autorités monétaires

الأَزْمة الـ ~ الدُّوَليّة — crise monétaire internationale

تَضَخُّم، قاعِدة ~(ة) — inflation, étalon monétaire

V تَنَقَّدَ تَنَقُّدًا — payer cash [*fam.*] comptant en espèces

VIII اِنْتَقَدَ اِنْتِقادًا — être payé cash [*fam.*] comptant en espèces

**5511 نَقَذَ** ُ نَقْذًا مِن ← IV

IV **أَنْقَذَ** إِنْقاذًا ه — affranchir qqn (de); arracher qqn (à); délivrer; sauver; soustraire qqn (à)

~ ه مِن الهَلاك — sauver qqn de la ruine

~ ه مِن مَأْزِق — sortir qqn d'une situation difficile; dépanner qqn

~ ه مِن الخَطَر — arracher qqn au danger

~ نَفْسه — se sauver; se soustraire (à)

**إِنْقاذ** — délivrance; sauvetage

أُريد ~ها — je veux la sauver

زَوْرَق، قارِب ~ — canot de sauvetage

حِزام، طَوْق ~ — ceinture de sauvetage

خَشَبة ~ — planche de salut

**مُنْقِذ** — libérateur; salvateur; sauveur; sauveteur

تَدابير ~ة لِلْبَلَد — mesures salvatrices

إِنَّهُ ~ بَلَدِه — être le sauveur le salut du pays

**5512 نَقَرَ** ُ نَقْرًا ه — creuser; évider; excaver; becqueter; picorer; picoter; choquer; clapper; claquer (des doigts, la langue); heurter; percuter; tambouriner; faire vibrer; sonner (du cor); souffler (dans) un instrument à vent)

~ في الحَجَر — écrire sur graver sculpter la pierre

**نَقْر** — clappement; claquement; percussion; picorement; picotage; gravure sur pierre

آلات ~ — instruments de percussion

**نَقْرة** ج نَقَرات — *n.un.* becquée; coup de bec; trou

~ الشَّبَكِيَّة — *anat.* fovéa

ما ... ~ — rien; pas le moindre

**نُقْرة** ج نُقَر — cavité; excavation; entaille; orifice; mortaise; *métall.* lingot d'argent; argent

~ القَفا — *anat.* trou occipital

~ العَيْن — cavité de l'œil

نِقْرة ← ناقِرة

**ناقِر** — percutant; percuteur

صِمامة ~ة — fusée percutante

**ناقِرة** ج نَواقِر — calamité; controverse; dispute; querelle; scène (de ménage)

بَيْنَهما ~ — avoir des mots avec qqn [*fam.*]

رَماه بـ~ — adresser des paroles blessantes à qqn

**نَقّار** ج ة — *mus.* batteur; percussionniste; *ois.* pic

~ الشَّوْك، أَخْضَر — *ois.* chardonneret; pivert

ناقور ج نَواقير — instrument à vent; clairon; cor; trompe; trompette

**نَقير** ج نُقُر — creusé; gravé; abreuvoir; auge; petite monnaie; *fig.* un rien; une chose sans valeur

لَيْسَ في ~ — ce n'est rien; c'est nul

لا يُجْدي شَرْوَى ~ — être sans utilité; ne servir à rien

لا يَمْلِك شَرْوَى ~ — *prov.* n'avoir pas un sou/pas un radis [*fam.*]

مِنْقار ج مَناقير — *ois.* bec; *techn.* pic; barre à mine

II **نَقَّرَ** تَنْقيرًا ه ← نَقَرَ

~ عن ه، ه — chercher; examiner; scruter

III ناقَرَ مُناقَرة، نِقارًا ه — se quereller; se disputer; avoir une prise de bec avec; faire une scène à

**مُناقَرة**، نِقار — dispute; querelle; prise de bec; scène (de ménage)

~ دُيوك — combat de coqs

**5513 نِقْرِس** — goutte [*méd.*]; rhumatisme articulaire

نِقْرِسِيّ — goutteux; rhumatisant

نِقْريس — médecin habile

**5514 نَقَزَ** ـِ نُقوزًا — bondir; sauter; sursauter

نَقْزة — bond; haut-le-corps; sursaut; saut

**5515 نَقوس** — *bot.* élaeis; éléis

ناقوس — *v. ordre alphab.*

**5516 نَقَشَ** ـُ نَقْشًا ه — buriner; travailler au burin; battre monnaie; frapper des pièces de monnaie; ciseler; graver; inscrire (dans la pierre); sculpter

**نَقْش** — gravure; travail de la pierre/au burin; frappe (de la monnaie); sculpture

~ غائِر — gravure en creux

~ على مَعْدِن — gravure sur métal

~ بِحَمْض — gravure à l'eau-forte

نَقْشة ج نُقوش — ciselure; gravure; inscription; ornement; motif décoratif; sculpture; vignette

نِقاشة — art du ciseleur/du graveur/du sculpteur

نَقّاش ج ون — ciseleur; graveur; sculpteur

مَنْقوش — buriné; ciselé; gravé; inscrit; sculpté

مِنْقَش ج مَناقِش — burin; ciseau à pierre

مِنْقاش ج مَناقيش — *même sens*

II **نَقَّشَ** تَنْقيشًا ه (← نَقَشَ) — colorier

~ الوَجْه — cribler/marquer le visage (variole)

نُقِّشَ وَجْهُه — avoir la figure variolée/le visage buriné

III **ناقَشَ** مُناقَشةً، نِقاشًا ه — débattre de; délibérer de; discuter

~ ه — demander compte de qqch à qqn; parlementer avec qqn; répliquer

~ قَضِيّة مع ه — discuter une affaire avec qqn

**مُناقَشة** — débat; délibération; discussion

دارَت الـ~ حَوْلَ — la discussion a roulé sur/tourné autour de

تَحْتَ الـ~ — en cours de discussion; à l'étude

على بِساط الـ~ — *même sens*

مَوضوع ~ — sujet de discussion

**لا مُناقَشةَ فيهِ** — indiscutable

**نِقاش** ← مُناقَشة

تَحاشَى الـ~ — éviter de discuter/la discussion

VI تَناقَشَ تَناقُشًا — être en délibération (assemblée); délibérer

**5517 نِقْشارة** — *ois.* pouillot

**5518 نَقَصَ** ُ نَقْصًا. نُقْصانًا s'amenuiser; s'amoindrir; baisser; décroître; diminuer *intr.*; se dévaloriser

~ هـ diminuer *tr.*; réduire; amoindrir; amenuiser; faire baisser; dévaloriser

~ مُدَّةَ العَمَل réduire la durée du travail

~ ه faire défaut/faute à qqn; manquer à qqn

~ عَن être insuffisant/incomplet par rapport à; être inférieur à

~ عَن المَطْلوب être inférieur à la demande

~ عَمّا كان عليه il est inférieur à ce qu'il était

**نَقْص** amoindrissement; amenuisement; baisse; défaut [*pr.* et *fig.*]; défectuosité; déperdition; diminution; déficience; déficit; disette; faiblesse; imperfection; inachèvement; infériorité; lacune; insuffisance; manque; pénurie; perte; réduction

سَدَّ ~ًا combler une lacune/un manque

الـ~ في الخِبْرات الفَنِّيَّة insuffisance des compétences techniques

الـ~ في المَوادّ الأَوَّلِيَّة pénurie de matières premières

عُقْدة. مُرَكَّب ~ complexe d'infériorité

شُعور بِالـ~ sentiment d'infériorité

~ الطاقة déperdition d'énergie

~ الحَرارة déperdition de chaleur

~ ميزان المَدْفوعات déficit de la balance des paiements

~ عَقْلِيّ débilité mentale; déficience intellectuelle

~ جَسَدِيّ débilité/déficience physique

~ التَجْهيز sous-équipement

~ الكِلْس décalcification

~ المَواليد dénatalité

~ التَوَتُّر hypotension

~ الضَغْط hypotonie

~ السُكَّر hypoglycémie

~ الحُموضة hypochlorhydrie

**نُقْصان** ← نَقْص

بَدَأَ في الـ~ commencer à diminuer/à baisser

لِـ~ هـ faute de; par manque de

**ناقِص** amoindri; défectif; défectueux; déficient; déficitaire; dépareillé; diminué; imparfait; incomplet; inachevé; informe; insuffisant; lacunaire; manquant; manqué; moins (dans une soustraction); réduit; rudimentaire

فِعْل ~ *gramm.* verbe défectueux

ميزانِيَّة ~ة budget déficitaire/en déficit

تَدابير ~ة mesures insuffisantes; demi-mesures

~ العَقْل débile mental

~ الكِلْس décalcifié

~ التَجْهيز sous-équipé

~ الضَغْط. التَوَتُّر hypotonique; hypotendu

ناقِصة ج نَواقِص défaut; imperfection; manque; vice; tare

**مَنْقوص** amoindri; diminué; incomplet; insuffisant; retranché

**نَقيصة** ج نَقائِص (← ناقِصة) faible *n.m.*; point faible

~هُ هُوَ أن son faible/point faible est

II **نَقَّصَ** تَنْقيصًا هـ amoindrir; diminuer; raccourcir; réduire; restreindre; rogner sur

~ رَواتِب المُوَظَّفين rogner sur les salaires des fonctionnaires

**تَنْقيص** diminution; réduction; restriction

~ من الضَريبة dégrèvement d'impôt

تَنْقيصات غِذائِيَّة restrictions alimentaires

III ناقَصَ مُناقَصة هـ mettre aux enchères/en adjudication

**مُناقَصة** adjudication

أَرْسَى. مُرْسي الـ~ adjuger; adjudicateur

راسِيةٌ عَلَيْهِ الـ~ adjudicataire

IV **أَنْقَصَ** إِنْقاصًا هـ ← II

~ قيمة ه. هـ dévaluer qqn, qqch; rabaisser qqn

~ قيمة النَقْد dévaluer la monnaie

~ عَرْض صُورة sous-exposer une photo

**إِنْقاص** قيمة النَقْد dévaluation de la monnaie

~ العَرْض sous-exposition [*phot.*]

V تَنَقَّصَ تَنَقُّصًا ← نَقَصَ، VIII

VI **تَناقَصَ** تَناقُصًا décroître; diminuer graduellement; se dissoudre [*fig.*]; régresser

| | |
|---|---|
| ~ سُكّان البَلَد | se dépeupler (pays) |
| **تَناقُص** | amoindrissement; décroissance; décrue; régression |
| ~ السُكّان | dépeuplement; dépopulation |
| ~ المَواليد | diminution des naissances; dénatalité |
| **تَناقُصيّ** | décroissant; dégressif |
| تَدَرُّج ~ | ordre décroissant |

**مُتَناقِص** ← تَناقُصيّ

| | |
|---|---|
| تَعْرِفة. ضَريبة ~ة | tarif, impôt dégressif |

VIII **اِنْتَقَصَ** اِنْتِقاصًا ه (← نَقَصَ)

être diminué

| | |
|---|---|
| ~ه. مِن ه | déchirer qqn; décrier; dénigrer; détracter [*class.*]; diminuer (les mérites de); dire du mal de; médire de |
| ~ مِن قَدْر ه | *même sens* |
| **مُنْتَقِص** | détracteur |

X **اِسْتَنْقَصَ** اِسْتِنْقاصًا ه — demander une réduction

~ه ← IV

**5519 نَقَضَ** ـِ نَقيضًا — *anat.* craquer (articulation); crisser (peau)

| | |
|---|---|
| نَقيض | *anat.* craquement (des articulations); crissement de la peau (sous le rasoir) |

**5520 نَقَضَ** ـُ نَقْضًا ه — abîmer; abroger; annuler; démolir; détordre (une corde); détraquer; détruire; enfreindre (règles); refuser; réfuter; rejeter/saper (décision); renoncer à; rompre (trêve)

| | |
|---|---|
| ~ حُكْمًا | annuler/casser/invalider un jugement |
| ~ بِناية | démolir/détruire une construction |
| ~ أُسُس المُجْتَمَع | saper les fondements de la société |
| ~ مُعاهَدة | dénoncer/rompre un pacte/un traité |
| ~ عَهْدًا، وَعْدًا | revenir sur/violer un engagement, une promesse |
| لا يُنْقَض | incontestable; irréfutable; irrévocable |
| **نَقْض** | démolition; destruction; abrogation; annulation; invalidation; renonciation; dénonciation (d'un pacte); rupture (d'un contrat); violation (de sa parole); refus; rejet; réfutation; veto |
| ~ حُكْم | cassation/annulation/invalidation d'un jugement |
| مَحْكَمة الـ~ والإِبْرام | Cour de cassation |
| ~ هُدْنة | [d]énonciation/rupture d'une trêve |
| حَقّ الـ~ | [d]roit de veto |
| ~ أَمْر | [c]ontrordre |
| لا يَجوز ~ه | [i]réfragable; sur lequel on ne [p]eut revenir |
| **نِقْض** ج أَنْقاض | [d]éblais; décombres; éboulis; [r]uines |
| **نَقيض** | [a]ntagoniste; antinomie; antithèse; [c]ontradiction; contraire *n.m.*; proposition [c]ontraire; contradictoire *n.m.*; contraste; [c]ontre-pied; opposé *n.m.*; opposition; rebours |
| على الـ~ | [a]u contraire; à rebours |
| بَلْ على الـ~ | [b]ien au contraire; bien loin de |
| على الـ~ مِن | [à] l'opposé/au rebours/aux [a]ntipodes de |
| مِن الـ~ إلى الـ~ | [d]'un extrême à l'autre |
| **نَقيضيّ** | [a]ntagonique; antithétique; antinomique |
| **نَقيضة** ج نَقائِض | [a]ntagonisme; antinomie; [a]ntithèse |
| **نَقائِض** | [f]ragments/morceaux cassés; petits débris |
| **مَنْقوض** | [d]étordu; détraqué; détruit; dissous; [e]n ruine |

III **ناقَضَ** مُناقَضة ه — [ê]tre en contradiction avec; [c]ontredire qqn

| | |
|---|---|
| **مُناقَضة** | [a]ntinomie; contestation; contradiction; [o]pposition; paradoxe |
| رُوح الـ~ | [e]sprit de contradiction |
| **مُناقِض** | [c]ontradicteur; contradictoire |

VI **تَناقَضَ** تَناقُضًا مع — être en contradiction/en désaccord avec; contraster avec; se contredire; s'exclure mutuellement; être incompatible avec; s'opposer

| | |
|---|---|
| **تَناقُض** | antinomie; antithèse; contradiction; contraste; contrepied; désaccord; divorce [*fig.*]; incompatibilité; opposition (de couleurs); paradoxe |
| مَبْدَأ الـ~ | principe de contradiction |
| عَدَم ~ | non-contradiction |
| **تَناقُضيّ** | antinomique; antithétique; contrastif; paradoxal |
| أُسْلوب. طَريقة ~(ة) | méthode contrastive |
| **مُتَناقِض** | en contradiction avec; contradictoire; irréconciliable; opposé |
| غَيْر ~ | non contradictoire |
| مَصالِح ~ة | intérêts opposés/contradictoires |

**5521 نَقَطَ** ُ نَقْطًا ه — mettre les points sur les lettres

**نُقْطة** ج نُقَط، نِقاط — point; point diacritique; goutte; spot; tache; touche

~ العَنْبَر — grain de beauté; mouche [*fig.*]

~ الضَعْف — point faible

~ الظِلّ — ombre [*fig.*]

~ حَرِجة — point critique

سَجَّلَ ~ — marquer un point [*sport.*]

~ النِهاية، التَعَجُّب — point final, d'exclamation

تَمْوين، ماء ~ — point d'eau

~ تَحَوُّل في الحَياة — tournant dans la vie

~ وَفاصِلة، الاِسْتِفْهام — point-virgule; point d'interrogation

~ الاِنْطِلاق، التَقاطُع — point de départ, d'intersection

~ الاِصْطِدام، الاِرْتِكاز — point d'impact, d'appui

~ الذَنَب — *astron.* aphélie

~ الرَأْس — *astron.* périhélie

~ العَطالة — point mort [*autom.*]

~ الإطالة — point d'orgue [*mus.*]

~ الاِنْصِهار، الاِتِّصال — point de fusion, de jonction

~ التَسْديد، التَبَخُّر — point de mire, d'évaporation

~ الغَلَيان — point d'ébullition

~ قانونيّة، اِلْتِقاء — point de droit, de rencontre

أَقْرَبُ ~ إلى — le point le plus rapproché de

~ أَساسِيّة، اِسْتِراتيجِيّة — position clé, stratégique

~ أَمامِيّة — position avancée; avant-poste

~ بُوليس، جُمْرُك — poste de police, de douane

نُقْطَتَيْن — deux-points [*orth.*]

فازَ، فَوْز **بِالنُقَط** — gagner, victoire aux points

وَضَعَ الـ~ فَوْقَ الحُروف — mettre les points sur les «i»

فائِز، مُنْتَصِر بِالـ~ — vainqueur aux points

ثَلاثُ **نِقاط** — points de suspension

الـ~ الأَرْبَع — points cardinaux

لانُقْطِيّ، لانُقْطِيّة — *opt.* astigmate; astigmatisme

نُقوط — cadeau de mariage

نَقّاطة — compte-gouttes; goutte-à-goutte *n.m.*; pipette

مِنْقاط — pointeau (de débit)

**مَنْقوط** — marqué de points; pointillé (ligne)

فاصِلة ~ة — point-virgule

II **نَقَّطَ** تَنْقيطًا — s'égoutter; goutter; tomber goutte à goutte; tacheter; instiller; mettre des points des pointillés

~ على الأَسْماء — pointer des noms

~ ه — faire un cadeau de mariage à

~ الحُروف — mettre les points sur les «i»

تَنْقيط — goutte-à-goutte *n.m.*; instillation; pointillé; pointage

تَنْقيطِيّ، تَنْقيطِيّة — pointilliste; pointillisme

مُنَقَّط — tacheté; marqué des points diacritiques

**5522 نَقَعَ** َ نَقْعًا ه — macérer mariner confire infuser tremper *tr.*

~ نُقوعًا — être dormant stagnant (eau); stagner

**نَقْع** — macération; marinade; infusion; trempage

~ ج نِقاع، أَنْقُع — champ/dépression/creux (dont le fond est imperméable); eau stagnante

نُقاعة، نَقيع — macération (de racines); infusion (de plantes); tisane

نُقاعِيّات، نَقيعِيّات — infusoires *n.m.pl.*

مَنْقوع — infusé; macéré; mariné; trempé

مَنْقَع ج مَناقِع — fondrière; marécage

**مَنْقَعِيّ** — marécageux; palustre

نَباتات ~ة — plantes palustres

IV أَنْقَعَ إِنْقاعًا ه في — faire laisser macérer infuser tremper qqch; enduire; imbiber

إِنْقاع — macération; infusion; trempage

مُنْقَع بِالزَيْت — imbibé d'huile

X اِسْتَنْقَعَ اِسْتِنْقاعًا — stagner (eau); se déposer dans le fond des dépressions imperméables (eau)

مُسْتَنْقَع ج ات — étang; mare; marécage; marais

حُمَّى المُسْتَنْقَعات malaria; paludisme; fièvre paludéenne

**مُسْتَنْقَعِيّ** marécageux; paludéen; palustre

شُعْلة، وَهَج ~(ة) feu follet

**5523 نَقَفَ** ُ نَقْفًا ه briser/casser/faire éclater (la coquille, la coque, l'enveloppe); donner une chiquenaude

~ الفَرْخ البَيْضة éclore (poussin); sortir de sa coquille

**نَقْفة** chiquenaude

**نَقّافة** fronde; lance-pierres

**مَنْقوف** cassé/brisé/fracassé (œuf, os, coque)

**5524 نَقَلَ** ُ نَقْلاً ه، ه إلى déplacer; emporter; enlever; muter; porter; transborder; transférer; transplanter; transporter; véhiculer; copier; recopier; relever (une adresse); reporter; reproduire; rapporter; citer; faire une citation; communiquer; traduire; transcrire; translater; transmettre; retransmettre

~ الدَم transfuser du sang; faire une transfusion sanguine

~ إلى إطار آخَر transposer

~ إلى لُغة أُخْرى traduire dans une autre langue

~ مَرَضًا communiquer/transmettre une maladie

~ بَضائع، أَفْكارًا véhiculer des marchandises, des idées

~ مَبْلَغًا مِن المال virer/transférer une somme d'argent; faire un virement

~ مِلْكِيّته aliéner ses biens

**يُنْقَل** amovible; traduisible; transférable; transportable; transmissible; transposable

لا ~ inamovible; intraduisible; intransportable

**نَقْل** déplacement; déménagement; changement de domicile; enlèvement; mutation; port; portage; transbordement; transfert; transit; translation; transplantation; transport; copie; copiage; recopiage; relevé; report; reproduction; traduction; transcription; transposition; communication; citation; narration; rapport; retransmission; transmission; virement [*fin.*]

~ مَصْرِفيّ virement bancaire

~ رُؤُوس أَمْوال transfert de capitaux

~ السُلُطات passation/transmission des pouvoirs

سَهْل الـ~ portable; portatif; transportable

~ حِيازة، مُوَظَّف mutation d'un droit, d'un fonctionnaire

مَعاليم الـ~ droits de mutation/de transfert

وَسائِل الـ~ moyens de locomotion/de transport

~ جَوّيّ، بَرّيّ، بَحْريّ transport aérien, terrestre, maritime

~ الدَم transfusion de sang/sanguine

~ الحَقيقة transmission de la vérité

~ تِلْقائيّ (لِلْحَرَكة) transmission automatique (du mouvement)

~ الأَفْعال *gramm.* transitivisation des verbes

هَمْزة الـ~ *gramm.* «*hamza*» préfixe (qui rend transitif à la IVe forme un v. initialement intransitif)

تَشْديد الـ~ *gramm.* doublement de la 2e radicale (qui rend transitif à la IIe forme un v. initialement intransitif)

**نَقْليّ** : سَيّارة ~ة camion; véhicule de transport

**نَقْليّات** عَسْكَرِيّة transports de troupes

شَرِكة ~ compagnie de transports

**نُقْل** ج نُقول fruits/gâteaux secs; sucreries; ce que l'on grignote en buvant

**ناقِل** ج ون. نَقَلة. نُقّال copiste; traducteur

~ جَراثيم porteur de microbes

حِزام ~ courroie de transmission; tapis roulant

**ناقِلة** ج ات *techn.* convertisseur; monte-charge; transporteur

~ نَفْط pétrolier [*mar.*]; tanker

~ الحَرَكة بِمُسَنَّنات transmission à engrenage

~ بِالسَيْر transmission par/transporteur à courroie

~ بِسِلْسِلة transmission par chaîne

~ سُرْعة convertisseur de transmission; changement de vitesse

~ ذات أَقْماع monte-charge à bennes

**نَقّال** ambulant *adj.*; portatif; transportable

بِساط. مُخَيَّم ~ tapis roulant; camp volant

آلة تِلِيفِزيون ~ة télévision portative

~ ج ون brancardier; porteur; déménageur

**نَقّالة** brancard; civière; brouette; *techn.* transporteur

| | |
|---|---|
| copié; recopié; transcrit; traduit; transmis; déplacé; muté; viré; transféré | مَنْقول |
| succession mobilière | إرْث ~ |
| coutume orale | عُرْف ~ |
| bien meuble mobilier; meuble *n.m.*; mobilier *n.m.* | ~ ج ات |
| vente, saisie mobilière | بَيْع، حَجْز المَنْقولات |
| brasero «*kanoun*» transportable | مَنْقَل ج مَناقِل |
| rapporteur [*math.*]; goniomètre | مِنْقَل، مِنْقَلة ج مَناقِل |
| faire passer qqch (d'un endroit à un autre); mouvoir; transposer; transporter | II نَقَّلَ تَنْقيلًا ه |
| parcourir du regard | ~ بَصَرَهُ بَيْنَ ه |
| transborder; transbordement | III ناقَلَ مُناقَلة |
| pont transbordeur | جِسْر مُناقَلة |
| évoluer; se mouvoir; se déplacer; faire le va-et-vient; déménager | V تَنَقَّلَ تَنَقُّلًا |
| passer par des phases | ~ بَيْنَ مَراحِل |
| déplacement; locomotion | تَنَقُّل |
| mouvement de fonctionnaires | ~ المُوَظَّفين |
| mobilité (de la main-d'œuvre) | القُدْرة على الـ~ |
| ambulant; itinérant; mobile *adj.* | مُتَنَقِّل |
| exposition itinérante | مَعْرِض ~ |
| marchand ambulant forain; colporteur | بائِع ~ |
| hôpital militaire de campagne | مُسْتَشْفَى عَسْكَرِيّ ~ |
| colporter (une nouvelle); se transmettre/se faire passer qqch | VI تَناقَلَ تَناقُلًا |
| passer de bouche en bouche | ~تْ ه الأَلْسُن |
| passer de main en main | ~تْ ه الأَيْدي |
| se déplacer; se rendre chez; se transporter vers; se transformer en; se transmettre; se transplanter | VIII اِنْتَقَلَ اِنْتِقالًا إلى |
| se porter en avant; passer en tête | ~ إلى الأَمام |
| passer à une autre forme d'activité | ~ إلى نَوْع آخَر مِن العَمَل |
| déplacement locomotion; mouvement; transfert; transit; transition; translation; transport | اِنْتِقال |
| transfert de propriété | ~ مِلْكِيّة |
| dévolution d'un droit | ~ حَقّ |
| mobilité des facteurs économiques | ~ العَناصِر الاِقْتِصادِيّة |
| transitoire; de transition; intermédiaire | اِنْتِقاليّ |
| gouvernement de transition | حُكومة ~ة |
| période intermédiaire transitoire | فَتْرة ~ة |
| mouvement de translation | حَرَكة ~ة |
| ambulant; contagieux; mobile *adj.* | مُنْتَقِل |
| fêtes mobiles; audiences foraines | أَعْياد، جَلَسات ~ة |
| portatif; portable | مُنْتَقَل |
| appareil portatif | جِهاز ~ |
| | |
| 5525 en vouloir à qqn; être mécontent de plein de rancune contre qqn | نَقَمَ ـِ نَقْمًا ه، على ه |
| VIII ← نَقِمَ ـَ نَقَمًا | |
| hostilité; mécontentement; rancœur; rancune; punition | نِقْمة، نَقِمة ج نِقَم (← اِنْتِقام) |
| pivot; milieu de la route | نَقَم |
| hostile; mécontent; rancunier; revanchard; vindicatif | ناقِم؛ نَقوم |
| se venger; régler ses comptes avec; user de représailles contre; prendre sa revanche contre | VIII اِنْتَقَمَ اِنْتِقامًا مِن ه |
| venger qqn | ~ لِـ ه |
| règlement de comptes [*fig.*]; revanche; représailles; vendetta; vengeance | اِنْتِقام |
| vengeur *adj.*; revanchard; de représailles | اِنْتِقاميّ |
| caractère vindicatif | طَبْع ~ |
| vengeur | مُنْتَقِم |
| | |
| 5526 caqueter glousser (poule); coasser (grenouille) | نَقْنَقَ |
| caquet; coassement; gloussement | نَقْنَقة |
| *ois.* autruche (mâle) | نِقْنِق ج نَقانِق |
| saucisses | نَقانِق |
| | |
| 5527 entrer en convalescence; récupérer ses forces; se refaire [*fig.*]; relever de maladie; se rétablir | نَقَهَ ـَ نَقاهة |
| *même sens* | نَقِهَ ـَ نَقَهًا |
| convalescence; rétablissement | نَقاهة؛ نَقَه |

دار ~ maison de convalescence

نَقِه، ناقِه ج نُقَّه convalescent

**5528 نَقْو**، نَقًا ج أَنْقاء humérus; os à moelle

**5529 نَقِيَ** َ نَقاءً، نَقاوة être ... *v. à l'adj.*

**نَقاوة**؛ نَقاء limpidité; netteté; propreté; pureté

~، نُقاوة، نُقاية ه le choix; l'élite; le meilleure partie; la crème [*fam.*]

**نَقِيّ** ج أَنْقِياء immaculé; limpide; net; propre; pur

مَعْدِن، هَواء ~ métal, air pur

II **نَقَّى** تَنْقِية ه affiner; assainir; clarifier; émonder; monder (graines); nettoyer; purifier; raffiner; sarcler; sélectionner; trier

~ الجَوَّ، الهَواء assainir/purifier l'air

~ ه من الأَعْشاب المُضِرّة enlever les mauvaises herbes

**تَنْقِية** affinage; assainissement; émondage; épuration; nettoyage; nettoiement; purification; sarclage; tri; triage; sélection

~ المَعادِن affinage des métaux

**مُنَقٍّ** nettoyeur; trieur

**مُنَقًّى** affiné; nettoyé; purifié; raffiné; trié

VIII **اِنْتَقَى** اِنْتِقاءً ه، ه choisir; faire choix de; recruter; sélectionner; trier

~ مُوَظَّفين recruter des fonctionnaires

**اِنْتِقاء** choix (des mots); recrutement; sélection; tri; triage

~ المَشْروعات choix/sélection des projets

**اِنْتِقائِيّ** éclectique; sélectif

ضَريبة ~ة impôt sélectif

**اِنْتِقائِيّة** éclectisme; sélectivité

**مُنْتَقٍ** sélectionneur; trieur

**مُنْتَقًى** choisi; sélectionné; trié

**5530 نَكَبَ** ُ نَكْبًا ه، بِ ه jeter; lancer; renverser; verser

~ه الدَهْر affliger; rendre qqn malheureux; frapper qqn (malheur)

~ ِ نُكوبًا عَن dévier/s'écarter (du chemin); venir de biais; souffler de côté (vent)

نَكْب ج نُكوب ← نَكْبة

**نَكْبة** ج نَكَبات calamité; catastrophe; désastre; infortune; fléau; sinistre *n.m.*

**نَكَبات** الدَهْر revers de fortune

~ الزَمَن injure du temps/des ans

**نُكَيْبات** vents alizés

**مَنْكِب** ج مَناكِب épaule; côté; flanc; hauteurs

هَزَّ ~ه لِ ه *fig.* être satisfait/se trouver bien de

دَفْعة ~ épaulée; poussée de l'épaule; coup d'épaule

على حَدّ ~ مع ه éviter/fuir qqn

**مَنْكوب** ج ون infortuné; malheureux; sinistré *adj., n.*; victime (d'une catastrophe)

حَيّ، مِنْطَقة ~(ة) quartier, zone sinistré(e)

مَنْكوبو الزَلْزال les victimes du séisme

**5531 نَكَتَ** ُ نَكْتًا الأَرْض gratter/piétiner la vase pour en faire sortir les vers (oiseau)

~ العَظْم secouer un os (pour en faire sortir la moelle)

**نُكْتة** ج نُكَت point noir (sur fond blanc); point blanc (sur fond noir); astuce; boutade; drôlerie; épigramme; mot/trait d'esprit; facétie; anecdote piquante; pointe [*fig.*]; plaisanterie

أَطْلَقَ، أَلْقَى ~ faire/dire une plaisanterie/un bon mot

حاضِر الـ~ faiseur de bons mots

نَكْتة ج نِكات ← نُكْتة

**نَكّات** *ois.* avocette

~ ج ون drôle; facétieux; plaisant; qui fait des mots; humoriste; spirituel

II **نَكَّتَ** تَنْكيتًا badiner; faire de l'esprit; railler; mettre en pointillé

~ على ه se moquer de; faire de l'esprit aux dépens de; taquiner

**تَنْكيت** moquerie; plaisanterie; raillerie; taquinerie

**مُنَكِّت** moqueur; railleur; taquin

**5532 نَكَثَ** ُ نَكْثًا ه défaire/détordre (une corde); violer (un serment)

~ وَعْدَه se dédire; faire faux bond; reprendre sa parole; se parjurer; se rétracter

**نَكْث** manquement; infidélité (à sa parole); violation; parjure *n.m.*; traîtrise; félonie [*litt.*]

**ناكِث** infidèle à ses engagements; parjure *adj., n.*; perfide; traître

**نَكِيثة** ج نَكائِث affaire grave/importante; manquement; caractère; nature

ذُو ~ حَسَنة honnête; bon

**لا نَكِيثةَ فيه** définitif/inébranlable (engagement)

VII اِنْتَكَثَ اِنْتِكاثًا ← نَكَثَ

**5533 نَكَحَ** ـِ نِكاحًا ه contracter mariage; épouser/prendre une femme; faire l'amour

نِكاح acte sexuel; coït; copulation; mariage

مَنْكوحة femme mariée/qui a déjà eu des rapports sexuels

مَناكِح femmes

IV أَنْكَحَ إِنْكاحًا ه donner une femme en mariage

**5534 نَكَدَ** ـُ نَكْدًا ه ه refuser qqch à qqn; se refuser à qqn

نَكِدَ ـَ نَكَدًا avoir une vie malheureuse

نَكْد ج أَنْكاد ← نَكَد، نَكِد

**نَكَد** ج نِكاد adversité; difficulté; malheur; mésaventure

~ الطالِع، الحَظّ déveine; guigne [*fam.*]; guignon [*fam.*]; infortune; malchance; malédiction; mauvaise étoile; poisse [*fam.*]

رَجُل ~ malchanceux; malheureux

أَرْض ~ terre/sol misérable/ingrat(e)

**نَكِد** ج أَنْكاد rechigné; grognon; bougon; tracassier; taquin; avare; chiche

عَيْش ~ vie dure/rude

مَنْكود الحَظّ. الطالِع infortuné; malchanceux; malheureux

II نَكَّدَ تَنْكيدًا ه agacer; brimer; crisper; faire des misères à [*fam.*]; harceler; mener la vie dure à; faire enrager; faire subir des vexations; taquiner; tracasser; vexer

تَنْكيد agacerie; brimade; misères [*fig.*]; tracasserie; vexation; taquinerie

تَنْكيديّ vexatoire

مُنَكِّد agaçant; crispant; rageant; vexant

III ناكَدَ مُناكَدة ه ← II

**5535 نَكِرَ** ـَ نُكْرًا، نُكورًا ه être ignorant de; ignorer; méconnaître; démentir; désavouer; nier; renier; rejeter; refuser; répudier (une idée)

لا يُنْكَر indéniable

نُكْر (← نُكْران) astuce; finesse; esprit délié

**نُكْران** ignorance; méconnaissance; démenti; dénégation; désaveu; négation; reniement

~ الجَميل ingratitude

~ الذات abnégation; oubli de soi

نَكَرة ج ات dénégation; désaveu; protestation; refus; protêt

نَكِرة inconnu *adj., n.*; *gramm.* indéfini *n.m.*; indéterminé *n.m.*; indétermination

**نَكير** (← نُكْران) abominable; atroce; vicieux; désagréable; odieux; révoltant

شَدَّدَ على ه الـ~ admonester sévèrement; faire de sévères reproches à

حِصْن ~ forteresse imprenable/inaccessible

~ ومُنْكَر ← مُنْكَر

أَنْكَر م نَكْراء ← نَكير

نَكْراء désagrément; difficulté; chose désagréable/odieuse

**ناكِر** qui refuse d'admettre/méconnaît/nie qqch; hostile; inamical

~ الجَميل ingrat

نَكّار négateur

II **نَكَّرَ** تَنْكيرًا ه déguiser; masquer; travestir

~ اِسْمًا *gramm.* utiliser un nom sans marque de détermination

تَنْكير déguisement; travestissement

مُنَكَّر déguisé; masqué; travesti; *gramm.* indéfini/indéterminé (nom)

IV **أَنْكَرَ** إِنْكارًا ه على ه contester; désavouer; donner tort à; s'inscrire en faux contre; méconnaître; nier; refuser; rejeter; renier; récuser; réprouver

~ على ه الحَقّ donner tort à qqn; refuser de reconnaître les droits de; contester ses droits à qqn

~ تُهْمة repousser une accusation

**إِنْكار** contestation; désaveu; dénégation; négation; refus; rejet; renoncement

~ الذات abandon/oubli de soi; abnégation; altruisme; désintéressement

مُنْكِر contestataire; négateur

مُنْكَر abominable (action); atroce; dégoûtant (acte); inavoué; désavoué; rejeté; répugnant

النَهْي عن الـ ~ *isl.* interdiction de commettre des actes répréhensibles

غَيْر ~ avoué; incontesté

نَكير و ~ «*Nakir*» et «*Munkar*» (les deux anges chargés de faire subir un interrogatoire au mort dans sa tombe)

~ ج ات abomination; errement; forfait; méfait

V تَنَكَّرَ تَنَكُّرًا se camoufler; se déguiser; être changé; se travestir

~ لِـه devenir étranger à; méconnaître; rejeter; refuser; renier

تَنَكُّر ج ات déguisement; camouflage; méconnaissance; travesti *n.m.*

لَزِمَ الـ ~ garder l'incognito

لِباس تَنَكُّرِيّ travesti *n.m.*; déguisement

مُتَنَكِّر qui refuse/rejette/renie; camouflé; déguisé; incognito; masqué

حَفْلة، سَهْرة ~ ة bal masqué

مُتَنَكِّرًا sous le masque

X اِسْتَنْكَرَ اِسْتِنْكارًا ه ignorer; méconnaître; blâmer; condamner; critiquer; désapprouver; désavouer; flétrir (un acte); réprouver; trouver mauvais/répréhensible

اِسْتِنْكار blâme; condamnation; désaveu; désapprobation; réprobation; scandale

مِمّا أَثارَ ~ ه au grand scandale de

مِمّا أَثارَ ~ الكُلّ à la réprobation générale

اِسْتِنْكارِيّ réprobateur (regard)

مُسْتَنْكِر désapprobateur

مُسْتَنْكَر absurde; bizarre; blâmé; coupable/condamnable (acte); désapprouvé; répréhensible; réprouvé

**5536** نَكَزَ ـُ نَكْزًا ه frapper avec un instrument pointu; embrocher; piquer

~ الدابّة exciter/éperonner une monture

**5537** نَكَسَ ـُ نَكْسًا ه inverser; intervertir; faire qqch à l'envers; renverser; humilier; faire rechuter (un malade)

~ الرَأْس courber la tête

نُكِسَ المَريض faire une rechute; rechuter (malade)

نَكْسة défaite; humiliation; revers; *méd.* rechute

مَنْكوس inversé; interverti; renversé cul par-dessus tête [*fam.*]; qui a fait une rechute; humilié

~ الرَأْس la tête courbée

II نَكَّسَ تَنْكيسًا عَلَمًا mettre un drapeau en berne

عَلَم مُنَكَّس drapeau/pavillon en berne

V تَنَكَّسَ تَنَكُّسًا dégénérer

تَنَكُّس décadence; *biol.* dégénération; dégénérescence

مُتَنَكِّس dégénéré

VIII اِنْتَكَسَ اِنْتِكاسًا être ... *v. à l'adj.*; faire une rechute; rechuter; récidiver

اِنْتِكاس rechute; récidive; recrudescence

اِنْتِكاسِيّ récidiviste

مُنْتَكِس ← مَنْكوس

**5538** نَكَشَ ـُ نَكْشًا ه curer/vidanger (un puits); draguer (un canal)

مِنْكاش ج مَناكيش pioche; pic

**5539** نَكَصَ ـِ نُكوصًا lâcher/perdre pied; faire volte-face; flancher; rétrograder; régresser (épidémie, facultés mentales)

~ على عَقِبَيْه *fig., péjor.* changer d'opinion/de parti; tourner casaque [*fam.*]; retourner sa veste [*fam.*]

نُكوص régression [*psychol.*]

ناكِص régressif; rétrograde

VIII اِنْتَكَصَ اِنْتِكاصًا ← نَكَصَ

**5540** نَكَظَ ـُ نَكْظًا ه pousser/presser qqn; talonner

نَكِظَ ـَ نَكَظًا faire diligence/des efforts; se presser

**5541** نَكَفَ ـُ نَكْفًا ه faire cesser; mettre fin à

~ دَمْعَهُ essuyer ses larmes

نَكِفَ ـَ نَكَفًا عَن refuser; rejeter; ne pas vouloir

لا يُنْكَف inépuisable; incommensurable

نَكَفة، اِلْتِهاب الـ ~ parotide; parotidite

نَكَفِيّ parotidien

غُدّة ~ ة glande parotide

نُكاف oreillons *n.m.pl.* [*méd.*]

I ناكَفَ مُناكَفة ه — contrarier; brimer; tourmenter

اِسْتَنْكَفَ اِسْتِنْكافًا ه — dénigrer; regarder de haut; être fier/hautain

~ مِن، عَن ه — s'abstenir de; refuser de; passer (au jeu)

~ عن التَصْويت — s'abstenir de voter

ستِنْكاف — abstention; dénigrement; refus

ستِنْكافيّة — abstentionnisme

سْتَنْكِف ج ون — abstentionniste

~ ضَميريًّا — objecteur de conscience

554 نَكَلَ ـُ نُكولاً عَن. مِن — se dédire; s'éloigner; s'abstenir; se désister; se reculer; reculer *intr.*; *v. aussi 5543*

كول عن قَوْله — dédit *n.m.*

عْويض ~ — dédit *n.m.* (somme à payer)

كال — châtiment; correction; punition; supplice; torture

كْل ج أَنْكال — homme fort; chaînes; fers; mors

I نَكَّلَ تَنْكيلاً بِـ ه — condamner; punir; faire un exemple de; supplicier; torturer

نْكيل — châtiment/punition exemplaire; condamnation; supplice; torture

نَكَّل — supplicié; torturé

554 نِكْل، نيكَل، نيكال — nickel

I نَكَّلَ تَنْكيلاً ه — nickeler; nickelage

كْمة ← نَكْبة

554 نَكِهَ ـَ نَكْهًا ه — sentir l'haleine de qqn

~ لِـ. على ه — souffler à la face de qqn

~ت الشَمْس — être brûlant (soleil)

كْهة — haleine; saveur [*fig.*]

~ الخَمْر، ثُوم — arôme/bouquet du vin; pointe d'ail

يِّب الـ~ — qui a une bonne haleine

~ خَمْرِيّة — haleine avinée

~ الفُتُوّة تَفيض مِن أَرْدانِها — tout en elle respire la jeunesse

X اِسْتَنْكَهَ اِسْتِنْكاهًا ه — *isl.* faire subir à qqn le test de l'haleine pour savoir s'il a bu de l'alcool

اِسْتِنْكاه — alcootest

5545 نَكَى ـِ نِكاية ه — blesser; dépiter; outrager; vexer; vaincre

نِكاية — blessure d'amour-propre; dommage; offense; préjudice; outrage; vexation

نِكائِيّ — vexatoire

والأَنْكَى هو أن — et le pire c'est que

5546 نَمَّ ـُ نَمًّا على ه — accuser; jaser; décrier; débiner [*fam.*]; calomnier; médire de; moucharder; rapporter des propos dans l'intention de nuire; diffamer

~ به إلى — calomnier qqn auprès de

نَمَّ عَن ه — répandre son parfum (musc); déceler; dénoter; indiquer; révéler; trahir [*fig.*]; témoigner de

~ عن الفَرَح — respirer la joie

بِصَوْت ~ عن حُزْن — d'un ton qui trahissait sa tristesse

~ مَوْقِفُه عن ه — avoir une attitude révélatrice de

~ت هَيْئَتُه عن التَأَمُّل — avoir un air méditatif/une attitude contemplative

نَميمة — chuchotement; crissement (de la plume sur le papier)

~ ج نَمائِم — calomnie; diffamation; intrigue; méchanceté; médisance; mouchardage; trahison

نَمّام — *bot.* origan; serpolet

~ ج ون — calomniateur; cancanier; calomnieux; intrigant; médisant; mauvaise langue; mouchard [*fam., péjor.*]; rapporteur [*fam.*] (de méchancetés)

أَنَمُّ مِن زُجاجة على ما فيها — *prov.* clair comme de l'eau de roche

5548 نِمْر، نَمِر ج نُمُر. أَنْمار — léopard; panthère; tigre; *v. aussi 5549*

لَبِسَ لَهُ جِلْدَ الـ~ — *prov.* montrer les dents/les griffes; devenir méchant (*m. à m.* revêtir la peau du tigre)

نَمِرة cirro-cumulus; *zool.* tigresse

أَنْمَر م نَمْراء ج نُمْر pommelé (cheval); tacheté; tigré

II نَمَّرَ تَنْميرًا ← V

~ ه tacheter

V تَنَمَّرَ تَنَمُّرًا prendre l'air avantageux; prendre des airs; faire le matamore; se prendre pour un aigle/un tigre

~ لِـه se mettre en fureur contre qqn; éclater en imprécations/menaces contre qqn

مُتَنَمِّر matamore; fier-à-bras [*litt.*]

**5549** **نُمْرة** numéro (de téléphone); *v. aussi 5548*

II نَمَّرَ تَنْميرًا numéroter; numérotation

مُنَمَّر numéroté

**5550** **نُمْرُق** ج نَمارِق bourrelet; coussin; coussinet; pouf *n.m.*

**5551** **نِمْس** ج نُموس *zool.* fouine; mangouste; ichneumon

نِمْسيّة *ins.* ichneumon

**5552** **نَمَسَ** ـِ نَمْسًا ← II

**ناموس** ج نَواميس affût (du chasseur); honneur; loi; confident *n.m.*; *ins.* cousin; moustique

الـ~ الأَكْبَر archange Gabriel

~ التَحْرير secrétaire de rédaction

~ أَدبيّ، طَبيعيّ loi morale, naturelle

~ الجاذِبيّة العامّة loi de la gravitation universelle

نَواميس الطَبيعة les lois de la nature

ناموسة antre (du lion)

ناموسيّة moustiquaire

II نَمَّسَ تَنْميسًا cacher; celer; dissimuler; feindre

III نامَسَ مُنامَسة ه mettre qqn dans la confidence

V تَنَمَّسَ تَنَمُّسًا se mettre à l'affût (chasseur)

**5553** **نِمْساويّ** autrichien

**5554** **نَمَش** taches de rousseur

أَنْمَشُ م نَمْشاء [q]ui a des taches de rousseur

II نَمَّشَ تَنْميشًا ه [d]écolorer; *chim.* attaquer [u]n métal)

**5555** **نَمَص** [b]*ot.* jonc

**5556** **نَمَط** ج أَنْماط، نِماط [f]eutre; tapis de [s]elle; façon; genre; [m]anière; mode; sorte; type; [sy]stème; style; *mus.* modalité

~ حَياة [g]enre mode/style de vie; mode d'existence

على هذا الـ~ [d]e la sorte; de cette façon

على ~ واحِد [d]e la même manière; sur le même [m]ode; d'une seule sorte; de manière [u]niforme; uniformément

**نَمَطيّ** [s]tandard *adj.*; typique

مُنْتَجات ~ة [p]roduits standardisés/normalisés

II نَمَّطَ تَنْميطًا [n]ormaliser (la production); [st]andardiser

**تَنْميط** [n]ormalisation; standardisation

~ المُعَدّات [s]tandardisation de l'équipement

~ الإِنْتاج [n]ormalisation de la production

**5557** II **نَمَّقَ تَنْميقًا ه** [d]écorer; embellir; [f]aire des fioritures; orner; [o]rnementer; pomponner

تَنْميق [d]écor; décoration; embellissement; [o]rnement; fioriture; raffinement

مُنَمِّق [d]écorateur

مُنَمَّق [d]écoré; embelli; orné; ornementé

**5558** **نَمِلَ** ـَ نَمَلًا [ê]tre engourdi; avoir des [f]ourmis (dans les membres); [p]icoter; démanger

نَمَل [d]émangeaison; fourmillement (dans les [m]embres); picotement

**نَمْل** ج نِمال [c]*oll.* fourmis

آكِل الـ~ [f]ourmilier

**نَمْلة** ج ات، نَمْل [n]*.un.* fourmi; *méd.* eczéma

حَلَبَ الـ~ [p]*rov.* chercher la petite bête; tondre [u]n œuf (*m. à m.* traire une fourmi)

**نَمْليّ** [e]czémateux

حَمْض ~ [a]cide formique

نَمْليّة [g]arde-manger

**نَمِل** qui démange/picote; engourdi

~ الأَصابِع très adroit/habile (de ses doigts); qui a beaucoup de dextérité

**أُنْمُلة** ج أَنامِل phalangette; dernière phalange

لَمْ يَتَراجَعْ قَيْدَ ~ ne pas reculer d'un pouce

مَنْمَلة ج مَنامِل fourmilière

II نَمَّلَ تَنْميلاً fourmiller/avoir des fourmis (dans les jambes)

تَنْميل fourmillement (dans les jambes)

**5559 نَمْنَمَ** décorer; orner; styliser; enluminer

نَمْنَمة décoration; ornement; stylisation

مُنَمْنِم miniaturiste; enlumineur

مُنَمْنَمة ج ات miniature; enluminure

**5560 نَما** ُ نُمُوًّا croître; se développer; s'épanouir; grandir; hausser; s'élever; pousser *intr.*; prospérer

نُمِيَ إلى ه avoir vent de qqch

**نُمُوّ** croissance; développement; épanouissement; prospérité

تَمام، كَمال الـ~ maturité; épanouissement

بَدَأَ في الـ~ commencer à se développer

~ اِقْتِصاديّ، سَنَويّ croissance économique, annuelle

كامِل، مُكْتَمِل الـ~ bien développé; homme fait/accompli/mûr

**نامٍ** croissant; en cours/en voie de développement/de croissance

بَلَد ~ pays en voie de développement/sous-développé

بِلاد. بُلْدان **نامِية** *pl. du précéd.*

**نامِية** ج ات، نَوامٍ excroissance; tumeur; végétations [*méd.*]

~ الكَرْم pampre [*bot.*]

~ سَرَطانيّة tumeur cancéreuse

II **نَمَّى** تَنْمية ه développer (un pays); mettre en valeur; promouvoir; faire grandir/pousser; grossir *tr.*; épanouir *tr.*; donner essor/de l'extension à

~ ذاكِرته cultiver/développer sa mémoire

~ شَخْصيّته développer/épanouir sa personnalité

~ المَبيعات promouvoir les ventes

**تَنْمية** développement; croissance; extension; épanouissement; essor; mise en valeur; promotion

~ زِراعيّة، صِناعيّة développement agricole, industriel

~ المَبيعات promotion des ventes

IV أَنْمَى إِنْماءً ه ← II

**إِنْمائيّ** qui est en rapport avec la croissance/le développement; promotionnel

التَخْطيط، السياسة الـ~(ة) planification, politique du développement

المَشاريع الـ~ة projets concernant le développement

VIII **اِنْتَمَى** اِنْتِماءً إلى ه، ه descendre/être un descendant de; faire remonter son origine à; avoir/trouver son origine dans; dépendre/se réclamer/relever de; être membre de; appartenir/ressortir à; être affilié à

~ إلى بَلَد être ressortissant d'un pays

اِنْتِماء affiliation; appartenance (à un parti); dépendance

مُنْتَمٍ ج مُنْتَمون affilié; appartenant; membre (de); ressortissant

**5561 نَموذَج** ج نَماذِج archétype; gabarit; échantillon; norme; exemple; maquette; modèle; parangon; patron; paradigme; pattern; spécimen; type; *admin.* formulaire; imprimé

~ الجَمال canon de la beauté

~ أَوَّليّ prototype

أُنْموذَج ج ات، نَماذِج ← نَموذَج

**نَموذَجيّ** modèle *adj.*; normatif; expérimental; typique; paradigmatique; typologique; représentatif

صُورة ~ة portrait robot

مَزارِع ~ة fermes pilotes/expérimentales/modèles

نَموذَجيّة، عِلْم النَماذِج typologie

**5562 نَهَبَ** َ نَهْبًا détrousser; dévaliser; piller; marauder; faire main basse sur; mettre à sac; faire le sac de; ravager; ravir; razzier; spolier; saccager; s'emparer de

~ الأَرْض نَهْبًا *fig.* aller ventre à terre; dévorer l'espace

**نَهْب** ج نِهاب déprédation; maraudage; pillage; rapine; sac (d'une ville); ravage; spoliation

~ الهَمّ، الهُموم en proie au souci; la proie des soucis

عاشَ على النِهاب vivre de rapines

نُهْبة، نُهْبَى ج نُهَب produit des rapines/du maraudage

ناهِب، نَهّاب ج ون maraudeur; pilleur; pillard; prédateur; saccageur; spoliateur

VIII اِنْتَهَبَ اِنْتِهابًا ه ← نَهَبَ

~ الطَريق avaler/dévorer l'espace/les kilomètres

**5563** نَهِجَ - نَهَجًا être à bout de souffle; s'essouffler; haleter; souffler

نَهَج؛ نَهيج halètement; essoufflement

ناهِج haletant; à bout de souffle

IV أَنْهَجَ إِنْهاجًا ه essouffler; mettre hors d'haleine

**5564** نَهَجَ - نَهْجًا ه suivre (chemin, voie); éclaircir; clarifier

~ - نُهوجًا être clair/bien tracé/ouvert (chemin)

~ خِطّة suivre un plan

~ على مِنْوال ه faire comme; imiter; suivre l'exemple de

نَهْج ج نُهوج chemin (bien tracé); rue; voie; *fig.* méthode; manière; procédé; schème; tactique *n.f.*

نَهَجَ ~ ه emboîter le pas; suivre les traces; imiter

نَهْجيّة classicisme

ناهِج clair; ouvert (route); bien/tout tracé

مَنْهَج ج مَناهِج ligne de conduite; méthode; programme; schème

~ السِيرة curriculum vitae

~ البَحْث programme/méthode de recherche

~ التَعْليم méthode d'enseignement; cursus

مَنْهَجيّ méthodique; méthodologique

مَنْهَجيّة méthodologie

مِنْهاج ج مَناهيج ← مَنْهَج

~ إِنْمائيّ programme de développement

II نَهَّجَ تَنْهيجًا ه faire un plan/un planning

تَنْهيج planning

IV أَنْهَجَ إِنْهاجًا ه éclaircir; clarifier

~ طَريقًا ouvrir une route

VIII اِنْتَهَجَ اِنْتِهاجًا ه suivre/emprunter un chemin; s'engager dans une voie

~ سِياسة s'engager dans/suivre une politique

~ خِطّة suivre une ligne de conduite

**5565** نَهَدَ - نُهودًا s'arrondir/se former/gonfler (sein, poitrine); avoir la poitrine faite/formée/arrondie/gonflée (jeune fille)

نَهْد ج نُهود sein; poitrine de femme

ناهِد ج نَواهِد qui a la poitrine arrondie/formée (jeune fille); arrondi/formé/plein/rond (sein, poitrine)

V تَنَهَّدَ تَنَهُّدًا soupirer; se soulever (poitrine)

تَنَهُّد ج ات soupir

VI تَناهَدَ تَناهُدًا payer son écot

**5566** نَهَرَ - نَهْرًا couler (eau, fleuve); *v. aussi* 5567

~ ه chasser/repousser en criant; gronder qqn

نَهْر ج أَنْهار، أَنْهُر fleuve; rivière; courant

~ جَليديّ glacier; mer de glace

عالِية، سافِلة الـ~ amont; aval

نَهْريّ fluvial; riverain

مِلاحة ~ة navigation fluviale

حُقوق المُتاخَمة الـ~ة riveraineté [*dr.*]

VIII اِنْتَهَرَ اِنْتِهارًا النَهْرُ suivre son cours (fleuve)

~ العِرْقُ couler abondamment (sang d'une veine)

~ ه gourmander; gronder; morigéner; repousser brutalement; rembarrer [*fam.*]; infliger des vexations; tancer [*litt.*]

اِنْتِهار rebuffade; refus; vexation

**5567** نَهار ج ات. أَنْهُر jour; journée; *v. aussi* 5566

في رائِعة الـ~ en plein jour/midi

كالشَمْس في رائِعة الـ~ *prov.* clair comme le jour

نَهارًا de jour

لَيْلًا وَ~ de nuit et de jour

لَيْلًا ~؛ لَيْلَ نَهارَ nuit et jour

نَهاريّ diurne

خِدْمَة، دَوام ~(ة) service, permanence de jour

نَهاريّات nouvelles du jour

نَهِر clair lumineux (jour)

نَهار ~، أَنْهَر journée magnifique

5568 نَهَزَ - نَهْزًا ه repousser brutalement; donner un coup de poing à

نُهْزَة ج نُهَز occasion; opportunité

إِنَّه ~ المُخْتَلِس n'être qu'une proie; être une proie pour tous

نَهّاز الفُرَص opportuniste; habile à saisir toutes les occasions

III ناهَزَ مُناهَزَة ه approcher; venir tout près; être aux approches de

~ الثَلاثين، الثَمانين approcher friser la trentaine, les quatre-vingts ans

VIII اِنْتَهَزَ اِنْتِهازًا الفُرْصَة profiter de saisir l'occasion; être opportuniste

~ الفُرْصَة السانِحة saisir le moment favorable propice opportun; saisir la balle au bond

اِنْتِهازيّ، اِنْتِهازيّة opportuniste; opportunisme

5569 نُهَس ج نِهْسان *ois.* pie-grièche

5570 نَهَشَ - نَهْشًا ه dévorer; déchirer à belles dents; mordre

مَنْ ~تْه الحَيَّة حَذِرَ الرَسَن *prov.* chat échaudé craint l'eau froide (*m. à m.* qui a été mordu par un serpent se méfie d'une corde)

نَهْش، نَهْشَة coup de dent [*pr.* et *fig.*]; morsure

نَهْشًا à belles dents [*fig.*]

نَهِش اليَدَيْن adroit; qui a de la dextérité

نَهّاش mordant [*fig.*]; qui a la dent dure

5571 نَهَضَ - نُهوضًا se dresser; se mettre debout; lever *intr.* [*bot.*]; se lever; se relever; prendre son essor/son vol

~ واقِفًا، قائِمًا se mettre debout; se dresser sur ses pieds

~ مِن فِراشه sortir de son lit

~ بِـ ه accomplir; assumer; mener à bien; exécuter; entreprendre activement; redresser/relever (situation)

~ بِمُسْتَوَى ه relever/élever le niveau de

~ لِـ، إلى commencer à; démarrer; s'élancer vers; se mettre à; se porter vers; se préparer à

~ على être basé reposer sur [*fig.*]

اِنْهَضْ debout!

نُهوض lever *n.m.*; relèvement; redressement

وَقْتَ، عِنْدَ ~ه à son lever

نَهْضَة avancement; éveil; essor; redressement; relèvement; renouveau; renaissance; résurgence; rénovation; boom; capacité; énergie; force; progrès

~ قَوْمِيّة، اِقْتِصادِيّة redressement national, économique

~ أَدَبِيّة، فَنِّيّة renaissance littéraire, artistique

ناهِض ج نَواهِض oisillon prêt à prendre son vol

~ ج نُهَّض actif; diligent; dynamique; énergique

مِنْهَضَة ج مَناهِض *techn.* vérin

III ناهَضَ مُناهَضَة ه se dresser s'élever se lever contre; heurter qqn [*fig.*]; être hostile à; s'opposer à; opposer une résistance à; résister; se soulever contre

مُناهَضَة hostilité; résistance; soulèvement

مُناهِض ج ون antagoniste; récalcitrant

~ لِـ hostile à; révolté/soulevé contre; résistant à

IV أَنْهَضَ إِنْهاضًا ه dresser qqch; relever; redresser

VI تَناهَضَ تَناهُضًا être prêt à en venir aux mains; se dresser se lever les uns contre les autres

X اِسْتَنْهَضَ اِسْتِنْهاضًا ه exciter/éveiller (l'intérêt); encourager; stimuler

اِسْتِنْهاض encouragement; excitation, éveil; stimulation

5572 نَهَقَ - نُهاقًا، نَهيقًا braire

نُهاق، نَهيق braiment

VI تَناهَقَ تَناهُقَ الحُمُر *prov.* hurler avec les loups (*m. à m.* braire avec les ânes)

5573 نَهَكَ - نَهْكًا ه consumer/user (les forces); épuiser/exténuer qqn; fatiguer

نُهِكَ s'épuiser; être épuisé prostré

نَهْك، ~ نَفْسي asthénie

~ عَصَبيّ neurasthénie

نَهَكِيّ asthénique

نَهْكَة peine; prostration; supplice; tourment

**نَهِيك** (← مَنْهوك) farouche; intrépide; zélé

~ الحَقْل *ins.* labidure; labie; perce-oreille

**مَنْهوك** abattu; asthénique; à bout; claqué/flapi/ sur le flanc [*fam.*]; épuisé; exténué; fatigué; fourbu; recru de fatigue; prostré; rendu [*fig.*]; rompu [*fig.*]; usé; vaincu

~ القُوَى *même sens*

IV **أَنْهَكَ** إِنْهاكًا abattre qqn (fatigue); claquer qqn [*fam.*]; épuiser; éreinter; exténuer; fatiguer; forcer (un cheval); harasser; harceler; surmener; user

~ نَفْسه se crever [*fam.*]; se claquer; s'user [*fig.*]

أُنْهِكَ مِن التَعَب tomber/être recru de fatigue

**إِنْهاك** épuisement; éreintement; exténuation; harassement; harcèlement; surmenage; usure

~ عَقْلِيّ surmenage intellectuel

~ عَصَبِيّ neurasthénie

**مُنْهِك** épuisant; éreintant; exténuant; crevant [*fam.*]; claquant [*fig.*]; excédant; harassant; usant; tuant [*fig.*]

**مُنْهَك** claqué [*fig.*]; crevé [*fam.*]; épuisé; éreinté; excédé; exténué; fourbu; harassé; prostré; surmené; usé

~ عَصَبِيّ، الأَعْصاب neurasthénique

~ القُوَى surmené; épuisé

VIII **اِنْتَهَكَ** اِنْتِهاكًا ه، ه abuser; diffamer; insulter; outrager; violer; commettre un viol/un outrage

~ حُرْمَة ه profaner; transgresser

~ حُرْمَة مَسْكَن ه violer le domicile de

**اِنْتِهاك** abus; infraction; outrage; profanation; sacrilège; transgression; viol; violation

~ العَوْرَة attentat à la pudeur

~ حُرْمَة المَسْكَن violation de domicile

~ القُدْسِيّات sacrilège *n.m.*

**مُنْتَهِك** outrageant; profanateur; transgresseur; violateur

~ القُدْسِيّات sacrilège *adj., n.*

**5574** **نَهِلَ** ـَ نَهَلًا. مَنْهَلًا ← VIII

~ مِن ه s'abreuver à

**مَنْهَل** ج مَناهِل abreuvoir; fontaine; foyer de culture; source [*pr.* et *fig.*]

**مِنْهال** ج مَناهيل généreux (personne); dune

IV **أَنْهَلَ** إِنْهالًا ه abreuver; donner à boire; permettre à qqn d'étancher sa soif

VIII **اِنْتَهَلَ** اِنْتِهالًا s'abreuver; étancher sa soif

~ من مَناهِل العِلْم s'abreuver/puiser aux sources du savoir

**5575** **نَهَمَ** ـِ نَهيمًا barrir (éléphant); rugir (lion); *v. aussi 5576*

نَهِيم barrissement; rugissement

**5576** **نَهِمَ** ـَ نَهَمًا، نَهامة être en proie à une faim violente; *v. aussi 5575*

~ بِـ ه être avide/insatiable de

**نَهَم**؛ نَهْمة appétit; avidité; boulimie; voracité; gloutonnerie; intempérance; violent désir de

أَكَلَ بِـ~ manger gloutonnement/avidement

**نَهِم**. نَهيم avide; boulimique; glouton; goinfre; goulu; gourmand; insatiable; intempérant; vorace

~ بِالمَعْرِفة، بِالعِلْم avide de savoir

**5577** **نَهَى** ـَ نَهْيًا عَن ه mettre au ban; défendre; déconseiller; interdire; prohiber; proscrire; restreindre (l'usage de)

نَهاكَ مِنْ ه، ه ← ناهِيكَ

نُهِيَ إلى atteindre/aboutir/arriver/aller/parvenir à

لا تَنْهَ عَن خُلُق وتَأْتِيَ مِثْلَهُ

*prov.* ne faites pas à autrui ce que vous ne voudriez pas que l'on vous fît

**نَهْي** défense; interdiction; mise au ban de; prohibition; proscription; restriction; *gramm.* impératif négatif

الـ~ عن المُنْكَر *isl.* interdiction de commettre des actes répréhensibles

الـ~عَن الخُمور prohibition de l'alcool

صاحِب الأَمْر والـ~ qui dispose du pouvoir absolu

حَرْف الـ~ *gramm.* particule d'interdiction

**نِهاية** aboutissement; bout; conclusion; échéance; extrémité; fin; limite; limite extrême; terminaison; terminus

~ الطَريق، العام bout du chemin; fin de l'année

ـبداية والـ~ — *fig.* l'alpha et l'oméga

~ في ه — au possible ; très ; extrêmement ; achevé ; parfait

~ في الأَناقة — très/extrêmement élégant ; d'une élégance achevée/parfaite ; élégant au possible

في الـ~ — enfin ; en définitive ; en fin de compte ; au bout du compte ; finalement

في ~ المَطاف — en dernier lieu/ressort ; en dernière extrémité

لا ~ (اللانِهايةُ) — incommensurable/infini *n.m.*

بلا ~ — sans fin ; infini ; interminable

**لا نِهايةَ لَهُ** — éternel/incommensurable/infini *adj.* ; interminable

إلى ما لا ~ له — indéfiniment ; à l'infini

**نِهائِيّ** — définitif ; final ; irrévocable ; ultime ; radical [*fig.*] ; sans appel ; terminal

نُقْطة، هَدَف ~(ة) — point, objectif final

مُباراة، إنْذار ~(ة) — finale *n.f.* ; ultimatum

أَحْرَزَ الدَوْر الـ~ — gagner/remporter la finale

دَور نِصْف ~ — demi-finale

دَور رُبْع ~ — quart de finale

الكَلِمة الـ~ة — dernier mot ; mot de la fin

إعادة ~ة لِمَسْرَحيّة — répétition générale d'une pièce

السَنَة الـ~ة — terminale *n.f.* [*scol.*]

النِهائِيات — finales [*sport.*]

لانِهائيّ — infini *adj., n.m.*

لانِهائِيّة — immensité ; infini *n.m.* ; infinité

نِهائِيًّا — en définitive ; définitivement ; finalement ; une dernière fois ; irrévocablement

**ناهٍ** — qui peut tenir la place d'autre chose/suffit ; qui interdit ; prohibitif ; restrictif

قانون، تَدابير ~(ة) — loi prohibitive ; mesures restrictives

**ناهيكَ** أن. بِأَنْ. مِن — cela vous tiendra lieu de ; il suffit de dire que ; qu'il vous suffise de savoir que ; on en aura assez dit en signalant que

~ مِن، عَن — sans parler de ; en outre ; que/comme c'est beau/bon/excellent/remarquable !

**ناهِية** ج نَواهٍ — interdit *n.m.* ; interdiction ; prohibition

~ طِبّيّة — contre-indication [*méd.*]

**النَواهي** — les interdits

الأوامِر والـ~ — commandements et interdictions (de Dieu)

**مَنْهِيّ** — défendu ; illicite ; interdit ; prohibé

IV **أَنْهَى** إنْهاءً ه — achever qqch ; conclure ; finir ; mettre fin/un point final/un terme à ; parachever ; terminer

~ حِسابًا — clore/clôturer un compte

~ مُناقَشة — clore une discussion ; clôturer un débat

~ ه بِنَجاح — mener/conduire à bonne fin

~ ه إلى ه — communiquer/transmettre (une information) à ; porter/faire parvenir à la connaissance de

**إنْهاء** — achèvement ; conclusion ; clôture (d'une discussion) ; fin ; finition ; terme

VI **تَناهَى** تَناهِيًا — expirer/finir/prendre fin (délai)

~ الى ه — arriver/parvenir à la connaissance de/à sa destination/jusqu'aux limites de

~ت الأَصْداء إلى سَمْعه — parvenir jusqu'aux oreilles (échos)

~ عَنْ — s'abstenir/se retenir/s'interdire de

**تَناهٍ** — expiration (d'un délai) ; fin ; finitude ; limitation

لا ~ — infinité ; infinitude

**مُتَناهٍ** — abusif ; excessif ; extrême ; outré

~ في السُرْعة. الصِغَر — extrêmement rapide ; infinitésimal

VIII **اِنْتَهَى** اِنْتِهاءً — s'achever ; expirer [*fig.*] ; finir *intr.* ; se finir ; prendre fin ; arriver à son terme ; se terminer

~ مِن ه — achever/finir/terminer qqch de ; en avoir fini/terminé avec

~ إلى — aboutir/arriver/en venir à ; déboucher sur

~ إلى طَريق مَسْدود — aboutir à une impasse

~ بِـ ه في — apporter ; causer ; provoquer ; avoir pour effet ; se traduire par

~ بِـ ه الأَمْر إلى — en arriver à ; finir par

~ نِهايَةً طَبيعيّة — se terminer de manière naturelle

و ~ الأَمْر — et c'est tout ! voilà tout !

حَرْب ~تْ فينا بِالتَفَكُّك — guerre qui a provoqué la dislocation de nos rangs

~ بِنَواهيهِ — obéir aveuglément à qqn

أَلَمْ تَنْتَهِ بَعْدُ — ce n'est pas encore fini ?

لا يَنْتَهي — interminable

**انْتِهاء** aboutissement; achèvement; expiration d'un délai; conclusion; clôture; fin; terminaison; issue

عِنْدَ ~ ه à l'issue/l'expiration de

بَعْدَ ~ الحَرْب après la fin de la guerre

**مُنْتَهٍ** achevé; expiré (délai); clos/révolu (période); fini; terminé

**مُنْتَهًى** dernière extrémité/limite; limite extrême; summum; terme; paroxysme

في ~ الـ éminemment; extrêmement; infiniment; au plus haut point; au paroxysme; achevé; rudement [*fam.*]; très

بَلَغَ ~ ه atteindre son paroxysme

في ~ الإحْسان. الإتْقان parfait; très bien fait; très réussi

في ~ التَوَتُّر. الهِياج survolté; surexcité

في ~ الفَرَح fou de joie

**5578 نُوّ** *zool.* gnou

**5579 ناءَ ـُ نَوْءًا** se lever avec peine

~ بِـ ه. بِحَمْل ه assumer; supporter le poids/la charge de: crouler/plier/ployer/succomber/tomber sous le poids/la charge

~ بِكَلْكَلِهِ على ه accabler; écraser; opprimer

**نَوْء** ج أَنْواء، نُوآن étoile à son coucher; pluie; ouragan; tempête; *fig.* don; faveur; présent

III **ناوَأَ** نِواءً، مُناوَأَة ه être hostile à; opposer de la résistance/s'opposer/résister à; avoir des démêlés/une altercation avec

~ العَداء montrer de l'hostilité à; être agressif à l'égard de qqn

**مُناوَأَة** altercation; démêlé; hostilité; résistance; insubordination; opposition;

**مُناوِئ** ج ون لِـ ه adverse; adversaire; hostile; insubordonné; opposé; opposant

IV أَناءَ إناءَةً ه accabler; écraser; opprimer

VI تَناوَأَ تَناوُؤًا s'opposer les uns aux autres

**5580 نابَ** ـُ نَوْبًا، نَوْبَة ه arriver/survenir à qqn (malheur, accident)

~ إلى ه revenir par intermittence; visiter périodiquement

~ ـُ نِيابة عن ه remplacer qqn; se substituer à; suppléer; assurer l'intérim; prendre la place/le relais de; faire office de; représenter; être le remplaçant/le substitut de; servir/tenir lieu de

~ مَنابَ ه ême sens

~ إلى اللّه evenir à Dieu

**نَوْبة** ج ات، نُوَب ois; période; tour *n.m.*; uart [*mar.*]; tour de garde/ *éd.* accès; attaque; crise; ictus

بالـ~ tour de rôle; tour à tour

جاءَتْ ~ ه on tour est venu; c'est son tour

إنّه في ~ ه est de quart/de garde

~ عَصَبِيّة، قَلْبِيّة rise de nerfs; crise cardiaque

~ غَضَب ccès d'humeur; crise de colère

~ حُمّى ccès/poussée/attaque de fièvre; bouffée de chaleur

~ نَوْم roupillon [*fam.*]; somme; somnolence

**نَوْبِيّ** lternatif; périodique

**نَوْبَتْجِيّ** hef de la garde; officier de garde

**نُوبة** *maghr.* fanfare; orchestre; troupe de musiciens

~ ج نُوَب calamité; catastrophe; mésaventure; revers

**نِيابة** intérim; remplacement; représentation; substitution; suppléance; députation; délégation; légation; vicariat; vice- *particule inv.*; *jur.* magistrature; parquet

الـ~ العامّة، العُمومِيّة ministère public; parquet [*jur.*]

رَئِيس الـ~ procureur général

مُرَشَّح لِلـ~ candidat à la députation

~ رِئاسة، مَلَكِيّة vice-présidence; vice-royauté

~ قُنْصُلِيّة، بابَوِيّة vice-consulat; nonciature

بالـ~ عَن، **نِيابَةً** عن à la place/au nom de; pour qqn; par procuration; par intérim

**نِيابِيّ** parlementaire *adj.*; représentatif

حُكومة ~ة gouvernement représentatif

نِظام ~ régime parlementaire

إنْتِخابات ~ة élections législatives

مَجْلِس ~ parlement

**مَناب** ← نِيابة

نابَ ~ ه remplacer; représenter qqn; se substituer à; tenir lieu de

أَنَبْتُه ~ي je lui ai donné mon tour

نُواب؛ نُوابيّ *pathol.* cyclothymie; cyclothymique

**نائِب** ج نُوب، نُوّاب agent; délégué; député; intérimaire; remplaçant; représentant; suppléant; substitut; vicaire; sous- *préf.*; vice- *particule inv.*; *jur.* magistrat; procureur; *mil.* sergent

~ عامّ procureur général

~ بابَويّ légat pontifical; nonce vicaire apostolique

~ رَئيس، مُدير sous-chef; sous-directeur

~ والٍ، قُنْصُل vice-gouverneur; vice-consul

~ رَئيس vice-président; vice-recteur

~ مَلِك، مُسْتَشار vice-roi; vice-chancelier

لَجْنة ~ة commission intérimaire

**مَجْلِس النُّواب** Chambre des députés des représentants; parlement

**نائِبة** ج نَوائِب adversité; calamité; désastre; fléau; malheur

~ الرَعِيَّة corvée d'entretien

**نَوائِب** الزَمَن، الدَهْر injure des ans du temps; hauts et bas

مَنْ نَظَرَ إلى العَواقِب سَلِم مِن الـ~

*prov.* en toutes choses il faut considérer la fin

II **نَوَّبَ** تَنْويبًا ه، ه déléguer; députer; mandater; donner son tour à; faire changer de phase [*électr.*]; alterner *tr.*

~ه عَن désigner qqn comme représentant de

**مُنَوِّب**. مُنَوِّبة ج ات alternateur [*électr.*]

~ ج ون mandant *n.m.*

مُنَوَّب officier soldat de garde

III **ناوَبَ** مُناوَبة alterner *tr.*; faire qqch à tour de rôle par roulement; prendre/donner le relais

~ المَزْروعات faire alterner les cultures

**مُناوَبة** alternance; relais; roulement [*fig.*]

بِالـ~ alternativement; à tour de rôle; par roulement

**طَبيب مُناوِب** médecin de garde

IV **أَنابَ** إنابة ه déléguer; députer; mandater qqn; relayer; remplacer

~ه عن ه في ه donner à qqn pouvoir de/délégation/procuration pour; désigner qqn pour faire qqch à la place de

~ إلى revenir vers qqn, qqch de temps à autre

~ إلى اللّه revenir à Dieu; se repentir (pécheur); venir à résipiscence

**إنابة** délégation; députation; intérim; mandat; procuration; relais; remplacement; substitution; repentir

~ قَضائِيّة commission rogatoire

~ إلى اللّه retour à Dieu; résipiscence

**مُنيب** délégant; mandant

**مُناب** commis *adj.*; délégataire; délégué; envoyé en députation en délégation

VI **تَناوَبَ** تَناوُبًا alterner *intr.*; se relayer; prendre le relais son tour

~ ه. على ه faire qqch à tour de rôle; se relayer

~ الحُرّاس على الحِراسة se relever (sentinelles); prendre la relève

**تَناوُب** alternance; alternative; relais; relève; rotation [*fig.*]; roulement [*fig.*]

~ المَزْروعات alternance rotation des cultures

بِالـ~ alternativement; à tour de rôle; tour à tour; par roulement

**مُتَناوِب** alternatif; alterné

تَيّار ~ courant alternatif

VIII **اِنْتابَ** اِنْتِيابًا atteindre qqn; s'emparer de envahir qqn (sentiment); frapper [*fig.*]; gagner [*fig.*]; hanter qqn; trotter dans la tête

~ه المَرَض être frappé par la maladie

~ه الفَزَع la peur s'empara de lui; être envahi gagné par la peur

~تْه فَوْرة غَضَب piquer une crise une colère

5581 **نُوبيّ** nubien

~ ج ون. نُوب Nubien

5582 **نُوت**؛ نُوتة partition musicale; note

5583 **نُوتيّ** nautique; *zool.* argonaute

~ ج ة. نَواتيّ marin; matelot

نُوتِيّة équipage (d'un navire)

5584 **نوح** Noé

5585 **ناحَ** ـُ نَوْحًا. نُواحًا. نِياحًا على

geindre; gémir; se lamenter; pleurer sur

نَوْح؛ نُواح — cri; geignement; gémissement; plainte; jérémiades [*fam.*]; lamentation; pleurs
نائِح — geignant; geignard [*fam.*]; gémissant; plaintif
نائحة ج ات — pleureuse *n.f.*
مَناحة — lamentations funèbres; maison où l'on entend des lamentations

**5586** II **نَوَّخَ** تَنْويخًا ه ه — assujettir à; forcer à
IV **أناخَ** إناخة الجَمَل — faire s'agenouiller (un chameau)
~ بِـ ه — faire halte/arriver à (l'étape)
~ بِـ ه البَلاءُ — être dans la difficulté, la peine
~ بِكَلْكَلِه على ه — écraser qqn; peser lourdement sur
**مُناخ** — halte; étape; relais; station; climat; almanach
~ بارِد، رَطْب، جافّ — climat froid, humide, sec
هَيَّأَ الـ ~ المُلائِم — préparer le climat favorable à
عِلْم الـ ~ — climatologie
مُناخيّ — climatique; climatologique

**5587** **نَوْر** ج أَنْوار — *coll.* fleur; fleur blanche; *v. aussi 5588 à 5590*
نَوْرِيّة — pétale
نَوْرة؛ نُوّارة ج نُوّار جج نَواوير — *n.un.* fleur
II نَوَّرَ تَنْويرًا — s'épanouir; fleurir; être en fleur
تَنْوير — épanouissement; floraison
مُنَوَّر — épanoui; en fleur

**5588** **نُور** ج أَنْوار — clarté; feu [*autom.*]; lampe; illumination; incandescence; jour; lanterne; lueur; lumière; *v. aussi 5587, 5589, 5590*
صَباح الـ ~ — *salutation de réponse*: bon matin; bonjour
بَصيص الـ ~ — lueur; rayon de lumière
أَبْصَرَ الـ ~ — voir le jour [*fig.*]; naître
~ هُبوط، إعْلام — feu d'atterrissage, de balisage
~ خَلْفِيّ، التَلاقي — feu arrière, de croisement
~ أَحْمَر، أَخْضَر، أَصْفَر — feu rouge, vert, jaune (orange)
قَرَأَ على ~ المِصْباح — lire à la lumière de la lampe
~ بَرّاق — flash
~ كَهْرَبائيّ، صِناعيّ — lumière électrique, artificielle
~ كَشّاف — projecteur
~ خَفِيّ، خافِت — lumière indirecte; *autom.* code
أُمّ الـ ~ — *christ.* la Vierge Marie
أَلْقَى ~ًا على ه — faire la lumière sur
**أَنْوار** — illuminations; lumières
~ التَوَقُّف، جانِبِيّة — feux de position
~ خَفِيّة — éclairage indirect
عَصْر الـ ~ — siècle des lumières
نُوريّ؛ نُورانيّ ← نَيِّر
نُورانِيّة — brillance; luminosité
**نار** ج نيران — feu
أَطْلَقَ، إطْلاق الـ ~ — faire feu; coup de feu
أَوْقَفَ إطْلاق الـ ~ — cesser le feu
وَقْف إطْلاق الـ ~ — cessez-le-feu
باكورة الـ ~ — baptême du feu
كَأَنَّ الـ ~ في ثِيابه — comme s'il avait le feu au derrière [*fam.*]
دَفَعَ الـ ~ بِشَرارها — *prov.* combattre le mal par le le mal
أَوْقَدَ ~ الحَرْب — souffler sur le feu; pousser à la guerre
أَخْمَدَ ~ ه — calmer; étouffer; réprimer
اِسْتَضاءَ بِـ ~ ه — *fig.* demander conseil/son avis à
**لا نارَ لَهُ ولا قَرار** — *prov.* n'avoir ni feu ni lieu
**كانَ طُعْمة النيران** — être la proie des flammes
أَجَّجَ الـ ~ وَأَضْرَمَها — *prov.* jeter de l'huile sur le feu
تَبادَلَ الـ ~ — échanger des coups de feu
**ناريّ** — ardent; enflammé; incendiaire [*pr.* et *fig.*]; pyrotechnique
سَهْم، خِطاب ~ — flèche, discours incendiaire
سِلاح، فُوهة ~(ة) — arme, bouche à feu
طَلْق، دَرّاجة ~(ة) — coup de feu; motocyclette
أَحْجار ~ة — pierres basaltiques
أَلْعاب، أَسْهُم ~ة — feux d'artifice, de Bengale

نارِيَّة الكَرْمة — *ins.* pyrale de la vigne

نارِيّات — pyrotechnie; *ins.* pyralidés *n.m.pl.*

**نَيِّر** — brillant *adj.*; clair (esprit); éclairé; éclatant; illuminé; lucide; lumineux; radieux; *astron.* étoile de première grandeur

عَقْل ~ — esprit clair lumineux

نَوّار — très lumineux; *syr., lib.* mai

نَوّارة ج ات — projecteur

مَنار ج ات — balise; fanal; feu [*mar.*]; flambeau; lanterne

**مَنارة** ج مَناور — minaret; phare

~ العِلْم، الحُرِّيَّة — flambeau de la science, de la liberté

مَنْوَر ج مَناوِر — lucarne

مِنْوار ج مَناوير — projecteur

II **نَوَّرَ** تَنْويرًا ه، ه — allumer la lumière; éclairer; ouvrir les yeux de [*fig.*]; illuminer; instruire

~ الرَّأْيَ العامَّ — éclairer l'opinion publique

تَنْوير — éclairage

**مُنَوَّر** — clair; éclairé; illuminé; lumineux [*fig.*]; instructif

المَدينة الـ~ة — Médine la lumineuse

IV **أَنارَ** إنارة — être ... *v. à l'adj.*; briller; luire; poindre (jour)

~ ه — allumer; éclairer; illuminer; faire la lumière sur

إنارة — allumage; éclairage; illumination

مُنير — beau; brillant; éclairant; éclatant; lumineux; radieux

V تَنَوَّرَ تَنَوُّرًا — s'éclairer; s'illuminer

X إسْتَنارَ إسْتِنارة ه — emprunter de la lumière à; s'éclairer à l'aide de; avoir recours aux lumières de

إسْتِنارة العَقْل — illumination de l'esprit

مُسْتَنير — éclairé; instruit; bien informé

**5589** **ناوَرَ** مُناوَرة ه — intriguer; manœuvrer manipuler [*pr.* et *fig.*]; tirer les ficelles [*fam.*]; *v. aussi 5587, 5588, 5590*

**مُناوَرة** ج ات — intrigue; manège [*fig.*]; manœuvre; manipulation; menée

~ سِياسِيّة — intrigue manœuvre politique

~ خاطِئة — fausse manœuvre

ساحة ~ — champ de manœuvres

مُناوَرات مُتَمَرِّدة — menées subversives

مُناوِر — habile; intrigant; manœuvrier

**5590** **نَوَرِيّ** ج نَوَر — bohémien; gitan; nomade; romanichel; vagabond

**5591** **نَوْرَج** ج نَوارِج — chariot herse à dépiquer les céréales

**5592** **نَوْرَس**؛ ~ البَحْر — mouette; goéland

**نَوْروز** ← نَيْروز

**5593** **ناسَ** ـُ نَوْسًا، نَوَسانًا — se balancer; frémir; osciller; pendiller; trembler; vibrer

~ أَلَمًا، لَذّة — frémir de douleur, de plaisir

ناوُوس — *v. ordre alphab.*

نَوَسان — oscillation; frémissement; tremblement

نائِس — oscillant

نَوّاس — oscillateur; pendule *n.m.*

نَوّاسِيّ — pendulaire

نَوّاسة — veilleuse

مِنْوَسة — oscillomètre

**ناس** ← إنْسان

**5594** **ناشَ** ـُ نَوْشًا ه — prendre, toucher qqch (avec la main)

~ ها بِأَطْراف أَصابِعه — il la toucha du bout des doigts

III ناوَشَ مُناوَشة ه — aborder qqn; agacer; s'attaquer à; importuner; s'en prendre à; harceler

مُناوَشة ج ات — escarmouche; engagement [*mil.*]

مُناوِش ج ون — tirailleur

VIII إنْتاشَ إنْتِياشًا ه — prendre; saisir; extraire

**نُوشادِر** ← نُشادِر

**5595** **ناصَ** ـُ نَوْصًا، مَناصًا عَن — s'écarter; fuir; éviter; se mettre à l'écart

نَوْص ج أَنْواص — fuite; *zool.* âne sauvage; onagre

**مَناص** abri; échappatoire; refuge

لا ~ مِنْه inéluctable; inévitable

VIII اِنْتَاصَ اِنْتِياصًا baisser (lumière); se cacher/se voiler/disparaître (soleil, lumière)

**5596 ناصَ** ـُ نَوْصًا se lever; se mettre en route

نَوْص ج أَنْواص *anat.* coccyx; sacrum

**5597 ناطَ** ـُ نَوْطًا، نِياطًا ه décider; prendre une initiative

~ ه بِـ accrocher/pendre/suspendre qqch à

نِيطَ بِـ. على être accroché/pendu/suspendu à; dépendre de

**نَوْط** ج أَنْواط، نِياط médaille; médaille commémorative

مَنَحَ ه ~ًا décorer; décerner une médaille à qqn; médailler

~، نَيْط ج نِياط *anat.* aorte

**نِياط** *fig.* âme; cœur

قَطَعَ، شَقَّ ~ القُلوب briser/fendre le cœur

**مَنوط** accroché/pendu/suspendu à; *fig.* fonction (de); conditionné; dépendant

هٰذا ~ بِـ cela dépend/est fonction de

~ الواحِد بِالآخَر interdépendant

**مَناط** suspension

~ الثُرَيّا *fig.* situation très élevée; supériorité

هذا مِنْه ~ الثُرَيّا *prov.* c'est hors de sa portée/au-dessus de ses forces/à cent coudées au-dessus (*m. à m.* à la distance des pléiades)

IV **أَناطَ** إناطة ه بِـه charger qqn de qqch; confier qqch à qqn; rendre qqn comptable/responsable de; préposer qqn à

~ دَوْرًا بِـه donner un rôle à qqn

~ مُهِمَّة بِـه confier une mission à qqn

~ بِـ ه دَوْر المُحَرِّك faire jouer à qqch le rôle de moteur; faire de qqch le moteur de

~ ه بِشَرْط subordonner qqch à une condition

أُنيطَ بِـ incomber à; relever de; être comptable/responsable de

كُلُّ شاة مِن رِجْلِها **تُناطُ** *prov.* comme on fait son lit on se couche (*m. à m.* la brebis est responsable de sa patte)

**مُناط** : الأَمْر ~ بِهِ وَحْدَهُ cela ne tient qu'à lui

مُهِمَّة ~ة بِـه mission confiée/qui incombe à

V تَنَوَّط *ois.* tisserin

VIII اِنْتاطَ اِنْتِياطًا بِـ ← نِيطَ بِـ

**5598 نَوْع** ج أَنْواع caractère [*fig.*]; catégorie; espèce; genre; manière; mode *n.m.*; nature; nuance; qualité; sorte; variété

الـ~ البَشَرِيّ. الإِنْسانِيّ espèce/genre humain(e)

مِن الـ~ نَفْسِه du même genre; de la même sorte; de même nature

مِن نَفْس الـ~ *même sens*

مِن. في ~ه en son genre; de son espèce

مِن ~ مُخْتَلِف de nature/de genre/d'espèce différent(e)

جَيِّد. رَديء الـ~ de bon, de mauvais aloi

**نَوْعًا ما** d'une certaine manière; en quelque sorte

~ وكَمًّا qualitativement et quantitativement

**أَنْواع** مِن ه différentes/toutes sortes de

على ~ه، ه de différentes/de toutes sortes

**نَوْعِيّ** caractéristique; propre; qualitatif; de qualité; spécifique

الثِقْل الـ~ poids spécifique

**نَوْعِيًّا** qualitativement

~ وكَمِّيًّا ← نَوْعًا

**نَوْعِيّة** qualité; spécificité

تَحَسَّنَتْ ~ه sa qualité s'est améliorée

II نَوَّعَ تَنْويعًا ه diversifier; nuancer; ramifier (un réseau); varier *tr.*

تَنْويع diversification; ramification; variation

مُنَوَّع divers; diversifié; nuancé

مُنَوَّعات mélanges [*litt.*]; variétés [*radio.*]

V تَنَوَّعَ تَنَوُّعًا se différencier; se diversifier; se diviser; se nuancer; se ramifier; varier *intr.*

تَنَوُّع diversité; variété; différenciation

تَنَوُّعِيّة variabilité

مُتَنَوِّع différent; différencié; divers; multiforme; varié; variable

مُتَنَوِّعات mélanges [*litt.*]; variétés [*mus.*]

**5599** **ناف** ـُ نَوْفًا ه، على ه — dépasser de; être au-dessus de/saillant/en saillie; dominer; aller au-delà; surplomber; surpasser

ما يَنوفُ على — plus de (dix, vingt)

نِيافة — *titre honorifique*: Éminence; Excellence

نيافةً عن. على ه — en plus; en outre

**نَيِّف**، نَيْف — quelque; petite quantité; et quelque [*fam.*]: environ

~ وَعِشْرون — vingt et quelques [*fam.*]

عَشَرة و~ — dix et quelques [*fam.*]

وَنَيِّفًا — et des poussières [*fig., fam.*]

IV أَنافَ إنافة ← نافَ

مُنيف — élevé/haut (point); dominant; surplombant

**5600** **نَوْفَر** — nénuphar

**5601** **نَوْفَل** ج نَوافِل — homme très beau/très généreux

نَوْفَلة ج نَوافِل — marais salant; saline

**5602** **نُوفَمْبَر** — novembre

**5603** **ناقة** ج نُوق، نِياق — chamelle

لا **ناقَةَ** لَهُ فيه ولا جَمَل — *prov.* être totalement étranger à; n'y être pour rien; n'avoir rien à y voir ni de près ni de loin

نِيقة — élégance; recherche (de la tenue); soin; zèle

V تَنَوَّقَ تَنَوُّقًا في — être délicat/pointilleux/vétilleux; être élégant/raffiné/recherché

X اِسْتَنْوَقَ الجَمَل — *prov.* prendre le Pirée pour un nom d'homme (*m. à m.* un chameau pour une chamelle)

**5604** **نالَ** ـُ نَوْلًا ه ه، بِـ ه — conférer; donner; gratifier; offrir

~ ـَ نَيْلًا. مَنالًا ه — acquérir; gagner; obtenir; recevoir; remporter (un succès)

~ مِلْءَ رَغْبَتِه مِن ه — avoir son content/autant qu'on le désirait

~ الاِسْتِقْلال — accéder à/conquérir/obtenir l'indépendance

~ شَهادة، اِمْتِيازًا — obtenir un diplôme, une distinction

~ تَوْفيقًا — obtenir/remporter un succès

~ جائِزة — avoir/gagner/remporter/recevoir un prix

~ حَظَّه مِن التَّنْويه — recevoir sa part d'éloges

~ مَنْفَعة مِن — tirer un avantage de

~ العَفْو — rentrer en grâce; obtenir son pardon

~ ه، مِن ه — affecter; attaquer; atteindre; porter atteinte à; harceler; nuire à; toucher [*fig.*]; tourmenter

~ مِن عِرْض. سُمْعة ه — entamer/entacher l'honneur/la réputation de; déshonorer

~ مِن شُعور — altérer/dénaturer un sentiment

~ مِن اِمْرَأة — abuser d'une femme; déshonorer/violer une femme

~ مِنْه النَّقْد اللاذِع — être l'objet/la cible de critiques mordantes

ما ~ مِنْه الكِبَرُ — porter bien son âge; ne pas faire son âge

**نَوْل** ج أَنْوال — bienfait; don; présent; faveur; gratification; ce qu'il faut/qu'il convient de faire

~ السَّفينة — fret

~كَ أَنْ تَفْعَل ه — il faut que tu fasses

**نَوْل** ج أَنْوال — métier à tisser

~ آلِيّ. يَدَوِيّ — métier mécanique, manuel

**نَيْل** (← نَوْل) — acquisition; avantage; obtention; profit; possession

~ مِن السُّمْعة. العِرْض — atteinte à la réputation, à l'honneur

~ شَهادة — obtention d'un diplôme

~ الاِسْتِقْلال — accession à l'indépendance

ما أَصابَ **نَيْلًا** — ne rien obtenir du tout

**نَوال** (← نَوْل. نَيْل) — ce qui est bon/bien/juste

لَيْسَ هذا بِالـ~ — ce n'est pas bien/juste

مَنْ طَلَبَ المُحال لا يَحْظَى بِالـ~

*prov.* qui trop embrasse mal étreint

نُوالة ج نَوائِل — *maghr.* cabane; hutte

نائِل — qui atteint/obtient/reçoit

**مَنال** — obtention

سَهْل، قَريب الـ~ — abordable; accessible; facile à atteindre/à obtenir

اِمْرَأة سَهْلة الـ~ — femme facile

سُهولة، قُرْب الـ ~ accessibilité

صَعْب، عَسير الـ ~ difficile d'accès/à atteindre/à obtenir; inabordable; inaccessible

**مِنْوال**؛ مِنْوَل métier à tisser; processus

على ~ ه comme; à l'instar/l'exemple/l'imitation/la manière/la façon de; sur le modèle de

III **ناوَلَ** مُناوَلَة ٥ ه donner/offrir/passer/présenter/tendre/faire passer qqch à qqn

~ ٥ الكَلام passer la parole à

~ ٥ القُرْبان donner/administrer la communion

مُناوِل *techn.* culbuteur; manipulateur

IV أَنالَ إنالة ٥ ه، ه لِـ ٥ mettre qqn en possession de; faire obtenir qqch à qqn

VI **تَناوَلَ** تَناوُلًا ه obtenir; prendre; recevoir

~ طَعامًا consommer/prendre de la nourriture; manger

~ شَرابًا consommer/prendre une boisson; boire

~ طَعامًا فاخِرًا faire bonne chère

~ مِن طَعام se servir d'un plat

~ القُرْبان recevoir la communion

~ الكَلام prendre la parole

~ غِذاءَه، عَشاءَه déjeuner/dîner *intr.*

~ مَسْأَلةً، مَوْضوعًا aborder/traiter une question, un sujet

**تَناوُل** وَجْبة الطَعام repas; déjeuner/dîner *n.m.*

~ القُرْبان communion [*christ.*]

**مُتَناوَل** abordable; accessible; disponible

في ~ ٥، ه à la portée de

جَعَلَ ه في ~ ٥ mettre qqch à la portée de

في ~ البَصَر à portée de vue; en vue

في ~ الجَميع à la portée de tous

في، تَحْت ~ يَدِه à portée de la/sous la main

بَعيد عَن ~ه hors d'atteinte; inabordable; inaccessible

**5605** **نامَ** ـَ نَوْمًا dormir; s'endormir; faire un somme; reposer; se reposer; sommeiller; se coucher; *fig.* s'adoucir/s'apaiser/se calmer (vent); être amorti (son); s'éteindre (feu); stagner (marché)

~ إلى ٥ se reposer sur qqn; avoir confiance en; mettre sa confiance en

~ عَن ه laisser dormir (une affaire); mettre sous le coude; négliger

~ واقِفًا، جالِسًا dormir debout, assis

~ على بَطْنه coucher à plat ventre

~ في العَراء coucher/dormir à la belle étoile

~ مِلْءَ جَفْنَيْه dormir à poings fermés/sur ses deux oreilles

~ نَوْمَ الأَبْرار dormir du sommeil du juste

~ عَن قَضِيّة laisser dormir une affaire; mettre une affaire sous le coude

~ ثانيةً، مِن جَديد se rendormir

**نَوْم**؛ نَوْمة sommeil; somme

~ مَغْنَطيسيّ hypnose; état d'hypnose

مَرَض الـ ~ maladie du sommeil

قَميص الـ ~ chemise de nuit

غُرْفة الـ ~ chambre à coucher

وَقْت الـ ~ l'heure du coucher/de dormir

الـ ~ الأَبَديّ le sommeil éternel

نامَ **نَوْمة** طَيِّبة bien dormir

نامَ ~ه الأَخيرة dormir son dernier sommeil

مَدينة **نَوْمِيّة** ville-dortoir

**نَوْمان**؛ ~ أَمْرَد *bot.* herniaire; herniaire glabre

نُوام *pathol.* léthargie; somnolence; maladie du sommeil; hypnose; état d'hypnose

نُواميّ hypnotique; léthargique

**نائِم** ج نِيام، نُوّام، نُوَّم dormeur; dormant; couché; endormi; ensommeillé; somnolent

لَيْل ~ nuit calme/tranquille/reposante

كانَ بَيْن ~ وصاحٍ ne dormir que d'un œil

نَوّام grand dormeur

**مَنام** ج مَناوِم sommeil; rêve; songe

رَأَى في الـ ~ voir en songe

**مَنامة** coucher *n.m.*; dortoir; pyjama; chemise de nuit

اِرْتَدَى ~ه passer son pyjama

I نَوَّمَ تَنْويمًا ه — coucher *tr.*: mettre au lit; faire dormir; endormir; hypnotiser; mettre en sommeil

تَنويم مَغْنَطيسيّ — hypnotisme

مُنَوِّم — endormant [*fig.*]

~ ج ات — hypnotique *n.m.*: somnifère; soporifique

~ مَغْنَطيسيّ — hypnotiseur

IV أَنامَ إِنامة ← II

X اِسْتَنامَ اِسْتِنامة — faire semblant de dormir; chercher le sommeil

~ إِلَى ه — se laisser aller à; s'adonner à; se laisser endormir embobiner [*fam.*] par; s'en remettre entièrement à; se fier aveuglément à; se laisser conduire les yeux fermés [*fig.*]

**5606** **نُون** ج ات — *nom de la lettre «n»: «nūn»*

~ التَأْكيد. التَوْكيد — *gramm.* «*nūn*» de corroboration, d'insistance

~ الوقاية — *gramm.* «*nūn*» de protection

~ ج أَنْوان — gros poisson; baleine

ذو الـ~ — l'homme au poisson; Jonas

حَتَّى يُؤَلَّف بَيْنَ الضَبّ و الـ~ — quand les poules auront des dents (*m. à m.* quand on aura réconcilié le lézard et la baleine)

نُونة ج ات — fossette (au menton)

II نَوَّنَ تَنْوينًا ه — *gramm. prononcer la dernière voyelle d'un nom accompagnée d'un «n»*

**تَنْوين** — *gramm.* nunation (marque de l'indétermination)

كَالـ~ والإِضافة — *prov.* incompatibles; diamétralement opposés; c'est le jour et la nuit la quadrature du cercle (*m. à m.* comme la détermination grammaticale et l'indétermination)

**5607** II **نَوَّهَ** تَنْويهًا ه، بِـ ه — faire allusion référence à; citer; mentionner; faire mention de; mettre l'accent sur

~ بِأَهَمِّيَّة ه — souligner l'importance de

~ بِذِكْر ه — faire l'éloge chanter la louange de

~ بِاسْم ه — élever le nom de qqn au-dessus du commun; porter qqn aux nues

~ بِـ ه — citer qqn à l'ordre (de l'armée, de la nation)

**تَنْويه** ج ات — allusion; citation; éloge; louange; mention; référence

نالَ حَظَّهُ مِن الـ~ — recevoir sa part d'éloges

**5608** **نَوَى** نِيَّة. نَواة ه — avoir l'intention de; penser songer se résoudre à; projeter se proposer résoudre de; vouloir

~ لِـ ه الخَيْر. الشَرّ — vouloir souhaiter du bien, du mal à

~ نَوًى — s'éloigner; se déplacer (d'un endroit à un autre)

نَوًى — absence; distance; éloignement; déplacement

نَواة ج نَوَيات. نَوًى (← نِيَّة) — *v. aussi 5609*

**نِيَّة** ج ات. نَوايا — dessein; intention; pensée; projet; propos; volonté

سَلامة الـ~ — innocence; sincérité; pureté d'intentions

حُسْن الـ~ — bonne foi; bienveillance

سُوء الـ~ — mauvaise foi; malveillance

خالِص. سَليم الـ~ — bien intentionné; innocent; sincère; pur

سَيِّئ الـ~ — mal intentionné; malveillant

~ مُبَيَّتة — arrière-pensée; mauvaise pensée

أَخْلَصَ ~ ه لِـ — se dévouer à; être loyalement attaché à

على ~ ه — dans l'intention de

~ الإِضْرار. الإِساءة — malveillance; intention de nuire

عَقَدَ. وَطَّدَ الـ~ على — avoir la ferme intention le ferme propos le dessein de

دَعْوى على الـ~ — procès d'intention de tendance

VIII اِنْتَوَى اِنْتِواء ← نَوَى

**5609** (نوى) **نَواة** ج نَوًى — noyau

~ كَرَز — noyau de cerise

~ الذَرَّة — noyau de l'atome

ثَمْرة ذات ~ — fruit à noyau

~ الخَلِيَّة. المُذَنَّب — noyau de la cellule, de la comète

**لَفَظَ النَوَى** — cracher les noyaux

مُتَعَدِّد الـ~ — polynucléaire

**نَوَوِيّ** — à noyau; nucléaire

مِظَلَّة ~ ة — parapluie atomique

ثَمْرة ~ ة — fruit à noyau

طاقة. فيزياء ~ ة — énergie, physique nucléaire

~ حَراريّ — thermonucléaire

قُنْبُلة ~ة حَراريّة — bombe thermonucléaire

نُوَيّة ج ات — nucléon

II **نَوَّى** تَنْوية ه — noyauter

~ نِقابة، الجَيْش — noyauter un syndicat, l'armée

**5610 ناءَ** ـِ نَيْئًا، نُيُوءًا — être ... *v. à l'adj.*

نُيُوءة — crudité (de la viande)

**نِيء** ج أَنْياء — cru/saignant (viande); bleu (steak)

جِلْد ~ — cuir non tanné

II **نَيَّأَ** تَنيِئةً ه — faire qqch de manière imparfaite/sans préparation

~ قِطْعةَ لَحْم — cuire imparfaitement une viande; faire un steak bleu

**5611 ناب** ج أَنْياب — canine; croc; défense (de sanglier); dent pointue

أَنْياب سامّة — crochets venimeux

**5612** II **نَيَّحَ** تَنْيِيحًا ه بِـ ه — faire don à qqn de qqch (Dieu)

ما ~ ه بِخَيْر — ne faire aucun bien à qqn

**5613 نِير** ج أَنْيار — attelage; joug; marque (de fabrique) sur une étoffe; trame

خَلَعَ ~ العُبوديّة — secouer le joug

رَجُل ذُو **نِيرَيْنِ** — très fort; très robuste

حَرْب ذات ~ — guerre acharnée

**نِيرة** — harnais/lame de métier à tisser; remisse; *anat.* gencive

ما هو بِسَداة ولا لُحْمة ولا ~ — *prov.* être parfaitement inutile

نِيريّة — charme [*bot.*]

II نَيَّرَ تَنْييرًا ه — tramer

**5614 نِيرفانا** — nirvāna

**5615 نَيْروز** — «nayruz»; jour de l'an chiite

**5616 نَيْزَك** ج نَيازِك — aérolithe; bolide; étoile filante; météore; météorite

نَيْزَكيّ — météorique

**5617 نَيْسان** — avril [*calendrier syriaque*]

**5618 نِيشان** — but; cible; *maroc.* tout droit; tout juste; exactement

~ ج نَياشين — décoration; médaille; ordre

~ الاِفْتِخار — *tunis.* l'ordre du Mérite

**5619 نَيْص** — porc-épic

**نَيْف**، نَيِّف ← نوف

**5620 ناكَ** ـِ نَيْكًا ه — faire l'amour avec; baiser [*pop.*]; niquer [*vulg.*]

**نِيكل** ← نكل

**5621 نِيل** (← نول) — Nil

عرائِس الـ~ — *bot.* nénuphar

نِيليّ — nilotique

مَنْيَل — nilomètre

**5622 نِيلة**، نِيلَج — indigo

شَجَرة الـ~ — indigotier

**5623 نِيلوفَر**، نِينوفَر — nénuphar

**5624 نَيْلون** — Nylon; plastique

**5625 نينة** — maman

**5626 نِيُون** — néon

(هاء)

*vingt-sixième lettre de l'alphabet: «hā»;*
*glottale fricative:* [h]

**5627** **هُ** *pron. pers. affixe 3e pers. masc. sing.*
1. *compl. d'un v. ou d'une prép.* le; lui
2. *compl. d'un n.* son; sa; ses

**5628** **هْ** (هاء السُكوت، الوَقْف) *en suff. exclam.*

واحَسْرَتاهْ؛ ياحَسْرَتاهْ — ô misère! ô malheur!

**هَذا؛ هَكَذا** — *v. ordre alphab.*

**5629** **ها** *pron. dém.* voici

~ أنا؛ هاءَنَذا — me voici! me voilà! c'est moi!

~ أنْتَ، هم — te voici! les voici!

~ هي ذي السُفُن تَقْتَرِب — voici les vaisseaux qui se rapprochent

~ هو قَدْ أتَى — le voici! le voilà! c'est lui! il arrive!

~ نَحْنُ قَدْ وَصَلْنا — nous voici arrivés

~ كَ، كُمْ — voilà! tiens! tenez!

~ هُنا؛ ~ هُناذا — ici; par ici; c'est ici!

**5630** **ها** *pron. pers. affixe 3e pers. fém. sing.*
1. *compl. d'un v. ou d'une prép.* elle
2. *compl. d'un n.* son; sa; ses

**5631** **هاتِ، هاتِي** *masc., fém.* donne! viens!

~ ما عِنْدَكَ — donne tout ce que tu as; dis-moi tout

~ لي خَدَّكَ — tends-moi la joue

هاتُوا — donnez! venez!

**5632** **هال** (← هول) mirage; *bot.* cardamome

حَبّ الـ~ — grains de cardamome

**5633** **هالة** ج ات — auréole; halo (de la Lune); nimbe; cerne

~ مِن النُور — auréole halo de lumière lumineux(euse)

~ سَوْداء — cerne (autour des yeux)

~ النَصْر، مِنْ المَجْد — auréole de la victoire, de gloire

~ مِن القَداسة — aura de sainteté

تَوَّجَ ه بـ~ — auréoler

**5634** **هالوك** — *bot.* orobanche

**هامة** ← هوم

**5635** **هانِم** ج هَوانِم — dame; madame

**5636** **هاهْ** هاهْ — ha! ha!

**5637** **هَبْ** (← وَهَبَ) — suppose supposons que; admettons mettons que

هَبْنِي فَعَلْتُهُ — admettons supposons que je l'aie fait

**5638** **هَبَّ** ـُ هُبوبًا، هَبِيبًا — se lever souffler (vent)

~ت الريح — le vent se lève souffle

~ت رِيحُه — *fig.* avoir le vent en poupe; être dans le vent

~ت نَسْمة — un souffle de vent passa

~ت عاصِفة — se déchaîner éclater faire rage (tempête)

~ مِن نَوْمه — s'éveiller; se lever

~ واقِفًا — se dresser; se mettre debout; se planter (devant qqn)

~ على ه . ه — se révolter/se rebeller contre

~ الشَعْب — se dresser/se lever/se soulever (peuple)

~ يَفْعَل — se mettre à/s'empresser de faire

~ لِـ . إلى — attaquer; s'élancer vers; tomber sur qqn

~ لِنَجْدة ه — voler au secours de

هُبوب الريح — souffle du vent

**هَبّة** ج هِبَب — bouffée (d'air); bourrasque; coup de vent; grain; mouvement de l'air; rafale; *fig.* impétuosité

مَرَّ كَـ ~ الريح — passer en coup de vent

~ الشَعْب — levée en masse; soulèvement populaire

هَبيب؛ هَبُوب — qui souffle par rafales/qui soulève la poussière/violent (vent)

هَباب — noir de fumée; suie

**مَهَبّ** ج مَهابّ — lieu exposé au vent; direction du vent/d'où vient le vent

في ~ الريح — à tous les/aux quatre vents

كَريشة في ~ الريح — comme la plume au vent

**5639 هَبَتَ** ـِ هَبْتًا — frapper; faire tomber; jeter vers le bas; précipiter

هَبْتة — faiblesse; impuissance; timidité; lâcheté

**هِبة** ج ات ← وهب

**5640** هَبْد — coloquinte; graines de coloquinte

**5641 هَبَرَ** ـُ هَبْرًا ه — couper/découper (la viande en lanières)

هَبْر — viande sans os

هَبْرة — morceau de viande (sans os)

هِبْريّة ج ات — duvet (d'oiseau); flocons/moutons [*fam.*] (de poussière); peluches; pellicules (du cuir chevelu)

هُبْر — filasse; *bot.* pépin de raisin

هَبور — araignée velue

هَبيرة — petit de l'hyène

هَبّار — *zool.* entelle; languria

هَبّاريات — semnopithèques

**5642 هَبَشَ** ـِ هَبْشًا ه — fouiller; gratter; ramasser; recueillir

~ لِعِياله — subvenir aux besoins de sa famille

**5643 هَبَطَ** ـُ هُبوطًا، هَبْطًا — s'abaisser; baisser; s'abattre; s'affaisser; s'amoindrir; décliner; décroître; dégringoler [*fam.*]; descendre; dévaler; diminuer; s'écrouler; s'effondrer; fléchir; régresser; se tasser; tomber; atterrir; perdre de l'altitude/de la hauteur (avion); se poser; mettre pied à terre

~ بَلَدًا — se rendre/entrer (dans un pays)

~ مَكانًا — s'installer; se rendre qqp; faire escale à

~ت الأَسْعار — les cours/prix baissent/fléchissent/s'effondrent

~ت الهِضاب ناحيةَ البَحْر — les plateaux s'abaissent vers la mer

~ مِقْياس الضَغْط الجَوّيّ — le baromètre descend

~ سُلَّمًا، دَرَجات السُلَّم — descendre un escalier, les marches

~ تَدْريجيًّا — descendre/s'abaisser progressivement; aller decrescendo

~ بالمِظَلّة — sauter/descendre en parachute

~ على سَطْح سَفينة — se poser sur le pont d'un navire; apponter (avion)

~ ه . بِـ ه — jeter à bas; précipiter

**هَبْطة** — baisse; chute; décroissance; descente; diminution; dépression; régression; saut

~ ج هَبَطات — *géogr.* bas-fond; dépression; terrain encaissé

**هُبوط** — abaissement; affaissement; atterrissage; baisse; chute; déclin; décroissance; décrue; dégringolade [*fam.*]; descente; diminution; dépression; effondrement; fléchissement; récession; régression; tassement

~ النَشاط الاِقْتِصاديّ — récession économique

~ الضَغْط — baisse de pression; hypotension

~ الإِنْتاج — baisse/chute de la production

~ الأَعْضاء — descente/chute d'organe; ptôse

~ مَنْسوب المِياه — décrue des eaux

~ الأَسْعار — baisse/fléchissement/tassement des prix/des cours

~ اللَيْل — tombée de la nuit; chute du jour

عَجَلات، أَضْواء الـ~ — train, feux d'atterrissage

~ اِضْطِراريّ — atterrissage forcé

~ على سَطْح سَفينة — appontage

~ الحَرارة، دَرَجة الحَرارة — abaissement baisse de la température (extérieure)

~ الحُمَّى، دَرَجة الحُمَّى — abaissement baisse de la température (du corps)

**هابِط** — abaissé; baissé; bas; encaissé; descendant; effondré (mur, prix); tombant

المِياه الـ~ة — décrue

مِظَلَّة ~ة — parachute

هابِطة ج هَوابِط — stalactite

هَبُوط — en pente; incliné; déclivité; dénivellation

هَبِيط — amaigri; émacié

**مَهْبِط** ج مَهابِط — lieu d'origine; point de chute; piste (d'atterrissage); escale; étape; terrain d'aviation; *électr.* cathode

~ الإسْلام — berceau de l'Islam

~ الوَحْي — terre de la Révélation

~ النَهْر — aval

**مَهْبِطيّ** — cathodique

دالِف ~ — cathion

أَشِعَّة ~ة — rayons cathodiques

مِهْبَطة ج مَهابِط — parachute

IV **أَهْبَطَ** إهْباطًا — abaisser; baisser/descendre *tr.*; jeter à bas; réduire

~ الأَسْعار — réduire faire baisser les prix

~ مِظَلِّيِّين — larguer des parachutistes

5644 **هَبِلَ** َ هَبَلًا — perdre la raison; devenir fou/stupide; perdre son enfant (mère)

هَبَل — folie; stupidité

هَبّال — *zool.* ouistiti

هابِل، هَبول — qui a perdu ses fils (mère)

أَهْبَل م هَبْلاء ج هُبْل — cinglé [*pop.*]; idiot; sot; imbécile; stupide

مَهْبول، هَبِيل — fou; maboul/piqué [*pop.*]

**مَهْبِل** ج مَهابِل — *anat.* vagin

غِشاء الـ~ — hymen [*anat.*]

اِلْتِهاب الـ~ — vaginite

مَهْبِليّ — vaginal

II هَبَّلَ تَهْبيلًا ه — accabler qqn; rendre fou; faire perdre la raison

VIII **اِهْتَبَلَ** اِهْتِبالًا ه — intriguer; dresser des embûches; tramer (un complot)

~ الفُرْصة — guetter le moment favorable; saisir au vol

اِهْتَبِلْ هَبَلَك — mêlez-vous de vos affaires; occupez-vous de ce qui vous regarde

5645 **هِبْلَع** — lévrier; sloughi

5646 **هَبْهاب** — vibration de l'air; mirage

5647 **هَبا** ُ هُبُوًّا، هَبْوًا — voltiger (poussière)

**هَبْوة** ج هَبَوات — poussière fine; embruns

~ حَلِيق — flocon (laine, coton)

**هَباء** ج أَهْباء — poussière (vue dans le soleil)

~ مِن النَاس — gens bornés stupides

ذَهَبَ **هَباءً** مَنْثورًا — partir en fumée; se perdre dans les sables

هَباءة — grain de poussière; fine particule

5648 **هَتَّ** ُ هَتًّا — être loquace volubile

~ ثَوْبًا — déchirer; mettre en lambeaux

~ على ه — menacer qqn

هَتًّا بَتًّا — en morceaux; en pièces

5649 **هَتَرَ** ِ هَتْرًا ه — déchirer qqn [*fig.*]

~ عِرْضَ ه — s'attaquer/nuire à la réputation de; jeter le discrédit sur

**هُتْر** ج أَهْتار — délire; démence; balourdise; sottise; mensonges; futilités; frivolités

~ السِكِّير — delirium tremens

III هاتَرَ مُهاتَرة ه — attaquer qqn; s'attaquer à; accuser; calomnier; insulter; injurier

**مُهاتَرة** ج ات — accusation; attaque; calomnie; injure; insulte

~ حِزْبِيّة — attaque partisane

IV أَهْتَرَ إهْتارًا — battre la campagne [*fig., fam.*]; délirer; devenir gaga [*fam.*]; radoter

VI تَهاتَرَ تَهاتُرًا — se contredire; se démentir

X اِسْتَهْتَرَ اِسْتِهْتَارًا بِـ ه — bafouer; dédaigner; mépriser; agir avec cynisme/impudence; se dévergonder; être … *v. à l'adj.*

أُسْتُهْتِرَ — se complaire dans les frivolités/les futilités

~ بِهَوَاهُ — être la proie de sa passion; s'abandonner/être tout entier à sa passion

اِسْتِهْتَار — dévergondage; cynisme; impudence; insouciance; négligence; irresponsabilité; nonchalance

مُسْتَهْتِر — cynique; impudent; frivole; insouciant; dévergondé; nonchalant

اِمْرَأَة ~ ة — femme galante/légère

5650 هَتَفَ هَتْفًا — roucouler (pigeon)

~ ـِ هُتَافًا — s'écrier; hausser la voix; s'exclamer; se récrier; proclamer bien haut

~ بِـه — appeler qqn

~ بِه هاتِف — entendre des voix [*fig.*]

~ بِشَتَائِم — lancer des injures

~ بِأَعْلَى صَوْتِه — crier de toutes ses forces

~ لِـ. بِـه — acclamer; applaudir; ovationner

~ بِحَيَاة ه — crier: Vive Un tel!

يُهْتَفُ بِـه — être un objet d'admiration; être acclamé/applaudi; forcer l'admiration

هُتَاف ج ات — acclamation; applaudissement; exclamation; hourra; vivat

~ قَوْمِيّ — slogan nationaliste

رَدَّدَ هُتَافات — reprendre en chœur des slogans

قَذَفَ بِـ ~ — lancer/pousser des cris/des hourras/des vivats

عاصِفَة من الـ ~ — tempête/tonnerre d'applaudissements

هُتَافِيّ — exclamatif

هاتِف ج هَوَاتِف — voix (que l'on entend sans voir qui parle); téléphone

سَمِعَ بِـ ~ — entendre une voix

~ القَلْب — cri/voix du cœur

دَقَّة، رَنَّة ~ — sonnerie du téléphone

تَكَلَّمَ بالـ ~ — téléphoner; donner un coup de téléphone

عامِل، مَأْمور الـ ~ — employé du téléphone; téléphoniste

~ داخِلِيّ — Interphone

دَلِيل الـ ~ — annuaire du téléphone; Bottin

هاتِفِيّ — téléphonique

مَقْسِم. نِداء ~ — standard, appel téléphonique

مُخابَرة، مُكالَمة ~ ة — conversation, communication téléphonique; coup de téléphone

5651 هَتَكَ ـِ هَتْكًا ه — déchirer (un voile); dévoiler; divulguer; révéler

~ سِتْرَه — *même sens*

~ عِرْض ه — diffamer; flétrir; attaquer l'honneur de; outrager

~ عِرْض فَتاة — déflorer/déshonorer/violer une jeune fille

~ عِرْض اِمْرَأة — abuser d'une femme

هَتْك حُرْمَة ه — attentat à la pudeur; violences

~ عِرْض ه — diffamation; outrage; attaques

هاتِك — diffamant; outrageant; violateur

هَتِيكَة ج هَتائِك — diffamation; outrage; scandale; viol

V تَهَتَّكَ تَهَتُّكًا — se débaucher; se dévergonder; faire la bringue [*pop.*]/la fête; se perdre [*fig.*]; vivre dans les excès/la débauche/le dévergondage; mener une vie dissolue

تَهَتُّك — bringue [*pop.*]; crapulerie; débauche; dévergondage; excès *n.m.pl.*; immoralité; libertinage

مُتَهَتِّك — crapuleux; débauché; dépravé; dévergondé; dissolu; libertin

مُتَهَتِّكَة — femme galante

VII اِنْهَتَكَ اِنْهِتاكًا عِرْضُهُ — être déshonoré

اِنْهِتاك لِحُرْمَة ه — déshonneur; attentat à la pudeur; derniers outrages

5652 هَتْمِيَّة — *zool.* anodonte

هَتَامَة — *méd.* anodontie

هُتَامَة — fragment; morceau; *phys.* particule

أَهْتَم م هَتْماء م هُتْم — qui a les dents de devant brisées

5653 هَتْن — pluie continuelle/torrentielle

سَحابَة هَتُون — nuage de pluie; averse

5654 هَجَّ ـُ هَجِيجًا — être enfoncé dans son orbite (œil)

~ت النار — brûler; être enflammé/en flammes

~ ـُ هَجًّا، هجيجًا ه — démolir (une maison)

هَجيج النار — brasier; feu; flammes

هَجاجة — poussière qui recouvre tout

X اِسْتَهَجَّ اِسْتِهْجاجًا — n'en faire qu'à sa tête

~ ه، ه — activer; presser; stimuler

**5655 هَجَدَ** ـُ هُجودًا — veiller/se réveiller la nuit

هَجود — qui veille/se réveille la nuit pour dire ses prières

V تَهَجَّدَ تَهَجُّدًا ← هَجَدَ

**5656 هَجَرَ** ـُ هَجْرًا، هِجْرانًا ه، ه — abandonner; délaisser; déserter; émigrer; quitter (un pays); s'éloigner; s'expatrier; fuir; renoncer à; faire sécession/bande à part; se séparer de

~ أَهْلَه، أَصْدِقاءه — rompre/cesser toute relation avec sa famille, ses amis

~ ـُ هُجْرًا — être en plein délire; délirer; battre la campagne [*fam.*]; dire des obscénités

**هُجْر** — indécence/inconvenance (des propos); langage indécent/inconvenant; obscénité

~ ج هَواجِر — *même sens*

**هَجْر** — abandon; cessation (des relations); désertion; émigration; expatriation; éloignement; départ

~ مَنْزِل الزَوْجيّة — abandon du domicile conjugal

كَمُسْتَبْضِع تَمْرًا إلى **هَجَر** — *prov.* apporter de l'eau à la rivière

**هِجْرة** — émigration; exil; exode; hégire; rupture; immigration; migration; séparation

~ داخِليّة، إقْليميّة — immigration interne, régionale

~ الطُيور، الشُعوب — migration des oiseaux, des peuples

~ النَبيّ مُحَمَّد — la fuite/l'exil du prophète Mohammed; l'Hégire

دار الـ~ — Médine

قُيود على الـ~ — restrictions à l'immigration

**هِجْريّ** — de l'hégire; hégirien; migratoire

القَرْن الثامِن الـ~ — le huitième siècle de l'hégire

حَرَكات ~ة — mouvements migratoires

**هاجِرة** ج ات — midi; milieu de la journée; méridien

~ ج هَواجِر — langage indécent; propos inconvenants; paroles grossières obscènes; injures

الـ~ الأَصْليّة — méridien origine; premier méridien

**هاجِريّ** — méridien *adj.*; méridional

اِرْتِفاع ~ — hauteur méridienne

**مَهْجور** — abandonné; déserté; écarté; éloigné; inhabité; relégué

كَلِمة ~ة — mot archaïque tombé en désuétude vieilli

**مَهْجَر** ج مَهاجِر — lieu d'émigration

شُعَراء الـ~ — poètes de l'émigration/émigrés (aux U.S.A.)

II هَجَّرَ تَهْجيرًا ه — chasser; éloigner; expulser; exiler; pousser qqn à l'exil; repousser

تَهْجير — expulsion

III هاجَرَ مُهاجَرة — s'expatrier; émigrer; s'exiler; immigrer

مُهاجَرة — émigration; immigration; exil; exode; expatriation; migration

**مُهاجِر** ج ون — colon; émigré; exilé; expatrié; immigré; migrant

يَد عامِلة ~ة — main-d'œuvre migrante

المُهاجِرون — colonie d'immigrés/de réfugiés/d'exilés; *isl.* Mekkois émigrés à Médine à la suite du Prophète

**5657 هِجْرِس** ج هَجارِس — guenon

**5658 هِجْرَع** ج هَجارِع — grand; maigre; sot; stupide; *zool.* lévrier; sloughi

**5659 هَجَسَ** ـِ هَجْسًا — surgir/venir à l'esprit; naître (dans la pensée)

هُجاس سَوْداوي — hypocondrie

**هاجِس** — lancinant (idée)

~ ج هَواجِس — cauchemar; hantise; obsession; psychose; pressentiment funeste

**هَواجِس** — appréhensions; idées fixes/lancinantes; tracas

كان ضَحيّة الـ~ — être victime d'obsessions; avoir des idées fixes

~ الضَمير، المَوْت — remords de conscience; idées funèbres

هاجِسيّ — obsessionnel

V تَهَجَّسَ تَهَجُّسًا بـ — avoir des appréhensions/des pressentiments

5660 هَجَعَ ـَ هُجوعًا dormir; s'endormir; faire un somme; sommeiller; être calme/silencieux

~ تَحْتَ الرَماد couver sous la cendre (feu)

هُجوع accalmie; assoupissement; calme *n.m.*; rémission

هَجْعة premier sommeil; sommeil de la première partie de la nuit

مَهْجَع chambrée [*mil.*]; dortoir

5661 هَجَلَ ـُ هَجْلًا jouer de la prunelle (femme); faire de l'œil

5662 هَجَمَ ـُ هُجومًا علىٰ ه. ه agresser; attaquer; charger (l'ennemi); faire irruption dans; fondre/se jeter/se ruer sur; donner l'assaut à; lancer une attaque/une offensive contre; arriver/survenir inopinément (hiver)

هَجْمة ج هَجَمات assaut; charge; coup de main [*mil.*]; incursion; arrivée/offensive (de l'hiver); irruption; poussée (de l'ennemi); ruée; sortie [*mil.*]

الـ~ على الذَهَب ruée vers l'or

هُجوم agression; assaut; attaque; charge [*mil.*]; offensive; polémique; poussée; raid; ruée; rush

~ جَوِيّ assaut/attaque/raid aérien(ne)

الـ~ إلى الشَواطِئ rush vers les plages

~ جُيوش العَدُوّ poussée/offensive des armées ennemies

قامَ بِـ~ عَنيف على s'engager dans une violente polémique contre

إِسْتَعَدَّ ~ préparer une offensive

شَنَّ ~ lancer une attaque

خَطّ الـ~ ligne des avants [*sport.*]; attaque [*sport.*]

لاعِب الـ~ avant [*sport.*]

~ جانِبِيّ، جَبْهِيّ attaque sur les flancs, frontale

~ مُضادّ contre-attaque; contre-offensive

~ مُعاكِس *même sens*

شَنَّ هُجومًا مُضادًا contre-attaquer; lancer une contre-offensive

هُجوميّ agressif; offensif

أَسْلِحة ~ة armes offensives

تَحالُف ~ alliance/pacte offensif(ive)

III هاجَمَ مُهاجَمة ه، ه aborder/aller à l'abordage (d'un navire); agresser; assaillir; donner l'assaut à; attaquer; s'attaquer à; s'élever contre; se jeter sur; lancer une attaque/une offensive; prendre l'offensive; prendre à partie; s'en prendre à; tomber sur qqn; faire une sortie contre

مُهاجَمة abordage; assaut; attaque; offensive; sortie

~ بُوليسيّة rafle policière

مُهاجِم ج ون agresseur; assaillant; attaquant

V تَهَجَّمَ تَهَجُّمًا على s'attaquer violemment à; prendre à partie; avoir une algarade avec

تَهَجُّم algarade; attaque

طَبْع تَهَجُّميّ caractère agressif

5663 هِجان méhari; chameau blanc; *v. aussi 5664*

هَجّان ج هَجّانة méhariste

الهَجّانة *égypt.* police montée (sur chameaux)

هَجينة ج هَجائِن course de chameaux

5664 هُجْنة incorrection (de langage); défaut/vice (de prononciation); locution fautive/vicieuse; *v. aussi 5663*

هَجين ج هُجُن، هُجَناء métis *adj.*, *n.*; hybride

II هَجَّنَ تَهْجينًا ه croiser; hybrider; métisser

تَهْجين croisement (de races); hybridation; métissage

X إِسْتَهْجَنَ إِسْتِهْجانًا ه condamner [*fig.*]; désapprouver; flétrir (une action); réprouver; trouver mauvais (acte)

إِسْتِهْجان condamnation (morale); réprobation; désapprobation

مُسْتَهْجَن de mauvais aloi; laid (au moral); condamnable; mauvais (acte)

عادة ~ة marotte [*fam.*]; tic

5665 هَجا ـُ هَجْوًا، هِجاء brocarder qqn; dénigrer; tourner en dérision; se moquer de; railler; lancer des piques à [*fam.*]; satiriser; faire la satire de

هِجاء، هَجْو dénigrement; moquerie; pamphlet; raillerie; satire

حُروف الـ~ lettres de l'alphabet; alphabet

هِجائيّ، هَجْويّ diffamatoire; satirique; alphabétique

الحُروف الـ~ة ← هِجاء

هاجٍ — moqueur; railleur; satirique

**هَجّاء** — libelliste; pamphlétaire; satirique

طَبْع ~ — causticité; nature caustique

**أُهْجُوّة، أُهْجِيّة** ج أَهاجِيّ — libelle [*litt.*]; satire; pamphlet; poème satirique

II هَجَّى تَهْجِيَة ه — épeler (mot)

**تَهْجِيَة** — épellation

V تَهَجَّى تَهَجِّيًا ← II

**5666 هَدَّ** ُ هَدًّا، هُدودًا ه — abattre; briser; casser; enfoncer (mur); démolir; ébouler *tr.*; faire s'ébouler/s'écrouler; ruiner qqch

~ه — *fig.* accabler; réduire à l'impuissance

~ ـِ هَديدًا — crouler s'ébouler s'écrouler (mur)

**هَدّ**، هَدَّة — démolition; destruction; écroulement; fracas; grosse voix

**مَهْدود** — abattu; brisé [*pr.* et *fig.*]; défoncé; démoli

~ ج ون — débile faible pusillanime (homme)

~ القُوَى — épuisé [*fig.*]; sans forces

II **هَدَّدَ** تَهْديدًا ه، ه — intimider; épouvanter; menacer; mettre en péril; montrer le poing à qqn

~ه بِالتَّشْهير — faire chanter qqn [*fig.*]

~ سَلامة ه، ه — mettre en péril menacer la sécurité

~ه بِالاِسْتِقالة — menacer de donner sa démission

**تَهْديد** ج ات — intimidation; menace

اِبْتِزاز المال بِالـ~ — chantage

~ بِالتَّشْهير — *même sens*

تَكَلَّمَ بِلَهْجة ~ — prendre un ton menaçant

**تَهْديديّ**؛ قَرار ~ — comminatoire; arrêt comminatoire

**مُهَدِّد** — intimidant; menaçant

~ بِالتَّشْهير — maître chanteur

تَصَرُّفات ~ة — comportement menaçant

كَلِمات ~ة — paroles intimidantes

V **تَهَدَّدَ** تَهَدُّدًا ه ← II

~ بِقَبْضة يَدِه — menacer qqn du poing

VIII اِنْهَدَّ اِنْهِدادًا ← هَدَّ

**5667 هَدَأَ** َ هَدْأً، هُدُوءًا — s'apaiser; s'assoupir; s'adoucir; se calmer; se radoucir; se tranquilliser; tomber s'arrêter de souffler (vent); être ... *v. à l'adj.*

~ غَضَبُه، رَوْعُه — s'apaiser/se calmer (colère, émotion)

اِهْدَأْ — *impér.* arrête! assez! cesse!

هَدْأة — accalmie; période de calme

**هُدوء** — calme; paix; placidité; quiétude; repos; sérénité; tranquillité

~ البال، الروح — sérénité tranquillité d'esprit

فَقَدَ ~ه — perdre contenance son calme

حافَظَ على ~ه (هُدوئِه) — conserver/garder son calme

فَتْرة ~ — période d'accalmie

بـ، في ~ — calmement; paisiblement; posément; tranquillement; en douce

~ مُطْلَق — calme plat [*mar.*]

**هادِئ** — calme *adj.*; pacifique; placide; posé (voix, caractère); paisible; serein; tranquille

~ القَلْب، البال — confiant; détendu

~ الأَعْصاب — impassible; imperturbable

المُحيط الـ~ — océan Pacifique

نامَ نَوْمًا **هادِئًا** — avoir un sommeil paisible calme; dormir paisiblement

عاشَ عَيْشًا ~ — mener une existence paisible sereine

**أَهْدَأ** م هَدْآء ج هُدْء — qui a une épaule plus haute que l'autre

II **هَدَّأَ** تَهْدِئة ه، ه — apaiser; calmer; adoucir; lénifier; modérer; pacifier; tranquilliser; radoucir

~ حَماسَه — calmer/modérer réfréner son enthousiasme

~ غَضَبَه — réprimer retenir sa colère

~ نَزْوَته — contenir sa fougue/son ardeur

~ جُوعه — calmer/apaiser satisfaire sa faim

~ رُوعَه، خاطِرَه — rassurer/tranquilliser qqn

~ الخَواطِر، القُلوب — calmer/pacifier les esprits, les cœurs

هَدِّئْ رُوعَكَ — calme-toi! du calme! sois calme!

تَهْدِئة ج ات — apaisement; modération; radoucissement; pacification

**مُهَدِّئ** apaisant; calmant; lénifiant; lénitif; modérateur; palliatif *adj.*; tranquillisant

~ ج ات calmant *n.m.*; sédatif *n.m.*; tranquillisant *n.m.*; neuroleptique *n.m.*

مُهَدِّئًا الخَواطِر pour calmer les esprits

IV أَهْدَأَ إِهْداءً ه، ه ← II

**5668** **هَدَب** ج أَهْداب *bot.* aiguille

~ الشَجَرة port d'un arbre

هَدَبة *ins.* cloporte

هُدْب ج أَهْداب *coll.* bords; franges; pans; rebords; *anat.* cils

**أَهْداب مِعْطَف** pans d'un manteau

~ نَسيج franges d'un tissu

~ اِهْتِزازيّة cils vibratiles

أَخَذَ بِـ~ ه s'accrocher/s'appliquer/veiller à; s'engager dans

تَمَسَّكَ بِـ~ ه être tout dévoué à/à la dévotion de/sous la coupe de; obéir au doigt et à l'œil

تَعَلَّقَ، تَمَسَّكَ بِـ~ ه s'accrocher/se cramponner/être accroché/cramponné à

تَعَلَّقَ بِـ~ الأَمَل s'accrocher à l'espoir

هُدْبة *n.un.* cil [*anat.*]

هُدْبيّ cilié (feuille); ciliaire; frangé

هَدْبِيّات ciliés *n.m.pl.*

هِداب، هُدّاب franges; palmes (d'un palmier)

أَهْدَب م هَدْباء ج هُدْب cilié; qui a de longs cils/de longues branches/une longue barbe

II هَدَّبَ تَهْديبًا ه franger; faire des franges

IV أَهْدَبَ إِهْدابًا avoir de longs cils (personne); être très touffu (arbre)

**5669** **هَدَجَ** ـِ هَدْجًا، هَدَجانًا marcher d'un pas tremblant/cassé/hésitant (vieillard)

هُداج démarche hésitante; pas cassés

V تَهَدَّجَ تَهَدُّجًا chevroter; hésiter/trembler (voix)

تَهَدُّج chevrotement; hésitation/tremblement de la voix

مُتَهَدِّج chevrotant; hésitant/tremblotant/tremblant (voix)

هَوْدَج ج هَوادِج *v. ordre alphab.*

**5670** **هَدَرَ** ـِ هَدْرًا être inutile/vain; gaspiller; faire qqch/agir en pure perte; *v. aussi 5671*

هَدْر futilité; inutilité; gaspillage; vanité (de qqch); verbiage

**هَدْرًا** en vain; futilement; inutilement; impunément; en pure perte; vainement

ذَهَبَ دَمُه ~ s'être sacrifié inutilement

IV **أَهْدَرَ** إِهْدارًا ه، ه humilier; faire peu de cas/bon marché/litière [*litt.*] de; mépriser

~ الدَم faire bon marché des vies humaines

~ كَرامة الإِنْسان faire peu de cas de la dignité humaine

~ كَرامَته s'abaisser; s'humilier

**5671** **هَدَرَ** ـِ هَديرًا bourdonner; gronder (animal, moteur); pousser son cri (animal); blatérer (chameau); mugir; rugir; ronfler/vrombir (moteur); tonner; *v. aussi 5670*

~ الحَمام roucouler (pigeon)

~ت الآلات les machines se mirent à gronder

هَدير bourdonnement; grondement (du tonnerre); mugissement; roucoulement; ronflement (de moteur); rugissement; vrombissement

هادِر grondant; bourdonnant; mugissant; ronflant; rugissant; vrombissant

**5672** **هَدْرَجَ** هَدْرَجة hydrogéner; hydrogénation

مُهَدْرَج hydrogéné

هِيدْروجين، هِيدروجينيّ hydrogène; hydrogéné

قُنْبُلة هِيدروجينيّة bombe H/thermonucléaire

**5673** **هَدَفَ** ـِ هَدَفًا إلى ه avoir/se donner pour but/pour objectif; viser; viser à

**هَدَف** ج أَهْداف but; cible; dessein; fin; objectif; objet; point de mire; visée

بِلا ~ au hasard; sans but

الـ~ مِن ه هو أن l'objectif/le but est de

أَصابَ الـ~ atteindre le but/la cible; faire mouche

أَصابَ الـ~ مُباشَرةً frapper de plein fouet

أَخْطَأَ الـ~ manquer le but/la cible; rater son coup

رَمَى إلى الـ ~ — tirer/viser au but

الـ ~ المَنْشود — but/cible/visé(e)

~ الزِيارة، الأبْحاث — objet de la visite, des recherches

~ التَعادُل — *sport.* but égalisateur/d'égalisation

أحرزَ، ألْغى **هَدَفًا** — *sport.* marquer, annuler un but

كانَ ~ لِلسُّخْرِيَّة — être en butte à la moquerie

جَعَلَ ه، ه ~ له — prendre pour cible

**أهْداف** عَسْكَرِيَّة — objectifs militaires

~ بَعيدة، سِياسيَّة — visées lointaines, politiques

حَقَّقَ ~ًا — réaliser des desseins; atteindre des objectifs

**هِدْفة** — pâté de maisons

X **اِسْتَهْدَفَ** اِسْتِهْدافًا — être en vue/en point de mire

~ ه — aspirer à; avoir/se donner/se fixer/prendre un but/un objectif; se proposer de

مَنْ صَنَّفَ فَقَدْ ~ — *prov.* quiconque écrit s'offre à la critique

~ لِ — être en butte à; être une cible pour

~ لِلخَطَر — s'exposer à/courir un danger; être en danger

**مُسْتَهْدَف** — exposé; en butte (à); objectif visé

~ الخَطَر — en danger

**5674 هَدَلَ** ـِ هَدِيلاً — roucouler (pigeon); gazouiller (bébé)

**هَدِيل** — roucoulade; roucoulement; gazouillis

**هَدال** — *bot.* gui

V **تَهَدَّلَ** تَهَدُّلاً — flotter/tomber (cheveux, vêtement); pendre *intr.*

**مُتَهَدِّل** — flottant/pendant/tombant (cheveux, vêtement)

**5675 هَدَمَ** ـِ هَدْمًا ه — abattre (mur); défoncer; démanteler; démolir; détruire; ébouler *tr.*; écrouler *tr.*; faire s'ébouler/s'écrouler; enfoncer (un mur); jeter à bas; renverser; ruiner; saper; souffler (une construction)

~ مُفاوَضات — faire capoter/compromettre des négociations

~ حائِطًا، مَذْهَبًا — démolir/saper un mur, une doctrine

~ صِحَّتَه — ruiner sa santé

**هُدِمَ** — avoir le mal de mer/le vertige

**لا يُهْدَم** — indestructible

**هَدْم** — démantèlement; démolition; destruction; sape; sapement; subversion

عَمَلِيَّة ~ السُّلْطة — entreprise de subversion

**هِدْم** ج أهْدام — guenille; loque; *fig.* vieillard décrépit

**هُدام** — mal de mer; vertige

**هادِم** — corrosif [*fig.*]; démolisseur; destructeur; destructif; néfaste; nocif; pernicieux; subversif

**هَدّام** ج ون — *même sens*

II **هَدَّمَ** تَهْدِيمًا ه — chercher à détruire; détruire; démolir de fond en comble

**تَهْدِيم** ← هَدْم

**مُهَدَّم** — abattu; détruit; démoli; ivre mort

V **تَهَدَّمَ** تَهَدُّمًا — crouler *intr.*; s'ébouler; tomber en ruine; s'écrouler; se démolir; se détruire; s'effondrer; se délabrer; être délabré/démoli/détruit/démantelé

**تَهَدُّم** — délabrement; démantèlement; éboulement; écroulement; effondrement

**مُتَهَدِّم** — croulant; délabré; démantelé; démoli; détruit; éboulé; effondré; en ruine

VII **اِنْهَدَمَ** اِنْهِدامًا ← V

**5676 هَدَنَ** ـِ هُدُونًا — faire relâche; avoir du répit; se calmer; se radoucir

**هُدْنة**، هِدانة — armistice; répit; relâche; repos; suspension d'armes; trêve

طَلَبَ ~ — demander une trêve/un armistice

**هُدون** — calme; repos; tranquillité

II **هَدَّنَ** تَهْدِينًا ه — apaiser; calmer; tranquilliser

III **هادَنَ** مُهادَنة ه — conclure un armistice/une trêve avec

**مُهادَنة** — conclusion d'un armistice/d'une trêve

**5677 هَدْهَدَ** هَدْهَدة — roucouler (pigeon)

~ طِفْلاً — bercer un enfant

**هَدْهَدة** — bercement; chuchotement; roucoulement

**هُدْهُد** ج هَداهِد — *ois.* huppe

**مُهَدْهِد** — berçant; berceur

II **تَهَدْهَدَ** تَهَدْهُدًا — se bercer

**5678** **هَدَى** ـِ هِداية، هُدًى ه — conduire qqn; diriger; indiquer le bon chemin; guider; mener; mettre sur la bonne voie; *relig.* faire du prosélytisme; convertir

~ه إلى الطَريق المُسْتَقيم — mettre qqn dans le droit chemin

~ه في أَبْحاثه — guider qqn dans ses recherches

~ ـِ هِداءً ه إلى ه — accompagner/conduire (la nouvelle mariée au domicile de son mari)

**هَدْي** — coutume; habitude; façon; manière; usage

سارَ على ~ه — suivre l'exemple de; agir à la manière de

هِدْيَة ← هَدْي

**هِداية** — conduite [*class.*]; direction morale

~ المُلْحِدين — conversion des infidèles

**هُدًى** — direction (bonne); voie droite; *isl.* orthodoxie; islam

على ~ — dans la bonne voie; sur le bon chemin

على غَيْر ~ — à l'aventure; à l'aveuglette; en aveugle; au hasard; à la dérive; sans but

**هَدِيّة** ج هَدايا — cadeau; don; offrande; présent; hommage

~ رَأْس العام. السَنة — étrennes; gratification

هَدايا — générosités; libéralités

هادٍ ج ون، هُداة — guide; conducteur; leader

هادِية ج هَوادٍ — cou; tête [*pr.* et *fig.*]

**مَهْدِيّ** — conduit; guidé

الـ~ المُنْتَظَر — *isl.* Mahdi

مَهْداويّ — mahdiste

III هادَى مُهاداة ه — échanger des cadeaux

IV **أَهْدَى** إهْداءً ه إلى ه ← هَدَى

~ ه إلى، لِـ ه — donner; offrir; faire un don/un cadeau

~ كِتابًا — faire hommage d'un/dédicacer/dédier un livre

~ تَحِيَّته — adresser/transmettre ses salutations à

إهْداء — dédicace; hommage (de l'auteur)

V تَهَدَّى تَهَدِّيًا ← VIII

VI **تَهادَى** تَهادِيًا — échanger (cadeaux); marcher d'un pas incertain/nonchalant; vaciller

~ التَحِيّات — échanger des salutations

~ بَيْن اِثْنَيْن — marcher en s'appuyant sur ses voisins

تَهادَوْا تَحابُّوا — *prov.* les petits cadeaux entretiennent l'amitié

**مُتَهادٍ** (مُتَهادِي) — vacillant; au pas incertain

اِتَّجَهَ مُتَهادِيًا إلى — se diriger d'un pas incertain vers

VIII **اِهْتَدَى** اِهْتِداءً إلى ه — atteindre (objectif); parvenir (au but)

~ لِـ ه — découvrir/trouver (solution, idée)

~ بِـ ه — prendre qqn pour guide; se convertir à; se guider sur

~ بِآراء، بِنَصائِح ه — suivre les avis, les conseils

~ بِهَدْي ه — prendre exemple sur; suivre l'exemple de

لَمْ **يَهْتَدِ** إلى شَيْء — ne savoir où donner de la tête

اِهْتِداء — conversion; direction morale

مُهْتَدٍ — converti

X **اِسْتَهْدَى** اِسْتِهْداءً ه — demander son chemin; consulter; chercher à y voir clair [*fig.*]; se guider à

~ عَقْلَه — consulter sa raison

**5679** **هَذا** م هَذِه ج هَؤُلاء — *gramm. dém. masc. de proximité*: celui-ci; ceci; ce/cet ...-ci; ça

~ كِتابي — c'est mon livre

~ صَحيح — c'est vrai

~ وَ، إلى أن، وَإنَّ — d'autre part; de plus; en outre; bien plus; qui plus est

~ إلى أنّي كُنْتُ — cela dit, j'étais

~ هُوَ — tel est; voici; voilà

وَ ~ ما فَعَلَهُ — c'est ce qu'il a fait

لا ~ ولا ذاكَ — ni l'un ni l'autre; ni ceci ni cela

هَذِيّة — *philos.* eccéité; ipséité

**5680** **هَذَبَ** ـِ هَذْبًا ه — élaguer; émonder; ajuster (deux pièces de bois)

II **هَذَّبَ** تَهْذيبًا ه — dégrossir; éduquer; façonner; former (une personne); ébarber

~ ه — adapter/arranger (œuvre); élaguer; émonder; expurger; polir (un caractère); policer/réformer (mœurs); retoucher (texte)

**تَهْذيب** adaptation; éducation; formation; réforme (des mœurs); retouche; galanterie; courtoisie; politesse; urbanité [*litt.*]

~ السُطوح *industr.* ébarbage

عَديم، قَليل الـ~ impoli; malappris; malotru; malpoli

**تَهْذيبيّ** éducatif; formateur

أَعْمال ~ة activités éducatives formatrices

**مُهَذِّب** ج ون éducateur; formateur; précepteur

**مُهَذَّب** bien élevé; comme il faut; courtois; galant; poli; policé; stylé; qui a de la tenue

غَيْر ~ discourtois; impoli; mal élevé; malappris

V تَهَذَّبَ تَهَذُّبًا se former; se façonner; s'éduquer

مُتَهَذِّب ← مُهَذَّب

**5681 هَذَرَ** ـِ هَذْرًا، تَهْذارًا délirer; déraisonner; divaguer; papoter; radoter

~ في كَلامه، قَوْله dire des balivernes/des fariboles [*fam.*]; battre la campagne [*fig., fam.*]

هَذْر babillage; baliverne; absurdité; divagation; délire; élucubration; faribole [*fam.*]; frivolités; papotage; potin [*fam.*]; radotage

هَذِر absurde; délirant; déraisonnable

مِهْذار bavard; radoteur; pipelet [*pop.*]; papoteur

**5682 هَذْرَمَ** être bavard/loquace/volubile

هَذْرَمَى femme criarde/tapageuse; pipelette [*pop.*]; furie; mégère

**5683 هُذْلوليّ** *math.* hyperbolique

خَطّ ~ *math.* hyperbole

**5684 هَذِهِ** ج هَؤُلاءِ *gramm. dém. fém. de proximité*: celle-ci; cette ...-ci

**5685 هَذَى** ـِ هَذْيًا، هَذَيانًا dire des absurdités; délirer; déraisonner; divaguer; radoter; avoir des hallucinations; battre la campagne [*fig., fam.*]; rêver

**هَذَيان** absurdité; délire; divagation; élucubration; folie; hallucination; manie; radotage

نَوْبة ~ crise de délire

**هَذَيانِيّ** délirant (idée)

ذُهان ~ *psychiatr.* paranoïa

ذُهانيّ ~ *psychiatr.* paranoïaque

هَذْي، هُذاء ← هَذَيان

هاذٍ délirant; halluciné; radoteur

**5686 هِرّ** ج هِرَرة chat; matou; mistigri [*fam.*]; *v. aussi 5687*

هِرّة ج هِرَر chatte

هِرّيّ félin *adj.*

هُرَيْر م هُرَيْرة chaton; petite chatte

هُرَيْرة ج ات *bot.* chaton

**5687 هَرَّ** ـِ هَريرًا grogner/gronder (chien); hurler (loup); *v. aussi 5686*

هَرير grognement; grondement; hurlement

هارّ grondant/hurlant (chien)

**5688 هَرَأَ** ـَ هَرْأً ه tenir des propos indécents/inconvenants; parler à tort et à travers; radoter

**هُراء** baliverne; calembredaine; fadaise; faribole [*fam.*]; galimatias; discours bavard/diffus/prolixe/inconvenant; radotage

رَجُل ~ bavard; criard; radoteur

V تَهَرَّأَ تَهَرُّؤًا être ... *v. à l'adj.*; être déchiré/lacéré (vêtement); être trop cuit (aliment)/trop mûr (fruit)

مُتَهَرِّئ claqué; épuisé; éreinté; surmené; pourri (fruit)

VIII اِهْتَرَأَ اِهْتِراءً ← V

**5689 هَرَبَ** ـُ هَرَبًا se dérober; déserter; échapper; s'échapper; s'esquiver; s'évader; s'enfuir; fuir; prendre la fuite/le large; se sauver

**هَرَب؛ هُروب** escapade; désertion; évasion; fuite; fugue

~ رُؤُوس الأَمْوال évasion/fuite des capitaux

هارِب ج ون déserteur; échappé; évadé; en fuite; fugitif; fuyard

هَرْبان ج ون *même sens*

**مَهْرَب** ج مَهارِب échappatoire; faux-semblant; recours; sortie [*fig.*]; refuge; subterfuge; asile; retraite

أَمَّنَ لِنَفْسِه ~ًا se ménager une porte de sortie

لا مَهْرَبَ مِنه inévitable

II هَرَّبَ تَهْرِيبًا ه، ه mettre en fuite; faire fuir; faire de la contrebande/du trafic; trafiquer de; expatrier (capitaux)

~ بِضَاعَة passer une marchandise en fraude/en contrebande

**تَهْرِيب** contrebande; fraude; trafic

~ الأَسْلِحَة. المُخَدِّرَات trafic/contrebande d'armes, de stupéfiants

بِطَرِيق الـ~ en fraude; en contrebande

تِجَارَة الـ~ commerce frauduleux

**مُهَرِّب** ج ون contrebandier; fraudeur; trafiquant

~ أَشْخَاص passeur d'hommes

**مُهَرَّب** passé en contrebande; marchandise de contrebande

المُهَرَّبَات contrebande; produits de contrebande

IV أَهْرَبَ إِهْرَابًا ه ← II

V **تَهَرَّبَ** تَهَرُّبًا ← هَرَبَ

~ مِن ه éluder; frauder; se soustraire à; tirer au flanc [*fam.*]

~ من الضَرِيبَة frauder le fisc

~ من مَسْؤُولِيَّاتِه fuir ses responsabilités

~ من مُنَاقَشَة éluder une discussion

~ من واجِبَاتِه se dérober à ses devoirs

**تَهَرُّب** dérobade; fuite; fraude

~ ضَرَائِبِيّ évasion fiscale

5690 **هُرْبُول** *zool.* orvet

5691 **هُرْبُون** *bot.* scutellaire

5692 **هَرَجَ** ـِ هَرْجًا être agité/excité/irrité; s'activer; s'agiter; tomber dans l'anarchie/le chaos/le désordre

~ في الكَلَام être verbeux

**هَرْج** agitation; chaos; confusion; désordre; excitation; tumulte; trouble

~ وَمَرْج remue-ménage; tohu-bohu

كان في ~ وَمَرْج être en grand émoi/dans tous ses états

II **هَرَّجَ** تَهْرِيجًا faire le clown/le pitre/le guignol

**تَهْرِيج** bouffonnerie; clownerie; pitrerie

تَهْرِيجَة parade (cirque)

تَهْرِيجِيّ bruyant (réunion); clownesque; débridé; effréné

**مُهَرِّج** ج ون baladin; bouffon; clown; fou *n.m.* [*fig.*]; guignol; loustic [*fam.*]; pitre; polichinelle; saltimbanque; turlupin [*class.*]

5693 **هَرَدَ** ـِ هَرْدًا ه، ه abîmer; déchirer; faire du mal

هُرْد *bot.* curcuma; *géol.* terre rouge

5694 **هَرَسَ** ـُ هَرْسًا ه battre; broyer; écraser; écrabouiller; fouler; piler; pilonner; pulvériser

هَرْس écrasement; broyage; foulage; pilage; pulvérisation

هَرَّاس *techn.* broyeur *n.m.*

مِهْرَس ج مَهَارِس fouloir

مِهْرَاس ج مَهَارِيس mortier; pilon

**هَرِيس**، مَهْرُوس broyé; écrasé; pilé; en purée; purée

~ طَمَاطِم coulis de tomate

~ فَوَاكِه marmelade de fruits

~ بَطَاطِس purée de pommes de terre

هَرِيسَة *tunis.* «*harissa*» (condiment très épicé); *égypt.* «*harissa*» (pâtisserie sucrée)

II هَرَّسَ تَهْرِيسًا ه briser; casser

VII اِنْهَرَسَ اِنْهِرَاسًا être brisé/broyé/écrasé

5695 **هَرِشَ** ـَ هَرَشًا être acariâtre; avoir mauvais caractère

هَرَشَ ـُ هَرْشًا se détériorer (temps); être difficile (époque)

هَرْش dépréciation; détérioration; usure

II هَرَّشَ تَهْرِيشًا ه، ه exciter (chiens); mettre aux prises

III هَارَشَ مُهَارَشَة، هِرَاشًا ه على ← II

هِرَاش bruit; querelle; vacarme

5696 **هَرْطَقَة** hérésie [*christ.*]

هُنَاكَ ~ ça sent le roussi [*fig.*, *fam.*]

هَرْطُوقِيّ ج هَرَاطِقَة hérétique [*christ.*]; hétérodoxe; mal pensant

5697 **هَرَعَ** ـَ هَرَعًا إلى s'empresser/se hâter vers

هَرَع؛ هُراع allure rapide; empressement; *méd.* hystérie

هَرَعِيّ hystérique *adj.*

هَيْرَع؛ هَيْرَعة nymphomane

**5698** **هَرَفَ** ـِ هَرْفًا بـ ه vanter avec excès; être excessif dans ses louanges

~ بِكَلِمات لاطائِلَ مِن وَرائِها prononcer des paroles creuses

لا **تَهْرِفْ** بِما لا تَعْرِف ne parlez pas de ce que vous ne connaissez pas

II هَرَّفَ تَهْرِيفًا إلى ه se hâter (de dire ses prières); être précoce (dattier)

تَهْرِيف précocité

**5699** **هَرْق** خَمْر libation

II هَرَّقَ تَهْرِيقًا ← IV

IV **أَهْرَقَ** إِهْراقًا ه faire couler; renverser; répandre; verser

~ الدِماء verser le sang; sacrifier des vies humaines

~ دُموعًا répandre verser des pleurs

**إِهْراق** libation

~ الدِماء sacrifice; effusion de sang; carnage

**مُهْرَق** répandu; versé (sang)

~ ج مَهارِق feuillet de papyrus; rouleau de parchemin

**5700** **هِرَقْل**؛ هِرَقْلِيّ Hercule; herculéen

هِرَقْلِيّة *bot.* berce

**5701** **هَرْكَلَ** هَرْكَلة avoir une démarche hautaine/fière

هِرْكُول *zool.* balénoptère; rorqual

هِرْكَوْلة belle et grande femme; femme dont les fesses vibrent quand elle marche

**5702** **هَرِمَ** ـَ هَرَمًا perdre ses forces; vieillir; être/devenir ... *v. à l'adj.*; *v. aussi 5703*

هَرَم décrépitude; grand âge; sénescence; sénilité; vieillesse

**هَرِم** ج ون، هَرْمَى âgé; caduc (vieillard) [*class.*]; cassé par l'âge; décati [*fam.*]; décrépit; très vieux; sénile; sénescent

شَيْخ ~ vieillard; vieil homme

البَغْل الـ ~ لا يُفْزِعُه صَوْتُ الجُلْجُل *prov.* ce n'est pas à un vieux singe qu'on apprend à faire la grimace (*m. à m.* la vieille mulle ne se laisse pas impressionner par le bruit des grelots)

هَرّامة hachoir

II هَرَّمَ تَهْرِيمًا hacher

**5703** **هَرَم** ج أَهْرام pyramide; *v. aussi 5702*

قِمّة، قاعِدة الـ ~ sommet, base de la pyramide

~ ناقِص، مَقْطوع pyramide tronquée; tronc de pyramide

~ الأَعْمار pyramide des âges

**هَرَمِيّ**؛ أَهْرامِيّ en forme de pyramide; pyramidal

قِمّة ~ ة pyramidion

**5704** **هِرْمِسِيّة** *philos.* hermétisme

**5705** **هُرْمون** ج ات hormone

~ الغُدّة الدَرَقِيّة thyroxine

~ الحَلِيب prolactine

مُعالَجة بِالهُرْمونات hormonothérapie

**هُرْمونِيّ** hormonal

اِضْطِرابات ~ ة troubles hormonaux

**5706** **هَرْنَطَ** *maghr.* braire

**5707** **هَرْنَنَ** marmotter; murmurer; grogner (chien)

**5708** **هَرْهَرَ** agiter/secouer les arbres (vent); gronder (torrent)

هَرْهَر؛ هَرْهار bruit (d'un torrent)

**5709** **هِراوة** ج هَراوَى bâton noueux; gourdin; massue; matraque; rondin; trique [*fam.*]

~ مَلِك sceptre

**5710** **هَرْوَلَ** trotter; trottiner; se hâter; marcher vite/bon train

هَرْوَلة pas de gymnastique; trot

**5711** **هُرْي** ج أَهْراء grange; grenier (à blé); silo

5712 هَزَّ ُ هَزًّا، بِـ ه، ه agiter; animer; bercer; ballotter; bouleverser; brandir; branler *tr.*; ébranler; émouvoir; exciter; fouetter [*fig.*]; lever; faire trembler; remuer; secouer; soulever; stimuler; faire vibrer

~ الأشْجار agiter/secouer les arbres

~ رَأْسه hocher/secouer la tête; branler le chef [*class.*]

~ كَتِفَيْه hausser/lever les épaules

~ ذَيْله lever/remuer la queue

~ أعْصاب ه porter/taper sur les nerfs; agacer; énerver; exaspérer

~ من عِطْفه donner de l'élan/du courage; stimuler

~ المَشاعِر émouvoir; remuer [*fig.*]

~ الجَماهير faire vibrer/transporter les foules

خِطاب يَهُزُّ المَشاعِر discours émouvant/vibrant

هَزّ agitation; bercement; ballottement; haussement; secouement

~ الخَرَسانة vibrage du béton

هَزَّة ج ات bouleversement; choc; commotion; convulsion; élan; émotion; impulsion; saccade; secousse; vibration

~ نَفْسيّة choc psychologique; saisissement

~ أرْضيّة secousse tellurique; tremblement de terre; séisme

هِزَّة bonne humeur; contentement; gaieté; vivacité

هَزيز grondement/roulement (tonnerre); sifflement (vent)

مَهَزَّة ج ات agitation; élan spontané/de sympathie (vers qqn); excitation

هَزّاز vibratile

هُدْب ~ cil vibratile

كُرْسيّ ~ rocking-chair; chaise/fauteuil à bascule

هَزّازة (الخَرَسانة) vibrateur (de béton)

مَهْزوز vibré (béton)

II هَزَّزَ تَهْزيزًا ه، ه balancer *tr.*; secouer

VIII اِهْتَزَّ اِهْتِزازًا s'agiter (branches); se balancer; ballotter *intr.*; branler *intr.*; cahoter; frémir; frétiller; frissonner; osciller; trembler; trembloter; trépider; tressaillir; vibrer

~ لِـ ه être profondément ému par; éprouver/ressentir une profonde émotion devant; s'enthousiasmer pour

~ت مَشاعِر المُسْتَمعين les auditeurs furent enthousiasmés

~ت القاعة من التَصْفيق la salle croula sous les applaudissements

اِهْتِزاز ج ات balancement; ballottement; branle; frémissement; frétillement; frissonnement; oscillation; trépidation; secousse; tressaillement; vibration; enthousiasme; émotion profonde

~ صَوْتيّ vibration acoustique/sonore

~ ضَوْئي vibration lumineuse/de la lumière

اِهْتِزازيّ؛ حَرَكة ~ة vibratoire; mouvement vibratoire

دَلّاكة. مُدَلِّك ~(ة) vibromasseur

أهْداب ~ة cils vibratiles

مُهْتَزّ cahotant; frémissant; frissonnant; saccadé; trépidant; vibrant

~ لِـ ému/enthousiasmé par

5713 هَزَأ َ هُزْءًا بِـ، مِن s'amuser de; se ficher [*fam.*]/se gausser de; se jouer de; ironiser sur; mettre en boîte [*fig.*]; se moquer de; narguer; faire la nique à; persifler; railler; ridiculiser; rire de/aux dépens de; se rire de; tourner en dérision

هَزِئَ َ هُزوءًا، مَهْزأة ← هَزَأ

هُزْء dérision; gouaille; moquerie; plaisanterie; persiflage; raillerie

تَعَرَّضَ لِـ~ ه s'exposer à la risée de

هُزْئيّ dérisoire; goguenard; ironique; moqueur; sarcastique (ton)

لَهْجة ~(ة) ton goguenard/gouailleur/ironique

هُزْأة homme ridicule; objet de risée; tête de Turc

صارَ ~ tomber dans le ridicule; devenir la risée du public; être le jouet de

جَعَلَ ه ~ tourner qqn en ridicule

هازِئ goguenard; gouailleur; ironique; moqueur; narquois; persifleur; railleur; ricaneur; sarcastique (personne)

شَخْص ~ personne ironique/moqueuse

مَهْزَأة ج مَهازِئ dérision; ironie; moquerie; persiflage; quolibet; sarcasme

X اِسْتَهْزَأ اِسْتِهْزاءً بِـ، مِن ه، ه ← هَزَأ

اِسْتِهْزائيّ dérisoire; ironique; sardonique; sarcastique

لَهْجة ~ة ton railleur/persifleur/sarcastique

مُسْتَهْزِئ ← هازِئ

5714 هَزِجَ - هَزَجًا chantonner; fredonner

هَزَج *prosod.* «hazağ»

هازِجة *ois.* rousserolle

~ الماء *ois.* phragmite; fauvette des marais

5715 هَزار rossignol

5716 هَزيع partie de la nuit

الـ~ الأخير dernière partie dernières heures de la nuit

5717 هَزِقَ بِالضَحِك ricaner; avoir un gros rire

هَزَق tonnerre; gros rire

5718 هَزَلَ - هُزْلًا badiner; plaisanter; rigoler [*fam.*]; *v. aussi 5719*

هَزْل badinage; humour; plaisanterie; plaisant *n.m.*

الجِدّ والـ~ le sérieux et le plaisant

إنَّ هذا لَـ~ c'est une rigolade [*fam.*]!

بَيْنَ الجِدّ والـ~ mi-figue, mi-raisin [*fam.*]; pince-sans-rire

هَزْلِيّ burlesque; caricatural; comique; drôle; badin facétieux (ton); humoristique

مُؤَلِّف ~ auteur comique

رواية، مَسْرَحِيَّة ~ة pièce comique; comédie

رَسْم، رَسّام ~ caricature; caricaturiste

مَأْساة ~ة tragi-comédie

مَأْسَوِيّ ~ tragi-comique

هازِل، هَزّال badin facétieux (personne); blagueur; bouffon; farceur

~ سَمِج mauvais plaisant; turlupin [*class.*]

مَهْزَلة ج مَهازِل comédie; farce

5719 هَزَلَ - هُزْلًا، هُزالًا être ... *v. à l'adj.*; maigrir; perdre du poids; amaigrir; rendre maigre; *v. aussi 5718*

هَزِلَ - هَزَلًا être ... *v. à l'adj.*

هُزال amaigrissement; maigreur

مَهْزول ج مَهازيل ← هَزيل

هَزيل ج هَزْلَى amaigri; chétif; décharné; maigre; efflanqué; émacié; frêle; malingre; maigrichon

~ الوَجه les traits tirés; le visage émacié

المَهازِل années stériles; vaches maigres [*fig.*]

5720 هَزَمَ - هَزْمًا ه battre qqn; enfoncer (l'ennemi); mettre en fuite en déroute; terrasser; vaincre

~ العَدُوّ défaire l'ennemi

~ ه شَرَّ هَزيمة écraser qqn [*fig.*]; battre qqn à plate couture [*fam.*]

لا يُهْزَمُ imbattable; invincible

هَزيم الرَعْد bruit fracas du tonnerre

هَزيمة ج هَزائِم déconfiture; défaite; déroute; dispersion; échec; fuite; revers

~ ماحِقة cuisante défaite

رُوح الـ~ défaitisme

اِعْتَرَفَ بِـ~ه s'avouer vaincu

مَهْزوم vaincu

VII اِنْهَزَمَ اِنْهِزامًا avoir le dessous; être vaincu mis en fuite en déroute; subir une défaite

اِنْهِزام défaite; déroute

اِنْهِزامِيّ، اِنْهِزامِيَّة défaitiste; défaitisme

مُنْهَزِم défait; vaincu; mis en fuite

5721 هَزْهَزَ agiter; balancer; bercer; brandir; cahoter; gigoter; secouer; avoir des soubresauts

هَزْهَزة cahot; bercement; convulsion; secouement; soubresaut

هَزْهاز brillant étincelant (lame)

II تَهَزْهَزَ s'agiter; branler *intr.*; osciller; se trémousser

~ إليه قَلْبُه bondir frémir d'impatience

تَهَزْهُز branle; oscillation; trémoussement

5722 هَسَّ - هَسيسًا chuchoter; marmotter; soliloquer; siffler

~ ه casser; briser en petits morceaux

هَسيس chuchotement; marmottement; soliloque; sifflement; brisé cassé en petits morceaux

5723 هِسْتيريا hystérie

هِسْتيرِيّ hystérique *adj.*, *n.*

**5724 هَسْهَسَ** gazouiller/murmurer (ruisseau); serpenter

هَسْهَسة gazouillis/murmure (d'un ruisseau)

**5725 هَشَّ** ـِ هُشوشة être ... *v. à l'adj.*; se ramollir (pain)

~ ـُ هَشاشًا. هَشاشة بِـ. لِـ ه sourire à qqn; faire bon accueil à; se montrer courtois/aimable envers

هَشاشة esquisse d'un sourire; gaieté; bonne humeur

هُشوشة؛ هُشوشيّة fragilité; friabilité

**هَشّ** agile; alerte; dispos; vif; aimable; avenant; de bonne humeur; courtois; bien disposé; épanoui; gai; ouvert [*fig.*]; réjoui; souriant

~ المَكْسِر cassant; fragile; frêle; friable; mou; tendre

خُبْزة ~ة pain tendre/facile à rompre

فَرَس ~ العِنان cheval qui a la bride relâchée

~ الوَجْه qui a une mine avenante/réjouie

أَنا بِهِ ~ بَشّ j'ai beaucoup de plaisir à le voir; je suis très heureux de le rencontrer

**هاشّ** enjoué; gai; prévenant; serviable

~ باشّ *même sens*

هَشاس؛ هَشيش ← هَشّ

II هَشَّشَ تَهْشيشًا ه revigorer; rendre qqn alerte/gai/vif

VIII **اِهْتَشَّ** اِهْتِشاشًا لِـ ه être bon/conciliant/serviable envers qqn

~ لِـ ه être de bonne humeur à cause de; se réjouir de

**5726 هَشَمَ** ـِ هَشْمًا ه briser; broyer; casser; écraser (paille, roseau)

**هَشيم** brisé; cassant; cassé; fragile; frêle; sec; herbes sèches; paille

كَما تَأْكُل النار الـ~ *prov.* être tout feu tout flamme; faire des ravages [*fig.*]

أَصْبَحَ ~ًا تَذْروه الرِياح *prov.* être dispersé aux quatre vents

هاشِمِيّ hachémite

II **هَشَّمَ** تَهْشيمًا écharper; mettre en pièces/en morceaux/en miettes/en pièces; massacrer

~ رَأْسَهُ se casser la tête

مُهَشَّم en marmelade [*fig.*]; en morceaux; en miettes

V تَهَشَّمَ تَهَشُّمًا ← VII

VII اِنْهَشَمَ اِنْهِشامًا être débile/faible/languissant; être brisé/cassé/en pièces

**5727 هَشْمة** ج ات chamois

**5728 هَصَّ** ـُ هَصًّا ه fouler aux pieds; serrer avec la main

هَصيص foulé aux pieds

**5729 هَصَرَ** ـِ هَصْرًا ه، بِـ ه courber/ployer (branche)

هَصْرة amulette; coquillage/verroterie magique

**5730 هَضَّ** ـُ هَضًّا briser; broyer; casser

~ المَشْيَ avoir une démarche gracieuse

VII اِنْهَضَّ اِنْهِضاضًا s'écraser; se briser

**5731 هَضْبة** ج ات averse; ondée

~ ج هِضاب *géogr.* plateau

**5732 هَضَمَ** ـِ هَضْمًا ه assimiler; digérer

~ طَعامًا assimiler/digérer des aliments

~ كُتُبًا، أَفْكارًا assimiler des lectures, des idées

~ ه. على ه traiter qqn injustement/brutalement; martyriser; opprimer

~ ه حَقَّه léser qqn dans son bon droit

**هَضْم** assimilation; digestion

خَميرة الـ~ diastase

مُساعِد. مُسَهِّل لِلْـ~ digestif *n.m.*

سُهولة الـ~ digestibilité

سَهْل الـ~ digérable; digeste; digestible

عُسْر الـ~ apepsie; dyspepsie; indigestion

عَسِر. عَسير ~ indigeste; difficile à digérer; lourd (aliment)

**هَضْمِيّ** digestif *adj.*

وَظائِف، عُصارة ~ة fonctions, suc digestif(ives)

قَناة، جِهاز ~(ة) tube, appareil digestif

هَضوم digeste *adj.*; digestible; digestif *n.m.*

هَضيم (← مَهْضوم) qui a le ventre plat (personne); efflanqué

هَضيمة ج هَضائِم agression; injustice; oppression

هَضّام digestif *n.m.*

هَضّامة ج ات phagocyte

مَهْضوم assimilé; digéré; phagocyté; lésé (droit); opprimé; martyrisé

VII اِنْهَضَمَ اِنْهِضامًا s'assimiler; se digérer; être assimilé digéré

اِنْهِضامِيّة digestibilité (d'un aliment)

5733 هَطَلَ ـِ هُطولًا pleuvoir à verse; tomber à torrents (pluie); répandre; verser

هُطول المَطَر chute (de pluie)

المَطَر لا يَخِفُّ ~ه la pluie ne faiblit pas

هاطِل؛ هَطِل qui tombe à grosses gouttes (pluie)

مَطَر ~ pluie battante

هَواطِل؛ ~ جَوِّيّة précipitations atmosphériques

VI تَهاطَلَ تَهاطُلًا pleuvoir à torrents à verse; se suivre marcher à la suite les uns des autres (hommes, animaux)

5734 هَفَّ ـِ هَفًّا، هَفيفًا souffler siffler (vent); être ... *v. à l'adj.*

هِفّ (← هَفّاف) léger; vide (épi)

هَفّاف agile; alerte; dégourdi; léger; rapide

~ القَميص *fig. même sens*

قَميص ~ chemise vaporeuse/en voile léger

مِهَفّة plumeau

II مُهَفْهَف élancé; mince; svelte

5735 هَفَتَ ـِ هُفاتًا voltiger dans l'air; s'affaisser; retomber (sur le sol); être incohérent (discours); parler de manière inconsidérée

VI تَهافَتَ تَهافُتًا s'affaisser; s'affaler; se délabrer; s'effondrer; s'écrouler; avoir une défaillance; tomber en ruine

~ على s'engouer pour; se précipiter; se ruer; se jeter à l'aveuglette/en désordre sur

~ت الأَحْداث se précipiter (événements)

~ الفَراش على الشُعْلة être attiré par une flamme (papillon)

تَهافُت affaissement; défaillance; délabrement; écroulement; effondrement; engouement; incohérence

~ الأَدِلّة effondrement ruine d'une argumentation

مُتَهافِت incohérent; sot; stupide; qui ne tient qu'à un fil [*pr.* et *fig.*]

5736 هَفْهاف délicat; diaphane; élancé; svelte; flottant (vêtement); léger; transparent; vaporeux

5737 هَفا ـُ هَفْوًا glisser; *fig.* avoir une défaillance; gaffer [*fam.*]; faire une gaffe [*fam.*] un lapsus; commettre un impair

~ في الهَواء voltiger dans l'air (poussière)

هَفْوة ج هَفَوات bévue; bourde [*fam.*]; faute; défaillance; énormité; erreur; gaffe [*fam.*]; incartade; impair [*fig.*]; peccadille; faux pas

لِكُلِّ عالِم ~ *prov.* tout le monde peut se tromper (*m. à m.* même un savant peut faire un lapsus)

~ قَلَم. لِسان «lapsus calami, linguae»

هَفَوات défaillances; errements

فاهَ بـ~ dire des énormités; faire des lapsus

5738 هِكْتار ج ات hectare

5739 هِكْتوغرام hectogramme

هِكْتولِتر hectolitre

هِكْتومِتر hectomètre

5740 هٰكَذا ainsi; c'est ainsi que; comme ceci cela; de la sorte; sic; voici comment; et ainsi de suite; comme ça

5741 هَكِرَ ـَ هَكَرًا laisser tomber la tête (en s'endormant)

5742 هَكَعَ ـَ هُكوعًا se coucher (bétail); se reposer; se mettre à l'ombre

هَيْكَل *v. ordre alphab.*

5743 هَكِم acerbe; caustique; méchant (personne)

V تَهَكَّمَ تَهَكُّمًا s'ébouler; s'écrouler

~ه. بـ. على ه s'amuser se moquer de; ironiser sur; persifler; railler; ridiculiser

تَهَكُّم ج ات dérision; gouaille; ironie (méchante); moquerie; persiflage; quolibet; raillerie; sarcasme

**تَهَكُّمِيّ** dérisoire; ironique; malin/persifleur/railleur/sarcastique/sardonique/narquois (ton, voix, sourire)

**مُتَهَكِّم** ironique/persifleur/moqueur/narquois/sarcastique (personne)

**5744 هَلْ** *interr. dir. ou ind.* est-ce que?

~ لَكَ فيه حاجة en avez-vous besoin?

~ لَكَ أن voulez-vous que?

تَساءَلَ ~ se demander si

ما عَلِمَ ~ ne savoir si

**هَلَّا** (هَلْ + لا) pourquoi non/pas?

~ جِئْتَ أَمْسِ que n'êtes-vous venu hier

~ تَسْكُتُ voulez-vous bien vous taire

**5745 هَلَّ** ـِ هَلًّا apparaître/se montrer à l'horizon (lune); commencer/débuter (mois, année, période)

**هَلّ** commencement/début (mois, année); délicat/fin/léger (tissu)

**هَلَّة** première pluie

~ القَمَر début de la lunaison

لا ~ ولا بَلَّة rien; pas une goutte/une miette

**هِلال** ج أَهِلَّة جج أَهالِيل croissant (de lune); nouvelle lune; *impr.* parenthèse

الـ~ الأَحْمَر Croissant-Rouge

~ مُزْدَوِج guillemet

**هِلاليّ** lunaire; luné

غُضْروف ~ ménisque [*anat.*]

دَوْرة ~ة lunaison

فَطيرة ~ة petit pain en forme de croissant; croissant

**هِلالِيّة** *géom.* lunule

II **هَلَّلَ** تَهْليلًا exulter; jubiler; triompher [*fig.*]; *isl. prononcer la formule: «la ilāha illa llah»*; *christ.* dire alleluia; dire les grâces

~ فَرَحًا pousser des cris de joie

~ عَن cesser de; renoncer à

**تَهْليل** action de grâces; allégresse; jubilation

**هَلِّلُويا** alléluia

**مُهَلَّل** en forme de croissant; *fig.* efflanqué; maigre

IV **أَهَلَّ** إِهْلالًا apparaître (lune); commencer (mois)

~ بِـ، على ه immoler/sacrifier un animal (en prononçant la formule rituelle)

V **تَهَلَّلَ** تَهَلُّلًا s'épanouir [*fig.*]; s'extasier; exulter; s'illuminer (visage); jubiler; rayonner (de joie)

**تَهَلُّل** épanouissement; exultation; jubilation

**مُتَهَلِّل** épanoui; extasié; exultant; illuminé; heureux; joyeux; jubilant; rayonnant

VII **اِنْهَلَّ** اِنْهِلالًا attaquer [*fig.*]; commencer; débuter; se mettre à

~ تْ عَيْناه بِالدُّموع être baigné de larmes (œil)

X **اِسْتَهَلَّ** اِسْتِهْلالًا ه commencer; débuter; préluder; vagir (enfant qui vient au monde)

~ت العُيون دُموعًا répandre des larmes (yeux)

~ت الغُيوم مَطَرًا répandre de la pluie (nuages)

~ لَحْنًا، نَشيدًا attaquer/entonner un air, un hymne

**اِسْتِهْلال** commencement; début; exorde; préambule; préliminaire; prélude; vagissement

حَرْف ~ lettre capitale

**مُسْتَهَلّ** aube; aurore; commencement; début; entrée en matière; tête (de chapitre); seuil [*fig.*]

في ~ القَرْن à l'aube du siècle

**5746 هُلْب** *coll.* crin (de cheval); soie (de porc)

**هُلْبة** *n.un.* crin; soie; *anat.* abdomen

**هِلْب** ساعة ancre [*horlog.*]

**أَهْلَب** م هَلْباء chevelu; hirsute; hérissé (cheveux)

**5747 هَلَج**؛ هَليلَج *bot.* myrobolan; phyllanthe

إِهْلِيلَج (← هَلَج) *math.* ellipse

**إِهْليلَجيّ** elliptique [*math.*]

مُجَسَّم ~، إِهْليلَجانيّ ellipsoïde *n.m.*

**5748 هَلَسَ** ـِ هَلْسًا ه amaigrir qqn (maladie); miner/ronger qqn (mal)

**هُلِسَ** avoir des hallucinations; perdre l'esprit; être atteint de tuberculose; *v. aussi 5756*

**هَلْس** amaigrissement; consomption; hallucination

**هَلْسِيّ** hallucinatoire

**هُلاس** hallucinose

II **هَلَّسَ** تَهْلِيسًا ه provoquer des hallucinations; halluciner

**مُهَلِّس** hallucinant; hallucinogène

**مُهَلَّس** halluciné

V **تَهَلَّسَ** تَهَلُّسًا ← هُلِسَ

5749 **هَلِعَ** َ هَلَعًا avoir très peur; être *v. à l'adj.*

**هَلَع** anxiété; épouvante; frayeur; frousse [*fam.*]; inquiétude; peur; souci

اِسْتَوْلَى على ه الـ~ s'emparer de envahir gagner qqn (peur, inquiétude)

**هَلِع ؛ هالِع ؛ هَلوع** anxieux; inquiet; froussard; peureux; soucieux

5750 (هلف) **هِلَّوْف** hérissé de crins; couvert de poils durs; qui a une barbe épaisse; *zool.* phacochère; sanglier

لِحْيَة ~ة barbe drue dure épaisse

5751 **هَلَكَ** ِ هَلاكًا *péjor.* mourir; périr; perdre la vie; sombrer [*fig.*]; faire naufrage [*fig.*]; crever *intr.* [*pop.*]

**هُلْك** ← هَلاك

**هَلاك** destruction; naufrage [*fig.*]; perdition; perte; ruine; *isl.* damnation

أَنْقَذَ ه مِن الـ~ sauver qqn de la ruine

سَعَى إلى ~ه courir à sa perte; être en perdition

**هالِك** ج هَلْكَى، هُلَّك détruit; mourant; périssable; perdu; vain; *isl.* damné; réprouvé

المَرِيض ~ بِلا أَمَل le malade est perdu

كُلُّ شَيْء ~ في هذه الدُنيا tout est périssable ici-bas

**مَهْلَكَة** ج مَهالِك endroit périlleux; danger; coupe-gorge; péril

أَوْقَعَ ه في ~ mettre qqn en péril

IV **أَهْلَكَ** إِهْلاكًا ه anéantir; consumer [*fig.*]; décimer; détruire; exterminer; ruiner

~ نَفْسَه s'anéantir; se détruire; se perdre

~ سُكّان البَلَد décimer la population

**مُهْلِك** destructeur; exterminateur; fatal; funeste; mortel; périlleux; ruineux

VI **تَهالَكَ** تَهالُكًا على ه s'écrouler; s'effondrer; se jeter tête baissée dans/sur; s'enthousiasmer pour; être passionné par; se passionner

~ في ه faire tout son possible pour; se tuer à [*fig.*]

**تَهالُك** ardeur; enthousiasme; passion; zèle

X **اِسْتَهْلَكَ** اِسْتِهْلاكًا ه consommer; épuiser; consumer (son temps); dévorer [*fig.*]; dépenser (ses forces); dilapider; gaspiller

~ دَيْنًا amortir une dette

**يُسْتَهْلَك** fongible

**اِسْتِهْلاك** ج ات amortissement; consommation; dépense

~ دَيْن amortissement d'une dette

مال ~ fonds d'amortissement

مَيْل لِلـ~ propension à consommer

~ فَرْدِيّ، كُلِّيّ consommation individuelle, globale

~ الأُسَر، العائِلات consommation des ménages

~ الطاقة consommation d'énergie

~ المَوادّ الغِذائِيّة consommation alimentaire

سِلَع **اِسْتِهْلاكِيّة** biens de consommation

سِلَع ~ تامّة الصُنْع biens de consommation finis

سِلَع ~ة مُعَمِّرة biens de consommation durables

**اِسْتِهْلاكِيّة** fongibilité

**مُسْتَهْلِك** ج ون consommateur

تَوْعِية الـ~ éducation du consommateur

دُوَل ~ة لِلبِتْرول pays consommateurs de pétrole

نَفَقات **المُسْتَهْلِكين** dépenses des consommateurs

**مُسْتَهْلَك** consommé; dépensé

الطاقة الـ~ة في l'énergie consommée/dépensée dans

5752 **هَلُمَّ** viens! venez! apportez!

~ بِنا en avant! allons!

~ مِن هُنا venez par ici

و~ جَرًّا et cetera; etc.; et ainsi de suite; et autres; et tout le tremblement [*fam.*]

5753 (هلم) هُلام gélatine; gelée; *chim.* gel

هُلاميّ gélatineux

مَرَق ~ sauce en gelée; gelée

II هَلَّمَ تَهْليمًا ه gélatiniser; gélifier

تَهْليم gélatinisation; gélification

مُهَلِّم gélatinisant; gélifiant

5754 II هَلَّنَ تَهْلينًا helléniser; hellénisation

5755 هَلْهَلَ هَلْهَلة tisser de manière lâche

هُلْهُل *bot.* dauphinelle; delphinium; pied-d'alouette

مُهَلْهَل détendu; flasque; flottant; lâche (tissu); mou; élimé; rapé; usé (vêtement)

5756 هَلْوَس avoir des hallucinations; *v. aussi 5748*

هَلْوَسة hallucination

مُهَلْوِس halluciné

هَلُّوف ← هلف

5757 هِليكُبْتِر؛ طائِرة ~ hélicoptère

مَطار ~ héliport

5758 هِلْيوم hélium

هِلْيَوْن؛ هَلْيون *bot.* asparagus; asperge

5759 هُمْ *pron. pers. 3ᵉ pers. masc. pl.*
1. *isolé, sujet*: eux; ils
2. *affixe, compl.* eux; leur; leurs

~ الَّذينَ ce sont eux qui

أَحَدُ~ l'un d'eux

هِمْ *quand il est précédé de « i »*

هُما *pron. pers. 3ᵉ pers. duel*:
1. *isolé, sujet*: eux/elles deux; ils
2. *affixe, compl.* eux; leur; leurs

أَحَدُ~ l'un des deux

إِحْدا~ l'une des deux

كِلا~ tous les deux; l'un et l'autre

كِلْتا~ toutes les deux; l'une et l'autre

هِما *quand il est précédé de « i »*

5760 هَمَّ ـُ هَمًّا، مَهَمّة ه affecter; causer/donner du souci à; compter pour; concerner; importer à; être important aux yeux de; inquiéter; intéresser; préoccuper; rendre soucieux; empoisonner [*fig.*]

~ بِـ ه aller (suivi d'un inf.); avoir envie/l'intention de; penser/songer à; esquisser (un geste); être sur le point de; menacer de; penser (faire)

~ الحائِط بِالسُّقوط être sur le point de tomber/menacer ruine (mur)

يَهُمُّ الحائِط بِالسُّقوط le mur va tomber

لا ~ ça ne fait rien; cela est indifférent; peu importe

لا ~ني ذٰلِكَ cela ne me touche pas/ne me concerne pas/ne me fait rien/ne me regarde pas

لا ~هُ الأَمْر البَتَّة se soucier de qqch comme de sa première chemise/comme de l'an quarante

ماذا ~ه أنْ que lui importe que

مَنْ ~ه الأَمْر l'intéressé; la personne concernée

مَن ~هُم لأَمْر les intéressés; les personnes concernées

لِمَن يَهُمُّه الأَمْر à qui de droit

هَمّ ج هُموم anxiété; chagrin; ennui; inquiétude; peine; préoccupation; projet important; souci; tracas

كُلّ ~ه أنْ ne penser qu'à; n'avoir d'autre souci que

بِلا ~ sans souci

هُموم empoisonnements [*fig., fam.*]

~ مالِيّة ennuis/difficultés/soucis financiers(ères)

~ عائِلِيّة ennuis familiaux

أَصْغَرُ ~ه le cadet/le dernier de ses soucis

~ يَوْمِيّة soucis/tracas quotidiens

مَهَمّة ج مَهامّ ← هَمّ

لا ~ لِـ ه بِـ ه ne pas penser à; n'avoir pas l'intention de

هِمّ ج أَهْمام décrépit (vieillard); sénile

هِمّة ج هِمَم ardeur; effort; préoccupation; résolution; soin assidu; souci; noblesse d'âme/de caractère; dignité; élévation de sentiments; fierté; générosité

عالي، بَعيد الـ~ qui voit loin/vise haut; ambitieux; large d'esprit; de grand caractère

ثَبَّطَ ~ه écœurer [*fig.*]; démoraliser

بـ ~ avec cœur zèle

**هامّ** considérable ; grave ; important ; d'importance

أمْر ~ affaire importante ; grosse affaire

مَرْكَز ~ situation considérable ; grosse situation

كانَتْ له نَتائِج ~ة avoir de graves conséquences ; tirer à conséquence

هامّة ج هَوامّ vermine

**أهَمّ** majeur *adj.* ; plus important ; principal

الأزْمة و~ مَظاهِرها la crise et ses principaux aspects

~ مَراجِع الكِتاب les sources les plus importantes du livre ; bibliographie essentielle

**أهَمِّيّة** ج ات importance ; intérêt ; prix [*fig.*] ; valeur [*fig.*]

عَلَّقَ ~ كُبْرَى على accorder/attacher un grand intérêt/un grand prix à

~ الأحْداث ampleur/gravité des événements

مِن الـ~ بِمَكان qui a de l'importance/une certaine importance ; qui vaut la peine

على جانِب مِن الـ~ *même sens*

كانَ مِن الـ~ بِمَكان عَظيم être d'une importance considérable

ذو ~ de conséquence ; d'importance ; de valeur

ذو ~ بِالنِسْبة إليه compter pour qqn

**قَليل الـ~** indifférent ; insignifiant ; inintéressant

دُونَهُ **أهَمِّيّةً** moins important ; de moindre importance/intérêt/prix/valeur que

أكْثَرُ ~ مِن plus important que ; de plus d'importance/d'intérêt/de prix/de valeur que

**مَهْموم** anxieux ; inquiet ; préoccupé ; soucieux ; tracassé

**مَهَمَّة** ج مَهامّ (← مُهِمّة) chose importante

IV أهَمَّ إهْمامًا ه ← هَمَّ ه

**مُهِمّ** essentiel ; grave ; important ; intéressant ; notable *adj.* ; préoccupant ; principal ; sérieux

مِن الـ~ أن il est important/essentiel/il importe que/de

مِن الـ~ جِدًّا أن il est très/tout à fait important que

لَيْسَ الـ~ أن l'important n'est pas de

الـ~ هو أن le tout est de

هذا هو الـ~ tout est là

**مُهِمّة** ج ات. مَهامّ fonction ; mission ; tâche

كَلَّفَ ه بِـ~ charger qqn d'une commission/d'une mission

أدَّى ~ه s'acquitter de/remplir sa mission

**مُهِمّات**، مَهامّ الأُمور affaires graves/importantes

VIII **اِهْتَمَّ** اِهْتِمامًا بِـ ه. ه faire cas de ; faire/prêter attention à ; se charger de ; s'empresser de ; s'inquiéter de ; s'intéresser/porter de l'intérêt à ; se faire du souci pour ; s'occuper/se préoccuper/se soucier de ; songer à ; prendre soin de

~ بِصِحَّته ménager sa santé ; se ménager

ما ~. لَمْ يَهْتَمّ بِـ se désintéresser/ne faire aucun cas/ne pas tenir compte de qqn, qqch ; ne porter aucun intérêt à

**اِهْتِمام** ج ات attention ; considération ; effort ; empressement ; préoccupation ; soin ; sollicitude ; souci ; zèle

اِسْتَحَقَّ الـ~ mériter considération/l'intérêt

وَضَعَ ه في مُقَدِّمة ~ه placer au premier rang de ses préoccupations

أوْلَى ه. ه ~ًا كَبيرًا accorder une grande importance à ; montrer beaucoup de sollicitude/d'intérêt pour

الـ~ بِالقَواعِد respect des règles

أبْدَى ~ًا لِعَمَله mettre/apporter du soin à son travail

أثارَ ~ ه intéresser qqn ; attirer l'attention de

لَمْ يُعَلِّقْ كَبيرَ ~ على ne pas attacher grand intérêt à ; ne pas faire grand cas de

دُونَ ~ بِـ ه au mépris de ; sans souci de

بِـ~؛ بِـ~ كَبير soigneusement ; très soigneusement

عَدَم الـ~ بِـ désintérêt ; inattention ; indifférence ; insouciance

**مُهْتَمّ** ج ون intéressé ; préoccupé ; soucieux

~ بِـ attentif à ; concerné par ; soucieux de

غَيْر ~ insouciant de

**مُهْتَمّ** ج ات ← مُهِمّة

**5761 هَمَج** ج أهْماج *coll.* barbares ; sauvages

هَمَجيّ ج هَمَج *n.un., adj.* barbare ; grossier ; inculte ; sauvage

**هَمَجِيّة** barbarie ; brutalité ; grossièreté ; inculture ; sauvagerie

**5762** **هَمَدَ** ـُ هُمودًا être ... *v. à l'adj.*; s'apaiser; se calmer; disparaître/mourir/ s'éteindre (civilisation, famille); refroidir *intr.*

~ غَضَبُه، شَوْقُه s'éteindre (colère, passion)

~تْ هِمَّتُه tomber/se refroidir (enthousiasme)

لا يُهْمَد inextinguible

**هُمود** amortissement (bruit); apaisement; apathie; extinction (passion); refroidissement (zèle); passivité; torpeur

~ نَفْسيّ dépression [*psychol.*]

هُموديّ dépressif

**هامِد** amorti; apathique; atone; déprimé; éteint; inerte; inexpressif; inanimé; passif; mourant; ruiné; usé

صَوْت ~ voix éteinte/mourante

نَظْرة ~ة regard éteint/inexpressif/morne

سَقَطَ جُثّةً ~ة tomber inanimé/raide mort

عائِلة ~ة famille/dynastie éteinte/disparue

جُثّة، مَشاعِر ~ة cadavre, sentiments refroidi(s)

أَجْساد ~ة corps sans vie

مِهْماد ج مَهاميد amortisseur

II **هَمَّدَ** تَهْميدًا ه amortir; apaiser; calmer; éteindre; modérer; refroidir [*fig.*]; tempérer [*fig.*]

~ حَماسَ ه modérer/refroidir l'enthousiasme

~ حَرارة شَوْقِه tempérer l'ardeur de sa passion

IV أَهْمَدَ إِهْمادًا ه ← II

**5763** **هَمَرَ** ـُ هَمْرًا ه répandre; verser

~ الكَلام، في الكَلام répandre des torrents de paroles

~ت العَيْن بِالدَّمْع verser des larmes (œil)

**هَمْرة** ج هَمَرات مَطَر averse; giboulée; ondée; torrent de pluie

~ مِن الكَلام، الشَتائِم torrent de paroles, d'invectives

VII **اِنْهَمَرَ** اِنْهِمارًا pleuvoir/couler/tomber avec abondance (pluie, larmes); s'écrouler/tomber en ruine (mur)

~ت الشَجَرة perdre ses feuilles (arbre)

**5764** **هَمَزَ** ـِ هَمْزًا ه، ه aiguillonner; frapper; éperonner; mordre; piquer

**هَمْزة** ج هَمَزات coup d'aiguillon/d'éperon; piqûre

~ : ء «*hamza*» (occlusive glottale d'un statut graphique particulier puisque, selon sa place et son environnement vocalique, elle peut s'écrire sans support, c'est-à-dire sur la ligne, ou avec support: «*alif*», «*waw*» ou «*yā'*»)

~ الوَصْل «*hamza*» de liaison (placée en début de mot, elle permet, en s'effaçant à l'oral, de ménager la transition avec la dernière syllabe du mot précédent)

~ الوَصْل بَيْنَ *fig.* trait d'union; liaison

~ القَطْع «*hamza*» de coupure (n'est jamais effacée à l'oral)

~ النَقْل «*hamza*» de transitivité (sa préfixation, à la IVᵉ forme, rend un verbe transitif)

~ الأَمْر «*hamza*» de l'impératif (sa préfixation permet de conserver à l'impératif le caractère implosif de la première radicale)

هَمَزات الشَيْطان insinuations/instigations/ suggestions du démon

**مَهْموز** : فِعْل ~ «*hamzé*»; verbe qui comporte une «*hamza*»

مِهْمَز، مِهْمَزة ج مَهامِز aiguillon; bâton ferré; éperon; fouet

مِهْماز ج مَهاميز ← مِهْمَز

**5765** **هَمَسَ** ـِ هَمْسًا ه chuchoter; marmonner; marmotter [*fam.*]; parler bas; souffler [*fig.*]; susurrer

~ الصَوْت amortir/assourdir/étouffer le bruit

~ ه في أُذُن ه chuchoter/souffler qqch à l'oreille de

~ بِكَلِمات chuchoter/marmonner des paroles

~ إلى ه بِكَلِمة glisser un mot à qqn

~ بِالقَدَم marcher à pas furtifs/de loup

~ بِقُبْلة donner/glisser un baiser furtif

**هَمْس** chuchotement; chuchotis; marmonnement; murmure; souffle; bruit léger/assourdi/furtif

~ الصَوْت amortissement du bruit

هَمْسًا à mi-voix; piano *adv.*

**هامِس** qui chuchote/parle à voix basse/à mi-voix

قُبْلة ~ة baiser furtif

**مَهْموس** chuchoté; murmuré; sourd (bruit); assourdi

حُروف ~ة consonnes assourdies/sourdes

الدِعاية الـ~ بِها publicité de bouche à oreille

III هامَسَ مُهامَسة ه glisser un mot à qqn

VI تَهامَسَ تَهامُسًا بِـ ه se chuchoter qqch; se parler bas

5766 هَمْشة bousculade; confusion; foule désordonnée; pêle-mêle

هامِش ج هَوامِش bord; marge

~ صَفْحة، كِتاب marge d'une feuille, d'un livre

أَخَذَ بِـ~ لِلتَقَلُّبات admettre une marge de fluctuations

على ~ ه à côté de; en marge de; à la périphérie de

عاشَ على ~ المُجْتَمَع vivre en marge de la société

تَرَكَ ~ًا مِقْدارُهُ ساعة laisser une marge d'une heure

قَصَّ هَوامِش كِتاب émarger un livre

هامِشيّ marginal

تَعْليقات، مَشاغِل ~ة notes, occupations marginales

II هَمَّشَ تَهْميشًا ه émarger marger (du papier); faire des marges

مُهَمِّشة *impr.* margeur *n.m.*

5767 (همع) V تَهَمَّعَ pleurnicher

تَهَمُّع pleurnichement; pleurnicherie

5768 هَمَكَ ـُ هَمْكًا ه في ه pousser presser qqn; talonner

VII اِنْهَمَكَ اِنْهِماكًا في ه s'absorber/se plonger dans; s'affairer se livrer à; se laisser accaparer par

اِنْهِماك affairement; occupation; préoccupation

مُنْهَمِك في absorbé dans; affairé à; plongé dans; préoccupé par

5769 (همل) IV أَهْمَلَ إِهْمالًا ه abandonner; délaisser; laisser aller; négliger; omettre; oublier; passer sous silence

~ نَفْسه s'abandonner; se négliger

~ واجِباتِه négliger ses devoirs

~ أَوْلاده abandonner ses enfants

إِهْمال abandon; délaissement; incurie; omission; indifférence; insouciance; laisser-aller; négligence

مُهْمِل négligent; indifférent; insouciant

مُهْمَل à l'abandon; abandonné; délaissé; négligé; en friche; à la traîne

كَمِّيّة ~ة quantité négligeable

حُروف ~ة (= ح ر س ص ط) lettres qui n'ont pas de points diacritiques

كَلِمة ~ mot désuet inusité tombé en désuétude

مُهْمَلات rebuts; déchets

مَصْلَحة الـ~ service des rebuts

سَلّة الـ~ corbeille à papiers

5770 هَمْلَجَ aller l'amble; ambler

هَمْلَجة amble *n.m.*

5771 II هَمَّنَ تَهْمينًا ه mettre de l'argent (dans son escarcelle); empocher (de l'argent)

هِمْيان aumônière; bourse; escarcelle

5772 هَمْهَمَ ه. بِـ ه bougonner; grogner; grommeler; marmonner; marmotter; murmurer; parler entre ses dents

هَمْهَمة bougonnement; grognement; grommellement; marmonnement; marmottement; murmure

كَثير الـ~ bougon; grognon

مُهَمْهِم qui bougonne grogne murmure marmonne

5773 هَنْ، هَنة (← هنه) Un tel; Une telle

5774 هَنَّ ـِ هَنًّا، هَنينًا gémir

5775 هُنَّ *pron. pers. 3^e pers. fém. pl.*
1. *isolé, sujet*: elles
2. *affixe compl.* elles; leur; leurs

إِحْدا~ l'une d'elles

5776 هُنا؛ هَهُنا ici; il y a

مِن ~ par ici; ainsi; à partir d'ici; dès lors

إلى ~ jusqu'ici

~ و هُناكَ ici et là; de ci de là; çà et là; passim

هُناك؛ هُنالِك là; il y a; là-bas; là-haut; voilà où

مِن ~ de là; par là

~ خِلافات il y a des divergences

لَنْ يَكُونَ ~ — il n'y aura pas

لَمْ يَكُنْ ~ — il n'y a pas eu; il n'y avait pas

هَذا كُلُّ ما **هُنالِك** — voilà tout

5777 **هَنَأَ** َ هَناءً لِـه — profiter à qqn (aliment)

**هَنِيَ** َ هَنَأً — être bon/facile/sain (à manger, à digérer)

~ بِـ — se réjouir de; se trouver bien de

هَناء، هَناءة — bien-être; bonheur; félicité; euphorie; paix; tranquillité; compliments; congratulations; félicitations

هَنائِيّ — euphorique

**هانِئ** — agréable; bon (au goût); confortable; facile; heureux; plaisant; réjoui; sain; salutaire

حَياة ~ة — vie agréable/heureuse

~ ج ون — serviteur

**هَنِيء**، هَنِيّ ← هانِئ

طَبْع ~ — heureux caractère

**هَنِيئًا** — bon appétit! à votre santé! grand bien vous fasse!

~ مَرِيئًا، ~ لَكَ — *même sens*

II **هَنَّأَ** تَهْنِئَة ه — réjouir; rendre heureux; tranquilliser

~ه بِـ ه — complimenter/congratuler qqn pour; féliciter qqn à l'occasion de

~ه بِالعام الجَدِيد — souhaiter la bonne année à qqn

اَللّٰهُ **يُهَنِّئُك** — *maghr.* au revoir; adieu (*m. à m.* que Dieu vous maintienne en bonne santé)

**تَهْنِئَة** ج تَهانِئ — compliment; congratulation; félicitation

قَرَأَ كَلِمة ~ — lire un compliment

**تَهانِئ** — compliments! félicitations!

~ رَأْس العام — souhaits de bonne année

قَدَّمَ ~ه — présenter ses félicitations

V **تَهَنَّأَ** تَهَنُّؤًا بِـ ه — se réjouir de; se trouver bien de; prendre plaisir à

~ مِن — *dialect.* se débarrasser de; être tranquille par rapport à

5778 **هِنْد** — Inde

جَوْز الـ~ — noix de coco

جُزُر الـ~ الغَرْبِيّة — Indes occidentales; Caraïbes

الـ~ الصِينِيّة — Indochine

**هِنْدِيّ** — indien *adj.*

~ ج هُنُود — Indien *n.*

المُحِيط الـ~ — océan Indien

~ أَحْمَر ج هُنود حُمْر — Peau-Rouge

~ أَمِيرِكِيّ — indien d'Amérique; amérindien

~ صِينِيّ، أُورُوبِّيّ — indochinois; indo-européen

قِنَّب ~ — chanvre indien; haschisch

لَيْمون ~ — pamplemousse

هِنْدوسِيّ، هِنْدوكِيّ — hindou

هِنْدوسِيّة، هِنْدوكِيّة — hindouisme

هِنْدونِيسِيّ — indonésien

هِنْدوسْتانِيّ — hindi; hindoustani

II مُهَنَّد — *litt.* épée

5779 **هِنْدَب، هِنْدَباء** — chicorée; salade frisée

~ بَقْلِيّة، بَرِّيّة — endive; pissenlit

5780 **هَنْدَسة** — architecture; engineering; génie; ingénierie; technique *n.f.*

عِلْم الـ~ — géométrie [*math.*]

~ مُسْتَوِية. سَطْحِيّة. السُطوح — géométrie plane

~ فَراغِيّة، فَضائِيّة — géométrie dans l'espace

~ مُجَسَّمة. المُجَسَّمات — géométrie des solides

~ تَحْلِيلِيّة، وَصْفِيّة — géométrie analytique, descriptive

~ أُقْلِيدِيسِيّة، نَظَرِيّة — géométrie euclidienne, théorique

~ بَحْرِيّة، مَدَنِيّة — génie maritime, civil

~ زِراعِيّة، عَسْكَرِيّة — génie agricole, militaire

~ مِعْمارِيّة، البِناء — architecture

~ عِمارِيّة، المُدُن — urbanisme

~ الرِيّ، آلِيّة — hydraulique *n.f.*; informatique *n.f.*

~ سَيّارة — geométrie/ligne d'une voiture

**هَنْدَسِيّ** — géométrique

~ ج ون — géomètre *n.m.*

| | |
|---|---|
| شَكْل، مَحَلّ ~ | figure, lieu géométrique |
| مُتَوالية، مُتَوسِّط ~(ة) | progression, moyenne géométrique |
| مَسْقَط، إسْقاط ~ | projection géométrique |
| **مُهَنْدِس** ج ون | ingénieur; géomètre; technicien; topographe |
| ~ آليّ، مِعْماريّ | informaticien; architecte |
| ~ زِراعيّ | ingénieur agricole agronome |
| ~ ميكانيكيّ، كَهْرَبائيّ | ingénieur mécanicien, électricien |
| ~ مَدَنيّ، كيميائيّ | ingénieur civil, chimiste |
| ~ مَدينيّ، مُدُنيّ، عِماريّ | urbaniste |
| ~ الصَوْت، الرَيّ | ingénieur du son; hydraulicien |

| | |
|---|---|
| **5781 هَنْدَمَ** هَنْدَمة ه | apprêter; arranger; harmoniser; mettre en ordre; préparer avec goût |
| **هِنْدام**؛ هَنْدَمة | arrangement; harmonie; ligne; mise; proposition; coquetterie |
| حَسَن، جَميل الـ~ | harmonieux; bien proportionné |
| ~ أَنيق | mise élégante coquette |
| **مُهَنْدَم** | apprêté; arrangé; coquet; élégant; bien mis proportionné; harmonieux; pimpant |
| II **تَهَنْدَمَ** | s'apprêter; s'arranger; se préparer; se vêtir avec élégance |
| ~ لِحَفْلة | s'apprêter pour une soirée |

| | |
|---|---|
| **5782 هانَفَ** III مُهانَفة | ricaner (femme) |
| IV أَهْنَفَ إهْنافًا ← III | |

| | |
|---|---|
| **5783 هَنة** ج ات (← هَن) | bagatelle; chose; peu de chose |
| **هُنَيْهة** | très peu de chose; un petit moment |
| بَعْدَ ~ | dans un petit moment |
| **هِنْو** | moment; temps |
| هَناة ج هَنَوات | accident; malheur; désagrément |

| | |
|---|---|
| **5784 هُوَ** | *pron. pers. 3ᵉ pers. masc. sing.* lui; il |
| ~ الآخَر | lui aussi; à son tour |
| أَنا ~ | me voici; c'est moi |
| الأَمْرُ ~ هُوَ | cela revient au même; c'est la même chose |
| بَقِيَ ~ هُوَ | il est resté le même égal à lui-même |
| ~ ذاتُه، عَيْنُه | en personne; lui-même; identique |
| الـ~ | *psychol.* ça *n.m* |
| ~ ذا | voici; c'est lui; c'est cela |
| ~ ذا ثانيةً، مَرَّةً أُخْرَى | revoici; c'est encore lui |
| ~ الَّذي | c'est lui qui |
| أَنا ~ الَّذي كُنْتُ، كانَ | c'est moi qui étais |
| **هُوِيّة** | identité; ipséité |
| بِطاقة، أَوْراق ~ | carte, papiers d'identité |

| | |
|---|---|
| **5785 هَوْء** | affaire sérieuse; chose; idée |
| بَعيد الـ~ | ambitieux |
| وَقَعَ في ~ه | se présenter venir à l'esprit |

| | |
|---|---|
| **5786 هَوْتة** ج هُوَت | bas-fond; sol déprimé |

| | |
|---|---|
| **5787 هَوِجَ** َ هَوَجًا | être ... *voir à l'adj.* |
| أَهْوَجُ م هَوْجاء | frénétique; impatient; maladroit; inconséquent; inconsidéré; violent; malhabile; précipité |
| هَوْجاء ج هُوج | cyclone; ouragan; tornade |

| | |
|---|---|
| **5788 هَوْجَل** ج هَواجِل | désert; chemin sans indication |

| | |
|---|---|
| **5789 هادَ** ُ هَوْدًا | venir à résipiscence; *v. aussi 5790* |
| هُود؛ يَهود | *coll.* Juifs |
| يَهوديّ ج يَهود | judaïque; juif *adj., n.* |
| اليَهوديّة | judaïsme |
| V تَهَوَّدَ تَهَوُّدًا | se convertir au judaïsme |

| | |
|---|---|
| **5790** (هود) **هَوادة** | bonté; douceur; indulgence; modération; tolérance; *v. aussi 5789* |
| لا ~ فيه | sans merci; sans rémission; implacable; à outrance |
| II هَوَّدَ تَهْويدًا | parler bas; fredonner; marcher lentement/paisiblement; descendre |
| III هاوَدَ مُهاوَدة ه | être complaisant/obligeant avec; se réconcilier avec; montrer de l'indulgence pour |

مُهاوَدة complaisance; indulgence; obligeance; sympathie

VI تَهاوَدَ تَهاوُدًا être ... *v. à l'adj.*

مُتَهاوِد bas/modéré (prix)

5791 **هَوْدَج** ج هَوادِج palanquin

5792 **هارَ** ـُ هَوْرًا ه abattre; démolir (maison)

~ ه بـ ه accuser; soupçonner

هُورة ج هُوَر soupçon; suspicion

هَوْرة، هَوارة ج ات danger; péril; perte; ruine; perdition

**هِيار** حَجَرِيّ chute/dégringolade [*fam.*] de pierres

~ ثَلْجِيّ avalanche

هائِر، هَيِّر ← مُتَهَوِّر

II هَوَّرَ تَهْوِيرًا (← هارَ) mettre en danger/en péril

V تَهَوَّرَ تَهَوُّرًا avoir des impulsions; commettre des extravagances/des imprudences; se précipiter inconsidérément sur; crouler; déringoler [*fam.*]; s'écrouler

**تَهَوُّر** extravagance; manque de mesure; coup de tête; imprudence; excentricité; impétuosité; impulsion; témérité; chute; dégringolade [*fam.*]; écroulement; acrobatie; cascade

بَهْلَوان ~ cascadeur

**مُتَهَوِّر** casse-cou; cascadeur; extravagant; hasardé; impétueux; imprudent; impulsif; téméraire; inconscient; inconséquent; inconsidéré; tête brulée

VII **اِنْهارَ** اِنْهِيارًا s'affaisser; craquer [*pr.* et *fig.*]; crouler; dégringoler [*fam.*]; être déprimé; s'ébouler; s'écrouler; s'effondrer [*pr.* et *fig.*]; s'enfoncer; flancher; péricliter; tomber en poussière/en ruine/en déliquescence

~تْ أَعْصابُهُ faire une dépression nerveuse

~تْ نَظَرِيّة faire faillite (théorie)

**اِنْهِيار** abattement; affaissement; consternation; débâcle; déconfiture; découragement; déliquescence; éboulement; écroulement; effondrement

~ عَصَبِيّ dépression nerveuse

~ مالِيّ krach financier; débâcle financière

~ نَظَرِيّة ruine/faillite d'une théorie

~ ثَلْجِيّ avalanche

**مُنْهار** affaissé; croulant; écroulé; déprimé; effondré; déliquescent

~ الأَعْصاب déprimé [*psychol.*]

5793 **هَوَس** extravagance; manie; folie; marotte; maladie mentale; obsession; passion

~ الإحْراق، الكَذِب pyromanie; mythomanie

~ الاِضْطِهاد folie de la persécution

هُواس الحَرْب psychose de guerre

**مَهْوُوس** énergumène; maniaque; mordu [*fig.*]; malade mental; obsédé

~ بالكَذِب، بالإحْراق mythomane; pyromane

أَهْوَسُ م هَوْساء ج هُوس ← مَهْوُوس

هَوِيس pensée intime/secrète; *v. aussi 5794*

II هَوَّسَ تَهْوِيسًا ه halluciner; obséder

تَهْوِيس ج ات fantasme; hallucination; obsession

تَهْوِيسِيّ hallucinatoire; obsessionnel

مُهَوِّس hallucinant; hallucinogène; hallucinatoire; obsédant

مُهَوَّس fantasque; halluciné; obsédé; visionnaire; qui a des visions/un grain de folie

V تَهَوَّسَ تَهَوُّسًا s'exalter; se monter la tête; être fantasque

مُتَهَوِّس ← مُهَوَّس

5794 **هَوِيس** ج أَهْوِسة écluse; sas; *v. aussi 5793*

هَوّاس éclusier *n.m.*

II هَوَّسَ تَهْوِيسًا ه écluser (un bateau); éclusage

5795 **هَوْشة** ج ات clameur; confusion; fracas; désordre; excitation; trouble; raffut [*fam.*]; tumulte

II **هَوَّشَ** تَهْوِيشًا ه agiter; brouiller; exciter; semer le désordre/la confusion; mêler

~ البَلَد faire de l'agitation dans le pays

تَهْوِيش agitation; confusion; excitation; subversion

**مُهَوِّش** subversif

~ ج ون agitateur; fauteur de troubles

III هاوَشَ مُهاوَشة agacer; importuner

5796 **هَوْشَع** *poiss.* plie

**5797** **هُواع** ج ات — vomissement

II هَوَّعَ تَهْوِيعًا ه — faire vomir qqn

V تَهَوَّعَ تَهَوُّعًا — avoir la nausée; vomir

تَهَوُّع — nausée

**5798** **هَوْقَل** — *zool.* spermophile

**5799** **هالَ** ـُ هَوْلًا ه — consterner; effrayer; frapper de terreur; terrifier

**هال**؛ هالة — *v. ordre alphab.*

**هَوْل** ج أَهْوال — frayeur; horreur; terreur; danger

أَبو الـ~ — le Sphinx

**أَهْوال** — affres; angoisses; transes

رَكِبَ الـ~ والأَخْطار — s'embarquer dans des aventures; courir des dangers terribles

**هائِل**؛ مَهول — considérable; énorme; étonnant; époustouflant; fabuleux; formidable; gigantesque; imposant; incroyable; monstrueux; prodigieux; surprenant; effrayant; effroyable; horrible; redoutable; terrible

أَعْمال ~ة — travaux gigantesques imposants

صُعوبات ~ة — d'énormes d'incroyables difficultés

جُهود ~ة — des efforts prodigieux terribles

قُدْرة ~ة — pouvoir considérable redoutable

قُوّات ~ة — forces prodigieuses imposantes

رَقْم، حَشْد ~ — chiffre astronomique; monde fou

~ المَنْظَر — d'aspect terrible effrayant

II **هَوَّلَ** تَهْويلًا على ه — alarmer; horrifier; intimider; effrayer; chercher à faire peur; menacer qqn; rendre laid à faire peur

~ت المَرْأة — se parer (femme); mettre ses plus beaux atours

~ بِسِلاح — brandir une arme

~ خَطَرًا — exagérer un danger

تَهْويل ج ات، تَهاويل — alarme; épouvantail; intimidation; menace

تَهاويل — atours; ornements; parure

مُهَوِّل — terrifiant; terrible

مُهَوَّل — atterré; hagard; intimidé; terrifié

IV أَهالَ إهالة ه — ébouler/faire s'ébouler qqch

ما أَهْوَلَهُ — c'est terrible!

**5800** **هَؤُلاءِ** (← هَذا) — *dém. pl. de proximité*: ceux celles-ci; ces ... ci

**5801** **هُولَنْدِيّ** — hollandais

**5802** **هَوْم** — sous-sol; somnolence

**هامة** ج ات. هام — tête

عَمَّمَ ~ه — se couvrir le chef [*class.*] la tête

مَهْمة ج مَهامِه — désert *n.m.*

II هَوَّمَ تَهْويمًا — laisser tomber la tête (en s'endormant); s'endormir; sommeiller; somnolence

تَهْويم — demi-sommeil; somnolence

V تَهَوَّمَ تَهَوُّمًا ← II

مُتَهَوِّم — somnolent; ensommeillé

**5803** **هانَ** ـَ هَوْنًا. هَوانًا — s'abaisser; s'humilier; jouir de peu de considération; être dédaigné/méprisé

~ على ه — être facile à faire léger à endurer; paraître de peu d'importance

~ على ه أن — ne pas faire cas de; cela ne (lui) fait rien de

**هَوْن** — aise; aisance; commodité; tranquillité; douceur de caractère; facilité; modestie; repos; réserve

على ~ك — à votre aise; à votre convenance; doucement

اِمْشِ على ~ك — marchez sans vous presser; ne vous hâtez pas

هُون — abaissement; avilissement; fatigue; peine; humiliation

**هُونة** ← هَوْن. هُون

بِـ. على ~ — avec reserve; à loisir

**الهُوَيْنا** — doucement; lentement; posément

مَشَى الـ~ — aller son petit train; marcher sans précipitation

**هَوان** — abaissement; bassesse; dédain; dégradation; ignominie; mépris; opprobre

اِسْتَكانَ إلى الـ~ — tomber dans l'abjection; essuyer une humiliation

**هِينة** ← هَوْن

على ~ك — à votre aise!

هاوُن ج هَواوين — mortier à piler

مِدْفَع ~ mortier [*mil.*]

يَد ~ pilon

**هَيِّن** commode; facile; inoffensif; léger; modeste; paisible; réservé; tranquille; méprisable; méprisé; simple; peu important

لَيْسَ ذلك بِأَمْر ~ ce n'est pas une petite/une mince affaire

لَيْسَ من الهَنات الـ~ة ce n'est pas si/pas du tout simple

**أَهْوَنُ** م هَوْناء plus facile; plus léger; moins important; qui a moins de prix

اِخْتارَ بَيْن ~ الشَّرَّيْن *prov.* de deux maux il faut choisir le moindre

إنَّ المَرَض ~ شَرًّا *prov.* la maladie est un moindre mal

هو ~ عليه ça lui est facile; c'est simple pour lui

II **هَوَّنَ** تَهْوِينًا ه، ه dénigrer; discréditer; mépriser; traiter par le mépris; minimiser

~ ه على ه faciliter qqch à qqn; rendre les choses faciles à; simplifier qqch pour qqn

هَوِّنْ عَلَيْكَ ne vous en faites pas; ne vous énervez pas; ne vous mettez pas martel en tête; prenez les choses simplement

تَهْوِين dénigrement; discrédit; mépris; simplification

IV **أَهانَ** إهانة ه blesser [*fig.*]; humilier; insulter; outrager; offenser; infliger un camouflet [*fam.*]/une avanie à; faire un affront à

~ ه mépriser qqch; ne pas faire cas de

**إهانة** affront; avanie; camouflet [*fam.*]; insulte; humiliation; indignité; injure; offense; outrage; voies de fait

عَوَّضَ عَن ~ réparer une offense

مُهِين abaissant; blessant; humiliant; injurieux; insultant; offensant; outrageant

مُهان humilié; insulté; offensé; outragé

VI **تَهاوَنَ** تَهاوُنًا بِـ ه، ه ← X

~ في ه être négligent; se négliger; se laisser aller

تَهاوُن incurie; inexactitude; insouciance; laisser-aller; laxisme; négligence

مُتَهاوِن insouciant; laxiste; négligent

X اِسْتَهانَ اِسْتِهانة ه، ه considérer qqch comme facile/qqn comme inférieur; dédaigner; faire peu de cas de; sous-estimer; traiter par-dessus la jambe

لا يُسْتَهان non négligeable; respectable; à ne pas dédaigner

اِسْتِهانة dédain; mépris

**5804** **هَوِيَ** ـَ هَوًى ه، ه affectionner; aimer; chérir; désirer; *v. aussi 5805*

**هَوًى** ج أَهْواء affection; amour; caprice; désir; fantaisie [*fig.*]; inclination; passion; volonté

~ عابِر amourette

بِنْت الـ~ courtisane [*litt.*]; fille de joie; hétaïre [*litt.*]

اِتَّبَعَ ~ ه suivre son inclination/sa passion

عَمِلَ على ~ ه faire à sa tête/à sa guise

تَصَرَّفَ على ~ ه faire les quatre volontés de

كَبَحَ **أَهْواءَه** réfréner ses désirs/ses passions

كَبَحَ جِماحَ ~ ه *même sens*

**هِواية** amour; désir; ferveur; hobby; dilettantisme; passion; violon d'Ingres

~ المُوسِيقَى amour/passion de la musique

**هاوٍ (هاوِي)** ج هُواة amateur; amoureux (de); fan; fervent; esthète; dilettante; passionné

~ المُوسِيقَى amoureux de la musique; mélomane

~ كُرة القَدَم fervent du football

~ السِينَما amateur/passionné de cinéma

III هاوَى هِواء، مُهاواة ه cajoler; caresser; flatter

الهِواء واللِواء *prov.* un pas en avant, deux pas en arrière

IV أَهْوَى إِهْواء إلى aspirer à; désirer; avoir une inclination pour/un penchant vers; pencher vers

X اِسْتَهْوَى اِسْتِهْواء ه captiver; charmer; fasciner; hypnotiser [*fig.*]; intéresser; passionner; inspirer de la passion; séduire; tenter

اِسْتِهْواء charme; fascination; passion; séduction; tentation

**5805** **هَوَى** ـِ هُوِيًّا على ه. ه s'abattre; chavirer; chuter; fondre sur; *v. aussi 5804*

~ على رَقَبَت ه sauter au cou de

~ على رُكْبَتَيْ ه tomber aux genoux de

~ على فَرِيسَته fondre sur sa proie

~ بِعَصاهُ على ه. ه abattre son bâton sur

~ بِـ ه. بِمَقامِه minimiser; rabaisser/ravaler qqn

| | |
|---|---|
| **هُوَّة** ج ات، **هُوًى** | abîme; gouffre; fossé; ravin; précipice |
| حَفَر ~ | creuser un abîme |
| تَفْصِل بَيْنَهُمْ ~ سَحيقة | un fossé profond les sépare |
| هاوٍ | abrupt; tombant; qui fond/se précipite sur |
| **هاوِيَة** | abîme; vallée profonde et encaissée; précipice |
| على شَفير الـ~ | au bord du précipice/de l'abîme |
| **هَواء** ج أَهْوِيَة | atmosphère; air; souffle (de l'air); vent |
| جَدَّدَ ~ ه | renouveler l'air; aérer (une pièce) |
| ~ مُكَيَّف | air conditionné |
| ~ خانِق | air/atmosphère étouffant(e) |
| بَلْعُ، اِبْتِلاع الـ~ | aérophagie |
| في الـ~ الطَّلْق | en plein air/vent |
| ~ الجَبَل، البَحْر | air de la montagne, de la mer |
| تَيّار، مَجْرى ~ | courant d'air |
| مِضَخَّة، جَيْب ~ | machine pneumatique; poche d'air |
| **هَوائِيّ** | à air; à vent; aérien; pneumatique *adj.*; antenne |
| مِرْوَحة، إطار ~(ة) | moulin à vent; chambre à air |
| أُنْبوبة، مِطْرَقة ~ة | tube, marteau pneumatique |
| كابِحة، مُحَرِّك ~(ة) | aérofrein; aéromoteur |
| مائِيّ، حَرَكِيّ ~ | hydropneumatique; aérodynamique |
| ~ التِلِفِزيون، الإذاعة | antenne de télévision, de radio |
| **هَوّايَة**؛ مِهْواة ج مَهاوٍ | ventilateur |
| ~ تَنُّورة | fente d'une jupe |
| مَهْوًى، مَهْواة ج مَهاوٍ | endroit périlleux; crevasse; précipice |
| II **هَوَّى** تَهْوِيَة ه | aérer; éventer; ventiler |
| ~ غُرْفة | aérer une pièce |
| **تَهْوِيَة** | aération; éventement; ventilation |
| جِهاز ~ | ventilateur |
| مُهَوًّى | aéré; éventé; ventilé |
| IV **أَهْوَى** إهْواء | tomber de haut; se précipiter (dans l'abîme) |
| ~ ه | faire tomber; précipiter; jeter/lancer vers le bas |
| ~ بِيَدِه | faire signe de la main; tendre la main |
| ~ إلى، على ه | fondre/se jeter/tomber sur |
| VI تَهاوَى تَهاوِيًا | se ruer/tomber les uns sur les autres |
| VII اِنْهَوَى اِنْهِواءً | tomber de haut; être précipité en bas |
| 5806 **هِيَ** | *pron. pers. 3e pers. fém. sing.* elle |
| بَقِيَتْ ~ هِيَ | elle n'a pas changé; elle est restée fidèle à elle-même |
| النَتيجة ~ هِيَ | cela revient au même |
| ~ الَّتي | c'est elle qui |
| القَضِيَّة ~ هَذِهِ | voici ce dont il s'agit |
| رائِعة ~ الفِكْرة الَّتي | excellente l'idée que |
| 5807 **هَيّا** | allons! allez! hardi! vas-y! sus! va! |
| ~ بِنا | allons-y! partons! |
| 5808 **هَيْئَة** ج ات | air [*fig.*]; allure; apparence; aspect; attitude; configuration; contenance; extérieur [*fig.*]; forme; maintien; mine; port [*fig.*]; tenue; tournure; *admin.* cadre; corps; comité; collège; organe; organisation; organisme |
| خَجول. لَطيف الـ~ | qui a un air timide, un extérieur agréable |
| وَقور الـ~ | qui a un air grave/un maintien digne |
| مَهيب. مَرِح الـ~ | qui a un port noble, une mine joyeuse |
| ~ التَعْليم، الأَطِبّاء | corps enseignant, médical |
| ~ دِبْلوماسِيّة، نِيابِيّة | corps diplomatique, élu |
| ~ اِنْتِخابِيّة، مَرْكَزِيّة | collège électoral; organe central |
| ~ إدارِيّة | conseil d'administration |
| ~ دُوَلِيّة | association/organisation internationale |
| عِلْم الـ~ | astronomie |
| ~ تَنْفيذ | comité/commission exécutif(ive) |
| ~ تَحْكيم | comité/commission d'arbitrage |
| على ~ ه | sous la forme de |
| II **هَيَّأَ** تَهْيِئة ه | accommoder; adapter; aménager; apprêter; arranger; ménager; mettre en état; prédisposer; préparer |

~ ه، ه لِ destiner qqn, qqch à; disposer pour

~ طَعامًا accommoder/préparer un plat

~ مُقابَلة préparer/ménager une rencontre

~ رِواية لِلسينِما adapter un roman pour le cinéma

~ السَكَن préparer le logement

~ السَرير faire le lit

~ الأَسْباب، الأَذْهان لِ préparer le terrain, les esprits à

~ فُرْصة لِ offrir/fournir une occasion de

**تَهْيِئة** accommodement; adaptation; apprêt; aménagement; mise en état; préparation

**مُهَيَّأ** destiné; fait (pour); préparé; prêt; tout trouvé

المُدَّخَرات الـ~ة لِلاِسْتِثْمار les réserves destinées à l'investissement

V **تَهَيَّأَ تَهَيُّؤًا** لِ ه s'apprêter/se destiner/se disposer/se préparer à; se mettre en devoir de; être en mesure de

~ لِ ه الشَيْءُ être à la disposition de qqn (chose); disposer de (qqch)

~ لِ ه الأَمْرُ être facile/possible à; avoir la possibilité de; pouvoir

**تَهَيُّؤ** disposition; prédisposition (à la maladie)

~ عَقْلِيّ prédisposition mentale

~ حَرَكِيّ disposition/préparation motrice

~ عَسْكَرِيّ préparation militaire

VI **تَهايَأَ تَهايُؤًا** s'adapter les uns aux autres

~ لِ ه s'accommoder/s'arranger de; s'adapter à

**تَهايُؤ أَحْيائِيّ** adaptation biologique

~ الشَبَكِيّة adaptation de la rétine [*physiol.*]

X **اِسْتَهْيَأَ اِسْتِهْياءً** لِ avoir une prédisposition pour (une maladie); présenter un terrain favorable à (la maladie)

**اِسْتِهْياء** diathèse [*méd.*]; terrain favorable; prédisposition

**5809 هابَ** ـِ **هَيْبًا، مَهابة** ه craindre/respecter redouter qqn; révérer; éprouver une crainte respectueuse

**هَيْبة؛ مَهابة** crainte révérentielle/respectueuse; crainte; respect; révérence [*litt.*]; vénération; majesté [*fig.*]; prestance; prestige

**هَيّاب؛ هَيُوب** peureux; pusillanime; timide; timoré

**مُهيب** auguste; dangereux; grandiose; imposant; majestueux; redoutable; solennel; noble; spectaculaire

مِشْية ~ة allure/démarche fière/imposante

هَيْئة ~ة maintien/port majestueux/noble

**مَهْيَبة** motif/sujet de crainte

IV **أَهابَ إِهابة** بِـ ه إلى ه appeler/exhorter/inciter qqn à faire qqch

~ بِـ ه exalter qqch; prôner

إِهابة إلى exhortation/incitation à

مُهيب ← مَهيب

V **تَهَيَّبَ تَهَيُّبًا** ه craindre qqn; redouter; être effrayé par; avoir peur de

**تَهَيُّب** crainte; effroi

في غَيْرِ ما ~ sans crainte

**مُتَهَيِّب** craintif; peureux; timide

**5810 هاجَ** ـِ **هَيْجًا، هِياجًا، هَيَجانًا** s'agiter; s'aviver; bouillonner [*fig.*]; se déchaîner (vent); s'élancer avec impétuosité; s'exciter; être/se mettre en colère/en furie; faire rage

~ت الرَغْبة s'éveiller (désir)

~ على s'indigner contre

~ وَماجَ tempêter; se mettre dans tous ses états

~ هائِجُه faire une colère; piquer une crise

**هَيْج** ← هِياج

يَوْم ~ jour de pluie/de vent

**هِياج؛ هَيَجان** agitation; animation; confusion; bouillonnement; déchaînement; ébullition; échauffement; effervescence; émoi; émotion; exaltation; excitation; fougue; rage; frénésie; fureur; furie; impétuosité; remous; trouble

أَحْدَثَ ~ًا في jeter/semer la confusion/le trouble; provoquer des remous

في ~ en ébullition [*fig.*]; en émoi

~ شَعْبِيّ agitation/mouvement populaire

**هِياجِيّة** excitabilité

**هائِج؛ هَيّاج** agité; déchaîné; ému; en émoi; en effervescence; excité; forcené; fougueux; furieux; houleux; mouvementé; surexcité

بَحْر ~ mer agitée/démontée/grosse/mauvaise

II هَيَّجَ تَهْيِيجًا agiter/ameuter (peuple); aviver (douleur); allumer (passions); exciter (nerfs); provoquer/déchaîner (colère); enflammer/envenimer (plaie); remuer (foules); échauffer qqn [*fig.*]; fouetter le sang; irriter; monter à la tête; révolter; exacerber

~ تَهْيِيجًا شَدِيدًا surexciter

تَهْيِيج agitation; excitation; incitation; irritation; provocation; stimulation

~ الأَعْصاب excitation des nerfs

~ الأَفْكار stimulation des esprits

~ شَدِيد surexcitation

مُهَيِّج agitateur; excitant *adj., n.m.*; incendiaire [*fig.*]; irritant; provocant; provocateur *adj.*; stimulant/tonique *adj., n.m.*

~ مُحْتَرِف agent provocateur; agitateur professionnel; provocateur *n.m.*

~ لِلشَّهْوة voluptueux (chose); aphrodisiaque *adj.*

IV أَهاجَ إهاجة ← II

~ غَضَبَه mettre en colère/en fureur

~ شَوْقَه donner/faire envie à qqn

V تَهَيَّجَ تَهَيُّجًا s'agiter; s'échauffer [*fig.*]; s'exalter; s'émouvoir; éprouver une émotion; s'enflammer (plaie); s'envenimer; s'exaspérer; s'exciter; s'irriter; s'exacerber

~ تَهَيُّجًا شَدِيدًا être surexcité

تَهَيُّج agitation; échauffement (des idées); exaltation; exaspération (d'une passion); excitation (de l'esprit); irritation (d'une plaie); surexcitation; exacerbation

~ الأَعْصاب nervosité

تَهَيُّجِيّة excitabilité; irritabilité

VIII اِهْتاجَ اِهْتِياجًا s'exciter; être ... *v. à l'adj.*

اِهْتِياج agitation; excitation, exaspération; fébrilité; trouble

مُهْتاج agité; exaspéré; fou [*fig.*]; fébrile; trouble (situation); troublé

**5811** **هَيْد** mouvement

ما لَهُ ~ ولا هاد demeurer/rester coi/inébranlable

**5812** **هِيدرات** hydrate

**هِيدروجين** ← هدرج

**5813** **هِيدروغرافيا** hydrographie

هِيدروغرافيّ hydrographique

**5814** **هِيدرولوجيا** hydrologie

هِيدرولوجيّ hydrologique

II **هَيَّر** ← هور

**5815** **هِيروغْليف** hiéroglyphe

هِيروغْليفيّ hiéroglyphique

**5816** **هَيْشة** agitation; excitation; remue-ménage; secousse; tumulte

**5817** **هَيْضة** rechute (maladie); recrudescence (épidémie); choléra

هَيْضيّ cholérique

مَهِيض الجَناح abattu [*fig.*]; brisé [*fig.*]

**5818** **هَيْط**؛ هِياط tapage; vacarme

~ مَيْط؛ هِياط مِياط tohu-bohu

**5819** **هائِع** faible; débile; timide; timoré

~ لائِع *même sens*

**5820** **هَيَف** minceur; sveltesse

هائِف ج هَوائِف altéré

أَهْيَفُ م هَيْفاء élancé; fluet; mince; svelte

**5821** **هَيْكَل** ج هَياكِل armature; carcasse; charpente; châssis; habitacle; ossature; squelette; structure; lieu saint; sanctuaire; temple

~ تِجاريّ، اِجْتِماعيّ structure commerciale, sociale

~ عَظْميّ squelette osseux; carcasse

~ حَديديّ armature/carcasse métallique

~ سَيّارة carrosserie/carcasse/châssis d'une voiture

~ أَساسيّ لِلاقْتِصاد infrastructure économique

~ تَنْظيميّ organigramme

هَيْكَليّ squelettique; structurel

تَحْليل، بِطالة ~(ة) analyse, chômage structurel(le)

تَغْيِيرات، قَوانين ~ة changements, lois structurel(le)s

**5822 هالَ** ـِ **هَيْلًا** ه répandre; verser (grains, sable)

هَيول، هَيُولَى *v. ordre alphab.*

VII **اِنْهالَ اِنْهِيالًا** s'ébouler (tas de sable); s'écrouler; se répandre

~ على ه assaillir; harceler qqn; se jeter/se précipiter/fondre/tomber sur qqn

~ صَفْعًا، رَكْلًا. ضَرْبًا على ه tomber sur qqn à bras raccourcis; rentrer dans le chou [*fam.*]; rouer de coups; assommer

~ شَتْمًا على ه cracher/proférer des injures à la face de

**اِنْهِيال** الرِمال éboulement de sable

~ الأَرْض glissement de terrain

**5823 هامَ** ـِ **هَيْمًا، هَيَمانًا** errer sans but/comme un fou; aimer passionnément; idolâtrer; être fou d'amour pour

~ على وَجْهِه aller droit devant soi/à l'aventure

~ في ه hésiter; être perplexe

إِنَّهُمْ في كُلِّ وادٍ **يَهيمون** *prov.* ne savoir à quel saint se vouer

هَيام idolâtrie; passion; soif violente; sables mouvants

هائِم ج هُيَّام altéré (de soif); errant; passionné; fou d'amour

X **اِسْتَهامَ اِسْتِهامة** ه rendre fou d'amour

**5824 هَيْمَنَ** على ه contrôler; avoir la haute main sur; exercer une influence décisive sur; dominer; régenter; régir; superviser

**هَيْمَنة** ascendant *n.m.*; contrôle; domination; hégémonie; empire [*fig.*]; possession; primauté; supervision; suprématie

~ على البِحار l'empire des mers

~ رَأْسماليّة، اِسْتِعْماريّة domination capitaliste, coloniale

مُهَيْمِن ج ون manager *n.m.*; qui exerce une influence/un pouvoir

**5825 هِيهِ** arrière! va-t-en!

**هَيْهات** arrière! jamais de la vie! vous vous trompez!

~ أَنْ يَكُونَ il n'y a aucune chance pour que; il s'en faut de beaucoup; tant s'en faut que

**5826 هَيول** (← هيل) poussière fine; atomes de poussière

هَيولَى؛ هَيُّولَى matière primitive [*philos.*]; origine; plasma; protoplasme

هَيوليّ؛ هَيُّولانيّ matériel *adj.*; protoplasmique

هَيُّولِيّات؛ هَيُّولينات protides; protéines

# و

(واو)

*vingt-septième lettre de l'alphabet: «waw»;*
*semi-voyelle labiale:* [w]

**5827** وَ — *1. conj. de coordination*: et; et aussi
*2. avec certains v. introduit un compl. d'objet dir. avec le sens de*: avec

اِتَّفَقَ ~ ه — correspondre à; être en accord avec

لا يَتَّفِقُ ~ ه — inconciliable/en désaccord avec

~ إِيَّاهُ — avec lui

*3. marque la simultanéité*: alors que; pendant que; tout en ...

يأكُل ~ على رَأْسه الخُوذة — il mange avec le casque sur la tête (*m. à m.* alors que le casque ...)

الحَمْلة تَبْدأ ~ لَمْ — la campagne s'engage alors que

وَصَلَ ~ قَدْ تَمَّ العَمَل — il est arrivé alors que le travail était déjà terminé

اِعْتَلَى السُطوح ~ هو يَصيح — il grimpa sur les toits en criant

(...) ~ هو يَتكَلَّم — tout en parlant

*4. en construction avec d'autres particules*:

وَلَوْ، وَإِنْ — quoique; même si; bien que; quitte à; lors même que; *v. au second terme*

وَإِلَّا — 5. faute de quoi; sans quoi/cela; ou; sinon; sous peine de

وَٱللّٰهِ، ورَأْسِكَ — *6. particule de serment*: (je jure) par Dieu, sur ta vie/ta tête

أَوَ ...؟ — *7. explétif*: est-ce que?

وَ لَكِنْ — mais

**5828** وا، واها — *exclam.* ha! hélas! oh! ohé!

وات ← واط

**5829** واحة ج ات — oasis

~ صَحْراوِيّة، سَلام — oasis saharienne, de paix

**5830** وَأَدَ ـِ وَأْدًا ه — enterrer vif/vivant qqn

وَئِدَ بِالدَرْس — *fig.* être enterré (affaire)

تُؤَدة — lenteur; calme; sang-froid

بِكُلّ ~ ورَوِيّة — avec calme et réflexion

وَئيد — lent; posé (démarche)

بِخُطًى ~ة؛ وَئيدًا — à pas lents; posément

مَوْؤود — enterré vivant; *fig.* enterré (affaire)

V تَوَأَّدَ تَوَؤُّدًا — agir lentement; ne pas se presser; temporiser

~ في ه — mettre du temps à faire qqch; prendre du recul [*fig.*]

VIII اِتَّأَدَ اِتِّآدًا — être lourd (dans ses mouvements); avoir une démarche lente

مُتَّئِد — lent; lourd

**5831** وَأَرَ ـِ وَأْرًا ه — effrayer; effaroucher

وائِر — effarouché; redevenu sauvage (animal)

**5832** واط — watt

**5833** واق — butor [*ois.*]

~ الشَجَر — bihoreau

**5834** وَأَلَ ـِ وَأْلًا إلى — chercher asile/refuge auprès de/dans; se réfugier; courir vers/s'empresser; *v. aussi 251, 252*

مَوْئِل، مَوْئِلة ج مَوائِل — abri; asile; refuge

**5849** **وَثَبَ** ـِ وَثْبًا، وُثوبًا bondir; donner l'assaut; s'élancer; se jeter; se précipiter; se ruer; sauter; faire un saut

~ إلى ه. ه assaillir

~ على ه. ه s'emparer de; s'emporter contre

**وُثوب** élan; saut

اِسْتَعَدَّ لِلْـ~ prendre son élan; se préparer à sauter

**وَثْبة** assaut; attaque; bond; élan; rebond; ruée; saut

~ إلى الأمام bond en avant

~ في البَحْث العِلْميّ bond dans la recherche scientifique

**وَثّاب** ardent; bondissant; fougueux; impétueux

V تَوَثَّبَ تَوَثُّبًا ← وَثَبَ

**تَوَثُّب** ardeur; fougue; impétuosité

VI تَواثَبَ تَواثُبًا على ← وَثَبَ

**5850** **وَثُرَ** ـُ وَثارة être ... *v. à l'adj.*

**وَثارة** confort; douceur; mollesse; moelleux *n.m.*; souplesse

**وَثِر، وَثير** confortable; doux (étoffe); moelleux (coussin); souple (lit)

**وِثْر، مِيثَرة** ج مَواثِر، مَياثِر housse; tapis de selle

II وَثَّرَ تَوْثيرًا ه revêtir (une route); viabiliser

**5851** **وَثِقَ** ـِ ثِقة، وُثوقًا بـ ه croire; faire confiance à; avoir confiance en; mettre sa confiance dans; se fier à; être sûr de

**وَثُقَ** ـُ وَثاقة être ... *v. à l'adj.*

لا يَثِقُ بـ ne pas se fier à; se défier de; se méfier

**يُوثَقُ** بِهِ crédible; digne de confiance/de foi

لا ~ بِهِ sujet à caution

**ثِقة** ج ات attache; corde; lien; autorité (scientifique); confiance; crédit; foi (en qqn, qqch); homme crédible/sûr/de confiance; expert

جَلْسة الـ~ séance de confiance (à l'Assemblée)

طَلَبَ، رَفَضَ الـ~ demander, refuser la confiance

طَرَحَ الـ~ poser la question de confiance

أَقَرَّ الـ~ voter la confiance

جَدير بالـ~ digne de confiance/de foi

الـ~ بِالمُسْتَقْبَل confiance/foi en l'avenir

تَزَعْزَعَتْ ~ ه être ébranlé (confiance)

رَجُل، مَنْصِب ~ homme, poste de confiance

كانَ مَحَلَّ، مَوْضِع ~ ه être l'objet de/avoir la confiance de

الـ~ بِالنَّفْس confiance en soi; assurance

بـ، على ~ مِن أن être certain/confiant/sûr que

حَطَّ مِن الـ~ بـ discréditer; jeter le discrédit sur

فَقَدَ ~ ه بـ perdre confiance en

فَقْد الـ~ discrédit; perte de confiance

عَدَم، قِلّة الـ~ بـ défiance; méfiance

عَديم، قَليل الـ~ défiant; méfiant

**واثِق** certain (de); confiant; ferme; inébranlable; rassuré; sûr (de); solide

~ بِنَفْسه sûr de lui

**وَثيق** en qui on peut avoir confiance; crédible; constant; ferme; inébranlable; solide; sûr (homme)

صِلة، رِباط ~ (ة) lien étroit/intime/solide

**أَوْثَق** م وُثْقَى plus solide; plus ferme

**عُرْوة وُثْقَى** lien indissoluble/indéfectible; chaîne [*fig.*]

**وَثيقة** ج وَثائِق *admin.* acte; document; pièce

~ رَسْمِيّة acte/pièce officiel(le)/authentique

~ تَأْمين، شَحْن police d'assurance; connaissement

~ تَفْويض mandat [*dr.*]; procuration

**وَثائِق** archives; matériaux [*fig.*]; documentation

مِحْفَظة ~ porte-documents

مَرْكَز ~ centre de documentation

مُرَتِّب ~ documentaliste

~ إِبْرام instruments de ratification

~ إِثْبات pièces à conviction

**وَثائِقيّ** documentaire *adj.*,

فِلْم ~ film documentaire; documentaire *n.m.*

**مَوْثوق بِهِ** authentique; sûr; solide; confirmé; de confiance; digne de foi

مِن مَصْدَر ~ بِهِ — de bonne source; de source sûre

مَتْجَر ~ به — maison de confiance

غَيْر ~ به — inauthentique; douteux

**مِيثاق** ج مَواثِيق — alliance; contrat; engagement; charte; pacte; traité

~ وَطَنِيّ — pacte national

~ هَيْئَة الأُمَم المُتَّحِدة — Charte de l'O.N.U.

II **وَثَّقَ** تَوْثِيقًا ه، ه — attester; authentifier; confirmer; certifier; consolider; dresser un acte officiel/authentique; garantir; considérer comme digne de confiance; raffermir; resserrer (liens)

~ دَيْنًا — *fin.* consolider une dette

~ عُرَى الصَداقة — resserrer les liens de l'amitié

**تَوْثِيق** — attestation; authentification; certification; consolidation; raffermissement; resserrement

~ الأَسْناد — *fin.* consolidation de rentes

**مُوَثِّق** ج ون — écrivain public; notaire; documentaliste

III **واثَقَ** وِثاقًا ه — faire un pacte/avoir un lien avec; se lier à qqn; s'engager avec qqn

~ نَفْسَه على ه — s'engager à; prendre l'engagement/la résolution de

**وِثاق** — attache; lien; engagement

~ الزَواج — lien du mariage

IV **أَوْثَقَ** إِيثاقًا ه، ه — attacher; lier; ligoter

~ قَرْضًا — gager un emprunt

V **تَوَثَّقَ** تَوَثُّقًا — être consolidé/ferme/confirmé/raffermi; avoir/prendre confiance; se resserrer/se raffermir (liens)

~ في ه — agir avec confiance et fermeté

X **اِسْتَوْثَقَ** اِسْتِيثاقًا ه — boucher/obstruer/obturer/fermer solidement

~ ه — avoir confiance en; considérer qqn comme digne de confiance

~ مِن ه، ه — s'assurer de qqn, qqch; compter sur; être sûr de

**مُسْتَوْثِق** مِن ه — sûr de son fait

**5852 وَثَل** — corde en fibres

**5853 وَثَن** ج أَوْثان — idole; fétiche

عابِد، عِبادة الأَوْثان — idolâtre; idolâtrie

**وَثَنِيّ** ج ون — adorateur d'idoles; idolâtre; fétichiste; païen

**وَثَنِيَّة** — fétichisme; idolâtrie; paganisme

**5854 وَجَبَ** ـِ وَجِيبًا — battre/palpiter (cœur)

~ ـِ وُجُوبًا على ه أَنْ — devoir; falloir; être nécessaire/obligatoire/de rigueur; incomber à; requérir

**يَجِبُ** أن — il faut; il est nécessaire/indispensable que

~ عَلَيْهِ أن — il doit; il est de son devoir de

~ أَلّا — il ne faut pas que; il n'est pas nécessaire que

لا ~ أَنْ — *même sens*

ما ~ — nécessaire *n.m.*; ce qu'il faut

كَما ~ — comme il faut; bien; à point

~ تَعْدِيلُ ه — il faut amender/modifier

**وُجُوب** — nécessité; obligation

رَأَى ~ تَعْدِيل ه — il comprit la nécessité de/il émit l'avis qu'il fallait modifier

وُجُوبًا — d'office; de plein droit; nécessairement; obligatoirement

**وَجْبَة** ج وَجَبات — menu; ration; portion; repas

~ الصَباح — petit déjeuner; casse-croûte [*fam.*]

**واجِب** — essentiel; impératif; indispensable; inévitable; nécessaire; obligatoire; de rigueur (tenue); requis *adj.*

~ الأَداء — exigible

شَرْط ~ — condition sine qua non

الوَسائِل الـ ~ اِتِّخاذُها — les moyens qu'il faut adopter/qu'il est nécessaire/qu'il convient d'adopter

التَعْدِيل الـ ~ إِدْخالُهُ على — l'amendement qu'il faut introduire

~، واجِبَة ج ات — exigence; nécessité; devoir; obligation; bienséance; savoir-vivre

~ قَوْمِيّ، مُقَدَّس — devoir national, sacré

اِبْتَعَدَ عن ~ ه — se détourner de son devoir

قامَ بِـ ~ ه — accomplir son devoir/sa tâche

عَدَّ ~ًا عليه أن — se faire un devoir/une nécessité de

رَأَى مِن ~ ه أن — considérer comme obligatoire de

**عِلْم الواجِبات** — déontologie

~ الطَبِيب — déontologie médicale

قامَ بِـ~ه remplir ses devoirs

قَصَّرَ في ~ه manquer à ses devoirs

II **وَجَّبَ** تَوْجيبًا ← IV

IV **أَوْجَبَ** إيجابًا ه rendre qqch obligatoire/nécessaire/indispensable; causer; commander; imposer; exiger; nécessiter; obliger; provoquer

~ ه لِـه accorder/adjuger/confirmer qqch à qqn

~ ه على ه astreindre/obliger/engager qqn à; imposer qqch à qqn; exiger qqch de qqn; mettre qqn dans l'obligation de

~ ه على نَفْسه s'astreindre à; se faire un devoir/une obligation/une loi de

~ الاِحْتِرام، الطاعة commander le respect; exiger l'obéissance

**إيجاب** affirmation; assentiment; confirmation; exécution; disposition [*dr.*]; assertion [*ling.*]

أَجابَ بالـ~ répondre par l'affirmative; accepter

عَلامة الـ~ signe positif; signe +

إيجابًا لِـ conformément à; en conformité avec; en exécution de

**إيجابيّ** affirmatif; constructif; positif

إشارة ~ة signe affirmatif; indication positive

تَصَرُّف ~ attitude constructive/positive

بِشَكْل ~ de façon/manière positive

~ ج ون positiviste *adj.*, *n.*

إيجابيّة positivisme

**مُوجِب** nécessaire; obligatoire; positif; indispensable; précédé du signe +

بِـ~ ه selon; conformément; suivant; en vertu de

بِـ~ التَعْليمات suivant/selon les instructions

إجْراءات بِـ~ها mesures en vertu desquelles

بِدُون ~ sans motif

~ ج ات cause nécessaire; clause; condition; obligation; sujet

**مُوجَب** positif (pôle); affirmé; nécessaire; obligatoire; *ling.* affirmatif; assertif

كَهْرَباء ~ة électricité positive

صُورة ~ة positif [*phot.*]

**مُوجَبات** conséquences; effets; exigences; nécessités

~ العِلْم exigences de la science

~ خُطّة فَعّالة nécessités d'un plan efficace

V **تَوَجَّبَ** تَوَجُّبًا على ه أن incomber à qqn de

X **اِسْتَوْجَبَ** اِسْتيجابًا ه avoir pour conséquence; exiger; rendre obligatoire; nécessiter; prescrire; réclamer; requérir

~ تَفْكيرًا demander/nécessiter/réclamer réflexion

~ عِناية، اِجْتِهادًا réclamer/requérir de l'attention, un effort

~ حَلًّا comporter une solution

~ عِقابًا encourir/mériter/nécessiter une punition

ظُروف ~ت تَعْديلاتٍ circonstances qui rendent obligatoires certains amendements

**5855** **وَجَدَ** ـِ وُجودًا ه constater; découvrir; remarquer; sentir; trouver

~ ضالَّتَه découvrir/dénicher l'oiseau rare; tomber sur l'occasion

~ لَذّةً في trouver du plaisir à

~ غَمًّا avoir/éprouver du chagrin

~ مَكانًا لِلْجُلوس trouver une place assise

ما ~ غَيْرَ ه ne rien trouver d'autre que

~ نَفْسَه أَمامَ se trouver en face de

ما ~ أَيَّةَ غَضاضة في ne voir aucune honte à

~ت الدابّةُ ظِلْفَها *prov.* trouver chaussure à son pied

**وُجِدَ** يُوجَدُ être; exister; se trouver

أَيْنَما ~ où qu'il se trouve

لا يُوجَدُ حَدٌّ il n'existe/il n'y a pas de limite

**وُجود** existence; être *n.m.*; présence

غابَ عن الـ~ perdre l'esprit

~ هَواء في أُنْبوبة présence d'air dans une conduite

الـ~ والعَدَم l'être et le néant

بَرَزَ إلى الـ~ voir le jour; venir au monde

عَدَم ~ non-existence; néant

لا وُجودَ لَهُ inexistant

**وُجوديّ** existentiel; existentialiste

نَظَريّة، فَلْسَفة ~ة théorie, philosophie existentielle

وُجودِيّة existentialisme

**وَجْد** affection; allégresse; amour ardent; émotion; extase; joie; passion

حَطَّ ~ه في prendre à cœur de

وِجْدان conscience; sentiment

وِجْدانيّ affectif; émotionnel; mental; psychique; sentimental

**واجِد** amoureux; passionné; qui trouve

وَأَنْتَ ~ عِنْدَ كُلّ vous trouverez chez chacun

~ لِ capable de

**مَوْجود** qui existe se trouve; existant; présent; sous la main; trouvé; *philos.* être *n.m.*

هٰذه المُوديلات ~ة لِلرِجال ces modèles existent pour hommes

هو ~ il est là présent

غَيْر ~ inexistant; absent; il n'est pas là

~ بِذاتِه، لِذاتِه *philos.* être en soi; être pour soi

مَوْجِدة mouvement de colère

IV **أَوْجَدَ** إيجادًا ه créer; mettre en place; réaliser; provoquer; procurer; fournir; susciter; faire exister naître; faire percevoir sentir

~ حَلًّا صَحيحًا apporter trouver une solution valable

~ عَمَلًا procurer du travail

**إيجاد** création; mise en place; production

مِن أَجْل ~ حَلّ pour apporter trouver une solution

المُهِمّ ~ الجِهاز l'important est de mettre en place l'appareil

VI تَواجَدَ تَواجُدًا coexister; se trouver en même temps que; se lamenter

تَواجُد coexistence

**5856** **وَجْر** ج أَوْجار caverne; grotte;

وُجْرة trappe; chausse-trape

وِجار ج أَوْجِرة repaire; tanière; terrier

**5857** **وَجْز**، وَجازة concision; brièveté; sobriété (des paroles)

**وَجيز** bref; concis; court; dense; dépouillé; laconique; lapidaire; incisif; sobre; succinct; sommaire *adj.*

بَعْدَ فَتْرة ~ة après une brève période

بِ~ العِبارة، الكَلام pour être bref

جَواب ~ réponse incisive succincte sobre

أُسْلوب ~ style concis incisif serré sobre

عِبارة ~ة raccourci *n.m.* [*fig.*]; sommaire *n.m.*

IV **أَوْجَزَ** إيجازًا ه être rendre ... *v. à l'adj.*; abréger; condenser (sa pensée); raccourcir; récapituler; résumer

~ ذِكْرَ ه passer rapidement sur [*fig.*]

~ كَلامَه être bref concis dans ses propos

~ أَفْكارَه، مَقالًا condenser sa pensée, un article

~ في الكِتابة écrire en abrégé

~ مُقارَنة faire une comparaison rapide

**إيجاز** abrégé *n.m.*; brièveté; concision; condensation; diminution; laconisme; récapitulation; réduction

~ اِصْطِلاحيّ abréviation conventionnelle; sigle

بِ~ en abrégé; brièvement; succinctement

إيجازًا لِلْكَلام pour être bref concis

إيجازيّ abréviatif; récapitulatif *adj.* (travail)

**مُوجِز** incisif lapidaire succinct (orateur); laconique (personne)

كاتِب ~ écrivain concis sobre

**مُوجَز** bref; concis dense (écrit); incisif lapidaire (style); raccourci; résumé *adj., n.m.*

~ ج ات abrégé *adj., n.m.*; compendium; manuel; précis *n.m.*; récapitulatif *n.m.*; sommaire *n.m.*; synopsis

كَلِمة ~ة abréviation

رِسالة ~ة message bref; petit mot [*fig.*]

**5858** **وَجَسَ** وَجْسًا ه entendre percevoir (un bruit); avoir peur; être saisi de frayeur

وَجْس appréhension; anxiété; frayeur; malaise

واجِس idée noire; intuition désagréable; prémonition

IV **أَوْجَسَ** إيجاسًا ه deviner; concevoir (idée); avoir un pressentiment; pressentir; sentir

~ خيفة من avoir/éprouver une appréhension

V **تَوَجَّسَ** تَوَجُّسًا ه présager; pressentir; subodorer; tirer présage de

~ شَرًّا من — mal augurer de; tirer un mauvais présage de

تَوَجُّس — appréhension; prémonition; pressentiment

**5859** **وَجِعَ** ـَ وَجَعًا — éprouver une douleur; avoir mal; se plaindre d'un mal

**وَجَع** ج أَوْجاع، وِجاع — douleur interne; mal *n.m.*; souffrance

~ الأَسْنان، الحَلْق — mal de dents, de gorge

~ بِالبَطْن — mal au ventre

وَجِع، وَجِيع ← مُوجِع

**جِعَة** — bière (boisson)

قِنِّينة ~ — cassette de bière

II وَجَّعَ تَوْجِيعًا ه ← IV

IV **أَوْجَعَ** إِيجاعًا ه — endolorir; faire mal/du mal à; faire souffrir; provoquer la douleur/la souffrance

~ رَأْسَهُ — casser/rompre la tête [*fig.*]; tarabuster [*fam.*]

~ه رَأْسُهُ — avoir mal à la tête

مُوجِع — douloureux; poignant

V تَوَجَّعَ تَوَجُّعًا من — éprouver une douleur; souffrir

تَوَجُّع — douleur; peine; souffrance

مُتَوَجِّع — endolori; souffrant

**5860** **وَجَفَ** ـِ وُجوفًا — battre/palpiter (cœur)

واجِف — palpitant (cœur); tremblant (voix)

**5861** **وُجاق** — cuisinière à bois; poêle *n.m.*

**5862** **وَجَل** ج أَوْجال — crainte; peur

وَجِل ج ون، وِجال — craintif; peureux; timoré

**5863** **وَجَمَ** ـِ وُجومًا — se taire; baisser les yeux; être ... *v. à l'adj.*

وُجوم — accablement; consternation; confusion; indignation; tristesse

وَجِم — accablé; confus; consterné; intimidé; silencieux

**5864** **وَجْنة** ج وَجَنات — joue; pommette

وَجْنَتان ناضِجَتان — joues rouges comme des fruits mûrs

**5865** **وَجْه** ج وُجوه، أَوْجُه — apparence; aspect; but; côté; direction; face; figure; visage; dessus/endroit *n.m.*/bon côté d'une étoffe; recto (d'une feuille); surface; forme; manière; sorte; notable *n.m.*; notabilité; phase [*astron.*]

في ~ مالِك تُرَى إِمْرَتُهُ — *prov.* cela se voit comme le nez au milieu de la figure

الـ~ القِبْلِيّ، البَحْرِيّ — *égypt.* Haute-Égypte; Basse-Égypte

~ اتِّهام، تُهْمة — chef d'accusation

~ الشَّبَه — point de ressemblance

ضَحِكَ، اِبْتَسَمَ في ~ه — sourire; faire un sourire

أَغْلَقَ البابَ في ~ه — fermer la porte au nez de

قالَ ه في ~ه — dire qqch devant qqn/en face

وَجْهًا لِـ~ — face à face; vis-à-vis; en face l'un de l'autre

لِـ~ اللّٰه — pour l'amour de Dieu

الـ~ الأَقْرَب لِلْعَقْل — la chose la plus probable/raisonnable/vraisemblable

~ الخُطورة أَن — l'important est que

شَوَّهَ ~ الحَقيقة — altérer/cacher/farder la vérité

أَدارَ ~ه — tourner/détourner la tête/le visage

بَذَلَ، صانَ ماءَ ~ه — perdre, sauver la face

بَيَّضَ ~ه — blanchir [*fig.*]; disculper; innocenter

سَوَّدَ ~ه — noircir [*fig.*]; accuser; déshonorer

ذَهَبَ على ~ه — partir droit devant soi

على ~ه الصَّحيح — à l'endroit; du bon côté; dans le bon sens

على غَيْر ~ه — à l'envers; du mauvais côté; dans le mauvais sens

على ~ التَّقْريب — à peu près; approximativement

على ~ اليَقين — de manière certaine; certainement

أَخَذَ ه على ~ السُّوء — prendre qqch en mal

على ~ الحَصْر — brièvement; succinctement

بِدون ~ حَقّ — sans aucune raison; de manière injustifiée

على ~ الدِّقّة — de manière précise/exacte/minutieuse; exactement; minutieusement; précisément

على، بِـ~ الإِجْمال — de façon globale; en gros; globalement; à tout prendre

مِن هذا الـ~ — à/de ce point de vue

لَيْسَ لِذَلِكَ وَجْهٌ — ça n'a pas de bon sens; c'est faux

على وَجْهٍ ما — en quelque façon; de quelque manière; à un certain titre

على، بِـ~ عامّ — d'une façon/d'une manière générale; en général; généralement

على، بِـ~ خاصّ — d'une façon/d'une manière particulière; en particulier; particulièrement

على أكْمَل ~ — de la manière la plus parfaite; le plus parfaitement; le mieux

**ذُو وَجْهَيْنِ** — à deux faces/visages; à double face/sens

كَلام ذو ~ — propos ambigu/équivoque

**أوْجُه** النَشاط — différentes formes de l'activité

~ القَمَر — phases de la Lune

**وُجوه** المُجْتَمَع — le beau/le grand monde; les grands; les notables

مِن، على جَميع الـ~ — de tous les côtés; à tous égards; dans tous les sens; sous tous les rapports

تَصَفَّحَ ~ الناس — dévisager les gens

مُجَمِّل الـ~ — visagiste

**وَجْهِيّ**؛ زاوِية ~ة — facial; angle facial

**وِجْهة** ج ات — but; destination; direction; objectif; exposition; orientation; route [*mar.*]

~ عامّة — orientation générale

مِن ~ ه — sous le rapport/l'angle de; au titre de; sur le plan de

مِن ~ أُخْرَى — par ailleurs; d'un autre côté

مِن الـ~ الإنْسانِيّة — humainement parlant; d'un point de vue humain

مِن الـ~ العِلْمِيّة — scientifiquement parlant; d'un point de vue scientifique

~ نَظَر — manière/façon de voir; point de vue; côté/perspective/sentiment [*fig.*]; opinion

شاطَرَه ~ نَظَره — partager le sentiment/l'opinion/le point de vue de qqn

عَبَّرَ عَن ~ نَظَره — dire son sentiment; exprimer son point de vue

~ نَظَر اقْتِصادِيّة — perspective/point de vue économique

**وَجاهة** — considération; crédit; distinction; estime; influence; notabilité; réputation; bien-fondé (d'une opinion); pertinence (d'une idée); validité (d'un raisonnemet)

ذُو ~ — distingué/éminent/notable (personne)

**جِهة** ج ات — aspect; côté; destination; direction; face; point; *admin.* milieu; sphère; service

~ الجَنوب، الشَمال — direction du sud, du nord

في، إلى ~ ه — en direction de; à destination de; vers

مِن ~ ه — du côté/sous l'angle/du point de vue de; en ce qui concerne; pour le compte/de la part de

مِن ~ الشَمال، الجَنوب — au nord; au sud

من ~ي أنا — pour mon compte personnel; en ce qui me concerne; personnellement; pour ma part; à mon point de vue; pour moi

من ~ أُخْرَى — par ailleurs; d'un autre côté

من كُلّ ~ — de tous côtés; de toutes parts; de partout

**الجِهات** الأصْلِيّة، الأرْبَع — points cardinaux

الـ~ الثَلاث — les trois dimensions

من جَميع الـ~ — de toutes parts; de tous les côtés; de toutes les directions; de partout; à tous égards; sous tous les aspects

الـ~ الحُكومِيّة — milieux/sphères gouvernementaux(ales)

**جِهَوِيّ**؛ جِهاتِيّ — interrégional

مَصالِح، مَشْروع ~(ة) — intérêts, plan interrégional(aux)

**واجِهة** ج ات — devant *n.m.*; devanture; façade; front [*fig.*]; frontispice

في، مِن ~ ه، ه — du côté face; en face de; contre; de front

~ زُجاجِيّة — vitrine

**وَجيه** — beau; considéré; distingué; éminent; illustre; notable; pertinent; valable; valide

أسْباب ~ة — bonnes/excellentes raisons

~ ج وُجَهاء — gros bonnet; notable *n.m.*; notabilité

**تُجاهَ** ه — devant; en face de; vis-à-vis de

II **وَجَّهَ تَوْجيهًا** ه — adresser; aiguiller; braquer (une arme) en direction de; diriger; envoyer; exposer; guider; orienter

~ دَعْوة إلى ه — adresser/envoyer une invitation à

~ عِمارة جِهة الجَنوب — exposer un immeuble au sud

~ رَغَباتِه — canaliser/endiguer ses désirs

~ مَصيرَ البَلَد — présider aux destinées du pays

~ سِياسة البَلَد — inspirer/orienter la politique du pays

~ مَسَبّات إلى ه — proférer des injures contre

~ لَوْمًا إلى adresser/infliger un blâme/des reproches à

~ حُكْمًا على prononcer un jugement contre

~ الكَلام إلى adresser la parole à; s'adresser à

~ إهانة إلى infliger un affront à

~ تُهْمة إلى lancer une accusation contre

~ نِداء إلى lancer un appel à

~ عَن بُعْد. بُعْديًا commander à distance; téléguider; télécommander

~ أنظاره. اِنْتِباهه الى diriger/porter/fixer/tourner ses regards, son attention vers

**تَوْجيه** ج ات aiguillage; direction; directive; indication; envoi; guidage; orientation

حَسَن. سَيِّئ الـ~ bien, mal orienté

لَجْنة الـ~ comité directeur

~ مِهَنيّ orientation professionnelle

عِلْم الـ~ cybernétique

~ عَنْ بُعْد commande à distance; téléguidage

~ إشْعاعيّ لاسِلْكيّ radioguidage

**تَوْجيهات** directives; indications

أعْطَى، وَجَّهَ ~ donner des directives

**تَوْجيهيّ** directif; directionnel

شَهادة ~ة *égypt.* diplôme d'admission à l'université

**مُوَجِّه** ج ون guide *n.m.*; initiateur; *syr.* conseiller pédagogique; inspecteur [*enseign.*]

~ بُنْدُقيّة hausse de fusil

رَأس. فِكْرة ~(ة) tête chercheuse; idée directrice

**مُوَجَّه** adressé/envoyé (à); dirigé; orienté; *math.* vecteur

اِقْتِصاد ~ économie dirigée; dirigisme

~ عن بُعْد téléguidé; télécommandé

**مُوَجَّهيّ** vectoriel

III **واجَهَ** مُواجَهة ه، ه affronter; aborder; faire face/se heurter/tenir tête à; confronter; mettre en présence; opposer; avoir une entrevue avec

~ الأشْياء كَما هي prendre les choses comme elles sont/comme elles viennent

~ الخَطَر affronter/défier le danger

~ الصُعوبات [f]aire face/parer aux difficultés

~ المُتَّهَمين، الشُهود [c]onfronter les prévenus, [l]es témoins

~ ه بِجَبْهة مُوَحَّدة [o]pposer à qqn un front [u]ni; faire front contre

~ ه بِقَوْل ه [d]ire qqch en face; déclarer franche[m]ent/tout de go [*fam.*] qqch à qqn

**مُواجَهة** [a]ffrontement; confrontation; face-à-face; [a]udience; interview; entrevue; rencontre

بِـ~ ه، ه [e]n présence/en regard/en face de

جَلَسَ في ~ ه. ه [s]'asseoir en face de

**مُواجَهةً** [d]e face; en face; face-à-face

أنْظُرْ إلَيَّ ~ [r]egarde-moi en face/dans les yeux

**مُواجِه** [s]itué en face; opposé; vis-à-vis; ci-contre

V **تَوَجَّهَ** تَوَجُّهًا إلى، نحو ه، ه [s]'acheminer/se diriger/s'orienter/se tourner vers; [m]ettre le cap sur; partir pour; se rendre à

~ إلى ه بِالكَلام [s]'adresser à qqn

~ عِنْده [g]agner la faveur de

**تَوَجُّه** ج ات [a]ttention [*fig.*]; bienveillance; [m]arque de faveur; prévenance

VI **تَواجَهَ** تَواجُهًا [s]e regarder en face; être en [f]ace/en vis-à-vis; se fréquenter; [s]e rencontrer

**مُتَواجِه** [e]n vis-à-vis; à l'opposite

VIII **اِتَّجَهَ** اِتِّجاهًا إلى ه ← V

~ نَحْوَ الباب، المَخْرَج gagner la porte, la sortie

~ نَحْوَ عُرْض البَحْر gagner/prendre le large

**اِتِّجاه** ج ات aiguillage [*fig.*]; exposition; direction; orientation; sens; penchant; tendance

~ فِكْريّ tendance/tour d'esprit

~ وَحيد sens unique

شارِع وَحيد الـ~ rue à sens unique

~ مُضادّ sens contraire/opposé

~ إلى الاِرْتِفاع tendance à la hausse

جَرَى في ~ واحِد s'avancer dans la même direction

~ الحِياكة sens du fil; droit fil

~ عَقارِب الساعة sens des aiguilles d'une montre

عَمود الـ~ poteau indicateur

في ، بـ ~ ه — dans la/en direction de; vers; du côté de

ذو اتِّجاهَيْن — à double sens/voie

مُتَّجه إلى — dirigé/orienté vers

مُتَّجِهًا إلى — à destination/en direction de

مُتَّجَه ج ات — direction

**5866 وَحْد** — solitaire/singulier/seul *adj.*; un; unique; *v. aussi 48*

اَللّٰهُ ~ه — Dieu unique

وَحْدَكَ، هُ، ها — toi, lui, elle seul(e)

~ هُما، هُمْ — eux seuls; isolément

بذٰلِكَ ~هُ — grâce à cela seulement

نَسيج وَحْدِهِ — unique en son genre

إنّي ~ي أَسْتَطيع أن — moi seul ai le pouvoir de

**وَحْدة** ج ات — communauté; élément; formation; identité; union; unité; isolement; solitude; *mil.* corps (de troupe); élément; unité; *industr.* installation; train

المِتْر ~ لِقِياسات الطُول — le mètre est l'unité de longueur

الغرام ~ لِقِياسات الوَزْن — la gramme est l'unité de masse

~ الزَمان، المَكان، العَمَل — unité de temps, de lieu, d'action

~ التَعْليم والبَحْث — unité d'enseignement et de recherche; U.E.R.

~ المَصير، الشُعور — communauté/identité de destin, de sentiment

~ إنْتاجِيّة، مُنْتِجة — unité de production, productive

~ النَقْد، صِحِّيّة — union monétaire; formation sanitaire

الـ~ العَرَبِيّة — unité arabe

~ عَسْكَرِيّة — élément/unité militaire

~ كُلِّيّة، جُزْئِيّة — *écon.* macro-, micro-unité

**وَحْدِيّ** — *écon.* micro- *préf.*

اِقْتِصاد، تَحْليل ~ — micro-économie, -analyse

تَخْطيط، نَموذَج ~ — micro-planification, -modèle

**وَحْدَوِيّ** — unioniste; unitarien; unitaire

على أَساس ~ — sur une base unitaire

**وَحْدَوِيّة** — unionisme; unitarisme

**وَحْدانِيّ** — isolé; moniste; monothéiste; seul; solitaire; unique

**وَحْدانِيّة** — isolement; monisme; monothéisme; solitude; unicité; unicisme

~ اَللّٰه — unicité divine

**حِدة** : على ~ — à l'écart; à part; isolément; séparément; respectivement; en privé; en tête à tête

مَطْبوع على ~ — tiré à part

**واحِد** — un; unique; seul; même

كُلّ ~، ~ مِن — chacun

في وَقْت ~ — en même temps; au même instant/moment; de front

في بُقْعة ~ة — dans la même région

الـ~ تِلْوَ، وَراءَ الآخَر — un à un; un par un; un après l'autre; en file indienne; à la queue leu leu [*fam.*]

ثَلاثة أَجْهِزة في قِطْعة ~ة — trois appareils en un seul

هُمْ يَدٌ ~ة — ils ne font qu'un; tous pour un

تَصْويت بِاسْم ~ — vote uninominal

مِن جانِب، طَرَف ~ — d'un seul côté; de manière unilatérale; unilatéralement

على نَمَط ~ — de manière uniforme; uniformément

الساعة الـ~ة بَعْد الظُهْر — une heure après midi

**واحِدًا** واحِدًا — un à un; un par un; individuellement; séparément

~ فَواحِدًا — *même sens*

واحِديّ، واحِدِيّة — *philos.* moniste; monisme

**وَحيد** — esseulé; exclusif; isolé; unique; seul; séparé; sporadique; singulier; uni- *préf.*

عاشَ ~ًا — vivre seul

السَبيل الـ~ — le seul/l'unique moyen

المُوَزِّع الـ~ — distributeur exclusif

~ في نَوْعه، في بابه — unique en son genre

كان جَوابُه الـ~ كَذا — sa seule réponse fut; pour toute réponse il dit

~ النَمَط — uniforme *adj.*; standard *adj.*

~ الساق، القَرْن — unijambiste; rhinocéros

~ أَبَوَيْه، الطَرَف — enfant unique; unilatéral

~ الزَوْج، الزَوْجة — monogame

~ الخَلِيَّة، اللَّوْن — unicellulaire; unicolore

~ الزَهْرة، الوَرَقة — uniflore; unifolié

~ الفَلْقة، الشِقّ — unilobé; unisexué

~ القافية — monorime (poème)

~ الطَوْر — monophasé [*électr.*]

**وَحيدات المَسْلَك** — monotrèmes *n.m.pl.*

داء ~ النَواة — mononucléose

**أَوْحَدُ** — incomparable; unique; seul

~ أَهْل زَمانِه — unique en son temps

II **وَحَّدَ تَوْحيدًا** ه — amalgamer; coaliser; fédérer; combiner; conjuguer; fusionner; joindre; normaliser; régulariser; réunir; standardiser; unifier; uniformiser; unir

~ الجُهود — conjuguer les efforts

~ المَنْتوجات — standardiser/uniformiser la production

~ المَناهِج، الأَهْداف — unifier les programmes, les objectifs

~ اللّٰهَ تَعالَى — *isl.* être monothéiste; croire en un seul Dieu; prononcer la formule «*la ilaha illa llāh*» (il n'y a qu'un seul Dieu)

**تَوْحيد** — normalisation; standardisation; réunion; uniformisation; régularisation; unification; *isl.* monothéisme; théologie

~ المَصالِح — coalition d'intérêts

تَوْحيديّ — monothéiste

**مُوَحِّد** — conjonctif; unificateur

~ اللّٰه — *isl.* monothéiste

المُوَحِّدون — *isl.* Almohades; *syr.*, *lib.* Druzes

**مُوَحَّد** — amalgamé; combiné; conjugué; normalisé; réunifié; standard; standardisé; unifié; uni; unitaire; uniforme *adj.*

جَبْهة، ظُروف ~ة — front uni; conditions standard

V **تَوَحَّدَ تَوَحُّدًا** (← VIII) — être/rester ... *v. à l'adj.*; s'isoler; se séparer

~ بِرَأْيِه — être seul de son opinion

تَوَحُّد — isolement; solitude

مُتَوَحِّد — isolé; seul; solitaire; unique

VIII **اِتَّحَدَ اِتِّحادًا** — s'allier; se coaliser; se liguer; se combiner; communier [*fig.*]; se confédérer; se fédérer; fusionner; s'unir; s'unifier

~ في الأَلَم — communier dans la douleur

**اِتِّحاد** ج ات — alliance; coalition (d'intérêts); cohésion; combinaison; confédération; consortium; corporation; fusion; fédération; union; unité

~ رِياضيّ — fédération/union sportive

~ صِناعيّ — combinat/complexe industriel

~ جُمْرُكيّ، نَقْديّ — union douanière, monétaire

~ المُؤْمِنين، الآراء — communion des croyants, des idées

الـ~ العامّ لِلشُغْل — Confédération générale du travail; C.G.T.

~ العُمّال الأَمِريكيّ — American Federation of Labor; A.F.L.

الـ~ السُويسْريّ — Confédération helvétique

~ السِياحة الدُوَليّ — Alliance internationale du tourisme; A.I.T.

الـ~ الفِرَنْسيّ — Alliance française

الـ~ الأُوروبيّ لِلْمَدْفوعات — Union européenne des paiements

الـ~ السوفياتيّ — Union soviétique

~ الكُتّاب العَرَب — Union des écrivains arabes

~ الإمارات العَرَبيّة — Union des émirats arabes

القُوّة بالـ~ — *prov.* l'union fait la force

~ المُنْتِجين — *écon.* cartel

~ مُنْتِجي الصُلْب — cartel de l'acier

~ اِحْتِكاريّ لِلْمُنْتِجين — *écon.* trust

~ اِحْتِكاريّ صِناعيّ، نَفْطيّ — trust industriel, pétrolier

**اِتِّحاديّ** — unitaire; unioniste; fédéral; fédéraliste

حُكومة، جُمْهوريّة ~ة — gouvernement, république fédéral(e)

دَوْلة ~ة — Etat fédéral; fédération

اِتِّحاديّة — fédéralisme

**مُتَّحِد** — conjugué; confédéré; convergent; fédéré; unanime; uni; unifié

جُهود ~ة — efforts conjugués/convergents

الوِلايات الـ~ة الأَمِريكيّة — États-Unis d'Amérique

مُنَظَّمة الأُمَم الـ~ة — Organisation des Nations unies

المَمْلَكة الـ~ة — Royaume-Uni

**5867 وَحْش** état sauvage/de nature; animal/bête sauvage; maussade; difforme; laid; vilain

~ ج وُحوش brute *n.f.*; monstre; barbare; fauve *n.m.*

مَكان ~ endroit dépeuplé/désert/farouche/sauvage

حِمار الـ~ âne sauvage; onagre

بَقَر الـ~ antilope

وُحوش ضارِية animaux féroces/prédateurs/sauvages

**وَحْشة** mélancolie; tristesse; solitude; vie sauvage/isolée/retirée; sentiment de malaise/d'inquiétude (dû à l'obscurité, à la solitude); misanthropie

جَرَتْ بَيْنَهُمْ ~ il y a un froid entre eux

شَعَرَ بالـ~ éprouver de la tristesse; avoir le cafard

**وَحْشيّ** barbare; brutal; cruel; fauve (bête); féroce; inhumain; monstrueux; non apprivoisé; non domestiqué; sauvage; farouche; insociable

مُعامَلات ~ة traitements barbares/inhumains

جَريمة ~ة crime atroce/crapuleux/monstrueux

حَيَوانات ~ة animaux sauvages

كَلِمات ~ة mots crus/peu usités

**وَحْشيّة** barbarie; brutalité; cruauté; férocité; inhumanité; monstruosité; désinvolture; sauvagerie; impertinence; *peint.* fauvisme

~ الحُروب barbarie/monstruosité des guerres

في ~ لَذيذة avec une charmante désinvolture

II **وَحَّشَ تَوْحيشًا ه، ه** (← IV) faire languir/souffrir qqn (par son absence); manquer à qqn

IV **أَوْحَشَ إيحاشًا ه، ه** abandonner qqn; délaisser; affliger; attrister; faire souffrir qqn; trouver un pays revenu à l'état de barbarie; dépeupler/désoler [*class.*]/dévaster un pays; être ... *v. à l'adj.*

**أَوْحَشْتَنا** vous nous avez beaucoup manqué; vous nous avez fait languir

**مُوحِش** désolé; déserté; isolé; esseulé; mystérieux

V **تَوَحَّشَ تَوَحُّشًا** s'abrutir; devenir sauvage; retourner à l'état de barbarie; se dépeupler (région)

~ ه، لِـ ه languir de qqn; souffrir d'être séparé de

**تَوَحَّشْناك** vous nous avez manqué

**تَوَحُّش** sauvagerie; brutalité; férocité; humeur farouche

بِـ~ brutalement; sauvagement

**مُتَوَحِّش** brute/fauve/féroce (bête); brutal/barbare/farouche/sauvage (homme); dépeuplé/désolé/dévasté (pays)

رَجُل ~ misanthrope

X **اِسْتَوْحَشَ اِسْتيحاشًا ه** avoir de l'appréhension/de la méfiance; craindre; être morose/triste/insociable

**اِسْتيحاش** étrangeté; insociabilité; mystère; tristesse

**مُسْتَوْحِش** effarouché; étrange; farouche; insociable; inculte (région); malheureux; mélancolique; morose; sauvage

**5868 وَحْف** chevelure noire et épaisse; végétation luxuriante

**وَحْفاء ج وَحافي** sol fait de pierres noires; désert noir

**5869 وَحِلَ** - وَحَلًا s'embourber; s'enliser

**وَحْل** ج أَوْحال boue; bourbe; bourbier; crotte; fange; vase *n.f.*

~؛ وَحْلة *fig.* mauvais pas; gâchis; embarras

**وَحِل** boueux; bourbeux; fangeux; vaseux

**مَوْحول** embourbé; enlisé

**مَوْحِل ج مَواحِل** cloaque; fondrière; bourbier

IV **أَوْحَلَ إيحالًا ه** embourber; crotter qqn; jeter/faire tomber dans un bourbier/un malheur

**مُوحِل** ← وَحِل

V **تَوَحَّلَ تَوَحُّلًا** se crotter; tomber dans un bourbier

**5870 وَحِمَ** - (يَحِم، يَوْحَم) avoir envie/des envies (femme enceinte)

**وَحَم؛ وِحام** désir/envie (d'une femme enceinte); malacie

**وَحْمَى** femme enceinte qui a des envies

V **تَوَحَّمَ تَوَحُّمًا** ← وحم

**5871 وَحَى** - وَحْيًا بِـ ه inspirer qqch; insinuer; révéler; suggérer; souffler (à l'oreille, en secret)

~ إلى ه بِـ ه inspirer qqch à qqn

**وَحْي** illumination [*fig.*]; inspiration; révélation

الـ~ الإلَهيّ inspiration divine; *relig.* révélation

مَنْبَت الـ~ la terre de la révélation

مِنْ ~ شَرْقيّ، فَلْسَفيّ d'inspiration orientale, philosophique

واحٍ inspirateur; insinuant

IV أَوْحَى إِيحاءً بِـ ه. أن évoquer; inspirer; faire penser à; suggérer; souffler; révéler; refléter [*fig.*]; suggestionner

~ إلى ه بِـ ه faire penser qqn à qqch; évoquer qqch pour qqn

~ بِالطِيبة refléter/respirer la bonté (visage)

~ بِالإِحْتِرام commander/inspirer le respect; en imposer à

~ بِالشَكّ inspirer de la méfiance

~ بِالقَلَق porter ombrage

هَلْ يُوحِي ذَلِكَ إليك بِشَيْء est-ce que ça t'inspire?

أُوحِيَ إلَيْه بِفِكْرة être inspiré; avoir une idée

~ إليه بِفكرة سَيِّئة، جَيِّدة être mal, bien inspiré

**إِيحاء** évocation; inspiration; révélation; suggestion

~ ذاتِيّ *psychol.* autosuggestion

مِن ~ نَفْسه de sa propre initiative

إِيحائيّ évocateur; suggestif

**موحٍ** بِـ ه évocateur; qui évoque/inspire/suggère; inspirateur

~ بالوُدّ sympathique

**مُوحًى** بِهِ inspiré; évoqué; suggéré

عِلْم ~ به science infuse [*théol.*]

قَرار ~ به مِن طَرَف ه décision inspirée par qqn

رَجُل، شاعِر ~ إليه homme, poète inspiré

أَفْكار ~ بها عَن طَريق الكَلِمات
idées suggérées par les mots

مُوحَيات الشاعِر inspirations du poète

X **اِسْتَوْحَى** اِسْتيحاءً ه consulter qqn; s'inspirer de qqn; demander un avis/un conseil à qqn

~ ه، مِن ه chercher/trouver son inspiration dans; se laisser guider/influencer par qqch

~ مَوْعِظة مِن tirer un exemple/une leçon de

**مُسْتَوْحًى** مِن inspiré de; suggéré par

(وخذ) **مُواخَذة** ← III أَخَذَ

**5872 وَخَزَ** ـِ وَخْزًا ه، ه aiguillonner; donner un coup d'aiguille/de pique; piquer; percer; ponctionner; picoter; *méd.* lanciner; élancer; lancer; *fig.* asticoter qqn [*fam.*]; lancer des piques [*fam.*]; tourmenter; vexer

~ ه ضَميرُه se reprocher qqch; être tenaillé par le remords

**وَخْز** élancement; lancination; lancinement; picotement; morsure [*fig.*]; ponction; tourment

~ الضَمير remords; reproche

وَخْزة أَلَم douleur lancinante; élancement

واخِز lancinant; fulgurant (douleur); piquant; mordant; vexant; violent

وَخّاز *même sens*

**5873 وَخَطَ** ـِ وَخْطًا grisonner (cheveux)

شَعْر يَخِطُهُ الشَيْبُ cheveux poivre et sel

**5874 وَخَفَ** ـِ وَخْفًا macérer *tr.* et *intr.*; faire épaissir (une mixture); épaissir (par évaporation)

**5875 وَخِمَ** ـَ (يَوْخَم) وَخَمًا مِن avoir une indigestion de

وَخُمَ ـُ وَخامة être ... *v. à l'adj.*

وَخَم miasme

وَخامة insalubrité; nocivité; caractère indigeste/lourdeur (d'un aliment)

تُخْمة (← تخم) indigestion; malaise

**وَخيم** ennuyeux; indigeste; insalubre; malsain; lourd [*pr.* et *fig.*]; nocif; pernicieux

طَقْس ~ climat insalubre; temps pourri

~ العاقِبة désastreux; fatal; dangereux; funeste; néfaste

VIII اِتَّخَمَ اِتِّخامًا مِن avoir une indigestion de

X اِسْتَوْخَمَ اِسْتيخامًا ه considérer comme indigeste [*pr.* et *fig.*]/ennuyeux/lourd

**5876 وَخَى** ـِ وَخْيًا ← V

~ وَخْيَهُ poursuivre le même but

V **تَوَخَّى** تَوَخِّيًا ه chercher; aspirer à; épier; rechercher; se proposer de; se donner un objectif; avoir en tête/en vue

~ مَرْضاة ه chercher à plaire à/à satisfaire qqn

~ أَهْدافًا مُحَدَّدة se proposer/se donner des objectifs limités

V تَوَدَّدَ تَوَدُّدًا ه attirer; captiver; chercher à plaire/à séduire; faire la cour à; courtiser; flatter; rechercher l'amitié/l'affection de

~ إلى ه témoigner de l'affection/de l'amitié à qqn

تَوَدُّد affection; amitié; chaleur; cour [*fig.*]; flatterie; galanterie; tendresse

VI تَوادَّ تَوادًّا s'aimer les uns les autres; vivre en bonne harmonie les uns avec les autres

5878 وَدَجَ ِ وَدْجًا ه couper la carotide; saigner (un animal)

~ بَيْنَ النَّاس effacer/supprimer un différend; ramener la paix

وَدَج ج أَوْداج veine jugulaire

إِنَّهُ ~ إلى ه il est la raison d'être de

هُما وَدَجانِ ils vont bien ensemble; ils font la paire; être comme les doigts de la main

وداج ← وَدَج

اِنْتَفَخَتْ أَوْداجُهُ se mettre en colère/en fureur; enrager

5879 وَدَح pivoine

5880 II وَدَّرَ تَوْديرًا ه égarer; éloigner; perdre qqn; jeter qqn dans l'erreur

~ مالَه dissiper son bien

V تَوَدَّرَ تَوَدُّرًا s'égarer; se perdre

~ في صُعوبات se laisser entraîner dans des difficultés

5881 وَدَعَ َ وَدْعًا ه déposer; laisser; mettre; placer; poser

~ عَن ه négliger; oublier; omettre

~ مالَهُ في المَصْرِف déposer/placer son argent en banque

~ جانِبًا laisser de côté/tranquille

~ الأُمور تَجْري في أَعِنَّتِها laisser les choses aller leur train

~ ه يَفْعَلَ، يَذْهَبَ laisser qqn faire, partir

~ مَجالًا لِلشَّكّ laisser place au doute

لا يَدَعُ مَجالًا لِأَيِّ شَكّ ne laisser aucune place au doute

دَعْ allons donc! laisse! laissez!

~ الأُمور تَجري في أَعِنَّتِها laisse courir/faire/tomber!

دَعْني وَشَأْني laisse-moi tranquille! fichez- [*fam.*]/foutez-moi [*pop.*] la paix

~ طَريقة دَقيقة pratiquer/suivre une méthode rigoureuse; procéder de manière très méthodique

تَوَخٍّ ج تَوَخِّيات aspiration; dessein; recherche

~ (تَوَخِّي) الكَمال recherche de la perfection

5877 وَدَّ َ وُدًّا، مَوَدَّة ه، ه affectionner; aimer; chérir

~ أَنْ، لَوْ، لَوْ أَنْ aimer à que; désirer; préférer; souhaiter; trouver du plaisir à vouloir

وَدِدْتُ لَوْ كُنْتُ غَنِيًّا ah si j'étais riche! j'aimerais bien être riche!

~ لَوْ أَنَّكَ جِئْتَ ah si tu étais venu! j'avais très envie que tu viennes!

أَوَدُّ لَوْ، أَنْ je voudrais bien que; je souhaite que; j'ai très envie que

كَما يَوَدُّ comme il veut/il lui plaît

وُدّ affection; amour; attachement; désir; envie; souhait; vœu

بِـ~ه أَنْ، لَوْ souhaiter

بِـ~ي أَنْ، لَوْ أَراكَ فيه je voudrais bien t'y voir

بِـ~ي أَنْ أَنامَ، أُسافِرَ je voudrais bien dormir, partir

وُدِّيّ affectueux (sentiment); aimable/amical/cordial (accueil); sympathique

تَسْوية ~ة arrangement amiable

مُباراة ~ة match amical

عَصَب ~ sympathique *n.m.* [*anat.*]

غَيْر ~ inamical

وِداد amour; désir; vœu

إِخْوان الـ~ frères par le cœur

وِدادِيّة، جَمْعِيّة ~ amicale *n.f.*

~ الجَزائِرِيّين بِأُوروبّا Amicale des Algériens en Europe

مَوَدَّة amabilité; amitié; affection; amour; chaleur; cordialité; intimité; tendresse

بِـ~ affectueusement; aimablement; tendrement; chaleureusement

وَدود affectueux; aimable; aimant; chaleureux; cordial; tendre; prévenant; caressant

قَلْب ~ cœur aimant/tendre

وَديد ج أَوِدّاء ami; amant; amoureux; *coll.* amis; amoureux

III وادَّ مُوادَّة ه être/devenir ami avec qqn

دَعْكَ وَ — cesse/arrête donc de; assez de (simagrées)

~ مِنْ؛ دَعْ عَنْكَ ه — laisse de côté; ne tiens pas compte de; sans parler de; à plus forte raison

وَدُعَ ـُ (يَوْدُعُ) وَداعة — être calme/paisible/rangé [*fig.*]/tranquille

وَدَعة ج ودع ← *5882*

**وَداع** — adieu

أَلْقَى نَظْرة ~ — jeter un regard d'adieu

وَداعًا — adieu! salut!

وَداعة — aménité; bonhomie; douceur; bonté; innocence; mansuétude; caractère amène [*litt.*]/paisible; quiétude; sagesse; tranquillité

**دَعة** ← وَداعة

~ الخُلُق، العَيْش — douceur de caractère, de la vie

أَهْل الـ~ — gens paisibles; bonnes gens

وادِع ← وَديع ؛ واضِع

**وَديع** ج وُدَعاء — amène [*litt.*]; bonhomme *adj.*; débonnaire; doux; innocent; paisible; sage; tranquille

~ ج وَدائِع — dépositaire; alliance; pacte

**وَديعة** ج وَدائِع — dépôt; objet déposé/confié (à qqn)

~ تَحْتَ الطَلَب، نَقْدِيّة — dépôt à vue, en numéraire

~ زَمَنِيّة، لِأَجَل مُحَدَّد — dépôt à terme, à échéance fixe

وَدائِع مَصْرِفِيّة، اِدِّخارِيّة — dépôts bancaires, à la Caisse d'épargne

~ ذات دَخْل شَهْرِيّ — dépôts à revenu mensuel

صُنْدوق الـ~ والأَمانات — Caisse des dépôts et consignations

II **وَدَّعَ** تَوْديعًا ه ← IV

~ه — dire au revoir à qqn; saluer; faire ses adieux à

تَوْديع — adieu; dépôt (en banque); mise en dépôt

مُوَدِّع — qui salue/dit au revoir; qui fait ses adieux

مُوَدَّع — déposé (en banque)

IV **أَوْدَعَ** إيداعًا ه — déposer qqch; mettre en dépôt; entreposer; parquer (voiture)

~ه ه — confier/donner/remettre qqch à qqn

~ مالًا — déposer/mettre/placer/verser de l'argent (en banque)

~ طَرْدًا في البَريد — poster un colis

~ بَضائِع — consigner des marchandises

~ه في السِجْن — mettre en prison/sous mandat de dépôt

~ يَدَها قُبْلة — déposer un baiser sur/baiser la main

**إيداع** — dépôt; consignation; entreposage

شَهادة ~ — *fin.* certificat de dépôt

بِطاقة ~ — *dr.* mandat de dépôt

تَذْكِرة، بِطاقة ~ — ticket de consignation/de dépôt

~ قانونِيّ — dépôt légal

~ مال — dépôt/mise de fonds

مُودِع ج ون — déposant

مُودَع لَدَيْهِ، عِنْدَهُ — consignataire; dépositaire

X **اِسْتَوْدَعَ** اِسْتيداعًا ه، ه — entreposer; mettre en disponibilité/en réserve

~ه ه — confier/recommander/remettre qqch à qqn; commettre qqn à

~ه مالًا — confier de l'argent à qqn

~ه اللّٰهَ — demander à Dieu de prendre qqn en sa protection; dire au revoir/adieu à qqn

أَسْتَوْدِعُكَ اللّٰهَ — *fig.* adieu! au revoir! salut!

**اِسْتيداع** — non-activité; disponibilité; inactivité; réserve

أَحالَه إلى الـ~ — mettre/placer en disponibilité/en réserve

**مُسْتَوْدَع** — confié; déposé; entreposé; mis en réserve; consignataire; dépositaire

~ ج ات — dépôt; entrepôt; hangar; réserve

~ الأَثاث — garde-meubles

~ بَضائِع — dépôt/hangar de marchandises

~ بَنْزين — dépôt/container/réservoir d'essence

~ الأَمانات في المَحَطّة — consigne (de gare)

5882 **وَدَعة** ج وَدَع — coquillage; coquille; conque de Vénus

5883 **وَدَفَ** ـِ وَدْفًا — couler/fondre (graisse)

وَدْف — sperme

5884 **وَدَفة** — roseau des sables; chardon

وَديفة ← وَديقة

**5885** **وَدَقَ** ـِ وَدَقَانًا — être en chaleur/en rut (jument)

وَدَق، وَدَقَان — *sexol.* chaleur; rut; œstrus

دَوْرَة وَدَقِيَّة — cycle œstral

وَدْق — pluie d'été; taches sur l'œil; yeux injectés de sang

**وَدِيقَة** — fort de la chaleur

~ ج وَدَائِق — pelouse; prairie

**5886** **وَدَك**، دِكَة — adiposité; graisse; gras *n.m.*

مَا فِيهِ ~ — il n'y a rien à attendre de lui; il n'y a rien à gratter [*fig., fam.*]

وَدِك — adipeux; gras *adj.*

**5887** **وِدْن**، ~ الأَسَد — *bot.* orpin

وَدْنَة — *métall.* tuyère

**5888** **وَدَى** ـِ دِيَةً — payer le prix du sang

دِيَة — prix du sang

**5889** **وادٍ** ج أَوْدِيَة، وِدْيَان — gorge [*géogr.*]; lit d'un fleuve; fleuve; rivière; ravin; val; vallée; oued; *fig.* domaine; genre; classe; catégorie; colonne de journal

مِن ~ وَاحِد — de même sens (mots); de même genre; de la même trempe

فِي كُلِّ ~ — de tous côtés; partout

مِن كُلِّ ~ عَصًا — à bâtons rompus; de bric et de broc; du coq à l'âne

نَحْنُ فِي ~ وَأَنْتُمْ فِي ~ — *prov.* il y a un abîme/un monde entre nous

كَانَ فِي ~ آخَرَ — *fig.* être ailleurs/distrait/dans la lune

كَصَرْخَة فِي الوَادِي — *prov.* peine perdue; crier/parler/prêcher dans le désert

سَالَ بِهِ الـ~ — *prov.* il est passé de l'eau sous les ponts

أَسَالَ **أَوْدِيَة** ه — faire couler des flots de

أَسَالَ ~ مِنَ الحِبْرِ، الدَّم — faire couler des flots d'encre, de sang

هَامَ فِي **وِدْيَان** — s'égarer [*fig.*]; se perdre [*fig.*]; se perdre dans les sables [*fig.*]

IV **أَوْدَى** إِيدَاءً بِـ ه، ه — anéantir; couler *tr.*; emporter qqn (maladie); enlever qqn (mort)

~ بِصِحَّة ه — détruire/ruiner la santé

~ بِحَيَاة ه — attenter à la vie de

**5890** **وَذَرَ** يَذَرُ وَذْرًا ه — laisser qqn

ذَرْهُ يَفْعَلُ، يَقُول — laisse-le faire, dire

**5891** **وَذِيلَة** ج وَذَائِل — plaque d'argent poli; miroir

**5892** **وَذَمَة** — œdème; polype [*méd.*]

وَذِيمَة ج وَذَائِم — collier de chien

**وَرَاء** ← ورى

**5893** **وَرْب** — biais; côté; diagonale; oblique

بِالـ~، وَرْبًا — en biais; de côté; en diagonale; en oblique; obliquement; de travers

بِالـ~ عَلَى الصَّدْر — en bandoulière; en écharpe

وَرْبَة — creux de la taille/de la hanche

II وَرَّبَ تَوْرِيبًا ه — insinuer

**تَوْرِيب** — insinuation

بِالـ~ — indirectement; de manière indirecte

III **وَارَبَ** مُوَارَبَة ه — entrebâiller/entrouvrir (une porte); biaiser

~ ه — jouer au plus fin avec; tergiverser; déguiser ses pensées à; faire des entourloupettes à [*fam.*]

**مُوَارَبَة** ج ات — entrebâillement (d'une porte); biais [*fig.*]; déguisement [*fig.*]; détour; entourloupette [*fam.*]; feinte; méandre [*fig.*]; tergiversation

بِدُون ~ — sans ambages/détours/fard [*fig.*]/déguisement; sans tergiverser

قَالَ الأَشْيَاء بِدُون ~ — dire les choses crûment

مُوَارَبَةً — en écharpe; en travers

مُوَارَبَات السِّيَاسَة — méandres/détours de la politique

مُوَارَب — entrebâillé; entrouvert

**5894** **وَرِثَ** ـِ وَرْثًا، إِرْثًا، وِرَاثَة ه — hériter (de qqch)

~ ه، مِن، عَن ه — hériter/être l'héritier de qqn

وِرْث ← إِرْث

**تُرَاث** — héritage; patrimoine

الـ~ البَشَرِيّ، الثَّقَافِيّ — patrimoine humain; héritage culturel

~ الأُمَّة، الشَّعْب — patrimoine de la nation, du peuple

**وراثة** héritage; transmission par héritage; succession; atavisme; hérédité

عِلْم الـ~ génétique *n.f.*

**وراثيّ** héréditaire; génétique *adj.*; congénital

أَمْوال ~ة biens héréditaires

مَرَض ~ maladie héréditaire/congénitale

**وراثِيّات**؛ عالِم بالـ~ génétique *n.f.*; généticien

**ميراث** ج مَواريث héritage; hoirie [*dr.*]; patrimoine; succession

مُقَدَّم الـ~ avancement d'hoirie

عِلْم المَواريث science des successions

ميراثيّ patrimonial

**وارِث** ج وَرَثة، وُرّاث héritier; légataire; successeur

بِلا ~ en déshérence

اِنْعِدام **الوَرَثة** déshérence

**مَوْروث** hérité; héréditaire; transmis par héritage; patrimonial

العادات الـ~ة habitudes ancestrales

**وَريث** ج وُرَثاء ← وارِث

~ التاج héritier de la couronne; prince héréditaire

~ من الحَواشي héritier indirect

II **وَرَّثَ** تَوْريثًا ه léguer; transmettre; laisser (en héritage)

~ ه constituer qqn son légataire; faire de qqn son héritier

مُوَرِّث de cujus; auteur d'un testament; testateur

**مُوَرِّثة** gène

~ مُتَنَحِّية gène récessif

مُوَرِّث ← مَوْروث

IV **أَوْرَثَ** إيراثًا ه laisser (en héritage); léguer; transmettre (un bien); causer; engendrer; occasionner; provoquer

~ ه ه léguer/transmettre qqch à qqn; causer/occasionner qqch à qqn

~ ه ثَرْوة كَبيرة laisser une grande fortune à qqn

~ الحُزْن، الضَيْق engendrer la tristesse, la gêne

VI تَوارَثَ تَوارُثًا ه se léguer/se transmettre qqch (les uns aux autres)

**مُتَوارَث** héréditaire; transmis par hérédité

العادات الـ~ة habitudes/coutumes héréditaires

**5895** **وِرْد** ج أَوْراد *pl.* partie du Coran que l'on récite la nuit; *v. aussi 5896 à 5899*

**5896** **وَرَدَ** ـِ وَرْدًا fleurir (plante); *v. aussi 5895, 5897 à 5899*

**وَرْد** ج وُرود *coll.* fleur; rose

شَجَرة الـ~ rosier

ماء، خَشَب الـ~ eau, bois de rose

تُفّاحة الـ~ *bot.* jambose (fruit du jambosier); pomme de rose

~ بَرّيّ églantier

فَتاة في عُمْر **الوُرود** jeune fille en fleur

**وَرْدة** ج وَرْد *n. un.* fleur; rose; rosace

~ بَرّيّة، الميلاد églantine; ellébore noir

~ النيل guède; pastel des teinturiers [*bot.*]

~ الرياح، أَريحا rose des vents, de Jéricho

~ اليابان camélia

وَرْديّ rose *n.m., adj.*; rosé *adj.*; rosâtre

وَرْديّة rosaire; *bot.* rhododendron; *méd.* roséole

وَرْديّات rosacées *n.f.pl.*

مَوْرَدة roseraie

II **وَرَّدَ** تَوْريدًا fleurir *intr.*; faire des fleurs; rosir *tr.*; colorer/teindre en rose

~ الخَدَّيْن enflammer/rosir les joues

مُوَرَّد rosat *adj. inv.*

V تَوَرَّدَ تَوَرُّدًا rosir *intr.*; devenir rose; s'enflammer (teint)

مُتَوَرِّد rosé; rosâtre; enflammé (joues)

**5897** **وَرَدَ** ـِ وُرودًا aller à l'abreuvoir; aller s'abreuver; s'abreuver (bétail); *v. aussi 5895, 5896, 5898, 5899*

~ في نَصّ advenir/apparaître/figurer (dans un texte); être indiqué/mentionné

كَما ~ comme il a été dit/indiqué

الأَهْداف الَّتي ~تْ في les objectifs mentionnés dans

~ إلى ه arriver/parvenir/venir à/chez

~ مِن procéder/provenir de

~ نَبْعًا — remonter à la source

ما لَمْ يَرِدْ بَيانٌ مُخالِف — sauf indication contraire

وِرْد (← *5895*؛ مَوْرِد) — bétail à l'abreuvoir

**وُرود** — arrivage; arrivée; réception; venue

**وَرْدِيَّة** — *égypt.* permanence; service; temps de service

**وارِد** — figurant; indiqué; mentionné; attesté

~ مِنْ — arrivant/provenant/en provenance de

المُقْتَرَحات الـ~ة في — les propositions figurant/mentionnées dans

غَيْر ~ — non mentionné; non attesté

**وارِدات** — arrivage; importations; recettes; revenus

الـ~ والصادِرات — importations et exportations

إجْماليّ، صافي الـ~ — importations brutes, nettes

تَحْديد كَمّيّات الـ~ — contingentement des importations

فائِض، تَمْويل الـ~ — excédent, financement des importations

**مَوْرِد** ج مَوارِد — abreuvoir; auge; point d'eau; source; *écon.* recette; ressource

~ الدَخْل — source de revenu

**مَوارِد** — richesses; ressources

~ طَبيعيّة، مَعْدِنِيّة — ressources naturelles, minérales

~ زِراعيّة، بَشَرِيّة — ressources agricoles, humaines

**مَوْرِدة** — *mar.* rade; relâche

II **وَرَّدَ** تَوْريدًا ه — fournir; apporter; importer; procurer

~ ه ه، ه بِـ ه — approvisionner qqn en; pourvoir qqn de

**تَوْريد** — approvisionnement; fourniture; importation

~ البَضائِع — ravitaillement

**مُوَرِّد** ج ون — fournisseur; pourvoyeur; importateur

IV **أَوْرَدَ** إيرادًا قَطيعًا — faire s'abreuver un troupeau

~ ه — alléguer; citer; consigner; énoncer; évoquer; faire état de; rapporter; *fin.* rapporter; être d'un bon rendement

~ واقِعة — faire état d'un événement; rapporter un fait

~ نَصًّا، وَثيقة — citer/produire un texte, un document

~ كُلَّ ما شاهَدَه — consigner tout ce que l'on a vu

~ اسْمَهُ في وَصِيّة — coucher qqn sur un testament

~ كَلِمة، قِصّة — placer un mot, une histoire

~ تَحَفُّظات — émettre/exprimer/présenter des réserves

**إيراد** ج ات — allégation; citation; consignation; énonciation; évocation; *fin.* gain; rapport; rendement; rente; rentrée; revenu; rentabilité; ressource; profit

~ جَيِّد — bon rapport

**إيرادات** عامّة — recettes publiques

إجْماليّ، صافي الـ~ — recettes brutes, nettes

~ سِياحيّة، جُمْرُكيّة — recettes touristiques, douanières

VI **تَوارَدَ** تَوارُدًا إلى — coïncider; converger; se rencontrer [*fig.*]; se succéder (au même endroit)

~ بَيْنَ الناس أنْ — être courant/d'opinion courante

**تَوارُد** — convergence; coïncidence; rencontre [*fig.*]; succession

~ الآراء — convergence/rencontre d'idées

**مُتَوارِد** — convergent; courant

الآراء الـ~ة — opinions convergentes/courantes

X **اِسْتَوْرَدَ** اِسْتيرادًا ه — importer [*comm.*]; se procurer

~ بَضائِع مِن — importer des marchandises de

**اِسْتيراد** — importation

إذْن، رُسوم ~ — licence, droits d'importation

~ المَوادّ الغِذائيّة — importation de denrées alimentaires

~ سِلَع التَجْهيز — importation de biens d'équipement

مَيْل لِلْـ~ — propension à importer

**مُسْتَوْرِد** ج ون — importateur

بَلَد ~ لِرُؤوس الأَمْوال — pays importateur de capitaux

**مُسْتَوْرَد** ج ات — importé; marchandise importée

السِلَع الـ~ة — les biens importés

**مُسْتَوْرَدات** ← وارِدات

حَجْم الـ~ — volume des importations

تَخْفيض الـ~ — réduction des importations

5898 بِنْت وَرْدان blatte; cafard; *v. aussi 5895 à 5897, 5899*

5899 وَرِيد ج وُرود، أَوْرِدة veine; *v. aussi 5895 à 5898*

حَبْل الـ~ *même sens*

الـ~ البابيّ، الرئويّ veine porte, pulmonaire

اِلْتِهاب الـ~ phlébite

مُنْتَفِخ الـ~ en colère; coléreux; colérique

الوَريدانِ الوِداجانِ veines jugulaires

وَريديّ veineux; intraveineux (piqûre)

النِظام الـ~ système veineux

5900 وَرْس *bot.* mémécyle des teinturiers

5901 وَرَشَ - وَرْشًا على ه interrompre qqn; couper la parole à; faire de l'obstruction

لا تَرِشْ عَلَيَّ ne me coupez pas; ne m'interrompez pas

وَرِش agile; ardent; rétif; turbulent

وارِش intrus; parasite [*fig.*]; pique-assiette [*fam.*]

وَرْشَنة turbulence (d'un enfant)

5902 وَرْشة ج ات، وِرَش chantier; *v. aussi 5901, 5903*

وِرَش كَبيرة grands travaux [*trav. publ.*]

5903 وَرَشان ج وِرْشان ramier; tourterelle; *v. aussi 5901, 5902*

5904 وَرْطة ج وَرَطات، وِراط abîme; gouffre; précipice; *fig.* mauvaise affaire; bourbier; danger; difficulté; situation difficile; embarras; gâchis; impasse; mauvais pas; mauvaise passe

كانَ، وَقَعَ في ~ être aux abois/en mauvaise posture/ dans le pétrin [*fam.*] dans de beaux draps [*fam.*]; tomber dans un guêpier; filer un mauvais coton [*fam.*]

تَخَلَّصَ مِن ~ se tirer d'un mauvais pas; sortir de l'ornière; refaire surface [*fig.*]

II وَرَّطَ تَوْريطًا ه في ه ← IV

~ نَفْسَهُ s'aventurer; s'embourber; s'empêtrer

IV أَوْرَطَ إيراطًا ه في embourber; empêtrer; engager qqn dans une mauvaise affaire; mettre en mauvaise posture; jeter/précipiter qqn dans un abîme (de difficultés)

V تَوَرَّطَ تَوَرُّطًا في rouler dans un abîme [*fig.*]; s'empêtrer/s'engager dans une mauvaise affaire; s'embourber; s'enliser

~ في الحَرْب s'enliser dans la guerre

مُتَوَرِّط empêtré; embourbé; enlisé

5905 وَرِعَ - وَرَعًا، وَراعة être ... *v. à l'adj.*

~ مِن *isl.* avoir des scrupules; s'abstenir de tout ce qui n'est pas autorisé par la loi

وَرَع dévotion; ferveur; piété; crainte de Dieu/ révérentielle; réserve; scrupule; abstinence; continence; tempérance

بِـ~ pieusement; scrupuleusement; religieusement

وَرِع ج أَوْراع abstinent; continent; dévot; fervent; méticuleux; pieux; réservé; saint; scrupuleux; tempérant

V تَوَرَّعَ تَوَرُّعًا مِن s'abstenir de; réfréner (une envie); avoir des scrupules; hésiter à faire/manger qqch (par crainte des interdits)

5906 وَرَفَ - وُروفًا s'allonger/s'étendre (ombre)

وارِف allongé (ombre); luxuriant

5907 وَرَق ج أَوْراق *coll.* feuillage/feuilles d'arbre; frondaison; papier

~ لَعِب cartes à jouer; jeu de cartes

~ بَسيط، رَقيق papier libre, pelure

~ رَسْم، رَسْميّ papier à dessin, ministre

~ زُجاج، مُرَمَّل، صَنْفَرة papier de verre

~ صَرّ، مُصَمَّغ papier d'emballage, gommé

~ تَرْشيح، نَشّاف papier-filtre; papier buvard

~ صِحّيّ papier hygiénique

~ بَرْديّ papyrus

~ نَسْخ، شاهِدة papier carbone

~ شَفّاف، مُشَمَّع papier-calque; stencil

~ مُقَوًّى، مُعَجَّن carton; carton-pâte

~ جُدْران، مُزَرْكَش، مُزَخْرَف papier peint

~ مَدْموغ، مَطْبوع papier timbré

بَقِيَ حِبْرًا على ~ rester lettre morte/sans effet

وَرَقة ج ات، أَوْراق *n.un.* feuillet; feuille (papier, arbre); serviette (en papier); bulletin; billet; folio

5910 وَرِمَ - وَرَمًا (← V) être ... v. à l'adj.
وَرَم bosse; enflure; gonflement; grosseur [méd.]; renflement; tumeur; tuméfaction
~ ذِئْبِيّ، دَمَوِيّ loupe [méd.]; hématome
~ خَبِيث tumeur maligne
اِسْتَأْصَلَ ~ًا procéder à l'ablation d'une tumeur
وَرَمِيّ tumoral
وارِم؛ وَرِم enflé; gonflé; tuméfié; tumescent
II وَرَّمَ تَوْرِيمًا enfler tr.; gonfler tr.; tuméfier
مُوَرَّم tuméfié
V تَوَرَّمَ تَوَرُّمًا bouffir; devenir bouffi; enfler/gonfler/grossir intr. [méd.]; se tuméfier; se boursoufler (visage)
تَوَرُّم tuméfaction; tumescence; enflure; gonflement; fluxion; renflement
مُتَوَرِّم enflé; gonflé; soufflé; boursouflé (visage); bouffi; tuméfié; tumescent

5911 وَرْنَشَ cirer; laquer; vernir
وَرْنِيش cire (à bois); laque; vernis

5912 وَرْوار guêpier [ois.]; merops

5913 (ورى) وَراءَ après; en arrière (de); derrière; à la suite; par-delà
~ الأَكَمَة ما ~ها prov. il y a anguille sous roche
مِنْ ~ par-derrière; au-delà; en arrière
إلى الـ~ vers l'arrière
سَعَى ~ رِزْقِهِ، خُبْزِه gagner sa vie/son pain quotidien/sa croûte [fam.]
ما ~ au-delà de; outre
ما ~ البِحار، الأَطْلَسِيّ outre-mer; outre-Atlantique
ما ~ الطَبِيعة métaphysique n.f.
ما ~ الشاطِئ offshore
II وَرَّى تَوْرِيَة ه cacher; celer [class.]; dissimuler; taire; détourner ses regards; maghr. montrer; faire voir; indiquer
~ بِـ ه affecter/feindre/simuler (un sentiment); faire allusion; donner le change
تَوْرِيَة dissimulation; feinte; hypocrisie; simulation; jeu de mots; calembour; rhét. allégorie; euphémisme; périphrase

~ مَصْرِفِيّة، مالِيّة، نَقْدِيّة billet de banque
~ تِجارِيّة effet de commerce
~ التَصْوِيت bulletin de vote
~ يانَصِيب billet de loterie
~ الشَحْن connaissement
لَعِبَ ~ه الأخيرة jouer sa dernière carte
~ مُؤَشَّرة، مُحَزَّزة feuille dentée, crénelée
~ مُفَصَّصة، مُرَكَّبة feuille lobée, composée
أَوْراق تِجارِيّة portefeuille commercial
~ الاِعْتِماد lettres de créance
~ هُوِيّة، إِثْبات الشَخْصِيّة papiers d'identité
تَداوُل ~ النَقْد circulation fiduciaire
وَرَقِيّ foliacé; en/de papier; fiduciaire
نَقْد، عُمْلة ~(ة) papier-monnaie
عُمْلة ~ة اِئْتِمانِيّة monnaie de papier fiduciaire
نُقود ~ة إِلزامِيّة monnaie de papier inconvertible
نابِض ~ ressort à lames
وُرَيْقة ج ات foliole; feuillet [biol.]
وَرِق branchu/feuillu (arbre)
وَرّاق ج ون، ة papetier; fabricant/marchand de papier
II وَرَّقَ تَوْرِيقًا feuiller; se garnir de feuilles; feuilleter [pâtiss., techn.]; se ramifier
تَوْرِيق feuillaison; foliation; feuilletage; bx-arts: arabesques
مُوَرَّق feuillagé; feuillé; feuilleté (pâte)
IV أَوْرَقَ إِيراقًا ← II

5908 وَرِك، ج أَوْراك hanche
عَظْم الـ~ os iliaque
وَرِكِيّ sciatique adj.
وُراك؛ وُراكِيّ coxalgie; coxalgique
V تَوَرَّكَ تَوَرُّكًا s'appuyer/se mettre sur le flanc
~ على être de force/de taille à

5909 وَرَل zool. varan

III وارَى مُواراة ه ه — chercher à cacher qqch à qqn; tenter de circonvenir qqn

IV أوْرَى إيراء ← II

V تَوَرَّى تَوَرِّيًا ← VI

VI تَوارَى تَوارِيًا — se cacher; s'effacer; disparaître; s'éclipser [*fig.*]; se mettre à l'écart; se soustraire aux regards

~ في الضَباب — s'enfoncer/disparaître dans le brouillard

~ عن الأنْظار — se dérober/échapper aux regards; être perdu de vue

تَوارٍ — disparition; effacement

**مُتوارٍ** — effacé; caché; dérobé aux regards

~ عن الأنْظار — dérobé aux regards

بَقِيَ **مُتوارِيًا** عن الأنْظار — rester en coulisse

**وَزَّة** ← إوَزّة

**5914** (وزب) **مِيزاب** ج مَيازيب
chéneau; drain; égout; gargouille; gouttière

**5915** **وَزَرَ** - وَزْرًا — porter un fardeau; *v. aussi 5916*

**وَزِرَ** يَوْزَرُ وَزَرًا — commettre un péché

**وِزْر** ج أوْزار — charge; fardeau; faix; poids; affront; crime; faute; iniquité; opprobre [*litt.*]; péché; sujet de honte

غَسَلَ ~ًا — laver un affront

حَمَّلَهُ ~ ه — faire porter à qqn la responsabilité de

**أوْزار** الحَرْب — *fig.* armes

ألْقى ~ه — se décharger; *fig.* déposer les armes

ألْقَت الحَرْب ~ها — cesser/prendre fin (guerre)

وَزَر — asile; refuge

وِزْرة (← أزر) — tablier (vêtement); pagne

مَوْزور — chargé (d'un fardeau); chargé/accusé/soupçonné d'un crime

III وازَرَ مُوازَرة (← أزر) — aider; assister

IV أوْزَرَ إيزارًا — consolider; raffermir

VIII اِتَّزَرَ اِتِّزارًا — commettre une faute/un crime/un péché

**5916** **وِزارة** ج ات — ministère; vizirat; *v. aussi 5915*

~ العَدْل — ministère de la Justice; chancellerie

~ البَحْريّة، الإعْلام — ministère de la Marine, de l'Information

~ الأوْقاف، الأحْباس — ministère des biens Habous/« *Waqf* »

~ الصِحّة العُموميّة. العامّة — ministère de la Santé publique

~ الداخِليّة، الخارِجيّة — ministère de l'Intérieur, des Affaires étrangères

~ الأشْغال العُموميّة. العامّة — ministère des Travaux publics

~ الشُؤُون الاِجْتِماعيّة — ministère des Affaires sociales

~ الزِراعة — ministère de l'Agriculture

~ المُواصَلات — ministère des Communications

~ التَرْبية، التَعْليم — ministère de l'Éducation, de l'Enseignement

~ الصِناعة، التِجارة — ministère de l'Industrie, du Commerce

~ الإرْشاد القَوْميّ — ministère de l'Orientation nationale

~ الاِقْتِصاد والماليّة — ministère de l'Économie et des Finances

~ الحَرْبيّة، الطَيَران — ministère de la Guerre, de l'Aviation

مَجْلِس ~ — conseil de cabinet

**وِزاريّ** — ministériel

تَعْديل ~ — remaniement ministériel

**وِزاراتِيّ** — interministériel

اِجْتِماعات ~ة — réunions interministérielles

**وَزير** ج وُزَراء — ministre; vizir

~ الماليّة — ministre des Finances; chancelier de l'Échiquier

~ مُفَوَّض، الدَوْلة — ministre plénipotentiaire, d'État

~ بِلا وِزارة — ministre sans portefeuille

رَئيس **الوُزَراء** — **Premier ministre**

مَجْلِس الـ~ — conseil des ministres

V تَوَزَّرَ تَوَزُّرًا — être/devenir ministre

X اِسْتَوْزَرَ اِسْتيزارًا ه — prendre comme ministre; nommer ministre

**5917** **وَزَعَ** - وَزْعًا ه — contenir; freiner [*fig.*]; réprimer

وازِع — empêchement; frein [*fig.*]; obstruction; obstacle; barrière morale

I **وَزَّعَ تَوْزِيعًا ه** décentraliser; diffuser; disperser; disséminer; distribuer; éparpiller; partager; répartir
~ النِعَم dispenser les grâces
~ الصِناعات في البِلاد décentraliser les industries
~ الجِراية على جُنود rationner des soldats
~ حَسْبَ البِطاقات rationner
**تَوْزيع** décentralisation; diffusion; dispersion; dissémination; distribution; partage; répartition
~ عادِل distribution équitable; juste répartition
~ العَمَل، الأعْمال distribution du travail, des tâches
~ الجَوائِز remise, distribution des prix
~ الأَرْباح distribution des dividendes des bénéfices
~ بِالبِطاقات rationnement
**تَوْزيعيّ** distributif
عَدْل ~ justice distributive
**مُوَزِّع** ج ون diffuseur; dispensateur; distributeur
~ آليّ distributeur automatique
~ البَريد facteur (des P. et T.); vaguemestre [*mil.*]
**مُوَزَّع** décentralisé; distribué; disséminé; réparti; partagé
~ الفِكْر، الخَواطِر distrait; déconcentré
V **تَوَزَّعَ تَوَزُّعًا** se disperser; s'éparpiller; essaimer; se multiplier; se répartir; être réparti
**تَوَزُّع** dispersion; éparpillement; essaimage; multiplication; répartition

**5918 وَزَغة** *zool.* gecko

**5919 وَزّال** *bot.* genêt
~ الشيح hérissonne [*bot.*]

**5920** (وزم) **وَزيم** *bot.* pistil; spathe (du palmier)

**5921 وَزَنَ** ـِ وَزْنًا ه déterminer le poids; mesurer; peser; soulever; soupeser
~ كَلامه mesurer peser ses paroles ses mots
~ شِعْرًا scander de la poésie; déterminer le mètre d'un poème
**وَزْن** ج أَوْزان pesée; pesanteur; poids; mesure (de poids) *prosod.* cadence; scansion; *ling.* paradigme
زادَ ~ه prendre du poids
~ الريشة، الديك *sport.* poids plume, coq
~ خَفيف، ثَقيل *sport.* poids léger, lourd
~ مُتَوَسِّط، الذُبابة *sport.* poids moyen, mouche
~ شاحِنة gabarit d'un camion
~ إجْماليّ، صافٍ poids brut, net
~ ذَرّيّ، جُزَيْئيّ poids atomique, moléculaire
~ نَوْعيّ، مُعَطَّل poids spécifique, mort
طَفَّفَ، أخْسَرَ ~ ه faire mauvais poids
أقامَ لَهُ ~ًا attacher du prix de l'importance de la valeur à
عَديم الـ~، لا **وَزْنَ** لَهُ insignifiant; négligeable; sans importance valeur; de peu de poids de prix
**وَزْنيّ** pondéral
**زِنة** gabarit; poids
**مَوْزون** cadencé; équilibré; en équilibre; balancé [*fig.*]; mesuré pondéré [*pr.* et *fig.*]; bien proportionné; rythmé; rythmique
كَلام ~ parole mesurée pondérée
**ميزان** ج مَوازين balance [*pr.*]; critère; mesure [*pr.*, *mus.*]; paradigme; Balance [*zod.*]
~ تِجاريّ، خارِجيّ balance commerciale, extérieure
~ مُخْتَلّ balance en déséquilibre
~ المَدْفوعات balance des paiements
~ حَرارة thermomètre
~ إسْتِواء niveau [*techn.*]
~ ضَغْط manomètre
~ رَسائِل pèse-lettres
**مَوازين ومَكاييل** poids et mesures
~ الدُولارات balances dollars en dollars
**ميزانيّة** ج ات bilan; budget
قَدَّمَ ~ه déposer/présenter son bilan
~ مُوَحَّدة، ماليّة bilan consolidé, financier

~ الدَوْلة، التَسْيِير — budget de l'État, de fonctionnement

~ إضافيّة، مُتَوازِنة — budget additionnel, équilibré

سياسة الـ~ — politique budgétaire

مَشْروع ~ — projet de budget

إيرادات، مَوارِد الـ~ — recettes, ressources budgétaires

تَقْديرات، مَصْروفات الـ~ — prévisions, ressources budgétaires

حالة، مُراقَبة الـ~ — situation, contrôle budgétaire

حِسابات، تَوازُن الـ~ — comptes, équilibre budgétaire(s)

عَجْز في، فائِض في الـ~ — déficit, excédent budgétaire

III **وازَنَ** مُوازَنة ه — être égal à/de même poids que; faire contrepoids à; compenser; contrebalancer; équilibrer; pondérer; proportionner; doser

~ بَيْن ... وَبَيْن، بِـ ه — balancer/hésiter entre; comparer qqch à; établir un parallèle entre; mettre en balance/en parallèle

~ الميزانيّات — équilibrer/boucler le budget

~ دَواليب سَيّارة — équilibrer les roues d'une voiture

**مُوازَنة** — balance; budget; bilan; compensation; contrepoids; équilibrage; équilibre; parallèle; pondération; dosage

~ الميزانيّة — équilibre du budget

~ رَصيد الحِسابات — balance des comptes

المَعونة الخارِجيّة لِلْـ~ — aide extérieure au budget

~ الدَواليب، الإطارات — équilibrage des roues, des pneus

مُوازِن — balancier; contrepoids; pondérateur; *techn.* équilibreur

VI تَوازَنَ تَوازُنًا — être ... *v. à l'adj.*; avoir un contrepoids

**تَوازُن** — aplomb; équilibre; contrepoids; pondération

~ سِياسيّ، اِقْتِصاديّ — équilibre politique, économique

~ السُلُطات — équilibre/pondération des pouvoirs

~ القُوَى — équilibre/balance des forces

تَرْجيح ~ القُوَى — maintien de l'équilibre des forces

فَقَدَ ~ ه — se désaxer; se déséquilibrer; être désaxé/déséquilibré

أَفْقَدَ ~ ه — désaxer; déséquilibrer

فاقِد ~ ه — désaxé; déséquilibré

عَدَم الـ~ — déséquilibre; manque d'équilibre

~ ميزان المَدْفوعات — équilibre de la balance des paiements

حَفِظَ الـ~ بَيْن — tenir la balance égale entre

عِلْم ~ القُوَى — statique *n.f.* [*math.*]

تَوازُنيّ — statique *adj.* [*math.*]

مُتَوازِن — équilibré; en équilibre; d'aplomb; pondéré

VIII اِتَّزَنَ اِتِّزانًا — être ... *v. à l'adj.*

**اِتِّزان** — équilibre; harmonie; mesure; pondération

~ الجِسْم — équilibre du corps

~ مُسْتَقِرّ، غَيْر مُسْتَقِرّ — équilibre stable, instable

فَقَدَ ~ ه — perdre son équilibre

اِتِّزانيّة هَوائِيّة — aérostatique

مُتَّزِن — équilibré; mesuré; pondéré

5922 III **وازَى** مُوازاة ه — contrebalancer; correspondre/équivaloir à; être la contrepartie/le pendant/l'équivalent de; valoir; être parallèle à/en parallèle avec

ما يُوازي ه — l'équivalent de; ce qui équivaut à

مُوازاة — correspondance; équivalence; parallélisme

**مُوازٍ** لِـ — correspondant; équivalent; parallèle *adj.*

شارِع ~ لِـ — rue parallèle à

يَمْتَدّ الشارِع **مُوازِيًا** لِـ — la rue s'étend parallèlement à

خَطَّ خَطًّا ~ًا — tracer une parallèle

VI تَوازَى تَوازِيًا — se correspondre; se contrebalancer; s'équivaloir; se valoir; être parallèle

تَوازٍ (التَوازي) — parallélisme

مُتَوازٍ ج مُتَوازِيات — parallèle *adj.*, *n.f.*

**مُتَوازي** السُطوح — parallélépipède

~ الأَضْلاع — parallélogramme

المُتَوازِيَتان — barres parallèles [*sport.*]

5923 **وِسْتاريا**، وِسْتارِية — glycine

5924 **وَسِخَ** يَوْسَخُ وَسَخًا — être ... *v. à l'adj.*; s'encrasser; se salir

**وَسَخ** ج أَوْساخ — crasse; ordure; souillure [*litt.*]; saleté

وَساخة — malpropreté; saleté

**وَسِخ** — crasseux; infâme; malpropre; sale; pouilleux [*fig.*]; sordide; souillé

مِياه ~ة — eaux usées

II وَسَّخَ تَوْسيخًا ه — encrasser; maculer; salir; souiller [*litt.*]; tacher

تَوْسيخ — encrassement

مُوَسَّخ ← وَسِخ

V تَوَسَّخَ تَوَسُّخًا — s'encrasser; se maculer; se salir; se souiller; se tacher

VIII اِتَّسَخَ اِتِّساخًا ← V

5925 **وِسادة** ج ات، وَسائد — coussin; oreiller; polochon [*fam.*]; traversin

~ هَوائِيّة — coussin d'air [*techn.*]

وُسَيْدة ج ات — coussinet

II **وَسَّدَ** تَوْسيدًا ه ه — mettre un coussin sous la tête de; donner qqch en guise de coussin

~ه ذِراعَهُ — il lui passa le bras sous le tête

III واسَدَ مُواسَدة ه — coucher/faire l'amour avec qqn

V **تَوَسَّدَ** تَوَسُّدًا ه — mettre qqch sous sa tête (en guise de coussin); se servir de qqch comme d'un oreiller

~تْ صَدْرَه — elle posa sa tête sur sa poitrine

~ الحَجَر — coucher sur la dure

5926 **وَسْط** ج أَوْساط — centre; cœur [*fig.*]; milieu; taille [*anat.*]; intérieur; intermédiaire; moyenne

~ المَدينة — centre/cœur de la ville

~ اِجْتِماعيّ، عائليّ — milieu social, familial

سُتْرة تَنْتَهي لَدَى ~ه — une veste jusqu'à la taille/à mi-corps

شَدَّ ~ه بِـ — se ceindre de

~ الشارِع، الطَريق — chaussée *n.f.*; milieu de la route

في ~ الطَريق — à mi-chemin

أَحْزاب الـ~ — les partis du centre

مُنْتَمٍ إلى الـ~ — centriste

مَوْقِف، حَلّ ~ — juste milieu; solution moyenne/intermédiaire

حَجْم. تِلْميذ — taille, élève moyen(ne)

تَحْتَ، فَوْقَ الـ~ — au-dessous, au-dessus de la moyenne

~ مُتَناسِب — moyenne proportionnelle

~ هَنْدَسيّ، حِسابيّ — moyenne géométrique, arithmétique

الـ~ المَسْرَحيّ. الأَدَبيّ — milieu théâtral, littéraire

مِنْ ~؛ وَسْطَ ه — à l'intérieur/au centre/au milieu de; parmi

**أَوْساط** دِبْلوماسيّة — milieux diplomatiques

~ شَعْبيّة. ثَرِيّة — milieux populaires, aisés

~ رَسْميّة. مُخْتَصّة — milieux officiels, compétents

~ مأذونة — milieux autorisés

~ مَسْؤولة. مُطَّلِعة — milieux responsables, bien informés

خَيْر الأُمور ~ها — *prov.* le mieux est dans le juste milieu

وَسَطيّ؛ وَسَطيّة — centriste; centrisme

**وِساطة** — entremise; intercession; intervention; piston [*fam.*]; médiation; recommandation; bons offices

بِـ~ه — par le canal/l'entremise de

قَدَّمَ ~ه — offrir ses bons offices/son entremise

**واسِطة** ج وَسائِط — instrument [*fig.*]; intermédiaire *n.m.*; médiateur; agent; moyen; *bijout.* la perle/la pierre du milieu; la plus grosse/la plus belle perle

~ الاِتِّصال — agent de liaison; trait d'union [*fig.*]

~ عِقْد ه — le plus beau fleuron de

بِـ~ ه — grâce à; à l'aide de; par le canal/le truchement/le moyen/l'intermédiaire de; au moyen de; en (suivi d'un part. prés.); par le biais de

بِـ~ الضَغْط على الأَزْرار — en appuyant sur des boutons

**أَوْسَط** م وُسْطَى ج أَواسِط — moyen/médian/intermédiaire *adj.*; central

حَدّ، شَرْق ~ — moyen terme; Moyen-Orient

~ أَماميّ — avant-centre [*sport.*]

شَرْق **أَوْسَطيّ** — moyen-oriental *adj.*

السِياسة الشَرْق ~ة — politique moyen-orientale (d'un pays)

**وُسْطَى**؛ الإِصْبَع الـ~ — *anat.* majeur *n.m.*; médius

الطَبَقات، القُرون الـ~ classes moyennes; le Moyen Âge

نَتيجة ~ solution moyenne

المَقاعِد الـ~ fauteuils du milieu

أواسِط الشَهْر، السَنة milieu du mois, de l'année

**وَسيط** ج وُسَطاء intercesseur; intermédiaire *adj.*, *n.*; médiateur; médium; entremetteur; courtier

بلا ~ directement; sans intermédiaire; de première main

وَسيطة ج وسائط médiatrice *n.f.* [*math.*]

II **وَسَّطَ** تَوْسيطًا ه، ه interposer; placer qqn, qqch au milieu/au centre/entre; choisir qqn comme médiateur/comme intermédiaire; *philos.* médiatiser

~ بَيْن *même sens*

تَوْسيط interposition; médiatisation

V **تَوَسَّطَ** تَوَسُّطًا ه se trouver/se situer au centre/au milieu de qqch/entre deux points; occuper le centre; s'entremettre; intercéder; intervenir; s'interposer

~ لِـ ه parler pour qqn; se faire l'avocat de; réclamer pour

~ لِلمُصالَحة proposer ses bons offices

**تَوَسُّط** entremise; intercession; interposition; intervention; médiation; bons offices

~ لصالِح ه entremise/intervention en faveur de

**مُتَوَسِّط** central; intercesseur; intermédiaire *adj.*; médian; moyen; médiocre; passable

~ القامة de taille moyenne

على وَجْه ~ moyennement

مُلاكِم وَزْن ~ boxeur poids moyen

البَحْر الـ~ mer Méditerranée

مَتَوَسِّطيّ méditerranéen

5927 **وَسِعَ** - سِعةً ه avoir (telle) capacité; comprendre; contenir; inclure

~ت القِنّينة لِتْرًا la bouteille contient un litre

~ه أن avoir la capacité/la possibilité/le pouvoir de; être en mesure de; pouvoir

~ه أن يَخْرُج il a pu sortir

~ لِـ ه être suffisant/assez large pour

**يَسَعُه** فِعْلَ ه pouvoir faire qqch

لا ~ه إلّا أن ne pouvoir faire autrement que de; force est de

لا تَكادُ الدُنيا **تَسَعُهُ** مِن الفَرَح *prov.* ne plus se sentir de joie; être plus heureux qu'un roi; le roi n'est pas son cousin [*fam.*]

**وَسُعَ** يَوْسَعُ سَعةً. وَساعةً être ... *v. à l'adj.*; se dilater; s'élargir

**سَعة** affluence; ampleur; amplitude; capacité; contenance; envergure; gabarit; jauge (navire); opulence; volume

مَقاييس الـ~ mesures de capacité

الـ~ الإنْتاجيّة capacité productrice

~ عَقْل fécondité d'un esprit

~ النَبْض، الاِهْتِزاز amplitude du pouls, d'une vibration

~ العَيْش abondance; aisance; bien-être; confort; quiétude

كانَ في ~ مِن عَيْشه vivre dans l'abondance/l'aisance

كان في ~ مِن رِزْقِه bien gagner sa vie

على الرَحْب والـ~ bienvenue! soyez le bienvenu!

~ الصَدْر clémence; longanimité; patience

بـ. عَن ~ amplement; abondamment; largement

**وُسْع** capacité; effort [*fig.*]; faculté; possible *n.m.*; possibilité; pouvoir

عَمِلَ كُلَّ ما في ~ه faire tous ses efforts/tout son possible pour

بَذَلَ ~ه *même sens*

بِـ~ه أن être possible à qqn de; pouvoir; avoir la capacité de

لَيْسَ بِـ. في ~ه أنْ ne pas pouvoir; ne pas avoir le pouvoir de

فَعَلْتُ ما بِـ~ي j'ai fait ce que j'ai pu

لَمْ يَدَّخِرْ ~ًا في ne rien épargner pour

**واسِع** ample; étendu; immense; large; grand; spacieux; vaste

~ الاِنْتِشار، النِطاق de grande ampleur/envergure

~ الخَطْوة qui marche à grandes enjambées, à grands pas

~ الصَدْر clément; généreux; indulgent; patient; longanime [*litt.*]

شُهْرة ~ة grande réputation/renommée

وَسيع ج وُسَعاء ← واسِع

**أَوْسَع** م وُسْعَى plus ample/large/vaste/étendu

| | |
|---|---|
| على ~ نِطاق | dans le cadre le plus vaste possible |
| لِتَفاصيل ~ | pour de plus amples détails |
| ~ مِن أن | trop large/vaste pour que |
| **مَوْسوعة** ج ات | encyclopédie; thesaurus |
| مُؤَلِّف ~ | encyclopédiste |
| مَوْسوعيّ | encyclopédique |
| II **وَسَّعَ** تَوْسيعًا ه، من ه | agrandir; dilater; élargir; espacer; développer; étendre; *techn.* fraiser |
| ~ مِن حُدود ه | reculer/repousser les limites de |
| ~ ه. لِـ. على ه ه | donner beaucoup/largement à; combler qqn de; être large [*fig.*]; être généreux/libéral; mettre à la disposition de qqn |
| **تَوْسيع** | agrandissement; élargissement; dilatation; extension; espacement; développement |
| ~ بَيْت | agrandissement d'une maison |
| ~ سُلُطات | extension des pouvoirs |
| ~ اِخْتِصاص المَحاكِم | extension de la compétence des tribunaux |
| ~ شارِع | élargissement d'une rue |
| ~ أدَبيّ | dissertation littéraire |
| **مُوَسِّع** العُروق | vaso-dilatateur |
| عَضَلات ~ة | muscles dilatateurs |
| **مُوَسَّع** | agrandi; dilaté; élargi; étendu; à l'aise |
| IV **أَوْسَعَ** إيساعًا ه (← II) | être/rendre opulent/riche |
| ~ النَفَقات | faire de grandes dépenses; prodiguer des largesses |
| ~ الخُطَى | doubler/hâter le pas |
| ~ ه شَتْمًا | abreuver/accabler/agonir qqn d'injures |
| ~ ه ضَرْبًا | bourrer/cribler/rouer qqn de coups; donner/flanquer une raclée/une volée [*fam.*] |
| ~ ه مَدْحًا | combler d'éloges; couvrir de fleurs |
| **مُوسَع** ضَرْبًا | roué/bourré de coups |
| ~ مَدْحًا | comblé d'éloges; couvert de fleurs |
| ~ ه شَرًّا | faire beaucoup de mal à qqn |
| V **تَوَسَّعَ** تَوَسُّعًا | faire qqch largement; se mettre à son aise; se développer; se dilater; s'étendre; s'élargir |
| ~ في مَوْضوع | s'étendre sur un sujet |
| ~ في شَرْحه | paraphraser |
| ~ في فُتوحاته | étendre ses conquêtes |
| ~ في فَتْح مَنافِذ جَديدة | créer/ouvrir de nouveaux débouchés |
| **تَوَسُّع** | agrandissement; dilatation; développement; élargissement; expansion; extension; envergure |
| ~ إقْليميّ. اِسْتِعْماريّ | expansion territoriale, coloniale |
| ~ صِناعيّ. اِقْتِصاديّ | expansion industrielle, économique |
| ~ العُروق | vaso-dilatation |
| ~ شَمالًا. جَنوبًا | extension vers le nord, le sud |
| **تَوَسُّعيّ** | expansif; extensif; expansionniste |
| مَعْنًى ~ | sens extensif |
| تَوَسُّعيّة | expansibilité; expansionnisme |
| VIII **اِتَّسَعَ** اِتِّساعًا | être ... *v. à l'adj.*; se dilater; s'étendre; s'élargir; se propager |
| ~ لِـ ه | comprendre; contenir; renfermer; tenir [*fig.*] |
| بِكُلّ ما ~تْ لَهُ الكَلِمة مِن مَعْنًى | dans toute l'acception du terme |
| ~ت المَدْرَسة لِعِدّة فُصول | l'école comprend de nombreuses classes |
| **اِتِّساع** | amplitude; ampleur; capacité; dilatation; élargissement; étendue; extension; propagation |
| ~ الشُعَب | *méd.* dilatation des bronches |
| **مُتَّسِع** | ample; dilaté; étendu; large; spacieux; vaste |
| مَكان. وَقْت ~ | espace, temps disponible |
| لَدَيْهِ **مُتَّسِع** مِن الوَقْت | avoir le temps/le loisir de; avoir du temps devant soi |
| لَدَيْهِ ~ مِن المَكان | avoir de l'espace/de la place |
| **5928 وَسَقَ** ـِ وَسْقًا ه | accumuler; amasser; ramasser |
| ~ سَفينة | charger un bateau |
| **وَسْق** ج أَوْساق | chargement (d'un navire); charge; cargaison |
| قائِمة الـ~ | *dr.* connaissement; manifeste |
| مَوْسوق | chargé (bateau) |

VIII اِتَّسَقَ اِتِّساقًا — être ... *v. à l'adj.*

~ بِـ — s'accorder/cadrer/s'harmoniser avec

اِتِّساق — cohérence; cohésion; harmonie; uniformité

مُتَّسِق — cohérent; disposé; harmonieux; ordonné; rangé; en bon ordre

غَيْر ~ — incohérent

**5929** وِسْكي — whisky

**5930** وَسيلة ج وَسائِل — affinité; crédit; mesure; influence; introduction auprès de qqn; expédient *n.m.*; instrument [*fig.*]; moyen; remède; ressource; voie [*fig.*]

اِتَّخَذَ مِن هـ ~ — se servir de qqch comme

الغاية تُبَرِّر الـ~ — *prov.* la fin justifie les moyens

وَسائِل الإِنْتاج — moyens de production

~ المُواصَلات — moyens de communication

~ الدَفْع، النَقْل — moyens de paiement, de transport

~ الراحة، الرَفاهية — confort; bien-être; aisance

~ الاِحْتِياط، اِحْتِياطيّة — mesures de prévoyance/de précaution

لَجَأ إلى أَسْرَع، أَقْرَب الـ~ — aller au plus court; parer au plus pressé

V تَوَسَّلَ تَوَسُّلًا أَلى ه — adjurer; conjurer; implorer; invoquer; prier; se recommander auprès de qqn; supplier

~ إلى ه بِـ — solliciter qqn; solliciter l'appui/le secours/le soutien

~ في ه — intercéder en faveur de qqn

تَوَسُّل ج ات — adjuration; imploration; invocation; prière; recommandation; supplication

تَوَسُّليّ — invocatoire

مُتَوَسِّل — implorant; suppliant

**5931** وَسَمَ ـِ وَسْمًا، سِمة هـ — marquer (des bêtes); imprimer (une marque); estampiller

~ه بِالعار — stigmatiser qqn

وَسُمَ يَوْسُمُ وَسامةً — être ... *v. à l'adj.*

وَسْم — marquage (des animaux)

وَسْمة؛ ~ الصَبّاغين — *bot.* pastel; pastel des teinturiers

سِمة ج ات — caractère; caractéristique; estampille; marque; cote; signe; stigmate; visa; expression (du visage); signe distinctif; trait (de caractère)

ذو ~ — marqué; caractérisé; estampillé; coté

~ العَصْر — trait de l'époque

~ العَبْقَريّة — sceau du génie

سيماء ← سيم

وِسام ج أَوْسِمة — armes [*hérald.*]; armoiries; badge; croix; décoration; insigne; médaille; palme

مَنَحَ ه ~ًا — décerner une décoration; décorer qqn

نالَ ~ًا — recevoir une décoration; être décoré

~ الشَرَف، الاِسْتِحْقاق — Légion d'honneur; ordre du Mérite

~ المَجْمَعِيّين — Palmes académiques

~ الحَرْب، عَسْكَريّ — Croix de guerre; Médaille militaire

الـ~ العَلَويّ — *maroc.* Ouissam alaouite

ذو، حامِل ~ — décoré (personne); médaillé

اِسْم ج أَسْماء — *v. ordre alphab.*

وَسيم ج وِسام، وُسَماء — agréable à regarder; beau; gentil; gracieux

~ قَسيم — très beau

مَوْسوم — caractérisé/distingué par une marque/un signe/une cote; estampillé; marqué

~ بِالعار — stigmatisé *adj.*; flétri/blâmé publiquement

مَوْسِم ج مَواسِم — époque du marquage (des animaux de l'année); période; saison; temps; mousson; foire; festival

~ الصَيْد — saison de la chasse

~ الحَجّ — époque du pèlerinage

~ الجَفاف، الحِصاد — saison sèche, des moissons

~ الاِصْطِياف — saison estivale

~ كاسِد، الكَساد — morte-saison

~ مَسْرَحيّ، سينِمائيّ — saison théâtrale; festival de cinéma

كانَ في ~ه، في غَيْر ~ه — être de saison, hors de saison

مَوْسِميّ — saisonnier; périodique

ريح ~ة — vent saisonnier; mousson

II وَسَّمَ تَوْسِيمًا ه distinguer/décorer qqn; conférer une distinction à; décerner une décoration

V تَوَسَّمَ تَوَسُّمًا ه augurer bien/mal de qqch; observer les signes

~ ه dévisager; lire dans les traits de qqn; scruter les traits/le visage de qqn

~ ه على، في ه deviner/soupçonner qqch chez qqn

VIII اِتَّسَمَ اِتِّسامًا بِ se distinguer par; être caractérisé/marqué par

5932 **وَسِنَ** يَوْسَنُ وَسَنًا sommeiller; somnoler

وَسَن؛ وَسْنة؛ سِنة somnolence; premier somme

وَسْنان somnolent; endormi

5933 **وَسْوَسَ** ه insinuer; marmotter; suggérer; faire du mauvais esprit; radoter

وَسْوَسة ج وَساوِس hantise; idée fixe; obsession; scrupule; hypocondrie; insinuation; suggestion; tentation; mauvais esprit

وَسْواس ج وَساوِيس *même sens*

كانَ فَرِيسة الوَساوِس être en proie à des obsessions

مُوَسْوِس mauvais génie/esprit; démon; tentateur

مُوَسْوَس scrupuleux; obsédé; hanté par une idée fixe

5934 **وَسَى** - وَسْيًا raser

مُوسَى ج مَواسٍ *v. ordre alphab.*

III واسَى مُواساة ← III أسى

5935 **وِشْب** ج أَوْشاب horde; racaille; ramassis (de gens)

5936 **وَشَجَ** - وَشْجًا s'entrelacer; être entrelacé/emmêlé (branches, racines)

وَشِيج ج وَشائِج lien étroit; entrelacs; parenté

II **وَشَّجَ** تَوْشِيجًا ه resserrer la parenté par des liens nouveaux

~ حِمْلًا affermir/consolider/arrimer un chargement

5937 **وِشاح** ج وُشُح، وَشائِح ceinture (enrichie de pierreries); collier; cordon; bandoulière; écharpe; ruban

II وَشَّحَ تَوْشِيحًا ه décorer qqn; passer à qqn une écharpe ornée/un cordon

مُوَشَّح ج ات «*muwaššah*» (genre de poème originaire de l'Espagne arabe)

V تَوَشَّحَ تَوَشُّحًا ه porter qqch en bandoulière; ceindre un sabre

VIII اِتَّشَحَ اِتِّشاحًا بِ ه s'orner/se parer/s'agrémenter de

5938 **وَشَرَ** - وَشْرًا (← أشر) scier

**مَوْشُور** ج مَواشِير *géom.* prisme

~ قائِم prisme droit

**مَوْشُوريّ** prismatique

سَطْح ~ surface prismatique

نَظّارة ~ة jumelle prismatique

مِيشار ج مَواشِير scie

II مُوَشَّر dentelé; en dents de scie

5939 **وَشَعَ** - وَشْعًا bobiner; embobiner; mettre en pelote

وَشائِع haie; haie vive

**وَشِيعة** ج وَشائِع bobine; navette; pelote de laine; peloton

~ التَحْرِيض bobine d'induction

II وَشَّعَ تَوْشِيعًا bobiner; bobinage

5940 **وَشَق** *zool.* lynx

سَيْر **وَشِيق** allure rapide

لَحْم ~ viande coupée en tranches et séchée

5941 **وَشْك**؛ وَشاكة approche; imminence; proximité

على ~ أن en instance/en passe/en voie de; sur le point/près de; menacer de; faillir; il s'en faut de peu que

كانَ على ~ أن peu s'en est fallu que

كُنْت على ~ أن أنام j'étais sur le point de/j'allais m'endormir

على ~ الذَهاب، الإقْلاع en partance

**وَشِيك** imminent; menaçant; prochain; proche; prompt; rapide; véloce

أَنْذَرَ بِ~ المَطَر annoncer la pluie

العاصِفة ~ة l'orage menace/se prépare

IV **أَوْشَكَ** إِيشاكًا أن être au bord/en instance/en voie/sur le point/près de; faillir; manquer de; menacer de; s'en falloir de peu que; aller (suivi d'un inf.)

~ على الإنْتِهاء tirer à sa fin

~ على المَوْت être à l'article de la mort; se mourir

~ بِهِ أنْ peu s'en est fallu que

**5942 وَشَمَ** ـِ وَشْمًا الجِلْدَ faire une marque sur la peau; tatouer

**وَشْم** ج وشوم، وِشام flétrissure [*fig.*]; marque (faite sur la peau); tatouage

وَشيمة ج وَشائِم propos malveillant; inimitié

واشِمة tatoueuse

II وَشَّمَ تَوْشيمًا ← وَشَمَ

**5943 وَشْوَشَ** chuchoter

وَشْوَشة chuchotement

**5944 وَشى** ـِ وَشْيًا هـ broder/imprimer une étoffe; embellir; orner

~ وَشْيًا. وِشاية بِهِ إلى calomnier; dénoncer; moucharder [*fam.*]; rapporter (ragots); vendre la mèche

**وَشْي** ج وِشاء broderie; impression (sur tissu); décoration; ornementation; ornement; éclat/couleur d'une étoffe

~ السَيْف garniture d'épée

**شِيَة** ج ات bariolage; marque; signe particulier; trait (du visage)

لا ~ فيه de couleur unie; signe particulier: néant

وِشاية calomnie; délation; dénonciation; mouchardage; rapportage [*fam.*]

**واشٍ** ج ون، وُشاة calomniateur; délateur; dénonciateur; intrigant; indicateur (de police); mouchard; rapporteur [*fam.*]

~، الواشي بِـ qui exprime/révèle/trahit (un sentiment)

نَظْرة ~ة بالإعْجاب regard d'admiration

II **وَشّى** تَوْشية consteller/imprimer/parsemer un tissu (de taches de couleur)

~ خِطابه بِـ émailler son discours de

**مُوَشّى** bariolé/constellé/imprimé (tissu); parsemé de taches de couleur; émaillé (de citations)

**5945 وَصِبَ** يَوْصَبُ وَصَبًا être malade; avoir une maladie chronique

وَصَب ج أوْصاب indisposition; maladie

واصِب chronique (mal)

وَصِب؛ وَصيب indisposé; malade; maladif; morbide

**5946 وَصيد** ج وُصُد seuil; espace libre devant la maison

وَصيدة enclos (en pierre)

IV **أوْصَدَ** إيصادًا هـ bloquer (une fermeture); fermer; barricader (une porte); garder sous clef

~ الباب في وَجْهه ه fermer la porte au nez de; interdire à qqn l'accès de; barrer la route

إيصاد fermeture; blocage (des accès)

**مُوصَد** barricadé; bloqué; clos; fermé

باب ~ porte close

**5947 وَصَع**؛ وَصَعة troglodyte [*ois.*]

**5948 وَصَفَ** ـِ وَصْفًا ه، هـ attribuer une qualité; caractériser; décrire; dépeindre; faire la description/le portrait de; peindre [*fig.*]; qualifier; représenter; signaler; donner le signalement de; *méd.* ordonner/prescrire (un remède)

~ ه بِـ accuser/qualifier/taxer/traiter qqn de

~ ه بِلِصّ traiter qqn de voleur

~ ه بالإلْحاد accuser/taxer qqn d'hérésie

لا يُوصَفُ indescriptible; indicible; ineffable; inénarrable

**وَصْف** ج أوْصاف attribution (d'une qualité); caractérisation; description; portrait; qualification; signalement; spécification; représentation

أرْسَلَ ~ ه diffuser le signalement de

~ رِحْلة journal de voyage

بِـ~ ه en qualité de; comme; en tant que

**وَصْفة** description; recette

~ طِبِّيّة formule/prescription médicale; ordonnance [*méd.*]

~ طَعام، طَبْخِيّة recette d'un plat, culinaire

**وَصْفيّ** descriptif/attributif/qualificatif *adj.*; signalétique

هَنْدَسة ~ة géométrie descriptive

**5919 وَصَلَ** ـِ **وَصْلًا، وُصْلة. بِـ ه**
accoupler/articuler coupler [*techn.*]; assembler; brancher; faire communiquer; mettre en communication; connecter; embrayer; joindre; lier; raccorder; faire un raccordement; rapprocher; rejoindre; relier; unir

~ بَيْنَ ه — *même sens*

~ ه بِـ ه. ه — donner qqch à qqn; mettre qqn en communication avec

~ وُصولًا ه. إلى ه — aboutir; accéder; arriver; atteindre; parvenir; être rendu; venir

~ بِـ ه الأَمْرُ إلى — en arriver à; conduire/amener qqn à

~ قَرْيَة بِالعالَم الخارِجيّ — relier un village au monde extérieur

~ إلى ما أَرادَه — arriver à ce que l'on veut

~ إلى مَقاعِد الحُكْم — accéder au pouvoir

أَيْنَ وَصَلْتَ في — où en êtes-vous de ...?

**وَصْل** ج أَوْصال — accouplement/articulation [*techn.*]; assemblage; attache; branchement; combinaison; connexion; contact; couplage [*électr.*]; embrayage; fixation; jonction; joint *n.m.*; insertion; interconnexion; jointure; liaison; membre [*anat.*]; raccordement; rapprochement

لَيْلة الـ~ — dernière nuit d'un mois lunaire

خَطّ ~ — tiret; trait d'union

عَلامة الـ~ : ـٱ ← وَصْلة

~ الفائِت — résumé des chapitres précédents

أَداة الـ~ — embrayeur

~ سائِليّ. قُرْصيّ — accouplement hydraulique, à disque

~ ج وُصولات — acquit *n.m.*; récépissé; reçu *n.m.*

**أَوْصال** — articulations; membres

قَطَعَ، حَلَّ ~ ه — démembrer [*fig.*]; désarticuler

**وَصْلة** — *ling.* «*waṣla*» (signe placé sur l'«*alif*» initial et marquant la liaison phonique avec le mot précédent)

~ كيمائيّة — liaison chimique; valence [*chim.*]

~ مُزْدَوِجة — bivalence [*chim.*]

**وُصْلة** ج وُصَل — allonge; articulation; attache; intermède; joint [*techn.*]; jointure; raccord; rallonge; embout

~ التَمَدُّد. أَرْضِيّة — joint d'expansion; prise de terre

**صِفة** ج ات — attribut; caractère; caractéristique *n.f.*; qualité; qualificatif *n.m.*; titre; façon; manière; *gramm.* adjectif

~ مُشَبَّهة — *gramm.* adjectif verbal

بِـ~ ه، ه — comme; en qualité/en tant que; sous forme de

بِـ~ عامّة — d'une manière générale; généralement

بِـ~ كامِلة — d'une manière totale; totalement

بِـ~ جُزْئِيّة — d'une manière partielle; partiellement

بِـ~ خاصّة — de façon particulière/toute particulière; particulièrement

بِـ~ رَسْمِيّة — officiellement; à titre officiel

بِـ~ شَخْصِيّة — personnellement; à titre personnel

بِـ~ غَيْر رَسْمِيّة — de manière officieuse; officieusement

بِأَيّ، بِأَيّة ~ — à quel titre?

بِـ~ ه مُعَلِّمًا، وَزيرًا — (lui) en tant que professeur, que ministre

صِفات الله — *isl.* attributs divins

**وَصيف** ج وُصَفاء — domestique; garçon; garçon d'honneur; serviteur; page *n.m.*

~ فُنْدُق — groom

~ المِصْعَد — garçon d'ascenseur

**وَصيفة** ج ات، وَصائِف — dame de compagnie; femme de chambre; servante; soubrette [*fam.*]

**مَوْصوف** — décrit; dépeint; qualifié; *méd.* ordonné; prescrit; *gramm.* substantif

III **واصَفَ** مُواصَفة ه — décrire; expliquer; spécifier

~ ه ه — vendre qqch à qqn sur la foi d'une description

**مُواصَفة** ج ات — description; explication; spécification; notice détaillée (d'une machine)

**مُواصَفات** — cahier des charges

VIII **اِتَّصَفَ** اِتِّصافًا بِـ ه — se caractériser/se distinguer par; être caractérisé/distingué par

~ بِالخَيْر — avoir une bonne réputation

X **اِسْتَوْصَفَ** اِسْتيصافًا ه — demander à qqn une description/des détails

~ طَبيبًا — consulter un médecin

**مُسْتَوْصَف** ج ات — consultation; dispensaire; infirmerie

~ خاصّ — clinique

~ مُوسيقيّة — interlude

**وُصول** — accès; arrivage; arrivée; venue; réception

الـ ~ إلى ه صَعْب — l'accès en est difficile

إشْعار بِالـ ~ — accusé de réception

~ ج ات — récépissé; reçu *n.m.*; quittance

**وُصوليّ** — arriviste; parvenu *n.m.*; nouveau riche

**وُصوليّة** — arrivisme

**صِلة** ج ات — don; cadeau; présent *n.m.*; connexion; contact; jonction; liaison; lien; rapport; relation; suite à

~ المَوْصول — *gramm.* phrase relative

**صِلات** — attaches; contacts; liens

على ~ طَيِّبة بِـ ه — en bons termes avec

رَبَط، عَقَدَ ~ بِـ — établir des contacts/des liens avec

لَهُ ~ وَثيقة بِـ ه — avoir des contacts/des liens étroits avec

**واصِل**؛ واصِلة — *techn.* connecteur; embrayage; *gramm.* copulatif *adj.*

دَوّاسة الـ ~ — pédale d'embrayage

**وَصيل** — ami intime/inséparable; agent de transmission

**مَوْصول** — connecté; en contact avec; joint; lié; qui fait suite à; consécutif

إسْم ~ — *gramm.* pronom relatif

**مَوْصِليّ** — mousseline (de Mossoul)

II **وَصَّلَ** تَوْصيلاً ه — amener; faire arriver/parvenir à; combiner; conduire; relayer; transmettre; *techn.* accoupler; coupler; brancher; connecter; raccorder

~ إلى الأرْض — mettre à la terre; installer une prise de terre

~ المِياه إلى القِمّة — amener l'eau jusqu'au sommet

**تَوْصيل** ج تَواصيل — quittance; reçu *n.m.*; *techn.* accouplement; branchement; conduction; couplage; raccordement; transmission

ذِراع ~ — arbre de transmission

~ الحَرارة — conduction de la chaleur

~ إلى الأرْض — mise à la terre

~ أنابيب — raccordement de tuyaux

**تَوْصيلة** — *électr.* connexion; contact

~ الأرْض — prise de terre

**مُوَصِّل** — relais [*techn.*]

~ أرْضيّ، سِلْكيّ — prise de terre; câble de branchement

~ الحَرارة — conducteur de la chaleur

**مُوَصَّل** — branché; raccordé; mis à la terre

مُرَقَّع ~ — de pièces et de morceaux

III **واصَلَ** مُواصَلة ه — continuer; poursuivre (son chemin); soutenir (effort); persister/persévérer dans; reconduire (une politique)

~ اللَيْل بِالنَهار — travailler jour et nuit

~ سَعْيه، جُهوده — continuer/poursuivre ses efforts; faire des efforts ininterrompus

~ دُروسه — continuer/poursuivre ses études

~ كُلَّ ذي حَقٍّ بِحَقِّه — donner à chacun son dû

**مُواصَلة** ج ات — communication; contact; continuation; reconduction; transmission; correspondance [*ch. de f.*]

~ الجُهود، الدِراسة — poursuite des efforts, des études

~ ضِمْنيّة — tacite reconduction

**مُواصَلات هاتِفيّة** — communications téléphoniques; transmissions

الـ ~ السِلْكيّة واللاسِلْكيّة — télécommunications

طُرُق، وَسائِل الـ ~ — voies, moyens de communication

~ حَديديّة، جَوّيّة — communications ferroviaires, aériennes

IV **أوْصَلَ** إيصالاً ه، ه إلى — acheminer; amener; faire arriver/parvenir jusqu'à; donner accès; conduire à; mener; déposer qqn (chez lui); raccompagner; reconduire

~ أصْدِقاء — raccompagner/reconduire des amis

**إيصال** ج ات — acheminement; conduction; continuation; reconduction; *dr.* acquit; quittance; récépissé; reçu *n.m.*

أعْطاه ~ اً — donner/délivrer une quittance; quittancer

V **تَوَصَّلَ** تَوَصُّلاً إلى ه — parvenir/réussir à; trouver le moyen de

~ إلى قَلْب ه — s'insinuer dans les bonnes grâces de; s'emparer du cœur de

~ في تَحْصيل ه — employer des moyens subtils pour arriver à

VI **تَواصَلَ** تَواصُلاً — continuer *intr.*; se continuer; durer; se poursuivre; être ... *v. à l'adj.*

**تَواصُل** continuité; durée; consécution; régularité

عَدَم ~ discontinuité; irrégularité

**مُتَواصِل** assidu; chronique; consécutif; continu; continuel; incessant; ininterrompu; suivi; régulier; sempiternel; soutenu (effort); à la suite; de suite

تَيّار ~ courant continu [*électr.*]

غَزَوات ~ة attaques continuelles/incessantes

لِمُدّة ساعات ~ة pendant plusieurs heures consécutives

غَيْر ~ discontinu; irrégulier

VIII **اِتَّصَلَ** اِتِّصالاً بـ ه s'aboucher avec [*péjor.*]; être/se mettre/entrer en communication/en contact/en liaison/en relation/en rapport avec; communiquer avec; contacter

~ بـ ه communiquer/correspondre (pièces d'un appartement); s'embrancher (route); confluer; avoir accès à

**اِتِّصال** ج ات communication; connexion; contact; continuité; liaison; rapport; relation

على ~ بـ ه en contact/liaison/rapport avec; *fig.* qui a accès à/ses entrées chez

~ بالعَدُوّ intelligence avec l'ennemi

نُقْطة ~ point de contact/de jonction

قَطْع ~ solution de continuité

~ هاتِفيّ contact/liaison téléphonique

**مُتَّصِل** بـ ه، ه communication; en communication/liaison/rapport/relation avec; suivi; conjoint; continu; ininterrompu; permanent; raccordé à/avec; relatif à

أوانٍ ~ة vases communicants

~ بَعْضه بِبَعْض d'un seul tenant; sans solution de continuité

عَرْض ~ spectacle permanent/ininterrompu

**5950** **وَصَمَ** ـِ وَصْمًا ه casser; fêler; abîmer; gâter

~ شَرَفَ ه entacher/souiller [*litt.*] l'honneur de

~ه بِعار، بِغَيْب flétrir/stigmatiser la conduite de qqn

~ بِوَصْمة العار marquer du sceau de l'infamie

~تْه الفَضيحة être éclaboussé par le scandale

**وَصْم** cassure; fêlure; défaut; déshonneur; stigmatisation; flétrissement [*fig.*]

**وَصْمة** marque d'infamie; flétrissure; souillure [*litt.*]; stigmate; tache/éclaboussure [*fig.*]

**وَصامة** pathologie

**واصِم** pathogène

**مَوْصوم** abattu; languissant; souffrant

**5951** **وَصْوَصَ** plisser les yeux pour mieux y voir; regarder par un trou/par l'ouverture pratiquée dans un voile

**وَصْواص** judas

**5952** **وَصِيّ** ج أَوْصِياء administrateur (de biens); curateur; exécuteur testamentaire; testateur; mandataire; tuteur; *adj.* tutélaire

~ شَرْعيّ، قَضائيّ tuteur légal; conseil judiciaire

~ على قاصِر، العَرْش tuteur d'un mineur; régent

دَوْلة، سُلْطة ~ة puissance tutélaire

**وَصِيّة** ج وَصايا commande; commandement; recommandation; dernière volonté; testament; legs

مُنَفِّذ ~ exécuteur testamentaire

بِلا ~ ab intestat

~ بِخَطّ المُوَصّي testament olographe

الوَصايا العَشْر les dix Commandements; décalogue

**وِصاية** curatelle; mandat [*polit.*]; tutelle

~ على العَرْش régence

مَجْلِس ~ conseil de tutelle/de régence

قُطْر تَحْتَ الـ~ territoire sous mandat

II **وَصَّى** تَوْصية ه بـ ← IV

**تَوْصية** ج ات commande; commandite; recommandation; piston [*fig.*, *fam.*]

رِسالة ~ lettre d'introduction/de recommandation

شَرِكة ~ société en commandite

تَبَنّي ~ adopter une recommandation

**مُوَصٍّ** mandant; testateur; légateur

شَريك ~ commanditaire

IV **أَوْصَى** إيصاءً ه بـ ه conseiller qqch à qqn; prescrire; préconiser; prêcher; commander; ordonner; recommander

~ه. لِه بِه ه — confier qqch, qqn à; léguer; faire un legs en faveur de; instituer qqn comme tuteur/curateur; tester

~ه بِه — recommander qqn; pistonner [fig., fam.]

~ بِثَرْوته لِه — laisser sa fortune à

~ على شِراء ه، على ه — passer commande; commander (marchandises)

**مُوصٍ** ← مُوَصٍّ

غَيْر ~ — intestat

**مُوصًى لَهُ** — légataire

~ لَهُ بِكُلّ مال ه — légataire universel de

~ عليه — pistonné [fam.]; recommandé (lettre, personne)

X **اِسْتَوْصَى** اِسْتِيصاءً بِه — accepter une recommandation

~ بِه خَيْرًا — vouloir du bien à qqn; considérer qqn comme recommandable

5953 **وُضوء** — ablutions; pureté rituelle

وَضِيء، وَضّاء — propre; pur; en état de pureté rituelle

V تَوَضَّأَ تَوَضُّؤًا — faire ses ablutions

تَوَضُّؤ — ablutions rituelles

مُتَوَضَّأ — lieu où l'on fait ses ablutions

5954 **وَضَحَ** ـِ وُضوحًا — être/devenir ... *v. à l'adj.*; se clarifier; se manifester clairement; s'éclaircir

**وَضَح** ج أَوْضاح — brillant/éclat/luminosité de l'aurore

في ~ النَّهار — en plein/au grand jour; en plein midi

**وُضوح** — clarté; évidence; limpidité; netteté; précision; transparence [fig.]

~ التَلْميحات — transparence des allusions

~ التَحْليل — lucidité/netteté d'analyse

~ أُسْلوب — clarté/limpidité du style

تَشَوُّش، عَدَم الـ~ — flou *n.m.*; imprécision

بِكُلّ ~ — de manière évidente/explicite/précise; clairement; expressément

بِدُون ~ — indistinctement; de manière imprécise

**واضِح** — apparent; caractérisé; clair; défini; distinct; explicite; exprès; flagrant; bien formulé; intelligible; limpide; lucide; manifeste; marqué (différence); net; ostensible; palpable (preuve); patent; précis; prononcé; transparent (allusion); visible

مِن الـ~ أن — il est manifeste/clair/évident/patent que

~ كَعَيْن الشَمْس — *prov.* clair comme le jour; qui saute aux yeux

~ وُضوحَ الشَمْس في رابعة النَهار — *même sens*

~ مِن مُطالَعة ... أن — il apparaît clairement à la lecture de ... que

غَيْر ~ — imprécis; inarticulé (son); impalpable; indécis; indéfini; flou; obscur; inintelligible

وَضّاح — éclatant; évident; brillant; clair; lumineux

II **وَضَّحَ** تَوْضيحًا ه — clarifier; débrouiller (une affaire); éclairer [fig.]; élucider; éclaircir [fig.]; apporter/donner des précisions/des éclaircissements; expliciter; expliquer; illustrer; faire la/jeter de la lumière sur; mettre en lumière/au point; préciser

~ مَسْأَلة — expliquer/éclairer/élucider une question

تَوْضيح ج ات — clarification; éclaircissement; élucidation; explication; explicitation; lumière [fig.]; précision; mise au point; stipulation

تَوْضيحيّ — explicatif

مُوَضِّح — éclairant; clarificateur

IV **أَوْضَحَ** إيضاحًا ← II

~ فِكْرَتَهُ — expliciter/préciser sa pensée; s'expliquer

~ مَوْقِفَهُ — éclairer/expliquer/justifier sa position

~ مُشْكِلة عن طَريق ه — illustrer un problème en/par

~ كَلِمة بِشَواهِد — illustrer un mot par des exemples

~ مَسْأَلة. قَضِيّة — tirer une affaire au clair

~ حالَته — régulariser sa situation

**إيضاح** ج ات ← تَوْضيح

أَعْطَى ~ًا — apporter/donner une précision

أَتَى بِـ~ — faire une mise au point

**إيضاحيّ** — qui a valeur d'exemple/sert d'illustration; exemplaire; explicatif

حالات ~ة — situations/cas exemplaires

V تَوَضَّحَ تَوَضُّحًا ← VIII

VIII **اِتَّضَحَ** اِتِّضاحًا — se clarifier; s'éclaircir; s'éclairer; devenir clair; s'expliquer; se préciser; se faire jour

~ أن — il est clair/évident que; il semble bien/il s'avère/se révèle que

~ مِن ... أن — résulter; ressortir de; il appert que

اِتِّضاح ج ات clarification; éclaircissement; précision

X **اِسْتَوْضَحَ** اِسْتيضاحًا ه عَنْ demander des explications/des éclaircissements à qqn sur qqch; interpeller qqn à propos de; consulter qqn sur

~ المَصادِرَ، القَواميسَ consulter les sources, les dictionnaires

اِسْتيضاح ج ات demande d'explication; interpellation; consultation

**5955** **وَضَر** ج أَوْضار eaux grasses de vaisselle

**5956** **وَضَعَ** ـَ وَضْعًا ه apposer; baisser; poser; déposer; placer; situer; établir; installer; instituer; prendre une disposition; accoucher; mettre bas/au monde

~تْ قَبْلَ الأَوانِ accoucher avant terme

~ الأَخْتامَ على ه apposer des scellés sur; mettre sous scellés

~ عَصاه déposer son bâton (de pèlerin); faire halte qqp; fixer sa demeure

~ أَلْغامًا poser/mouiller des mines; miner

~ مَبْدَأً établir/poser un principe

~ حَدًّا لِ mettre un terme à

~ مَسْأَلَة على البِساط mettre/jeter une question sur le tapis

~ في مُقَدِّمَة اِهْتِمامه mettre/placer au premier rang de ses préoccupations

~ قائِمَة، قانونًا établir une liste, une loi

~ حِمْلًا، تَوْصِيَة déposer un fardeau, une recommandation

~ أُسُس ه poser/jeter les bases/les fondements de

~ نَفْسَهُ مَوْضِعَ ه se mettre à la place de

~ يَدَه على mettre la main sur [*pr.* et *fig.*]; s'emparer de; occuper (pays)

~ قُيودًا على imposer/introduire des restrictions; instituer des conditions restrictives; réfréner; restreindre

~ نَظَرِيَّة construire/édifier/élaborer/mettre au point une théorie

~ فِكْرَة في رَأْسه se loger/se mettre une idée dans la tête

~ ه مَوْضِعَ التَنْفيذ mettre à exécution

~ ه مَوْضِعَ الشَكِّ mettre en doute

~ ه في مَوْضِع خَطَر mettre en danger/en mauvaise posture

~ نُصْبَ عَيْنَيْه mettre sous les yeux

~ خَريطة، تَصْميمًا dresser/lever une carte, un plan

~ مُخَطَّطًا، خِطَّة tracer un plan

~ مِن ه diminuer/ôter/retirer/retrancher/soustraire qqch

~ مِن ه abaisser/diminuer/humilier qqn

~ مِن نَفْسِه s'abaisser; s'humilier

**وَضُعَ** يَوْضُعُ ضَعَة، وَضاعَةً être abaissé/affaissé/déposé/destitué; tomber dans le mépris

**وَضْع** ج أَوْضاع abaissement; rabaissement; abattement; apposition (scellés); déposition; affaissement; destitution; position; placement; disposition; élaboration; donnée *n.f.*; mise en place/en œuvre/en position; situation; établissement; installation; institution; condition; état; sort; fortune [*fig.*]; terrain [*fig.*]; attitude; pose; posture; station (debout); *obstétr.* accouchement; parturition

~ حَرِج situation/condition difficile; mauvais pas; mauvaise passe

الـ~ الراهِن situation actuelle; statu quo

تَمَّ ~ النَظَرِيَّة la doctrine a été élaborée

~ سِياسَة إِسْكانِيَّة mise en place d'une politique du logement

إِنَّهُ في ~ دِفاعِيّ être en position de défense/sur la défensive

~ اليَد على mainmise sur

في الـ~ ذاتِه، نَفْسِه au même point; dans le même état/la même situation

الـ~ البَشَرِيّ condition humaine

تَحْسين ~ العُمّال amélioration du sort des ouvriers

**أَوْضاع** circonstances; conditions; conjoncture; situation; dispositions (législatives, organiques)

~ شاذَّة circonstances exceptionnelles

الـ~ الاِقْتِصادِيَّة، الراهِنَة conjoncture économique, actuelle

**وَضْعِيّ** objectif; positif; positiviste; postural

حالَة ~ة état/situation positif(ive)

**وَضْعِيَّة** ج ات positivisme; position; disposition; station

الـ~ الحَديثَة néo-positivisme

~ عَمودِيَّة position/station verticale/debout

~ أُفُقِيّة — position horizontale/couchée

**وِضْعة** — attitude; pose; position; station

~ الجِسْم — posture du corps

**ضِعة** — abaissement; humilité; attitude humble; médiocrité; diminution; déficit; rabais; remise

**وَضاعة** ← ضَعة

**واضِع** مَشْروع، فِكْرة — auteur/créateur/inventeur/promoteur d'un projet, d'une idée

~ اليَد — occupant/possesseur d'un terrain

**مَوْضوع** — abaissé; déposé; établi; fondé; placé; posé

~ ج مَواضيع — motif (musical); matière (d'un livre); objet (de discussion); question (en litige); sujet (d'examen); substrat; substratum; thèse; thème

~ النِقاش، الدَعْوى — l'objet de la discussion, du procès

~ خِلاف، جِدال — occasion de dispute; pomme de discorde [*litt.*]

ما الـ~ — de quoi s'agit-il? c'est à quel sujet?

الـ~ هو — il est question de; il s'agit de

خَرَج عَن الـ~ — sortir du sujet

في غَيْر، خارِج عن ~ه — hors de/mal à propos; inopportun

غَيْر ذي ~ — sans objet

~ مُبْتَذَل — lieu commun; sujet usé

**تَحْليل المَواضيع** — analyse thématique

**فِهْرِس المَوْضوعات** — table des matières

**مَوْضوعيّ** — objectif; impersonnel; thématique *adj.*

دِراسة، مُؤَرِّخ ~(ة) — étude, historien objectif(ive)

**مَوْضوعيّة** — objectivité; impersonnalité; thématique *n.f.*

~ حُكْم، تَحْليل — objectivité d'un jugement, d'une analyse

**وَضيع** ج وُضَعاء — commun; humble; infime; médiocre; modeste (salaire); obscur (homme); petit; vil; vulgaire

~ الأَصْل — d'humble origine

**مَوْضِع** ج مَواضِع — emplacement; endroit; lieu; position; objet

~ مُحَصَّن، أَماميّ — position fortifiée, avancée

كانَ ~ شَفَقة، رِثاء — être un objet de pitié/de compassion

~ إِعْجاب، نِزاع — objet d'admiration, de discussion

~ حَفاوَة، تَكْريم — objet d'égards, de respect

عَيَّنَ ~هـ — localiser/situer qqch

غَيَّرَ ~هـ — déplacer; changer qqch de place

في ~ الحال — en l'espèce; dans le cas d'espèce

في ~هـ — à propos; opportun; à sa place

في غَيْر ~هـ — déplacé; inopportun; intempestif

**حَرْب مَواضِع** — guerre de positions

**مَوْضِعيّ**، دَواء ~ — topique [*méd.*]

IV **أَوْضَعَ** إيضاعًا في هـ — prendre une part active à; favoriser le développement de

VI **تَواضَعَ** تَواضُعًا — s'abaisser; s'humilier; être modeste; se faire petit

~ لِـ، إلى — se soumettre à; se conduire avec respect envers

~ على هـ — convenir de qqch

**تَواضُع** — abaissement; humilité; modestie; convention; système conventionnel

تَظاهَرَ بِالـ~ — faire preuve de fausse modestie

دُونَ ~ كاذِب — sans fausse modestie

**مُتَواضِع** — humble; insignifiant; modeste; maigre (salaire); sans prétention; effacé [*fig.*]

غَيْر ~ — immodeste

5957 **وَضَم** ج أَوْضام — tranchoir; planche à hacher; billot

5958 **وَطِئَ** ـَ وَطْأً هـ — fouler (aux pieds, le sol); marcher sur; mettre le pied sur; piétiner; faire l'amour à une femme

~ المَوْت — vaincre la mort

~ عَقِبَه — marcher dans le sillage/sur les traces de

**وَطْء** — marche; pas; piétinement; coït; copulation

خَفَّفَ الـ~ — marcher d'un pas léger; ralentir

سَمِعَ ~ أَقْدام — entendre des pas/un bruit de pas

**وَطْأة** — endroit où l'on a posé le pied; gravité; intensité; poids écrasant; pression (du pied)

تَحْتَ ~ هـ — sous l'effet de

خَفيف الـ~ — clément; doux; humain

ثَقيل، شَديد الـ~ — cruel; inhumain; véhément; violent; aux conséquences funestes

**واطِئ** abaissé; bas; encaissé (terrain); en contrebas

~ صَوْت، كُرْسيّ voix, chaise basse

~ ضَغْط basse pression/tension

مَوْطِئ، مَوْطأ ج مَواطِئ empreinte/trace de pas; marchepied

II **وَطَّأَ** تَوْطِئَة ه faciliter; rendre commode; préparer une couche/un lit; niveler; aplanir; expliquer; donner des explications

~ صَوْتَه baisser la voix; parler à voix basse

تَوْطِئَة ج ات nivellement; notice explicative; préliminaire *n.m.*; prélude; prologue

III واطَأَ مُواطَأَة ه على ه s'accorder avec qqn; convenir de qqch avec qqn; pactiser avec

V تَوَطَّأَ تَوَطُّؤًا ه fouler aux pieds [*fig.*]; se rendre maître de

VI **تَواطَأَ** تَواطُؤًا مع ه agir/être de mèche [*fam.*]/de connivence avec qqn; être complice de

~ مع ه على ه. ه s'entendre avec qqn sur qqch/contre qqch; pactiser/conspirer avec qqn contre

**تَواطُؤ** collusion; complicité; connivence; conspiration

~ مع العَدوّ intelligence avec l'ennemi

بالـ~ مَع de connivence/de mèche [*fam.*] avec

مُتَواطِئ ج ون conspirateur; complice

**5959** **وَطْب** ج أَوْطاب outre *n.f.*

مَمْلُوء **الوِطاب** بِـ ه abondamment pourvu de; très riche en

خالي الـ~ pauvre en; dépourvu de

صَغُرَت ~ه disparaître; mourir

**5960** (وطد) **وَطيد** ferme; inébranlable; solide; tenace

إيمان، أَمَل ~ foi vive; ferme espoir

II **وَطَّدَ** تَوْطيدًا ه affermir; consolider; raffermir; renforcer; resserrer; sceller [*fig.*]; stabiliser

~ النِيَّة على avoir la ferme intention/le ferme propos de

~ حُكْمًا asseoir un jugement

~ عُرَى المَحَبَّة sceller/resserrer des liens d'amitié

~ دَعائِم الإِخاء raffermir des liens de fraternité

~ نَفْسَهُ على s'accoutumer/s'entraîner à; prendre de fermes résolutions

**تَوْطيد** affermissement; consolidation; raffermissement; renforcement; resserrement (d'une amitié); stabilisation

~ سِعْر عُمْلَة stabilisation d'une monnaie

V **تَوَطَّدَ** تَوَطُّدًا s'affermir; se consolider; se raffermir; se renforcer; se resserrer; se stabiliser; prendre pied/son assiette

~ العُرْف l'usage s'est établi

تَوَطُّد affermissement; consolidation; raffermissement; renforcement; stabilisation

**5961** **وَطَر** ج أَوْطار besoin; désir; envie

قَضَى ~ه مِن ه assouvir/satisfaire son envie de

**5962** **وَطَسَ** ِ وَطْسًا ه battre violemment; écraser; piler

**وَطيس** combat

حَمِيَ ~ المُناقَشة s'échauffer (discussion)

حَمِيَ ~ المَعْرَكة atteindre son paroxysme/faire rage (bataille)

حامي الـ~ acharné (combat, discussion); orageux (discussion)

**5963** (وطف) **أَوْطَفُ** م وَطْفاء ombrageux; qui a les sourcils épais

**5964** **وَطَن** ج أَوْطان demeure [*fig.*]; foyer [*fig.*]; pays; patrie

~ مُخْتار patrie d'adoption/d'élection

عادَ إلى ~ه rentrer dans ses foyers/sa patrie

حُبّ الـ~ amour de la patrie; patriotisme

أَهْل ~ه compatriotes; concitoyens

الحَنين إلى الـ~ mal du pays

**وَطَنيّ** civique; national; patriote; patriotique

مَصالِح ~ة intérêts nationaux

حُقوق ~ة droits civiques

لُغة ~ة langue vernaculaire/nationale

~ اِشْتِراكيّ national-socialiste

الوَطَنِيّون المُخْلِصون patriotes sincères/loyaux

**وَطَنِيّة** ج ات civisme; nationalisme; patriotisme

~ اِشْتِراكيّة national-socialisme

ضِدّ الـ~ antipatriotique

**مَوْطِن** ج مَواطِن berceau (d'un peuple); origine; lieu d'origine; patrie; domicile; siège

~ الوَجَع siège de la douleur; point douloureux

~ اللُّغة العَرَبيّة berceau/domaine de la langue arabe

وَضَعَ إِصْبَعَهُ على ~ الداء toucher le mal du doigt; mettre le doigt sur la plaie; trouver l'endroit où le bât blesse

~ الضُّعْف point faible; défaut de la cuirasse

اِتَّخَذَ ~ًا مُخْتارًا élire domicile

II **وَطَّنَ** تَوْطينًا ه sédentariser (des tribus nomades)

~ نَفْسَهُ على s'appliquer/s'habituer à; se préparer mentalement à; résoudre de; se résigner à

تَوْطين sédentarisation

III واطَنَ مُواطَنَةً ه partager la même patrie; être concitoyen de

حَقّ المُواطَنة droit de cité

**مُواطِن** ج ون citoyen; concitoyen; compatriote

إنّه ~ لي c'est un pays [*fam.*]/un compatriote

حُقوق **المُواطِنين** droits civiques

**مُواطِنيّة** citoyenneté

شَهادة ~ *iron.* brevet/certificat de citoyenneté

V **تَوطَّنَ** تَوَطُّنًا في s'implanter/se fixer/s'établir dans un pays; se sédentariser; prendre un pays pour patrie

~تْ نَفْسُه على être accoutumé/habitué/préparé à

تَوَطُّن établissement; implantation; sédentarité

مُتَوَطِّن domestique *adj.*; endémique (maladie); indigène *adj.*; natif; résident

X اِسْتَوْطَنَ اِسْتيطانًا ه se fixer/s'implanter dans un endroit; immigrer; choisir un pays (comme lieu de résidence); vivre en permanence qqp

**اِسْتيطان** implantation; immigration

الـ~ في الأراضي المُحْتَلّة implantation de colonies dans les territoires occupés

**مُسْتَوْطِن** endémique

~ ج ون colon; habitant; immigrant

**مُسْتَوْطَنة** ج ات colonie implantée; implantation

**5965** **وَطْواط** ج وَطاويط noctule; chauve-souris

**وَطي** ← وَطِئَ

**5966** III **واظَبَ** مُواظَبة على ه s'appliquer à; persévérer dans; poursuivre; persister; être assidu à

~ على الصَوْم observer rigoureusement le jeûne

**مُواظَبة** application (continuelle à); assiduité; observance (d'une règle); persévérance; persistance; esprit de suite; régularité

بـ~ assidûment; régulièrement

**مُواظِب** assidu; appliqué; persévérant; régulier (élève); rigoureux

غَيْر ~ irrégulier (présence)

**5967** **وَظيف** ج وُظُف *zool.* canon; métatarse

وَظيفيّ métatarsien

**5968** **وَظيفة** ج وَظائِف charge; emploi; tâche; fonction; office; place; position; service; situation; *v. aussi 5967*

وَجَدَ ~ trouver une place/un emploi/une situation

فَقَدَ ~ه perdre sa place/sa situation

إنّه ذُو ~ هامّة avoir une haute position

أَدّى ~ exercer une fonction; occuper une charge

باشَرَ ~ه entrer en exercice/en fonctions

أَثْناءَ القِيام بِأَعْمال ~ه dans l'exercice de ses fonctions

قامَ **بِوَظائِف** ه faire fonction de; assumer/remplir les fonctions de

عِلْم ~ الأَعْضاء physiologie

**وَظيفيّ** fonctionnel

التَعْليم، التَرْبية الـ~ة enseignement/éducation fonctionnel(le)

**وَظائِفيّ** fonctionnel; physiologique

~ ج ون physiologiste

اِضْطِرابات ~ة troubles fonctionnels

II **وَظَّفَ** تَوْظيفًا ه employer qqn; donner une place/un emploi; placer qqn; recruter; assigner à qqn un traitement; donner une pension/une rente

~ مالًا، أَمْوال placer/investir/engager/faire travailler de l'argent, des capitaux

قُدْرة اِسْتيعابِيّة capacité d'absorption (d'un marché)

**5970** وَعْث difficile/pénible (chemin)

~ اللِسان qui a des difficultés d'élocution

**5971** وَعَدَ ـِ وَعْدًا ه بِـ faire une promesse à qqn; promettre

~ ـِ وَعيدًا menacer

~ نَفْسَهُ بِأن se promettre de

**وَعْد** ج وُعود promesse; parole donnée

صادِق الـ~ de parole (personne)

وَفَى ~ه. بِـ~ه tenir parole/sa promesse

أَخْلَفَ ~ه manquer à sa parole; revenir sur sa promesse; déclarer forfait

رَجَعَ في. حَنِثَ في ~ه *même sens*

أَحَلّ ه مِن ~ه dégager qqn de sa promesse; rendre sa parole à

**وَعيد** menaces

نَظْرة ~ regard menaçant

**واعِد** plein de promesses; qui laisse présager la pluie

نَظْرة ~ة regard prometteur

**مَوْعود بِهِ** promis; stipulé; fixé (rendez-vous)

~ ج مَواعيد promesse

**مَوْعِد** ج مَواعِد moment fixé (pour l'accomplissement de qqch); date (prévue); rendez-vous

قَبْلَ الـ~ avant l'heure/terme; en avance; d'avance; à l'avance

~ الوِلادة date/moment prévu(e) pour l'accouchement

ظَهَرَت المَجَلّة في ~ها la revue a paru normalement/à la date prévue

ضَرَبَ، حَدَّد ~ًا prendre date; fixer un rendez-vous

أَكَلَ بِـ~ه manger à l'heure

نامَ بِـ~ه dormir à l'heure

تَخَلَّفَ عَن ~ n'être pas à l'heure/au rendez-vous; poser un lapin [*fam.*]

**ميعاد** ج مَواعيد heure/moment fixé(e) (pour un rendez-vous, l'accomplissement d'une action); date; délai; horaire; terme; promesse

~ العَمَل horaire de travail

**تَوْظيف** recrutement (fonctionnaires); placement; emploi; utilisation

~ أَمْوال investissement; placement de capitaux; mise de fonds

مَكْتَب الـ~ bureau de placement

مَكْتَب الـ~ الوَطَنيّ Agence nationale pour l'emploi; A.N.P.E.

**مُوَظَّف** placé (argent); investi (capital)

~ ج ون agent; bureaucrate; employé; fonctionnaire

~ هاتِف téléphoniste; employé du téléphone

غَيْر ~ inemployé

**مُوَظَّفون** employés; personnel

~ وِزارة، مَصْنَع personnel d'un ministère, d'une usine

V تَوَظَّفَ تَوَظُّفًا se placer; prendre/trouver une place/un emploi

X اِسْتَوْظَفَ اِسْتيظافًا fonctionnariser

اِسْتيظاف fonctionnarisation

**5969** IV **أَوْعَبَ** إيعابًا ه arracher; déraciner

~ ه في insérer; introduire

X **اِسْتَوْعَبَ** اِسْتيعابًا ه absorber totalement [*fig.*]; arracher/s'emparer en totalité de; comprendre/contenir/embrasser/renfermer entièrement; assimiler (des connaissances); faire qqch à la perfection; ne rien laisser de côté; épuiser (un sujet); être exhaustif

~ت المَدارِس جَميع الأَطْفال les enfants sont tous scolarisés

~ت الغُرْفة خَمْسين مَقْعَدًا la salle contient cinquante places

~ت السُوقُ الإِنْتاجَ le marché a pu absorber la production

~ مَوْضوعًا épuiser un sujet; traiter un sujet à fond

~ وِجْهة نَظَره exprimer son point de vue de manière parfaite

~ ذِكْر ه citer complètement

**اِسْتيعاب** assimilation; compréhension; capacité; contenance; exhaustivité

~ المَوْضوع traitement exhaustif d'un sujet

~ المَدارِس لِجَميع الأَطْفال scolarisation de tous les enfants

ضاقَ عن ~ ه كُلِّهُ ne pouvoir contenir/renfermer/recevoir la totalité de

~ المَعارِف assimilation des connaissances

~ الأَكْل heure des repas

فَوات الـ~ forclusion

~ الدَفْع échéance

غَدًا في نَفْس الـ~ demain même heure

في الـ~ à terme; à l'heure dite; dans les délais; ponctuellement; à temps

بَعْدَ انْقِضاء الـ~ après les délais; le délai écoulé

في غَيْر الـ~ de manière inopinée/soudaine

أَرْض الـ~ terre promise [*litt.*]

رُبَّ صُدْفَة خَيْر مِن ~ *prov.* le hasard fait souvent bien les choses

**مَواعيد** مُحَدَّدة obligations bien définies

تَسْديد بِالـ~ paiement/versement à dates fixes/à dates régulières/à tempérament

بَيان ~ القِطار horaire des trains

**مَواعيد** كاذِبة fausses promesses; promesses fallacieuses/en l'air

~ عُرْقوب. عُرْقوبيّة *prov.* promesses de Gascon

~ مَعْسولة promesses alléchantes

III واعَدَ مُواعَدَة ه ه convenir de qqch avec qqn; prendre rendez-vous avec; donner rendez-vous à

V تَوَعَّدَ تَوَعُّدًا ه faire du chantage à qqn; effrayer par des menaces; menacer qqn; montrer le poing à

تَوَعُّد ج ات chantage; menaces

مُتَوَعِّد menaçant

VI تَواعَدَ تَواعُدًا échanger des promesses; se promettre mutuellement qqch

X اِسْتَوْعَدَ اِسْتيعادًا stipuler; stipulation

**5972** **وَعَرَ** يَعِرُ وَعْرًا. وُعورًا être ... *v. à l'adj.*

وُعورة (الأَرْض) aspérité/difficulté/inégalité/impraticabilité/rudesse (sol, terrain); escarpement

**وَعْر** accidenté (chemin); difficile d'accès/peu accessible (endroit); difficile (voie); inégal (sol); impraticable (route); dur (terrain); pénible/raboteux/rude (sentier); escarpé

مَسْأَلة ~ة question ardue/difficile/épineuse

V تَوَعَّرَ تَوَعُّرًا être dur/inégal/raboteux (terrain); être confus/embarrassé/troublé (discours); être compliqué/ardu/difficile (affaire)

**5973** IV **أَوْعَزَ** إيعازًا إلى ه بـ ه donner à entendre; indiquer; insinuer; recommander; enjoindre; prescrire; suggérer

**إيعاز** indication; injonction; recommandation; suggestion

بـ~ sur l'indication/la recommandation de

مُوعَز بِهِ indiqué; insinué; enjoint; prescrit; recommandé; suggéré

**5974** **وَعْس** ج أَوْعاس sables mouvants

**5975** **وَعَظَ** ـِ وَعْظًا ه avertir; exhorter; prêcher; haranguer; sermonner

وَعْظ، عِظَة ج ات admonition; exhortation; homélie; prêche; prédication; prône; sermon

مَوْعِظة ج مَواعِظ ← عِظة

واعِظ ج وُعّاظ prédicateur; orateur; sermonnaire

VIII اِتَّعَظَ اِتِّعاظًا écouter les avertissements; profiter des conseils; se laisser convaincre

**5976** **وَعْق** acariâtre; contrariant; insociable; difficile à supporter/à vivre (homme)

**5977** **وَعَكَ** ـِ وَعْكًا، وَعْكة ه affaiblir qqn; détraquer la santé; indisposer; prostrer

وَعْكة accablement; indisposition; prostration

V تَوَعَّكَ تَوَعُّكًا se détraquer la santé; être indisposé/prostré

تَوَعُّك indisposition; malaise

مُتَوَعِّك détraqué (estomac); indisposé; mal à l'aise

**5978** **وَعِل** ج أَوْعال mouflon; argali

**وَعْل** ج أَوْعال abri; asile; refuge

ما لَكَ عَنْهُ ~ vous ne pourrez y échapper/l'éviter

X اِسْتَوْعَلَ اِسْتيعالًا إلى se réfugier dans les montagnes

مُسْتَوْعَل ج ات asile/refuge (en haut des montagnes)

**5979** **وَعْوَعَ** aboyer; glapir (renard)

وَعْوَعة aboiement; glapissement

**5980** **وَعَى** ـِ وَعْيًا ه comprendre; contenir; renfermer; avoir/prendre conscience de; réaliser [*fig.*]; sentir; se souvenir

~ إلى ه — faire prêter attention à

لا يَعي — inconscient *adj.*

**وَعْي** — connaissance [*fig.*]; conscience; prise de conscience; lucidité; sens [*fig.*]; sentiment

~ قَوْمي. طَبَقيّ — conscience/sentiment national(e), de classe

~ الضَمير، الشَعْب — éveil de la conscience, du peuple

إنْتِشار الـ ~ القَوْميّ — prise de conscience nationale

~ الذات، النَفْس — conscience de soi

فَتَرات ~ — intervalles de lucidité

إسْتَعادَ. إسْتَرْجَعَ ~ ه — reprendre connaissance/conscience/ses esprits/ses sens; retrouver ses sens/sa lucidité; se ranimer

فَقَدَ ~ ه — perdre conscience/connaissance

فاقِد الـ ~ — inanimé; inconscient; sans connaissance

~ باطِن — subconscient *n.m.*; sixième sens

لا ~ — inconscience

بِلا، في غَيْرِ ~ — de manière inconsciente; inconsciemment

**وِعاء** ج أَوْعِيَة — contenant *n.m.*; bac; pot; récipient; vase *n.m.*

~ دَمَوِيّ، الدُموع — vaisseau sanguin; sac lacrymal

أَوْعِيَة مُسْتَطْرَقة — vases communicants

وِعائِيّ — vasculaire

**واعٍ** — conscient; éclairé (public); éveillé; lucide

غَيْر ~ — inconscient; aveugle [*fig.*]

واعِية — conception; entendement

II وَعَّى تَوْعِيَة ه — éveiller (conscience); amener qqn à prendre conscience

**5981** **وَغْد** ج أَوْغاد، وُغْدان — canaille; chenapan; coquin; sacripant; fripouille; goujat; pendard [*fam.*]; crapule; salaud [*pop.*]; voyou

أَوْغاد — sale engeance; vermine [*fig.*]; racaille

**5982** **وَغَرَ** ـِ وَغْرًا — être brûlant/chaud (temps)

**وَغِرَ** يَوْغَرُ وَغَرًا على — s'emporter/s'enflammer de colère contre

**وَغْر** — animosité; colère; haine; tumulte

IV أَوْغَرَ V تَغَوَّرَ ← وَغَرَ على

**5983** IV **أَوْغَلَ** إيغالًا في — s'enfoncer dans les profondeurs de; s'avancer/aller loin; creuser (une idée); faire irruption dans un pays; pénétrer profondément

~ ه في — pousser qqn dans ses derniers retranchements

تَوَغَّلَ تَوَغُّلًا ← IV

تَوَغُّل — irruption; pénétration

**5984** **وَفَدَ** ـِ وَفْدًا. وُفودًا على. إلى ه. ه — arriver; venir; venir voir; visiter; faire une visite à

**وَفْد** ج وُفود — délégation; députation; troupe de voyageurs

حِزْب الـ ~ — *égypt.* Wafd

وَفْدِيّ — wafdiste; adhérent du Wafd

**وِفادة**؛ حَسَن الـ ~ — affabilité

حُسْن الـ ~ — affable

أَكْرَمَ ~ ه — faire bon accueil à; traiter avec égards

وافِد ج ون — arrivant

الوافِدون الجُدُد إلى — les nouveaux arrivants

وافِدة — épidémie; grippe

IV أَوْفَدَ إيفادًا ه — déléguer; députer; détacher; envoyer un représentant; se faire représenter par qqn

إيفاد — délégation; envoi

VI تَوافَدَ تَوافُدًا إلى — arriver ensemble; se succéder vers; affluer

**5985** **وَفَرَ** ـِ وَفْرًا — abonder; augmenter *intr.*; foisonner; se multiplier

**وَفْر** — abondance; opulence; pécule

**وَفْرة** — abondance; exubérance; grande quantité; luxuriance; multiplicité; opulence; foisonnement

~ مِن — un luxe/une grande abondance de

بِـ ~ — abondamment; à foison; à flots; à gogo [*fam.*]; à profusion; tant et plus

**وافِر** — abondant; ample; copieux; cossu; foisonnant; fourni; exubérant; nombreux; plantureux; pléthorique; riche

مَبْلَغ ~ — somme coquette [*fam.*]; grosse somme

عَدَد ~ مِن — une multitude/une foule de

وَفير، مَوْفور ← وافِر

أَوْفَر — plus; davantage

II وَفَّرَ تَوْفيرًا ه لِـ ه — donner (en abondance); fournir; pourvoir; procurer; économiser; faire des économies; épargner; ménager (son argent, ses forces)

~ وَسائِلَ العَيْش — donner/procurer le confort

~ العَمَلَ لِـ — donner/procurer du travail à

~ الحَوافِز — donner l'élan

~ مالَه، وَقْتَه — épargner son argent, son temps

~ قُواه، عَناءً — épargner ses forces, de la fatigue

~ على ه إزْعاجًا — épargner/éviter un dérangement à qqn

~ عَناءً على نَفْسِه — s'épargner/s'éviter de la fatigue

~ على ه مَؤُونة — épargner/éviter de la peine à qqn

~ على ه مَصاريف — épargner à qqn des dépenses

**تَوْفير** — économie; épargne; fourniture

صُنْدوق الـ~ — caisse d'épargne

~ النَفْط — économie de pétrole

~ الوَقْت — économie de temps

**مُوَفِّر** ج ون — épargnant

V **تَوَفَّرَ** تَوَفُّرًا — être abondant/en quantité; s'accroître; se multiplier; prospérer

~ لِـ ه، ه — jouir de (la présence de); être à la disposition de; avoir à sa disposition; disposer de

~تْ إمْكانِيّاتٌ لَدَى ه — avoir des possibilités

~تْ لَهُ حِمايةٌ كامِلة — jouir d'une protection parfaite

~تْ فيهِ شُروطُ الأَمْن — remplir les conditions de sécurité

~تْ فيهِ الشُروط المَطْلوبة — remplir les conditions; répondre aux conditions

**مُتَوَفِّر** — abondant; copieux

~ لِـ، لَدَى ه — disponible; à la disposition de

غَيْر ~ — indisponible

VI **تَوافَرَ** تَوافُرًا — s'accroître; se multiplier; être multiple/concordant (témoignages)

~ لَدَى، لِـ ه — être à la disposition de

~تْ لَهُ الشُروط — remplir les/satisfaire aux conditions

**تَوافُر** الأَدِلّة — abondance/convergence des preuves

**مُتَوافِر** — à la disposition de; disponible

المَوارِد الـ~ة لِـ — les ressources à la disposition de

5986 **وَفْق** — accord; concordance; conformité

**وَفْقًا** لِـ ه — en accord/en conformité avec; d'après; conformément à; selon

~ لِلأُصول — en bonne et due forme

~ لِلْقانون — en bonne règle; selon/dans les règles; statutairement; légalement

**وَفْقَ** ه ← وَفْقًا لِـ ه

~ إيقاع شَرْقيّ — sur un rythme (oriental)

~ التَعْليمات — selon/suivant/les instructions; conformément aux instructions

**وُفْقة** : أَجْر بِالـ~ — salaire à la tâche; travail à la pièce

**أَوْفَق** م وُفْقَى — plus conforme; mieux adapté/approprié

الـ~ أَنْ — le mieux est de

لَيْسَ فيه ~ مِنْه — il n'y a rien de mieux

II **وَفَّقَ** تَوْفيقًا ه، ه — rendre apte/convenable; régler (un différend)

~ بَيْنَ ... وَ — accommoder une chose à; accorder; mettre en accord; adapter; ajuster; approprier; arranger; assortir; concilier; coordonner; harmoniser; réconcilier

~ بين أَلْوان — harmoniser/marier des couleurs

~ بين سُلوكه وَ ه — régler sa conduite sur

~ بين رَغَباته والواقِع — adapter ses désirs à la réalité

**وُفِّقَ** لِـ . إلى ه — avoir la chance de; parvenir/réussir à; être bien loti/partagé

~ كُلَّ التَوْفيق — remporter un plein succès

**تَوْفيق** — accord; adaptation; ajustement; succès; arrangement; conciliation; coordination; harmonisation; réconciliation; réussite

لَجْنة ~ — commission de conciliation

**تَوْفيقيّ** — conciliatoire; combinatoire; syncrétique

تَحْليل ~ — analyse combinatoire

تَوْفيقيّة — syncrétisme

مُوَفِّق — conciliateur; médiateur

**مُوَفَّق** — heureux [*fig.*]; bien venu/trouvé; couronné de succès; réussi

بادِرة، ~ة — initiative heureuse

زَواج ~ — mariage réussi

**تَوافُق** accord; adaptation; assortiment; compatibilité; concert [*fig.*]; concordance; équilibre; conformité; consensus; coïncidence; convenance; harmonie

~ الدُوَل الكُبْرَى concert des grandes puissances

~ مَا بَيْنَ النَظَرِيّة والتَطْبيق équilibre entre théorie et pratique

~ عَناصِر مُتَنَوِّعة coïncidence d'éléments divers

عَدَم ~ inadaptation; désaccord; incompatibilité; non-conformité; déséquilibre; dysharmonie

تَوافُقِيّات harmoniques [*mus.*]

**مُتَوافِق** adapté; compatible; concordant; conforme; harmonieux; correspondant

غَيْر ~ incompatible; inconciliable; inadapté

VIII **اِتَّفَقَ** اِتِّفاقًا وَ، مع ه cadrer; coïncider; concorder; convenir; correspondre; être d'intelligence avec; s'entendre; s'arranger; s'accorder; tomber/se mettre d'accord sur

~ أن il advint/il se trouva que

~ لِ ه arriver/survenir/advenir à qqn

كَيْفَما ~ au hasard; au petit bonheur

اِتَّفَقْنا c'est entendu! d'accord!

لا يَتَّفِقُ وَ ه inconciliable

**اِتِّفاق** ج ات accord; conformité; concordance; concours; coïncidence; occurrence; harmonie; contrat; convention; cartel; pacte; traité

~ آراء، وِجْهات نَظَر unité/communauté de vues

~ عَدَم الاِعْتِداء pacte de non-agression

بِالـ~ d'un commun accord; de concert

اِتِّفاقًا par hasard/coïncidence; fortuitement; un jour; une fois; occasionnellement

اِتِّفاقِيّ conventionnel; occasionnel

**اِتِّفاقِيّة** ج ات accord; convention; traité

~ تَعاوُن traité de coopération

بِمُقْتَضَى الـ~ en vertu de l'accord

اِتِّفاقِيّات دُوَلِيّة conventions internationales

مُتَّفِق convenu; concordant; conforme; en conformité; harmonieux

مُتَّفَق عليه arrêté (décision); convenu; entendu; qui fait l'objet d'un accord

~ في مَساعيه avoir la main heureuse

غَيْر ~ manqué; maladroit; raté

III **وافَقَ** مُوافَقة، وِفاقًا ه faire l'affaire de qqn; être d'accord avec; abonder dans le sens de; arranger qqn; convenir à; correspondre à

~ على ه applaudir à; approuver; donner son accord à; consentir à; favoriser; ratifier; homologuer; sanctionner (une décision)

~ بَيْنَ assortir (deux choses)

~ على القِتال accepter le combat

~ على النِقاش admettre la discussion

~ على طَلَب faire droit à une requête

~ على رَأْي souscrire à un avis

~ نَهارَ ه correspondre à/tomber tel jour

هذا لا **يُوافِقُني** cela ne me convient pas; je ne marche pas [*fig.*]

**مُوافَقة** acceptation; accord; acquiescement; adhésion; agrément; approbation; assentiment; consentement; convenance; correspondance; homologation; opportunité; sanction (d'une décision)

~ إجْماعِيّة adhésion unanime

**وِفاق** accord; concorde; congruence; bonne entente; harmonie

الـ~ بَيْنَ شَخْصين accord/harmonie entre deux personnes

عاشوا في، على ~ مع vivre en parfaite harmonie/en bonne intelligence/en bons termes avec

**مُوافِق** d'accord; à-propos; approbateur; congru; approprié; compatible; conforme; consentant; convenable; correspondant à; expédient *adj.*; favorable; idoine; opportun; pertinent (remarque)

ظُروف ~ ة circonstances favorables/propices

سِعر ~ prix raisonnable

أنا ~ je suis d'accord! d'accord! c'est entendu!

غَيْر ~ défavorable; inopportun; désapprobateur; incongru

V **تَوَفَّقَ** تَوَفُّقًا être aidé/assisté; recevoir l'aide/l'assistance de; réussir

VI **تَوافَقَ** تَوافُقًا s'accommoder; s'adapter à; s'associer; s'assortir; cadrer; concorder; s'harmoniser; se recouper (informations); être/se mettre à l'unisson

~ مع ه se concerter sur; être en accord/en harmonie

**5987 وَفَى** ـِ وُفِيًّا être abondant/complet/long/suffisant

~ ـِ وَفاءً بِعَهْدِه être fidèle/faire face à ses engagements

~ بِوَعْدِه remplir/tenir sa promesse; être fidèle à sa parole

~ بِالحاجة répondre/satisfaire aux besoins

~ بِالغَرَض، بِالمَطْلوب faire l'affaire; remplir les conditions

~ المَوْضوعَ حَقَّه traiter complètement/épuiser le sujet

~ دَيْنًا s'acquitter/se libérer d'une dette; payer/rembourser/solder une dette

~ ما عَلَيه faire honneur à/remplir ses obligations

**ف** بِعَهْدِك *prov.* chose promise, chose due

**وَفاء** accomplissement (d'une promesse); acquittement/paiement/remboursement/solde d'une dette; fidélité; intégralité; intégrité; loyauté

اِحْتَفَظَ بالـ~ لِ ه، ه rester fidèle à qqn, qqch

ماتَ أَبوك وأَنْتَ بِـ~ *prov.* le roi est mort, vive le roi (*m. à m.* ton père est mort, mais il te reste longtemps à vivre)

قَليل الـ~ déloyal; infidèle

عَدَم ~ non-paiement (d'une dette); déloyauté; infidélité

**وَفاءً** لِـ pour acquit; en compensation/en exécution de

**وَفاة** ج وَفَيات décès; mort; trépas

شَهادة ~ acte/certificat de décès

**وَفَيات** nécrologie (dans un journal)

عَدَد، نِسْبة الـ~ mortalité; taux de mortalité

**واف** abondant; adéquat; ad hoc; ample; complet; copieux; détaillé; entier; exhaustif; intégral; parfait; satisfaisant

غَيْر ~ inadéquat; insatisfaisant

**وَفِيّ** ج أَوْفياء (← وافٍ) fidèle; intègre; digne de confiance

غَيْر ~ infidèle

بَقِيَ ~ًّا لِـ rester fidèle à (sa parole)

**أَوْفَى** مِن plus complet/parfait/fidèle/loyal que

~ بِـ ه plus adéquat; convenant mieux à

II **وَفَّى** تَوْفِية ه amener à la perfection

~ مَوْضوعًا traiter un sujet à fond

~ ه حَقَّه s'acquitter complètement d'une dette envers qqn

III **وافَى** مُوافاة apparaître; venir

~ ه في، إلى accompagner qqn jusqu'à; rejoindre

~ ه بِـ ه donner/apporter/offrir/présenter qqch à qqn; acquitter/payer complètement sa dette à; être fidèle/loyal/faire face à ses engagements

~ أَجَلَهُ المَحْتوم mourir à son heure

IV **أَوْفَى** إيفاءً عَنْ ذَنْب expier une faute

~ على غاية ه، ه réaliser complètement ses projets; tenir parole; être fidèle à; donner la mesure exacte

~ على الخَمْسين dépasser la cinquantaine

~ بِتَعَهُّداته remplir ses engagements

**مُوف** qui s'acquitte (de sa dette); payeur

**مُوفًى** payé (dette)

V **تَوَفَّى** تَوَفِّيًا ه recevoir/recueillir qqn dans sa miséricorde (Dieu)

~ ه اللّهُ Dieu l'a rappelé à lui

**تُوُفِّي** être rappelé à Dieu; mourir; décéder; passer; trépasser; succomber

~ عن ثَلاثة أَوْلاد mourir en laissant trois enfants

**مُتَوَفًّى** défunt; mort; trépassé

X **اِسْتَوْفَى** اِسْتيفاءً mettre à jour; percevoir/recouvrer (taxes); récupérer; amortir (un capital); épuiser (sujet)

~ حُقوقه rentrer dans/recouvrer ses droits

~ الشُروط remplir toutes les conditions

**اِسْتيفاء** amortissement (d'un capital); perception/recouvrement (taxes); récupération; exhaustivité

**مَسْتَوْف** (مُسْتَوْفِي) *part. actif*: exhaustif/explicite (personne)

~ الشُروط qui remplit toutes les conditions

**مُسْتَوْفًى** *part. passif*: complet/exhaustif (chose)

حَقّ ~ droit acquitté

**5988 وَقْب** ج أَوْقاب cavité; creux; trou; *anat.* orbite

**5989 وَقْت** ج أَوْقات époque; instant; moment; temps; heure [*fig.*]

~ مُناسِب، مُلائِم moment convenable/opportun; bon moment

في ~ه à temps; à l'heure; à l'heure dite; à point; à point nommé; dans les délais; à propos

في الـ~ المُناسِب. المُعَيَّن. المُحَدَّد même sens

كُلّ شَيْء في ~ه chaque chose en son temps

~ غَيْر مُناسِب. مُلائِم moment inopportun; mauvais moment

في غَيْرِ ~ه à contre-temps; à une heure indue; mal à propos; de manière inopportune; à un mauvais moment

في ~ غير مُناسِب même sens

في ~ه وفي غَيْر ~ه à tout propos; à tout bout de champ

في الـ~ الحاضِر à l'heure actuelle; pour l'instant/le moment; en ce moment/cet instant; à cette époque

~ العَشاء، الجِلْسة heure/moment du dîner, de la séance

صَرَفَ. أَنْفَقَ ~ه في passer son temps à

صَرَفَ ما يَلْزَمُهُ مِن الـ~ prendre tout le temps qu'il faut

أَضاعَ. ضَيَّعَ ~ه perdre son temps

قَتَلَ الـ~ tuer le temps

رَبِحَ، كَسَبَ ~ًا gagner du temps

آنَ، حانَ الـ~ le moment/l'heure/l'instant/le temps est arrivé(e)/venu(e) de; c'est le moment de; il est temps de

في كُلّ ~ à chaque/tout instant/moment

لِـ. مِن ~ه aussitôt; sur-le-champ; sur/l'heure; à l'instant; immédiatement; tout de suite

في ذلك الـ~ à cette heure-/cet instant-/ce moment-là; alors

في هذا الـ~ à cette heure-/cet instant-ci; à l'heure qu'il est

في ~ واحِد à la fois; en même temps

في نَفْس الـ~ *même sens*

في الـ~ نَفْسِه، ذاتِه *même sens*

في هذا الـ~ ذاتِه، نَفْسِه à l'heure qu'il est

مِن ~ إلى آخَر par moments/instants; de loin en loin; d'un moment à l'autre; de temps à autre

بَيْنَ ~ وآخَر *même sens*

مُنْذُ هَذا، ذَلِكَ الـ~ dès cet instant/ce moment/cette époque

في الـ~ الَّذي au moment/à l'heure/à l'instant où

قَبْلَ ~ه avant le temps/l'heure; trop tôt

بَعْدَ ~ه après le temps/l'heure; trop tard

بَعْضُ الـ~ quelque temps; un certain temps

في ~ قَريب à bref délai; bientôt

في أَقْرَب. أَقْصَر ~ مُمْكِن le plus tôt possible; au plus tôt; dans les délais le plus brefs possible

أَكْثَر مِن أيّ ~ مَضَى plus que jamais

لَدَيْهِ مُتَّسَع مِن الـ~ avoir le loisir/le temps

اِسْتَفادَ مِن الـ~ profiter/tirer parti du temps

الـ~ يَسْتَعْجِلُنا le temps presse

عَوَّضَ عن الـ~ الضائِع rattraper le temps perdu

مَضَى ~ه le temps est passé de; avoir fait son temps

كانَ اِبْنَ ~ه être à la page/de son temps/de son époque

كان الـ~ ظُهْرًا il était midi

وَقْتَ أَنْ؛ ~ما au moment/à l'instant où

وَقْتَئِذٍ، وَقْتَذاك alors; à ce moment-là

**أَوْقات** العَمَل. الصَلاة heures de travail, de prière

في مُعْظَم الـ~ la plupart du temps

**وَقْتِيّ** éphémère *adj.*; de fortune; momentané; précaire; passager *adj.*; provisoire; temporaire; transitoire

وَسيلة ~ة palliatif *n.m.*; expédient *n.m.*

دَفْعة ~ة paiement provisionnel

بِصِفة ~ة؛ وَقْتِيًّا à titre provisoire/temporaire; provisoirement; momentanément

**وَقْتِيّة** précarité; caractère temporaire/provisoire

**مَوْقوت** déterminé/fixé/mesuré (temps); minuté; limité (dans le temps); momentané; transitoire

**مِيقات** ج مَواقيت horaire *n.m.*; temps fixé; rendez-vous

~ العَمَل horaire de travail

~ الدَوام heures de permanence

**مِيقاتِيّ** horaire *adj.*; périodique *adj.*

**مَواقيت** الحَجّ *isl.* rendez-vous/points de rencontre des pèlerins

~ السَنة saisons

II وَقَّتَ تَوْقِيتًا ه déterminer/fixer l'heure/le moment de qqch; chronométrer; minuter

**تَوْقِيت** horaire; chronométrage; minutage

~ صَيْفِيّ heure/horaire d'été

~ قانونيّ، مَحَلّي heure légale, locale

فَرْق في نِظام الـ~ décalage horaire

**مُوَقَّت** fixé/indiqué/convenu (moment); éphémère; de fortune; intérimaire; momentané; minuté; passager *adj.*; précaire; provisoire; temporaire; régulier (courrier); transitoire

مُسْتَخْدَم ~ intérimaire; vacataire

وَظِيفة ~ة fonction temporaire; intérim

بِصِفة ~ة à titre provisoire/temporaire

حُكومة ~ة gouvernement provisoire

III واقَتَ مُواقَتة synchroniser; synchronisation

VI تَواقَتَ تَواقُتًا être ... *v. à l'adj.*

تَواقُت synchronie; synchronisme; synchronisation; simultanéité

مُتَواقِت synchrone; synchronique; simultané; synchronisé

**5990** **وَقُحَ** ـِ قِحة être ... *v. à l'adj.*

وَقُحَ يَوْقُحُ وَقاحة *même sens*

**قِحة، وَقاحة** *péjor.* culot [*pop.*]; cynisme; désinvolture; effronterie; grivoiserie; impertinence; impudence; impudeur; hardiesse; inconvenance; indécence; insolence; irrespect; toupet [*fam.*]

عِنْدَهُ ~ avoir du culot [*pop.*]/du toupet [*fam.*]

يا لَها من ~ quel culot [*pop.*]! quel toupet! [*fam.*]

**وَقِح** ج وُقُح culotté [*pop.*]; cynique; désinvolte; effronté; éhonté; grivois; impertinent; impudent; impoli; impudique; hardi; inconvenant; indécent; insolent; irrespectueux; irrévérencieux; malappris; mal élevé; sans pudeur

كَلام، قَوْل ~ impertinences; insolences

**5991** **وَقَدَ** ـِ وَقْدًا، وُقودًا prendre feu; s'enflammer

**وَقْد** combustion; feu

مادّة ~ matière inflammable; combustible *n.m.*

**وَقود** carburant; combustible *n.m.*

خَشَب الـ~ bois de chauffage

زَيْت الـ~ fuel; mazout

~ التَدْفِئة fuel domestique; combustible de chauffage

~ سائِل، جامِد combustible liquide, solide

مَصْروف الـ~ consommation de carburant

**مَوْقِد** ج مَواقِد âtre; cheminée; feu; fourneau; foyer; poêle; réchaud; *techn.* brûleur

~ غاز brûleur/poêle/réchaud à gaz

**وَقّاد** ardent (feu); prompt; vif (lumière)

~ ج ون chauffeur (de locomotive); lampiste

وَقيد combustible

وَقيدة ج ات *maghr.* allumette

IV **أَوْقَدَ** إيقادًا ه allumer (feu); brûler *tr.*; enflammer

~ نارًا allumer du feu

~ فيه النار mettre le feu à

إيقاد allumage

V **تَوَقَّدَ** تَوَقُّدًا s'allumer; brûler; flamber *intr.*; flamboyer; pétiller; être plein de fougue

~ بَصَرُهُ s'animer (regard); pétiller (œil)

~ ذَكاءً pétiller d'esprit

**تَوَقُّد** flamboiement; fougue; pétillement

~ البَصَر، الذِهْن pétillement/vivacité du regard, de l'esprit

**مُتَوَقِّد** allumé; enflammé; flamboyant; pétillant; fougueux; plein de fougue

~ النَظَر le regard allumé/enflammé/pétillant

~ الذِهْن l'esprit perçant/pétillant/vif

VIII **اِتَّقَدَ** اِتِّقادًا s'allumer; brûler *intr.*; flamber; être en flammes

~ نَشاطًا pétiller d'ardeur

~ غَيْرةً brûler de jalousie

اِتِّقاد flamboiement; vivacité; véhémence

**مُتَّقِد** ardent; fougueux; flamboyant; enflammé; en flammes; passionné; vif (imagination)

حَماس ~ *fig.* feu sacré

**5992** **وَقَرَ** ـِ وَقْرًا être sourd/frappé de surdité; avoir l'oreille dure; *v. aussi 5993*

~ ه accabler qqn sous un fardeau

~ أُذُنَهُ — assourdir qqn; rendre sourd

~ عَظْمًا — casser/fêler/fendre un os

وَقِرَ يَوْقَرُ وَقَرًا ← وَقَرَ

**وَقْر** — surdité

~ ج وُقُور — crevasse/fente (dans le sabot d'un d'un d'un animal); crevasse/fente/fissure (dans un rocher)

**وِقْر** — charge; fardeau

مَوْقُور الأُذُن — dur d'oreille; sourd

**5993 وَقُرَ يَوْقُرُ وَقَارًا** — être ... *v. à l'adj.*; *v. aussi 5992*

**وَقَار** — calme *n.m.*; componction; douceur; décence; dignité; gravité; longanimité [*litt.*]; maintien; patience; prestance; retenue

**وَقُور** — calme *adj.*; décent; digne; doux; grave; imposant; posé [*fig.*]; patient; rassis; vénérable

II وَقَّرَ تَوْقِيرًا ه — avoir de la considération pour; honorer; respecter; révérer; vénérer

**مُوَقَّر** — vénérable; considérable; honorable

V تَوَقَّرَ تَوَقُّرًا — avoir de la tenue/du maintien/de la gravité; être considéré/honoré/vénéré

**مُتَوَقِّر** — grave; décent; digne

**5994 وَقَعَ َ وُقُوعًا** — advenir; arriver; avoir lieu; se dérouler; intervenir; se produire; survenir; tomber; se poser (oiseau, regard)

~ على ه. على عاتِق ه — incomber à; rejaillir/retomber/reposer sur

~ بِـ، في ه — être situé/sis à; se situer; se trouver

~ في الوَقْت ذاتِهِ — coïncider

~ تَحْتَ طائِل القانون — tomber sous le coup de la loi

~ على الأَرْض، في فَخّ — tomber par terre, dans un piège

~ت مَعْرَكة بَيْنَهُمْ — une bataille s'engagea entre eux

~ في مَأْزِق، وَرْطة — s'engager dans une mauvaise affaire; se mettre dans de beaux draps [*fam.*]

~ في حُبّ، في غَرام ه — s'éprendre de; se prendre d'amour pour; tomber amoureux de

~ في قَلْبه — faire impression

~ في ه مَوْقِعًا جَليلًا — faire grosse impression

~ عِنْده مَوْقِعَ الرِضا — plaire/convenir à; satisfaire

~ الشَيْءُ مِنه مَوْقِعًا حَسَنًا — être le bienvenu [*fig.*]; faire bonne impression

~ في غَيْر مَوْقِعه — tomber à côté [*fig.*]/à plat [*fig.*]; être déplacé [*fig.*]/inopportun; mal tomber [*fig.*]

**وُقُوع** — chute; tombée; incidence; occurrence; survenue

إِمْكان، اِحْتِمال ~ — contingence

عِنْدَ ~ حادِث — en cas d'accident

**وَقْع** — chute; incidence; coup; impression; effet; impact; retentissement; répercussion; portée

~ الجَزْمات — bruit de bottes [*pr.* et *fig.*]

~ صَدْمة — impact d'un choc

~ السَأَم — effet de l'ennui

كانَ لَهُ ~ في ه — impressionner; faire grosse impression/de l'effet

ذو ~ شَديد — impressionnant; à sensation; sensationnel

**واقِع** — existant; sis; situé; qui se trouve (à, dans); concret; réel; tangible; véritable

كُلُّ ما هو~ غَرْبَ ه — tout ce qui est situé à l'ouest de

المائِدة الـ~ة على اليَمين — la table qui se trouve à droite

الفَتْرة الـ~ ما بَيْنَ — la période située entre

هذا أَمْر ~ — c'est un fait; c'est un fait réel/tangible; c'est une chose évidente

الأَمْر الـ~ — fait concret/réel; réalité des faits

سِياسة الأَمْر الـ~ — politique du fait accompli

~ ج وَقائِع — fait *n.m.*; concret *n.m.*; réalité; réel *n.m.*; vérité [*fig.*]

~ الحال — état de fait

دُونَ الـ~ — en deçà de la réalité

دُونَ الـ~ بِكَثير — bien en deçà de la vérité

اِعْتَرَفَ بِالـ~ — se rendre à l'évidence; reconnaître les faits

في حَقيقة الـ~ — en réalité; en fait; en vérité; véritablement; réellement; dans le fond

الـ~ أَنَّ — le fait est que; en fait; de fait; en réalité; ma foi

**واقِعة ج وَقائِع** — accident; événement; épisode; péripétie

~ الحال — fait authentique; réalité

**واقِعيّ** concret/positif (esprit); réaliste; véritable; pragmatique; vécu (roman); tangible (vérité); réel
سِياسيّة ~ة politique réaliste
الأعْداد الـ~ة nombres réels
~ ج ون réaliste (personne)
غَيْر ~ irréel; irréaliste
**واقِعيًّا** de facto; matériellement
**واقِعيّة** matérialité; réalisme; réalité
الـ~ الحَديثة néo-réalisme
**وَقائِعيّ** événementiel
**مَوْقِع** ج مَواقِع emplacement; lieu; localité; position; place; point [*géogr.*]; situation; cadre; scène; site; *mil.* garnison
~ عَمَل، مَصْنَع lieu de travail; implantation d'une usine
حَدَّدَ ~ه faire le point [*mar.*]
~ أطْلال، آثاريّ site archéologique
وَقَعَ ~ًا ← وَقَعَ
حَرْب مَواقِع guerre de positions
**مَوْقَعة** ج مَواقِع champ de bataille; bataille; combat
II **وَقَّعَ** تَوْقيعًا على rythmer; faire vibrer/sonner une corde; jouer (d'un instrument de musique); apposer sa griffe/sa signature; émarger; parapher; signer; viser (document)
~ على الوَتَر الحَسّاس faire vibrer la corde sensible
**تَوْقيع** ج ات، تَواقيع autographe; émargement; griffe; signature; paraphe
مُهْمَل الـ~ sans signature
جَدْوَل الـ~ feuille d'émargement
تَمّ الـ~ على الاتِّفاقيّة la signature du pacte effectuée
~ على بَياض blanc-seing
**مُوَقِّع** ج ون signataire
الـ~ أدْناه soussigné
**مُوَقَّع** paraphé; signé; visé; émargé; *mus.* rythmé
IV **أوْقَعَ** إيقاعًا *mus.* marquer/observer les pauses/la cadence/le rythme; rythmer
~ه. ه في faire tomber; précipiter; jeter
~ه في فَخّ faire tomber dans une embuscade/dans un piège
~ه في خَطَر mettre en péril/en danger
~ه في مَأْزِق mettre qqn dans une impasse/dans un bourbier
~ه في الارْتِباك décontenancer
~ في رُوعِه أن inspirer/suggérer à qqn de
~ الرُعْب في قَلْبه plonger qqn dans la terreur; terroriser
~ عُقوبة بِه infliger un châtiment à qqn
**إيقاع** cadence; rythme
آلات ~ instruments à percussion
فَقَدَ ~ الرَقْص perdre la cadence/le rythme de la danse
جارَى الـ~ suivre le rythme; avoir la cadence
**إيقاعيّ** cadencé; rythmé; rythmique *adj.*
رَقْص، رِياضة ~(ة) danse, gymnastique rythmique
إيقاعيّة rythmique *n.f.*
V **تَوَقَّعَ** تَوَقُّعًا ه، أن s'attendre à; augurer; compter (que, sur); se douter de; escompter; espérer; flairer [*fig.*]; être dans l'expectative; prédire; présager; pressentir; avoir le pressentiment de; prévoir; pronostiquer
~ شَرًّا، خَيْرًا مِن ه mal, bien augurer de
ما ~ ه على الإطْلاق être loin de s'attendre à
**تَوَقُّع** attente; augure; expectative; prédiction; présage; pressentiment; prévision; pronostic
~ النَجاح attente du succès
عَدَم ~ imprévision
تَوَقُّعًا لِـ en prévision de
تَوَقُّعيّ expectatif; prévisionnel
**مُتَوَقَّع** attendu; escompté; espéré; prévisible; probable
كانَت الزِيادة ~ة l'augmentation était prévue
المُؤْتَمَر الـ~ عَقْدُه le congrès dont on attend la réunion
مِن الـ~ أنْ on s'attend à ce que; il est probable que
خِلافًا لِما هو ~ contrairement à toute prévision
غَيْر ~ fortuit; inattendu; imprévu; imprévisible; impromptu; inespéré; inopiné; subit

**5995 وَقَفَ** ـِ وُقوفًا. وَقْفًا se dresser; se lever; être/se mettre/se tenir debout; stationner; s'arrêter; faire halte/une pause; stopper *intr.*

~ مَبْهوتًا، مَشْدوهًا rester interdit/coi/stupéfait

~ حائِرًا rester hésitant/perplexe

~ على الحِياد rester neutre

~ على ساق الجِدّ mettre tout son zèle à; s'efforcer de

~ وَقْفَةً marquer un temps d'arrêt

~ عِنْدَ ه en rester/s'en tenir à

~ عِنْدَ هذا الحَدّ en demeurer/rester là; rester à sa place [*fig.*]

~ مَوْقِفًا adopter/prendre une position (politique)

~ بِـ ه s'arrêter sur; s'intéresser à

~ بِجِوار ه، ه se tenir auprès/du côté de qqn, qqch

~ إلى جانِب ه être du côté/du parti de; prendre parti pour; soutenir (idée)

~ دُونَ ه faire écran/obstacle à; résister à

~ في وَجْهِ، أَمامَ ه tenir tête/s'opposer à

~ في ه avoir des doutes/des scrupules sur

~ لِـ ه se lever à l'arrivée de qqn

~ على ه constater; connaître; prendre connaissance de; s'informer; découvrir; se rendre compte de; savoir; se borner/se limiter à

~ على سِرّ découvrir un secret

~ على السِرّ tenir le mot de l'énigme

~ على مَقاصِد ه الخَفِيّة deviner les intentions de; voir venir qqn de loin [*fig.*]

~ على جَلِيّة الأَمْر se rendre à l'évidence

~ عَقَبةً أَمامَ ه، ه faire obstacle à; mettre des bâtons dans les roues

~ ثَرْوته على ه consacrer/sacrifier sa fortune à

~ حَياته على، لِـ ه consacrer/sacrifier/vouer sa vie à; vivre pour

~ نَفْسه لِـ. على se dépenser pour; s'employer/se consacrer/se sacrifier/se vouer à

لا يَقِف دُونَهُ شَيْء rien ne lui résiste

**قِفْ** debout! halte! halte-là! stop!

**وُقوف** arrêt; halte; pause; station; stationnement; position/station debout; stop *n.m.*

رَسْم ~ droit de stationnement

نُقْطة ~ القِطار. الباص halte/arrêt de train, de bus

الـ~ إلى جانِب ه refus de prendre parti pour

~ على ه compréhension; connaissance; savoir

**وُقوفيّ** orthostatique

**وَقْف، وَقْفة** arrêt; temps d'arrêt/de pause; immobilisation; interruption; cessation; suspension; empêchement; obstacle; obstruction; repos; pause (de la voix); occupation; étude

~ عَمَل interruption de travail

~ عن العَمَل mise à pied

~ إطْلاق النار cessez-le-feu

~ الأَعْمال الحَرْبِيّة. القِتال suspension d'armes/des hostilités

~ تَنْفيذ ه suspension d'une mesure; sursis

حَكَمَ مع ~ التَنْفيذ condamner avec sursis

عَلامات الـ~ points de suspension

إنّهُ ~ على être borné/limité à/dépendant de; être l'apanage de

~ ج أَوْقاف. وُقوف *isl.* habous; «*waqf*»; legs pieux; fondation pieuse

**وَقْفة** ( ← وَقْف) attitude; position; posture

~ عَمودِيّة station verticale/debout

ظَلَّ في ~ه rester dans la même position

يَوْم الـ~ veille d'un fête religieuse

~ العيد jour précédant une fête religieuse

**واقِف** debout; érigé; droit; dressé; arrêté; en souffrance; en suspens

~ ج ون *isl.* constituant d'un bien habous

بَقِيَ، مَكَثَ، ظَلَّ ~ًا rester debout

هَبَّ ~ًا se dresser; se mettre debout

على الـ~ sur-le-champ; séance tenante; au débotté [*litt.*]

~ على ه au courant/au fait de

**مَوْقوف** appréhendé; arrêté; détenu; disqualifié [*sport.*]; retenu; interrompu; suspendu (de ses fonctions); dépendant de; subordonné à

~ مَجال *fig.* domaine réservé; chasse gardée

~ عَلَيْه — *isl.* bénéficiaire d'une fondation pieuse

~ التَنْفيذ — en sursis (décision)

**مَوْقِف** ج مَواقِف — attitude; comportement; position; parti; situation; posture [*fig.*]; lieu/endroit où l'on s'arrête; lieu de stationnement; arrêt/halte/station de bus/de train

أَوْضَحَ ~ه — éclairer/préciser sa position

~ حَرَج، حَرِج — situation difficile/embarrassante; mauvais pas; mauvaise passe

~ عَدائيّ. وُدّيّ — attitude hostile, amicale

مُهَيْمِن على الـ~ — maître de la situation

اِعْتَدَلَ في ~ه — avoir une position modérée

وَقَفَ، اِتَّخَذَ ~ًا — prendre parti/position

وَقَفَ ~ًا مِن — avoir une position par rapport à

في ~ جَيِّد، سَيِّء — en bonne, mauvaise position/posture

~ سَيّارات — parc de stationnement; parking

II **وَقَّفَ** تَوْقيفًا ه — immobiliser; arrêter qqn; mettre en état d'arrestation; *isl.* constituer une fondation pieuse; faire un legs

~ه عِنْدَ حَدِّه — mettre un terme à; remettre qqn à sa place

**تَوْقيف** — arrestation; arrêts

مُذَكِّرة، حُجْرة ~ — mandat d'arrêt; salle de police

~ اِحْتِياطيّ — détention préventive

IV **أَوْقَفَ** إيقافًا ه — appréhender qqn; arrêter; mettre aux arrêts/en état d'arrestation; bloquer; contenir; endiguer; faire cesser; empêcher; enrayer; freiner; mettre le holà à; intercepter; interrompre; mettre sous séquestre; surseoir à; ralentir (circulation); stopper

~ سَيّارَته — garer/parquer sa voiture

~ اِهْتِمامه على — attacher de l'intérêt à

~ نَظَره على — arrêter son regard sur; s'arrêter à

~ه عِنْد حَدِّه — tenir qqn à distance; remettre qqn à sa place

~ مالًا على ه — léguer un bien/faire une fondation au bénéfice de

~ تَنْفيذ حُكْم — surseoir à l'exécution d'un jugement

~ تَنْفيذ إجْراءات — surseoir à l'exécution des mesures/des poursuites

~ه عن العَمَل — relever/suspendre qqn de ses fonctions; mettre qqn à pied

~ه على — mettre qqn au fait/au courant de; notifier qqch à qqn

**إيقاف** — arrêt; arrestation; blocage; cessation; interception; interruption; mise sous séquestre; ralentissement; suspension; parcage de voitures

نِظام ~ — système d'arrêt

~ عن العَمَل — mise à pied

~ عن التَنْفيذ — suspension (des poursuites)

**مُوقِف** — suspensif

شُروط ~ة — conditions suspensives

V **تَوَقَّفَ** تَوَقُّفًا عَن — s'abstenir; s'arrêter; cesser; hésiter à; s'interrompre; s'immobiliser; ne plus faire qqch; faire halte/escale/une pause; tarir [*fig.*]; caler *intr.*

~ على — s'appesantir sur; s'arrêter à; dépendre de; être fonction de/subordonné à; reposer sur

~ عن الدَفْع — suspendre un paiement

**تَوَقُّف** — arrêt; discontinuité; escale; halte; pause; immobilisation; interruption; stationnement; repos

إشارة ~ — stop *n.m.*; signal d'arrêt

دُونَ، بِلا ~ — d'une traite; sans désemparer/discontinuer; sans cesse/escale/relâche/répit/trêve

**مُتَوَقِّف** — en stationnement; stationnaire (état)

~ عن العَمَل — arrêté; hors de service

~ على الظُروف — selon les circonstances; qui dépend/est tributaire des circonstances

الأَمْرُ ~ عَلَيْه — il ne tient qu'à lui de

X **اِسْتَوْقَفَ** اِسْتيقافًا ه — empêcher qqn de; faire obstruction à; inviter qqn à s'arrêter

~ النَظَر، الاِنْتِباه — arrêter/retenir le regard, l'attention/l'intérêt

5996 **وَقْل** — *bot.* palmier nain sauvage

V تَوَقَّلَ تَوَقُّلًا في — grimper dans/escalader/gravir (une montagne)

مُتَوَقِّل — *ois.* grimpereau

5997 **وُقْنة** ج وُقْنات — creux; nid d'oiseau

IV أَوْقَنَ إيقانًا — dénicher

5998 **وَقْواق** — *ois.* coucou *n.m.*

وَقْواقة — bavard; loquace

**5999** **وَقَى** ـِ وِقَاية ه، ه abriter; conserver; défendre; garder; garantir; prémunir; préserver; prendre des précautions; protéger; sauvegarder

~ ه ه، مِن ه protéger qqn contre qqch

**وَقَاكَ اللّٰهُ** que Dieu te garde/te préserve

**وَقَاء** ← وِقَاية

اِتَّخَذَ مِن جِسْمِهِ **وِقَاءً** لَهُ se faire un rempart du corps de qqn

**وِقَايَة** garde; conservation; défense; préservation; prévention; protection; sauvegarde

~ صِحِّيَّة prophylaxie

مُعَدَّات الـ~ dispositif de sécurité

~ سَلْبِيَّة défense passive

**وِقَائِيّ** préventif; prophylactique

تَدَابِير ~ة mesures préventives/prophylactiques/de salubrité

**وِقَائِيًّا** préventivement

**وَاقٍ** préservateur *adj.*; préservatif *adj.*; préventif; protecteur *adj.*

قِنَاع ~ masque protecteur

**وَاقِي** الأَسْنَان، الظُّنْبُوب protège-dents, -tibia

صَفَحَات ~ة pages de garde

**وَاقِيَة** ج ات préservatif *n.m.*; protection; bouclier/écran protecteur

~ الرُّكْبَة، الوَجْه genouillère; visière

~ السَّيْف garde d'épée

~ (مِنْ) pare- *préf.*

~ (من) الهَوَاء، الرِيح pare-brise

~ (من) النَار، الشَمْس pare-feu; pare-soleil

~ (من) الوَحَل pare-boue

~ (من) الصَدَمَات pare-chocs

~ (من) الرَصَاص pare-balles

~ (من) الصَوَاعِق paratonnerre

**تَقِيّ** ج أَتْقِيَاء (← تقى) dévot; pieux; rempli de la crainte de Dieu; vertueux

**تَقِيَّة** crainte (de Dieu); dévotion; piété; vertu; prudence; dissimulation (de sa foi, de sa croyance)

**تَقْوَى** crainte (de Dieu); dévotion; piété

V **تَوَقَّى** تَوَقِّيًا ه s'armer/se défendre/se garantir contre; prendre garde à; se garder/se garer de; parer à; se prémunir contre; se préserver de; se protéger contre

VIII **اِتَّقَى** اِتِّقَاء ه craindre; éviter; se garder de; prendre garde à

~ اللّٰهَ *isl.* craindre Dieu; être dévot/pieux/vertueux

~ اللّٰهَ في ه *isl.* agir sous le regard de Dieu; agir comme si Dieu (nous) regardait; faire qqch pour l'amour de Dieu; éviter de faire qqch par crainte de Dieu

~ مِن، عَن ه ← V

~ بـ ه، ه مِن، عَن ه prendre qqn, qqch comme protection; se faire un bouclier de

**اِتِّقَاء** défense; crainte; *isl.* crainte de Dieu; dévotion; piété

دِفَاع اِتِّقَائِي défense passive

**مُتَّقٍ** ← تَقِيّ

**6000** **وُقِيَّة** once [*métrol.*]

~ مِن الذَهَب once d'or

**6001** (وكأ) **تُكَأَة** ← مُتَّكَأ

~ العَصَا crosse/pomme (d'une canne)

IV **أَوْكَأَ** إِيكَاء ه، ه على accouder; appuyer; arc-bouter; donner un appui/un support; étayer

V **تَوَكَّأَ** تَوَكُّؤًا ← VIII

VIII **اِتَّكَأَ** اِتِّكَاء على ه s'arc-bouter; s'appuyer; prendre appui sur; se faire un support de

~ على مِرْفَقِه، ظَهْرِه s'accouder; s'adosser

**اِتِّكَاء** accoudement; adossement

**مُتَّكِئ** على accoudé; adossé; appuyé; arc-bouté; *fig.* qui aime ses aises; sybarite

**مُتَّكَأ** accoudoir; appui; dossier; coussin; fauteuil; lit de repos; étai; support

**6002** **وَكَبَ** يَكِبُ وَكْبًا avancer par degrés

~ على ه s'adonner/se livrer à

**مَوْكِب** ج مَوَاكِب cavalcade; chevauchée; convoi; cortège; défilé [*mil.*]; escorte; parade; procession

~ المَوْت، الجَنَازة cortège funèbre; obsèques

مَواكِب مِن — *fig.* des théories/des séries de

III **واكَبَ** مُواكَبة ه، ه — accompagner; aller de pair avec; chevaucher/naviguer de conserve; faire route ensemble; faire escorte; escorter; convoyer

~ على ه — s'adonner/se livrer à

مُواكَبة (← مَوْكِب) — convoiement

مُواكِب ج ون — convoyeur

مُواكِبة ج ات — convoyeuse; *mar.* escorteur

**6003 وَكيد** (← أكد) — fixe; ferme; solide

**الأَوْكَد** فالـ~ — de mieux en mieux; par ordre d'importance/d'urgence

II وَكَّدَ تَوْكيدًا ه (← أَكَّدَ II) — assurer; attacher/lier/serrer fortement; affermir (un lien); confirmer; consolider; corroborer; insister sur; garantir; raffermir

**تَوْكيد** — affermissement; assertion; assurance; confirmation; consolidation; garantie; insistance

حَرْف ~ (← إنَّ) — *gramm.* particule d'insistance

مُوَكَّد — assuré; affirmé; confirmé; garanti

**6004 وَكْر** ج وُكور، أَوْكار — aire/nid (aigle); repaire; tanière

~ الطائِرات — hangar d'aviation

~ لُصوص — repaire de bandits

~ دَسائِس — foyer d'intrigues; officine [*fig.*]

II وَكَّرَ تَوْكيرًا — nicher *intr.* (aigle)

**6005 وَكَزَ** ـِ وَكْزًا ه — frapper/repousser (du poing)

~ ه — ficher/planter (une lance); éperonner (un cheval)

**6006 وَكْس** — diminution; déchet; dommage; perte; préjudice

باعَ بالـ~ — vendre à perte

بَيْع ~ — mévente

لا ~ ولا شَطَط — (prix) ferme et définitif

**6007 وَكيع** — fort/robuste/gros (cheval); solide/bien fermé (sac)

**6008 وَكَفَ** ـِ وَكْفًا — couler goutte à goutte; suinter

وَكْف — voie d'eau

**وَكَف** — défaut; faiblesse; vice

~ ج أَوْكاف — auvent

وِكاف — bât (d'un âne, mulet)

**6009 وَكَلَ** ـِ وَكْلًا. وُكولًا ه إلى ه — confier (une affaire) à qqn; charger qqn de; recommander qqch à; se fier/se confier/se livrer à; préposer qqn à; donner qqch en gérance à; donner procuration

**وِكالة** ج ات — gérance; intérim; représentation; mandat; régie; agence; office

اِسْتِثْمار بِالـ~ — exploitation en régie

بِالـ~ — par intérim

~ وزارة — sous-secrétariat d'État

~ صُحُفيّة، سِياحِيّة — agence de presse, de tourisme

~ سَفَرِيّات — agence de voyage

~ أَنْباء — agence d'informations

**وَكيل** ج وُكَلاء — agent (d'affaires); transitaire; commissionnaire; concessionnaire; délégataire; dépositaire; gérant; gestionnaire; homme d'affaires de qqn; intendant; intérimaire; mandataire; procureur; procurateur; régisseur; représentant (de commerce); substitut; syndic

~ تَفْليسة — syndic de faillite

~ مالِيّة — économe *n.*; intendant

~ مُفَوَّض (بِالتَّوْقيع) — fondé de pouvoir

~ وزارة — sous-secrétaire d'État

مَوْكول إلى — abandonné/confié à la charge/aux soins de

II **وَكَّلَ** تَوْكيلًا ه — constituer qqn son délégué/son représentant; mandater qqn; donner pouvoir/procuration à

~ ه بِـ، عَن — confier/déléguer à qqn le pouvoir de

**تَوْكيل** — délégation; mandat; pouvoir; procuration

~ سُلْطة — délégation de pouvoir; procuration

مُوَكِّل — mandant

مُوَكَّل (← وكيل) — mandataire; délégataire; fondé de pouvoir

IV **أَوْكَلَ** إيكالًا ه إلى — avoir confiance/mettre sa confiance en; s'en rapporter/s'en remettre à

~ إلى ه بِـ ه — recommander qqch à qqn

V **تَوَكَّلَ** تَوَكُّلًا بِـ ه — recevoir mandat/pouvoir/procuration; être mandaté

~ على ه — s'en remettre entièrement à qqn; se résigner; s'abandonner/se confier au pouvoir de qqn; se mettre entre les mains de

~ على اللّهِ — s'en remettre à Dieu; être fataliste; faire confiance à Dieu

**تَوَكُّل** — résignation

~ على اللّه — confiance en Dieu; abandon de soi à Dieu, à la Providence

**مُتَوَكِّل** — qui s'en remet/fait confiance

~ على اللّه — qui se résigne à la volonté de Dieu

VIII **اِتَّكَلَ** اِتِّكالًا على ه. ه — s'appuyer/compter sur; se confier/faire confiance/se fier à; tabler/faire fond sur; s'en rapporter/s'en remettre à

**اِتِّكالِيَّة** — fatalisme; providentialisme

**6010 وَكْن** ج أَوْكُن، وُكون — nid

~ الطَّيّار — habitacle

**وَكْنة** ج وَكَنات؛ **مَوْكِن** ج مَواكِن ← وكن

**6011 وَلَجَ** ـِ وُلوجًا ه. في ه — accéder à; s'enfoncer/s'engager dans; entreprendre qqch; entrer/se glisser qqp

~ بابَ ه — passer la porte de

~ أبواب الخِصام — s'enfoncer/s'engager dans le maquis de la procédure

**وُلوج** — accès; entrée; pénétration

الـ~ في المَوْضوع — entrée dans le vif du sujet

نَظَرَ إلى الخُروج قَبْلَ الـ~ — *prov.* se ménager une porte de sortie

**وُلْجة** — *maghr.* zone irriguée/maraîchère

**مَوْلِج** ج مَوالِج — entrée; pas de la porte; seuil

II **وَلَّجَ** تَوْليجًا ه ه — confier qqch à qqn; préposer qqn à qqch

~ مالَهُ — faire une donation entre vifs

**تَوْليج** المال — donation d'un père vivant en faveur de son fils

**مُوَلَّج** — préposé

IV **أَوْلَجَ** إيلاجًا ه في — emboîter/insérer/intercaler/introduire qqch dans

**إيلاج** — emboîtement; insertion; intercalage; introduction

V **تَوَلَّجَ** تَوَلُّجًا ← ولج

**6012 وَلَدَ** ـِ وِلادة ه — accoucher; enfanter; mettre au monde; engendrer; procréer; donner la vie/le jour/naissance à

وُلِدَ يُولَدُ — naître; voir le jour; venir au monde

**وِلادة؛** لِدة — accouchement; enfantement; engendrement; génération; naissance; parturition; procréation; couches *n.f.pl.*

~ مُعَجَّلة — naissance prématurée

حَديث الـ~ — nouveau-né

قَبْلَ، سابِق الـ~ — prénatal

مِنْ، مُنْذُ الـ~ — depuis la naissance; de naissance

**وِلادِيّ** — congénital

**وَلَد** ج أَوْلاد — enfant; petit *n.m.*; garçon; gosse [*fam.*]; môme [*pop.*]; valet (jeu de cartes)

~ الزِنا — bâtard; enfant illégitime

~ ظَنِّيّ، مُتَبَنًّى — enfant putatif, adoptif

~ طَبيعِيّ، شَرْعِيّ — enfant naturel, légitime

**والِد** ج ون — géniteur; père; procréateur

**والِدة** ج ات — génitrice; parturiente; mère

**الوالِدان** — les parents; le père et la mère

**والِدِيّ** — paternel (maison)

**وَلود** — fécond; vivipare

**وَلودِيَّة** — viviparité

**مَوْلود** ج مَواليد — engendré; enfanté; procréé; nouveau-né; natif (de); né

آخِر ~ — dernier-né

**مَواليد؛** نِسْبة الـ~ — natalité

مُعَدَّل الـ~ — taux de natalité

نَقْص، نُقْصان الـ~ — dénatalité

**وَليد** ج وَلائِد — petit d'animal; nouveau-né; *fig.* causé/provoqué par; suite à

~ يَوْمِه — tout frais/nouveau

**مَوْلِد** ج مَوالِد — anniversaire; naissance; lieu de naissance

الـ~ النَبَوِيّ؛ عيد الـ~ — anniversaire du Prophète

لُغة الـ~ — langue maternelle

**مَوْلِدِيّ** — natal

**مِيلاد** ج مَواليد — naissance

عِيد، شَهادة ~ anniversaire; acte de naissance
عيد الـ~ *christ.* Noël; la Nativité
قَبْل، بَعْد الـ~ avant, après Jésus-Christ
سِجِلّ الـمَواليد registre des naissances
**ميلاديّ** natal; ère chrétienne
سَنة ~ة année chrétienne
II **وَلَّدَ** تَوْليدًا ه accoucher (une femme); aider une femme à accoucher; faire naître; engendrer; générer; procréer
~ حَرارة، طاقة produire de la chaleur, de l'énergie
**تَوْليد** engendrement; génération; procréation; production
عِلْم، فَنّ ~ obstétrique *n.f.*
مَصَحّة، دار ~ clinique obstétricale; maternité
مَرْكَز، مَحَطّة ~ الطاقة الكَهْرَبائِيّة centrale électrique
مُحَرِّك ~ الكَهْرَباء groupe électrogène
**مُوَلِّد** *techn.* dynamo; générateur
طَبيب ~ médecin accoucheur
~ ذَرّيّ générateur atomique
~ كَهْرَباء، كَهْرَبائيّ électrogène *adj.*
مَجْموعة ~ة لِلْكَهْرَباء groupe électrogène
مُوَلِّدة ج ات accoucheuse *n.f.*; sage-femme; *techn.* générateur; génératrice
**مُوَلَّد** ج ون métis; mulâtre
كَلِمة ~ة mot nouveau/d'origine non arabe
الـمُوَلَّدون (من الشُعَراء) *hist.* poètes modernes
IV أَوْلَدَ إيلادًا ه mettre bas/au monde; avoir des enfants; générer
إيلاد génération
V تَوَلَّدَ تَوَلُّدًا مِن dériver/naître/provenir/sortir/venir de; germer (sentiment)
**تَوَلُّد** génération; germination
~ ذاتِيّ، عَفْوِيّ génération spontanée
VI تَوالَدَ تَوالُدًا se multiplier (par génération); se propager; se reproduire
**تَوالُد** multiplication; propagation; reproduction
~ الأَفْكار filiation des idées
~ الأَلْفاظ génération lexicale
غَريزة الـ~ instinct génésique/de la reproduction
تَوالُديّ génésique *adj.*

**6013 وَلْس** fraude; perfidie; tromperie

**6014 وُلِعَ** يَوْلَعُ وَلَعًا. وُلوعًا بـ ه
s'amouracher de; affectionner; aimer qqch; être avide/épris/entiché de/passionné par; raffoler de; s'enthousiasmer pour; s'éprendre de; s'enticher de; s'engouer; avoir un engouement/une passion pour; s'adonner à; se passionner pour
**وَلَع** ؛ وُلوع désir; passion; amour; enthousiasme
كان لَه ~ بِـ avoir un faible pour
وَلِع ؛ وَلوع entiché/amoureux/amateur/épris/féru de; enthousiasmé/passionné par; porté sur; fana [*fam.*]/fanatique [*fig.*]/fou [*fig.*] de
**وَلّاعة** ج ات briquet
~ غاز allume-gaz
IV أُولِعَ إيلاعًا بِـ ← وَلِعَ
**مُولَع** بِـ ← وَلِعَ
~ بِالـمُوسيقَى fou de musique; mélomane
V تَوَلَّعَ تَوَلُّعًا ← وَلِعَ

**6015 وَلَغَ** ـَ وَلْغًا، وُلوغًا ه happer; lapper; lécher
~ في الدَم، القَذارة avoir un goût de sang, de pourri
III **والَفَ** مُوالَفة ه ← III ألف

**6016 وَليمة** ج وَلائِم banquet; festin; grand repas
~ العُرْس repas de mariage
IV أَوْلَمَ إيلامًا ه donner un festin/un repas en l'honneur de; régaler qqn

**6017 وَلِهَ** ـَ وَلَهًا perdre la tête; être ... *v. à l'adj.*
وَلَه agitation; confusion; distraction; stupeur; amour; passion
وَلْهان ؛ والِه consterné; effrayé; éperdu; stupéfait; frappé de stupeur; amoureux; épris; passionné
II وَلَّهَ تَوْليهًا ه affliger; rendre amoureux/inconsolable; troubler; frapper de stupeur; faire perdre la tête
مُوَلَّه éperdument amoureux

**6018 وَلْوَلَ** hurler; pousser des hurlements; gémir; éclater/se répandre en gémissements/en malédictions; se lamenter; ululer (femme)

**وَلْوَلَة، وَلْوَال** cri funèbre; hurlement; lamentation; ululement

**6019 وَلِيَ** ـِ **وَلْيًا** ه être adjacent à/contigu à/près de/proche de; être à portée de/sous la main; s'ensuivre; suivre

ما **يَلِي**؛ كَما ~ ce qui suit; comme suit

فيما ~ par la suite; ci-dessous

**وَلِيَ** ـِ وِلاية على administrer; gouverner; régir

وَلِيَ يَوْلَى على être nommé/préposé à la direction de

**وَلاء** allégeance; amitié; clientèle; bon voisinage; bonne volonté; fidélité; loyalisme; proximité; contiguïté; voisinage

مُعاهَدة ~ traité de bon voisinage

هُمْ على ~ واحِد tous pour un

**وِلاية** ج ات autorité; commandement; État fédéré; gouvernement; préfecture; seigneurie; vilayet; patronage; rapports de bon voisinage

على ~ واحِدة faire cause commune

~ العَهْد succession au trône

~ المَحْجوز عَلَيْه *dr.* curatelle

~ الرِئاسة mandat présidentiel

تَجْديد ~ renouvellement d'un mandat

تَمْديد ~ prolongement d'un mandat

الوِلايات المُتَّحِدة les États-Unis

**والٍ** ج وُلاة préfet; proconsul; gouverneur; «*wali*»

~ عامّ gouverneur général

**وُلاة** الأُمور، الـ~ les dirigeants

**وَلِيّ** ج أَوْلِياء ami/aimé de Dieu; maître; partisan; protecteur; supporter; sponsor; patron; saint patron; saint; santon; tuteur

~ نِعْمة bienfaiteur

~ اليَتيم *dr.* curateur

~ العَهْد prince héritier/royal; héritier présomptif

اللّٰهُ ~ك Dieu te garde/te protège!

المُؤْمِن ~ اللّٰه le croyant obéit à Dieu

**وَلِيّة** ج ات dame; patronne; sainte

**أَوْلَى** ج أَوْلَوْن جج أَوالٍ plus convenable/proche/rapproché de/propre à; qui convient/vaut mieux

كانَ ~ بِـ ه être plus/très concerné par; être prioritaire

كانَ ~ بِـ ه مِن آخَر être plus qualifié pour qqch qu'un autre; avoir plus le droit qu'un autre à

~ بِهِ أن faire mieux de

بِالـ~ (وَبِالأَحْرَى) a fortiori; à plus forte raison; d'autant plus que; ou plutôt

مِن بابٍ ~ *même sens*

**أَوْلَوِيّ** prioritaire

الأَهْداف الـ~ة المَنْشودة les objectifs visés en priorité

**أَوْلَوِيّة** ج ات priorité

لَه الـ~ avoir la priorité

أُعْطِيَت الـ~ لِـ la priorité a été donnée à

**وُلْيا** ج وُلًى. **وُلْيَيات** (← أَوْلَى) *fém.* (*v. le masc.*)

**تالٍ** (← تلو) suivant

اليوم **التالي** le jour suivant

بِالـ~ aussi; donc; par conséquent/suite; partant *conj.*

التَمارين الـ~ة les exercices suivants

**مَوْلًى** ج مَوالٍ aide; associé; auxiliaire; client; champion; défenseur; maître; propriétaire; esclave affranchi; patron; seigneur; suzerain; *isl.* mollah

الـ~ Dieu

~ الدار *maroc.* propriétaire de la maison

مَوْلايَ *maroc.* moulay (titre honorifique du souverain alaouite)

مَوْلانا mon Seigneur; sire

مَوْلاة ج مَوْلَيات dame; maîtresse; lady

مَواليا forme de poésie mystique

مَوَّال ج مَواويل petite poésie populaire; couplet chanté par une seule personne

**مَوْلَوِيّ** seigneurial

~ ج مَوْلَوِيّة derviche tourneur

II **وَلَّى تَوْلِية** reculer *intr.*; se reculer; se détourner; abandonner; être révolu (temps, époque)

~ هارِبًا — s'enfuir; fuir; prendre la fuite; tourner le dos/les talons; montrer les talons

~ ظَهْره، دُبْرَه، الأَدْبار — *même sens*

~ وَجْهه شَطْرَ، إلى — se tourner vers; tourner le visage vers

~ ه على — désigner qqn (à un poste); confier la gestion/la direction de; nommer qqn; installer un fonctionnaire d'autorité; investir qqn d'une autorité; préposer qqn à; administrer; gérer; gouverner

~ ه جَميعَ السُلُطات — investir qqn de tous les pouvoirs

~ ه دَوْرًا إيجابيًّا — attribuer/faire jouer un rôle positif

**وَلَّت الأَيّام** — les jours/le temps s'enfui(en)t/passe(nt)

~ عُهود ه — l'époque/l'ère en est révolue

**تَوْلِيَة** — désignation; nomination; installation (préfet); investiture (gouverneur)

~ ه على ه — la désignation de qqn à la direction de

III **والَى وِلاءً، مُوالاة** ه — continuer; conclure une alliance avec; être loyal; être l'ami/l'auxiliaire de

~ ه — succéder à/suivre immédiatement; faire/pratiquer qqch de manière assidue/continuelle

**مُوالاة** — clientèle; alliance; loyauté; assistance mutuelle

~ ه لِـ ه — constance à faire qqch

**وِلاء** — continuation; continuité; suite ininterrompue

على ~ — sans interruption; sans solution de continuité

وِلاءً — *même sens*

مُوالٍ — loyaliste; client; ami

IV **أَوْلَى إيلاءً** ه، ه — approcher *tr.*; rapprocher; faire suivre; placer l'un après l'autre

~ ه ه — conférer un honneur à; charger qqn de; nommer qqn tuteur/responsable de; préposer à

~ ه مِنَّة، مَعْروفًا — rendre service à qqn; obliger qqn

~ ه ظَهْره — tourner le dos à

~ ه ثِقَته — investir qqn de sa confiance; faire confiance à

~ ه قَدْرًا — accorder de l'importance à; compter pour qqn

~ ه عِنايةً، اِهْتِمامًا — accorder/attacher de l'importance/de l'intérêt à; manifester/porter de l'intérêt à; prêter attention à; faire cas de; tenir compte de; regarder à/de près à (l'application de); apporter tous ses soins à

~ ه عِنايَته — prendre une chose à cœur

~ ه عِنايةً فائِقة — porter un intérêt considérable à; prendre une chose très à cœur

V **تَوَلَّى تَوَلِّيًا** — tourner le dos

~ عن — se détourner/s'éloigner de

~ ه — se charger de; assumer; avoir/prendre la responsabilité de; prendre le pouvoir/qqch en main [*fig.*]; avoir la haute main sur

~ الصُنْدوق — tenir la caisse

~ الإِشْراف على ه — superviser; prendre en main la conduite de

~ تَنْسيق السِياسات — assumer la coordination des politiques

~ حِماية ه — prendre qqn sous sa protection

~ التَدْريس — se charger de l'enseignement

~ الحُكْم — accéder au pouvoir; détenir/prendre le pouvoir

~ زِمامَ الحُكْم — prendre les rênes du pouvoir

~ على ه. ه — s'arroger/s'attribuer le pouvoir de; s'emparer de qqn (sentiment)

**تَوَلٍّ** (تَوَلِّي) — administration; direction; gestion; prise en main (de qqch)

~ الحُكْم — accession au pouvoir; prise de pouvoir

بَعْدَ ~ه الحُكْمَ — après sa prise du pouvoir

**مُتَوَلٍّ** (مُتَوَلِّي) — chargé/investi (de); préposé (à)

~ الأَعْمال — chargé d'affaires

VI **تَوالَى تَوالِيًا** — se succéder/se suivre sans interruption; être continuel/ininterrompu (afflux)

~ على — affluer à/vers

تَوالٍ — succession; continuité; série

**تَوالي الفُصول** — succession des saisons

بِـ. على الـ~ — à la file; au fur et à mesure; successivement; en série

على ~ الأَيّام — au fil des jours

على ~ السِنين — au fil des ans; à longueur d'année; avec le temps

مُتَوالٍ — consécutif; successif; sériel

**مُتَوالية حِسابيّة** — progression arithmétique

~ هَنْدَسيّة — progression géométrique

~ تَوافُقيّة، مُتَوافِقة — progression/série harmonique

X **اِسْتَوْلَى** اِسْتيلاءً على ه — accaparer; confisquer; conquérir; s'emparer de; emporter de haute lutte; enlever (position); forcer (ville); gouverner; faire main basse sur; posséder; prendre (le pouvoir); être en proie à; se rendre maître de; réquisitionner; se saisir de; subjuguer; tenir qqn [*fig.*]

~ على الحُكْم — accaparer/confisquer/prendre le pouvoir; s'emparer du pouvoir

~ على مَوْقِع — conquérir/emporter/enlever/forcer/prendre une position

~ عليه الشَكُّ، الغَضَبُ — être en proie au doute/à la colère; être tenaillé par le doute/la colère; la colère/le doute s'empare de lui/le tient

~ت عليه الدَهْشة — être frappé de stupeur/saisi/stupéfait

اِسْتيلاء — emprise; mainmise; prise (de possession, du pouvoir); conquête; accaparement; confiscation; réquisition

مُسْتَوْلًى عليه — conquis; subjugué

**6020** **وَمَأَ** يَمَأُ وَمْأً — faire signe avec la tête

II وَمَّأَ تَوْمِئة — gesticuler; mimer

تَوْمِئة — gesticulation

IV **أَوْمَأَ** إيماءً رَأْسَهُ — hocher la tête; faire un signe de la tête

~ إلى ه، ه — indiquer qqch; faire signe à qqn

**إيماء**؛ إيماءة الرَأْس — geste/hochement/signe de la tête

فَنّ الـ~ — pantomime

**إيمائيّ** — gestuel; mimique *adj.*

تَمْثيليّة ~ة — pantomime

إيمائيّة — gestuelle *n.f.*; mimique *n.f.*; gestualité

مُومِئ ج ون — mime

مُومأ إليه — sus-visé; cité en référence

**6021** IV **أَوْمَسَ** إيماسًا — se prostituer; se livrer; se vendre; vendre son corps

إيماس — prostitution

مُومِس. مُومِسة ج ات. مَوامِس — gueuse; fille/femme de mauvaise vie; fille publique/des rues; prostituée; putain/roulure/pouffiasse/traînée [*pop.*]

**6022** **وَمَضَ** ـِ وَمْضًا. وَمِيضًا — briller; étinceler; scintiller; lancer un regard furtif

**وَمْضة** — éclair; étincelle; lueur; flamboiement; scintillation; scintillement

~ نُور، عَبْقَريّة — étincelle trait de lumière, de génie

**وميض** ← وَمْضة

~ البَرْق — lueur de l'éclair

وَمّاض — flash [*techn.*]

IV أَوْمَضَ إيماضًا ← ومض

**6023** **وَنَج** — guitare

**6024** **وِنْكة** — pervenche

**6025** **وَنيلة**؛ وَنيليّة — vanille; vanillier

**6026** **وَنى** ـِ وَنًى — se fatiguer; se lasser; manquer de force/de vigueur; cesser; abandonner; interrompre; être ... *v. à l'adj.*

لا يَنِي — à toute épreuve; infatigable; inlassable

وَنًى — engourdissement; faiblesse; fatigue; langueur; lenteur; lassitude; mollesse

وانٍ — débile; engourdi; faible; fatigué; lâche; languide; languissant; lassé; lent; mou

**ميناء** ج مَوانٍ — escale; havre; port; rade

~ جَوّيّ، بَحْريّ، نَهْريّ — port aérien, maritime, fluvial

~ تِجاريّ، عَسْكريّ — port commercial, militaire

~ حُرّ — port franc

مينائيّ — portuaire

IV **أَوْنَى** إيناءً ه — affaiblir; engourdir; fatiguer; lasser; amollir

VI **تَوانَى** تَوانِيًا في — s'engourdir; être ... *v. à l'adj.*

~ في — négliger; paresser; laisser traîner

تَوانٍ — engourdissement; paresse; indolence; négligence; amollissement

مُتَوانٍ — inactif; indolent; négligent; paresseux; relaxe *adj.*

**6027** **وَهَبَ** ـِ هِبة. وَهْبًا ه ه — donner qqch à qqn; faire don de qqch à qqn; doter [*fig.*]; douer; octroyer; pourvoir

وَهَبَتْهُ نَفْسَها مِنْ ذاتِ نَفْسِها — s'abandonner se donner à un homme (femme)

**هَبْ**، لِنَهَبْ أنْ — admettons/supposons que

~ ني فَعَلْتُ، قُلْت suppose que j'aie fait, dit

هِبَة ج ات cadeau; don; grâce; présent

عَقْد ~ *dr.* donation

هذا ~ لَك c'est un cadeau pour vous

هِبات faveurs; générosités

واهِب؛ وَهّاب donateur; donneur; généreux

وَهّابيّ «*wahhabi*»; wahhābite

الوَهّابيّة wahhābisme

مَوْهوب doué; qui a du génie; de talent; talentueux

~ لَهُ donataire

مَوْهِبة ج مَواهِب (← هِبة) disposition; don [*fig.*]; qualité innée; faculté; classe [*fig.*]; vocation

~ لِلأَعْمال bosse [*fam.*]/don/génie des affaires

~ الإِخْتِراع esprit d'invention

ذُو ~ talentueux; de talent; de classe

**6028 وَهَجَ ـِ وَهْجًا** briller; brûler; irradier; s'embraser; être incandescent/ardent; refléter

**وَهْج؛ وَهيج** embrasement; ardeur; feu; incandescence; irradiation (douleur); reflet

~ مُسْتَنْقَعيّ feu follet

~ الشَمْس ardeur du soleil

وَهِج torride (jour)

وَهّاج brillant; éclatant; étincelant; flamboyant; incandescent; rutilant; scintillant

IV أَوْهَجَ إِيهاجًا allumer; embraser; enflammer

V تَوَهَّجَ تَوَهُّجًا s'allumer; s'embraser; s'enflammer; étinceler; flamboyer; pétiller

تَوَهُّج brillant *n.m.*; embrasement; inflammation; étincellement; flamboiement; incandescence; pétillement; scintillement; rutilance

مُتَوَهِّج ardent; brillant *adj.*; embrasé; enflammé; étincelant; flamboyant; incandescent; pétillant; rutilant; scintillant

**6029 وَهْد** abîme; dépression; terrain encaissé; ravin; vallée profonde; précipice; vallon

وَهْدة ج وِهاد *même sens*

أَوْهَد م هُودَى abrupt; encaissé

تَوَهُّد، مُتَوَهِّد vallonnement; vallonné

**6030 وَهْرة** accident; difficulté; frayeur; terreur; alarme

**6031 وَهْط** collapsus; maigreur

**6032 وَهَفَ ـِ وَهْفًا ه** desservir/garder une église

وَهْفيّ préjudiciel

وِهافة garde/service de l'église

واهِف sacristain; desservant/gardien d'une église

مَوْهِف sacristie

**6033 وَهَقَ ـِ وَهْقًا** prendre au lasso

وَهَق ج أَوْهاق lasso

**6034 وَهِلَ يَوْهَلُ وَهَلًا إلى ه** être effrayé/intimidé par; avoir le trac

وَهَل، وَهْلة crainte; frayeur; peur; timidité; trac

**وَهْلة** : لِأَوَّلِ ~ à première vue; à l'instant; sur le moment; au premier/de prime abord; du premier coup

**6035 وَهْم ج أَوْهام** conception; conjecture; idée; faculté de concevoir; opinion; instinct; erreur; chimère; illusion; fantasme; fantôme; hallucination; imagination; méprise; mythe [*fig.*]; rêve; rêverie; utopie

**أَوْهام** illusions; idées fausses; châteaux en Espagne

~ الشَباب illusions de la jeunesse

شَدَّ نَفْسَه إلى ~ s'accrocher/croire/tenir à des chimères; se faire des illusions

**وَهْميّ** chimérique; conjectural; hypothétique; fantastique; fantasmagorique; fictif; faux; illusoire; hallucinatoire; imaginaire; irréel; romanesque; subjectif; superstitieux (crainte); utopique; utopiste

فِكْرة ~ة vue de l'esprit

مُغامَرات ~ة aventures rocambolesques

أَمان ~ sécurité illusoire

**وَهْمِيّة** chimère; conjecture; hypothèse; irréalité

تُهْمة ج تُهَم accusation; grief; soupçon; suspicion; *v. aussi ordre alphab.*

**مَوْهوم** conçu; imaginé; imaginaire; supposé

مريض ~ malade imaginaire

IV أَوْهَمَ إيهامًا ه ه faire accroire [*litt.*]/croire/entendre [*fig.*]/penser qqch à qqn; donner à/laisser entendre; faire illusion; feindre; illusionner; simuler; suggérer

إيهام suggestion

V تَوَهَّمَ تَوَهُّمًا conjecturer; croire; se croire; se faire des idées/des illusions; se figurer; s'imaginer; s'illusionner; se prendre pour; soupçonner; supposer

تَوَهُّم conjecture; croyance; illusion; imagination; soupçon; suspicion

تَوَهُّميّ imaginaire; conjectural

VIII اِتَّهَمَ اِتِّهامًا ه بـ ه (← تهم) accuser; charger (un suspect); incriminer; inculper; impliquer; imputer; suspecter/taxer/convaincre qqn (d'un crime)

اِتِّهام ج ات accusation; charge; incrimination; inculpation; implication; imputation

قَرار ~ acte d'accusation

أَسْباب الـ~ charges de l'accusation

قَفَص الـ~ box des accusés

~ كاذِب accusation fausse; imputation calomnieuse

اِتِّهامِيَّة accusation

هَيْئَة الـ~ chambre des mises en accusation

مُتَّهِم accusateur

مُتَّهَم accusé; inculpé; incriminé; impliqué; suspecté; taxé

~ المَنْظَر air/apparence suspect(e)

~ مُجَرَّم accusé/convaincu d'un crime

~ ثَبَتَتْ عليه الخِيانة convaincu de trahison

X اِسْتيهام ج ات hallucination; fantasme

**6036** وَهَنَ ـِ وَهْنًا se détériorer/s'altérer (santé); être faible/débile; mollir/s'user (volonté); se rouiller [*fig.*]

وَهِنَ يَهِنُ *même sens*

~ت نَفْسُهُ défaillir

وَهْن abattement; altération (de la santé); anémie; atonie; asthénie; débilité; exténuation; faiblesse; fragilité; impuissance; inconsistance; infirmité; prostration; usure (physique)

~ عَصَبيّ، عَقْليّ neurasthénie; débilité mentale

هَنَة ج ات broutille [*fig.*]

واهِن abattu; asthénique; anémique; atone; débile; délicat; faible; fragile (tempérament); impuissant; inconsistant; valétudinaire [*litt.*]

~ القُوَى prostré; exténué; anémié; mou [*fig.*]

~ الأَعْصاب neurasthénique

~ العَقْل débile mental

واهِن ج وُهُن anémié

مَوْهون ← واهِن

IV أَوْهَنَ إيهانًا ه abattre [*fig.*]; altérer; amollir; débiliter; démoraliser; terrasser; user la santé

~ شَجاعة، عَزيمة، صِحّة، نَشاط *même sens*

إيهان caducité [*bot.*]

**6037** وَهَى ـِ وَهْيًا être crevé/déchiré (outre); s'avarier; se déranger; se détraquer; être délabré; mollir; faiblir; menacer ruine

وَهْي crevasse; déchirure; faiblesse; fissure; fragilité; rupture

واهٍ futile; inconsistant; faible; flasque; fragile; piètre; vain; mou [*fig.*]; amolli

حُجّة واهية argument sans valeur; prétexte futile

**6038** وَيْحَكَ malheur à toi!

**6039** وَيْل، وَيْلة ج ات adversité; affliction; désastre; détresse; malheur; infortune

الـ~ لَهُ إذا malheur à lui si; qu'il prenne garde si

وَيْلَكَ malheur à toi!

وَيْلات الحَرْب horreurs/misères/fléaux de la guerre

(يـاء)

*vingt-huitième lettre de l'alphabet: «yā»;*
*semi-voyelle prépalatale:* [y]

6040 **ي** *gramm. pron. pers. affixe de la 1^re pers.* me; mon; ma; mes

6041 **يا**، أيا *particule du vocatif*: ô! holà! oh! ohé!

~ رَجُل، إلَهي ô homme! mon Dieu!

~ هَذا eh! eh vous! eh là-bas!

~ سَلام bon Dieu! mon Dieu! ciel!

~ لَهُ، لَها مِنْ ...؛ ~ لَذ quel ...! quelle ...!

يا لَها مِن فُرْصة سَعيدة quelle bonne surprise!

يا لَلْحَظّ. لَلْيَأْس quelle chance! quel malheur!

يا طالَما que de fois! il y a bien longtemps que

6042 **ياباني** nippon; japonais

6043 **يَئِسَ** يَيْأَسُ يَأْسًا من désespérer/perdre l'espoir de

**يَأْس** désespoir; désespérance [*litt.*]

حالة ~ état/situation critique/désespéré(e)

سِنّ الـ~ âge critique; ménopause

يائِس désespéré (tentative)

**مَيْؤوس**؛ مَيْئوس مِنْهُ perdu (malade)

حالة ~ة مِنْها situation désespérée

IV **أيْأَسَ** إيئاسًا arriver à l'âge critique/l'âge de la ménopause (femme)

~ ه مِنْ ه désespérer qqn; faire perdre à qqn l'espoir (de)

إيئاس ménopause

X اِسْتَيْأَسَ اِسْتيئاسًا مِن ← يَئِسَ

6044 **ياسَمين** jasmin

~ زَنْبَقي seringa

~ البَرّ clématite

~ حِجازي gardénia

6045 **يافِطة** ج ات panneau; plaque

6046 **يافوخ** fontanelle

6047 **يأفوفة** éphémère [*ins.*]

6048 **ياقوت** corindon; hyacinthe

~ أصْفَر، أحْمَر، أزْرق topaze; rubis; saphir

~ جَمْري escarboucle; grenat foncé

ياقوتة ج يَواقيت ← ياقوت

ياقوتيّة jacinthe [*bot.*]

6049 **ياقة** ج ات col; rabat

6050 **يانِسون** anis

~ نَجْمي badiane; anis étoilé

6051 **يانَصيب** (← نصب) loterie; tombola

6052 **يَباب** désert *adj., n.m.*

أرْض خَراب ~ pays désert/dépeuplé/dévasté/ruiné

6053 **يَبْروح** mandragore

**6054 يَبِسَ** يَيْبَسُ يُبْسًا — être/devenir sec; se dessécher; sécher *intr.*

**يَبَس** — sec *n.m.*; siccité

أَرْض ~ — terrain dur/durci/sec/désertique

على الـ~ — à pied sec

يُبْس؛ يُبوسة — assèchement; dessèchement; dessication

**يابِس** — sec *adj.*

~ الرَأْس — forte tête; qui a la tête dure

**اليابِسة** — la terre ferme; le continent

اِفْتَرَشَ الـ~ — coucher sur la dure [*fam.*]/à même le sol

II يَبَّسَ يُيَبِّسُ تَيْبِيسًا ه — assécher; dessécher

مُيَبِّس — desséchant; siccatif

IV أَيْبَسَ إيباسًا ه — dessécher; faire sécher; rendre sec

V تَيَبَّسَ تَيَبُّسًا — s'indurer; avoir des courbatures

تَيَبُّس — induration; courbature

مُتَيَبِّس — induré; courbaturé

**6055 يَتِمَ** يَيْتَمُ يُتْمًا — être/rester orphelin; se retrouver seul

يَتْم — affliction; chagrin; peine

يُتْم — abandon (dans lequel on se trouve); délaissement; solitude

**يَتيم** ج يَتامَى، أَيْتام — orphelin; pupille *n.*; isolé; seul; unique; simple

الوَجْبة الـ~ة — seul/unique repas (de la journée)

دُرَّة ~ة — perle d'un grand prix/très rare/unique

~، يَتيمة الدَهْر، الزَمَن — la perle (des hommes); qui n'a pas son pareil; incomparable; unique en son genre

يَتيمة ج يَتامى — orpheline; seule

**مَلْجأ الأَيْتام** — orphelinat

**مَيْتَم** ج مَياتِم — *même sens*

IV أَيْتَمَ إيتامًا ه — abandonner qqn; laisser qqn seul; rendre orphelin

**6056 يَحْبور** (← حُبارى) — outarde mâle

**6057 يَحْمور** (← حمر) — hémoglobine; chevreuil

**6058 يَحْيَى** — *n.pr.* Yahia; Jean

**6059 يَخْت** ج يُخوت — yacht

نادي يُخوت — yacht-club

يَخْتِيّ ج ون — yachtman

يَخْتِيَّة — yachting

**6060 يَخْضور** (← خضر) — chlorophylle

يَخْضوريّ — chlorophyllien

**6061 يَخْمور** — mouche des chevaux

**6062 يَخْنة** — fricassée; fricot [*fam.*]; ragoût; ratatouille

**6063 يَد** ج أَيْدٍ جج أَيادٍ — anse; manche (pioche); poignée (valise); main

راحة الـ~ — creux/paume de la main

~ مِن حَديد — main de fer

~ اللّه — le doigt de Dieu

لَهُ ~ في — avoir une influence sur; jouer un rôle dans; y être pour quelque chose

الـ~ العُلْيا — *fig.* générosité (*m. à m.* la main du dessus/qui donne)

الـ~ السُفْلَى — *fig.* mendicité (*m. à m.* la main du dessous/qui reçoit)

لَهُ الـ~ الطُولَى في ه — avoir la haute main sur/le bras long

لَهُ ~ طُولَى في العِلْم — être très savant

لَهُ ~ عِنْدَ الناس — jouir d'un grand prestige; avoir beaucoup d'influence

الأَمْر بِـ~ ه — l'affaire dépend de

الأَمْر بِـ~ اللّهِ — l'affaire est entre les mains de Dieu

لَيْسَ بِـ~ه حِيلةٌ — n'y pouvoir rien; il n'y a rien faire

لَيْسَ لَهُ ~ على ه — être incapable de; n'avoir pas la force/le pouvoir de; ne pas être de taille à

أَخَذَ ه، ه بِـ~ه — prendre qqn, qqch dans/par la main

أَخَذَ بِـ~ه — donner/prêter la main à; aider qqn

مَدَّ ~ العَوْن، المُساعَدة — tendre la main [*fig.*]; prêter main-forte

سِياسة الـ~ المَمْدودة — politique de la main tendue

كانَ مُطْلَق الـ~ — avoir les mains libres

~ه قَصيرة — être impuissant à/incapable de

~ بَيْضاء — avoir la main heureuse/légère/un bon tour de main

العَيْن بَصيرة والـ~ قَصيرة — *prov.* il y a loin de la coupe aux lèvres (*m. à m.* l'œil a beau voir, le bras est trop court)

هُمْ ~ واحِدة — être unis; faire bloc

تَحْتَ، في مُتَناوَل ~ه — à la disposition de; sous la/à portée de la main

أَبْقَى ه تَحْتَ ~ه — conserver par devers soi

ضَرَبَ على ~ه — taper sur les doigts [*fig.*]

وَضَعَ ~ه على — mettre la main sur [*pr.* et *fig.*]

عَنْ ظَهْرِ ~ — pour rien; en cadeau; gratis pro Deo

بِالـ~، يَدًا بِـ~ — en mains propres; personnellement; de la main à la main

مِن ~ إلى ~ — de mains en mains

طَلَبَ ~ فَتاة — demander la main d'une jeune fille

كَتَبَ بِخَطِّ ~ه — écrire de sa propre main

بِخَطِّ ~ه — olographe

رَفَعَ ~ه على — lever la main sur

رَفَعَ ~ه عن — se détacher de; lâcher

نَزَعَ ~ه عن — déposséder qqn de

لَمْ يُقَصِّرْ ~ه — ne pas y aller de main morte

بِـ~ فارِغة والأُخْرَى لاشَيْءَ فيها — rien dans les mains, rien dans les poches; bredouille

سُقِطَ في ~ه — tomber de haut; les bras lui en tombent; regretter

عَمَل الـ~ — (travail) fait main; artisanat

الـ~ العامِلة — main-d'œuvre

عَرَبة الـ~ — charrette à bras; voiture des quatre-saisons

قُنْبُلة الـ~ — grenade [*mil.*]

ساعة ~ — montre-bracelet

حَقيبة ~ — sac à main

في ~ه — aux mains de

على، عَن ~ه — par le canal/l'intermédiaire de; grâce à

**غُلَّتْ يَداه** عن ه — avoir les mains liées

صِفْرَ، فارِغ **اليَدَيْنِ** — les mains vides

**بَيْنَ يَدَيْ** ه — en face de/en présence de/devant qqn, qqch

بِكِلْتا، بِمِلْءِ ~ه — à pleines mains; des deux mains

سَعَى بِـ~ه وَرِجْلَيْه — faire des pieds et des mains

سُقِطَ في ~ه — *v. plus haut au sing.*

إِرْفَع ~ك — haut les mains!

في **أَيدٍ** أمينة — en de bonnes mains

وَقَعَ في **أَيْدي** الأَعْداء — tomber aux mains de

بَيْنَ ~نا ه — nous avons en notre possession; nous disposons de

الكَلام بَيْنَ ~كُمْ — vous avez la parole

بَقِيَ مَكْتوفَ الـ~ — rester les bras croisés; avoir les mains liées; demeurer impuissant (devant)

ذَهَبوا **أَيادي** سَبا — *prov.* aller dans tous les sens; se disperser à tous vents

**يَدَوِيّ** — manuel *adj.*

عامِل ~ — travailleur manuel; artisan

مِهْنة، صِناعة ~ة — métier manuel; artisanat

عَرَبة ~ة — charrette à bras

قُنْبُلة ~ة — grenade [*mil.*]

يَدَوِيّة ج ات — manette

II أَيَّدَ تَأْييدًا ← أيد

III يادَى مُياداة ه — se passer qqch de main en main; manutentionner

مُياداة — manutention

مُيادٍ — manutentionnaire

**6064 يَرْبوع** ج يَرابيع — gerboise

**6065 يَرْز** — pin sylvestre

**6066 يَراع** — lâche; peureux; poltron; timide; calame; roseau; plume

إِنْقادَ لِـ~ه — suivre son inspiration; écrire au fil de la plume

يَراعة — luciole; ver luisant; *mus.* clarinette

**6067 يَرَقان** — *agr.* nielle; *méd.* ictère; jaunisse

أَفْسَدَ (الحِنْطة) بِالـ~ — nieller le froment

| | |
|---|---|
| يَرَقانة | larve; chenille |
| مَيْروق | *agr.* attaqué par la rouille/la nielle; niellé |
| **6068 يَزيدي** | yézidi |
| اليَزيديّة | religion/doctrine «*yézidite*» |
| **6069 يَسِرَ يَيْسَرُ يَسَرًا** | être aisé/confortable/ facile; prospérer; réussir (dans la vie) |
| يَسُرَ يَيْسُرُ يُسْرًا | être menu/petit/en petite quantité |
| **يُسْر** | abondance; aisance; douceur; facilité de caractère/de mœurs/de vie; confort; opulence; prospérité; richesse |
| الـ~ والعُسْر | les hauts et les bas (de l'existence) |
| إنّ بَعْدَ العُسْر ~ًا | *prov.* après la pluie le beau temps |
| عِيشة ~ | vie aisée/facile/opulente |
| بـ، في ~ | aisément; facilement; sans peine |
| **يَسار** (← يُسْر) | gauche *n.f.*; *mar.* bâbord |
| إلى، على الـ~ | à gauche |
| أحْزاب الـ~ | partis de gauche |
| الـ~ المُتَطَرِّف | extrême gauche |
| **يَساريّ** ج ون | de/à gauche; homme de gauche |
| ~ مُتَطَرِّف | à l'extrême-gauche; gauchiste *adj.*, *n.* |
| مُنَظَّمة ~ة مُتَطَرِّفة | organisation d'extrême gauche |
| **أيْسَر** م يُسْرَى ج يُسْر | gauche *adj.*; gaucher *n.* |
| الباب الـ~ | porte de gauche |
| اليَد اليُسْرى | main gauche |
| **يَسير** | exigu; infime; menu *adj.*; mince; modique; petit (quantité); commode *adj.*; facile; praticable; faisable |
| من اِسْتَطاعَ الكثير أمْكَنَه الـ~ | *prov.* qui peut le plus peut le moins |
| إنّ الـ~ يَجْني الكَثير | *prov.* petit poisson deviendra grand |
| باخْتِلافات ~ة | à peu de choses près |
| إلّا الـ~ | ne ... guère; peu; en petite quantité |
| **مَيْسور** | aisé; à l'aise [*fig.*]; à son aise [*fig.*]; confortable; cossu; opulent; prospère; riche |
| من الـ~ أن | il est aisé de |
| حَياة ~ة | vie aisée/facile/confortable |
| مَيْسِر | «*maysir*»; jeu de hasard |
| **مَيْسَرة** ج ات | faculté; possibilité; virtualité; gauche *n.f.* |
| ~ الجَيْش، السَفينة | *mil.* aile gauche; *mar.* bâbord |
| II **يَسَّرَ تَيْسيرًا** ه لِـ ه | faciliter; favoriser qqch; rendre facile/aisé/possible; permettre; permettre à qqn de prospérer/de réussir; seconder |
| ~ السَبيل أمام ه | ouvrir la voie/les portes à |
| تَيْسير | faveur; prospérité; succès |
| المُيَسِّر | Dieu |
| مُيَسَّر | aidé; favorisé; secondé; prospère; à l'aise |
| III ياسَرَ مُياسَرة ه | se montrer doux/facile avec qqn; être à gauche; s'éloigner vers la gauche |
| مُياسَرة | complaisance; douceur; bonne humeur |
| IV أيْسَرَ إيسارًا | se trouver dans l'aisance; s'enrichir |
| مُوسِر ج ون، مَياسير | huppé [*fig.*]; richard [*fam.*, *péjor.*]; opulent; prospère; riche |
| V **تَيَسَّرَ تَيَسُّرًا** | être facile à faire/possible/réalisable; avoir du succès; réussir |
| ~ لـه أن | avoir la possibilité de; il est donné à qqn de |
| **تَيَسُّر** | disponibilité; possibilité |
| ~ الأمْوال، ماليّ | disponibilités financières |
| **مُتَيَسِّر** | disponible; à la disposition |
| بِكافّة الوَسائِل الـ~ة | par tous les moyens possibles |
| غَيْر ~ | indisponible (argent) |
| VI تَياسَرَ تَياسُرًا | être/se placer à gauche |
| مُتَياسِر | gauchisant |
| X اِسْتَيْسَرَ اِسْتيسارًا ← IV | |
| **6070 يَسْروع** ج يَساريع | *zool.* chenille |
| **6071 يسوع** | Jésus |
| يَسوعيّ | jésuite |
| **6072 يَشْب** | jaspe; agate |

**6073** **يَشْم** jade

**يَصْب.** يَصْف ← يَشْب

**6074** **يَعْسوب** ج يَعاسيب (← عسب)
libellule

**6075** **يَعْلول** ج يَعاليل *zool.* chameau

**6076** **يَفَعَ** يَيْفَعُ يَفْعًا arriver à l'adolescence

يَفَع colline; hauteur

يَفاعة، يَفْع adolescence

يافِع ج يَفَعة، يُفْعان adolescent; jeune homme

يافِعة adolescente; jeune fille

**6077** **يَقْطين**، يَقْطينة calebasse; citrouille; gourde [*bot.*]

**6078** **يَقِظَ** يَيْقَظُ يَقَظًا être éveillé/vigilant; s'éveiller; veiller; se réveiller

**يَقَظة** attention; éveil; veille; état de veille; vigilance; zèle

أَرْباب الـ~ *isl.* hommes voués à la vie contemplative

**يَقِظ** ج أَيْقاظ alerte *adj.*; attentif; averti; avisé; circonspect; défiant; dégourdi; déluré; diligent; éveillé; en éveil; prudent; vigilant

سِيماء ~ة mine éveillée

يَقْظان م يَقْظى ← يَقِظ

II يَقَّظَ تَيْقيظًا ه éveiller; tenir en éveil; exciter; réveiller

IV **أَيْقَظَ** إيقاظًا ه، ه donner l'éveil; éveiller; ouvrir les yeux de qqn; provoquer qqch; secouer [*fig.*]; réveiller

~ الذَكاء، الشَهِيّة éveiller l'intelligence, l'appétit

~ الحُبّ éveiller l'amour

**إيقاظ** excitation; éveil; mise en éveil

ساعَدَ على ~ الرأي العامّ contribuer à éveiller l'opinion publique

V تَيَقَّظَ تَيَقُّظًا لِـ ه être/se tenir en éveil; s'éveiller; se réveiller; faire attention à; prendre des précautions; ouvrir l'œil [*fig.*]

**تَيَقُّظ** éveil; attention; vigilance; précaution; qui-vive *n.m. inv.*

**مُتَيَقِّظ** attentif; dispos; en éveil; méfiant; précautionneux; sur le qui-vive; vigilant

X **اِسْتَيْقَظَ** اِسْتيقاظًا s'éveiller; se réveiller

~ مِن نَوْمه *même sens*

~ت الطَبيعة، المَدينة la nature, la ville s'éveille

~ لِـ ه s'éveiller à qqch

**اِسْتيقاظ** éveil; réveil

~ الذَكاء، المُخَيِّلة éveil de l'esprit, de l'imagination

مُنْذ ~ه depuis son réveil/qu'il était réveillé

**مُسْتَيقِظ** éveillé; réveillé

**6079** **يَقَن** ← يَقين

**يَقين** assurance; certitude; connaissance certaine; conviction; persuasion; vrai *n.m.*; vérité

على ~ بِـ ه. مِن أن être assuré/certain/persuadé/sûr que; avoir l'assurance/la certitude que

كُنْ على ~ مِن soyez sûr de

عِلْم ~ connaissance certaine/sûre

حَقّ ~ intuition sûre; certitude absolue

يَقينيّ ج يَقينيّات chose certaine; certitude

IV أَيْقَنَ إيقانًا بِـ. أن apprendre; connaître; croire; avoir la certitude/l'idée que; penser que

مُوقِن بِـ certain de

V تَيَقَّنَ تَيَقُّنًا مِن ه apprendre; s'assurer de; être sûr de

مُتَيَقِّن من تَفَوُّقه imbu de sa supériorité

X اِسْتَيْقَنَ اِسْتيقانًا بِـ croire

**6080** **يَمّ** ج يُموم mer; onde

أَثْباج الـ~ abîmes de la mer

يَمام، يَمامة *ois.* pigeon sauvage; ramier

II يَمَّمَ تَيْميمًا نَحْوَ. إلى se diriger vers; se rendre à

V تَيَمَّمَ تَيَمُّمًا faire des ablutions sèches (avec du sable)

تَيَمُّم ablution sèche

**6081 يَمِنَ** يَيْمَنُ يَمْنًا — aller/être/se rendre du côté droit

يَمُنَ يَيْمُنُ يُمْنًا — se présenter sous d'heureux auspices; réussir *intr.*; avoir du succès; être heureux

يَمَن — côté droit

يَمَنيّ — yéménite

يُمْن — bonheur; bon augure; félicité; prospérité; heureux auspices/effets; influence favorable

**يَمين** ج أَيْمُن، أَيْمان — serment

أَدَّى ~ًا — prêter serment

~ غَليظة، مُغَلَّظة — serment solennel

~ زُور، غَموس، كاذِبة — parjure *n.m.*; faux serment

حَنَثَ في ~ه — se parjurer

~ الوَلاء، الإِخْلاص — serment d'allégeance

**يَمين** ج أَيْمان — droite *n.f.*

إلى الـ~ — à droite

نائِب من الـ~ — député de droite

يَمينًا وَيَسارًا — à droite et à gauche

يَمينيّ ج ون — homme de droite [*polit.*]

اليَمينيّة السِياسِيّة — droite politique

**أَيْمَن** م يُمْنَى — droit *adj.*; droitier

الجانِب الـ~ — côté droit

اليَد **اليُمْنَى** — main droite

**مَيْمون** ج مَيامين — bénéfique; favorisé; heureux; fortuné; de bon augure; *zool.* mandrill

~ الطائِر — né sous d'heureux auspices

سافِرْ على الطائِر الـ~ — faites un bon voyage

سَفَرًا ~ًا — bon voyage

**مَيْمَنة** ج مَيامين — *mil.* aile droite; *mar.* tribord

V تَيَمَّنَ تَيَمُّنًا بِـ — tirer un bon augure de; voir un heureux présage dans

تَيَمُّن — bon augure/présage

**6082 يَن** — yen

**6083 يَنايِر** — janvier

**6084 يَنْبوع** ج يَنابيع (← نبع) — fontaine; source

رَبَّة اليَنابيع — naïade [*myth.*]

**6085 يَنَع** يَيْنَعُ يُنوعًا — mûrir; arriver/venir à maturité

يُنوع — maturation; maturité

يانِع — mûr

IV أَيْنَعَ إِيناعًا (← يَنَعَ) — fructifier; mûrir; faire mûrir

إِيناع — fructification; maturité; mûrissement

**يَهوديّ** ج يَهود ← هود

**6086 يُود**؛ يُوديّ — iode; iodé

**6087 يُوسُف** — Joseph

يُوسُفيّ — clémentine; mandarine sans pépin

**6088 يُولي** : تَقْويم ~ — calendrier julien

يُوليو؛ يُوليه — juillet

**6089 يَوْم** ج أَيّام — jour; journée

الـ~ التالي — jour suivant; lendemain *n.m.*

صَباحَ الـ~ التالي — lendemain matin

~ راحة، عَمَل — jour/journée de repos, de travail

~ عُطْلة، بِطالة — jour/journée chômé(e)/férié(e)

~ شُغْل، عِيد — jour ouvrable, de fête

الدُنيا يَوْمانِ : ~ لَكَ وَ~ عَلَيْكَ
*prov.* les jours se suivent et ne se ressemblent pas

بَياضُ ~ه وسَواد لَيْلِه — jour et nuit; nuit et jour

~ الحِساب، القِيامة، الدين — *théol.* dernier jour; jour du Jugement dernier

مِن ~ لِآخَر — d'un jour à l'autre

حَتَّى ~نا هَذا — jusqu'à aujourd'hui

ذاتَ ~؛ في ~ من الأَيّام — un beau matin/jour; une fois

لا، ما، لَمْ ... في ~ مِن الأَيّام
à aucun moment; au grand jamais

## 6089 يوم ٦٠٨٩

**يَوْمًا** un certain jour; une fois

~ فَـ~ au jour le jour

~ بِالحُزْوَى و~ بالعَقيق *prov.* au petit bonheur; à hue et à dia; les jours se suivent et ne se ressemblent pas (*m. à m.* tantôt en haut tantôt en bas)

**يَوْمَ** le jour où; à l'époque où; quand

الـ~ aujourd'hui

الـ~ خَمْر وَغَدًا أَمْر *prov.* à demain les affaires sérieuses (*m. à m.* aujourd'hui le vin, demain la guerre)

يَوْمَذاك، يَوْمَئِذٍ alors; à ce moment/cette époque; ce jour-là

**قَبْلَ يَوْمَيْن** deux jours avant; avant-veille

**مُنْذُ بِضْعة أَيّام** l'autre jour; il y a quelques jours

مَرَّتْ، تَغَيَّرَت الـ~ les jours ont passé; les temps ont changé

مَع الـ~ à la longue; au fil des jours

**يَوْميّ** diurne; éphémère; journalier *adj.*, *n.*; quotidien *adj.*

جَريدة ~ة quotidien *n.m.*

**يَوْميًّا** journellement; quotidiennement; par jour

**يَوْميّة** ج ات journal/carnet de bord [*mar.*]; journal intime

بِالـ~ à la journée

III ياوَمَ مُياوَمة ه louer/payer qqch à la journée

**مُياوَمة** journée (de paie, de location)

**مُياوِم** journalier *n.m.*

رَجُل، عامِل ~ homme de journée

**6090 يُونانيّ** grec; hellène

~ ج يُونان Grec *n.*

~ رومانيّ، لاتينيّ gréco-romain, -latin

نار ~ة feu grégeois

**6091 يُونِسْكو** UNESCO

يُونيسف UNICEF

**6092 يُونيو** juin

Composition Imprimerie Orientaliste. Louvain.

---

Imprimé en Italie par

LTV

LA TIPOGRAFICA VARESE
Società per Azioni
Varese
N° de projet : 11007731
Dépôt légal : Août 2008